COLLECTIONS OF LAWS, REGULATIONS AND STANDARDS FOR
INDENTIFICATION AND ASSESSMENT OF ECOLOGICAL ENVIRONMENTAL DAMAGE

生态环境损害鉴定评估法律法规与标准汇编

（上卷）

司法部公共法律服务管理局　编

图书在版编目(CIP)数据

生态环境损害鉴定评估法律法规与标准汇编：全3卷/司法部公共法律服务管理局编． — 北京：北京大学出版社，2019.3
　ISBN 978-7-301-30242-2

Ⅰ.①生…　Ⅱ.①司…　Ⅲ.①生态环境—环境污染—司法鉴定—标准—中国　Ⅳ.①D922.683.4

中国版本图书馆CIP数据核字（2019）第011122号

书　　　名	生态环境损害鉴定评估法律法规与标准汇编（上中下卷） SHENGTAI HUANJING SUNHAI JIANDING PINGGU FALÜ FAGUI YU BIAOZHUN HUIBIAN（SHANG ZHONG XIA JUAN）
著作责任者	司法部公共法律服务管理局　编
责 任 编 辑	杨玉洁　范　丽
标 准 书 号	ISBN 978-7-301-30242-2
出 版 发 行	北京大学出版社
地　　　址	北京市海淀区成府路205号　100871
网　　　址	http://www.pup.cn　http://www.yandayuanzhao.com
电 子 信 箱	yandayuanzhao@163.com
新 浪 微 博	@北京大学出版社　@北大出版社燕大元照法律图书
电　　　话	邮购部 010-62752015　发行部 010-62750672　编辑部 010-62117788
印 刷 者	南京爱德印刷有限公司
经 销 者	新华书店 720毫米×1020毫米　16开本　177印张　4397千字 2019年3月第1版　2019年3月第1次印刷
定　　　价	980.00元（上中下卷）

未经许可，不得以任何方式复制或抄袭本书之部分或全部内容。
版权所有，侵权必究
举报电话：010-62752024　电子信箱：fd@pup.pku.edu.cn
图书如有印装质量问题，请与出版部联系，电话：010-62756370

本书作者感谢以下课题及基金会的帮助

国家自然科学基金项目"基于碳源碳汇空间格局的低碳城乡空间规划方法研究"(编号:51178235);"十二五"国家科技支撑课题"GIS 与 VR 技术在中华文明探源中的应用研究"(编号:2013BAK08B07);中国海油海洋环境与生态保护公益基金会;国家重点研发计划项目"生态环境损害鉴定评估业务化技术研究"(编号:2016YFC0503600)。

编审委员会

主　任　邓甲明

副主任　舒国华　高振会　苗前军

编审委员会成员（按姓氏笔画排名）

毛　锋　张元勋　张效礼　郑振玉　舒俭民

编辑委员会

主　编　高振会

副主编　张书豪　毛　锋

编辑委员会成员（按姓氏笔画排名）

马金锋　王　伟　王　艳　王　霄　王一萍　王中华　毛　锋　邓甲明
曲克明　朱　琳　孙　光　远丽辉　杜立静　李安虎　杨悦锁　何升金
宋俊花　宋莎莎　张　雷　张元勋　张书豪　张林波　张效礼　张继民
陈　志　武　鹏　苗前军　林　虎　郑　立　郑文锋　郑振玉　赵　鸣
赵　楠　姜锡仁　高　萍　高　蒙　高振会　郭　振　郭银波　黄伟政
黄健熙　崔正国　隋亚栋　韩龙江　程永强　程宏君　舒国华　舒俭民
魏文普　魏计房

编写说明

生态环境问题是全人类共同面临的重大问题。生态兴则文明兴,生态衰则文明衰。生态文明建设关系人民福祉,关乎民族未来,事关"两个一百年"奋斗目标和中华民族伟大复兴中国梦的实现。习近平总书记指出:"生态环境保护是功在当代、利在千秋的事业。要清醒认识保护生态环境、治理环境污染的紧迫性和艰巨性,清醒认识加强生态文明建设的重要性和必要性,以对人民群众、对子孙后代高度负责的态度和责任,真正下决心把环境污染治理好,把生态环境建设好,努力走向社会主义生态文明新时代,为人民创造良好生产生活环境。"党中央、国务院高度重视生态文明建设。党的第十八次全国代表大会以来,我国生态文明建设成效显著,污染防治工作得到极大推进,但环境污染重、生态受损大、环境风险高等问题依然存在,成为全面建成小康社会的突出短板。生态文明建设正处于压力叠加、负重前行的关键期,已进入提供更多优质生态产品以满足人民日益增长的优美生态环境需要的攻坚期,同时,也到了有条件有能力解决突出生态环境问题的窗口期。

2015年12月,中共中央办公厅、国务院办公厅印发《生态环境损害赔偿制度改革试点方案》,开始在部分省份试行生态环境损害赔偿制度;2017年12月,中共中央办公厅、国务院办公厅又印发《生态环境损害赔偿制度改革方案》,生态环境损害赔偿制度改革从先行试点进入全国试行阶段。

环境损害司法鉴定是指在诉讼活动中鉴定人运用环境科学技术或者专门知识,采用监测、检测、现场勘察、实验模拟或者综合分析等技术方法,对环境污染或者生态破坏诉讼涉及的专门性问题进行鉴别和判断并提供鉴定意见的活动,对支持办案和行政执法机关更有力地打击环境违法犯罪行为,更好地保护生态环境、建设美丽中国具有重要意义。2015年12月21日,最高人民法院、最高人民检察院、司法部联合发布了《关于将环境损害司法鉴定纳入统一登记管理范围的通知》,对从事生态环境损害司法鉴定业务的鉴定机构和鉴定人实行统一登记管理,同时,司法部、生态环境部(原环境保护部)印发《关于规范环境损害司法鉴定管理工作的通知》,进一步明确了规范管理环境损害司法鉴定工作的思路和措施,推动我国生态环境损害鉴定评估工作进入规范化、科学化和法制化发展轨道。

依据我国现行法律法规和技术标准规范开展生态环境损害鉴定,是确定生态环境损害因果关系、评估损害程度、制订修复方案和计算损害赔偿数额的关键,是确定生态环境

损害责任和公平执法的基础。根据我国相关法律规定,生态环境包括大气、水、海洋、土地、矿藏、森林、草原、湿地、野生生物、自然遗迹、人文遗迹、自然保护区、风景名胜区、城市和乡村等,范围十分广泛,与生态环境损害鉴定相关的法律法规、国家标准、行业标准众多。为做好生态环境损害鉴定评估工作,加快推进生态环境损害司法鉴定标准体系建设,适应生态环境诉讼、环境保护行政执法需求,有必要以与生态环境相关的国家现行法律法规与标准为基础,编纂《生态环境损害鉴定评估法律法规与标准汇编》。

受司法部公共法律服务管理局委托,中国环境科学学会环境损害鉴定评估专业委员会组织有关专家、学者,历时二年,编纂了《生态环境损害鉴定评估法律法规与标准汇编》,该汇编分上、中、下三卷,上卷包括与生态环境相关的通用法律法规与标准,中卷包括与大气、水、海洋生态环境相关的法律法规与标准,下卷包括与土壤、生态、噪声、辐射、地震减灾等相关的法律法规与标准。其中,上卷的通用法律法规与标准涉及大气、水、海洋、土壤、生态、噪声、辐射、地震减灾等生态环境领域广泛使用的现行法律法规与标准;中卷大气、水、海洋篇的选编范围分别是与大气、水、海洋生态环境或生态环境损害相关的现行法律法规和标准;下卷土壤、生态、噪声、辐射、地震减灾篇的选编范围分别是与土壤、生态、噪声、辐射、地震减灾等环境或环境损害相关的现行法律法规和标准。

《生态环境损害鉴定评估法律法规与标准汇编》是我国现行与生态环境有关的法律法规与标准的汇集和摘编,是开展生态环境损害鉴定、评估、追责、赔偿与生态环境修复的基本依据,可供法院、检察院、公安机关、环境保护部门、环境损害司法鉴定机构、生态环境相关科研院所和大专院校、环保组织、环保相关企业、保险机构、律师事务所等单位、组织和相关人员使用。

由于时间有限,疏漏和错误之处在所难免,敬请各位读者批评指正。

司法部公共法律服务管理局
2018 年 12 月

总目录

上 卷

第一部分 生态环境损害鉴定评估相关通用法律	0001
第二部分 生态环境保护相关法规、规章及规范性文件	0158
第三部分 生态环境监测监察相关法规、规章及规范性文件	0403
第四部分 生态环境损害经济惩处与执法相关法规、规章及规范性文件	0465
第五部分 生态环境损害执法相关法规、规章及规范性文件	0497
第六部分 生态环境保护工业污染物排放标准	0616
第七部分 生态环境保护清洁生产行业标准	0808
第八部分 生态环境保护工程规划设计与损害鉴定标准	0884

中 卷

上篇 大气环境损害鉴定评估相关法律法规与标准

第九部分 大气环境损害鉴定评估相关法律法规	0931
第十部分 大气环境损害鉴定评估相关国家标准	0980
第十一部分 大气环境损害鉴定评估相关地方标准选录	1101

中篇 水生态环境损害鉴定评估相关法律法规与标准

第十二部分 水生态环境损害鉴定评估相关法律法规	1252
第十三部分 水质及工业水污染物排放国家标准	1388
第十四部分 水质及污水排放地方标准选录	1533

下篇 海洋生态环境损害鉴定评估相关法律法规与标准

第十五部分 海洋生态环境损害鉴定评估相关法律法规	1547

第十六部分	海洋监测规范	1613
第十七部分	海洋监测技术规程	1736
第十八部分	渔业生态环境监测规范	1790
第十九部分	海洋渔业生态环境标准	1821

下 卷

上篇　土壤生态环境损害鉴定评估法律法规与标准

| 第二十部分 | 土壤生态环境损害鉴定评估相关法律法规 | 1871 |
| 第二十一部分 | 土壤环境与固废污染防治标准 | 1932 |

中篇　生态损害鉴定评估法律法规与标准

| 第二十二部分 | 生态损害鉴定评估相关法律法规 | 2058 |
| 第二十三部分 | 生态损害鉴定评估相关标准 | 2261 |

下篇　噪声、辐射、地震等环境损害鉴定评估相关法律法规与标准

| 第二十四部分 | 噪声、辐射、地震等环境损害鉴定评估相关法律法规 | 2389 |
| 第二十五部分 | 噪声辐射与地震减灾等国家标准 | 2535 |

详 目

上 卷

第一部分 生态环境损害鉴定评估相关通用法律 …… 0001

中华人民共和国宪法(2018年修正)(节录)
 2018年3月11日　全国人民代表大会公告第1号 …… 0001
中华人民共和国环境保护法(2014年修订)
 2014年4月24日　中华人民共和国主席令第9号 …… 0004
中华人民共和国环境影响评价法(2018年修正)
 2018年12月29日　中华人民共和国主席令第24号 …… 0012
中华人民共和国水土保持法(2010年修订)
 2010年12月25日　中华人民共和国主席令第39号 …… 0017
中华人民共和国土地管理法(2004年修正)
 2004年8月28日　中华人民共和国主席令第28号 …… 0024
中华人民共和国城乡规划法(2015年修正)(节录)
 2015年4月24日　中华人民共和国主席令第23号 …… 0034
中华人民共和国建筑法(2011年修正)(节录)
 2011年4月22日　中华人民共和国主席令第46号 …… 0039
中华人民共和国文物保护法(2017年修正)(节录)
 2017年11月4日　中华人民共和国主席令第81号 …… 0044
中华人民共和国农业法(2012年修正)(节录)
 2012年12月28日　中华人民共和国主席令第74号 …… 0049
中华人民共和国农村土地承包法(2018年修正)(节录)
 2018年12月29日　中华人民共和国主席令第17号 …… 0056
中华人民共和国农村土地承包经营纠纷调解仲裁法(节录)
 2009年6月27日　中华人民共和国主席令第14号 …… 0058
中华人民共和国农民专业合作社法(2017年修订)(节录)
 2017年12月27日　中华人民共和国主席令第83号 …… 0060

中华人民共和国农业技术推广法(2012年修正)(节录)
  2012年8月31日 中华人民共和国主席令第60号 …………………… 0062
中华人民共和国畜牧法(2015年修正)(节录)
  2015年4月24日 中华人民共和国主席令第26号 …………………… 0063
中华人民共和国动物防疫法(2015年修正)(节录)
  2015年4月24日 中华人民共和国主席令第24号 …………………… 0070
中华人民共和国渔业法(2013年修正)
  2013年12月28日 中华人民共和国主席令第8号 …………………… 0078
中华人民共和国清洁生产促进法(2012年修正)(节录)
  2012年2月29日 中华人民共和国主席令第54号 …………………… 0083
中华人民共和国循环经济促进法(2018年修正)(节录)
  2018年10月26日 中华人民共和国主席令第16号 …………………… 0087
中华人民共和国节约能源法(2018年修正)(节录)
  2018年10月26日 中华人民共和国主席令第16号 …………………… 0093
中华人民共和国可再生能源法(2009年修正)(节录)
  2009年12月26日 中华人民共和国主席令第23号 …………………… 0096
中华人民共和国矿产资源法(2009年修正)(节录)
  2009年8月27日 中华人民共和国主席令第18号 …………………… 0100
中华人民共和国煤炭法(2016年修正)(节录)
  2016年11月7日 中华人民共和国主席令第57号 …………………… 0102
中华人民共和国防沙治沙法(2018年修正)
  2018年10月26日 中华人民共和国主席令第16号 …………………… 0106
中华人民共和国气象法(2016年修正)(节录)
  2016年11月7日 中华人民共和国主席令第57号 …………………… 0111
中华人民共和国国家赔偿法(2012年修正)(节录)
  2012年10月26日 中华人民共和国主席令第68号 …………………… 0114
中华人民共和国劳动合同法(2012年修正)(节录)
  2012年12月28日 中华人民共和国主席令第73号 …………………… 0117
中华人民共和国侵权责任法(节录)
  2009年12月26日 中华人民共和国主席令第21号 …………………… 0122
中华人民共和国民法总则(节录)
  2017年3月15日 中华人民共和国主席令第66号 …………………… 0124
中华人民共和国民事诉讼法(2017年修正)(节录)
  2017年6月27日 中华人民共和国主席令第71号 …………………… 0127
中华人民共和国刑法(2017年修正)(节录)
  2017年11月4日 中华人民共和国主席令第80号 …………………… 0129
中华人民共和国行政许可法(节录)
  2003年8月27日 中华人民共和国主席令第7号 …………………… 0132

中华人民共和国行政复议法(2017年修正)(节录)
  2017年9月1日 中华人民共和国主席令第76号 …………… 0133
中华人民共和国行政强制法(节录)
  2011年6月30日 中华人民共和国主席令第49号 …………… 0134
中华人民共和国行政诉讼法(2017年修正)(节录)
  2017年6月27日 中华人民共和国主席令第71号 …………… 0136
中华人民共和国突发事件应对法(节录)
  2007年8月30日 中华人民共和国主席令第69号 …………… 0137
中华人民共和国安全生产法(2014年修正)(节录)
  2014年8月31日 中华人民共和国主席令第13号 …………… 0141
中华人民共和国产品质量法(2018年修正)(节录)
  2018年12月29日 中华人民共和国主席令第22号 …………… 0151
中华人民共和国标准化法(2017年修订)(节录)
  2017年11月4日 中华人民共和国主席令第78号 …………… 0155

第二部分 生态环境保护相关法规、规章及规范性文件 …………… 0158

风景名胜区条例(2016年修订)
  2016年2月6日 中华人民共和国国务院令第666号 …………… 0158
中华人民共和国自然保护区条例(2017年修正)
  2017年10月7日 中华人民共和国国务院令第687号 …………… 0164
国家环境保护总局办公厅关于加强自然保护区管理有关问题的通知
  2004年11月12日 环办〔2004〕101号 …………… 0169
自然保护区土地管理办法
  1995年9月15日 〔1995〕国土〔法〕字第117号 …………… 0170
国家级自然保护区监督检查办法(2017年修正)
  2017年12月20日 环境保护部令第47号 …………… 0173
全国污染源普查条例
  2007年10月9日 中华人民共和国国务院令第508号 …………… 0176
国务院关于加强环境保护重点工作的意见
  2011年10月17日 国发〔2011〕35号 …………… 0181
畜禽规模养殖污染防治条例
  2013年11月11日 中华人民共和国国务院令第643号 …………… 0184
中华人民共和国畜禽遗传资源进出境和对外合作研究利用审批办法
  2008年8月28日 中华人民共和国国务院令第533号 …………… 0189
关于加强乡镇煤矿环境保护工作的规定
  1997年11月2日 环发〔1997〕687号 …………… 0192

防治尾矿污染环境管理规定(2010年修正)
　　2010年12月22日　环境保护部令第16号 ·················· 0193
清洁生产审核办法
　　2016年5月16日　国家发展和改革委员会、环境保护部令第38号 ······ 0195
环境保护部关于进一步加强重点企业清洁生产审核工作的通知
　　2008年7月1日　环发〔2008〕60号 ························ 0199
国家环境保护总局关于印发重点企业清洁生产审核程序的规定的通知
　　2005年12月13日　环发〔2005〕151号 ······················ 0205
国务院办公厅关于推行环境污染第三方治理的意见
　　2014年12月27日　国办发〔2014〕69号 ····················· 0209
危险废物经营许可证管理办法(2016年修订)
　　2016年2月6日　中华人民共和国国务院令第666号 ············ 0212
危险废物转移联单管理办法
　　1999年6月22日　国家环境保护总局令第5号 ················ 0216
危险废物出口核准管理办法
　　2008年1月25日　国家环境保护总局令第47号 ··············· 0218
医疗废物管理条例(2011年修订)
　　2011年1月8日　中华人民共和国国务院令第588号 ············ 0222
医疗废物管理行政处罚办法(2010年修正)
　　2010年12月22日　环境保护部令第16号 ·················· 0229
电子废物污染环境防治管理办法
　　2007年9月27日　国家环境保护总局令第40号 ··············· 0232
危险化学品安全管理条例(2013年修订)
　　2013年12月7日　中华人民共和国国务院令第645号 ············ 0238
新化学物质环境管理办法(2010年修订)
　　2010年1月19日　环境保护部令第7号 ····················· 0255
关于禁止生产、流通、使用和进出口滴滴涕、氯丹、灭蚁灵及六氯苯的公告
　　2009年4月16日　环境保护部、国家发展和改革委员会、工业和信息化部、
　　住房城乡建设部、农业部、商务部、卫生部、海关总署、国家质量监督检验检
　　疫总局、国家安全生产监督管理总局联合公告2009年第23号 ······· 0263
废弃电器电子产品回收处理管理条例
　　2009年2月25日　中华人民共和国国务院令第551号 ············ 0264
国家危险废物名录(2016年修订)
　　2016年6月14日　环境保护部、国家发展和改革委员会、公安部令第39号 ······ 0267
突发环境事件信息报告办法
　　2011年4月18日　环境保护部令第17号 ····················· 0294

突发环境事件应急管理办法
    2015年4月16日 环境保护部令第34号 …………………………… 0297

突发环境事件调查处理办法
    2014年12月19日 环境保护部令第32号 ………………………… 0301

突发环境事件应急预案管理暂行办法
    2010年9月28日 环发〔2010〕113号 ……………………………… 0304

全国环保部门环境应急能力建设标准
    2010年12月27日 环发〔2010〕146号 ……………………………… 0308

全国环保部门环境应急能力标准化建设达标验收暂行办法
    2012年6月9日 环办〔2012〕89号 …………………………………… 0313

环境保护部关于加强环境应急管理工作的意见
    2009年11月9日 环发〔2009〕130号 ………………………………… 0314

国家突发环境事件应急预案（2014年修订）
    2014年12月29日 国办函〔2014〕119号 ………………………… 0318

国务院办公厅关于限制生产销售使用塑料购物袋的通知
    2007年12月31日 国办发〔2007〕72号 ………………………… 0327

规划环境影响评价条例
    2009年8月17日 中华人民共和国国务院令第559号 …………… 0329

国家环境保护总局关于印发《编制环境影响报告书的规划的具体范围（试行）》和《编制环境影响篇章或说明的规划的具体范围（试行）》的通知
    2004年7月3日 环发〔2004〕98号 …………………………………… 0333

专项规划环境影响报告书审查办法
    2003年10月8日 国家环境保护总局令第18号 ………………… 0336

建设项目环境影响评价分类管理名录（2018年修正）
    2018年4月28日 生态环境部令第1号 ………………………………… 0337

建设项目环境影响评价资质管理办法（2015年修订）
    2015年9月28日 环境保护部令第36号 …………………………… 0360

建设项目环境影响评价文件分级审批规定（2008年修订）
    2009年1月16日 环境保护部令第5号 ……………………………… 0367

环境保护部办公厅关于加强城市建设项目环境影响评价监督管理工作的通知
    2008年9月18日 环办〔2008〕70号 …………………………………… 0368

建设项目环境保护管理条例（2017年修订）
    2017年7月16日 中华人民共和国国务院令第682号 …………… 0371

国务院办公厅关于加强和规范新开工项目管理的通知
    2007年11月17日 国办发〔2007〕64号 ………………………… 0375

建设项目竣工环境保护验收管理办法（2010年修正）
    2010年12月22日 环境保护部令第16号 ………………………… 0377

环境保护部建设项目"三同时"监督检查和竣工环保验收管理规程(试行)
　　2009年12月17日　环发〔2009〕150号 ································· 0381
国家环境保护总局、国家工商行政管理总局关于加强中小型建设项目
环境保护管理工作有关问题的通知
　　2002年5月24日　环发〔2002〕85号 ·································· 0385
自然灾害救助条例
　　2010年7月8日　中华人民共和国国务院令第577号 ··············· 0385
军队参加抢险救灾条例
　　2005年6月7日　中华人民共和国国务院、中华人民共和国
　　中央军事委员会令第436号 ·· 0390
在国家级自然保护区修筑设施审批管理暂行办法
　　2018年3月5日　国家林业局令第50号 ································ 0391
基因工程安全管理办法
　　1993年12月24日　国家科学技术委员会第17号令 ················· 0393
环境统计管理办法
　　2006年11月4日　国家环境保护总局令第37号 ······················ 0397

第三部分　生态环境监测监察相关法规、规章及规范性文件 ·············· 0403

环境监测管理办法
　　2007年7月25日　国家环境保护总局令第39号 ······················ 0403
全国环境监测管理条例
　　1983年7月21日 ·· 0405
环境监测技术路线
　　2003年6月13日　环办〔2003〕49号 ···································· 0410
国家环境保护总局关于印发《环境监测质量管理规定》和《环境监测人员
持证上岗考核制度》的通知
　　2006年7月28日　环发〔2006〕114号 ·································· 0418
环境监测人员行为规范
　　1998年1月16日　环发〔1998〕48号 ···································· 0423
污染源自动监控管理办法
　　2005年9月19日　国家环境保护总局令第28号 ······················ 0423
污染源自动监控设施运行管理办法
　　2008年3月18日　环发〔2008〕6号 ······································ 0426
污染源自动监控设施现场监督检查办法
　　2012年2月1日　环境保护部令第19号 ································· 0429

国家环境保护总局关于开展排放口规范化整治工作的通知(2006年修正)
  2006年6月5日 国家环境保护总局令第33号 …………… 0433
气象设施和气象探测环境保护条例(2016年修正)
  2016年2月6日 中华人民共和国国务院令第666号 ……… 0434
环境监察办法
  2012年7月25日 环境保护部令第21号 ………………… 0438
国家环境保护总局办公厅关于实施环境监察人员六不准的通知
  2003年5月30日 环办〔2003〕44号 …………………… 0441
环境保护部机关"三定"实施方案
  2008年10月30日 ………………………………………………… 0442
环保举报热线工作管理办法
  2010年12月15日 环境保护部令第15号 ……………… 0458
环境保护部办公厅关于印发《010—12369环保热线系统举报件调查处理
情况填报规范(试行)》的通知
  2009年8月19日 环办〔2009〕101号 …………………… 0461
环境行政执法后督察办法
  2010年12月15日 环境保护部令第14号 ……………… 0463

第四部分 生态环境损害经济惩处与执法相关法规、规章及规范性文件 ……… 0465

排污费资金收缴使用管理办法
  2003年3月20日 财政部、国家环境保护总局令第17号 …… 0465
国家环境保护总局关于排污费征收核定有关工作的通知
  2003年4月15日 环发〔2003〕64号 …………………… 0468
国家发展和改革委员会、财政部、商务部、国土资源部、海关总署、
国家税务总局、国家环境保护总局关于控制部分高耗能、高污染、
资源性产品出口有关措施的通知
  2005年12月9日 发改经贸〔2005〕2595号 ……………… 0470
关于环保部门实行收支两条线管理后经费安排的实施办法
  2003年4月8日 财建〔2003〕64号 ……………………… 0471
商务部、国家环境保护总局关于加强出口企业环境监管的通知
  2007年10月8日 商综发〔2007〕392号 ………………… 0473
中国人民银行关于改进和加强节能环保领域金融服务工作的指导意见
  2007年6月29日 银发〔2007〕215号 …………………… 0475
国家环境保护总局、中国人民银行、中国银行业监督管理委员会
关于落实环保政策法规防范信贷风险的意见
  2007年7月12日 环发〔2007〕108号 …………………… 0477

中国银监会办公厅关于防范和控制高耗能高污染行业贷款风险的通知
  2007 年 7 月 15 日 银监办发〔2007〕161 号 …………………………… 0479
节能减排授信工作指导意见
  2007 年 11 月 23 日 银监发〔2007〕83 号 ………………………………… 0481
国家环境保护总局、中国保险监督管理委员会关于环境污染责任保险
工作的指导意见
  2007 年 12 月 4 日 环发〔2007〕189 号 …………………………………… 0484
关于对申请上市的企业和申请再融资的上市企业进行环境保护核查的规定
  2003 年 6 月 16 日 环发〔2003〕101 号 …………………………………… 0487
国家环境保护总局办公厅关于进一步规范重污染行业生产经营公司
申请上市或再融资环境保护核查工作的通知
  2007 年 8 月 13 日 环办〔2007〕105 号 …………………………………… 0488
环境保护部办公厅关于加强污染源监督性监测数据在环境执法中应用的通知
  2011 年 10 月 8 日 环办〔2011〕123 号 …………………………………… 0489
环境保护部办公厅关于进一步规范环保不达标生产企业名单
定期公布制度的通知
  2010 年 4 月 6 日 环办〔2010〕44 号 …………………………………… 0490
中华人民共和国资源税暂行条例(2011 年修订)
  2011 年 9 月 30 日 中华人民共和国国务院令第 605 号 ……………… 0491
罚款决定与罚款收缴分离实施办法
  1997 年 11 月 17 日 中华人民共和国国务院令第 235 号 ……………… 0493
违反行政事业性收费和罚没收入收支两条线管理规定行政处分暂行规定
  2000 年 2 月 12 日 中华人民共和国国务院令第 281 号 ……………… 0495

第五部分 生态环境损害执法相关法规、规章及规范性文件 …………………… 0497

最高人民法院、最高人民检察院、司法部关于将环境损害司法鉴定纳入
统一登记管理范围的通知
  2015 年 12 月 21 日 司发通〔2015〕117 号 ……………………………… 0497
司法部、环境保护部关于规范环境损害司法鉴定管理工作的通知
  2015 年 12 月 21 日 司发通〔2015〕118 号 ……………………………… 0497
司法部、环境保护部关于印发《环境损害司法鉴定机构登记评审办法》
《环境损害司法鉴定机构登记评审专家库管理办法》的通知
  2016 年 10 月 12 日 司发通〔2016〕101 号 ……………………………… 0499
环境违法案件挂牌督办管理办法
  2009 年 9 月 30 日 环办〔2009〕117 号 …………………………………… 0502

全国环保系统六项禁令
  2003年12月3日　国家环境保护总局令第5号 ………………………… 0504
环境信访办法
  2006年6月24日　国家环境保护总局令第34号 ………………………… 0504
环境行政复议办法
  2008年12月30日　环境保护部令第4号 ………………………………… 0511
企业事业单位环境信息公开办法
  2014年12月19日　环境保护部令第31号 ……………………………… 0518
党政领导干部生态环境损害责任追究办法(试行)
  2015年8月17日 …………………………………………………………… 0520
环境保护违法违纪行为处分暂行规定
  2006年2月20日　监察部、国家环境保护总局令第10号 ……………… 0522
规范环境行政处罚自由裁量权若干意见
  2009年3月11日　环发〔2009〕24号 …………………………………… 0525
关于规范行使环境监察执法自由裁量权的指导意见
  2009年9月1日　环办〔2009〕107号 …………………………………… 0529
环境行政处罚办法(2010年修订)
  2010年1月19日　环境保护部令第8号 ………………………………… 0531
环境行政处罚听证程序规定
  2010年12月27日　环办〔2010〕174号 ………………………………… 0541
环境保护部办公厅关于印发《环境行政处罚主要文书制作指南》的通知
  2010年4月16日　环办〔2010〕51号 …………………………………… 0547
国家环境保护总局关于"不正常使用"污染物处理设施违法认定和
处罚的意见
  2003年11月11日　环发〔2003〕177号 ………………………………… 0548
环境保护行政执法与刑事司法衔接工作办法
  2017年1月25日　环环监〔2017〕17号 ………………………………… 0549
渔业行政处罚规定
  1998年1月5日　农业部令第36号 ……………………………………… 0554
行政机关公务员处分条例
  2007年4月22日　中华人民共和国国务院令第495号 ………………… 0557
生态环境损害赔偿制度改革方案
  2017年12月　中办发〔2017〕68号 ……………………………………… 0561
环境保护部关于转发全国人大法工委《对违法排污行为适用行政拘留
处罚问题的意见》的通知
  2008年7月4日　环发〔2008〕62号 ……………………………………… 0564

最高人民法院、最高人民检察院关于办理环境污染刑事案件适用法律
若干问题的解释
  2016年12月23日 法释〔2016〕29号 …………………………… 0566
最高人民法院关于审理环境民事公益诉讼案件适用法律若干问题的解释
  2015年1月6日 法释〔2015〕1号 ……………………………… 0569
最高人民检察院、全国整顿和规范市场经济秩序领导小组办公室、公安部、
监察部关于在行政执法中及时移送涉嫌犯罪案件的意见
  2006年1月26日 高检会〔2006〕2号 …………………………… 0573
最高人民法院关于审理环境侵权责任纠纷案件适用法律若干问题的解释
  2015年6月1日 法释〔2015〕12号 ……………………………… 0575
最高人民法院关于审理人身损害赔偿案件适用法律若干问题的解释
  2003年12月26日 法释〔2003〕20号 …………………………… 0577
最高人民检察院关于渎职侵权犯罪案件立案标准的规定(节录)
  2006年7月26日 高检发释字〔2006〕2号 ……………………… 0582
行政执法机关移送涉嫌犯罪案件的规定
  2001年7月9日 中华人民共和国国务院令第310号 …………… 0588
最高人民法院关于行政诉讼证据若干问题的规定
  2002年7月24日 法释〔2002〕21号 ……………………………… 0591
国土资源部立案查处国土资源违法行为工作规范(试行)
  2016年11月16日 国土资规〔2016〕13号 ……………………… 0600
环境行政处罚证据指南(节录)
  2011年5月30日 环办〔2011〕66号 ……………………………… 0605

第六部分 生态环境保护工业污染物排放标准 ……………………… 0616

合成树脂工业污染物排放标准(节录)
  2015年4月16日发布 2015年7月1日实施 …………………… 0616
无机化学工业污染物排放标准(节录)
  2015年4月16日发布 2015年7月1日实施 …………………… 0634
味精工业污染物排放标准(节录)
  2004年1月18日发布 2004年4月1日实施 …………………… 0650
啤酒工业污染物排放标准(节录)
  2005年7月18日发布 2006年1月1日实施 …………………… 0652
煤炭工业污染物排放标准(节录)
  2006年9月1日发布 2006年10月1日实施 …………………… 0655
烧碱、聚氯乙烯工业污染物排放标准(节录)
  2016年8月22日发布 2016年9月1日实施 …………………… 0660

电镀污染物排放标准(节录)
 2008 年 6 月 25 日发布 2008 年 8 月 1 日实施 ………………………… 0670
炼焦化学工业污染物排放标准(节录)
 2012 年 6 月 27 日发布 2012 年 10 月 1 日实施 ………………………… 0677
合成革与人造革工业污染物排放标准(节录)
 2008 年 6 月 25 日发布 2008 年 8 月 1 日实施 ………………………… 0686
陶瓷工业污染物排放标准(节录)
 2010 年 9 月 27 日发布 2010 年 10 月 1 日实施 ………………………… 0692
铝工业污染物排放标准(节录)
 2010 年 9 月 27 日发布 2010 年 10 月 1 日实施 ………………………… 0700
铅、锌工业污染物排放标准(节录)
 2010 年 9 月 27 日发布 2010 年 10 月 1 日实施 ………………………… 0707
铜、镍、钴工业污染物排放标准(节录)
 2010 年 9 月 27 日发布 2010 年 10 月 1 日实施 ………………………… 0713
镁、钛工业污染物排放标准(节录)
 2010 年 9 月 27 日发布 2010 年 10 月 1 日实施 ………………………… 0721
硝酸工业污染物排放标准(节录)
 2010 年 12 月 30 日发布 2011 年 3 月 1 日实施 ………………………… 0727
硫酸工业污染物排放标准(节录)
 2010 年 12 月 30 日发布 2011 年 3 月 1 日实施 ………………………… 0732
稀土工业污染物排放标准(节录)
 2011 年 1 月 24 日发布 2011 年 10 月 1 日实施 ………………………… 0738
钒工业污染物排放标准(节录)
 2011 年 4 月 2 日发布 2011 年 10 月 1 日实施 ………………………… 0747
橡胶制品工业污染物排放标准(节录)
 2011 年 10 月 27 日发布 2012 年 1 月 1 日实施 ………………………… 0754
铁矿采选工业污染物排放标准(节录)
 2012 年 6 月 27 日发布 2012 年 10 月 1 日实施 ………………………… 0760
铁合金工业污染物排放标准(节录)
 2012 年 6 月 27 日发布 2012 年 10 月 1 日实施 ………………………… 0767
电池工业污染物排放标准(节录)
 2013 年 12 月 27 日发布 2014 年 3 月 1 日实施 ………………………… 0772
石油炼制工业污染物排放标准(节录)
 2015 年 4 月 16 日发布 2015 年 7 月 1 日实施 ………………………… 0782
再生铜、铝、铅、锌工业污染物排放标准(节录)
 2015 年 4 月 16 日发布 2015 年 7 月 1 日实施 ………………………… 0795

城镇污水处理厂污染物排放标准(2006年修订)(节录)
  2006年5月8日发布 2006年5月8日实施 ……………………… 0805

第七部分 生态环境保护清洁生产行业标准 …………………… 0808

清洁生产标准 钢铁工业(中厚板轧钢)(节录)
  2006年11月22日发布 2007年2月1日实施 ……………… 0808

清洁生产标准 铁矿采选业(节录)
  2006年8月15日发布 2006年12月1日实施 ……………… 0811

清洁生产标准 乳制品制造业(纯牛乳及全脂乳粉)(节录)
  2006年11月22日发布 2007年2月1日实施 ……………… 0818

清洁生产标准 基本化学原料制造业(环氧乙烷/乙二醇)(节录)
  2006年7月3日发布 2006年10月1日实施 …………………… 0821

清洁生产标准 氮肥制造业(节录)
  2006年7月3日发布 2006年10月1日实施 …………………… 0825

清洁生产标准 甘蔗制糖业(节录)
  2006年7月3日发布 2006年10月1日实施 …………………… 0829

清洁生产标准 纺织业(棉印染)(节录)
  2006年7月3日发布 2006年10月1日实施 …………………… 0832

清洁生产标准 食用植物油工业(豆油和豆粕)(节录)
  2006年7月3日发布 2006年10月1日实施 …………………… 0836

清洁生产标准 啤酒制造业(节录)
  2006年7月3日发布 2006年10月1日实施 …………………… 0839

清洁生产标准 石油炼制业(沥青)(节录)
  2008年9月27日发布 2008年11月1日实施 ………………… 0843

清洁生产标准 味精工业(节录)
  2008年9月27日发布 2008年11月1日实施 ………………… 0848

清洁生产标准 淀粉工业(节录)
  2008年9月27日发布 2008年11月1日实施 ………………… 0851

清洁生产标准 煤炭采选业(节录)
  2008年11月21日发布 2009年2月1日实施 ………………… 0854

清洁生产标准 制革工业(牛轻革)(节录)
  2008年11月21日发布 2009年2月1日实施 ………………… 0856

清洁生产标准 印制电路板制造业(节录)
  2008年11月21日发布 2009年2月1日实施 ………………… 0860

清洁生产标准 葡萄酒制造业(节录)
  2008年12月24日发布 2009年3月1日实施 ………………… 0864

清洁生产标准 人造板行业(中密度纤维板)(节录)
  2006年11月22日发布 2007年2月1日实施 ………………………… 0868
清洁生产标准 电解铝业(节录)
  2006年7月3日发布 2006年10月1日实施 …………………………… 0871
清洁生产标准 水泥工业(节录)
  2009年3月25日发布 2009年7月1日实施 …………………………… 0874
钢铁工业发展循环经济环境保护导则(节录)
  2009年3月14日发布 2009年7月1日实施 …………………………… 0879
铝工业发展循环经济环境保护导则(节录)
  2009年3月14日发布 2009年7月1日实施 …………………………… 0880
车用汽油有害物质控制标准(第四、五阶段)(节录)
  2011年2月14日发布 2011年5月1日实施 …………………………… 0881
车用柴油有害物质控制标准(第四、五阶段)(节录)
  2011年2月14日发布 2011年5月1日实施 …………………………… 0882

第八部分 生态环境保护工程规划设计与损害鉴定标准 ……………… 0884

城市污水再生回灌农田安全技术规范(节录)
  2008年6月27日发布 2008年10月1日实施 ………………………… 0884
畜禽养殖污水贮存设施设计要求(节录)
  2011年6月16日发布 2011年11月1日实施 ………………………… 0886
铜选矿厂废水回收利用规范(节录)
  2013年11月27日发布 2014年8月1日实施 ………………………… 0888
铜矿山酸性废水综合处理规范(节录)
  2013年11月27日发布 2014年8月1日实施 ………………………… 0890
室外排水设计规范(2016年修改)(节录)
  2016年6月28日发布 2016年8月1日实施 …………………………… 0895
煤炭工业矿区总体规划规范(节录)
  2008年12月15日发布 2009年8月1日实施 ………………………… 0896
输油管道工程设计规范(节录)
  2014年6月23日发布 2015年4月1日实施 …………………………… 0898
油气输送管道跨越工程施工规范(节录)
  2015年11月12日发布 2016年6月1日实施 ………………………… 0900
石油库设计规范(节录)
  2014年7月13日发布 2015年5月1日实施 …………………………… 0902
综合类生态工业园区标准(2012年修订)(节录)
  2012年8月6日发布 2012年8月6日实施 …………………………… 0906

生态环境损害鉴定评估技术指南　总纲
　　2016年6月29日发布 ···················· 0908
生态环境损害鉴定评估技术指南　损害调查
　　2016年6月29日发布 ···················· 0916

中　卷

上篇　大气环境损害鉴定评估相关法律法规与标准

第九部分　大气环境损害鉴定评估相关法律法规 ···················· 0931

中华人民共和国大气污染防治法(2018年修正)
　　2018年10月26日　中华人民共和国主席令第16号 ···················· 0931
大气污染防治行动计划
　　2013年9月10日　国发〔2013〕37号 ···················· 0946
加强大气污染治理重点城市煤炭消费总量控制工作方案
　　2015年5月13日　发改环资〔2015〕1015号 ···················· 0954
汽车排气污染监督管理办法(2010年修正)(节录)
　　2010年12月22日　环境保护部令第16号 ···················· 0957
消耗臭氧层物质管理条例(2018年修正)
　　2018年3月19日　中华人民共和国国务院令第698号 ···················· 0960
关于发布《中国受控消耗臭氧层物质清单》的公告
　　2010年9月27日　环境保护部、国家发展和改革委员会、
　　工业和信息化部公告2010年第72号 ···················· 0965
消耗臭氧层物质进出口管理办法
　　2014年1月21日　环境保护部、商务部、海关总署令第26号 ···················· 0970
环境保护部关于生产和使用消耗臭氧层物质建设项目管理有关工作的通知
　　2018年1月23日　环大气〔2018〕5号 ···················· 0973
燃煤发电机组脱硫电价及脱硫设施运行管理办法(试行)
　　2007年5月29日　发改价格〔2007〕1176号 ···················· 0974
关于划分高污染燃料的规定
　　2001年4月2日　环发〔2001〕37号 ···················· 0977
国家环境保护总局关于加强燃煤电厂二氧化硫污染防治工作的通知
　　2003年9月15日　环发〔2003〕159号 ···················· 0978

第十部分 大气环境损害鉴定评估相关国家标准 ·············· 0980

环境空气质量标准(2018年修订)(节录)
  2018年8月13日发布 2018年9月1日实施 ············· 0980
室内空气质量标准(节录)
  2002年11月19日发布 2003年3月1日实施 ············· 0985
水泥工业大气污染物排放标准(节录)
  2013年12月27日发布 2014年3月1日实施 ············· 0987
工业炉窑大气污染物排放标准(节录)
  1996年3月7日批准 1999年1月1日实施 ············· 0991
火电厂大气污染物排放标准(节录)
  2011年7月29日发布 2012年1月1日实施 ············· 0998
锅炉大气污染物排放标准(节录)
  2014年5月16日发布 2014年7月1日实施 ············· 1002
恶臭污染物排放标准(节录)
  1993年8月6日发布 1994年1月15日实施 ············· 1005
大气污染物综合排放标准(节录)
  1996年4月12日批准 1997年1月1日实施 ············· 1008
饮食业油烟排放标准(试行)(节录)
  2001年11月12日发布 2002年1月1日实施 ············· 1011
储油库大气污染物排放标准(节录)
  2007年6月22日发布 2007年8月1日实施 ············· 1014
汽油运输大气污染物排放标准(节录)
  2007年6月22日发布 2007年8月1日实施 ············· 1016
加油站大气污染物排放标准(节录)
  2007年6月22日发布 2007年8月1日实施 ············· 1018
煤层气(煤矿瓦斯)排放标准(暂行)(节录)
  2008年4月2日发布 2008年7月1日实施 ············· 1023
平板玻璃工业大气污染物排放标准(节录)
  2011年4月2日发布 2011年10月1日实施 ············· 1026
钢铁烧结、球团工业大气污染物排放标准(节录)
  2012年6月27日发布 2012年10月1日实施 ············· 1031
炼铁工业大气污染物排放标准(节录)
  2012年6月27日发布 2012年10月1日实施 ············· 1035
炼钢工业大气污染物排放标准(节录)
  2012年6月27日发布 2012年10月1日实施 ············· 1038

轧钢工业大气污染物排放标准(节录)
　　2012 年 6 月 27 日发布　2012 年 10 月 1 日实施 ………………… 1042
电子玻璃工业大气污染物排放标准(节录)
　　2013 年 3 月 14 日发布　2013 年 7 月 1 日实施 …………………… 1047
砖瓦工业大气污染物排放标准(节录)
　　2013 年 9 月 17 日发布　2014 年 1 月 1 日实施 …………………… 1051
危险废物焚烧污染控制标准(节录)
　　2001 年 11 月 12 日发布　2002 年 1 月 1 日实施 ………………… 1054
医疗废物焚烧环境卫生标准(节录)
　　2008 年 6 月 19 日发布　2009 年 4 月 1 日实施 …………………… 1059
铅酸蓄电池环保设施运行技术规范　第 2 部分:酸雾处理系统(节录)
　　2015 年 10 月 9 日发布　2016 年 5 月 1 日实施 …………………… 1067
长途客车内空气质量要求(节录)
　　2009 年 6 月 4 日发布　2010 年 1 月 1 日实施 …………………… 1069
室内装饰装修材料　人造板及其制品中甲醛释放限量(节录)
　　2017 年 4 月 22 日发布　2018 年 5 月 1 日实施 …………………… 1070
农用运输车自由加速烟度排放限值及测量方法(节录)
　　2002 年 1 月 4 日发布　2002 年 7 月 1 日实施 …………………… 1071
车用压燃式发动机和压燃式发动机汽车排气烟度排放限值及测量方法(节录)
　　2005 年 5 月 30 日发布　2005 年 7 月 1 日实施 …………………… 1073
点燃式发动机汽车排气污染物排放限值及测量方法(双怠速法及简易
工况法)(节录)
　　2005 年 5 月 30 日发布　2005 年 7 月 1 日实施 …………………… 1076
摩托车和轻便摩托车排气烟度排放限值及测量方法(节录)
　　2005 年 5 月 30 日发布　2005 年 7 月 1 日实施 …………………… 1079
摩托车和轻便摩托车排气污染物排放限值及测量方法(双怠速法)(节录)
　　2011 年 5 月 12 日发布　2011 年 10 月 1 日实施 ………………… 1081
轻便摩托车污染物排放限值及测量方法(中国第四阶段)(节录)
　　2016 年 8 月 22 日发布　2018 年 7 月 1 日实施 …………………… 1083
非道路移动机械用柴油机排气污染物排放限值及测量方法(中国第三、
四阶段)(节录)
　　2014 年 5 月 16 日发布　2014 年 10 月 1 日实施 ………………… 1087
非道路移动机械用小型点燃式发动机排气污染物排放限值与测量方法
(中国第一、二阶段)(节录)
　　2010 年 12 月 30 日发布　2011 年 3 月 1 日实施 ………………… 1094

第十一部分 大气环境损害鉴定评估相关地方标准选录 ······ 1101

北京市锅炉大气污染物排放标准（节录）
  2015 年 5 月 13 日发布　2015 年 7 月 1 日实施 ······ 1101

北京市储油库油气排放控制和限值（节录）
  2010 年 1 月 12 日发布　2010 年 7 月 1 日实施 ······ 1105

北京市油罐车油气排放控制和限值（节录）
  2010 年 1 月 12 日发布　2010 年 7 月 1 日实施 ······ 1107

北京市加油站油气排放控制和限值（节录）
  2010 年 1 月 12 日发布　2010 年 7 月 1 日实施 ······ 1109

北京市炼油与石油化学工业大气污染物排放标准（节录）
  2015 年 5 月 13 日发布　2015 年 7 月 1 日实施 ······ 1115

北京市大气污染物综合排放标准（节录）
  2017 年 1 月 10 日发布　2017 年 3 月 1 日实施 ······ 1125

北京市生活垃圾焚烧大气污染物排放标准（节录）
  2008 年 7 月 24 日发布　2008 年 7 月 24 日实施 ······ 1129

北京市危险废物焚烧大气污染物排放标准（节录）
  2007 年 10 月 31 日发布　2008 年 1 月 1 日实施 ······ 1132

北京市铸锻工业大气污染物排放标准（节录）
  2012 年 10 月 29 日发布　2013 年 1 月 1 日实施 ······ 1134

天津市锅炉大气污染物排放标准（节录）
  2016 年 7 月 25 日发布　2016 年 8 月 1 日实施 ······ 1140

河北省钢铁工业大气污染物排放标准（节录）
  2015 年 2 月 15 日发布　2015 年 3 月 1 日实施 ······ 1143

河北省环境空气质量　非甲烷总烃限值（节录）
  2012 年 7 月 31 日发布　2012 年 8 月 15 日实施 ······ 1149

河北省工业炉窑大气污染物排放标准（节录）
  2012 年 11 月 28 日发布　2013 年 4 月 1 日实施 ······ 1151

河北省石灰行业大气污染物排放标准（节录）
  2012 年 11 月 28 日发布　2013 年 4 月 1 日实施 ······ 1155

黑龙江省糠醛工业大气污染物排放标准（节录）
  2010 年 8 月 11 日批准　2010 年 9 月 1 日实施 ······ 1159

上海市锅炉大气污染物排放标准（节录）
  2018 年 6 月 7 日发布　2018 年 6 月 7 日实施 ······ 1160

上海市铅蓄电池行业大气污染物排放标准（节录）
  2012 年 7 月 20 日发布　2012 年 8 月 1 日实施 ······ 1164

厦门市大气污染物排放标准(节录)
　　2011年12月20日发布　2012年1月1日实施 ·········· 1167
福建省水泥工业大气污染物排放标准(节录)
　　2013年1月21日发布　2013年4月1日实施 ··········· 1171
山东省火电厂大气污染物排放标准(节录)
　　2013年5月24日发布　2013年9月1日实施 ··········· 1176
山东省建材工业大气污染物排放标准(节录)
　　2018年7月3日发布　2019年1月1日实施 ············ 1181
山东省锅炉大气污染物排放标准(节录)
　　2018年7月3日发布　2019年1月1日实施 ············ 1191
山东省工业炉窑大气污染物排放标准(节录)
　　2013年5月24日发布　2013年9月1日实施 ··········· 1196
山东省区域性大气污染物综合排放标准(节录)
　　2013年5月24日发布　2013年9月1日实施 ··········· 1200
广东省大气污染物排放限值(节录)
　　2001年8月20日发布　2002年1月1日实施 ··········· 1206
广东省锅炉大气污染物排放标准(节录)
　　2010年6月9日发布　2010年11月1日实施 ·········· 1213
广东省家具制造行业挥发性有机化合物排放标准(节录)
　　2010年10月22日发布　2010年11月1日实施 ········· 1219
广东省印刷行业挥发性有机化合物排放标准(节录)
　　2010年10月22日发布　2010年11月1日实施 ········· 1222
广东省表面涂装(汽车制造业)挥发性有机化合物排放标准(节录)
　　2010年10月22日发布　2010年11月1日实施 ········· 1226
广东省制鞋行业挥发性有机化合物排放标准(节录)
　　2010年10月22日发布　2010年11月1日实施 ········· 1230
广东省水泥工业大气污染物排放标准(节录)
　　2010年10月22日发布　2010年11月1日实施 ········· 1233
重庆市水泥工业大气污染物排放标准(节录)
　　2016年1月22日发布　2016年2月1日实施 ··········· 1238
重庆市大气污染物综合排放标准(节录)
　　2016年1月22日发布　2016年2月1日实施 ··········· 1244

中篇　水生态环境损害鉴定评估相关法律法规与标准

第十二部分　水生态环境损害鉴定评估相关法律法规 ············ 1252

中华人民共和国水法(2016年修正)
　　2016年7月2日　中华人民共和国主席令第48号 ········· 1252

中华人民共和国水污染防治法(2017年修正)
    2017年6月27日　中华人民共和国主席令第70号 …………… 1262
中华人民共和国防洪法(2016年修正)
    2016年7月2日　中华人民共和国主席令第48号 ……………… 1275
水污染防治行动计划
    2015年4月16日　国发〔2015〕17号 ……………………………… 1284
饮用水水源保护区污染防治管理规定(2010年修正)
    2010年12月22日　环境保护部令第16号 ………………………… 1295
国家环境保护总局、国家发展和改革委员会、财政部、建设部、交通部、
水利部、农业部关于加强河流污染防治工作的通知
    2007年12月29日　环发〔2007〕201号 …………………………… 1298
取水许可管理办法(2017年修正)
    2017年12月22日　水利部令第49号 ……………………………… 1301
取水许可和水资源费征收管理条例(2017年修正)
    2017年3月1日　中华人民共和国国务院令第676号 …………… 1308
国务院关于实行最严格水资源管理制度的意见
    2012年1月12日　国发〔2012〕3号 ……………………………… 1316
实行最严格水资源管理制度考核办法
    2013年1月2日　国办发〔2013〕2号 …………………………… 1320
水利部办公厅关于加强农业取水许可管理的通知
    2015年8月19日　办资源〔2015〕175号 ………………………… 1325
水利部关于授予黄河水利委员会取水许可管理权限的通知
    1994年5月21日　水政资〔1994〕197号 ………………………… 1328
水利部关于授予长江水利委员会取水许可管理权限的通知
    1994年10月7日　水政资〔1994〕438号 ………………………… 1329
水利部关于授予海河水利委员会取水许可管理权限的通知
    1994年10月22日　水政资〔1994〕460号 ……………………… 1331
水利部关于授予淮河水利委员会取水许可管理权限的通知
    1994年7月4日　水政资〔1994〕276号 ………………………… 1333
水利部关于授予珠江水利委员会取水许可管理权限的通知
    1994年12月23日　水政资〔1994〕555号 ……………………… 1334
水利部关于授予松辽水利委员会取水许可管理权限的通知
    1994年12月23日　水政资〔1994〕554号 ……………………… 1336
水利部关于授予太湖流域管理局取水许可管理权限的通知
    1995年1月10日　水政资〔1995〕7号 …………………………… 1337
水利部关于国际跨界河流、国际边界河流和跨省(自治区)内陆河流取水
许可管理权限的通知
    1996年1月3日　水政资〔1996〕5号 …………………………… 1339

黄河水量调度条例
　　2006年7月24日　中华人民共和国国务院令第472号 …………… 1341
黄河水量调度条例实施细则(试行)
　　2007年11月20日　水资源〔2007〕469号 ………………………… 1346
国家发展改革委、环境保护部关于加强长江黄金水道环境污染防控治理
的指导意见
　　2016年2月23日　发改环资〔2016〕370号 ……………………… 1349
长江渔业资源管理规定(2004年修正)
　　2004年7月1日　农业部令第38号 …………………………………… 1354
淮河流域水污染防治暂行条例(2011年修正)
　　2011年1月8日　中华人民共和国国务院令第588号 ……………… 1357
太湖流域管理条例
　　2011年9月7日　中华人民共和国国务院令第604号 ……………… 1360
环境保护部关于预防与处置跨省界水污染纠纷的指导意见
　　2008年7月7日　环发〔2008〕64号 ………………………………… 1370
水利部关于城市规划区地下水取水许可管理有关问题的通知
　　1998年8月28日　水政资〔1998〕334号 …………………………… 1372
国务院关于全国地下水污染防治规划(2011—2020年)的批复
　　2011年10月10日　国函〔2011〕119号 …………………………… 1373
中央机构编制委员会办公室关于矿泉水地热水管理职责分工问题的通知
　　1998年12月16日　中编办发〔1998〕14号 ………………………… 1374
城市供水条例(2018年修正)
　　2018年3月19日　中华人民共和国国务院令第698号 …………… 1375
城市供水价格管理办法(2004年修订)
　　2004年11月29日 ………………………………………………………… 1378
城市供水水质管理规定
　　2007年3月1日　建设部令第156号 ………………………………… 1382
城市节约用水管理规定
　　1988年12月20日　建设部令第1号 ………………………………… 1386

第十三部分　水质及工业水污染物排放国家标准 …………………… 1388

地表水环境质量标准
　　2002年4月28日发布　2002年6月1日实施 ……………………… 1388
地下水质量标准
　　2017年10月14日发布　2018年5月1日实施 …………………… 1399
农田灌溉水质标准(节录)
　　2005年7月21日发布　2006年11月1日实施 …………………… 1406

生活饮用水卫生标准(节录)

  2006 年 12 月 29 日发布 2007 年 7 月 1 日实施 ·············· 1409

饮用天然矿泉水(节录)

  2008 年 12 月 29 日发布 2009 年 10 月 1 日实施 ·············· 1416

污水综合排放标准(1999 年修订)(节录)

  1999 年 12 月 15 日发布 1999 年 12 月 15 日实施 ·············· 1419

麻纺工业水污染物排放标准(节录)

  2012 年 10 月 19 日发布 2013 年 1 月 1 日实施 ·············· 1421

制革及毛皮加工工业水污染物排放标准(节录)

  2013 年 12 月 27 日发布 2014 年 3 月 1 日实施 ·············· 1424

制浆造纸工业水污染物排放标准(节录)

  2008 年 6 月 25 日发布 2008 年 8 月 1 日实施 ·············· 1428

船舶工业污染物排放标准(节录)

  1984 年 5 月 18 日发布 1985 年 3 月 1 日实施 ·············· 1432

纺织染整工业水污染物排放标准(2015 年修订)(节录)

  2015 年 3 月 27 日发布 2015 年 3 月 27 日实施 ·············· 1437

钢铁工业水污染物排放标准(节录)

  2012 年 6 月 27 日发布 2012 年 10 月 1 日实施 ·············· 1441

肉类加工工业水污染物排放标准(节录)

  1992 年 5 月 18 日发布 1992 年 7 月 1 日实施 ·············· 1447

合成氨工业水污染物排放标准(节录)

  2013 年 3 月 14 日发布 2013 年 7 月 1 日实施 ·············· 1450

航天推进剂水污染物排放与分析方法标准(节录)

  1993 年 5 月 22 日发布 1993 年 12 月 1 日实施 ·············· 1454

兵器工业水污染物排放标准 火炸药(节录)

  2002 年 11 月 18 日发布 2003 年 7 月 1 日实施 ·············· 1456

兵器工业水污染物排放标准 火工药剂(节录)

  2002 年 11 月 18 日发布 2003 年 7 月 1 日实施 ·············· 1460

弹药装药行业水污染物排放标准(节录)

  2011 年 4 月 29 日发布 2012 年 1 月 1 日实施 ·············· 1464

磷肥工业水污染物排放标准(节录)

  2011 年 4 月 2 日发布 2011 年 10 月 1 日实施 ·············· 1468

杂环类农药工业水污染物排放标准(节录)

  2008 年 4 月 2 日发布 2008 年 7 月 1 日实施 ·············· 1471

羽绒工业水污染物排放标准(节录)

  2008 年 6 月 25 日发布 2008 年 8 月 1 日实施 ·············· 1477

医疗机构水污染物排放标准(节录)
　　2005 年 7 月 27 日发布　2006 年 1 月 1 日实施 ·················· 1480
发酵类制药工业水污染物排放标准(节录)
　　2008 年 6 月 25 日发布　2008 年 8 月 1 日实施 ·················· 1485
化学合成类制药工业水污染物排放标准(节录)
　　2008 年 6 月 25 日发布　2008 年 8 月 1 日实施 ·················· 1488
提取类制药工业水污染物排放标准(节录)
　　2008 年 6 月 25 日发布　2008 年 8 月 1 日实施 ·················· 1491
中药类制药工业水污染物排放标准(节录)
　　2008 年 6 月 25 日发布　2008 年 8 月 1 日实施 ·················· 1494
生物工程类制药工业水污染物排放标准(节录)
　　2008 年 6 月 25 日发布　2008 年 8 月 1 日实施 ·················· 1497
混装制剂类制药工业水污染物排放标准(节录)
　　2008 年 6 月 25 日发布　2008 年 8 月 1 日实施 ·················· 1500
制糖工业水污染物排放标准(节录)
　　2008 年 6 月 25 日发布　2008 年 8 月 1 日实施 ·················· 1502
淀粉工业水污染物排放标准(节录)
　　2010 年 9 月 27 日发布　2010 年 10 月 1 日实施 ················· 1505
酵母工业水污染物排放标准(节录)
　　2010 年 9 月 27 日发布　2010 年 10 月 1 日实施 ················· 1508
油墨工业水污染物排放标准(节录)
　　2010 年 9 月 27 日发布　2010 年 10 月 1 日实施 ················· 1511
发酵酒精和白酒工业水污染物排放标准(节录)
　　2011 年 10 月 27 日发布　2012 年 1 月 1 日实施 ················· 1516
缫丝工业水污染物排放标准(节录)
　　2012 年 10 月 19 日发布　2013 年 1 月 1 日实施 ················· 1519
毛纺工业水污染物排放标准(节录)
　　2012 年 10 月 19 日发布　2013 年 1 月 1 日实施 ················· 1521
柠檬酸工业水污染物排放标准(节录)
　　2013 年 3 月 14 日发布　2013 年 7 月 1 日实施 ·················· 1524
皂素工业水污染物排放标准(节录)
　　2006 年 9 月 1 日发布　2007 年 1 月 1 日实施 ··················· 1527
汽车维修业水污染物排放标准(节录)
　　2011 年 7 月 29 日发布　2012 年 1 月 1 日实施 ·················· 1529

第十四部分　水质及污水排放地方标准选录 ·················· 1533

北京市水污染物综合排放标准(节录)
　　2013 年 12 月 20 日发布　2014 年 1 月 1 日实施 ················· 1533

北京市城镇污水处理厂水污染物排放标准(节录)
  2012 年 5 月 28 日发布 2012 年 7 月 1 日实施 …………………… 1535
上海市污水综合排放标准(节录)
  2009 年 5 月 26 日发布 2009 年 10 月 1 日实施 ………………… 1539
辽宁省污水综合排放标准(节录)
  2008 年 7 月 1 日发布 2008 年 8 月 1 日实施 …………………… 1542

下篇 海洋生态环境损害鉴定评估相关法律法规与标准

第十五部分 海洋生态环境损害鉴定评估相关法律法规 ……… 1547

中华人民共和国海洋环境保护法(2017 年修正)
  2017 年 11 月 4 日 中华人民共和国主席令第 81 号 ………… 1547
中华人民共和国海域使用管理法
  2001 年 10 月 27 日 中华人民共和国主席令第 61 号 ………… 1558
中华人民共和国海岛保护法
  2009 年 12 月 26 日 中华人民共和国主席令第 22 号 ………… 1564
中华人民共和国渔业法(2013 年修正)
  2013 年 12 月 28 日 中华人民共和国主席令第 8 号 …………… 1570
中华人民共和国防治陆源污染物污染损害海洋环境管理条例
  1990 年 6 月 22 日 中华人民共和国国务院令第 61 号 ………… 1575
中华人民共和国防治海岸工程建设项目污染损害海洋环境管理条例
(2018 年修正)
  2018 年 3 月 19 日 中华人民共和国国务院令第 698 号 ……… 1579
防治海洋工程建设项目污染损害海洋环境管理条例(2018 年修正)
  2018 年 3 月 19 日 中华人民共和国国务院令第 698 号 ……… 1582
近岸海域环境功能区管理办法(2010 年修正)
  2010 年 12 月 22 日 环境保护部令第 16 号 …………………… 1589
中华人民共和国海洋石油勘探开发环境保护管理条例
  1983 年 12 月 29 日 国发〔1983〕202 号 ………………………… 1592
防治船舶污染海洋环境管理条例(2018 年修正)
  2018 年 3 月 19 日 中华人民共和国国务院令第 698 号 ……… 1596
中华人民共和国海洋倾废管理条例(2017 年修正)
  2017 年 3 月 1 日 中华人民共和国国务院令第 676 号 ………… 1605
中华人民共和国海洋倾废管理条例实施办法(2017 年修正)
  2017 年 12 月 29 日 国土资源部令第 78 号 …………………… 1608

第十六部分　海洋监测规范 · · · · · · 1613

　　海洋监测规范　第1部分：总则（节录）
　　　2007年10月18日发布　2008年5月1日实施 · · · · · · 1613
　　海洋监测规范　第2部分：数据处理与分析质量控制（节录）
　　　2007年10月18日发布　2008年5月1日实施 · · · · · · 1628
　　海洋监测规范　第3部分：样品采集、贮存与运输（节录）
　　　2007年10月18日发布　2008年5月1日实施 · · · · · · 1631
　　海洋监测规范　第4部分：海水分析（节录）
　　　2007年10月18日发布　2008年5月1日实施 · · · · · · 1646
　　海洋监测规范　第5部分：沉积物分析（节录）
　　　2007年10月18日发布　2008年5月1日实施 · · · · · · 1683
　　海洋监测规范　第6部分：生物体分析（节录）
　　　2007年10月18日发布　2008年5月1日实施 · · · · · · 1702
　　海洋监测规范　第7部分：近海污染生态调查和生物监测（节录）
　　　2007年10月18日发布　2008年5月1日实施 · · · · · · 1719

第十七部分　海洋监测技术规程 · · · · · · 1736

　　海洋监测技术规程　第1部分：海水（节录）
　　　2013年4月25日发布　2013年5月1日实施 · · · · · · 1736
　　海洋监测技术规程　第2部分：沉积物（节录）
　　　2013年4月25日发布　2013年5月1日实施 · · · · · · 1754
　　海洋监测技术规程　第3部分：生物体（节录）
　　　2013年4月25日发布　2013年5月1日实施 · · · · · · 1758
　　海洋监测技术规程　第4部分：海洋大气（节录）
　　　2013年4月25日发布　2013年5月1日实施 · · · · · · 1767
　　海洋监测技术规程　第5部分：海洋生态（节录）
　　　2013年4月25日发布　2013年5月1日实施 · · · · · · 1776
　　海洋监测技术规程　第6部分：海洋水文、气象与海冰（节录）
　　　2013年4月25日发布　2013年5月1日实施 · · · · · · 1787

第十八部分　渔业生态环境监测规范 · · · · · · 1790

　　渔业生态环境监测规范　第1部分：总则（节录）
　　　2007年6月14日发布　2007年9月1日实施 · · · · · · 1790
　　渔业生态环境监测规范　第2部分：海洋（节录）
　　　2007年6月14日发布　2007年9月1日实施 · · · · · · 1795

渔业生态环境监测规范　第3部分：淡水（节录）
　　2007年6月14日发布　2007年9月1日实施 …… 1808
渔业生态环境监测规范　第4部分：资料处理与报告编制（节录）
　　2007年6月14日发布　2007年9月1日实施 …… 1816

第十九部分　海洋渔业生态环境标准 …… 1821

海水水质标准（节录）
　　1997年12月3日发布　1998年7月1日实施 …… 1821
渔业水质标准（节录）
　　1989年8月12日发布　1990年3月1日实施 …… 1823
无公害食品　海水养殖用水水质（节录）
　　2001年9月3日发布　2001年10月1日实施 …… 1827
无公害食品　水产品中有毒有害物质限量（节录）
　　2006年1月26日发布　2006年4月1日实施 …… 1830
海洋沉积物质量（节录）
　　2002年3月10日发布　2002年10月1日实施 …… 1832
海洋生物质量（节录）
　　2001年8月28日发布　2002年3月1日实施 …… 1834
渔业污染事故经济损失计算方法（节录）
　　2018年6月7日发布　2019年1月1日实施 …… 1837
建设项目海洋环境影响跟踪监测技术规程（节录）
　　国家海洋局　2002年4月发布 …… 1844
建设项目对海洋生物资源影响评价技术规程（节录）
　　2007年12月18日发布　2008年3月1日实施 …… 1850
山东省用海建设项目海洋生态损失补偿评估技术导则（节录）
　　2015年12月22日发布　2016年1月22日实施 …… 1857
海洋石油勘探开发污染物排放浓度限值（节录）
　　2008年10月19日发布　2009年5月1日实施 …… 1865

下　卷

上篇　土壤生态环境损害鉴定评估法律法规与标准

第二十部分　土壤生态环境损害鉴定评估相关法律法规 …… 1871

中华人民共和国土壤污染防治法
　　2018年8月31日　中华人民共和国主席令第8号 …… 1871

中华人民共和国固体废物污染环境防治法(2016年修正)
　　2016年11月7日　中华人民共和国主席令第57号 ·············· 1884
土地管理法实施条例(2014年修订)
　　2014年7月29日　中华人民共和国国务院令第653号 ············ 1894
基本农田保护条例(2011年修订)
　　2011年1月8日　中华人民共和国国务院令第588号 ············· 1901
土壤污染防治行动计划
　　2016年5月28日　国发〔2016〕31号 ··························· 1905
农用地土壤环境管理办法(试行)
　　2017年9月25日　环境保护部、农业部令第46号 ················ 1914
污染地块土壤环境管理办法(试行)
　　2016年12月31日　环境保护部令第42号 ······················· 1918
土地复垦条例
　　2011年3月5日　中华人民共和国国务院令第592号 ·············· 1922
国土资源部关于强化管控落实最严格耕地保护制度的通知
　　2014年2月13日　国土资发〔2014〕18号 ························ 1928

第二十一部分　土壤环境与固废污染防治标准 ·············· 1932

土壤环境质量标准(节录)
　　1995年7月13日发布　1996年3月1日实施 ····················· 1932
土壤环境监测技术规范(节录)
　　2004年12月9日发布　2004年12月9日实施 ···················· 1935
食用农产品产地环境质量评价标准(节录)
　　2006年11月17日发布　2007年2月1日实施 ···················· 1956
温室蔬菜产地环境质量评价标准(节录)
　　2006年11月17日发布　2007年2月1日实施 ···················· 1964
危险废物贮存污染控制标准(2013年修订)(节录)
　　2013年6月8日发布　2013年6月8日实施 ······················ 1972
危险废物填埋污染控制标准(2013年修订)(节录)
　　2013年6月8日发布　2013年6月8日实施 ······················ 1975
一般工业固体废物贮存、处置场污染控制标准(2013年修订)(节录)
　　2013年6月8日发布　2013年6月8日实施 ······················ 1982
生活垃圾填埋场污染控制标准(节录)
　　2008年4月2日发布　2008年7月1日实施 ······················ 1986
生活垃圾填埋场降解治理的监测与检测(节录)
　　2009年5月27日发布　2010年2月1日实施 ····················· 1996

生活垃圾填埋场稳定化场地利用技术要求(节录)
  2010 年 9 月 26 日发布 2010 年 8 月 1 日实施 ················ 2002
生活垃圾综合处理与资源利用技术要求(节录)
  2010 年 9 月 26 日发布 2011 年 8 月 1 日实施 ················ 2005
热处理盐浴有害固体废物的管理 第 1 部分:一般管理(节录)
  2011 年 12 月 30 日发布 2012 年 10 月 1 日实施 ················ 2010
热处理盐浴有害固体废物的管理 第 2 部分:浸出液检测方法(节录)
  2011 年 12 月 30 日发布 2012 年 10 月 1 日实施 ················ 2013
热处理盐溶有害固体废物的管理 第 3 部分:无害化处理方法(节录)
  2011 年 12 月 30 日发布 2012 年 10 月 1 日实施 ················ 2015
水泥窑协同处置固体废物技术规范(节录)
  2014 年 6 月 9 日发布 2015 年 4 月 1 日实施 ················ 2022
水泥窑协同处置固体废物环境保护技术规范(节录)
  2013 年 12 月 27 日发布 2014 年 3 月 1 日实施 ················ 2026
铬渣污染治理环境保护技术规范(暂行)(节录)
  2007 年 4 月 13 日发布 2007 年 5 月 1 日实施 ················ 2043
报废机动车拆解环境保护技术规范(节录)
  2007 年 4 月 9 日发布 2007 年 4 月 9 日实施 ················ 2054

中篇 生态损害鉴定评估法律法规与标准

第二十二部分 生态损害鉴定评估相关法律法规 ·················· 2058

中华人民共和国森林法(2009 年修正)
  2009 年 8 月 27 日 中华人民共和国主席令第 18 号 ··············· 2058
中华人民共和国草原法(2013 年修正)
  2013 年 6 月 29 日 中华人民共和国主席令第 5 号 ··············· 2064
中华人民共和国种子法(2015 年修订)
  2015 年 11 月 4 日 中华人民共和国主席令第 35 号 ··············· 2072
中华人民共和国野生动物保护法(2018 年修正)
  2018 年 10 月 26 日 中华人民共和国主席令第 16 号 ··············· 2084
中华人民共和国进出境动植物检疫法(2009 年修正)
  2009 年 8 月 27 日 中华人民共和国主席令第 18 号 ··············· 2092
中华人民共和国森林法实施条例(2018 年修正)
  2018 年 3 月 19 日 中华人民共和国国务院令第 698 号 ··············· 2097
国家级公益林管理办法(2017 年修订)
  2017 年 4 月 28 日 林资发〔2017〕34 号 ··············· 2104

国家级公益林区划界定办法(2017 年修订)
  2017 年 4 月 28 日 林资发〔2017〕34 号 ·················· 2107
天然林资源保护工程森林管护管理办法(2012 年修订)
  2012 年 2 月 21 日 林天发〔2012〕33 号 ·················· 2110
国家林业局关于严格保护天然林的通知
  2015 年 12 月 31 日 林资发〔2015〕181 号 ················ 2113
中华人民共和国野生植物保护条例(2017 年修正)
  2017 年 10 月 7 日 中华人民共和国国务院令第 687 号 ········· 2114
植物检疫条例(2017 年修正)
  2017 年 10 月 7 日 中华人民共和国国务院令第 687 号 ········· 2117
植物检疫条例实施细则(林业部分)(2011 年修正)
  2011 年 1 月 25 日 国家林业局令第 26 号 ·················· 2120
沿海国家特殊保护林带管理规定(2011 年修正)
  2011 年 1 月 25 日 国家林业局令第 26 号 ·················· 2124
国家级森林公园设立、撤销、合并、改变经营范围或者变更隶属关系
审批管理办法
  2005 年 6 月 16 日 国家林业局令第 16 号 ·················· 2125
林木良种推广使用管理办法(2011 年修正)
  2011 年 1 月 25 日 国家林业局令第 26 号 ·················· 2127
林木和林地权属登记管理办法(2011 年修正)
  2011 年 1 月 25 日 国家林业局令第 26 号 ·················· 2129
林木林地权属争议处理办法(2015 年修订)
  1996 年 10 月 14 日 林业部令第 10 号 ······················· 2131
林业工作站管理办法(2015 年修订)
  2015 年 11 月 24 日 国家林业局令第 39 号 ·················· 2134
林业固定资产投资建设项目管理办法
  2015 年 3 月 30 日 国家林业局令第 36 号 ·················· 2136
集体林权制度改革档案管理办法
  2013 年 5 月 2 日 国家林业局、国家档案局令第 33 号 ········· 2139
森林防火条例(2008 年修订)
  2008 年 12 月 1 日 中华人民共和国国务院令第 541 号 ········· 2142
国家林业局委托实施林业行政许可事项管理办法
  2017 年 10 月 25 日 国家林业局令第 45 号 ·················· 2148
建设项目使用林地审核审批管理办法(2016 年修正)
  2016 年 9 月 22 日 国家林业局令第 42 号 ·················· 2149
林木种子生产经营许可证管理办法(2016 年修订)
  2016 年 4 月 19 日 国家林业局令第 40 号 ·················· 2153

开展林木转基因工程活动审批管理办法(2018年修订)
　　2018年1月29日　国家林业局令第49号 …………………… 2157
国家级森林公园管理办法
　　2011年5月20日　国家林业局令第27号 …………………… 2161
林业行政执法证件管理办法
　　1997年1月6日　林业部令第12号 …………………………… 2165
林业行政处罚程序规定
　　1996年9月27日　林业部令第8号 …………………………… 2166
林业行政处罚听证规则
　　2002年11月2日　国家林业局令第4号 ……………………… 2172
林业行政许可听证办法
　　2008年8月1日　国家林业局令第25号 ……………………… 2176
国家林业局关于授权森林公安机关代行行政处罚权的决定
　　1998年6月26日　国家林业局令第1号 ……………………… 2179
第五届全国人民代表大会第四次会议关于开展全民义务植树运动的决议
　　1981年12月13日 ……………………………………………… 2179
中华人民共和国植物新品种保护条例(2014年修订)
　　2014年7月29日　中华人民共和国国务院令第653号 ……… 2180
中华人民共和国植物新品种保护条例实施细则(农业部分)(2014年修订)
　　2014年4月25日　农业部令2014年第3号 ………………… 2185
中华人民共和国森林病虫害防治条例
　　1989年12月18日　中华人民共和国国务院令第46号 ……… 2193
营利性治沙管理办法
　　2004年7月1日　国家林业局令第11号 ……………………… 2196
退耕还林条例(2016年修订)
　　2016年2月6日　中华人民共和国国务院令第666号 ………… 2198
国家沙化土地封禁保护区管理办法
　　2015年5月28日　林沙发〔2015〕66号 ……………………… 2205
国家重点保护野生动物驯养繁殖许可证管理办法(2015年修正)
　　2015年4月30日　国家林业局令第37号 ……………………… 2207
引进陆生野生动物外来物种种类及数量审批管理办法(2016年修正)
　　2016年9月22日　国家林业局令第42号 ……………………… 2209
国家林业局产品质量检验检测机构管理办法(2015年修正)
　　2015年4月30日　国家林业局令第37号 ……………………… 2211
中华人民共和国陆生野生动物保护实施条例(2016年修订)
　　2016年2月6日　中华人民共和国国务院令第666号 ………… 2213

陆生野生动物疫源疫病监测防控管理办法
  2013 年 1 月 22 日 国家林业局令第 31 号 ·················· 2218
中华人民共和国水生野生动物保护实施条例(2013 年修订)
  2013 年 12 月 7 日 中华人民共和国国务院令第 645 号 ········ 2221
中华人民共和国水生野生动物利用特许办法(2017 年修订)
  2017 年 11 月 30 日 农业部令 2017 年第 8 号 ················· 2226
中华人民共和国水生动植物自然保护区管理办法(2017 年修订)
  2017 年 11 月 30 日 农业部令 2017 年第 8 号 ················· 2231
野生动物收容救护管理办法
  2017 年 12 月 1 日 国家林业局令第 47 号 ···················· 2234
野生动物及其制品价值评估方法
  2017 年 11 月 1 日 国家林业局令第 46 号 ···················· 2236
濒危野生动植物进出口管理条例(2018 年修正)
  2018 年 3 月 19 日 中华人民共和国国务院令第 698 号 ······· 2237
湿地保护管理规定(2017 年修正)
  2017 年 12 月 5 日 国家林业局令第 48 号 ···················· 2240
国家湿地公园管理办法
  2017 年 12 月 27 日 林湿发〔2017〕150 号 ··················· 2244
湿地保护修复制度方案
  2016 年 11 月 30 日 国办发〔2016〕89 号 ····················· 2246
国家林业局关于严格禁止围垦占用湖泊湿地的通知
  2015 年 5 月 18 日 林湿发〔2015〕62 号 ······················ 2250
中共中央办公厅、国务院办公厅印发《关于划定并严守生态保护红线
的若干意见》
  2017 年 2 月 7 日 ·· 2252
国家环境保护总局关于开展生态补偿试点工作的指导意见
  2007 年 8 月 24 日 环发〔2007〕130 号 ······················· 2256

第二十三部分 生态损害鉴定评估相关标准 ·················· 2261

自然保护区管理评估规范
  2017 年 12 月 25 日发布 2018 年 3 月 1 日实施 ················ 2261
生物多样性观测技术导则 水生维管植物
  2016 年 5 月 4 日发布 2016 年 8 月 1 日实施 ·················· 2265
生物多样性观测技术导则 蜜蜂类
  2016 年 5 月 4 日发布 2016 年 8 月 1 日实施 ·················· 2275

生物多样性观测技术导则 蝴蝶
　　2014年10月31日发布　2015年1月1日实施 ……………………………… 2283
生物多样性观测技术导则 大型真菌
　　2014年10月31日发布　2015年1月1日实施 ……………………………… 2287
生物多样性观测技术导则 大中型土壤动物
　　2014年10月31日发布　2015年1月1日实施 ……………………………… 2293
生物多样性观测技术导则 陆生维管植物
　　2014年10月31日发布　2015年1月1日实施 ……………………………… 2299
生物多样性观测技术导则 淡水底栖大型无脊椎动物
　　2014年10月31日发布　2015年1月1日实施 ……………………………… 2314
生物多样性观测技术导则 内陆水域鱼类
　　2014年10月31日发布　2015年1月1日实施 ……………………………… 2324
生物多样性观测技术导则 两栖动物
　　2014年10月31日发布　2015年1月1日实施 ……………………………… 2335
生物多样性观测技术导则 爬行动物
　　2014年10月31日发布　2015年1月1日实施 ……………………………… 2341
生物多样性观测技术导则 鸟类
　　2014年10月31日发布　2015年1月1日实施 ……………………………… 2347
生物多样性观测技术导则 陆生哺乳动物
　　2014年10月31日发布　2015年1月1日实施 ……………………………… 2354
生物多样性观测技术导则 地衣和苔藓
　　2014年10月31日发布　2015年1月1日实施 ……………………………… 2363
生态环境状况评价技术规范
　　2015年3月13日发布　2015年3月13日实施 ……………………………… 2369

下篇　噪声、辐射、地震等环境损害鉴定评估相关法律法规与标准

第二十四部分　噪声、辐射、地震等环境损害鉴定评估相关法律法规 ………… 2389

中华人民共和国环境噪声污染防治法(2018年修正)
　　2018年12月29日　中华人民共和国主席令第24号 ………………………… 2389
中华人民共和国放射性污染防治法
　　2003年6月28日　中华人民共和国主席令第6号 …………………………… 2395
中华人民共和国核安全法
　　2017年9月1日　中华人民共和国主席令第73号 …………………………… 2402
中华人民共和国防震减灾法(2008年修订)
　　2008年12月27日　中华人民共和国主席令第7号 …………………………… 2414

国家环境保护总局关于加强社会生活噪声污染管理的通知
　　1999年12月15日　环发〔1999〕210号 …………………… 2426
娱乐场所管理条例(2016年修订)
　　2016年2月6日　中华人民共和国国务院令第666号 ……… 2427
电磁辐射环境保护管理办法
　　1997年3月25日　国家环境保护局令第18号 ……………… 2433
放射性同位素与射线装置安全和防护条例(2014年修订)
　　2014年7月29日　中华人民共和国国务院令第653号 ……… 2438
放射性同位素与射线装置安全和防护管理办法
　　2011年4月18日　环境保护部令第18号 …………………… 2447
放射性同位素与射线装置安全许可管理办法(2017年修正)
　　2017年12月20日　环境保护部令第47号 ………………… 2456
中华人民共和国民用核设施安全监督管理条例
　　1986年10月29日 ……………………………………………… 2464
民用核安全设备监督管理条例(2016年修订)
　　2016年2月6日　中华人民共和国国务院令第666号 ……… 2467
核电厂核事故应急管理条例(2011年修订)
　　2011年1月8日　中华人民共和国国务院令第588号 ……… 2475
放射性废物安全管理条例
　　2011年12月20日　中华人民共和国国务院令第612号 …… 2480
中华人民共和国核材料管制条例
　　1987年6月15日 ……………………………………………… 2487
放射性物品运输安全管理条例
　　2009年9月14日　中华人民共和国国务院令第562号 ……… 2490
放射性物品运输安全监督管理办法
　　2016年3月14日　环境保护部令第38号 …………………… 2499
放射性物品道路运输管理规定(2016年修正)
　　2016年9月2日　交通运输部令2016年第71号 …………… 2505
国防科技工业军用核设施安全监督管理规定
　　1999年11月8日　国防科学技术工业委员会令第1号 …… 2511
地震安全性评价管理条例(2017年修订)
　　2017年3月1日　中华人民共和国国务院令第676号 ……… 2515
地震行政复议规定
　　1999年8月10日　中国地震局令第4号 …………………… 2517
地震行政法制监督规定
　　2000年1月18日　中国地震局令第5号 …………………… 2522

建设工程抗震设防要求管理规定
　　2002年1月28日　中国地震局令第7号 ………………………… 2525
破坏性地震应急条例(2011年修订)
　　2011年1月8日　中华人民共和国国务院令第588号 …………… 2527
水库地震监测管理办法
　　2011年1月26日　中国地震局令第9号 ………………………… 2531
地震灾区地表水环境质量与集中式饮用水水源监测技术指南(暂行)
　　2008年5月20日　环境保护部公告2008年第14号 ……………… 2533

第二十五部分　噪声辐射与地震减灾等国家标准 …………………… 2535

内河船舶噪声级规定(节录)
　　2009年3月9日发布　2009年11月1日实施 …………………… 2535
机场周围飞机噪声环境标准(节录)
　　1988年8月11日发布　1988年11月1日实施 …………………… 2536
城市区域环境振动标准(节录)
　　1988年12月10日发布　1989年7月1日实施 …………………… 2537
工业企业厂界环境噪声排放标准(节录)
　　2008年8月19日发布　2008年10月1日实施 …………………… 2538
建筑施工场界环境噪声排放标准(节录)
　　2011年12月5日发布　2012年7月1日实施 …………………… 2543
铁路边界噪声限值及其测量方法(2008年修订)(节录)
　　2008年7月30日发布　2008年10月1日实施 …………………… 2546
铁道客车内部噪声限值及测量方法(节录)
　　2006年12月24日发布　2007年5月1日实施 …………………… 2547
城市轨道交通车站　站台声学要求和测量方法(节录)
　　2006年2月7日发布　2006年8月1日实施 ……………………… 2550
城市轨道交通列车　噪声限值和测量方法(节录)
　　2006年2月7日发布　2006年8月1日实施 ……………………… 2553
社会生活环境噪声排放标准(节录)
　　2008年8月19日发布　2008年10月1日实施 …………………… 2556
客车车内噪声限值及测量方法(节录)
　　2011年1月10日发布　2011年5月1日实施 …………………… 2560
汽车加速行驶车外噪声限值及测量方法(节录)
　　2002年1月4日发布　2002年10月1日实施 …………………… 2561
摩托车和轻便摩托车　定置噪声限值及测量方法(节录)
　　2005年4月15日发布　2005年7月1日实施 …………………… 2563

拖拉机 噪声限值(节录)

  2008 年 11 月 17 日发布 2009 年 7 月 1 日实施 ·················· 2564

旋转电机噪声测定方法及限值 第 3 部分:噪声限值(节录)

  2008 年 6 月 19 日发布 2009 年 6 月 1 日实施 ··················· 2565

铁道机车辐射噪声限值(节录)

  1992 年 9 月 22 日发布 1993 年 7 月 1 日实施 ··················· 2566

往复式内燃机噪声限值(节录)

  2018 年 2 月 6 日发布 2018 年 9 月 1 日实施 ···················· 2567

小型汽油机噪声限值(节录)

  1995 年 11 月 16 日发布 1996 年 5 月 1 日实施 ·················· 2569

摩托车和轻便摩托车加速行驶噪声限值及测量方法(节录)

  2005 年 4 月 15 日发布 2005 年 7 月 1 日实施 ··················· 2570

汽车定置噪声限值(节录)

  1996 年 3 月 7 日发布 1997 年 1 月 1 日实施 ···················· 2571

土方机械 噪声限值(节录)

  2010 年 12 月 23 日发布 2012 年 1 月 1 日实施 ·················· 2572

农用运输车 噪声限值(节录)

  2001 年 3 月 21 日发布 2001 年 6 月 1 日实施 ··················· 2574

三轮汽车和低速货车加速行驶车外噪声限值及测量方法
(中国Ⅰ、Ⅱ阶段)(节录)

  2005 年 5 月 30 日发布 2005 年 7 月 1 日实施 ··················· 2575

凿岩机械与气动工具 噪声限值(节录)

  2005 年 8 月 31 日发布 2006 年 8 月 1 日实施 ··················· 2576

谷物联合收割机 噪声限值(节录)

  2005 年 11 月 29 日发布 2006 年 7 月 1 日实施 ·················· 2581

流动式起重机 作业噪声限值及测量方法(节录)

  2017 年 12 月 29 日发布 2018 年 7 月 1 日实施 ·················· 2582

折弯机械 噪声限值(节录)

  2009 年 9 月 30 日发布 2010 年 7 月 1 日实施 ··················· 2583

剪切机械 噪声限值(节录)

  2009 年 9 月 30 日发布 2010 年 7 月 1 日实施 ··················· 2585

全地形车加速行驶噪声限值及测量方法(节录)

  2010 年 8 月 9 日发布 2011 年 1 月 1 日实施 ···················· 2588

机械压力机 噪声限值(节录)

  2011 年 5 月 12 日发布 2012 年 1 月 1 日实施 ··················· 2589

液压机 噪声限值(节录)

  2011 年 5 月 12 日发布 2012 年 1 月 1 日实施 ··················· 2591

自动锻压机　噪声限值(节录)

　　2012年3月9日发布　2013年1月1日实施 …………………… 2593

民用建筑隔声设计规范(节录)

　　2010年8月18日发布　2011年6月1日实施 …………………… 2597

地铁设计规范(节录)

　　2013年8月8日发布　2014年3月1日实施 ……………………… 2609

电离辐射防护与辐射源安全基本标准(节录)

　　2002年10月8日发布　2003年4月1日实施 …………………… 2618

核动力厂环境辐射防护规定(节录)

　　2011年2月18日发布　2011年9月1日实施 …………………… 2664

建筑材料放射性核素限量(节录)

　　2010年9月2日发布　2011年7月1日实施 …………………… 2670

γ辐照装置的辐射防护与安全规范(节录)

　　2009年6月19日发布　2010年6月1日实施 …………………… 2672

操作非密封源的辐射防护规定(节录)

　　2010年11月10日发布　2011年9月1日实施………………… 2675

环境核辐射监测规定(节录)

　　1990年6月9日发布　1990年12月1日实施 …………………… 2679

核燃料循环放射性流出物归一化排放量管理限值(节录)

　　1992年9月29日发布　1993年8月1日实施 …………………… 2681

铀矿冶设施退役环境管理技术(节录)

　　1993年8月30日发布　1994年4月1日实施 …………………… 2684

反应堆退役环境管理技术规定(节录)

　　2009年3月13日发布　2009年11月1日实施………………… 2688

铀矿地质勘查辐射防护和环境保护规定(节录)

　　2009年5月6日发布　2010年2月1日实施 …………………… 2693

移动电话电磁辐射局部暴露限值(节录)

　　2007年11月14日发布　2008年8月1日实施………………… 2698

低中水平放射性固体废物的浅地层处置规定(节录)

　　1988年5月25日发布　1988年9月1日实施 …………………… 2699

低、中水平放射性固体废物暂时贮存规定(节录)

　　1989年12月21日发布　1990年7月1日实施………………… 2701

低、中水平放射性固体废物包装安全标准(节录)

　　1991年1月28日发布　1991年12月1日实施………………… 2704

低中水平放射性固体废物的岩洞处置规定(节录)

　　1992年8月19日发布　1993年4月1日实施 …………………… 2706

放射性废物管理规定(节录)

  2002 年 8 月 5 日发布　2003 年 4 月 1 日实施 …………………………… 2714

低、中水平放射性废物固化体性能要求　水泥固化体(节录)

  2011 年 2 月 18 日发布　2011 年 9 月 1 日实施 …………………………… 2716

低、中水平放射性废物固化体性能要求　沥青固化体(节录)

  1995 年 12 月 13 日发布　1996 年 8 月 1 日实施 ………………………… 2717

核电厂放射性液态流出物排放技术要求(节录)

  2011 年 2 月 18 日发布　2011 年 9 月 1 日实施 …………………………… 2720

极低水平放射性废物的填埋处理(节录)

  2011 年 12 月 30 日发布　2012 年 6 月 1 日实施 ………………………… 2721

建筑防腐蚀工程施工规范(节录)

  2014 年 4 月 15 日发布　2015 年 1 月 1 日实施 …………………………… 2723

移动实验室有害废物管理规范(节录)

  2012 年 12 月 31 日发布　2013 年 7 月 31 日实施 ……………………… 2724

危险废物鉴别标准　腐蚀性鉴别(节录)

  2007 年 4 月 25 日发布　2007 年 10 月 1 日实施 ………………………… 2726

危险废物鉴别标准　急性毒性初筛(节录)

  2007 年 4 月 25 日发布　2007 年 10 月 1 日实施 ………………………… 2727

危险废物鉴别标准　浸出毒性鉴别(节录)

  2007 年 4 月 25 日发布　2007 年 10 月 1 日实施 ………………………… 2728

危险废物鉴别标准　易燃性鉴别(节录)

  2007 年 4 月 25 日发布　2007 年 10 月 1 日实施 ………………………… 2731

危险废物鉴别标准　反应性鉴别(节录)

  2007 年 4 月 25 日发布　2007 年 10 月 1 日实施 ………………………… 2732

危险废物鉴别标准　毒性物质含量鉴别(节录)

  2007 年 4 月 25 日发布　2007 年 10 月 1 日实施 ………………………… 2733

第一部分　生态环境损害鉴定评估相关通用法律

中华人民共和国宪法（2018年修正）（节录）

（1982年12月4日第五届全国人民代表大会第五次会议通过　1982年12月4日全国人民代表大会公告公布施行　根据1988年4月12日第七届全国人民代表大会第一次会议通过的《中华人民共和国宪法修正案》、1993年3月29日第八届全国人民代表大会第一次会议通过的《中华人民共和国宪法修正案》、1999年3月15日第九届全国人民代表大会第二次会议通过的《中华人民共和国宪法修正案》、2004年3月14日第十届全国人民代表大会第二次会议通过的《中华人民共和国宪法修正案》和2018年3月11日第十三届全国人民代表大会第一次会议通过的《中华人民共和国宪法修正案》修正）

本宪法以法律的形式确认了中国各族人民奋斗的成果，规定了国家的根本制度和根本任务，是国家的根本法，具有最高的法律效力。全国各族人民、一切国家机关和武装力量、各政党和各社会团体、各企业事业组织，都必须以宪法为根本的活动准则，并且负有维护宪法尊严、保证宪法实施的职责。

第一章　总　纲

第三条　中华人民共和国的国家机构实行民主集中制的原则。

全国人民代表大会和地方各级人民代表大会都由民主选举产生，对人民负责，受人民监督。

国家行政机关、监察机关、审判机关、检察机关都由人民代表大会产生，对它负责，受它监督。

中央和地方的国家机构职权的划分，遵循在中央的统一领导下，充分发挥地方的主动性、积极性的原则。

第五条　中华人民共和国实行依法治国，建设社会主义法治国家。

国家维护社会主义法制的统一和尊严。

一切法律、行政法规和地方性法规都不得同宪法相抵触。

一切国家机关和武装力量、各政党和各社会团体、各企业事业组织都必须遵守宪法和法律。一切违反宪法和法律的行为，必须予以追究。

任何组织或者个人都不得有超越宪法和法律的特权。

第九条　矿藏、水流、森林、山岭、草原、荒地、滩涂等自然资源，都属于国家所有，即全民所有；由法律规定属于集体所有的森林和山岭、草原、荒地、滩涂除外。

国家保障自然资源的合理利用，保护珍贵的动物和植物。禁止任何组织或者个人用任何手段侵占或者破坏自然资源。

第十条　城市的土地属于国家所有。

农村和城市郊区的土地，除由法律规定属于国家所有的以外，属于集体所有；宅基地和自留地、自留山,也属于集体所有。

国家为了公共利益的需要,可以依照法律规定对土地实行征收或者征用并给予补偿。

任何组织或者个人不得侵占、买卖或者以其他形式非法转让土地。土地的使用权可以依照法律的规定转让。

一切使用土地的组织和个人必须合理地利用土地。

第十一条 在法律规定范围内的个体经济、私营经济等非公有制经济,是社会主义市场经济的重要组成部分。

国家保护个体经济、私营经济等非公有制经济的合法的权利和利益。国家鼓励、支持和引导非公有制经济的发展,并对非公有制经济依法实行监督和管理。

第十二条 社会主义的公共财产神圣不可侵犯。

国家保护社会主义的公共财产。禁止任何组织或者个人用任何手段侵占或者破坏国家的和集体的财产。

第十三条 公民的合法的私有财产不受侵犯。

国家依照法律规定保护公民的私有财产权和继承权。

国家为了公共利益的需要,可以依照法律规定对公民的私有财产实行征收或者征用并给予补偿。

第十六条 国有企业在法律规定的范围内有权自主经营。

国有企业依照法律规定,通过职工代表大会和其他形式,实行民主管理。

第十七条 集体经济组织在遵守有关法律的前提下,有独立进行经济活动的自主权。

集体经济组织实行民主管理,依照法律规定选举和罢免管理人员,决定经营管理的重大问题。

第十八条 中华人民共和国允许外国的企业和其他经济组织或者个人依照中华人民共和国法律的规定在中国投资,同中国的企业或者其他经济组织进行各种形式的经济合作。

在中国境内的外国企业和其他外国经济组织以及中外合资经营的企业,都必须遵守中华人民共和国的法律。它们的合法的权利和利益受中华人民共和国法律的保护。

第二十二条 国家发展为人民服务、为社会主义服务的文学艺术事业、新闻广播电视事业、出版发行事业、图书馆博物馆文化馆和其他文化事业,开展群众性的文化活动。

国家保护名胜古迹、珍贵文物和其他重要历史文化遗产。

第二十六条 国家保护和改善生活环境和生态环境,防治污染和其他公害。

国家组织和鼓励植树造林,保护林木。

第二十八条 国家维护社会秩序,镇压叛国和其他危害国家安全的犯罪活动,制裁危害社会治安、破坏社会主义经济和其他犯罪的活动,惩办和改造犯罪分子。

第三十条 中华人民共和国的行政区域划分如下:

(一)全国分为省、自治区、直辖市;

(二)省、自治区分为自治州、县、自治县、市;

(三)县、自治县分为乡、民族乡、镇。

直辖市和较大的市分为区、县。自治州分为县、自治县、市。

自治区、自治州、自治县都是民族自治地方。

第三十一条 国家在必要时得设立特别行政区。在特别行政区内实行的制度按照具体情况由全国人民代表大会以法律规定。

第三十二条 中华人民共和国保护在中国境内的外国人的合法权利和利益，在中国境内的外国人必须遵守中华人民共和国的法律。

中华人民共和国对于因为政治原因要求避难的外国人，可以给予受庇护的权利。

第二章 公民的基本权利和义务

第三十三条 凡具有中华人民共和国国籍的人都是中华人民共和国公民。

中华人民共和国公民在法律面前一律平等。

国家尊重和保障人权。

任何公民享有宪法和法律规定的权利，同时必须履行宪法和法律规定的义务。

第三章 国家机构

第七节 监察委员会

第一百二十五条 中华人民共和国国家监察委员会是最高监察机关。

国家监察委员会领导地方各级监察委员会的工作，上级监察委员会领导下级监察委员会的工作。

第一百二十六条 国家监察委员会对全国人民代表大会和全国人民代表大会常务委员会负责。地方各级监察委员会对产生它的国家权力机关和上一级监察委员会负责。

第一百二十七条 监察委员会依照法律规定独立行使监察权，不受行政机关、社会团体和个人的干涉。

监察机关办理职务违法和职务犯罪案件，应当与审判机关、检察机关、执法部门互相配合，互相制约。

第八节 人民法院和人民检察院

第一百二十八条 中华人民共和国人民法院是国家的审判机关。

第一百二十九条 中华人民共和国设立最高人民法院、地方各级人民法院和军事法院等专门人民法院。

最高人民法院院长每届任期同全国人民代表大会每届任期相同，连续任职不得超过两届。

人民法院的组织由法律规定。

第一百三十条 人民法院审理案件，除法律规定的特别情况外，一律公开进行。被告人有权获得辩护。

第一百三十一条 人民法院依照法律规定独立行使审判权，不受行政机关、社会团体和个人的干涉。

第一百三十二条 最高人民法院是最高审判机关。

最高人民法院监督地方各级人民法院和专门人民法院的审判工作，上级人民法院监督下级人民法院的审判工作。

第一百三十三条 最高人民法院对全国人民代表大会和全国人民代表大会常务委员会负责。地方各级人民法院对产生它的国家权力机关负责。

第一百三十四条 中华人民共和国人民检察院是国家的法律监督机关。

第一百三十五条 中华人民共和国设立最高人民检察院、地方各级人民检察院和军事检察院等专门人民检察院。

最高人民检察院检察长每届任期同全国人民代表大会每届任期相同，连续任职不得超过两届。

人民检察院的组织由法律规定。

第一百三十六条 人民检察院依照法律规定独立行使检察权，不受行政机关、社会团体和个人的干涉。

第一百三十七条 最高人民检察院是最高检察机关。

最高人民检察院领导地方各级人民检察院和专门人民检察院的工作，上级人民检察院领导下级人民检察院的工作。

第一百三十八条 最高人民检察院对全国人民代表大会和全国人民代表大会常务委员会负责。地方各级人民检察院对产生它的国家权力机关和上级人民检察院负责。

第一百三十九条 各民族公民都有用本民族语言文字进行诉讼的权利。人民法院和人民检察院对于不通晓当地通用的语言文字的诉讼参与人，应当为他们翻译。

在少数民族聚居或者多民族共同居住的地区，应当用当地通用的语言进行审理；起诉书、判决书、布告和其他文书应当根据实际需要使用当地通用的一种或者几种文字。

第一百四十条 人民法院、人民检察院和公安机关办理刑事案件，应当分工负责，互相配合，互相制约，以保证准确有效地执行法律。

中华人民共和国环境保护法（2014年修订）

（1989年12月26日第七届全国人民代表大会常务委员会第十一次会议通过 2014年4月24日第十二届全国人民代表大会常务委员会第八次会议修订）

目 录

第一章 总 则

第二章 监督管理

第三章 保护和改善环境

第四章 防治污染和其他公害

第五章 信息公开和公众参与

第六章 法律责任

第七章 附 则

第一章 总 则

第一条 为保护和改善环境,防治污染和其他公害,保障公众健康,推进生态文明建设,促进经济社会可持续发展,制定本法。

第二条 本法所称环境,是指影响人类生存和发展的各种天然的和经过人工改造的自然因素的总体,包括大气、水、海洋、土地、矿藏、森林、草原、湿地、野生生物、自然遗迹、人文遗迹、自然保护区、风景名胜区、城市和乡村等。

第三条 本法适用于中华人民共和国领域和中华人民共和国管辖的其他海域。

第四条 保护环境是国家的基本国策。

国家采取有利于节约和循环利用资源、保护和改善环境、促进人与自然和谐的经济、技术政策和措施,使经济社会发展与环境保护相协调。

第五条 环境保护坚持保护优先、预防为主、综合治理、公众参与、损害担责的原则。

第六条 一切单位和个人都有保护环境的义务。

地方各级人民政府应当对本行政区域的环境质量负责。

企业事业单位和其他生产经营者应当防止、减少环境污染和生态破坏,对所造成的损害依法承担责任。

公民应当增强环境保护意识,采取低碳、节俭的生活方式,自觉履行环境保护义务。

第七条 国家支持环境保护科学技术研究、开发和应用,鼓励环境保护产业发展,促进环境保护信息化建设,提高环境保护科学技术水平。

第八条 各级人民政府应当加大保护和改善环境、防治污染和其他公害的财政投入,提高财政资金的使用效益。

第九条 各级人民政府应当加强环境保护宣传和普及工作,鼓励基层群众性自治组织、社会组织、环境保护志愿者开展环境保护法律法规和环境保护知识的宣传,营造保护环境的良好风气。

教育行政部门、学校应当将环境保护知识纳入学校教育内容,培养学生的环境保护意识。

新闻媒体应当开展环境保护法律法规和环境保护知识的宣传,对环境违法行为进行舆论监督。

第十条 国务院环境保护主管部门*,对全国环境保护工作实施统一监督管理;县级以上地方人民政府环境保护主管部门,对本行政区域环境保护工作实施统一监督管理。

县级以上人民政府有关部门和军队环境保护部门,依照有关法律的规定对资源保护和污染防治等环境保护工作实施监督管理。

第十一条 对保护和改善环境有显著成绩的单位和个人,由人民政府给予奖励。

第十二条 每年6月5日为环境日。

第二章 监督管理

第十三条 县级以上人民政府应当将环境保护工作纳入国民经济和社会发展规划。

国务院环境保护主管部门会同有关部门,根据国民经济和社会发展规划编制国家环境保护

---

* 编者注:根据2018年3月17日第十三届全国人民代表大会第一次会议批准通过的《国务院机构改革方案》,将环境保护部的职责整合,组建中华人民共和国生态环境部,不再保留环境保护部。

规划,报国务院批准并公布实施。

县级以上地方人民政府环境保护主管部门会同有关部门,根据国家环境保护规划的要求,编制本行政区域的环境保护规划,报同级人民政府批准并公布实施。

环境保护规划的内容应当包括生态保护和污染防治的目标、任务、保障措施等,并与主体功能区规划、土地利用总体规划和城乡规划等相衔接。

第十四条 国务院有关部门和省、自治区、直辖市人民政府组织制定经济、技术政策,应当充分考虑对环境的影响,听取有关方面和专家的意见。

第十五条 国务院环境保护主管部门制定国家环境质量标准。

省、自治区、直辖市人民政府对国家环境质量标准中未作规定的项目,可以制定地方环境质量标准;对国家环境质量标准中已作规定的项目,可以制定严于国家环境质量标准的地方环境质量标准。地方环境质量标准应当报国务院环境保护主管部门备案。

国家鼓励开展环境基准研究。

第十六条 国务院环境保护主管部门根据国家环境质量标准和国家经济、技术条件,制定国家污染物排放标准。

省、自治区、直辖市人民政府对国家污染物排放标准中未作规定的项目,可以制定地方污染物排放标准;对国家污染物排放标准中已作规定的项目,可以制定严于国家污染物排放标准的地方污染物排放标准。地方污染物排放标准应当报国务院环境保护主管部门备案。

第十七条 国家建立、健全环境监测制度。国务院环境保护主管部门制定监测规范,会同有关部门组织监测网络,统一规划国家环境质量监测站(点)的设置,建立监测数据共享机制,加强对环境监测的管理。

有关行业、专业等各类环境质量监测站(点)的设置应当符合法律法规规定和监测规范的要求。

监测机构应当使用符合国家标准的监测设备,遵守监测规范。监测机构及其负责人对监测数据的真实性和准确性负责。

第十八条 省级以上人民政府应当组织有关部门或者委托专业机构,对环境状况进行调查、评价,建立环境资源承载能力监测预警机制。

第十九条 编制有关开发利用规划,建设对环境有影响的项目,应当依法进行环境影响评价。

未依法进行环境影响评价的开发利用规划,不得组织实施;未依法进行环境影响评价的建设项目,不得开工建设。

第二十条 国家建立跨行政区域的重点区域、流域环境污染和生态破坏联合防治协调机制,实行统一规划、统一标准、统一监测、统一的防治措施。

前款规定以外的跨行政区域的环境污染和生态破坏的防治,由上级人民政府协调解决,或者由有关地方人民政府协商解决。

第二十一条 国家采取财政、税收、价格、政府采购等方面的政策和措施,鼓励和支持环境保护技术装备、资源综合利用和环境服务等环境保护产业的发展。

第二十二条 企业事业单位和其他生产经营者,在污染物排放符合法定要求的基础上,进一步减少污染物排放的,人民政府应当依法采取财政、税收、价格、政府采购等方面的政策和措施予以鼓励和支持。

第二十三条 企业事业单位和其他生产经营者,为改善环境,依照有关规定转产、搬迁、关闭的,人民政府应当予以支持。

第二十四条 县级以上人民政府环境保护主管部门及其委托的环境监察机构和其他负有环境保护监督管理职责的部门,有权对排放污染物的企业事业单位和其他生产经营者进行现场检查。被检查者应当如实反映情况,提供必要的资料。实施现场检查的部门、机构及其工作人员应当为被检查者保守商业秘密。

第二十五条 企业事业单位和其他生产经营者违反法律法规规定排放污染物,造成或者可能造成严重污染的,县级以上人民政府环境保护主管部门和其他负有环境保护监督管理职责的部门,可以查封、扣押造成污染物排放的设施、设备。

第二十六条 国家实行环境保护目标责任制和考核评价制度。县级以上人民政府应当将环境保护目标完成情况纳入对本级人民政府负有环境保护监督管理职责的部门及其负责人和下级人民政府及其负责人的考核内容,作为对其考核评价的重要依据。考核结果应当向社会公开。

第二十七条 县级以上人民政府应当每年向本级人民代表大会或者人民代表大会常务委员会报告环境状况和环境保护目标完成情况,对发生的重大环境事件应当及时向本级人民代表大会常务委员会报告,依法接受监督。

第三章 保护和改善环境

第二十八条 地方各级人民政府应当根据环境保护目标和治理任务,采取有效措施,改善环境质量。

未达到国家环境质量标准的重点区域、流域的有关地方人民政府,应当制定限期达标规划,并采取措施按期达标。

第二十九条 国家在重点生态功能区、生态环境敏感区和脆弱区等区域划定生态保护红线,实行严格保护。

各级人民政府对具有代表性的各种类型的自然生态系统区域,珍稀、濒危的野生动植物自然分布区域,重要的水源涵养区域,具有重大科学文化价值的地质构造、著名溶洞和化石分布区、冰川、火山、温泉等自然遗迹,以及人文遗迹、古树名木,应当采取措施予以保护,严禁破坏。

第三十条 开发利用自然资源,应当合理开发,保护生物多样性,保障生态安全,依法制定有关生态保护和恢复治理方案并予以实施。

引进外来物种以及研究、开发和利用生物技术,应当采取措施,防止对生物多样性的破坏。

第三十一条 国家建立、健全生态保护补偿制度。

国家加大对生态保护地区的财政转移支付力度。有关地方人民政府应当落实生态保护补偿资金,确保其用于生态保护补偿。

国家指导受益地区和生态保护地区人民政府通过协商或者按照市场规则进行生态保护补偿。

第三十二条 国家加强对大气、水、土壤等的保护,建立和完善相应的调查、监测、评估和修复制度。

第三十三条 各级人民政府应当加强对农业环境的保护,促进农业环境保护新技术的使用,加强对农业污染源的监测预警,统筹有关部门采取措施,防治土壤污染和土地沙化、盐渍化、贫瘠化、石漠化、地面沉降以及防治植被破坏、水土流失、水体富营养化、水源枯竭、种源灭绝等生态失调现象,推广植物病虫害的综合防治。

县级、乡级人民政府应当提高农村环境保护公共服务水平,推动农村环境综合整治。

第三十四条 国务院和沿海地方各级人民政府应当加强对海洋环境的保护。向海洋排放污染物、倾倒废弃物,进行海岸工程和海洋工程建设,应当符合法律法规规定和有关标准,防止和减少对海洋环境的污染损害。

第三十五条 城乡建设应当结合当地自然环境的特点,保护植被、水域和自然景观,加强城市园林、绿地和风景名胜区的建设与管理。

第三十六条 国家鼓励和引导公民、法人和其他组织使用有利于保护环境的产品和再生产品,减少废弃物的产生。

国家机关和使用财政资金的其他组织应当优先采购和使用节能、节水、节材等有利于保护环境的产品、设备和设施。

第三十七条 地方各级人民政府应当采取措施,组织对生活废弃物的分类处置、回收利用。

第三十八条 公民应当遵守环境保护法律法规,配合实施环境保护措施,按照规定对生活废弃物进行分类放置,减少日常生活对环境造成的损害。

第三十九条 国家建立、健全环境与健康监测、调查和风险评估制度;鼓励和组织开展环境质量对公众健康影响的研究,采取措施预防和控制与环境污染有关的疾病。

第四章 防治污染和其他公害

第四十条 国家促进清洁生产和资源循环利用。

国务院有关部门和地方各级人民政府应当采取措施,推广清洁能源的生产和使用。

企业应当优先使用清洁能源,采用资源利用率高、污染物排放量少的工艺、设备以及废弃物综合利用技术和污染物无害化处理技术,减少污染物的产生。

第四十一条 建设项目中防治污染的设施,应当与主体工程同时设计、同时施工、同时投产使用。防治污染的设施应当符合经批准的环境影响评价文件的要求,不得擅自拆除或者闲置。

第四十二条 排放污染物的企业事业单位和其他生产经营者,应当采取措施,防治在生产建设或者其他活动中产生的废气、废水、废渣、医疗废物、粉尘、恶臭气体、放射性物质以及噪声、振动、光辐射、电磁辐射等对环境的污染和危害。

排放污染物的企业事业单位,应当建立环境保护责任制度,明确单位负责人和相关人员的责任。

重点排污单位应当按照国家有关规定和监测规范安装使用监测设备,保证监测设备正常运行,保存原始监测记录。

严禁通过暗管、渗井、渗坑、灌注或者篡改、伪造监测数据,或者不正常运行防治污染设施等逃避监管的方式违法排放污染物。

第四十三条 排放污染物的企业事业单位和其他生产经营者,应当按照国家有关规定缴纳排污费。排污费应当全部专项用于环境污染防治,任何单位和个人不得截留、挤占或者挪作他用。

依照法律规定征收环境保护税的,不再征收排污费。

第四十四条 国家实行重点污染物排放总量控制制度。重点污染物排放总量控制指标由国务院下达,省、自治区、直辖市人民政府分解落实。企业事业单位在执行国家和地方污染物排放标准的同时,应当遵守分解落实到本单位的重点污染物排放总量控制指标。

对超过国家重点污染物排放总量控制指标或者未完成国家确定的环境质量目标的地区,省级以上人民政府环境保护主管部门应当暂停审批其新增重点污染物排放总量的建设项目环境影响评价文件。

第四十五条 国家依照法律规定实行排污许可管理制度。

实行排污许可管理的企业事业单位和其他生产经营者应当按照排污许可证的要求排放污染物;未取得排污许可证的,不得排放污染物。

第四十六条 国家对严重污染环境的工艺、设备和产品实行淘汰制度。任何单位和个人不得生产、销售或者转移、使用严重污染环境的工艺、设备和产品。

禁止引进不符合我国环境保护规定的技术、设备、材料和产品。

第四十七条 各级人民政府及其有关部门和企业事业单位,应当依照《中华人民共和国突发事件应对法》的规定,做好突发环境事件的风险控制、应急准备、应急处置和事后恢复等工作。

县级以上人民政府应当建立环境污染公共监测预警机制,组织制定预警方案;环境受到污染,可能影响公众健康和环境安全时,依法及时公布预警信息,启动应急措施。

企业事业单位应当按照国家有关规定制定突发环境事件应急预案,报环境保护主管部门和有关部门备案。在发生或者可能发生突发环境事件时,企业事业单位应当立即采取措施处理,及时通报可能受到危害的单位和居民,并向环境保护主管部门和有关部门报告。

突发环境事件应急处置工作结束后,有关人民政府应当立即组织评估事件造成的环境影响和损失,并及时将评估结果向社会公布。

第四十八条 生产、储存、运输、销售、使用、处置化学物品和含有放射性物质的物品,应当遵守国家有关规定,防止污染环境。

第四十九条 各级人民政府及其农业等有关部门和机构应当指导农业生产经营者科学种植和养殖,科学合理施用农药、化肥等农业投入品,科学处置农用薄膜、农作物秸秆等农业废弃物,防止农业面源污染。

禁止将不符合农用标准和环境保护标准的固体废物、废水施入农田。施用农药、化肥等农业投入品及进行灌溉,应当采取措施,防止重金属和其他有毒有害物质污染环境。

畜禽养殖场、养殖小区、定点屠宰企业等的选址、建设和管理应当符合有关法律法规规定。从事畜禽养殖和屠宰的单位和个人应当采取措施,对畜禽粪便、尸体和污水等废弃物进行科学处置,防止污染环境。

县级人民政府负责组织农村生活废弃物的处置工作。

第五十条 各级人民政府应当在财政预算中安排资金,支持农村饮用水水源地保护、生活污水和其他废弃物处理、畜禽养殖和屠宰污染防治、土壤污染防治和农村工矿污染治理等环境保护工作。

第五十一条 各级人民政府应当统筹城乡建设污水处理设施及配套管网,固体废物的收集、运输和处置等环境卫生设施,危险废物集中处置设施、场所以及其他环境保护公共设施,并保障其正常运行。

第五十二条 国家鼓励投保环境污染责任保险。

第五章　信息公开和公众参与

第五十三条　公民、法人和其他组织依法享有获取环境信息、参与和监督环境保护的权利。

各级人民政府环境保护主管部门和其他负有环境保护监督管理职责的部门,应当依法公开环境信息、完善公众参与程序,为公民、法人和其他组织参与和监督环境保护提供便利。

第五十四条　国务院环境保护主管部门统一发布国家环境质量、重点污染源监测信息及其他重大环境信息。省级以上人民政府环境保护主管部门定期发布环境状况公报。

县级以上人民政府环境保护主管部门和其他负有环境保护监督管理职责的部门,应当依法公开环境质量、环境监测、突发环境事件以及环境行政许可、行政处罚、排污费的征收和使用情况等信息。

县级以上地方人民政府环境保护主管部门和其他负有环境保护监督管理职责的部门,应当将企业事业单位和其他生产经营者的环境违法信息记入社会诚信档案,及时向社会公布违法者名单。

第五十五条　重点排污单位应当如实向社会公开其主要污染物的名称、排放方式、排放浓度和总量、超标排放情况,以及防治污染设施的建设和运行情况,接受社会监督。

第五十六条　对依法应当编制环境影响报告书的建设项目,建设单位应当在编制时向可能受影响的公众说明情况,充分征求意见。

负责审批建设项目环境影响评价文件的部门在收到建设项目环境影响报告书后,除涉及国家秘密和商业秘密的事项外,应当全文公开;发现建设项目未充分征求公众意见的,应当责成建设单位征求公众意见。

第五十七条　公民、法人和其他组织发现任何单位和个人有污染环境和破坏生态行为的,有权向环境保护主管部门或者其他负有环境保护监督管理职责的部门举报。

公民、法人和其他组织发现地方各级人民政府、县级以上人民政府环境保护主管部门和其他负有环境保护监督管理职责的部门不依法履行职责的,有权向其上级机关或者监察机关举报。

接受举报的机关应当对举报人的相关信息予以保密,保护举报人的合法权益。

第五十八条　对污染环境、破坏生态,损害社会公共利益的行为,符合下列条件的社会组织可以向人民法院提起诉讼:

(一)依法在设区的市级以上人民政府民政部门登记;

(二)专门从事环境保护公益活动连续五年以上且无违法记录。

符合前款规定的社会组织向人民法院提起诉讼,人民法院应当依法受理。

提起诉讼的社会组织不得通过诉讼牟取经济利益。

第六章　法律责任

第五十九条　企业事业单位和其他生产经营者违法排放污染物,受到罚款处罚,被责令改正,拒不改正的,依法作出处罚决定的行政机关可以自责令改正之日的次日起,按照原处罚数额按日连续处罚。

前款规定的罚款处罚,依照有关法律法规按照防治污染设施的运行成本、违法行为造成的直接损失或者违法所得等因素确定的规定执行。

地方性法规可以根据环境保护的实际需要,增加第一款规定的按日连续处罚的违法行为的种类。

第六十条 企业事业单位和其他生产经营者超过污染物排放标准或者超过重点污染物排放总量控制指标排放污染物的,县级以上人民政府环境保护主管部门可以责令其采取限制生产、停产整治等措施;情节严重的,报经有批准权的人民政府批准,责令停业、关闭。

第六十一条 建设单位未依法提交建设项目环境影响评价文件或者环境影响评价文件未经批准,擅自开工建设的,由负有环境保护监督管理职责的部门责令停止建设,处以罚款,并可以责令恢复原状。

第六十二条 违反本法规定,重点排污单位不公开或者不如实公开环境信息的,由县级以上地方人民政府环境保护主管部门责令公开,处以罚款,并予以公告。

第六十三条 企业事业单位和其他生产经营者有下列行为之一,尚不构成犯罪的,除依照有关法律法规规定予以处罚外,由县级以上人民政府环境保护主管部门或者其他有关部门将案件移送公安机关,对其直接负责的主管人员和其他直接责任人员,处十日以上十五日以下拘留;情节较轻的,处五日以上十日以下拘留:

(一)建设项目未依法进行环境影响评价,被责令停止建设,拒不执行的;

(二)违反法律规定,未取得排污许可证排放污染物,被责令停止排污,拒不执行的;

(三)通过暗管、渗井、渗坑、灌注或者篡改、伪造监测数据,或者不正常运行防治污染设施等逃避监管的方式违法排放污染物的;

(四)生产、使用国家明令禁止生产、使用的农药,被责令改正,拒不改正的。

第六十四条 因污染环境和破坏生态造成损害的,应当依照《中华人民共和国侵权责任法》的有关规定承担侵权责任。

第六十五条 环境影响评价机构、环境监测机构以及从事环境监测设备和防治污染设施维护、运营的机构,在有关环境服务活动中弄虚作假,对造成的环境污染和生态破坏负有责任的,除依照有关法律法规规定予以处罚外,还应当与造成环境污染和生态破坏的其他责任者承担连带责任。

第六十六条 提起环境损害赔偿诉讼的时效期间为三年,从当事人知道或者应当知道其受到损害时起计算。

第六十七条 上级人民政府及其环境保护主管部门应当加强对下级人民政府及其有关部门环境保护工作的监督。发现有关工作人员有违法行为,依法应当给予处分的,应当向其任免机关或者监察机关提出处分建议。

依法应当给予行政处罚,而有关环境保护主管部门不给行政处罚的,上级人民政府环境保护主管部门可以直接作出行政处罚的决定。

第六十八条 地方各级人民政府、县级以上人民政府环境保护主管部门和其他负有环境保护监督管理职责的部门有下列行为之一的,对直接负责的主管人员和其他直接责任人员给予记过、记大过或者降级处分;造成严重后果的,给予撤职或者开除处分,其主要负责人应当引咎辞职:

(一)不符合行政许可条件准予行政许可的;

(二)对环境违法行为进行包庇的;

(三)依法应当作出责令停业、关闭的决定而未作出的;

(四)对超标排放污染物、采用逃避监管的方式排放污染物、造成环境事故以及不落实生态保

护措施造成生态破坏等行为,发现或者接到举报未及时查处的;

(五)违反本法规定,查封、扣押企业事业单位和其他生产经营者的设施、设备的;

(六)篡改、伪造或者指使篡改、伪造监测数据的;

(七)应当依法公开环境信息而未公开的;

(八)将征收的排污费截留、挤占或者挪作他用的;

(九)法律法规规定的其他违法行为。

第六十九条 违反本法规定,构成犯罪的,依法追究刑事责任。

第七章 附 则

第七十条 本法自 2015 年 1 月 1 日起施行。

中华人民共和国环境影响评价法(2018 年修正)

(2002 年 10 月 28 日第九届全国人民代表大会常务委员会第三十次会议通过 根据2016 年 7 月 2 日第十二届全国人民代表大会常务委员会第二十一次会议《关于修改〈中华人民共和国节约能源法〉等六部法律的决定》第一次修正 根据2018 年 12 月 29 日第十三届全国人民代表大会常务委员会第七次会议《关于修改〈中华人民共和国劳动法〉等七部法律的决定》第二次修正)

目 录

第一章 总 则

第二章 规划的环境影响评价

第三章 建设项目的环境影响评价

第四章 法律责任

第五章 附 则

第一章 总 则

第一条 为了实施可持续发展战略,预防因规划和建设项目实施后对环境造成不良影响,促进经济、社会和环境的协调发展,制定本法。

第二条 本法所称环境影响评价,是指对规划和建设项目实施后可能造成的环境影响进行分析、预测和评估,提出预防或者减轻不良环境影响的对策和措施,进行跟踪监测的方法与制度。

第三条 编制本法第九条所规定的范围内的规划,在中华人民共和国领域和中华人民共和国管辖的其他海域内建设对环境有影响的项目,应当依照本法进行环境影响评价。

第四条 环境影响评价必须客观、公开、公正,综合考虑规划或者建设项目实施后对各种环境因素及其所构成的生态系统可能造成的影响,为决策提供科学依据。

第五条 国家鼓励有关单位、专家和公众以适当方式参与环境影响评价。

第六条 国家加强环境影响评价的基础数据库和评价指标体系建设,鼓励和支持对环境影响评价的方法、技术规范进行科学研究,建立必要的环境影响评价信息共享制度,提高环境影响评价的科学性。

国务院生态环境主管部门应当会同国务院有关部门,组织建立和完善环境影响评价的基础数据库和评价指标体系。

第二章 规划的环境影响评价

第七条 国务院有关部门、设区的市级以上地方人民政府及其有关部门,对其组织编制的土地利用的有关规划,区域、流域、海域的建设、开发利用规划,应当在规划编制过程中组织进行环境影响评价,编写该规划有关环境影响的篇章或者说明。

规划有关环境影响的篇章或者说明,应当对规划实施后可能造成的环境影响作出分析、预测和评估,提出预防或者减轻不良环境影响的对策和措施,作为规划草案的组成部分一并报送规划审批机关。

未编写有关环境影响的篇章或者说明的规划草案,审批机关不予审批。

第八条 国务院有关部门、设区的市级以上地方人民政府及其有关部门,对其组织编制的工业、农业、畜牧业、林业、能源、水利、交通、城市建设、旅游、自然资源开发的有关专项规划(以下简称专项规划),应当在该专项规划草案上报审批前,组织进行环境影响评价,并向审批该专项规划的机关提出环境影响报告书。

前款所列专项规划中的指导性规划,按照本法第七条的规定进行环境影响评价。

第九条 依照本法第七条、第八条的规定进行环境影响评价的规划的具体范围,由国务院生态环境主管部门会同国务院有关部门规定,报国务院批准。

第十条 专项规划的环境影响报告书应当包括下列内容:

(一)实施该规划对环境可能造成影响的分析、预测和评估;

(二)预防或者减轻不良环境影响的对策和措施;

(三)环境影响评价的结论。

第十一条 专项规划的编制机关对可能造成不良环境影响并直接涉及公众环境权益的规划,应当在该规划草案报送审批前,举行论证会、听证会,或者采取其他形式,征求有关单位、专家和公众对环境影响报告书草案的意见。但是,国家规定需要保密的情形除外。

编制机关应当认真考虑有关单位、专家和公众对环境影响报告书草案的意见,并应当在报送审查的环境影响报告书中附具对意见采纳或者不采纳的说明。

第十二条 专项规划的编制机关在报批规划草案时,应当将环境影响报告书一并附送审批机关审查;未附送环境影响报告书的,审批机关不予审批。

第十三条 设区的市级以上人民政府在审批专项规划草案,作出决策前,应当先由人民政府指定的生态环境主管部门或者其他部门召集有关部门代表和专家组成审查小组,对环境影响报告书进行审查。审查小组应当提出书面审查意见。

参加前款规定的审查小组的专家,应当从按照国务院生态环境主管部门的规定设立的专家库内的相关专业的专家名单中,以随机抽取的方式确定。

由省级以上人民政府有关部门负责审批的专项规划,其环境影响报告书的审查办法,由国务院生态环境主管部门会同国务院有关部门制定。

第十四条 审查小组提出修改意见的,专项规划的编制机关应当根据环境影响报告书结论和审查意见对规划草案进行修改完善,并对环境影响报告书结论和审查意见的采纳情况作出说明;不采纳的,应当说明理由。

设区的市级以上人民政府或者省级以上人民政府有关部门在审批专项规划草案时,应当将环境影响报告书结论以及审查意见作为决策的重要依据。

在审批中未采纳环境影响报告书结论以及审查意见的,应当作出说明,并存档备查。

第十五条 对环境有重大影响的规划实施后,编制机关应当及时组织环境影响的跟踪评价,并将评价结果报告审批机关;发现有明显不良环境影响的,应当及时提出改进措施。

第三章 建设项目的环境影响评价

第十六条 国家根据建设项目对环境的影响程度,对建设项目的环境影响评价实行分类管理。

建设单位应当按照下列规定组织编制环境影响报告书、环境影响报告表或者填报环境影响登记表(以下统称环境影响评价文件):

(一)可能造成重大环境影响的,应当编制环境影响报告书,对产生的环境影响进行全面评价;

(二)可能造成轻度环境影响的,应当编制环境影响报告表,对产生的环境影响进行分析或者专项评价;

(三)对环境影响很小、不需要进行环境影响评价的,应当填报环境影响登记表。

建设项目的环境影响评价分类管理名录,由国务院生态环境主管部门制定并发布。

第十七条 建设项目的环境影响报告书应当包括下列内容:

(一)建设项目概况;

(二)建设项目周围环境现状;

(三)建设项目对环境可能造成影响的分析、预测和评估;

(四)建设项目环境保护措施及其技术、经济论证;

(五)建设项目对环境影响的经济损益分析;

(六)对建设项目实施环境监测的建议;

(七)环境影响评价的结论。

环境影响报告表和环境影响登记表的内容和格式,由国务院生态环境主管部门制定。

第十八条 建设项目的环境影响评价,应当避免与规划的环境影响评价相重复。

作为一项整体建设项目的规划,按照建设项目进行环境影响评价,不进行规划的环境影响评价。

已经进行了环境影响评价的规划包含具体建设项目的,规划的环境影响评价结论应当作为建设项目环境影响评价的重要依据,建设项目环境影响评价的内容应当根据规划的环境影响评价审查意见予以简化。

第十九条 建设单位可以委托技术单位对其建设项目开展环境影响评价,编制建设项目环境影响报告书、环境影响报告表;建设单位具备环境影响评价技术能力的,可以自行对其建设项目开展环境影响评价,编制建设项目环境影响报告书、环境影响报告表。

编制建设项目环境影响报告书、环境影响报告表应当遵守国家有关环境影响评价标准、技术规范等规定。

国务院生态环境主管部门应当制定建设项目环境影响报告书、环境影响报告表编制的能力建设指南和监管办法。

接受委托为建设单位编制建设项目环境影响报告书、环境影响报告表的技术单位，不得与负责审批建设项目环境影响报告书、环境影响报告表的生态环境主管部门或者其他有关审批部门存在任何利益关系。

第二十条 建设单位应当对建设项目环境影响报告书、环境影响报告表的内容和结论负责，接受委托编制建设项目环境影响报告书、环境影响报告表的技术单位对其编制的建设项目环境影响报告书、环境影响报告表承担相应责任。

设区的市级以上人民政府生态环境主管部门应当加强对建设项目环境影响报告书、环境影响报告表编制单位的监督管理和质量考核。

负责审批建设项目环境影响报告书、环境影响报告表的生态环境主管部门应当将编制单位、编制主持人和主要编制人员的相关违法信息记入社会诚信档案，并纳入全国信用信息共享平台和国家企业信用信息公示系统向社会公布。

任何单位和个人不得为建设单位指定编制建设项目环境影响报告书、环境影响报告表的技术单位。

第二十一条 除国家规定需要保密的情形外，对环境可能造成重大影响、应当编制环境影响报告书的建设项目，建设单位应当在报批建设项目环境影响报告书前，举行论证会、听证会，或者采取其他形式，征求有关单位、专家和公众的意见。

建设单位报批的环境影响报告书应当附具对有关单位、专家和公众的意见采纳或者不采纳的说明。

第二十二条 建设项目的环境影响报告书、报告表，由建设单位按照国务院的规定报有审批权的生态环境主管部门审批。

海洋工程建设项目的海洋环境影响报告书的审批，依照《中华人民共和国海洋环境保护法》的规定办理。

审批部门应当自收到环境影响报告书之日起六十日内，收到环境影响报告表之日起三十日内，分别作出审批决定并书面通知建设单位。

国家对环境影响登记表实行备案管理。

审核、审批建设项目环境影响报告书、报告表以及备案环境影响登记表，不得收取任何费用。

第二十三条 国务院生态环境主管部门负责审批下列建设项目的环境影响评价文件：

（一）核设施、绝密工程等特殊性质的建设项目；

（二）跨省、自治区、直辖市行政区域的建设项目；

（三）由国务院审批的或者由国务院授权有关部门审批的建设项目。

前款规定以外的建设项目的环境影响评价文件的审批权限，由省、自治区、直辖市人民政府规定。

建设项目可能造成跨行政区域的不良环境影响，有关生态环境主管部门对该项目的环境影响评价结论有争议的，其环境影响评价文件由共同的上一级生态环境主管部门审批。

第二十四条 建设项目的环境影响评价文件经批准后，建设项目的性质、规模、地点、采用的生产工艺或者防治污染、防止生态破坏的措施发生重大变动的，建设单位应当重新报批建设项目的环境影响评价文件。

建设项目的环境影响评价文件自批准之日起超过五年,方决定该项目开工建设的,其环境影响评价文件应当报原审批部门重新审核;原审批部门应当自收到建设项目环境影响评价文件之日起十日内,将审核意见书面通知建设单位。

第二十五条 建设项目的环境影响评价文件未依法经审批部门审查或者审查后未予批准的,建设单位不得开工建设。

第二十六条 建设项目建设过程中,建设单位应当同时实施环境影响报告书、环境影响报告表以及环境影响评价文件审批部门审批意见中提出的环境保护对策措施。

第二十七条 在项目建设、运行过程中产生不符合经审批的环境影响评价文件的情形的,建设单位应当组织环境影响的后评价,采取改进措施,并报原环境影响评价文件审批部门和建设项目审批部门备案;原环境影响评价文件审批部门也可以责成建设单位进行环境影响的后评价,采取改进措施。

第二十八条 生态环境主管部门应当对建设项目投入生产或者使用后所产生的环境影响进行跟踪检查,对造成严重环境污染或者生态破坏的,应当查清原因、查明责任。对属于建设项目环境影响报告书、环境影响报告表存在基础资料明显不实,内容存在重大缺陷、遗漏或者虚假,环境影响评价结论不正确或者不合理等严重质量问题的,依照本法第三十二条的规定追究建设单位及其相关责任人员和接受委托编制建设项目环境影响报告书、环境影响报告表的技术单位及其相关人员的法律责任;属于审批部门工作人员失职、渎职,对依法不应批准的建设项目环境影响报告书、环境影响报告表予以批准的,依照本法第三十四条的规定追究其法律责任。

第四章 法律责任

第二十九条 规划编制机关违反本法规定,未组织环境影响评价,或者组织环境影响评价时弄虚作假或者有失职行为,造成环境影响评价严重失实的,对直接负责的主管人员和其他直接责任人员,由上级机关或者监察机关依法给予行政处分。

第三十条 规划审批机关对依法应当编写有关环境影响的篇章或者说明而未编写的规划草案,依法应当附送环境影响报告书而未附送的专项规划草案,违法予以批准的,对直接负责的主管人员和其他直接责任人员,由上级机关或者监察机关依法给予行政处分。

第三十一条 建设单位未依法报批建设项目环境影响报告书、报告表,或者未依照本法第二十四条的规定重新报批或者报请重新审核环境影响报告书、报告表,擅自开工建设的,由县级以上生态环境主管部门责令停止建设,根据违法情节和危害后果,处建设项目总投资额百分之一以上百分之五以下的罚款,并可以责令恢复原状;对建设单位直接负责的主管人员和其他直接责任人员,依法给予行政处分。

建设项目环境影响报告书、报告表未经批准或者未经原审批部门重新审核同意,建设单位擅自开工建设的,依照前款的规定处罚、处分。

建设单位未依法备案建设项目环境影响登记表的,由县级以上生态环境主管部门责令备案,处五万元以下的罚款。

海洋工程建设项目的建设单位有本条所列违法行为的,依照《中华人民共和国海洋环境保护法》的规定处罚。

第三十二条 建设项目环境影响报告书、环境影响报告表存在基础资料明显不实,内容存在重大缺陷、遗漏或者虚假,环境影响评价结论不正确或者不合理等严重质量问题的,由设区的市级以上人民政府生态环境主管部门对建设单位处五十万元以上二百万元以下的罚款,并对建设单位的法定代表人、主要负责人、直接负责的主管人员和其他直接责任人员,处五万元以上二十万元以下的罚款。

接受委托编制建设项目环境影响报告书、环境影响报告表的技术单位违反国家有关环境影响评价标准和技术规范等规定,致使其编制的建设项目环境影响报告书、环境影响报告表存在基础资料明显不实,内容存在重大缺陷、遗漏或者虚假,环境影响评价结论不正确或者不合理等严重质量问题的,由设区的市级以上人民政府生态环境主管部门对技术单位处所收费用三倍以上五倍以下的罚款;情节严重的,禁止从事环境影响报告书、环境影响报告表编制工作;有违法所得的,没收违法所得。

编制单位有本条第一款、第二款规定的违法行为的,编制主持人和主要编制人员五年内禁止从事环境影响报告书、环境影响报告表编制工作;构成犯罪的,依法追究刑事责任,并终身禁止从事环境影响报告书、环境影响报告表编制工作。

第三十三条 负责审核、审批、备案建设项目环境影响评价文件的部门在审批、备案中收取费用的,由其上级机关或者监察机关责令退还;情节严重的,对直接负责的主管人员和其他直接责任人员依法给予行政处分。

第三十四条 生态环境主管部门或者其他部门的工作人员徇私舞弊,滥用职权,玩忽职守,违法批准建设项目环境影响评价文件的,依法给予行政处分;构成犯罪的,依法追究刑事责任。

第五章 附 则

第三十五条 省、自治区、直辖市人民政府可以根据本地的实际情况,要求对本辖区的县级人民政府编制的规划进行环境影响评价。具体办法由省、自治区、直辖市参照本法第二章的规定制定。

第三十六条 军事设施建设项目的环境影响评价办法,由中央军事委员会依照本法的原则制定。

第三十七条 本法自 2003 年 9 月 1 日起施行。

中华人民共和国水土保持法(2010 年修订)

(1991 年 6 月 29 日第七届全国人民代表大会常务委员会第二十次会议通过
2010 年 12 月 25 日第十一届全国人民代表大会常务委员会第十八次会议修订)

目 录
第一章 总 则
第二章 规划的环境影响评价
第三章 建设项目的环境影响评价
第四章 法律责任
第五章 附 则

第一章 总 则

第一条 为了预防和治理水土流失,保护和合理利用水土资源,减轻水、旱、风沙灾害,改善生态环境,保障经济社会可持续发展,制定本法。

第二条 在中华人民共和国境内从事水土保持活动,应当遵守本法。

本法所称水土保持,是指对自然因素和人为活动造成水土流失所采取的预防和治理措施。

第三条 水土保持工作实行预防为主、保护优先、全面规划、综合治理、因地制宜、突出重点、科学管理、注重效益的方针。

第四条 县级以上人民政府应当加强对水土保持工作的统一领导,将水土保持工作纳入本级国民经济和社会发展规划,对水土保持规划确定的任务,安排专项资金,并组织实施。

国家在水土流失重点预防区和重点治理区,实行地方各级人民政府水土保持目标责任制和考核奖惩制度。

第五条 国务院水行政主管部门主管全国的水土保持工作。

国务院水行政主管部门在国家确定的重要江河、湖泊设立的流域管理机构(以下简称流域管理机构),在所管辖范围内依法承担水土保持监督管理职责。

县级以上地方人民政府水行政主管部门主管本行政区域的水土保持工作。

县级以上人民政府林业、农业、国土资源等有关部门按照各自职责,做好有关的水土流失预防和治理工作。

第六条 各级人民政府及其有关部门应当加强水土保持宣传和教育工作,普及水土保持科学知识,增强公众的水土保持意识。

第七条 国家鼓励和支持水土保持科学技术研究,提高水土保持科学技术水平,推广先进的水土保持技术,培养水土保持科学技术人才。

第八条 任何单位和个人都有保护水土资源、预防和治理水土流失的义务,并有权对破坏水土资源、造成水土流失的行为进行举报。

第九条 国家鼓励和支持社会力量参与水土保持工作。

对水土保持工作中成绩显著的单位和个人,由县级以上人民政府给予表彰和奖励。

第二章 规 划

第十条 水土保持规划应当在水土流失调查结果及水土流失重点预防区和重点治理区划定的基础上,遵循统筹协调、分类指导的原则编制。

第十一条 国务院水行政主管部门应当定期组织全国水土流失调查并公告调查结果。

省、自治区、直辖市人民政府水行政主管部门负责本行政区域的水土流失调查并公告调查结果,公告前应当将调查结果报国务院水行政主管部门备案。

第十二条 县级以上人民政府应当依据水土流失调查结果划定并公告水土流失重点预防区和重点治理区。

对水土流失潜在危险较大的区域,应当划定为水土流失重点预防区;对水土流失严重的区域,应当划定为水土流失重点治理区。

第十三条 水土保持规划的内容应当包括水土流失状况、水土流失类型区划分、水土流失防治目标、任务和措施等。

水土保持规划包括对流域或者区域预防和治理水土流失、保护和合理利用水土资源作出的整体部署，以及根据整体部署对水土保持专项工作或者特定区域预防和治理水土流失作出的专项部署。

水土保持规划应当与土地利用总体规划、水资源规划、城乡规划和环境保护规划等相协调。

编制水土保持规划，应当征求专家和公众的意见。

第十四条 县级以上人民政府水行政主管部门会同同级人民政府有关部门编制水土保持规划，报本级人民政府或者其授权的部门批准后，由水行政主管部门组织实施。

水土保持规划一经批准，应当严格执行；经批准的规划根据实际情况需要修改的，应当按照规划编制程序报原批准机关批准。

第十五条 有关基础设施建设、矿产资源开发、城镇建设、公共服务设施建设等方面的规划，在实施过程中可能造成水土流失的，规划的组织编制机关应当在规划中提出水土流失预防和治理的对策和措施，并在规划报请审批前征求本级人民政府水行政主管部门的意见。

第三章 预 防

第十六条 地方各级人民政府应当按照水土保持规划，采取封育保护、自然修复等措施，组织单位和个人植树种草，扩大林草覆盖面积，涵养水源，预防和减轻水土流失。

第十七条 地方各级人民政府应当加强对取土、挖砂、采石等活动的管理，预防和减轻水土流失。

禁止在崩塌、滑坡危险区和泥石流易发区从事取土、挖砂、采石等可能造成水土流失的活动。崩塌、滑坡危险区和泥石流易发区的范围，由县级以上地方人民政府划定并公告。崩塌、滑坡危险区和泥石流易发区的划定，应当与地质灾害防治规划确定的地质灾害易发区、重点防治区相衔接。

第十八条 水土流失严重、生态脆弱的地区，应当限制或者禁止可能造成水土流失的生产建设活动，严格保护植物、沙壳、结皮、地衣等。

在侵蚀沟的沟坡和沟岸、河流的两岸以及湖泊和水库的周边，土地所有权人、使用权人或者有关管理单位应当营造植物保护带。禁止开垦、开发植物保护带。

第十九条 水土保持设施的所有权人或者使用权人应当加强对水土保持设施的管理与维护，落实管护责任，保障其功能正常发挥。

第二十条 禁止在二十五度以上陡坡地开垦种植农作物。在二十五度以上陡坡地种植经济林的，应当科学选择树种，合理确定规模，采取水土保持措施，防止造成水土流失。

省、自治区、直辖市根据本行政区域的实际情况，可以规定小于二十五度的禁止开垦坡度。禁止开垦的陡坡地的范围由当地县级人民政府划定并公告。

第二十一条 禁止毁林、毁草开垦和采集发菜。禁止在水土流失重点预防区和重点治理区铲草皮、挖树兜或者滥挖虫草、甘草、麻黄等。

第二十二条 林木采伐应当采用合理方式，严格控制皆伐；对水源涵养林、水土保持林、防风固沙林等防护林只能进行抚育和更新性质的采伐；对采伐区和集材道应当采取防止水土流失的措施，并在采伐后及时更新造林。

在林区采伐林木的，采伐方案中应当有水土保持措施。采伐方案经林业主管部门批准后，由林业主管部门和水行政主管部门监督实施。

第二十三条 在五度以上坡地植树造林、抚育幼林、种植中药材等,应当采取水土保持措施。

在禁止开垦坡度以下、五度以上的荒坡地开垦种植农作物,应当采取水土保持措施。具体办法由省、自治区、直辖市根据本行政区域的实际情况规定。

第二十四条 生产建设项目选址、选线应当避让水土流失重点预防区和重点治理区;无法避让的,应当提高防治标准,优化施工工艺,减少地表扰动和植被损坏范围,有效控制可能造成的水土流失。

第二十五条 在山区、丘陵区、风沙区以及水土保持规划确定的容易发生水土流失的其他区域开办可能造成水土流失的生产建设项目,生产建设单位应当编制水土保持方案,报县级以上人民政府水行政主管部门审批,并按照经批准的水土保持方案,采取水土流失预防和治理措施。没有能力编制水土保持方案的,应当委托具备相应技术条件的机构编制。

水土保持方案应当包括水土流失预防和治理的范围、目标、措施和投资等内容。

水土保持方案经批准后,生产建设项目的地点、规模发生重大变化的,应当补充或者修改水土保持方案并报原审批机关批准。水土保持方案实施过程中,水土保持措施需要作出重大变更的,应当经原审批机关批准。

生产建设项目水土保持方案的编制和审批办法,由国务院水行政主管部门制定。

第二十六条 依法应当编制水土保持方案的生产建设项目,生产建设单位未编制水土保持方案或者水土保持方案未经水行政主管部门批准的,生产建设项目不得开工建设。

第二十七条 依法应当编制水土保持方案的生产建设项目中的水土保持设施,应当与主体工程同时设计、同时施工、同时投产使用;生产建设项目竣工验收,应当验收水土保持设施;水土保持设施未经验收或者验收不合格的,生产建设项目不得投产使用。

第二十八条 依法应当编制水土保持方案的生产建设项目,其生产建设活动中排弃的砂、石、土、矸石、尾矿、废渣等应当综合利用;不能综合利用,确需废弃的,应当堆放在水土保持方案确定的专门存放地,并采取措施保证不产生新的危害。

第二十九条 县级以上人民政府水行政主管部门、流域管理机构,应当对生产建设项目水土保持方案的实施情况进行跟踪检查,发现问题及时处理。

第四章 治 理

第三十条 国家加强水土流失重点预防区和重点治理区的坡耕地改梯田、淤地坝等水土保持重点工程建设,加大生态修复力度。

县级以上人民政府水行政主管部门应当加强对水土保持重点工程的建设管理,建立和完善运行管护制度。

第三十一条 国家加强江河源头区、饮用水水源保护区和水源涵养区水土流失的预防和治理工作,多渠道筹集资金,将水土保持生态效益补偿纳入国家建立的生态效益补偿制度。

第三十二条 开办生产建设项目或者从事其他生产建设活动造成水土流失的,应当进行治理。

在山区、丘陵区、风沙区以及水土保持规划确定的容易发生水土流失的其他区域开办生产建设项目或者从事其他生产建设活动,损坏水土保持设施、地貌植被,不能恢复原有水土保持功能的,应当缴纳水土保持补偿费,专项用于水土流失预防和治理。专项水土流失预防和治理由水行政主管部门负责组织实施。水土保持补偿费的收取使用管理办法由国务院财政部门、国务院价格主管部门会同国务院水行政主管部门制定。

生产建设项目在建设过程中和生产过程中发生的水土保持费用,按照国家统一的财务会计制度处理。

第三十三条 国家鼓励单位和个人按照水土保持规划参与水土流失治理,并在资金、技术、税收等方面予以扶持。

第三十四条 国家鼓励和支持承包治理荒山、荒沟、荒丘、荒滩,防治水土流失,保护和改善生态环境,促进土地资源的合理开发和可持续利用,并依法保护土地承包合同当事人的合法权益。

承包治理荒山、荒沟、荒丘、荒滩和承包水土流失严重地区农村土地的,在依法签订的土地承包合同中应当包括预防和治理水土流失责任的内容。

第三十五条 在水力侵蚀地区,地方各级人民政府及其有关部门应当组织单位和个人,以天然沟壑及其两侧山坡地形成的小流域为单元,因地制宜地采取工程措施、植物措施和保护性耕作等措施,进行坡耕地和沟道水土流失综合治理。

在风力侵蚀地区,地方各级人民政府及其有关部门应当组织单位和个人,因地制宜地采取轮封轮牧、植树种草、设置人工沙障和网格林带等措施,建立防风固沙防护体系。

在重力侵蚀地区,地方各级人民政府及其有关部门应当组织单位和个人,采取监测、径流排导、削坡减载、支挡固坡、修建拦挡工程等措施,建立监测、预报、预警体系。

第三十六条 在饮用水水源保护区,地方各级人民政府及其有关部门应当组织单位和个人,采取预防保护、自然修复和综合治理措施,配套建设植物过滤带,积极推广沼气,开展清洁小流域建设,严格控制化肥和农药的使用,减少水土流失引起的面源污染,保护饮用水水源。

第三十七条 已在禁止开垦的陡坡地上开垦种植农作物的,应当按照国家有关规定退耕,植树种草;耕地短缺、退耕确有困难的,应当修建梯田或者采取其他水土保持措施。

在禁止开垦坡度以下的坡耕地上开垦种植农作物的,应当根据不同情况,采取修建梯田、坡面水系整治、蓄水保土耕作或者退耕等措施。

第三十八条 对生产建设活动所占用土地的地表土应当进行分层剥离、保存和利用,做到土石方挖填平衡,减少地表扰动范围;对废弃的砂、石、土、矸石、尾矿、废渣等存放地,应当采取拦挡、坡面防护、防洪排导等措施。生产建设活动结束后,应当及时在取土场、开挖面和存放地的裸露土地上植树种草、恢复植被,对闭库的尾矿库进行复垦。

在干旱缺水地区从事生产建设活动,应当采取防止风力侵蚀措施,设置降水蓄渗设施,充分利用降水资源。

第三十九条 国家鼓励和支持在山区、丘陵区、风沙区以及容易发生水土流失的其他区域,采取下列有利于水土保持的措施:

(一)免耕、等高耕作、轮耕轮作、草田轮作、间作套种等;

(二)封禁抚育、轮封轮牧、舍饲圈养;

(三)发展沼气、节柴灶,利用太阳能、风能和水能,以煤、电、气代替薪柴等;

(四)从生态脆弱地区向外移民;

(五)其他有利于水土保持的措施。

第五章 监测和监督

第四十条 县级以上人民政府水行政主管部门应当加强水土保持监测工作,发挥水土保持监测工作在政府决策、经济社会发展和社会公众服务中的作用。县级以上人民政府应当保障水土保持监测工作经费。

国务院水行政主管部门应当完善全国水土保持监测网络,对全国水土流失进行动态监测。

第四十一条 对可能造成严重水土流失的大中型生产建设项目,生产建设单位应当自行或者委托具备水土保持监测资质的机构,对生产建设活动造成的水土流失进行监测,并将监测情况定期上报当地水行政主管部门。

从事水土保持监测活动应当遵守国家有关技术标准、规范和规程,保证监测质量。

第四十二条 国务院水行政主管部门和省、自治区、直辖市人民政府水行政主管部门应当根据水土保持监测情况,定期对下列事项进行公告:

(一)水土流失类型、面积、强度、分布状况和变化趋势;

(二)水土流失造成的危害;

(三)水土流失预防和治理情况。

第四十三条 县级以上人民政府水行政主管部门负责对水土保持情况进行监督检查。流域管理机构在其管辖范围内可以行使国务院水行政主管部门的监督检查职权。

第四十四条 水政监督检查人员依法履行监督检查职责时,有权采取下列措施:

(一)要求被检查单位或者个人提供有关文件、证照、资料;

(二)要求被检查单位或者个人就预防和治理水土流失的有关情况作出说明;

(三)进入现场进行调查、取证。

被检查单位或者个人拒不停止违法行为,造成严重水土流失的,报经水行政主管部门批准,可以查封、扣押实施违法行为的工具及施工机械、设备等。

第四十五条 水政监督检查人员依法履行监督检查职责时,应当出示执法证件。被检查单位或者个人对水土保持监督检查工作应当给予配合,如实报告情况,提供有关文件、证照、资料;不得拒绝或者阻碍水政监督检查人员依法执行公务。

第四十六条 不同行政区域之间发生水土流失纠纷应当协商解决;协商不成的,由共同的上一级人民政府裁决。

第六章 法律责任

第四十七条 水行政主管部门或者其他依照本法规定行使监督管理权的部门,不依法作出行政许可决定或者办理批准文件的,发现违法行为或者接到对违法行为的举报不予查处的,或者有其他未依照本法规定履行职责的行为的,对直接负责的主管人员和其他直接责任人员依法给予处分。

第四十八条 违反本法规定,在崩塌、滑坡危险区或者泥石流易发区从事取土、挖砂、采石等可能造成水土流失的活动的,由县级以上地方人民政府水行政主管部门责令停止违法行为,没收违法所得,对个人处一千元以上一万元以下的罚款,对单位处二万元以上二十万元以下的罚款。

第四十九条 违反本法规定,在禁止开垦坡度以上陡坡地开垦种植农作物,或者在禁止开垦、开发的植物保护带内开垦、开发的,由县级以上地方人民政府水行政主管部门责令停止违法行为,采取退耕、恢复植被等补救措施;按照开垦或者开发面积,可以对个人处每平方米二元以下的罚款、对单位处每平方米十元以下的罚款。

第五十条 违反本法规定,毁林、毁草开垦的,依照《中华人民共和国森林法》、《中华人民共和国草原法》的有关规定处罚。

第五十一条 违反本法规定,采集发菜,或者在水土流失重点预防区和重点治理区铲草皮、挖树兜、滥挖虫草、甘草、麻黄等的,由县级以上地方人民政府水行政主管部门责令停止违法行为,采取补救措施,没收违法所得,并处违法所得一倍以上五倍以下的罚款;没有违法所得的,可以处五万元以下的罚款。

在草原地区有前款规定违法行为的,依照《中华人民共和国草原法》的有关规定处罚。

第五十二条 在林区采伐林木不依法采取防止水土流失措施的,由县级以上地方人民政府林业主管部门、水行政主管部门责令限期改正,采取补救措施;造成水土流失的,由水行政主管部门按照造成水土流失的面积处每平方米二元以上十元以下的罚款。

第五十三条 违反本法规定,有下列行为之一的,由县级以上人民政府水行政主管部门责令停止违法行为,限期补办手续;逾期不补办手续的,处五万元以上五十万元以下的罚款;对生产建设单位直接负责的主管人员和其他直接责任人员依法给予处分:

(一)依法应当编制水土保持方案的生产建设项目,未编制水土保持方案或者编制的水土保持方案未经批准而开工建设的;

(二)生产建设项目的地点、规模发生重大变化,未补充、修改水土保持方案或者补充、修改的水土保持方案未经原审批机关批准的;

(三)水土保持方案实施过程中,未经原审批机关批准,对水土保持措施作出重大变更的。

第五十四条 违反本法规定,水土保持设施未经验收或者验收不合格将生产建设项目投产使用的,由县级以上人民政府水行政主管部门责令停止生产或者使用,直至验收合格,并处五万元以上五十万元以下的罚款。

第五十五条 违反本法规定,在水土保持方案确定的专门存放地以外的区域倾倒砂、石、矸石、尾矿、废渣等的,由县级以上地方人民政府水行政主管部门责令停止违法行为,限期清理,按照倾倒数量处每立方米十元以上二十元以下的罚款;逾期仍不清理的,县级以上地方人民政府水行政主管部门可以指定有清理能力的单位代为清理,所需费用由违法行为人承担。

第五十六条 违反本法规定,开办生产建设项目或者从事其他生产建设活动造成水土流失,不进行治理的,由县级以上人民政府水行政主管部门责令限期治理;逾期仍不治理的,县级以上人民政府水行政主管部门可以指定有治理能力的单位代为治理,所需费用由违法行为人承担。

第五十七条 违反本法规定,拒不缴纳水土保持补偿费的,由县级以上人民政府水行政主管部门责令限期缴纳;逾期不缴纳的,自滞纳之日起按日加收滞纳部分万分之五的滞纳金,可以处应缴水土保持补偿费三倍以下的罚款。

第五十八条 违反本法规定,造成水土流失危害的,依法承担民事责任;构成违反治安管理行为的,由公安机关依法给予治安管理处罚;构成犯罪的,依法追究刑事责任。

第七章 附 则

第五十九条 县级以上地方人民政府根据当地实际情况确定的负责水土保持工作的机构,行使本法规定的水行政主管部门水土保持工作的职责。

第六十条 本法自 2011 年 3 月 1 日起施行。

中华人民共和国土地管理法(2004年修正)

(1986年6月25日第六届全国人民代表大会常务委员会第十六次会议通过 根据1988年12月29日第七届全国人民代表大会常务委员会第五次会议《关于修改〈中华人民共和国土地管理法〉的决定》第一次修正 1998年8月29日第九届全国人民代表大会常务委员会第四次会议修订 根据2004年8月28日第十届全国人民代表大会常务委员会第十一次会议《关于修改〈中华人民共和国土地管理法〉的决定》第二次修正)

目 录

第一章 总 则
第二章 土地的所有权和使用权
第三章 土地利用总体规划
第四章 耕地保护
第五章 建设用地
第六章 监督检查
第七章 法律责任
第八章 附 则

第一章 总 则

第一条 为了加强土地管理,维护土地的社会主义公有制,保护、开发土地资源,合理利用土地,切实保护耕地,促进社会经济的可持续发展,根据宪法,制定本法。

第二条 中华人民共和国实行土地的社会主义公有制,即全民所有制和劳动群众集体所有制。

全民所有,即国家所有土地的所有权由国务院代表国家行使。

任何单位和个人不得侵占、买卖或者以其他形式非法转让土地。土地使用权可以依法转让。

国家为了公共利益的需要,可以依法对土地实行征收或者征用并给予补偿。

国家依法实行国有土地有偿使用制度。但是,国家在法律规定的范围内划拨国有土地使用权的除外。

第三条 十分珍惜、合理利用土地和切实保护耕地是我国的基本国策。各级人民政府应当采取措施,全面规划,严格管理,保护、开发土地资源,制止非法占用土地的行为。

第四条 国家实行土地用途管制制度。

国家编制土地利用总体规划,规定土地用途,将土地分为农用地、建设用地和未利用地。严格限制农用地转为建设用地,控制建设用地总量,对耕地实行特殊保护。

前款所称农用地是指直接用于农业生产的土地,包括耕地、林地、草地、农田水利用地、养殖水面等;建设用地是指建造建筑物、构筑物的土地,包括城乡住宅和公共设施用地、工矿用地、交通水利设施用地、旅游用地、军事设施用地等;未利用地是指农用地和建设用地以外的土地。

使用土地的单位和个人必须严格按照土地利用总体规划确定的用途使用土地。

第五条 国务院土地行政主管部门统一负责全国土地的管理和监督工作。

县级以上地方人民政府土地行政主管部门的设置及其职责,由省、自治区、直辖市人民政府根据国务院有关规定确定。

第六条 任何单位和个人都有遵守土地管理法律、法规的义务,并有权对违反土地管理法律、法规的行为提出检举和控告。

第七条 在保护和开发土地资源、合理利用土地以及进行有关的科学研究等方面成绩显著的单位和个人,由人民政府给予奖励。

第二章 土地的所有权和使用权

第八条 城市市区的土地属于国家所有。

农村和城市郊区的土地,除由法律规定属于国家所有的以外,属于农民集体所有;宅基地和自留地、自留山,属于农民集体所有。

第九条 国有土地和农民集体所有的土地,可以依法确定给单位或者个人使用。使用土地的单位和个人,有保护、管理和合理利用土地的义务。

第十条 农民集体所有的土地依法属于村农民集体所有的,由村集体经济组织或者村民委员会经营、管理;已经分别属于村内两个以上农村集体经济组织的农民集体所有的,由村内各该农村集体经济组织或者村民小组经营、管理;已经属于乡(镇)农民集体所有的,由乡(镇)农村集体经济组织经营、管理。

第十一条 农民集体所有的土地,由县级人民政府登记造册,核发证书,确认所有权。

农民集体所有的土地依法用于非农业建设的,由县级人民政府登记造册,核发证书,确认建设用地使用权。

单位和个人依法使用的国有土地,由县级以上人民政府登记造册,核发证书,确认使用权;其中,中央国家机关使用的国有土地的具体登记发证机关,由国务院确定。

确认林地、草原的所有权或者使用权,确认水面、滩涂的养殖使用权,分别依照《中华人民共和国森林法》、《中华人民共和国草原法》和《中华人民共和国渔业法》的有关规定办理。

第十二条 依法改变土地权属和用途的,应当办理土地变更登记手续。

第十三条 依法登记的土地的所有权和使用权受法律保护,任何单位和个人不得侵犯。

第十四条 农民集体所有的土地由本集体经济组织的成员承包经营,从事种植业、林业、畜牧业、渔业生产。土地承包经营期限为三十年。发包方和承包方应当订立承包合同,约定双方的权利和义务。承包经营土地的农民有保护和按照承包合同约定的用途合理利用土地的义务。农民的土地承包经营权受法律保护。

在土地承包经营期限内,对个别承包经营者之间承包的土地进行适当调整的,必须经村民会议三分之二以上成员或者三分之二以上村民代表的同意,并报乡(镇)人民政府和县级人民政府农业行政主管部门批准。

第十五条 国有土地可以由单位或者个人承包经营,从事种植业、林业、畜牧业、渔业生产。

农民集体所有的土地,可以由本集体经济组织以外的单位或者个人承包经营,从事种植业、林业、畜牧业、渔业生产。发包方和承包方应当订立承包合同,约定双方的权利和义务。土地承包经营的期限由承包合同约定。承包经营土地的单位和个人,有保护和按照承包合同约定的用途合理利用土地的义务。

农民集体所有的土地由本集体经济组织以外的单位或者个人承包经营的,必须经村民会议三分之二以上成员或者三分之二以上村民代表的同意,并报乡(镇)人民政府批准。

第十六条 土地所有权和使用权争议,由当事人协商解决;协商不成的,由人民政府处理。

单位之间的争议,由县级以上人民政府处理;个人之间、个人与单位之间的争议,由乡级人民政府或者县级以上人民政府处理。

当事人对有关人民政府的处理决定不服的,可以自接到处理决定通知之日起三十日内,向人民法院起诉。

在土地所有权和使用权争议解决前,任何一方不得改变土地利用现状。

第三章 土地利用总体规划

第十七条 各级人民政府应当依据国民经济和社会发展规划、国土整治和资源环境保护的要求、土地供给能力以及各项建设对土地的需求,组织编制土地利用总体规划。

土地利用总体规划的规划期限由国务院规定。

第十八条 下级土地利用总体规划应当依据上一级土地利用总体规划编制。

地方各级人民政府编制的土地利用总体规划中的建设用地总量不得超过上一级土地利用总体规划确定的控制指标,耕地保有量不得低于上一级土地利用总体规划确定的控制指标。

省、自治区、直辖市人民政府编制的土地利用总体规划,应当确保本行政区域内耕地总量不减少。

第十九条 土地利用总体规划按照下列原则编制:

(一)严格保护基本农田,控制非农业建设占用农用地;

(二)提高土地利用率;

(三)统筹安排各类、各区域用地;

(四)保护和改善生态环境,保障土地的可持续利用;

(五)占用耕地与开发复垦耕地相平衡。

第二十条 县级土地利用总体规划应当划分土地利用区,明确土地用途。

乡(镇)土地利用总体规划应当划分土地利用区,根据土地使用条件,确定每一块土地的用途,并予以公告。

第二十一条 土地利用总体规划实行分级审批。

省、自治区、直辖市的土地利用总体规划,报国务院批准。

省、自治区人民政府所在地的市、人口在一百万以上的城市以及国务院指定的城市的土地利用总体规划,经省、自治区人民政府审查同意后,报国务院批准。

本条第二款、第三款规定以外的土地利用总体规划,逐级上报省、自治区、直辖市人民政府批准;其中,乡(镇)土地利用总体规划可以由省级人民政府授权的设区的市、自治州人民政府批准。

土地利用总体规划一经批准,必须严格执行。

第二十二条 城市建设用地规模应当符合国家规定的标准,充分利用现有建设用地,不占或者尽量少占农用地。

城市总体规划、村庄和集镇规划,应当与土地利用总体规划相衔接,城市总体规划、村庄和集镇规划中建设用地规模不得超过土地利用总体规划确定的城市和村庄、集镇建设用地规模。

在城市规划区内、村庄和集镇规划区内,城市和村庄、集镇建设用地应当符合城市规划、村庄和集镇规划。

第二十三条 江河、湖泊综合治理和开发利用规划,应当与土地利用总体规划相衔接。在江河、湖泊、水库的管理和保护范围以及蓄洪滞洪区内,土地利用应当符合江河、湖泊综合治理和开发利用规划,符合河道、湖泊行洪、蓄洪和输水的要求。

第二十四条 各级人民政府应当加强土地利用计划管理,实行建设用地总量控制。

土地利用年度计划,根据国民经济和社会发展计划、国家产业政策、土地利用总体规划以及建设用地和土地利用的实际状况编制。土地利用年度计划的编制审批程序与土地利用总体规划的编制审批程序相同,一经审批下达,必须严格执行。

第二十五条 省、自治区、直辖市人民政府应当将土地利用年度计划的执行情况列为国民经济和社会发展计划执行情况的内容,向同级人民代表大会报告。

第二十六条 经批准的土地利用总体规划的修改,须经原批准机关批准;未经批准,不得改变土地利用总体规划确定的土地用途。

经国务院批准的大型能源、交通、水利等基础设施建设用地,需要改变土地利用总体规划的,根据国务院的批准文件修改土地利用总体规划。

经省、自治区、直辖市人民政府批准的能源、交通、水利等基础设施建设用地,需要改变土地利用总体规划的,属于省级人民政府土地利用总体规划批准权限内的,根据省级人民政府的批准文件修改土地利用总体规划。

第二十七条 国家建立土地调查制度。

县级以上人民政府土地行政主管部门会同同级有关部门进行土地调查。土地所有者或者使用者应当配合调查,并提供有关资料。

第二十八条 县级以上人民政府土地行政主管部门会同同级有关部门根据土地调查成果、规划土地用途和国家制定的统一标准,评定土地等级。

第二十九条 国家建立土地统计制度。

县级以上人民政府土地行政主管部门和同级统计部门共同制定统计调查方案,依法进行土地统计,定期发布土地统计资料。土地所有者或者使用者应当提供有关资料,不得虚报、瞒报、拒报、迟报。

土地行政主管部门和统计部门共同发布的土地面积统计资料是各级人民政府编制土地利用总体规划的依据。

第三十条 国家建立全国土地管理信息系统,对土地利用状况进行动态监测。

第四章 耕地保护

第三十一条 国家保护耕地,严格控制耕地转为非耕地。

国家实行占用耕地补偿制度。非农业建设经批准占用耕地的,按照"占多少,垦多少"的原则,由占用耕地的单位负责开垦与所占用耕地的数量和质量相当的耕地;没有条件开垦或者开垦的耕地不符合要求的,应当按照省、自治区、直辖市的规定缴纳耕地开垦费,专款用于开垦新的耕地。

省、自治区、直辖市人民政府应当制定开垦耕地计划,监督占用耕地的单位按照计划开垦耕地或者按照计划组织开垦耕地,并进行验收。

第三十二条 县级以上地方人民政府可以要求占用耕地的单位将所占用耕地耕作层的土壤用于新开垦耕地、劣质地或者其他耕地的土壤改良。

第三十三条 省、自治区、直辖市人民政府应当严格执行土地利用总体规划和土地利用年度计划,采取措施,确保本行政区域内耕地总量不减少;耕地总量减少的,由国务院责令在规定期限内组织开垦与所减少耕地的数量与质量相当的耕地,并由国务院土地行政主管部门会同农业行政主管部门验收。个别省、直辖市确因土地后备资源匮乏,新增建设用地后,新开垦耕地的数量不足以补偿所占用耕地的数量的,必须报经国务院批准减免本行政区域内开垦耕地的数量,进行易地开垦。

第三十四条 国家实行基本农田保护制度。下列耕地应当根据土地利用总体规划划入基本农田保护区,严格管理:

(一)经国务院有关主管部门或者县级以上地方人民政府批准确定的粮、棉、油生产基地内的耕地;

(二)有良好的水利与水土保持设施的耕地,正在实施改造计划以及可以改造的中、低产田;

(三)蔬菜生产基地;

(四)农业科研、教学试验田;

(五)国务院规定应当划入基本农田保护区的其他耕地。

各省、自治区、直辖市划定的基本农田应当占本行政区域内耕地的百分之八十以上。

基本农田保护区以乡(镇)为单位进行划区定界,由县级人民政府土地行政主管部门会同同级农业行政主管部门组织实施。

第三十五条 各级人民政府应当采取措施,维护排灌工程设施,改良土壤,提高地力,防止土地荒漠化、盐渍化、水土流失和污染土地。

第三十六条 非农业建设必须节约使用土地,可以利用荒地的,不得占用耕地;可以利用劣地的,不得占用好地。

禁止占用耕地建窑、建坟或者擅自在耕地上建房、挖砂、采石、采矿、取土等。

禁止占用基本农田发展林果业和挖塘养鱼。

第三十七条 禁止任何单位和个人闲置、荒芜耕地。已经办理审批手续的非农业建设占用耕地,一年内不用而又可以耕种并收获的,应当由原耕种该幅耕地的集体或者个人恢复耕种,也可以由用地单位组织耕种;一年以上未动工建设的,应当按照省、自治区、直辖市的规定缴纳闲置费;连续二年未使用的,经原批准机关批准,由县级以上人民政府无偿收回用地单位的土地使用权;该幅土地原为农民集体所有的,应当交由原农村集体经济组织恢复耕种。

在城市规划区范围内,以出让方式取得土地使用权进行房地产开发的闲置土地,依照《中华人民共和国城市房地产管理法》的有关规定办理。

承包经营耕地的单位或者个人连续二年弃耕抛荒的,原发包单位应当终止承包合同,收回发包的耕地。

第三十八条 国家鼓励单位和个人按照土地利用总体规划,在保护和改善生态环境、防止水土流失和土地荒漠化的前提下,开发未利用的土地;适宜开发为农用地的,应当优先开发成农用地。

国家依法保护开发者的合法权益。

第三十九条 开垦未利用的土地,必须经过科学论证和评估,在土地利用总体规划划定的可开垦的区域内,经依法批准后进行。禁止毁坏森林、草原开垦耕地,禁止围湖造田和侵占江河滩地。

根据土地利用总体规划,对破坏生态环境开垦、围垦的土地,有计划有步骤地退耕还林、还牧、还湖。

第四十条 开发未确定使用权的国有荒山、荒地、荒滩从事种植业、林业、畜牧业、渔业生产的,经县级以上人民政府依法批准,可以确定给开发单位或者个人长期使用。

第四十一条 国家鼓励土地整理。县、乡(镇)人民政府应当组织农村集体经济组织,按照土地利用总体规划,对田、水、路、林、村综合整治,提高耕地质量,增加有效耕地面积,改善农业生产条件和生态环境。

地方各级人民政府应当采取措施,改造中、低产田,整治闲散地和废弃地。

第四十二条 因挖损、塌陷、压占等造成土地破坏,用地单位和个人应当按照国家有关规定负责复垦;没有条件复垦或者复垦不符合要求的,应当缴纳土地复垦费,专项用于土地复垦。复垦的土地应当优先用于农业。

第五章 建设用地

第四十三条 任何单位和个人进行建设,需要使用土地的,必须依法申请使用国有土地;但是,兴办乡镇企业和村民建设住宅经依法批准使用本集体经济组织农民集体所有的土地的,或者乡(镇)村公共设施和公益事业建设经依法批准使用农民集体所有的土地的除外。

前款所称依法申请使用的国有土地包括国家所有的土地和国家征收的原属于农民集体所有的土地。

第四十四条 建设占用土地,涉及农用地转为建设用地的,应当办理农用地转用审批手续。

省、自治区、直辖市人民政府批准的道路、管线工程和大型基础设施建设项目、国务院批准的建设项目占用土地,涉及农用地转为建设用地的,由国务院批准。

在土地利用总体规划确定的城市和村庄、集镇建设用地规模范围内,为实施该规划而将农用地转为建设用地的,按土地利用年度计划分批次由原批准土地利用总体规划的机关批准。在已批准的农用地转用范围内,具体建设项目用地可以由市、县人民政府批准。

本条第二款、第三款规定以外的建设项目占用土地,涉及农用地转为建设用地的,由省、自治区、直辖市人民政府批准。

第四十五条 征收下列土地的,由国务院批准:

(一)基本农田;

(二)基本农田以外的耕地超过三十五公顷的;

(三)其他土地超过七十公顷的。

征收前款规定以外的土地的,由省、自治区、直辖市人民政府批准,并报国务院备案。

征收农用地的,应当依照本法第四十四条的规定先行办理农用地转用审批。其中,经国务院批准农用地转用的,同时办理征地审批手续,不再另行办理征地审批;经省、自治区、直辖市人民政府在征地批准权限内批准农用地转用的,同时办理征地审批手续,不再另行办理征地审批,超过征地批准权限的,应当依照本条第一款的规定另行办理征地审批。

第四十六条 国家征收土地的,依照法定程序批准后,由县级以上地方人民政府予以公告并组织实施。

被征收土地的所有权人、使用权人应当在公告规定期限内,持土地权属证书到当地人民政府土地行政主管部门办理征地补偿登记。

第四十七条 征收土地的,按照被征收土地的原用途给予补偿。

征收耕地的补偿费用包括土地补偿费、安置补助费以及地上附着物和青苗的补偿费。征收耕地的土地补偿费,为该耕地被征收前三年平均年产值的六至十倍。征收耕地的安置补助费,按照需要安置的农业人口数计算。需要安置的农业人口数,按照被征收的耕地数量除以征地前被征收单位平均每人占有耕地的数量计算。每一个需要安置的农业人口的安置补助费标准,为该耕地被征收前三年平均年产值的四至六倍。但是,每公顷被征收耕地的安置补助费,最高不得超过被征收前三年平均年产值的十五倍。

征收其他土地的土地补偿费和安置补助费标准,由省、自治区、直辖市参照征收耕地的土地补偿费和安置补助费的标准规定。

被征收土地上的附着物和青苗的补偿标准,由省、自治区、直辖市规定。

征收城市郊区的菜地,用地单位应当按照国家有关规定缴纳新菜地开发建设基金。

依照本条第二款的规定支付土地补偿费和安置补助费,尚不能使需要安置的农民保持原有生活水平的,经省、自治区、直辖市人民政府批准,可以增加安置补助费。但是,土地补偿费和安置补助费的总和不得超过土地被征收前三年平均年产值的三十倍。

国务院根据社会、经济发展水平,在特殊情况下,可以提高征收耕地的土地补偿费和安置补助费的标准。

第四十八条 征地补偿安置方案确定后,有关地方人民政府应当公告,并听取被征地的农村集体经济组织和农民的意见。

第四十九条 被征地的农村集体经济组织应当将征收土地的补偿费用的收支状况向本集体经济组织的成员公布,接受监督。

禁止侵占、挪用被征收土地单位的征地补偿费用和其他有关费用。

第五十条 地方各级人民政府应当支持被征地的农村集体经济组织和农民从事开发经营,兴办企业。

第五十一条 大中型水利、水电工程建设征收土地的补偿费标准和移民安置办法,由国务院另行规定。

第五十二条 建设项目可行性研究论证时,土地行政主管部门可以根据土地利用总体规划、土地利用年度计划和建设用地标准,对建设用地有关事项进行审查,并提出意见。

第五十三条 经批准的建设项目需要使用国有建设用地的,建设单位应当持法律、行政法规规定的有关文件,向有批准权的县级以上人民政府土地行政主管部门提出建设用地申请,经土地行政主管部门审查,报本级人民政府批准。

第五十四条 建设单位使用国有土地,应当以出让等有偿使用方式取得;但是,下列建设用地,经县级以上人民政府依法批准,可以以划拨方式取得:

(一)国家机关用地和军事用地;

(二)城市基础设施用地和公益事业用地;

(三)国家重点扶持的能源、交通、水利等基础设施用地;

(四)法律、行政法规规定的其他用地。

第五十五条 以出让等有偿使用方式取得国有土地使用权的建设单位,按照国务院规定的标准和办法,缴纳土地使用权出让金等土地有偿使用费和其他费用后,方可使用土地。

自本法施行之日起,新增建设用地的土地有偿使用费,百分之三十上缴中央财政,百分之七十留给有关地方人民政府,都专项用于耕地开发。

第五十六条 建设单位使用国有土地的,应当按照土地使用权出让等有偿使用合同的约定或者土地使用权划拨批准文件的规定使用土地;确需改变该幅土地建设用途的,应当经有关人民政府土地行政主管部门同意,报原批准用地的人民政府批准。其中,在城市规划区内改变土地用途的,在报批前,应当先经有关城市规划行政主管部门同意。

第五十七条 建设项目施工和地质勘查需要临时使用国有土地或者农民集体所有的土地的,由县级以上人民政府土地行政主管部门批准。其中,在城市规划区内的临时用地,在报批前,应当先经有关城市规划行政主管部门同意。土地使用者应当根据土地权属,与有关土地行政主管部门或者农村集体经济组织、村民委员会签订临时使用土地合同,并按照合同的约定支付临时使用土地补偿费。

临时使用土地的使用者应当按临时使用土地合同约定的用途使用土地,并不得修建永久性建筑物。

临时使用土地期限一般不超过二年。

第五十八条 有下列情形之一的,由有关人民政府土地行政主管部门报经原批准用地的人民政府或者有批准权的人民政府批准,可以收回国有土地使用权:

(一)为公共利益需要使用土地的;

(二)为实施城市规划进行旧城区改建,需要调整使用土地的;

(三)土地出让等有偿使用合同约定的使用期限届满,土地使用者未申请续期或者申请续期未获批准的;

(四)因单位撤销、迁移等原因,停止使用原划拨的国有土地的;

(五)公路、铁路、机场、矿场等经核准报废的。

依照前款第(一)项、第(二)项的规定收回国有土地使用权的,对土地使用权人应当给予适当补偿。

第五十九条 乡镇企业、乡(镇)村公共设施、公益事业、农村村民住宅等乡(镇)村建设,应当按照村庄和集镇规划,合理布局,综合开发,配套建设;建设用地,应当符合乡(镇)土地利用总体规划和土地利用年度计划,并依照本法第四十四条、第六十条、第六十一条、第六十二条的规定办理审批手续。

第六十条 农村集体经济组织使用乡(镇)土地利用总体规划确定的建设用地兴办企业或者

与其他单位、个人以土地使用权入股、联营等形式共同举办企业的,应当持有关批准文件,向县级以上地方人民政府土地行政主管部门提出申请,按照省、自治区、直辖市规定的批准权限,由县级以上地方人民政府批准;其中,涉及占用农用地的,依照本法第四十四条的规定办理审批手续。

按照前款规定兴办企业的建设用地,必须严格控制。省、自治区、直辖市可以按照乡镇企业的不同行业和经营规模,分别规定用地标准。

第六十一条　乡(镇)村公共设施、公益事业建设,需要使用土地的,经乡(镇)人民政府审核,向县级以上地方人民政府土地行政主管部门提出申请,按照省、自治区、直辖市规定的批准权限,由县级以上地方人民政府批准;其中,涉及占用农用地的,依照本法第四十四条的规定办理审批手续。

第六十二条　农村村民一户只能拥有一处宅基地,其宅基地的面积不得超过省、自治区、直辖市规定的标准。

农村村民建住宅,应当符合乡(镇)土地利用总体规划,并尽量使用原有的宅基地和村内空闲地。

农村村民住宅用地,经乡(镇)人民政府审核,由县级人民政府批准;其中,涉及占用农用地的,依照本法第四十四条的规定办理审批手续。

农村村民出卖、出租住房后,再申请宅基地的,不予批准。

第六十三条　农民集体所有的土地的使用权不得出让、转让或者出租用于非农业建设;但是,符合土地利用总体规划并依法取得建设用地的企业,因破产、兼并等情形致使土地使用权依法发生转移的除外。

第六十四条　在土地利用总体规划制定前已建的不符合土地利用总体规划确定的用途的建筑物、构筑物,不得重建、扩建。

第六十五条　有下列情形之一的,农村集体经济组织报经原批准用地的人民政府批准,可以收回土地使用权:

(一)为乡(镇)村公共设施和公益事业建设,需要使用土地的;

(二)不按照批准的用途使用土地的;

(三)因撤销、迁移等原因而停止使用土地的。

依照前款第(一)项规定收回农民集体所有的土地的,对土地使用权人应当给予适当补偿。

第六章　监督检查

第六十六条　县级以上人民政府土地行政主管部门对违反土地管理法律、法规的行为进行监督检查。

土地管理监督检查人员应当熟悉土地管理法律、法规,忠于职守,秉公执法。

第六十七条　县级以上人民政府土地行政主管部门履行监督检查职责时,有权采取下列措施:

(一)要求被检查的单位或者个人提供有关土地权利的文件和资料,进行查阅或者予以复制;

(二)要求被检查的单位或者个人就有关土地权利的问题作出说明;

(三)进入被检查单位或者个人非法占用的土地现场进行勘测;

(四)责令非法占用土地的单位或者个人停止违反土地管理法律、法规的行为。

第六十八条 土地管理监督检查人员履行职责,需要进入现场进行勘测、要求有关单位或者个人提供文件、资料和作出说明的,应当出示土地管理监督检查证件。

第六十九条 有关单位和个人对县级以上人民政府土地行政主管部门就土地违法行为进行的监督检查应当支持与配合,并提供工作方便,不得拒绝与阻碍土地管理监督检查人员依法执行职务。

第七十条 县级以上人民政府土地行政主管部门在监督检查工作中发现国家工作人员的违法行为,依法应当给予行政处分的,应当依法予以处理;自己无权处理的,应当向同级或者上级人民政府的行政监察机关提出行政处分建议书,有关行政监察机关应当依法予以处理。

第七十一条 县级以上人民政府土地行政主管部门在监督检查工作中发现土地违法行为构成犯罪的,应当将案件移送有关机关,依法追究刑事责任;尚不构成犯罪的,应当依法给予行政处罚。

第七十二条 依照本法规定应当给予行政处罚,而有关土地行政主管部门不给予行政处罚的,上级人民政府土地行政主管部门有权责令有关土地行政主管部门作出行政处罚决定或者直接给予行政处罚,并给予有关土地行政主管部门的负责人行政处分。

第七章 法律责任

第七十三条 买卖或者以其他形式非法转让土地的,由县级以上人民政府土地行政主管部门没收违法所得;对违反土地利用总体规划擅自将农用地改为建设用地的,限期拆除在非法转让的土地上新建的建筑物和其他设施,恢复土地原状,对符合土地利用总体规划的,没收在非法转让的土地上新建的建筑物和其他设施;可以并处罚款;对直接负责的主管人员和其他直接责任人员,依法给予行政处分;构成犯罪的,依法追究刑事责任。

第七十四条 违反本法规定,占用耕地建窑、建坟或者擅自在耕地上建房、挖砂、采石、采矿、取土等,破坏种植条件的,或者因开发土地造成土地荒漠化、盐渍化的,由县级以上人民政府土地行政主管部门责令限期改正或者治理,可以并处罚款;构成犯罪的,依法追究刑事责任。

第七十五条 违反本法规定,拒不履行土地复垦义务的,由县级以上人民政府土地行政主管部门责令限期改正;逾期不改正的,责令缴纳复垦费,专项用于土地复垦,可以处以罚款。

第七十六条 未经批准或者采取欺骗手段骗取批准,非法占用土地的,由县级以上人民政府土地行政主管部门责令退还非法占用的土地,对违反土地利用总体规划擅自将农用地改为建设用地的,限期拆除在非法占用的土地上新建的建筑物和其他设施,恢复土地原状,对符合土地利用总体规划的,没收在非法占用的土地上新建的建筑物和其他设施,可以并处罚款;对非法占用土地单位的直接负责的主管人员和其他直接责任人员,依法给予行政处分;构成犯罪的,依法追究刑事责任。

超过批准的数量占用土地,多占的土地以非法占用土地论处。

第七十七条 农村村民未经批准或者采取欺骗手段骗取批准,非法占用土地建住宅的,由县级以上人民政府土地行政主管部门责令退还非法占用的土地,限期拆除在非法占用的土地上新建的房屋。

超过省、自治区、直辖市规定的标准,多占的土地以非法占用土地论处。

第七十八条 无权批准征收、使用土地的单位或者个人非法批准占用土地的,超越批准权限非法批准占用土地的,不按照土地利用总体规划确定的用途批准用地的,或者违反法律规定的程序批准占用、征收土地的,其批准文件无效,对非法批准征收、使用土地的直接负责的主管人员和其他直接责任人员,依法给予行政处分;构成犯罪的,依法追究刑事责任。非法批准、使用的土地应当收回,有关当事人拒不归还的,以非法占用土地论处。

非法批准征收、使用土地,对当事人造成损失的,依法应当承担赔偿责任。

第七十九条 侵占、挪用被征收土地单位的征地补偿费用和其他有关费用,构成犯罪的,依法追究刑事责任;尚不构成犯罪的,依法给予行政处分。

第八十条 依法收回国有土地使用权当事人拒不交出土地的,临时使用土地期满拒不归还的,或者不按照批准的用途使用国有土地的,由县级以上人民政府土地行政主管部门责令交还土地,处以罚款。

第八十一条 擅自将农民集体所有的土地的使用权出让、转让或者出租用于非农业建设的,由县级以上人民政府土地行政主管部门责令限期改正,没收违法所得,并处罚款。

第八十二条 不依照本法规定办理土地变更登记的,由县级以上人民政府土地行政主管部门责令其限期办理。

第八十三条 依照本法规定,责令限期拆除在非法占用的土地上新建的建筑物和其他设施的,建设单位或者个人必须立即停止施工,自行拆除;对继续施工的,作出处罚决定的机关有权制止。建设单位或者个人对责令限期拆除的行政处罚决定不服的,可以在接到责令限期拆除决定之日起十五日内,向人民法院起诉;期满不起诉又不自行拆除的,由作出处罚决定的机关依法申请人民法院强制执行,费用由违法者承担。

第八十四条 土地行政主管部门的工作人员玩忽职守、滥用职权、徇私舞弊,构成犯罪的,依法追究刑事责任;尚不构成犯罪的,依法给予行政处分。

第八章 附 则

第八十五条 中外合资经营企业、中外合作经营企业、外资企业使用土地的,适用本法;法律另有规定的,从其规定。

第八十六条 本法自1999年1月1日起施行。

中华人民共和国城乡规划法(2015年修正)(节录)

(2007年10月28日第十届全国人民代表大会常务委员会第三十次会议通过 根据2015年4月24日第十二届全国人民代表大会常务委员会第十四次会议《关于修改〈中华人民共和国港口法〉等七部法律的决定》修正)

第一章 总 则

第一条 为了加强城乡规划管理,协调城乡空间布局,改善人居环境,促进城乡经济社会全面协调可持续发展,制定本法。

第二条 制定和实施城乡规划,在规划区内进行建设活动,必须遵守本法。本法所称城乡规划,包括城镇体系规划、城市规划、镇规划、乡规划和村庄规划。城市规划、镇规划分为总体规划和详细规划。详细规划分为控制性详细规划和修建性详细规划。本法所称规划区,是指城市、镇和村庄的建成区以及因城乡建设和发展需要,必须实行规划控制的区域。规划区的具体范围由有关人民政府在组织编制的城市总体规划、镇总体规划、乡规划和村庄规划中,根据城乡经济社会发展水平和统筹城乡发展的需要划定。

第三条 城市和镇应当依照本法制定城市规划和镇规划。城市、镇规划区内的建设活动应当符合规划要求。县级以上地方人民政府根据本地农村经济社会发展水平,按照因地制宜、切实可行的原则,确定应当制定乡规划、村庄规划的区域。在确定区域内的乡、村庄,应当依照本法制定规划,规划区内的乡、村庄建设应当符合规划要求。县级以上地方人民政府鼓励、指导前款规定以外的区域的乡、村庄制定和实施乡规划、村庄规划。

第四条 制定和实施城乡规划,应当遵循城乡统筹、合理布局、节约土地、集约发展和先规划后建设的原则,改善生态环境,促进资源、能源节约和综合利用,保护耕地等自然资源和历史文化遗产,保持地方特色、民族特色和传统风貌,防止污染和其他公害,并符合区域人口发展、国防建设、防灾减灾和公共卫生、公共安全的需要。在规划区内进行建设活动,应当遵守土地管理、自然资源和环境保护等法律、法规的规定。县级以上地方人民政府应当根据当地经济社会发展的实际,在城市总体规划、镇总体规划中合理确定城市、镇的发展规模、步骤和建设标准。

第五条 城市总体规划、镇总体规划以及乡规划和村庄规划的编制,应当依据国民经济和社会发展规划,并与土地利用总体规划相衔接。

第七条 经依法批准的城乡规划,是城乡建设和规划管理的依据,未经法定程序不得修改。

第八条 城乡规划组织编制机关应当及时公布经依法批准的城乡规划。但是,法律、行政法规规定不得公开的内容除外。

第九条 任何单位和个人都应当遵守经依法批准并公布的城乡规划,服从规划管理,并有权就涉及其利害关系的建设活动是否符合规划的要求向城乡规划主管部门查询。任何单位和个人都有权向城乡规划主管部门或者其他有关部门举报或者控告违反城乡规划的行为。城乡规划主管部门或者其他有关部门对举报或者控告,应当及时受理并组织核查、处理。

第二章 城乡规划的制定

第十七条 城市总体规划、镇总体规划的内容应当包括:城市、镇的发展布局,功能分区,用地布局,综合交通体系,禁止、限制和适宜建设的地域范围,各类专项规划等。规划区范围、规划区内建设用地规模、基础设施和公共服务设施用地、水源地和水系、基本农田和绿化用地、环境保护、自然与历史文化遗产保护以及防灾减灾等内容,应当作为城市总体规划、镇总体规划的强制性内容。城市总体规划、镇总体规划的规划期限一般为二十年。城市总体规划还应当对城市更长远的发展作出预测性安排。

第十八条 乡规划、村庄规划应当从农村实际出发,尊重村民意愿,体现地方和农村特色。乡规划、村庄规划的内容应当包括:规划区范围,住宅、道路、供水、排水、供电、垃圾收集、畜禽养殖场所等农村生产、生活服务设施、公益事业等各项建设的用地布局、建设要求,以及对耕地等自然资源和历史文化遗产保护、防灾减灾等的具体安排。乡规划还应当包括本行政区域内的村庄发展布局。

第三章　城乡规划的实施

第二十九条　城市的建设和发展,应当优先安排基础设施以及公共服务设施的建设,妥善处理新区开发与旧区改建的关系,统筹兼顾进城务工人员生活和周边农村经济社会发展、村民生产与生活的需要。镇的建设和发展,应当结合农村经济社会发展和产业结构调整,优先安排供水、排水、供电、供气、道路、通信、广播电视等基础设施和学校、卫生院、文化站、幼儿园、福利院等公共服务设施的建设,为周边农村提供服务。乡、村庄的建设和发展,应当因地制宜、节约用地,发挥村民自治组织的作用,引导村民合理进行建设,改善农村生产、生活条件。

第三十条　城市新区的开发和建设,应当合理确定建设规模和时序,充分利用现有市政基础设施和公共服务设施,严格保护自然资源和生态环境,体现地方特色。在城市总体规划、镇总体规划确定的建设用地范围以外,不得设立各类开发区和城市新区。

第三十一条　旧城区的改建,应当保护历史文化遗产和传统风貌,合理确定拆迁和建设规模,有计划地对危房集中、基础设施落后等地段进行改建。历史文化名城、名镇、名村的保护以及受保护建筑物的维护和使用,应当遵守有关法律、行政法规和国务院的规定。

第三十二条　城乡建设和发展,应当依法保护和合理利用风景名胜资源,统筹安排风景名胜区及周边乡、镇、村庄的建设。风景名胜区的规划、建设和管理,应当遵守有关法律、行政法规和国务院的规定。

第三十三条　城市地下空间的开发和利用,应当与经济和技术发展水平相适应,遵循统筹安排、综合开发、合理利用的原则,充分考虑防灾减灾、人民防空和通信等需要,并符合城市规划,履行规划审批手续。

第三十四条　城市、县、镇人民政府应当根据城市总体规划、镇总体规划、土地利用总体规划和年度计划以及国民经济和社会发展规划,制定近期建设规划,报总体规划审批机关备案。近期建设规划应当以重要基础设施、公共服务设施和中低收入居民住房建设以及生态环境保护为重点内容,明确近期建设的时序、发展方向和空间布局。近期建设规划的规划期限为五年。

第三十五条　城乡规划确定的铁路、公路、港口、机场、道路、绿地、输配电设施及输电线路走廊、通信设施、广播电视设施、管道设施、河道、水库、水源地、自然保护区、防汛通道、消防通道、核电站、垃圾填埋场及焚烧厂、污水处理厂和公共服务设施的用地以及其他需要依法保护的用地,禁止擅自改变用途。

第三十六条　按照国家规定需要有关部门批准或者核准的建设项目,以划拨方式提供国有土地使用权的,建设单位在报送有关部门批准或者核准前,应当向城乡规划主管部门申请核发选址意见书。前款规定以外的建设项目不需要申请选址意见书。

第三十九条　规划条件未纳入国有土地使用权出让合同的,该国有土地使用权出让合同无效;对未取得建设用地规划许可证的建设单位批准用地的,由县级以上人民政府撤销有关批准文件;占用土地的,应当及时退回;给当事人造成损失的,应当依法给予赔偿。

第四十条　在城市、镇规划区内进行建筑物、构筑物、道路、管线和其他工程建设的,建设单位或者个人应当向城市、县人民政府城乡规划主管部门或者省、自治区、直辖市人民政府确定的镇人民政府申请办理建设工程规划许可证。申请办理建设工程规划许可证,应当提交使用土地的有关证明文件、建设工程设计方案等材料。需要建设单位编制修建性详细规划的建设项目,还应当提交修建性详细规划。对符合控制性详细规划和规划条件的,由城市、县人民政府城乡规划主管部门或者省、自治区、直辖市人民政府确定的镇人民政府核发建设工程规划许可证。城市、县人民政府城乡规划主管部门或者省、自治区、直辖市人民政府确定的镇人民政府应当依法将经审定的修建性详细规划、建设工程设计方案的总平面图予以公布。

第四十一条 在乡、村庄规划区内进行乡镇企业、乡村公共设施和公益事业建设的,建设单位或者个人应当向乡、镇人民政府提出申请,由乡、镇人民政府报城市、县人民政府城乡规划主管部门核发乡村建设规划许可证。在乡、村庄规划区内使用原有宅基地进行农村村民住宅建设的规划管理办法,由省、自治区、直辖市制定。在乡、村庄规划区内进行乡镇企业、乡村公共设施和公益事业建设以及农村村民住宅建设,不得占用农用地;确需占用农用地的,应当依照《中华人民共和国土地管理法》有关规定办理农用地转用审批手续后,由城市、县人民政府城乡规划主管部门核发乡村建设规划许可证。建设单位或者个人在取得乡村建设规划许可证后,方可办理用地审批手续。

第四十二条 城乡规划主管部门不得在城乡规划确定的建设用地范围以外作出规划许可。

第四十三条 建设单位应当按照规划条件进行建设;确需变更的,必须向城市、县人民政府城乡规划主管部门提出申请。变更内容不符合控制性详细规划的,城乡规划主管部门不得批准。城市、县人民政府城乡规划主管部门应当及时将依法变更后的规划条件通报同级土地主管部门并公示。建设单位应当及时将依法变更后的规划条件报有关人民政府土地主管部门备案。

第四十四条 在城市、镇规划区内进行临时建设的,应当经城市、县人民政府城乡规划主管部门批准。临时建设影响近期建设规划或者控制性详细规划的实施以及交通、市容、安全等的,不得批准。临时建设应当在批准的使用期限内自行拆除。临时建设和临时用地规划管理的具体办法,由省、自治区、直辖市人民政府制定。

第五章 监督检查

第五十一条 县级以上人民政府及其城乡规划主管部门应当加强对城乡规划编制、审批、实施、修改的监督检查。

第五十二条 地方各级人民政府应当向本级人民代表大会常务委员会或者乡、镇人民代表大会报告城乡规划的实施情况,并接受监督。

第五十三条 县级以上人民政府城乡规划主管部门对城乡规划的实施情况进行监督检查,有权采取以下措施:(一)要求有关单位和人员提供与监督事项有关的文件、资料,并进行复制;(二)要求有关单位和人员就监督事项涉及的问题作出解释和说明,并根据需要进入现场进行勘测;(三)责令有关单位和人员停止违反有关城乡规划的法律、法规的行为。城乡规划主管部门的工作人员履行前款规定的监督检查职责,应当出示执法证件。被监督检查的单位和人员应当予以配合,不得妨碍和阻挠依法进行的监督检查活动。

第五十四条 监督检查情况和处理结果应当依法公开,供公众查阅和监督。

第五十五条 城乡规划主管部门在查处违反本法规定的行为时,发现国家机关工作人员依法应当给予行政处分的,应当向其任免机关或者监察机关提出处分建议。

第五十六条 依照本法规定应当给予行政处罚,而有关城乡规划主管部门不给予行政处罚的,上级人民政府城乡规划主管部门有权责令其作出行政处罚决定或者建议有关人民政府责令其给予行政处罚。

第五十七条 城乡规划主管部门违反本法规定作出行政许可的,上级人民政府城乡规划主管部门有权责令其撤销或者直接撤销该行政许可。因撤销行政许可给当事人合法权益造成损失的,应当依法给予赔偿。

第六章 法律责任

第五十八条 对依法应当编制城乡规划而未组织编制,或者未按法定程序编制、审批、修改城乡规划的,由上级人民政府责令改正,通报批评;对有关人民政府负责人和其他直接责任人员依法给予处分。

第六十四条 未取得建设工程规划许可证或者未按照建设工程规划许可证的规定进行建设的,由县级以上地方人民政府城乡规划主管部门责令停止建设;尚可采取改正措施消除对规划实施的影响的,限期改正,处建设工程造价百分之五以上百分之十以下的罚款;无法采取改正措施消除影响的,限期拆除,不能拆除的,没收实物或者违法收入,可以并处建设工程造价百分之十以下的罚款。

第六十五条 在乡、村庄规划区内未依法取得乡村建设规划许可证或者未按照乡村建设规划许可证的规定进行建设的,由乡、镇人民政府责令停止建设、限期改正;逾期不改正的,可以拆除。

第六十六条 建设单位或者个人有下列行为之一的,由所在地城市、县人民政府城乡规划主管部门责令限期拆除,可以并处临时建设工程造价一倍以下的罚款:(一)未经批准进行临时建设的;(二)未按照批准内容进行临时建设的;(三)临时建筑物、构筑物超过批准期限不拆除的。

第六十七条 建设单位未在建设工程竣工验收后六个月内向城乡规划主管部门报送有关竣工验收资料的,由所在地城市、县人民政府城乡规划主管部门责令限期补报;逾期不补报的,处一万元以上五万元以下的罚款。

第六十八条 城乡规划主管部门作出责令停止建设或者限期拆除的决定后,当事人不停止建设或者逾期不拆除的,建设工程所在地县级以上地方人民政府可以责成有关部门采取查封施工现场、强制拆除等措施。

第七章 附 则

第六十九条 违反本法规定,构成犯罪的,依法追究刑事责任。

第七十条 本法自2008年1月1日起施行。《中华人民共和国城市规划法》同时废止。

中华人民共和国建筑法（2011年修正）（节录）

（1997年11月1日第八届全国人民代表大会常务委员会第二十八次会议通过　根据2011年4月22日第十一届全国人民代表大会常务委员会第二十次会议《关于修改〈中华人民共和国建筑法〉的决定》修正）

第一章　总　则

第一条　为了加强对建筑活动的监督管理，维护建筑市场秩序，保证建筑工程的质量和安全，促进建筑业健康发展，制定本法。

第二条　在中华人民共和国境内从事建筑活动，实施对建筑活动的监督管理，应当遵守本法。本法所称建筑活动，是指各类房屋建筑及其附属设施的建造和与其配套的线路、管道、设备的安装活动。

第三条　建筑活动应当确保建筑工程质量和安全，符合国家的建筑工程安全标准。

第四条　国家扶持建筑业的发展，支持建筑科学技术研究，提高房屋建筑设计水平，鼓励节约能源和保护环境，提倡采用先进技术、先进设备、先进工艺、新型建筑材料和现代管理方式。

第六条　国务院建设行政主管部门对全国的建筑活动实施统一监督管理。

第二章　建筑许可

第一节　建筑工程施工许可

第七条　建筑工程开工前，建设单位应当按照国家有关规定向工程所在地县级以上人民政府建设行政主管部门申请领取施工许可证；但是，国务院建设行政主管部门确定的限额以下的小型工程除外。按照国务院规定的权限和程序批准开工报告的建筑工程，不再领取施工许可证。

第八条　申请领取施工许可证，应当具备下列条件：（一）已经办理该建筑工程用地批准手续；（二）在城市规划区的建筑工程，已经取得规划许可证；（三）需要拆迁的，其拆迁进度符合施工要求；（四）已经确定建筑施工企业；（五）有满足施工需要的施工图纸及技术资料；（六）有保证工程质量和安全的具体措施；（七）建设资金已经落实；（八）法律、行政法规规定的其他条件。建设行政主管部门应当自收到申请之日起十五日内，对符合条件的申请颁发施工许可证。

第九条　建设单位应当自领取施工许可证之日起三个月内开工，因故不能按期开工的，应当向发证机关申请延期；延期以两次为限，每次不超过三个月。既不开工又不申请延期或者超过延期时限的，施工许可证自行废止。

第十条　在建的建筑工程因故中止施工的，建设单位应当自中止施工之日起一个月内，向发证机关报告，并按照规定做好建筑工程的维护管理工作。建筑工程恢复施工时，应当向发证机关报告；中止施工满一年的工程恢复施工前，建设单位应当报发证机关核验施工许可证。

第二节 从业资格

第十一条 按照国务院有关规定批准开工报告的建筑工程,因故不能按期开工或者中止施工的,应当及时向批准机关报告情况。因故不能按期开工超过六个月的,应当重新办理开工报告的批准手续。

第十四条 从事建筑活动的专业技术人员,应当依法取得相应的执业资格证书,并在执业资格证书许可的范围内从事建筑活动。

第三章 建筑工程发包与承包

第三节 承包

第二十六条 承包建筑工程的单位应当持有依法取得的资质证书,并在其资质等级许可的业务范围内承揽工程。禁止建筑施工企业超越本企业资质等级许可的业务范围或者以任何形式用其他建筑施工企业的名义承揽工程。禁止建筑施工企业以任何形式允许其他单位或者个人使用本企业的资质证书、营业执照,以本企业的名义承揽工程。

第二十七条 大型建筑工程或者结构复杂的建筑工程,可以由两个以上的承包单位联合共同承包。共同承包的各方对承包合同的履行承担连带责任。两个以上不同资质等级的单位实行联合共同承包的,应当按照资质等级低的单位的业务许可范围承揽工程。

第二十八条 禁止承包单位将其承包的全部建筑工程转包给他人,禁止承包单位将其承包的全部建筑工程肢解以后以分包的名义分别转包给他人。

第二十九条 建筑工程总承包单位可以将承包工程中的部分工程发包给具有相应资质条件的分包单位;但是,除总承包合同中约定的分包外,必须经建设单位认可。施工总承包的,建筑工程主体结构的施工必须由总承包单位自行完成。建筑工程总承包单位按照总承包合同的约定对建设单位负责;分包单位按照分包合同的约定对总承包单位负责。总承包单位和分包单位就分包工程对建设单位承担连带责任。禁止总承包单位将工程分包给不具备相应资质条件的单位。禁止分包单位将其承包的工程再分包。

第五章 建筑安全生产管理

第三十六条 建筑工程安全生产管理必须坚持安全第一、预防为主的方针,建立健全安全生产的责任制度和群防群治制度。

第三十七条 建筑工程设计应当符合按照国家规定制定的建筑安全规程和技术规范,保证工程的安全性能。

第三十八条 建筑施工企业在编制施工组织设计时,应当根据建筑工程的特点制定相应的安全技术措施;对专业性较强的工程项目,应当编制专项安全施工组织设计,并采取安全技术措施。

第三十九条 建筑施工企业应当在施工现场采取维护安全、防范危险、预防火灾等措施;有条件的,应当对施工现场实行封闭管理。施工现场对毗邻的建筑物、构筑物和特殊作业环境可能造成损害的,建筑施工企业应当采取安全防护措施。

第四十条 建设单位应当向建筑施工企业提供与施工现场相关的地下管线资料,建筑施工企业应当采取措施加以保护。

第四十一条 建筑施工企业应当遵守有关环境保护和安全生产的法律、法规的规定,采取控制和处理施工现场的各种粉尘、废气、废水、固体废物以及噪声、振动对环境的污染和危害的措施。

第四十二条 有下列情形之一的,建设单位应当按照国家有关规定办理申请批准手续:(一)需要临时占用规划批准范围以外场地的;(二)可能损坏道路、管线、电力、邮电通讯等公共设施的;(三)需要临时停水、停电、中断道路交通的;(四)需要进行爆破作业的;(五)法律、法规规定需要办理报批手续的其他情形。

第四十三条 建设行政主管部门负责建筑安全生产的管理,并依法接受劳动行政主管部门对建筑安全生产的指导和监督。

第四十四条 建筑施工企业必须依法加强对建筑安全生产的管理,执行安全生产责任制度,采取有效措施,防止伤亡和其他安全生产事故的发生。建筑施工企业的法定代表人对本企业的安全生产负责。

第五十一条 施工中发生事故时,建筑施工企业应当采取紧急措施减少人员伤亡和事故损失,并按照国家有关规定及时向有关部门报告

第六章 建筑工程质量管理

第五十二条 建筑工程勘察、设计、施工的质量必须符合国家有关建筑工程安全标准的要求,具体管理办法由国务院规定。有关建筑工程安全的国家标准不能适应确保建筑安全的要求时,应当及时修订。

第五十三条 国家对从事建筑活动的单位推行质量体系认证制度。从事建筑活动的单位根据自愿原则可以向国务院产品质量监督管理部门或者国务院产品质量监督管理部门授权的部门认可的认证机构申请质量体系认证。经认证合格的,由认证机构颁发质量体系认证证书。

第五十四条 建设单位不得以任何理由,要求建筑设计单位或者建筑施工企业在工程设计或者施工作业中,违反法律、行政法规和建筑工程质量、安全标准,降低工程质量。建筑设计单位和建筑施工企业对建设单位违反前款规定提出的降低工程质量的要求,应当予以拒绝。

第五十五条 建筑工程实行总承包的,工程质量由工程总承包单位负责,总承包单位将建筑工程分包给其他单位的,应当对分包工模的质量与分包单位承担连带责任。分包单位应当接受总承包单位的质量管理。

第五十六条 建筑工程的勘察设计单位必须对其勘察、设计的质量负责。勘察、设计文件应当符合有关法律、行政法规的规定和建筑工程质量、安全标准、建筑工程勘察、设计技术规范以及合同的约定。设计文件选用的建筑材料、建筑构配件和设备,应当注明其规格、型号、性能等技术指标,其质量要求必须符合国家规定的标准。

第五十九条 建筑施工企业必须按照工程设计要求、施工技术标准和合同的约定,对建筑材料、建筑构配件和设备进行检验,不合格的不得使用。

第六十条 建筑物在合理使用寿命内,必须确保地基基础工程和主体结构的质量。建筑工程竣工时,屋顶、墙面不得留有渗漏、开裂等质量缺陷;对已经发现的质量缺陷,建筑施工企业应

当修复。

第六十一条 交付竣工验收的建筑工程,必须符合规定的建筑工程质量标准,有完整的工程技术经济资料和经签署的工程保修书,并具备国家规定的其他竣工条件。建筑工程竣工经验收合格后,方可交付使用;未经验收或者验收不合格的,不得交付使用。

第六十二条 建筑工程实行质量保修制度。建筑工程的保修范围应当包括地基基础工程、主体结构工程、屋面防水工程和其他土建工程,以及电气管线、上下水管线的安装工程,供热、供冷系统工程等项目;保修的期限应当按照保证建筑物合理寿命年限内正常使用,维护使用者合法权益的原则确定。具体的保修范围和最低保修期限由国务院规定。

第六十三条 任何单位和个人对建筑工程的质量事故、质量缺陷都有权向建设行政主管部门或者其他有关部门进行检举、控告、投诉。

第七章 法律责任

第六十四条 违反本法规定,未取得施工许可证或者开工报告未经批准擅自施工的,责令改正,对不符合开工条件的责令停止施工,可以处以罚款。

第六十五条 发包单位将工程发包给不具有相应资质条件的承包单位的,或者违反本法规定将建筑工程肢解发包的,责令改正,处以罚款。

超越本单位资质等级承揽工程的,责令停止违法行为,处以罚款,可以责令停业整顿,降低资质等级;情节严重的,吊销资质证书;有违法所得的,予以没收。

未取得资质证书承揽工程的,予以取缔,并处罚款,有违法所得的,予以没收。以欺骗手段取得资质证书的,吊销资质证书,处以罚款;构成犯罪的,依法追究刑事责任。

第六十六条 建筑施工企业转让、出借资质证书或者以其他方式允许他人以本企业的名义承揽工程的,责令改正,没收违法所得,并处罚款,可以责令停业整顿,降低资质等级;情节严重的,吊销资质证书。对因该项承揽工程不符合规定的质量标准造成的损失,建筑施工企业与使用本企业名义的单位或者个人承担连带赔偿责任。

第六十七条 承包单位将承包的工程转包的,或者违反本法规定进行分包的,责令改正,没收违法所得,并处罚款,可以责令停业整顿,降低资质等级;情节严重的,吊销资质证书。承包单位有前款规定的违法行为的,对因转包工程或者违法分包的工程不符合规定的质量标准造成的损失,与接受转包或者分包的单位承担连带赔偿责任。

第六十八条 在工程发包与承包中索贿、受贿、行贿,构成犯罪的,依法追究刑事责任;不构成犯罪的,分别处以罚款。没收贿赂的财物,对直接负责的主管人员和其他直接责任人员给予处分。对在工程承包中行贿的承包单位,除依照前款规定处罚外,可以责令停业整顿,降低资质等级或者吊销资质证书。

第六十九条 工程监理单位与建设单位或者建筑施工企业串通,弄虚作假、降低工程质量的,责令改正,处以罚款,降低资质等级或者吊销资质证书;有违法所得的,予以没收;造成损失的,承担连带赔偿责任;构成犯罪的,依法追究刑事责任。工程监理单位转让监理业务的,责令改正,没收违法所得,可以责令停业整顿,降低资质等级;情节严重的,吊销资质证书。

第七十条 违反本法规定,涉及建筑主体或者承重结构变动的装修工程擅自施工的,责令改正,处以罚款;造成损失的,承担赔偿责任;构成犯罪的,依法追究刑事责任。

第七十一条 建筑施工企业违反本法规定,对建筑安全事故隐患不采取措施予以消除的,责令改正,可以处以罚款;情节严重的,责令停业整顿,降低资质等级或者吊销资质证书;构成犯罪的,依法追究刑事责任。建筑施工企业的管理人员违章指挥、强令职工冒险作业,因而发生重大伤亡事故或者造成其他严重后果的,依法追究刑事责任。

第七十二条 建设单位违反本法规定,要求建筑设计单位或者建筑施工企业违反建筑工程质量、安全标准,降低工程质量的,责令改正,可以处以罚款;构成犯罪的,依法追究刑事责任。

第七十三条 建筑设计单位不按照建筑工程质量、安全标准进行设计的,责令改正,处以罚款;造成工程质量事故的,责令停业整顿,降低资质等级或者吊销资质证书,没收违法所得,并处罚款;造成损失的,承担赔偿责任;构成犯罪的,依法追究刑事责任。

第七十四条 建筑施工企业在施工中偷工减料的,使用不合格的建筑材料、建筑构配件和设备的,或者有其他不按照工程设计图纸或者施工技术标准施工的行为的,责令改正,处以罚款;情节严重的,责令停业整顿,降低资质等级或者吊销资质证书;造成建筑工程质量不符合规定的质量标准的,负责返工、修理,并赔偿因此造成的损失;构成犯罪的,依法追究刑事责任。

第七十五条 建筑施工企业违反本法规定,不履行保修义务或者拖延履行保修义务的,责令改正,可以处以罚款,并对在保修期内因屋顶、墙面渗漏、开裂等质量缺陷造成的损失,承担赔偿责任。

第七十六条 本法规定的责令停业整顿、降低资质等级和吊销资质证书的行政处罚,由颁发资质证书的机关决定;其他行政处罚,由建设行政主管部门或者有关部门依照法律和国务院规定的职权范围决定。依照本法规定被吊销资质证书的,由工商行政管理部门吊销其营业执照。

第七十七条 违反本法规定,对不具备相应资质等级条件的单位颁发该等级资质证书的,由其上级机关责令收回所发的资质证书,对直接负责的主管人员和其他直接负责人员给予行政处分;构成犯罪的,依法追究刑事责任。

第七十八条 政府及其所属部门的工作人员违反本法规定,限定发包单位将招标发包给指定的承包单位的,由上级机关责令改正;构成犯罪的,依法追究刑事责任。

第七十九条 负责颁发建筑工程许可证的部门及其工作人员对不符合施工条件的建筑工程颁发施工许可证的,负责工程质量监督检查或者竣工验收的部门及其工作人员对不合格的建筑工程出具质量合格文件或者按合格工程验收的,由上级机关责令改正,对责任人员给予行政处分;构成犯罪的,依法追究刑事责任;造成损失的,由该部门承担相应的赔偿责任。

第八十条 在建筑物的合理使用寿命内,因建筑工程质量不合格受到损害的,有权向责任者要求赔偿。

第八章 附 则

第八十一条 本法关于施工许可、建筑施工企业资质审查和建筑工程发包、承包、禁止转包,以及建筑工程监理、建筑工程安全和质量管理的规定,适用于其他专业建筑工程的建筑活动,具体办法由国务院规定。

第八十二条 建设行政主管部门和其他有关部门在对建筑活动实施监督管理中,除按照国务院有关规定收取费用外,不得收取其他费用。

第八十三条 省、自治区、直辖市人民政府确定的小型房屋建筑工程的建筑活动,参照本法执行。依法核定作为文物保护的纪念建筑物和古建筑等的修缮,依照文物保护的有关法律规定执行。抢险救灾及其他临时性房屋建筑和农民自建低层住宅的建筑活动,不适用本法。

第八十四条 军用房屋建筑工程建筑活动的具体管理办法,由国务院、中央军事委员会依据本法制定。

第八十五条 本法自1998年3月1日起施行。

中华人民共和国文物保护法(2017年修正)(节录)

(1982年11月19日第五届全国人民代表大会常务委员会第二十五次会议通过 根据1991年6月29日第七届全国人民代表大会常务委员会第二十次会议《关于修改〈中华人民共和国文物保护法〉第三十条第三十一条的决定》第一次修正 2002年10月28日第九届全国人民代表大会常务委员会第三十次会议修订 根据2007年12月29日第十届全国人民代表大会常务委员会第三十一次会议《关于修改〈中华人民共和国文物保护法〉的决定》第二次修正 根据2013年6月29日第十二届全国人民代表大会常务委员会第三次会议《关于修改〈中华人民共和国文物保护法〉等十二部法律的决定》第三次修正 根据2015年4月24日第十二届全国人民代表大会常务委员会第十四次会议《关于修改〈中华人民共和国文物保护法〉的决定》第四次修正 根据2017年11月4日第十二届全国人民代表大会常务委员会第三十次会议《关于修改〈中华人民共和国会计法〉等十一部法律的决定》第五次修正)

第一章 总 则

第一条 为了加强对文物的保护,继承中华民族优秀的历史文化遗产,促进科学研究工作,进行爱国主义和革命传统教育,建设社会主义精神文明和物质文明,根据宪法,制定本法。

第二条 在中华人民共和国境内,下列文物受国家保护:

(一)具有历史、艺术、科学价值的古文化遗址、古墓葬、古建筑、石窟寺和石刻、壁画;

(二)与重大历史事件、革命运动或者著名人物有关的以及具有重要纪念意义、教育意义或者史料价值的近代现代重要史迹、实物、代表性建筑;

(三)历史上各时代珍贵的艺术品、工艺美术品;

(四)历史上各时代重要的文献资料以及具有历史、艺术、科学价值的手稿和图书资料等;

(五)反映历史上各时代、各民族社会制度、社会生产、社会生活的代表性实物。文物认定的标准和办法由国务院文物行政部门制定,并报国务院批准。

具有科学价值的古脊椎动物化石和古人类化石同文物一样受国家保护。

第三条 古文化遗址、古墓葬、古建筑、石窟寺、石刻、壁画、近代现代重要史迹和代表性建筑等不可移动文物,根据它们的历史、艺术、科学价值,可以分别确定为全国重点文物保护单位,省级文物保护单位,市、县级文物保护单位。历史上各时代重要实物、艺术品、文献、手稿、图书资料、代表性实物等可移动文物,分为珍贵文物和一般文物;珍贵文物分为一级文物、二级文物、三级文物。

第四条 文物工作贯彻保护为主、抢救第一、合理利用、加强管理的方针。

第五条 中华人民共和国境内地下、内水和领海中遗存的一切文物,属于国家所有。

古文化遗址、古墓葬、石窟寺属于国家所有。国家指定保护的纪念建筑物、古建筑、石刻、壁画、近代现代代表性建筑等不可移动文物,除国家另有规定的以外,属于国家所有。国有不可移动文物的所有权不因其所依附的土地所有权或者使用权的改变而改变。

下列可移动文物,属于国家所有:

(一)中国境内出土的文物,国家另有规定的除外;

(二)国有文物收藏单位以及其他国家机关、部队和国有企业、事业组织等收藏、保管的文物;

(三)国家征集、购买的文物;

(四)公民、法人和其他组织捐赠给国家的文物;

(五)法律规定属于国家所有的其他文物。

属于国家所有的可移动文物的所有权不因其保管、收藏单位的终止或者变更而改变。

国有文物所有权受法律保护,不容侵犯。

第六条 属于集体所有和私人所有的纪念建筑物、古建筑和祖传文物以及依法取得的其他文物,其所有权受法律保护。文物的所有者必须遵守国家有关文物保护的法律、法规的规定。

第七条 一切机关、组织和个人都有依法保护文物的义务。

第八条 国务院文物行政部门主管全国文物保护工作。

地方各级人民政府负责本行政区域内的文物保护工作。县级以上地方人民政府承担文物保护工作的部门对本行政区域内的文物保护实施监督管理。县级以上人民政府有关行政部门在各自的职责范围内,负责有关的文物保护工作。

第九条 各级人民政府应当重视文物保护,正确处理经济建设、社会发展与文物保护的关系,确保文物安全。

基本建设、旅游发展必须遵守文物保护工作的方针,其活动不得对文物造成损害。

公安机关、工商行政管理部门、海关、城乡建设规划部门和其他有关国家机关,应当依法认真履行所承担的保护文物的职责,维护文物管理秩序。

第十条 国家发展文物保护事业。县级以上人民政府应当将文物保护事业纳入本级国民经济和社会发展规划,所需经费列入本级财政预算。

国家用于文物保护的财政拨款随着财政收入增长而增加。

国有博物馆、纪念馆、文物保护单位等的事业性收入,专门用于文物保护,任何单位或者个人不得侵占、挪用。

国家鼓励通过捐赠等方式设立文物保护社会基金,专门用于文物保护,任何单位或者个人不得侵占、挪用。

第十一条 文物是不可再生的文化资源。国家加强文物保护的宣传教育,增强全民文物保护的意识,鼓励文物保护的科学研究,提高文物保护的科学技术水平。

第二章 不可移动文物

第十三条 国务院文物行政部门在省级、市、县级文物保护单位中,选择具有重大历史、艺术、科学价值的确定为全国重点文物保护单位,或者直接确定为全国重点文物保护单位,报国务院核定公布。

省级文物保护单位,由省、自治区、直辖市人民政府核定公布,并报国务院备案。

市级和县级文物保护单位,分别由设区的市、自治州和县级人民政府核定公布,并报省、自治区、直辖市人民政府备案。

尚未核定公布为文物保护单位的不可移动文物,由县级人民政府文物行政部门予以登记并公布。

第十四条 保存文物特别丰富并且具有重大历史价值或者革命纪念意义的城市,由国务院核定公布为历史文化名城。

保存文物特别丰富并且具有重大历史价值或者革命纪念意义的城镇、街道、村庄,由省、自治区、直辖市人民政府核定公布为历史文化街区、村镇,并报国务院备案。

历史文化名城和历史文化街区、村镇所在地的县级以上地方人民政府应当组织编制专门的历史文化名城和历史文化街区、村镇保护规划,并纳入城市总体规划。

历史文化名城和历史文化街区、村镇的保护办法,由国务院制定。

第十五条 各级文物保护单位,分别由省、自治区、直辖市人民政府和市、县级人民政府划定必要的保护范围,作出标志说明,建立记录档案,并区别情况分别设置专门机构或者专人负责管理。全国重点文物保护单位的保护范围和记录档案,由省、自治区、直辖市人民政府文物行政部门报国务院文物行政部门备案。

县级以上地方人民政府文物行政部门应当根据不同文物的保护需要,制定文物保护单位和未核定为文物保护单位的不可移动文物的具体保护措施,并公告施行。

第十六条 各级人民政府制定城乡建设规划,应当根据文物保护的需要,事先由城乡建设规划部门会同文物行政部门商定对本行政区域内各级文物保护单位的保护措施,并纳入规划。

第十七条 文物保护单位的保护范围内不得进行其他建设工程或者爆破、钻探、挖掘等作业。但是,因特殊情况需要在文物保护单位的保护范围内进行其他建设工程或者爆破、钻探、挖掘等作业的,必须保证文物保护单位的安全,并经核定公布该文物保护单位的人民政府批准,在批准前应当征得上一级人民政府文物行政部门同意;在全国重点文物保护单位的保护范围内进行其他建设工程或者爆破、钻探、挖掘等作业的,必须经省、自治区、直辖市人民政府批准,在批准前应当征得国务院文物行政部门同意。

第十八条 根据保护文物的实际需要,经省、自治区、直辖市人民政府批准,可以在文物保护单位的周围划出一定的建设控制地带,并予以公布。

在文物保护单位的建设控制地带内进行建设工程,不得破坏文物保护单位的历史风貌;工程设计方案应当根据文物保护单位的级别,经相应的文物行政部门同意后,报城乡建设规划部门批准。

第十九条 在文物保护单位的保护范围和建设控制地带内,不得建设污染文物保护单位及其环境的设施,不得进行可能影响文物保护单位安全及其环境的活动。对已有的污染文物保护单位及其环境的设施,应当限期治理。

第二十条 建设工程选址,应当尽可能避开不可移动文物;因特殊情况不能避开的,对文物保护单位应当尽可能实施原址保护。

实施原址保护的,建设单位应当事先确定保护措施,根据文物保护单位的级别报相应的文物行政部门批准,并将保护措施列入可行性研究报告或者设计任务书。

无法实施原址保护,必须迁移异地保护或者拆除的,应当报省、自治区、直辖市人民政府批准;迁移或者拆除省级文物保护单位的,批准前须征得国务院文物行政部门同意。全国重点文物保护单位不得拆除;需要迁移的,须由省、自治区、直辖市人民政府报国务院批准。

依照前款规定拆除的国有不可移动文物中具有收藏价值的壁画、雕塑、建筑构件等,由文物行政部门指定的文物收藏单位收藏。

本条规定的原址保护、迁移、拆除所需费用,由建设单位列入建设工程预算。

第二十一条 国有不可移动文物由使用人负责修缮、保养;非国有不可移动文物由所有人负责修缮、保养。非国有不可移动文物有损毁危险,所有人不具备修缮能力的,当地人民政府应当给予帮助;所有人具备修缮能力而拒不依法履行修缮义务的,县级以上人民政府可以给予抢救修缮,所需费用由所有人负担。

对文物保护单位进行修缮,应当根据文物保护单位的级别报相应的文物行政部门批准;对未核定为文物保护单位的不可移动文物进行修缮,应当报登记的县级人民政府文物行政部门批准。

文物保护单位的修缮、迁移、重建,由取得文物保护工程资质证书的单位承担。

对不可移动文物进行修缮、保养、迁移,必须遵守不改变文物原状的原则。

第二十二条 不可移动文物已经全部毁坏的,应当实施遗址保护,不得在原址重建。但是,因特殊情况需要在原址重建的,由省、自治区、直辖市人民政府文物行政部门报省、自治区、直辖市人民政府批准;全国重点文物保护单位需要在原址重建的,由省、自治区、直辖市人民政府报国务院批准。

第二十三条 核定为文物保护单位的属于国家所有的纪念建筑物或者古建筑,除可以建立博物馆、保管所或者辟为参观游览场所外,作其他用途的,市、县级文物保护单位应当经核定发布该文物保护单位的人民政府文物行政部门征得上一级文物行政部门同意后,报核定发布该文物保护单位的人民政府批准;省级文物保护单位应当经核定发布该文物保护单位的省级人民政府的文物行政部门审核同意后,报该省级人民政府批准;全国重点文物保护单位作其他用途的,应当由省、自治区、直辖市人民政府报国务院批准。国有未核定为文物保护单位的不可移动文物作其他用途的,应当报告县级人民政府文物行政部门。

第二十四条 国有不可移动文物不得转让、抵押。建立博物馆、保管所或者辟为参观游览场所的国有文物保护单位,不得作为企业资产经营。

第二十五条 非国有不可移动文物不得转让、抵押给外国人。

非国有不可移动文物转让、抵押或者改变用途的,应当根据其级别报相应的文物行政部门备案。

第二十六条 使用不可移动文物,必须遵守不改变文物原状的原则,负责保护建筑物及其附属文物的安全,不得损毁、改建、添建或者拆除不可移动文物。

对危害文物保护单位安全、破坏文物保护单位历史风貌的建筑物、构筑物,当地人民政府应当及时调查处理,必要时,对该建筑物、构筑物予以拆迁。

第三章 考古发掘

第二十七条 一切考古发掘工作,必须履行报批手续;从事考古发掘的单位,应当经国务院文物行政部门批准。

地下埋藏的文物,任何单位或者个人都不得私自发掘。

第二十八条 从事考古发掘的单位,为了科学研究进行考古发掘,应当提出发掘计划,报国务院文物行政部门批准;对全国重点文物保护单位的考古发掘计划,应当经国务院文物行政部门审核后报国务院批准。国务院文物行政部门在批准或者审核前,应当征求社会科学研究机构及其他科研机构和有关专家的意见。

第二十九条 进行大型基本建设工程,建设单位应当事先报请省、自治区、直辖市人民政府文物行政部门组织从事考古发掘的单位在工程范围内有可能埋藏文物的地方进行考古调查、勘探。

考古调查、勘探中发现文物的,由省、自治区、直辖市人民政府文物行政部门根据文物保护的要求会同建设单位共同商定保护措施;遇有重要发现的,由省、自治区、直辖市人民政府文物行政部门及时报国务院文物行政部门处理。

第三十条 需要配合建设工程进行的考古发掘工作,应当由省、自治区、直辖市文物行政部门在勘探工作的基础上提出发掘计划,报国务院文物行政部门批准。国务院文物行政部门在批准前,应当征求社会科学研究机构及其他科研机构和有关专家的意见。

确因建设工期紧迫或者有自然破坏危险,对古文化遗址、古墓葬急需进行抢救发掘的,由省、自治区、直辖市人民政府文物行政部门组织发掘,并同时补办审批手续。

第三十一条 凡因进行基本建设和生产建设需要的考古调查、勘探、发掘,所需费用由建设单位列入建设工程预算。

第三十二条 在进行建设工程或者在农业生产中,任何单位或者个人发现文物,应当保护现场,立即报告当地文物行政部门,文物行政部门接到报告后,如无特殊情况,应当在二十四小时内赶赴现场,并在七日内提出处理意见。

文物行政部门可以报请当地人民政府通知公安机关协助保护现场;发现重要文物的,应当立即上报国务院文物行政部门,国务院文物行政部门应当在接到报告后十五日内提出处理意见。依照前款规定发现的文物属于国家所有,任何单位或者个人不得哄抢、私分、藏匿。

第三十三条 非经国务院文物行政部门报国务院特别许可,任何外国人或者外国团体不得在中华人民共和国境内进行考古调查、勘探、发掘。

第七章 法律责任

第七十六条 文物行政部门、文物收藏单位、文物商店、经营文物拍卖的拍卖企业的工作人员,有下列行为之一的,依法给予行政处分,情节严重的,依法开除公职或者吊销其从业资格;构成犯罪的,依法追究刑事责任:

(一)文物行政部门的工作人员违反本法规定,滥用审批权限、不履行职责或者发现违法行为不予查处,造成严重后果的;

(二)文物行政部门和国有文物收藏单位的工作人员借用或者非法侵占国有文物的;

(三)文物行政部门的工作人员举办或者参与举办文物商店或者经营文物拍卖的拍卖企业的;

(四)因不负责任造成文物保护单位、珍贵文物损毁或者流失的;

(五)贪污、挪用文物保护经费的。

前款被开除公职或者被吊销从业资格的人员,自被开除公职或者被吊销从业资格之日起十年内不得担任文物管理人员或者从事文物经营活动。

第七十七条 有本法第六十六条、第六十八条、第七十条、第七十一条、第七十四条、第七十五条规定所列行为之一的,负有责任的主管人员和其他直接责任人员是国家工作人员的,依法给予行政处分。

第七十八条 公安机关、工商行政管理部门、海关、城乡建设规划部门和其他国家机关,违反本法规定滥用职权、玩忽职守、徇私舞弊,造成国家保护的珍贵文物损毁或者流失的,对负有责任的主管人员和其他直接责任人员依法给予行政处分;构成犯罪的,依法追究刑事责任。

第七十九条 人民法院、人民检察院、公安机关、海关和工商行政管理部门依法没收的文物应当登记造册,妥善保管,结案后无偿移交文物行政部门,由文物行政部门指定的国有文物收藏单位收藏。

第八章 附 则

第八十条 本法自公布之日起施行。

中华人民共和国农业法(2012年修正)(节录)

(1993年7月2日第八届全国人民代表大会常务委员会第二次会议通过 2002年12月28日第九届全国人民代表大会常务委员会第三十一次会议修订 根据2009年8月27日第十一届全国人民代表大会常务委员会第十次会议《关于修改部分法律的决定》第一次修正 根据2012年12月28日第十一届全国人民代表大会常务委员会第三十次会议《关于修改〈中华人民共和国农业法〉的决定》第二次修正)

第一章 总 则

第一条 为了巩固和加强农业在国民经济中的基础地位,深化农村改革,发展农业生产力,推进农业现代化,维护农民和农业生产经营组织的合法权益,增加农民收入,提高农民科学文化素质,促进农业和农村经济的持续、稳定、健康发展,实现全面建设小康社会的目标,制定本法。

第二条 本法所称农业,是指种植业、林业、畜牧业和渔业等产业,包括与其直接相关的产前、产中、产后服务。

本法所称农业生产经营组织,是指农村集体经济组织、农民专业合作经济组织、农业企业和其他从事农业生产经营的组织。

第六条 国家坚持科教兴农和农业可持续发展的方针。

国家采取措施加强农业和农村基础设施建设,调整、优化农业和农村经济结构,推进农业产业化经营,发展农业科技、教育事业,保护农业生态环境,促进农业机械化和信息化,提高农业综合生产能力。

第七条 国家保护农民和农业生产经营组织的财产及其他合法权益不受侵犯。

各级人民政府及其有关部门应当采取措施增加农民收入,切实减轻农民负担。

第九条 各级人民政府对农业和农村经济发展工作统一负责,组织各有关部门和全社会做好发展农业和为发展农业服务的各项工作。

国务院农业行政主管部门主管全国农业和农村经济发展工作,国务院林业行政主管部门和其他有关部门在各自的职责范围内,负责有关的农业和农村经济发展工作。

县级以上地方人民政府各农业行政主管部门负责本行政区域内的种植业、畜牧业、渔业等农业和农村经济发展工作,林业行政主管部门负责本行政区域内的林业工作。县级以上地方人民政府其他有关部门在各自的职责范围内,负责本行政区域内有关的为农业生产经营服务的工作。

第二章 农业生产经营体制

第十条 国家实行农村土地承包经营制度,依法保障农村土地承包关系的长期稳定,保护农民对承包土地的使用权。

农村土地承包经营的方式、期限、发包方和承包方的权利义务、土地承包经营权的保护和流转等,适用《中华人民共和国土地管理法》和《中华人民共和国农村土地承包法》。

农村集体经济组织应当在家庭承包经营的基础上,依法管理集体资产,为其成员提供生产、技术、信息等服务,组织合理开发、利用集体资源,壮大经济实力。

第十一条 国家鼓励农民在家庭承包经营的基础上自愿组成各类专业合作经济组织。

农民专业合作经济组织应当坚持为成员服务的宗旨,按照加入自愿、退出自由、民主管理、盈余返还的原则,依法在其章程规定的范围内开展农业生产经营和服务活动。

农民专业合作经济组织可以有多种形式,依法成立、依法登记。任何组织和个人不得侵犯农民专业合作经济组织的财产和经营自主权。

第十二条 农民和农业生产经营组织可以自愿按照民主管理、按劳分配和按股分红相结合的原则,以资金、技术、实物等入股,依法兴办各类企业。

第十三条 国家采取措施发展多种形式的农业产业化经营,鼓励和支持农民和农业生产经营组织发展生产、加工、销售一体化经营。

国家引导和支持从事农产品生产、加工、流通服务的企业、科研单位和其他组织,通过与农民或者农民专业合作经济组织订立合同或者建立各类企业等形式,形成收益共享、风险共担的利益共同体,推进农业产业化经营,带动农业发展。

第十四条 农民和农业生产经营组织可以按照法律、行政法规成立各种农产品行业协会,为成员提供生产、营销、信息、技术、培训等服务,发挥协调和自律作用,提出农产品贸易救济措施的申请,维护成员和行业的利益。

第三章 农业生产

第十五条 县级以上人民政府根据国民经济和社会发展的中长期规划、农业和农村经济发展的基本目标和农业资源区划,制定农业发展规划。

省级以上人民政府农业行政主管部门根据农业发展规划,采取措施发挥区域优势,促进形成合理的农业生产区域布局,指导和协调农业和农村经济结构调整。

第十六条 国家引导和支持农民和农业生产经营组织结合本地实际按照市场需求,调整和优化农业生产结构,协调发展种植业、林业、畜牧业和渔业,发展优质、高产、高效益的农业,提高农产品国际竞争力。

种植业以优化品种、提高质量、增加效益为中心,调整作物结构、品种结构和品质结构。

加强林业生态建设,实施天然林保护、退耕还林和防沙治沙工程,加强防护林体系建设,加速营造速生丰产林、工业原料林和薪炭林。

加强草原保护和建设,加快发展畜牧业,推广圈养和舍饲,改良畜禽品种,积极发展饲料工业和畜禽产品加工业。

渔业生产应当保护和合理利用渔业资源,调整捕捞结构,积极发展水产养殖业、远洋渔业和水产品加工业。

县级以上人民政府应当制定政策,安排资金,引导和支持农业结构调整。

第十七条 各级人民政府应当采取措施,加强农业综合开发和农田水利、农业生态环境保护、乡村道路、农村能源和电网、农产品仓储和流通、渔港、草原围栏、动植物原种良种基地等农业和农村基础设施建设,改善农业生产条件,保护和提高农业综合生产能力。

第十八条 国家扶持动植物品种的选育、生产、更新和良种的推广使用,鼓励品种选育和生产、经营相结合,实施种子工程和畜禽良种工程。国务院和省、自治区、直辖市人民政府设立专项资金,用于扶持动植物良种的选育和推广工作。

第十九条 各级人民政府和农业生产经营组织应当加强农田水利设施建设,建立健全农田水利设施的管理制度,节约用水,发展节水型农业,严格依法控制非农业建设占用灌溉水源,禁止任何组织和个人非法占用或者毁损农田水利设施。

国家对缺水地区发展节水型农业给予重点扶持。

第二十条 国家鼓励和支持农民和农业生产经营组织使用先进、适用的农业机械,加强农业机械安全管理,提高农业机械化水平。

国家对农民和农业生产经营组织购买先进农业机械给予扶持。

第二十一条 各级人民政府应当支持为农业服务的气象事业的发展,提高对气象灾害的监测和预报水平。

第二十二条 国家采取措施提高农产品的质量,建立健全农产品质量标准体系和质量检验检测监督体系,按照有关技术规范、操作规程和质量卫生安全标准,组织农产品的生产经营,保障农产品质量安全。

第二十四条 国家实行动植物防疫、检疫制度,健全动植物防疫、检疫体系,加强对动物疫病和植物病、虫、杂草、鼠害的监测、预警、防治,建立重大动物疫情和植物病虫害的快速扑灭机制,建设动物无规定疫病区,实施植物保护工程。

第二十五条 农药、兽药、饲料和饲料添加剂、肥料、种子、农业机械等可能危害人畜安全的农业生产资料的生产经营,依照相关法律、行政法规的规定实行登记或者许可制度。

各级人民政府应当建立健全农业生产资料的安全使用制度,农民和农业生产经营组织不得使用国家明令淘汰和禁止使用的农药、兽药、饲料添加剂等农业生产资料和其他禁止使用的产品。

农业生产资料的生产者、销售者应当对其生产、销售的产品的质量负责,禁止以次充好、以假充真、以不合格的产品冒充合格的产品;禁止生产和销售国家明令淘汰的农药、兽药、饲料添加剂、农业机械等农业生产资料。

第四章　农产品流通与加工

第二十九条　国家支持发展农产品加工业和食品工业,增加农产品的附加值。县级以上人民政府应当制定农产品加工业和食品工业发展规划,引导农产品加工企业形成合理的区域布局和规模结构,扶持农民专业合作经济组织和乡镇企业从事农产品加工和综合开发利用。

国家建立健全农产品加工制品质量标准,完善检测手段,加强农产品加工过程中的质量安全管理和监督,保障食品安全。

第三十条　国家鼓励发展农产品进出口贸易。

国家采取加强国际市场研究、提供信息和营销服务等措施,促进农产品出口。

为维护农产品产销秩序和公平贸易,建立农产品进口预警制度,当某些进口农产品已经或者可能对国内相关农产品的生产造成重大的不利影响时,国家可以采取必要的措施。

第三十一条　国家采取措施保护和提高粮食综合生产能力,稳步提高粮食生产水平,保障粮食安全。

国家建立耕地保护制度,对基本农田依法实行特殊保护。

第三十八条　国家逐步提高农业投入的总体水平。中央和县级以上地方财政每年对农业总投入的增长幅度应当高于其财政经常性收入的增长幅度。

各级人民政府在财政预算内安排的各项用于农业的资金应当主要用于:加强农业基础设施建设;支持农业结构调整,促进农业产业化经营;保护粮食综合生产能力,保障国家粮食安全;健全动植物检疫、防疫体系,加强动物疫病和植物病、虫、杂草、鼠害防治;建立健全农产品质量标准和检验检测监督体系、农产品市场及信息服务体系;支持农业科研教育、农业技术推广和农民培训;加强农业生态环境保护建设;扶持贫困地区发展;保障农民收入水平等。

县级以上各级财政用于种植业、林业、畜牧业、渔业、农田水利的农业基本建设投入应当统筹安排,协调增长。

国家为加快西部开发,增加对西部地区农业发展和生态环境保护的投入。

第三十九条　县级以上人民政府每年财政预算内安排的各项用于农业的资金应当及时足额拨付。各级人民政府应当加强对国家各项农业资金分配、使用过程的监督管理,保证资金安全,提高资金的使用效率。

任何单位和个人不得截留、挪用用于农业的财政资金和信贷资金。审计机关应当依法加强对用于农业的财政和信贷等资金的审计监督。

第四十条　国家运用税收、价格、信贷等手段,鼓励和引导农民和农业生产经营组织增加农业生产经营性投入和小型农田水利等基本建设投入。

国家鼓励和支持农民和农业生产经营组织在自愿的基础上依法采取多种形式,筹集农业资金。

第四十三条　国家鼓励和扶持农用工业的发展。

国家采取税收、信贷等手段鼓励和扶持农业生产资料的生产和贸易,为农业生产稳定增长提供物质保障。

国家采取宏观调控措施,使化肥、农药、农用薄膜、农业机械和农用柴油等主要农业生产资料和农产品之间保持合理的比价。

第四十六条 国家建立和完善农业保险制度。

国家逐步建立和完善政策性农业保险制度。鼓励和扶持农民和农业生产经营组织建立为农业生产经营活动服务的互助合作保险组织,鼓励商业性保险公司开展农业保险业务。

农业保险实行自愿原则。任何组织和个人不得强制农民和农业生产经营组织参加农业保险。

第四十七条 各级人民政府应当采取措施,提高农业防御自然灾害的能力,做好防灾、抗灾和救灾工作,帮助灾民恢复生产,组织生产自救,开展社会互助互济;对没有基本生活保障的灾民给予救济和扶持。

第八章 农业资源与农业环境保护

第五十七条 发展农业和农村经济必须合理利用和保护土地、水、森林、草原、野生动植物等自然资源,合理开发和利用水能、沼气、太阳能、风能等可再生能源和清洁能源,发展生态农业,保护和改善生态环境。

县级以上人民政府应当制定农业资源区划或者农业资源合理利用和保护的区划,建立农业资源监测制度。

第五十八条 农民和农业生产经营组织应当保养耕地,合理使用化肥、农药、农用薄膜,增加使用有机肥料,采用先进技术,保护和提高地力,防止农用地的污染、破坏和地力衰退。

县级以上人民政府农业行政主管部门应当采取措施,支持农民和农业生产经营组织加强耕地质量建设,并对耕地质量进行定期监测。

第五十九条 各级人民政府应当采取措施,加强小流域综合治理,预防和治理水土流失。从事可能引起水土流失的生产建设活动的单位和个人,必须采取预防措施,并负责治理因生产建设活动造成的水土流失。

各级人民政府应当采取措施,预防土地沙化,治理沙化土地。国务院和沙化土地所在地区的县级以上地方人民政府应当按照法律规定制定防沙治沙规划,并组织实施。

第六十条 国家实行全民义务植树制度。各级人民政府应当采取措施,组织群众植树造林,保护林地和林木,预防森林火灾,防治森林病虫害,制止滥伐、盗伐林木,提高森林覆盖率。

国家在天然林保护区域实行禁伐或者限伐制度,加强造林护林。

第六十一条 有关地方人民政府,应当加强草原的保护、建设和管理,指导、组织农(牧)民和农(牧)业生产经营组织建设人工草场、饲草饲料基地和改良天然草原,实行以草定畜,控制载畜量,推行划区轮牧、休牧和禁牧制度,保护草原植被,防止草原退化沙化和盐渍化。

第六十二条 禁止毁林毁草开垦、烧山开垦以及开垦国家禁止开垦的陡坡地,已经开垦的,应当逐步退耕还林、还草。

禁止围湖造田以及围垦国家禁止围垦的湿地。已经围垦的,应当逐步退耕还湖、还湿地。

对在国务院批准规划范围内实施退耕的农民,应当按照国家规定予以补助。

第六十三条 各级人民政府应当采取措施,依法执行捕捞限额和禁渔、休渔制度,增殖渔业资源,保护渔业水域生态环境。

国家引导、支持从事捕捞业的农(渔)民和农(渔)业生产经营组织从事水产养殖业或者其他职业,对根据当地人民政府统一规划转产转业的农(渔)民,应当按照国家规定予以补助。

第六十四条 国家建立与农业生产有关的生物物种资源保护制度,保护生物多样性,对稀有、濒危、珍贵生物资源及其原生地实行重点保护。从境外引进生物物种资源应当依法进行登记或者审批,并采取相应安全控制措施。

农业转基因生物的研究、试验、生产、加工、经营及其他应用,必须依照国家规定严格实行各项安全控制措施。

第六十五条 各级农业行政主管部门应当引导农民和农业生产经营组织采取生物措施或者使用高效低毒低残留农药、兽药,防治动植物病、虫、杂草、鼠害。

农产品采收后的秸秆及其他剩余物质应当综合利用,妥善处理,防止造成环境污染和生态破坏。

从事畜禽等动物规模养殖的单位和个人应当对粪便、废水及其他废弃物进行无害化处理或者综合利用,从事水产养殖的单位和个人应当合理投饵、施肥、使用药物,防止造成环境污染和生态破坏。

第六十六条 县级以上人民政府应当采取措施,督促有关单位进行治理,防治废水、废气和固体废弃物对农业生态环境的污染。排放废水、废气和固体废弃物造成农业生态环境污染事故的,由环境保护行政主管部门或者农业行政主管部门依法调查处理;给农民和农业生产经营组织造成损失的,有关责任者应当依法赔偿。

第九章 农民权益保护

第六十七条 任何机关或者单位向农民或者农业生产经营组织收取行政、事业性费用必须依据法律、法规的规定。收费的项目、范围和标准应当公布。没有法律、法规依据的收费,农民和农业生产经营组织有权拒绝。

任何机关或者单位对农民或者农业生产经营组织进行罚款处罚必须依据法律、法规、规章的规定。没有法律、法规、规章依据的罚款,农民和农业生产经营组织有权拒绝。

任何机关或者单位不得以任何方式向农民或者农业生产经营组织进行摊派。除法律、法规另有规定外,任何机关或者单位以任何方式要求农民或者农业生产经营组织提供人力、财力、物力的,属于摊派。农民和农业生产经营组织有权拒绝任何方式的摊派。

第六十八条 各级人民政府及其有关部门和所属单位不得以任何方式向农民或者农业生产经营组织集资。

没有法律、法规依据或者未经国务院批准,任何机关或者单位不得在农村进行任何形式的达标、升级、验收活动。

第六十九条 农民和农业生产经营组织依照法律、行政法规的规定承担纳税义务。税务机关及代扣、代收税款的单位应当依法征税,不得违法摊派税款及以其他违法方法征税。

第七十条 农村义务教育除按国务院规定收取的费用外,不得向农民和学生收取其他费用。禁止任何机关或者单位通过农村中小学校向农民收费。

第七十一条　国家依法征收农民集体所有的土地,应当保护农民和农村集体经济组织的合法权益,依法给予农民和农村集体经济组织征地补偿,任何单位和个人不得截留、挪用征地补偿费用。

第七十二条　各级人民政府、农村集体经济组织或者村民委员会在农业和农村经济结构调整、农业产业化经营和土地承包经营权流转等过程中,不得侵犯农民的土地承包经营权,不得干涉农民自主安排的生产经营项目,不得强迫农民购买指定的生产资料或者按指定的渠道销售农产品。

第七十三条　农村集体经济组织或者村民委员会为发展生产或者兴办公益事业,需要向其成员(村民)筹资筹劳的,应当经成员(村民)会议或者成员(村民)代表会议过半数通过后,方可进行。

农村集体经济组织或者村民委员会依照前款规定筹资筹劳的,不得超过省级以上人民政府规定的上限控制标准,禁止强行以资代劳。

农村集体经济组织和村民委员会对涉及农民利益的重要事项,应当向农民公开,并定期公布财务账目,接受农民的监督。

第十二章　法律责任

第九十条　违反本法规定,侵害农民和农业生产经营组织的土地承包经营权等财产权或者其他合法权益的,应当停止侵害,恢复原状;造成损失、损害的,依法承担赔偿责任。

国家工作人员利用职务便利或者以其他名义侵害农民和农业生产经营组织的合法权益的,应当赔偿损失,并由其所在单位或者上级主管机关给予行政处分。

第九十一条　违反本法第十九条、第二十五条、第六十二条、第七十一条规定的,依照相关法律或者行政法规的规定予以处罚。

第九十二条　有下列行为之一的,由上级主管机关责令限期归还被截留、挪用的资金,没收非法所得,并由上级主管机关或者所在单位给予直接负责的主管人员和其他直接责任人员行政处分;构成犯罪的,依法追究刑事责任:

(一)违反本法第三十三条第三款规定,截留、挪用粮食收购资金的;

(二)违反本法第三十九条第二款规定,截留、挪用用于农业的财政资金和信贷资金的;

(三)违反本法第八十六条第三款规定,截留、挪用扶贫资金的。

第九十三条　违反本法第六十七条规定,向农民或者农业生产经营组织违法收费、罚款、摊派的,上级主管机关应当予以制止,并予公告;已经收取钱款或者已经使用人力、物力的,由上级主管机关责令限期归还已经收取的钱款或者折价偿还已经使用的人力、物力,并由上级主管机关或者所在单位给予直接负责的主管人员和其他直接责任人员行政处分;情节严重,构成犯罪的,依法追究刑事责任。

第九十四条　有下列行为之一的,由上级主管机关责令停止违法行为,并给予直接负责的主管人员和其他直接责任人员行政处分,责令退还违法收取的集资款、税款或者费用:

(一)违反本法第六十八条规定,非法在农村进行集资、达标、升级、验收活动的;

(二)违反本法第六十九条规定,以违法方法向农民征税的;

(三)违反本法第七十条规定,通过农村中小学校向农民超额、超项目收费的。

第九十五条 违反本法第七十三条第二款规定,强迫农民以资代劳的,由乡(镇)人民政府责令改正,并退还违法收取的资金。

第九十六条 违反本法第七十四条规定,强迫农民和农业生产经营组织接受有偿服务的,由有关人民政府责令改正,并返还其违法收取的费用;情节严重的,给予直接负责的主管人员和其他直接责任人员行政处分;造成农民和农业生产经营组织损失的,依法承担赔偿责任。

第九十七条 县级以上人民政府农业行政主管部门的工作人员违反本法规定参与和从事农业生产经营活动的,依法给予行政处分;构成犯罪的,依法追究刑事责任。

第十三章 附 则

第九十八条 本法有关农民的规定,适用于国有农场、牧场、林场、渔场等企业事业单位实行承包经营的职工。

第九十九条 本法自 2003 年 3 月 1 日起施行。

中华人民共和国农村土地承包法(2018 年修正)(节录)

(2002 年 8 月 29 日第九届全国人民代表大会常务委员会第二十九次会议通过 根据 2009 年 8 月 27 日第十一届全国人民代表大会常务委员会第十次会议《关于修改部分法律的决定》第一次修正 根据 2018 年 12 月 29 日第十三届全国人民代表大会常务委员会第七次会议《关于修改〈中华人民共和国农村土地承包法〉的决定》第二次修正)

第一章 总 则

第一条 为了巩固和完善以家庭承包经营为基础、统分结合的双层经营体制,保持农村土地承包关系稳定并长久不变,维护农村土地承包经营当事人的合法权益,促进农业、农村经济发展和农村社会和谐稳定,根据宪法,制定本法。

第二条 法所称农村土地,是指农民集体所有和国家所有依法由农民集体使用的耕地、林地、草地,以及其他依法用于农业的土地。

第三条 家实行农村土地承包经营制度。农村土地承包采取农村集体经济组织内部的家庭承包方式,不宜采取家庭承包方式的荒山、荒沟、荒丘、荒滩等农村土地,可以采取招标、拍卖、公开协商等方式承包。

第四条 国家依法保护农村土地承包关系的长期稳定。农村土地承包后,土地的所有权性质不变。承包地不得买卖。

第五条 农村集体经济组织成员有权依法承包由本集体经济组织发包的农村土地。任何组织和个人不得剥夺和非法限制农村集体经济组织成员承包土地的权利。

第六条 农村土地承包,妇女与男子享有平等的权利。承包中应当保护妇女的合法权益,任何组织和个人不得剥夺、侵害妇女应当享有的土地承包经营权。

第七条 农村土地承包应当坚持公开、公平、公正的原则,正确处理国家、集体、个人三者的利益关系。

第八条 国家保护集体土地所有者的合法权益,保护承包方的土地承包经营权,任何组织和个人不得侵犯。

国家鼓励增加对土地的投入,培肥地力,提高农业生产能力。

第九条 承包方承包土地后,享有土地承包经营权,可以自己经营,也可以保留土地承包权,流转其承包地的土地经营权,由他人经营。

第十条 国家保护承包方依法、自愿、有偿流转土地经营权,保护土地经营权人的合法权益,任何组织和个人不得侵犯。

第十一条 农村土地承包经营应当遵守法律、法规,保护土地资源的合理开发和可持续利用。未经依法批准不得将承包地用于非农建设。

第十二条 国务院农业农村、林业和草原主管部门分别依照国务院规定的职责负责全国农村土地承包经营及承包经营合同管理的指导。

县级以上地方人民政府农业农村、林业和草原等主管部门分别依照各自职责,负责本行政区域内农村土地承包经营及承包经营合同管理。

乡(镇)人民政府负责本行政区域内农村土地承包经营及承包经营合同管理。

第四章　争议的解决和法律责任

第五十五条 因土地承包经营发生纠纷的,双方当事人可以通过协商解决,也可以请求村民委员会、乡(镇)人民政府等调解解决。

当事人不愿协商、调解或者协商、调解不成的,可以向农村土地承包仲裁机构申请仲裁,也可以直接向人民法院起诉。

第五十六条 任何组织和个人侵害土地承包经营权、土地经营权的,应当承担民事责任。

第五十七条 发包方有下列行为之一的,应当承担停止侵害、排除妨碍、消除危险、返还财产、恢复原状、赔偿损失等民事责任:

(一)干涉承包方依法享有的生产经营自主权;

(二)违反本法规定收回、调整承包地;

(三)强迫或者阻碍承包方进行土地承包经营权的互换、转让或者土地经营权流转;

(四)假借少数服从多数强迫承包方放弃或者变更土地承包经营权;

(五)以划分口粮田和责任田等为由收回承包地搞招标承包;

(六)将承包地收回抵顶欠款;

(七)剥夺、侵害妇女依法享有的土地承包经营权;

(八)其他侵害土地承包经营权的行为。

第五十八条 承包合同中违背承包方意愿或者违反法律、行政法规有关不得收回、调整承包地等强制性规定的约定无效。

第五十九条 当事人一方不履行合同义务或者履行义务不符合约定的,应依法承担违约责任。

第六十条 任何组织和个人强迫进行土地承包经营权互换、转让或者土地经营权流转的,该互换、转让或者流转无效。

第六十一条 任何组织和个人擅自截留、扣缴土地承包经营权互换、转让或者土地经营权流转收益的,应当退还。

第六十二条 违反土地管理法规,非法征收、征用、占用土地或者贪污、挪用土地征收、征用补偿费用,构成犯罪的,依法追究刑事责任;造成他人损害的,应当承担损害赔偿等责任。

第六十三条 承包方违法将承包地用于非农建设的,由县级以上地方人民政府有关行政主管部门依法予以处罚。

承包方给承包地造成永久性损害的,发包方有权制止,并有权要求承包方赔偿由此造成的损失。

第六十四条 土地经营权人擅自改变土地的农业用途、弃耕抛荒连续两年以上、给土地造成严重损害或者严重破坏土地生态环境,承包方在合理期限内不解除土地经营权流转合同的,发包方有权要求终止土地经营权流转合同。土地经营权人对土地和土地生态环境造成的损害应当予以赔偿。

第六十五条 国家机关及其工作人员有利用职权干涉农村土地承包经营,变更、解除承包经营合同,干涉承包经营当事人依法享有的生产经营自主权,强迫、阻碍承包经营当事人进行土地承包经营权互换、转让或者土地经营权流转等侵害土地承包经营权、土地经营权的行为,给承包经营当事人造成损失的,应当承担损害赔偿等责任;情节严重的,由上级机关或者所在单位给予直接责任人员处分;构成犯罪的,依法追究刑事责任。

第五章 附 则

第六十六条 本法实施前已经按照国家有关农村土地承包的规定承包,包括承包期限长于本法规定的,本法实施后继续有效,不得重新承包土地。未向承包方颁发土地承包经营权证或者林权证等证书的,应当补发证书。

第六十七条 本法实施前已经预留机动地的,机动地面积不得超过本集体经济组织耕地总面积的百分之五。不足百分之五的,不得再增加机动地。

本法实施前未留机动地的,本法实施后不得再留机动地。

第六十八条 各省、自治区、直辖市人民代表大会常务委员会可以根据本法,结合本行政区域的实际情况,制定实施办法。

第六十九条 确认农村集体经济组织成员身份的原则、程序等,由法律、法规规定。

第七十条 本法自2003年3月1日起施行。

中华人民共和国农村土地承包经营纠纷调解仲裁法(节录)

(2009年6月27日第十一届全国人民代表大会常务委员会第九次会议通过)

第一章 总 则

第一条 为了公正、及时解决农村土地承包经营纠纷,维护当事人的合法权益,促进农村经济发展和社会稳定,制定本法。

第二条 农村土地承包经营纠纷调解和仲裁,适用本法。

农村土地承包经营纠纷包括:

(一)因订立、履行、变更、解除和终止农村土地承包合同发生的纠纷;

(二)因农村土地承包经营权转包、出租、互换、转让、入股等流转发生的纠纷;

(三)因收回、调整承包地发生的纠纷;

(四)因确认农村土地承包经营权发生的纠纷;

(五)因侵害农村土地承包经营权发生的纠纷;

(六)法律、法规规定的其他农村土地承包经营纠纷。

因征收集体所有的土地及其补偿发生的纠纷,不属于农村土地承包仲裁委员会的受理范围,可以通过行政复议或者诉讼等方式解决。

第三条 发生农村土地承包经营纠纷的,当事人可以自行和解,也可以请求村民委员会、乡(镇)人民政府等调解。

第四条 当事人和解、调解不成或者不愿和解、调解的,可以向农村土地承包仲裁委员会申请仲裁,也可以直接向人民法院起诉。

第五条 农村土地承包经营纠纷调解和仲裁,应当公开、公平、公正,便民高效,根据事实,符合法律,尊重社会公德。

第六条 县级以上人民政府应当加强对农村土地承包经营纠纷调解和仲裁工作的指导。

县级以上人民政府农村土地承包管理部门及其他有关部门应当依照职责分工,支持有关调解组织和农村土地承包仲裁委员会依法开展工作。

第三章 仲 裁

第四节 开庭和裁决

第四十四条 仲裁庭应当根据认定的事实和法律以及国家政策作出裁决并制作裁决书。

裁决应当按照多数仲裁员的意见作出,少数仲裁员的不同意见可以记入笔录。仲裁庭不能形成多数意见时,裁决应当按照首席仲裁员的意见作出。

第四十五条 裁决书应当写明仲裁请求、争议事实、裁决理由、裁决结果、裁决日期以及当事人不服仲裁裁决的起诉权利、期限,由仲裁员签名,加盖农村土地承包仲裁委员会印章。

农村土地承包仲裁委员会应当在裁决作出之日起三个工作日内将裁决书送达当事人,并告知当事人不服仲裁裁决的起诉权利、期限。

第四十六条 仲裁庭依法独立履行职责,不受行政机关、社会团体和个人的干涉。

第四十七条 仲裁农村土地承包经营纠纷,应当自受理仲裁申请之日起六十日内结束;案情复杂需要延长的,经农村土地承包仲裁委员会主任批准可以延长,并书面通知当事人,但延长期限不得超过三十日。

第四十八条 当事人不服仲裁裁决的,可以自收到裁决书之日起三十日内向人民法院起诉。逾期不起诉的,裁决书即发生法律效力。

第四十九条 当事人对发生法律效力的调解书、裁决书,应当依照规定的期限履行。一方当事人逾期不履行的,另一方当事人可以向被申请人住所地或者财产所在地的基层人民法院申请执行。受理申请的人民法院应当依法执行。

第四章 附 则

第五十条 本法所称农村土地,是指农民集体所有和国家所有依法由农民集体使用的耕地、林地、草地,以及其他依法用于农业的土地。

第五十一条 农村土地承包经营纠纷仲裁规则和农村土地承包仲裁委员会示范章程,由国务院农业、林业行政主管部门依照本法规定共同制定。

第五十二条 农村土地承包经营纠纷仲裁不得向当事人收取费用,仲裁工作经费纳入财政预算予以保障。

第五十三条 本法自 2010 年 1 月 1 日起施行。

中华人民共和国农民专业合作社法(2017年修订)(节录)

(2006 年 10 月 31 日第十届全国人民代表大会常务委员会第二十四次会议通过 2017 年 12 月 27 日第十二届全国人民代表大会常务委员会第三十一次会议修订)

第一章 总 则

第一条 为了规范农民专业合作社的组织和行为,鼓励、支持、引导农民专业合作社的发展,保护农民专业合作社及其成员的合法权益,推进农业农村现代化,制定本法。

第二条 本法所称农民专业合作社,是指在农村家庭承包经营基础上,农产品的生产经营者或者农业生产经营服务的提供者、利用者,自愿联合、民主管理的互助性经济组织。

第三条 农民专业合作社以其成员为主要服务对象,开展以下一种或者多种业务:

(一)农业生产资料的购买、使用;

(二)农产品的生产、销售、加工、运输、贮藏及其他相关服务;

(三)农村民间工艺及制品、休闲农业和乡村旅游资源的开发经营等;

(四)与农业生产经营有关的技术、信息、设施建设运营等服务。

第四条 农民专业合作社应当遵循下列原则:

(一)成员以农民为主体;

(二)以服务成员为宗旨,谋求全体成员的共同利益;

(三)入社自愿、退社自由;

(四)成员地位平等,实行民主管理;

(五)盈余主要按照成员与农民专业合作社的交易量(额)比例返还。

第五条 农民专业合作社依照本法登记,取得法人资格。

农民专业合作社对由成员出资、公积金、国家财政直接补助、他人捐赠以及合法取得的其他资产所形成的财产，享有占有、使用和处分的权利，并以上述财产对债务承担责任。

第六条 农民专业合作社成员以其账户内记载的出资额和公积金份额为限对农民专业合作社承担责任。

第七条 国家保障农民专业合作社享有与其他市场主体平等的法律地位。

国家保护农民专业合作社及其成员的合法权益，任何单位和个人不得侵犯。

第八条 农民专业合作社从事生产经营活动，应当遵守法律，遵守社会公德、商业道德，诚实守信，不得从事与章程规定无关的活动。

第九条 农民专业合作社为扩大生产经营和服务的规模，发展产业化经营，提高市场竞争力，可以依法自愿设立或者加入农民专业合作社联合社。

第十条 国家通过财政支持、税收优惠和金融、科技、人才的扶持以及产业政策引导等措施，促进农民专业合作社的发展。

国家鼓励和支持公民、法人和其他组织为农民专业合作社提供帮助和服务。

对发展农民专业合作社事业做出突出贡献的单位和个人，按照国家有关规定予以表彰和奖励。

第十一条 县级以上人民政府应当建立农民专业合作社工作的综合协调机制，统筹指导、协调、推动农民专业合作社的建设和发展。

县级以上人民政府农业主管部门、其他有关部门和组织应当依据各自职责，对农民专业合作社的建设和发展给予指导、扶持和服务。

第三章 成 员

第二十条 农民专业合作社的成员中，农民至少应当占成员总数的百分之八十。

成员总数二十人以下的，可以有一个企业、事业单位或者社会组织成员；成员总数超过二十人的，企业、事业单位和社会组织成员不得超过成员总数的百分之五。

第二十一条 农民专业合作社成员享有下列权利：

（一）参加成员大会，并享有表决权、选举权和被选举权，按照章程规定对本社实行民主管理；

（二）利用本社提供的服务和生产经营设施；

（三）按照章程规定或者成员大会决议分享盈余；

（四）查阅本社的章程、成员名册、成员大会或者成员代表大会记录、理事会会议决议、监事会会议决议、财务会计报告、会计账簿和财务审计报告；

（五）章程规定的其他权利。

第二十二条 农民专业合作社成员大会选举和表决，实行一人一票制，成员各享有一票的基本表决权。

出资额或者与本社交易量（额）较大的成员按照章程规定，可以享有附加表决权。本社的附加表决权总票数，不得超过本社成员基本表决权总票数的百分之二十。享有附加表决权的成员及其享有的附加表决权数，应当在每次成员大会召开时告知出席会议的全体成员。

第二十三条 农民专业合作社成员承担下列义务：

（一）执行成员大会、成员代表大会和理事会的决议；

（二）按照章程规定向本社出资；

（三）按照章程规定与本社进行交易；
（四）按照章程规定承担亏损；
（五）章程规定的其他义务。

第二十五条 农民专业合作社成员要求退社的，应当在会计年度终了的三个月前向理事长或者理事会提出书面申请；其中，企业、事业单位或者社会组织成员退社，应当在会计年度终了的六个月前提出；章程另有规定的，从其规定。退社成员的成员资格自会计年度终了时终止。

第二十七条 成员在其资格终止前与农民专业合作社已订立的合同，应当继续履行；章程另有规定或者与本社另有约定的除外。

第二十八条 成员资格终止的，农民专业合作社应当按照章程规定的方式和期限，退还记载在该成员账户内的出资额和公积金份额；对成员资格终止前的可分配盈余，依照本法第四十四条的规定向其返还。

资格终止的成员应当按照章程规定分摊资格终止前本社的亏损及债务。

第九章 法律责任

第六十九条 侵占、挪用、截留、私分或者以其他方式侵犯农民专业合作社及其成员的合法财产，非法干预农民专业合作社及其成员的生产经营活动，向农民专业合作社及其成员摊派，强迫农民专业合作社及其成员接受有偿服务，造成农民专业合作社经济损失的，依法追究法律责任。

第七十条 农民专业合作社向登记机关提供虚假登记材料或者采取其他欺诈手段取得登记的，由登记机关责令改正，可以处五千元以下罚款；情节严重的，撤销登记或者吊销营业执照。

第七十二条 农民专业合作社在依法向有关主管部门提供的财务报告等材料中，作虚假记载或者隐瞒重要事实的，依法追究法律责任。

第十章 附 则

第七十四条 本法自2018年7月1日起施行。

中华人民共和国农业技术推广法（2012年修正）（节录）

(1993年7月2日第八届全国人民代表大会常务委员会第二次会议通过 根据2012年8月31日第十一届全国人民代表大会常务委员会第二十八次会议《关于修改〈中华人民共和国农业技术推广法〉的决定》修正)

第一章 总 则

第一条 为了加强农业技术推广工作，促使农业科研成果和实用技术尽快应用于农业生产，增强科技支撑保障能力，促进农业和农村经济可持续发展，实现农业现代化，制定本法。

第二条 本法所称农业技术，是指应用于种植业、林业、畜牧业、渔业的科研成果和实用技

术,包括:

(一)良种繁育、栽培、肥料施用和养殖技术;
(二)植物病虫害、动物疫病和其他有害生物防治技术;
(三)农产品收获、加工、包装、贮藏、运输技术;
(四)农业投入品安全使用、农产品质量安全技术;
(五)农田水利、农村供排水、土壤改良与水土保持技术;
(六)农业机械化、农用航空、农业气象和农业信息技术;
(七)农业防灾减灾、农业资源与农业生态安全和农村能源开发利用技术;
(八)其他农业技术。

本法所称农业技术推广,是指通过试验、示范、培训、指导以及咨询服务等,把农业技术普及应用于农业产前、产中、产后全过程的活动。

第三条 国家扶持农业技术推广事业,加快农业技术的普及应用,发展高产、优质、高效、生态、安全农业。

第四条 农业技术推广应当遵循下列原则:
(一)有利于农业、农村经济可持续发展和增加农民收入;
(二)尊重农业劳动者和农业生产经营组织的意愿;
(三)因地制宜,经过试验、示范;
(四)公益性推广与经营性推广分类管理;
(五)兼顾经济效益、社会效益,注重生态效益。

第九条 国务院农业、林业、水利等部门(以下统称农业技术推广部门)按照各自的职责,负责全国范围内有关的农业技术推广工作。县级以上地方各级人民政府农业技术推广部门在同级人民政府的领导下,按照各自的职责,负责本行政区域内有关的农业技术推广工作。同级人民政府科学技术部门对农业技术推广工作进行指导。同级人民政府其他有关部门按照各自的职责,负责农业技术推广的有关工作。

第六章 附 则

第三十九条 本法自发布之日起施行。

中华人民共和国畜牧法(2015年修正)(节录)

(2005年12月29日第十届全国人民代表大会常务委员会第十九次会议通过 根据2015年4月24日第十二届全国人民代表大会常务委员会第十四次会议《关于修改〈中华人民共和国计量法〉等五部法律的决定》修正)

第一章 总 则

第一条 为了规范畜牧业生产经营行为,保障畜禽产品质量安全,保护和合理利用畜禽遗传资源,维护畜牧业生产经营者的合法权益,促进畜牧业持续健康发展,制定本法。

第二条 在中华人民共和国境内从事畜禽的遗传资源保护利用、繁育、饲养、经营、运输等活动,适用本法。

本法所称畜禽,是指列入依照本法第十一条规定公布的畜禽遗传资源目录的畜禽。

蜂、蚕的资源保护利用和生产经营,适用本法有关规定。

第三条 国家支持畜牧业发展,发挥畜牧业在发展农业、农村经济和增加农民收入中的作用。县级以上人民政府应当采取措施,加强畜牧业基础设施建设,鼓励和扶持发展规模化养殖,推进畜牧产业化经营,提高畜牧业综合生产能力,发展优质、高效、生态、安全的畜牧业。

国家帮助和扶持少数民族地区、贫困地区畜牧业的发展,保护和合理利用草原,改善畜牧业生产条件。

第六条 畜牧业生产经营者应当依法履行动物防疫和环境保护义务,接受有关主管部门依法实施的监督检查。

第七条 国务院畜牧兽医行政主管部门负责全国畜牧业的监督管理工作。县级以上地方人民政府畜牧兽医行政主管部门负责本行政区域内的畜牧业监督管理工作。

县级以上人民政府有关主管部门在各自的职责范围内,负责有关促进畜牧业发展的工作。

第八条 国务院畜牧兽医行政主管部门应当指导畜牧业生产经营者改善畜禽繁育、饲养、运输的条件和环境。

第二章 畜禽遗传资源保护

第九条 国家建立畜禽遗传资源保护制度。各级人民政府应当采取措施,加强畜禽遗传资源保护,畜禽遗传资源保护经费列入财政预算。

畜禽遗传资源保护以国家为主,鼓励和支持有关单位、个人依法发展畜禽遗传资源保护事业。

第十条 国务院畜牧兽医行政主管部门设立由专业人员组成的国家畜禽遗传资源委员会,负责畜禽遗传资源的鉴定、评估和畜禽新品种、配套系的审定,承担畜禽遗传资源保护和利用规划论证及有关畜禽遗传资源保护的咨询工作。

第十一条 国务院畜牧兽医行政主管部门负责组织畜禽遗传资源的调查工作,发布国家畜禽遗传资源状况报告,公布经国务院批准的畜禽遗传资源目录。

第十二条 国务院畜牧兽医行政主管部门根据畜禽遗传资源分布状况,制定全国畜禽遗传资源保护和利用规划,制定并公布国家级畜禽遗传资源保护名录,对原产我国的珍贵、稀有、濒危的畜禽遗传资源实行重点保护。

省人民政府畜牧兽医行政主管部门根据全国畜禽遗传资源保护和利用规划及本行政区域内畜禽遗传资源状况,制定和公布省级畜禽遗传资源保护名录,并报国务院畜牧兽医行政主管部门备案。

第十三条 国务院畜牧兽医行政主管部门根据全国畜禽遗传资源保护和利用规划及国家级畜禽遗传资源保护名录,省级人民政府畜牧兽医行政主管部门根据省级畜禽遗传资源保护名录,分别建立或者确定畜禽遗传资源保种场、保护区和基因库,承担畜禽遗传资源保护任务。

享受中央和省级财政资金支持的畜禽遗传资源保种场、保护区和基因库,未经国务院畜牧兽医行政主管部门或者省级人民政府畜牧兽医行政主管部门批准,不得擅自处理受保护的畜禽遗传资源。

畜禽遗传资源基因库应当按照国务院畜牧兽医行政主管部门或者省级人民政府畜牧兽医行

政主管部门的规定,定期采集和更新畜禽遗传材料。有关单位、个人应当配合畜禽遗传资源基因库采集畜禽遗传材料,并有权获得适当的经济补偿。

畜禽遗传资源保种场、保护区和基因库的管理办法由国务院畜牧兽医行政主管部门制定。

第十四条 新发现的畜禽遗传资源在国家畜禽遗传资源委员会鉴定前,省级人民政府畜牧兽医行政主管部门应当制定保护方案,采取临时保护措施,并报国务院畜牧兽医行政主管部门备案。

第十五条 从境外引进畜禽遗传资源的,应当向省级人民政府畜牧兽医行政主管部门提出申请;受理申请的畜牧兽医行政主管部门经审核,报国务院畜牧兽医行政主管部门经评估论证后批准。经批准的,依照《中华人民共和国进出境动植物检疫法》的规定办理相关手续并实施检疫。

从境外引进的畜禽遗传资源被发现对境内畜禽遗传资源、生态环境有危害或者可能产生危害的,国务院畜牧兽医行政主管部门应当商有关主管部门,采取相应的安全控制措施。

第十六条 向境外输出或者在境内与境外机构、个人合作研究利用列入保护名录的畜禽遗传资源的,应当向省级人民政府畜牧兽医行政主管部门提出申请,同时提出国家共享惠益的方案;受理申请的畜牧兽医行政主管部门经审核,报国务院畜牧兽医行政主管部门批准。

向境外输出畜禽遗传资源的,还应当依照《中华人民共和国进出境动植物检疫法》的规定办理相关手续并实施检疫。

新发现的畜禽遗传资源在国家畜禽遗传资源委员会鉴定前,不得向境外输出,不得与境外机构、个人合作研究利用。

第十七条 畜禽遗传资源的进出境和对外合作研究利用的审批办法由国务院规定。

第三章 种畜禽品种选育与生产经营

第二十五条 种畜禽生产经营许可证应当注明生产经营者名称、场(厂)址、生产经营范围及许可证有效期的起止日期等。

禁止任何单位、个人无种畜禽生产经营许可证或者违反种畜禽生产经营许可证的规定生产经营种畜禽。禁止伪造、变造、转让、租借种畜禽生产经营许可证。

第二十六条 农户饲养的种畜禽用于自繁自养和有少量剩余仔畜、雏禽出售的,农户饲养种公畜进行互助配种的,不需要办理种畜禽生产经营许可证。

第二十七条 专门从事家畜人工授精、胚胎移植等繁殖工作的人员,应当取得相应的国家职业资格证书。

第二十八条 发布种畜禽广告的,广告主应当提供种畜禽生产经营许可证和营业执照。广告内容应当符合有关法律、行政法规的规定,并注明种畜禽品种、配套系的审定或者鉴定名称;对主要性状的描述应当符合该品种、配套系的标准。

第二十九条 销售的种畜禽和家畜配种站(点)使用的种公畜,必须符合种用标准。销售种畜禽时,应当附具种畜禽场出具的种畜禽合格证明、动物防疫监督机构出具的检疫合格证明,销售的种畜还应当附具种畜禽场出具的家畜系谱。

生产家畜卵子、冷冻精液、胚胎等遗传材料,应当有完整的采集、销售、移植等记录,记录应当保存二年。

第三十条 销售种畜禽,不得有下列行为:

(一)以其他畜禽品种、配套系冒充所销售的种畜禽品种、配套系;

(二)以低代别种畜禽冒充高代别种畜禽;
(三)以不符合种用标准的畜禽冒充种畜禽;
(四)销售未经批准进口的种畜禽;
(五)销售未附具本法第二十九条规定的种畜禽合格证明、检疫合格证明的种畜禽或者未附具家畜系谱的种畜;
(六)销售未经审定或者鉴定的种畜禽品种、配套系。

第三十一条 申请进口种畜禽的,应当持有种畜禽生产经营许可证。进口种畜禽的批准文件有效期为六个月。

进口的种畜禽应当符合国务院畜牧兽医行政主管部门规定的技术要求。首次进口的种畜禽还应当由国家畜禽遗传资源委员会进行种用性能的评估。

种畜禽的进出口管理除适用前两款的规定外,还适用本法第十五条和第十六条的相关规定。

国家鼓励畜禽养殖者对进口的畜禽进行新品种、配套系的选育;选育的新品种、配套系在推广前,应当经国家畜禽遗传资源委员会审定。

第三十二条 种畜禽场和孵化场(厂)销售商品代仔畜、雏禽的,应当向购买者提供其销售的商品代仔畜、雏禽的主要生产性能指标、免疫情况、饲养技术要求和有关咨询服务,并附具动物防疫监督机构出具的检疫合格证明。

销售种畜禽和商品代仔畜、雏禽,因质量问题给畜禽养殖者造成损失的,应当依法赔偿损失。

第三十三条 县级以上人民政府畜牧兽医行政主管部门负责种畜禽质量安全的监督管理工作。种畜禽质量安全的监督检验应当委托具有法定资质的种畜禽质量检验机构进行;所需检验费用按照国务院规定列支,不得向被检验人收取。

第三十四条 蚕种的资源保护、新品种选育、生产经营和推广适用本法有关规定,具体管理办法由国务院农业行政主管部门制定。

第四章 畜禽养殖

第三十五条 县级以上人民政府畜牧兽医行政主管部门应当根据畜牧业发展规划和市场需求,引导和支持畜牧业结构调整,发展优势畜禽生产,提高畜禽产品市场竞争力。

国家支持草原牧区开展草原围栏、草原水利、草原改良、饲草饲料基地等草原基本建设,优化畜群结构,改良牲畜品种,转变生产方式,发展舍饲圈养、划区轮牧,逐步实现畜草平衡,改善草原生态环境。

第三十六条 国务院和省级人民政府应当在其财政预算内安排支持畜牧业发展的良种补贴、贴息补助等资金,并鼓励有关金融机构通过提供贷款、保险服务等形式,支持畜禽养殖者购买优良畜禽、繁育良种、改善生产设施、扩大养殖规模,提高养殖效益。

第三十七条 国家支持农村集体经济组织、农民和畜牧业合作经济组织建立畜禽养殖场、养殖小区,发展规模化、标准化养殖。乡(镇)土地利用总体规划应当根据本地实际情况安排畜禽养殖用地。农村集体经济组织、农民、畜牧业合作经济组织按照乡(镇)土地利用总体规划建立的畜禽养殖场、养殖小区用地按农业用地管理。畜禽养殖场、养殖小区用地使用权期限届满,需要恢复为原用途的,由畜禽养殖场、养殖小区土地使用权人负责恢复。在畜禽养殖场、养殖小区用地范围内需要兴建永久性建(构)筑物,涉及农用地转用的,依照《中华人民共和国土地管理法》的规定办理。

第三十八条 国家设立的畜牧兽医技术推广机构,应当向农民提供畜禽养殖技术培训、良种推广、疫病防治等服务。县级以上人民政府应当保障国家设立的畜牧兽医技术推广机构从事公益性技术服务的工作经费。国家鼓励畜禽产品加工企业和其他相关生产经营者为畜禽养殖者提供所需的服务。

第三十九条 畜禽养殖场、养殖小区应当具备下列条件:

(一)有与其饲养规模相适应的生产场所和配套的生产设施;

(二)有为其服务的畜牧兽医技术人员;

(三)具备法律、行政法规和国务院畜牧兽医行政主管部门规定的防疫条件;

(四)有对畜禽粪便、废水和其他固体废弃物进行综合利用的沼气池等设施或者其他无害化处理设施;

(五)具备法律、行政法规规定的其他条件。

养殖场、养殖小区兴办者应当将养殖场、养殖小区的名称、养殖地址、畜禽品种和养殖规模,向养殖场、养殖小区所在地县级人民政府畜牧兽医行政主管部门备案,取得畜禽标识代码。

省级人民政府根据本行政区域畜牧业发展状况制定畜禽养殖场、养殖小区的规模标准和备案程序。

第四十条 禁止在下列区域内建设畜禽养殖场、养殖小区:

(一)生活饮用水的水源保护区,风景名胜区,以及自然保护区的核心区和缓冲区;

(二)城镇居民区、文化教育科学研究区等人口集中区域;

(三)法律、法规规定的其他禁养区域。

第四十一条 畜禽养殖场应当建立养殖档案,载明以下内容:

(一)畜禽的品种、数量、繁殖记录、标识情况、来源和进出场日期;

(二)饲料、饲料添加剂、兽药等投入品的来源、名称、使用对象、时间和用量;

(三)检疫、免疫、消毒情况;

(四)畜禽发病、死亡和无害化处理情况;

(五)国务院畜牧兽医行政主管部门规定的其他内容。

第四十二条 畜禽养殖场应当为其饲养的畜禽提供适当的繁殖条件和生存、生长环境。

第四十三条 从事畜禽养殖,不得有下列行为:

(一)违反法律、行政法规的规定和国家技术规范的强制性要求使用饲料、饲料添加剂、兽药;

(二)使用未经高温处理的餐馆、食堂泔水饲喂家畜;

(三)在垃圾场或者使用垃圾场中的物质饲养畜禽;

(四)法律、行政法规和国务院畜牧兽医行政主管部门规定的危害人和畜禽健康的其他行为。

第四十四条 从事畜禽养殖,应当依照《中华人民共和国动物防疫法》的规定,做好畜禽疫病的防治工作。

第四十五条 畜禽养殖者应当按照国家关于畜禽标识管理的规定,在应当加施标识的畜禽的指定部位加施标识。畜牧兽医行政主管部门提供标识不得收费,所需费用列入省级人民政府财政预算。

畜禽标识不得重复使用。

第四十六条 畜禽养殖场、养殖小区应当保证畜禽粪便、废水及其他固体废弃物综合利用或者无害化处理设施的正常运转,保证污染物达标排放,防止污染环境。

畜禽养殖场、养殖小区违法排放畜禽粪便、废水及其他固体废弃物,造成环境污染危害的,应当排除危害,依法赔偿损失。

国家支持畜禽养殖场、养殖小区建设畜禽粪便、废水及其他固体废弃物的综合利用设施。

第五章 畜禽交易与运输

第五十一条 县级以上地方人民政府根据农产品批发市场发展规划,对在畜禽集散地建立畜禽批发市场给予扶持。

畜禽批发市场选址,应当符合法律、行政法规和国务院畜牧兽医行政主管部门规定的动物防疫条件,并距离种畜禽场和大型畜禽养殖场三公里以外。

第五十三条 运输畜禽,必须符合法律、行政法规和国务院畜牧兽医行政主管部门规定的动物防疫条件,采取措施保护畜禽安全,并为运输的畜禽提供必要的空间和饲喂饮水条件。

有关部门对运输中的畜禽进行检查,应当有法律、行政法规的依据。

第六章 质量安全保障

第五十四条 县级以上人民政府应当组织畜牧兽医行政主管部门和其他有关主管部门,依照本法和有关法律、行政法规的规定,加强对畜禽饲养环境、种畜禽质量、饲料和兽药等投入品的使用以及畜禽交易与运输的监督管理。

第五十五条 国务院畜牧兽医行政主管部门应当制定畜禽标识和养殖档案管理办法,采取措施落实畜禽产品质量责任追究制度。

第五十六条 县级以上人民政府畜牧兽医行政主管部门应制定畜禽质量安全监督检查计划,按计划开展监督抽查工作。

第五十七条 省级以上人民政府畜牧兽医行政主管部门应当组织制定畜禽生产规范,指导畜禽的安全生产。

第七章 法律责任

第五十八条 违反本法第十三条第二款规定,擅自处理受保护的畜禽遗传资源,造成畜禽遗传资源损失的,由省级以上人民政府畜牧兽医行政主管部门处五万元以上五十万元以下罚款。

第五十九条 违反本法有关规定,有下列行为之一的,由省级以上人民政府畜牧兽医行政主管部门责令停止违法行为,没收畜禽遗传资源和违法所得,并处一万元以上五万元以下罚款:

(一)未经审核批准,从境外引进畜禽遗传资源的;

(二)未经审核批准,在境内与境外机构、个人合作研究利用列入保护名录的畜禽遗传资源的;

(三)在境内与境外机构、个人合作研究利用未经国家畜禽遗传资源委员会鉴定的新发现的畜禽遗传资源的。

第六十条 未经国务院畜牧兽医行政主管部门批准,向境外输出畜禽遗传资源的,依照《中华人民共和国海关法》的有关规定追究法律责任。海关应当将扣留的畜禽遗传资源移送省级人民政府畜牧兽医行政主管部门处理。

第六十一条 违反本法有关规定,销售、推广未经审定或者鉴定的畜禽品种的,由县级以上人民政府畜牧兽医行政主管部门责令停止违法行为,没收畜禽和违法所得;违法所得在五万元以上的,并处违法所得一倍以上三倍以下罚款;没有违法所得或者违法所得不足五万元的,并处五千元以上五万元以下罚款。

第六十二条 违反本法有关规定,无种畜禽生产经营许可证或者违反种畜禽生产经营许可证的规定生产经营种畜禽的,转让、租借种畜禽生产经营许可证的,由县级以上人民政府畜牧兽医行政主管部门责令停止违法行为,没收违法所得;违法所得在三万元以上的,并处违法所得一倍以上三倍以下罚款;没有违法所得或者违法所得不足三万元的,并处三千元以上三万元以下罚款。违反种畜禽生产经营许可证的规定生产经营种畜禽或者转让、租借种畜禽生产经营许可证,情节严重的,并处吊销种畜禽生产经营许可证。

第六十三条 违反本法第二十八条规定的,依照《中华人民共和国广告法》的有关规定追究法律责任。

第六十四条 违反本法有关规定,使用的种畜禽不符合种用标准的,由县级以上地方人民政府畜牧兽医行政主管部门责令停止违法行为,没收违法所得;违法所得在五千元以上的,并处违法所得一倍以上二倍以下罚款;没有违法所得或者违法所得不足五千元的,并处一千元以上五千元以下罚款。

第六十五条 销售种畜禽有本法第三十条第一项至第四项违法行为之一的,由县级以上人民政府畜牧兽医行政主管部门或者工商行政管理部门责令停止销售,没收违法销售的畜禽和违法所得;违法所得在五万元以上的,并处违法所得一倍以上五倍以下罚款;没有违法所得或者违法所得不足五万元的,并处五千元以上五万元以下罚款;情节严重的,并处吊销种畜禽生产经营许可证或者营业执照。

第六十六条 违反本法第四十一条规定,畜禽养殖场未建立养殖档案的,或者未按照规定保存养殖档案的,由县级以上人民政府畜牧兽医行政主管部门责令限期改正,可以处一万元以下罚款。

第六十七条 违反本法第四十三条规定养殖畜禽的,依照有关法律、行政法规的规定处罚。

第六十八条 违反本法有关规定,销售的种畜禽未附具种畜禽合格证明、检疫合格证明、家畜系谱的,销售、收购国务院畜牧兽医行政主管部门规定应当加施标识而没有标识的畜禽的,或者重复使用畜禽标识的,由县级以上地方人民政府畜牧兽医行政主管部门或者工商行政管理部门责令改正,可以处二千元以下罚款。违反本法有关规定,使用伪造、变造的畜禽标识的,由县级以上人民政府畜牧兽医行政主管部门没收伪造、变造的畜禽标识和违法所得,并处三千元以上三万元以下罚款。

第六十九条 销售不符合国家技术规范的强制性要求的畜禽的,由县级以上地方人民政府畜牧兽医行政主管部门或者工商行政管理部门责令停止违法行为,没收违法销售的畜禽和违法所得,并处违法所得一倍以上三倍以下罚款;情节严重的,由工商行政管理部门并处吊销营业执照。

第七十条 畜牧兽医行政主管部门的工作人员利用职务上的便利,收受他人财物或者谋取其他利益,对不符合法定条件的单位、个人核发许可证或者有关批准文件,不履行监督职责,或者发现违法行为不予查处的,依法给予行政处分。

第七十一条 违反本法规定,构成犯罪的,依法追究刑事责任。

第八章 附 则

第七十二条 本法所称畜禽遗传资源,是指畜禽及其卵子(蛋)、胚胎、精液、基因物质等遗传材料。

本法所称种畜禽,是指经过选育、具有种用价值、适于繁殖后代的畜禽及其卵子(蛋)、胚胎、精液等。

第七十三条 本法自2006年7月1日起施行。

中华人民共和国动物防疫法（2015年修正）（节录）

（1997年7月3日第八届全国人民代表大会常务委员会第二十六次会议通过 2007年8月30日第十届全国人民代表大会常务委员会第二十九次会议修订 根据2013年6月29日第十二届全国人民代表大会常务委员会第三次会议《关于修改〈中华人民共和国文物保护法〉等十二部法律的决定》第一次修正 根据2015年4月24日第十二届全国人民代表大会常务委员会第十四次会议《关于修改〈中华人民共和国电力法〉等六部法律的决定》第二次修正）

第一章 总 则

第一条 为了加强对动物防疫活动的管理,预防、控制和扑灭动物疫病,促进养殖业发展,保护人体健康,维护公共卫生安全,制定本法。

第二条 本法适用于在中华人民共和国领域内的动物防疫及其监督管理活动。进出境动物、动物产品的检疫,适用《中华人民共和国进出境动植物检疫法》。

第三条 本法所称动物,是指家畜家禽和人工饲养、合法捕获的其他动物。

本法所称动物产品,是指动物的肉、生皮、原毛、绒、脏器、脂、血液、精液、卵、胚胎、骨、蹄、头、角、筋以及可能传播动物疫病的奶、蛋等。

本法所称动物疫病,是指动物传染病、寄生虫病。本法所称动物防疫,是指动物疫病的预防、控制、扑灭和动物、动物产品的检疫。

第四条 根据动物疫病对养殖业生产和人体健康的危害程度,本法规定管理的动物疫病分为下列三类:

（一）一类疫病,是指对人与动物危害严重,需要采取紧急、严厉的强制预防、控制、扑灭等措施的;

（二）二类疫病,是指可能造成重大经济损失,需要采取严格控制、扑灭等措施,防止扩散的;

（三）三类疫病,是指常见多发、可能造成重大经济损失,需要控制和净化的。

前款一、二、三类动物疫病具体病种名录由国务院兽医主管部门制定并公布。

第六条 县级以上人民政府应当加强对动物防疫工作的统一领导,加强基层动物防疫队伍建设,建立健全动物防疫体系,制定并组织实施动物疫病防治规划。

乡级人民政府、城市街道办事处应当组织群众协助做好本管辖区域内的动物疫病预防与控制工作。

第七条 国务院兽医主管部门主管全国的动物防疫工作。

县级以上地方人民政府兽医主管部门主管本行政区域内的动物防疫工作。

县级以上人民政府其他部门在各自的职责范围内做好动物防疫工作。

军队和武装警察部队动物卫生监督职能部门分别负责军队和武装警察部队现役动物及饲养自用动物的防疫工作。

第八条 县级以上地方人民政府设立的动物卫生监督机构依照本法规定,负责动物、动物产品的检疫工作和其他有关动物防疫的监督管理执法工作。

第九条 县级以上人民政府按照国务院的规定,根据统筹规划、合理布局、综合设置的原则建立动物疫病预防控制机构,承担动物疫病的监测、检测、诊断、流行病学调查、疫情报告以及其他预防、控制等技术工作。

第十五条 县级以上人民政府应当建立健全动物疫情监测网络,加强动物疫情监测。

国务院兽医主管部门应当制定国家动物疫病监测计划。省、自治区、直辖市人民政府兽医主管部门应当根据国家动物疫病监测计划,制定本行政区域的动物疫病监测计划。

动物疫病预防控制机构应当按照国务院兽医主管部门的规定,对动物疫病的发生、流行等情况进行监测;从事动物饲养、屠宰、经营、隔离、运输以及动物产品生产、经营、加工、贮藏等活动的单位和个人不得拒绝或者阻碍。

第十六条 国务院兽医主管部门和省、自治区、直辖市人民政府兽医主管部门应当根据对动物疫病发生、流行趋势的预测,及时发出动物疫情预警。地方各级人民政府接到动物疫情预警后,应当采取相应的预防、控制措施。

第十七条 从事动物饲养、屠宰、经营、隔离、运输以及动物产品生产、经营、加工、贮藏等活动的单位和个人,应当依照本法和国务院兽医主管部门的规定,做好免疫、消毒等动物疫病预防工作。

第十八条 种用、乳用动物和宠物应当符合国务院兽医主管部门规定的健康标准。

种用、乳用动物应当接受动物疫病预防控制机构的定期检测;检测不合格的,应当按照国务院兽医主管部门的规定予以处理。

第十九条 动物饲养场(养殖小区)和隔离场所,动物屠宰加工场所,以及动物和动物产品无害化处理场所,应当符合下列动物防疫条件:

(一)场所的位置与居民生活区、生活饮用水源地、学校、医院等公共场所的距离符合国务院兽医主管部门规定的标准;

(二)生产区封闭隔离,工程设计和工艺流程符合动物防疫要求;

(三)有相应的污水、污物、病死动物、染疫动物产品的无害化处理设施设备和清洗消毒设施设备;

(四)有为其服务的动物防疫技术人员;

(五)有完善的动物防疫制度;

(六)具备国务院兽医主管部门规定的其他动物防疫条件。

第二十条 兴办动物饲养场(养殖小区)和隔离场所,动物屠宰加工场所,以及动物和动物产品无害化处理场所,应当向县级以上地方人民政府兽医主管部门提出申请,并附具相关材料。受理申请的兽医主管部门应当依照本法和《中华人民共和国行政许可法》的规定进行审查。经审查合格的,发给动物防疫条件合格证;不合格的,应当通知申请人并说明理由。

动物防疫条件合格证应当载明申请人的名称、场(厂)址等事项。

经营动物、动物产品的集贸市场应当具备国务院兽医主管部门规定的动物防疫条件,并接受动物卫生监督机构的监督检查。

第二十一条 动物、动物产品的运载工具、垫料、包装物、容器等应当符合国务院兽医主管部门规定的动物防疫要求。

染疫动物及其排泄物、染疫动物产品,病死或者死因不明的动物尸体,运载工具中的动物排泄物以及垫料、包装物、容器等污染物,应当按照国务院兽医主管部门的规定处理,不得随意处置。

第二十二条 采集、保存、运输动物病料或者病原微生物以及从事病原微生物研究、教学、检测、诊断等活动,应当遵守国家有关病原微生物实验室管理的规定。

第二十三条 患有人畜共患传染病的人员不得直接从事动物诊疗以及易感染动物的饲养、屠宰、经营、隔离、运输等活动。

人畜共患传染病名录由国务院兽医主管部门会同国务院卫生主管部门制定并公布。

第二十五条 禁止屠宰、经营、运输下列动物和生产、经营、加工、贮藏、运输下列动物产品:

(一)封锁疫区内与所发生动物疫病有关的;

(二)疫区内易感染的;

(三)依法应当检疫而未经检疫或者检疫不合格的;

(四)染疫或者疑似染疫的;

(五)病死或者死因不明的;

(六)其他不符合国务院兽医主管部门有关动物防疫规定的。

第二十六条 从事动物疫情监测、检验检疫、疫病研究与诊疗以及动物饲养、屠宰、经营、隔离、运输等活动的单位和个人,发现动物染疫或者疑似染疫的,应当立即向当地兽医主管部门、动物卫生监督机构或者动物疫病预防控制机构报告,并采取隔离等控制措施,防止动物疫情扩散。其他单位和个人发现动物染疫或者疑似染疫的,应当及时报告。

接到动物疫情报告的单位,应当及时采取必要的控制处理措施,并按照国家规定的程序上报。

第三十条 任何单位和个人不得瞒报、谎报、迟报、漏报动物疫情,不得授意他人瞒报、谎报、迟报动物疫情,不得阻碍他人报告动物疫情。

第四章 动物疫病的控制和扑灭

第三十一条 发生一类动物疫病时,应当采取下列控制和扑灭措施:

(一)当地县级以上地方人民政府兽医主管部门应当立即派人到现场,划定疫点、疫区、受威胁区,调查疫源,及时报请本级人民政府对疫区实行封锁。疫区范围涉及两个以上行政区域的,由有关行政区域共同的上一级人民政府对疫区实行封锁,或者由各有关行政区域的上一级人民政府共同对疫区实行封锁。必要时,上级人民政府可以责成下级人民政府对疫区实行封锁。

(二)县级以上地方人民政府应当立即组织有关部门和单位采取封锁、隔离、扑杀、销毁、消毒、无害化处理、紧急免疫接种等强制性措施,迅速扑灭疫病。

(三)在封锁期间,禁止染疫、疑似染疫和易感染的动物、动物产品流出疫区,禁止非疫区的易感染动物进入疫区,并根据扑灭动物疫病的需要对出入疫区的人员、运输工具及有关物品采取消毒和其他限制性措施。

第三十二条 发生二类动物疫病时,应当采取下列控制和扑灭措施:

(一)当地县级以上地方人民政府兽医主管部门应当划定疫点、疫区、受威胁区。

(二)县级以上地方人民政府根据需要组织有关部门和单位采取隔离、扑杀、销毁、消毒、无害化处理、紧急免疫接种、限制易感染的动物和动物产品及有关物品出入等控制、扑灭措施。

第三十三条 疫点、疫区、受威胁区的撤销和疫区封锁的解除,按照国务院兽医主管部门规定的标准和程序评估后,由原决定机关决定并宣布。

第三十四条 发生三类动物疫病时,当地县级、乡级人民政府应当按照国务院兽医主管部门的规定组织防治和净化。

第三十五条 二、三类动物疫病呈暴发性流行时,按照一类动物疫病处理。

第三十六条 为控制、扑灭动物疫病,动物卫生监督机构应当派人在当地依法设立的现有检查站执行监督检查任务;必要时,经省、自治区、直辖市人民政府批准,可以设立临时性的动物卫生监督检查站,执行监督检查任务。

第三十七条 发生人畜共患传染病时,卫生主管部门应当组织对疫区易感染的人群进行监测,并采取相应的预防、控制措施。

第三十八条 疫区内有关单位和个人,应当遵守县级以上人民政府及其兽医主管部门依法作出的有关控制、扑灭动物疫病的规定。

任何单位和个人不得藏匿、转移、盗掘已被依法隔离、封存、处理的动物和动物产品。

第三十九条 发生动物疫情时,航空、铁路、公路、水路等运输部门应当优先组织运送控制、扑灭疫病的人员和有关物资。

第四十条 一、二、三类动物疫病突然发生,迅速传播,给养殖业生产安全造成严重威胁、危害,以及可能对公众身体健康与生命安全造成危害,构成重大动物疫情的,依照法律和国务院的规定采取应急处理措施。

第四十一条 动物卫生监督机构依照本法和国务院兽医主管部门的规定对动物、动物产品实施检疫。

动物卫生监督机构的官方兽医具体实施动物、动物产品检疫。官方兽医应当具备规定的资格条件,取得国务院兽医主管部门颁发的资格证书,具体办法由国务院兽医主管部门会同国务院人事行政部门制定。

本法所称官方兽医,是指具备规定的资格条件并经兽医主管部门任命的,负责出具检疫等证明的国家兽医工作人员。

第四十二条 屠宰、出售或者运输动物以及出售或者运输动物产品前,货主应当按照国务院兽医主管部门的规定向当地动物卫生监督机构申报检疫。

动物卫生监督机构接到检疫申报后,应当及时指派官方兽医对动物、动物产品实施现场检疫;检疫合格的,出具检疫证明、加施检疫标志。实施现场检疫的官方兽医应当在检疫证明、检疫标志上签字或者盖章,并对检疫结论负责。

第四十三条 屠宰、经营、运输以及参加展览、演出和比赛的动物,应当附有检疫证明;经营和运输的动物产品,应当附有检疫证明、检疫标志。

对前款规定的动物、动物产品,动物卫生监督机构可以查验检疫证明、检疫标志,进行监督抽查,但不得重复检疫收费。

第四十四条 经铁路、公路、水路、航空运输动物和动物产品的,托运人托运时应当提供检疫证明;没有检疫证明的,承运人不得承运。运载工具在装载前和卸载后应当及时清洗、消毒。

第四十五条 输入到无规定动物疫病区的动物、动物产品,货主应当按照国务院兽医主管部门的规定向无规定动物疫病区所在地动物卫生监督机构申报检疫,经检疫合格的,方可进入;检疫所需费用纳入无规定动物疫病区所在地方人民政府财政预算。

第四十六条 跨省、自治区、直辖市引进乳用动物、种用动物及其精液、胚胎、种蛋的,应当向输入地省、自治区、直辖市动物卫生监督机构申请办理审批手续,并依照本法第四十二条的规定取得检疫证明。

跨省、自治区、直辖市引进的乳用动物、种用动物到达输入地后,货主应当按照国务院兽医主管部门的规定对引进的乳用动物、种用动物进行隔离观察。

第四十七条 人工捕获的可能传播动物疫病的野生动物,应当报经捕获地动物卫生监督机构检疫,经检疫合格的,方可饲养、经营和运输。

第四十八条 经检疫不合格的动物、动物产品,货主应当在动物卫生监督机构监督下按照国务院兽医主管部门的规定处理,处理费用由货主承担。

第四十九条 依法进行检疫需要收取费用的,其项目和标准由国务院财政部门、物价主管部门规定。

第六章 动物诊疗

第五十条 从事动物诊疗活动的机构,应当具备下列条件:

(一)有与动物诊疗活动相适应并符合动物防疫条件的场所;

(二)有与动物诊疗活动相适应的执业兽医;

(三)有与动物诊疗活动相适应的兽医器械和设备;

(四)有完善的管理制度。

第五十一条 设立从事动物诊疗活动的机构,应当向县级以上地方人民政府兽医主管部门申请动物诊疗许可证。受理申请的兽医主管部门应当依照本法和《中华人民共和国行政许可法》的规定进行审查。经审查合格的,发给动物诊疗许可证;不合格的,应当通知申请人并说明理由。

第五十二条 动物诊疗许可证应当载明诊疗机构名称、诊疗活动范围、从业地点和法定代表人(负责人)等事项。

动物诊疗许可证载明事项变更的,应当申请变更或者换发动物诊疗许可证。

第五十三条 动物诊疗机构应当按照国务院兽医主管部门的规定,做好诊疗活动中的卫生安全防护、消毒、隔离和诊疗废弃物处置等工作。

第七章 监督管理

第五十八条 动物卫生监督机构依照本法规定,对动物饲养、屠宰、经营、隔离、运输以及动物产品生产、经营、加工、贮藏、运输等活动中的动物防疫实施监督管理。

第五十九条 动物卫生监督机构执行监督检查任务,可以采取下列措施,有关单位和个人不得拒绝或者阻碍:

(一)对动物、动物产品按照规定采样、留验、抽检;

(二)对染疫或者疑似染疫的动物、动物产品及相关物品进行隔离、查封、扣押和处理;

(三)对依法应当检疫而未经检疫的动物实施补检;

(四)对依法应当检疫而未经检疫的动物产品,具备补检条件的实施补检,不具备补检条件的予以没收销毁;

(五)查验检疫证明、检疫标志和畜禽标识;

(六)进入有关场所调查取证,查阅、复制与动物防疫有关的资料。

动物卫生监督机构根据动物疫病预防、控制需要,经当地县级以上地方人民政府批准,可以在车站、港口、机场等相关场所派驻官方兽医。

第六十条 官方兽医执行动物防疫监督检查任务,应当出示行政执法证件,佩带统一标志。

动物卫生监督机构及其工作人员不得从事与动物防疫有关的经营性活动,进行监督检查不得收取任何费用。

第六十一条 禁止转让、伪造或者变造检疫证明、检疫标志或者畜禽标识。

检疫证明、检疫标志的管理办法,由国务院兽医主管部门制定。

第九章 法律责任

第六十八条 地方各级人民政府及其工作人员未依照本法规定履行职责的,对直接负责的主管人员和其他直接责任人员依法给予处分。

第六十九条 县级以上人民政府兽医主管部门及其工作人员违反本法规定,有下列行为之一的,由本级人民政府责令改正,通报批评;对直接负责的主管人员和其他直接责任人员依法给予处分:

(一)未及时采取预防、控制、扑灭等措施的;

(二)对不符合条件的颁发动物防疫条件合格证、动物诊疗许可证,或者对符合条件的拒不颁发动物防疫条件合格证、动物诊疗许可证的;

(三)其他未依照本法规定履行职责的行为。

第七十条 动物卫生监督机构及其工作人员违反本法规定,有下列行为之一的,由本级人民政府或者兽医主管部门责令改正,通报批评;对直接负责的主管人员和其他直接责任人员依法给予处分:

(一)对未经现场检疫或者检疫不合格的动物、动物产品出具检疫证明、加施检疫标志,或者对检疫合格的动物、动物产品拒不出具检疫证明、加施检疫标志的;

(二)对附有检疫证明、检疫标志的动物、动物产品重复检疫的;

(三)从事与动物防疫有关的经营性活动,或者在国务院财政部门、物价主管部门规定外加收费用、重复收费的；

（四）其他未依照本法规定履行职责的行为。

第七十一条 动物疫病预防控制机构及其工作人员违反本法规定，有下列行为之一的，由本级人民政府或者兽医主管部门责令改正，通报批评；对直接负责的主管人员和其他直接责任人员依法给予处分：

（一）未履行动物疫病监测、检测职责或者伪造监测、检测结果的；

（二）发生动物疫情时未及时进行诊断、调查的；

（三）其他未依照本法规定履行职责的行为。

第七十二条 地方各级人民政府、有关部门及其工作人员瞒报、谎报、迟报、漏报或者授意他人瞒报、谎报、迟报动物疫情，或者阻碍他人报告动物疫情的，由上级人民政府或者有关部门责令改正，通报批评；对直接负责的主管人员和其他直接责任人员依法给予处分。

第七十三条 违反本法规定，有下列行为之一的，由动物卫生监督机构责令改正，给予警告；拒不改正的，由动物卫生监督机构代作处理，所需处理费用由违法行为人承担，可以处一千元以下罚款：

（一）对饲养的动物不按照动物疫病强制免疫计划进行免疫接种的；

（二）种用、乳用动物未经检测或者经检测不合格而不按照规定处理的；

（三）动物、动物产品的运载工具在装载前和卸载后没有及时清洗、消毒的。

第七十四条 违反本法规定，对经强制免疫的动物未按照国务院兽医主管部门规定建立免疫档案、加施畜禽标识的，依照《中华人民共和国畜牧法》的有关规定处罚。

第七十五条 违反本法规定，不按照国务院兽医主管部门规定处置染疫动物及其排泄物、染疫动物产品，病死或者死因不明的动物尸体，运载工具中的动物排泄物以及垫料、包装物、容器等污染物以及其他经检疫不合格的动物、动物产品的，由动物卫生监督机构责令无害化处理，所需处理费用由违法行为人承担，可以处三千元以下罚款。

第七十六条 违反本法第二十五条规定，屠宰、经营、运输动物或者生产、经营、加工、贮藏、运输动物产品的，由动物卫生监督机构责令改正，采取补救措施，没收违法所得和动物、动物产品，并处同类检疫合格动物、动物产品货值金额一倍以上五倍以下罚款；其中依法应当检疫而未检疫的，依照本法第七十八条的规定处罚。

第七十七条 违反本法规定，有下列行为之一的，由动物卫生监督机构责令改正，处一千元以上一万元以下罚款；情节严重的，处一万元以上十万元以下罚款：

（一）兴办动物饲养场（养殖小区）和隔离场所，动物屠宰加工场所，以及动物和动物产品无害化处理场所，未取得动物防疫条件合格证的；

（二）未办理审批手续，跨省、自治区、直辖市引进乳用动物、种用动物及其精液、胚胎、种蛋的；

（三）未经检疫，向无规定动物疫病区输入动物、动物产品的。

第七十八条 违反本法规定，屠宰、经营、运输的动物未附有检疫证明，经营和运输的动物产品未附有检疫证明、检疫标志的，由动物卫生监督机构责令改正，处同类检疫合格动物、动物产品货值金额百分之十以上百分之五十以下罚款；对货主以外的承运人处运输费用一倍以上三倍以下罚款。

违反本法规定,参加展览、演出和比赛的动物未附有检疫证明的,由动物卫生监督机构责令改正,处一千元以上三千元以下罚款。

第七十九条 违反本法规定,转让、伪造或者变造检疫证明、检疫标志或者畜禽标识的,由动物卫生监督机构没收违法所得,收缴检疫证明、检疫标志或者畜禽标识,并处三千元以上三万元以下罚款。

第八十条 违反本法规定,有下列行为之一的,由动物卫生监督机构责令改正,处一千元以上一万元以下罚款:

(一)不遵守县级以上人民政府及其兽医主管部门依法作出的有关控制、扑灭动物疫病规定的;

(二)藏匿、转移、盗掘已被依法隔离、封存、处理的动物和动物产品的;

(三)发布动物疫情的。

第八十一条 违反本法规定,未取得动物诊疗许可证从事动物诊疗活动的,由动物卫生监督机构责令停止诊疗活动,没收违法所得;违法所得在三万元以上的,并处违法所得一倍以上三倍以下罚款;没有违法所得或者违法所得不足三万元的,并处三千元以上三万元以下罚款。

动物诊疗机构违反本法规定,造成动物疫病扩散的,由动物卫生监督机构责令改正,处一万元以上五万元以下罚款;情节严重的,由发证机关吊销动物诊疗许可证。

第八十二条 违反本法规定,未经兽医执业注册从事动物诊疗活动的,由动物卫生监督机构责令停止动物诊疗活动,没收违法所得,并处一千元以上一万元以下罚款。

执业兽医有下列行为之一的,由动物卫生监督机构给予警告,责令暂停六个月以上一年以下动物诊疗活动;情节严重的,由发证机关吊销注册证书:

(一)违反有关动物诊疗的操作技术规范,造成或者可能造成动物疫病传播、流行的;

(二)使用不符合国家规定的兽药和兽医器械的;

(三)不按照当地人民政府或者兽医主管部门要求参加动物疫病预防、控制和扑灭活动的。

第八十三条 违反本法规定,从事动物疫病研究与诊疗和动物饲养、屠宰、经营、隔离、运输,以及动物产品生产、经营、加工、贮藏等活动的单位和个人,有下列行为之一的,由动物卫生监督机构责令改正;拒不改正的,对违法行为单位处一千元以上一万元以下罚款,对违法行为个人可以处五百元以下罚款:

(一)不履行动物疫情报告义务的;

(二)不如实提供与动物防疫活动有关资料的;

(三)拒绝动物卫生监督机构进行监督检查的;

(四)拒绝动物疫病预防控制机构进行动物疫病监测、检测的。

第八十四条 违反本法规定,构成犯罪的,依法追究刑事责任。

违反本法规定,导致动物疫病传播、流行等,给他人人身、财产造成损害的,依法承担民事责任。

第十章 附 则

第八十五条 本法自2008年1月1日起施行。

中华人民共和国渔业法(2013年修正)

(1986年1月20日第六届全国人民代表大会常务委员会第十四次会议通过 根据2000年10月31日第九届全国人民代表大会常务委员会第十八次会议《关于修改〈中华人民共和国渔业法〉的决定》第一次修正 根据2004年8月28日第十届全国人民代表大会常务委员会第十一次会议《关于修改〈中华人民共和国渔业法〉的决定》第二次修正 根据2009年8月27日第十一届全国人民代表大会常务委员会第十次会议《关于修改部分法律的决定》第三次修正 根据2013年12月28日第十二届全国人民代表大会常务委员会第六次会议《关于修改〈中华人民共和国海洋环境保护法〉等七部法律的决定》第四次修正)

目 录
第一章 总 则
第二章 养殖业
第三章 捕捞业
第四章 渔业资源的增殖和保护
第五章 法律责任
第六章 附 则

第一章 总 则

第一条 为了加强渔业资源的保护、增殖、开发和合理利用,发展人工养殖,保障渔业生产者的合法权益,促进渔业生产的发展,适应社会主义建设和人民生活的需要,特制定本法。

第二条 在中华人民共和国的内水、滩涂、领海、专属经济区以及中华人民共和国管辖的一切其他海域从事养殖和捕捞水生动物、水生植物等渔业生产活动,都必须遵守本法。

第三条 国家对渔业生产实行以养殖为主,养殖、捕捞、加工并举,因地制宜,各有侧重的方针。

各级人民政府应当把渔业生产纳入国民经济发展计划,采取措施,加强水域的统一规划和综合利用。

第四条 国家鼓励渔业科学技术研究,推广先进技术,提高渔业科学技术水平。

第五条 在增殖和保护渔业资源、发展渔业生产、进行渔业科学技术研究等方面成绩显著的单位和个人,由各级人民政府给予精神的或者物质的奖励。

第六条 国务院渔业行政主管部门主管全国的渔业工作。县级以上地方人民政府渔业行政主管部门主管本行政区域内的渔业工作。县级以上人民政府渔业行政主管部门可以在重要渔业水域、渔港设渔政监督管理机构。

县级以上人民政府渔业行政主管部门及其所属的渔政监督管理机构可以设渔政检查人员。渔政检查人员执行渔业行政主管部门及其所属的渔政监督管理机构交付的任务。

第七条 国家对渔业的监督管理,实行统一领导、分级管理。

海洋渔业,除国务院划定由国务院渔业行政主管部门及其所属的渔政监督管理机构监督管理的海域和特定渔业资源渔场外,由毗邻海域的省、自治区、直辖市人民政府渔业行政主管部门监督管理。

江河、湖泊等水域的渔业,按照行政区划由有关县级以上人民政府渔业行政主管部门监督管理;跨行政区域的,由有关县级以上地方人民政府协商制定管理办法,或者由上一级人民政府渔业行政主管部门及其所属的渔政监督管理机构监督管理。

第八条 外国人、外国渔业船舶进入中华人民共和国管辖水域,从事渔业生产或者渔业资源调查活动,必须经国务院有关主管部门批准,并遵守本法和中华人民共和国其他有关法律、法规的规定;同中华人民共和国订有条约、协定的,按照条约、协定办理。

国家渔政渔港监督管理机构对外行使渔政渔港监督管理权。

第九条 渔业行政主管部门和其所属的渔政监督管理机构及其工作人员不得参与和从事渔业生产经营活动。

第二章　养殖业

第十条 国家鼓励全民所有制单位、集体所有制单位和个人充分利用适于养殖的水域、滩涂,发展养殖业。

第十一条 国家对水域利用进行统一规划,确定可以用于养殖业的水域和滩涂。单位和个人使用国家规划确定用于养殖业的全民所有的水域、滩涂的,使用者应当向县级以上地方人民政府渔业行政主管部门提出申请,由本级人民政府核发养殖证,许可其使用该水域、滩涂从事养殖生产。核发养殖证的具体办法由国务院规定。

集体所有的或者全民所有由农业集体经济组织使用的水域、滩涂,可以由个人或者集体承包,从事养殖生产。

第十二条 县级以上地方人民政府在核发养殖证时,应当优先安排当地的渔业生产者。

第十三条 当事人因使用国家规划确定用于养殖业的水域、滩涂从事养殖生产发生争议的,按照有关法律规定的程序处理。在争议解决以前,任何一方不得破坏养殖生产。

第十四条 国家建设征收集体所有的水域、滩涂,按照《中华人民共和国土地管理法》有关征地的规定办理。

第十五条 县级以上地方人民政府应当采取措施,加强对商品鱼生产基地和城市郊区重要养殖水域的保护。

第十六条 国家鼓励和支持水产优良品种的选育、培育和推广。水产新品种必须经全国水产原种和良种审定委员会审定,由国务院渔业行政主管部门公告后推广。

水产苗种的进口、出口由国务院渔业行政主管部门或者省、自治区、直辖市人民政府渔业行政主管部门审批。

水产苗种的生产由县级以上地方人民政府渔业行政主管部门审批。但是,渔业生产者自育、自用水产苗种的除外。

第十七条 水产苗种的进口、出口必须实施检疫,防止病害传入境内和传出境外,具体检疫工作按照有关动植物进出境检疫法律、行政法规的规定执行。

引进转基因水产苗种必须进行安全性评价,具体管理工作按照国务院有关规定执行。

第十八条 县级以上人民政府渔业行政主管部门应当加强对养殖生产的技术指导和病害防治工作。

第十九条 从事养殖生产不得使用含有毒有害物质的饵料、饲料。

第二十条 从事养殖生产应当保护水域生态环境,科学确定养殖密度,合理投饵、施肥、使用药物,不得造成水域的环境污染。

第三章 捕捞业

第二十一条 国家在财政、信贷和税收等方面采取措施,鼓励、扶持远洋捕捞业的发展,并根据渔业资源的可捕捞量,安排内水和近海捕捞力量。

第二十二条 国家根据捕捞量低于渔业资源增长量的原则,确定渔业资源的总可捕捞量,实行捕捞限额制度。国务院渔业行政主管部门负责组织渔业资源的调查和评估,为实行捕捞限额制度提供科学依据。中华人民共和国内海、领海、专属经济区和其他管辖海域的捕捞限额总量由国务院渔业行政主管部门确定,报国务院批准后逐级分解下达;国家确定的重要江河、湖泊的捕捞限额总量由有关省、自治区、直辖市人民政府确定或者协商确定,逐级分解下达。捕捞限额总量的分配应当体现公平、公正的原则,分配办法和分配结果必须向社会公开,并接受监督。

国务院渔业行政主管部门和省、自治区、直辖市人民政府渔业行政主管部门应当加强对捕捞限额制度实施情况的监督检查,对超过上级下达的捕捞限额指标的,应当在其次年捕捞限额指标中予以核减。

第二十三条 国家对捕捞业实行捕捞许可证制度。

到中华人民共和国与有关国家缔结的协定确定的共同管理的渔区或者公海从事捕捞作业的捕捞许可证,由国务院渔业行政主管部门批准发放。海洋大型拖网、围网作业的捕捞许可证,由省、自治区、直辖市人民政府渔业行政主管部门批准发放。其他作业的捕捞许可证,由县级以上地方人民政府渔业行政主管部门批准发放;但是,批准发放海洋作业的捕捞许可证不得超过国家下达的船网工具控制指标,具体办法由省、自治区、直辖市人民政府规定。

捕捞许可证不得买卖、出租和以其他形式转让,不得涂改、伪造、变造。

到他国管辖海域从事捕捞作业的,应当经国务院渔业行政主管部门批准,并遵守中华人民共和国缔结的或者参加的有关条约、协定和有关国家的法律。

第二十四条 具备下列条件的,方可发给捕捞许可证:

(一)有渔业船舶检验证书;

(二)有渔业船舶登记证书;

(三)符合国务院渔业行政主管部门规定的其他条件。

县级以上地方人民政府渔业行政主管部门批准发放的捕捞许可证,应当与上级人民政府渔业行政主管部门下达的捕捞限额指标相适应。

第二十五条 从事捕捞作业的单位和个人,必须按捕捞许可证关于作业类型、场所、时限、渔具数量和捕捞限额的规定进行作业,并遵守国家有关保护渔业资源的规定,大中型渔船应当填写渔捞日志。

第二十六条　制造、更新改造、购置、进口的从事捕捞作业的船舶必须经渔业船舶检验部门检验合格后,方可下水作业。具体管理办法由国务院规定。

第二十七条　渔港建设应当遵守国家的统一规划,实行谁投资谁受益的原则。县级以上地方人民政府应当对位于本行政区域内的渔港加强监督管理,维护渔港的正常秩序。

第四章　渔业资源的增殖和保护

第二十八条　县级以上人民政府渔业行政主管部门应当对其管理的渔业水域统一规划,采取措施,增殖渔业资源。县级以上人民政府渔业行政主管部门可以向受益的单位和个人征收渔业资源增殖保护费,专门用于增殖和保护渔业资源。渔业资源增殖保护费的征收办法由国务院渔业行政主管部门会同财政部门制定,报国务院批准后施行。

第二十九条　国家保护水产种质资源及其生存环境,并在具有较高经济价值和遗传育种价值的水产种质资源的主要生长繁育区域建立水产种质资源保护区。未经国务院渔业行政主管部门批准,任何单位或者个人不得在水产种质资源保护区内从事捕捞活动。

第三十条　禁止使用炸鱼、毒鱼、电鱼等破坏渔业资源的方法进行捕捞。禁止制造、销售、使用禁用的渔具。禁止在禁渔区、禁渔期进行捕捞。禁止使用小于最小网目尺寸的网具进行捕捞。捕捞的渔获物中幼鱼不得超过规定的比例。在禁渔区或者禁渔期内禁止销售非法捕捞的渔获物。

重点保护的渔业资源品种及其可捕捞标准,禁渔区和禁渔期,禁止使用或者限制使用的渔具和捕捞方法,最小网目尺寸以及其他保护渔业资源的措施,由国务院渔业行政主管部门或者省、自治区、直辖市人民政府渔业行政主管部门规定。

第三十一条　禁止捕捞有重要经济价值的水生动物苗种。因养殖或者其他特殊需要,捕捞有重要经济价值的苗种或者禁捕的怀卵亲体的,必须经国务院渔业行政主管部门或者省、自治区、直辖市人民政府渔业行政主管部门批准,在指定的区域和时间内,按照限额捕捞。

在水生动物苗种重点产区引水用水时,应当采取措施,保护苗种。

第三十二条　在鱼、虾、蟹洄游通道建闸、筑坝,对渔业资源有严重影响的,建设单位应当建造过鱼设施或者采取其他补救措施。

第三十三条　用于渔业并兼有调蓄、灌溉等功能的水体,有关主管部门应当确定渔业生产所需的最低水位线。

第三十四条　禁止围湖造田。沿海滩涂未经县级以上人民政府批准,不得围垦;重要的苗种基地和养殖场所不得围垦。

第三十五条　进行水下爆破、勘探、施工作业,对渔业资源有严重影响的,作业单位应当事先同有关县级以上人民政府渔业行政主管部门协商,采取措施,防止或者减少对渔业资源的损害;造成渔业资源损失的,由有关县级以上人民政府责令赔偿。

第三十六条　各级人民政府应当采取措施,保护和改善渔业水域的生态环境,防治污染。

渔业水域生态环境的监督管理和渔业污染事故的调查处理,依照《中华人民共和国海洋环境保护法》和《中华人民共和国水污染防治法》的有关规定执行。

第三十七条 国家对白鳍豚等珍贵、濒危水生野生动物实行重点保护,防止其灭绝。禁止捕杀、伤害国家重点保护的水生野生动物。因科学研究、驯养繁殖、展览或者其他特殊情况,需要捕捞国家重点保护的水生野生动物的,依照《中华人民共和国野生动物保护法》的规定执行。

第五章 法律责任

第三十八条 使用炸鱼、毒鱼、电鱼等破坏渔业资源方法进行捕捞的,违反关于禁渔区、禁渔期的规定进行捕捞的,或者使用禁用的渔具、捕捞方法和小于最小网目尺寸的网具进行捕捞或者渔获物中幼鱼超过规定比例的,没收渔获物和违法所得,处五万元以下的罚款;情节严重的,没收渔具,吊销捕捞许可证;情节特别严重的,可以没收渔船;构成犯罪的,依法追究刑事责任。

在禁渔区或者禁渔期内销售非法捕捞的渔获物的,县级以上地方人民政府渔业行政主管部门应当及时进行调查处理。

制造、销售禁用的渔具的,没收非法制造、销售的渔具和违法所得,并处一万元以下的罚款。

第三十九条 偷捕、抢夺他人养殖的水产品的,或者破坏他人养殖水体、养殖设施的,责令改正,可以处二万元以下的罚款;造成他人损失的,依法承担赔偿责任;构成犯罪的,依法追究刑事责任。

第四十条 使用全民所有的水域、滩涂从事养殖生产,无正当理由使水域、滩涂荒芜满一年的,由发放养殖证的机关责令限期开发利用;逾期未开发利用的,吊销养殖证,可以并处一万元以下的罚款。

未依法取得养殖证擅自在全民所有的水域从事养殖生产的,责令改正,补办养殖证或者限期拆除养殖设施。

未依法取得养殖证或者超越养殖许可范围在全民所有的水域从事养殖生产,妨碍航运、行洪的,责令限期拆除养殖设施,可以并处一万元以下的罚款。

第四十一条 未依法取得捕捞许可证擅自进行捕捞的,没收渔获物和违法所得,并处十万元以下的罚款;情节严重的,并可以没收渔具和渔船。

第四十二条 违反捕捞许可证关于作业类型、场所、时限和渔具数量的规定进行捕捞的,没收渔获物和违法所得,可以并处五万元以下的罚款;情节严重的,并可以没收渔具,吊销捕捞许可证。

第四十三条 涂改、买卖、出租或者以其他形式转让捕捞许可证的,没收违法所得,吊销捕捞许可证,可以并处一万元以下的罚款;伪造、变造、买卖捕捞许可证,构成犯罪的,依法追究刑事责任。

第四十四条 非法生产、进口、出口水产苗种的,没收苗种和违法所得,并处五万元以下的罚款。

经营未经审定批准的水产苗种的,责令立即停止经营,没收违法所得,可以并处五万元以下的罚款。

第四十五条 未经批准在水产种质资源保护区内从事捕捞活动的,责令立即停止捕捞,没收渔获物和渔具,可以并处一万元以下的罚款。

第四十六条 外国人、外国渔船违反本法规定,擅自进入中华人民共和国管辖水域从事渔业生产和渔业资源调查活动的,责令其离开或者将其驱逐,可以没收渔获物、渔具,并处五十万元以下的罚款;情节严重的,可以没收渔船;构成犯罪的,依法追究刑事责任。

第四十七条 造成渔业水域生态环境破坏或者渔业污染事故的,依照《中华人民共和国海洋环境保护法》和《中华人民共和国水污染防治法》的规定追究法律责任。

第四十八条 本法规定的行政处罚,由县级以上人民政府渔业行政主管部门或者其所属的渔政监督管理机构决定。但是,本法已对处罚机关作出规定的除外。

在海上执法时,对违反禁渔区、禁渔期的规定或者使用禁用的渔具、捕捞方法进行捕捞,以及未取得捕捞许可证进行捕捞的,事实清楚、证据充分,但是当场不能按照法定程序作出和执行行政处罚决定的,可以先暂时扣押捕捞许可证、渔具或者渔船,回港后依法作出和执行行政处罚决定。

第四十九条 渔业行政主管部门和其所属的渔政监督管理机构及其工作人员违反本法规定核发许可证、分配捕捞限额或者从事渔业生产经营活动的,或者有其他玩忽职守不履行法定义务、滥用职权、徇私舞弊的行为的,依法给予行政处分;构成犯罪的,依法追究刑事责任。

第六章 附 则

第五十条 本法自1986年7月1日起施行。

中华人民共和国清洁生产促进法(2012年修正)(节录)

(2002年6月29日第九届全国人民代表大会常务委员会第二十八次会议通过 根据2012年2月29日第十一届全国人民代表大会常务委员会第二十五次会议《关于修改〈中华人民共和国清洁生产促进法〉的决定》修正)

第一条 为了促进清洁生产,提高资源利用效率,减少和避免污染物的产生,保护和改善环境,保障人体健康,促进经济与社会可持续发展,制定本法。

第二条 本法所称清洁生产,是指不断采取改进设计、使用清洁的能源和原料、采用先进的工艺技术与设备、改善管理、综合利用等措施,从源头削减污染,提高资源利用效率,减少或者避免生产、服务和产品使用过程中污染物的产生和排放,以减轻或者消除对人类健康和环境的危害。

第三条 在中华人民共和国领域内,从事生产和服务活动的单位以及从事相关管理活动的部门依照本法规定,组织、实施清洁生产。

第四条 国家鼓励和促进清洁生产。国务院和县级以上地方人民政府,应当将清洁生产促进工作纳入国民经济和社会发展规划、年度计划以及环境保护、资源利用、产业发展、区域开发等规划。

第五条 国务院清洁生产综合协调部门负责组织、协调全国的清洁生产促进工作。国务院环境保护、工业、科学技术、财政部门和其他有关部门,按照各自的职责,负责有关的清洁生产促进工作。

县级以上地方人民政府负责领导本行政区域内的清洁生产促进工作。县级以上地方人民政府确定的清洁生产综合协调部门负责组织、协调本行政区域内的清洁生产促进工作。县级以上地方人民政府其他有关部门,按照各自的职责,负责有关的清洁生产促进工作。

第六条 国家鼓励开展有关清洁生产的科学研究、技术开发和国际合作,组织宣传、普及清洁生产知识,推广清洁生产技术。

国家鼓励社会团体和公众参与清洁生产的宣传、教育、推广、实施及监督。

第八条 国务院清洁生产综合协调部门会同国务院环境保护、工业、科学技术部门和其他有关部门,根据国民经济和社会发展规划及国家节约资源、降低能源消耗、减少重点污染物排放的要求,编制国家清洁生产推行规划,报经国务院批准后及时公布。

国家清洁生产推行规划应当包括:推行清洁生产的目标、主要任务和保障措施,按照资源能源消耗、污染物排放水平确定开展清洁生产的重点领域、重点行业和重点工程。

国务院有关行业主管部门根据国家清洁生产推行规划确定本行业清洁生产的重点项目,制定行业专项清洁生产推行规划并组织实施。

县级以上地方人民政府根据国家清洁生产推行规划、有关行业专项清洁生产推行规划,按照本地区节约资源、降低能源消耗、减少重点污染物排放的要求,确定本地区清洁生产的重点项目,制定推行清洁生产的实施规划并组织落实。

第九条 中央预算应当加强对清洁生产促进工作的资金投入,包括中央财政清洁生产专项资金和中央预算安排的其他清洁生产资金,用于支持国家清洁生产推行规划确定的重点领域、重点行业、重点工程实施清洁生产及其技术推广工作,以及生态脆弱地区实施清洁生产的项目。中央预算用于支持清洁生产促进工作的资金使用的具体办法,由国务院财政部门、清洁生产综合协调部门会同国务院有关部门制定。

县级以上地方人民政府应当统筹地方财政安排的清洁生产促进工作的资金,引导社会资金,支持清洁生产重点项目。

第十条 国务院和省、自治区、直辖市人民政府的有关部门,应当组织和支持建立促进清洁生产信息系统和技术咨询服务体系,向社会提供有关清洁生产方法和技术、可再生利用的废物供求以及清洁生产政策等方面的信息和服务。

第十一条 国务院清洁生产综合协调部门会同国务院环境保护、工业、科学技术、建设、农业等有关部门定期发布清洁生产技术、工艺、设备和产品导向目录。

国务院清洁生产综合协调部门、环境保护部门和省、自治区、直辖市人民政府负责清洁生产综合协调的部门、环境保护部门会同同级有关部门,组织编制重点行业或者地区的清洁生产指南,指导实施清洁生产。

第十二条 国家对浪费资源和严重污染环境的落后生产技术、工艺、设备和产品实行限期淘汰制度。国务院有关部门按照职责分工,制定并发布限期淘汰的生产技术、工艺、设备以及产品的名录。

第十三条 国务院有关部门可以根据需要批准设立节能、节水、废物再生利用等环境与资源保护方面的产品标志,并按照国家规定制定相应标准。

第十四条 县级以上人民政府科学技术部门和其他有关部门,应当指导和支持清洁生产技术和有利于环境与资源保护的产品的研究、开发以及清洁生产技术的示范和推广工作。

第十六条　各级人民政府应当优先采购节能、节水、废物再生利用等有利于环境与资源保护的产品。

各级人民政府应当通过宣传、教育等措施，鼓励公众购买和使用节能、节水、废物再生利用等有利于环境与资源保护的产品。

第十七条　省、自治区、直辖市人民政府负责清洁生产综合协调的部门、环境保护部门，根据促进清洁生产工作的需要，在本地区主要媒体上公布未达到能源消耗控制指标、重点污染物排放控制指标的企业的名单，为公众监督企业实施清洁生产提供依据。

列入前款规定名单的企业，应当按照国务院清洁生产综合协调部门、环境保护部门的规定公布能源消耗或者重点污染物产生、排放情况，接受公众监督。

第十八条　新建、改建和扩建项目应当进行环境影响评价，对原料使用、资源消耗、资源综合利用以及污染物产生与处置等进行分析论证，优先采用资源利用率高以及污染物产生量少的清洁生产技术、工艺和设备。

第十九条　企业在进行技术改造过程中，应当采取以下清洁生产措施：

（一）采用无毒、无害或者低毒、低害的原料，替代毒性大、危害严重的原料；

（二）采用资源利用率高、污染物产生量少的工艺和设备，替代资源利用率低、污染物产生量多的工艺和设备；

（三）对生产过程中产生的废物、废水和余热等进行综合利用或者循环使用；

（四）采用能够达到国家或者地方规定的污染物排放标准和污染物排放总量控制指标的污染防治技术。

第二十条　产品和包装物的设计，应当考虑其在生命周期中对人类健康和环境的影响，优先选择无毒、无害、易于降解或者便于回收利用的方案。

企业对产品的包装应当合理，包装的材质、结构和成本应当与内装产品的质量、规格和成本相适应，减少包装性废物的产生，不得进行过度包装。

第二十一条　生产大型机电设备、机动运输工具以及国务院工业部门指定的其他产品的企业，应当按照国务院标准化部门或者其授权机构制定的技术规范，在产品的主体构件上注明材料成分的标准牌号。

第二十二条　农业生产者应当科学地使用化肥、农药、农用薄膜和饲料添加剂，改进种植和养殖技术，实现农产品的优质、无害和农业生产废物的资源化，防止农业环境污染。

禁止将有毒、有害废物用作肥料或者用于造田。

第二十三条　餐饮、娱乐、宾馆等服务性企业，应当采用节能、节水和其他有利于环境保护的技术和设备，减少使用或者不使用浪费资源、污染环境的消费品。

第二十四条　建筑工程应当采用节能、节水等有利于环境与资源保护的建筑设计方案、建筑和装修材料、建筑构配件及设备。

建筑和装修材料必须符合国家标准。禁止生产、销售和使用有毒、有害物质超过国家标准的建筑和装修材料。

第二十五条　矿产资源的勘查、开采，应当采用有利于合理利用资源、保护环境和防止污染的勘查、开采方法和工艺技术，提高资源利用水平。

第二十六条　企业应当在经济技术可行的条件下对生产和服务过程中产生的废物、余热等自行回收利用或者转让给有条件的其他企业和个人利用。

第二十七条 企业应当对生产和服务过程中的资源消耗以及废物的产生情况进行监测,并根据需要对生产和服务实施清洁生产审核。

有下列情形之一的企业,应当实施强制性清洁生产审核:

(一)污染物排放超过国家或者地方规定的排放标准,或者虽未超过国家或者地方规定的排放标准,但超过重点污染物排放总量控制指标的;

(二)超过单位产品能源消耗限额标准构成高耗能的;

(三)使用有毒、有害原料进行生产或者在生产中排放有毒、有害物质的。

污染物排放超过国家或者地方规定的排放标准的企业,应当按照环境保护相关法律的规定治理。

实施强制性清洁生产审核的企业,应当将审核结果向所在地县级以上地方人民政府负责清洁生产综合协调的部门、环境保护部门报告,并在本地区主要媒体上公布,接受公众监督,但涉及商业秘密的除外。

县级以上地方人民政府有关部门应当对企业实施强制性清洁生产审核的情况进行监督,必要时可以组织对企业实施清洁生产的效果进行评估验收,所需费用纳入同级政府预算。承担评估验收工作的部门或者单位不得向被评估验收企业收取费用。

实施清洁生产审核的具体办法,由国务院清洁生产综合协调部门、环境保护部门会同国务院有关部门制定。

第二十八条 本法第二十七条第二款规定以外的企业,可以自愿与清洁生产综合协调部门和环境保护部门签订进一步节约资源、削减污染物排放量的协议。该清洁生产综合协调部门和环境保护部门应当在本地区主要媒体上公布该企业的名称以及节约资源、防治污染的成果。

第二十九条 企业可以根据自愿原则,按照国家有关环境管理体系等认证的规定,委托经国务院认证认可监督管理部门认可的认证机构进行认证,提高清洁生产水平。

第三十五条 清洁生产综合协调部门或者其他有关部门未依照本法规定履行职责的,对直接负责的主管人员和其他直接责任人员依法给予处分。

第三十六条 违反本法第十七条第二款规定,未按照规定公布能源消耗或者重点污染物产生、排放情况的,由县级以上地方人民政府负责清洁生产综合协调的部门、环境保护部门按照职责分工责令公布,可以处十万元以下的罚款。

第三十七条 违反本法第二十一条规定,未标注产品材料的成分或者不如实标注的,由县级以上地方人民政府质量技术监督部门责令限期改正;拒不改正的,处以五万元以下的罚款。

第三十八条 违反本法第二十四条第二款规定,生产、销售有毒、有害物质超过国家标准的建筑和装修材料的,依照产品质量法和有关民事、刑事法律的规定,追究行政、民事、刑事法律责任。

第三十九条 违反本法第二十七条第二款、第四款规定,不实施强制性清洁生产审核或者在清洁生产审核中弄虚作假的,或者实施强制性清洁生产审核的企业不报告或者不如实报告审核结果的,由县级以上地方人民政府负责清洁生产综合协调的部门、环境保护部门按照职责分工责令限期改正;拒不改正的,处以五万元以上五十万元以下的罚款。

违反本法第二十七条第五款规定,承担评估验收工作的部门或者单位及其工作人员向被评估验收企业收取费用的,不如实评估验收或者在评估验收中弄虚作假的,或者利用职务上的便利谋取利益的,对直接负责的主管人员和其他直接责任人员依法给予处分;构成犯罪的,依法追究刑事责任。

第四十条 本法自 2003 年 1 月 1 日起施行。

中华人民共和国循环经济促进法（2018 年修正）（节录）

（2008 年 8 月 29 日第十一届全国人民代表大会常务委员会第四次会议通过 根据 2018 年 10 月 26 日第十三届全国人民代表大会常务委员会第六次会议《关于修改〈中华人民共和国野生动物保护法〉等十五部法律的决定》修正）

第一章 总 则

第一条 为了促进循环经济发展,提高资源利用效率,保护和改善环境,实现可持续发展,制定本法。

第二条 本法所称循环经济,是指在生产、流通和消费等过程中进行的减量化、再利用、资源化活动的总称。

本法所称减量化,是指在生产、流通和消费等过程中减少资源消耗和废物产生。

本法所称再利用,是指将废物直接作为产品或者经修复、翻新、再制造后继续作为产品使用,或者将废物的全部或者部分作为其他产品的部件予以使用。

本法所称资源化,是指将废物直接作为原料进行利用或者对废物进行再生利用。

第三条 发展循环经济是国家经济社会发展的一项重大战略,应当遵循统筹规划、合理布局,因地制宜、注重实效,政府推动、市场引导,企业实施、公众参与的方针。

第四条 发展循环经济应当在技术可行、经济合理和有利于节约资源、保护环境的前提下,按照减量化优先的原则实施。

在废物再利用和资源化过程中,应当保障生产安全,保证产品质量符合国家规定的标准,并防止产生再次污染。

第五条 国务院循环经济发展综合管理部门负责组织协调、监督管理全国循环经济发展工作;国务院生态环境等有关主管部门按照各自的职责负责有关循环经济的监督管理工作。

县级以上地方人民政府循环经济发展综合管理部门负责组织协调、监督管理本行政区域的循环经济发展工作;县级以上地方人民政府生态环境等有关主管部门按照各自的职责负责有关循环经济的监督管理工作。

第六条 国家制定产业政策,应当符合发展循环经济的要求。

县级以上人民政府编制国民经济和社会发展规划及年度计划,县级以上人民政府有关部门编制环境保护、科学技术等规划,应当包括发展循环经济的内容。

第九条　企业事业单位应当建立健全管理制度,采取措施,降低资源消耗,减少废物的产生量和排放量,提高废物的再利用和资源化水平。

第十条　公民应当增强节约资源和保护环境意识,合理消费,节约资源。

国家鼓励和引导公民使用节能、节水、节材和有利于保护环境的产品及再生产品,减少废物的产生量和排放量。

公民有权举报浪费资源、破坏环境的行为,有权了解政府发展循环经济的信息并提出意见和建议。

第二章　基本管理制度

第十四条　国务院循环经济发展综合管理部门会同国务院统计、生态环境等有关主管部门建立和完善循环经济评价指标体系。

上级人民政府根据前款规定的循环经济主要评价指标,对下级人民政府发展循环经济的状况定期进行考核,并将主要评价指标完成情况作为对地方人民政府及其负责人考核评价的内容。

第十五条　生产列入强制回收名录的产品或者包装物的企业,必须对废弃的产品或者包装物负责回收;对其中可以利用的,由各该生产企业负责利用;对因不具备技术经济条件而不适合利用的,由各该生产企业负责无害化处置。

对前款规定的废弃产品或者包装物,生产者委托销售者或者其他组织进行回收的,或者委托废物利用或者处置企业进行利用或者处置的,受托方应当依照有关法律、行政法规的规定和合同的约定负责回收或者利用、处置。

对列入强制回收名录的产品和包装物,消费者应当将废弃的产品或者包装物交给生产者或者其委托回收的销售者或者其他组织。

强制回收的产品和包装物的名录及管理办法,由国务院循环经济发展综合管理部门规定。

第十六条　国家对钢铁、有色金属、煤炭、电力、石油加工、化工、建材、建筑、造纸、印染等行业年综合能源消费量、用水量超过国家规定总量的重点企业,实行能耗、水耗的重点监督管理制度。

重点能源消费单位的节能监督管理,依照《中华人民共和国节约能源法》的规定执行。

重点用水单位的监督管理办法,由国务院循环经济发展综合管理部门会同国务院有关部门规定。

第十七条　国家建立健全循环经济统计制度,加强资源消耗、综合利用和废物产生的统计管理,并将主要统计指标定期向社会公布。

国务院标准化主管部门会同国务院循环经济发展综合管理和生态环境等有关主管部门建立健全循环经济标准体系,制定和完善节能、节水、节材和废物再利用、资源化等标准。

国家建立健全能源效率标识等产品资源消耗标识制度。

第三章　减量化

第十八条　国务院循环经济发展综合管理部门会同国务院生态环境等有关主管部门,定期发布鼓励、限制和淘汰的技术、工艺、设备、材料和产品名录。

禁止生产、进口、销售列入淘汰名录的设备、材料和产品,禁止使用列入淘汰名录的技术、工艺、设备和材料。

第十九条 从事工艺、设备、产品及包装物设计,应当按照减少资源消耗和废物产生的要求,优先选择采用易回收、易拆解、易降解、无毒无害或者低毒低害的材料和设计方案,并应当符合有关国家标准的强制性要求。

对在拆解和处置过程中可能造成环境污染的电器电子等产品,不得设计使用国家禁止使用的有毒有害物质。禁止在电器电子等产品中使用的有毒有害物质名录,由国务院循环经济发展综合管理部门会同国务院生态环境等有关主管部门制定。

设计产品包装物应当执行产品包装标准,防止过度包装造成资源浪费和环境污染。

第二十条 工业企业应当采用先进或者适用的节水技术、工艺和设备,制定并实施节水计划,加强节水管理,对生产用水进行全过程控制。

工业企业应当加强用水计量管理,配备和使用合格的用水计量器具,建立水耗统计和用水状况分析制度。

新建、改建、扩建建设项目,应当配套建设节水设施。节水设施应当与主体工程同时设计、同时施工、同时投产使用。

国家鼓励和支持沿海地区进行海水淡化和海水直接利用,节约淡水资源。

第二十一条 国家鼓励和支持企业使用高效节油产品。

电力、石油加工、化工、钢铁、有色金属和建材等企业,必须在国家规定的范围和期限内,以洁净煤、石油焦、天然气等清洁能源替代燃料油,停止使用不符合国家规定的燃油发电机组和燃油锅炉。

内燃机和机动车制造企业应当按照国家规定的内燃机和机动车燃油经济性标准,采用节油技术,减少石油产品消耗量。

第二十二条 开采矿产资源,应当统筹规划,制定合理的开发利用方案,采用合理的开采顺序、方法和选矿工艺。采矿许可证颁发机关应当对申请人提交的开发利用方案中的开采回采率、采矿贫化率、选矿回收率、矿山水循环利用率和土地复垦率等指标依法进行审查;审查不合格的,不予颁发采矿许可证。采矿许可证颁发机关应当依法加强对开采矿产资源的监督管理。

矿山企业在开采主要矿种的同时,应当对具有工业价值的共生和伴生矿实行综合开采、合理利用;对必须同时采出而暂时不能利用的矿产以及含有有用组分的尾矿,应当采取保护措施,防止资源损失和生态破坏。

第二十三条 建筑设计、建设、施工等单位应当按照国家有关规定和标准,对其设计、建设、施工的建筑物及构筑物采用节能、节水、节地、节材的技术工艺和小型、轻型、再生产品。有条件的地区,应当充分利用太阳能、地热能、风能等可再生能源。

国家鼓励利用无毒无害的固体废物生产建筑材料,鼓励使用散装水泥,推广使用预拌混凝土和预拌砂浆。

禁止损毁耕地烧砖。在国务院或者省、自治区、直辖市人民政府规定的期限和区域内,禁止生产、销售和使用粘土砖。

第二十四条 县级以上人民政府及其农业等主管部门应当推进土地集约利用,鼓励和支持农业生产者采用节水、节肥、节药的先进种植、养殖和灌溉技术,推动农业机械节能,优先发展生态农业。

在缺水地区,应当调整种植结构,优先发展节水型农业,推进雨水集蓄利用,建设和管护节水灌溉设施,提高用水效率,减少水的蒸发和漏失。

第二十五条 国家机关及使用财政性资金的其他组织应当厉行节约、杜绝浪费,带头使用节能、节水、节地、节材和有利于保护环境的产品、设备和设施,节约使用办公用品。国务院和县级以上地方人民政府管理机关事务工作的机构会同本级人民政府有关部门制定本级国家机关等机构的用能、用水定额指标,财政部门根据该定额指标制定支出标准。

城市人民政府和建筑物的所有者或者使用者,应当采取措施,加强建筑物维护管理,延长建筑物使用寿命。对符合城市规划和工程建设标准,在合理使用寿命内的建筑物,除为了公共利益的需要外,城市人民政府不得决定拆除。

第二十六条 餐饮、娱乐、宾馆等服务性企业,应当采用节能、节水、节材和有利于保护环境的产品,减少使用或者不使用浪费资源、污染环境的产品。

本法施行后新建的餐饮、娱乐、宾馆等服务性企业,应当采用节能、节水、节材和有利于保护环境的技术、设备和设施。

第二十七条 国家鼓励和支持使用再生水。在有条件使用再生水的地区,限制或者禁止将自来水作为城市道路清扫、城市绿化和景观用水使用。

第二十八条 国家在保障产品安全和卫生的前提下,限制一次性消费品的生产和销售。具体名录由国务院循环经济发展综合管理部门会同国务院财政、生态环境等有关主管部门制定。

对列入前款规定名录中的一次性消费品的生产和销售,由国务院财政、税务和对外贸易等主管部门制定限制性的税收和出口等措施。

第四章 再利用和资源化

第二十九条 县级以上人民政府应当统筹规划区域经济布局,合理调整产业结构,促进企业在资源综合利用等领域进行合作,实现资源的高效利用和循环使用。

各类产业园区应当组织区内企业进行资源综合利用,促进循环经济发展。

国家鼓励各类产业园区的企业进行废物交换利用、能量梯级利用、土地集约利用、水的分类利用和循环使用,共同使用基础设施和其他有关设施。

新建和改造各类产业园区应当依法进行环境影响评价,并采取生态保护和污染控制措施,确保本区域的环境质量达到规定的标准。

第三十条 企业应当按照国家规定,对生产过程中产生的粉煤灰、煤矸石、尾矿、废石、废料、废气等工业废物进行综合利用。

第三十一条 企业应当发展串联用水系统和循环用水系统,提高水的重复利用率。

企业应当采用先进技术、工艺和设备,对生产过程中产生的废水进行再生利用。

第三十二条 企业应当采用先进或者适用的回收技术、工艺和设备,对生产过程中产生的余热、余压等进行综合利用。

建设利用余热、余压、煤层气以及煤矸石、煤泥、垃圾等低热值燃料的并网发电项目,应当依照法律和国务院的规定取得行政许可或者报送备案。电网企业应当按照国家规定,与综合利用资源发电的企业签订并网协议,提供上网服务,并全额收购并网发电项目的上网电量。

第三十三条 建设单位应当对工程施工中产生的建筑废物进行综合利用;不具备综合利用

条件的,应当委托具备条件的生产经营者进行综合利用或者无害化处置。

第三十四条 国家鼓励和支持农业生产者和相关企业采用先进或者适用技术,对农作物秸秆、畜禽粪便、农产品加工业副产品、废农用薄膜等进行综合利用,开发利用沼气等生物质能源。

第三十五条 县级以上人民政府及其林业草原主管部门应当积极发展生态林业,鼓励和支持林业生产者和相关企业采用木材节约和代用技术,开展林业废弃物和次小薪材、沙生灌木等综合利用,提高木材综合利用率。

第三十六条 国家支持生产经营者建立产业废物交换信息系统,促进企业交流产业废物信息。

企业对生产过程中产生的废物不具备综合利用条件的,应当提供给具备条件的生产经营者进行综合利用。

第三十七条 国家鼓励和推进废物回收体系建设。

地方人民政府应当按照城乡规划,合理布局废物回收网点和交易市场,支持废物回收企业和其他组织开展废物的收集、储存、运输及信息交流。

废物回收交易市场应当符合国家环境保护、安全和消防等规定。

第三十八条 对废电器电子产品、报废机动车船、废轮胎、废铅酸电池等特定产品进行拆解或者再利用,应当符合有关法律、行政法规的规定。

第三十九条 回收的电器电子产品,经过修复后销售的,必须符合再利用产品标准,并在显著位置标识为再利用产品。

回收的电器电子产品,需要拆解和再生利用的,应当交售给具备条件的拆解企业。

第四十条 国家支持企业开展机动车零部件、工程机械、机床等产品的再制造和轮胎翻新。

销售的再制造产品和翻新产品的质量必须符合国家规定的标准,并在显著位置标识为再制造产品或者翻新产品。

第四十一条 县级以上人民政府应当统筹规划建设城乡生活垃圾分类收集和资源化利用设施,建立和完善分类收集和资源化利用体系,提高生活垃圾资源化率。

县级以上人民政府应当支持企业建设污泥资源化利用和处置设施,提高污泥综合利用水平,防止产生再次污染。

第五章 激励措施

第四十五条 县级以上人民政府循环经济发展综合管理部门在制定和实施投资计划时,应当将节能、节水、节地、节材、资源综合利用等项目列为重点投资领域。

对符合国家产业政策的节能、节水、节地、节材、资源综合利用等项目,金融机构应当给予优先贷款等信贷支持,并积极提供配套金融服务。

对生产、进口、销售或者使用列入淘汰名录的技术、工艺、设备、材料或者产品的企业,金融机构不得提供任何形式的授信支持。

第四十六条 国家实行有利于资源节约和合理利用的价格政策,引导单位和个人节约和合理使用水、电、气等资源性产品。

国务院和省、自治区、直辖市人民政府的价格主管部门应当按照国家产业政策,对资源高消耗行业中的限制类项目,实行限制性的价格政策。

对利用余热、余压、煤层气以及煤矸石、煤泥、垃圾等低热值燃料的并网发电项目,价格主管部门按照有利于资源综合利用的原则确定其上网电价。

省、自治区、直辖市人民政府可以根据本行政区域经济社会发展状况,实行垃圾排放收费制度。收取的费用专项用于垃圾分类、收集、运输、贮存、利用和处置,不得挪作他用。

国家鼓励通过以旧换新、押金等方式回收废物。

第四十七条 国家实行有利于循环经济发展的政府采购政策。使用财政性资金进行采购的,应当优先采购节能、节水、节材和有利于保护环境的产品及再生产品。

第四十八条 县级以上人民政府及其有关部门应当对在循环经济管理、科学技术研究、产品开发、示范和推广工作中做出显著成绩的单位和个人给予表彰和奖励。

企业事业单位应当对在循环经济发展中做出突出贡献的集体和个人给予表彰和奖励。

第六章　法律责任

第四十九条 县级以上人民政府循环经济发展综合管理部门或者其他有关主管部门发现违反本法的行为或者接到对违法行为的举报后不予查处,或者有其他不依法履行监督管理职责行为的,由本级人民政府或者上一级人民政府有关主管部门责令改正,对直接负责的主管人员和其他直接责任人员依法给予处分。

第五十条 生产、销售列入淘汰名录的产品、设备的,依照《中华人民共和国产品质量法》的规定处罚。

使用列入淘汰名录的技术、工艺、设备、材料的,由县级以上地方人民政府循环经济发展综合管理部门责令停止使用,没收违法使用的设备、材料,并处五万元以上二十万元以下的罚款;情节严重的,由县级以上人民政府循环经济发展综合管理部门提出意见,报请本级人民政府按照国务院规定的权限责令停业或者关闭。

违反本法规定,进口列入淘汰名录的设备、材料或者产品的,由海关责令退运,可以处十万元以上一百万元以下的罚款。进口者不明的,由承运人承担退运责任,或者承担有关处置费用。

第五十一条 违反本法规定,对在拆解或者处置过程中可能造成环境污染的电器电子等产品,设计使用列入国家禁止使用名录的有毒有害物质的,由县级以上地方人民政府市场监督管理部门责令限期改正;逾期不改正的,处二万元以上二十万元以下的罚款;情节严重的,依法吊销营业执照。

第五十二条 违反本法规定,电力、石油加工、化工、钢铁、有色金属和建材等企业未在规定的范围或者期限内停止使用不符合国家规定的燃油发电机组或者燃油锅炉的,由县级以上地方人民政府循环经济发展综合管理部门责令限期改正;逾期不改正的,责令拆除该燃油发电机组或者燃油锅炉,并处五万元以上五十万元以下的罚款。

第五十三条 违反本法规定,矿山企业未达到经依法审查确定的开采回采率、采矿贫化率、选矿回收率、矿山水循环利用率和土地复垦率等指标的,由县级以上人民政府地质矿产主管部门责令限期改正,处五万元以上五十万元以下的罚款;逾期不改正的,由采矿许可证颁发机关依法吊销采矿许可证。

第五十四条 违反本法规定,在国务院或者省、自治区、直辖市人民政府规定禁止生产、销售、使用粘土砖的期限或者区域内生产、销售或者使用粘土砖的,由县级以上地方人民政府指定的部门责令限期改正;有违法所得的,没收违法所得;逾期继续生产、销售的,由地方人民政府市场监督管理部门依法吊销营业执照。

第五十五条 违反本法规定,电网企业拒不收购企业利用余热、余压、煤层气以及煤矸石、煤泥、垃圾等低热值燃料生产的电力的,由国家电力监管机构责令限期改正;造成企业损失的,依法承担赔偿责任。

第五十六条 违反本法规定,有下列行为之一的,由地方人民政府市场监督管理部门责令限期改正,可以处五千元以上五万元以下的罚款;逾期不改正的,依法吊销营业执照;造成损失的,依法承担赔偿责任:
(一)销售没有再利用产品标识的再利用电器电子产品的;
(二)销售没有再制造或者翻新产品标识的再制造或者翻新产品的。

第五十七条 违反本法规定,构成犯罪的,依法追究刑事责任。

第七章 附 则

第五十八条 本法自2009年1月1日起施行。

中华人民共和国节约能源法(2018年修正)(节录)

(1997年11月1日第八届全国人民代表大会常务委员会第二十八次会议通过 2007年10月28日第十届全国人民代表大会常务委员会第三十次会议修订 根据2016年7月2日第十二届全国人民代表大会常务委员会第二十一次会议《关于修改〈中华人民共和国节约能源法〉等六部法律的决定》第一次修正 根据2018年10月26日第十三届全国人民代表大会常务委员会第六次会议《关于修改〈中华人民共和国野生动物保护法〉等十五部法律的决定》第二次修正)

第一章 总 则

第一条 为了推动全社会节约能源,提高能源利用效率,保护和改善环境,促进经济社会全面协调可持续发展,制定本法。

第二条 本法所称能源,是指煤炭、石油、天然气、生物质能和电力、热力以及其他直接或者通过加工、转换而取得有用能的各种资源。

第三条 本法所称节约能源(以下简称节能),是指加强用能管理,采取技术上可行、经济上合理以及环境和社会可以承受的措施,从能源生产到消费的各个环节,降低消耗、减少损失和污染物排放、制止浪费,有效、合理地利用能源。

第四条 节约资源是我国的基本国策。国家实施节约与开发并举、把节约放在首位的能源发展战略。

第五条 国务院和县级以上地方各级人民政府应当将节能工作纳入国民经济和社会发展规划、年度计划，并组织编制和实施节能中长期专项规划、年度节能计划。

国务院和县级以上地方各级人民政府每年向本级人民代表大会或者其常务委员会报告节能工作。

第六条 国家实行节能目标责任制和节能考核评价制度，将节能目标完成情况作为对地方人民政府及其负责人考核评价的内容。

省、自治区、直辖市人民政府每年向国务院报告节能目标责任的履行情况。

第七条 国家实行有利于节能和环境保护的产业政策，限制发展高耗能、高污染行业，发展节能环保型产业。

国务院和省、自治区、直辖市人民政府应当加强节能工作，合理调整产业结构、企业结构、产品结构和能源消费结构，推动企业降低单位产值能耗和单位产品能耗，淘汰落后的生产能力，改进能源的开发、加工、转换、输送、储存和供应，提高能源利用效率。

国家鼓励、支持开发和利用新能源、可再生能源。

第八条 国家鼓励、支持节能科学技术的研究、开发、示范和推广，促进节能技术创新与进步。

国家开展节能宣传和教育，将节能知识纳入国民教育和培训体系，普及节能科学知识，增强全民的节能意识，提倡节约型的消费方式。

第九条 任何单位和个人都应当依法履行节能义务，有权检举浪费能源的行为。

新闻媒体应当宣传节能法律、法规和政策，发挥舆论监督作用。

第十条 国务院管理节能工作的部门主管全国的节能监督管理工作。国务院有关部门在各自的职责范围内负责节能监督管理工作，并接受国务院管理节能工作的部门的指导。

县级以上地方各级人民政府管理节能工作的部门负责本行政区域内的节能监督管理工作。县级以上地方各级人民政府有关部门在各自的职责范围内负责节能监督管理工作，并接受同级管理节能工作的部门的指导。

第二章 节能管理

第十一条 国务院和县级以上地方各级人民政府应当加强对节能工作的领导、部署、协调、监督、检查，推动节能工作。

第十二条 县级以上人民政府管理节能工作的部门和有关部门应当在各自的职责范围内，加强对节能法律、法规和节能标准执行情况的监督检查，依法查处违法用能行为。

履行节能监督管理职责不得向监督管理对象收取费用。

第十七条 禁止生产、进口、销售国家明令淘汰或者不符合强制性能源效率标准的用能产品、设备；禁止使用国家明令淘汰的用能设备、生产工艺。

第十八条 国家对家用电器等使用面广、耗能量大的用能产品，实行能源效率标识管理。实行能源效率标识管理的产品目录和实施办法，由国务院管理节能工作的部门会同国务院市场监督管理部门制定并公布。

第六章 法律责任

第六十八条 负责审批政府投资项目的机关违反本法规定，对不符合强制性节能标准的项目予以批准建设的,对直接负责的主管人员和其他直接责任人员依法给予处分。

固定资产投资项目建设单位开工建设不符合强制性节能标准的项目或者将该项目投入生产、使用的,由管理节能工作的部门责令停止建设或者停止生产、使用,限期改造;不能改造或者逾期不改造的生产性项目,由管理节能工作的部门报请本级人民政府按照国务院规定的权限责令关闭。

第六十九条 生产、进口、销售国家明令淘汰的用能产品、设备的,使用伪造的节能产品认证标志或者冒用节能产品认证标志的,依照《中华人民共和国产品质量法》的规定处罚。

第七十条 生产、进口、销售不符合强制性能源效率标准的用能产品、设备的,由市场监督管理部门责令停止生产、进口、销售,没收违法生产、进口、销售的用能产品、设备和违法所得,并处违法所得一倍以上五倍以下罚款;情节严重的,吊销营业执照。

第七十一条 使用国家明令淘汰的用能设备或者生产工艺的,由管理节能工作的部门责令停止使用,没收国家明令淘汰的用能设备;情节严重的,可以由管理节能工作的部门提出意见,报请本级人民政府按照国务院规定的权限责令停业整顿或者关闭。

第七十二条 生产单位超过单位产品能耗限额标准用能,情节严重,经限期治理逾期不治理或者没有达到治理要求的,可以由管理节能工作的部门提出意见,报请本级人民政府按照国务院规定的权限责令停业整顿或者关闭。

第七十三条 违反本法规定,应当标注能源效率标识而未标注的,由市场监督管理部门责令改正,处三万元以上五万元以下罚款。

违反本法规定,未办理能源效率标识备案,或者使用的能源效率标识不符合规定的,由市场监督管理部门责令限期改正;逾期不改正的,处一万元以上三万元以下罚款。

伪造、冒用能源效率标识或者利用能源效率标识进行虚假宣传的,由市场监督管理部门责令改正,处五万元以上十万元以下罚款;情节严重的,吊销营业执照。

第七十四条 用能单位未按照规定配备、使用能源计量器具的,由市场监督管理部门责令限期改正;逾期不改正的,处一万元以上五万元以下罚款。

第七十五条 瞒报、伪造、篡改能源统计资料或者编造虚假能源统计数据的,依照《中华人民共和国统计法》的规定处罚。

第七十六条 从事节能咨询、设计、评估、检测、审计、认证等服务的机构提供虚假信息的,由管理节能工作的部门责令改正,没收违法所得,并处五万元以上十万元以下罚款。

第七十七条 违反本法规定,无偿向本单位职工提供能源或者对能源消费实行包费制的,由管理节能工作的部门责令限期改正;逾期不改正的,处五万元以上二十万元以下罚款。

第七十八条 电网企业未按照本法规定安排符合规定的热电联产和利用余热余压发电的机组与电网并网运行,或者未执行国家有关上网电价规定的,由国家电力监管机构责令改正;造成发电企业经济损失的,依法承担赔偿责任。

第七十九条 建设单位违反建筑节能标准的,由建设主管部门责令改正,处二十万元以上五十万元以下罚款。

设计单位、施工单位、监理单位违反建筑节能标准的,由建设主管部门责令改正,处十万元以上五十万元以下罚款;情节严重的,由颁发资质证书的部门降低资质等级或者吊销资质证书;造成损失的,依法承担赔偿责任。

第八十条 房地产开发企业违反本法规定,在销售房屋时未向购买人明示所售房屋的节能措施、保温工程保修期等信息的,由建设主管部门责令限期改正,逾期不改正的,处三万元以上五万元以下罚款;对以上信息作虚假宣传的,由建设主管部门责令改正,处五万元以上二十万元以下罚款。

第八十一条 公共机构采购用能产品、设备,未优先采购列入节能产品、设备政府采购名录中的产品、设备,或者采购国家明令淘汰的用能产品、设备的,由政府采购监督管理部门给予警告,可以并处罚款;对直接负责的主管人员和其他直接责任人员依法给予处分,并予通报。

第八十二条 重点用能单位未按照本法规定报送能源利用状况报告或者报告内容不实的,由管理节能工作的部门责令限期改正;逾期不改正的,处一万元以上五万元以下罚款。

第八十三条 重点用能单位无正当理由拒不落实本法第五十四条规定的整改要求或者整改没有达到要求的,由管理节能工作的部门处十万元以上三十万元以下罚款。

第八十四条 重点用能单位未按照本法规定设立能源管理岗位,聘任能源管理负责人,并报管理节能工作的部门和有关部门备案的,由管理节能工作的部门责令改正;拒不改正的,处一万元以上三万元以下罚款。

第八十五条 违反本法规定,构成犯罪的,依法追究刑事责任。

第八十六条 国家工作人员在节能管理工作中滥用职权、玩忽职守、徇私舞弊,构成犯罪的,依法追究刑事责任;尚不构成犯罪的,依法给予处分。

第七章 附 则

第八十七条 本法自 2008 年 4 月 1 日起施行。

中华人民共和国可再生能源法(2009 年修正)(节录)

(2005 年 2 月 28 日第十届全国人民代表大会常务委员会第十四次会议通过 根据 2009 年 12 月 26 日第十一届全国人民代表大会常务委员会第十二次会议《关于修改〈中华人民共和国可再生能源法〉的决定》修正)

第一章 总 则

第一条 为了促进可再生能源的开发利用,增加能源供应,改善能源结构,保障能源安全,保护环境,实现经济社会的可持续发展,制定本法。

第二条 本法所称可再生能源,是指风能、太阳能、水能、生物质能、地热能、海洋能等非化石能源。

水力发电对本法的适用,由国务院能源主管部门规定,报国务院批准。

通过低效率炉灶直接燃烧方式利用秸秆、薪柴、粪便等,不适用本法。

第三条 本法适用于中华人民共和国领域和管辖的其他海域。

第四条 国家将可再生能源的开发利用列为能源发展的优先领域,通过制定可再生能源开发利用总量目标和采取相应措施,推动可再生能源市场的建立和发展。

国家鼓励各种所有制经济主体参与可再生能源的开发利用,依法保护可再生能源开发利用者的合法权益。

第五条 国务院能源主管部门对全国可再生能源的开发利用实施统一管理。国务院有关部门在各自的职责范围内负责有关的可再生能源开发利用管理工作。

县级以上地方人民政府管理能源工作的部门负责本行政区域内可再生能源开发利用的管理工作。县级以上地方人民政府有关部门在各自的职责范围内负责有关的可再生能源开发利用管理工作。

第二章 资源调查与发展规划

第六条 国务院能源主管部门负责组织和协调全国可再生能源资源的调查,并会同国务院有关部门组织制定资源调查的技术规范。

国务院有关部门在各自的职责范围内负责相关可再生能源资源的调查,调查结果报国务院能源主管部门汇总。

可再生能源资源的调查结果应当公布;但是,国家规定需要保密的内容除外。

第七条 国务院能源主管部门根据全国能源需求与可再生能源资源实际状况,制定全国可再生能源开发利用中长期总量目标,报国务院批准后执行,并予公布。

国务院能源主管部门根据前款规定的总量目标和省、自治区、直辖市经济发展与可再生能源资源实际状况,会同省、自治区、直辖市人民政府确定各行政区域可再生能源开发利用中长期目标,并予公布。

第八条 国务院能源主管部门会同国务院有关部门,根据全国可再生能源开发利用中长期总量目标和可再生能源技术发展状况,编制全国可再生能源开发利用规划,报国务院批准后实施。

国务院有关部门应当制定有利于促进全国可再生能源开发利用中长期总量目标实现的相关规划。

省、自治区、直辖市人民政府管理能源工作的部门会同本级人民政府有关部门,依据全国可再生能源开发利用规划和本行政区域可再生能源开发利用中长期目标,编制本行政区域可再生能源开发利用规划,经本级人民政府批准后,报国务院能源主管部门和国家电力监管机构备案,并组织实施。

经批准的规划应当公布;但是,国家规定需要保密的内容除外。

经批准的规划需要修改的,须经原批准机关批准。

第九条 编制可再生能源开发利用规划,应当遵循因地制宜、统筹兼顾、合理布局、有序发展的原则,对风能、太阳能、水能、生物质能、地热能、海洋能等可再生能源的开发利用作出统筹安排。规划内容应当包括发展目标、主要任务、区域布局、重点项目、实施进度、配套电网建设、服务体系和保障措施等。

组织编制机关应当征求有关单位、专家和公众的意见,进行科学论证。

第四章 推广与应用

第十三条 国家鼓励和支持可再生能源并网发电。

建设可再生能源并网发电项目,应当依照法律和国务院的规定取得行政许可或者报送备案。

建设应当取得行政许可的可再生能源并网发电项目,有多人申请同一项目许可的,应当依法通过招标确定被许可人。

第十四条 国家实行可再生能源发电全额保障性收购制度。

国务院能源主管部门会同国家电力监管机构和国务院财政部门,按照全国可再生能源开发利用规划,确定在规划期内应当达到的可再生能源发电量占全部发电量的比重,制定电网企业优先调度和全额收购可再生能源发电的具体办法,并由国务院能源主管部门会同国家电力监管机构在年度中督促落实。

电网企业应当与按照可再生能源开发利用规划建设,依法取得行政许可或者报送备案的可再生能源发电企业签订并网协议,全额收购其电网覆盖范围内符合并网技术标准的可再生能源并网发电项目的上网电量。发电企业有义务配合电网企业保障电网安全。

电网企业应当加强电网建设,扩大可再生能源电力配置范围,发展和应用智能电网、储能等技术,完善电网运行管理,提高吸纳可再生能源电力的能力,为可再生能源发电提供上网服务。

第十五条 国家扶持在电网未覆盖的地区建设可再生能源独立电力系统,当地生产和生活提供电力服务。

第十六条 国家鼓励清洁、高效地开发利用生物质燃料,鼓励发展能源作物。

利用生物质资源生产的燃气和热力,符合城市燃气管网、热力管网的入网技术标准的,经营燃气管网、热力管网的企业应当接收其入网。

国家鼓励生产和利用生物液体燃料。石油销售企业应当按照国务院能源主管部门或者省级人民政府的规定,将符合国家标准的生物液体燃料纳入其燃料销售体系。

第十七条 国家鼓励单位和个人安装和使用太阳能热水系统、太阳能供热采暖和制冷系统、太阳能光伏发电系统等太阳能利用系统。

国务院建设行政主管部门会同国务院有关部门制定太阳能利用系统与建筑结合的技术经济政策和技术规范。

房地产开发企业应当根据前款规定的技术规范,在建筑物的设计和施工中,为太阳能利用提供必备条件。

对已建成的建筑物,住户可以在不影响其质量与安全的前提下安装符合技术规范和产品标准的太阳能利用系统;但是,当事人另有约定的除外。

第十八条 国家鼓励和支持农村地区的可再生能源开发利用。

县级以上地方人民政府管理能源工作的部门会同有关部门,根据当地经济社会发展、生态保护和卫生综合治理需要等实际情况,制定农村地区可再生能源发展规划,因地制宜地推广应用沼气等生物质资源转化、户用太阳能、小型风能、小型水能等技术。

县级以上人民政府应当对农村地区的可再生能源利用项目提供财政支持。

第六章 经济激励与监督措施

第二十四条 国家财政设立可再生能源发展基金,资金来源包括国家财政年度安排的专项资金和依法征收的可再生能源电价附加收入等。

可再生能源发展基金用于补偿本法第二十条、第二十二条规定的差额费用,并用于支持以下事项:

(一)可再生能源开发利用的科学技术研究、标准制定和示范工程;
(二)农村、牧区的可再生能源利用项目;
(三)偏远地区和海岛可再生能源独立电力系统建设;
(四)可再生能源的资源勘查、评价和相关信息系统建设;
(五)促进可再生能源开发利用设备的本地化生产。

本法第二十一条规定的接网费用以及其他相关费用,电网企业不能通过销售电价回收的,可以申请可再生能源发展基金补助。

可再生能源发展基金征收使用管理的具体办法,由国务院财政部门会同国务院能源、价格主管部门制定。

第七章 法律责任

第二十八条 国务院能源主管部门和县级以上地方人民政府管理能源工作的部门和其他有关部门在可再生能源开发利用监督管理工作中,违反本法规定,有下列行为之一的,由本级人民政府或者上级人民政府有关部门责令改正,对负有责任的主管人员和其他直接责任人员依法给予行政处分;构成犯罪的,依法追究刑事责任:

(一)不依法作出行政许可决定的;
(二)发现违法行为不予查处的;
(三)有不依法、履行监督管理职责的其他行为的。

第二十九条 违反本法第十四条规定,电网企业未按照规定完成收购可再生能源电量,造成可再生能源发电企业经济损失的,应当承担赔偿责任,并由国家电力监管机构责令限期改正;拒不改正的,处以可再生能源发电企业经济损失额一倍以下的罚款。

第三十条 违反本法第十六条第二款规定,经营燃气管网、热力管网的企业不准许符合入网技术标准的燃气、热力入网,造成燃气、热力生产企业经济损失的,应当承担赔偿责任,并由省级人民政府管理能源工作的部门责令限期改正;拒不改正的,处以燃气、热力生产企业经济损失额一倍以下的罚款。

第三十一条 违反本法第十六条第三款规定,石油销售企业未按照规定将符合国家标准的生物液体燃料纳入其燃料销售体系,造成生物液体燃料生产企业经济损失的,应当承担赔偿责任,并由国务院能源主管部门或者省级人民政府管理能源工作的部门责令限期改正;拒不改正的,处以生物液体燃料生产企业经济损失额一倍以下的罚款。

第八章 附 则

第三十二条 本法中下列用语的含义:
(一)生物质能,是指利用自然界的植物、粪便以及城乡有机废物转化成的能源。
(二)可再生能源独立电力系统,是指不与电网连接的单独运行的可再生能源电力系统。
(三)能源作物,是指经专门种植,用以提供能源原料的草本和木本植物。
(四)生物液体燃料,是指利用生物质资源生产的甲醇、乙醇和生物柴油等液体燃料。

第三十三条 本法自 2006 年 1 月 1 日起施行。

中华人民共和国矿产资源法(2009年修正)(节录)

(1986年3月19日第六届全国人民代表大会常务委员会第十五次会议通过 根据1996年8月29日第八届全国人民代表大会常务委员会第二十一次会议《关于修改〈中华人民共和国矿产资源法〉的决定》第一次修正 根据2009年8月27日第十一届全国人民代表大会常务委员会第十次会议《关于修改部分法律的决定》第二次修正)

第一章 总 则

第一条 为了发展矿业,加强矿产资源的勘查、开发利用和保护工作,保障社会主义现代化建设的当前和长远的需要,根据中华人民共和国宪法,特制定本法。

第二条 在中华人民共和国领域及管辖海域勘查、开采矿产资源,必须遵守本法。

第三条 矿产资源属于国家所有,由国务院行使国家对矿产资源的所有权。地表或者地下的矿产资源的国家所有权,不因其所依附的土地的所有权或者使用权的不同而改变。

国家保障矿产资源的合理开发利用。禁止任何组织或者个人用任何手段侵占或者破坏矿产资源。各级人民政府必须加强矿产资源的保护工作。

勘查、开采矿产资源,必须依法分别申请、经批准取得探矿权、采矿权,并办理登记;但是,已经依法申请取得采矿权的矿山企业在划定的矿区范围内为本企业的生产而进行的勘查除外。国家保护探矿权和采矿权不受侵犯,保障矿区和勘查作业区的生产秩序、工作秩序不受影响和破坏。

从事矿产资源勘查和开采的,必须符合规定的资质条件。

第四条 国家保障依法设立的矿山企业开采矿产资源的合法权益。

国有矿山企业是开采矿产资源的主体。国家保障国有矿业经济的巩固和发展。

第五条 国家实行探矿权、采矿权有偿取得的制度;但是,国家对探矿权、采矿权有偿取得的费用,可以根据不同情况规定予以减缴、免缴。具体办法和实施步骤由国务院规定。

开采矿产资源,必须按照国家有关规定缴纳资源税和资源补偿费。

第十一条 国务院地质矿产主管部门主管全国矿产资源勘查、开采的监督管理工作。国务院有关主管部门协助国务院地质矿产主管部门进行矿产资源勘查、开采的监督管理工作。

省、自治区、直辖市人民政府地质矿产主管部门主管本行政区域内矿产资源勘查、开采的监督管理工作。省、自治区、直辖市人民政府有关主管部门协助同级地质矿产主管部门进行矿产资源勘查、开采的监督管理工作。

第二十一条 关闭矿山,必须提出矿山闭坑报告及有关采掘工程、不安全隐患、土地复垦利用、环境保护的资料,并按照国家规定报请审查批准。

第二十二条 勘查、开采矿产资源时,发现具有重大科学文化价值的罕见地质现象以及文化古迹,应当加以保护并及时报告有关部门。

第四章　矿产资源的开采

第三十二条　开采矿产资源,必须遵守有关环境保护的法律规定,防止污染环境。

开采矿产资源,应当节约用地。耕地、草原、林地因采矿受到破坏的,矿山企业应当因地制宜地采取复垦利用、植树种草或者其他利用措施。

开采矿产资源给他人生产、生活造成损失的,应当负责赔偿,并采取必要的补救措施。

第三十三条　在建设铁路、工厂、水库、输油管道、输电线路和各种大型建筑物或者建筑群之前,建设单位必须向所在省、自治区、直辖市地质矿产主管部门了解拟建工程所在地区的矿产资源分布和开采情况。非经国务院授权的部门批准,不得压覆重要矿床。

第六章　法律责任

第三十九条　违反本法规定,未取得采矿许可证擅自采矿的,擅自进入国家规划矿区、对国民经济具有重要价值的矿区范围采矿的,擅自开采国家规定实行保护性开采的特定矿种的,责令停止开采、赔偿损失,没收采出的矿产品和违法所得,可以并处罚款;拒不停止开采,造成矿产资源破坏的,依照刑法有关规定对直接责任人员追究刑事责任。

单位和个人进入他人依法设立的国有矿山企业和其他矿山企业矿区范围内采矿的,依照前款规定处罚。

第四十条　超越批准的矿区范围采矿的,责令退回本矿区范围内开采、赔偿损失,没收越界开采的矿产品和违法所得,可以并处罚款;拒不退回本矿区范围内开采,造成矿产资源破坏的,吊销采矿许可证,依照刑法有关规定对直接责任人员追究刑事责任。

第四十一条　盗窃、抢夺矿山企业和勘查单位的矿产品和其他财物的,破坏采矿、勘查设施的,扰乱矿区和勘查作业区的生产秩序、工作秩序的,分别依照刑法有关规定追究刑事责任;情节显著轻微的,依照治安管理处罚法有关规定予以处罚。

第四十二条　买卖、出租或者以其他形式转让矿产资源的,没收违法所得,处以罚款。

违反本法第六条的规定将探矿权、采矿权倒卖牟利的,吊销勘查许可证、采矿许可证,没收违法所得,处以罚款。

第四十三条　违反本法规定收购和销售国家统一收购的矿产品的,没收矿产品和违法所得,可以并处罚款;情节严重的,依照刑法有关规定,追究刑事责任。

第四十四条　违反本法规定,采取破坏性的开采方法开采矿产资源的,处以罚款,可以吊销采矿许可证;造成矿产资源严重破坏的,依照刑法有关规定对直接责任人员追究刑事责任。

第四十五条　本法第三十九条、第四十条、第四十二条规定的行政处罚,由县级以上人民政府负责地质矿产管理工作的部门按照国务院地质矿产主管部门规定的权限决定。第四十三条规定的行政处罚,由县级以上人民政府工商行政管理部门决定。第四十四条规定的行政处罚,由省、自治区、直辖市人民政府地质矿产主管部门决定。给予吊销勘查许可证或者采矿许可证处罚的,须由原发证机关决定。

依照第三十九条、第四十条、第四十二条、第四十四条规定应当给予行政处罚而不给予行政处罚的,上级人民政府地质矿产主管部门有权责令改正或者直接给予行政处罚。

第四十六条　当事人对行政处罚决定不服的,可以依法申请复议,也可以依法直接向人民法院起诉。

当事人逾期不申请复议也不向人民法院起诉,又不履行处罚决定的,由作出处罚决定的机关申请人民法院强制执行。

第四十七条 负责矿产资源勘查、开采监督管理工作的国家工作人员和其他有关国家工作人员徇私舞弊、滥用职权或者玩忽职守,违反本法规定批准勘查、开采矿产资源和颁发勘查许可证、采矿许可证,或者对违法采矿行为不依法予以制止、处罚,构成犯罪的,依法追究刑事责任;不构成犯罪的,给予行政处分。违法颁发的勘查许可证、采矿许可证,上级人民政府地质矿产主管部门有权予以撤销。

第四十八条 以暴力、威胁方法阻碍从事矿产资源勘查、开采监督管理工作的国家工作人员依法执行职务的,依照刑法有关规定追究刑事责任;拒绝、阻碍从事矿产资源勘查、开采监督管理工作的国家工作人员依法执行职务未使用暴力、威胁方法的,由公安机关依照治安管理处罚法的规定处罚。

第四十九条 矿山企业之间的矿区范围的争议,由当事人协商解决,协商不成的,由有关县级以上地方人民政府根据依法核定的矿区范围处理;跨省、自治区、直辖市的矿区范围的争议,由有关省、自治区、直辖市人民政府协商解决,协商不成的,由国务院处理。

第七章 附 则

第五十条 外商投资勘查、开采矿产资源,法律、行政法规另有规定的,从其规定。

第五十一条 本法施行以前,未办理批准手续、未划定矿区范围、未取得采矿许可证开采矿产资源的,应当依照本法有关规定申请补办手续。

第五十二条 本法实施细则由国务院制定。

第五十三条 本法自1986年10月1日起施行。

中华人民共和国煤炭法(2016年修正)(节录)

(1996年8月29日第八届全国人民代表大会常务委员会第二十一次会议通过 根据2009年8月27日第十一届全国人民代表大会常务委员会第十次会议《关于修改部分法律的决定》第一次修正 根据2011年4月22日第十一届全国人民代表大会常务委员会第二十次会议《关于修改〈中华人民共和国煤炭法〉的决定》第二次修正 根据2013年6月29日第十二届全国人民代表大会常务委员会第三次会议《关于修改〈中华人民共和国文物保护法〉等十二部法律的决定》第三次修正 根据2016年11月7日第十二届全国人民代表大会常务委员会第二十四次会议《关于修改〈中华人民共和国对外贸易法〉等十二部法律的决定》第四次修正)

第一章 总 则

第一条 为了合理开发利用和保护煤炭资源,规范煤炭生产、经营活动,促进和保障煤炭行业的发展,制定本法。

第二条 在中华人民共和国领域和中华人民共和国管辖的其他海域从事煤炭生产、经营活动,适用本法。

第三条 煤炭资源属于国家所有。地表或者地下的煤炭资源的国家所有权,不因其依附的土地的所有权或者使用权的不同而改变。

第四条 国家对煤炭开发实行统一规划、合理布局、综合利用的方针。

第五条 国家依法保护煤炭资源,禁止任何乱采、滥挖破坏煤炭资源的行为。

第六条 国家保护依法投资开发煤炭资源的投资者的合法权益。

国家保障国有煤矿的健康发展。

国家对乡镇煤矿采取扶持、改造、整顿、联合、提高的方针,实行正规合理开发和有序发展。

第十一条 开发利用煤炭资源,应当遵守有关环境保护的法律、法规,防治污染和其他公害,保护生态环境。

第十二条 国务院煤炭管理部门依法负责全国煤炭行业的监督管理。国务院有关部门在各自的职责范围内负责煤炭行业的监督管理。

县级以上地方人民政府煤炭管理部门和有关部门依法负责本行政区域内煤炭行业的监督管理。

第十三条 煤炭矿务局是国有煤矿企业,具有独立法人资格。

矿务局和其他具有独立法人资格的煤矿企业、煤炭经营企业依法实行自主经营、自负盈亏、自我约束、自我发展。

第三章　煤炭生产与煤矿安全

第二十条 煤矿投入生产前,煤矿企业应当依照有关安全生产的法律、行政法规的规定取得安全生产许可证。未取得安全生产许可证的,不得从事煤炭生产。

第二十一条 对国民经济具有重要价值的特殊煤种或者稀缺煤种,国家实行保护性开采。

第二十二条 开采煤炭资源必须符合煤矿开采规程,遵守合理的开采顺序,达到规定的煤炭资源回采率。

煤炭资源回采率由国务院煤炭管理部门根据不同的资源和开采条件确定。

国家鼓励煤矿企业进行复采或者开采边角残煤和极薄煤。

第二十三条 煤矿企业应当加强煤炭产品质量的监督检查和管理。煤炭产品质量应当按照国家标准或者行业标准分等论级。

第二十四条 煤炭生产应当依法在批准的开采范围内进行,不得超越批准的开采范围越界、越层开采。

采矿作业不得擅自开采保安煤柱,不得采用可能危及相邻煤矿生产安全的决水、爆破、贯通巷道等危险方法。

第二十五条 因开采煤炭压占土地或者造成地表土地塌陷、挖损,由采矿者负责进行复垦,恢复到可供利用的状态;造成他人损失的,应当依法给予补偿。

第二十六条 关闭煤矿和报废矿井,应当依照有关法律、法规和国务院煤炭管理部门的规定办理。

第三十四条 在煤矿井下作业中,出现危及职工生命安全并无法排除的紧急情况时,作业现场负责人或者安全管理人员应当立即组织职工撤离危险现场,并及时报告有关方面负责人。

第三十五条 煤矿企业工会发现企业行政方面违章指挥、强令职工冒险作业或者生产过程中发现明显重大事故隐患,可能危及职工生命安全的情况,有权提出解决问题的建议,煤矿企业行政方面必须及时作出处理决定。企业行政方面拒不处理的,工会有权提出批评、检举和控告。

第三十六条 煤矿企业必须为职工提供保障安全生产所需的劳动保护用品。

第三十七条 煤矿企业应当依法为职工参加工伤保险缴纳工伤保险费。鼓励企业为井下作业职工办理意外伤害保险,支付保险费。

第三十八条 煤矿企业使用的设备、器材、火工产品和安全仪器,必须符合国家标准或者行业标准。

第四章 煤炭经营

第三十九条 煤炭经营企业从事煤炭经营,应当遵守有关法律、法规的规定,改善服务,保障供应。禁止一切非法经营活动。

第五章 煤矿矿区保护

第四十八条 任何单位或者个人不得危害煤矿矿区的电力、通讯、水源、交通及其他生产设施。

禁止任何单位和个人扰乱煤矿矿区的生产秩序和工作秩序。

第四十九条 对盗窃或者破坏煤矿矿区设施、器材及其他危及煤矿矿区安全的行为,一切单位和个人都有权检举、控告。

第五十条 未经煤矿企业同意,任何单位或者个人不得在煤矿企业依法取得土地使用权的有效期间内在该土地上种植、养殖、取土或者修建建筑物、构筑物。

第五十一条 未经煤矿企业同意,任何单位或者个人不得占用煤矿企业的铁路专用线、专用道路、专用航道、专用码头、电力专用线、专用供水管路。

第五十二条 任何单位或者个人需要在煤矿采区范围内进行可能危及煤矿安全的作业时,应当经煤矿企业同意,报煤炭管理部门批准,并采取安全措施后,方可进行作业。

在煤矿矿区范围内需要建设公用工程或者其他工程的,有关单位应当事先与煤矿企业协商并达成协议后,方可施工。

第六章 监督检查

第五十三条 煤炭管理部门和有关部门依法对煤矿企业和煤炭经营企业执行煤炭法律、法规的情况进行监督检查。

第五十四条 煤炭管理部门和有关部门的监督检查人员应当熟悉煤炭法律、法规,掌握有关煤炭专业技术,公正廉洁,秉公执法。

第五十五条 煤炭管理部门和有关部门的监督检查人员进行监督检查时,有权向煤矿企业、煤炭经营企业或者用户了解有关执行煤炭法律、法规的情况,查阅有关资料,并有权进入现场进行检查。

煤矿企业、煤炭经营企业和用户对依法执行监督检查任务的煤炭管理部门和有关部门的监督检查人员应当提供方便。

第五十六条　煤炭管理部门和有关部门的监督检查人员对煤矿企业和煤炭经营企业违反煤炭法律、法规的行为,有权要求其依法改正。

煤炭管理部门和有关部门的监督检查人员进行监督检查时,应当出示证件。

第七章　法律责任

第五十七条　违反本法第二十二条的规定,开采煤炭资源未达到国务院煤炭管理部门规定的煤炭资源回采率的,由煤炭管理部门责令限期改正;逾期仍达不到规定的回采率的,责令停止生产。

第五十八条　违反本法第二十四条的规定,擅自开采保安煤柱或者采用危及相邻煤矿生产安全的危险方法进行采矿作业的,由劳动行政主管部门会同煤炭管理部门责令停止作业;由煤炭管理部门没收违法所得,并处违法所得一倍以上五倍以下的罚款;构成犯罪的,由司法机关依法追究刑事责任;造成损失的,依法承担赔偿责任。

第五十九条　违反本法第四十三条的规定,在煤炭产品中掺杂、掺假,以次充好的,责令停止销售,没收违法所得,并处违法所得一倍以上五倍以下的罚款;构成犯罪的,由司法机关依法追究刑事责任。

第六十条　违反本法第五十条的规定,未经煤矿企业同意,在煤矿企业依法取得土地使用权的有效期间内在该土地上修建建筑物、构筑物的,由当地人民政府动员拆除;拒不拆除的,责令拆除。

第六十一条　违反本法第五十一条的规定,未经煤矿企业同意,占用煤矿企业的铁路专用线、专用道路、专用航道、专用码头、电力专用线、专用供水管路的,由县级以上地方人民政府责令限期改正;逾期不改正的,强制清除,可以并处五万元以下的罚款;造成损失的,依法承担赔偿责任。

第六十二条　违反本法第五十二条的规定,未经批准或者未采取安全措施,在煤矿采区范围内进行危及煤矿安全作业的,由煤炭管理部门责令停止作业,可以并处五万元以下的罚款;造成损失的,依法承担赔偿责任。

第六十三条　有下列行为之一的,由公安机关依照治安管理处罚法的有关规定处罚;构成犯罪的,由司法机关依法追究刑事责任:

(一)阻碍煤矿建设,致使煤矿建设不能正常进行的;

(二)故意损坏煤矿矿区的电力、通讯、水源、交通及其他生产设施的;

(三)扰乱煤矿矿区秩序,致使生产、工作不能正常进行的;

(四)拒绝、阻碍监督检查人员依法执行职务的。

第六十四条　煤矿企业的管理人员违章指挥、强令职工冒险作业,发生重大伤亡事故的,依照刑法有关规定追究刑事责任。

第六十五条　煤矿企业的管理人员对煤矿事故隐患不采取措施予以消除,发生重大伤亡事故的,依照刑法有关规定追究刑事责任。

第六十六条　煤炭管理部门和有关部门的工作人员玩忽职守、徇私舞弊、滥用职权的,依法给予行政处分;构成犯罪的,由司法机关依法追究刑事责任。

第八章 附 则

第六十七条 本法自1996年12月1日起施行。

中华人民共和国防沙治沙法（2018年修正）（节录）

(2001年8月31日第九届全国人民代表大会常务委员会第二十三次会议通过 根据2018年10月26日第十三届全国人民代表大会常务委员会第六次会议《关于修改〈中华人民共和国野生动物保护法〉等十五部法律的决定》修正)

第一章 总 则

第一条 为预防土地沙化,治理沙化土地,维护生态安全,促进经济和社会的可持续发展,制定本法。

第二条 在中华人民共和国境内,从事土地沙化的预防、沙化土地的治理和开发利用活动,必须遵守本法。

土地沙化是指因气候变化和人类活动所导致的天然沙漠扩张和沙质土壤上植被破坏、沙土裸露的过程。

本法所称土地沙化,是指主要因人类不合理活动所导致的天然沙漠扩张和沙质土壤上植被及覆盖物被破坏,形成流沙及沙土裸露的过程。

本法所称沙化土地,包括已经沙化的土地和具有明显沙化趋势的土地。具体范围,由国务院批准的全国防沙治沙规划确定。

第三条 防沙治沙工作应当遵循以下原则:

(一)统一规划,因地制宜,分步实施,坚持区域防治与重点防治相结合;

(二)预防为主,防治结合,综合治理;

(三)保护和恢复植被与合理利用自然资源相结合;

(四)遵循生态规律,依靠科技进步;

(五)改善生态环境与帮助农牧民脱贫致富相结合;

(六)国家支持与地方自力更生相结合,政府组织与社会各界参与相结合,鼓励单位、个人承包防治;

(七)保障防沙治沙者的合法权益。

第四条 国务院和沙化土地所在地区的县级以上地方人民政府,应当将防沙治沙纳入国民经济和社会发展计划,保障和支持防沙治沙工作的开展。

沙化土地所在地区的地方各级人民政府,应当采取有效措施,预防土地沙化,治理沙化土地,保护和改善本行政区域的生态质量。

国家在沙化土地所在地区,建立政府行政领导防沙治沙任期目标责任考核奖惩制度。沙化土地所在地区的县级以上地方人民政府,应当向同级人民代表大会及其常务委员会报告防沙治沙工作情况。

第五条 在国务院领导下,国务院林业草原行政主管部门负责组织、协调、指导全国防沙治沙工作。

国务院林业草原、农业、水利、土地、生态环境等行政主管部门和气象主管机构,按照有关法律规定的职责和国务院确定的职责分工,各负其责,密切配合,共同做好防沙治沙工作。

县级以上地方人民政府组织、领导所属有关部门,按照职责分工,各负其责,密切配合,共同做好本行政区域的防沙治沙工作。

第六条 使用土地的单位和个人,有防止该土地沙化的义务。

使用已经沙化的土地的单位和个人,有治理该沙化土地的义务。

第三章 土地沙化的预防

第十四条 国务院林业草原行政主管部门组织其他有关行政主管部门对全国土地沙化情况进行监测、统计和分析,并定期公布监测结果。

县级以上地方人民政府林业草原或者其他有关行政主管部门,应当按照土地沙化监测技术规程,对沙化土地进行监测,并将监测结果向本级人民政府及上一级林业草原或者其他有关行政主管部门报告。

第十五条 县级以上地方人民政府林业草原或者其他有关行政主管部门,在土地沙化监测过程中,发现土地发生沙化或者沙化程度加重的,应当及时报告本级人民政府。收到报告的人民政府应当责成有关行政主管部门制止导致土地沙化的行为,并采取有效措施进行治理。

各级气象主管机构应当组织对气象干旱和沙尘暴天气进行监测、预报,发现气象干旱或者沙尘暴天气征兆时,应当及时报告当地人民政府。收到报告的人民政府应当采取预防措施,必要时公布灾情预报,并组织林业草原、农(牧)业等有关部门采取应急措施,避免或者减轻风沙危害。

第十六条 沙化土地所在地区的县级以上地方人民政府应当按照防沙治沙规划,划出一定比例的土地,因地制宜地营造防风固沙林网、林带,种植多年生灌木和草本植物。由林业草原行政主管部门负责确定植树造林的成活率、保存率的标准和具体任务,并逐片组织实施,明确责任,确保完成。

除了抚育更新性质的采伐外,不得批准对防风固沙林网、林带进行采伐。在对防风固沙林网、林带进行抚育更新性质的采伐之前,必须在其附近预先形成接替林网和林带。

对林木更新困难地区已有的防风固沙林网、林带,不得批准采伐。

第十七条 禁止在沙化土地上砍挖灌木、药材及其他固沙植物。

沙化土地所在地区的县级人民政府,应当制定植被管护制度,严格保护植被,并根据需要在乡(镇)、村建立植被管护组织,确定管护人员。

在沙化土地范围内,各类土地承包合同应当包括植被保护责任的内容。

第十八条 草原地区的地方各级人民政府,应当加强草原的管理和建设,由林业草原行政主管部门会同畜牧业行政主管部门负责指导、组织农牧民建设人工草场,控制载畜量,调整牲畜结构,改良牲畜品种,推行牲畜圈养和草场轮牧,消灭草原鼠害、虫害,保护草原植被,防止草原退化和沙化。

草原实行以产草量确定载畜量的制度。由林业草原行政主管部门会同畜牧业行政主管部门负责制定载畜量的标准和有关规定,并逐级组织实施,明确责任,确保完成。

第十九条 沙化土地所在地区的县级以上地方人民政府水行政主管部门,应当加强流域和区域水资源的统一调配和管理,在编制流域和区域水资源开发利用规划和供水计划时,必须考虑整个流域和区域植被保护的用水需求,防止因地下水和上游水资源的过度开发利用,导致植被破坏和土地沙化。该规划和计划经批准后,必须严格实施。

沙化土地所在地区的地方各级人民政府应当节约用水,发展节水型农牧业和其他产业。

第二十条 沙化土地所在地区的县级以上地方人民政府,不得批准在沙漠边缘地带和林地、草原开垦耕地;已经开垦并对生态产生不良影响的,应当有计划地组织退耕还林还草。

第二十一条 在沙化土地范围内从事开发建设活动的,必须事先就该项目可能对当地及相关地区生态产生的影响进行环境影响评价,依法提交环境影响报告;环境影响报告应当包括有关防沙治沙的内容。

第二十二条 在沙化土地封禁保护区范围内,禁止一切破坏植被的活动。

禁止在沙化土地封禁保护区范围内安置移民。对沙化土地封禁保护区范围内的农牧民,县级以上地方人民政府应当有计划地组织迁出,并妥善安置。沙化土地封禁保护区范围内尚未迁出的农牧民的生产生活,由沙化土地封禁保护区主管部门妥善安排。

未经国务院或者国务院指定的部门同意,不得在沙化土地封禁保护区范围内进行修建铁路、公路等建设活动。

第四章 沙化土地的治理

第二十三条 沙化土地所在地区的地方各级人民政府,应当按照防沙治沙规划,组织有关部门、单位和个人,因地制宜地采取人工造林种草、飞机播种造林种草、封沙育林育草和合理调配生态用水等措施,恢复和增加植被,治理已经沙化的土地。

第二十四条 国家鼓励单位和个人在自愿的前提下,捐资或者以其他形式开展公益性的治沙活动。

县级以上地方人民政府林业草原或者其他有关行政主管部门,应当为公益性治沙活动提供治理地点和无偿技术指导。

从事公益性治沙的单位和个人,应当按照县级以上地方人民政府林业草原或者其他有关行政主管部门的技术要求进行治理,并可以将所种植的林、草委托他人管护或者交由当地人民政府有关行政主管部门管护。

第二十五条 使用已经沙化的国有土地的使用权人和农民集体所有土地的承包经营权人,必须采取治理措施,改善土地质量;确实无能力完成治理任务的,可以委托他人治理或者与他人合作治理。委托或者合作治理的,应当签订协议,明确各方的权利和义务。

沙化土地所在地区的地方各级人民政府及其有关行政主管部门、技术推广单位,应当为土地使用权人和承包经营权人的治沙活动提供技术指导。

采取退耕还林还草、植树种草或者封育措施治沙的土地使用权人和承包经营权人,按照国家有关规定,享受人民政府提供的政策优惠。

第二十六条 不具有土地所有权或者使用权的单位和个人从事营利性治沙活动的,应当先与土地所有权人或者使用权人签订协议,依法取得土地使用权。

在治理活动开始之前,从事营利性治沙活动的单位和个人应当向治理项目所在地的县级以上地方人民政府林业草原行政主管部门或者县级以上地方人民政府指定的其他行政主管部门提出治理申请,并附具下列文件:

(一)被治理土地权属的合法证明文件和治理协议;
(二)符合防沙治沙规划的治理方案;
(三)治理所需的资金证明。

第二十七条 本法第二十六条第二款第二项所称治理方案,应当包括以下内容:
(一)治理范围界限;
(二)分阶段治理目标和治理期限;
(三)主要治理措施;
(四)经当地水行政主管部门同意的用水来源和用水量指标;
(五)治理后的土地用途和植被管护措施;
(六)其他需要载明的事项。

第二十八条 从事营利性治沙活动的单位和个人,必须按照治理方案进行治理。

国家保护沙化土地治理者的合法权益。在治理者取得合法土地权属的治理范围内,未经治理者同意,其他任何单位和个人不得从事治理或者开发利用活动。

第二十九条 治理者完成治理任务后,应当向县级以上地方人民政府受理治理申请的行政主管部门提出验收申请。经验收合格的,受理治理申请的行政主管部门应当发给治理合格证明文件;经验收不合格的,治理者应当继续治理。

第三十条 已经沙化的土地范围内的铁路、公路、河流和水渠两侧,城镇、村庄、厂矿和水库周围,实行单位治理责任制,由县级以上地方人民政府下达治理责任书,由责任单位负责组织造林种草或者采取其他治理措施。

第三十一条 沙化土地所在地区的地方各级人民政府,可以组织当地农村集体经济组织及其成员在自愿的前提下,对已经沙化的土地进行集中治理。农村集体经济组织及其成员投入的资金和劳力,可以折算为治理项目的股份、资本金,也可以采取其他形式给予补偿。

第五章 保障措施

第三十二条 国务院和沙化土地所在地区的地方各级人民政府应当在本级财政预算中按照防沙治沙规划通过项目预算安排资金,用于本级人民政府确定的防沙治沙工程。在安排扶贫、农业、水利、道路、矿产、能源、农业综合开发等项目时,应当根据具体情况,设立若干防沙治沙子项目。

第三十三条 国务院和省、自治区、直辖市人民政府应当制定优惠政策,鼓励和支持单位和个人防沙治沙。

县级以上地方人民政府应当按照国家有关规定,根据防沙治沙的面积和难易程度,给予从事防沙治沙活动的单位和个人资金补助、财政贴息以及税费减免等政策优惠。

单位和个人投资进行防沙治沙的,在投资阶段免征各种税收;取得一定收益后,可以免征或者减征有关税收。

第三十四条 使用已经沙化的国有土地从事治沙活动的,经县级以上人民政府依法批准,可以享有不超过七十年的土地使用权。具体年限和管理办法,由国务院规定。

使用已经沙化的集体所有土地从事治沙活动的,治理者应当与土地所有人签订土地承包合同。具体承包期限和当事人的其他权利、义务由承包合同双方依法在土地承包合同中约定。县级人民政府依法根据土地承包合同向治理者颁发土地使用权证书,保护集体所有沙化土地治理者的土地使用权。

第三十五条 因保护生态的特殊要求,将治理后的土地批准划为自然保护区或者沙化土地封禁保护区的,批准机关应当给予治理者合理的经济补偿。

第三十六条 国家根据防沙治沙的需要,组织设立防沙治沙重点科研项目和示范、推广项目,并对防沙治沙、沙区能源、沙生经济作物、节水灌溉、防止草原退化、沙地旱作农业等方面的科学研究与技术推广给予资金补助、税费减免等政策优惠。

第三十七条 任何单位和个人不得截留、挪用防沙治沙资金。

县级以上人民政府审计机关,应当依法对防沙治沙资金使用情况实施审计监督。

第六章 法律责任

第三十八条 违反本法第二十二条第一款规定,在沙化土地封禁保护区范围内从事破坏植被活动的,由县级以上地方人民政府林业草原行政主管部门责令停止违法行为;有违法所得的,没收其违法所得;构成犯罪的,依法追究刑事责任。

第三十九条 违反本法第二十五条第一款规定,国有土地使用权人和农民集体所有土地承包经营权人未采取防沙治沙措施,造成土地严重沙化的,由县级以上地方人民政府林业草原行政主管部门责令限期治理;造成国有土地严重沙化的,县级以上人民政府可以收回国有土地使用权。

第四十条 违反本法规定,进行营利性治沙活动,造成土地沙化加重的,由县级以上地方人民政府负责受理营利性治沙申请的行政主管部门责令停止违法行为,可以并处每公顷五千元以上五万元以下的罚款。

第四十一条 违反本法第二十八条第一款规定,不按照治理方案进行治理的,或者违反本法第二十九条规定,经验收不合格又不按要求继续治理的,由县级以上地方人民政府负责受理营利性治沙申请的行政主管部门责令停止违法行为,限期改正,可以并处相当于治理费用一倍以上三倍以下的罚款。

第四十二条 违反本法第二十八条第二款规定,未经治理者同意,擅自在他人的治理范围内从事治理或者开发利用活动的,由县级以上地方人民政府负责受理营利性治沙申请的行政主管部门责令停止违法行为;给治理者造成损失的,应当赔偿损失。

第四十三条 违反本法规定,有下列情形之一的,对直接负责的主管人员和其他直接责任人员,由所在单位、监察机关或者上级行政主管部门依法给予行政处分:

(一)违反本法第十五条第一款规定,发现土地发生沙化或者沙化程度加重不及时报告的,或者收到报告后不责成有关行政主管部门采取措施的;

(二)违反本法第十六条第二款、第三款规定,批准采伐防风固沙林网、林带的;

(三)违反本法第二十条规定,批准在沙漠边缘地带和林地、草原开垦耕地的;

(四)违反本法第二十二条第二款规定,在沙化土地封禁保护区范围内安置移民的;

(五)违反本法第二十二条第三款规定,未经批准在沙化土地封禁保护区范围内进行修建铁路、公路等建设活动的。

第四十四条 违反本法第三十七条第一款规定,截留、挪用防沙治沙资金的,对直接负责的主管人员和其他直接责任人员,由监察机关或者上级行政主管部门依法给予行政处分;构成犯罪的,依法追究刑事责任。

第四十五条 防沙治沙监督管理人员滥用职权、玩忽职守、徇私舞弊,构成犯罪的,依法追究刑事责任。

第七章 附 则

第四十六条 本法第五条第二款中所称的有关法律,是指《中华人民共和国森林法》《中华人民共和国草原法》《中华人民共和国水土保持法》《中华人民共和国土地管理法》《中华人民共和国环境保护法》和《中华人民共和国气象法》。

第四十七条 本法自2002年1月1日起施行。

中华人民共和国气象法(2016年修正)(节录)

(1999年10月31日第九届全国人民代表大会常务委员会第十二次会议通过 根据2009年8月27日第十一届全国人民代表大会常务委员会第十次会议《关于修改部分法律的决定》第一次修正 根据2014年8月31日第十二届全国人民代表大会常务委员会第十次会议《关于修改〈中华人民共和国保险法〉等五部法律的决定》第二次修正 根据2016年11月7日第十二届全国人民代表大会常务委员会第二十四次会议《关于修改〈中华人民共和国对外贸易法〉等十二部法律的决定》第三次修正)

第一章 总 则

第一条 为了发展气象事业,规范气象工作,准确、及时地发布气象预报,防御气象灾害,合理开发利用和保护气候资源,为经济建设、国防建设、社会发展和人民生活提供气象服务,制定本法。

第二条 在中华人民共和国领域和中华人民共和国管辖的其他海域从事气象探测、预报、服务和气象灾害防御、气候资源利用、气象科学技术研究等活动,应当遵守本法。

第三条 气象事业是经济建设、国防建设、社会发展和人民生活的基础性公益事业,气象工作应当把公益性气象服务放在首位。

县级以上人民政府应当加强对气象工作的领导和协调,将气象事业纳入中央和地方同级国民经济和社会发展计划及财政预算,以保障其充分发挥为社会公众、政府决策和经济发展服务的功能。

县级以上地方人民政府根据当地社会经济发展的需要所建设的地方气象事业项目,其投资主要由本级财政承担。

气象台站在确保公益性气象无偿服务的前提下,可以依法开展气象有偿服务。

第四条 县、市气象主管机构所属的气象台站应当主要为农业生产服务,及时主动提供保障当地农业生产所需的公益性气象信息服务。

第五条 国务院气象主管机构负责全国的气象工作。地方各级气象主管机构在上级气象主管机构和本级人民政府的领导下,负责本行政区域内的气象工作。

国务院其他有关部门和省、自治区、直辖市人民政府其他有关部门所属的气象台站,应当接受同级气象主管机构对其气象工作的指导、监督和行业管理。

第六条 从事气象业务活动,应当遵守国家制定的气象技术标准、规范和规程。

第二章 气象设施的建设与管理

第十一条 国家依法保护气象设施,任何组织或者个人不得侵占、损毁或者擅自移动气象设施。

气象设施因不可抗力遭受破坏时,当地人民政府应当采取紧急措施,组织力量修复,确保气象设施正常运行。

第十二条 未经依法批准,任何组织或者个人不得迁移气象台站;确因实施城市规划或者国家重点工程建设,需要迁移国家基准气候站、基本气象站的,应当报经国务院气象主管机构批准;需要迁移其他气象台站的,应当报经省、自治区、直辖市气象主管机构批准。迁建费用由建设单位承担。

第十九条 国家依法保护气象探测环境,任何组织和个人都有保护气象探测环境的义务。

第二十条 禁止下列危害气象探测环境的行为:

(一)在气象探测环境保护范围内设置障碍物、进行爆破和采石;

(二)在气象探测环境保护范围内设置影响气象探测设施工作效能的高频电磁辐射装置;

(三)在气象探测环境保护范围内从事其他影响气象探测的行为。

气象探测环境保护范围的划定标准由国务院气象主管机构规定。各级人民政府应当按照法定标准划定气象探测环境的保护范围,并纳入城市规划或者村庄和集镇规划。

第二十一条 新建、扩建、改建建设工程,应当避免危害气象探测环境;确实无法避免的,建设单位应当事先征得省、自治区、直辖市气象主管机构的同意,并采取相应的措施后,方可建设。

第二十七条 县级以上人民政府应当加强气象灾害监测、预警系统建设,组织有关部门编制气象灾害防御规划,并采取有效措施,提高防御气象灾害的能力。有关组织和个人应当服从人民政府的指挥和安排,做好气象灾害防御工作。

第二十八条 各级气象主管机构应当组织对重大灾害性天气的跨地区、跨部门的联合监测、预报工作,及时提出气象灾害防御措施,并对重大气象灾害作出评估,为本级人民政府组织防御气象灾害提供决策依据。

各级气象主管机构所属的气象台站应当加强对可能影响当地的灾害性天气的监测和预报,

并及时报告有关气象主管机构。其他有关部门所属的气象台站和与灾害性天气监测、预报有关的单位应当及时向气象主管机构提供监测、预报气象灾害所需要的气象探测信息和有关的水情、风暴潮等监测信息。

第二十九条 县级以上地方人民政府应当根据防御气象灾害的需要,制定气象灾害防御方案,并根据气象主管机构提供的气象信息,组织实施气象灾害防御方案,避免或者减轻气象灾害。

第三十一条 各级气象主管机构应当加强对雷电灾害防御工作的组织管理,并会同有关部门指导对可能遭受雷击的建筑物、构筑物和其他设施安装的雷电灾害防护装置的检测工作。

安装的雷电灾害防护装置应当符合国务院气象主管机构规定的使用要求。

第三十五条 违反本法规定,有下列行为之一的,由有关气象主管机构按照权限责令停止违法行为,限期恢复原状或者采取其他补救措施,可以并处五万元以下的罚款;造成损失的,依法承担赔偿责任;构成犯罪的,依法追究刑事责任:

(一)侵占、损毁或者未经批准擅自移动气象设施的;(二)在气象探测环境保护范围内从事危害气象探测环境活动的。

在气象探测环境保护范围内,违法批准占用土地的,或者非法占用土地新建建筑物或者其他设施的,依照《中华人民共和国城乡规划法》或者《中华人民共和国土地管理法》的有关规定处罚。

第三十六条 违反本法规定,使用不符合技术要求的气象专用技术装备,造成危害的,由有关气象主管机构按照权限责令改正,给予警告,可以并处五万元以下的罚款。

第三十七条 违反本法规定,安装不符合使用要求的雷电灾害防护装置的,由有关气象主管机构责令改正,给予警告。使用不符合使用要求的雷电灾害防护装置给他人造成损失的,依法承担赔偿责任。

第三十八条 违反本法规定,有下列行为之一的,由有关气象主管机构按照权限责令改正,给予警告,可以并处五万元以下的罚款:

(一)非法向社会发布公众气象预报、灾害性天气警报的;

(二)广播、电视、报纸、电信等媒体向社会传播公众气象预报、灾害性天气警报,不使用气象主管机构所属的气象台站提供的适时气象信息的;

(三)从事大气环境影响评价的单位进行工程建设项目大气环境影响评价时,使用的气象资料不符合国家气象技术标准的。

第三十九条 违反本法规定,不具备省、自治区、直辖市气象主管机构规定的条件实施人工影响天气作业的,或者实施人工影响天气作业使用不符合国务院气象主管机构要求的技术标准的作业设备的,由有关气象主管机构按照权限责令改正,给予警告,可以并处十万元以下的罚款;给他人造成损失的,依法承担赔偿责任;构成犯罪的,依法追究刑事责任。

第四十条 各级气象主管机构及其所属气象台站的工作人员由于玩忽职守,导致重大漏报、错报公众气象预报、灾害性天气警报,以及丢失或者毁坏原始气象探测资料、伪造气象资料等事故的,依法给予行政处分;致使国家利益和人民生命财产遭受重大损失,构成犯罪的,依法追究刑事责任。

第四十三条 中国人民解放军气象工作的管理办法,由中央军事委员会制定。

第四十四条 中华人民共和国缔结或者参加的有关气象活动的国际条约与本法有不同规定

的,适用该国际条约的规定;但是,中华人民共和国声明保留的条款除外。

第四十五条 本法自 2000 年 1 月 1 日起施行。1994 年 8 月 18 日国务院发布的《中华人民共和国气象条例》同时废止。

中华人民共和国国家赔偿法(2012 年修正)(节录)

(1994 年 5 月 12 日第八届全国人民代表大会常务委员会第七次会议通过 根据 2010 年 4 月 29 日第十一届全国人民代表大会常务委员会第十四次会议《关于修改〈中华人民共和国国家赔偿法〉的决定》第一次修正 根据 2012 年 10 月 26 日第十一届全国人民代表大会常务委员会第二十九次会议《关于修改〈中华人民共和国国家赔偿法〉的决定》第二次修正)

第一章 总 则

第一条 为保障公民、法人和其他组织享有依法取得国家赔偿的权利,促进国家机关依法行使职权,根据宪法,制定本法。

第二条 国家机关和国家机关工作人员行使职权,有本法规定的侵犯公民、法人和其他组织合法权益的情形,造成损害的,受害人有依照本法取得国家赔偿的权利。

本法规定的赔偿义务机关,应当依照本法及时履行赔偿义务。

第二章 行政赔偿

第一节 赔偿范围

第三条 行政机关及其工作人员在行使行政职权时有下列侵犯人身权情形之一的,受害人有取得赔偿的权利:

(一)违法拘留或者违法采取限制公民人身自由的行政强制措施的;

(二)非法拘禁或者以其他方法非法剥夺公民人身自由的;

(三)以殴打、虐待等行为或者唆使、放纵他人以殴打、虐待等行为造成公民身体伤害或者死亡的;

(四)违法使用武器、警械造成公民身体伤害或者死亡的;

(五)造成公民身体伤害或者死亡的其他违法行为。

第四条 行政机关及其工作人员在行使行政职权时有下列侵犯财产权情形之一的,受害人有取得赔偿的权利:

(一)违法实施罚款、吊销许可证和执照、责令停产停业、没收财物等行政处罚的;

(二)违法对财产采取查封、扣押、冻结等行政强制措施的;

(三)违法征收、征用财产的;

(四)造成财产损害的其他违法行为。

第五条 属于下列情形之一的,国家不承担赔偿责任:

(一)行政机关工作人员与行使职权无关的个人行为;

(二)因公民、法人和其他组织自己的行为致使损害发生的;

(三)法律规定的其他情形。

第二节 赔偿请求人和赔偿义务机关

第六条 受害的公民、法人和其他组织有权要求赔偿。

受害的公民死亡,其继承人和其他有扶养关系的亲属有权要求赔偿。

受害的法人或者其他组织终止的,其权利承受人有权要求赔偿。

第七条 行政机关及其工作人员行使行政职权侵犯公民、法人和其他组织的合法权益造成损害的,该行政机关为赔偿义务机关。

两个以上行政机关共同行使行政职权时侵犯公民、法人和其他组织的合法权益造成损害的,共同行使行政职权的行政机关为共同赔偿义务机关。

法律、法规授权的组织在行使授予的行政权力时侵犯公民、法人和其他组织的合法权益造成损害的,被授权的组织为赔偿义务机关。

受行政机关委托的组织或者个人在行使受委托的行政权力时侵犯公民、法人和其他组织的合法权益造成损害的,委托的行政机关为赔偿义务机关。

赔偿义务机关被撤销的,继续行使其职权的行政机关为赔偿义务机关;没有继续行使其职权的行政机关的,撤销该赔偿义务机关的行政机关为赔偿义务机关。

第八条 经复议机关复议的,最初造成侵权行为的行政机关为赔偿义务机关,但复议机关的复议决定加重损害的,复议机关对加重的部分履行赔偿义务。

第十五条 人民法院审理行政赔偿案件,赔偿请求人和赔偿义务机关对自己提出的主张,应当提供证据。

赔偿义务机关采取行政拘留或者限制人身自由的强制措施期间,被限制人身自由的人死亡或者丧失行为能力的,赔偿义务机关的行为与被限制人身自由的人的死亡或者丧失行为能力是否存在因果关系,赔偿义务机关应当提供证据。

第十六条 赔偿义务机关赔偿损失后,应当责令有故意或者重大过失的工作人员或者受委托的组织或者个人承担部分或者全部赔偿费用。

对有故意或者重大过失的责任人员,有关机关应当依法给予处分;构成犯罪的,应当依法追究刑事责任。

第三章 刑事赔偿

第一节 赔偿范围

第十七条 行使侦查、检察、审判职权的机关以及看守所、监狱管理机关及其工作人员在行使职权时有下列侵犯人身权情形之一的,受害人有取得赔偿的权利:

(一)违反刑事诉讼法的规定对公民采取拘留措施的,或者依照刑事诉讼法规定的条件和程序对公民采取拘留措施,但是拘留时间超过刑事诉讼法规定的时限,其后决定撤销案件、不起诉或者判决宣告无罪终止追究刑事责任的;

(二)对公民采取逮捕措施后,决定撤销案件、不起诉或者判决宣告无罪终止追究刑事责任的;

(三)依照审判监督程序再审改判无罪,原判刑罚已经执行的;

(四)刑讯逼供或者以殴打、虐待等行为或者唆使、放纵他人以殴打、虐待等行为造成公民身体伤害或者死亡的;

(五)违法使用武器、警械造成公民身体伤害或者死亡的。

第十八条 行使侦查、检察、审判职权的机关以及看守所、监狱管理机关及其工作人员在行使职权时有下列侵犯财产权情形之一的,受害人有取得赔偿的权利:

(一)违法对财产采取查封、扣押、冻结、追缴等措施的;

(二)依照审判监督程序再审改判无罪,原判罚金、没收财产已经执行的。

第十九条 属于下列情形之一的,国家不承担赔偿责任:

(一)因公民自己故意作虚伪供述,或者伪造其他有罪证据被羁押或者被判处刑罚的;

(二)依照刑法第十七条、第十八条规定不负刑事责任的人被羁押的;

(三)依照刑事诉讼法第十五条、第一百七十三条第二款、第二百七十三条第二款、第二百七十九条规定不追究刑事责任的人被羁押的;

(四)行使侦查、检察、审判职权的机关以及看守所、监狱管理机关的工作人员与行使职权无关的个人行为;

(五)因公民自伤、自残等故意行为致使损害发生的;

(六)法律规定的其他情形。

第三节 赔偿程序

第二十七条 人民法院赔偿委员会处理赔偿请求,采取书面审查的办法。必要时,可以向有关单位和人员调查情况、收集证据。赔偿请求人与赔偿义务机关对损害事实及因果关系有争议的,赔偿委员会可以听取赔偿请求人和赔偿义务机关的陈述和申辩,并可以进行质证。

第二十八条 人民法院赔偿委员会应当自收到赔偿申请之日起三个月内作出决定;属于疑难、复杂、重大案件的,经本院院长批准,可以延长三个月。

第二十九条 中级以上的人民法院设立赔偿委员会,由人民法院三名以上审判员组成,组成人员的人数应当为单数。

赔偿委员会作赔偿决定,实行少数服从多数的原则。

赔偿委员会作出的赔偿决定,是发生法律效力的决定,必须执行。

第三十条 赔偿请求人或者赔偿义务机关对赔偿委员会作出的决定,认为确有错误的,可以向上一级人民法院赔偿委员会提出申诉。

赔偿委员会作出的赔偿决定生效后,如发现赔偿决定违反本法规定的,经本院院长决定或者上级人民法院指令,赔偿委员会应当在两个月内重新审查并依法作出决定,上一级人民法院赔偿委员会也可以直接审查并作出决定。

最高人民检察院对各级人民法院赔偿委员会作出的决定,上级人民检察院对下级人民法院赔偿委员会作出的决定,发现违反本法规定的,应当向同级人民法院赔偿委员会提出意见,同级人民法院赔偿委员会应当在两个月内重新审查并依法作出决定。

第四章 赔偿方式和计算标准

第三十二条 国家赔偿以支付赔偿金为主要方式。

能够返还财产或者恢复原状的,予以返还财产或者恢复原状。

第五章 其他规定

第三十八条 人民法院在民事诉讼、行政诉讼过程中,违法采取对妨害诉讼的强制措施、保全措施或者对判决、裁定及其他生效法律文书执行错误,造成损害的,赔偿请求人要求赔偿的程序,适用本法刑事赔偿程序的规定。

第三十九条 赔偿请求人请求国家赔偿的时效为两年,自其知道或者应当知道国家机关及其工作人员行使职权时的行为侵犯其人身权、财产权之日起计算,但被羁押等限制人身自由期间不计算在内。在申请行政复议或者提起行政诉讼时一并提出赔偿请求的,适用行政复议法、行政诉讼法有关时效的规定。

赔偿请求人在赔偿请求时效的最后六个月内,因不可抗力或者其他障碍不能行使请求权的,时效中止。从中止时效的原因消除之日起,赔偿请求时效期间继续计算。

第四十条 外国人、外国企业和组织在中华人民共和国领域内要求中华人民共和国国家赔偿的,适用本法。

外国人、外国企业和组织的所属国对中华人民共和国公民、法人和其他组织要求该国国家赔偿的权利不予保护或者限制的,中华人民共和国与该外国人、外国企业和组织的所属国实行对等原则。

第六章 附 则

第四十一条 赔偿请求人要求国家赔偿的,赔偿义务机关、复议机关和人民法院不得向赔偿请求人收取任何费用。对赔偿请求人取得的赔偿金不予征税。

第四十二条 本法自 1995 年 1 月 1 日起施行。

中华人民共和国劳动合同法(2012 年修正)(节录)

(2007 年 6 月 29 日第十届全国人民代表大会常务委员会第二十八次会议通过 根据 2012 年 12 月 28 日第十一届全国人民代表大会常务委员会第三十次会议《关于修改〈中华人民共和国劳动合同法〉的决定》修正)

第一章 总 则

第一条 为了完善劳动合同制度,明确劳动合同双方当事人的权利和义务,保护劳动者的合法权益,构建和发展和谐稳定的劳动关系,制定本法。

第二条 中华人民共和国境内的企业、个体经济组织、民办非企业单位等组织(以下称用人单位)与劳动者建立劳动关系,订立、履行、变更、解除或者终止劳动合同,适用本法。

国家机关、事业单位、社会团体和与其建立劳动关系的劳动者,订立、履行、变更、解除或者终止劳动合同,依照本法执行。

第三条 订立劳动合同,应当遵循合法、公平、平等自愿、协商一致、诚实信用的原则。

依法订立的劳动合同具有约束力,用人单位与劳动者应当履行劳动合同约定的义务。

第四条 用人单位应当依法建立和完善劳动规章制度,保障劳动者享有劳动权利、履行劳动义务。

用人单位在制定、修改或者决定有关劳动报酬、工作时间、休息休假、劳动安全卫生、保险福利、职工培训、劳动纪律以及劳动定额管理等直接涉及劳动者切身利益的规章制度或者重大事项时,应当经职工代表大会或者全体职工讨论,提出方案和意见,与工会或者职工代表平等协商确定。

在规章制度和重大事项决定实施过程中,工会或者职工认为不适当的,有权向用人单位提出,通过协商予以修改完善。

用人单位应当将直接涉及劳动者切身利益的规章制度和重大事项决定公示,或者告知劳动者。

第五条 县级以上人民政府劳动行政部门会同工会和企业方面代表,建立健全协调劳动关系三方机制,共同研究解决有关劳动关系的重大问题。

第六条 工会应当帮助、指导劳动者与用人单位依法订立和履行劳动合同,并与用人单位建立集体协商机制,维护劳动者的合法权益。

第二章 劳动合同的订立

第七条 用人单位自用工之日起即与劳动者建立劳动关系。用人单位应当建立职工名册备查。

第八条 用人单位招用劳动者时,应当如实告知劳动者工作内容、工作条件、工作地点、职业危害、安全生产状况、劳动报酬,以及劳动者要求了解的其他情况;用人单位有权了解劳动者与劳动合同直接相关的基本情况,劳动者应当如实说明。

第九条 用人单位招用劳动者,不得扣押劳动者的居民身份证和其他证件,不得要求劳动者提供担保或者以其他名义向劳动者收取财物。

第十条 建立劳动关系,应当订立书面劳动合同。

已建立劳动关系,未同时订立书面劳动合同的,应当自用工之日起一个月内订立书面劳动合同。

用人单位与劳动者在用工前订立劳动合同的,劳动关系自用工之日起建立。

第十一条 用人单位未在用工的同时订立书面劳动合同,与劳动者约定的劳动报酬不明确的,新招用的劳动者的劳动报酬按照集体合同规定的标准执行;没有集体合同或者集体合同未规定的,实行同工同酬。

第十二条 劳动合同分为固定期限劳动合同、无固定期限劳动合同和以完成一定工作任务为期限的劳动合同。

第十六条 劳动合同由用人单位与劳动者协商一致,并经用人单位与劳动者在劳动合同文本上签字或者盖章生效。

劳动合同文本由用人单位和劳动者各执一份。

第十七条 劳动合同应当具备以下条款：

（一）用人单位的名称、住所和法定代表人或者主要负责人；

（二）劳动者的姓名、住址和居民身份证或者其他有效身份证件号码；

（三）劳动合同期限；

（四）工作内容和工作地点；

（五）工作时间和休息休假；

（六）劳动报酬；

（七）社会保险；

（八）劳动保护、劳动条件和职业危害防护；

（九）法律、法规规定应当纳入劳动合同的其他事项。

劳动合同除前款规定的必备条款外，用人单位与劳动者可以约定试用期、培训、保守秘密、补充保险和福利待遇等其他事项。

第十八条 劳动合同对劳动报酬和劳动条件等标准约定不明确，引发争议的，用人单位与劳动者可以重新协商；协商不成的，适用集体合同规定；没有集体合同或者集体合同未规定劳动报酬的，实行同工同酬；没有集体合同或者集体合同未规定劳动条件等标准的，适用国家有关规定。

第二十六条 下列劳动合同无效或者部分无效：

（一）以欺诈、胁迫的手段或者乘人之危，使对方在违背真实意思的情况下订立或者变更劳动合同的；

（二）用人单位免除自己的法定责任、排除劳动者权利的；

（三）违反法律、行政法规强制性规定的。

对劳动合同的无效或者部分无效有争议的，由劳动争议仲裁机构或者人民法院确认。

第二十七条 劳动合同部分无效，不影响其他部分效力的，其他部分仍然有效。

第二十八条 劳动合同被确认无效，劳动者已付出劳动的，用人单位应当向劳动者支付劳动报酬。劳动报酬的数额，参照本单位相同或者相近岗位劳动者的劳动报酬确定。

第三章　劳动合同的履行和变更

第二十九条 用人单位与劳动者应当按照劳动合同的约定，全面履行各自的义务。

第三十条 用人单位应当按照劳动合同约定和国家规定，向劳动者及时足额支付劳动报酬。

用人单位拖欠或者未足额支付劳动报酬的，劳动者可以依法向当地人民法院申请支付令，人民法院应当依法发出支付令。

第三十一条 用人单位应当严格执行劳动定额标准，不得强迫或者变相强迫劳动者加班。用人单位安排加班的，应当按照国家有关规定向劳动者支付加班费。

第三十二条 劳动者拒绝用人单位管理人员违章指挥、强令冒险作业的，不视为违反劳动合同。

劳动者对危害生命安全和身体健康的劳动条件，有权对用人单位提出批评、检举和控告。

第三十三条 用人单位变更名称、法定代表人、主要负责人或者投资人等事项，不影响劳动合同的履行。

第三十四条 用人单位发生合并或者分立等情况，原劳动合同继续有效，劳动合同由承继其权利和义务的用人单位继续履行。

第三十五条 用人单位与劳动者协商一致,可以变更劳动合同约定的内容。变更劳动合同,应当采用书面形式。

变更后的劳动合同文本由用人单位和劳动者各执一份。

第四章 劳动合同的解除和终止

第三十六条 用人单位与劳动者协商一致,可以解除劳动合同。

第三十七条 劳动者提前三十日以书面形式通知用人单位,可以解除劳动合同。劳动者在试用期内提前三日通知用人单位,可以解除劳动合同。

第三十八条 用人单位有下列情形之一的,劳动者可以解除劳动合同:

(一)未按照劳动合同约定提供劳动保护或者劳动条件的;

(二)未及时足额支付劳动报酬的;

(三)未依法为劳动者缴纳社会保险费的;

(四)用人单位的规章制度违反法律、法规的规定,损害劳动者权益的;

(五)因本法第二十六条第一款规定的情形致使劳动合同无效的;

(六)法律、行政法规规定劳动者可以解除劳动合同的其他情形。

用人单位以暴力、威胁或者非法限制人身自由的手段强迫劳动者劳动的,或者用人单位违章指挥、强令冒险作业危及劳动者人身安全的,劳动者可以立即解除劳动合同,不需事先告知用人单位。

第三十九条 劳动者有下列情形之一的,用人单位可以解除劳动合同:

(一)在试用期间被证明不符合录用条件的;

(二)严重违反用人单位的规章制度的;

(三)严重失职,营私舞弊,给用人单位造成重大损害的;

(四)劳动者同时与其他用人单位建立劳动关系,对完成本单位的工作任务造成严重影响,或者经用人单位提出,拒不改正的;

(五)因本法第二十六条第一款第一项规定的情形致使劳动合同无效的;

(六)被依法追究刑事责任的。

第四十四条 有下列情形之一的,劳动合同终止:

(一)劳动合同期满的;

(二)劳动者开始依法享受基本养老保险待遇的;

(三)劳动者死亡,或者被人民法院宣告死亡或者宣告失踪的;

(四)用人单位被依法宣告破产的;

(五)用人单位被吊销营业执照、责令关闭、撤销或者用人单位决定提前解散的;

(六)法律、行政法规规定的其他情形。

第四十五条 劳动合同期满,有本法第四十二条规定情形之一的,劳动合同应当续延至相应的情形消失时终止。但是,本法第四十二条第二项规定丧失或者部分丧失劳动能力劳动者的劳动合同的终止,按照国家有关工伤保险的规定执行。

第七章 法律责任

第八十条 用人单位直接涉及劳动者切身利益的规章制度违反法律、法规规定的,由劳动行政部门责令改正,给予警告;给劳动者造成损害的,应当承担赔偿责任。

第八十一条 用人单位提供的劳动合同文本未载明本法规定的劳动合同必备条款或者用人单位未将劳动合同文本交付劳动者的,由劳动行政部门责令改正;给劳动者造成损害的,应当承担赔偿责任。

第八十二条 用人单位自用工之日起超过一个月不满一年未与劳动者订立书面劳动合同的,应当向劳动者每月支付二倍的工资。

用人单位违反本法规定不与劳动者订立无固定期限劳动合同的,自应当订立无固定期限劳动合同之日起向劳动者每月支付二倍的工资。

第八十三条 用人单位违反本法规定与劳动者约定试用期的,由劳动行政部门责令改正;违法约定的试用期已经履行的,由用人单位以劳动者试用期满月工资为标准,按已经履行的超过法定试用期的期间向劳动者支付赔偿金。

第八十四条 用人单位违反本法规定,扣押劳动者居民身份证等证件的,由劳动行政部门责令限期退还劳动者本人,并依照有关法律规定给予处罚。

用人单位违反本法规定,以担保或者其他名义向劳动者收取财物的,由劳动行政部门责令限期退还劳动者本人,并以每人五百元以上二千元以下的标准处以罚款;给劳动者造成损害的,应当承担赔偿责任。

劳动者依法解除或者终止劳动合同,用人单位扣押劳动者档案或者其他物品的,依照前款规定处罚。

第八十五条 用人单位有下列情形之一的,由劳动行政部门责令限期支付劳动报酬、加班费或者经济补偿;劳动报酬低于当地最低工资标准的,应当支付其差额部分;逾期不支付的,责令用人单位按应付金额百分之五十以上百分之一百以下的标准向劳动者加付赔偿金:

(一)未按照劳动合同的约定或者国家规定及时足额支付劳动者劳动报酬的;

(二)低于当地最低工资标准支付劳动者工资的;

(三)安排加班不支付加班费的;

(四)解除或者终止劳动合同,未依照本法规定向劳动者支付经济补偿的。

第八十六条 劳动合同依照本法第二十六条规定被确认无效,给对方造成损害的,有过错的一方应当承担赔偿责任。

第八十七条 用人单位违反本法规定解除或者终止劳动合同的,应当依照本法第四十七条规定的经济补偿标准的二倍向劳动者支付赔偿金。

第八十八条 用人单位有下列情形之一的,依法给予行政处罚;构成犯罪的,依法追究刑事责任;给劳动者造成损害的,应当承担赔偿责任:

(一)以暴力、威胁或者非法限制人身自由的手段强迫劳动的;

(二)违章指挥或者强令冒险作业危及劳动者人身安全的;

(三)侮辱、体罚、殴打、非法搜查或者拘禁劳动者的;

(四)劳动条件恶劣、环境污染严重,给劳动者身心健康造成严重损害的。

第八十九条 用人单位违反本法规定未向劳动者出具解除或者终止劳动合同的书面证明,由劳动行政部门责令改正;给劳动者造成损害的,应当承担赔偿责任。

第九十条 劳动者违反本法规定解除劳动合同,或者违反劳动合同中约定的保密义务或者竞业限制,给用人单位造成损失的,应当承担赔偿责任。

第九十一条 用人单位招用与其他用人单位尚未解除或者终止劳动合同的劳动者,给其他用人单位造成损失的,应当承担连带赔偿责任。

第九十二条 违反本法规定,未经许可,擅自经营劳务派遣业务的,由劳动行政部门责令停止违法行为,没收违法所得,并处违法所得一倍以上五倍以下的罚款;没有违法所得的,可以处五万元以下的罚款。

劳务派遣单位、用工单位违反本法有关劳务派遣规定的,由劳动行政部门责令限期改正;逾期不改正的,以每人五千元以上一万元以下的标准处以罚款,对劳务派遣单位,吊销其劳务派遣业务经营许可证。用工单位给被派遣劳动者造成损害的,劳务派遣单位与用工单位承担连带赔偿责任。

第九十三条 对不具备合法经营资格的用人单位的违法犯罪行为,依法追究法律责任;劳动者已经付出劳动的,该单位或者其出资人应当依照本法有关规定向劳动者支付劳动报酬、经济补偿、赔偿金;给劳动者造成损害的,应当承担赔偿责任。

第九十四条 个人承包经营违反本法规定招用劳动者,给劳动者造成损害的,发包的组织与个人承包经营者承担连带赔偿责任。

第九十五条 劳动行政部门和其他有关主管部门及其工作人员玩忽职守、不履行法定职责,或者违法行使职权,给劳动者或者用人单位造成损害的,应当承担赔偿责任;对直接负责的主管人员和其他直接责任人员,依法给予行政处分;构成犯罪的,依法追究刑事责任。

第九十六条 事业单位与实行聘用制的工作人员订立、履行、变更、解除或者终止劳动合同,法律、行政法规或者国务院另有规定的,依照其规定;未作规定的,依照本法有关规定执行。

第九十七条 本法施行前已依法订立且在本法施行之日存续的劳动合同,继续履行;本法第十四条第二款第三项规定连续订立固定期限劳动合同的次数,自本法施行后续订固定期限劳动合同时开始计算。

本法施行前已建立劳动关系,尚未订立书面劳动合同的,应当自本法施行之日起一个月内订立。

本法施行之日存续的劳动合同在本法施行后解除或者终止,依照本法第四十六条规定应当支付经济补偿的,经济补偿年限自本法施行之日起计算;本法施行前按照当时有关规定,用人单位应当向劳动者支付经济补偿的,按照当时有关规定执行。

第九十八条 本法自2008年1月1日起施行。

中华人民共和国侵权责任法(节录)

(2009年12月26日第十一届全国人民代表大会常务委员会第十二次会议通过)

第一章 一般规定

第一条 为保护民事主体的合法权益,明确侵权责任,预防并制裁侵权行为,促进社会和谐稳定,制定本法。

第二条 侵害民事权益,应当依照本法承担侵权责任。

本法所称民事权益,包括生命权、健康权、姓名权、名誉权、荣誉权、肖像权、隐私权、婚姻自主权、监护权、所有权、用益物权、担保物权、著作权、专利权、商标专用权、发现权、股权、继承权等人身、财产权益。

第三条 被侵权人有权请求侵权人承担侵权责任。

第四条 侵权人因同一行为应当承担行政责任或者刑事责任的,不影响依法承担侵权责任。

因同一行为应当承担侵权责任和行政责任、刑事责任,侵权人的财产不足以支付的,先承担侵权责任。

第五条 其他法律对侵权责任另有特别规定的,依照其规定。

第六条 行为人因过错侵害他人民事权益,应当承担侵权责任。

根据法律规定推定行为人有过错,行为人不能证明自己没有过错的,应当承担侵权责任。

第七条 行为人损害他人民事权益,不论行为人有无过错,法律规定应当承担侵权责任的,依照其规定。

第八条 二人以上共同实施侵权行为,造成他人损害的,应当承担连带责任。

第九条 教唆、帮助他人实施侵权行为的,应当与行为人承担连带责任。

教唆、帮助无民事行为能力人、限制民事行为能力人实施侵权行为的,应当承担侵权责任;该无民事行为能力人、限制民事行为能力人的监护人未尽到监护责任的,应当承担相应的责任。

第十条 二人以上实施危及他人人身、财产安全的行为,其中一人或者数人的行为造成他人损害,能够确定具体侵权人的,由侵权人承担责任;不能确定具体侵权人的,行为人承担连带责任。

第十一条 二人以上分别实施侵权行为造成同一损害,每个人的侵权行为都足以造成全部损害的,行为人承担连带责任。

第十二条 二人以上分别实施侵权行为造成同一损害,能够确定责任大小的,各自承担相应的责任;难以确定责任大小的,平均承担赔偿责任。

第十三条 法律规定承担连带责任的,被侵权人有权请求部分或者全部连带责任人承担责任。

第十四条 连带责任人根据各自责任大小确定相应的赔偿数额;难以确定责任大小的,平均承担赔偿责任。

支付超出自己赔偿数额的连带责任人,有权向其他连带责任人追偿。

第十五条 承担侵权责任的方式主要有:

(一)停止侵害;

(二)排除妨碍;

(三)消除危险;

(四)返还财产;

(五)恢复原状;

(六)赔偿损失;

(七)赔礼道歉;

(八)消除影响、恢复名誉。

以上承担侵权责任的方式,可以单独适用,也可以合并适用。

第八章　环境污染责任

第六十五条　因污染环境造成损害的,污染者应当承担侵权责任。

第六十六条　因污染环境发生纠纷,污染者应当就法律规定的不承担责任或者减轻责任的情形及其行为与损害之间不存在因果关系承担举证责任。

第六十七条　两个以上污染者污染环境,污染者承担责任的大小,根据污染物的种类、排放量等因素确定。

第六十八条　因第三人的过错污染环境造成损害的,被侵权人可以向污染者请求赔偿,也可以向第三人请求赔偿。污染者赔偿后,有权向第三人追偿。

第九章　高度危险责任

第六十九条　从事高度危险作业造成他人损害的,应当承担侵权责任。

第七十二条　占有或者使用易燃、易爆、剧毒、放射性等高度危险物造成他人损害的,占有人或者使用人应当承担侵权责任,但能够证明损害是因受害人故意或者不可抗力造成的,不承担责任。被侵权人对损害的发生有重大过失的,可以减轻占有人或者使用人的责任。

第七十四条　遗失、抛弃高度危险物造成他人损害的,由所有人承担侵权责任。所有人将高度危险物交由他人管理的,由管理人承担侵权责任;所有人有过错的,与管理人承担连带责任。

第七十五条　非法占有高度危险物造成他人损害的,由非法占有人承担侵权责任。所有人、管理人不能证明对防止他人非法占有尽到高度注意义务的,与非法占有人承担连带责任。

第七十六条　未经许可进入高度危险活动区域或者高度危险物存放区域受到损害,管理人已经采取安全措施并尽到警示义务的,可以减轻或者不承担责任。

第七十七条　承担高度危险责任,法律规定赔偿限额的,依照其规定。

中华人民共和国民法总则(节录)

(2017年3月15日第十二届全国人民代表大会第五次会议通过)

第五章　民事权利

第一百零九条　自然人的人身自由、人格尊严受法律保护。

第一百一十条　自然人享有生命权、身体权、健康权、姓名权、肖像权、名誉权、荣誉权、隐私权、婚姻自主权等权利。

法人、非法人组织享有名称权、名誉权、荣誉权等权利。

第一百一十一条　自然人的个人信息受法律保护。任何组织和个人需要获取他人个人信息的,应当依法取得并确保信息安全,不得非法收集、使用、加工、传输他人个人信息,不得非法买卖、提供或者公开他人个人信息。

第一百一十二条 自然人因婚姻、家庭关系等产生的人身权利受法律保护。

第一百一十三条 民事主体的财产权利受法律平等保护。

第一百一十四条 民事主体依法享有物权。

物权是权利人依法对特定的物享有直接支配和排他的权利,包括所有权、用益物权和担保物权。

第一百一十五条 物包括不动产和动产。法律规定权利作为物权客体的,依照其规定。

第一百一十六条 物权的种类和内容,由法律规定。

第一百一十七条 为了公共利益的需要,依照法律规定的权限和程序征收、征用不动产或者动产的,应当给予公平、合理的补偿。

第一百一十八条 民事主体依法享有债权。

债权是因合同、侵权行为、无因管理、不当得利以及法律的其他规定,权利人请求特定义务人为或者不为一定行为的权利。

第一百一十九条 依法成立的合同,对当事人具有法律约束力。

第一百二十条 民事权益受到侵害的,被侵权人有权请求侵权人承担侵权责任。

第一百二十一条 没有法定的或者约定的义务,为避免他人利益受损失而进行管理的人,有权请求受益人偿还由此支出的必要费用。

第一百二十二条 因他人没有法律根据,取得不当利益,受损失的人有权请求其返还不当利益。

第一百二十三条 民事主体依法享有知识产权。

知识产权是权利人依法就下列客体享有的专有的权利:

(一)作品;

(二)发明、实用新型、外观设计;

(三)商标;

(四)地理标志;

(五)商业秘密;

(六)集成电路布图设计;

(七)植物新品种;

(八)法律规定的其他客体。

第一百二十四条 自然人依法享有继承权。

自然人合法的私有财产,可以依法继承。

第一百二十五条 民事主体依法享有股权和其他投资性权利。

第一百二十六条 民事主体享有法律规定的其他民事权利和利益。

第一百二十七条 法律对数据、网络虚拟财产的保护有规定的,依照其规定。

第一百二十八条 法律对未成年人、老年人、残疾人、妇女、消费者等的民事权利保护有特别规定的,依照其规定。

第一百二十九条 民事权利可以依据民事法律行为、事实行为、法律规定的事件或者法律规定的其他方式取得。

第一百三十条　民事主体按照自己的意愿依法行使民事权利,不受干涉。

第一百三十一条　民事主体行使权利时,应当履行法律规定的和当事人约定的义务。

第一百三十二条　民事主体不得滥用民事权利损害国家利益、社会公共利益或者他人合法权益。

第八章　民事责任

第一百七十六条　民事主体依照法律规定和当事人约定,履行民事义务,承担民事责任。

第一百七十七条　二人以上依法承担按份责任,能够确定责任大小的,各自承担相应的责任;难以确定责任大小的,平均承担责任。

第一百七十八条　二人以上依法承担连带责任的,权利人有权请求部分或者全部连带责任人承担责任。

连带责任人的责任份额根据各自责任大小确定;难以确定责任大小的,平均承担责任。实际承担责任超过自己责任份额的连带责任人,有权向其他连带责任人追偿。

连带责任,由法律规定或者当事人约定。

第一百七十九条　承担民事责任的方式主要有:

(一)停止侵害;

(二)排除妨碍;

(三)消除危险;

(四)返还财产;

(五)恢复原状;

(六)修理、重作、更换;

(七)继续履行;

(八)赔偿损失;

(九)支付违约金;

(十)消除影响、恢复名誉;

(十一)赔礼道歉。

法律规定惩罚性赔偿的,依照其规定。

本条规定的承担民事责任的方式,可以单独适用,也可以合并适用。

第一百八十条　因不可抗力不能履行民事义务的,不承担民事责任。法律另有规定的,依照其规定。

不可抗力是指不能预见、不能避免且不能克服的客观情况。

第一百八十一条　因正当防卫造成损害的,不承担民事责任。

正当防卫超过必要的限度,造成不应有的损害的,正当防卫人应当承担适当的民事责任。

第一百八十二条　因紧急避险造成损害的,由引起险情发生的人承担民事责任。

危险由自然原因引起的,紧急避险人不承担民事责任,可以给予适当补偿。

紧急避险采取措施不当或者超过必要的限度,造成不应有的损害的,紧急避险人应当承担适当的民事责任。

第一百八十三条　因保护他人民事权益使自己受到损害的,由侵权人承担民事责任,受益人可以给予适当补偿。没有侵权人、侵权人逃逸或者无力承担民事责任,受害人请求补偿的,受益人应当给予适当补偿。

第一百八十四条　因自愿实施紧急救助行为造成受助人损害的,救助人不承担民事责任。

第一百八十五条　侵害英雄烈士等的姓名、肖像、名誉、荣誉,损害社会公共利益的,应当承担民事责任。

第一百八十六条　因当事人一方的违约行为,损害对方人身权益、财产权益的,受损害方有权选择请求其承担违约责任或者侵权责任。

第一百八十七条　民事主体因同一行为应当承担民事责任、行政责任和刑事责任的,承担行政责任或者刑事责任不影响承担民事责任;民事主体的财产不足以支付的,优先用于承担民事责任。

第十一章　附　则

第二百零五条　民法所称的"以上""以下""以内""届满",包括本数;所称的"不满""超过""以外",不包括本数。

第二百零六条　本法自2017年10月1日起施行。

中华人民共和国民事诉讼法（2017年修正）（节录）

（1991年4月9日第七届全国人民代表大会第四次会议通过　根据2007年10月28日第十届全国人民代表大会常务委员会第三十次会议《关于修改〈中华人民共和国民事诉讼法〉的决定》第一次修正　根据2012年8月31日第十一届全国人民代表大会常务委员会第二十八次会议《关于修改〈中华人民共和国民事诉讼法〉的决定》第二次修正　根据2017年6月27日第十二届全国人民代表大会常务委员会第二十八次会议《关于修改〈中华人民共和国民事诉讼法〉和〈中华人民共和国行政诉讼法〉的决定》第三次修正）

第一编　总　则

第六章　证　据

第六十三条　证据包括:

(一)当事人的陈述;

(二)书证;

(三)物证;

(四)视听资料;

(五)电子数据;

(六)证人证言;

（七）鉴定意见；

（八）勘验笔录。

证据必须查证属实，才能作为认定事实的根据。

第七十六条 当事人可以就查明事实的专门性问题向人民法院申请鉴定。当事人申请鉴定的，由双方当事人协商确定具备资格的鉴定人；协商不成的，由人民法院指定。

当事人未申请鉴定，人民法院对专门性问题认为需要鉴定的，应当委托具备资格的鉴定人进行鉴定。

第七十七条 鉴定人有权了解进行鉴定所需要的案件材料，必要时可以询问当事人、证人。

鉴定人应当提出书面鉴定意见，在鉴定书上签名或者盖章。

第七十八条 当事人对鉴定意见有异议或者人民法院认为鉴定人有必要出庭的，鉴定人应当出庭作证。经人民法院通知，鉴定人拒不出庭作证的，鉴定意见不得作为认定事实的根据；支付鉴定费用的当事人可以要求返还鉴定费用。

第七十九条 当事人可以申请人民法院通知有专门知识的人出庭，就鉴定人作出的鉴定意见或者专业问题提出意见。

第八十条 勘验物证或者现场，勘验人必须出示人民法院的证件，并邀请当地基层组织或者当事人所在单位派人参加。当事人或者当事人的成年家属应当到场，拒不到场的，不影响勘验的进行。

有关单位和个人根据人民法院的通知，有义务保护现场，协助勘验工作。

勘验人应当将勘验情况和结果制作笔录，由勘验人、当事人和被邀参加人签名或者盖章。

第八十一条 在证据可能灭失或者以后难以取得的情况下，当事人可以在诉讼过程中向人民法院申请保全证据，人民法院也可以主动采取保全措施。

因情况紧急，在证据可能灭失或者以后难以取得的情况下，利害关系人可以在提起诉讼或者申请仲裁前向证据所在地、被申请人住所地或者对案件有管辖权的人民法院申请保全证据。

证据保全的其他程序，参照适用本法第九章保全的有关规定。

第二编 审判程序

第十二章 第一审普通程序

第三节 开庭审理

第一百三十八条 法庭调查按照下列顺序进行：

（一）当事人陈述；

（二）告知证人的权利义务，证人作证，宣读未到庭的证人证言；

（三）出示书证、物证、视听资料和电子数据；

（四）宣读鉴定意见；

（五）宣读勘验笔录。

第一百三十九条 当事人在法庭上可以提出新的证据。

当事人经法庭许可，可以向证人、鉴定人、勘验人发问。

当事人要求重新进行调查、鉴定或者勘验的,是否准许,由人民法院决定。

第一百四十六条 有下列情形之一的,可以延期开庭审理:

(一)必须到庭的当事人和其他诉讼参与人有正当理由没有到庭的;

(二)当事人临时提出回避申请的;

(三)需要通知新的证人到庭,调取新的证据,重新鉴定、勘验,或者需要补充调查的;

(四)其他应当延期的情形。

第十五章 特别程序

第四节 认定公民无民事行为能力、限制民事行为能力案件

第一百八十八条 人民法院受理申请后,必要时应当对被请求认定为无民事行为能力或者限制民事行为能力的公民进行鉴定。申请人已提供鉴定意见的,应当对鉴定意见进行审查。

中华人民共和国刑法(2017年修正)(节录)

(1979年7月1日第五届全国人民代表大会第二次会议通过 根据1997年3月14日第八届全国人民代表大会第五次会议修订 根据1999年12月25日《中华人民共和国刑法修正案》第一次修正 根据2001年8月31日《中华人民共和国刑法修正案(二)》第二次修正 根据2001年12月29日《中华人民共和国刑法修正案(三)》第三次修正 根据2002年12月28日《中华人民共和国刑法修正案(四)》第四次修正 根据2005年2月28日《中华人民共和国刑法修正案(五)》第五次修正 根据2006年6月29日《中华人民共和国刑法修正案(六)》第六次修正 根据2009年2月28日《中华人民共和国刑法修正案(七)》第七次修正 根据2011年2月25日《中华人民共和国刑法修正案(八)》第八次修正 根据2015年8月29日《中华人民共和国刑法修正案(九)》第九次修正 根据2017年11月4日《中华人民共和国刑法修正案(十)》第十次修正)

第二编 分 则

第二章 危害公共安全罪

第一百一十四条 放火、决水、爆炸以及投放毒害性、放射性、传染病病原体等物质或者以其他危险方法危害公共安全,尚未造成严重后果的,处三年以上十年以下有期徒刑。

第一百一十五条 放火、决水、爆炸以及投放毒害性、放射性、传染病病原体等物质或者以其他危险方法致人重伤、死亡或者使公私财产遭受重大损失的,处十年以上有期徒刑、无期徒刑或

者死刑。

过失犯前款罪的,处三年以上七年以下有期徒刑;情节较轻的,处三年以下有期徒刑或者拘役。

第一百三十六条 违反爆炸性、易燃性、放射性、毒害性、腐蚀性物品的管理规定,在生产、储存、运输、使用中发生重大事故,造成严重后果的,处三年以下有期徒刑或者拘役;后果特别严重的,处三年以上七年以下有期徒刑。

第六章 妨害社会管理秩序罪

第五节 危害公共卫生罪

第三百三十条 违反传染病防治法的规定,有下列情形之一,引起甲类传染病传播或者有传播严重危险的,处三年以下有期徒刑或者拘役;后果特别严重的,处三年以上七年以下有期徒刑:

(一)供水单位供应的饮用水不符合国家规定的卫生标准的;

(二)拒绝按照卫生防疫机构提出的卫生要求,对传染病病原体污染的污水、污物、粪便进行消毒处理的;

(三)准许或者纵容传染病病人、病原携带者和疑似传染病病人从事国务院卫生行政部门规定禁止从事的易使该传染病扩散的工作的;

(四)拒绝执行卫生防疫机构依照传染病防治法提出的预防、控制措施的。

单位犯前款罪的,对单位判处罚金,并对其直接负责的主管人员和其他直接责任人员,依照前款的规定处罚。

甲类传染病的范围,依照《中华人民共和国传染病防治法》和国务院有关规定确定。

第六节 破坏环境资源保护罪

第三百三十八条 违反国家规定,排放、倾倒或者处置有放射性的废物、含传染病病原体的废物、有毒物质或者其他有害物质,严重污染环境的,处三年以下有期徒刑或者拘役,并处或者单处罚金;后果特别严重的,处三年以上七年以下有期徒刑,并处罚金。

第三百三十九条 违反国家规定,将境外的固体废物进境倾倒、堆放、处置的,处五年以下有期徒刑或者拘役,并处罚金;造成重大环境污染事故,致使公私财产遭受重大损失或者严重危害人体健康的,处五年以上十年以下有期徒刑,并处罚金;后果特别严重的,处十年以上有期徒刑,并处罚金。

未经国务院有关主管部门许可,擅自进口固体废物用作原料,造成重大环境污染事故,致使公私财产遭受重大损失或者严重危害人体健康的,处五年以下有期徒刑或者拘役,并处罚金;后果特别严重的,处五年以上十年以下有期徒刑,并处罚金。

以原料利用为名,进口不能用作原料的固体废物、液态废物和气态废物的,依照本法第一百五十二条第二款、第三款的规定定罪处罚。

第三百四十条 违反保护水产资源法规,在禁渔区、禁渔期或者使用禁用的工具、方法捕捞水产品,情节严重的,处三年以下有期徒刑、拘役、管制或者罚金。

第三百四十一条 非法猎捕、杀害国家重点保护的珍贵、濒危野生动物的,或者非法收购、运输、出售国家重点保护的珍贵、濒危野生动物及其制品的,处五年以下有期徒刑或者拘役,并处罚金;情节严重的,处五年以上十年以下有期徒刑,并处罚金;情节特别严重的,处十年以上有期徒刑,并处罚金或者没收财产。

违反狩猎法规,在禁猎区、禁猎期或者使用禁用的工具、方法进行狩猎,破坏野生动物资源,情节严重的,处三年以下有期徒刑、拘役、管制或者罚金。

第三百四十二条 违反土地管理法规,非法占用耕地、林地等农用地,改变被占用土地用途,数量较大,造成耕地、林地等农用地大量毁坏的,处五年以下有期徒刑或者拘役,并处或者单处罚金。

第三百四十三条 违反矿产资源法的规定,未取得采矿许可证擅自采矿,擅自进入国家规划矿区、对国民经济具有重要价值的矿区和他人矿区范围采矿,或者擅自开采国家规定实行保护性开采的特定矿种,情节严重的,处三年以下有期徒刑、拘役或者管制,并处或者单处罚金;情节特别严重的,处三年以上七年以下有期徒刑,并处罚金。

违反矿产资源法的规定,采取破坏性的开采方法开采矿产资源,造成矿产资源严重破坏的,处五年以下有期徒刑或者拘役,并处罚金。

第三百四十四条 违反国家规定,非法采伐、毁坏珍贵树木或者国家重点保护的其他植物的,或者非法收购、运输、加工、出售珍贵树木或者国家重点保护的其他植物及其制品的,处三年以下有期徒刑、拘役或者管制,并处罚金;情节严重的,处三年以上七年以下有期徒刑,并处罚金。

第三百四十五条 盗伐森林或者其他林木,数量较大的,处三年以下有期徒刑、拘役或者管制,并处或者单处罚金;数量巨大的,处三年以上七年以下有期徒刑,并处罚金;数量特别巨大的,处七年以上有期徒刑,并处罚金。

违反森林法的规定,滥伐森林或者其他林木,数量较大的,处三年以下有期徒刑、拘役或者管制,并处或者单处罚金;数量巨大的,处三年以上七年以下有期徒刑,并处罚金。

非法收购、运输明知是盗伐、滥伐的林木,情节严重的,处三年以下有期徒刑、拘役或者管制,并处或者单处罚金;情节特别严重的,处三年以上七年以下有期徒刑,并处罚金。

盗伐、滥伐国家级自然保护区内的森林或者其他林木的,从重处罚。

第三百四十六条 单位犯本节第三百三十八条至第三百四十五条规定之罪的,对单位判处罚金,并对其直接负责的主管人员和其他直接责任人员,依照本节各该条的规定处罚。

第九章 渎职罪

第四百零七条 林业主管部门的工作人员违反森林法的规定,超过批准的年采伐限额发放林木采伐许可证或者违反规定滥发林木采伐许可证,情节严重,致使森林遭受严重破坏的,处三年以下有期徒刑或者拘役。

第四百零八条 负有环境保护监督管理职责的国家机关工作人员严重不负责任,导致发生重大环境污染事故,致使公私财产遭受重大损失或者造成人身伤亡的严重后果的,处三年以下有期徒刑或者拘役。

第四百零八条之一 负有食品安全监督管理职责的国家机关工作人员,滥用职权或者玩忽职守,导致发生重大食品安全事故或者造成其他严重后果的,处五年以下有期徒刑或者拘役;造成特别严重后果的,处五年以上十年以下有期徒刑。

徇私舞弊犯前款罪的,从重处罚。

第四百一十条 国家机关工作人员徇私舞弊,违反土地管理法规,滥用职权,非法批准征收、征用、占用土地,或者非法低价出让国有土地使用权,情节严重的,处三年以下有期徒刑或者拘役;致使国家或者集体利益遭受特别重大损失的,处三年以上七年以下有期徒刑。

第四百一十三条 动植物检疫机关的检疫人员徇私舞弊,伪造检疫结果的,处五年以下有期徒刑或者拘役;造成严重后果的,处五年以上十年以下有期徒刑。

前款所列人员严重不负责任,对应当检疫的检疫物不检疫,或者延误检疫出证、错误出证,致使国家利益遭受重大损失的,处三年以下有期徒刑或者拘役。

附 则

第四百五十二条 本法自1997年10月1日起施行。

中华人民共和国行政许可法(节录)

(2003年8月27日第十届全国人民代表大会常务委员会第四次会议通过)

第二章 行政许可的设定

第十一条 设定行政许可,应当遵循经济和社会发展规律,有利于发挥公民、法人或者其他组织的积极性、主动性,维护公共利益和社会秩序,促进经济、社会和生态环境协调发展。

第十二条 下列事项可以设定行政许可:

(一)直接涉及国家安全、公共安全、经济宏观调控、生态环境保护以及直接关系人身健康、生命财产安全等特定活动,需要按照法定条件予以批准的事项;

(二)有限自然资源开发利用、公共资源配置以及直接关系公共利益的特定行业的市场准入等,需要赋予特定权利的事项;

(三)提供公众服务并且直接关系公共利益的职业、行业,需要确定具备特殊信誉、特殊条件或者特殊技能等资格、资质的事项;

(四)直接关系公共安全、人身健康、生命财产安全的重要设备、设施、产品、物品,需要按照技术标准、技术规范,通过检验、检测、检疫等方式进行审定的事项;

(五)企业或者其他组织的设立等,需要确定主体资格的事项;

(六)法律、行政法规规定可以设定行政许可的其他事项。

第八十一条 公民、法人或者其他组织未经行政许可,擅自从事依法应当取得行政许可的活动的,行政机关应当依法采取措施予以制止,并依法给予行政处罚;构成犯罪的,依法追究刑事责任。

中华人民共和国行政复议法(2017年修正)(节录)

(1999年4月29日第九届全国人民代表大会常务委员会第九次会议通过 根据2009年8月27日第十一届全国人民代表大会常务委员会第十次会议《关于修改部分法律的决定》第一次修正 根据2017年9月1日第十二届全国人民代表大会常务委员会第二十九次会议《关于修改〈中华人民共和国法官法〉等八部法律的决定》第二次修正)

第二章 行政复议范围

第六条 有下列情形之一的,公民、法人或者其他组织可以依照本法申请行政复议:

(一)对行政机关作出的警告、罚款、没收违法所得、没收非法财物、责令停产停业、暂扣或者吊销许可证、暂扣或者吊销执照、行政拘留等行政处罚决定不服的;

(二)对行政机关作出的限制人身自由或者查封、扣押、冻结财产等行政强制措施决定不服的;

(三)对行政机关作出的有关许可证、执照、资质证、资格证等证书变更、中止、撤销的决定不服的;

(四)对行政机关作出的关于确认土地、矿藏、水流、森林、山岭、草原、荒地、滩涂、海域等自然资源的所有权或者使用权的决定不服的;

(五)认为行政机关侵犯合法的经营自主权的;

(六)认为行政机关变更或者废止农业承包合同,侵犯其合法权益的;

(七)认为行政机关违法集资、征收财物、摊派费用或者违法要求履行其他义务的;

(八)认为符合法定条件,申请行政机关颁发许可证、执照、资质证、资格证等证书,或者申请行政机关审批、登记有关事项,行政机关没有依法办理的;

(九)申请行政机关履行保护人身权利、财产权利、受教育权利的法定职责,行政机关没有依法履行的;

(十)申请行政机关依法发放抚恤金、社会保险金或者最低生活保障费,行政机关没有依法发放的;

(十一)认为行政机关的其他具体行政行为侵犯其合法权益的。

第三十条 公民、法人或者其他组织认为行政机关的具体行政行为侵犯其已经依法取得的土地、矿藏、水流、森林、山岭、草原、荒地、滩涂、海域等自然资源的所有权或者使用权的,应当先申请行政复议;对行政复议决定不服的,可以依法向人民法院提起行政诉讼。

根据国务院或者省、自治区、直辖市人民政府对行政区划的勘定、调整或者征用土地的决定,省、自治区、直辖市人民政府确认土地、矿藏、水流、森林、山岭、草原、荒地、滩涂、海域等自然资源的所有权或者使用权的行政复议决定为最终裁决。

第四十三条 本法自 1999 年 10 月 1 日起施行。1990 年 12 月 24 日国务院发布、1994 年 10 月 9 日国务院修订发布的《行政复议条例》同时废止。

中华人民共和国行政强制法（节录）

(2011 年 6 月 30 日第十一届全国人民代表大会常务委员会第二十一次会议通过)

第一章 总 则

第三条 行政强制的设定和实施，适用本法。

发生或者即将发生自然灾害、事故灾难、公共卫生事件或者社会安全事件等突发事件，行政机关采取应急措施或者临时措施，依照有关法律、行政法规的规定执行。

行政机关采取金融业审慎监管措施、进出境货物强制性技术监控措施，依照有关法律、行政法规的规定执行。

第四章 行政机关强制执行程序

第三节 代履行

第五十条 行政机关依法作出要求当事人履行排除妨碍、恢复原状等义务的行政决定，当事人逾期不履行，经催告仍不履行，其后果已经或者将危害交通安全、造成环境污染或者破坏自然资源的，行政机关可以代履行，或者委托没有利害关系的第三人代履行。

第五十二条 需要立即清除道路、河道、航道或者公共场所的遗洒物、障碍物或者污染物，当事人不能清除的，行政机关可以决定立即实施代履行；当事人不在场的，行政机关应当在事后立即通知当事人，并依法作出处理。

第五章 申请人民法院强制执行

第五十七条 人民法院对行政机关强制执行的申请进行书面审查，对符合本法第五十五条规定，且行政决定具备法定执行效力的，除本法第五十八条规定的情形外，人民法院应当自受理之日起七日内作出执行裁定。

第五十八条 人民法院发现有下列情形之一的，在作出裁定前可以听取被执行人和行政机关的意见：

（一）明显缺乏事实根据的；

（二）明显缺乏法律、法规依据的；

（三）其他明显违法并损害被执行人合法权益的。人民法院应当自受理之日起三十日内作出是否执行的裁定。裁定不予执行的，应当说明理由，并在五日内将不予执行的裁定送达行政机关。

行政机关对人民法院不予执行的裁定有异议的,可以自收到裁定之日起十五日内向上一级人民法院申请复议,上一级人民法院应当自收到复议申请之日起三十日内作出是否执行的裁定。

第五十九条　因情况紧急,为保障公共安全,行政机关可以申请人民法院立即执行。经人民法院院长批准,人民法院应当自作出执行裁定之日起五日内执行。

第六章　法律责任

第六十一条　行政机关实施行政强制,有下列情形之一的,由上级行政机关或者有关部门责令改正,对直接负责的主管人员和其他直接责任人员依法给予处分:

(一)没有法律、法规依据的;
(二)改变行政强制对象、条件、方式的;
(三)违反法定程序实施行政强制的;
(四)违反本法规定,在夜间或者法定节假日实施行政强制执行的;
(五)对居民生活采取停止供水、供电、供热、供燃气等方式迫使当事人履行相关行政决定的;
(六)有其他违法实施行政强制情形的。

第六十二条　违反本法规定,行政机关有下列情形之一的,由上级行政机关或者有关部门责令改正,对直接负责的主管人员和其他直接责任人员依法给予处分:

(一)扩大查封、扣押、冻结范围的;
(二)使用或者损毁查封、扣押场所、设施或者财物的;
(三)在查封、扣押法定期间不作出处理决定或者未依法及时解除查封、扣押的;
(四)在冻结存款、汇款法定期间不作出处理决定或者未依法及时解除冻结的。

第六十三条　行政机关将查封、扣押的财物或者划拨的存款、汇款以及拍卖和依法处理所得的款项,截留、私分或者变相私分的,由财政部门或者有关部门予以追缴;对直接负责的主管人员和其他直接责任人员依法给予记大过、降级、撤职或者开除的处分。

行政机关工作人员利用职务上的便利,将查封、扣押的场所、设施或者财物据为己有的,由上级行政机关或者有关部门责令改正,依法给予记大过、降级、撤职或者开除的处分。

第六十四条　行政机关及其工作人员利用行政强制权为单位或者个人谋取利益的,由上级行政机关或者有关部门责令改正,对直接负责的主管人员和其他直接责任人员依法给予处分。

第六十五条　违反本法规定,金融机构有下列行为之一的,由金融业监督管理机构责令改正,对直接负责的主管人员和其他直接责任人员依法给予处分:

(一)在冻结前向当事人泄露信息的;
(二)对应当立即冻结、划拨的存款、汇款不冻结或者不划拨,致使存款、汇款转移的;
(三)将不应当冻结、划拨的存款、汇款予以冻结或者划拨的;
(四)未及时解除冻结存款、汇款的。

第六十六条　违反本法规定,金融机构将款项划入国库或者财政专户以外的其他账户的,由金融业监督管理机构责令改正,并处以违法划拨款项二倍的罚款;对直接负责的主管人员和其他直接责任人员依法给予处分。

违反本法规定,行政机关、人民法院指令金融机构将款项划入国库或者财政专户以外的其他账户的,对直接负责的主管人员和其他直接责任人员依法给予处分。

第六十七条 人民法院及其工作人员在强制执行中有违法行为或者扩大强制执行范围的,对直接负责的主管人员和其他直接责任人员依法给予处分。

第六十八条 违反本法规定,给公民、法人或者其他组织造成损失的,依法给予赔偿。

违反本法规定,构成犯罪的,依法追究刑事责任。

第七十条 法律、行政法规授权的具有管理公共事务职能的组织在法定授权范围内,以自己的名义实施行政强制,适用本法有关行政机关的规定。

第七十一条 本法自2012年1月1日起施行。

中华人民共和国行政诉讼法(2017年修正)(节录)

(1989年4月4日第七届全国人民代表大会第二次会议通过 根据2014年11月1日第十二届全国人民代表大会常务委员会第十一次会议《关于修改〈中华人民共和国行政诉讼法〉的决定》第一次修正 根据2017年6月27日第十二届全国人民代表大会常务委员会第二十八次会议《关于修改〈中华人民共和国民事诉讼法〉和〈中华人民共和国行政诉讼法〉的决定》第二次修正)

第一章 总 则

第一条 为保证人民法院公正、及时审理行政案件,解决行政争议,保护公民、法人和其他组织的合法权益,监督行政机关依法行使职权,根据宪法,制定本法。

第二条 公民、法人或者其他组织认为行政机关和行政机关工作人员的行政行为侵犯其合法权益,有权依照本法向人民法院提起诉讼。

前款所称行政行为,包括法律、法规、规章授权的组织作出的行政行为。

第三条 人民法院应当保障公民、法人和其他组织的起诉权利,对应当受理的行政案件依法受理。

行政机关及其工作人员不得干预、阻碍人民法院受理行政案件。

被诉行政机关负责人应当出庭应诉。不能出庭的,应当委托行政机关相应的工作人员出庭。

第四条 人民法院依法对行政案件独立行使审判权,不受行政机关、社会团体和个人的干涉。

人民法院设行政审判庭,审理行政案件。

第二章 受理范围

第十二条 人民法院受理公民、法人或者其他组织提起的下列诉讼:

(一)对行政拘留、暂扣或者吊销许可证和执照、责令停产停业、没收违法所得、没收非法财物、罚款、警告等行政处罚不服的;

(二)对限制人身自由或者对财产的查封、扣押、冻结等行政强制措施和行政强制执行不服的；

(三)申请行政许可,行政机关拒绝或者在法定期限内不予答复,或者对行政机关作出的有关行政许可的其他决定不服的；

(四)对行政机关作出的关于确认土地、矿藏、水流、森林、山岭、草原、荒地、滩涂、海域等自然资源的所有权或者使用权的决定不服的；

(五)对征收、征用决定及其补偿决定不服的；

(六)申请行政机关履行保护人身权、财产权等合法权益的法定职责,行政机关拒绝履行或者不予答复的；

(七)认为行政机关侵犯其经营自主权或者农村土地承包经营权、农村土地经营权的；

(八)认为行政机关滥用行政权力排除或者限制竞争的；

(九)认为行政机关违法集资、摊派费用或者违法要求履行其他义务的；

(十)认为行政机关没有依法支付抚恤金、最低生活保障待遇或者社会保险待遇的；

(十一)认为行政机关不依法履行、未按照约定履行或者违法变更、解除政府特许经营协议、土地房屋征收补偿协议等协议的；

(十二)认为行政机关侵犯其他人身权、财产权等合法权益的。

第十章 附 则

第一百零一条 人民法院审理行政案件,关于期间、送达、财产保全、开庭审理、调解、中止诉讼、终结诉讼、简易程序、执行等,以及人民检察院对行政案件受理、审理、裁判、执行的监督,本法没有规定的,适用《中华人民共和国民事诉讼法》的相关规定。

第一百零二条 人民法院审理行政案件,应当收取诉讼费用。诉讼费用由败诉方承担,双方都有责任的由双方分担。收取诉讼费用的具体办法另行规定。

第一百零三条 本法自1990年10月1日起施行。

中华人民共和国突发事件应对法(节录)

(2007年8月30日第十届全国人民代表大会常务委员会第二十九次会议通过)

第一条 为了预防和减少突发事件的发生,控制、减轻和消除突发事件引起的严重社会危害,规范突发事件应对活动,保护人民生命财产安全,维护国家安全、公共安全、环境安全和社会秩序,制定本法。

第二条 突发事件的预防与应急准备、监测与预警、应急处置与救援、事后恢复与重建等应对活动,适用本法。

第三条 本法所称突发事件,是指突然发生,造成或者可能造成严重社会危害,需要采取应急处置措施予以应对的自然灾害、事故灾难、公共卫生事件和社会安全事件。

按照社会危害程度、影响范围等因素,自然灾害、事故灾难、公共卫生事件分为特别重大、重大、较大和一般四级。法律、行政法规或者国务院另有规定的,从其规定。

突发事件的分级标准由国务院或者国务院确定的部门制定。

第四条 国家建立统一领导、综合协调、分类管理、分级负责、属地管理为主的应急管理体制。

第五条 突发事件应对工作实行预防为主、预防与应急相结合的原则。国家建立重大突发事件风险评估体系,对可能发生的突发事件进行综合性评估,减少重大突发事件的发生,最大限度地减轻重大突发事件的影响。

第六条 国家建立有效的社会动员机制,增强全民的公共安全和防范风险的意识,提高全社会的避险救助能力。

第七条 县级人民政府对本行政区域内突发事件的应对工作负责;涉及两个以上行政区域的,由有关行政区域共同的上一级人民政府负责,或者由各有关行政区域的上一级人民政府共同负责。

突发事件发生后,发生地县级人民政府应当立即采取措施控制事态发展,组织开展应急救援和处置工作,并立即向上一级人民政府报告,必要时可以越级上报。

突发事件发生地县级人民政府不能消除或者不能有效控制突发事件引起的严重社会危害的,应当及时向上级人民政府报告。上级人民政府应当及时采取措施,统一领导应急处置工作。

法律、行政法规规定由国务院有关部门对突发事件的应对工作负责的,从其规定;地方人民政府应当积极配合并提供必要的支持。

第八条 国务院在总理领导下研究、决定和部署特别重大突发事件的应对工作;根据实际需要,设立国家突发事件应急指挥机构,负责突发事件应对工作;必要时,国务院可以派出工作组指导有关工作。

县级以上地方各级人民政府设立由本级人民政府主要负责人、相关部门负责人、驻当地中国人民解放军和中国人民武装警察部队有关负责人组成的突发事件应急指挥机构,统一领导、协调本级人民政府各有关部门和下级人民政府开展突发事件应对工作;根据实际需要,设立相关类别突发事件应急指挥机构,组织、协调、指挥突发事件应对工作。

上级人民政府主管部门应当在各自职责范围内,指导、协助下级人民政府及其相应部门做好有关突发事件的应对工作。

第九条 国务院和县级以上地方各级人民政府是突发事件应对工作的行政领导机关,其办事机构及具体职责由国务院规定。

第十条 有关人民政府及其部门作出的应对突发事件的决定、命令,应当及时公布。

第十一条 有关人民政府及其部门采取的应对突发事件的措施,应当与突发事件可能造成的社会危害的性质、程度和范围相适应;有多种措施可供选择的,应当选择有利于最大程度地保护公民、法人和其他组织权益的措施。

公民、法人和其他组织有义务参与突发事件应对工作。

第十二条 有关人民政府及其部门为应对突发事件,可以征用单位和个人的财产。被征用的财产在使用完毕或者突发事件应急处置工作结束后,应当及时返还。财产被征用或者征用后毁损、灭失的,应当给予补偿。

第十三条 因采取突发事件应对措施,诉讼、行政复议、仲裁活动不能正常进行的,适用有关时效中止和程序中止的规定,但法律另有规定的除外。

第十四条 中国人民解放军、中国人民武装警察部队和民兵组织依照本法和其他有关法律、行政法规、军事法规的规定以及国务院、中央军事委员会的命令,参加突发事件的应急救援和处置工作。

第十五条 中华人民共和国政府在突发事件的预防、监测与预警、应急处置与救援、事后恢复与重建等方面,同外国政府和有关国际组织开展合作与交流。

第十六条 县级以上人民政府作出应对突发事件的决定、命令,应当报本级人民代表大会常务委员会备案;突发事件应急处置工作结束后,应当向本级人民代表大会常务委员会作出专项工作报告。

第二章 预防与应急准备

第十七条 国家建立健全突发事件应急预案体系。

国务院制定国家突发事件总体应急预案,组织制定国家突发事件专项应急预案;国务院有关部门根据各自的职责和国务院相关应急预案,制定国家突发事件部门应急预案。

地方各级人民政府和县级以上地方各级人民政府有关部门根据有关法律、法规、规章、上级人民政府及其有关部门的应急预案以及本地区的实际情况,制定相应的突发事件应急预案。

应急预案制定机关应当根据实际需要和情势变化,适时修订应急预案。应急预案的制定、修订程序由国务院规定。

第十八条 应急预案应当根据本法和其他有关法律、法规的规定,针对突发事件的性质、特点和可能造成的社会危害,具体规定突发事件应急管理工作的组织指挥体系与职责和突发事件的预防与预警机制、处置程序、应急保障措施以及事后恢复与重建措施等内容。

第十九条 城乡规划应当符合预防、处置突发事件的需要,统筹安排应对突发事件所必需的设备和基础设施建设,合理确定应急避难场所。

第二十条 县级人民政府应当对本行政区域内容易引发自然灾害、事故灾难和公共卫生事件的危险源、危险区域进行调查、登记、风险评估,定期进行检查、监控,并责令有关单位采取安全防范措施。

省级和设区的市级人民政府应当对本行政区域内容易引发特别重大、重大突发事件的危险源、危险区域进行调查、登记、风险评估,组织进行检查、监控,并责令有关单位采取安全防范措施。

县级以上地方各级人民政府按照本法规定登记的危险源、危险区域,应当按照国家规定及时向社会公布。

第二十一条 县级人民政府及其有关部门、乡级人民政府、街道办事处、居民委员会、村民委员会应当及时调解处理可能引发社会安全事件的矛盾纠纷。

第二十二条 所有单位应当建立健全安全管理制度,定期检查本单位各项安全防范措施的落实情况,及时消除事故隐患;掌握并及时处理本单位存在的可能引发社会安全事件的问题,防止矛盾激化和事态扩大;对本单位可能发生的突发事件和采取安全防范措施的情况,应当按照规定及时向所在地人民政府或者人民政府有关部门报告。

第二十三条 矿山、建筑施工单位和易燃易爆物品、危险化学品、放射性物品等危险物品的生产、经营、储运、使用单位,应当制定具体应急预案,并对生产经营场所、有危险物品的建筑物、构筑物及周边环境开展隐患排查,及时采取措施消除隐患,防止发生突发事件。

第二十四条 公共交通工具、公共场所和其他人员密集场所的经营单位或者管理单位应当制定具体应急预案,为交通工具和有关场所配备报警装置和必要的应急救援设备、设施,注明其使用方法,并显著标明安全撤离的通道、路线,保证安全通道、出口的畅通。

有关单位应当定期检测、维护其报警装置和应急救援设备、设施,使其处于良好状态,确保正常使用。

第四十五条 发布一级、二级警报,宣布进入预警期后,县级以上地方各级人民政府除采取本法第四十四条规定的措施外,还应当针对即将发生的突发事件的特点和可能造成的危害,采取下列一项或者多项措施:

(一)责令应急救援队伍、负有特定职责的人员进入待命状态,并动员后备人员做好参加应急救援和处置工作的准备;

(二)调集应急救援所需物资、设备、工具,准备应急设施和避难场所,并确保其处于良好状态、随时可以投入正常使用;

(三)加强对重点单位、重要部位和重要基础设施的安全保卫,维护社会治安秩序;

(四)采取必要措施,确保交通、通信、供水、排水、供电、供气、供热等公共设施的安全和正常运行;

(五)及时向社会发布有关采取特定措施避免或者减轻危害的建议、劝告;

(六)转移、疏散或者撤离易受突发事件危害的人员并予以妥善安置,转移重要财产;

(七)关闭或者限制使用易受突发事件危害的场所,控制或者限制容易导致危害扩大的公共场所的活动;

(八)法律、法规、规章规定的其他必要的防范性、保护性措施。

第四十九条 自然灾害、事故灾难或者公共卫生事件发生后,履行统一领导职责的人民政府可以采取下列一项或者多项应急处置措施:

(一)组织营救和救治受害人员,疏散、撤离并妥善安置受到威胁的人员以及采取其他救助措施;

(二)迅速控制危险源,标明危险区域,封锁危险场所,划定警戒区,实行交通管制以及其他控制措施;

(三)立即抢修被损坏的交通、通信、供水、排水、供电、供气、供热等公共设施,向受到危害的人员提供避难场所和生活必需品,实施医疗救护和卫生防疫以及其他保障措施;

(四)禁止或者限制使用有关设备、设施,关闭或者限制使用有关场所,中止人员密集的活动或者可能导致危害扩大的生产经营活动以及采取其他保护措施;

(五)启用本级人民政府设置的财政预备费和储备的应急救援物资,必要时调用其他急需物资、设备、设施、工具;

(六)组织公民参加应急救援和处置工作,要求具有特定专长的人员提供服务;

(七)保障食品、饮用水、燃料等基本生活必需品的供应;

(八)依法从严惩处囤积居奇、哄抬物价、制假售假等扰乱市场秩序的行为,稳定市场价格,维护市场秩序;

（九）依法从严惩处哄抢财物、干扰破坏应急处置工作等扰乱社会秩序的行为，维护社会治安；

（十）采取防止发生次生、衍生事件的必要措施。

第五十条 社会安全事件发生后，组织处置工作的人民政府应当立即组织有关部门并由公安机关针对事件的性质和特点，依照有关法律、行政法规和国家其他有关规定，采取下列一项或者多项应急处置措施：

（一）强制隔离使用器械相互对抗或者以暴力行为参与冲突的当事人，妥善解决现场纠纷和争端，控制事态发展；

（二）对特定区域内的建筑物、交通工具、设备、设施以及燃料、燃气、电力、水的供应进行控制；

（三）封锁有关场所、道路，查验现场人员的身份证件，限制有关公共场所内的活动；

（四）加强对易受冲击的核心机关和单位的警卫，在国家机关、军事机关、国家通讯社、广播电台、电视台、外国驻华使领馆等单位附近设置临时警戒线；

（五）法律、行政法规和国务院规定的其他必要措施。

严重危害社会治安秩序的事件发生时，公安机关应当立即依法出动警力，根据现场情况依法采取相应的强制性措施，尽快使社会秩序恢复正常。

第六十九条 发生特别重大突发事件，对人民生命财产安全、国家安全、公共安全、环境安全或者社会秩序构成重大威胁，采取本法和其他有关法律、法规、规章规定的应急处置措施不能消除或者有效控制、减轻其严重社会危害，需要进入紧急状态的，由全国人民代表大会常务委员会或者国务院依照宪法和其他有关法律规定的权限和程序决定。

紧急状态期间采取的非常措施，依照有关法律规定执行或者由全国人民代表大会常务委员会另行规定。

第七十条 本法自 2007 年 11 月 1 日起施行。

中华人民共和国安全生产法（2014 年修正）（节录）

（2002 年 6 月 29 日第九届全国人民代表大会常务委员会第二十八次会议通过　根据 2009 年 8 月 27 日第十一届全国人民代表大会常务委员会第十次会议关于《关于修改部分法律的决定》第一次修正　根据 2014 年 8 月 31 日第十二届全国人民代表大会常务委员会第十次会议《关于修改〈中华人民共和国安全生产法〉的决定》第二次修正）

第一章　总　则

第一条　为了加强安全生产工作，防止和减少生产安全事故，保障人民群众生命和财产安全，促进经济社会持续健康发展，制定本法。

第二条 在中华人民共和国领域内从事生产经营活动的单位(以下统称生产经营单位)的安全生产,适用本法;有关法律、行政法规对消防安全和道路交通安全、铁路交通安全、水上交通安全、民用航空安全以及核与辐射安全、特种设备安全另有规定的,适用其规定。

第三条 安全生产工作应当以人为本,坚持安全发展,坚持安全第一、预防为主、综合治理的方针,强化和落实生产经营单位的主体责任,建立生产经营单位负责、职工参与、政府监管、行业自律和社会监督的机制。

第四条 生产经营单位必须遵守本法和其他有关安全生产的法律、法规,加强安全生产管理,建立、健全安全生产责任制和安全生产规章制度,改善安全生产条件,推进安全生产标准化建设,提高安全生产水平,确保安全生产。

第五条 生产经营单位的主要负责人对本单位的安全生产工作全面负责。

第六条 生产经营单位的从业人员有依法获得安全生产保障的权利,并应当依法履行安全生产方面的义务。

第七条 工会依法对安全生产工作进行监督。

生产经营单位的工会依法组织职工参加本单位安全生产工作的民主管理和民主监督,维护职工在安全生产方面的合法权益。生产经营单位制定或者修改有关安全生产的规章制度,应当听取工会的意见。

第八条 国务院和县级以上地方各级人民政府应当根据国民经济和社会发展规划制定安全生产规划,并组织实施。安全生产规划应当与城乡规划相衔接。

国务院和县级以上地方各级人民政府应当加强对安全生产工作的领导,支持、督促各有关部门依法履行安全生产监督管理职责,建立健全安全生产工作协调机制,及时协调、解决安全生产监督管理中存在的重大问题。

乡、镇人民政府以及街道办事处、开发区管理机构等地方人民政府的派出机关应当按照职责,加强对本行政区域内生产经营单位安全生产状况的监督检查,协助上级人民政府有关部门依法履行安全生产监督管理职责。

第十四条 国家实行生产安全事故责任追究制度,依照本法和有关法律、法规的规定,追究生产安全事故责任人员的法律责任。

第十五条 国家鼓励和支持安全生产科学技术研究和安全生产先进技术的推广应用,提高安全生产水平。

第十六条 国家对在改善安全生产条件、防止生产安全事故、参加抢险救护等方面取得显著成绩的单位和个人,给予奖励。

第二章 生产经营单位的安全生产保障

第十七条 生产经营单位应当具备本法和有关法律、行政法规和国家标准或者行业标准规定的安全生产条件;不具备安全生产条件的,不得从事生产经营活动。

第十八条 生产经营单位的主要负责人对本单位安全生产工作负有下列职责:

(一)建立、健全本单位安全生产责任制;

(二)组织制定本单位安全生产规章制度和操作规程;

(三)组织制定并实施本单位安全生产教育和培训计划;

（四）保证本单位安全生产投入的有效实施；

（五）督促、检查本单位的安全生产工作，及时消除生产安全事故隐患；

（六）组织制定并实施本单位的生产安全事故应急救援预案；

（七）及时、如实报告生产安全事故。

第十九条 生产经营单位的安全生产责任制应当明确各岗位的责任人员、责任范围和考核标准等内容。

生产经营单位应当建立相应的机制，加强对安全生产责任制落实情况的监督考核，保证安全生产责任制的落实。

第二十条 生产经营单位应当具备的安全生产条件所必需的资金投入，由生产经营单位的决策机构、主要负责人或者个人经营的投资人予以保证，并对由于安全生产所必需的资金投入不足导致的后果承担责任。

有关生产经营单位应当按照规定提取和使用安全生产费用，专门用于改善安全生产条件。安全生产费用在成本中据实列支。安全生产费用提取、使用和监督管理的具体办法由国务院财政部门会同国务院安全生产监督管理部门征求国务院有关部门意见后制定。

第二十一条 矿山、金属冶炼、建筑施工、道路运输单位和危险物品的生产、经营、储存单位，应当设置安全生产管理机构或者配备专职安全生产管理人员。

前款规定以外的其他生产经营单位，从业人员超过一百人的，应当设置安全生产管理机构或者配备专职安全生产管理人员；从业人员在一百人以下的，应当配备专职或者兼职的安全生产管理人员。

第二十二条 生产经营单位的安全生产管理机构以及安全生产管理人员履行下列职责：

（一）组织或者参与拟订本单位安全生产规章制度、操作规程和生产安全事故应急救援预案；

（二）组织或者参与本单位安全生产教育和培训，如实记录安全生产教育和培训情况；

（三）督促落实本单位重大危险源的安全管理措施；

（四）组织或者参与本单位应急救援演练；

（五）检查本单位的安全生产状况，及时排查生产安全事故隐患，提出改进安全生产管理的建议；

（六）制止和纠正违章指挥、强令冒险作业、违反操作规程的行为；

（七）督促落实本单位安全生产整改措施。

第二十三条 生产经营单位的安全生产管理机构以及安全生产管理人员应当恪尽职守，依法履行职责。

生产经营单位作出涉及安全生产的经营决策，应当听取安全生产管理机构以及安全生产管理人员的意见。

生产经营单位不得因安全生产管理人员依法履行职责而降低其工资、福利等待遇或者解除与其订立的劳动合同。

危险物品的生产、储存单位以及矿山、金属冶炼单位的安全生产管理人员的任免，应当告知主管的负有安全生产监督管理职责的部门。

第二十四条 生产经营单位的主要负责人和安全生产管理人员必须具备与本单位所从事的生产经营活动相应的安全生产知识和管理能力。

危险物品的生产、经营、储存单位以及矿山、金属冶炼、建筑施工、道路运输单位的主要负责人和安全生产管理人员,应当由主管的负有安全生产监督管理职责的部门对其安全生产知识和管理能力考核合格。考核不得收费。

危险物品的生产、储存单位以及矿山、金属冶炼单位应当有注册安全工程师从事安全生产管理工作。鼓励其他生产经营单位聘用注册安全工程师从事安全生产管理工作。注册安全工程师按专业分类管理,具体办法由国务院人力资源和社会保障部门、国务院安全生产监督管理部门会同国务院有关部门制定。

第二十九条 矿山、金属冶炼建设项目和用于生产、储存、装卸危险物品的建设项目,应当按照国家有关规定进行安全评价。

第三十条 建设项目安全设施的设计人、设计单位应当对安全设施设计负责。

矿山、金属冶炼建设项目和用于生产、储存、装卸危险物品的建设项目的安全设施设计应当按照国家有关规定报经有关部门审查,审查部门及其负责审查的人员对审查结果负责。

第三十一条 矿山、金属冶炼建设项目和用于生产、储存、装卸危险物品的建设项目的施工单位必须按照批准的安全设施设计施工,并对安全设施的工程质量负责。

矿山、金属冶炼建设项目和用于生产、储存危险物品的建设项目竣工投入生产或者使用前,应当由建设单位负责组织对安全设施进行验收;验收合格后,方可投入生产和使用。安全生产监督管理部门应当加强对建设单位验收活动和验收结果的监督核查。

第三十二条 生产经营单位应当在有较大危险因素的生产经营场所和有关设施、设备上,设置明显的安全警示标志。

第三十六条 生产、经营、运输、储存、使用危险物品或者处置废弃危险物品的,由有关主管部门依照有关法律、法规的规定和国家标准或者行业标准审批并实施监督管理。

生产经营单位生产、经营、运输、储存、使用危险物品或者处置废弃危险物品,必须执行有关法律、法规和国家标准或者行业标准,建立专门的安全管理制度,采取可靠的安全措施,接受有关主管部门依法实施的监督管理。

第三十七条 生产经营单位对重大危险源应当登记建档,进行定期检测、评估、监控,并制定应急预案,告知从业人员和相关人员在紧急情况下应当采取的应急措施。

生产经营单位应当按照国家有关规定将本单位重大危险源及有关安全措施、应急措施报有关地方人民政府安全生产监督管理部门和有关部门备案。

第三十八条 生产经营单位应当建立健全生产安全事故隐患排查治理制度,采取技术、管理措施,及时发现并消除事故隐患。事故隐患排查治理情况应当如实记录,并向从业人员通报。

县级以上地方各级人民政府负有安全生产监督管理职责的部门应当建立健全重大事故隐患治理督办制度,督促生产经营单位消除重大事故隐患。

第三十九条 生产、经营、储存、使用危险物品的车间、商店、仓库不得与员工宿舍在同一座建筑物内,并应当与员工宿舍保持安全距离。

生产经营场所和员工宿舍应当设有符合紧急疏散要求、标志明显、保持畅通的出口。禁止锁闭、封堵生产经营场所或者员工宿舍的出口。

第四十条 生产经营单位进行爆破、吊装以及国务院安全生产监督管理部门会同国务院有关部门规定的其他危险作业,应当安排专门人员进行现场安全管理,确保操作规程的遵守和安全措施的落实。

第四十一条 生产经营单位应当教育和督促从业人员严格执行本单位的安全生产规章制度和安全操作规程;并向从业人员如实告知作业场所和工作岗位存在的危险因素、防范措施以及事故应急措施。

第四章 安全生产的监督管理

第五十九条 县级以上地方各级人民政府应当根据本行政区域内的安全生产状况,组织有关部门按照职责分工,对本行政区域内容易发生重大生产安全事故的生产经营单位进行严格检查。

安全生产监督管理部门应当按照分类分级监督管理的要求,制定安全生产年度监督检查计划,并按照年度监督检查计划进行监督检查,发现事故隐患,应当及时处理。

第六十条 负有安全生产监督管理职责的部门依照有关法律、法规的规定,对涉及安全生产的事项需要审查批准(包括批准、核准、许可、注册、认证、颁发证照等,下同)或者验收的,必须严格依照有关法律、法规和国家标准或者行业标准规定的安全生产条件和程序进行审查;不符合有关法律、法规和国家标准或者行业标准规定的安全生产条件的,不得批准或者验收通过。对未依法取得批准或者验收合格的单位擅自从事有关活动的,负责行政审批的部门发现或者接到举报后应当立即予以取缔,并依法予以处理。对已经依法取得批准的单位,负责行政审批的部门发现其不再具备安全生产条件的,应当撤销原批准。

第六十一条 负有安全生产监督管理职责的部门对涉及安全生产的事项进行审查、验收,不得收取费用;不得要求接受审查、验收的单位购买其指定品牌或者指定生产、销售单位的安全设备、器材或者其他产品。

第六十二条 安全生产监督管理部门和其他负有安全生产监督管理职责的部门依法开展安全生产行政执法工作,对生产经营单位执行有关安全生产的法律、法规和国家标准或者行业标准的情况进行监督检查,行使以下职权:

(一)进入生产经营单位进行检查,调阅有关资料,向有关单位和人员了解情况;

(二)对检查中发现的安全生产违法行为,当场予以纠正或者要求限期改正;对依法应当给予行政处罚的行为,依照本法和其他有关法律、行政法规的规定作出行政处罚决定;

(三)对检查中发现的事故隐患,应当责令立即排除;重大事故隐患排除前或者排除过程中无法保证安全的,应当责令从危险区域内撤出作业人员,责令暂时停产停业或者停止使用相关设施、设备;重大事故隐患排除后,经审查同意,方可恢复生产经营和使用;

(四)对有根据认为不符合保障安全生产的国家标准或者行业标准的设施、设备、器材以及违法生产、储存、使用、经营、运输的危险物品予以查封或者扣押,对违法生产、储存、使用、经营危险物品的作业场所予以查封,并依法作出处理决定。

监督检查不得影响被检查单位的正常生产经营活动。

第六十三条 生产经营单位对负有安全生产监督管理职责的部门的监督检查人员(以下统称安全生产监督检查人员)依法履行监督检查职责,应当予以配合,不得拒绝、阻挠。

第六十四条 安全生产监督检查人员应当忠于职守,坚持原则,秉公执法。

安全生产监督检查人员执行监督检查任务时,必须出示有效的监督执法证件;对涉及被检查单位的技术秘密和业务秘密,应当为其保密。

第六十五条 安全生产监督检查人员应当将检查的时间、地点、内容、发现的问题及其处理情况,作出书面记录,并由检查人员和被检查单位的负责人签字;被检查单位的负责人拒绝签字的,检查人员应当将情况记录在案,并向负有安全生产监督管理职责的部门报告。

第六十六条 负有安全生产监督管理职责的部门在监督检查中,应当互相配合,实行联合检查;确需分别进行检查的,应当互通情况,发现存在的安全问题应当由其他有关部门进行处理的,应当及时移送其他有关部门并形成记录备查,接受移送的部门应当及时进行处理。

第六十七条 负有安全生产监督管理职责的部门依法对存在重大事故隐患的生产经营单位作出停产停业、停止施工、停止使用相关设施或者设备的决定,生产经营单位应当依法执行,及时消除事故隐患。生产经营单位拒不执行,有发生生产安全事故的现实危险的,在保证安全的前提下,经本部门主要负责人批准,负有安全生产监督管理职责的部门可以采取通知有关单位停止供电、停止供应民用爆炸物品等措施,强制生产经营单位履行决定。通知应当采用书面形式,有关单位应当予以配合。

负有安全生产监督管理职责的部门依照前款规定采取停止供电措施,除有危及生产安全的紧急情形外,应当提前二十四小时通知生产经营单位。生产经营单位依法履行行政决定、采取相应措施消除事故隐患的,负有安全生产监督管理职责的部门应当及时解除前款规定的措施。

第六十八条 监察机关依照行政监察法的规定,对负有安全生产监督管理职责的部门及其工作人员履行安全生产监督管理职责实施监察。

第六十九条 承担安全评价、认证、检测、检验的机构应当具备国家规定的资质条件,并对其作出的安全评价、认证、检测、检验的结果负责。

第七十条 负有安全生产监督管理职责的部门应当建立举报制度,公开举报电话、信箱或者电子邮件地址,受理有关安全生产的举报;受理的举报事项经调查核实后,应当形成书面材料;需要落实整改措施的,报经有关负责人签字并督促落实。

第七十一条 任何单位或者个人对事故隐患或者安全生产违法行为,均有权向负有安全生产监督管理职责的部门报告或者举报。

第五章 生产安全事故的应急救援与调查处理

第七十九条 危险物品的生产、经营、储存单位以及矿山、金属冶炼、城市轨道交通运营、建筑施工单位应当建立应急救援组织;生产经营规模较小的,可以不建立应急救援组织,但应当指定兼职的应急救援人员。

危险物品的生产、经营、储存、运输单位以及矿山、金属冶炼、城市轨道交通运营、建筑施工单位应当配备必要的应急救援器材、设备和物资,并进行经常性维护、保养,保证正常运转。

第八十条 生产经营单位发生生产安全事故后,事故现场有关人员应当立即报告本单位负责人。

单位负责人接到事故报告后,应当迅速采取有效措施,组织抢救,防止事故扩大,减少人员伤亡和财产损失,并按照国家有关规定立即如实报告当地负有安全生产监督管理职责的部门,不得隐瞒不报、谎报或者迟报,不得故意破坏事故现场、毁灭有关证据。

第八十一条 负有安全生产监督管理职责的部门接到事故报告后,应当立即按照国家有关规定上报事故情况。负有安全生产监督管理职责的部门和有关地方人民政府对事故情况不得隐瞒不报、谎报或者迟报。

第八十二条 有关地方人民政府和负有安全生产监督管理职责的部门的负责人接到生产安全事故报告后,应当按照生产安全事故应急救援预案的要求立即赶到事故现场,组织事故抢救。

参与事故抢救的部门和单位应当服从统一指挥,加强协同联动,采取有效的应急救援措施,并根据事故救援的需要采取警戒、疏散等措施,防止事故扩大和次生灾害的发生,减少人员伤亡和财产损失。

事故抢救过程中应当采取必要措施,避免或者减少对环境造成的危害。

任何单位和个人都应当支持、配合事故抢救,并提供一切便利条件。

第八十三条 事故调查处理应当按照科学严谨、依法依规、实事求是、注重实效的原则,及时、准确地查清事故原因,查明事故性质和责任,总结事故教训,提出整改措施,并对事故责任者提出处理意见。事故调查报告应当依法及时向社会公布。事故调查和处理的具体办法由国务院制定。

事故发生单位应当及时全面落实整改措施,负有安全生产监督管理职责的部门应当加强监督检查。

第八十四条 生产经营单位发生生产安全事故,经调查确定为责任事故的,除了应当查明事故单位的责任并依法予以追究外,还应当查明对安全生产的有关事项负有审查批准和监督职责的行政部门的责任,对有失职、渎职行为的,依照本法第八十七条的规定追究法律责任。

第八十五条 任何单位和个人不得阻挠和干涉对事故的依法调查处理。

第八十六条 县级以上地方各级人民政府安全生产监督管理部门应当定期统计分析本行政区域内发生生产安全事故的情况,并定期向社会公布。

第六章 法律责任

第八十七条 负有安全生产监督管理职责的部门的工作人员,有下列行为之一的,给予降级或者撤职的处分;构成犯罪的,依照刑法有关规定追究刑事责任:

(一)对不符合法定安全生产条件的涉及安全生产的事项予以批准或者验收通过的;

(二)发现未依法取得批准、验收的单位擅自从事有关活动或者接到举报后不予取缔或者不依法予以处理的;

(三)对已经依法取得批准的单位不履行监督管理职责,发现其不再具备安全生产条件而不撤销原批准或者发现安全生产违法行为不予查处的;

(四)在监督检查中发现重大事故隐患,不依法及时处理的。

负有安全生产监督管理职责的部门的工作人员有前款规定以外的滥用职权、玩忽职守、徇私舞弊行为的,依法给予处分;构成犯罪的,依照刑法有关规定追究刑事责任。

第八十八条 负有安全生产监督管理职责的部门,要求被审查、验收的单位购买其指定的安全设备、器材或者其他产品的,在对安全生产事项的审查、验收中收取费用的,由其上级机关或者监察机关责令改正,责令退还收取的费用;情节严重的,对直接负责的主管人员和其他直接责任人员依法给予处分。

第八十九条 承担安全评价、认证、检测、检验工作的机构,出具虚假证明的,没收违法所得;违法所得在十万元以上的,并处违法所得二倍以上五倍以下的罚款;没有违法所得或者违法所得不足十万元的,单处或者并处十万元以上二十万元以下的罚款;对其直接负责的主管人员和其他直接责任人员处二万元以上五万元以下的罚款;给他人造成损害的,与生产经营单位承担连带赔偿责任;构成犯罪的,依照刑法有关规定追究刑事责任。

对有前款违法行为的机构,吊销其相应资质。

第九十条 生产经营单位的决策机构、主要负责人或者个人经营的投资人不依照本法规定保证安全生产所必需的资金投入,致使生产经营单位不具备安全生产条件的,责令限期改正,提供必需的资金;逾期未改正的,责令生产经营单位停产停业整顿。

有前款违法行为,导致发生生产安全事故的,对生产经营单位的主要负责人给予撤职处分,对个人经营的投资人处二万元以上二十万元以下的罚款;构成犯罪的,依照刑法有关规定追究刑事责任。

第九十一条 生产经营单位的主要负责人未履行本法规定的安全生产管理职责的,责令限期改正;逾期未改正的,处二万元以上五万元以下的罚款,责令生产经营单位停产停业整顿。

生产经营单位的主要负责人有前款违法行为,导致发生生产安全事故的,给予撤职处分;构成犯罪的,依照刑法有关规定追究刑事责任。

生产经营单位的主要负责人依照前款规定受刑事处罚或者撤职处分的,自刑罚执行完毕或者受处分之日起,五年内不得担任任何生产经营单位的主要负责人;对重大、特别重大生产安全事故负有责任的,终身不得担任本行业生产经营单位的主要负责人。

第九十二条 生产经营单位的主要负责人未履行本法规定的安全生产管理职责,导致发生生产安全事故的,由安全生产监督管理部门依照下列规定处以罚款:

(一)发生一般事故的,处上一年年收入百分之三十的罚款;

(二)发生较大事故的,处上一年年收入百分之四十的罚款;

(三)发生重大事故的,处上一年年收入百分之六十的罚款;

(四)发生特别重大事故的,处上一年年收入百分之八十的罚款。

第九十三条 生产经营单位的安全生产管理人员未履行本法规定的安全生产管理职责的,责令限期改正;导致发生生产安全事故的,暂停或者撤销其与安全生产有关的资格;构成犯罪的,依照刑法有关规定追究刑事责任。

第九十四条 生产经营单位有下列行为之一的,责令限期改正,可以处五万元以下的罚款;逾期未改正的,责令停产停业整顿,并处五万元以上十万元以下的罚款,对其直接负责的主管人员和其他直接责任人员处一万元以上二万元以下的罚款:

(一)未按照规定设置安全生产管理机构或者配备安全生产管理人员的;

(二)危险物品的生产、经营、储存单位以及矿山、金属冶炼、建筑施工、道路运输单位的主要负责人和安全生产管理人员未按照规定经考核合格的;

(三)未按照规定对从业人员、被派遣劳动者、实习学生进行安全生产教育和培训,或者未按照规定如实告知有关的安全生产事项的;

(四)未如实记录安全生产教育和培训情况的;

(五)未将事故隐患排查治理情况如实记录或者未向从业人员通报的;

(六)未按照规定制定生产安全事故应急救援预案或者未定期组织演练的;

(七)特种作业人员未按照规定经专门的安全作业培训并取得相应资格,上岗作业的。

第九十五条 生产经营单位有下列行为之一的,责令停止建设或者停产停业整顿,限期改正;逾期未改正的,处五十万元以上一百万元以下的罚款,对其直接负责的主管人员和其他直接责任人员处二万元以上五万元以下的罚款;构成犯罪的,依照刑法有关规定追究刑事责任:

（一）未按照规定对矿山、金属冶炼建设项目或者用于生产、储存、装卸危险物品的建设项目进行安全评价的；

（二）矿山、金属冶炼建设项目或者用于生产、储存、装卸危险物品的建设项目没有安全设施设计或者安全设施设计未按照规定报经有关部门审查同意的；

（三）矿山、金属冶炼建设项目或者用于生产、储存、装卸危险物品的建设项目的施工单位未按照批准的安全设施设计施工的；

（四）矿山、金属冶炼建设项目或者用于生产、储存危险物品的建设项目竣工投入生产或者使用前，安全设施未经验收合格的。

第九十六条 生产经营单位有下列行为之一的，责令限期改正，可以处五万元以下的罚款；逾期未改正的，处五万元以上二十万元以下的罚款，对其直接负责的主管人员和其他直接责任人员处一万元以上二万元以下的罚款；情节严重的，责令停产停业整顿；构成犯罪的，依照刑法有关规定追究刑事责任：

（一）未在有较大危险因素的生产经营场所和有关设施、设备上设置明显的安全警示标志的；

（二）安全设备的安装、使用、检测、改造和报废不符合国家标准或者行业标准的；

（三）未对安全设备进行经常性维护、保养和定期检测的；

（四）未为从业人员提供符合国家标准或者行业标准的劳动防护用品的；

（五）危险物品的容器、运输工具，以及涉及人身安全、危险性较大的海洋石油开采特种设备和矿山井下特种设备未经具有专业资质的机构检测、检验合格，取得安全使用证或者安全标志，投入使用的；

（六）使用应当淘汰的危及生产安全的工艺、设备的。

第九十七条 未经依法批准，擅自生产、经营、运输、储存、使用危险物品或者处置废弃危险物品的，依照有关危险物品安全管理的法律、行政法规的规定予以处罚；构成犯罪的，依照刑法有关规定追究刑事责任。

第九十八条 生产经营单位有下列行为之一的，责令限期改正，可以处十万元以下的罚款；逾期未改正的，责令停产停业整顿，并处十万元以上二十万元以下的罚款，对其直接负责的主管人员和其他直接责任人员处二万元以上五万元以下的罚款；构成犯罪的，依照刑法有关规定追究刑事责任：

（一）生产、经营、运输、储存、使用危险物品或者处置废弃危险物品，未建立专门安全管理制度、未采取可靠的安全措施的；

（二）对重大危险源未登记建档，或者未进行评估、监控，或者未制定应急预案的；

（三）进行爆破、吊装以及国务院安全生产监督管理部门会同国务院有关部门规定的其他危险作业，未安排专门人员进行现场安全管理的；

（四）未建立事故隐患排查治理制度的。

第九十九条 生产经营单位未采取措施消除事故隐患的，责令立即消除或者限期消除；生产经营单位拒不执行的，责令停产停业整顿，并处十万元以上五十万元以下的罚款，对其直接负责的主管人员和其他直接责任人员处二万元以上五万元以下的罚款。

第一百条 生产经营单位将生产经营项目、场所、设备发包或者出租给不具备安全生产条件或者相应资质的单位或者个人的，责令限期改正，没收违法所得；违法所得十万元以上的，并处违法所得二倍以上五倍以下的罚款;没有违法所得或者违法所得不足十万元的,单处或者并处十万元以上二十万元以下的罚款;对其直接负责的主管人员和其他直接责任人员处一万元以上二万元以下的罚款;导致发生生产安全事故给他人造成损害的,与承包方、承租方承担连带赔偿责任。

生产经营单位未与承包单位、承租单位签订专门的安全生产管理协议或者未在承包合同、租赁合同中明确各自的安全生产管理职责,或者未对承包单位、承租单位的安全生产统一协调、管理的,责令限期改正,可以处五万元以下的罚款,对其直接负责的主管人员和其他直接责任人员可以处一万元以下的罚款;逾期未改正的,责令停产停业整顿。

第一百零一条 两个以上生产经营单位在同一作业区域内进行可能危及对方安全生产的生产经营活动,未签订安全生产管理协议或者未指定专职安全生产管理人员进行安全检查与协调的,责令限期改正,可以处五万元以下的罚款,对其直接负责的主管人员和其他直接责任人员可以处一万元以下的罚款;逾期未改正的,责令停产停业。

第一百零二条 生产经营单位有下列行为之一的,责令限期改正,可以处五万元以下的罚款,对其直接负责的主管人员和其他直接责任人员可以处一万元以下的罚款;逾期未改正的,责令停产停业整顿;构成犯罪的,依照刑法有关规定追究刑事责任:

(一)生产、经营、储存、使用危险物品的车间、商店、仓库与员工宿舍在同一座建筑内,或者与员工宿舍的距离不符合安全要求的;

(二)生产经营场所和员工宿舍未设有符合紧急疏散需要、标志明显、保持畅通的出口,或者锁闭、封堵生产经营场所或者员工宿舍出口的。

第一百零三条 生产经营单位与从业人员订立协议,免除或者减轻其对从业人员因生产安全事故伤亡依法应承担的责任的,该协议无效;对生产经营单位的主要负责人、个人经营的投资人处二万元以上十万元以下的罚款。

第一百零四条 生产经营单位的从业人员不服从管理,违反安全生产规章制度或者操作规程的,由生产经营单位给予批评教育,依照有关规章制度给予处分;构成犯罪的,依照刑法有关规定追究刑事责任。

第一百零五条 违反本法规定,生产经营单位拒绝、阻碍负有安全生产监督管理职责的部门依法实施监督检查的,责令改正;拒不改正的,处二万元以上二十万元以下的罚款;对其直接负责的主管人员和其他直接责任人员处一万元以上二万元以下的罚款;构成犯罪的,依照刑法有关规定追究刑事责任。

第一百零六条 生产经营单位的主要负责人在本单位发生生产安全事故时,不立即组织抢救或者在事故调查处理期间擅离职守或者逃匿的,给予降级、撤职的处分,并由安全生产监督管理部门处上一年年收入百分之六十至百分之一百的罚款;对逃匿的处十五日以下拘留;构成犯罪的,依照刑法有关规定追究刑事责任。

生产经营单位的主要负责人对生产安全事故隐瞒不报、谎报或者迟报的,依照前款规定处罚。

第一百零七条 有关地方人民政府、负有安全生产监督管理职责的部门,对生产安全事故隐瞒不报、谎报或者迟报的,对直接负责的主管人员和其他直接责任人员依法给予处分;构成犯罪的,依照刑法有关规定追究刑事责任。

第一百零八条 生产经营单位不具备本法和其他有关法律、行政法规和国家标准或者行业标准规定的安全生产条件,经停产停业整顿仍不具备安全生产条件的,予以关闭;有关部门应当依法吊销其有关证照。

第一百零九条 发生生产安全事故,对负有责任的生产经营单位除要求其依法承担相应的赔偿等责任外,由安全生产监督管理部门依照下列规定处以罚款:

(一)发生一般事故的,处二十万元以上五十万元以下的罚款;

(二)发生较大事故的,处五十万元以上一百万元以下的罚款;

(三)发生重大事故的,处一百万元以上五百万元以下的罚款;

(四)发生特别重大事故的,处五百万元以上一千万元以下的罚款;情节特别严重的,处一千万元以上二千万元以下的罚款。

第一百一十条 本法规定的行政处罚,由安全生产监督管理部门和其他负有安全生产监督管理职责的部门按照职责分工决定。予以关闭的行政处罚由负有安全生产监督管理职责的部门报请县级以上人民政府按照国务院规定的权限决定;给予拘留的行政处罚由公安机关依照治安管理处罚法的规定决定。

第一百一十一条 生产经营单位发生生产安全事故造成人员伤亡、他人财产损失的,应当依法承担赔偿责任;拒不承担或者其负责人逃匿的,由人民法院依法强制执行。

生产安全事故的责任人未依法承担赔偿责任,经人民法院依法采取执行措施后,仍不能对受害人给予足额赔偿的,应当继续履行赔偿义务;受害人发现责任人有其他财产的,可以随时请求人民法院执行。

第七章 附 则

第一百一十三条 本法规定的生产安全一般事故、较大事故、重大事故、特别重大事故的划分标准由国务院规定。

国务院安全生产监督管理部门和其他负有安全生产监督管理职责的部门应当根据各自的职责分工,制定相关行业、领域重大事故隐患的判定标准。

第一百一十四条 本法自2002年11月1日起施行。

中华人民共和国产品质量法(2018年修正)(节录)

(1993年2月22日第七届全国人民代表大会常务委员会第三十次会议通过 根据2000年7月8日第九届全国人民代表大会常务委员会第十六次会议《关于修改〈中华人民共和国产品质量法〉的决定》第一次修正 根据2009年8月27日第十一届全国人民代表大会常务委员会第十次会议《关于修改部分法律的决定》第二次修正 根据2018年12月29日第十三届全国人民代表大会常务委员会第七次会议《关于修改〈中华人民共和国产品质量法〉等五部法律的决定》第三次修正)

第一章 总 则

第一条 为了加强对产品质量的监督管理,提高产品质量水平,明确产品质量责任,保护消费者的合法权益,维护社会经济秩序,制定本法。

第二条 在中华人民共和国境内从事产品生产、销售活动,必须遵守本法。

本法所称产品是指经过加工、制作,用于销售的产品。

建设工程不适用本法规定;但是,建设工程使用的建筑材料、建筑构配件和设备,属于前款规定的产品范围的,适用本法规定。

第三条 生产者、销售者应当建立健全内部产品质量管理制度,严格实施岗位质量规范、质量责任以及相应的考核办法。

第四条 生产者、销售者依照本法规定承担产品质量责任。

第五条 禁止伪造或者冒用认证标志等质量标志;禁止伪造产品的产地,伪造或者冒用他人的厂名、厂址;禁止在生产、销售的产品中掺杂、掺假,以假充真,以次充好。

第九条 各级人民政府工作人员和其他国家机关工作人员不得滥用职权、玩忽职守或者徇私舞弊,包庇、放纵本地区、本系统发生的产品生产、销售中违反本法规定的行为,或者阻挠、干预依法对产品生产、销售中违反本法规定的行为进行查处。

各级地方人民政府和其他国家机关有包庇、放纵产品生产、销售中违反本法规定的行为的,依法追究其主要负责人的法律责任。

第二章 产品质量的监督

第十二条 产品质量应当检验合格,不得以不合格产品冒充合格产品。

第十三条 可能危及人体健康和人身、财产安全的工业产品,必须符合保障人体健康和人身、财产安全的国家标准、行业标准;未制定国家标准、行业标准的,必须符合保障人体健康和人身、财产安全的要求。

禁止生产、销售不符合保障人体健康和人身、财产安全的标准和要求的工业产品。具体管理办法由国务院规定。

第十九条 产品质量检验机构必须具备相应的检测条件和能力,经省级以上人民政府市场监督管理部门或者其授权的部门考核合格后,方可承担产品质量检验工作。法律、行政法规对产品质量检验机构另有规定的,依照有关法律、行政法规的规定执行。

第二十条 从事产品质量检验、认证的社会中介机构必须依法设立,不得与行政机关和其他国家机关存在隶属关系或者其他利益关系。

第二十一条 产品质量检验机构、认证机构必须依法按照有关标准,客观、公正地出具检验结果或者认证证明。

产品质量认证机构应当依照国家规定对准许使用认证标志的产品进行认证后的跟踪检查;对不符合认证标准而使用认证标志的,要求其改正;情节严重的,取消其使用认证标志的资格。

第三章 生产者、销售者的产品质量责任的义务

第一节 生产者的产品质量责任和义务

第二十八条 易碎、易燃、易爆、有毒、有腐蚀性、有放射性等危险物品以及储运中不能倒置和其他有特殊要求的产品,其包装质量必须符合相应要求,依照国家有关规定作出警示标志或者

中文警示说明,标明储运注意事项。

第二十九条 生产者不得生产国家明令淘汰的产品。

第三十条 生产者不得伪造产地,不得伪造或者冒用他人的厂名、厂址。

第三十一条 生产者不得伪造或者冒用认证标志等质量标志。

第三十二条 生产者生产产品,不得掺杂、掺假,不得以假充真、以次充好,不得以不合格产品冒充合格产品。

第四章 损害赔偿

第四十一条 因产品存在缺陷造成人身、缺陷产品以外的其他财产(以下简称他人财产)损害的,生产者应当承担赔偿责任。生产者能够证明有下列情形之一的,不承担赔偿责任:

(一)未将产品投入流通的;

(二)产品投入流通时,引起损害的缺陷尚不存在的;

(三)将产品投入流通时的科学技术水平尚不能发现缺陷的存在的。

第四十二条 由于销售者的过错使产品存在缺陷,造成人身、他人财产损害的,销售者应当承担赔偿责任。销售者不能指明缺陷产品的生产者也不能指明缺陷产品的供货者的,销售者应当承担赔偿责任。

第四十三条 因产品存在缺陷造成人身、他人财产损害的,受害人可以向产品的生产者要求赔偿,也可以向产品的销售者要求赔偿。属于产品的生产者的责任,产品的销售者赔偿的,产品的销售者有权向产品的生产者追偿。属于产品的销售者的责任,产品的生产者赔偿的,产品的生产者有权向产品的销售者追偿。

第四十四条 因产品存在缺陷造成受害人人身伤害的,侵害人应当赔偿医疗费、治疗期间的护理费、因误工减少的收入等费用;造成残疾的,还应当支付残疾者生活自助具费、生活补助费、残疾赔偿金以及由其扶养的人所必需的生活费等费用;造成受害人死亡的,并应当支付丧葬费、死亡赔偿金以及由死者生前扶养的人所必需的生活费等费用。

因产品存在缺陷造成受害人财产损失的,侵害人应当恢复原状或者折价赔偿。受害人因此遭受其他重大损失的,侵害人应当赔偿损失。

第四十五条 因产品存在缺陷造成损害要求赔偿的诉讼时效期间为二年,自当事人知道或者应当知道其权益受到损害时起计算。

因产品存在缺陷造成损害要求赔偿的请求权,在造成损害的缺陷产品交付最初消费者满十年丧失;但是,尚未超过明示的安全使用期的除外。

第四十六条 本法所称缺陷,是指产品存在危及人身、他人财产安全的不合理的危险;产品有保障人体健康和人身、财产安全的国家标准、行业标准的,是指不符合该标准。

第四十七条 因产品质量发生民事纠纷时,当事人可以通过协商或者调解解决。当事人不愿通过协商、调解解决或者协商、调解不成的,可以根据当事人各方的协议向仲裁机构申请仲裁;当事人各方没有达成仲裁协议或者仲裁协议无效的,可以直接向人民法院起诉。

第五章 罚 则

第四十九条 生产、销售不符合保障人体健康和人身、财产安全的国家标准、行业标准的产品的,责令停止生产、销售,没收违法生产、销售的产品,并处违法生产、销售产品(包括已售出和未售出的产品,下同)货值金额等值以上三倍以下的罚款;有违法所得的,并处没收违法所得;情节严重的,吊销营业执照;构成犯罪的,依法追究刑事责任。

第五十条 在产品中掺杂、掺假,以假充真,以次充好,或者以不合格产品冒充合格产品的,责令停止生产、销售,没收违法生产、销售的产品,并处违法生产、销售产品货值金额百分之五十以上三倍以下的罚款;有违法所得的,并处没收违法所得;情节严重的,吊销营业执照;构成犯罪的,依法追究刑事责任。

第五十六条 拒绝接受依法进行的产品质量监督检查的,给予警告,责令改正;拒不改正的,责令停业整顿;情节特别严重的,吊销营业执照。

第五十九条 在广告中对产品质量作虚假宣传,欺骗和误导消费者的,依照《中华人民共和国广告法》的规定追究法律责任。

第六十五条 各级人民政府工作人员和其他国家机关工作人员有下列情形之一的,依法给予行政处分;构成犯罪的,依法追究刑事责任:

(一)包庇、放纵产品生产、销售中违反本法规定行为的;

(二)向从事违反本法规定的生产、销售活动的当事人通风报信,帮助其逃避查处的;

(三)阻挠、干预市场监督管理部门依法对产品生产、销售中违反本法规定的行为进行查处,造成严重后果的。

第六十六条 市场监督管理部门在产品质量监督抽查中超过规定的数量索取样品或者向被检查人收取检验费用的,由上级市场监督管理部门或者监察机关责令退还;情节严重的,对直接负责的主管人员和其他直接责任人员依法给予行政处分。

第六十七条 市场监督管理部门或者其他国家机关违反本法第二十五条的规定,向社会推荐生产者的产品或者以监制、监销等方式参与产品经营活动的,由其上级机关或者监察机关责令改正,消除影响,有违法收入的予以没收;情节严重的,对直接负责的主管人员和其他直接责任人员依法给予行政处分。

产品质量检验机构有前款所列违法行为的,由产品质量监督部门责令改正,消除影响,有违法收入的予以没收,可以并处违法收入一倍以下的罚款;情节严重的,撤销其质量检验资格。

第六十八条 市场监督管理部门的工作人员滥用职权、玩忽职守、徇私舞弊,构成犯罪的,依法追究刑事责任;尚不构成犯罪的,依法给予行政处分。

第六十九条 以暴力、威胁方法阻碍市场监督管理部门的工作人员依法执行职务的,依法追究刑事责任;拒绝、阻碍未使用暴力、威胁方法的,由公安机关依照治安管理处罚法的规定处罚。

第七十条 本法第四十九条至第五十七条、第六十条至第六十三条规定的行政处罚由市场监督管理部门决定。法律、行政法规对行使行政处罚权的机关另有规定的,依照有关法律、行政法规的规定执行。

第七十一条 对依照本法规定没收的产品,依照国家有关规定进行销毁或者采取其他方式处理。

第七十二条 本法第四十九条至第五十四条、第六十二条、第六十三条所规定的货值金额以违法生产、销售产品的标价计算;没有标价的,按照同类产品的市场价格计算。

第六章 附 则

第七十三条 军工产品质量监督管理办法,由国务院、中央军事委员会另行制定。
因核设施、核产品造成损害的赔偿责任,法律、行政法规另有规定的,依照其规定。

第七十四条 本法自 1993 年 9 月 1 日起施行。

中华人民共和国标准化法(2017 年修订)(节录)

(1988 年 12 月 29 日第七届全国人民代表大会常务委员会第五次会议通过 2017 年 11 月 4 日第十二届全国人民代表大会常务委员会第三十次会议修订)

第一章 总 则

第一条 为了加强标准化工作,提升产品和服务质量,促进科学技术进步,保障人身健康和生命财产安全,维护国家安全、生态环境安全,提高经济社会发展水平,制定本法。

第二条 本法所称标准(含标准样品),是指农业、工业、服务业以及社会事业等领域需要统一的技术要求。

标准包括国家标准、行业标准、地方标准和团体标准、企业标准。国家标准分为强制性标准、推荐性标准,行业标准、地方标准是推荐性标准。

强制性标准必须执行。国家鼓励采用推荐性标准。

第三条 标准化工作的任务是制定标准、组织实施标准以及对标准的制定、实施进行监督。

县级以上人民政府应当将标准化工作纳入本级国民经济和社会发展规划,将标准化工作经费纳入本级预算。

第四条 制定标准应当在科学技术研究成果和社会实践经验的基础上,深入调查论证,广泛征求意见,保证标准的科学性、规范性、时效性,提高标准质量。

第五条 国务院标准化行政主管部门统一管理全国标准化工作。国务院有关行政主管部门分工管理本部门、本行业的标准化工作。

县级以上地方人民政府标准化行政主管部门统一管理本行政区域内的标准化工作。县级以上地方人民政府有关行政主管部门分工管理本行政区域内本部门、本行业的标准化工作。

第六条 国务院建立标准化协调机制,统筹推进标准化重大改革,研究标准化重大政策,对跨部门跨领域、存在重大争议标准的制定和实施进行协调。

设区的市级以上地方人民政府可以根据工作需要建立标准化协调机制,统筹协调本行政区域内标准化工作重大事项。

第二章 标准的制定

第十条 对保障人身健康和生命财产安全、国家安全、生态环境安全以及满足经济社会管理基本需要的技术要求,应当制定强制性国家标准。

国务院有关行政主管部门依据职责负责强制性国家标准的项目提出、组织起草、征求意见和技术审查。国务院标准化行政主管部门负责强制性国家标准的立项、编号和对外通报。国务院标准化行政主管部门应当对拟制定的强制性国家标准是否符合前款规定进行立项审查,对符合前款规定的予以立项。

省、自治区、直辖市人民政府标准化行政主管部门可以向国务院标准化行政主管部门提出强制性国家标准的立项建议,由国务院标准化行政主管部门会同国务院有关行政主管部门决定。社会团体、企业事业组织以及公民可以向国务院标准化行政主管部门提出强制性国家标准的立项建议,国务院标准化行政主管部门认为需要立项的,会同国务院有关行政主管部门决定。

强制性国家标准由国务院批准发布或者授权批准发布。

法律、行政法规和国务院决定对强制性标准的制定另有规定的,从其规定。

第二十二条 制定标准应当有利于科学合理利用资源,推广科学技术成果,增强产品的安全性、通用性、可替换性,提高经济效益、社会效益、生态效益,做到技术上先进、经济上合理。

禁止利用标准实施妨碍商品、服务自由流通等排除、限制市场竞争的行为。

第四章 监督管理

第三十二条 县级以上人民政府标准化行政主管部门、有关行政主管部门依据法定职责,对标准的制定进行指导和监督,对标准的实施进行监督检查。

第三十三条 国务院有关行政主管部门在标准制定、实施过程中出现争议的,由国务院标准化行政主管部门组织协商;协商不成的,由国务院标准化协调机制解决。

第三十四条 国务院有关行政主管部门、设区的市级以上地方人民政府标准化行政主管部门未依照本法规定对标准进行编号、复审或者备案的,国务院标准化行政主管部门应当要求其说明情况,并限期改正。

第三十五条 任何单位或者个人有权向标准化行政主管部门、有关行政主管部门举报、投诉违反本法规定的行为。

标准化行政主管部门、有关行政主管部门应当向社会公开受理举报、投诉的电话、信箱或者电子邮件地址,并安排人员受理举报、投诉。对实名举报人或者投诉人,受理举报、投诉的行政主管部门应当告知处理结果,为举报人保密,并按照国家有关规定对举报人给予奖励。

第五章 法律责任

第三十六条 生产、销售、进口产品或者提供服务不符合强制性标准,或者企业生产的产品、提供的服务不符合其公开标准的技术要求的,依法承担民事责任。

第三十七条 生产、销售、进口产品或者提供服务不符合强制性标准的,依照《中华人民共和国产品质量法》《中华人民共和国进出口商品检验法》《中华人民共和国消费者权益保护法》等法律、行政法规的规定查处,记入信用记录,并依照有关法律、行政法规的规定予以公示;构成犯罪的,依法追究刑事责任。

第三十八条 企业未依照本法规定公开其执行的标准的,由标准化行政主管部门责令限期改正;逾期不改正的,在标准信息公共服务平台上公示。

第三十九条 国务院有关行政主管部门、设区的市级以上地方人民政府标准化行政主管部门制定的标准不符合本法第二十一条第一款、第二十二条第一款规定的，应当及时改正；拒不改正的，由国务院标准化行政主管部门公告废止相关标准；对负有责任的领导人员和直接责任人员依法给予处分。

社会团体、企业制定的标准不符合本法第二十一条第一款、第二十二条第一款规定的，由标准化行政主管部门责令限期改正；逾期不改正的，由省级以上人民政府标准化行政主管部门废止相关标准，并在标准信息公共服务平台上公示。

违反本法第二十二条第二款规定，利用标准实施排除、限制市场竞争行为的，依照《中华人民共和国反垄断法》等法律、行政法规的规定处理。

第四十条 国务院有关行政主管部门、设区的市级以上地方人民政府标准化行政主管部门未依照本法规定对标准进行编号或者备案，又未依照本法第三十四条的规定改正的，由国务院标准化行政主管部门撤销相关标准编号或者公告废止未备案标准；对负有责任的领导人员和直接责任人员依法给予处分。

国务院有关行政主管部门、设区的市级以上地方人民政府标准化行政主管部门未依照本法规定对其制定的标准进行复审，又未依照本法第三十四条的规定改正的，对负有责任的领导人员和直接责任人员依法给予处分。

第四十一条 国务院标准化行政主管部门未依照本法第十条第二款规定对制定强制性国家标准的项目予以立项，制定的标准不符合本法第二十一条第一款、第二十二条第一款规定，或者未依照本法规定对标准进行编号、复审或者予以备案的，应当及时改正；对负有责任的领导人员和直接责任人员可以依法给予处分。

第四十二条 社会团体、企业未依照本法规定对团体标准或者企业标准进行编号的，由标准化行政主管部门责令限期改正；逾期不改正的，由省级以上人民政府标准化行政主管部门撤销相关标准编号，并在标准信息公共服务平台上公示。

第四十三条 标准化工作的监督、管理人员滥用职权、玩忽职守、徇私舞弊的，依法给予处分；构成犯罪的，依法追究刑事责任。

第六章　附　则

第四十四条 军用标准的制定、实施和监督办法，由国务院、中央军事委员会另行制定。

第四十五条 本法自 2018 年 1 月 1 日起施行。

第二部分 生态环境保护相关法规、规章及规范性文件

风景名胜区条例(2016年修订)

(2006年9月19日中华人民共和国国务院令第474号发布 根据2016年2月6日中华人民共和国国务院令第666号《国务院关于修改部分行政法规的决定》修订)

第一章 总 则

第一条 为了加强对风景名胜区的管理,有效保护和合理利用风景名胜资源,制定本条例。

第二条 风景名胜区的设立、规划、保护、利用和管理,适用本条例。

本条例所称风景名胜区,是指具有观赏、文化或者科学价值,自然景观、人文景观比较集中,环境优美,可供人们游览或者进行科学、文化活动的区域。

第三条 国家对风景名胜区实行科学规划、统一管理、严格保护、永续利用的原则。

第四条 风景名胜区所在地县级以上地方人民政府设置的风景名胜区管理机构,负责风景名胜区的保护、利用和统一管理工作。

第五条 国务院建设主管部门负责全国风景名胜区的监督管理工作。国务院其他有关部门按照国务院规定的职责分工,负责风景名胜区的有关监督管理工作。

省、自治区人民政府建设主管部门和直辖市人民政府风景名胜区主管部门,负责本行政区域内风景名胜区的监督管理工作。省、自治区、直辖市人民政府其他有关部门按照规定的职责分工,负责风景名胜区的有关监督管理工作。

第六条 任何单位和个人都有保护风景名胜资源的义务,并有权制止、检举破坏风景名胜资源的行为。

第二章 设 立

第七条 设立风景名胜区,应当有利于保护和合理利用风景名胜资源。

新设立的风景名胜区与自然保护区不得重合或者交叉;已设立的风景名胜区与自然保护区重合或者交叉的,风景名胜区规划与自然保护区规划应当相协调。

第八条 风景名胜区划分为国家级风景名胜区和省级风景名胜区。

自然景观和人文景观能够反映重要自然变化过程和重大历史文化发展过程,基本处于自然状态或者保持历史原貌,具有国家代表性的,可以申请设立国家级风景名胜区;具有区域代表性的,可以申请设立省级风景名胜区。

第九条 申请设立风景名胜区应当提交包含下列内容的有关材料:

(一)风景名胜资源的基本状况;

(二)拟设立风景名胜区的范围以及核心景区的范围;

(三)拟设立风景名胜区的性质和保护目标;

(四)拟设立风景名胜区的游览条件;

(五)与拟设立风景名胜区内的土地、森林等自然资源和房屋等财产的所有权人、使用权人协商的内容和结果。

第十条 设立国家级风景名胜区,由省、自治区、直辖市人民政府提出申请,国务院建设主管部门会同国务院环境保护主管部门、林业主管部门、文物主管部门等有关部门组织论证,提出审查意见,报国务院批准公布。

设立省级风景名胜区,由县级人民政府提出申请,省、自治区人民政府建设主管部门或者直辖市人民政府风景名胜区主管部门,会同其他有关部门组织论证,提出审查意见,报省、自治区、直辖市人民政府批准公布。

第十一条 风景名胜区内的土地、森林等自然资源和房屋等财产的所有权人、使用权人的合法权益受法律保护。

申请设立风景名胜区的人民政府应当在报请审批前,与风景名胜区内的土地、森林等自然资源和房屋等财产的所有权人、使用权人充分协商。

因设立风景名胜区对风景名胜区内的土地、森林等自然资源和房屋等财产的所有权人、使用权人造成损失的,应当依法给予补偿。

第三章 规 划

第十二条 风景名胜区规划分为总体规划和详细规划。

第十三条 风景名胜区总体规划的编制,应当体现人与自然和谐相处、区域协调发展和经济社会全面进步的要求,坚持保护优先、开发服从保护的原则,突出风景名胜资源的自然特性、文化内涵和地方特色。

风景名胜区总体规划应当包括下列内容:

(一)风景资源评价;

(二)生态资源保护措施、重大建设项目布局、开发利用强度;

(三)风景名胜区的功能结构和空间布局;

(四)禁止开发和限制开发的范围;

(五)风景名胜区的游客容量;

(六)有关专项规划。

第十四条 风景名胜区应当自设立之日起2年内编制完成总体规划。总体规划的规划期一般为20年。

第十五条 风景名胜区详细规划应当根据核心景区和其他景区的不同要求编制,确定基础设施、旅游设施、文化设施等建设项目的选址、布局与规模,并明确建设用地范围和规划设计条件。

风景名胜区详细规划,应当符合风景名胜区总体规划。

第十六条 国家级风景名胜区规划由省、自治区人民政府建设主管部门或者直辖市人民政府风景名胜区主管部门组织编制。

省级风景名胜区规划由县级人民政府组织编制。

第十七条 编制风景名胜区规划,应当采用招标等公平竞争的方式选择具有相应资质等级的单位承担。

风景名胜区规划应当按照经审定的风景名胜区范围、性质和保护目标,依照国家有关法律、法规和技术规范编制。

第十八条 编制风景名胜区规划,应当广泛征求有关部门、公众和专家的意见;必要时,应当进行听证。

风景名胜区规划报送审批的材料应当包括社会各界的意见以及意见采纳的情况和未予采纳的理由。

第十九条 国家级风景名胜区的总体规划,由省、自治区、直辖市人民政府审查后,报国务院审批。

国家级风景名胜区的详细规划,由省、自治区人民政府建设主管部门或者直辖市人民政府风景名胜区主管部门报国务院建设主管部门审批。

第二十条 省级风景名胜区的总体规划,由省、自治区、直辖市人民政府审批,报国务院建设主管部门备案。

省级风景名胜区的详细规划,由省、自治区人民政府建设主管部门或者直辖市人民政府风景名胜区主管部门审批。

第二十一条 风景名胜区规划经批准后,应当向社会公布,任何组织和个人有权查阅。

风景名胜区内的单位和个人应当遵守经批准的风景名胜区规划,服从规划管理。

风景名胜区规划未经批准的,不得在风景名胜区内进行各类建设活动。

第二十二条 经批准的风景名胜区规划不得擅自修改。确需对风景名胜区总体规划中的风景名胜区范围、性质、保护目标、生态资源保护措施、重大建设项目布局、开发利用强度以及风景名胜区的功能结构、空间布局、游客容量进行修改的,应当报原审批机关批准;对其他内容进行修改的,应当报原审批机关备案。

风景名胜区详细规划确需修改的,应当报原审批机关批准。

政府或者政府部门修改风景名胜区规划对公民、法人或者其他组织造成财产损失的,应当依法给予补偿。

第二十三条 风景名胜区总体规划的规划期届满前2年,规划的组织编制机关应当组织专家对规划进行评估,作出是否重新编制规划的决定。在新规划批准前,原规划继续有效。

第四章 保 护

第二十四条 风景名胜区内的景观和自然环境,应当根据可持续发展的原则,严格保护,不得破坏或者随意改变。

风景名胜区管理机构应当建立健全风景名胜资源保护的各项管理制度。

风景名胜区内的居民和游览者应当保护风景名胜区的景物、水体、林草植被、野生动物和各项设施。

第二十五条 风景名胜区管理机构应当对风景名胜区内的重要景观进行调查、鉴定,并制定相应的保护措施。

第二十六条　在风景名胜区内禁止进行下列活动：
（一）开山、采石、开矿、开荒、修坟立碑等破坏景观、植被和地形地貌的活动；
（二）修建储存爆炸性、易燃性、放射性、毒害性、腐蚀性物品的设施；
（三）在景物或者设施上刻划、涂污；
（四）乱扔垃圾。

第二十七条　禁止违反风景名胜区规划，在风景名胜区内设立各类开发区和在核心景区内建设宾馆、招待所、培训中心、疗养院以及与风景名胜资源保护无关的其他建筑物；已经建设的，应当按照风景名胜区规划，逐步迁出。

第二十八条　在风景名胜区内从事本条例第二十六条、第二十七条禁止范围以外的建设活动，应当经风景名胜区管理机构审核后，依照有关法律、法规的规定办理审批手续。

在国家级风景名胜区内修建缆车、索道等重大建设工程，项目的选址方案应当报省、自治区人民政府建设主管部门和直辖市人民政府风景名胜区主管部门核准。

第二十九条　在风景名胜区内进行下列活动，应当经风景名胜区管理机构审核后，依照有关法律、法规的规定报有关主管部门批准：
（一）设置、张贴商业广告；
（二）举办大型游乐等活动；
（三）改变水资源、水环境自然状态的活动；
（四）其他影响生态和景观的活动。

第三十条　风景名胜区内的建设项目应当符合风景名胜区规划，并与景观相协调，不得破坏景观、污染环境、妨碍游览。

在风景名胜区内进行建设活动的，建设单位、施工单位应当制定污染防治和水土保持方案，并采取有效措施，保护好周围景物、水体、林草植被、野生动物资源和地形地貌。

第三十一条　国家建立风景名胜区管理信息系统，对风景名胜区规划实施和资源保护情况进行动态监测。

国家级风景名胜区所在地的风景名胜区管理机构应当每年向国务院建设主管部门报送风景名胜区规划实施和土地、森林等自然资源保护的情况；国务院建设主管部门应当将土地、森林等自然资源保护的情况，及时抄送国务院有关部门。

第五章　利用和管理

第三十二条　风景名胜区管理机构应当根据风景名胜区的特点，保护民族民间传统文化，开展健康有益的游览观光和文化娱乐活动，普及历史文化和科学知识。

第三十三条　风景名胜区管理机构应当根据风景名胜区规划，合理利用风景名胜资源，改善交通、服务设施和游览条件。

风景名胜区管理机构应当在风景名胜区内设置风景名胜区标志和路标、安全警示等标牌。

第三十四条　风景名胜区内宗教活动场所的管理，依照国家有关宗教活动场所管理的规定执行。

风景名胜区内涉及自然资源保护、利用、管理和文物保护以及自然保护区管理的，还应当执行国家有关法律、法规的规定。

第三十五条　国务院建设主管部门应当对国家级风景名胜区的规划实施情况、资源保护状况进行监督检查和评估。对发现的问题,应当及时纠正、处理。

第三十六条　风景名胜区管理机构应当建立健全安全保障制度,加强安全管理,保障游览安全,并督促风景名胜区内的经营单位接受有关部门依据法律、法规进行的监督检查。

禁止超过允许容量接纳游客和在没有安全保障的区域开展游览活动。

第三十七条　进入风景名胜区的门票,由风景名胜区管理机构负责出售。门票价格依照有关价格的法律、法规的规定执行。

风景名胜区内的交通、服务等项目,应当由风景名胜区管理机构依照有关法律、法规和风景名胜区规划,采用招标等公平竞争的方式确定经营者。

风景名胜区管理机构应当与经营者签订合同,依法确定各自的权利义务。经营者应当缴纳风景名胜资源有偿使用费。

第三十八条　风景名胜区的门票收入和风景名胜资源有偿使用费,实行收支两条线管理。

风景名胜区的门票收入和风景名胜资源有偿使用费应当专门用于风景名胜资源的保护和管理以及风景名胜区内财产的所有权人、使用权人损失的补偿。具体管理办法,由国务院财政部门、价格主管部门会同国务院建设主管部门等有关部门制定。

第三十九条　风景名胜区管理机构不得从事以营利为目的的经营活动,不得将规划、管理和监督等行政管理职能委托给企业或者个人行使。

风景名胜区管理机构的工作人员,不得在风景名胜区内的企业兼职。

第六章　法律责任

第四十条　违反本条例的规定,有下列行为之一的,由风景名胜区管理机构责令停止违法行为、恢复原状或者限期拆除,没收违法所得,并处50万元以上100万元以下的罚款:

(一)在风景名胜区内进行开山、采石、开矿等破坏景观、植被、地形地貌的活动的;

(二)在风景名胜区内修建储存爆炸性、易燃性、放射性、毒害性、腐蚀性物品的设施的;

(三)在核心景区内建设宾馆、招待所、培训中心、疗养院以及与风景名胜资源保护无关的其他建筑物的。

县级以上地方人民政府及其有关主管部门批准实施本条第一款规定的行为的,对直接负责的主管人员和其他直接责任人员依法给予降级或者撤职的处分;构成犯罪的,依法追究刑事责任。

第四十一条　违反本条例的规定,在风景名胜区内从事禁止范围以外的建设活动,未经风景名胜区管理机构审核的,由风景名胜区管理机构责令停止建设、限期拆除,对个人处2万元以上5万元以下的罚款,对单位处20万元以上50万元以下的罚款。

第四十二条　违反本条例的规定,在国家级风景名胜区内修建缆车、索道等重大建设工程,项目的选址方案未经省、自治区人民政府建设主管部门和直辖市人民政府风景名胜区主管部门核准,县级以上地方人民政府有关部门核发选址意见书的,对直接负责的主管人员和其他直接责任人员依法给予处分;构成犯罪的,依法追究刑事责任。

第四十三条　违反本条例的规定,个人在风景名胜区内进行开荒、修坟立碑等破坏景观、植被、地形地貌的活动的,由风景名胜区管理机构责令停止违法行为、限期恢复原状或者采取其他补救措施,没收违法所得,并处1000元以上1万元以下的罚款。

第四十四条 违反本条例的规定,在景物、设施上刻划、涂污或者在风景名胜区内乱扔垃圾的,由风景名胜区管理机构责令恢复原状或者采取其他补救措施,处50元的罚款;刻划、涂污或者以其他方式故意损坏国家保护的文物、名胜古迹的,按照治安管理处罚法的有关规定予以处罚;构成犯罪的,依法追究刑事责任。

第四十五条 违反本条例的规定,未经风景名胜区管理机构审核,在风景名胜区内进行下列活动的,由风景名胜区管理机构责令停止违法行为、限期恢复原状或者采取其他补救措施,没收违法所得,并处5万元以上10万元以下的罚款;情节严重的,并处10万元以上20万元以下的罚款:

(一)设置、张贴商业广告的;
(二)举办大型游乐等活动的;
(三)改变水资源、水环境自然状态的活动的;
(四)其他影响生态和景观的活动。

第四十六条 违反本条例的规定,施工单位在施工过程中,对周围景物、水体、林草植被、野生动物资源和地形地貌造成破坏的,由风景名胜区管理机构责令停止违法行为、限期恢复原状或者采取其他补救措施,并处2万元以上10万元以下的罚款;逾期未恢复原状或者采取有效措施的,由风景名胜区管理机构责令停止施工。

第四十七条 违反本条例的规定,国务院建设主管部门、县级以上地方人民政府及其有关主管部门有下列行为之一的,对直接负责的主管人员和其他直接责任人员依法给予处分;构成犯罪的,依法追究刑事责任:

(一)违反风景名胜区规划在风景名胜区内设立各类开发区的;
(二)风景名胜区自设立之日起未在2年内编制完成风景名胜区总体规划的;
(三)选择不具有相应资质等级的单位编制风景名胜区规划的;
(四)风景名胜区规划批准前批准在风景名胜区内进行建设活动的;
(五)擅自修改风景名胜区规划的;
(六)不依法履行监督管理职责的其他行为。

第四十八条 违反本条例的规定,风景名胜区管理机构有下列行为之一的,由设立该风景名胜区管理机构的县级以上地方人民政府责令改正;情节严重的,对直接负责的主管人员和其他直接责任人员给予降级或者撤职的处分;构成犯罪的,依法追究刑事责任:

(一)超过允许容量接纳游客或者在没有安全保障的区域开展游览活动的;
(二)未设置风景名胜区标志和路标、安全警示等标牌的;
(三)从事以营利为目的的经营活动的;
(四)将规划、管理和监督等行政管理职能委托给企业或者个人行使的;
(五)允许风景名胜区管理机构的工作人员在风景名胜区内的企业兼职的;
(六)审核同意在风景名胜区内进行不符合风景名胜区规划的建设活动的;
(七)发现违法行为不予查处的。

第四十九条 本条例第四十条第一款、第四十一条、第四十三条、第四十四条、第四十五条、第四十六条规定的违法行为,依照有关法律、行政法规的规定,有关部门已经予以处罚的,风景名胜区管理机构不再处罚。

第五十条 本条例第四十条第一款、第四十一条、第四十三条、第四十四条、第四十五条、第四十六条规定的违法行为,侵害国家、集体或者个人的财产的,有关单位或者个人应当依法承担民事责任。

第五十一条 依照本条例的规定,责令限期拆除在风景名胜区内违法建设的建筑物、构筑物或者其他设施的,有关单位或者个人必须立即停止建设活动,自行拆除;对继续进行建设的,作出责令限期拆除决定的机关有权制止。有关单位或者个人对责令限期拆除决定不服的,可以在接到责令限期拆除决定之日起15日内,向人民法院起诉;期满不起诉又不自行拆除的,由作出责令限期拆除决定的机关依法申请人民法院强制执行,费用由违法者承担。

第七章 附 则

第五十二条 本条例自2006年12月1日起施行。1985年6月7日国务院发布的《风景名胜区管理暂行条例》同时废止。

中华人民共和国自然保护区条例(2017年修正)

(1994年10月9日中华人民共和国国务院令第167号发布 根据2011年1月8日中华人民共和国国务院令第588号《国务院关于废止和修改部分行政法规的决定》修订 根据2017年10月7日中华人民共和国国务院令第687号《国务院关于修改部分行政法规的决定》修正)

第一章 总 则

第一条 为了加强自然保护区的建设和管理,保护自然环境和自然资源,制定本条例。

第二条 本条例所称自然保护区,是指对有代表性的自然生态系统、珍稀濒危野生动植物物种的天然集中分布区、有特殊意义的自然遗迹等保护对象所在的陆地、陆地水体或者海域,依法划出一定面积予以特殊保护和管理的区域。

第三条 凡在中华人民共和国领域和中华人民共和国管辖的其他海域内建设和管理自然保护区,必须遵守本条例。

第四条 国家采取有利于发展自然保护区的经济、技术政策和措施,将自然保护区的发展规划纳入国民经济和社会发展计划。

第五条 建设和管理自然保护区,应当妥善处理与当地经济建设和居民生产、生活的关系。

第六条 自然保护区管理机构或者其行政主管部门可以接受国内外组织和个人的捐赠,用于自然保护区的建设和管理。

第七条 县级以上人民政府应当加强对自然保护区工作的领导。

一切单位和个人都有保护自然保护区内自然环境和自然资源的义务,并有权对破坏、侵占自然保护区的单位和个人进行检举、控告。

第八条 国家对自然保护区实行综合管理与分部门管理相结合的管理体制。

国务院环境保护行政主管部门负责全国自然保护区的综合管理。

国务院林业、农业、地质矿产、水利、海洋等有关行政主管部门在各自的职责范围内,主管有关的自然保护区。

县级以上地方人民政府负责自然保护区管理的部门的设置和职责,由省、自治区、直辖市人民政府根据当地具体情况确定。

第九条 对建设、管理自然保护区以及在有关的科学研究中做出显著成绩的单位和个人,由人民政府给予奖励。

第二章 自然保护区的建设

第十条 凡具有下列条件之一的,应当建立自然保护区:

(一)典型的自然地理区域、有代表性的自然生态系统区域以及已经遭受破坏但经保护能够恢复的同类自然生态系统区域;

(二)珍稀、濒危野生动植物物种的天然集中分布区域;

(三)具有特殊保护价值的海域、海岸、岛屿、湿地、内陆水域、森林、草原和荒漠;

(四)具有重大科学文化价值的地质构造、著名溶洞、化石分布区、冰川、火山、温泉等自然遗迹;

(五)经国务院或者省、自治区、直辖市人民政府批准,需要予以特殊保护的其他自然区域。

第十一条 自然保护区分为国家级自然保护区和地方级自然保护区。

在国内外有典型意义、在科学上有重大国际影响或者有特殊科学研究价值的自然保护区,列为国家级自然保护区。

除列为国家级自然保护区的外,其他具有典型意义或者重要科学研究价值的自然保护区列为地方级自然保护区。地方级自然保护区可以分级管理,具体办法由国务院有关自然保护区行政主管部门或者省、自治区、直辖市人民政府根据实际情况规定,报国务院环境保护行政主管部门备案。

第十二条 国家级自然保护区的建立,由自然保护区所在的省、自治区、直辖市人民政府或者国务院有关自然保护区行政主管部门提出申请,经国家级自然保护区评审委员会评审后,由国务院环境保护行政主管部门进行协调并提出审批建议,报国务院批准。

地方级自然保护区的建立,由自然保护区所在的县、自治县、市、自治州人民政府或者省、自治区、直辖市人民政府有关自然保护区行政主管部门提出申请,经地方级自然保护区评审委员会评审后,由省、自治区、直辖市人民政府环境保护行政主管部门进行协调并提出审批建议,报省、自治区、直辖市人民政府批准,并报国务院环境保护行政主管部门和国务院有关自然保护区行政主管部门备案。

跨两个以上行政区域的自然保护区的建立,由有关行政区域的人民政府协商一致后提出申请,并按照前两款规定的程序审批。

建立海上自然保护区,须经国务院批准。

第十三条 申请建立自然保护区,应当按照国家有关规定填报建立自然保护区申报书。

第十四条 自然保护区的范围和界线由批准建立自然保护区的人民政府确定,并标明区界,予以公告。

确定自然保护区的范围和界线,应当兼顾保护对象的完整性和适度性,以及当地经济建设和居民生产、生活的需要。

第十五条 自然保护区的撤销及其性质、范围、界线的调整或者改变,应当经原批准建立自然保护区的人民政府批准。

任何单位和个人,不得擅自移动自然保护区的界标。

第十六条 自然保护区按照下列方法命名:

国家级自然保护区:自然保护区所在地地名加"国家级自然保护区"。

地方级自然保护区:自然保护区所在地地名加"地方级自然保护区"。

有特殊保护对象的自然保护区,可以在自然保护区所在地地名后加特殊保护对象的名称。

第十七条 国务院环境保护行政主管部门应当会同国务院有关自然保护区行政主管部门,在对全国自然环境和自然资源状况进行调查和评价的基础上,拟订国家自然保护区发展规划,经国务院计划部门综合平衡后,报国务院批准实施。

自然保护区管理机构或者该自然保护区行政主管部门应当组织编制自然保护区的建设规划,按照规定的程序纳入国家的、地方的或者部门的投资计划,并组织实施。

第十八条 自然保护区可以分为核心区、缓冲区和实验区。

自然保护区内保存完好的天然状态的生态系统以及珍稀、濒危动植物的集中分布地,应当划为核心区,禁止任何单位和个人进入;除依照本条例第二十七条的规定经批准外,也不允许进入从事科学研究活动。

核心区外围可以划定一定面积的缓冲区,只准进入从事科学研究观测活动。

缓冲区外围划为实验区,可以进入从事科学试验、教学实习、参观考察、旅游以及驯化、繁殖珍稀、濒危野生动植物等活动。

原批准建立自然保护区的人民政府认为必要时,可以在自然保护区的外围划定一定面积的外围保护地带。

第三章 自然保护区的管理

第十九条 全国自然保护区管理的技术规范和标准,由国务院环境保护行政主管部门组织国务院有关自然保护区行政主管部门制定。

国务院有关自然保护区行政主管部门可以按照职责分工,制定有关类型自然保护区管理的技术规范,报国务院环境保护行政主管部门备案。

第二十条 县级以上人民政府环境保护行政主管部门有权对本行政区域内各类自然保护区的管理进行监督检查;县级以上人民政府有关自然保护区行政主管部门有权对其主管的自然保护区的管理进行监督检查。被检查的单位应当如实反映情况,提供必要的资料。检查者应当为被检查的单位保守技术秘密和业务秘密。

第二十一条 国家级自然保护区,由其所在地的省、自治区、直辖市人民政府有关自然保护区行政主管部门或者国务院有关自然保护区行政主管部门管理。地方级自然保护区,由其所在地的县级以上地方人民政府有关自然保护区行政主管部门管理。

有关自然保护区行政主管部门应当在自然保护区内设立专门的管理机构,配备专业技术人员,负责自然保护区的具体管理工作。

第二十二条 自然保护区管理机构的主要职责是:

(一)贯彻执行国家有关自然保护的法律、法规和方针、政策;

(二)制定自然保护区的各项管理制度,统一管理自然保护区;

(三)调查自然资源并建立档案,组织环境监测,保护自然保护区内的自然环境和自然资源;

(四)组织或者协助有关部门开展自然保护区的科学研究工作;

(五)进行自然保护的宣传教育;

(六)在不影响保护自然保护区的自然环境和自然资源的前提下,组织开展参观、旅游等活动。

第二十三条 管理自然保护区所需经费,由自然保护区所在地的县级以上地方人民政府安排。国家对国家级自然保护区的管理,给予适当的资金补助。

第二十四条 自然保护区所在地的公安机关,可以根据需要在自然保护区设置公安派出机构,维护自然保护区内的治安秩序。

第二十五条 在自然保护区内的单位、居民和经批准进入自然保护区的人员,必须遵守自然保护区的各项管理制度,接受自然保护区管理机构的管理。

第二十六条 禁止在自然保护区内进行砍伐、放牧、狩猎、捕捞、采药、开垦、烧荒、开矿、采石、挖沙等活动;但是,法律、行政法规另有规定的除外。

第二十七条 禁止任何人进入自然保护区的核心区。因科学研究的需要,必须进入核心区从事科学研究观测、调查活动的,应当事先向自然保护区管理机构提交申请和活动计划,并经自然保护区管理机构批准;其中,进入国家级自然保护区核心区的,应当经省、自治区、直辖市人民政府有关自然保护区行政主管部门批准。

自然保护区核心区内原有居民确有必要迁出的,由自然保护区所在地的地方人民政府予以妥善安置。

第二十八条 禁止在自然保护区的缓冲区开展旅游和生产经营活动。因教学科研的目的,需要进入自然保护区的缓冲区从事非破坏性的科学研究、教学实习和标本采集活动的,应当事先向自然保护区管理机构提交申请和活动计划,经自然保护区管理机构批准。

从事前款活动的单位和个人,应当将其活动成果的副本提交自然保护区管理机构。

第二十九条 在自然保护区的实验区内开展参观、旅游活动的,由自然保护区管理机构编制方案,方案应当符合自然保护区管理目标。

在自然保护区组织参观、旅游活动的,应当严格按照前款规定的方案进行,并加强管理;进入自然保护区参观、旅游的单位和个人,应当服从自然保护区管理机构的管理。

严禁开设与自然保护区保护方向不一致的参观、旅游项目。

第三十条 自然保护区的内部未分区的,依照本条例有关核心区和缓冲区的规定管理。

第三十一条 外国人进入自然保护区,应当事先向自然保护区管理机构提交活动计划,并经自然保护区管理机构批准;其中,进入国家级自然保护区的,应当经省、自治区、直辖市环境保护、海洋、渔业等有关自然保护区行政主管部门按照各自职责批准。

进入自然保护区的外国人,应当遵守有关自然保护区的法律、法规和规定,未经批准,不得在自然保护区内从事采集标本等活动。

第三十二条　在自然保护区的核心区和缓冲区内,不得建设任何生产设施。在自然保护区的实验区内,不得建设污染环境、破坏资源或者景观的生产设施;建设其他项目,其污染物排放不得超过国家和地方规定的污染物排放标准。在自然保护区的实验区内已经建成的设施,其污染物排放超过国家和地方规定的排放标准的,应当限期治理;造成损害的,必须采取补救措施。

在自然保护区的外围保护地带建设的项目,不得损害自然保护区内的环境质量;已造成损害的,应当限期治理。

限期治理决定由法律、法规规定的机关作出,被限期治理的企业事业单位必须按期完成治理任务。

第三十三条　因发生事故或者其他突然性事件,造成或者可能造成自然保护区污染或者破坏的单位和个人,必须立即采取措施处理,及时通报可能受到危害的单位和居民,并向自然保护区管理机构、当地环境保护行政主管部门和自然保护区行政主管部门报告,接受调查处理。

第四章　法律责任

第三十四条　违反本条例规定,有下列行为之一的单位和个人,由自然保护区管理机构责令其改正,并可以根据不同情节处以100元以上5000元以下的罚款:

(一)擅自移动或者破坏自然保护区界标的;

(二)未经批准进入自然保护区或者在自然保护区内不服从管理机构管理的;

(三)经批准在自然保护区的缓冲区内从事科学研究、教学实习和标本采集的单位和个人,不向自然保护区管理机构提交活动成果副本的。

第三十五条　违反本条例规定,在自然保护区进行砍伐、放牧、狩猎、捕捞、采药、开垦、烧荒、开矿、采石、挖沙等活动的单位和个人,除可以依照有关法律、行政法规规定给予处罚的以外,由县级以上人民政府有关自然保护区行政主管部门或者其授权的自然保护区管理机构没收违法所得,责令停止违法行为,限期恢复原状或者采取其他补救措施;对自然保护区造成破坏的,可以处以300元以上10000元以下的罚款。

第三十六条　自然保护区管理机构违反本条例规定,拒绝环境保护行政主管部门或者有关自然保护区行政主管部门监督检查,或者在被检查时弄虚作假的,由县级以上人民政府环境保护行政主管部门或者有关自然保护区行政主管部门给予300元以上3000元以下的罚款。

第三十七条　自然保护区管理机构违反本条例规定,有下列行为之一的,由县级以上人民政府有关自然保护区行政主管部门责令限期改正;对直接责任人员,由其所在单位或者上级机关给予行政处分:

(一)开展参观、旅游活动未编制方案或者编制的方案不符合自然保护区管理目标的;

(二)开设与自然保护区保护方向不一致的参观、旅游项目的;

(三)不按照编制的方案开展参观、旅游活动的;

(四)违法批准人员进入自然保护区的核心区,或者违法批准外国人进入自然保护区的;

(五)有其他滥用职权、玩忽职守、徇私舞弊行为的。

第三十八条　违反本条例规定,给自然保护区造成损失的,由县级以上人民政府有关自然保护区行政主管部门责令赔偿损失。

第三十九条 妨碍自然保护区管理人员执行公务的,由公安机关依照《中华人民共和国治安管理处罚法》的规定给予处罚;情节严重,构成犯罪的,依法追究刑事责任。

第四十条 违反本条例规定,造成自然保护区重大污染或者破坏事故,导致公私财重大损失或者人身伤亡的严重后果,构成犯罪的,对直接负责的主管人员和其他直接责任人员依法追究刑事责任。

第四十一条 自然保护区管理人员滥用职权、玩忽职守、徇私舞弊,构成犯罪的,依法追究刑事责任;情节轻微,尚不构成犯罪的,由其所在单位或者上级机关给予行政处分。

第五章 附 则

第四十二条 国务院有关自然保护区行政主管部门可以根据本条例,制定有关类型自然保护区的管理办法。

第四十三条 各省、自治区、直辖市人民政府可以根据本条例,制定实施办法。

第四十四条 本条例自1994年12月1日起施行。

国家环境保护总局办公厅关于加强自然保护区管理有关问题的通知

(2004年11月12日 环办〔2004〕101号)

各省、自治区、直辖市环境保护局(厅):

近年来,各级环保部门在自然保护区综合管理方面做了大量工作,促进了我国自然保护区事业健康发展。但自然保护区建设和管理面临一些新情况、新问题。为了进一步加强自然保护区综合管理,现就有关问题通知如下:

一、切实强化涉及自然保护区建设项目的监督管理。近年来,各种开发和建设活动对自然保护区形成了很大冲击,有的甚至造成了保护区功能和主要保护对象的严重破坏。各地要严格遵守《中华人民共和国自然保护区条例》的有关规定,不得在自然保护区核心区和缓冲区内开展旅游和生产经营活动。经国家批准的重点建设项目,因自然条件限制,确需通过或占用自然保护区的,必须按照《国家级自然保护区范围调整和功能区调整及更改名称管理规定》,履行有关调整的论证、报批程序。地方级自然保护区调整也要参照上述规定执行。涉及自然保护区的建设项目,在进行环境影响评价时,应编写专门章节,就项目对保护区结构功能、保护对象及价值的影响作出预测,提出保护方案,根据影响大小由开发建设单位落实有关保护、恢复和补偿措施。涉及国家级自然保护区的地方建设项目,环评报告书审批前,必须征得我局同意;涉及地方级自然保护区的地方建设项目,省级环保部门要对环境影响报告书进行严格审查。

二、建立和完善自然保护区评审机制。评审是自然保护区综合管理的重要制度,目前绝大部分省、自治区、直辖市都建立了省级自然保护区评审委员会,并正常运转,使自然保护区的建立进一步规范化、科学化,质量不断提高。但个别地方至今尚未建立省级自然保护区评审机制,使得环保部门综合管理的作用难以发挥,相关省区应积极协调有关部门尽快建立和健全评审机制。

已经建立自然保护区评审机制的,应进一步完善工作制度和评审标准,确保新建的自然保护区的质量和水平。未经省级自然保护区评审委员会评审通过,不得新建省级自然保护区,也不得申报建立国家级自然保护区。

三、加强对自然保护区的管理和指导,稳定自然保护区部门管理权属关系。各级环保部门在加强自然保护区综合管理的同时,从抢救性保护和试点示范的角度,归口管理了一批自然保护区,并为这些保护区的建设和管理付出了很大努力。但目前一些地方出现未经请示、协商,随意改变个别自然保护区隶属管理关系的动议,一旦处理不当,将严重影响环保部门自然保护区工作者的积极性,削弱环保部门的职能,产生严重负面影响。因此,各地一定要严格执行国家环保总局等七部门联合发布的《关于进一步加强自然保护区建设和管理工作的通知》(环发〔2002〕163号)精神,不得随意改变自然保护区的管理权属。如遇有关情况,应及时向我局报告。确需改变管理权属关系的环保系统国家级自然保护区,必须报我局同意。

四、加强自然保护区管理工作的监督检查。各级环保部门要按照《中华人民共和国自然保护区条例》等规定,认真履行综合监管职责,建立并完善自然保护区管理工作监督检查制度,加强对本辖区内自然保护区管理工作的指导和监督检查,分析自然保护区的保护状况和存在问题,解决保护区管理机构工作中面临的实际困难,对于各种威胁和破坏自然保护区及其保护对象的违法犯罪行为,要会同有关部门依法严肃查处。对于因管理不善造成资源破坏的自然保护区,要亮黄牌警告,并要求限期整改。

自然保护区土地管理办法

(1995年9月15日 〔1995〕国土〔法〕字第117号)

第一章 总 则

第一条 为加强自然保护区土地管理,根据《中华人民共和国土地管理法》、《中华人民共和国环境保护法》和《中华人民共和国自然保护区条例》的有关规定,制定本办法。

第二条 本办法适用于依法划定的自然保护区内及其外围保护地带的土地管理。

第三条 县级以上人民政府土地管理行政主管部门统一管理自然保护区的土地;环境保护行政主管部门对自然保护区实施综合管理。

第四条 禁止任何单位和个人危害、破坏自然保护区的土地。

一切单位和个人都有保护自然保护区土地的义务,并有权对违反自然保护区土地管理的行为进行检举和控告。

第五条 对保护和管理自然保护区土地成绩显著的单位和个人,由人民政府或主管部门给予奖励。

第二章 地 籍

第六条 县级以上地方人民政府土地管理行政主管部门对本辖区自然保护区土地资源的数

量、质量、类型、分布利用和土地权属状况等基本情况进行调查、统计、登记，建立地籍档案制度，并将有关资料抄送同级环境保护行政主管部门。

第七条 自然保护区内的土地，依法属于国家所有或者集体所有。

自然保护区内的国有土地使用者和集体土地所有者，应当依照国家土地管理法律、法规，向县级以上地方人民政府土地管理行政主管部门申请办理土地登记，领取土地证书。依法确定的土地所有权和使用权，不因自然保护区的划定而改变。

依法改变土地的所有权或者使用权的，必须向县级以上地方人民政府土地管理行政主管部门申请办理土地权属变更登记手续，更换土地证书。

第八条 自然保护区内土地的所有权和使用权争议，依照《土地管理法》的有关规定办理。

第三章 规 划

第九条 自然保护区及其依法划定的外围保护地带的土地利用规划，应当在县级以上人民政府土地利用总体规划指导下，由县级以上人民政府土地管理行政主管部门和环境保护行政主管部门会同有关行政主管部门编制，经同级人民政府审查同意后，报上一级人民政府批准执行。

第十条 县级以上人民政府土地管理行政主管部门应当参与自然保护区建设规划的编制和同级人民政府对自然保护区规划的审查工作。

第十一条 自然保护区及其外围保护地带的土地利用规划应当纳入土地利用总体规划和环境保护规划。

第四章 保 护

第十二条 新建、扩建自然保护区或者划定自然保护区的核心区和缓冲区，需要征用集体所有土地或者划拨国有土地的，依照《土地管理法》的有关规定办理。

第十三条 自然保护区的范围和界线由批准建立自然保护区的人民政府确定，并标明区界，予以公告。

第十四条 自然保护区管理机构可以按照批准建立自然保护区的人民政府划定的自然保护区范围和界线，设置界标。

因自然保护区范围和界线不清而发生的争议，由环境保护行政主管部门会同有关自然保护区主管部门和其他有关部门提出意见，报批准建立自然保护区的人民政府决定。

任何单位和个人，不得擅自移动自然保护区的界标。

第十五条 自然保护区内土地的使用，不得违反有关环境和资源保护法律的规定。

依法使用自然保护区内土地的单位和个人必须严格按照土地登记和土地证书规定的用途使用土地，并严格遵守有关法律的规定。改变用途时，需事先征求环境保护及有关自然保护区行政主管部门的意见，由县级以上人民政府土地管理行政主管部门审查，报县级以上人民政府批准。

第十六条 在自然保护区内依法使用土地的单位和个人，不得擅自扩大土地使用面积；因特殊情况确需扩大土地使用面积，而且不致危害自然保护区内自然环境和自然资源及其保护对象的，由自然保护区管理机构提出，经其上级行政主管部门同意，并通过环境保护行政主管部门审批的环境影响评价后，经县级以上人民政府土地管理行政主管部门审查，报县级以上人民政府批准。

第十七条 禁止在自然保护区及其外围保护地带建立污染、破坏或者危害自然保护区自然环境和自然资源的设施。对此类设施用地,土地管理行政主管部门不予办理用地手续。建立其他设施,其污染排放不得超过规定的排放标准。已经建立的设施,其污染物排放超过规定排放标准的,应当依法限期治理或者搬迁。

第十八条 禁止在自然保护区内进行开垦、开矿、采石、挖砂等活动;但是,法律、行政法规另有规定的除外。

在自然保护区所划定的区域开展旅游,应维持原地貌和景观不受破坏和污染。

在自然保护区外围保护地带,当地群体可以照常生产、生活,但是不得进行危害自然保护区功能的活动。

自然保护区内的土地受到破坏并能够复垦恢复的,有关单位和个人应当负责复垦,恢复利用。

第十九条 因自然保护区建设和其他特别需要在自然保护区内及外围保护地带修筑有关建设项目时,必须编制环境影响报告书(表),并按照有关法规规定的程序,报环境保护行政主管部门审批;建设项目用地,应当向县级以上地方人民政府土地管理行政主管部门提出申请,依法办理用地审批手续。

不得在自然保护区的核心区和缓冲区建设任何生产设施。

第二十条 禁止任何单位和个人破坏、侵占、买卖或者以其他形式非法转让自然保护区内的土地。

自然保护区的土地受到破坏、侵占、买卖或者非法转让时,土地管理行政主管部门和自然保护区管理机构有权制止,由土地管理行政主管部门依照《土地管理法》的有关规定处理。

第二十一条 县级以上人民政府土地管理和环境保护行政主管部门有权对本辖区内自然保护区的土地利用情况进行监督检查。被检查的单位应当如实反映情况,提供必要的资料。检查机关应当为被检查的单位保守技术秘密和业务秘密。

第五章 罚 则

第二十二条 违反本办法规定,破坏、侵占、买卖或者以其他形式非法转让自然保护区内土地的,由县级以上人民政府土地管理行政主管部门依照《土地管理法》有关规定处罚。

第二十三条 违反本办法规定,造成自然保护区环境污染和破坏的,由县级以上人民政府环境保护行政主管部门给予警告、罚款,并责令其改正。

第二十四条 违反本办法规定,环境影响报告书(表)未经环境保护行政主管部门审批擅自施工的,由环境保护行政主管部门依照建设项目环境管理的有关规定处罚;未经批准,建设项目非法占用土地的或者未按批准用途、要求使用土地的,由县级以上地方人民政府土地管理行政主管部门依照《土地管理法》有关规定处罚。

第二十五条 违反本办法规定,擅自移动或者破坏自然保护区界标的,由自然保护区管理机构给予警告,责令其改正,并可依法处以罚款。

第二十六条 违反本办法规定,构成触犯治安管理违法行为的,由公安机关依照《中华人民共和国治安管理处罚条例》的有关规定处罚。

第二十七条 违反本办法规定,构成犯罪的,由司法机关依法追究有关责任人员的刑事责任。

第二十八条 当事人对土地管理或者环境保护行政主管部门依据本办法规定作出的行政处罚不服的,可以依照《行政复议条例》和《中华人民共和国行政诉讼法》申请复议和提起诉讼。

第二十九条 自然保护区管理机构工作人员和其他有关国家机关工作人员玩忽职守、滥用职权、徇私舞弊的,由其所在单位或者其上级主管部门给予行政处分;构成犯罪的,依法追究刑事责任。

第六章 附 则

第三十条 各省、自治区、直辖市人民政府土地管理行政主管部门会同环境保护行政主管部门,可以根据本办法制定具体的实施规定。

第三十一条 本办法自发布之日起施行。国家土地管理局和国家环境保护局1989年8月10日发布的《关于加强自然保护区土地管理工作的通知》同时废止。

国家级自然保护区监督检查办法(2017年修正)

(2006年10月18日国家环境保护总局令第36号发布 根据2017年12月20日环境保护部令第47号《环境保护部关于修改部分规章的决定》修正)

第一条 为加强对国家级自然保护区的监督管理,提高国家级自然保护区的建设和管理水平,根据《中华人民共和国环境保护法》、《中华人民共和国自然保护区条例》以及其他有关规定,制定本办法。

第二条 本办法适用于国务院环境保护行政主管部门组织的对全国各类国家级自然保护区的监督检查。

第三条 国务院环境保护行政主管部门在依照法律法规和本办法的规定履行监督检查职责时,有权采取下列措施:

(一)进入国家级自然保护区进行实地检查;
(二)要求国家级自然保护区管理机构汇报建设和管理情况;
(三)查阅或者复制有关资料、凭证;
(四)向有关单位和人员调查了解相关情况;
(五)法律、法规规定有权采取的其他措施。

监督检查人员在履行监督检查职责时,应当严格遵守国家有关法律法规规定的程序,出示证件,并为被检查单位保守技术和业务秘密。

第四条 有关单位或者人员对依法进行的监督检查应当给予支持与配合,如实反映情况,提供有关资料,不得拒绝或者妨碍监督检查工作。

第五条 任何单位和个人都有权对污染或者破坏国家级自然保护区的单位、个人以及不履行或者不依法履行国家级自然保护区监督管理职责的机构进行检举或者控告。

第六条 国务院环境保护行政主管部门应当向社会公开国家级自然保护区监督检查的有关情况,接受社会监督。

第七条 国务院环境保护行政主管部门组织对国家级自然保护区的建设和管理状况进行定期评估。

国务院环境保护行政主管部门组织成立国家级自然保护区评估委员会,对国家级自然保护区的建设和管理状况进行定期评估,并根据评估结果提出整改建议。

对每个国家级自然保护区的建设和管理状况的定期评估,每五年不少于一次。

第八条 国家级自然保护区定期评估的内容应当包括:

(一)管理机构的设置和人员编制情况;

(二)管护设施状况;

(三)面积和功能分区适宜性、范围、界线和土地权属;

(四)管理规章、规划的制定及其实施情况;

(五)资源本底、保护及利用情况;

(六)科研、监测、档案和标本情况;

(七)自然保护区内建设项目管理情况;

(八)旅游和其他人类活动情况;

(九)与周边社区的关系状况;

(十)宣传教育、培训、交流与合作情况;

(十一)管理经费情况;

(十二)其他应当评估的内容。

国家级自然保护区定期评估标准由国务院环境保护行政主管部门另行制定。

第九条 国务院环境保护行政主管部门组织国家级自然保护区定期评估时,应当在评估开始 20 个工作日前通知拟被评估的国家级自然保护区管理机构及其行政主管部门。

第十条 国家级自然保护区评估结果分为优、良、中和差四个等级。

国务院环境保护行政主管部门应当及时将评估结果和整改建议向被评估的国家级自然保护区管理机构反馈,并抄送该自然保护区行政主管部门及所在地省级人民政府。

被评估的国家级自然保护区管理机构对评估结果有异议的,可以向国务院环境保护行政主管部门申请复核;国务院环境保护行政主管部门应当及时进行审查核实。

第十一条 国家级自然保护区定期评估结果由国务院环境保护行政主管部门统一发布。

第十二条 国务院环境保护行政主管部门对国家级自然保护区进行执法检查。

执法检查分为定期检查、专项检查、抽查和专案调查等。

第十三条 国家级自然保护区执法检查的内容应当包括:

(一)国家级自然保护区的设立、范围和功能区的调整以及名称的更改是否符合有关规定;

(二)国家级自然保护区内是否存在违法砍伐、放牧、狩猎、捕捞、采药、开垦、烧荒、开矿、采石、挖沙、影视拍摄以及其他法律法规禁止的活动;

(三)国家级自然保护区内是否存在违法的建设项目,排污单位的污染物排放是否符合环境保护法律、法规及自然保护区管理的有关规定,超标排污单位限期治理的情况;

(四)涉及国家级自然保护区且其环境影响评价文件依法由地方环境保护行政主管部门审批

的建设项目在审批前,其环境影响评价文件中的生态影响专题报告是否征得省级环境保护行政主管部门的同意;

(五)国家级自然保护区内是否存在破坏、侵占、非法转让自然保护区的土地或者其他自然资源的行为;

(六)在国家级自然保护区的实验区开展参观、旅游活动的,自然保护区管理机构是否编制方案,编制的方案是否符合自然保护区管理目标;国家级自然保护区的参观、旅游活动是否按照编制的方案进行;

(七)国家级自然保护区建设是否符合建设规划(总体规划)要求,相关基础设施、设备是否符合国家有关标准和技术规范;

(八)国家级自然保护区管理机构是否依法履行职责;

(九)国家级自然保护区的建设和管理经费的使用是否符合国家有关规定;

(十)法律法规规定的应当实施监督检查的其他内容。

第十四条 对在定期评估或者执法检查中发现的违反国家级自然保护区建设和管理规定的国家级自然保护区管理机构,除依照本办法第十九条的规定处理外,国务院环境保护行政主管部门应当责令限期整改,并可酌情予以通报。

对于整改不合格且保护对象受到严重破坏,不再符合国家级自然保护区条件的国家级自然保护区,国务院环境保护行政主管部门应当向国家级自然保护区评审委员会提出对该国家级自然保护区予以降级的建议,经评审通过并报国务院批准后,给予降级处理。

第十五条 因有关行政机关或者国家级自然保护区管理机构滥用职权、玩忽职守、徇私舞弊,导致该国家级自然保护区被降级的,对其直接负责的主管人员和其他直接责任人员,国务院环境保护行政主管部门可以向其上级机关或者有关监察机关提出行政处分建议。

第十六条 被降级的国家级自然保护区,五年之内不得再次申报设立国家级自然保护区。

第十七条 国务院环境保护行政主管部门应当及时向社会公布对国家级自然保护区执法检查的结果、被责令整改的国家级自然保护区名单及其整改情况和被降级的国家级自然保护区名单。

第十八条 县级以上地方人民政府及其有关行政主管部门,违反有关规定,有下列行为之一的,对直接负责的主管人员和其他直接责任人员,国务院环境保护行政主管部门可以向其上级机关或者有关监察机关提出行政处分建议:

(一)未经批准,擅自撤销国家级自然保护区或者擅自调整、改变国家级自然保护区的范围、界限、功能区划的;

(二)违法批准在国家级自然保护区内建设污染或者破坏生态环境的项目的;

(三)违法批准在国家级自然保护区内开展旅游或者开采矿产资源的;

(四)对本辖区内发生的违反环境保护法律法规中有关国家级自然保护区管理规定的行为,不予制止或者不予查处的;

(五)制定或者采取与环境保护法律法规中有关国家级自然保护区管理规定相抵触的规定或者措施,经指出仍不改正的;

(六)干预或者限制环境保护行政主管部门依法对国家级自然保护区实施监督检查的;

(七)其他违反国家级自然保护区管理规定的行为。

第十九条 国家级自然保护区管理机构违反有关规定,有下列行为之一的,国务院环境保护行政主管部门应当责令限期改正;对直接负责的主管人员和其他直接责任人员,可以向设立该管理机构的自然保护区行政主管部门或者有关监察机关提出行政处分建议:

(一)擅自调整、改变自然保护区的范围、界限和功能区划的;

(二)开展参观、旅游活动未编制方案或者编制的方案不符合自然保护区管理目标的;

(三)开设与自然保护区保护方向不一致的参观、旅游项目的;

(四)不按照编制的方案开展参观、旅游活动的;

(五)对国家级自然保护区内发生的违反环境保护法律法规中有关国家级自然保护区管理规定的行为,不予制止或者不予查处的;

(六)阻挠或者妨碍监督检查人员依法履行职责的;

(七)挪用、滥用国家级自然保护区建设和管理经费的;

(八)对监督检查人员、检举和控告人员进行打击报复的;

(九)其他不依法履行自然保护区建设和管理职责的行为。

第二十条 国家级自然保护区管理机构拒绝国务院环境保护行政主管部门对国家级自然保护区的监督检查,或者在监督检查中弄虚作假的,由国务院环境保护行政主管部门依照《自然保护区条例》的有关规定给予处罚。

第二十一条 省级人民政府环境保护行政主管部门对本行政区域内地方级自然保护区的监督检查,可以参照本办法执行。

县级以上地方人民政府环境保护行政主管部门对本行政区域内的国家级自然保护区的执法检查内容,可以参照本办法执行;在执法检查中发现国家级自然保护区管理机构有违反国家级自然保护区建设和管理规定行为的,可以将有关情况逐级上报国务院环境保护行政主管部门,由国务院环境保护行政主管部门经核实后依照本办法的有关规定处理。

第二十二条 本办法自2006年12月1日起施行。

全国污染源普查条例

(2007年10月9日　中华人民共和国国务院令第508号)

第一章　总　则

第一条 为了科学、有效地组织实施全国污染源普查,保障污染源普查数据的准确性和及时性,根据《中华人民共和国统计法》和《中华人民共和国环境保护法》,制定本条例。

第二条 污染源普查的任务是,掌握各类污染源的数量、行业和地区分布情况,了解主要污染物的产生、排放和处理情况,建立健全重点污染源档案、污染源信息数据库和环境统计平台,为制定经济社会发展和环境保护政策、规划提供依据。

第三条 本条例所称污染源,是指因生产、生活和其他活动向环境排放污染物或者对环境产生不良影响的场所、设施、装置以及其他污染发生源。

第四条 污染源普查按照全国统一领导、部门分工协作、地方分级负责、各方共同参与的原则组织实施。

第五条 污染源普查所需经费,由中央和地方各级人民政府共同负担,并列入相应年度的财政预算,按时拨付,确保足额到位。

污染源普查经费应当统一管理,专款专用,严格控制支出。

第六条 全国污染源普查每10年进行1次,标准时点为普查年份的12月31日。

第七条 报刊、广播、电视和互联网等新闻媒体,应当及时开展污染源普查工作的宣传报道。

第二章 污染源普查的对象、范围、内容和方法

第八条 污染源普查的对象是中华人民共和国境内有污染源的单位和个体经营户。

第九条 污染源普查对象有义务接受污染源普查领导小组办公室、普查人员依法进行的调查,并如实反映情况,提供有关资料,按照要求填报污染源普查表。

污染源普查对象不得迟报、虚报、瞒报和拒报普查数据;不得推诿、拒绝和阻挠调查;不得转移、隐匿、篡改、毁弃原材料消耗记录、生产记录、污染物治理设施运行记录、污染物排放监测记录以及其他与污染物产生和排放有关的原始资料。

第十条 污染源普查范围包括:工业污染源,农业污染源,生活污染源,集中式污染治理设施和其他产生、排放污染物的设施。

第十一条 工业污染源普查的主要内容包括:企业基本登记信息,原材料消耗情况,产品生产情况,产生污染的设施情况,各类污染物产生、治理、排放和综合利用情况,各类污染防治设施建设、运行情况等。

农业污染源普查的主要内容包括:农业生产规模,用水、排水情况,化肥、农药、饲料和饲料添加剂以及农用薄膜等农业投入品使用情况,秸秆等种植业剩余物处理情况以及养殖业污染物产生、治理情况等。

生活污染源普查的主要内容包括:从事第三产业的单位的基本情况和污染物的产生、排放、治理情况,机动车污染物排放情况,城镇生活能源结构和能源消费量,生活用水量、排水量以及污染物排放情况等。

集中式污染治理设施普查的主要内容包括:设施基本情况和运行状况,污染物的处理处置情况,渗滤液、污泥、焚烧残渣和废气的产生、处置以及利用情况等。

第十二条 每次污染源普查的具体范围和内容,由国务院批准的普查方案确定。

第十三条 污染源普查采用全面调查的方法,必要时可以采用抽样调查的方法。

污染源普查采用全国统一的标准和技术要求。

第三章 污染源普查的组织实施

第十四条 全国污染源普查领导小组负责领导和协调全国污染源普查工作。

全国污染源普查领导小组办公室设在国务院环境保护主管部门,负责全国污染源普查日常工作。

第十五条 县级以上地方人民政府污染源普查领导小组,按照全国污染源普查领导小组的

统一规定和要求,领导和协调本行政区域的污染源普查工作。

县级以上地方人民政府污染源普查领导小组办公室设在同级环境保护主管部门,负责本行政区域的污染源普查日常工作。

乡(镇)人民政府、街道办事处和村(居)民委员会应当广泛动员和组织社会力量积极参与并认真做好污染源普查工作。

第十六条 县级以上人民政府环境保护主管部门和其他有关部门,按照职责分工和污染源普查领导小组的统一要求,做好污染源普查相关工作。

第十七条 全国污染源普查方案由全国污染源普查领导小组办公室拟订,经全国污染源普查领导小组审核同意,报国务院批准。

全国污染源普查方案应当包括:普查的具体范围和内容、普查的主要污染物、普查方法、普查的组织实施以及经费预算等。

拟订全国污染源普查方案,应当充分听取有关部门和专家的意见。

第十八条 全国污染源普查领导小组办公室根据全国污染源普查方案拟订污染源普查表,报国家统计局审定。

省、自治区、直辖市人民政府污染源普查领导小组办公室,可以根据需要增设本行政区域污染源普查附表,报全国污染源普查领导小组办公室批准后使用。

第十九条 在普查启动阶段,污染源普查领导小组办公室应当进行单位清查。

县级以上人民政府机构编制、民政、工商、质检以及其他具有设立审批、登记职能的部门,应当向同级污染源普查领导小组办公室提供其审批或者登记的单位资料,并协助做好单位清查工作。

污染源普查领导小组办公室应当以本行政区域现有的基本单位名录库为基础,按照全国污染源普查方案确定的污染源普查的具体范围,结合有关部门提供的单位资料,对污染源逐一核实清查,形成污染源普查单位名录。

第二十条 列入污染源普查范围的大、中型工业企业,应当明确相关机构负责本企业污染源普查表的填报工作,其他单位应当指定人员负责本单位污染源普查表的填报工作。

第二十一条 污染源普查领导小组办公室可以根据工作需要,聘用或者从有关单位借调人员从事污染源普查工作。

污染源普查领导小组办公室应当与聘用人员依法签订劳动合同,支付劳动报酬,并为其办理社会保险。借调人员的工资由原单位支付,其福利待遇保持不变。

第二十二条 普查人员应当坚持实事求是,恪守职业道德,具有执行普查任务所需要的专业知识。

污染源普查领导小组办公室应当对普查人员进行业务培训,对考核合格的颁发全国统一的普查员工作证。

第二十三条 普查人员依法独立行使调查、报告、监督和检查的职权,有权查阅普查对象的原材料消耗记录、生产记录、污染物治理设施运行记录、污染物排放监测记录以及其他与污染物产生和排放有关的原始资料,并有权要求普查对象改正其填报的污染源普查表中不真实、不完整的内容。

第二十四条 普查人员应当严格执行全国污染源普查方案,不得伪造、篡改普查资料,不得强令、授意普查对象提供虚假普查资料。

普查人员执行污染源调查任务，不得少于 2 人，并应当出示普查员工作证；未出示普查员工作证的，普查对象可以拒绝接受调查。

第二十五条 普查人员应当依法直接访问普查对象，指导普查对象填报污染源普查表。污染源普查表填写完成后，应当由普查对象签字或者盖章确认。普查对象应当对其签字或者盖章的普查资料的真实性负责。

污染源普查领导小组办公室对其登记、录入的普查资料与普查对象填报的普查资料的一致性负责，并对其加工、整理的普查资料的准确性负责。

污染源普查领导小组办公室在登记、录入、加工和整理普查资料过程中，对普查资料有疑义的，应当向普查对象核实，普查对象应当如实说明或者改正。

第二十六条 各地方、各部门、各单位的负责人不得擅自修改污染源普查领导小组办公室、普查人员依法取得的污染源普查资料；不得强令或者授意污染源普查领导小组办公室、普查人员伪造或者篡改普查资料；不得对拒绝、抵制伪造或者篡改普查资料的普查人员打击报复。

第四章 数据处理和质量控制

第二十七条 污染源普查领导小组办公室应当按照全国污染源普查方案和有关标准、技术要求进行数据处理，并按时上报普查数据。

第二十八条 污染源普查领导小组办公室应当做好污染源普查数据备份和数据入库工作，建立健全污染源信息数据库，并加强日常管理和维护更新。

第二十九条 污染源普查领导小组办公室应当按照全国污染源普查方案，建立污染源普查数据质量控制岗位责任制，并对普查中的每个环节进行质量控制和检查验收。

污染源普查数据不符合全国污染源普查方案或者有关标准、技术要求的，上一级污染源普查领导小组办公室可以要求下一级污染源普查领导小组办公室重新调查，确保普查数据的一致性、真实性和有效性。

第三十条 全国污染源普查领导小组办公室统一组织对污染源普查数据的质量核查。核查结果作为评估全国或者各省、自治区、直辖市污染源普查数据质量的重要依据。

污染源普查数据的质量达不到规定要求的，有关污染源普查领导小组办公室应当在全国污染源普查领导小组办公室规定的时间内重新进行污染源普查。

第五章 数据发布、资料管理和开发应用

第三十一条 全国污染源普查公报，根据全国污染源普查领导小组的决定发布。

地方污染源普查公报，经上一级污染源普查领导小组办公室核准发布。

第三十二条 普查对象提供的资料和污染源普查领导小组办公室加工、整理的资料属于国家秘密的，应当注明秘密的等级，并按照国家有关保密规定处理。

污染源普查领导小组办公室、普查人员对在污染源普查中知悉的普查对象的商业秘密，负有保密义务。

第三十三条 污染源普查领导小组办公室应当建立污染源普查资料档案管理制度。污染源普查资料档案的保管、调用和移交应当遵守国家有关档案管理规定。

第三十四条 国家建立污染源普查资料信息共享制度。

污染源普查领导小组办公室应当在污染源信息数据库的基础上，建立污染源普查资料信息共享平台，促进普查成果的开发和应用。

第三十五条 污染源普查取得的单个普查对象的资料严格限定用于污染源普查目的，不得作为考核普查对象是否完成污染物总量削减计划的依据，不得作为依照其他法律、行政法规对普查对象实施行政处罚和征收排污费的依据。

第六章 表彰和处罚

第三十六条 对在污染源普查工作中做出突出贡献的集体和个人，应当给予表彰和奖励。

第三十七条 地方、部门、单位的负责人有下列行为之一的，依法给予处分，并由县级以上人民政府统计机构予以通报批评；构成犯罪的，依法追究刑事责任：

（一）擅自修改污染源普查资料的；

（二）强令、授意污染源普查领导小组办公室、普查人员伪造或者篡改普查资料的；

（三）对拒绝、抵制伪造或者篡改普查资料的普查人员打击报复的。

第三十八条 普查人员不执行普查方案，或者伪造、篡改普查资料，或者强令、授意普查对象提供虚假普查资料的，依法给予处分。

污染源普查领导小组办公室、普查人员泄露在普查中知悉的普查对象商业秘密的，对直接负责的主管人员和其他直接责任人员依法给予处分；对普查对象造成损害的，应当依法承担民事责任。

第三十九条 污染源普查对象有下列行为之一的，污染源普查领导小组办公室应当及时向同级人民政府统计机构通报有关情况，提出处理意见，由县级以上人民政府统计机构责令改正，予以通报批评；情节严重的，可以建议对直接负责的主管人员和其他直接责任人员依法给予处分：

（一）迟报、虚报、瞒报或者拒报污染源普查数据的；

（二）推诿、拒绝或者阻挠普查人员依法进行调查的；

（三）转移、隐匿、篡改、毁弃原材料消耗记录、生产记录、污染物治理设施运行记录、污染物排放监测记录以及其他与污染物产生和排放有关的原始资料的。

单位有本条第一款所列行为之一的，由县级以上人民政府统计机构予以警告，可以处5万元以下的罚款。

个体经营户有本条第一款所列行为之一的，由县级以上人民政府统计机构予以警告，可以处1万元以下的罚款。

第四十条 污染源普查领导小组办公室应当设立举报电话和信箱，接受社会各界对污染源普查工作的监督和对违法行为的检举，并对检举有功的人员依法给予奖励，对检举的违法行为，依法予以查处。

第七章 附 则

第四十一条 军队、武装警察部队的污染源普查工作，由中国人民解放军总后勤部按照国家统一规定和要求组织实施。

新疆生产建设兵团的污染源普查工作,由新疆生产建设兵团按照国家统一规定和要求组织实施。

第四十二条 本条例自公布之日起施行。

国务院关于加强环境保护重点工作的意见

(2011年10月17日 国发〔2011〕35号)

各省、自治区、直辖市人民政府,国务院各部委、各直属机构:

多年来,我国积极实施可持续发展战略,将环境保护放在重要的战略位置,不断加大解决环境问题的力度,取得了明显成效。但由于产业结构和布局仍不尽合理,污染防治水平仍然较低,环境监管制度尚不完善等原因,环境保护形势依然十分严峻。为深入贯彻落实科学发展观,加快推动经济发展方式转变,提高生态文明建设水平,现就加强环境保护重点工作提出如下意见:

一、全面提高环境保护监督管理水平

(一)严格执行环境影响评价制度。凡依法应当进行环境影响评价的重点流域、区域开发和行业发展规划以及建设项目,必须严格履行环境影响评价程序,并把主要污染物排放总量控制指标作为新改扩建项目环境影响评价审批的前置条件。环境影响评价过程要公开透明,充分征求社会公众意见。建立健全规划环境影响评价和建设项目环境影响评价的联动机制。对环境影响评价文件未经批准即擅自开工建设、建设过程中擅自作出重大变更、未经环境保护验收即擅自投产等违法行为,要依法追究管理部门、相关企业和人员的责任。

(二)继续加强主要污染物总量减排。完善减排统计、监测和考核体系,鼓励各地区实施特征污染物排放总量控制。对造纸、印染和化工行业实行化学需氧量和氨氮排放总量控制。加强污水处理设施、污泥处理处置设施、污水再生利用设施和垃圾渗滤液处理设施建设。对现有污水处理厂进行升级改造。完善城镇污水收集管网,推进雨、污分流改造。强化城镇污水、垃圾处理设施运行监管。对电力行业实行二氧化硫和氮氧化物排放总量控制,继续加强燃煤电厂脱硫,全面推行燃煤电厂脱硝,新建燃煤机组应同步建设脱硫脱硝设施。对钢铁行业实行二氧化硫排放总量控制,强化水泥、石化、煤化工等行业二氧化硫和氮氧化物治理。在大气污染联防联控重点区域开展煤炭消费总量控制试点。开展机动车船尾气氮氧化物治理。提高重点行业环境准入和排放标准。促进农业和农村污染减排,着力抓好规模化畜禽养殖污染防治。

(三)强化环境执法监管。抓紧推动制定和修订相关法律法规,为环境保护提供更加完备、有效的法制保障。健全执法程序,规范执法行为,建立执法责任制。加强环境保护日常监管和执法检查。继续开展整治违法排污企业保障群众健康环保专项行动,对环境法律法规执行和环境问题整改情况进行后督察。建立建设项目全过程环境监管制度以及农村和生态环境监察制度。完善跨行政区域环境执法合作机制和部门联动执法机制。依法处置环境污染和生态破坏事件。执行流域、区域、行业限批和挂牌督办等督查制度。对未完成环保目标任务或发生重特大突发环境事件负有责任的地方政府领导进行约谈,落实整改措施。推行生产者责任延伸制度。深化企业环境监督员制度,实行资格化管理。建立健全环境保护举报制度,广泛实行信息公开,加强环境保护的社会监督。

(四)有效防范环境风险和妥善处置突发环境事件。完善以预防为主的环境风险管理制度,实行环境应急分级、动态和全过程管理,依法科学妥善处置突发环境事件。建设更加高效的环境风险管理和应急救援体系,提高环境应急监测处置能力。制定切实可行的环境应急预案,配备必要的应急救援物资和装备,加强环境应急管理、技术支撑和处置救援队伍建设,定期组织培训和演练。开展重点流域、区域环境与健康调查研究。全力做好污染事件应急处置工作,及时准确发布信息,减少人民群众生命财产损失和生态环境损害。健全责任追究制度,严格落实企业环境安全主体责任,强化地方政府环境安全监管责任。

二、着力解决影响科学发展和损害群众健康的突出环境问题

(五)切实加强重金属污染防治。对重点防控的重金属污染地区、行业和企业进行集中治理。合理调整涉重金属企业布局,严格落实卫生防护距离,坚决禁止在重点防控区域新改扩建增加重金属污染物排放总量的项目。加强重金属相关企业的环境监管,确保达标排放。对造成污染的重金属污染企业,加大处罚力度,采取限期整治措施,仍然达不到要求的,依法关停取缔。规范废弃电器电子产品的回收处理活动,建设废旧物品回收体系和集中加工处理园区。积极妥善处理重金属污染历史遗留问题。

(六)严格化学品环境管理。对化学品项目布局进行梳理评估,推动石油、化工等项目科学规划和合理布局。对化学品生产经营企业进行环境隐患排查,对海洋、江河湖泊沿岸化工企业进行综合整治,强化安全保障措施。把环境风险评估作为危险化学品项目评估的重要内容,提高化学品生产的环境准入条件和建设标准,科学确定并落实化学品建设项目环境安全防护距离。依法淘汰高毒、难降解、高环境危害的化学品,限制生产和使用高环境风险化学品。推行工业产品生态设计。健全化学品全过程环境管理制度。加强持久性有机污染物排放重点行业监督管理。建立化学品环境污染责任终身追究制和全过程行政问责制。

(七)确保核与辐射安全。以运行核设施为监管重点,强化对新建、扩建核设施的安全审查和评估,推进老旧核设施退役和放射性废物治理。加强对核材料、放射性物品生产、运输、贮存等环节的安全管理和辐射防护,促进铀矿和伴生放射性矿环境保护。强化放射源、射线装置、高压输变电及移动通信工程等辐射环境管理。完善核与辐射安全审评方法,健全辐射环境监测监督体系,推动国家核与辐射安全监管技术研发基地建设,构建监管技术支撑平台。

(八)深化重点领域污染综合防治。严格饮用水水源保护区划分与管理,定期开展水质全分析,实施水源地环境整治、恢复和建设工程,提高水质达标率。开展地下水污染状况调查、风险评估、修复示范。继续推进重点流域水污染防治,完善考核机制。加强鄱阳湖、洞庭湖、洪泽湖等湖泊污染治理。加大对水质良好或生态脆弱湖泊的保护力度。禁止在可能造成生态严重失衡的地方进行围填海活动,加强入海河流污染治理与入海排污口监督管理,重点改善渤海和长江、黄河、珠江等河口海域环境质量。修订环境空气质量标准,增加大气污染物监测指标,改进环境质量评价方法。健全重点区域大气污染联防联控机制,实施多种污染物协同控制,严格控制挥发性有机污染物排放。加强恶臭、噪声和餐饮油烟污染控制。加大城市生活垃圾无害化处理力度。加强工业固体废物污染防治,强化危险废物和医疗废物管理。被污染场地再次进行开发利用的,应进

行环境评估和无害化治理。推行重点企业强制性清洁生产审核。推进污染企业环境绩效评估,严格上市企业环保核查。深入开展城市环境综合整治和环境保护模范城市创建活动。

(九)大力发展环保产业。加大政策扶持力度,扩大环保产业市场需求。鼓励多渠道建立环保产业发展基金,拓宽环保产业发展融资渠道。实施环保先进适用技术研发应用、重大环保技术装备及产品产业化示范工程。着重发展环保设施社会化运营、环境咨询、环境监理、工程技术设计、认证评估等环境服务业。鼓励使用环境标志、环保认证和绿色印刷产品。开展污染减排技术攻关,实施水体污染控制与治理等科技重大专项。制定环保产业统计标准。加强环境基准研究,推进国家环境保护重点实验室、工程技术中心建设。加强高等院校环境学科和专业建设。

(十)加快推进农村环境保护。实行农村环境综合整治目标责任制。深化"以奖促治"和"以奖代补"政策,扩大连片整治范围,集中整治存在突出环境问题的村庄和集镇,重点治理农村土壤和饮用水水源地污染。继续开展土壤环境调查,进行土壤污染治理与修复试点示范。推动环境保护基础设施和服务向农村延伸,加强农村生活垃圾和污水处理设施建设。发展生态农业和有机农业,科学使用化肥、农药和农膜,切实减少面源污染。严格农作物秸秆禁烧管理,推进农业生产废弃物资源化利用。加强农村人畜粪便和农药包装无害化处理。加大农村地区工矿企业污染防治力度,防止污染向农村转移。开展农业和农村环境统计。

(十一)加大生态保护力度。国家编制环境功能区划,在重要生态功能区、陆地和海洋生态环境敏感区、脆弱区等区域划定生态红线,对各类主体功能区分别制定相应的环境标准和环境政策。加强青藏高原生态屏障、黄土高原—川滇生态屏障、东北森林带、北方防沙带和南方丘陵山地带以及大江大河重要水系的生态环境保护。推进生态修复,让江河湖泊等重要生态系统休养生息。强化生物多样性保护,建立生物多样性监测、评估与预警体系以及生物遗传资源获取与惠益共享制度,有效防范物种资源丧失和外流。加强自然保护区综合管理。开展生态系统状况评估。加强矿产、水电、旅游资源开发和交通基础设施建设中的生态保护。推进生态文明建设试点,进一步开展生态示范创建活动。

三、改革创新环境保护体制机制

(十二)继续推进环境保护历史性转变。坚持在发展中保护,在保护中发展,不断强化并综合运用法律、经济、技术和必要的行政手段,以改革创新为动力,积极探索代价小、效益好、排放低、可持续的环境保护新道路,建立与我国国情相适应的环境保护宏观战略体系、全面高效的污染防治体系、健全的环境质量评价体系、完善的环境保护法规政策和科技标准体系、完备的环境管理和执法监督体系、全民参与的社会行动体系。

(十三)实施有利于环境保护的经济政策。把环境保护列入各级财政年度预算并逐步增加投入。适时增加同级环保能力建设经费安排。加大对重点流域水污染防治的投入力度,完善重点流域水污染防治专项资金管理办法。完善中央财政转移支付制度,加大对中西部地区、民族自治地方和重点生态功能区环境保护的转移支付力度。加快建立生态补偿机制和国家生态补偿专项资金,扩大生态补偿范围。积极推进环境税费改革,研究开征环境保护税。对生产符合下一阶段标准车用燃油的企业,在消费税政策上予以优惠。制定和完善环境保护综合名录。对"高污染、高环境风险"产品,研究调整进出口关税政策。支持符合条件的企业发行债券用于环境保护项目。加大对符合环保要求和信贷原则的企业和项目的信贷支持。建立企业环境行为信用评价制度。健全环境污染责任保险制度,开展环境污染强制责任保险试点。严格落实燃煤电厂烟气脱硫电价政策,制定脱硝电价政策。对可再生能源发电、余热发电和垃圾焚烧发电实行优先上网等政策支持。对高耗能、高污染行业实行差别电价,对污水处理、污泥无害化处理设施、非电力行业脱硫脱硝和垃圾处理设施等鼓励类企业实行政策优惠。按照污泥、垃圾和医疗废物无害化处置的要求,完善收费标准,推进征收方式改革。推行排污许可证制度,开展排污权有偿使用和交易试点,建立国家排污权交易中心,发展排污权交易市场。

(十四)不断增强环境保护能力。全面推进监测、监察、宣教、信息等环境保护能力标准化建设。完善地级以上城市空气质量、重点流域、地下水、农产品产地国家重点监控点位和自动监测网络,扩大监测范围,建设国家环境监测网。推进环境专用卫星建设及其应用,提高遥感监测能力。加强污染源自动监控系统建设、监督管理和运行维护。开展全民环境宣传教育行动计划,培育壮大环保志愿者队伍,引导和支持公众及社会组织开展环保活动。增强环境信息基础能力、统计能力和业务应用能力。建设环境信息资源中心,加强物联网在污染源自动监控、环境质量实时监测、危险化学品运输等领域的研发应用,推动信息资源共享。

(十五)健全环境管理体制和工作机制。构建环境保护工作综合决策机制。完善环境监测和督查体制机制,加强国家环境监察职能。继续实行环境保护部门领导干部双重管理体制。鼓励有条件的地区开展环境保护体制综合改革试点。结合地方人民政府机构改革和乡镇机构改革,探索实行设区城市环境保护派出机构监管模式,完善基层环境管理体制。加强核与辐射安全监管职能和队伍建设。实施生态环境保护人才发展中长期规划。

(十六)强化对环境保护工作的领导和考核。地方各级人民政府要切实把环境保护放在全局工作的突出位置,列入重要议事日程,明确目标任务,完善政策措施,组织实施国家重点环保工程。制定生态文明建设的目标指标体系,纳入地方各级人民政府绩效考核,考核结果作为领导班子和领导干部综合考核评价的重要内容,作为干部选拔任用、管理监督的重要依据,实行环境保护一票否决制。对未完成目标任务考核的地方实施区域限批,暂停审批该地区除民生工程、节能减排、生态环境保护和基础设施建设以外的项目,并追究有关领导责任。

各地区、各部门要加强协调配合,明确责任、分工和进度要求,认真落实本意见。环境保护部要会同有关部门加强对本意见落实情况的监督检查,重大情况向国务院报告。

畜禽规模养殖污染防治条例

(2013 年 11 月 11 日 中华人民共和国国务院令第 643 号)

第一章 总 则

第一条 为了防治畜禽养殖污染,推进畜禽养殖废弃物的综合利用和无害化处理,保护和改善环境,保障公众身体健康,促进畜牧业持续健康发展,制定本条例。

第二条 本条例适用于畜禽养殖场、养殖小区的养殖污染防治。

畜禽养殖场、养殖小区的规模标准根据畜牧业发展状况和畜禽养殖污染防治要求确定。

牧区放牧养殖污染防治，不适用本条例。

第三条 畜禽养殖污染防治，应当统筹考虑保护环境与促进畜牧业发展的需要，坚持预防为主、防治结合的原则，实行统筹规划、合理布局、综合利用、激励引导。

第四条 各级人民政府应当加强对畜禽养殖污染防治工作的组织领导，采取有效措施，加大资金投入，扶持畜禽养殖污染防治以及畜禽养殖废弃物综合利用。

第五条 县以上人民政府环境保护主管部门负责畜禽养殖污染防治的统一监督管理。

县级以上人民政府农牧主管部门负责畜禽养殖废弃物综合利用的指导和服务。

县级以上人民政府循环经济发展综合管理部门负责畜禽养殖循环经济工作的组织协调。

县级以上人民政府其他有关部门依照本条例规定和各自职责，负责畜禽养殖污染防治相关工作。

乡镇人民政府应当协助有关部门做好本行政区域的畜禽养殖污染防治工作。

第六条 从事畜禽养殖以及畜禽养殖废弃物综合利用和无害化处理活动，应当符合国家有关畜禽养殖污染防治的要求，并依法接受有关主管部门的监督检查。

第七条 国家鼓励和支持畜禽养殖污染防治以及畜禽养殖废弃物综合利用和无害化处理的科学技术研究和装备研发。各级人民政府应当支持先进适用技术的推广，促进畜禽养殖污染防治水平的提高。

第八条 任何单位和个人对违反本条例规定的行为，有权向县级以上人民政府环境保护等有关部门举报。接到举报的部门应当及时调查处理。

对在畜禽养殖污染防治中作出突出贡献的单位和个人，按照国家有关规定给予表彰和奖励。

第二章 预 防

第九条 县级以上人民政府农牧主管部门编制畜牧业发展规划，报本级人民政府或者其授权的部门批准实施。畜牧业发展规划应当统筹考虑环境承载能力以及畜禽养殖污染防治要求，合理布局，科学确定畜禽养殖的品种、规模、总量。

第十条 县级以上人民政府环境保护主管部门会同农牧主管部门编制畜禽养殖污染防治规划，报本级人民政府或者其授权的部门批准实施。畜禽养殖污染防治规划应当与畜牧业发展规划相衔接，统筹考虑畜禽养殖生产布局，明确畜禽养殖污染防治目标、任务、重点区域，明确污染治理重点设施建设，以及废弃物综合利用等污染防治措施。

第十一条 禁止在下列区域内建设畜禽养殖场、养殖小区：

（一）饮用水水源保护区，风景名胜区；

（二）自然保护区的核心区和缓冲区；

（三）城镇居民区、文化教育科学研究区等人口集中区域；

（四）法律、法规规定的其他禁止养殖区域。

第十二条 新建、改建、扩建畜禽养殖场、养殖小区，应当符合畜牧业发展规划、畜禽养殖污染防治规划，满足动物防疫条件，并进行环境影响评价。对环境可能造成重大影响的大型畜禽养殖场、养殖小区，应当编制环境影响报告书；其他畜禽养殖场、养殖小区应当填报环境影响登记表。大型畜禽养殖场、养殖小区的管理目录，由国务院环境保护主管部门商国务院农牧主管部门确定。

环境影响评价的重点应当包括：畜禽养殖产生的废弃物种类和数量，废弃物综合利用和无害化处理方案和措施，废弃物的消纳和处理情况以及向环境直接排放的情况，最终可能对水体、土壤等环境和人体健康产生的影响以及控制和减少影响的方案和措施等。

第十三条 畜禽养殖场、养殖小区应当根据养殖规模和污染防治需要，建设相应的畜禽粪便、污水与雨水分流设施，畜禽粪便、污水的贮存设施，粪污厌氧消化和堆沤、有机肥加工、制取沼气、沼渣沼液分离和输送、污水处理、畜禽尸体处理等综合利用和无害化处理设施。已经委托他人对畜禽养殖废弃物代为综合利用和无害化处理的，可以不自行建设综合利用和无害化处理设施。

未建设污染防治配套设施、自行建设的配套设施不合格，或者未委托他人对畜禽养殖废弃物进行综合利用和无害化处理的，畜禽养殖场、养殖小区不得投入生产或者使用。

畜禽养殖场、养殖小区自行建设污染防治配套设施的，应当确保其正常运行。

第十四条 从事畜禽养殖活动，应当采取科学的饲养方式和废弃物处理工艺等有效措施，减少畜禽养殖废弃物的产生量和向环境的排放量。

第三章 综合利用与治理

第十五条 国家鼓励和支持采取粪肥还田、制取沼气、制造有机肥等方法，对畜禽养殖废弃物进行综合利用。

第十六条 国家鼓励和支持采取种植和养殖相结合的方式消纳利用畜禽养殖废弃物，促进畜禽粪便、污水等废弃物就地就近利用。

第十七条 国家鼓励和支持沼气制取、有机肥生产等废弃物综合利用以及沼渣沼液输送和施用、沼气发电等相关配套设施建设。

第十八条 将畜禽粪便、污水、沼渣、沼液等用作肥料的，应当与土地的消纳能力相适应，并采取有效措施，消除可能引起传染病的微生物，防止污染环境和传播疫病。

第十九条 从事畜禽养殖活动和畜禽养殖废弃物处理活动，应当及时对畜禽粪便、畜禽尸体、污水等进行收集、贮存、清运，防止恶臭和畜禽养殖废弃物渗出、泄漏。

第二十条 向环境排放经过处理的畜禽养殖废弃物，应当符合国家和地方规定的污染物排放标准和总量控制指标。畜禽养殖废弃物未经处理，不得直接向环境排放。

第二十一条 染疫畜禽以及染疫畜禽排泄物、染疫畜禽产品、病死或者死因不明的畜禽尸体等病害畜禽养殖废弃物，应当按照有关法律、法规和国务院农牧主管部门的规定，进行深埋、化制、焚烧等无害化处理，不得随意处置。

第二十二条 畜禽养殖场、养殖小区应当定期将畜禽养殖品种、规模以及畜禽养殖废弃物的产生、排放和综合利用等情况，报县级人民政府环境保护主管部门备案。环境保护主管部门应当定期将备案情况抄送同级农牧主管部门。

第二十三条 县级以上人民政府环境保护主管部门应当依据职责对畜禽养殖污染防治情况进行监督检查，并加强对畜禽养殖环境污染的监测。

乡镇人民政府、基层群众自治组织发现畜禽养殖环境污染行为的，应当及时制止和报告。

第二十四条 对污染严重的畜禽养殖密集区域，市、县人民政府应当制定综合整治方案，采取组织建设畜禽养殖废弃物综合利用和无害化处理设施、有计划搬迁或者关闭畜禽养殖场所等措施,对畜禽养殖污染进行治理。

第二十五条　因畜牧业发展规划、土地利用总体规划、城乡规划调整以及划定禁止养殖区域,或者因对污染严重的畜禽养殖密集区域进行综合整治,确需关闭或者搬迁现有畜禽养殖场所,致使畜禽养殖者遭受经济损失的,由县级以上地方人民政府依法予以补偿。

第四章　激励措施

第二十六条　县级以上人民政府应当采取示范奖励等措施,扶持规模化、标准化畜禽养殖,支持畜禽养殖场、养殖小区进行标准化改造和污染防治设施建设与改造,鼓励分散饲养向集约饲养方式转变。

第二十七条　县级以上地方人民政府在组织编制土地利用总体规划过程中,应当统筹安排,将规模化畜禽养殖用地纳入规划,落实养殖用地。

国家鼓励利用废弃地和荒山、荒沟、荒丘、荒滩等未利用地开展规模化、标准化畜禽养殖。

畜禽养殖用地按农用地管理,并按照国家有关规定确定生产设施用地和必要的污染防治等附属设施用地。

第二十八条　建设和改造畜禽养殖污染防治设施,可以按照国家规定申请包括污染治理贷款贴息补助在内的环境保护等相关资金支持。

第二十九条　进行畜禽养殖污染防治,从事利用畜禽养殖废弃物进行有机肥产品生产经营等畜禽养殖废弃物综合利用活动的,享受国家规定的相关税收优惠政策。

第三十条　利用畜禽养殖废弃物生产有机肥产品的,享受国家关于化肥运力安排等支持政策;购买使用有机肥产品的,享受不低于国家关于化肥的使用补贴等优惠政策。

畜禽养殖场、养殖小区的畜禽养殖污染防治设施运行用电执行农业用电价格。

第三十一条　国家鼓励和支持利用畜禽养殖废弃物进行沼气发电,自发自用、多余电量接入电网。电网企业应当依照法律和国家有关规定为沼气发电提供无歧视的电网接入服务,并全额收购其电网覆盖范围内符合并网技术标准的多余电量。

利用畜禽养殖废弃物进行沼气发电的,依法享受国家规定的上网电价优惠政策。利用畜禽养殖废弃物制取沼气或进而制取天然气的,依法享受新能源优惠政策。

第三十二条　地方各级人民政府可以根据本地区实际,对畜禽养殖场、养殖小区支出的建设项目环境影响咨询费用给予补助。

第三十三条　国家鼓励和支持对染疫畜禽、病死或者死因不明畜禽尸体进行集中无害化处理,并按照国家有关规定对处理费用、养殖损失给予适当补助。

第三十四条　畜禽养殖场、养殖小区排放污染物符合国家和地方规定的污染物排放标准和总量控制指标,自愿与环境保护主管部门签订进一步削减污染物排放量协议的,由县级人民政府按照国家有关规定给予奖励,并优先列入县级以上人民政府安排的环境保护和畜禽养殖发展相关财政资金扶持范围。

第三十五条　畜禽养殖户自愿建设综合利用和无害化处理设施、采取措施减少污染物排放的,可以依照本条例规定享受相关激励和扶持政策。

第五章 法律责任

第三十六条 各级人民政府环境保护主管部门、农牧主管部门以及其他有关部门未依照本条例规定履行职责的,对直接负责的主管人员和其他直接责任人员依法给予处分;直接负责的主管人员和其他直接责任人员构成犯罪的,依法追究刑事责任。

第三十七条 违反本条例规定,在禁止养殖区域内建设畜禽养殖场、养殖小区的,由县级以上地方人民政府环境保护主管部门责令停止违法行为;拒不停止违法行为的,处3万元以上10万元以下的罚款,并报县级以上人民政府责令拆除或者关闭。在饮用水水源保护区建设畜禽养殖场、养殖小区的,由县级以上地方人民政府环境保护主管部门责令停止违法行为,处10万元以上50万元以下的罚款,并报经有批准权的人民政府批准,责令拆除或者关闭。

第三十八条 违反本条例规定,畜禽养殖场、养殖小区依法应当进行环境影响评价而未进行的,由有权审批该项目环境影响评价文件的环境保护主管部门责令停止建设,限期补办手续;逾期不补办手续的,处5万元以上20万元以下的罚款。

第三十九条 违反本条例规定,未建设污染防治配套设施或者自行建设的配套设施不合格,也未委托他人对畜禽养殖废弃物进行综合利用和无害化处理,畜禽养殖场、养殖小区即投入生产、使用,或者建设的污染防治配套设施未正常运行的,由县级以上人民政府环境保护主管部门责令停止生产或者使用,可以处10万元以下的罚款。

第四十条 违反本条例规定,有下列行为之一的,由县级以上地方人民政府环境保护主管部门责令停止违法行为,限期采取治理措施消除污染,依照《中华人民共和国水污染防治法》、《中华人民共和国固体废物污染环境防治法》的有关规定予以处罚:

(一)将畜禽养殖废弃物用作肥料,超出土地消纳能力,造成环境污染的;

(二)从事畜禽养殖活动或者畜禽养殖废弃物处理活动,未采取有效措施,导致畜禽养殖废弃物渗出、泄漏的。

第四十一条 排放畜禽养殖废弃物不符合国家或者地方规定的污染物排放标准或者总量控制指标,或者未经无害化处理直接向环境排放畜禽养殖废弃物的,由县级以上地方人民政府环境保护主管部门责令限期治理,可以处5万元以下的罚款。县级以上地方人民政府环境保护主管部门作出限期治理决定后,应当会同同级人民政府农牧等有关部门对整改措施的落实情况及时进行核查,并向社会公布核查结果。

第四十二条 未按照规定对染疫畜禽和病害畜禽养殖废弃物进行无害化处理的,由动物卫生监督机构责令无害化处理,所需处理费用由违法行为人承担,可以处3000元以下的罚款。

第六章 附 则

第四十三条 畜禽养殖场、养殖小区的具体规模标准由省级人民政府确定,并报国务院环境保护主管部门和国务院农牧主管部门备案。

第四十四条 本条例自2014年1月1日起施行。

中华人民共和国畜禽遗传资源进出境和对外合作研究利用审批办法

(2008年8月28日 中华人民共和国国务院令第533号)

第一条 为了加强对畜禽遗传资源进出境和对外合作研究利用的管理,保护和合理利用畜禽遗传资源,防止畜禽遗传资源流失,促进畜牧业持续健康发展,根据《中华人民共和国畜牧法》,制定本办法。

第二条 从境外引进畜禽遗传资源,向境外输出或者在境内与境外机构、个人合作研究利用列入畜禽遗传资源保护名录的畜禽遗传资源,应当遵守《中华人民共和国畜牧法》,并依照本办法的规定办理审批手续。

第三条 本办法所称畜禽,是指列入依照《中华人民共和国畜牧法》第十一条规定公布的畜禽遗传资源目录的畜禽。

本办法所称畜禽遗传资源,是指畜禽及其卵子(蛋)、胚胎、精液、基因物质等遗传材料。

第四条 从境外引进畜禽遗传资源,应当具备下列条件:

(一)引进的目的明确、用途合理;

(二)符合畜禽遗传资源保护和利用规划;

(三)引进的畜禽遗传资源来自非疫区;

(四)符合进出境动植物检疫和农业转基因生物安全的有关规定,不对境内畜禽遗传资源和生态环境安全构成威胁。

第五条 拟从境外引进畜禽遗传资源的单位,应当向其所在地的省、自治区、直辖市人民政府畜牧兽医行政主管部门提出申请,并提交畜禽遗传资源买卖合同或者赠与协议。

引进种用畜禽遗传资源的,还应当提交下列资料:

(一)种畜禽生产经营许可证;

(二)出口国家或者地区法定机构出具的种畜系谱或者种禽代次证明;

(三)首次引进的,同时提交种用畜禽遗传资源的产地、分布、培育过程、生态特征、生产性能、群体存在的主要遗传缺陷和特有疾病等资料。

第六条 向境外输出列入畜禽遗传资源保护名录的畜禽遗传资源,应当具备下列条件:

(一)用途明确;

(二)符合畜禽遗传资源保护和利用规划;

(三)不对境内畜牧业生产和畜禽产品出口构成威胁;

(四)国家共享惠益方案合理。

第七条 拟向境外输出列入畜禽遗传资源保护名录的畜禽遗传资源的单位,应当向其所在地的省、自治区、直辖市人民政府畜牧兽医行政主管部门提出申请,并提交下列资料:

(一)畜禽遗传资源买卖合同或者赠与协议;

(二)与境外进口方签订的国家共享惠益方案。

第八条　在境内与境外机构、个人合作研究利用列入畜禽遗传资源保护名录的畜禽遗传资源,应当具备下列条件:

(一)研究目的、范围和合作期限明确;

(二)符合畜禽遗传资源保护和利用规划;

(三)知识产权归属明确、研究成果共享方案合理;

(四)不对境内畜禽遗传资源和生态环境安全构成威胁;

(五)国家共享惠益方案合理。

在境内与境外机构、个人合作研究利用畜禽遗传资源的单位,应当是依法取得法人资格的中方教育科研机构、中方独资企业。

第九条　拟在境内与境外机构、个人合作研究利用列入畜禽遗传资源保护名录的畜禽遗传资源的单位,应当向其所在地的省、自治区、直辖市人民政府畜牧兽医行政主管部门提出申请,并提交下列资料:

(一)项目可行性研究报告;

(二)合作研究合同;

(三)与境外合作者签订的国家共享惠益方案。

第十条　禁止向境外输出或者在境内与境外机构、个人合作研究利用我国特有的、新发现未经鉴定的畜禽遗传资源以及国务院畜牧兽医行政主管部门禁止出口的其他畜禽遗传资源。

第十一条　省、自治区、直辖市人民政府畜牧兽医行政主管部门,应当自收到畜禽遗传资源引进、输出或者对外合作研究利用申请之日起 20 个工作日内完成审核工作,并将审核意见和申请资料报国务院畜牧兽医行政主管部门审批。

第十二条　国务院畜牧兽医行政主管部门,应当自收到畜禽遗传资源引进、输出或者对外合作研究利用审核意见和申请资料之日起 20 个工作日内,对具备本办法第四条、第六条、第八条规定条件的,签发审批表;对不具备条件的,书面通知申请人,并说明理由。其中,对输出或者在境内与境外机构、个人合作研究利用列入畜禽遗传资源保护名录的畜禽遗传资源,或者首次引进畜禽遗传资源的,国务院畜牧兽医行政主管部门应当自收到审核意见和申请资料之日起 3 个工作日内,将审核意见和申请资料送国家畜禽遗传资源委员会评估或者评审。评估或者评审时间不计入审批期限。

第十三条　国务院畜牧兽医行政主管部门在 20 个工作日内不能做出审批决定的,经本部门负责人批准,可以延长 10 个工作日。延长期限的理由应当告知申请人。

第十四条　畜禽遗传资源引进、输出审批表的有效期为 6 个月;需要延续的,申请人应当在有效期届满 10 个工作日前向原审批机关申请延续。延续期不得超过 3 个月。

第十五条　从境外引进畜禽遗传资源、向境外输出列入畜禽遗传资源保护名录的畜禽遗传资源的单位,凭审批表办理检疫手续。海关凭出入境检验检疫部门出具的进出境货物通关单办理验放手续。从境外引进畜禽遗传资源、向境外输出列入畜禽遗传资源保护名录的畜禽遗传资源的单位,应当自海关放行之日起 10 个工作日内,将实际引进、输出畜禽遗传资源的数量报国务院畜牧兽医行政主管部门备案。国务院畜牧兽医行政主管部门应当定期将有关资料抄送国务院环境保护行政主管部门。

第十六条　在对外合作研究利用过程中需要更改研究目的和范围、合作期限、知识产权归属、研究成果共享方案或者国家共享惠益方案的,在境内与境外机构、个人合作研究利用列入畜禽遗传资源保护名录的畜禽遗传资源的单位,应当按照原申请程序重新办理审批手续。

第十七条 省、自治区、直辖市人民政府畜牧兽医行政主管部门应当对引进的畜禽遗传资源进行跟踪评价,组织专家对引进的畜禽遗传资源的生产性能、健康状况、适应性以及对生态环境和本地畜禽遗传资源的影响等进行测定、评估,并及时将测定、评估结果报国务院畜牧兽医行政主管部门。

发现引进的畜禽遗传资源对境内畜禽遗传资源、生态环境有危害或者可能产生危害的,国务院畜牧兽医行政主管部门应当商有关主管部门,采取相应的安全控制措施。

第十八条 在境内与境外机构、个人合作研究利用列入畜禽遗传资源保护名录的畜禽遗传资源的单位,应当于每年12月31日前,将合作研究利用畜禽遗传资源的情况报所在地的省、自治区、直辖市人民政府畜牧兽医行政主管部门。省、自治区、直辖市人民政府畜牧兽医行政主管部门应当对合作研究利用情况提出审核意见,一并报国务院畜牧兽医行政主管部门备案。

第十九条 与畜禽遗传资源引进、输出和对外合作研究利用的单位以及与境外机构或者个人有利害关系的人员,不得参与对有关申请的评估、评审以及对进境畜禽遗传资源的测定、评估工作。

第二十条 我国的畜禽遗传资源信息,包括重要的畜禽遗传家系和特定地区遗传资源及其数据、资料、样本等,未经国务院畜牧兽医行政主管部门许可,任何单位或者个人不得向境外机构和个人转让。

第二十一条 畜牧兽医行政主管部门工作人员在畜禽遗传资源引进、输出和对外合作研究利用审批过程中玩忽职守、滥用职权、徇私舞弊的,依法给予处分;构成犯罪的,依法追究刑事责任。

第二十二条 依照本办法的规定参与评估、评审、测定的专家,利用职务上的便利收取他人财物或者谋取其他利益,或者出具虚假意见的,没收违法所得,依法给予处分;构成犯罪的,依法追究刑事责任。

第二十三条 申请从境外引进畜禽遗传资源,向境外输出或者在境内与境外机构、个人合作研究利用列入畜禽遗传资源保护名录的畜禽遗传资源的单位,隐瞒有关情况或者提供虚假资料的,由省、自治区、直辖市人民政府畜牧兽医行政主管部门给予警告,3年内不再受理该单位的同类申请。

第二十四条 以欺骗、贿赂等不正当手段取得批准从境外引进畜禽遗传资源,向境外输出或者在境内与境外机构、个人合作研究利用列入畜禽遗传资源保护名录的畜禽遗传资源的,由国务院畜牧兽医行政主管部门撤销批准决定,没收有关畜禽遗传资源和违法所得,并处以1万元以上5万元以下罚款,10年内不再受理该单位的同类申请;构成犯罪的,依法追究刑事责任。

第二十五条 未经审核批准,从境外引进畜禽遗传资源,或者在境内与境外机构、个人合作研究利用列入畜禽遗传资源保护名录的畜禽遗传资源,或者在境内与境外机构、个人合作研究利用未经国家畜禽遗传资源委员会鉴定的新发现的畜禽遗传资源的,依照《中华人民共和国畜牧法》的有关规定追究法律责任。

第二十六条 未经审核批准,向境外输出列入畜禽遗传资源保护名录的畜禽遗传资源的,依照《中华人民共和国海关法》的有关规定追究法律责任。海关应当将扣留的畜禽遗传资源移送省、自治区、直辖市人民政府畜牧兽医行政主管部门处理。

第二十七条 向境外输出或者在境内与境外机构、个人合作研究利用列入畜禽遗传资源保护名录的畜禽遗传资源,违反国家保密规定的,依照《中华人民共和国保守国家秘密法》的有关规定追究法律责任。

第二十八条 本办法自2008年10月1日起施行。

关于加强乡镇煤矿环境保护工作的规定

(1997年11月2日　环发〔1997〕687号)

一、为贯彻国家对乡镇煤矿扶持、改造、整顿、联合、提高的方针,促进乡镇煤矿健康、有序发展,加强乡镇煤矿的环境保护工作,依照《中华人民共和国环境保护法》、《中华人民共和国煤炭法》和《乡镇煤矿管理条例》,制订本规定。

二、各级环境保护行政主管部门依法对本区域内乡镇煤矿的环境保护工作实施统一监督管理。环境保护部门要重视乡镇煤矿的环境保护工作,并将其纳入日常环境管理范围,及时掌握乡镇煤矿的环境污染和生态破坏情况,加强对乡镇煤矿污染治理项目的监督和对污染治理设施运转情况的检查。

三、各级煤炭管理部门协同环境保护行政主管部门监督管理乡镇煤矿的环境保护工作。煤炭管理部门应设立环境保护机构,了解掌握乡镇煤矿的环境污染和生态破坏情况,指导、督促乡镇煤矿的污染防治和生态保护工作。

四、煤炭管理部门要督促企业设置矸石专用堆放场,采取措施防止其自燃,积极寻求矸石的处理、处置和利用途径,减少矸石占地和二次污染;督促企业及时进行生态恢复,并配合环境保护行政主管部门加强对乡镇煤矿污染治理项目的监督和对污染治理设施运转情况的检查。

五、乡镇煤矿企业的法人代表是煤矿环境保护的责任人。

乡镇煤矿企业必须明确专人管理企业的环境保护工作。

六、禁止在饮用水水源保护区、自然保护区、风景名胜区和其他需特别保护的环境敏感区建设乡镇煤矿;对现在已有的煤矿要限期予以关闭,并责令其采取恢复生态和消除污染的措施。

七、乡镇煤矿必须实行先规划后建设的原则。各级煤炭管理部门在编制乡镇煤矿发展规划时,必须同时编制乡镇煤矿环境保护规划,乡镇煤矿在制定建设和开采计划时应同时制定污染防治、生态保护或恢复计划。

重点产煤县、市煤矿发展总体规划中必须包括环境保护规划及集中选煤厂建设规划。否则,煤炭管理部门不予审批。

八、严格限制新建开采生产高硫分(含硫量3%以上)、高灰分煤炭的乡镇煤矿。对现有生产高硫、高灰煤的煤矿,应逐步建设配套洗选设施,对高硫分、高灰分煤炭进行洗选。

九、各有关省、自治区、直辖市煤炭管理部门可根据本区域资源状况、开采条件等,对乡镇煤矿提出最低生产规模限值;新建、改建、扩建的乡镇煤矿,必须达到规定的最低生产规模限制,达不到的不得投产。对现有达不到最低生产规模限值的煤矿,当地煤炭管理部门应提出改造计划,限其在一年内达到。

十、所有乡镇煤矿的新建、改建、扩建和技术改造项目,必须执行环境影响报告制度,编制环境影响评价报告书(表),经环境保护行政主管部门审批后,方可办理其他手续。

所有乡镇煤矿的新建、改建、扩建和技术改造项目,必须执行防治污染和生态破坏的设施与主体工程同时设计、同时施工、同时投产或使用的"三同时"制度,防治污染和生态破坏的设施必须经环境保护行政主管部门验收合格。否则,煤炭管理部门不予颁发煤炭生产许可证。

十一、乡镇煤矿维简费中用于环境保护的费用不得低于 0.3—0.5 元/吨。

十二、环境保护行政主管部门要严格按照规定,加强乡镇煤矿排污费的征收、管理和使用工作。

十三、对乡镇煤矿矿长的培训、考核,要增加有关环境保护的内容。进行环境保护知识考核,并将考核结果作为取得矿长资格证书的参考条件。

十四、对现有乡镇煤矿企业超标排放污染物或造成生态环境严重破坏的,必须按有关规定限期进行治理或恢复。对逾期未完成治理任务的,依法责令其关闭、停业或转产。

十五、乡镇煤矿在正常关闭和报废前,必须落实污染防治和生态恢复计划,提出土地复垦利用、环境保护的资料,经环境保护行政主管部门和其他有关主管部门审核后,再按有关规定办理关闭手续。

防治尾矿污染环境管理规定(2010 年修正)

(1992 年 8 月 17 日国家环境保护局令第 11 号发布 根据 1999 年 7 月 12 日国家环境保护总局令第 6 号修订 根据 2010 年 12 月 22 日环境保护部令第 16 号《环境保护部关于废止、修改部分环保部门规章和规范性文件的决定》修正)

第一条 为保护环境,防治尾矿污染,根据《中华人民共和国环境保护法》及有关法律、法规制定本规定。

第二条 本规定中所称尾矿是指选矿和湿法冶炼过程中产生的废物。

第三条 本规定适用于中华人民共和国领域内企业所产生尾矿的污染防治及监督管理。氧化铝厂的赤泥和燃煤电厂水力清除的粉煤灰渣的污染防治也适用本规定。放射性尾矿、伴有放射性尾矿的非放射性尾矿的污染防治,依照国家有关放射性废物的防护规定执行。

第四条 县级以上人民政府环境保护行政主管部门对本辖区内的尾矿污染防治实施统一监督管理。

第五条 县级以上人民政府环境保护行政主管部门对在尾矿污染防治工作中有显著成绩的单位和个人给予表彰。对综合利用尾矿的,按国家有关规定给予优惠。

第六条 县级以上人民政府环境保护行政主管部门有权对管辖范围内产生尾矿的企业进行现场检查。被检查的企业应当如实反映情况,提供必要的资料。检查机关应为被检查的单位保守技术秘密和业务秘密。

第七条 产生尾矿的企业必须制定尾矿污染防治计划,建立污染防治责任制度,并采取有效措施,防治尾矿对环境的污染和危害。

第八条 产生尾矿的企业必须按规定向当地环境保护行政主管部门进行排污申报登记。

第九条 产生尾矿的新建、改建或扩建项目,必须遵守国家有关建设项目环境保护管理的规定。

第十条 企业产生的尾矿必须排入尾矿设施,不得随意排放。无尾矿设施,或尾矿设施不完善并严重污染环境的企业,由环境保护行政主管部门依照法律规定报同级人民政府批准,限期建成或完善。

第十一条 贮存含属于有害废物的尾矿,其尾矿库必须采取防渗漏措施。

第十二条 在国务院、国务院有关主管部门和省、自治区、直辖市人民政府划定的风景名胜区、自然保护区和其他需要特殊保护的区域内不得建设产生尾矿的企业;已建的企业所排放的尾矿水必须符合国家或地方规定的污染排放标准。向上述区域内排放尾矿水超过国家或地方规定的污染物排放标准的,限期治理。

第十三条 尾矿贮存设施必须有防止尾矿流失和尾矿尘土飞扬的措施。

第十四条 产生尾矿的企业应加强尾矿设施的管理和检查,采取预防措施,消除事故隐患。

第十五条 因发生事故或其他突然事件,造成或者可能造成尾矿污染事故的企业,必须立即采取应急措施处理,及时通报可能受到危害的单位和居民,并向当地环境保护行政主管部门和企业主管部门报告,接受调查处理。当地环境保护行政主管部门接到尾矿污染事故报告后,应立即向当地人民政府和上一级环境保护行政主管部门报告。对于特大的尾矿污染事故,由地、市环境保护行政主管部门报告国家环境保护局。任何单位和个人不得干扰对事故的抢救和处理工作。可能发生重大污染事故的企业,应当采取措施,加强防范。

第十六条 禁止任何单位和个人在尾矿设施上任意挖掘、垦殖、放牧、建筑及其他妨碍尾矿设施正常使用和可能造成污染危害的行为。

第十七条 尾矿贮存设施停止使用后必须进行处置,保证坝体安全,不污染环境,消除污染事故隐患。

关闭尾矿设施必须报当地省环境保护行政主管部门验收,批准。

经验收移交后的尾矿设施其污染防治由接收单位负责。

第十八条 对违反本规定,有下列行为之一的,由环境保护行政主管部门依法给予行政处罚:

(一)产生尾矿的企业未向当地人民政府环境保护行政主管部门申报登记的,依照《中华人民共和国固体废物污染环境防治法》第六十八条规定处以五千元以上五万元以下罚款,并限期补办排污申报登记手续;

(二)违反本规定第十条规定,逾期未建成或者完善尾矿设施,或者违反本规定第十二条规定,在风景名胜区、自然保护区和其他需要特殊保护的区域内建设产生尾矿的企业的,依照《中华人民共和国固体废物污染环境防治法》第六十八条规定责令停止违法行为,限期改正,处一万元以上十万元以下的罚款;造成严重污染的,依照《中华人民共和国固体废物污染环境防治法》第八十一条规定决定限期治理;逾期未完成治理任务的,由本级人民政府决定停业或者关闭;

(三)拒绝环境保护行政主管部门现场检查的,依照《中华人民共和国固体废物污染环境防治法》第七十条规定,责令限期改正;拒不改正或者在检查时弄虚作假的,处二千元以上二万元以下的罚款。

第十九条 本规定所称尾矿设施是指尾矿的贮存设施(尾矿库、赤泥库、灰渣库等)、浆体输送系统、澄清水回收系统、渗透水截流及回收系统、排洪工程、尾矿综合利用及其他污染防治设施。

第二十条 本规定自1992年10月1日起施行。

清洁生产审核办法

(2016年5月16日 国家发展和改革委员会、环境保护部令第38号)

第一章 总 则

第一条 为促进清洁生产,规范清洁生产审核行为,根据《中华人民共和国清洁生产促进法》,制定本办法。

第二条 本办法所称清洁生产审核,是指按照一定程序,对生产和服务过程进行调查和诊断,找出能耗高、物耗高、污染重的原因,提出降低能耗、物耗、废物产生以及减少有毒有害物料的使用、产生和废弃物资源化利用的方案,进而选定并实施技术经济及环境可行的清洁生产方案的过程。

第三条 本办法适用于中华人民共和国领域内所有从事生产和服务活动的单位以及从事相关管理活动的部门。

第四条 国家发展和改革委员会会同环境保护部负责全国清洁生产审核的组织、协调、指导和监督工作。县级以上地方人民政府确定的清洁生产综合协调部门会同环境保护主管部门、管理节能工作的部门(以下简称"节能主管部门")和其他有关部门,根据本地区实际情况,组织开展清洁生产审核。

第五条 清洁生产审核应当以企业为主体,遵循企业自愿审核与国家强制审核相结合、企业自主审核与外部协助审核相结合的原则,因地制宜、有序开展、注重实效。

第二章 清洁生产审核范围

第六条 清洁生产审核分为自愿性审核和强制性审核。

第七条 国家鼓励企业自愿开展清洁生产审核。本办法第八条规定以外的企业,可以自愿组织实施清洁生产审核。

第八条 有下列情形之一的企业,应当实施强制性清洁生产审核:

(一)污染物排放超过国家或者地方规定的排放标准,或者虽未超过国家或者地方规定的排放标准,但超过重点污染物排放总量控制指标的;

(二)超过单位产品能源消耗限额标准构成高耗能的;

(三)使用有毒有害原料进行生产或者在生产中排放有毒有害物质的。

其中有毒有害原料或物质包括以下几类:

第一类,危险废物。包括列入《国家危险废物名录》的危险废物,以及根据国家规定的危险废物鉴别标准和鉴别方法认定的具有危险特性的废物。

第二类,剧毒化学品、列入《重点环境管理危险化学品目录》的化学品,以及含有上述化学品的物质。

第三类,含有铅、汞、镉、铬等重金属和类金属砷的物质。

第四类,《关于持久性有机污染物的斯德哥尔摩公约》附件所列物质。

第五类,其他具有毒性、可能污染环境的物质。

第三章 清洁生产审核的实施

第九条 本办法第八条第(一)款、第(三)款规定实施强制性清洁生产审核的企业名单,由所在地县级以上环境保护主管部门按照管理权限提出,逐级报省级环境保护主管部门核定后确定,根据属地原则书面通知企业,并抄送同级清洁生产综合协调部门和行业管理部门。

本办法第八条第(二)款规定实施强制性清洁生产审核的企业名单,由所在地县级以上节能主管部门按照管理权限提出,逐级报省级节能主管部门核定后确定,根据属地原则书面通知企业,并抄送同级清洁生产综合协调部门和行业管理部门。

第十条 各省级环境保护主管部门、节能主管部门应当按照各自职责,分别汇总提出应当实施强制性清洁生产审核的企业单位名单,由清洁生产综合协调部门会同环境保护主管部门或节能主管部门,在官方网站或采取其他便于公众知晓的方式分期分批发布。

第十一条 实施强制性清洁生产审核的企业,应当在名单公布后一个月内,在当地主要媒体、企业官方网站或采取其他便于公众知晓的方式公布企业相关信息。

(一)本办法第八条第(一)款规定实施强制性清洁生产审核的企业,公布的主要信息包括:企业名称、法人代表、企业所在地址、排放污染物名称、排放方式、排放浓度和总量、超标及超总量情况。

(二)本办法第八条第(二)款规定实施强制性清洁生产审核的企业,公布的主要信息包括:企业名称、法人代表、企业所在地址、主要能源品种及消耗量、单位产值能耗、单位产品能耗、超过单位产品能耗限额标准情况。

(三)本办法第八条第(三)款规定实施强制性清洁生产审核的企业,公布的主要信息包括:企业名称、法人代表、企业所在地址、使用有毒有害原料的名称、数量、用途,排放有毒有害物质的名称、浓度和数量,危险废物的产生和处置情况,依法落实环境风险防控措施情况等。

(四)符合本办法第八条两款以上情况的企业,应当参照上述要求同时公布相关信息。

企业应对其公布信息的真实性负责。

第十二条 列入实施强制性清洁生产审核名单的企业应当在名单公布后两个月内开展清洁生产审核。

本办法第八条第(三)款规定实施强制性清洁生产审核的企业,两次清洁生产审核的间隔时间不得超过五年。

第十三条 自愿实施清洁生产审核的企业可参照强制性清洁生产审核的程序开展审核。

第十四条 清洁生产审核程序原则上包括审核准备、预审核、审核、方案的产生和筛选、方案的确定、方案的实施、持续清洁生产等。

第四章 清洁生产审核的组织和管理

第十五条 清洁生产审核以企业自行组织开展为主。实施强制性清洁生产审核的企业,如果自行独立组织开展清洁生产审核,应具备本办法第十六条第(二)款、第(三)款的条件。

不具备独立开展清洁生产审核能力的企业,可以聘请外部专家或委托具备相应能力的咨询服务机构协助开展清洁生产审核。

第十六条 协助企业组织开展清洁生产审核工作的咨询服务机构,应当具备下列条件:

(一)具有独立法人资格,具备为企业清洁生产审核提供公平、公正和高效率服务的质量保证体系和管理制度。

(二)具备开展清洁生产审核物料平衡测试、能量和水平衡测试的基本检测分析器具、设备或手段。

(三)拥有熟悉相关行业生产工艺、技术规程和节能、节水、污染防治管理要求的技术人员。

(四)拥有掌握清洁生产审核方法并具有清洁生产审核咨询经验的技术人员。

第十七条 列入本办法第八条第(一)款和第(三)款规定实施强制性清洁生产审核的企业,应当在名单公布之日起一年内,完成本轮清洁生产审核并将清洁生产审核报告报当地县级以上环境保护主管部门和清洁生产综合协调部门。

列入第八条第(二)款规定实施强制性清洁生产审核的企业,应当在名单公布之日起一年内,完成本轮清洁生产审核并将清洁生产审核报告报当地县级以上节能主管部门和清洁生产综合协调部门。

第十八条 县级以上清洁生产综合协调部门应当会同环境保护主管部门、节能主管部门,对企业实施强制性清洁生产审核的情况进行监督,督促企业按进度开展清洁生产审核。

第十九条 有关部门以及咨询服务机构应当为实施清洁生产审核的企业保守技术和商业秘密。

第二十条 县级以上环境保护主管部门或节能主管部门,应当在各自的职责范围内组织清洁生产专家或委托相关单位,对以下企业实施清洁生产审核的效果进行评估验收:

(一)国家考核的规划、行动计划中明确指出需要开展强制性清洁生产审核工作的企业。

(二)申请各级清洁生产、节能减排等财政资金的企业。

上述涉及本办法第八条第(一)款、第(三)款规定实施强制性清洁生产审核企业的评估验收工作由县级以上环境保护主管部门牵头,涉及本办法第八条第(二)款规定实施强制性清洁生产审核企业的评估验收工作由县级以上节能主管部门牵头。

第二十一条 对企业实施清洁生产审核评估的重点是对企业清洁生产审核过程的真实性、清洁生产审核报告的规范性、清洁生产方案的合理性和有效性进行评估。

第二十二条 对企业实施清洁生产审核的效果进行验收,应当包括以下主要内容:

（一）企业实施完成清洁生产方案后，污染减排、能源资源利用效率、工艺装备控制、产品和服务等改进效果，环境、经济效益是否达到预期目标。

（二）按照清洁生产评价指标体系，对企业清洁生产水平进行评定。

第二十三条 对本办法第二十条中企业实施清洁生产审核效果的评估验收，所需费用由组织评估验收的部门报请地方政府纳入预算。承担评估验收工作的部门或者单位不得向被评估验收企业收取费用。

第二十四条 自愿实施清洁生产审核的企业如需评估验收，可参照强制性清洁生产审核的相关条款执行。

第二十五条 清洁生产审核评估验收的结果可作为落后产能界定等工作的参考依据。

第二十六条 县级以上清洁生产综合协调部门会同环境保护主管部门、节能主管部门，应当每年定期向上一级清洁生产综合协调部门和环境保护主管部门、节能主管部门报送辖区内企业开展清洁生产审核情况、评估验收工作情况。

第二十七条 国家发展和改革委员会、环境保护部会同相关部门建立国家级清洁生产专家库，发布行业清洁生产评价指标体系、重点行业清洁生产审核指南，组织开展清洁生产培训，为企业开展清洁生产审核提供信息和技术支持。

各级清洁生产综合协调部门会同环境保护主管部门、节能主管部门可以根据本地实际情况，组织开展清洁生产培训，建立地方清洁生产专家库。

第五章 奖励和处罚

第二十八条 对自愿实施清洁生产审核，以及清洁生产方案实施后成效显著的企业，由省级清洁生产综合协调部门和环境保护主管部门、节能主管部门对其进行表彰，并在当地主要媒体上公布。

第二十九条 各级清洁生产综合协调部门及其他有关部门在制定实施国家重点投资计划和地方投资计划时，应当将企业清洁生产实施方案中的提高能源资源利用效率、预防污染、综合利用等清洁生产项目列为重点领域，加大投资支持力度。

第三十条 排污费资金可以用于支持企业实施清洁生产。对符合《排污费征收使用管理条例》规定的清洁生产项目，各级财政部门、环境保护部门在排污费使用上优先给予安排。

第三十一条 企业开展清洁生产审核和培训的费用，允许列入企业经营成本或者相关费用科目。

第三十二条 企业可以根据实际情况建立企业内部清洁生产表彰奖励制度，对清洁生产审核工作中成效显著的人员给予奖励。

第三十三条 对本办法第八条规定实施强制性清洁生产审核的企业，违反本办法第十一条规定的，按照《中华人民共和国清洁生产促进法》第三十六条规定处罚。

第三十四条 违反本办法第八条、第十七条规定，不实施强制性清洁生产审核或在审核中弄虚作假的，或者实施强制性清洁生产审核的企业不报告或者不如实报告审核结果的，按照《中华人民共和国清洁生产促进法》第三十九条规定处罚。

第三十五条 企业委托的咨询服务机构不按照规定内容、程序进行清洁生产审核，弄虚作假、提供虚假审核报告的，由省、自治区、直辖市、计划单列市及新疆生产建设兵团清洁生产综合协调部门会同环境保护主管部门或节能主管部门责令其改正,并公布其名单。造成严重后果的,追究其法律责任。

第三十六条 对违反本办法相关规定受到处罚的企业或咨询服务机构,由省级清洁生产综合协调部门和环境保护主管部门、节能主管部门建立信用记录,归集至全国信用信息共享平台,会同其他有关部门和单位实行联合惩戒。

第三十七条 有关部门的工作人员玩忽职守,泄露企业技术和商业秘密,造成企业经济损失的,按照国家相应法律法规予以处罚。

第六章 附 则

第三十八条 本办法由国家发展和改革委员会和环境保护部负责解释。

第三十九条 各省、自治区、直辖市、计划单列市及新疆生产建设兵团可以依照本办法制定实施细则。

第四十条 本办法自 2016 年 7 月 1 日起施行。原《清洁生产审核暂行办法》(国家发展和改革委员会、国家环境保护总局令第 16 号)同时废止。

环境保护部关于进一步加强重点企业清洁生产审核工作的通知

(2008 年 7 月 1 日 环发〔2008〕60 号)

各省、自治区、直辖市环境保护局(厅),新疆生产建设兵团环境保护局:

当前,全国污染减排任务十分艰巨。国务院颁布的《节能减排综合性工作方案》对推行清洁生产工作提出明确要求,原国家环保总局印发的《"十一五"主要污染物总量减排核查办法(试行)》和《主要污染物总量减排核查细则(试行)》,明确规定了通过清洁生产核算化学需氧量(COD)、二氧化硫(SO_2)总量减排量的办法。为进一步发挥清洁生产在污染减排工作中的重要作用,加强重点企业的清洁生产审核工作,现通知如下:

一、明确环保部门在重点企业清洁生产审核工作中的职责和作用

清洁生产审核是实施清洁生产的前提和基础,督促重点企业实施强制性清洁生产审核,有效促进污染减排目标的实现,是环保部门的职责和任务。各级环保部门要依照《清洁生产促进法》的规定,监督污染物排放超过国家和地方规定的排放标准或者超过经有关地方人民政府核定的污染物排放总量控制指标的企业(通称"双超"企业),以及使用有毒、有害原料进行生产或者在生产中排放有毒、有害物质的企业(通称"双有"企业,需重点审核的有毒有害物质名录见附件一及原国家环保总局环发〔2005〕151 号文),实施强制性清洁生产审核。

各省(自治区、直辖市)及新疆生产建设兵团环境保护局(厅)要按照原国家环保总局《关于印发重点企业清洁生产审核程序的规定的通知》(环发〔2005〕151 号)要求公布重点企业名单,督促企业按期实施清洁生产审核,组织对重点企业清洁生产审核评估、验收,促进污染减排目标的完成。各地公布的重点企业名单和数量,要充分满足当地主要污染物减排计划和指标的要求。地方环保部门应将重点企业清洁生产审核工作纳入当地政府年度考核体系,积极推进重点企业清洁生产审核工作的开展。

"十一五"期间,地方各级环保部门要围绕火电、钢铁、有色、电镀、造纸、建材、石化、化工、制药、食品、酿造、印染等重污染行业和"三河三湖"等重点流域,加快推进强制性清洁生产审核。各地也可以根据污染减排工作的需要,将国家、省级环保部门确定的污染减排重点污染源企业纳入强制性清洁生产审核的范围。

二、抓好重点企业清洁生产审核、评估和验收

我部监督和管理全国重点企业强制性清洁生产审核、评估和验收工作,将逐步建立重点企业清洁生产审核公报制度。

各省(自治区、直辖市)及新疆生产建设兵团环境保护局(厅)要按照《重点企业清洁生产审核评估、验收实施指南》(见附件二)的要求,开展重点企业强制性清洁生产审核评估与验收工作,并以此作为核算清洁生产形成的COD、SO_2减排量各项参数的依据。

各省(自治区、直辖市)及新疆生产建设兵团环境保护局(厅)应于每年3月31日之前将本辖区内重点企业清洁生产审核、评估与验收工作的情况报送我部。

三、加强清洁生产审核与现有环境管理制度的结合

各级环保部门要加强清洁生产审核与现有环境管理制度的结合。新、改、扩建项目进行环境影响评价时要考虑清洁生产的相关要求;限期治理企业应同时进行强制性清洁生产审核,并通过评估、验收;通过清洁生产审核评估、验收的企业,其清洁生产审核结果应作为核准排污许可证载明的排污量的依据。未能按期完成减排任务的企业,要实行强制性清洁生产审核,确保完成减排任务。

四、规范管理清洁生产审核咨询机构,提高审核质量

各省(自治区、直辖市)及新疆生产建设兵团环境保护局(厅)要加强对清洁生产审核咨询机构及人员的管理。清洁生产审核咨询机构应按照机构申请、专家评审、省级环保部门推荐、对外公示的程序确定。

对清洁生产审核咨询机构进行定期评审,表彰优秀的清洁生产审核咨询机构。评审内容可包括咨询机构履行合同情况,在清洁生产审核各阶段所起的作用,根据物料、水平衡和能量平衡发现企业清洁生产潜力,独立提出清洁生产方案的能力及清洁生产审核绩效评估。发现咨询机构不按规定内容、程序进行清洁生产审核,弄虚作假,或者技术服务能力达不到要求的,在两年内不得开展企业清洁生产审核咨询服务,并在当地主要媒体上公告。

五、重点企业清洁生产审核的奖惩措施

企业通过清洁生产审核评估,其清洁生产审核费用、实施清洁生产方案费用优先享受地方各级政府固定资产投资、技改资金、清洁生产专项资金、污染减排专项资金和环保专项资金的支持。

对公布应开展强制性清洁生产审核的企业,拒不开展清洁生产审核、不申请评估、验收或评估、验收"不通过"的,视情况由省级环保部门在地方主要媒体公开曝光,要求其重新进行清洁生产审核、评估和验收,并依法进行处罚。

我部将组织对全国重点企业清洁生产审核工作的督导和抽查。对未按要求公布重点企业名单,不能及时组织实施重点企业清洁生产审核及评估、验收工作,不能按时上报本辖区重点企业清洁生产工作总结以及下一年度重点企业清洁生产审核工作计划的地方环保部门,将予以通报。

附件:1.需重点审核的有毒有害物质名录(第二批)
　　　2.重点企业清洁生产审核评估、验收实施指南(试行)

附件一:

需重点审核的有毒有害物质名录(第二批)

序号	物质名称	物质来源
1	精(蒸)馏残渣	炼焦制造、基础化学原料制造—有机化工及其他非特定来源
2	感光材料废物	印刷、专用化学产品制造、电子元件制造
3	含金属羰基化合物	在金属羰基化合物生产以及使用过程中产生的含有羰基化合物成分的废物、精细化工产品生产—金属有机化合物的合成
4	有机磷化合物废物	有机化工行业
5	含醚废物	有机生产、配制过程中产生的醚类残液、反应残余物、废水处理污泥及过滤渣
6	废矿物油	天然原油和天然气开采、精炼石油产品的制造、船舶及浮动装置制造及其他非特定来源
7	废乳化液	从工业生产、金属切削、机械加工、设备清洗、皮革、纺织印染、农药乳化等过程产生的混合物
8	废酸	无机化工、钢的精加工过程中产生的废酸性洗液、金属表面处理及热处理加工、电子元件制造
9	废碱	毛皮鞣制及制品加工、纸浆制造及其他非特定来源
10	废催化剂	石油炼制、化工生产、制药过程
11	石棉废物	石棉采选、水泥及石膏制品制造、耐火材料制品制造、船舶及浮动装置制造
12	含有机卤化物废物	有机化工、无机化工
13	农药废物	杀虫、杀菌、除草、灭鼠和植物生物调节剂的生产
14	多溴二苯醚(PBDE)	电子信息产品制造业及其他非特定来源多溴联苯(PBB)废物

附件二：

重点企业清洁生产审核评估、验收实施指南
（试行）

一、总 则

第一条 为了指导重点企业有效开展清洁生产,规范清洁生产审核行为,确保取得清洁生产实效,根据《中华人民共和国清洁生产促进法》《清洁生产审核暂行办法》《重点企业清洁生产审核程序的规定》制定本指南。

第二条 本指南所称清洁生产审核评估是指按照一定程序对企业清洁生产审核过程的规范性、审核报告的真实性,以及清洁生产方案的科学性、合理性、有效性等进行评估。

本指南所称清洁生产审核验收是指企业通过清洁生产审核评估后,对清洁生产中/高费方案实施情况和效果进行验证,并做出结论性意见。

第三条 本指南适用于《清洁生产促进法》中规定的"污染物排放超过国家和地方规定的排放标准或者超过经有关地方人民政府核定的污染物排放总量控制指标的企业;使用有毒、有害原料进行生产或者在生产中排放有毒、有害物质的企业",也适用于国家和省级环保部门根据污染减排工作需要确定的重点企业。

第四条 环境保护部负责监督管理全国重点企业清洁生产审核评估与验收工作。各省（自治区、直辖市）及新疆生产建设兵团环保部门组织专家或委托相关机构,开展辖区内重点企业清洁生产审核评估与验收工作。环境保护部组织有关技术支持单位和专家对各省（自治区、直辖市）及新疆生产建设兵团环保部门开展的辖区内重点企业清洁生产审核评估与验收工作进行指导、督查,对各省清洁生产审核评估机构的评估、验收能力进行考核。

二、重点企业清洁生产审核评估

第五条 申请清洁生产审核评估的企业必须具备以下条件:
1. 完成清洁生产审核过程,编制了《清洁生产审核报告》。
2. 基本完成清洁生产无/低费方案。
3. 技术装备符合国家产业结构调整和行业政策要求。
4. 清洁生产审核期间,未发生重大及特别重大污染事故。

第六条 申请清洁生产审核评估的企业需提交的材料:
1. 企业申请清洁生产审核评估的报告。
2.《清洁生产审核报告》。
3. 有相应资质的环境监测站出具的清洁生产审核后的环境监测报告。
4. 协助企业开展清洁生产审核工作的咨询服务机构资质证明及参加审核人员的技术资质证明材料复印件。

第七条 申请评估企业向当地环保部门提出评估申请（企业需在上交清洁生产审核报告后一个月内提交评估申请）;当地环保部门对申请企业的条件、提交的材料进行初审,初审合格后,将材料逐级上报。省级环保部门组织专家或委托相关机构对初审合格的企业进行材料审查、现场评估,并形成书面意见,定期在当地主要媒体上公布通过清洁生产审核评估的企业名单。

第八条 重点企业清洁生产审核评估过程

1. 阅审企业清洁生产审核报告等有关文字资料。
2. 召开评估会议,企业主管领导介绍企业基本情况、清洁生产审核初步成果、无/低费方案实施情况、中/高费方案实施情况及计划等;企业清洁生产审核主要人员介绍清洁生产审核过程、清洁生产审核报告书主要内容等。
3. 资料查询及现场考察,主要内容为无/低费和已实施中/高费方案实施情况,现场问询,查看工艺流程、企业资源能源消耗、污染物排放记录、环境监测报告、清洁生产培训记录等。
4. 专家质询,针对清洁生产审核报告及现场考察过程中发现的问题进行质询。
5. 根据现场考察结果以及报告书质量,对企业清洁生产审核工作进行评定,并形成评估意见。

第九条 重点企业清洁生产审核评估标准和内容:

1. 领导重视、机构健全、全员参与,进行了系统的清洁生产培训。
2. 根据源头削减、全过程控制原则进行了规范、完整的清洁生产审核,审核过程规范、真实、有效,方法合理。
3. 审核重点的选择反映了企业的主要问题,不存在审核重点设置错误,清洁生产目标的制定科学、合理,具有时限性、前瞻性。
4. 提交了完整、详实、质量合格的清洁生产审核报告,审核报告如实反映了企业的基本情况,对企业能源资源消耗,产排污现状,各主要产品生产工艺和设备运行状况,以及末端治理和环境管理现状进行了全面的分析,不存在物料平衡、水平衡、能源平衡、污染因子平衡和数据等方面的错误。
5. 企业在清洁生产审核过程中按照边审核、边实施、边见效的要求,及时落实了清洁生产无/低费方案。
6. 清洁生产中/高费方案科学、合理、有效,通过实施清洁生产中/高费方案,预期效果能使企业在规定的期限内达到国家或地方的污染物排放标准、核定的主要污染物总量控制指标、污染物减排指标;对于已经发布清洁生产标准的行业,企业能够达到相关行业清洁生产标准的三级或三级以上指标的要求。
7. 企业按国家规定淘汰明令禁止的生产技术、工艺、设备以及产品。

第十条 评估结果分为"通过"和"不通过"两种。对满足第九条全部要求的企业,其评估结果为"通过"。有下列情况之一的,评估不通过:

1. 不满足第九条要求中的任何一条。
2. 清洁生产审核报告质量上存在重大问题,主要指:
(1)审核重点设置错误或清洁生产目标设置不合理。
(2)没有对本次审核范围做全面的清洁生产潜力分析。
(3)数据存在重大错误,包括相关数据与环境统计数据偏差较大情况。
3. 企业没有按国家规定淘汰明令禁止的生产技术、工艺、设备以及产品。
4. 在清洁生产审核过程中弄虚作假。

三、重点企业清洁生产审核验收

第十一条 申请清洁生产审核验收的企业必须具备以下条件:

1. 通过清洁生产审核评估后按照评估意见所规定的验收时间,综合考虑当地政府、环保部门时限要求提出验收申请(一般不超过两年)。

2. 通过清洁生产审核评估之后,继续实施清洁生产中/高费方案,建设项目竣工环保验收合格3个月后,稳定达到国家或地方的污染物排放标准、核定的主要污染物总量控制指标、污染物减排指标。

第十二条 申请验收企业需填报《清洁生产审核验收申请表》(附表),连同清洁生产审核报告、环境监测报告、清洁生产审核评估意见、清洁生产审核验收工作报告报送各省(自治区、直辖市)及新疆生产建设兵团环保部门,各省(自治区、直辖市)及新疆生产建设兵团环保部门组织验收。

第十三条 重点企业清洁生产审核验收过程:

1. 审阅第十二条所列有关文件资料;
2. 资料查询及现场考察,查验、对比企业相关历史统计报表(企业台账、物料使用、能源消耗等基本生产信息)等,对清洁生产方案的实施效果进行评估并验证,提出最终验收意见。

第十四条 重点企业清洁生产审核验收标准和内容:

1. 清洁生产审核验收工作报告如实反映了企业清洁生产审核评估之后的清洁生产工作。企业持续实施了清洁生产无/低费方案,并认真、及时地组织实施了清洁生产中/高费方案,达到了"节能、降耗、减污、增效"的目的。
2. 根据源头削减、全过程控制原则实施了清洁生产方案,并对各清洁生产方案的经济和环境绩效进行了详实统计和测算,其结果证明企业通过清洁生产审核达到了预期的清洁生产目标。
3. 有资质的环境监测站出具的监测报告证明自清洁生产中/高费方案实施后,企业稳定达到国家或地方的污染物排放标准、核定的主要污染物总量控制指标、污染物减排指标。对于已经发布清洁生产标准的行业,企业达到相关行业清洁生产标准的三级或三级以上指标的要求。
4. 企业生产现场不存在明显的跑、冒、滴、漏等现象。
5. 报告中体现的已实施的清洁生产方案纳入了企业正常的生产过程。

第十五条 验收结果分为"通过"和"不通过"两种。对满足第十四条全部要求的企业,其验收结果为"通过"。有下列情况之一的,验收不通过:

1. 不满足第十四条中的任何一条。
2. 企业在方案实施过程中弄虚作假,虚报环境和经济效益的,包括相关数据与环境统计数据偏差较大情况。

四、重点企业清洁生产审核评估与验收费用

第十六条 各省(自治区、直辖市)及新疆生产建设兵团环保部门安排不低于10%的环保专项资金用于重点企业的清洁生产审核评估、验收,积极争取各级发展和改革部门、财政部门和经济贸易部门对重点企业清洁生产审核评估与验收费用的支持。

五、清洁生产审核评估、验收的监督和管理

第十七条 环境保护部负责对全国的重点企业清洁生产审核工作进行监督和管理,定期对全国重点企业清洁生产审核评估、验收工作情况及评估、验收的相关机构进行抽查,并通过主要媒体向社会公告监督、抽查情况。

第十八条 各省(自治区、直辖市)及新疆生产建设兵团环保部门每年按要求将本辖区开展

清洁生产审核评估、验收工作情况报送环境保护部。

第十九条 承担清洁生产审核的相关机构和专家要执行回避制度,不得对其曾经提供过清洁生产审核的企业进行评估、验收。

第二十条 公布开展强制性清洁生产审核的企业,拒不开展清洁生产审核、不申请评估、验收或评估、验收"不通过"的,视情况由各省(自治区、直辖市)及新疆生产建设兵团环保部门在地方主要媒体公开曝光,要求其重新进行清洁生产审核、评估和验收,依法进行处罚。

六、附则

第二十一条 本指南引用的有关规定,如有修改,按修改的执行。

第二十二条 本办法由环境保护部负责解释,自发布之日起施行。

国家环境保护总局关于印发重点企业清洁生产审核程序的规定的通知

(2005年12月13日 环发〔2005〕151号)

各省、自治区、直辖市、计划单列市环境保护局(厅):

为规范有序地开展全国重点企业清洁生产审核工作,根据《中华人民共和国清洁生产促进法》、《清洁生产审核暂行办法》(国家发展和改革委员会、国家环境保护总局令第16号)的规定,我局制定了《重点企业清洁生产审核程序的规定》。现印发给你们,请遵照执行。

附件:1. 重点企业清洁生产审核程序的规定
2. 需重点审核的有毒有害物质名录(第一批)

附件一:

重点企业清洁生产审核程序的规定

第一条 为规范清洁生产审核工作,根据《中华人民共和国清洁生产促进法》和《清洁生产审核暂行办法》(国家发展和改革委员会、国家环保总局令第16号令)的规定制定本规定。

第二条 本规定所称重点企业是指《中华人民共和国清洁生产促进法》第28条第二、第三款规定应当实施清洁生产审核的企业,包括:

(一)污染物超标排放或者污染物排放总量超过规定限额的污染严重企业(以下简称"第一类重点企业")。

(二)生产中使用或排放有毒有害物质的企业[有毒有害物质是指被列入《危险货物品名表》(GB 12268)、《危险化学品名录》、《国家危险废物名录》和《剧毒化学品目录》中的剧毒、强腐蚀性、强刺激性、放射性(不包括核电设施和军工核设施)、致癌、致畸等物质,以下简称"第二类重点企业"]。

第三条 国家环保总局将根据各地环境污染状况以及开展清洁生产审核工作的实际情况，在分析企业有毒有害物质使用或排放情况，以及可能造成环境影响严重程度的基础上，分期分批公布《需重点审核的有毒有害物质名录》（以下简称《名录》）。

第四条 第一类重点企业名单的确定及公布程序：

（一）按照管理权限，由企业所在地县级以上环境保护行政主管部门根据日常监督检查的情况，提出本辖区内应当实施清洁生产审核企业的初选名单，附环境监测机构出具的监测报告或有毒有害原辅料进货凭证、分析报告，将初选名单及企业基本情况报送设区的市级环境保护行政主管部门；

（二）设区的市级环境保护行政主管部门对初选企业情况进行核实后，报上一级环境保护行政主管部门；

（三）各省、自治区、直辖市、计划单列市环境保护行政主管部门按照《清洁生产促进法》的规定，对企业名单确定后，在当地主要媒体公布应当实施清洁生产审核企业的名单。公布的内容应包括：企业名称、企业注册地址（生产车间不在注册地的要公布其所在地地址）、类型（第一类重点企业或第二类重点企业）。企业所在地环境保护行政主管部门在名单公布后，依据管理权限书面通知企业。

第二类重点企业名单的确定及公布程序，由各级环境保护行政主管部门会同同级相关行政主管部门参照上述规定执行。

第五条 列入公布名单的第一类重点企业，应在名单公布后一个月内，在当地主要媒体公布其主要污染物的排放情况，接受公众监督。公布的内容应包括：企业名称、规模；法人代表、企业注册地址和生产地址；主要原辅材料（包括燃料）消耗情况；主要产品名称、产量；主要污染物名称、排放方式、去向、污染物浓度和排放总量、应执行的排放标准、规定的总量限额以及排污费缴纳情况等。

第六条 重点企业的清洁生产审核工作可以由企业自行组织开展，或委托相应的中介机构完成。

自行组织开展清洁生产审核的企业应在名单公布后45个工作日之内，将审核计划、审核组织、人员的基本情况报当地环境保护行政主管部门。

委托中介机构进行清洁生产审核的企业应在名单公布后45个工作日之内，将审核机构的基本情况及能证明清洁生产审核技术服务合同签订时间和履行合同期限的材料报当地环境保护行政主管部门。

上述企业应在名单公布后两个月内开始清洁生产审核工作，并在名单公布后一年内完成。第二类重点企业每隔五年至少应实施一次审核。

对未按上述规定执行清洁生产审核的重点企业，由其所在地的省、自治区、直辖市、计划单列市环境保护行政主管部门责令其开展强制性清洁生产审核，并按期提交清洁生产审核报告。

第七条 自行组织开展清洁生产审核的企业应具有5名以上经国家培训合格的清洁生产审核人员并有相应的工作经验，其中至少有1名人员具备高级职称并有5年以上企业清洁生产审核经历。

第八条 为企业提供清洁生产审核服务的中介机构应符合下述基本条件：

（一）具有法人资格，具有健全的内部管理规章制度。具备为企业清洁生产审核提供公平、公正、高效率服务的质量保证体系；

（二）具有固定的工作场所和相应工作条件,具备文件和图表的数字化处理能力,具有档案管理系统；

（三）有2名以上高级职称、5名以上中级职称并经国家培训合格的清洁生产审核人员；

（四）应当熟悉相应法律、法规及技术规范、标准,熟悉相关行业生产工艺、污染防治技术,有能力分析、审核企业提供的技术报告、监测数据,能够独立完成工艺流程的技术分析、进行物料平衡、能量平衡计算,能够独立开展相关行业清洁生产审核工作和编写审核报告；

（五）无触犯法律、造成严重后果的记录；未处于因提供低质量或者虚假审核报告等被责令整顿期间。

第九条 企业完成清洁生产审核后,应将审核结果报告所在地的县级以上地方人民政府环境保护行政主管部门,同时抄报省、自治区、直辖市、计划单列市环境保护行政主管部门及同级发展改革（经济贸易）行政主管部门。

各省、自治区、直辖市、计划单列市环境保护行政主管部门应组织或委托有关单位,对重点企业的清洁生产审核结果进行评审验收。

国家环保总局组织或委托有关单位,对环境影响超越省级行政界区企业的清洁生产审核结果进行抽查。

第十条 各级环境保护行政主管部门应当积极指导和督促企业完成清洁生产实施方案。每年12月31日之前,各省、自治区、直辖市、计划单列市环境保护行政主管部门应将本行政区域内清洁生产审核情况以及下年度的重点地区、重点企业清洁生产审核计划报送国家环保总局,并抄报国家发展和改革委员会。

国家环保总局会同相关行政主管部门定期对重点企业清洁生产审核的实施情况进行监督和检查。

第十一条 对在清洁生产审核工作中取得成绩的企业、部门、机构和个人,按照有关规定,可享受相关鼓励政策或给予一定的奖励。

第十二条 有关其他奖惩等本规定未明确事宜,按照《清洁生产审核暂行办法》执行。新疆生产建设兵团环保局可以参照本规定执行。本规定由国家环保总局负责解释,自发布之日起实施。

附件二：

需重点审核的有毒有害物质名录（第一批）

序号	物质类别	物质来源
1	医药废物	医用药品的生产制作。
2	染料、涂料废物	油墨、染料、颜料、油漆、真漆、罩光漆的生产配制和使用。
3	有机树脂类废物	树脂、胶乳、增塑剂、胶水/胶合剂的生产、配制和使用。
4	表面处理废物	金属和塑料表面处理。
5	含铍废物	稀有金属冶炼及铍化合物生产。

(续表)

序号	物质类别	物质来源
6	含铬废物	化工(铬化合物)生产;皮革加工(鞣革);金属、塑料电镀;酸性媒介染料染色;颜料生产与使用;金属铬冶炼(修合金);表面钝化(电解锰等)。
7	含铜废物	有色金属采选和冶炼;金属、塑料电镀;铜化合物生产
8	含锌废物	有色金属采选及冶炼;金属、塑料电镀;颜料、油漆、橡胶加工;锌化合物生产;含锌电池制造业。
9	含砷废物	有色金属采选及冶炼;砷及其化合物的生产;石油化工;农药生产;染料和制革业。
10	含硒废物	有色金属冶炼及电解;硒化合物生产;颜料、橡胶、玻璃生产。
11	含镉废物	有色金属采选及冶炼;镉化合物生产;电池制造;电镀。
12	含锑废物	有色金属冶炼;锑化合物生产和使用。
13	含碲废物	有色金属冶炼及电解;硫化合物生产和使用。
14	含汞废物	化学工业含汞催化剂制造与使用;含汞电池制造;汞冶炼及汞回收;有机汞和无机汞化合物生产;农药及制药;荧光屏及汞灯制造及使用;含汞玻璃计器制造及使用;汞法烧碱生产。
15	含铊废物	有色金属冶炼及农药生产;铊化合物生产及使用。
16	含铅废物	铅冶炼及电解;铅(酸)蓄电池生产;铅铸造及制品生产;铅化合物制造和使用。
17	无机氰化物废物	金属制品业;电镀业和电子零件制造业;金矿开采与筛选;首饰加工的化学抛光工艺;其他生产过程。
18	有机氰化物废物	合成、缩合等反应;催化、精馏、过滤过程。
19	含酚废物	石油、化工、煤气生产。
20	废卤化有机溶剂	塑料橡胶制品制造;电子零件清洗;化工产品制造;印染涂料调配。
21	废有机溶剂	塑料橡胶制品制造;电子零件清洗;化工产品制造;印染染料调配。
22	含镍废物	镍化合物生产;电镀工艺。
23	含钡废物	钡化合物生产;热处理工艺。
24	无机氟化物废物	电解铝生产;其他金属冶炼。

国务院办公厅关于推行环境污染第三方治理的意见

(2014 年 12 月 27 日　国办发〔2014〕69 号)

各省、自治区、直辖市人民政府,国务院各部委、各直属机构:

环境污染第三方治理(以下简称第三方治理)是排污者通过缴纳或按合同约定支付费用,委托环境服务公司进行污染治理的新模式。第三方治理是推进环保设施建设和运营专业化、产业化的重要途径,是促进环境服务业发展的有效措施。近年来,各地区、有关部门在第三方治理方面进行了积极探索,取得初步成效,但还存在体制机制不健全,法律、政策有待完善等问题。为推行第三方治理,经国务院同意,现提出以下意见:

一、总体要求

(一)指导思想。全面贯彻落实党的十八大和十八届二中、三中、四中全会精神,坚持社会主义市场经济改革方向,按照党中央、国务院的决策部署,以环境公用设施、工业园区等领域为重点,以市场化、专业化、产业化为导向,营造有利的市场和政策环境,改进政府管理和服务,健全统一规范、竞争有序、监管有力的第三方治理市场,吸引和扩大社会资本投入,推动建立排污者付费、第三方治理的治污新机制,不断提升我国污染治理水平。

(二)基本原则。

1. 坚持排污者付费。根据污染物种类、数量和浓度,排污者承担治理费用,受委托的第三方治理企业按照合同约定进行专业化治理。

2. 坚持市场化运作。充分发挥市场配置资源的决定性作用,尊重企业主体地位,营造良好的市场环境,积极培育可持续的商业模式,避免违背企业意愿的"拉郎配"。

3. 坚持政府引导推动。更好地发挥政府作用,创新投资运营机制,加强政策扶持和激励,强化市场监管和环保执法,为社会资本进入创造平等机会。

(三)主要目标。到 2020 年,环境公用设施、工业园区等重点领域第三方治理取得显著进展,污染治理效率和专业化水平明显提高,社会资本进入污染治理市场的活力进一步激发。环境公用设施投资运营体制改革基本完成,高效、优质、可持续的环境公共服务市场化供给体系基本形成;第三方治理业态和模式趋于成熟,涌现一批技术能力强、运营管理水平高、综合信用好、具有国际竞争力的环境服务公司。

二、推进环境公用设施投资运营市场化

(四)改革投资运营模式。推动环境公用设施管理向独立核算、自主经营的企业化模式转变,实行投资、建设、运营和监管分开,形成权责明确、制约有效、管理专业的市场化运行机制。对可经营性好的城市污水、垃圾处理设施,采取特许经营、委托运营等方式引入社会资本,通过资产租赁、转让产权、资产证券化等方式盘活存量资产。鼓励打破以项目为单位的分散运营模式,采取打捆方式引入第三方进行整体式设计、模块化建设、一体化运营。对以政府为责任主体的城镇污

染场地治理和区域性环境整治等,采用环境绩效合同服务等方式引入第三方治理。鼓励地方政府引入环境服务公司开展综合环境服务。

（五）推进审批便利化。对政府和社会资本合作开展的第三方治理项目,要认真编制实施方案,从项目可行性、财政负担能力、公众意愿和接受程度等方面进行科学评估和充分论证,相关部门要依法依规加快规划选址、土地利用、节能、环评等前期建设条件的审查。各地区要改进审批方式,提高审批效率。有条件的地区要建立联合审查制度,在政府统一的政务审批平台上实行并联审批。

（六）合理确定收益。对特许经营、委托运营类项目,要参考本行业平均利润、银行存贷款利率等因素,科学确定投资收益水平,并逐步向约定公共服务质量下的风险收益转变,政府不得承诺不合理的高额固定收益回报。对环境绩效合同服务类项目,要建立公平、合理的绩效考核和评价机制,公共财政支付水平与治理绩效挂钩。完善价格调整机制,明确约定中标价的调整周期、调整因素和启动条件等。

（七）保障公共环境权益。统筹好公益性和经营性关系,对项目经营者处置相关的特许经营权、土地使用权、设施和企业股权等资产及其权益作出限制性约定,不得随意转让。建立退出机制,制定临时接管预案,在项目经营者发生危害公共利益和公共安全情形时,及时启动临时接管预案。

三、创新企业第三方治理机制

（八）明确相关方责任。排污企业承担污染治理的主体责任,第三方治理企业按照有关法律法规和标准以及排污企业的委托要求,承担约定的污染治理责任。抓紧出台第三方治理的规章制度,对相关方的责任边界、处罚对象、处罚措施等作出规定。

（九）规范合作关系。研究制定第三方治理管理办法,发布标准合同范本,保障相关方合法权益。排污企业和第三方治理企业应按照有关法律法规和市场规则,签订委托治理合同,约定治理标准、内容、费用;通过履约保证金(保函)、担保、调解、仲裁等方式,建立健全履约保障和监督机制。

（十）培育企业污染治理新模式。在工业园区等工业集聚区,引入环境服务公司,对园区企业污染进行集中式、专业化治理,开展环境诊断、生态设计、清洁生产审核和技术改造等;组织实施园区循环化改造,合理构建企业间产业链,提高资源利用效率,降低污染治理综合成本。在电力、钢铁等行业和中小企业,鼓励推行环境绩效合同服务等方式引入第三方治理。

（十一）探索实施限期第三方治理。选择若干有条件地区的高污染、高环境风险行业,对因污染物超过排放标准或总量控制要求,被环境保护主管部门责令限制生产、停产整治且拒不自行治理污染的企业,列出企业清单向社会公布,督促相关企业在规定期限内委托环境服务公司进行污染治理。

四、健全第三方治理市场

（十二）扩大市场规模。各级政府要增加环境基本公共服务有效供给,加大环保投入,大力推动环保产业发展;严格执行环保法律法规和标准,强化环保执法,增强排污企业委托第三方治理的内生动力。鼓励政府投融资平台和社会资本建立混合所有制企业,参与第三方治理。第三方治理取得的污染物减排量,计入排污企业的排污权账户,由排污企业作为排污权的交易和收益主体。

（十三）加快创新发展。支持第三方治理企业加强科技创新、服务创新、商业模式创新,通过兼并、联合、重组等方式,实行规模化、品牌化、网络化经营。以国家级环保产业园区、骨干环境服务公司等为载体,建设一批产学研用紧密结合的环保技术创新和成果转化平台。

（十四）发挥行业组织作用。相关行业组织要积极借鉴国内外先进经验和做法,加强对第三方治理的跟踪研究;开展业务培训和案例分析,及时总结推广成功的商业模式;组织开展技术咨询、绩效评估等。建立健全行业自律机制,提高行业整体素质。

（十五）规范市场秩序。对环境公用设施,一律采用公开招标或竞争性谈判方式确定特许经营方或委托运营方。实施综合评标制度,将服务能力与质量、运营方案、业绩信用等列为招投标条件,不得设定地域歧视性条件,避免低价低质中标。推动建立企业诚信档案和信用累积制度,第三方治理企业要如实向社会公开污染治理设施建设、运行和污染排放情况。

（十六）完善监管体系。健全政府、投资者、公众等共同参与的监督机制,实行准入、运营、退出全过程监管,探索综合监管模式。探索实施黑名单制度,将技术服务能力弱、运营管理水平低、综合信用差的环境服务公司列入黑名单,定期向社会公布。依法公开第三方治理项目环境监管信息。

五、强化政策引导和支持

（十七）完善价格和收费政策。加大差别电价、水价实施力度。提高排污费征收标准,实行差别化排污收费。完善污水、垃圾处理收费政策,适当提高收费标准,逐步覆盖全处理成本。严格落实垃圾发电价格政策。建立健全鼓励使用再生水、促进垃圾资源化的价格机制。全面落实燃煤发电机组脱硫、脱硝、除尘等环保电价政策。

（十八）加大财税支持力度。对符合条件的第三方治理项目给予中央资金支持,有条件的地区也要对第三方治理项目投资和运营给予补贴或奖励。积极探索以市场化的基金运作等方式引导社会资本投入,健全多元化投入机制。研究明确第三方治理税收优惠政策。

（十九）创新金融服务模式。鼓励银行业金融机构创新金融产品和服务,开展节能环保信贷资产证券化,研究推进能效贷款、绿色金融租赁、碳金融产品、节能减排收益权和排污权质押融资;对国家鼓励发展的第三方治理重大项目,在贷款额度、贷款利率、还贷条件等方面给予优惠。加快推行绿色银行评级制度。鼓励保险公司开发相关环境保险产品,引导高污染、高环境风险企业投保。

（二十）发展环保资本市场。对符合条件的第三方治理企业,上市融资、发行企业债券实行优先审批;支持发行中小企业集合债券、公司债、中期票据等债务融资工具;支持适度发展融资租赁业务,引入低成本外资。选择综合信用好的环境服务公司,开展非公开发行企业债券试点。探索发展债券信用保险。

六、加强组织实施

（二十一）强化组织协调。发展改革委、财政部要加强统筹协调,制定推进第三方治理的投融资、财税等政策。环境保护部要健全环保标准和政策,强化执法监督。住房城乡建设部要深化城镇环境公共基础设施领域改革,加强建设和运营管理。人民银行、银监会、证监会、保监会要会同有关部门研究支持环境服务业发展的金融政策。各省(区、市)政府要加强组织领导,健全工作机制,结合本地区实际,制定推行第三方治理的实施细则。

(二十二)总结推广经验。选择有条件的地区和行业,就第三方治理制度和模式进行改革示范。发展改革委、财政部要会同环境保护部、住房城乡建设部等部门,密切跟踪改革进展情况,协调解决工作中的困难和问题,及时总结推广各地成熟的经验和做法,重大情况向国务院报告。

危险废物经营许可证管理办法(2016年修订)

(2004年5月30日中华人民共和国国务院令第408号发布 根据2013年12月7日中华人民共和国国务院令第645号《国务院关于修改部分行政法规的决定》第一次修订 根据2016年2月6日中华人民共和国国务院令第666号《国务院关于修改部分行政法规的决定》第二次修订)

第一章 总 则

第一条 为了加强对危险废物收集、贮存和处置经营活动的监督管理,防治危险废物污染环境,根据《中华人民共和国固体废物污染环境防治法》,制定本办法。

第二条 在中华人民共和国境内从事危险废物收集、贮存、处置经营活动的单位,应当依照本办法的规定,领取危险废物经营许可证。

第三条 危险废物经营许可证按照经营方式,分为危险废物收集、贮存、处置综合经营许可证和危险废物收集经营许可证。

领取危险废物综合经营许可证的单位,可以从事各类别危险废物的收集、贮存、处置经营活动;领取危险废物收集经营许可证的单位,只能从事机动车维修活动中产生的废矿物油和居民日常生活中产生的废镉镍电池的危险废物收集经营活动。

第四条 县级以上人民政府环境保护主管部门依照本办法的规定,负责危险废物经营许可证的审批颁发与监督管理工作。

第二章 申请领取危险废物经营许可证的条件

第五条 申请领取危险废物收集、贮存、处置综合经营许可证,应当具备下列条件:

(一)有3名以上环境工程专业或者相关专业中级以上职称,并有3年以上固体废物污染治理经历的技术人员;

(二)有符合国务院交通主管部门有关危险货物运输安全要求的运输工具;

(三)有符合国家或者地方环境保护标准和安全要求的包装工具、中转和临时存放设施、设备以及经验收合格的贮存设施、设备;

(四)有符合国家或者省、自治区、直辖市危险废物处置设施建设规划,符合国家或者地方环境保护标准和安全要求的处置设施、设备和配套的污染防治设施;其中,医疗废物集中处置设施,还应当符合国家有关医疗废物处置的卫生标准和要求;

（五）有与所经营的危险废物类别相适应的处置技术和工艺；

（六）有保证危险废物经营安全的规章制度、污染防治措施和事故应急救援措施；

（七）以填埋方式处置危险废物的，应当依法取得填埋场所的土地使用权。

第六条 申请领取危险废物收集经营许可证，应当具备下列条件：

（一）有防雨、防渗的运输工具；

（二）有符合国家或者地方环境保护标准和安全要求的包装工具，中转和临时存放设施、设备；

（三）有保证危险废物经营安全的规章制度、污染防治措施和事故应急救援措施。

第三章 申请领取危险废物经营许可证的程序

第七条 国家对危险废物经营许可证实行分级审批颁发。

医疗废物集中处置单位的危险废物经营许可证，由医疗废物集中处置设施所在地设区的市级人民政府环境保护主管部门审批颁发。

危险废物收集经营许可证，由县级人民政府环境保护主管部门审批颁发。

本条第二款、第三款规定之外的危险废物经营许可证，由省、自治区、直辖市人民政府环境保护主管部门审批颁发。

第八条 申请领取危险废物经营许可证的单位，应当在从事危险废物经营活动前向发证机关提出申请，并附具本办法第五条或者第六条规定条件的证明材料。

第九条 发证机关应当自受理申请之日起20个工作日内，对申请单位提交的证明材料进行审查，并对申请单位的经营设施进行现场核查。符合条件的，颁发危险废物经营许可证，并予以公告；不符合条件的，书面通知申请单位并说明理由。

发证机关在颁发危险废物经营许可证前，可以根据实际需要征求卫生、城乡规划等有关主管部门和专家的意见。

第十条 危险废物经营许可证包括下列主要内容：

（一）法人名称、法定代表人、住所；

（二）危险废物经营方式；

（三）危险废物类别；

（四）年经营规模；

（五）有效期限；

（六）发证日期和证书编号。

危险废物综合经营许可证的内容，还应当包括贮存、处置设施的地址。

第十一条 危险废物经营单位变更法人名称、法定代表人和住所的，应当自工商变更登记之日起15个工作日内，向原发证机关申请办理危险废物经营许可证变更手续。

第十二条 有下列情形之一的，危险废物经营单位应当按照原申请程序，重新申请领取危险废物经营许可证：

（一）改变危险废物经营方式的；

（二）增加危险废物类别的；

（三）新建或者改建、扩建原有危险废物经营设施的；

（四）经营危险废物超过原批准年经营规模20%以上的。

第十三条　危险废物综合经营许可证有效期为5年；危险废物收集经营许可证有效期为3年。

危险废物经营许可证有效期届满，危险废物经营单位继续从事危险废物经营活动的，应当于危险废物经营许可证有效期届满30个工作日前向原发证机关提出换证申请。原发证机关应当自受理换证申请之日起20个工作日内进行审查，符合条件的，予以换证；不符合条件的，书面通知申请单位并说明理由。

第十四条　危险废物经营单位终止从事收集、贮存、处置危险废物经营活动的，应当对经营设施、场所采取污染防治措施，并对未处置的危险废物作出妥善处理。

危险废物经营单位应当在采取前款规定措施之日起20个工作日内向原发证机关提出注销申请，由原发证机关进行现场核查合格后注销危险废物经营许可证。

第十五条　禁止无经营许可证或者不按照经营许可证规定从事危险废物收集、贮存、处置经营活动。

禁止从中华人民共和国境外进口或者经中华人民共和国过境转移电子类危险废物。

禁止将危险废物提供或者委托给无经营许可证的单位从事收集、贮存、处置经营活动。

禁止伪造、变造、转让危险废物经营许可证。

第四章　监督管理

第十六条　县级以上地方人民政府环境保护主管部门应当于每年3月31日前将上一年度危险废物经营许可证颁发情况报上一级人民政府环境保护主管部门备案。

上级环境保护主管部门应当加强对下级环境保护主管部门审批颁发危险废物经营许可证情况的监督检查，及时纠正下级环境保护主管部门审批颁发危险废物经营许可证过程中的违法行为。

第十七条　县级以上人民政府环境保护主管部门应当通过书面核查和实地检查等方式，加强对危险废物经营单位的监督检查，并将监督检查情况和处理结果予以记录，由监督检查人员签字后归档。

公众有权查阅县级以上人民政府环境保护主管部门的监督检查记录。

县级以上人民政府环境保护主管部门发现危险废物经营单位在经营活动中有不符合原发证条件的情形的，应当责令其限期整改。

第十八条　县级以上人民政府环境保护主管部门有权要求危险废物经营单位定期报告危险废物经营活动情况。危险废物经营单位应当建立危险废物经营情况记录簿，如实记载收集、贮存、处置危险废物的类别、来源、去向和有无事故等事项。

危险废物经营单位应当将危险废物经营情况记录簿保存10年以上，以填埋方式处置危险废物的经营情况记录簿应当永久保存。终止经营活动的，应当将危险废物经营情况记录簿移交所在地县级以上地方人民政府环境保护主管部门存档管理。

第十九条　县级以上人民政府环境保护主管部门应当建立、健全危险废物经营许可证的档案管理制度，并定期向社会公布审批颁发危险废物经营许可证的情况。

第二十条　领取危险废物收集经营许可证的单位，应当与处置单位签订接收合同，并将收集的废矿物油和废镉镍电池在90个工作日内提供或者委托给处置单位进行处置。

第二十一条 危险废物的经营设施在废弃或者改作其他用途前,应当进行无害化处理。

填埋危险废物的经营设施服役期届满后,危险废物经营单位应当按照有关规定对填埋过危险废物的土地采取封闭措施,并在划定的封闭区域设置永久性标记。

第五章 法律责任

第二十二条 违反本办法第十一条规定的,由县级以上地方人民政府环境保护主管部门责令限期改正,给予警告;逾期不改正的,由原发证机关暂扣危险废物经营许可证。

第二十三条 违反本办法第十二条、第十三条第二款规定的,由县级以上地方人民政府环境保护主管部门责令停止违法行为;有违法所得的,没收违法所得;违法所得超过10万元的,并处违法所得1倍以上2倍以下的罚款;没有违法所得或者违法所得不足10万元的,处5万元以上10万元以下的罚款。

第二十四条 违反本办法第十四条第一款、第二十一条规定的,由县级以上地方人民政府环境保护主管部门责令限期改正,逾期不改正的,处5万元以上10万元以下的罚款;造成污染事故,构成犯罪的,依法追究刑事责任。

第二十五条 违反本办法第十五条第一款、第二款、第三款规定的,依照《中华人民共和国固体废物污染环境防治法》的规定予以处罚。

违反本办法第十五条第四款规定的,由县级以上地方人民政府环境保护主管部门收缴危险废物经营许可证或者由原发证机关吊销危险废物经营许可证,并处5万元以上10万元以下的罚款;构成犯罪的,依法追究刑事责任。

第二十六条 违反本办法第十八条规定的,由县级以上地方人民政府环境保护主管部门责令限期改正,给予警告;逾期不改正的,由原发证机关暂扣或者吊销危险废物经营许可证。

第二十七条 违反本办法第二十条规定的,由县级以上地方人民政府环境保护主管部门责令限期改正,给予警告;逾期不改正的,处1万元以上5万元以下的罚款,并可以由原发证机关暂扣或者吊销危险废物经营许可证。

第二十八条 危险废物经营单位被责令限期整改,逾期不整改或者经整改仍不符合原发证条件的,由原发证机关暂扣或者吊销危险废物经营许可证。

第二十九条 被依法吊销或者收缴危险废物经营许可证的单位,5年内不得再申请领取危险废物经营许可证。

第三十条 县级以上人民政府环境保护主管部门的工作人员,有下列行为之一的,依法给予行政处分;构成犯罪的,依法追究刑事责任:

(一)向不符合本办法规定条件的单位颁发危险废物经营许可证的;

(二)发现未依法取得危险废物经营许可证的单位和个人擅自从事危险废物经营活动不予查处或者接到举报后不依法处理的;

(三)对依法取得危险废物经营许可证的单位不履行监督管理职责或者发现违反本办法规定的行为不予查处的;

(四)在危险废物经营许可证管理工作中有其他渎职行为的。

第六章　附　则

第三十一条　本办法下列用语的含义：

(一)危险废物,是指列入国家危险废物名录或者根据国家规定的危险废物鉴别标准和鉴别方法认定的具有危险性的废物。

(二)收集,是指危险废物经营单位将分散的危险废物进行集中的活动。

(三)贮存,是指危险废物经营单位在危险废物处置前,将其放置在符合环境保护标准的场所或者设施中,以及为了将分散的危险废物进行集中,在自备的临时设施或者场所每批置放重量超过5000千克或者置放时间超过90个工作日的活动。

(四)处置,是指危险废物经营单位将危险废物焚烧、煅烧、熔融、烧结、裂解、中和、消毒、蒸馏、萃取、沉淀、过滤、拆解以及用其他改变危险废物物理、化学、生物特性的方法,达到减少危险废物数量、缩小危险废物体积、减少或者消除其危险成分的活动,或者将危险废物最终置于符合环境保护规定要求的场所或者设施并不再回取的活动。

第三十二条　本办法施行前,依照地方性法规、规章或者其他文件的规定已经取得危险废物经营许可证的单位,应当在原危险废物经营许可证有效期届满30个工作日前,依照本办法的规定重新申请领取危险废物经营许可证。逾期不办理的,不得继续从事危险废物经营活动。

第三十三条　本办法自2004年7月1日起施行。

危险废物转移联单管理办法

(1999年6月22日　国家环境保护总局令第5号)

第一条　为加强对危险废物转移的有效监督,实施危险废物转移联单制度,根据《中华人民共和国固体废物污染环境防治法》有关规定,制定本办法。

第二条　本办法适用于在中华人民共和国境内从事危险废物转移活动的单位。

第三条　国务院环境保护行政主管部门对全国危险废物转移联单(以下简称联单)实施统一监督管理。

各省、自治区人民政府环境保护行政主管部门对本行政区域内的联单实施监督管理。

省辖市级人民政府环境保护行政主管部门对本行政区域内联单具体实施监督管理;在直辖市行政区域和设有地区行政公署的行政区域,由直辖市人民政府和地区行政公署环境保护行政主管部门具体实施监督管理。

前款规定的省辖市级人民政府、直辖市人民政府和地区行政公署环境保护行政主管部门,本办法以下统一简称为"环境保护行政主管部门"。

第四条　危险废物产生单位在转移危险废物前,须按照国家有关规定报批危险废物转移计划;经批准后,产生单位应当向移出地环境保护行政主管部门申请领取联单。

产生单位应当在危险废物转移前三日内报告移出地环境保护行政主管部门,并同时将预期到达时间报告接受地环境保护行政主管部门。

第五条 危险废物产生单位每转移一车、船(次)同类危险废物,应当填写一份联单。每车、船(次)有多类危险废物的,应当按每一类危险废物填写一份联单。

第六条 危险废物产生单位应当如实填写联单中产生单位栏目,并加盖公章,经交付危险废物运输单位核实验收签字后,将联单第一联副联自留存档,将联单第二联交移出地环境保护行政主管部门,联单第一联正联及其余各联交付运输单位随危险废物转移运行。

第七条 危险废物运输单位应当如实填写联单的运输单位栏目,按照国家有关危险物品运输的规定,将危险废物安全运抵联单载明的接受地点,并将联单第一联、第二联副联、第三联、第四联、第五联随转移的危险废物交付危险废物接受单位。

第八条 危险废物接受单位应当按照联单填写的内容对危险废物核实验收,如实填写联单中接受单位栏目并加盖公章。

接受单位应当将联单第一联、第二联副联自接受危险废物之日起十日内交付产生单位,联单第一联由产生单位自留存档,联单第二联副联由产生单位在二日内报送移出地环境保护行政主管部门;接受单位将联单第三联交付运输单位存档;将联单第四联自留存档;将联单第五联自接受危险废物之日起二日内报送接受地环境保护行政主管部门。

第九条 危险废物接受单位验收发现危险废物的名称、数量、特性、形态、包装方式与联单填写内容不符的,应当及时向接受地环境保护行政主管部门报告,并通知产生单位。

第十条 联单保存期限为五年;贮存危险废物的,其联单保存期限与危险废物贮存期限相同。

环境保护行政主管部门认为有必要延长联单保存期限的,产生单位、运输单位和接受单位应当按照要求延期保存联单。

第十一条 省辖市级以上人民政府环境保护行政主管部门有权检查联单运行的情况,也可以委托县级人民政府环境保护行政主管部门检查联单运行的情况。

被检查单位应当接受检查,如实汇报情况。

第十二条 转移危险废物采用联运方式的,前一运输单位须将联单各联交付后一运输单位随危险废物转移运行,后一运输单位必须按照联单的要求核对联单产生单位栏目事项和前一运输单位填写的运输单位栏目事项,经核对无误后填写联单的运输单位栏目并签字。经后一运输单位签字的联单第三联的复印件由前一运输单位自留存档,经接受单位签字的联单第三联由最后一运输单位自留存档。

第十三条 违反本办法有下列行为之一的,由省辖市级以上地方人民政府环境保护行政主管部门责令限期改正,并处以罚款:

(一)未按规定申领、填写联单的;

(二)未按规定运行联单的;

(三)未按规定期限向环境保护行政主管部门报送联单的;

(四)未在规定的存档期限保管联单的;

(五)拒绝接受有管辖权的环境保护行政主管部门对联单运行情况进行检查的。

有前款第(一)项、第(三)项行为之一的,依据《中华人民共和国固体废物污染环境防治法》有关规定,处五万元以下罚款;有前款第(二)项、第(四)项行为之一的,处三万元以下罚款;有前款第(五)项行为的,依据《中华人民共和国固体废物污染环境防治法》有关规定,处一万元以下罚款。

第十四条 联单由国务院环境保护行政主管部门统一制定,由省、自治区、直辖市人民政府环境保护行政主管部门印制。

联单共分五联,颜色分别为:第一联,白色;第二联,红色;第三联,黄色;第四联,蓝色;第五联,绿色。

联单编号由十位阿拉伯数字组成。第一位、第二位数字为省级行政区划代码,第三位、第四位数字为省辖市级行政区划代码,第五位、第六位数字为危险废物类别代码,其余四位数字由发放空白联单的危险废物移出地省辖市级人民政府环境保护行政主管部门按照危险废物转移流水号依次编制。联单由直辖市人民政府环境保护行政主管部门发放的,其编号第三位、第四位数字为零。

第十五条 本办法由国务院环境保护行政主管部门负责解释。

第十六条 本办法自一九九九年十月一日起施行。

危险废物出口核准管理办法

(2008年1月25日　国家环境保护总局令第47号)

目　录

第一章　总　则

第二章　出口申请与核准

第三章　监督管理

第四章　罚则

第五章　附则

第一章　总　则

第一条 为了规范危险废物出口管理,防止环境污染,根据《控制危险废物越境转移及其处置巴塞尔公约》(以下简称《巴塞尔公约》)和有关法律、行政法规,制定本办法。

第二条 在中华人民共和国境内产生的危险废物应当尽量在境内进行无害化处置,减少出口量,降低危险废物出口转移的环境风险。

禁止向《巴塞尔公约》非缔约方出口危险废物。

第三条 产生、收集、贮存、处置、利用危险废物的单位,向中华人民共和国境外《巴塞尔公约》缔约方出口危险废物,必须取得危险废物出口核准。

本办法所称危险废物,是指列入国家危险废物名录或者根据国家规定的危险废物鉴别标准和鉴别方法认定的具有危险特性的固体废物。

《巴塞尔公约》规定的"危险废物"和"其他废物",以及进口缔约方或者过境缔约方立法确定的"危险废物",其出口核准管理也适用本办法。

第四条 国务院环境保护行政主管部门负责核准危险废物出口申请,并进行监督管理。

县级以上地方人民政府环境保护行政主管部门依据本办法的规定,对本行政区域内危险废物出口活动进行监督管理。

第二章 出口申请与核准

第五条 申请出口危险废物,应当向国务院环境保护行政主管部门提交下列材料:

(一)申请书。

(二)越境转移通知书(中、英文)。

(三)出口者与进口国(地区)的处置者或者利用者签订的书面协议。

(四)危险废物的基本情况数据表、物质安全技术说明书(MSDS)或者化学品安全技术说明书(CSDS)。

(五)危险废物产生情况的说明文件,主要包括危险废物的产生过程、地点、工艺和设备的说明。

(六)危险废物在进口国(地区)处置或者利用情况的说明文件,主要包括危险废物处置或者利用设施的地点、类型、处理能力以及处置或者利用中产生的废水、废气、废渣的处理方法等。

(七)处置者或者利用者在进口国(地区)获得的有关危险废物处置或者利用的授权或者许可的有效凭证。

(八)危险废物运输突发环境污染事件应急预案。

(九)危险废物运输的路线说明文件,主要包括境内运输路线(包括途经的省、市、县)、离境地点、过境国(地区)过境地点、进口国(地区)入境地点以及进口国(地区)和过境国(地区)主管部门的联系方式及通讯地址等。

(十)出口者的书面承诺文件或者有效的保险文件。出具书面承诺文件的,应当承诺在因故未完成出口活动或者由于意外事故引发环境污染时,承担危险废物退运、处置、污染消除和损失赔偿等有关费用。

(十一)出口者的营业执照。出口者为危险废物收集者、贮存者、处置者或者利用者的,还需提交危险废物经营许可证。

(十二)危险废物国内运输单位危险货物运输资质证书及承运合同。

前款所列申请材料的复印件应当加盖申请单位印章。

第六条 国务院环境保护行政主管部门根据下列情况分别作出处理:

(一)申请材料齐全、符合要求的,予以受理;

(二)申请材料不齐全或者不符合要求的,应当当场或者在5个工作日内一次告知申请单位需要补正的全部内容。

第七条 国务院环境保护行政主管部门对符合下列条件之一的,应当自受理之日起15个工作日内,作出初步核准出口决定:

(一)进口国(地区)的利用者需要将该危险废物作为再循环或者回收工业的原材料,且有相应的技术能力、必要设施、设备和场所,能以环境无害化方式利用该危险废物;

（二）中华人民共和国没有以环境无害化方式处置该危险废物所需的足够的技术能力和必要的设施、设备或者适当的处置场所，且进口国（地区）的处置者有相应的技术能力、必要设施、设备和场所，并能以环境无害化方式处置该危险废物。

国务院环境保护行政主管部门对不符合前款所列条件的，应当自受理之日起15个工作日内，作出不予核准出口决定，并书面通知申请单位。

国务院环境保护行政主管部门对受理的申请进行书面审查。需要现场核查的，应当指派两名以上工作人员进行核查。

第八条 对已作出初步核准决定的危险废物出口申请，国务院环境保护行政主管部门应当向进口国（地区）和过境国（地区）主管部门发出书面征求意见的函，并自收到同意进口和同意过境的书面意见之日起5个工作日内，作出核准出口决定。

对进口国（地区）主管部门或者过境国（地区）主管部门不同意危险废物出口或者过境的，不予核准出口申请，并书面通知申请单位。

第九条 国务院环境保护行政主管部门应当自作出核准决定之日起10个工作日内，向申请单位签发危险废物出口核准通知单。

国务院环境保护行政主管部门根据危险废物出口者提供的境内运输路线说明文件，将核准结果通知危险废物所在地和境内运输途经地区的省级人民政府环境保护行政主管部门。

省级人民政府环境保护行政主管部门应当将核准结果通知本行政区域内有关设区的市级和县级人民政府环境保护行政主管部门。

第十条 有下列情形之一的，应当重新提出申请：
（一）改变或者增加出口危险废物类别或者数量的；
（二）改变出口者、进口国（地区）的处置者或者利用者的；
（三）改变进口国（地区）、过境国（地区）的；
（四）改变出口目的的；
（五）改变出口时限的。

第十一条 危险废物出口核准通知单的有效期限不超过1年。

第三章 监督管理

第十二条 危险废物出口者应当对每一批出口的危险废物，填写《危险废物越境转移—转移单据》，一式二份。

转移单据应当随出口的危险废物从转移起点直至处置或者利用地点，并由危险废物出口者、承运人和进口国（地区）的进口者、处置者或者利用者及有关国家（地区）海关部门填写相关信息。

危险废物出口者应当将信息填写完整的转移单据，一份报国务院环境保护行政主管部门，一份自留存档。

危险废物出口者应当妥善保存自留存档的转移单据，不得擅自损毁。转移单据的保存期应不少于5年。国务院环境保护行政主管部门要求延长转移单据保存期限的，有关单位应当按照要求延长转移单据的保存期限。

第十三条 国务院环境保护行政主管部门有权检查转移单据的运行情况，也可以委托县级以上地方人民政府环境保护行政主管部门检查转移单据的运行情况。被检查单位应当接受检查,如实汇报情况。

第十四条 在危险废物运输开始10个工作日之前,危险废物出口者应当填写《运输前信息报告单》,并将其连同填写的转移单据复印件,一并报送国务院环境保护行政主管部门,并抄送危险废物移出地和境内运输途经地区的省级、设区的市级和县级人民政府环境保护行政主管部门。

第十五条 自危险废物离境之日起10个工作日内,危险废物出口者应当填写《离境信息报告单》,并将其连同危险废物出口者和相关承运人填写的转移单据复印件和危险废物出口报关单复印件,报送国务院环境保护行政主管部门。

第十六条 自危险废物进口者接收危险废物之日起10个工作日内,危险废物出口者应当填写《抵达进口国(地区)信息报告单》,并将其连同危险废物出口者、相关承运人、危险废物进口者及过境国(地区)海关、进口国(地区)海关填写完毕的转移单据复印件,一并报送国务院环境保护行政主管部门。

第十七条 自危险废物处置或者利用完毕之日起40个工作日内,危险废物出口者应当填写《处置或者利用完毕信息报告单》,并将其连同危险废物出口者、相关承运人、危险废物进口者、进口国(地区)的危险废物处置者或者利用者及过境国(地区)海关、进口国(地区)海关填写完毕的转移单据原件,一并报送国务院环境保护行政主管部门。

第十八条 自危险废物出口核准通知单有效期届满之日起20个工作日内,危险废物出口者应当填写《危险废物出口总结信息报告单》,并报送国务院环境保护行政主管部门。

第十九条 危险废物出口者应当将按照第十五条、第十六条、第十七条和第十八条的规定向国务院环境保护行政主管部门报送的有关材料,同时抄送危险废物移出地省级、设区的市级和县级人民政府环境保护行政主管部门。

第二十条 禁止伪造、变造或者买卖危险废物出口核准通知单。

第四章 罚 则

第二十一条 违反本办法规定,无危险废物出口核准通知单或者不按照危险废物出口核准通知单出口危险废物的,由县级以上人民政府环境保护行政主管部门责令改正,并处3万元以下的罚款。

不按照危险废物出口核准通知单出口危险废物,情节严重的,还可以由国务院环境保护行政主管部门撤销危险废物出口核准通知单。

第二十二条 违反本办法规定,申请危险废物出口核准的单位隐瞒有关情况或者提供虚假材料的,国务院环境保护行政主管部门不予受理其申请或者不予核准其申请,给予警告,并记载其不良记录。

第二十三条 违反本办法规定,有下列行为之一的,由县级以上人民政府环境保护行政主管部门责令改正,并处以罚款:

(一)未按规定填写转移单据的;
(二)未按规定运行转移单据的;
(三)未按规定的存档期限保管转移单据的;
(四)拒绝接受环境保护行政主管部门对转移单据执行情况进行检查的。

有前款第(一)项、第(二)项、第(三)项行为的,处3万元以下罚款;有前款第(四)项行为的,依据《固体废物污染环境防治法》第七十条的规定,予以处罚。

有前款第(一)项、第(二)项、第(四)项行为,情节严重的,由国务院环境保护行政主管部门撤销危险废物出口核准通知单。

第二十四条 违反本办法规定,未将有关信息报送国务院环境保护行政主管部门,或者未抄报有关地方人民政府环境保护行政主管部门的,由县级以上人民政府环境保护行政主管部门责令限期改正;逾期不改正的,由县级以上人民政府环境保护行政主管部门处3万元以下罚款,并记载危险废物出口者的不良记录。

第二十五条 违反本办法规定,伪造、变造或者买卖危险废物出口核准通知单的,由公安机关依据《中华人民共和国治安管理处罚法》进行处罚。

第二十六条 以欺骗、贿赂等不正当手段取得危险废物出口核准通知单的,依据《中华人民共和国行政许可法》的规定,由国务院环境保护行政主管部门撤销危险废物出口核准通知单,并处3万元以下罚款。

第二十七条 危险废物出口未能按照书面协议的规定完成时,如果在进口国通知国务院环境保护行政主管部门和《巴塞尔公约》秘书处之后90日内或者在有关国家同意的另一期限内不能作出环境上无害的处置替代安排,出口者应当负责将废物退运回国,并承担该废物的运输与处置或者利用等相关费用。

第二十八条 负责危险废物出口核准管理工作的人员玩忽职守、徇私舞弊或者滥用职权的,依法给予行政处分;构成犯罪的,依法追究刑事责任。

第五章 附 则

第二十九条 从中华人民共和国台湾地区向其他《巴塞尔公约》缔约方出口危险废物的核准,参照本办法执行。

第三十条 本办法自2008年3月1日起施行。

医疗废物管理条例(2011年修订)

(2003年6月16日中华人民共和国国务院令第380号发布 根据2011年1月8日中华人民共和国国务院令第588号《国务院关于废止和修改部分行政法规的决定》修订)

第一章 总 则

第一条 为了加强医疗废物的安全管理,防止疾病传播,保护环境,保障人体健康,根据《中华人民共和国传染病防治法》和《中华人民共和国固体废物污染环境防治法》,制定本条例。

第二条 本条例所称医疗废物,是指医疗卫生机构在医疗、预防、保健以及其他相关活动中产生的具有直接或者间接感染性、毒性以及其他危害性的废物。

医疗废物分类目录,由国务院卫生行政主管部门和环境保护行政主管部门共同制定、公布。

第三条 本条例适用于医疗废物的收集、运送、贮存、处置以及监督管理等活动。

医疗卫生机构收治的传染病病人或者疑似传染病病人产生的生活垃圾,按照医疗废物进行管理和处置。

医疗卫生机构废弃的麻醉、精神、放射性、毒性等药品及其相关的废物的管理,依照有关法律、行政法规和国家有关规定、标准执行。

第四条 国家推行医疗废物集中无害化处置,鼓励有关医疗废物安全处置技术的研究与开发。

县级以上地方人民政府负责组织建设医疗废物集中处置设施。

国家对边远贫困地区建设医疗废物集中处置设施给予适当的支持。

第五条 县级以上各级人民政府卫生行政主管部门,对医疗废物收集、运送、贮存、处置活动中的疾病防治工作实施统一监督管理;环境保护行政主管部门,对医疗废物收集、运送、贮存、处置活动中的环境污染防治工作实施统一监督管理。

县级以上各级人民政府其他有关部门在各自的职责范围内负责与医疗废物处置有关的监督管理工作。

第六条 任何单位和个人有权对医疗卫生机构、医疗废物集中处置单位和监督管理部门及其工作人员的违法行为进行举报、投诉、检举和控告。

第二章 医疗废物管理的一般规定

第七条 医疗卫生机构和医疗废物集中处置单位,应当建立、健全医疗废物管理责任制,其法定代表人为第一责任人,切实履行职责,防止因医疗废物导致传染病传播和环境污染事故。

第八条 医疗卫生机构和医疗废物集中处置单位,应当制定与医疗废物安全处置有关的规章制度和在发生意外事故时的应急方案;设置监控部门或者专(兼)职人员,负责检查、督促、落实本单位医疗废物的管理工作,防止违反本条例的行为发生。

第九条 医疗卫生机构和医疗废物集中处置单位,应当对本单位从事医疗废物收集、运送、贮存、处置等工作的人员和管理人员,进行相关法律和专业技术、安全防护以及紧急处理等知识的培训。

第十条 医疗卫生机构和医疗废物集中处置单位,应当采取有效的职业卫生防护措施,为从事医疗废物收集、运送、贮存、处置等工作的人员和管理人员,配备必要的防护用品,定期进行健康检查;必要时,对有关人员进行免疫接种,防止其受到健康损害。

第十一条 医疗卫生机构和医疗废物集中处置单位,应当依照《中华人民共和国固体废物污染环境防治法》的规定,执行危险废物转移联单管理制度。

第十二条 医疗卫生机构和医疗废物集中处置单位,应当对医疗废物进行登记,登记内容应当包括医疗废物的来源、种类、重量或者数量、交接时间、处置方法、最终去向以及经办人签名等项目。登记资料至少保存3年。

第十三条 医疗卫生机构和医疗废物集中处置单位,应当采取有效措施,防止医疗废物流失、泄漏、扩散。

发生医疗废物流失、泄漏、扩散时,医疗卫生机构和医疗废物集中处置单位应当采取减少危害的紧急处理措施,对致病人员提供医疗救护和现场救援;同时向所在地的县级人民政府卫生行政主管部门、环境保护行政主管部门报告，并向可能受到危害的单位和居民通报。

第十四条 禁止任何单位和个人转让、买卖医疗废物。

禁止在运送过程中丢弃医疗废物；禁止在非贮存地点倾倒、堆放医疗废物或者将医疗废物混入其他废物和生活垃圾。

第十五条 禁止邮寄医疗废物。

禁止通过铁路、航空运输医疗废物。

有陆路通道的，禁止通过水路运输医疗废物；没有陆路通道必须经水路运输医疗废物的，应当经设区的市级以上人民政府环境保护行政主管部门批准，并采取严格的环境保护措施后，方可通过水路运输。

禁止将医疗废物与旅客在同一运输工具上载运。

禁止在饮用水源保护区的水体上运输医疗废物。

第三章 医疗卫生机构对医疗废物的管理

第十六条 医疗卫生机构应当及时收集本单位产生的医疗废物，并按照类别分置于防渗漏、防锐器穿透的专用包装物或者密闭的容器内。

医疗废物专用包装物、容器，应当有明显的警示标识和警示说明。

医疗废物专用包装物、容器的标准和警示标识的规定，由国务院卫生行政主管部门和环境保护行政主管部门共同制定。

第十七条 医疗卫生机构应当建立医疗废物的暂时贮存设施、设备，不得露天存放医疗废物；医疗废物暂时贮存的时间不得超过2天。

医疗废物的暂时贮存设施、设备，应当远离医疗区、食品加工区和人员活动区以及生活垃圾存放场所，并设置明显的警示标识和防渗漏、防鼠、防蚊蝇、防蟑螂、防盗以及预防儿童接触等安全措施。

医疗废物的暂时贮存设施、设备应当定期消毒和清洁。

第十八条 医疗卫生机构应当使用防渗漏、防遗撒的专用运送工具，按照本单位确定的内部医疗废物运送时间、路线，将医疗废物收集、运送至暂时贮存地点。

运送工具使用后应当在医疗卫生机构内指定的地点及时消毒和清洁。

第十九条 医疗卫生机构应当根据就近集中处置的原则，及时将医疗废物交由医疗废物集中处置单位处置。

医疗废物中病原体的培养基、标本和菌种、毒种保存液等高危险废物，在交医疗废物集中处置单位处置前应当就地消毒。

第二十条 医疗卫生机构产生的污水、传染病病人或者疑似传染病病人的排泄物，应当按照国家规定严格消毒；达到国家规定的排放标准后，方可排入污水处理系统。

第二十一条 不具备集中处置医疗废物条件的农村，医疗卫生机构应当按照县级人民政府卫生行政主管部门、环境保护行政主管部门的要求，自行就地处置其产生的医疗废物。自行处置医疗废物的，应当符合下列基本要求：

（一）使用后的一次性医疗器具和容易致人损伤的医疗废物，应当消毒并作毁形处理；

（二）能够焚烧的，应当及时焚烧；

(三)不能焚烧的,消毒后集中填埋。

第四章 医疗废物的集中处置

第二十二条 从事医疗废物集中处置活动的单位,应当向县级以上人民政府环境保护行政主管部门申请领取经营许可证;未取得经营许可证的单位,不得从事有关医疗废物集中处置的活动。

第二十三条 医疗废物集中处置单位,应当符合下列条件:
(一)具有符合环境保护和卫生要求的医疗废物贮存、处置设施或者设备;
(二)具有经过培训的技术人员以及相应的技术工人;
(三)具有负责医疗废物处置效果检测、评价工作的机构和人员;
(四)具有保证医疗废物安全处置的规章制度。

第二十四条 医疗废物集中处置单位的贮存、处置设施,应当远离居(村)民居住区、水源保护区和交通干道,与工厂、企业等工作场所有适当的安全防护距离,并符合国务院环境保护行政主管部门的规定。

第二十五条 医疗废物集中处置单位应当至少每2天到医疗卫生机构收集、运送一次医疗废物,并负责医疗废物的贮存、处置。

第二十六条 医疗废物集中处置单位运送医疗废物,应当遵守国家有关危险货物运输管理的规定,使用有明显医疗废物标识的专用车辆。医疗废物专用车辆应当达到防渗漏、防遗撒以及其他环境保护和卫生要求。

运送医疗废物的专用车辆使用后,应当在医疗废物集中处置场所内及时进行消毒和清洁。

运送医疗废物的专用车辆不得运送其他物品。

第二十七条 医疗废物集中处置单位在运送医疗废物过程中应当确保安全,不得丢弃、遗撒医疗废物。

第二十八条 医疗废物集中处置单位应当安装污染物排放在线监控装置,并确保监控装置经常处于正常运行状态。

第二十九条 医疗废物集中处置单位处置医疗废物,应当符合国家规定的环境保护、卫生标准、规范。

第三十条 医疗废物集中处置单位应当按照环境保护行政主管部门和卫生行政主管部门的规定,定期对医疗废物处置设施的环境污染防治和卫生学效果进行检测、评价。检测、评价结果存入医疗废物集中处置单位档案,每半年向所在地环境保护行政主管部门和卫生行政主管部门报告一次。

第三十一条 医疗废物集中处置单位处置医疗废物,按照国家有关规定向医疗卫生机构收取医疗废物处置费用。

医疗卫生机构按照规定支付的医疗废物处置费用,可以纳入医疗成本。

第三十二条 各地区应当利用和改造现有固体废物处置设施和其他设施,对医疗废物集中处置,并达到基本的环境保护和卫生要求。

第三十三条 尚无集中处置设施或者处置能力不足的城市,自本条例施行之日起,设区的市级以上城市应当在1年内建成医疗废物集中处置设施;县级市应当在2年内建成医疗废物集中处置设施。县(旗)医疗废物集中处置设施的建设，由省、自治区、直辖市人民政府规定。

在尚未建成医疗废物集中处置设施期间，有关地方人民政府应当组织制定符合环境保护和卫生要求的医疗废物过渡性处置方案，确定医疗废物收集、运送、处置方式和处置单位。

第五章 监督管理

第三十四条 县级以上地方人民政府卫生行政主管部门、环境保护行政主管部门，应当依照本条例的规定，按照职责分工，对医疗卫生机构和医疗废物集中处置单位进行监督检查。

第三十五条 县级以上地方人民政府卫生行政主管部门，应当对医疗卫生机构和医疗废物集中处置单位从事医疗废物的收集、运送、贮存、处置中的疾病防治工作，以及工作人员的卫生防护等情况进行定期监督检查或者不定期的抽查。

第三十六条 县级以上地方人民政府环境保护行政主管部门，应当对医疗卫生机构和医疗废物集中处置单位从事医疗废物收集、运送、贮存、处置中的环境污染防治工作进行定期监督检查或者不定期的抽查。

第三十七条 卫生行政主管部门、环境保护行政主管部门应当定期交换监督检查和抽查结果。在监督检查或者抽查中发现医疗卫生机构和医疗废物集中处置单位存在隐患时，应当责令立即消除隐患。

第三十八条 卫生行政主管部门、环境保护行政主管部门接到对医疗卫生机构、医疗废物集中处置单位和监督管理部门及其工作人员违反本条例行为的举报、投诉、检举和控告后，应当及时核实，依法作出处理，并将处理结果予以公布。

第三十九条 卫生行政主管部门、环境保护行政主管部门履行监督检查职责时，有权采取下列措施：

（一）对有关单位进行实地检查，了解情况，现场监测，调查取证；

（二）查阅或者复制医疗废物管理的有关资料，采集样品；

（三）责令违反本条例规定的单位和个人停止违法行为；

（四）查封或者暂扣涉嫌违反本条例规定的场所、设备、运输工具和物品；

（五）对违反本条例规定的行为进行查处。

第四十条 发生因医疗废物管理不当导致传染病传播或者环境污染事故，或者有证据证明传染病传播或者环境污染的事故有可能发生时，卫生行政主管部门、环境保护行政主管部门应当采取临时控制措施，疏散人员，控制现场，并根据需要责令暂停导致或者可能导致传染病传播或者环境污染事故的作业。

第四十一条 医疗卫生机构和医疗废物集中处置单位，对有关部门的检查、监测、调查取证，应当予以配合，不得拒绝和阻碍，不得提供虚假材料。

第六章 法律责任

第四十二条 县级以上地方人民政府未依照本条例的规定，组织建设医疗废物集中处置设施或者组织制定医疗废物过渡性处置方案的，由上级人民政府通报批评，责令限期建成医疗废物集中处置设施或者组织制定医疗废物过渡性处置方案；并可以对政府主要领导人、负有责任的主管人员,依法给予行政处分。

第四十三条　县级以上各级人民政府卫生行政主管部门、环境保护行政主管部门或者其他有关部门,未按照本条例的规定履行监督检查职责,发现医疗卫生机构和医疗废物集中处置单位的违法行为不及时处理,发生或者可能发生传染病传播或者环境污染事故时未及时采取减少危害措施,以及有其他玩忽职守、失职、渎职行为的,由本级人民政府或者上级人民政府有关部门责令改正,通报批评;造成传染病传播或者环境污染事故的,对主要负责人、负有责任的主管人员和其他直接责任人员依法给予降级、撤职、开除的行政处分;构成犯罪的,依法追究刑事责任。

第四十四条　县级以上人民政府环境保护行政主管部门,违反本条例的规定发给医疗废物集中处置单位经营许可证的,由本级人民政府或者上级人民政府环境保护行政主管部门通报批评,责令收回违法发给的证书;并可以对主要负责人、负有责任的主管人员和其他直接责任人员依法给予行政处分。

第四十五条　医疗卫生机构、医疗废物集中处置单位违反本条例规定,有下列情形之一的,由县级以上地方人民政府卫生行政主管部门或者环境保护行政主管部门按照各自的职责责令限期改正,给予警告;逾期不改正的,处2000元以上5000元以下的罚款:

(一)未建立、健全医疗废物管理制度,或者未设置监控部门或者专(兼)职人员的;

(二)未对有关人员进行相关法律和专业技术、安全防护以及紧急处理等知识的培训的;

(三)未对从事医疗废物收集、运送、贮存、处置等工作的人员和管理人员采取职业卫生防护措施的;

(四)未对医疗废物进行登记或者未保存登记资料的;

(五)对使用后的医疗废物运送工具或者运送车辆未在指定地点及时进行消毒和清洁的;

(六)未及时收集、运送医疗废物的;

(七)未定期对医疗废物处置设施的环境污染防治和卫生学效果进行检测、评价,或者未将检测、评价效果存档、报告的。

第四十六条　医疗卫生机构、医疗废物集中处置单位违反本条例规定,有下列情形之一的,由县级以上地方人民政府卫生行政主管部门或者环境保护行政主管部门按照各自的职责责令限期改正,给予警告,可以并处5000元以下的罚款;逾期不改正的,处5000元以上3万元以下的罚款:

(一)贮存设施或者设备不符合环境保护、卫生要求的;

(二)未将医疗废物按照类别分置于专用包装物或者容器的;

(三)未使用符合标准的专用车辆运送医疗废物或者使用运送医疗废物的车辆运送其他物品的;

(四)未安装污染物排放在线监控装置或者监控装置未经常处于正常运行状态的。

第四十七条　医疗卫生机构、医疗废物集中处置单位有下列情形之一的,由县级以上地方人民政府卫生行政主管部门或者环境保护行政主管部门按照各自的职责责令限期改正,给予警告,并处5000元以上1万元以下的罚款;逾期不改正的,处1万元以上3万元以下的罚款;造成传染病传播或者环境污染事故的,由原发证部门暂扣或者吊销执业许可证件或者经营许可证件;构成犯罪的,依法追究刑事责任:

(一)在运送过程中丢弃医疗废物,在非贮存地点倾倒、堆放医疗废物或者将医疗废物混入其他废物和生活垃圾的；

（二）未执行危险废物转移联单管理制度的；

（三）将医疗废物交给未取得经营许可证的单位或者个人收集、运送、贮存、处置的；

（四）对医疗废物的处置不符合国家规定的环境保护、卫生标准、规范的；

（五）未按照本条例的规定对污水、传染病病人或者疑似传染病病人的排泄物，进行严格消毒，或者未达到国家规定的排放标准，排入污水处理系统的；

（六）对收治的传染病病人或者疑似传染病病人产生的生活垃圾，未按照医疗废物进行管理和处置的。

第四十八条　医疗卫生机构违反本条例规定，将未达到国家规定标准的污水、传染病病人或者疑似传染病病人的排泄物排入城市排水管网的，由县级以上地方人民政府建设行政主管部门责令限期改正，给予警告，并处5000元以上1万元以下的罚款；逾期不改正的，处1万元以上3万元以下的罚款；造成传染病传播或者环境污染事故的，由原发证部门暂扣或者吊销执业许可证件；构成犯罪的，依法追究刑事责任。

第四十九条　医疗卫生机构、医疗废物集中处置单位发生医疗废物流失、泄漏、扩散时，未采取紧急处理措施，或者未及时向卫生行政主管部门和环境保护行政主管部门报告的，由县级以上地方人民政府卫生行政主管部门或者环境保护行政主管部门按照各自的职责责令改正，给予警告，并处1万元以上3万元以下的罚款；造成传染病传播或者环境污染事故的，由原发证部门暂扣或者吊销执业许可证件或者经营许可证件；构成犯罪的，依法追究刑事责任。

第五十条　医疗卫生机构、医疗废物集中处置单位，无正当理由，阻碍卫生行政主管部门或者环境保护行政主管部门执法人员执行职务，拒绝执法人员进入现场，或者不配合执法部门的检查、监测、调查取证的，由县级以上地方人民政府卫生行政主管部门或者环境保护行政主管部门按照各自的职责责令改正，给予警告；拒不改正的，由原发证部门暂扣或者吊销执业许可证件或者经营许可证件；触犯《中华人民共和国治安管理处罚法》，构成违反治安管理行为的，由公安机关依法予以处罚；构成犯罪的，依法追究刑事责任。

第五十一条　不具备集中处置医疗废物条件的农村，医疗卫生机构未按照本条例的要求处置医疗废物的，由县级人民政府卫生行政主管部门或者环境保护行政主管部门按照各自的职责责令限期改正，给予警告；逾期不改正的，处1000元以上5000元以下的罚款；造成传染病传播或者环境污染事故的，由原发证部门暂扣或者吊销执业许可证件；构成犯罪的，依法追究刑事责任。

第五十二条　未取得经营许可证从事医疗废物的收集、运送、贮存、处置等活动的，由县级以上地方人民政府环境保护行政主管部门责令立即停止违法行为，没收违法所得，可以并处违法所得1倍以下的罚款。

第五十三条　转让、买卖医疗废物，邮寄或者通过铁路、航空运输医疗废物，或者违反本条例规定通过水路运输医疗废物的，由县级以上地方人民政府环境保护行政主管部门责令转让、买卖双方、邮寄人、托运人立即停止违法行为，给予警告，没收违法所得；违法所得5000元以上的，并处违法所得2倍以上5倍以下的罚款；没有违法所得或者违法所得不足5000元的，并处5000元以上2万元以下的罚款。

承运人明知托运人违反本条例的规定运输医疗废物，仍予以运输的，或者承运人将医疗废物与旅客在同一工具上载运的,按照前款的规定予以处罚。

第五十四条 医疗卫生机构、医疗废物集中处置单位违反本条例规定,导致传染病传播或者发生环境污染事故,给他人造成损害的,依法承担民事赔偿责任。

第七章 附 则

第五十五条 计划生育技术服务、医学科研、教学、尸体检查和其他相关活动中产生的具有直接或者间接感染性、毒性以及其他危害性废物的管理,依照本条例执行。

第五十六条 军队医疗卫生机构医疗废物的管理由中国人民解放军卫生主管部门参照本条例制定管理办法。

第五十七条 本条例自公布之日起施行。

医疗废物管理行政处罚办法(2010年修正)

(2004年5月27日卫生部、国家环境保护总局令第21号发布 根据2010年12月22日环境保护部令第16号《环境保护部关于废止、修改部分环保部门规章和规范性文件的决定》修正)

第一条 根据《中华人民共和国传染病防治法》、《中华人民共和国固体废物污染环境防治法》和《医疗废物管理条例》(以下简称《条例》),县级以上人民政府卫生行政主管部门和环境保护行政主管部门按照各自职责,对违反医疗废物管理规定的行为实施的行政处罚,适用本办法。

第二条 医疗卫生机构有《条例》第四十五条规定的下列情形之一的,由县级以上地方人民政府卫生行政主管部门责令限期改正,给予警告;逾期不改正的,处2000元以上5000元以下的罚款:

(一)未建立、健全医疗废物管理制度,或者未设置监控部门或者专(兼)职人员的;

(二)未对有关人员进行相关法律和专业技术、安全防护以及紧急处理等知识培训的;

(三)未对医疗废物进行登记或者未保存登记资料的;

(四)对使用后的医疗废物运送工具或者运送车辆未在指定地点及时进行消毒和清洁的;

(五)依照《条例》自行建有医疗废物处置设施的医疗卫生机构未定期对医疗废物处置设施的污染防治和卫生学效果进行检测、评价,或者未将检测、评价效果存档、报告的。

第三条 医疗废物集中处置单位有《条例》第四十五条规定的下列情形之一的,由县级以上地方人民政府环境保护行政主管部门责令限期改正,给予警告;逾期不改正的,处2000元以上5000元以下的罚款:

(一)未建立、健全医疗废物管理制度,或者未设置监控部门或者专(兼)职人员的;

(二)未对有关人员进行相关法律和专业技术、安全防护以及紧急处理等知识培训的;

(三)未对医疗废物进行登记或者未保存登记资料的;

(四)对使用后的医疗废物运送车辆未在指定地点及时进行消毒和清洁的;

（五）未及时收集、运送医疗废物的；

（六）未定期对医疗废物处置设施的污染防治和卫生学效果进行检测、评价，或者未将检测、评价效果存档、报告的。

第四条 医疗卫生机构、医疗废物集中处置单位有《条例》第四十五条规定的情形，未对从事医疗废物收集、运送、贮存、处置等工作的人员和管理人员采取职业卫生防护措施的，由县级以上地方人民政府卫生行政主管部门责令限期改正，给予警告；逾期不改正的，处2000元以上5000元以下的罚款。

第五条 医疗卫生机构有《条例》第四十六条规定的下列情形之一的，由县级以上地方人民政府卫生行政主管部门责令限期改正，给予警告，可以并处5000元以下的罚款，逾期不改正的，处5000元以上3万元以下的罚款：

（一）贮存设施或者设备不符合环境保护、卫生要求的；

（二）未将医疗废物按照类别分置于专用包装物或者容器的；

（三）未使用符合标准的运送工具运送医疗废物的。

第六条 医疗废物集中处置单位有《条例》第四十六条规定的下列情形之一的，由县级以上地方人民政府环境保护行政主管部门责令限期改正，给予警告，可以并处5000元以下的罚款，逾期不改正的，处5000元以上3万元以下的罚款：

（一）贮存设施或者设备不符合环境保护、卫生要求的；

（二）未将医疗废物按照类别分置于专用包装物或者容器的；

（三）未使用符合标准的专用车辆运送医疗废物的；

（四）未安装污染物排放在线监控装置或者监控装置未经常处于正常运行状态的。

第七条 医疗卫生机构有《条例》第四十七条规定的下列情形之一的，由县级以上地方人民政府卫生行政主管部门责令限期改正，给予警告，并处5000元以上1万元以下的罚款；逾期不改正的，处1万元以上3万元以下的罚款：

（一）在医疗卫生机构内运送过程中丢弃医疗废物，在非贮存地点倾倒、堆放医疗废物或者将医疗废物混入其他废物和生活垃圾的；

（二）未按照《条例》的规定对污水、传染病病人或者疑似传染病病人的排泄物，进行严格消毒的，或者未达到国家规定的排放标准，排入医疗卫生机构内的污水处理系统的；

（三）对收治的传染病病人或者疑似传染病病人产生的生活垃圾，未按照医疗废物进行管理和处置的。

医疗卫生机构在医疗卫生机构外运送过程中丢弃医疗废物，在非贮存地点倾倒、堆放医疗废物或者将医疗废物混入其他废物和生活垃圾的，由县级以上地方人民政府环境保护行政主管部门依照《中华人民共和国固体废物污染环境防治法》第七十五条规定责令停止违法行为，限期改正，处1万元以上10万元以下的罚款。

第八条 医疗废物集中处置单位有《条例》第四十七条规定的情形，在运送过程中丢弃医疗废物，在非贮存地点倾倒、堆放医疗废物或者将医疗废物混入其他废物和生活垃圾的，由县级以上地方人民政府环境保护行政主管部门依照《中华人民共和国固体废物污染环境防治法》第七十五条规定责令停止违法行为，限期改正，处1万元以上10万元以下的罚款。

第九条　医疗废物集中处置单位和依照《条例》自行建有医疗废物处置设施的医疗卫生机构,有《条例》第四十七条规定的情形,对医疗废物的处置不符合国家规定的环境保护、卫生标准、规范的,由县级以上地方人民政府环境保护行政主管部门责令限期改正,给予警告,并处5000元以上1万元以下的罚款;逾期不改正的,处1万元以上3万元以下的罚款。

第十条　医疗卫生机构、医疗废物集中处置单位有《条例》第四十七条规定的下列情形之一的,由县级以上人民政府环境保护行政主管部门依照《中华人民共和国固体废物污染环境防治法》第七十五条规定责令停止违法行为,限期改正,处2万元以上20万元以下的罚款:

(一)未执行危险废物转移联单管理制度的;

(二)将医疗废物交给或委托给未取得经营许可证的单位或者个人收集、运送、贮存、处置的。

第十一条　有《条例》第四十九条规定的情形,医疗卫生机构发生医疗废物流失、泄露、扩散时,未采取紧急处理措施,或者未及时向卫生行政主管部门报告的,由县级以上地方人民政府卫生行政主管部门责令改正,给予警告,并处1万元以上3万元以下的罚款。

医疗废物集中处置单位发生医疗废物流失、泄露、扩散时,未采取紧急处理措施,或者未及时向环境保护行政主管部门报告的,由县级以上地方人民政府环境保护行政主管部门责令改正,给予警告,并处1万元以上3万元以下的罚款。

第十二条　有《条例》第五十条规定的情形,医疗卫生机构、医疗废物集中处置单位阻碍卫生行政主管部门执法人员执行职务,拒绝执法人员进入现场,或者不配合执法部门的检查、监测、调查取证的,由县级以上地方人民政府卫生行政主管部门责令改正,给予警告;拒不改正的,由原发证的卫生行政主管部门暂扣或者吊销医疗卫生机构的执业许可证件。

医疗卫生机构、医疗废物集中处置单位阻碍环境保护行政主管部门执法人员执行职务,拒绝执法人员进入现场,或者不配合执法部门的检查、监测、调查取证的,由县级以上地方人民政府环境保护行政主管部门依照《中华人民共和国固体废物污染环境防治法》第七十条规定责令限期改正;拒不改正或者在检查时弄虚作假的,处2000元以上2万元以下的罚款。

第十三条　有《条例》第五十一条规定的情形,不具备集中处置医疗废物条件的农村,医疗卫生机构未按照卫生行政主管部门有关疾病防治的要求处置医疗废物的,由县级人民政府卫生行政主管部门责令限期改正,给予警告;逾期不改正的,处1000元以上5000元以下的罚款;未按照环境保护行政主管部门有关环境污染防治的要求处置医疗废物的,由县级人民政府环境保护行政主管部门责令限期改正,给予警告;逾期不改正的,处1000元以上5000元以下的罚款。

第十四条　有《条例》第五十二条规定的情形,未取得经营许可证从事医疗废物的收集、运送、贮存、处置等活动的,由县级以上人民政府环境保护行政主管部门依照《中华人民共和国固体废物污染环境防治法》第七十七条规定责令停止违法行为,没收违法所得,可以并处违法所得三倍以下的罚款。

第十五条　有《条例》第四十七条、第四十八条、第四十九条、第五十一条规定的情形,医疗卫生机构造成传染病传播的,由县级以上地方人民政府卫生行政主管部门依法处罚,并由原发证的卫生行政主管部门暂扣或者吊销执业许可证件;造成环境污染事故的,由县级以上地方人民政府环境保护行政主管部门依照《中华人民共和国固体废物污染环境防治法》有关规定予以处罚,并由原发证的卫生行政主管部门暂扣或者吊销执业许可证件。

医疗废物集中处置单位造成传染病传播的,由县级以上地方人民政府卫生行政主管部门依法处罚,并由原发证的环境保护行政主管部门暂扣或者吊销经营许可证件;造成环境污染事故的,由县级以上地方人民政府环境保护行政主管部门依照《中华人民共和国固体废物污染环境防治法》有关规定予以处罚,并由原发证的环境保护行政主管部门暂扣或者吊销经营许可证件。

第十六条 有《条例》第五十三条规定的情形,转让、买卖医疗废物,邮寄或者通过铁路、航空运输医疗废物,或者违反《条例》规定通过水路运输医疗废物的,由县级以上地方人民政府环境保护行政主管部门责令转让、买卖双方、邮寄人、托运人立即停止违法行为,给予警告,没收违法所得;违法所得5000元以上的,并处违法所得2倍以上5倍以下的罚款;没有违法所得或者违法所得不足5000元的,并处5000元以上2万元以下的罚款。

承运人明知托运人违反《条例》的规定运输医疗废物,仍予以运输的,按照前款的规定予以处罚;承运人将医疗废物与旅客在同一工具上载运的,由县级以上人民政府环境保护行政主管部门依照《中华人民共和国固体废物污染环境防治法》第七十五条规定责令停止违法行为,限期改正,处1万元以上10万元以下的罚款。

第十七条 本办法自2004年6月1日起施行。

电子废物污染环境防治管理办法

(2007年9月27日 国家环境保护总局令第40号)

第一章 总 则

第一条 为了防治电子废物污染环境,加强对电子废物的环境管理,根据《固体废物污染环境防治法》,制定本办法。

第二条 本办法适用于中华人民共和国境内拆解、利用、处置电子废物污染环境的防治。

产生、贮存电子废物污染环境的防治,也适用本办法;有关法律、行政法规另有规定的,从其规定。

电子类危险废物相关活动污染环境的防治,适用《固体废物污染环境防治法》有关危险废物管理的规定。

第三条 国家环境保护总局对全国电子废物污染环境防治工作实施监督管理。

县级以上地方人民政府环境保护行政主管部门对本行政区域内电子废物污染环境防治工作实施监督管理。

第四条 任何单位和个人都有保护环境的义务,并有权对造成电子废物污染环境的单位和个人进行控告和检举。

第二章　拆解利用处置的监督管理

第五条　新建、改建、扩建拆解、利用、处置电子废物的项目，建设单位（包括个体工商户）应当依据国家有关规定，向所在地设区的市级以上地方人民政府环境保护行政主管部门报批环境影响报告书或者环境影响报告表（以下统称环境影响评价文件）。

前款规定的环境影响评价文件，应当包括下列内容：

（一）建设项目概况；

（二）建设项目是否纳入地方电子废物拆解利用处置设施建设规划；

（三）选择的技术和工艺路线是否符合国家产业政策和电子废物拆解利用处置环境保护技术规范和管理要求，是否与所拆解利用处置的电子废物类别相适应；

（四）建设项目对环境可能造成影响的分析和预测；

（五）环境保护措施及其经济、技术论证；

（六）对建设项目实施环境监测的方案；

（七）对本项目不能完全拆解、利用或者处置的电子废物以及其他固体废物或者液态废物的妥善利用或者处置方案；

（八）环境影响评价结论。

第六条　建设项目竣工后，建设单位（包括个体工商户）应当向审批该建设项目环境影响评价文件的环境保护行政主管部门申请该建设项目需要采取的环境保护措施验收。

前款规定的环境保护措施验收，应当包括下列内容：

（一）配套建设的环境保护设施是否竣工；

（二）是否配备具有相关专业资质的技术人员，建立管理人员和操作人员培训制度和计划；

（三）是否建立电子废物经营情况记录簿制度；

（四）是否建立日常环境监测制度；

（五）是否落实不能完全拆解、利用或者处置的电子废物以及其他固体废物或者液态废物的妥善利用或者处置方案；

（六）是否具有与所处理的电子废物相适应的分类、包装、车辆以及其他收集设备；

（七）是否建立防范因火灾、爆炸、化学品泄漏等引发的突发环境污染事件的应急机制。

第七条　负责审批环境影响评价文件的县级以上人民政府环境保护行政主管部门应当及时将具备下列条件的单位（包括个体工商户），列入电子废物拆解利用处置单位（包括个体工商户）临时名录，并予以公布：

（一）已依法办理工商登记手续，取得营业执照；

（二）建设项目的环境保护措施经环境保护行政主管部门验收合格。

负责审批环境影响评价文件的县级以上人民政府环境保护行政主管部门，对近三年内没有两次以上（含两次）违反环境保护法律、法规和没有本办法规定的下列违法行为的列入临时名录的单位（包括个体工商户），列入电子废物拆解利用处置单位（包括个体工商户）名录，予以公布并定期调整：

（一）超过国家或者地方规定的污染物排放标准排放污染物的；

（二）随意倾倒、堆放所产生的固体废物或液态废物的；

（三）将未完全拆解、利用或者处置的电子废物提供或者委托给列入名录且具有相应经营范围的拆解利用处置单位（包括个体工商户）以外的单位或者个人从事拆解、利用、处置活动的；

（四）环境监测数据、经营情况记录弄虚作假的。

近三年内有两次以上（含两次）违反环境保护法律、法规和本办法规定的本条第二款所列违法行为记录的，其单位法定代表人或者个体工商户经营者新设拆解、利用、处置电子废物的经营企业或者个体工商户的，不得列入名录。

名录（包括临时名录）应当载明单位（包括个体工商户）名称、单位法定代表人或者个体工商户经营者、住所、经营范围。

禁止任何个人和未列入名录（包括临时名录）的单位（包括个体工商户）从事拆解、利用、处置电子废物的活动。

第八条 建设电子废物集中拆解利用处置区的，应当严格规划，符合国家环境保护总局制定的有关技术规范的要求。

第九条 从事拆解、利用、处置电子废物活动的单位（包括个体工商户）应当按照环境保护措施验收的要求对污染物排放进行日常定期监测。

从事拆解、利用、处置电子废物活动的单位（包括个体工商户）应当按照电子废物经营情况记录簿制度的规定，如实记载每批电子废物的来源、类型、重量或者数量、收集（接收）、拆解、利用、贮存、处置的时间；运输者的名称和地址；未完全拆解、利用或者处置的电子废物以及固体废物或液态废物的种类、重量或者数量及去向等。

监测报告及经营情况记录簿应当保存三年。

第十条 从事拆解、利用、处置电子废物活动的单位（包括个体工商户），应当按照经验收合格的培训制度和计划进行培训。

第十一条 拆解、利用和处置电子废物，应当符合国家环境保护总局制定的有关电子废物污染防治的相关标准、技术规范和技术政策的要求。

禁止使用落后的技术、工艺和设备拆解、利用和处置电子废物。

禁止露天焚烧电子废物。

禁止使用冲天炉、简易反射炉等设备和简易酸浸工艺利用、处置电子废物。

禁止以直接填埋的方式处置电子废物。

拆解、利用、处置电子废物应当在专门作业场所进行。作业场所应当采取防雨、防地面渗漏的措施，并有收集泄漏液体的设施。拆解电子废物，应当首先将铅酸电池、镉镍电池、汞开关、阴极射线管、多氯联苯电容器、制冷剂等去除并分类收集、贮存、利用、处置。

贮存电子废物，应当采取防止因破碎或者其他原因导致电子废物中有毒有害物质泄漏的措施。破碎的阴极射线管应当贮存在有盖的容器内。电子废物贮存期限不得超过一年。

第十二条 县级以上人民政府环境保护行政主管部门有权要求拆解、利用、处置电子废物的单位定期报告电子废物经营活动情况。

县级以上人民政府环境保护行政主管部门应当通过书面核查和实地检查等方式进行监督检查，并将监督检查情况和处理结果予以记录，由监督检查人员签字后归档。监督抽查和监测一年不得少于一次。

县级以上人民政府环境保护行政主管部门发现有不符合环境保护措施验收合格时条件、情节轻微的,可以责令限期整改;经及时整改并未造成危害后果的,可以不予处罚。

第十三条 本办法施行前已经从事拆解、利用、处置电子废物活动的单位(包括个体工商户),具备下列条件的,可以自本办法施行之日起120日内,按照本办法的规定,向所在地设区的市级以上地方人民政府环境保护行政主管部门申请核准列入临时名录,并提供下列相关证明文件:

(一)已依法办理工商登记手续,取得营业执照;

(二)环境保护设施已经环境保护行政主管部门竣工验收合格;

(三)已经符合或者经过整改符合本办法规定的环境保护措施验收条件,能够达到电子废物拆解利用处置环境保护技术规范和管理要求;

(四)污染物排放及所产生固体废物或者液态废物的利用或者处置符合环境保护设施竣工验收时的要求。

设区的市级以上地方人民政府环境保护行政主管部门应当自受理申请之日起20个工作日内,对申请单位提交的证明材料进行审查,并对申请单位的经营设施进行现场核查,符合条件的,列入临时名录,并予以公告;不符合条件的,书面通知申请单位并说明理由。

列入临时名录经营期限满三年,并符合本办法第七条第二款所列条件的,列入名录。

第三章 相关方责任

第十四条 电子电器产品、电子电气设备的生产者应当依据国家有关法律、行政法规或者规章的规定,限制或者淘汰有毒有害物质在产品或者设备中的使用。

电子电器产品、电子电气设备的生产者、进口者和销售者,应当依据国家有关规定公开产品或者设备所含铅、汞、镉、六价铬、多溴联苯(PBB)、多溴二苯醚(PBDE)等有毒有害物质,以及不当利用或者处置可能对环境和人类健康影响的信息,产品或者设备废弃后以环境无害化方式利用或者处置的方法提示。

电子电器产品、电子电气设备的生产者、进口者和销售者,应当依据国家有关规定建立回收系统,回收废弃产品或者设备,并负责以环境无害化方式贮存、利用或者处置。

第十五条 有下列情形之一的,应当将电子废物提供或者委托给列入名录(包括临时名录)的具有相应经营范围的拆解利用处置单位(包括个体工商户)进行拆解、利用或者处置:

(一)产生工业电子废物的单位,未自行以环境无害化方式拆解、利用或者处置的;

(二)电子电器产品、电子电气设备生产者、销售者、进口者、使用者、翻新或者维修者、再制造者,废弃电子电器产品、电子电气设备的;

(三)拆解利用处置单位(包括个体工商户),不能完全拆解、利用或者处置电子废物的;

(四)有关行政主管部门在行政管理活动中,依法收缴的非法生产或者进口的电子电器产品、电子电气设备需要拆解、利用或者处置的。

第十六条 产生工业电子废物的单位,应当记录所产生工业电子废物的种类、重量或者数量、自行或者委托第三方贮存、拆解、利用、处置情况等;并依法向所在地县级以上地方人民政府环境保护行政主管部门提供电子废物的种类、产生量、流向、拆解、利用、贮存、处置等有关资料。

记录资料应当保存三年。

第十七条 以整机形式转移含铅酸电池、镉镍电池、汞开关、阴极射线管和多氯联苯电容器的废弃电子电器产品或者电子电气设备等电子类危险废物的,适用《固体废物污染环境防治法》第二十三条的规定。

转移过程中应当采取防止废弃电子电器产品或者电子电气设备破碎的措施。

第四章 罚 则

第十八条 县级以上人民政府环境保护行政主管部门违反本办法规定,不依法履行监督管理职责的,由本级人民政府或者上级环境保护行政主管部门依法责令改正;对负有责任的主管人员和其他直接责任人员,依据国家有关规定给予行政处分;构成犯罪的,依法追究刑事责任。

第十九条 违反本办法规定,拒绝现场检查的,由县级以上人民政府环境保护行政主管部门依据《固体废物污染环境防治法》责令限期改正;拒不改正或者在检查时弄虚作假的,处2000元以上2万元以下的罚款;情节严重,但尚构不成刑事处罚的,并由公安机关依据《治安管理处罚法》处5日以上10日以下拘留;构成犯罪的,依法追究刑事责任。

第二十条 违反本办法规定,任何个人或者未列入名录(包括临时名录)的单位(包括个体工商户)从事拆解、利用、处置电子废物活动的,按照下列规定予以处罚:

(一)未获得环境保护措施验收合格的,由审批该建设项目环境影响评价文件的人民政府环境保护行政主管部门依据《建设项目环境保护管理条例》责令停止拆解、利用、处置电子废物活动,可以处10万元以下罚款;

(二)未取得营业执照的,由工商行政管理部门依据《无照经营查处取缔办法》依法予以取缔,没收专门用于从事无照经营的工具、设备、原材料、产品等财物,并处5万元以上50万元以下的罚款。

第二十一条 违反本办法规定,有下列行为之一的,由所在地县级以上人民政府环境保护行政主管部门责令限期整改,并处3万元以下罚款:

(一)将未完全拆解、利用或者处置的电子废物提供或者委托给列入名录(包括临时名录)且具有相应经营范围的拆解利用处置单位(包括个体工商户)以外的单位或者个人从事拆解、利用、处置活动的;

(二)拆解、利用和处置电子废物不符合有关电子废物污染防治的相关标准、技术规范和技术政策的要求,或者违反本办法规定的禁止性技术、工艺、设备要求的;

(三)贮存、拆解、利用、处置电子废物的作业场所不符合要求的;

(四)未按规定记录经营情况、日常环境监测数据、所产生工业电子废物的有关情况等,或者环境监测数据、经营情况记录弄虚作假的;

(五)未按培训制度和计划进行培训的;

(六)贮存电子废物超过一年的。

第二十二条 列入名录(包括临时名录)的单位(包括个体工商户)违反《固体废物污染环境防治法》等有关法律、行政法规规定,有下列行为之一的,依据有关法律、行政法规予以处罚:

(一)擅自关闭、闲置或者拆除污染防治设施、场所的;

(二)未采取无害化处置措施,随意倾倒、堆放所产生的固体废物或液态废物的;

(三)造成固体废物或液态废物扬散、流失、渗漏或者其他环境污染等环境违法行为的;

(四)不正常使用污染防治设施的。

有前款第一项、第二项、第三项行为的,分别依据《固体废物污染环境防治法》第六十八条规定,处以1万元以上10万元以下罚款;有前款第四项行为的,依据《水污染防治法》、《大气污染防治法》有关规定予以处罚。

第二十三条 列入名录(包括临时名录)的单位(包括个体工商户)违反《固体废物污染环境防治法》等有关法律、行政法规规定,有造成固体废物或液态废物严重污染环境的下列情形之一的,由所在地县级以上人民政府环境保护行政主管部门依据《固体废物污染环境防治法》和《国务院关于落实科学发展观加强环境保护的决定》的规定,责令限其在三个月内进行治理,限产限排,并不得建设增加污染物排放总量的项目;逾期未完成治理任务的,责令其在三个月内停产整治;逾期仍未完成治理任务的,报经本级人民政府批准关闭:

(一)危害生活饮用水水源的;

(二)造成地下水或者土壤重金属环境污染的;

(三)因危险废物扬散、流失、渗漏造成环境污染的;

(四)造成环境功能丧失无法恢复环境原状的;

(五)其他造成固体废物或者液态废物严重污染环境的情形。

第二十四条 县级以上人民政府环境保护行政主管部门发现有违反本办法的行为,依据有关法律、法规和本办法的规定应当由工商行政管理部门或者公安机关行使行政处罚权的,应当及时移送有关主管部门依法予以处罚。

第五章 附 则

第二十五条 本办法中下列用语的含义:

(一)电子废物,是指废弃的电子电器产品、电子电气设备(以下简称产品或者设备)及其废弃零部件、元器件和国家环境保护总局会同有关部门规定纳入电子废物管理的物品、物质。包括工业生产活动中产生的报废产品或者设备、报废的半成品和下脚料,产品或者设备维修、翻新、再制造过程产生的报废品,日常生活或者为日常生活提供服务的活动中废弃的产品或者设备,以及法律法规禁止生产或者进口的产品或者设备。

(二)工业电子废物,是指在工业生产活动中产生的电子废物,包括维修、翻新和再制造工业单位以及拆解利用处置电子废物的单位(包括个体工商户),在生产活动及相关活动中产生的电子废物。

(三)电子类危险废物,是指列入国家危险废物名录或者根据国家规定的危险废物鉴别标准和鉴别方法认定的具有危险特性的电子废物。包括含铅酸电池、镉镍电池、汞开关、阴极射线管和多氯联苯电容器等的产品或者设备等。

(四)拆解,是指以利用、贮存或者处置为目的,通过人工或者机械的方式将电子废物进行拆卸、解体活动;不包括产品或者设备维修、翻新、再制造过程中的拆卸活动。

(五)利用,是指从电子废物中提取物质作为原材料或者燃料的活动,不包括对产品或者设备的维修、翻新和再制造。

第二十六条 本办法自2008年2月1日起施行。

危险化学品安全管理条例（2013年修订）

（2002年1月26日中华人民共和国国务院令第344号发布　2011年3月2日中华人民共和国国务院令第591号第一次修订　根据2013年12月7日中华人民共和国国务院令第645号《国务院关于修改部分行政法规的决定》第二次修订）

第一章　总　则

第一条　为了加强危险化学品的安全管理，预防和减少危险化学品事故，保障人民群众生命财产安全，保护环境，制定本条例。

第二条　危险化学品生产、储存、使用、经营和运输的安全管理，适用本条例。

废弃危险化学品的处置，依照有关环境保护的法律、行政法规和国家有关规定执行。

第三条　本条例所称危险化学品，是指具有毒害、腐蚀、爆炸、燃烧、助燃等性质，对人体、设施、环境具有危害的剧毒化学品和其他化学品。

危险化学品目录，由国务院安全生产监督管理部门会同国务院工业和信息化、公安、环境保护、卫生、质量监督检验检疫、交通运输、铁路、民用航空、农业主管部门，根据化学品危险特性的鉴别和分类标准确定、公布，并适时调整。

第四条　危险化学品安全管理，应当坚持安全第一、预防为主、综合治理的方针，强化和落实企业的主体责任。

生产、储存、使用、经营、运输危险化学品的单位（以下统称危险化学品单位）的主要负责人对本单位的危险化学品安全管理工作全面负责。

危险化学品单位应当具备法律、行政法规规定和国家标准、行业标准要求的安全条件，建立、健全安全管理规章制度和岗位安全责任制度，对从业人员进行安全教育、法制教育和岗位技术培训。从业人员应当接受教育和培训，考核合格后上岗作业；对有资格要求的岗位，应当配备依法取得相应资格的人员。

第五条　任何单位和个人不得生产、经营、使用国家禁止生产、经营、使用的危险化学品。

国家对危险化学品的使用有限制性规定的，任何单位和个人不得违反限制性规定使用危险化学品。

第六条　对危险化学品的生产、储存、使用、经营、运输实施安全监督管理的有关部门（以下统称负有危险化学品安全监督管理职责的部门），依照下列规定履行职责：

（一）安全生产监督管理部门负责危险化学品安全监督管理综合工作，组织确定、公布、调整危险化学品目录，对新建、改建、扩建生产、储存危险化学品（包括使用长输管道输送危险化学品，下同）的建设项目进行安全条件审查，核发危险化学品安全生产许可证、危险化学品安全使用许可证和危险化学品经营许可证，并负责危险化学品登记工作。

(二)公安机关负责危险化学品的公共安全管理,核发剧毒化学品购买许可证、剧毒化学品道路运输通行证,并负责危险化学品运输车辆的道路交通安全管理。

(三)质量监督检验检疫部门负责核发危险化学品及其包装物、容器(不包括储存危险化学品的固定式大型储罐,下同)生产企业的工业产品生产许可证,并依法对其产品质量实施监督,负责对进出口危险化学品及其包装实施检验。

(四)环境保护主管部门负责废弃危险化学品处置的监督管理,组织危险化学品的环境危害性鉴定和环境风险程度评估,确定实施重点环境管理的危险化学品,负责危险化学品环境管理登记和新化学物质环境管理登记;依照职责分工调查相关危险化学品环境污染事故和生态破坏事件,负责危险化学品事故现场的应急环境监测。

(五)交通运输主管部门负责危险化学品道路运输、水路运输的许可以及运输工具的安全管理,对危险化学品水路运输安全实施监督,负责危险化学品道路运输企业、水路运输企业驾驶人员、船员、装卸管理人员、押运人员、申报人员、集装箱装箱现场检查员的资格认定。铁路监管部门负责危险化学品铁路运输及其运输工具的安全管理。民用航空主管部门负责危险化学品航空运输以及航空运输企业及其运输工具的安全管理。

(六)卫生主管部门负责危险化学品毒性鉴定的管理,负责组织、协调危险化学品事故受伤人员的医疗卫生救援工作。

(七)工商行政管理部门依据有关部门的许可证件,核发危险化学品生产、储存、经营、运输企业营业执照,查处危险化学品经营企业违法采购危险化学品的行为。

(八)邮政管理部门负责依法查处寄递危险化学品的行为。

第七条 负有危险化学品安全监督管理职责的部门依法进行监督检查,可以采取下列措施:

(一)进入危险化学品作业场所实施现场检查,向有关单位和人员了解情况,查阅、复制有关文件、资料;

(二)发现危险化学品事故隐患,责令立即消除或者限期消除;

(三)对不符合法律、行政法规、规章规定或者国家标准、行业标准要求的设施、设备、装置、器材、运输工具,责令立即停止使用;

(四)经本部门主要负责人批准,查封违法生产、储存、使用、经营危险化学品的场所,扣押违法生产、储存、使用、经营、运输的危险化学品以及用于违法生产、使用、运输危险化学品的原材料、设备、运输工具;

(五)发现影响危险化学品安全的违法行为,当场予以纠正或者责令限期改正。

负有危险化学品安全监督管理职责的部门依法进行监督检查,监督检查人员不得少于2人,并应当出示执法证件;有关单位和个人对依法进行的监督检查应当予以配合,不得拒绝、阻碍。

第八条 县级以上人民政府应当建立危险化学品安全监督管理工作协调机制,支持、督促负有危险化学品安全监督管理职责的部门依法履行职责,协调、解决危险化学品安全监督管理工作中的重大问题。

负有危险化学品安全监督管理职责的部门应当相互配合、密切协作,依法加强对危险化学品的安全监督管理。

第九条 任何单位和个人对违反本条例规定的行为,有权向负有危险化学品安全监督管理职责的部门举报。负有危险化学品安全监督管理职责的部门接到举报,应当及时依法处理;对不属于本部门职责的,应当及时移送有关部门处理。

第十条 国家鼓励危险化学品生产企业和使用危险化学品从事生产的企业采用有利于提高安全保障水平的先进技术、工艺、设备以及自动控制系统,鼓励对危险化学品实行专门储存、统一配送、集中销售。

第二章 生产、储存安全

第十一条 国家对危险化学品的生产、储存实行统筹规划、合理布局。

国务院工业和信息化主管部门以及国务院其他有关部门依据各自职责,负责危险化学品生产、储存的行业规划和布局。

地方人民政府组织编制城乡规划,应当根据本地区的实际情况,按照确保安全的原则,规划适当区域专门用于危险化学品的生产、储存。

第十二条 新建、改建、扩建生产、储存危险化学品的建设项目(以下简称建设项目),应当由安全生产监督管理部门进行安全条件审查。

建设单位应当对建设项目进行安全条件论证,委托具备国家规定的资质条件的机构对建设项目进行安全评价,并将安全条件论证和安全评价的情况报告报建设项目所在地设区的市级以上人民政府安全生产监督管理部门;安全生产监督管理部门应当自收到报告之日起45日内作出审查决定,并书面通知建设单位。具体办法由国务院安全生产监督管理部门制定。

新建、改建、扩建储存、装卸危险化学品的港口建设项目,由港口行政管理部门按照国务院交通运输主管部门的规定进行安全条件审查。

第十三条 生产、储存危险化学品的单位,应当对其铺设的危险化学品管道设置明显标志,并对危险化学品管道定期检查、检测。

进行可能危及危险化学品管道安全的施工作业,施工单位应当在开工的7日前书面通知管道所属单位,并与管道所属单位共同制定应急预案,采取相应的安全防护措施。管道所属单位应当指派专门人员到现场进行管道安全保护指导。

第十四条 危险化学品生产企业进行生产前,应当依照《安全生产许可证条例》的规定,取得危险化学品安全生产许可证。

生产列入国家实行生产许可证制度的工业产品目录的危险化学品的企业,应当依照《中华人民共和国工业产品生产许可证管理条例》的规定,取得工业产品生产许可证。

负责颁发危险化学品安全生产许可证、工业产品生产许可证的部门,应当将其颁发许可证的情况及时向同级工业和信息化主管部门、环境保护主管部门和公安机关通报。

第十五条 危险化学品生产企业应当提供与其生产的危险化学品相符的化学品安全技术说明书,并在危险化学品包装(包括外包装件)上粘贴或者拴挂与包装内危险化学品相符的化学品安全标签。化学品安全技术说明书和化学品安全标签所载明的内容应当符合国家标准的要求。

危险化学品生产企业发现其生产的危险化学品有新的危险特性的,应当立即公告,并及时修订其化学品安全技术说明书和化学品安全标签。

第十六条 生产实施重点环境管理的危险化学品的企业,应当按照国务院环境保护主管部门的规定,将该危险化学品向环境中释放等相关信息向环境保护主管部门报告。环境保护主管部门可以根据情况采取相应的环境风险控制措施。

第十七条 危险化学品的包装应当符合法律、行政法规、规章的规定以及国家标准、行业标准的要求。

危险化学品包装物、容器的材质以及危险化学品包装的型式、规格、方法和单件质量(重量)，应当与所包装的危险化学品的性质和用途相适应。

第十八条 生产列入国家实行生产许可证制度的工业产品目录的危险化学品包装物、容器的企业，应当依照《中华人民共和国工业产品生产许可证管理条例》的规定，取得工业产品生产许可证；其生产的危险化学品包装物、容器经国务院质量监督检验检疫部门认定的检验机构检验合格，方可出厂销售。

运输危险化学品的船舶及其配载的容器，应当按照国家船舶检验规范进行生产，并经海事管理机构认定的船舶检验机构检验合格，方可投入使用。

对重复使用的危险化学品包装物、容器，使用单位在重复使用前应当进行检查；发现存在安全隐患的，应当维修或者更换。使用单位应当对检查情况作出记录，记录的保存期限不得少于2年。

第十九条 危险化学品生产装置或者储存数量构成重大危险源的危险化学品储存设施(运输工具加油站、加气站除外)，与下列场所、设施、区域的距离应当符合国家有关规定：

(一)居住区以及商业中心、公园等人员密集场所；
(二)学校、医院、影剧院、体育场(馆)等公共设施；
(三)饮用水源、水厂以及水源保护区；
(四)车站、码头(依法经许可从事危险化学品装卸作业的除外)、机场以及通信干线、通信枢纽、铁路线路、道路交通干线、水路交通干线、地铁风亭以及地铁站出入口；
(五)基本农田保护区、基本草原、畜禽遗传资源保护区、畜禽规模化养殖场(养殖小区)、渔业水域以及种子、种畜禽、水产苗种生产基地；
(六)河流、湖泊、风景名胜区、自然保护区；
(七)军事禁区、军事管理区；
(八)法律、行政法规规定的其他场所、设施、区域。

已建的危险化学品生产装置或者储存数量构成重大危险源的危险化学品储存设施不符合前款规定的，由所在地设区的市级人民政府安全生产监督管理部门会同有关部门监督其所属单位在规定期限内进行整改；需要转产、停产、搬迁、关闭的，由本级人民政府决定并组织实施。

储存数量构成重大危险源的危险化学品储存设施的选址，应当避开地震活动断层和容易发生洪灾、地质灾害的区域。

本条例所称重大危险源，是指生产、储存、使用或者搬运危险化学品，且危险化学品的数量等于或者超过临界量的单元(包括场所和设施)。

第二十条 生产、储存危险化学品的单位，应当根据其生产、储存的危险化学品的种类和危险特性，在作业场所设置相应的监测、监控、通风、防晒、调温、防火、灭火、防爆、泄压、防毒、中和、防潮、防雷、防静电、防腐、防泄漏以及防护围堤或者隔离操作等安全设施、设备，并按照国家标准、行业标准或者国家有关规定对安全设施、设备进行经常性维护、保养，保证安全设施、设备的正常使用。

生产、储存危险化学品的单位，应当在其作业场所和安全设施、设备上设置明显的安全警示标志。

第二十一条 生产、储存危险化学品的单位,应当在其作业场所设置通信、报警装置,并保证处于适用状态。

第二十二条 生产、储存危险化学品的企业,应当委托具备国家规定的资质条件的机构,对本企业的安全生产条件每3年进行一次安全评价,提出安全评价报告。安全评价报告的内容应当包括对安全生产条件存在的问题进行整改的方案。

生产、储存危险化学品的企业,应当将安全评价报告以及整改方案的落实情况报所在地县级人民政府安全生产监督管理部门备案。在港区内储存危险化学品的企业,应当将安全评价报告以及整改方案的落实情况报港口行政管理部门备案。

第二十三条 生产、储存剧毒化学品或者国务院公安部门规定的可用于制造爆炸物品的危险化学品(以下简称易制爆危险化学品)的单位,应当如实记录其生产、储存的剧毒化学品、易制爆危险化学品的数量、流向,并采取必要的安全防范措施,防止剧毒化学品、易制爆危险化学品丢失或者被盗;发现剧毒化学品、易制爆危险化学品丢失或者被盗的,应当立即向当地公安机关报告。

生产、储存剧毒化学品、易制爆危险化学品的单位,应当设置治安保卫机构,配备专职治安保卫人员。

第二十四条 危险化学品应当储存在专用仓库、专用场地或者专用储存室(以下统称专用仓库)内,并由专人负责管理;剧毒化学品以及储存数量构成重大危险源的其他危险化学品,应当在专用仓库内单独存放,并实行双人收发、双人保管制度。

危险化学品的储存方式、方法以及储存数量应当符合国家标准或者国家有关规定。

第二十五条 储存危险化学品的单位应当建立危险化学品出入库核查、登记制度。

对剧毒化学品以及储存数量构成重大危险源的其他危险化学品,储存单位应当将其储存数量、储存地点以及管理人员的情况,报所在地县级人民政府安全生产监督管理部门(在港区内储存的,报港口行政管理部门)和公安机关备案。

第二十六条 危险化学品专用仓库应当符合国家标准、行业标准的要求,并设置明显的标志。储存剧毒化学品、易制爆危险化学品的专用仓库,应当按照国家有关规定设置相应的技术防范设施。

储存危险化学品的单位应当对其危险化学品专用仓库的安全设施、设备定期进行检测、检验。

第二十七条 生产、储存危险化学品的单位转产、停产、停业或者解散的,应当采取有效措施,及时、妥善处置其危险化学品生产装置、储存设施以及库存的危险化学品,不得丢弃危险化学品;处置方案应当报所在地县级人民政府安全生产监督管理部门、工业和信息化主管部门、环境保护主管部门和公安机关备案。安全生产监督管理部门应当会同环境保护主管部门和公安机关对处置情况进行监督检查,发现未依照规定处置的,应当责令其立即处置。

第三章 使用安全

第二十八条 使用危险化学品的单位,其使用条件(包括工艺)应当符合法律、行政法规的规定和国家标准、行业标准的要求,并根据所使用的危险化学品的种类、危险特性以及使用量和使用方式,建立、健全使用危险化学品的安全管理规章制度和安全操作规程,保证危险化学品的安全使用。

第二十九条 使用危险化学品从事生产并且使用量达到规定数量的化工企业（属于危险化学品生产企业的除外，下同），应当依照本条例的规定取得危险化学品安全使用许可证。

前款规定的危险化学品使用量的数量标准，由国务院安全生产监督管理部门会同国务院公安部门、农业主管部门确定并公布。

第三十条 申请危险化学品安全使用许可证的化工企业，除应当符合本条例第二十八条的规定外，还应当具备下列条件：

（一）有与所使用的危险化学品相适应的专业技术人员；

（二）有安全管理机构和专职安全管理人员；

（三）有符合国家规定的危险化学品事故应急预案和必要的应急救援器材、设备；

（四）依法进行了安全评价。

第三十一条 申请危险化学品安全使用许可证的化工企业，应当向所在地设区的市级人民政府安全生产监督管理部门提出申请，并提交其符合本条例第三十条规定条件的证明材料。设区的市级人民政府安全生产监督管理部门应当依法进行审查，自收到证明材料之日起45日内作出批准或者不予批准的决定。予以批准的，颁发危险化学品安全使用许可证；不予批准的，书面通知申请人并说明理由。

安全生产监督管理部门应当将其颁发危险化学品安全使用许可证的情况及时向同级环境保护主管部门和公安机关通报。

第三十二条 本条例第十六条关于生产实施重点环境管理的危险化学品的企业的规定，适用于使用实施重点环境管理的危险化学品从事生产的企业；第二十条、第二十一条、第二十三条第一款、第二十七条关于生产、储存危险化学品的单位的规定，适用于使用危险化学品的单位；第二十二条关于生产、储存危险化学品的企业的规定，适用于使用危险化学品从事生产的企业。

第四章 经营安全

第三十三条 国家对危险化学品经营（包括仓储经营，下同）实行许可制度。未经许可，任何单位和个人不得经营危险化学品。

依法设立的危险化学品生产企业在其厂区范围内销售本企业生产的危险化学品，不需要取得危险化学品经营许可。

依照《中华人民共和国港口法》的规定取得港口经营许可证的港口经营人，在港区内从事危险化学品仓储经营，不需要取得危险化学品经营许可。

第三十四条 从事危险化学品经营的企业应当具备下列条件：

（一）有符合国家标准、行业标准的经营场所，储存危险化学品的，还应当有符合国家标准、行业标准的储存设施；

（二）从业人员经过专业技术培训并经考核合格；

（三）有健全的安全管理规章制度；

（四）有专职安全管理人员；

（五）有符合国家规定的危险化学品事故应急预案和必要的应急救援器材、设备；

（六）法律、法规规定的其他条件。

第三十五条 从事剧毒化学品、易制爆危险化学品经营的企业，应当向所在地设区的市级人民政府安全生产监督管理部门提出申请,从事其他危险化学品经营的企业,应当向所在地县级人民政府安全生产监督管理部门提出申请(有储存设施的,应当向所在地设区的市级人民政府安全生产监督管理部门提出申请)。申请人应当提交其符合本条例第三十四条规定条件的证明材料。设区的市级人民政府安全生产监督管理部门或者县级人民政府安全生产监督管理部门应当依法进行审查,并对申请人的经营场所、储存设施进行现场核查,自收到证明材料之日起30日内作出批准或者不予批准的决定。予以批准的,颁发危险化学品经营许可证;不予批准的,书面通知申请人并说明理由。

设区的市级人民政府安全生产监督管理部门和县级人民政府安全生产监督管理部门应当将其颁发危险化学品经营许可证的情况及时向同级环境保护主管部门和公安机关通报。

申请人持危险化学品经营许可证向工商行政管理部门办理登记手续后,方可从事危险化学品经营活动。法律、行政法规或者国务院规定经营危险化学品还需要经其他有关部门许可的,申请人向工商行政管理部门办理登记手续时还应当持相应的许可证件。

第三十六条 危险化学品经营企业储存危险化学品的,应当遵守本条例第二章关于储存危险化学品的规定。危险化学品商店内只能存放民用小包装的危险化学品。

第三十七条 危险化学品经营企业不得向未经许可从事危险化学品生产、经营活动的企业采购危险化学品,不得经营没有化学品安全技术说明书或者化学品安全标签的危险化学品。

第三十八条 依法取得危险化学品安全生产许可证、危险化学品安全使用许可证、危险化学品经营许可证的企业,凭相应的许可证件购买剧毒化学品、易制爆危险化学品。民用爆炸物品生产企业凭民用爆炸物品生产许可证购买易制爆危险化学品。

前款规定以外的单位购买剧毒化学品的,应当向所在地县级人民政府公安机关申请取得剧毒化学品购买许可证;购买易制爆危险化学品的,应当持本单位出具的合法用途说明。

个人不得购买剧毒化学品(属于剧毒化学品的农药除外)和易制爆危险化学品。

第三十九条 申请取得剧毒化学品购买许可证,申请人应当向所在地县级人民政府公安机关提交下列材料:

(一)营业执照或者法人证书(登记证书)的复印件;

(二)拟购买的剧毒化学品品种、数量的说明;

(三)购买剧毒化学品用途的说明;

(四)经办人的身份证明。

县级人民政府公安机关应当自收到前款规定的材料之日起3日内,作出批准或者不予批准的决定。予以批准的,颁发剧毒化学品购买许可证;不予批准的,书面通知申请人并说明理由。

剧毒化学品购买许可证管理办法由国务院公安部门制定。

第四十条 危险化学品生产企业、经营企业销售剧毒化学品、易制爆危险化学品,应当查验本条例第三十八条第一款、第二款规定的相关许可证件或者证明文件,不得向不具有相关许可证件或者证明文件的单位销售剧毒化学品、易制爆危险化学品。对持剧毒化学品购买许可证购买剧毒化学品的,应当按照许可证载明的品种、数量销售。

禁止向个人销售剧毒化学品(属于剧毒化学品的农药除外)和易制爆危险化学品。

第四十一条 危险化学品生产企业、经营企业销售剧毒化学品、易制爆危险化学品,应当如实记录购买单位的名称、地址、经办人的姓名、身份证号码以及所购买的剧毒化学品、易制爆危险化学品的品种、数量、用途。销售记录以及经办人的身份证明复印件、相关许可证件复印件或者证明文件的保存期限不得少于1年。

剧毒化学品、易制爆危险化学品的销售企业、购买单位应当在销售、购买后5日内,将所销售、购买的剧毒化学品、易制爆危险化学品的品种、数量以及流向信息报所在地县级人民政府公安机关备案,并输入计算机系统。

第四十二条 使用剧毒化学品、易制爆危险化学品的单位不得出借、转让其购买的剧毒化学品、易制爆危险化学品;因转产、停产、搬迁、关闭等确需转让的,应当向具有本条例第三十八条第一款、第二款规定的相关许可证件或者证明文件的单位转让,并在转让后将有关情况及时向所在地县级人民政府公安机关报告。

第五章 运输安全

第四十三条 从事危险化学品道路运输、水路运输的,应当分别依照有关道路运输、水路运输的法律、行政法规的规定,取得危险货物道路运输许可、危险货物水路运输许可,并向工商行政管理部门办理登记手续。

危险化学品道路运输企业、水路运输企业应当配备专职安全管理人员。

第四十四条 危险化学品道路运输企业、水路运输企业的驾驶人员、船员、装卸管理人员、押运人员、申报人员、集装箱装箱现场检查员应当经交通运输主管部门考核合格,取得从业资格。具体办法由国务院交通运输主管部门制定。

危险化学品的装卸作业应当遵守安全作业标准、规程和制度,并在装卸管理人员的现场指挥或者监控下进行。水路运输危险化学品的集装箱装箱作业应当在集装箱装箱现场检查员的指挥或者监控下进行,并符合积载、隔离的规范和要求;装箱作业完毕后,集装箱装箱现场检查员应当签署装箱证明书。

第四十五条 运输危险化学品,应当根据危险化学品的危险特性采取相应的安全防护措施,并配备必要的防护用品和应急救援器材。

用于运输危险化学品的槽罐以及其他容器应当封口严密,能够防止危险化学品在运输过程中因温度、湿度或者压力的变化发生渗漏、洒漏;槽罐以及其他容器的溢流和泄压装置应当设置准确、起闭灵活。

运输危险化学品的驾驶人员、船员、装卸管理人员、押运人员、申报人员、集装箱装箱现场检查员,应当了解所运输的危险化学品的危险特性及其包装物、容器的使用要求和出现危险情况时的应急处置方法。

第四十六条 通过道路运输危险化学品的,托运人应当委托依法取得危险货物道路运输许可的企业承运。

第四十七条 通过道路运输危险化学品的,应当按照运输车辆的核定载质量装载危险化学品,不得超载。

危险化学品运输车辆应当符合国家标准要求的安全技术条件,并按照国家有关规定定期进行安全技术检验。

危险化学品运输车辆应当悬挂或者喷涂符合国家标准要求的警示标志。

第四十八条 通过道路运输危险化学品的,应当配备押运人员,并保证所运输的危险化学品处于押运人员的监控之下。

运输危险化学品途中因住宿或者发生影响正常运输的情况,需要较长时间停车的,驾驶人员、押运人员应当采取相应的安全防范措施;运输剧毒化学品或者易制爆危险化学品的,还应当向当地公安机关报告。

第四十九条 未经公安机关批准,运输危险化学品的车辆不得进入危险化学品运输车辆限制通行的区域。危险化学品运输车辆限制通行的区域由县级人民政府公安机关划定,并设置明显的标志。

第五十条 通过道路运输剧毒化学品的,托运人应当向运输始发地或者目的地县级人民政府公安机关申请剧毒化学品道路运输通行证。

申请剧毒化学品道路运输通行证,托运人应当向县级人民政府公安机关提交下列材料:

(一)拟运输的剧毒化学品品种、数量的说明;

(二)运输始发地、目的地、运输时间和运输路线的说明;

(三)承运人取得危险货物道路运输许可、运输车辆取得营运证以及驾驶人员、押运人员取得上岗资格的证明文件;

(四)本条例第三十八条第一款、第二款规定的购买剧毒化学品的相关许可证件,或者海关出具的进出口证明文件。

县级人民政府公安机关应当自收到前款规定的材料之日起 7 日内,作出批准或者不予批准的决定。予以批准的,颁发剧毒化学品道路运输通行证;不予批准的,书面通知申请人并说明理由。

剧毒化学品道路运输通行证管理办法由国务院公安部门制定。

第五十一条 剧毒化学品、易制爆危险化学品在道路运输途中丢失、被盗、被抢或者出现流散、泄漏等情况的,驾驶人员、押运人员应当立即采取相应的警示措施和安全措施,并向当地公安机关报告。公安机关接到报告后,应当根据实际情况立即向安全生产监督管理部门、环境保护主管部门、卫生主管部门通报。有关部门应当采取必要的应急处置措施。

第五十二条 通过水路运输危险化学品的,应当遵守法律、行政法规以及国务院交通运输主管部门关于危险货物水路运输安全的规定。

第五十三条 海事管理机构应当根据危险化学品的种类和危险特性,确定船舶运输危险化学品的相关安全运输条件。

拟交付船舶运输的化学品的相关安全运输条件不明确的,货物所有人或者代理人应当委托相关技术机构进行评估,明确相关安全运输条件并经海事管理机构确认后,方可交付船舶运输。

第五十四条 禁止通过内河封闭水域运输剧毒化学品以及国家规定禁止通过内河运输的其他危险化学品。

前款规定以外的内河水域,禁止运输国家规定禁止通过内河运输的剧毒化学品以及其他危险化学品。

禁止通过内河运输的剧毒化学品以及其他危险化学品的范围,由国务院交通运输主管部门会同国务院环境保护主管部门、工业和信息化主管部门、安全生产监督管理部门,根据危险化学品的危险特性、危险化学品对人体和水环境的危害程度以及消除危害后果的难易程度等因素规定并公布。

第五十五条 国务院交通运输主管部门应当根据危险化学品的危险特性,对通过内河运输本条例第五十四条规定以外的危险化学品(以下简称通过内河运输危险化学品)实行分类管理,对各类危险化学品的运输方式、包装规范和安全防护措施等分别作出规定并监督实施。

第五十六条 通过内河运输危险化学品,应当由依法取得危险货物水路运输许可的水路运输企业承运,其他单位和个人不得承运。托运人应当委托依法取得危险货物水路运输许可的水路运输企业承运,不得委托其他单位和个人承运。

第五十七条 通过内河运输危险化学品,应当使用依法取得危险货物适装证书的运输船舶。水路运输企业应当针对所运输的危险化学品的危险特性,制定运输船舶危险化学品事故应急救援预案,并为运输船舶配备充足、有效的应急救援器材和设备。

通过内河运输危险化学品的船舶,其所有人或者经营人应当取得船舶污染损害责任保险证书或者财务担保证明。船舶污染损害责任保险证书或者财务担保证明的副本应当随船携带。

第五十八条 通过内河运输危险化学品,危险化学品包装物的材质、型式、强度以及包装方法应当符合水路运输危险化学品包装规范的要求。国务院交通运输主管部门对单船运输的危险化学品数量有限制性规定的,承运人应当按照规定安排运输数量。

第五十九条 用于危险化学品运输作业的内河码头、泊位应当符合国家有关安全规范,与饮用水取水口保持国家规定的距离。有关管理单位应当制定码头、泊位危险化学品事故应急预案,并为码头、泊位配备充足、有效的应急救援器材和设备。

用于危险化学品运输作业的内河码头、泊位,经交通运输主管部门按照国家有关规定验收合格后方可投入使用。

第六十条 船舶载运危险化学品进出内河港口,应当将危险化学品的名称、危险特性、包装以及进出港时间等事项,事先报告海事管理机构。海事管理机构接到报告后,应当在国务院交通运输主管部门规定的时间内作出是否同意的决定,通知报告人,同时通报港口行政管理部门。定船舶、定航线、定货种的船舶可以定期报告。

在内河港口内进行危险化学品的装卸、过驳作业,应当将危险化学品的名称、危险特性、包装和作业的时间、地点等事项报告港口行政管理部门。港口行政管理部门接到报告后,应当在国务院交通运输主管部门规定的时间内作出是否同意的决定,通知报告人,同时通报海事管理机构。

载运危险化学品的船舶在内河航行,通过过船建筑物的,应当提前向交通运输主管部门申报,并接受交通运输主管部门的管理。

第六十一条 载运危险化学品的船舶在内河航行、装卸或者停泊,应当悬挂专用的警示标志,按照规定显示专用信号。

载运危险化学品的船舶在内河航行,按照国务院交通运输主管部门的规定需要引航的,应当申请引航。

第六十二条 载运危险化学品的船舶在内河航行,应当遵守法律、行政法规和国家其他有关饮用水水源保护的规定。内河航道发展规划应当与依法经批准的饮用水水源保护区划定方案相协调。

第六十三条 托运危险化学品的,托运人应当向承运人说明所托运的危险化学品的种类、数量、危险特性以及发生危险情况的应急处置措施,并按照国家有关规定对所托运的危险化学品妥善包装,在外包装上设置相应的标志。

运输危险化学品需要添加抑制剂或者稳定剂的,托运人应当添加,并将有关情况告知承运人。

第六十四条 托运人不得在托运的普通货物中夹带危险化学品,不得将危险化学品匿报或者谎报为普通货物托运。

任何单位和个人不得交寄危险化学品或者在邮件、快件内夹带危险化学品,不得将危险化学品匿报或者谎报为普通物品交寄。邮政企业、快递企业不得收寄危险化学品。

对涉嫌违反本条第一款、第二款规定的,交通运输主管部门、邮政管理部门可以依法开拆查验。

第六十五条 通过铁路、航空运输危险化学品的安全管理,依照有关铁路、航空运输的法律、行政法规、规章的规定执行。

第六章 危险化学品登记与事故应急救援

第六十六条 国家实行危险化学品登记制度,为危险化学品安全管理以及危险化学品事故预防和应急救援提供技术、信息支持。

第六十七条 危险化学品生产企业、进口企业,应当向国务院安全生产监督管理部门负责危险化学品登记的机构(以下简称危险化学品登记机构)办理危险化学品登记。

危险化学品登记包括下列内容:

(一)分类和标签信息;

(二)物理、化学性质;

(三)主要用途;

(四)危险特性;

(五)储存、使用、运输的安全要求;

(六)出现危险情况的应急处置措施。

对同一企业生产、进口的同一品种的危险化学品,不进行重复登记。危险化学品生产企业、进口企业发现其生产、进口的危险化学品有新的危险特性的,应当及时向危险化学品登记机构办理登记内容变更手续。

危险化学品登记的具体办法由国务院安全生产监督管理部门制定。

第六十八条 危险化学品登记机构应当定期向工业和信息化、环境保护、公安、卫生、交通运输、铁路、质量监督检验检疫等部门提供危险化学品登记的有关信息和资料。

第六十九条 县级以上地方人民政府安全生产监督管理部门应当会同工业和信息化、环境保护、公安、卫生、交通运输、铁路、质量监督检验检疫等部门,根据本地区实际情况,制定危险化学品事故应急预案,报本级人民政府批准。

第七十条 危险化学品单位应当制定本单位危险化学品事故应急预案,配备应急救援人员和必要的应急救援器材、设备,并定期组织应急救援演练。

危险化学品单位应当将其危险化学品事故应急预案报所在地设区的市级人民政府安全生产监督管理部门备案。

第七十一条 发生危险化学品事故,事故单位主要负责人应当立即按照本单位危险化学品应急预案组织救援,并向当地安全生产监督管理部门和环境保护、公安、卫生主管部门报告;道路运输、水路运输过程中发生危险化学品事故的,驾驶人员、船员或者押运人员还应当向事故发生地交通运输主管部门报告。

第七十二条 发生危险化学品事故,有关地方人民政府应当立即组织安全生产监督管理、环境保护、公安、卫生、交通运输等有关部门,按照本地区危险化学品事故应急预案组织实施救援,不得拖延、推诿。

有关地方人民政府及其有关部门应当按照下列规定,采取必要的应急处置措施,减少事故损失,防止事故蔓延、扩大:

(一)立即组织营救和救治受害人员,疏散、撤离或者采取其他措施保护危害区域内的其他人员;

(二)迅速控制危害源,测定危险化学品的性质、事故的危害区域及危害程度;

(三)针对事故对人体、动植物、土壤、水源、大气造成的现实危害和可能产生的危害,迅速采取封闭、隔离、洗消等措施;

(四)对危险化学品事故造成的环境污染和生态破坏状况进行监测、评估,并采取相应的环境污染治理和生态修复措施。

第七十三条 有关危险化学品单位应当为危险化学品事故应急救援提供技术指导和必要的协助。

第七十四条 危险化学品事故造成环境污染的,由设区的市级以上人民政府环境保护主管部门统一发布有关信息。

第七章 法律责任

第七十五条 生产、经营、使用国家禁止生产、经营、使用的危险化学品的,由安全生产监督管理部门责令停止生产、经营、使用活动,处20万元以上50万元以下的罚款,有违法所得的,没收违法所得;构成犯罪的,依法追究刑事责任。

有前款规定行为的,安全生产监督管理部门还应当责令其对所生产、经营、使用的危险化学品进行无害化处理。

违反国家关于危险化学品使用的限制性规定使用危险化学品的,依照本条第一款的规定处理。

第七十六条 未经安全条件审查,新建、改建、扩建生产、储存危险化学品的建设项目的,由安全生产监督管理部门责令停止建设,限期改正;逾期不改正的,处50万元以上100万元以下的罚款;构成犯罪的,依法追究刑事责任。

未经安全条件审查,新建、改建、扩建储存、装卸危险化学品的港口建设项目的,由港口行政管理部门依照前款规定予以处罚。

第七十七条 未依法取得危险化学品安全生产许可证从事危险化学品生产,或者未依法取得工业产品生产许可证从事危险化学品及其包装物、容器生产的,分别依照《安全生产许可证条例》、《中华人民共和国工业产品生产许可证管理条例》的规定处罚。

违反本条例规定,化工企业未取得危险化学品安全使用许可证,使用危险化学品从事生产的,由安全生产监督管理部门责令限期改正,处10万元以上20万元以下的罚款;逾期不改正的,责令停产整顿。

违反本条例规定,未取得危险化学品经营许可证从事危险化学品经营的,由安全生产监督管理部门责令停止经营活动,没收违法经营的危险化学品以及违法所得,并处10万元以上20万元以下的罚款;构成犯罪的,依法追究刑事责任。

第七十八条 有下列情形之一的,由安全生产监督管理部门责令改正,可以处5万元以下的罚款;拒不改正的,处5万元以上10万元以下的罚款;情节严重的,责令停产停业整顿:

(一)生产、储存危险化学品的单位未对其铺设的危险化学品管道设置明显的标志,或者未对危险化学品管道定期检查、检测的;

(二)进行可能危及危险化学品管道安全的施工作业,施工单位未按照规定书面通知管道所属单位,或者未与管道所属单位共同制定应急预案、采取相应的安全防护措施,或者管道所属单位未指派专门人员到现场进行管道安全保护指导的;

(三)危险化学品生产企业未提供化学品安全技术说明书,或者未在包装(包括外包装件)上粘贴、拴挂化学品安全标签的;

(四)危险化学品生产企业提供的化学品安全技术说明书与其生产的危险化学品不相符,或者在包装(包括外包装件)粘贴、拴挂的化学品安全标签与包装内危险化学品不相符,或者化学品安全技术说明书、化学品安全标签所载明的内容不符合国家标准要求的;

(五)危险化学品生产企业发现其生产的危险化学品有新的危险特性不立即公告,或者不及时修订其化学品安全技术说明书和化学品安全标签的;

(六)危险化学品经营企业经营没有化学品安全技术说明书和化学品安全标签的危险化学品的;

(七)危险化学品包装物、容器的材质以及包装的型式、规格、方法和单件质量(重量)与所包装的危险化学品的性质和用途不相适应的;

(八)生产、储存危险化学品的单位未在作业场所和安全设施、设备上设置明显的安全警示标志,或者未在作业场所设置通信、报警装置的;

(九)危险化学品专用仓库未设专人负责管理,或者对储存的剧毒化学品以及储存数量构成重大危险源的其他危险化学品未实行双人收发、双人保管制度的;

(十)储存危险化学品的单位未建立危险化学品出入库核查、登记制度的;

(十一)危险化学品专用仓库未设置明显标志的;

(十二)危险化学品生产企业、进口企业不办理危险化学品登记,或者发现其生产、进口的危险化学品有新的危险特性不办理危险化学品登记内容变更手续的。

从事危险化学品仓储经营的港口经营人有前款规定情形的,由港口行政管理部门依照前款规定予以处罚。储存剧毒化学品、易制爆危险化学品的专用仓库未按照国家有关规定设置相应的技术防范设施的,由公安机关依照前款规定予以处罚。

生产、储存剧毒化学品、易制爆危险化学品的单位未设置治安保卫机构、配备专职治安保卫人员的,依照《企业事业单位内部治安保卫条例》的规定处罚。

第七十九条 危险化学品包装物、容器生产企业销售未经检验或者经检验不合格的危险化学品包装物、容器的,由质量监督检验检疫部门责令改正,处10万元以上20万元以下的罚款,有违法所得的,没收违法所得;拒不改正的,责令停产停业整顿;构成犯罪的,依法追究刑事责任。

将未经检验合格的运输危险化学品的船舶及其配载的容器投入使用的,由海事管理机构依照前款规定予以处罚。

第八十条 生产、储存、使用危险化学品的单位有下列情形之一的,由安全生产监督管理部门责令改正,处5万元以上10万元以下的罚款;拒不改正的,责令停产停业整顿直至由原发证机关吊销其相关许可证件,并由工商行政管理部门责令其办理经营范围变更登记或者吊销其营业执照;有关责任人员构成犯罪的,依法追究刑事责任:

(一)对重复使用的危险化学品包装物、容器,在重复使用前不进行检查的;

(二)未根据其生产、储存的危险化学品的种类和危险特性,在作业场所设置相关安全设施、设备,或者未按照国家标准、行业标准或者国家有关规定对安全设施、设备进行经常性维护、保养的;

(三)未依照本条例规定对其安全生产条件定期进行安全评价的;

(四)未将危险化学品储存在专用仓库内,或者未将剧毒化学品以及储存数量构成重大危险源的其他危险化学品在专用仓库内单独存放的;

(五)危险化学品的储存方式、方法或者储存数量不符合国家标准或者国家有关规定的;

(六)危险化学品专用仓库不符合国家标准、行业标准的要求的;

(七)未对危险化学品专用仓库的安全设施、设备定期进行检测、检验的。

从事危险化学品仓储经营的港口经营人有前款规定情形的,由港口行政管理部门依照前款规定予以处罚。

第八十一条 有下列情形之一的,由公安机关责令改正,可以处1万元以下的罚款;拒不改正的,处1万元以上5万元以下的罚款:

(一)生产、储存、使用剧毒化学品、易制爆危险化学品的单位不如实记录生产、储存、使用的剧毒化学品、易制爆危险化学品的数量、流向的;

(二)生产、储存、使用剧毒化学品、易制爆危险化学品的单位发现剧毒化学品、易制爆危险化学品丢失或者被盗,不立即向公安机关报告的;

(三)储存剧毒化学品的单位未将剧毒化学品的储存数量、储存地点以及管理人员的情况报所在地县级人民政府公安机关备案的;

(四)危险化学品生产企业、经营企业不如实记录剧毒化学品、易制爆危险化学品购买单位的名称、地址、经办人的姓名、身份证号码以及所购买的剧毒化学品、易制爆危险化学品的品种、数量、用途,或者保存销售记录和相关材料的时间少于1年的;

(五)剧毒化学品、易制爆危险化学品的销售企业、购买单位未在规定的时限内将所销售、购买的剧毒化学品、易制爆危险化学品的品种、数量以及流向信息报所在地县级人民政府公安机关备案的;

(六)使用剧毒化学品、易制爆危险化学品的单位依照本条例规定转让其购买的剧毒化学品、易制爆危险化学品,未将有关情况向所在地县级人民政府公安机关报告的。

生产、储存危险化学品的企业或者使用危险化学品从事生产的企业未按照本条例规定将安全评价报告以及整改方案的落实情况报安全生产监督管理部门或者港口行政管理部门备案,或者储存危险化学品的单位未将其剧毒化学品以及储存数量构成重大危险源的其他危险化学品的储存数量、储存地点以及管理人员的情况报安全生产监督管理部门或者港口行政管理部门备案的,分别由安全生产监督管理部门或者港口行政管理部门依照前款规定予以处罚。

生产实施重点环境管理的危险化学品的企业或者使用实施重点环境管理的危险化学品从事生产的企业未按照规定将相关信息向环境保护主管部门报告的,由环境保护主管部门依照本条第一款的规定予以处罚。

第八十二条 生产、储存、使用危险化学品的单位转产、停产、停业或者解散,未采取有效措施及时、妥善处置其危险化学品生产装置、储存设施以及库存的危险化学品,或者丢弃危险化学品的,由安全生产监督管理部门责令改正,处5万元以上10万元以下的罚款;构成犯罪的,依法追究刑事责任。

生产、储存、使用危险化学品的单位转产、停产、停业或者解散,未依照本条例规定将其危险化学品生产装置、储存设施以及库存危险化学品的处置方案报有关部门备案的,分别由有关部门责令改正,可以处1万元以下的罚款;拒不改正的,处1万元以上5万元以下的罚款。

第八十三条 危险化学品经营企业向未经许可违法从事危险化学品生产、经营活动的企业采购危险化学品的,由工商行政管理部门责令改正,处10万元以上20万元以下的罚款;拒不改正的,责令停业整顿直至由原发证机关吊销其危险化学品经营许可证,并由工商行政管理部门责令其办理经营范围变更登记或者吊销其营业执照。

第八十四条 危险化学品生产企业、经营企业有下列情形之一的,由安全生产监督管理部门责令改正,没收违法所得,并处10万元以上20万元以下的罚款;拒不改正的,责令停产停业整顿直至吊销其危险化学品安全生产许可证、危险化学品经营许可证,并由工商行政管理部门责令其办理经营范围变更登记或者吊销其营业执照:

(一)向不具有本条例第三十八条第一款、第二款规定的相关许可证件或者证明文件的单位销售剧毒化学品、易制爆危险化学品的;

(二)不按照剧毒化学品购买许可证载明的品种、数量销售剧毒化学品的;

(三)向个人销售剧毒化学品(属于剧毒化学品的农药除外)、易制爆危险化学品的。

不具有本条例第三十八条第一款、第二款规定的相关许可证件或者证明文件的单位购买剧毒化学品、易制爆危险化学品,或者个人购买剧毒化学品(属于剧毒化学品的农药除外)、易制爆危险化学品的,由公安机关没收所购买的剧毒化学品、易制爆危险化学品,可以并处5000元以下的罚款。

使用剧毒化学品、易制爆危险化学品的单位出借或者向不具有本条例第三十八条第一款、第二款规定的相关许可证件的单位转让其购买的剧毒化学品、易制爆危险化学品,或者向个人转让其购买的剧毒化学品(属于剧毒化学品的农药除外)、易制爆危险化学品的,由公安机关责令改正,处10万元以上20万元以下的罚款;拒不改正的,责令停产停业整顿。

第八十五条 未依法取得危险货物道路运输许可、危险货物水路运输许可,从事危险化学品道路运输、水路运输的,分别依照有关道路运输、水路运输的法律、行政法规的规定处罚。

第八十六条 有下列情形之一的,由交通运输主管部门责令改正,处5万元以上10万元以下的罚款;拒不改正的,责令停产停业整顿;构成犯罪的,依法追究刑事责任:

(一)危险化学品道路运输企业、水路运输企业的驾驶人员、船员、装卸管理人员、押运人员、申报人员、集装箱装箱现场检查员未取得从业资格上岗作业的;

(二)运输危险化学品,未根据危险化学品的危险特性采取相应的安全防护措施,或者未配备必要的防护用品和应急救援器材的;

(三)使用未依法取得危险货物适装证书的船舶,通过内河运输危险化学品的;

(四)通过内河运输危险化学品的承运人违反国务院交通运输主管部门对单船运输的危险化

学品数量的限制性规定运输危险化学品的;

（五）用于危险化学品运输作业的内河码头、泊位不符合国家有关安全规范，或者未与饮用水取水口保持国家规定的安全距离，或者未经交通运输主管部门验收合格投入使用的;

（六）托运人不向承运人说明所托运的危险化学品的种类、数量、危险特性以及发生危险情况的应急处置措施，或者未按照国家有关规定对所托运的危险化学品妥善包装并在外包装上设置相应标志的;

（七）运输危险化学品需要添加抑制剂或者稳定剂，托运人未添加或未将有关情况告知承运人的。

第八十七条 有下列情形之一的，由交通运输主管部门责令改正，处10万元以上20万元以下的罚款，有违法所得的，没收违法所得;拒不改正的，责令停产停业整顿;构成犯罪的，依法追究刑事责任:

（一）委托未依法取得危险货物道路运输许可、危险货物水路运输许可的企业承运危险化学品的;

（二）通过内河封闭水域运输剧毒化学品以及国家规定禁止通过内河运输的其他危险化学品的;

（三）通过内河运输国家规定禁止通过内河运输的剧毒化学品以及其他危险化学品的;

（四）在托运的普通货物中夹带危险化学品，或者将危险化学品谎报或者匿报为普通货物托运的。

在邮件、快件内夹带危险化学品，或者将危险化学品谎报为普通物品交寄的，依法给予治安管理处罚;构成犯罪的，依法追究刑事责任。

邮政企业、快递企业收寄危险化学品的，依照《中华人民共和国邮政法》的规定处罚。

第八十八条 有下列情形之一的，由公安机关责令改正，处5万元以上10万元以下的罚款;构成违反治安管理行为的，依法给予治安管理处罚;构成犯罪的，依法追究刑事责任:

（一）超过运输车辆的核定载质量装载危险化学品的;

（二）使用安全技术条件不符合国家标准要求的车辆运输危险化学品的;

（三）运输危险化学品的车辆未经公安机关批准进入危险化学品运输车辆限制通行的区域的;

（四）未取得剧毒化学品道路运输通行证，通过道路运输剧毒化学品的。

第八十九条 有下列情形之一的，由公安机关责令改正，处1万元以上5万元以下的罚款;构成违反治安管理行为的，依法给予治安管理处罚:

（一）危险化学品运输车辆未悬挂或者喷涂警示标志，或者悬挂或者喷涂的警示标志不符合国家标准要求的;

（二）通过道路运输危险化学品，不配备押运人员的;

（三）运输剧毒化学品或者易制爆危险化学品途中需要较长时间停车，驾驶人员、押运人员不向当地公安机关报告的;

（四）剧毒化学品、易制爆危险化学品在道路运输途中丢失、被盗、被抢或者发生流散、泄漏等情况，驾驶人员、押运人员不采取必要的警示措施和安全措施，或者不向当地公安机关报告的。

第九十条 对发生交通事故负有全部责任或者主要责任的危险化学品道路运输企业,由公安机关责令消除安全隐患,未消除安全隐患的危险化学品运输车辆,禁止上道路行驶。

第九十一条 有下列情形之一的,由交通运输主管部门责令改正,可以处1万元以下的罚款;拒不改正的,处1万元以上5万元以下的罚款:

(一)危险化学品道路运输企业、水路运输企业未配备专职安全管理人员的;

(二)用于危险化学品运输作业的内河码头、泊位的管理单位未制定码头、泊位危险化学品事故应急救援预案,或者未为码头、泊位配备充足、有效的应急救援器材和设备的。

第九十二条 有下列情形之一的,依照《中华人民共和国内河交通安全管理条例》的规定处罚:

(一)通过内河运输危险化学品的水路运输企业未制定运输船舶危险化学品事故应急救援预案,或者未为运输船舶配备充足、有效的应急救援器材和设备的;

(二)通过内河运输危险化学品的船舶的所有人或者经营人未取得船舶污染损害责任保险证书或者财务担保证明的;

(三)船舶载运危险化学品进出内河港口,未将有关事项事先报告海事管理机构并经其同意的;

(四)载运危险化学品的船舶在内河航行、装卸或者停泊,未悬挂专用的警示标志,或者未按照规定显示专用信号,或者未按照规定申请引航的。

未向港口行政管理部门报告并经其同意,在港口内进行危险化学品的装卸、过驳作业的,依照《中华人民共和国港口法》的规定处罚。

第九十三条 伪造、变造或者出租、出借、转让危险化学品安全生产许可证、工业产品生产许可证,或者使用伪造、变造的危险化学品安全生产许可证、工业产品生产许可证的,分别依照《安全生产许可证条例》、《中华人民共和国工业产品生产许可证管理条例》的规定处罚。

伪造、变造或者出租、出借、转让本条例规定的其他许可证,或者使用伪造、变造的本条例规定的其他许可证的,分别由相关许可证的颁发管理机关处10万元以上20万元以下的罚款,有违法所得的,没收违法所得;构成违反治安管理行为的,依法给予治安管理处罚;构成犯罪的,依法追究刑事责任。

第九十四条 危险化学品单位发生危险化学品事故,其主要负责人不立即组织救援或者不立即向有关部门报告的,依照《生产安全事故报告和调查处理条例》的规定处罚。

危险化学品单位发生危险化学品事故,造成他人人身伤害或者财产损失的,依法承担赔偿责任。

第九十五条 发生危险化学品事故,有关地方人民政府及其有关部门不立即组织实施救援,或者不采取必要的应急处置措施减少事故损失,防止事故蔓延、扩大的,对直接负责的主管人员和其他直接责任人员依法给予处分;构成犯罪的,依法追究刑事责任。

第九十六条 负有危险化学品安全监督管理职责的部门的工作人员,在危险化学品安全监督管理工作中滥用职权、玩忽职守、徇私舞弊,构成犯罪的,依法追究刑事责任;尚不构成犯罪的,依法给予处分。

第八章 附 则

第九十七条 监控化学品、属于危险化学品的药品和农药的安全管理,依照本条例的规定执行;法律、行政法规另有规定的,依照其规定。

民用爆炸物品、烟花爆竹、放射性物品、核能物质以及用于国防科研生产的危险化学品的安全管理,不适用本条例。

法律、行政法规对燃气的安全管理另有规定的,依照其规定。

危险化学品容器属于特种设备的,其安全管理依照有关特种设备安全的法律、行政法规的规定执行。

第九十八条 危险化学品的进出口管理,依照有关对外贸易的法律、行政法规、规章的规定执行;进口的危险化学品的储存、使用、经营、运输的安全管理,依照本条例的规定执行。

危险化学品环境管理登记和新化学物质环境管理登记,依照有关环境保护的法律、行政法规、规章的规定执行。危险化学品环境管理登记,按照国家有关规定收取费用。

第九十九条 公众发现、捡拾的无主危险化学品,由公安机关接收。公安机关接收或者有关部门依法没收的危险化学品,需要进行无害化处理的,交由环境保护主管部门组织其认定的专业单位进行处理,或者交由有关危险化学品生产企业进行处理。处理所需费用由国家财政负担。

第一百条 化学品的危险特性尚未确定的,由国务院安全生产监督管理部门、国务院环境保护主管部门、国务院卫生主管部门分别负责组织对该化学品的物理危险性、环境危害性、毒理特性进行鉴定。根据鉴定结果,需要调整危险化学品目录的,依照本条例第三条第二款的规定办理。

第一百零一条 本条例施行前已经使用危险化学品从事生产的化工企业,依照本条例规定需要取得危险化学品安全使用许可证的,应当在国务院安全生产监督管理部门规定的期限内,申请取得危险化学品安全使用许可证。

第一百零二条 本条例自 2011 年 12 月 1 日起施行。

新化学物质环境管理办法(2010年修订)

(2003 年 9 月 12 日国家环境保护总局令第 17 号发布 根据 2010 年 1 月 19 日环保部令第 7 号修订)

目 录
第一章 总 则
第二章 申报程序
第三章 登记管理
第四章 跟踪控制
第五章 法律责任
第六章 附 则

第一章 总 则

第一条 为了控制新化学物质的环境风险,保障人体健康,保护生态环境,根据《国务院对确需保留的行政审批项目设定行政许可的决定》以及其他有关法律、行政法规,制定本办法。

第二条 本办法适用于在中华人民共和国境内从事研究、生产、进口和加工使用新化学物质活动的环境管理。保税区和出口加工区内的新化学物质相关活动的环境管理,也适用本办法。

医药、农药、兽药、化妆品、食品、食品添加剂、饲料添加剂等的管理,适用有关法律、法规;但作为上述产品的原料和中间体的新化学物质相关活动的环境管理,适用本办法。

设计为常规使用时有意释放出所含新化学物质的物品,按照本办法管理。

第三条 根据化学品危害特性鉴别、分类标准,新化学物质分为一般类新化学物质、危险类新化学物质。

危险类新化学物质中具有持久性、生物蓄积性、生态环境和人体健康危害特性的化学物质,列为重点环境管理危险类新化学物质。

本办法所称新化学物质,是指未列入《中国现有化学物质名录》的化学物质。

《中国现有化学物质名录》由环境保护部制定、调整并公布。

第四条 国家对新化学物质实行风险分类管理,实施申报登记和跟踪控制制度。

第五条 新化学物质的生产者或者进口者,必须在生产前或者进口前进行申报,领取新化学物质环境管理登记证(以下简称"登记证")。

未取得登记证的新化学物质,禁止生产、进口和加工使用。

未取得登记证或者未备案申报的新化学物质,不得用于科学研究。

第六条 国家支持新化学物质环境风险、健康风险评估和控制技术的科学研究,推广先进适用的新化学物质环境风险控制技术,鼓励环境友好型替代化学物质的研究、生产、进口和加工使用,鼓励申报人共享新化学物质申报登记数据。

第七条 从事新化学物质环境管理的工作人员,应当为申报人保守商业秘密和技术秘密。

第八条 一切单位和个人都有权对违反本办法规定的行为进行揭发、检举和控告。

第二章 申报程序

第九条 新化学物质申报,分为常规申报、简易申报和科学研究备案申报。

第十条 新化学物质年生产量或者进口量1吨以上的,应当在生产或者进口前向环境保护部化学品登记中心(以下简称"登记中心")提交新化学物质申报报告,办理常规申报;但是,符合简易申报条件的,可以办理简易申报。

新化学物质申报报告,应当包括下列内容:

(一)新化学物质常规申报表,并附具按照化学品分类、警示标签和警示性说明安全规范等国家有关标准进行的分类、标签和化学品安全技术说明书;

(二)风险评估报告,包括申报物质危害评估、暴露预测评估和风险控制措施,以及环境风险和健康风险评估结论等内容;

(三)物理化学性质、毒理学和生态毒理学特性的测试报告或者资料,以及有关测试机构的资质证明。生态毒理学特性测试报告,必须包括在中国境内用中国的供试生物按照相关标准的规定完成的测试数据。

第十一条 常规申报遵循"申报数量级别越高、测试数据要求越高"的原则。申报人应当按照环境保护部制定的新化学物质申报登记指南,提供相应的测试数据或者资料。

依据新化学物质申报数量,常规申报从低到高分为下列四个级别:

(一)一级为年生产量或者进口量1吨以上不满10吨的;

(二)二级为年生产量或者进口量10吨以上不满100吨的;

(三)三级为年生产量或者进口量100吨以上不满1000吨的;

(四)四级为年生产量或者进口量1000吨以上的。

第十二条 新化学物质年生产量或者进口量不满1吨的,应当在生产或者进口前,向登记中心办理简易申报。

办理简易申报,应当提交下列材料:

(一)新化学物质简易申报表;

(二)在中国境内用中国的供试生物完成的生态毒理学特性测试报告。

第十三条 生产或者进口的新化学物质有下列特殊情形之一的,应当办理简易申报:

(一)用作中间体或者仅供出口,年生产量或者进口量不满1吨的;

(二)以科学研究为目的,年生产量或者进口量0.1吨以上不满1吨的;

(三)新化学物质单体含量低于2%的聚合物或者属于低关注聚合物的;

(四)以工艺和产品研究开发为目的,年生产量或者进口量不满10吨,且不超过二年的。

办理特殊情形简易申报,应当提交新化学物质简易申报表以及符合相应情形的证明材料。

第十四条 有下列情形之一的,应当在生产或者进口前,向登记中心提交新化学物质科学研究备案表,办理科学研究备案申报:

(一)以科学研究为目的,新化学物质年生产量或者进口量不满0.1吨的;

(二)为了在中国境内用中国的供试生物进行新化学物质生态毒理学特性测试而进口新化学物质测试样品的。

第十五条 办理常规申报,有下列情形之一的,可以按下列规定办理申报手续:

(一)同一申报人对分子结构相似、用途相同或者相近、测试数据相近的多个新化学物质,可以提出新化学物质系列申报;

(二)两个以上申报人同时申报相同新化学物质,共同提交申报材料的,可以提出新化学物质联合申报;

(三)两个以上申报人先后申报相同新化学物质,后申报人征得前申报人同意后使用前申报人的测试数据的,可以提出新化学物质重复申报。数据的测试费用分担方法,由申报人自行商定。

第十六条 新化学物质申报人或者其代理人,应当是中国境内注册机构。

非首次进行新化学物质申报的,近三年内不得有因违反新化学物质环境管理规定而被行政处罚的不良记录。

第十七条 申报人在办理新化学物质申报手续时,应当如实提交新化学物质危害特性和环境风险的全部已知信息。

第十八条 申报人对所提交的申报材料中涉及商业秘密或者技术秘密要求保密的,应当在申报材料中注明。

对涉及危害人体健康和环境安全的信息,不得要求保密。

申报人对要求保密的内容予以公开时,应当书面告知登记中心。

第十九条 为新化学物质申报目的提供测试数据的境内测试机构,应当为环境保护部公告的化学物质测试机构,并接受环境保护部的监督和检查。

境内测试机构应当遵守环境保护部颁布的化学品测试合格实验室导则,并按照化学品测试导则或者化学品测试相关国家标准,开展新化学物质生态毒理学特性测试。

在境外完成新化学物质生态毒理学特性测试并提供测试数据的境外测试机构,必须通过其所在国家主管部门的检查或者符合合格实验室规范。

第三章 登记管理

第二十条 新化学物质常规申报登记,按下列程序执行:

(一)登记中心受理常规申报后,应当将新化学物质申报报告提交环境保护部化学物质环境管理专家评审委员会(以下简称"评审委员会")。评审委员会由化学、化工、健康、安全、环保等方面专家组成。

(二)评审委员会应当依照环境保护部颁布的新化学物质危害和风险评估导则和规范,以及化学品危害特性鉴别、分类等国家相关标准,对新化学物质的以下内容进行识别和技术评审:

1. 名称和标识;
2. 物理化学、人体健康、环境等方面的危害特性;
3. 暴露程度以及对人体健康和环境的风险;
4. 人体健康和环境风险控制措施的适当性。

评审委员会认为现有申报材料不足以对新化学物质的风险做出全面评价结论的,由登记中心书面通知申报人补充申报材料。

(三)评审委员会应当提出新化学物质登记技术评审意见,报送环境保护部。新化学物质登记技术评审意见包括:

1. 将新化学物质认定为一般类、危险类以及是否属于重点环境管理危险类新化学物质的管理类别划分意见;
2. 人体健康和环境风险的评审意见;
3. 风险控制措施适当性的评审结论;
4. 是否准予登记的建议。

(四)环境保护部应当对新化学物质登记技术评审意见进行审查,确定新化学物质管理类别,并视不同情况,做出决定:

1. 对有适当风险控制措施的,予以登记,颁发登记证;
2. 对无适当风险控制措施的,不予登记,书面通知申报人并说明理由。

环境保护部在做出登记决定前,应当对新化学物质登记内容进行公示。

第二十一条 新化学物质简易申报登记,按下列程序执行:

(一)登记中心受理简易申报后,应当提出书面处理意见,报送环境保护部。

对按要求提交生态毒理学特性测试报告的,评审委员会应当对申报材料进行技术评审,并提出技术评审意见,报送环境保护部。

（二）环境保护部对符合要求的，予以登记，颁发登记证；对不符合要求的，不予登记，书面通知申报人并说明理由。

第二十二条 新化学物质科学研究备案，按下列程序执行：

（一）登记中心收到科学研究备案申报后，应当按月汇总报送环境保护部；

（二）环境保护部定期在政府网站上公告。

第二十三条 环境保护部应当在政府网站上公告予以登记的新化学物质名称、申报人、申报种类和登记新化学物质管理类别等信息。

第二十四条 登记中心应当自受理常规申报之日起 5 个工作日内，将新化学物质申报报告提交评审委员会；自受理简易申报之日起 5 个工作日内，将书面处理意见报送环境保护部。

常规申报登记的专家评审时间不得超过 60 日，简易申报登记的专家审查时间不得超过 30 日。登记中心通知补充申报材料的，申报人补充申报材料所需时间不计入专家评审时间。

环境保护部应当自收到登记中心或者评审委员会上报的新化学物质登记文件之日起 15 个工作日内，做出是否予以登记的决定。15 个工作日内不能做出决定的，经环境保护部负责人批准，可以延长 10 个工作日。

第二十五条 登记证应当载明下列主要事项：

（一）申报人或者代理人名称；

（二）新化学物质名称；

（三）登记用途；

（四）登记量级别和数量；

（五）新化学物质的管理类别。

常规申报的登记证还应当载明风险控制措施和行政管理要求。

第二十六条 登记证持有人发现获准登记新化学物质有新的危害特性时，应当立即向登记中心提交该化学物质危害特性的新信息。

登记中心应当将获准登记新化学物质危害特性的新信息，提交评审委员会进行技术评审。

环境保护部根据评审委员会的技术评审意见，采取下列措施：

（一）对于通过增加风险控制措施可以控制风险的，在登记证中增补相关风险控制措施，并要求登记证持有人落实相应的新增风险控制措施；

（二）对于无适当措施控制其风险的，撤回该新化学物质登记证，并予以公告。

第二十七条 尚未列入《中国现有化学物质名录》，且已获准登记的新化学物质，有下列情形之一的，登记证持有人应当按本办法规定程序重新进行申报：

（一）增加登记量级的；

（二）变更重点环境管理危险类新化学物质登记用途的。

已被列入《中国现有化学物质名录》，且获准登记的重点环境管理危险类新化学物质，变更登记用途的，也可以由登记新化学物质的加工使用者，重新进行申报。

第二十八条 环境保护部应当将已获准登记为危险类新化学物质（含重点环境管理危险类新化学物质）的有关信息，通报相关管理部门。

第四章 跟踪控制

第二十九条 环境保护部门应当将新化学物质登记，作为审批生产或者加工使用该新化学物质建设项目环境影响评价文件的条件。

第三十条　常规申报的登记证持有人应当在化学品安全技术说明书中明确新化学物质危害特性，并向加工使用者传递下列信息：

（一）登记证中规定的风险控制措施；

（二）化学品安全技术说明书；

（三）按照化学品分类、警示标签和警示性说明安全规范的分类结果；

（四）其他相关信息。

第三十一条　常规申报的登记证持有人和相应的加工使用者，应当按照登记证的规定，采取下列一项或者多项风险控制措施：

（一）进行新化学物质风险和防护知识教育；

（二）加强对接触新化学物质人员的个人防护；

（三）设置密闭、隔离等安全防护，布置警示标志；

（四）改进新化学物质生产、使用方式，以降低释放和环境暴露；

（五）改进污染防治工艺，以减少环境排放；

（六）制定应急预案和应急处置措施；

（七）采取其他风险控制措施。

危险类新化学物质（含重点环境管理危险类新化学物质）的登记证持有人以及加工使用者，应当遵守《危险化学品安全管理条例》等现行法律、行政法规的相关规定。

第三十二条　重点环境管理危险类新化学物质的登记证持有人和加工使用者，还应当采取下列风险控制措施：

（一）在生产或者加工使用期间，应当监测或者估测重点环境管理危险类新化学物质向环境介质排放的情况。不具备监测能力的，可以委托地市级以上环境保护部门认可的环境保护部门所属监测机构或者社会检测机构进行监测。

（二）在转移时，应当按照相关规定，配备相应设备，采取适当措施，防范发生突发事件时重点环境管理危险类新化学物质进入环境，并提示发生突发事件时的紧急处置方式。

（三）在重点环境管理危险类新化学物质废弃后，按照有关危险废物处置规定进行处置。

第三十三条　常规申报的登记证持有人，不得将获准登记的新化学物质转让给没有能力采取风险控制措施的加工使用者。

第三十四条　新化学物质的科学研究活动以及工艺和产品的研究开发活动，应当在专门设施内，在专业人员指导下严格按照有关管理规定进行。

以科学研究或者以工艺和产品的研究开发为目的，生产或者进口的新化学物质，应当妥善保存，且不得用于其他目的。需要销毁的，应当按照有关危险废物的规定进行处置。

第三十五条　常规申报的登记证持有人，应当在首次生产活动30日内，或者在首次进口并已向加工使用者转移30日内，向登记中心报送新化学物质首次活动情况报告表。

重点环境管理危险类新化学物质的登记证持有人，还应当在每次向不同加工使用者转移重点环境管理危险类新化学物质之日起30日内，向登记中心报告新化学物质流向信息。

第三十六条　简易申报的登记证持有人，应当于每年2月1日前向登记中心报告上一年度获准登记新化学物质的实际生产或者进口情况。

危险类新化学物质(含重点环境管理危险类新化学物质)的登记证持有人,应当于每年2月1日前向登记中心报告上一年度获准登记新化学物质的下列情况:

(一)实际生产或者进口情况;

(二)风险控制措施落实情况;

(三)环境中暴露和释放情况;

(四)对环境和人体健康造成影响的实际情况;

(五)其他与环境风险相关的信息。

重点环境管理危险类新化学物质的登记证持有人,还应当同时向登记中心报告本年度登记新化学物质的生产或者进口计划,以及风险控制措施实施的准备情况。

第三十七条 登记证持有人应当将新化学物质的申报材料以及生产、进口活动实际情况等相关资料保存十年以上。

第三十八条 环境保护部收到登记中心报送的新化学物质首次活动情况报告表或者新化学物质流向信息30日内,应当向危险类新化学物质(含重点环境管理危险类新化学物质)的生产者、加工使用者所在地省级环境保护部门发送新化学物质监管通知。

省级环境保护部门负责将监管通知发送至该化学物质生产者、加工使用者所在地地市级或者县级环境保护部门。

监管通知内容包括:新化学物质名称、管理类别、登记证上载明的风险控制措施和行政管理要求以及监督检查要点等。

第三十九条 负有监督管理职责的地方环境保护部门,应当根据新化学物质监管通知的要求,按照环境保护部制定的新化学物质监督管理检查规范,对新化学物质生产、加工使用活动进行监督检查。

发现生产或者加工使用新化学物质活动,造成或者可能造成即时性或者累积性环境污染危害的,应当责令生产者、加工使用者立即采取措施,消除危害或者危险,并将有关情况逐级报告至环境保护部。

环境保护部可以根据报告情况,要求登记证持有人提供获准登记新化学物质可能存在的新危害特性信息,并按照本办法有关新化学物质新的危害特性报告和处理规定予以处理。

第四十条 登记证持有人未进行生产、进口活动或者停止生产、进口活动的,可以向登记中心递交注销申请,说明情况,并交回登记证。

环境保护部对前款情况确认没有生产、进口活动发生或者没有环境危害影响的,给予注销,并公告注销新化学物质登记的信息。

第四十一条 一般类新化学物质自登记证持有人首次生产或者进口活动之日起满五年,由环境保护部公告列入《中国现有化学物质名录》。

危险类新化学物质(含重点环境管理危险类新化学物质)登记证持有人应当自首次生产或者进口活动之日起满五年的六个月前,向登记中心提交实际活动情况报告。

环境保护部组织评审委员会专家对实际活动情况报告进行回顾性评估,依据评估结果将危险类新化学物质(含重点环境管理危险类新化学物质)公告列入《中国现有化学物质名录》。

简易申报登记和科学研究备案的新化学物质不列入《中国现有化学物质名录》。

第四十二条 环境保护部每五年组织一次新化学物质排查。

对 2003 年 10 月 15 日前已在中华人民共和国境内合法生产或者进口的化学物质，环境保护部列入《中国现有化学物质名录》。

对未取得登记证生产、进口或者加工使用新化学物质的，环境保护部门依法予以处罚。

第五章　法律责任

第四十三条　违反本办法规定，在申报过程中隐瞒有关情况或者提供虚假材料的，由环境保护部责令改正，公告其违规行为，记载其不良记录，处一万元以上三万元以下罚款；已经登记的，并撤销其登记证。

第四十四条　违反本办法规定，有下列行为之一的，由环境保护部责令改正，处一万元以下罚款：

（一）未及时提交获准登记新化学物质环境风险更新信息的；

（二）未按规定报送新化学物质首次活动情况报告表或者新化学物质流向信息的；

（三）未按规定报送上一年度新化学物质的生产或者进口情况的；

（四）未按规定提交实际活动情况报告的。

第四十五条　违反本办法规定，有下列行为之一的，由负有监督管理职责的地方环境保护部门责令改正，处一万元以上三万元以下罚款，并报环境保护部公告其违规行为，记载其不良记录：

（一）拒绝或者阻碍环境保护部门监督检查，或者在接受监督检查时弄虚作假的；

（二）未取得登记证或者不按照登记证的规定生产或者进口新化学物质的；

（三）加工使用未取得登记证的新化学物质的；

（四）未按登记证规定采取风险控制措施的；

（五）将登记新化学物质转让给没有能力采取风险控制措施的加工使用者的。

第四十六条　违反本办法规定，有下列行为之一的，由负有监督管理职责的地方环境保护部门责令改正，处一万元以上三万元以下罚款：

（一）未按规定向加工使用者传递风险控制信息的；

（二）未按规定保存新化学物质的申报材料以及生产、进口活动实际情况等相关资料的；

（三）将以科学研究以及工艺和产品的研究开发为目的生产或者进口的新化学物质用于其他目的或者未按规定管理的。

第四十七条　评审委员会专家在新化学物质评审中弄虚作假或者有失职行为，造成评审结果严重失实的，由环境保护部取消其入选评审专家库的资格，并予以公告。

第四十八条　为新化学物质申报提供测试数据的境内测试机构在新化学物质测试过程中伪造、篡改数据或者有其他弄虚作假行为的，由环境保护部从测试机构名单中除名，并予以公告。

第四十九条　违反本办法规定，从事新化学物质环境管理的工作人员滥用职权或者玩忽职守的，依法给予处分；构成犯罪的，依法追究刑事责任。

第六章　附　则

第五十条　本办法中下列术语的含义：

（一）一般类新化学物质，是指尚未发现危害特性或者其危害性低于化学物质危害特性鉴别、分类相关标准规定值的新化学物质；

（二）危险类新化学物质，是指具有物理化学、人体健康或者环境危害特性，且达到或者超过化学物质危害特性鉴别、分类相关标准规定值的新化学物质。

第五十一条 本办法下列文书格式，由环境保护部统一制定：

（一）新化学物质常规申报表；

（二）新化学物质简易申报表；

（三）新化学物质科学研究备案表；

（四）新化学物质环境管理登记证；

（五）新化学物质首次活动情况报告表；

（六）新化学物质监管通知。

第五十二条 本办法自 2010 年 10 月 15 日起施行。

2003 年 9 月 12 日原国家环境保护总局发布的《新化学物质环境管理办法》同时废止。

关于禁止生产、流通、使用和进出口滴滴涕、氯丹、灭蚁灵及六氯苯的公告

（2009 年 4 月 16 日　环境保护部、国家发展和改革委员会、工业和信息化部、住房城乡建设部、农业部、商务部、卫生部、海关总署、国家质量监督检验检疫总局、国家安全生产监督管理总局联合公告 2009 年第 23 号）

滴滴涕、氯丹、灭蚁灵和六氯苯是《关于持久性有机污染物的斯德哥尔摩公约》规定限期淘汰的持久性有机污染物。目前，我国滴滴涕主要用于应急病媒防治、三氯杀螨醇生产和防污漆生产，氯丹和灭蚁灵用于白蚁防治，六氯苯用于五氯酚钠生产。

为保护人类健康和生态环境安全，落实《中华人民共和国履行〈关于持久性有机污染物的斯德哥尔摩公约〉国家实施计划》和国家有关管理政策，现就停止滴滴涕、氯丹、灭蚁灵及六氯苯的生产、流通、使用和进出口等有关事项公告如下：

一、自 2009 年 5 月 17 日起，禁止在中华人民共和国境内生产、流通、使用和进出口滴滴涕、氯丹、灭蚁灵及六氯苯。紧急情况下用于病媒防治的滴滴涕其生产和使用问题，由有关部门协商解决。

二、各级环保、发展改革、工业和信息化、住房城乡建设、农业、商务、卫生、海关、质检、安全监管等部门，应按照国家有关法律法规的规定，加强对以上四种持久性有机污染物生产、流通、使用和进出口的监督管理。一旦发现生产、销售、使用和进出口滴滴涕、氯丹、灭蚁灵、六氯苯及含有这些物质的化学制品或物品的，应依法进行查处。

废弃电器电子产品回收处理管理条例

(2009年2月25日 中华人民共和国国务院令第551号)

第一章 总 则

第一条 为了规范废弃电器电子产品的回收处理活动,促进资源综合利用和循环经济发展,保护环境,保障人体健康,根据《中华人民共和国清洁生产促进法》和《中华人民共和国固体废物污染环境防治法》的有关规定,制定本条例。

第二条 本条例所称废弃电器电子产品的处理活动,是指将废弃电器电子产品进行拆解,从中提取物质作为原材料或者燃料,用改变废弃电器电子产品物理、化学特性的方法减少已产生的废弃电器电子产品数量,减少或者消除其危害成分,以及将其最终置于符合环境保护要求的填埋场的活动,不包括产品维修、翻新以及经维修、翻新后作为旧货再使用的活动。

第三条 列入《废弃电器电子产品处理目录》(以下简称《目录》)的废弃电器电子产品的回收处理及相关活动,适用本条例。

国务院资源综合利用主管部门会同国务院环境保护、工业信息产业等主管部门制订和调整《目录》,报国务院批准后实施。

第四条 国务院环境保护主管部门会同国务院资源综合利用、工业信息产业主管部门负责组织拟订废弃电器电子产品回收处理的政策措施并协调实施,负责废弃电器电子产品处理的监督管理工作。国务院商务主管部门负责废弃电器电子产品回收的管理工作。国务院财政、工商、质量监督、税务、海关等主管部门在各自职责范围内负责相关管理工作。

第五条 国家对废弃电器电子产品实行多渠道回收和集中处理制度。

第六条 国家对废弃电器电子产品处理实行资格许可制度。设区的市级人民政府环境保护主管部门审批废弃电器电子产品处理企业(以下简称处理企业)资格。

第七条 国家建立废弃电器电子产品处理基金,用于废弃电器电子产品回收处理费用的补贴。电器电子产品生产者、进口电器电子产品的收货人或者其代理人应当按照规定履行废弃电器电子产品处理基金的缴纳义务。

废弃电器电子产品处理基金应当纳入预算管理,其征收、使用、管理的具体办法由国务院财政部门会同国务院环境保护、资源综合利用、工业信息产业主管部门制订,报国务院批准后施行。

制订废弃电器电子产品处理基金的征收标准和补贴标准,应当充分听取电器电子产品生产企业、处理企业、有关行业协会及专家的意见。

第八条 国家鼓励和支持废弃电器电子产品处理的科学研究、技术开发、相关技术标准的研究以及新技术、新工艺、新设备的示范、推广和应用。

第九条 属于国家禁止进口的废弃电器电子产品,不得进口。

第二章 相关方责任

第十条 电器电子产品生产者、进口电器电子产品的收货人或者其代理人生产、进口的电器电子产品应当符合国家有关电器电子产品污染控制的规定,采用有利于资源综合利用和无害化处理的设计方案,使用无毒无害或者低毒低害以及便于回收利用的材料。

电器电子产品上或者产品说明书中应当按照规定提供有关有毒有害物质含量、回收处理提示性说明等信息。

第十一条 国家鼓励电器电子产品生产者自行或者委托销售者、维修机构、售后服务机构、废弃电器电子产品回收经营者回收废弃电器电子产品。电器电子产品销售者、维修机构、售后服务机构应当在其营业场所显著位置标注废弃电器电子产品回收处理提示性信息。

回收的废弃电器电子产品应当由有废弃电器电子产品处理资格的处理企业处理。

第十二条 废弃电器电子产品回收经营者应当采取多种方式为电器电子产品使用者提供方便、快捷的回收服务。

废弃电器电子产品回收经营者对回收的废弃电器电子产品进行处理,应当依照本条例规定取得废弃电器电子产品处理资格;未取得处理资格的,应当将回收的废弃电器电子产品交有废弃电器电子产品处理资格的处理企业处理。

回收的电器电子产品经过修复后销售的,必须符合保障人体健康和人身、财产安全等国家技术规范的强制性要求,并在显著位置标识为旧货。具体管理办法由国务院商务主管部门制定。

第十三条 机关、团体、企事业单位将废弃电器电子产品交有废弃电器电子产品处理资格的处理企业处理的,依照国家有关规定办理资产核销手续。

处理涉及国家秘密的废弃电器电子产品,依照国家保密规定办理。

第十四条 国家鼓励处理企业与相关电器电子产品生产者、销售者以及废弃电器电子产品回收经营者等建立长期合作关系,回收处理废弃电器电子产品。

第十五条 处理废弃电器电子产品,应当符合国家有关资源综合利用、环境保护、劳动安全和保障人体健康的要求。

禁止采用国家明令淘汰的技术和工艺处理废弃电器电子产品。

第十六条 处理企业应当建立废弃电器电子产品处理的日常环境监测制度。

第十七条 处理企业应当建立废弃电器电子产品的数据信息管理系统,向所在地的设区的市级人民政府环境保护主管部门报送废弃电器电子产品处理的基本数据和有关情况。废弃电器电子产品处理的基本数据的保存期限不得少于3年。

第十八条 处理企业处理废弃电器电子产品,依照国家有关规定享受税收优惠。

第十九条 回收、储存、运输、处理废弃电器电子产品的单位和个人,应当遵守国家有关环境保护和环境卫生管理的规定。

第三章 监督管理

第二十条 国务院资源综合利用、质量监督、环境保护、工业信息产业等主管部门,依照规定的职责制定废弃电器电子产品处理的相关政策和技术规范。

第二十一条 省级人民政府环境保护主管部门会同同级资源综合利用、商务、工业信息产业主管部门编制本地区废弃电器电子产品处理发展规划，报国务院环境保护主管部门备案。

地方人民政府应当将废弃电器电子产品回收处理基础设施建设纳入城乡规划。

第二十二条 取得废弃电器电子产品处理资格，依照《中华人民共和国公司登记管理条例》等规定办理登记并在其经营范围中注明废弃电器电子产品处理的企业，方可从事废弃电器电子产品处理活动。

除本条例第三十四条规定外，禁止未取得废弃电器电子产品处理资格的单位和个人处理废弃电器电子产品。

第二十三条 申请废弃电器电子产品处理资格，应当具备下列条件：

（一）具备完善的废弃电器电子产品处理设施；

（二）具有对不能完全处理的废弃电器电子产品的妥善利用或者处置方案；

（三）具有与所处理的废弃电器电子产品相适应的分拣、包装以及其他设备；

（四）具有相关安全、质量和环境保护的专业技术人员。

第二十四条 申请废弃电器电子产品处理资格，应当向所在地的设区的市级人民政府环境保护主管部门提交书面申请，并提供相关证明材料。受理申请的环境保护主管部门应当自收到完整的申请材料之日起60日内完成审查，作出准予许可或者不予许可的决定。

第二十五条 县级以上地方人民政府环境保护主管部门应当通过书面核查和实地检查等方式，加强对废弃电器电子产品处理活动的监督检查。

第二十六条 任何单位和个人都有权对违反本条例规定的行为向有关部门检举。有关部门应当为检举人保密，并依法及时处理。

第四章 法律责任

第二十七条 违反本条例规定，电器电子产品生产者、进口电器电子产品的收货人或者其代理人生产、进口的电器电子产品上或者产品说明书中未按照规定提供有关有毒有害物质含量、回收处理提示性说明等信息的，由县级以上地方人民政府产品质量监督部门责令限期改正，处5万元以下的罚款。

第二十八条 违反本条例规定，未取得废弃电器电子产品处理资格擅自从事废弃电器电子产品处理活动的，由工商行政管理机关依照《无照经营查处取缔办法》的规定予以处罚。

环境保护主管部门查出的，由县级以上人民政府环境保护主管部门责令停业、关闭，没收违法所得，并处5万元以上50万元以下的罚款。

第二十九条 违反本条例规定，采用国家明令淘汰的技术和工艺处理废弃电器电子产品的，由县级以上人民政府环境保护主管部门责令限期改正；情节严重的，由设区的市级人民政府环境保护主管部门依法暂停直至撤销其废弃电器电子产品处理资格。

第三十条 处理废弃电器电子产品造成环境污染的，由县级以上人民政府环境保护主管部门按照固体废物污染环境防治的有关规定予以处罚。

第三十一条 违反本条例规定，处理企业未建立废弃电器电子产品的数据信息管理系统，未按规定报送基本数据和有关情况或者报送基本数据、有关情况不真实,或者未按规定期限保存基本数据的,由所在地的设区的市级人民政府环境保护主管部门责令限期改正,可以处5万元以下的罚款。

第三十二条　违反本条例规定,处理企业未建立日常环境监测制度或者未开展日常环境监测的,由县级以上人民政府环境保护主管部门责令限期改正,可以处5万元以下的罚款。

第三十三条　违反本条例规定,有关行政主管部门的工作人员滥用职权、玩忽职守、徇私舞弊,构成犯罪的,依法追究刑事责任;尚不构成犯罪的,依法给予处分。

第五章　附　则

第三十四条　经省级人民政府批准,可以设立废弃电器电子产品集中处理场。废弃电器电子产品集中处理场应当具有完善的污染物集中处理设施,确保符合国家或者地方制定的污染物排放标准和固体废物污染环境防治技术标准,并应当遵守本条例的有关规定。

废弃电器电子产品集中处理场应当符合国家和当地工业区设置规划,与当地土地利用规划和城乡规划相协调,并应当加快实现产业升级。

第三十五条　本条例自2011年1月1日起施行。

国家危险废物名录(2016年修订)

(1998年1月4日环发〔1998〕89号发布　2008年6月6日环境保护部、国家发展和改革委员会令第1号第一次修订　2016年6月14日环境保护部、国家发展和改革委员会、公安部令第39号第二次修订)

第一条　根据《中华人民共和国固体废物污染环境防治法》的有关规定,制定本名录。

第二条　具有下列情形之一的固体废物(包括液态废物),列入本名录:

(一)具有腐蚀性、毒性、易燃性、反应性或者感染性等一种或者几种危险特性的;

(二)不排除具有危险特性,可能对环境或者人体健康造成有害影响,需要按照危险废物进行管理的。

第三条　医疗废物属于危险废物。医疗废物分类按照《医疗废物分类目录》执行。

第四条　列入《危险化学品目录》的化学品废弃后属于危险废物。

第五条　列入本名录附录《危险废物豁免管理清单》中的危险废物,在所列的豁免环节,且满足相应的豁免条件时,可以按照豁免内容的规定实行豁免管理。

第六条　危险废物与其他固体废物的混合物,以及危险废物处理后的废物的属性判定,按照国家规定的危险废物鉴别标准执行。

第七条　本名录中有关术语的含义如下:

(一)废物类别,是在《控制危险废物越境转移及其处置巴塞尔公约》划定的类别基础上,结合我国实际情况对危险废物进行的分类。

（二）行业来源，是指危险废物的产生行业。

（三）废物代码，是指危险废物的唯一代码，为8位数字。其中，第1～3位为危险废物产生行业代码[依据《国民经济行业分类（GB/T 4754—2011）》确定]，第4～6位为危险废物顺序代码，第7～8位为危险废物类别代码。

（四）危险特性，包括腐蚀性（Corrosivity,C）、毒性（Toxicity,T）、易燃性（Ignitability,I）、反应性（Reactivity,R）和感染性（Infectivity,In）。

第八条　对不明确是否具有危险特性的固体废物，应当按照国家规定的危险废物鉴别标准和鉴别方法予以认定。

经鉴别具有危险特性的，属于危险废物，应当根据其主要有害成分和危险特性确定所属废物类别，并按代码"900-000-××"（××为危险废物类别代码）进行归类管理。

经鉴别不具有危险特性的，不属于危险废物。

第九条　本名录自2016年8月1日起施行。2008年6月6日环境保护部、国家发展和改革委员会发布的《国家危险废物名录》（环境保护部、国家发展和改革委员会令第1号）同时废止。

附表

国家危险废物名录

废物类别	行业来源	废物代码	危险废物	危险特性
HW01 医疗废物	卫生	831-001-01	感染性废物	In
		831-002-01	损伤性废物	In
		831-003-01	病理性废物	In
		831-004-01	化学性废物	T
		831-005-01	药物性废物	T
	非特定行业	900-001-01	为防治动物传染病而需要收集和处置的废物	In
HW02 医药废物	化学药品原料药制造	271-001-02	化学合成原料药生产过程中产生的蒸馏及反应残余物	T
		271-002-02	化学合成原料药生产过程中产生的废母液及反应基废物	T
		271-003-02	化学合成原料药生产过程中产生的废脱色过滤介质	T
		271-004-02	化学合成原料药生产过程中产生的废吸附剂	T
		271-005-02	化学合成原料药生产过程中的废弃产品及中间体	T

(续表)

废物类别	行业来源	废物代码	危险废物	危险特性
HW02 医药废物	化学药品制剂制造	272-001-02	化学药品制剂生产过程中的原料药提纯精制、再加工产生的蒸馏及反应残余物	T
		272-002-02	化学药品制剂生产过程中的原料药提纯精制、再加工产生的废母液及反应基废物	T
		272-003-02	化学药品制剂生产过程中产生的废脱色过滤介质	T
		272-004-02	化学药品制剂生产过程中产生的废吸附剂	T
		272-005-02	化学药品制剂生产过程中产生的废弃产品及原料药	T
	兽用药品制造	275-001-02	使用砷或有机砷化合物生产兽药过程中产生的废水处理污泥	T
		275-002-02	使用砷或有机砷化合物生产兽药过程中蒸馏工艺产生的蒸馏残余物	T
		275-003-02	使用砷或有机砷化合物生产兽药过程中产生的废脱色过滤介质及吸附剂	T
		275-004-02	其他兽药生产过程中产生的蒸馏及反应残余物	T
		275-005-02	其他兽药生产过程中产生的废脱色过滤介质及吸附剂	T
		275-006-02	兽药生产过程中产生的废母液、反应基和培养基废物	T
		275-007-02	兽药生产过程中产生的废吸附剂	T
		275-008-02	兽药生产过程中产生的废弃产品及原料药	T
	生物药品制造	276-001-02	利用生物技术生产生物化学药品、基因工程药物过程中产生的蒸馏及反应残余物	T
		276-002-02	利用生物技术生产生物化学药品、基因工程药物过程中产生的废母液、反应基和培养基废物(不包括利用生物技术合成氨基酸、维生素过程中产生的培养基废物)	T
		276-003-02	利用生物技术生产生物化学药品、基因工程药物过程中产生的废脱色过滤介质(不包括利用生物技术合成氨基酸、维生素过程中产生的废脱色过滤介质)	T
		276-004-02	利用生物技术生产生物化学药品、基因工程药物过程中产生的废吸附剂	T
		276-005-02	利用生物技术生产生物化学药品、基因工程药物过程中产生的废弃产品、原料药和中间体	T
HW03 废药物、药品	非特定行业	900-002-03	生产、销售及使用过程中产生的失效、变质、不合格、淘汰、伪劣的药物和药品(不包括HW01、HW02、900-999-49类)	T

(续表)

废物类别	行业来源	废物代码	危险废物	危险特性
HW04 农药废物	农药制造	263-001-04	氯丹生产过程中六氯环戊二烯过滤产生的残余物;氯丹氯化反应器的真空汽提产生的废物	T
		263-002-04	乙拌磷生产过程中甲苯回收工艺产生的蒸馏残渣	T
		263-003-04	甲拌磷生产过程中二乙基二硫代磷酸过滤产生的残余物	T
		263-004-04	2,4,5-三氯苯氧乙酸生产过程中四氯苯蒸馏产生的重馏分及蒸馏残余物	T
		263-005-04	2,4-二氯苯氧乙酸生产过程中产生的含2,6-二氯苯酚残余物	T
		263-006-04	乙烯基双二硫代氨基甲酸及其盐类生产过程中产生的过滤、蒸发和离心分离残余物及废水处理污泥;产品研磨和包装工序集(除)尘装置收集的粉尘和地面清扫废物	T
		263-007-04	溴甲烷生产过程中反应器产生的废水和酸干燥器产生的废硫酸;生产过程中产生的废吸附剂和废水分离器产生的废物	T
		263-008-04	其他农药生产过程中产生的蒸馏及反应残余物	T
		263-009-04	农药生产过程中产生的废母液与反应罐及容器清洗废液	T
		263-010-04	农药生产过程中产生的废滤料和吸附剂	T
		263-011-04	农药生产过程中产生的废水处理污泥	T
		263-012-04	农药生产、配制过程中产生的过期原料及废弃产品	T
	非特定行业	900-003-04	销售及使用过程中产生的失效、变质、不合格、淘汰、伪劣的农药产品	T
HW05 木材防腐剂废物	木材加工	201-001-05	使用五氯酚进行木材防腐过程中产生的废水处理污泥,以及木材防腐处理过程中产生的沾染该防腐剂的废弃木材残片	T
		201-002-05	使用杂酚油进行木材防腐过程中产生的废水处理污泥,以及木材防腐处理过程中产生的沾染该防腐剂的废弃木材残片	T
		201-003-05	使用含砷、铬等无机防腐剂进行木材防腐过程中产生的废水处理污泥,以及木材防腐处理过程中产生的沾染该防腐剂的废弃木材残片	T

（续表）

废物类别	行业来源	废物代码	危险废物	危险特性
HW05 木材防腐剂 废物	专用化学 产品制造	266-001-05	木材防腐化学品生产过程中产生的反应残余物、废弃滤料及吸附剂	T
		266-002-05	木材防腐化学品生产过程中产生的废水处理污泥	T
		266-003-05	木材防腐化学品生产、配制过程中产生的废弃产品及过期原料	T
	非特定行业	900-004-05	销售及使用过程中产生的失效、变质、不合格、淘汰、伪劣的木材防腐化学品	T
HW06 废有机溶剂 与含有机 溶剂废物	非特定行业	900-401-06	工业生产中作为清洗剂或萃取剂使用后废弃的含卤素有机溶剂，包括四氯化碳、二氯甲烷、1,1-二氯乙烷、1,2-二氯乙烷、1,1,1-三氯乙烷、1,1,2三氯乙烷、三氯乙烯、四氯乙烯	T,I
		900-402-06	工业生产中作为清洗剂或萃取剂使用后废弃的有毒有机溶剂，包括苯、苯乙烯、丁醇、丙酮	T,I
		900-403-06	工业生产中作为清洗剂或萃取剂使用后废弃的易燃易爆有机溶剂，包括正己烷、甲苯、邻二甲苯、间二甲苯、对二甲苯、1,2,4-三甲苯、乙苯、乙醇、异丙醇、乙醚、丙醚、乙酸甲酯、乙酸乙酯、乙酸丁酯、丙酸丁酯、苯酚	I
		900-404-06	工业生产中作为清洗剂或萃取剂使用后废弃的其他列入《危险化学品目录》的有机溶剂	T/I
		900-405-06	900-401-06中所列废物再生处理过程中产生的废活性炭及其他过滤吸附介质	T
		900-406-06	900-402-06和900-404-06中所列废物再生处理过程中产生的废活性炭及其他过滤吸附介质	T
		900-407-06	900-401-06中所列废物分馏再生过程中产生的高沸物和釜底残渣	T
		900-408-06	900-402-06和900-404-06中所列废物分馏再生过程中产生的釜底残渣	T
		900-409-06	900-401-06中所列废物再生处理过程中产生的废水处理浮渣和污泥（不包括废水生化处理污泥）	T
		900-410-06	900-402-06和900-404-06中所列废物再生处理过程中产生的废水处理浮渣和污泥（不包括废水生化处理污泥）	T

(续表)

废物类别	行业来源	废物代码	危险废物	危险特性
HW07 热处理 含氰废物	金属表面处理 及热处理加工	336-001-07	使用氰化物进行金属热处理产生的淬火池残渣	T
		336-002-07	使用氰化物进行金属热处理产生的淬火废水处理污泥	T
		336-003-07	含氰热处理炉维修过程中产生的废内衬	T
		336-004-07	热处理渗碳炉产生的热处理渗碳氰渣	T
		336-005-07	金属热处理工艺盐浴槽釜清洗产生的含氰残渣和含氰废液	R,T
		336-049-07	氰化物热处理和退火作业过程中产生的残渣	T
HW08 废矿物油与 含矿物 油废物	石油开采	071-001-08	石油开采和炼制产生的油泥和油脚	T,I
		071-002-08	以矿物油为连续相配制钻井泥浆用于石油开采所产生的废弃钻井泥浆	T
	天然气开采	072-001-08	以矿物油为连续相配制钻井泥浆用于天然气开采所产生的废弃钻井泥浆	T
	精炼石油 产品制造	251-001-08	清洗矿物油储存、输送设施过程中产生的油/水和烃/水混合物	T
		251-002-08	石油初炼过程中储存设施、油-水-固态物质分离器、积水槽、沟渠及其他输送管道、污水池、雨水收集管道产生的含油污泥	T,I
		251-003-08	石油炼制过程中隔油池产生的含油污泥,以及汽油提炼工艺废水和冷却废水处理污泥(不包括废水生化处理污泥)	T
		251-004-08	石油炼制过程中溶气浮选工艺产生的浮渣	T,I
		251-005-08	石油炼制过程中产生的溢出废油或乳剂	T,I
		251-006-08	石油炼制换热器管束清洗过程中产生的含油污泥	T
		251-010-08	石油炼制过程中澄清油浆槽底沉积物	T,I
		251-011-08	石油炼制过程中进油管路过滤或分离装置产生的残渣	T,I
		251-012-08	石油炼制过程中产生的废过滤介质	T
	非特定行业	900-199-08	内燃机、汽车、轮船等集中拆解过程产生的废矿物油及油泥	T,I
		900-200-08	珩磨、研磨、打磨过程产生的废矿物油及油泥	T,I
		900-201-08	清洗金属零部件过程中产生的废弃煤油、柴油、汽油及其他由石油和煤炼制生产的溶剂油	T,I

(续表)

废物类别	行业来源	废物代码	危险废物	危险特性
HW08 废矿物油与 含矿物 油废物	非特定行业	900-203-08	使用淬火油进行表面硬化处理产生的废矿物油	T
		900-204-08	使用轧制油、冷却剂及酸进行金属轧制产生的废矿物油	T
		900-205-08	镀锡及焊锡回收工艺产生的废矿物油	T
		900-209-08	金属、塑料的定型和物理机械表面处理过程中产生的废石蜡和润滑油	T,I
		900-210-08	油/水分离设施产生的废油、油泥及废水处理产生的浮渣和污泥(不包括废水生化处理污泥)	T,I
		900-211-08	橡胶生产过程中产生的废溶剂油	T,I
		900-212-08	锂电池隔膜生产过程中产生的废白油	T
		900-213-08	废矿物油再生净化过程中产生的沉淀残渣、过滤残渣、废过滤吸附介质	T,I
		900-214-08	车辆、机械维修和拆解过程中产生的废发动机油、制动器油、自动变速器油、齿轮油等废润滑油	T,I
		900-215-08	废矿物油裂解再生过程中产生的裂解残渣	T,I
		900-216-08	使用防锈油进行铸件表面防锈处理过程中产生的废防锈油	T,I
		900-217-08	使用工业齿轮油进行机械设备润滑过程中产生的废润滑油	T,I
		900-218-08	液压设备维护、更换和拆解过程中产生的废液压油	T,I
		900-219-08	冷冻压缩设备维护、更换和拆解过程中产生的废冷冻机油	T,I
		900-220-08	变压器维护、更换和拆解过程中产生的废变压器油	T,I
		900-221-08	废燃料油及燃料油储存过程中产生的油泥	T,I
		900-222-08	石油炼制废水气浮、隔油、絮凝沉淀等处理过程中产生的浮油和污泥	T
		900-249-08	其他生产、销售、使用过程中产生的废矿物油及含矿物油废物	T,I
HW09 油/水、烃/ 水混合物 或乳化液	非特定行业	900-005-09	水压机维护、更换和拆解过程中产生的油/水、烃/水混合物或乳化液	T
		900-006-09	使用切削油和切削液进行机械加工过程中产生的油/水、烃/水混合物或乳化液	T
		900-007-09	其他工艺过程中产生的油/水、烃/水混合物或乳化液	T

(续表)

废物类别	行业来源	废物代码	危险废物	危险特性
HW10 多氯(溴) 联苯类废物	非特定行业	900-008-10	含多氯联苯(PCBs)、多氯三联苯(PCTs)、多溴联苯(PBBs)的电容器、变压器	T
		900-009-10	含有PCBs、PCTs和PBBs的电力设备的清洗液	T
		900-010-10	含有PCBs、PCTs和PBBs的电力设备中废弃的介质油、绝缘油、冷却油及导热油	T
		900-011-10	含有或沾染PCBs、PCTs和PBBs的废弃包装物及容器	T
HW11 精(蒸)馏 残渣	精炼石油产品制造	251-013-11	石油精炼过程中产生的酸焦油和其他焦油	T
	炼焦	252-001-11	炼焦过程中蒸氨塔产生的残渣	T
		252-002-11	炼焦过程中澄清设施底部的焦油渣	T
		252-003-11	炼焦副产品回收过程中萘、粗苯精制产生的残渣	T
		252-004-11	炼焦和炼焦副产品回收过程中焦油储存设施中的焦油渣	T
		252-005-11	煤焦油精炼过程中焦油储存设施中的焦油渣	T
		252-006-11	煤焦油分馏、精制过程中产生的焦油渣	T
		252-007-11	炼焦副产品回收过程中产生的废水池残渣	T
		252-008-11	轻油回收过程中蒸馏、澄清、洗涤工序产生的残渣	T
		252-009-11	轻油精炼过程中的废水池残渣	T
		252-010-11	炼焦及煤焦油加工利用过程中产生的废水处理污泥(不包括废水生化处理污泥)	T
		252-011-11	焦炭生产过程中产生的酸焦油和其他焦油	T
		252-012-11	焦炭生产过程中粗苯精制产生的残渣	T
		252-013-11	焦炭生产过程中产生的脱硫废液	T
		252-014-11	焦炭生产过程中煤气净化产生的残渣和焦油	T
		252-015-11	焦炭生产过程中熄焦废水沉淀产生的焦粉及筛焦过程中产生的粉尘	T
		252-016-11	煤沥青改质过程中产生的闪蒸油	T
	燃气生产和供应业	450-001-11	煤气生产行业煤气净化过程中产生的煤焦油渣	T
		450-002-11	煤气生产过程中产生的废水处理污泥(不包括废水生化处理污泥)	T
		450-003-11	煤气生产过程中煤气冷凝产生的煤焦油	T

(续表)

废物类别	行业来源	废物代码	危险废物	危险特性
HW11 精(蒸)馏残渣	基础化学原料制造	261-007-11	乙烯法制乙醛生产过程中产生的蒸馏残渣	T
		261-008-11	乙烯法制乙醛生产过程中产生的蒸馏次要馏分	T
		261-009-11	苄基氯生产过程中苄基氯蒸馏产生的蒸馏残渣	T
		261-010-11	四氯化碳生产过程中产生的蒸馏残渣和重馏分	T
		261-011-11	表氯醇生产过程中精制塔产生的蒸馏残渣	T
		261-012-11	异丙苯法生产苯酚和丙酮过程中产生的蒸馏残渣	T
		261-013-11	萘法生产邻苯二甲酸酐过程中产生的蒸馏残渣和轻馏分	T
		261-014-11	邻二甲苯法生产邻苯二甲酸酐过程中产生的蒸馏残渣和轻馏分	T
		261-015-11	苯硝化法生产硝基苯过程中产生的蒸馏残渣	T
		261-016-11	甲苯二异氰酸酯生产过程中产生的蒸馏残渣和离心分离残渣	T
		261-017-11	1,1,1-三氯乙烷生产过程中产生的蒸馏残渣	T
		261-018-11	三氯乙烯和四氯乙烯联合生产过程中产生的蒸馏残渣	T
		261-019-11	苯胺生产过程中产生的蒸馏残渣	T
		261-020-11	苯胺生产过程中苯胺萃取工序产生的蒸馏残渣	T
		261-021-11	二硝基甲苯加氢法生产甲苯二胺过程中干燥塔产生的反应残余物	T
		261-022-11	二硝基甲苯加氢法生产甲苯二胺过程中产品精制产生的轻馏分	T
		261-023-11	二硝基甲苯加氢法生产甲苯二胺过程中产品精制产生的废液	T
		261-024-11	二硝基甲苯加氢法生产甲苯二胺过程中产品精制产生的重馏分	T
		261-025-11	甲苯二胺光气化法生产甲苯二异氰酸酯过程中溶剂回收塔产生的有机冷凝物	T
		261-026-11	氯苯生产过程中的蒸馏及分馏残渣	T
		261-027-11	使用羧酸肼生产1,1-二甲基肼过程中产品分离产生的残渣	T
		261-028-11	乙烯溴化法生产二溴乙烯过程中产品精制产生的蒸馏残渣	T

(续表)

废物类别	行业来源	废物代码	危险废物	危险特性
HW11 精(蒸)馏 残渣	基础化学 原料制造	261-029-11	α-氯甲苯、苯甲酰氯和含此类官能团的化学品生产过程中产生的蒸馏残渣	T
		261-030-11	四氯化碳生产过程中的重馏分	T
		261-031-11	二氯乙烯单体生产过程中蒸馏产生的重馏分	T
		261-032-11	氯乙烯单体生产过程中蒸馏产生的重馏分	T
		261-033-11	1,1,1-三氯乙烷生产过程中蒸汽汽提塔产生的残余物	T
		261-034-11	1,1,1-三氯乙烷生产过程中蒸馏产生的重馏分	T
		261-035-11	三氯乙烯和四氯乙烯联合生产过程中产生的重馏分	T
		261-100-11	苯和丙烯生产苯酚和丙酮过程中产生的重馏分	T
		261-101-11	苯泵式消化生产硝基苯过程中产生的重馏分	T
		261-102-11	铁粉还原硝基苯生产苯胺过程中产生的重馏分	T
		261-103-11	苯胺、乙酸酐或乙酰苯胺为原料生产对硝基苯胺过程中产生的重馏分	T
		261-104-11	对氯苯胺氨解生产对硝基苯胺的重馏分	T
		261-105-11	氨化法、还原法生产邻苯二胺过程中产生的重馏分	T
		261-106-11	苯和乙烯直接催化、乙苯和丙烯共氧化、乙苯催化脱氢生产苯乙烯过程中产生的重馏分	T
		261-107-11	二硝基甲苯还原催化生产甲苯二胺过程中产生的重馏分	T
		261-108-11	对苯二酚氧化生产二甲氧基苯胺过程中产生的重馏分	T
		261-109-11	萘磺化生产萘酚过程中产生的重馏分	T
		261-110-11	苯酚、三甲苯水解生产4,4'-二羟基二苯砜过程中产生的重馏分	T
		261-111-11	甲苯硝基化合物羰基法、甲苯碳酸二甲酯法生产甲苯二异氰酸酯过程中产生的重馏分	T
		261-112-11	苯直接氯化生产氯苯过程中产生的重馏分	T
		261-113-11	乙烯直接氯化生产二氯乙烷过程中产生的重馏分	T
		261-114-11	甲烷氯化生产甲烷氯化物过程中产生的重馏分	T

（续表）

废物类别	行业来源	废物代码	危险废物	危险特性
HW11 精（蒸）馏 残渣	基础化学 原料制造	261-115-11	甲醇氯化生产甲烷氯化物过程中产生的釜底残液	T
		261-116-11	乙烯氯醇法、氧化法生产环氧乙烷过程中产生的重馏分	T
		261-117-11	乙炔气相合成、氧氯化生产氯乙烯过程中产生的重馏分	T
		261-118-11	乙烯直接氯化生产三氯乙烯、四氯乙烯过程中产生的重馏分	T
		261-119-11	乙烯氧氯化法生产三氯乙烯、四氯乙烯过程中产生的重馏分	T
		261-120-11	甲苯光气法生产苯甲酰氯产品精制过程中产生的重馏分	T
		261-121-11	甲苯苯甲酸法生产苯甲酰氯产品精制过程中产生的重馏分	T
		261-122-11	甲苯连续光氯化法、无光热氯化法生产氯化苄过程中产生的重馏分	T
		261-123-11	偏二氯乙烯氢氯化法生产1,1,1-三氯乙烷过程中产生的重馏分	T
		261-124-11	醋酸丙烯酯法生产环氧氯丙烷过程中产生的重馏分	T
		261-125-11	异戊烷(异戊烯)脱氢法生产异戊二烯过程中产生的重馏分	T
		261-126-11	化学合成法生产异戊二烯过程中产生的重馏分	T
		261-127-11	碳五馏分分离生产异戊二烯过程中产生的重馏分	T
		261-128-11	合成气加压催化生产甲醇过程中产生的重馏分	T
		261-129-11	水合法、发酵法生产乙醇过程中产生的重馏分	T
		261-130-11	环氧乙烷直接水合生产乙二醇过程中产生的重馏分	T
		261-131-11	乙醛缩合加氢生产丁二醇过程中产生的重馏分	T
		261-132-11	乙醛氧化生产醋酸蒸馏过程中产生的重馏分	T
		261-133-11	丁烷液相氧化生产醋酸过程中产生的重馏分	T
		261-134-11	电石乙炔法生产醋酸乙烯酯过程中产生的重馏分	T
		261-135-11	氢氰酸法生产原甲酸三甲酯过程中产生的重馏分	T

(续表)

废物类别	行业来源	废物代码	危险废物	危险特性
HW11 精(蒸)馏 残渣	基础化学 原料制造	261-136-11	β-苯胺乙醇法生产靛蓝过程中产生的重馏分	T
	常用有色 金属冶炼	321-001-11	有色金属火法冶炼过程中产生的焦油状残余物	T
	环境治理	772-001-11	废矿物油再生过程中产生的酸焦油	T
	非特定行业	900-013-11	其他精炼、蒸馏和热解处理过程中产生的焦油状残余物	T
HW12 染料、涂 料废物	涂料、油墨、 颜料及类似 产品制造	264-002-12	铬黄和铬橙颜料生产过程中产生的废水处理污泥	T
		264-003-12	钼酸橙颜料生产过程中产生的废水处理污泥	T
		264-004-12	锌黄颜料生产过程中产生的废水处理污泥	T
		264-005-12	铬绿颜料生产过程中产生的废水处理污泥	T
		264-006-12	氧化铬绿颜料生产过程中产生的废水处理污泥	T
		264-007-12	氧化铬绿颜料生产过程中烘干产生的残渣	T
		264-008-12	铁蓝颜料生产过程中产生的废水处理污泥	T
		264-009-12	使用含铬、铅的稳定剂配制油墨过程中,设备清洗产生的洗涤废液和废水处理污泥	T
		264-010-12	油墨的生产、配制过程中产生的废蚀刻液	T
		264-011-12	其他油墨、染料、颜料、油漆(不包括水性漆)生产过程中产生的废母液、残渣、中间体废物	T
		264-012-12	其他油墨、染料、颜料、油漆(不包括水性漆)生产过程中产生的废水处理污泥、废吸附剂	T
		264-013-12	油漆、油墨生产、配制和使用过程中产生的含颜料、油墨的有机溶剂废物	T
	纸浆制造	221-001-12	废纸回收利用处理过程中产生的脱墨渣	T
	非特定行业	900-250-12	使用有机溶剂、光漆进行光漆涂布、喷漆工艺过程中产生的废物	T,I
		900-251-12	使用油漆(不包括水性漆)、有机溶剂进行阻挡层涂敷过程中产生的废物	T,I
		900-252-12	使用油漆(不包括水性漆)、有机溶剂进行喷漆、上漆过程中产生的废物	T,I
		900-253-12	使用油墨和有机溶剂进行丝网印刷过程中产生的废物	T,I
		900-254-12	使用遮盖油、有机溶剂进行遮盖油的涂敷过程中产生的废物	T,I

（续表）

废物类别	行业来源	废物代码	危险废物	危险特性
HW12 染料、涂料废物	非特定行业	900-255-12	使用各种颜料进行着色过程中产生的废颜料	T
		900-256-12	使用酸、碱或有机溶剂清洗容器设备过程中剥离下的废油漆、染料、涂料	T
		900-299-12	生产、销售及使用过程中产生的失效、变质、不合格、淘汰、伪劣的油墨、染料、颜料、油漆	T
HW13 有机树脂类废物	合成材料制造	265-101-13	树脂、乳胶、增塑剂、胶水/胶合剂生产过程中产生的不合格产品	T
		265-102-13	树脂、乳胶、增塑剂、胶水/胶合剂生产过程中合成、酯化、缩合等工序产生的废母液	T
		265-103-13	树脂、乳胶、增塑剂、胶水/胶合剂生产过程中精馏、分离、精制等工序产生的釜底残液、废过滤介质和残渣	T
		265-104-13	树脂、乳胶、增塑剂、胶水/胶合剂生产过程中产生的废水处理污泥（不包括废水生化处理污泥）	T
	非特定行业	900-014-13	废弃的粘合剂和密封剂	T
		900-015-13	废弃的离子交换树脂	T
		900-016-13	使用酸、碱或有机溶剂清洗容器设备剥离下的树脂状、粘稠杂物	T
		900-451-13	废覆铜板、印刷线路板、电路板破碎分选回收金属后产生的废树脂粉	T
HW14 新化学物质废物	非特定行业	900-017-14	研究、开发和教学活动中产生的对人类或环境影响不明的化学物质废物	T/C/I/R
HW15 爆炸性废物	炸药、火工及焰火产品制造	267-001-15	炸药生产和加工过程中产生的废水处理污泥	R
		267-002-15	含爆炸品废水处理过程中产生的废活性炭	R
		267-003-15	生产、配制和装填铅基起爆药剂过程中产生的废水处理污泥	T,R
		267-004-15	三硝基甲苯生产过程中产生的粉红水、红水，以及废水处理污泥	R
	非特定行业	900-018-15	报废机动车拆解后收集的未引爆的安全气囊	R
HW16 感光材料废物	专用化学产品制造	266-009-16	显（定）影剂、正负胶片、像纸、感光材料生产过程中产生的不合格产品和过期产品	T
		266-010-16	显（定）影剂、正负胶片、像纸、感光材料生产过程中产生的残渣及废水处理污泥	T

(续表)

废物类别	行业来源	废物代码	危险废物	危险特性
HW16 感光材料废物	印刷	231-001-16	使用显影剂进行胶卷显影,定影剂进行胶卷定影,以及使用铁氰化钾、硫代硫酸盐进行影像减薄(漂白)产生的废显(定)影剂、胶片及废像纸	T
	印刷	231-002-16	使用显影剂进行印刷显影、抗蚀图形显影,以及凸版印刷产生的废显(定)影剂、胶片及废像纸	T
	电子元件制造	397-001-16	使用显影剂、氢氧化物、偏亚硫酸氢盐、醋酸进行胶卷显影产生的废显(定)影剂、胶片及废像纸	T
	电影	863-001-16	电影厂产生的废显(定)影剂、胶片及废像纸	T
	其他专业技术服务业	749-001-16	摄影扩印服务行业产生的废显(定)影剂、胶片及废像纸	T
	非特定行业	900-019-16	其他行业产生的废显(定)影剂、胶片及废像纸	T
HW17 表面处理废物	金属表面处理及热处理加工	336-050-17	使用氯化亚锡进行敏化处理产生的废渣和废水处理污泥	T
		336-051-17	使用氯化锌、氯化铵进行敏化处理产生的废渣和废水处理污泥	T
		336-052-17	使用锌和电镀化学品进行镀锌产生的废槽液、槽渣和废水处理污泥	T
		336-053-17	使用镉和电镀化学品进行镀镉产生的废槽液、槽渣和废水处理污泥	T
		336-054-17	使用镍和电镀化学品进行镀镍产生的废槽液、槽渣和废水处理污泥	T
		336-055-17	使用镀镍液进行镀镍产生的废槽液、槽渣和废水处理污泥	T
		336-056-17	使用硝酸银、碱、甲醛进行敷金属法镀银产生的废槽液、槽渣和废水处理污泥	T
		336-057-17	使用金和电镀化学品进行镀金产生的废槽液、槽渣和废水处理污泥	T
		336-058-17	使用镀铜液进行化学镀铜产生的废槽液、槽渣和废水处理污泥	T
		336-059-17	使用钯和锡盐进行活化处理产生的废渣和废水处理污泥	T
		336-060-17	使用铬和电镀化学品进行镀黑铬产生的废槽液、槽渣和废水处理污泥	T
		336-061-17	使用高锰酸钾进行钻孔除胶处理产生的废渣和废水处理污泥	T
		336-062-17	使用铜和电镀化学品进行镀铜产生的废槽液、槽渣和废水处理污泥	T

(续表)

废物类别	行业来源	废物代码	危险废物	危险特性
HW17 表面处理废物	金属表面处理及热处理加工	336-063-17	其他电镀工艺产生的废槽液、槽渣和废水处理污泥	T
		336-064-17	金属和塑料表面酸（碱）洗、除油、除锈、洗涤、磷化、出光、化抛工艺产生的废腐蚀液、废洗涤液、废槽液、槽渣和废水处理污泥	T/C
		336-066-17	镀层剥除过程中产生的废液、槽渣及废水处理污泥	T
		336-067-17	使用含重铬酸盐的胶体、有机溶剂、黏合剂进行漩流式抗蚀涂布产生的废液及废水处理污泥	T
		336-068-17	使用铬化合物进行抗蚀层化学硬化产生的废渣及废水处理污泥	T
		336-069-17	使用铬酸镀铬产生的废槽液、槽渣和废水处理污泥	T
		336-101-17	使用铬酸进行塑料表面粗化产生的废槽液、槽渣和废水处理污泥	T
HW18 焚烧处置残渣	环境治理业	772-002-18	生活垃圾焚烧飞灰	T
		772-003-18	危险废物焚烧、热解等处置过程产生的底渣、飞灰和废水处理污泥（医疗废物焚烧处置产生的底渣除外）	T
		772-004-18	危险废物等离子体、高温熔融等处置过程产生的非玻璃态物质和飞灰	T
		772-005-18	固体废物焚烧过程中废气处理产生的废活性炭	T
HW19 含金属羰基化合物废物	非特定行业	900-020-19	金属羰基化合物生产、使用过程中产生的含有羰基化合物成分的废物	T
HW20 含铍废物	基础化学原料制造	261-040-20	铍及其化合物生产过程中产生的熔渣、集（除）尘装置收集的粉尘和废水处理污泥	T
HW21 含铬废物	毛皮鞣制及制品加工	193-001-21	使用铬鞣剂进行铬鞣、复鞣工艺产生的废水处理污泥	T
		193-002-21	皮革切削工艺产生的含铬皮革废碎料	T
	基础化学原料制造	261-041-21	铬铁矿生产铬盐过程中产生的铬渣	T
		261-042-21	铬铁矿生产铬盐过程中产生的铝泥	T
		261-043-21	铬铁矿生产铬盐过程中产生的芒硝	T
		261-044-21	铬铁矿生产铬盐过程中产生的废水处理污泥	T
		261-137-21	铬铁矿生产铬盐过程中产生的其他废物	T/C
		261-138-21	以重铬酸钠和浓硫酸为原料生产铬酸酐过程中产生的含铬废液	T

(续表)

废物类别	行业来源	废物代码	危险废物	危险特性
HW21 含铬废物	铁合金冶炼	315-001-21	铬铁硅合金生产过程中集(除)尘装置收集的粉尘	T
		315-002-21	铁铬合金生产过程中集(除)尘装置收集的粉尘	T
		315-003-21	铁铬合金生产过程中金属铬冶炼产生的铬浸出渣	T
	金属表面处理及热处理加工	336-100-21	使用铬酸进行阳极氧化产生的废槽液、槽渣及废水处理污泥	T
	电子元件制造	397-002-21	使用铬酸进行钻孔除胶处理产生的废渣和废水处理污泥	T
HW22 含铜废物	玻璃制造	304-001-22	使用硫酸铜进行敷金属法镀铜产生的废槽液、槽渣及废水处理污泥	T
	常用有色金属冶炼	321-101-22	铜火法冶炼烟气净化产生的收尘渣、压滤渣	T
		321-102-22	铜火法冶炼电除雾除尘产生的废水处理污泥	T
	电子元件制造	397-004-22	线路板生产过程中产生的废蚀铜液	T
		397-005-22	使用酸进行铜氧化处理产生的废液及废水处理污泥	T
		397-051-22	铜板蚀刻过程中产生的废蚀刻液及废水处理污泥	T
HW23 含锌废物	金属表面处理及热处理加工	336-103-23	热镀锌过程中产生的废熔剂、助熔剂和集(除)尘装置收集的粉尘	T
	电池制造	384-001-23	碱性锌锰电池、锌氧化银电池、锌空气电池生产过程中产生的废锌浆	T
	非特定行业	900-021-23	使用氢氧化钠、锌粉进行贵金属沉淀过程中产生的废液及废水处理污泥	T
HW24 含砷废物	基础化学原料制造	261-139-24	硫铁矿制酸过程中烟气净化产生的酸泥	T
HW25 含硒废物	基础化学原料制造	261-045-25	硒及其化合物生产过程中产生的熔渣、集(除)尘装置收集的粉尘和废水处理污泥	T
HW26 含镉废物	电池制造	384-002-26	镍镉电池生产过程中产生的废渣和废水处理污泥	T
HW27 含锑废物	基础化学原料制造	261-046-27	锑金属及粗氧化锑生产过程中产生的熔渣和集(除)尘装置收集的粉尘	T
		261-048-27	氧化锑生产过程中产生的熔渣	T
HW28 含碲废物	基础化学原料制造	261-050-28	碲及其化合物生产过程中产生的熔渣、集(除)尘装置收集的粉尘和废水处理污泥	T
HW29 含汞废物	天然气开采	072-002-29	天然气除汞净化过程中产生的含汞废物	T
	常用有色金属矿采选	091-003-29	汞矿采选过程中产生的尾砂和集(除)尘装置收集的粉尘	T

(续表)

废物类别	行业来源	废物代码	危险废物	危险特性
HW29 含汞废物	贵金属矿采选	092-002-29	混汞法提金工艺产生的含汞粉尘、残渣	T
	印刷	231-007-29	使用显影剂、汞化合物进行影像加厚（物理沉淀）以及使用显影剂、氨氯化汞进行影像加厚（氧化）产生的废液及残渣	T
	基础化学原料制造	261-051-29	水银电解槽法生产氯气过程中盐水精制产生的盐水提纯污泥	T
		261-052-29	水银电解槽法生产氯气过程中产生的废水处理污泥	T
		261-053-29	水银电解槽法生产氯气过程中产生的废活性炭	T
		261-054-29	卤素和卤素化学品生产过程中产生的含汞硫酸钡污泥	T
	合成材料制造	265-001-29	氯乙烯生产过程中含汞废水处理产生的废活性炭	T,C
		265-002-29	氯乙烯生产过程中吸附汞产生的废活性炭	T,C
		265-003-29	电石乙炔法聚氯乙烯生产过程中产生的废酸	T,C
		265-004-29	电石乙炔法生产氯乙烯单体过程中产生的废水处理污泥	T
	常用有色金属冶炼	321-103-29	铜、锌、铅冶炼过程中烟气制酸产生的废甘汞,烟气净化产生的废酸及废酸处理污泥	T
	电池制造	384-003-29	含汞电池生产过程中产生的含汞废浆层纸、含汞废锌膏、含汞废活性炭和废水处理污泥	T
	照明器具制造	387-001-29	含汞电光源生产过程中产生的废荧光粉和废活性炭	T
	通用仪器仪表制造	401-001-29	含汞温度计生产过程中产生的废渣	T
	非特定行业	900-022-29	废弃的含汞催化剂	T
		900-023-29	生产、销售及使用过程中产生的废含汞荧光灯管及其他废含汞电光源	T
		900-024-29	生产、销售及使用过程中产生的废含汞温度计、废含汞血压计、废含汞真空表和废含汞压力计	T
		900-452-29	含汞废水处理过程中产生的废树脂、废活性炭和污泥	T
HW30 含铊废物	基础化学原料制造	261-055-30	铊及其化合物生产过程中产生的熔渣、集（除）尘装置收集的粉尘和废水处理污泥	T
HW31 含铅废物	玻璃制造	304-002-31	使用铅盐和铅氧化物进行显像管玻璃熔炼过程中产生的废渣	T
	电子元件制造	397-052-31	线路板制造过程中电镀铅锡合金产生的废液	T

（续表）

废物类别	行业来源	废物代码	危险废物	危险特性
HW31 含铅废物	炼钢	312-001-31	电炉炼钢过程中集(除)尘装置收集的粉尘和废水处理污泥	T
	电池制造	384-004-31	铅蓄电池生产过程中产生的废渣、集(除)尘装置收集的粉尘和废水处理污泥	T
	工艺美术品制造	243-001-31	使用铅箔进行烤钵试金法工艺产生的废烤钵	T
	废弃资源综合利用	421-001-31	废铅蓄电池拆解过程中产生的废铅板、废铅膏和酸液	T
	非特定行业	900-025-31	使用硬脂酸铅进行抗黏涂层过程中产生的废物	T
HW32 无机氟化物废物	非特定行业	900-026-32	使用氢氟酸进行蚀刻产生的废蚀刻液	T,C
HW33 无机氰化物废物	贵金属矿采选	092-003-33	采用氰化物进行黄金选矿过程中产生的氰化尾渣和含氰废水处理污泥	T
	金属表面处理及热处理加工	336-104-33	使用氰化物进行浸洗过程中产生的废液	R,T
	非特定行业	900-027-33	使用氰化物进行表面硬化、碱性除油、电解除油产生的废物	R,T
		900-028-33	使用氰化物剥落金属镀层产生的废物	R,T
		900-029-33	使用氰化物和双氧水进行化学抛光产生的废物	R,T
HW34 废酸	精炼石油产品制造	251-014-34	石油炼制过程产生的废酸及酸泥	C
	涂料、油墨、颜料及类似产品制造	264-013-34	硫酸法生产钛白粉(二氧化钛)过程中产生的废酸	C
	基础化学原料制造	261-057-34	硫酸和亚硫酸、盐酸、氢氟酸、磷酸和亚磷酸、硝酸和亚硝酸等的生产、配制过程中产生的废酸及酸渣	C
		261-058-34	卤素和卤素化学品生产过程中产生的废酸	C
	钢压延加工	314-001-34	钢的精加工过程中产生的废酸性洗液	C,T
	金属表面处理及热处理加工	336-105-34	青铜生产过程中浸酸工序产生的废酸液	C
	电子元件制造	397-005-34	使用酸进行电解除油、酸蚀、活化前表面敏化、催化、浸亮产生的废酸液	C
		397-006-34	使用硝酸进行钻孔蚀胶处理产生的废酸液	C
		397-007-34	液晶显示板或集成电路板的生产过程中使用酸浸蚀剂进行氧化物浸蚀产生的废酸液	C

(续表)

废物类别	行业来源	废物代码	危险废物	危险特性
HW34 废酸	非特定行业	900-300-34	使用酸进行清洗产生的废酸液	C
		900-301-34	使用硫酸进行酸性碳化产生的废酸液	C
		900-302-34	使用硫酸进行酸蚀产生的废酸液	C
		900-303-34	使用磷酸进行磷化产生的废酸液	C
		900-304-34	使用酸进行电解除油、金属表面敏化产生的废酸液	C
		900-305-34	使用硝酸剥落不合格镀层及挂架金属镀层产生的废酸液	C
		900-306-34	使用硝酸进行钝化产生的废酸液	C
		900-307-34	使用酸进行电解抛光处理产生的废酸液	C
		900-308-34	使用酸进行催化(化学镀)产生的废酸液	C
		900-349-34	生产、销售及使用过程中产生的失效、变质、不合格、淘汰、伪劣的强酸性擦洗粉、清洁剂、污迹去除剂以及其他废酸液及酸渣	C
HW35 废碱	精炼石油产品制造	251-015-35	石油炼制过程产生的废碱液及碱渣	C,T
	基础化学原料制造	261-059-35	氢氧化钙、氨水、氢氧化钠、氢氧化钾等的生产、配制中产生的废碱液、固态碱及碱渣	C
	毛皮鞣制及制品加工	193-003-35	使用氢氧化钙、硫化钠进行浸灰产生的废碱液	C
	纸浆制造	221-002-35	碱法制浆过程中蒸煮制浆产生的废碱液	C,T
	非特定行业	900-350-35	使用氢氧化钠进行煮炼过程中产生的废碱液	C
		900-351-35	使用氢氧化钠进行丝光处理过程中产生的废碱液	C
		900-352-35	使用碱进行清洗产生的废碱液	C
		900-353-35	使用碱进行清洗除蜡、碱性除油、电解除油产生的废碱液	C
		900-354-35	使用碱进行电镀阻挡层或抗蚀层的脱除产生的废碱液	C
		900-355-35	使用碱进行氧化膜浸蚀产生的废碱液	C
		900-356-35	使用碱溶液进行碱性清洗、图形显影产生的废碱液	C
		900-399-35	生产、销售及使用过程中产生的失效、变质、不合格、淘汰、伪劣的强碱性擦洗粉、清洁剂、污迹去除剂以及其他废碱液、固态碱及碱渣	C

(续表)

废物类别	行业来源	废物代码	危险废物	危险特性
HW36 石棉废物	石棉及其他非金属矿采选	109-001-36	石棉矿选矿过程中产生的废渣	T
	基础化学原料制造	261-060-36	卤素和卤素化学品生产过程中电解装置拆换产生的含石棉废物	T
	石膏、水泥制品及类似制品制造	302-001-36	石棉建材生产过程中产生的石棉尘、废石棉	T
	耐火材料制品制造	308-001-36	石棉制品生产过程中产生的石棉尘、废石棉	T
	汽车零部件及配件制造	366-001-36	车辆制动器衬片生产过程中产生的石棉废物	T
	船舶及相关装置制造	373-002-36	拆船过程中产生的石棉废物	T
	非特定行业	900-030-36	其他生产过程中产生的石棉废物	T
		900-031-36	含有石棉的废绝缘材料、建筑废物	T
		900-032-36	含有隔膜、热绝缘体等石棉材料的设施保养拆换及车辆制动器衬片的更换产生的石棉废物	T
HW37 有机磷化合物废物	基础化学原料制造	261-061-37	除农药以外其他有机磷化合物生产、配制过程中产生的反应残余物	T
		261-062-37	除农药以外其他有机磷化合物生产、配制过程中产生的废过滤吸附介质	T
		261-063-37	除农药以外其他有机磷化合物生产过程中产生的废水处理污泥	T
	非特定行业	900-033-37	生产、销售及使用过程中产生的废弃磷酸酯抗燃油	T
HW38 有机氰化物废物	基础化学原料制造	261-064-38	丙烯腈生产过程中废水汽提器塔底的残余物	R,T
		261-065-38	丙烯腈生产过程中乙腈蒸馏塔底的残余物	R,T
		261-066-38	丙烯腈生产过程中乙腈精制塔底的残余物	T
		261-067-38	有机氰化物生产过程中产生的废母液及反应残余物	T
		261-068-38	有机氰化物生产过程中催化、精馏和过滤工序产生的废催化剂、釜底残余物和过滤介质	T
		261-069-38	有机氰化物生产过程中产生的废水处理污泥	T
		261-140-38	废腈纶高温高压水解生产聚丙烯腈铵盐过程中产生的过滤残渣	T
HW39 含酚废物	基础化学原料制造	261-070-39	酚及酚类化合物生产过程中产生的废母液和反应残余物	T
		261-071-39	酚及酚类化合物生产过程中产生的废过滤吸附介质、废催化剂、精馏残余物	T

（续表）

废物类别	行业来源	废物代码	危险废物	危险特性
HW40 含醚废物	基础化学 原料制造	261-072-40	醚及醚类化合物生产过程中产生的醚类残液、反应残余物、废水处理污泥(不包括废水生化处理污泥)	T
HW45 含有机卤 化物废物	基础化学 原料制造	261-078-45	乙烯溴化法生产二溴乙烯过程中废气净化产生的废液	T
		261-079-45	乙烯溴化法生产二溴乙烯过程中产品精制产生的废吸附剂	T
		261-080-45	芳烃及其衍生物氯代反应过程中氯气和盐酸回收工艺产生的废液和废吸附剂	T
		261-081-45	芳烃及其衍生物氯代反应过程中产生的废水处理污泥	T
		261-082-45	氯乙烷生产过程中的塔底残余物	T
		261-084-45	其他有机卤化物的生产过程中产生的残液、废过滤吸附介质、反应残余物、废水处理污泥、废催化剂(不包括上述HW06、HW39类别的废物)	T
		261-085-45	其他有机卤化物的生产过程中产生的不合格、淘汰、废弃的产品(不包括上述HW06、HW39类别的废物)	T
		261-086-45	石墨作阳极隔膜法生产氯气和烧碱过程中产生的废水处理污泥	T
	非特定行业	900-036-45	其他生产、销售及使用过程中产生的含有机卤化物废物(不包括HW06类)	T
HW46 含镍废物	基础化学 原料制造	261-087-46	镍化合物生产过程中产生的反应残余物及不合格、淘汰、废弃的产品	T
	电池制造	394-005-46	镍氢电池生产过程中产生的废渣和废水处理污泥	T
	非特定行业	900-037-46	废弃的镍催化剂	T
HW47 含钡废物	基础化学 原料制造	261-088-47	钡化合物(不包括硫酸钡)生产过程中产生的熔渣、集(除)尘装置收集的粉尘、反应残余物、废水处理污泥	T
	金属表面处理 及热处理加工	336-106-47	热处理工艺中产生的含钡盐浴渣	T
HW48 有色金属 冶炼废物	常用有色 金属矿采选	091-001-48	硫化铜矿、氧化铜矿等铜矿物采选过程中集(除)尘装置收集的粉尘	T
		091-002-48	硫砷化合物(雌黄、雄黄及硫砷铁矿)或其他含砷化合物的金属矿石采选过程中集(除)尘装置收集的粉尘	T
	常用有色 金属冶炼	321-002-48	铜火法冶炼过程中集(除)尘装置收集的粉尘和废水处理污泥	T

(续表)

废物类别	行业来源	废物代码	危险废物	危险特性
HW48 有色金属 冶炼废物	常用有色 金属冶炼	321-003-48	粗锌精炼加工过程中产生的废水处理污泥	T
		321-004-48	铅锌冶炼过程中,锌焙烧矿常规浸出法产生的浸出渣	T
		321-005-48	铅锌冶炼过程中,锌焙烧矿热酸浸出黄钾铁矾法产生的铁矾渣	T
		321-006-48	硫化锌矿常压氧浸或加压氧浸产生的硫渣（浸出渣）	T
		321-007-48	铅锌冶炼过程中,锌焙烧矿热酸浸出针铁矿法产生的针铁矿渣	T
		321-008-48	铅锌冶炼过程中,锌浸出液净化产生的净化渣,包括锌粉-黄药法、砷盐法、反向锑盐法、铅锑合金锌粉法等工艺除铜、锑、镉、钴、镍等杂质过程中产生的废渣	T
		321-009-48	铅锌冶炼过程中,阴极锌熔铸产生的熔铸浮渣	T
		321-010-48	铅锌冶炼过程中,氧化锌浸出处理产生的氧化锌浸出渣	T
		321-011-48	铅锌冶炼过程中,鼓风炉炼锌锌蒸气冷凝分离系统产生的鼓风炉浮渣	T
		321-012-48	铅锌冶炼过程中,锌精馏炉产生的锌渣	T
		321-013-48	铅锌冶炼过程中,提取金、银、铋、镉、钴、铟、锗、铊、碲等金属过程中产生的废渣	T
		321-014-48	铅锌冶炼过程中,集(除)尘装置收集的粉尘	T
		321-016-48	粗铅精炼过程中产生的浮渣和底渣	T
		321-017-48	铅锌冶炼过程中,炼铅鼓风炉产生的黄渣	T
		321-018-48	铅锌冶炼过程中,粗铅火法精炼产生的精炼渣	T
		321-019-48	铅锌冶炼过程中,铅电解产生的阳极泥及阳极泥处理后产生的含铅废渣和废水处理污泥	T
		321-020-48	铅锌冶炼过程中,阴极铅精炼产生的氧化铅渣及碱渣	T
		321-021-48	铅锌冶炼过程中,锌焙烧矿热酸浸出黄钾铁矾法、热酸浸出针铁矿法产生的铅银渣	T
		321-022-48	铅锌冶炼过程中产生的废水处理污泥	T
		321-023-48	电解铝过程中电解槽维修及废弃产生的废渣	T
		321-024-48	铝火法冶炼过程中产生的初炼炉渣	T
		321-025-48	电解铝过程中产生的盐渣、浮渣	T
		321-026-48	铝火法冶炼过程中产生的易燃性撇渣	I
		321-027-48	铜再生过程中集(除)尘装置收集的粉尘和废水处理污泥	T

（续表）

废物类别	行业来源	废物代码	危险废物	危险特性
HW48 有色金属 冶炼废物	常用有色 金属冶炼	321-028-48	锌再生过程中集（除）尘装置收集的粉尘和废水处理污泥	T
		321-029-48	铅再生过程中集（除）尘装置收集的粉尘和废水处理污泥	T
		321-030-48	汞再生过程中集（除）尘装置收集的粉尘和废水处理污泥	T
	稀有稀土 金属冶炼	323-001-48	仲钨酸铵生产过程中碱分解产生的碱煮渣（钨渣）、除钼过程中产生的除钼渣和废水处理污泥	T
HW49 其他废物	石墨及其他 非金属矿物 制品制造	309-001-49	多晶硅生产过程中废弃的三氯化硅和四氯化硅	R/C
	非特定行业	900-039-49	化工行业生产过程中产生的废活性炭	T
		900-040-49	无机化工行业生产过程中集（除）尘装置收集的粉尘	T
		900-041-49	含有或沾染毒性、感染性危险废物的废弃包装物、容器、过滤吸附介质	T/In
		900-042-49	由危险化学品、危险废物造成的突发环境事件及其处理过程中产生的废物	T/C/I/R/In
		900-044-49	废弃的铅蓄电池、镉镍电池、氧化汞电池、汞开关、荧光粉和阴极射线管	T
		900-045-49	废电路板（包括废电路板上附带的元器件、芯片、插件、贴脚等）	T
		900-046-49	离子交换装置再生过程中产生的废水处理污泥	T
		900-047-49	研究、开发和教学活动中，化学和生物实验室产生的废物（不包括HW03、900-999-49）	T/C/I/R
		900-999-49	未经使用而被所有人抛弃或者放弃的；淘汰、伪劣、过期、失效的；有关部门依法收缴以及接收的公众上交的危险化学品	T
HW50 废催化剂	精炼石油 产品制造	251-016-50	石油产品加氢精制过程中产生的废催化剂	T
		251-017-50	石油产品催化裂化过程中产生的废催化剂	T
		251-018-50	石油产品加氢裂化过程中产生的废催化剂	T
		251-019-50	石油产品催化重整过程中产生的废催化剂	T
	基础化学 原料制造	261-151-50	树脂、乳胶、增塑剂、胶水/胶合剂生产过程中合成、酯化、缩合等工序产生的废催化剂	T
		261-152-50	有机溶剂生产过程中产生的废催化剂	T
		261-153-50	丙烯腈合成过程中产生的废催化剂	T
		261-154-50	聚乙烯合成过程中产生的废催化剂	T

(续表)

废物类别	行业来源	废物代码	危险废物	危险特性
HW50 废催化剂	基础化学 原料制造	261-155-50	聚丙烯合成过程中产生的废催化剂	T
		261-156-50	烷烃脱氢过程中产生的废催化剂	T
		261-157-50	乙苯脱氢生产苯乙烯过程中产生的废催化剂	T
		261-158-50	采用烷基化反应(歧化)生产苯、二甲苯过程中产生的废催化剂	T
		261-159-50	二甲苯临氢异构化反应过程中产生的废催化剂	T
		261-160-50	乙烯氧化生产环氧乙烷过程中产生的废催化剂	T
		261-161-50	硝基苯催化加氢法制备苯胺过程中产生的废催化剂	T
		261-162-50	乙烯和丙烯为原料,采用茂金属催化体系生产乙丙橡胶过程中产生的废催化剂	T
		261-163-50	乙炔法生产醋酸乙烯酯过程中产生的废催化剂	T
		261-164-50	甲醇和氨气催化合成、蒸馏制备甲胺过程中产生的废催化剂	T
		261-165-50	催化重整生产高辛烷值汽油和轻芳烃过程中产生的废催化剂	T
		261-166-50	采用碳酸二甲酯法生产甲苯二异氰酸酯过程中产生的废催化剂	T
		261-167-50	合成气合成、甲烷氧化和液化石油气氧化生产甲醇过程中产生的废催化剂	T
		261-168-50	甲苯氯化水解生产邻甲酚过程中产生的废催化剂	T
		261-169-50	异丙苯催化脱氢生产α-甲基苯乙烯过程中产生的废催化剂	T
		261-170-50	异丁烯和甲醇催化生产甲基叔丁基醚过程中产生的废催化剂	T
		261-171-50	甲醇空气氧化法生产甲醛过程中产生的废催化剂	T
		261-172-50	邻二甲苯氧化法生产邻苯二甲酸酐过程中产生的废催化剂	T
		261-173-50	二氧化硫氧化生产硫酸过程中产生的废催化剂	T
		261-174-50	四氯乙烷催化脱氯化氢生产三氯乙烯过程中产生的废催化剂	T
		261-175-50	苯氧化法生产顺丁烯二酸酐过程中产生的废催化剂	T

(续表)

废物类别	行业来源	废物代码	危险废物	危险特性
HW50 废催化剂	基础化学 原料制造	261-176-50	甲苯空气氧化生产苯甲酸过程中产生的废催化剂	T
		261-177-50	羟丙腈氨化、加氢生产3-氨基-1-丙醇过程中产生的废催化剂	T
		261-178-50	β-羟基丙腈催化加氢生产3-氨基-1丙醇过程中产生的废催化剂	T
		261-179-50	甲乙酮与氨催化加氢生产2-氨基丁烷过程中产生的废催化剂	T
		261-180-50	苯酚和甲醇合成2,6-二甲基苯酚过程中产生的废催化剂	T
		261-181-50	糠醛脱羰制备呋喃过程中产生的废催化剂	T
		261-182-50	过氧化法生产环氧丙烷过程中产生的废催化剂	T
		261-183-50	除农药以外其他有机磷化合物生产过程中产生的废催化剂	T
	农药制造	263-013-50	农药生产过程中产生的废催化剂	T
	化学药品 原料药制造	271-006-50	化学合成原料药生产过程中产生的废催化剂	T
	兽用药品制造	275-009-50	兽药生产过程中产生的废催化剂	T
	生物药品制造	276-006-50	生物药品生产过程中产生的废催化剂	T
	环境治理	772-007-50	烟气脱硝过程中产生的废钒钛系催化剂	T
	非特定行业	900-048-50	废液体催化剂	T
		900-049-50	废汽车尾气净化催化剂	T

附录

危险废物豁免管理清单

本目录各栏目说明：
1."序号"指列入本目录危险废物的顺序编号；
2."废物类别/代码"指列入本目录危险废物的类别或代码；
3."危险废物"指列入本目录危险废物的名称；
4."豁免环节"指可不按危险废物管理的环节；
5."豁免条件"指可不按危险废物管理应具备的条件；
6."豁免内容"指可不按危险废物管理的内容。

序号	废物类别/代码	危险废物	豁免环节	豁免条件	豁免内容
1	家庭源危险废物	家庭日常生活中产生的废药品及其包装物、废杀虫剂和消毒剂及其包装物、废油漆和溶剂及其包装物、废矿物油及其包装物、废胶片及废像纸、废荧光灯管、废温度计、废血压计、废镍镉电池和氧化汞电池以及电子类危险废物等	全部环节	未分类收集。	全过程不按危险废物管理。
			收集	分类收集。	收集过程不按危险废物管理。
2	193-002-21	含铬皮革废碎料	利用	用于生产皮件、再生革或静电植绒。	利用过程不按危险废物管理。
3	252-014-11	煤气净化产生的煤焦油	利用	满足《煤焦油标准(YB/T 5075—2010)》,且作为原料深加工制取萘、洗油、蒽油等。	利用过程不按危险废物管理。
4	772-002-18	生活垃圾焚烧飞灰	处置	满足《生活垃圾填埋场污染控制标准》(GB 16889—2008)中6.3条要求,进入生活垃圾填埋场填埋。	填埋过程不按危险废物管理。
4	772-002-18	生活垃圾焚烧飞灰	处置	满足《水泥窑协同处置固体废物污染控制标准》(GB 30485—2013),进入水泥窑协同处置。	水泥窑协同处置过程不按危险废物管理。
5	772-003-18	医疗废物焚烧飞灰	处置	满足《生活垃圾填埋场污染控制标准》(GB 16889—2008)中6.3条要求,进入生活垃圾填埋场填埋。	填埋过程不按危险废物管理。
6	772-003-18	危险废物焚烧产生的废金属	利用	用于金属冶炼。	利用过程不按危险废物管理。
7	900-451-13	采用破碎分选回收废覆铜板、印刷线路板、电路板中金属后的废树脂粉	运输	运输工具满足防雨、防渗漏、防遗撒要求。	不按危险废物进行运输。
			处置	进入生活垃圾填埋场填埋。	处置过程不按危险废物管理。
8	900-041-49	农药废弃包装物	收集	村、镇农户分散产生的农药废弃包装物的收集活动。	收集过程不按危险废物管理。
9	900-041-49	废弃的含油抹布、劳保用品	全部环节	混入生活垃圾。	全过程不按危险废物管理。

(续表)

序号	废物类别/代码	危险废物	豁免环节	豁免条件	豁免内容
10	900-042-49	由危险化学品、危险废物造成的突发环境事件及其处理过程中产生的废物	转移	经接受地县级以上环境保护主管部门同意，按事发地县级以上地方环境保护主管部门提出的应急处置方案进行转移。	转移过程不按危险废物管理。
			处置	按事发地县级以上地方环境保护主管部门提出的应急处置方案进行处置或利用。	处置或利用过程可不按危险废物进行管理。
11	900-044-49	阴极射线管含铅玻璃	运输	运输工具满足防雨、防渗漏、防遗撒要求。	不按危险废物进行运输。
12	900-045-49	废弃电路板	运输	运输工具满足防雨、防渗漏、防遗撒要求。	不按危险废物进行运输。
13	HW01	医疗废物	收集	从事床位总数在19张以下（含19张）的医疗机构产生的医疗废物的收集活动。	收集过程不按危险废物管理。
14	831-001-01	感染性废物	处置	按照《医疗废物高温蒸汽集中处理工程技术规范》（HJ/T 276—2006）或《医疗废物化学消毒集中处理工程技术规范》（HJ/T 228—2006）或《医疗废物微波消毒集中处理工程技术规范》（HJ/T 229—2006）进行处理后。	进入生活垃圾填埋场填埋处置或进入生活垃圾焚烧厂焚烧处置，处置过程不按危险废物管理。
15	831-002-01	损伤性废物	处置	按照《医疗废物高温蒸汽集中处理工程技术规范》（HJ/T 276—2006）或《医疗废物化学消毒集中处理工程技术规范》（HJ/T 228—2006）或《医疗废物微波消毒集中处理工程技术规范》（HJ/T 229—2006）进行处理后。	进入生活垃圾填埋场填埋处置或进入生活垃圾焚烧厂焚烧处置，处置过程不按危险废物管理。
16	831-003-01	病理性废物（人体器官和传染性的动物尸体等除外）	处置	按照《医疗废物化学消毒集中处理工程技术规范》（HJ/T 228—2006）或《医疗废物微波消毒集中处理工程技术规范》（HJ/T 229—2006）进行处理后。	进入生活垃圾焚烧厂焚烧处置，处置过程不按危险废物管理。

突发环境事件信息报告办法

(2011年4月18日 环境保护部令第17号)

第一条 为了规范突发环境事件信息报告工作,提高环境保护主管部门应对突发环境事件的能力,依据《中华人民共和国突发事件应对法》、《国家突发公共事件总体应急预案》、《国家突发环境事件应急预案》及相关法律法规的规定,制定本办法。

第二条 本办法适用于环境保护主管部门对突发环境事件的信息报告。

突发环境事件分为特别重大(Ⅰ级)、重大(Ⅱ级)、较大(Ⅲ级)和一般(Ⅳ级)四级。

核与辐射突发环境事件的信息报告按照核安全有关法律法规执行。

第三条 突发环境事件发生地设区的市级或者县级人民政府环境保护主管部门在发现或者得知突发环境事件信息后,应当立即进行核实,对突发环境事件的性质和类别做出初步认定。

对初步认定为一般(Ⅳ级)或者较大(Ⅲ级)突发环境事件的,事件发生地设区的市级或者县级人民政府环境保护主管部门应当在四小时内向本级人民政府和上一级人民政府环境保护主管部门报告。

对初步认定为重大(Ⅱ级)或者特别重大(Ⅰ级)突发环境事件的,事件发生地设区的市级或者县级人民政府环境保护主管部门应当在两小时内向本级人民政府和省级人民政府环境保护主管部门报告,同时上报环境保护部。省级人民政府环境保护主管部门接到报告后,应当进行核实并在一小时内报告环境保护部。

突发环境事件处置过程中事件级别发生变化的,应当按照变化后的级别报告信息。

第四条 发生下列一时无法判明等级的突发环境事件,事件发生地设区的市级或者县级人民政府环境保护主管部门应当按照重大(Ⅱ级)或者特别重大(Ⅰ级)突发环境事件的报告程序上报:

(一)对饮用水水源保护区造成或者可能造成影响的;

(二)涉及居民聚居区、学校、医院等敏感区域和敏感人群的;

(三)涉及重金属或者类金属污染的;

(四)有可能产生跨省或者跨国影响的;

(五)因环境污染引发群体性事件,或者社会影响较大的;

(六)地方人民政府环境保护主管部门认为有必要报告的其他突发环境事件。

第五条 上级人民政府环境保护主管部门先于下级人民政府环境保护主管部门获悉突发环境事件信息的,可以要求下级人民政府环境保护主管部门核实并报告相应信息。下级人民政府环境保护主管部门应当依照本办法的规定报告信息。

第六条 向环境保护部报告突发环境事件有关信息的,应当报告总值班室,同时报告环境保护部环境应急指挥领导小组办公室。环境保护部环境应急指挥领导小组办公室应当根据情况向部内相关司局通报有关信息。

第七条 环境保护部在接到下级人民政府环境保护主管部门重大（Ⅱ级）或者特别重大（Ⅰ级）突发环境事件以及其他有必要报告的突发环境事件信息后，应当及时向国务院总值班室和中共中央办公厅秘书局报告。

第八条 突发环境事件已经或者可能涉及相邻行政区域的，事件发生地环境保护主管部门应当及时通报相邻区域同级人民政府环境保护主管部门，并向本级人民政府提出向相邻区域人民政府通报的建议。接到通报的环境保护主管部门应当及时调查了解情况，并按照本办法第三条、第四条的规定报告突发环境事件信息。

第九条 上级人民政府环境保护主管部门接到下级人民政府环境保护主管部门以电话形式报告的突发环境事件信息后，应当如实、准确做好记录，并要求下级人民政府环境保护主管部门及时报告书面信息。

对于情况不够清楚、要素不全的突发环境事件信息，上级人民政府环境保护主管部门应当要求下级人民政府环境保护主管部门及时核实补充信息。

第十条 县级以上人民政府环境保护主管部门应当建立突发环境事件信息档案，并按照有关规定向上一级人民政府环境保护主管部门报送本行政区域突发环境事件的月度、季度、半年度和年度报告以及统计情况。上一级人民政府环境保护主管部门定期对报告及统计情况进行通报。

第十一条 报告涉及国家秘密的突发环境事件信息，应当遵守国家有关保密的规定。

第十二条 突发环境事件的报告分为初报、续报和处理结果报告。

初报在发现或者得知突发环境事件后首次上报；续报在查清有关基本情况、事件发展情况后随时上报；处理结果报告在突发环境事件处理完毕后上报。

第十三条 初报应当报告突发环境事件的发生时间、地点、信息来源、事件起因和性质、基本过程、主要污染物和数量、监测数据、人员受害情况、饮用水水源地等环境敏感点受影响情况、事件发展趋势、处置情况、拟采取的措施以及下一步工作建议等初步情况，并提供可能受到突发环境事件影响的环境敏感点的分布示意图。

续报应当在初报的基础上，报告有关处置进展情况。

处理结果报告应当在初报和续报的基础上，报告处理突发环境事件的措施、过程和结果，突发环境事件潜在或者间接危害以及损失、社会影响、处理后的遗留问题、责任追究等详细情况。

第十四条 突发环境事件信息应当采用传真、网络、邮寄和面呈等方式书面报告；情况紧急时，初报可通过电话报告，但应当及时补充书面报告。

书面报告中应当载明突发环境事件报告单位、报告签发人、联系人及联系方式等内容，并尽可能提供地图、图片以及相关的多媒体资料。

第十五条 在突发环境事件信息报告工作中迟报、谎报、瞒报、漏报有关突发环境事件信息的，给予通报批评；造成后果的，对直接负责的主管人员和其他直接责任人员依法依纪给予处分；构成犯罪的，移送司法机关依法追究刑事责任。

第十六条 本办法由环境保护部解释。

第十七条 本办法自2011年5月1日起施行。《环境保护行政主管部门突发环境事件信息报告办法（试行）》（环发〔2006〕50号）同时废止。

附录：

突发环境事件分级标准

按照突发事件严重性和紧急程度，突发环境事件分为特别重大（Ⅰ级）、重大（Ⅱ级）、较大（Ⅲ级）和一般（Ⅳ级）四级。

1. 特别重大（Ⅰ级）突发环境事件。

凡符合下列情形之一的，为特别重大突发环境事件：

（1）因环境污染直接导致10人以上死亡或100人以上中毒的；

（2）因环境污染需疏散、转移群众5万人以上的；

（3）因环境污染造成直接经济损失1亿元以上的；

（4）因环境污染造成区域生态功能丧失或国家重点保护物种灭绝的；

（5）因环境污染造成地市级以上城市集中式饮用水水源地取水中断的；

（6）1、2类放射源失控造成大范围严重辐射污染后果的；核设施发生需要进入场外应急的严重核事故，或事故辐射后果可能影响邻省和境外的，或按照"国际核事件分级（INES）标准"属于3级以上的核事件；台湾核设施中发生的按照"国际核事件分级（INES）标准"属于4级以上的核事故；周边国家核设施中发生的按照"国际核事件分级（INES）标准"属于4级以上的核事故；

（7）跨国界突发环境事件。

2. 重大（Ⅱ级）突发环境事件。

凡符合下列情形之一的，为重大突发环境事件：

（1）因环境污染直接导致3人以上10人以下死亡或50人以上100人以下中毒的；

（2）因环境污染需疏散、转移群众1万人以上5万人以下的；

（3）因环境污染造成直接经济损失2000万元以上1亿元以下的；

（4）因环境污染造成区域生态功能部分丧失或国家重点保护野生动植物种群大批死亡的；

（5）因环境污染造成县级城市集中式饮用水水源地取水中断的；

（6）重金属污染或危险化学品生产、贮运、使用过程中发生爆炸、泄漏等事件，或因倾倒、堆放、丢弃、遗撒危险废物等造成的突发环境事件发生在国家重点流域、国家级自然保护区、风景名胜区或居民聚集区、医院、学校等敏感区域的；

（7）1、2类放射源丢失、被盗、失控造成环境影响，或核设施和铀矿冶炼设施发生的达到进入场区应急状态标准的，或进口货物严重辐射超标的事件；

（8）跨省（区、市）界突发环境事件。

3. 较大（Ⅲ级）突发环境事件。

凡符合下列情形之一的，为较大突发环境事件：

（1）因环境污染直接导致3人以下死亡或10人以上50人以下中毒的；

（2）因环境污染需疏散、转移群众5000人以上1万人以下的；

（3）因环境污染造成直接经济损失500万元以上2000万元以下的；

（4）因环境污染造成国家重点保护的动植物物种受到破坏的；

（5）因环境污染造成乡镇集中式饮用水水源地取水中断的；

（6）3类放射源丢失、被盗或失控，造成环境影响的；

（7）跨地市界突发环境事件。

4. 一般（Ⅳ级）突发环境事件。

除特别重大突发环境事件、重大突发环境事件、较大突发环境事件以外的突发环境事件。

突发环境事件应急管理办法

（2015年4月16日　环境保护部令第34号）

第一章　总　则

第一条　为预防和减少突发环境事件的发生，控制、减轻和消除突发环境事件引起的危害，规范突发环境事件应急管理工作，保障公众生命安全、环境安全和财产安全，根据《中华人民共和国环境保护法》《中华人民共和国突发事件应对法》《国家突发环境事件应急预案》及相关法律法规，制定本办法。

第二条　各级环境保护主管部门和企业事业单位组织开展的突发环境事件风险控制、应急准备、应急处置、事后恢复等工作，适用本办法。

本办法所称突发环境事件，是指由于污染物排放或者自然灾害、生产安全事故等因素，导致污染物或者放射性物质等有毒有害物质进入大气、水体、土壤等环境介质，突然造成或者可能造成环境质量下降，危及公众身体健康和财产安全，或者造成生态环境破坏，或者造成重大社会影响，需要采取紧急措施予以应对的事件。

突发环境事件按照事件严重程度，分为特别重大、重大、较大和一般四级。

核设施及有关核活动发生的核与辐射事故造成的辐射污染事件按照核与辐射相关规定执行。重污染天气应对工作按照《大气污染防治行动计划》等有关规定执行。

造成国际环境影响的突发环境事件的涉外应急通报和处置工作，按照国家有关国际合作的相关规定执行。

第三条　突发环境事件应急管理工作坚持预防为主、预防与应急相结合的原则。

第四条　突发环境事件应对，应当在县级以上地方人民政府的统一领导下，建立分类管理、分级负责、属地管理为主的应急管理体制。

县级以上环境保护主管部门应当在本级人民政府的统一领导下，对突发环境事件应急管理日常工作实施监督管理，指导、协助、督促下级人民政府及其有关部门做好突发环境事件应对工作。

第五条　县级以上地方环境保护主管部门应当按照本级人民政府的要求，会同有关部门建立健全突发环境事件应急联动机制，加强突发环境事件应急管理。

相邻区域地方环境保护主管部门应当开展跨行政区域的突发环境事件应急合作，共同防范、互通信息，协力应对突发环境事件。

第六条　企业事业单位应当按照相关法律法规和标准规范的要求，履行下列义务：

（一）开展突发环境事件风险评估；
（二）完善突发环境事件风险防控措施；
（三）排查治理环境安全隐患；
（四）制定突发环境事件应急预案并备案、演练；
（五）加强环境应急能力保障建设。

发生或者可能发生突发环境事件时，企业事业单位应当依法进行处理，并对所造成的损害承担责任。

第七条 环境保护主管部门和企业事业单位应当加强突发环境事件应急管理的宣传和教育，鼓励公众参与，增强防范和应对突发环境事件的知识和意识。

第二章 风险控制

第八条 企业事业单位应当按照国务院环境保护主管部门的有关规定开展突发环境事件风险评估，确定环境风险防范和环境安全隐患排查治理措施。

第九条 企业事业单位应当按照环境保护主管部门的有关要求和技术规范，完善突发环境事件风险防控措施。

前款所指的突发环境事件风险防控措施，应当包括有效防止泄漏物质、消防水、污染雨水等扩散至外环境的收集、导流、拦截、降污等措施。

第十条 企业事业单位应当按照有关规定建立健全环境安全隐患排查治理制度，建立隐患排查治理档案，及时发现并消除环境安全隐患。

对于发现后能够立即治理的环境安全隐患，企业事业单位应当立即采取措施，消除环境安全隐患。对于情况复杂、短期内难以完成治理，可能产生较大环境危害的环境安全隐患，应当制定隐患治理方案，落实整改措施、责任、资金、时限和现场应急预案，及时消除隐患。

第十一条 县级以上地方环境保护主管部门应当按照本级人民政府的统一要求，开展本行政区域突发环境事件风险评估工作，分析可能发生的突发环境事件，提高区域环境风险防范能力。

第十二条 县级以上地方环境保护主管部门应当对企业事业单位环境风险防范和环境安全隐患排查治理工作进行抽查或者突击检查，将存在重大环境安全隐患且整治不力的企业信息纳入社会诚信档案，并可以通报行业主管部门、投资主管部门、证券监督管理机构以及有关金融机构。

第三章 应急准备

第十三条 企业事业单位应当按照国务院环境保护主管部门的规定，在开展突发环境事件风险评估和应急资源调查的基础上制定突发环境事件应急预案，并按照分类分级管理的原则，报县级以上环境保护主管部门备案。

第十四条 县级以上地方环境保护主管部门应当根据本级人民政府突发环境事件专项应急预案，制定本部门的应急预案，报本级人民政府和上级环境保护主管部门备案。

第十五条 突发环境事件应急预案制定单位应当定期开展应急演练，撰写演练评估报告，分析存在问题，并根据演练情况及时修改完善应急预案。

第十六条 环境污染可能影响公众健康和环境安全时,县级以上地方环境保护主管部门可以建议本级人民政府依法及时公布环境污染公共监测预警信息,启动应急措施。

第十七条 县级以上地方环境保护主管部门应当建立本行政区域突发环境事件信息收集系统,通过"12369"环保举报热线、新闻媒体等多种途径收集突发环境事件信息,并加强跨区域、跨部门突发环境事件信息交流与合作。

第十八条 县级以上地方环境保护主管部门应当建立健全环境应急值守制度,确定应急值守负责人和应急联络员并报上级环境保护主管部门。

第十九条 企业事业单位应当将突发环境事件应急培训纳入单位工作计划,对从业人员定期进行突发环境事件应急知识和技能培训,并建立培训档案,如实记录培训的时间、内容、参加人员等信息。

第二十条 县级以上环境保护主管部门应当定期对从事突发环境事件应急管理工作的人员进行培训。

省级环境保护主管部门以及具备条件的市、县级环境保护主管部门应当设立环境应急专家库。

县级以上地方环境保护主管部门和企业事业单位应当加强环境应急处置救援能力建设。

第二十一条 县级以上地方环境保护主管部门应当加强环境应急能力标准化建设,配备应急监测仪器设备和装备,提高重点流域区域水、大气突发环境事件预警能力。

第二十二条 县级以上地方环境保护主管部门可以根据本行政区域的实际情况,建立环境应急物资储备信息库,有条件的地区可以设立环境应急物资储备库。

企业事业单位应当储备必要的环境应急装备和物资,并建立完善相关管理制度。

第四章 应急处置

第二十三条 企业事业单位造成或者可能造成突发环境事件时,应当立即启动突发环境事件应急预案,采取切断或者控制污染源以及其他防止危害扩大的必要措施,及时通报可能受到危害的单位和居民,并向事发地县级以上环境保护主管部门报告,接受调查处理。

应急处置期间,企业事业单位应当服从统一指挥,全面、准确地提供本单位与应急处置相关的技术资料,协助维护应急现场秩序,保护与突发环境事件相关的各项证据。

第二十四条 获知突发环境事件信息后,事件发生地县级以上地方环境保护主管部门应当按照《突发环境事件信息报告办法》规定的时限、程序和要求,向同级人民政府和上级环境保护主管部门报告。

第二十五条 突发环境事件已经或者可能涉及相邻行政区域的,事件发生地环境保护主管部门应当及时通报相邻区域同级环境保护主管部门,并向本级人民政府提出向相邻区域人民政府通报的建议。

第二十六条 获知突发环境事件信息后,县级以上地方环境保护主管部门应当立即组织排查污染源,初步查明事件发生的时间、地点、原因、污染物质及数量、周边环境敏感区等情况。

第二十七条 获知突发环境事件信息后,县级以上地方环境保护主管部门应当按照《突发环境事件应急监测技术规范》开展应急监测,及时向本级人民政府和上级环境保护主管部门报告监测结果。

第二十八条　应急处置期间,事发地县级以上地方环境保护主管部门应当组织开展事件信息的分析、评估,提出应急处置方案和建议报本级人民政府。

第二十九条　突发环境事件的威胁和危害得到控制或者消除后,事发地县级以上地方环境保护主管部门应当根据本级人民政府的统一部署,停止应急处置措施。

第五章　事后恢复

第三十条　应急处置工作结束后,县级以上地方环境保护主管部门应当及时总结、评估应急处置工作情况,提出改进措施,并向上级环境保护主管部门报告。

第三十一条　县级以上地方环境保护主管部门应当在本级人民政府的统一部署下,组织开展突发环境事件环境影响和损失等评估工作,并依法向有关人民政府报告。

第三十二条　县级以上环境保护主管部门应当按照有关规定开展事件调查,查清突发环境事件原因,确认事件性质,认定事件责任,提出整改措施和处理意见。

第三十三条　县级以上地方环境保护主管部门应当在本级人民政府的统一领导下,参与制定环境恢复工作方案,推动环境恢复工作。

第六章　信息公开

第三十四条　企业事业单位应当按照有关规定,采取便于公众知晓和查询的方式公开本单位环境风险防范工作开展情况、突发环境事件应急预案及演练情况、突发环境事件发生及处置情况,以及落实整改要求情况等环境信息。

第三十五条　突发环境事件发生后,县级以上地方环境保护主管部门应当认真研判事件影响和等级,及时向本级人民政府提出信息发布建议。履行统一领导职责或者组织处置突发事件的人民政府,应当按照有关规定统一、准确、及时发布有关突发事件事态发展和应急处置工作的信息。

第三十六条　县级以上环境保护主管部门应当在职责范围内向社会公开有关突发环境事件应急管理的规定和要求,以及突发环境事件应急预案及演练情况等环境信息。

县级以上地方环境保护主管部门应当对本行政区域内突发环境事件进行汇总分析,定期向社会公开突发环境事件的数量、级别,以及事件发生的时间、地点、应急处置概况等信息。

第七章　罚　则

第三十七条　企业事业单位违反本办法规定,导致发生突发环境事件,《中华人民共和国突发事件应对法》《中华人民共和国水污染防治法》《中华人民共和国大气污染防治法》《中华人民共和国固体废物污染环境防治法》等法律法规已有相关处罚规定的,依照有关法律法规执行。

较大、重大和特别重大突发环境事件发生后,企业事业单位未按要求执行停产、停排措施,继续违反法律法规规定排放污染物的,环境保护主管部门应当依法对造成污染物排放的设施、设备实施查封、扣押。

第三十八条　企业事业单位有下列情形之一的,由县级以上环境保护主管部门责令改正,可以处一万元以上三万元以下罚款:

(一)未按规定开展突发环境事件风险评估工作,确定风险等级的;

（二）未按规定开展环境安全隐患排查治理工作，建立隐患排查治理档案的；
（三）未按规定将突发环境事件应急预案备案的；
（四）未按规定开展突发环境事件应急培训，如实记录培训情况的；
（五）未按规定储备必要的环境应急装备和物资的；
（六）未按规定公开突发环境事件相关信息的。

第八章　附　则

第三十九条　本办法由国务院环境保护主管部门负责解释。

第四十条　本办法自 2015 年 6 月 5 日起施行。

突发环境事件调查处理办法

（2014 年 12 月 19 日　环境保护部令第 32 号）

第一条　为规范突发环境事件调查处理工作，依照《中华人民共和国环境保护法》、《中华人民共和国突发事件应对法》等法律法规，制定本办法。

第二条　本办法适用于对突发环境事件的原因、性质、责任的调查处理。

核与辐射突发事件的调查处理，依照核与辐射安全有关法律法规执行。

第三条　突发环境事件调查应当遵循实事求是、客观公正、权责一致的原则，及时、准确查明事件原因，确认事件性质，认定事件责任，总结事件教训，提出防范和整改措施建议以及处理意见。

第四条　环境保护部负责组织重大和特别重大突发环境事件的调查处理；省级环境保护主管部门负责组织较大突发环境事件的调查处理；事发地设区的市级环境保护主管部门视情况组织一般突发环境事件的调查处理。

上级环境保护主管部门可以视情况委托下级环境保护主管部门开展突发环境事件调查处理，也可以对由下级环境保护主管部门负责的突发环境事件直接组织调查处理，并及时通知下级环境保护主管部门。

下级环境保护主管部门对其负责的突发环境事件，认为需要由上一级环境保护主管部门调查处理的，可以报请上一级环境保护主管部门决定。

第五条　突发环境事件调查应当成立调查组，由环境保护主管部门主要负责人或者主管环境应急管理工作的负责人担任组长，应急管理、环境监测、环境影响评价管理、环境监察等相关机构的有关人员参加。

环境保护主管部门可以聘请环境应急专家库内专家和其他专业技术人员协助调查。

环境保护主管部门可以根据突发环境事件的实际情况邀请公安、交通运输、水利、农业、卫生、安全监管、林业、地震等有关部门或者机构参加调查工作。

调查组可以根据实际情况分为若干工作小组开展调查工作。工作小组负责人由调查组组长确定。

第六条 调查组成员和受聘请协助调查的人员不得与被调查的突发环境事件有利害关系。

调查组成员和受聘请协助调查的人员应当遵守工作纪律，客观公正地调查处理突发环境事件，并在调查处理过程中恪尽职守，保守秘密。未经调查组组长同意，不得擅自发布突发环境事件调查的相关信息。

第七条 开展突发环境事件调查，应当制定调查方案，明确职责分工、方法步骤、时间安排等内容。

第八条 开展突发环境事件调查，应当对突发环境事件现场进行勘查，并可以采取以下措施：

（一）通过取样监测、拍照、录像、制作现场勘查笔录等方法记录现场情况，提取相关证据材料；

（二）进入突发环境事件发生单位、突发环境事件涉及的相关单位或者工作场所，调取和复制相关文件、资料、数据、记录等；

（三）根据调查需要，对突发环境事件发生单位有关人员、参与应急处置工作的知情人员进行询问，并制作询问笔录。

进行现场勘查、检查或者询问，不得少于两人。

突发环境事件发生单位的负责人和有关人员在调查期间应当依法配合调查工作，接受调查组的询问，并如实提供相关文件、资料、数据、记录等。因客观原因确实无法提供的，可以提供相关复印件、复制品或者证明该原件、原物的照片、录像等其他证据，并由有关人员签字确认。

现场勘查笔录、检查笔录、询问笔录等，应当由调查人员、勘查现场有关人员、被询问人员签名。

开展突发环境事件调查，应当制作调查案卷，并由组织突发环境事件调查的环境保护主管部门归档保存。

第九条 突发环境事件调查应当查明下列情况：

（一）突发环境事件发生单位基本情况；

（二）突发环境事件发生的时间、地点、原因和事件经过；

（三）突发环境事件造成的人身伤亡、直接经济损失情况，环境污染和生态破坏情况；

（四）突发环境事件发生单位、地方人民政府和有关部门日常监管和事件应对情况；

（五）其他需要查明的事项。

第十条 环境保护主管部门应当按照所在地人民政府的要求，根据突发环境事件应急处置阶段污染损害评估工作的有关规定，开展应急处置阶段污染损害评估。

应急处置阶段污染损害评估报告或者结论是编写突发环境事件调查报告的重要依据。

第十一条 开展突发环境事件调查，应当查明突发环境事件发生单位的下列情况：

（一）建立环境应急管理制度、明确责任人和职责的情况；

（二）环境风险防范设施建设及运行的情况；

（三）定期排查环境安全隐患并及时落实环境风险防控措施的情况；

（四）环境应急预案的编制、备案、管理及实施情况；

（五）突发环境事件发生后的信息报告或者通报情况；

（六）突发环境事件发生后，启动环境应急预案，并采取控制或者切断污染源防止污染扩散的情况；

（七）突发环境事件发生后，服从应急指挥机构统一指挥，并按要求采取预防、处置措施的情况；

（八）生产安全事故、交通事故、自然灾害等其他突发事件发生后，采取预防次生突发环境事件措施的情况；

（九）突发环境事件发生后，是否存在伪造、故意破坏事发现场，或者销毁证据阻碍调查的情况。

第十二条 开展突发环境事件调查，应当查明有关环境保护主管部门环境应急管理方面的下列情况：

（一）按规定编制环境应急预案和对预案进行评估、备案、演练等的情况，以及按规定对突发环境事件发生单位环境应急预案实施备案管理的情况；

（二）按规定赶赴现场并及时报告的情况；

（三）按规定组织开展环境应急监测的情况；

（四）按职责向履行统一领导职责的人民政府提出突发环境事件处置或者信息发布建议的情况；

（五）突发环境事件已经或者可能涉及相邻行政区域时，事发地环境保护主管部门向相邻行政区域环境保护主管部门的通报情况；

（六）接到相邻行政区域突发环境事件信息后，相关环境保护主管部门按规定调查了解并报告的情况；

（七）按规定开展突发环境事件污染损害评估的情况。

第十三条 开展突发环境事件调查，应当收集地方人民政府和有关部门在突发环境事件发生单位建设项目立项、审批、验收、执法等日常监管过程中和突发环境事件应对、组织开展突发环境事件污染损害评估等环节履职情况的证据材料。

第十四条 开展突发环境事件调查，应当在查明突发环境事件基本情况后，编写突发环境事件调查报告。

第十五条 突发环境事件调查报告应当包括下列内容：

（一）突发环境事件发生单位的概况和突发环境事件发生经过；

（二）突发环境事件造成的人身伤亡、直接经济损失，环境污染和生态破坏的情况；

（三）突发环境事件发生的原因和性质；

（四）突发环境事件发生单位对环境风险的防范、隐患整改和应急处置情况；

（五）地方政府和相关部门日常监管和应急处置情况；

（六）责任认定和对突发环境事件发生单位、责任人的处理建议；

（七）突发环境事件防范和整改措施建议；

（八）其他有必要报告的内容。

第十六条 特别重大突发环境事件、重大突发环境事件的调查期限为六十日；较大突发环境事件和一般突发环境事件的调查期限为三十日。突发环境事件污染损害评估所需时间不计入调查期限。

调查组应当按照前款规定的期限完成调查工作,并向同级人民政府和上一级环境保护主管部门提交调查报告。

调查期限从突发环境事件应急状态终止之日起计算。

第十七条 环境保护主管部门应当依法向社会公开突发环境事件的调查结论、环境影响和损失的评估结果等信息。

第十八条 突发环境事件调查过程中发现突发环境事件发生单位涉及环境违法行为的,调查组应当及时向相关环境保护主管部门提出处罚建议。相关环境保护主管部门应当依法对事发单位及责任人员予以行政处罚;涉嫌构成犯罪的,依法移送司法机关追究刑事责任。发现其他违法行为的,环境保护主管部门应当及时向有关部门移送。

发现国家行政机关及其工作人员、突发环境事件发生单位中由国家行政机关任命的人员涉嫌违法违纪的,环境保护主管部门应当依法及时向监察机关或者有关部门提出处分建议。

第十九条 对于连续发生突发环境事件,或者突发环境事件造成严重后果的地区,有关环境保护主管部门可以约谈下级地方人民政府主要领导。

第二十条 环境保护主管部门应当将突发环境事件发生单位的环境违法信息记入社会诚信档案,并及时向社会公布。

第二十一条 环境保护主管部门可以根据调查报告,对下级人民政府、下级环境保护主管部门下达督促落实突发环境事件调查报告有关防范和整改措施建议的督办通知,并明确责任单位、工作任务和完成时限。

接到督办通知的有关人民政府、环境保护主管部门应当在规定时限内,书面报送事件防范和整改措施建议的落实情况。

第二十二条 本办法由环境保护部负责解释。

第二十三条 本办法自 2015 年 3 月 1 日起施行。

突发环境事件应急预案管理暂行办法

(2010 年 9 月 28 日　环发〔2010〕113 号)

第一章　总　则

第一条 为规范突发环境事件应急预案(以下简称"环境应急预案")管理,完善环境应急预案体系,增强环境应急预案的科学性、实效性和可操作性,根据《中华人民共和国突发事件应对法》、《国家突发公共事件总体应急预案》、《国家突发环境事件应急预案》及相关环境保护法律、法规,制定本办法。

第二条 本办法适用于环境保护主管部门、企业事业单位环境应急预案的编制、评估、发布、备案、实施、修订、宣教、培训和演练等活动。

第三条 环境保护部对全国环境应急预案管理工作实施统一监督管理,县级以上地方人民政府环境保护主管部门负责本行政区域内环境应急预案的监督管理工作。

第二章 环境应急预案的编制

第四条 环境应急预案的编制应当符合以下要求：

(一)符合国家相关法律、法规、规章、标准和编制指南等规定；

(二)符合本地区、本部门、本单位突发环境事件应急工作实际；

(三)建立在环境敏感点分析基础上,与环境风险分析和突发环境事件应急能力相适应；

(四)应急人员职责分工明确、责任落实到位；

(五)预防措施和应急程序明确具体、操作性强；

(六)应急保障措施明确,并能满足本地区、本单位应急工作要求；

(七)预案基本要素完整,附件信息正确；

(八)与相关应急预案相衔接。

第五条 县级以上人民政府环境保护主管部门应当根据有关法律、法规、规章和相关应急预案,按照相应的环境应急预案编制指南,结合本地区的实际情况,编制环境应急预案,由本部门主要负责人批准后发布实施。

县级以上人民政府环境保护主管部门应当结合本地区实际情况,编制国家法定节假日、国家重大活动期间的环境应急预案。

第六条 县级以上人民政府环境保护主管部门编制的环境应急预案应当包括以下内容：

(一)总则,包括编制目的、编制依据、适用范围和工作原则等；

(二)应急组织指挥体系与职责,包括领导机构、工作机构、地方机构或者现场指挥机构、环境应急专家组等；

(三)预防与预警机制,包括应急准备措施、环境风险隐患排查和整治措施、预警分级指标、预警发布或者解除程序、预警相应措施等；

(四)应急处置,包括应急预案启动条件、信息报告、先期处置、分级响应、指挥与协调、信息发布、应急终止等程序和措施；

(五)后期处置,包括善后处置、调查与评估、恢复重建等；

(六)应急保障,包括人力资源保障、财力保障、物资保障、医疗卫生保障、交通运输保障、治安维护、通信保障、科技支撑等；

(七)监督管理,包括应急预案演练、宣教培训、责任与奖惩等；

(八)附则,包括名词术语、预案解释、修订情况和实施日期等；

(九)附件,包括相关单位和人员通讯录、标准化格式文本、工作流程图、应急物资储备清单等。

第七条 向环境排放污染物的企业事业单位,生产、贮存、经营、使用、运输危险物品的企业事业单位,产生、收集、贮存、运输、利用、处置危险废物的企业事业单位,以及其他可能发生突发环境事件的企业事业单位,应当编制环境应急预案。

第八条 企业事业单位的环境应急预案包括综合环境应急预案、专项环境应急预案和现场处置预案。

对环境风险种类较多、可能发生多种类型突发事件的,企业事业单位应当编制综合环境应急预案。综合环境应急预案应当包括本单位的应急组织机构及其职责、预案体系及响应程序、事件预防及应急保障、应急培训及预案演练等内容。

对某一种类的环境风险，企业事业单位应当根据存在的重大危险源和可能发生的突发事件类型，编制相应的专项环境应急预案。专项环境应急预案应当包括危险性分析、可能发生的事件特征、主要污染物种类、应急组织机构与职责、预防措施、应急处置程序和应急保障等内容。

对危险性较大的重点岗位，企业事业单位应当编制重点工作岗位的现场处置预案。现场处置预案应当包括危险性分析、可能发生的事件特征、应急处置程序、应急处置要点和注意事项等内容。

企业事业单位编制的综合环境应急预案、专项环境应急预案和现场处置预案之间应当相互协调，并与所涉及的其他应急预案相互衔接。

第九条 工程建设、影视拍摄和文化体育等群体性活动有可能造成突发环境事件的，主办单位应当在活动开始前编制临时环境应急预案。

第十条 企业事业单位编制的环境应急预案中除了本办法第六条规定的内容外，还应当包括以下内容：

（一）本单位的概况、周边环境状况、环境敏感点等；

（二）本单位的环境危险源情况分析，主要包括环境危险源的基本情况以及可能产生的危害后果及严重程度；

（三）应急物资储备情况，针对单位危险源数量和性质应储备的应急物资品名和基本储量等。

第十一条 县级以上人民政府环境保护主管部门和企事业单位，应当组织专门力量开展环境应急预案编制工作，并充分征求预案涉及的有关单位和人员的意见。有关单位和人员应当以书面形式提出意见和建议。

环境应急预案涉及重大公共利益的，编制单位应当向社会公告，并举行听证。

企业事业单位可以委托相关专业技术服务机构编制环境应急预案。

第三章 环境应急预案的评估

第十二条 县级以上人民政府环境保护主管部门应当在环境应急预案草案编制完成后，组织评估小组对本部门编制的环境应急预案草案进行评估。

环境保护主管部门环境应急预案评估小组的组成人员应当包括环境应急预案涉及的政府部门工作人员、相关行业协会和重点风险源单位代表以及应急管理和专业技术方面的专家。

第十三条 企业事业单位应当在环境应急预案草案编制完成后，组织评估小组对本单位编制的环境应急预案进行评估。

企业事业单位环境应急预案评估小组的组成人员应当包括环境应急预案涉及的相关部门应急管理人员、相关行业协会、相邻重点风险源单位代表、周边社区（乡、镇）代表以及应急管理和专业技术方面的专家。

第十四条 环境应急预案评估小组应当重点评估环境应急预案的实用性、基本要素的完整性、内容格式的规范性、应急保障措施的可行性以及与其他相关预案的衔接性等内容。

环境应急预案的编制单位应当根据评估结果，对应急预案草案进行修改。

第四章　环境应急预案的实施与监督管理

第十九条　县级以上人民政府环境保护主管部门应当将环境应急预案的监督管理作为日常环境监督管理的一项重要内容。

第二十条　县级以上人民政府环境保护主管部门和企业事业单位,应当采取有效形式,开展环境应急预案的宣传教育,普及突发环境事件预防、避险、自救、互救和应急处置知识,提高从业人员环境安全意识和应急处置技能。

第二十一条　县级以上人民政府环境保护主管部门或者企业事业单位,应当每年至少组织一次预案培训工作,通过各种形式,使有关人员了解环境应急预案的内容,熟悉应急职责、应急程序和岗位应急处置预案。

第二十二条　县级以上人民政府环境保护主管部门应当建立健全环境应急预案演练制度,每年至少组织一次应急演练。企业事业单位应当定期进行应急演练,并积极配合和参与有关部门开展的应急演练。

环境应急预案演练结束后,有关人民政府环境保护主管部门和企业事业单位应当对环境应急预案演练结果进行评估,撰写演练评估报告,分析存在问题,对环境应急预案提出修改意见。

第二十三条　县级以上人民政府环境保护主管部门或者企业事业单位,应当按照有关法律法规和本办法的规定,根据实际需要和情势变化,依据有关预案编制指南或者编制修订框架指南修订环境应急预案。

环境应急预案每三年至少修订一次;有下列情形之一的,企事业单位应当及时进行修订:

(一)本单位生产工艺和技术发生变化的;

(二)相关单位和人员发生变化或者应急组织指挥体系或职责调整的;

(三)周围环境或者环境敏感点发生变化的;

(四)环境应急预案依据的法律、法规、规章等发生变化的;

(五)环境保护主管部门或者企业事业单位认为应当适时修订的其他情形。

环境保护主管部门或者企业事业单位,应当于环境应急预案修订后30日内将新修订的预案报原预案备案管理部门重新备案;预案备案部门可以根据预案修订的具体情况要求修订预案的环境保护主管部门或者企业事业单位对修订后的预案进行评估。

第五章　法律责任

第二十四条　应当编制或者修订环境应急预案的环境保护主管部门不编制环境应急预案、不及时修订环境应急预案或者不按规定进行预案备案的,由上级人民政府环境保护主管部门责令改正。

第二十五条　应当编制或者修订环境应急预案的企业事业单位不编制环境应急预案、不及时修订应急预案或者不按规定进行应急预案评估和备案的,由县级以上人民政府环境保护主管部门责令限期改正;逾期不改正的,依据有关法律、法规给予处罚。

第二十六条　环境保护主管部门或者企业事业单位不编制环境应急预案或者不执行环境应急预案,导致突发环境事件发生或者危害扩大的,依据国家有关规定对负有责任的主管人员和其他直接责任人员给予处分;构成犯罪的,依法追究刑事责任。

第六章 附　则

第二十七条 本办法中下列用语的含义：

突发环境事件，是指因事故或意外性事件等因素，致使环境受到污染或破坏，公众的生命健康和财产受到危害或威胁的紧急情况。

突发环境事件应急预案，是指针对可能发生的突发环境事件，为确保迅速、有序、高效地开展应急处置，减少人员伤亡和经济损失而预先制定的计划或方案。

环境风险，是指突发环境事件对环境（或健康）的危险程度。

危险源，是指可能导致伤害或疾病、财产损失、环境破坏或这些情况组合的根源或状态。

环境敏感点，参照《建设项目环境影响评价分类管理名录》中"环境敏感区"的定义。

应急演练，是指为检验应急预案的有效性、应急准备的完善性、应急响应能力的适应性和应急人员的协同性而进行的一种模拟应急响应的实践活动。

第二十八条 本办法由环境保护部负责解释。

各省、自治区、直辖市人民政府环境保护主管部门可依据本办法，结合本地区实际制定实施细则。

第二十九条 本办法自印发之日起施行。

附一：突发环境事件应急预案备案申请表（略）
附二：突发环境事件应急预案备案登记表（略）

全国环保部门环境应急能力建设标准

（2010 年 12 月 27 日　环发〔2010〕146 号）

为适应当前严峻的环境安全形势，加强全国环境应急能力，提升突发环境事件应对水平，推进中国环境应急管理体系建设，根据《中华人民共和国突发事件应对法》、国务院《关于全面加强应急管理工作的意见》（国发〔2006〕24 号）和国务院办公厅《关于加强基层应急管理工作的意见》（国办发〔2007〕52 号）、《关于加强基层应急队伍建设的意见》（国办发〔2009〕59 号）对应急队伍和装备的建设要求，特制定本标准。

本标准以提高省级环境应急指挥能力为核心、以强化地市级突发环境事件现场应对能力为重点，各有侧重的制定了省、市、县三级环保部门环境应急能力建设标准，内容包括环境应急管理机构与人员、硬件装备、业务用房等。同时按照实际情况，分别将省、市、县级标准分为三级，鼓励有需求的地区进一步提高能力建设标准。

环境应急监测能力建设执行《全国环境监测站建设标准》，核与辐射环境应急能力建设标准另行规定。

表1 机构与人员

指标内容	序号	省级建设标准			地市级建设标准			县级建设标准		
		一级	二级	三级	一级	二级	三级	一级	二级	三级
环境应急管理机构	1	有行使环境应急管理职能的专门机构或部门。								
人员规模	2	31人以上	11~30人	5~10人	16人以上	6~15人	3~5人	11人以上	5~10人	2~4人
人员学历	3	本科以上100%	本科以上90%	本科以上80%	本科以上80%	本科以上70%	本科以上60%	大专以上90%	大专以上80%	大专以上70%
培训上岗率	4	100%			100%			80%		

备注：
1. 第1项"环境应急管理机构"指具有行使环境应急管理行政职能，可有效防范和妥善应对各类突发环境事件，推进环境应急全过程管理的专门机构或部门；
2. 第2项"人员规模"指专职从事环境应急管理工作的人员，不含兼职人员；
3. 第3项"人员学历"指新招人员学历；
4. 第4项"培训上岗率"指通过国家级或省级环保部门组织的环境应急管理培训，并取得合格证书的人员比例；
5. 选调政治思想觉悟高、文化程度和业务素质满足工作需要的人员从事环境应急管理工作；
6. 人员经费按照政府有关部门核定的编制内实有人数和国家规定的工资、津贴、补贴标准核定；
7. 环境风险等级高的地区可在标准基础上扩大人员规模。

表2 硬件装备

类别		指标内容	序号	省级建设标准			地市级建设标准			县级建设标准		
				一级	二级	三级	一级	二级	三级	一级	二级	三级
环境应急指挥系统	固定指挥平台	应急指挥平台、综合应用系统的服务器及网络设备	1	1套	1套	1套	1套	1套	自定	1套	自定	自定
		视频会议系统和视频指挥调度系统	2	1套	1套	1套	1套	1套	自定	1套	自定	自定
	移动指挥通信系统	车载应急指挥移动系统及数据采集传输系统	3	3套	2套	1套	2套	1套	自定	1套	自定	自定
		便携式移动通信终端	4	6套	4套	2套	4套	2套	自定	2套	自定	自定

(续表)

类别	指标内容	序号	省级建设标准			地市级建设标准			县级建设标准		
			一级	二级	三级	一级	二级	三级	一级	二级	三级
应急交通工具	应急指挥车	5	3辆	2辆	1辆	2辆	1辆	自定	1辆	自定	自定
	应急车辆	6	1辆/3人	1辆/4人	至少2辆	1辆/3人	1辆/4人	至少1辆	1辆/4人	1辆/5人	至少1辆
	高性能应急监测车	7	1辆	1辆	自定	1辆	自定	自定	自定	自定	自定
	多功能水上(近海)快艇	8	自定	自定	自定	1艘	自定	自定	—		
应急防护装备	气体致密型化学防护服	9	6套	4套	2套	4套	2套	2套	2套	自定	自定
	液体致密型化学防护服或粉尘致密型化学防护服	10	16套	10套	4套	10套	5套	3套	4套	3套	2套
	应急现场工作服(套)	11	2套/人	2套/人	1套/人	2套/人	1套/人	1套/人	2套/人	1套/人	1套/人
	易燃易爆气体报警装置	12	6套	4套	2套	4套	2套	2套	2套	2套	2套
	有毒有害气体检测报警装置	13	6套	4套	2套	4套	2套	2套	2套	2套	2套
	辐射报警装置	14	6套	4套	2套	4套	2套	2套	2套	2套	2套
	医用急救箱	15	1套/人	1套/人	1套/2人	1套/人	1套/2人	至少2套	1套/人	1套/2人	至少2套
	应急供电、照明设备	16	3套	2套	1套	2套	1套	自定	1套	自定	自定
	睡袋	17	10套	6套	4套	8套	4套	自定	4套	自定	自定
	帐篷	18	5套	3套	2套	4套	2套	自定	2套	自定	自定
	防寒保暖、给氧等生命保障装备	19	1套/辆高性能越野车			自定	自定	自定	自定	自定	自定
应急调查取证设备	高精度GPS卫星定位仪	20	1台/辆车	1台/辆车	至少2台	1台/辆车	2台	1台	1台	自定	自定
	激光测距望远镜	21	3台	2台	1台	2台	1台	自定	1台	自定	自定
	应急摄像器材	22	5台	3台	2台	2台	1台	自定	1台	1台	自定
	应急照相器材	23	10台	6台	2台	4台	2台	1台	3台	2台	1台
	应急录音设备	24	10台	6台	2台	6台	4台	2台	4台	3台	2台
	防爆对讲机	25	12台	8台	4台	10台	6台	4台	6台	4台	2台
	无人驾驶飞机及航拍数据分析系统	26	1套	自定	自定	—					

(续表)

类别	指标内容	序号	省级建设标准			地市级建设标准			县级建设标准		
			一级	二级	三级	一级	二级	三级	一级	二级	三级
办公设备	台式电脑	27	1台/人	1台/人	1台/2人	1台/人	1台/2人	1台/3人	1台/2人	1台/3人	至少1台
	固定电话	28	1部/2人	1部/3人	至少2部	1部/3人	1部/4人	至少1部	1部/3人	2部	1部
	打印机	29	6台	4台	2台	4台	2台	1台	2台	1台	1台
	传真机	30	5台	3台	2台	2台	1台	1台	1台	1台	1台
	复印机	31	2台	1台	1台	1台	1台	自定	1台	自定	自定
	无线上网笔记本电脑	32	1台/2人	1台/3人	至少2台	1台/3人	1台/4人	至少1台	1台/4人	至少1台	自定
	便携式打印、传真、复印一体机	33	5套	3套	1套	3套	2套	1套	1套	自定	自定

备注：

1. 第1项"应急指挥平台、综合应用系统"指符合国家应急平台体系建设要求，包含环境风险源基础信息系统、环境应急物资储备信息系统等各类环境基础信息集成共享，实现与政府部门应急平台、上下级环保部门应急平台互联互通的环境应急平台体系。

2. 第2项"视频会议系统和视频指挥调度系统"，省级需配备 MCU（多点控制单元）、视音频切换控制系统（原则上接入容量不低于128×128）、网管系统、视频会议终端以及配套外设（包括摄像机、扬声器、扩声设备等）；地市级需配备 MCU（多点控制单元）、视音频切换控制系统（原则上接入容量不低于64×64）、网管系统、视频会议终端以及配套外设（包括摄像机、扬声器、扩声设备等）；县级需配备视频会议终端以及配套外设（包括摄像机、扬声器、扩声设备等）。

3. 第3项"车载应急指挥移动系统及数据采集传输系统"指装配在应急指挥车上的移动指挥通信系统。至少包括电子办公设备、无线通信设备、视频音频图像数据采集设备、数据传输设备，并确保与固定指挥平台之间的实时数据信息传输。

4. 第4项"便携式移动通信终端"指便于人员携带和操作的简易通信设备，至少具备无线通信、音频图像数据采集、数据传输功能，并确保与固定指挥平台和车载指挥系统之间的数据信息传输。

5. 移动指挥通信系统应确保在恶劣条件下能够实现事发现场与后方指挥的实时通信。

6. 第5项"应急指挥车"指装备了车载应急指挥移动系统及数据采集传输系统的移动指挥车辆，印有"环境应急"字样标识。省一级、省二级、市一级的应急指挥车须在7座以上。

7. 第6项"应急车辆"包括商务车、越野车、高性能越野车，印有"环境应急"字样标识。地理条件复杂的地区可提高越野车、高性能越野车的配置比例。

8. 第7项"高性能应急监测车"指应急状态下赴现场快速监测的车辆，可快速监测液态、气态、固态及辐射等各类污染物，具有密闭保护功能，印有"环境应急"字样标识。应急监测车可委托环境监测部门进行日常管理维护。

9. 第8项，"多功能水上（近海）快艇"，印有"环境应急"字样标识，内陆地区且辖区内无大面积水域的环保部门可不装备。

10. 第9项"气体致密型化学防护服"和第10项"液体致密型化学防护服或粉尘致密型化学防护服"均指

包括身体防护、呼吸防护、无线通讯的成套防护装备。技术标准参照《防护服装化学防护服通用技术要求》（GB 24539—2009）、《化学防护服的选择、使用和维护》（AQ/T 6107—2008）。

11. 第11项"应急现场工作服（套）"指一般应急现场工作服，包括服装、鞋、帽、手套、口罩、护目镜或面镜等装备，服装印有"环境应急"字样标识。

12. 第15项"医用急救箱"中至少包括：纯棉弹性绷带、网状弹力绷带、不粘伤口无菌敷料、防水创可贴、压缩脱脂棉、三角巾、酒精棉片、伤口消毒棉签、医用剪刀、医用塑胶手套、人工呼吸隔离面罩、速效救心丸等。

13. 第19项"防寒保暖、给氧等生命保障装备"包括防寒服、采暖炉、氧气瓶、野外炊具等，环境条件恶劣的地区可提高配置。

14. 第22项"应急摄像器材"和第23项"应急照相器材"指具备防爆、高清、广角、长焦距、夜间拍摄等功能的摄像器材和照相器材。

15. 第26项"无人驾驶飞机"指利用无线电遥控设备和自备程序控制装置操纵的不载人飞机，具备航拍功能和数据传输系统，需配套航拍数据分析系统，由专业人员进行操作。

16. 环境应急硬件装备应保持完好，按规定维护升级、淘汰更新，随时保持正常使用状态。

17. 构建环境应急物资储备信息库，提出环境应急物资储备清单，依托地方人民政府储备应急救援物资。

18. 本《标准》各项指标内容为最低配置，各地在此基础上根据实际需要增加装备内容、提高装备水平。

表3 业务用房

指标内容		序号	省级建设标准			地市级建设标准			县级建设标准		
			一级	二级	三级	一级	二级	三级	一级	二级	三级
行政办公用房		1	人均不低于15m²			人均不低于12m²			人均不低于10m²		
特殊业务用房	环境应急指挥大厅	2	400m²	200m²	200m²	200m²	100m²	自定	100m²	自定	自定
	环境应急会商室	3	300m²	200m²		200m²		自定		自定	自定
	环境应急值班室	4	200m²	100m²	50m²	150m²	100m²	50m²	100m²	50m²	自定
	辅助用房	5	200m²	100m²	50m²	150m²	100m²	50m²	100m²	50m²	自定

备注：

1. 第1项"行政办公用房"配备桌、椅、柜等办公设施，配备台式电脑、传真机、复印机、打印机和互联网登录设备；

2. 第2项"环境应急指挥大厅"配备视频会议系统，配备视频、音频系统和大屏幕显示系统，配备桌、椅、柜等办公设施；

3. 第3项"环境应急会商室"包括小型会商室、应急平台控制间、机房等；

4. 第4项"环境应急值班室"包括应急调度室、夜间值班室等；

5. 第5项"辅助用房"包括储备间、设备间、操作间等。

全国环保部门环境应急能力标准化建设达标验收暂行办法

(2012年6月9日 环办〔2012〕89号)

第一条 为贯彻落实《全国环保部门环境应急能力建设标准》,加强和规范标准化建设达标验收管理工作,进一步推动各地环境应急能力建设,制定本办法。

第二条 本办法适用于各级环保部门环境应急能力标准化建设达标考核验收管理。

第三条 环境应急能力标准化建设达标验收工作,实行分级验收、动态管理。

第四条 《环境应急能力标准化建设达标验收计分细则》为环保部门环境应急能力标准化建设达标考核验收评分的依据。按照《全国环保部门环境应急能力建设标准》中对应的等级要求打分,得分达到90分的,可认定为相应等级达标单位。

第五条 环境应急能力标准化建设达标验收实行国家、省两级验收管理。

环境保护部负责组织省级环保部门环境应急能力标准化建设达标验收。各省、自治区、直辖市环境保护厅(局)负责组织辖区内环保部门的达标验收工作,地市级一级达标单位应报环境保护部备案。

第六条 环境应急能力标准化建设达标验收工作分为网上初审和现场验收两个阶段。

第七条 申请验收的环保部门登陆"环境应急能力标准化建设达标验收网上申报审核系统"填报相关信息,并在线评分,达到90分后,可通过系统提交网上初审申请,经负责验收的上级环保部门网上审核确认后,方可申请现场验收。

负责验收的上级环保部门收到网上初审申请后,应于10个工作日内完成网上初审。

第八条 申请现场验收的环保部门向负责验收的上级环保部门提交以下书面材料:环境应急能力建设达标验收申请表,网上初审确认单,网上预评分表,包括工作措施、标准化建设取得的成效和经验、存在问题及下一步工作计划等内容的工作报告和包括机构设置、人员编制、业务经费、业务用房、装备配置统计、基础工作制度执行情况等内容的技术报告。

负责验收的上级环保部门接到现场验收书面申请后,应于15个工作日内对书面材料进行确认,对符合本办法规定的,于三个月内组织开展现场验收工作,对不符合本办法规定的,复函说明理由,由申请验收的环保部门整改完善后重新申请。

第九条 负责验收的环保部门成立环境应急能力标准化建设达标验收工作小组,成员不少于3人。现场验收时,验收工作小组应现场检查并逐项考核、记分,形成验收意见。评分达到90分的,视为通过现场验收,未通过现场验收的,申请单位整改后重新提交网上初审和现场验收申请。

第十条 通过现场验收的环保部门,由组织验收的环保部门颁发国家统一样式和规格的标牌,标牌由各省级环保部门统一制作。省级达标机构,颁发环境保护部监制字样的标牌;地市级和县级达标机构,颁发所属各省、自治区、直辖市环境保护厅(局)监制字样的标牌。

第十一条 环境保护部与各省、自治区、直辖市环境保护厅(局)负责环境应急能力标准化建设工作的监督检查。

达标单位每三年复检一次。环境保护部负责对省级达标机构进行复检。各省、自治区、直辖市环境保护厅(局)负责组织辖区内达标单位的复检工作,并于每年12月底前将本年度复检情况上报环境保护部。

第十二条 各级环境应急能力标准化建设达标单位及其工作人员有下列情形之一的,由环境保护部或省级环境保护厅(局)进行通报批评,情节严重的取消达标单位称号。

(一)应急车辆、装备或仪器设备管理混乱的,应急设备维护不力的;

(二)基础工作不能达到能力建设要求的;

(三)实际在岗人员数不足编制数的70%的;

(四)违反环境应急能力建设其他有关规定,屡次指出不改正的。

第十三条 对于达标验收工作中弄虚作假的行为,一经查实,由环境保护部或省级环境保护厅(局)取消达标单位称号,并予通报批评。

第十四条 环境应急能力建设工作力度大、进展快、效果好的地区,由各省、自治区、直辖市环境保护厅(局)初审推荐,环境保护部通报表扬,并在安排环境保护应急能力专项资金时给予优先考虑。

第十五条 本办法由环境保护部负责解释。

第十六条 本办法自发布之日起执行。

附件一:环境应急能力标准化建设达标验收计分细则(暂行)(略)

附件二:环境应急能力标准化建设达标验收申请表(略)

环境保护部关于加强环境应急管理工作的意见

(2009年11月9日 环发〔2009〕130号)

各省、自治区、直辖市环境保护厅(局),新疆生产建设兵团环境保护局:

为深入贯彻落实科学发展观,有效防范和妥善应对突发环境事件,保障人民群众生命财产安全和环境安全,促进经济全面、协调、可持续发展和社会和谐,推进生态文明建设,根据《中华人民共和国突发事件应对法》、环境保护法律法规以及国务院关于加强应急管理工作的各项要求,现就加强环境应急管理工作提出如下意见:

一、充分认识加强环境应急管理工作的重大意义

(一)环境应急管理工作取得积极进展。党中央、国务院高度重视环境应急管理工作。近年来,我国环境应急管理工作不断推进,环境应急能力得到加强,突发环境事件应对工作取得积极成效。特别是2008年,在党中央、国务院的坚强领导下,各级环保部门积极采取措施,妥善应对南方低温冰冻雨雪灾害、汶川特大地震等重大自然灾害引发的次生环境问题,全力以赴完成了北京奥运会、残奥会等重大活动的环境安全保障任务。

（二）环境安全形势依然十分严峻。当前，我国正处于工业化、城镇化加速发展时期，各种自然灾害和人为活动带来的环境风险不断加剧，突发环境事件的诱因更加多样、复杂。环境恶化状况尚未得到根本遏制；企业环境违法问题仍然普遍存在，环境风险隐患突出；突发环境事件仍呈高发态势，跨界污染、重金属及有毒有害物质污染事件频发，社会危害和影响明显加大。

（三）环境应急管理体系亟待健全。环境应急管理工作起步较晚，基础十分薄弱，当前的环境应急管理法制体制机制能力与新时期环境安全形势发展的要求不相适应。突出表现为，对环境应急管理工作认识不到位，重视不够；环境应急管理的法规标准体系不完善，预案的针对性、操作性较差，预案建设及管理不规范；地方环境应急管理队伍建设严重滞后，应对突发环境事件能力薄弱；环境应急管理机制不够健全，部门内部及部门之间协调联动的工作格局尚未建立；环境应急管理的科技、监测、信息、宣教等能力支撑不足。

（四）加强环境应急管理意义重大。加强环境应急管理，是落实科学发展观、构建社会主义和谐社会的必然要求，是坚持以人为本、执政为民、全面履行环境综合管理职能的应有之义。各级环保部门要从全局和战略的高度，提高对加强环境应急管理工作重要性和紧迫性的认识，切实把这项工作摆上更加重要的位置，全面推进环境应急全过程管理，积极防范环境风险，妥善处置突发环境事件，确保国家环境安全和人民群众身体健康。

二、指导思想和工作目标

（五）指导思想。以邓小平理论和"三个代表"重要思想为指导，深入落实科学发展观，全面贯彻《中华人民共和国突发事件应对法》和《国家突发环境事件应急预案》，坚持以人为本，把保障人民群众环境权益和健康权益放在首位；立足预防为主，推进环境应急全过程管理；强化综合协调，加快全国环境应急管理体系建设；推进制度建设，提高环境应急管理水平；充分利用市场机制，促进企业加强环境风险管理；加强基础能力建设，科学处置各类突发环境事件；增强环境风险意识，确保环境安全。

（六）工作目标。到2015年，环境应急管理政策法规体系基本完善；省（自治区、直辖市）、省辖市和重点县（区、市）环境应急管理机构和应急能力有较大加强，全国环境应急管理网络基本形成；国家、省级、市级突发环境事件预案体系基本健全；重点行业环境风险源数据库基本建立；环境应急管理人才队伍初具规模，专业水平明显提升；环境应急平台基本建成；环境应急管理基本实现法制化、信息化、专业化。

三、加快建设中国特色环境应急管理体系

（七）完善环境应急管理政策法规体系。抓紧制订环境应急管理办法，明确环保部门、政府相关部门、企业以及社会公众在环境应急过程中的职责定位，理顺综合监管与专业监管、不同层级监管之间的关系，建立环境应急管理的基本制度。修订《环境保护行政主管部门突发环境事件信息报告办法（试行）》，制订突发环境事件应急预案管理办法等规章制度，进一步完善相关制度和程序，促进环境应急管理工作走上法制化、规范化的轨道。加快建立环境污染责任保险制度，建立健全污染损害评估和鉴定机制。

（八）健全突发环境事件应急预案体系。修订《国家突发环境事件应急预案》，各地要结合自

身实际尽快修订和完善有关应急预案。加强与行业管理部门合作,制订分行业和分类的环境应急预案编制指南,指导企业找准环境风险环节,完善企业环境应急预案。实行预案动态管理,建立企业、部门预案报备制度,规范预案编制、修订和执行工作,提高预案的针对性、实用性和可操作性。针对区域的地理环境、企业污染类型等实际情况,定期组织开展多种形式的预案演练,促进相关单位部门之间的协调。加强预案制订和演练过程中的公众参与。

（九）推进环境应急管理体制建设。按照国家统一领导、综合协调、分类管理、分级负责、属地管理为主的应急管理体制总体要求,理顺环境应急管理体制。制定《全国环境保护部门环境应急管理工作规范》,明确各级环保部门及其内部各部门日常环境应急管理职责,以及在突发环境事件应对工作中的职责。重点加强省(自治区、直辖市)、省辖市和重点县(区、市)环境应急管理能力和人员力量,切实解决环境应急管理力量不足等问题。各省级环保部门要按照《国务院办公厅关于加强基层应急队伍建设的意见》,认真研究制定本辖区基层环境应急队伍建设的具体措施,加强对基层环境应急队伍建设的指导。

（十）创新环境应急管理联动协作机制。大力推动环保部门与公安消防部门等综合性及专业性应急救援队伍建立长效联动机制;积极探索依托大中型企业建立专业环境应急救援队伍,促进环境应急救援工作专业化和社会化。与发展改革、工商管理、行业管理等部门建立联动机制,加强"高污染、高环境风险"行业环境安全管理;与交通、公安、安监等部门建立联动机制,加强危险化学品和危险废物运输中的环境管理;与水利部门协调沟通,互相通报重点流域、集中式饮用水源地等有关信息。建立健全预防和处置跨界突发环境事件的长效联动机制。

四、全面推进环境应急全过程管理,积极防范和妥善应对各类突发环境事件

（十一）推进环境应急全过程管理。重点加强环境影响评价审批和建设项目竣工环境保护验收工作中的环境风险评价和风险防范措施的落实。继续严格控制和限期淘汰高耗能、高污染、高环境风险产品及生产工艺。在环保规划管理、排污许可证管理、限期治理、区域(行业)限批、上市企业环保核查、环境执法检查、环境监测等各项环境管理制度中,全面落实防范环境风险的责任和要求,构建全防全控的环境应急管理体系。

（十二）加强监测预警,建立健全环境风险防范体系。加强地表水跨界断面水质监测、污染源特征污染物监测,重点加强重金属等有毒有害物质的监测和能力建设,及时发现环境污染问题。加强大气环境风险源集中区域的大气环境监测,建立大气环境监测预警网络。开展与应急管理特点相适应的环境应急监测规范研究,加强特殊污染物监测方法的技术储备和标准方法的研究,为环境应急管理提供数据支持。充分发挥卫星遥感、移动监测等新技术的作用,健全全方位的动态立体监测预警体系。

（十三）全面掌握环境风险源信息,加强隐患整改。各地要全面开展环境风险源调查,建立本辖区环境风险源档案和数据库,并纳入环境应急平台体系建设。建立环境风险源评估制度,实现分级分类动态管理。制定《企业环境风险隐患排查治理规定》,督促企业落实环境风险隐患排查和治理的责任。重点加强对涉重金属和"双高"企业的日常监管和后督察,监督、指导企业落实综合防范和处置措施,对隐患突出又未能有效整改的,要依法实行停产整治或予以关闭。

（十四）加强应急值守,完善环境应急接警制度。进一步增强政治敏感性和责任感,建立健全环境应急值守制度,落实各项责任,严格管理,认真做好人员、车辆、物资、仪器设备等方面的应急

准备,确保通讯畅通。进一步完善全国12369环保举报热线网络,认真办理群众举报、投诉,接到突发环境事件报警后,详细、准确记录有关信息,按有关要求做好信息调度和报告工作。

(十五)全力做好突发环境事件应急响应工作,加强信息报送和信息发布。突发环境事件发生后,各级环保部门要在当地政府的统一领导下,按照预案的要求立即采取响应措施,科学处置,最大限度地降低突发环境事件造成的危害和影响。严格执行突发环境事件信息报送制度,畅通信息报送渠道,对迟报、漏报甚至瞒报、谎报行为要依法追究责任。协助政府及时发布准确、权威的环境信息,充分发挥新闻舆论的导向作用,为积极稳妥地处置突发环境事件营造良好的舆论环境。

(十六)落实责任追究,加强事件调查、分析、评估和总结。按照"事件原因没有查清不放过,事件责任者没有严肃处理不放过,整改措施没有落实不放过"的原则,认真做好突发环境事件调查和处置。建立突发环境事件典型案例分析制度和处置后评估制度,及时总结事件防范及处置工作的经验教训,积极完善各项管理制度和措施。健全突发环境事件的统计分析和定期报告制度,加强考核和工作指导。

五、全面加强环境应急管理各项基础及保障工作

(十七)严格执行环境应急管理工作责任制。各级环保部门的主要领导是环境应急管理工作的第一责任人,要明确环境应急管理的具体工作部门和责任人,建立严格的责任制。建立突发环境事件预防、处置的考核制度和奖惩制度,对不履行职责引起事态扩大、造成严重后果的责任人依法追究责任,对预防和处置工作开展好的单位和个人予以奖励。对各地预防和处置突发环境应急事件的情况,纳入现有环境保护有关考核、评优活动中。

(十八)加强环境应急能力建设。根据国家环境保护"十二五"规划和能力建设规划的总体要求与部署,各地要研究制定环境应急管理能力建设的专项规划和实施方案,明确环境应急指挥调度、应急监测、应急处置、应急防护和救援物资储备等规划内容。研究制定《全国环境应急能力建设标准》,建立环境应急能力评估机制,科学指导各地环境应急能力建设。研究建立突发环境事件应急处置资金保障机制和应急处置专项资金,为突发环境事件处置提供资金保障。加强环境应急科学技术的研究和开发,特别是有毒有害物质污染处置技术的研究。按照国家应急平台体系建设的总体要求,加强各类环境基础信息集成共享,建立以地理信息系统为基础,先进实用的环境应急平台体系。建立全国统一、高效、共享的环境应急专家库,提高科学应对和处置突发环境事件决策水平。

(十九)加强培训和宣传教育。积极开展各种有针对性的环境应急管理培训,宣传贯彻《中华人民共和国突发事件应对法》和《国家突发环境事件应急预案》。开展环境应急管理人员队伍培训,提高环境应急管理人员科学决策水平、环境应急综合应对能力和自我防护能力;开展环境应急师资队伍培训,为环境应急管理培养师资力量。积极开展环境应急管理国际交流与合作。联合企业采用多种形式进行宣传教育,加强环境应急知识普及和教育,提高人民群众环境安全意识和自救互救能力。

国家突发环境事件应急预案(2014年修订)

(2006年1月24日中华人民共和国国务院令第34号发布 根据2014年12月29日国办函〔2014〕119号《国务院办公厅关于印发国家突发环境事件应急预案的通知》修订)

1 总则
　1.1 编制目的
　1.2 编制依据
　1.3 适用范围
　1.4 工作原则
　1.5 事件分级
2 组织指挥体系
　2.1 国家层面组织指挥机构
　2.2 地方层面组织指挥机构
　2.3 现场指挥机构
3 监测预警和信息报告
　3.1 监测和风险分析
　3.2 预警
　3.3 信息报告与通报
4 应急响应
　4.1 响应分级
　4.2 响应措施
　4.3 国家层面应对工作
　4.4 响应终止
5 后期工作
　5.1 损害评估
　5.2 事件调查
　5.3 善后处置
6 应急保障
　6.1 队伍保障
　6.2 物资与资金保障
　6.3 通信、交通与运输保障
　6.4 技术保障

7 附则
    7.1 预案管理
    7.2 预案解释
    7.3 预案实施时间

1 总则

1.1 编制目的

健全突发环境事件应对工作机制,科学有序高效应对突发环境事件,保障人民群众生命财产安全和环境安全,促进社会全面、协调、可持续发展。

1.2 编制依据

依据《中华人民共和国环境保护法》、《中华人民共和国突发事件应对法》、《中华人民共和国放射性污染防治法》、《国家突发公共事件总体应急预案》及相关法律法规等,制定本预案。

1.3 适用范围

本预案适用于我国境内突发环境事件应对工作。

突发环境事件是指由于污染物排放或自然灾害、生产安全事故等因素,导致污染物或放射性物质等有毒有害物质进入大气、水体、土壤等环境介质,突然造成或可能造成环境质量下降,危及公众身体健康和财产安全,或造成生态环境破坏,或造成重大社会影响,需要采取紧急措施予以应对的事件,主要包括大气污染、水体污染、土壤污染等突发性环境污染事件和辐射污染事件。

核设施及有关核活动发生的核事故所造成的辐射污染事件、海上溢油事件、船舶污染事件的应对工作按照其他相关应急预案规定执行。重污染天气应对工作按照国务院《大气污染防治行动计划》等有关规定执行。

1.4 工作原则

突发环境事件应对工作坚持统一领导、分级负责,属地为主、协调联动,快速反应、科学处置,资源共享、保障有力的原则。突发环境事件发生后,地方人民政府和有关部门立即自动按照职责分工和相关预案开展应急处置工作。

1.5 事件分级

按照事件严重程度,突发环境事件分为特别重大、重大、较大和一般四级。突发环境事件分级标准见附件1。

2 组织指挥体系

2.1 国家层面组织指挥机构

环境保护部负责重特大突发环境事件应对的指导协调和环境应急的日常监督管理工作。根据突发环境事件的发展态势及影响,环境保护部或省级人民政府可报请国务院批准,或根据国务院领导同志指示,成立国务院工作组,负责指导、协调、督促有关地区和部门开展突发环境事件应对工作。必要时,成立国家环境应急指挥部,由国务院领导同志担任总指挥,统一领导、组织和指挥应急处置工作;国务院办公厅履行信息汇总和综合协调职责,发挥运转枢纽作用。国家环境应急指挥部组成及工作组职责见附件2。

2.2 地方层面组织指挥机构

县级以上地方人民政府负责本行政区域内的突发环境事件应对工作,明确相应组织指挥机构。跨行政区域的突发环境事件应对工作,由各有关行政区域人民政府共同负责,或由有关行政区域共同的上一级地方人民政府负责。对需要国家层面协调处置的跨省级行政区域突发环境事件,由有关省级人民政府向国务院提出请求,或由有关省级环境保护主管部门向环境保护部提出请求。

地方有关部门按照职责分工,密切配合,共同做好突发环境事件应对工作。

2.3 现场指挥机构

负责突发环境事件应急处置的人民政府根据需要成立现场指挥部,负责现场组织指挥工作。参与现场处置的有关单位和人员要服从现场指挥部的统一指挥。

3 监测预警和信息报告

3.1 监测和风险分析

各级环境保护主管部门及其他有关部门要加强日常环境监测,并对可能导致突发环境事件的风险信息加强收集、分析和研判。安全监管、交通运输、公安、住房城乡建设、水利、农业、卫生计生、气象等有关部门按照职责分工,应当及时将可能导致突发环境事件的信息通报同级环境保护主管部门。

企业事业单位和其他生产经营者应当落实环境安全主体责任,定期排查环境安全隐患,开展环境风险评估,健全风险防控措施。当出现可能导致突发环境事件的情况时,要立即报告当地环境保护主管部门。

3.2 预警

3.2.1 预警分级

对可以预警的突发环境事件,按照事件发生的可能性大小、紧急程度和可能造成的危害程度,将预警分为四级,由低到高依次用蓝色、黄色、橙色和红色表示。

预警级别的具体划分标准,由环境保护部制定。

3.2.2 预警信息发布

地方环境保护主管部门研判可能发生突发环境事件时,应当及时向本级人民政府提出预警信息发布建议,同时通报同级相关部门和单位。地方人民政府或其授权的相关部门,及时通过电视、广播、报纸、互联网、手机短信、当面告知等渠道或方式向本行政区域公众发布预警信息,并通报可能影响到的相关地区。

上级环境保护主管部门要将监测到的可能导致突发环境事件的有关信息,及时通报可能受影响地区的下一级环境保护主管部门。

3.2.3 预警行动

预警信息发布后,当地人民政府及其有关部门视情采取以下措施:

(1)分析研判。组织有关部门和机构、专业技术人员及专家,及时对预警信息进行分析研判,预估可能的影响范围和危害程度。

(2)防范处置。迅速采取有效处置措施,控制事件苗头。在涉险区域设置注意事项提示或事件危害警告标志,利用各种渠道增加宣传频次,告知公众避险和减轻危害的常识、需采取的必要的健康防护措施。

(3) 应急准备。提前疏散、转移可能受到危害的人员，并进行妥善安置。责令应急救援队伍、负有特定职责的人员进入待命状态，动员后备人员做好参加应急救援和处置工作的准备，并调集应急所需物资和设备，做好应急保障工作。对可能导致突发环境事件发生的相关企业事业单位和其他生产经营者加强环境监管。

(4) 舆论引导。及时准确发布事态最新情况，公布咨询电话，组织专家解读。加强相关舆情监测，做好舆论引导工作。

3.2.4 预警级别调整和解除

发布突发环境事件预警信息的地方人民政府或有关部门，应当根据事态发展情况和采取措施的效果适时调整预警级别；当判断不可能发生突发环境事件或者危险已经消除时，宣布解除预警，适时终止相关措施。

3.3 信息报告与通报

突发环境事件发生后，涉事企业事业单位或其他生产经营者必须采取应对措施，并立即向当地环境保护主管部门和相关部门报告，同时通报可能受到污染危害的单位和居民。因生产安全事故导致突发环境事件的，安全监管等有关部门应当及时通报同级环境保护主管部门。环境保护主管部门通过互联网信息监测、环境污染举报热线等多种渠道，加强对突发环境事件的信息收集，及时掌握突发环境事件发生情况。

事发地环境保护主管部门接到突发环境事件信息报告或监测到相关信息后，应当立即进行核实，对突发环境事件的性质和类别作出初步认定，按照国家规定的时限、程序和要求向上级环境保护主管部门和同级人民政府报告，并通报同级其他相关部门。突发环境事件已经或者可能涉及相邻行政区域的，事发地人民政府或环境保护主管部门应当及时通报相邻行政区域同级人民政府或环境保护主管部门。地方各级人民政府及其环境保护主管部门应当按照有关规定逐级上报，必要时可越级上报。

接到已经发生或者可能发生跨省级行政区域突发环境事件信息时，环境保护部要及时通报相关省级环境保护主管部门。

对以下突发环境事件信息，省级人民政府和环境保护部应当立即向国务院报告：

(1) 初判为特别重大或重大突发环境事件；
(2) 可能或已引发大规模群体性事件的突发环境事件；
(3) 可能造成国际影响的境内突发环境事件；
(4) 境外因素导致或可能导致我境内突发环境事件；
(5) 省级人民政府和环境保护部认为有必要报告的其他突发环境事件。

4 应急响应

4.1 响应分级

根据突发环境事件的严重程度和发展态势，将应急响应设定为Ⅰ级、Ⅱ级、Ⅲ级和Ⅳ级四个等级。初判发生特别重大、重大突发环境事件，分别启动Ⅰ级、Ⅱ级应急响应，由事发地省级人民政府负责应对工作；初判发生较大突发环境事件，启动Ⅲ级应急响应，由事发地设区的市级人民政府负责应对工作；初判发生一般突发环境事件，启动Ⅳ级应急响应，由事发地县级人民政府负责应对工作。

突发环境事件发生在易造成重大影响的地区或重要时段时,可适当提高响应级别。应急响应启动后,可视事件损失情况及其发展趋势调整响应级别,避免响应不足或响应过度。

4.2 响应措施

突发环境事件发生后,各有关地方、部门和单位根据工作需要,组织采取以下措施。

4.2.1 现场污染处置

涉事企业事业单位或其他生产经营者要立即采取关闭、停产、封堵、围挡、喷淋、转移等措施,切断和控制污染源,防止污染蔓延扩散。做好有毒有害物质和消防废水、废液等的收集、清理和安全处置工作。当涉事企业事业单位或其他生产经营者不明时,由当地环境保护主管部门组织对污染来源开展调查,查明涉事单位,确定污染物种类和污染范围,切断污染源。

事发地人民政府应组织制订综合治污方案,采用监测和模拟等手段追踪污染气体扩散途径和范围;采取拦截、导流、疏浚等形式防止水体污染扩大;采取隔离、吸附、打捞、氧化还原、中和、沉淀、消毒、去污洗消、临时收贮、微生物消解、调水稀释、转移异地处置、临时改造污染处置工艺或临时建设污染处置工程等方法处置污染物。必要时,要求其他排污单位停产、限产、限排,减轻环境污染负荷。

4.2.2 转移安置人员

根据突发环境事件影响及事发当地的气象、地理环境、人员密集度等,建立现场警戒区、交通管制区域和重点防护区域,确定受威胁人员疏散的方式和途径,有组织、有秩序地及时疏散转移受威胁人员和可能受影响地区居民,确保生命安全。妥善做好转移人员安置工作,确保有饭吃、有水喝、有衣穿、有住处和必要医疗条件。

4.2.3 医学救援

迅速组织当地医疗资源和力量,对伤病员进行诊断治疗,根据需要及时、安全地将重症伤病员转运到有条件的医疗机构加强救治。指导和协助开展受污染人员的去污洗消工作,提出保护公众健康的措施建议。视情增派医疗卫生专家和卫生应急队伍、调配急需医药物资,支持事发地医学救援工作。做好受影响人员的心理援助。

4.2.4 应急监测

加强大气、水体、土壤等应急监测工作,根据突发环境事件的污染物种类、性质以及当地自然、社会环境状况等,明确相应的应急监测方案及监测方法,确定监测的布点和频次,调配应急监测设备、车辆,及时准确监测,为突发环境事件应急决策提供依据。

4.2.5 市场监管和调控

密切关注受事件影响地区市场供应情况及公众反应,加强对重要生活必需品等商品的市场监管和调控。禁止或限制受污染食品和饮用水的生产、加工、流通和食用,防范因突发环境事件造成的集体中毒等。

4.2.6 信息发布和舆论引导

通过政府授权发布、发新闻稿、接受记者采访、举行新闻发布会、组织专家解读等方式,借助电视、广播、报纸、互联网等多种途径,主动、及时、准确、客观向社会发布突发环境事件和应对工作信息,回应社会关切,澄清不实信息,正确引导社会舆论。信息发布内容包括事件原因、污染程度、影响范围、应对措施、需要公众配合采取的措施、公众防范常识和事件调查处理进展情况等。

4.2.7　维护社会稳定

加强受影响地区社会治安管理,严厉打击借机传播谣言制造社会恐慌、哄抢救灾物资等违法犯罪行为;加强转移人员安置点、救灾物资存放点等重点地区治安管控;做好受影响人员与涉事单位、地方人民政府及有关部门矛盾纠纷化解和法律服务工作,防止出现群体性事件,维护社会稳定。

4.2.8　国际通报和援助

如需向国际社会通报或请求国际援助时,环境保护部商外交部、商务部提出需要通报或请求援助的国家(地区)和国际组织、事项内容、时机等,按照有关规定由指定机构向国际社会发出通报或呼吁信息。

4.3　国家层面应对工作

4.3.1　部门工作组应对

初判发生重大以上突发环境事件或事件情况特殊时,环境保护部立即派出工作组赴现场指导督促当地开展应急处置、应急监测、原因调查等工作,并根据需要协调有关方面提供队伍、物资、技术等支持。

4.3.2　国务院工作组应对

当需要国务院协调处置时,成立国务院工作组。主要开展以下工作:

(1)了解事件情况、影响、应急处置进展及当地需求等;

(2)指导地方制订应急处置方案;

(3)根据地方请求,组织协调相关应急队伍、物资、装备等,为应急处置提供支援和技术支持;

(4)对跨省级行政区域突发环境事件应对工作进行协调;

(5)指导开展事件原因调查及损害评估工作。

4.3.3　国家环境应急指挥部应对

根据事件应对工作需要和国务院决策部署,成立国家环境应急指挥部。主要开展以下工作:

(1)组织指挥部成员单位、专家组进行会商,研究分析事态,部署应急处置工作;

(2)根据需要赴事发现场或派出前方工作组赴事发现场协调开展应对工作;

(3)研究决定地方人民政府和有关部门提出的请求事项;

(4)统一组织信息发布和舆论引导;

(5)视情向国际通报,必要时与相关国家和地区、国际组织领导人通电话;

(6)组织开展事件调查。

4.4　响应终止

当事件条件已经排除、污染物质已降至规定限值以内、所造成的危害基本消除时,由启动响应的人民政府终止应急响应。

5　后期工作

5.1　损害评估

突发环境事件应急响应终止后,要及时组织开展污染损害评估,并将评估结果向社会公布。评估结论作为事件调查处理、损害赔偿、环境修复和生态恢复重建的依据。

突发环境事件损害评估办法由环境保护部制定。

5.2 事件调查

突发环境事件发生后,根据有关规定,由环境保护主管部门牵头,可会同监察机关及相关部门,组织开展事件调查,查明事件原因和性质,提出整改防范措施和处理建议。

5.3 善后处置

事发地人民政府要及时组织制订补助、补偿、抚慰、抚恤、安置和环境恢复等善后工作方案并组织实施。保险机构要及时开展相关理赔工作。

6 应急保障

6.1 队伍保障

国家环境应急监测队伍、公安消防部队、大型国有骨干企业应急救援队伍及其他相关方面应急救援队伍等力量,要积极参加突发环境事件应急监测、应急处置与救援、调查处理等工作任务。发挥国家环境应急专家组作用,为重特大突发环境事件应急处置方案制订、污染损害评估和调查处理工作提供决策建议。县级以上地方人民政府要强化环境应急救援队伍能力建设,加强环境应急专家队伍管理,提高突发环境事件快速响应及应急处置能力。

6.2 物资与资金保障

国务院有关部门按照职责分工,组织做好环境应急救援物资紧急生产、储备调拨和紧急配送工作,保障支援突发环境事件应急处置和环境恢复治理工作的需要。县级以上地方人民政府及其有关部门要加强应急物资储备,鼓励支持社会化应急物资储备,保障应急物资、生活必需品的生产和供给。环境保护主管部门要加强对当地环境应急物资储备信息的动态管理。

突发环境事件应急处置所需经费首先由事件责任单位承担。县级以上地方人民政府对突发环境事件应急处置工作提供资金保障。

6.3 通信、交通与运输保障

地方各级人民政府及其通信主管部门要建立健全突发环境事件应急通信保障体系,确保应急期间通信联络和信息传递需要。交通运输部门要健全公路、铁路、航空、水运紧急运输保障体系,保障应急响应所需人员、物资、装备、器材等的运输。公安部门要加强应急交通管理,保障运送伤病员、应急救援人员、物资、装备、器材车辆的优先通行。

6.4 技术保障

支持突发环境事件应急处置和监测先进技术、装备的研发。依托环境应急指挥技术平台,实现信息综合集成、分析处理、污染损害评估的智能化和数字化。

7 附则

7.1 预案管理

预案实施后,环境保护部要会同有关部门组织预案宣传、培训和演练,并根据实际情况,适时组织评估和修订。地方各级人民政府要结合当地实际制定或修订突发环境事件应急预案。

7.2 预案解释

本预案由环境保护部负责解释。

7.3 预案实施时间

本预案自印发之日起实施。

附件:1.突发环境事件分级标准
  2.国家环境应急指挥部组成及工作组职责

附件1

突发环境事件分级标准

一、特别重大突发环境事件

凡符合下列情形之一的,为特别重大突发环境事件:

1.因环境污染直接导致30人以上死亡或100人以上中毒或重伤的;

2.因环境污染疏散、转移人员5万人以上的;

3.因环境污染造成直接经济损失1亿元以上的;

4.因环境污染造成区域生态功能丧失或该区域国家重点保护物种灭绝的;

5.因环境污染造成设区的市级以上城市集中式饮用水水源地取水中断的;

6.Ⅰ、Ⅱ类放射源丢失、被盗、失控并造成大范围严重辐射污染后果的;放射性同位素和射线装置失控导致3人以上急性死亡的;放射性物质泄漏,造成大范围辐射污染后果的;

7.造成重大跨国境影响的境内突发环境事件。

二、重大突发环境事件

凡符合下列情形之一的,为重大突发环境事件:

1.因环境污染直接导致10人以上30人以下死亡或50人以上100人以下中毒或重伤的;

2.因环境污染疏散、转移人员1万人以上5万人以下的;

3.因环境污染造成直接经济损失2000万元以上1亿元以下的;

4.因环境污染造成区域生态功能部分丧失或该区域国家重点保护野生动植物种群大批死亡的;

5.因环境污染造成县级城市集中式饮用水水源地取水中断的;

6.Ⅰ、Ⅱ类放射源丢失、被盗的;放射性同位素和射线装置失控导致3人以下急性死亡或者10人以上急性重度放射病、局部器官残疾的;放射性物质泄漏,造成较大范围辐射污染后果的;

7.造成跨省级行政区域影响的突发环境事件。

三、较大突发环境事件

凡符合下列情形之一的,为较大突发环境事件:

1.因环境污染直接导致3人以上10人以下死亡或10人以上50人以下中毒或重伤的;

2.因环境污染疏散、转移人员5000人以上1万人以下的;

3.因环境污染造成直接经济损失500万元以上2000万元以下的;

4.因环境污染造成国家重点保护的动植物物种受到破坏的;

5.因环境污染造成乡镇集中式饮用水水源地取水中断的;

6.Ⅲ类放射源丢失、被盗的;放射性同位素和射线装置失控导致10人以下急性重度放射病、局部器官残疾的;放射性物质泄漏,造成小范围辐射污染后果的;

7.造成跨设区的市级行政区域影响的突发环境事件。

四、一般突发环境事件

凡符合下列情形之一的,为一般突发环境事件:

1. 因环境污染直接导致 3 人以下死亡或 10 人以下中毒或重伤的;
2. 因环境污染疏散、转移人员 5000 人以下的;
3. 因环境污染造成直接经济损失 500 万元以下的;
4. 因环境污染造成跨县级行政区域纠纷,引起一般性群体影响的;
5. Ⅳ、Ⅴ类放射源丢失、被盗的;放射性同位素和射线装置失控导致人员受到超过年剂量限值的照射的;放射性物质泄漏,造成厂区内或设施内局部辐射污染后果的;铀矿冶、伴生矿超标排放,造成环境辐射污染后果的;
6. 对环境造成一定影响,尚未达到较大突发环境事件级别的。

上述分级标准有关数量的表述中,"以上"含本数,"以下"不含本数。

附件 2

国家环境应急指挥部组成及工作组职责

国家环境应急指挥部主要由环境保护部、中央宣传部(国务院新闻办)、中央网信办、外交部、发展改革委、工业和信息化部、公安部、民政部、财政部、住房城乡建设部、交通运输部、水利部、农业部、商务部、卫生计生委、新闻出版广电总局、安全监管总局、食品药品监管总局、林业局、气象局、海洋局、测绘地信局、铁路局、民航局、总参作战部、总后基建营房部、武警总部、中国铁路总公司等部门和单位组成,根据应对工作需要,增加有关地方人民政府和其他有关部门。

国家环境应急指挥部设立相应工作组,各工作组组成及职责分工如下:

一、污染处置组。由环境保护部牵头,公安部、交通运输部、水利部、农业部、安全监管总局、林业局、海洋局、总参作战部、武警总部等参加。

主要职责:收集汇总相关数据,组织进行技术研判,开展事态分析;迅速组织切断污染源,分析污染途径,明确防止污染物扩散的程序;组织采取有效措施,消除或减轻已经造成的污染;明确不同情况下的现场处置人员须采取的个人防护措施;组织建立现场警戒区和交通管制区域,确定重点防护区域,确定受威胁人员疏散的方式和途径,疏散转移受威胁人员至安全紧急避险场所;协调军队、武警有关力量参与应急处置。

二、应急监测组。由环境保护部牵头,住房城乡建设部、水利部、农业部、气象局、海洋局、总参作战部、总后基建营房部等参加。

主要职责:根据突发环境事件的污染物种类、性质以及当地气象、自然、社会环境状况等,明确相应的应急监测方案及监测方法;确定污染物扩散范围,明确监测的布点和频次,做好大气、水体、土壤等应急监测,为突发环境事件应急决策提供依据;协调军队力量参与应急监测。

三、医学救援组。由卫生计生委牵头,环境保护部、食品药品监管总局等参加。

主要职责:组织开展伤病员医疗救治、应急心理援助;指导和协助开展受污染人员的去污洗消工作;提出保护公众健康的措施建议;禁止或限制受污染食品和饮用水的生产、加工、流通和食用,防范因突发环境事件造成集体中毒等。

四、应急保障组。由发展改革委牵头,工业和信息化部、公安部、民政部、财政部、环境保护部、住房城乡建设部、交通运输部、水利部、商务部、测绘地信局、铁路局、民航局、中国铁路总公司等参加。

主要职责:指导做好事件影响区域有关人员的紧急转移和临时安置工作;组织做好环境应急救援物资及临时安置重要物资的紧急生产、储备调拨和紧急配送工作;及时组织调运重要生活必需品,保障群众基本生活和市场供应;开展应急测绘。

五、新闻宣传组。由中央宣传部(国务院新闻办)牵头,中央网信办、工业和信息化部、环境保护部、新闻出版广电总局等参加。

主要职责:组织开展事件进展、应急工作情况等权威信息发布,加强新闻宣传报道;收集分析国内外舆情和社会公众动态,加强媒体、电信和互联网管理,正确引导舆论;通过多种方式,通俗、权威、全面、前瞻地做好相关知识普及;及时澄清不实信息,回应社会关切。

六、社会稳定组。由公安部牵头,中央网信办、工业和信息化部、环境保护部、商务部等参加。

主要职责:加强受影响地区社会治安管理,严厉打击借机传播谣言制造社会恐慌、哄抢物资等违法犯罪行为;加强转移人员安置点、救灾物资存放点等重点地区治安管控;做好受影响人员与涉事单位、地方人民政府及有关部门矛盾纠纷化解和法律服务工作,防止出现群体性事件,维护社会稳定;加强对重要生活必需品等商品的市场监管和调控,打击囤积居奇行为。

七、涉外事务组。由外交部牵头,环境保护部、商务部、海洋局等参加。

主要职责:根据需要向有关国家和地区、国际组织通报突发环境事件信息,协调处理对外交涉、污染检测、危害防控、索赔等事宜,必要时申请、接受国际援助。

工作组设置、组成和职责可根据工作需要作适当调整。

国务院办公厅关于限制生产销售使用塑料购物袋的通知

(2007年12月31日　国办发〔2007〕72号)

各省、自治区、直辖市人民政府,国务院各部委、各直属机构:

塑料购物袋是日常生活中的易耗品,我国每年都要消耗大量的塑料购物袋。塑料购物袋在为消费者提供便利的同时,由于过量使用及回收处理不到位等原因,也造成了严重的能源资源浪费和环境污染。特别是超薄塑料购物袋容易破损,大多被随意丢弃,成为"白色污染"的主要来源。目前越来越多的国家和地区已经限制塑料购物袋的生产、销售、使用。为落实科学发展观,建设资源节约型和环境友好型社会,从源头上采取有力措施,督促企业生产耐用、易于回收的塑料购物袋,引导、鼓励群众合理使用塑料购物袋,促进资源综合利用,保护生态环境,进一步推进节能减排工作,经国务院同意,现就严格限制塑料购物袋的生产、销售、使用等有关事项通知如下:

一、禁止生产、销售、使用超薄塑料购物袋

从2008年6月1日起,在全国范围内禁止生产、销售、使用厚度小于0.025毫米的塑料购物袋(以下简称超薄塑料购物袋)。发展改革委要抓紧修订《产业结构调整指导目录》,将超薄塑料购物袋列入淘汰类产品目录。质检总局要加快修订塑料购物袋国家标准,制订醒目的合格塑料购物袋产品标志,研究推广塑料购物袋快速简易检测方法,督促企业严格按国家标准组织生产,保证塑料购物袋的质量。

二、实行塑料购物袋有偿使用制度

超市、商场、集贸市场等商品零售场所是使用塑料购物袋最集中的场所,而且目前大多免费提供塑料购物袋。为引导群众合理使用、节约使用塑料购物袋,自2008年6月1日起,在所有超市、商场、集贸市场等商品零售场所实行塑料购物袋有偿使用制度,一律不得免费提供塑料购物袋。商品零售场所必须对塑料购物袋明码标价,并在商品价外收取塑料购物袋价款,不得无偿提供或将塑料购物袋价款隐含在商品总价内合并收取。商务部要会同发展改革委制订商品零售场所塑料购物袋有偿使用的具体管理办法,并切实抓好贯彻落实,逐步形成有偿使用塑料购物袋的市场环境。

三、加强对限产限售限用塑料购物袋的监督检查

质检部门要建立塑料购物袋生产企业产品质量监督机制。对违规继续生产超薄塑料购物袋的,或不按规定加贴(印)合格塑料购物袋产品标志的,以及存在其他违法违规行为的,要依照《中华人民共和国产品质量法》等法律法规,相应给予责令停止生产、没收违法生产的产品、没收违法所得、罚款等处罚。要完善质量监管措施,加大执法力度,严格执行曝光、召回、整改、处罚等制度。

工商部门要加强对超市、商场、集贸市场等商品零售场所销售、使用塑料购物袋的监督检查,对违规继续销售、使用超薄塑料购物袋等行为,要依照《中华人民共和国产品质量法》等法律法规予以查处。商品零售场所开办单位要加强对市场内销售和使用塑料购物袋的管理,督促商户销售、使用合格塑料购物袋。塑料购物袋销售企业要建立购销台账制度,防止不合格塑料购物袋流入市场。

旅客列车、客船、客车、飞机、车站、机场及旅游景区等不得向旅客、游客提供超薄塑料购物袋(包装袋),铁道、交通、民航、旅游等主管部门要切实履行监督检查职责。

四、提高废塑料的回收利用水平

环卫部门要加快推行生活垃圾分类收集和分类处理,切实减少被混入垃圾焚烧或填埋的废塑料数量。废旧物资回收主管部门要加强对废塑料的回收利用管理工作,指导、支持物资回收企业建立健全回收网点,充分利用价格杠杆和提供优质服务等措施促进废塑料的回收,大力推进规模化分拣和分级利用,充分发挥塑料资源的效用。

环保部门要加大对废塑料回收利用过程的环境监管,制订环境准入条件、污染控制标准和技术规范并监督实施,建立废塑料从回收、运输、贮存到再生利用的全过程环境管理体系。

科技部门要加大对废塑料处理处置技术研发的支持力度,开发推广提高废塑料利用附加值的技术和产品,提高废塑料资源利用水平。

财政、税务部门要尽快研究制定抑制废塑料污染的税收政策,利用税收杠杆调控塑料购物袋的生产、销售和使用,支持、鼓励废塑料综合利用产业的发展。

五、大力营造限产限售限用塑料购物袋的良好氛围

结合环境日、节能宣传周等活动,充分利用广播电视、报刊杂志、互联网等各种媒体,采取群众喜闻乐见、通俗易懂的方式,重点选择社区、村镇、学校、超市、商场、集贸市场及车站、机场、旅游景点等场所,广泛宣传"白色污染"的危害性,宣传限产限售限用塑料购物袋的重要意义,使广大群众和生产、销售企业牢固树立节约资源和保护环境意识,自觉合理使用塑料购物袋,依法生产、销售合格塑料购物袋。

提倡重拎布袋子、重提菜篮子,重复使用耐用型购物袋,减少使用塑料袋,引导企业简化商品包装,积极选用绿色、环保的包装袋,鼓励企业及社会力量免费为群众提供布袋子等可重复使用的购物袋,共同营造节制使用塑料购物袋的良好氛围。

六、强化地方人民政府和国务院有关部门的责任

地方各级人民政府负责本地区限产限售限用塑料购物袋工作,要高度重视,加强领导,周密部署,精心组织各职能部门制订具体办法并抓好落实。发展改革、商务、质检、工商等部门要各司其职、各负其责,通力协作、密切配合,确保各项限产限售限用措施落实到位。要加强行政监察和执法监督检查,切实落实执法责任追究制度,强化地方各级人民政府和国务院有关部门的责任。对行政不作为、执法不力的,要依照《中华人民共和国行政许可法》、《中华人民共和国行政处罚法》追究有关主管部门和执法机构主要负责人及相关责任人的责任。

规划环境影响评价条例

(2009 年 8 月 17 日　中华人民共和国国务院令第 559 号)

第一章　总　则

第一条　为了加强对规划的环境影响评价工作,提高规划的科学性,从源头预防环境污染和生态破坏,促进经济、社会和环境的全面协调可持续发展,根据《中华人民共和国环境影响评价法》,制定本条例。

第二条　国务院有关部门、设区的市级以上地方人民政府及其有关部门,对其组织编制的土地利用的有关规划和区域、流域、海域的建设、开发利用规划(以下称综合性规划),以及工业、农业、畜牧业、林业、能源、水利、交通、城市建设、旅游、自然资源开发的有关专项规划(以下称专项规划),应当进行环境影响评价。

依照本条第一款规定应当进行环境影响评价的规划的具体范围,由国务院环境保护主管部门会同国务院有关部门拟订,报国务院批准后执行。

第三条　对规划进行环境影响评价,应当遵循客观、公开、公正的原则。

第四条　国家建立规划环境影响评价信息共享制度。

县级以上人民政府及其有关部门应当对规划环境影响评价所需资料实行信息共享。

第五条 规划环境影响评价所需的费用应当按照预算管理的规定纳入财政预算,严格支出管理,接受审计监督。

第六条 任何单位和个人对违反本条例规定的行为或者对规划实施过程中产生的重大不良环境影响,有权向规划审批机关、规划编制机关或者环境保护主管部门举报。有关部门接到举报后,应当依法调查处理。

第二章 评 价

第七条 规划编制机关应当在规划编制过程中对规划组织进行环境影响评价。

第八条 对规划进行环境影响评价,应当分析、预测和评估以下内容:

(一)规划实施可能对相关区域、流域、海域生态系统产生的整体影响;

(二)规划实施可能对环境和人群健康产生的长远影响;

(三)规划实施的经济效益、社会效益与环境效益之间以及当前利益与长远利益之间的关系。

第九条 对规划进行环境影响评价,应当遵守有关环境保护标准以及环境影响评价技术导则和技术规范。

规划环境影响评价技术导则由国务院环境保护主管部门会同国务院有关部门制定;规划环境影响评价技术规范由国务院有关部门根据规划环境影响评价技术导则制定,并抄送国务院环境保护主管部门备案。

第十条 编制综合性规划,应当根据规划实施后可能对环境造成的影响,编写环境影响篇章或者说明。

编制专项规划,应当在规划草案报送审批前编制环境影响报告书。编制专项规划中的指导性规划,应当依照本条第一款规定编写环境影响篇章或者说明。

本条第二款所称指导性规划是指以发展战略为主要内容的专项规划。

第十一条 环境影响篇章或者说明应当包括下列内容:

(一)规划实施对环境可能造成影响的分析、预测和评估。主要包括资源环境承载能力分析、不良环境影响的分析和预测以及与相关规划的环境协调性分析。

(二)预防或者减轻不良环境影响的对策和措施。主要包括预防或者减轻不良环境影响的政策、管理或者技术等措施。

环境影响报告书除包括上述内容外,还应当包括环境影响评价结论。主要包括规划草案的环境合理性和可行性,预防或者减轻不良环境影响的对策和措施的合理性和有效性,以及规划草案的调整建议。

第十二条 环境影响篇章或者说明、环境影响报告书(以下称环境影响评价文件),由规划编制机关编制或者组织规划环境影响评价技术机构编制。规划编制机关应当对环境影响评价文件的质量负责。

第十三条 规划编制机关对可能造成不良环境影响并直接涉及公众环境权益的专项规划,应当在规划草案报送审批前,采取调查问卷、座谈会、论证会、听证会等形式,公开征求有关单位、专家和公众对环境影响报告书的意见。但是,依法需要保密的除外。

有关单位、专家和公众的意见与环境影响评价结论有重大分歧的,规划编制机关应当采取论证会、听证会等形式进一步论证。

规划编制机关应当在报送审查的环境影响报告书中附具对公众意见采纳与不采纳情况及其理由的说明。

第十四条 对已经批准的规划在实施范围、适用期限、规模、结构和布局等方面进行重大调整或者修订的,规划编制机关应当依照本条例的规定重新或者补充进行环境影响评价。

第三章 审 查

第十五条 规划编制机关在报送审批综合性规划草案和专项规划中的指导性规划草案时,应当将环境影响篇章或者说明作为规划草案的组成部分一并报送规划审批机关。未编写环境影响篇章或者说明的,规划审批机关应当要求其补充;未补充的,规划审批机关不予审批。

第十六条 规划编制机关在报送审批专项规划草案时,应当将环境影响报告书一并附送规划审批机关审查;未附送环境影响报告书的,规划审批机关应当要求其补充;未补充的,规划审批机关不予审批。

第十七条 设区的市级以上人民政府审批的专项规划,在审批前由其环境保护主管部门召集有关部门代表和专家组成审查小组,对环境影响报告书进行审查。审查小组应当提交书面审查意见。

省级以上人民政府有关部门审批的专项规划,其环境影响报告书的审查办法,由国务院环境保护主管部门会同国务院有关部门制定。

第十八条 审查小组的专家应当从依法设立的专家库内相关专业的专家名单中随机抽取。但是,参与环境影响报告书编制的专家,不得作为该环境影响报告书审查小组的成员。

审查小组中专家人数不得少于审查小组总人数的二分之一;少于二分之一的,审查小组的审查意见无效。

第十九条 审查小组的成员应当客观、公正、独立地对环境影响报告书提出书面审查意见,规划审批机关、规划编制机关、审查小组的召集部门不得干预。

审查意见应当包括下列内容:

(一)基础资料、数据的真实性;

(二)评价方法的适当性;

(三)环境影响分析、预测和评估的可靠性;

(四)预防或者减轻不良环境影响的对策和措施的合理性和有效性;

(五)公众意见采纳与不采纳情况及其理由的说明的合理性;

(六)环境影响评价结论的科学性。

审查意见应当经审查小组四分之三以上成员签字同意。审查小组成员有不同意见的,应当如实记录和反映。

第二十条 有下列情形之一的,审查小组应当提出对环境影响报告书进行修改并重新审查的意见:

(一)基础资料、数据失实的;

(二)评价方法选择不当的;

(三)对不良环境影响的分析、预测和评估不准确、不深入,需要进一步论证的;

(四)预防或者减轻不良环境影响的对策和措施存在严重缺陷的;

(五)环境影响评价结论不明确、不合理或者错误的；

(六)未附具对公众意见采纳与不采纳情况及其理由的说明,或者不采纳公众意见的理由明显不合理的；

(七)内容存在其他重大缺陷或者遗漏的。

第二十一条 有下列情形之一的,审查小组应当提出不予通过环境影响报告书的意见：

(一)依据现有知识水平和技术条件,对规划实施可能产生的不良环境影响的程度或者范围不能作出科学判断的；

(二)规划实施可能造成重大不良环境影响,并且无法提出切实可行的预防或者减轻对策和措施的。

第二十二条 规划审批机关在审批专项规划草案时,应当将环境影响报告书结论以及审查意见作为决策的重要依据。

规划审批机关对环境影响报告书结论以及审查意见不予采纳的,应当逐项就不予采纳的理由作出书面说明,并存档备查。有关单位、专家和公众可以申请查阅；但是,依法需要保密的除外。

第二十三条 已经进行环境影响评价的规划包含具体建设项目的,规划的环境影响评价结论应当作为建设项目环境影响评价的重要依据,建设项目环境影响评价的内容可以根据规划环境影响评价的分析论证情况予以简化。

第四章 跟踪评价

第二十四条 对环境有重大影响的规划实施后,规划编制机关应当及时组织规划环境影响的跟踪评价,将评价结果报告规划审批机关,并通报环境保护等有关部门。

第二十五条 规划环境影响的跟踪评价应当包括下列内容：

(一)规划实施后实际产生的环境影响与环境影响评价文件预测可能产生的环境影响之间的比较分析和评估；

(二)规划实施中所采取的预防或者减轻不良环境影响的对策和措施有效性的分析和评估；

(三)公众对规划实施所产生的环境影响的意见；

(四)跟踪评价的结论。

第二十六条 规划编制机关对规划环境影响进行跟踪评价,应当采取调查问卷、现场走访、座谈会等形式征求有关单位、专家和公众的意见。

第二十七条 规划实施过程中产生重大不良环境影响的,规划编制机关应当及时提出改进措施,向规划审批机关报告,并通报环境保护等有关部门。

第二十八条 环境保护主管部门发现规划实施过程中产生重大不良环境影响的,应当及时进行核查。经核查属实的,向规划审批机关提出采取改进措施或者修订规划的建议。

第二十九条 规划审批机关在接到规划编制机关的报告或者环境保护主管部门的建议后,应当及时组织论证,并根据论证结果采取改进措施或者对规划进行修订。

第三十条 规划实施区域的重点污染物排放总量超过国家或者地方规定的总量控制指标的,应当暂停审批该规划实施区域内新增重点污染物排放总量的建设项目的环境影响评价文件。

第五章　法律责任

第三十一条　规划编制机关在组织环境影响评价时弄虚作假或者有失职行为,造成环境影响评价严重失实的,对直接负责的主管人员和其他直接责任人员,依法给予处分。

第三十二条　规划审批机关有下列行为之一的,对直接负责的主管人员和其他直接责任人员,依法给予处分:

(一)对依法应当编写而未编写环境影响篇章或者说明的综合性规划草案和专项规划中的指导性规划草案,予以批准的;

(二)对依法应当附送而未附送环境影响报告书的专项规划草案,或者对环境影响报告书未经审查小组审查的专项规划草案,予以批准的。

第三十三条　审查小组的召集部门在组织环境影响报告书审查时弄虚作假或者滥用职权,造成环境影响评价严重失实的,对直接负责的主管人员和其他直接责任人员,依法给予处分。

审查小组的专家在环境影响报告书审查中弄虚作假或者有失职行为,造成环境影响评价严重失实的,由设立专家库的环境保护主管部门取消其入选专家库的资格并予以公告;审查小组的部门代表有上述行为的,依法给予处分。

第三十四条　规划环境影响评价技术机构弄虚作假或者有失职行为,造成环境影响评价文件严重失实的,由国务院环境保护主管部门予以通报,处所收费用1倍以上3倍以下的罚款;构成犯罪的,依法追究刑事责任。

第六章　附　则

第三十五条　省、自治区、直辖市人民政府可以根据本地的实际情况,要求本行政区域内的县级人民政府对其组织编制的规划进行环境影响评价。具体办法由省、自治区、直辖市参照《中华人民共和国环境影响评价法》和本条例的规定制定。

第三十六条　本条例自2009年10月1日起施行。

国家环境保护总局关于印发《编制环境影响报告书的规划的具体范围(试行)》和《编制环境影响篇章或说明的规划的具体范围(试行)》的通知

(2004年7月3日　环发〔2004〕98号)

各省、自治区、直辖市人民政府,国务院各部委、各直属机构:

根据《中华人民共和国环境影响评价法》(以下简称《环评法》)第九条"依照本法第七条、第八条的规定进行环境影响评价的规划的具体范围,由国务院环境保护行政主管部门会同国务院有关部门规定,报国务院批准"的规定,我局会同有关部门制定了《编制环境影响报告书的规划的具体范围(试行)》和《编制环境影响篇章或说明的规划的具体范围(试行)》(以下统称《范围》)。《范围》已经国务院批准,现予发布。

《范围》吸收了国务院有关部委、直属机构,各省、自治区、直辖市人民政府提出的意见与建议。《直辖市及设区的市级城市总体规划》和《设区的市级以上商品林造林规划》暂按编制环境影响篇章或说明的意见执行。

现将《范围》印发给你们,请认真贯彻执行。

附件:1. 编制环境影响报告书的规划的具体范围(试行)
    2. 编制环境影响篇章或说明的规划的具体范围(试行)
    3. 国务院关于进行环境影响评价的规划具体范围的批复件(略)

附件1:

编制环境影响报告书的规划的具体范围(试行)

一、工业的有关专项规划

省级及设区的市级工业各行业规划

二、农业的有关专项规划

1. 设区的市级以上种植业发展规划
2. 省级及设区的市级渔业发展规划
3. 省级及设区的市级乡镇企业发展规划

三、畜牧业的有关专项规划

1. 省级及设区的市级畜牧业发展规划
2. 省级及设区的市级草原建设、利用规划

四、能源的有关专项规划

1. 油(气)田总体开发方案
2. 设区的市级以上流域水电规划

五、水利的有关专项规划

1. 流域、区域涉及江河、湖泊开发利用的水资源开发利用综合规划和供水、水力发电等专业规划
2. 设区的市级以上跨流域调水规划
3. 设区的市级以上地下水资源开发利用规划

六、交通的有关专项规划

1. 流域(区域)、省级内河航运规划
2. 国道网、省道网及设区的市级交通规划
3. 主要港口和地区性重要港口总体规划

4. 城际铁路网建设规划
5. 集装箱中心站布点规划
6. 地方铁路建设规划

七、城市建设的有关专项规划

直辖市及设区的市级城市专项规划

八、旅游的有关专项规划

省及设区的市级旅游区的发展总体规划

九、自然资源开发的有关专项规划

1. 矿产资源：设区的市级以上矿产资源开发利用规划
2. 土地资源：设区市级以上土地开发整理规划
3. 海洋资源：设区的市级以上海洋自然资源开发利用规划
4. 气候资源：气候资源开发利用规划

附件2：

编制环境影响篇章或说明的规划的具体范围（试行）

一、土地利用的有关规划

设区的市级以上土地利用总体规划

二、区域的建设、开发利用规划

国家经济区规划

三、流域的建设、开发利用规划

1. 全国水资源战略规划
2. 全国防洪规划
3. 设区的市级以上防洪、治涝、灌溉规划

四、海域的建设、开发利用规划

设区的市级以上海域建设、开发利用规划

五、工业指导性专项规划

全国工业有关行业发展规划

六、农业指导性专项规划

1. 设区的市级以上农业发展规划
2. 全国乡镇企业发展规划
3. 全国渔业发展规划

七、畜牧业指导性专项规划

1. 全国畜牧业发展规划

2. 全国草原建设、利用规划

八、林业指导性专项规划

1. 设区的市级以上商品林造林规划（暂行）
2. 设区的市级以上森林公园开发建设规划

九、能源指导性专项规划

1. 设区的市级以上能源重点专项规划
2. 设区的市级以上电力发展规划（流域水电规划除外）
3. 设区的市级以上煤炭发展规划
4. 油（气）发展规划

十、交通指导性专项规划

1. 全国铁路建设规划
2. 港口布局规划
3. 民用机场总体规划

十一、城市建设指导性专项规划

1. 直辖市及设区的市级城市总体规划（暂行）
2. 设区的市级以上城镇体系规划
3. 设区的市级以上风景名胜区总体规划

十二、旅游指导性专项规划

全国旅游区的总体发展规划

十三、自然资源开发指导性专项规划

设区的市级以上矿产资源勘查规划

专项规划环境影响报告书审查办法

（2003年10月8日　国家环境保护总局令第18号）

第一条　为规范对专项规划环境影响报告书的审查，保障审查的客观性和公正性，根据《中华人民共和国环境影响评价法》，制定本办法。

第二条　符合下列条件的专项规划的环境影响报告书应当按照本办法规定进行审查：

（一）列入国务院规定应进行环境影响评价范围的；

（二）依法由省级以上人民政府有关部门负责审批的。

第三条　专项规划环境影响报告书的审查必须客观、公开、公正，从经济、社会和环境可持续发展的角度，综合考虑专项规划实施后对各种环境因素及其所构成的生态系统可能造成的

影响。

第四条 专项规划编制机关在报批专项规划草案时,应依法将环境影响报告书一并附送审批机关;专项规划的审批机关在作出审批专项规划草案的决定前,应当将专项规划环境影响报告书送同级环境保护行政主管部门,由同级环境保护行政主管部门会同专项规划的审批机关对环境影响报告书进行审查。

第五条 环境保护行政主管部门应当自收到专项规划环境影响报告书之日起30日内,会同专项规划审批机关召集有关部门代表和专家组成审查小组,对专项规划环境影响报告书进行审查;审查小组应当提出书面审查意见。

第六条 参加审查小组的专家,应当从国务院环境保护行政主管部门规定设立的环境影响评价审查专家库内的相关专业、行业专家名单中,以随机抽取的方式确定。专家人数应当不少于审查小组总人数的二分之一。

第七条 审查意见应当包括下列内容:

(一)实施该专项规划对环境可能造成影响的分析、预测的合理性和准确性;

(二)预防或者减轻不良环境影响的对策和措施的可行性、有效性及调整建议;

(三)对专项规划环境影响评价报告书和评价结论的基本评价;

(四)从经济、社会和环境可持续发展的角度对专项规划的合理性、可行性的总体评价及改进建议。

审查意见应当如实、客观地记录专家意见,并由专家签字。

第八条 环境保护行政主管部门应在审查小组提出书面审查意见之日起10日内将审查意见提交专项规划审批机关。

专项规划审批机关应当将环境影响报告书结论及审查意见作为决策的重要依据。专项规划环境影响报告书未经审查,专项规划审批机关不得审批专项规划。在审批中未采纳审查意见的,应当作出说明,并存档备查。

第九条 专项规划环境影响报告书审查所需费用,从专项规划环境影响报告书编制费用中列支。

第十条 国家规定需要保密的专项规划环境影响报告书的审查,按有关规定执行。

第十一条 本办法自发布之日起施行。

建设项目环境影响评价分类管理名录(2018年修正)

(2008年9月2日环境保护部令第2号发布 根据2015年4月9日环境保护部令第33号第一次修订 根据2017年6月29日环境保护部令第44号第二次修订 根据2018年4月28日生态环境部令第1号《关于修改〈建设项目环境影响评价分类管理名录〉部分内容的决定》修正)

第一条 为了实施建设项目环境影响评价分类管理,根据《环境影响评价法》第十六条的规定,制定本名录。

第二条 国家根据建设项目对环境的影响程度,对建设项目的环境影响评价实行分类管理。

建设单位应当按照本名录的规定,分别组织编制环境影响报告书、环境影响报告表或者填报环境影响登记表。

第三条 本名录所称环境敏感区,是指依法设立的各级各类自然、文化保护地,以及对建设项目的某类污染因子或者生态影响因子特别敏感的区域,主要包括:

(一)自然保护区、风景名胜区、世界文化和自然遗产地、饮用水水源保护区;

(二)基本农田保护区、基本草原、森林公园、地质公园、重要湿地、天然林、珍稀濒危野生动植物天然集中分布区、重要水生生物的自然产卵场、索饵场、越冬场和洄游通道、天然渔场、资源性缺水地区、水土流失重点防治区、沙化土地封禁保护区、封闭及半封闭海域、富营养化水域;

(三)以居住、医疗卫生、文化教育、科研、行政办公等为主要功能的区域,文物保护单位,具有特殊历史、文化、科学、民族意义的保护地。

第四条 建设项目所处环境的敏感性质和敏感程度,是确定建设项目环境影响评价类别的重要依据。

涉及环境敏感区的建设项目,应当严格按照本名录确定其环境影响评价类别,不得擅自提高或者降低环境影响评价类别。环境影响评价文件应当就该项目对环境敏感区的影响作重点分析。

第五条 跨行业、复合型建设项目,其环境影响评价类别按其中单项等级最高的确定。

第六条 本名录未作规定的建设项目,其环境影响评价类别由省级生态环境主管部门根据建设项目的污染因子、生态影响因子特征及其所处环境的敏感性质和敏感程度提出建议,报生态环境部认定。

第七条 本名录由生态环境部负责解释,并适时修订公布。

第八条 本名录自2017年9月1日起施行。2015年4月9日公布的原《建设项目环境影响评价分类管理名录》(环境保护部令第33号)同时废止。

附:建设项目环境影响评价分类管理名录

附：建设项目环境影响评价分类管理名录

项目类别	环评类别	报告书	报告表	登记表	本栏目环境敏感区含义
一、畜牧业					
1	畜禽养殖场、养殖小区	年出栏生猪5000头（其他畜禽类折合猪的养殖规模）及以上；涉及环境敏感区的	—	其他	第三条（一）中的全部区域；第三条（三）中的全部区域
二、农副食品加工业					
2	粮食及饲料加工	含发酵工艺的	年加工1万吨及以上的	其他	—
3	植物油加工	—	除单纯分装和调和的	单纯分装或调和的	—
4	制糖、糖制品加工	原糖生产	其他（单纯分装的除外）	单纯分装的	—
5	屠宰	年屠宰生猪10万头、肉牛1万头、肉羊15万只、禽类1000万只及以上	其他	—	—
6	肉禽类加工	含发酵工艺的	年加工2万吨及以上	其他	—
7	水产品加工	—	鱼油提取及制品制造；年加工10万吨及以上的；涉及环境敏感区的	其他	第三条（一）中的全部区域；第三条（二）中的全部区域
8	淀粉、淀粉糖	—	其他（单纯分装除外）	单纯分装的	—
9	豆制品制造	—	除手工制作和单纯分装外的	手工制作或单纯分装的	—
10	蛋品加工	—	—	全部	—
三、食品制造业					
11	方便食品制造	—	除手工制作和单纯分装外的	手工制作或单纯分装的	—
12	乳制品制造	—	除单纯分装外的	单纯分装的	—

（续表）

项目类别	环评类别	报告书	报告表	登记表	本栏目环境敏感区含义
13	调味品、发酵制品制造	含发酵工艺的味精、柠檬酸、赖氨酸制造	其他（单纯分装的除外）	单纯分装的	—
14	盐加工	—	全部	—	—
15	饲料添加剂、食品添加剂制造	—	除单纯混合和分装外的	单纯混合或分装的	—
16	营养食品、保健食品、冷冻饮品、食用冰制造及其他食品制造	—	除手工制作和单纯分装外的	手工制作或单纯分装的	—
四、酒、饮料制造业					
17	酒精饮料及酒类制造	有发酵工艺的（以水果或水果汁为原料年生产能力 1000 千升以下的除外）	其他（单纯勾兑的除外）	单纯勾兑的	—
18	果菜汁类及其他软饮料制造	—	除单纯调制外的	单纯调制的	—
五、烟草制品业					
19	卷烟	—	全部	—	—
六、纺织业					
20	纺织品制造	有洗毛、染整、脱胶工段的；产生缫丝废水、精炼废水的	其他（编织物及其制品制造除外）	编织物及其制品制造	—
七、纺织服装、服饰业					
21	服装制造	有湿法印花、染色、水洗工艺的	新建年加工 100 万件及以上	其他	—
八、皮革、毛皮、羽毛及其制品和制鞋业					
22	皮革、毛皮、羽毛（绒）制品	制革、毛皮鞣制	其他	—	—

(续表)

项目类别		报告书	报告表	登记表	本栏目环境敏感区含义
23	制鞋业	—	使用有机溶剂的	其他	—
九、木材加工和木、竹、藤、棕、草制品业					
24	锯材、木片加工、木制品制造	有电镀或喷漆工艺且年用油性漆量(含稀释剂)10吨及以上的	—	其他	—
25	人造板制造	年产20万立方米及以上	—	其他	—
26	竹、藤、棕、草制品制造	有喷漆工艺且年用油性漆量(含稀释剂)10吨及以上的	有化学处理工艺的;有喷漆工艺且年用油性漆量(含稀释剂)10吨以下的,或使用水性漆的	其他	—
十、家具制造业					
27	家具制造	有电镀或喷漆工艺且年用油性漆量(含稀释剂)10吨及以上的	—	其他	—
十一、造纸和纸制品业					
28	纸浆、溶解浆、纤维浆等制造;造纸(含废纸造纸)	全部	—	—	—
29	纸制品制造	—	有化学处理工艺的	全部	—
十二、印刷和记录媒介复制品					
30	印刷厂;磁材料制品	—	全部	—	—
十三、文教、工美、体育和娱乐用品制造业					
31	文教、体育娱乐用品制造	有电镀或喷漆工艺且年用油性漆量(含稀释剂)10吨及以上的	有喷漆工艺且年用油性漆量(含稀释剂)10吨以下的,或使用水性漆的	其他	—
32	工艺品制造	—	有喷漆工艺(含稀释剂)年用油性漆量10吨以下的;有有机加工的	其他	—

(续表)

项目类别	环评类别	报告书	报告表	登记表	本栏目环境敏感区含义
十四、石油加工、炼焦业					
33	原油加工、天然气加工、油母页岩等提炼、煤制油、生物制油及其他石油制品	全部	—	—	—
34	煤化工（含煤炭液化、气化）	全部	—	—	—
35	炼焦、煤炭热解、电石	全部	—	—	—
十五、化学原料和化学制品制造业					
36	基本化学原料制造；农药制造；涂料、染料、颜料、油墨及其类似产品制造；合成材料制造；专用化学品制造；炸药、火工及焰火产品制造；水处理剂等制造	除单纯混合和分装外的	单纯混合或分装的	—	—
37	肥料制造	化学肥料（单纯混合和分装的除外）	其他	—	—
38	半导体材料	全部	—	—	—
39	日用化学品制造	除单纯混合和分装外的	单纯混合或分装的	—	—
十六、医药制造业					
40	化学药品制造；生物、生化制品制造	全部	—	—	—
41	单纯药品分装、复配	—	全部	—	—

（续表）

项目类别		环评类别	报告书	报告表	登记表	本栏目环境敏感区含义
42	中成药制造、中药饮片加工		有提炼工艺的	其他	—	—
43	卫生材料及医药用品制造		—	全部	—	—
十七、化学纤维制造业						
44	化学纤维制造		除单纯纺丝外的	单纯纺丝	—	—
45	生物质纤维素乙醇生产		全部	—	—	—
十八、橡胶和塑料制品业						
46	轮胎制造、再生橡胶制造、橡胶加工、橡胶制品制造及翻新		轮胎制造;有炼化及硫化工艺的	其他	—	—
47	塑料制品制造		人造革、发泡胶等涉及有毒原材料的;有再生塑料为原料的;有电镀或喷漆工艺(含稀释剂)10吨及以上的	其他	—	—
十九、非金属矿物制品业						
48	水泥制造		全部	—	—	—
49	水泥粉磨站		—	全部	—	—
50	砼结构构件制造、商品混凝土加工		—	全部	—	—
51	石灰和石膏制造、石材加工、人造石制造、砖瓦制造		—	全部	—	—

(续表)

项目类别	环评类别	报告书	报告表	登记表	本栏目环境敏感区含义
52	玻璃及玻璃制品	平板玻璃制造	其他玻璃制造；以煤、油、天然气为燃料加热的玻璃制品制造	—	—
53	玻璃纤维及玻璃纤维增强塑料制品	—	全部	—	—
54	陶瓷制品	年产建筑陶瓷100万平方米及以上；年产卫生陶瓷150万件及以上；年产日用陶瓷250万件及以上	其他	—	—
55	耐火材料及其制品	石棉制品	其他	—	—
56	石墨及其他非金属矿物制品	含焙烧的石墨、碳素制品	其他	—	—
57	防水建筑材料制造、沥青搅拌站、干粉砂浆搅拌站	—	全部	—	—
二十、黑色金属冶炼和压延加工业					
58	炼铁、球团、烧结	全部	—	—	—
59	炼钢	全部	—	—	—
60	黑色金属铸造	年产10万吨及以上	其他	—	—
61	压延加工	黑色金属年产50万吨及以上的冷轧	其他	—	—
62	铁合金制造；锰、铬冶炼	全部	—	—	—
二十一、有色金属冶炼和压延加工业					
63	有色金属冶炼（含再生有色金属冶炼）	全部			

（续表）

项目类别	环评类别	报告书	报告表	登记表	本栏目环境敏感区含义
64	有色金属合金制造	全部	—	—	—
65	有色金属铸造	年产10万吨及以上	其他	—	—
66	压延加工	—	全部	—	—
二十二、金属制品业					
67	金属制品加工制造	有电镀或喷漆工艺且年用油性漆量（含稀释剂）10吨及以上的	其他（仅切割组装除外）	仅切割组装的	—
68	金属制品表面处理及热处理加工	有电镀工艺的；使用有机涂层的（喷粉、喷塑和电泳除外）；有钝化工艺的热镀锌	其他	—	—
二十三、通用设备制造业					
69	通用设备制造及维修	有电镀或喷漆工艺且年用油性漆量（含稀释剂）10吨及以上的	其他（仅组装的除外）	仅组装的	—
二十四、专用设备制造业					
70	专用设备制造及维修	有电镀或喷漆工艺且年用油性漆量（含稀释剂）10吨及以上的	其他（仅组装的除外）	仅组装的	—
二十五、汽车制造业					
71	汽车制造	整车制造（仅组装的除外）；发动机制造；有电镀或喷漆工艺且年用油性漆量（含稀释剂）10吨及以上的零部件生产	其他	—	—
二十六、铁路、船舶、航空航天和其他运输设备制造业					
72	铁路运输设备制造及修理	机车、车辆、动车组制造；发动机生产；有电镀或喷漆（含稀释剂）油性漆量10吨及以上的零部件生产	其他	—	—

(续表)

项目类别		报告书	报告表	登记表	本栏目环境敏感区含义
	环评类别				
二十七、电气机械和器材制造业					
73	船舶和相关装置制造及维修	有电镀或喷漆工艺且年用油性漆量（含稀释剂）10 吨及以上的；拆船、修船厂	其他	—	—
74	航空航天器制造	有电镀或喷漆工艺且年用油性漆量（含稀释剂）10 吨及以上的	其他	—	—
75	摩托车制造	整车制造（仅组装的除外）；发动机生产；有电镀或喷漆工艺且年用油性漆量（含稀释剂）10 吨及以上的零部件生产	其他	—	—
76	自行车制造	有电镀或喷漆工艺且年用油性漆量（含稀释剂）10 吨及以上的	其他	—	—
77	交通器材及其他交通运输设备制造	有电镀或喷漆工艺且年用油性漆量（含稀释剂）10 吨及以上的	其他（仅组装的除外）	仅组装的	—
二十七、电气机械和器材制造业					
78	电气机械及器材制造	有电镀或喷漆工艺且年用油性漆量（含稀释剂）10 吨及以上的；铅蓄电池制造	其他（仅组装的除外）	仅组装的	—
79	太阳能电池片	太阳能电池片生产	其他	—	—
二十八、计算机、通信和其他电子设备制造业					
80	计算机制造	—	显示器件；集成电路；有分割、焊接、酸洗或有机溶剂清洗工艺的	其他	—
81	智能消费设备制造	—	全部	—	—
82	电子器件制造	—	显示器件；集成电路；有分割、焊接、酸洗或有机溶剂清洗工艺的	其他	—

（续表）

项目类别		报告书	报告表	登记表	本栏目环境敏感区含义
83	电子元件及电子专用材料制造	—	印刷电路板；电子专用材料；有分割、焊接、酸洗或有机溶剂清洗工艺的	—	—
84	通信设备制造、广播电视设备制造、雷达及配套设备制造、非专业视听设备制造及其他电子设备制造	—	全部	—	—
二十九、仪器仪表制造业					
85	仪器仪表制造	有电镀或喷漆工艺且年用油性漆量（含稀释剂）10 吨及以上的	其他（仅组装的除外）	仅组装的	—
三十、废弃资源综合利用业					
86	废旧资源（含生物质）加工、再生利用	废电子电器产品、废电池、废汽车、废电机、废五金（废塑料（除分拣清洗工艺的）、废油、废船、废轮胎等加工、再生利用	其他	—	—
三十一、电力、热力生产和供应业					
87	火力发电（含热电）	除燃气发电工程外的	燃气发电	—	—
88	综合利用发电	利用矸石、油页岩、石油焦等发电的	单纯利用余热、余压、余气（含煤层气）发电	—	—
89	水力发电	总装机 1000 千瓦及以上；抽水蓄能电站；涉及环境敏感区的	其他	—	第三条（一）中的全部区域；第三条（二）中的重要水生生物的自然产卵场、索饵场、越冬场和洄游通道
90	生物质发电	生活垃圾、污泥发电	利用农林生物质、沼气发电，垃圾填埋气发电	—	—

(续表)

项目类别		报告书	报告表	登记表	本栏目环境敏感区含义
91	其他能源发电	海上潮汐电站、波浪电站、温差电站等；涉及环境敏感区的总装机容量5万千瓦及以上的风力发电	利用地热、太阳能热等发电；地面集中光伏电站（总容量大于6000千瓦，且接入电压等级不小于10千伏）；其他风力发电	其他光伏发电	第三条（一）中的全部区域；第三条（二）中的重要水生生物的自然产卵场、索饵场、天然渔场；第三条（三）中的全部区域
92	热力生产和供应工程	燃煤、燃油锅炉总容量65吨/小时（不含）以上	其他（电热锅炉除外）	—	—
三十二、燃气生产和供应业					
93	煤气生产和供应工程	煤气生产	煤气供应	—	—
94	城市天然气供应工程	—	全部	—	—
三十三、水的生产和供应业					
95	自来水生产和供应工程	—	全部	—	—
96	生活污水集中处理	新建、扩建日处理10万吨及以上	其他	—	—
97	工业废水处理	新建、扩建集中处理的	全部	—	—
98	海水淡化、其他水处理利用	—	全部	—	—
三十四、环境治理业					
99	脱硫、脱硝、除尘、VOCs治理等工程	—	新建脱硫、脱硝、除尘	其他	—
100	危险废物（含医疗废物）利用及处置	利用及处置的（单独收集、病死动物化尸管（井）除外）	其他	—	—
101	一般工业固体废物（含污泥）处置及综合利用	采取填埋和焚烧方式的	其他	—	—

（续表）

项目类别		报告书	报告表	登记表	本栏目环境敏感区含义
102	污染场地治理修复	—	全部	—	—
三十五、公共设施管理业					
103	城镇生活垃圾转运站	—	全部	—	—
104	城镇生活垃圾（含餐厨废弃物）集中处置	全部	—	—	—
105	城镇粪便处理工程	—	日处理50吨及以上	其他	—
三十六、房地产					
106	房地产开发、宾馆酒店、办公用房、标准厂房等	—	涉及环境敏感区的；需自建配套污水处理设施的	其他	第三条（一）中的全部区域；第三条（二）中的基本农田保护区、基本草原、森林公园、地质公园、重要湿地、天然林、野生动植物重要栖息地、重点保护野生植物生长繁殖地；第三条（三）中的文物保护单位；第三条（三）中增加第三条（三）标准厂房、居住、医疗卫生、文化教育、科研、行政办公等为主要功能的区域
三十七、研究和试验发展					
107	专业实验室	P3、P4生物安全实验室、转基因实验室	其他	—	—
108	研发基地	含医药、化工类等专业中试内容的	其他	—	—
三十八、专业技术服务业					
109	矿产资源地质勘查（含勘探活动和油气资源勘探）	—	除海洋油气勘探工程外的	海洋油气勘探工程	—
110	动物医院	—	全部	—	—

（续表）

项目类别	环评类别	报告书	报告表	登记表	本栏目环境敏感区含义
三十九、卫生					
111	医院、专科防治院（所、站）、社区医疗卫生院（所、站）、血站、急救中心、妇幼保健院、疗养院等其他卫生机构	新建、扩建床位500张及以上的	其他（20张床位以下的除外）	20张床位以下的	—
112	疾病预防控制中心	新建	其他	—	—
四十、社会事业与服务业					
113	学校、幼儿园、托儿所、福利院、养老院	—	涉及环境敏感区的；有化学、生物等实验室的学校	其他（建筑面积5000平方米以下的除外）	第三条（一）中的全部区域；第三条（二）中的基本农田保护区、地质公园、森林公园、地质公园、野生动物重要栖息地、重点保护野生植物生长繁殖地
114	批发、零售市场	—	涉及环境敏感区的	其他	第三条（一）中的全部区域；第三条（二）中的基本农田保护区、森林公园、地质公园、野生动物重要栖息地、重点保护野生植物生长繁殖地；第三条（三）中的文物保护单位
115	餐饮、娱乐、洗浴场所	—	—	全部	—
116	宾馆饭店及医疗机构衣物集中洗涤、餐具集中清洗消毒	—	需自建配套污水处理设施的	其他	—
117	高尔夫球场、赛车场、跑马场、滑雪场、狩猎场、射击场、水上运动中心	高尔夫球场	其他	—	—

第二部分　生态环境保护相关法规、规章及规范性文件

（续表）

项目类别	环评类别	报告书	报告表	登记表	本栏目环境敏感区含义
118	展览馆、博物馆、美术馆、影剧院、音乐厅、文化馆、图书馆、档案馆、纪念馆、体育场、体育馆等	—	涉及环境敏感区的	其他	第三条（一）中的全部区域；第三条（二）中的基本农田保护区，基本草原，森林公园，地质公园，重要湿地，天然林，野生植物重点栖息地，重点保护野生植物生长繁殖地；第三条（三）中的文物保护单位
119	公园（含动物园、植物园、主题公园）	特大型、大型主题公园	其他（城市公园和植物园除外）	城市公园、植物园	—
120	旅游开发	涉及环境敏感区的缆车、索道建设；海上娱乐及运动、海上景观开发	其他	—	第三条（一）中的森林公园，天然林，野生植物重要栖息地，天然湿地，重要水生生物的自然产卵场、索饵场、越冬场和洄游通道，封闭及半封闭海域；第三条（三）中的文物保护单位
121	影视基地建设	涉及环境敏感区的	其他	—	第三条（一）中的基本草原，天然林，野生动物重要栖息地；第三条（二）中的森林公园，地质公园，重要湿地，重点保护野生植物生长繁殖地区域
122	胶片洗印厂	—	全部	—	—
123	驾驶员训练基地、公交枢纽、大型停车场、机动车检测场	—	涉及环境敏感区的	其他	第三条（一）中的全部区域；第三条（二）中的基本农田保护区，基本草原，森林公园，地质公园，重要湿地，天然林，野生植物重点栖息地，重点保护野生植物生长繁殖地；第三条（三）中的文物保护单位

(续表)

项目类别	环评类别	报告书	报告表	登记表	本栏目环境敏感区含义
124	加油、加气站	—	新建、扩建	其他	—
125	洗车场	—	涉及环境敏感区的；危险化学品运输车辆清洗场	其他	第三条（一）中的全部区域；第三条（二）中的基本农田保护区、森林公园、地质公园、野生植物重点保护地、天然林，野生动物重要栖息地、重要繁殖地；第三条（三）中的全部区域
126	汽车、摩托车维修场所	—	涉及环境敏感区的；有喷漆工艺的	其他	第三条（一）中的全部区域；第三条（三）中的全部区域
127	殡仪馆、陵园、公墓	—	殡仪馆；涉及环境敏感区的	其他	第三条（二）中的基本农田保护区；第三条（三）中的全部区域
四十一、煤炭开采和洗选业					
128	煤炭开采	全部	—	—	—
129	洗选、配煤	—	全部	—	—
130	煤炭储存、集运	—	全部	—	—
131	型煤、水煤浆生产	—	全部	—	—
四十二、石油和天然气开采业					
132	石油、页岩油开采	石油开采新区块开发；页岩油开采	其他	—	—
133	天然气、页岩气、砂岩气开采（含净化、液化）	新区块开发	其他	—	—
134	煤层气开采（含净化、液化）	年生产能力1亿立方米及以上；涉及环境敏感区的	其他	—	第三条（二）中的草原、水土流失重点防治区、沙化土地封禁保护区；第三条（三）中的全部区域

（续表）

项目类别	环评类别	报告书	报告表	登记表	本栏目环境敏感区含义
四十三、黑色金属矿采选业（含单独尾矿库）					
135	黑色金属矿采选（含单独尾矿库）	全部	—	—	—
四十四、有色金属矿采选业（含单独尾矿库）					
136	有色金属矿采选（含单独尾矿库）	全部	—	—	—
四十五、非金属矿采选业					
137	土砂石、石材开采加工	涉及环境敏感区的	其他	—	第三条（一）中的基本草原、重要水生生物产卵场、索饵场、越冬场和洄游通道，自然保护区、沙化土地封禁保护区、水土流失重点防治区
138	化学矿采选	全部	—	—	—
139	采盐	井盐	湖盐、海盐	—	—
140	石棉及其他非金属矿采选	全部	—	—	—
四十六、水利					
141	水库	库容1000万立方米及以上；涉及环境敏感区的	其他	—	第三条（一）中的全部区域；第三条（二）中的重要水生生物和洄游通道的自然
142	灌区工程	新建5万亩及以上；改造30万亩及以上	其他	—	第三条（一）中的全部区域；第三条（二）中的重要水生生物产卵场、索饵场、越冬场和洄游通道
143	引水工程	跨流域调水；大中型河流引水；小型河流年总引水量占天然年径流量1/4及以上；涉及环境敏感区的	其他	—	第三条（一）中的全部区域；第三条（二）中的重要水生生物产卵场、索饵场、越冬场和洄游通道

（续表）

项目类别	环评类别	报告书	报告表	登记表	本栏目环境敏感区含义
144	防洪治涝工程	新建大中型	其他（小型沟渠的护坡除外）	—	—
145	河湖整治	涉及环境敏感区的	其他	—	第三条（一）中的全部区域；第三条（二）中的重要湿地，野生动物生长繁殖地、重要栖息地、重要饵料场、索饵场、越冬场和洄游通道；第三条（三）中的文物保护单位
146	地下水开采	日取水量1万立方米及以上；涉及环境敏感区的	其他	—	第三条（一）中的全部区域；第三条（二）中的重要湿地
四十七、农业、林业、渔业					
147	农业垦殖	—	涉及环境敏感区的	其他	第三条（一）中的基本草原；第三条（二）中的基本草原、重要湿地、水土流失重点防治区
148	农产品基地项目（含药材基地）	—	涉及环境敏感区的	其他	第三条（一）中的基本草原；第三条（二）中的基本草原、重要湿地、水土流失重点防治区
149	经济林基地项目	—	原料林基地	其他	—
150	淡水养殖	—	网箱、围网等投饵养殖；涉及环境敏感区的	其他	第三条（一）中的全部区域
151	海水养殖	—	用海面积300亩及以上；涉及环境敏感区的	其他	第三条（一）中的自然保护区，第三条（二）中的重要海洋特别保护区、重要湿地，野生动物重要生长繁殖地、重要栖息地，保护野生生物的自然保护区，索饵场、天然渔场，封闭及半封闭海域

(续表)

项目类别		环评类别	报告书	报告表	登记表	本栏目环境敏感区含义
四十八、海洋工程						
152	海洋人工鱼礁工程		—	固体物质投放量5000立方米及以上；涉及环境敏感区的	其他	第三条（一）中的自然保护区；第三条（二）中的海洋特别保护区、重要湿地、野生动物重要栖息地、重点保护野生植物生长繁殖地、重要水生生物的自然产卵场、索饵场、天然渔场、封闭及半封闭海域
153	围填海工程及海上堤坝工程		围填海工程；长度0.5公里及以上的海上堤坝工程；涉及环境敏感区的	其他	—	第三条（一）中的自然保护区；第三条（二）中的海洋特别保护区、重要湿地、野生动物重要栖息地、重点保护野生植物生长繁殖地、重要水生生物的自然产卵场、索饵场、天然渔场、封闭及半封闭海域
154	海上和海底物资储藏设施工程		全部	—	—	—
155	跨海桥梁工程		全部	—	—	—
156	海底隧道、管道、电（光）缆工程		长度1.0公里及以上的	其他	—	—
四十九、交通运输业、管道运输业和仓储业						
157	等级公路（不含维护，不含改扩建四级公路）		新建30公里以上的三级及以上等级公路；新建涉及环境敏感区的1公里及以上的隧道；新建涉及环境敏感区1公里及以上的桥梁	其他（配套设施、不涉及环境敏感区除外）	配套设施、不涉及环境敏感区的四级公路	第三条（一）中的全部区域；第三条（三）中的全部区域
158	新建、增建铁路		新建、增建铁路（30公里以下铁路联络线和30公里以下铁路专用线除外）；涉及环境敏感区的	30公里及以下铁路联络线和30公里及以下铁路专用线	—	第三条（一）中的全部区域；第三条（三）中的全部区域

（续表）

项目类别	环评类别	报告书	报告表	登记表	本栏目环境敏感区含义
159	改建铁路	200公里及以上的电气化改造（线路和站场不发生调整的除外）	其他	—	—
160	铁路枢纽	大型枢纽	其他	—	—
161	机场	新建;迁建;飞行区扩建	其他	—	—
162	导航台站、供油工程、维修保障等配套工程	—	供油工程;涉及环境敏感区的	—	第三条（三）中的以居住、医疗卫生、文化教育、科研、行政办公等为主要功能的区域
163	油气、液体化工码头	新建、扩建	其他	—	第三条（一）中的全部区域;第三条（二）中的重要水生生物的自然产卵场、索饵场、越冬场和洄游通道、天然渔场
164	干散货（含煤炭、矿石）、件杂、多用途、通用码头	单个泊位1000吨级及以上的内河港口;单个泊位1万吨级及以上的沿海港口;涉及环境敏感区的	其他	—	第三条（一）中的重要水生生物的自然产卵场、索饵场、越冬场和洄游通道、天然渔场
165	集装箱专用码头	单个泊位3000吨级及以上的内河港口;单个泊位3万吨级及以上的海港;涉及危险品、化学品的;涉及环境敏感区的	其他	—	第三条（一）中的全部区域;第三条（二）中的重要水生生物的自然产卵场、索饵场、越冬场和洄游通道、天然渔场
166	滚装、客运、工作船、游艇码头	涉及环境敏感区的	其他	—	第三条（一）中的重要水生生物的自然产卵场、索饵场、越冬场和洄游通道、天然渔场
167	铁路轮渡码头	涉及环境敏感区的	其他	—	第三条（一）中的重要水生生物的自然产卵场、索饵场、越冬场和洄游通道、天然渔场
168	航道工程、水运辅助工程	航道工程;涉及环境敏感区的防波堤、船闸、通航建筑物	其他	—	第三条（一）中的重要水生生物的自然产卵场、索饵场、越冬场和洄游通道、天然渔场

（续表）

	项目类别	报告书	报告表	登记表	本栏目环境敏感区含义
169	航电枢纽工程	全部	—	—	—
170	中心渔港码头	涉及环境敏感区的	其他	—	第三条（二）中的重要水生生物的自然产卵场、索饵场、越冬场和洄游通道，天然渔场
171	城市轨道交通	全部	—	—	—
172	城市道路（不含维护，不含支路）	—	新建快速路、干道	—	—
173	城市桥梁、隧道（不含人行天桥、人行地道）	—	全部	—	—
174	长途客运站	—	新建	—	—
175	城镇管网及管廊建设（不含1.6兆帕及以下的天然气管道）	—	新建	—	—
176	石油、天然气、页岩气、成品油管道管线（不含城市的天然气管道）	200公里及以上；涉及环境敏感区的	其他	—	第三条（一）中的全部区域；第三条（二）中的基本农田保护区、地质公园、重要湿地、天然林；第三条（三）中的全部区域
177	化学品输送管线	全部	—	—	—
178	油库（不含加油站的油库）	总容量20万立方米及以上；地下洞库	其他	—	—
179	气库（含LNG库，不含加气站的气库）	地下气库	其他	—	—
180	仓储（不含油库、气库、煤炭储存）	—	有毒、有害及危险品的仓储、物流配送项目	其他	—

(续表)

项目类别	环评类别	报告书	报告表	登记表	本栏目环境敏感区含义
五十、核与辐射					
181	输变电工程	500千伏及以上;涉及环境敏感区的330千伏及以上	其他(100千伏以下除外)	—	第三条(一)中的全部区域;第三条(三)中的以居住、医疗卫生、文化教育、科研、行政办公等为主要功能的区域
182	广播电台、差转台	中波50千瓦及以上;短波100千瓦及以上的	其他	—	第三条(三)中的以居住、医疗卫生、文化教育、科研、行政办公等为主要功能的区域
183	电视塔台	涉及环境敏感区的100千瓦及以上的	其他	—	第三条(三)中的以居住、医疗卫生、文化教育、科研、行政办公等为主要功能的区域
184	卫星地球上行站	涉及环境敏感区的	其他	—	第三条(三)中的以居住、医疗卫生、文化教育、科研、行政办公等为主要功能的区域
185	雷达	涉及环境敏感区的	其他	—	第三条(三)中的以居住、医疗卫生、文化教育、科研、行政办公等为主要功能的区域
186	无线通讯	—	—	全部	—
187	核动力厂(核电厂、核热电厂、核供汽供热厂等);反应堆(研究堆、实验堆、临界装置等);核燃料生产、加工、贮存,后处理;放射性废物处理、处置或贮存;上述项目的退役。放射性污染治理项目	新建、扩建(独立的放射性废物贮存设施除外)	主生产工艺或安全重要构筑物的重大变更;次临界装置不显著增加;扩建(独立的放射性废物暂存设施)	核设施控制区范围内新增的不带放射性的实验室、试验装置、维修车间、仓库、办公设施等	—

第二部分 生态环境保护相关法规、规章及规范性文件

(续表)

项目类别	环评类别	报告书	报告表	登记表	本栏目环境敏感区含义
188	铀矿开采、冶炼	新建、扩建及退役	—	—	—
189	铀矿地质勘察、退役治理	—	全部	—	—
190	伴生放射性矿产资源的采选、冶炼及废渣再利用	新建、扩建	其他	—	—
191	核技术利用建设项目(不含在已许可场所不超出已许可可活动种类和不高于已许可范围的核素或等级放射装置)	生产放射性同位素的(制备PET用放射性药物的医疗使用的除外);使用I类放射源的;销售、乙、丙级非密封放射性物质工作场所(医疗机构使用植入治疗用放射性粒子源的除外);甲级非密封放射性物质工作场所	制备PET用放射性药物的;使用II类、III类放射源的;使用II类放射线装置的;销售、乙、丙级非密封放射性物质工作场所(医疗机构使用植入治疗用放射性粒子源的除外);在野外进行放射性同位素示踪试验的	销售I类、II类、III类、IV类、V类放射源的;使用IV类、V类放射源的;医疗机构使用非密封放射性物质的;销售非密封放射性物质的;生产、销售II类射线装置的;使用III类射线装置的	—
192	核技术利用项目退役	生产放射性同位素用放射性药物的(制备PET用放射性药物的除外);甲级非密封放射性物质工作场所	制备PET用放射性药物的;乙级非密封放射性物质工作场所;丙级辐照装置;水井式其他II类、III类放射源场所存在污染的;使用I类、II类射线装置存在污染的	丙级非密封放射性物质工作场所;除水井式其他γ辐照装置外其他使用I类、II类、III类放射源场所不存在污染的	—

说明:(1)名录中涉及规模的,均指新增规模。
(2)单纯混合为不发生化学反应的物理混合过程;分装者由大包装变为小包装。

建设项目环境影响评价资质管理办法(2015年修订)

(2005年8月15日国家环境保护总局令第26号发布　2015年9月28日环境保护部令第36号修订)

目　录
第一章　总则
第二章　环评机构的资质条件
第三章　资质的申请与审查
第四章　环评机构的管理
第五章　环评机构的监督检查
第六章　法律责任
第七章　附则
附:建设项目环境影响评价资质中的评价范围类别划分

第一章　总　则

第一条　为加强建设项目环境影响评价管理,提高环境影响评价工作质量,维护环境影响评价行业秩序,根据《中华人民共和国环境保护法》《中华人民共和国环境影响评价法》和《中华人民共和国行政许可法》等有关法律法规,制定本办法。

第二条　为建设项目环境影响评价提供技术服务的机构,应当按照本办法的规定,向环境保护部申请建设项目环境影响评价资质(以下简称资质),经审查合格,取得《建设项目环境影响评价资质证书》(以下简称资质证书)后,方可在资质证书规定的资质等级和评价范围内接受建设单位委托,编制建设项目环境影响报告书或者环境影响报告表[以下简称环境影响报告书(表)]。

环境影响报告书(表)应当由具有相应资质的机构(以下简称环评机构)编制。

第三条　资质等级分为甲级和乙级。评价范围包括环境影响报告书的十一个类别和环境影响报告表的二个类别(具体类别见附件),其中环境影响报告书类别分设甲、乙两个等级。

资质等级为甲级的环评机构(以下简称甲级机构),其评价范围应当至少包含一个环境影响报告书甲级类别;资质等级为乙级的环评机构(以下简称乙级机构),其评价范围只包含环境影响报告书乙级类别和环境影响报告表类别。

应当由具有相应环境影响报告书甲级类别评价范围的环评机构主持编制环境影响报告书的建设项目目录,由环境保护部另行制定。

第四条　资质证书在全国范围内通用,有效期为四年,由环境保护部统一印制、颁发。

资质证书包括正本和副本,记载环评机构的名称、资质等级、评价范围、证书编号、有效期,以及环评机构的住所、法定代表人等信息。

第五条 国家鼓励环评机构专业化、规模化发展,积极开展环境影响评价技术研究,提升技术优势,增强技术实力,形成一批区域性和专业性技术中心。

第六条 国家支持成立环境影响评价行业组织,加强行业自律,维护行业秩序,组织开展环评机构及其环境影响评价工程师和相关专业技术人员的水平评价,建立健全行业内奖惩机制。

第二章 环评机构的资质条件

第七条 环评机构应当为依法经登记的企业法人或者核工业、航空和航天行业的事业单位法人。

下列机构不得申请资质:

(一)由负责审批或者核准环境影响报告书(表)的主管部门设立的事业单位出资的企业法人;

(二)由负责审批或者核准环境影响报告书(表)的主管部门作为业务主管单位或者挂靠单位的社会组织出资的企业法人;

(三)受负责审批或者核准环境影响报告书(表)的主管部门委托,开展环境影响报告书(表)技术评估的企业法人;

(四)前三项中的企业法人出资的企业法人。

第八条 环评机构应当有固定的工作场所,具备环境影响评价工作质量保证体系,建立并实施环境影响评价业务承接、质量控制、档案管理、资质证书管理等制度。

第九条 甲级机构除具备本办法第七条、第八条规定的条件外,还应当具备下列条件:

(一)近四年连续具备资质且主持编制过至少八项主管部门审批或者核准的环境影响报告书。

(二)至少配备十五名环境影响评价工程师。

(三)评价范围中的每个环境影响报告书甲级类别至少配备六名相应专业类别的环境影响评价工程师,其中至少三人主持编制过主管部门近四年内审批或者核准的相应类别环境影响报告书各二项。核工业环境影响报告书甲级类别配备的相应类别环境影响评价工程师中还应当至少三人为注册核安全工程师。

(四)评价范围中的环境影响报告书乙级类别以及核与辐射项目环境影响报告表类别配备的环境影响评价工程师条件应当符合本办法第十条第(二)项的规定。

(五)近四年内至少完成过一项环境保护相关科研课题,或者至少编制过一项国家或者地方环境保护标准。

第十条 乙级机构除具备本办法第七条、第八条规定的条件外,还应当具备下列条件:

(一)至少配备九名环境影响评价工程师。

(二)评价范围中的每个环境影响报告书乙级类别至少配备四名相应专业类别的环境影响评价工程师,其中至少二人主持编制过主管部门近四年内审批或者核准的环境影响报告书(表)各四项。核工业环境影响报告书乙级类别配备的相应类别环境影响评价工程师中还应当至少一人为注册核安全工程师。核与辐射项目环境影响报告表类别应当至少配备一名相应专业类别的环境影响评价工程师。

第十一条　乙级机构在资质证书有效期内应当主持编制至少八项主管部门审批或者核准的环境影响报告书(表)。

第三章　资质的申请与审查

第十二条　环境保护部负责受理资质申请。资质申请包括首次申请、变更、延续以及评价范围调整、资质等级晋级。

环评机构近一年内违反本办法相关规定被责令限期整改或者受到行政处罚的,不得申请评价范围调整和资质等级晋级。

第十三条　申请资质的机构应当如实提交相关申请材料,并对申请材料的真实性和准确性负责。申请材料的具体要求由环境保护部另行制定。

第十四条　环评机构有下列情形之一的,应当在变更登记或者变更发生之日起六十个工作日内申请变更资质证书中的相关内容:

(一)工商行政管理部门或者事业单位登记管理部门登记的机构名称、住所或者法定代表人变更的;

(二)因改制、分立或者合并等原因,编制环境影响报告书(表)的机构名称变更的。

第十五条　资质证书有效期届满,环评机构需要继续从事环境影响报告书(表)编制工作的,应当在有效期届满九十个工作日前申请资质延续。

第十六条　申请资质的机构应当通过环境保护部政府网站提交资质申请,并将书面申请材料一式三份报送环境保护部。

环境保护部对申请材料齐全、符合规定形式的资质申请,予以受理,并出具书面受理回执;对申请材料不齐全或者不符合规定形式的,在五个工作日内一次性告知申请资质的机构需要补正的内容;对不予受理的,书面说明理由。

环境保护部对已受理的资质申请信息在其政府网站予以公示。

第十七条　环境保护部组织对申请资质的机构提交的申请材料进行审查,并根据情况开展核查。

环境保护部自受理申请之日起二十个工作日内,依照本办法规定和申请资质的机构实际达到的资质条件作出是否准予资质的决定。必要时,环境保护部可以组织专家进行评审或者征求国务院有关部门和省级环境保护主管部门的意见,专家评审时间不计算在二十个工作日内。

环境保护部应当对是否准予资质的决定和申请机构资质条件等情况在其政府网站进行公示。公示期间无异议的,向准予资质的申请机构颁发资质证书;向不予批准资质的申请机构书面说明理由。

第十八条　因改制、分立或者合并等原因申请变更环评机构名称的,环境保护部应当根据改制、分立或者合并后机构实际达到的资质条件,重新核定其资质等级和评价范围。

甲级机构申请资质延续,符合本办法第七条、第八条规定和下列条件,但资质证书有效期内主持编制主管部门审批或者核准的环境影响报告书(表)少于八项的,按乙级资质延续,并按该机构实际达到的资质条件重新核定其评价范围:

（一）近四年连续具备资质。

（二）至少配备十五名环境影响评价工程师。评价范围中至少一个原有环境影响报告书甲级类别配备六名以上相应专业类别的环境影响评价工程师。

（三）近四年内至少完成过一项环境保护相关科研课题，或者至少编制过一项国家或者地方环境保护标准。

第十九条 申请资质的机构隐瞒有关情况或者提供虚假材料的，环境保护部不予受理资质申请或者不予批准资质。该机构在一年内不得再次申请资质。

申请资质的机构以欺骗、贿赂等不正当手段取得资质的，由环境保护部撤销其资质。该机构在三年内不得再次申请资质。

前两款中涉及隐瞒环境影响评价工程师真实情况的，相关环境影响评价工程师三年内不得作为资质申请时配备的环境影响评价工程师、环境影响报告书（表）的编制主持人或者主要编制人员。

第二十条 环评机构有下列情形之一的，环境保护部应当办理资质注销手续：

（一）资质有效期届满未申请延续或者未准予延续的；

（二）法人资格终止的；

（三）因不再从事环境影响报告书（表）编制工作，申请资质注销的；

（四）资质被撤回、撤销或者资质证书被吊销的。

第二十一条 环境保护部在其政府网站设置资质管理专栏，公开资质审查程序、审查内容、受理情况、审查结果等信息，并及时公布环评机构及其环境影响评价工程师基本信息。

第四章 环评机构的管理

第二十二条 环评机构应当坚持公正、科学、诚信的原则，遵守职业道德，执行国家法律、法规及有关管理要求，确保环境影响报告书（表）内容真实、客观、全面和规范。

环评机构应当积极履行社会责任和普遍服务的义务，不得无正当理由拒绝承担公益性建设项目环境影响评价工作。

第二十三条 环境影响报告书（表）应当由一个环评机构主持编制，并由该机构中相应专业类别的环境影响评价工程师作为编制主持人。环境影响报告书各章节和环境影响报告表的主要内容应当由主持编制机构中的环境影响评价工程师作为主要编制人员。

核工业类别环境影响报告书的编制主持人还应当为注册核安全工程师，各章节的主要编制人员还应当为核工业类别环境影响评价工程师。

主持编制机构对环境影响报告书（表）编制质量和环境影响评价结论负责，环境影响报告书（表）编制主持人和主要编制人员承担相应责任。

第二十四条 环评机构接受委托编制环境影响报告书（表），应当与建设单位签订书面委托合同。委托合同不得由环评机构的内设机构、分支机构代签。

禁止涂改、出租、出借资质证书。

第二十五条 环境影响报告书（表）应当附主持编制的环评机构资质证书正本缩印件。缩印件页上应当注明建设项目名称等内容，并加盖主持编制机构印章和法定代表人名章。

环境影响报告书（表）中应当附编制人员名单表，列出编制主持人和主要编制人员的姓名及其环境影响评价工程师职业资格证书编号、专业类别和登记编号以及注册核安全工程师执业资格证书编号和注册证编号。编制主持人和主要编制人员应当在名单表中签字。

资质证书缩印件页和环境影响报告书(表)编制人员名单表格式由环境保护部另行制定。

第二十六条 环评机构应当建立其主持编制的环境影响报告书(表)完整档案。档案中应当包括环境影响报告书(表)及其编制委托合同、审批或者核准批复文件和相关的环境质量现状监测报告原件、公众参与材料等。

第二十七条 环评机构出资人、环境影响评价工程师等基本情况发生变化的,应当在发生变化后六十个工作日内向环境保护部备案。

第二十八条 环评机构在领取新的资质证书时,应当将原资质证书交回环境保护部。

环评机构遗失资质证书的,应当书面申请补发,并在公共媒体上刊登遗失声明。

第二十九条 环评机构中的环境影响评价工程师和参与环境影响报告书(表)编制的其他相关专业技术人员应当定期参加环境影响评价相关业务培训,更新和补充业务知识。

第五章 环评机构的监督检查

第三十条 环境保护主管部门应当加强对环评机构的监督检查。监督检查时可以查阅或者要求环评机构报送有关情况和材料,环评机构应当如实提供。

监督检查包括抽查、年度检查以及在环境影响报告书(表)受理和审批过程中对环评机构的审查。

第三十一条 环境保护部组织对环评机构的抽查。省级环境保护主管部门组织对住所在本行政区域内的环评机构的年度检查。

环境保护主管部门组织的抽查和年度检查,应当对环评机构的资质条件和环境影响评价工作情况进行全面检查。

第三十二条 环境保护主管部门在环境影响报告书(表)受理和审批过程中,应当对环境影响报告书(表)编制质量、主持编制机构的资质以及编制人员等情况进行审查。

对主持编制机构不具备相应资质等级和评价范围以及不符合本办法第二十三条和第二十五条有关规定的环境影响报告书(表),环境保护主管部门不予受理环境影响报告书(表)审批申请;对环境影响报告书(表)有本办法第三十六条或者第四十五条规定情形的,环境保护主管部门不予批准。

第三十三条 环评机构有下列情形之一的,由实施监督检查的环境保护主管部门对该机构给予通报批评:

(一)未与建设单位签订书面委托合同接受建设项目环境影响报告书(表)编制委托的,或者由环评机构的内设机构、分支机构代签书面委托合同的;

(二)主持编制的环境影响报告书(表)不符合本办法第二十五条规定格式的;

(三)未建立主持编制的环境影响报告书(表)完整档案的。

第三十四条 环评机构有下列情形之一的,由环境保护部责令改正;拒不改正的,责令限期整改一至三个月:

(一)逾期未按本办法第十四条规定申请资质变更的;

(二)逾期未按本办法第二十七条规定报请备案环评机构出资人和环境影响评价工程师变化

情况的。

第三十五条 环评机构主持编制的环境影响报告书(表)有下列情形之一的,由实施监督检查的环境保护主管部门责令该机构以及编制主持人和主要编制人员限期整改三至六个月:

(一)环境影响报告书(表)未由相应的环境影响评价工程师作为编制主持人的;

(二)环境影响报告书的各章节和环境影响报告表的主要内容未由相应的环境影响评价工程师作为主要编制人员的。

第三十六条 环评机构主持编制的环境影响报告书(表)有下列情形之一的,由实施监督检查的环境保护主管部门责令该机构以及编制主持人和主要编制人员限期整改六至十二个月:

(一)建设项目工程分析或者引用的现状监测数据错误的;

(二)主要环境保护目标或者主要评价因子遗漏的;

(三)环境影响评价工作等级或者环境标准适用错误的;

(四)环境影响预测与评价方法错误的;

(五)主要环境保护措施缺失的。

有前款规定情形,致使建设项目选址、选线不当或者环境影响评价结论错误的,依照本办法第四十五条的规定予以处罚。

第三十七条 环评机构因违反本办法规定被责令限期整改的,限期整改期间,作出限期整改决定的环境保护主管部门及其以下各级环境保护主管部门不再受理该机构编制的环境影响报告书(表)审批申请。

环境影响评价工程师被责令限期整改的,限期整改期间,作出限期整改决定的环境保护主管部门及其以下各级环境保护主管部门不再受理其作为编制主持人和主要编制人员编制的环境影响报告书(表)审批申请。

第三十八条 环评机构不符合相应资质条件的,由环境保护部根据其实际达到的资质条件,重新核定资质等级和评价范围或者撤销资质。

环评机构经重新核定的资质等级降低或者评价范围缩减的,在重新核定前,按原资质等级和缩减的评价范围接受委托编制的环境影响报告书(表)需要继续完成的,应当报经环境保护部审核同意。

第三十九条 环境保护主管部门应当建立环评机构及其环境影响评价工程师诚信档案。

县级以上地方环境保护主管部门应当建立住所在本行政区域、编制本级环境保护主管部门审批的环境影响报告书(表)的环评机构及其环境影响评价工程师的诚信档案,记录本部门对环评机构及其环境影响评价工程师采取的通报批评、限期整改和行政处罚等情况,并向社会公开。通报批评、限期整改和行政处罚等情况应当及时抄报环境保护部。

环境保护部应当将环境保护主管部门对环评机构及其环境影响评价工程师采取的行政处理和行政处罚等情况,记入全国环评机构和环境影响评价工程师诚信档案,并向社会公开。

第四十条 环境保护部在国家环境影响评价基础数据库中建立环评机构工作质量监督管理数据信息系统,采集环境影响报告书(表)内容、编制机构、编制人员、编制时间、审批情况等信息,实现对环评机构及其环境影响评价工程师工作质量的动态监控。

第四十一条 县级以上地方环境保护主管部门不得设置条件限制环评机构承接本行政区域内建设项目的环境影响报告书(表)编制工作。

第四十二条 县级以上地方环境保护主管部门在监督检查中发现环评机构有本办法第三十四条、第三十八条、第四十四条第二款、第四十五条规定情形的,应当及时向环境保护部报告并提出处理建议。

第四十三条 任何单位和个人有权向环境保护主管部门举报环评机构及其环境影响评价工程师违反本办法规定的行为。接受举报的环境保护主管部门应当及时调查,并依法作出处理决定。

第六章 法律责任

第四十四条 环评机构拒绝接受监督检查或者在接受监督检查时弄虚作假的,由实施监督检查的环境保护主管部门处三万元以下的罚款,并责令限期整改六至十二个月。

环评机构涂改、出租、出借资质证书或者超越资质等级、评价范围接受委托和主持编制环境影响报告书(表)的,由环境保护部处三万元以下的罚款,并责令限期整改一至三年。

第四十五条 环评机构不负责任或者弄虚作假,致使主持编制的环境影响报告书(表)失实的,依照《中华人民共和国环境影响评价法》的规定,由环境保护部降低其资质等级或者吊销其资质证书,并处所收费用一倍以上三倍以下的罚款,同时责令编制主持人和主要编制人员限期整改一至三年。

第四十六条 环境保护主管部门工作人员在环评机构资质管理工作中徇私舞弊、滥用职权、玩忽职守的,依法给予处分;构成犯罪的,依法追究刑事责任。

第七章 附 则

第四十七条 环评机构资质被吊销、撤销或者注销的,环境保护主管部门可继续完成已受理的该机构主持编制的环境影响报告书(表)审批工作。

第四十八条 本办法所称负责审批或者核准环境影响报告书(表)的主管部门包括环境保护主管部门和海洋主管部门;所称主管部门审批或者核准的环境影响报告书(表),是指经环境保护主管部门审批或者经海洋主管部门核准完成的环境影响报告书(表),不包括因有本办法第三十六条和第四十五条所列情形不予批准或者核准的环境影响报告书(表)。

第四十九条 本办法所称环境影响评价工程师,是指已申报所从业的环评机构和专业类别,在申报的环评机构中全日制专职工作且具有相应职业资格的专业技术人员。环境影响评价工程师从业情况申报的相关管理规定由环境保护部另行制定。

本办法所称注册核安全工程师,是指在注册的环评机构中全日制专职工作且具有相应执业资格的专业技术人员。

第五十条 本办法由环境保护部负责解释。

第五十一条 本办法自2015年11月1日起施行。原国家环境保护总局发布的《建设项目环境影响评价资质管理办法》(国家环境保护总局令第26号)同时废止。

附:

建设项目环境影响评价资质中的评价范围类别划分

评价范围类别		资质条件中和作为编制主持人的环境影响评价工程师相应的专业类别
环境影响报告书类别	轻工纺织化纤	轻工纺织化纤
	化工石化医药	化工石化医药
	冶金机电	冶金机电
	建材火电	建材火电
	农林水利	农林水利
	采掘	采掘
	交通运输	交通运输
	社会服务	社会服务
	海洋工程	海洋工程
	输变电及广电通讯	输变电及广电通讯
	核工业	核工业
环境影响报告表类别	一般项目	任一类别
	核与辐射项目	输变电及广电通讯或者核工业

建设项目环境影响评价文件分级审批规定（2008年修订）

（2002年11月1日国家环境保护总局令第15号发布 2008年12月11日修订通过 2009年1月16日环境保护部令第5号发布）

第一条 为进一步加强和规范建设项目环境影响评价文件审批,提高审批效率,明确审批权责,根据《环境影响评价法》等有关规定,制定本规定。

第二条 建设对环境有影响的项目,不论投资主体、资金来源、项目性质和投资规模,其环境影响评价文件均应按照本规定确定分级审批权限。

有关海洋工程和军事设施建设项目的环境影响评价文件的分级审批,依据有关法律和行政法规执行。

第三条 各级环境保护部门负责建设项目环境影响评价文件的审批工作。

第四条 建设项目环境影响评价文件的分级审批权限,原则上按照建设项目的审批、核准和备案权限及建设项目对环境的影响性质和程度确定。

第五条 环境保护部负责审批下列类型的建设项目环境影响评价文件:

(一)核设施、绝密工程等特殊性质的建设项目;

(二)跨省、自治区、直辖市行政区域的建设项目;

(三)由国务院审批或核准的建设项目,由国务院授权有关部门审批或核准的建设项目,由国务院有关部门备案的对环境可能造成重大影响的特殊性质的建设项目。

第六条　环境保护部可以将法定由其负责审批的部分建设项目环境影响评价文件的审批权限,委托给该项目所在地的省级环境保护部门,并应当向社会公告。

受委托的省级环境保护部门,应当在委托范围内,以环境保护部的名义审批环境影响评价文件。

受委托的省级环境保护部门不得再委托其他组织或者个人。

环境保护部应当对省级环境保护部门根据委托审批环境影响评价文件的行为负责监督,并对该审批行为的后果承担法律责任。

第七条　环境保护部直接审批环境影响评价文件的建设项目的目录、环境保护部委托省级环境保护部门审批环境影响评价文件的建设项目的目录,由环境保护部制定、调整并发布。

第八条　第五条规定以外的建设项目环境影响评价文件的审批权限,由省级环境保护部门参照第四条及下述原则提出分级审批建议,报省级人民政府批准后实施,并抄报环境保护部。

(一)有色金属冶炼及矿山开发、钢铁加工、电石、铁合金、焦炭、垃圾焚烧及发电、制浆等对环境可能造成重大影响的建设项目环境影响评价文件由省级环境保护部门负责审批。

(二)化工、造纸、电镀、印染、酿造、味精、柠檬酸、酶制剂、酵母等污染较重的建设项目环境影响评价文件由省级或地级市环境保护部门负责审批。

(三)法律和法规关于建设项目环境影响评价文件分级审批管理另有规定的,按照有关规定执行。

第九条　建设项目可能造成跨行政区域的不良环境影响,有关环境保护部门对该项目的环境影响评价结论有争议的,其环境影响评价文件由共同的上一级环境保护部门审批。

第十条　下级环境保护部门超越法定职权、违反法定程序或者条件做出环境影响评价文件审批决定的,上级环境保护部门可以按照下列规定处理:

(一)依法撤销或者责令其撤销超越法定职权、违反法定程序或者条件做出的环境影响评价文件审批决定。

(二)对超越法定职权、违反法定程序或者条件做出环境影响评价文件审批决定的直接责任人员,建议由任免机关或者监察机关依照《环境保护违法违纪行为处分暂行规定》的规定,对直接责任人员,给予警告、记过或者记大过处分;情节较重的,给予降级处分;情节严重的,给予撤职处分。

第十一条　本规定自2009年3月1日起施行。2002年11月1日原国家环境保护总局发布的《建设项目环境影响评价文件分级审批规定》(原国家环境保护总局令第15号)同时废止。

环境保护部办公厅关于加强城市建设项目环境影响评价监督管理工作的通知

(2008年9月18日　环办〔2008〕70号)

各省、自治区、直辖市环境保护局(厅),新疆生产建设兵团环境保护局:

近年来,随着城镇化进程的加快,城市基础设施建设和第三产业项目迅猛发展,这些建设项目成为城市环境保护主管部门环境影响评价管理的重点和难点,部分项目已成为社会关注的焦点和市民投诉的热点。为了深入贯彻党的十七大精神,落实科学发展观,认真执行环境影响评价和"三同时"制度,加强城市建设项目环境影响评价管理工作,切实从源头防止环境污染和投诉纠纷,解决好人民群众最关心、最直接、最现实的环境权益问题,促进和谐社会建设。现就有关问题通知如下:

一、充分认识城市建设项目环评管理工作面临的新形势

随着城市人口增长、产业布局调整和规模扩大,环境容量受限,环境敏感程度增强。据对11个城市的调研统计,市、区(县)两级环境保护行政主管部门审批的城市建设项目占到当年审批总量的60%以上,有的高达90%。随着政治、经济、社会、文化的进步和城市居民生活水平的提高,居民既希望政府加快水、电、交通等基础设施建设的步伐,也期待着改善居住条件和享受方便的餐饮、娱乐、医疗等服务,但由于项目的环境影响,多数居民不希望这些项目建在自己家附近,造成矛盾心理。目前,围绕城市建设项目的投诉、信访已占环保投诉、信访总数的60%~80%。有的还引发了群体性事件,备受社会关注。

近年来,地方各级人民政府及其环境保护行政主管部门,围绕贯彻落实科学发展观,构建社会主义和谐社会的总要求,依据《环境影响评价法》、《建设项目环境保护管理条例》,结合当地实际,在健全法规制度、完善工作机制、依法科学审批、加强过程监管、推进公众参与等方面做了大量工作,城市建设项目环评管理工作呈现不断加强和逐步规范的良好势头。但也存在法规不配套、规划管理不严格、公众参与不规范、监管不力等问题。因此,各级环保部门一定要充分认清城市建设项目环评管理面临的新形势,坚持依法科学审批,加强全过程监管,努力从源头上防止环境污染和投诉纠纷。

二、严格执行环境影响评价和"三同时"制度

(一)扎实推进规划的环境影响评价。地方各级环境保护行政主管部门要主动向政府提出推进规划环境影响评价的建议,在规划的编制和控制中充分考虑环境因素,着力解决建设项目的合理布局问题,努力从决策源头防止建设项目与环境功能交叉错位。当前,应重点推动直辖市及设区的市级城市总体规划、设区的市级以上城镇体系规划,以及城市垃圾处理、道路交通、房地产开发、输变电工程等专项规划的环境影响评价,着力解决城市建设项目的合理布局问题。对未列入规划的建设项目,各级环境保护行政主管部门原则上不受理其单个建设项目的环境影响评价文件。

(二)严格审批环境敏感城市建设项目。地方各级环境保护行政主管部门在受理和审批城市建设项目环评文件中,必须严格按照建设项目环境影响评价分类管理名录和建设项目环境影响评价文件分级审批规定执行。对选址敏感、影响面大、群众反应强烈的项目要严格把关、慎重审批。

1. 严禁审批不符合法律法规规定,位于饮用水源保护区及自然保护区、风景名胜的核心区等环境敏感地区内的建设项目。

2. 严格审批城市道路交通项目。对位于城市建成区的城市道路交通项目、涉及搬迁量大的其他交通类项目,在环评文件和批复中必须明确噪声防护距离和落实噪声污染防治措施。

3. 严格审批各类房地产开发项目。对旧城区改造、新城区建设、大型房地产开发项目,必须

科学论证项目的环境影响和选址的合理性,注意周边环境问题对拟建项目的影响,在环评文件和批复中,明确要求房地产开发商在预售房时必须公示有关环评及环保验收信息;在工业开发区、工业企业影响范围内及可能危害群众健康的区域内不得审批新、扩建居民住宅项目。

4. 严格审批餐饮、娱乐业项目。应在环评文件和批复中,明确有餐饮门面功能的房地产项目必须修建专用公共烟道,划定噪声防护距离和落实污染防治措施。对项目的选址、烟道设置、排放口与敏感目标的间距等提出明确要求。

(三)加强对城市建设项目的全过程监管。对选址敏感的城市建设项目必须实行全过程管理,做到建设之前有审批、建设过程中有检查、建成运行后有监督,切实防止和减少环境矛盾纠纷的发生。

1. 加强建设期环境监管。发现施工噪声、扬尘扰民等问题时,应及时提出整改要求,防止诱发矛盾纠纷。同时,要加强项目前期的现场监管,杜绝未经环评审批擅自开工建设问题发生。

2. 严密组织试生产核查。将当地政府和建设单位在环评文件审批时承诺的拆迁安置、解决饮用水、建造隔声屏等污染防治和环境保护措施等工作纳入核查重点,对未全部落实和兑现的,各级环保部门一律不得批复同意其投入试生产。对未经批准擅自投入运行或生产的企业,必须依法进行查处。

3. 严把竣工环保验收关。将当地政府和建设单位在环评文件审批时承诺的与主体工程同步实施的污染防治设施、拆迁安置等工作纳入建设项目竣工环保验收内容,进行全面检查核实,凡未落实到位的,一律不予通过验收,并按有关规定进行严肃处理。房地产验收批复中,应明确要求开发商在预售房时,必须将经环保部门确认的环境状况评价结果进行公示。

三、完善适应城市建设项目环评管理的监管机制

(一)完善公众参与工作。对布局在环境敏感区域内的建设项目(国家规定需要保密的项目除外)必须进行公示。通过上门走访、听取居委会意见和召开听证会、座谈会、协调会等多种形式,开展公众参与,充分听取公众意见,减少后续矛盾。各地应当对变电站、垃圾压缩站、公交站场、医院等涉及公众利益且编制报告表的项目的公众参与工作进行细化,特别是通过细化和修订公众参与调查表,使得公众参与调查能够客观反映公众反对项目建设的原因,使环评管理有据可依。

(二)完善环境信息公开机制。各级环境保护行政主管部门应协同当地规划管理部门,依法将城市建设规划及其规划环评中能够公开的内容进行公开,建立城市建设规划公众参与平台,严格规划管理,防止规划频繁调整变更形成选址不当,造成既成事实,带来具体项目与环境功能要求相冲突,引发环境纠纷和投诉。对现已投入运行的垃圾焚烧发电、变电站进行全面调查和监测,收集相关实测数据,形成监测报告和分析报告。同事,适时将报告向公众发布,在主要媒体开展科学知识普及和正面报道,用事实消除群众的担忧和疑虑。

(三)加强与有关部门的协调与配合。密切联系规划、建设、国土等部门,积极推进电网规划、轨道交通规划等专项规划环评。加强与有关部门的联系,及时掌握当地城市垃圾处理、道路交通、输变电工程等重大市政基础设施的建设情况和年度建设计划,针对立项、规划和验收等环节的不同特点,细化有关环保的协办审批要求,特别要明确对项目周边的环境敏感目标实施有效控制的要求,提前介入,防患于未然。对扰民等污染问题,要及时提出整改要求,限期解决。

建设项目环境保护管理条例（2017年修订）

（1998年11月29日中华人民共和国国务院令第253号发布　根据2017年7月16日中华人民共和国国务院令第682号《国务院关于修改〈建设项目环境保护管理条例〉的决定》修订）

第一章　总　则

第一条　为了防止建设项目产生新的污染、破坏生态环境，制定本条例。

第二条　在中华人民共和国领域和中华人民共和国管辖的其他海域内建设对环境有影响的建设项目，适用本条例。

第三条　建设产生污染的建设项目，必须遵守污染物排放的国家标准和地方标准；在实施重点污染物排放总量控制的区域内，还必须符合重点污染物排放总量控制的要求。

第四条　工业建设项目应当采用能耗物耗小、污染物产生量少的清洁生产工艺，合理利用自然资源，防止环境污染和生态破坏。

第五条　改建、扩建项目和技术改造项目必须采取措施，治理与该项目有关的原有环境污染和生态破坏。

第二章　环境影响评价

第六条　国家实行建设项目环境影响评价制度。

第七条　国家根据建设项目对环境的影响程度，按照下列规定对建设项目的环境保护实行分类管理：

（一）建设项目对环境可能造成重大影响的，应当编制环境影响报告书，对建设项目产生的污染和对环境的影响进行全面、详细的评价；

（二）建设项目对环境可能造成轻度影响的，应当编制环境影响报告表，对建设项目产生的污染和对环境的影响进行分析或者专项评价；

（三）建设项目对环境影响很小，不需要进行环境影响评价的，应当填报环境影响登记表。

建设项目环境影响评价分类管理名录，由国务院环境保护行政主管部门在组织专家进行论证和征求有关部门、行业协会、企事业单位、公众等意见的基础上制定并发布。

第八条　建设项目环境影响报告书，应当包括下列内容：

（一）建设项目概况；

（二）建设项目周围环境现状；

（三）建设项目对环境可能造成影响的分析和预测；

（四）环境保护措施及其经济、技术论证；

（五）环境影响经济损益分析；

（六）对建设项目实施环境监测的建议；

（七）环境影响评价结论。

建设项目环境影响报告表、环境影响登记表的内容和格式，由国务院环境保护行政主管部门规定。

第九条 依法应当编制环境影响报告书、环境影响报告表的建设项目，建设单位应当在开工建设前将环境影响报告书、环境影响报告表报有审批权的环境保护行政主管部门审批；建设项目的环境影响评价文件未依法经审批部门审查或者审查后未予批准的，建设单位不得开工建设。

环境保护行政主管部门审批环境影响报告书、环境影响报告表，应当重点审查建设项目的环境可行性、环境影响分析预测评估的可靠性、环境保护措施的有效性、环境影响评价结论的科学性等，并分别自收到环境影响报告书之日起60日内、收到环境影响报告表之日起30日内，作出审批决定并书面通知建设单位。

环境保护行政主管部门可以组织技术机构对建设项目环境影响报告书、环境影响报告表进行技术评估，并承担相应费用；技术机构应当对其提出的技术评估意见负责，不得向建设单位、从事环境影响评价工作的单位收取任何费用。

依法应当填报环境影响登记表的建设项目，建设单位应当按照国务院环境保护行政主管部门的规定将环境影响登记表报建设项目所在地县级环境保护行政主管部门备案。

环境保护行政主管部门应当开展环境影响评价文件网上审批、备案和信息公开。

第十条 国务院环境保护行政主管部门负责审批下列建设项目环境影响报告书、环境影响报告表：

（一）核设施、绝密工程等特殊性质的建设项目；

（二）跨省、自治区、直辖市行政区域的建设项目；

（三）国务院审批的或者国务院授权有关部门审批的建设项目。

前款规定以外的建设项目环境影响报告书、环境影响报告表的审批权限，由省、自治区、直辖市人民政府规定。

建设项目造成跨行政区域环境影响，有关环境保护行政主管部门对环境影响评价结论有争议的，其环境影响报告书或者环境影响报告表由共同上一级环境保护行政主管部门审批。

第十一条 建设项目有下列情形之一的，环境保护行政主管部门应当对环境影响报告书、环境影响报告表作出不予批准的决定：

（一）建设项目类型及其选址、布局、规模等不符合环境保护法律法规和相关法定规划；

（二）所在区域环境质量未达到国家或者地方环境质量标准，且建设项目拟采取的措施不能满足区域环境质量改善目标管理要求；

（三）建设项目采取的污染防治措施无法确保污染物排放达到国家和地方排放标准，或者未采取必要措施预防和控制生态破坏；

（四）改建、扩建和技术改造项目，未针对项目原有环境污染和生态破坏提出有效防治措施；

（五）建设项目的环境影响报告书、环境影响报告表的基础资料数据明显不实，内容存在重大缺陷、遗漏，或者环境影响评价结论不明确、不合理。

第十二条 建设项目环境影响报告书、环境影响报告表经批准后，建设项目的性质、规模、地点、采用的生产工艺或者防治污染、防止生态破坏的措施发生重大变动的，建设单位应当重新报批建设项目环境影响报告书、环境影响报告表。

建设项目环境影响报告书、环境影响报告表自批准之日起满5年,建设项目方开工建设的,其环境影响报告书、环境影响报告表应当报原审批部门重新审核。原审批部门应当自收到建设项目环境影响报告书、环境影响报告表之日起10日内,将审核意见书面通知建设单位;逾期未通知的,视为审核同意。

审核、审批建设项目环境影响报告书、环境影响报告表及备案环境影响登记表,不得收取任何费用。

第十三条 建设单位可以采取公开招标的方式,选择从事环境影响评价工作的单位,对建设项目进行环境影响评价。

任何行政机关不得为建设单位指定从事环境影响评价工作的单位,进行环境影响评价。

第十四条 建设单位编制环境影响报告书,应当依照有关法律规定,征求建设项目所在地有关单位和居民的意见。

第三章 环境保护设施建设

第十五条 建设项目需要配套建设的环境保护设施,必须与主体工程同时设计、同时施工、同时投产使用。

第十六条 建设项目的初步设计,应当按照环境保护设计规范的要求,编制环境保护篇章,落实防治环境污染和生态破坏的措施以及环境保护设施投资概算。

建设单位应当将环境保护设施建设纳入施工合同,保证环境保护设施建设进度和资金,并在项目建设过程中同时组织实施环境影响报告书、环境影响报告表及其审批部门审批决定中提出的环境保护对策措施。

第十七条 编制环境影响报告书、环境影响报告表的建设项目竣工后,建设单位应当按照国务院环境保护行政主管部门规定的标准和程序,对配套建设的环境保护设施进行验收,编制验收报告。

建设单位在环境保护设施验收过程中,应当如实查验、监测、记载建设项目环境保护设施的建设和调试情况,不得弄虚作假。

除按照国家规定需要保密的情形外,建设单位应当依法向社会公开验收报告。

第十八条 分期建设、分期投入生产或者使用的建设项目,其相应的环境保护设施应当分期验收。

第十九条 编制环境影响报告书、环境影响报告表的建设项目,其配套建设的环境保护设施经验收合格,方可投入生产或者使用;未经验收或者验收不合格的,不得投入生产或者使用。

前款规定的建设项目投入生产或者使用后,应当按照国务院环境保护行政主管部门的规定开展环境影响后评价。

第二十条 环境保护行政主管部门应当对建设项目环境保护设施设计、施工、验收、投入生产或者使用情况,以及有关环境影响评价文件确定的其他环境保护措施的落实情况,进行监督检查。

环境保护行政主管部门应当将建设项目有关环境违法信息记入社会诚信档案,及时向社会公开违法者名单。

第四章 法律责任

第二十一条 建设单位有下列行为之一的,依照《中华人民共和国环境影响评价法》的规定处罚:

(一)建设项目环境影响报告书、环境影响报告表未依法报批或者报请重新审核,擅自开工建设;

(二)建设项目环境影响报告书、环境影响报告表未经批准或者重新审核同意,擅自开工建设;

(三)建设项目环境影响登记表未依法备案。

第二十二条 违反本条例规定,建设单位编制建设项目初步设计未落实防治环境污染和生态破坏的措施以及环境保护设施投资概算,未将环境保护设施建设纳入施工合同,或者未依法开展环境影响后评价的,由建设项目所在地县级以上环境保护行政主管部门责令限期改正,处5万元以上20万元以下的罚款;逾期不改正的,处20万元以上100万元以下的罚款。

违反本条例规定,建设单位在项目建设过程中未同时组织实施环境影响报告书、环境影响报告表及其审批部门审批决定中提出的环境保护对策措施的,由建设项目所在地县级以上环境保护行政主管部门责令限期改正,处20万元以上100万元以下的罚款;逾期不改正的,责令停止建设。

第二十三条 违反本条例规定,需要配套建设的环境保护设施未建成、未经验收或者验收不合格,建设项目即投入生产或者使用,或者在环境保护设施验收中弄虚作假的,由县级以上环境保护行政主管部门责令限期改正,处20万元以上100万元以下的罚款;逾期不改正的,处100万元以上200万元以下的罚款;对直接负责的主管人员和其他责任人员,处5万元以上20万元以下的罚款;造成重大环境污染或者生态破坏的,责令停止生产或者使用,或者报经有批准权的人民政府批准,责令关闭。

违反本条例规定,建设单位未依法向社会公开环境保护设施验收报告的,由县级以上环境保护行政主管部门责令公开,处5万元以上20万元以下的罚款,并予以公告。

第二十四条 违反本条例规定,技术机构向建设单位、从事环境影响评价工作的单位收取费用的,由县级以上环境保护行政主管部门责令退还所收费用,处所收费用1倍以上3倍以下的罚款。

第二十五条 从事建设项目环境影响评价工作的单位,在环境影响评价工作中弄虚作假的,由县级以上环境保护行政主管部门处所收费用1倍以上3倍以下的罚款。

第二十六条 环境保护行政主管部门的工作人员徇私舞弊、滥用职权、玩忽职守,构成犯罪的,依法追究刑事责任;尚不构成犯罪的,依法给予行政处分。

第五章 附 则

第二十七条 流域开发、开发区建设、城市新区建设和旧区改建等区域性开发,编制建设规划时,应当进行环境影响评价。具体办法由国务院环境保护行政主管部门会同国务院有关部门另行规定。

第二十八条 海洋工程建设项目的环境保护管理,按照国务院关于海洋工程环境保护管理的规定执行。

第二十九条　军事设施建设项目的环境保护管理,按照中央军事委员会的有关规定执行。

第三十条　本条例自发布之日起施行。

国务院办公厅关于加强和规范新开工项目管理的通知

(2007年11月17日　国办发〔2007〕64号)

各省、自治区、直辖市人民政府,国务院各部委、各直属机构：

新开工项目管理是投资管理的重要环节,也是宏观调控的重要手段。近年来,新开工项目过多,特别是一些项目开工建设有法不依、执法不严、监管不力,加剧了投资增长过快、投资规模过大、低水平重复建设等矛盾,扰乱了投资建设秩序,成为影响经济稳定运行的突出问题。为深入贯彻落实科学发展观,加强和改善宏观调控,各地区、各有关部门要根据《国务院关于投资体制改革的决定》(国发〔2004〕20号)和国家法律法规有关规定,进一步深化投资体制改革,依法加强和规范新开工项目管理,切实从源头上把好项目开工建设关,维护投资建设秩序,以促进国民经济又好又快发展。经国务院同意,现就有关事项通知如下：

一、严格规范投资项目新开工条件

各类投资项目开工建设必须符合下列条件：

(一)符合国家产业政策、发展建设规划、土地供应政策和市场准入标准。

(二)已经完成审批、核准或备案手续。实行审批制的政府投资项目已经批准可行性研究报告,其中需审批初步设计及概算的项目已经批准初步设计及概算;实行核准制的企业投资项目,已经核准项目申请报告;实行备案制的企业投资项目,已经完成备案手续。

(三)规划区内的项目选址和布局必须符合城乡规划,并依照城乡规划法的有关规定办理相关规划许可手续。

(四)需要申请使用土地的项目必须依法取得用地批准手续,并已经签订国有土地有偿使用合同或取得国有土地划拨决定书。其中,工业、商业、旅游、娱乐和商品住宅等经营性投资项目,应当依法以招标、拍卖或挂牌出让方式取得土地。

(五)已经按照建设项目环境影响评价分类管理、分级审批的规定完成环境影响评价审批。

(六)已经按照规定完成固定资产投资项目节能评估和审查。

(七)建筑工程开工前,建设单位依照建筑法的有关规定,已经取得施工许可证或者开工报告,并采取保证建设项目工程质量安全的具体措施。

(八)符合国家法律法规的其他相关要求。

二、建立新开工项目管理联动机制

各级发展改革、城乡规划、国土资源、环境保护、建设和统计等部门要加强沟通,密切配合,明确工作程序和责任,建立新开工项目管理联动机制。

实行审批制的政府投资项目,项目单位应首先向发展改革等项目审批部门报送项目建议书,依据项目建议书批复文件分别向城乡规划、国土资源和环境保护部门申请办理规划选址、用地预审和环境影响评价审批手续。完成相关手续后,项目单位根据项目论证情况向发展改革等项目审批部门报送可行性研究报告,并附规划选址、用地预审和环评审批文件。项目单位依据可行性研究报告批复文件向城乡规划部门申请办理规划许可手续,向国土资源部门申请办理正式用地手续。

实行核准制的企业投资项目,项目单位分别向城乡规划、国土资源和环境保护部门申请办理规划选址、用地预审和环评审批手续。完成相关手续后,项目单位向发展改革等项目核准部门报送项目申请报告,并附规划选址、用地预审和环评审批文件。项目单位依据项目核准文件向城乡规划部门申请办理规划许可手续,向国土资源部门申请办理正式用地手续。

实行备案制的企业投资项目,项目单位必须首先向发展改革等备案管理部门办理备案手续,备案后,分别向城乡规划、国土资源和环境保护部门申请办理规划选址、用地和环评审批手续。

各级发展改革等项目审批(核准、备案)部门和城乡规划、国土资源、环境保护、建设等部门都要严格遵守上述程序和规定,加强相互衔接,确保各个工作环节按规定程序进行。对未取得规划选址、用地预审和环评审批文件的项目,发展改革等部门不得予以审批或核准。对于未履行备案手续或者未予备案的项目,城乡规划、国土资源、环境保护等部门不得办理相关手续。对应以招标、拍卖或挂牌出让方式取得土地的项目,国土资源管理部门要会同发展改革、城乡规划、环境保护等部门将有关要求纳入土地出让方案。对未按规定取得项目审批(核准、备案)、规划许可、环评审批、用地管理等相关文件的建筑工程项目,建设行政主管部门不得发放施工许可证。对于未按程序和规定办理审批和许可手续的,要撤销有关审批和许可文件,并依法追究相关人员的责任。

三、加强新开工项目统计和信息管理

各级发展改革、城乡规划、国土资源、环境保护、建设等部门要加快完善本部门的信息系统,并建立信息互通制度,将各自办理的项目审批、核准、备案和城乡规划、土地利用、环境影响评价等文件相互送达,同时抄送同级统计部门。统计部门要依据相关信息加强对新开工项目的统计检查,及时将统计的新开工项目信息抄送同级发展改革、城乡规划、国土资源、环境保护、建设等部门。部门之间要充分利用网络信息技术,逐步建立新开工项目信息共享平台,及时交换项目信息,实现资源共享。有关部门应制定实施细则,明确信息交流的内容、时间和具体方式等。

各级统计部门要坚持依法统计,以现行规定的标准为依据,切实做好新开工项目统计工作。要加强培训工作,不断提高基层统计人员的业务素质,保证新开工项目统计数据的质量。地方各级政府要树立科学发展观和正确的政绩观,不得干预统计工作。

各级发展改革部门应在信息互通制度的基础上,为总投资5000万元以上的拟建项目建立管理档案,包括项目基本情况、有关手续办理情况(文件名称和文号)等内容,定期向上级发展改革部门报送项目信息。在项目完成各项审批和许可手续后,各省级发展改革部门应将项目名称、主要建设内容和规模、各项审批和许可文件的名称和文号等情况,通过本单位的门户网站及其他方式,从2008年1月起按月向社会公告。

四、强化新开工项目的监督检查

各级发展改革、城乡规划、国土资源、环境保护、建设、统计等部门要切实负起责任,严格管

理,强化对新开工项目事中、事后的监督检查。要建立部门联席会议制度等协调机制,对新开工项目管理及有关制度、规定执行情况进行交流和检查,不断完善管理办法。

各类投资主体要严格执行国家法律、法规、政策规定和投资建设程序。项目开工前,必须履行完各项建设程序,并自觉接受监督。对于以化整为零、提供虚假材料等不正当手段取得审批、核准或备案文件的项目,发展改革等项目审批(核准、备案)部门要依法撤销该项目的审批、核准或备案文件,并责令其停止建设。对于违反城乡规划、土地管理、环境保护、施工许可等法律法规和国家相关规定擅自开工建设的项目,一经发现,即应停止建设,并由城乡规划、国土资源、环境保护、建设部门依法予以处罚,由此造成的损失均由项目投资者承担。对于在建设过程中不遵守城乡规划、土地管理、环境保护和施工许可要求的项目,城乡规划、国土资源、环境保护、建设部门要依法予以处罚,责令其停止建设或停止生产,并追究有关单位和人员的责任。对于篡改、编造虚假数据和虚报、瞒报、拒报统计资料等行为,要依法追究有关单位和个人的责任。对于存在上述问题且情节严重、性质恶劣的项目单位和个人,除依法惩处外,还应将相关情况通过新闻媒体向社会公布。

上级发展改革、城乡规划、国土资源、环境保护、建设等部门要对下级部门加强指导和监督。对项目建设程序的政策规定执行不力并已造成严重影响的地区,要及时予以通报批评。

五、提高服务意识和工作效率

各级发展改革、城乡规划、国土资源、环境保护、建设等部门要严格执行国家法律法规和政策规定,努力提高工作效率,不断增强服务意识。对于符合国家产业政策、发展建设规划、市场准入标准和土地供应政策、环境保护政策,符合城乡规划、土地利用总体规划且纳入年度土地利用计划的项目,要积极给予指导和支持,尽快办理各项手续,主动帮助解决项目建设过程中遇到的问题和困难。要坚决贯彻有保有压、分类指导的宏观调控方针,引导投资向国家鼓励的产业和地区倾斜,加大对重点建设项目的扶持力度,推动投资结构优化升级,提高投资质量和效益。要切实加强投资建设法律法规的宣传培训工作,引导各类投资主体依法投资建设,营造和维护正常的投资建设秩序。

各地区、各有关部门要高度重视新开工项目管理工作,认真贯彻执行上述规定,抓紧制定相关配套措施和实施细则,不断提高投资管理水平。

建设项目竣工环境保护验收管理办法(2010年修正)

(2001年12月27日国家环境保护总局令第13号发布 根据2010年12月22日环境保护部令第16号《关于废止、修改部分环保部门规章和规范性文件的决定》修正)

第一条 为加强建设项目竣工环境保护验收管理,监督落实环境保护设施与建设项目主体工程同时投产或者使用,以及落实其他需配套采取的环境保护措施,防治环境污染和生态破坏,根据《建设项目环境保护管理条例》和其他有关法律、法规规定,制定本办法。

第二条 本办法适用于环境保护行政主管部门负责审批环境影响报告书(表)或者环境影响登记表的建设项目竣工环境保护验收管理。

第三条 建设项目竣工环境保护验收是指建设项目竣工后,环境保护行政主管部门根据本办法规定,依据环境保护验收监测或调查结果,并通过现场检查等手段,考核该建设项目是否达到环境保护要求的活动。

第四条 建设项目竣工环境保护验收范围包括:

(一)与建设项目有关的各项环境保护设施,包括为防治污染和保护环境所建成或配备的工程、设备、装置和监测手段,各项生态保护设施;

(二)环境影响报告书(表)或者环境影响登记表和有关项目设计文件规定应采取的其他各项环境保护措施。

第五条 国务院环境保护行政主管部门负责制定建设项目竣工环境保护验收管理规范,指导并监督地方人民政府环境保护行政主管部门的建设项目竣工环境保护验收工作,并负责对其审批的环境影响报告书(表)或者环境影响登记表的建设项目竣工环境保护验收工作。

县级以上地方人民政府环境保护行政主管部门按照环境影响报告书(表)或环境影响登记表的审批权限负责建设项目竣工环境保护验收。

第六条 建设项目的主体工程完工后,其配套建设的环境保护设施必须与主体工程同时投入生产或者运行。需要进行试生产的,其配套建设的环境保护设施必须与主体工程同时投入试运行。

第七条 建设项目试生产前,建设单位应向有审批权的环境保护行政主管部门提出试生产申请。

对国务院环境保护行政主管部门审批环境影响报告书(表)或环境影响登记表的非核设施建设项目,由建设项目所在地省、自治区、直辖市人民政府环境保护行政主管部门负责受理其试生产申请,并将其审查决定报送国务院环境保护行政主管部门备案。

核设施建设项目试运行前,建设单位应向国务院环境保护行政主管部门报批首次装料阶段的环境影响报告书,经批准后,方可进行试运行。

第八条 环境保护行政主管部门应自接到试生产申请之日起 30 日内,组织或委托下一级环境保护行政主管部门对申请试生产的建设项目环境保护设施及其他环境保护措施的落实情况进行现场检查,并做出审查决定。

对环境保护设施已建成及其他环境保护措施已按规定要求落实的,同意试生产申请;对环境保护设施或其他环境保护措施未按规定建成或落实的,不予同意,并说明理由。逾期未做出决定的,视为同意。

试生产申请经环境保护行政主管部门同意后,建设单位方可进行试生产。

第九条 建设项目竣工后,建设单位应当向有审批权的环境保护行政主管部门,申请该建设项目竣工环境保护验收。

第十条 进行试生产的建设项目,建设单位应当自试生产之日起 3 个月内,向有审批权的环境保护行政主管部门申请该建设项目竣工环境保护验收。

对试生产 3 个月确不具备环境保护验收条件的建设项目,建设单位应当在试生产的 3 个月内,向有审批权的环境环境保护行政主管部门提出该建设项目环境保护延期验收申请,说明延期验收的理由及拟进行验收的时间。经批准后建设单位方可继续进行试生产。试生产的期限最长不超过一年。核设施建设项目试生产的期限最长不超过二年。

第十一条 根据国家建设项目环境保护分类管理的规定,对建设项目竣工环境保护验收实施分类管理。

建设单位申请建设项目竣工环境保护验收,应当向有审批权的环境保护行政主管部门提交以下验收材料:

(一)对编制环境影响报告书的建设项目,为建设项目竣工环境保护验收申请报告,并附环境保护验收监测报告或调查报告;

(二)对编制环境影响报告表的建设项目,为建设项目竣工环境保护验收申请表,并附环境保护验收监测表或调查表;

(三)对填报环境影响登记表的建设项目,为建设项目竣工环境保护验收登记卡。

第十二条 对主要因排放污染物对环境产生污染和危害的建设项目,建设单位应提交环境保护验收监测报告(表)。

对主要对生态环境产生影响的建设项目,建设单位应提交环境保护验收调查报告(表)。

第十三条 环境保护验收监测报告(表),由建设单位委托经环境保护行政主管部门批准有相应资质的环境监测站或环境放射性监测站编制。

环境保护验收调查报告(表),由建设单位委托经环境保护行政主管部门批准有相应资质的环境监测站或环境放射性监测站,或者具有相应资质的环境影响评价单位编制。承担该建设项目环境影响评价工作的单位不得同时承担该建设项目环境保护验收调查报告(表)的编制工作。

承担环境保护验收监测或者验收调查工作的单位,对验收监测或验收调查结论负责。

第十四条 环境保护行政主管部门应自收到建设项目竣工环境保护验收申请之日起30日内,完成验收。

第十五条 环境保护行政主管部门在进行建设项目竣工环境保护验收时,应组织建设项目所在地的环境保护行政主管部门和行业主管部门等成立验收组(或验收委员会)。

验收组(或验收委员会)应对建设项目的环境保护设施及其他环境保护措施进行现场检查和审议,提出验收意见。

建设项目的建设单位、设计单位、施工单位、环境影响报告书(表)编制单位、环境保护验收监测(调查)报告(表)的编制单位应当参与验收。

第十六条 建设项目竣工环境保护验收条件是:

(一)建设前期环境保护审查、审批手续完备,技术资料与环境保护档案资料齐全;

(二)环境保护设施及其他措施等已按批准的环境影响报告书(表)或者环境影响登记表和设计文件的要求建成或者落实,环境保护设施经负荷试车检测合格,其防治污染能力适应主体工程的需要;

(三)环境保护设施安装质量符合国家和有关部门颁发的专业工程验收规范、规程和检验评定标准;

(四)具备环境保护设施正常运转的条件,包括:经培训合格的操作人员、健全的岗位操作规程及相应的规章制度,原料、动力供应落实,符合交付使用的其他要求;

（五）污染物排放符合环境影响报告书（表）或者环境影响登记表和设计文件中提出的标准及核定的污染物排放总量控制指标的要求；

（六）各项生态保护措施按环境影响报告书（表）规定的要求落实，建设项目建设过程中受到破坏并可恢复的环境已按规定采取了恢复措施；

（七）环境监测项目、点位、机构设置及人员配备，符合环境影响报告书（表）和有关规定的要求；

（八）环境影响报告书（表）提出需对环境保护敏感点进行环境影响验证，对清洁生产进行指标考核，对施工期环境保护措施落实情况进行工程环境监理的，已按规定要求完成；

（九）环境影响报告书（表）要求建设单位采取措施削减其他设施污染物排放，或要求建设项目所在地地方政府或者有关部门采取"区域削减"措施满足污染物排放总量控制要求的，其相应措施得到落实。

第十七条 对符合第十六条规定的验收条件的建设项目，环境保护行政主管部门批准建设项目竣工环境保护验收申请报告、建设项目竣工环境保护验收申请表或建设项目竣工环境保护验收登记卡。

对填报建设项目竣工环境保护验收登记卡的建设项目，环境保护行政主管部门经过核查后，可直接在环境保护验收登记卡上签署验收意见，作出批准决定。

建设项目竣工环境保护验收申请报告、建设项目竣工环境保护验收申请表或者建设项目竣工环境保护验收登记卡未经批准的建设项目，不得正式投入生产或者使用。

第十八条 分期建设、分期投入生产或者使用的建设项目，按照本办法规定的程序分期进行环境保护验收。

第十九条 国家对建设项目竣工环境保护验收实行公告制度。环境保护行政主管部门应当定期向社会公告建设项目竣工环境保护验收结果。

第二十条 县级以上人民政府环境保护行政主管部门应当于每年6月底前和12月底前，将其前半年完成的建设项目竣工环境保护验收的有关材料报上一级环境保护行政主管部门备案。

第二十一条 违反本办法第六条规定，试生产建设项目配套建设的环境保护设施未与主体工程同时投入试运行的，由有审批权的环境保护行政主管部门依照《建设项目环境保护管理条例》第二十六条的规定，责令限期改正；逾期不改正的，责令停止试生产，可以处5万元以下罚款。

第二十二条 违反本办法第十条规定，建设项目投入试生产超过3个月，建设单位未申请建设项目竣工环境保护验收或者延期验收的，由有审批权的环境保护行政主管部门依照《建设项目环境保护管理条例》第二十七条的规定责令限期办理环境保护验收手续；逾期未办理的，责令停止试生产，可以处5万元以下罚款。

第二十三条 违反本办法规定，建设项目需要配套建设的环境保护设施未建成，未经建设项目竣工环境保护验收或者验收不合格，主体工程正式投入生产或者使用的，由环境保护行政主管部门依照《中华人民共和国水污染防治法》第七十一条、《中华人民共和国大气污染防治法》第四十七条、《中华人民共和国固体废物污染环境防治法》第六十九条或者《建设项目环境保护管理条例》第二十八条的规定予以处罚。

第二十四条 从事建设项目竣工环境保护验收监测或验收调查工作的单位，在验收监测或验收调查工作中弄虚作假的,按照国务院环境保护行政主管部门的有关规定给予处罚。

第二十五条 环境保护行政主管部门的工作人员在建设项目竣工环境保护验收工作中徇私舞弊,滥用职权,玩忽职守,构成犯罪的,依法追究刑事责任;尚不构成犯罪的,依法给予行政处分。

第二十六条 建设项目竣工环境保护申请报告、申请表、登记卡以及环境保护验收监测报告(表)、环境保护验收调查报告(表)的内容和格式,由国务院环境保护行政主管部门统一规定。

第二十七条 本办法自2002年2月1日起施行。原国家环境保护局第十四号令《建设项目环境保护设施竣工验收规定》同时废止。

环境保护部建设项目"三同时"监督检查和竣工环保验收管理规程(试行)

(2009年12月17日 环发〔2009〕150号)

第一章 总 则

第一条 为进一步强化环境保护部审批的建设项目竣工环保验收管理,建立"三同时"监督检查机制,根据《建设项目环境保护管理条例》、《建设项目竣工环境保护验收管理办法》及《环境保护部机关"三定"实施方案》,制定本规程。

第二条 本规程适用于环境保护部负责审批环境影响评价文件的建设项目(不含核与辐射设施建设项目)"三同时"监督检查和竣工环保验收管理。

第三条 建设项目依据规模、所处环境敏感性和环境风险程度,其竣工环保验收现场检查按Ⅰ、Ⅱ两类实施分类管理。

第四条 环境保护督查中心和省级环境保护行政主管部门参与建设项目竣工环保验收,受委托承担Ⅱ类建设项目竣工环保验收现场检查。

第五条 环境保护督查中心受委托承担建设项目"三同时"监督检查。

地方各级环境保护行政主管部门负责辖区内建设项目"三同时"日常监督管理。

第六条 环境保护行政主管部门及其工作人员,以及承担验收监测或调查工作的单位和个人,应严格执行《建设项目环境影响评价行为准则与廉政规定》。验收监测或调查单位应客观公正反映建设项目环境保护措施落实情况及效果,对验收监测或调查结论负责。

第二章 "三同时"监督检查

第七条 环境影响评价审批文件抄送项目所在区域的环境保护督查中心和省、市、县级环境保护行政主管部门。

环境保护督查中心和省级环境保护行政主管部门受环境保护部委托,分别负责组织开展"三同时"监督检查和日常监督管理。建设单位应当在建设项目开工前向环境保护督查中心和地方各级环境保护行政主管部门书面报告开工建设情况,并定期书面报告"三同时"执行情况。

第八条 环境保护督查中心和地方各级环境保护行政主管部门应跟踪建设项目进展信息。

建设项目开工后,环境保护督查中心及时制定并实施"三同时"监督检查计划;省级环境保护行政主管部门及时制定日常监督管理计划,并组织市、县级环境保护行政主管部门予以实施。

第九条 监督检查和日常监督管理以建设项目环境影响评价文件及其审批文件为依据,主要内容包括:

(一)建设项目的性质、规模、地点、采用的生产工艺以及防治污染、防止生态破坏的措施是否发生重大变动;

(二)环境保护设施和措施与主体工程设计、施工、投产使用是否同步;

(三)施工期污染防治和生态保护情况;

(四)施工期环境监理的实施情况;

(五)施工期环境监测的实施情况;

(六)前次监督检查和日常监督管理的整改要求落实情况;

(七)限期整改和行政处罚决定等落实情况。

监督检查和日常监督管理应当制作现场检查记录和取证询问笔录等书面记录。

第十条 建设项目建成后,环境保护督查中心应当及时编制"三同时"监督检查报告报送环境保护部,作为该建设项目竣工环保验收的依据之一,并同时抄送省级环境保护行政主管部门。

第十一条 环境影响评价审批文件要求开展施工期环境监理的建设项目,建设项目建成后,环境监理单位应当编制施工期环境监理报告,作为该建设项目竣工环保验收的依据之一。

第十二条 环境保护督查中心和地方各级环境保护行政主管部门在"三同时"监督检查和日常监督管理中,发现建设项目存在"三同时"执行不到位、尚未构成环境违法的行为,应督促建设单位及时整改,并书面报告环境保护部。

第十三条 环境保护督查中心和省级环境保护行政主管部门在"三同时"监督检查和日常监督管理中,发现建设项目存在以下环境违法行为,及时调查取证,提出处理建议,书面报告环境保护部:

(一)建设项目的性质、规模、地点、采用的生产工艺或者防治污染、防止生态破坏的措施擅自发生重大变动;

(二)超过法定期限开工建设,环境影响评价文件未经重新审核;

(三)建设项目建设过程中造成严重环境污染和生态破坏;

(四)配套的环境保护设施未与主体工程同时建成并投入试运行;

(五)未按法定期限办理竣工环保验收手续;

(六)环境保护设施未经验收或验收不合格,主体工程即投入正式生产或者使用;

(七)其他环境违法行为。

环境保护部对违法行为依法予以行政处罚。查处情况以及行政处罚决定书等相关法律文书抄送环境保护督查中心和省级环境保护行政主管部门。环境保护督查中心负责监督行政处罚决定书、限期改正通知书等的执行。

第十四条 环境保护督查中心每季度第一个月的前十日之内,向环境保护部报送上一季度建设项目"三同时"监督检查情况;每年一月的前二十日之内,报送上一年度建设项目"三同时"监督检查工作总结。

省级环境保护行政主管部门每季度第一个月的前十日之内,向环境保护部报送上一季度辖区内建设项目"三同时"日常监督管理情况;每年一月的前二十日之内,报送辖区内上一年度建设项目"三同时"日常监督管理工作总结。以上材料同时抄送环境保护督查中心。

第十五条 环境保护督查中心和省级环境保护行政主管部门建立建设项目监管档案。

第三章 竣工环保验收管理

第十六条 建设项目建成后,省级环境保护行政主管部门依据环境影响评价文件及其审批文件、日常监督管理记录、施工期环境监理报告,对环境保护设施和措施落实情况进行现场检查。需要进行试生产的,应在接到试生产申请之日起30个工作日内,征求项目所在区域的环境保护督查中心意见后,做出是否允许试生产的决定。试生产审查决定抄送环境保护部及环境保护督查中心。

第十七条 建设项目依法进入试生产后,建设单位应及时委托有相应资质的验收监测或调查单位开展验收监测或调查工作。验收监测或调查单位应在国家规定期限内完成验收监测或调查工作,及时了解验收监测或调查期间发现的重大环境问题和环境违法行为,并书面报告环境保护部。

第十八条 验收监测或调查报告编制完成后,由建设单位向环境保护部提交验收申请。对于验收申请材料完整的建设项目,环境保护部予以受理,并出具受理回执;对于验收申请材料不完整的建设项目,不予受理,并当场一次性告知需要补充的材料。

验收申请材料包括:

(一)建设项目竣工环保验收申请报告,纸件2份;

(二)验收监测或调查报告,纸件2份,电子件1份;

(三)由验收监测或调查单位编制的建设项目竣工环保验收公示材料,纸件1份,电子件1份;

(四)环境影响评价审批文件要求开展环境监理的建设项目,提交施工期环境监理报告,纸件1份。

第十九条 环境保护部对受理的建设项目验收监测或调查结果按月进行公示(涉密建设项目除外)。对公众反映的问题予以调查核实,提出处理意见。

第二十条 环境保护部受理建设项目验收申请后,组织Ⅰ类建设项目验收现场检查;环境保护督查中心或省级环境保护行政主管部门受委托组织Ⅱ类建设项目验收现场检查,并将验收现场检查情况和验收意见报送环境保护部。

第二十一条 环境保护部按月对完成验收现场检查的建设项目进行审查。

第二十二条 经验收审查,对验收合格的建设项目,环境保护部在受理建设项目验收申请材料之日起30个工作日内办理验收审批手续(不包括验收现场检查和整改时间)。

建设项目验收审批文件抄送项目所在区域的环境保护督查中心和省、市、县级环境保护行政主管部门。

第二十三条 经验收审查,对验收不合格的建设项目,环境保护部下达限期整改,环境保护督查中心和省级环境保护行政主管部门负责监督限期整改要求的落实。

按期完成限期整改的建设项目应重新向环境保护部提交验收申请。

对逾期未按要求完成限期整改的建设项目,环境保护部依法予以查处。

第二十四条 对完成验收审批的建设项目按季度进行公告(涉密建设项目除外)。

第四章 附 则

第二十五条 地方环境保护行政主管部门可参照本规程制定相应的规范性文件。

第二十六条 本规程自发布之日起实施。

附件:环境保护部审批的建设项目验收现场检查分类目录

附件:

环境保护部审批的建设项目验收现场检查分类目录

一、Ⅰ类建设项目

1. 涉及国家级自然保护区、饮用水水源保护区等重大敏感项目。
2. 跨大区项目。
3. 化工石化:炼油及乙烯项目;新建 PTA、PX、MDI、TDI 项目;铬盐、氰化物生产项目;煤制甲醇、二甲醚、烯烃、油及天然气项目。
4. 危险废物集中处置项目。
5. 冶金有色:新、扩建炼铁、炼钢项目;电解铝项目;铜、铅、锌冶炼项目;稀土项目。
6. 能源:单机装机容量100万千瓦及以上的燃煤电站项目;煤电一体化项目;总装机容量100万千瓦及以上的水电站项目;年产200万吨及以上的油田开发项目;年产100亿立方米及以上新气田开发项目;国家规划矿区内年产300万吨及以上的煤炭开发项目;总投资50亿元及以上的跨省(区、市)输油(气)管道干线项目。
7. 轻工:20万吨及以上制浆项目、林纸一体化项目。
8. 水利:库容10亿立方米及以上的国际及跨省(区、市)河流上的水库项目。
9. 交通运输:200公里及以上的新、改、扩建铁路项目;城市快速轨道交通项目;100公里以上高速公路项目;新建港区和煤炭、矿石、油气专用泊位;新建机场项目。
10. 总投资50亿元及以上的《政府核准的投资项目目录》中的社会事业项目。

二、Ⅱ类建设项目

Ⅰ类建设项目以外的非核与辐射项目。

我部根据管理需要,适时调整分类名录。

国家环境保护总局、国家工商行政管理总局关于加强中小型建设项目环境保护管理工作有关问题的通知

(2002年5月24日 环发〔2002〕85号)

近年来,各级环保、工商行政管理部门,为贯彻实施国务院发布的《建设项目环境保护管理条例》(以下简称《条例》),互相沟通,密切配合,对防止新的建设项目污染环境、破坏生态发挥了重要作用。随着市场经济的发展,建设项目投资主体和融资渠道正逐步形成多元化格局。因此,依法做好建设项目特别是中小型建设项目的环境保护管理显得更加迫切和重要,为加强这一工作,现就有关问题通知如下:

一、依照《条例》的有关规定,建设单位应当在建设项目可行性研究阶段报批环境影响报告书、环境影响报告表或者环境影响登记表;其中,需要办理营业执照的,应当在办理营业执照前报批建设项目环境影响报告书、环境影响报告表或者环境影响登记表。

二、各级环保行政主管部门要根据国家产业政策和环境保护法规要求,按照《建设项目环境保护分类管理名录》对建设项目实施分类管理,认真做好审批工作,严格把关。

三、各级环保和工商行政管理部门要加强联系,互相沟通,密切配合。环保行政主管部门要及时将建设项目环境保护分类管理的有关规定及审批未通过项目通报工商行政管理部门;工商行政管理部门要将登记信息定期或不定期通报环保行政主管部门。

环保行政主管部门对已办理营业执照,但依照有关规定应办理环保审批手续而未办理的建设单位,应责令其限期补办手续,逾期不办或擅自开工建设的,要依法处理,并将处理结果通报工商行政管理部门;工商行政管理部门对未通过环保审批的项目,要依法予以处理。

四、各地环保、工商行政管理部门可根据本通知精神,结合本地区实际情况,制定具体的实施办法。

自然灾害救助条例

(2010年7月8日 中华人民共和国国务院令第577号)

目 录

第一章 总 则
第二章 救助准备
第三章 应急救助
第四章 灾后救助
第五章 救助款物管理
第六章 法律责任
第七章 附 则

第一章 总 则

第一条 为了规范自然灾害救助工作,保障受灾人员基本生活,制定本条例。

第二条 自然灾害救助工作遵循以人为本、政府主导、分级管理、社会互助、灾民自救的原则。

第三条 自然灾害救助工作实行各级人民政府行政领导负责制。

国家减灾委员会负责组织、领导全国的自然灾害救助工作,协调开展重大自然灾害救助活动。国务院民政部门负责全国的自然灾害救助工作,承担国家减灾委员会的具体工作。国务院有关部门按照各自职责做好全国的自然灾害救助相关工作。

县级以上地方人民政府或者人民政府的自然灾害救助应急综合协调机构,组织、协调本行政区域的自然灾害救助工作。县级以上地方人民政府民政部门负责本行政区域的自然灾害救助工作。县级以上地方人民政府有关部门按照各自职责做好本行政区域的自然灾害救助相关工作。

第四条 县级以上人民政府应当将自然灾害救助工作纳入国民经济和社会发展规划,建立健全与自然灾害救助需求相适应的资金、物资保障机制,将人民政府安排的自然灾害救助资金和自然灾害救助工作经费纳入财政预算。

第五条 村民委员会、居民委员会以及红十字会、慈善会和公募基金会等社会组织,依法协助人民政府开展自然灾害救助工作。

国家鼓励和引导单位和个人参与自然灾害救助捐赠、志愿服务等活动。

第六条 各级人民政府应当加强防灾减灾宣传教育,提高公民的防灾避险意识和自救互救能力。

村民委员会、居民委员会、企业事业单位应当根据所在地人民政府的要求,结合各自的实际情况,开展防灾减灾应急知识的宣传普及活动。

第七条 对在自然灾害救助中作出突出贡献的单位和个人,按照国家有关规定给予表彰和奖励。

第二章 救助准备

第八条 县级以上地方人民政府及其有关部门应当根据有关法律、法规、规章,上级人民政府及其有关部门的应急预案以及本行政区域的自然灾害风险调查情况,制定相应的自然灾害救助应急预案。

自然灾害救助应急预案应当包括下列内容:

(一)自然灾害救助应急组织指挥体系及其职责;
(二)自然灾害救助应急队伍;
(三)自然灾害救助应急资金、物资、设备;
(四)自然灾害的预警预报和灾情信息的报告、处理;
(五)自然灾害救助应急响应的等级和相应措施;
(六)灾后应急救助和居民住房恢复重建措施。

第九条 县级以上人民政府应当建立健全自然灾害救助应急指挥技术支撑系统,并为自然灾害救助工作提供必要的交通、通信等装备。

第十条　国家建立自然灾害救助物资储备制度,由国务院民政部门分别会同国务院财政部门、发展改革部门制定全国自然灾害救助物资储备规划和储备库规划,并组织实施。

设区的市级以上人民政府和自然灾害多发、易发地区的县级人民政府应当根据自然灾害特点、居民人口数量和分布等情况,按照布局合理、规模适度的原则,设立自然灾害救助物资储备库。

第十一条　县级以上地方人民政府应当根据当地居民人口数量和分布等情况,利用公园、广场、体育场馆等公共设施,统筹规划设立应急避难场所,并设置明显标志。

启动自然灾害预警响应或者应急响应,需要告知居民前往应急避难场所的,县级以上地方人民政府或者人民政府的自然灾害救助应急综合协调机构应当通过广播、电视、手机短信、电子显示屏、互联网等方式,及时公告应急避难场所的具体地址和到达路径。

第十二条　县级以上地方人民政府应当加强自然灾害救助人员的队伍建设和业务培训,村民委员会、居民委员会和企业事业单位应当设立专职或者兼职的自然灾害信息员。

第三章　应急救助

第十三条　县级以上人民政府或者人民政府的自然灾害救助应急综合协调机构应当根据自然灾害预警预报启动预警响应,采取下列一项或者多项措施:

(一)向社会发布规避自然灾害风险的警告,宣传避险常识和技能,提示公众做好自救互救准备;

(二)开放应急避难场所,疏散、转移易受自然灾害危害的人员和财产,情况紧急时,实行有组织的避险转移;

(三)加强对易受自然灾害危害的乡村、社区以及公共场所的安全保障;

(四)责成民政等部门做好基本生活救助的准备。

第十四条　自然灾害发生并达到自然灾害救助应急预案启动条件的,县级以上人民政府或者人民政府的自然灾害救助应急综合协调机构应当及时启动自然灾害救助应急响应,采取下列一项或者多项措施:

(一)立即向社会发布政府应对措施和公众防范措施;

(二)紧急转移安置受灾人员;

(三)紧急调拨、运输自然灾害救助应急资金和物资,及时向受灾人员提供食品、饮用水、衣被、取暖、临时住所、医疗防疫等应急救助,保障受灾人员基本生活;

(四)抚慰受灾人员,处理遇难人员善后事宜;

(五)组织受灾人员开展自救互救;

(六)分析评估灾情趋势和灾区需求,采取相应的自然灾害救助措施;

(七)组织自然灾害救助捐赠活动。

对应急救助物资,各交通运输主管部门应当组织优先运输。

第十五条　在自然灾害救助应急期间,县级以上地方人民政府或者人民政府的自然灾害救助应急综合协调机构可以在本行政区域内紧急征用物资、设备、交通运输工具和场地,自然灾害救助应急工作结束后应当及时归还,并按照国家有关规定给予补偿。

第十六条　自然灾害造成人员伤亡或者较大财产损失的,受灾地区县级人民政府民政部门应当立即向本级人民政府和上一级人民政府民政部门报告。

自然灾害造成特别重大或者重大人员伤亡、财产损失的,受灾地区县级人民政府民政部门应当按照有关法律、行政法规和国务院应急预案规定的程序及时报告,必要时可以直接报告国务院。

第十七条 灾情稳定前,受灾地区人民政府民政部门应当每日逐级上报自然灾害造成的人员伤亡、财产损失和自然灾害救助工作动态等情况,并及时向社会发布。

灾情稳定后,受灾地区县级以上人民政府或者人民政府的自然灾害救助应急综合协调机构应当评估、核定并发布自然灾害损失情况。

第四章 灾后救助

第十八条 受灾地区人民政府应当在确保安全的前提下,采取就地安置与异地安置、政府安置与自行安置相结合的方式,对受灾人员进行过渡性安置。

就地安置应当选择在交通便利、便于恢复生产和生活的地点,并避开可能发生次生自然灾害的区域,尽量不占用或者少占用耕地。

受灾地区人民政府应当鼓励并组织受灾群众自救互救,恢复重建。

第十九条 自然灾害危险消除后,受灾地区人民政府应当统筹研究制订居民住房恢复重建规划和优惠政策,组织重建或者修缮因灾损毁的居民住房,对恢复重建确有困难的家庭予以重点帮扶。

居民住房恢复重建应当因地制宜、经济实用,确保房屋建设质量符合防灾减灾要求。

受灾地区人民政府民政等部门应当向经审核确认的居民住房恢复重建补助对象发放补助资金和物资,住房城乡建设等部门应当为受灾人员重建或者修缮因灾损毁的居民住房提供必要的技术支持。

第二十条 居民住房恢复重建补助对象由受灾人员本人申请或者由村民小组、居民小组提名。经村民委员会、居民委员会民主评议,符合救助条件的,在自然村、社区范围内公示;无异议或者经村民委员会、居民委员会民主评议异议不成立的,由村民委员会、居民委员会将评议意见和有关材料提交乡镇人民政府、街道办事处审核,报县级人民政府民政等部门审批。

第二十一条 自然灾害发生后的当年冬季、次年春季,受灾地区人民政府应当为生活困难的受灾人员提供基本生活救助。

受灾地区县级人民政府民政部门应当在每年10月底前统计、评估本行政区域受灾人员当年冬季、次年春季的基本生活困难和需求,核实救助对象,编制工作台账,制定救助工作方案,经本级人民政府批准后组织实施,并报上一级人民政府民政部门备案。

第五章 救助款物管理

第二十二条 县级以上人民政府财政部门、民政部门负责自然灾害救助资金的分配、管理并监督使用情况。

县级以上人民政府民政部门负责调拨、分配、管理自然灾害救助物资。

第二十三条 人民政府采购用于自然灾害救助准备和灾后恢复重建的货物、工程和服务,依照有关政府采购和招标投标的法律规定组织实施。自然灾害应急救助和灾后恢复重建中涉及紧急抢救、紧急转移安置和临时性救助的紧急采购活动，按照国家有关规定执行。

第二十四条　自然灾害救助款物专款(物)专用，无偿使用。

定向捐赠的款物，应当按照捐赠人的意愿使用。政府部门接受的捐赠人无指定意向的款物，由县级以上人民政府民政部门统筹安排用于自然灾害救助；社会组织接受的捐赠人无指定意向的款物，由社会组织按照有关规定用于自然灾害救助。

第二十五条　自然灾害救助款物应当用于受灾人员的紧急转移安置，基本生活救助，医疗救助，教育、医疗等公共服务设施和住房的恢复重建，自然灾害救助物资的采购、储存和运输，以及因灾遇难人员亲属的抚慰等项支出。

第二十六条　受灾地区人民政府民政、财政等部门和有关社会组织应当通过报刊、广播、电视、互联网，主动向社会公开所接受的自然灾害救助款物和捐赠款物的来源、数量及其使用情况。

受灾地区村民委员会、居民委员会应当公布救助对象及其接受救助款物数额和使用情况。

第二十七条　各级人民政府应当建立健全自然灾害救助款物和捐赠款物的监督检查制度，并及时受理投诉和举报。

第二十八条　县级以上人民政府监察机关、审计机关应当依法对自然灾害救助款物和捐赠款物的管理使用情况进行监督检查，民政、财政等部门和有关社会组织应当予以配合。

第六章　法律责任

第二十九条　行政机关工作人员违反本条例规定，有下列行为之一的，由任免机关或者监察机关依照法律法规给予处分；构成犯罪的，依法追究刑事责任：

（一）迟报、谎报、瞒报自然灾害损失情况，造成后果的；

（二）未及时组织受灾人员转移安置，或者在提供基本生活救助、组织恢复重建过程中工作不力，造成后果的；

（三）截留、挪用、私分自然灾害救助款物或者捐赠款物的；

（四）不及时归还征用的财产，或者不按照规定给予补偿的；

（五）有滥用职权、玩忽职守、徇私舞弊的其他行为的。

第三十条　采取虚报、隐瞒、伪造等手段，骗取自然灾害救助款物或者捐赠款物的，由县级以上人民政府民政部门责令限期退回违法所得的款物；构成犯罪的，依法追究刑事责任。

第三十一条　抢夺或者聚众哄抢自然灾害救助款物或者捐赠款物的，由县级以上人民政府民政部门责令停止违法行为；构成违反治安管理行为的，由公安机关依法给予治安管理处罚；构成犯罪的，依法追究刑事责任。

第三十二条　以暴力、威胁方法阻碍自然灾害救助工作人员依法执行职务，构成违反治安管理行为的，由公安机关依法给予治安管理处罚；构成犯罪的，依法追究刑事责任。

第七章　附　则

第三十三条　发生事故灾难、公共卫生事件、社会安全事件等突发事件，需要由县级以上人民政府民政部门开展生活救助的，参照本条例执行。

第三十四条　法律、行政法规对防灾、抗灾、救灾另有规定的，从其规定。

第三十五条 本条例自 2010 年 9 月 1 日起施行。

军队参加抢险救灾条例

(2005 年 6 月 7 日　中华人民共和国国务院、中央军事委员会令第 436 号)

第一条 为了发挥中国人民解放军(以下称军队)在抢险救灾中的作用,保护人民生命和财产安全,根据国防法的规定,制定本条例。

第二条 军队是抢险救灾的突击力量,执行国家赋予的抢险救灾任务是军队的重要使命。

各级人民政府和军事机关应当按照本条例的规定,做好军队参加抢险救灾的组织、指挥、协调、保障等工作。

第三条 军队参加抢险救灾主要担负下列任务:

(一)解救、转移或者疏散受困人员;

(二)保护重要目标安全;

(三)抢救、运送重要物资;

(四)参加道路(桥梁、隧道)抢修、海上搜救、核生化救援、疫情控制、医疗救护等专业抢险;

(五)排除或者控制其他危重险情、灾情。

必要时,军队可以协助地方人民政府开展灾后重建等工作。

第四条 国务院组织的抢险救灾需要军队参加的,由国务院有关主管部门向中国人民解放军总参谋部提出,中国人民解放军总参谋部按照国务院、中央军事委员会的有关规定办理。

县级以上地方人民政府组织的抢险救灾需要军队参加的,由县级以上地方人民政府通过当地同级军事机关提出,当地同级军事机关按照国务院、中央军事委员会的有关规定办理。

在险情、灾情紧急的情况下,地方人民政府可以直接向驻军部队提出救助请求,驻军部队应当按照规定立即实施救助,并向上级报告;驻军部队发现紧急险情、灾情也应当按照规定立即实施救助,并向上级报告。

抢险救灾需要动用军用飞机(直升机)、舰艇的,按照有关规定办理。

第五条 国务院有关主管部门、县级以上地方人民政府提出需要军队参加抢险救灾的,应当说明险情或者灾情发生的种类、时间、地域、危害程度、已经采取的措施,以及需要使用的兵力、装备等情况。

第六条 县级以上地方人民政府组建的抢险救灾指挥机构,应当有当地同级军事机关的负责人参加;当地有驻军部队的,还应当有驻军部队的负责人参加。

第七条 军队参加抢险救灾应当在人民政府的统一领导下进行,具体任务由抢险救灾指挥机构赋予,部队的抢险救灾行动由军队负责指挥。

第八条 县级以上地方人民政府应当向当地军事机关及时通报有关险情、灾情的信息。

在经常发生险情、灾情的地方,县级以上地方人民政府应当组织军地双方进行实地勘察和抢险救灾演习、训练。

第九条　省军区(卫戍区、警备区)、军分区(警备区)、县(市、市辖区)人民武装部应当及时掌握当地有关险情、灾情信息,办理当地人民政府提出的军队参加抢险救灾事宜,做好人民政府与执行抢险救灾任务的部队之间的协调工作。有关军事机关应当制定参加抢险救灾预案,组织部队开展必要的抢险救灾训练。

第十条　军队参加抢险救灾时,当地人民政府应当提供必要的装备、物资、器材等保障,派出专业技术人员指导部队的抢险救灾行动;铁路、交通、民航、公安、电信、邮政、金融等部门和机构,应当为执行抢险救灾任务的部队提供优先、便捷的服务。

军队执行抢险救灾任务所需要的燃油,由执行抢险救灾任务的部队和当地人民政府共同组织保障。

第十一条　军队参加抢险救灾需要动用作战储备物资和装备器材的,必须按照规定报经批准。对消耗的部队携行装备器材和作战储备物资、装备器材,应当及时补充。

第十二条　灾害发生地人民政府应当协助执行抢险救灾任务的部队做好饮食、住宿、供水、供电、供暖、医疗和卫生防病等必需的保障工作。

地方人民政府与执行抢险救灾任务的部队应当互相通报疫情,共同做好卫生防疫工作。

第十三条　军队参加国务院组织的抢险救灾所耗费用由中央财政负担。军队参加地方人民政府组织的抢险救灾所耗费用由地方财政负担。

前款所指的费用包括:购置专用物资和器材费用,指挥通信、装备维修、燃油、交通运输等费用,补充消耗的携行装备器材和作战储备物资费用,以及人员生活、医疗的补助费用。

抢险救灾任务完成后,军队有关部门应当及时统计军队执行抢险救灾任务所耗费用,报抢险救灾指挥机构审核。

第十四条　国务院有关主管部门和县级以上地方人民政府应当在险情、灾情频繁发生或者列为灾害重点监视防御的地区储备抢险救灾专用装备、物资和器材,保障抢险救灾需要。

第十五条　军队参加重大抢险救灾行动的宣传报道,由国家和军队有关主管部门统一组织实施。新闻单位采访、报道军队参加抢险救灾行动,应当遵守国家和军队的有关规定。

第十六条　对在执行抢险救灾任务中有突出贡献的军队单位和个人,按照国家和军队的有关规定给予奖励;对死亡或者致残的人员,按照国家有关规定给予抚恤优待。

第十七条　中国人民武装警察部队参加抢险救灾,参照本条例执行。

第十八条　本条例自2005年7月1日起施行。

在国家级自然保护区修筑设施审批管理暂行办法

(2018年3月5日　国家林业局令第50号)

第一条　为了规范在国家级自然保护区修筑设施审批事项,加强对修筑设施的事中事后监督管理,根据《中华人民共和国自然保护区条例》、《森林和野生动物类型自然保护区管理办法》等法律法规和国务院有关规定,制定本办法。

第二条 在国家级自然保护区修筑设施,应当遵守本办法。

本办法所称国家级自然保护区,是指林业主管部门主管的国家级自然保护区。

本办法所称修筑设施,是指以穿越或者占用国家级自然保护区的方式开展设施建设,包括修筑临时设施和永久设施。

第三条 在国家级自然保护区修筑设施,应当经国家林业局审查批准。

第四条 严格限制在国家级自然保护区修筑设施。必须修筑设施的,应当严格控制建设区域、面积和方式,并采取有效措施保护生态环境,确保不对主要保护对象产生重大影响,确保不改变自然生态系统基本特征和结构完整性,最大限度减少对国家级自然保护区的不利影响。

禁止在国家级自然保护区修筑以下设施:

(一)光伏发电、风力发电、火力发电等项目的设施。

(二)高尔夫球场开发、房地产开发、会所建设等项目的设施。

(三)社会资金进行商业性探矿勘查,以及不属于国家紧缺矿种资源的基础地质调查和矿产公益性远景调查的设施。

(四)污染环境、破坏自然资源或者自然景观的设施。

(五)国家禁止修筑的其他设施。

第五条 修筑设施的单位或者个人应当向国家林业局提出申请,并提交以下申请材料:

(一)申请表。

(二)拟修筑设施必须建设且无法避让国家级自然保护区的说明材料。包括:拟修筑设施项目批准文件及规划或者工程设计文件等;机场、铁路、公路、水利水电、围堰、围填海等建设项目,还应当提供修筑设施在选址选线上无法避让国家级自然保护区的比选方案。

(三)拟修筑设施对自然生态影响的说明材料。包括:拟修筑设施对国家级自然保护区主要保护对象和自然生态系统影响的评价报告或者评价登记表,以及减轻影响和恢复生态的补救性措施。国家级自然保护区属于湿地类型的,应当按照"先补后占、占补平衡"的原则,提供湿地恢复或者重建方案;机场、铁路、公路、水利水电、围堰、围填海等建设项目,还应当提供修建野生动物通道、过鱼设施等消除或者减少对野生动物不利影响的方案。

(四)相关主体的意见材料。包括:省级人民政府林业主管部门的初审意见。

(五)国家林业局公告规定的其他申请材料。

前款规定的评价报告、评价登记表的内容和适用范围由国家林业局规定。

第六条 国家林业局对申请材料不全或者不符合法定形式的,应当一次性告知申请人限期补正。对依法不予受理的,应当告知申请人并说明理由。

第七条 国家林业局应当自受理之日起20日内作出是否准予行政许可的决定,出具准予行政许可决定书或者不予行政许可决定书,并告知申请人。20日内不能作出决定的,经本行政机关负责人批准,可以延长10日,并将延长期限的理由告知申请人。

第八条 符合本办法规定的,国家林业局应当作出准予修筑设施的行政许可决定;不符合的,国家林业局应当作出不予修筑设施的行政许可决定,并告知不予许可理由。

第九条 国家林业局作出行政许可决定,需要组织专家评审的,应当将所需时间书面告知申请人。专家评审所需时间不得超过30日。

专家评审时间不计算在作出行政许可决定的期限内。

第十条　在国家级自然保护区修筑设施,依法需要办理用地手续或者变更国家级自然保护区的范围和规划的,按照有关法律法规的规定办理。

第十一条　国家林业局负责全国国家级自然保护区修筑设施的监督检查工作;县级以上地方人民政府林业主管部门负责本行政区域内国家级自然保护区修筑设施的监督检查工作。

对批准在国家级自然保护区修筑设施的,县级以上人民政府林业主管部门应当加强对修筑设施施工期和运营期的监督检查。

国家级自然保护区管理机构应当对修筑设施情况进行跟踪监督并开展生态监测,检查生态保护或者恢复措施落实情况,发现问题及时处理,并报告所属林业主管部门。

第十二条　准予修筑设施的行政许可决定的有效期为两年。确需延期的,修筑设施的单位和个人应当在有效期届满前3个月向国家林业局提出延期申请,国家林业局应当在准予行政许可决定书有效期届满前作出是否准予延期的决定。

第十三条　国家级自然保护区实验区居民,在遵守国家级自然保护区有关规定和不破坏自然资源、生态环境的前提下,在固定生产生活活动范围内修筑必要的种植、养殖和生活用房设施的,应当在修筑设施前向所在地国家级自然保护区管理机构报告,并接受指导和监督。国家林业局不再审批。

第十四条　违反本办法规定,未经批准擅自在国家级自然保护区修筑设施的,县级以上人民政府林业主管部门应当责令停止建设或者使用设施,并采取补救措施。

第十五条　在国家级自然保护区修筑设施对自然保护区造成破坏的,县级以上人民政府林业主管部门应当依法给予行政处罚或者作出其他处理决定。

林业主管部门在对国家级自然保护区监督检查中,发现有关工作人员有违法行为,依法应当给予处分的,应当向其任免机关或者监察机关提出处分建议。

第十六条　在国家级自然保护区修筑设施申请表的格式由国家林业局制定。

第十七条　本办法自2018年4月15日起施行。

基因工程安全管理办法

(1993年12月24日　国家科学技术委员会第17号令)

第一章　总　则

第一条　为了促进我国生物技术的研究与开发,加强基因工程工作的安全管理,保障公众和基因工程工作人员的健康,防止环境污染,维护生态平衡,制定本办法。

第二条　本办法所称基因工程,包括利用载体系统的重组体DNA技术,以及利用物理或者化学方法把异源DNA直接导入有机体的技术。但不包括下列遗传操作:

(一)细胞融合技术,原生质体融合技术;

(二)传统杂交繁殖技术;

(三)诱变技术,体外受精技术,细胞培养或者胚胎培养技术。

第三条 本办法适用于在中华人民共和国境内进行的一切基因工程工作,包括实验研究、中间试验、工业化生产以及遗传工程体释放和遗传工程产品使用等。

从国外进口遗传工程体,在中国境内进行基因工程工作的,应当遵守本办法。

第四条 国家科学技术委员会主管全国基因工程安全工作,成立全国基因工程安全委员会,负责基因工程安全监督和协调。

国务院有关行政主管部门依照有关规定,在各自的职责范围内对基因工程工作进行安全管理。

第五条 基因工程工作安全管理实行安全等级控制、分类归口审批制度。

第二章 安全等级和安全性评价

第六条 按照潜在危险程度,将基因工程工作分为四个安全等级:

安全等级Ⅰ,该类基因工程工作对人类健康和生态环境尚不存在危险;

安全等级Ⅱ,该类基因工程工作对人类健康和生态环境具有低度危险;

安全等级Ⅲ,该类基因工程工作对人类健康和生态环境具有中度危险;

安全等级Ⅳ,该类基因工程工作对人类健康和生态环境具有高度危险。

第七条 各类基因工程工作的安全等级的技术标准和环境标准,由国务院有关行政主管部门制定,并报全国基因工程安全委员会备案。

第八条 从事基因工程工作的单位,应当进行安全性评价,评估潜在危险,确定安全等级,制定安全控制方法和措施。

第九条 从事基因工程实验研究,应当对DNA供体、载体、宿主及遗传工程体进行安全性评价。安全性评价重点是目的基因、载体、宿主和遗传工程体的致病性、致癌性、抗药性、转移性和生态环境效应,以及确定生物控制和物理控制等级。

第十条 从事基因工程中间试验或者工业化生产,应当根据所用遗传工程体的安全性评价,对培养、发酵、分离和纯化工艺过程的设备和设施的物理屏障进行安全性鉴定,确定中间试验或者工业化生产的安全等级。

第十一条 从事遗传工程体释放,应当对遗传工程体安全性、释放目的、释放地区的生态环境、释放方式、监测方法和控制措施进行评价,确定释放工作的安全等级。

第十二条 遗传工程产品的使用,应当经过生物学安全检验,进行安全性评价,确定遗传工程产品对公众健康和生态环境可能产生的影响。

第三章 申报和审批

第十三条 从事基因工程工作的单位,应当依据遗传工程产品适用性质和安全等级,分类分级进行申报,经审批同意后方能进行。

第十四条 基因工程实验研究,属于安全等级Ⅰ和Ⅱ的工作,由本单位行政负责人批准;属于安全等级Ⅲ的工作,由本单位行政负责人审查,报国务院有关行政主管部门批准;属于安全等级Ⅳ的工作,经国务院有关行政主管部门审查,报全国基因工程安全委员会批准。

第十五条 基因工程中间试验,属于安全等级Ⅰ的工作,由本单位行政负责人批准;属于安全等级Ⅱ的工作,报国务院有关行政主管部门批准;属于安全等级Ⅲ的工作,由国务院有关行政主管部门审批;并报全国基因工程安全委员会备案;属于安全等级Ⅳ的工作,由国务院有关行政主管部门审查,报全国基因工程安全委员会批准。

第十六条 基因工程工业化生产、遗传工程体释放和遗传工程产品使用,属于安全等级Ⅰ至Ⅲ的工作,由国务院有关行政主管部门审批,并报全国基因工程安全委员会备案;属于安全等级Ⅳ的工作,由国务院有关行政主管部门审查,报全国基因工程安全委员会批准。

第十七条 从事基因工程工作的单位应当履行下列申报手续:

(一)项目负责人对从事的基因工程工作进行安全性评价,并填报申请书;

(二)本单位学术委员会对申报资料进行技术审查;

(三)上报申请书及提交有关技术资料。

第十八条 凡符合下列各项条件的基因工程工作,应当予以批准,并签发证明文件;

(一)不存在对申报的基因工程工作安全性评价的可靠性产生怀疑的事实;

(二)保证所申报的基因工程工作按照安全等级的要求,采取与现有科学技术水平相适应的安全控制措施,判断不会对公众健康和生态环境造成严重危害;

(三)项目负责人和工作人员具备从事基因工程工作所必需的专业知识和安全操作知识,能承担本办法规定的义务;

(四)符合国家有关法律、法规规定。

第四章 安全控制措施

第十九条 从事基因工程工作的单位,应当根据安全等级,确定安全控制方法,制定安全操作规则。

第二十条 从事基因工程工作的单位,应当根据安全等级,制定相应治理废弃物的安全措施。排放之前应当采取措施使残留遗传工程体灭活,以防止扩散和污染环境。

第二十一条 从事基因工程工作的单位,应当制定预防事故的应急措施,并将其列入安全操作规则。

第二十二条 遗传工程体应当贮存在特定设备内。贮放场所的物理控制应当与安全等级相适应。

安全等级Ⅳ的遗传工程体贮放场所,应当指定专人管理。

从事基因工程工作的单位应当编制遗传工程体的贮存目录清单,以备核查。

第二十三条 转移或者运输的遗传工程体应当放置在与其安全等级相适应的容器内,严格遵守国家有关运输或者邮寄生物材料的规定。

第二十四条 从事基因工程工作的单位和个人必须认真做好安全监督记录。安全监督记录保存期不得少于十年,以备核查。

第二十五条 因基因工程工作发生损害公众健康或者环境污染事故的单位,必须及时采取措施,控制损害的扩大,并向有关主管部门报告。

第五章 法律责任

第二十六条 有下列情况之一的,由有关主管部门视情节轻重分别给予警告、责令停止工作、停止资助经费、没收非法所得的处罚：

（一）未经审批，擅自进行基因工程工作的；

（二）使用不符合规定的装置、仪器、试验室等设施的；

（三）违反基因工程工作安全操作规则的；

（四）违反本办法其他规定的。

第二十七条 审批机关工作人员玩忽职守、徇私舞弊，由所在单位或者其上级主管部门对直接责任人员给予行政处分。情节严重，构成犯罪的，依法追究刑事责任。

第二十八条 违反本办法的规定，造成下列情况之一的。负有责任的单位必须立即停止损害行为，并负责治理污染、赔偿有关损失；情节严重，构成犯罪的，依法追究直接责任人员的刑事责任：

（一）严重污染环境的；

（二）损害或者影响公众健康的；

（三）严重破坏生态资源、影响生态平衡的。

第二十九条 审批机构的工作人员和参与审查的专家负有为申报者保守技术秘密的责任。

第六章 附 则

第三十条 本办法所用术语的含义是：

（一）DNA，系脱氧核糖核酸的英文名词缩写，是贮存生物遗传信息的遗传物质。

（二）基因，系控制生物性状的遗传物质的功能和结构单位，是具有遗传信息的 DNA 片段。

（三）目的基因，系指以修饰宿主细胞遗传组成并表达其遗传效应为目的异源 DNA 片段。

（四）载体，系指具有运载异源 DNA 进入宿主细胞和自我复制能力的 DNA 分子。

（五）宿主细胞，系指被导入重组 DNA 分子的细胞。宿主细胞又称受体细胞。

（六）重组 DNA 分子，系指由异源 DNA 与载体 DNA 组成的杂种 DNA 分子。

（七）有机体，系指能够繁殖或者能够传递遗传物质的活细胞或者生物体。

（八）重组体，系指因自然因素或者用人工方法导入异源 DNA 改造其遗传组成的机体。

（九）变异体，系指因自然或者人工因素导致其遗传物质变化的有机体。

（十）重组体 DNA 技术，系指利用载体系统人工修饰有机体遗传组成的技术，即在体外通过酶的作用将异源 DNA 与载体 DNA 重组，并将该重组 DNA 分子导入宿主细胞内，以扩增异源 DNA 并实现其功能表达的技术。

（十一）遗传工程体，系利用基因工程的遗传操作获得的有机体，包括遗传工程动物、遗传工程植物和遗传工程微生物。

下列变异体和重组体不属于本办法所称遗传工程体：用细胞融合或者原生质体融合技术获得的生物；传统杂交繁殖技术获得的动物和植物；物理化学因素诱变技术其遗传组成的生物；以及染色体结构畸变和数目畸变的生物。

（十二）遗传工程产品，系指含有遗传工程体、遗传工程体成分或者遗传工程体目的基因表达产物的产品。

（十三）基因工程实验研究，系指在控制系统内进行的实验室规模的基因工程研究工作。

（十四）基因工程中间试验，系指把基因工程实验研究成果和遗传工程体应用于工业化生产

(生产定型和鉴定)之前,旨在验证、补充相关数据,确定、完善技术规范(产品标准和工艺规程)或者解决扩大生产关键技术,在控制系统内进行的试验或者试生产。

(十五)基因工程工业化生产,系指利用遗传工程体,在控制系统内进行医药、农药、兽药、饲料、肥料、食品、添加剂、化工原料等商业化规模生产,亦包括利用遗传工程进行冶金、采油和处理废物的工艺过程。

(十六)遗传工程体释放,系指遗传工程体在开放系统内进行研究、生产和应用,包括将遗传工程体施用于田间、牧场、森林、矿床和水域等自然生态系统中。

(十七)遗传工程产品使用,系指遗传工程产品投放市场销售或者供人们应用。

(十八)控制系统,系指通过物理控制和生物控制建立的操作体系。

物理控制,系指利用设备的严密封闭、设施的特殊设计和安全操作,使有潜在危险的 DNA 供体、载体和宿主细胞或者遗传工程体向环境扩散减少到最低限度。

生物控制,系指利用遗传修饰,使有潜在危险的载体和宿主细胞在控制系统外的存活、繁殖和转移能力降低到最低限度。

不具备上述控制条件的操作体系,称为开放系统。

第三十一条 国务院有关行政主管部门按照本办法的规定,在各自的职责范围内制定实施细则。

第三十二条 本办法由国家科学技术委员会解释。

第三十三条 本办法自发布之日起施行。

环境统计管理办法

(2006 年 11 月 4 日　国家环境保护总局令第 37 号)

第一章　总　则

第一条　为加强环境统计管理,保障环境统计资料的准确性和及时性,根据《中华人民共和国环境保护法》、《中华人民共和国统计法》(以下简称《统计法》)及其实施细则的有关规定,制定本办法。

第二条　环境统计的任务是对环境状况和环境保护工作情况进行统计调查、统计分析,提供统计信息和咨询,实行统计监督。

环境统计的内容包括环境质量、环境污染及其防治、生态保护、核与辐射安全、环境管理及其他有关环境保护事项。

环境统计的类型有:普查和专项调查;定期调查和不定期调查。定期调查包括统计年报、半年报、季报和月报等。

第三条　环境统计工作实行统一管理、分级负责。

国务院环境保护行政主管部门在国务院统计行政主管部门的业务指导下,对全国环境统计工作实行统一管理,制定环境统计的规章制度、标准规范、工作计划,组织开展环境统计科学研究,部署指导全国环境统计工作,汇总、管理和发布全国环境统计资料。

县级以上地方环境保护行政主管部门在上级环境保护行政主管部门和同级统计行政主管部门的指导下,负责本辖区的环境统计工作。

第四条 各级环境保护行政主管部门应当加强环境统计能力建设,将环境统计信息建设列入发展计划,建立健全环境统计信息系统,有计划地用现代信息技术装备本部门及其管辖系统的统计机构,提高环境统计信息处理能力,满足辖区内环境统计信息需求。

第五条 各级环境保护行政主管部门应当根据国家环境统计任务和本地区、本部门的环境管理需要,在下列方面加强对环境统计工作的领导和监督:

(一)将环境统计事业发展纳入环境保护工作计划,并组织实施;

(二)建立、健全环境统计机构;

(三)安排并保障环境统计业务经费;

(四)按时完成上级环境保护行政主管部门依照法规、规章规定布置的统计任务,采取措施保障统计数据的准确性和及时性,不得随意删改统计数据;

(五)开展环境统计科学研究,改进和完善环境统计制度和方法;

(六)建立环境统计工作奖惩制度。

第六条 环境统计范围内的机关、团体、企业事业单位和个体工商户,必须依照有关法律、法规和本办法的规定,如实提供环境统计资料,不得虚报、瞒报、拒报、迟报,不得伪造、篡改。

第二章 环境统计机构和人员

第七条 国务院环境保护行政主管部门设置专门的统计机构,归口管理环境统计工作。国务院环境保护行政主管部门有关司(办、局),负责本司(办、局)业务范围内的专业统计工作。

县级以上地方环境保护行政主管部门应当确定承担环境统计职能的机构,设定岗位,配备人员,负责归口管理环境统计工作。

第八条 各级环境保护行政主管部门的统计机构(以下简称环境统计机构)的职责是:

(一)制定环境统计工作规章制度和工作计划,并组织实施;

(二)建立健全环境统计指标体系,归口管理环境统计调查项目;

(三)开展环境统计分析和预测;

(四)实行环境统计质量控制和监督,采取措施保障统计资料的准确性和及时性;

(五)收集、汇总和核实环境统计资料,建立和管理环境统计数据库,提供对外公布的环境统计信息;

(六)按照规定向同级统计行政主管部门和上级环境保护行政主管部门报送环境统计资料;

(七)指导下级环境保护行政主管部门和调查对象的环境统计工作;组织环境统计人员的业务培训;

(八)开展环境统计科研和国内外环境统计业务的交流与合作;

(九)负责环境统计的保密工作。

第九条 各级环境保护行政主管部门的相关职能机构负责其业务范围内的统计工作,其职责是:

（一）编制业务范围内的环境统计调查方案，提交同级环境统计机构审核，并按规定经批准后组织实施；

（二）收集、汇总、审核其业务范围内的环境统计数据，并按照调查方案的要求，上报上级环境保护行政主管部门对口的相关职能机构，同时抄报给同级环境统计机构；

（三）开展环境统计分析，对本部门业务工作提出建议。

第十条 环境统计范围内的机关、团体、企业事业单位应当指定专人负责环境统计工作。

环境统计范围内的机关、团体、企业事业单位和个体工商户的环境统计职责是：

（一）完善环境计量、监测制度，建立健全生产活动及其环境保护设施运行的原始记录、统计台账和核算制度；

（二）按照规定，报送和提供环境统计资料，管理本单位的环境统计调查表和基本环境统计资料。

第十一条 环境统计机构和统计人员在环境统计工作中依法独立行使以下职权，任何单位和个人不得干扰或者阻挠：

（一）统计调查权：调查、搜集有关资料，召开有关调查会议，要求有关单位和人员提供环境统计资料，检查与环境统计资料有关的各种原始记录，要求更正不实的环境统计数据；

（二）统计报告权：调查人员必须将环境统计调查所得资料和情况进行整理、分析，及时、如实地向上级机关和统计部门提供环境统计资料；

（三）统计监督权：根据环境统计调查和统计分析，对环境统计工作进行监督，指出存在的问题，提出改进的建议。

第十二条 各级环境保护行政主管部门和企业事业单位的环境统计人员应当保持相对稳定。

变动环境统计人员的，应当及时向上级环境保护行政主管部门和同级统计行政主管部门报告，并做好环境统计资料的交接工作。

第三章 环境统计调查制度

第十三条 各级环境保护行政主管部门设定环境统计调查项目，必须事先制定环境统计调查方案。

环境统计调查方案应当包括项目名称、调查机关、调查目的、调查范围、调查对象、调查方式、调查时间、调查的主要内容，供调查对象填报用的统计调查表及说明、供整理上报用的综合表及说明和统计调查所需人员及经费来源。

环境统计调查方案的内容可以定期调整。

第十四条 环境统计调查方案应当按照规定程序经审查批准后实施。

统计调查对象属于本部门管辖系统内的，应当经本级环境统计机构审核后，由本级环境保护行政主管部门负责人审批，报同级统计行政主管部门备案。

统计调查对象超出本部门管辖系统的，应当由本级环境统计机构审核后，经本级环境保护行政主管部门负责人同意，报同级统计行政主管部门审批，其中重要的，报国务院或者本级地方人民政府审批。

第十五条 编制环境统计调查方案应当遵循以下原则：

（一）凡可从已有资料或利用现有资料整理加工得到所需资料的，不得重复调查；

（二）抽样调查、重点调查或者行政记录可以满足需要的，不得制发全面统计调查表；一次性统计调查可以满足需要的，不得进行经常性统计调查；年度统计调查可以满足需要的，不得按季度统计调查；季度统计调查可以满足需要的，不得按月统计调查；月以下的进度统计调查必须从严控制；

（三）编制新的环境统计调查方案，必须事先试点或者充分征求有关地方环境保护行政主管部门、其他有关部门和基层单位的意见，进行可行性论证；

（四）统计调查需要的人员和经费应当有保证；

（五）地方环境统计调查方案，其指标解释、计算方法、完成期限及其他有关内容，不得与国家环境统计调查方案相抵触。

第十六条　按照规定程序批准的环境统计调查表，必须在右上角标明统一编号、制表机关、批准或者备案机关、批准或者备案文号及有效期限。

未标明前款所列内容或者超过有效期限的环境统计调查表属无效报表，被调查单位和个人有权拒绝填报。

第十七条　环境统计调查表中的指标必须有确定的涵义、数据采集来源和计算方法。

国务院环境保护行政主管部门制定全国性环境统计调查表，并对其指标的涵义、数据采集来源、计算方法和汇总程序等作出统一规定。

县级以上地方环境保护行政主管部门可以根据地方环境管理需要，补充制定地方性环境统计调查表，并对其指标的涵义、数据采集来源和计算方法等作出规定。

第十八条　各级环境保护行政主管部门必须按照批准的环境统计调查方案开展环境统计调查。

环境统计调查中所采取的统计标准和计量单位、统计编码及标准必须符合国家有关标准。未经批准机关同意，任何单位及个人不得擅自修改、变动。

第十九条　在环境统计调查中，污染物排放量数据应当按照自动监控、监督性监测、物料衡算、排污系数以及其他方法综合比对获取。

第二十条　各级环境保护行政主管部门应当建立健全环境统计数据质量控制制度，加强对重要环境统计数据的逐级审核和评估。

县级以上地方环境保护行政主管部门应当采取现场核查、资料核查以及其他有效方式，对企业环境统计数据进行审查和核实。

第二十一条　国家建立环境统计的周期普查和定期抽样调查制度。

国务院环境保护行政主管部门定期组织开展全国污染源普查，并在普查基础上适时校正污染物排放统计数据；周期普查外的其他年份，组织开展环境统计定期抽样调查，并根据环境管理需要，适时开展专项调查。

第四章　环境统计资料的管理和公布

第二十二条　各部门、各单位提供环境统计资料，必须经本部门、本单位负责人审核、签署或者盖章。

第二十三条　环境统计资料是制定环境保护政策、规划、计划，考核环境保护工作的基本依据。

各级环境保护行政主管部门制定环境保护政策、年度计划和中长期规划,开展各类环境保护考核,需要使用环境统计资料的,应当以环境统计机构或者统计负责人签署或者盖章的统计资料为准。

各级环境保护行政主管部门的相关职能机构使用环境统计资料进行各项环境管理考核评比,其结果需经同级环境统计机构会签。

第二十四条 各级环境保护行政主管部门的相关职能机构应当在规定的日期内,将其组织实施的其业务范围内的统计调查所获得的调查结果(含调查汇总资料及数据),报送环境统计机构。

前款所述的环境统计调查结果应当纳入环境统计年报或者其他形式的环境统计资料,统一发布。

第二十五条 各级环境保护行政主管部门应当建立健全环境统计资料定期公布制度,依法定期公布本辖区的环境统计资料,并向同级人民政府统计行政主管部门提供环境统计资料。

第二十六条 环境统计机构应当做好统计信息咨询服务工作。

提供《统计法》和环境统计报表制度规定外的环境统计信息咨询、查询,可以实行有偿服务。

第二十七条 各级环境保护行政主管部门必须执行国家有关统计资料保密管理的规定,加强对环境统计资料的保密管理。

第二十八条 各级环境保护行政主管部门和各企业事业单位必须建立环境统计资料档案。环境统计资料档案的保管、调用和移交,应当遵守国家有关档案管理的规定。

第五章 奖励与惩罚

第二十九条 各级环境保护行政主管部门对有下列表现之一的环境统计机构或者个人,应当给予表彰或者奖励:

(一)在改革和完善环境统计制度、统计调查方法等方面,有重要贡献的;

(二)在完成规定的环境统计调查任务,保障环境统计资料准确性、及时性方面,做出显著成绩的;

(三)在进行环境统计分析、预测和监督方面取得突出成绩的;

(四)在环境统计方面,运用和推广现代信息技术有显著效果的;

(五)在环境统计科学研究方面有所创新、做出重要贡献的;

(六)忠于职守,执行统计法律、法规和本办法表现突出的。

第三十条 国务院环境保护行政主管部门每年对全国环境统计工作进行评比和表扬,每5年对全国环境统计工作进行专项表彰。

第三十一条 违反本办法的规定,有下列行为之一的,由有关部门责令改正,并依照有关法律、法规的规定给予处分或者行政处罚:

(一)未经批准,擅自制发环境统计调查表的;

(二)虚报、瞒报、拒报、屡次迟报或者伪造、篡改环境统计资料的;

(三)妨碍环境统计人员执行环境统计公务的;

(四)环境统计人员滥用职权、玩忽职守的;

（五）未按规定保守国家或者被调查者的秘密的；

（六）有其他违反法律、法规关于统计规定的行为的。

有前款所列行为之一，情节严重构成犯罪的，依法追究刑事责任。

第六章　附　则

第三十二条　本办法自 2006 年 12 月 1 日起施行。1995 年 6 月 15 日国家环境保护局发布的《环境统计管理暂行办法》同时废止。

第三部分　生态环境监测监察相关法规、规章及规范性文件

环境监测管理办法

（2007年7月25日　国家环境保护总局令第39号）

第一条　为加强环境监测管理,根据《环境保护法》等有关法律法规,制定本办法。
第二条　本办法适用于县级以上环境保护部门下列环境监测活动的管理：
（一）环境质量监测；
（二）污染源监督性监测；
（三）突发环境污染事件应急监测；
（四）为环境状况调查和评价等环境管理活动提供监测数据的其他环境监测活动。
第三条　环境监测工作是县级以上环境保护部门的法定职责。
县级以上环境保护部门应当按照数据准确、代表性强、方法科学、传输及时的要求,建设先进的环境监测体系,为全面反映环境质量状况和变化趋势,及时跟踪污染源变化情况,准确预警各类环境突发事件等环境管理工作提供决策依据。
第四条　县级以上环境保护部门对本行政区域环境监测工作实施统一监督管理,履行下列主要职责：
（一）制定并组织实施环境监测发展规划和年度工作计划；
（二）组建直属环境监测机构,并按照国家环境监测机构建设标准组织实施环境监测能力建设；
（三）建立环境监测工作质量审核和检查制度；
（四）组织编制环境监测报告,发布环境监测信息；
（五）依法组建环境监测网络,建立网络管理制度,组织网络运行管理；
（六）组织开展环境监测科学技术研究、国际合作与技术交流。
国家环境保护总局适时组建直属跨界环境监测机构。
第五条　县级以上环境保护部门所属环境监测机构具体承担下列主要环境监测技术支持工作：
（一）开展环境质量监测、污染源监督性监测和突发环境污染事件应急监测；
（二）承担环境监测网建设和运行,收集、管理环境监测数据,开展环境状况调查和评价,编制环境监测报告；
（三）负责环境监测人员的技术培训；
（四）开展环境监测领域科学研究,承担环境监测技术规范、方法研究以及国际合作和交流；
（五）承担环境保护部门委托的其他环境监测技术支持工作。
第六条　国家环境保护总局负责依法制定统一的国家环境监测技术规范。

省级环境保护部门对国家环境监测技术规范未作规定的项目,可以制定地方环境监测技术规范,并报国家环境保护总局备案。

第七条 县级以上环境保护部门负责统一发布本行政区域的环境污染事故、环境质量状况等环境监测信息。

有关部门间环境监测结果不一致的,由县级以上环境保护部门报经同级人民政府协调后统一发布。

环境监测信息未经依法发布,任何单位和个人不得对外公布或者透露。

属于保密范围的环境监测数据、资料、成果,应当按照国家有关保密的规定进行管理。

第八条 县级以上环境保护部门所属环境监测机构依据本办法取得的环境监测数据,应当作为环境统计、排污申报核定、排污费征收、环境执法、目标责任考核等环境管理的依据。

第九条 县级以上环境保护部门按照环境监测的代表性分别负责组织建设国家级、省级、市级、县级环境监测网,并分别委托所属环境监测机构负责运行。

第十条 环境监测网由各环境监测要素的点位(断面)组成。

环境监测点位(断面)的设置、变更、运行,应当按照国家环境保护总局有关规定执行。

各大水系或者区域的点位(断面),属于国家级环境监测网。

第十一条 环境保护部门所属环境监测机构按照其所属的环境保护部门级别,分为国家级、省级、市级、县级四级。

上级环境监测机构应当加强对下级环境监测机构的业务指导和技术培训。

第十二条 环境保护部门所属环境监测机构应当具备与所从事的环境监测业务相适应的能力和条件,并按照经批准的环境保护规划规定的要求和时限,逐步达到国家环境监测能力建设标准。

环境保护部门所属环境监测机构从事环境监测的专业技术人员,应当进行专业技术培训,并经国家环境保护总局统一组织的环境监测岗位考试考核合格,方可上岗。

第十三条 县级以上环境保护部门应当对本行政区域内的环境监测质量进行审核和检查。

各级环境监测机构应当按照国家环境监测技术规范进行环境监测,并建立环境监测质量管理体系,对环境监测实施全过程质量管理,并对监测信息的准确性和真实性负责。

第十四条 县级以上环境保护部门应当建立环境监测数据库,对环境监测数据实行信息化管理,加强环境监测数据收集、整理、分析、储存,并按照国家环境保护总局的要求定期将监测数据逐级报上一级环境保护部门。

各级环境保护部门应当逐步建立环境监测数据信息共享制度。

第十五条 环境监测工作,应当使用统一标志。

环境监测人员佩戴环境监测标志,环境监测站点设立环境监测标志,环境监测车辆印制环境监测标志,环境监测报告附具环境监测标志。

环境监测统一标志由国家环境保护总局制定。

第十六条 任何单位和个人不得损毁、盗窃环境监测设施。

第十七条 县级以上环境保护部门应当协调有关部门,将环境监测网建设投资、运行经费等环境监测工作所需经费全额纳入同级财政年度经费预算。

第十八条 县级以上环境保护部门及其工作人员、环境监测机构及环境监测人员有下列行

为之一的,由任免机关或者监察机关按照管理权限依法给予行政处分;涉嫌犯罪的,移送司法机关依法处理:

(一)未按照国家环境监测技术规范从事环境监测活动的;

(二)拒报或者两次以上不按照规定的时限报送环境监测数据的;

(三)伪造、篡改环境监测数据的;

(四)擅自对外公布环境监测信息的。

第十九条　排污者拒绝、阻挠环境监测工作人员进行环境监测活动或者弄虚作假的,由县级以上环境保护部门依法给予行政处罚;构成违反治安管理行为的,由公安机关依法给予治安处罚;构成犯罪的,依法追究刑事责任。

第二十条　损毁、盗窃环境监测设施的,县级以上环境保护部门移送公安机关,由公安机关依照《治安管理处罚法》的规定处10日以上15日以下拘留;构成犯罪的,依法追究刑事责任。

第二十一条　排污者必须按照县级以上环境保护部门的要求和国家环境监测技术规范,开展排污状况自我监测。

排污者按照国家环境监测技术规范,并经县级以上环境保护部门所属环境监测机构检查符合国家规定的能力要求和技术条件的,其监测数据作为核定污染物排放种类、数量的依据。

不具备环境监测能力的排污者,应当委托环境保护部门所属环境监测机构或者经省级环境保护部门认定的环境监测机构进行监测;接受委托的环境监测机构所从事的监测活动,所需经费由委托方承担,收费标准按照国家有关规定执行。

经省级环境保护部门认定的环境监测机构,是指非环境保护部门所属的、从事环境监测业务的机构,可以自愿向所在地省级环境保护部门申请证明其具备相适应的环境监测业务能力认定,经认定合格者,即为省级环境保护部门认定的环境监测机构。

经省级环境保护部门认定的环境监测机构应当接受所在地环境保护部门所属环境监测机构的监督检查。

第二十二条　辐射环境监测的管理,参照本办法执行。

第二十三条　本办法自2007年9月1日起施行。

全国环境监测管理条例

(1983年7月21日　城乡建设环境保护部发布)

第一章　总　则

第一条　根据《中华人民共和国环境保护法(试行)》第二十六条关于国务院环境保护机构"统一组织环境监测,调查和掌握全国环境状况和发展趋势,提出改善措施"的规定,以及《国务院关于在国民经济调整时期加强环境保护工作的决定》,制定本条例。

第二条　环境监测的任务,是对环境中各项要素进行经常性监测,掌握和评价环境质量状况及发展趋势;对各有关单位排放污染物的情况进行监视性监测;为政府部门执行各项环境法规、标准,全面开展环境管理工作提供准确、可靠的监测数据和资料;开展环境测试技术研究,促进环境监测技术的发展。

第三条 环境监测工作在各级环境保护主管部门的统一规划、组织和协调下进行。各部门、企事业单位的环境测试机构参加环境保护主管部门组织的各级环境监测网。

第二章 环境监测机构

第四条 城乡建设环境保护部设置全国环境监测管理机构;各省、自治区、直辖市和重点省辖市的环境保护部门设置监测处和科;市以下的环境保护部门亦应设置相应的环境监测管理机构或专人,统一管理环境监测工作。

第五条 全国环境保护系统设置四级环境监测站:

一级站:中国环境监测总站;

二级站:各省、自治区、直辖市设置省级环境监测中心站;

三级站:各省辖市设置市环境监测站(或中心站)(行署、盟可视机构调整后情况确定,暂不作规定);

四级站:各县、旗、县级市、大城市的区设置环境监测站。

第六条 各级环境监测站受同级环境保护主管部门的领导。业务上受上一级环境监测站的指导。

第七条 各级环境监测站的建设规模及主要仪器装备的配置,按附表的范围结合当地情况确定。各部门、企事业单位的环境监测站的设置及规模,由各主管部门自行确定。

第八条 各级环境监测站是科学技术事业单位。同时根据主管部门的授权范围,对破坏和污染环境的行为行使监督和检查权力。各级环境监测站的事业费纳入同级地方财政预算,其标准为每人每年不少于3000至3500元。

第三章 职责与职能

第九条 各级环境保护主管部门在环境监测管理方面的主要职责是:

1. 领导所辖区域内的环境监测工作,下达各项环境监测任务;
2. 制定环境监测工作及监测站网的建设、发展规划和计划,并监测其实施;
3. 制定环境监测条例、各项工作制度、业务考核制度、人员培养计划及监测技术规范;
4. 组织和协调所辖区域内环境监测网工作,负责安排综合性环境调查和质量评价;
5. 组织编报环境监测月报、年报和环境质量报告书;
6. 组织审核环境监测的技术方案及评定其成果,审定环境质量评价的理论及其实践价值;
7. 组织开展环境监测的国内外技术合作及经验交流。

第十条 中国环境监测总站的主要职责是:

1. 参与制定全国环境监测工作的规划和年度计划;
2. 对各级环境监测站进行业务、技术指导,负责全国环境监测网业务上的组织协调工作,组织环境监测技术交流和各级环境监测技术人员的技术培训及业务考核;
3. 组织研究环境监测数据的统计分析方法,收集、储存、整理、汇总全国环境监测数据资料,

编制全国环境监测年鉴,绘制环境污染图表,综合分析全国环境质量状况,定期向城乡建设环境保护部提出报告;

4. 负责全国环境监测的质量保证工作,组织开展环境监测新技术、新方法的研究,组织研制、生产、分发环境监测标准参考物质,筛选和确认全国统一采用的环境监测仪器装备;

5. 承担国家综合性的环境调查和重大污染事故调查,负责国内重大污染事故纠纷和国际间环境纠纷的技术仲裁;

6. 参加制订和修订国家各类环境标准和技术规范;

7. 参加编写全国环境质量报告书;

8. 受城乡建设环境保护部委托,参加国家重大新建、改建、扩建项目环境影响报告书的审查和治理工程环境效益的监测。

第十一条 省级环境监测中心站的主要职能是:

1. 参与制订本区域环境监测工作的规划和年度计划;

2. 收集、整理、汇总和储存本区域的环境监测数据资料,为报出各类监测报告提供基础数据,编报本区域的环境污染年鉴;

3. 对下级环境监测站进行业务、技术指导,负责本区域环境监测网业务上的组织协调工作,组织本区域内环境监测技术交流和下级环境监测技术人员的技术培训及业务考核;

4. 负责本区域内环境监测的质量保证工作;

5. 承担本区域内综合性环境调查及环境污染纠纷的技术仲裁;

6. 参加制订和修订任务和验证工作及提供依据材料;

7. 承担本区域环境质量评价和监测技术的研究,参加编写本区域环境质量报告书;

8. 受环境保护主管部门委托,参加污染事件调查和建设项目影响报告书的审查,进行治理工程环境效益的监测。

第十二条 市级环境监测站的主要职能是:

1. 对本市大气、水体、土壤、生物、噪声、放射性等各种环境要素的质量状况,按国家统一规定的要求,进行经常性监测、分析,收集、储存和整理环境监测数据资料,定期向同级环境保护主管部门和上级监测站呈报本市环境质量状况和污染动态的技术报告;

2. 对本市各有关单位排放污染物的状况进行定期或不定期的监测性测定,建立和健全污染源档案,为加强污染源管理和排污收费提供监测数据。各地排污收费管理单位不另设测试机构;

3. 参加制订本市环境监测规划和计划,完成主管部门为进行环境管理所需要的各项监测任务;

4. 负责本市环境质量评价,参加编写本市环境质量报告书,编制本市环境监测年鉴;

5. 负责本市环境监测网的业务组织和协调,组织技术交流和监测人员培训;

6. 研究野外作业、采样、布点、样品运输、贮存、分析测定等各重要技术环节中存在的问题,促进监测技术的不断发展;

7. 承担国家和地方性环境标准、技术规范、环境测试新技术、新方法的验证任务,参加地方环境标准的制订、修订;

8. 参加本市污染事件调查,负责环境污染纠纷的技术仲裁。

第十三条 县、旗、县级市、大城市区环境监测站的主要职能是:

1. 对本县(市、区)内各种环境要素的质量状况按照国家统一规定的要求,制订监测计划和进行经常性的监测。定期向上级站报送监测数据,编报本县环境质量报告书;

2. 对县(市、区)内排放污染物的单位进行定期或不定期的监测,建立污染源档案,监督和检查各单位执行各类环境法规和标准的情况。为排污收费等环境管理提供监测数据;

3. 完成环境保护主管部门为进行环境管理所需要的各项监测任务;

4. 参加县(市、区)内污染事件调查,为仲裁环境污染纠纷提供监测数据;

5. 宣传环境保护的方针,积极组织和发动群众参加环境监督活动,组织群众性的环境监测网。

第十四条 各部门的专业监测机构(包括海域或流域的监测机构)主要职能是:

1. 参与制订本系统、本部门环境监测规划和计划;

2. 参与国家或地区的环境监测网,按统一计划和要求进行环境监测工作,对所辖方面和范围内的环境状况进行监测;负责组织本系统或本流域的环境监测网的活动;

3. 参加本部门或地区所承担的各项环境标准制订、修订工作,为其提供制、修订的依据,参加国家或地方环境标准的讨论和审议;

4. 参加本系统重大污染事件调查;组织检查所属单位遵守各项环境法规和标准的情况;

5. 参加本系统、本部门所属企事业单位新建、改建、扩建工程的环境影响评价;

6. 汇总本系统或本流域环境监测数据资料,绘制污染动态图表,建立污染源档案;

7. 企业事业单位的监测站,负责对本单位的排污情况进行定期监测,及时掌握本单位的排污状况和变化趋势,其监测数据和资料向主管部门报送的同时,要报当地环境监测站,各单位的监测机构参加当地环境监测网工作;

8. 组织本部门行业监测技术研究,培训技术人员和开展技术交流;

9. 卫生、水利、海洋等部门的环境监测站,除负责本系统专业环境监测的职责外,同时要配合地方环境监测站参与环保主管部门组织的有关重大污染事件的调查。

第四章 监测站的管理

第十五条 各级环境监测站实行党委(支部)领导下的站长分工负责制。站长应由专业技术干部担任。

第十六条 监测站的人员配置应以专业技术人员为主,其业务技术人员的比例不低于总人数的百分之八十。中级以上技术人员在业务技术人员中的比例为:一、二级站中不低于百分之五十;三级站中不低于百分之三十,四级站中至少有1至2名。

第十七条 监测技术人员(包括化验分析、研究、管理)的技术职称,按原国务院环境保护领导小组和国务院科技干部局关于"环境保护干部技术职称暂行办法"执行。监测技术人员待遇与环境科研单位的技术人员相同。

第十八条 国家建立环境监察员制度。各级环境监测站设环境监察员,凡监测站工作人员经考试合格后授予国家各级环境监察员证书,环境监察员证书由城乡建设环境保护部统一制作颁发。环境监察员是环境监测站对各单位及个人排放污染物的情况和破坏或影响环境质量的行为进行监测和监督检查的代表。

第十九条 环境监测工作人员,由国家统一设计制式服装。各级环境监测站的工作人员在执行监测和监督检查任务时,应穿着国家统一设计的服装,环境监察员要佩带监察员标志。

第二十条 各级监测站应认真做好监测质量管理工作,确保监测数据资料的准确、可靠。

第二十一条 监测数据、资料、成果均为国家所有,任何个人无权独占。未经主管部门许可,任何个人和单位不得引用和发表尚未正式公布的监测数据和资料。属于机密性数据、资料要严格按照保密制度管理。任何监测数据、资料、成果向外界提供,要履行审批手续。环境监测数据、资料及各类报告,是重要监测技术成果,与其他环境保护科研成果同等对待,参与科研成果评定。

第二十二条 各级环境监测站要加强对监测仪器设备的管理工作。建立健全各项仪器设备和药品试剂的使用和管理制度。重大事故要及时向主管部门报告。监测用车是环境监测、科研专用设备,不得改作他用。

第二十三条 各级环境监测站的行政、后勤工作,必须保证为监测业务服务,有意刁难业务人员或给监测业务工作制造障碍者,站长有权给予严肃处理。

第二十四条 接触有毒有害物质和从事污染源调查、分析、采用和管理的工作人员,按照规定享受劳动保护待遇和津贴。

第五章 环境监测网

第二十五条 根据国务院(81)27号文件关于"由环境保护部门牵头,把各有关部门的监测力量组织起来,密切配合,形成全国监测网络"的要求,建立环境监测网。

第二十六条 全国环境监测网分为国家网、省级网和市级网三级。

各级环境保护主管部门的环境监测管理机构负责环境监测网的组织和领导工作。中国环境监测总站及地方的省级环境监测中心站、市级环境监测站分别为国家网、省级网和市级网的业务牵头单位。

各大水系、海洋、农业分别成立水系、海洋和农业环境监测网,属于国家网内的二级网。

国家环境监测网由省级环境监测中心站、国家各部门的专业环境监测站及各大水系、海域监测网的牵头单位等组成。省级网、市级网分别由相应的单位组成。

环境监测网中的各成员单位互为协作关系,其业务、行政的隶属关系不变。

监测网内各成员单位的分工及其工作细则,详见环境监测网工作章程。环境监测网工作章程由城乡建设环境保护部另订。

第二十七条 环境监测网的任务是联合协作,开展各项环境监测活动,汇总资料、综合整理,为向各级政府全面报告环境质量状况提供基础数据和资料。

第六章 报告制度

第二十八条 环境监测实行月报、年报和定期编报环境质量报告书的制度。

监测月报目前要以一事一报为主,逐步形成一事一报与定期定式相结合的形式。

建立自动连续监测站的地区,要逐渐建立监测日报制度,按照统一格式逐日报告监测数据和环境质量状况。

第二十九条 环境监测月报、年报和环境质量报告书,均由各级环境保护主管部门向同级人民政府及上级环境保护主管部门报出。

各级环境监测站,按环境保护主管部门的要求,定式提供各类报告的基础数据和资料。并一年一度编写监测年鉴。监测年鉴及有关数据在报主管部门的同时,抄送上一级监测站。

第七章 附 则

第三十条 各省、自治区、直辖市城乡建设环境保护厅(环保局)可根据本条例的原则,制订具体实施细则。

第三十一条 本条例自公布之日起生效。本条例关于各级环境监测站的建设规模、人员编制和仪器设备装备标准的附表,为条例的正式内容。

第三十二条 本条例由城乡建设环境保护部负责解释。

附表一 各级环境监测站的建设规模和人员编制(略)
附表二 各级环境监测站仪器设备装备标准(台件)(略)

环境监测技术路线

(2003年6月13日 环办〔2003〕49号)

一、空气监测技术路线

1.技术路线

空气监测采用以连续自动监测技术为主导,以自动采样和被动式吸收采样—实验室分析技术为基础,以可移动自动监测技术为辅助的技术路线。

2.监测项目与频次

空气例行监测项目表

监测项目	重点城市	一般城市(自动监测)	一般城市(连续采样—实验室分析)	空气背景站	典型区域农村空气监测站
SO_2	★	★	★	★	★
NO_2	★	★	★	★	★
TSP	▲	▲	▲	▲	▲
PM10	★	★	★	★	★
CO	★	▲	▲	▲	▲
O_3	★	▲	▲	★	▲
有毒有机物	★	▲	▲	★	▲
NMHC&CH_4	★	▲	▲	▲	▲
CO_2				▲	

★:规定的监测项目;
▲:根据情况和区域特性选择的监测项目。

自动监测系统满足实时监控的数据采集要求;连续采样—实验室监测分析方法要满足《环境空气监测技术规范》和《环境空气质量标准》(GB 3095)对长期、短期浓度统计的数据有效性的规定。被动式吸收监测方式可根据被监测区域的具体情况,采取每周、每月或数月一次的频次。

3. 监测分析方法

空气中主要污染物监测分析方法表

监测项目	自动监测	连续采样—实验室分析
SO_2	(1)紫外荧光法(ISO/CD10498) (2)DOAS 法	(1)四氯汞盐吸收副玫瑰苯胺分光光度法(GB 8970—88) (2)甲醛吸收副玫瑰苯胺分光光度法(GB/T 15262—94)
NO_2	(1)化学发光法(ISO 7996) (2)DOAS 法	Saltzman 法(GB/T 15435—95)
TSP	颗粒物自动监测仪(β 射线法、TOEM 法)	大流量采样-重量法(GB/T 15435—95)
PM_{10}	颗粒物自动监测仪(β 射线法、TOEM 法)	重量法(GB/T 15432—95)
CO	非分散红外法(GB 9801—88)	非分散红外法(GB 9801—88)
O_3	(1)紫外光度法(GB/T 15438—95) (2)DOAS 法	靛蓝二磺酸钠分光光度法(GB/T 15437—85)
Pb	—	火焰光度原子吸收光度法(GB/T 15264—94)
NMHC&CH_4	(1)气相色谱 FID 法(GB/T 15263—94) (2)PID 检测法	气相色谱 FID 法(GB/T 15263—94)
CO_2	气相色谱 FID 法	气相色谱 FID 法
有毒有机物	GC/GC—MS/HPLC 等	

二、地表水监测技术路线

1. 技术路线

地表水监测采用以流域为单元,优化断面为基础,连续自动监测分析技术为先导;以手工采样、实验室分析技术为主体;以移动式现场快速应急监测技术为辅助手段的自动监测、常规监测与应急监测相结合的监测技术路线。

2. 项目与频次

(1)监测项目

自动监测和常规监测项目分别按表1和表2执行。自动监测项目根据水质自动监测站配备的仪器确定,自动监测站的基本配置应保证必测项目所需的监测仪器。

(2)监测频次

自动监测既可实时在线监测,也可根据实际需要自行设定各项目的监测频次。

常规监测的频次见表3。

3. 监测方法

(1)自动监测:执行国家环境保护总局、EPA(USA)和 EU 认可的仪器分析方法,并按照国家环境保护总局批准的水质自动监测技术规范进行。

(2)常规监测:执行地表水环境质量标准(GB 3838—2002,表4、表5和表6)中规定的标准分析方法。

表1 自动监测方式测定项目

项目分类	项目名称
必测项目	pH、水温、电导率、浊度、溶解氧、高锰酸盐指数、氨氮
选测项目	化学需氧量、TOC(干法)、UV吸收值、总磷、总氮、氰化物、氟化物、酚、硝酸盐、氯离子、砷、汞、水位、流量等

表2 地表水体常规监测项目

水体	必测项目	选测项目	特定项目
河流	水温、pH、溶解氧、高锰酸盐指数、电导率、生化需氧量、氨氮、汞、铅、挥发酚、石油类(共11项)	化学需氧量、总磷、铜、锌、氟化物、硒、砷、镉、铬(六价)、氰化物、阴离子表面活性剂、硫化物、粪大肠菌群(共13项)	三氯甲烷、四氯化碳、三溴甲烷、二氯甲烷、1,2-二氯乙烷、环氧氯丙烷、氯乙烯、1,1二氯乙烯、1,2二氯乙烯、三氯乙烯、四氯乙烯、氯丁二烯、六氯丁二烯、苯乙烯、甲醛、乙醛、丙烯醛、三氯乙醛、苯、甲苯、乙苯、二甲苯、异丙苯、氯苯、邻二氯苯、对二氯苯、三氯苯、四氯苯、六氯苯、硝基苯、二硝基苯、2,4-二硝基甲苯、2,4,6-三硝基甲苯、硝基氯苯、2,4-二硝基氯苯、2,4-二氯酚、2,4,6-三氯酚、五氯酚、苯胺、联苯胺、丙烯酰胺、丙烯腈、邻苯二甲酸二丁酯、邻苯二甲酸二乙酯、水合肼、四乙基铅、吡啶、松节油、苦味酸、丁基黄原酸、活性氯、DDT、林丹、环氧七氯、对硫磷、甲基对硫磷、马拉硫磷、乐果、敌敌畏、敌百虫、内吸磷、百菌清、甲萘威、溴氰菊酯、阿特拉津、苯并[a]芘、甲基汞、多氯联苯、微囊藻毒素-LR、黄磷、钼、钴、铍、硼、锑、镍、钡、钒、钛、铊(共80项)
湖泊水库	水温、pH、溶解氧、高锰酸盐指数、电导率、生化需氧量、氨氮、汞、铅、挥发酚、石油类、总氮、总磷、叶绿素a、透明度(共15项)	化学需氧量、铜、锌、氟化物、硒、砷、镉、铬(六价)、氰化物、阴离子表面活性剂、硫化物、粪大肠菌群、微囊藻毒素-LR(共13项)	同上
饮用水源地	水温、pH、总磷、高锰酸盐指数、溶解氧、氟化物、挥发酚、石油类、氨氮、粪大肠菌群(共10项)	硫酸盐、总氮、生化需氧量、氰化物、铁、锰、硝酸盐氮、铜、锌、硒、砷、镉、铬(六价)、铅、汞、氰化物、阴离子表面活性剂、硫化物(共18项)	同上

表3 监测频次

	重点断面(点位)		市控断面	特殊断面
	国控	省控		
河流	12次/年	6次/年	4次/年	根据需要确定
湖泊、水库	12次/年	6次/年	4次/年	
水源地	12次/年			

三、环境噪声监测技术路线

1. 技术路线

运用具有自动采样功能的环境噪声自动监测仪器、积分声级计、噪声数据采集器等设备,按网格布点法进行区域环境噪声监测,按路段布点法进行道路交通噪声监测,按分期定点连续监测法进行功能区噪声监测。在大型国际空港建立航空噪声自动监控系统,在穿越大型城市的铁路枢纽站、场建立铁路噪声自动监测系统。在全国建成功能完善的城市环境噪声监测网络和重点交通源的自动监测网络系统。

2. 监测项目与频次

环境噪声监测项目与频次表

监测项目	113个重点城市	其他城市	备注
城市功能区噪声	每月一次	每季一次	在线连续监测
城市道路交通噪声	每年四次	每年二次	
城市区域环境噪声	每年二次	每年一次	春、秋季为宜

3. 监测方法

城市功能区噪声:自动监测。用能量平均法计算每小时、昼间、夜间等效声级和昼夜平均等效声级。

城市道路交通噪声:人工采样,数据自动处理。用长度加权法计算每条道路及全市道路交通平均等效声级。

城市区域环境噪声:人工采样,数据自动处理。用面积加权法计算某区域或全市区域环境噪声平均等效声级。

四、固定污染源监测技术路线

1. 技术路线

重点污染源采用以自动在线监测技术为主导,其他污染源采用以自动采样和流量监测同步实验室分析为基础,并以手工混合采样—实验室分析为辅助手段的浓度监测与总量监测相结合的技术路线。

2. 指标与频次

(1) 水污染源监测

1) 监测项目(5+X)

pH、化学需氧量(或 TOC)、氨氮、油类、悬浮物和不同行业排放的特征污染物(X)。

2) 监测频次

① 废水排放量≥5000t/d 的污染源,安装水质自动在线监测仪,连续自动监测,随时监控。

② 废水排放量 1000~5000t/d 的主要污染源,安装等比例自动采样器及测流装置,监测 1 次/天。

③ 废水排放量≤1000t/d 的污染源,监测 3~5 次/月。水质、水量同步监测。

④ 生产不稳定的污染源,监测频次视生产周期和排污情况而定。

(2) 大气污染源监测

1) 监测项目(4+X)

烟(粉)尘、二氧化硫、氮氧化物、黑度和不同行业排放的特征污染物(X)。

2) 监测频次

① 电厂锅炉安装烟气自动连续测试装置,随时监控。

② 热负荷>30t/h(21MW)的工业及采暖锅炉"十五"期间必须逐步安装烟气连续测试装置,随时监控。自动监测仪器安装前,工业锅炉监测 1 次/季,采暖锅炉监测 2 次/采暖期。

③ 单机热负荷 10~30t/h(7~21MW)的工业及采暖锅炉 2010 年底前必须逐步安装烟气连续测试装置。自动监测仪器安装前,工业锅炉监测 2 次/年,采暖锅炉监测 1 次/采暖期。单机热负荷<10t/h(7MW)的工业及采暖锅炉至少监测 1 次/年。

④ 所有炉、窑、灶全程监测烟气黑度,监测 4 次/年。

3. 方式方法

采用污染源在线自动监测系统的,原则上由企业负责安装和运行维护,环境保护行政主管部门组织认定和监督。具备监测能力并经环境保护行政主管部门认定的企业监测站,可自行监测上报数据,并接受环保监测部门的监督和审核,也可委托具有相应资质的环境监测站进行监测。

监测方法按照国家和行业排放标准,根据有关环境监测技术规范进行。有国家标准方法的,一律采用国家标准方法。自动监测系统要符合国家环境保护总局颁布的污染源自动监测系统技术条件的要求并按规定进行质量检定、校验。

五、生态监测技术路线

1. 技术路线

生态监测以空中遥感监测为主要技术手段,地面对应监测为辅助措施,结合 GIS 和 GPS 技术,完善生态监测网络,建立完整的生态监测指标体系和评价方法,达到科学评价生态环境状况及预测其变化趋势的目的。

2. 指标与频次

生态监测指标要体现生态环境的整体性和系统性,本质特征的代表性和环境保护的综合性。因此,一级指标应选为:优劣度、稳定度或脆弱度;二级指标应选为:植被覆盖指标、生物丰度指数、土地退化指数、污染负荷指数、水网密度指数等。各项二级指标可根据不同情况分别赋予不同的权重。

监测频次应视监测的区域和目的而定。一般全国范围的生态环境质量监测和评价应1~2年进行一次;重点区域的生态环境质量监测每年1~2次;专项目的的监测,如监测沙尘天气和近岸海域的赤潮监测要每天一次或每天数次,甚至采取连续自动监测的方式。

六、固体废物监测技术路线

1. 技术路线

采用现代毒性鉴别试验与分析测试技术,以危险废物和城市生活垃圾填埋厂、焚烧厂等重点处理处置设施的在线自动监测为主导,以重点污染源排放的固体废物的人工采样-实验室常规监测分析为基础,逐步建立并形成我国完整的固体废物毒性试验与监测分析的技术体系,使我国环境监测系统具备全面执行固体废物相关法规和标准的监测技术支撑能力。

2. 监测内容

(1) 危险废物的毒性试验鉴别

危险特性的必测项目包括:易燃性、腐蚀性、反应性、浸出毒性、急性毒性、放射性。选测项目为:爆炸性、生物蓄积性、刺激性、感染性、遗传变异性、水生生物毒性。

(2) 固体废物的监测分析

必测项目包括:As、Be、Bi、Cd、Co、Cr、Cr(VI)、Cu、Hg、Mn、Ni、Pb、Sb、Se、Sn、Tl、V、Zn、氯化物、氰化物、氟化物、硝酸盐、硫化物、硫酸盐、油分、pH;卤代挥发性有机物、非卤代挥发性有机物、芳香族挥发性有机物、半挥发性有机物、1,2-二溴乙烷/1,2-二溴-3-氯丙烷、丙烯醛/丙烯腈、酚类、酞酸酯类、亚硝胺类、有机氯农药及PCBs、硝基芳烃类和环酮类、多环芳烃类、卤代醚、有机磷农药类、有机磷化合物、氯代除草剂、二噁英类。

3. 监测频次

固体废物的常规监测频次为2次/年。特殊目的监测可根据实际情况加大监测频次。

4. 监测分析方法

(1) 无机污染成分

无机污染成分的分析方法主要采用分光光度分析技术(SP)、离子色谱法(IC)、火焰原子吸收光谱技术(FLAAS)、石墨炉原子吸收光谱技术(GFAAS)、氢化物发生原子吸收光谱技术(HGAAS)、氢化物发生原子荧光光谱技术(HGAFS)、ICP发射光谱技术(ICP)和ICP-MS技术。分析溶液的制备方法主要采用高压釜酸分解技术和微波辅助酸溶解技术,试液主要采用单酸或混酸消解的前处理方法并结合其他分离富集技术来获得。

(2) 有机污染物成分

有机污染成分的分析方法主要采用气相色谱技术(GC)、气相色谱-质谱联用技术(GC-MS)和高效液相色谱技术(HPLC)。有机污染成分的提取方法主要采用快速溶剂萃取技术或微波辅助溶剂萃取技术;有机污染物的分离富集方法主要采用精制硅藻土柱色谱净化法、Florisil柱色谱净化法和薄层色谱分离法;待测试液的进样主要采用吹扫-捕集技术(PT)、顶空技术(HS)和热脱附等技术。

5.固体废物处理处置过程中的污染控制分析

(1)与焚烧设施有关的分析

排气分析的技术手段:(a)在线连续自动分析系统(CEMS)的分析项目为烟粉尘、SO_2、NO_x、HX、CO;(b)自动采样-实验室分析的分析项目为重金属、二噁英等。

排水分析的技术手段:执行污水监测技术路线。

焚烧残余物分析的技术手段:人工采样–实验室分析的项目为灰分(%)、烧失量(%)等,其他项与固体废物分析相同(参考第3至第5节)。

(2)与填埋设施有关的分析

填埋场排气分析的技术手段:在线连续自动分析的分析项目为CH_4、CO_2、恶臭、VOCs等。

渗滤液及其处理排水分析:渗滤液执行污水监测技术路线,处理后的排水采用污水在线自动监测系统技术路线,主要分析项目为COD、氨氮、总氮、总磷等。

七、土壤监测技术路线

1.技术路线

以农田土壤监测为主,以污灌农田和有机食品基地为监测重点,开展农田土壤例行监测工作。对全国大型的有害固体废弃物堆放场周围土壤、污水土地处理区域和对环境产生潜在污染的工厂遗弃地开展污染调查,并对典型区域开展跟踪监视性监测,逐步完善我国土壤环境监测技术和网络体系。

2.监测项目、频次与方法

土壤监测项目、频次与分析方法

项目类别		监测项目	仪器方法	监测频次
必测项目	基本项目	pH、阳离子交换量	pH计	1次/年
	重点项目	镉、铬、汞、砷、镍、铜、锌、镍	原子吸收仪、测汞仪	
选测项目	影响产量项目	全盐量、硼、氟	分光光度计	3~5次/年
	污水灌溉项目	氰化物、硫化物、挥发酚、苯并[a]芘、石油类等	分光光度计、气相色谱仪、液相色谱仪及测油仪	
	农药残留项目	有机氯农药(如六六六和DDT等)、有机磷农药及其他农药(如各种除草剂等)	气相色谱仪	
	其他污染项目	硒、氟等	分光光度计	

八、生物监测技术路线

1.技术路线

以生物群落监测技术为主,以生物毒理学监测技术为辅,优先开展水环境生物监测,逐步拓展大气污染植物监测;巩固现有水生生物监测网,逐步健全全国流域生物监测网络,以达到通过生物监测手段说清环境质量变化规律的目的。

2. 项目和频次

生物监测指标及频次

水体	监测指标	监测项目	频次	备注
河流	底栖动物	种类、数量	2次/年	必测
	大肠菌群	数量	6次/年	必测
	着生生物	种类、数量	2次/年	选测
	浮游植物	种类、数量	2次/年	选测
湖泊水库	叶绿素a	含量	2次以上/年	必测
	浮游植物	种类和密度	2次以上/年	必测
	大肠菌群	数量	6次/年	必测
	底栖动物	种类、数量	2次/年	选测
城市水体	下列5种方法任选一种： 1. 鱼类急性毒性试验 2. 蚤类急性毒性试验 3. 藻类急性毒性试验 4. 发光细菌急性毒性试验 5. 微型生物群落级毒性试验	96小时死亡率 48小时LC50 96小时EC50 抑光率		选测
环境空气	SO_2	植物叶片中硫含量	2次/年	必测

叶绿素a和浮游植物可视具体情况增加频次，夏季水华易发季节，应加大监测频次，主要湖泊监测频次夏季不得低于1次/每月。对污染较重的水体，增加水体或底泥的生物毒性测试。

3. 方式方法

水环境生物监测，以生物群落监测为主，针对不同的水体和监测的目的，采用不同的监测指标和方法。河流监测指标以底栖动物和总大肠菌群数监测为主，结合着生生物监测和浮游植物监测进行分析评价，河流水质评价采用Shannon多样性指数。湖泊、水库主要监视其富营养化情况，监测指标以叶绿素a、浮游植物为主要指标，结合底栖动物的种类、数量和大肠菌群进行分析。湖泊水质评价方法采用①Shannon多样性指数；②Margalef指数；③藻类密度标准（湖泊富营养化评价标准）。

大气环境生物监测，主要是对二氧化硫开展植物监测，监测指标为叶片中硫含量的分析。测试植物选择当地分布较广、对SO_2具有较强吸附与蓄积能力的植物叶片。

九、辐射环境监测技术路线

1. 技术路线

以手动定期采样分析和测量为基本手段，在重点区域采取自动连续监测环境γ辐射空气吸收剂量率的现代化方式，说清全国辐射环境质量状况，说清重点辐射污染源的排泄情况，说清核事故对场外环境的污染情况。

2.项目与频次

辐射环境质量监测项目与频次

监测对象	监测项目	监测频次
空气	γ辐射空气吸收剂量率	连续
	γ辐射空气吸收剂量率	1次/月
	累积剂量(或剂量率)	1次/季
	氡浓度	1次/季
气溶胶	总α、总β、γ能谱分析	1次/季
沉降物	γ能谱分析	1次/季
降水	3H、210Po、210Pb	1次/季(每月采样、集3个月的混合样)
水体	U、Th、226Ra、总α、除K总β、90Sr、137Cs	2次/年
土壤和底泥	U、Th、226Ra、90Sr、137Cs	1次/年
生物	90Sr、137Cs	1次/年

国家环境保护总局关于印发《环境监测质量管理规定》和《环境监测人员持证上岗考核制度》的通知

(2006年7月28日　环发〔2006〕114号)

各省、自治区、直辖市环境保护局(厅),新疆生产建设兵团环境保护局:

为贯彻落实《国务院关于落实科学发展观　加强环境保护的决定》(国发〔2005〕39号),提高环境监测质量管理水平,规范环境监测质量管理工作,我局制定了《环境监测质量管理规定》和《环境监测人员持证上岗考核制度》。现印发给你们,请遵照执行。

附件:1.环境监测质量管理规定
　　　2.环境监测人员持证上岗考核制度

附件1

环境监测质量管理规定

第一章　总　则

第一条　为提高环境监测质量管理水平,规范环境监测质量管理工作,确保监测数据和信息的准确可靠,为环境管理和政府决策提供科学、准确依据,根据《中华人民共和国环境保护法》及有关法律法规,制定本规定。

第二条 本规定适用于环境保护系统各级环境监测中心(站)和辐射环境监测机构(以下统称环境监测机构)。

第三条 环境监测质量管理工作,是指在环境监测的全过程中为保证监测数据和信息的代表性、准确性、精密性、可比性和完整性所实施的全部活动和措施,包括质量策划、质量保证、质量控制、质量改进和质量监督等内容。

第四条 环境监测质量管理是环境监测工作的重要组成部分,应贯穿于监测工作的全过程。

第二章 机构与职责

第五条 国务院环境保护行政主管部门对环境监测质量管理工作实施统一管理。地方环境保护行政主管部门对辖区内的环境监测质量管理工作具有领导和管理职责。各级环境监测机构在同级环境保护行政主管部门的领导下,对下级环境监测机构的环境监测质量管理工作进行业务指导。

第六条 各级环境监测机构应对本机构出具的监测数据负责。应主动接受上级环境监测机构对环境监测质量管理工作的业务指导,并积极参加环境监测质量管理技术研究、监测资质认证、持证上岗考核、质量管理评比评审、信息交流和人员培训等工作,持续改进、不断提高环境监测质量。

第七条 各级环境监测机构应有质量管理机构或质量管理人员,明确其职责,并具备必要的专用实验条件。

质量管理机构(或人员)的主要职责是:

(一)负责监督管理本环境监测机构各类监测活动以及质量管理体系的建立、有效运行和持续改进,切实保证环境监测工作质量;

(二)组织和开展质控考核、能力验证、比对、方法验证、质量监督、量值溯源及量值传递等质量管理工作,并对其结果进行评价;

(三)负责本环境监测机构环境监测人员持证上岗考核的申报与日常管理,国家级和省级环境监测机构组织和实施对下级环境监测机构人员的持证上岗考核工作;

(四)建立环境监测标准、技术规范和规定、质量管理工作的动态信息库;

(五)组织和实施环境监测技术及质量管理的技术培训和交流;

(六)组织开展对下级环境监测机构监测质量、质量管理的监督与检查;

(七)负责本环境监测机构质量管理的信息汇总和工作总结;

(八)参与环境污染事件、环境污染仲裁、用户投诉、环境纠纷案件、司法机构的委托监测等涉及争议的监测活动。

第三章 工作内容

第八条 各级环境监测机构应根据国家环境保护总局《环境监测站建设标准(试行)》及《辐射环境监督站建设标准(试行)》的要求进行能力建设,完善人员、仪器设备、装备和实验室环境等环境监测质量管理的基础。

第九条　各级环境监测机构应依法取得提供数据应具备的资质,并在允许范围内开展环境监测工作,保证监测数据的合法有效。

第十条　从事监测、数据评价、质量管理以及与监测活动相关的人员必须经国家、省级环境保护行政主管部门或其授权部门考核认证,取得上岗合格证。所使用的环境监测仪器应由国家计量部门或其授权单位按有关要求进行检定或按规定程序进行校准。所使用的标准物质应是有证标准物质或能够溯源到国家基准的物质。

第十一条　各级环境监测机构应建立健全质量管理体系,使质量管理工作程序化、文件化、制度化和规范化,并保证其有效运行。

第十二条　环境监测布点、采样、现场测试、样品制备、分析测试、数据评价和综合报告、数据传输等全过程均应实施质量管理。

（一）监测点位的设置应根据监测对象、污染物性质和具体条件,按国家标准、行业标准及国家有关部门颁布的相关技术规范和规定进行,保证监测信息的代表性和完整性。

（二）采样频次、时间和方法应根据监测对象和分析方法的要求,按国家标准、行业标准及国家有关部门颁布的相关技术规范和规定执行,保证监测信息能准确反映监测对象的实际状况、波动范围及变化规律。

（三）样品在采集、运输、保存、交接、制备和分析测试过程中,应严格遵守操作规程,确保样品质量。

（四）现场测试和样品的分析测试,应优先采用国家标准和行业标准方法;需要采用国际标准或其他国家的标准时,应进行等效性或适用性检验,检验结果应在本环境监测机构存档保存。

（五）监测数据和信息的评价及综合报告,应依照监测对象的不同,采用相应的国家或地方标准或评价方法进行评价和分析。

（六）数据传输应保证所有信息的一致性和复现性。

第十三条　各级环境监测机构应积极开展和参加质量控制考核、能力验证、比对和方法验证等质量管理活动,并采取密码样、明码样、空白样、加标回收和平行样等方式进行内部质量控制。

第十四条　质量管理实行报告制度。下级环境监测机构应于每年年底向同级环境保护行政主管部门和上一级环境监测机构提交本机构及本辖区内各环境监测机构当年的质量管理总结,向上一级环境监测机构提交下一年度的质量管理工作计划。

第十五条　对用户关于环境监测数据异议的核查、环境监测质量投诉事件的仲裁和环境监测质量事故的处理等工作,应由环境保护行政主管部门组织处理,并在其领导下进行调查和取证。

第四章　经费保障

第十六条　环境监测质量管理经费（包括公务费、业务费和设备购置费等）应给予保证,并确保专项使用。

第五章　处　罚

第十七条　违反本规定,有下列行为之一者,所在地或上级环境保护行政主管部门应责令限期改正,并对相关单位和责任人予以处罚。

（一）向外报出的监测数据是由未取得上岗合格证人员完成的；
（二）造成重大质量事故的；
（三）编造或更改监测数据，以及授意编造或更改监测数据的。

第六章　附　则

第十八条　各省、自治区、直辖市环境保护行政主管部门可根据本规定制定实施细则。

第十九条　本规定由国家环境保护总局负责解释。

第二十条　本规定自发布之日起施行。原《环境监测质量保证管理规定（暂行）》同时废止。

附件2

环境监测人员持证上岗考核制度

第一章　总　则

第一条　为了做好环境监测人员上岗合格证（以下简称合格证）考核（以下简称持证上岗考核）工作，保证考核工作的规范化、程序化和制度化，根据国家环境保护总局《环境监测质量管理规定》，制定本制度。

第二条　本制度适用于环境保护系统各级环境监测中心（站）和辐射环境监测机构（以下统称环境监测机构）中一切为环境管理和社会提供环境监测数据和信息的监测、数据分析和评价、质量管理以及与监测活动相关的人员（以下统称监测人员）的持证上岗考核。持有合格证的人员（以下简称持证人员），方能从事相应的监测工作；未取得合格证者，只能在持证人员的指导下开展工作，监测质量由持证人员负责。

第二章　职　责

第三条　持证上岗考核工作实行分级管理。国家环境保护总局负责国家级和省级环境监测机构监测人员持证上岗考核的管理工作，其中国家级环境监测机构监测人员的考核工作由国家环境保护总局组织实施，省级环境监测中心（站）和辐射环境监测机构监测人员的考核工作由国家环境保护总局委托中国环境监测总站和国家环境保护总局辐射环境监测技术中心组织实施。省级环境保护局（厅）负责辖区内环境监测机构监测人员持证上岗考核的管理工作，省级环境监测机构在省级环境保护局（厅）的指导下组织实施。

第四条　各环境监测机构负责组织本机构环境监测人员的岗前技术培训，保证监测人员具有相应的工作能力。

第五条　申请持证上岗考核的单位（以下简称被考核单位）向负责对其进行考核的单位（以下简称主考单位）提出考核申请，并填报《持证上岗考核申请表》。被考核单位在持证上岗考核组（以下简称考核组）进入现场考核之前，按照考核组的要求，做好考核准备，提供必需的工作条件。

第六条　主考单位根据被考核单位的申请制定考核计划，组建考核组，负责指导和监督考核组按计划实施考核，审核考核方案和《监测人员持证上岗考核报告》（以下简称考核报告），并负责将考核结果上报合格证颁发部门审批。

第七条 考核组负责考核工作的具体实施,包括命题及制定参考答案、确定被考人员的考核项目和考核方式、实施考核及阅卷和评分、向主考单位提交考核报告。考核组工作由考核组组长负责。

第三章 考核内容与考核方法

第八条 考核内容包括基本理论、基本技能和样品分析。根据被考核人员的工作性质和岗位要求确定考核内容。

（一）基本理论考核内容主要包括:环境保护基本知识、环境监测基础理论知识、环境保护标准和监测规范、质量保证和质量控制知识、常用数据统计知识、采样方法、样品预处理方法、分析测试方法、数据处理和评价模式等。

（二）基本技能考核内容主要包括:布点、采样、试剂配制、常用分析仪器的规范化操作、仪器校准、质量保证和质量控制措施、数据记录和处理、校准曲线制作、样品测试以及数据审核程序等。

（三）样品分析是指按照规定的操作程序对发放的考核样品进行分析测试。

第九条 基本理论的考核方式为笔试,原则上采取闭卷形式进行。

第十条 基本技能和样品分析考核采取现场操作演示与样品测试相结合的方式进行,考核项目的确定以具有代表性、尽量保证覆盖被考核人的实际能力为原则,一般考核项目数不少于被考核人申请项目的30%。对有标准样品的项目,原则上进行标准样品的测试考核。对没有标准样品的项目,可采取实际样品测定、现场加标、留样复测、现场操作演示、提问、人员比对和仪器比对等考核方式。考核组根据测定结果、实际操作规范程度以及回答问题的正确程度评定考核结果。

第十一条 基本技能和样品分析中没有考核的项目,由被考核单位自行考核认定(以下简称自认定)。自认定情况经被考核单位核签后报考核组,随考核报告一同报主考单位。考核组在现场考核时抽查自认定情况,抽查比例不少于5%。以现场考核时间为基准年,在同年度和上一年度参加国家和省级能力验证并考核合格者、参加标准样品定值并被采纳者,可认为自认定合格。

第四章 合格证的管理

第十二条 国家级环境监测机构监测人员的合格证由国家环境保护总局颁发;省级环境监测机构监测人员的合格证由中国环境监测总站和国家环境保护总局辐射环境监测技术中心颁发;其他环境监测机构监测人员的合格证,由各省级环境保护局(厅)颁发。

第十三条 合格证有效期为五年。

第十四条 监测人员取得合格证后,有下列情况之一者即取消持证资格,收回或注销合格证:

（1）违反操作规程,造成重大安全和质量事故者;

（2）编造数据、弄虚作假者;

（3）调离环保系统环境监测机构者。

第五章 附 则

第十五条 本制度由国家环境保护总局负责解释。

第十六条 本制度自发布之日起施行。原《环境监测人员合格证制度(暂行)》同时废止。

环境监测人员行为规范

(1998年1月16日 环发〔1998〕48号)

一、爱岗敬业。忠于职守、坚持原则、钻研业务、务实进取。

二、科学监测。严格执行标准,遵循监测规范,保证监测质量,做到数据公正。

三、遵守法纪。讲廉洁、拒腐蚀、不徇情、守公德、讲文明。做到:

  1. 不准收受被监测单位的礼品、礼金和有价证券;

  2. 不准接受被监测单位的宴请;

  3. 不准参加被监测单位邀请的营业性歌舞等娱乐活动;

  4. 不准参与被监测单位或个人的营销活动;

  5. 不准利用职权搞不正之风。

四、遵循环境监测工作程序。做到:

  1. 现场监测,出示证件;

  2. 持证上岗,遵守安全操作规程,确保安全;

  3. 执行任务,二人以上;

  4. 文明礼貌、说明来意,请被监测单位提供有关监测条件和资料;

  5. 为被监测单位保守技术与业务秘密;

  6. 监测完毕,清理现场。

五、遵守保密规定,妥善保管监测资料。

六、群众反映,及时汇报。

污染源自动监控管理办法

(2005年9月19日 国家环境保护总局令第28号)

第一章 总 则

第一条 为加强污染源监管,实施污染物排放总量控制与排污许可证制度和排污收费制度,预防污染事故,提高环境管理科学化、信息化水平,根据《水污染防治法》、《大气污染防治法》、《环境噪声污染防治法》、《水污染防治法实施细则》、《建设项目环境保护管理条例》和《排污费征收使用管理条例》等有关环境保护法律法规,制定本办法。

第二条 本办法适用于重点污染源自动监控系统的监督管理。

重点污染源水污染物、大气污染物和噪声排放自动监控系统的建设、管理和运行维护,必须遵守本办法。

第三条 本办法所称自动监控系统,由自动监控设备和监控中心组成。

自动监控设备是指在污染源现场安装的用于监控、监测污染物排放的仪器、流量(速)计、污染治理设施运行记录仪和数据采集传输仪等仪器、仪表,是污染防治设施的组成部分。

监控中心是指环境保护部门通过通信传输线路与自动监控设备连接用于对重点污染源实施自动监控的计算机软件和设备等。

第四条 自动监控系统经环境保护部门检查合格并正常运行的,其数据作为环境保护部门进行排污申报核定、排污许可证发放、总量控制、环境统计、排污费征收和现场环境执法等环境监督管理的依据,并按照有关规定向社会公开。

第五条 国家环境保护总局负责指导全国重点污染源自动监控工作,制定有关工作制度和技术规范。

地方环境保护部门根据国家环境保护总局的要求按照统筹规划、保证重点、兼顾一般、量力而行的原则,确定需要自动监控的重点污染源,制定工作计划。

第六条 环境监察机构负责以下工作:

(一)参与制定工作计划,并组织实施;

(二)核实自动监控设备的选用、安装、使用是否符合要求;

(三)对自动监控系统的建设、运行和维护等进行监督检查;

(四)本行政区域内重点污染源自动监控系统联网监控管理;

(五)核定自动监控数据,并向同级环境保护部门和上级环境监察机构等联网报送;

(六)对不按照规定建立或者擅自拆除、闲置、关闭及不正常使用自动监控系统的排污单位提出依法处罚的意见。

第七条 环境监测机构负责以下工作:

(一)指导自动监控设备的选用、安装和使用;

(二)对自动监控设备进行定期比对监测,提出自动监控数据有效性的意见。

第八条 环境信息机构负责以下工作:

(一)指导自动监控系统的软件开发;

(二)指导自动监控系统的联网,核实自动监控系统的联网是否符合国家环境保护总局制定的技术规范;

(三)协助环境监察机构对自动监控系统的联网运行进行维护管理。

第九条 任何单位和个人都有保护自动监控系统的义务,并有权对闲置、拆除、破坏以及擅自改动自动监控系统参数和数据等不正常使用自动监控系统的行为进行举报。

第二章 自动监控系统的建设

第十条 列入污染源自动监控计划的排污单位,应当按照规定的时限建设、安装自动监控设备及其配套设施,配合自动监控系统的联网。

第十一条 新建、改建、扩建和技术改造项目应当根据经批准的环境影响评价文件的要求建设、安装自动监控设备及其配套设施,作为环境保护设施的组成部分,与主体工程同时设计、同时施工、同时投入使用。

第十二条 建设自动监控系统必须符合下列要求:

(一)自动监控设备中的相关仪器应当选用经国家环境保护总局指定的环境监测仪器检测机构适用性检测合格的产品;

(二)数据采集和传输符合国家有关污染源在线自动监控(监测)系统数据传输和接口标准的技术规范;

(三)自动监控设备应安装在符合环境保护规范要求的排污口;

(四)按照国家有关环境监测技术规范,环境监测仪器的比对监测应当合格;

(五)自动监控设备与监控中心能够稳定联网;

(六)建立自动监控系统运行、使用、管理制度。

第十三条 自动监控设备的建设、运行和维护经费由排污单位自筹,环境保护部门可以给予补助;监控中心的建设和运行、维护经费由环境保护部门编报预算申请经费。

第三章 自动监控系统的运行、维护和管理

第十四条 自动监控系统的运行和维护,应当遵守以下规定:

(一)自动监控设备的操作人员应当按国家相关规定,经培训考核合格、持证上岗;

(二)自动监控设备的使用、运行、维护符合有关技术规范;

(三)定期进行比对监测;

(四)建立自动监控系统运行记录;

(五)自动监控设备因故障不能正常采集、传输数据时,应当及时检修并向环境监察机构报告,必要时应当采用人工监测方法报送数据。

自动监控系统由第三方运行和维护的,接受委托的第三方应当依据《环境污染治理设施运营资质许可管理办法》的规定,申请取得环境污染治理设施运营资质证书。

第十五条 自动监控设备需要维修、停用、拆除或者更换的,应当事先报经环境监察机构批准同意。

环境监察机构应当自收到排污单位的报告之日起7日内予以批复;逾期不批复的,视为同意。

第四章 罚 则

第十六条 违反本办法规定,现有排污单位未按规定的期限完成安装自动监控设备及其配套设施的,由县级以上环境保护部门责令限期改正,并可处1万元以下的罚款。

第十七条 违反本办法规定,新建、改建、扩建和技术改造的项目未安装自动监控设备及其配套设施,或者未经验收或者验收不合格的,主体工程即正式投入生产或者使用的,由审批该建设项目环境影响评价文件的环境保护部门依据《建设项目环境保护管理条例》责令停止主体工程生产或者使用,可以处10万元以下的罚款。

第十八条 违反本办法规定,有下列行为之一的,由县级以上地方环境保护部门按以下规定处理:

(一)故意不正常使用水污染物排放自动监控系统,或者未经环境保护部门批准,擅自拆除、闲置、破坏水污染物排放自动监控系统,排放污染物超过规定标准的;

(二)不正常使用大气污染物排放自动监控系统,或者未经环境保护部门批准,擅自拆除、闲置、破坏大气污染物排放自动监控系统的;

(三)未经环境保护部门批准,擅自拆除、闲置、破坏环境噪声排放自动监控系统,致使环境噪声排放超过规定标准的。

有前款第(一)项行为的,依据《水污染防治法》第四十八条和《水污染防治法实施细则》第四十一条的规定,责令恢复正常使用或者限期重新安装使用,并处10万元以下的罚款;有前款第(二)项行为的,依据《大气污染防治法》第四十六条的规定,责令停止违法行为,限期改正,给予警告或者处5万元以下罚款;有前款第(三)项行为的,依据《环境噪声污染防治法》第五十条的规定,责令改正,处3万元以下罚款。

第五章 附 则

第十九条 本办法自2005年11月1日起施行。

污染源自动监控设施运行管理办法

(2008年3月18日 环发〔2008〕6号)

第一章 总 则

第一条 为加强对污染源自动监控设施运行的监督管理,保证污染源自动监控设施正常运行,加强对污染源的有效监管,根据《中华人民共和国环境保护法》、《国务院对确需保留的行政审批项目设立行政许可的决定》(国务院令第412号)的规定,制定本办法。

第二条 本办法所称自动监控设施,是指在污染源现场安装的用于监控、监测污染排放的仪器、流量(速)计、污染治理设施运行记录仪和数据采集传输仪器、仪表,是污染防治设施的组成部分。

第三条 本办法所称自动监控设施的运行,是指从事自动监控设施操作、维护和管理,保证设施正常运行的活动,分为委托给有资质的专业化运行单位的社会化运行和排污单位自运行两种方式。

第四条 本办法适用于县级以上重点污染源(包括重点监控企业)自动监控设施的运行和管理活动。

其他污染源自动监控设施运行和管理活动参照本办法执行。

第五条 污染源自动监控设施运行费用由排污单位承担,有条件的地方政府可给予适当补贴。

第六条 国家支持鼓励设施社会化运行服务业的发展。

第七条 国务院环境保护行政主管部门负责制定污染源自动监控设施运行管理的规章制度、标准,地方环境保护行政主管部门负责本辖区污染源自动监控设施运行的监督管理。

第二章 设施运行要求

第八条 污染源自动监控设施的选型、安装、运行、审查、监测质量控制、数据采集和联网传输,应符合国家相关的标准。

第九条 污染源自动监控设施必须经县级以上环境保护行政主管部门验收合格后方可正式投入运行,并按照相关规定与环境保护行政主管部门联网。

第十条 从事污染源自动监控设施的社会化运行单位必须取得国务院环境保护行政主管部门核发的"环境污染治理设施运营资质证书"。

第十一条 所有从事污染源自动监控设施的操作和管理人员,应当经省级环境保护行政主管部门委托的中介机构进行岗位培训,能正确、熟练地掌握有关仪器设施的原理、操作、使用、调试、维修和更换等技能。

第十二条 污染源自动监控设施运行单位应按照县级以上环境保护行政主管部门的要求,每半年向其报送设施运行状况报告,并接受社会公众监督。

第十三条 污染源自动监控设施运行单位应按照国家或地方相关法律法规和标准要求,建立健全管理制度。主要包括:人员培训、操作规程、岗位责任、定期比对监测、定期校准维护记录、运行信息公开、设施故障预防和应急措施等制度。常年备有日常运行、维护所需的各种耗材、备用整机或关键部件。

第十四条 运行单位应当保持污染源自动监控设施正常运行。污染源自动监控设施因维修、更换、停用、拆除等原因将影响设施正常运行情况的,运行单位应当事先报告县级以上环境保护行政主管部门,说明原因、时段等情况,递交人工监测方法报送数据方案,并取得县级以上环境保护行政主管部门的批准;设施的维修、更换、停用、拆除等相关工作均须符合国家或地方相关的标准。

第十五条 污染源自动监控设施的维修、更换,必须在48小时内恢复自动监控设施正常运行,设施不能正常运行期间,要采取人工采样监测的方式报送数据,数据报送每天不少于4次,间隔不得超过6小时。

第十六条 在地方环境保护行政主管部门的监督指导下,污染源自动监控设施产权所有人可按照国家相关规定,采取公开招标的方式选择委托国务院环境保护行政主管部门核发的运营资质证书的运行单位,并签订运行服务合同。

运行合同正式签署或变更时,运行单位须将合同正式文本于10个工作日内,向县级以上环境保护行政主管部门备案。

第十七条 排污单位不得损坏设施或蓄意影响设施正常运行。

第十八条 污染源自动监控设施运行委托单位有以下权利和义务:

(一)对设施运行单位进行监督,提出改进服务的建议;

(二)应为设施运行单位提供通行、水、电、避雷等正常运行所需的基本条件。因客观原因不

能正常提供时,需提前告知运行单位,同时向县级以上环境保护行政主管部门报告,配合做好相关的应急工作;

(三)举报设施运行单位的环境违法行为;

(四)不得以任何理由干扰运行单位的正常工作或污染源自动监控设施的正常运行;

(五)不得将应当承担的排污法定责任转嫁给运行单位。

第十九条 污染源自动监控设施社会化运行单位有以下权利和义务:

(一)按照规定程序和途径取得或放弃设施运行权;

(二)不受地域限制获得设施运行业务;

(三)严格执行有关管理制度,确保设施正常运行;

(四)举报排污单位的环境违法行为;

(五)对运行管理人员进行业务培训,提高运行水平。

第三章 监督管理

第二十条 县级以上环境保护行政主管部门对污染源自动监控设施运行情况行使以下现场检查和日常监督权:

(一)社会化运行单位是否依法获得污染源自动监控设施运营资质证书,是否按照资质证书的规定,在有效期内从事运行活动;

(二)社会化运行单位是否与委托单位签订运行服务合同,合同有关内容是否符合环境保护要求并得到落实;

(三)运行单位岗位现场操作和管理人员是否经过岗位培训;

(四)运行单位是否按照要求建立自动监控设施运行的人员培训、操作规程、岗位责任、定期比对监测、定期校准维护记录、运行信息公开、事故预防和应急措施等管理制度以及这些制度是否得到有效实施;

(五)自动监控设施是否按照环境保护行政主管部门的相关要求联网,并准确及时地传输监控信息和数据;

(六)运行委托单位是否有影响运行单位正常工作和污染源自动监控设施正常运行的行为;

(七)运行委托单位和运行单位是否有其他环境违法行为。

第二十一条 运行委托单位对自动监控设施的监测数据提出异议时,县级以上环境监测机构应按照国家或地方相关的标准进行比对试验等监测工作,由县级以上环境监察机构确认责任单位,并由责任单位承担相关经济、法律责任。

第二十二条 县级以上环境保护行政主管部门组织对污染源自动监控设施的运行状况进行定期检查,出现检查不合格的情况,可责令其限期整改;对社会化运行单位可建议国务院环境保护行政主管部门对其运营资质进行降级、停用、吊销等处罚。

第二十三条 环境保护行政主管部门在行使运行监督管理权力时,应当遵守下列规定:

(一)严格按照本办法规定履行职责;

(二)不得无故干预运行单位的正常运行业务;

(三)为运行委托单位和运行单位保守技术秘密;

(四)不得收取任何费用及谋求个人和单位的利益;

（五）不得以任何形式指定污染源自动监控设施运行单位。

第二十四条 国家鼓励个人或组织参与对污染源自动监控设施运行活动的监督。

个人或组织发现污染源自动监控设施运行活动中有违法违规行为的，有权向环保部门举报，环境监察部门应当及时核实、处理。

第四章 附 则

第二十五条 县级以上重点污染源，是指列入国控、省控、市控及县控重点污染源名单的排污单位；重点监控企业是指城镇污水处理厂。

第二十六条 本办法所称运行单位包括社会化运行单位和自行运行单位。

社会化运行是指已取得国务院环境保护行政主管部门核发的"环境污染治理设施运营资质证书"，具有独立法人资格的企业或企业化管理的事业单位，接受污染物产生单位委托，按照双方签订的合同，为其提供自动监控设施操作、维护和管理，保证设施正常运行，并承担相应环境责任的经营服务活动。

自运行是指污染物产生单位自行从事其自动监控设施操作、维护和管理，保证设施正常运行，并承担相应环境责任的活动。

第二十七条 县级以上环境保护行政主管部门对个人或组织如实举报设施运行违法违规行为的，可给予奖励，并有义务为举报者保密。

第二十八条 本办法由国务院环境保护行政主管部门负责解释。

第二十九条 本办法自 2008 年 5 月 1 日起施行。

污染源自动监控设施现场监督检查办法

（2012 年 2 月 1 日　环境保护部令第 19 号）

第一章 总 则

第一条 为加强对污染源自动监控设施的现场监督检查，保障其正常运行，保证自动监控数据的真实、可靠和有效，根据《中华人民共和国水污染防治法》、《中华人民共和国大气污染防治法》等有关法律法规，制定本办法。

第二条 本办法所称污染源自动监控设施，是指在污染源现场安装的用于监控、监测污染物排放的在线自动监测仪、流量（速）计、污染治理设施运行记录仪和数据采集传输仪器、仪表、传感器等设施，是污染防治设施的组成部分。

第三条 本办法适用于各级环境保护主管部门对污染源自动监控设施的现场监督检查。

第四条 污染源自动监控设施的现场监督检查，由各级环境保护主管部门或者其委托的行使现场监督检查职责的机构（以下统称监督检查机构）具体负责。

省级以下环境保护主管部门对污染源自动监控设施进行监督管理和现场监督检查的权限划

分,由省级环境保护主管部门确定。

第五条 实施污染源自动监控设施现场监督检查,应当与其他污染防治设施的现场检查相结合,并遵守国家有关法律法规、标准、技术规范以及环境保护主管部门的规定。

第六条 污染源自动监控设施的生产者和销售者,应当保证其生产和销售的污染源自动监控设施符合国家规定的标准。

排污单位自行运行污染源自动监控设施的,应当保证其正常运行。由取得环境污染治理设施运营资质的单位(以下简称运营单位)运行污染源自动监控设施的,排污单位应当配合、监督运营单位正常运行;运营单位应当保证污染源自动监控设施正常运行。

污染源自动监控设施的生产者、销售者以及排污单位和运营单位应当接受和配合监督检查机构的现场监督检查,并按照要求提供相关技术资料。监督检查机构有义务为被检查单位保守在检查中获取的商业秘密。

第二章 监督管理

第七条 污染源自动监控设施建成后,组织建设的单位应当及时组织验收。经验收合格后,污染源自动监控设施方可投入使用。

排污单位或者其他污染源自动监控设施所有权单位,应当在污染源自动监控设施验收后五个工作日内,将污染源自动监控设施有关情况交有管辖权的监督检查机构登记备案。

污染源自动监控设施的主要设备或者核心部件更换、采样位置或者主要设备安装位置等发生重大变化的,应当重新组织验收。排污单位或者其他污染源自动监控设施所有权单位应当在重新验收合格后五个工作日内,向有管辖权的监督检查机构变更登记备案。

有管辖权的监督检查机构应当对污染源自动监控设施登记事项及时予以登记,作为现场监督检查的依据。

第八条 污染源自动监控设施确需拆除或者停运的,排污单位或者运营单位应当事先向有管辖权的监督检查机构报告,经有管辖权的监督检查机构同意后方可实施。有管辖权的监督检查机构接到报告后,可以组织现场核实,并在接到报告后五个工作日内作出决定;逾期不作出决定的,视为同意。

污染源自动监控设施发生故障不能正常使用的,排污单位或者运营单位应当在发生故障后十二小时内向有管辖权的监督检查机构报告,并及时检修,保证在五个工作日内恢复正常运行。停运期间,排污单位或者运营单位应当按照有关规定和技术规范,采用手工监测等方式,对污染物排放状况进行监测,并报送监测数据。

第九条 下级环境保护主管部门应当每季度向上一级环境保护主管部门报告污染源自动监控设施现场监督检查工作情况。省级环境保护主管部门应当于每年的1月30日前向环境保护部报送上一年度本行政区域污染源自动监控设施现场监督检查工作报告。

第十条 污染源自动监控设施现场监督检查工作报告应当包括以下内容:

(一)辖区内污染源自动监控设施总体运行情况、存在的问题和建议;

(二)辖区内有关污染源自动监控设施违法行为及其查处情况和典型案例;

(三)污染源自动监控设施生产者、销售者和运营单位在辖区内服务质量评估。

第十一条 上级环境保护主管部门应当定期组织对本辖区内下级环境保护主管部门污染源

自动监控设施现场监督检查的工作情况进行督查,并实行专项考核。

第十二条 污染源自动监控设施现场监督检查的有关情况,应当依法公开。

第三章 现场监督检查

第十三条 对污染源自动监控设施进行现场监督检查,应当重点检查以下内容:

(一)排放口规范化情况;

(二)污染源自动监控设施现场端建设规范化情况;

(三)污染源自动监控设施变更情况;

(四)污染源自动监控设施运行状况;

(五)污染源自动监控设施运行、维护、检修、校准校验记录;

(六)相关资质、证书、标志的有效性;

(七)企业生产工况、污染治理设施运行与自动监控数据的相关性。

第十四条 污染源自动监控设施现场监督检查分为例行检查和重点检查。

监督检查机构应当对污染源自动监控设施定期进行例行检查。对国家重点监控企业污染源自动监控设施的例行检查每月至少一次;对其他企业污染源自动监控设施的例行检查每季度至少一次。

对涉嫌不正常运行、使用污染源自动监控设施或者有弄虚作假等违法情况的企业,监督检查机构应当进行重点检查。重点检查可以邀请有关部门和专家参加。

实施污染源自动监控设施例行检查或者重点检查的,可以根据情况,事先通知被检查单位,也可以不事先通知。

第十五条 污染源自动监控设施的现场监督检查,按照下列程序进行:

(一)检查前准备工作,包括污染源自动监控设施登记备案情况、污染物排放及污染防治的有关情况,现场检查装备配备等;

(二)进行现场监督检查;

(三)认定运行正常的,结束现场监督检查;

(四)对涉嫌不正常运行、使用或者有弄虚作假等违法行为的,进行重点检查;

(五)经重点检查,认定有违法行为的,依法予以处罚。

污染源自动监控设施现场监督检查结果,应当及时反馈被检查单位。

第十六条 现场监督检查人员应当按照有关技术规范要求填写现场监督检查表,制作现场监督检查笔录。

现场监督检查人员进行污染源自动监控设施现场监督检查时,可以采取以下措施:

(一)以拍照、录音、录像、仪器标定或者拷贝文件、数据等方式保存现场检查资料;

(二)使用快速监测仪器采样监测。必要时,由环境监测机构进行监督性监测或者比对监测并出具监测结果;

(三)要求排污单位或者运营单位对污染源自动监控设施的硬件、软件进行技术测试;

(四)封存有关样品、试剂等物质,并送交有关部门或者机构检测。

第四章 法律责任

第十七条 排污单位或者其他污染源自动监控设施所有权单位,未按照本办法第七条的规定向有管辖权的监督检查机构登记其污染源自动监控设施有关情况,或者登记情况不属实的,依照《中华人民共和国水污染防治法》第七十二条第(一)项或者《中华人民共和国大气污染防治法》第四十六条第(一)项的规定处罚。

第十八条 排污单位或者运营单位有下列行为之一的,依照《中华人民共和国水污染防治法》第七十条或者《中华人民共和国大气污染防治法》第四十六条第(二)项的规定处罚:

(一)采取禁止进入、拖延时间等方式阻挠现场监督检查人员进入现场检查污染源自动监控设施的;

(二)不配合进行仪器标定等现场测试的;

(三)不按照要求提供相关技术资料和运行记录的;

(四)不如实回答现场监督检查人员询问的。

第十九条 排污单位或者运营单位擅自拆除、闲置污染源自动监控设施,或者有下列行为之一的,依照《中华人民共和国水污染防治法》第七十三条或者《中华人民共和国大气污染防治法》第四十六条第(三)项的规定处罚:

(一)未经环境保护主管部门同意,部分或者全部停运污染源自动监控设施的;

(二)污染源自动监控设施发生故障不能正常运行,不按照规定报告又不及时检修恢复正常运行的;

(三)不按照技术规范操作,导致污染源自动监控数据明显失真的;

(四)不按照技术规范操作,导致传输的污染源自动监控数据明显不一致的;

(五)不按照技术规范操作,导致排污单位生产工况、污染治理设施运行与自动监控数据相关性异常的;

(六)擅自改动污染源自动监控系统相关参数和数据的;

(七)污染源自动监控数据未通过有效性审核或者有效性审核失效的;

(八)其他人为原因造成的污染源自动监控设施不正常运行的情况。

第二十条 排污单位或者运营单位有下列行为之一的,依照《中华人民共和国水污染防治法》第七十条或者《中华人民共和国大气污染防治法》第四十六条第(二)项的规定处罚:

(一)将部分或者全部污染物不经规范的排放口排放,规避污染源自动监控设施监控的;

(二)违反技术规范,通过稀释、吸附、吸收、过滤等方式处理监控样品的;

(三)不按照技术规范的要求,对仪器、试剂进行变动操作的;

(四)违反技术规范的要求,对污染源自动监控系统功能进行删除、修改、增加、干扰,造成污染源自动监控系统不能正常运行,或者对污染源自动监控系统中存储、处理或者传输的数据和应用程序进行删除、修改、增加的操作的;

(五)其他欺骗现场监督检查人员,掩盖真实排污状况行为的。

第二十一条 排污单位排放污染物超过国家或者地方规定的污染物排放标准,或者超过重点污染物排放总量控制指标的,依照《中华人民共和国水污染防治法》第七十四条或者《中华人民共和国大气污染防治法》第四十八条的规定处罚。

第二十二条 污染源自动监控设施生产者、销售者参与排污单位污染源自动监控设施运行弄虚作假的,由环境保护主管部门予以通报,公开该生产者、销售者名称及其产品型号;情节严重的,收回其环境保护适用性检测报告和环境保护产品认证证书。对已经安装使用该生产者、销售者生产、销售的同类产品的企业,环境保护主管部门应当加强重点检查。

第二十三条 运营单位参与排污单位污染源自动监控设施运行弄虚作假的,依照《环境污染治理设施运营资质许可管理办法》的有关规定处罚。

第二十四条 环境保护主管部门的工作人员有下列行为之一的,依法给予处分;构成犯罪的,依法追究刑事责任:

(一)不履行或者不按照规定履行对污染源自动监控设施现场监督检查职责的;

(二)对接到举报或者所发现的违法行为不依法予以查处的;

(三)包庇、纵容、参与排污单位或者运营单位弄虚作假的;

(四)其他玩忽职守、滥用职权或者徇私舞弊行为。

第二十五条 排污单位通过污染源自动监控设施数据弄虚作假获取主要污染物年度削减量、有关环境保护荣誉称号或者评级的,由原核定削减量或者授予荣誉称号的环境保护主管部门予以撤销。

排污单位通过污染源自动监控设施数据弄虚作假,骗取国家优惠脱硫脱硝电价的,环境保护主管部门应当及时通报优惠电价核定部门,取消电价优惠。

第二十六条 违反技术规范的要求,对污染源自动监控系统功能进行删除、修改、增加、干扰,造成污染源自动监控系统不能正常运行,或者对污染源自动监控系统中存储、处理或者传输的数据和应用程序进行删除、修改、增加的操作,构成违反治安管理行为的,由环境保护主管部门移送公安部门依据《中华人民共和国治安管理处罚法》第二十九条规定处理;涉嫌构成犯罪的,移送司法机关依照《中华人民共和国刑法》第二百八十六条追究刑事责任。

第五章 附 则

第二十七条 本办法由环境保护部负责解释。

第二十八条 污染源自动监控设施现场监督检查的技术规范和相关指南由环境保护部另行发布。

第二十九条 本办法自2012年4月1日起施行。

国家环境保护总局关于开展排放口规范化整治工作的通知(2006年修正)

(1999年1月23日环发〔1999〕24号发布 根据2006年6月5日国家环境保护总局令第33号《关于废止、修改部分规章和规范性文件的决定》修正)

在全国部分省市开展的排放口规范化整治试点工作,经过参加试点的省市的努力,试点工作已取得成效。试点经验表明,排放口规范化整治,是实施排放污染物总量控制的一项基础工作,起到了强化环境监督监理,加大环境执法力度的作用。为进一步强化对污染源的现场监督管理,确保2000年"一控双达标"目标的实现,经研究,决定开展排放口规范化整治工作,现将有关问题通知如下：

一、排放口规范化整治是落实国务院提出的实施污染物排放总是控制和到2000年全国工业污染源达标排放,直辖市、省会城市、经济特区城市、沿海开放城市及重点旅游城市功能区达标的要求,对污染源实行法制化、定量化管理的一项重要基础工作。各级环保部门应当高度重视,加强领导,认真组织,环境监理机构要切实承担起具体实施的任务。

二、一切新建、扩建、改建和限期治理的排污单位必须在建设污染治理设施的同时建设规范化排放口,并作为落实环境保护"三同时"制度的必要组成部门和项目验收的内容之一。

三、淮河、海河、辽河、太湖、巢湖、滇池流域等,二氧化硫污染控制区、酸雨控制区和北京市范围内,2000年限期达标排放的污染源的排放口必须进行规范化整治以适应达标工作的需要。其他有条件的地区和排污单位也应进行排放口规范化整治。

四、各级环保部门应编制排放口规范化整治计划并填报计划表,逐级上报备案。要把督促排污单位进行排放口规范化整治的完成情况作为环境监理工作的考核内容之一,并组织检查。

五、排放口规范化整治要遵循便于采集样品、便于监测计量、便于日常监督管理的原则,严格按排放口规范化整治技术要求进行。

六、污染源排放口必须按照国家颁布的有关污染物强制性排放标准的要求,设置排放口标志牌,排放口标志牌是对排污单位排放污染物实施监测采样和监督管理的法定标志。

七、排放口规范化整治和建设所需资金主要由排污单位自筹,环保部门可以从环保补助资金用于污染治理部分给予适当补助。

气象设施和气象探测环境保护条例（2016年修正）

（2012年8月29日中华人民共和国国务院令第623号发布　根据2016年2月6日中华人民共和国国务院令第666号《国务院关于修改部分行政法规的决定》修正）

第一条　为了保护气象设施和气象探测环境,确保气象探测信息的代表性、准确性、连续性和可比较性,根据《中华人民共和国气象法》,制定本条例。

第二条　本条例所称气象设施,是指气象探测设施、气象信息专用传输设施和大型气象专用技术装备等。

本条例所称气象探测环境,是指为避开各种干扰,保证气象探测设施准确获得气象探测信息所必需的最小距离构成的环境空间。

第三条　气象设施和气象探测环境保护实行分类保护、分级管理的原则。

第四条　县级以上地方人民政府应当加强对气象设施和气象探测环境保护工作的组织领导和统筹协调,将气象设施和气象探测环境保护工作所需经费纳入financial预算。

第五条　国务院气象主管机构负责全国气象设施和气象探测环境的保护工作。地方各级气象主管机构在上级气象主管机构和本级人民政府的领导下,负责本行政区域内气象设施和气象探测环境的保护工作。

设有气象台站的国务院其他有关部门和省、自治区、直辖市人民政府其他有关部门应当做好本部门气象设施和气象探测环境的保护工作,并接受同级气象主管机构的指导和监督管理。

发展改革、国土资源、城乡规划、无线电管理、环境保护等有关部门按照职责分工负责气象设施和气象探测环境保护的有关工作。

第六条 任何单位和个人都有义务保护气象设施和气象探测环境,并有权对破坏气象设施和气象探测环境的行为进行举报。

第七条 地方各级气象主管机构应当会同城乡规划、国土资源等部门制定气象设施和气象探测环境保护专项规划,报本级人民政府批准后依法纳入城乡规划。

第八条 气象设施是基础性公共服务设施。县级以上地方人民政府应当按照气象设施建设规划的要求,合理安排气象设施建设用地,保障气象设施建设顺利进行。

第九条 各级气象主管机构应当按照相关质量标准和技术要求配备气象设施,设置必要的保护装置,建立健全安全管理制度。

地方各级气象主管机构应当按照国务院气象主管机构的规定,在气象设施附近显著位置设立保护标志,标明保护要求。

第十条 禁止实施下列危害气象设施的行为:

(一)侵占、损毁、擅自移动气象设施或者侵占气象设施用地;

(二)在气象设施周边进行危及气象设施安全的爆破、钻探、采石、挖砂、取土等活动;

(三)挤占、干扰依法设立的气象无线电台(站)、频率;

(四)设置影响大型气象专用技术装备使用功能的干扰源;

(五)法律、行政法规和国务院气象主管机构规定的其他危害气象设施的行为。

第十一条 大气本底站、国家基准气候站、国家基本气象站、国家一般气象站、高空气象观测站、天气雷达站、气象卫星地面站、区域气象观测站等气象台站和单独设立的气象探测设施的探测环境,应当依法予以保护。

第十二条 禁止实施下列危害大气本底站探测环境的行为:

(一)在观测场周边 3 万米探测环境保护范围内新建、扩建城镇、工矿区,或者在探测环境保护范围上空设置固定航线;

(二)在观测场周边 1 万米范围内设置垃圾场、排污口等干扰源;

(三)在观测场周边 1000 米范围内修建建筑物、构筑物。

第十三条 禁止实施下列危害国家基准气候站、国家基本气象站探测环境的行为:

(一)在国家基准气候站观测场周边 2000 米探测环境保护范围内或者国家基本气象站观测场周边 1000 米探测环境保护范围内修建高度超过距观测场距离 1/10 的建筑物、构筑物;

(二)在观测场周边 500 米范围内设置垃圾场、排污口等干扰源;

(三)在观测场周边 200 米范围内修建铁路;

(四)在观测场周边 100 米范围内挖筑水塘等;

(五)在观测场周边 50 米范围内修建公路、种植高度超过 1 米的树木和作物等。

第十四条 禁止实施下列危害国家一般气象站探测环境的行为:

(一)在观测场周边 800 米探测环境保护范围内修建高度超过距观测场距离 1/8 的建筑物、

构筑物;

(二)在观测场周边 200 米范围内设置垃圾场、排污口等干扰源;

(三)在观测场周边 100 米范围内修建铁路;

(四)在观测场周边 50 米范围内挖筑水塘等;

(五)在观测场周边 30 米范围内修建公路、种植高度超过 1 米的树木和作物等。

第十五条 高空气象观测站、天气雷达站、气象卫星地面站、区域气象观测站和单独设立的气象探测设施探测环境的保护,应当严格执行国家规定的保护范围和要求。

前款规定的保护范围和要求由国务院气象主管机构公布,涉及无线电频率管理的,国务院气象主管机构应当征得国务院无线电管理部门的同意。

第十六条 地方各级气象主管机构应当将本行政区域内气象探测环境保护要求报告本级人民政府和上一级气象主管机构,并抄送同级发展改革、国土资源、城乡规划、住房建设、无线电管理、环境保护等部门。

对不符合气象探测环境保护要求的建筑物、构筑物、干扰源等,地方各级气象主管机构应当根据实际情况,商有关部门提出治理方案,报本级人民政府批准并组织实施。

第十七条 在气象台站探测环境保护范围内新建、改建、扩建建设工程,应当避免危害气象探测环境;确实无法避免的,建设单位应当向省、自治区、直辖市气象主管机构报告并提出相应的补救措施,经省、自治区、直辖市气象主管机构书面同意。未征得气象主管机构书面同意或者未落实补救措施的,有关部门不得批准其开工建设。

在单独设立的气象探测设施探测环境保护范围内新建、改建、扩建建设工程的,建设单位应当事先报告当地气象主管机构,并按照要求采取必要的工程、技术措施。

第十八条 气象台站站址应当保持长期稳定,任何单位或者个人不得擅自迁移气象台站。

因国家重点工程建设或者城市(镇)总体规划变化,确需迁移气象台站的,建设单位或者当地人民政府应当向省、自治区、直辖市气象主管机构提出申请,由省、自治区、直辖市气象主管机构组织专家对拟迁新址的科学性、合理性进行评估,符合气象设施和气象探测环境保护要求的,在纳入城市(镇)控制性详细规划后,按照先建站后迁移的原则进行迁移。

申请迁移大气本底站、国家基准气候站、国家基本气象站的,由受理申请的省、自治区、直辖市气象主管机构签署意见并报送国务院气象主管机构审批;申请迁移其他气象台站的,由省、自治区、直辖市气象主管机构审批,并报送国务院气象主管机构备案。

气象台站迁移、建设费用由建设单位承担。

第十九条 气象台站探测环境遭到严重破坏,失去治理和恢复可能的,国务院气象主管机构或者省、自治区、直辖市气象主管机构可以按照职责权限和先建站后迁移的原则,决定迁移气象台站;该气象台站所在地地方人民政府应当保证气象台站迁移用地,并承担迁移、建设费用。地方人民政府承担迁移、建设费用后,可以向破坏探测环境的责任人追偿。

第二十条 迁移气象台站的,应当按照国务院气象主管机构的规定,在新址与旧址之间进行至少 1 年的对比观测。

迁移的气象台站经批准、决定迁移的气象主管机构验收合格,正式投入使用后,方可改变旧址用途。

第二十一条 因工程建设或者气象探测环境治理需要迁移单独设立的气象探测设施的,

应当经设立该气象探测设施的单位同意,并按照国务院气象主管机构规定的技术要求进行复建。

第二十二条 各级气象主管机构应当加强对气象设施和气象探测环境保护的日常巡查和监督检查。各级气象主管机构可以采取下列措施:

(一)要求被检查单位或者个人提供有关文件、证照、资料;

(二)要求被检查单位或者个人就有关问题作出说明;

(三)进入现场调查、取证。

各级气象主管机构在监督检查中发现应当由其他部门查处的违法行为,应当通报有关部门进行查处。有关部门未及时查处的,各级气象主管机构可以直接通报、报告有关地方人民政府责成有关部门进行查处。

第二十三条 各级气象主管机构以及发展改革、国土资源、城乡规划、无线电管理、环境保护等有关部门及其工作人员违反本条例规定,有下列行为之一的,由本级人民政府或者上级机关责令改正,通报批评;对直接负责的主管人员和其他直接责任人员依法给予处分;构成犯罪的,依法追究刑事责任:

(一)擅自迁移气象台站的;

(二)擅自批准在气象探测环境保护范围内设置垃圾场、排污口、无线电台(站)等干扰源以及新建、改建、扩建建设工程危害气象探测环境的;

(三)有其他滥用职权、玩忽职守、徇私舞弊等不履行气象设施和气象探测环境保护职责行为的。

第二十四条 违反本条例规定,危害气象设施的,由气象主管机构责令停止违法行为,限期恢复原状或者采取其他补救措施;逾期拒不恢复原状或者采取其他补救措施的,由气象主管机构依法申请人民法院强制执行,并对违法单位处 1 万元以上 5 万元以下罚款,对违法个人处 100 元以上 1000 元以下罚款;造成损害的,依法承担赔偿责任;构成违反治安管理行为的,由公安机关依法给予治安管理处罚;构成犯罪的,依法追究刑事责任。

挤占、干扰依法设立的气象无线电台(站)、频率的,依照无线电管理相关法律法规的规定处罚。

第二十五条 违反本条例规定,危害气象探测环境的,由气象主管机构责令停止违法行为,限期拆除或者恢复原状,情节严重的,对违法单位处 2 万元以上 5 万元以下罚款,对违法个人处 200 元以上 5000 元以下罚款;逾期拒不拆除或者恢复原状的,由气象主管机构依法申请人民法院强制执行;造成损害的,依法承担赔偿责任。

在气象探测环境保护范围内,违法批准占用土地的,或者非法占用土地新建建筑物或者其他设施的,依照城乡规划、土地管理等相关法律法规的规定处罚。

第二十六条 本条例自 2012 年 12 月 1 日起施行。

环境监察办法

(2012年7月25日 环境保护部令第21号)

第一章 总 则

第一条 为加强和规范环境监察工作,加强环境监察队伍建设,提升环境监察效能,根据《中华人民共和国环境保护法》等有关法律、法规,结合环境监察工作实际,制定本办法。

第二条 本办法所称环境监察,是指环境保护主管部门依据环境保护法律、法规、规章和其他规范性文件实施的行政执法活动。

第三条 环境监察应当遵循以下原则:

(一)教育和惩戒相结合;

(二)严格执法和引导自觉守法相结合;

(三)证据确凿,程序合法,定性准确,处理恰当;

(四)公正、公开、高效。

第四条 环境保护部对全国环境监察工作实施统一监督管理。

县级以上地方环境保护主管部门负责本行政区域的环境监察工作。

各级环境保护主管部门所属的环境监察机构(以下简称"环境监察机构"),负责具体实施环境监察工作。

第五条 环境监察机构对本级环境保护主管部门负责,并接受上级环境监察机构的业务指导和监督。

各级环境保护主管部门应当加强对环境监察机构的领导,建立健全工作协调机制,并为环境监察机构提供必要的工作条件。

第六条 环境监察机构的主要任务包括:

(一)监督环境保护法律、法规、规章和其他规范性文件的执行;

(二)现场监督检查污染源的污染物排放情况、污染防治设施运行情况、环境保护行政许可执行情况、建设项目环境保护法律法规的执行情况等;

(三)现场监督检查自然保护区、畜禽养殖污染防治等生态和农村环境保护法律法规执行情况;

(四)具体负责排放污染物申报登记、排污费核定和征收;

(五)查处环境违法行为;

(六)查办、转办、督办对环境污染和生态破坏的投诉、举报,并按照环境保护主管部门确定的职责分工,具体负责环境污染和生态破坏纠纷的调解处理;

(七)参与突发环境事件的应急处置;

(八)对严重污染环境和破坏生态问题进行督查;

（九）依照职责，具体负责环境稽查工作；

（十）法律、法规、规章和规范性文件规定的其他职责。

第二章 环境监察机构和人员

第七条 各级环境监察机构可以命名为环境监察局。省级、设区的市级、县级环境监察机构，也可以分别以环境监察总队、环境监察支队、环境监察大队命名。

县级环境监察机构的分支（派出）机构和乡镇级环境监察机构的名称，可以命名为环境监察中队或者环境监察所。

第八条 环境监察机构的设置和人员构成，应当根据本行政区域范围大小、经济社会发展水平、人口规模、污染源数量和分布、生态保护和环境执法任务量等因素科学确定。

第九条 环境监察机构的工作经费，应当按照国家有关规定列入环境保护主管部门预算，由本级财政予以保障。

第十条 环境监察机构的办公用房、执法业务用房及执法车辆、调查取证器材等执法装备，应当符合国家环境监察标准化建设及验收要求。

环境监察机构的执法车辆应当喷涂统一的环境监察执法标识。

第十一条 录用环境监察机构的工作人员（以下简称"环境监察人员"），应当符合《中华人民共和国公务员法》的有关规定。

第十二条 环境保护主管部门应当根据工作需要，制定环境监察培训五年规划和年度计划，组织开展分级分类培训。

设区的市级、县级环境监察机构的主要负责人和省级以上环境监察人员的岗位培训，由环境保护部统一组织。其他环境监察人员的岗位培训，由省级环境保护主管部门组织。

环境监察人员参加培训的情况，应当作为环境监察人员考核、任职的主要依据。

第十三条 从事现场执法工作的环境监察人员进行现场检查时，有权依法采取以下措施：

（一）进入有关场所进行勘察、采样、监测、拍照、录音、录像、制作笔录；

（二）查阅、复制相关资料；

（三）约见、询问有关人员，要求说明相关事项，提供相关材料；

（四）责令停止或者纠正违法行为；

（五）适用行政处罚简易程序，当场作出行政处罚决定；

（六）法律、法规、规章规定的其他措施。

实施现场检查时，从事现场执法工作的环境监察人员不得少于两人，并出示《中国环境监察执法证》等行政执法证件，表明身份，说明执法事项。

第十四条 从事现场执法工作的环境监察人员，应当持有《中国环境监察执法证》。

对参加岗位培训，并经考试取得培训合格证书的环境监察人员，经核准后颁发《中国环境监察执法证》。《中国环境监察执法证》颁发、使用、管理的具体办法，由环境保护部另行制定。

第十五条 各级环境监察机构应当建立健全保密制度，完善保密措施，落实保密责任，指定专人管理保密的日常工作。

第十六条 环境监察人员应当严格遵守有关廉政纪律和要求。

第十七条 各级环境保护主管部门应当建立健全对环境监察人员的考核制度。

对工作表现突出、有显著成绩的环境监察人员,给予表彰和奖励。对在环境监察工作中违法违纪的环境监察人员,依法给予处分,可以暂扣、收回《中国环境监察执法证》;涉嫌构成犯罪的,依法移送司法机关追究刑事责任。

第三章 环境监察工作

第十八条 环境监察机构应当根据本行政区域环境保护工作任务、污染源数量、类型、管理权限等,制定环境监察工作年度计划。

环境监察工作年度计划报同级环境保护主管部门批准后实施,并抄送上一级环境监察机构。

第十九条 环境监察机构应当根据环境监察工作年度计划,组织现场检查。现场检查可以采取例行检查或者重点检查的方式进行。

第二十条 对排污者申报的排放污染物的种类、数量,环境监察机构负责依法进行核定。

第二十一条 环境监察机构应当按照排污费征收标准和核定的污染物种类、数量,负责向排污者征收排污费。

对减缴、免缴、缓缴排污费的申请,环境监察机构应当依法审核。

第二十二条 违反环境保护法律、法规和规章规定的,环境保护主管部门应当责令违法行为人改正或者限期改正,并依法实施行政处罚。

第二十三条 对违反环境保护法律、法规,严重污染环境或者造成重大社会影响的环境违法案件,环境保护主管部门可以提出明确要求,督促有关部门限期办理,并向社会公开办理结果。

第二十四条 环境监察机构负责组织实施环境行政执法后督察,监督环境行政处罚、行政命令等具体行政行为的执行。

第二十五条 企业事业单位严重污染环境或者造成严重生态破坏的,环境保护主管部门或者环境监察机构可以约谈单位负责人,督促其限期整改。

对未完成环境保护目标任务或者发生重大、特大突发环境事件的,环境保护主管部门或者环境监察机构可以约谈下级地方人民政府负责人,要求地方人民政府依法履行职责,落实整改措施,并可以提出改进工作的建议。

第二十六条 对依法受理的案件,属于本机关管辖的,环境保护主管部门应当按照规定的时限和程序依法处理;属于环境保护主管部门管辖但不属于本机关管辖的,受理案件的环境保护主管部门应当移送有管辖权的环境保护主管部门处理;不属于环境保护主管部门管辖的,受理案件的环境保护主管部门应当移送有管辖权的机关处理。

环境保护主管部门应当加强与司法机关的配合和协作,并可以根据工作需要,联合其他部门共同执法。

第二十七条 相邻行政区域的环境保护主管部门应当相互通报环境监察执法信息,加强沟通、协调和配合。

同一区域、流域内的环境保护主管部门应当加强信息共享,开展联合检查和执法活动。

环境监察机构应当加强信息统计,并以专题报告、定期报告、统计报表等形式,向同级环境保护主管部门和上级环境监察机构报告本行政区域的环境监察工作情况。

环境保护主管部门应当依法公开环境监察的有关信息。

第二十八条　上级环境保护主管部门应当对下级环境保护主管部门在环境监察工作中依法履行职责、行使职权和遵守纪律的情况进行稽查。

第二十九条　对环境监察工作中形成的污染源监察、建设项目检查、排放污染物申报登记、排污费征收、行政处罚等材料,应当及时进行整理,立卷归档。

第三十条　上级环境监察机构应当对下一级环境保护主管部门的环境监察工作进行年度考核。

第四章　附　则

第三十一条　环境保护主管部门所属的其他机构,可以按照环境保护主管部门确定的职责分工,参照本办法,具体实施其职责范围内的环境监察工作。

第三十二条　本办法由环境保护部负责解释。

第三十三条　本办法自 2012 年 9 月 1 日起施行。《环境监理工作暂行办法》(〔91〕环监字第 338 号)、《环境监理工作制度(试行)》(环监〔1996〕888 号)、《环境监理工作程序(试行)》(环监〔1996〕888 号)、《环境监理政务公开制度》(环发〔1999〕15 号)同时废止。

国家环境保护总局办公厅关于实施环境监察人员六不准的通知

(2003 年 5 月 30 日　环办〔2003〕44 号)

各省、自治区、直辖市环境保护局(厅):

为规范环境监察人员的执法行为,树立文明执法形象,建设一支社会认可、群众满意、公正执法、廉洁文明和作风过硬的环境监察队伍,特制定并实施环境监察人员"六不准":

一、不准接受被检查者的礼品、礼金和有价证券;

二、不准接受被检查者宴请;

三、不准参加被检查者邀请的娱乐活动;

四、不准参与被检查者的营销活动;

五、不准向被检查者通风报信;

六、不准酒后开车、酒后执行公务。

全国环境监察人员必须共同遵守上述"六不准"规定。对于违反规定者,一经查实,应按照有关规定给予纪律处分。情节严重或造成重大环境污染损失的,应予以辞退或开除,并追究环境监察机构领导责任。

环境保护部机关"三定"实施方案

(2008年10月30日)

根据《国务院关于印发环境保护部主要职责内设机构和人员编制规定的通知》(国办发〔2008〕73号),制定《环境保护部机关"三定"实施方案》如下。

一、职责调整

(一)加强的职责

1. 加强环境保护综合协调、参与宏观决策职责。
2. 加强环境功能区划和生态功能区划的组织编制职责。
3. 加强环境法律、法规及经济政策的组织制定职责。
4. 注重从源头预防污染,加强规划环评职责。
5. 加强环境标准的组织制定职责。
6. 加强分析环境形势和参与分析宏观经济形势职责。
7. 加强污染防治、污染物减排管理和考核职责。
8. 加强对环境质量的监测、评估与考核职责。
9. 加强民用核设施与核技术利用项目的安全监管职责。
10. 加强环境监察执法职责。
11. 加强农村环境保护职责。
12. 加强环境宣传教育职责。
13. 加强环境信息平台建设的组织管理职责。

(二)取消的职责

1. 取消全国环境管理体系认证的管理职责。
2. 取消国家环境友好企业、国家环境友好工程等与企业相关的评比创建活动。

(三)下放的职责

1. 将水污染物排放许可证审批和发放职责交给地方环境保护行政主管部门。
2. 修订完善建设项目环境影响评价文件分级审批规定,调整建设项目环境影响评价文件审批权限。
3. 将国家重要饮用水水源地、重点区域、流域、海域、危险废物和土壤等有关污染防治专项规划编制中的技术工作,以及水、大气、噪声、海洋等专项环境功能区划编制中的技术工作委托给有关直属单位。
4. 将部机关公务接待服务及基本建设、政府采购(招投标)等方面的具体工作委托给机关服务中心按规定执行。
5. 将信息化基础设施建设、基础数据库建设、环境信息化技术标准与规范以及信息技术服务等工作委托给有关直属单位。

6. 将人才培训、专业技术资格评审、职业技能鉴定等方面的日常组织和技术服务工作委托给有关直属单位。

7. 将环境标志认证职责交给有关直属单位。

8. 将总量控制计划及指标拟订、减排数据汇总分析、环境容量测算等技术性、事务性工作,以及排污许可证和排污权交易制度拟定中的技术工作委托给有关直属单位。

9. 将环境统计的汇总分析,以及环境统计年报、统计报告的起草工作委托给环境监测总站。

10. 将国控污染源日常监督、国家审批建设项目的"三同时"现场监督检查、主要污染物减排核查的技术性工作委托给环境保护督查中心。

11. 将核安全设备设计、制造、安装和无损检验活动监督管理的技术支持和日常具体工作委托给有关派出机构、直属单位。

二、主要职责与机构编制

(一)办公厅

1. 主要职责

负责部机关政务综合协调和监督检查。协助部领导组织协调部机关日常工作,协调部领导公务活动。协调总工程师、核安全总工程师公务活动。拟定部机关工作制度并监督执行。负责部机关值班和部领导秘书工作。负责部机关文电、档案、密码、印章、机要、保密、安全、保卫、消防和电子政务、政务公开、信息安全工作,并指导派出机构、直属单位和地方环境保护行政主管部门相关工作。负责党中央、国务院和部组织召开的综合性环境保护会议的组织协调和有部领导出席的全国环境保护专业性会议的方案审核与指导。起草全国环境保护综合性会议文件和其他重要文件、报告、讲话。审核以部名义对外发布的公报及重要文献。组织开展和协调综合性调研及重大专题调研。组织编报政务信息专报。组织开展重要环保政务督查,承办中办、国办及中央有关部门的联合督查工作。负责部机关信访工作,组织办理群众来信、来访和人大建议、政协提案,并指导环境保护系统信访工作。归口管理环境信息和信息化工作,参与建设并组织管理全国环境信息网。组织公务接待工作。

2. 内设机构

根据上述职责,设8个内设机构。

(1)总值班室(保卫处)

承担部机关值班、印章刻制管理以及安全、保卫、消防和来访公务接洽工作;编报部值班信息;指导在京派出机构、直属单位安全保卫工作;管理部机关工作证件和车证;联系部机关后勤工作。

(2)部长办公室(简称部长办)

承担部领导秘书工作;协调部领导公务活动;协调总工程师、核安全总工程师公务活动;承担部机关工作制度建设工作;组织协调与管理全国性重大会议、活动;承担部长专题会议的组织协调和纪要的起草;督查部领导指示精神落实情况;编发部昨日情况。

(3)综合处

承担厅内文电、会务、机要、保密、安全、印章、档案、财务预算、固定资产管理、政务信息与公开、工作计划与总结等综合性事务和综合协调工作;联系机关各部门综合处或办公室;承担部务会议、部常务会议的组织协调和纪要的起草。

(4)文秘档案处(保密处)(简称文档处)

承担部机关文电、档案、密码、印章使用、机要、保密等管理工作;指导和管理部机关公文运转工作;指导派出机构和直属单位公文、保密工作;指导环境保护系统档案工作。

(5)信息化办公室(简称信息办)

拟订和组织实施信息化规划、计划;承担部机关电子政务、信息安全和信息化管理工作;参与建设并组织管理全国环境信息网;指导环境保护系统电子政务、政务公开、信息化和电子公文远程传输使用工作。

(6)研究室

起草全国综合性会议文件和其他重要文件、报告、讲话;起草部工作计划和总结;审核重要文件和讲话材料;组织开展重大专题性调研;编报政务信息专报,指导环境保护系统政务信息工作。

(7)政务督查室(简称督查室)

承担部机关政务督查工作;督促检查部系统贯彻落实党中央、国务院关于环境保护重大部署及部重点工作的情况;协调组织开展环保政务督查活动;组织并督查人大建议、政协提案的办理工作。

(8)信访办公室(简称信访办)

拟订信访规章制度并监督执行;承担部机关信访工作;办理群众来信、来访工作;分办、督办信访事项;承担信访统计、分析工作,编写月报;指导环境保护系统信访工作。

(二)规划财务司(简称规财司)

1. 职责划转

(1)将有关总量控制、环境统计职责划出,交给污染物排放总量控制司。

(2)将组织编制和发布中国环境状况公报职责划出,交给环境监测司。

2. 主要职责

负责环境保护方面的区划、规划编制和基础能力建设。拟定环境功能区划和环境保护规划、投资、经费预决算、财务、国有资产管理、内部审计等方面的部门规章、制度,并监督执行。参与制定国民经济与社会发展规划和主体功能区规划。组织编制综合性环境功能区划和环境保护规划,审核专项环境功能区划和环境保护规划。组织实施环境保护目标责任制。组织审核城市总体规划和其他部门规划中的环境保护内容。负责提出环境保护领域固定资产投资规模和方向、国家财政性资金安排的意见,审批、申报国家规划内和年度计划规模内固定资产投资项目,并配合有关部门做好组织实施和监督工作。负责国家重大环境保护项目、能力建设项目、基本建设项目等的组织实施和监督管理工作。审核派出机构、直属单位固定资产投资项目。组织实施国家环境监测网和全国环境信息网能力建设。组织协调相关固定资产投资项目竣工验收。管理并监督基本建设、政府采购(招投标)工作。管理环保项目进出口减免税工作。组织编报、审核汇总、批复预决算。负责国库集中支付、国有资产、住房制度改革等管理工作。承担部机关财务管理、各项经费会计核算和资产管理工作。审核报批环境保护系统收费项目和标准。负责归口联系西部开发、中部地区崛起、振兴东北老工业基地、扶贫、治乱减负等工作。负责环境保护经济体制改革工作。组织参与宏观经济形势分析工作。组织编制利用外资计划。负责绩效考评和内部审计工作。

3. 内设机构

根据上述职责,设6个内设机构。

(1) 综合处

承担司内文电、会务、机要、保密、安全、印章、档案、财务预算、固定资产管理、政务信息与公开、工作计划与总结等综合性事务和综合协调工作;审核报批环境保护系统各类收费项目并监督执行;组织编制环境保护系统利用外资计划;联系西部开发等专项相关工作;承担环境保护经济体制改革工作;组织参与宏观经济形势分析工作。

(2) 规划区划处(简称规划处)

参与制定国家主体功能区规划;拟订环境功能区划、环境保护规划方面的规章、制度,并监督执行;组织编制、评估、考核综合性环境功能区划和环境保护规划;审核专项环境功能区划和环境保护规划;组织实施环境保护目标责任制。

(3) 预算处

拟订预决算管理、经费管理等规章制度并监督执行;组织编报、审核汇总、批复预决算;承担各项经费使用的监督管理和绩效考评工作;协调中央财政专项资金的申报审批工作;承担国库集中支付、银行账户、非税收入等管理工作。

(4) 投资处

提出和协调环境保护领域国家投资方向、规模和渠道;审批和申报国家规划内相关项目及年度投资计划;组织实施和监督管理国家重大环境保护项目、能力建设项目和基本建设项目;管理并监督政府采购工作。

(5) 财务处

拟订部机关财务、资金管理内部控制、国有资产管理等规章、制度,并监督执行;承担部机关财务、资产管理和各项经费的会计核算工作;承担部机关、派出机构、直属单位国有资产管理工作;承担住房制度改革工作。

(6) 内部审计办公室(简称内审室)

拟订内部审计的规章、制度,并监督执行;联系审计署开展审计工作;承担部机关及派出机构、直属单位内部审计工作。

(三) 政策法规司(简称政法司)

1. 主要职责

负责建立健全环境保护方面的法律、行政法规、经济政策等基本制度。拟定国家环境保护综合性方针、政策和宏观战略。拟定环境保护立法规划、计划,并组织实施。组织拟定环境保护综合性法律、行政法规及部门规章。归口管理环境保护专业性法律、行政法规、部门规章的协调、审核与报批工作。组织对全国人大、国务院法制办和国务院各部门发送我部的法律、行政法规草案提出有关环境影响方面的意见。负责环境保护法律、行政法规与部门规章的解释工作。组织环境保护行政复议、行政赔偿和应诉等工作。指导环境保护系统行政复议工作。承担司法机关有关环境犯罪刑事案件审理和有关环境保护司法解释制定的配合工作。组织拟定民事、行政、刑事案件审理涉及环境问题的相关界定标准和技术方法。指导和监督环境保护依法行政。指导全国环境保护普法工作。牵头组织推动环境友好型社会建设工作。参与制定财政、税收、贸易、信贷、证券、保险、价格、收费等领域的环境经济政策。组织拟定高污染、高环境风险产品、工艺、设备名录,以及国家环保鼓励的产品、工艺、设备名录等环境保护综合名录。组织环境政策、行政法规的后评估。指导和督促地方环境经济政策工作。归口管理国际公约的国内立法配套工作。

2. 内设机构

根据上述职责,设4个内设机构。

(1)综合处

承担司内文电、会务、机要、保密、安全、印章、档案、财务预算、固定资产管理、政务信息与公开、工作计划与总结等综合性事务和综合协调工作。

(2)法规处

拟订环境保护立法规划、计划,并组织实施;组织拟订环境保护综合性法律、行政法规及部门规章,承担环境保护部门规章备案工作;归口管理环境保护专业性法律、行政法规及部门规章的协调、审核与报批工作;组织对发送我部的法律、行政法规草案提出环境影响方面的意见;承担部机关带有强制性的规范性文件合法性审核;组织环境保护法规的后评估工作;管理国际环境公约的国内立法配套工作。

(3)环境政策处(简称政策处)

拟订国家环境保护综合性方针、政策和宏观战略;参与制定环境经济政策;组织拟订高污染、高环境风险产品、工艺、设备名录及国家环保鼓励的产品、工艺、设备名录等环保综合名录;组织环境政策的后评估工作;指导和督促地方环境经济政策工作;组织推动环境友好型社会建设工作。

(4)行政复议处(简称复议处)

组织办理环境行政复议案件;组织部环境保护应诉和行政赔偿工作;承担有关环境案件审理和司法解释制定的配合工作;组织拟订案件审理涉及环境问题的相关界定标准和技术方法;承担环境保护法律、法规和规章的解释工作;指导全国环境保护普法工作;指导和监督环境保护依法行政;指导环境保护系统行政复议工作。

(四)行政体制与人事司(简称人事司)

1. 主要职责

负责环境保护干部队伍、人才队伍建设和行政体制改革,完善行政体制机制,提高整体能力。承担部机关公务员和派出机构、直属单位领导干部选拔任用和监督管理工作。拟定机构编制、干部管理、劳动工资、专业技术资格与职务评聘等方面的部门规章、制度,并组织实施。负责部机关、派出机构和直属单位的机构编制、劳动工资、专业技术资格与职务评聘、驻外人员和出国留学、培训、访问学者选派等管理工作。组织全国环境保护行政表彰。承担环境保护行政管理体制改革工作。指导环境保护系统机构改革与人事管理工作。协助部党组对环境保护系统领导干部实行双重管理。协助开展地方党政领导班子环境保护政绩考核工作。归口管理环境保护系统人才队伍建设、干部培训、职(执)业资格工作和证书审核发放。

2. 内设机构

根据上述职责,设6个内设机构。

(1)综合处

承担司内文电、会务、机要、保密、安全、印章、档案、财务预算、固定资产管理、政务信息与公开、工作计划与总结等综合性事务和综合协调工作;承担部机关干部兼职管理;办理部机关和有关派出机构、直属单位人员出国政治审查。

（2）行政体制改革处（简称体改处）

组织开展环境保护行政管理体制改革；拟订机构编制管理规章、制度，并组织实施；承担部机关、派出机构、直属单位机构编制管理工作；指导环境保护系统机构改革工作。

（3）干部一处

拟订部机关（含环境应急与事故调查中心、机关服务中心）干部管理规章、制度，并组织实施；承担部机关公务员和干部管理工作；承担军转干部接收安置和干部挂职锻炼、京外调（迁）入人员审核备案、驻外人员选配等工作；承担干部档案管理。

（4）干部二处

拟订派出机构、直属单位干部管理规章、制度，并组织实施；承担派出机构、直属单位领导干部管理工作和中层干部备案审批；承担省级环境保护行政主管部门领导班子双重管理工作；协助开展环境保护政绩考核工作；指导派出机构、直属单位干部人事制度改革。

（5）人力资源处（培训管理处）（简称人才处）

拟订部机关、派出机构、直属单位的劳动工资、专业技术资格与职务评聘、社会保险等规章、制度，并监督执行；拟订环境保护人才战略和干部培训规划；承担部机关干部劳动工资管理工作；承担专业技术职（执）业资格管理和证书核审发放；组织行政表彰工作；组织京内直属单位应届毕业生接收计划审核和指标报批；承担引智和留学人员、访问学者管理工作；审核机关各部门业务培训计划；承办中组部党政领导干部培训工作，组织开展地市级局长岗位培训工作；归口管理出国培训；承担环境保护系统人员出国进修培训选派工作；指导直属单位培训工作。

（6）干部监督处

拟订部干部监督规章、制度并组织实施；承担干部监督工作；承担部领导批示的群众来信举报核查工作；对派出机构、直属单位组织人事工作进行监督；参加部巡视相关工作。

（五）科技标准司（简称科技司）

1. 职责划转

将环境监测管理职责划出，交给环境监测司。

2. 主要职责

负责环境保护科学技术发展、技术进步。组织拟定环境保护科技政策、规划、计划。组织环境保护重大科技攻关，组织环境保护重大技术工程示范。组织开展环境保护重大科技问题研究和新型环境问题风险评估。协调和组织实施"国家水体污染控制与治理"等国家科技重大专项工作。管理环境保护科技成果。指导直属单位的科技工作。负责环境保护科技体制改革。组织建立部级重点实验室和工程技术中心。组织拟定并发布各类国家环境基准、环境保护标准、技术规范和污染防治技术政策。负责地方环境保护标准备案工作。推动国家环境技术管理体系建设。管理环境标志认证工作。建立环境保护设施运营单位资质认可制度。指导和推动循环经济、清洁生产与环保产业发展、绿色消费和政府绿色采购等相关工作。参与应对气候变化组织协调工作。组织管理环境与人体健康有关工作。负责国家环境咨询委员会、部科学技术委员会日常工作。

3. 内设机构

根据上述职责，设5个内设机构。

(1) 综合处

承担司内文电、会务、机要、保密、安全、印章、档案、财务预算、固定资产管理、政务信息与公开、工作计划与总结等综合性事务和综合协调工作;承担国家环境咨询委员会和部科学技术委员会日常工作。

(2) 环境科技发展处(简称科技处)

拟订国家环境保护科技发展政策、规划与计划;管理环境保护科研项目和科技成果;指导直属单位科技工作;承担环境保护科技体制改革工作;拟订和组织实施部级重点实验室建设规划;承担国际科技合作项目选题与立项并指导实施;承担部牵头的国家科技重大专项联络和组织管理工作。

(3) 环境标准管理处(简称标准处)

拟订并组织实施国家环境保护标准规划、计划、管理办法;管理环境保护标准拟订工作;承担地方环境保护标准备案工作;指导地方提前实施国家机动车船污染物排放标准的审查、协调工作;归口世贸组织技术贸易措施通报及世界车辆法规协调论坛和国际标准化组织有关专业委员会联系工作,承担国内有关环境标准专业委员会和标准技术支持单位管理、指导和协调工作。

(4) 环境技术指导处(简称技术处)

推动国家环境保护技术管理体系建设;拟订并组织实施部级工程技术中心建设规划;管理环境标志认证工作;建立环境保护设施运营单位资质认可制度;承担环境保护重大技术工程示范工作;指导和推动循环经济、清洁生产和环保产业发展、绿色消费和政府绿色采购等工作。

(5) 环境健康管理处(气候变化应对处)(简称环境健康处)

拟订环境与人体健康规划、法规、规章、制度、标准;组织开展环境与人体健康问题相关工作;承担应对气候变化组织协调工作;协调和联系国家气候办及其他相关部门。

(六) 污染物排放总量控制司(简称总量司)

1. 职责划转

(1) 将原规划与财务司有关总量控制、环境统计职责划入总量司。

(2) 将原污染控制司有关总量控制、排污许可证和排污权交易职责划入总量司。

2. 主要职责

承担落实国家减排目标的责任。拟订主要污染物排放总量控制、排污许可证和环境统计政策、行政法规、部门规章、制度和规范,并监督实施。组织测算并确定重点区域、流域、海域的环境容量。组织编制总量控制计划。提出实施总量控制的污染物名称、总量控制的数量及对各省(自治区、直辖市)和重点企业的控制指标。监督管理纳入国家总量控制的主要污染物减排工作。负责污染减排工程运行监督工作。建立和组织实施总量减排责任制考核制度。负责审核涉及增加主要污染物排放总量新上项目的总量指标。负责核准节能减排财政和价格补贴。负责环境统计和污染源普查工作。组织编制并发布环境统计年报和统计报告。组织开展排污权交易工作。

3. 内设机构

根据上述职责,设4个内设机构。

(1) 综合处

承担司内文电、会务、机要、保密、安全、印章、档案、财务预算、固定资产管理、政务信息与公开、工作计划与总结等综合性事务和综合协调工作;组织拟订并监督实施总量减排责任制考核制度、排污许可证制度;建立重点污染源台账;组织开展总量减排核查工作。

(2)水污染物总量控制处(简称水总量处)

拟订水污染物排放总量控制制度、规范并监督实施;组织编制主要水污染物总量控制计划及年度减排方案,并监督实施;组织核定主要水污染物排放总量减排情况;审核新增水污染物排放项目总量指标;负责水污染减排工程运行监督工作。

(3)大气污染物总量控制处(简称大气总量处)

拟订大气污染物排放总量控制制度、规范并监督实施;组织编制主要大气污染物总量控制计划和年度减排方案,并监督实施;组织核定大气污染物总量减排情况;审核新增大气污染物排放项目总量指标;负责大气污染减排工程运行监督工作。

(4)统计处

拟订环境统计管理制度;组织编制环境统计规划与计划,并监督实施;承担污染源普查工作;承担环境统计工作;组织编制并发布环境统计年报和统计报告。

(七)环境影响评价司(简称环评司)

1. 职责划转

将输变电设施和线路等涉核与辐射项目的环境影响评价职责划出,交给核安全管理司。

2. 主要职责

负责从源头上预防、控制环境污染和生态破坏。拟订环境影响评价政策、法律、行政法规、部门规章并组织实施。拟定环境影响评价分类管理名录和分级审批规定。负责对重大发展规划以及重大经济开发计划和重要产业、重点区域进行环境影响评价。按国家规定审查重大开发建设区域规划、行业规划环境影响评价。负责审批涉核与辐射以外建设项目的环境影响评价文件。负责审批海岸工程建设项目环境影响评价文件,并负责海洋工程建设项目环境影响评价文件备案。负责国家审批的建设项目竣工环境保护验收。负责环境影响评价机构资质管理。汇总提出区域限批、流域限批和行业限批建议并组织实施。负责环境影响后评价工作。组织开展建设项目施工期的环境监理工作。

3. 内设机构

根据上述职责,设6个内设机构。

(1)综合处

承担司内文电、会务、机要、保密、安全、印章、档案、财务预算、固定资产管理、政务信息与公开、工作计划与总结等综合性事务和综合协调工作;拟订建设项目环境影响评价资质管理政策、法规,并组织实施;承担建设项目环境影响评价机构资质管理工作;承担涉核与辐射项目以外属于行政许可的环境影响评价文件的受理和审批督办工作。

(2)规划环境影响评价处(简称规划环评处)

拟订规划环境影响评价政策、法规、规章、规范和技术导则并组织实施;组织和指导规划环境影响评价工作;组织对国家重大发展规划以及重大经济开发计划进行环境影响评价;按国家规定审查重大开发建设区域规划、行业规划的环境影响评价文件;指导和协调地方开发区规划环境影响评价的审查工作。

(3)建设项目环境影响评价一处(简称项目环评一处)

拟订火电、电网、冶金、有色、机械等建设项目环境影响评价政策、法规、规章、规范和技术导则并组织实施,组织相关行业建设项目环境影响评价审核工作。拟订并组织实施建设项目环境影响评价分级审批规定。组织和指导东北、华北地区设区的市级以上专项规划的环境影响评价工作。

(4)建设项目环境影响评价二处(简称项目环评二处)

拟订化工、石化、轻工、医药等建设项目环境影响评价政策、法规、规章、规范和技术导则并组织实施,组织相关行业建设项目环境影响评价审核工作,承担海洋工程建设项目环境影响评价文件备案。拟订建设项目环境影响评价分类管理名录。组织和指导华东、华南地区设区的市级以上专项规划的环境影响评价工作。

(5)建设项目环境影响评价三处(简称项目环评三处)

拟订交通、煤炭、石油、天然气、水电等资源开发类建设项目环境影响评价政策、法规、规章、规范和技术导则并组织实施,组织相关行业建设项目环境影响评价审核工作。组织和指导西南、西北地区设区的市级以上专项规划的环境影响评价工作。

(6)建设项目环境保护验收管理处(简称验收处)

拟订建设项目竣工环境保护验收政策、法规、规章并组织实施;组织和协调国家审批的建设项目竣工环境保护验收,并指导地方相关工作;组织实施环境影响后评价和建设项目施工期环境监理工作。

(八)环境监测司(简称监测司)

1. 职责划转

(1)将原规划与财务司组织编制和发布中国环境状况公报职责划入监测司。

(2)将科技司环境监测管理职责划入监测司。

(3)将环境监测总站承担的监测行政管理职责划入监测司。

2. 主要职责

负责环境监测管理和环境质量、生态状况等环境信息发布。拟订环境监测的政策、规划、行政法规、部门规章、制度、标准并组织实施。建立环境监测质量管理制度并组织实施。组织拟订环境监测分析方法和技术规范。参与建设并组织管理国家环境监测网。组织实施环境质量监测、污染源监督性监测、环境应急和预警监测。组织对环境质量状况进行调查评估、预测预警。协调指导其他部门开展环境监测工作。负责建立和实行环境质量公告制度。组织编报国家环境质量报告书,组织编制和发布中国环境状况公报。指导全国环境监测队伍建设和业务工作。

3. 内设机构

根据上述职责,设4个内设机构。

(1)综合处

承担司内文电、会务、机要、保密、安全、印章、档案、财务预算、固定资产管理、政务信息与公开、工作计划与总结等综合性事务和综合协调工作;拟订环境监测的法规、规章、制度、环境监测发展规划和工作计划;组织编制和发布中国环境状况公报;参与建设国家环境监测网;协调指导其他部门开展环境监测工作。

(2)环境质量监测处

组织管理国家环境监测网;组织实施全国环境质量监测和环保专项调查监测;建立和实行环

境质量公告制度;发布环境质量、生态状况等环境信息;编报国家环境质量报告书。

(3)污染源监测处

建立污染源监测管理制度并组织实施;组织实施污染源监督性监测、环境应急和预警监测;承担有关污染物总量减排的监测管理。

(4)监测质量管理处

建立环境监测质量管理制度并组织实施;组织拟订环境监测分析方法和技术规范;指导全国环境监测队伍建设和业务工作。

(九)污染防治司(简称污防司)

1. 职责划转

(1)将有关总量控制、排污许可证和排污权交易职责划出,交给总量司。

(2)将限期治理职责划出,交给环境监察局。

2. 主要职责

负责环境污染防治的监督管理和环境形势分析研究。拟订水体、大气、城区土地、噪声、光、恶臭、固体废物、化学品、机动车的污染防治政策、规划、法律、行政法规、部门规章、标准和规范,并组织实施。组织开展全国环境形势综合分析。拟定水、大气、噪声与海洋等专项环境功能区划。拟定重要饮用水水源地、国家重点区域、流域、海域、地下水污染防治规划并监督实施。建立和组织实施跨省(国)界水体断面水质考核制度。监督管理饮用水水源地环境保护工作。组织指导城镇环境综合整治工作,负责组织实施全国城市环境综合整治定量考核制度。负责新定型车辆发动机和车辆的环保型式核准,建立在用车以及油品监督管理制度。指导、协调和监督海洋环境保护工作。监督管理海岸工程、陆源污染、拆船等海洋环境污染防治工作。组织实施危险废物经营许可证、可用作原料的固体废物进口许可、危险废物出口核准、有毒化学品进出口登记、新化学物质环境管理登记、审批及监督管理。组织危险废物、医疗废物及电子等工业产品废物申报登记。负责企业上市和上市企业再融资的环境保护核查工作。组织开展清洁生产强制性审核。参与拟定国家限制和淘汰的生产能力、工艺和产品名录,拟订重点行业国家产业政策等,提出产业市场准入的污染防治指标体系。监督管理城区土地污染防治工作。负责有关国际环境公约的国内履约工作。

3. 内设机构

根据上述职责,设7个内设机构。

(1)综合处

承担司内文电、会务、机要、保密、安全、印章、档案、财务预算、固定资产管理、政务信息与公开、工作计划与总结等综合性事务和综合协调工作;组织企业上市和上市企业再融资的环境保护核查、清洁生产强制审核工作;参与拟订国家限制和淘汰的生产能力、工艺和产品名录及有关国家产业政策;承担城市环境综合整治工作。

(2)饮用水水源地环境保护处(简称饮用水处)

拟订水环境管理及饮用水水源地环境保护的政策、规划、法律、法规、规章、标准、规范及水环境功能区划并监督实施;组织拟订饮用水、地下水、太湖、巢湖、滇池水污染防治规划并监督实施;承担饮用水水源地环境保护与湖泊污染防治工作;组织开展全国水环境形势综合分析;承担水污染防治其他综合性工作。

(3)大气与噪声污染防治处(简称大气处)

拟订大气、噪声、光、恶臭、机动车污染防治的政策、规划、法律、法规、规章、标准、规范,并监督实施;拟订城市大气、噪声环境功能区划工作;承担大气、光、恶臭、噪声、机动车污染防治和相关环境功能区划等工作;组织开展全国大气环境形势综合分析。

(4)重点流域水污染防治处(简称流域处)

组织拟订淮河、海河、辽河、松花江、长江(含三峡库区及其上游)、黄河中上游、珠江、南水北调工程沿线和跨国界河流的水污染防治规划,并监督实施;建立跨省(国)界河流水质考核评估制度,并组织实施;审查重点城市的水污染防治规划,并指导实施;指导全国河流水污染防治工作。

(5)海洋污染防治处(简称海洋处)

指导、协调和监督海洋环境保护工作;拟订国家海洋环境保护的政策、规划、法律、法规、规章、标准和规范;拟订国家重点海域污染防治规划并监督实施;编制近岸海域环境功能区划;监督海岸工程和滨海重污染行业海洋污染防治;组织开展全国海洋环境形势综合分析。

(6)固体废物管理处(简称固体处)

拟订固体废物、危险废物、进口废物管理及城区土地污染防治的政策、规划、法律、法规、规章、标准、规范、目录并监督实施;组织拟订危险废物管理制度并监督实施;组织开展危险废物申报登记;承担固体废物进口许可、出口核准、信息公开工作,监督电子废物、污泥等再生资源回收利用污染防治。

(7)化学品环境管理处(简称化学品处)

拟订化学品环境管理的规划、政策、法律、法规、规章、标准、规范、目录并监督实施;组织化学品环境风险评价追踪;筛选和公布重点控制的化学品目录;承担化学品进出口、新化学物质登记;组织日遗化武处理全过程环境监督管理。

(十)自然生态保护司(生物多样性保护办公室,国家生物安全管理办公室)(简称生态司)

1.主要职责

负责指导、协调、监督生态保护工作。拟订生态保护和农村土壤污染防治政策、规划、法律、行政法规、部门规章、标准。协调并监督相关部门开展生态保护工作。组织编制国家级自然保护区建设规划,并提出新建和调整的各类国家级自然保护区审批建议。指导、协调、监督各种类型的自然保护区、风景名胜区、森林公园环境保护工作。组织开展全国生态状况评估。监督对生态环境有影响的自然资源开发利用活动、重要生态环境建设和生态破坏恢复工作。协调和监督野生动植物保护、湿地环境保护、荒漠化防治和珍稀濒危物种进出口管理工作。牵头负责生物多样性保护、生物物种资源(含生物遗传资源)和生物安全管理工作。负责有关国际环境公约的国内履约工作。组织协调农村环境保护工作,组织指导农村环境综合整治工作,指导生态示范建设与生态农业建设。监督管理农村土壤污染防治工作。承担国家生物安全管理办公室工作。

2.内设机构

根据上述职责,设5个内设机构。

(1)综合处

承担司内文电、会务、机要、保密、安全、印章、档案、财务预算、固定资产管理、政务信息与公开、工作计划与总结等综合性事务和综合协调工作;拟订生态保护规划、法规、规章,并监督执行;拟订生态补偿政策,并组织实施;指导生态示范建设。

(2) 农村环境保护处(农村土壤污染防治处)(简称农村处)

拟订农村生态环境保护和农村土壤(包括耕地、山地、林地、湿地、矿区等)污染防治政策、规划、法规、标准、规范及土壤环境功能区划,并监督实施;组织指导农村环境综合整治工作;监督、指导农村土壤污染防治工作;监督、协调有机食品发展工作;指导全国生态农业建设。

(3) 生态功能保护处(简称生态功能处)

拟订生态功能区划、生态功能保护区和生态脆弱区建设与管理的政策、规划、法规、标准,并监督执行;开展全国生态状况评估;协调和监督湿地环境保护、荒漠化防治工作;监督自然资源开发利用活动中生态环境保护工作;参与监督指导旅游生态环境保护工作。

(4) 自然保护区管理处(简称保护区处)

拟订自然保护区建设和管理的政策、规划、法规、标准,并监督执行;组织新建和调整各类国家级自然保护区的评审工作;指导、协调、监督检查各种类型的自然保护区、风景名胜区、森林公园的环境保护工作;组织推动国家公园建设。

(5) 生物多样性保护处(生物安全管理处)(简称生物处)

拟订生物多样性保护、生物物种资源和生物安全管理的政策、规划、法规、标准,并监督执行;承担全国转基因生物、外来入侵物种、微生物环境安全、生物环保新技术管理;承担有关国际环境公约的国内履约工作;承担国家生物安全管理办公室日常工作。

(十一) 核安全管理司(辐射安全管理司)(简称核安全司)

1. 职责划转

将原环境影响评价管理司输变电设施和线路等涉核与辐射项目的环境影响评价职责划入核安全司。

2. 主要职责

负责核安全和辐射安全的监督管理。拟定核安全、辐射安全、电磁辐射、辐射环境保护、核与辐射事故应急有关的政策、规划、法律、行政法规、部门规章、制度、标准和规范,并组织实施。负责核设施核安全、辐射安全及辐射环境保护工作的统一监督管理。负责核安全设备的许可、设计、制造、安装和无损检验活动的监督管理,负责进口核安全设备的安全检验。负责核材料管制与实物保护的监督管理。负责核技术利用项目、铀(钍)矿和伴生放射性矿的辐射安全和辐射环境保护工作的监督管理。负责辐射防护工作。负责放射性废物处理、处置的安全和辐射环境保护工作的监督管理。负责放射性污染防治的监督检查。负责放射性物品运输安全的监督管理。负责输变电设施及线路、信号台站等电磁辐射装置和电磁辐射环境的监督管理。负责部核与辐射应急响应和调查处理。参与核与辐射恐怖事件的防范与处置工作。负责反应堆操纵人员、核设备特种工艺人员等人员资质管理。组织开展辐射环境监测和核设施、重点辐射源的监督性监测。负责核与辐射安全相关国际公约的国内履约。指导核与辐射安全监督站相关业务工作。

3. 内设机构

根据上述职责,设12个内设机构。

(1) 综合处

承担司内文电、会务、机要、保密、安全、印章、档案、财务预算、固定资产管理、政务信息与公开、工作计划与总结、科研等综合性事务和综合协调工作;拟订核与辐射安全政策、规划、法律、法规、规章、标准;指导核与辐射安全监督站相关业务工作。

(2) 核电一处

承担核电厂运行许可证申请文件的审查报批;承担运行核电厂核与辐射安全监督管理工作。

(3) 核电二处

承担改进型反应堆核电厂的选址、建造、试运行阶段的核与辐射安全监督管理工作。

(4) 核电三处

承担新型反应堆核电厂的选址、建造、试运行阶段的核与辐射安全监督管理工作。

(5) 核反应堆处

承担商用核电厂以外的其他核反应堆和临界装置的核与辐射安全监督管理工作。

(6) 核燃料与运输处(简称核燃料处)

承担铀转化、浓缩、元件制造、贮存、后处理等核燃料循环设施的核与辐射安全监督管理工作;承担放射性物品运输的核与辐射安全监督管理工作;承担核材料管制和实物保护的监督管理工作。

(7) 放射性废物管理处(简称放废处)

承担放射性废物处理、贮存、处置设施以及核设施退役的核与辐射安全监督管理工作。

(8) 核安全设备处

承担核安全设备活动的安全许可;承担核安全设备的设计、制造、安装和无损检验活动的监督管理工作;承担进口核安全设备的安全检验。

(9) 核技术利用处(简称核技术处)

承担放射源生产设施、Ⅰ类放射源、Ⅰ类射线装置销售和使用等核技术利用项目以及城市放射性废物库的辐射安全监督管理工作。

(10) 电磁辐射与矿冶处(简称电磁矿冶处)

承担输变电设施及线路、信号台站等电磁辐射装置和电磁辐射环境的监督管理工作;承担铀(钍)矿、伴生放射性矿产资源开发利用的辐射安全监督管理工作。

(11) 辐射监测与应急处(核与辐射事故应急办公室)(简称监测应急处)

承担国家辐射环境监测体系建设;组织开展辐射环境质量监测和核设施、重点辐射源的监督性监测;承担核与辐射事故应急管理和辐射防护工作;参与核与辐射恐怖事件的防范与处置。

(12) 核安全人员资质管理处(简称人员资质处)

承担注册核安全工程师、核反应堆操纵员/高级操纵员、焊工和焊接操作工、无损检验人员等核安全特种人员的资质管理和培训;承担核安全系统人员业务培训。

(十二) 环境监察局(简称环监局)

1. 职责划转

将原污染控制司限期治理职责划入环监局。

2. 主要职责

负责重大环境问题的统筹协调和监督执法检查。拟订环境监察行政法规、部门规章、制度,并组织实施。监督环境保护方针、政策、规划、法律、行政法规、部门规章、标准的执行。拟定排污申报登记、排污收费、限期治理等环境管理制度,并组织实施。负责环境执法后督察和挂牌督办工作。指导和协调解决各地方、各部门以及跨地区、跨流域的重大环境问题和环境污染纠纷。组织开展全国环境保护执法检查活动。组织开展生态环境监察工作。组织开展环境执法稽查和排污收费稽查。组织国家审批的建设项目"三同时"监督检查工作。建立企业环境监督员制度,并组织实施。负责环境保护行政处罚工作。指导全国环境监察队伍建设和业务工作。指导环境应急与事故调查中心和各环境保护督查中心环境监察执法相关业务工作。

3. 内设机构

根据上述职责,设5个内设机构。

(1)办公室

承担局内文电、会务、机要、保密、安全、印章、档案、财务预算、固定资产管理、政务信息与公开、工作计划与总结等综合性事务和综合协调工作;组织拟订环境监察与稽查的政策、法规和规章;指导全国环境监察机构的队伍建设;组织"三同时"监督检查工作;建立企业环境监督员制度。

(2)排污收费管理处(简称排收管理处)

拟订排污申报登记、排污收费的政策、法规、规章、制度,并组织实施;建立和管理全国重点污染源数据系统。

(3)监察稽查处(简称稽查处)

监督国家环境保护规划的执行;督办重大环境污染违法案件;组织全国环境保护执法检查活动和环境执法稽查;指导环境保护系统环境执法工作;组织实施挂牌督办、限期治理、后督察工作。

(4)区域监察处(简称区域处)

组织开展生态环境监察工作和农村环境执法工作;督办重大生态破坏案件;协调解决跨省区域流域环境问题和环境污染纠纷;指导环境保护督查中心环境监察执法相关业务工作。

(5)行政执法处罚处(简称处罚处)

组织实施环境行政处罚工作;承担环境违法案件的审查、处理和处罚,并监督行政处罚的执行;组织行政处罚听证工作。

(十三)国际合作司(简称国际司)

1. 主要职责

负责归口管理环境保护领域的国际合作与交流和统一对外联系,维护我国环境权益。研究提出国际环境合作中有关问题的建议,拟订有关政策、部门规章、制度,并监督执行。拟定环境保护国际合作与交流、履行国际环境公约等外事经费计划,并组织实施。负责国际环境公约履约的对外联系工作,组织国际环境公约的对外谈判。组织和协调政府间双边、多边等环境保护合作。负责合作文件谈判和实施中的对外联系。组织参加有关环境保护的国际会议和其他活动。组织政府间环境合作计划、合作协议、备忘录等文件的谈判。组织实施外国政府、国际组织等对华和我国对外环境合作援助项目。负责部系统内人员因公出国(境)的审批。负责国(境)外来华参加环境合作与交流人员的审核。负责联系联合国和其他国际组织以及外国政府、国际组织驻华机构涉及环境合作的事务。管理环境保护国际非政府组织的合作与交流。指导我驻外环境机构的工作。负责在国内召开的环境保护国际会议的审批。负责处理涉外的环境保护事务。处理涉及港、澳、台的环境保护事务。承担核与辐射安全国际合作事务和负责联系国际原子能机构等国际核能组织。

2. 内设机构

根据上述职责,设6个内设机构。

(1) 综合处

承担司内文电、会务、机要、保密、安全、印章、档案、财务预算、固定资产管理、政务信息与公开、工作计划与总结等综合性事务和综合协调工作;承担部外事管理工作;处理世界贸易组织环境与贸易等事务;处理涉及港、澳、台的环境保护事务。

(2) 国际组织和公约处(简称国际处)

承担与联合国环境署及联合国系统其他国际组织的联系与合作;承担部牵头的国际环境公约的对外谈判;组织参与其他国际公约、国际会议中涉及环境问题的谈判;指导我常驻联合国环境署代表处工作;承担与环境保护国际非政府组织的合作与交流管理工作。

(3) 亚洲处

组织与亚洲地区国家和地区组织的环境合作与交流;承担本地区内双边、多边环境保护机制下的合作;拟订与本地区国家和地区机构的环境合作计划;承担相关环境合作协议、备忘录的谈判和签署;承担与本地区内非联合国系统国际组织的联系与环境合作。

(4) 欧洲处

组织与欧洲、中亚地区国家和地区组织的环境合作与交流;承担本地区内双边、多边环境保护机制下的合作;拟订与本地区国家和地区机构的环境合作计划;承担相关环境合作协议、备忘录的谈判和签署;承担与本地区内非联合国系统国际组织的联系与环境合作。

(5) 美洲大洋洲处(西亚非洲处)(简称美大处)

组织与美洲、大洋洲、西亚、非洲地区国家和地区组织的环境合作与交流;承担本地区内双边、多边环境保护机制下的合作;拟订与本地区国家和地区机构的环境合作计划;承担相关环境合作协议、备忘录的谈判和签署;承担与本地区内非联合国系统国际组织的联系与环境合作。

(6) 核安全国际合作处(简称核国际处)

承担核与辐射安全领域的国际合作与交流;承担与国际原子能机构等国际核能组织的联系与合作;承担国际核与辐射安全公约的对外谈判;组织与相关国家和地区的双边、多边核与辐射安全合作与交流;承担相关核与辐射安全合作协议、备忘录的谈判和签署。

(十四) 宣传教育司(简称宣教司)

1. 主要职责

负责组织、指导和协调全国环境保护宣传教育工作,促进生态文明建设。拟订环境保护宣传教育政策、规划、行政法规、纲要,并组织实施。负责组织环境保护重大新闻发布,协调重要环境新闻的采访报道。审核重大活动的新闻稿件。协调中央有关部门开展环境宣传教育工作。负责管理部属报刊、图书出版工作。组织开展生态文明建设和环境友好型社会建设的宣传教育工作。归口管理社会公众参与方面的环保业务培训,推动社会公众和社会组织参与环境保护。承担环境保护社会表彰工作和国际环境奖项推选。收集、分析环境舆情动态,及时向部领导报送相关信息。

2. 内设机构

根据上述职责,设3个内设机构。

(1) 综合处

承担司内文电、会务、机要、保密、安全、印章、档案、财务预算、固定资产管理、政务信息与公开、工作计划与总结等综合性事务和综合协调工作;指导部属报刊、图书出版工作。

(2) 新闻处

组织环境保护重大新闻发布;协调重要环境新闻的采访报道;审核并发布重大活动的新闻稿件;收集、分析环境舆情动态,及时向部领导报送相关信息。

(3) 宣传教育处

组织、协调全国环境保护宣传教育工作;组织开展生态文明建设和环境友好型社会建设的宣传教育工作;归口管理社会公众参与方面的环保业务培训;推动社会公众和社会组织参与环境保护;承担环境保护社会表彰工作和国际环境奖项推选。

(十五) 直属机关党委

1. 主要职责

负责部机关党的工作,领导在京派出机构、直属单位党的工作,建设和谐机关。负责党的思想、组织、制度和作风建设。负责维护政治安全稳定工作。协助部党组做好民主生活会和中心组理论学习的服务工作。负责部系统党风廉政建设和惩防体系建设,领导在京派出机构、直属单位开展党风廉政教育工作;协助指导全国环境保护系统相关工作,承担部党风廉政建设领导小组日常工作。受理对所属党组织、党员违反党纪行为的检举、控告和申诉。检查和处理部机关、在京派出机构、直属单位党组织和党员违反党纪的案件。领导部机关和在京派出机构、直属单位的工会、共青团、妇工委和青年等群众组织的工作。承担环境保护系统精神文明建设指导委员会日常工作,指导环境保护系统精神文明建设。负责统一战线工作。完成部党组和上级党组织下达的各项任务。

2. 内设机构

根据上述职责,设3个内设机构。

(1) 办公室(宣传处)

承担直属机关党委内文电、会务、机要、保密、安全、印章、档案、财务预算、固定资产管理、党务公开、工作计划与总结等综合性事务和综合协调工作;承担维护政治稳定工作;宣传党的路线方针政策,组织开展基层党组织和党员的思想政治教育和理论学习;协助党组理论学习中心组学习;承担环境保护系统精神文明建设指导委员会日常工作。

(2) 组织纪检处

承担基层党的组织建设;组织发展党员、党员(党校)培训和评选表彰工作;指导基层党组织民主生活会工作;承办部党组民主生活会有关工作;承担基层党组织的党风廉政建设和反腐败工作;承担部党风廉政建设领导小组日常工作。

(3) 统战群团处

承担直属机关工会、妇工委、共青团(青年)及部机关工、青、妇组织工作;承担国务院妇女儿童工作委员会及全国五好文明家庭创建活动协调小组联络员工作;承担直属机关统一战线工作。

环保举报热线工作管理办法

(2010年12月15日　环境保护部令第15号)

第一章　总　则

第一条　为了加强环保举报热线工作的规范化管理,畅通群众举报渠道,维护和保障人民群众的合法环境权益,根据《信访条例》以及环境保护法律、法规的有关规定,制定本办法。

第二条　公民、法人或者其他组织通过拨打环保举报热线电话,向各级环境保护主管部门举报环境污染或者生态破坏事项,请求环境保护主管部门依法处理的,适用本办法。

环保举报热线应当使用"12369"特服电话号码,各地名称统一为"12369"环保举报热线。

承担"12369"环保举报热线工作的机构依法受理的举报事项,称举报件。

第三条　环保举报热线工作应当遵循下列原则:

(一)属地管理、分级负责,谁主管、谁负责;

(二)依法受理,及时办理;

(三)维护公众对环境保护工作的知情权、参与权和监督权;

(四)调查研究,实事求是,妥善处理,解决问题。

第四条　环保举报热线要做到有报必接、违法必查,事事有结果、件件有回音。

除发生不可抗力情形外,环保举报热线应当保证畅通。

第二章　机构、职责和人员

第五条　各级环境保护主管部门应当加强承担环保举报热线工作的机构建设,配备相应的专职工作人员,保障工作条件,保持队伍稳定。

第六条　承担环保举报热线工作机构的职责是:

(一)依法受理环境污染、生态破坏的举报事项;

(二)对举报件及时转送、交办、催办、督办;

(三)向上级交办部门报告交办件的办理结果;

(四)研究、分析环保举报热线工作情况,向环境保护主管部门提出改进工作的意见和建议;

(五)向本级和上一级环境保护主管部门提交年度工作报告,报告举报事项受理情况以及举报件的转送、交办、答复、催办、督办等情况;

(六)检查、指导和考核下级环保举报热线工作,总结交流工作经验,组织工作人员培训。

各地承担环保举报热线工作的机构可以根据实际情况依法履行其他工作职责,或者承担当地人民政府授予的其他职责。

第七条　环保举报热线工作人员应当具备以下条件:

(一)遵纪守法,政治立场坚定,熟悉环境保护业务,了解相关的法律、法规和政策,经业务培训并且考核合格；

（二）热爱本职工作，有较强的事业心和责任感；

（三）大专以上文化程度；

（四）掌握受理举报事项的基本知识和技能，有较强的协调能力和沟通能力；

（五）作风正派，实事求是；

（六）严格遵守各项规章制度。

第三章 工作程序

第八条 环保举报热线工作人员接听举报电话，应当耐心细致，用语规范，准确据实记录举报时间、被举报单位的名称和地址、举报内容、举报人的姓名和联系方式、诉求目的等信息，并区分情况，分别按照下列方式处理：

（一）对属于各级环境保护主管部门职责范围的环境污染和生态破坏的举报事项，应当予以受理。

（二）对不属于环境保护主管部门处理的举报事项不予受理，但应当告知举报人依法向有关机关提出。

（三）对依法应当通过诉讼、仲裁、行政复议等法定途径解决或者已经进入上述程序的，应当告知举报人依照有关法律、法规规定向有关机关和单位提出。

（四）举报事项已经受理，举报人再次提出同一举报事项的，不予受理，但应当告知举报人受理情况和办理结果的查询方式。

（五）举报人对环境保护主管部门做出的举报件答复不服，仍以同一事实和理由提出举报的，不予受理，但应当告知举报人可以依照《信访条例》的规定提请复查或者复核。

（六）对涉及突发环境事件和有群体性事件倾向的举报事项，应当立即受理并及时向有关负责人报告。

（七）涉及两个或者两个以上环境保护主管部门的举报事项，由举报事项涉及的环境保护主管部门协商受理；协商不成的，由其共同的上一级环境保护主管部门协调、决定受理机关。

对举报人提出的举报事项，环保举报热线工作人员能当场决定受理的，应当当场告知举报人；不能当场告知是否受理的，应当在15日内告知举报人，但举报人联系不上的除外。

第九条 属于本级环境保护主管部门办理的举报件，承担环保举报热线工作的机构受理后，应当在3个工作日内转送本级环境保护主管部门有关内设机构。

第十条 属于下级环境保护主管部门办理的举报件，承担环保举报热线工作的机构受理后，应当通过"12369"环保举报热线管理系统于3个工作日内向下级承担环保举报热线工作的机构交办。

地方各级环保举报热线工作人员应当即时接收上级交办的举报件，并按规定及时进行处理。

第十一条 举报件应当自受理之日起60日内办结。情况复杂的，经本级环境保护主管部门负责人批准，可以适当延长办理期限，并告知举报人延期理由，但延长期限不得超过30日。

对上级交办的举报件，下级承担环保举报热线工作的机构应当按照交办的时限要求办结，并将办理结果报告上级交办机构；情况复杂的，经本级环境保护主管部门负责人批准，并向交办机构说明情况，可以适当延长办理期限，并告知举报人延期理由。

第十二条　举报件办结后,举报件办理部门应当将举报件办理结果及时答复举报人并转送承担环保举报热线工作的机构。

对上级交办的举报件,负责办理的下级环境保护主管部门应当在办理后及时将办理结果向上级交办机构报告;上级交办机构发现报告内容不全或者事实不清的,可以退回原办理部门重新办理。

举报件办理结果应当由环境保护主管部门负责人签发,并说明举报事项、查处情况、处理意见、答复情况等。

第十三条　举报件办理部门未及时转送或者报告办理结果的,环保举报热线工作人员应当及时催办。

第十四条　上级承担环保举报热线工作的机构发现向下级交办的举报件有下列情形之一的,应当向环境保护主管部门报告,由环境保护主管部门按照有关规定及时督办：

（一）办结后处理决定未得到落实的；

（二）问题久拖不决,群众反复举报的；

（三）办理时弄虚作假的；

（四）未按照规定程序办理的；

（五）其他需要督办的情形。

第十五条　各级承担环保举报热线工作的机构应当视情况抽查、回访已经办结的举报件,听取意见,改进工作。

第四章　工作制度

第十六条　各级环境保护主管部门应当建立健全环保举报热线工作规章制度,确保环保举报热线工作有章可循、规范有序。

第十七条　各级承担环保举报热线工作的机构应当对各类举报信息和办理情况进行汇总、分析,提出建议,并向本级环境保护主管部门和上级承担环保举报热线工作的机构报告。

第十八条　各级环境保护主管部门应当定期分析总结环保举报热线工作情况,并根据工作需要,向有关单位和部门通报。

第十九条　各级环境保护主管部门应当通过电视、报刊、网络等媒体宣传环保举报热线,提高公众的参与意识和监督意识。

第二十条　各级环境保护主管部门应当定期组织开展环保举报热线工作人员政治理论学习和业务工作培训,加强队伍建设,不断提高工作人员的思想觉悟和业务水平。

第二十一条　各级承担环保举报热线工作的机构应当健全保密管理制度,完善保密防护措施,加强保密检查,并积极开展保密宣传教育。

第二十二条　各级承担环保举报热线工作的机构应当妥善保存相关书面材料或者录音资料,并按照档案管理的有关规范建立档案。

第二十三条　各级环境保护主管部门应当结合本单位工作实际,制定环保举报热线工作表彰和奖励制度,对事迹突出、成绩显著的工作人员或者单位给予表彰和奖励。

第二十四条　各级环境保护主管部门应当积极争取当地财政部门资金支持,将环保举报热线的建设、运行、管理、维护等资金纳入财政预算,确保环保举报热线工作及其管理系统正常运行。

第二十五条　各级环境保护主管部门以及环保举报热线工作人员玩忽职守、滥用职权、徇私舞弊的,依法给予处分;涉嫌犯罪的,依法移送司法机关追究刑事责任。

环境保护主管部门及其工作人员对举报人进行打击报复的,依法给予处分;涉嫌犯罪的,依法移送司法机关追究刑事责任。

第五章　附　则

第二十六条　本办法未作规定的事项,按照《信访条例》和《环境信访办法》的有关规定执行。

地方各级环境保护主管部门可以结合本地实际情况制定实施细则。

第二十七条　本办法自 2011 年 3 月 1 日起施行。

环境保护部办公厅关于印发《010-12369 环保热线系统举报件调查处理情况填报规范（试行）》的通知

(2009 年 8 月 19 日　环办〔2009〕101 号)

各省、自治区、直辖市环境保护厅(局),新疆生产建设兵团环境保护局:

为全面加强群众环保举报受理、办理工作,积极推进 010-12369 环保热线系统建设,实现"对群众的有效环保举报,有报必接、违法必查,事事有结果、件件有回音"的承诺,我部制定了《010-12369 环保热线系统举报件调查处理情况填报规范(试行)》。现印发给你们,请遵照执行。

联系电话:(010)68998046,68998030

传真:(010)68998042

附件:010-12369 环保热线系统举报件调查处理情况填报规范(试行)

附件：

010-12369 环保热线系统举报件调查处理情况填报规范（试行）

一、填报要求：

对 010-12369 环保热线系统中填报的文字信息,应力求及时、简练、准确、规范。

二、填报形式：

对转办群众举报件的调查处理情况报告的填报形式包括三部分:复函电子件、调查处理结果、答复举报人意见。

"复函电子件"是指由主管领导签发的调查处理情况报告正式公文的电子文档,作为附件上传010-12369环保热线系统。

"调查处理结果"是指010-12369环保热线系统中描述举报件查处情况的栏目,由省级环保部门录入主要的调查和处理情况,录入的文字信息可供系统查询。

"答复举报人意见"是指010-12369环保热线系统中填写答复举报人意见的栏目,内容是应向举报人答复的调查处理情况和有关政策解释。该栏目由省级环保部门录入,录入后的文字将通过系统转化为语音供举报人拨打010-12369电话进行查询。

三、复函内容规范:

(一)正文起始部分

1. 行文名头为环境保护部环境投诉受理中心;
2. 复函引用举报件的登记编号;
3. 明确调查处理的具体部门;
4. 明确环保部门进行调查的时间;
5. 对举报人反映的情况是否属实做出明确说明。

(二)被举报企业的基本情况

1. 企业的基本情况应包括企业的名称、地点、所处环境功能区、主要产品、生产工艺、生产规模、主要原辅材料及用量、证照、环保审批手续是否齐全等;
2. 企业的主要污染源及污染物产生的种类、数量、浓度、排放方式、排放去向等,主要污染防治设施及防治效果。

(三)被举报企业存在的环境问题

1. 列出企业存在哪些环境违法问题,并标明相应的法律依据;
2. 有监测报告的,要写明具体的监测日期、监测数据及应执行的环境标准、污染物排放标准。

(四)环保部门处理意见

1. 对需要进行限期治理、限期补办环评手续、限期整改的举报件,要写明准确期限,并提出明确具体、有针对性的整改意见;
2. 若在限期内未完成整治工作,将进一步采取哪些措施;
3. 对已进行行政处罚的,明确写出做出处罚的日期及具体处罚金额;
4. 对依法取缔、关闭的要写明做出决定的机关及相应的法律依据。

(五)答复情况

1. 举报人留有联系方式的要注明答复情况,包括由哪一级环保部门进行答复、举报人是否满意等;
2. 未进行答复的案件应注明未答复原因。

四、调查处理结果填报规范

"调查处理结果"栏填报的内容应与复函内容一致。

五、答复举报人意见填写规范

"答复举报人意见"栏填写的内容应以环保部门的处理意见和企业的整改措施为主;措辞应为官方口径,不宜过于口语化;语言文字力求言简意赅,切忌空话套话。

环境行政执法后督察办法

(2010年12月15日 环境保护部令第14号)

第一条 为了规范环境行政执法后督察工作,提高环境行政执法效能,制定本办法。

第二条 本办法所称环境行政执法后督察,是指环境保护主管部门对环境行政处罚、行政命令等具体行政行为执行情况进行监督检查的行政管理措施。

第三条 县级以上人民政府环境保护主管部门负责组织实施环境行政执法后督察。

对县级以上人民政府或者其环境保护主管部门依法作出的环境行政处罚、行政命令等具体行政行为,由县级以上人民政府环境保护主管部门的环境监察机构负责具体实施环境行政执法后督察。

对环境保护部依法作出的环境行政处罚、行政命令等具体行政行为,可以由环境保护部委托其派出的环境保护督查机构负责具体实施环境行政执法后督察。

第四条 县级以上人民政府环境保护主管部门应当将环境行政执法后督察纳入环境行政执法工作计划。

对有重大影响或者造成严重污染的环境违法案件,县级以上人民政府环境保护主管部门应当制定后督察工作方案,并组织实施。

第五条 县级以上人民政府环境保护主管部门应当在环境行政处罚、行政命令等具体行政行为执行期限届满之日起60日内,进行环境行政执法后督察。

第六条 县级以上人民政府环境保护主管部门应当对下列事项进行环境行政执法后督察:

(一)罚款,责令停产整顿,责令停产、停业、关闭,没收违法所得、没收非法财物等环境行政处罚决定的执行情况;

(二)责令改正或者限期改正违法行为、责令限期缴纳排污费等环境行政命令的执行情况;

(三)其他具体行政行为的执行情况。

第七条 县级以上人民政府环境保护主管部门进行环境行政执法后督察时,执法人员(以下统称"后督察人员")不得少于两人,并可以根据工作需要,依法采取下列措施:

(一)进入有关场所进行检查、勘察、录音、拍照、录像、取样或者监测;

(二)询问当事人和有关人员,要求其对相关事项作出说明;

(三)查阅、复制生产记录、排污记录、监测报告和其他有关资料;

(四)依法可以采取的其他措施。

后督察人员应当对现场检查情况制作《环境行政执法后督察现场检查记录》。

后督察人员有义务为被督察的单位保守在检查中获取的技术秘密和商业秘密。

第八条 环境行政执法后督察工作结束后,负责具体实施后督察工作的机构应当向本级人民政府环境保护主管部门提交《环境行政执法后督察报告》,报告具体行政行为执行情况、后督察开展情况、发现的问题等,并提出处理建议。

第九条 县级以上人民政府环境保护主管部门应当根据《环境行政执法后督察报告》提出的处理建议,依法进行处理或者处罚:

（一）逾期未依法履行行政处罚决定的,申请人民法院强制执行;

（二）逾期未按要求完成限期治理任务的,报请有批准权的人民政府责令停产、停业、关闭;

（三）逾期未按要求改正环境违法行为的,依据相关法律法规的规定采取罚款、责令停产停业、暂扣或者吊销许可证等行政处罚措施,或者采取责令停止建设、责令停止试生产、强制拆除、指定有治理能力的单位代为治理或者代为处置等行政强制措施;

（四）逾期拒不缴纳排污费的,依法予以处罚,并报经有批准权的人民政府批准,责令停产停业整顿;

（五）逾期未履行或者未落实本办法第六条所列的行政处罚、行政命令等具体行政行为,严重污染环境或者造成重大社会影响的,依照有关规定进行挂牌督办或者暂停审批建设项目环境影响评价文件;已经实施挂牌督办或者暂停审批建设项目环境影响评价文件的,不予解除;

（六）国有企业或者国有控股企业逾期未履行或者未落实本办法第六条所列的行政处罚、行政命令等具体行政行为的,依法移送监察机关追究相关人员相应责任;

（七）当事人或者相关责任人涉嫌犯罪的,依法移送司法机关追究刑事责任。

第十条 县级以上人民政府环境保护主管部门可以将环境行政执法后督察情况以及相关处罚或者处理情况向商务部门、工商部门、监察机关、人民银行等有监管职责的部门或者机构通报。

第十一条 县级以上人民政府环境保护主管部门应当在职责范围内向社会公开拒不执行已生效的环境行政处罚决定的企业名单。

第十二条 后督察人员在环境行政执法后督察过程中玩忽职守、滥用职权、徇私舞弊的,依法给予处分;涉嫌犯罪的,依法移送司法机关追究刑事责任。

第十三条 对下级人民政府环境保护主管部门作出的环境行政处罚、行政命令等具体行政行为,上级人民政府环境保护主管部门可以按照本办法的规定对其执行情况进行后督察,并将督察情况、存在问题、处理意见等及时向下级人民政府环境保护主管部门反馈,同时责成下级人民政府环境保护主管部门依法进行处罚或者处理。必要时,上级人民政府环境保护主管部门可以向相关地方人民政府进行反馈,或者联合纪检监察机关进行调查,追究有关责任人的行政责任。

上级人民政府环境保护主管部门开展环境行政执法后督察的,应当在具体行政行为执行期限届满后进行,并不受本办法第五条规定的60日期限限制。

第十四条 本办法自2011年3月1日起施行。

第四部分　生态环境损害经济惩处与执法相关法规、规章及规范性文件

排污费资金收缴使用管理办法

(2003年3月20日　财政部、国家环境保护总局令第17号)

第一章　总　则

第一条　为了加强和规范排污费资金的收缴、使用和管理,提高排污费资金使用效益,促进污染防治,改善环境质量,根据《排污费征收使用管理条例》,结合环境保护工作实际,制定本办法。

第二条　排污费资金纳入财政预算,作为环境保护专项资金管理,全部专项用于环境污染防治,任何单位和个人不得截留、挤占或者挪作他用。

第三条　环境保护专项资金按照预算资金管理办法,坚持"量入为出和专款专用"的原则。

第四条　排污费资金的收缴、使用必须实行"收支两条线",各级财政和环境保护行政主管部门应当建立健全各项规章制度,对排污费资金收缴、使用进行严格管理,加强监督检查。

第二章　排污费资金的收缴管理

第五条　排污费按月或者按季属地化收缴。

装机容量30万千瓦以上的电力企业的二氧化硫排污费,由省、自治区、直辖市人民政府环境保护行政主管部门核定和收缴,其他排污费由县级或市级地方人民政府环境保护行政主管部门核定和收缴。

第六条　排污者依照《排污费征收使用管理条例》对环境保护行政主管部门核定的污染物排放种类、数量提出复核申请的,如果对复核结果仍有异议,应当先按照复核的污染物种类、数量缴纳排污费,并可以依法申请行政复议或者提起行政诉讼。

第七条　排污者对核定的污染物排放种类、数量无异议的,由负责污染物排放核定工作的环境保护行政部门,根据排污费征收标准和排污者排放的污染物种类、数量,确定排污者应当缴纳的排污费数额并予以公告。

第八条　排污费数额确定后,由负责污染物排放核定工作的环境保护行政主管部门向排污者送达"排污费缴费通知单",作为排污者缴纳排污费的依据。环境保护行政部门应当同时建立排污收费台账。

第九条　排污者应当在接到"排污费缴费通知单"7日内,填写财政部门监制的"一般缴款书"(五联),到财政部门指定的商业银行缴纳排污费。

对于未设银行账户的排污者以现金方式缴纳的排污费,由执收的环境保护行政主管部门使用省、自治区、直辖市财政部门统一印制的行政事业性收费票据,向排污者收取款项,并填写"一

般缴款书"于当日将收取的款项缴至财政部门指定的商业银行。

第十条 商业银行应当在收到排污费的当日将排污费资金缴入国库。国库部门负责按1∶9的比例,10%作为中央预算收入缴入中央国库,作为中央环境保护专项资金管理;90%作为地方预算收入,缴入地方国库,作为地方环境保护专项资金管理。

第十一条 收缴排污费的环境保护行政主管部门应当根据"一般缴款书"回联,认真核对排污费缴库数额,及时与国库对账,并将"一般缴款书"回联与对应的"排污费缴费通知单"存根一并立卷归档。

第十二条 各省、自治区、直辖市财政、环境保护行政主管部门应当在每季度终了后的30日内,将本行政区域内排污费资金收缴情况书面上报国务院财政、环境保护行政主管部门。

第三章 环境保护专项资金的支出范围

第十三条 环境保护专项资金应当用于下列污染防治项目的拨款补助和贷款贴息:

(一)重点污染源防治项目。包括技术和工艺符合环境保护及其他清洁生产要求的重点行业、重点污染源防治项目;

(二)区域性污染防治项目。主要用于跨流域、跨地区的污染治理及清洁生产项目;

(三)污染防治新技术、新工艺的推广应用项目。主要用于污染防治新技术、新工艺的研究开发以及资源综合利用率高、污染物产生量少的清洁生产技术、工艺的推广应用;

(四)国务院规定的其他污染防治项目。

环境保护专项资金不得用于环境卫生、绿化、新建企业的污染治理项目以及与污染防治无关的其他项目。

第四章 环境保护专项资金使用的管理

第十四条 国务院财政、环境保护行政主管部门每年应当根据国家环境保护宏观政策和污染防治工作重点,编制下一年度环境保护专项资金申请指南。

地方财政、环境保护行政主管部门可以根据国务院财政、环境保护行政主管部门编制的环境保护专项资金申请指南,制定本地区环境保护专项资金申请指南,指导环境保护专项资金的申报和使用。

第十五条 申请使用中央环境保护专项资金的,应当按照以下程序及要求进行申报:

(一)申报程序:中央环境保护专项资金按照隶属关系以项目形式申报。项目组织实施单位或承担单位为中央直属的,通过其主管部门向国务院财政部门和环境保护行政主管部门提出申请;项目组织实施单位或承担单位为非中央直属的,通过其所在地的省、自治区、直辖市财政、环境保护行政主管部门联合向国务院财政、环境保护行政主管部门提出申请。

(二)申请材料要求:申请材料分正文和附件两部分,正文为申请经费的正式文件,附件为每个项目的可行性研究报告。

项目可行性研究报告内容包括:项目的目的、技术路线、投资概算、申请补助金额及使用方向、项目实施的保障措施、预期的社会效益、经济效益、环境效益等。

申请使用贷款贴息的单位,还应当提供经办银行出具的专项贷款合同和利息结算清单。

第十六条 国务院环境保护行政主管部门对申报中央环境保护专项资金的项目进行形式审

查后,国务院财政、环境保护行政主管部门应当组织有关专家进行评审,按项目的轻重缓急及专家评审结果排序,统一纳入项目库管理,并根据财力状况联合下达项目预算。

环境保护专项资金的拨付方式按国家有关规定执行。

第十七条 地方环境保护专项资金的申报、项目评审及预算下达参照本办法第十五条、第十六条执行。

第十八条 财政部门应当将环境保护专项资金纳入年度预算,按项目进度和资金使用计划及时拨付资金,并对环境保护专项资金的专款专用及其他配套资金的到位情况进行监督检查,确保项目按时完成。

第十九条 项目承担单位收到环境保护专项资金后,应当严格按照有关规定组织项目的实施。污染治理项目在实施过程中应当严格执行国家有关招投标管理规定。环境保护行政主管部门应当根据项目进度检查治理技术方案的实施以及污染物总量削减措施的执行。项目完成后,应当根据国家有关规定及时验收。

第二十条 各省、自治区、直辖市财政、环境保护行政主管部门应当于年度终了后的30日内,将排污费征收情况及环境保护专项资金使用情况年度报告上报国务院财政、环境保护行政主管部门。

第五章 排污费资金收缴使用的违规处理

第二十一条 环境保护行政主管部门在排污费收缴工作中,应当严格执行国家的有关法律法规,依法及时足额收缴。对擅自设立排污费项目、改变收费范围的,同级财政部门应当责令改正,并按照《国务院关于违反财政法规处罚的暂行规定》(国发[1987]58号)予以处罚,并对负有直接责任的主管人员和其他直接负责人员按有关规定给予行政处分。

第二十二条 排污者在规定的期限内未足额缴纳排污费的,由收缴部门责令其限期缴纳,并从滞纳之日起加收2‰的滞纳金。

排污者拒不按前款规定缴纳排污费和滞纳金的,按照《排污费征收使用管理条例》的有关规定予以处罚。

第二十三条 环境保护专项资金使用者必须严格按照环境保护专项资金的使用范围确保专款专用,发挥资金使用效益。不按批准用途使用环境保护专项资金并逾期不改的,按照《排污费征收使用管理条例》的有关规定予以处罚。

第二十四条 对弄虚作假、截留、挤占、挪用排污费资金,应收未收或者少收排污费等违反财务制度和财经纪律的行为,应当给予有关责任人员经济和行政处罚;构成犯罪的,移交司法机关处理。

第六章 附 则

第二十五条 财政部门应当将收到的环境保护专项资金纳入一般预算收入科目中"排污费收入"核算;对纳入预算支出的环境保护专项资金,应纳入一般预算支出科目中"排污费支出"核算。

项目承担单位对申请取得的环境保护专项资金,应当按照国家统一的财务、会计制度的规定进行相应的财务、会计处理。

第二十六条 本办法由国务院财政部门会同国务院环境保护行政主管部门负责解释。此前与本办法不一致的规定一律以本办法为准。

第二十七条 本办法自 2003 年 7 月 1 日起施行。

国家环境保护总局关于排污费征收核定有关工作的通知

(2003 年 4 月 15 日 环发〔2003〕64 号)

各省、自治区、直辖市环境保护局(厅):

为了做好排污费的征收工作,规范排污费征收核定程序,根据《排污费征收使用管理条例》(国务院令第 369 号)的有关规定,现就排污费征收核定有关工作通知如下:

一、县级以上环境保护局应当切实加强本行政区域内排污费征收管理工作的贯彻实施,其所属的环境监察机构具体负责排污费征收管理工作。

县级环境保护局负责行政区划范围内排污费的征收管理工作。

直辖市、设区的市级环境保护局负责本行政区域市区范围内排污费的征收管理工作。

省、自治区环境保护局负责装机容量 30 万千瓦以上的电力企业排放二氧化硫排污费的征收管理工作。

二、负责征收排污费的环境监察机构应要求所辖行政区域范围内的一切排污单位和个体工商户(以下简称排污者)于每年 12 月 15 日前,填报《全国排放污染物申报登记报表(试行)》〔或《第三产业排污申报登记简表(试行)》、《畜禽养殖场排污申报登记简表(试行)》、《建筑施工场所排污申报登记简表(试行)》〕,申报下一年度正常作业条件下排放污染物种类、数量、浓度等情况,并提供与污染物排放有关的资料。排污者申报下一年度排放污染物的情况,应当以本年度污染物排放实际情况和下一年度生产计划所需排放污染物情况为依据。

新建、扩建、改建项目,应当在项目试生产前 3 个月内办理排污申报手续。在城市市区范围内,建筑施工过程中使用机械设备,可能产生环境噪声污染的,施工单位必须在工程开工 15 日前办理排污申报手续。

排放污染物需作重大改变或者发生紧急重大改变的,排污者必须分别在变更前 15 日内或改变后 3 日内履行变更申报手续,填报《排污变更申报登记表(试行)》。

排污者可以采取书面填表、网上申报等申报方式进行排污申报。

三、环境监察机构应当在每年 1 月 15 日前依据排污者申报的《全国排放污染物申报登记报表(试行)》进行排污收费年度审核;对排污者申报的新建、扩建、改建项目《全国排放污染物申报登记报表(试行)》和排放污染物需作重大改变或者发生紧急重大改变的《排污变更申报登记表(试行)》应当及时进行审核。

对符合要求的,环境监察机构向排污者发回经审核同意的《全国排放污染物申报登记报表(试行)》;对符合减免规定的,按规定予以减免并公告;对不符合要求的,责令限期补报;逾期未报的,视为拒报。

四、环境监察机构应当依据《排污费征收使用管理条例》,按照下列规定顺序对排污者排放污染物的种类、数量进行核定:

(一)排污者按照规定正常使用国家强制检定并经依法定期校验的污染物排放自动监控仪器,其监测数据作为核定污染物排放种类、数量的依据;

(二)具备监测条件的,按照国家环境保护总局规定的监测方法监测所得的监督监测数据;

(三)不具备监测条件的,按照国家环境保护总局规定的物料衡算方法计算所得物料衡算数据。

(四)设区市级以上环境监察机构可以结合当地实际情况,对餐饮、娱乐、服务等第三产业的小型排污者,采用抽样测算的办法核算排污量。

五、各级环境监察机构应当在每月或者每季终了后10日内,依据经审核的《全国排放污染物申报登记报表(试行)》《排污变更申报登记表(试行)》,并结合当月或者当季的实际排污情况,核定排污者排放污染物的种类、数量,并向排污者送达《排污核定通知书(试行)》。

排污者对核定结果有异议的,自接到《排污核定通知书(试行)》之日起7日内,可以向发出通知的环境监察机构申请复核;环境监察机构应当自接到复核申请之日起10日内,做出复核决定。

对拒报、谎报《全国排放污染物申报登记报表(试行)》《排污变更申报登记表(试行)》的,由环境监察机构直接确定其排放污染物的种类、数量,并向排污者送达《排污核定通知书(试行)》。

六、各级环境监察机构应当按月或按季根据排污费征收标准和经核定的排污者排放污染物种类、数量,确定排污者应当缴纳的排污费数额,并予以公告。

排污费数额确定后,由环境监察机构向排污者送达《排污费缴纳通知单(试行)》。

排污者应当自接到《排污费缴纳通知单(试行)》之日起7日内,到指定的商业银行缴纳排污费。

逾期未缴纳的,负责征收排污费的环境监察机构从逾期未缴纳之日起7日内向排污者下达《排污费限期缴纳通知书(试行)》。

七、《全国排放污染物申报登记报表(试行)》《排污变更申报登记表(试行)》《排污核定复核决定通知书(试行)》的格式和内容由国家环境保护总局统一规定。《排污费缴纳通知单(试行)》由国家环境保护总局统一印制。

八、各级环境监察机构应当使用由国家环境保护总局统一规定的排污费征收管理系统软件。

九、上级环境监察机构应加强对下级环境监察部门征收排污费的稽查工作。对县级以上环境监察机构应当征收而未征收或者少征收排污费的,上级环境监察机构可以责令其限期改正,或直接责令排污者到指定的商业银行补缴排污费。

国家发展和改革委员会、财政部、商务部、国土资源部、海关总署、国家税务总局、国家环境保护总局关于控制部分高耗能、高污染、资源性产品出口有关措施的通知

(2005年12月9日 发改经贸〔2005〕2595号)

各省、自治区、直辖市和计划单列市、新疆生产建设兵团发展改革委、财政厅(局)、商务主管部门、国土资源厅(国土环境资源厅、国土资源局、国土资源和房屋管理局、规划和国土资源管理局)、海关总署广东分署,海关天津、上海特派办,各直属海关、国家税务局、环境保护局(厅):

根据国务院常务会议关于控制高耗能、高污染、资源性产品出口的精神,今年以来国家先后采取一系列措施控制钢铁、电解铝、铁合金、成品油等产品出口,取得较好效果。但部分高耗能、高污染、资源性产品出口问题仍比较突出。经报请国务院批准,现将进一步控制部分高耗能、高污染、资源性产品出口有关措施通知如下:

一、停止部分产品的加工贸易。

2006年1月1日起,将进口滴滴涕原药、六氯苯中间体、氯丹原药、六六六原药、对氯苯基及三氯乙醇原药、五氯酚钠原药、三环锡原药等农药原药,出口农药;进口分散染料,出口其制成品;进口木片、原木、木浆,出口木浆或纸张、纸板;进口生皮,出口半成品革或成品革;进口废铜或铜精矿,出口未锻轧铜列入加工贸易禁止类目录,不再审批上述品种的加工贸易合同。此前已经商务主管部门批准并在海关备案的上述品种的加工贸易业务,允许按现行规定在批准有效期内执行完毕,到期后不予延期。未能按规定加工复出口的,按加工贸易内销规定办理手册核销手续。上述政策也适用于出口加工区和保税区等海关特殊监管区域。

具体由商务部、海关总署发文公告。

二、调整部分产品的出口退税政策。

2006年1月1日起,取消煤焦油和生皮、生毛皮、蓝湿皮、湿革、干革的出口退税;将列入《PIC公约》(《对某些危险化学品及农药在国际贸易中采用事先知情同意程序》)和《POPSP公约》(《限制某些持久性有机污染物的具有法律约束力的国际文书》)中的25种农药品种,将分散染料,汞,钨、锌、锡、锑及其制品,金属镁及其初级产品,硫酸二钠,石蜡的出口退税率下调到5%。

具体由财政部、国家税务总局另行通知。

三、控制部分资源性产品出口数量。

对于部分可用竭的资源性产品,从保护国内资源的角度,在控制国内生产和消费的同时,也要进一步控制出口数量。

对稀土等产品出口数量要适当调减。

焦炭出口配额量维持上年水平,不再增加。

严格控制以加工贸易方式出口成品油。汽、煤、柴油的出口数量,由商务部、国家发展改革委

核定,海关按照核定数量放行。2006年,除大连西太平洋、湛江东兴炼厂以及部分必须履约的长期合同外,不再批准其他的原油加工贸易合同。中石油公司、中石化公司与境外企业签订的长期合同中必须履约出口的(包括供应港、澳航煤等),尽量从上述企业加工贸易出口量中安排,确有困难的可按一般贸易出口。

各地要继续关注高耗能、高污染产业的发展状况,引导企业按照科学发展观的要求,通过技术创新,减少能源和资源耗费,延长产业链,提高出口商品的结构层次、技术含量和附加值,培育新的竞争优势。

关于环保部门实行收支两条线管理后经费安排的实施办法

(2003年4月8日 财建〔2003〕64号)

为保障各级环保部门及其所属机构(以下简称"环保机构")开展工作的经费需要,促进环保机构依法行政,确保国家环境保护战略任务的顺利实施,根据《排污费征收使用管理条例》(国务院令第369号)、《排污费资金收缴使用管理办法》(财政部、国家环境保护总局令第17号)、《国务院办公厅转发财政部关于深化收支两条线改革进一步加强财政管理意见的通知》(国办发〔2001〕93号)、《财政部、中国人民银行关于公安等部门收费收入纳入预算管理的通知》(财预〔2002〕9号)以及其他相关文件精神,现就环保部门实行"收支两条线"管理后财政经费安排的有关问题规定如下:

一、实施经费安排的基本原则及要求

(一)各级财政部门应当本着实事求是、有利于环保事业健康发展的原则,根据环保机构开展工作的实际需要和各级财政的财力状况安排经费。

(二)环保机构按规定应当上缴的各项收费要及时足额上缴国库,支出纳入同级财政年度预算,实行"收支两条线"管理。

各级环保机构应当对超编的人员逐步进行清退,对超编人员,财政部门不予核拨经费。严禁将环保机构年度经费预算与其征收的行政事业性收费挂钩。

(三)各级财政部门、环保机构应当充分利用已有环境管理和服务能力资源,避免重复投入,集中财力优先保证政府对环境状况行使管理和监督职责所需经费。

二、纳入财政预算的环保机构

纳入财政预算的环保机构包括:行政、监督执法、监测、信息、科研、宣传教育、放射性与危险废物管理以及自然保护区管理等环保机构。

三、实施经费安排工作的具体要求

各级财政部门应当根据财力状况和环保机构的工作需要,将人员经费、公用经费、监督执法经费、仪器设备购置经费以及基础设施经费等纳入同级财政预算予以保障。

(一)各级政府环保行政机构及监督执法机构履行环境管理和监督职责所需经费由同级财政预算安排。其中,人员经费按照编制内实有人数和国家规定的工资、津贴补助标准核定;日常公用经费按照同级财政预算定额核定;专项业务费按照工作需要予以重点安排。

(二)向政府环境管理和社会公众提供环境技术服务的环境监测机构、信息机构、放射性及危险废物管理机构所需的经费,由同级财政预算资金和本单位经营服务性收入统筹安排。人员经费按照政府有关部门核定的编制内实有人数和国家规定的工资、津贴补贴标准核定;日常公用经费比照同级财政预算定额核定;专项业务费按照专项工作的实际需要,单独予以核定。

财政部门、环境保护行政主管部门应当根据环境监测、监督执法工作的实际需要,制定有关仪器设备配备标准,逐步配备到位。对各种仪器设备所需的维护、维修和消耗费用予以充分保障,保证其正常运转。

(三)环境科研机构的经费按照社会公益类科研院所经费供给制度和办法安排,并逐步实行课题制。

(四)各级政府设置的环境宣传教育、自然保护区管理等机构经费以定额补助和定项补助相结合的办法纳入同级财政预算。人员经费、日常公用经费按照同级财政预算定额核定。对其承担的环境保护宣传教育及自然保护区管理专项工作,按照具体工作内容,给予定项补助。

四、环保机构的基础设施建设应纳入本地区的社会发展计划,实行统一规划和管理;应当有计划地安排基础设施经费,逐步解决环保机构基础设施条件简陋、设备陈旧等问题。

五、环保机构经费安排的具体过渡措施

(一)排污费不得用于环保机构自身建设的规定在东部地区(北京市、上海市、天津市、辽宁省、山东省、浙江省、江苏省、福建省、广东省)应当一步到位,中西部地区可以3年到位。具体要求是:从2003年起,东部地区的环保机构经费全额纳入同级财政预算,不得再从排污费中列支,排污费收入全部用于环境污染防治;中西部地区,以2000年各级环保机构在排污费收入中列支的环保机构经费为基数,2003—2005年每年用于补助环保机构的经费最多可以分别照列基数的75%、50%和25%,排污费其余部分全部用于环境污染防治;从2006年开始,有关环保机构经费全额纳入同级财政预算,不得再从排污费中列支,排污费收入全部用于环境污染防治。

(二)2004年前,允许将结存在各级财政和环保部门的排污费(含有偿使用基金)纳入部门预算,用于弥补环保机构行政、事业经费不足。

(三)各级财政部门对排污费中安排的环保机构补助经费要严格审核,从紧安排,纳入部门预算统一管理。

(四)中央财政视财力状况对中西部财政困难省份的环境保护执法工作给予适当补助。

六、加强管理,严格监督,确保政策贯彻落实

(一)各级财政部门应当切实加强环保机构的预算管理、财务监督,并根据《国务院办公厅转发财政部关于深化收支两条线改革 进一步加强财政管理意见的通知》(国办发〔2001〕93号)、《财政部 中国人民银行关于公安等部门收费收入纳入预算管理的通知》(财预〔2002〕9号)以及《行政单位财务规则》、《事业单位财务规则》等有关文件精神,结合本地实际情况,制定具体的管理办法。

(二)各级财政部门、环保部门应当密切配合,认真执行《国务院关于加强预算外资金管理的决定》(国发〔1996〕29号),采取切实有效的措施,加强对环保机构的行政事业性收费收缴的监督管理,共同做好各项行政事业性收费收入及罚没收入的上缴工作,做到应收尽收,应缴尽缴。

(三)各级财政部门应当督促环保机构做好增收节支工作,优化支出结构,保证重点需要,压缩一般性开支,提高资金使用效益。

(四)各级财政部门应当进一步增强服务意识,提高工作效率,将环保机构的各项经费按照有关规定及工作进度,及时、足额拨付到位。

(五)各级环保机构应当严格执行国家有关法律、法规和规章,应缴国库的各项行政事业性收费,依照有关规定足额征收,及时缴入国库,不得少收或不收,严禁截留、挤占和挪用。

(六)各级环保机构应当严格执行国家有关经费开支范围和标准等财务规定以及有关政府采购和工程招投标的规定,不得违反财经纪律和财务制度。

七、本办法自 2003 年 7 月 1 日起实施。

商务部、国家环境保护总局关于加强出口企业环境监管的通知

(2007 年 10 月 8 日 商综发〔2007〕392 号)

各省、自治区、直辖市、计划单列市及新疆生产建设兵团商务主管部门、环保局(厅):

为贯彻落实国务院关于节能减排工作的要求,发挥各类出口企业在环境保护方面的带动作用,有效控制"两高一资"产品出口,加快转变外贸增长方式,促进贸易平衡,现就推动出口企业率先提高环保水平的有关问题通知如下:

一、充分认识加强出口企业环境监管的重要意义

从总体上看,绝大多数出口企业能够执行国家环保法律法规,注重环境保护。但是,也有部分企业为降低出口成本,违法排污,超标、超总量排污,非法侵占环境资源。一方面,加大资源环境压力,产品出口国外而污染留在国内;另一方面,出口产品价格不能真实反映社会成本,加剧贸易摩擦,助长贸易顺差的不合理增长,给中国产品的形象造成损害。加强出口企业环境监管,促使企业严格遵守国家环保法律法规,不但是实现节能减排工作目标、全面建设环境友好型社会的要求,也是保护国家环境利益,促进贸易增长方式转变的需要。各级商务、环保部门要从落实科学发展观,构建和谐社会的高度充分认识加强出口企业环境监管的重要性和迫切性,切实加大工作力度,紧密配合,务求实效。

二、加大对出口企业环境监管力度

各级环保部门要切实加大对有出口产品的排污企业,尤其是"两高一资"企业的环境监管力度。一要根据当地实际,集中力量对这类排污企业开展一次专项环境执法检查,对于检查中发现的环境违法行为要按照法律规定给予处罚。二要加强对这类企业的日常环境监管,按照重点污染源的监管要求,加大日常巡查和监督性监测频次,保障其稳定达标排放。三要加强对出口企业环境违法案件的管理,在查清企业的数量、出口产品的品种和数量、产生的主要污染物、排放达标情况及环境违法行为处罚情况的基础上,建立出口企业环境执法档案管理数据库,对其环境违法行为的处罚和整改实施动态管理。

三、加强出口管理环节企业环保达标审核

地方环保部门依据环境保护法律、法规和规章的规定,对查处属实的环境违法行为进行行政处罚并公开,同时责令企业改正或限期改正违法行为。地方环保部门定期向地方商务主管部门通报上述违法违规企业的情况,提供相应处罚决定书,并通过省级环保部门上报环保总局,环保总局汇总后通报商务部。

商务部将环保总局通报的违法违规企业名单及相应的处罚决定书下发地方商务主管部门,并授权地方商务主管部门,依据环保部门提供处罚决定书,暂停受理有关企业出口业务申请,包括:出口配额和许可证申请,加工贸易合同或项目审批及出具加工贸易经营状况及生产能力证明,全国性、区域性出口商品交易会、博览会参展和摊位申请等。地方商务主管部门通过省级商务主管部门将该企业出口业务申请情况上报商务部,商务部根据《外贸法》第三十四条和第六十三条的规定,可中止该企业在一年以上三年以下期限内从事对外贸易经营活动,并将处罚决定下发地方商务主管部门,地方商务主管部门据此在相应期限内中止受理有关企业出口业务申请。被环保部门行政处罚的企业改正违法违规行为并通过环保部门验收后,环保部门及时向商务主管部门通报。商务主管部门收到通报后,恢复受理未被禁止从事对外贸易经营活动企业的出口业务申请。

申请人以外贸代理方式出口的,地方商务主管部门在受理出口业务申请时应审查出口货物来源证明(生产企业出具的发票),如申请人所代理出口的货物系上述环保违法企业生产的,亦按照上述办法暂停受理相关申请。

各级出口配额和许可证发证机关发放出口配额和许可证时,如发现申领企业(以外贸代理方式出口的审查货物生产企业出具的发票)为环保违法企业的,不予发证,并将有关情况通报当地商务主管部门。

四、开展企业环境监督员制度试点

冶金、化工、水泥、纺织、轻工等行业顺差规模大、增长快,环境问题突出,可率先在这些行业推行企业环境监督员制度。企业要设立环境管理机构、指派专门人员担任环境监督员,检查记录企业环境运行指标,定期向当地商务、环保部门报告并随时准备接受检查和抽查,定期向社会发布企业环境运行情况报告,接受社会舆论监督。

五、加强对出口企业环境保护法律法规和政策的宣传与培训

各地商务、环保部门要广泛开展环境保护法律法规的宣传教育,充分调动公众参与环境监管的积极性,发挥行业协会、商会等中介组织在规范企业环境行为方面的重要作用。要组织环保优秀出口企业经验交流,加大舆论宣传力度,适时推出一批在环境保护方面表现优秀的企业,曝光一批违法违规排放、污染严重的企业。要联合制定对出口企业的环境保护培训方案,定期组织对本地区出口企业及其负责人环境守法的专项培训,切实增强出口企业守法意识,不断提高履行环境保护义务的能力。

六、加强部门协作

省(市)、地(市)两级商务、环保部门要成立联合工作小组,指定专门机构负责协调解决工作中存在的问题,建立商务和环保部门的信息共享机制。商务部门审核会对环境保护带来重大影

响行业的企业出口业务申请时,应主动征询环保部门的意见,环保部门要在两周内予以回复。环保部门要定期将查处违法违规的情况通报商务部门,作为商务部门受理企业业务申请时的审核依据(企业无需向商务部门提供环保达标证明)。环保部门认为依法应当采取综合手段予以处罚的,应将有关案件材料通报商务部门,商务部门根据有关规定及时予以处理,并在两周内将有关处理结果反馈环保部门。

各地商务、环保部门要根据本地区实际情况,密切配合,抓紧制定联合工作小组工作规划和落实方案,并于2007年10月底前上报商务部和环保总局。

中国人民银行关于改进和加强节能环保领域金融服务工作的指导意见

(2007年6月29日 银发〔2007〕215号)

中国人民银行上海总部,各分行、营业管理部、省会(首府)城市中心支行、副省级城市中心支行,各政策性银行、国有商业银行、股份制商业银行:

根据《国务院关于印发节能减排综合性工作方案的通知》(国发〔2007〕15号)和全国节能减排工作电视电话会议精神,为进一步促进经济结构调整和增长方式转变,推动经济又好又快发展,人民银行就改进和加强节能环保领域金融服务工作提出如下指导意见。

一、统一思想,认清形势,充分认识改进和加强节能环保领域金融服务工作的重要性和紧迫性

节约资源、保护环境是我国的一项基本国策。改革开放以来,我国经济快速增长,各项建设取得巨大成就,同时也付出了巨大的资源和环境代价。党中央、国务院对此高度重视,采取了一系列重大政策措施,加强节能降耗和污染减排工作。2007年以来,国务院召开全国节能减排电视电话会议,并下发了国发〔2007〕15号文件,对进一步加强节能减排工作作出部署,明确要求把节能减排作为当前加强宏观调控的重点,作为调整经济结构、转变增长方式的突破口和重要抓手,作为贯彻科学发展观和构建和谐社会的重要举措。提出要进一步增强紧迫感和责任感,下大力气、下真功夫,实现"十一五"规划确定的节能减排目标。各银行类金融机构和人民银行各分支机构要充分认识做好节能环保领域金融服务工作的重要意义,认真学习和贯彻落实国发〔2007〕15号文件和全国节能减排电视电话会议精神,增强责任感和使命感,改进和加强对节能环保领域的金融服务,合理控制信贷增量,着力优化信贷结构,加强信贷风险管理,促进经济、金融的协调可持续发展。

二、区别对待、有保有压,配合国家产业政策,推进产业结构调整和优化升级

加强信贷政策与产业政策的协调配合,促进产业结构调整和优化升级是金融宏观调控的一项重要内容。人民银行各分支机构要进一步加强信贷资金行业结构、地区结构和企业结构的监测分析,根据货币信贷增长形势,有针对性地加强窗口指导和信贷风险提示,引导辖区内各银行类金融机构合理控制信贷投放规模和进度,严格限制对高耗能、高污染及生产能力过剩行业中落后产能和工艺的信贷投入,防止盲目投资和低水平重复建设,防止大范围产能过剩;要加强对辖区产业结构的研究,提高信贷资源的配置效率,促进辖区经济结构战略调整和经济增长方式的转变。

各银行类金融机构要认真贯彻落实国家产业结构调整政策,坚持区别对待、有保有压的信贷原则,合理配置信贷资源。对鼓励类投资项目,要从简化贷款手续、完善金融服务的角度,积极给予信贷支持;对属于限制类的投资项目,要区别对待存量项目和增量项目,对于限制类的增量项目,不提供信贷支持,对限制类的存量项目,若国家允许企业在一定时期内整改,可按照信贷原则给予必要的信贷支持;对淘汰类项目,要从防范信贷风险的角度,停止各类形式的授信,并采取措施收回和保护已发放的贷款;对不列入鼓励类、限制类和淘汰类的允许类项目,在按照信贷原则提供信贷支持时,要充分考虑项目的资源节约和环境保护等因素。

三、严格管理,突出重点,切实改进和加强对节能环保领域的金融服务工作

(一)加强信贷管理。各银行类金融机构要认真贯彻国家环保政策,严格授信管理,将环保评估的审批文件作为授信使用的条件之一,严格控制对高耗能、高污染行业的信贷投入,加快对落后产能和工艺的信贷退出步伐。人民银行各分支机构要掌握国家有关宏观调控的政策措施,加强对当地经济发展和经济结构的调查研究,充分利用形势分析会等平台,加强对金融机构支持节能减排、循环经济发展的政策引导和信息服务。指导金融机构对贷款实行差别定价,加大对节能环保企业和项目的信贷支持。

(二)着重支持技术创新和改造。各银行类金融机构要研究有关节能环保产业经济发展特点,开展金融产品和信贷管理制度创新,充分利用财政资金的杠杆作用,建立信贷支持节能减排技术创新和节能环保技术改造的长效机制。各政策性银行对国家重大科技专项、国家重大科技产业化项目、科技成果转化项目、高新技术产业化项目、引进技术消化吸收项目、高新技术产品出口项目等提供贷款,给予重点支持。各商业银行要探索创新信贷管理模式,对国家和省级立项的高新技术项目,根据国家投资政策及金融政策规定,给予信贷支持;对有效益、有还贷能力的自主创新产品生产所需的流动资金贷款根据信贷原则优先安排、重点支持,对资信好的自主创新产品生产企业可核定一定的授信额度,在授信额度内,根据信贷、结算管理要求,及时提供多种金融服务。各政策性银行和商业银行要加强合作,发挥各自优势,通过联合贷款、转贷款等多种合作方式,为起步资金大、项目回收期长的重点节能环保项目提供全程的金融服务,根据项目不同阶段的信贷需求提供不同的信贷产品。

(三)加快完善企业征信系统等金融基础设施建设。人民银行各分支机构要加强与环保部门的沟通和合作,进一步推动将企业环保信息纳入人民银行企业征信系统的有关工作,并按照"整体规划、分步实施"的原则,从企业环境违法信息起步,逐步将企业环保审批、环保认证、清洁生产审计、环保先进奖励等信息纳入企业征信系统。督促和引导金融机构在为企业或项目提供授信等金融服务时把审查企业信用报告中的环保信息、企业环保守法情况作为提供金融服务的重要依据。

(四)进一步改善节能环保领域的直接融资服务。各银行类金融机构要学习借鉴和消化吸收国外先进金融理念、技术和管理经验,发挥金融机构的独特优势,在已有的直接融资产品基础上,进一步加大基础产品和衍生产品的创新力度,丰富和完善直接融资产品,多角度拓展节能环保企业的筹资渠道,降低其筹资成本。

四、加强沟通,密切协作,提高节能环保领域金融服务工作的效率

人民银行各分支机构要进一步加强与地方政府和相关职能部门的沟通协作,探索建立辖区信贷政策与产业政策的协调工作机制。配合地方政府,结合当地实际,研究制定节能环保领域金融服务工作的政策措施,并认真贯彻落实。开展形式多样的宣传、培训活动,为改进和加强节能环保金融服务工作营造良好氛围。

各银行类金融机构要加强系统内和相互间在支持节能环保领域发展方面的经验交流和合作,加强沟通,相互学习,共同改进和完善节能环保领域金融服务工作。

请人民银行各分支机构将本通知转发至辖区内城市商业银行、农村商业银行、农村合作银行、城市信用社、农村信用社。在实际执行过程中如遇问题,请及时向人民银行总行报告。

国家环境保护总局、中国人民银行、中国银行业监督管理委员会关于落实环保政策法规防范信贷风险的意见

(2007年7月12日 环发〔2007〕108号)

各省、自治区、直辖市环保局(厅),副省级城市环保局,新疆生产建设兵团环保局,全军环办,中国人民银行上海总部,各分行、营业管理部,省会(首府)城市中心支行,副省级城市中心支行,各银监局,各政策性银行、各国有商业银行、股份制商业银行:

为全面贯彻《国务院关于落实科学发展观加强环境保护的决定》(国发〔2005〕39号,以下简称《决定》)和《国务院关于印发节能减排综合性工作方案的通知》(国发〔2007〕15号),加强环保和信贷管理工作的协调配合,强化环境监督管理,严格信贷环保要求,促进污染减排,防范信贷风险,提出以下意见。

一、充分认识利用信贷手段保护环境的重要意义

当前,我国环境形势十分严峻。一些地区建设项目和企业的环境违法现象较为突出,因污染企业关停带来的信贷风险加大,已严重影响了社会稳定和经济安全。严格对企业和建设项目的环境监管和信贷管理,已经成为一项紧迫的任务。各级环保部门、人民银行、银监部门、金融机构要把贯彻国务院《决定》、落实环保政策法规摆上重要议事日程,加强环保和金融监管部门合作与联动,以强化环境监管促进信贷安全,以严格信贷管理支持环境保护,加强对企业环境违法行为的经济制约和监督,改变"企业环境守法成本高、违法成本低"的状况,提高全社会的环境法治意识,促进完成节能减排目标,努力建设资源节约型、环境友好型社会。

二、加强建设项目和企业的环境监管与信贷管理

要依照环保法律法规的要求,严格新建项目的环境监管和信贷管理。各级环保部门要严把建设项目环境影响评价审批关,切实加强建设项目环保设施"三同时"管理。对未批先建或越级审批,环保设施未与主体工程同时建成、未经环验收即擅自投产的违法项目,要依法查处,查处

情况要及时公开,并通报当地人民银行、银监部门和金融机构。金融机构应依据国家建设项目环境保护管理规定和环保部门通报情况,严格贷款审批、发放和监督管理,对未通过环评审批或者环保设施验收的项目,不得新增任何形式的授信支持。金融机构应依据国家产业政策,进一步加强信贷风险管理,对鼓励类项目在风险可控的前提下,积极给予信贷支持;对限制和淘汰类新建项目,不得提供信贷支持;对属于限制类的现有生产能力,且国家允许企业在一定期限内采取措施升级的,可按信贷原则继续给予信贷支持;对于淘汰类项目,应停止各类形式的新增授信支持,并采取措施收回已发放的贷款。

要依照环保法律法规的要求,严格现有企业的环境监管和流动资金贷款管理。各级环保部门要加强对排污企业的监督管理,对超标排污、超总量排污、未依法取得许可证排污或不按许可证规定排污、未完成限期治理任务的企业,必须依法严肃查处,并将有关情况及时通报当地人民银行、银监部门和金融机构。各级金融机构在审查企业流动资金贷款申请时,应根据环保部门提供的相关信息,加强授信管理,对有环境违法行为的企业应采取措施,严格控制贷款,防范信贷风险。

各级环保部门要积极督促有违法违规行为的企业进行整改,可根据实际情况,引导企业通过技术改造和升级达到环保要求,为防范信贷风险创造条件。金融机构应根据环保部门提供的项目整改信息,结合企业生产实际,合理控制信贷投放。

三、加强协调配合,认真履行职责

各级环保与金融部门要密切配合,建立信息沟通机制。环保部门要按照职责权限和《环境信息公开办法(试行)》的规定,向金融部门提供以下环境信息:

(一)受理的环境影响评价文件的审批结果和建设项目竣工环境保护验收结果;

(二)污染物排放超过国家或者地方排放标准,或者污染物排放总量超过地方人民政府核定的排放总量控制指标的污染严重的企业名单;

(三)发生重大、特大环境污染事故或者事件的企业名单;

(四)拒不执行已生效的环境行政处罚决定的企业名单;

(五)挂牌督办企业、限期治理企业、关停企业的名单;

(六)环境友好企业名单;

(七)企业环境行为评价信息;

(八)其他有必要通报金融机构的环境监管信息。

各级环保部门应当按照环保总局与人民银行制定的统一标准,提供可纳入企业和个人信用信息基础数据库的企业环境违法、环保审批、环保认证、清洁生产审计、环保先进奖励等信息。

人民银行及各分支行要引导和督促商业银行认真落实国家产业政策和环保政策,将环保信息纳入企业和个人信用信息基础数据库,防范可能的信贷风险。

各级银行监管部门要督促商业银行将企业环保守法情况作为授信审查条件,严格审批、严格管理;将商业银行落实环保政策法规、配合环保部门执法、控制污染企业信贷风险的有关情况,纳入监督检查范围;要对因企业环境问题造成不良贷款等情况开展调查摸底。

各商业银行要将支持环保工作、控制对污染企业的信贷作为履行社会责任的重要内容;根据环保部门提供的信息,严格限制污染企业的贷款,及时调整信贷管理,防范企业和建设项目因环保要求发生变化带来的信贷风险;在向企业或个人发放贷款时,应查询企业和个人信用信息基础数据库,并将企业环保守法情况作为审批贷款的必备条件之一。

环保部门、金融监管部门及有关商业银行可根据需要建立联席会议制度,确定本单位内责任部门和联络员,定期召开协调会议,沟通情况;研究制定信贷管理的环保指导名录;组织开展相关环保政策法规培训和咨询,提高金融机构对环境风险的识别能力。

四、加强监督检查,追究违规者的责任

环保、金融机构工作人员要严格履行职责,对环保部门工作人员在执法过程中徇私舞弊、滥用职权、玩忽职守的,依据环保法律、法规和《环境保护违法违纪行为处分暂行规定》给予行政处分;对商业银行违规向环境违法项目贷款的行为,依法予以严肃查处,对造成严重损失的,追究相关机构和责任人责任。

今年年底前,在各地自查基础上,国家环保总局、中国人民银行、中国银监会对各地贯彻执行本《意见》的情况进行检查。

中国银监会办公厅关于防范和控制高耗能高污染行业贷款风险的通知

(2007年7月15日 银监办发〔2007〕161号)

各银监局、各政策性银行、国有商业银行、股份制商业银行、金融资产管理公司,邮政储蓄银行,各省级农村信用联社,银监会直接监管的信托公司、企业集团财务公司、金融租赁公司:

今年以来,中国银监会认真贯彻科学发展观和国家宏观调控政策,针对经济运行中存在的高耗能、高污染行业过快增长等问题,多次下达有关通知,要求银行业金融机构高度关注高耗能、高污染行业的增长情况,有效防范和控制高耗能、高污染行业的信贷风险。通过各方面努力,目前已经取得了初步成效,但当前节能减排的形势依然严峻。最近,国务院颁布了《节能减排综合性工作方案》,对节能减排工作做了全面部署。为了进一步加强高耗能、高污染行业贷款的贷前调查、贷中审查和贷后检查,严把"两高"贷款闸门,现就有关工作提出如下要求:

一、严格控制信贷总量,积极调整信贷结构

各银行业金融机构要把思想统一到落实科学发展观,统一到国务院对当前经济金融形势的判断上来,树立大局意识、责任意识、风险意识,按照国家宏观调控要求,科学把握信贷投放力度节奏,着力优化信贷结构。积极配合主管部门和地方政府控制高耗能、高污染行业的过快增长,控制高耗能、高污染行业的贷款投放,调整贷款结构,认真执行高耗能、高污染行业新开工项目的产业政策和市场准入标准,对项目审批(备案)、用地预审、环境评价、节能评估、劳动安全、城市规划等方面不符合国家规定的项目,或对"区域限批"地区的项目以及列入加工贸易禁止类目录的企业,银行业金融机构不予贷款。已经贷款的,要及时清收。

二、加强对高耗能、高污染重点企业贷款的持续监控

各银行业金融机构要积极主动与节能减排主管部门、地方政府、行业协会加强联系和沟通,及时了解国家节能、环保政策和标准的修订及变化情况,参照国家节能、环保最新政策和标准,以及不断更新的高耗能、高污染行业情况,进行持续跟踪和监控,对那些能耗、排污不达标,或违反国家有关规定的贷款企业,要坚决收回贷款;对那些能耗、排污虽然达标但不稳定或节能减排目标责任不明确、管理措施不到位的贷款企业,要调整贷款期限,压缩贷款规模,提高专项准备,从严评定贷款等级。

三、压缩和回收落后生产能力企业的贷款

各银行业金融机构要加强对电力、钢铁、建材、电解铝、铁合金、焦炭、化工、煤炭、造纸、食品等行业中的落后生产能力的分析和研究,对发改委已列入落后生产能力名单的企业或项目贷款,要采取有效措施,及时收回贷款。对落后生产能力的企业或项目贷款未能调整或压缩的部分,银行业金融机构要本着审慎经营原则,提高专项准备,降低贷款评级。

四、进一步完善监管政策,加大监管力度,指导和督促银行业金融机构做好节能减排工作

一是实行有差别的监管激励与约束政策。试行把节能减排信贷及相关工作作为银行业金融机构评级的重要内容,将评价结果与被监管银行业金融机构的分支机构准入、高管人员任职、业务发展相挂钩,落实到位的,予以鼓励。在具体操作上,应积极配合主管部门落实政府节能减排工作责任制和问责制,对未能完成节能减排工作目标的地区或项目"区域限批"地区,对该地区的贷款结构进行认真调整,压缩相关风险敞口。对完成节能减排工作目标的地区,在审慎原则指导下鼓励增加该地区的贷款,同时,按需求设立新的分支机构或设立新的法人机构。

二是实行有差别、有重点的现场检查。对高耗能、高污染行业贷款比例大,贷款余额不断增加的银行业金融机构要适时安排现场专项检查,并根据检查结果督促被检查机构进行整改。在目前已安排的常规和例行现场检查中,要重点关注与节能减排有关的合规检查和贷款投向检查。

三是加强相关培训,促进科学监管能力建设。举办各种形式的培训班、研讨会,邀请节能减排、授信管理、合规管理等方面的专家学者,对监管人员和银行业金融机构的高层人员进行培训。同时,银行业金融机构也要根据自身业务特点开展培训。

四是进一步加强与主管部门的协调。进一步加强与国家发展改革委、国家环保局、国家统计局等节能减排综合主管单位的联系和协调,进一步完善和细化节能减排的行业目录、节能减排准入标准、重点项目和重点企业名录,提供行业节能减排的国际先进水平、我国先进水平等重要标杆,强化可操作性,为银行业做好节能减排工作提供科学指导。

五是加强节能减排信息服务。充分利用银监会银行业信息监管系统,向银行业金融机构提供节能减排信息服务。及时提供有关节能减排的政策信息,包括产业政策、财税政策、市场准入、环保评估、资源利用、土地和城市规划、劳动安全等方面的政策信息,及时提供有关节能减排重点工程、重点项目、重点企业、重点地区的信息。积极宣传国内外银行业金融机构在防范环境风险和政策风险的良好做法。

特此通知。

节能减排授信工作指导意见

(2007年11月23日 银监发〔2007〕83号)

第一章 总体要求

第一条 银行业金融机构要认真贯彻《国务院关于印发节能减排综合性工作方案的通知》(国发〔2007〕15号)和《国务院关于落实科学发展观加强环境保护的决定》(国发〔2005〕39号)的精神,从落实科学发展观、促进经济社会环境全面可持续发展、确保银行业安全稳健运行的战略高度出发,充分认识节能减排的重大意义,切实做好与节能减排有关的授信工作。

第二条 银行业金融机构要将促进全社会节能减排作为本机构的重要使命和履行社会责任的具体体现,强化本机构全体员工的节能减排意识,全面掌握节能减排政策法规和标准,大力增强授信工作的科学性和预见性。

第三条 银行业金融机构要从战略规划、内部控制、风险管理、业务发展着手,防范高耗能、高污染带来的各类风险,加强制度建设和执行力建设:

(一)根据本机构的业务特点、风险特征和组织架构,制定应对高耗能、高污染引起的各类风险的工作方案。

(二)根据本机构客户所在的主要行业及其特点,制定高耗能、高污染行业的授信政策和操作细则。

(三)根据本机构内部控制和风险管理的需要,制定节能减排授信程序和规范。

(四)根据授信审批人员的专业能力与经验等,适当集中与耗能、污染风险有关的企业和项目授信的审批权限。

(五)董事会应审核和批准相关方案、政策、程序和规范,并安排适当资源,指定熟悉了解高耗能、高污染风险的高级管理人员负责相关制度的落实和执行。

第二章 授信政策

第四条 银行业金融机构应依据国家产业政策,对列入国家产业政策限制和淘汰类的新建项目,不得提供授信支持;对属于限制类的现有生产能力,且国家允许企业在一定期限内采取措施升级的,可按信贷原则继续给予授信支持;对于淘汰类项目,原则上应停止各类形式的新增授信支持,并采取措施收回已发放的授信。银行业机构不得绕开项目授信的程序,以流动资金贷款、承兑汇票或其他各种表内外方式向建设项目提供融资和担保。

第五条 银行业金融机构应密切关注授信企业节能减排目标的完成情况和环保合规情况,加强与节能减排主管部门的沟通,对其公布和认定的耗能、污染问题突出且整改不力的授信企业,除了与改善节能减排有关的授信外,不得增加新的授信,原有的授信要逐步压缩和收回。

第六条 银行业金融机构要加强重点行业落后生产能力的分析,对国家和省级发展改革委或其他有关部门已列入落后生产能力名单的企业和项目贷款,要采取合理有效措施,及时调整、压缩和收回与落后产能有关的授信。

第七条 银行业金融机构要及时跟踪国家确定的节能重点工程、再生能源项目、水污染治理工程、二氧化硫治理、循环经济试点、水资源节约利用、资源综合利用、废弃物资源化利用、清洁生产、节能减排技术研发和产业化示范及推广、节能技术服务体系、环保产业等重点项目,综合考虑信贷风险评估、成本补偿机制和政府扶持政策等因素,有重点地给予信贷需求的满足,并做好相应的投资咨询、资金清算、现金管理等金融服务。

第八条 银行业金融机构对得到国家和地方财税等政策性支持的企业和项目,对节能减排效果显著并得到国家主管部门表彰、推荐、鼓励的企业和项目,在同等条件下,可优先给予授信支持。

第九条 银行业金融机构应实施有差别的地区信贷政策,参照国家有关部门公布的各省、自治区、直辖市节能减排指标完成情况,在同等条件下,对节能减排显著地区的企业和项目,可优先给予授信支持;对被国家环保部门列入"区域限批"或"流域限批"名单的地区,要从严控制授信。

第十条 银行业金融机构要充分利用国家实施节能减排战略带来的业务发展机遇,加强金融创新,积极开发与节能减排有关的创新金融产品。

第三章 授信管理

第十一条 银行业金融机构应本着"了解你的客户"、"了解你的客户的业务"的原则,通过现场调查和向节能减排主管部门、行业协会、征信部门咨询以及其他适当方式,深入了解授信企业和项目的节能减排目标完成情况和环保合规情况,仔细分析授信企业和项目可能存在的耗能、污染问题以及可能引发的各类风险。

第十二条 银行业金融机构应对项目开工建设的"六项必要条件"(必须符合产业政策和市场准入标准、项目审批核准或备案程序、用地预审、环境影响评价审批、节能评估审查以及信贷、安全和城市规划等规定和要求)进行严格的合规审查,以项目获得有关主管部门审批通过作为项目授信合规审查的最低要求。银行业机构在进行合规审查时,既要关注形式上的合规要求,如相关审批(或核准、备案)文件的权威性、完整性和相关程序的合法性,又要关注实质上的合规要求,包括新上项目要符合国家的产业政策和发展趋势,项目环评要与规划环评的总要求相容,技术经济标准原则上应向国内先进水平和国际水平看齐。

第十三条 银行业金融机构要加强对项目建设授信资金的拨付管理。建设项目应获得而未获得环评审批的,银行业机构不得预先拨付资金进行开工前准备和建设;项目环保设施的设计、施工、运营与主体工程不同时的,银行业机构应暂停主体工程建设的资金拨付,直到"三同时"实现为止;项目完工后应获得而未获得项目竣工环评审批,银行业机构不得拨付项目运营资金;对境内企业在国外投资建设的项目,银行业机构在授信管理中应督促建设企业遵守项目所在国家或地区的环保及相关法律,遵循对国际融资项目的环境和社会风险进行评估和控制的国际良好做法。

第十四条 银行业金融机构应加强项目授信的分类管理,有条件的银行可以根据借款项目对环境的影响程度将其分为三类:

A类:严重改变环境原状且产生的不良环境和社会后果不易消除的项目;

B类:产生不良环境和社会后果,但较易通过缓释措施加以消除的项目;

C类:不会产生明显不良环境和社会后果的项目。

银行业机构应对上述不同类型的项目授信进行分类管理。对列为A类项目和B类中有较大风险的项目,银行业机构应要求建设单位乃至重要的第三方如承包商、供应商、监理商等,建立和实施针对环境影响的管理制度和行动计划、与当地社区和社会公众的沟通制度,以及监测、评估和报告(公告)制度,同时通过独立的第三方对其环境风险控制的机制、能力、结果进行监督和评估。对B类中风险较小的项目和列为C类的项目,银行业机构对建设单位的环境风险控制给予适当关注。

第十五条 银行业金融机构对存在重大耗能和污染风险的授信企业应实行名单式管理。进入名单的授信企业包括被国家和地方节能减排主管部门列为重点监控的企业,银行业机构自主认定的其他存在重大耗能、污染风险的授信企业。银行业机构要主动与节能减排主管部门沟通,及时了解上述企业的节能减排目标完成情况和环保合规情况,不断更新企业名单,对列入名单的授信企业要加强授信管理。

第十六条 银行业金融机构应寻求各种方式缓释与耗能、污染有关的合规与授信风险,可以要求建设单位提高资本金比重,发行中长期公司债(企业债),加列节能降耗的技改项目和投改计划,并以有效益的项目建成后的经营权、现金流作为授信的质押,还可要求建设单位对项目投保建设期保险,投保与耗能、污染风险有关的工程责任险、环境责任险、产品责任险等。对存在重大风险的授信企业和项目,可以通过银团贷款加强管理,分散风险。

第十七条 银行业金融机构在信贷产品的风险定价时应充分考虑授信企业和项目与耗能、污染有关的授信风险,按照风险与收益相称的原则,合理确定节能减排授信定价。在确定风险调整后收益指标和分配经济资本时,应充分考虑高耗能、高污染行业中的企业和项目可能引发的各类风险影响。

第十八条 银行业金融机构应密切关注国家调整产业结构、关闭落后产能对授信企业和项目偿还能力的影响,密切关注节能减排政策变化和节能减排标准提高对授信企业和项目的现金流的影响,加强敏感性分析,并在资产风险分类、准备计提、损失核销等方面做出及时调整。

第十九条 银行业金融机构应加强涉及耗能、污染风险的企业和项目的授信合同管理,在授信合同中订立与耗能、污染风险有关的条款,包括借款人声明节能减排合规的条款,未履行承诺或耗能、污染风险显现时,同意加速回收贷款或中止贷款的条款、同意提前行使抵质押权的条款等,并严格监控违约风险。

第二十条 银行业金融机构要加强人员培训和能力建设,积累与耗能、污染有关的专业知识,努力提高本机构对涉及耗能、污染风险的企业和项目的授信管理能力。可以根据本机构的业务规模、授信行业和客户的风险特点,培养和引进有关专业人才,也可以借助第三方评审或通过其他有效的服务外包方式,获得相关专业服务。

第二十一条 银行业金融机构要加强节能减排授信工作的信息披露,公开本机构的节能减排授信政策和标准,披露存在重大耗能、污染风险的企业和项目的授信情况等,接受市场和利益相关者的监督。

第二十二条 银监会将把节能减排授信作为银行业机构评级的重要内容,将评价结果与被监管银行业机构高管人员履职评价、分支机构准入、业务发展相挂钩,落实到位的,予以鼓励。对高耗能、高污染行业授信比例大、增长速度快的银行业机构将安排专项检查,并根据检查结果督促其进行整改。必要时,将要求外部审计师关注被审计的银行业机构与高耗能、高污染企业和项目有关的授信风险和合规风险,发挥外部审计的监督作用。

第二十三条 各级银行业协会要积极协助和指导银行业机构做好节能减排授信工作,推广先进经验和良好做法,提供信息服务和技术咨询,加强与相关行业协会、专业协会的联系。

第二十四条 信托公司、企业集团财务公司、金融租赁等非银行金融机构参照本指导意见做好相关工作。

国家环境保护总局、中国保险监督管理委员会关于环境污染责任保险工作的指导意见

(2007年12月4日 环发〔2007〕189号)

各省、自治区、直辖市环保局(厅),副省级城市环保局,新疆生产建设兵团环保局,全军环办,各保监局:

为贯彻落实《国务院关于落实科学发展观加强环境保护的决定》(国发〔2005〕39号)、《国务院关于保险业改革发展的若干意见》(国发〔2006〕23号)、《国务院关于印发节能减排综合性工作方案的通知》(国发〔2007〕15号)精神,加快建立环境污染责任保险制度,进一步健全我国环境污染风险管理制度,现就开展环境污染责任保险工作提出以下意见。

一、充分认识开展环境污染责任保险工作的重大意义

当前,我国正处于环境污染事故的高发期。一些地方的工业企业污染事故频发,严重污染环境,危害群众身体健康和社会稳定,特别是一些污染事故受害者得不到及时赔偿,引发了很多社会矛盾。因此,采取综合手段加强污染事故防范和处置工作,成为当前环保工作的重要任务。

环境污染责任保险是以企业发生污染事故对第三者造成的损害依法应承担的赔偿责任为标的的保险。利用保险工具来参与环境污染事故处理,有利于分散企业经营风险,促使其快速恢复正常生产;有利于发挥保险机制的社会管理功能,利用费率杠杆机制促使企业加强环境风险管理,提升环境管理水平;有利于使受害人及时获得经济补偿,稳定社会经济秩序,减轻政府负担,促进政府职能转变。国际经验表明,实施环境污染责任保险是维护污染受害者合法权益、提高防范环境风险的有效手段。

因此,加快环境污染责任保险制度建设,是切实推进环境保护历史性转变的迫切要求,是环境管理与市场手段相结合的有益尝试。各级环保部门和各级保险监管部门要充分认识到环境污染责任保险的重要性,在当地政府的统一组织下,积极开展环境污染责任保险制度的研究及试点示范工作,结合当地实际,制定工作方案,认真履行职责,推动本地区环境污染责任保险工作实施。

二、开展环境污染责任保险工作的指导原则与工作目标

(一)指导原则

以邓小平理论和"三个代表"重要思想为指导,贯彻落实科学发展观,坚持以下原则,逐步推动环境污染责任保险工作的开展。

——政府推动,市场运作。各地环保、保险监管部门要积极协调当地政府有关部门,推进本行政区域环境污染责任保险制度的实施;环保部门会同保险监管部门从防范环境风险出发,提出投保企业或设施的范围以及损害赔偿标准等;保险监管部门加强行业监督管理,推进环境责任保险市场的规范;保险公司积极开发环境责任险产品,按市场经济法律法规要求履行保险人的责任;投保企业加强环境风险管理,主动如实报告有关信息。

——突出重点,先易后难。先期重点选择环境危害大、最易发生污染事故和损失容易确定的行业、企业和地区,率先开展环境污染责任保险工作;现阶段环境污染责任保险的承保标的以突发、意外事故所造成的环境污染直接损失为主。逐步建立配套的标准和法规制度;逐步完善环境污染责任保险一系列制度。

——严格监管,稳健经营。环保部门要加强对污染企业的环境监管,促进企业提高防范污染事故的水平;保险监管部门要加强对保险机构的监管,督促保险机构认真履行保险合同,为投保企业提供保障;保险公司要完善内部管理,完善费率、理赔等制度,力争取得良好的业绩。

——互惠互利,双赢发展。环保部门、保监部门加大执法力度,履行监管职责,提高企业环保责任意识和风险防范意识,规范和壮大环境污染责任保险市场,有效化解污染事故带来的环境和社会矛盾;投保企业利用责任保险机制,抵御污染事故带来的经营风险,承担社会责任,维护企业利益;保险从业机构提供适合国情的环境污染责任保险服务,拓展业务领域,力争取得良好经营业绩;广大群众共享市场化的环境污染责任保险制度的成果,促进社会和谐稳定。

(二)工作目标

"十一五"期间,初步建立符合我国国情的环境污染责任保险制度。在重点行业和区域开展环境污染责任保险的试点示范工作,初步建立重点行业基于环境风险程度投保企业或设施目录以及污染损害赔偿标准,探索与环境责任保险制度相结合的环境管理制度,发挥环境责任保险的社会管理和经济补偿的功能。到2015年,环境污染责任保险制度相对完善,并在全国范围内推广,保险覆盖面逐步扩大,保障能力不断增强,风险评估、损失评估、责任认定、事故处理、资金赔付等各项机制不断健全,使该制度在应对环境污染事故带来损失的事件中发挥积极有效的作用。

三、逐步建立和完善环境污染责任保险制度

实施环境污染责任保险是重要的环境管理和社会管理的制度创新,必须充分发挥国家部门、地方政府、相关企业的积极性。在建立这项制度的起步阶段,建议各地在地市以上区域开展试点,由政府统一组织进行,重点抓好以下工作。

(一)建立健全国家立法和地方配套法规建设。环境污染责任保险涉及到环保部门、保险监管部门、保险公司、投保企业等。为规范管理,环保和保险监管部门要积极推动相关领域的立法工作,确定环境污染责任保险的法律地位。各省、自治区、直辖市及有立法权的市可以在有关地方环保法中增加"环境污染责任保险"条款。

(二)明确环境污染责任保险的投保主体。要根据本地区环境状况和企业特点,以生产、经营、储存、运输、使用危险化学品企业,易发生污染事故的石油化工企业、危险废物处置企业等为对象开展试点,尤其是对近年来发生重大污染事故的企业、行业,具体范围由环保部门商保险监管部门提出;在此基础上,国家和省环保部门制定开展环境污染责任保险的企业投保目录,并适时调整。保险公司要开发相应产品,合理确定责任范围,分类厘定费率,提高环境污染责任保险制度实施的针对性和有效性。试点地区保险企业应加强环境技术管理人员的能力建设。

(三)建立环境污染事故勘查、定损与责任认定机制。环保部门与保险监管部门应建立环境事故勘查与责任认定机制。在发生环境事故后,企业应及时通报相关承保的保险公司,允许保险公司对环境事故现场进行勘查,在环境事故勘查过程中,应遵循国家有关法律和规定,保守国家机密和信息。发生污染事故的企业、相关保险公司、环保部门应根据国家有关法规,公开污染事故的有关信息。环保部门要通过监测、执法等手段,为保险的责任认定工作提供支持。在条件完善时,要探索第三方进行责任认定的机制。

环保部门制定环境污染事故损失核算标准和相应核算指南。在国家没有出台专门的环境污染事故核算标准的情况下,保险公司可以委托国家认可的独立第三方机构对环境污染事故进行定损,根据现有有关法律法规,对环境污染造成的直接经济损失进行核定。

(四)建立规范的理赔程序。保险监管部门应指导保险公司建立规范的环境污染责任保险理赔程序认定标准。保险公司要加强对理赔工作的管理,规范、高效、优质地开展理赔工作。赔付过程要保证公开透明和信息的通畅,受害人可以通过环保部门和保险公司获取赔偿信息等,最大程度地保障受害人的合法权益。

(五)提高环境污染事故预防能力。保险公司要指导投保企业开展环境事故预防管理,提高企业环境事故预防能力。承保前,保险公司应对投保企业进行风险评估,根据企业生产性质、规模、管理水平及危险等级等要素合理厘定费率水平。承保后,要主动定期对投保企业环境事故预防工作进行检查,及时指出隐患与不足,并提出书面整改意见,督促投保企业加强事故预防能力建设,并将有关情况报送当地环保部门。具备条件的环保部门可以根据国家的要求或地方的规定,把部分行业或企业是否投保与项目环境影响评价、"三同时"等制度结合起来。

四、切实提高工作支持和保障水平

(一)要加强领导,推动环境污染责任保险工作机制的建设

各级环保部门、保险监管部门要高度重视环境污染责任保险试点工作,取得当地政府、人大、政协以及相关部门的支持,完善相关地方法规,将环境污染责任保险制度作为强化高环境风险企业环境管理的手段,并纳入当地突发事件应急工作体系。当前要重点提高环保部门监管能力,特别是对环境风险源监控能力、对污染事故调查和损失评估能力、对突发环境事件应急响应能力等,为环境责任保险制度实施提供基础支持。

(二)各司其责,推动环境污染责任保险工作的开展

各级环保部门要严格执法、公平执法,督促企业认真履行环境污染事故预防和事故处理等职责。国家和地方环保部门要开展高污染、高环境风险企业和工艺设施的调查,充分评估其环境风险和影响,制定开展环境污染责任保险的行业与工艺指导目录,积极配合保险监管部门和保险公司开展事故勘查、定损、理赔等工作。

各级保险监管部门要高度关注各保险公司实施环境污染责任保险的有关情况,加强对保险公司的指导、监督和管理。督促保险公司加强对投保企业的污染事故预防能力审查。

保险公司要把开展环境污染责任保险工作作为履行社会责任的重要内容,加强对企业防范污染事故的指导,合理确定费率,事故发生后及时介入,认真执行环境污染事故承保和赔付程序,确保赔款及时支付给事故受害者。

(三)积极开展相关研究和宣传工作

环境污染责任保险在我国刚刚起步。环保部门和保险监管部门做好相关的政策和技术研究,重点解决风险评估、损失评估、责任范围、赔偿限额、索赔时效等关键问题,切实加强环境污染责任保险的可操作性。各级环保部门、保险监管部门及保险公司等有关单位应积极开展关于环境污染责任保险的宣传工作,使企业充分认识到投保的重要性和对自身的益处,逐步形成企业主动投保的氛围。

关于对申请上市的企业和申请再融资的上市企业进行环境保护核查的规定

(2003年6月16日 环发〔2003〕101号)

为督促重污染行业上市企业严格执行国家环境保护法律、法规和政策,避免上市企业因环境污染问题带来投资风险,调控社会募集资金投资方向,指导各级环保部门核查申请上市企业和上市企业再融资工作,特制定本规定。

一、核查对象

(一)重污染行业申请上市的企业;

(二)申请再融资的上市企业,再融资募集资金投资于重污染行业。

重污染行业暂定为:冶金、化工、石化、煤炭、火电、建材、造纸、酿造、制药、发酵、纺织、制革和采矿业。

二、核查内容和要求

(一)申请上市的企业

1. 排放的主要污染物达到国家或地方规定的排放标准;

2. 依法领取排污许可证,并达到排污许可证的要求;

3. 企业单位主要产品主要污染物排放量达到国内同行业先进水平;

4. 工业固体废物和危险废物安全处置率均达到100%;

5. 新、改、扩建项目"环境影响评价"和"三同时"制度执行率达到100%,并经环保部门验收合格;

6. 环保设施稳定运转率达到95%以上;

7. 按规定缴纳排污费;

8. 产品及其生产过程中不含有或使用国家法律、法规、标准中禁用的物质以及我国签署的国际公约中禁用的物质。

（二）申请再融资的上市企业

除符合上述对申请上市企业的要求外，还应核查以下内容：

1. 募集资金投向不造成现实的和潜在的环境影响；

2. 募集资金投向有利于改善环境质量；

3. 募集资金投向不属于国家明令淘汰落后生产能力、工艺和产品，有利于促进产业结构调整。

三、核查程序

申请上市的企业和申请再融资的上市企业应向登记所在地省级环保行政主管部门提出核查申请，并申报以下基本材料：（一）企业（含本企业紧密型成员单位）基本情况；（二）报中国证券监督管理委员会待批准的上市方案或再融资方案；（三）证明符合本规定第三条的相关文件；（四）企业登记所在地省级环保行政主管部门要求的其他有关材料。

省级环境保护行政主管部门自受理企业核查申请之日起，于30个工作日内组织有关专家或委托有关机构对申请上市的企业和申请再融资的上市企业所提供的材料进行审查和现场核查，将核查结果在有关新闻媒体上公示10天，结合公示情况提出核查意见及建议，以局函的形式报送中国证券监督管理委员会，并抄报国家环保总局。

火力发电企业申请上市和申请再融资应由省级环保部门提出初步核查意见上报国家环保总局。国家环保总局组织核定后，将核定结果在总局政府网站上公示10天，结合公示情况提出核查意见及建议，以局函的形式报送中国证券监督管理委员会。

对于跨省从事重污染行业生产经营活动的申请上市企业和申请再融资的上市企业，其登记所在地省级环境保护行政主管部门应与有关省级环境保护行政主管部门进行协调，将核查意见及建议报国家环保总局，由国家环保总局报送中国证券监督管理委员会。

国家环境保护总局办公厅关于进一步规范重污染行业生产经营公司申请上市或再融资环境保护核查工作的通知

（2007年8月13日　环办〔2007〕105号）

各省、自治区、直辖市环境保护局（厅）：

自2003年我局印发《关于对申请上市的企业和申请再融资的上市企业进行环境保护核查的规定》（环发〔2003〕101号）以来，各地环保部门普遍开展了重污染行业申请上市或再融资公司的环保核查工作，并取得较好的效果。为进一步规范跨省从事重污染行业申请上市或再融资公司的环保核查工作，现通知如下：

一、按照环发〔2003〕101号文件和2004年印发的《关于贯彻执行国务院办公厅转发发展改革委等部门关于制止钢铁电解铝水泥行业盲目投资若干意见的紧急通知》(环发〔2004〕12号)的规定,从事火力发电、钢铁、水泥、电解铝行业的公司和跨省从事环发〔2003〕101号文件所列其他重污染行业生产经营公司的环保核查工作,由我局统一组织开展,并向中国证券监督管理委员会出具核查意见。

上述公司申请环保核查的,应向我局提出核查申请,提交环发〔2003〕101号文件规定的有关资料及我局认为必要的其他材料,核查申请应同时抄报核查企业所在地省级环保局(厅)。我局按规定程序组织开展核查工作,相关省级环保局(厅)应向我局出具审核意见。

二、需核查企业的范围暂定为:申请环保核查公司的分公司、全资子公司和控股子公司下辖的从事环发〔2003〕101号文件所列重污染行业生产经营的企业和利用募集资金从事重污染行业的生产经营企业。

三、核查工作完成后,由我局统一进行公示,在我局网站和中国环境报上公示10天,同时在相关省级环保局(厅)、企业所在地地级及以上市级环保局的政府网站和地方主要媒体上公示10天。

环境保护部办公厅关于加强污染源监督性监测数据在环境执法中应用的通知

(2011年10月8日 环办〔2011〕123号)

各省、自治区、直辖市环境保护厅(局),新疆生产建设兵团环境保护局:

为加强对污染源的监督管理,发挥污染源监督性监测数据的作用,提高环境执法效率,现就加强污染源监督性监测数据在环境执法中应用工作通知如下:

一、污染源监督性监测数据是各级环保部门依据环境保护法律法规,按照国家环境监测技术规范,对排污单位排放污染物进行监测获得的监测数据,是开展环境执法的重要依据。各级环保部门要加强污染源监督性监测数据的应用,通过其评价排污单位的排污行为,对于超过应执行排放标准的,要以污染源监督性监测数据作为重要证据,依法实施行政处罚。

二、各级环保部门要建立环境监测机构和环境执法机构的协作配合机制。污染源监督性监测的现场监测工作由环境监测机构和环境执法机构共同开展。环境执法机构人员负责对排污单位污染防治设施进行检查,将采样过程记入现场检查(勘察)笔录,并要求排污单位当事人确认。环境监测机构人员负责采集样品,填写采样记录,开展现场测试工作。

三、环境监测机构应及时完成分析测定工作,在完成样品测试工作后5日内制作完成监测报告并报出。监测报告应符合《环境行政处罚办法》第三十五条的相关规定。专门用于案件调查取证的监测数据和污染源排放异常数据,环境监测机构应及时向环境执法机构提供。环境监测机构对污染源监督性监测数据的真实性、准确性负责。

四、环境执法机构应在收到污染源排放异常数据5日内开展初步审查,监测报告及现场检查情况足以认定违法事实的,应补充立案,依法实施行政处罚。只有监测报告数据超标,缺乏其他证据材料的,应予以立案,组织调查取证。

五、各级环境保护部门应建立监督性监测异常数据的后续应用情况反馈制度。对纳入环境保护部门监督性监测范围的,每季度汇总一次超标排污单位的立案调查、行政处罚情况,并按照相关规定公布超标排污单位名单。

六、各级环保部门要切实提高环境监测和环境执法人员的工作能力,严格遵守国家法律法规和相关技术规范,对伪造、篡改监测数据,故意延报监测结果(报告),在行政执法工作中弄虚作假、失职渎职的,要依纪给予行政处分,构成犯罪的要依法追究刑事责任。

请各省、自治区、直辖市环保部门于2011年12月30日前,将本级及市级环保部门监测机构与执法机构协作配合机制建立情况、2011年前三季度国控重点污染源超标数据应用于行政执法的情况以及超标排污单位公开情况报我部。

环境保护部办公厅关于进一步规范环保不达标生产企业名单定期公布制度的通知

(2010年4月6日 环办〔2010〕44号)

各省、自治区、直辖市环境保护厅(局),新疆生产建设兵团环境保护局:

为贯彻落实《政府信息公开条例》和《环境信息公开办法(试行)》,发挥环境违法信息公开在推动公众参与、强化环境执法中的作用,按照《国务院办公厅关于落实抑制部分行业产能过剩和重复建设有关重点工作部门分工的通知》(国办函〔2009〕116号)要求,现就进一步加强和规范环保不达标生产企业名单定期公布制度工作通知如下:

一、进一步提高认识,加强协调部署

各级环保部门要高度重视环保不达标生产企业名单定期公布制度的建设工作,切实将公众监督作为遏制环境污染、强化环境执法效果、促进企业改正违法排污行为的有效手段,结合本部门实际,统筹部署、扎实推进,制定配套措施,确保环保不达标生产企业名单定期公布制度规范化。

二、明确公布主体,拓宽公布渠道

各级环保部门在对辖区内排污企业进行日常监督检查过程中,发现超标、超总量排污环境违法行为的,应主动公开环保不达标生产企业名单。上级环保部门在对下级环保部门监管范围内的排污企业进行专项执法检查或监督检查过程中,发现超标、超总量排污行为的,可交由排污企业所在地环保部门公布环保不达标生产企业名单。

环保不达标生产企业名单公布形式应以环保部门网站公布为主,未设立环保部门网站的,可在本部门办公地点设立信息公告栏、电子信息屏,及时公布环保不达标生产企业名单,相关信息应至少保留一季度。各级环保部门也可根据工作需要,通过报刊、广播、电视、新闻发布会等便于公众知晓的方式公布有关信息。

三、强化工作机制,确保及时准确

各级环保部门应按照依法执法、严格执法的要求,依照《环境信息公开办法(试行)》有关规定,规范本部门环保不达标信息认定、形成和公布机制。

一是进一步完善环保不达标生产企业的科学认定机制。应以监督性监测报告、现场即时采样监测结果、污染源自动监控数据作为判定排污企业是否存在超标、超总量排污行为的主要依据,切实保证环保不达标信息的真实性和准确性。其中,使用污染源自动监控数据作为判定依据的,其污染源自动监控设备必须经环保部门验收并定期进行实验室比对监测和数据有效性审核。

二是进一步健全环保不达标生产企业名单的信息形成机制。各级环保部门应结合本部门工作实际,制定环保不达标生产企业名单的信息形成办法,明确部门内部职责分工,确保信息形成过程高效严谨、管理规范。

三是进一步落实环保不达标生产企业名单的及时公布机制。各级环保部门应于环保不达标生产企业名单形成后20日内,采用适当的方式予以公布,原则上应保证每季度公布一次。

四、规范名单信息,统一公布内容

各级环保部门公布的环保不达标生产企业名单中应至少包括"企业名称"、"违法行为种类"、"污染物种类"、"发现途径"、"发现时间"五项内容。其中,"企业名称"为企业工商营业执照登记名称;"违法行为种类"分为超标排污和超总量排污两类;"污染物种类"为超标或者超总量排放污染物名称;"发现途径"为日常监督检查、专项执法检查(填报专项执法检查名称)、监督性监测和其他四类;"发现时间"为实施日常监督检查、专项执法检查、监督性监测的时间,其中利用污染源自动监控数据作为认定依据的,以相关数据生成时间作为"发现时间"。

五、加强督促落实,发挥制度成效

各级环保部门应及时采取措施,对名单涉及环境违法行为依法进行处理或处罚并督促落实,对环境违法行为及时改正的,可采取适当方式予以公布。

各省、自治区、直辖市环保部门应加强对下级环保部门环保不达标生产企业名单的定期公布情况进行监督指导,发现下级环保部门存在应公布未公布、违法行为认定错误或认定依据不充分的,应及时责令其改正。

请各省、自治区、直辖市环保部门于2010年5月31日前将环保不达标生产企业名单定期公布制度建立及执行情况报送我部。

中华人民共和国资源税暂行条例(2011年修订)

(1993年12月25日中华人民共和国国务院令第139号发布 根据2011年9月30日中华人民共和国国务院令第605号《国务院关于修改〈中华人民共和国资源税暂行条例〉的决定》修订)

第一条 在中华人民共和国领域及管辖海域开采本条例规定的矿产品或者生产盐(以下称开采或者生产应税产品)的单位和个人,为资源税的纳税人,应当依照本条例缴纳资源税。

第二条 资源税的税目、税率,依照本条例所附《资源税税目税率表》及财政部的有关规定执行。

税目、税率的部分调整,由国务院决定。

第三条 纳税人具体适用的税率,在本条例所附《资源税税目税率表》规定的税率幅度内,根据纳税人所开采或者生产应税产品的资源品位、开采条件等情况,由财政部商国务院有关部门确定;财政部未列举名称且未确定具体适用税率的其他非金属矿原矿和有色金属矿原矿,由省、自治区、直辖市人民政府根据实际情况确定,报财政部和国家税务总局备案。

第四条 资源税的应纳税额,按照从价定率或者从量定额的办法,分别以应税产品的销售额乘以纳税人具体适用的比例税率或者以应税产品的销售数量乘以纳税人具体适用的定额税率计算。

第五条 纳税人开采或者生产不同税目应税产品的,应当分别核算不同税目应税产品的销售额或者销售数量;未分别核算或者不能准确提供不同税目应税产品的销售额或者销售数量的,从高适用税率。

第六条 纳税人开采或者生产应税产品,自用于连续生产应税产品的,不缴纳资源税;自用于其他方面的,视同销售,依照本条例缴纳资源税。

第七条 有下列情形之一的,减征或者免征资源税:

(一)开采原油过程中用于加热、修井的原油,免税。

(二)纳税人开采或者生产应税产品过程中,因意外事故或者自然灾害等原因遭受重大损失的,由省、自治区、直辖市人民政府酌情决定减税或者免税。

(三)国务院规定的其他减税、免税项目。

第八条 纳税人的减税、免税项目,应当单独核算销售额或者销售数量;未单独核算或者不能准确提供销售额或者销售数量的,不予减税或者免税。

第九条 纳税人销售应税产品,纳税义务发生时间为收讫销售款或者取得索取销售款凭据的当天;自产自用应税产品,纳税义务发生时间为移送使用的当天。

第十条 资源税由税务机关征收。

第十一条 收购未税矿产品的单位为资源税的扣缴义务人。

第十二条 纳税人应纳的资源税,应当向应税产品的开采或者生产所在地主管税务机关缴纳。纳税人在本省、自治区、直辖市范围内开采或者生产应税产品,其纳税地点需要调整的,由省、自治区、直辖市税务机关决定。

第十三条 纳税人的纳税期限为1日、3日、5日、10日、15日或者1个月,由主管税务机关根据实际情况具体核定。不能按固定期限计算纳税的,可以按次计算纳税。

纳税人以1个月为一期纳税的,自期满之日起10日内申报纳税;以1日、3日、5日、10日或者15日为一期纳税的,自期满之日起5日内预缴税款,于次月1日起10日内申报纳税并结清上月税款。

扣缴义务人的解缴税款期限,比照前两款的规定执行。

第十四条 资源税的征收管理,依照《中华人民共和国税收征收管理法》及本条例有关规定执行。

第十五条 本条例实施办法由财政部和国家税务总局制定。

第十六条 本条例自1994年1月1日起施行。1984年9月18日国务院发布的《中华人民共和国资源税条例(草案)》《中华人民共和国盐税条例(草案)》同时废止。

附:

资源税税目税率表

税 目		税 率
一、原油		销售额的5%~10%
二、天然气		销售额的5%~10%
三、煤炭	焦煤	每吨8~20元
	其他煤炭	每吨0.3~5元
四、其他非金属矿原矿	普通非金属矿原矿	每吨或者每立方米0.5~20元
	贵重非金属矿原矿	每千克或者每克拉0.5~20元
五、黑色金属矿原矿		每吨2~30元
六、有色金属矿原矿	稀土矿	每吨0.4~60元
	其他有色金属矿原矿	每吨0.4~30元
七、盐	固体盐	每吨10~60元
	液体盐	每吨2~10元

罚款决定与罚款收缴分离实施办法

(1997年11月17日 中华人民共和国国务院令第235号)

第一条 为了实施罚款决定与罚款收缴分离,加强对罚款收缴活动的监督,保证罚款及时上缴国库,根据《中华人民共和国行政处罚法》(以下简称行政处罚法)的规定,制定本办法。

第二条 罚款的收取、缴纳及相关活动,适用本办法。

第三条 作出罚款决定的行政机关应当与收缴罚款的机构分离;但是,依照行政处罚法的规定可以当场收缴罚款的除外。

第四条 罚款必须全部上缴国库,任何行政机关、组织或者个人不得以任何形式截留、私分或者变相私分。

行政机关执法所需经费的拨付,按照国家有关规定执行。

第五条 经中国人民银行批准有代理收付款项业务的商业银行、信用合作社(以下简称代收机构),可以开办代收罚款的业务。

具体代收机构由县级以上地方人民政府组织本级财政部门、中国人民银行当地分支机构和依法具有行政处罚权的行政机关共同研究,统一确定。海关、外汇管理等实行垂直领导的依法具有行政处罚权的行政机关作出罚款决定的,具体代收机构由财政部、中国人民银行会同国务院有关部门确定。依法具有行政处罚权的国务院有关部门作出罚款决定的,具体代收机构由财政部、中国人民银行确定。

代收机构应当具备足够的代收网点,以方便当事人缴纳罚款。

第六条 行政机关应当依照本办法和国家有关规定,同代收机构签订代收罚款协议。

代收罚款协议应当包括下列事项:

(一)行政机关、代收机构名称;

(二)具体代收网点;

(三)代收机构上缴罚款的预算科目、预算级次;

(四)代收机构告知行政机关代收罚款情况的方式、期限;

(五)需要明确的其他事项。

自代收罚款协议签订之日起15日内,行政机关应当将代收罚款协议报上一级行政机关和同级财政部门备案;代收机构应当将代收罚款协议报中国人民银行或者其当地分支机构备案。

第七条 行政机关作出罚款决定的行政处罚决定书应当载明代收机构的名称、地址和当事人应当缴纳罚款的数额、期限等,并明确对当事人逾期缴纳罚款是否加处罚款。

当事人应当按照行政处罚决定书确定的罚款数额、期限,到指定的代收机构缴纳罚款。

第八条 代收机构代收罚款,应当向当事人出具罚款收据。

罚款收据的格式和印制,由财政部规定。

第九条 当事人逾期缴纳罚款,行政处罚决定书明确需要加处罚款的,代收机构应当按照行政处罚决定书加收罚款。

当事人对加收罚款有异议的,应当先缴纳罚款和加收的罚款,再依法向作出行政处罚决定的行政机关申请复议。

第十条 代收机构应当按照代收罚款协议规定的方式、期限,将当事人的姓名或者名称、缴纳罚款的数额、时间等情况书面告知作出行政处罚决定的行政机关。

第十一条 代收机构应当按照行政处罚法和国家有关规定,将代收的罚款直接上缴国库。

第十二条 国库应当按照《中华人民共和国国家金库条例》的规定,定期同财政部门和行政机关对账,以保证收受的罚款和上缴国库的罚款数额一致。

第十三条 代收机构应当在代收网点、营业时间、服务设施、缴款手续等方面为当事人缴纳罚款提供方便。

第十四条 财政部门应当向代收机构支付手续费,具体标准由财政部制定。

第十五条 法律、法规授权的具有管理公共事务职能的组织和依法受委托的组织依法作出的罚款决定与罚款收缴,适用本办法。

第十六条 本办法由财政部会同中国人民银行组织实施。

第十七条 本办法自1998年1月1日起施行。

违反行政事业性收费和罚没收入收支两条线管理规定行政处分暂行规定

(2000年2月12日 中华人民共和国国务院令第281号)

第一条 为了严肃财经纪律,加强廉政建设,落实行政事业性收费和罚没收入"收支两条线"管理,促进依法行政,根据法律、行政法规和国家有关规定,制定本规定。

第二条 国家公务员和法律、行政法规授权行使行政事业性收费或者罚没职能的事业单位的工作人员有违反"收支两条线"管理规定行为的,依照本规定给予行政处分。

第三条 本规定所称"行政事业性收费",是指下列属于财政性资金的收入:

(一)依据法律、行政法规、国务院有关规定、国务院财政部门与计划部门共同发布的规章或者规定以及省、自治区、直辖市的地方性法规、政府规章或者规定和省、自治区、直辖市人民政府财政部门与计划(物价)部门共同发布的规定所收取的各项收费;

(二)法律、行政法规和国务院规定的以及国务院财政部门按照国家有关规定批准的政府性基金、附加。

事业单位因提供服务收取的经营服务性收费不属于行政事业性收费。

第四条 本规定所称"罚没收入",是指法律、行政法规授权的执行处罚的部门依法实施处罚取得的罚没款和没收物品的折价收入。

第五条 违反规定,擅自设立行政事业性收费项目或者设置罚没处罚的,对直接负责的主管人员和其他直接责任人员给予降级或者撤职处分。

第六条 违反规定,擅自变更行政事业性收费或者罚没范围、标准的,对直接负责的主管人员和其他直接责任人员给予记大过处分;情节严重的,给予降级或者撤职处分。

第七条 对行政事业性收费项目审批机关已经明令取消或者降低标准的收费项目,仍按原定项目或者标准收费的,对直接负责的主管人员和其他直接责任人员给予记大过处分;情节严重的,给予降级或者撤职处分。

第八条 下达或者变相下达罚没指标的,对直接负责的主管人员和其他直接责任人员给予降级或者撤职处分。

第九条 违反《收费许可证》规定实施行政事业性收费的,对直接负责的主管人员和其他直接责任人员给予警告处分;情节严重的,给予记过或者记大过处分。

第十条 违反财政票据管理规定实施行政事业性收费、罚没的,对直接负责的主管人员和其他直接责任人员给予降级或者撤职处分;以实施行政事业性收费、罚没的名义收取钱物,不出具任何票据的,给予开除处分。

第十一条 违反罚款决定与罚款收缴分离的规定收缴罚款的,对直接负责的主管人员和其他直接责任人员给予记大过或者降级处分。

第十二条 不履行行政事业性收费、罚没职责,应收不收、应罚不罚,经批评教育仍不改正的,对直接负责的主管人员和其他直接责任人员给予警告处分;情节严重的,给予记过或者记大过处分。

第十三条 不按照规定将行政事业性收费纳入单位财务统一核算、管理的,对直接负责的主管人员和其他直接责任人员给予记过处分;情节严重的,给予记大过或者降级处分。

第十四条 不按照规定将行政事业性收费缴入国库或者预算外资金财政专户的,对直接负责的主管人员和其他直接责任人员给予记大过处分;情节严重的,给予降级或者撤职处分。

不按照规定将罚没收入上缴国库的,依照前款规定给予处分。

第十五条 违反规定,擅自开设银行账户的,对直接负责的主管人员和其他直接责任人员给予降级处分;情节严重的,给予撤职或者开除处分。

第十六条 截留、挪用、坐收坐支行政事业性收费、罚没收入的,对直接负责的主管人员和其他直接责任人员给予降级处分;情节严重的,给予撤职或者开除处分。

第十七条 违反规定,将行政事业性收费、罚没收入用于提高福利补贴标准或者扩大福利补贴范围、滥发奖金实物、挥霍浪费或有其他超标准支出行为的,对直接负责的主管人员和其他直接责任人员给予记大过处分;情节严重的,给予降级或者撤职处分。

第十八条 不按照规定编制预算外资金收支计划、单位财务收支计划和收支决算的,对直接负责的主管人员和其他直接责任人员给予记过处分;情节严重的,给予记大过或者降级处分。

第十九条 不按照预算和批准的收支计划核拨财政资金,贻误核拨对象正常工作的,对直接负责的主管人员和其他直接责任人员给予记过处分;情节严重的,给予记大过或者降级处分。

第二十条 对坚持原则抵制违法违纪的行政事业性收费、罚没行为的单位或者个人打击报复的,给予降级处分;情节严重的,给予撤职或者开除处分。

第二十一条 实施行政处分的权限以及不服行政处分的申诉,按照国家有关规定办理。

第二十二条 违反本规定,构成犯罪的,依法追究刑事责任。

第二十三条 本规定自发布之日起施行。

第五部分 生态环境损害执法相关法规、规章及规范性文件

最高人民法院、最高人民检察院、司法部关于将环境损害司法鉴定纳入统一登记管理范围的通知

(2015年12月21日 司发通〔2015〕117号)

各省、自治区、直辖市高级人民法院、人民检察院、司法厅(局),新疆维吾尔自治区高级人民法院生产建设兵团分院,新疆生产建设兵团人民检察院、司法局:

为满足环境损害诉讼需要,加强环境发展、环境保护和环境修复工作,推进生态文明建设,根据《全国人民代表大会常务委员会关于司法鉴定管理问题的决定》和《最高人民法院 最高人民检察院关于办理环境污染刑事案件适用法律若干问题的解释》等有关规定,经研究,决定将环境损害司法鉴定纳入统一登记管理范围。

环境损害司法鉴定管理的具体办法由司法部会同环境保护部制定。

司法部、环境保护部关于规范环境损害司法鉴定管理工作的通知

(2015年12月21日 司发通〔2015〕118号)

各省、自治区、直辖市司法厅(局)、环境保护厅(局):

为贯彻党的十八大和十八届三中、四中、五中全会精神,落实健全生态环境保护责任追究制度和环境损害赔偿制度的要求,促进生态文明建设,适应环境损害诉讼需要,加强对环境损害司法鉴定机构和鉴定人的管理,根据《全国人民代表大会常务委员会关于司法鉴定管理问题的决定》和《最高人民法院最高人民检察院司法部关于将环境损害司法鉴定纳入统一登记管理范围的通知》(司发通〔2015〕117号),以及有关法律、法规、规章的规定,现就规范环境损害司法鉴定管理工作有关事项通知如下:

一、鉴定机构设置发展规划

环境损害司法鉴定机构的发展应当遵循统筹规划、合理布局、总量控制、有序发展的原则,根据诉讼活动的实际需求和发展趋势研究制定发展规划。环境损害司法鉴定机构的设立应当严格标准、严格程序、确保质量,特别是在审核登记工作初始阶段要严格限制鉴定机构数量,确保高资质高水平。

二、鉴定事项

环境损害司法鉴定是指在诉讼活动中鉴定人运用环境科学的技术或者专门知识,采用监测、检测、现场勘察、实验模拟或者综合分析等技术方法,对环境污染或者生态破坏诉讼涉及的专门性问题进行鉴别和判断并提供鉴定意见的活动。环境诉讼中需要解决的专门性问题包括:确定污染物的性质;确定生态环境遭受损害的性质、范围和程度;评定因果关系;评定污染治理与运行成本以及防止损害扩大、修复生态环境的措施或方案等。

环境损害司法鉴定的主要领域包括:(1)污染物性质鉴定,主要包括危险废物鉴定、有毒物质鉴定,以及污染物其他物理、化学等性质的鉴定;(2)地表水和沉积物环境损害鉴定,主要包括因环境污染或生态破坏造成河流、湖泊、水库等地表水资源和沉积物生态环境损害的鉴定。(3)空气污染环境损害鉴定,主要包括因污染物质排放或泄露造成环境空气或室内空气环境损害的鉴定。(4)土壤与地下水环境损害鉴定,主要包括因环境污染或生态破坏造成农田、矿区、居住和工矿企业用地等土壤与地下水资源及生态环境损害的鉴定。(5)近海海洋与海岸带环境损害鉴定,主要包括因近海海域环境污染或生态破坏造成的海岸、潮间带、水下岸坡等近海海洋环境资源及生态环境损害的鉴定。(6)生态系统环境损害鉴定,主要对动物、植物等生物资源和森林、草原、湿地等生态系统,以及因生态破坏而造成的生物资源与生态系统功能损害的鉴定。(7)其他环境损害鉴定,主要包括由于噪声、振动、光、热、电磁辐射、核辐射等污染造成的环境损害鉴定。

三、审核登记

司法部会同环境保护部制定评审办法,对环境损害鉴定机构和鉴定人资质条件、评审专家、评审程序等作出规定。环境保护部会同司法部建立环境损害司法鉴定评审专家库,各省级环境保护部门应当会同司法行政机关商有关部门,研究提出本地的推荐专家人选名单。

省级司法行政机关应当按照《司法鉴定机构登记管理办法》、《司法鉴定人登记管理办法》规定的条件和程序对申请从事环境损害司法鉴定业务的机构和个人进行审核,并会同同级环境保护部门组织专家进行专业技术评审。

对本通知下发前已审核登记从事环境损害司法鉴定业务的鉴定机构,应当进行重新审核登记。已登记从事环境损害鉴定业务的司法鉴定机构最迟应于2017年6月前提出重新登记申请。逾期未提出重新登记申请或经审核不符合条件的,撤销登记。重新审核登记期间,已审核登记的环境损害司法鉴定机构可以继续从事环境损害司法鉴定业务。

司法行政机关要把好入口关,防止审核登记的机构过多,导致恶性竞争和鉴定质量下降。要鼓励和支持依托优质资源设立高资质高水平鉴定机构,注重保障司法鉴定机构的中立第三方地位。

四、监督管理

要指导鉴定机构加强规范化建设,健全司法鉴定工作制度,加强内部管理。加强对鉴定人的培训,确保出具的鉴定意见满足诉讼要求。对环境损害司法鉴定机构和鉴定人实行动态管理,完善退出机制。妥善处理信访投诉,加强执业监督,依法查处违法违规执业行为,依法淘汰不合格的鉴定机构和鉴定人。建立与司法机关的衔接配合机制,定期开展交流沟通,及时通报有关情况。司法行政机关和环境保护部门要加强协调配合,定期会商,共同研究解决工作中遇到的各种问题。

各地要切实提高认识,高度重视,结合本地实际,认真做好环境损害司法鉴定登记管理等有关工作。工作中遇有重大问题,请及时报司法部司法鉴定管理局和环境保护部政策法规司。

司法部、环境保护部关于印发《环境损害司法鉴定机构登记评审办法》《环境损害司法鉴定机构登记评审专家库管理办法》的通知

(2016年10月12日 司发通〔2016〕101号)

各省、自治区、直辖市司法厅(局)、环境保护厅(局):

为贯彻落实《最高人民法院 最高人民检察院 司法部关于将环境损害司法鉴定纳入统一登记管理范围的通知》(司发通〔2015〕117号)、《司法部 环境保护部关于规范环境损害司法鉴定管理工作的通知》(司发通〔2015〕118号),司法部、环境保护部共同研究制定了《环境损害司法鉴定机构登记评审办法》、《环境损害司法鉴定机构登记评审专家库管理办法》,现印发给你们,请结合实际认真贯彻执行。

附件:1.《环境损害司法鉴定机构审核登记评审办法》
　　　2.《环境损害司法鉴定机构审核登记评审专家库管理办法》

附件1

环境损害司法鉴定机构审核登记评审办法

第一条 为规范司法行政机关登记环境损害司法鉴定机构的专家评审工作,根据《司法鉴定机构登记管理办法》(司法部令第95号)、《司法部、环境保护部关于规范环境损害司法鉴定管理工作的通知》(司发通〔2015〕118号)等有关规定,结合环境损害司法鉴定工作实际,制定本办法。

第二条 司法行政机关应当加强与人民法院、人民检察院、公安机关和环境保护、国土资源、水利、农业、林业、海洋、地质等有关部门的沟通协调,根据环境损害司法鉴定的实际需求、发展趋势和鉴定资源等情况,合理规划环境损害司法鉴定机构的布局、类别、规模、数量等,适应诉讼活动对环境损害司法鉴定的需要。

第三条 环境保护部会同司法部建立全国环境损害司法鉴定机构登记评审专家库,制定管理办法。

省、自治区、直辖市环境保护主管部门会同同级司法行政机关建立本省(区、市)环境损害司法鉴定机构登记评审专家库。

第四条 申请从事环境损害司法鉴定业务的法人或者其他组织(以下简称"申请人"),应当符合《司法鉴定机构登记管理办法》规定的条件,同时还应当具备以下条件:

（一）每项鉴定业务至少有 2 名具有相关专业高级专业技术职称的鉴定人。

（二）有不少于一百万元人民币的资金。

第五条 申请人申请从事环境损害司法鉴定业务，应当向省（区、市）司法行政机关提交申请材料。司法行政机关决定受理的，应当按照法定的时限和程序进行审核并依照本办法及有关规定组织专家进行评审。

评审时间不计入审核时限。

第六条 省（区、市）司法行政机关应当根据申请人的申请执业范围，针对每个鉴定事项成立专家评审组。评审组专家应当从环境损害司法鉴定机构登记评审专家库中选取，人数不少于 3 人，其中国家库中专家不少于 1 人；必要时，可以从其他省（区、市）地方库中选取评审专家。

评审专家与申请人有利害关系的，应当回避。

评审专家不能履行评审工作职责的，司法行政机关应当更换专家。

第七条 专家评审组应当按照司法行政机关的统一安排，独立、客观地组织开展评审工作。

第八条 专家评审应当坚持科学严谨、客观公正、实事求是的原则，遵守有关法律、法规。

第九条 专家评审组开展评审前应当制定评审工作方案，明确评审的实施程序、主要内容、专家分工等事项。

评审的内容包括申请人的场地、仪器、设备等技术条件和专业人员的专业技术能力等。

评审的形式主要包括查阅有关申请材料，实地查看工作场所和环境，现场勘验和评估，听取申请人汇报、答辩，对专业人员的专业技术能力进行考核等。

第十条 评审专家组应当提交由评审专家签名的专家评审意见书，专家评审意见书应当包括评审基本情况、评审结论和主要依据等内容。

评审意见书应当明确申请人是否具备相应的技术条件、是否具有相应的专业技术能力、拟同意申请人的执业范围描述等。评审结论应当经专家组三分之二以上专家同意。

第十一条 评审专家和工作人员不得向申请人或者其他人员泄露专家的个人意见或者评审意见。

第十二条 多个申请人在同一时间段提出申请的，司法行政机关可以针对同一类鉴定事项组织集中评审，开展集中评审的专家评审组人数不得少于 5 人。

第十三条 司法行政机关应当按照《司法鉴定机构登记管理办法》及有关规定，结合专家评审意见，作出是否准予登记的决定。

第十四条 本办法发布前已经审核登记从事环境损害类司法鉴定业务的司法鉴定机构，应当按照《司法部 环境保护部关于规范环境损害司法鉴定管理工作的通知》（司发通〔2015〕118号）的规定申请重新登记。

第十五条 环境损害司法鉴定机构申请变更业务范围的，司法行政机关应当组织专家评审；申请延续的，由司法行政机关根据实际需要决定是否组织专家评审。

第十六条 开展专家评审工作所需的交通、食宿、劳务等费用应当按照《行政许可法》第五十八条规定，列入本行政机关的预算，由本级财政予以保障，不得向申请人收取任何费用。

第十七条 本办法自 2016 年 12 月 1 日起施行。

附件2

环境损害司法鉴定机构登记评审专家库管理办法

第一条 为充分发挥专家在环境损害司法鉴定机构登记评审工作中的作用,依据《司法部、环境保护部关于规范环境损害司法鉴定管理工作的通知》(司发通〔2015〕118号)的相关规定,制定本办法。

第二条 环境损害司法鉴定机构评审专家库由国家库和地方库组成。环境保护部会同司法部建立全国环境损害司法鉴定机构登记评审专家库。各省、自治区、直辖市环境保护主管部门会同同级司法行政机关建立本省(区、市)环境损害司法鉴定机构登记评审专家库。

第三条 国家库下设污染物性质鉴别、地表水和沉积物、环境大气、土壤与地下水、近岸海洋和海岸带、生态系统、环境经济、其他类(主要包括噪声、振动、光、热、电磁辐射、核辐射、环境法等)等8个领域的专家库。

各省(区、市)环境保护主管部门会同同级司法行政机关根据当地实际设立管理地方库。

第四条 入选国家库的专家应具备以下条件:

(一)具有高级专业技术职称或者从事审判、检察、公安等工作并熟悉相关鉴定业务;

(二)从事或参与相关专业工作十年以上;

(三)了解环境保护工作的有关法律、法规和政策,熟悉国家和地方环境损害鉴定评估相关制度与技术规范;

(四)具有良好的科学道德和职业操守;

(五)健康状况良好,可以参加有关评审、评估和培训等活动。

第五条 专家申请进入专家库应当提交申请表和相关证明材料。

环境保护主管部门会同司法行政机关组织开展入库专家遴选工作。

第六条 入库专家的工作内容包括:

(一)为环境损害司法鉴定机构的评审提供专家意见;

(二)参加相关技术培训;

(三)承担环境保护主管部门、司法行政机关委托的其他工作。

第七条 环境保护主管部门会同司法行政机关对专家库实行动态管理。

专家人数不能满足工作需要的,适时启动遴选工作,增补专家数额。

对不能履行职责的专家,及时调整出库。

第八条 环境保护部会同司法部建设环境损害司法鉴定专家库信息平台,统一提供国家库、地方库专家名单查询。

第九条 本办法自2016年12月1日起施行。

附件:申请表(略)

环境违法案件挂牌督办管理办法

(2009年9月30日 环办〔2009〕117号)

第一条 为加大对环境违法案件的查处力度,集中解决突出的环境污染问题,保障群众环境权益,依据《环境保护部工作规则》及《环境保护部机关"三定"实施方案》,制定本办法。

第二条 本办法所称挂牌督办是指环境保护部对违反环境保护法律、法规,严重污染环境或造成重大社会影响的环境违法案件办理提出明确要求,公开督促省级环境保护部门办理,并向社会公开办理结果,接受公众监督的一种行政手段。

第三条 本办法适用于环境保护部实施的挂牌督办。

环境保护部商请监察机关以及国务院其他有关部门,对涉及省级以下(不含省级)人民政府及其相关部门职责履行情况或其他问题联合实施的挂牌督办,也适用本办法。

地方各级环境保护部门实施挂牌督办,可参照本办法执行。

第四条 符合下列条件之一的案件经环境保护部现场核实,有明确的违法主体,环境违法事实清楚、证据充分,可以挂牌督办:

(一)公众反映强烈、影响社会稳定的环境污染或生态破坏案件;

(二)造成重点流域、区域重大污染,或环境质量明显恶化的环境违法案件;

(三)威胁公众健康或生态环境安全的重大环境安全隐患案件;

(四)长期不解决或屡查屡犯的环境违法案件;

(五)违反建设项目环保法律法规的重大环境违法案件;

(六)省级以下(不含省级)人民政府出台有悖于环保法律、法规的政策或文件的案件;

(七)其他需要挂牌督办的环境违法案件。

第五条 环境违法案件的挂牌督办,按照下列程序办理:

(一)按照环境监察局统一组织安排,各督查中心对环境违法案件进行现场核查,提出挂牌督办建议并附案件有关调查材料;

(二)环境监察局汇总核审;

(三)提交部长专题会议审议后,由部常务会议审议通过;

(四)向省级环境保护部门下达《环境违法案件挂牌督办通知书》,并抄送相关地方人民政府;

(五)在环境保护部网站上公告督办内容,向媒体通报挂牌督办信息;违法主体为企业的,应当向有监管职责的相关部门或机构通报。

第六条 《环境违法案件挂牌督办通知书》应当包括下列内容:

(一)案件名称;

(二)违法主体和主要违法事实;

(三)督办事项;

（四）办理时限；

（五）报告方式、报告时限；

（六）联系人；

（七）申请解除的方式、程序。

第七条 督办事项应当包括省级环境保护部门实施或督促有关部门实施的下列事项：

（一）对环境违法行为实施行政处罚；

（二）责令企业限期补办环保手续；

（三）责令企业限期治理或限期改正环境违法行为；

（四）责令企业关闭、取缔、搬迁、淘汰落后生产工艺和能力；

（五）对违反环保法律、法规的政策或文件予以撤销或修改；

（六）对主要责任人进行行政责任追究；

（七）其他事项。

第八条 挂牌督办案件的办理时限应当根据案件具体情况确定，一般不超过6个月。重大或复杂案件，由省级环境保护部门提出书面申请，经环境保护部主管领导批准后，可以适当延长办理时限。

第九条 挂牌督办期间，环境保护部对违法主体除污染防治和生态保护项目以外的新、改、扩建项目环评报批文件以及环境保护专项资金项目申请，暂缓受理。

第十条 挂牌督办的解除：

（一）省级环境保护部门在完成督办任务后，向环境保护部提出解除挂牌督办的书面申请并附相关资料；重大或复杂案件，环境监察局可根据工作需要组织现场核查；

（二）环境监察局汇总核审后，经部长专题会议讨论并提交部常务会议审议通过；

（三）向省级环境保护部门下达《环境违法案件挂牌督办解除通知书》，抄送相关地方人民政府；

（四）定期在环境保护部网站上公告挂牌督办案件解除情况，并向媒体通报；违法主体为企业的，应当向有监管职责的相关部门或机构通报挂牌督办案件解除情况。

第十一条 省级环境保护部门对督办事项拒不办理、相互推诿、办理不力，以及在解除挂牌督办过程中弄虚作假的，由环境保护部移送纪检监察机关追究相关人员责任。

省级环境保护部门未按时完成督办任务并且未书面申请延长办理时限的，环境保护部可以对该案件进行直接办理，并且对该省级环境保护部门的环境监察工作年度考核成绩予以扣分。

第十二条 被挂牌督办的违法企业未按要求改正违法行为、完成限期治理任务，或屡查屡犯的，由相关环境保护部门依法从重处罚。

第十三条 环境保护部环境监察局负责挂牌督办工作的归口管理。

第十四条 本办法自印发之日起实施。

全国环保系统六项禁令

(2003年12月3日 国家环境保护总局令第5号)

为规范环保工作人员的执法监管行为,严格依法行政,现颁布以下六项禁令:

一、严禁违法、违规、违纪审批项目。
二、严禁包庇、纵容、袒护环境违法行为。
三、严禁乱收费、乱罚款。
四、严禁监测、统计、验收工作弄虚作假、伪造数据。
五、严禁干预、插手环保工程项目招投标、指定施工队伍和环保产品、设备。
六、严禁利用职权收受下属单位或业务联系单位的礼金、报销应由个人支付的费用、侵占公共财物。

凡违反上述禁令的,视情节予以组织处理、纪律处分直至撤职、开除;涉嫌犯罪的,依法移送司法机关;对违反禁令行为查处不力的、包庇袒护的,依法追究有关领导的责任。

环境信访办法

(2006年6月24日 国家环境保护总局令第34号)

第一章 总 则

第一条 为了规范环境信访工作,维护环境信访秩序,保护信访人的合法环境权益,根据《信访条例》和环境保护有关法律、法规,制定本办法。

第二条 本办法所称环境信访是指公民、法人或者其他组织采用书信、电子邮件、传真、电话、走访等形式,向各级环境保护行政主管部门反映环境保护情况,提出建议、意见或者投诉请求,依法由环境保护行政主管部门处理的活动。

采用前款规定形式,反映环境保护情况,提出建议、意见或者投诉请求的公民、法人或者其他组织,称信访人。

第三条 各级环境保护行政主管部门应当畅通信访渠道,认真倾听人民群众的建议、意见和要求,为信访人采用本办法规定的形式反映情况,提出建议、意见或者投诉请求提供便利条件。

各级环境保护行政主管部门及其工作人员不得打击报复信访人。

第四条 环境信访工作应当遵循下列原则:

(一)属地管理、分级负责,谁主管、谁负责,依法、及时、就地解决问题与疏导教育相结合;

（二）科学、民主决策，依法履行职责，从源头预防环境信访案件的发生；

（三）建立统一领导、部门协调、统筹兼顾、标本兼治，各负其责、齐抓共管的环境信访工作机制；

（四）维护公众对环境保护工作的知情权、参与权和监督权，实行政务公开；

（五）深入调查研究，实事求是，妥善处理，解决问题。

第五条 环境信访工作实行行政首长负责制。各级环境保护行政主管部门负责人应当阅批重要来信，接待重要来访，定期听取环境信访工作汇报，研究解决环境信访工作中的问题，检查指导环境信访工作。

第六条 各级环境保护行政主管部门应当建立健全环境信访工作责任制，将环境信访工作绩效纳入工作人员年度考核体系。对环境信访工作中的失职、渎职行为，按照有关法律、法规和本办法，实行责任追究制度。

第七条 信访人检举、揭发污染环境、破坏生态的违法行为或者提出的建议、意见，对环境保护工作有重要推动作用的，环境保护行政主管部门应当给予表扬或者奖励。

对在环境信访工作中做出优异成绩的单位或个人，由同级或上级环境保护行政主管部门给予表彰或者奖励。

第二章 环境信访工作机构、工作人员及职责

第八条 按照有利工作、方便信访人的原则，县级环境保护行政主管部门应当设立或指定环境信访工作机构，配备环境信访工作专职或兼职人员；各省、自治区和设区的城市环境保护行政主管部门应当设立独立的环境信访工作机构。

各级环境保护行政主管部门应当加强环境信访工作机构的能力建设，配备与环境信访工作相适应的工作人员，保证工作经费和必要的工作设备及设施。

各级环境保护行政主管部门的环境信访工作机构代表本机关负责组织、协调、处理和督促检查环境信访工作及信访事项的办理，保障环境信访渠道的畅通。

第九条 各级环境保护行政主管部门应当选派责任心强，熟悉环境保护业务，了解相关的法律、法规和政策，有群众工作经验的人员从事环境信访工作；重视环境信访干部的培养和使用。

第十条 环境信访工作机构履行下列职责：

（一）受理信访人提出的环境信访事项；

（二）向本级环境保护行政主管部门有关内设机构或单位、下级环境保护行政主管部门转送、交办环境信访事项；

（三）承办上级环境保护行政主管部门和本级人民政府交办处理的环境信访事项；

（四）协调、处理环境信访事项；

（五）督促检查环境信访事项的处理和落实情况，督促承办机构上报处理结果；

（六）研究、分析环境信访情况，开展调查研究，及时向环境保护行政主管部门提出改进工作的建议；

（七）总结交流环境信访工作经验，检查、指导下级环境保护行政主管部门的环境信访工作，组织环境信访工作人员培训；

（八）向本级和上一级环境保护行政主管部门提交年度工作报告，报告应当包括环境信访承

办、转办、督办工作情况和受理环境信访事项的数据统计及分析等内容。

第三章 环境信访渠道

第十一条 各级环境保护行政主管部门应当向社会公布环境信访工作机构的通信地址、邮政编码、电子信箱、投诉电话,信访接待时间、地点、查询方式等。

各级环境保护行政主管部门应当在其信访接待场所或本机关网站公布与环境信访工作有关的法律、法规、规章,环境信访事项的处理程序,以及其他为信访人提供便利的相关事项。

第十二条 地方各级环境保护行政主管部门应当建立负责人信访接待日制度,由部门负责人协调处理信访事项,信访人可以在公布的接待日和接待地点,当面反映环境保护情况,提出意见、建议或者投诉。

各级环境保护行政主管部门负责人或者其指定的人员,必要时可以就信访人反映的突出问题到信访人居住地与信访人面谈或进行相关调查。

第十三条 国务院环境保护行政主管部门充分利用现有政务信息网络资源,推进全国环境信访信息系统建设。

地方各级环境保护行政主管部门应当建立本行政区域的环境信访信息系统,与环境举报热线、环境统计和本级人民政府信访信息系统互相联通,实现信息共享。

第十四条 环境信访工作机构应当及时、准确地将下列信息输入环境信访信息系统:

(一)信访人的姓名、地址和联系电话,环境信访事项的基本要求、事实和理由摘要;

(二)已受理环境信访事项的转办、交办、办理和督办情况;

(三)重大紧急环境信访事项的发生、处置情况。

信访人可以到受理其信访事项的环境信访工作机构指定的场所,查询其提出的环境信访事项的处理情况及结果。

第十五条 各级环境保护行政主管部门可以协调相关社会团体、法律援助机构、相关专业人员、社会志愿者等共同参与,综合运用咨询、教育、协商、调解、听证等方法,依法、及时、合理处理信访人反映的环境问题。

第四章 环境信访事项的提出

第十六条 信访人可以提出以下环境信访事项:

(一)检举、揭发违反环境保护法律、法规和侵害公民、法人或者其他组织合法环境权益的行为;

(二)对环境保护工作提出意见、建议和要求;

(三)对环境保护行政主管部门及其所属单位工作人员提出批评、建议和要求。

对依法应当通过诉讼、仲裁、行政复议等法定途径解决的投诉请求,信访人应当依照有关法律、行政法规规定的程序向有关机关提出。

第十七条 信访人的环境信访事项,应当依法向有权处理该事项的本级或者上一级环境保护行政主管部门提出。

第十八条 信访人一般应当采用书信、电子邮件、传真等书面形式提出环境信访事项;采用口头形式提出的,环境信访机构工作人员应当记录信访人的基本情况、请求、主要事实、理由、时间和联系方式。

第十九条 信访人采用走访形式提出环境信访事项的,应当到环境保护行政主管部门设立或者指定的接待场所提出。多人提出同一环境信访事项的,应当推选代表,代表人数不得超过5人。

第二十条 信访人在信访过程中应当遵守法律、法规,自觉履行下列义务:

(一)尊重社会公德,爱护接待场所的公共财物;

(二)申请处理环境信访事项,应当如实反映基本事实、具体要求和理由,提供本人真实姓名、证件及联系方式;

(三)对环境信访事项材料内容的真实性负责;

(四)服从环境保护行政主管部门做出的符合环境保护法律、法规的处理决定。

第二十一条 信访人在信访过程中不得损害国家、社会、集体的利益和其他公民的合法权利,自觉维护社会公共秩序和信访秩序,不得有下列行为:

(一)围堵、冲击环境保护行政机关,拦截公务车辆,堵塞机关公共通道;

(二)捏造、歪曲事实,诬告、陷害他人;

(三)侮辱、殴打、威胁环境信访接待人员;

(四)采取自残、发传单、打标语、喊口号、穿状衣等过激行为或者其他扰乱公共秩序、违反公共道德的行为;

(五)煽动、串联、胁迫、以财物诱使、幕后操纵他人信访或者以信访为名借机敛财;

(六)在环境信访接待场所滞留、滋事,或者将生活不能自理的人弃留在接待场所;

(七)携带危险物品、管制器具,妨害国家和公共安全的其他行为。

第五章 环境信访事项的受理

第二十二条 各级环境信访工作机构收到信访事项,应当予以登记,并区分情况,分别按下列方式处理:

(一)信访人提出属于本办法第十六条规定的环境信访事项的,应予以受理,并及时转送、交办本部门有关内设机构、单位或下一级环境保护行政主管部门处理,要求其在指定办理期限内反馈结果,提交办结报告,并回复信访人。对情况重大、紧急的,应当及时提出建议,报请本级环境保护行政主管部门负责人决定。

(二)对不属于环境保护行政主管部门处理的信访事项不予受理,但应当告知信访人依法向有关机关提出。

(三)对依法应当通过诉讼、仲裁、行政复议等法定途径解决的,应当告知信访人依照有关法律、行政法规规定程序向有关机关和单位提出。

(四)对信访人提出的环境信访事项已经受理并正在办理中的,信访人在规定的办理期限内再次提出同一环境信访事项的,不予受理。

对信访人提出的环境信访事项,环境信访机构能够当场决定受理的,应当场答复;不能当场答复是否受理的,应当自收到环境信访事项之日起15日内书面告知信访人。但是信访人的姓名(名称)、住址或联系方式不清而联系不上的除外。

各级环境保护行政主管部门工作人员收到的环境信访事项,交由环境信访工作机构按规定处理。

第二十三条 同级人民政府信访机构转送、交办的环境信访事项,接办的环境保护行政主管部门应当自收到转送、交办信访事项之日起15日内,决定是否受理并书面告知信访人。

第二十四条 环境信访事项涉及两个或两个以上环境保护行政主管部门时,最先收到环境信访事项的环境保护行政主管部门可进行调查,由环境信访事项涉及的环境保护行政主管部门协商受理,受理有争议的,由上级环境保护行政主管部门协调,决定受理部门。

对依法应当由其他环境保护行政主管部门处理的环境信访事项,环境信访工作人员应当告知信访人依照属地管理规定向有权处理的环境保护行政主管部门提出环境信访事项,并将环境信访事项转送有权处理的环境保护行政主管部门;上级环境保护行政主管部门认为有必要直接受理的环境信访事项,可以直接受理。

第二十五条 信访人提出可能造成社会影响的重大、紧急环境信访事项时,环境信访工作人员应当及时向本级环境保护行政主管部门负责人报告。本级环境保护行政主管部门应当在职权范围内依法采取措施,果断处理,防止不良影响的发生或扩大,并立即报告本级人民政府和上一级环境保护行政主管部门。

突发重大环境信访事项时,紧急情况下可直接报告国家环境保护总局或国家信访局。

环境保护行政主管部门对重大、紧急环境信访事项不得隐瞒、谎报、缓报,或者授意他人隐瞒、谎报、缓报。

第二十六条 各级环境保护行政主管部门及其工作人员不得将信访人的检举、揭发材料及有关情况透露或者转给被检举、揭发的人员或者单位。

第六章 环境信访事项办理和督办

第二十七条 各级环境保护行政主管部门及其工作人员办理环境信访事项,应当恪尽职守,秉公办理,查清事实,分清责任,正确疏导,及时、恰当、妥善处理,不得推诿、敷衍、拖延。

第二十八条 有权做出处理决定的环境保护行政主管部门工作人员与环境信访事项或者信访人有直接利害关系的,应当回避。

第二十九条 各级环境保护行政主管部门或单位对办理的环境信访事项应当进行登记,并根据职责权限和信访事项的性质,按照下列程序办理:

(一)经调查核实,依据有关规定,分别做出以下决定:

1. 属于环境信访受理范围、事实清楚、法律依据充分,做出予以支持的决定,并答复信访人;

2. 信访人的请求合理但缺乏法律依据的,应当对信访人说服教育,同时向有关部门提出完善制度的建议;

3. 信访人的请求不属于环境信访受理范围,不符合法律、法规及其他有关规定的,不予支持,并答复信访人。

(二)对重大、复杂、疑难的环境信访事项可以举行听证。听证应当公开举行,通过质询、辩论、评议、合议等方式,查明事实,分清责任。听证范围、主持人、参加人、程序等可以按照有关规定执行。

第三十条 环境信访事项应当自受理之日起60日内办结,情况复杂的,经本级环境保护行政主管部门负责人批准,可以适当延长办理期限,但延长期限不得超过30日,并应告知信访人延长理由;法律、行政法规另有规定的,从其规定。

对上级环境保护行政主管部门或者同级人民政府信访机构交办的环境信访事项,接办的环境保护行政主管部门必须按照交办的时限要求办结,并将办理结果报告交办部门和答复信访人;情况复杂的,经本级环境保护行政主管部门负责人批准,并向交办部门说明情况,可以适当延长办理期限,并告知信访人延期理由。

上级环境保护行政主管部门或者同级人民政府信访机构认为交办的环境信访事项处理不当的,可以要求原办理的环境保护行政主管部门重新办理。

第三十一条 信访人对环境保护行政主管部门做出的环境信访事项处理决定不服的,可以自收到书面答复之日起30日内请求原办理部门的同级人民政府或上一级环境保护行政主管部门复查。收到复查请求的环境保护行政主管部门自收到复查请求之日起30日内提出复查意见,并予以书面答复。

第三十二条 信访人对复查意见不服的,可以自收到书面答复之日起30日内请求复查部门的本级人民政府或上一级环境保护行政主管部门复核,收到复核请求的环境保护行政主管部门自收到复核请求之日起30日内提出复核意见。

第三十三条 上级环境保护行政主管部门对环境信访事项进行复查、复核时,应当听取作出决定的环境保护行政主管部门的意见,必要时可以要求信访人和原处理部门共同到场说明情况,需要向其他有关部门调查核实的,也可以向其他有关部门和人员进行核实。

上级环境保护行政主管部门对环境信访事项进行复查、复核时,发现下级环境保护行政主管部门对环境信访事项处理不当的,在复查、复核的同时,有权直接处理或者要求下级环境保护行政主管部门重新处理。

各级环境保护行政主管部门在复查、复核环境信访事项中,本级人民政府或上一级人民政府对信访事项的复查、复核有明确规定的,按其规定执行。

第三十四条 信访人对复核决定不服的,仍以同一事实和理由提出环境信访事项的,各级环境保护行政主管部门不再受理。

第三十五条 各级环境保护行政主管部门,发现有权做出处理决定的下级环境保护行政主管部门办理环境信访事项有下列情形之一的,应当及时督办,并提出改进建议:

(一)无正当理由未按规定的办理期限办结的;

(二)未按规定程序反馈办理结果的;

(三)办结后信访处理决定未得到落实的;

(四)未按规定程序办理的;

(五)办理时弄虚作假的;

(六)其他需要督办的事项。

第三十六条 各级环境信访工作机构对信访人反映集中、突出的政策性问题,应当及时向本级环境保护行政主管部门负责人报告,会同有关部门进行调查研究,提出完善政策、解决问题的建议。

对在环境信访工作中推诿、敷衍、拖延、弄虚作假,造成严重后果的工作人员,可以向有权做出处理决定的部门提出行政处分建议。

第七章　法律责任

第三十七条　因下列情形之一导致环境信访事项发生、造成严重后果的,对直接负责的主管人员和其他直接责任人员依照有关法律、行政法规的规定给予行政处分;构成犯罪的,依法追究刑事责任:

（一）超越或者滥用职权,侵害信访人合法权益的;
（二）应当作为而不作为,侵害信访人合法权益的;
（三）适用法律、法规错误或者违反法定程序,侵害信访人合法权益的;
（四）拒不执行有权处理的行政机关做出的支持信访请求意见的。

第三十八条　各级环境信访工作机构对收到的环境信访事项应当登记、受理、转送、交办和告知信访人事项的而未按规定登记、受理、转送、交办和告知信访人事项的,或者应当履行督办职责而未履行的,由其所属的环境保护行政主管部门责令改正;造成严重后果的,对直接负责的主管人员和其他直接责任人员依法给予行政处分。

第三十九条　环境保护行政主管部门在办理环境信访事项过程中,有下列行为之一的,由其上级环境保护行政主管部门责令改正;造成严重后果的,对直接负责的主管人员和其他直接责任人员由有权处理的行政部门依法给予行政处分:

（一）推诿、敷衍、拖延环境信访事项办理或者未在法定期限内办结环境信访事项的;
（二）对事实清楚、符合法律、法规、规章或者其他有关规定的投诉请求未给予支持的。

第四十条　各级环境保护行政主管部门及其工作人员在处理环境信访事项过程中,作风粗暴、激化矛盾并造成严重后果的,依法给予行政处分。

违反本办法第二十六条规定,造成严重后果的,对直接负责的主管人员和其他直接责任人员依法给予行政处分;构成犯罪的,移交司法机关追究刑事责任。

违反本办法第三条第二款规定,打击报复信访人,尚不构成犯罪的,依法给予行政处分或纪律处分;构成犯罪的,移交司法机关追究刑事责任。

第四十一条　信访人捏造歪曲事实、诬告陷害他人的,依法承担相应的法律责任。

信访人违反本办法第二十一条规定的,有关机关及所属单位工作人员应当对信访人进行劝阻、批评或者教育。经劝阻、批评和教育无效的,交由公安机关依法进行处置。构成犯罪的,依法追究刑事责任。

第八章　附　则

第四十二条　本办法没有规定的事项,按《信访条例》的有关规定执行。
第四十三条　外国人、无国籍人、外国组织反映国内环境信访事项的处理,参照本办法执行。
第四十四条　环境信访文书的格式和内容见附件
第四十五条　本办法自 2006 年 7 月 1 日起施行,1997 年 4 月 29 日国家环保局发布的《环境信访办法》同时废止。

环境行政复议办法

(2008年12月30日　环境保护部令第4号)

第一条　为规范环境保护行政主管部门的行政复议工作,进一步发挥行政复议制度在解决行政争议、构建社会主义和谐社会中的作用,保护公民、法人和其他组织的合法权益,依据《中华人民共和国行政复议法》、《中华人民共和国行政复议法实施条例》等法律法规制定本办法。

第二条　公民、法人或者其他组织认为地方环境保护行政主管部门的具体行政行为侵犯其合法权益的,可以向该部门的本级人民政府申请行政复议,也可以向上一级环境保护行政主管部门申请行政复议。认为国务院环境保护行政主管部门的具体行政行为侵犯其合法权益的,向国务院环境保护行政主管部门提起行政复议。

环境保护行政主管部门办理行政复议案件,适用本办法。

第三条　环境保护行政主管部门对信访事项作出的处理意见,当事人不服的,依照信访条例和环境信访办法规定的复查、复核程序办理,不适用本办法。

第四条　依法履行行政复议职责的环境保护行政主管部门为环境行政复议机关。环境行政复议机关负责法制工作的机构(以下简称环境行政复议机构),具体办理行政复议事项,履行下列职责:

(一)受理行政复议申请;

(二)向有关组织和人员调查取证,查阅文件和资料;

(三)审查被申请行政复议的具体行政行为是否合法与适当,拟定行政复议决定;

(四)按照职责权限,督促行政复议申请的受理和行政复议决定的履行;

(五)处理或者转送本办法第二十九条规定的审查申请;

(六)办理行政复议法第二十九条规定的行政赔偿等事项;

(七)办理或者组织办理本部门的行政应诉事项;

(八)办理行政复议、行政应诉案件统计和重大行政复议决定备案事项;

(九)研究行政复议工作中发现的问题,及时向有关机关提出改进建议,重大问题及时向环境行政复议机关报告;

(十)法律、法规和规章规定的其他职责。

第五条　依照行政复议法和行政复议法实施条例规定申请行政复议的公民、法人或者其他组织为申请人。

同一环境行政复议案件,申请人超过5人的,推选1至5名代表参加行政复议。

第六条　公民、法人或者其他组织对环境保护行政主管部门的具体行政行为不服,依法申请行政复议的,作出该具体行政行为的环境保护行政主管部门为被申请人。

环境保护行政主管部门与法律、法规授权的组织以共同名义作出具体行政行为的,环境保护行政主管部门和法律、法规授权的组织为共同被申请人。环境保护行政主管部门与其他组织以共同名义作出具体行政行为的,环境保护行政主管部门为被申请人。

环境保护行政主管部门设立的派出机构、内设机构或者其他组织,未经法律、法规授权,对外以自己名义作出具体行政行为的,该环境保护行政主管部门为被申请人。

第七条 有下列情形之一的,公民、法人或者其他组织可以依照本办法申请行政复议:

(一)对环境保护行政主管部门作出的查封、扣押财产等行政强制措施不服的;

(二)对环境保护行政主管部门作出的警告、罚款、责令停止生产或者使用、暂扣、吊销许可证、没收违法所得等行政处罚决定不服的;

(三)认为符合法定条件,申请环境保护行政主管部门颁发许可证、资质证、资格证等证书,或者申请审批、登记等有关事项,环境保护行政主管部门没有依法办理的;

(四)对环境保护行政主管部门有关许可证、资质证、资格证等证书的变更、中止、撤销、注销决定不服的;

(五)认为环境保护行政主管部门违法征收排污费或者违法要求履行其他义务的;

(六)认为环境保护行政主管部门的其他具体行政行为侵犯其合法权益的。

第八条 有下列情形之一的,环境行政复议机关不予受理并说明理由:

(一)申请行政复议的时间超过了法定申请期限又无法定正当理由的;

(二)不服环境保护行政主管部门对环境污染损害赔偿责任和赔偿金额等民事纠纷作出的调解或者其他处理的;

(三)申请人在申请行政复议前已经向其他行政复议机关申请行政复议或者已向人民法院提起行政诉讼,其他行政复议机关或者人民法院已经依法受理的;

(四)法律、法规规定的其他不予受理的情形。

第九条 行政复议期间,环境行政复议机构认为申请人以外的公民、法人或者其他组织与被审查的具体行政行为有利害关系的,可以通知其作为第三人参加行政复议。

行政复议期间,申请人以外的公民、法人或者其他组织与被审查的具体行政行为有利害关系的,可以向环境行政复议机构申请作为第三人参加行政复议。

第十条 申请人、第三人可以委托1至2名代理人参加环境行政复议。

申请人、第三人委托代理人的,应当向环境行政复议机构提交由委托人签名或者盖章的书面授权委托书。授权委托书应当载明委托事项、权限和期限。公民在特殊情况下无法书面委托的,可以口头委托,说明委托事项、权限和期限,由环境行政复议机构核实并记录在卷。

委托人变更或者解除委托的,应当书面告知环境行政复议机构。

第十一条 公民、法人或者其他组织认为环境保护行政主管部门的具体行政行为侵犯其合法权益的,可以自知道该具体行政行为之日起60日内提出行政复议申请;但是法律规定的申请期限超过60日的除外。

因不可抗力或其他正当理由耽误法定申请期限的,申请期限自障碍消除之日起继续计算。

第十二条 申请人书面申请行政复议的,可以采取当面递交、邮寄或者传真等方式提交行政复议申请书及有关材料。以传真方式提交的,应当及时补交行政复议申请书原件及有关材料,审查期限自收到行政复议申请书原件及有关材料之日起计算。

申请人口头申请的,应当由本人向环境行政复议机构当面提起,环境行政复议机构应当当场制作口头申请行政复议笔录,并由申请人核对后签字确认。

第十三条 行政复议申请书和口头申请行政复议笔录应当载明下列事项：

（一）申请人基本情况,包括:公民的姓名、性别、年龄、工作单位、住所、身份证号码、邮政编码、联系电话,法人或者其他组织的名称、住所、邮政编码、联系电话和法定代表人或者主要负责人的姓名、职务；

（二）被申请人的名称；

（三）行政复议请求,申请行政复议的主要事实和理由；

（四）申请人签名或者盖章；

（五）申请行政复议的日期。

第十四条 有下列情形之一的,申请人应当提供相应证明材料：

（一）认为被申请人不履行法定职责的,提供曾经要求被申请人履行法定职责而被申请人未履行的证明材料；

（二）申请行政复议日期超过法律、法规规定的行政复议申请期限的,提供因不可抗力或者其他正当理由耽误法定申请期限的证明材料；

（三）申请行政复议时一并提出行政赔偿请求的,提供受具体行政行为侵害而造成损害的证明材料；

（四）法律、法规规定需要申请人提供证据材料的其他情形。

第十五条 环境行政复议机关收到行政复议申请后,应当在5个工作日内进行审查,并分别作出如下处理：

（一）对符合行政复议法、行政复议法实施条例及本办法第七条规定、属于行政复议受理范围且提交材料齐全的行政复议申请,应当予以受理；

（二）对不符合行政复议法、行政复议法实施条例及本办法规定的行政复议申请,决定不予受理,制作不予受理行政复议申请决定书,送达申请人；

（三）对符合行政复议法、行政复议法实施条例及本办法规定,但是不属于本机关受理的行政复议申请,应当制作行政复议告知书送达申请人；申请人当面向环境行政复议机构口头提出行政复议的,可以口头告知,并制作笔录当场交由申请人确认。

错列被申请人的,环境行政复议机构应当制作行政复议告知书告知申请人变更被申请人。

第十六条 行政复议申请材料不齐全或者表述不清楚的,环境行政复议机构可以在收到该行政复议申请之日起5个工作日内,发出补正行政复议申请通知书,一次性告知申请人应当补正的事项及合理的补正期限。

补正申请材料所用时间不计入行政复议审理期限。申请人无正当理由逾期不补正的,视为申请人放弃行政复议申请。

第十七条 申请人依法提出行政复议申请,环境行政复议机关无正当理由不予受理的,上级环境保护行政主管部门应当责令其受理,并制作责令受理通知书,送达被责令受理行政复议的环境保护行政主管部门及申请人；必要时,上级环境保护行政主管部门可以直接受理。

第十八条 环境行政复议机构应当自受理行政复议申请之日起7个工作日内,制作行政复议答复通知书。行政复议答复通知书、行政复议申请书副本或者口头申请行政复议笔录复印件以及申请人提交的证据、有关材料的副本应一并送达被申请人。

第十九条 被申请人应当自收到行政复议答复通知书之日起10日内提出行政复议答复书,

对申请人的复议请求、事实及理由进行答辩,并提交当初作出被申请复议的具体行政行为的证据、依据和其他有关材料。

被申请人无正当理由逾期未提交上述材料的,视为该具体行政行为没有证据、依据,环境行政复议机关应当制作行政复议决定书,依法撤销该具体行政行为。

第二十条 申请人、第三人可以查阅被申请人提出的书面答复和有关材料。除涉及国家秘密、商业秘密或者个人隐私外,环境行政复议机关不得拒绝,并且应当为申请人、第三人查阅有关材料提供必要条件。

申请人、第三人不得涂改、毁损、拆换、取走、增添所查阅的材料。

第二十一条 环境行政复议机构审理行政复议案件,应当由2名以上行政复议人员参加。

第二十二条 环境行政复议机构认为必要时,可以实地调查核实证据;对重大、复杂的案件,申请人提出要求或者环境行政复议机构认为必要时,可以采取听证的方式审理。

第二十三条 环境行政复议机构进行调查取证时,可以查阅、复制、调取有关文件和资料,向有关人员询问,必要时可以进行现场勘验。

调查取证时,环境行政复议人员不得少于2名,并应出示有关证件。调查结果应当制作笔录,由被调查人员和环境行政复议人员共同签字确认。

行政复议期间涉及专门事项需要鉴定、评估的,当事人可以自行委托鉴定机构进行鉴定、评估,也可以申请环境行政复议机构委托鉴定机构进行鉴定、评估。鉴定、评估费用由当事人承担。

现场勘验、鉴定及评估所用时间不计入行政复议审理期限。

第二十四条 申请人因对被申请人行使法律、法规规定的自由裁量权作出的具体行政行为不服申请行政复议,申请人与被申请人在行政复议决定作出前自愿达成和解的,应当向环境行政复议机构提交书面和解协议,和解内容不损害社会公共利益和他人合法权益的,环境行政复议机构应当准许。

第二十五条 有下列情形之一的,环境行政复议机关可以按照自愿、合法的原则进行调解:

(一)公民、法人或者其他组织对环境保护行政主管部门行使法律、法规规定的自由裁量权作出的具体行政行为不服申请行政复议的;

(二)当事人之间的行政赔偿或者行政补偿纠纷。

当事人经调解达成协议的,环境行政复议机关应当制作行政复议调解书。调解书应当载明行政复议请求、事实、理由和调解结果,并加盖环境行政复议机关印章。行政复议调解书经双方当事人签字,即具有法律效力。

调解未达成协议或者调解书生效前一方反悔的,环境行政复议机关应当及时作出行政复议决定。

第二十六条 申请人在行政复议决定作出前自愿撤回行政复议申请的,经环境行政复议机构同意后可以撤回。

申请人撤回行政复议申请的,不得再以同一事实和理由提出行政复议申请。但是,申请人能够证明撤回行政复议申请违背其真实意思表示的除外。

第二十七条 行政复议期间有下列情形之一,影响行政复议案件审理的,行政复议中止:

(一)作为申请人的自然人死亡,其近亲属尚未确定是否参加行政复议的;

(二)作为申请人的自然人丧失参加行政复议的能力,尚未确定法定代理人参加行政复议的;

（三）作为申请人的法人或者其他组织终止，尚未确定权利义务承受人的；
（四）作为申请人的自然人下落不明或者被宣告失踪的；
（五）申请人、被申请人因不可抗力，不能参加行政复议的；
（六）案件涉及法律适用问题，需要有权机关作出解释或者确认的；
（七）案件审理需要以其他案件的审理结果为依据，而其他案件尚未审结的；
（八）其他需要中止行政复议的情形。

行政复议中止的原因消除后，应当及时恢复行政复议案件的审理。

环境行政复议机构中止、恢复行政复议案件的审理，应当制作中止行政复议通知书、恢复审理通知书，告知有关当事人。

第二十八条 行政复议期间有下列情形之一的，行政复议终止：
（一）申请人要求撤回行政复议申请，环境行政复议机构准予撤回的；
（二）作为申请人的自然人死亡，没有近亲属或者其近亲属放弃行政复议权利的；
（三）作为申请人的法人或者其他组织终止，其权利义务的承受人放弃行政复议权利的；
（四）申请人与被申请人依照本办法第二十四条的规定，经行政复议机构准许达成和解的；

依照本办法第二十七条第一款第（一）项、第（二）项、第（三）项规定中止行政复议，满60日行政复议中止的原因仍未消除的，行政复议终止。

第二十九条 申请人在申请行政复议时，要求环境行政复议机关一并对被申请复议的具体行政行为所依据的有关规定进行审查的，或者环境行政复议机关在对被申请复议的具体行政行为进行审查时，认为其依据不合法，环境行政复议机关有权处理的，应当在30日内依法处理；无权处理的，应当在7个工作日内制作规范性文件转送函，按照法定程序转送有权处理的行政机关依法处理。

申请人在对具体行政行为提出行政复议申请时尚不知道该具体行政行为所依据的规定的，可以在环境行政复议机关作出行政复议决定前向环境行政复议机关提出对该规定的审查申请。

第三十条 行政复议期间具体行政行为不停止执行；但是有行政复议法第二十一条规定情形之一的，可以停止执行。

决定停止执行的，环境行政复议机关应当制作停止执行具体行政行为通知书，送达当事人。

第三十一条 有下列情形之一的，环境行政复议机关应当决定驳回行政复议申请，并制作驳回行政复议申请决定书，送达当事人：
（一）申请人认为环境保护行政主管部门不履行法定职责申请行政复议，环境行政复议机关受理后发现该部门没有相应法定职责或者在受理前已经履行法定职责的；
（二）受理行政复议申请后，发现该行政复议申请不符合行政复议法和行政复议法实施条例规定的受理条件的。

上级环境保护行政主管部门认为环境行政复议机关驳回行政复议申请的理由不成立的，应当责令其恢复审理。

第三十二条 环境行政复议机构应当对被申请人作出的具体行政行为进行审查，拟定行政复议决定书，报请环境行政复议机关负责人审批。行政复议决定书应当加盖印章，送达当事人。

第三十三条 环境行政复议机关应当自受理行政复议申请之日起60日内作出行政复议决定。情况复杂，不能在规定期限内作出行政复议决定的，经环境行政复议机关负责人批准，可以适当延长,但是延长期限最多不超过 30 日。环境行政复议机关应当制作延期审理通知书,载明延期的主要理由及期限,送达当事人。

第三十四条 被申请人应当履行行政复议决定。被申请人不履行或者无正当理由拖延履行的,环境行政复议机关应当责令其限期履行,制作责令履行行政复议决定通知书送达被申请人,并抄送申请人和第三人。

被申请人对行政复议决定有异议的,可以向环境行政复议机关提出意见,但是不停止行政复议决定的履行。

第三十五条 环境保护行政主管部门通过接受当事人的申诉、检举或者备案审查等途径,发现下级环境保护行政主管部门作出的行政复议决定违法或者明显不当的,可以责令其改正。

第三十六条 环境行政复议机关在行政复议过程中,发现被申请人或者其他下级环境保护行政主管部门的相关行政行为违法或者需要做好善后工作的,可以制作行政复议意见书。被申请人或者其他下级环境保护行政主管部门应当自收到行政复议意见书之日起 60 日内将纠正相关行政违法行为或者做好善后工作的情况通报环境行政复议机构。

第三十七条 行政复议期间环境行政复议机构发现法律、法规、规章实施中带有普遍性的问题,或者发现环境保护行政执法中存在的普遍性问题,可以制作行政复议建议书,向有关机关提出完善制度和改进行政执法的建议。

第三十八条 办结的行政复议案件应当一案一档,由承办人员按时间顺序将案件材料进行整理,立卷归档。

第三十九条 环境行政复议机关应当建立行政复议案件和行政应诉案件统计制度,并依照国务院环境保护行政主管部门有关环境统计的规定向上级环境保护行政主管部门报送本行政区的行政复议和行政应诉情况。

下级环境行政复议机关应当及时将重大行政复议决定报上级行政复议机关备案。

第四十条 环境行政复议机关应当定期总结行政复议及行政应诉工作,对在行政复议及行政应诉工作中做出显著成绩的单位和个人,依照有关规定给予表彰和奖励。

第四十一条 环境行政复议机关受理行政复议申请,不得向申请人收取任何费用。行政复议活动所需经费,应当列入本机关的行政经费,由本级财政予以保障。

第四十二条 本办法有关行政复议期间的规定,除注明 5 个工作日、7 个工作日(不包含节假日)的,其他期间按自然日计算。

期间开始之日,不计算在内。期间届满的最后一日是节假日的,以节假日后的第一日为期间届满的日期。期间不包括在途时间,行政复议文书在期满前交邮的,不算过期。

第四十三条 依照民事诉讼法的规定,送达行政复议文书可以采取直接送达、留置送达、委托送达、邮寄送达、转交送达、公告送达等方式。

环境行政复议机构送达行政复议文书必须有送达回证并保存有关送达证明。

第四十四条 本办法未作规定的其他事项,适用《中华人民共和国行政复议法》、《中华人民共和国行政复议法实施条例》等有关法律法规的规定。

第四十五条 本办法自发布之日起施行。2006 年 12 月 27 日原国家环境保护总局发布的《环境行政复议与行政应诉办法》同时废止。

附件

环境行政复议法律文书示范文本

目　录
(1)行政复议申请书；
(2)口头申请行政复议笔录；
(3)行政复议授权委托书；
(4)法定代表人身份证明书；
(5)补正行政复议申请通知书；
(6)不予受理行政复议申请决定书；
(7)行政复议告知书；
(8)第三人参加行政复议通知书；
(9)行政复议答复通知书；
(10)被申请人答复书；
(11)规范性文件转送函(一)；
(12)规范性文件转送函(二)；
(13)法律适用问题转送函；
(14)停止执行具体行政行为通知书；
(15)责令受理通知书；
(16)责令恢复审理通知书；
(17)中止行政复议通知书；
(18)恢复审理通知书；
(19)延期审理通知书；
(20)行政复议终止决定书；
(21)行政复议调解书；
(22)行政复议和解书；
(23)行政复议决定书；
(24)驳回行政复议申请决定书；
(25)责令履行行政复议决定通知书；
(26)行政处分建议书；
(27)行政复议意见书；
(28)行政复议建议书；
(29)行政复议文书送达回证；
(30)强制执行申请书；
(31)行政复议相关材料查阅登记表；
(32)行政复议案件集体讨论笔录。

环境行政复议法律文书格式(略)

企业事业单位环境信息公开办法

(2014年12月19日 环境保护部令第31号)

第一条 为维护公民、法人和其他组织依法享有获取环境信息的权利,促进企业事业单位如实向社会公开环境信息,推动公众参与和监督环境保护,根据《中华人民共和国环境保护法》、《企业信息公示暂行条例》等有关法律法规,制定本办法。

第二条 环境保护部负责指导、监督全国企业事业单位环境信息公开工作。

县级以上环境保护主管部门负责指导、监督本行政区域内的企业事业单位环境信息公开工作。

第三条 企业事业单位应当按照强制公开和自愿公开相结合的原则,及时、如实地公开其环境信息。

第四条 环境保护主管部门应当建立健全指导、监督企业事业单位环境信息公开工作制度。环境保护主管部门开展指导、监督企业事业单位环境信息公开工作所需经费,应当列入本部门的行政经费预算。

有条件的环境保护主管部门可以建设企业事业单位环境信息公开平台。

企业事业单位应当建立健全本单位环境信息公开制度,指定机构负责本单位环境信息公开日常工作。

第五条 环境保护主管部门应当根据企业事业单位公开的环境信息及政府部门环境监管信息,建立企业事业单位环境行为信用评价制度。

第六条 企业事业单位环境信息涉及国家秘密、商业秘密或者个人隐私的,依法可以不公开;法律、法规另有规定的,从其规定。

第七条 设区的市级人民政府环境保护主管部门应当于每年3月底前确定本行政区域内重点排污单位名录,并通过政府网站、报刊、广播、电视等便于公众知晓的方式公布。

环境保护主管部门确定重点排污单位名录时,应当综合考虑本行政区域的环境容量、重点污染物排放总量控制指标的要求,以及企业事业单位排放污染物的种类、数量和浓度等因素。

第八条 具备下列条件之一的企业事业单位,应当列入重点排污单位名录:

(一)被设区的市级以上人民政府环境保护主管部门确定为重点监控企业的;

(二)具有试验、分析、检测等功能的化学、医药、生物类省级重点以上实验室、二级以上医院、污染物集中处置单位等污染物排放行为引起社会广泛关注的或者可能对环境敏感区造成较大影响的;

(三)三年内发生较大以上突发环境事件或者因环境污染问题造成重大社会影响的;

(四)其他有必要列入的情形。

第九条 重点排污单位应当公开下列信息:

(一)基础信息,包括单位名称、组织机构代码、法定代表人、生产地址、联系方式,以及生产经营和管理服务的主要内容、产品及规模；

（二）排污信息，包括主要污染物及特征污染物的名称、排放方式、排放口数量和分布情况、排放浓度和总量、超标情况，以及执行的污染物排放标准、核定的排放总量；

（三）防治污染设施的建设和运行情况；

（四）建设项目环境影响评价及其他环境保护行政许可情况；

（五）突发环境事件应急预案；

（六）其他应当公开的环境信息。

列入国家重点监控企业名单的重点排污单位还应当公开其环境自行监测方案。

第十条　重点排污单位应当通过其网站、企业事业单位环境信息公开平台或者当地报刊等便于公众知晓的方式公开环境信息，同时可以采取以下一种或者几种方式予以公开：

（一）公告或者公开发行的信息专刊；

（二）广播、电视等新闻媒体；

（三）信息公开服务、监督热线电话；

（四）本单位的资料索取点、信息公开栏、信息亭、电子屏幕、电子触摸屏等场所或者设施；

（五）其他便于公众及时、准确获得信息的方式。

第十一条　重点排污单位应当在环境保护主管部门公布重点排污单位名录后九十日内公开本办法第九条规定的环境信息；环境信息有新生成或者发生变更情形的，重点排污单位应当自环境信息生成或者变更之日起三十日内予以公开。法律、法规另有规定的，从其规定。

第十二条　重点排污单位之外的企业事业单位可以参照本办法第九条、第十条和第十一条的规定公开其环境信息。

第十三条　国家鼓励企业事业单位自愿公开有利于保护生态、防治污染、履行社会环境责任的相关信息。

第十四条　环境保护主管部门有权对重点排污单位环境信息公开活动进行监督检查。被检查者应当如实反映情况，提供必要的资料。

第十五条　环境保护主管部门应当宣传和引导公众监督企业事业单位环境信息公开工作。

公民、法人和其他组织发现重点排污单位未依法公开环境信息的，有权向环境保护主管部门举报。接受举报的环境保护主管部门应当对举报人的相关信息予以保密，保护举报人的合法权益。

第十六条　重点排污单位违反本办法规定，有下列行为之一的，由县级以上环境保护主管部门根据《中华人民共和国环境保护法》的规定责令公开，处三万元以下罚款，并予以公告：

（一）不公开或者不按照本办法第九条规定的内容公开环境信息的；

（二）不按照本办法第十条规定的方式公开环境信息的；

（三）不按照本办法第十一条规定的时限公开环境信息的；

（四）公开内容不真实、弄虚作假的。

法律、法规另有规定的，从其规定。

第十七条　本办法由国务院环境保护主管部门负责解释。

第十八条　本办法自2015年1月1日起施行。

党政领导干部生态环境损害责任追究办法（试行）

（2015年8月17日 中共中央办公厅、国务院办公厅发布）

第一条 为贯彻落实党的十八大和十八届三中、四中全会精神，加快推进生态文明建设，健全生态文明制度体系，强化党政领导干部生态环境和资源保护职责，根据有关党内法规和国家法律法规，制定本办法。

第二条 本办法适用于县级以上地方各级党委和政府及其有关工作部门的领导成员，中央和国家机关有关工作部门领导成员；上列工作部门的有关机构领导人员。

第三条 地方各级党委和政府对本地区生态环境和资源保护负总责，党委和政府主要领导成员承担主要责任，其他有关领导成员在职责范围内承担相应责任。

中央和国家机关有关工作部门、地方各级党委和政府的有关工作部门及其有关机构领导人员按照职责分别承担相应责任。

第四条 党政领导干部生态环境损害责任追究，坚持依法依规、客观公正、科学认定、权责一致、终身追究的原则。

第五条 有下列情形之一的，应当追究相关地方党委和政府主要领导成员的责任：

（一）贯彻落实中央关于生态文明建设的决策部署不力，致使本地区生态环境和资源问题突出或者任期内生态环境状况明显恶化的；

（二）作出的决策与生态环境和资源方面政策、法律法规相违背的；

（三）违反主体功能区定位或者突破资源环境生态红线、城镇开发边界，不顾资源环境承载能力盲目决策造成严重后果的；

（四）作出的决策严重违反城乡、土地利用、生态环境保护等规划的；

（五）地区和部门之间在生态环境和资源保护协作方面推诿扯皮，主要领导成员不担当、不作为，造成严重后果的；

（六）本地区发生主要领导成员职责范围内的严重环境污染和生态破坏事件，或者对严重环境污染和生态破坏（灾害）事件处置不力的；

（七）对公益诉讼裁决和资源环境保护督察整改要求执行不力的；

（八）其他应当追究责任的情形。

有上述情形的，在追究相关地方党委和政府主要领导成员责任的同时，对其他有关领导成员及相关部门领导成员依据职责分工和履职情况追究相应责任。

第六条 有下列情形之一的，应当追究相关地方党委和政府有关领导成员的责任：

（一）指使、授意或者放任分管部门对不符合主体功能区定位或者生态环境和资源方面政策、法律法规的建设项目审批（核准）、建设或者投产（使用）的；

（二）对分管部门违反生态环境和资源方面政策、法律法规行为监管失察、制止不力甚至包庇纵容的；

（三）未正确履行职责，导致应当依法由政府责令停业、关闭的严重污染环境的企业事业单位或者其他生产经营者未停业、关闭的；

（四）对严重环境污染和生态破坏事件组织查处不力的；

（五）其他应当追究责任的情形。

第七条 有下列情形之一的，应当追究政府有关工作部门领导成员的责任：

（一）制定的规定或者采取的措施与生态环境和资源方面政策、法律法规相违背的；

（二）批准开发利用规划或者进行项目审批（核准）违反生态环境和资源方面政策、法律法规的；

（三）执行生态环境和资源方面政策、法律法规不力，不按规定对执行情况进行监督检查，或者在监督检查中敷衍塞责的；

（四）对发现或者群众举报的严重破坏生态环境和资源的问题，不按规定查处的；

（五）不按规定报告、通报或者公开环境污染和生态破坏（灾害）事件信息的；

（六）对应当移送有关机关处理的生态环境和资源方面的违纪违法案件线索不按规定移送的；

（七）其他应当追究责任的情形。

有上述情形的，在追究政府有关工作部门领导成员责任的同时，对负有责任的有关机构领导人员追究相应责任。

第八条 党政领导干部利用职务影响，有下列情形之一的，应当追究其责任：

（一）限制、干扰、阻碍生态环境和资源监管执法工作的；

（二）干预司法活动，插手生态环境和资源方面具体司法案件处理的；

（三）干预、插手建设项目，致使不符合生态环境和资源方面政策、法律法规的建设项目得以审批（核准）、建设或者投产（使用）的；

（四）指使篡改、伪造生态环境和资源方面调查和监测数据的；

（五）其他应当追究责任的情形。

第九条 党委及其组织部门在地方党政领导班子成员选拔任用工作中，应当按规定将资源消耗、环境保护、生态效益等情况作为考核评价的重要内容，对在生态环境和资源方面造成严重破坏负有责任的干部不得提拔使用或者转任重要职务。

第十条 党政领导干部生态环境损害责任追究形式有：诫勉、责令公开道歉；组织处理，包括调离岗位、引咎辞职、责令辞职、免职、降职等；党纪政纪处分。

组织处理和党纪政纪处分可以单独使用，也可以同时使用。

追责对象涉嫌犯罪的，应当及时移送司法机关依法处理。

第十一条 各级政府负有生态环境和资源保护监管职责的工作部门发现有本办法规定的追责情形的，必须按照职责依法对生态环境和资源损害问题进行调查，在根据调查结果依法作出行政处罚决定或者其他处理决定的同时，对相关党政领导干部应负责任和处理提出建议，按照干部管理权限将有关材料及时移送纪检监察机关或者组织（人事）部门。需要追究党纪政纪责任的，由纪检监察机关按照有关规定办理；需要给予诫勉、责令公开道歉和组织处理的，由组织（人事）部门按照有关规定办理。

负有生态环境和资源保护监管职责的工作部门、纪检监察机关、组织（人事）部门应当建立健全生态环境和资源损害责任追究的沟通协作机制。

司法机关在生态环境和资源损害等案件处理过程中发现有本办法规定的追责情形的,应当向有关纪检监察机关或者组织(人事)部门提出处理建议。

负责作出责任追究决定的机关和部门,一般应当将责任追究决定向社会公开。

第十二条 实行生态环境损害责任终身追究制。对违背科学发展要求、造成生态环境和资源严重破坏的,责任人不论是否已调离、提拔或者退休,都必须严格追责。

第十三条 政府负有生态环境和资源保护监管职责的工作部门、纪检监察机关、组织(人事)部门对发现本办法规定的追责情形应当调查而未调查,应当移送而未移送,应当追责而未追责的,追究有关责任人员的责任。

第十四条 受到责任追究的人员对责任追究决定不服的,可以向作出责任追究决定的机关和部门提出书面申诉。作出责任追究决定的机关和部门应当依据有关规定受理并作出处理。

申诉期间,不停止责任追究决定的执行。

第十五条 受到责任追究的党政领导干部,取消当年年度考核评优和评选各类先进的资格。

受到调离岗位处理的,至少一年内不得提拔;单独受到引咎辞职、责令辞职和免职处理的,至少一年内不得安排职务,至少两年内不得担任高于原任职务层次的职务;受到降职处理的,至少两年内不得提升职务。同时受到党纪政纪处分和组织处理的,按照影响期长的规定执行。

第十六条 乡(镇、街道)党政领导成员的生态环境损害责任追究,参照本办法有关规定执行。

第十七条 各省、自治区、直辖市党委和政府可以依据本办法制定实施细则。国务院负有生态环境和资源保护监管职责的部门应当制定落实本办法的具体制度和措施。

第十八条 本办法由中央组织部、监察部负责解释。

第十九条 本办法自 2015 年 8 月 9 日起施行。

环境保护违法违纪行为处分暂行规定

(2006 年 2 月 20 日 监察部、国家环境保护总局令第 10 号)

第一条 为了加强环境保护工作,惩处环境保护违法违纪行为,促进环境保护法律法规的贯彻实施,根据《中华人民共和国环境保护法》《中华人民共和国行政监察法》及其他有关法律、法规,制定本规定。

第二条 国家行政机关及其工作人员、企业中由国家行政机关任命的人员有环境保护违法违纪行为,应当给予处分的,适用本规定。

法律、行政法规对环境保护违法违纪行为的处分作出规定的,依照其规定。

第三条 有环境保护违法违纪行为的国家行政机关,对其直接负责的主管人员和其他直接责任人员,以及对有环境保护违法违纪行为的国家行政机关工作人员(以下统称直接责任人员),

由任免机关或者监察机关按照管理权限,依法给予行政处分。

企业有环境保护违法违纪行为的,对其直接负责的主管人员和其他直接责任人员中由国家行政机关任命的人员,由任免机关或者监察机关按照管理权限,依法给予纪律处分。

第四条 国家行政机关及其工作人员有下列行为之一的,对直接责任人员,给予警告、记过或者记大过处分;情节较重的,给予降级处分;情节严重的,给予撤职处分:

（一）拒不执行环境保护法律、法规以及人民政府关于环境保护的决定、命令的;

（二）制定或者采取与环境保护法律、法规、规章以及国家环境保护政策相抵触的规定或者措施,经指出仍不改正的;

（三）违反国家有关产业政策,造成环境污染或者生态破坏的;

（四）不按照国家规定淘汰严重污染环境的落后生产技术、工艺、设备或者产品的;

（五）对严重污染环境的企业事业单位不依法责令限期治理或者不按规定责令取缔、关闭、停产的;

（六）不按照国家规定制定环境污染与生态破坏突发事件应急预案的。

第五条 国家行政机关及其工作人员有下列行为之一的,对直接责任人员,给予警告、记过或者记大过处分;情节较重的,给予降级处分;情节严重的,给予撤职处分:

（一）在组织环境影响评价时弄虚作假或者有失职行为,造成环境影响评价严重失实,或者对未依法编写环境影响篇章、说明或者未依法附送环境影响报告书的规划草案予以批准的;

（二）不按照法定条件或者违反法定程序审核、审批建设项目环境影响评价文件,或者在审批、审核建设项目环境影响评价文件时收取费用,情节严重的;

（三）对依法应当进行环境影响评价而未评价,或者环境影响评价文件未经批准,擅自批准该项目建设或者擅自为其办理征地、施工、注册登记、营业执照、生产(使用)许可证的;

（四）不按照规定核发排污许可证、危险废物经营许可证、医疗废物集中处置单位经营许可证、核与辐射安全许可证以及其他环境保护许可证,或者不按照规定办理环境保护审批文件的;

（五）违法批准减缴、免缴、缓缴排污费的;

（六）有其他违反环境保护的规定进行许可或者审批行为的。

第六条 国家行政机关及其工作人员有下列行为之一的,对直接责任人员,给予警告、记过或者记大过处分;情节较重的,给予降级处分;情节严重的,给予撤职处分:

（一）未经批准,擅自撤销自然保护区或者擅自调整、改变自然保护区的性质、范围、界线、功能区划的;

（二）未经批准,在自然保护区开展参观、旅游活动的;

（三）开设与自然保护区保护方向不一致的参观、旅游项目的;

（四）不按照批准的方案开展参观、旅游活动的。

第七条 依法具有环境保护监督管理职责的国家行政机关及其工作人员有下列行为之一的,对直接责任人员,给予警告、记过或者记大过处分;情节较重的,给予降级处分;情节严重的,给予撤职处分:

（一）不按照法定条件或者违反法定程序,对环境保护违法行为实施行政处罚的;

（二）擅自委托环境保护违法行为行政处罚权的;

（三）违法实施查封、扣押等环境保护强制措施,给公民人身或者财产造成损害或者给法人、其他组织造成损失的;

（四）有其他违反环境保护的规定进行行政处罚或者实施行政强制措施行为的。

第八条 依法具有环境保护监督管理职责的国家行政机关及其工作人员有下列行为之一的,对直接责任人员,给予警告、记过或者记大过处分;情节较重的,给予降级或者撤职处分;情节严重的,给予开除处分:

（一）发现环境保护违法行为或者接到对环境保护违法行为的举报后不及时予以查处的;

（二）对依法取得排污许可证、危险废物经营许可证、核与辐射安全许可证等环境保护许可证件或者批准文件的单位不履行监督管理职责,造成严重后果的;

（三）发生重大环境污染事故或者生态破坏事故,不按照规定报告或者在报告中弄虚作假,或者不依法采取必要措施或者拖延、推诿采取措施,致使事故扩大或者延误事故处理的;

（四）对依法应当移送有关机关处理的环境保护违法违纪案件不移送,致使违法违纪人员逃脱处分、行政处罚或者刑事处罚的;

（五）有其他不履行环境保护监督管理职责行为的。

第九条 国家行政机关及其工作人员有下列行为之一的,对直接责任人员,给予警告、记过或者记大过处分;情节较重的,给予降级或者撤职处分;情节严重的,给予开除处分:

（一）利用职务上的便利,侵吞、窃取、骗取或者以其他手段将收缴的罚款、排污费或者其他财物据为己有的;

（二）利用职务上的便利,索取他人财物,或者非法收受他人财物,为他人谋取利益的;

（三）截留、挤占环境保护专项资金或者将环境保护专项资金挪作他用的;

（四）擅自使用、调换、变卖或者毁损被依法查封、扣押的财物的;

（五）将罚款、没收的违法所得或者财物截留、私分或者变相私分的。

第十条 国家行政机关及其工作人员为被检查单位通风报信或者包庇、纵容环境保护违法违纪行为的,对直接责任人员,给予降级或者撤职处分;致使公民、法人或者其他组织的合法权益、公共利益遭受重大损害,或者导致发生群体性事件或者冲突,严重影响社会安定的,给予开除处分。

第十一条 企业有下列行为之一的,对其直接负责的主管人员和其他直接责任人员中由国家行政机关任命的人员给予降级处分;情节较重的,给予撤职或者留用察看处分;情节严重的,给予开除处分:

（一）未依法履行环境影响评价文件审批程序,擅自开工建设,或者经责令停止建设、限期补办环境影响评价审批手续而逾期不办的;

（二）与建设项目配套建设的环境保护设施未与主体工程同时设计、同时施工、同时投产使用的;

（三）擅自拆除、闲置或者不正常使用环境污染治理设施,或者不正常排污的;

（四）违反环境保护法律、法规,造成环境污染事故,情节较重的;

（五）不按照国家有关规定制定突发事件应急预案,或者在突发事件发生时,不及时采取有效控制措施导致严重后果的;

（六）被依法责令停业、关闭后仍继续生产的;

（七）阻止、妨碍环境执法人员依法执行公务的；

（八）有其他违反环境保护法律、法规进行建设、生产或者经营行为的。

第十二条 有环境保护违法违纪行为，涉嫌犯罪的，移送司法机关依法处理。

第十三条 环境保护行政主管部门和监察机关在查处环境保护违法违纪案件中，认为属于对方职责范围内的，应当及时移送。

监察机关认为应当给予有关责任人员处分的，应当依法作出监察决定或者提出给予处分的监察建议。

第十四条 法律、法规授权的具有管理公共事务职能的组织和国家行政机关依法委托的组织及其工作人员，以及其他事业单位中由国家行政机关任命的人员有环境保护违法违纪行为，应当给予处分的，参照本规定执行。

第十五条 本规定由监察部和国家环境保护总局负责解释。

第十六条 本规定自公布之日起施行。

规范环境行政处罚自由裁量权若干意见

（2009年3月11日　环发〔2009〕24号）

环境行政处罚自由裁量权，是指环保部门在查处环境违法行为时，依据法律、法规和规章的规定，酌情决定对违法行为人是否处罚、处罚种类和处罚幅度的权限。

正确行使环境行政处罚自由裁量权，是严格执法、科学执法、推进依法行政的基本要求。近年来，各级环保部门在查处环境违法行为过程中，依法行使自由裁量权，对于准确适用环保法规，提高环境监管水平，打击恶意环境违法行为，防治环境污染和保障人体健康发挥了重要作用。但是，在行政处罚工作中，一些地方还不同程度地存在着不当行使自由裁量权的问题，个别地区出现了滥用自由裁量权的现象，甚至由此滋生执法腐败，在社会上造成不良影响，应当坚决予以纠正。

为进一步规范环境行政处罚自由裁量权，提高环保系统依法行政的能力和水平，有效预防执法腐败，现提出如下意见。

一、准确适用法规条款

1. 高位法优先适用规则

环保法律的效力高于行政法规、地方性法规、规章；环保行政法规的效力高于地方性法规、规章；环保地方性法规的效力高于本级和下级政府规章；省级政府制定的环保规章的效力高于本行政区域内的较大的市政府制定的规章。

2. 特别法优先适用规则

同一机关制定的环保法律、行政法规、地方性法规和规章，特别规定与一般规定不一致的，适用特别规定。

3.新法优先适用规则

同一机关制定的环保法律、行政法规、地方性法规和规章,新的规定与旧的规定不一致的,适用新的规定。

4.地方性法规优先适用情形

环保地方性法规或者地方政府规章依据环保法律或者行政法规的授权,并根据本行政区域的实际情况作出的具体规定,与环保部门规章对同一事项规定不一致的,应当优先适用环保地方性法规或者地方政府规章。

5.部门规章优先适用情形

环保部门规章依据法律、行政法规的授权作出的实施性规定,或者环保部门规章对于尚未制定法律、行政法规而国务院授权的环保事项作出的具体规定,与环保地方性法规或者地方政府规章对同一事项规定不一致的,应当优先适用环保部门规章。

6.部门规章冲突情形下的适用规则

环保部门规章与国务院其他部门制定的规章之间,对同一事项的规定不一致的,应当优先适用根据专属职权制定的规章;两个以上部门联合制定的规章,优先于一个部门单独制定的规章;不能确定如何适用的,应当按程序报请国务院裁决。

二、严格遵守处罚原则

环保部门在环境执法过程中,对具体环境违法行为决定是否给予行政处罚、确定处罚种类、裁定处罚幅度时,应当严格遵守以下原则:

7.过罚相当

环保部门行使环境行政处罚自由裁量权,应当遵循公正原则,必须以事实为依据,与环境违法行为的性质、情节以及社会危害程度相当。

8.严格程序

环保部门实施环境行政处罚,应当遵循调查、取证、告知等法定程序,充分保障当事人的陈述权、申辩权和救济权。对符合法定听证条件的环境违法案件,应当依法组织听证,充分听取当事人意见,并集体讨论决定。

9.重在纠正

处罚不是目的,要特别注重及时制止和纠正环境违法行为。环保部门实施环境行政处罚,必须首先责令违法行为人立即改正或者限期改正。责令限期改正的,应当明确提出要求改正违法行为的具体内容和合理期限。对责令限期改正、限期治理、限产限排、停产整治、停产整顿、停业关闭的,要切实加强后督察,确保各项整改措施执行到位。

10.综合考虑

环保部门在行使行政处罚自由裁量权时,既不得考虑不相关因素,也不得排除相关因素,要综合、全面地考虑以下情节:

(1)环境违法行为的具体方法或者手段;

(2)环境违法行为危害的具体对象;

(3)环境违法行为造成的环境污染、生态破坏程度以及社会影响;

(4)改正环境违法行为的态度和所采取的改正措施及其效果;

(5)环境违法行为人是初犯还是再犯;
(6)环境违法行为人的主观过错程度。

11. 量罚一致

环保部门应当针对常见环境违法行为,确定一批自由裁量权尺度把握适当的典型案例,作为行政处罚案件的参照标准,使同一地区、情节相当的同类案件,行政处罚的种类和幅度基本一致。

12. 罚教结合

环保部门实施环境行政处罚,纠正环境违法行为,应当坚持处罚与教育相结合,教育公民、法人或者其他组织自觉遵守环保法律法规。

三、合理把握裁量尺度

13. 从重处罚

(1)主观恶意的,从重处罚

恶意环境违法行为,常见的有:"私设暗管"偷排的,用稀释手段"达标"排放的,非法排放有毒物质的,建设项目"未批先建"、"批小建大"、"未批即建成投产"以及"以大化小"骗取审批的,拒绝、阻挠现场检查的,为规避监管私自改变自动监测设备的采样方式、采样点的,涂改、伪造监测数据的,拒报、谎报排污申报登记事项的。

(2)后果严重的,从重处罚

环境违法行为造成饮用水中断的,严重危害人体健康的,群众反映强烈以及造成其他严重后果的,从重处罚。

(3)区域敏感的,从重处罚

环境违法行为对生活饮用水水源保护区、自然保护区、风景名胜区、居住功能区、基本农田保护区等环境敏感区造成重大不利影响的,从重处罚。

(4)屡罚屡犯的,从重处罚

环境违法行为人被处罚后 12 个月内再次实施环境违法行为的,从重处罚。

14. 从轻处罚

主动改正或者及时中止环境违法行为的,主动消除或者减轻环境违法行为危害后果的,积极配合环保部门查处环境违法行为的,环境违法行为所致环境污染轻微、生态破坏程度较小或者尚未产生危害后果的,一般性超标或者超总量排污的,从轻处罚。

15. 单位个人"双罚"制

企业事业单位实施环境违法行为的,除对该单位依法处罚外,环保部门还应当对直接责任人员,依法给予罚款等行政处罚;对其中由国家机关任命的人员,环保部门应当移送任免机关或者监察机关依法给予处分。

如《水污染防治法》第 83 条规定,企业事业单位造成水污染事故的,由环保部门对该单位处以罚款;对直接负责的主管人员和其他直接责任人员可以处上一年度从本单位取得的收入 50%以下的罚款。

16. 按日计罚

环境违法行为处于继续状态的,环保部门可以根据法律法规的规定,严格按照违法行为持续的时间或者拒不改正违法行为的时间,按日累加计算罚款额度。

如《重庆市环境保护条例》第111条规定,违法排污拒不改正的,环保部门可以按照规定的罚款额度,按日累加处罚。

17. 从一重处罚

同一环境违法行为,同时违反具有包容关系的多个法条的,应当从一重处罚。

如在人口集中地区焚烧医疗废物的行为,既违反《大气污染防治法》第41条"禁止在人口集中区焚烧产生有毒有害烟尘和恶臭气体的物质"的规定,同时又违反《固体废物污染环境防治法》第17条"处置固体废物的单位,必须采取防治污染环境的措施"的规定。由于"焚烧"医疗垃圾属于"处置"危险废物的具体方式之一,因此,违反《大气污染防治法》第41条禁止在人口集中区焚烧医疗废物的行为,必然同时违反《固体废物污染环境防治法》第17条必须依法处置危险废物的规定。这两个相关法条之间存在包容关系。对于此类违法行为触犯的多个相关法条,环保部门应当选择其中处罚较重的一个法条,定性并量罚。

18. 多个行为分别处罚

一个单位的多个环境违法行为,虽然彼此存在一定联系,但各自构成独立违法行为的,应当对每个违法行为同时、分别依法给予相应处罚。

如一个建设项目同时违反环评和"三同时"规定,属于两个虽有联系但完全独立的违法行为,应当对建设单位同时、分别、相应予以处罚。即应对其违反"三同时"的行为,依据相关单项环保法律"责令停止生产或者使用"并依法处以罚款,还应同时依据《环境影响评价法》第31条"责令限期补办手续"。需要说明的是,"限期补办手续"是指建设单位应当在限期内提交环评文件;环保部门则应严格依据产业政策、环境功能区划和总量控制指标等因素,作出是否批准的决定,不应受建设项目是否建成等因素的影响。

四、综合运用惩戒手段

19. 环境行政处罚与经济政策约束相结合

对严重污染环境的违法企业,环保部门应当按照有关规定,及时通报中国人民银行和银行业、证券业监管机构及商业银行,为信贷机构实施限贷、停贷措施和证监机构不予核准上市和再融资提供信息支持。

20. 环境行政处罚与社会监督相结合

环保部门应当通过政府网站等方式,公布环境行政处罚的权限、种类、依据,并公开社会责任意识淡薄、环境公德缺失、环保守法记录不良、环境守法表现恶劣并受到处罚的企业名称和相关《处罚决定书》,充分发挥公众和社会舆论的监督作用。

对严重违反环保法律法规的企业,环保部门还可报告有关党委(组织、宣传部门)、人大、政府、政协等机关,通报工会、共青团、妇联等群众团体以及有关行业协会等,撤销违法企业及其责任人的有关荣誉称号。

21. 环境行政处罚与部门联动相结合

对未依法办理环评审批、未通过"三同时"验收,擅自从事生产经营活动等违法行为,环保部门依法查处后,应当按照国务院《无照经营查处取缔办法》的规定,移送工商部门依法查处;对违反城乡规划、土地管理法律法规的建设项目,应当移送规划、土地管理部门依法限期拆除、恢复土地原状。

22. 环境行政处罚与治安管理处罚相结合

环保部门在查处环境违法行为过程中,发现有阻碍环保部门监督检查、违法排放或者倾倒危险物质等行为,涉嫌构成违反治安管理行为的,应当移送公安机关依照《治安管理处罚法》予以治安管理处罚。

如对向环境"排放、倾倒"毒害性、放射性物质或者传染病病原体等危险物质,涉嫌违反《治安管理处罚法》第 30 条,构成非法"处置"危险物质行为的,环保部门应当根据全国人大常委会法工委《对违法排污行为适用行政拘留处罚问题的意见》(法工委复〔2008〕5 号)以及环境保护部《关于转发全国人大法工委〈对违法排污行为适用行政拘留处罚问题的意见〉的通知》(环发〔2008〕62 号)的规定,及时移送公安机关予以拘留。

23. 环境行政处罚与刑事案件移送相结合

环保部门在查处环境违法行为过程中,发现违法行为人涉嫌重大环境污染事故等犯罪,依法应予追究刑事责任的,应当依照《刑事诉讼法》、《行政执法机关移送涉嫌犯罪案件的规定》和《关于环境保护行政主管部门移送涉嫌环境犯罪案件的若干规定》(原环保总局、公安部、最高人民检察院,环发〔2007〕78 号),移送公安机关。

24. 环境行政处罚与支持民事诉讼相结合

对环境污染引起的损害赔偿纠纷,当事人委托环境监测机构提供监测数据的,环境监测机构应当接受委托。当事人要求提供环境行政处罚、行政复议、行政诉讼和实施行政强制措施等执法情况的,环保部门应当依法提供相关环境信息。环境污染损害赔偿纠纷受害人向人民法院提起诉讼的,环保部门可以依法支持。环保部门可以根据环境污染损害赔偿纠纷当事人的请求,开展调解处理。

关于规范行使环境监察执法自由裁量权的指导意见

(2009 年 9 月 1 日 环办〔2009〕107 号)

为学习实践科学发展观,贯彻落实国务院《全面推进依法行政实施纲要》、《国务院关于加强市县政府依法行政的决定》的要求,规范环境监察执法自由裁量权的行使,提高依法行政水平,提高行政执法效能,从源头预防腐败,现提出如下指导意见:

一、行使环境监察执法自由裁量权的基本原则

1. 合法原则

行使环境监察执法自由裁量权,应当由环保部门及其委托的环境监察机构,或者法律、法规授权的环境监察机构,在法律、法规、规章确定的裁量条件、种类、范围、幅度内行使。

2. 合理原则

行使环境监察执法自由裁量权,应当符合立法目的,充分考虑、全面衡量地区经济社会发展

状况、执法对象情况、危害后果等相关因素,所采取的措施和手段应当必要、适当。

3. 公平公正原则

行使环境监察执法自由裁量权,应当平等对待行政管理相对人,对做出具体行政行为所依据的事实、性质、情节、后果等因素充分考虑,对事实、性质、情节、后果相同的情况应当给予相同的处理。

4. 公开原则

行使环境监察执法自由裁量权,应当向社会公开裁量标准,向当事人公开裁量所基于的事实、理由、依据等内容。

二、行使环境监察执法自由裁量权的具体要求

1. 严格执行裁量标准

各级环境监察机构要根据有关法律、法规和规章的规定,结合本地区经济社会发展状况、环境问题特点等实际情况,配合做好行政处罚等自由裁量幅度条款的细化、量化和规范工作,协助制定有关环境监察执法自由裁量权的裁量标准。

所属环保部门已经制定裁量标准的,各级环境监察机构要严格遵照执行。

2. 严格遵守执法程序

各级环境监察机构实施行政监察执法自由裁量行为,必须严格遵守法律、法规和规章规定的有关现场检查、排污申报登记、排污费征收、限期治理、执法后督察、挂牌督办和行政处罚等程序。凡法律、法规和规章要求举行听证的,必须依法组织听证,并充分考虑听证意见。

3. 健全规范配套制度

——裁量公开制度。在办公场所或利用政府网站等载体公示裁量标准。执法时告知当事人裁量所根据的事实、理由、依据,除涉及国家秘密、商业秘密或者个人隐私以外,允许当事人查阅。

——执法职能分离制度。将环境监察执法的调查、审核、决定、执行等执法职能进行相对分离,使执法权力分段行使,执法人员相互监督,逐步建立既相互协调、又相互制约的权力运行机制。

——执法回避制度。环境监察执法人员与其所管理事项或者当事人有直接利害关系、可能影响公平公正处理的,不得参与相关案件的调查和处理。

——执法记录制度。对立案、调查、审查、决定、执行程序以及执法时间、地点、对象、事实、结果等做出详细记录,使执法过程有案可查。

——重大或复杂裁量事项集体会办制度。对涉及自由裁量的重大或者复杂事项,环境监察机构负责人应当集体讨论,共同研究后作出决定。视情况可组织专家进行评议,提出专家建议供决策参考。

——自由裁量说明制度。环境监察执法人员应当充分听取当事人的陈述、申辩,对当事人的申辩意见是否采纳及理由、处理决定中从重、从轻、减轻的理由予以说明。

——执法时限制度。对法律、法规和规章明确规定的执法时限,各级环境监察机构应当严格执行;对未明确规定具体时限的,应当尽快办理,并可通过制定裁量标准等形式予以明确。

——案卷评查制度。环境监察执法过程中形成的现场检查记录、证据材料、执法文书等应当

立卷归档。环境监察机构可以结合工作实际,组织环境监察执法案卷评查,将案卷质量高低作为衡量执法水平的重要依据。

——执法统计制度。对本机构环境监察执法状况进行全面、及时、准确的统计,认真分析执法统计信息,加强对信息的分析处理,注重分析成果的应用。

——裁量判例制度。环境监察机构可以结合工作实践,组织对各类典型或者重大、复杂的裁量事项进行评议,为环境监察执法自由裁量权的行使提供参照案例。

——裁量标准执行后评估制度。根据社会经济发展状况、法律法规变更情况及执法实际情况,环境监察机构可以及时提出修订裁量标准的意见和建议。

三、规范行使环境监察执法自由裁量权的保障措施

1. 加强对环境监察人员的培训

加强对环境监察人员法律知识和职业道德的教育培训,树立正确的权力观和服务意识,全面掌握和熟练运用法律、法规和规章,明确自身在环境监察执法自由裁量方面的职责、权限和违法责任,提高环境监察执法行为的合法性和合理性。

2. 加强对行使环境监察执法自由裁量权的监督

加强内部监督。违反环境监察执法自由裁量行为规范、滥用环境监察执法自由裁量权、侵害公民、法人和其他组织合法权益的,各级环境监察机构应当主动纠正,并依法追究相关人员的责任。

接受外部监督。自觉接受本机关法制部门和纪检、监察部门的监督,接受行政复议层级监督,接受人民法院司法监督,接受人大的法律监督和政协的民主监督,接受公众监督。

环境行政处罚办法(2010 年修订)

(1992 年 7 月 7 日国家环保局令第 8 号发布 根据 1999 年 8 月 6 日国家环境保护总局令第 7 号第一次修订 根据 2003 年 11 月 5 日国家环境保护总局令第 4 号修正 根据 2010 年 1 月 19 日环境保护部令第 8 号第二次修订)

第一章 总 则

第一条 为规范环境行政处罚的实施,监督和保障环境保护主管部门依法行使职权,维护公共利益和社会秩序,保护公民、法人或者其他组织的合法权益,根据《中华人民共和国行政处罚法》及有关法律、法规,制定本办法。

第二条 公民、法人或者其他组织违反环境保护法律、法规或者规章规定,应当给予环境行政处罚的,应当依照《中华人民共和国行政处罚法》和本办法规定的程序实施。

第三条 实施环境行政处罚,坚持教育与处罚相结合,服务与管理相结合,引导和教育公民、法人或者其他组织自觉守法。

第四条 实施环境行政处罚,应当依法维护公民、法人及其他组织的合法权益,保守相对人的有关技术秘密和商业秘密。

第五条 实施环境行政处罚,实行调查取证与决定处罚分开、决定罚款与收缴罚款分离的规定。

第六条 行使行政处罚自由裁量权必须符合立法目的,并综合考虑以下情节:

(一)违法行为所造成的环境污染、生态破坏程度及社会影响;

(二)当事人的过错程度;

(三)违法行为的具体方式或者手段;

(四)违法行为危害的具体对象;

(五)当事人是初犯还是再犯;

(六)当事人改正违法行为的态度和所采取的改正措施及效果。

同类违法行为的情节相同或者相似、社会危害程度相当的,行政处罚种类和幅度应当相当。

第七条 违法行为轻微并及时纠正,没有造成危害后果的,不予行政处罚。

第八条 有下列情形之一的,案件承办人员应当回避:

(一)是本案当事人或者当事人近亲属的;

(二)本人或者近亲属与本案有直接利害关系的;

(三)法律、法规或者规章规定的其他回避情形。

符合回避条件的,案件承办人员应当自行回避,当事人也有权申请其回避。

第九条 当事人的一个违法行为同时违反两个以上环境法律、法规或者规章条款,应当适用效力等级较高的法律、法规或者规章;效力等级相同的,可以适用处罚较重的条款。

第十条 根据法律、行政法规和部门规章,环境行政处罚的种类有:

(一)警告;

(二)罚款;

(三)责令停产整顿;

(四)责令停产、停业、关闭;

(五)暂扣、吊销许可证或者其他具有许可性质的证件;

(六)没收违法所得、没收非法财物;

(七)行政拘留;

(八)法律、行政法规设定的其他行政处罚种类。

第十一条 环境保护主管部门实施行政处罚时,应当及时作出责令当事人改正或者限期改正违法行为的行政命令。

责令改正期限届满,当事人未按要求改正,违法行为仍处于继续或者连续状态的,可以认定为新的环境违法行为。

第十二条 根据环境保护法律、行政法规和部门规章,责令改正或者限期改正违法行为的行政命令的具体形式有:

(一)责令停止建设;

(二)责令停止试生产;

(三)责令停止生产或者使用;

(四)责令限期建设配套设施;
(五)责令重新安装使用;
(六)责令限期拆除;
(七)责令停止违法行为;
(八)责令限期治理;
(九)法律、法规或者规章设定的责令改正或者限期改正违法行为的行政命令的其他具体形式。

根据最高人民法院关于行政行为种类和规范行政案件案由的规定,行政命令不属行政处罚。行政命令不适用行政处罚程序的规定。

第十三条 实施环境行政处罚,不免除当事人依法缴纳排污费的义务。

第二章 实施主体与管辖

第十四条 县级以上环境保护主管部门在法定职权范围内实施环境行政处罚。

经法律、行政法规、地方性法规授权的环境监察机构在授权范围内实施环境行政处罚,适用本办法关于环境保护主管部门的规定。

第十五条 环境保护主管部门可以在其法定职权范围内委托环境监察机构实施行政处罚。受委托的环境监察机构在委托范围内,以委托其处罚的环境保护主管部门名义实施行政处罚。

委托处罚的环境保护主管部门,负责监督受委托的环境监察机构实施行政处罚的行为,并对该行为的后果承担法律责任。

第十六条 发现不属于环境保护主管部门管辖的案件,应当按照有关要求和时限移送有管辖权的机关处理。

涉嫌违法依法应当由人民政府实施责令停产整顿、责令停业、关闭的案件,环境保护主管部门应当立案调查,并提出处理建议报本级人民政府。

涉嫌违法依法应当实施行政拘留的案件,移送公安机关。

涉嫌违反党纪、政纪的案件,移送纪检、监察部门。

涉嫌犯罪的案件,按照《行政执法机关移送涉嫌犯罪案件的规定》等有关规定移送司法机关,不得以行政处罚代替刑事处罚。

第十七条 县级以上环境保护主管部门管辖本行政区域的环境行政处罚案件。

造成跨行政区域污染的行政处罚案件,由污染行为发生地环境保护主管部门管辖。

第十八条 两个以上环境保护主管部门都有管辖权的环境行政处罚案件,由最先发现或者最先接到举报的环境保护主管部门管辖。

第十九条 对行政处罚案件的管辖权发生争议时,争议双方应报请共同的上一级环境保护主管部门指定管辖。

第二十条 下级环境保护主管部门认为其管辖的案件重大、疑难或者实施处罚有困难的,可以报请上一级环境保护主管部门指定管辖。

上一级环境保护主管部门认为下级环境保护主管部门实施处罚确有困难或者不能独立行使处罚权的,经通知下级环境保护主管部门和当事人,可以对下级环境保护主管部门管辖的案件指定管辖。

上级环境保护主管部门可以将其管辖的案件交由有管辖权的下级环境保护主管部门实施行政处罚。

第二十一条 不属于本机关管辖的案件,应当移送有管辖权的环境保护主管部门处理。

受移送的环境保护主管部门对管辖权有异议的,应当报请共同的上一级环境保护主管部门指定管辖,不得再自行移送。

第三章 一般程序

第一节 立 案

第二十二条 环境保护主管部门对涉嫌违反环境保护法律、法规和规章的违法行为,应当进行初步审查,并在7个工作日内决定是否立案。

经审查,符合下列四项条件的,予以立案:

(一)有涉嫌违反环境保护法律、法规和规章的行为;

(二)依法应当或者可以给予行政处罚;

(三)属于本机关管辖;

(四)违法行为发生之日起到被发现之日止未超过2年,法律另有规定的除外。违法行为处于连续或继续状态的,从行为终了之日起计算。

第二十三条 对已经立案的案件,根据新情况发现不符合第二十二条立案条件的,应当撤销立案。

第二十四条 对需要立即查处的环境违法行为,可以先行调查取证,并在7个工作日内决定是否立案和补办立案手续。

第二十五条 经立案审查,属于环境保护主管部门管辖,但不属于本机关管辖范围的,应当移送有管辖权的环境保护主管部门;属于其他有关部门管辖范围的,应当移送其他有关部门。

第二节 调查取证

第二十六条 环境保护主管部门对登记立案的环境违法行为,应当指定专人负责,及时组织调查取证。

第二十七条 需要委托其他环境保护主管部门协助调查取证的,应当出具书面委托调查函。

受委托的环境保护主管部门应当予以协助。无法协助的,应当及时将无法协助的情况和原因函告委托机关。

第二十八条 调查取证时,调查人员不得少于两人,并应当出示中国环境监察证或者其他行政执法证件。

第二十九条 调查人员有权采取下列措施:

(一)进入有关场所进行检查、勘察、取样、录音、拍照、录像;

(二)询问当事人及有关人员,要求其说明相关事项和提供有关材料;

(三)查阅、复制生产记录、排污记录和其他有关材料。

环境保护主管部门组织的环境监测等技术人员随同调查人员进行调查时,有权采取上述措施和进行监测、试验。

第三十条 调查人员负有下列责任：

（一）对当事人的基本情况、违法事实、危害后果、违法情节等情况进行全面、客观、及时、公正的调查；

（二）依法收集与案件有关的证据，不得以暴力、威胁、引诱、欺骗以及其他违法手段获取证据；

（三）询问当事人、证人或者其他有关人员，应当告知其依法享有的权利；

（四）对当事人、证人或者其他有关人员的陈述如实记录。

第三十一条 当事人及有关人员应当配合调查、检查或者现场勘验，如实回答询问，不得拒绝、阻碍、隐瞒或者提供虚假情况。

第三十二条 环境行政处罚证据，主要有书证、物证、证人证言、视听资料和计算机数据、当事人陈述、监测报告和其他鉴定结论、现场检查（勘察）笔录等形式。

证据应当符合法律、法规、规章和最高人民法院有关行政执法和行政诉讼证据的规定，并经查证属实才能作为认定事实的依据。

第三十三条 对有关物品或者场所进行检查时，应当制作现场检查（勘察）笔录，可以采取拍照、录像或者其他方式记录现场情况。

第三十四条 需要取样的，应当制作取样记录或者将取样过程记入现场检查（勘察）笔录，可以采取拍照、录像或者其他方式记录取样情况。

第三十五条 环境保护主管部门组织监测的，应当提出明确具体的监测任务，并要求提交监测报告。

监测报告必须载明下列事项：

（一）监测机构的全称；

（二）监测机构的国家计量认证标志（CMA）和监测字号；

（三）监测项目的名称、委托单位、监测时间、监测点位、监测方法、检测仪器、检测分析结果等内容；

（四）监测报告的编制、审核、签发等人员的签名和监测机构的盖章。

第三十六条 环境保护主管部门可以利用在线监控或者其他技术监控手段收集违法行为证据。经环境保护主管部门认定的有效性数据，可以作为认定违法事实的证据。

第三十七条 环境保护主管部门在对排污单位进行监督检查时，可以现场即时采样，监测结果可以作为判定污染物排放是否超标的证据。

第三十八条 在证据可能灭失或者以后难以取得的情况下，经本机关负责人批准，调查人员可以采取先行登记保存措施。

情况紧急的，调查人员可以先采取登记保存措施，再报请机关负责人批准。

先行登记保存有关证据，应当当场清点，开具清单，由当事人和调查人员签名或者盖章。

先行登记保存期间，不得损毁、销毁或者转移证据。

第三十九条 对于先行登记保存的证据，应当在7个工作日内采取以下措施：

（一）根据情况及时采取记录、复制、拍照、录像等证据保全措施；

（二）需要鉴定的，送交鉴定；

（三）根据有关法律、法规规定可以查封、暂扣的，决定查封、暂扣；

（四）违法事实不成立，或者违法事实成立但依法不应当查封、暂扣或者没收的，决定解除先行登记保存措施。

超过7个工作日未作出处理决定的，先行登记保存措施自动解除。

第四十条 实施查封、暂扣等行政强制措施，应当有法律、法规的明确规定，并应当告知当事人有申请行政复议和提起行政诉讼的权利。

第四十一条 查封、暂扣当事人的财物，应当当场清点，开具清单，由调查人员和当事人签名或者盖章。

查封、暂扣的财物应当妥善保管，严禁动用、调换、损毁或者变卖。

第四十二条 经查明与违法行为无关或者不再需要采取查封、暂扣措施的，应当解除查封、暂扣措施，将查封、暂扣的财物如数返还当事人，并由调查人员和当事人在财物清单上签名或者盖章。

第四十三条 环境保护主管部门调查取证时，当事人应当到场。

下列情形不影响调查取证的进行：

（一）当事人拒不到场的；

（二）无法找到当事人的；

（三）当事人拒绝签名、盖章或者以其他方式确认的；

（四）暗查或者其他方式调查的；

（五）当事人未到场的其他情形。

第四十四条 有下列情形之一的，可以终结调查：

（一）违法事实清楚、法律手续完备、证据充分的；

（二）违法事实不成立的；

（三）作为当事人的自然人死亡的；

（四）作为当事人的法人或者其他组织终止，无法人或者其他组织承受其权利义务，又无其他关系人可以追查的；

（五）发现不属于本机关管辖的；

（六）其他依法应当终结调查的情形。

第四十五条 终结调查的，案件调查机构应当提出已查明违法行为的事实和证据、初步处理意见，按照查处分离的原则送本机关处罚案件审查部门审查。

第三节 案件审查

第四十六条 案件审查的主要内容包括：

（一）本机关是否有管辖权；

（二）违法事实是否清楚；

（三）证据是否确凿；

（四）调查取证是否符合法定程序；

（五）是否超过行政处罚追诉时效；

（六）适用依据和初步处理意见是否合法、适当。

第四十七条 违法事实不清、证据不充分或者调查程序违法的,应当退回补充调查取证或者重新调查取证。

第四节 告知和听证

第四十八条 在作出行政处罚决定前,应当告知当事人有关事实、理由、依据和当事人依法享有的陈述、申辩权利。

在作出暂扣或吊销许可证、较大数额的罚款和没收等重大行政处罚决定之前,应当告知当事人有要求举行听证的权利。

第四十九条 环境保护主管部门应当对当事人提出的事实、理由和证据进行复核。当事人提出的事实、理由或者证据成立的,应当予以采纳。

不得因当事人的申辩而加重处罚。

第五十条 行政处罚听证按有关规定执行。

第五节 处理决定

第五十一条 本机关负责人经过审查,分别作出如下处理:

(一)违法事实成立,依法应当给予行政处罚的,根据其情节轻重及具体情况,作出行政处罚决定;

(二)违法行为轻微,依法可以不予行政处罚的,不予行政处罚;

(三)符合本办法第十六条情形之一的,移送有权机关处理。

第五十二条 案情复杂或者对重大违法行为给予较重的行政处罚,环境保护主管部门负责人应当集体审议决定。

集体审议过程应当予以记录。

第五十三条 决定给予行政处罚的,应当制作行政处罚决定书。

对同一当事人的两个或者两个以上环境违法行为,可以分别制作行政处罚决定书,也可以列入同一行政处罚决定书。

第五十四条 行政处罚决定书应当载明以下内容:

(一)当事人的基本情况,包括当事人姓名或者名称、组织机构代码、营业执照号码、地址等;

(二)违反法律、法规或者规章的事实和证据;

(三)行政处罚的种类、依据和理由;

(四)行政处罚的履行方式和期限;

(五)不服行政处罚决定,申请行政复议或者提起行政诉讼的途径和期限;

(六)作出行政处罚决定的环境保护主管部门名称和作出决定的日期,并且加盖作出行政处罚决定环境保护主管部门的印章。

第五十五条 环境保护行政处罚案件应当自立案之日起的3个月内作出处理决定。案件办理过程中听证、公告、监测、鉴定、送达等时间不计入期限。

第五十六条 行政处罚决定书应当送达当事人,并根据需要抄送与案件有关的单位和个人。

第五十七条 送达行政处罚文书可以采取直接送达、留置送达、委托送达、邮寄送达、转交送达、公告送达、公证送达或者其他方式。

送达行政处罚文书应当使用送达回证并存档。

第四章 简易程序

第五十八条 违法事实确凿、情节轻微并有法定依据,对公民处以 50 元以下、对法人或者其他组织处以 1000 元以下罚款或者警告的行政处罚,可以适用本章简易程序,当场作出行政处罚决定。

第五十九条 当场作出行政处罚决定时,环境执法人员不得少于两人,并应遵守下列简易程序:

(一)执法人员应向当事人出示中国环境监察证或者其他行政执法证件;

(二)现场查清当事人的违法事实,并依法取证;

(三)向当事人说明违法的事实、行政处罚的理由和依据、拟给予的行政处罚,告知陈述、申辩权利;

(四)听取当事人的陈述和申辩;

(五)填写预定格式、编有号码、盖有环境保护主管部门印章的行政处罚决定书,由执法人员签名或者盖章,并将行政处罚决定书当场交付当事人;

(六)告知当事人如对当场作出的行政处罚决定不服,可以依法申请行政复议或者提起行政诉讼。

以上过程应当制作笔录。

执法人员当场作出的行政处罚决定,应当在决定之日起 3 个工作日内报所属环境保护主管部门备案。

第五章 执 行

第六十条 当事人应当在行政处罚决定书确定的期限内,履行处罚决定。

申请行政复议或者提起行政诉讼的,不停止行政处罚决定的执行。

第六十一条 当事人逾期不申请行政复议、不提起行政诉讼、又不履行处罚决定的,由作出处罚决定的环境保护主管部门申请人民法院强制执行。

第六十二条 申请人民法院强制执行应当符合《最高人民法院关于执行〈中华人民共和国行政诉讼法〉若干问题的解释》的规定,并在下列期限内提起:

(一)行政处罚决定书送达后当事人未申请行政复议且未提起行政诉讼的,在处罚决定书送达之日起 60 日后起算的 180 日内;

(二)复议决定书送达后当事人未提起行政诉讼的,在复议决定书送达之日起 15 日后起算的 180 日内;

(三)第一审行政判决后当事人未提出上诉的,在判决书送达之日起 15 日后起算的 180 日内;

(四)第一审行政裁定后当事人未提出上诉的,在裁定书送达之日起 10 日后起算的 180 日内;

(五)第二审行政判决书送达之日起 180 日内。

第六十三条 当事人实施违法行为,受到处以罚款、没收违法所得或者没收非法财物等处罚后,发生企业分立、合并或者其他资产重组等情形,由承受当事人权利义务的法人、其他组织作为被执行人。

第六十四条 确有经济困难,需要延期或者分期缴纳罚款的,当事人应当在行政处罚决定书确定的缴纳期限届满前,向作出行政处罚决定的环境保护主管部门提出延期或者分期缴纳的书面申请。

批准当事人延期或者分期缴纳罚款的,应当制作同意延期(分期)缴纳罚款通知书,并送达当事人和收缴罚款的机构。延期或者分期缴纳的最后一期缴纳时间不得晚于申请人民法院强制执行的最后期限。

第六十五条 依法没收的非法财物,应当按照国家规定处理。

销毁物品,应当按照国家有关规定处理;没有规定的,经环境保护主管部门负责人批准,由两名以上环境执法人员监督销毁,并制作销毁记录。

处理物品应当制作清单。

第六十六条 罚没款及没收物品的变价款,应当全部上缴国库,任何单位和个人不得截留、私分或者变相私分。

第六章 结案和归档

第六十七条 有下列情形之一的,应当结案:
(一)行政处罚决定由当事人履行完毕的;
(二)行政处罚决定依法强制执行完毕的;
(三)不予行政处罚等无须执行的;
(四)行政处罚决定被依法撤销的;
(五)环境保护主管部门认为可以结案的其他情形。

第六十八条 结案的行政处罚案件,应当按照下列要求将案件材料立卷归档:
(一)一案一卷,案卷可以分正卷、副卷;
(二)各类文书齐全,手续完备;
(三)书写文书用签字笔、钢笔或者打印;
(四)案卷装订应当规范有序,符合文档要求。

第六十九条 正卷按下列顺序装订:
(一)行政处罚决定书及送达回证;
(二)立案审批材料;
(三)调查取证及证据材料;
(四)行政处罚事先告知书、听证告知书、听证通知书等法律文书及送达回证;
(五)听证笔录;
(六)财物处理材料;
(七)执行材料;
(八)结案材料;
(九)其他有关材料。

副卷按下列顺序装订:

（一）投诉、申诉、举报等案源材料；
（二）涉及当事人有关技术秘密和商业秘密的材料；
（三）听证报告；
（四）审查意见；
（五）集体审议记录；
（六）其他有关材料。

第七十条 案卷归档后，任何单位、个人不得修改、增加、抽取案卷材料。案卷保管及查阅，按档案管理有关规定执行。

第七十一条 环境保护主管部门应当建立行政处罚案件统计制度，并按照环境保护部有关环境统计的规定向上级环境保护主管部门报送本行政区的行政处罚情况。

第七章 监 督

第七十二条 除涉及国家机密、技术秘密、商业秘密和个人隐私外，行政处罚决定应当向社会公开。

第七十三条 上级环境保护主管部门负责对下级环境保护主管部门的行政处罚工作情况进行监督检查。

第七十四条 环境保护主管部门应当建立行政处罚备案制度。

下级环境保护主管部门对上级环境保护主管部门督办的处罚案件，应当在结案后20日内向上一级环境保护主管部门备案。

第七十五条 环境保护主管部门通过接受当事人的申诉和检举，或者通过备案审查等途径，发现下级环境保护主管部门的行政处罚决定违法或者显失公正的，应当督促其纠正。

环境保护主管部门经过行政复议，发现下级环境保护主管部门作出的行政处罚违法或者显失公正的，依法撤销或者变更。

第七十六条 环境保护主管部门可以通过案件评查或者其他方式评议行政处罚工作。对在行政处罚工作中做出显著成绩的单位和个人，可依照国家或者地方的有关规定给予表彰和奖励。

第八章 附 则

第七十七条 当事人违法所获得的全部收入扣除当事人直接用于经营活动的合理支出，为违法所得。

法律、法规或者规章对"违法所得"的认定另有规定的，从其规定。

第七十八条 本办法第四十八条所称"较大数额"罚款和没收，对公民是指人民币（或者等值物品价值）5000元以上、对法人或者其他组织是指人民币（或者等值物品价值）50000元以上。

地方性法规、地方政府规章对"较大数额"罚款和没收的限额另有规定的，从其规定。

第七十九条 本办法有关期间的规定，除注明工作日（不包含节假日）外，其他期间按自然日计算。

期间开始之日，不计算在内。期间届满的最后一日是节假日的，以节假日后的第一日为期间届满的日期。期间不包括在途时间，行政处罚文书在期满前交邮的，视为在有效期内。

第八十条 本办法未作规定的其他事项,适用《行政处罚法》、《罚款决定与罚款收缴分离实施办法》、《环境保护违法违纪行为处分暂行规定》等有关法律、法规和规章的规定。

第八十一条 核安全监督管理的行政处罚,按照国家有关核安全监督管理的规定执行。

第八十二条 本办法自2010年3月1日起施行。

1999年8月6日原国家环境保护总局发布的《环境保护行政处罚办法》同时废止。

环境行政处罚听证程序规定

(2010年12月27日 环办〔2010〕174号)

第一章 总 则

第一条 为规范环境行政处罚听证程序,监督和保障环境保护主管部门依法实施行政处罚,保护公民、法人和其他组织的合法权益,根据《中华人民共和国行政处罚法》、《环境行政处罚办法》等法律、行政法规和规章的有关规定,制定本程序规定。

第二条 环境保护主管部门作出行政处罚决定前,当事人申请举行听证的,适用本程序规定。

第三条 环境保护主管部门组织听证,应当遵循公开、公正和便民的原则,充分听取意见,保证当事人陈述、申辩和质证的权利。

第四条 除涉及国家秘密、商业秘密或者个人隐私外,听证应当公开举行。

公开举行的听证,公民、法人或者其他组织可以申请参加旁听。

第二章 听证的适用范围

第五条 环境保护主管部门在作出以下行政处罚决定之前,应当告知当事人有申请听证的权利;当事人申请听证的,环境保护主管部门应当组织听证:

(一)拟对法人、其他组织处以人民币50000元以上或者对公民处以人民币5000元以上罚款的;

(二)拟对法人、其他组织处以人民币(或者等值物品价值)50000元以上或者对公民处以人民币(或者等值物品价值)5000元以上的没收违法所得或者没收非法财物的;

(三)拟处以暂扣、吊销许可证或者其他具有许可性质的证件的;

(四)拟责令停产、停业、关闭的。

第六条 环境保护主管部门认为案件重大疑难的,经商当事人同意,可以组织听证。

第三章 听证主持人和听证参加人

第七条 听证由拟作出行政处罚决定的环境保护主管部门组织。

第八条 环境保护主管部门指定1名听证主持人和1名记录员具体承担听证工作,必要时可以指定听证员协助听证主持人。

听证主持人、听证员和记录员应当是非本案调查人员。

涉及专业知识的听证案件,可以邀请有关专家担任听证员。

第九条 听证主持人履行下列职责:

(一)决定举行听证会的时间、地点;

(二)依照规定程序主持听证会;

(三)就听证事项进行询问;

(四)接收并审核证据,必要时可要求听证参加人提供或者补充证据;

(五)维持听证秩序;

(六)决定中止、终止或者延期听证;

(七)审阅听证笔录;

(八)法律、法规、规章规定的其他职责。

听证员协助听证主持人履行上述职责。

记录员承担听证准备和听证记录的具体工作。

第十条 听证主持人负有下列义务:

(一)决定将听证通知送达案件听证参加人;

(二)公正地主持听证,保障当事人行使陈述权、申辩权和质证权;

(三)具有回避情形的,自行回避;

(四)保守听证案件涉及的国家秘密、商业秘密和个人隐私;

(五)向本部门负责人书面报告听证会情况。

记录员应当如实制作听证笔录,并承担本条第(三)、(四)项所规定的义务。

第十一条 有下列情形之一的,听证主持人、听证员、记录员应当自行回避,当事人也有权申请其回避:

(一)是本案调查人员或者调查人员的近亲属;

(二)是本案当事人或者当事人的近亲属;

(三)是当事人的代理人或者当事人代理人的近亲属;

(四)是本案的证人、鉴定人、监测人员;

(五)与本案有直接利害关系;

(六)与听证事项有其他关系,可能影响公正听证的。

前款规定,也适用于鉴定、监测人员。

第十二条 当事人应当在听证会开始前书面提出回避申请,并说明理由。

在听证会开始后才知道回避事由的,可以在听证会结束前提出。

在回避决定作出前,被申请回避的人员不停止参与听证工作。

第十三条 听证员、记录员、证人、鉴定人、监测人员的回避,由听证主持人决定;听证主持人的回避,由听证组织机构负责人决定;听证主持人为听证组织机构负责人的,其回避由环境保护主管部门负责人决定。

第十四条 当事人享有下列权利:

(一)申请或者放弃听证;

（二）依法申请不公开听证；

（三）依法申请听证主持人、听证员、记录员回避；

（四）可以亲自参加听证，也可以委托1至2人代理参加听证；

（五）就听证事项进行陈述、申辩和举证、质证；

（六）进行最后陈述；

（七）审阅并核对听证笔录；

（八）依法查阅案卷材料。

第十五条 当事人负有下列义务：

（一）依法举证、质证；

（二）如实陈述和回答询问；

（三）遵守听证纪律。

案件调查人员、第三人、有关证人亦负有上述义务。

第十六条 与案件有直接利害关系的公民、法人或其他组织要求参加听证会的，环境保护主管部门可以通知其作为第三人参加听证。

第三人超过5人的，可以推选1至5名代表参加听证，并于听证会前提交授权委托书。

第四章 听证的告知、申请和通知

第十七条 对适用听证程序的行政处罚案件，环境保护主管部门应当在作出行政处罚决定前，制作并送达《行政处罚听证告知书》，告知当事人有要求听证的权利。

《行政处罚听证告知书》应当载明下列事项：

（一）当事人的姓名或者名称；

（二）已查明的环境违法事实和证据、处罚理由和依据；

（三）拟作出的行政处罚的种类和幅度；

（四）当事人申请听证的权利；

（五）提出听证申请的期限、申请方式及未如期提出申请的法律后果；

（六）环境保护主管部门名称和作出日期，并且加盖环境保护主管部门的印章。

第十八条 当事人要求听证的，应当在收到《行政处罚听证告知书》之日起3日内，向拟作出行政处罚决定的环境保护主管部门提出书面申请。当事人未如期提出书面申请的，环境保护主管部门不再组织听证。

以邮寄方式提出申请的，以寄出的邮戳日期为申请日期。

因不可抗力或者其他特殊情况不能在规定期限内提出听证申请的，当事人可以在障碍消除的3日内提出听证申请。

第十九条 环境保护主管部门应当在收到当事人听证申请之日起7日内进行审查。对不符合听证条件的，决定不组织听证，并告知理由。对符合听证条件的，决定组织听证，制作并送达《行政处罚听证通知书》。

第二十条 有下列情形之一的，由拟作出行政处罚决定的环境保护主管部门决定不组织听证：

（一）申请人不是本案当事人的；

（二）未在规定期限内提出听证申请的；

（三）不属于本程序规定第五条、第六条规定的听证适用范围的；

（四）其他不符合听证条件的。

第二十一条 同一行政处罚案件的两个以上当事人分别提出听证申请的，可以合并举行听证会。

案件有两个以上当事人，其中部分当事人提出听证申请的，环境保护主管部门可以通知其他当事人参加听证。

只有部分当事人参加听证的，可以只对涉及该部分当事人的案件事实、证据、法律适用进行听证。

第二十二条 听证会应当在决定听证之日起30日内举行。

《行政处罚听证通知书》应当载明下列事项，并在举行听证会的7日前送达当事人和第三人：

（一）当事人的姓名或者名称；

（二）听证案由；

（三）举行听证会的时间、地点；

（四）公开举行听证与否及不公开听证的理由；

（五）听证主持人、听证员、记录员的姓名、单位、职务等信息；

（六）委托代理权、对听证主持人和听证员的回避申请权等权利；

（七）提前办理授权委托手续、携带证据材料、通知证人出席等注意事项；

（八）环境保护主管部门名称和作出日期，并盖有环境保护主管部门印章。

第二十三条 当事人申请变更听证时间的，应当在听证会举行的3日前向组织听证的环境保护主管部门提出书面申请，并说明理由。

理由正当的，环境保护主管部门应当同意。

第二十四条 环境保护主管部门可以根据场地等条件，确定旁听听证会的人数。

第二十五条 委托代理人参加听证的，应当在听证会前提交授权委托书。授权委托书应当载明下列事项：

（一）委托人及其代理人的基本信息；

（二）委托事项及权限；

（三）代理权的起止日期；

（四）委托日期；

（五）委托人签名或者盖章。

第二十六条 案件调查人员、当事人、第三人可以通知鉴定人、监测人员和证人出席听证会，并在听证会举行的1日前将前述人员的基本情况和拟证明的事项书面告知组织听证的环境保护主管部门。

第五章 听证会的举行

第二十七条 听证会按下列程序进行：

（一）记录员查明听证参加人的身份和到场情况，宣布听证会场纪律和注意事项，介绍听证主持人、听证员和记录员的姓名、工作单位、职务；

(二)听证主持人宣布听证会开始,介绍听证案由,询问并核实听证参加人的身份,告知听证参加人的权利和义务;询问当事人、第三人是否申请听证主持人、听证员和记录员回避;

(三)案件调查人员陈述当事人违法事实,出示证据,提出初步处罚意见和依据;

(四)当事人进行陈述、申辩,提出事实理由依据和证据;

(五)第三人进行陈述,提出事实理由依据和证据;

(六)案件调查人员、当事人、第三人进行质证、辩论;

(七)案件调查人员、当事人、第三人作最后陈述;

(八)听证主持人宣布听证会结束。

第二十八条 听证参加人和旁听人员应当遵守如下会场纪律:

(一)未经听证主持人允许,听证参加人不得发言、提问;

(二)未经听证主持人允许,听证参加人不得退场;

(三)未经听证主持人允许,听证参加人和旁听人员不得录音、录像或者拍照;

(四)旁听人员不得发言、提问;

(五)听证参加人和旁听人员不得喧哗、鼓掌、哄闹、随意走动、接打电话或者进行其他妨碍听证的活动。

听证参加人和旁听人员违反上述纪律,致使听证会无法顺利进行的,听证主持人有权予以警告直至责令其退出会场。

第二十九条 听证申请人无正当理由不出席听证会的,视为放弃听证权利。

听证申请人违反听证纪律被听证主持人责令退出会场的,视为放弃听证权利。

第三十条 在听证过程中,听证主持人可以向案件调查人员、当事人、第三人和证人发问,有关人员应当如实回答。

第三十一条 与案件相关的证据应当在听证中出示,并经质证后确认。

涉及国家秘密、商业秘密和个人隐私的证据,由听证主持人和听证员验证,不公开出示。

第三十二条 质证围绕证据的合法性、真实性、关联性进行,针对证据证明效力有无以及证明效力大小进行质疑、说明与辩驳。

第三十三条 对书证、物证和视听资料进行质证时,应当出示证据的原件或者原物。

有下列情形之一,经听证主持人同意可以出示复制件或者复制品:

(一)出示原件或者原物确有困难的;

(二)原件或者原物已经不存在的。

第三十四条 视听资料应当在听证会上播放或者显示,并进行质证后认定。

第三十五条 环境保护主管部门应当对听证会全过程制作笔录。听证笔录应当载明下列事项:

(一)听证案由;

(二)听证主持人、听证员和记录员的姓名、工作单位、职务;

(三)听证参加人的基本情况;

(四)听证的时间、地点;

(五)听证公开情况;

(六)案件调查人员陈述的当事人违法事实、证据,提出的初步处理意见和依据;

（七）当事人和其他听证参加人的主要观点、理由和依据；
（八）相互质证、辩论情况；
（九）延期、中止或者终止的说明；
（十）听证主持人对听证活动中有关事项的处理情况；
（十一）听证主持人认为应当记入听证笔录的其他事项。

听证结束后，听证笔录交陈述意见的案件调查人员、当事人、第三人审核无误后当场签字或者盖章。拒绝签字或者盖章的，将情况记入听证笔录。

听证主持人、听证员、记录员审核无误后在听证笔录上签字或者盖章。

第三十六条 听证终结后，听证主持人将听证会情况书面报告本部门负责人。

听证报告包括以下内容：
（一）听证会举行的时间、地点；
（二）听证案由、听证内容；
（三）听证主持人、听证员、书记员、听证参加人的基本信息；
（四）听证参加人提出的主要事实、理由和意见；
（五）对当事人意见的采纳建议及理由；
（六）综合分析，提出处罚建议。

第三十七条 有下列情形之一的，可以延期举行听证会：
（一）因不可抗力致使听证会无法按期举行的；
（二）当事人在听证会上申请听证主持人回避，并有正当理由的；
（三）当事人申请延期，并有正当理由的；
（四）需要延期听证的其他情形。

听证会举行前出现上述情形的，环境保护主管部门决定延期听证并通知听证参加人；听证会举行过程中出现上述情形的，听证主持人决定延期听证并记入听证笔录。

第三十八条 有下列情形之一的，中止听证并书面通知听证参加人：
（一）听证主持人认为听证过程中提出的新的事实、理由、依据有待进一步调查核实或者鉴定的；
（二）其他需要中止听证的情形。

第三十九条 延期、中止听证的情形消失后，环境保护主管部门决定恢复听证的，应书面通知听证参加人。

第四十条 有下列情形之一的，终止听证：
（一）当事人明确放弃听证权利的；
（二）听证申请人撤回听证申请的；
（三）听证申请人无正当理由不出席听证会的；
（四）听证申请人在听证过程中声明退出的；
（五）听证申请人未经听证主持人允许中途退场的；
（六）听证申请人为法人或者其他组织的，该法人或者其他组织终止后，承受其权利、义务的法人或者组织放弃听证权利的；
（七）听证申请人违反听证纪律，妨碍听证会正常进行，被听证主持人责令退场的；

（八）因客观情况发生重大变化，致使听证会没有必要举行的；
（九）应当终止听证的其他情形。

听证会举行前出现上述情形的，环境保护主管部门决定终止听证，并通知听证参加人；听证会举行过程中出现上述情形的，听证主持人决定终止听证并记入听证笔录。

第四十一条 举行听证会的期间，不计入作出行政处罚的时限内。

第六章 附 则

第四十二条 本程序规定所称当事人是指被事先告知将受到适用听证程序的行政处罚的公民、法人或者其他组织。

本程序规定所称案件调查人员是指环境保护主管部门内部具体承担行政处罚案件调查取证工作的人员。

第四十三条 经法律、法规授权的环境监察机构，适用本程序规定关于环境保护主管部门的规定。

第四十四条 环境保护主管部门在作出责令停止建设、责令停止生产或使用的行政命令之前，认为需要组织听证的，可以参照本程序规定执行。

第四十五条 环境保护主管部门组织听证所需经费，列入本行政机关的行政经费，由本级财政予以保障。

当事人不承担环境保护主管部门组织听证的费用。

第四十六条 听证主持人、听证员、记录员违反有关规定的，由所在单位依法给予行政处分。

第四十七条 地方性法规、地方政府规章另有规定的，从其规定。

第四十八条 本规定自 2011 年 2 月 1 日起施行。

环境保护部办公厅关于印发《环境行政处罚主要文书制作指南》的通知

（2010 年 4 月 16 日 环办〔2010〕51 号）

各省、自治区、直辖市环境保护厅（局），新疆生产建设兵团环境保护局，副省级城市环境保护局，各环境保护督查中心：

为加强对环境行政处罚文书制作的规范和指导，配合《环境行政处罚办法》的贯彻实施，我部编制了《环境行政处罚主要文书制作指南》。现印发给你们，请根据各地环境行政处罚工作实际，参照执行。

附件：环境行政处罚主要文书制作指南

附件

环境行政处罚主要文书制作指南

目 录

样式一：环境违法行为立案审批表
样式二：环境违法案件销案审批表
样式三：调查询问笔录
样式四：现场检查(勘察)笔录
样式五：先行登记保存证据通知书
样式六：解除先行登记保存证据通知书
样式七：查封(暂扣)决定书
样式八：解除查封(暂扣)决定书
样式九：责令改正违法行为决定书
样式十：行政处罚事先(听证)告知书
样式十一：行政处罚听证通知书
样式十二：听证笔录
样式十三：行政处罚决定书
样式十四：当场行政处罚决定书
样式十五：同意分期(延期)缴纳罚款通知书
样式十六：送达回证
样式十七：强制执行申请书
样式十八：案件移送函
样式十九：罚没物品处理记录
样式二十：结案审批表

具体样式格式(略)。

国家环境保护总局关于"不正常使用"污染物处理设施违法认定和处罚的意见

(2003 年 11 月 11 日 环发〔2003〕177 号)

各省、自治区、直辖市环境保护局(厅)计划单列市环境保护局：

在清理整顿不法排污行为保障群众健康环保行动中，一些地方环保部门反映部分排污单位不正常使用污染物处理设施，导致污染物超标排放的现象相当严重。为了查处此类违法排污行为，现就有关违反污染物处理设施管理规定的违法排污行为的认定和处罚提出以下意见：

一、关于"不正常使用"污染物处理设施的认定

排污单位有下列行为之一的,环保部门可以认定为"不正常使用"污染物处理设施:

1. 将部分或全部污水或者其他污染物不经过处理设施,直接排入环境;
2. 通过埋设暗管或者其他隐蔽排放的方式,将污水或者其他污染物不经处理而排入环境;
3. 非紧急情况下开启污染物处理设施的应急排放阀门,将部分或全部污水或者其他污染物直接排入环境;
4. 将未经处理的污水或者其他污染物从污染物处理设施的中间工序引出直接排入环境;
5. 将部分污染物处理设施短期或者长期停止运行;
6. 违反操作规程使用污染物处理设施,致使处理设施不能正常发挥处理作用;
7. 污染物处理设施发生故障后,排污单位不及时或者不按规程进行检查和维修,致使处理设施不能正常发挥处理作用;
8. 违反污染物处理设施正常运行所需的条件,致使处理设施不能正常运行的其他情形。

二、关于"故意"的认定

排污单位明知上述行为可能导致污染物处理设施不能正常发挥处理作用的结果,并且希望或者放任该结果的发生的,环保部门对该行为可以认定为"故意"不正常使用污染物处理设施。

三、关于"不正常使用"污染物处理设施的行政处罚

1. 环保部门应依据《水污染防治法》第48条及其实施细则第41条的规定,责令故意不正常使用水污染物处理设施并且排放污染物超过规定标准的排污单位限期恢复正常使用,并应同时处以十万元以下罚款。
2. 环保部门应依据《大气污染防治法》第46条第(三)项的规定,责令不正常使用大气污染物处理设施的排污单位停止违法行为,限期恢复正常使用,并应给予警告或者处以五万元以下罚款。

环境保护行政执法与刑事司法衔接工作办法

(2017年1月25日 环环监〔2017〕17号)

第一章 总 则

第一条 为进一步健全环境保护行政执法与刑事司法衔接工作机制,依法惩治环境犯罪行为,切实保障公众健康,推进生态文明建设,依据《刑法》《刑事诉讼法》《环境保护法》《行政执法机关移送涉嫌犯罪案件的规定》(国务院令第310号)等法律、法规及有关规定,制定本办法。

第二条 本办法适用于各级环境保护主管部门(以下简称环保部门)、公安机关和人民检察院办理的涉嫌环境犯罪案件。

第三条 各级环保部门、公安机关和人民检察院应当加强协作,统一法律适用,不断完善线索通报、案件移送、资源共享和信息发布等工作机制。

第四条 人民检察院对环保部门移送涉嫌环境犯罪案件活动和公安机关对移送案件的立案活动,依法实施法律监督。

第二章 案件移送与法律监督

第五条 环保部门在查办环境违法案件过程中,发现涉嫌环境犯罪案件,应当核实情况并作出移送涉嫌环境犯罪案件的书面报告。本机关负责人应当自接到报告之日起3日内作出批准移送或者不批准移送的决定。向公安机关移送的涉嫌环境犯罪案件,应当符合下列条件:

(一)实施行政执法的主体与程序合法。

(二)有合法证据证明有涉嫌环境犯罪的事实发生。

第六条 环保部门移送涉嫌环境犯罪案件,应当自作出移送决定后24小时内向同级公安机关移交案件材料,并将案件移送书抄送同级人民检察院。

环保部门向公安机关移送涉嫌环境犯罪案件时,应当附下列材料:

(一)案件移送书,载明移送机关名称、涉嫌犯罪罪名及主要依据、案件主办人及联系方式等。案件移送书应当附移送材料清单,并加盖移送机关公章。

(二)案件调查报告,载明案件来源、查获情况、犯罪嫌疑人基本情况、涉嫌犯罪的事实、证据和法律依据、处理建议和法律依据等。

(三)现场检查(勘察)笔录、调查询问笔录、现场勘验图、采样记录单等。

(四)涉案物品清单,载明已查封、扣押等采取行政强制措施的涉案物品名称、数量、特征、存放地等事项,并附采取行政强制措施、现场笔录等表明涉案物品来源的相关材料。

(五)现场照片或者录音录像资料及清单,载明需证明的事对象、拍摄人、拍摄时间、拍摄地点等。

(六)监测、检验报告、突发环境事件调查报告、认定意见。

(七)其他有关涉嫌犯罪的材料。

对环境违法行为已经作出行政处罚决定的,还应当附行政处罚决定书。

第七条 对环保部门移送的涉嫌环境犯罪案件,公安机关应当依法接受,并立即出具接受案件回执或者在涉嫌环境犯罪案件移送书的回执上签字。

第八条 公安机关审查发现移送的涉嫌环境犯罪案件材料不全的,应当在接受案件的24小时内书面告知移送的环保部门在3日内补正。但不得以材料不全为由,不接受移送案件。

公安机关审查发现移送的涉嫌环境犯罪案件证据不充分的,可以就证明有犯罪事实的相关证据等提出补充调查意见,由移送案件的环保部门补充调查。环保部门应当按照要求补充调查,并及时将调查结果反馈公安机关。因客观条件所限,无法补正的,环保部门应当向公安机关作出书面说明。

第九条 公安机关对环保部门移送的涉嫌环境犯罪案件,应当自接受案件之日起3日内作出立案或者不予立案的决定;涉嫌环境犯罪线索需要查证的,应当自接受案件之日起7日内作出决定;重大疑难复杂案件,经县级以上公安机关负责人批准,可以自受案之日起30日内作出决定。接受案件后对属于公安机关管辖但不属于本公安机关管辖的案件,应当在24小时内移送有管辖权的公安机关,并书面通知移送案件的环保部门,抄送同级人民检察院。对不属于公安机关管辖的,应当在24小时内退回移送案件的环保部门。

公安机关作出立案、不予立案、撤销案件决定的,应当自作出决定之日起3日内书面通知环保部门,并抄送同级人民检察院。公安机关作出不予立案或者撤销案件决定的,应当书面说明理由,并将案卷材料退回环保部门。

第十条 环保部门应当自接到公安机关立案通知书之日起3日内将涉案物品以及与案件有关的其他材料移交公安机关,并办理交接手续。

涉及查封、扣押物品的,环保部门和公安机关应当密切配合,加强协作,防止涉案物品转移、隐匿、损毁、灭失等情况发生。对具有危险性或者环境危害性的涉案物品,环保部门应当组织临时处理处置,公安机关应当积极协助;对无明确责任人、责任人不具备履行责任能力或者超出部门处置能力的,应当呈报涉案物品所在地政府组织处置。上述处置费用清单随附处置合同、缴费凭证等作为犯罪获利的证据,及时补充移送公安机关。

第十一条 环保部门认为公安机关不予立案决定不当的,可以自接到不予立案通知书之日起3个工作日内向作出决定的公安机关申请复议,公安机关应当自收到复议申请之日起3个工作日内作出立案或者不予立案的复议决定,并书面通知环保部门。

第十二条 环保部门对公安机关逾期未作出是否立案决定,以及对不予立案决定、复议决定、立案后撤销案件决定有异议的,应当建议人民检察院进行立案监督。人民检察院应当受理并进行审查。

第十三条 环保部门建议人民检察院进行立案监督的案件,应当提供立案监督建议书、相关案件材料,并附公安机关不予立案、立案后撤销案件决定及说明理由材料,复议维持不予立案决定材料或者公安机关逾期未作出是否立案决定的材料。

第十四条 人民检察院发现环保部门不移送涉嫌环境犯罪案件的,可以派员查询、调阅有关案件材料,认为涉嫌环境犯罪应当移送的,应当提出建议移送的检察意见。环保部门应当自收到检察意见后3日内将案件移送公安机关,并将执行情况通知人民检察院。

第十五条 人民检察院发现公安机关可能存在应当立案而不立案或者逾期未作出是否立案决定的,应当启动立案监督程序。

第十六条 环保部门向公安机关移送涉嫌环境犯罪案件,已作出的警告、责令停产停业、暂扣或者吊销许可证的行政处罚决定,不停止执行。未作出行政处罚决定的,原则上应当在公安机关决定不予立案或者撤销案件、人民检察院作出不起诉决定、人民法院作出无罪判决或者免予刑事处罚后,再决定是否给予行政处罚。涉嫌犯罪案件的移送办理期间,不计入行政处罚期限。

对尚未作出生效裁判的案件,环保部门依法应当给予或者请求人民政府给予暂扣或者吊销许可证、责令停产停业等行政处罚,需要配合的,公安机关、人民检察院应当给予配合。

第十七条 公安机关对涉嫌环境犯罪案件,经审查没有犯罪事实,或者立案侦查后认为犯罪事实显著轻微、不需要追究刑事责任,但经审查依法应当予以行政处罚的,应当及时将案件移交环保部门,并抄送同级人民检察院。

第十八条 人民检察院对符合逮捕、起诉条件的环境犯罪嫌疑人,应当及时批准逮捕、提起公诉。人民检察院对决定不起诉的案件,应当自作出决定之日起3日内,书面告知移送案件的环保部门,认为应当给予行政处罚的,可以提出予以行政处罚的检察意见。

第十九条 人民检察院对公安机关提请批准逮捕的犯罪嫌疑人作出不批准逮捕决定,并通知公安机关补充侦查的,或者人民检察院对公安机关移送审查起诉的案件审查后,认为犯罪事实不清、证据不足,将案件退回补充侦查的,应当制作补充侦查提纲,写明补充侦查的方向和要求。

对退回补充侦查的案件,公安机关应当按照补充侦查提纲的要求,在一个月内补充侦查完毕。公安机关补充侦查和人民检察院自行侦查需要环保部门协助的,环保部门应当予以协助。

第三章 证据的收集与使用

第二十条 环保部门在行政执法和查办案件过程中依法收集制作的物证、书证、视听资料、电子数据、监测报告、检验报告、认定意见、鉴定意见、勘验笔录、检查笔录等证据材料,在刑事诉讼中可以作为证据使用。

第二十一条 环保部门、公安机关、人民检察院收集的证据材料,经法庭查证属实,且收集程序符合有关法律、行政法规规定的,可以作为定案的根据。

第二十二条 环保部门或者公安机关依据《国家危险废物名录》或者组织专家研判等得出认定意见的,应当载明涉案单位名称、案由、涉案物品识别认定的理由,按照"经认定,……属于\不属于……危险废物,废物代码……"的格式出具结论,加盖公章。

第四章 协作机制

第二十三条 环保部门、公安机关和人民检察院应当建立健全环境行政执法与刑事司法衔接的长效工作机制。确定牵头部门及联络人,定期召开联席会议,通报衔接工作情况,研究存在的问题,提出加强部门衔接的对策,协调解决环境执法问题,开展部门联合培训。联席会议应明确议定事项。

第二十四条 环保部门、公安机关、人民检察院应当建立双向案件咨询制度。环保部门对重大疑难复杂案件,可以就刑事案件立案追诉标准、证据的固定和保全等问题咨询公安机关、人民检察院;公安机关、人民检察院可以就案件办理中的专业性问题咨询环保部门。受咨询的机关应当认真研究,及时答复;书面咨询的,应当在7日内书面答复。

第二十五条 公安机关、人民检察院办理涉嫌环境污染犯罪案件,需要环保部门提供环境监测或者技术支持的,环保部门应当按照上述部门刑事案件办理的法定时限要求积极协助,及时提供现场勘验、环境监测及认定意见。所需经费,应当列入本机关的行政经费预算,由同级财政予以保障。

第二十六条 环保部门在执法检查时,发现违法行为明显涉嫌犯罪的,应当及时向公安机关通报。公安机关认为有必要的可以依法开展初查,对符合立案条件的,应当及时依法立案侦查。在公安机关立案侦查前,环保部门应当继续对违法行为进行调查。

第二十七条 环保部门、公安机关应当相互依托"12369"环保举报热线和"110"报警服务平台,建立完善接处警的快速响应和联合调查机制,强化对打击涉嫌环境犯罪的联勤联动。在办案过程中,环保部门、公安机关应当依法及时启动相应的调查程序,分工协作,防止证据灭失。

第二十八条 在联合调查中,环保部门应当重点查明排污者严重污染环境的事实,污染物的排放方式,及时收集、提取、监测、固定污染物种类、浓度、数量、排放去向等。公安机关应当注意控制现场,重点查明相关责任人身份、岗位信息,视情节轻重对直接负责的主管人员和其他责任人员依法采取相应强制措施。两部门均应规范制作笔录,并留存现场摄像或照片。

第二十九条 对案情重大或者复杂疑难案件,公安机关可以听取人民检察院的意见。人民检察院应当及时提出意见和建议。

第三十条 涉及移送的案件在庭审中,需要出庭说明情况的,相关执法或者技术人员有义务出庭说明情况,接受庭审质证。

第三十一条 环保部门、公安机关和人民检察院应当加强对重大案件的联合督办工作,适时对重大案件进行联合挂牌督办,督促案件办理。同时,要逐步建立专家库,吸纳污染防治、重点行业以及环境案件侦办等方面的专家和技术骨干,为查处打击环境污染犯罪案件提供专业支持。

第三十二条 环保部门和公安机关在查办环境污染违法犯罪案件过程中发现包庇纵容、徇私舞弊、贪污受贿、失职渎职等涉嫌职务犯罪行为的,应当及时将线索移送人民检察院。

第五章 信息共享

第三十三条 各级环保部门、公安机关、人民检察院应当积极建设、规范使用行政执法与刑事司法衔接信息共享平台,逐步实现涉嫌环境犯罪案件的网上移送、网上受理和网上监督。

第三十四条 已经接入信息共享平台的环保部门、公安机关、人民检察院,应当自作出相关决定之日起7日内分别录入下列信息:

(一)适用一般程序的环境违法事实、案件行政处罚、案件移送、提请复议和建议人民检察院进行立案监督的信息;

(二)移送涉嫌犯罪案件的立案、不予立案、立案后撤销案件、复议、人民检察院监督立案后的处理情况,以及提请批准逮捕、移送审查起诉的信息;

(三)监督移送、监督立案以及批准逮捕、提起公诉、裁判结果的信息。

尚未建成信息共享平台的环保部门、公安机关、人民检察院,应当自作出相关决定后及时向其他部门通报前款规定的信息。

第三十五条 各级环保部门、公安机关、人民检察院应当对信息共享平台录入的案件信息及时汇总、分析、综合研判,定期总结通报平台运行情况。

第六章 附 则

第三十六条 各省、自治区、直辖市的环保部门、公安机关、人民检察院可以根据本办法制定本行政区域的实施细则。

第三十七条 环境行政执法中部分专有名词的含义。

(一)"现场勘验图",是指描绘主要生产及排污设备布置等案发现场情况、现场周边环境、各采样点位、污染物排放途径的平面示意图。

(二)"外环境",是指污染物排入的自然环境。满足下列条件之一的,视同为外环境。

1.排污单位停产或没有排污,但有依法取得的证据证明其有持续或间歇排污,而且无可处理相应污染因子的措施的,经核实生产工艺后,其产污环节之后的废水收集池(槽、罐、沟)内。

2.发现暗管,虽无当场排污,但在外环境有确认由该单位排放污染物的痕迹,此暗管连通的废水收集池(槽、罐、沟)内。

3.排污单位连通外环境的雨水沟(井、渠)中任何一处。

4.对排放含第一类污染物的废水,其产生车间或车间处理设施的排放口。无法在车间或者车间处理设施排放口对含第一类污染物的废水采样的,废水总排放口或查实由该企业排入其他外环境处。

第三十八条 本办法所涉期间除明确为工作日以外,其余均以自然日计算。期间开始之日不算在期间以内。期间的最后一日为节假日的,以节假日后的第一日为期满日期。

第三十九条 本办法自发布之日起施行。原国家环保总局、公安部和最高人民检察院《关于环境保护主管部门移送涉嫌环境犯罪案件的若干规定》(环发〔2007〕78号)同时废止。

渔业行政处罚规定

(1998年1月5日 农业部令第36号)

第一条 为严格执行渔业法律法规,规范渔业行政处罚,保障渔业生产者的合法权益,根据《渔业法》、《渔业法实施细则》和《行政处罚法》等法律法规,制定本规定。

第二条 对渔业违法的行政处罚有以下种类:

(一)罚款;

(二)没收渔获物、违法所得、渔具;

(三)暂扣、吊销捕捞许可证等渔业证照;

(四)法律、法规规定的其他处罚。

第三条 渔业违法行为轻微并及时纠正,没有造成危害后果的,不予行政处罚。

有下列违法行为之一的,从轻处罚:

(一)主动消除或减轻渔业违法行为后果的;

(二)配合渔业执法部门查处渔业违法行为有立功表现的;

(三)其他依法可以从轻或减轻渔业行政处罚的。

第四条 有下列行为之一的,从重处罚:

(一)一年内渔业违法三次以上的;

(二)对渔业资源破坏程度较重的;

(三)渔业违法影响较大的;

(四)同一个违法行为违反两项以上规定的;

(五)逃避、抗拒检查的。

第五条 本规定中需要处以罚款的计罚单位如下:

(一)拖网、流刺网、钓钩等用船作业的,以单艘船计罚;

(二)围网作业,以一个作业单位计罚;

(三)定置作业,用船作业的以单艘船计罚,不用船作业的以一个作业单位计罚;

(四)炸鱼、毒鱼、非法电力捕鱼和使用鱼鹰捕鱼的,用船作业的以单艘船计罚,不用船作业的以人计罚;

(五)从事赶海、潜水等不用船作业的,以人计罚。

第六条 依照《渔业法》第二十八条和《实施细则》第二十九条规定,有下列行为之一的,没收渔获物和违法所得,处以罚款,并可以没收渔具、吊销捕捞许可证。罚款按以下标准执行:

(一)毒鱼、炸鱼的,在内陆水域,从轻处罚的处以 200～3000 元罚款,从重处罚的处以 3000～5000 元罚款;在海洋,从轻处罚的处以 500～10000 元罚款,从重处罚的处以 10000～50000 元罚款。

(二)敲䑩作业的,从轻处罚的处以 1000～10000 元罚款,从重处罚的处以 10000～50000 元罚款。

(三)未经批准使用电力捕鱼的,在内陆水域处 200～1000 元罚款;在海洋处 500～3000 元罚款。

(四)擅自捕捞国家规定禁止捕捞的珍贵、濒危水生动物,按《中华人民共和国水生野生动物保护实施条例》执行。

(五)使用小于规定的最小网目尺寸的网具进行捕捞的,不用船作业的处以 50～500 元罚款;用船作业的处以 500～1000 元罚款。

(六)非法使用鱼鹰捕鱼的,处以 50～200 元罚款。

(七)违反禁渔期(休渔期、保护期),禁渔区(休渔区、保护区)的规定进行捕捞的:

1. 在内陆水域,从轻处罚的处以 50～3000 元罚款,从重处罚的处以 3000～5000 元罚款;
2. 在海洋,不用船作业的按内陆水域的规定处罚;用船作业的,按渔船主机功率处罚:

主机功率(千瓦)	从轻处罚(元)	从重处罚(元)
不足 14.7(20 马力)及非机动船	500～3000	3000～10000
14.7～不足 147.1(200 马力)	800～10000	10000～20000
147.1(200 马力)以上	1000～20000	20000～50000

第七条 依照《渔业法》第二十九条和《实施细则》第三十条规定,对偷捕、抢夺他人养殖的水产品,破坏他人养殖水体、养殖设施的,除责令当事人赔偿损失外,并处 1000 元以下罚款。

第八条 依照《渔业法》第三十条和《实施细则》第三十一条的规定,对未取得捕捞许可证擅自进行捕捞的,没收渔获物和违法所得,可以并处罚款,情节严重的,并可以没收渔具。罚款按下列标准执行:

(一)内陆水域非机动渔船处以 50～150 元罚款。

(二)内陆水域机动渔船和海洋非机动渔船处以 100～500 元罚款。

(三)海洋机动渔船,按主机功率处罚:

主机功率(千瓦)	从轻处罚(元)	从重处罚(元)
不足 14.7(20 马力)	200～3000	3000～10000
14.7～不足 147.1(200 马力)	500～10000	10000～15000
147.1 以上	1000～15000	15000～20000

许可证未经年审、未携带许可证、未按规定悬挂标志进行捕捞的,按本条前款规定处罚。

第九条 依照《渔业法》第三十一条和《实施细则》第三十二条规定,对有捕捞许可证的渔船违反许可证关于作业类型、场所、时限和渔具数量的规定进行捕捞的,没收渔获物和违法所得、可

以并处罚款,情节严重的,并可以没收渔具,吊销捕捞许可证。罚款按以下标准执行:

(一)内陆水域非机动渔船处以 25～50 元罚款。

(二)内陆水域机动渔船和海洋非机动渔船处以 50～100 元罚款。

(三)近海机动渔船处 50～3000 元罚款。

(四)外海渔船擅自进入近海捕捞的,从轻处罚的处 3000～10000 元罚款,从重处罚的处以 10000～20000 元罚款。

第十条 依照《渔业法》第三十二条和《实施细则》第三十三条规定,对买卖、出租或以其他形式非法转让以及涂改捕捞许可证的,没收违法所得,吊销捕捞许可证,可以并处罚款。罚款按以下标准执行:

(一)买卖、出租或以其他形式非法转让捕捞许可证的,对违法双方各处 100～1000 元罚款;

(二)涂改捕捞许可证的,处 100～1000 元罚款;

第十一条 违反水污染防治法规定,造成渔业污染事故的,按以下规定处以罚款:

(一)对造成污染事故的单位处 1000 元以上 50000 元以下罚款;

(二)对造成重大经济损失的,按照直接损失的 30% 计算罚款,但最高不得超过 20 万元。

第十二条 捕捞国家重点保护的渔业资源品种中未达到采捕标准的幼体超过规定比例的,没收超比例部分幼体,并可以 30000 元以下罚款;从重处罚的,可以没收渔获物。

第十三条 违反《实施细则》第二十四条、第二十五条规定的,擅自捕捞、收购有重要经济价值的水生动物苗种、怀卵亲体的,没收其苗种或怀卵亲体及违法所得,并可处以 30000 元以下罚款。

第十四条 中外合资、合作经营渔业企业的渔船,违反《实施细则》第十六条的规定,未经国务院有关主管部门批准,擅自从事近海捕捞的,依照《实施细则》第三十六条的规定,没收渔获物和违法所得,并可处以 3000～50000 元罚款。

第十五条 外国人、外国渔船违反《渔业法》第八条规定,擅自进入中华人民共和国管辖水域从事渔业生产或渔业资源调查活动的,依照《实施细则》第三十七条规定,令其离开或将其驱逐,并可以处以罚款和没收渔获物、渔具。

第十六条 我国渔船违反我国缔结、参加的国际渔业条约和违反公认的国际关系准则的,可处以罚款。

第十七条 违反《实施细则》第二十六条,在鱼、虾、贝、蟹幼苗的重点产区直接引水、用水的,未采取避开幼苗密集区、密集期或设置网栅等保护措施的,可处以 10000 元以下罚款。

第十八条 依照《渔业法》第二十八条、第三十条、第三十一条、第三十二条规定需处以罚款的,除按本规定罚款外,依照《实施细则》第三十四条的规定,对船长或者单位负责人可视情节另处 100～500 元罚款。

第十九条 凡无船名号、无船舶证书、无船籍港而从事渔业活动的船舶,可对船主处以船价两倍以下的罚款,并可予以没收。凡未履行审批手续非法建造、改装的渔船,一律予以没收。

第二十条 按本规定进行的渔业行政处罚,在海上被处罚的当事人在未执行处罚以前,可扣留其捕捞许可证和渔具。

第二十一条 本规定由农业部负责解释。

行政机关公务员处分条例

(2007年4月22日 中华人民共和国国务院令第495号)

第一章 总 则

第一条 为了严肃行政机关纪律,规范行政机关公务员的行为,保证行政机关及其公务员依法履行职责,根据《中华人民共和国公务员法》和《中华人民共和国行政监察法》,制定本条例。

第二条 行政机关公务员违反法律、法规、规章以及行政机关的决定和命令,应当承担纪律责任的,依照本条例给予处分。

法律、其他行政法规、国务院决定对行政机关公务员处分有规定的,依照该法律、行政法规、国务院决定的规定执行;法律、其他行政法规、国务院决定对行政机关公务员应当受到处分的违法违纪行为做了规定,但是未对处分幅度做规定的,适用本条例第三章与其最相类似的条款有关处分幅度的规定。

地方性法规、部门规章、地方政府规章可以补充规定本条例第三章未作规定的应当给予处分的违法违纪行为以及相应的处分幅度。除国务院监察机关、国务院人事部门外,国务院其他部门制定处分规章,应当与国务院监察机关、国务院人事部门联合制定。

除法律、法规、规章以及国务院决定外,行政机关不得以其他形式设定行政机关公务员处分事项。

第三条 行政机关公务员依法履行职务的行为受法律保护,非因法定事由,非经法定程序,不受处分。

第四条 给予行政机关公务员处分,应当坚持公正、公平和教育与惩处相结合的原则。

给予行政机关公务员处分,应当与其违法违纪行为的性质、情节、危害程度相适应。

给予行政机关公务员处分,应当事实清楚、证据确凿、定性准确、处理恰当、程序合法、手续完备。

第五条 行政机关公务员违法违纪涉嫌犯罪的,应当移送司法机关依法追究刑事责任。

第二章 处分的种类和适用

第六条 行政机关公务员处分的种类为:
(一)警告;
(二)记过;
(三)记大过;
(四)降级;
(五)撤职;
(六)开除。

第七条 行政机关公务员受处分的期间为：

（一）警告，6个月；

（二）记过，12个月；

（三）记大过，18个月；

（四）降级、撤职，24个月。

第八条 行政机关公务员在受处分期间不得晋升职务和级别，其中，受记过、记大过、降级、撤职处分的，不得晋升工资档次；受撤职处分的，应当按照规定降低级别。

第九条 行政机关公务员受开除处分的，自处分决定生效之日起，解除其与单位的人事关系，不得再担任公务员职务。

行政机关公务员受开除以外的处分，在受处分期间有悔改表现，并且没有再发生违法违纪行为的，处分期满后，应当解除处分。解除处分后，晋升工资档次、级别和职务不再受原处分的影响。但是，解除降级、撤职处分的，不视为恢复原级别、原职务。

第十条 行政机关公务员同时有两种以上需要给予处分的行为的，应当分别确定其处分。应当给予的处分种类不同的，执行其中最重的处分；应当给予撤职以下多个相同种类处分的，执行该处分，并在一个处分期以上、多个处分期之和以下，决定处分期。

行政机关公务员在受处分期间受到新的处分的，其处分期为原处分期尚未执行的期限与新处分期限之和。

处分期最长不得超过48个月。

第十一条 行政机关公务员2人以上共同违法违纪，需要给予处分的，根据各自应当承担的纪律责任，分别给予处分。

第十二条 有下列情形之一的，应当从重处分：

（一）在2人以上的共同违法违纪行为中起主要作用的；

（二）隐匿、伪造、销毁证据的；

（三）串供或者阻止他人揭发检举、提供证据材料的；

（四）包庇同案人员的；

（五）法律、法规、规章规定的其他从重情节。

第十三条 有下列情形之一的，应当从轻处分：

（一）主动交代违法违纪行为的；

（二）主动采取措施，有效避免或者挽回损失的；

（三）检举他人重大违法违纪行为，情况属实的。

第十四条 行政机关公务员主动交代违法违纪行为，并主动采取措施有效避免或者挽回损失的，应当减轻处分。

行政机关公务员违纪行为情节轻微，经过批评教育后改正的，可以免予处分。

第十五条 行政机关公务员有本条例第十二条、第十三条规定情形之一的，应当在本条例第三章规定的处分幅度以内从重或者从轻给予处分。

行政机关公务员有本条例第十四条第一款规定情形的，应当在本条例第三章规定的处分幅度以外，减轻一个处分的档次给予处分。应当给予警告处分，又有减轻处分的情形的，免予处分。

第十六条 行政机关经人民法院、监察机关、行政复议机关或者上级行政机关依法认定有行政违法行为或者其他违法违纪行为,需要追究纪律责任的,对负有责任的领导人员和直接责任人员给予处分。

第十七条 违法违纪的行政机关公务员在行政机关对其作出处分决定前,已经依法被判处刑罚、罢免、免职或者已经辞去领导职务,依法应当给予处分的,由行政机关根据其违法违纪事实,给予处分。

行政机关公务员依法被判处刑罚的,给予开除处分。

第三章 违法违纪行为及其适用的处分

第十八条 有下列行为之一的,给予记大过处分;情节较重的,给予降级或者撤职处分;情节严重的,给予开除处分:

(一)散布有损国家声誉的言论,组织或者参加旨在反对国家的集会、游行、示威等活动的;

(二)组织或者参加非法组织,组织或者参加罢工的;

(三)违反国家的民族宗教政策,造成不良后果的;

(四)以暴力、威胁、贿赂、欺骗等手段,破坏选举的;

(五)在对外交往中损害国家荣誉和利益的;

(六)非法出境,或者违反规定滞留境外不归的;

(七)未经批准获取境外永久居留资格,或者取得外国国籍的;

(八)其他违反政治纪律的行为。

有前款第(六)项规定行为的,给予开除处分;有前款第(一)项、第(二)项或者第(三)项规定的行为,属于不明真相被裹挟参加,经批评教育后确有悔改表现的,可以减轻或者免予处分。

第十九条 有下列行为之一的,给予警告、记过或者记大过处分;情节较重的,给予降级或者撤职处分;情节严重的,给予开除处分:

(一)负有领导责任的公务员违反议事规则,个人或者少数人决定重大事项,或者改变集体作出的重大决定的;

(二)拒绝执行上级依法作出的决定、命令的;

(三)拒不执行机关的交流决定的;

(四)拒不执行人民法院对行政案件的判决、裁定或者监察机关、审计机关、行政复议机关作出的决定的;

(五)违反规定应当回避而不回避,影响公正执行公务,造成不良后果的;

(六)离任、辞职或者被辞退时,拒不办理公务交接手续或者拒不接受审计的;

(七)旷工或者因公外出、请假期满无正当理由逾期不归,造成不良影响的;

(八)其他违反组织纪律的行为。

第二十条 有下列行为之一的,给予记过、记大过处分;情节较重的,给予降级或者撤职处分;情节严重的,给予开除处分:

(一)不依法履行职责,致使可以避免的爆炸、火灾、传染病传播流行、严重环境污染、严重人员伤亡等重大事故或者群体性事件发生的;

(二)发生重大事故、灾害、事件或者重大刑事案件、治安案件,不按规定报告、处理的;

(三)对救灾、抢险、防汛、防疫、优抚、扶贫、移民、救济、社会保险、征地补偿等专项款物疏于

管理,致使款物被贪污、挪用,或者毁损、灭失的;

(四)其他玩忽职守、贻误工作的行为。

第二十一条 有下列行为之一的,给予警告或者记过处分;情节较重的,给予记大过或者降级处分;情节严重的,给予撤职处分:

(一)在行政许可工作中违反法定权限、条件和程序设定或者实施行政许可的;

(二)违法设定或者实施行政强制措施的;

(三)违法设定或者实施行政处罚的;

(四)违反法律、法规规定进行行政委托的;

(五)对需要政府、政府部门决定的招标投标、征收征用、城市房屋拆迁、拍卖等事项违反规定办理的。

第二十二条 弄虚作假,误导、欺骗领导和公众,造成不良后果的,给予警告、记过或者记大过处分;情节较重的,给予降级或者撤职处分;情节严重的,给予开除处分。

第二十三条 有贪污、索贿、受贿、行贿、介绍贿赂、挪用公款、利用职务之便为自己或者他人谋取私利、巨额财产来源不明等违反廉政纪律行为的,给予记过或者记大过处分;情节较重的,给予降级或者撤职处分;情节严重的,给予开除处分。

第二十四条 违反财经纪律,挥霍浪费国家资财的,给予警告处分;情节较重的,给予记过或者记大过处分;情节严重的,给予降级或者撤职处分。

第二十五条 有下列行为之一的,给予记过或者记大过处分;情节较重的,给予降级或者撤职处分;情节严重的,给予开除处分:

(一)以殴打、体罚、非法拘禁等方式侵犯公民人身权利的;

(二)压制批评,打击报复,扣压、销毁举报信件,或者向被举报人透露举报情况的;

(三)违反规定向公民、法人或者其他组织摊派或者收取财物的;

(四)妨碍执行公务或者违反规定干预执行公务的;

(五)其他滥用职权,侵害公民、法人或者其他组织合法权益的行为。

第二十六条 泄露国家秘密、工作秘密,或者泄露因履行职责掌握的商业秘密、个人隐私,造成不良后果的,给予警告、记过或者记大过处分;情节较重的,给予降级或者撤职处分;情节严重的,给予开除处分。

第二十七条 从事或者参与营利性活动,在企业或者其他营利性组织中兼任职务的,给予记过或者记大过处分;情节较重的,给予降级或者撤职处分;情节严重的,给予开除处分。

第二十八条 严重违反公务员职业道德,工作作风懈怠、工作态度恶劣,造成不良影响的,给予警告、记过或者记大过处分。

第二十九条 有下列行为之一的,给予警告、记过或者记大过处分;情节较重的,给予降级或者撤职处分;情节严重的,给予开除处分:

(一)拒不承担赡养、抚养、扶养义务的;

(二)虐待、遗弃家庭成员的;

(三)包养情人的;

(四)严重违反社会公德的行为。

有前款第(三)项行为的,给予撤职或者开除处分。

第三十条　参与迷信活动,造成不良影响的,给予警告、记过或者记大过处分;组织迷信活动的,给予降级或者撤职处分,情节严重的,给予开除处分。

第三十一条　吸食、注射毒品或者组织、支持、参与卖淫、嫖娼、色情淫乱活动的,给予撤职或者开除处分。

第三十二条　参与赌博的,给予警告或者记过处分;情节较重的,给予记大过或者降级处分;情节严重的,给予撤职或者开除处分。

为赌博活动提供场所或者其他便利条件的,给予警告、记过或者记大过处分;情节严重的,给予撤职或者开除处分。

在工作时间赌博的,给予记过、记大过或者降级处分;屡教不改的,给予撤职或者开除处分。

挪用公款赌博的,给予撤职或者开除处分。

利用赌博索贿、受贿或者行贿的,依照本条例第二十三条的规定给予处分。

第三十三条　违反规定超计划生育的,给予降级或者撤职处分;情节严重的,给予开除处分。

生态环境损害赔偿制度改革方案

(2017年12月　中办发〔2017〕68号)

生态环境损害赔偿制度是生态文明制度体系的重要组成部分。党中央、国务院高度重视生态环境损害赔偿工作,党的十八届三中全会明确提出对造成生态环境损害的责任者严格实行赔偿制度。2015年,中央办公厅、国务院办公厅印发《生态环境损害赔偿制度改革试点方案》(中办发〔2015〕57号),在吉林等7个省市部署开展改革试点,取得明显成效。为进一步在全国范围内加快构建生态环境损害赔偿制度,在总结各地区改革试点实践经验基础上,制定本方案。

一、总体要求和目标

通过在全国范围内试行生态环境损害赔偿制度,进一步明确生态环境损害赔偿范围、责任主体、索赔主体、损害赔偿解决途径等,形成相应的鉴定评估管理和技术体系、资金保障和运行机制,逐步建立生态环境损害的修复和赔偿制度,加快推进生态文明建设。

自2018年1月1日起,在全国试行生态环境损害赔偿制度。到2020年,力争在全国范围内初步构建责任明确、途径畅通、技术规范、保障有力、赔偿到位、修复有效的生态环境损害赔偿制度。

二、工作原则

——依法推进,鼓励创新。按照相关法律法规规定,立足国情和地方实际,由易到难、稳妥有序开展生态环境损害赔偿制度改革工作。对法律未作规定的具体问题,根据需要提出政策和立法建议。

——环境有价,损害担责。体现环境资源生态功能价值,促使赔偿义务人对受损的生态环境进行修复。生态环境损害无法修复的,实施货币赔偿,用于替代修复。赔偿义务人因同一生态环境损害行为需承担行政责任或刑事责任的,不影响其依法承担生态环境损害赔偿责任。

——主动磋商,司法保障。生态环境损害发生后,赔偿权利人组织开展生态环境损害调查、鉴定评估、修复方案编制等工作,主动与赔偿义务人磋商。磋商未达成一致,赔偿权利人可依法提起诉讼。

——信息共享,公众监督。实施信息公开,推进政府及其职能部门共享生态环境损害赔偿信息。生态环境损害调查、鉴定评估、修复方案编制等工作中涉及公共利益的重大事项应当向社会公开,并邀请专家和利益相关的公民、法人、其他组织参与。

三、适用范围

本方案所称生态环境损害,是指因污染环境、破坏生态造成大气、地表水、地下水、土壤、森林等环境要素和植物、动物、微生物等生物要素的不利改变,以及上述要素构成的生态系统功能退化。

(一)有下列情形之一的,按本方案要求依法追究生态环境损害赔偿责任:

1. 发生较大及以上突发环境事件的;
2. 在国家和省级主体功能区规划中划定的重点生态功能区、禁止开发区发生环境污染、生态破坏事件的;
3. 发生其他严重影响生态环境后果的。各地区应根据实际情况,综合考虑造成的环境污染、生态破坏程度以及社会影响等因素,明确具体情形。

(二)以下情形不适用本方案:

1. 涉及人身伤害、个人和集体财产损失要求赔偿的,适用侵权责任法等法律规定;
2. 涉及海洋生态环境损害赔偿的,适用海洋环境保护法等法律及相关规定。

四、工作内容

(一)明确赔偿范围。生态环境损害赔偿范围包括清除污染费用、生态环境修复费用、生态环境修复期间服务功能的损失、生态环境功能永久性损害造成的损失以及生态环境损害赔偿调查、鉴定评估等合理费用。各地区可根据生态环境损害赔偿工作进展情况和需要,提出细化赔偿范围的建议。鼓励各地区开展环境健康损害赔偿探索性研究与实践。

(二)确定赔偿义务人。违反法律法规,造成生态环境损害的单位或个人,应当承担生态环境损害赔偿责任,做到应赔尽赔。现行民事法律和资源环境保护法律有相关免除或减轻生态环境损害赔偿责任规定的,按相应规定执行。各地区可根据需要扩大生态环境损害赔偿义务人范围,提出相关立法建议。

(三)明确赔偿权利人。国务院授权省级、市地级政府(包括直辖市所辖的区县级政府,下同)作为本行政区域内生态环境损害赔偿权利人。省域内跨市地的生态环境损害,由省级政府管辖;其他工作范围划分由省级政府根据本地区实际情况确定。省级、市地级政府可指定相关部门或机构负责生态环境损害赔偿具体工作。省级、市地级政府及其指定的部门或机构均有权提起诉讼。跨省域的生态环境损害,由生态环境损害地的相关省级政府协商开展生态环境损害赔偿工作。

在健全国家自然资源资产管理体制试点区,受委托的省级政府可指定统一行使全民所有自然资源资产所有者职责的部门负责生态环境损害赔偿具体工作;国务院直接行使全民所有自然资源资产所有权的,由受委托代行该所有权的部门作为赔偿权利人开展生态环境损害赔偿工作。

各省(自治区、直辖市)政府应当制定生态环境损害索赔启动条件、鉴定评估机构选定程序、信息公开等工作规定,明确国土资源、环境保护、住房城乡建设、水利、农业、林业等相关部门开展索赔工作的职责分工。建立对生态环境损害索赔行为的监督机制,赔偿权利人及其指定的相关部门或机构的负责人、工作人员在索赔工作中存在滥用职权、玩忽职守、徇私舞弊的,依纪依法追究责任;涉嫌犯罪的,移送司法机关。

对公民、法人和其他组织举报要求提起生态环境损害赔偿的,赔偿权利人及其指定的部门或机构应当及时研究处理和答复。

(四)开展赔偿磋商。经调查发现生态环境损害需要修复或赔偿的,赔偿权利人根据生态环境损害鉴定评估报告,就损害事实和程度、修复启动时间和期限、赔偿的责任承担方式和期限等具体问题与赔偿义务人进行磋商,统筹考虑修复方案技术可行性、成本效益最优化、赔偿义务人赔偿能力、第三方治理可行性等情况,达成赔偿协议。对经磋商达成的赔偿协议,可以依照民事诉讼法向人民法院申请司法确认。经司法确认的赔偿协议,赔偿义务人不履行或不完全履行的,赔偿权利人及其指定的部门或机构可向人民法院申请强制执行。磋商未达成一致的,赔偿权利人及其指定的部门或机构应当及时提起生态环境损害赔偿民事诉讼。

(五)完善赔偿诉讼规则。各地人民法院要按照有关法律规定、依托现有资源,由环境资源审判庭或指定专门法庭审理生态环境损害赔偿民事案件;根据赔偿义务人主观过错、经营状况等因素试行分期赔付,探索多样化责任承担方式。

各地人民法院要研究符合生态环境损害赔偿需要的诉前证据保全、先予执行、执行监督等制度;可根据试行情况,提出有关生态环境损害赔偿诉讼的立法和制定司法解释建议。鼓励法定的机关和符合条件的社会组织依法开展生态环境损害赔偿诉讼。

生态环境损害赔偿制度与环境公益诉讼之间衔接等问题,由最高人民法院商有关部门根据实际情况制定指导意见予以明确。

(六)加强生态环境修复与损害赔偿的执行和监督。赔偿权利人及其指定的部门或机构对磋商或诉讼后的生态环境修复效果进行评估,确保生态环境得到及时有效修复。生态环境损害赔偿款项使用情况、生态环境修复效果要向社会公开,接受公众监督。

(七)规范生态环境损害鉴定评估。各地区要加快推进生态环境损害鉴定评估专业力量建设,推动组建符合条件的专业评估队伍,尽快形成评估能力。研究制定鉴定评估管理制度和工作程序,保障独立开展生态环境损害鉴定评估,并做好与司法程序的衔接。为磋商提供鉴定意见的鉴定评估机构应当符合国家有关要求;为诉讼提供鉴定意见的鉴定评估机构应当遵守司法行政机关等的相关规定规范。

(八)加强生态环境损害赔偿资金管理。经磋商或诉讼确定赔偿义务人的,赔偿义务人应当根据磋商或判决要求,组织开展生态环境损害的修复。赔偿义务人无能力开展修复工作的,可以委托具备修复能力的社会第三方机构进行修复。修复资金由赔偿义务人向委托的社会第三方机构支付。赔偿义务人自行修复或委托修复的,赔偿权利人前期开展生态环境损害调查、鉴定评估、修复效果后评估等费用由赔偿义务人承担。

赔偿义务人造成的生态环境损害无法修复的,其赔偿资金作为政府非税收入,全额上缴同级国库,纳入预算管理。赔偿权利人及其指定的部门或机构根据磋商或判决要求,结合本区域生态环境损害情况开展替代修复。

五、保障措施

(一)落实改革责任。各省(自治区、直辖市)、市(地、州、盟)党委和政府要加强对生态环损害赔偿制度改革的统一领导,及时制定本地区实施方案,明确改革任务和时限要求,大胆探索、扎实推进,确保各项改革措施落到实处。省(自治区、直辖市)政府成立生态环境损害赔偿制度改革工作领导小组。省级、市地级政府指定的部门或机构,要明确有关人员专门负责生态环境损害赔偿工作。国家自然资源资产管理体制试点部门要明确任务、细化责任。

吉林、江苏、山东、湖南、重庆、贵州、云南7个试点省市试点期间的实施方案可以结合试点情况和本方案要求进行调整完善。

各省(自治区、直辖市)在改革试行过程中,要及时总结经验,完善相关制度。自2019年起,每年3月底前将上年度本行政区域生态环境损害赔偿制度改革工作情况送环境保护部汇总后报告党中央、国务院。

(二)加强业务指导。环境保护部会同相关部门负责指导有关生态环境损害调查、鉴定评估、修复方案编制、修复效果后评估等业务工作。最高人民法院负责指导有关生态环境损害赔偿的审判工作。最高人民检察院负责指导有关生态环境损害赔偿的检察工作。司法部负责指导有关生态环境损害司法鉴定管理工作。财政部负责指导有关生态环境损害赔偿资金管理工作。国家卫生计生委、环境保护部对各地区环境健康问题开展调查研究或指导地方开展调查研究,加强环境与健康综合监测与风险评估。

(三)加快技术体系建设。国家建立健全统一的生态环境损害鉴定评估技术标准体系。环境保护部负责制定完善生态环境损害鉴定评估技术标准体系框架和技术总纲;会同相关部门出台或修订生态环境损害鉴定评估的专项技术规范;会同相关部门建立服务于生态环境损害鉴定评估的数据平台。相关部门针对基线确定、因果关系判定、损害数额量化等损害鉴定关键环节,组织加强关键技术与标准研究。

(四)做好经费保障。生态环境损害赔偿制度改革工作所需经费由同级财政予以安排。

(五)鼓励公众参与。不断创新公众参与方式,邀请专家和利益相关的公民、法人、其他组织参加生态环境修复或赔偿磋商工作。依法公开生态环境损害调查、鉴定评估、赔偿、诉讼裁判文书、生态环境修复效果报告等信息,保障公众知情权。

六、其他事项

2015年印发的《生态环境损害赔偿制度改革试点方案》自2018年1月1日起废止。

环境保护部关于转发全国人大法工委《对违法排污行为适用行政拘留处罚问题的意见》的通知

(2008年7月4日 环发〔2008〕62号)

各省、自治区、直辖市环境保护局(厅),副省级城市环境保护局,新疆生产建设兵团环境保护局,解放军环境保护局:

《水污染防治法》第九十条明确规定,对违反治安管理法规的行为依法给予治安管理处罚。

《治安管理处罚法》第三十条对环境管理中违反治安管理规定适用行政拘留处罚的行为做出了具体规定。为认真贯彻执行《水污染防治法》，加大环境执法力度，充分运用行政拘留的强制手段处罚恶意排污行为，全国人大常委会法工委2008年5月印发了《对违法排污行为适用行政拘留处罚问题的意见》（以下简称《意见》）。现将《意见》转发给你们，并将具体运用问题通知如下：

一、违法向水体排放或倾倒危险物质的，可以依法适用行政拘留处罚

根据《水污染防治法》、《治安管理处罚法》和《意见》的规定，排污单位违反国家规定，向水体排放、倾倒毒害性、放射性、腐蚀性物质或者传染病病原体等危险物质，构成非法处置危险物质的，可以适用行政拘留处罚。

二、案件的移送程序及证据材料

环境保护行政主管部门发现排污单位有违法向水体排放或倾倒危险物质行为的，应当依职权调查处理，凡涉嫌违反治安管理规定需要适用行政拘留处罚的，应当主动、及时与公安机关沟通，按照《公安机关办理行政案件程序规定》（公安部令第88号）的有关要求向公安机关移送，并将案件相关证据材料一并移送。

环境保护行政主管部门应当指定两名或者两名以上行政执法人员组成专案组专门负责，核实情况后提出移送案件的书面报告，报经本部门主要负责人或者主持工作的负责人审批。

环境保护行政主管部门向公安机关移送涉嫌违反治安管理规定的案件，应当附有案件移送书、涉嫌违反治安管理规定依法需要适用行政拘留处罚的案件情况调查报告、涉案物品清单、有关监测报告或者鉴定结论等证据材料。环境保护行政主管部门已经对相关环境违法行为作出行政处罚决定的，应当同时移送行政处罚决定书和作出行政处罚决定的证据资料。

三、加强协调，密切配合

环境保护行政主管部门办理适用行政拘留处罚的环境违法案件，应当与公安机关密切配合，充分协调。在向公安机关移送案件后的十日内向公安机关查询受理情况，并跟踪案件办理过程。对公安机关已经受理的案件，环境保护行政主管部门应当予以配合，支持公安机关的调查工作，根据需要提供必要的监测数据和其他证据材料。在案件移送前，环境保护行政主管部门如认为必要，可以邀请公安机关派员参加相关调查工作；公安机关要求提前介入调查或者要求参加案件讨论的，环境保护行政主管部门应当给予支持和配合。

四、严肃责任追究机制

环境保护行政主管部门应充分运用行政拘留的处罚手段，切实做好适用行政拘留处罚的环境违法案件的移送工作。

对涉嫌违反治安管理规定适用行政拘留处罚的案件应当移送公安机关而不移送，致使违法人员逃脱行政拘留处罚的，应当根据《环境保护违法违纪行为处分暂行规定》（监察部、国家环境保护总局令第10号）第8条的规定，对直接责任人员给予警告、记过或者记大过处分；情节较重的，给予降级或者撤职处分；情节严重的，给予开除处分。

附件：全国人大法工委《对违法排污行为适用行政拘留处罚问题的意见》（法工委复〔2008〕5号）（略）

最高人民法院、最高人民检察院
关于办理环境污染刑事案件适用法律若干问题的解释

(2016年12月23日 法释〔2016〕29号)

为依法惩治有关环境污染犯罪,根据《中华人民共和国刑法》《中华人民共和国刑事诉讼法》的有关规定,现就办理此类刑事案件适用法律的若干问题解释如下:

第一条 实施刑法第三百三十八条规定的行为,具有下列情形之一的,应当认定为"严重污染环境":

(一)在饮用水水源一级保护区、自然保护区核心区排放、倾倒、处置有放射性的废物、含传染病病原体的废物、有毒物质的;

(二)非法排放、倾倒、处置危险废物三吨以上的;

(三)排放、倾倒、处置含铅、汞、镉、铬、砷、铊、锑的污染物,超过国家或者地方污染物排放标准三倍以上的;

(四)排放、倾倒、处置含镍、铜、锌、银、钒、锰、钴的污染物,超过国家或者地方污染物排放标准十倍以上的;

(五)通过暗管、渗井、渗坑、裂隙、溶洞、灌注等逃避监管的方式排放、倾倒、处置有放射性的废物、含传染病病原体的废物、有毒物质的;

(六)二年内曾因违反国家规定,排放、倾倒、处置有放射性的废物、含传染病病原体的废物、有毒物质受过两次以上行政处罚,又实施前列行为的;

(七)重点排污单位篡改、伪造自动监测数据或者干扰自动监测设施,排放化学需氧量、氨氮、二氧化硫、氮氧化物等污染物的;

(八)违法减少防治污染设施运行支出一百万元以上的;

(九)违法所得或者致使公私财产损失三十万元以上的;

(十)造成生态环境严重损害的;

(十一)致使乡镇以上集中式饮用水水源取水中断十二小时以上的;

(十二)致使基本农田、防护林地、特种用途林地五亩以上,其他农用地十亩以上,其他土地二十亩以上基本功能丧失或者遭受永久性破坏的;

(十三)致使森林或者其他林木死亡五十立方米以上,或者幼树死亡二千五百株以上的;

(十四)致使疏散、转移群众五千人以上的;

(十五)致使三十人以上中毒的;

(十六)致使三人以上轻伤、轻度残疾或者器官组织损伤导致一般功能障碍的;

(十七)致使一人以上重伤、中度残疾或者器官组织损伤导致严重功能障碍的;

(十八)其他严重污染环境的情形。

第二条 实施刑法第三百三十九条、第四百零八条规定的行为,致使公私财产损失三十万元以上,或者具有本解释第一条第十项至第十七项规定情形之一的,应当认定为"致使公私财产遭受重大损失或者严重危害人体健康"或者"致使公私财产遭受重大损失或者造成人身伤亡的严重后果"。

第三条　实施刑法第三百三十八条、第三百三十九条规定的行为,具有下列情形之一的,应当认定为"后果特别严重":

(一)致使县级以上城区集中式饮用水水源取水中断十二小时以上的;

(二)非法排放、倾倒、处置危险废物一百吨以上的;

(三)致使基本农田、防护林地、特种用途林地十五亩以上,其他农用地三十亩以上,其他土地六十亩以上基本功能丧失或者遭受永久性破坏的;

(四)致使森林或者其他林木死亡一百五十立方米以上,或者幼树死亡七千五百株以上的;

(五)致使公私财产损失一百万元以上的;

(六)造成生态环境特别严重损害的;

(七)致使疏散、转移群众一万五千人以上的;

(八)致使一百人以上中毒的;

(九)致使十人以上轻伤、轻度残疾或者器官组织损伤导致一般功能障碍的;

(十)致使三人以上重伤、中度残疾或者器官组织损伤导致严重功能障碍的;

(十一)致使一人以上重伤、中度残疾或者器官组织损伤导致严重功能障碍,并致使五人以上轻伤、轻度残疾或者器官组织损伤导致一般功能障碍的;

(十二)致使一人以上死亡或者重度残疾的;

(十三)其他后果特别严重的情形。

第四条　实施刑法第三百三十八条、第三百三十九条规定的犯罪行为,具有下列情形之一的,应当从重处罚:

(一)阻挠环境监督检查或者突发环境事件调查,尚不构成妨害公务等犯罪的;

(二)在医院、学校、居民区等人口集中地区及其附近,违反国家规定排放、倾倒、处置有放射性的废物、含传染病病原体的废物、有毒物质或者其他有害物质的;

(三)在重污染天气预警期间、突发环境事件处置期间或者被责令限期整改期间,违反国家规定排放、倾倒、处置有放射性的废物、含传染病病原体的废物、有毒物质或者其他有害物质的;

(四)具有危险废物经营许可证的企业违反国家规定排放、倾倒、处置有放射性的废物、含传染病病原体的废物、有毒物质或者其他有害物质的。

第五条　实施刑法第三百三十八条、第三百三十九条规定的行为,刚达到应当追究刑事责任的标准,但行为人及时采取措施,防止损失扩大、消除污染,全部赔偿损失,积极修复生态环境,且系初犯,确有悔罪表现的,可以认定为情节轻微,不起诉或者免于刑事处罚;确有必要判处刑罚的,应当从宽处罚。

第六条　无危险废物经营许可证从事收集、贮存、利用、处置危险废物经营活动,严重污染环境的,按照污染环境罪定罪处罚;同时构成非法经营罪的,依照处罚较重的规定定罪处罚。

实施前款规定的行为,不具有超标排放污染物、非法倾倒污染物或者其他违法造成环境污染的情形,可以认定为非法经营情节显著轻微危害不大,不认为是犯罪;构成生产、销售伪劣产品等其他犯罪的,以其他犯罪论处。

第七条 明知他人无危险废物经营许可证，向其提供或者委托其收集、贮存、利用、处置危险废物，严重污染环境的，以共同犯罪论处。

第八条 违反国家规定，排放、倾倒、处置含有毒害性、放射性、传染病病原体等物质的污染物，同时构成污染环境罪、非法处置进口的固体废物罪、投放危险物质罪等犯罪的，依照处罚较重的规定定罪处罚。

第九条 环境影响评价机构或其人员，故意提供虚假环境影响评价文件，情节严重的，或者严重不负责任，出具的环境影响评价文件存在重大失实，造成严重后果的，应当依照刑法第二百二十九条、第二百三十一条的规定，以提供虚假证明文件罪或者出具证明文件重大失实罪定罪处罚。

第十条 违反国家规定，针对环境质量监测系统实施下列行为，或者强令、指使、授意他人实施下列行为的，应当依照刑法第二百八十六条的规定，以破坏计算机信息系统罪论处：

（一）修改参数或者监测数据的；

（二）干扰采样，致使监测数据严重失真的；

（三）其他破坏环境质量监测系统的行为。

重点排污单位篡改、伪造自动监测数据或者干扰自动监测设施，排放化学需氧量、氨氮、二氧化硫、氮氧化物等污染物，同时构成污染环境罪和破坏计算机信息系统罪的，依照处罚较重的规定定罪处罚。

从事环境监测设施维护、运营的人员实施或者参与实施篡改、伪造自动监测数据、干扰自动监测设施、破坏环境质量监测系统等行为的，应当从重处罚。

第十一条 单位实施本解释规定的犯罪的，依照本解释规定的定罪量刑标准，对直接负责的主管人员和其他直接责任人员定罪处罚，并对单位判处罚金。

第十二条 环境保护主管部门及其所属监测机构在行政执法过程中收集的监测数据，在刑事诉讼中可以作为证据使用。

公安机关单独或者会同环境保护主管部门，提取污染物样品进行检测获取的数据，在刑事诉讼中可以作为证据使用。

第十三条 对国家危险废物名录所列的废物，可以依据涉案物质的来源、产生过程、被告人供述、证人证言以及经批准或者备案的环境影响评价文件等证据，结合环境保护主管部门、公安机关等出具的书面意见作出认定。

对于危险废物的数量，可以综合被告人供述，涉案企业的生产工艺、物耗、能耗情况，以及经批准或者备案的环境影响评价文件等证据作出认定。

第十四条 对案件所涉的环境污染专门性问题难以确定的，依据司法鉴定机构出具的鉴定意见，或者国务院环境保护主管部门、公安部门指定的机构出具的报告，结合其他证据作出认定。

第十五条 下列物质应当认定为刑法第三百三十八条规定的"有毒物质"：

（一）危险废物，是指列入国家危险废物名录，或者根据国家规定的危险废物鉴别标准和鉴别方法认定的，具有危险特性的废物；

（二）《关于持久性有机污染物的斯德哥尔摩公约》附件所列物质；

（三）含重金属的污染物；

（四）其他具有毒性，可能污染环境的物质。

第十六条 无危险废物经营许可证，以营利为目的，从危险废物中提取物质作为原材料或者燃料，并具有超标排放污染物、非法倾倒污染物或者其他违法造成环境污染的情形的行为，应当认定为"非法处置危险废物"。

第十七条 本解释所称"二年内"，以第一次违法行为受到行政处罚的生效之日与又实施相应行为之日的时间间隔计算确定。

本解释所称"重点排污单位"，是指设区的市级以上人民政府环境保护主管部门依法确定的应当安装、使用污染物排放自动监测设备的重点监控企业及其他单位。

本解释所称"违法所得"，是指实施刑法第三百三十八条、第三百三十九条规定的行为所得和可得的全部违法收入。

本解释所称"公私财产损失"，包括实施刑法第三百三十八条、第三百三十九条规定的行为直接造成财产毁损、减少的实际价值，为防止污染扩大、消除污染而采取必要合理措施所产生的费用，以及处置突发环境事件的应急监测费用。

本解释所称"生态环境损害"，包括生态环境修复费用，生态环境修复期间服务功能的损失和生态环境功能永久性损害造成的损失，以及其他必要合理费用。

本解释所称"无危险废物经营许可证"，是指未取得危险废物经营许可证，或者超出危险废物经营许可证的经营范围。

第十八条 本解释自2017年1月1日起施行。本解释施行后，《最高人民法院、最高人民检察院关于办理环境污染刑事案件适用法律若干问题的解释》（法释〔2013〕15号）同时废止；之前发布的司法解释与本解释不一致的，以本解释为准。

最高人民法院关于审理环境民事公益诉讼案件适用法律若干问题的解释

（2015年1月6日　法释〔2015〕1号）

为正确审理环境民事公益诉讼案件，根据《中华人民共和国民事诉讼法》《中华人民共和国侵权责任法》《中华人民共和国环境保护法》等法律的规定，结合审判实践，制定本解释。

第一条 法律规定的机关和有关组织依据民事诉讼法第五十五条、环境保护法第五十八条等法律的规定，对已经损害社会公共利益或者具有损害社会公共利益重大风险的污染环境、破坏生态的行为提起诉讼，符合民事诉讼法第一百一十九条第二项、第三项、第四项规定的，人民法院应予受理。

第二条 依照法律、法规的规定，在设区的市级以上人民政府民政部门登记的社会团体、民办非企业单位以及基金会等，可以认定为环境保护法第五十八条规定的社会组织。

第三条 设区的市、自治州、盟、地区，不设区的地级市、直辖市的区以上人民政府民政部门，可以认定为环境保护法第五十八条规定的"设区的市级以上人民政府民政部门"。

第四条 社会组织章程确定的宗旨和主要业务范围是维护社会公共利益,且从事环境保护公益活动的,可以认定为环境保护法第五十八条规定的"专门从事环境保护公益活动"。

社会组织提起的诉讼所涉及的社会公共利益,应与其宗旨和业务范围具有关联性。

第五条 社会组织在提起诉讼前五年内未因从事业务活动违反法律、法规的规定受过行政、刑事处罚的,可以认定为环境保护法第五十八条规定的"无违法记录"。

第六条 第一审环境民事公益诉讼案件由污染环境、破坏生态行为发生地、损害结果地或者被告住所地的中级以上人民法院管辖。

中级人民法院认为确有必要的,可以在报请高级人民法院批准后,裁定将本院管辖的第一审环境民事公益诉讼案件交由基层人民法院审理。

同一原告或者不同原告对同一污染环境、破坏生态行为分别向两个以上有管辖权的人民法院提起环境民事公益诉讼的,由最先立案的人民法院管辖,必要时由共同上级人民法院指定管辖。

第七条 经最高人民法院批准,高级人民法院可以根据本辖区环境和生态保护的实际情况,在辖区内确定部分中级人民法院受理第一审环境民事公益诉讼案件。

中级人民法院管辖环境民事公益诉讼案件的区域由高级人民法院确定。

第八条 提起环境民事公益诉讼应当提交下列材料:

(一)符合民事诉讼法第一百二十一条规定的起诉状,并按照被告人数提出副本;

(二)被告的行为已经损害社会公共利益或者具有损害社会公共利益重大风险的初步证明材料;

(三)社会组织提起诉讼的,应当提交社会组织登记证书、章程、起诉前连续五年的年度工作报告书或者年检报告书,以及由其法定代表人或者负责人签字并加盖公章的无违法记录的声明。

第九条 人民法院认为原告提出的诉讼请求不足以保护社会公共利益的,可以向其释明变更或者增加停止侵害、恢复原状等诉讼请求。

第十条 人民法院受理环境民事公益诉讼后,应当在立案之日起五日内将起诉状副本发送被告,并公告案件受理情况。

有权提起诉讼的其他机关和社会组织在公告之日起三十日内申请参加诉讼,经审查符合法定条件的,人民法院应当将其列为共同原告;逾期申请的,不予准许。

公民、法人和其他组织以人身、财产受到损害为由申请参加诉讼的,告知其另行起诉。

第十一条 检察机关、负有环境保护监督管理职责的部门及其他机关、社会组织、企业事业单位依民事诉讼法第十五条的规定,可以通过提供法律咨询、提交书面意见、协助调查取证等方式支持社会组织依法提起环境民事公益诉讼。

第十二条 人民法院受理环境民事公益诉讼后,应当在十日内告知对被告行为负有环境保护监督管理职责的部门。

第十三条 原告请求被告提供其排放的主要污染物名称、排放方式、排放浓度和总量、超标排放情况以及防治污染设施的建设和运行情况等环境信息,法律、法规、规章规定被告应当持有或者有证据证明被告持有而拒不提供,如果原告主张相关事实不利于被告的,人民法院可以推定该主张成立。

第十四条 对于审理环境民事公益诉讼案件需要的证据,人民法院认为必要的,应当调查收集。

对于应当由原告承担举证责任且为维护社会公共利益所必要的专门性问题,人民法院可以委托具备资格的鉴定人进行鉴定。

第十五条 当事人申请通知有专门知识的人出庭,就鉴定人作出的鉴定意见或者就因果关系、生态环境修复方式、生态环境修复费用以及生态环境受到损害至恢复原状期间服务功能的损失等专门性问题提出意见的,人民法院可以准许。

前款规定的专家意见经质证,可以作为认定事实的根据。

第十六条 原告在诉讼过程中承认的对己方不利的事实和认可的证据,人民法院认为损害社会公共利益的,应当不予确认。

第十七条 环境民事公益诉讼案件审理过程中,被告以反诉方式提出诉讼请求的,人民法院不予受理。

第十八条 对污染环境、破坏生态,已经损害社会公共利益或者具有损害社会公共利益重大风险的行为,原告可以请求被告承担停止侵害、排除妨碍、消除危险、恢复原状、赔偿损失、赔礼道歉等民事责任。

第十九条 原告为防止生态环境损害的发生和扩大,请求被告停止侵害、排除妨碍、消除危险的,人民法院可以依法予以支持。

原告为停止侵害、排除妨碍、消除危险采取合理预防、处置措施而发生的费用,请求被告承担的,人民法院可以依法予以支持。

第二十条 原告请求恢复原状的,人民法院可以依法判决被告将生态环境修复到损害发生之前的状态和功能。无法完全修复的,可以准许采用替代性修复方式。

人民法院可以在判决被告修复生态环境的同时,确定被告不履行修复义务时应承担的生态环境修复费用;也可以直接判决被告承担生态环境修复费用。

生态环境修复费用包括制定、实施修复方案的费用和监测、监管等费用。

第二十一条 原告请求被告赔偿生态环境受到损害至恢复原状期间服务功能损失的,人民法院可以依法予以支持。

第二十二条 原告请求被告承担检验、鉴定费用,合理的律师费以及为诉讼支出的其他合理费用的,人民法院可以依法予以支持。

第二十三条 生态环境修复费用难以确定或者确定具体数额所需鉴定费用明显过高的,人民法院可以结合污染环境、破坏生态的范围和程度、生态环境的稀缺性、生态环境恢复的难易程度、防治污染设备的运行成本、被告因侵权行为所获得的利益以及过错程度等因素,并可以参考负有环境保护监督管理职责的部门的意见、专家意见等,予以合理确定。

第二十四条 人民法院判决被告承担的生态环境修复费用、生态环境受到损害至恢复原状期间服务功能损失等款项,应当用于修复被损害的生态环境。

其他环境民事公益诉讼中败诉原告所需承担的调查取证、专家咨询、检验、鉴定等必要费用,可以酌情从上述款项中支付。

第二十五条 环境民事公益诉讼当事人达成调解协议或者自行达成和解协议后,人民法院应当将协议内容公告,公告期间不少于三十日。

公告期满后,人民法院审查认为调解协议或者和解协议的内容不损害社会公共利益的,应当出具调解书。当事人以达成和解协议为由申请撤诉的,不予准许。

调解书应当写明诉讼请求、案件的基本事实和协议内容,并应当公开。

第二十六条 负有环境保护监督管理职责的部门依法履行监管职责而使原告诉讼请求全部实现,原告申请撤诉的,人民法院应予准许。

第二十七条 法庭辩论终结后,原告申请撤诉的,人民法院不予准许,但本解释第二十六条规定的情形除外。

第二十八条 环境民事公益诉讼案件的裁判生效后,有权提起诉讼的其他机关和社会组织就同一污染环境、破坏生态行为另行起诉,有下列情形之一的,人民法院应予受理:

(一)前案原告的起诉被裁定驳回的;

(二)前案原告申请撤诉被裁定准许的,但本解释第二十六条规定的情形除外。

环境民事公益诉讼案件的裁判生效后,有证据证明存在前案审理时未发现的损害,有权提起诉讼的机关和社会组织另行起诉的,人民法院应予受理。

第二十九条 法律规定的机关和社会组织提起环境民事公益诉讼的,不影响因同一污染环境、破坏生态行为受到人身、财产损害的公民、法人和其他组织依据民事诉讼法第一百一十九条的规定提起诉讼。

第三十条 已为环境民事公益诉讼生效裁判认定的事实,因同一污染环境、破坏生态行为依据民事诉讼法第一百一十九条规定提起诉讼的原告、被告均无需举证证明,但原告对该事实有异议并有相反证据足以推翻的除外。

对于环境民事公益诉讼生效裁判就被告是否存在法律规定的不承担责任或者减轻责任的情形、行为与损害之间是否存在因果关系、被告承担责任的大小等所作的认定,因同一污染环境、破坏生态行为依据民事诉讼法第一百一十九条规定提起诉讼的原告主张适用的,人民法院应予支持,但被告有相反证据足以推翻的除外。被告主张直接适用对其有利的认定的,人民法院不予支持,被告仍应举证证明。

第三十一条 被告因污染环境、破坏生态在环境民事公益诉讼和其他民事诉讼中均承担责任,其财产不足以履行全部义务的,应当先履行其他民事诉讼生效裁判所确定的义务,但法律另有规定的除外。

第三十二条 发生法律效力的环境民事公益诉讼案件的裁判,需要采取强制执行措施的,应当移送执行。

第三十三条 原告交纳诉讼费用确有困难,依法申请缓交的,人民法院应予准许。

败诉或者部分败诉的原告申请减交或者免交诉讼费用的,人民法院应当依照《诉讼费用交纳办法》的规定,视原告的经济状况和案件的审理情况决定是否准许。

第三十四条 社会组织有通过诉讼违法收受财物等牟取经济利益行为的,人民法院可以根据情节轻重依法收缴其非法所得、予以罚款;涉嫌犯罪的,依法移送有关机关处理。

社会组织通过诉讼牟取经济利益的,人民法院应当向登记管理机关或者有关机关发送司法建议,由其依法处理。

第三十五条 本解释施行前最高人民法院发布的司法解释和规范性文件,与本解释不一致的,以本解释为准。

最高人民检察院、全国整顿和规范市场经济秩序领导小组办公室、公安部、监察部关于在行政执法中及时移送涉嫌犯罪案件的意见

(2006年1月26日 高检会〔2006〕2号)

为了完善行政执法与刑事司法相衔接工作机制,加大对破坏社会主义市场经济秩序犯罪、妨害社会管理秩序犯罪以及其他犯罪的打击力度,根据《中华人民共和国刑事诉讼法》、国务院《行政执法机关移送涉嫌犯罪案件的规定》等有关规定,现就在行政执法中及时移送涉嫌犯罪案件提出如下意见:

一、行政执法机关在查办案件过程中,对符合刑事追诉标准、涉嫌犯罪的案件,应当制作《涉嫌犯罪案件移送书》,及时将案件向同级公安机关移送,并抄送同级人民检察院。对未能及时移送并已作出行政处罚的涉嫌犯罪案件,行政执法机关应当于作出行政处罚十日以内向同级公安机关、人民检察院抄送《行政处罚决定书》副本,并书面告知相关权利人。

现场查获的涉案货值或者案件其他情节明显达到刑事追诉标准、涉嫌犯罪的,应当立即移送公安机关查处。

二、任何单位和个人发现行政执法机关不按规定向公安机关移送涉嫌犯罪案件,向公安机关、人民检察院、监察机关或者上级行政执法机关举报的,公安机关、人民检察院、监察机关或者上级行政执法机关应当根据有关规定及时处理,并向举报人反馈处理结果。

三、人民检察院接到控告、举报或者发现行政执法机关不移送涉嫌犯罪案件,经审查或者调查后认为情况基本属实的,可以向行政执法机关查询案件情况、要求行政执法机关提供有关案件材料或者派员查阅案卷材料,行政执法机关应当配合。确属应当移送公安机关而不移送的,人民检察院应当向行政执法机关提出移送的书面意见,行政执法机关应当移送。

四、行政执法机关在查办案件过程中,应当妥善保存案件的相关证据。对易腐烂、变质、灭失等不宜或者不易保管的涉案物品,应当采取必要措施固定证据;对需要进行检验、鉴定的涉案物品,应当由有关部门或者机构依法检验、鉴定,并出具检验报告或者鉴定结论。

行政执法机关向公安机关移送涉嫌犯罪的案件,应当附涉嫌犯罪案件的调查报告、涉案物品清单、有关检验报告或者鉴定结论及其他有关涉嫌犯罪的材料。

五、对行政执法机关移送的涉嫌犯罪案件,公安机关应当及时审查,自受理之日起十日以内作出立案或者不立案的决定;案情重大、复杂的,可以在受理之日起三十日以内作出立案或者不立案的决定。公安机关作出立案或者不立案决定,应当书面告知移送案件的行政执法机关、同级人民检察院及相关权利人。

公安机关对不属于本机关管辖的案件,应当在二十四小时以内转送有管辖权的机关,并书面告知移送案件的行政执法机关、同级人民检察院及相关权利人。

六、行政执法机关对公安机关决定立案的案件,应当自接到立案通知书之日起三日以内将涉案物品以及与案件有关的其他材料移送公安机关,并办理交接手续;法律、行政法规另有规定的,

依照其规定办理。

七、行政执法机关对公安机关不立案决定有异议的,在接到不立案通知书后的三日以内,可以向作出不立案决定的公安机关提请复议,也可以建议人民检察院依法进行立案监督。

公安机关接到行政执法机关提请复议书后,应当在三日以内作出复议决定,并书面告知提请复议的行政执法机关。行政执法机关对公安机关不立案的复议决定仍有异议的,可以在接到复议决定书后的三日以内,建议人民检察院依法进行立案监督。

八、人民检察院接到行政执法机关提出的对涉嫌犯罪案件进行立案监督的建议后,应当要求公安机关说明不立案理由,公安机关应当在七日以内向人民检察院作出书面说明。对公安机关的说明,人民检察院应当进行审查,必要时可以进行调查,认为公安机关不立案理由成立的,应当将审查结论书面告知提出立案监督建议的行政执法机关;认为公安机关不立案理由不能成立的,应当通知公安机关立案。公安机关接到立案通知书后应当在十五日以内立案,同时将立案决定书送达人民检察院,并书面告知行政执法机关。

九、公安机关对发现的违法行为,经审查,没有犯罪事实,或者立案侦查后认为犯罪情节显著轻微,不需要追究刑事责任,但依法应当追究行政责任的,应当及时将案件移送行政执法机关,有关行政执法机关应当依法作出处理,并将处理结果书面告知公安机关和人民检察院。

十、行政执法机关对案情复杂、疑难,性质难以认定的案件,可以向公安机关、人民检察院咨询,公安机关、人民检察院应当认真研究,在七日以内回复意见。对有证据表明可能涉嫌犯罪的行为人可能逃匿或者销毁证据,需要公安机关参与、配合的,行政执法机关可以商请公安机关提前介入,公安机关可以派员介入。对涉嫌犯罪的,公安机关应当及时依法立案侦查。

十一、对重大、有影响的涉嫌犯罪案件,人民检察院可以根据公安机关的请求派员介入公安机关的侦查,参加案件讨论,审查相关案件材料,提出取证建议,并对侦查活动实施法律监督。

十二、行政执法机关在依法查处违法行为过程中,发现国家工作人员贪污贿赂或者国家机关工作人员渎职等违纪、犯罪线索的,应当根据案件的性质,及时向监察机关或者人民检察院移送。监察机关、人民检察院应当认真审查,依纪、依法处理,并将处理结果书面告知移送案件线索的行政执法机关。

十三、监察机关依法对行政执法机关查处违法案件和移送涉嫌犯罪案件工作进行监督,发现违纪、违法问题的,依照有关规定进行处理。发现涉嫌职务犯罪的,应当及时移送人民检察院。

十四、人民检察院依法对行政执法机关移送涉嫌犯罪案件情况实施监督,发现行政执法人员徇私舞弊,对依法应当移送的涉嫌犯罪案件不移送,情节严重,构成犯罪的,应当依照刑法有关的规定追究其刑事责任。

十五、国家机关工作人员以及在依照法律、法规规定行使国家行政管理职权的组织中从事公务的人员,或者在受国家机关委托代表国家机关行使职权的组织中从事公务的人员,或者虽未列入国家机关人员编制但在国家机关中从事公务的人员,利用职权干预行政执法机关和公安机关执法,阻挠案件移送和刑事追诉,构成犯罪的,人民检察院应当依照刑法关于渎职罪的规定追究其刑事责任。国家行政机关和法律、法规授权的具有管理公共事务职能的组织以及国家行政机关依法委托的组织及其工勤人员以外的工作人员,利用职权干预行政执法机关和公安机关执法,阻挠案件移送和刑事追诉,构成违纪的,监察机关应当依法追究其纪律责任。

十六、在查办违法犯罪案件工作中,公安机关、监察机关、行政执法机关和人民检察院应当建立联席会议、情况通报、信息共享等机制,加强联系,密切配合,各司其职,相互制约,保证准确有效地执行法律。

十七、本意见所称行政执法机关,是指依照法律、法规或者规章的规定,对破坏社会主义市场经济秩序、妨害社会管理秩序以及其他违法行为具有行政处罚权的行政机关,以及法律、法规授权的具有管理公共事务职能、在法定授权范围内实施行政处罚的组织,不包括公安机关、监察机关。

最高人民法院关于审理环境侵权责任纠纷案件适用法律若干问题的解释

(2015年6月1日 法释〔2015〕12号)

为正确审理环境侵权责任纠纷案件,根据《中华人民共和国侵权责任法》《中华人民共和国环境保护法》《中华人民共和国民事诉讼法》等法律的规定,结合审判实践,制定本解释。

第一条 因污染环境造成损害,不论污染者有无过错,污染者应当承担侵权责任。污染者以排污符合国家或者地方污染物排放标准为由主张不承担责任的,人民法院不予支持。

污染者不承担责任或者减轻责任的情形,适用海洋环境保护法、水污染防治法、大气污染防治法等环境保护单行法的规定;相关环境保护单行法没有规定的,适用侵权责任法的规定。

第二条 两个以上污染者共同实施污染行为造成损害,被侵权人根据侵权责任法第八条规定请求污染者承担连带责任的,人民法院应予支持。

第三条 两个以上污染者分别实施污染行为造成同一损害,每一个污染者的污染行为都足以造成全部损害,被侵权人根据侵权责任法第十一条规定请求污染者承担连带责任的,人民法院应予支持。

两个以上污染者分别实施污染行为造成同一损害,每一个污染者的污染行为都不足以造成全部损害,被侵权人根据侵权责任法第十二条规定请求污染者承担责任的,人民法院应予支持。

两个以上污染者分别实施污染行为造成同一损害,部分污染者的污染行为足以造成全部损害,部分污染者的污染行为只造成部分损害,被侵权人根据侵权责任法第十一条规定请求足以造成全部损害的污染者与其他污染者就共同造成的损害部分承担连带责任,并对全部损害承担责任的,人民法院应予支持。

第四条 两个以上污染者污染环境,对污染者承担责任的大小,人民法院应当根据污染物的种类、排放量、危害性以及有无排污许可证、是否超过污染物排放标准、是否超过重点污染物排放总量控制指标等因素确定。

第五条 被侵权人根据侵权责任法第六十八条规定分别或者同时起诉污染者、第三人的,人民法院应予受理。

被侵权人请求第三人承担赔偿责任的,人民法院应当根据第三人的过错程度确定其相应赔偿责任。

污染者以第三人的过错污染环境造成损害为由主张不承担责任或者减轻责任的,人民法院不予支持。

第六条 被侵权人根据侵权责任法第六十五条规定请求赔偿的,应当提供证明以下事实的证据材料:

(一)污染者排放了污染物;

(二)被侵权人的损害;

(三)污染者排放的污染物或者其次生污染物与损害之间具有关联性。

第七条 污染者举证证明下列情形之一的,人民法院应当认定其污染行为与损害之间不存在因果关系:

(一)排放的污染物没有造成该损害可能的;

(二)排放的可造成该损害的污染物未到达该损害发生地的;

(三)该损害于排放污染物之前已发生的;

(四)其他可以认定污染行为与损害之间不存在因果关系的情形。

第八条 对查明环境污染案件事实的专门性问题,可以委托具备相关资格的司法鉴定机构出具鉴定意见或者由国务院环境保护主管部门推荐的机构出具检验报告、检测报告、评估报告或者监测数据。

第九条 当事人申请通知一至两名具有专门知识的人出庭,就鉴定意见或者污染物认定、损害结果、因果关系等专业问题提出意见的,人民法院可以准许。当事人未申请,人民法院认为有必要的,可以进行释明。

具有专门知识的人在法庭上提出的意见,经当事人质证,可以作为认定案件事实的根据。

第十条 负有环境保护监督管理职责的部门或者其委托的机构出具的环境污染事件调查报告、检验报告、检测报告、评估报告或者监测数据等,经当事人质证,可以作为认定案件事实的根据。

第十一条 对于突发性或者持续时间较短的环境污染行为,在证据可能灭失或者以后难以取得的情况下,当事人或者利害关系人根据民事诉讼法第八十一条规定申请证据保全的,人民法院应当准许。

第十二条 被申请人具有环境保护法第六十三条规定情形之一,当事人或者利害关系人根据民事诉讼法第一百条或者第一百零一条规定申请保全的,人民法院可以裁定责令被申请人立即停止侵害行为或者采取污染防治措施。

第十三条 人民法院应当根据被侵权人的诉讼请求以及具体案情,合理判定污染者承担停止侵害、排除妨碍、消除危险、恢复原状、赔礼道歉、赔偿损失等民事责任。

第十四条 被侵权人请求恢复原状的,人民法院可以依法裁判污染者承担环境修复责任,并同时确定被告不履行环境修复义务时应当承担的环境修复费用。

污染者在生效裁判确定的期限内未履行环境修复义务的,人民法院可以委托其他人进行环境修复,所需费用由污染者承担。

第十五条 被侵权人起诉请求污染者赔偿因污染造成的财产损失、人身损害以及为防止污染扩大、消除污染而采取必要措施所支出的合理费用的,人民法院应予支持。

第十六条 下列情形之一,应当认定为环境保护法第六十五条规定的弄虚作假:

（一）环境影响评价机构明知委托人提供的材料虚假而出具严重失实的评价文件的；

（二）环境监测机构或者从事环境监测设备维护、运营的机构故意隐瞒委托人超过污染物排放标准或者超过重点污染物排放总量控制指标的事实的；

（三）从事防治污染设施维护、运营的机构故意不运行或者不正常运行环境监测设备或者防治污染设施的；

（四）有关机构在环境服务活动中其他弄虚作假的情形。

第十七条 被侵权人提起诉讼，请求污染者停止侵害、排除妨碍、消除危险的，不受环境保护法第六十六条规定的时效期间的限制。

第十八条 本解释适用于审理因污染环境、破坏生态造成损害的民事案件，但法律和司法解释对环境民事公益诉讼案件另有规定的除外。

相邻污染侵害纠纷、劳动者在职业活动中因受污染损害发生的纠纷，不适用本解释。

第十九条 本解释施行后，人民法院尚未审结的一审、二审案件适用本解释规定。本解释施行前已经作出生效裁判的案件，本解释施行后依法再审的，不适用本解释。

本解释施行后，最高人民法院以前颁布的司法解释与本解释不一致的，不再适用。

最高人民法院关于审理人身损害赔偿案件适用法律若干问题的解释

（2003年12月26日 法释〔2003〕20号）

为正确审理人身损害赔偿案件，依法保护当事人的合法权益，根据《中华人民共和国民法通则》（以下简称民法通则）、《中华人民共和国民事诉讼法》（以下简称民事诉讼法）等有关法律规定，结合审判实践，就有关适用法律的问题作如下解释：

第一条 因生命、健康、身体遭受侵害，赔偿权利人起诉请求赔偿义务人赔偿财产损失和精神损害的，人民法院应予受理。

本条所称"赔偿权利人"，是指因侵权行为或者其他致害原因直接遭受人身损害的受害人、依法由受害人承担扶养义务的被扶养人以及死亡受害人的近亲属。

本条所称"赔偿义务人"，是指因自己或者他人的侵权行为以及其他致害原因依法应当承担民事责任的自然人、法人或者其他组织。

第二条 受害人对同一损害的发生或者扩大有故意、过失的，依照民法通则第一百三十一条的规定，可以减轻或者免除赔偿义务人的赔偿责任。但侵权人因故意或者重大过失致人损害，受害人只有一般过失的，不减轻赔偿义务人的赔偿责任。

适用民法通则第一百零六条第三款规定确定赔偿义务人的赔偿责任时，受害人有重大过失的，可以减轻赔偿义务人的赔偿责任。

第三条 二人以上共同故意或者共同过失致人损害，或者虽无共同故意、共同过失，但其侵害行为直接结合发生同一损害后果的，构成共同侵权，应当依照民法通则第一百三十条规定承担连带责任。

二人以上没有共同故意或者共同过失,但其分别实施的数个行为间接结合发生同一损害后果的,应当根据过失大小或者原因力比例各自承担相应的赔偿责任。

第四条 二人以上共同实施危及他人人身安全的行为并造成损害后果,不能确定实际侵害行为人的,应当依照民法通则第一百三十条规定承担连带责任。共同危险行为人能够证明损害后果不是由其行为造成的,不承担赔偿责任。

第五条 赔偿权利人起诉部分共同侵权人的,人民法院应当追加其他共同侵权人作为共同被告。赔偿权利人在诉讼中放弃对部分共同侵权人的诉讼请求的,其他共同侵权人对被放弃诉讼请求的被告应当承担的赔偿份额不承担连带责任。责任范围难以确定的,推定各共同侵权人承担同等责任。

人民法院应当将放弃诉讼请求的法律后果告知赔偿权利人,并将放弃诉讼请求的情况在法律文书中叙明。

第六条 从事住宿、餐饮、娱乐等经营活动或者其他社会活动的自然人、法人、其他组织,未尽合理限度范围内的安全保障义务致使他人遭受人身损害,赔偿权利人请求其承担相应赔偿责任的,人民法院应予支持。

因第三人侵权导致损害结果发生的,由实施侵权行为的第三人承担赔偿责任。安全保障义务人有过错的,应当在其能够防止或者制止损害的范围内承担相应的补充赔偿责任。安全保障义务人承担责任后,可以向第三人追偿。赔偿权利人起诉安全保障义务人的,应当将第三人作为共同被告,但第三人不能确定的除外。

第七条 对未成年人依法负有教育、管理、保护义务的学校、幼儿园或者其他教育机构,未尽职责范围内的相关义务致使未成年人遭受人身损害,或者未成年人致他人人身损害的,应当承担与其过错相应的赔偿责任。

第三人侵权致未成年人遭受人身损害的,应当承担赔偿责任。学校、幼儿园等教育机构有过错的,应当承担相应的补充赔偿责任。

第八条 法人或者其他组织的法定代表人、负责人以及工作人员,在执行职务中致人损害的,依照民法通则第一百二十一条的规定,由该法人或者其他组织承担民事责任。上述人员实施与职务无关的行为致人损害的,应当由行为人承担赔偿责任。

属于《国家赔偿法》赔偿事由的,依照《国家赔偿法》的规定处理。

第九条 雇员在从事雇佣活动中致人损害的,雇主应当承担赔偿责任;雇员因故意或者重大过失致人损害的,应当与雇主承担连带赔偿责任。雇主承担连带赔偿责任的,可以向雇员追偿。

前款所称"从事雇佣活动",是指从事雇主授权或者指示范围内的生产经营活动或者其他劳务活动。雇员的行为超出授权范围,但其表现形式是履行职务或者与履行职务有内在联系的,应当认定为"从事雇佣活动"。

第十条 承揽人在完成工作过程中对第三人造成损害或者造成自身损害的,定作人不承担赔偿责任。但定作人对定作、指示或者选任有过失的,应当承担相应的赔偿责任。

第十一条 雇员在从事雇佣活动中遭受人身损害,雇主应当承担赔偿责任。雇佣关系以外的第三人造成雇员人身损害的,赔偿权利人可以请求第三人承担赔偿责任,也可以请求雇主承担赔偿责任。雇主承担赔偿责任后,可以向第三人追偿。

雇员在从事雇佣活动中因安全生产事故遭受人身损害,发包人、分包人知道或者应当知道接受发包或者分包业务的雇主没有相应资质或者安全生产条件的,应当与雇主承担连带赔偿责任。

属于《工伤保险条例》调整的劳动关系和工伤保险范围的,不适用本条规定。

第十二条 依法应当参加工伤保险统筹的用人单位的劳动者,因工伤事故遭受人身损害,劳动者或者其近亲属向人民法院起诉请求用人单位承担民事赔偿责任的,告知其按《工伤保险条例》的规定处理。

因用人单位以外的第三人侵权造成劳动者人身损害,赔偿权利人请求第三人承担民事赔偿责任的,人民法院应予支持。

第十三条 为他人无偿提供劳务的帮工人,在从事帮工活动中致人损害的,被帮工人应当承担赔偿责任。被帮工人明确拒绝帮工的,不承担赔偿责任。帮工人存在故意或者重大过失,赔偿权利人请求帮工人和被帮工人承担连带责任的,人民法院应予支持。

第十四条 帮工人因帮工活动遭受人身损害的,被帮工人应当承担赔偿责任。被帮工人明确拒绝帮工的,不承担赔偿责任;但可以在受益范围内予以适当补偿。

帮工人因第三人侵权遭受人身损害的,由第三人承担赔偿责任。第三人不能确定或者没有赔偿能力的,可以由被帮工人予以适当补偿。

第十五条 为维护国家、集体或者他人的合法权益而使自己受到人身损害,因没有侵权人、不能确定侵权人或者侵权人没有赔偿能力,赔偿权利人请求受益人在受益范围内予以适当补偿的,人民法院应予支持。

第十六条 下列情形,适用民法通则第一百二十六条的规定,由所有人或者管理人承担赔偿责任,但能够证明自己没有过错的除外:

(一)道路、桥梁、隧道等人工建造的构筑物因维护、管理瑕疵致人损害的;

(二)堆放物品滚落、滑落或者堆放物倒塌致人损害的;

(三)树木倾倒、折断或者果实坠落致人损害的。

前款第(一)项情形,因设计、施工缺陷造成损害的,由所有人、管理人与设计、施工者承担连带责任。

第十七条 受害人遭受人身损害,因就医治疗支出的各项费用以及因误工减少的收入,包括医疗费、误工费、护理费、交通费、住宿费、住院伙食补助费、必要的营养费,赔偿义务人应当予以赔偿。

受害人因伤致残的,其因增加生活上需要所支出的必要费用以及因丧失劳动能力导致的收入损失,包括残疾赔偿金、残疾辅助器具费、被扶养人生活费,以及因康复护理、继续治疗实际发生的必要的康复费、护理费、后续治疗费,赔偿义务人也应当予以赔偿。

受害人死亡的,赔偿义务人除应当根据抢救治疗情况赔偿本条第一款规定的相关费用外,还应当赔偿丧葬费、被扶养人生活费、死亡补偿费以及受害人亲属办理丧葬事宜支出的交通费、住宿费和误工损失等其他合理费用。

第十八条 受害人或者死者近亲属遭受精神损害,赔偿权利人向人民法院请求赔偿精神损害抚慰金的,适用《最高人民法院关于确定民事侵权精神损害赔偿责任若干问题的解释》予以确定。

精神损害抚慰金的请求权,不得让与或者继承。但赔偿义务人已经以书面方式承诺给予金钱赔偿,或者赔偿权利人已经向人民法院起诉的除外。

第十九条 医疗费根据医疗机构出具的医药费、住院费等收款凭证,结合病历和诊断证明等相关证据确定。赔偿义务人对治疗的必要性和合理性有异议的,应当承担相应的举证责任。

医疗费的赔偿数额,按照一审法庭辩论终结前实际发生的数额确定。器官功能恢复训练所必要的康复费、适当的整容费以及其他后续治疗费,赔偿权利人可以待实际发生后另行起诉。但根据医疗证明或者鉴定结论确定必然发生的费用,可以与已经发生的医疗费一并予以赔偿。

第二十条 误工费根据受害人的误工时间和收入状况确定。

误工时间根据受害人接受治疗的医疗机构出具的证明确定。受害人因伤致残持续误工的,误工时间可以计算至定残日前一天。

受害人有固定收入的,误工费按照实际减少的收入计算。受害人无固定收入的,按照其最近三年的平均收入计算;受害人不能举证证明其最近三年的平均收入状况的,可以参照受诉法院所在地相同或者相近行业上一年度职工的平均工资计算。

第二十一条 护理费根据护理人员的收入状况和护理人数、护理期限确定。

护理人员有收入的,参照误工费的规定计算;护理人员没有收入或者雇佣护工的,参照当地护工从事同等级别护理的劳务报酬标准计算。护理人员原则上为一人,但医疗机构或者鉴定机构有明确意见的,可以参照确定护理人员人数。

护理期限应计算至受害人恢复生活自理能力时止。受害人因残疾不能恢复生活自理能力的,可以根据其年龄、健康状况等因素确定合理的护理期限,但最长不超过二十年。

受害人定残后的护理,应根据其护理依赖程度并结合配制残疾辅助器具的情况确定护理级别。

第二十二条 交通费根据受害人及其必要的陪护人员因就医或者转院治疗实际发生的费用计算。交通费应当以正式票据为凭;有关凭据应当与就医地点、时间、人数、次数相符合。

第二十三条 住院伙食补助费可以参照当地国家机关一般工作人员的出差伙食补助标准予以确定。

受害人确有必要到外地治疗,因客观原因不能住院,受害人本人及其陪护人员实际发生的住宿费和伙食费,其合理部分应予赔偿。

第二十四条 营养费根据受害人伤残情况参照医疗机构的意见确定。

第二十五条 残疾赔偿金根据受害人丧失劳动能力程度或者伤残等级,按照受诉法院所在地上一年度城镇居民人均可支配收入或者农村居民人均纯收入标准,自定残之日起按二十年计算。但六十周岁以上的,年龄每增加一岁减少一年;七十五周岁以上的,按五年计算。

受害人因伤致残但实际收入没有减少,或者伤残等级较轻但造成职业妨害严重影响其劳动就业的,可以对残疾赔偿金作相应调整。

第二十六条 残疾辅助器具费按照普通适用器具的合理费用标准计算。伤情有特殊需要的,可以参照辅助器具配制机构的意见确定相应的合理费用标准。

辅助器具的更换周期和赔偿期限参照配制机构的意见确定。

第二十七条 丧葬费按照受诉法院所在地上一年度职工月平均工资标准,以六个月总额计算。

第二十八条 被扶养人生活费根据扶养人丧失劳动能力程度,按照受诉法院所在地上一年度城镇居民人均消费性支出和农村居民人均年生活消费支出标准计算。被扶养人为未成年人的,计算至十八周岁;被扶养人无劳动能力又无其他生活来源的,计算二十年。但六十周岁以上的,年龄每增加一岁减少一年;七十五周岁以上的,按五年计算。

被扶养人是指受害人依法应当承担扶养义务的未成年人或者丧失劳动能力又无其他生活来源的成年近亲属。被扶养人还有其他扶养人的,赔偿义务人只赔偿受害人依法应当负担的部分。被扶养人有数人的,年赔偿总额累计不超过上一年度城镇居民人均消费性支出额或者农村居民人均年生活消费支出额。

第二十九条 死亡赔偿金按照受诉法院所在地上一年度城镇居民人均可支配收入或者农村居民人均纯收入标准,按二十年计算。但六十周岁以上的,年龄每增加一岁减少一年;七十五周岁以上的,按五年计算。

第三十条 赔偿权利人举证证明其住所地或者经常居住地城镇居民人均可支配收入或者农村居民人均纯收入高于受诉法院所在地标准的,残疾赔偿金或者死亡赔偿金可以按照其住所地或者经常居住地的相关标准计算。

被扶养人生活费的相关计算标准,依照前款原则确定。

第三十一条 人民法院应当按照民法通则第一百三十一条以及本解释第二条的规定,确定第十九条至第二十九条各项财产损失的实际赔偿金额。

前款确定的物质损害赔偿金与按照第十八条第一款规定确定的精神损害抚慰金,原则上应当一次性给付。

第三十二条 超过确定的护理期限、辅助器具费给付年限或者残疾赔偿金给付年限,赔偿权利人向人民法院起诉请求继续给付护理费、辅助器具费或者残疾赔偿金的,人民法院应予受理。赔偿权利人确需继续护理、配制辅助器具,或者没有劳动能力和生活来源的,人民法院应当判令赔偿义务人继续给付相关费用五至十年。

第三十三条 赔偿义务人请求以定期金方式给付残疾赔偿金、被扶养人生活费、残疾辅助器具费的,应当提供相应的担保。人民法院可以根据赔偿义务人的给付能力和提供担保的情况,确定以定期金方式给付相关费用。但一审法庭辩论终结前已经发生的费用、死亡赔偿金以及精神损害抚慰金,应当一次性给付。

第三十四条 人民法院应当在法律文书中明确定期金的给付时间、方式以及每期给付标准。执行期间有关统计数据发生变化的,给付金额应当适时进行相应调整。

定期金按照赔偿权利人的实际生存年限给付,不受本解释有关赔偿期限的限制。

第三十五条 本解释所称"城镇居民人均可支配收入"、"农村居民人均纯收入"、"城镇居民人均消费性支出"、"农村居民人均年生活消费支出"、"职工平均工资",按照政府统计部门公布的各省、自治区、直辖市以及经济特区和计划单列市上一年度相关统计数据确定。

"上一年度",是指一审法庭辩论终结时的上一统计年度。

第三十六条 本解释自 2004 年 5 月 1 日起施行。2004 年 5 月 1 日后新受理的一审人身损害赔偿案件,适用本解释的规定。已经作出生效裁判的人身损害赔偿案件依法再审的,不适用本解释的规定。

在本解释公布施行之前已经生效施行的司法解释,其内容与本解释不一致的,以本解释为准。

最高人民检察院关于渎职侵权犯罪案件立案标准的规定(节录)

(2006年7月26日 高检发释字〔2006〕2号)

根据《中华人民共和国刑法》、《中华人民共和国刑事诉讼法》和其他法律的有关规定,对国家机关工作人员渎职和利用职权实施的侵犯公民人身权利、民主权利犯罪案件的立案标准规定如下:

一、渎职犯罪案件

(一)滥用职权案(第三百九十七条)

滥用职权罪是指国家机关工作人员超越职权,违法决定、处理其无权决定、处理的事项,或者违反规定处理公务,致使公共财产、国家和人民利益遭受重大损失的行为。

涉嫌下列情形之一的,应予立案:

1. 造成死亡1人以上,或者重伤2人以上,或者重伤1人、轻伤3人以上,或者轻伤5人以上的;

2. 导致10人以上严重中毒的;

3. 造成个人财产直接经济损失10万元以上,或者直接经济损失不满10万元,但间接经济损失50万元以上的;

4. 造成公共财产或者法人、其他组织财产直接经济损失20万元以上,或者直接经济损失不满20万元,但间接经济损失100万元以上的;

5. 虽未达到3、4两项数额标准,但3、4两项合计直接经济损失20万元以上,或者合计直接经济损失不满20万元,但合计间接经济损失100万元以上的;

6. 造成公司、企业等单位停业、停产6个月以上,或者破产的;

7. 弄虚作假,不报、缓报、谎报或者授意、指使、强令他人不报、缓报、谎报情况,导致重特大事故危害结果继续、扩大,或者致使抢救、调查、处理工作延误的;

8. 严重损害国家声誉,或者造成恶劣社会影响的;

9. 其他致使公共财产、国家和人民利益遭受重大损失的情形。

国家机关工作人员滥用职权,符合刑法第九章所规定的特殊渎职罪构成要件的,按照该特殊规定追究刑事责任;主体不符合刑法第九章所规定的特殊渎职罪的主体要件,但滥用职权涉嫌前款第1项至第9项规定情形之一的,按照刑法第397条的规定以滥用职权罪追究刑事责任。

(二)玩忽职守案(第三百九十七条)

玩忽职守罪是指国家机关工作人员严重不负责任,不履行或者不认真履行职责,致使公共财产、国家和人民利益遭受重大损失的行为。

涉嫌下列情形之一的,应予立案:

1. 造成死亡1人以上,或者重伤3人以上,或者重伤2人、轻伤4人以上,或者重伤1人、轻伤

7 人以上,或者轻伤 10 人以上的;

2. 导致 20 人以上严重中毒的;

3. 造成个人财产直接经济损失 15 万元以上,或者直接经济损失不满 15 万元,但间接经济损失 75 万元以上的;

4. 造成公共财产或者法人、其他组织财产直接经济损失 30 万元以上,或者直接经济损失不满 30 万元,但间接经济损失 150 万元以上的;

5. 虽未达到 3、4 两项数额标准,但 3、4 两项合计直接经济损失 30 万元以上,或者合计直接经济损失不满 30 万元,但合计间接经济损失 150 万元以上的;

6. 造成公司、企业等单位停业、停产 1 年以上,或者破产的;

7. 海关、外汇管理部门的工作人员严重不负责任,造成 100 万美元以上外汇被骗购或者逃汇 1000 万美元以上的;

8. 严重损害国家声誉,或者造成恶劣社会影响的;

9. 其他致使公共财产、国家和人民利益遭受重大损失的情形。

国家机关工作人员玩忽职守,符合刑法第九章所规定的特殊渎职罪构成要件的,按照该特殊规定追究刑事责任;主体不符合刑法第九章所规定的特殊渎职罪的主体要件,但玩忽职守涉嫌前款第 1 项至第 9 项规定情形之一的,按照刑法第 397 条的规定以玩忽职守罪追究刑事责任。

(五)徇私枉法案(第三百九十九条第一款)

徇私枉法罪是指司法工作人员徇私枉法、徇情枉法,对明知是无罪的人而使他受追诉、对明知是有罪的人而故意包庇不使他受追诉,或者在刑事审判活动中故意违背事实和法律作枉法裁判的行为。

涉嫌下列情形之一的,应予立案:

1. 对明知是没有犯罪事实或者其他依法不应当追究刑事责任的人,采取伪造、隐匿、毁灭证据或者其他隐瞒事实、违反法律的手段,以追究刑事责任为目的立案、侦查、起诉、审判的;

2. 对明知是有犯罪事实需要追究刑事责任的人,采取伪造、隐匿、毁灭证据或者其他隐瞒事实、违反法律的手段,故意包庇使其不受立案、侦查、起诉、审判的;

3. 采取伪造、隐匿、毁灭证据或者其他隐瞒事实、违反法律的手段,故意使罪重的人受较轻的追诉,或者使罪轻的人受较重的追诉的;

4. 在立案后,采取伪造、隐匿、毁灭证据或者其他隐瞒事实、违反法律的手段,应当采取强制措施而不采取强制措施,或者虽然采取强制措施,但中断侦查或者超过法定期限不采取任何措施,实际放任不管,以及违法撤销、变更强制措施,致使犯罪嫌疑人、被告人实际脱离司法机关侦控的;

5. 在刑事审判活动中故意违背事实和法律,作出枉法判决、裁定,即有罪判无罪、无罪判有罪,或者重罪轻判、轻罪重判的;

6. 其他徇私枉法应予追究刑事责任的情形。

(六)民事、行政枉法裁判案(第三百九十九条第二款)

民事、行政枉法裁判罪是指司法工作人员在民事、行政审判活动中,故意违背事实和法律作枉法裁判,情节严重的行为。

涉嫌下列情形之一的,应予立案:

1. 枉法裁判,致使当事人或者其近亲属自杀、自残造成重伤、死亡,或者精神失常的;

2. 枉法裁判,造成个人财产直接经济损失 10 万元以上,或者直接经济损失不满 10 万元,但间接经济损失 50 万元以上的;

3. 枉法裁判,造成法人或者其他组织财产直接经济损失 20 万元以上,或者直接经济损失不满 20 万元,但间接经济损失 100 万元以上的;

4. 伪造、变造有关材料、证据,制造假案枉法裁判的;

5. 串通当事人制造伪证,毁灭证据或者篡改庭审笔录而枉法裁判的;

6. 徇私情、私利,明知是伪造、变造的证据予以采信,或者故意对应当采信的证据不予采信,或者故意违反法定程序,或者故意错误适用法律而枉法裁判的;

7. 其他情节严重的情形。

(七)执行判决、裁定失职案(第三百九十九条第三款)

执行判决、裁定失职罪是指司法工作人员在执行判决、裁定活动中,严重不负责任,不依法采取诉讼保全措施、不履行法定执行职责,或者违法采取保全措施、强制执行措施,致使当事人或者其他人的利益遭受重大损失的行为。

涉嫌下列情形之一的,应予立案:

1. 致使当事人或者其近亲属自杀、自残造成重伤、死亡,或者精神失常的;

2. 造成个人财产直接经济损失 15 万元以上,或者直接经济损失不满 15 万元,但间接经济损失 75 万元以上的;

3. 造成法人或者其他组织财产直接经济损失 30 万元以上,或者直接经济损失不满 30 万元,但间接经济损失 150 万元以上的;

4. 造成公司、企业等单位停业、停产 1 年以上,或者破产的;

5. 其他致使当事人或者其他人的利益遭受重大损失的情形。

(八)执行判决、裁定滥用职权案(第三百九十九条第三款)

执行判决、裁定滥用职权罪是指司法工作人员在执行判决、裁定活动中,滥用职权,不依法采取诉讼保全措施、不履行法定执行职责,或者违法采取保全措施、强制执行措施,致使当事人或者其他人的利益遭受重大损失的行为。

涉嫌下列情形之一的,应予立案:

1. 致使当事人或者其近亲属自杀、自残造成重伤、死亡,或者精神失常的;

2. 造成个人财产直接经济损失 10 万元以上,或者直接经济损失不满 10 万元,但间接经济损失 50 万元以上的;

3. 造成法人或者其他组织财产直接经济损失 20 万元以上,或者直接经济损失不满 20 万元,但间接经济损失 100 万元以上的;

4. 造成公司、企业等单位停业、停产 6 个月以上,或者破产的;

5. 其他致使当事人或者其他人的利益遭受重大损失的情形。

(十八)违法发放林木采伐许可证案(第四百零七条)

违法发放林木采伐许可证罪是指林业主管部门的工作人员违反森林法的规定,超过批准的年采伐限额发放林木采伐许可证或者违反规定滥发林木采伐许可证,情节严重,致使森林遭受严重破坏的行为。

涉嫌下列情形之一的,应予立案:

1. 发放林木采伐许可证允许采伐数量累计超过批准的年采伐限额,导致林木被超限额采伐10立方米以上的;
2. 滥发林木采伐许可证,导致林木被滥伐20立方米以上,或者导致幼树被滥伐1000株以上的;
3. 滥发林木采伐许可证,导致防护林、特种用途林被滥伐5立方米以上,或者幼树被滥伐200株以上的;
4. 滥发林木采伐许可证,导致珍贵树木或者国家重点保护的其他树木被滥伐的;
5. 滥发林木采伐许可证,导致国家禁止采伐的林木被采伐的;
6. 其他情节严重,致使森林遭受严重破坏的情形。

林业主管部门工作人员之外的国家机关工作人员,违反森林法的规定,滥用职权或者玩忽职守,致使林木被滥伐40立方米以上或者幼树被滥伐2000株以上,或者致使防护林、特种用途林被滥伐10立方米以上或者幼树被滥伐400株以上,或者致使珍贵树木被采伐、毁坏4立方米或者4株以上,或者致使国家重点保护的其他植物被采伐、毁坏后果严重的,或者致使国家严禁采伐的林木被采伐、毁坏情节恶劣的,按照刑法第397条的规定以滥用职权罪或者玩忽职守罪追究刑事责任。

(十九)环境监管失职案(第四百零八条)

环境监管失职罪是指负有环境保护监督管理职责的国家机关工作人员严重不负责任,不履行或者不认真履行环境保护监管职责导致发生重大环境污染事故,致使公私财产遭受重大损失或者造成人身伤亡的严重后果的行为。

涉嫌下列情形之一的,应予立案:

1. 造成死亡1人以上,或者重伤3人以上,或者重伤2人、轻伤4人以上,或者重伤1人、轻伤7人以上,或者轻伤10人以上的;
2. 导致30人以上严重中毒的;
3. 造成个人财产直接经济损失15万元以上,或者直接经济损失不满15万元,但间接经济损失75万元以上的;
4. 造成公共财产、法人或者其他组织财产直接经济损失30万元以上,或者直接经济损失不满30万元,但间接经济损失150万元以上的;
5. 虽未达到3、4两项数额标准,但3、4两项合计直接经济损失30万元以上,或者合计直接经济损失不满30万元,但合计间接经济损失150万元以上的;
6. 造成基本农田或者防护林地、特种用途林地10亩以上,或者基本农田以外的耕地50亩以上,或者其他土地70亩以上被严重毁坏的;
7. 造成生活饮用水地表水源和地下水源严重污染的;
8. 其他致使公私财产遭受重大损失或者造成人身伤亡严重后果的情形。

(二十一)非法批准征用、占用土地案(第四百一十条)

非法批准征用、占用土地罪是指国家机关工作人员徇私舞弊,违反土地管理法、森林法、草原法等法律以及有关行政法规中关于土地管理的规定,滥用职权,非法批准征用、占用耕地、林地等农用地以及其他土地,情节严重的行为。

涉嫌下列情形之一的,应予立案:

1. 非法批准征用、占用基本农田 10 亩以上的；
2. 非法批准征用、占用基本农田以外的耕地 30 亩以上的；
3. 非法批准征用、占用其他土地 50 亩以上的；
4. 虽未达到上述数量标准，但造成有关单位、个人直接经济损失 30 万元以上，或者造成耕地大量毁坏或者植被遭到严重破坏的；
5. 非法批准征用、占用土地，影响群众生产、生活，引起纠纷，造成恶劣影响或者其他严重后果的；
6. 非法批准征用、占用防护林地、特种用途林地分别或者合计 10 亩以上的；
7. 非法批准征用、占用其他林地 20 亩以上的；
8. 非法批准征用、占用林地造成直接经济损失 30 万元以上，或者造成防护林地、特种用途林地分别或者合计 5 亩以上或者其他林地 10 亩以上毁坏的；
9. 其他情节严重的情形。

(二十二)非法低价出让国有土地使用权案(第四百一十条)

非法低价出让国有土地使用权罪是指国家机关工作人员徇私舞弊，违反土地管理法、森林法、草原法等法律以及有关行政法规中关于土地管理的规定，滥用职权，非法低价出让国有土地使用权，情节严重的行为。

涉嫌下列情形之一的，应予立案：

1. 非法低价出让国有土地 30 亩以上，并且出让价额低于国家规定的最低价额标准的百分之六十的；
2. 造成国有土地资产流失价额 30 万元以上的；
3. 非法低价出让国有土地使用权，影响群众生产、生活，引起纠纷，造成恶劣影响或者其他严重后果的；
4. 非法低价出让林地合计 30 亩以上，并且出让价额低于国家规定的最低价额标准的百分之六十的；
5. 造成国有资产流失 30 万元以上的；
6. 其他情节严重的情形。

(二十六)动植物检疫徇私舞弊案(第四百一十三条第一款)

动植物检疫徇私舞弊罪是指出入境检验检疫机关、检验检疫机构工作人员徇私舞弊，伪造检疫结果的行为。

涉嫌下列情形之一的，应予立案：

1. 采取伪造、变造的手段对检疫的单证、印章、标志、封识等作虚假的证明或者出具不真实的结论的；
2. 将送检的合格动植物检疫为不合格，或者将不合格动植物检疫为合格的；
3. 对明知是不合格的动植物，不检疫而出具合格检疫结果的；
4. 其他伪造检疫结果应予追究刑事责任的情形。

(二十七)动植物检疫失职案(第四百一十三条第二款)

动植物检疫失职罪是指出入境检验检疫机关、检验检疫机构工作人员严重不负责任，对应当检疫的检疫物不检疫，或者延误检疫出证、错误出证，致使国家利益遭受重大损失的行为。

涉嫌下列情形之一的,应予立案:

1. 导致疫情发生,造成人员重伤或者死亡的;
2. 导致重大疫情发生、传播或者流行的;
3. 造成个人财产直接经济损失15万元以上,或者直接经济损失不满15万元,但间接经济损失75万元以上的;
4. 造成公共财产或者法人、其他组织财产直接经济损失30万元以上,或者直接经济损失不满30万元,但间接经济损失150万元以上的;
5. 不检疫或者延误检疫出证、错误出证,引起国际经济贸易纠纷,严重影响国家对外经贸关系,或者严重损害国家声誉的;
6. 其他致使国家利益遭受重大损失的情形。

(三十三)帮助犯罪分子逃避处罚案(第四百一十七条)

帮助犯罪分子逃避处罚罪是指有查禁犯罪活动职责的司法及公安、国家安全、海关、税务等国家机关工作人员,向犯罪分子通风报信、提供便利,帮助犯罪分子逃避处罚的行为。

涉嫌下列情形之一的,应予立案:

1. 向犯罪分子泄露有关部门查禁犯罪活动的部署、人员、措施、时间、地点等情况的;
2. 向犯罪分子提供钱物、交通工具、通讯设备、隐藏处所等便利条件的;
3. 向犯罪分子泄露案情的;
4. 帮助、示意犯罪分子隐匿、毁灭、伪造证据,或者串供、翻供的;
5. 其他帮助犯罪分子逃避处罚应予追究刑事责任的情形。

(三十五)失职造成珍贵文物损毁、流失案(第四百一十九条)

失职造成珍贵文物损毁、流失罪是指文物行政部门、公安机关、工商行政管理部门、海关、城乡建设规划部门等国家机关工作人员严重不负责任,造成珍贵文物损毁或者流失,后果严重的行为。

涉嫌下列情形之一的,应予立案:

1. 导致国家一、二、三级珍贵文物损毁或者流失的;
2. 导致全国重点文物保护单位或者省、自治区、直辖市级文物保护单位损毁的;
3. 其他后果严重的情形。

三、附则

(一)本规定中每个罪案名称后所注明的法律条款系《中华人民共和国刑法》的有关条款。

(二)本规定所称"以上"包括本数;有关犯罪数额"不满",是指已达到该数额百分之八十以上的。

(三)本规定中的"国家机关工作人员",是指国家机关中从事公务的人员,包括在各级国家权力机关、行政机关、司法机关和军事机关中从事公务的人员。在依照法律、法规规定行使国家行政管理职权的组织中从事公务的人员,或者在受国家机关委托代表国家行使职权的组织中从事公务的人员,或者虽未列入国家机关人员编制但在国家机关中从事公务的人员,在代表国家机关行使职权时,视为国家机关工作人员。在乡(镇)以上中国共产党机关、人民政协机关中从事公务的人员,视为国家机关工作人员。

(四)本规定中的"直接经济损失",是指与行为有直接因果关系而造成的财产损毁、减少的实际价值;"间接经济损失",是指由直接经济损失引起和牵连的其他损失,包括失去的在正常情况下可以获得的利益和为恢复正常的管理活动或者挽回所造成的损失所支付的各种开支、费用等。

有下列情形之一的,虽然有债权存在,但已无法实现债权的,可以认定为已经造成了经济损失:(1)债务人已经法定程序被宣告破产,且无法清偿债务;(2)债务人潜逃,去向不明;(3)因行为人责任,致使超过诉讼时效;(4)有证据证明债权无法实现的其他情况。

直接经济损失和间接经济损失,是指立案时确已造成的经济损失。移送审查起诉前,犯罪嫌疑人及其亲友自行挽回的经济损失,以及由司法机关或者犯罪嫌疑人所在单位及其上级主管部门挽回的经济损失,不予扣减,但可作为对犯罪嫌疑人从轻处理的情节考虑。

(五)本规定中的"徇私舞弊",是指国家机关工作人员为徇私情、私利,故意违背事实和法律,伪造材料,隐瞒情况,弄虚作假的行为。

(六)本规定自公布之日起施行。本规定发布前有关人民检察院直接受理立案侦查的国家机关工作人员渎职和利用职权实施的侵犯公民人身权利、民主权利犯罪案件的立案标准,与本规定有重复或者不一致的,适用本规定。

对于本规定施行前发生的国家机关工作人员渎职和利用职权实施的侵犯公民人身权利、民主权利犯罪案件,按照《最高人民法院、最高人民检察院关于适用刑事司法解释时间效力问题的规定》办理。

行政执法机关移送涉嫌犯罪案件的规定

(2001年7月9日 中华人民共和国国务院令第310号)

第一条 为了保证行政执法机关向公安机关及时移送涉嫌犯罪案件,依法惩罚破坏社会主义市场经济秩序罪、妨害社会管理秩序罪以及其他罪,保障社会主义建设事业顺利进行,制定本规定。

第二条 本规定所称行政执法机关,是指依照法律、法规或者规章的规定,对破坏社会主义市场经济秩序、妨害社会管理秩序以及其他违法行为具有行政处罚权的行政机关,以及法律、法规授权的具有管理公共事务职能、在法定授权范围内实施行政处罚的组织。

第三条 行政执法机关在依法查处违法行为过程中,发现违法事实涉及的金额、违法事实的情节、违法事实造成的后果等,根据刑法关于破坏社会主义市场经济秩序罪、妨害社会管理秩序罪等罪的规定和最高人民法院、最高人民检察院关于破坏社会主义市场经济秩序罪、妨害社会管理秩序罪等罪的司法解释以及最高人民检察院、公安部关于经济犯罪案件的追诉标准等规定,涉嫌构成犯罪,依法需要追究刑事责任的,必须依照本规定向公安机关移送。

第四条 行政执法机关在查处违法行为过程中,必须妥善保存所收集的与违法行为有关的证据。

行政执法机关对查获的涉案物品,应当如实填写涉案物品清单,并按照国家有关规定予以处理。对易腐烂、变质等不宜或者不易保管的涉案物品,应当采取必要措施,留取证据;对需要进行检验、鉴定的涉案物品,应当由法定检验、鉴定机构进行检验、鉴定,并出具检验报告或者鉴定结论。

第五条 行政执法机关对应当向公安机关移送的涉嫌犯罪案件,应当立即指定2名或者2名以上行政执法人员组成专案组专门负责,核实情况后提出移送涉嫌犯罪案件的书面报告,报经本机关正职负责人或者主持工作的负责人审批。

行政执法机关正职负责人或者主持工作的负责人应当自接到报告之日起3日内作出批准移送或者不批准移送的决定。决定批准的,应当在24小时内向同级公安机关移送;决定不批准的,应当将不予批准的理由记录在案。

第六条 行政执法机关向公安机关移送涉嫌犯罪案件,应当附有下列材料:

(一)涉嫌犯罪案件移送书;

(二)涉嫌犯罪案件情况的调查报告;

(三)涉案物品清单;

(四)有关检验报告或者鉴定结论;

(五)其他有关涉嫌犯罪的材料。

第七条 公安机关对行政执法机关移送的涉嫌犯罪案件,应当在涉嫌犯罪案件移送书的回执上签字;其中,不属于本机关管辖的,应当在24小时内转送有管辖权的机关,并书面告知移送案件的行政执法机关。

第八条 公安机关应当自接受行政执法机关移送的涉嫌犯罪案件之日起3日内,依照刑法、刑事诉讼法以及最高人民法院、最高人民检察院关于立案标准和公安部关于公安机关办理刑事案件程序的规定,对所移送的案件进行审查。认为有犯罪事实,需要追究刑事责任,依法决定立案的,应当书面通知移送案件的行政执法机关;认为没有犯罪事实,或者犯罪事实显著轻微,不需要追究刑事责任,依法不予立案的,应当说明理由,并书面通知移送案件的行政执法机关,相应退回案卷材料。

第九条 行政执法机关接到公安机关不予立案的通知书后,认为依法应当由公安机关决定立案的,可以自接到不予立案通知书之日起3日内,提请作出不予立案决定的公安机关复议,也可以建议人民检察院依法进行立案监督。

作出不予立案决定的公安机关应当自收到行政执法机关提请复议的文件之日起3日内作出立案或者不予立案的决定,并书面通知移送案件的行政执法机关。移送案件的行政执法机关对公安机关不予立案的复议决定仍有异议的,应当自收到复议决定通知书之日起3日内建议人民检察院依法进行立案监督。

公安机关应当接受人民检察院依法进行的立案监督。

第十条 行政执法机关对公安机关决定不予立案的案件,应当依法作出处理;其中,依照有关法律、法规或者规章的规定应当给予行政处罚的,应当依法实施行政处罚。

第十一条 行政执法机关对应当向公安机关移送的涉嫌犯罪案件,不得以行政处罚代替移送。

行政执法机关向公安机关移送涉嫌犯罪案件前已经作出的警告,责令停产停业,暂扣或者吊销许可证、暂扣或者吊销执照的行政处罚决定,不停止执行。

依照行政处罚法的规定,行政执法机关向公安机关移送涉嫌犯罪案件前,已经依法给予当事人罚款的,人民法院判处罚金时,依法折抵相应罚金。

第十二条 行政执法机关对公安机关决定立案的案件,应当自接到立案通知书之日起3日内将涉案物品以及与案件有关的其他材料移交公安机关,并办结交接手续;法律、行政法规另有规定的,依照其规定。

第十三条 公安机关对发现的违法行为,经审查,没有犯罪事实,或者立案侦查后认为犯罪事实显著轻微,不需要追究刑事责任,但依法应当追究行政责任的,应当及时将案件移送同级行政执法机关,有关行政执法机关应当依法作出处理。

第十四条 行政执法机关移送涉嫌犯罪案件,应当接受人民检察院和监察机关依法实施的监督。

任何单位和个人对行政执法机关违反本规定,应当向公安机关移送涉嫌犯罪案件而不移送的,有权向人民检察院、监察机关或者上级行政执法机关举报。

第十五条 行政执法机关违反本规定,隐匿、私分、销毁涉案物品的,由本级或者上级人民政府,或者实行垂直管理的上级行政执法机关,对其正职负责人根据情节轻重,给予降级以上的行政处分;构成犯罪的,依法追究刑事责任。

对前款所列行为直接负责的主管人员和其他直接责任人员,比照前款的规定给予行政处分;构成犯罪的,依法追究刑事责任。

第十六条 行政执法机关违反本规定,逾期不将案件移送公安机关的,由本级或者上级人民政府,或者实行垂直管理的上级行政执法机关,责令限期移送,并对其正职负责人或者主持工作的负责人根据情节轻重,给予记过以上的行政处分;构成犯罪的,依法追究刑事责任。

行政执法机关违反本规定,对应当向公安机关移送的案件不移送,或者以行政处罚代替移送的,由本级或者上级人民政府,或者实行垂直管理的上级行政执法机关,责令改正,给予通报;拒不改正的,对其正职负责人或者主持工作的负责人给予记过以上的行政处分;构成犯罪的,依法追究刑事责任。

对本条第一款、第二款所列行为直接负责的主管人员和其他直接责任人员,分别比照前两款的规定给予行政处分;构成犯罪的,依法追究刑事责任。

第十七条 公安机关违反本规定,不接受行政执法机关移送的涉嫌犯罪案件,或者逾期不作出立案或者不予立案的决定的,除由人民检察院依法实施立案监督外,由本级或者上级人民政府责令改正,对其正职负责人根据情节轻重,给予记过以上的行政处分;构成犯罪的,依法追究刑事责任。

对前款所列行为直接负责的主管人员和其他直接责任人员,比照前款的规定给予行政处分;构成犯罪的,依法追究刑事责任。

第十八条 行政执法机关在依法查处违法行为过程中,发现贪污贿赂、国家工作人员渎职或者国家机关工作人员利用职权侵犯公民人身权利和民主权利等违法行为,涉嫌构成犯罪的,应当比照本规定及时将案件移送人民检察院。

第十九条 本规定自公布之日起施行。

最高人民法院关于行政诉讼证据若干问题的规定

(2002年7月24日 法释〔2002〕21号)

为准确认定案件事实,公正、及时地审理行政案件,根据《中华人民共和国行政诉讼法》(以下简称行政诉讼法)等有关法律规定,结合行政审判实际,制定本规定。

一、举证责任分配和举证期限

第一条 根据行政诉讼法第三十二条和第四十三条的规定,被告对作出的具体行政行为负有举证责任,应当在收到起诉状副本之日起十日内,提供据以作出被诉具体行政行为的全部证据和所依据的规范性文件。被告不提供或者无正当理由逾期提供证据的,视为被诉具体行政行为没有相应的证据。

被告因不可抗力或者客观上不能控制的其他正当事由,不能在前款规定的期限内提供证据的,应当在收到起诉状副本之日起十日内向人民法院提出延期提供证据的书面申请。人民法院准许延期提供的,被告应当在正当事由消除后十日内提供证据。逾期提供的,视为被诉具体行政行为没有相应的证据。

第二条 原告或者第三人提出其在行政程序中没有提出的反驳理由或者证据的,经人民法院准许,被告可以在第一审程序中补充相应的证据。

第三条 根据行政诉讼法第三十三条的规定,在诉讼过程中,被告及其诉讼代理人不得自行向原告和证人收集证据。

第四条 公民、法人或者其他组织向人民法院起诉时,应当提供其符合起诉条件的相应的证据材料。

在起诉被告不作为的案件中,原告应当提供其在行政程序中曾经提出申请的证据材料。但有下列情形的除外:

(一)被告应当依职权主动履行法定职责的;

(二)原告因被告受理申请的登记制度不完备等正当事由不能提供相关证据材料并能够作出合理说明的。

被告认为原告起诉超过法定期限的,由被告承担举证责任。

第五条 在行政赔偿诉讼中,原告应当对被诉具体行政行为造成损害的事实提供证据。

第六条 原告可以提供证明被诉具体行政行为违法的证据。原告提供的证据不成立的,不免除被告对被诉具体行政行为合法性的举证责任。

第七条 原告或者第三人应当在开庭审理前或者人民法院指定的交换证据之日提供证据。因正当事由申请延期提供证据的,经人民法院准许,可以在法庭调查中提供。逾期提供证据的,视为放弃举证权利。

原告或者第三人在第一审程序中无正当事由未提供而在第二审程序中提供的证据,人民法院不予接纳。

第八条 人民法院向当事人送达受理案件通知书或者应诉通知书时,应当告知其举证范围、举证期限和逾期提供证据的法律后果,并告知因正当事由不能按期提供证据时应当提出延期提供证据的申请。

第九条 根据行政诉讼法第三十四条第一款的规定,人民法院有权要求当事人提供或者补充证据。

对当事人无争议,但涉及国家利益、公共利益或者他人合法权益的事实,人民法院可以责令当事人提供或者补充有关证据。

二、提供证据的要求

第十条 根据行政诉讼法第三十一条第一款第(一)项的规定,当事人向人民法院提供书证的,应当符合下列要求:

(一)提供书证的原件,原本、正本和副本均属于书证的原件。提供原件确有困难的,可以提供与原件核对无误的复印件、照片、节录本;

(二)提供由有关部门保管的书证原件的复制件、影印件或者抄录件的,应当注明出处,经该部门核对无异后加盖其印章;

(三)提供报表、图纸、会计账册、专业技术资料、科技文献等书证的,应当附有说明材料;

(四)被告提供的被诉具体行政行为所依据的询问、陈述、谈话类笔录,应当有行政执法人员、被询问人、陈述人、谈话人签名或者盖章。

法律、法规、司法解释和规章对书证的制作形式另有规定的,从其规定。

第十一条 根据行政诉讼法第三十一条第一款第(二)项的规定,当事人向人民法院提供物证的,应当符合下列要求:

(一)提供原物。提供原物确有困难的,可以提供与原物核对无误的复制件或者证明该物证的照片、录像等其他证据;

(二)原物为数量较多的种类物的,提供其中的一部分。

第十二条 根据行政诉讼法第三十一条第一款第(三)项的规定,当事人向人民法院提供计算机数据或者录音、录像等视听资料的,应当符合下列要求:

(一)提供有关资料的原始载体。提供原始载体确有困难的,可以提供复制件;

(二)注明制作方法、制作时间、制作人和证明对象等;

(三)声音资料应当附有该声音内容的文字记录。

第十三条 根据行政诉讼法第三十一条第一款第(四)项的规定,当事人向人民法院提供证人证言的,应当符合下列要求:

(一)写明证人的姓名、年龄、性别、职业、住址等基本情况;

(二)有证人的签名,不能签名的,应当以盖章等方式证明;

(三)注明出具日期;

(四)附有居民身份证复印件等证明证人身份的文件。

第十四条 根据行政诉讼法第三十一条第一款第(六)项的规定,被告向人民法院提供的在行政程序中采用的鉴定结论,应当载明委托人和委托鉴定的事项、向鉴定部门提交的相关材料、鉴定的依据和使用的科学技术手段、鉴定部门和鉴定人鉴定资格的说明,并应有鉴定人的签名和鉴定部门的盖章。通过分析获得的鉴定结论,应当说明分析过程。

第十五条 根据行政诉讼法第三十一条第一款第(七)项的规定,被告向人民法院提供的现场笔录,应当载明时间、地点和事件等内容,并由执法人员和当事人签名。当事人拒绝签名或者不能签名的,应当注明原因。有其他人在现场的,可由其他人签名。法律、法规和规章对现场笔录的制作形式另有规定的,从其规定。

第十六条 当事人向人民法院提供的在中华人民共和国领域外形成的证据,应当说明来源,经所在国公证机关证明,并经中华人民共和国驻该国使领馆认证,或者履行中华人民共和国与证据所在国订立的有关条约中规定的证明手续。

当事人提供的在中华人民共和国香港特别行政区、澳门特别行政区和台湾地区内形成的证据,应当具有按照有关规定办理的证明手续。

第十七条 当事人向人民法院提供外文书证或者外国语视听资料的,应当附有由具有翻译资质的机构翻译的或者其他翻译准确的中文译本,由翻译机构盖章或者翻译人员签名。

第十八条 证据涉及国家秘密、商业秘密或者个人隐私的,提供人应当作出明确标注,并向法庭说明,法庭予以审查确认。

第十九条 当事人应当对其提交的证据材料分类编号,对证据材料的来源、证明对象和内容作简要说明,签名或者盖章,注明提交日期。

第二十条 人民法院收到当事人提交的证据材料,应当出具收据,注明证据的名称、份数、页数、件数、种类等以及收到的时间,由经办人员签名或者盖章。

第二十一条 对于案情比较复杂或者证据数量较多的案件,人民法院可以组织当事人在开庭前向对方出示或者交换证据,并将交换证据的情况记录在卷。

三、调取和保全证据

第二十二条 根据行政诉讼法第三十四条第二款的规定,有下列情形之一的,人民法院有权向有关行政机关以及其他组织、公民调取证据:

(一)涉及国家利益、公共利益或者他人合法权益的事实认定的;

(二)涉及依职权追加当事人、中止诉讼、终结诉讼、回避等程序性事项的。

第二十三条 原告或者第三人不能自行收集,但能够提供确切线索的,可以申请人民法院调取下列证据材料:

(一)由国家有关部门保存而须由人民法院调取的证据材料;

(二)涉及国家秘密、商业秘密、个人隐私的证据材料;

(三)确因客观原因不能自行收集的其他证据材料。

人民法院不得为证明被诉具体行政行为的合法性,调取被告在作出具体行政行为时未收集的证据。

第二十四条 当事人申请人民法院调取证据的,应当在举证期限内提交调取证据申请书。调取证据申请书应当写明下列内容:

(一)证据持有人的姓名或者名称、住址等基本情况;

(二)拟调取证据的内容;

(三)申请调取证据的原因及其要证明的案件事实。

第二十五条 人民法院对当事人调取证据的申请,经审查符合调取证据条件的,应当及时决定调取;不符合调取证据条件的,应当向当事人或者其诉讼代理人送达通知书,说明不准许调取的理由。当事人及其诉讼代理人可以在收到通知书之日起三日内向受理申请的人民法院书面申请复议一次。

人民法院应当在收到复议申请之日起五日内作出答复。人民法院根据当事人申请,经调取未能取得相应证据的,应当告知申请人并说明原因。

第二十六条 人民法院需要调取的证据在异地的,可以书面委托证据所在地人民法院调取。受托人民法院应当在收到委托书后,按照委托要求及时完成调取证据工作,送交委托人民法院。受托人民法院不能完成委托内容的,应当告知委托的人民法院并说明原因。

第二十七条 当事人根据行政诉讼法第三十六条的规定向人民法院申请保全证据的,应当在举证期限届满前以书面形式提出,并说明证据的名称和地点、保全的内容和范围、申请保全的理由等事项。

当事人申请保全证据的,人民法院可以要求其提供相应的担保。

法律、司法解释规定诉前保全证据的,依照其规定办理。

第二十八条 人民法院依照行政诉讼法第三十六条规定保全证据的,可以根据具体情况,采取查封、扣押、拍照、录音、录像、复制、鉴定、勘验、制作询问笔录等保全措施。

人民法院保全证据时,可以要求当事人或者其诉讼代理人到场。

第二十九条 原告或者第三人有证据或者有正当理由表明被告以认定案件事实的鉴定结论可能有错误,在举证期限内书面申请重新鉴定的,人民法院应予准许。

第三十条 当事人对人民法院委托的鉴定部门作出的鉴定结论有异议申请重新鉴定,提出证据证明存在下列情形之一的,人民法院应予准许:

(一)鉴定部门或者鉴定人不具有相应的鉴定资格的;

(二)鉴定程序严重违法的;

(三)鉴定结论明显依据不足的;

(四)经过质证不能作为证据使用的其他情形。

对有缺陷的鉴定结论,可以通过补充鉴定、重新质证或者补充质证等方式解决。

第三十一条 对需要鉴定的事项负有举证责任的当事人,在举证期限内无正当理由不提出鉴定申请、不预交鉴定费用或者拒不提供相关材料,致使对案件争议的事实无法通过鉴定结论予以认定的,应当对该事实承担举证不能的法律后果。

第三十二条 人民法院对委托或者指定的鉴定部门出具的鉴定书,应当审查是否具有下列内容:

(一)鉴定的内容;

(二)鉴定时提交的相关材料;

(三)鉴定的依据和使用的科学技术手段;

(四)鉴定的过程;

(五)明确的鉴定结论;

(六)鉴定部门和鉴定人鉴定资格的说明;

(七)鉴定人及鉴定部门签名盖章。

前款内容欠缺或者鉴定结论不明确的,人民法院可以要求鉴定部门予以说明、补充鉴定或者重新鉴定。

第三十三条 人民法院可以依当事人申请或者依职权勘验现场。

勘验现场时,勘验人必须出示人民法院的证件,并邀请当地基层组织或者当事人所在单位派人参加。当事人或其成年亲属应当到场,拒不到场的,不影响勘验的进行,但应在勘验笔录中说明情况。

第三十四条 审判人员应当制作勘验笔录,记载勘验的时间、地点、勘验人、在场人、勘验的经过和结果,由勘验人、当事人、在场人签名。

勘验现场时绘制的现场图,应当注明绘制的时间、方位、绘制人姓名和身份等内容。

当事人对勘验结论有异议的,可以在举证期限内申请重新勘验,是否准许由人民法院决定。

四、证据的对质辨认和核实

第三十五条 证据应当在法庭上出示,并经庭审质证。未经庭审质证的证据,不能作为定案的依据。

当事人在庭前证据交换过程中没有争议并记录在卷的证据,经审判人员在庭审中说明后,可以作为认定案件事实的依据。

第三十六条 经合法传唤,因被告无正当理由拒不到庭而需要依法缺席判决的,被告提供的证据不能作为定案的依据,但当事人在庭前交换证据中没有争议的证据除外。

第三十七条 涉及国家秘密、商业秘密和个人隐私或者法律规定的其他应当保密的证据,不得在开庭时公开质证。

第三十八条 当事人申请人民法院调取的证据,由申请调取证据的当事人在庭审中出示,并由当事人质证。

人民法院依职权调取的证据,由法庭出示,并可就调取该证据的情况进行说明,听取当事人意见。

第三十九条 当事人应当围绕证据的关联性、合法性和真实性,针对证据有无证明效力以及证明效力大小,进行质证。

经法庭准许,当事人及其代理人可以就证据问题相互发问,也可以向证人、鉴定人或者勘验人发问。

当事人及其代理人相互发问,或者向证人、鉴定人、勘验人发问时,发问的内容应当与案件事实有关联,不得采用引诱、威胁、侮辱等语言或者方式。

第四十条 对书证、物证和视听资料进行质证时,当事人应出示证据的原件或者原物。但有下列情况之一的除外:

(一)出示原件或者原物确有困难并经法庭准许可以出示复制件或者复制品;

(二)原件或者原物已不存在,可以出示证明复制件、复制品与原件、原物一致的其他证据。

视听资料应当当庭播放或者显示,并由当事人进行质证。

第四十一条 凡是知道案件事实的人,都有出庭作证的义务。有下列情形之一的,经人民法院准许,当事人可以提交书面证言:

(一)当事人在行政程序或者庭前证据交换中对证人证言无异议的;

(二)证人因年迈体弱或者行动不便无法出庭的;

(三)证人因路途遥远、交通不便无法出庭的;

(四)证人因自然灾害等不可抗力或者其他意外事件无法出庭的;

(五)证人因其他特殊原因确实无法出庭的。

第四十二条 不能正确表达意志的人不能作证。

根据当事人申请,人民法院可以就证人能否正确表达意志进行审查或者交由有关部门鉴定。必要时,人民法院也可以依职权交由有关部门鉴定。

第四十三条 当事人申请证人出庭作证的,应当在举证期限届满前提出,并经人民法院许可。人民法院准许证人出庭作证的,应当在开庭审理前通知证人出庭作证。

当事人在庭审过程中要求证人出庭作证的,法庭可以根据审理案件的具体情况,决定是否准许以及是否延期审理。

第四十四条 有下列情形之一,原告或者第三人可以要求相关行政执法人员作为证人出庭作证:

(一)对现场笔录的合法性或者真实性有异议的;

(二)对扣押财产的品种或者数量有异议的;

(三)对检验的物品取样或者保管有异议的;

(四)对行政执法人员的身份的合法性有异议的;

(五)需要出庭作证的其他情形。

第四十五条 证人出庭作证时,应当出示证明其身份的证件。法庭应当告知其诚实作证的法律义务和作伪证的法律责任。

出庭作证的证人不得旁听案件的审理。法庭询问证人时,其他证人不得在场,但组织证人对质的除外。

第四十六条 证人应当陈述其亲历的具体事实。证人根据其经历所作的判断、推测或者评论,不能作为定案的依据。

第四十七条 当事人要求鉴定人出庭接受询问的,鉴定人应当出庭。鉴定人因正当事由不能出庭的,经法庭准许,可以不出庭,由当事人对其书面鉴定结论进行质证。

鉴定人不能出庭的正当事由,参照本规定第四十一条的规定。

对于出庭接受询问的鉴定人,法庭应当核实其身份、与当事人及案件的关系,并告知鉴定人如实说明鉴定情况的法律义务和故意作虚假说明的法律责任。

第四十八条 对被诉具体行政行为涉及的专门性问题,当事人可以向法庭申请由专业人员出庭进行说明,法庭也可以通知专业人员出庭说明。必要时,法庭可以组织专业人员进行对质。

当事人对出庭的专业人员是否具备相应专业知识、学历、资历等专业资格等有异议的,可以进行询问。由法庭决定其是否可以作为专业人员出庭。

专业人员可以对鉴定人进行询问。

第四十九条 法庭在质证过程中,对与案件没有关联的证据材料,应予排除并说明理由。

法庭在质证过程中,准许当事人补充证据的,对补充的证据仍应进行质证。

法庭对经过庭审质证的证据,除确有必要外,一般不再进行质证。

第五十条 在第二审程序中,对当事人依法提供的新的证据,法庭应当进行质证;当事人对第一审认定的证据仍有争议的,法庭也应当进行质证。

第五十一条 按照审判监督程序审理的案件,对当事人依法提供的新的证据,法庭应当进行质证;因原判决、裁定认定事实的证据不足而提起再审所涉及的主要证据,法庭也应当进行质证。

第五十二条　本规定第五十条和第五十一条中的"新的证据"是指以下证据:

(一)在一审程序中应当准予延期提供而未获准许的证据;

(二)当事人在一审程序中依法申请调取而未获准许或者未取得,人民法院在第二审程序中调取的证据;

(三)原告或者第三人提供的在举证期限届满后发现的证据。

五、证据的审核认定

第五十三条　人民法院裁判行政案件,应当以证据证明的案件事实为依据。

第五十四条　法庭应当对经过庭审质证的证据和无需质证的证据进行逐一审查和对全部证据综合审查,遵循法官职业道德,运用逻辑推理和生活经验,进行全面、客观和公正地分析判断,确定证据材料与案件事实之间的证明关系,排除不具有关联性的证据材料,准确认定案件事实。

第五十五条　法庭应当根据案件的具体情况,从以下方面审查证据的合法性:

(一)证据是否符合法定形式;

(二)证据的取得是否符合法律、法规、司法解释和规章的要求;

(三)是否有影响证据效力的其他违法情形。

第五十六条　法庭应当根据案件的具体情况,从以下方面审查证据的真实性:

(一)证据形成的原因;

(二)发现证据时的客观环境;

(三)证据是否为原件、原物,复制件、复制品与原件、原物是否相符;

(四)提供证据的人或者证人与当事人是否具有利害关系;

(五)影响证据真实性的其他因素。

第五十七条　下列证据材料不能作为定案依据:

(一)严重违反法定程序收集的证据材料;

(二)以偷拍、偷录、窃听等手段获取侵害他人合法权益的证据材料;

(三)以利诱、欺诈、胁迫、暴力等不正当手段获取的证据材料;

(四)当事人无正当事由超出举证期限提供的证据材料;

(五)在中华人民共和国领域以外或者在中华人民共和国香港特别行政区、澳门特别行政区和台湾地区形成的未办理法定证明手续的证据材料;

(六)当事人无正当理由拒不提供原件、原物,又无其他证据印证,且对方当事人不予认可的证据的复制件或者复制品;

(七)被当事人或者他人进行技术处理而无法辨明真伪的证据材料;

(八)不能正确表达意志的证人提供的证言;

(九)不具备合法性和真实性的其他证据材料。

第五十八条　以违反法律禁止性规定或者侵犯他人合法权益的方法取得的证据,不能作为认定案件事实的依据。

第五十九条　被告在行政程序中依照法定程序要求原告提供证据,原告依法应当提供而拒不提供,在诉讼程序中提供的证据,人民法院一般不予采纳。

第六十条　下列证据不能作为认定被诉具体行政行为合法的依据:

（一）被告及其诉讼代理人在作出具体行政行为后或者在诉讼程序中自行收集的证据；

（二）被告在行政程序中非法剥夺公民、法人或者其他组织依法享有的陈述、申辩或者听证权利所采用的证据；

（三）原告或者第三人在诉讼程序中提供的、被告在行政程序中未作为具体行政行为依据的证据。

第六十一条 复议机关在复议程序中收集和补充的证据，或者作出原具体行政行为的行政机关在复议程序中未向复议机关提交的证据，不能作为人民法院认定原具体行政行为合法的依据。

第六十二条 对被告在行政程序中采纳的鉴定结论，原告或者第三人提出证据证明有下列情形之一的，人民法院不予采纳：

（一）鉴定人不具备鉴定资格；

（二）鉴定程序严重违法；

（三）鉴定结论错误、不明确或者内容不完整。

第六十三条 证明同一事实的数个证据，其证明效力一般可以按照下列情形分别认定：

（一）国家机关以及其他职能部门依职权制作的公文文书优于其他书证；

（二）鉴定结论、现场笔录、勘验笔录、档案材料以及经过公证或者登记的书证优于其他书证、视听资料和证人证言；

（三）原件、原物优于复制件、复制品；

（四）法定鉴定部门的鉴定结论优于其他鉴定部门的鉴定结论；

（五）法庭主持勘验所制作的勘验笔录优于其他部门主持勘验所制作的勘验笔录；

（六）原始证据优于传来证据；

（七）其他证人证言优于与当事人有亲属关系或者其他密切关系的证人提供的对该当事人有利的证言；

（八）出庭作证的证人证言优于未出庭作证的证人证言；

（九）数个种类不同、内容一致的证据优于一个孤立的证据。

第六十四条 以有形载体固定或者显示的电子数据交换、电子邮件以及其他数据资料，其制作情况和真实性经对方当事人确认，或者以公证等其他有效方式予以证明的，与原件具有同等的证明效力。

第六十五条 在庭审中一方当事人或者其代理人在代理权限范围内对另一方当事人陈述的案件事实明确表示认可的，人民法院可以对该事实予以认定。但有相反证据足以推翻的除外。

第六十六条 在行政赔偿诉讼中，人民法院主持调解时当事人为达成调解协议而对案件事实的认可，不得在其后的诉讼中作为对其不利的证据。

第六十七条 在不受外力影响的情况下，一方当事人提供的证据，对方当事人明确表示认可的，可以认定该证据的证明效力；对方当事人予以否认，但不能提供充分的证据进行反驳的，可以综合全案情况审查认定该证据的证明效力。

第六十八条 下列事实法庭可以直接认定：

（一）众所周知的事实；

（二）自然规律及定理；

(三)按照法律规定推定的事实;
(四)已经依法证明的事实;
(五)根据日常生活经验法则推定的事实。
前款(一)、(三)、(四)、(五)项,当事人有相反证据足以推翻的除外。

第六十九条 原告确有证据证明被告持有的证据对原告有利,被告无正当事由拒不提供的,可以推定原告的主张成立。

第七十条 生效的人民法院裁判文书或者仲裁机构裁决文书确认的事实,可以作为定案依据。但是如果发现裁判文书或者裁决文书认定的事实有重大问题的,应当中止诉讼,通过法定程序予以纠正后恢复诉讼。

第七十一条 下列证据不能单独作为定案依据:
(一)未成年人所作的与其年龄和智力状况不相适应的证言;
(二)与一方当事人有亲属关系或者其他密切关系的证人所作的对该当事人有利的证言,或者与一方当事人有不利关系的证人所作的对该当事人不利的证言;
(三)应当出庭作证而无正当理由不出庭作证的证人证言;
(四)难以识别是否经过修改的视听资料;
(五)无法与原件、原物核对的复制件或者复制品;
(六)经一方当事人或者他人改动,对方当事人不予认可的证据材料;
(七)其他不能单独作为定案依据的证据材料。

第七十二条 庭审中经过质证的证据,能够当庭认定的,应当当庭认定;不能当庭认定的,应当在合议庭合议时认定。
人民法院应当在裁判文书中阐明证据是否采纳的理由。

第七十三条 法庭发现当庭认定的证据有误,可以按照下列方式纠正:
(一)庭审结束前发现错误的,应当重新进行认定;
(二)庭审结束后宣判前发现错误的,在裁判文书中予以更正并说明理由,也可以再次开庭予以认定;
(三)有新的证据材料可能推翻已认定的证据的,应当再次开庭予以认定。

六、附 则

第七十四条 证人、鉴定人及其近亲属的人身和财产安全受法律保护。
人民法院应当对证人、鉴定人的住址和联系方式予以保密。

第七十五条 证人、鉴定人因出庭作证或者接受询问而支出的合理费用,由提供证人、鉴定人的一方当事人先行支付,由败诉一方当事人承担。

第七十六条 证人、鉴定人作伪证的,依照行政诉讼法第四十九条第一款第(二)项的规定追究其法律责任。

第七十七条 诉讼参与人或者其他人有对审判人员或者证人、鉴定人、勘验人及其近亲属实施威胁、侮辱、殴打、骚扰或者打击报复等妨碍行政诉讼行为的,依照行政诉讼法第四十九条第一款第(三)项、第(五)项或者第(六)项的规定追究其法律责任。

第七十八条 对应当协助调取证据的单位和个人,无正当理由拒不履行协助义务的,依照行政诉讼法第四十九条第一款第(五)项的规定追究其法律责任。

第七十九条 本院以前有关行政诉讼的司法解释与本规定不一致的,以本规定为准。

第八十条 本规定自2002年10月1日起施行。2002年10月1日尚未审结的一审、二审和再审行政案件不适用本规定。

本规定施行前已经审结的行政案件,当事人以违反本规定为由申请再审的,人民法院不予支持。

本规定施行后按照审判监督程序决定再审的行政案件,适用本规定。

国土资源部立案查处国土资源违法行为工作规范(试行)

(2016年11月16日 国土资规〔2016〕13号)

为规范国土资源部本级立案查处国土资源违法行为工作,明确部立案查处的范围、工作程序和内容,规范执法行为,提升执法效能,推进法治国土建设,依据《土地管理法》、《矿产资源法》、《行政处罚法》、《国土资源行政处罚办法》、《国土资源违法行为查处工作规程》等法律法规规章和规范性文件,制定本规范。

一、适用范围

国土资源部立案查处土地、矿产资源违法行为,适用本规范。

二、工作要求和流程

国土资源部立案查处国土资源违法行为,应当遵循严格规范公正文明执法原则,做到事实清楚、证据确凿、定性准确、依据正确、程序合法、处理适当。

国土资源部立案查处国土资源违法行为,应当按照立案、调查取证、案情分析和调查报告、案件审理、征求意见、法制审核、部审议形成处理决定、实施处理决定、执行、结案的工作流程进行;具体工作由执法监察局和其他业务司局按照职责分工实施。

三、立案

(一) 立案管辖范围

国土资源违法案件管辖以属地管辖为原则,国土资源违法案件原则上由土地、矿产资源所在地的县级国土资源主管部门管辖。国土资源部管辖全国范围内重大、复杂和法律法规规定应当管辖的案件,具体包括:

1. 法律法规规定应当由国土资源部管辖的国土资源违法案件;
2. 国务院要求国土资源部管辖的国土资源违法案件;
3. 跨省级行政区域的国土资源违法案件;
4. 国土资源部认为应当由其管辖的国土资源违法案件。

其中,国土资源部认为应当由其管辖的国土资源违法案件是指省级国土资源主管部门上报、其他部门移送以及执法督察工作中发现严重损害群众权益的重大、典型违法行为,经部批准立案查处的案件。

（二）立案呈批

对需要由国土资源部立案查处的国土资源违法行为，应当先行组织对违法基本事实进行核查。

经核查，发现符合以下条件的国土资源违法行为，应当报部批准后立案：

1. 有明确的行为人；
2. 有违反国土资源管理法律法规的事实；
3. 依照国土资源管理法律法规应当追究法律责任；
4. 未超过行政处罚时效；
5. 符合国土资源部立案管辖范围。

经核查，发现违法事实不存在、违法行为轻微并及时纠正、没有造成危害后果，或者违法状态已消除的，报部批准后，可以不予立案。

立案或者不予立案呈批前，执法监察局应当征求部相关司局意见。

土地案件应当征求办公厅、国家土地总督察办公室、政策法规司、调控和监测司、规划司、财务司、耕地保护司、地籍管理司（不动产登记局）、土地利用管理司、人事司、机关党委等司局意见。

矿产资源案件应当征求办公厅、政策法规司、调控和监测司、规划司、财务司、地质勘查司（矿产勘查办）、矿产开发管理司、矿产资源储量司、地质环境司（应急办）、人事司、机关党委等司局意见。

立案或者不予立案呈批时，执法监察局应当向部提交相应的请示，附《立案呈批表》或者《不予立案呈批表》、初步核查报告和征求意见情况。部领导在 10 个工作日内作出立案或者不予立案的决定。

（三）确定承办人员

部决定立案查处的，应当确定至少 2 名案件承办人员。

根据工作需要，执法监察局可以统一调配局内人员，也可以抽调地方国土资源执法监察人员参加部立案查处工作，配发部临时执法监察证件，保障办案人员执法资格。

四、调查取证

（一）取证要求

调查取证时，办案人员应当不少于 2 人，并应当向被调查人出示执法监察证件。根据需要，可以请派驻地方的国家土地督察机构派员参加调查。

办案人员按照《国土资源行政处罚办法》、《国土资源违法行为查处工作规程》中的证据收集要求，收集与案件相关的书证、物证、视听资料、证人证言、当事人陈述、询问笔录、现场勘测笔录、鉴定结论等证据。其中，需要耕地破坏程度和矿产资源破坏价值等鉴定的，部可以委托省级国土资源主管部门进行鉴定并出具鉴定结论或者鉴定意见。

（二）调查中止或者调查终止

出现《国土资源违法行为查处工作规程》中规定的中止调查或者终止调查情形的，案件承办人员应当填写《中止调查决定呈批表》或者《终止调查决定呈批表》，征求部相关司局意见，按程序报部批准后，中止或者终止案件调查。

五、案情分析和调查报告

在调查取证的基础上,案件承办人员对收集的证据、案件事实进行认定,确定违法性质和法律适用,研究提出处理建议,起草调查报告。

(一)案情分析

案件承办人员对收集的证据进行真实性、合法性和关联性审查,梳理和认定违法事实,研究确定违法性质和法律适用等。案情分析过程中,可以根据需要征求部相关业务司局或其他单位的意见。

(二)调查报告

在调查取证和案情分析基础上,案件承办人员起草《国土资源违法案件调查报告》。调查报告提出的处理建议应当明确具体。其中,建议给予行政处罚的,应当依据土地、矿产资源所在地的行政处罚自由裁量权标准和办法,提出具体的行政处罚建议。

六、案件审理

案件承办人员起草的《国土资源违法案件调查报告》经内部审核后,提交执法监察局局长办公会审理。局长办公会由局长主持,其他局领导、各处处长及相关人员参加。案件承办人员介绍案件情况,对违法事实、案件定性、处理意见和法律适用等作出说明;参会人员就案件有关问题进行提问和讨论,案件承办人员进行解答或者补充说明;会议主持人总结形成审理意见;案件承办人员如实记录参会人员意见和审理意见,制作《违法案件审理记录》,参会人员签字后,报会议主持人审签。

根据审理意见,案件承办人员对《国土资源违法案件调查报告》进行修改、完善。

七、征求意见

案件审理通过后,将《国土资源违法案件调查报告》分送部相关司局、案件所在地省级国土资源主管部门或者其他单位征求意见。

土地案件应当征求办公厅、国家土地总督察办公室、政策法规司、调控和监测司、规划司、财务司、耕地保护司、地籍管理司(不动产登记局)、土地利用管理司、人事司、机关党委等司局意见。

矿产资源案件应当征求办公厅、政策法规司、调控和监测司、规划司、财务司、地质勘查司(矿产勘查办)、矿产开发管理司、矿产资源储量司、地质环境司(应急办)、人事司、机关党委等司局意见。

根据征求意见情况,执法监察局对《国土资源违法案件调查报告》进行修改、完善。

八、法制审核

对部相关司局在法律适用问题上难以达成一致、确有必要的案件,《国土资源违法案件调查报告》应当送政策法规司进行法制审核。

按照法制审核意见,执法监察局对《国土资源违法案件调查报告》进行修改、完善。

九、部审议形成处理决定

执法监察局起草《关于提请部专题会审议国土资源违法案件调查报告的请示》,经相关司局会签后报部。请示应附会签意见及采纳情况、征求意见及采纳情况、《违法案件处理决定呈批表》等。对于拟作出行政处罚决定的,另附《行政处罚告知书》、《行政处罚听证告知书》、《行政处罚决定书》;对于拟作出行政处理决定的,另附《行政处理决定告知书》、《行政处理决定书》;对于需要追究行政纪律责任的,另附《行政处分建议书》;对于涉嫌犯罪的,另附《涉嫌犯罪案件移送书》。

部领导同意召开部专题会并确定会议时间后,执法监察局准备会议材料,并于会议前一天将会议材料分送各参会单位。

部专题会由分管部领导主持,执法监察局汇报,相关司局参加。

审议土地案件时,办公厅、国家土地总督察办公室、政策法规司、调控和监测司、规划司、财务司、耕地保护司、地籍管理司(不动产登记局)、土地利用管理司、人事司、机关党委等司局参加。

审议矿产资源案件时,办公厅、政策法规司、调控和监测司、规划司、财务司、地质勘查司(矿产勘查办)、矿产开发管理司、矿产资源储量司、地质环境司(应急办)、人事司、机关党委等司局参加。

部专题会对案件调查报告及相关法律文书进行审议,形成案件处理决定。执法监察局起草《部专题会议纪要》,经办公厅主任或者副主任审核后,报分管部领导签发。

部专题会认为案件特别复杂、重大的,应当提交部长办公会审议。执法监察局按照《国土资源部工作规则》的有关规定,提请部长办公会审议,并准备相关材料。

经部专题会或者部长办公会审议通过后,执法监察局将《违法案件处理决定呈批表》报部领导审签。

十、实施处理决定

《违法案件处理决定呈批表》经部领导签批后,执法监察局及相关司局具体履行相应程序,实施处理决定。

(一)行政处罚

决定给予行政处罚的,按照下列程序进行:

1. 行政处罚告知和行政处罚听证告知。

制作《行政处罚告知书》、《行政处罚听证告知书》,采取直接送达或者委托送达等方式送达当事人。当事人提出陈述和申辩的,由执法监察局进行复核。

当事人申请听证的,由部法制工作机构按照《国土资源听证规定》组织进行听证。

2. 行政处罚决定书。

当事人未在规定时间内提出陈述、申辩和申请听证的,或者陈述、申辩、听证提出的事实、理由或者证据不成立的,制作《行政处罚决定书》,经部领导签发、加盖部印章后,采取直接送达或者委托送达等方式,送达当事人。经陈述、申辩或者听证,需要修改拟作出的行政处罚决定的,按照程序调整或者重新作出处罚决定。

3. 行政处罚作出时限。

部应当自立案之日起60日内作出行政处罚决定。如需延长,应当报部批准。

(二)行政处理

对违法批地、违法批矿等,决定给予行政处理的(如明确违法批准征收、使用土地或者违法批准勘查、开采矿产资源的相关文件无效,提出撤销批准文件、废止违法内容、依法收回土地等具体要求和建议追究行政纪律责任等),按照下列程序进行:

1. 行政处理告知。

制作《行政处理告知书》,采取直接送达或者委托送达等方式送达当事人。当事人提出陈述和申辩的,由执法监察局进行复核。

2.行政处理决定书。

当事人未在规定时间内提出陈述、申辩的,或者陈述、申辩提出的事实、理由、证据不成立的,制作《行政处理决定书》,经部领导签发、加盖部印章后,采取直接送达或者委托送达等方式送达当事人。经陈述、申辩,需要修改拟作出的行政处理决定的,按照程序调整或者重新作出处理决定。

(三)移送案件

对案件需要追究责任人行政纪律责任或者涉嫌犯罪,决定向有关部门移送案件的,执法监察局起草《行政处分建议书》或者《涉嫌犯罪案件移送书》,报部领导签发后,按照规定,将案件移送与责任人级别相对应的监察、任免机关或者有管辖权的公安、检察机关。

(四)撤销立案决定

对违法事实不成立或者违法行为已过行政处罚追诉时效,决定撤销立案决定的,执法监察局填写《撤销立案决定呈批表》,报部批准。

(五)不予行政处罚或者行政处理

对违法行为轻微或者违法状态已消除,决定不予行政处罚或者行政处理的,执法监察局按照本规范第十二条的规定办理结案手续。

(六)移送有管辖权机关

案件不属于国土资源部管辖,决定移送有管辖权机关的,执法监察局起草移送案件管辖文件,报部批准后,移送有管辖权机关,按照本规范第十二条的规定办理结案手续。

十一、执行

(一)主动公开处理决定

国土资源部作出的行政处罚决定、行政处理决定生效后,按照政府信息公开有关规定,在部门户网站公开,督促违法当事人自觉履行,接受社会监督。

根据工作需要,可以通过其他媒体进行报道。

(二)行政处罚决定的执行

当事人应当按照《行政处罚决定书》的要求自觉履行。其中,决定没收违法所得或者罚款的,应当将违法所得或者罚款足额上缴国库,并提供缴款凭据;决定没收地上建(构)筑物、矿产品或者其他实物的,应当配合将地上建(构)筑物、矿产品或者其他实物移交所在地的人民政府或者其指定的部门。

当事人在法定期限内不申请行政复议或者提起行政诉讼,又不履行行政处罚决定的,国土资源部可以自期限届满之日起三个月内,向土地、矿产资源所在地的中级人民法院申请强制执行。《强制执行申请书》应当由部领导签名,加盖部印章,注明日期,并附具相关材料。

申请强制执行前,国土资源部制作《履行行政处罚决定催告书》,采取直接送达或者委托送达方式,送达当事人。

(三)行政处理决定的执行

当事人应当按照《行政处理决定书》的要求,自觉履行,撤销、废止违法批准征收、使用土地或者违法批准勘查、开采矿产资源的相关文件,落实依法收回土地等决定。

(四)督促执行

根据案件情况,国土资源部可以要求有关派驻地方的国家土地督察机构、省级国土资源主管部门跟踪督办行政处罚、行政处理决定的执行情况。

(五)执行记录

根据行政处罚、行政处理决定的执行情况,执法监察局制作《执行记录》。

十二、结案

(一)结案条件

符合下列条件之一的,可以结案:

1. 案件已经移送管辖的;
2. 终止调查的;
3. 决定不予行政处罚或者行政处理的;
4. 行政处罚决定或者行政处理决定执行完毕的;
5. 行政处罚决定终结执行的;
6. 已经依法申请人民法院强制执行的。

涉及需要移送有关部门追究刑事责任、行政纪律责任的,结案前应当已经依法移送。

(二)结案呈批

符合结案条件的,执法监察局填写《结案呈批表》,报部批准后结案。

(三)立卷归档

结案后,案件承办人员将办案过程中形成的全部材料,按照《国土资源违法行为查处工作规程》的要求,及时整理装订成卷,交由部档案室归档保存。

案卷分为正卷和副卷,正卷主要为案件查处过程中制作的法律文书和收集的证据材料等,当事人和利害关系人经申请可以查询、复制;副卷主要为内部呈批材料等,不对外公开。

环境行政处罚证据指南(节录)

(2011 年 5 月 30 日 环办〔2011〕66 号)

前 言

本指南介绍了环境行政处罚证据,分析了各种证据形式的特点,阐明了收集证据的方式和要求、审查证据的方法和要求、证据效力的判断方法,提供了常见证据的证明对象示例、常见环境违法行为的事实证明和证据收集示例、常见证据制作示例。

本指南适用于全国各级环保部门办理行政处罚案件时收集、审查和认定证据的工作,供行政处罚案件调查人员和审查人员参考。

本指南为首次发布。

本指南起草单位为中国人民大学。
本指南由环境保护部环境监察局组织制定。
本指南由环境保护部解释。

目 录
1. 适用范围
2. 术语和定义
　2.1 当事人
　2.2 证据
　2.3 书证
　2.4 物证
　2.5 视听资料
　2.6 证人证言
　2.7 当事人陈述
　2.8 环境监测报告
　2.9 自动监控数据
　2.10 鉴定结论
　2.11 现场检查(勘察)笔录
　2.12 调查询问笔录
3. 工作依据
　3.1 法律
　3.2 行政法规
　3.3 部门规章
　3.4 司法文件
4. 证据收集
　4.1 工作要求
　4.2 收集方式
　4.3 证据要求
5. 证据审查
　5.1 工作要求
　5.2 审查内容
　5.3 审查方法
6. 证据认定
　6.1 直接认定
　6.2 证明效力
附一：常见证据的证明对象示例
附二：常见环境违法行为的事实证明和证据收集示例
附三：常见证据制作示例

1. 适用范围

本指南适用于各级环保部门办理行政处罚案件时,依照国家有关规定收集、审查和认定证据的活动。

2. 术语和定义

下列术语和定义适用于本指南。

2.1 当事人

指涉嫌违反环境保护法律、法规、规章,被环保部门立案调查的单位或者个人。

2.2 证据

指在环境行政处罚案件办理中用以证明案件事实的材料,主要包括:

(1)证明当事人身份的材料;

(2)证明违法事实及其性质、程度的材料;

(3)证明从重、从轻、减轻、免除处罚情节的材料;

(4)证明执法程序的材料;

(5)证明行政处罚前置程序已经实施的材料;

(6)证明案件管辖权的材料;

(7)证明环境执法人员身份的材料;

(8)其他证明案件事实的材料。

2.3 书证

指以文字、符号、图形等在物体(主要是纸张)上记载的内容、含义或表达的思想来反映案件情况的材料,如环境影响评价文件、企业生产记录、环保设施运行记录、合同、发票等缴款凭证,环保部门的环评批复、验收批复、排污许可证、危险废物经营许可证,举报信等。

2.4 物证

指以其存在状况、形状、特征、质量、属性等反映案件情况的物品和痕迹,如厂房、生产设施、环保设施、排污口标志牌、暗管,污水、废气、固体废物,受污染的农作物、水产品等。

2.5 视听资料

指以录音、拍照、摄像等方式记录声音、图像、影像来反映案件情况的资料,如录音、录像、照片等。

2.6 证人证言

指当事人以外的其他人员就了解的案件情况向环保部门所作的反映案件情况的陈述,如企业附近居(村)民的陈述、污染受害人的陈述等。

2.7 当事人陈述

指当事人就案件情况向环保部门所作的陈述,如当事人的陈述申辩意见、当事人的听证会意见等。

2.8 环境监测报告

指具有资质的监测机构,按照有关环境监测技术规范,运用物理、化学、生物、遥感等技术,对各环境要素的状况、污染物排放状况做进行定性、定量分析后得出的数据报告和书面结论,如水、气、声等环境监测报告。

2.9 自动监控数据

指以污染源自动监控系统、DCS 系统、CEMS 系统等计算机系统运行过程中产生的反映案件情况的电子数据,如污染源自动监控数据、DCS 系统数据、CEMS 系统数据、监控仪器运行参数数据等。

2.10 鉴定结论

指具有资质的鉴定机构,受环保部门、当事人或者相关人委托,运用专门知识和技能,通过分析、检验、鉴别、判断对专门性问题做出的数据报告和书面结论,如环境污染损害评估报告、渔业损失鉴定、农产品损失鉴定等。

2.11 现场检查(勘察)笔录

指执法人员对有关物品、场所等进行检查、勘察时当场制作的反映案件情况的文字记录,如现场检查笔录、现场勘察笔录等。

2.12 调查询问笔录

指执法人员向案件当事人、证人和其他有关人员询问案件情况时当场制作的文字记录,如对当事人的询问笔录、对证人的询问笔录、对污染受害人的询问笔录等。

3. 工作依据

3.1 法律

- 《中华人民共和国环境保护法》
- 《中华人民共和国水污染防治法》
- 《中华人民共和国大气污染防治法》
- 《中华人民共和国固体废物污染环境防治法》
- 《中华人民共和国环境噪声污染防治法》
- 《中华人民共和国环境影响评价法》
- 《中华人民共和国清洁生产促进法》
- 《中华人民共和国行政处罚法》
- 《中华人民共和国行政复议法》
- 《中华人民共和国行政诉讼法》
- 《中华人民共和国民事诉讼法》

3.2 行政法规

- 《中华人民共和国自然保护区条例》(国务院令第 167 号)
- 《淮河流域水污染防治暂行条例》(国务院令第 183 号)
- 《建设项目环境保护管理条例》(国务院令第 253 号)
- 《排污费征收使用管理条例》(国务院令第 369 号)
- 《医疗废物管理条例》(国务院令第 380 号)
- 《危险废物经营许可证管理办法》(国务院令第 408 号)
- 《废弃电器电子产品回收处理管理条例》(国务院令第 551 号)
- 《规划环境影响评价条例》(国务院令第 559 号)

- 《消耗臭氧层物质管理条例》(国务院令第 573 号)
- 《中华人民共和国行政复议法实施条例》(国务院令第 499 号)

3.3 部门规章

- 《废物进口环境保护管理暂行规定》(国家环保局、对外贸易经济合作部、海关总署、国家工商局、国家商检局,环控〔1996〕204 号,国家环保总局令第 6 号修正)
- 《畜禽养殖污染防治管理办法》(国家环保总局令第 9 号)
- 《淮河和太湖流域排放重点水污染物许可证管理办法》(国家环保总局令第 11 号)
- 《医疗废物管理行政处罚办法》(卫生部、国家环保总局令第 21 号)
- 《环境污染治理设施运营资质许可管理办法》(国家环保总局令第 23 号)
- 《建设项目环境影响评价资质管理办法》(国家环保总局令第 26 号)
- 《废弃危险化学品污染环境防治办法》(国家环保总局令第 27 号)
- 《污染源自动监控管理办法》(国家环保总局令第 28 号)
- 《病原微生物实验室生物安全环境管理办法》(国家环保总局令第 32 号)
- 《电子废物污染环境防治管理办法》(国家环保总局令第 40 号)
- 《危险废物出口核准管理办法》(国家环保总局令第 47 号)
- 《新化学物质环境管理办法》(环境保护部令第 7 号)
- 《环境行政处罚办法》(环境保护部令第 8 号)

3.4 司法文件

- 《最高人民法院关于执行〈中华人民共和国行政诉讼法〉若干问题的解释》(法释〔2000〕8 号)
- 《最高人民法院关于行政诉讼证据若干问题的规定》(法释〔2002〕21 号)

4. 证据收集

4.1 工作要求

4.1.1 依法、及时、全面、客观、公正地收集证据。

4.1.2 执法人员不得少于两人,出示中国环境监察执法证或者其他行政执法证件,告知当事人申请回避的权利和配合调查的义务。

4.1.3 保守国家秘密、商业秘密,保护个人隐私。

对涉及国家秘密、商业秘密或者个人隐私的证据,提醒提供人标注。

4.1.4 收集证据时应当通知当事人到场。但在当事人拒不到场、无法找到当事人、暗查等情形下,当事人未到场不影响调查取证的进行。

当事人拒绝签名、盖章或者不能签名、盖章的,应当注明情况,并由两名执法人员签名。有其他人在现场的,可请其他人签名。

执法人员可以用录音、拍照、录像等方式记录证据收集的过程和情况。

4.1.5 证据收集工作在行政处罚决定作出之前完成。

4.1.6 禁止违反法定程序收集证据。

4.1.7 禁止采取利诱、欺诈、胁迫、暴力等不正当手段收集证据。

4.1.8 不得隐匿、毁损、伪造、变造证据。

4.2 收集方式

4.2.1 收集证据可以采取下列方式：

(1)查阅、复制保存在国家机关及其他单位的相关材料；
(2)进入有关场所进行检查、勘察、采样、监测、录音、拍照、录像、提取原物原件；
(3)查阅、复制当事人的生产记录、排污记录、环保设施运行记录、合同、缴款凭据等材料；
(4)询问当事人、证人、受害人等有关人员，要求其说明相关事项、提供相关材料；
(5)组织技术人员、委托相关机构进行监测、鉴定；
(6)调取、统计自动监控数据；
(7)依法采取先行登记保存措施；
(8)依法采取查封、扣押(暂扣)措施；
(9)申请公证进行证据保全；
(10)听取当事人陈述、申辩，听取当事人听证会意见；
(11)依法可以采取的其他措施。

4.2.2 采取查封、扣押(暂扣)措施的，要有法律、法规的明确规定。

4.2.3 采取证据先行登记保存措施的，要符合以下条件：

(1)证据可能灭失的；
(2)证据以后难以取得的。

4.3 证据要求

4.3.1 证据能确认环境违法行为的实施人，能证明环境违法事实、执法程序事实、行使自由裁量权的基础事实，能反映环保部门实施行政处罚的合法性和合理性。

4.3.2 尽可能收集书证原件，书证的原本、正本和副本均属于书证的原件。

收集原件有困难的，可以对原件进行复印、扫描、照相、抄录，经提供人和执法人员核对后，在复制件、影印件、抄录件或者节录本上注明"原件存××处，经核对与原件无误"。

书证要注明调取时间、提供人和执法人员姓名，并由提供人、执法人员签名或者盖章。

要收集当事人的身份证明。当事人是单位的，收集企业营业执照复印件或事业单位法人证书复印件、组织机构代码证复印件；当事人是个体工商户的，收集个体工商户营业执照复印件、组织机构代码证复印件；当事人是自然人的，收集居民身份证复印件。

送达回证要由受送达人记明收到日期，并签名或者盖章。受送达人是公民的，本人不在时可交他的同住成年家属签收；受送达人是单位的，由该单位的法定代表人、主要负责人或者办公室、收发室、值班室等负责收件的人签收。委托送达的，要出具委托函，并附送达回证。留置送达的，由送达人在送达回证上记明情况并签名或者盖章，见证人也可签名或者盖章。邮寄送达的，要收集回执及投递单随卷归档。公告送达的，要收集公告、登载载体随卷归档。

对专业性较强的书证，如图纸、会计账册、专业技术资料、科技文献等，要附有说明材料。对外文书证，要附有中文译本。

4.3.3 尽可能收集物证原物，并附有对该物证的来源、调取时间、提供人和执法人员姓名、证明对象的说明，并由提供人、执法人员签名或者盖章。对大量同类物，可以抽样取证。

收集原物有困难的，可以对原物进行拍照、录像、复制。物证的照片、录像、复制件要附有对该物证的保存地点、保存人姓名、调取时间、执法人员姓名、证明对象的说明，并由执法人员签名或者盖章。

4.3.4 视听资料和自动监控数据要提取原始载体。

无法提取原始载体或者提取原始载体有困难的，可以采取打印、拷贝、拍照、录像等方式复制，制作笔录记载收集时间、地点、参与人员、技术方法、过程、事项名称、内容、规格、类别等信息。

声音资料还要附有该声音内容的文字记录。

4.3.5 证人证言要写明证人的姓名、年龄、性别、职业、住址、与本案关系等基本信息，注明出具日期，由证人签名、盖章或者按指印，并附有居民身份证复印件、工作证复印件等证明证人身份的材料。

证人证言中的添加、删除、改正文字之处，要有证人的签名、盖章或者按指印。

4.3.6 当事人陈述要写明当事人基本信息，注明出具日期，并由当事人签名、盖章或者按指印。

当事人陈述中的添加、删除、改正文字之处，要有当事人的签名、盖章或者按指印。

4.3.7 环境监测报告要载明委托单位、监测项目名称、监测机构名称、国家计量认证标志（CMA）和监测字号、监测时间、监测点位、监测方法、检测仪器、检测分析结果等信息，并有编制、审核、签发等人员的签名和监测机构的盖章。

4.3.8 鉴定结论要载明委托人、委托鉴定的事项、向鉴定部门提交的相关材料、鉴定依据和使用的科学技术手段、鉴定部门和鉴定人的鉴定资格说明，并有鉴定人的签名和鉴定部门的盖章。

通过分析获得的鉴定结论，应当说明分析过程。

4.3.9 现场检查（勘察）笔录要记录执法人员出示执法证件表明身份和告知当事人申请回避权利、配合调查义务的情况；现场检查（勘察）的时间、地点、主要过程；被检查场所概况及与当事人的关系；与违法行为有关的物品、工具、设施的名称、规格、数量、状况、位置、使用情况及相关书证、物证；与违法行为有关人员的活动情况；当事人及其他人员提供证据和配合检查情况；现场拍照、录音、录像、绘图、抽样取证、先行登记保存情况；执法人员检查发现的事实；执法人员签名等内容。

现场图示要注明绘制时间、方位。

4.3.10 调查询问笔录要记录执法人员出示执法证件表明身份和告知当事人申请回避权利、配合调查义务的情况；被询问人基本信息；问答内容；被询问人对笔录的审阅确认意见；执法人员签名等内容。

调查询问笔录应当有被询问人的签名、盖章或者按指印。被询问人拒不审阅确认或者拒不签名、盖章或者按指印的，由记录人予以注明，并附反映询问过程的现场录像、录音。

5. 证据审查

5.1 工作要求

5.1.1 认定案件事实，必须以证据为基础。

5.1.2 案件审查人员应当依据法律、法规和规章规定，运用专门知识、逻辑推理和工作经验，对取得的所有证据进行全面、客观和公正的分析判断，确定证据材料与待证事实间的证明关系，排除不具有关联性的证据材料，准确认定案件事实。

5.1.3 对收集的证据要逐一审查，对全部证据要综合审查，确定证据与案件事实之间的证明关系。

5.1.4 案件审查人员不得现场收集证据。

5.2 审查内容

5.2.1 对单个证据的审查,按照证据形式进行,重点审查证据的关联性、合法性、真实性。

5.2.2 证据的关联性审查主要认定证据与待证事实之间的联系,重点从下列方面判断:

(1)证据与待证事实之间是否存在法律上的客观联系;

(2)证据与待证事实的联系程度;

(3)全部证据、单个证据拟证明的各事实要素能否共同指向据以作出行政处罚决定的事实结论,该事实结论是否唯一;

(4)是否有影响证据关联性的因素。

5.2.3 证据的合法性审查主要认定证据是否符合法定形式、是否按照法律要求和法定程序取得,重点从下列方面判断:

(1)执法人员资格和数量;

(2)执法程序;

(3)收集证据的时间、方式和手段;

(4)证据形式;

(5)是否存在影响证据效力的因素。

5.2.4 证据的真实性审查主要认定证据能否反映案件事实,重点从下列方面判断:

(1)证据形成的原因、过程;

(2)发现证据的客观环境;

(3)证据是否是原件、原物,复制品、复制件是否与原件、原物相符;

(4)证据提供人、证人与当事人是否有利害关系或者其他关系可能影响公正处理的;

(5)证据与拟证明事实之间是否存在无法解释的矛盾;

(6)是否有影响证据真实性的因素。

5.2.5 证据综合审查主要对所有证据进行全面、客观和公正的分析判断,确定证据材料与案件事实之间的证明关系,排除不具有关联性、合法性、真实性的证据。

证据综合审查重点从下列方面判断:

(1)证据之间是否存在无法解释的矛盾;

(2)证据与情理之间是否存在无法解释的矛盾;

(3)证据是否充分;

(4)证据是否足以认定案件事实;

(5)证据是否形成证据链等。

5.3 审查方法

5.3.1 对书证的审查,可以从下列方面进行:

(1)书证与案件是否有联系;

(2)书证的形式是否符合要求;

(3)查明书证的制作者、制作过程、制作方法,判断书证有无伪造、变造、涂改、增减、与原件是否一致;

(4)将书证与其他证据进行比较,分析当事人对书证的意见,判断书证记载的内容是否虚假。

5.3.2 对物证的审查,可以从下列方面进行:
(1)物证与案件事实是否有联系;
(2)查明物证的收集者、提供者、形成时间、地点、原因、经过,是原件还是复制件;
(3)物证是否伪造,是否因自然原因发生变化,是否因为提取、固定、保管的手段、方法等不当导致物证发生变化。

5.3.3 对证人证言的审查,可以从下列方面进行:
(1)查明证人的基本情况、证人与案件当事人之间的关系、证人与案件处理结果之间的利害关系;
(2)根据证人证言形成的主客观条件判断其真实性;
(3)查明证人证言的形成过程和方式,判断是否存在威胁、引诱、欺骗等情况,询问方法是否恰当,来源是否可信。

5.3.4 对当事人陈述的审查,可以从下列方面进行:
(1)当事人是否因规避不利法律后果而提供虚假陈述;
(2)当事人是否因表述能力等主观原因导致陈述瑕疵;
(3)当事人陈述是否与其他证据吻合,是否有其他证据印证,是否能排除其他证据的矛盾。

5.3.5 对视听资料的审查,可以从下列方面进行:
(1)形成和取得是否合法;
(2)是否有残缺、失真;
(3)现场有无伪造、伪装迹象;
(4)是否有剪辑、加工、删节或者篡改迹象。

5.3.6 对环境监测报告的审查,可以从下列方面进行:
(1)有无监测机构印章;
(2)有无编制、审核、签发等人员的签名;
(3)有无国家计量认证标志(CMA);
(4)监测机构有无资质;
(5)监测人员有无执业资格、上岗证书;
(6)监测人员是否有应当回避的情形。

5.3.7 对自动监控数据的审查,可以从下列方面进行:
(1)有无环保部门出具的自动监测设备有效性审核文件(包括比对监测报告和现场核查报告)及有效性审核合格标志发放文件;
(2)形成和收集是否合法;
(3)是否残缺;
(4)是否为原始数据,有无伪造、剪裁、删改迹象;
(5)是否明显失真。

5.3.8 对鉴定结论的审查,可以从下列方面进行:
(1)鉴定人是否具备鉴定资格;
(2)鉴定机构是否符合法定条件;

(3)鉴定人是否签名;
(4)鉴定机构是否盖章;
(5)鉴定人是否有应当回避的情形;
(6)鉴定结论有无明显矛盾。

5.3.9 对现场检查(勘查)笔录的审查,可以从下列方面进行:
(1)现场是否有两名执法人员;
(2)执法人员是否表明身份、出示执法证件、告知权利义务(暗查等无法出示和告知的情形除外);
(3)是否有执法人员的签名;
(4)现场情况有无伪造或者破坏迹象;
(5)检查(勘查)方法是否科学;
(6)记载是否客观、准确、全面。

5.3.10 对调查询问笔录的审查,可以从下列方面进行:
(1)现场是否有两名执法人员;
(2)执法人员是否表明身份、出示执法证件、告知权利义务;
(3)是否有执法人员的签名;
(4)是否有被询问人的审核确认意见;
(5)是否有被询问人的签名、盖章或者按指印;
(6)被询问人身份;
(7)记载是否客观、准确、全面。

6. 证据认定

6.1 直接认定

6.1.1 下列事实可以直接认定:
(1)众所周知的事实;
(2)自然规律及定理;
(3)按照法律规定推定的事实;
(4)已经依法证明的事实;
(5)根据日常生活经验法则推定的事实。
前款(1)、(3)、(4)、(5)项,当事人有相反证据足以推翻的除外。

6.1.2 对生效的人民法院裁判文书、仲裁机构裁决文书所确认的事实,除当事人有相反证据足以推翻外,可以直接认定。

6.2 证明效力

6.2.1 案件审查人员发现就同一事实存在相互矛盾的证据时,应当结合具体情况,判断各个证据的证明效力,并对证明效力较大的证据予以确认。

6.2.2 证明同一事实的数个证据,其证明效力一般为:
(1)国家机关以及其他职能部门依职权制作的公文文书优于其他书证;
(2)现场检查(勘验)笔录、环境监测报告、鉴定结论、档案材料、经过公证或者登记的书证优于其他书证、视听资料和证人证言；

（3）原件、原物优于复制件、复制品；

（4）法定鉴定部门的鉴定结论优于其他鉴定部门的鉴定结论；

（5）原始证据优于传来证据；

（6）其他证人证言优于与当事人有亲属关系或者其他密切关系的证人提供的对该当事人有利的证言；

（7）数个种类不同、内容一致的证据优于一个孤立的证据。

附一：常见证据的证明对象示例（略）

附二：常见环境违法行为的事实证明和证据收集示例（略）

附三：常见证据制作示例（略）

第六部分 生态环境保护工业污染物排放标准

合成树脂工业污染物排放标准(节录)

GB 31572—2015

(2015年4月16日发布 2015年7月1日实施)

本标准由环境保护部科技标准司组织制定。

本标准起草单位:中国石油和化工勘察设计协会环境保护设计专业委员会、中国天辰工程有限公司、中蓝连海设计研究院。

(按原标准编号节录)

3 术语和定义

下列术语和定义适用于本标准。

3.1 合成树脂 synthetic resin

人工合成的一类高分子聚合物,依据其受热后的行为分为热塑性和热固性两大类合成树脂。其中:热塑性合成树脂为粘稠液体或加热可软化的固体,受热时熔融或软化,在外力作用下呈塑性流动状态;热固性合成树脂为加热、加压下或者在固化剂、紫外光作用下发生化学反应,最终交联固化为不溶、不熔的合成树脂,受热时不熔融或软化。

常见合成树脂种类参见附录A。

3.2 合成树脂工业 synthetic resin industry

以低分子化合物——单体为主要原料,采用聚合反应结合成大分子的方式生产合成树脂的工业,或者以普通合成树脂为原料,采用改性等方法生产新的合成树脂产品的工业。也包括以合成树脂为原料,采用混合、共混、改性等工艺,通过挤出、注射、压制、压延、发泡等方法生产合成树脂制品的工业,或者以废合成树脂为原料,通过再生的方法生产新的合成树脂或合成树脂制品的工业。

3.3 排水量 effluent volume

企业或生产设施向环境排放的废水量,包括与生产有直接或间接关系的各种外排废水(不包括热电站排水、直流冷却海水)。

3.4 单位产品基准排水量 benchmark effluent volume per unit product

用于核定水污染物排放浓度而规定的生产单位合成树脂产品的废水排放量的上限值(m^3/t产品)。

3.5 公共污水处理系统 public wastewater treatment system

通过纳污管道等方式收集废水,为两家以上排污单位提供废水处理服务并且排水能够达到相关排放标准要求的企业或机构,包括各种规模和类型的城镇污水处理厂、园区(包括各类工业园区、开发区、工业聚集地等)污水处理厂等,其废水处理程度应达到二级或二级以上。

3.6 直接排放 direct discharge

排污单位直接向环境水体排放水污染物的行为。

3.7 间接排放 indirect discharge

排污单位向公共污水处理系统排放水污染物的行为。

3.8 挥发性有机物 volatile organic compounds

参与大气光化学反应的有机化合物,或者根据规定的方法测量或核算确定的有机化合物。

3.9 非甲烷总烃 non-methane hydrocarbon

采用规定的监测方法,检测器有明显响应的除甲烷外的碳氢化合物的总称(以碳计)。本标准使用"非甲烷总烃(NMHC)"作为排气筒和厂界挥发性有机物排放的综合控制指标。

3.10 挥发性有机液体 volatile organic liquid

任何能向大气释放挥发性有机物的符合以下任一条件的有机液体:(1)20℃时,挥发性有机液体的真实蒸气压大于0.3kPa;(2)20℃时,混合物中,真实然气压大于0.3kpa的纯有机化合物的总浓度等于或者高于20%(重量比)。

3.11 真实蒸气压 true vapor pressure

有机液体气化率为零时的蒸气压,又称泡点蒸气压,根据GB/T 8017测定的雷德蒸气压换算得到。

3.12 泄漏检测值 leakage detection value

采用规定的监测方法,检测仪器探测到的设备(泵、压缩机等)或管线组件(阀门、法兰等)泄漏点的挥发性有机物浓度扣除环境本底值后的净值(以碳计)。

3.13 单位产品大气污染物排放量 air pollutant emissions per unit product

生产单位合成树脂产品的大气污染物排放量的上限值(kg/t 产品)。

3.14 排气筒高度 stack height

自排气筒(或其主体建筑构造)所在的地平面至排气筒出口计的高度。

3.15 标准状态 standard condition

温度为273.15K,压力为101 325Pa 时的状态。本标准规定的大气污染物排放浓度限值均以标准状态下的干气体为基准。

3.16 现有企业 existing facility

本标准实施之日前已建成投产或环境影响评价文件已通过审批的合成树脂工业企业或生产设施。

3.17 新建企业 new facility

自本标准实施之日起环境影响评价文件通过审批的新建、改建和扩建合成树脂工业建设项目。

3.18 企业边界 enterprise boundary

合成树脂工业企业的法定边界。若无法定边界,则指企业或生产设施的实际占地边界。

4 水污染物排放控制要求

4.1 现有企业 2017 年 7 月 1 日前仍执行现行标准,自 2017 年 7 月 1 日起执行表 1 规定的水污染物排放限值。

4.2 自 2015 年 7 月 1 日起,新建企业执行表 1 规定的水污染物排放限值

表 1 水污染物排放限值

单位:mg/L(pH 值除外)

序号	污染物项目	限值 直接排放	限值 间接排放[1]	适用的合成树脂类型	污染物排放监控位置
1	pH 值	6.0~9.0	—	所有合成树脂	企业废水总排放口
2	悬浮物	30	—		
3	化学需氧量	60	—		
4	五日生化需氧量	20	—		
5	氨氮	8.0	—		
6	总氮	40	—		
7	总磷	1.0	—		
8	总有机碳	20	—		
9	可吸附有机卤化物	1.0	5.0		
10	苯乙烯	0.3	0.6	聚苯乙烯树脂 ABS 树脂 不饱和聚酯树脂	
11	丙烯腈	2.0	2.0	ABS 树脂	
12	环氧氯丙烷	0.02	0.02	环氧树脂 氨基树脂	
13	苯酚	0.5	0.5	酚醛树脂	
14	双酚 A[2]	0.1	0.1	环氧树脂 聚碳酸酯树脂 聚砜树脂	
15	甲醛	1.0	5.0	酚醛树脂 氨基树脂 聚甲醛树脂	

(续表)

序号	污染物项目	限值		适用的合成树脂类型	污染物排放监控位置
		直接排放	间接排放[1]		
16	乙醛[2]	0.5	1.0	热塑性聚酯树脂	企业废水总排放口
17	氟化物	10	20	氟树脂	
18	总氰化物	0.5	0.5	丙烯酸树脂	
19	丙烯酸[2]	5	5	丙烯酸树脂	
20	苯	0.1	0.2	聚甲醛树脂	
21	甲苯	0.1	0.2	聚苯乙烯树脂 ABS树脂 环氧树脂 有机硅树脂 聚砜树脂	
22	乙苯	0.4	0.6	聚苯乙烯树脂 ABS树脂	
23	氯苯	0.2	0.4	聚碳酸酯树脂	
24	1,4-二氯苯	0.4	0.4	聚苯硫醚树脂	
25	二氯甲烷	0.2	0.2	聚碳酸酯树脂	
26	总铅	1.0		所有合成树脂	车间或生产设施废水排放口
27	总镉	0.1			
28	总砷	0.5			
29	总镍	1.0			
30	总汞	0.05			
31	烷基汞	不得检出			
32	总铬	1.5			
33	六价铬	0.5			

注：(1) 废水进入城镇污水处理厂或经由城镇污水管线排放,应达到直接排放限值;废水进入园区(包括各类工业园区、开发区、工业聚集地等)污水处理厂执行间接排放限值,未规定限值的污染物项目由企业与园区污水处理厂根据其污水处理能力商定相关标准,并报当地环境保护主管部门备案。

(2) 待国家污染物监测方法标准发布后实施。

4.3 根据环境保护工作的要求,在国土开发密度已经较高、环境承载能力开始减弱,或水环境容量较小、生态环境脆弱,容易发生严重水环境污染问题而需要采取特别保护措施的地区,应严格控制企业的污染排放行为,在上述地区的企业执行表2规定的水污染物特别排放限值。

执行水污染物特别排放限值的地域范围、时间,由国务院环境保护主管部门或省级人民政府规定。

表2 水污染物特别排放限值

单位:mg/L(pH值除外)

序号	污染物项目	限值		适用的合成树脂类型	污染物排放监控位置
		直接排放	间接排放[1]		
1	pH值	6.0～9.0	—	所有合成树脂	企业废水总排放口
2	悬浮物	20	—		
3	化学需氧量	50	—		
4	五日生化需氧量	10	—		
5	氨氮	5.0	—		
6	总氮	15	—		
7	总磷	0.5	—		
8	总有机碳	15	—		
9	可吸附有机卤化物	1.0	5.0		
10	苯乙烯	0.1	0.2	聚苯乙烯树脂 ABS树脂 不饱和聚酯树脂	
11	丙烯腈	2.0	2.0	ABS树脂	
12	环氧氯丙烷	0.02	0.02	环氧树脂 氨基树脂	
13	苯酚	0.3	0.5	酚醛树脂	
14	双酚A[2]	0.1	0.1	环氧树脂 聚碳酸酯树脂 聚砜树脂	
15	甲醛	1.0	2.0	酚醛树脂 氨基树脂 聚甲醛树脂	
16	乙醛[2]	0.5	0.5	热塑性聚酯树脂	

(续表)

序号	污染物项目	限值		适用的合成树脂类型	污染物排放监控位置
		直接排放	间接排放[1]		
17	氟化物	8.0	15	氟树脂	企业废水总排放口
18	总氰化物	0.3	0.5	丙烯酸树脂	
19	丙烯酸[2]	5	5	丙烯酸树脂	
20	苯	0.1	0.1	聚甲醛树脂	
21	甲苯	0.1	0.1	聚苯乙烯树脂 ABS树脂 环氧树脂 有机硅树脂 聚砜树脂	
22	乙苯	0.2	0.4	聚苯乙烯树脂 ABS树脂	
23	氯苯	0.2	0.2	聚碳酸酯树脂	
24	1,4-二氯苯	0.4	0.4	聚苯硫醚树脂	
25	二氯甲烷	0.2	0.2	聚碳酸酯树脂	
26	总铅	1.0		所有合成树脂	车间或生产设施废水排放口
27	总镉	0.1			
28	总砷	0.5			
29	总镍	1.0			
30	总汞	0.05			
31	烷基汞	不得检出			
32	总铬	1.5			
33	六价铬	0.5			

注：(1)废水进入城镇污水处理厂或经由城镇污水管线排放，应达到直接排放限值；废水进入园区（包括各类工业园区、开发区、工业聚集地等）污水处理厂执行间接排放限值，未规定限值的污染物项目由企业与园区污水处理厂根据其污水处理能力商定相关标准，并报当地环境保护主管部门备案。
(2)待国家污染物监测方法标准发布后实施。

4.4 新建企业自 2015 年 7 月 1 日起,现有企业自 2017 年 7 月 1 日起,执行表 3 规定的单位产品基准排水量。

表 3 合成树脂单位产品基准排水量

序号	合成树脂类型	单位产品基准排水量（m³/t 产品）	监控位置
1	悬浮法聚苯乙烯树脂	3.5	排水量计量位置与污染物排放监控位置相同
2	ABS 树脂	4.5(7.0)	
3	环氧树脂	4.0(6.0)	
4	酚醛树脂	3.0	
5	不饱和聚酯树脂	3.5	
6	氨基树脂	3.5	
7	氟树脂	4.0(6.0)	
8	有机硅树脂	2.5	
9	聚酰胺树脂	4.0	
10	光气法聚碳酸酯树脂	7.0(8.0)	
11	丙烯酸树脂	3.0	
12	醇酸树脂	3.5	
13	热塑性聚酯树脂	3.5	
14	聚甲醛树脂	6.0	
15	聚苯硫醚树脂	3.5	
16	聚砜树脂	3.0	
17	聚对苯二甲酸丁二醇酯树脂	3.5	

注:ABS 树脂、环氧树脂、氟树脂、光气法聚碳酸酯树脂间接排放的单位产品基准排水量执行表中括号内的限值。

4.5 合成树脂加工以及废合成树脂回收再加工企业或生产设施的水污染物排放限值根据其涉及到的合成树脂种类,分别执行表 1、表 2 和表 3 的标准限值。

5 大气污染物排放控制要求

5.1 有组织排放控制要求

5.1.1 现有企业 2017 年 7 月 1 日前仍执行现行标准,自 2017 年 7 月 1 日起执行表 4 规定的大气污染物排放限值。

5.1.2 自 2015 年 7 月 1 日起,新建企业执行表 4 规定的大气污染物排放限值。

表4 大气污染物排放限值

单位：mg/m³

序号	污染物项目	排放限值	适用的合成树脂类型	污染物排放监控位置
1	非甲烷总烃	100	所有合成树脂	车间或生产设施排气筒
2	颗粒物	30	所有合成树脂	
3	苯乙烯	50	聚苯乙烯树脂 ABS树脂 不饱和聚酯树脂	
4	丙烯腈	0.5	ABS树脂	
5	1,3-丁二烯[1]	1	ABS树脂	
6	环氧氯丙烷[1]	20	环氧树脂 氨基树脂	
7	酚类	20	酚醛树脂 环氧树脂 聚碳酸酯树脂 聚醚醚酮树脂	
8	甲醛	5	酚醛树脂 氨基树脂 聚甲醛树脂	
9	乙醛	50	热塑性聚酯树脂	
10	甲苯二异氰酸酯[1]（TDI）	1	聚氨酯树脂	
11	二苯基甲烷二异氰酸酯[1]（MDI）	1	聚氨酯树脂	
12	异佛尔酮二异氰酸酯[1]（IPDI）	1	聚氨酯树脂	
13	多亚甲基多苯基异氰酸酯[1]（PAPI）	1	聚氨酯树脂	
14	氨	30	氨基树脂 聚酰胺树脂 聚酰亚胺树脂	
15	氟化氢	5	氟树脂	
16	氯化氢	30	有机硅树脂	
17	光气	0.5	光气法聚碳酸酯树脂	

(续表)

序号	污染物项目	排放限值	适用的合成树脂类型	污染物排放监控位置
18	二氧化硫	100	聚砜树脂 聚醚砜树脂 聚醚醚酮树脂	车间或生产设施排气筒
19	硫化氢	5	聚苯硫醚树脂	
20	丙烯酸[1]	20	丙烯酸树脂	
21	丙烯酸甲酯[1]	50	丙烯酸树脂	
22	丙烯酸丁酯[1]	50	丙烯酸树脂	
23	甲基丙烯酸甲酯[1]	100	丙烯酸树脂	
24	苯	4	聚甲醛树脂	
25	甲苯	15	聚苯乙烯树脂 ABS树脂 环氧树脂 有机硅树脂 聚砜树脂	
26	乙苯	100	聚苯乙烯树脂 ABS树脂	
27	氯苯类	50	聚碳酸酯树脂 聚苯硫醚树脂	
28	二氯甲烷[1]	100	聚碳酸酯树脂	
29	四氢呋喃[1]	100	聚对苯二甲酸丁二醇酯树脂	
30	邻苯二甲酸酐[1]	10	醇酸树脂	
单位产品非甲烷总烃排放量（kg/t产品）		0.5	所有合成树脂（有机硅树脂除外）[2]	

注：(1) 待国家污染物监测方法标准发布后实施。
(2) 有机硅树脂采用单位产品氯化氢排放量（0.2kg/t产品）。

5.1.3 根据环境保护工作的要求，在国土开发密度已经较高、环境承载能力开始减弱，或大气环境容量较小、生态环境脆弱，容易发生严重大气环境污染问题而需要采取特别保护措施的地区，应严格控制企业的污染排放行为，在上述地区的企业执行表5规定的大气污染物特别排放限值。

执行大气污染物特别排放限值的地域范围、时间，由国务院环境保护主管部门或省级人民政府规定。

表5 大气污染物特别排放限值

单位：mg/m³

序号	污染物项目	排放限值	适用的合成树脂类型	污染物排放监控位置
1	非甲烷总烃	60	所有合成树脂	车间或生产设施排气筒
2	颗粒物	20	所有合成树脂	
3	苯乙烯	20	聚苯乙烯树脂 ABS树脂 不饱和聚酯树脂	
4	丙烯腈	0.5	ABS树脂	
5	1,3-丁二烯[1]	1	ABS树脂	
6	环氧氯丙烷[1]	15	环氧树脂 氨基树脂	
7	酚类	15	酚醛树脂 环氧树脂 聚碳酸酯树脂 聚醚醚酮树脂	
8	甲醛	5	酚醛树脂 氨基树脂 聚甲醛树脂	
9	乙醛	20	热塑性聚酯树脂	
10	甲苯二异氰酸酯[1]（TDI）	1	聚氨酯树脂	
11	二苯基甲烷二异氰酸酯[1]（MDI）	1	聚氨酯树脂	
12	异佛尔酮二异氰酸酯[1]（IPDI）	1	聚氨酯树脂	
13	多亚甲基多苯基异氰酸酯[1]（PAPI）	1	聚氨酯树脂	
14	氨	20	氨基树脂 聚酰胺树脂 聚酰亚胺树脂	
15	氟化氢	5	氟树脂	
16	氯化氢	20	有机硅树脂	
17	光气	0.5	光气法聚碳酸酯树脂	

(续表)

序号	污染物项目	排放限值	适用的合成树脂类型	污染物排放监控位置
18	二氧化硫	50	聚砜树脂 聚醚砜树脂 聚醚醚酮树脂	车间或生产设施排气筒
19	硫化氢	5	聚苯硫醚树脂	
20	丙烯酸[1]	10	丙烯酸树脂	
21	丙烯酸甲酯[1]	20	丙烯酸树脂	
22	丙烯酸丁酯[1]	20	丙烯酸树脂	
23	甲基丙烯酸甲酯[1]	50	丙烯酸树脂	
24	苯	2	聚甲醛树脂	
25	甲苯	8	聚苯乙烯树脂 ABS树脂 环氧树脂 有机硅树脂 聚砜树脂	
26	乙苯	50	聚苯乙烯树脂 ABS树脂	
27	氯苯类	20	聚碳酸酯树脂 聚苯硫醚树脂	
28	二氯甲烷[1]	50	聚碳酸酯树脂	
29	四氢呋喃[1]	50	聚对苯二甲酸丁二醇酯树脂	
30	邻苯二甲酸酐[1]	5	醇酸树脂	
单位产品非甲烷总烃排放量 （kg/t产品）		0.3	所有合成树脂 （有机硅树脂除外）[2]	

注：[1]待国家污染物监测方法标准发布后实施。
[2]有机硅树脂采用单位产品氯化氢排放量（0.1kg/t产品）。

5.1.4 合成树脂加工以及废合成树脂回收再加工企业或生产设施的大气污染物排放限值根据其涉及到的合成树脂种类，分别执行表4或表5的标准限值。

5.2 挥发性有机液体储罐污染控制要求

5.2.1 新建企业自2015年7月1日起，现有企业自2017年7月1日起，执行下列挥发性有机液体储罐污染控制要求。

5.2.2 储存真实蒸气压≥76.6kPa的挥发性有机液体应采用压力储罐。

5.2.3 储存真实蒸气压≥5.2kPa但<27.6kPa的设计容积≥150m³的挥发性有机液体储罐，以及储存真实蒸气压≥27.6kPa但<76.6kPa的设计容积≥75m³的挥发性有机液体储罐应符

合下列规定之一：

a) 采用内浮顶罐：内浮顶罐的浮盘与罐壁之间应采用液体镶嵌式、机械式鞋形、双封式等高效密封方式。

b) 采用外浮顶罐：外浮顶罐的浮盘与罐壁之间应采用双封式密封，且初级密封采用液体镶嵌式、机械式鞋形等高效密封方式。

c) 采用固定顶罐，应安装密闭排气系统至有机废气回收或处理装置，其大气污染物排放应符合表4、表5的规定。

5.2.4 浮顶罐浮盘上的开口、缝隙密封设施，以及浮盘与罐壁之间的密封设施在工作状态应密闭。若检测到密封设施不能密闭，在不关闭工艺单元的条件下，在15日内进行维修技术上不可行，则可以延迟维修，但不应晚于最近一个停工期。

5.2.5 对浮盘的检查至少每6个月进行一次，每次检查应记录浮盘密封设施的状态，记录应保存1年以上。

5.3 设备与管线组件泄漏污染控制要求

5.3.1 新建企业自2015年7月1日起，现有企业自2017年7月1日起，执行下列设备与管线组件泄漏污染控制要求。

5.3.2 挥发性有机物流经以下设备与管线组件时，应进行泄漏检测与控制：

a) 泵；

b) 压缩机；

c) 阀门；

d) 开口阀或开口管线；

e) 法兰及其他连接件；

f) 泄压设备；

g) 取样连接系统；

h) 其他密封设备。

5.3.3 泄露检测周期

根据设备与管线组件的类型，采用不同的泄漏检测周期：

a) 泵、压缩机、阀门、开口阀或开口管线、气体/蒸气泄压设备、取样连接系统每3个月检测一次。

b) 法兰及其他连接件、其他密封设备每6个月检测一次。

c) 对于挥发性有机物流经的初次开工开始运转的设备和管线组件，应在开工后30日内对其进行第一次检测。

d) 挥发性有机液体流经的设备和管线组件每周应进行目视观察，检查其密封处是否出现滴液迹象。

5.3.4 泄漏的认定

出现以下情况，则认定发生了泄露：

a) 有机气体和挥发性有机液体流经的设备与管线组件，采用氢火焰离子化检测仪（以甲烷或丙烷为校正气体），泄漏检测值大于等于2000 $\mu mol/mol$。

b) 其他挥发性有机物流经的设备与管线组件，采用氢火焰离子化检测仪（以甲烷或丙烷为校正气体），泄漏检测值大于等于500 $\mu mol/mol$。

5.3.5 泄漏修复

a) 当检测到泄漏时,在可行条件下应尽快维修,一般不晚于发现泄漏后 15 日。

b) 首次(尝试)维修不应晚于检测到泄露后 5 日。首次尝试维修应当包括(但不限于)以下描述的相关措施:拧紧密封螺母或压盖、在设计压力及温度下密封冲洗。

c) 若检测到泄漏后,在不关闭工艺单元的条件下,在 15 日内进行维修技术上不可行,则可以延迟维修,但不应晚于最近一个停工期。

5.3.6 记录要求

泄漏检测应记录检测时间、检测仪器读数;修复时应记录修复时间和确认已完成修复的时间,记录修复后检测仪器读数,记录应保存 1 年以上。

5.4 其他污染控制要求

5.4.1 新建企业自 2015 年 7 月 1 日起,现有企业自 2017 年 7 月 1 日起,执行下列污染控制要求。

5.4.2 合成树脂企业产生大气污染物的生产工艺和装置需设立局部或整体气体收集系统和净化处理装置,达标排放。排气筒高度应按环境影响评价要求确定,且至少不低于 15m。

5.4.3 废气收集系统

废气收集系统需满足以下要求:

a) 生产设施应采用密闭式,并具有与废气收集系统有效连接的部件或装置。

b) 根据生产工艺、操作方式以及废气性质、处理和处置方法,设置不同的废气收集系统,尽可能对废气进行分质收集,各个废气收集系统均应实现压力损失平衡以及较高的收集效率。

c) 废气收集系统应综合考虑防火、防爆、防腐蚀、耐高温、防结露、防堵塞等问题。

5.4.4 废气处理装置

为保证废气处理装置的净化效果,需要在线测定相关工艺参数:

a) 冷凝器排出的不凝尾气的温度应低于尾气中污染物的液化温度,若尾气中有数种污染物,则不凝尾气的温度应低于尾气中液化温度最低的污染物的液化温度;

b) 吸附装置的吸附剂更换/再生周期、操作温度应满足设计参数的要求;

c) 洗涤装置的洗涤液水质(如 pH 值)、水量应满足设计参数的要求;

d) 焚烧设施的焚烧效率应大于 99.9%,焚烧效率指焚烧炉烟道排出气体中二氧化碳浓度与二氧化碳和一氧化碳浓度之和的百分比。

5.4.5 废水、废气焚烧设施

废水、废气焚烧设施除满足表 4、表 5 的大气污染物排放要求外,还需对排放烟气中的 SO_2、NO_x 和二噁英类进行监测,并达到表 6 规定的限值。

表 6 焚烧设施 SO_2、NO_x 和二噁英类排放限值

单位:mg/m³

序号	污染物项目	现有和新建企业排放限值	特别排放限值
1	二氧化硫	100	50
2	氮氧化物	180	100
3	二噁英类	0.1ng-TEQ/m³	

5.4.6 物料输送(转移)与装卸

合成树脂企业挥发性物料输送(转移)、装卸必须采取控制措施,见表7。

表7 合成树脂企业挥发性物料输送(转移)、装卸废气控制措施

序号	操作单元	应采取的控制措施
1	挥发性物料输送(转移)	采用无泄露泵。
2	挥发性物料装卸	1. 挥发性物料装卸应配置气相平衡管,卸料应配置装卸器。 2. 装运挥发性物料的容器必须加盖。

5.4.7 物料投加、分离、抽真空与干燥过程

合成树脂企业挥发性物料投加、分离、抽真空与干燥过程必须采取控制措施,见表8。

表8 合成树脂企业挥发性物料投加、分离、抽真空、干燥废气控制措施

序号	操作单元	应采取的控制措施
1	挥发性物料和粉体物料投加	1. 采用无泄露泵或高位槽投加液体物料。 2. 采用管进自动计量并投加粉体物料,或者采用投料器密闭投加粉体物料。
2	挥发性物料分离(离心、过滤)	1. 采用全自动密闭式(氮气或空气密封)的压滤机。 2. 采用全自动密闭或半密闭式的离心机。
3	挥发性物料抽真空	1. 采用无油往复式真空泵、罗茨真空泵、液环泵,泵前与泵后均需设置气体冷却冷凝装置。 2. 如采用水喷射泵和水环泵,必配置循环水冷却设备(盘管冷却或深冷换热)和水循环槽(罐),对挥发性废气进行收集、处理,并执行表4、表5规定。
4	挥发性物料干燥	1. 采用密闭式的干燥设备。 2. 干燥过程中挥发的有机废气必须收集、处理,并执行表4、表5规定。

5.5 厂界及周边污染控制要求

5.5.1 企业边界任何1小时大气污染物平均浓度执行表9规定的限值。

表9 企业边界大气污染物浓度限值

单位:mg/m^3

序号	污染物项目	限值
1	颗粒物	1.0
2	氯化氢	0.2
3	苯	0.4
4	甲苯	0.8
5	非甲烷总烃	4.0

5.5.2 在现有企业生产、建设项目竣工环保验收后的生产过程中,负责监管的环境保护主管部门应对周围居住、教学、医疗等用途的敏感区域环境质量进行监控。建设项目的具体监控范围为环境影响评价确定的周围敏感区域;未进行过环境影响评价的现有企业,监控范围由负责监管的环境保护主管部门,根据企业排污特点和规律及当地自然、气象条件等因素,参照相关环境影响评价技术导则确定。地方政府应对本辖区环境质量负责,采取措施确保环境状况符合环境质量标准要求。

6 污染物监测要求

6.1 一般要求

6.1.1 企业应按照有关法律和《环境监测管理办法》等规定,建立企业监测制度,制定监测方案,对污染物排放状况及其对周边环境质量的影响开展自行监测,保存原始监测记录,并公布监测结果。

6.1.2 新建企业和现有企业安装污染物排放自动监控设备的要求,按有关法律和《污染源自动监控管理办法》的规定执行。

6.1.3 企业应按照环境监测管理规定和技术规范的要求,设计、建设、维护永久性采样口、采样测试平台和排污口标志。

6.1.4 对企业排放废水和废气的采样,应根据监测污染物的种类,在规定的污染物排放监控位置进行,有废水、废气处理设施的,应在处理设施后监测。

6.1.5 合成树脂企业产品产量的核定,以法定报表为依据。

6.2 水污染物监测与分析

6.2.1 水污染物的监测采样按 HJ/T 91、HJ 493、HJ 494、HJ 495 的规定执行。

6.2.2 对企业排放水污染物浓度的测定采用表 10 所列的方法标准。

表 10 水污染物浓度测定方法标准

序号	污染物项目	标准名称	标准编号
1	pH 值	水质 pH 值的测定 玻璃电极法	GB/T 6920
2	悬浮物	水质 悬浮物的测定 重量法	GB/T 11901
3	化学需氧量	水质 化学需氧量的测定 重铬酸盐法	GB/T 11914
		水质 化学需氧量的测定 快速消解分光光度法	HJ/T 399
		高氯废水 化学需氧量的测定 氯气校正法	HJ/T 70
		高氯废水 化学需氧量的测定 碘化钾碱性高锰酸钾法	HJ/T 132
4	五日生化需氧量	水质 五日生化需氧量(BOD_5)的测定 稀释与接种法	HJ 505

(续表)

序号	污染物项目	标准名称	标准编号
5	氨氮	水质　氨氮的测定　气相分子吸收光谱法	HJ/T 195
		水质　氨氮的测定　纳氏试剂分光光度法	HJ 535
		水质　氨氮的测定　水杨酸分光光度法	HJ 536
		水质　氨氮的测定　蒸馏-中和滴定法	HJ 537
		水质　氨氮的测定　连续流动-水杨酸分光光度法	HJ 665
		水质　氨氮的测定　流动注射-水杨酸分光光度法	HJ 666
6	总氮	水质　总氮测定　碱性过硫酸钾消解紫外分光光度法	HJ 636
		水质　总氮的测定　连续流动-盐酸萘乙二胺分光光度法	HJ 667
		水质　总氮的测定　流动注射-盐酸萘乙二胺分光光度法	HJ 668
7	总磷	水质　总磷的测定　钼酸铵分光光度法	GB/T 11893
		水质　磷酸盐和总磷的测定　连续流动-钼酸铵分光光度法	HJ 670
		水质　总磷的测定　流动注射-钼酸铵分光光度法	HJ 671
8	总有机碳	水质　总有机碳的测定　燃烧氧化-非分散红外吸收法	HJ 501
9	可吸附有机卤化物	水质　可吸附有机卤素（AOX）的测定　微库仑法	GB/T 15959
		水质　可吸附有机卤素（AOX）的测定　离子色谱法	HJ/T 83
10	苯乙烯 苯 甲苯 乙苯	水质　苯系物的测定　气相色谱法	GB/T 11890
		水质　挥发性有机物的测定　吹扫捕集/气相色谱-质谱法	HJ 639
		水质　挥发性有机物的测定　吹扫捕集/气相色谱法	HJ 686
11	丙烯腈	水质　丙烯腈的测定　气相色谱法	HJ/T 73
12	环氧氯丙烷	水质　挥发性有机物的测定　吹扫捕集/气相色谱-质谱法	HJ 639
		水质　挥发性有机物的测定　吹扫捕集/气相色谱法	HJ 686
13	苯酚	水质　酚类化合物的测定　液液萃取/气相色谱法	HJ 676
14	甲醛	水质　甲醛的测定　乙酰丙酮分光光度法	HJ 601
15	氟化物	水质　氟化物的测定　离子选择电极法	GB/T 7484
		水质　氟化物的测定　茜素磺酸锆目视比色法	HJ 487
		水质　氟化物的测定　氟试剂分光光度法	HJ 488

(续表)

序号	污染物项目	标准名称	标准编号
16	总氰化物	水质 氰化物的测定 容量法和分光光度法	HJ 484
17	氯苯	水质 氯苯的测定 气相色谱法	HJ/T 74
		水质 氯苯类化合物的测定 气相色谱法	HJ 621
		水质 挥发性有机物的测定 吹扫捕集/气相色谱-质谱法	HJ 639
18	1,4-二氯苯	水质 氯苯类化合物的测定 气相色谱法	HJ 621
		水质 挥发性有机物的测定 吹扫捕集/气相色谱-质谱法	HJ 639
19	二氯甲烷	水质 挥发性卤代烃的测定 顶空气相色谱法	HJ 620
		水质 挥发性有机物的测定 吹扫捕集/气相色谱-质谱法	HJ 639
		水质 挥发性有机物的测定 吹扫捕集/气相色谱法	HJ 686
20	总铅	水质 铅的测定 双硫腙分光光度法	GB/T 7470
		水质 铜、锌、铅、镉的测定 原子吸收分光光度法	GB/T 7475
		水质 65种元素的测定 电感耦合等离子体质谱法	HJ 700
21	总镉	水质 镉的测定 双硫腙分光光度法	GB/T 7471
		水质 铜、锌、铅、镉的测定 原子吸收分光光度法	GB/T 7475
		水质 65种元素的测定 电感耦合等离子体质谱法	HJ 700
22	总砷	水质 砷的测定 二乙基二硫代氨基甲酸银分光光度法	GB/T 7485
		水质 汞、砷、硒、铋和锑的测定 原子荧光法	HJ 694
		水质 65种元素的测定 电感耦合等离子体质谱法	HJ 700
23	总镍	水质 镍的测定 丁二酮肟分光光度法	GB/T 11910
		水质 镍的测定 火焰原子吸收分光光度法	GB/T 11912
		水质 65种元素的测定 电感耦合等离子体质谱法	HJ 700
24	总汞	水质 总汞的测定 高锰酸钾-过硫酸钾消解法 双硫腙分光光度法	GB/T 7469
		水质 总汞的测定 冷原子吸收分光光度法	HJ 597
		水质 汞、砷、硒、铋和锑的测定 原子荧光法	HJ 694
25	烷基汞	水质 烷基汞的测定 气相色谱法	GB/T 14024
26	总铬	水质 总铬的测定	GB/T 7466
		水质 65种元素的测定 电感耦合等离子体质谱法	HJ 700
27	六价铬	水质 六价铬的测定 二苯碳酰二肼分光光度法	GB/T 7467

6.3 大气污染物监测与分析

6.3.1 排气筒中大气污染物的监测采样按 GB/T 16157、HJ/T 397、HJ 732、HJ/T 373 或 HJ/T 75、HJ/T 76 的规定执行。企业边界大气污染物监测按 HJ/T 55 的规定执行。

6.3.2 合成树脂工业企业的设备与管线组件应设置编号和永久标志,泄漏检测按 HJ 733 的规定执行。

6.3.3 对企业排放大气污染物浓度的测定采用表 11 所列的方法标准。

表 11 大气污染物浓度测定方法标准

序号	污染物项目	标准名称	标准编号
1	非甲烷总烃	固定污染源排气中非甲烷总烃的测定 气相色谱法	HJ/T 38
2	颗粒物	固定污染源排气中颗粒物测定与气态污染物采样方法	GB/T 16157
		环境空气 总悬浮颗粒物的测定 重量法	GB/T 15432
3	丙烯腈	固定污染源排气中丙烯腈的测定 气相色谱法	HJ/T 37
4	酚类	固定污染源排气中酚类化合物的测定 4-氨基安替比林分光光度法	HJ/32
5	甲醛	空气质量 甲醛的测定 乙酰丙酮分光光度法	GB/T 15516
6	乙醛	固定污染源排气中乙醛的测定 气相色谱法	HJ/T 35
7	氨	环境空气和废气 氨的测定 纳氏试剂分光光度法	HJ 533
8	氟化氢	大气固定污染源 氟化物的测定 离子选择电极法	HJ/T 67
		固定污染源废气 氟化氢的测定 离子色谱法(暂行)	HJ 688
9	氯化氢	固定污染源排气中氯化氢的测定 硫氰酸汞分光光度法	HJ/T 27
		固定污染源废气 氯化氢的测定 硝酸银容量法(暂行)	HJ 548
		环境空气和废气 氯化氢的测定 离子色谱法(暂行)	HJ 549
10	光气	固定污染源排气中光气的测定 苯胺紫外分光光度法	HJ/T 31
11	二氧化硫	固定污染源排气中二氧化硫的测定 碘量法	HJ/T 56
		固定污染源排气中二氧化硫的测定 定电位电解法	HJ/T 57
		固定污染源废气 二氧化硫的测定 非分散红外吸收法	HJ 629
12	硫化氢	空气质量 硫化氢、甲硫醇、甲硫醚和二甲二硫的测定 气相色谱法	GB/T 14678
13	苯 甲苯	环境空气 苯系物的测定 固体吸附/热脱附-气相色谱法	HJ 583
		环境空气 苯系物的测定 活性炭吸附/二硫化碳解吸-气相色谱法	HJ 584
		环境空气 挥发性有机物的测定 吸附管采样-热脱附/气相色谱-质谱法	HJ 644
		固定污染源废气 挥发性有机物的测定 固相吸附-热脱附/气相色谱-质谱法	HJ 734

(续表)

序号	污染物项目	标准名称	标准编号
14	苯乙烯、乙苯	固定污染源废气 挥发性有机物的测定 固相吸附-热脱附/气相色谱-质谱法	HJ 734
15	氯苯类	固定污染源排气中氯苯类的测定 气相色谱法	HJ/T 39
		大气固定污染源 氯苯类化合物的测定 气相色谱法	HJ/T 66
16	氮氧化物	固定污染源排气中氮氧化物的测定 紫外分光光度法	HJ/T 42
		固定污染源排气中氮氧化物的测定 盐酸萘乙二胺分光光度法	HJ/T 43
		固定污染源排气 氮氧化物的测定 酸碱滴定法	HJ 675
		固定污染源废气 氮氧化物的测定 非分散红外吸收法	HJ 692
		固定污染源废气 氮氧化物的测定 定电位电解法	HJ 693
17	二噁英类	环境空气和废气 二噁英类的测定 同位素稀释高分辨气相色谱-高分辨质谱法	HJ 77.2

7 实施与监督

7.1 本标准由县级以上人民政府环境保护主管部门负责监督实施。

7.2 在任何情况下,合成树脂工业企业均应遵守本标准规定的污染物排放控制要求,采取必要措施保证污染防治设施正常运行。各级环保部门在对企业进行监督性检查时,可以现场即时采样或监测的结果,作为判定排污行为是否符合排放标准以及实施相关环境保护管理措施的依据。

附录 A(资料性附录) 常见合成树脂种类(略)

无机化学工业污染物排放标准(节录)

GB 31573—2015

(2015 年 4 月 16 日发布 2015 年 7 月 1 日实施)

本标准由环境保护部科技标准司组织制定。

本标准主要起草单位:中国无机盐工业协会、环境保护部环境标准研究所、昆明理工大学、环境保护部华南环境科学研究所、重庆市环境科学研究院、济南市环境保护科学研究院。

(按原标准编号节录)

3 术语和定义

下列术语和定义适用于本标准。

3.1 无机化学工业 inorganic chemical industry

以天然资源和工业副产物为原料生产无机酸、碱、盐、氧化物、氢氧化物、过氧化物及单质化工产品的工业。本标准特指除硫酸、盐酸、硝酸、烧碱、纯碱、电石、无机磷、无机涂料和颜料、磷肥、氮肥和钾肥、氢氧化钾、有色金属等以外的无机化合物制造工业，主要包括：涉重金属无机化合物工业、无机氰化合物工业、硫化合物和硫酸盐工业、卤素及其化合物工业、硼化合物及硼酸盐工业、硅化合物及硅酸盐工业、钙化合物和钙盐工业、镁化合物及镁盐工业、过氧化物工业及金属钾（钠）工业等。

3.2 涉重金属无机化合物工业 inorganic heavy metals compounds industry

以钡、锶、铬、锌、锰、镍、钼、铜、铅、镉、锡、汞、钴、锑、锆、银和铊等重金属元素矿物、单质及含重金属物料为原料生产各类涉重金属无机化合物的工业，主要包括：钡化合物、锶化合物、铬及其化合物、锌化合物、锰化合物、镍化合物、钼化合物、铜化合物、铅化合物、镉化合物、锡化合物、汞化合物、钴化合物、锆化合物、锑化合物、银化合物、铊化合物等工业。

3.3 钡化合物工业 barium compounds industry

以含钡矿物为原料生产碳酸钡以及以其为原料生产钡化合物的工业，主要包括：碳酸钡、硫酸钡、氯化钡、氢氧化钡、硝酸钡、氧化钡等及其他钡化合物工业。

3.4 锶化合物工业 strontium compounds industry

以含锶矿物为原料生产碳酸锶以及以其为原料生产锶化合物的工业，主要包括：碳酸锶、硝酸锶、硫酸锶、钛酸锶、氢氧化锶、氯化锶、氟化锶、氧化锶等及其他锶化合物工业。

3.5 铬及其化合物工业 chromium and chromium compounds industrial

以铬铁矿、碳素铬铁等为原料生产铬酸钠、重铬酸钠等铬化合物及以其为原料生产各类含铬无机化合物的工业，主要包括：铬酸盐、重铬酸盐、铬酸酐、碱式硫酸铬、金属铬和其他铬化合物工业。

3.6 锌化合物工业 zinc compounds industry

以锌锭、含锌废渣及氧化锌等为原料生产各种锌化合物的工业，主要包括：氧化锌、碱式碳酸锌、氯化锌、硝酸锌、硫酸锌、连二亚硫酸锌、磷化锌、磷酸锌、氟硅酸锌、硼酸锌及其他锌化合物工业。

3.7 锰化合物工业 manganese compounds industry

以锰精矿（软锰矿、菱锰矿）、金属锰等为原料生产硫酸锰等锰化合物，或以其为原料生产氯化锰、氧化锰、碳酸锰、硝酸锰、高锰酸盐及其他锰化合物的工业。

3.8 镍化合物工业 nickel compounds industry

以高冰镍、金属镍、含镍废料等为原料生产硫酸镍等镍化合物，或以其为原料生产硝酸镍、氯化镍、氧化镍、碳酸镍、卤化镍及其他镍化合物的工业。

3.9 钼化合物工业 molybdenum compounds industry

以钼精矿、钼、含钼废料等为原料生产多钼酸铵等钼化合物，或以其为原料生产钼酸及正钼酸盐、氧化钼、硫化钼、卤化钼及其他钼化合物的工业。

3.10 铜化合物工业 copper compounds industry

以铜矿石（氧化铜、硫化铜矿）、含铜废料、金属铜等为原料生产硫酸铜等铜化合物，或以其为原料生产硝酸铜、磷酸铜、碱式碳酸铜、氯化铜、氧化铜、卤化铜及其他铜化合物的工业。

3.11 铅化合物工业 lead compounds industry

以铅锭、含铅废料等为原料生产氧化铅等铅化合物，或以其为原料生产硝酸铅、硫酸铅、碳酸铅、硅酸铅、卤化铅及其他铅化合物的工业。

3.12 镉化合物工业 cadmium compounds industry

以电解金属镉、海绵镉、含镉废料等为原料生产氯化镉、硝酸镉等镉化合物，或以其为原料生产其他镉化合物的工业。

3.13 锡化合物工业 tin compounds industry

以精锡、含锡废渣等为原料生产氯化亚锡、硫酸亚锡等锡化合物，或以其为原料生产其他锡化合物的工业。

3.14 汞化合物工业 mercury compounds industry

以金属汞为原料生产氯化汞等汞化合物，或以其为原料生产其他汞化合物的工业。

3.15 钴化合物工业 cobalt compounds industry

以金属钴、含钴废料等为原料生产碳酸钴等钴化合物，或以其为原料生产其他钴化合物的工业。

3.16 锆化合物工业 zirconium compounds industry

以锆英石、含锆废料等为原料生产氧氯化锆、二氧化锆等锆化合物，或以其为原料生产其他锆化合物的工业。

3.17 银化合物工业 silver compounds industry

以金属银（含杂银）、含银废料等为原料生产硝酸银等银化合物，或以其为原料生产其他银化合物的工业。

3.18 锑化合物工业 antimony compounds industry

以锑白、含锑废料为原料生产各种锑化合物的工业，主要包括：氯化锑、硝酸锑、磷化锑、硫化锑及其他锑化合物工业。

3.19 铊化合物工业 thallium compounds industry

以金属铊为原料生产铊化合物的工业，主要包括：硫酸铊、碳酸铊、硫化铊、氯化铊、氟化铊、溴化铊、碘化铊、硝酸铊及其他铊化合物工业。

3.20 无机氰化合物工业 inorganic cyanide industry

以天然气或轻油或其他副产物为原料生产氢氰酸、氰化钠，或以其为原料生产无机氰化物的工业。

3.21 硫化合物及硫酸盐工业 sulfide and sulfate industry

以硫磺、含硫矿物或其他工业副产物为原料生产除硫酸以外的各类硫化合物、硫酸盐的工业,主要包括:硫化盐、二硫化碳、硫酸盐、聚合硫酸盐、碱式硫酸盐、焦硫酸盐、连二亚硫酸盐、亚硫酸盐、硫酸复盐、硫代硫酸盐及其他硫化合物、硫酸盐的工业。涉重金属硫化合物和涉重金属硫酸盐包含在重金属项下。

3.22 卤素及其化合物工业 halogen family of industry

以含氟、氯、溴、碘的矿物为原料生产无机氟化合物、无机氯化合物、氯酸盐、溴及溴酸盐、碘及碘酸盐产品的工业。本标准不包括氯化钠和氯化钾。

3.23 无机氟化合物工业 inorganic fluoride industry

以萤石、氟硅酸钠及其他含氟化合物为原料生产的无机氟化物的工业,主要包括氟化物、氟硅酸及盐、氟铝酸及盐、氟硼酸及盐、氟熔剂等的工业。涉重金属氟化合物包含在重金属项下。

3.24 无机氯化合物及氯酸盐工业 inorganic chloride and chlorate industry

以氯气或盐酸与相应的金属(含重金属)或其化合物反应制取的无机氯化合物,以氯化钠为原料采用电解法生产氯酸钠及以其为原料生产的亚氯酸盐、高氯酸盐、二氧化氯及氯酸盐系列产品的工业。涉重金属无机氯化合物及氯酸盐包含在重金属项下。

3.25 无机溴及其化合物工业 inorganic bromine and bromate industry

以卤水和苦卤为原料生产溴或以其为原料生产无机溴化合物的工业。

3.26 无机碘及其化合物工业 inorganic iodine and iodate industry

以海藻、卤水、苦卤或石油钻井水、天然气钻井水、磷矿、钾盐矿等副产为原料生产碘或以其为原料生产无机碘化合物的工业。

3.27 初期雨水 initial rainwater

无机化学工业企业生产区内特征水污染物超过本标准规定的直接排放限值的径流雨水。

3.28 排水量 effluent volume

企业或生产设施向企业法定边界以外排放的废水的量,包括与生产有直接或间接关系的各种外排废水(如厂区生活污水、冷却废水、厂区锅炉和电站排水等)。

3.29 现有企业 existing facility

本标准实施之日前,已建成投产或环境影响评价文件已通过审批的无机化学工业企业或生产设施。

3.30 新建企业 new facility

本标准实施之日起,环境影响评价文件通过审批的新建、改建和扩建的无机化学工业建设项目。

3.31 公共污水处理系统 public wastewater treatment system

通过纳污管道等方式收集废水,为两家以上排污单位提供废水处理服务并且排水能够达到相关排放标准要求的企业或机构,包括各种规模和类型的城镇污水处理厂、园区(包括各类工业园区、开发区、工业聚集地等)污水处理厂等,其废水处理程度应达到二级或二级以上。

3.32 直接排放 direct discharge

排污单位直接向环境水体排放污染物的行为。

3.33 间接排放 indirect discharge

排污单位向公共污水处理系统排放水污染物的行为。

3.34 标准状态 standard condition

温度为273.15 K,压力为101 325 Pa时的状态,简称"标态"。本标准规定的大气污染物排放浓度限值均以标准状态下的干气体为基准。

3.35 企业边界 enterprise boundary

无机化学工业企业的法定边界。若无法定边界,则指企业的实际边界。

4 污染物排放要求

4.1 水污染物排放控制要求

4.1.1 现有企业2017年7月1日前仍执行GB 8978—1996,自2017年7月1日起执行表1规定的水污染物排放限值。

4.1.2 自2015年7月1日起,新建企业执行表1规定的水污染物排放限值。

表1 水污染物排放限值

单位:mg/L(pH值除外)

序号	污染物项目	控制污染源	限值 直接排放	限值 间接排放[1]	污染物排放监控位置
1	pH值	所有	6~9	6~9	企业废水总排放口
2	悬浮物	所有	50	100	
3	COD_{Cr}	所有	50	200	
4	氨氮	所有	10	40	
5	总氮	无机氰化合物工业	30	60	
5	总氮	其他	20	60	
6	总磷	所有	0.5	2	
7	总氰化物	除涉重金属无机化合物工业外	0.3	0.5	
8	硫化物	除无机氰化合物工业外	0.5	1	
9	石油类	所有	3	6	
10	氟化物	除硫化物及硫酸盐工业、无机氰化合物工业外	6	6	
11	总铜	涉锌、锰、镍、钼、铜、铅、锡、汞重金属无机化合物工业	0.5		车间或生产设施废水排放口
12	总锌	涉锌、镍、钼、铜、铅、镉、锡、汞重金属无机化合物工业	1		
13	总锰	涉锌、锰无机重金属工业	1		
14	总钡	涉钡、锶重金属无机化合物工业	2		
15	总锶	涉钡、锶重金属无机化合物工业	8		

(续表)

序号	污染物项目	控制污染源	限值 直接排放	限值 间接排放(1)	污染物排放监控位置
16	总钴	涉锰、镍、铜、镉、钴重金属无机化合物工业	1		车间或生产设施废水排放口
17	总钼	涉钼重金属无机化合物工业	0.5		
18	总锡	涉锡、锑重金属无机化合物工业	2		
19	总锑	涉锡、锑重金属无机化合物工业	0.3		
20	总砷	所有	0.3		
21	总汞	所有	0.005		
22	总镉	所有	0.05		
23	总铅	所有	0.5		
24	六价铬	所有	0.1		
25	总银	涉银重金属无机化合物工业	0.5		
26	总铬	氯酸盐工业、涉铬重金属无机化合物工业	1		
26	总铬	涉锰、镍、钼、铜重金属无机化合物工业	0.5		
27	总镍	涉铬、锌、锰、镍、铜、镉、钴重金属无机化合物工业	0.5		
28	总铊	涉铊、锌、铜、铅重金属无机化合物工业	0.005		
29	总α放射性	涉钴重金属无机化合物工业	1 Bq/L		
30	总β放射性	涉钴重金属无机化合物工业	10 Bq/L		

注:(1)废水进入城镇污水处理厂或经由城镇污水管线排放,应达到直接排放限值;废水进入园区(包括各类工业园区、开发区、工业聚集地等)污水处理厂执行间接排放限值。
(2)本表中未列出的无机化学工业污染源,其污染物限值参照本表。

4.1.3 根据环境保护工作的要求,在国土开发密度已经较高、环境承载能力开始减弱,或水环境容量较小、生态环境脆弱,容易发生严重水环境污染问题而需要采取特别保护措施的地区,应严格控制企业的污染排放行为,在上述地区的企业执行表2规定的水污染物特别排放限值。

执行水污染物特别排放限值的地域范围、时间,由国务院环境保护主管部门或省级人民政府规定。

表2 水污染物特别排放限值

单位:mg/L(pH值除外)

序号	污染物项目	控制污染源	限值 直接排放	限值 间接排放[1]	污染物排放监控位置
1	pH值	所有	6~9	6~9	企业废水总排放口
2	悬浮物	所有	30	50	
3	COD_{Cr}	所有	40	50	
4	氨氮	所有	5	10	
5	总氮	所有	10	20	
6	总磷	所有	0.5	0.5	
7	总氰化物	所有	0.3	0.5	
8	硫化物	所有	0.5	1	
9	石油类	所有	1	3	
10	氟化物	所有	2	2	
11	总铜	涉锌、锰、镍、钼、铜、铅、锡、汞重金属无机化合物工业	0.5		
12	总锌	涉锌、镍、钼、铜、铅、镉、锡、汞重金属无机化合物工业	1		
13	总锰	涉锌、锰无机重金属无机工业	1		车间或生产设施废水排放口
14	总钡	涉钡、锶重金属无机化合物工业	2		
15	总锶	涉钡、锶重金属无机化合物工业	8		
16	总钴	涉锰、镍、铜、镉、钴重金属无机化合物工业	1		
17	总钼	涉钼重金属无机化合物工业	0.5		
18	总锡	涉锡、锑重金属无机化合物工业	2		
19	总锑	涉锡、锑重金属无机化合物工业	0.3		
20	总砷	所有	0.3		
21	总汞	所有	0.005		
22	总镉	所有	0.05		
23	总铅	所有	0.5		
24	六价铬	所有	0.1		
25	总银	涉银重金属无机化合物工业	0.5		
26	总铬	氯酸盐工业、涉铬重金属无机化合物工业	1		
		涉锰、镍、钼、铜重金属无机化合物工业	0.5		

(续表)

序号	污染物项目	控制污染源	限值 直接排放	限值 间接排放[1]	污染物排放监控位置
27	总镍	涉铬、锌、锰、镍、铜、镉、钴重金属无机化合物工业	0.5		车间或生产设施废水排放口
28	总铊	涉铊、锌、铜、铅重金属无机化合物工业	0.005		
29	总α放射性	涉钴重金属无机化合物工业	1 Bq/L		
30	总β放射性	涉钴重金属无机化合物工业	10 Bq/L		

注：(1)废水进入城镇污水处理厂或经由城镇污水管线排放，应达到直接排放限值；废水进入园区(包括各类工业园区、开发区、工聚集地等)污水处理厂执行间接排放限值。
(2)本表中未列出的无机化学工业污染源，其污染物限值参照本表。

4.1.4 水污染物排放浓度以实测浓度为准，不得人为稀释排放。

4.2 大气污染物排放控制要求

4.2.1 现有企业2017年7月1日前仍执行GB 16297—1996和GB 9078—1996，自2017年7月1日起执行表3规定的大气污染物排放限值。

4.2.2 自2015年7月1日起，新建企业执行表3规定的大气污染物排放限值。

表3 大气污染物排放限值

单位：mg/m^3

序号	污染物项目	控制污染源	限值	污染物排放监控位置
1	颗粒物	所有	30	车间或生产设施排气筒
2	氮氧化物	所有	200	
3	二氧化硫	硫化合物及硫酸盐工业、重金属无机化合物工业	400	
		其他	100	
4	硫化氢	除无机氰化合物工业、卤素及其化合物工业外	10	
5	氯气	无机氯化合物及氯酸盐工业	8	
		其他(硫化合物及硫酸盐工业、无机氰化物工业除外)	5	
6	氯化氢	无机氯化合物及氯酸盐工业	20	
		其他(硫化合物及硫酸盐工业、无机氰化合物工业除外)	10	
7	氰化氢	除硫化物及硫酸盐工业、卤素及其化合物工业外	0.3	

(续表)

序号	污染物项目	控制污染源	限值	污染物排放监控位置
8	氨	除重金属无机化合物工业、卤素及其化合物工业外	20	车间或生产设施排气筒
9	硫酸雾	硫化合物及硫酸盐工业,涉钡、锶重金属无机化合物工业	20	
10	氟化物(以F计)	涉钴、锆重金属无机化合物工业	3	
		无机氟化合物工业	6	
11	铬酸雾	铬及其化合物工业	0.07	
12	砷及其化合物(以砷计)	所有	0.5	
13	铅及其化合物(以铅计)	涉铅重金属无机化合物工业	2	
		其他	0.1	
14	汞及其化合物(以汞计)	所有	0.01	
15	镉及其化合物(以镉计)	所有	0.5	
16	锡及其化合物(以锡计)	涉锡重金属无机化合物工业	4	
17	镍及其化合物(以镍计)	涉镍重金属无机化合物工业	4	
18	锌及其化合物(以锌计)	涉锌重金属无机化合物工业	5	
19	锰及其化合物(以锰计)	涉锰重金属无机化合物工业	5	
20	锑及其化合物(以锑计)	涉锑重金属无机化合物工业	4	
21	铜及其化合物(以铜计)	涉铜重金属无机化合物工业	5	
22	钴及其化合物(以钴针)	涉钴重金属无机化合物工业	5	
23	钼及其化合物(以钼计)	涉钼重金属无机化合物工业	5	
24	锆及其化合物(以锆计)[1]	涉锆重金属无机化合物工业	5	
25	铊及其化合物(以铊计)	涉铊、锌、铜、铅重金属无机化合物工业	0.05	

注:(1)待国家污染物监测分析方法标准发布后实施。
(2)本表中未列出的无机化学工业污染源,其污染物限值参照本表。

4.2.3 根据环境保护工作的要求,在国土开发密度已经较高、环境承载力开始减弱,或大气环境容量较小、生态环境脆弱,容易发生严重大气环境污染问题而需要采取特别保护措施的地区,应严格控制企业的污染物排放行为,在上述地区的企业执行表4规定的大气污染物特别排放限值。

执行大气污染物特别排放限值的地域范围、时间,由国务院环境保护主管部门或省级人民政府规定。

表4 大气污染物特别排放限值

单位:mg/m³

序号	污染物项目	控制污染源	限值	污染物排放监控位置
1	颗粒物	所有	10	
2	氮氧化物	所有	100	
3	二氧化硫	所有	100	
4	硫化氢	除无机氰化物工业、卤素及其化合物工业外	5	
5	氯气	无机氰化物及氰酸盐工业	8	
		其他(硫化合物及硫酸盐工业、无机氰化合物工业除外)	5	
6	氯化氢	无机氰化物及氰酸盐工业	20	
		其他(硫化合物及硫酸盐工业、无机氰化合物工业除外)	10	
7	氰化氢	除硫化合物及硫酸盐工业、卤素及其化合物工业外	0.3	
8	氨	除重金属无机化合物工业、卤素及其化合物工业外	10	车间或生产设施排气筒
9	硫酸雾	硫化合物及硫酸盐工业,涉钡、锶重金属无机化合物工业	10	
10	氟化物(以F计)	涉钴、锆重金属无机化合物工业,无机氟化合物工业	3	
11	铬酸雾	铬及其化合物工业	0.07	
12	砷及其化合物(以砷计)	所有	0.5	
13	铅及其化合物(以铅计)	所有	0.1	
14	汞及其化合物(以汞计)	所有	0.01	
15	镉及其化合物(以镉计)	所有	0.5	
16	锡及其化合物(以锡计)	涉锡重金属无机化合物工业	4	
17	镍及其化合物(以镍计)	涉镍重金属无机化合物工业	4.0	
18	锌及其化合物(以锌计)	涉锌重金属无机化合物工业	5	

(续表)

序号	污染物项目	控制污染源	限值	污染物排放监控位置
19	锰及其化合物(以锰计)	涉锰重金属无机化合物工业	5	
20	锑及其化合物(以锑计)	涉锑重金属无机化合物工业	4	
21	铜及其化合物(以铜计)	涉铜重金属无机化合物工业	5	车间或生产设施排气筒
22	钴及其化合物(以钴计)	涉钴重金属无机化合物工业	5	
23	钼及其化合物(以钼计)	涉钼重金属无机化合物工业	5	
24	锆及其化合物(以锆计)[1]	涉锆重金属无机化合物工业	5	
25	铊及其化合物(以铊计)	涉铊、锌、铜、铅重金属无机化合物工业	0.05	

注:(1) 待国家污染物监测分析方法标准发布后实施。
(2) 本表中未列出的无机化学工业污染源,其污染物限值参照本表。

4.2.4 企业边界大气污染物任何1小时平均浓度执行表5规定的限值。

表5 企业边界大气污染物排放限值

单位:mg/m³

序号	污染物项目	控制污染源	限值
1	硫化氢	除无机氰化物工业、卤素及其化合物工业外	0.03
2	硫酸雾	硫化合物及硫酸盐工业,涉钡、锶重金属无机化合物工业	0.3
3	氯气	除硫化合物及硫酸盐工业、无机氰化物工业外	0.1
4	氯化氢	除硫化合物及硫酸盐工业、无机氰化物工业外	0.05
5	氟化物	卤素及其化合物工业	0.02
6	铬酸雾	铬及其化合物工业	0.006
7	氰化氢	除硫化合物及硫酸盐工业、卤素及其化合物工业外	0.0024
8	氨	除重金属无机化合物工业、卤素及其化合物工业外	0.3
9	砷及其化合物(以砷计)	所有	0.001
10	铅及其化合物(以铅计)	涉铅重金属无机化合物工业	0.006
11	汞及其化合物(以汞计)	涉汞重金属无机化合物工业	0.0003
12	锑及其化合物(以锑计)	涉锑重金属无机化合物工业	0.01
13	镍及其化合物(以镍计)	涉镍化重金属无机化合物工业	0.02
14	镉及其化合物(以镉计)	涉镉重金属无机化合物工业	0.001
15	锰及其化合物(以锰计)	涉锰重金属无机化合物工业	0.015
16	钴及其化合物(以钴计)	涉钴重金属无机化合物工业	0.005
17	钼及其化合物(以钼计)	涉钼重金属无机化合物工业	0.04
18	铊及其化合物(以铊计)	涉铊、锌、铜、铅重金属无机化合物工业	0.001

4.2.5 在现有企业生产、建设项目竣工环保验收后的生产过程中,负责监管的环境保护主管部门应对周围居住、教学、医疗等用途的敏感区域环境质量进行监控。建设项目的具体监控范

围为环境影响评价确定的周围敏感区域;未进行过环境影响评价的现有企业,监控范围由负责监管的环境保护主管部门,根据企业排污的特点和规律及当地的自然、气象条件等因素,参照相关环境影响评价技术导则确定。地方政府应对本辖区环境质量负责,采取措施确保环境状况符合环境质量标准要求。

4.2.6 产生大气污染物的生产工艺和装置必须设立局部或整体气体收集系统和集中净化处理装置,并确保正常稳定运行。所有排气筒高度应按环境影响评价要求确定,至少不低于15m(排放含氯气的排气筒高度不得低于25m)。

5 污染物监测要求

5.1 污染物监测的一般要求

5.3.1 企业应按照有关法律和《环境监测管理办法》等规定,建立企业监测制度,制定监测方案,对污染物排放状况及其对周边环境质量的影响开展自行监测,保存原始监测记录,并公布监测结果。

5.1.2 新建企业和现有企业安装污染物排放自动监控设备的要求,按有关法律和《污染源自动监控管理办法》的规定执行。

5.1.3 企业应按照环境监测管理规定和技术规范的要求,设计、建设、维护永久性采样口、采样测试平台和排污口标志。

5.1.4 对企业排放的废水和废气的采样,应根据监测污染物的种类,在规定的污染物排放监控位置进行。有废水、废气处理设施的,应在该设施后监控。

5.1.5 企业产品产量的核定,以法定报表为依据。

5.2 水污染物监测要求

5.2.1 采样点的设置与采样方法等按 HJ/T 91、HJ 493、HJ 494、HJ 495 的规定执行。

5.2.2 对企业排放水污染物浓度的测定采用表6所列的方法标准。

表6 水污染物浓度测定方法标准

序号	污染物项目	方法标准名称	方法标准编号
1	pH 值	水质 pH 值的测定 玻璃电极法	GB/T 6920
2	悬浮物	水质 悬浮物的测定 重量法	GB/T 11901
3	化学需氧量(COD_{Cr})	水质 化学需氧量的测定 重铬酸盐法	GB/T 11914
		水质 化学需氧量的测定 快速消解分光光度法	HJ/T 399
		高氯废水 化学需氧量的测定 氯气校正法	HJ/T 70
		高氯废水 化学需氧量的测定 碘化钾碱性高锰酸钾法	HJ/T 132
4	氨氮	水质 氨氮的测定 气相分子吸收光谱法	HJ/T 195
		水质 氨氮的测定 纳氏试剂分光光度法	HJ 535
		水质 氨氮的测定 水杨酸分光光度法	HJ 536
		水质 氨氮的测定 蒸馏-中和滴定法	HJ 537
		水质 氨氮的测定 连续流动-水杨酸分光光度法	HJ 665
		水质 氨氮的测定 流动注射-水杨酸分光光度法	HJ 666

（续表）

序号	污染物项目	方法标准名称	方法标准编号
5	总氮	水质 总氮的测定 气相分子吸收光谱法	HJ/T 199
		水质 总氮的测定 碱性过硫酸钾消解紫光分光光度法	HJ 636
		水质 总氮的测定 连续流动-盐酸萘乙二胺分光光度法	HJ 667
		水质 总氮的测定 流动注射-盐酸萘乙二胺分光光度法	HJ 668
6	总磷	水质 总磷的测定 钼酸铵分光光度法	GB 11893
		水质 磷酸盐和总磷的测定 连续流动-钼酸铵分光光度法	HJ 670
		水质 磷酸盐和总磷的测定 流动注射-钼酸铵分光光度法	HJ 671
7	总氰化物	水质 氰化物的测定 容量法和分光光度法	HJ 484
8	硫化物	水质 硫化物的测定 亚甲基蓝分光光度法	GB/T 16489
		水质 硫化物的测定 碘量法	HJ/T 60
		水质 硫化物的测定 气相分子吸收光谱法	HJ/T 200
9	石油类	水质 石油类和动植物油类的测定 红外分光光度法	HJ 637
10	氟化物	水质 氟化物的测定 离子选择电极法	GB/T 7484
		水质 氟化物的测定 茜素磺酸锆目视比色法	HJ 487
		水质 氟化物的测定 氟试剂分光光度法	HJ 488
11	总铜	水质 铜、锌、铅、镉的测定 原子吸收分光光度法	GB/T 7475
		水质 铜的测定 二乙基二硫代氨基甲酸钠分光光度法	HJ 485
		水质 铜的测定 2,9-二甲基-1,10 菲啰啉分光光度法	HJ 486
		水质 65 种元素的测定 电感耦合等离子体质谱法	HJ 700
12	总锌	水质 锌的测定 双硫腙分光光度法	GB/T 7472
		水质 铜、锌、铅、镉的测定 原子吸收分光光度法	GB/T 7475
		水质 65 种元素的测定 电感耦合等离子体质谱法	HJ 700
13	总锰	水质 锰的测定 高碘酸钾分光光度法	GB/T 11906
		水质 铁、锰的测定 火焰原子吸收分光光度法	GB/T 11911
		水质 65 种元素的测定 电感耦合等离子体质谱法	HJ 700
14	总钡	水质 钡的测定 电位滴定法	GB/T 14671
		水质 钡的测定 石墨炉原子吸收分光光度法	HJ 602
		水质 钡的测定 火焰原子吸收分光光度法	HJ 603
		水质 65 种元素的测定 电感耦合等离子体质谱法	HJ 700
15	总锶	水质 65 种元素的测定 电感耦合等离子体质谱法	HJ 700
16	总钴	水质 总钴的测定 5-氯-2-(吡啶偶氮)-1,3-二氨基苯分光光度法(暂行)	HJ 550
		水质 65 种元素的测定 电感耦合等离子体质谱法	HJ 700

(续表)

序号	污染物项目	方法标准名称	方法标准编号
17	总钼	水质 65种元素的测定 电感耦合等离子体质谱法	HJ 700
18	总锡	水质 65种元素的测定 电感耦合等离子体质谱法	HJ 700
19	总锑	水质 汞、砷、硒、铋、锑的测定 原子荧光法	HJ 694
		水质 65种元素的测定 电感耦合等离子体质谱法	HJ 700
20	总砷	水质 总砷的测定 二乙基二硫代氨基甲酸银分光光度法	GB/T 7485
		水质 汞、砷、硒、铋和锑的测定 原子荧光法	HJ 694
		水质 65种元素的测定 电感耦合等离子体质谱法	HJ 700
21	总汞	水质 汞的测定 高锰酸钾-过硫酸钾消解法 双硫腙分光光度法	GB/T 7469
		水质 汞的测定 冷原子吸收分光光度法	HJ 597
		水质 汞、砷、硒、铋和锑的测定 原子荧光法	HJ 694
22	总镉	水质 镉的测定 双硫腙分光光度法	GB/T 7471
		水质 铜、锌、铅、镉的测定 原子吸收分光光度法	GB/T 7475
		水质 65种元素的测定 电感耦合等离子体质谱法	HJ 700
23	总铅	水质 铜、锌、铅、镉的测定 原子吸收分光光度法	GB/T 7475
		水质 铅的测定 双硫腙分光光度法	GB/T 7470
		水质 65种元素的测定 电感耦合等离子体质谱法	HJ 700
24	六价铬	水质 六价铬的测定 二苯碳酰二肼分光光度法	GB/T 7467
25	总银	水质 银的测定 3,5-Br_2-PADAP 分光光度法	HJ 489
		水质 银的测定 镉试剂2B分光光度法	HJ 490
		水质 银的测定 火焰原子吸收分光光度法	GB 11907
		水质 65种元素的测定 电感耦合等离子体质谱法	HJ 700
26	总铬	水质 总铬的测定	GB/T 7466
		水质 65种元素的测定 电感耦合等离子体质谱法	HJ 700
27	总镍	水质 镍的测定 丁二酮肟分光光度法	GB/T 11910
		水质 镍的测定 火焰原子吸收分光光度法	GB/T 11912
		水质 65种元素的测定 电感耦合等离子体质谱法	HJ 700
28	总铊	水质 65种元素的测定 电感耦合等离子体质谱法	HJ 700

5.3 大气污染物监测要求

5.3.1 固定污染源采样点的设置与采样方法等按GB/T 16157、HJ/T 397、HJ/T 373 或 HJ/T 75、HJ/T 76 规定执行。

5.3.2 企业边界大气污染物的采样点设置与采样方法等按HJ/T 55 的规定执行。

5.3.3 对企业排放大气污染物浓度的测定采用表7所列的方法标准。

表7 大气污染物浓度测定方法标准

序号	污染物项目	方法标准名称	方法标准编号
1	颗粒物	固定污染源排气中颗粒物测定与气态污染物采样方法	GB/T 16157
2	氮氧化物	固定污染源排气中氮氧化物的测定 紫外分光光度法	HJ/T 42
		固定污染源排气中氮氧化物的测定 盐酸萘乙二胺分光光度法	HJ/T 43
		固定污染源排气 氮氧化物的测定 酸碱滴定法	HJ 675
		固定污染源废气 氮氧化物的测定 非分散红外吸收法	HJ 692
		固定污染源废气 氮氧化物的测定 定电位电解法	HJ 693
3	二氧化硫	固定污染源排气中二氧化硫的测定 碘量法	HJ/T 56
		固定污染源排气中二氧化硫的测定 定电位电解法	HJ/T 57
		固定污染源废气 二氧化硫的测定 非分散红外吸收法	HJ 629
4	硫化氢	空气质量 硫化氢、甲硫醇甲硫醚 二甲二硫的测定 气相色谱法	GB/T 14678
5	氯气	固定污染源排气中氯气的测定 甲基橙分光光度法	HJ/T 30
		固定污染源废气 氯气的测定 碘量法（暂行）	HJ 547
6	氯化氢	固定污染源排气中氯化氢的测定 硫氰酸汞分光光度法	HJ/T 27
		固定污染源废气 氯化氢的测定 硝酸银容量法（暂行）	HJ 548
		环境空气和废气 氯化氢的测定 离子色谱法（暂行）	HJ 549
7	氰化氢	固定污染源排气中氰化氢的测定 异烟酸-吡唑啉酮分光光度法	HJ/T 28
8	氨	环境空气和废气 氨的测定 纳氏试剂分光光度法	HJ 533
9	硫酸雾	固定污染源废气 硫酸雾的测定 离子色谱法（暂行）	HJ 544
10	氟化物	大气固定污染源 氟化物的测定 离子选择电极法	HJ/T 67
		环境空气 氟化物的测定 滤膜采样氟离子选择电极法	HJ 480
		环境空气 氟化物的测定 石灰滤纸采样氟离子选择电极法	HJ 481
11	铬酸雾	固定污染源排气中铬酸雾的测定 二苯碳酰二肼分光光度法	HJ/T 29
12	砷及其化合物	环境空气和废气 砷的测定 二乙基二硫代氨基甲酸银分光光度法（暂行）	HJ 540
		空气和废气 颗粒物中铅等金属元素的测定 电感耦合等离子体质谱法	HJ 657
13	铅及其化合物	环境空气 铅的测定 火焰原子吸收分光光度法	GB/T 15264
		空气和废气 颗粒物中铅等金属元素的测定 电感耦合等离子体质谱法	HJ 657
		固定污染源废气 铅的测定 火焰原子吸收分光光度法	HJ 685
14	汞及其化合物	环境空气 汞的测定 巯基棉富集-原子荧光分光光度法（暂行）	HJ 542
		固定污染源废气 汞的测定 冷原子吸收分光光度法（暂行）	HJ 543

(续表)

序号	污染物项目	方法标准名称	方法标准编号
15	镉及其化合物	大气固定污染源 镉的测定 火焰原子吸收分光光度法	HJ/T 64.1
		大气固定污染源 镉的测定 石墨炉原子吸收分光光度法	HJ/T 64.2
		大气固定污染源 镉的测定 对-偶氮苯重氮氨基偶氮苯磺酸分光光度法	HJ/T 64.3
		空气和废气 颗粒物中铅等金属元素的测定 电感耦合等离子体质谱法	HJ 657
16	锡及其化合物	大气固定污染源 锡的测定 石墨炉原子吸收分光光度法	HJ/T 65
		空气和废气 颗粒物中铅等金属元素的测定 电感耦合等离子体质谱法	HJ 657
17	镍及其化合物	大气固定污染源 镍的测定 火焰原子吸收分光光度法	HJ/T 63.1
		大气固定污染源 镍的测定 石墨炉原子吸收分光光度法	HJ/T 63.2
		大气固定污染源 镍的测定 丁二酮肟-正丁醇萃取分光光度法	HJ/T 63.3
		空气和废气 颗粒物中铅等金属元素的测定 电感耦合等离子体质谱法	HJ 657
18	锌及其化合物	空气和废气 颗粒物中铅等金属元素的测定 电感耦合等离子体质谱法	HJ 657
19	锰及其化合物	空气和废气 颗粒物中铅等金属元素的测定 电感耦合等离子体质谱法	HJ 657
20	锑及其化合物	空气和废气 颗粒物中铅等金属元素的测定 电感耦合等离子体质谱法	HJ 657
21	铜及其化合物	空气和废气 颗粒物中铅等金属元素的测定 电感耦合等离子体质谱法	HJ 657
22	钴及其化合物	空气和废气 颗粒物中铅等金属元素的测定 电感耦合等离子体质谱法	HJ 657
23	钼及其化合物	空气和废气 颗粒物中铅等金属元素的测定 电感耦合等离子体质谱法	HJ 657
24	铊及其化合物	空气和废气 颗粒物中铅等金属元素的测定 电感耦合等离子体质谱法	HJ 657

6 实施与监督

6.1 本标准由县级以上人民政府环境保护主管部门负责监督实施。

6.2 在任何情况下,企业均应遵守本标准的污染物排放控制要求,采取必要措施保证污染防治措施正常运行。各级环保部门在对企业进行监督性检查时,可以现场即时采样或监测的结果,作为判定排污行为是否符合排放标准以及实施相关环境保护管理措施的依据。

味精工业污染物排放标准(节录)

GB 19431—2004

(2004年1月18日发布 2004年4月1日实施)

本标准由国家环境保护总局科技标准司提出并归口。
本标准由中国环境科学研究院、轻工业环境保护研究所负责起草。

(按原标准编号节录)

3 定义

排水量:指在生产过程中直接用于生产工艺的水的排放量。

4 技术内容

4.1 水污染物排放标准

4.1.1 排入 GB 3838 中Ⅲ类水域(水体保护区除外)、Ⅳ、Ⅴ类水域和 GB 3097 中二、三、四类海域的味精工业企业废水,应执行本标准规定的标准值。

4.1.2 排入设置二级污水处理厂城镇排水系统的味精工业企业的废水,应达到负责审批该污水处理厂的环境保护行政主管部门核定的排放要求。

4.1.3 排入未设置二级污水处理厂的城镇排水系统的味精工业企业的废水,应执行 4.1.1 的规定。

4.1.4 标准值

4.1.4.1 2003 年 12 月 31 日之前建设的味精生产企业,从本标准实施之日起,其水污染物的排放按表 1 的规定执行,从 2007 年 1 月 1 日起,其水污染物的排放按表 2 的规定执行。(表 1 具体内容见原标准)

4.1.4.2 2004 年 1 月 1 日起建设(包括改、扩建)的项目,从本标准实施之日起,水污染物的排放按表 2 的规定执行。

表 2 味精工业水污染物排放标准值

[2004 年 1 月 1 日起建设(包括改、扩建)的项目]

污染物项目	化学需氧量(COD_{Cr})		五日生化需氧量(BOD_5)		悬浮物(SS)		氨氮		排水量	pH 值
	kg/t 产品	mg/L	kg/t 产品	mg/L	kg/t 产品	mg/L	kg/t 产品	mg/L	m^3/t 产品	
标准值	30	200	12	80	15	100	7.5	50	150	6–9

注:产品为味精

4.1.4.3 建设(包括改、扩建)项目的建设时间,应以环境影响评价报告书(表)批准日期为准。

4.1.5 采样与监测

4.1.5.1 采样点

采样点设在企业废水排放口。在排放口必须设置永久性排污口标志、污水流量连续计量装置和污水比例采样装置。企业必须安装化学需氧量在线监测装置。

4.1.5.2 采样频率

采样频率按生产周期确定。生产周期在8小时以内的,每2小时采集一次;生产周期大于8小时的,每4小时采集一次,排放浓度取日均值。

4.1.5.3 产品产量的统计

产品产量以法定月报表或年报表为准。根据企业实际正常生产天数,计算出产品的日均产量。

4.1.5.4 测定

本标准采用的测定方法按表3执行。

表3 水污染物项目测定方法

序号	项目	测定方法	方法标准编号
1	五日生化需氧量(BOD_5)	稀释与接种法	GB/T 7488
2	化学需氧量(COD_{Cr})	重铬酸钾法	GB/T 11914
3	悬浮物(SS)	重量法	GB/T 11901
4	pH值	玻璃电极法	GB/T 6920
5	氨氮	蒸馏和滴定法 纳氏试剂比色法	GB/T 7478 GB/T 7479

4.2 大气污染物排放标准

4.2.1 拥有自备锅炉的味精企业,其锅炉大气污染物排放执行《锅炉大气污染物排放标准》(GB 13271)。

拥有自备火电厂的味精企业,其电厂锅炉大气污染物排放执行《火电厂大气污染物排放标准》(GB 13223)。

4.2.2 恶臭污染物排放标准

4.2.2.1 标准分级

根据味精企业所在地区的大气环境质量要求和大气污染物治理技术和设施条件,将标准分为三级。

4.2.2.1.1 位于GB 3095一类区的所有(包括现有和改建、扩建)企业,自本标准实施之日起,执行一级标准。

4.2.2.1.2 位于GB 3095二类区和三类区的味精企业,分别执行二级标准和三级标准。其中2003年12月31日之前建设的味精企业,实施标准的时间为2007年1月1日;2004年1月1日起新建(包括改、扩建)的味精生产项目,自本标准实施之日起开始执行。

4.2.2.2 标准值

味精企业恶臭污染物排放标准值按表4的规定执行。

表4　厂界(防护带边缘)废气排放最高允许浓度

单位:mg/m³

序号	控制项目	一级标准	二级标准	三级标准
1	硫化氢	0.03	0.06	0.32
2	臭气浓度(无量纲)	10	20	60

4.2.2.3　取样与监测

4.2.2.3.1　硫化氢、臭气浓度监测点设于味精企业厂界防护带边缘的浓度最高点。

4.2.2.3.2　监测点的布置方法与采样方法按 GB 16297 中附录 C 和 HJ/T 55 的有关规定执行。

4.2.2.3.3　采样频率,每两小时采样一次,共采集 4 次,取其最大测定值。

4.2.2.3.4　监测分析方法按表 5 执行

表5　恶臭污染物监测分析方法

序号	控制项目	测定方法	方法来源
1	硫化氢	气相色谱法	GB/T 14678
2	臭气浓度(无量纲)	三点比较式臭袋法	GB/T 14675

4.3　厂界噪声控制标准

厂界噪声执行《工业企业厂界噪声标准》(GB 12348)。

4.4　固体废弃物回收标准

炉渣等可回收利用的固体废物回收处理率应达到 95% 以上。对于一般工业固体废物处理处置应执行《一般工业固体废物贮存、处置场污染控制标准》(GB 18599)。

5　标准实施与监督

5.1　本标准由县级以上人民政府环境保护行政主管部门负责监督实施。

5.2　省、自治区、直辖市人民政府对执行国家污染物排放标准不能保证达到环境功能要求时,可以制定严于国家污染物排放标准的地方污染物排放标准,并报国家环境保护行政主管部门备案。

啤酒工业污染物排放标准(节录)

GB 19821—2005

(2005 年 7 月 18 日发布　2006 年 1 月 1 日实施)

本标准由国家环境保护总局科技标准公司提出。

本标准由中国环境科学研究院和中国酿酒工业协会共同起草。

（按原标准编号节录）

3 术语和定义

下列术语和定义适用于本标准。

3.1 啤酒企业

指以麦芽为主要原料，经糖化、发酵、过滤、灌装等工艺生产啤酒的企业。

3.2 麦芽企业

指以大麦为原料，经浸麦、发芽、干燥、除根等工艺生产啤酒麦芽的企业。

3.3 单位产品污染物排放量

指在生产过程中，每生产 1000 L 啤酒或 1t 麦芽，直接由生产工艺排出的污染物量，以 kg/kL 或 kg/t 计。

3.4 约当产量

指当月啤酒实际产量根据在制品（本期酿造未灌装或前期酒液本月灌装）数量调整以后的产量。

3.5 现有企业与新建企业

现有企业是指 2006 年 1 月 1 日前已投入生产和批准环境影响报告书的啤酒生产企业和麦芽生产企业。

新建企业是指 2006 年 1 月 1 日起新建、扩建、改建的啤酒生产企业和麦芽生产企业。

4 技术内容

4.1 啤酒工业废水无论处理与否均不得排入《地表水环境质量标准》（GB 3838）中规定的Ⅰ、Ⅱ类水域和Ⅲ类水域的饮用水源保护区和游泳区，不得排入《海水水质标准》（GB 3097）中规定的Ⅰ类海域的海洋渔业水域、海洋自然保护区。

4.2 排入建有并投入运营的二级污水处理厂的城镇排水系统的啤酒工业废水，执行表 1 预处理标准的规定。

4.3 处理后排入自然水体的啤酒工业废水，执行表 1 排放标准的规定。

4.4 标准值

自 2006 年 1 月 1 日起，新建企业的废水排放执行表 1 的排放限值。

自 2006 年 1 月 1 日起至 2008 年 4 月 30 日止，现有企业的废水排放仍执行 GB 8978—1996 的规定，自 2008 年 5 月 1 日起，现有企业的废水排放执行表 1 的排放限值。

表 1 啤酒生产企业水污染物排放最高允许限值

项目	单位	工业类别			
		啤酒企业		麦芽企业	
		预处理标准	排放标准	预处理标准	排放标准
COD_{Cr}	浓度标准值/(mg/L)	500	80	500	80
	单位产品污染物排放量ª	—	0.56	—	0.4

（续表）

项目	单位	工业类别			
		啤酒企业		麦芽企业	
		预处理标准	排放标准	预处理标准	排放标准
BOD_5	浓度标准值/(mg/L)	300	20	300	20
	单位产品污染物排放量[a]	—	0.14	—	0.1
SS	浓度标准值/(mg/L)	400	70	400	70
	单位产品污染物排放量[a]	—	0.49	—	0.35
氨氮	浓度标准值/(mg/L)	—	15	—	15
	单位产品污染物排放量[a]	—	0.105	—	0.075
总磷	浓度标准值/(mg/L)	—	3	—	3
	单位产品污染物排放量[a]	—	0.021	—	0.015
pH		6～9	6～9	6～9	6～9

a 对于啤酒企业，单位为kg/kl；对于麦芽企业，单位为kg/t。

4.5 监测

4.5.1 采样点设在企业废水排放口，在排放口必须设置排放口标志。废水水量计量装置和pH值、COD水质指标应安装连续自动监测装置。监测数据应及时传输给当地环保部门。

4.5.2 采样频率按每4 h采集一次，一日采样6次。

4.5.3 污染物排放浓度以日均值计。单位产品污染物排放量以月计。

4.5.4 监测分析方法按表2或国家环境保护总局认定的替代方法、等效方法执行。

4.6 啤酒工业企业生产过程中产生的废渣以及污水处理过程中产生的污泥，有条件再利用的，必须由企业回收利用或送有能力利用的企业回收再利用；无条件再利用的，必须由企业进行无害化处理或送到有处理能力的专业处理处置单位集中无害化处理。废渣和污泥的回收利用不得造成二次污染。无害化处理必须符合《一般工业固体废物贮存、处置场污染控制标准》(GB 18599)的要求。

表2 水污染物监测分析方法

序号	控制项目	测定方法	方法来源
1	化学需氧量（COD_{Cr}）	重铬酸钾法	GB 11914
2	生化需氧量（BOD_5）	稀释与接种法	GB 7488
3	悬浮物（SS）	重量法	GB 11901
4	pH值	玻璃电极法	GB 6920
5	氨氮	蒸馏和滴定法	GB 7478
		纳氏试剂比色法	GB 7479
6	总磷	钼酸铵分光光度法	GB 11893

4.7 啤酒工业企业大气污染物和噪声排放分别执行《锅炉大气污染物排放标准》（GB 13271）和《工业企业厂界噪声标准》（GB 12348）的要求。

5 标准的实施与监督

5.1 本标准自 2006 年 1 月 1 日起实施。

5.2 本标准由县级以上人民政府环境保护行政主管部门负责监督实施。

5.3 当执行本标准仍不能满足当地环境保护需要，并造成环境污染损害时，可以制定更严格的地方污染物排放标准，啤酒工业企业应执行地方污染物排放标准。

煤炭工业污染物排放标准（节录）

GB 20426—2006

（2006 年 9 月 1 日发布　2006 年 10 月 1 日实施）

本标准由国家环境保护总局科技标准司提出。

本标准起草单位：国家环境保护总局环境标准研究所、中国矿业大学（北京）、煤炭科学研究总院杭州环境保护研究所、兖矿集团有限公司、煤炭科学研究总院唐山分院。

（按原标准编号节录）

3 术语和定义

下列术语与定义适用于本标准。

3.1 煤炭工业 coal industry

指原煤开采和选煤行业。

3.2 煤炭工业废水 coal industry waste water

煤炭开采和选煤过程中产生的废水，包括采煤废水和选煤废水。

3.3 采煤废水 mine drainage

煤炭开采过程中，排放到环境水体的煤矿矿井水或露天煤矿疏干水。

3.4 酸性采煤废水 acid mine drainage

在未经处理之前，pH 值小于 6.0 或者总铁质量浓度大于或等于 10.0 mg/L 的采煤废水。

3.5 高矿化度采煤废水 mine drainage of high mineralization

矿化度（无机盐总含量）大于 1 000 mg/L 的采煤废水。

3.6 选煤 coal preparation

利用物理、化学等方法，除掉煤中杂质，将煤按需要分成不同质量、规格产品的加工过程。

3.7 选煤厂 coal preparation plant

对煤炭进行分选，生产不同质量、规格产品的加工厂。

3.8 选煤废水 coal preparation waste water

在选煤厂煤泥水处理工艺中,洗水不能形成闭路循环,需向环境排放的那部分废水。

3.9 大气污染物排放质量浓度 Air Pollutants Emission Concentration

指在温度 273.15 K,压力为 101.325 Pa 状态下,排气筒中污染物任何 1h 的平均质量浓度,单位为:mg/m³。

3.10 煤矸石 coal slack

采、掘煤炭生产过程中从顶、底板或煤夹矸混入煤中的岩石和选煤厂生产过程中排出的洗矸石。

3.11 煤矸石堆置场 waste heap

堆放煤矸石的场地和设施。

3.12 现有生产线 existing facility

本标准实施之日前已建成投产或环境影响报告书已通过审批的煤矿矿井、露天煤矿、选煤厂以及所属贮存、装卸场所。

3.13 新(扩、改)建生产线 new facility

本标准实施之日起环境影响报告书通过审批的新、扩、改煤矿矿井、露天煤矿、选煤厂以及所属贮存、装卸场所。

4 煤炭工业水污染物排放限值和控制要求

4.1 煤炭工业废水有毒污染物排放限值

煤炭工业[包括现有及新(扩、改)建煤矿、选煤厂]废水有毒污染物排放质量浓度不得超过表1规定的限值。

表1 煤炭工业废水有毒污染物排放限值

序号	污染物	日最高允许排放质量浓度/(mg/L)	序号	污染物	日最高允许排放质量浓度(mg/L)
1	总汞	0.05	6	总砷	0.5
2	总镉	0.1	7	总锌	2.0
3	总铬	1.5	8	氟化物	10
4	六价铬	0.5	9	总α放射性	1 Bq/L
5	总铅	0.5	10	总β放射性	10 Bq/L

4.2 采煤废水排放限值

现有采煤生产线自 2007 年 10 月 1 日起,执行表 2 规定的现有生产线排放限值;在此之前过渡期内仍执行《污水综合排放标准》(GB 8978—1996)。自 2009 年 1 月 1 日起执行表 2 规定的新(扩、改)建生产线排放限值。

新(扩、改)建采煤生产线自本标准实施之日 2006 年 10 月 1 日起,执行表 2 规定的新(扩、改)建生产线排放限值。

表2 采煤废水污染物排放限值

序号	污染物	日最高允许排放质量浓度/(mg/L)(pH值除外)	
		现有生产线	新建(扩、改)生产线
1	pH值	6~9	6~9
2	总悬浮物	70	50
3	化学需氧量(COD$_{Cr}$)	70	50
4	石油类	10	5
5	总铁	7	6
6	总锰	4	4
注:总锰限值仅适用于酸性采煤废水。			

4.3 选煤废水排放限值

现有选煤厂自2007年10月1日起,执行表3规定的现有生产线排放限值;在此之前过渡期内仍执行《污水综合排放标准》(GB 8979—1996)。自2009年1月1日起,应实现水路闭路循环,偶发排放应执行表3规定新(扩、改)建生产线排放限值。

新(扩、改)建选煤厂,自本标准实施之日起,应实现水路闭路循环,偶发排放应执行表3规定新(扩、改)建生产线排放限值。

表3 选煤废水污染物排放限值

序号	污染物	日最高允许排放质量浓度/(mg/L)(pH值除外)	
		现有生产线	新建(扩、改)生产线
1	pH值	6~9	6~9
2	悬浮物	100	70
3	化学需氧量(COD$_{Cr}$)	100	70
4	石油类	10	5
5	总铁	7	6
6	总锰	4	4

4.4 煤炭开采(含露天开采)水资源化利用技术规定

4.4.1 对于高矿化度采煤废水,除执行表2限值外,还应根据实际情况深度处理和综合利用。高矿化度采煤废水用作农田灌溉时,应达到GB 5094规定的限值要求。

4.4.2 在新建煤矿设计中应优先选择矿井水作为生产水源,用于煤炭洗选、井下生产用水、消防用水和绿化用水等。

4.4.3 建设坑口燃煤电厂、低热值燃料综合利用电厂,应优先选择矿井水作为供水水源优选方案。

4.4.4 建设和发展其他工业用水项目,应优先选用矿井水作为工业用水水源;可以利用的矿井水未得到合理、充分利用的,不得开采和使用其他地表水和地下水水源。

5 煤炭工业地面生产系统大气污染物排放限值和控制要求

5.1 现有生产线自 2007 年 10 月 1 日起,排气筒中大气污染物不得超过表 4 规定的限值;在此之前过渡期内仍执行《大气污染物综合排放标准》(GB 16297—1996)。新(扩、改)建生产线,自本标准实施之日起,排气筒中大气污染物不得超过表 4 规定的限值。

表 4 煤炭工业大气污染物排放限值

污染物	生产设备	
	原煤筛分、破碎、转载点等除尘设备	煤炭风选设备通风管道、筛面、转载点等除尘设备
颗粒物	80 mg/m³ 或设备去除效率 >98%	80 mg/m³ 或设备去除效率 >98%

5.2 煤炭工业除尘设备排气筒高度应不低于 15m。

5.3 煤炭工业作业场所无组织排放限值。

现有生产线在 2007 年 10 月 1 日起,煤炭工业作业场所污染物无组织排放监控点浓度不得超过表 4 规定的限值。在此之前过渡期内仍执行《大气污染物综合排放标准》(GB 16297—1996)。新(扩、改)建生产线,自本标准实施之日起,作业场所颗粒物无组织排放监控点质量浓度不得超过表 5 规定的限值。

表 5 煤炭工业无组织排放限值

污染物	监控点	作业场所	
		煤炭工业所属装卸场所	煤炭贮存场所,煤矸石堆置场
		无组织排放限值/(mg/m³)(监控点与参考点浓度差值)	无组织排放限值/(mg/m³)(监控点与参考点浓度差值)
颗粒物	周界外质量浓度最高点[1]	1.0	1.0
二氧化硫		—	0.4

注:(1)周界外质量浓度最高点一般应设置于无组织排放源下风向的单位周界外 10 m 范围内,若预计无组织排放的最大落地质量浓度点越出 10 m 范围,可将监控点移至该预计质量浓度最高点。

6 煤矸石堆置场污染控制和其他管理规定

6.1 煤矿煤矸石应集中堆置,每个矿井宜设立一个煤矸石堆置场。煤矸石堆置场选址应符合 GB 18599 的有关要求。

6.2 煤矸石应因地制宜,综合利用,如可用于修筑路基、平整工业场地、烧结煤矸石砖、充填塌陷区、采空区等。不宜利用的煤矸石堆置场应在停用后三年内完成覆土、压实稳定化和绿化等封场处理。

6.3 建井期间排放的煤矸石临时堆置场,自投产之日起不得继续使用。临时堆置场停用后一年内完成封场处理。临时堆置场关闭与封场处理应符合 GB 18599 的有关要求。

6.4 煤矸石堆置场应采取有效措施,防止自燃。已经发生自燃的煤矸石堆场应及时灭火。

6.5 煤矸石堆置场应构筑堤、坝、挡土墙等设施,堆置场周边应设置排洪沟、导流渠等,防止降水径流进入煤矸石堆置场,避免流失、坍塌的发生。

6.6 按照 GB 5086 规定的方法进行浸出试验,煤矸石属于 GB 18599 所定义Ⅱ类一般工业固体废物的煤矸石堆置场,应采取防渗透的技术措施。

6.7 露天煤矿采场、排土场使用期间,应通过定期喷洒水或化学剂等措施,抑制粉尘的产生。

7 监测

7.1 水污染物监测

7.1.1 煤炭工业废水采样点应设置在排污单位废水处理设施排放口(有毒污染物在车间或车间处理设施排放口采样),按规定设置标志。采样口应设置废水计量装置,宜设置废水在线监测设备。

7.1.2 采样频率。采煤废水和选煤废水,采样应在正常生产条件下进行,每3h采样一次,每次监测至少采样3次。任何一次 pH 值测定值不得超过标准规定的限值范围,其他污染物浓度排放限值以测定均值计。

7.1.3 监测频率。采煤废水和选煤废水应每月监测一次。

如发现煤炭工业废水超过表1中所列的任何一项有毒污染物限值指标,应报告县级以上人民政府环境保护行政主管部门,并持续进行监测,监测频率每月至少1次。

7.1.4 监督性监测参照 HJ/T 91 执行。

7.1.5 水样在采用重铬酸钾法测定 COD_{Cr} 值之前,采用中速定量滤纸去除水样中煤粉的干扰。

7.1.6 本标准采用的污染物测定方法按表6执行。

表6 污染物项目测定方法

序号	项目	测定方法	最低检出质量浓度(量)	方法来源
1	pH 值	玻璃电极法	0.1(pH 值)	GB/T 6920
2	悬浮物	重量法	4mg/L	GB/T 11901
3	化学需氧量(COD_{Cr})	重铬酸盐法(过滤后)	5 mg/L	GB/T 11914
4	石油类	红外光度法	0.1 mg/L	GB/T 16488
5	总铁、总锰	火焰原子吸收分光光度法	0.03 mg/L、0.01 mg/L	GB/T 11911
6	总α放射性、总β放射性	物理法	0.05Bq/L	《环境监测技术规范(放射性部分)》,国家环境保护总局

(续表)

序号	项目	测定方法	最低检出质量浓度(量)	方法来源
7	总汞	冷原子吸收分光光度法	0.1 μg/L	GB/T 7468
8	总镉	双硫腙分光光度法	1 μg/L	GB/T 7471
9	总铬	高锰酸钾氧化-二苯碳酰二肼分光光度法	0.004 mg/L	GB/T 7466
10	六价铬	二苯碳酰二肼分光光度法	0.004 mg/L	GB/T 7467
11	总铅	原子吸收分光光度法 双硫腙分光光度法	10 μg/L 0.01 mg/L	GB/T 7475 GB/T 7470
12	总砷	二乙基二硫代氨基甲酸银分光光度法	0.007 mg/L	GB/T 7485
13	总锌	原子吸收分光光度法 双硫腙分光光度法	0.02 mg/L 0.005 mg/L	GB/T 7475 GB/T 7472
14	氟化物	离子选择电极法	0.05 mg/L	GB/T 7484

7.2 大气污染物监测

7.2.1 排气筒中大气污染物的采样点数目及采样点位置的设置，按 GB/T 16157 规定执行。

7.2.2 对于大气污染物日常监督性监测，采样期间的工况应为正常工况。排污单位和实施监测人员不得随意改变当时的运行工况。以连续 1h 的采样获得平均值，或在 1h 内,以等时间间隔采集 4 个或以上样品,计算平均值。

建设项目环境保护竣工验收监测的工况要求和采样时间频次按国家环境保护主管部门制定的建设项目环境保护设施竣工验收监测办法和规范执行。

7.2.3 无组织排放监测按 HJ/T 55 的规定执行。

7.2.4 颗粒物测定方法采用 GB/T 15432；二氧化硫测定方法采用 GB/T 8970。

8 标准实施监督

8.1 本标准 2006 年 10 月 1 日起实施。

8.2 本标准由县级以上人民政府环境保护行政保护主管部门负责监督实施。

烧碱、聚氯乙烯工业污染物排放标准（节录）

GB 15581—2016

(2016 年 8 月 22 日发布　2016 年 9 月 1 日实施)

本标准由环境保护部科技标准司组织制定。

本标准主要起草单位：中国环境科学研究院、青岛科技大学、中国氯碱工业协会。

(按原标准编号节录)

3 术语和定义

下列术语与定义适用于本标准。

3.1 烧碱工业 caustic alkali industry

以氯化钠为原料采用离子交换膜等电解法生产液碱、固碱和氯氢处理的工业。

3.2 聚氯乙烯工业 polyvinyl chloride industry

采用乙炔法和乙烯氧氯化法生产聚氯乙烯的工业。本标准指采用乙炔法生产聚氯乙烯或乙烯氧氯化法生产工艺中以氯乙烯单体生产聚氯乙烯的工艺过程。

3.3 乙炔法 ethylene method

以乙炔、氯化氢为原料生产聚氯乙烯的生产工艺。本标准主要指电石乙炔法。

3.4 乙烯氧氯化法 ethylene oxychlorination process

以氯气、乙烯、氧气为原料生产聚氯乙烯的生产工艺。

3.5 特征生产工艺和装置 typical process and facility

生产烧碱、聚氯乙烯的工艺和装置以及与这些工艺相关的污染物治理工艺和装置。

3.6 现有企业 existing facility

本标准实施之日前已建成投产或环境影响评价文件已通过审批的烧碱、聚氯乙烯工业企业或生产设施。

3.7 新建企业 new facility

本标准实施之日起环境影响评价文件通过审批的新建、改建和扩建的烧碱、聚氯乙烯生产设施建设项目。

3.8 公共污水处理系统 public wastewater treatment system

通过纳污管道等方式收集废水,为两家以上排污单位提供废水处理服务并且排水能够达到相关排放标准要求的企业或机构,包括各种规模和类型的城镇污水处理厂、区域(包括各类工业园区、开发区、工业聚集地等)废水处理厂等,其废水处理程度应达到二级或二级以上。

3.9 直接排放 direct discharge

排污单位直接向环境水体排放水污染物的行为。

3.10 间接排放 indirect discharge

排污单位向公共污水处理系统排放水污染物的行为。

3.11 排水量 effluent volume

烧碱、聚氯乙烯生产设施或企业向企业法定边界以外排放的废水的量,包括与生产有直接或间接关系的各种外排废水(如厂区生活污水、冷却废水等)。

3.12 单位产品基准排水量 benchmark effluent volume per unit product

用于核定水污染物排放浓度而规定的生产单位产品废水排放量的上限值。

3.13 单位产品大气污染物排放量 air pollutant emission amount per unit product

生产单位聚氯乙烯产品的大气污染物排放量的上限值(kg/t)。

3.14 标准状态 standard condition

温度为273.15K、压力为101 325Pa时的状态。本标准规定的大气污染物排放浓度限值均以标准状态下的干气体为基准。

3.15 氧含量 O₂ content

燃料燃烧后,烟气中含有的多余的自由氧,通常以干基容积百分数来表示。

3.16 企业边界 enterprise boundary

烧碱、聚氯乙烯工业企业的法定边界。若无法定边界,则指实际边界。

3.17 二噁英类 dioxins

多氯代二苯并-对-二噁英(PCDDs)和多氯代二苯并呋喃(PCDFs)的统称。

3.18 毒性当量因子 toxic equivalency factor(TEF)

二噁英类同类物与2,3,7,8-四氯代二苯并-对-二噁英对Ah受体的亲和性能之比。

3.19 毒性当量 toxic equivalency quantity(TEQ)

各二噁英类同类物浓度折算为相当于2,3,7,8-四氯代二苯并-对-二噁英毒性的等价浓度,毒性当量浓度为实测浓度与该异构体的毒性当量因子的乘积。

4 污染物排放控制要求

4.1 水污染物排放控制要求

4.1.1 自2016年9月1日起,新建企业执行表1规定的水污染物排放限值。

4.1.2 2018年7月1日以前,现有企业应继续执行现行标准。自2018年7月1日起,现有企业执行表1规定的水污染物排放限值。

表1 水污染物排放限值

单位:mg/L(pH值除外)

序号	污染物项目	控制污染源	排放限值 直接排放	排放限值 间接排放	污染物排放监控位置
1	pH值	烧碱企业、聚氯乙烯企业	6~9	6~9	
2	化学需氧量(COD_{Cr})	烧碱企业、聚氯乙烯企业	60	250	
3	五日生化需氧量(BOD_5)	聚氯乙烯企业	20	60	
4	悬浮物	烧碱企业、聚氯乙烯企业	30	70	企业废水总排放口
5	石油类	烧碱企业、聚氯乙烯企业	3	10	
6	氨氮	烧碱企业、聚氯乙烯企业	15	40	
7	总氮	烧碱企业、聚氯乙烯企业	20	50	
8	总磷	烧碱企业、聚氯乙烯企业	1.0	5.0	
9	硫化物	乙炔法聚氯乙烯企业	0.5	0.5	
10	总钡	烧碱企业	5	5	

(续表)

序号	污染物项目	控制污染源	排放限值 直接排放	排放限值 间接排放	污染物排放监控位置
11	活性氯	烧碱企业	0.5		车间或生产装置排放口
12	氯乙烯	聚氯乙烯企业	0.5		
13	总汞	乙炔法聚氯乙烯企业	0.003		
14	总镍	烧碱企业	0.05		
单位产品基准排水量(m^3/t产品)		烧碱企业	1.0		排水量计量位置与污染物排放监控位置相同
		乙炔法聚氯乙烯企业	5.0		
		乙烯氧氯化法聚氯乙烯企业	2.0		

4.1.3 根据环境保护工作的要求,在国土开发密度已经较高、环境承载能力开始减弱,或水环境容量较小、生态环境脆弱,容易发生严重水环境污染问题而需要采取特别保护措施的地区,应严格控制企业的污染排放行为,在上述地区的企业执行表2规定的水污染物特别排放限值。

执行水污染物特别排放限值的地域范围、时间由国务院环境保护行政主管部门或省级人民政府规定。

表2 水污染物特别排放限值

单位:mg/L(pH值除外)

序号	污染物项目	控制污染源	排放限值 直接排放	排放限值 间接排放	污染物排放监控位置
1	pH值	烧碱企业、聚氯乙烯企业	6~9	6~9	企业废水总排放口
2	化学需氧量(COD_{Cr})	烧碱企业、聚氯乙烯企业	40	60	
3	五日生化需氧量(BOD_5)	聚氯乙烯企业	10	20	
4	悬浮物	烧碱企业、聚氯乙烯企业	20	30	
5	石油类	烧碱企业、聚氯乙烯企业	1	3	
6	氨氮	烧碱企业、聚氯乙烯企业	8	15	
7	总氮	烧碱企业、聚氯乙烯企业	10	20	
8	总磷	烧碱企业、聚氯乙烯企业	0.5	1.0	
9	硫化物	乙炔法聚氯乙烯企业	0.2	0.2	
10	总钡	烧碱企业	5	5	
11	活性氯	烧碱企业	0.5		车间或生产装置排放口
12	氯乙烯	聚氯乙烯企业	0.5		
13	总汞	乙炔法聚氯乙烯企业	0.003		
14	总镍	烧碱企业	0.05		

(续表)

序号	污染物项目	控制污染源	排放限值 直接排放	排放限值 间接排放	污染物排放监控位置
	单位产品基准排水量(m^3/t 产品)	烧碱企业	1.0		排水量计量位置与污染物排放监控位置相同
		乙炔法聚氯乙烯企业	5.0		
		乙烯氧氯化法聚氯乙烯企业	2.0		

4.1.4 地方省级人民政府环境保护行政主管部门应根据辖区烧碱和聚氯乙烯工业废水氯化物的实际排放情况和环境保护工作要求制订地方氯化物排放限值,对其加强排放管理。

4.1.5 水污染物排放浓度限值适用于单位产品实际排水量不高于单位产品基准排水量的情况。若单位产品实际排水量超过单位产品基准排水量,须按公式(1)将实测水污染物浓度换算为水污染物基准排水量排放浓度,并以水污染物基准排水量排放浓度作为判定排放是否达标的依据。产品产量和排水量统计周期为一个工作日。

在企业的生产设施同时生产两种以上产品、可适用不同排放控制要求或不同行业国家污染物排放标准,且生产设施产生的污水混合处理排放的情况下,应执行排放标准中规定的最严格的浓度限值,并按公式(1)换算为水污染物基准排水量排放浓度。

$$C_{基} = \frac{Q_{总}}{\sum Y_i Q_{i基}} \times C_{实} \tag{1}$$

式中:$C_{基}$——水污染物基准水量排放浓度,mg/L;

$Q_{总}$——实测排水总量,m^3;

Y_i——第 i 种产品产量,t;

$Q_{i基}$——第 i 种产品的单位产品基准排水量,m^3/t;

$C_{实}$——实测水污染物排放浓度,mg/L。

若 $Q_{总}$ 与 $\sum Y_i Q_{i基}$ 的比值小于1,则以水污染物实测浓度作为判定排放是否达标的依据。

4.2 大气污染物排放控制要求

4.2.1 自2016年9月1日起,新建企业执行表3规定的大气污染物排放浓度限值。

4.2.2 2018年7月1日以前,现有企业应继续执行现行标准。自2018年7月1日起,现有企业执行表3规定的大气污染物排放浓度限值。

表3 大气污染物排放浓度限值

单位:mg/m^3

序号	污染物项目	控制污染源 企业类型	控制污染源 污染源	排放限值	污染物排放监控位置
1	颗粒物	烧碱企业、聚氯乙烯企业	聚氯乙烯干燥	80	污染物净化设施排放口
			电石破碎	60	
			其他	30	

(续表)

序号	污染物项目	控制污染源		排放限值	污染物排放监控位置
		企业类型	污染源		
2	二氧化硫	烧碱企业、聚氯乙烯企业	固碱炉、焚烧炉	100	污染物净化设施排放口
3	氮氧化物	烧碱企业、聚氯乙烯企业	固碱炉、焚烧炉	200	
4	氯气	烧碱企业	电解、氯氢处理	5	
5	氯化氢	烧碱企业、聚氯乙烯企业	氯化氢合成、氯乙烯合成、焚烧炉	20	
6	汞及其化合物	乙炔法聚氯乙烯企业	氯乙烯合成、焚烧炉	0.010	
7	氯乙烯	聚氯乙烯企业	氯乙烯合成、聚氯乙烯制备和干燥	10	
8	二氯乙烷	聚氯乙烯企业	氯乙烯合成	5	
9	非甲烷总烃(以碳计)	聚氯乙烯企业	氯乙烯合成、聚氯乙烯制备和干燥	50	
10	二噁英类	聚氯乙烯企业	焚烧炉	0.1 ng TEQ/m^3	
11	单位产品非甲烷总烃排放量(kg/t)		聚氯乙烯企业	0.5	

4.2.3 根据环境保护工作的要求,在国土开发密度已经较高、环境承载力开始减弱,或大气环境容量较小、生态环境脆弱,容易发生严重大气环境污染问题而需要采取特别保护措施的地区,应严格控制企业的污染物排放行为,在上述地区的企业执行表4规定的大气污染物特别排放限值。

执行大气污染物特别排放限值的地域范围、时间由国务院环境保护主管部门或省级人民政府规定。

表4 大气污染物特别排放浓度限值

单位:mg/m^3

序号	污染物项目	控制污染源		排放限值	污染物排放监控位置
		企业类型	污染源		
1	颗粒物	烧碱企业、聚氯乙烯企业	聚氯乙烯干燥	60	污染物净化设施排放口
			电石破碎	50	
			其他	20	
2	二氧化硫	烧碱企业、聚氯乙烯企业	固碱炉、焚烧炉	50	
3	氮氧化物	烧碱企业、聚氯乙烯企业	固碱炉、焚烧炉	120	

(续表)

序号	污染物项目	控制污染源 企业类型	控制污染源 污染源	排放限值	污染物排放监控位置
4	氯气	烧碱企业	电解、氯氢处理	5	污染物净化设施排放口
5	氯化氢	烧碱企业、聚氯乙烯企业	氯化氢合成、氯乙烯合成、焚烧炉	20	
6	汞及其化合物	乙炔法聚氯乙烯企业	氯乙烯合成、焚烧炉	0.010	
7	氯乙烯	聚氯乙烯企业	氯乙烯合成、聚氯乙烯制备和干燥	10	
8	二氯乙烷	聚氯乙烯企业	氯乙烯合成	5	
9	非甲烷总烃(以碳计)	聚氯乙烯企业	氯乙烯合成、聚氯乙烯制备和干燥	20	
10	二噁英类	聚氯乙烯企业	焚烧炉	0.1 ng TEQ/m³	
11	单位产品非甲烷总烃排放量(kg/t)	聚氯乙烯企业		0.2	

4.2.4 非焚烧类废气排放口以实测浓度判定是否达标。燃烧和焚烧类废气排放口实测大气污染物排放浓度须按公式(2)折算为基准氧含量排放浓度,并与排放限值比较判定排放是否达标。固体燃料燃烧的基准氧含量为6%,液体和气体燃料燃烧的基准氧含量为3%。

$$\rho = \rho' \times \frac{21 - O_2}{21 - O'_2} \tag{2}$$

式中:ρ——大气污染物基准含氧量排放浓度,mg/m³;

ρ'——实测的大气污染物排放浓度,mg/m³;

O_2——基准干烟气氧含量,%;

O'_2——实测干烟气氧含量,%。

4.2.5 企业边界大气污染物任何1小时平均浓度执行表5规定的限值。

表5 企业边界大气污染物浓度限值

单位:mg/m³

序号	污染物项目	控制污染源	最高浓度限值	监控点
1	氯气	烧碱企业	0.1	企业边界
2	氯化氢	烧碱企业、聚氯乙烯企业	0.2	
3	汞及其化合物	乙炔法聚氯乙烯企业	0.0003	
4	氯乙烯	聚氯乙烯企业	0.15	
5	二氯乙烷	聚氯乙烯企业	0.15	

4.2.6 在现有企业生产、建设项目竣工环保验收后的生产过程中,负责监管的环境保护主管部门应对周围居住、教学、医疗等用途的敏感区域环境质量进行监控。建设项目的具体监控范围为环境影响评价确定的周围敏感区域,如有新增环境敏感点也应纳入监控范围;未进行过环境影响评价的现有企业,监控范围由负责监管的环境保护主管部门,根据企业排污的特点和规律及当地的自然、气象条件等因素,参照相关环境影响评价技术导则确定。地方政府应对本辖区环境质量负责,采取措施确保环境状况符合环境质量标准要求。

4.2.7 聚氯乙烯企业应采取措施对其生产设备与管线组件、挥发性有机液体的储运以及废水收集、处理和储存设施大气污染物无组织排放进行严格控制。

4.2.8 产生大气污染物的生产工艺和装置必须设立局部或整体气体收集系统和集中净化处理装置,达标排放。所有排气筒高度应按环境影响评价要求确定,至少不低于15m(排放含氯气的排气筒高度不得低于25m)。

5 污染物监测要求

5.1 污染物监测的一般要求

5.1.1 企业应按照有关法律和《环境监测管理办法》等规定,建立企业监测制度,制定监测方案,对污染物排放状况及其对周边环境质量的影响开展自行监测,保存原始监测记录,并公布监测结果。

5.1.2 新建企业和现有企业安装污染物排放自动监控设备的要求,按有关法律和《污染源自动监控管理办法》的规定执行。

5.1.3 企业应按照环境监测管理规定和技术规范的要求,设计、建设、维护永久性采样口、采样测试平台和排污口标志。

5.1.4 对企业排放的废水和废气的采样,应根据监测污染物的种类,在规定的污染物排放监控位置进行。

5.1.5 企业产品产量的核定,以法定报表为依据。

5.2 水污染物监测要求

5.2.1 采样点的设置与采样方法按 HJ/T 91、HJ 493、HJ 494、HJ 495 的规定执行。

5.2.2 企业排放水污染物浓度的测定采用表6所列的方法标准。

表6 水污染物浓度测定方法标准

序号	污染物项目	方法标准名称	方法标准编号
1	pH 值	水质 pH 值的测定 玻璃电极法	GB/T 6920
2	化学需氧量(COD_{Cr})	高氯废水 化学需氧量的测定 氯气校正法	HJ/T 70
3	五日生化需氧量(BOD_5)	水质 五日生化需氧量(BOD_5)的测定 稀释与接种法	HJ 505
4	悬浮物	水质 悬浮物的测定 重量法	GB/T 11901
5	石油类	水质 石油类和动植物油类的测定 红外分光光度法	HJ 637

(续表)

序号	污染物项目	方法标准名称	方法标准编号
6	氨氮	水质 氨氮的测定 气相分子吸收光谱法	HJ/T 195
		水质 氨氮的测定 纳氏试剂分光光度法	HJ 535
		水质 氨氮的测定 水杨酸分光光度法	HJ 536
		水质 氨氮的测定 蒸馏-中和滴定法	HJ 537
		水质 氨氮的测定 连续流动-水杨酸分光光度法	HJ 665
		水质 氨氮的测定 流动注射-水杨酸分光光度法	HJ 666
7	总氮	水质 总氮的测定 气相分子吸收光谱法	HJ/T 199
		水质 总氮的测定 碱性过硫酸钾消解紫外分光光度法	HJ 636
		水质 总氮的测定 连续流动-盐酸萘乙二胺分光光度法	HJ 667
		水质 总氮的测定 流动注射-盐酸萘乙二胺分光光度法	HJ 668
8	总磷	水质 总磷的测定 钼酸铵分光光度法	GB/T 11893
		水质 磷酸盐和总磷的测定 连续流动-钼酸铵分光光度法	HJ 670
		水质 总磷的测定 流动注射-钼酸铵分光光度法	HJ 671
9	硫化物	水质 硫化物的测定 亚甲基蓝分光光度法	GB/T 16489
		水质 硫化物的测定 碘量法	HJ/T 60
		水质 硫化物的测定 气相分子吸收光谱法	HJ/T 200
10	总钡	水质 钡的测定 石墨炉原子吸收分光光度法	HJ 602
		水质 钡的测定 火焰原子吸收分光光度法	HJ 603
		水质 65 种元素的测定 电感耦合等离子体质谱法	HJ 700
		水质 32 种元素的测定 电感耦合等离子体发射光谱法	HJ 776
11	活性氯	水质 游离氯和总氯的测定 N,N-二乙基-1,4-苯二胺滴定法	HJ 585
		水质 游离氯和总氯的测定 N,N-二乙基-1,4-苯二胺分光光度法	HJ 586
12	氯乙烯	水质 挥发性有机物的测定 吹扫捕集/气相色谱-质谱法	HJ 639
		水质 挥发性有机物的测定 顶空/气相色谱-质谱法	HJ 810
13	总汞	水质 总汞的测定 高锰酸钾-过硫酸钾消解法 双硫腙分光光度法	GB/T 7469
		水质 总汞的测定 冷原子吸收分光光度法	HJ 597
		水质 汞、砷、硒、铋和锑的测定 原子荧光法	HJ 694
14	总镍	水质 镍的测定 丁二酮肟分光光度法	GB/T 11910
		水质 镍的测定 火焰原子吸收分光光度法	GB/T 11912
		水质 65 种元素的测定 电感耦合等离子体质谱法	HJ 700
		水质 32 种元素的测定 电感耦合等离子体发射光谱法	HJ 776

5.3 大气污染物监测要求

5.3.1 排气筒中大气污染物的监测采样按 GB/T 16157、HJ/T 397、HJ/T 373、HJ 732 或 HJ/T 75、HJ/T 76 的规定执行。企业边界大气污染物的监测按 HJ/T 55 的规定执行。

5.3.2 二噁英污染物项目每年至少监测一次,采样方法按 HJ 77.2 的规定执行。

5.3.3 企业排放大气污染物浓度的测定采用表7所列的方法标准。

表7 大气污染物浓度测定方法标准

序号	污染物项目	方法标准名称	方法标准编号
1	颗粒物	固定污染源排气中颗粒物测定与气态污染物采样方法	GB/T 16157
2	二氧化硫	固定污染源排气中二氧化硫的测定 碘量法	HJ/T 56
		固定污染源排气中二氧化硫的测定 定电位电解法	HJ/T 57
		固定污染源废气 二氧化硫的测定 非分散红外吸收法	HJ 629
3	氮氧化物	固定污染源排气中氮氧化物的测定 紫外分光光度法	HJ/T 42
		固定污染源排气中氮氧化物的测定 盐酸萘乙二胺分光光度法	HJ/T 43
		固定污染源排气 氮氧化物的测定 酸碱滴定法	HJ 675
		固定污染源废气 氮氧化物的测定 非分散红外吸收法	HJ 692
		固定污染源废气 氮氧化物的测定 定电位电解法	HJ 693
4	氯气	固定污染源排气中氯气的测定 甲基橙分光光度法	HJ/T 30
		固定污染源废气 氯气的测定 碘量法(暂行)	HJ 547
5	氯化氢	固定污染源排气中氯化氢的测定 硫氰酸汞分光光度法	HJ/T 27
		固定污染源废气 氯化氢的测定 硝酸银容量法	HJ 548
		环境空气和废气 氯化氢的测定 离子色谱法	HJ 549
6	汞及其化合物	固定污染源废气 汞的测定 冷原子吸收分光光度法(暂行)	HJ 543
		环境空气 汞的测定 巯基棉富集-冷原子荧光分光光度法(暂行)	HJ 542
7	氯乙烯	固定污染源排气中氯乙烯的测定 气相色谱法	HJ/T 34
		环境空气 挥发性有机物的测定 罐采样/气相色谱-质谱法	HJ 759
8	二氯乙烷	环境空气 挥发性有机物的测定 吸附管采样-热脱附/气相色谱-质谱法	HJ 644
		环境空气 挥发性卤代烃的测定 活性炭吸附-二硫化碳解吸/气相色谱法	HJ 645
		环境空气 挥发性有机物的测定 罐采样/气相色谱-质谱法	HJ 759
9	非甲烷总烃（以碳计）	固定污染源排气中非甲烷总烃的测定 气相色谱法	HJ/T 38
10	二噁英类	环境空气和废气 二噁英类的测定 同位素稀释高分辨气相色谱-高分辨质谱法	HJ 77.2

6 标准实施与监督

6.1 本标准由县级以上人民政府环境保护行政主管部门负责监督实施。

6.2 在任何情况下,企业均应遵守本标准的污染物排放控制要求,采取必要措施保证污染防治设施正常运行。各级环保部门在对企业进行监督性检查时,可以现场即时采样或监测的结果作为判定排污行为是否符合排放标准以及实施相关环境保护管理措施的依据。在发现企业耗水或排水量、氧含量有异常变化的情况下,应核定企业的实际产品产量、排水量、氧含量,按本标准的规定,换算水污染物基准水量排放浓度、大气污染物基准氧含量排放浓度。

附录 A
（规范性附录）
PCDD/Fs 的毒性当量因子

表 A.1 PCDD/Fs 的毒性当量因子

PCDDs[1]	I-TEF	PCDFs[2]	I-TEF
2,3,7,8-TCDD	1	2,3,7,8-TCDF	0.1
1,2,3,7,8-PeCDD	0.5	1,2,3,7,8-PeCDF	0.05
1,2,3,4,7,8-HxCDD	0.1	2,3,4,7,8-PeCDF	0.5
1,2,3,6,7,8-HxCDD	0.1	1,2,3,4,7,8-HxCDF	0.1
1,2,3,7,8,9-HxCDD	0.1	1,2,3,6,7,8-HxCDF	0.1
1,2,3,4,6,7,8-HpCDD	0.01	1,2,3,7,8,9-HxCDF	0.1
OCDD	0.001	2,3,4,6,7,8-HxCDF	0.1
—	—	1,2,3,4,6,7,8-HpCDF	0.01
—	—	1,2,3,4,7,8,9-HpCDF	0.01
—	—	OCDF	0.001

注：(1) 多氯代二苯并-对-二噁英。
(2) 多氯代二苯并呋喃。

电镀污染物排放标准（节录）

GB 21900—2008

（2008 年 6 月 25 日发布　2008 年 8 月 1 日实施）

本标准由环境保护部科技标准司组织制定。

本标准主要起草单位：北京中兵北方环境科技发展有限责任公司、环境保护部环境标准研究所、中国兵器工业集团公司、石家庄市环境监测中心站、北京电镀协会、内蒙古北方重工业集团有限公司。

(按原标准编号节录)

3 术语和定义

下列术语和定义适用于本标准。

3.1 电镀

指利用电解方法在零件表面沉积均匀、致密、结合良好的金属或合金层的过程。包括镀前处理(去油、去锈)、镀上金属层和镀后处理(钝化、去氢)。

3.2 现有企业

指本标准实施之日前,已建成投产或环境影响评价文件已通过审批的电镀企业、电镀设施。

3.3 新建企业

指本标准实施之日起环境影响文件通过审批的新建、改建和扩建电镀设施建设项目。

3.4 镀锌

指将零件浸在镀锌溶液中作为阴极,以锌板作为阳极,接通直流电源后,在零件表面沉积金属锌镀层的过程。

3.5 镀铬

指将零件浸在镀铬溶液中作为阴极,以铅合金作为阳极,接通直流电源后,在零件表面沉积金属铬镀层的过程。

3.6 镀镍

指将零件浸在金属镍盐溶液中作为阴极,以金属镍板作为阳极,接通直流电源后,在零件表面沉积金属镍镀层的过程。

3.7 镀铜

指将零件浸在金属铜盐溶液中作为阴极,以点解铜作为阳极,接通直流电源后,在零件表面沉积金属铜镀层的过程。

3.8 阳极氧化

指将金属或合金的零件作为阳极,采用电解的方法使其表面形成氧化膜的过程。对钢铁零件表面进行阳极氧化处理的过程,称为发蓝。

3.9 单层镀

指通过一次电镀,在零件表面形成单金属镀层或合金镀层的过程。

3.10 多层镀

指进行二次以上的电镀,在零件表面形成复合镀层的过程。如钢铁零件镀防护-装饰性铬镀层,需先镀中间镀层(镀铜、镀镍、镀低锡青铜等)后再镀铬。

3.11 排水量

指生产设施或企业向企业法定边界以外排放的废水的量,包括与生产有直接或间接关系的各种外排废水(如厂区生活污水、冷却废水、厂区锅炉和电站排水等)。

3.12 单位产品基准排水量

指用于核定水污染物排放浓度而规定的生成单位面积镀件镀层的废水排放量上限值。

3.13 排气量
指企业生产设施通过排气筒向环境排放的工艺废气的量。

3.14 单位产品基准排气量
指用于核定废气污染物排放浓度而规定的生产单位面积镀件镀层的废气排放量的上限值。

3.15 标准状态
指温度为273.15K、压力为101 325Pa时的状态。本标准规定的大气污染物排放浓度限值均以标准状态下的干气体为基准。

4 污染物排放控制要求

4.1.2 现有企业自2010年7月1日起执行表2规定的水污染物排放限值。

4.1.3 新建企业自2008年8月1日起执行表2规定的水污染物排放限值。

表2 新建企业水污染物排放限值

序号	污染物项目	排放限值	污染物排放监控位置
1	总铬(mg/L)	1.0	车间或生产设施废水排放口
2	六价铬(mg/L)	0.2	
3	总镍(mg/L)	0.5	
4	总镉(mg/L)	0.05	
5	总银(mg/L)	0.3	
6	总铅(mg/L)	0.2	
7	总汞(mg/L)	0.01	
8	总铜(mg/L)	0.5	企业废水总排放口
9	总锌(mg/L)	1.5	
10	总铁(mg/L)	3.0	
11	总铝(mg/L)	3.0	
12	pH值	6～9	
13	悬浮物(mg/L)	50	
14	化学需氧量(COD_{Cr},mg/L)	80	
15	氨氮	15	
16	总氮(mg/L)	20	
17	总磷(mg/L)	1.0	
18	石油类(mg/L)	3.0	
19	氟化物(mg/L)	10	
20	总氰化物(以CN^-计,mg/L)	0.3	

(续表)

序号	污染物项目		排放限值	污染物排放监控位置
	单位产品基准排水量，L/m²（镀件镀层）	多层镀	500	排水量计量位置与污染物排放监控位置一致
		单层镀	200	

4.1.4 根据环境保护工作的要求，在国土开发密度较高、环境承载能力开始减弱，或水环境容量较小、生态环境脆弱，容易发生严重水环境污染问题而需要采取特别保护措施的地区，应严格控制设施的污染物排放行为，在上述地区的企业执行表3规定的水污染物特别排放限值。

执行水污染物特别排放限值的地域范围、时间，由国务院环境保护行政主管部门或省级人民政府规定。

表3 水污染物特别排放限值

序号	污染物项目		排放限值	污染物排放监控位置
1	总铬（mg/L）		0.5	车间或生产设施废水排放口
2	六价铬（mg/L）		0.1	
3	总镍（mg/L）		0.1	
4	总镉（mg/L）		0.01	
5	总银（mg/L）		0.1	
6	总铅（mg/L）		0.1	
7	总汞（mg/L）		0.005	
8	总铜（mg/L）		0.3	企业废水总排放口
9	总锌（mg/L）		1.0	
10	总铁（mg/L）		2.0	
11	总铝（mg/L）		2.0	
12	pH值		6～9	
13	悬浮物（mg/L）		30	
14	化学需氧量（COD_{Cr}，mg/L）		50	
15	氨氮（mg/L）		8	
16	总氮（mg/L）		15	
17	总磷（mg/L）		0.5	
18	石油类（mg/L）		2.0	
19	氟化物（mg/L）		10	
20	总氰化物（以CN^-计，mg/L）		0.2	
	单位产品基准排水量，L/m²（镀件镀层）	多层镀	250	排水量计量位置与污染物排放监控位置一致
		单层镀	100	

4.1.5 对于排放含有放射性物质的污水,除执行本标准外,还应符合 GB 18871 的规定。
4.2 大气污染排放控制要求
4.2.2 现有企业自 2010 年 7 月 1 日起执行表 5 规定的大气污染物排放限值。
4.2.3 新建企业自 2008 年 8 月 1 日起执行表 5 规定的大气污染物排放限值。

表 5 新建企业大气污染物排放限值

序号	污染物项目	排放限值(mg/m^3)	污染物排放监控位置
1	氯化氢	30	车间或生产设施排气筒
2	铬酸雾	0.05	
3	硫酸雾	30	
4	氮氧化物	200	
5	氰化氢	0.5	
6	氟化物	7	

4.2.4 现有和新建企业单位产品基准排气量按表 6 的规定执行。

表 6 单位产品基准排气量

序号	工艺种类	基准排气量,m^3/m^2(镀件镀层)	排气量计量位置
1	镀锌	18.6	车间或生产设施排气筒
2	镀铬	74.4	
3	其他镀种(镀铜、镍等)	37.3	
4	阳极氧化	18.6	
5	发蓝	55.8	

4.2.5 产生空气污染物的生产工艺装置必须设立局部气体收集系统和集中净化处理装置,净化后的气体由排气筒排放。排气筒高度不低于 15m,排放含氰化氢气体的排气筒高度不低于 25m。排气筒高度应高出周围 200m 半径范围的建筑 5m 以上;不能达到该要求高度的排气筒,应按排放浓度限值的 50% 执行。

4.2.6 大气污染物排放浓度限值适用于单位产品实际排气量不高于单位产品基准排气量的情况。若单位产品实际排气量超过单位产品基准排气量,须将实测大气污染物浓度换算为大气污染物基准气量排放浓度,并以大气污染物基准气量排放浓度作为判定排放是否达标的依据。大气污染物基准气量排放浓度的换算,可参照采用水污染物基准水量排放浓度的计算公式。

产品产量和排气量统计周期为一个工作日。

5 污染物监测要求

5.1 污染物监测的一般要求

5.1.1 对企业排放废水和废气的采样,应根据监测污染物的种类,在规定的污染物排放监控位置进行,有废水、废气处理设施的,应在该设施后监控。在污染物排放监控位置须设置永久性排污口标志。

5.1.2 新建设施应按照《污染源自动监控管理办法》的规定,安装污染物排放自动监控设备,并与环保部门的监控中心联网,并保证设备正常运行。各地现有企业安装污染物排放自动监控设备的要求由省级环境保护行政主管部门规定。

5.1.3 对企业污染物排放情况进行监测的频次、采样时间等要求,按国家有关污染源监测技术规范的规定执行。

5.1.4 镀件镀层面积的核定,以法定报表为依据。

5.1.5 企业应按照有关法律和《环境监测管理办法》的规定,对排污状况进行监测,并保存原始监测记录。

5.2 水污染物监测要求

5.2.1 对企业排放水污染物浓度的测定采用表7所列的方法标准。

表7 水污染物浓度测定方法标准

序号	污染物项目	方法标准名称	方法标准编号
1	总铬	水质 总铬的测定 高锰酸钾氧化-二苯碳酰二肼分光光度法	GB/T 7466—1987
2	六价铬	水质 六价铬的测定 二苯碳酰二肼分光光度法	GB/T 7467—1987
3	总镍	水质 镍的测定 丁二酮肟分光光度法	GB/T 11910—1989
		水质 镍的测定 火焰原子吸收分光光度法	GB/T 11912—1989
4	总镉	水质 镉的测定 双硫腙分光光度法	GB/T 7471—1987
		水质 铜、锌、铅、镉的测定 原子吸收分光光度法	GB/T 7475—1987
5	总银	水质 银的测定 火焰原子吸收分光光度法	GB/T 11907—1989
		水质 银的测定 镉试剂2B分光光度法	GB/T 11908—1989
6	总铅	水质 铅的测定 双硫腙分光光度法	GB/T 7470—1987
		水质 铜、锌、铅、镉的测定 原子吸收分光光度法	GB/T 7475—1987
7	总汞	水质 汞的测定 冷原子吸收分光光度法	GB/T 7468—1987
		水质 汞的测定 双硫腙分光光度法	GB/T 7469—1987
8	总铜	水质 铜的测定 2,9-二甲基-1,10菲罗啉分光光度法	GB/T 7473—1987
		水质 铜的测定 二乙基二硫氨基甲酸钠分光光度法	GB/T 7474—1987
		水质 铜、锌、铅、镉的测定 原子吸收分光光度法	GB/T 7475—1987
9	总锌	水质 锌的测定 双硫腙分光光度法	GB/T 7472—1987
		水质 铜、锌、铅、镉的测定 原子吸收分光光度法	GB/T 7475—1987
10	总铁	水质 铁的测定 火焰原子吸收分光光度法	GB/T 11911—1989
		水质 总铁的测定 邻菲啰啉分光光度法(试行)	HJ/T 345—2007
11	总铝	水质 铝的测定 间接火焰原子吸收法	见附录A
		水质 铝的测定 电感耦合等离子发射光谱法	见附录B

(续表)

序号	污染物项目	方法标准名称	方法标准编号
12	pH值	水质 pH值的测定 玻璃电极法	GB/T 6920—1986
13	悬浮物	水质 悬浮物的测定 重量法	GB/T 11901—1989
14	化学需氧量	水质 化学需氧量的测定 重铬酸钾法	GB/T 11914—1989
15	氨氮	水质 氨氮的测定 蒸馏和滴定法	GB/T 7478—1987
		水质 铵的测定 纳氏试剂比色法	GB/T 7479—1987
		水质 铵的测定 水杨酸分光光度法	GB/T 7481—1987
		水质 氨氮的测定 气相分子吸收光谱法	HJ/T 195—2005
16	总氮	水质 总氮的测定 碱性过硫酸钾消解分光光度法	GB/T 11894—1989
		水质 总氮的测定 气相分子吸收光谱法	HJ/T 199—2005
17	总磷	水质 总磷的测定 钼酸铵分光光度法	GB/T 11894—1989
18	石油类	水质 石油类的测定 红外光度法	GB/T 16488—1996
19	氟化物	水质 氟化物的测定 氟试剂分光光度法	GB/T 7483—1987
		水质 氟化物的测定 离子选择电极法	GB/T 7484—1987
		水质 氟化物的测定 离子色谱法	HJ/T 84—2001
20	总氰化物	水质 氰化物的测定 硝酸银滴定法	GB/T 7486—1987
		水质 氰化物的测定 异烟酸-吡唑啉酮比色法	GB/T 7487—1987

说明：测定暂无适用方法标准的污染物项目，使用附录所列方法，待国家发布相应的方法标准并实施后，停止使用。

5.3 大气污染物监测要求

5.3.1 采样点的设置与采样方法按 GB/T 16157 执行。

5.3.2 对企业排放大气污染物浓度的测定采用表8所列的方法标准。

表8 大气污染物浓度测定方法标准

序号	污染物项目	方法标准名称	方法标准编号
1	氯化氢	固定污染源排气中氯化氢的测定 硫氰酸汞分光光度法	HJ/T 27—1999
2	铬酸雾	固定污染源排气中铬酸雾的测定 二苯基碳酰二肼分光光度法	HJ/T 29—1999
3	硫酸雾	废气中硫酸雾的测定 铬酸钡分光光度法	见附录C
		废气中硫酸雾的测定 离子色谱法	见附录D
4	氮氧化物	固定污染源排气中氮氧化物的测定 盐酸萘乙二胺分光光度法	HJ/T 43—1999
		固定污染源排气中氮氧化物的测定 紫外分光光度法	HJ/T 42—1999

(续表)

序号	污染物项目	方法标准名称	方法标准编号
5	氰化氢	固定污染源排气中氰化氢的测定　异烟酸-吡唑啉酮分光光度法	HJ/T 28—1999
6	氟化物	固定污染源排气　氟化物的测定　离子选择电极法	HJ/T 67—2001

说明:测定暂无适用方法标准的污染物项目,使用附录所列方法,待国家发布相应的方法标准并实施后,停止使用。

6　标准实施与监督

6.1　本标准由县级以上人民政府环境保护行政主管部门负责监督实施。

6.2　在任何情况下,企业均应遵守本标准的污染物排放控制要求,采取必要措施保证污染防治设施正常运行。各级环保部门在对设施进行监督性检查时,可以现场即时采样或监测的结果,作为判定排污行为是否符合排放标准以及实施相关环境保护管理措施的依据。在发现设施耗水或排水量、排气量有异常变化的情况下,应核定设施的实际产品产量、排水量和排气量,按本标准的规定,换算水污染物基准水量排放浓度和大气污染物基准气量排放浓度。

附录A(规范性附录)　水质　铝的测定　间接火焰原子吸收法(略)
附录B(规范性附录)　水质　铝的测定　电感耦合等离子发射光谱法(ICP-AES)(略)
附录C(规范性附录)　废气中硫酸雾的测定　铬酸钡分光光度法(略)
附录D(规范性附录)　废气中硫酸雾的测定　离子色谱法(略)

炼焦化学工业污染物排放标准(节录)

GB 16171—2012

(2012年6月27日发布　2012年10月1日实施)

本标准由环境保护部科技标准司组织制定。

本标准主要起草单位:山西省环境保护厅、山西省环境科学研究院、山西省环境监测中心站和山西省环境监控中心。

(按原标准编号节录)

3　术语和定义

下列术语和定义适用于本标准。

3.1 炼焦化学工业 coke chemical industry

炼焦煤按生产工艺和产品要求配比后,装入隔绝空气的密闭炼焦炉内,经高、中、低温干馏转化为焦炭、焦炉煤气和化学产品的工艺过程。炼焦炉型包括:常规机焦炉、热回收焦炉、半焦(兰炭)炭化炉三种。

3.2 常规机焦炉 machine-coke oven

炭化室、燃烧室分设,炼焦煤隔绝空气间接加热干馏成焦炭,并设有煤气净化、化学产品回收利用的生产装置。装煤方式分顶装和捣固侧装。本标准简称"机焦炉"。

3.3 热回收焦炉 thermal-recovery stamping mechanical coke oven

集焦炉炭化室微负压操作、机械化捣固、装煤、出焦、回收利用炼焦燃烧废气余热于一体的焦炭生产装置,其炉室分为卧式炉和立式炉,以生产铸造焦为主。

3.4 半焦(兰炭)炭化炉 semi-coke oven

以不粘煤、弱粘煤、长焰煤等为原料,在炭化温度750℃以下进行中低温干馏,以生产半焦(兰炭)为主的生产装置。加热方式分内热式和外热式。本标准简称为"半焦炉"。

3.5 标准状态 standard condition

温度为273 K,压力为101 325 Pa时的状态,简称"标态"。本标准规定的大气污染物排放浓度均以标准状态下的干气体为基准。

3.6 现有企业 existing facility

本标准实施之日前,已建成投产或环境影响评价文件已通过审批的炼焦化学工业企业及生产设施。

3.7 新建企业 new facility

本标准实施之日起,环境影响评价文件通过审批的新建、改建和扩建的炼焦化学工业建设项目。

3.8 排水量 effluent volume

生产设施或企业向企业法定边界以外排放的废水的量,包括与生产有直接或间接关系的各种外排废水(如厂区生活污水、冷却废水、厂区锅炉和电站排水等)。

3.9 单位产品基准排水量 benchmark effluent volume per unit product

用于核定水污染物排放浓度而规定的生产单位产品的废水排放量上限值。

3.10 排气筒高度 stack height

自排气筒(或其主体建筑构造)所在的地平面至排气出口计的高度。

3.11 企业边界 enterprise boundary

炼焦化学工业企业的法定边界。若无法定边界,则指企业的实际边界。

3.12 公共污水处理系统 public wastewater treatment system

通过纳污管道等方式收集废水,为两家以上排污单位提供废水处理服务并且排水能够达到相关排放标准要求的企业或机构,包括各种规模和类型的城镇污水处理厂、区域(包括各类工业园区、开发区、工业聚集地等)废水处理厂等,其废水处理程度应达到二级或二级以上。

3.13 直接排放 direct discharge

排污单位直接向环境排放水污染物的行为。

3.14 间接排放 indirect discharge

排污单位向公共污水处理系统排放水污染物的行为。

3.15 多环芳烃(PAHs) polycyclic aromatic hydrocarbons

含有一个苯环以上的芳香化合物。本标准多环芳烃是指特定的苯并[a]芘、荧蒽、苯并[b]荧蒽、苯并[k]荧蒽、茚并[1,2,3-c,d]芘、苯并[g,h,i]芘六种污染物。

4 污染物排放控制要求

4.1 水污染物排放控制要求

表1 现有企业水污染物排放浓度限值及单位产品基准排水量

单位:mg/L(pH值除外)

序号	污染物项目	排放限值 直接排放	排放限值 间接排放	污染物排放监控位置
1	pH值	6~9	6~9	独立焦化企业废水总排放口或钢铁联合企业焦化分厂废水排放口
2	悬浮物	70	70	
3	化学需氧量(COD_{Cr})	100	150	
4	氨氮	15	25	
5	五日生化需氧量(BOD_5)	25	30	
6	总氮	30	50	
7	总磷	1.5	3.0	
8	石油类	5.0	5.0	
9	挥发酚	0.50	0.50	
10	硫化物	1.0	1.0	
11	苯	0.10	0.10	
12	氰化物	0.20	0.20	
13	多环芳烃(PAHs)	0.05	0.05	车间或生产设施废水排放口
14	苯并[a]芘	0.03μg/L	0.03μg/L	
单位焦产品基准排水量/(m³/t焦)		1.0		排水量计量位置与污染物排放监控位置相同

4.1.2 自2015年1月1日起,现有企业执行表2规定的水污染物排放限值。

4.1.3 自2012年10月1日起,新建企业执行表2规定的水污染物排放限值。

表2 新建企业水污染物排放浓度限值及单位产品基准排水量

单位:mg/L(pH 值及注明的除外)

序号	污染物项目	排放限值 直接排放	排放限值 间接排放	污染物排放监控位置
1	pH 值	6～9	6～9	独立焦化企业废水总排放口或钢铁联合企业焦化分厂废水排放口
2	悬浮物	50	70	
3	化学需氧量(COD_{Cr})	80	150	
4	氨氮	10	25	
5	五日生化需氧量(BOD_5)	20	30	
6	总氮	20	50	
7	总磷	1.0	3.0	
8	石油类	2.5	2.5	
9	挥发酚	0.30	0.30	
10	硫化物	0.50	0.50	
11	苯	0.10	0.10	
12	氰化物	0.20	0.20	
13	多环芳烃(PAHs)	0.05	0.05	车间或生产设施废水排放口
14	苯并[a]芘	0.03μg/L	0.03μg/L	
单位焦产品基准排水量(m^3/t 焦)		0.40		排水量计量位置与污染物排放监控位置相同

4.1.4 根据环境保护工作的要求,在国土开发密度较高、环境承载能力开始减弱,或水环境容量较小、生态环境脆弱,容易发生严重水环境污染问题而需要采取特别保护措施的地区,应严格控制企业的污染物排放行为,在上述地区的企业执行表3规定的水污染物特别排放限值。

执行水污染物特别排放限值的地域范围、时间,由国务院环境保护行政主管部门或省级人民政府规定。

表3 水污染物特别排放限值

单位:mg/L(pH 值及注明的除外)

序号	污染物项目	排放限值 直接排放	排放限值 间接排放	污染物排放监控位置
1	pH 值	6～9	6～9	独立焦化企业废水总排放口或钢铁联合企业焦化分厂废水排放口
2	悬浮物(SS)	25	50	
3	化学需氧量(COD_{Cr})	40	80	

（续表）

序号	污染物项目	限值		污染物排放监控位置
		直接排放	间接排放	
4	氨氮	5.0	10	独立焦化企业废水总排放口或钢铁联合企业焦化分厂废水排放口
5	五日生化需氧量（BOD_5）	10	20	
6	总氮	10	25	
7	总磷	0.5	1.0	
8	石油类	1.0	1.0	
9	挥发酚	0.10	0.10	
10	硫化物	0.20	0.20	
11	苯	0.10	0.10	
12	氰化物	0.20	0.20	
13	多环芳烃（PAHs）	0.05	0.05	车间或生产设施废水排放口
14	苯并[a]芘	0.03μg/L	0.03μg/L	
单位焦产品基准排水量（m^3/t 焦）		0.30		排水量计量位置与污染物排放监控位置相同

4.1.5 焦化生产废水经处理后用于洗煤、熄焦和高炉冲渣等的水质，其 pH、SS、COD_{Cr}、氨氮、挥发酚及氰化物应满足表1中相应的间接排放限值要求。

4.2 大气污染物排放控制要求

4.2.2 自 2015 年 1 月 1 日起，现有企业执行表 5 规定的大气污染物排放限值。

4.2.3 自 2012 年 10 月 1 日起，新建企业执行表 5 规定的大气污染物排放限值。

表 5 新建企业大气污染物排放浓度限值

单位：mg/m^3

序号	污染物排放环节	颗粒物	二氧化硫	苯并[a]芘	氰化氢	苯[3]	酚类	非甲烷总烃	氮氧化物	氨	硫化氢	监控位置
1	精煤破碎、焦炭破碎、筛分及转运	30	—	—	—	—	—	—	—	—	—	车间或生产设施排气筒
2	装煤	50	100	0.3μg/m^3	—	—	—	—	—	—	—	
3	推焦	50	50	—	—	—	—	—	—	—	—	
4	焦炉烟囱	30	50[1] 100[2]	—	—	—	—	—	500[1] 200[2]	—	—	
5	干法熄焦	50	100	—	—	—	—	—	—	—	—	

(续表)

序号	污染物排放环节	颗粒物	二氧化硫	苯并[a]芘	氰化氢	苯[3)]	酚类	非甲烷总烃	氮氧化物	氨	硫化氢	监控位置
6	粗苯管式炉、半焦烘干和氨分解炉等燃用焦炉煤气的设施	30	50	—	—	—	—	—	200	—	—	车间或生产设施排气筒
7	冷鼓、库区焦油各类贮槽	—	—	0.3μg/m³	1.0	—	80	80	—	30	3.0	
8	苯贮槽	—	—	—	—	6	—	80	—	—	—	
9	脱硫再生塔	—	—	—	—	—	—	—	—	30	3.0	
10	硫铵结晶干燥	80	—	—	—	—	—	—	—	30	—	

注：1）机焦、半焦炉。
2）热回收焦炉。
3）待国家污染物监测方法标准发布后实施。

4.2.4 根据国家环境保护工作的要求，在国土开发密度较高、环境承载能力开始减弱，或大气环境容量较小、生态环境脆弱，容易发生严重大气环境污染问题而需要采取特别保护措施的地区，应严格控制企业的污染物排放行为，在上述地区的企业执行表6规定的大气污染物特别排放限值。

执行大气污染物特别排放限值的地域范围、时间，由国务院环境保护行政主管部门或省级人民政府规定。

表6 大气污染物特别排放限值

单位：mg/m³

序号	污染物排放环节	颗粒物	二氧化硫	苯并[a]芘	氰化氢	苯[1)]	酚类	非甲烷总烃	氮氧化物	氨	硫化氢	监控位置
1	精煤破碎、焦炭破碎、筛分及转运	15	—	—	—	—	—	—	—	—	—	车间或生产设施排气筒
2	装煤	30	70	0.3μg/m³	—	—	—	—	—	—	—	
3	推焦	30	30	—	—	—	—	—	—	—	—	
4	焦炉烟囱	15	30	—	—	—	—	—	150	—	—	
5	干法熄焦	30	80	—	—	—	—	—	—	—	—	
6	粗苯管式炉、半焦烘干和氨分解炉等燃用焦炉煤气的设施	15	30	—	—	—	—	—	150	—	—	
7	冷鼓、库区焦油各类贮槽	—	—	0.3μg/m³	1.0	—	50	50	—	10	1	
8	苯贮槽	—	—	—	—	6	—	50	—	—	—	
9	脱硫再生塔	—	—	—	—	—	—	—	—	10	1	
10	硫铵结晶干燥	50	—	—	—	—	—	—	—	10	—	

注：1）待国家污染物监测方法标准发布后实施。

4.2.5 企业边界任何1h平均浓度执行表7规定的浓度限值

表7 现有和新建炼焦炉炉顶及企业边界大气污染物浓度限值

单位:mg/m³

污染物项目	颗粒物	二氧化硫	苯并[a]芘	氰化氢	苯	酚类	硫化氢	氨	苯可溶物	氮氧化物	监控位置
浓度限值	2.5	—	2.5μg/m³	—	—	—	0.1	2.0	0.6	—	焦炉炉顶
	1.0	0.50	0.01μg/m³	0.024	0.4	0.02	0.01	0.2	—	0.25	厂界

4.2.6 在现有企业生产、建设项目竣工环保验收后的生产过程中,负责监管的环境保护主管部门应对周围居住、教学、医疗等用途的敏感区域环境质量进行监测。建设项目的具体监控范围为环境影响评价确定的周围敏感区域;未进行过环境影响评价的现有企业,监控范围由负责监管的环境保护主管部门,根据企业排污的特点和规律及当地的自然、气象条件等因素,参照相关环境影响评价技术导则确定。地方政府应对本辖区环境质量负责,采取措施确保环境状况符合环境质量标准要求。

4.2.7 产生大气污染物的生产工艺和装置必须设立局部或整体气体收集系统和净化处理装置,达标排放。所有排气筒高度应不低于15m(排放含氰化氢废气的排气筒高度不得低于25m。)。排气筒周围半径200m范围内有建筑物时,排气筒高度还应高出最高建筑物3m以上。现有和新建焦化企业须安装荒煤气自动点火放散装置。

4.2.8 在国家未规定生产设施单位产品基准排气量之前,以实测浓度作为判定大气污染物排放是否达标的依据。

5 污染物监测要求

5.1 污染物监测的一般要求

5.1.1 对企业排放废水和废气的采样,应根据监测污染物的种类,在规定的污染物排放监控位置进行,有废水和废气处理设施的,应在处理设施后监控。企业应按国家有关污染源监测技术规范的要求设置采样口,在污染物排放监控位置须设置永久性排污口标志。

5.1.2 新建企业和现有企业安装污染物排放自动监控设备的要求,按有关法律和《污染源自动监控管理办法》的规定执行。

5.1.3 对企业污染物排放情况进行监测的频次、采样时间等要求,按国家有关污染源监测技术规范的规定执行。

5.1.4 企业产品产量的核定,以法定报表为依据。

5.1.5 企业须按照有关法律和《环境监测管理办法》的规定,对排污状况进行监测,并保存原始监测记录。

5.2 水污染物监测要求

5.2.1 对企业排放水污染物浓度的测定采用表8所列的方法标准。

5.2.2 用于洗煤、熄焦和高炉冲渣等回用水质监测的取样位置,分别设在洗煤、熄焦和高炉冲渣的回用水池中。

表8　水污染物浓度测定方法标准

序号	污染物项目	方法标准名称	方法标准编号
1	pH值	水质　pH值的测定　玻璃电极法	GB 6920—1986
2	悬浮物	水质　悬浮物的测定　重量法	GB 11901—1989
3	化学需氧量（COD_{Cr}）	水质　化学需氧量的测定　重铬酸盐法	GB 11914—1989
		水质　化学需氧量的测定　快速消解分光光度法	HJ/T 399—2007
4	氨氮	水质　氨氮的测定　纳氏试剂分光光度法	HJ 535—2009
		水质　氨氮的测定　水杨酸分光光度法	HJ 536—2009
		水质　氨氮的测定　蒸馏-中和滴定法	HJ 537—2009
		水质　氨氮的测定　气相分子吸收光谱法	HJ/T 195—2005
5	五日生化需氧量（BOD_5）	水质　五日生化需氧量（BOD_5）的测定　稀释与接种法	HJ 505—2009
6	总氮	水质　总氮的测定　碱性过硫酸钾消解紫外分光光度法	HJ 636—2012
		水质　总氮的测定　气相分子吸收光谱法	HJ/T 199—2005
7	总磷	水质　总磷的测定　钼酸铵分光光度法	GB 11893—1989
8	氰化物	水质　氰化物的测定　容量法和分光光度法	HJ 484—2009
9	石油类	水质　石油类和动植物油的测定　红外光度法	GB/T 16488—1996
10	挥发酚	水质　挥发酚的测定　4-氨基安替比林分光光度法	HJ 503—2009
		水质　挥发酚的测定　溴化容量法	HJ 502—2009
11	硫化物	水质　硫化物的测定　亚甲基蓝分光光度法	GB/T 16489—1996
		水质　硫化物的测定　碘量法	HJ/T 60—2000
		水质　硫化物的测定　气相分子吸收光谱法	HJ/T 200—2005
12	苯	水质　苯系物的测定　气相色谱法	GB 11890—1989
13	多环芳烃	水质　多环芳烃的测定　液液萃取和固相萃取高效液相色谱法	HJ 478—2009
14	苯并[a]芘	水质　多环芳烃的测定　液液萃取和固相萃取高效液相色谱法	HJ 478—2009

5.3　大气污染物监测要求

5.3.1　采样点的设置与采样方法按 GB/T 16157 执行。

5.3.2　在有敏感建筑物方位、必要的情况下进行监控,具体要求按 HJ/T 55—2000 进行监测。

5.3.3　常规机焦炉和热回收焦炉炉顶无组织排放的采样点设在炉顶装煤塔与焦炉炉端机侧和焦侧两侧的1/3处、2/3处各设一个测点;半焦炭化炉在单炉炉顶设置一个测点。应在正常工况下采样,颗粒物、苯并[a]芘和苯可溶物监测频次为每天采样3次,每次连续采样4h;H_2S、

NH₃监测频次为每天采样3次,每次连续采样30min。机焦炉和热回收焦炉的炉顶监测结果以所测点位中最高值计。

5.3.4 对企业排放大气污染物浓度的测定采用表9所列的方法标准。

表9 大气污染物浓度测定方法标准

序号	项目	分析方法	方法标准编号
1	颗粒物	固定污染源排气中颗粒物测定与气态污染物采样方法	GB/T 16157—1996
		环境空气 总悬浮颗粒物的测定 重量法	GB/T 15432—1995
2	二氧化硫	固定污染源排气中二氧化硫的测定 定电位电解法	HJ/T 57—2000
		固定污染源排气中二氧化硫的测定 碘量法	HJ/T 56—2000
		环境空气 二氧化硫的测定 甲醛吸收-副玫瑰苯胺分光光度法	HJ 482—2009
		环境空气 二氧化硫的测定 四氯汞盐吸收-副玫瑰苯胺分光光度法	HJ 483—2009
3	苯并[a]芘	环境空气 苯并[a]芘的测定 高效液相色谱法	GB/T 15439—1995
		固定污染源排气中苯并[a]芘的测定 高效液相色谱法	HJ/T 40—1999
4	氰化氢	固定污染源排气中氰化氢的测定 异烟酸-吡唑啉酮光度法	HJ/T 28—1999
5	苯	环境空气 苯系物的测定 活性炭吸附/二硫化碳解吸-气相色谱法	HJ 584—2010
		环境空气 苯系物的测定 固体吸附/热脱附-气相色谱法	HJ 583—2010
6	酚类化合物	固定污染源排气中酚类化合物的测定 4-氨基安替比林分光光度法	HJ/T 32—1999
7	非甲烷总烃	固定污染源排气中非甲烷总烃的测定 气相色谱法	HJ/T 38—1999
8	氮氧化物	固定污染源排气中氮氧化物的测定 紫外分光光度法	HJ/T 42—1999
		固定污染源排气中氮氧化物的测定 盐酸萘乙二胺分光光度法	HJ/T 43—1999
		环境空气 氮氧化物(一氧化氮和二氧化氮)的测定 盐酸萘乙二胺分光光度法	HJ 479—2009
9	氨	空气质量 氨的测定 离子选择电极法	GB/T 14669—1993
		空气和废气 氨的测定 纳氏试剂分光光度法	HJ 533—2009
		环境空气 氨的测定 次氯酸钠-水杨酸分光光度法	HJ 534—2009
10	硫化氢	空气质量 硫化氢 甲硫醇 甲硫醚 二甲二硫的测定 气相色谱法	GB/T 14678—1993

6 实施监督

6.1 本标准由县级以上人民政府环境保护行政主管部门负责监督实施。

6.2 在任何情况下,企业均应遵守本标准的污染物排放控制要求,采取必要措施保证污染防治设施正常运行。各级环保部门在对设施进行监督性检查时,可以现场即时采样或监测的结果,作为判定排污行为是否符合排放标准以及实施相关环境保护管理措施的依据。在发现设施耗水或排水量有异常变化的情况下,应核定企业的实际产品产量、排水量,按本标准的规定,换算水污染物基准排水量排放浓度。

合成革与人造革工业污染物排放标准(节录)

GB 21902—2008

(2008年6月25日发布　2008年8月1日实施)

本标准由环境保护部科技标准司组织制定。

本标准主要起草单位:温州市环境监测中心站、温州市环境保护设计科学研究院、温州人造革有限公司、环境保护部环境标准研究所。

(按原标准编号节录)

3 术语和定义

下列术语和定义适用于本标准。

3.1 合成革

指以人工合成方式在以织布、无纺布(不织布)、皮革等材料的基布上形成聚氨酯树脂的膜层或类似皮革的结构,外观像天然皮革的一种材料。

3.2 人造革

指以人工合成方式在以织布、无纺布(不织布)等材料的基布(也包括没有基布)上形成聚氯乙烯等树脂的膜层或类似皮革的结构,外观像天然皮革的一种材料。

3.3 特征生产工艺和装置

指为生产聚氯乙烯合成革、聚氨酯合成革而进行的干法工艺、湿法工艺、后处理加工(表面涂饰、印刷、压花、磨皮、干揉、湿揉、植绒等)、二甲基甲酰胺精馏以及超细纤维合成革生产工艺及与这些工艺相关的烟气处理、综合利用、污染治理等装置,也包括生产其他合成革的上述类似生产工艺及与这些工艺相关的装置,不包括企业中纺织及其染色工艺及与这些工艺相关的装置。

3.4 干法工艺
指利用加热使(附着于基布上的)树脂熟成固化的生产工艺。

3.5 湿法工艺
指利用凝结、水洗使附着于基布上的树脂凝结固化的生产工艺。

3.6 现有企业
指本标准实施之日前已建成投产或环境影响评价文件已通过审批的合成革与人造革企业或生产设施。

3.7 新建企业
指本标准实施之日起环境影响评价文件通过审批的新建、改建和扩建合成革与人造革工业建设项目。

3.8 排水量
指生产设施或企业向企业法定边界以外排放的废水的量。包括与生产有直接或间接关系的各种外排废水(包括厂区生活污水、冷却废水、厂区锅炉和电站排水等)。

3.9 单位产品基准排水量
指用于核定水污染物排放浓度而规定的生产单位合成革、人造革产品的废水排放量上限值。

3.10 挥发性有机物
指常压下沸点低于250℃,或者能够以气态分子的形态排放到空气中的所有有机化合物(不包括甲烷),简写作 VOCs。

3.11 (废气)收集装置
收集生产过程中产生的废气以及引导废气到排气筒或者治理装置,以防止废气无组织排放的机械排风系统。收集装置按排风罩的类别分为包围型和敞开型。采用密闭罩、半密闭罩的为包围型,采用除密闭罩、半密闭罩外的伞形罩、环形罩、侧吸罩等排风罩的为敞开型。

注:对设施进行密封、对容器加盖以控制废气产生或散逸,可视为兼有收集装置和治理装置的功能。

3.12 企业边界
指合成革与人造革工业企业的法定边界。若无法定边界,则指实际边界。

3.13 标准状态
指温度为273.15 K、压力为101 325 Pa时的状态。本标准规定的大气污染物排放浓度限值均以标准状态下的干气体为基准。

4 污染物排放控制要求

4.1 水污染物排放控制要求

4.1.2 自2010年7月1日起,现有企业执行表2规定的水污染物排放限值。

4.1.3 自2008年8月1日起,新建企业执行表2规定的水污染物排放限值。

表2 新建企业水污染物排放浓度限值及单位产品基准排水量

单位:mg/L(pH值、色度除外)

序号	污染物项目		限值	污染物排放监控位置
1	pH值		6～9	企业废水总排放口
2	色度(稀释倍数)		50	
3	悬浮物		40	
4	化学需氧量(COD_{Cr})		80	
5	氨氮		8	
6	总氮		15	
7	总磷		1.0	
8	甲苯		0.1	
9	二甲基甲酰胺(DMF)		2	
单位产品(产品面积)基准排水量/(m^3/万m^2)	湿法工艺	50		排水量计量位置与污染物排放监控位置一致
	其他	15		

4.1.4 根据环境保护工作的要求,在国土开发密度较高、环境承载能力开始减弱,或水环境容量较小、生态环境脆弱,容易发生严重水环境污染问题而需要采取特别保护措施的地区,应严格控制企业的污染排放行为,在上述地区的企业执行表3规定的水污染物特别排放限值。

执行水污染物特别排放限值的地域范围、时间,由国务院环境保护主管部门或省级人民政府规定。

表3 水污染物特别排放限值

单位:mg/L(pH值,色度除外)

序号	污染物项目		限值	污染物排放监控位置
1	pH值		6～9	企业废水总排放口
2	色度(稀释倍数)		30	
3	悬浮物		20	
4	化学需氧量(COD_{Cr})		60	
5	氨氮		3	
6	总氮		15	
7	总磷		0.5	
8	甲苯		0.1	
9	二甲基甲酰胺(DMF)		1	
单位产品(产品面积)基准排水量/(m^3/万m^2)	湿法工艺	40		排水量计量位置与污染物排放监控位置一致
	其他	10		

4.2 大气污染物排放控制要求

4.2.2 自 2010 年 7 月 1 日起,现有企业执行表 5 规定的大气污染物排放限值。

4.2.3 自 2008 年 8 月 1 日起,新建企业执行表 5 规定的大气污染物排放限值。

表 5 新建企业大气污染物排放浓度限值

单位:mg/m³

序号	污染物项目	生产工艺	限值	污染物排放监控位置
1	DMF	聚氯乙烯工艺	—	—
		聚氨酯湿法工艺	50	车间或生产设施排气筒
		聚氨酯干法工艺	50	车间或生产设施排气筒
		后处理工艺	—	—
		其他	—	—
2	苯	聚氯乙烯工艺	2	车间或生产设施排气筒
		聚氨酯湿法工艺	—	—
		聚氨酯干法工艺	2	车间或生产设施排气筒
		后处理工艺	2	车间或生产设施排气筒
		其他	2	车间或生产设施排气筒
3	甲苯	聚氯乙烯工艺	30	车间或生产设施排气筒
		聚氨酯湿法工艺	—	—
		聚氨酯干法工艺	30	车间或生产设施排气筒
		后处理工艺	30	车间或生产设施排气筒
		其他设施	30	车间或生产设施排气筒
4	二甲苯	聚氯乙烯工艺	40	车间或生产设施排气筒
		聚氨酯湿法工艺	—	—
		聚氨酯干法工艺	40	车间或生产设施排气筒
		后处理工艺	40	车间或生产设施排气筒
		其他	40	车间或生产设施排气筒
5	VOCs	聚氯乙烯工艺	150	车间或生产设施排气筒
		聚氨酯湿法工艺	—	—
		聚氨酯干法工艺	200(不含 DMF)	车间或生产设施排气筒
		后处理工艺	200	车间或生产设施排气筒
		其他	200	车间或生产设施排气筒

(续表)

序号	污染物项目	生产工艺	限值	污染物排放监控位置
6	颗粒物	聚氯乙烯工艺	10	车间或生产设施排气筒
		聚氨酯湿法工艺	—	—
		聚氨酯干法工艺	—	—
		后处理工艺	—	—
		其他	—	—

4.2.4 厂界无组织排放执行表6规定的限值。

表6 现有企业和新建企业厂界无组织排放限值

单位:mg/m³

序号	污染物项目	限值
1	DMF	0.4
2	苯	0.10
3	甲苯	1.0
4	二甲苯	1.0
5	VOCs	10
6	颗粒物	0.5

4.2.5 产生空气污染物的生产工艺和装置必须设立局部或整体气体收集系统和集中净化处理装置,净化后的气体由排气筒排放,收集系统的设置可参考附录A。

4.2.6 一般排气筒高度应不低于15m,并高出周围200m半径范围的建筑3m以上,不能达到该要求的排气筒,应按排放限值严格50%执行。

4.3 其他控制要求

4.3.1 废水处理设施、废气收集装置和治理装置必须按照设计和调试确定的参数条件运行。

对于采用水洗涤回收方式的DMF治理装置的废气处理系统,回收液DMF质量分数不得低于10%,除非符合设计和调试的参数要求并有技术文件和运行记录证实。

4.3.2 盛放含有VOCs物料的容器必须安装密封盖。

4.3.3 废水处理设施、废气收集装置和治理装置运行时,企业必须对主要参数进行记录。

记录内容要求示例[1]:采用水洗涤回收治理装置的废气处理系统,主要参数包括回收液浓度和数量、各洗涤槽洗涤循环水量、循环水温度、处理的废气风量(或风机转速)、运行时间。

记录内容要求示例[2]:采用冷凝回收治理装置的废气处理系统,主要参数回收液量,处理的废气风量(或风机转速)、运行时间及冷凝液进、出口温度。

4.3.4 配料、磨皮、抛光等处理产生的粉尘以及其他工艺过程中产生的颗粒物,应收集并采用适当的除尘设施进行处理。

4.3.5 生产设施应采取合理的通风措施,不得故意稀释排放。在国家未规定单位产品基准排气量之前,暂以实测浓度作为判定是否达标的依据。

5 污染物监测要求

5.1 污染物监测一般性要求

5.1.1 对企业废水、废气采样应根据监测污染物的种类,在规定的污染物排放监控位置进行,有废水、废气处理设施的,应在该设施后监控。在污染物排放监控位置应设置永久性排污口标志。

5.1.2 新建企业应按照《污染源自动监控管理办法》的规定,安装污染物排放自动监控设备,并与环境保护主管部门的监控设备联网,保证设备正常运行。各地现有企业安装污染物排放自动监控设备的要求由省级环境保护主管部门规定。

5.1.3 对企业污染物排放情况进行监督性监测的频次,采样时间等要求,按国家有关污染源监测技术规范的规定执行。

5.1.4 企业产品产量的核定,以法定报表为依据。

5.1.5 企业须按照有关法律和《环境监测管理办法》的规定,对排污状况进行监测,并保存原始监测记录。

5.2 水污染物监测要求

对企业排放水污染物浓度的测定采用表7所列的方法标准。

表7 水污染物浓度测定方法标准

序号	污染物项目	方法标准名称	方法标准编号
1	pH值	水质 pH值的测定 玻璃电极法	GB/T 6920—1986
2	色度	水质 色度的测定	GB/T 11903—1989
3	悬浮物	水质 悬浮物的测定 重量法	GB/T 11901—1989
4	化学需氧量	水质 化学需氧量的测定 重铬酸盐法	GB/T 11914—1989
		水质 化学需氧量的测定 快速消解分光光度法	HJ/T 399—2007
5	氨氮	水质 铵的测定 蒸馏和滴定法	GB/T 7478—1987
		水质 铵的测定 纳氏试剂比色法	GB/T 7479—1987
		水质 铵的测定 水杨酸分光光度法	GB/T 7481—1987
		水质 氨氮的测定 气相分子吸收光谱法	HJ/T 195—2005
6	总氮	水质 总氮的测定 碱性过硫酸钾消解紫外分光光度法	GB/T 11894—1989
		水质 总氮的测定 气相分子吸收光谱法	HJ/T 199—2005
7	总磷	水质 总磷的测定 钼酸铵分光光度法	GB/T 11893—1989
8	甲苯	水质 苯系物的测定 气相色谱法	GB/T 11890—1989
9	DMF	工作场所空气有毒物质测定 酰胺类化合物	GB/T 160.62—2004[注]
注:测定方法标准暂时参考所列方法,待国家发布相应的方法标准并实施后,停止使用。			

5.3 大气污染物监测要求

对企业排放大气污染物项目的测定采用表8所列的方法。

表8 大气污染物浓度测定方法标准

序号	污染物项目	方法标准名称	方法来源
1	DMF	工作场所空气有毒物质测定　酰胺类化合物	GBZ/T 160.62—2004[注]
2	苯	工作场所空气有毒物质测定　芳香烃类化合物	GBZ/T 160.42—2007[注]
3	甲苯	工作场所空气有毒物质测定　芳香烃类化合物	GBZ/T 160.42—2007[注]
4	二甲苯	工作场所空气有毒物质测定　芳香烃类化合物	GBZ/T 160.42—2007[注]
5	VOCs	VOCs监测技术导则	附录C
6	颗粒物	排气中颗粒物的测定	附录B

注：测定方法标准暂时参考所列方法，待国家发布相应的方法标准并实施后，停止使用。
说明：测定暂无适用方法标准的污染物项目，使用附录所列方法，待国家发布相应的方法标准并实施后，停止使用。

6 实施与监督

6.1 本标准由县级以上人民政府环境保护主管部门负责监督实施。

6.2 在任何情况下，合成革与人造革生产企业均应遵守本标准的污染物排放控制要求，采取必要措施保证污染防治设施正常运行。各级环保部门在对企业进行监督性检查时，可以现场即时采样或监测的结果，作为判定排污行为是否符合排放标准以及实施相关环境保护管理措施的依据。在发现企业耗水或排水量有异常变化的情况下，应核定企业的实际产品产量和排水量，按本标准规定，换算水污染物基准水量排放浓度。

附录A（资料性附录）　废气收集要求（略）
附录A（规范性附录）　排气中颗粒物的监测方法（略）
附录C（规范性附录）　VOCs监测技术导则（略）

陶瓷工业污染物排放标准（节录）

GB 25464—2010

（2010年9月27日发布　2010年10月1日实施）

本标准由环境保护部科技标准司组织制定。

本标准主要起草单位：湖南省环境保护科学研究院、环境保护部环境标准研究所、长沙环境保护职业技术学院、湖南省衡阳市环境监测站、湖南省出入境检验检疫局陶瓷检测中心。

（按原标准编号节录）

3 术语和定义

下列术语与定义适用于本标准。

3.1 陶瓷工业 ceramics industry

指用黏土类及其他矿物原料经过粉碎加工、成型、煅烧等过程而制成各种陶瓷制品的工业，主要包括日用瓷及陈设艺术瓷、建筑陶瓷、卫生陶瓷和特种陶瓷等的生产。

3.2 日用及陈设艺术瓷 daily-use and artistic porcelain

指供日常生活使用或具艺术欣赏和珍藏价值的各类陶瓷制品，主要品种有餐具、茶具、咖啡具、酒具、文具、容具、耐热烹饪具等日用制品及绘画、雕塑、雕刻等集工艺美术技能与陶瓷制造技术于一体的艺术陈设制品等。

3.3 建筑陶瓷 building ceramics

指用于建筑物饰面或作为建筑物构件的陶瓷制品，主要指陶瓷墙地砖，不包括建筑琉璃制品、黏土砖和烧结瓦等。

3.4 卫生陶瓷 sanitary ceramics

指用于卫生设施的陶瓷制品，主要包括卫生间用具、厨房用具和小件卫生陶瓷等。

3.5 特种陶瓷（精细陶瓷） special ceramics

指通过在陶瓷坯料中加入特别配方的无机材料，经过高温烧结成型，从而获得稳定可靠的特殊性质和功能，如高强度、高硬度、耐腐蚀、导电，绝缘以及在磁、电、光、声、生物工程各方面的应用，而成为一种新型特种陶瓷。主要有氧化物瓷、氮化物瓷、压电陶瓷、磁性瓷和金属陶瓷等。

3.6 标准状态 standard condition

指温度273.15K，压力为101 325Pa时的状态。本标准规定的大气污染物排放浓度限值均以标准状态下的干气体为基准。

3.7 排气筒高度 stack height

指自排气筒（或其主体建筑构造）所在的地平面至排气筒出口计的高度。

3.8 现有企业 existing facility

指本标准实施之日前，已建成投产或环境影响评价文件已通过审批的陶瓷工业企业或生产设施。

3.9 新建企业 new facility

指本标准实施之日起环境影响评价文件通过审批的新建、改建和扩建陶瓷工业设施建设项目。

3.10 排水量 effluent volume

指生产设施或企业向企业法定边界以外排放的废水的量，包括与生产有直接或间接关系的各种外排废水（如厂区生活污水、冷却废水、厂区锅炉和电站排水等）。

3.11 单位产品基准排水量 benchmark effluent volume per unit product

指用于核定水污染物排放浓度而规定的生产单位陶瓷产品的废水排放量上限值。

3.12 过量空气系数 excess air coefficien

指工业炉窑运行时实际空气量与理论空气需要量的比值。

3.13 企业边界 enterprise boundary

指陶瓷工业企业的法定边界。若无法定边界,则指实际边界。

3.14 公共污水处理系统 public wastewater treatment system

指通过纳污管道等方式收集废水,为两家以上排污单位提供废水处理服务并且排水能够达到相关排放标准要求的企业或机构,包括各种规模和类型的城镇污水处理厂、区域(包括各类工业园区、开发区、工业聚集地等)废水处理厂等,其废水处理程度应达到二级或二级以上。

3.15 直接排放 direct discharge

指排污单位直接向环境水体排放污染物的行为。

3.16 间接排放 indirect discharge

指排污单位向公共污水处理系统排放污染物的行为。

4 污染物排放控制要求

4.1 水污染物排放控制要求

4.1.2 自2012年1月1日起,现有企业执行表2规定的水污染物排放限值。

4.1.3 自2010年10月1日起,新建企业执行表2规定的水污染物排放限值。

表2 新建企业水污染物排放浓度限值及单位产品基准排水量

单位:mg/L(pH值除外)

序号	污染物项目	限值 直接排放	限值 间接排放	污染物排放监控位置
1	pH值	6~9	6~9	企业废水总排放口
2	悬浮物(SS)	50	120	
3	化学需氧量(COD_{Cr})	50	110	
4	五日生化需氧量(BOD_5)	10	40	
5	氨氮	3.0	10	
6	总磷	1.0	3.0	
7	总氮	15	40	
8	石油类	3.0	10	
9	硫化物	1.0	2.0	
10	氟化物	8.0	20	
11	总铜	0.1	1.0	
12	总锌	1.0	4.0	
13	总钡	0.7	0.7	

(续表)

序号	污染物项目		限值		污染物排放监控位置
			直接排放	间接排放	
14	总镉		0.07		车间或生产设施废水排放口
15	总铬		0.1		
16	总铅		0.3		
17	总镍		0.1		
18	总钴		0.1		
19	总铍		0.005		
20	可吸附有机卤化物（AOX）		0.1		
单位产品（瓷）基准排水量	日用及陈设艺术瓷	普通瓷/(m³/t)	2.0		排水量计量位置与污染物排放监控位置一致
		骨质瓷/(m³/t)	18		
	建筑陶瓷	抛光/(m³/t)	0.3		
		非抛光/(m³/t)	0.1		
	卫生陶瓷(m³/t)		4.0		
	特种陶瓷(m³/t)		1.0		

4.1.4 根据环境保护工作的要求，在国土开发密度已经较高、环境承载能力开始减弱，或环境容量较小、生态环境脆弱，容易发生严重环境污染问题而需要采取特别保护措施的地区，应严格控制企业的污染物排放行为，在上述地区的企业执行表3规定的水污染物特别排放限值。

表3 水污染物特别排放限值

单位：mg/L(pH值除外)

序号	污染物项目	限值		污染物排放监控位置
		直接排放	间接排放	
1	pH值	6～9	6～9	企业废水总排放口
2	悬浮物（SS）	30	50	
3	化学需氧量（COD_{Cr}）	40	50	
4	五日生化需氧量（BOD_5）	10	10	
5	氨氮	1.0	3.0	
6	总磷	0.5	1.0	
7	总氮	5.0	15	
8	石油类	1.0	3.0	
9	硫化物	0.5	1.0	
10	氟化物	5.0	8.0	

(续表)

序号	污染物项目		限值		污染物排放监控位置
			直接排放	间接排放	
11	总铜		0.05	0.1	企业废水总排放口
12	总锌		0.5	1.0	
13	总钡		0.7	0.7	
14	总镉		0.05		车间或生产设施废水排放口
15	总铬		0.05		
16	总铅		0.1		
17	总镍		0.05		
18	总钴		0.05		
19	总铍		0.005		
20	可吸附有机卤化物(AOX)		0.05		
单位产品(瓷)基准排水量	日用及陈设艺术瓷	普通瓷/(m³/t)	0		排水量计量位置与污染物排放监控位置一致
		骨质瓷/(m³/t)	6.0		
	建筑陶瓷	抛光/(m³/t)	0		
		非抛光/(m³/t)	0		
	卫生陶瓷/(m³/t)		1.5		
	特种陶瓷/(m³/t)		0		

执行水污染物特别排放限值的地域范围、时间,由国务院环境保护行政主管部门或省级人民政府规定。

4.2 大气污染物排放控制要求

4.2.2 自2012年1月1日起,现有企业执行表5规定的大气污染物排放限值。

4.2.3 自2010年10月1日起,新建企业执行表5规定的大气污染物排放限值。

表5 新建企业大气污染物排放浓度限值

单位:mg/m³

生产工序	原料制备、干燥		烧成、烤花		监控位置
生产设备	喷雾干燥塔		辊道窑、隧道窑、梭式窑		
燃料类型	水煤浆	油、气	水煤浆	油、气	
颗粒物	50	30	50	30	车间或生产设施排气筒
二氧化硫	300	100	300	100	
氮氧化物(以NO_2计)	240	240	450	300	
烟气黑度(林格曼黑度,级)	1				

(续表)

生产工序	原料制备、干燥	烧成、烤花	监控位置
铅及其化合物	—	0.1	车间或生产设施排气筒
镉及其化合物	—	0.1	
镍及其化合物	—	0.2	
氟化物	—	3.0	
氯化物(以HCl计)	—	25	

4.2.4 企业边界大气污染物任何1h平均浓度执行表6规定的限值。

表6 现有企业和新建企业厂界无组织排放限值

单位：mg/m³

序号	污染物项目	最高浓度限值
1	颗粒物	1.0

4.2.5 在现有企业生产、建设项目竣工环保验收后的生产过程中，负责监管的环境保护主管部门应对周围居住、教学、医疗等用途的敏感区域环境质量进行监测。建设项目的具体监控范围为环境影响评价确定的周围敏感区域；未进行过环境影响评价的现有企业，监控范围由负责监管的环境保护主管部门，根据企业排污的特点和规律及当地的自然、气象条件等因素，参照相关环境影响评价技术导则确定。地方政府应对本辖区环境质量负责，采取措施确保环境状况符合环境质量标准要求。

4.2.6 产生大气污染物的生产工艺和装置必须设立局部或整体气体收集系统和集中净化处理装置。所有排气筒高度应不低于15m(排放氯化氢的排气筒高度不得低于25m)。排气筒周围半径200m范围内有建筑物时，排气筒高度还应高出最高建筑物3m以上。

4.2.7 喷雾干燥塔、炉窑基准过量空气系数为1.7，实测的喷雾干燥塔、炉窑的污染物排放浓度，应换算为基准过量空气系数排放浓度，并作为判定排放是否达标的依据。

5 污染物监测要求

5.1 污染物监测的一般要求

5.1.1 对企业废水和废气采样应根据监测污染物的种类，在规定的污染物排放监控位置进行。在污染物排放监控位置须设置永久性排污口标志。

5.1.2 新建企业和现有企业安装污染物排放自动监控设备的要求，按有关法律和《污染源自动监控管理办法》的规定执行。

5.1.3 对企业污染物排放情况进行监测的频次、采样时间等要求，按国家有关污染源监测技术规范的规定执行。

5.1.4 企业产品产量的核定，以法定报表为依据。

5.1.5 企业须按照有关法律和《环境监测管理办法》的规定，对排污状况进行监测，并保存原始监测记录。

5.2 水污染物监测要求

对企业排放水污染物浓度的测定采用表7所列的方法标准。

表7 水污染物浓度测定方法标准

序号	污染物项目	方法标准名称	方法标准编号
1	pH值	水质 pH值的测定 玻璃电极法	GB/T 6920—1986
2	悬浮物(SS)	水质 悬浮物的测定 重量法	GB/T 11901—1989
3	化学需氧量（COD_{Cr}）	水质 化学需氧量的测定 重铬酸盐法	GB/T 11914—1989
		水质 化学需氧量的测定 快速消解分光光度法	HJ/T 399—2007
4	五日生化需氧量（BOD_5）	水质 五日生化需氧量（BOD_5）的测定 稀释与接种法	HJ 505—2009
5	氨氮	水质 氨氮的测定 气相分子吸收光谱法	HJ/T 195—2005
		水质 氨氮的测定 纳氏试剂分光光度法	HJ 535—2009
		水质 氨氮的测定 水杨酸分光光度法	HJ 536—2009
		水质 氨氮的测定 蒸馏-中和滴定法	HJ 537—2009
6	总磷	水质 总磷的测定 钼酸铵分光光度法	GB 11893—1989
7	总氮	水质 总氮的测定 气相分子吸收光谱法	HJ/T 199—2005
		水质 总氮的测定 碱性过硫酸钾消解紫外分光光度法	GB/T 11894—1989
8	石油类	水质 石油类和动植物油的测定 红外光度法	GB/T 16488—1996
9	硫化物	水质 硫化物的测定 亚甲蓝分光光度法	GB/T 16489—1996
		水质 硫化物的测定 碘量法	HJ/T 60—2000
10	氟化物	水质 氟化物的测定 离子选择电极法	GB/T 7484—1987
		水质 氟化物的测定 茜素磺酸锆目视比色法	HJ 487—2009
		水质 氟化物的测定 氟试剂分光光度法	HJ 488—2009
11	总铜	水质 铜、锌、铅、镉的测定 原子吸收分光光度法	GB/T 7475—1987
		水质 铜的测定 二乙基二硫代氨基甲酸钠分光光度法	HJ 485—2009
12	总锌	水质 铜、锌、铅、镉的测定 原子吸收分光光度法	GB/T 7475—1987
13	总钡	水质 钡的测定 电位滴定法	GB/T 14671—93
14	总镉	水质 铜、锌、铅、镉的测定 原子吸收分光光度法	GB/T 7475—1987
15	总铬	水质 总铬的测定 高锰酸钾氧化-二苯碳酰二肼分光光度法	GB/T 7466—1987
16	总铅	水质 铜、锌、铅、镉的测定 原子吸收分光光度法	GB/T 7475—1987
		水质 铅的测定 双硫腙分光光度法	GB/T 7470—1987
		水质 铅的测定 示波极谱法	GB/T 13896—1992

(续表)

序号	污染物项目	方法标准名称	方法标准编号
17	总镍	水质 镍的测定 火焰原子吸收分光光度法	GB/T 11912—1989
18	总钴	水质 总钴的测定 5-氯-2-(吡啶偶氮)-1,3-二氨基苯分光光度法(暂行)	HJ 550—2009
19	总铍	水质 铍的测定 铬菁R分光光度法	HJ/T 58—2000
		水质 铍的测定 石墨炉原子吸收分光光度法	HJ/T 59—2000
20	可吸附有机卤化物(AOX)	水质 可吸附有机卤素(AOX)的测定 离子色谱法	HJ/T 83—2001
		水质 可吸附有机卤素(AOX)的测定 微库仑法	GB/T 15959—1995

5.3 大气污染物监测要求

5.3.1 采样点的设置与采样方法按 GB/T 16157—1996 执行。

5.3.2 在有敏感建筑物方位、必要的情况下进行无组织排放监控,具体要求按 HJ/T 55—2000 进行监测。

5.3.3 对企业排放大气污染物浓度的测定采用表8所列的方法标准。

表8 大气污染物浓度测定方法标准

序号	污染物项目	方法标准名称	方法标准编号
1	颗粒物	固定污染源排气中颗粒物测定与气态污染物采样方法	GB/T 16157—1996
		环境空气 总悬浮颗粒物的测定 重量法	GB/T 15432—1995
2	二氧化硫	固定污染源排气中二氧化硫的测定 碘量法	HJ/T 56—2000
		固定污染源排气中二氧化硫的测定 定电位电解法	HJ/T 57—2000
		固定污染源排放烟气连续监测系统技术要求及检测方法	HJ/T 76—2007
3	氮氧化物	固定污染源排气中氮氧化物的测定 紫外分光光度法	HJ/T 42—1999
		固定污染源排气中氮氧化物的测定 盐酸萘乙二胺分光光度法	HJ/T 43—1999
		固定污染源排放烟气连续监测系统技术要求及检测方法	HJ/T 76—2007
4	烟气黑度	固定污染源排放烟气黑度的测定 林格曼烟气黑度图法	HJ/T 398—2007
5	铅及其化合物	固定污染源废气 铅的测定 火焰原子吸收分光光度法(暂行)	HJ 538—2009
6	镉及其化合物	大气固定污染源 镉的测定 火焰原子吸收分光光度法	HJ/T 64.1—2001
		大气固定污染源 镉的测定 石墨炉原子吸收分光光度法	HJ/T 64.2—2001
		大气固定污染源 镉的测定 对-偶氮苯重氮氨基偶氮苯磺酸分光光度法	HJ/T 64.3—2001

(续表)

序号	污染物项目	方法标准名称	方法标准编号
7	镍及其化合物	大气固定污染源　镍的测定　丁二酮肟-正丁醇萃取分光光度法	HJ/T 63.3—2001
		大气固定污染源　镍的测定　石墨炉原子吸收分光光度法	HJ/T 63.2—2001
		大气固定污染源　镍的测定　火焰原子吸收分光光度法	HJ/T 63.1—2001
8	氟化物	大气固定污染源　氟化物的测定　离子选择电极法	HJ/T 67—2001
9	氯化物（以HCl计）	固定污染物排气中氯化氢的测定　硫氰酸汞分光光度法	HJ/T 27—1999

6 实施与监督

6.1 本标准由县级以上人民政府环境保护行政主管部门负责监督实施。

6.2 在任何情况下,企业均应遵守本标准规定的污染物排放控制要求,采取必要措施保证污染防治设施正常运行。各级环保部门在对企业进行监督性检查时,可以现场即时采样或监测的结果,作为判定排污行为是否符合排放标准以及实施相关环境保护管理措施的依据。在发现企业耗水或排水量有异常变化的情况下,应核定企业的实际产品产量和排水量,按本标准的规定,换算水污染物基准水量排放浓度。

铝工业污染物排放标准（节录）

GB 25465—2010

(2010年9月27日发布　2010年10月1日实施)

本标准由环境保护部科技标准司组织制定。

本标准主要起草单位:沈阳铝镁设计研究院、环境保护部环境标准研究所、中国瑞林工程技术有限公司(原南昌有色冶金设计研究院)。

（按原标准编号节录）

3 术语和定义

下列术语和定义适用于本标准。

3.1　铝工业企业　aluminum industry

指铝土矿山、氧化铝厂、电解铝厂和铝用碳素生产企业或生产设施。

3.2 现有企业 existing facility

指本标准实施之日前已建成投产或环境影响评价文件已通过审批的铝生产企业或生产设施。

3.3 新建企业 new facility

指本标准实施之日起环境影响评价文件通过审批的新建、改建和扩建的铝生产设施建设项目。

3.4 排水量 effluent volume

指生产设施或企业向企业法定边界以外排放的废水的量,包括与生产有直接或间接关系的各种外排废水(如厂区生活污水、冷却废水、厂区锅炉和电站排水等)。

3.5 单位产品基准排水量 benchmark effluent volume per unit product

指用于核定水污染物排放浓度而规定的生产单位铝产品的废水排放量上限值。

3.6 排气筒高度 stack height

指自排气筒(或其主体建筑构造)所在的地平面至排气筒出口计的高度。

3.7 标准状态 standard condition

指温度为273.15K、压力为101 325Pa时的状态。本标准规定的大气污染物排放浓度限值均以标准状态下的干气体为基准。

3.8 企业边界 enterprise boundary

指铝工业企业的法定边界。若无法定边界,则指实际边界。

3.9 公共污水处理系统 public wastewater treatment system

指通过纳污管道等方式收集废水,为两家以上排污单位提供废水处理服务并且排水能够达到相关排放标准要求的企业或机构,包括各种规模和类型的城镇污水处理厂、区域(包括各类工业园区、开发区、工业聚集地等)废水处理厂等,其废水处理程度应达到二级或二级以上。

3.10 直接排放 direct discharge

指排污单位直接向环境排放水污染物的行为。

3.11 间接排放 indirect discharge

指排污单位向公共污水处理系统排放水污染物的行为。

4 污染物排放控制要求

4.1 水污染物排放控制要求

4.1.2 自2012年1月1日起,现有企业执行表2规定的水污染物排放限值。

4.1.3 自2010年10月1日起,新建企业执行表2规定的水污染物排放限值。

表2　新建企业水污染物排放浓度限值及单位产品基准排水量

单位：mg/L（pH值除外）

序号	污染物项目	限值		污染物排放监控位置
		直接排放	间接排放	
1	pH值	6～9	6～9	企业废水总排放口
2	悬浮物	30	70	
3	化学需氧量（COD_{Cr}）	60	200	
4	氟化物（以F计）	5.0	5.0	
5	氨氮	8.0	25	
6	总氮	15	30	
7	总磷	1.0	2.0	
8	石油类	3.0	3.0	
9	总氰化物[1]	0.5	0.5	
10	硫化物[1]	1.0	1.0	
11	挥发酚[1]	0.5	0.5	
单位产品基准排水量	选（洗）矿（合格矿）/（m³/t）	0.2		排水量计量位置与污染物排放监控位置一致
	氧化铝厂（m³/t）	0.5		
	电解铝厂（m³/t）	1.5		
	铝用碳素厂（碳块）/（m³/t）	2.0		

注：(1) 设有煤气生产系统企业增加的控制项目。

4.1.4　根据环境保护工作的要求，在国土开发密度已经较高、环境承载能力开始减弱，或环境容量较小、生态环境脆弱，容易发生严重环境污染问题而需要采取特别保护措施的地区，应严格控制企业的污染物排放行为，在上述地区的企业执行表3规定的水污染物特别排放限值。

表3　水污染物特别排放限值

单位：mg/L（pH值除外）

序号	污染物项目	限值		污染物排放监控位置
		直接排放	间接排放	
1	pH值	6.5～8.5	6～9	企业废水总排放口
2	悬浮物	10	30	
3	化学需氧量（COD_{Cr}）	50	60	
4	氟化物（以F计）	2.0	2.0	

(续表)

序号	污染物项目	限值 直接排放	限值 间接排放	污染物排放监控位置
5	氨氮	5.0	8.0	企业废水总排放口
6	总氮	10	15	企业废水总排放口
7	总磷	0.5	1.0	企业废水总排放口
8	石油类	1.0	1.0	企业废水总排放口
9	总氰化物[1]	0.2	0.2	企业废水总排放口
10	硫化物[1]	0.5	0.5	企业废水总排放口
11	挥发酚[1]	0.3	0.3	企业废水总排放口
单位产品基准排水量	选(洗)矿(合格矿)/(m³/t)	0.1		排水量计量位置与污染物排放监控位置一致
单位产品基准排水量	氧化铝厂/(m³/t)	0.2		排水量计量位置与污染物排放监控位置一致
单位产品基准排水量	电解铝厂/(m³/t)	1.0		排水量计量位置与污染物排放监控位置一致
单位产品基准排水量	铝用碳素厂(炭块)/(m³/t)	1.2		排水量计量位置与污染物排放监控位置一致

注:1) 设有煤气生产系统企业增加的控制项目。

执行水污染物特别排放限值的地域范围、时间,由国务院环境保护行政主管部门或省级人民政府规定。

4.1.5 水污染物排放浓度限值适用于单位产品实际排水量不高于单位产品基准排水量的情况。若单位产品实际排水量超过单位产品基准排水量,须按式(1)将实测水污染物浓度换算为水污染物基准排水量排放浓度,并以水污染物基准排水量排放浓度作为判定排放是否达标的依据。产品产量和排水量统计周期为一个工作日。

在企业的生产设施同时生产两种以上产品、可适用不同排放控制要求或不同行业国家污染物排放标准,且生产设施产生的污水混合处理排放的情况下,应执行排放标准中规定的最严格的浓度限值,并按式(1)换算水污染物基准排水量排放浓度。

$$\rho_{基} = \frac{Q_{总}}{\sum Y_i \cdot Q_{i基}} \cdot \rho_{实} \tag{1}$$

式中:$\rho_{基}$——水污染物排水量排放浓度,mg/L;

$Q_{总}$——排水总量,m³;

Y_i——第 i 种产品产量,t;

$Q_{i基}$——第 i 种产品的单位产品基准排水量,m³/t;

$\rho_{实}$——实测水污染物排放浓度,mg/L。

若 $Q_{总}$ 与 $\sum Y_i \cdot Q_{i基}$ 的比值小于1,则以水污染物实测浓度作为判定排放是否达标的依据。

4.2 大气污染物排放控制要求

4.2.2 自2012年1月1日起,现有企业执行表5规定的大气污染物排放浓度限值。

4.2.3 自2010年10月1日起,新建企业执行表5规定的大气污染物排放浓度限值。

表5 新建企业大气污染物排放浓度限值

单位:mg/m³

生产系统及设备		限值				污染物排放监控位置
		颗粒物	二氧化硫	氟化物(以F计)	沥青烟	
矿山	破碎、筛分、转运	50	—	—	—	车间或生产设施排气筒
氧化铝厂	熟料烧成窑	100	400	—	—	
	氢氧化铝焙烧炉、石灰炉(窑)	50	400	—	—	
	原料加工、运输	50	—	—	—	
	氧化铝贮运	30	—	—	—	
	其他	50	400	—	—	
电解铝厂	电解槽烟气净化	20	200	3.0	—	
	氧化铝、氟化盐贮运	30	—	—	—	
	电解质破碎	30	—	—	—	
	其他	50	400	—	—	
铝用碳素厂	阳极焙烧炉	30	400	3.0	20	
	阴极焙烧炉	—	400	—	30	
	石油焦煅烧炉(窑)	100	400	—	—	
	沥青熔化	—	—	—	30	
	生阳极制造	50	—	—	20[(1)]	
	阳极组装及残极破碎	50	—	—	—	
	其他	50	400	—	—	

注:(1)混捏成型系统加测项目。

4.2.4 企业边界大气污染物任何1h平均浓度执行表6规定的限值。

表6 现有和新建企业边界大气污染物浓度限值

单位:mg/m³

序号	污染物项目	限值
1	二氧化硫	0.5
2	颗粒物	1.0
3	氟化物	0.02
4	苯并[a]芘	0.00001

4.2.5 在现有企业生产、建设项目竣工环保验收后的生产过程中,负责监管的环境保护主管部门应对周围居住、教学、医疗等用途的敏感区域环境质量进行监测。建设项目的具体监控范围为环境影响评价确定的周围敏感区域;未进行过环境影响评价的现有企业,监控范围由负责监管的环境保护主管部门,根据企业排污的特点和规律及当地的自然、气象条件等因素,参照相关环境影响评价技术导则确定。地方政府应对本辖区环境质量负责,采取措施确保环境状况符合环境质量标准要求。

4.2.6 所有排气筒高度应不低于15m。排气筒周围半径200m范围内有建筑物时,排气筒高度还应高出最高建筑物3m以上。

4.2.7 在国家未规定生产设施单位产品基准排气量之前,以实测浓度作为判定大气污染物排放是否达标的依据。

5 污染物监测要求

5.1 污染物监测的一般要求

5.1.1 对企业排放废水和废气的采样,应根据监测污染物的种类,在规定的污染物排放监控位置进行,有废水和废气处理设施的,应在处理设施后监控。在污染物排放监控位置须设置永久性排污口标志。

5.1.2 新建企业和现有企业安装污染物排放自动监控设备的要求,按有关法律和《污染源自动监控管理办法》的规定执行。

5.1.3 对企业污染物排放情况进行监测的频次、采样时间等要求,按国家有关污染源监测技术规范的规定执行。

5.1.4 企业产品产量的核定,以法定报表为依据。

5.1.5 企业须按照有关法律和《环境监测管理办法》的规定,对排污状况进行监测,并保存原始监测记录。

5.2 水污染物监测要求

对企业排放水污染物浓度的测定采用表7所列的方法标准。

表7 水污染物浓度测定方法标准

序号	污染物项目	方法标准名称	方法标准编号
1	pH值	水质 pH值的测定 玻璃电极法	GB/T 6920—1986
2	悬浮物	水质 悬浮物的测定 重量法	GB/T 11901—1989
3	化学需氧量	水质 化学需氧量的测定 重铬酸盐法	GB/T 11914—1989
		水质 化学需氧量的测定 快速消解分光光度法	HJ/T 399—2007
4	氟化物	水质 氟化物的测定 离子选择电极法	GB/T 7484—1987
		水质 氟化物的测定 茜素磺酸锆目视比色法	HJ 487—2009
		水质 氟化物的测定 氟试剂分光光度法	HJ 488—2009

(续表)

序号	污染物项目	方法标准名称	方法标准编号
5	氨氮	水质 氨氮的测定 纳氏试剂分光光度法	HJ 535—2009
		水质 氨氮的测定 水杨酸分光光度法	HJ 536—2009
		水质 氨氮的测定 蒸馏-中和滴定法	HJ 537—2009
		水质 氨氮的测定 气相分子吸收光谱法	HJ/T 195—2005
6	总氮	水质 总氮的测定 碱性过硫酸钾消解紫外分光光度法	GB/T 11894—1989
		水质 总氮的测定 气相分子吸收光谱法	HJ/T 199—2005
7	总磷	水质 总磷的测定 钼酸铵分光光度法	GB/T 11893—1989
8	石油类	水质 石油类和动植物油的测定 红外光度法	GB/T 16488—1996
9	总氰化物	水质 氰化物的测定 容量法和分光光度法	HJ 484—2009
10	硫化物	水质 硫化物的测定 亚甲基蓝分光光度法	GB/T 16489—1996
		水质 硫化物的测定 直接显色分光光度法	GB/T 17133—1997
		水质 硫化物的测定 碘量法	HJ/T 60—2000
11	挥发酚	水质 挥发酚的测定 4-氨基安替比林分光光度法	HJ 503—2009
		水质 挥发酚的测定 溴化容量法	HJ 502—2009

5.3 大气污染物监测要求

5.3.1 采样点的设置与采样方法按 GB/T 16157—1996 执行。

5.3.2 在有敏感建筑物方位、必要的情况下进行监控,具体要求按 HJ/T 55—2000 进行监测。

5.3.3 对企业排放大气污染物浓度的测定采用表8所列的方法标准。

表8 大气污染物浓度测定方法标准

序号	污染物项目	方法标准名称	方法标准编号
1	颗粒物	固定污染源排气中颗粒物测定与气态污染物采样方法	GB/T 16157—1996
		环境空气 总悬浮颗粒物的测定 重量法	GB/T 15432—1995
2	沥青烟	固定污染源排气中沥青烟的测定 重量法	HJ/T 45—1999
3	二氧化硫	固定污染源排气中二氧化硫的测定 碘量法	HJ/T 56—2000
		固定污染源排气中二氧化硫的测定 定电位电解法	HJ/T 57—2000
		环境空气 二氧化硫的测定 甲醛吸收-副玫瑰苯胺分光光度法	HJ 482—2009
		环境空气 二氧化硫的测定 四氯汞盐吸收-副玫瑰苯胺分光光度法	HJ 483—2009

(续表)

序号	污染物项目	方法标准名称	方法标准编号
4	氟化物	固定污染源排气　氟化物的测定　离子选择电极法	HJ/T 67—2001
		环境空气　氟化物的测定　滤膜采样氟离子选择电极法	HJ 480—2009
		环境空气　氟化物的测定　石灰滤纸采样氟离子选择电极法	HJ 481—2009
5	苯并[a]芘	环境空气　苯并[a]芘的测定　高效液相色谱法	GB/T 15439—1995

6　实施与监督

6.1　本标准由县级以上人民政府环境保护行政主管部门负责监督实施。

6.2　在任何情况下，企业均应遵守本标准规定的污染物排放控制要求，采取必要措施保证污染防治设施正常运行。各级环保部门在对设施进行监督性检查时，可以现场即时采样或监测的结果，作为判定排污行为是否符合排放标准以及实施相关环境保护管理措施的依据。在发现设施耗水或排水量有异常变化的情况下，应核定企业的实际产品产量和排水量，按本标准的规定，换算水污染物基准水量排放浓度。

铅、锌工业污染物排放标准（节录）

GB 25466—2010

（2010 年 9 月 27 日发布　2010 年 10 月 1 日实施）

本标准由环境保护部科技标准司组织制定。

本标准主要起草单位：长沙有色冶金设计研究院、环境保护部环境标准研究所、中国瑞林工程技术有限公司（原南昌有色冶金设计研究院）。

（按原标准编号节录）

3　术语和定义

下列术语和定义适用于本标准。

3.1　铅、锌工业 lead and zinc industry

指生产铅、锌金属矿产品和生产铅、锌金属产品（不包括生产再生铅、再生锌及铅、锌材压延加工产品）的工业。

3.2　特征生产工艺和装置 typical processing and facility

指为生产原铅、原锌金属而进行采矿、选矿、冶炼的生产工艺及与这些工艺相关的装置。

3.3 现有企业 existing facility

指在本标准实施之日前已建成投产或环境影响评价文件通过审批的铅、锌工业企业或生产设施。

3.4 新建企业 new facility

指本标准实施之日起环境影响评价文件通过审批的新建、改建和扩建的铅、锌生产设施建设项目。

3.5 排水量 effluent volume

指生产设施或企业向企业法定边界以外排放的废水的量,包括与生产有直接或间接关系的各种外排废水(如厂区生活污水、冷却废水、厂区锅炉和电站排水等)。

3.5 单位产品基准排水量 benchmark effluent volume per unit product

指用于核定水污染物排放浓度而规定的生产单位铅、锌产品的废水排放量上限值。

3.7 排气筒高度 stack height

指自排气筒(或其主体建筑构造)所在的地平面至排气筒出口计的高度。

3.8 标准状态 standard condition

指温度为273.15K、压力为101 325Pa时的状态。本标准规定的大气污染物排放浓度限值均以标准状态下的干气体为基准。

3.9 过量空气系数 excess air coefficien

指工业炉窑运行时实际空气量与理论空气需要量的比值。

3.10 企业边界 enterprise boundary

指铅、锌工业企业的法定边界。若无法定边界,则指实际边界。

3.11 公共污水处理系统 public wastewater treatment system

指通过纳污管道等方式收集废水,为两家以上排污单位提供废水处理服务并且排水能够达到相关排放标准要求的企业或机构,包括各种规模和类型的城镇污水处理厂、区域(包括各类工业园区、开发区、工业聚集地等)废水处理厂等,其废水处理程度应达到二级或二级以上。

3.12 直接排放 direct discharge

指排污单位直接向环境排放水污染物的行为。

3.13 间接排放 indirect discharge

指排污单位向公共污水处理系统排放水污染物的行为。

4 污染物排放控制要求

4.1 水污染物排放控制要求

4.1.2 自2012年1月1日起,现有企业执行表2规定的水污染物排放限值。

4.1.3 自2010年10月1日起,新建企业执行表2规定的水污染物排放限值。

表2 新建企业水污染物排放浓度限值及单位产品基准排水量

单位:mg/L(pH值除外)

序号	污染物项目	限值 直接排放	限值 间接排放	污染物排放监控位置
1	pH值	6～9	6～9	企业废水总排放口
2	化学需氧量(COD$_{Cr}$)	60	200	企业废水总排放口
3	悬浮物(SS)	50	70	企业废水总排放口
4	氨氮(以N计)	8	25	企业废水总排放口
5	总磷(以P计)	1.0	2.0	企业废水总排放口
6	总氮(以N计)	15	30	企业废水总排放口
7	总锌	1.5	1.5	企业废水总排放口
8	总铜	0.5	0.5	企业废水总排放口
9	硫化物	1.0	1.0	企业废水总排放口
10	氟化物	8	8	企业废水总排放口
11	总铅	0.5		车间或生产设施废水排放口
12	总镉	0.05		车间或生产设施废水排放口
13	总汞	0.03		车间或生产设施废水排放口
14	总砷	0.3		车间或生产设施废水排放口
15	总镍	0.5		车间或生产设施废水排放口
16	总铬	1.5		车间或生产设施废水排放口
单位产品基准排水量	选矿(原矿)/(m³/t)	2.5		排水量计量位置与污染物排放监控位置一致
单位产品基准排水量	冶炼/(m³/t)	8		排水量计量位置与污染物排放监控位置一致

4.1.4 根据环境保护工作的要求,在国土开发密度已经较高、环境承载能力开始减弱,或环境容量较小、生态环境脆弱,容易发生严重环境污染等问题而需要采取特别保护措施的地区,应严格控制企业的污染物排放行为,在上述地区的企业执行表3规定的水污染物特别排放限值。

表3 水污染物特别排放限值

单位:mg/L(pH值除外)

序号	污染物项目	限值 直接排放	限值 间接排放	污染物排放监控位置
1	pH值	6～9	6～9	企业废水总排放口
2	化学需氧量(COD$_{Cr}$)	50	60	企业废水总排放口
3	悬浮物(SS)	10	50	企业废水总排放口
4	氨氮(以N计)	5	8	企业废水总排放口

(续表)

序号	污染物项目	限值 直接排放	限值 间接排放	污染物排放监控位置
5	总磷(以P计)	0.5	1.0	企业废水总排放口
6	总氮(以N计)	10	15	企业废水总排放口
7	总锌	1.0	1.0	企业废水总排放口
8	总铜	0.2	0.2	企业废水总排放口
9	硫化物	1.0	1.0	企业废水总排放口
10	氟化物	5	5	企业废水总排放口
11	总铅	0.2		车间或生产设施废水排放口
12	总镉	0.02		车间或生产设施废水排放口
13	总汞	0.01		车间或生产设施废水排放口
14	总砷	0.1		车间或生产设施废水排放口
15	总镍	0.5		车间或生产设施废水排放口
16	总铬	1.5		车间或生产设施废水排放口
单位产品基准排水量	选矿(原矿)/(m³/t)	1.5		排水量计量位置与污染物排放监控位置一致
单位产品基准排水量	冶炼/(m³/t)	4		排水量计量位置与污染物排放监控位置一致

执行水污染物特别排放限值的地域范围、时间,由国务院环境保护行政主管部门或省级人民政府规定。

4.2 大气污染物排放控制要求

4.2.2 自2012年1月1日起,现有企业执行表5规定的大气污染物排放限值。

4.2.3 自2010年10月1日起,新建企业执行表5规定的大气污染物排放限值。

表5 新建企业大气污染物排放浓度限值

单位:mg/m³

序号	污染物	适用范围	排放浓度限值	污染物排放监控位置
1	颗粒物	所有	80	车间或生产设施排气筒
2	二氧化硫	所有	400	车间或生产设施排气筒
3	硫酸雾	制酸	20	车间或生产设施排气筒
4	铅及其化合物	熔炼	8	车间或生产设施排气筒
5	汞及其化合物	烧结、熔炼	0.05	车间或生产设施排气筒

4.2.4 企业边界大气污染物任何1h平均浓度执行表6规定的限值。

表 6 现有和新建企业边界大气污染物浓度限值

单位：mg/m³

序号	污染物项目	最高浓度限值
1	二氧化硫	0.5
2	颗粒物	1.0
3	硫酸雾	0.3
4	铅及其化合物	0.006
5	汞及其化合物	0.0003

4.2.5 在现有企业生产、建设项目竣工环保验收后的生产过程中，负责监管的环境保护主管部门应对周围居住、教学、医疗等用途的敏感区域环境质量进行监测。建设项目的具体监控范围为环境影响评价确定的周围敏感区域；未进行过环境影响评价的现有企业，监控范围由负责监管的环境保护主管部门，根据企业排污的特点和规律及当地的自然、气象条件等因素，参照相关环境影响评价技术导则确定。地方政府应对本辖区环境质量负责，采取措施确保环境状况符合环境质量标准要求。

4.2.6 产生大气污染物的生产工艺和装置必须设立局部或整体气体收集系统和集中净化处理装置。所有排气筒高度应不低于15m。排气筒周围半径200m范围内有建筑物时，排气筒高度还应高出最高建筑物3m以上。

4.2.7 铅、锌冶炼炉窑规定过量空气系数为1.7。实测的铅、锌冶炼炉窑的污染物排放浓度，应换算为基准过量空气系数排放浓度。生产设施应采取合理的通风措施，不得故意稀释排放。在国家未规定其他生产设施单位产品基准排气量之前，暂以实测浓度作为判定是否达标的依据。

5 污染物监测要求

5.1 污染物监测的一般要求

5.1.1 对企业排放废水和废气的采样，应根据监测污染物的种类，在规定的污染物排放监控位置进行，有废水和废气处理设施的，应在处理设施后监控。在污染物排放监控位置须设置永久性排污口标志。

5.1.2 新建企业和现有企业安装污染物排放自动监控设备的要求，按有关法律和《污染源自动监控管理办法》的规定执行。

5.1.3 对企业污染物排放情况进行监测的频次、采样时间等要求，按国家有关污染源监测技术规范的规定执行。

5.1.4 企业产品产量的核定，以法定报表为依据。

5.1.5 企业须按照有关法律和《环境监测管理办法》的规定，对排污状况进行监测，并保存原始监测记录。

5.2 水污染物监测要求

对企业排放水污染物浓度的测定采用表7所列的方法标准。

表7 水污染物浓度测定方法标准

序号	污染物项目	方法标准名称	方法标准编号
1	pH值	水质 pH值的测定 玻璃电极法	GB/T 6920—1986
2	化学需氧量	水质 化学需氧量测定 重铬酸盐法	GB/T 11914—1989
		水质 化学需氧量的测定 快速消解分光光度法	HJ/T 399—2007
3	悬浮物	水质 悬浮物的测定 重量法	GB/T 11901—1989
4	氨氮	水质 氨氮的测定 气相分子吸收光谱法	HJ/T 195—2005
		水质 氨氮的测定 纳氏试剂分光光度法	HJ 535—2009
		水质 氨氮的测定 水杨酸分光光度法	HJ 536—2009
		水质 氨氮的测定 蒸馏-中和滴定法	HJ 537—2009
5	总磷	水质 总磷的测定 钼酸铵分光光度法	GB/T 11893—1989
6	总氮	水质 总氮的测定 气相分子吸收光谱法	HJ/T 199—2005
		水质 总氮的测定 碱性过硫酸钾消解紫外分光光度法	GB/T 11894—1989
7	总锌	水质 铜、锌、铅、镉的测定 原子吸收分光光度法	GB/T 7475—1987
8	总铜	水质 铜、锌、铅、镉的测定 原子吸收分光光度法	GB/T 7475—1987
9	硫化物	水质 硫化物的测定 亚甲基蓝分光光度法	GB/T 16489—1996
		水质 硫化物的测定 碘量法	HJ/T 60—2000
10	氟化物	水质 氟化物的测定 离子选择电极法	GB/T 7484—1987
		水质 氟化物的测定 茜素磺酸锆目视比色法	HJ 487—2009
		水质 氟化物的测定 氟试剂分光光度法	HJ 488—2009
11	总铅	水质 铜、锌、铅、镉的测定 原子吸收分光光度法	GB/T 7475—1987
12	总镉	水质 铜、锌、铅、镉的测定 原子吸收分光光度法	GB/T 7475—1987
13	总汞	水质 汞的测定 冷原子吸收分光光度法	GB/T 7468—1987
14	总砷	水质 总砷的测定 二乙基二硫代氨基甲酸银分光光度法	GB/T 7485—1987
15	总镍	水质 镍的测定 火焰原子吸收分光光度法	GB/T 11912—1989
16	总铬	水质 总铬的测定	GB/T 7466—1987

5.3 大气污染物监测要求

5.3.1 采样点的设置与采样方法按GB/T 16157—1996执行。

5.3.2 在有敏感建筑物方位、必要的情况下进行无组织排放监控,具体要求按HJ/T 55—2000进行监测。

5.3.3 对企业排放大气污染物浓度的测定采用表8所列的方法标准。

表8 大气污染物浓度测定方法标准

序号	污染物项目	方法标准名称	方法标准编号
1	颗粒物	固定污染源排气中颗粒物的测定与气态污染物采样方法	GB/T 16157—1996
		环境空气 总悬浮颗粒物的测定 重量法	GB/T 15432—1995
2	二氧化硫	固定污染源排气中二氧化硫的测定 碘量法	HJ/T 56—2000
		固定污染源排气中二氧化硫的测定 定电位电解法	HJ/T 57—2000
		环境空气 二氧化硫的测定 甲醛吸收-副玫瑰苯胺分光光度法	HJ 482—2009
		环境空气 二氧化硫的测定 四氯汞盐吸收-副玫瑰苯胺分光光度法	HJ 483—2009
3	硫酸雾	固定污染源废气 硫酸雾的测定 离子色谱法（暂行）	HJ 544—2009
		硫酸浓缩尾气 硫酸雾的测定 铬酸钡比色法	GB/T 4920—1985
4	铅及其化合物	固定污染源废气 铅的测定 火焰原子吸收分光光度法（暂行）	HJ 538—2009
		环境空气 铅的测定 石墨炉原子吸收分光光度法（暂行）	HJ 539—2009
5	汞及其化合物	环境空气 汞的测定 巯基棉富集-冷原子荧光分光光度法（暂行）	HJ 542—2009
		固定污染源废气 汞的测定 冷原子吸收分光光度法（暂行）	HJ543—2009

6 实施与监督

6.1 本标准由县级以上人民政府环境保护行政主管部门负责监督实施。

6.2 在任何情况下，企业均应遵守本标准规定的污染物排放控制要求，采取必要措施保证污染防治设施正常运行。各级环保部门在对设施进行监督性检查时，可以现场即时采样或监测的结果，作为判定排污行为是否符合排放标准以及实施相关环境保护管理措施的依据。在发现设施耗水或排水量有异常变化的情况下，应核定企业的实际产品产量和排水量，按本标准的规定，换算水污染物基准水量排放浓度。

铜、镍、钴工业污染物排放标准（节录）

GB 25467—2010

（2010年9月27日发布　2010年10月1日实施）

本标准由环境保护部科技标准司组织制定。

本标准主要起草单位：中国瑞林工程技术有限公司（原南昌有色冶金设计研究院）、环境保护部环境标准研究所。

（按原标准编号节录）

3 术语和定义

下列术语和定义适用于本标准。

3.1 铜、镍、钴工业 copper, nickel and cobalt industry
指生产铜、镍、钴金属的采矿、选矿、冶炼工业企业,不包括以废旧铜、镍、钴物料为原料的再生冶炼工业。

3.2 特征生产工艺和装置 typical processing and facility
指铜、镍、钴金属的采矿、选矿、冶炼的生产工艺及与这些工艺相关的装置。

3.3 现有企业 existing facility
指在本标准实施之日前已建成投产或环境影响评价文件已通过审批的铜、镍、钴工业企业或生产设施。

3.4 新建企业 new facility
指本标准实施之日起环境影响评价文件通过审批的新建、改建和扩建的铜、镍、钴生产设施建设项目。

3.5 排水量 effluent volume
指生产设施或企业向企业法定边界以外排放的废水的量,包括与生产有直接或间接关系的各种外排废水(如厂区生活污水、冷却废水、厂区锅炉和电站排水等)。

3.6 单位产品基准排水量 benchmark effluent volume per unit product
指用于核定水污染物排放浓度而规定的生产单位铜、镍、钴产品的废水排放量上限值。

3.7 排气筒高度 stack height
指自排气筒(或其主体建筑构造)所在的地平面至排气筒出口计的高度。

3.8 标准状态 standard condition
指温度为273.15K、压力为101 325Pa时的状态。本标准规定的大气污染物排放浓度限值均以标准状态下的干气体为基准。

3.9 过量空气系数 excess air coefficient
指工业炉窑运行时实际空气量与理论空气需要量的比值。

3.10 排气量 exhaust volume
指铜、镍、钴工业生产工艺和装置排入环境空气的废气量,包括与生产工艺和装置有直接或间接关系的各种外排废气(如环境集烟等)。

3.11 单位产品基准排气量 benchmark exhaust volume per unit product
指用于核定大气污染物排放浓度而规定的生产单位铜、镍、钴产品的排气量上限值。

3.12 企业边界 enterprise boundary
指铜、镍、钴工业企业的法定边界。若无法定边界,则指实际边界。

3.13 公共污水处理系统 public wastewater treatment system
指通过纳污管道等方式收集废水,为两家以上排污单位提供废水处理服务并且排水能够达到相关排放标准要求的企业或机构,包括各种规模和类型的城镇污水处理厂、区域(包括各类工业园区、开发区工业聚集地等)废水处理厂等,其废水处理程度应达到二级或二级以上。

3.14 直接排放 direct discharge
指排污单位直接向环境排放水污染物的行为。

3.15 间接排放 indirect discharge
指排污单位向公共污水处理系统排放水污染物的行为。

4 污染物排放控制要求

4.1 水污染物排放控制要求

4.1.2 自2012年1月1日起,现有企业执行表2规定的水污染物排放限值。

4.1.3 自2010年10月1日起,新建企业执行表2规定的水污染物排放限值。

表2 新建企业水污染物排放浓度限值及单位产品基准排水量

单位:mg/L(pH值除外)

序号	污染物项目	限值		污染物排放监控位置
		直接排放	间接排放	
1	pH值	6~9	6~9	企业废水总排放口
2	悬浮物	80(采选)	200(采选)	
		30(其他)	140(其他)	
3	化学需氧量(COD_{Cr})	100(湿法冶炼)	300(湿法冶炼)	
		60(其他)	200(其他)	
4	氟化物(以F计)	5	15	
5	总氮	15	40	
6	总磷	1.0	2.0	
7	氨氮	8	20	
8	总锌	1.5	4.0	
9	石油类	3.0	15	
10	总铜	0.5	1.0	
11	硫化物	1.0	1.0	
12	总铅	0.5		车间或生产设施废水排放口
13	总镉	0.1		
14	总镍	0.5		
15	总砷	0.5		
16	总汞	0.05		
17	总钴	1.0		
单位产品基准排水量	选矿(原矿)/(m³/t)	1.0		排水量计量位置与污染物排放监控位置一致
	铜冶炼/(m³/t)	10		
	镍冶炼/(m³/t)	15		
	钴冶炼/(m³/t)	30		

4.1.4 根据环境保护工作的要求,在国土开发密度已经较高、环境承载能力开始减弱,或环境容量较小、生态环境脆弱,容易发生严重环境污染等问题而需要采取特别保护措施的地区,应

严格控制企业的污染物排放行为,在上述地区的企业执行表3规定的水污染物特别排放限值。

执行水污染物特别排放限值的地域范围、时间,由国务院环境保护行政主管部门或省级人民政府规定。

表3 水污染物特别排放限值

单位:mg/L(pH值除外)

序号	污染物项目	限值		污染物排放监控位置
		直接排放	间接排放	
1	pH值	6~9	6~9	企业废水总排放口
2	悬浮物	30(采选)	80(采选)	
		10(其他)	30(其他)	
3	化学需氧量(COD_{Cr})	50	60	
4	氟化物(以F计)	2	5	
5	总氮	10	15	
6	总磷	0.5	1.0	
7	氨氮	5	8	
8	总锌	1.0	1.5	
9	石油类	1.0	3.0	
10	总铜	0.2	0.5	
11	硫化物	0.5	1.0	
12	总铅	0.2		车间或生产设施废水排放口
13	总镉	0.02		
14	总镍	0.5		
15	总砷	0.1		
16	总汞	0.01		
17	总钴	1.0		
单位产品基准排水量	选矿(原矿)/(m^3/t)	0.8		排水量计量位置与污染物排放监控位置相同
	铜冶炼/(m^3/t)	8		
	镍冶炼/(m^3/t)	12		
	钴冶炼/(m^3/t)	16		

4.1.5 水污染物排放浓度限值适用于单位产品实际排水量不高于单位产品基准排水量的情况。若单位产品实际排水量超过单位产品基准排水量,须按式(1)将实测水污染物浓度换算为水污染物基准排水量排放浓度,并以水污染物基准排水量排放浓度作为判定排放是否达标的依据。产品产量和排水量统计周期为一个工作日。

在企业的生产设施同时生产两种以上产品、可适用不同排放控制要求或不同行业国家污染物排放标准,且生产设施产生的污水混合处理排放的情况下,应执行排放标准中规定的最严格的浓度限值,并按式(1)换算水污染物基准排水量排放浓度。

$$\rho_{基} = \frac{Q_{总}}{\sum Y_i \cdot Q_{i基}} \cdot \rho_{实} \qquad (1)$$

式中:$\rho_{基}$——水污染物基准排水量排放浓度,mg/L;

$Q_{总}$——排水总量,m³;

Y_i——第 i 种产品产量,t;

$Q_{i基}$——第 i 种产品的单位产品基准排水量,m³/t;

$\rho_{实}$——实测水污染物浓度,mg/L。

若 $Q_{总}$ 与 $\sum Y_i \cdot Q_{i基}$ 的比值小于 1,则以水污染物实测浓度作为判定排放是否达标的依据。

4.2 大气污染物排放控制要求

4.2.2 自 2012 年 1 月 1 日起,现有企业执行表 5 规定的大气污染物排放限值。

4.2.3 自 2010 年 10 月 1 日起,新建企业执行表 5 规定的大气污染物排放限值。

表 5 新建企业大气污染物排放浓度限值

单位:mg/m³

序号	生产类别	工艺或工序	限值										污染物排放监控位置
			二氧化硫	颗粒物	砷及其化合物	硫酸雾	氯气	氯化氢	镍及其化合物	铅及其化合物	氟化物	汞及其化合物	
1	采选	破碎、筛分	—	100	—	—	—	—	—	—	—	—	车间或生产设施排气筒
		其他	400	80	—	40	60	80	—	—	—	—	
2	铜冶炼	全部	400	80	0.4	40	—	—	—	0.7	3.0	0.012	
3	镍、钴冶炼	全部	400	80	0.4	40	60	80	4.3	0.7	3.0	0.012	
4	烟气制酸	全部	400	50	0.4	40	—	—	—	0.7	3.0	0.012	
单位产品基准排气量			铜冶炼/(m³/t)					21 000					
			镍冶炼/(m³/t)					36 000					

4.2.4 企业边界大气污染物任何 1h 平均浓度执行表 6 规定的限值。

表 6 现有和新建企业边界大气污染物浓度限值

单位:mg/m³

序号	污染物	限值
1	二氧化硫	0.5
2	颗粒物	1.0
3	硫酸雾	0.3
4	氯气	0.02

(续表)

序号	污染物	限值
5	氯化氢	0.15
6	砷及其化合物	0.01
7	镍及其化合物[1]	0.04
8	铅及其化合物	0.006
9	氟化物	0.02
10	汞及其化合物	0.0012

注：(1) 镍、钴冶炼企业监控。

4.2.5 在现有企业生产、建设项目竣工环保验收后的生产过程中，负责监管的环境保护主管部门应对周围居住、教学、医疗等用途的敏感区域环境质量进行监测。建设项目的具体监控范围为环境影响评价确定的周围敏感区域；未进行过环境影响评价的现有企业，监控范围由负责监管的环境保护主管部门，根据企业排污的特点和规律及当地的自然、气象条件等因素，参照相关环境影响评价技术导则确定。地方政府应对本辖区环境质量负责，采取措施确保环境状况符合环境质量标准要求。

4.2.6 产生大气污染物的生产工艺和装置必须设立局部或整体气体收集系统和集中净化处理装置，净化后的气体由排气筒排放，所有排气筒高度应不低于15m(排放氯气的排气筒高度不得低于25m)。排气筒周围半径200m范围内有建筑物时，排气筒高度还应高出最高建筑物3m以上。

4.2.7 炉窑基准过量空气系数为1.7，实测炉窑的大气污染物排放浓度，应换算为基准过量空气系数排放浓度。生产设施应采取合理的通风措施，不得故意稀释排放，若单位产品实际排气量超过单位产品基准排气量，须将实测大气污染物浓度换算为大气污染物基准排气量排放浓度，并以大气污染物基准排气量排放浓度作为判定排放是否达标的依据。大气污染物基准排气量排放浓度的换算，可参照采用水污染物基准排水量排放浓度的计算公式。在国家未规定其他生产设施单位产品基准排气量之前，暂以实测浓度作为判定是否达标的依据。

5 污染物监测要求

5.1 污染物监测的一般要求

5.1.1 对企业排放废水和废气的采样，应根据监测污染物的种类，在规定的污染物排放监控位置进行，有废水和废气处理设施的，应在处理设施后监控。在污染物排放监控位置须设置永久性排污口标志。

5.1.2 新建企业和现有企业安装污染物排放自动监控设备的要求，按有关法律和《污染源自动监控管理办法》的规定执行。

5.1.3 对企业污染物排放情况进行监测的频次、采样时间等要求，按国家有关污染源监测技术规范的规定执行。

5.1.4 企业产品产量的核定,以法定报表为依据。
5.1.5 企业须按照有关法律和《环境监测管理办法》的规定,对排污状况进行监测,并保存原始监测记录。

5.2 水污染物监测要求

对企业排放水污染物浓度的测定采用表7所列的方法标准。

表7 水污染物浓度测定方法标准

序号	污染物项目	方法标准名称	方法标准编号
1	pH值	水质 pH值的测定 玻璃电极法	GB/T 6920—1986
2	悬浮物	水质 悬浮物的测定 重量法	GB/T 11901—1989
3	化学需氧量	水质 化学需氧量的测定 重铬酸盐法	GB/T 11914—1989
		水质 化学需氧量的测定 快速消解分光光度法	GB/T 399—2007
4	氟化物	水质 氟化物的测定 离子选择电极法	GB/T 7484—1987
		水质 氟化物的测定 茜素磺酸锆目视比色法	HJ 487—2009
		水质 氟化物的测定 氟试剂分光光度法	HJ 488—2009
5	总氮	水质 总氮的测定 气相分子吸收光谱法	HJ/T 199—2005
		水质 总氮的测定 碱性过硫酸钾消解紫外分光光度法	GB/T 11894—1989
6	总磷	水质 总磷的测定 钼酸铵分光光度法	GB/T 11893—1989
7	氨氮	水质 氨氮的测定 气相分子吸收光谱法	HJ/T 195—2005
		水质 氨氮的测定 纳氏试剂分光光度法	HJ 535—2009
		水质 氨氮的测定 水杨酸分光光度法	HJ 536—2009
		水质 氨氮的测定 蒸馏-中和滴定法	HJ 537—2009
8	总锌	水质 铜、锌、铅、镉的测定 原子吸收分光光度法	GB/T 7475—1987
9	石油类	水质 石油类和动植物油的测定 红外光度法	GB/T 16488—1996
10	总铜	水质 铜、锌、铅、镉的测定 原子吸收分光光度法	GB/T 7475—1987
11	硫化物	水质 硫化物的测定 碘量法	HJ/T 60—2000
		水质 硫化物的测定 亚甲基蓝分光光度法	GB/T 16489—1996
12	总铅	水质 铜、锌、铅、镉的测定 原子吸收分光光度法	GB/T 7475—1987
13	总镉	水质 铜、锌、铅、镉的测定 原子吸收分光光度法	GB/T 7475—1987
14	总镍	水质 镍的测定 火焰原子吸收分光光度法	GB/T 11912—1989
15	总砷	水质 总砷的测定 二乙基二硫代氨基甲酸银分光光度法	GB/T 7485—1987
16	总汞	水质 总汞的测定 冷原子吸收分光光度法	GB/T 7468—1987
17	总钴	水质 总钴的测定 5-氯-2-(吡啶偶氮)-1,3-二氨基苯分光光度法(暂行)	HJ 550—2009

5.3 大气污染物监测要求

5.3.1 采样点的设置与采样方法按 GB/T 16157—1996 执行。

5.3.2 在有敏感建筑物方位、必要的情况下进行监控,具体要求按 HJ/T 55—2000 进行监测。

5.3.3 对企业排放大气污染物浓度的测定采用表 8 所列的方法标准。

表8 大气污染物浓度测定方法标准

序号	污染物项目	方法标准名称	方法标准编号
1	颗粒物	固定污染源排气中颗粒物测定与气态污染物采样方法	GB/T 16157—1996
		环境空气 总悬浮颗粒物的测定 重量法	GB/T 15432—1995
2	二氧化硫	固定污染物排气中二氧化硫的测定 碘量法	HJ/T 56—2000
		固定污染物排气中二氧化硫的测定 定电位电解法	HJ/T 57—2000
		环境空气 二氧化硫的测定 甲醛吸收-副玫瑰苯胺分光光度法	HJ 482—2009
		环境空气 二氧化硫的测定 四氯汞盐吸收-副玫瑰苯胺分光光度法	HJ 483—2009
3	硫酸雾	固定污染源废气 硫酸雾的测定 离子色谱法(暂行)	HJ 544—2009
4	氯气	固定污染源排气中氯气的测定 甲基橙分光光度法	HJ/T 30—1999
		固定污染源废气 氯气的测定 碘量法(暂行)	HJ 547—2009
5	氯化氢	固定污染源排气中氯化氢的测定 硫氰酸汞分光光度法	HJ/T 27—1999
		固定污染源废气 氯化氢的测定 硝酸银容量法(暂行)	HJ 548—2009
		空气和废气 氯化氢的测定 离子色谱法(暂行)	HJ 549—2009
6	镍及其化合物	大气固定污染源 镍的测定 火焰原子吸收分光光度法	HJ/T 63.1—2001
		大气固定污染源 镍的测定 石墨炉原子吸收分光光度法	HJ/T 63.2—2001
7	砷及其化合物	空气和废气 砷的测定 二乙基二硫代氨基甲酸银分光光度法(暂行)	HJ 540—2009
8	氟化物	大气固定污染源 氟化物的测定 离子选择电极法	HJ/T 67—2001
		环境空气 氟化物的测定 滤膜采样氟离子选择电极法	HJ 480—2009
		环境空气 氟化物的测定 石灰滤纸采样氟离子选择电极法	HJ 481—2009
9	汞及其化合物	环境空气 汞的测定 巯基棉富集-冷原子荧光分光光度法(暂行)	HJ 542—2009
		固定污染源废气 汞的测定 冷原子吸收分光光度法(暂行)	HJ 543—2009
10	铅及其化合物	固定污染源废气 铅的测定 火焰原子吸收分光光度法(暂行)	HJ 538—2009
		环境空气 铅的测定 石墨炉原子吸收分光光度法(暂行)	HJ 539—2009

6 实施与监督

6.1 本标准由县级以上人民政府环境保护行政主管部门负责监督实施。

6.2 在任何情况下,企业均应遵守本标准规定的污染物排放控制要求,采取必要措施保证污染防治设施正常运行。各级环保部门在对设施进行监督性检查时,可以现场即时采样或监测的结果,作为判定排污行为是否符合排放标准以及实施相关环境保护管理措施的依据。在发现设施耗水或排水量、排气量有异常变化的情况下,应核定企业的实际产品产量、排水量和排气量,按本标准的规定,换算水污染物基准排水量排放浓度和大气污染物基准排气量排放浓度。

镁、钛工业污染物排放标准(节录)

GB 25468—2010

(2010年9月27日发布 2010年10月1日实施)

本标准由环境保护部科技标准司组织制定。

本标准主要起草单位:贵阳铝镁设计研究院、环境保护部环境标准研究所、中国瑞林工程技术有限公司(原南昌有色冶金设计研究院)。

(按原标准编号节录)

3 术语和定义

下列术语和定义适用于本标准。

3.1 镁、钛工业企业 magnesium and titanium industry

镁工业企业是指以白云石为原料生产金属镁的硅热法镁冶炼企业及其白云石矿山;钛工业企业是指以钛精矿或高钛渣或四氯化钛为原料生产海绵钛的企业及其矿山,包括以高钛渣、四氯化钛、海绵钛等为最终产品的生产企业。

3.2 特征生产工艺和装置 typical processing and facility

指镁、钛金属的采矿、选矿、冶炼的生产工艺及与这些工艺相关的装置。

3.3 现有企业 existing facility

指在本标准实施之日前已建成投产或环境影响评价文件通过审批的镁、钛工业企业或生产设施。

3.4 新建企业 new facility

指本标准实施之日起环境影响评价文件通过审批的新建、改建和扩建的镁、钛生产设施建设项目。

3.5 排水量 effluent volume

指生产设施或企业向企业法定边界以外排放的废水的量,包括与生产有直接或间接关系的各种外排废水(如厂区生活污水、冷却废水、厂区锅炉和电站排水等)。

3.6 单位产品基准排水量 benchmark effluent volume per unit product

指用于核定水污染物排放浓度而规定的生产单位镁、钛产品的废水排放量上限值。

3.7 排气筒高度 stack height

指自排气筒(或其主体建筑构造)所在的地平面至排气筒出口计的高度。

3.8 标准状态 standard condition

指温度为273.15K、压力为101 325Pa时的状态。本标准规定的大气污染物排放浓度限值均以标准状态下的干气体为基准。

3.9 过量空气系数 excess air coefficient

指工业炉窑运行时实际空气量与理论空气需要量的比值。

3.10 企业边界 enterprise boundary

指镁、钛工业企业的法定边界。若无法定边界,则指实际边界。

3.11 公共污水处理系统 public wastewater treatment system

指通过纳污管道等方式收集废水,为两家以上排污单位提供废水处理服务并且排水能够达到相关排放标准要求的企业或机构,包括各种规模和类型的城镇污水处理厂、区域(包括各类工业园区、开发区、工业聚集地等)废水处理厂等,其废水处理程度应达到二级或二级以上。

3.12 直接排放 direct discharge

指排污单位直接向环境排放水污染物的行为。

3.13 间接排放 indirect discharge

指排污单位向公共污水处理系统排放水污染物的行为。

4 污染物排放控制要求

4.1 水污染物排放控制要求

4.1.2 自2012年1月1日起,现有企业执行表2规定的水污染物排放限值。

4.1.3 自2010年10月1日起,新建企业执行表2规定的水污染物排放限值。

表2 新建企业水污染物排放浓度限值及单位产品基准排水量

单位:mg/L(pH值除外)

序号	污染物项目	限值		污染物排放监控位置
		直接排放	间接排放	
1	pH值	6～9	6～9	企业废水总排放口
2	悬浮物	30	70	
3	化学需氧量(COD_{Cr})	60	180	
4	石油类	3	15	
5	总氮	15	40	
6	总磷	1.0	3.0	
7	氨氮	8	25	
8	总铜	0.5	1.0	

(续表)

序号	污染物项目	限值		污染物排放监控位置
		直接排放	间接排放	
9	总铬	1.5		车间或生产设施废水排放口
10	六价铬	0.5		
单位产品基准排水量	镁冶炼企业/(m³/t)	1.0		排水量计量位置与污染物排放监控位置一致
	以钛精矿为原料生产海绵钛/(m³/t)	55		
	以精TiCl₄为原料生产海绵钛/(m³/t)	8		
	以高钛渣为原料生产四氯化钛/(m³/t)	12		
	以钛精矿为原料生产高钛渣/(m³/t)	0.2		

4.1.4 根据环境保护工作的要求，在国土开发密度已经较高、环境承载能力开始减弱，或环境容量较小、生态环境脆弱，容易发生严重环境污染等问题而需要采取特别保护措施的地区，应严格控制企业的污染物排放行为，在上述地区的企业执行表3规定的水污染物特别排放限值。

表3 水污染物特别排放限值

单位：mg/L（pH值除外）

序号	污染物项目	限值		污染物排放监控位置
		直接排放	间接排放	
1	pH值	6.5～8.5	6～9	企业废水总排放口
2	悬浮物	10	30	
3	化学需氧量（COD_{Cr}）	50	60	
4	石油类	1.0	3.0	
5	总氮	15	15	
6	总磷	0.5	1.0	
7	氨氮	5.0	8.0	
8	总铜	0.2	0.5	
9	总铬	1.0		车间或生产设施废水排放口
10	六价铬	0.2		

(续表)

序号	污染物项目	限值 直接排放	限值 间接排放	污染物排放监控位置
单位产品基准排水量	镁冶炼企业/(m³/t)	0.5		排水量计量位置与污染物排放监控位置一致
	以钛精矿为原料生产海绵钛/(m³/t)	35		
	以精$TiCl_4$为原料生产海绵钛/(m³/t)	6		
	以高钛渣为原料生产四氯化钛/(m³/t)	8		
	以钛精矿为原料生产高钛渣/(m³/t)	0.1		

执行水污染物特别排放限值的地域范围、时间,由国务院环境保护行政主管部门或省级人民政府规定。

4.2 大气污染物排放控制要求

4.2.2 自2012年1月1日起,现有企业执行表5规定的大气污染物排放限位。

4.2.3 自2010年10月1日起,新建企业执行表5规定的大气污染物排放限值。

表5 新建企业大气污染物排放浓度限值

单位:mg/m³

生产系统及设备		限值 颗粒物	限值 二氧化硫	限值 氯气	限值 氯化氢	污染物排放监控位置
矿山	破碎、筛分、转运	50	—			
镁冶炼	原料制备	50	—			
	煅烧炉	150	400			
	还原炉	50	400			
	精炼	50	400			
	其他	50	400			
钛冶炼	原料制备	50				车间或生产设施排气筒
	高钛渣电炉	70	400			
	氯化系统	—	—	60	80	
	精制系统	—	—	60	80	
	镁电解槽			60	80	
	精炼	50	400	—	—	
	其他	50	400	60	80	

4.2.4 企业边界大气污染物任何1h平均浓度执行表6规定的限值。

表6 现有和新建企业边界大气污染物浓度限值

单位:mg/m³

序号	污染物	限值
1	二氧化硫	0.5
2	颗粒物	1.0
3	氯气	0.02
4	氯化氢	0.15

4.2.5 在现有企业生产、建设项目竣工环保验收后的生产过程中,负责监管的环境保护主管部门应对周围居住、教学、医疗等用途的敏感区域环境质量进行监测。建设项目的具体监控范围为环境影响评价确定的周围敏感区域;未进行过环境影响评价的现有企业,监控范围由负责监管的环境保护主管部门,根据企业排污的特点和规律及当地的自然、气象条件等因素,参照相关环境影响评价技术导则确定。地方政府应对本辖区环境质量负责,采取措施确保环境状况符合环境质量标准要求。

4.2.6 产生大气污染物的生产工艺和装置必须设立局部或整体气体收集系统和集中净化处理装置,并通过符合要求的排气筒排放。所有排气筒高度应不低于15m(排放氯气的排气筒高度不得低于25m)。排气筒周围半径200m范围内有建筑物时,排气筒高度还应高出最高建筑物3m以上。

4.2.7 炉窑基准过量空气系数为1.7,实测炉窑的大气污染物排放浓度,应换算为基准过量空气系数排放浓度。生产设施应采取合理的通风措施,不得故意稀释排放。在国家未规定其他生产设施单位产品基准排气量之前,暂以实测浓度作为判定是否达标的依据。

5 污染物监测要求

5.1 污染物监测的一般要求

5.1.1 对企业排放废水和废气的采样,应根据监测污染物的种类,在规定的污染物排放监控位置进行,有废水和废气处理设施的,应在处理设施后监控。在污染物排放监控位置须设置永久性排污口标志。

5.1.2 新建企业和现有企业安装污染物排放自动监控设备的要求,按有关法律和《污染源自动监控管理办法》的规定执行。

5.1.3 对企业污染物排放情况进行监测的频次、采样时间等要求,按国家有关污染源监测技术规范的规定执行。

5.1.4 企业产品产量的核定,以法定报表为依据。

5.1.5 企业须按照有关法律和《环境监测管理办法》的规定,对排污状况进行监测,并保存原始监测记录。

5.2 水污染物监测要求

对企业排放水污染物浓度的测定采用表7所列的方法标准。

表7 水污染物浓度测定方法标准

序号	污染物项目	方法标准名称	方法标准编号
1	pH值	水质 pH值的测定 玻璃电极法	GB/T 6920—1986
2	悬浮物	水质 悬浮物的测定 重量法	GB/T 11901—1989
3	化学需氧量	水质 化学需氧量的测定 重铬酸盐法	GB/T 11914—1989
3	化学需氧量	水质 化学需氧量的测定 快速消解分光光度法	HJ/T 399—2007
4	石油类	水质 石油类和动植物油的测定 红外光度法	GB/T 16488—1996
5	总氮	水质 总氮的测定 碱性过硫酸钾消解紫外分光光度法	GB/T 11894—1989
5	总氮	水质 总氮的测定 气相分子吸收光谱法	HJ/T 199—2005
6	总磷	水质 总磷的测定 钼酸铵分光光度法	GB/T 11893—1989
7	氨氮	水质 氨氮的测定 纳氏试剂分光光度法	HJ 535—2009
7	氨氮	水质 氨氮的测定 水杨酸分光光度法	HJ 536—2009
7	氨氮	水质 氨氮的测定 蒸馏-中和滴定法	HJ 537—2009
7	氨氮	水质 氨氮的测定 气相分子吸收光谱法	HJ/T 195—2005
8	总铜	水质 铜、锌、铅、镉的测定 原子吸收分光光度法	GR/T 7475—1987
9	总铬	水质 总铬的测定	GB/T 7466—1987
10	六价铬	水质 六价铬的测定 二苯碳酰二肼分光光度法	GB/T 7467—1987

5.3 大气污染物监测要求

5.3.1 采样点的设置与采样方法按 GR/T 16157—1996 执行。

5.3.2 在有敏感建筑物方位、必要的情况下进行监控,具体要求按 HJ/T 55—2000 进行监测。

5.3.3 对企业排放大气污染物浓度的测定采用表8所列的方法标准。

表8 大气污染物浓度测定方法标准

序号	污染物项目	方法标准名称	方法标准编号
1	二氧化硫	固定污染源排气中二氧化硫的测定 碘量法	HJ/T 56—2000
1	二氧化硫	固定污染源排气中二氧化硫的测定 定电位电解法	HJ/T 57—2000
1	二氧化硫	环境空气 二氧化硫的测定 甲醛吸收-副玫瑰苯胺分光光度法	HJ 482—2009
1	二氧化硫	环境空气 二氧化硫的测定 四氯汞盐吸收-副玫瑰苯胺分光光度法	HJ 483—2009
2	颗粒物	固定污染源排气中颗粒物测定与气态污染物采样方法	GB/T 16157—1996
2	颗粒物	环境空气 总悬浮颗粒物的测定 重量法	GB/T 15432—1995

(续表)

序号	污染物项目	方法标准名称	方法标准编号
3	氯气	固定污染源排气中氯气的测定 甲基橙分光光度法	HJ/T 30—1999
		固定污染源废气 氯气的测定 碘量法(暂行)	HJ 547—2009
4	氯化氢	固定污染源排气中氯化氢的测定 硫氰酸汞分光光度法	HJ/T 27—1999
		固定污染源废气 氯化氢的测定 硝酸银容量法(暂行)	HJ 548—2009
		空气和废气 氯化氢的测定 离子色谱法(暂行)	HJ 549—2009

6 实施与监督

6.1 本标准由县级以上人民政府环境保护行政主管部门负责监督实施。

6.2 在任何情况下,企业均应遵守本标准规定的污染物排放控制要求,采取必要措施保证污染防治设施正常运行。各级环保部门在对设施进行监督性检查时,可以现场即时采样或监测的结果,作为判定排污行为是否符合排放标准以及实施相关环境保护管理措施的依据。在发现设施耗水或排水量有异常变化的情况下,应核定企业的实际产品产量、排水量,按本标准的规定,换算水污染物基准排水量排放浓度。

硝酸工业污染物排放标准(节录)

GB 26131—2010

(2010 年 12 月 30 日发布 2011 年 3 月 1 日实施)

本标准由环境保护部科技标准司组织制定。

本标准主要起草单位:青岛科技大学、环境保护部环境标准研究所、山东省化工规划设计院、天脊煤化工集团股份有限公司。

(按原标准编号节录)

3 术语和定义

下列术语和定义适用于本标准。

3.1 硝酸工业 nitric acid industry

指由氨和空气(或纯氧)在催化剂作用下制备成氧化氮气体,经水吸收制成硝酸或经碱液吸收生成硝酸盐产品的工业企业或生产设施。硝酸包括稀硝酸和浓硝酸,硝酸盐指硝酸钠、亚硝酸钠以及其他以氨和空气(或纯氧)为原料采用氨氧化法生产的硝酸盐。

3.2 现有企业 existing facility

指本标准实施之日前,已建成投产或环境影响评价文件已通过审批的硝酸工业企业或生产

3.3 新建企业 new facility

指本标准实施之日起,环境影响评价文件通过审批的新建、改建和扩建硝酸工业建设项目。

3.4 公共污水处理系统 public wastewater treatment system

指通过纳污管道等方式收集废水,为两家以上排污单位提供废水处理服务并且排水能够达到相关排放标准要求的企业或机构,包括各种规模和类型的城镇污水处理厂、区域(包括各类工业园区、开发区、工业聚集地等)废水处理厂等,其废水处理程度应达到二级或二级以上。

3.5 直接排放 direct discharge

指排污单位直接向环境排放水污染物的行为。

3.6 间接排放 indirect discharge

指排污单位向公共污水处理系统排放水污染物的行为。

3.7 排水量 effluent volume

指生产设施或企业向企业法定边界以外排放的废水的量,包括与生产有直接或间接关系的各种外排废水(含厂区生活污水、冷却废水、厂区锅炉和电站排污水等)。

3.8 单位产品基准排水量 benchmark effluent volume per unit product

指用于核定水污染物排放浓度而规定的生产单位硝酸(100%)或硝酸盐产品的排水量上限值。

3.9 硝酸工业尾气 nitric acid plant tail gas

指吸收塔顶部或经进一步脱硝后由排气筒连续排放的尾气,其主要污染物是氮氧化物(NO_x),此处氮氧化物指一氧化氮(NO)和二氧化氮(NO_2),本标准以NO_2计。

3.10 标准状态 standard condition

指温度为273.15K,压力为101 325Pa时的状态,简称"标态"。本标准规定的大气污染物排放浓度限值均以标准状态下的干气体为基准。

3.11 排气量 exhaust volume

指生产设施或企业通过排气筒向环境排放的工艺废气的量。

3.12 单位产品基准排气量 benchmark exhaust volume per unit product

指用于核定废气污染物排放浓度而规定的生产单位硝酸(100%)或硝酸盐产品的排气量上限值。

3.13 企业边界 enterprise boundary

指硝酸工业企业的法定边界。若无法定边界,则指企业的实际边界。

4 污染物排放控制要求

4.1 水污染物排放控制要求

4.1.2 自2013年4月1日起,现有企业执行表2规定的水污染物排放限值。

4.1.3 自2011年3月1日起,新建企业执行表2规定的水污染物排放限位。

表2 新建企业水污染物排放限值

单位:mg/L(pH值除外)

序号	污染物项目	限值 直接排放	限值 间接排放	污染物排放监控位置
1	pH值	6~9	6~9	企业废水总排放口
2	化学需氧量(COD_{Cr})	60	150	
3	悬浮物	50	100	
4	石油类	3	8	
5	氨氮	10	25	
6	总氮	30	70	
7	总磷	0.5	1.0	
单位产品基准排水量/(m^3/t)		1.5		排水量计量位置与污染物排放监控位置相同

4.1.4 根据环境保护工作的要求,在国土开发密度已经较高、环境承载能力开始减弱,或水环境容量较小、生态环境脆弱,容易发生严重水环境污染问题而需要采取特别保护措施的地区,应严格控制企业的污染排放行为,在上述地区的企业执行表3规定的水污染物特别排放限值。

执行水污染物特别排放限值的地域范围、时间,由国务院环境保护行政主管部门或省级人民政府规定。

表3 水污染物特别排放限值

单位:mg/L(pH值除外)

序号	污染物项目	限值 直接排放	限值 间接排放	污染物排放监控位置
1	pH值	6~9	6~9	企业废水总排放口
2	化学需氧量(COD_{Cr})	50	60	
3	悬浮物	20	50	
4	石油类	3	3	
5	氨氮	8	10	
6	总氮	20	30	
7	总磷	0.5	0.5	
单位产品基准排水量/(m^3/t)		1.0		排水量计量位置与污染物排放监控位置相同

4.2 大气污染物排放控制要求

4.2.2 自2013年4月1日起,现有企业执行表5规定的大气污染物排放限值。

4.2.3 自2011年3月1日起,新建企业执行表5规定的大气污染物排放限值。

表5 新建企业大气污染物排放浓度限值

单位:mg/m³

项目	排放限值	污染物排放监控位置
氮氧化物	300	车间或生产设施排气筒
单位产品基准排气量/(m³/t)	3 400	硝酸工业尾气排放口 (排气量计量位置与污染物排放监控位置相同)

4.2.4 根据环境保护工作的要求,在国土开发密度已经较高、环境承载能力开始减弱,或大气环境容量较小、生态环境脆弱,容易发生严重大气环境污染问题而需要采取特别保护措施的地区,应严格控制企业的污染排放行为,在上述地区的企业执行表6规定的大气污染物特别排放限值。

执行大气污染物特别排放限值的地域范围、时间,由国务院环境保护行政主管部门或省级人民政府规定。

表6 大气污染物特别排放限值

单位:mg/m³

项目	排放限值	污染物排放监控位置
氮氧化物	200	车间或生产设施排气筒
单位产品基准排气量/(m³/t)	3 400	硝酸工业尾气排放口 (排气量计量位置与污染物排放监控位置相同)

4.2.5 企业边界大气污染物任何1h平均浓度执行表7规定的限值。

表7 企业边界大气污染物无组织排放限值

单位:mg/m³

污染物项目	浓度限值	监控位置
氮氧化物	0.24	企业边界

4.2.6 在现有企业生产、建设项目竣工环保验收后的生产过程中,负责监管的环境保护主管部门应对周围居住、教学、医疗等用途的敏感区域环境质量进行监测。建设项目的具体监控范围为环境影响评价确定的周围敏感区域;未进行过环境影响评价的现有企业,监控范围由负责监管的环境保护主管部门,根据企业排污的特点和规律及当地的自然、气象条件等因素,参照相关环境影响评价技术导则确定。地方政府应对本辖区环境质量负责,采取措施确保环境状况符合环境质量标准要求。

4.2.7 产生大气污染物的生产工艺和装置必须设立局部或整体气体收集系统和集中净化处理装置。所有排气筒高度应不低于15m。排气筒周围半径200m范围内有建筑物时,排气筒高度还应高出最高建筑物3m以上。

4.2.8 大气污染物排放浓度限值适用于单位产品实际排气量不高于单位产品基准排气量

的情况。若单位产品实际排气量超过单位产品基准排气量,须将实测大气污染物浓度换算为大气污染物基准气量排放浓度,并以大气污染物基准气量排放浓度作为判定排放是否达标的依据。大气污染物基准气量排放浓度的换算,可参照采用水污染物基准水量排放浓度的计算公式。排气量统计周期为一个工作日。

5 污染物监测要求

5.1 污染物监测的一般要求

5.1.1 对企业排放废水和废气的采样,应根据监测污染物的种类,在规定的污染物排放监控位置进行。有废水、废气处理设施的,应在该设施后监控。在污染物排放监控位置应设置永久性排污口标志。

5.1.2 新建企业和现有企业安装污染物排放自动监控设备的要求,按有关法律和《污染源自动监控管理办法》的规定执行。

5.1.3 对企业污染物排放情况进行监测的频次、采样时间等要求,按国家有关污染源监测技术规范的规定执行。

5.1.4 企业产品产量的核定,以法定报表为依据。

5.1.5 企业必须按照有关法律和《环境监测管理办法》的规定,对排污状况进行监测,并保存原始监测记录。

5.2 水污染物监测要求

5.2.1 采样点的设置与采样方法按HJ/T 91的规定执行。

5.2.2 对企业排放水污染物浓度的测定采用表8所列的方法标准。

表8 水污染物浓度测定方法标准

序号	污染物项目	方法标准名称	方法标准编号
1	pH值	水质 pH值的测定 玻璃电极法	GB/T 6920—1986
2	化学需氧量	水质 化学需氧量的测定 重铬酸盐法	GB/T 11914—1989
		水质 化学需氧量的测定 快速消解分光光度法	HJ/T 399—2007
3	悬浮物	水质 悬浮物的测定 重量法	GB/T 11901—1989
4	石油类	水质 石油类和动植物油的测定 红外光度法	GB/T 16488—1996
5	氨氮	水质 氨氮的测定 气相分子吸收光谱法	HJ/T 195—2005
		水质 氨氮的测定 纳氏试剂分光光度法	HJ 535—2009
		水质 氨氮的测定 水杨酸分光光度法	HJ 536—2009
		水质 氨氮的测定 蒸馏-中和滴定法	HJ 537—2009
6	总氮	水质 总氮的测定 碱性过硫酸钾消解紫外分光光度法	GB/T 11894—1989
		水质 总氮的测定 气相分子吸收光谱法	HJ/T 199—2005
7	总磷	水质 总磷的测定 钼酸铵分光光度法	GB/T 11893—1989

5.3 大气污染物监测要求

5.3.1 采样点的设置与采样方法按 GB/T 16157 和 HJ/T 76、HJ/T 397、HJ/T 55 的规定执行。

5.3.2 对企业排放大气污染物浓度的测定采用表9所列的方法标准。

表9 大气污染物浓度测定方法标准

污染物项目	方法标准名称	方法标准编号
氮氧化物	环境空气 氮氧化物（一氧化氮和二氧化氮）的测定 盐酸萘乙二胺分光光度法	HJ 479—2009
	固定污染源排气中氮氧化物的测定 紫外分光光度法	HJ/T 42—1999

6 实施与监督

6.1 本标准由县级以上人民政府环境保护行政主管部门负责监督实施。

6.2 在任何情况下，企业均应遵守本标准的污染物排放控制要求，采取必要措施保证污染防治设施正常运行。各级环保部门在对企业进行监督性检查时，可以现场即时采样或监测的结果，作为判定排污行为是否符合排放标准以及实施相关环境保护管理措施的依据。在发现设施耗水或排水量、排气量有异常变化的情况下，应核定企业的实际产品产量、排水量和排气量，按本标准的规定，换算水污染物基准水量排放浓度和大气污染物基准气量排放浓度。

硫酸工业污染物排放标准（节录）

GB 26132—2010

（2010年12月30日发布 2011年3月1日实施）

本标准由环境保护部科技标准司组织制定。

本标准主要起草单位：青岛科技大学、环境保护部环境标准研究所、中国硫酸工业协会、南化集团研究院。

（按原标准编号节录）

3 术语和定义

下列术语和定义适用于本标准。

3.1 硫酸工业 sulfuric acid industry

指以硫磺、硫铁矿和石膏为原料制取二氧化硫炉气，经二氧化硫转化和三氧化硫吸收制得硫酸产品的工业企业或生产设施。

3.2 现有企业 existing facility

指本标准实施之日前,已建成投产或环境影响评价文件已通过审批的硫酸工业企业或生产设施。

3.3 新建企业 new facility

指本标准实施之日起,环境影响评价文件通过审批的新建、改建和扩建硫酸工业建设项目。

3.4 公共污水处理系统 public wastewater treatment system

指通过纳污管道等方式收集废水,为两家以上排污单位提供废水处理服务并且排水能够达到相关排放标准要求的企业或机构,包括各种规模和类型的城镇污水处理厂、区域(包括各类工业园区,开发区、工业聚集地等)废水处理厂等,其废水处理程度应达到二级或二级以上。

3.5 直接排放 direct discharge

指排污单位直接向环境排放水污染物的行为。

3.6 间接排放 indirect discharge

指排污单位向公共污水处理系统排放水污染物的行为。

3.7 排水量 effluent volume

指生产设施或企业向企业法定边界以外排放的废水的量,包括与生产有直接或间接关系的各种外排废水(如厂区生活污水、冷却废水、厂区锅炉和电站排水等)。

3.8 单位产品基准排水量 benchmark effluent volume per unit product

指用于核定水污染物排放浓度而规定的生产单位硫酸(100%)产品的排水量上限值。

3.9 硫酸工业尾气 sulfuric acid plant tail gas

指吸收塔顶部或经进一步脱硫后由排气筒连续排放的尾气,主要含有二氧化硫和硫酸雾。

3.10 标准状态 standard condition

指温度为273.15K,压力为101 325Pa时的状态,简称"标态"。本标准规定的大气污染物排放浓度限值和基准排气量均以标准状态下的干气体为基准。

3.11 排气量 exhaust volume

指生产设施或企业通过排气筒向环境排放的工艺废气的量(干标状态)。

3.12 单位产品基准排气量 benchmark exhaust volume per unit product

指用于核定废气污染物排放浓度而规定的生产单位硫酸(100%)产品的排气量上限值。

3.13 企业边界 enterprise boundary

指硫酸工业企业的法定边界。若无法定边界,则指企业的实际边界。

4 污染物排放控制要求

4.1 水污染物排放控制要求

4.1.2 自2013年10月1日起,现有企业执行表2规定的水污染物排放限值。

4.1.3 自2011年3月1日起,新建企业执行表2规定的水污染物排放限值。

表2　新建企业水污染物排放限值

单位：mg/L（pH值除外）

序号	污染物项目		生产工艺	排放限值		污染物排放监控位置
				直接排放	间接排放	
1	pH值		硫磺制酸、硫铁矿制酸及石膏制酸	6～9	6～9	企业废水总排放口
2	化学需氧量(COD_{Cr})			60	100	
3	悬浮物			50	100	
4	石油类			3	8	
5	氨氮			8	20	
6	总氮			15	40	
7	总磷	磷石膏		10	30	
		其他		0.5	2	
8	硫化物		硫铁矿制酸及石膏制酸	1	1	
9	氟化物			10	15	
10	总砷			0.3		车间或生产装置排放口
11	总铅			0.5		
单位产品基准排水量/(m³/t)			硫磺制酸	0.2		排水量计量位置与污染物排放监控位置相同
			硫铁矿制酸及石膏制酸	1		

4.1.4　根据环境保护工作的要求，在国土开发密度已经较高、环境承载能力开始减弱，或水环境容量较小、生态环境脆弱，容易发生严重水环境污染问题而需要采取特别保护措施的地区，应严格控制企业的污染排放行为，在上述地区的企业执行表3规定的水污染物特别排放限值。

执行水污染物特别排放限值的地域范围、时间，由国务院环境保护行政主管部门或省级人民政府规定。

表3　水污染物特别排放限值

单位：mg/L（pH值除外）

序号	污染物项目	生产工艺	排放限值		污染物排放监控位置
			直接排放	间接排放	
1	pH值	硫磺制酸、硫铁矿制酸及石膏制酸	6～9	6～9	企业废水总排放口
2	化学需氧量(COD_{Cr})		50	60	
3	悬浮物		15	50	
4	石油类		3	3	
5	氨氮		5	8	
6	总氮		10	15	
7	总磷		0.5	0.5	
8	硫化物	硫铁矿制酸及石膏制酸	0.5	1	
9	氟化物		10	10	
10	总砷		0.1		车间或生产装置排放口
11	总铅		0.1		
单位产品基准排水量/(m³/t)		硫磺制酸	0.2		排水量计量位置与污染物排放监控位置相同
		硫铁矿制酸及石膏制酸	1		

4.1.5 水污染物排放浓度限值适用于单位产品实际排水量不高于单位产品基准排水量的情况。若单位产品实际排水量超过单位产品基准排水量,须按式(1)将实测水污染物浓度换算为水污染物基准水量排放浓度,并以水污染物基准水量排放浓度作为判定排放是否达标的依据。产品产量和排水量统计周期为一个工作日。

在企业的生产设施同时生产两种以上产品、可适用不同排放控制要求或不同行业国家污染物排放标准,且生产设施产生的污水混合处理排放的情况下,应执行排放标准中规定的最严格的浓度限值,并按式(1)换算水污染物基准水量排放浓度。

$$\rho_{基} = \frac{Q_{总}}{\sum Y_i \cdot Q_{i基}} \cdot \rho_{实} \tag{1}$$

式中:$\rho_{基}$——水污染物基准水量排放浓度,mg/L;

$Q_{总}$——实测排水总量,m³;

Y_i——某种产品产量,t;

$Q_{i基}$——某种产品的单位产品基准排水量,m³/t;

$\rho_{实}$——实测水污染物浓度,mg/L。

若 $Q_{总}$ 与 $\sum Y_i \cdot Q_{i基}$ 的比值小于1,则以水污染物实测浓度作为判定排放是否达标的依据。

4.2 大气污染物排放控制要求

4.2.2 自2013年10月1日起,现有企业执行表5规定的大气污染物排放限值。

4.2.3 自2011年3月1日起,新建企业执行表5规定的大气污染物排放限值。

表5 新建企业大气污染物排放浓度限值

单位:mg/m³

序号	污染物项目	排放限值	污染物排放监控位置
1	二氧化硫	400	硫酸工业尾气排放口
2	硫酸雾	30	
3	颗粒物	50	破碎、干燥及排渣等工序排放口

4.2.4 根据环境保护工作的要求,在国土开发密度已经较高、环境承载能力开始减弱,或大气环境容量较小、生态环境脆弱,容易发生严重大气环境污染问题而需要采取特别保护措施的地区,应严格控制企业的污染排放行为,在上述地区的企业执行表6规定的大气污染物特别排放限值。

执行大气污染物特别排放限值的地域范围、时间,由国务院环境保护行政主管部门或省级人民政府规定。

表6 大气污染物特别排放限值

单位:mg/m³

序号	污染物项目	排放限值	污染物排放监控位置
1	二氧化硫	200	硫酸工业尾气排放口
2	硫酸雾	5	
3	颗粒物	30	破碎、干燥及排渣等工序排放口

4.2.5 现有企业和新建企业单位产品基准排气量执行表7规定的限值。

表7 单位产品基准排气量

单位：m³/t

序号	生产工艺	单位产品基准排气量	污染物排放监控位置
1	硫磺制酸	2 300	硫酸工业尾气排放口（排气量计量位置与污染物排放监控位置相同）
2	硫铁矿制酸	2 800	
3	石膏制酸	4 300	

4.2.6 企业边界大气污染物任何1h平均浓度执行表8规定的限值。

表8 企业边界大气污染物无组织排放限值

单位：mg/m³

序号	污染物项目	最高浓度限值	监控点
1	二氧化硫	0.5	企业边界
2	硫酸雾	0.3	
3	颗粒物	0.9	

4.2.7 在现有企业生产、建设项目竣工环保验收后的生产过程中，负责监管的环境保护主管部门应对周围居住、教学、医疗等用途的敏感区域环境质量进行监测。建设项目的具体监控范围为环境影响评价确定的周围敏感区域；未进行过环境影响评价的现有企业，监控范围由负责监管的环境保护主管部门，根据企业排污的特点和规律及当地的自然、气象条件等因素，参照相关环境影响评价技术导则确定。地方政府应对本辖区环境质量负责，采取措施确保环境状况符合环境质量标准要求。

4.2.8 产生大气污染物的生产工艺和装置必须设立局部或整体气体收集系统和集中净化处理装置。所有排气筒高度应不低于15m。排气筒周围半径200m范围内有建筑物时，排气筒高度还应高出最高建筑物3m以上。

4.2.9 大气污染物排放浓度限值适用于单位产品实际排气量不高于单位产品基准排气量的情况。若单位产品实际排气量超过单位产品基准排气量，须将实测大气污染物浓度换算为大气污染物基准气量排放浓度，并以大气污染物基准气量排放浓度作为判定排放是否达标的依据。大气污染物基准气量排放浓度的换算，可参照采用水污染物基准水量排放浓度的计算公式。

产品产量和排气量统计周期为一个工作日。

5 污染物监测要求

5.1 污染物监测的一般要求

5.1.1 对企业排放的废水和废气的采样，应根据监测污染物的种类，在规定的污染物排放监控位置进行。有废水、废气处理设施的，应在该设施后监控。在污染物排放监控位置须设置永久性排污口标志。

5.1.2 新建企业和现有企业安装污染物排放自动监控设备的要求，按有关法律和《污染源自动监控管理办法》的规定执行。

5.1.3 对企业污染物排放情况进行监测的频次、采样时间、质量保证与质量控制等要求,按国家有关污染源监测技术规范的规定执行。

5.1.4 企业产品产量的核定,以法定报表为依据。

5.1.5 企业必须按照有关法律和《环境监测管理办法》的规定,对排污状况进行监测,并保存原始监测记录。

5.2 水污染物监测要求

5.2.1 采样点的设置与采样方法按HJ/T 91 的规定执行。

5.2.2 对企业排放水污染物浓度的测定采用表9所列的方法标准。

表9 水污染物浓度测定方法标准

序号	污染物项目	方法标准名称	方法标准编号
1	pH 值	水质 pH 值的测定 玻璃电极法	GB/T 6920—1986
2	化学需氧量（COD_{Cr}）	水质 化学需氧量的测定 重铬酸盐法	GB/T 11914—1989
		水质 化学需氧量的测定 快速消解分光光度法	HJ/T 399—2007
3	悬浮物	水质 悬浮物的测定 重量法	GB/T 11901—1989
4	石油类	水质 石油类和动植物油的测定 红外光度法	GB/T 16488—1996
5	氨氮	水质 氨氮的测定 气相分子吸收光谱法	HJ/T 195—2005
		水质 氨氮的测定 纳氏试剂分光光度法	HJ 535—2009
		水质 氨氮的测定 水杨酸分光光度法	HJ 536—2009
		水质 氨氮的测定 蒸馏-中和滴定法	HJ 537—2009
6	总氮	水质 总氮的测定 碱性过硫酸钾消解紫外分光光度法	GB/T 11894—1989
		水质 总氮的测定 气相分子吸收光谱法	HJ/T 199—2005
7	总磷	水质 总磷的测定 钼酸铵分光光度法	GB/T 11893—1989
8	硫化物	水质 硫化物的测定 亚甲基蓝分光光度法	GB/T 16489—1996
		水质 硫化物的测定 碘量法	HJ/T 60—2000
9	氟化物	水质 氟化物的测定 离子选择电极法	GB/T 7484—1987
		水质 无机阴离子的测定 离子色谱法	HJ/T 84—2001
		水质 氟化物的测定 茜素磺酸锆目视比色法	HJ 487—2009
		水质 氟化物的测定 氟试剂分光光度法	HJ 488—2009
10	总砷	水质 总砷的测定 二乙基二硫代氨基甲酸银分光光度法	GB/T 7485—1987
11	总铅	水质 铅的测定 双硫腙分光光度法	GB/T 7470—1987
		水质 铜、锌、铅、镉的测定 原子吸收分光光度法	GB/T 7475—1987

5.3 大气污染物监测要求

5.3.1 采样点的设置与采样方法按 GB/T 16157 和 HJ 76、HJ/T 397、HJ/T 55 的规定执行。

5.3.2 对企业排放大气污染物浓度的测定采用表10所列的方法标准。

表 10 大气污染物浓度测定方法标准

序号	污染物项目	方法标准名称	方法标准编号
1	二氧化硫	环境空气 二氧化硫的测定 甲醛吸收－副玫瑰苯胺分光光度法	HJ 482—2009
		固定污染源排气中二氧化硫的测定 碘量法	HJ/T 56—2000
		固定污染源排气中二氧化硫的测定 定电位电解法	HJ/T 57—2000
2	硫酸雾	固定污染源废气 硫酸雾的测定 离子色谱法（暂行）	HJ 544—2009
3	颗粒物	环境空气 总悬浮颗粒物的测定 重量法	GB/T 15432—1995
		固定污染源排气中颗粒物测定与气态污染物采样方法	GB/T 16157—1996

注：企业边界硫酸雾的测定方法采用 HJ 544—2009。

6 实施与监督

6.1 本标准由县级以上人民政府环境保护行政主管部门负责监督实施。

6.2 在任何情况下，企业均应遵守本标准的污染物排放控制要求，采取必要措施保证污染防治设施正常运行。各级环保部门在对企业进行监督性检查时，可以现场即时采样或监测的结果，作为判定排污行为是否符合排放标准以及实施相关环境保护管理措施的依据。在发现设施耗水或排水量、排气量有异常变化的情况下，应核定设施的实际产品产量、排水量和排气量，按本标准的规定，换算水污染物基准水量排放浓度和大气污染物基准气量排放浓度。

稀土工业污染物排放标准（节录）

GB 26451—2011

（2011 年 1 月 24 日发布　2011 年 10 月 1 日实施）

本标准由环境保护部科技标准司组织制定。

本标准主要起草单位：中国恩菲工程技术有限公司（中国有色工程设计研究总院）、环境保护部环境标准研究所、北京有色金属研究总院、包头稀土研究院、四川省稀土行业协会、内蒙古包钢稀土高科技股份有限公司、包头华美稀土高科有限公司、江西钨业集团有限公司、溧阳罗地亚稀土新材料有限公司、内蒙古自治区稀土行业协会。

（按原标准编号节录）

3 术语和定义

下列术语与定义适用于本标准。

3.1 稀土 rare earths

元素周期表中原子序数从 57 到 71 的镧系元素,即镧(La)、铈(Ce)、镨(Pr)、钕(Nd)、钷(Pm)、钐(Sm)、铕(Eu)、钆(Gd)、铽(Tb)、镝(Dy)、钬(Ho)、铒(Er)、铥(Tm)、镱(Yb)、镥(Lu)和原子序数为 21 的钪(Sc)、39 的钇(Y)共 17 个元素的总称,通常用符号 RE 表示,是化学性质相似的一组元素。

3.2 稀土工业企业 rare earths industry

指生产稀土精矿或稀土富集物、稀土化合物、稀土金属、稀土合金中任一种或数种产品的企业。

3.3 稀土采矿 rare earths mining

指以露天开采或地下开采方式从矿床中采出稀土原矿的过程。本标准不包括采用溶液浸矿方式直接从稀土矿床浸出或堆浸获得离子型稀土浸取液的过程。

3.4 稀土选矿 rare earths mineral processing

指根据稀土原矿中有用矿物和脉石的物理化学性质,对有用矿物与脉石或有害物质进行分离生产稀土精矿的过程,以及从溶液浸矿获得的稀土浸取液中通过化学方法生产稀土富集物的过程。

3.5 稀土冶炼 rare earths metallurgy

以稀土精矿或含稀土的物料为原料,含有分解提取、分组、分离、金属及合金制取工艺中至少一步生产稀土化合物、稀土金属或稀土合金的过程。

3.6 分解提取生产工艺 decomposition and extraction

以稀土精矿或含稀土的物料为原料,经过焙烧或酸、碱等分解手段生产混合稀土化合物的过程。

3.7 稀土分组、分离生产工艺 rare earths separation and purification

以混合稀土化合物为原料,通过溶剂萃取、离子交换、萃取色层、氧化还原、结晶沉淀等分离提纯手段生产单一稀土化合物或稀土富集物(包括稀土氯化物、稀土硝酸盐、稀土碳酸盐、稀土磷酸盐、稀土草酸盐、稀土氢氧化物、稀土氧化物等)的过程。本标准包括将不溶性稀土盐类化合物经洗涤、煅烧制备稀土氧化物或其他化合物的过程。

3.8 稀土金属及合金生产工艺 rare earths metal and its alloy preparation

以单一或混合稀土化合物为原料,采用电解法、金属热还原法或其他方法制得稀土金属及稀土合金的过程。

3.9 稀土氧化物 rare earths oxide

稀土元素和氧元素结合生成的化合物总称,通常用符号 REO 表示。

3.10 稀土硅铁合金 rare earths ferrosilicon alloy

由稀土元素与其他元素,如钙、锰、铝等组成的含硅的铁合金。

3.11 特征生产工艺和装置 typical processing and facility

指稀土的采矿、选矿、冶炼的生产工艺和装置以及与这些工艺相关的污染物治理工艺和装置。

3.12 现有企业 existing facility

指本标准实施之日前已建成投产或环境影响评价文件已通过审批的稀土工业企业及生产设施。

3.13 新建企业 new facility

指本标准实施之日起环境影响评价文件通过审批的新建、改建和扩建的稀土工业建设项目。

3.14 企业边界 enterprise boundary

指稀土工业企业的法定边界。若无法定边界,则指实际边界。

3.15 标准状态 standard condition

指温度为 273.15K、压力为 101 325Pa 时的状态。本标准规定的大气污染物排放浓度限值均以标准状态下的干气体为基准。

3.16 排水量 effluent volume

指稀土工业生产设施或企业向企业法定边界以外排放的废水的量,包括与生产有直接或间接关系的各种外排废水(如厂区生活污水、冷却废水、厂区锅炉和电站排水等)。

3.17 排气量 exhaust volume

指稀土工业生产工艺和装置排入环境空气的废气量,包括与生产工艺和装置有直接或间接关系的各种外排废气。

3.18 单位产品基准排水量 benchmark effluent volume per unit product

指用于核定水污染物排放浓度而规定的生产单位产品的废水排放量上限值。

3.19 单位产品基准排气量 benchmark exhaust volume per unit product

指用于核定大气污染物排放浓度而规定的生产单位产品的废气排放量上限值。

3.20 排气筒高度 stack height

指自排气筒(或其主体建筑构造)所在的地平面至排气筒出口计的高度。

3.21 含钍、铀粉尘 uranium and thorium dust

指天然钍、铀含量大于 1‰的粉尘。

3.22 直接排放 direct discharge

指排污单位直接向环境排放水污染物的行为。

3.23 间接排放 indirect discharge

指排污单位向公共污水处理系统排放水污染物的行为。

3.24 公共污水处理系统 public wastewater treatment system

指通过纳污管道等方式收集废水,为两家以上排污单位提供废水处理服务并且排水能够达到相关排放标准要求的企业或机构,包括各种规模和类型的城镇污水处理厂、区域(包括各类工业园区、开发区、工业聚集地等)废水处理厂等,其废水处理程度应达到二级或二级以上。

4 污染物排放控制要求

4.1 水污染物排放控制要求

4.1.2 自2014年3月1日起,现有企业执行表2规定的水污染物排放限值。

4.1.3 自2011年10月1日起,新建企业执行表2规定的水污染物排放限值。

表2 新建企业水污染物排放浓度限值及单位产品基准排水量

单位:mg/L(pH值除外)

序号	污染物项目	排放限值 直接排放	排放限值 间接排放	污染物排放监控位置
1	pH值	6~9	6~9	企业废水总排放口
2	悬浮物	50	100	
3	氟化物(以F计)	8	10	
4	石油类	4	5	
5	化学需氧量(COD)	70	100	
6	总磷	1	5	
7	总氮	30	70	
8	氨氮	15	50	
9	总锌	1.0	1.5	
10	钍、铀总量	0.1		车间或生产设施废水排放口
11	总镉	0.05		
12	总铅	0.2		
13	总砷	0.1		
14	总铬	0.8		
15	六价铬	0.1		
单位产品基准排水量/(m³/t)	选矿(以原矿计)	0.8		排水量计量位置与污染物排放监控位置相同
	分解提取(以REO计)	25		
	萃取分组、分离(以REO计)	30		
	金属及合金制取	6		

4.1.4 根据环境保护工作的要求,在国土开发密度较高、环境承载能力开始减弱,或水环境容量较小、生态环境脆弱,容易发生严重水环境污染问题而需要采取特别保护措施的地区,应严格控制企业的污染排放行为,在上述地区的企业执行表3规定的水污染物特别排放限值。

执行水污染物特别排放限值的地域范围、时间,由国务院环境保护行政主管部门或省级人民政府规定。

表3 水污染物特别排放限值

单位:mg/L(pH值除外)

序号	污染物项目	排放限值		污染物排放监控位置
		直接排放	间接排放	
1	pH值	6~9	6~9	企业废水总排放口
2	悬浮物	40	50	
3	氟化物(以F计)	5	8	
4	石油类	3	4	
5	化学需氧量(COD)	60	70	
6	总磷	0.5	1	
7	总氮	20	30	
8	氨氮	10	25	
9	总锌	0.8	1.0	
10	钍、铀总量	0.1		车间或生产设施废水排放口
11	总镉	0.05		
12	总铅	0.1		
13	总砷	0.05		
14	总铬	0.5		
15	六价铬	0.1		
单位产品基准排水量/(m^3/t)	选矿(以原矿计)	0.6		排水量计量位置与污染物排放监控位置相同
	分解提取(以REO计)	20		
	萃取分组、分离(以REO计)	25		
	金属及合金制取	4		

4.1.5 对于排放含有放射性物质的污水,除执行本标准外,还应符合GB 18871的规定。

4.1.7 对于萃取分组、分离工艺,生产1~4种纯度为99%以上的稀土产品时,单位产品基准排水量应执行表1~表3中的限值;生产5~9种纯度为99%以上的稀土产品时,单位产品基准排水最应为表1~表3中限值的1.5倍;生产10种以上纯度为99%以上的稀土产品时,单位产品基准排水量应为表1~表3中限值的2倍;生产荧光级或等同于荧光级质量产品时,单位产品基准排水量应在上述单位基准排水量的基础上增加30m^3。同一稀土元素的不同规格的产品按1种产品计。

4.2 大气污染物排放控制要求

4.2.2 自2014年1月1日起,现有企业执行表5规定的大气污染物排放限值。

4.2.3 自2011年10月1日起,新建企业执行表5规定的大气污染物排放限值。

表5 新建企业大气污染物排放浓度限值

单位:mg/m³

序号	污染物项目	生产工艺及设备	限值	污染物排放监控位置
1	二氧化硫	分解提取	300	车间或生产设施排气筒
2	硫酸雾	分解提取	35	
3	颗粒物	采选	50	
		分解提取	40	
		萃取分组、分离	40	
		金属及合金制取	50	
		稀土硅铁合金	50	
4	氟化物	分解提取	7	
		金属及合金制取	5	
		稀土硅铁合金	5	
5	氯气	分解提取	20	
		萃取分组、分离	20	
		金属及合金制取	30	
6	氯化氢	分解提取	40	
		萃取分组、分离	50	
7	氮氧化物	分解提取(焙烧)	200	
		萃取分组、分离(煅烧)	160	
8[(1)]	钍、铀总量	全部	0.10	
单位产品基准排气量/(m³/t)	选矿(以原矿计)		300	排气量计量位置与污染物排放监控位置相同
	分解提取(以REO计)		25 000	
	萃取分组、分离(以REO计)		30 000	
	金属及合金制取		25 000	

注:(1)排放含钍、铀粉尘废气的排气筒执行该项限值。

4.2.4 企业边界大气污染物任何1h平均浓度执行表6规定的浓度限值。

表6 现有企业和新建企业边界大气污染物浓度限值

单位:mg/m³

序号	污染物项目	限值
1	二氧化硫	0.40
2	硫酸雾	1.2
3	颗粒物	1.0

(续表)

序号	污染物项目	限值
4	氟化物	0.02
5	氯气	0.40
6	氯化氢	0.20
7	氮氧化物	0.12
8[(1)]	钍、铀总量	0.0025

注：(1)排放含钍、铀粉尘废气的企业执行该项限值。

4.2.5 在现有企业生产、建设项目竣工环保验收后的生产过程中，负责监管的环境保护主管部门应对周围居住、教学、医疗等用途的敏感区域环境质量进行监测。建设项目的具体监控范围为环境影响评价确定的周围敏感区域；未进行过环境影响评价的现有企业，监控范围由负责监管的环境保护主管部门，根据企业排污的特点和规律及当地的自然、气象条件等因素，参照相关环境影响评价技术导则确定。地方政府应对本辖区环境质量负责，采取措施确保环境状况符合环境质量标准要求。

4.2.6 大气污染物排放浓度限值适用于单位产品实际排气量不高于单位产品基准排气量的情况。若单位产品实际排气量超过单位产品基准排气量，须将实测大气污染物浓度换算为大气污染物基准气量排放浓度，并以大气污染物基准气量排放浓度作为判定排放是否达标的依据。大气污染物基准气量排放浓度的换算，可参照式(1)。排气量统计周期为一个工作日。

4.2.7 产生大气污染物的生产工艺和装置必须设立局部或整体气体收集系统和净化处理装置，达标排放。所有排气筒高度应不低于15m（排放含氯气、氯化氢废气的排气筒高度不得低于25m）。排气筒周围半径200m范围内有建筑物时，排气筒高度还应高出最高建筑物3m以上。

5 污染物监测要求

5.1 污染物监测的一般要求

5.1.1 对企业排放废水和废气的采样，应根据监测污染物的种类，在规定的污染物排放监控位置进行，有废水和废气处理设施的，应在处理设施后监控。在污染物排放监控位置须设置永久性排污口标志。

5.1.2 新建企业和现有企业安装污染物排放自动监控设备的要求，按有关法律和《污染源自动监控管理办法》的规定执行。

5.1.3 对企业污染物排放情况进行监测的频次、采样时间等要求，按国家有关污染源监测技术规范的规定执行。排放重金属污染物的企业应建立特征污染物的日监测制度。

5.1.4 企业产品产量的核定，以法定报表为依据。

5.1.5 企业须按照有关法律和《环境监测管理办法》的规定，对排污状况进行监测，并保存原始监测记录。

5.2 水污染物监测要求

对企业排放水污染物浓度的测定采用表7所列的方法标准。

表 7　水污染物浓度测定方法标准

序号	污染物项目	方法标准名称	方法标准编号
1	pH 值	水质　pH 值的测定　玻璃电极法	GB/T 6920—1986
2	悬浮物	水质　悬浮物的测定　重量法	GB/T 11901—1989
3	氟化物	水质　氟化物的测定　离子选择电极法	GB/T 7484—1987
		水质　氟化物的测定　茜素磺酸锆目视比色法	HJ 487—2009
		水质　氟化物的测定　氟试剂分光光度法	HJ 488—2009
4	石油类	水质　石油类和动植物油的测定　红外光度法	GB/T 16488—1996
5	化学需氧量	高氯废水　化学需氧量的测定　氯气校正法	HJ/T 70—2001
		高氯废水　化学需氧量的测定　碘化钾碱性高锰酸钾法	HJ/T 132—2003
6	总磷	水质　总磷的测定　钼酸铵分光光度法	GB/T 11893—1989
7	总氮	水质　总氮的测定　气相分子吸收光谱法	HJ/T 199—2005
		水质　总氮的测定　碱性过硫酸钾消解紫外分光光度法	GB/T 11894—1999
8	氨氮	水质　氨氮的测定　气相分子吸收光谱法	HJ/T 195—2005
		水质　氨氮的测定　纳氏试剂分光光度法	HJ 535—2009
		水质　氨氮的测定　水杨酸分光光度法	HJ 536—2009
		水质　氨氮的测定　蒸馏-中和滴定法	HJ 537—2009
9	钍	水中钍的分析方法	GB/T 11224
10	铀	水中微量铀分析方法	GB/T 6768
11	总镉	水质　铜、锌、铅、镉的测定　原子吸收分光光度法	GB/T 7475—1987
12	总铅	水质　铜、锌、铅、镉的测定　原子吸收分光光度法	GB/T 7475—1987
13	总锌	水质　铜、锌、铅、镉的测定　原子吸收分光光度法	GB/T 7475—1987
14	总砷	水质　总砷的测定　二乙基二硫代氨基甲酸银分光光度法	GB/T 7485—1987
15	总铬	水质　总铬的测定	GB/T 7466—1987
16	六价铬	水质　六价铬的测定　二苯碳酰二肼分光光度法	GB/T 7467—1987

5.3　大气污染物监测要求

5.3.1　采样点的设置与采样方法按 GB 16157—1996 和 HJ/T 75 的规定执行。

5.3.2　在有敏感建筑物方位、必要的情况下进行无组织排放监控,具体要求按HJ/T 55 进行监测。

5.3.3　对企业排放大气污染物浓度的测定采用表 8 所列的方法标准。

表8 大气污染物浓度测定方法标准

序号	污染物项目	方法标准名称	方法标准编号
1	二氧化硫	固定污染源排气中二氧化硫的测定 碘量法	HJ/T 56—2000
		固定污染源排气中二氧化硫的测定 定电位点解法	HJ/T 57—2000
		环境空气 二氧化硫的测定 甲醛吸收-副玫瑰苯胺分光光度法	HJ 482—2009
		环境空气 二氧化硫的测定 四氯汞盐吸收-副玫瑰苯胺分光光度法	HJ 483—2009
2	硫酸雾	固定污染源废气 硫酸雾的测定 离子色谱法(暂行)	HJ 544—2009
3	颗粒物	固定污染源排气中颗粒物测定与气态污染物采样方法	GB/T 16157—1996
		环境空气 总悬浮颗粒物的测定 重量法	GB/T 15432—1995
4	氟化物	大气固定污染源 氟化物的测定 离子选择电极法	HJ/T 67—2001
		环境空气 氟化物的测定 滤膜采样氟离子选择电极法	HJ 480—2009
		环境空气 氟化物的测定 石灰滤纸采样氟离子选择电极法	HJ 481—2009
5	氯气	固定污染源排气中氯气测定 甲基橙分光光度法	HJ/T 30—1999
		固定污染源废气 氯气的测定 碘量法(暂行)	HJ 547—2009
6	氯化氢	固定污染源排气中氯化氢的测定 硫氰酸汞分光光度法	HJ/T 27—1999
		固定污染源废气 氯化氢的测定 硝酸银容量法(暂行)	HJ 548—2009
		空气和废气 氯化氢的测定 离子色谱法(暂行)	HJ 549—2009
7	氮氧化物	固定污染源排气中氮氧化物的测定 紫外分光光度法	HJ/T 42—1999
		固定污染源排气中氮氧化物的测定 盐酸萘乙二胺分光光度法	HJ/T 43—1999
		环境空气 氮氧化物(一氧化氮和二氧化氮)的测定 盐酸萘乙二胺分光光度法	HJ 479—2009
8	颗粒物中钍、铀	土壤中放射性核素的γ能谱分析方法	GB/T 11743

6 标准实施与监督

6.1 本标准由县级以上人民政府环境保护行政主管部门负责监督实施。

6.2 在任何情况下,企业均应遵守本标准的污染物排放控制要求,采取必要措施保证污染防治设施正常运行。各级环保部门在对设施进行监督性检查时,可以现场即时采样或监测的结果,作为判定排污行为是否符合排放标准以及实施相关环境保护管理措施的依据。在发现设施耗水或排水量、排气量有异常变化的情况下,应核定企业的实际产品产量、排水量和排气量,按本标准的规定,换算水污染物基准水量排放浓度和大气污染物基准气量排放浓度。

钒工业污染物排放标准（节录）

GB 26452—2011

（2011 年 4 月 2 日发布　2011 年 10 月 1 日实施）

本标准由环境保护部科技标准司组织制定。
本标准主要起草单位：东北大学、中国环境科学研究院。

（按原标准编号节录）

3　术语和定义

下列术语和定义适用于本标准。

3.1　钒工业企业 vanadium industrial enterprise

指以钒渣、石煤、含钒固废或其他含钒二次资源为原料生产 V_2O_3、V_2O_5 等氧化钒的企业。

3.2　特征生产工艺和装置 typical processing and facility

指：(1) 以焙烧、浸出、沉淀和熔化为主要工序的 V_2O_5 生产工艺与装置；
　　(2) 以焙烧、浸出、沉淀和还原为主要工序的 V_2O_3 生产工艺与装置；
　　(3) 与这些生产工艺有关的水和大气污染物治理与综合利用等装置。

3.3　现有企业 existing facility

指本标准实施之日前，已建成投产或环境影响评价文件已通过审批的钒工业生产企业或生产设施。

3.4　新建企业 new facility

指本标准实施之日起环境影响评价文件通过审批的新建、改建、扩建的钒工业建设项目。

3.5　公共污水处理系统 public wastewater treatment system

指通过纳污管道等方式收集废水，为两家以上排污单位提供废水处理服务并且排水能够达到相关排放标准要求的企业或机构，包括各种规模和类型的城镇污水处理厂、区域（包括各类工业园区、开发区、工业聚集地等）废水处理厂等，其废水处理程度应达到二级或二级以上。

3.6　直接排放 direct discharge

指排污单位直接向环境排放水污染物的行为。

3.7　间接排放 indirect discharge

指排污单位向公共污水处理系统排放水污染物的行为。

3.8　排水量 effluent volume

指生产设施或企业向企业边界以外排放的废水的量，包括与生产有直接或间接关系的各种外排废水(如厂区生活污水、冷却废水、厂区锅炉和电站排水等)。

3.9 单位产品基准排水量 benchmark effluent volume per unite product

指用于核定水污染物排放浓度而规定的生产单位氧化钒产品的排水量上限值。

3.10 排气筒高度 stack height

指自排气筒(或其主体建筑构造)所在的地平面至排气筒出口计的高度。

3.11 标准状态 standard condition

指温度为273.15K、压力为101 325Pa时的状态。本标准规定的大气污染物排放浓度限值均以标准状态下的干气体为基准。

3.12 排气量 exhaust volume

指钒工业生产工艺和装置排入环境空气的废气量,包括与生产工艺和装置有直接或间接关系的各种外排废气(如环境集烟等)。

3.13 单位产品基准排气量 benchmark exhaust volume per unite product

指用于核定大气污染物排放浓度而规定的生产单位氧化钒产品的排气量上限值。

3.14 过量空气系数 excess air coefficient

指工业炉窑运行时实际空气量与理论空气需要量的比值。

3.15 企业边界 enterprise boundary

指钒工业企业的法定边界。若无法定边界,则指实际边界。

4 污染物排放控制要求

4.1 水污染物排放控制要求

4.1.2 现有企业自2013年1月1日起执行表2规定的水污染物排放限值。

4.1.3 新建企业自2011年10月1日起执行表2规定的水污染物排放限值。

表2 新建企业水污染物排放浓度限值及单位产品基准排水量

单位:mg/L(pH值除外)

序号	污染物项目	排放限值		污染物排放监控位置
		直接排放	间接排放	
1	pH	6~9	6~9	
2	悬浮物	50	70	
3	化学需氧量(COD_{Cr})	60	100	
4	硫化物	1.0	1.0	
5	氨氮	10	40	企业废水总排放口
6	总氮	20	60	
7	总磷	1.0	2.0	
8	氯化物(以Cl^-计)	300	300	
9	石油类	5	5	

(续表)

序号	污染物项目	排放限值 直接排放	排放限值 间接排放	污染物排放监控位置
10	总锌	2.0	2.0	企业废水总排放口
11	总铜	0.3	0.3	企业废水总排放口
12	总镉	0.1		车间或生产设施废水排放口
13	总铬	1.5		车间或生产设施废水排放口
14	六价铬	0.5		车间或生产设施废水排放口
15	总钒	1.0		车间或生产设施废水排放口
16	总铅	0.5		车间或生产设施废水排放口
17	总砷	0.2		车间或生产设施废水排放口
18	总汞	0.03		车间或生产设施废水排放口
	单位产品(V_2O_5 或 V_2O_3)基准排水量/(m^3/t)	10		排水量计量位置与污染物排放监控位置一致

4.1.4 根据环境保护工作的要求,在国土开发密度较高、环境承载能力开始减弱,或水环境容量较小、生态环境脆弱,容易发生严重环境污染问题而需要采取特别保护措施的地区,应严格控制企业的污染物排放行为,在上述地区的企业执行表3规定的水污染物特别排放限值。

执行水污染物特别排放限值的地域范围、时间,由国务院环境保护行政主管部门或省级人民政府规定。

表3 水污染物特别排放限值

单位:mg/L(pH 除外)

序号	污染物项目	排放限值 直接排放	排放限值 间接排放	污染物排放监控位置
1	pH	6~9	6~9	企业废水总排放口
2	悬浮物	20	50	企业废水总排放口
3	化学需氧量(COD_{Cr})	30	60	企业废水总排放口
4	硫化物	1.0	1.0	企业废水总排放口
5	氨氮	8	10	企业废水总排放口
6	总氮	15	20	企业废水总排放口
7	总磷	0.5	1.0	企业废水总排放口
8	氯化物(以 Cl^- 计)	200	200	企业废水总排放口

(续表)

序号	污染物项目	排放限值 直接排放	排放限值 间接排放	污染物排放监控位置
9	石油类	1	1	企业废水总排放口
10	总锌	1.0	1.0	企业废水总排放口
11	总铜	0.2	0.2	企业废水总排放口
12	总镉	0.1		车间或生产设施废水排放口
13	总铬	1.5		车间或生产设施废水排放口
14	六价铬	0.5		车间或生产设施废水排放口
15	总钒	0.3		车间或生产设施废水排放口
16	总铅	0.1		车间或生产设施废水排放口
17	总砷	0.1		车间或生产设施废水排放口
18	总汞	0.01		车间或生产设施废水排放口
单位产品(V_2O_5 或 V_2O_3)基准排水量/(m^3/t)		3		排水量计量位置与污染物排放监控位置一致

4.1.5 对于排放含有放射性物质的污水,除执行本标准外,还应符合 GB 18871—2002 的规定。

4.2 大气污染物排放控制要求

4.2.2 现有企业自 2013 年 1 月 1 日起执行表 5 规定的大气污染物排放限值。

4.2.3 新建企业自 2011 年 10 月 1 日起执行表 5 规定的大气污染物排放限值。

表5 新建企业大气污染物排放浓度限值及单位产品基准排气量

单位:mg/m^3

序号	生产过程	工艺或工序	污染物名称及排放限值 二氧化硫	颗粒物	氯化氢	硫酸雾	氯气	铅及其化合物	污染物排放监控位置
1	原料预处理	破碎、筛分、混配料、球磨、制球、原料输送等装置及料仓	—	50	—	—	—	0.5	车间或生产设施排气筒
2	焙烧	焙烧炉/窑	400	50	80	—	50	1.0	车间或生产设施排气筒
3	沉淀	沉淀池/罐	—	—	—	20	—	0.5	车间或生产设施排气筒
4	熔化(制取V_2O_5)	熔化炉	400	50	80	—	50	1.0	车间或生产设施排气筒
5	干燥(制取V_2O_3)	干燥炉/窑	400	50	—	—	—	1.0	车间或生产设施排气筒

(续表)

序号	生产过程	工艺或工序	污染物名称及排放限值						污染物排放监控位置
			二氧化硫	颗粒物	氯化氢	硫酸雾	氯气	铅及其化合物	
6	还原(制取V_2O_3)	还原炉/窑	400	50	—	—	—	1.0	车间或生产设施排气筒
7	熟料输送及储运	熟料仓、卸料点等	—	50	—	—	—	0.5	
8	其他		—	50	—	—	—	0.7	
单位产品(V_2O_5或V_2O_3)基准排气量(m^3/t)			130 000						车间或生产设施排气筒

注:浸出过程产生的含碱蒸汽必须经过吸收净化,吸收液循环利用后进入废水处理系统。

4.2.4 企业边界大气污染物任何1h平均浓度执行表6规定的限值。

表6 现有和新建企业边界大气污染物浓度限值

单位:mg/m^3

序号	污染物	最高浓度限值
1	二氧化硫	0.3
2	颗粒物	0.5
3	氯化氢	0.15
4	硫酸雾	0.3
5	氯气	0.02
6	铅及其化合物	0.006

4.2.5 在现有企业生产、建设项目竣工环保验收及其后的生产过程中,负责监管的环境保护行政主管部门,应对周围居住、教学、医疗等用途的敏感区域环境空气质量进行监测,并采取措施保证空气中污染物浓度符合环境质量标准的要求。建设项目的具体监控范围为环境影响评价确定的周围敏感区域;未进行过环境影响评价的现有企业,监控范围由负责监管的环境保护行政主管部门,根据企业排污的特点和规律及当地的自然、气象条件等因素,参照相关环境影响评价技术导则,因地制宜地予以确定。

4.2.6 产生大气污染物的生产工艺和装置必须设立局部或整体气体收集系统和集中处理装置,达标排放。所有排气筒高度应不低于30m。排气筒周围半径200m范围内有建筑物时,排气筒高度还应高出最高建筑物3m以上。

4.2.7 炉窑基准过量空气系数为1.6,实测炉窑的大气污染物排放浓度,应换算为基准过量空气系数排放浓度。生产设施应采取合理的通风措施,不得故意稀释排放,若单位产品实际排气量超过单位产品基准排气量,须将实测大气污染物浓度换算为大气污染物基准气量排放浓度,并以大气污染物基准气量排放浓度作为判定排放是否达标的依据。大气污染物基准气量排放浓度的换算,可参照采用水污染物基准水量排放浓度的计算公式。在国家未规定其他生产设施单位产品基准排气量之前,暂以实测浓度作为判定是否达标的依据。

5 污染物监测要求

5.1 污染物监测的一般要求

5.1.1 对企业排放废水和废气的采样,应根据监测污染物的种类、在规定的污染物排放监控位置进行,有废水和废气处理设施的,应在处理设施后监控。在污染物排放监控位置须设置永久性排污口标志。

5.1.2 新建企业和现有企业安装污染物排放自动监控设备的要求,按有关法律和《污染源自动监控管理办法》的规定执行。

5.1.3 对企业污染物排放情况进行监测的频次、采样时间等要求,按国家有关污染源监测技术规范的规定执行。

5.1.4 企业产品产量的核定,以法定报表为依据。

5.1.5 企业应按然有关法律和《环境监测管理办法》的规定,对排污状况进行监测,并保存原始监测记录。

5.2 水污染物监测要求

对企业排放水污染物浓度的测定采用见表7所列的方法标准。

表7 水污染物浓度测定方法标准

序号	污染物项目	方法标准名称	方法标准编号
1	pH	水质 pH值的测定 玻璃电极法	GB 6920—86
2	悬浮物	水质 悬浮物的测定 重量法	GB 11901—89
3	化学需氧量（COD_{Cr}）	水质 化学需氧量的测定 重铬酸盐法	GB 11914—89
		水质 化学需氧量的测定 快速消解分光光度法	HJ/T 399—2007
4	硫化物	水质 硫化物的测定 亚甲基蓝分光光度法	GB/T 16489—1996
		水质 硫化物的测定 碘量法	HJ/T 60—2000
		水质 硫化物的测定 气相分子吸收光谱法	HJ/T 200—2005
5	氨氮	水质 氨氮的测定 纳氏试剂分光光度法	HJ 535—2009
		水质 氨氮的测定 水杨酸分光光度法	HJ 536—2009
		水质 氨氮的测定 蒸馏-中和滴定法	HJ 537—2009
		水质 氨氮的测定 气相分子吸收光谱法	HJ/T 195—2005
6	总氮	水质 总氮的测定 碱性过硫酸钾消解紫外分光光度法	HJ 11894—89
		水质 总氮的测定 气相分子吸收光谱法	HJ/T 199—2005
7	总磷	水质 总磷的测定 钼酸铵分光光度法	GB 11893—89
8	氯化物	水质 氯化物的测定 硝酸银滴定法	GB 11896—89
		水质 氯化物的测定 硝酸汞滴定法	HJ/T 343—2007
9	石油类	水质 石油类和动植物油的测定 红外光度法	GB/T 16488—1996

(续表)

序号	污染物项目	方法标准名称	方法标准编号
10	总镉	水质 镉的测定 双硫腙分光光度法	GB 7471—87
		水质 铜、锌、铅、镉的测定 原子吸收分光光度法	GB 7475—87
11	总铬	水质 总铬的测定	GB 7466—87
12	六价铬	水质 六价铬的测定 二苯碳酰二肼分光光度法	GB 7467—87
13	总钒	水质 钒的测定 石墨炉原子吸收分光光度法	GB/T 14673—1995
		水质 钒的测定 钽试剂（BPHA）萃取分光光度法	GB/T 15503—1995
14	总铅	水质 铜、锌、铅、镉的测定 原子吸收分光光度法	GB 7475—87
		水质 铅的测定 双硫腙分光光度法	GB 7470—87
15	总锌	水质 铜、锌、铅、镉的测定 原子吸收分光光度法	GB 7475—87
		水质 锌的测定 双硫腙分光光度法	GB 7472—87
16	总铜	水质 铜、锌、铅、镉的测定 原子吸收分光光度法	GB 7475—87
		水质 铜的测定 二乙基二硫代氨基甲酸钠分光光度法	HJ 485—2009
		水质 铜的测定 2,9-二甲基-1,10-菲啰啉分光光度法	HJ 486—2009
17	总砷	水质 总砷的测定 二乙基二硫代氨基钾酸银分光光度法	GB 7485—87
18	总汞	水质 总汞的测定 冷原子吸收分光光度法	HJ 597—2011
		水质 总汞的测定 高锰酸钾-过硫酸钾消解法 双硫腙分光光度法	GB 7469—87

5.3 大气污染物监测要求

5.3.1 采样点的设置与采样方法按 GB/T 16157—1996 执行。

5.3.2 在有敏感建筑物方位、必要的情况下进行监控,具体要求按 HJ/T 55—2000 进行监测。

5.3.3 对企业排放大气污染物浓度的测定采用表 8 所列的方法标准。

表8 大气污染物浓度测定方法标准

序号	污染物项目	方法标准名称	方法标准编号
1	二氧化硫	固定污染源排气中二氧化硫的测定 碘量法	HJ/T 56—2000
		固定污染源排气中二氧化硫的测定 定电位电解法	HJ/T 57—2000
		环境空气 二氧化硫的测定 甲醛吸收-副玫瑰苯胺分光光度法	HJ 482—2009
		环境空气 二氧化硫的测定 四氯汞盐吸收-副玫瑰苯胺分光光度法	HJ 483—2009
2	颗粒物	固定污染源排气中颗粒物测定与气态污染物采样方法	GB/T 16157—1996
		环境空气 总悬浮颗粒物的测定 重量法	GB/T 15432—1995

(续表)

序号	污染物项目	方法标准名称	方法标准编号
3	氯化氢	固定污染源排气中氯化氢的测定 硫氰酸汞分光光度法	HJ/T 27—1999
		固定污染源废气 氯化氢的测定 硝酸银容量法(暂行)	HJ 548—2009
		空气和废气 氯化氢的测定 离子色谱法(暂行)	HJ 549—2009
4	硫酸雾	固定污染源废气 硫酸雾的测定 离子色谱法(暂行)	HJ 544—2009
5	氯气	固定污染源排气中氯气的测定 甲基橙分光光度法	HJ/T 30—1999
		固定污染源废气 氯气的测定 碘量法(暂行)	HJ 547—2009
6	铅及其化合物	环境空气 铅的测定 火焰原子吸收分光光度法	GB/T 15264—94
		固定污染源废气 铅的测定 火焰原子吸收分光光度法(暂行)	HJ 538—2009
		环境空气 铅的测定 石墨炉原子吸收分光光度法(暂行)	HJ 539—2009

6 标准实施与监督

6.1 本标准由县级以上人民政府环境保护行政主管部门负责监督实施。

6.2 在任何情况下,企业均应遵守本标准的污染物排放控制要求,采取必要措施保证污染防治设施正常运行。各级环保部门在对设施进行监督性检查时,可以现场即时采样或监测的结果,作为判定排污行为是否符合排放标准以及实施相关环境保护管理措施的依据。在发现设施耗水或排水量、排气量有异常变化的情况下,应核定企业的实际产品产量、排水量和排气量,按本标准的规定,换算水污染物基准排水量排放浓度和大气污染物基准气量排放浓度。

橡胶制品工业污染物排放标准(节录)

GB 27632—2011

(2011 年 10 月 27 日发布 2012 年 1 月 1 日实施)

本标准由环境保护部科技标准司组织制定。

本标准主要起草单位:天津市环境保护科学研究院、环境保护部环境标准研究所、天津市橡胶工业研究所。

(按原标准编号节录)

3 术语和定义

下列术语和定义适用于本标准。

3.1 橡胶制品工业

以生胶(天然胶、合成胶、再生胶等)为主要原料、各种配合剂为辅料,经炼胶、压延、压出、成型、硫化等工序,制造各类产品的工业,主要包括轮胎、摩托车胎、自行车胎、胶管、胶带、胶鞋、乳胶制品以及其他橡胶制品的生产企业,但不包含轮胎翻新及再生胶生产企业。

3.2 轮胎企业

以固态生胶为主要原料,生产轮胎、摩托车胎、自行车胎的企业。

3.3 乳胶制品企业

以天然胶乳或合成胶乳(液态胶)为主要原料生产乳胶制品的企业。

3.4 其他制品企业

生产除轮胎及乳胶制品外的其他橡胶制品的企业。

3.5 现有企业

指本标准实施之日前,已建成投产或环境影响评价文件已通过审批的橡胶制品企业或生产设施。

3.6 新建企业

指本标准实施之日起环境影响评价文件通过审批的新建、改建和扩建橡胶制品工业建设项目。

3.7 公共污水处理系统

指通过纳污管道等方式收集废水,为两家以上排污单位提供废水处理服务的企业或机构,包括各种规模和类型的城镇污水处理厂、区域(包括各类工业园区、开发区、工业聚集地等)废水处理厂等。

3.8 直接排放

指排污单位直接向环境排放水污染物的行为。

3.9 间接排放

指排污单位向公共污水处理系统排放水污染物的行为。

a) 排水量

指企业或生产设施向企业法定边界以外排放的废水的量。包括与生产有直接或间接关系的各种外排废水(包括厂区生活污水、冷却废水、厂区锅炉和电站排水等)。

b) 基准排水量

指用于核定水污染物排放浓度而规定的消耗单位胶料的废水排放量上限值。

本标准统计的胶料包括天然胶、合成胶和再生胶,乳胶制品企业耗胶量按60%的乳胶计算(不折算为干胶)。

3.10 排气量

指企业或生产设施通过排气筒向环境排放的工业废气的量。

3.11 基准排气量

指用于核定大气污染物排放浓度而规定的消耗单位胶料的废气排放量上限值。

3.12 标准状态

指温度为273.15K、压力为101 325Pa 时的状态。本标准规定的大气污染物排放浓度限值均以标准状态下的干气体为基准。

3.13 无组织排放

大气污染物不经过排气筒或烟囱的无规则排放。

4 污染物排放控制要求

4.1 水污染物排放控制要求

4.1.2 自2014年1月1日起,现有企业执行表2规定的水污染物排放限值。

4.1.3 自2012年1月1日起,新建企业执行表2规定的水污染物排放限值。

表2 新建企业水污染物排放限值

单位:mg/L(pH值除外)

序号	污染物项目	直接排放限值		间接排放限值	污染物排放监控位置
		轮胎企业和其他制品企业	乳胶制品企业		
1	pH值	6~9	6~9	6~9	企业废水总排放口
2	悬浮物	10	40	150	
3	五日生化需氧量(BOD_5)	10	10	80	
4	化学需氧量(COD_{Cr})	70	70	300	
5	氨氮	5	10	30	
6	总氮	10	15	40	
7	总磷	0.5	0.5	1.0	
8	石油类	1	1	10	
9	总锌	—	1.0	3.5[a]	
	基准排水量(m^3/t)	7	80	[b]	排水量计量位置与污染物排放监控位置一致

注:a 乳胶制品企业排放限值。
b 表中直接排放的基准排水量适用于相应类型企业的间接排放。

4.1.4 根据环境保护工作的要求,在国土开发密度已经较高、环境承载能力开始减弱,或水环境容量较小、生态环境脆弱,容易发生严重水环境污染问题而需要采取特别保护措施的地区,应严格控制企业的污染排放行为,在上述地区的企业执行表3规定的水污染物特别排放限值。

执行水污染物特别排放限值的地域范围、时间,由国务院环境保护主管部门或省级人民政府规定。

表3 现有和新建企业水污染物特别排放限值

单位:mg/L(pH值除外)

序号	污染物项目	直接排放限值		间接排放限值	污染物排放监控位置
		轮胎企业和其他制品企业	乳胶制品企业		
1	pH值	6~9	6~9	6~9	企业废水总排放口
2	悬浮物	10	10	40	
3	五日生化需氧量(BOD_5)	10	10	20	
4	化学需氧量(COD_{Cr})	50	50	70	
5	氨氮	5	5	10	
6	总氮	10	10	15	
7	总磷	0.5	0.5	0.5	
8	石油类	1	1	1	
9	总锌	—	0.5	1.0 [a]	
基准排水量(m^3/t胶)		4	80	[b]	排水量计量位置与污染物排放监控位置一致

注:a 乳胶制品企业排放限值。
b 表中直接排放的基准排水量适用于相应类型企业的间接排放。

4.2 大气污染物排放控制要求

4.2.2 自2014年1月1日起,现有企业执行表5规定的大气污染物排放限值。

4.2.3 自2012年1月1日起,新建企业执行表5规定的大气污染物排放限值。

表5 新建企业大气污染物排放限值

序号	污染物项目	生产工艺或设施	排放限值(mg/m^3)	基准排气量(m^3/t胶)	污染物排放监控位置
1	颗粒物	轮胎企业及其他制品企业炼胶装置	12	2000	车间或生产设施排气筒
		乳胶制品企业后硫化装置	12	16000	
		其他设施	12	—	
2	氨	乳胶制品企业浸渍、配料工艺装置	10	80000	
3	甲苯及二甲苯合计[a]	轮胎企业及其他制品企业胶浆制备、浸浆、胶浆喷涂及涂胶装置	15	—	
4	非甲烷总烃	轮胎企业及其他制品企业炼胶、硫化装置	10	2000	
		轮胎企业及其他制品企业胶浆制备、浸浆、胶浆喷涂和涂胶装置	100	—	

注:a 待国家污染物监测方法标准发布后实施。

4.2.4 厂界无组织排放执行表6规定的排放限值。

表6 现有和新建企业厂界无组织排放限值

单位：mg/m³

序号	污染物项目	限值
1	颗粒物	1.0
2	甲苯	2.4
3	二甲苯	1.2
4	非甲烷总烃	4.0

4.2.5 橡胶制品工业企业恶臭污染物的排放控制按 GB 14554 的规定执行。

4.2.6 在现有企业生产、建设项目竣工环保验收后的生产过程中，负责监管的环境保护行政主管部门，应对周围居住、教学、医疗等用途的敏感区域环境质量进行监测。建设项目的具体监控范围为环境影响评价确定的周围敏感区域；未进行过环境影响评价的现有企业，监控范围由负责监管的环境保护行政主管部门，根据企业排污的特点和规律及当地的自然、气象条件等因素，参照相关环境影响评价技术导则确定。地方政府应对本辖区环境质量负责，采取措施确保环境状况符合环境质量标准要求。

4.2.7 产生大气污染物的生产工艺和装置必须设立局部或整体气体收集系统和集中净化处理装置。所有排气筒高度应不低于15m，排气筒周围半径200m范围内有建筑物时，排气筒高度还应高出最高建筑物3m以上。

4.2.8 大气污染物排放浓度限值适用于单位胶料实际排气量不高于单位胶料基准排气量的情况。若单位胶料实际排气量超过单位胶料基准排气量，须以实测大气污染物浓度换算为大气污染物基准气量排放浓度，并以大气污染物基准气量排放浓度作为判定排放是否达标的依据。大气污染物基准气量排放浓度的换算，可参照采用水污染物基准水量排放浓度的计算公式（1）。胶料消耗量和排气量统计周期为一个工作日。[公式（1）具体内容见原标准]

5 污染物监测要求

5.1 污染物监测的一般要求

5.1.1 对企业排放废水和废气的采样，应根据监测污染物的种类，在规定的污染物排放监控位置进行。有废水和废气处理设施的，应在处理设施后监控。在污染物排放监控位置须设置永久性排污口标志。

5.1.2 新建企业和现有企业安装污染物排放自动监控设备的要求，按有关法律和《污染源自动监控管理办法》的规定执行。

5.1.3 对企业污染物排放情况进行监测的频次、采样时间等要求，按国家有关污染源监测技术规范的规定执行。

5.1.4 企业胶料消耗量的核定，以法定报表为依据。

5.1.5 企业应按照有关法律和《环境监测管理办法》的规定，对排污状况进行监测，并保存原始监测记录。

5.2 水污染物监测要求

对企业排放水污染物浓度的测定采用表7所列的方法标准。

表7 水污染物浓度测定方法标准

序号	污染物项目	方法标准名称	方法标准编号
1	pH值	水质 pH值的测定 玻璃电极法	GB/T 6920—1986
2	悬浮物	水质 悬浮物的测定 重量法	GB/T 11901—1989
3	五日生化需氧量	水质 五日生化需氧量（BOD_5）的测定 稀释与接种法	HJ 505—2009
4	化学需氧量	水质 化学需氧量的测定 重铬酸钾法	GB/T 11914—1989
		水质 化学需氧量的测定 快速消解分光光度法	HJ/T 399—2007
5	氨氮	水质 氨氮的测定 蒸馏-中和滴定法	HJ 537—2009
		水质 氨氮的测定 纳氏试剂比色法	HJ 535—2009
		水质 氨氮的测定 水杨酸分光光度法	HJ 536—2009
		水质 氨氮的测定 气相分子吸收光谱法	HJ/T 195—2005
6	总氮	水质 总氮的测定 碱性过硫酸钾消解紫外分光光度法	GB/T 11894—1989
		水质 总氮的测定 气相分子吸收光谱法	HJ/T 199—2005
7	总磷	水质 总磷的测定 钼锑抗分光光度法	GB/T 11893—1989
8	石油类	水质 石油类和动植物油的测定 红外光度法	GB/T 16488—1996
9	总锌	水质 锌的测定 双硫腙分光光度法	GB/T 7472—1987
		水质 铜、锌、铅、镉的测定 原子吸收分光光度法	GB/T 7475—1987

5.3 大气污染物监测要求

5.3.1 排气筒颗粒物的监测采样按GB/T 16157规定执行；颗粒物无组织排放的监测按HJ/T 55规定执行。

5.3.2 对企业排放大气污染物浓度的测定采用表8所列的方法。

表8 大气污染物浓度测定方法标准

序号	污染物项目	方法标准名称	方法标准编号
1	颗粒物	固定污染源排气中颗粒物测定与气态污染物采样方法	GB/T 16157—1996
		环境空气 总悬浮颗粒物的测定 重量法	GB/T 15432—1995
2	非甲烷总烃	固定污染源排气中非甲烷总烃的测定 气相色谱法	HJ/T 38—1999
3	甲苯及二甲苯	环境空气 苯系物的测定 固体吸附/热脱附-气相色谱法	HJ 583—2010
		环境空气 苯系物的测定 活性炭吸附/二硫化碳解吸-气相色谱法	HJ 584—2010
4	氨	环境空气和废气 氨的测定 纳氏试剂分光光度法	HJ 533—2009

6 实施与监督

6.1 本标准由县级以上人民政府环境保护主管部门负责监督实施。

6.2 在任何情况下,橡胶制品企业均应遵守本标准的污染物排放控制要求,采取必要措施保证污染防治设施正常运行。各级环保部门在对企业进行监督性检查时,可以现场即时采样或监测的结果,作为判定排污行为是否符合排放标准以及实施相关环境保护管理措施的依据。在发现设施耗水或排水量、排气量有异常变化的情况下,应核定设施的实际胶料消耗量、排水量和排气量,按本标准的规定,换算水污染物基准水量排放浓度和大气污染物基准气量排放浓度。

铁矿采选工业污染物排放标准(节录)

GB 28661—2012

(2012 年 6 月 27 日发布 2012 年 10 月 1 日实施)

本标准由环境保护部科技标准司组织制定。

本标准起草单位:中钢集团马鞍山矿山研究院、环境保护部环境标准研究所。

(按原标准编号节录)

3 术语和定义

下列术语和定义适用于本标准。

3.1 采矿

在铁矿山及以铁矿石为主要产品的多金属矿山采用露天开采或地下开采工艺开采铁矿石的过程。

3.2 选矿

采用重选、磁选、浮选及其联合工艺选别铁矿石,获取铁精矿。

3.3 现有企业

本标准实施之日前,已建成投产或环境影响评价文件已通过审批的铁矿采选生产企业或生产设施。

3.4 新建企业

自本标准实施之日起,环境影响评价文件通过审批的新建、改建和扩建的铁矿采选工业建设项目。

3.5 采矿废水

采矿过程中产生并排出的废水,包括地下开采区域或采空区域抽出的排水、露天开采的区域或采后区域排放的疏干水、废石场(包括排土场)排出的废水。

3.6 矿山酸性废水

未经处理,pH 值小于 6 的采矿废水。

3.7 选矿废水

选矿过程中产生并排出的废水,包括铁矿在重选、磁选、浮选及其联合工艺流程中排放的废水,以及洗矿、碎矿和选矿厂浓缩池、尾矿库等排出的废水。

3.8 直接排放

排污单位直接向环境排放水污染物的行为。

3.9 间接排放

排污单位向公共污水处理系统排放水污染物的行为。

3.10 公共污水处理系统

通过纳污管道等方式收集废水,为两家以上排污单位提供废水处理服务并且排水能够达到相关排放标准要求的企业或机构,包括各种规模和类型的城镇污水处理厂、区域(包括各类工业园区,开发区、工业聚集地等)废水处理厂等,其废水处理程度应达到二级或二级以上。

3.11 排水量

生产设施或企业向企业法定边界以外排放的废水的量,包括与生产有直接或间接关系的各种外排废水(如厂区生活污水、冷却废水、厂区锅炉和电站排水等)。

3.12 单位产品基准排水量

用于核定水污染物排放浓度而规定的生产单位产品的废水排放量上限值。

3.13 标准状态

温度 273K,压力 101 325Pa 时的状态,本标准规定的大气污染物排放浓度均指标准状态下干空气数值。

3.14 厂(场)区边界

铁矿采选企业采矿场、选矿厂、排土场、废石场、尾矿库等的法定边界。若无法定边界,则指实际边界。

4 污染物排放控制要求

4.1 水污染物排放控制要求

4.1.2 自 2015 年 1 月 1 日起,现有企业执行表 2 规定的水污染物排放限值。

4.1.3 自 2012 年 10 月 1 日起,新建企业执行表 2 规定的水污染物排放限值。

表2 新建企业水污染物排放浓度限值及单位产品基准排水量

单位:mg/L(pH值除外)

序号	污染物项目		限值				污染物排放监控位置
			直接排放			间接排放	
			采矿废水		选矿废水		
			酸性废水	非酸性废水	浮选废水	重选和磁选废水		
1	pH值		6～9	6～9	6～9	6～9	6～9	企业废水总排放口
2	悬浮物		70	70	100	70	300	
3	化学需氧量(COD_{Cr})		—	—	70	—	200	
4	氨氮		—	—	15	—	30	
5	总氮		15	15	25	15	40	
6	总磷		0.5	0.5	0.5	0.5	2.0	
7	石油类		5.0	5.0	10	5.0	20	
8	总锌		2.0	—	2.0	2.0	5.0	
9	总铜		0.5	—	0.5	0.5	2.0	
10	总锰		2.0	—	2.0	2.0	4.0	
11	总硒		0.1	—	0.1	0.1	0.4	
12	总铁		5.0	—	—	—	10	
13	硫化物		0.5	0.5	0.5	0.5	1.0	
14	氟化物		10	10	10	10	20	
15	总汞		0.05					车间或生产设施废水排放口
16	总镉		0.1					
17	总铬		1.5					
18	六价铬		0.5					
19	总砷		0.5					
20	总铅		1.0					
21	总镍		1.0					
22	总铍		0.005					
23	总银		0.5					
单位产品基准排水量(m^3/t矿石)	采矿		—					排水量计量位置与污染物排放监控位置相同
	选矿	浮选	2.0					
		重选和磁选	3.0					

4.1.4 根据环境保护工作的要求,在国土开发密度已经较高、环境承载能力开始减弱,或环境容量较小、生态环境脆弱,容易发生严重环境污染问题而需要采取特别保护措施的地区,应严格控制企业的污染物排放行为,在上述地区的企业执行表3规定的水污染物特别排放限值。

执行水污染物特别排放限值的地域范围、时间,由国务院环境保护行政主管部门或省级人民政府规定。

表3 水污染物特别排放限值

单位:mg/L(pH值除外)

序号	污染物项目	限值					污染物排放监控位置
		直接排放				间接排放	
		采矿废水		选矿废水			
		酸性废水	非酸性废水	浮选废水	重选和磁选废水		
1	pH值	6~9	6~9	6~9	6~9	6~9	企业废水总排放口
2	悬浮物	50	50	60	50	100	
3	化学需氧量(COD_{Cr})	—	—	50	—	70	
4	氨氮	—	—	8	—	15	
5	总氮	15	15	20	15	25	
6	总磷	0.3	0.3	0.3	0.3	0.5	
7	石油类	3.0	3.0	5.0	3.0	10	
8	总锌	1.0	—	1.0	1.0	2.0	
9	总铜	0.3	—	0.3	0.3	0.5	
10	总锰	1.0	—	1.0	1.0	2.0	
11	总硒	0.05	—	0.05	0.05	0.1	
12	总铁	5.0	—	—	—	5.0	
13	硫化物	0.3	0.3	0.3	0.3	0.5	
14	氟化物	8.0	8.0	8.0	8.0	10	
15	总汞	0.01					车间或生产设施废水排放口
16	总镉	0.05					
17	总铬	0.5					
18	六价铬	0.1					
19	总砷	0.2					
20	总铅	0.5					
21	总镍	0.5					
22	总铍	0.003					
23	总银	0.2					
单位产品基准排水量(m^3/t矿石)	采矿	—					排水量计量位置与污染物排放监控位置相同
	选矿	2.0					

4.1.5 对于排放含有放射性物质的污水,除执行本标准外,还应符合 GB 18871—2002 的规定。

4.2 大气污染物排放控制要求

4.2.2 自 2015 年 3 月 1 日起,现有企业执行表 5 规定的大气污染物排放限值。

4.2.3 自 2012 年 10 月 1 日起,新建企业执行表 5 规定的大气污染物排放限值。

表 5 新建企业大气污染物排放浓度限值

单位:mg/m³

污染物项目	生产工序或设施	限值	污染物排放监控位置
颗粒物	选矿厂的矿石运输、转载、矿仓、破碎、筛分	20	车间或生产设施排气筒

4.2.4 根据环境保护工作的要求,在国土开发密度已经较高、环境承载能力开始减弱,或环境容量较小、生态环境脆弱,容易发生严重环境污染问题而需要采取特别保护措施的地区,应严格控制企业的污染物排放行为,在上述地区的企业执行表 6 规定的大气污染物特别排放限值。

执行大气污染物特别排放限值的地域范围、时间,由国务院环境保护行政主管部门或省级人民政府规定。

表 6 大气污染物特别排放限值

单位:mg/m³

污染物项目	生产工序或设施	限值	污染物排放监控位置
颗粒物	选矿厂的矿石运输、转载、矿仓、破碎、筛分	10	车间或生产设施排气筒

4.2.5 企业大气污染物无组织排放执行表 7 规定的限值。

表 7 现有和新建企业大气污染物无组织排放浓度限值

单位:mg/m³

污染物项目	生产工序或设施	限值
颗粒物	选矿厂、排土场、废石场、尾矿库	1.0

4.2.6 在现有企业生产、建设项目竣工环保验收及其后的生产过程中,负责监管的环境保护行政主管部门,应对周围居住、教学、医疗等用途的敏感区域环境空气质量进行监测。建设项目的具体监控范围为环境影响评价确定的周围敏感区域;未进行过环境影响评价的现有企业,监控范围由负责监管的环境保护行政主管部门,根据企业排污的特点和规律及当地的自然、气象条件等因素,参照相关环境影响评价技术导则确定。地方政府应对本辖区环境质量负责,采取措施确保环境状况符合环境质量标准要求。

4.2.7 产生大气污染物的生产工艺装置必须设立局部气体收集系统和集中净化处理装置,达标排放。所有排气筒高度应不低于 15m。排气筒周围半径 200m 范围内有建筑物时,排气筒高度还应高出最高建筑物 3m 以上。

4.2.8 在国家未规定生产单位产品基准排气量之前,以实测浓度作为判定大气污染物排放是否达标的依据。

5 污染物监测要求

5.1 污染物监测一般要求

5.1.1 对企业排放废水和废气的采样,应根据监测污染物的种类,在规定的污染物排放监控位置进行,有废水和废气处理设施的,应在处理设施后监控。在污染物排放监控位置须设置永久性排污口标志。

5.1.2 新建企业和现有企业安装污染物排放自动监控设备的要求,按有关法律和《污染源自动监控管理办法》的规定执行。

5.1.3 对企业污染物排放情况进行监测的频次、采样时间等要求,按国家有关污染源监测技术规范的规定执行。

5.1.4 企业产品产量的核定,以法定报表为依据。

5.1.5 企业应按照有关法律和《环境监测管理办法》的规定,对排污状况进行监测,并保存原始监测记录。

5.2 水污染物监测要求

对企业排放水污染物浓度的测定采用表8所列的方法标准。

表8 水污染物浓度测定方法标准

序号	污染物项目	方法标准名称	方法标准编号
1	pH值	水质 pH值的测定 玻璃电极法	GB/T 6920—1986
2	悬浮物	水质 悬浮物的测定 重量法	GB/T 11901—1989
3	化学需氧量	水质 化学需氧量的测定 重铬酸钾法	GB/T 11914—1989
4	氨氮	水质 氨氮的测定 气相分子吸收光谱法	HJ/T 195—2005
		水质 氨氮的测定 纳氏试剂分光光度法	HJ 535—2009
		水质 氨氮的测定 水杨酸分光光度法	HJ 536—2009
		水质 氨氮的测定 蒸馏-中和滴定法	HJ 537—2009
5	总氮	水质 总氮的测定 碱性过硫酸钾消解紫外分光光度法	GB/T 11894—1989
		水质 总氮的测定 气相分子吸收光谱法	HJ/T 199—2005
6	总磷	水质 总磷的测定 钼酸铵分光光度法	GB/T 11893—1989
7	石油类	水质 石油类的测定 红外分光光度法	GB/T 16488—1996
8	总锌	水质 铜、锌、铅、镉的测定 原子吸收分光光度法	GB/T 7475—1987
		水质 锌的测定 双硫腙分光光度法	GB/T 7472—1987
9	总铜	水质 铜、锌、铅、镉的测定 原子吸收分光光度法	GB/T 7475—1987
		水质 铜的测定 二乙基二硫代氨基甲酸钠分光光度法	HJ 485—2009
10	总锰	水质 铁、锰的测定 火焰原子吸收分光光度法	GB/T 11911—1989
		水质 锰的测定 高碘酸钾分光光度法	GB/T 11906—1989
11	总硒	水质 硒的测定 2,3二氨基萘荧光法	GB/T 11902—1989

(续表)

序号	污染物项目	方法标准名称	方法标准编号
12	总铁	水质 铁、锰的测定 火焰原子吸收分光光度法	GB/T 11911—1989
13	硫化物	水质 硫化物的测定 亚甲基蓝分光光度法	GB/T 16489—1996
14	氟化物	水质 氟化物的测定 茜素磺酸锆目视比色法	HJ 487—2009
		水质 氟化物的测定 氟试剂分光光度法	HJ 488—2009
15	总汞	水质 总汞的测定 冷原子吸收分光光度法	HJ 597—2011
		水质 总汞的测定 高锰酸钾-过硫酸钾消解-双硫腙分光光度法	GB/T 7469—1987
		水质 汞的测定 冷原子荧光法(试行)	HJ/T 341—2007
16	总镉	水质 铜、锌、铅、镉的测定 原子吸收分光光度法	GB/T 7475—1987
		水质 镉的测定 双硫腙分光光度法	GB/T 7471—1987
17	总铬	水质 总铬的测定 高锰酸钾氧化-二苯碳酰二肼分光光度法	GB/T 7466—1987
18	六价铬	水质 六价铬的测定 二苯碳酰二肼分光光度法	GB/T 7467—1987
19	总砷	水质 总砷的测定 二乙基二硫代氨基甲酸银分光光度法	GB/T 7485—1987
20	总铅	水质 铜、锌、铅、镉的测定 原子吸收分光光度法	GB/T 7475—1987
		水质 铅的测定 双硫腙分光光度法	GB/T 7470—1987
21	总镍	水质 镍的测定 丁二酮肟分光光度法	GB/T 11910—1989
		水质 镍的测定 火焰原子吸收分光光度法	GB/T 11912—1989
22	总铍	水质 铍的测定 铬菁R分光光度法	HJ/T 58—2000
		水质 铍的测定 石墨炉原子吸收分光光度法	HJ/T 59—2000
23	总银	水质 银的测定 火焰原子吸收分光光度法	GB/T 11907—1989

5.3 大气污染物监测要求

5.3.1 排气筒中大气污染物的监测采样按 GB/T 16157、HJ/T 397 规定执行；大气污染物无组织排放的监测按 HJ/T 55 规定执行。

5.3.2 对企业排放大气污染物浓度的测定采用表9所列的方法标准。

表9 大气污染物浓度测定方法标准

污染物项目	方法标准名称	方法标准编号
颗粒物	固定污染源排气中颗粒物测定与气态污染物采样方法	GB/T 16157—1996
	环境空气 总悬浮颗粒物的测定 重量法	GB/T 15432—1995

6 实施与监督

6.1 本标准由县级以上人民政府环境保护行政主管部门负责监督实施。

6.2 在任何情况下,企业均应遵守本标准的污染物排放控制要求,采取必要措施保证污染防治设施正常运行。各级环保部门在对企业进行监督性检查时,可以现场即时采样或监测的结果,作为判定排污行为是否符合排放标准以及实施相关环境保护管理措施的依据。在发现设施耗水或排水量有异常变化的情况下,应核定设施的实际产品产量和排水量,按本标准的规定,换算为水污染物基准排水量排放浓度。

铁合金工业污染物排放标准(节录)

GB 28666—2012

(2012年6月27日发布 2012年10月1日实施)

本标准由环境保护部科技标准司组织制定。
本标准起草单位:中钢集团天澄环保科技股份有限公司、四川川投峨眉铁合金(集团)有限责任公司、环境保护部环境标准研究所。

(按原标准编号节录)

3 术语和定义

下列术语和定义适用于本标准。

3.1 铁合金
一种或一种以上的金属或非金属元素与铁组成的合金,及某些非铁质元素组成的合金。

3.2 现有企业
在本标准实施之日前,建成投产或环境影响评价文件已通过审批的铁合金生产企业或生产设施。

3.3 新建企业
本标准实施之日起,环境影响评价文件通过审批的新建、改建和扩建的铁合金工业建设项目。

3.4 直接排放
排污单位直接向环境排放水污染物的行为。

3.5 间接排放
排污单位向公共污水处理系统排放水污染物的行为。

3.6 公共污水处理系统
通过纳污管道等方式收集废水,为两家以上排污单位提供废水处理服务并且排水能够达到相关排放标准要求的企业或机构,包括各种规模和类型的城镇污水处理厂、区域(包括各类工业园区、开发区、工业聚集地等)废水处理厂等,其废水处理程度应达到二级或二级以上。

3.7 排水量
生产设施或企业向企业法定边界以外排放的废水的量,包括与生产有直接或间接关系的各种外排废水(如厂区生活污水、冷却废水、厂区锅炉和电站排水等)。

3.8 单位产品基准排水量
用于核定水污染物排放浓度而规定的生产单位产品的废水排放量上限值。

3.9 标准状态

温度为273.15K,压力为101 325Pa 时的状态。本标准规定的大气污染物排放浓度均以标准状态下的干气体为基准。

3.10 颗粒物

生产过程中排放的炉窑烟尘和生产性粉尘的总称。

3.11 排气筒高度

自排气筒(或其主体建筑构造)所在的地平面至排气筒出口计的高度,单位为m。

3.12 企业边界

铁合金工业企业的法定边界。若无法定边界,则指企业的实际边界。

4 污染物排放控制要求

4.1 水污染物排放控制要求

4.1.2 自2015年1月1日起,现有企业执行表2规定的水污染物排放限值。

4.1.3 自2012年10月1日起,新建企业执行表2规定的水污染物排放限值。

表2 新建企业水污染物排放浓度限值及单位产品基准排水量

单位:mg/L(pH值除外)

序号	污染物项目	限值		污染物排放监控位置
		直接排放	间接排放	
1	pH值	6~9	6~9	企业废水总排放口
2	悬浮物	70	200	
3	化学需氧量(COD_{Cr})	60	200	
4	氨氮	8.0	15	
5	总氮	20	25	
6	总磷	1.0	2.0	
7	石油类	5.0	10	
8	挥发酚	0.5	1.0	
9	总氰化物	0.5	0.5	
10	总锌	2.0	4.0	
11	六价铬	0.5		车间或生产设施废水排放口
12	总铬	1.5		
单位产品基准排水量(m^3/t)		2.5		排水量计量位置与污染物排放监控位置相同

4.1.4 根据环境保护工作的要求,在国土开发密度已经较高、环境承载能力开始减弱,或环境容量较小、生态环境脆弱,容易发生严重环境污染问题而需要采取特别保护措施的地区,应严格控制企业的污染物排放行为,在上述地区的企业执行表3规定的水污染物特别排放限值。

执行水污染物特别排放限值的地域范围、时间,由国务院环境保护行政主管部门或省级人民政府规定。

表3 水污染物特别排放限值

单位:mg/L(pH 值除外)

序号	污染物项目	限值		污染物排放监控位置
		直接排放	间接排放	
1	pH 值	6～9	6～9	企业废水总排放口
2	悬浮物	20	70	
3	化学需氧量(COD$_{Cr}$)	30	60	
4	氨氮	5.0	8.0	
5	总氮	15	20	
6	总磷	0.5	1.0	
7	石油类	3.0	5.0	
8	挥发酚	0.5	0.5	
9	总氰化物	0.5	0.5	
10	总锌	1.0	2.0	
11	六价铬	0.5		车间或生产设施废水排放口
12	总铬	1.0		
单位产品基准排水量(m³/t)		2.5		排水量计量位置与污染物排放监控位置相同

4.2 大气污染物排放控制要求

4.2.2 自2015年1月1日起,现有企业执行表5规定的大气污染物排放限值。

4.2.3 自2012年10月1日起,新建企业执行表5规定的大气污染物排放限值。

表5 新建企业大气污染物排放浓度限值

单位:mg/m³

序号	污染物	生产工艺或设施	限值	污染物排放监控位置
1	颗粒物	半封闭炉、敞口炉、精炼炉	50	车间或生产设施排气筒
		其他设施	30	
2	铬及其化合物[a]	铬铁合金工艺	4	
注:a 待国家污染物监测方法标准发布后实施。				

4.2.4 根据环境保护工作的要求,在国土开发密度已经较高、环境承载能力开始减弱,或环境容量较小、生态环境脆弱,容易发生严重环境污染问题而需要采取特别保护措施的地区,应严格控制企业的污染物排放行为,在上述地区的企业执行表3规定的大气污染物特别排放限值。

执行大气污染物特别排放限值的地域范围、时间,由国务院环境保护行政主管部门或省级人民政府规定。

表 6 大气污染物特别排放限值

单位:mg/m³

序号	污染物	生产工艺或设施	限值	污染物排放监控位置
1	颗粒物	半封闭炉、敞口炉、精炼炉	30	车间或生产设施排气筒
		其他设施	20	
2	铬及其化合物ª	铬铁合金工艺	3	

注:a 待国家污染物监测方法标准发布后实施。

4.2.5 企业边界大气污染物任何1小时平均浓度执行表7规定的限值。

表 7 企业边界大气污染物浓度限值

单位:mg/m³

序号	污染物项目	限值
1	颗粒物	1.0
2	铬及其化合物ª	0.006

注:a 国家污染物监测方法标准发布后实施。

4.2.6 在现有企业生产、建设项目竣工环保验收及其后的生产过程中,负责监管的环境保护行政主管部门,应对周围居住、教学、医疗等用途的敏感区域环境空气质量进行监测。建设项目的具体监控范围为环境影响评价确定的周围敏感区域;未进行过环境影响评价的现有企业,监控范围由负责监管的环境保护行政主管部门,根据企业排污的特点和规律及当地的自然、气象条件等因素,参照相关环境影响评价技术导则确定。地方政府应对本辖区环境质量负责,采取措施确保环境状况符合环境质量标准要求。

4.2.7 产生大气污染物的生产工艺装置必须设立局部气体收集系统和集中净化处理装置,达标排放。所有排气筒高度应不低于15m。排气筒周围半径200m范围内有建筑物时,排气筒高度还应高出最高建筑物3m以上。

4.2.8 在国家未规定生产单位产品基准排气量之前,以实测浓度作为判定大气污染物排放是否达标的依据。

5 污染物监测要求

5.1 污染物监测的一般要求

5.1.1 对企业排放废水和废气的采样,应根据监测污染物的种类,在规定的污染物排放监控位置进行,有废水和废气处理设施的,应在该设施后监控。在污染物排放监控位置须设置永久性标志。

5.1.2 新建企业和现有企业安装污染物排放自动监控设备的要求,按有关法律和《污染源自动监控管理办法》的规定执行。

5.1.3 对企业污染物排放情况进行监测的频次、采样时间等要求,按国家有关污染源监测技术规范的规定执行。

5.1.4 企业产品产量的核定,以法定报表为依据。

5.1.5 企业应按照有关法律和《环境监测管理办法》的规定,对排污状况进行监测,并保存原始监测记录。

5.2 水污染物监测要求

对水污染物排放浓度的测定采用表8所列的方法标准。

表8 水污染物浓度测定方法标准

序号	污染物项目	方法标准名称	方法标准编号
1	pH值	水质 pH值的测定 玻璃电极法	GB/T 6920—1986
2	悬浮物	水质 悬浮物的测定 重量法	GB/T 11901—1987
3	化学需氧量	水质 化学需氧量的测定 重铬酸钾法	GB/T 11914—1989
4	氨氮	水质 氨氮的测定 纳氏试剂分光光度法	HJ 535—2009
		水质 氨氮的测定 水杨酸分光光度法	HJ 536—2009
		水质 氨氮的测定 蒸馏-中和滴定法	HJ 537—2009
		水质 氨氮的测定 气相分子吸收光谱法	HJ/T 195—2005
5	总氮	水质 总氮的测定 碱性过硫酸钾消解紫外分光光变法	GB/T 11894—1989
6	总磷	水质 总磷的测定 钼酸铵分光光变法	GB/T 11893—1989
7	石油类	水质 石油类的测定 红外分光光度法	GB/T 16488—1996
8	挥发酚	水质 挥发酚的测定 4-氨基安替比林分光光度法	HJ 503—2009
9	总氰化物	水质 氰化物的测定 容量法和分光光度法	HJ 484—2009
10	总锌	水质 铜、锌、铅、镉的测定 原子吸收分光光度法	GB/T 7475—1987
		水质 锌的测定 双硫腙分光光度法	GB/T 7472—1987
11	六价铬	水质 六价铬的测定 二苯碳酰二肼分光光度法	GB/T 7467—1987
12	总铬	水质 总铬的测定 高锰酸钾氧化-二苯碳酰二肼分光光度法	GB/T 7466—1987

5.3 大气污染物监测要求

5.3.1 排气筒中大气污染物的监测采样按GB/T 16157、HJ/T 397规定执行;大气污染物无组织排放的监测按HJ/T 55规定执行。

5.3.2 对大气污染物排放浓度的测定采用表9所列的方法标准。

表9 大气污染物浓度测定方法标准

污染物项目	方法标准名称	方法标准编号
颗粒物	固定污染源排气中颗粒物测定与气态污染物采样方法	GB/T 16157—1996
	环境空气 总悬浮颗粒物的测定 重量法	GB/T 15432—1995

6 实施与监督

6.1 本标准由县级以上人民政府环境保护行政主管部门负责监督实施。

6.2 在任何情况下,企业均应遵守本标准的污染物排放控制要求,采取必要措施保证污染防治设施正常运行。各级环保部门在对企业进行监督性检查时,可以现场即时采样或监测的结果,作为判定排污行为是否符合排放标准以及实施相关环境保护管理措施的依据。在发现设施耗水或排水量有异常变化的情况下,应核定设施的实际产品产量和排水量,按本标准的规定,换算为水污染物基准排水量排放浓度。

电池工业污染物排放标准(节录)

GB 30484—2013

(2013 年 12 月 27 日发布 2014 年 3 月 1 日实施)

本标准由环境保护部科技标准司组织制定。

本标准主要起草单位:中国轻工业清洁生产中心、轻工业化学电源研究所、环境保护部环境标准研究所。

(按原标准编号节录)

3 术语和定义

下列术语和定义适用于本标准。

3.1 电池工业 battery industry

指以正极活性材料、负极活性材料,配合电介质,以密封式结构制成的,并具有一定公称电压和额定容量的化学电源以及利用太阳辐射能直接转换成电能的太阳电池的制造业。

3.2 糊式电池 paste-lined cell

用被电解质浸湿的淀粉凝胶作隔离层的原电池。

3.3 碱性锌锰电池 alkaline zinc manganese battery

含碱性电解质,正极为二氧化锰,负极为锌的原电池。

3.4 纸板电池 paper-lined cell

用浸透电解质的纸板作隔离层的原电池。

3.5 锌空气电池 zinc air battery

以大气中的氧气为正极活性物质,以锌为负极活性物质,含碱性或盐类电解质的原电池。

3.6 锌银电池 silver zinc battery

含碱性电解质,正极含银,负极为锌的电池。

3.7 扣式电池 button cell
总高度小于直径的圆柱形电池,形似硬币或纽扣。

3.8 铅蓄电池 lead acid battery
又称铅酸蓄电池。含以稀硫酸为主的电解质、二氧化铅正极和铅负极的蓄电池。

3.9 镉镍电池 nickel cadmium battery
含碱性电解质,正极含氧化镍,负极为镉的蓄电池。

3.10 氢镍电池 nickel-metal hydride battery
含氢氧化钾水溶液电解质,正极为氢氧化镍,负极为金属氢化物的蓄电池。

3.11 锂电池 lithium cell
含非水电解质,负极为锂或含锂的电池。

3.12 锂离子电池 lithium ion battery
含有机溶剂电解液,利用储锂的层间化合物作正极和负极的蓄电池。

3.13 太阳电池 solar cell
将太阳辐射能直接转换成电能的器件。

3.14 硅太阳电池 silicon solar cell
以硅为基体材料的太阳电池。

3.15 非晶硅太阳电池 amorphous silicon solar cell
用非晶硅材料及其合金制造的太阳电池。

3.16 现有企业 existing facility
本标准实施之日前已建成投产或环境影响评价文件已通过审批的电池工业企业或生产设施。

3.17 新建企业 new facility
本标准实施之日起环境影响评价文件通过审批的新建、改建、扩建的电池生产设施建设项目。

3.18 排水量 effluent volume
指生产设施或企业排出的、没有使用功能的污水的量。包括与生产有直接或间接关系的各种外排废水(含厂区生活污水、厂区锅炉和电站排水等)。

3.19 单位产品基准排水量 benchmark effluent volume per unit product
指用于核定水污染物排放浓度而规定的单位电池产品的废水排放量上限值。

3.20 排气筒高度 stack height
指自排气筒(或其主体建筑构造)所在的地平面至排气筒出口计的高度。

3.21 标准状态 standard condition
指温度为273K,压力为101 325Pa时的状态。本标准规定的各项大气污染物标准值均以标准状态下的干空气为基准。

3.22 企业边界 enterprise boundary
指电池工业企业的法定边界。若无法定边界,则指实际边界。

3.23 公共污水处理系统 public wastewater treatment system
指通过纳污管道等方式收集废水,为两家以上排污单位提供废水处理服务并且排水能够达到相关排放标准要求的企业或机构,包括各种规模和类型的城镇污水处理厂、区域(包括各类工业园区、开发区、工业聚集地等)废水处理厂等,其废水处理程度应达到二级或二级以上。

3.24 直接排放 direct discharge

指排污单位直接向环境排放水污染物的行为。

3.25 间接排放 indirect discharge

指排污单位向公共污水处理系统排放水污染物的行为。

4 污染物排放控制要求

4.1 水污染物排放控制要求

4.1.2 自2016年1月1日起,现有企业执行表2规定的水污染物排放限值。

4.1.3 自2014年3月1日起,新建企业执行表2规定的水污染物排放限值。

表2 新建企业水污染物排放限值

单位:mg/L(pH值除外)

序号	污染物	排放限值						污染物排放监控位置
		直接排放					间接排放	
		锌锰/锌银/锌空气电池	铅蓄电池	镉镍/氢镍电池	锂离子/锂电池	太阳电池		
1	pH值	6~9	6~9	6~9	6~9	6~9	6~9	企业废水总排放口
2	化学需氧量	70	70	70	70	70	150	
3	悬浮物	50	50	50	50	50	140	
4	总磷	0.5	0.5	0.5	0.5	0.5	2.0	
5	总氮	15	15	15	15	15	40	
6	氨氮	10	10	10	10	10	30	
7	氟化物(以F计)	—	—	—	—	8.0		
8	总锌	1.5	—	—	—	—	注4	
9	总锰	1.5	—	—	—	—		
10	总汞	0.005	—	—	—	—		车间或车间处理设施排放口
11	总银[1]	0.2	—	—	—	—		
12	总铅	—	0.5	—	—	—	注4	
13	总镉	—	0.02	0.05	—	—		
14	总镍	—	—	0.5	—	—		
15	总钴[2]	—	—	—	0.1	—		

(续表)

序号	污染物		排放限值					间接排放	污染物排放监控位置
			直接排放						
			锌锰/锌银/锌空气电池	铅蓄电池	镉镍/氢镍电池	锂离子/锂电池	太阳电池		
单位产品基准排水量[3]	锌锰/锌银/锌空气电池	糊式电池			1.3m³/万只			注4	企业废水总排放口
		碱性锌锰电池/纸板电池/叠层电池/锌空气电池			0.8m³/万只				
		扣式电池/锌银电池			0.4m³/万只				
	铅蓄电池	极板制造+组装			0.2m³/kVAh				
		极板制造			0.18m³/kVAh				
		组装			0.025m³/kVAh				
	镉镍/氢镍电池				0.25m³/万只				
	锂离子/锂电池				0.8m³/万只				
	太阳电池	硅太阳电池	硅片+电池制造		2.5m³/kW				
			电池制造		1.2m³/kW				
			硅片制造		1.5m³/kW				
		非晶硅太阳电池[5]			0.2m³/kW				

注1、2、3、4、5:参见表1。

4.1.4 根据环境保护工作的要求,在国土开发密度已经较高、环境承载能力开始减弱,或环境容量较小、生态环境脆弱,容易发生严重环境污染问题而需要采取特别保护措施的地区,应严格控制企业的污染物排放行为,在上述地区的现有和新建电池企业执行表3规定的水污染物特别排放限值。

执行水污染物特别排放限值的地域范围、时间,由国务院环境保护行政主管部门或省级人民政府规定。

表3　水污染物特别排放限值

单位:mg/L(pH值除外)

序号	污染物	排放限值 直接排放 锌锰/锌银/锌空气电池	铅蓄电池	镉镍/氢镍电池	锂离子/锂电池	太阳电池	间接排放	污染物排放监控位置
1	pH值	6～9	6～9	6～9	6～9	6～9	6～9	
2	化学需氧量	50	50	50	50	50	70	企业废水总排放口
3	悬浮物	10	10	10	10	10	50	
4	总磷	0.5	0.5	0.5	0.5	0.5	0.5	
5	总氮	15	15	15	15	15	15	
6	氨氮	8	8	8	8	8	10	
7	氟化物(以F计)	—	—	—	—	2.0	注4	
8	总锌	1.0						
9	总锰	1.0						
10	总汞	0.001						车间或车间处理设施排放口
11	总银[1]	0.1					注4	
12	总铅	—	0.1					
13	总镉	—	0.01	0.01				
14	总镍	—		0.05				
15	总钴[2]	—	—	—	0.1	—		

单位产品基准排水量[3]	锌锰/锌银/锌空气电池	糊式电池	1.0m³/万只	注4	企业废水总排放口
		碱性锌锰电池/纸板电池/叠层电池/锌空气电池	0.6m³/万只		
		扣式电池/锌银电池	0.3m³/万只		
	铅蓄电池	极板制造+组装	0.15m³/kVAh		
		极板制造	0.13m³/kVAh		
		组装	0.02m³/kVAh		
	镉镍/氢镍电池		0.2m³/万只		
	锂离子/锂电池		0.6m³/万只		
	太阳电池	硅太阳电池	硅片+电池制造	2.0m³/kW	
			电池制造	1.0m³/kW	
			硅片制造	1.2m³/kW	
		非晶硅太阳电池[5]	0.15m³/kW		

注1、2、3、4、5:参见表1。

4.2 大气污染物排放控制要求

4.2.1 自 2014 年 7 月 1 日起至 2015 年 12 月 31 日止,现有企业执行表 4 规定的大气污染物排放限值。

4.2.2 自 2016 年 1 月 1 日起,现有企业执行表 5 规定的大气污染物排放限值。

4.2.3 自 2014 年 3 月 1 日起,新建企业执行表 5 规定的大气污染物排放限值。

表 4 现有企业大气污染物排放限值

单位:mg/m³

序号	污染物	排放限值					污染物排放监控位置
		锌锰/锌银/锌空气电池	铅蓄电池	镉镍/氢镍电池	锂离子/锂电池	太阳电池[1]	
1	硫酸雾	—	10	—	—	—	车间或生产设施排气筒
2	铅及其化合物	—	0.7	—	—	—	
3	汞及其化合物	0.01	—	—	—	—	
4	镉及其化合物	—	—	0.5	—	—	
5	镍及其化合物	—	—	2.0	—	—	
6	沥青烟	20	—	—	—	—	
7	氟化物	—	—	—	—	8.0	
8	氯化氢	—	—	—	—	8.0	
9	氯气	—	—	—	—	5.0	
10	氮氧化物	—	—	—	—	50	
11	非甲烷总烃	—	—	—	80	—	
12	颗粒物	50	50	50	50	50	

注:1. 晶体硅太阳电池监控氟化物、氯化氢、氯气,氮氧化物和颗粒物,其他类型太阳电池只监控颗粒物。

表 5 新建企业大气污染物排放限值

单位:mg/m³

序号	污染物	排放限值					污染物排放监控位置
		锌锰/锌银/锌空气电池	铅蓄电池	镉镍/氢镍电池	锂离子/锂电池	太阳电池[1]	
1	硫酸雾	—	5	—	—	—	车间或生产设施排气筒
2	铅及其化合物	—	0.5	—	—	—	
3	汞及其化合物	0.01	—	—	—	—	
4	镉及其化合物	—	—	0.2	—	—	
5	镍及其化合物	—	—	1.5	—	—	
6	沥青烟	10	—	—	—	—	

(续表)

序号	污染物	排放限值					污染物排放监控位置
		锌锰/锌银/锌空气电池	铅蓄电池	镉镍/氢镍电池	锂离子/锂电池	太阳电池[1]	
7	氟化物	—	—	—	—	3.0	车间或生产设施排气筒
8	氯化氢	—	—	—	—	5.0	
9	氯气	—	—	—	—	5.0	
10	氮氧化物	—	—	—	—	30	
11	非甲烷总烃	—	—	—	50	—	
12	颗粒物	30	30	30	30	30	

注：1. 参见表4。

4.2.4 企业边界大气污染物任何1小时平均浓度执行表6规定的限值。

表6 现有和新建企业边界大气污染物浓度限值

序号	污染物	最高浓度限值（mg/m³）
1	硫酸雾	0.3
2	铅及其化合物	0.001
3	汞及其化合物	0.00005
4	镉及其化合物	0.000005
5	镍及其化合物	0.02
6	沥青烟	生产设备不得有明显的无组织排放存在
7	氟化物	0.02
8	氯化氢	0.15
9	氯气	0.02
10	氮氧化物	0.12
11	颗粒物	0.3
12	非甲烷总烃	2.0

4.2.5 在现有企业生产、建设项目竣工环保验收及其后的生产过程中,负责监管的环境保护主管部门应对周围居住、教学、医疗等用途的敏感区域环境质量进行监控。建设项目的具体监控范围为环境影响评价确定的周围敏感区域;未进行过环境影响评价的现有企业,监控范围由负责监管的环境保护主管部门,根据企业排污的特点和规律及当地的自然、气象条件等因素,参照相关环境影响评价技术导则确定。地方政府应对本辖区环境质量负责,采取措施确保环境状况符合环境质量标准要求。

4.2.6 产生大气污染物的生产工艺和装置必须设立局部或整体气体收集系统及集中净化处理装置,净化后的气体由排气筒排放,所有排气筒高度应不低于15m(排放氯气的排气筒高度不得低于25m)。排气筒周围半径200m范围内有建筑物时,排气筒高度还应高出最高建筑物3m以上。

4.2.7 生产设施应采取合理的通风措施,不得故意稀释排放。在国家未规定生产设施单位产品基准排气量之前,暂以实测浓度作为判定是否达标的依据。

5 污染物监测要求

5.1 污染物监测的一般要求

5.1.1 企业应按照有关法律和《环境监测管理办法》等规定,建立企业监测制度,制定监测方案,对污染物排放状况及其对周边环境质量的影响开展自行监测,保存原始监测记录,并公布监测结果。

5.1.2 新建企业和现有企业安装污染物排放自动监控设备的要求,按有关法律和《污染源自动监控管理办法》的规定执行。

5.1.3 企业应按照环境监测管理规定和技术规范的要求,设计、建设、维护永久性采样口、采样测试平台和排污口标志。

5.1.4 对企业排放废水和废气的采样,应根据监测污染物的种类,在规定的污染物排放监控位置进行,有废水、废气处理设施的,应在处理设施后监控。

5.1.5 企业产品产量的核定,以法定报表为依据。

5.2 水污染物监测要求

对企业排放水污染物浓度的测定采用表7所列的方法标准。

表7 水污染物浓度测定方法标准

序号	污染物项目	方法标准名称	方法标准编号
1	pH值	水质 pH值的测定 玻璃电极法	GB 6920
2	化学需氧量	水质 化学需氧量的测定 重铬酸盐法	GB 11914
		水质 化学需氧量的测定 快速消解分光光度法	HJ/T 399
3	悬浮物	水质 悬浮物的测定 重量法	GB 11901
4	总磷	水质 总磷的测定 钼酸铵分光光度法	GB 11893
5	总氮	水质 总氮的测定 气相分子吸收光谱法	HJ/T 199
		水质 总氮的测定 碱性过硫酸钾消解分光光度法	GB/T 11894
6	氨氮	水质 氨氮的测定 气相分子吸收光谱法	HJ/T 195
		水质 氨氮的测定 蒸馏-中和滴定法	HJ 537
7	氟化物	水质 氟化物的测定 离子选择电极法	GB 7484
		水质 氟化物的测定 茜素磺酸锆目视比色法	HJ 487
		水质 氟化物的测定 氟试剂分光光度法	HJ 488
8	总锌	水质 铜、锌、铅、镉的测定 原子吸收分光光谱法	GB 7475
9	总锰	水质 锰的测定 高碘酸钾分光光度法	GB 11906
		水质 铁、锰的测定 火焰原子吸收分光光度法	GB 11911
		水质 锰的测定 甲醛肟分光光度法(试行)	HJ/T 344

(续表)

序号	污染物项目	方法标准名称	方法标准编号
10	总汞	水质 总汞的测定 冷原子吸收分光光度法	HJ 597
		水质 总汞的测定 高锰酸钾-过硫酸钾消解法 双硫腙分光光度法	GB 7469
		水质 汞的测定 冷原子荧光法	HJ/T 341
11	总银	水质 银的测定 火焰原子吸收分光光度法	GB 11907
		水质 银的测定 3,5-Br2-PADAP 分光光度法	HJ 489
		水质 银的测定 镉试剂 2B 分光光度法	HJ 490
12	总铅	水质 铅的测定 双硫腙分光光度法	GB 7470
		水质 铜、锌、铅、镉的测定 原子吸收分光光谱法	GB 7475
13	总镉	水质 镉的测定 双硫腙分光光度法	GB 7471
		水质 铜、锌、铅、镉的测定 原子吸收分光光谱法	GB 7475
14	总镍	水质 镍的测定 丁二酮肟分光光度法	GB 11910
		水质 镍的测定 火焰原子吸收分光光度法	GB 11912
15	总钴	水质 总钴的测定 5-氯-2-(吡咯偶氮)-1,3-二氨基苯分光光度法(暂行)	HJ 550

5.3 大气污染物监测要求

5.3.1 排气筒中大气污染物的监测采样按 GB/T 16157、HJ/T 397 或 HJ/T 75 规定执行。

5.3.2 在有敏感建筑物方位,必要的情况下进行无组织排放监测,具体要求按 HJ/T 55 进行监测。

5.3.3 对企业排放大气污染物浓度的测定采用表 8 所列的方法标准。

表8 大气污染物浓度测定方法标准

序号	污染物项目	方法标准名称	方法标准编号
1	硫酸雾	固定污染源废气 硫酸雾的测定 离子色谱法(暂行)	HJ 544
2	铅及其化合物	固定污染源废气 铅的测定 火焰原子吸收分光光度法(暂行)	HJ 538
		环境空气 铅的测定 石墨炉原子吸收分光光度法(暂行)	HJ 539
		环境空气 铅的测定 火焰原子吸收分光光度法	GB/T 15264
3	汞及其化合物	固定污染源废气 汞的测定 冷原子吸收分光光度法(暂行)	HJ 543
		环境空气 汞的测定 巯基棉富集-冷原子荧光分光光度法(暂行)	HJ 542
4	镉及其化合物	大气固定污染源 镉的测定 火焰原子吸收分光光度法	HJ/T 64.1
		大气固定污染源 镉的测定 石墨炉原子吸收分光光度法	HJ/T 64.2
		大气固定污染源 镉的测定 对-偶氮苯重氮氨基偶氮苯磺酸分光光度法	HJ/T 64.3

(续表)

序号	污染物项目	方法标准名称	方法标准编号
5	镍及其化合物	大气固定污染源 镍的测定 火焰原子吸收分光光度法	HJ/T 63.1
		大气固定污染源 镍的测定 石墨炉原子吸收分光光度法	HJ/T 63.2
		大气固定污染源 镍的测定 丁二酮肟-正丁醇萃取分光光度法	HJ/T 63.3
6	沥青烟	固定污染源排气中沥青烟的测定 重量法	HJ/T 45
7	氟化物	固定污染源排气 氟化物的测定 离子选择电极法	HJ/T 67
		环境空气 氟化物的测定 石灰滤纸采样氟离子选择电极法	HJ 481
		环境空气 氟化物的测定 滤膜采样氟离子选择电极法	HJ 480
8	氯化氢	固定污染源排气中氯化氢的测定 硫氰酸汞分光光度法	HJ/T 27
		固定污染源废气 氯化氢的测定 硝酸银容量法(暂行)	HJ/T 548
		环境空气和废气 氯化氢的测定 离子色谱法(暂行)	HJ 549
9	氯气	固定污染源排气中氯气的测定 甲基橙分光光度法	HJ/T 30
		固定污染源废气 氯气的测定 碘量法(暂行)	HJ 547
10	氮氧化物	固定污染源排气中氮氧化物的测定 紫外分光光度法	HJ/T 42
		固定污染源排气中氮氧化物的测定 盐酸萘乙二胺分光光度法	HJ/T 43
		环境空气 氮氧化物(一氧化氮和二氧化氮)的测定 盐酸萘乙二胺分光光度法	HJ 479
11	颗粒物	固定污染源排气中颗粒物测定与气态污染物采样方法	GB/T 16157
		环境空气 总悬浮颗粒物的测定 重量法	GB/T 15432
12	非甲烷总烃	固定污染源排气中非甲烷总烃的测定 气相色谱法	HJ/T 38

6 实施与监督

6.1 本标准由县级以上人民政府环境保护行政主管部门负责监督实施。

6.2 在任何情况下,企业均应遵守本标准规定的污染物排放控制要求,采取必要措施保证污染防治设施正常运行。各级环保部门在对企业进行监督性检查时,可以现场即时采样或监测的结果,作为判定排污行为是否符合排放标准以及实施相关环境保护管理措施的依据。在发现企业耗水或排水量有异常变化的情况下,应核定企业的实际产品产量和排水量,按本标准的规定,换算水污染物基准排水量下的排放浓度。

石油炼制工业污染物排放标准（节录）

GB 31570—2015

(2015年4月16日发布　2015年7月1日实施)

本标准由环境保护部科技标准司组织制定。
本标准起草单位:抚顺石油化工研究院、中国环境科学研究院。

（按原标准编号节录）

3　术语和定义

下列术语和定义适用于本标准。

3.1　石油炼制工业 petroleum refining industry

以原油、重油等为原料,生产汽油馏分、柴油馏分、燃料油、润滑油、石油蜡、石油沥青和石油化工原料等的工业。

3.2　石油炼制工业废水 petroleum refining industry wastewater

石油炼制工业生产过程中产生的废水,包括工艺废水、污染雨水(与工艺废水混合处理)、生活污水、循环冷却水排污水、化学水制水排污水、蒸气发生器排污水,余热锅炉排污水等。

3.3　工艺废水 process wastewater

石油炼制工业生产过程中与物料直接接触后,从各生产设备排出的废水。工艺废水包括含油废水、含碱废水、含硫含氨酸性水、含苯系物废水、含盐废水等。

3.4　污染雨水 polluted rainwater

石油炼制工业企业或生产设施区域内地面径流的污染物浓度高于本标准规定的直接排放限值的雨水。

3.5　含碱废水 alkaline wastewater

石油炼制工业生产油品、气体产品碱精制,脱硫胺液再生过程产生的废水。

3.6　含硫含氨酸性水 sour water

石油炼制工业生产过程中产生的含硫≥50 mg/L,含氨氮≥100 mg/L 的废水。

3.7　含苯系物废水 aromatic hydrocarbon wastewater

芳烃(苯、甲苯、二甲苯、苯乙烯)生产过程中与物料直接接触后,从各生产设备排出的废水。

3.8　废水集输系统 wastewater collection and transportation system

用于废水收集、储存、输送设施的总和,包括地漏、管道、沟、渠、连接井、集水池、罐等。

3.9　排水量　effluent volume

企业或生产设施向环境排放的废水量,包括与生产有直接或间接关系的各种外排废水(不包括热电站排水、直流冷却海水)。

3.10　加工单位原(料)油排水量　effluent volume of per ton crude oil

在一定的计量时间内,石油炼制企业生产过程中,排入环境的废水量与原(料)油加工量之比。原(料)油加工量包括一次加工及直接进入二次加工装置的原(料)油的数量。

3.11　公共污水处理系统　public wastewater treatment system

通过纳污管道等方式收集废水,为两家以上排污单位提供废水处理服务并且排水能够达到相关排放标准要求的企业或机构,包括各种规模和类型的城镇污水处理厂、园区(包括各类工业园区、开发区、工业聚集地等)污水处理厂等,其废水处理程度应达到二级或二级以上。

3.12　直接排放　direct discharge

排污单位直接向环境水体排放水污染物的行为。

3.13　间接排放　indirect discharge

排污单位向公共污水处理系统排放水污染物的行为。

3.14　挥发性有机物　volatile organic compounds

参与大气光化学反应的有机化合物,或者根据规定的方法测量或核算确定的有机化合物。

3.15　非甲烷总烃　non-methane hydrocarbon

采用规定的监测方法,检测器有明显响应的除甲烷外的碳氢化合物的总称(以碳计)。本标准使用"非甲烷总烃(NMHC)"作为排气筒和厂界挥发性有机物排放的综合控制指标。

3.16　挥发性有机液体　volatile organic liquid

任何能向大气释放挥发性有机物的符合以下任一条件的有机液体:(1)20℃时,挥发性有机液体的真实蒸气压大于0.3 kPa;(2)20℃时,混合物中,真实蒸气压大于0.3 kPa的纯有机化合物的总浓度等于或者高于20%(重量比)。

3.17　真实蒸气压　true vapor pressure

有机液体气化率为零时的蒸气压,又称泡点蒸气压,根据GB/T 8017测定的雷德蒸气压换算得到。

3.18　泄漏检测值　leakage detection value

采用规定的监测方法,检测仪器探测到的设备(泵、压缩机等)或管线组件(阀门、法兰等)泄漏点的挥发性有机物浓度扣除环境本底值后的净值(以碳计)。

3.19　工艺加热炉　process heater

用燃料燃烧加热管内流动的液体或气体物料的设备。

3.20　催化裂化再生烟气　catalytic cracking gas

催化裂化装置生产过程中,积碳催化剂在再生器中通过烧焦再生过程排出的烟气。

3.21　酸性气回收装置　acid gas recovery unit

石油炼制工业产生的酸性气中硫化氢转化为单质硫或硫酸的装置。

3.22 空气氧化反应器 air oxidation reactor
用空气,或空气和氧气的组合作为氧源的反应器。

3.23 非正常工况 malfunction/upsets
生产设施生产工艺参数不是有计划地超过装置设计弹性变化的工况。

3.24 排气筒高度 stack height
自排气筒(或其主体建筑构造)所在的地平面至排气筒出口计的高度。

3.25 标准状态 standard condition
温度为 273.15K,压力为 101 325Pa 时的状态。本标准规定的大气污染物排放浓度限值均以标准状态下的干气体为基准。

3.26 现有企业 existing facility
本标准实施之日前已建成投产或环境影响评价文件已通过审批的石油炼制工业企业或生产设施。

3.27 新建企业 new facility
自本标准实施之日起环境影响评价文件通过审批的新建、改建和扩建石油炼制工业建设项目。

3.28 企业边界 enterprise boundary
石油炼制工业企业的法定边界。若无法定边界,则指企业或生产设施的实际占地边界。

4 水污染物排放控制要求

4.1 现有企业 2017 年 7 月 1 日前仍执行现行标准,自 2017 年 7 月 1 日起执行表 1 规定的水污染物排放限值。

4.2 自 2015 年 7 月 1 日起,新建企业执行表 1 规定的水污染物排放限值。

表 1 水污染物排放限值

单位:mg/L(pH 值除外)

序号	污染物项目	限值		污染物排放监控位置
		直接排放	间接排放[a]	
1	pH 值	6~9	—	企业废水总排放口
2	悬浮物	70	—	
3	化学需氧量	60	—	
4	五日生化需氧量	20	—	
5	氨氮	8.0	—	
6	总氮	40	—	
7	总磷	1.0	—	
8	总有机碳	20	—	

(续表)

序号	污染物项目	限值 直接排放	限值 间接排放[a]	污染物排放监控位置
9	石油类	5.0	20	企业废水总排放口
10	硫化物	1.0	1.0	
11	挥发酚	0.5	0.5	
12	总钒	1.0	1.0	
13	苯	0.1	0.2	
14	甲苯	0.1	0.2	
15	邻二甲苯	0.4	0.6	
16	间二甲苯	0.4	0.6	
17	对二甲苯	0.4	0.6	
18	乙苯	0.4	0.6	
19	总氰化物	0.5	0.5	
20	苯并[a]芘	0.00003		车间或生产设施废水排放口
21	总铅	1.0		
22	总砷	0.5		
23	总镍	1.0		
24	总汞	0.05		
25	烷基汞	不得检出		
加工单位原(料)油基准排水量(m^3/t 原油)		0.5		排水量计量位置与污染物排放监控位置相同

注:a 废水进入城镇污水处理厂或经由城镇污水管线排放,应达到直接排放限值;废水进入园区(包括各类工业园区、开发区、工业聚集地等)污水处理厂执行间接排放限值,未规定限值的污染物项目由企业与园区污水处理厂根据其污水处理能力商定相关标准,并报当地环境保护主管部门备案。

4.3 根据环境保护工作的要求,在国土开发密度已经较高、环境承载能力开始减弱,或水环境容量较小、生态环境脆弱,容易发生严重水环境污染问题而需要采取特别保护措施的地区,应严格控制企业的污染排放行为,在上述地区的企业执行表2规定的水污染物特别排放限值。

执行水污染物特别排放限值的地域范围、时间,由国务院环境保护主管部门或省级人民政府规定。

表2 水污染物特别排放限值

单位:mg/L(pH值除外)

序号	污染物项目	限值		污染物排放监控位置
		直接排放	间接排放[a]	
1	pH值	6～9	—	企业废水总排放口
2	悬浮物	50	—	
3	化学需氧量	50	—	
4	五日生化需氧量	10	—	
5	氨氮	5.0	—	
6	总氮	30	—	
7	总磷	0.5	—	
8	总有机碳	15	—	
9	石油类	3.0	15	
10	硫化物	0.5	1.0	
11	挥发酚	0.3	0.5	
12	总钒	1.0	1.0	
13	苯	0.1	0.1	
14	甲苯	0.1	0.1	
15	邻二甲苯	0.2	0.4	
16	间二甲苯	0.2	0.4	
17	对二甲苯	0.2	0.4	
18	乙苯	0.2	0.4	
19	总氰化物	0.3	0.5	
20	苯并[a]芘	0.00003		车间或生产设施废水排放口
21	总铅	1.0		
22	总砷	0.5		
23	总镍	1.0		
24	总汞	0.05		
25	烷基汞	不得检出		
加工单位原(料)油基准排水量(m^3/t原油)		0.4		排水量计量位置与污染物排放监控位置相同

注:a 废水进入城镇污水处理厂或经由城镇污水管线排放,应达到直接排放限值;废水进入园区(包括各类工业园区、开发区、工业聚集地等)污水处理厂执行间接排放限值,未规定限值的污染物项目由企业与园区污水处理厂根据其污水处理能力商定相关标准,并报当地环境保护主管部门备案。

5 大气污染物排放控制要求

5.1 有组织排放控制要求

5.1.1 现有企业 2017 年 7 月 1 日前仍执行现行标准,自 2017 年 7 月 1 日起执行表 3 规定的大气污染物排放限值。

5.1.2 自 2015 年 7 月 1 日起,新建企业执行表 3 规定的大气污染物排放限值。

表 3 大气污染物排放限值

单位:mg/m³

序号	污染物项目	工艺加热炉	催化裂化催化剂再生烟气(1)	重整催化剂再生烟气	酸性气回收装置	氧化沥青装置	废水处理有机废气收集处理装置	有机废气排放口(2)	污染物排放监控位置
1	颗粒物	20	50	—	—	—	—	—	车间或生产设施排气筒
2	镍及其化合物	—	0.5	—	—	—	—	—	
3	二氧化硫	100	100	—	400	—	—	—	
4	氮氧化物	150 180(3)	200	—	—	—	—	—	
5	硫酸雾	—	—	—	30(4)	—	—	—	
6	氯化氢	—	—	30	—	—	—	—	
7	沥青烟	—	—	—	—	20	—	—	
8	苯并[a]芘	—	—	—	—	0.0003	—	—	
9	苯	—	—	—	—	—	—	4	
10	甲苯	—	—	—	—	—	—	15	
11	二甲苯	—	—	—	—	—	—	20	
12	非甲烷总烃	—	—	60	—	—	120	去除效率≥95%	

注:(1)催化裂化余热锅炉吹灰时再生烟气污染物浓度最大值不应超过表中限值的 2 倍,且每次持续时间不应大于 1 小时。
(2)有机废气中若含有颗粒物、二氧化硫或氮氧化物,执行工艺加热炉相应污染物控制要求。
(3)炉膛温度≥850℃的工艺加热炉执行该限值。
(4)酸性气体回收装置生产硫酸时执行该限值。

5.1.3 根据环境保护工作的要求,在国土开发密度已经较高、环境承载能力开始减弱,或大气环境容量较小、生态环境脆弱,容易发生严重大气环境污染问题而需要采取特别保护措施的地区,应严格控制企业的污染排放行为,在上述地区的企业执行表 4 规定的大气污染物特别排放限值。

执行大气污染物特别排放限值的地域范围、时间,由国务院环境保护主管部门或省级人民政府规定。

表4 大气污染物特别排放限值

单位:mg/m³

序号	污染物项目	工艺加热炉	催化裂化催化剂再生烟气(1)	重整催化剂再生烟气	酸性气回收装置	氧化沥青装置	废水处理有机废气收集处理装置	有机废气排放口(2)	污染物排放监控位置
1	颗粒物	20	30	—	—	—	—	—	车间或生产设施排气筒
2	镍及其化合物	—	0.3	—	—	—	—	—	
3	二氧化硫	50	50	—	100	—	—	—	
4	氮氧化物	100	100	—	—	—	—	—	
5	硫酸雾	—	—	—	5(3)	—	—	—	
6	氯化氢	—	—	10	—	—	—	—	
7	沥青烟	—	—	—	—	10	—	—	
8	苯并[a]芘	—	—	—	—	0.0003	—	—	
9	苯	—	—	—	—	—	—	4	
10	甲苯	—	—	—	—	—	—	15	
11	二甲苯	—	—	—	—	—	—	20	
12	非甲烷总烃	—	—	30	—	—	120	去除效率≥97%	

注:(1)催化裂化余热锅炉吹灰时再生烟气污染物浓度最大值不应超过表中限值的2倍,且每次持续时间不应大于1小时。
(2)有机废气中若含有颗粒物、二氧化硫或氮氧化物,执行工艺加热炉相应污染物控制要求。
(3)酸性气体回收装置生产硫酸时执行该限值。

5.1.4 非焚烧类有机废气排放口以实测浓度判定排放是否达标。焚烧类有机废气排放口、工艺加热炉、催化剂再生烟气和酸性气回收装置的实测大气污染物排放浓度,须换算成基准含氧量为3%的大气污染物基准排放浓度,并与排放限值比较判定排放是否达标。大气污染物基准排放浓度按公式(2)进行计算。

$$\rho_{基} = \frac{21 - O_{基}}{21 - O_{实}} \times \rho_{实} \tag{2}$$

式中:$\rho_{基}$——大气污染物基准排放浓度,mg/m³;

$O_{基}$——干烟气基准含氧量,%;

$O_{实}$——实测的干烟气含氧量,%;

$\rho_{实}$——实测大气污染物排放浓度,mg/m³。

5.2 挥发性有机液体储罐污染控制要求

5.2.1 新建企业自2015年7月1日起,现有企业自2017年7月1日起,执行下列挥发性有机液体储罐污染控制要求。

5.2.2 储存真实蒸气压≥76.6kPa的挥发性有机液体应采用压力储罐。

5.2.3 储存真实蒸气压≥5.2kPa但<27.6kPa的设计容积≥150m³的挥发性有机液体储罐,以及储存真实蒸气压≥27.6kPa但<76.6kPa的设计容积≥75m³的挥发性有机液体储罐应符合下列规定之一:

a)采用内浮顶罐:内浮顶罐的浮盘与罐壁之间应采用液体镶嵌式、机械式鞋形、双封式等高效密封方式。

b)采用外浮顶罐:外浮顶罐的浮盘与罐壁之间应采用双封式密封,且初级密封采用液体镶嵌式、机械式鞋形等高效密封方式。

c)采用固定顶罐,应安装密闭排气系统至有机废气回收或处理装置,其大气污染物排放应符合表3、表4的规定。

5.2.4 浮顶罐浮盘上的开口、缝隙密封设施,以及浮盘与罐壁之间的密封设施在工作状态应密闭。若检测到密封设施不能密闭,在不关闭工艺单元的条件下,在15日内进行维修技术上不可行,则可以延迟维修,但不应晚于最近一个停工期。

5.2.5 对浮盘的检查至少每6个月进行一次,每次检查应记录浮盘密封设施的状态,记录应保存1年以上。

5.3 设备与管线组件泄漏污染控制要求

5.3.1 新建企业自2015年7月1日起,现有企业自2017年7月1日起,执行下列设备与管线组件泄漏污染控制要求。

5.3.2 挥发性有机物流经以下设备与管线组件时,应进行泄漏检测与控制:

a)泵;

b)压缩机;

c)阀门;

d)开口阀或开口管线;

e)法兰及其他连接件;

f)泄压设备;

g)取样连接系统;

h)其他密封设备。

5.3.3 泄漏检测周期

根据设备与管线组件的类型,采用不同的泄漏检测周期:

a)泵、压缩机、阀门、开口阀或开口管线,气体/蒸气泄压设备、取样连接系统每3个月检测一次。

b)法兰及其他连接件、其他密封设备每6个月检测一次。

c)对于挥发性有机物流经的初次开工开始运转的设备和管线组件,应在开工后30日内对其进行第一次检测。

d)挥发性有机液体流经的设备和管线组件每周应进行目视观察,检查其密封处是否出现滴液迹象。

5.3.4 泄漏的认定

出现以下情况,则认定发生了泄漏:

a)有机气体和挥发性有机液体流经的设备与管线组件,采用氢火焰离子化检测仪(以甲烷或丙烷为校正气体),泄漏检测值大于等于 $2000\mu mol/mol$。

b)其他挥发性有机物流经的设备与管线组件,采用氢火焰离子化检测仪(以甲烷或丙烷为校正气体),泄漏检测值大于等于 $500\mu mol/mol$。

5.3.5 泄漏修复

a)当检测到泄漏时,在可行条件下应尽快维修,一般不晚于发现泄漏后15日。

b)首次(尝试)维修不应晚于检测到泄漏后5日。首次尝试维修应当包括(但不限于)以下描述的相关措施:拧紧密封螺母或压盖、在设计压力及温度下密封冲洗。

c)若检测到泄漏后,在不关闭工艺单元的条件下,在15日内进行维修技术上不可行,则可以延迟维修,但不应晚于最近一个停工期。

5.3.6 记录要求

泄漏检测应记录检测时间、检测仪器读数;修复时应记录修复时间和确认已完成修复的时间,记录修复后检测仪器读数,记录应保存1年以上。

5.4 其他污染控制要求

5.4.1 新建企业自2015年7月1日起,现有企业自2017年7月1日起,执行下列污染控制要求。

5.4.2 废水预处理

含碱废水,含硫含氨酸性水,含苯系物废水,烟气脱硫、脱硝废水,设备、管道检维修过程化学清洗废水应单独收集、储存并进行预处理。

5.4.3 废水集输、储存和处理设施

用于集输、储存和处理含挥发性有机物、恶臭物质的废水设施应密闭,产生的废气应接入有机废气回收或处理装置,其大气污染物排放应符合表3、表4的规定。

5.4.4 挥发性有机液体装车、传输、接驳

油品装卸栈桥对铁路罐车进行装油,发油台对汽车罐车进行装油,油品装卸码头对油船(驳)进行装油的原油及成品油(汽油、煤油、喷气燃料、化工轻油、有机化学品)设施,应密闭装油并设置油气收集、回收或处理装置,其大气污染物排放应符合表3、表4的规定。

装车、船应采用顶部浸没式或底部装载方式,顶部浸没式装载出油口距离罐底高度应小于200mm。

底部装油结束并断开快接头时,油品滴洒量不应超过10mL,滴洒量取连续3次断开操作的平均值。

5.4.5 酸性气回收装置

酸性气回收装置的加工能力应保证在加工最大硫含量原油及加工装置最大负荷情况下,能完全处理产生的酸性气。脱硫溶剂再生系统、酸性水处理系统和硫磺回收装置的能力配置应保证在一套硫磺回收装置出现故障时不向酸性气火炬排放酸性气。

5.4.6 有机废气收集、传输与处理

下列有机废气应接入有机废气回收或处理装置,其大气污染物排放应符合表3、表4的规定:

a)空气氧化反应器产生的含挥发性有机物尾气;

b)有机固体物料气体输送废气;

c)用于含挥发性有机物容器真空保持的真空泵排气;

d) 非正常工况下,生产设备通过安全阀排出的含挥发性有机物的废气;
e) 生产装置、设备开停工过程不满足本标准要求的废气。
有机废气收集、传输设施的设置和操作条件应保证被收集的有机气体不通过收集、传输设施的开口向大气泄漏。

5.4.7 火炬系统
a) 采取措施回收排入火炬系统的气体和液体。
b) 在任何时候,挥发性有机物和恶臭物质进入火炬都应能点燃并充分燃烧。
c) 应连续监测、记录引燃设施和火炬的工作状态(火炬气流量、火炬头温度、火种气流量、火种温度等),并保存记录1年以上。

5.4.8 采样
对于含挥发性有机物、恶臭物质的物料,其采样口应采用密闭采样或等效设施。

5.4.9 检维修
用于输送、储存、处理含挥发性有机物、恶臭物质的生产设施,以及水、大气、固体废物污染控制设施在检维修时清扫气应接入有机废气回收或处理装置,其大气污染物排放应符合表3、表4的规定。

5.4.10 废气收集、处理与排放
产生大气污染物的生产工艺和装置需设立局部或整体气体收集系统和净化处理装置,达标排放。排气筒高度应按环境影响评价要求确定,且至少不低于15m。

5.5 厂界及周边污染控制要求
5.5.1 企业边界任何1小时大气污染物平均浓度执行表5规定的限值。

表5 企业边界大气污染物浓度限值

单位:mg/m³

序号	污染物项目	限值
1	颗粒物	1.0
2	氯化氢	0.2
3	苯并[a]芘	0.000008
4	苯	0.4
5	甲苯	0.8
6	二甲苯	0.8
7	非甲烷总烃	4.0

5.5.2 在现有企业生产,建设项目竣工环保验收后的生产过程中,负责监管的环境保护主管部门应对周围居住、教学、医疗等用途的敏感区域环境质量进行监控。建设项目的具体监控范围为环境影响评价确定的周围敏感区域;未进行过环境影响评价的现有企业,监控范围由负责监管的环境保护主管部门,根据企业排污特点和规律及当地自然、气象条件等因素,参照相关环境影响评价技术导则确定。地方政府应对本辖区环境质量负责,采取措施确保环境状况符合环境质量标准要求。

6 污染物监测要求

6.1 一般要求

6.1.1 企业应按照有关法律和《环境监测管理办法》等规定,建立企业监测制度,制定监测方案,对污染物排放状况及其对周边环境质量的影响开展自行监测,保存原始监测记录,并公布监测结果。

6.1.2 新建企业和现有企业安装污染物排放自动监控设备的要求,按有关法律和《污染源自动监控管理办法》的规定执行。

6.1.3 企业应按照环境监测管理规定和技术规范的要求,设计、建设、维护永久性采样口、采样测试平台和排污口标志。

6.1.4 对企业排放废水和废气的采样,应根据监测污染物的种类,在规定的污染物排放监控位置进行,有废水、废气处理设施的,应在处理设施后监测。

6.1.5 企业原(料)油加工量的核定,以法定报表为依据。

6.2 水污染物监测与分析

6.2.1 水污染物的监测采样按 HJ/T 91、HJ 493、HJ 494、HJ 495 的规定执行。

6.2.2 对企业排放水污染物浓度的测定采用表6所列的方法标准。

表6 水污染物浓度测定方法标准

序号	污染物项目	标准名称	标准编号
1	pH 值	水质 pH值的测定 玻璃电极法	GB/T 6920
2	悬浮物	水质 悬浮物的测定 重量法	GB/T 11901
3	化学需氧量	水质 化学需氧量的测定 重铬酸盐法	GB/T 11914
		水质 化学需氧量的测定 快速消解分光光度法	HJ/T 399
		高氯废水 化学需氧量的测定 氯气校正法	HJ/T 70
		高氯废水 化学需氧量的测定 碘化钾碱性高锰酸钾法	HJ/T 132
4	五日生化需氧量	水质 五日生化需氧量(BOD_5)的测定 稀释与接种法	HJ 505
5	氨氮	水质 氨氮的测定 气相分子吸收光谱法	HJ/T 195
		水质 氨氮的测定 纳氏试剂分光光度法	HJ 535
		水质 氨氮的测定 水杨酸分光光度法	HJ 536
		水质 氨氮的测定 蒸馏-中和滴定法	HJ 537
		水质 氨氮的测定 连续流动-水杨酸分光光度法	HJ 665
		水质 氨氮的测定 流动注射-水杨酸分光光度法	HJ 666
6	总氮	水质 总氮的测定 碱性过硫酸钾消解紫外分光光度法	HJ 636
		水质 总氮的测定 连续流动-盐酸萘乙二胺分光光度法	HJ 667
		水质 总氮的测定 流动注射-盐酸萘乙二胺分光光度法	HJ 668

(续表)

序号	污染物项目	标准名称	标准编号
7	总磷	水质 总磷的测定 钼酸铵分光光度法	GB/T 11893
		水质 磷酸盐和总磷的测定 连续流动-钼酸铵分光光度法	HJ 670
		水质 总磷的测定 流动注射-钼酸铵分光光度法	HJ 671
8	总有机碳	水质 总有机碳的测定 燃烧氧化-非分散红外吸收法	HJ 501
9	石油类	水质 石油类和动植物油类的测定 红外分光光度法	HJ 637
10	硫化物	水质 硫化物的测定 亚甲基蓝分光光度法	GB/T 16489
		水质 硫化物的测定 碘量法	HJ/T 60
		水质 硫化物的测定 气相分子吸收光谱法	HJ/T 200
11	挥发酚	水质 挥发酚的测定 溴化容量法	HJ 502
		水质 挥发酚的测定 4-氨基安替比林分光光度法	HJ 503
12	总钒	水质 钒的测定 钽试剂（BPHA）萃取分光光度法	GB/T 15503
		水质 钒的测定 石墨炉原子吸收分光光度法	HJ 673
		水质 65种元素的测定 电感耦合等离子体质谱法	HJ 700
13	苯 甲苯 邻二甲苯 间二甲苯 对二甲苯 乙苯	水质 苯系物的测定 气相色谱法	GB/T 11890
		水质 挥发性有机物的测定 吹扫捕集/气相色谱-质谱法	HJ 639
		水质 挥发性有机物的测定 吹扫捕集/气相色谱法	HJ 686
14	总氰化物	水质 氰化物的测定 容量法和分光光度法	HJ 484
15	苯并[a]芘	水质 苯并[a]芘的测定 乙酰化滤纸层析荧光分光光度法	GB/T 11895
		水质 多环芳烃的测定 液液萃取和固相萃取高效液相色谱法	HJ 478
16	总铅	水质 铅的测定 双硫腙分光光度法	GB/T 7470
		水质 铜、锌、铅、镉的测定 原子吸收分光光度法	GB/T 7475
		水质 65种元素的测定 电感耦合等离子体质谱法	HJ 700
17	总砷	水质 总砷的测定 二乙基二硫代氨基甲酸银分光光度法	GB/T 7485
		水质 汞、砷、硒、铋和锑的测定 原子荧光法	HJ 694
		水质 65种元素的测定 电感耦合等离子体质谱法	HJ 700
18	总镍	水质 镍的测定 丁二酮肟分光光度法	GB/T 11910
		水质 镍的测定 火焰原子吸收分光光度法	GB/T 11912
		水质 65种元素的测定 电感耦合等离子体质谱法	HJ 700

(续表)

序号	污染物项目	标准名称	标准编号
19	总汞	水质 总汞的测定 高锰酸钾-过硫酸钾消解法 双硫腙分光光度法	GB/T 7469
		水质 总汞的测定 冷原子吸收分光光度法	HJ 597
		水质 汞、砷、硒、铋和锑的测定 原子荧光法	HJ 694
20	烷基汞	水质 烷基汞的测定 气相色谱法	GB/T 14204

6.3 大气污染物监测与分析

6.3.1 排气筒中大气污染物的监测采样按 GB/T 16157、HJ/T 397、HJ 732、HJ/T 373 或 HJ/T 75、HJ/T 76 的规定执行。企业边界大气污染物监测按 HJ/T 55 的规定执行。

6.3.2 石油炼制工业企业的设备与管线组件应设置编号和永久标志，泄漏检测按 HJ 733 的规定执行。

6.3.3 对企业排放大气污染物浓度的测定采用表7所列的方法标准。

表7 大气污染物浓度测定方法标准

序号	污染物项目	标准名称	标准编号
1	颗粒物	固定污染源排气中颗粒物测定与气态污染物采样方法	GB/T 16157
		环境空气 总悬浮颗粒物的测定 重量法	GB/T 15432
2	镍及其化合物	大气固定污染源 镍的测定 火焰原子吸收分光光度法	HJ/T 63.1
		大气固定污染源 镍的测定 石墨炉原子吸收分光光度法	HJ/T 63.2
		大气固定污染源 镍的测定 丁二酮肟-正丁醇萃取分光光度法	HJ/T 63.3
3	二氧化硫	固定污染源排气中二氧化硫的测定 碘量法	HJ/T 56
		固定污染源排气中二氧化硫的测定 定电位电解法	HJ/T 57
		固定污染源废气 二氧化硫的测定 非分散红外吸收法	HJ 629
4	氮氧化物	固定污染源排气中氮氧化物的测定 紫外分光光度法	HJ/T 42
		固定污染源排气中氮氧化物的测定 盐酸萘乙二胺分光光度法	HJ/T 43
		固定污染源排气 氮氧化物的测定 酸碱滴定法	HJ 675
		固定污染源废气 氮氧化物的测定 非分散红外吸收法	HJ 692
		固定污染源废气 氮氧化物的测定 定电位电解法	HJ 693
5	硫酸雾	固定污染源废气 硫酸雾的测定 离子色谱法（暂行）	HJ 544
6	氯化氢	固定污染源排气中氯化氢的测定 硫氰酸汞分光光度法	HJ/T 27
		固定污染源废气 氯化氢的测定 硝酸银容量法（暂行）	HJ 548
		环境空气和废气 氯化氢的测定 离子色谱法（暂行）	HJ 549

(续表)

序号	污染物项目	标准名称	标准编号
7	沥青烟	固定污染源排气中沥青烟的测定 重量法	HJ/T 45
8	苯并[a]芘	环境空气 苯并[a]芘的测定 高效液相色谱法	GB/T 15439
		固定污染源排气中苯并[a]芘的测定 高效液相色谱法	HJ/T 40
		环境空气和废气 气相和颗粒物中多环芳烃的测定 气相色谱-质谱法	HJ 646
		环境空气和废气 气相和颗粒物中多环芳烃的测定 高效液相色排法	HJ 647
9	苯、甲苯、二甲苯	环境空气 苯系物的测定 固体吸附/热脱附-气相色谱法	HJ 583
		环境空气 苯系物的测定 活性炭吸附/二硫化碳解吸-气相色谱法	HJ 584
		环境空气 挥发性有机物的测定 吸附管采样-热脱附/气相色谱-质谱法	HJ 644
		固定污染源废气 挥发性有机物的测定 固相吸附-热脱附/气相色谱-质谱法	HJ 734
10	非甲烷总烃	固定污染源排气中非甲烷总烃的测定 气相色谱法	HJ/T 38

7 实施与监督

7.1 本标准由县级以上人民政府环境保护主管部门负责监督实施。

7.2 在任何情况下,石油炼制工业企业均应遵守本标准规定的污染物排放控制要求,采取必要措施保证污染防治设施正常运行。各级环保部门在对企业进行监督性检查时,可以现场即时采样或监测的结果,作为判定排污行为是否符合排放标准以及实施相关环境保护管理措施的依据。

再生铜、铝、铅、锌工业污染物排放标准(节录)

GB 31574—2015

(2015 年 4 月 16 日发布 2015 年 7 月 1 日实施)

本标准由环境保护部科技标准司组织制定。
本标准主要起草单位:北京中色再生金属研究有限公司、环境保护部环境标准研究所。

(按原标准编号节录)

3 术语和定义

下列术语和定义适用于本标准。

3.1 再生有色金属工业 secondary nonferrous metal industry

以废杂有色金属为原料,生产有色金属及其合金的工业。废杂有色金属指金属状态的废料,不含"含铜污泥""含氧化铝烟尘""含铅浸出渣""含锌炼钢烟尘"等其他有色金属二次资源。

3.2 再生铜工业 secondary copper industry

以废杂铜为原料,生产阳极铜和阴极铜的工业。

3.3 再生铝工业 secondary aluminum industry

以废杂铝为原料,生产铝及铝合金的工业。

3.4 再生铅工业 secondary lead industry

以废杂铅(主要是废铅蓄电池)为原料,生产粗铅、精炼铅及铅合金的工业。

3.5 再生锌工业 secondary zinc industry

以废杂锌或镀锌渣为原料,生产金属锌及锌合金的工业。

3.6 特征生产工艺和装置 typical processing and facility

为生产再生有色金属而进行的预处理、熔炼、电解等生产工艺及与这些工艺相关的装置。

3.7 现有企业 existing facility

本标准实施之日前已建成投产或环境影响评价文件已通过审批的再生有色金属工业企业或生产设施。

3.8 新建企业 new facility

本标准实施之日起环境影响评价文件通过审批的新建、改建和扩建再生有色金属工业设施建设项目。

3.9 公共污水处理系统 public wastewater treatment system

通过纳污管道等方式收集废水,为两家以上排污单位提供废水处理服务并且排水能够达到相关排放标准要求的企业或机构,包括各种规模和类型的城镇污水处理厂、园区(包括各类工业园区、开发区、工业聚集地等)污水处理厂等,其废水处理程度应达到二级或二级以上。

3.10 直接排放 direct discharge

排污单位直接向环境排放水污染物的行为。

3.11 间接排放 indirect discharge

排污单位向公共污水处理系统排放水污染物的行为。

3.12 排水量 effluent volume

生产设施或企业向企业法定边界以外排放的废水的量,包括与生产有直接或间接关系的各种外排废水(如厂区生活污水、冷却废水、冲洗废水、过滤废水、厂区锅炉和电站排水等)。

3.13 单位产品基准排水量 benchmark effluent volume per unit product

用于核定水污染物排放浓度而规定的生产单位有色金属产品的废水排放量上限值。

3.14 二噁英类 dioxins

多氯代二苯并-对-二噁英(PCDDs)和多氯代二苯并呋喃(PCDFs)的统称。

3.15 毒性当量因子 toxic equivalency factor(TEF)

各二噁英类同类物与2,3,7,8-四氯代二苯并-对-二噁英毒性对Ah受体的亲和性能之比。

3.16 毒性当量 toxic equivalent quantity(TEQ)

各二噁英类同类物浓度折算为相当于2,3,7,8-四氯代二苯并-对-二噁英毒性的等价浓度,毒性当量浓度为实测浓度与该异构体的毒性当量因子的乘积。

3.17 标准状态 standard condition

温度为273.15K,压力为101 325Pa时的状态,简称"标态"。本标准规定的大气污染物排放浓度限值均以标准状态下的干气体为基准。

3.18 排气量 exhaust volume

生产设施或企业通过排气筒向环境排放的工业废气的量。

3.19 单位产品基准排气量 benchmark exhaust volume per unit product

用于核定炉窑的废气污染物排放浓度而规定的生产单位产品的废气排放量上限值,包括炉窑加料、出渣等开口处无组织排放烟气经环境集烟设施收集后由排气筒有组织排放的烟气量。

3.20 企业边界 enterprise boundary

再生有色金属工业企业的法定边界。若无法定边界,则指企业的实际边界。

4 污染物排放控制要求

4.1 水污染物排放控制要求

4.1.1 自2015年7月1日起,新建企业执行表1规定的水污染物排放限值。

4.1.2 2017年1月1日以前,现有企业仍执行现行标准。自2017年1月1日起,现有企业执行表1规定的水污染物排放限值。

表1 水污染物排放限值

单位:mg/L(pH值除外)

序号	污染物项目	限值		污染物排放监控位置
		直接排放	间接排放[1]	
1	pH值	6～9	—	企业废水总排放口
2	化学需氧量(COD_{Cr})	50	—	
3	悬浮物	30	—	
4	石油类	3	10	
5	氨氮	8	—	
6	总氮	15	—	
7	总磷	1	—	
8	总铜	0.2	0.2	
9	总锌	1	1	
10	硫化物	1	1	

(续表)

序号	污染物项目	限值 直接排放	限值 间接排放[1]	污染物排放监控位置
11	总铅	0.2	0.2	生产车间或设施废水排放口
12	总砷	0.1	0.1	
13	总镍	0.1	0.1	
14	总镉	0.01	0.01	
15	总铬	0.5	0.5	
16	总锑[2]	0.3	0.3	
17	总汞	0.01	0.01	
	单位产品基准排水量（m^3/t 产品）	1		排水量计量位置与污染物排放监控位置一致

注：(1)废水进入城镇污水处理厂或经由城镇污水管线排放的，应达到直接排放限值要求；废水进入园区（包括各类工业园区、开发区、工业聚集地等）污水处理厂执行间接排放限值，未规定间接排放限值的污染物项目由排污企业与园区污水处理厂根据其污水处理能力商定相关标准，并报当地环境保护主管部门备案。
(2)适用于再生铅和再生铜工业企业。

4.1.3 根据环境保护工作的要求，在国土开发密度已经较高、环境承载能力开始减弱，或水环境容量较小、生态环境脆弱，容易发生严重水环境污染问题而需要采取特别保护措施的地区，应严格控制企业的污染排放行为，在上述地区的企业执行表2规定的水污染物特别排放限值。

执行水污染物特别排放限值的地域范围、时间，由国务院环境保护主管部门或省级人民政府规定。

表2 水污染物特别排放限值

单位：mg/L(pH值除外)

序号	污染物项目	限值 直接排放	限值 间接排放[1]	污染物排放监控位置
1	pH 值	6～9	—	企业废水总排放口
2	化学需氧量(COD_{Cr})	30	—	
3	悬浮物	10	—	
4	石油类	1	3	
5	氨氮	5	—	
6	总氮	10	—	
7	总磷	0.5	—	
8	总铜	0.2	0.2	
9	总锌	0.2	0.2	
10	硫化物	0.3	0.3	

(续表)

序号	污染物项目	限值 直接排放	限值 间接排放[1]	污染物排放监控位置
11	总铅	0.2	0.2	生产车间或设施废水排放口
12	总砷	0.1	0.1	
13	总镍	0.1	0.1	
14	总镉	0.01	0.01	
15	总铬	0.5	0.5	
16	总锑[2]	0.3	0.3	
17	总汞	0.01	0.01	
单位产品基准排水量(m^3/t产品)		0.5		排水量计量位置与污染物排放监控位置一致

注:(1)废水进入城镇污水处理厂或经由城镇污水管线排放的,应达到直接排放限值要求;废水进入园区(包括各类工业园区、开发区、工业聚集地等)污水处理厂执行间接排放限值,未规定间接排放限值的污染物项目由排污企业与园区污水处理厂根据其污水处理能力商定相关标准,并报当地环境保护主管部门备案。
(2)适用于再生铅和再生铜工业企业。

4.1.4 对于排放含有放射性物质的污水,除执行本标准外,还应符合 GB 18871 的规定。

4.2 大气污染物排放控制要求

4.2.1 自 2015 年 7 月 1 日起,新建企业执行表 3 规定的大气污染物排放限值。

4.2.2 2017 年 1 月 1 日以前,现有企业仍执行现行标准。自 2017 年 1 月 1 日起,现有企业执行表 3 规定的大气污染物排放限值。

表3 大气污染物排放限值

单位:mg/m^3(二噁英类除外)

序号	污染物项目	再生有色金属企业	限值	污染物排放监控位置
1	二氧化硫	所有	150	车间或生产设施排气筒
2	颗粒物	所有	30	
3	氮氧化物	所有	200	
4	硫酸雾	再生铜、再生铅、再生锌	20	
5	氟化物	再生铝	3	
6	氯化氢	再生铝	30	
7	二噁英类	所有	0.5ng-TEQ/m^3	
8	砷及其化合物	所有	0.4	
9	铅及其化合物	再生铅、再生铜	2	
		再生铝、再生锌	1	

(续表)

序号	污染物项目	再生有色金属企业	限值	污染物排放监控位置
10	锡及其化合物	所有	1	车间或生产设施排气筒
11	锑及其化合物	再生铅、再生铜	1	
12	镉及其化合物	所有	0.05	
13	铬及其化合物	所有	1	
单位产品基准排气量（m³/吨产品）		炉窑	10000	排气量计量位置与污染物排放监控位置一致

4.2.3 根据国家环境保护工作的要求，在国土开发密度已经较高、环境承载能力开始减弱，或大气环境容量较小、生态环境脆弱，容易发生严重大气环境污染问题而需要采取特别保护措施的地区，应严格控制企业的污染物排放行为，在上述地区的企业执行表4规定的大气污染物特别排放限值。

执行大气污染物特别排放限值的地域范围、时间，由国务院环境保护行政主管部门或省级人民政府规定。

表4 大气污染物特别排放限值

单位：mg/m³（二噁英类除外）

序号	污染物项目	再生有色金属企业	限值	污染物排放监控位置
1	二氧化硫	所有	100	车间或生产设施排气筒
2	颗粒物	所有	10	
3	氮氧化物	所有	100	
4	硫酸雾	再生铜、再生铅、再生锌	10	
5	氟化物	再生铝	3	
6	氯化氢	再生铝	30	
7	二噁英类	所有	0.5ng-TEQ/m³	
8	砷及其化合物	所有	0.4	
9	铅及其化合物	再生铅、再生铜	2	
		再生铝、再生锌	1	
10	锡及其化合物	所有	1	
11	锑及其化合物	再生铅、再生铜	1	
12	镉及其化合物	所有	0.05	
13	铬及其化合物	所有	1	
单位产品基准排气量（m³/吨产品）		炉窑	10000	排气量计量位置与污染物排放监控位置一致

4.2.4 企业边界大气污染物任何1小时平均浓度执行表5规定的限值。

表5 企业边界大气污染物限值

单位：mg/m³

序号	污染物项目	再生有色金属企业	限值
1	硫酸雾	再生铜、再生铅、再生锌	0.3
2	氟化物	再生铝	0.02
3	氯化氢	再生铝	0.2
4	砷及其化合物	所有	0.01
5	铅及其化合物	所有	0.006
6	锡及其化合物	所有	0.24
7	锑及其化合物	再生铅、再生铜	0.01
8	镉及其化合物	所有	0.0002
9	铬及其化合物	所有	0.006

4.2.5 在现有企业生产、建设项目竣工环保验收及其后的生产过程中，负责监管的环境保护主管部门应对周围居住、教学、医疗等用途的敏感区域环境质量进行监控。建设项目的具体监控范围为环境影响评价确定的周围敏感区域；未进行过环境影响评价的现有企业，监控范围由负责监管的环境保护主管部门，根据企业排污的特点和规律及当地的自然、气象条件等因素，参照相关环境影响评价技术导则确定。地方政府应对本辖区环境质量负责，采取措施确保环境状况符合环境质量标准要求。

4.2.6 产生大气污染物的生产工艺和装置必须设立局部或整体气体收集系统和集中净化处理装置。所有排气筒高度应按环境影响评价要求确定，不得低于15m。

4.2.7 大气污染物排放浓度限值适用于单位产品实际排气量不高于基准排气量的情况。若单位产品实际排气量超过基准排气量，须将实测大气污染物浓度换算为大气污染物基准排气量排放浓度，并以大气污染物基准排气量排放浓度作为判定排放是否达标的依据。大气污染物基准排气量排放浓度的换算，可参照水污染物基准排水量排放浓度的计算公式。产品产量和排气量统计周期为一个工作日。

4.2.8 应在有硬化地面的料棚或仓库中储存废有色金属原料，并加强原料预处理过程中的环境管理，采取措施控制扬尘。禁止采用无污染物排放控制设施的焚烧设备处理废有色金属原料。

5 污染物监测要求

5.1 污染物监测的一般要求

5.1.1 企业应按照有关法律和《环境监测管理办法》等规定，建立企业监测制度，制定监测方案，对污染物排放状况及其对周边环境质量的影响开展自行监测，保存原始监测记录，并公布监测结果。

5.1.2 新建企业和现有企业安装污染物排放自动监控设备的要求，按有关法律和《污染源自动监控管理办法》的规定执行。

5.1.3 企业应按照环境监测管理规定和技术规范的要求,设计、建设、维护永久性采样口、采样测试平台和排污口标志。

5.1.4 对企业排放的废水和废气的采样,应根据监测污染物的种类,在规定的污染物排放监控位置进行。有废水、废气处理设施的,应在该处理设施后监控。

5.1.5 企业产品产量的核定,以法定报表为依据。

5.2 水污染物监测要求

5.2.1 水污染物的监测采样按 HJ/T 91、HJ 493、HJ 494、HJ 495 的规定执行。

5.2.2 对企业排放水污染物浓度的测定采用表6所列的方法标准。

表6 水污染物浓度测定方法标准

序号	污染物项目	方法标准名称	方法标准编号
1	pH 值	水质 pH 值的测定 玻璃电极法	GB/T 6920
2	化学需氧量	水质 化学需氧量的测定 重铬酸盐法	GB/T 11914
		水质 化学需氧量的测定 快速消解分光光度法	HJ/T 399
3	悬浮物	水质 悬浮物的测定 重量法	GB/T 11901
4	石油类	水质 石油类和动植物油类的测定 红外分光光度法	HJ 637
5	氨氮	水质 氨氮的测定 气相分子吸收光谱法	HJ/T 195
		水质 氨氮的测定 纳氏试剂分光光度法	HJ 535
		水质 氨氮的测定 水杨酸分光光度法	HJ 536
		水质 氨氮的测定 蒸馏-中和滴定法	HJ 537
		水质 氨氮的测定 连续流动-水杨酸分光光度法	HJ 665
		水质 氨氮的测定 流动注射-水杨酸分光光度法	HJ 666
6	总氮	水质 总氮的测定 气相分子吸收光谱法	HJ/T 199
		水质 总氮的测定 碱性过硫酸钾消解紫外分光光度法	HJ 636
		水质 总氮的测定 连续流动-盐酸萘乙二胺分光光度法	HJ 667
		水质 总氮的测定 流动注射-盐酸萘乙二胺分光光度法	HJ 668
7	总磷	水质 总磷的测定 钼酸铵分光光度法	GB/T 11893
		水质 磷酸盐和总磷的测定 连续流动-钼酸铵分光光度法	HJ 670
		水质 总磷的测定 流动注射-钼酸铵分光光度法	HJ 671
8	总铜	水质 铜、锌、铅、镉的测定 原子吸收分光光度法	GB/T 7475
		水质 铜的测定 二乙基二硫化氨基甲酸钠分光光度法	HJ 485
		水质 铜的测定 2,9-二甲基-1,10 菲啰啉分光光度法	HJ 486
		水质 65 种元素的测定 电感耦合等离子体质谱法	HJ 700

(续表)

序号	污染物项目	方法标准名称	方法标准编号
9	总锌	水质 锌的测定 双硫腙分光光度法	GB/T 7472
		水质 铜、锌、铅、镉的测定 原子吸收分光光度法	GB/T 7475
		水质 65种元素的测定 电感耦合等离子体质谱法	HJ 700
10	硫化物	水质 硫化物的测定 亚甲基蓝分光光度法	GB/T 16489
		水质 硫化物的测定 碘量法	HJ/T 60
		水质 硫化物的测定 气相分子吸收光谱法	HJ/T 200
11	总铅	水质 铅的测定 双硫腙分光光度法	GB/T 7470
		水质 铜、锌、铅、镉的测定 原子吸收分光光度法	GB/T 7475
		水质 65种元素的测定 电感耦合等离子体质谱法	HJ 700
12	总砷	水质 总砷的测定 二乙基二硫代氨基甲酸银分光光度法	GB/T 7485
		水质 汞、砷、硒、铋和锑的测定 原子荧光法	HJ 694
		水质 65种元素的测定 电感耦合等离子体质谱法	HJ 700
13	总镍	水质 镍的测定 丁二酮肟分光光度法	GB/T 11910
		水质 镍的测定 火焰原子吸收分光光度法	GB/T 11912
		水质 65种元素的测定 电感耦合等离子体质谱法	HJ 700
14	总镉	水质 镉的测定 双硫腙分光光度法	GB/T 7471
		水质 铜、锌、铅、镉的测定 原子吸收分光光度法	GB/T 7475
		水质 65种元素的测定 电感耦合等离子体质谱法	HJ 700
15	总铬	水质 总铬的测定	GB/T 7466
		水质 65种元素的测定 电感耦合等离子体质谱法	HJ 700
16	总锑	水质 汞、砷、硒、铋和锑的测定 原子荧光法	HJ 694
		水质 65种元素的测定 电感耦合等离子体质谱法	HJ 700
17	总汞	水质 总汞的测定 高锰酸钾-过硫酸钾消解法双硫腙分光光度法	GB/T 7469
		水质 总汞的测定 冷原子吸收分光光度法	HJ 597
		水质 汞、砷、硒、铋和锑的测定 原子荧光法	HJ 694

5.3 大气污染物监测要求

5.3.1 排气筒中大气污染物的监测采样按 GB/T 16157、HJ/T 373、HJ/T 391 或 HJ/T 75、HJ/T 76 规定执行；大气污染物无组织排放的监测按 HJ/T 55 规定执行。

5.3.2 对企业排放大气污染物浓度的测定采用表7所列的方法标准。

表7　大气污染物浓度测定方法标准

序号	污染物项目	方法标准名称	方法标准编号
1	二氧化硫	固定污染源排气中二氧化硫的测定　碘量法	HJ/T 56
		固定污染源排气中二氧化硫的测定　定电位电解法	HJ/T 57
		固定污染源废气　二氧化硫的测定　非分散红外吸收法	HJ 629
2	颗粒物	固定污染源排气中颗粒物测定与气态污染物采样方法	GB/T 16157
3	氮氧化物	固定污染源排气中氮氧化物的测定　紫外分光光度法	HJ/T 42
		固定污染源排气中氮氧化物的测定　盐酸萘乙二胺分光光度法	HJ/T 43
		固定污染源排气　氮氧化物的测定　酸碱滴定法	HJ 675
		固定污染源废气　氮氧化物的测定　非分散红外吸收法	HJ 692
		固定污染源废气　氮氧化物的测定　定电位电解法	HJ 693
4	硫酸雾	固定污染源废气　硫酸雾的测定　离子色谱法(暂行)	HJ 544
5	氟化物	大气固定污染源　氟化物的测定　离子选择电极法	HJ/T 67
		环境空气　氟化物的测定　滤膜采样氟离子选择电极法	HJ 480
		环境空气　氟化物的测定　石灰滤纸采样氟离子选择电极法	HJ 481
6	氯化氢	固定污染源排气中氯化氢的测定　硫氰酸汞分光光度法	HJ/T 27
		固定污染源废气　氯化氢的测定　硝酸银容量法(暂行)	HJ 548
		环境空气和废气　氯化氢的测定　离子色谱法(暂行)	HJ 549
7	二噁英类	环境空气和废气　二噁英类的测定　同位素稀释高分辨气相色谱-高分辨质谱法	HJ 77.2
8	砷及其化合物	环境空气和废气　砷的测定　二乙基二硫代氨基甲酸银分光光度法(暂行)	HJ 540
		空气和废气　颗粒物中铅等金属元素的测定　电感耦合等离子体	HJ 657
9	铅及其化合物	环境空气　铅的测定　火焰原子吸收分光光度法	GB/T 15264
		空气和废气　颗粒物中铅等金属元素的测定　电感耦合等离子体质谱法	HJ 657
		固定污染源废气　铅的测定　火焰原子吸收分光光度法	HJ 685
10	锡及其化合物	大气固定污染源　锡的测定　石墨炉原子吸收分光光度法	HJ/T 65
		空气和废气　颗粒物中铅等金属元素的测定　电感耦合等离子体质谱法	HJ 657
11	锑及其化合物	空气和废气　颗粒物中铅等金属元素的测定　电感耦合等离子体质谱法	HJ 657

(续表)

序号	污染物项目	方法标准名称	方法标准编号
12	镉及其化合物	大气固定污染源 镉的测定 火焰原子吸收分光光度法	HJ 64.1
		大气固定污染源 镉的测定 石墨炉原子吸收分光光度法	HJ/T 64.2
		大气固定污染源 镉的测定 对-偶氮苯重氮氨基偶氮苯磺酸分光光度法	HJ/T 64.3
		空气和废气 颗粒物中铅等金属元素的测定 电感耦合等离子体质谱法	HJ 657
13	铬及其化合物	空气和废气 颗粒物中铅等金属元素的测定 电感耦合等离子体质谱法	HJ 657

6 实施与监督

6.1 本标准由县级以上人民政府环境保护主管部门负责监督实施。

6.2 在任何情况下，企业均应遵守本标准规定的污染物排放控制要求，采取必要措施保证污染防治设施正常运行。各级环保部门在对设施进行监督性检查时，可以现场即时采样或监测的结果，作为判定排污行为是否符合排放标准以及实施相关环境保护管理措施的依据。在发现设施耗水或排水量、排气量有异常变化的情况下，应核定企业的实际产品产量、排水量和排气量，按本标准的规定，换算水污染物基准排水量排放浓度和大气污染物基准排气量排放浓度。

城镇污水处理厂污染物排放标准（2006年修订）（节录）

GB 18918—2002

［2002年12月24日发布 根据2006年5月8日国家环境保护总局公告2006年第21号《关于发布〈城镇污水处理厂污染物排放标准〉（GB 18918—2002）修改单的公告》修订］

本标准由国家环境保护总局科技标准司提出并归口。
本标准由北京市环境保护科学研究院、中国环境科学研究院负责起草。

（按原标准编号节录）

3 术语和定义

3.1 城镇污水（municipal wastewater）

指城镇居民生活污水，机关、学校、医院、商业服务机构及各种公共设施排水，以及允许排入城镇污水收集系统的工业废水和初期雨水等。

3.2 城镇污水处理厂（municipal wastewater treatment plant）

指对进入城镇污水收集系统的污水进行净化处理的污水处理厂。

3.3 一级强化处理(enhanced primary treatment)

在常规一级处理(重力沉降)基础上,增加化学混凝处理、机械过滤或不完全生物处理等,以提高一级处理效果的处理工艺。

4 技术内容

4.1 水污染物排放标准

4.1.1 控制项目及分类

4.1.1.1 根据污染物的来源及性质,将污染物控制项目分为基本控制项目和选择控制项目两类。基本控制项目主要包括影响水环境和城镇污水处理厂一般处理工艺可以去除的常规污染物,以及部分一类污染物,共19项。选择控制项目包括对环境有较长期影响或毒性较大的污染物,共计43项。

4.1.1.2 基本控制项目必须执行。选择控制项目,由地方环境保护行政主管部门根据污水处理厂接纳的工业污染物的类别和水环境质量要求选择控制。

4.1.2 标准分级

根据城镇污水处理厂排入地表水域环境功能和保护目标,以及污水处理厂的处理工艺,将基本控制项目的常规污染物标准值分为一级标准、二级标准、三级标准。一级标准分为 A 标准和 B 标准。部分一类污染物和选择控制项目不分级。

4.1.2.1 一级标准的 A 标准是城镇污水处理厂出水作为回用水的基本要求。当污水处理厂出水引入稀释能力较小的河湖作为城镇景观用水和一般回用水等用途时,执行一级标准的 A 标准。

4.1.2.2 城镇污水处理厂出水排入国家和省确定的重点流域及湖泊、水库等封闭、半封闭水域时,执行一级标准的 A 标准,排入 GB 3838 地表水Ⅲ类功能水域(划定的饮用水源保护区和游泳区除外)、GB 3097 海水二类功能水域时,执行一级标准的 B 标准。

4.1.2.3 城镇污水处理厂出水排入 GB 3838 地表水Ⅳ、Ⅴ类功能水域或 GB 3097 海水三、四类功能海域,执行二级标准。

4.1.2.4 非重点控制流域和非水源保护区的建制镇的污水处理厂,根据当地经济条件和水污染控制要求,采用一级强化处理工艺时,执行三级标准。但必须预留二级处理设施的位置,分期达到二级标准。

4.1.3 标准值

4.1.3.1 城镇污水处理厂水污染物排放基本控制项目,执行表1和表2的规定。

4.1.3.2 选择控制项目按表3的规定执行。

4.1.4 取样与监测

4.1.4.1 水质取样在污水处理厂处理工艺末端排放口。在排放口应设污水水量自动计量装置、自动比例采样装置,pH、水温、COD 等主要水质指标应安装在线监测装置。

4.1.4.2 取样频率为至少每两小时一次,取 24h 混合样,以日均值计。

4.1.4.3 监测分析方法按表4或国家环境保护总局认定的替代方法、等效方法执行。

4.2 大气污染物排放标准

4.2.1 标准分级

根据城镇污水处理厂所在地区的大气环境质量要求和大气污染物治理技术和设施条件,将标准分为三级。

4.2.1.1 位于 GB 3095 一类区的所有（包括现有和新建、改建、扩建）城镇污水处理厂，自本标准实施之日起，执行一级标准。

4.2.1.2 位于 GB 3095 二类区和三类区的城镇污水处理厂，分别执行二级标准和三级标准。其中 2003 年 6 月 30 日之前建设（包括改、扩建）的城镇污水处理厂，实施标准的时间为 2006 年 1 月 1 日；2003 年 7 月 1 日起新建（包括改、扩建）的城镇污水处理厂，自本标准实施之日起开始执行。

4.2.1.3 新建（包括改、扩建）城镇污水处理厂周围应建设绿化带，并设有一定的防护距离，防护距离的大小由环境影响评价确定。

4.2.2 标准值

城镇污水处理厂废气的排放标准值按表 5 的规定执行。

4.2.3 取样与监测

4.2.3.1 氨、硫化氢、臭气浓度监测点设于城镇污水处理厂厂界或防护带边缘的浓度最高点；甲烷监测点设于区内浓度最高点。

4.2.3.2 监测点的布置方法与采样方法按 GB 16297 中附录 C 和 HJ/T 55 的有关规定执行。

4.2.3.3 采样频率，每两小时采样一次，共采集 4 次，取其最大测定值。

4.2.3.4 监测分析方法按表 8 执行。

4.3 污泥控制标准

4.3.1 城镇污水处理厂的污泥应进行稳定化处理，稳定化处理后应达到表 5 的规定。

4.3.2 城镇污水处理厂的污泥应进行污泥脱水处理，脱水后污泥含水率应小于 80%。

4.3.3 处理后的污泥应进行填埋处理时，应达到安全填埋的相关环境保护要求。

4.3.4 处理后的污泥农用时，其污染物含量应满足表的要求。其施用条件必须符合 GB 4284 的有关规定。

4.3.5 取样与监测

4.3.5.1 取样方法，采用多点取样，样品应有代表性，样品重量不小于 1kg。

4.3.5.2 监测分析方法按表 9 执行。

4.4 城镇污水处理厂噪声控制按 GB 12348 执行。

4.5 城镇污水处理厂的建设（包括改、扩建）时间以环境影响评价报告书批准时间为准。

5 其他规定

城镇污水处理厂出水作为水资源用于农业、工业、市政、地下水回灌等方面不同用途时，还应达到相应的用水水质要求，不得对人体健康和生态环境造成不利影响。

6 标准的实施与监督

6.1 本标准由县级以上人民政府环境保护行政主管部门负责监督实施。

6.2 省、自治区、直辖市人民政府对执行国家污染物排放标准不能达到本地区环境功能要求时，可以根据总量控制要求和环境评价结果制定严于本标准的地方污染物排放标准，并报国家环境保护行政主管部门备案。

表 1 至表 9 见原标准。

第七部分 生态环境保护清洁生产行业标准

清洁生产标准 钢铁工业（中厚板轧钢）（节录）

HJ/T 318—2006

(2006 年 11 月 22 日发布 2007 年 2 月 1 日实施)

本标准由国家环境保护总局科技标准司提出。
本标准起草单位：北京首钢设计院、中国环境科学研究院。

（按原标准编号节录）

3 术语和定义

3.1 清洁生产

指不断采取改进设计、使用清洁的能源和原料、采用先进的工艺技术与设备、改善管理、综合利用等措施，从源头削减污染，提高资源利用效率，减少或者避免生产、服务和产品使用过程中污染物的产生和排放，以减轻或者消除对人类健康和环境的危害。

3.2 中厚板轧钢

指以生产厚度为 4～250mm 的板带钢产品为目的的轧钢生产工序。

3.3 连铸坯热送热装

指铸坯在 400℃ 以上热状态下装入加热炉，而铸坯温度在 650～1 000℃ 时装入加热炉，节能效果最好。

3.4 双预热蓄热燃烧

指将燃烧器与蓄热体相结合，利用工业炉产生的高温废气，通过蓄热体将低热值高炉煤气、助燃空气预热到较高温度后再进行燃烧的技术。

3.5 加热炉汽化冷却

指利用加热炉产生的高温废气，通过换热器产生高温蒸汽以回收废气中余热的技术。

3.6 工序能耗

指每生产 1t 板材消耗的燃料、电力等能源介质及水、蒸汽等耗能工质共消耗的热量，单位为 GJ/t。

3.7 生产取水量

指企业在生产全过程中，生产每吨钢需要的新水取水量。包括企业自建或合建的取水设施、地区或城镇供水工程、发电厂尾水以及企业外购水量，不包括企业自取的海水、苦咸水和企业排出厂区的废水回用水。

3.8 板材成材率
指合格板材产量占钢坯/锭总消耗量的百分比,其反映生产过程中原料的利用程度。

4 规范性技术要求

4.1 指标分级
本标准共给出了钢铁行业(中厚板轧钢)生产过程清洁生产水平的三级技术指标:
一级:国际清洁生产先进水平;
二级:国内清洁生产先进水平;
三级:国内清洁生产基本水平。

4.2 指标要求
钢铁行业(中厚板轧钢)清洁生产标准指标要求见表1。

表1 钢铁行业(中厚板轧钢)清洁生产标准指标要求

清洁生产指标等级	一级	二级	三级
一、生产工艺与装备要求			
1.连铸坯热装热送	热装温度≥600℃,热装比≥50%		热装温度≥400℃,热装比≥50%
2.加热炉余热回收	双预热蓄热燃烧+加热炉汽化冷却		双预热蓄热燃烧
二、资源能源利用指标			
1.生产取水量/(m³/t)	≤0.45	≤0.75	≤1.0
2.工序能耗/(GJ/t)	≤1.7	≤1.8	≤2.2
三、产品指标			
板材成材率/%	≥94	≥92	≥90
四、污染物产生指标(末端处理前)			
1.烟尘排放量/(kg/t)	≤0.005	≤0.01	≤0.05
2.SO_2排放量/(kg/t)	≤0.005	≤0.05	≤0.1
五、废物回收利用指标			
1.氧化铁皮回收率/%	100	100	≥95
2.废油回收率/%	100	≥95	≥90
3.生产复用率/%	≥98	≥96	≥94
六、环境管理要求			
1.环境法律法规标准	符合国家和地方有关环境法律、法规,污染物排放达到国家、地方和行业排放标准、总量控制和排污许可证管理要求		
2.组织机构	设专门环境管理机构和专职管理人员,开展环保和清洁生产有关工作		

(续表)

清洁生产指标等级	一级	二级	三级
3.环境审核	按照《钢铁行业清洁生产审核指南》的要求进行了审核,并全部实施了无、低费方案。按照GB/T 24001建立并运行环境管理体系、环境管理手册、程序文件及作业文件齐备	按照《钢铁行业清洁生产审核指南》的要求进行了审核;环境管理制度健全,原始记录及统计数据齐全有效	
4.固体废物处理处置		用符合国家规定的废物处置方法处置废物,严格执行国家或地方规定的废物转移制度。对危险废物要建立危险废物管理制度,并进行无害化处置	
5.生产过程环境管理		1.每道生产工序要有操作规程,对重点岗位要有作业指导书;易造成污染的设备和废物产生部位要有警示牌;生产工序能分级考核 2.建立环境管理制度其中包括: ——开工及停工检修时的环境管理程序; ——新、改、扩建项目管理及验收程序; ——储运系统污染控制制度; ——环境监测管理制度; ——污染事故的应急程序; ——环境管理记录和台账	1.每道生产工序要有操作规程,对重点岗位要有作业指导书;生产工序能分级考核 2.建立环境管理制度其中包括: ——开工及停工抢修时的环境管理程序; ——新、改、扩建项目管理及验收程序; ——环境监测管理制度; ——污染事故的应急程序
6.相关方环境管理		——原材料供应方的管理; ——协作方、服务方的管理程序	——原材料供应方的管理程序

6 标准的实施

本标准由各级人民政府环境保护行政主管部门负责监督实施。

清洁生产标准　铁矿采选业（节录）

HJ/T 294—2006

(2006年8月15日发布　2006年12月1日实施)

本标准由国家环境保护总局科技标准司提出。
本标准起草单位：马鞍山矿山研究院、中国环境科学研究院。

（按原标准编号节录）

3　术语和定义

3.1　清洁生产

清洁生产是指不断采取改进设计、使用清洁的能源和原料、采用先进的工艺技术与设备、改善管理、综合利用等措施，从源头削减污染，提高资源利用效率，减少或者避免生产、服务和产品使用过程中污染物的产生和排放，以减轻或者消除对人类健康和环境的危害。

3.2　土地复垦

指对在生产建设过程中，因挖损、塌陷、压占等造成破坏的土地，采取整治措施，使其恢复到可利用状态的活动。

4　技术要求

4.1　指标分级

本标准将铁矿采选行业生产过程清洁生产水平划分为三级技术指标：
一级：国际清洁生产先进水平；
二级：国内清洁生产先进水平；
三级：国内清洁生产基本水平。

4.2　指标要求

铁矿采选行业清洁生产标准（露天开采类）的指标要求见表1。

表1　铁矿采选行业清洁生产标准（露天开采类）

指标	一级	二级	三级
一、工艺与装备要求			
穿孔	采用国际先进的高效,信息化程度高,大孔径,配有除尘净化装置的牙轮钻、潜孔钻等凿岩设备	采用国内的先进高效、较大孔径、配有除尘净化装置的牙轮钻、潜孔钻等凿岩设备	采用国产较先进的配有除尘净化装置的牙轮钻、潜孔钻等凿岩设备

(续表)

指标	一级	二级	三级
爆破	采用国际先进的机械化程度高的装药车和炮孔填塞机,采用仿真模拟的控制爆破技术	采用国内先进的机械化程度较高的装药车和炮孔填塞机,采用优化的控制爆破技术	采用国内较先进的机械化装药设备,采用控制爆破技术
铲装	采用国际先进的效率高、信息化程度高、大型化电铲,配有除尘净化设施	采用国内先进的效率较高、大型化的电铲,配有除尘净化设施	采用国内较先进的机械化装岩设备,配有除尘净化设施
运输	采用国际先进的高效铁路运输、胶带运输,或公路-铁路、汽车-破碎-胶带联合运输系统;配有除尘净化设施	采用国内先进的高效铁路运输、胶带运输,或公路-铁路、汽车-破碎-胶带联合运输系统;配有除尘净化设施	采用国内较先进的机械化运输系统,配有除尘净化设施
排水	满足30年一遇的矿坑涌水量排水要求	满足20年一遇的矿坑涌水量排水要求	满足量大的矿坑涌水量排水要求
二、资源能源利用指标			
回采率/%	≥98	≥95	≥90
贫化率/%	≤3	≤7	≤12
采矿强度/[t/(m·a)]	≥6000	≥2000	≥1000
电耗/(kW·h/t)	≤0.7	≤1.2	≤2.5
三、废物回收利用指标			
废石综合利用率/%	≥25	≥15	≥10
四、环境管理要求			
环境法律法规标准	符合国家和地方有关环境法律、法规,污染物排放达到国家和地方排放标准、总量控制和排污许可证管理要求		
环境审核	按照企业清洁生产审核指南的要求进行了审核;按照ISO 14001建立并运行环境管理体系,环境管理手册、程序文件及作业文件齐备	按照企业清洁生产审核指南的要求进行了审核;环境管理制度健全,原始记录及统计数据齐全有效	按照企业清洁生产审核指南的要求进行了审核;环境管理制度、原始记录及统计数据基本齐全

(续表)

指标		一级	二级	三级
生产过程环境管理	岗位培训	所有岗位进行过严格培训		主要岗位进行过严格培训
	穿孔、爆破、铲装、运输等主要工序的操作管理	有完善的岗位操作规程；运行无故障、设备完好率达100%	有完善的岗位操作规程；运行无故障、设备完好率达98%	有较完善的岗位操作规程；运行无故障、设备完好率达95%
	生产设备的使用、维护、检修管理制度	有完善的管理制度，并严格执行	主要设备有具体的管理制度，并严格执行	主要设备有基本的管理制度，并严格执行
	生产工艺用水、用电管理	各种计量装置齐全，并制定严格计量考核制度	主要环节进行计量，并制定定量考核制度	主要环节进行计量
	各种标识	生产区内各种标识明显，严格进行定期检查		
环境管理	环境管理机构	建立并有专人负责		
	环境管理制度	健全、完善的环境管理制度，并纳入日常管理		较完善的环境管理制度
	环境管理计划	制订近、远期计划并监督实施	制订近期计划并监督实施	制订日常计划并监督实施
	环保设施运行管理	记录运行数据并建立环境档案		记录并统计运行数据
	污染源监测系统	对穿孔、爆破、铲装、运输等生产过程产生的粉尘进行定期监测		
	信息交流	具备计算机网络化管理系统		定期交流
土地复垦		1）具有完整的复垦计划，复垦管理纳入日常生产管理； 2）土地复垦率达到80%以上	1）具有完整的复垦计划，复垦管理纳入日常生产管理； 2）土地复垦率达到50%以上	1）具有完整的复垦计划； 2）土地复垦率达到20%以上
废物处理与处置		应建有废石贮存、处置场，并有防止扬尘、淋滤水污染、水土流失的措施		
相关方环境管理		服务协议中应注明确原辅材料的供应方、协作方、服务方的环境要求		

铁矿采选行业清洁生产标准（地下开采类）的指标要求见表2。

表2 铁矿采选行业清洁生产标准（地下开采类）

指标	一级	二级	三级
一、工艺与装备要求			
凿岩	采用国际先进的信息化程度高、凿岩效率高、配有除尘净化装置的凿岩台车	采用国内先进的凿岩效率较高、配有除尘净化装置的凿岩台车	采用国产较先进的配有除尘净化装置的凿岩设备

(续表)

指标	一级	二级	三级
爆破	采用国际先进的机械化程度高的装药车,采用控制爆破技术	采用国内先进的机械化程度较高的装药车,采用控制爆破技术	厚矿体采用机械化装药,薄矿体采用人工装药
铲装	采用国际先进的高效、能耗低的铲运机、装岩机等装岩设备,配有除尘净化设施	采用国内先进的高效、能耗较低的铲运机、装岩机等装岩设备,配有除尘净化设施	采用国内较先进的机械化装岩设备,配有除尘净化设施
运输	采用高效、规模化、配套的机械运输体系,如电机车运输,胶带运输,配有除尘净化设施		采用国内较先进的机械化运输体系,配有除尘净化设施
提升	采用国际先进的自动化程度高的提升系统	采用国内先进的自动化程度较高的提升系统	采用国内较先进的提升机系统
通风	采用配有自动控制、监测系统的通风系统,采用低压、大风量、高效、节能的矿用通风机	采用大风量、低压、高效、节能的矿用通风机	
排水	满足30年一遇的矿井涌水量排水要求	满足20年一遇的矿井涌水量排水要求	满足矿井最大涌水量排水要求
二、资源能源利用指标			
回采率/%	≥90	≥80	≥70
贫化率/%	≤8	≤12	≤15
采矿强度/[t/(m²·a)]	≥50	≥30	≥20
电耗/(kW·h/t)	≤10	≤18	≤25
三、废物回收利用指标			
废石综合利用率/%	≥30	≥20	≥10
四、环境管理要求			
环境法律法规标准	符合国家和地方有关环境法律、法规,污染物排放达到国家和地方排放标准、总量控制和排污许可证管理要求		
环境审核	按照企业清洁生产审核指南的要求进行了审核;按照ISO 14001建立并运行环境管理体系,环境管理手册、程序文件及作业文件齐备	按照企业清洁生产审核指南的要求进行了审核;环境管理制度健全,原始记录及统计数据齐全有效	按照企业清洁生产审核指南的要求进行了审核;环境管理制度,原始记录及统计数据基本齐全

(续表)

	指标	一级	二级	三级
生产过程环境管理	岗位培训	所有岗位进行过严格培训		主要岗位进行过严格培训
	凿岩、爆破、铲装、运输等主要工序的操作管理	有完善的岗位操作规程;运行无故障、设备完好率达100%	有完善的岗位操作规程;运行无故障,设备完好率达98%	有较完善的岗位操作规程;运行无故障、设备完好率达95%
	生产设备的使用、维护、检修管理制度	有完善的管理制度,并严格执行	主要设备有具体的管理制度,并严格执行	主要设备有基本的管理制度,并严格执行
	生产工艺用水、用电管理	各种计量装置齐全,并制定严格计量考核制度	主要环节进行计量,并制定定量考核制度	主要环节进行计量
	各种标识	生产区内各种标识明显,严格进行定期检查		
环境管理	环境管理机构	建立并有专人负责		
	环境管理制度	健全、完善的环境管理制度,并纳入日常管理		较完善的环境管理制度
	环境管理计划	制订近、远期计划并监督实施	制订近期计划并监督实施	制订日常计划并监督实施
	环保设施运行管理	记录运行数据并建立环保档案		记录并统计运行数据
	污染源监测系统	对凿岩、爆破、铲装、运输生产过程产生的粉尘进行定期监测		
	信息交流	具备计算机网络化管理系统		定期交流
	土地复垦	1)具有完整的复垦计划,复垦管理纳入日常生产管理; 2)土地复垦率达到80%以上	1)具有完整的复垦计划,复垦管理纳入日常生产管理; 2)土地复垦率达到50%以上	1)具有完整的复垦计划; 2)土地复垦率达到20%以上
废物处理与处置		应建有废石贮存、处置场,并有防止扬尘、淋滤水污染、水土流失的措施		
相关方环境管理		服务协议中应明确原辅材料的供应方、协作方、服务方的环境要求		

铁矿采选行业清洁生产标准(选矿类)的指标要求见表3。

表3 铁矿采选行业清洁生产标准(选矿类)

指标	一级	二级	三级
一、工艺与装备要求			
破碎筛分	采用国际先进的处理量大、高效超细破碎机等破碎设备,配有除尘净化设施	采用国内先进的处理量较大、效率较高的超细破碎机等破碎设备,配有除尘净化设施	采用国内较先进的旋回、颚式、圆锥锤式破碎机等破碎设备,配有除尘净化设施
磨矿	采用国际先进的处理量大、能耗低、效率高的筒式磨矿机、高压辊磨机等磨矿设备	采用国内先进的处理量较大、能耗较低、效率较高的筒式磨矿机、高压辊磨机等磨矿设备	采用国内较先进的筒式磨矿、干式自磨、棒磨、球磨等磨矿设备
分级	采用国际先进的分级效率高的高频振动细筛分级机等分级设备	采用国内先进的分级效率较高的电磁振动筛、高频细筛等分级设备	采用国内较先进的旋流分级、振动筛、高频细筛等分级设备
选别	采用国际先进的回收率高、自动化程度高的大粒度中高场强磁选机和跳汰机、立环脉动高梯度强磁选机、充气机械搅拌式浮选机等选别设备	采用国内先进的回收率较高、自动化程度较高的大粒度中高场强磁选机和跳汰机、立环脉动高梯度强磁选机、冲气机械搅拌式浮选机等选别设备	采用国内较先进的回收率较高的立环式、平环式强磁选机、机械搅拌式浮选机、棒型浮选机等选别设备
脱水过滤	采用国际先进的效率高、自动化程度高的高效浓缩机和大型高效盘式过滤机等脱水过滤设备	采用国内先进的脱水过渡效率较高、自动化程度较高的高效浓缩机和大型高效盘式过滤机等脱水过滤设备	采用国内较先进的脱水过滤效率较高的浓缩机和筒式压滤机等脱水过滤设备
二、资源能源利用指标			
金属回收率/%	≥90	≥80	≥70
电耗(kW·h/t)[a]	≤16	≤28	≤35
水耗/(m^3/t)[a]	≤2	≤7	≤10
三、污染物产生指标			
废水产生量/(m^3/t)[a]	≤0.1	≤0.7	≤1.5
悬浮物/(kg/t)[a]	≤0.01	≤0.21	≤0.60
化学需氧量/(kg/t)[a]	≤0.01	≤0.11	≤0.75
四、废物回收利用指标			
工业水重复利用率/%	≥95	≥90	≥85

（续表）

指标		一级	二级	三级
尾矿综合利用率/%		≥30	≥15	≥8
五、环境管理要求				
	环境法律法规标准	符合国家和地方有关环境法律、法规,污染物排放达到国家和地方排放标准,总量控制和排污许可证管理要求		
	环境审核	按照企业清洁生产审核指南的要求进行了审核;按照ISO 14001建立并运行环境管理体系,环境管理手册,程序文件及作业文件齐备	按照企业清洁生产审核指南的要求进行了审核;环境管理制度健全,原始记录及统计数据齐全有效	按照企业清洁生产审核指南的要求进行了审核;环境管理制度、原始记录及统计数据基本齐全
生产过程环境管理	岗位培训	所有岗位进行过严格培训		主要岗位进行过严格培训
	破碎、磨矿、分级等主要工序的操作管理	有完善的岗位操作规程;运行无故障、设备完好率达100%	有完善的岗位操作规程;运行无故障、设备完好率达98%	有较完善的岗位操作规程;运行无故障、设备完好率95%
	生产设备的使用、维护、检修管理制度	有完善的管理制度,并严格执行	主要设备有具体的管理制度,并严格执行	主要设备有基本的管理制度,并严格执行
	生产工艺用水,用电管理	各种计量装置齐全,并制定严格计量考核制度	主要环节进行计量,并制定定量考核制度	主要环节进行计量
	各种标识	生产区内各种标识明显,严格进行定期检查		
环境管理	环境管理机构	建立并有专人负责		
	环境管理制度	健全、完善的环境管理制度,并纳入日常管理		较完善的环境管理制度
	环境管理计划	制订近、远期计划并监督实施	制订近期计划并监督实施	制订日常计划并监督实施
	环保设施运行管理	记录运行数据并建立环保档案		记录并统计运行数据
	污染源监测系统	对水、气、声主要污染源、主要污染物进行定期监测		
	信息交流	具备计算机网络化管理系统		定期交流
	土地复垦(尾矿库)	1)具有完整的复垦计划,复垦管理纳入日常生产管理 2)土地复垦率达到80%以上	1)具有完整的复垦计划,复垦管理纳入日常生产管理 2)土地复垦率达到50%以上	1)具有完整的复垦计划,并纳入日常生产管理 2)土地复垦率达到20%以上

(续表)

指标	一级	二级	三级
废物处理与处置	应建有尾矿贮存、处置场,并有防止扬尘、淋滤水污染、水土流失的措施		
相关方环境管理	服务协议中应明确原辅材料的供应方、协作方、服务方的环境要求		

注:a 选矿为单位原矿。

6 标准的实施

本标准由各级人民政府环境保护行政主管部门负责监督实施。

清洁生产标准 乳制品制造业（纯牛乳及全脂乳粉）（节录）

HJ/T 316—2006

（2006年11月22日发布 2007年2月1日实施）

本标准由国家环境保护总局科技标准司提出。

本标准起草单位:黑龙江省环境保护科学研究院、中国环境科学研究院、内蒙古自治区清洁生产中心。

（按原标准编号节录）

3 术语和定义

3.1 清洁生产

指不断采取改进设计、使用清洁的能源和原材料、采用先进的工艺技术与设备、改善管理、综合利用等措施,从源头削减污染,提高资源利用效率,减少或者避免生产、服务和产品使用过程中污染物的产生和排放,以减轻或者消除对人类健康和环境的危害。

3.2 纯牛乳

指以检验合格[符合标准《牛乳检验方法》(GB/T 5499)的要求]的牛乳为原料,不脱脂、不添加辅料,经杀菌、灌装制成的符合《巴氏杀菌乳》(GB 5408.1)及《灭菌乳》(GB 5408.2)要求的液体产品。

3.3 全脂乳粉

指仅以牛乳为原料,不添加辅料,经杀菌、浓缩、干燥制成的符合《全脂乳粉、脱脂乳粉,全脂加糖乳粉和调味乳粉》(GB 5410)要求的粉状产品。

3.4 就地清洗(CIP)

指在无须进行设备拆卸的情况下,冲洗水和洗涤剂溶液循环通过罐、管道和其他加工线而达到清洗、消毒的方法。

4 规范性技术要求

4.1 指标分级

本标准给出了纯牛乳及全脂乳粉生产过程清洁生产水平的三级技术指标:

一级:国际清洁生产先进水平;

二级:国内清洁生产先进水平;

三级:国内清洁生产基本水平。

4.2 指标要求

乳制品制造业(纯牛乳)生产企业清洁生产标准指标要求见表1。

乳制品制造业(全脂乳粉)生产企业清洁生产标准指标要求见表2。

表1 乳制品制造业(纯牛乳)清洁生产标准指标要求

清洁生产指标等级	一级	二级	三级
一、生产工艺与装备要求			
1.设备	与物料接触的部分采用不锈钢材质		
2.清洗装置	可采用CIP清洗的部位,全部采用CIP清洗	关键设备及管路采用CIP清洗	关键设备采用CIP清洗
二、资源能源利用指标			
1.原料乳合格率/%	≥98.5	≥98.0	≥97.0
2.原料乳损耗率/%	≤0.5	≤2.5	≤5.0
3.干物质利用率/%	≥99.5	≥99.0	≥98.5
4.耗水量/(m^3/t)	≤1.0	≤3.5	≤7.0
5.综合能耗/(GJ/t)	≤1.0	≤10.0	≤15.0
三、产品指标			
包装材料	50%以上采用可循环使用、可降解材料	20%以上采用可循环使用、可降解材料	
四、污染物产生指标(末端处理前)			
COD产生量/(kg/t)	≤2.0	≤7.0	≤14.0
五、环境管理要求			
1.环境法律法规标准	符合国家和地方有关法律、法规,污染物排放达到国家和地方排放标准、总量控制和排污许可证管理要求		

(续表)

指标	一级	二级	三级
2. 环境审核	按照国家环境保护总局《清洁生产审核暂行办法》的要求进行了清洁生产审核,并全部实施了无、低费方案。按照 GB/T 24001 建立并运行环境管理体系、管理手册、程序文件及作业文件齐备	按照国家环境保护总局《清洁生产审核暂行办法》的要求进行了清洁生产审核;环境管理制度健全、原始记录及统计数据齐全有效	按照国家环境保护总局《清洁生产审核暂行办法》的要求进行了清洁生产审核;环境管理制度健全、原始记录及统计数据基本齐全
3. 生产过程环境管理	具有节能、降耗、减污的各项具体措施,生产过程有完善的管理制度		
4. 相关方环境管理	制定措施对原材料供应方施加影响,使其防止或最大限度减少细菌等的污染,提供优质合格原料乳及包装材料; 制定措施使产品代销机构具备相应的存贮条件,避免因销售管理不当致使产品变质		

表2 乳品制造业(全脂乳粉)清洁生产标准指标要求

清洁生产指标等级	一级	二级	三级
一、生产工艺与装备要求			
1. 设备	与物料接触的部分采用不锈钢材质		
2. 清洗装置	可采用 CIP 清洗的部位,全部采用 CIP 清洗	关键设备及管路采用 CIP 清洗	关键设备采用 CIP 清洗
二、资源能源利用指标			
1. 干物质利用率/%	≥99.0	≥98.5	≥98.0
2. 每吨全脂乳粉耗用鲜乳量/(kg/t)	≤8 400.0	≤8 800.0	≤9 100.0
3. 耗水量/(m³/t)	≤33.0	≤70.0	≤120.0
4. 综合能耗(GJ/t)	≤10.3	≤22.0	≤40.0
三、产品指标			
1. 包装材料	全部采用可循环使用、可降解材料	50% 以上采用可循环使用、可降解材料	
2. 产品合格率/%	≥99.8	≥98.5	≥98.0
四、污染物产生指标(末端处理前)			
COD 产生量/(kg/t)	≤12.0	≤28.0	≤48.0

(续表)

指标	一级	二级	三级
五、环境管理要求			
1.环境法律法规标准	符合国家和地方有关法律、法规,污染物排放达到国家和地方排放标准、总量控制和排污许可证管理要求		
2.环境审核	按照国家环境保护总局《清洁生产审核暂行办法》的要求进行了清洁生产审核,并全部实施了无、低费方案。按照 GB/T 24001 建立并运行环境管理体系、环境管理手册、程序文件及作业文件齐备	按照国家环境保护总局《清洁生产审核暂行办法》的要求进行了清洁生产审核;环境管理制度健全、原始记录及统计数据齐全有效	按照国家环境保护总局《清洁生产审核暂行办法》的要求进行了清洁生产审核;环境管理制度健全、原始记录及统计数据基本齐全
3.生产过程环境管理	具有节能、降耗、减污的各项具体措施,生产过程有完善的管理制度		
4.相关方环境管理	制定措施对原材料供应方施加影响,使其防止或最大限度减少细菌等的污染,提供优质合格原材料及包装材料; 产品代销机构具有适当的贮藏条件		

6 标准的实施

本标准由各级人民政府环境保护行政主管部门负责监督实施。
各种计算方法见原标准。

清洁生产标准 基本化学原料制造业(环氧乙烷/乙二醇)(节录)

HJ/T 190—2006

(2006年7月3日发布 2006年10月1日实施)

本标准由国家环境保护总局科技标准司提出。
本标准由北京机电院高技术股份有限公司、北京东方石油化工有限责任公司东方化工厂、中国环境科学研究院负责起草。

(按原标准编号节录)

3 定义

3.1 清洁生产

指不断采取改进设计、使用清洁的能源和原料、采用先进的工艺技术与设备、改善管理、综合利用等措施,从源头削减污染,提高资源利用效率,减少或者避免生产、服务和产品使用过程中污染物的产生和排放,以减轻或者消除对人类健康和环境的危害。

3.2　污染物产生指标

包括水污染物产生指标和气污染物产生指标。水污染物产生指标是指生产装置排放的污水量和污染物种类、单排量或浓度。气污染物产生指标是指生产装置产生的废气量和污染物种类、单排量或浓度。

3.3　工艺气体

指生产环氧乙烷反应过程中,进入和离开反应器及附属管级的气体,本标准主要包括:①二氧化碳脱除系统需回收的含烃气体;②环氧乙烷吸收/解析系统需回收的含烃气体;③因控制进入反应器气体的氩气含量而排放的气体等。

3.4　工艺尾气

指因控制进入反应器气体中的氩气含量而排放,并经处理后的气体。

3.5　装置产生废气

指各单元产生废气的总和,包括氧化系统排放废气、二氧化碳废气、真空塔尾气等。

3.6　代码定义

3.6.1　环氧乙烷　EO

3.6.2　乙二醇　EG

3.6.3　当量单乙二醇　MEG

3.6.4　二乙二醇　DEG

3.6.5　三乙二醇　TEG

3.6.6　多乙二醇　PEG

3.6.7　当量环氧乙烷　EOE

3.6.8　环氧乙烷/乙二醇　EO/EG

3.6.9　乙烯　C_2^{2-}

3.6.10　氧气　O_2

4　技术要求

4.1　指标分级

本标准将环氧乙烷/乙二醇生产过程清洁生产水平划分为三级技术指标:

一级:国际清洁生产先进水平;

二级:国内清洁生产先进水平;

三级:国内清洁生产基本水平。

4.2　指标要求

本行业清洁生产标准的指标要求见表1。

表1　清洁生产技术指标要求

指标		一级	二级	三级
1　生产工艺与装备要求				
工艺要求	环氧乙烷生产工艺	采用高性能的催化剂,使用乙烯、氧气直接氧化法生产环氧乙烷		
	排水系统	排水系统划分正确,受污染的初期雨水和工业废水全都进入污水系统送入污水处理装置		
	工艺尾气	正常生产时,工艺尾气排放必须设置安全处理系统		
	环氧乙烷制冷	采用绿色制冷剂		采用氟利昂为制冷剂
	环氧乙烷气体排放	纯环氧乙烷输送、储存过程中的安全阀、管道、容器排放,必须回到生产装置回收处理;取样分析采用在线闭路取样,取样点排放必须用水吸收		
	物料储槽	设置呼吸阀或压力调节装置,减少废气排放		
	副产品生产	提纯至三乙二醇		提纯至二乙二醇
装备要求		采用先进机泵变频调节和透平驱动技术、高效塔盘技术和低品位能的合理利用技术,降低动力消耗;有完备的工艺气体回收和处理装置		
		采用DCS先进控制技术,自动记录,自动控制		
2　资源能源利用指标				
原辅料的选择		生产环氧乙烷/乙二醇的主要原料为乙烯、氧气,主要辅料为致稳剂甲烷(或氮气),抑制剂二氯乙烷,尽可能选用高品质的原料。选用抑制剂和其他辅料的替代品时,应以低毒、无害、对生态环境的负面影响小为原则		
乙烯单耗[1]（kg/t）		≤600	≤640	≤680
氧气单耗[2]（kg/t）		≤680	≤720	≤780
耗脱盐水量[3]（t/t）		≤0.4	≤0.8	≤1.6
综合能耗[4]（kg/t）		≤213	≤240	≤280
3　产品指标				
储存、输送		输送环氧乙烷的管道为不锈钢材质,储存乙二醇的设备为不锈钢材质或铝材质(包括喷涂铝); 环氧乙烷储存有适应稀释处置设施,有泄露报警装置和喷淋系统。储槽周围设围堤及排水系统,库内有防火花及排风设备		
运输、包装		运输环氧乙烷的槽车必须经过年检,有化学品危险运输许可证。环氧乙烷包装使用经国家有关部门认可能确保安全的包装容器;包装乙二醇容器是不锈钢或铝质容器,也可用镀锌桶或塑料桶,严格密封,避免日晒		
装卸		环氧乙烷装卸有气/液闭路循环系统,不能回收的气体/液体要有水吸收稀释并排入污水系统;灌装前有企业检验部门的检验		
处置		不合格产品在装置进行回炼或勾兑		
产品一次合格率		满足用户要求,产品合格率100%	满足用户要求,产品合格率≥98%	满足用户要求,产品合格率≥95%

(续表)

指标		一级	二级	三级
4 污染物产生指标（末端处理前）				
废水产生量[5]（t/t）		≤1.5	≤2.0	≤4.0
COD产生量[6]（kg/t）		≤2.0	2.0～3.0	≤3.0
装置正常废气产生量[7]（kg/t）		≤100	≤300	≤500
5 废物回收利用指标				
工艺气体		工艺气体①②正常情况全部回收利用；工艺气体③有先进的乙烯回收工艺，放空废气中乙烯含量低于1%（见3.3）		工艺气体①②正常情况全部回收利用
二氧化碳气体		有综合利用设施，全部回收利用		有综合利用设施
固体废弃物		废催化剂等全部回收，妥善安全处理		
6 环境管理要求				
环境法律法规标准		符合国家和地方有关环境法律、法规，污染物排放达到国家和地方排放标准、总量控制和排污许可证管理要求		
环境审核		按照基本化学原料制造业的企业清洁生产审核指南的要求进行审核；按照GB/T 24001建立并运行环境管理体系；环境管理手册、程序文件及作业文件齐备	按照基本化学原料制造业的企业清洁生产审核指南的要求进行审核；环境管理制度健全，原始记录及统计数据齐全有效	按照基本化学原料制造业的企业清洁生产审核指南的要求进行审核；环境管理制度、原始记录及统计数据基本齐全
生产过程环境管理	原料用量及质量	有原材料质检、计量制度和原材料消耗定额管理制度		
	生产工艺用水、电、汽管理	有计量仪表，并制定严格定量考核制度	对主要环节进行计量，并制定严格定量考核制度	对主要用水、电、汽环节进行计量
	现场管理	人的活动区域、物品堆存区域、危险品等有明显标识		
	岗位培训	对所有岗位均应进行严格的职业技能和职业安全健康、环保培训		
	生产设备的使用、维护、检修管理	有完善的管理制度，并严格执行	对主要设备有具体的管理制度，并严格执行	对主要设备有基本的管理制度
	事故、非正常生产状态	有具体的应急预案		
环境管理	环境管理机构	建立并有专人负责		
	环境管理制度	健全、完善并纳入日常管理	较完善的环境管理制度	
	环保设施的运行管理	记录运行数据并建立环保台账	记录运行数据	

(续表)

指标	一级	二级	三级
相关方环境管理	对原材料供应方、生产协作方、相关服务方等提出环境管理要求		

注：(1) 指运转周期内吨当量单乙二醇的乙烯耗量。
(2) 指运转周期内吨当量单乙二醇的氧气耗量。
(3) 指运转周期内吨当量单乙二醇的脱盐水量。
(4) 指运转周期内吨当量单乙二醇的标油能耗量。
(5) 指吨当量环氧乙烷的废水产生量。
(6) 指吨当量环氧乙烷的COD产生量。
(7) 指吨当量环氧乙烷的废气产生量。

6 标准的实施

本标准由各级人民政府环境保护行政主管部门负责组织实施。

清洁生产标准　氮肥制造业（节录）

HJ/T 188—2006

（2006年7月3日发布　2006年10月1日实施）

本标准由国家环境保护总局科技标准司提出。
本标准由辽宁省清洁生产中心、化工清洁生产中心、中国环境科学研究院负责起草。

（按原标准编号节录）

3 定义

3.1 清洁生产
指不断采取改进设计、使用清洁的能源和原料、采用先进的工艺技术与设备，改善管理、综合利用等措施，从源头削减污染，提高资源利用效率，减少或者避免生产、服务和产品使用过程中污染物的产生和排放，以减轻或消除对人类健康和环境的危害。

3.2 氮肥制造业
指以煤、油或含烃气体为原料，生产合成氨、尿素、碳酸氢铵等产品的全过程。

3.3 合成氨综合能耗
指合成氨工艺消耗的各种能源较换为GJ之和与报告期的合成氨产量之比。

3.4 新鲜水用量
指生产每吨氨所消耗的生产用新鲜水量。

3.5 氨利用率
指进料总氨转化为尿素、碳铵等产品的比率，以百分比计。

3.6 水循环利用率

指工业企业循环冷却水的循环利用量与外补新鲜水量和循环水利用量之和比,以百分比计。

3.7 污染物产生指标

包括水污染物产生指标和气污染物产生指标。水污染物产生指标是污水处理装置入口的污水量和污染物种类、单排量或浓度。气污染物产生指标是指废气处理装置入口的废气量和污染物种类、单排量或浓度。

3.8 水闭路循环

指将冷却水和废水经处理后回用到生产中的过程。

4 技术要求

4.1 指标分级

本标准共给出了氮肥制造业生产过程清洁生产水平的三级技术指标:

一级:国际清洁生产先进水平;

二级:国内清洁生产先进水平;

三级:国内清洁生产基本水平。

4.2 指标要求

氮肥制造业清洁生产技术指标见表1。

4.2 指标要求

氮肥制造业清洁生产技术指标见表1。

表1 氮肥制造业清洁生产标准

指标		一级	二级	三级
一、生产工艺与装备要求				
原料气制备		加压连续气化 DCS 控制	加压或常压气化计算机控制	常压气化常规仪表控制
原料气净化	CO 变换	DCS 控制	计算机控制	常规仪表控制
	脱硫	有高效硫回收装置运行良好 自动控制	有硫回收装置运行良好	有硫回收装置
	CO_2 脱除	DCS 控制	计算机控制	常规仪表控制
	精制	DCS 控制	计算机控制	常规仪表控制
原料气压缩		蒸汽驱动透平式压缩机	往复式压缩机	
氨合成	合成压力	≤15 MPa	20～32 MPa	
	稀氨水回收	水闭路循环	稀氨水回收	
尿素生产	生产工艺	氨或二氧化碳汽提法	水溶液全循环法	
	尿素生产解吸液处理工艺	尿素解吸液深度水解运行良好	尿素解吸液汽提运行良好	

(续表)

指标		一级	二级	三级
二、资源能源利用指标				
吨氨综合能耗/(CJ/t)		≤38.0	≤48.0	≤53.0
吨氨新鲜水用量/(t/t)		≤20.0	≤40.0	≤60.0
吨氨尿素生产氨消耗量/(kg/t)		≤575.0	≤590.0	≤610.0
氨利用率/%		≥98.0	≥96.0	≥93.0
水循环利用率/%		≥95.0	≥90.0	≥85.0
三、污染物产生指标(末端处理前)				
废水	吨氨废水量/(m³/t)	≤10.0	≤30.0	≤50.0
	吨氨废水中氨氮/(kg/t)	≤0.6	≤3.6	≤7.5
	吨氨废水中COD(kg/t)	≤1.5	≤6.0	≤14.0
	吨氨废水中氰化物/(kg/t)	≤0.003	≤0.01	≤0.05
	吨氨废水中悬浮物/(kg/t)	≤0.7	≤3.0	≤10.0
	吨氨废水中石油类/(kg/t)	≤0.1	≤0.2	≤0.5
	吨氨废水中挥发酚/(kg/t)	≤0.002	≤0.003	≤0.01
	吨氨废水中硫化物/(kg/t)	≤0.01	≤0.02	≤0.05
	废水pH	≥6,≤9		
废气	吨氨废气含氨量/(kg/t)	≤5.0	≤10.0	≤15.0
	吨氨颗粒物/(kg/t)	≤0.7	≤1.0	≤1.5
四、废物回收利用指标				
废水	含氰废水回收利用率/%	95	90	85
	含酚废水回收利用率/%	98	95	90
	含炭黑废水回收利用率/%	98		
废气	含H_2S气体回收利用率/%	95	95	90
	CO再生气回收利用率/%	100		
废渣	煤灰、渣处理处置率/%	100		
	炭黑处理处置率/%	100		
	含贵金属废催化剂处理处置率/%	100		
五、环境管理要求				
1.环境法律法规标准		符合国家和地方有关环境法律、法规、总量控制和排污许可证管理要求;污染物排放达到国家和地方排放标准;污水综合排放标准(GB 8978)、大气污染物综合排放标准(GB 16297)、环境空气质量标准(GB 3095)、地表水环境质量标准(CB 3838)、合成氨工业水污染物排放标准(GB 13458)		

(续表)

指标	一级	二级	三级
2.组织机构	设专门环境管理机构和专职管理人员		
3.环境审核	按照氮肥制造业清洁生产审核指南的要求进行了审核;按照GB/T 24001(或相应的HSE)建立并运行了环境管理体系,环境管理手册、程序文件及作业文件齐备	按照氮肥制造业清洁生产审核指南的要求进行了清洁生产审核;环境管理制度健全,原始记录及统计数据齐全有效	
4.废物处理	用符合国家规定的废物处置方法处置废物;严格执行国家或地方规定的废物转移制度。对危险废物要建立危险废物管理制度,并进行无害化处理		
5.生产过程环境管理	有严格的检验、自动计量及控制措施;运行无故障,设备完好率达99%;所有生产设备有具体的管理制度,并严格执行;所有环节有自动计量仪表,并严格执行定量考核制度;有严格的应急处理预案	有严格的检验、计量及控制措施;运行无故障,设备完好率达98%;主要生产设备有具体的管理制度,并严格执行;主要环节有计量仪表,并严格执行定量考核制度;有应急处理预案	
6.相关方环境管理	对原材料供应方、生产协作方、相关服务方等提出环境管理要求		

4.3 测定方法

本标准的测定方法见表2。

表2 污染物项目的测定方法

序号	项目	方法名称	方法来源
1	pH值	玻璃电极法	GB 6920
2	悬浮物	重量法	GB 11901
3	石油类	红外光度法	GB/T 16488
4	挥发酚	蒸馏后用4-氨基安替比林分光光度法	GB 7490
5	硫化物	亚甲基蓝分光光度法	GB/T 16489
6	氰化物	蒸馏后异烟酸-吡唑啉酮比色法	GB 7487
7	化学需氧量	重铬酸盐法	GB 11914
8	氨氮	蒸馏和滴定法 纳氏试剂比色法	GB 7478 GB 7479

6 标准的实施

本标准由各级人民政府环境保护行政主管部门负责组织实施。

清洁生产标准　甘蔗制糖业（节录）

HJ/T 186—2006

（2006年7月3日发布　2006年10月1日实施）

本标准由国家环境保护总局科技标准司提出。
本标准由广西壮族自治区环境保护科学研究所、中国环境科学研究院负责起草。

（按原标准编号节录）

3　定义

3.1　清洁生产
指不断采取改进设计、使用清洁的能源和原料、采用先进的工艺技术与设备、改善管理、综合利用等措施，从源头削减污染，提高资源利用效率，减少或者避免生产、服务和产品使用过程中污染物的产生和排放，以减轻或者消除对人类健康和环境的危害。

3.2　水重复利用率
指水重复利用量对总用水量的百分率。

3.3　蔗渣
指甘蔗经压榨或渗出提汁后残余的物料。

3.4　废糖蜜
指从末段（最终）糖膏分离出来的母液。

3.5　滤泥
指泥汁或其他含有沉淀物的蔗汁或糖汁经过滤处理后，从过滤机卸出的泥渣。

4　技术要求

4.1　指标分级
本标准将甘蔗制糖企业的清洁生产水平划分为三级技术指标：
一级：国际清洁生产先进水平；
二级：国内清洁生产先进水平；
三级：国内清洁生产基本水平。

4.2　指标要求
甘蔗制糖业清洁生产标准的指标要求见表1。

表1 甘蔗制糖业清洁生产指标要求

指标		一级	二级	三级
一、生产工艺与装备要求				
1. 生产工艺		（1）采用糖浆上浮工艺,改进亚硫酸法工艺,降低产品 SO_2 含量和色值,保证产品达标率; （2）采用混合汁低温磷浮工艺,改进碳酸法澄清工艺,改善滤泥成分,有利于综合利用、处理		
2. 装备要求		（1）采用真空泵冷凝系统替代水喷射冷凝系统,降低耗水量; （2）采用洗滤布水回收处理装置,不直接向环境排放洗滤布水; （3）采用高效泥汁过滤设备,提高滤泥固形物含量,以利于清洁运输和利用; （4）采用高效冷凝水降温装置,提高冷却用水的重复利用率; （5）采用高效率渣、水分离装置,提高锅炉除尘、排污水循环利用率		
		生产过程采用自动化控制,优化工艺参数	重点工段采用自动化控制,优化工艺参数	根据实际情况采用自动化控制
二、资源能源利用指标				
1. 原辅材料选择	（1）种植基地	甘蔗种植基地及其周围无污染源,灌溉用水符合 GB 5084 要求,土壤满足 GB 15618 二级标准要求		
	（2）甘蔗品种	选用优良的甘蔗品种		
	（3）化肥与农药使用	甘蔗种植使用有机肥、微生物肥、矿物肥;植物保护采用生物防治;限量使用化肥和高效低毒农药		
	（4）辅助材料	辅助材料保证产品达到 GB 13104 和 GB 14964 要求,并且不会对人体健康和环境造成不利影响		
	（5）能源	使用清洁能源,燃煤含硫量符合当地环保要求		
2. 吨蔗耗新鲜水量/（m^3/t）		≤1.0	≤2.0	≤3.5
3. 水重复利用率/%		≥90.0	≥80.0	≥70.0
4. 百吨蔗耗标准煤/（t/100t）		≤4.0	≤5.0	≤6.0
三、产品指标				
1. 产品包装		应使用环境友好的包装材料,并符合食品卫生标准的有关要求		
四、污染物产生指标（末端处理前）				
1. 吨蔗废水产生量/（m^3/t）		≤1.6	≤2.6	≤4.0
2. 吨蔗化学需氧量产生量/（kg/t）		≤1.0	≤2.0	≤3.5
3. 吨蔗悬浮物产生量/（kg/t）		≤0.3	≤1.0	≤1.6
五、废物回收利用指标				
1. 滤泥		干法排放。由本企业或交由其他相关方作为生产的原辅材料予以利用	亚硫酸法:干法排放。由本企业或交由其他相关方作为生产的原辅材料予以利用 碳酸法:干法排放。采取安全、有效的措施进行利用、处理,使其不对环境、生态造成危害	

(续表)

指标		一级	二级	三级
2.蔗渣		在符合环境保护要求的前提下,由本企业或交由其他相关方作为燃料或生产用的原辅材料予以利用		
3.废糖蜜		在符合环境保护要求的前提下,由本企业或交由其他相关方作为生产用的原辅材料予以利用		
4.炉渣		在符合环境保护要求的前提下,由本企业或交由其他相关方作为生产用的原辅材料予以利用	在符合环境保护要求的前提下,采取安全、有效的措施进行利用、处理,使其不对环境、生态造成危害	
六、环境管理要求				
1.环境法律法规标准		符合国家和地方有关环境法律、法规,污染物排放达到国家和地方排放标准、总量控制和排污许可证管理要求		
2.环境审核		按照甘蔗制糖业清洁生产审核指南的要求进行审核;按照GB/T 24001建立并运行环境管理体系,环境管理手册、程序文件及作业文件齐备	按照甘蔗制糖业清洁生产审核指南的要求进行审核;环境管理制度健全,原始记录及统计数据齐全有效	按照甘蔗制糖业清洁生产审核指南的要求进行审核;环境管理制度、原始记录及统计数据基本齐全
3.生产过程环境管理	(1)GB/T 19001质量管理体系	通过认证并有效运行		
	(2)岗位培训	按GB/T 24001要求建立的程序执行	主要岗位人员经严格培训,实行持证上岗制度	
	(3)生产设备的使用、维护、检修管理制度	按GB/T 24001要求建立的程序执行	建立管理制度,并执行	
	(4)生产工艺过程用水、电、汽管理	各个计量环节安装计量仪,并建立严格的定量考核制度	对主要环节进行计量,并制定定量考核制度	
	(5)生产车间噪声	满足GBZ 1要求		
	(6)生产车间粉尘	满足GBZ 1要求		
	(7)事故、非正常生产状态应急	建立完善的事故应急预案,并严格执行	对可能发生的事故有应急措施,并予以落实	
4.环境管理	(1)环境管理机构	有专门机构和人员编制	有专门机构和人员	有机构和人员负责
	(2)环境管理计划	制订详细计划并实施	制订计划并予以实施	

（续表）

清洁生产指标等级		一级	二级	三级
4.环境管理	(3)环保设施运行管理	有完整的运行数据记录并建立档案		
	(4)污染监测	废水和废气污染源实行在线监测，有噪声污染源监测的手段	废水实行在线监测，并有废气、噪声污染源监测的手段	
	(5)信息管理	建立计算机网络化管理系统，并有相应的保密措施		各项记录齐全并建档管理
	(6)附设造纸、酒精及其他副产品综合利用车间	满足相关行业清洁生产标准的一级标准	满足相关行业清洁生产标准的二级标准	满足相关行业清洁生产标准的三级标准

注：①优级品、一级品对应于 GB 317 中的优级和一级级别。

6 标准的实施

本标准由各级人民政府环境保护行政主管部门负责组织实施。

清洁生产标准 纺织业（棉印染）（节录）

HJ/T 185—2006

（2006年7月3日发布 2006年10月1日实施）

本标准由国家环境保护总局科技标准司提出。
本标准由北京纺织环境保护中心、中国环境科学研究院负责起草。

（按原标准编号节录）

3 定义

3.1 清洁生产

指不断采取改进设计、使用清洁的能源和原料、采用先进的工艺技术与设备、改善管理、综合利用等措施，从源头削减污染，提高资源利用效率，减少或者避免生产、服务和产品使用过程中污染物的产生和排放，以减轻或者消除对人类健康和环境的危害。

3.2 水污染物产生指标

指污水处理装置入口的污水量和污染物种类、单排量或浓度。

4 技术要求

4.1 指标分级

本标准将纺织行业(棉印染)生产过程清洁生产水平划分为三级技术指标：

一级:国际清洁生产先进水平；

二级:国内清洁生产先进水平；

三级:国内清洁生产基本水平。

4.2 指标要求

纺织行业(棉印染)清洁生产标准的指标要求见表1。

表1 纺织行业(棉印染)清洁生产指标要求

指标	一级	二级	三级
一、生产工艺与装备要求			
1.总体要求	企业所采用的生产工艺与装备不得在《淘汰落后生产能力、工艺和产品的目录》之列，应符合国家产业政策、技术政策和发展方向		
	采用最佳的清洁生产工艺和先进设备,设备全部实现自动化	采用最佳的清洁生产工艺和先进设备,主要设备实现自动化	采用清洁生产工艺和设备,主要生产工艺先进,部分设备实现自动化
2.前处理工艺和设备	①采用低碱或无碱工艺,选用高效助剂； ②采用少用水工艺； ③使用先进的连续式前处理设备； ④有碱回收设备	①采用低碱或无碱工艺,选用高效助剂； ②采用少用水工艺； ③使用先进的连续式前处理设备； ④使用间歇式的前处理设备,并有碱回收装置	①采用通常的前处理工艺； ②采用少用水工艺； ③部分使用先进的连续式前处理设备； ④使用间歇式的前处理设备,并有碱回收装置
3.染色工艺和设备	①采用不用水或少用水(小浴比)的染色工艺,使用高吸尽率染料及环保型染料和助剂； ②使用先进的连续式染色设备并具有逆流水洗装置； ③使用先进的间歇式染色设备并进行清水回用； ④使用高效水洗设备	①采用不用水或少用水(小浴比)的染色工艺,使用高吸尽率染料及环保型染料和助剂； ②部分使用先进的连续式染色设备并具有逆流漂洗装置； ③部分使用先进的间歇式染色设备并进行清水回用； ④使用高效水洗设备	①大部分采用少用水(小浴比)的染色工艺,部分使用高吸尽率染料及环保型染料和助剂； ②部分使用连续式染色设备； ③部分使用间歇式染色设备并进行清水回用； ④部分使用高效水洗设备

(续表)

指标	一级	二级	三级
4.印花工艺和设备	①采用少用水或不用水的印花工艺,使用高吸尽率染料及环保型染料和助剂; ②采用先进的制版制网技术及设备; ③采用无版印花工艺及设备; ④采用先进的调浆、高效蒸发和高效水洗设备	①采用少用水或不用水的印花工艺,使用高吸尽率染料及环保型染料和助剂; ②部分采用先进的制版制网技术及设备; ③部分采用无版印花技术及设备; ④采用先进的调浆、高效蒸发和高效水洗设备	①大部分采用少用水或不用水的印花工艺,大部分使用高吸尽率染料及环保型染料和助剂; ②部分采用制版网技术及设备; ③部分采用无版印花技术及设备; ④部分采用先进的调浆、高效蒸发和高效水洗设备
5.整理工艺与设备	采用先进的无污染整理工艺,使用环保型整理剂	采用无污染整理工艺,使用环保型整理剂	大部分采用无污染整理工艺,大部分使用环保型整理剂
6.规模	棉机织印染企业设计生产能力≥1000万 m/a 棉针织印染企业设计生产能力≥1600 t/a		
二、资源能源利用指标			
1.原辅材料的选择	①坯布上的浆料为可生物降解型; ②选用对人体无害的环保型染料和助剂; ③选用高吸尽率的染料,减少对环境的污染;		①大部分坯布上的浆料为可生物降解型; ②大部分采用对人体无害的环保型染料和助剂; ③大部分选用高吸尽率的染料,减少对环境的污染
2.取水量			
机织印染产品/(t/100m)[1]	≤2.0	≤3.0	≤3.8
针织印染产品/(t/t)[2]	≤100	≤150	≤200
3.用电量			
机织印染产品/(kW·h/100m)[3]	≤25	≤30	≤39
针织印染产品/(kW·h/t)[4]	≤800	≤1000	≤1200
4.耗标煤量			
机织印染产品/(kg/100m)[5]	≤35	≤50	≤60
针织印染产品/(kg/t)[6]	≤1000	≤1500	≤1800

(续表)

指标		一级	二级	三级
三、污染物产生指标				
1.废水产生量				
	机织印染产品/(t/100m)[7]	≤1.6	≤2.4	≤3.0
	针织印染产品/(t/t)[8]	≤80	≤120	≤160
2.COD产生量				
	机织印染产品/(kg/100m)[9]	≤1.4	≤2.0	≤2.5
	针织印染产品/(kg/t)[10]	≤50	≤75	≤100
四、产品指标				
1.生态纺织品		①全面开展生态纺织品的开发和认证工作；②全部达到Oko-Tex-Standard 100的要求	①已进行生态纺织品的开发和认证工作；②基本达到Oko-Tex-Standard 100的要求，全部达到HJBZ 30生态纺织品的要求	①基本为传统产品，准备开展生态纺织品的认证工作；②部分产品达到HJBZ 30生态纺织品的要求
2.产品合格率/%（连续3年）		99.5	98	96
五、环境管理要求				
1.环境法律法规标准		符合国家和地方有关环境法律、法规，污染物排放达到国家和地方排放标准、总量控制和排污许可证管理要求		
2.环境审核		按照纺织业的企业清洁生产审核指南的要求进行了审核；按照GB/T 24001建立并运行环境管理体系，环境管理手册、程序文件及作业文件齐备	按照纺织业的企业清洁生产审核指南的要求进行了审核；环境管理制度健全，原始记录及统计数据齐全有效	按照纺织业的企业清洁生产审核指南的要求进行了审核；环境管理制度、原始记录及统计数据基本齐全
3.废物处理处置		对一般废物进行妥善处理，对危险废物按有关标准进行安全处置		
4.生产过程环境管理		实现生产装置密闭化。生产线或生产单元均安装计量统计装置，实现连续化显示统计，对水耗、能耗有考核。实现生产过程自动化，生产车间整洁，完全杜绝跑、冒、滴、漏现象	生产线或生产单元安装计量统计装置，对水耗、能耗有考核。建立管理考核制度和统计数据系统。实现主要生产过程自动化，生产车间整洁，完全杜绝跑、冒、滴、漏现象	生产线或生产单元安装计量统计装置，对水耗、能耗有考核。建立管理考核制度和统计数据系统。生产车间整洁，能够杜绝跑、冒、滴、漏现象

(续表)

指标	一级	二级	三级
5.相关方环境管理	要求提供的原辅材料，应对人体健康没有任何损害，并在生长和生产过程中对生态环境没有负面影响； 要求坯布生产所使用的浆料，采用易降解的浆料，限制或不用难降解浆料，减少对环境的污染； 要求提供绿色环保型和高吸尽率的染料和助剂，减少对环境的污染； 要求提供无毒、无害和易于降解或回收利用的包装材料		

注：(1) 指 100m 布的取水量。
(2) 指吨布的取水量。
(3) 指 100m 布的用电量。
(4) 指吨布的用电量。
(5) 指 100m 布的耗煤量。
(6) 指吨布的耗煤量。
(7) 指 100m 布的废水产生量。
(8) 指吨布的废水产生量。
(9) 指 100m 布的 COD 产生量。
(10) 指吨布的 COD 产生量。

6 标准的实施

本标准由各级人民政府环境保护行政主管部门负责组织实施。

清洁生产标准 食用植物油工业（豆油和豆粕）（节录）

HJ/T 184—2006

（2006 年 7 月 3 日发布 2006 年 10 月 1 日实施）

本标准由国家环境保护总局科技标准司提出。
本标准由大连市环境科学设计研究院、中国环境科学研究院负责起草。

（按原标准编号节录）

3 定义

3.1 清洁生产

指不断采取改进设计、使用清洁的能源和原料、采用先进的工艺技术与设备、改善管理、综合利用等措施，从源头削减污染，提高资源利用效率，减少或者避免生产、服务和产品使用过程中污染物的产生和排放，以减轻或者消除对人类健康和环境的危害。

3.2 污染物产生指标

包括水污染物产生指标和气污染物产生指标。水污染物产生指标是指污水处理装置入口的污水量和污染物种类、单排量或浓度。气污染物产生指标是指废气处理装置入口的废气量和污染物种类、单排量或浓度。

3.3 浸出制油

指采取溶剂浸出的方法从植物油料(如大豆)中提取油脂的过程,这个过程得到两大主要产品:脱脂粕和脱胶油。

3.4 油脂精炼

指以脱胶油为原料经脱脂肪酸、脱色、脱臭等工艺制取精制油脂的过程,这个过程得到的产品俗称"色拉油",即国标一级油。

4 技术要求

4.1 指标分级

本标准将豆油及豆粕生产过程清洁生产水平划分为三级技术指标:
一级:国际清洁生产先进水平;
二级:国内清洁生产先进水平;
三级:国内清洁生产基本水平。

4.2 指标要求

食用植物油工业豆油和豆粕生产清洁生产标准的指标要求见表1。

表1 食用植物油工业清洁生产指标要求(年平均值)

指标	一级	二级	三级
一、资源能源利用指标(浸出制油指标,带 a 指标为油脂精炼指标,下同)			
原辅材料的选择	生产豆油的主要原料为大豆,辅助原料为专用溶剂(6号溶剂油或工业己烷)。原辅材料的选择以及使用其他代用品或添加剂时,应符合国家或行业有关标准(CB 1352、GB 8611、GB 1535、GB/T 19541、GB 16629、GB 17602、HG/T 2569 等),并保证对人体健康没有任何损害,以及在生产过程中对生态环境没有负面影响		
大豆利用率/%	≥98.5	≥97.5	≥96.5
溶剂消耗[1]/(kg/t)	<1.0	<2.5	<5.0
白土消耗[2]/(kg/t)	≤10.0	≤15.0	≤20.0
电耗[3]/(kW·h/t)	≤25.0/20.0^a	≤30.0/25.0^a	≤40.0/35.0^a
水耗[4]/(kg/t)	≤500/200^a	≤800/300^a	≤1200/400^a
煤耗(标煤)[5]/(kg/t)	≤40.0/30.0^a	≤50.0/40.0^a	≤70.0/50.0^a
二、特征工艺指标			
精炼率^a/%	≥98.0	≥97.0	≥95.5
出油效率/%	≥98.5	≥98.0	≥97.0
出粕率/%	≥79.5	≥78.5	≥77.0
豆粕残留溶剂/%	≤0.05	≤0.08	≤0.10
浸出原油残留溶剂/%	≤0.03	≤0.05	≤0.08
三、污染物产生指标(末端处理前)			
浸出废水产生量[6]/(m³/t)	≤0.06	≤0.12	≤0.18
精炼废水产生量^a[7]/(m³/t)	≤0.2	≤0.4	≤0.6

(续表)

指标	一级	二级	三级
COD 产生总量[8]/（kg/t）	≤0.4/6.0ᵃ	≤1.0/10.0ᵃ	≤2.0/24.0ᵃ
浸出尾气残留溶剂质量浓度/（g/m³）	≤5	≤10	≤30
四、废物回收利用指标			
油脚	全部回收并利用（例如生产粗磷脂产品或掺兑到豆粕中等）	全都回收并利用（例如生产酸化油或粗脂肪酸等产品）	外售给脂肪酸或肥皂等加工厂，未直接排入环境中
皂脚	全部回收并利用（例如生产粗皂粉等）	全部回收并利用（例如生产酸油、脂肪酸或肥皂等产品）	外售给脂肪酸或肥皂等加工厂，未直接排入环境中
炉渣	全部回收并处理（例如外售给制砖厂或售作铺路材料）	全部回收并处理（外售给制砖厂或售作铺路材料）	全都回收并处理（外售或送至指定固废堆放场）
废白土	全部处理或利用（例如回收废油脂等）	集中堆放（采取防渗和防雨措施）并按规定进行处理	集中堆放与处理（外售或填埋）
五、环境管理要求			
环保法律法规标准	符合国家和地方有关环境法律、法规、总量控制要求和排污许可证管理要求，污染物排放达到国家或地方排放标准，包括污水（GB 8978）、大气（GB 16297）综合排放标准，以及锅炉大气排放标准（GB 13271）。		
环境审核和食品安全保证	按照食用植物油行业企业清洁生产审核指南进行了审核；按照GB/T 24001 建立并运行环境管理体系，环境管理手册、程序文件及作业文件齐备；并通过HACCP 认证	按照食用植物油行业企业清洁生产审核指南进行了审核；环境管理制度健全，原始记录及统计数据齐全有效；具备 HACCP 认证条件	按照食用植物油行业企业清洁生产审核指南进行了审核；环境管理制度、原始记录及统计数据基本齐全
生产过程环境管理 / 原料质量	原料质量符合生产需要，通过控制原料杂质、不完善粒等指标，实施原料供应源削减方案，减少生产过程中相关废物的发生量		
生产过程环境管理 / 工艺管理	有《生产过程作业指导书》和清洁生产指导书	有《生产过程作业指导书》	有生产工艺操作规程或规定
生产过程环境管理 / 岗位培训	所有岗位接受过清洁生产培训	与清洁生产有关的岗位接受过清洁生产培训	主要岗位进行过清洁生产培训
生产过程环境管理 / 设备管理	有完善的管理制度，并严格执行	有比较完善的管理制度，并严格执行	有管理制度
生产过程环境管理 / 能源辅料管理	有管理制度，生产实行定量考核制度	有管理制度，并对主要环节进行计量和定量考核	对主要用水、电、汽环节进行计量
生产过程环境管理 / 生产车间观感	车间整洁明亮、无物料遗撒和堆积，设备外观清洁整齐		车间比较整齐清洁

(续表)

	指标	一级	二级	三级
环境管理	环境管理机构	建立并有专人负责		
	环境管理制度	健全、完善并纳入日常管理		较完善的环境管理制度
	环境管理计划	制定近、远期计划并监督实施		制定日常计划并监督实施
	环保设施的运行管理	记录运行数据并建立环保档案		记录运行数据并进行统计
	污染源监测系统	水、气主要污染源、主要污染物均具备自动监测手段		水、气主要污染源、主要污染物均具备监测手段
	信息交流	具备计算机网络化管理系统		定期交流
相关方环境管理	原辅料供应方、协作方、服务方	服务协议中要明确原辅料的包装、运输、装卸等过程中的安全要求及环保要求		
	有害废物转移的预防	严格按有害废物处理要求执行，建立台账、定期检查		

注：(1) 指吨料溶剂消耗。
(2) 指吨油白土消耗。
(3) 指吨料/吨油电耗。
(4) 指吨料/吨油水耗。
(5) 指吨料/吨油煤耗。
(6) 指吨料废水产生量。
(7) 指吨油废水产生量。
(8) 指吨料/吨油 COD 产生总量。

6 标准的实施

本标准由各级人民政府环境保护行政主管部门负责组织实施。

清洁生产标准　啤酒制造业（节录）

HJ/T 183—2006

(2006 年 7 月 3 日发布　2006 年 10 月 1 日实施)

本标准由国家环境保护总局科技标准司提出。
本标准由中国环境科学研究院、中国酿酒工业协会啤酒分会负责起草。

（按原标准编号节录）

3 定义

清洁生产

指不断采取改进设计、使用清洁的能源和原料、采用先进的工艺技术与设备、改善管理、综合利用等措施,从源头削减污染,提高资源利用效率,减少或者避免生产、服务和产品使用过程中污染物的产生和排放,以减轻或者消除对人类健康和环境的危害。

4 技术要求

4.1 指标分级

啤酒生产过程清洁生产水平分三级技术指标:

一级:国际清洁生产先进水平;

二级:国内清洁生产先进水平;

三级:国内清洁生产基本水平。

4.2 指标要求

各级指标的具体数值见表1所示。

表1 啤酒行业清洁生产分级指标

项目		一级	二级	三级
一、生产工艺与装备要求				
1. 工艺		罐体密闭发酵法		
2. 规模		10万t(新建厂)ª	5万t(新建厂)ª	—
3. 糖化		粉碎工段有粉尘回收装置,或采用增湿粉碎		
		麦汁过滤采用干排槽技术		
		煮沸锅配备二次蒸汽回收装备		—
		麦汁冷却采用一段冷却技术		
		清洗采用CIP清洗技术		
		配置冷凝水回收系统		
		配置热凝固物回收系统		—
4. 发酵		发酵过程由微机控制		
		发酵室安装二氧化碳回收装置		
		啤酒过滤采用硅藻土过滤,纸板或膜过滤		
		清洗采用CIP清洗技术		
		配置冷凝固物/废酵母回收系统		
5. 包装		采用洗瓶(罐)、灌装、杀菌、贴标机械化灌装线		

（续表）

项目	一级	二级	三级
6.输送和贮存	输送和贮存液质半成品和成品的管道和容器材质采用不锈钢,铜或碳钢涂料,不得产生对人体有害的气味和物质		
二、资源能源利用指标			
1.原辅材料的选择	生产啤酒的主要原料麦芽、辅料和酒花符合有关标准(国标和行标,如GB 4927、GB/T 10347、QB 1686 等)。使用的助剂或添加剂应符合 GB 2760 标准,应对人体健康没有任何损害		
2.能源	使用清洁能源,燃煤含硫量符合当地环保要求		
3.洗涤剂	清洗管道和容器的洗涤剂不含任何对人体有害和对设备有腐蚀作用的物质		
4.取水量/(m^3kl)/	≤6.0	≤8.0	≤9.5
5.体积分数为11%(俗称11°P)的啤酒耗粮/(kg/kl)	≤158	≤161	≤165
6.耗电量/(kW·h/kl)	≤85	≤100	≤115
7.耗标煤量/(kg/kl)	≤80	≤110	≤130
8.综合能耗/(kg/kl)	≤115	≤145	≤170
三、产品指标			
1.啤酒包装合格率(%)(近3年)	≥99.5	≥99.0	≥98.0
2.优级品率/%	90	60	30
3.啤酒包装	应使用环境友好的包装材料(瓦楞纸箱、塑料周转箱、热塑包装),并符合食品卫生标准的有关要求,啤酒瓶使用按有关国家标准(GB 4544)执行		
4.处置	近10年,没有因任何啤酒质量问题和其他理由,将其倒入下水道、受纳水体和环境中	近5年,没有因任何啤酒质量问题和其他理由,将其倒入下水道、受纳水体和环境中	近3年,没有因任何啤酒质量问题和其他理由,将其倒入下水道、受纳水体和环境中
四、污染物产生指标(末端处理前)			
1.废水产生量/(m^3/kl)	≤4.5	≤6.5	≤8.0
2.COD 产生量(处理前)/(kg/kl)	≤9.5	≤11.5	≤14.0
3.啤酒总损失率/%	≤4.7	≤6.0	≤7.5

(续表)

项目	一级	二级	三级
五、废物回收利用指标			
1.酒糟回收利用率	100%回收并加工利用（加工成颗粒饲料或复合饲料等产品）	100%回收并利用（直接作饲料等）	
2.废酵母回收利用率	100%回收并加工利用（生产饲料添加剂、医药、食品添加剂等产品）	100%回收并利用（直接作饲料等）	
3.废硅藻土回收处置率	100%回收并妥善处置（填埋等）不直接排入下水道和环境中		
4.炉渣回收利用率	100%回收并利用	100%回收并妥善处置	
5.二氧化碳（发酵产生）回收利用率	回收并利用所有可回收的二氧化碳		50%以上回收并利用
六、环境管理要求			
1.环境法律法规标准	符合国家和地方有关环境法律、法规，污染物排放达到国家和地方排放标准、总量控制和排污许可证管理要求		
2.环境审核	按照啤酒制造业的企业清洁生产审核指南的要求进行了审核；按照GB/T 24001建立并运行环境管理体系，环境管理手册、程序文件及作业文件齐备	按照啤酒制造业的企业清洁生产审核指南的要求进行了审核；环境管理制度健全，原始记录及统计数据齐全有效	按照啤酒制造业的企业清洁生产审核指南的要求进行了审核；环境管理制度，原始记录及统计数据基本齐全
3.生产过程环境管理	有原材料、包装材料生产过程的质检制度和消耗定额管理，对能耗和物耗指标有考核，有健全的岗位操作规程和设备维护保养规程等		
4.废物处理处置	污染控制设施配套齐全，并正常运行		
5.相关方环境管理	购买有资质的原材料供应商的产品，对原材料供应商的产品质量、包装和运输等环节施加影响；危险废物送到有资质的企业进行处理		

注：a 新建厂指本标准实施之日后建设的单位（包括改、扩、建），建设（包括改、扩、建）啤酒厂的建设时间，以环境影响评价报告书日期为准划分。对已建啤酒厂不受规模限制。

6 标准的实施

本标准由各级人民政府环境保护行政主管部门负责组织实施。

清洁生产标准 石油炼制业（沥青）（节录）

HJ 443—2008

(2008年9月27日发布 2008年11月1日实施)

本标准由环境保护部科技标准司组织制定。
本标准起草单位：中国石油化工集团公司清洁生产技术中心、中国环境科学研究院、北京科林蓝宇环境技术有限公司。

（按原标准编号节录）

3 术语和定义

下列术语和定义适用于本标准。

3.1 清洁生产

指不断采取改进设计、使用清洁的能源和原料、采用先进的工艺技术与设备、改善管理、综合利用等措施，从源头削减污染，提高资源利用效率，减少或者避免生产、服务和产品使用过程中污染物的产生和排放，以减轻或者消除对人类健康和环境的危害。

3.2 石油炼制业（沥青）

指以石油为原料，通过化学或物理加工成为沥青产品的生产过程。不包括天然沥青、煤焦油沥青及沥青制品。

3.3 原料加工损失率

指生产装置在加工过程中的原料损失量占原料加工总量的百分比。

3.4 污染物产生指标（末端处理前）

即产污系数，指单位产品生产（或加工）过程中，产生污染物的量（末端处理前）。包括废水产生量指标和废气产生量指标。废水产生量指标是指污水处理装置入口的污水量和主要污染物种类、单排量或浓度。废气产生量指标是指废气处理装置入口的废气量和污染物种类、单排量或浓度；没有废气处理装置的指有组织排放口排入环境的废气量和污染物种类、单排量或浓度。

3.5 含油污水

指在原油加工过程中与油品接触的冷凝水、介质水、油品洗涤水、油泵轴封水等，主要污染物是石油类和化学需氧量（COD）。

3.6 污水单排量

指装置每加工单位原料所产生的污水量。

3.7 综合能耗

指加工单位原料所消耗的各种能源折合为标油的量。

3.8 单位用水量

指装置每加工单位原料所用水量,包括新水量和重复利用水量(生产过程中已用过的水,无需处理或经过处理再用于原系统代替新水的水量)。

4 规范性技术要求

4.1 指标分级

本标准共给出了石油炼制业(沥青)生产过程清洁生产水平的三级技术指标:

一级:国际清洁生产先进水平;

二级:国内清洁生产先进水平;

三级:国内清洁生产基本水平。

4.2 指标要求

氧化沥青装置清洁生产指标要求见表1。溶剂脱沥青装置清洁生产指标要求见表2。

表1 氧化沥青装置清洁生产指标要求

指标		一级	二级	三级
一、生产工艺与装备要求				
生产工艺、装备		氧化尾气要有预处理,回收尾气中的油相成分,不能使油相进入焚烧炉,综合利用尾气焚烧的热能;加热炉采用节能技术;采用 DCS 仪表控制系统;采样口安装在线采样器	氧化尾气要有预处理,回收尾气中的油相成分,不能使油相进入焚烧炉,综合利用尾气焚烧的热能;加热炉采用节能技术;采用 DCS 仪表控制系统;采样口安装在线采样器	软化尾气要有预处理,回收尾气中的油相成分,不能使油相进入焚烧炉,综合利用尾气焚烧的热能;加热炉采用节能技术;采用安全可靠仪表控制系统;现场采样有防止污染设施
二、资源能源利用指标				
1.综合能耗(以标油计)/(kg/t)[①]		≤20.0	≤25.0	≤30.0
2.加工损失率/%		≤0.15	≤0.25	≤0.35
3.单位用水量/(t/t)[①]		0.05	0.070	0.100
三、污染物产生指标(末端治理前)				
含油污水	单排量/(t/t)[①]	≤0.036	≤0.040	≤0.045
	石油类含量/(mg/L)	≤180	≤220	≤240
2.加热炉燃料中硫含量控制指标		加热炉燃料为脱硫燃料油时,硫含量应≤0.5%(质量分数);加热炉燃料为脱硫燃料气时,硫含量应低于100mg/m³	加热炉燃料为脱硫燃料时,硫含量应在0.5%~1.0%(质量分数);加热炉燃料为脱硫燃料气时,硫含量应低于100mg/m³	

(续表)

指标	一级	二级	三级
3.氧化尾气中的苯并[a]芘含量[②]/(mg/m³)	≤0.01×10⁻³	≤0.1×10⁻³	≤0.3×10⁻³
四、环境管理要求			
1.环境法律法规标准	符合国家和地方有关环境法律、法规,总量控制和排污许可证管理要求;污染物排放达到国家和地方排放标准		
2.组织机构	设专门环境管理机构和专职管理人员		
3.环境审核		按照《石油炼制业清洁生产审核指南》要求进行审核;环境管理制度健全,原始记录及统计数据齐全有效	
4.固体废物处理处置		采用国家规定或行业推荐的固废处置方法进行安全处置,严格执行国家或地方规定的废物转移制度;对危险废物要建立危险废物管理制度,并进行无害化处理	
5.生产过程环境管理	按照《石油炼制业清洁生产审核指南》要求进行了清洁生产审核,并全部实施了无、低费方案。通过 GB/T 24001 环境管理体系认证	1.每个生产装置要有操作规程,对重点岗位要有作业指导书;易造成污染的设备和废物产生部位要有警示牌;对生产装置进行分级考核。 2.建立环境管理制度,主要包括: ——开停工及检修时的环境管理程序; ——新、改、扩建项目环境管理及验收程序; ——储运系统油污染控制制度; ——环境监测管理制度; ——污染事故的应急程序; ——环境管理记录和台账	1.每个生产装置要有操作规程,对重点岗位要有作业指导书;对生产装置进行分级考核。 2.建立环境管理制度,主要包括: ——开停工及检修时的环境管理程序; ——新、改、扩建项目环境管理及验收程序; ——环境监测管理制度; ——污染事故的应急程序; ——环境管理记录和台账
6.相关方环境管理		——原材料供应方的环境管理; ——协作方、服务方的环境管理程序	——原材料供应方的环境管理; ——协作方、服务方的环境管理程序

注:①以单位原料计。
②氧化尾气中的苯并[a]芘含量为产生量。

表2 溶剂脱沥青装置清洁生产指标要求

指标		一级	二级	三级
一、生产工艺与装备要求				
生产工艺、装备		压缩机冷凝水循环利用；加热炉采用节能技术；采用DCS仪表控制系统；采样口安装在线采样器	压缩机冷凝水循环利用；加热炉采用节能技术；采用DCS仪表控制系统；采样口安装在线采样器	压编机冷凝水循环利用；加热炉采用节能技术；采用安全可靠仪表控制系统；现场采样有防止污染设施
二、资源能源利用指标				
1. 综合能耗/(kg/t)①		≤24(丁烷) ≤28(丙烷)	≤30(丁烷) ≤32(丙烷)	≤36(丁烷) ≤38(丙烷)
2. 加工损失率/%		≤0.10	≤0.15	≤0.20
3. 单位用水量/(t/t)①		≤0.05	≤0.07	≤0.1
三、污染物产生指标(末端治理前)				
1. 含油污水	单排量/(t/t)①	≤0.040	≤0.045	≤0.050
	石油类含量/(mg/L)	≤100	≤150	≤200
	化学需氧量(COD)/(mg/L)	≤450	≤500	≤550
2. 加热炉燃料中硫含量控制指标		加热炉燃料为脱硫燃料油时,硫含量应≤0.5%(质量分数)；加热炉燃料为脱硫燃料气时,硫含量应低于100mg/m³		加热炉燃料为脱硫燃料油时,硫含量应在0.5%～1.0%(质量分数)；加热炉燃料为脱硫燃料气时,硫含量应低于100mg/m³
四、环境管理要求				
1. 环境法律法规标准		符合国家和地方有关环境法律、法规,总量控制和排污许可证管理要求；污染物排放达到国家和地方排放标准		
2. 组织机构		设专门环境管理机构和专职管理人员		
3. 环境审核		按照《石油炼制业清洁生产审核指南》的要求进行了清洁生产审核,并全部实施了无、低费方案。通过GB/T 24001环境管理体系认证		按照《石油炼制业清洁生产审核指南》要求进行审核；环境管理制度健全,原始记录及统计数据齐全有效

（续表）

指标	一级	二级	三级
4.废物处理		采用国家规定或行业推荐的固废处置方法进行安全处置； 严格执行国家或地方规定的废物转移制度； 对危险废物要建立危险废物管理制度，并进行无害化处理	
5.生产过程环境管理	按照《石油炼制业清洁生产审核指南》的要求进行了清洁生产审核，并全部实施了无、低费方案。通过GB/T 24001环境管理体系认证	1. 生产装置要有操作规程，对重点岗位要有作业指导书；易造成污染的设备和废物产生部位要有警示牌；对生产装置进行分级考核。 2. 建立环境管理制度，其中包括： ——开停工及检修时的环境管理程序； ——新、改、扩建项目环境管理及验收程序； ——储运系统油污染控制制度； ——环境监测管理制度； ——污染事故的应急程序； ——环境管理记录和台账	1. 每个生产装置要有操作规程，对重点岗位要有作业指导书；对生产装置进行分级考核。 2. 建立环境管理制度，其中包括： ——开停工及检修时的环境管理程序； ——新、改、扩建项目环境管理及验收程序； ——环境监测管理制度； ——污染事故的应急程序
6.相关方环境管理		——原材料供应方的环境管理； ——协作方、服务方的环境管理程序	——原材料供应方的环境管理程序； ——协作方、服务方的环境管理程序

注：①以单位原料计。

5 数据采集和计算方法

5.1 采样和监测

本标准各项指标的采样和监测按照相关技术规范执行，并采用国家或行业标准监测分析方法，详见表3。

表3 污染物指标监测采样及分析方法

监测项目	测点位置	监测采样及分析方法
苯并[a]芘	末端治理设施入口	乙酰化滤纸层析荧光分光光度法（GB 8971—88）
化学需氧量		重铬酸盐法（GB 11914—89）
石油类		红外光度法（GB/T 16488—1996）

6 标准的实施

本标准由各级人民政府环境保护行政主管部门负责监督实施。

清洁生产标准 味精工业(节录)

HJ 444—2008

(2008年9月27日发布 2008年11月1日实施)

本标准由环境保护部科技标准司组织制定。
本标准起草单位:中国轻工业清洁生产中心、中国环境科学研究院、中国发酵工业协会。

(按原标准编号节录)

3 术语和定义

下列术语和定义适用于本标准。

3.1 清洁生产

指不断采取改进设计,使用清洁的能源和原料、采用先进的工艺技术与设备,改善管理、综合利用等措施,从源头削减污染,提高资源利用效率,减少或者避免生产、服务和产品使用过程中污染物的产生和排放,以减轻或者消除对人类健康和环境的危害。

3.2 取水量

从各种水源取得的水量,用于供给企业用水的源水水量。

各种水源包括取自地表水、地下水、城镇供水工程以及从市场购得的蒸汽等水的产品,但不包括企业自取的海水和苦咸水。

3.3 循环用水量

指在确定的系统内,生产过程中已用过的水,无需处理或经过处理再用于系统代替取水量利用。

4 规范性技术要求

4.1 指标分级

味精生产过程清洁生产水平分三级技术指标:

一级:国际清洁生产先进水平;

二级:国内清洁生产先进水平;

三级:国内清洁生产基本水平。

4.2 指标要求

味精工业的清洁生产指标要求见表1。

表 1 味精工业清洁生产标准指标要求

项目		一级	二级	三级
一、生产技术特征指标				
1. 淀粉糖化收率/%		≥99.5	≥99.0	≥98.0
2. 发酵糖酸转化率/%		≥63.0	≥60.0	57.0
3. 发酵产酸率/%		≥13.5	≥12.0	≥10.0
4. 谷氨酸提取收率/%	等电离交	≥98.0	≥96.5	≥95.0
	浓缩等电	≥90.0	≥88.0	≥84.0
5. 精制收率/%		≥98.5	≥96.5	≥95.0
6. 纯淀粉出100%味精收率/%	等电离交	≥85.4	≥78.1	≥71.2
	浓缩等电	≥78.4	≥71.2	≥62.9
二、资源能源利用指标				
1. 取水量/(m³/t)		≤55	≤60	≤65
2. 原料消耗量[①]/(t/t)	等电离交	≤1.7	≤1.9	≤2.2
	浓缩等电	≤1.9	≤2.1	≤2.3
3. 综合能耗(标煤,外购能源)/(t/t)		≤1.5	≤1.7	≤1.9
三、污染物产生指标				
1. 发酵废母液(离交尾液)产生量/(m³/t)		≤8	≤9	≤10
2. 废水产生量/(m³/t)		≤50	≤55	≤60
3. 化学需氧量(COD_{Cr})产生量/(kg/t)		≤100	≤110	≤120
4. 氨氮(NH_3-N)产生量/(kg/t)		≤15	≤16.5	≤18
四、废物回收利用指标				
1. 玉米渣和淀粉渣生产饲料/%		100	100	100
2. 菌体蛋白生产饲料/%		100	100	100
3. 冷却水重复利用率/%		≥85℃	≥80	≥75
4. 发酵废母液综合利用率/%		100	100	100
5. 锅炉灰渣综合利用率/%		100	100	100
6. 蒸汽冷凝水利用率/%		≥70	≥60	≥50

(续表)

项目		一级	二级	三级
五、环境管理要求				
1.环境法律法规标准		符合国家和地方有关环境法律、法规,污染物排放达到国家排放标准、总量控制和排污许可证管理要求		
2.组织机构		设专门环境管理机构和专职管理人员		
		环境管理制度健全、完善并纳入日常管理		建立了较完善的环境管理制度
3.环境审核		按照《清洁生产审核暂行办法》的要求进行了清洁生产审核,并全部实施了无、低费方案		
4.生产过程环境管理	原料用量及质量	规定严格的检验、计量控制措施		
	生产设备的使用、维护、检修管理制度	有完善的管理制度,并严格执行	对主要设备有具体的管理制度,并严格执行	
	生产工艺用水、电、气管理	所有环节安装计量仪表进行计量,并制定严格定量考核制度	对主要环节安装计量仪表进行计量,并制定定量考核制度	
	环保设施管理	记录运行数据并建立环保档案		
	污染源监测系统	按照《污染源自动监控管理办法》的规定,安装污染物排放自动监控设备,并保证设备正常运行,自动监测数据应与地方环保局或环保部监测数据网络连接,实时上报		
5.固体废物处理处置		对一般固体废弃物分类进行资源化处理,对危险废物按照国家要求全部进行安全处置		
6.相关方环境管理		对原材料供应方、生产协作方、相关服务方提出环境管理要求		

注:①原料是指含水率为14%的商品玉米。

5 数据采集和计算方法

5.1 监测方法

本标准各项指标的采样和监测按照国家标准监测方法执行,见表2。

废气和废水污染物产生指标是指末端处理之前的指标,应分别在监测各个车间或装置后进行累计。所有指标均按采样次数的实测数据进行平均。

表 2　废水污染物各项指标监测采样及分析方法

污染源类型	监测项目	测点位置	监测采样及分析方法	监测及采样频次
水污染源	化学需氧量（COD）	废水处理站入口	重铬酸盐法（GB 11914—89）	每半个月监测一次，每次监测采样按照《地表水和污水监测技术规范》执行
	氨氮（NH_3-N）		蒸馏和滴定法（GB 7478—87）	

注：采用计算的污染物平均浓度应为每次实测浓度的废水流量的加权平均值。

6　标准的实施

本标准由各级人民政府环境保护行政主管部门负责监督实施。

清洁生产标准　淀粉工业（节录）

HJ 445—2008

（2008 年 9 月 27 日发布　2008 年 11 月 1 日实施）

本标准由环境保护部科技标准司组织制定。
本标准起草单位：中国轻工业清洁生产中心、中国环境科学研究院、中国发酵工业协会。

（按原标准编号节录）

3　术语和定义

下列术语和定义适用于本标准。

3.1　清洁生产

指不断采取改进设计、使用清洁的能源和原料、采用先进的工艺技术与设备、改善管理、综合利用等措施，从源头削减污染，提高资源利用效率，减少或者避免生产、服务和产品使用过程中污染物的产生和排放，以减轻或者消除对人类健康和环境的危害。

3.2　污染物产生指标

指单位量（产量）产品的生产（或加工）过程中产生污染物的量（末端处理前）。该类指标主要为废水产生量及污染物产生量。

4　规范性技术要求

4.1　指标分级

本标准共给出了淀粉工业生产过程清洁生产水平的三级技术指标：
一级：国际清洁生产先进水平；
二级：国内清洁生产先进水平；

三级:国内清洁生产基本水平。

4.2 指标要求

淀粉工业清洁生产标准的指标要求列于表1。

表1 淀粉工业清洁生产指标要求

清洁生产指标		指标等级 一级	二级	三级
一、生产工艺与装备要求				
1.生产工艺		以水环流为主线包括物环流和热环流在内的全闭环逆流循环工艺		
2.装备要求	胚芽分离	采用凸齿磨及旋流分离装置		漂浮槽
	精磨	采用棒式针型磨等节能设备		
	淀粉精制	采用碟式离心机进行分离,洗涤旋流器进行精制,分离因数≥5000	采用碟式离心机进行分离,分离因数3500-5000	采用碟式离心机进行分离,分离因数<3500
	麸质水的处理	采用碟式离心机浓缩及真空吸滤机或全自动隔膜压滤机进行脱水		板框过滤
	淀粉干燥	采用负压脉冲气流干燥机等节能设备		
	玉米浸泡水浓缩	利用产品干燥废热,采用高效负压蒸发器		采用高效负压蒸发器
	控制系统	采用完善的工艺控制系统(PCS)和先进的控制程序(PLC)		根据实际情况采用自动化控制
二、资源能源利用指标				
1.耗电量/(kW·h/t)		≤200	≤220	≤250
2.取水量/(m³/t)		≤3.0	≤4.5	≤6.0
3.水重复利用率/%		≥85	≥70	≥60
4.玉米淀粉收率/%		≥70	≥68	≥67
5.总产品干物收率/%		≥99	≥95	≥92
6.硫磺用量/(kg/t)		≤1.0	≤2.2	≤3.0
三、污染物产生指标(末端处理前)				
1.废水产生量/(m³/t)		≤2.8	≤4.0	≤5.0
2.化学需氧量(COD)产生量/(kg/t)		≤14	≤24	≤32
3.氨氮产生量/(kg/t)		≤0.16	≤0.24	≤0.3
四、废物回收利用指标				
玉米浸泡水综合利用率/%		100	95	90
玉米皮渣综合利用率/%		100	95	90

(续表)

清洁生产指标		指标等级 一级	二级	三级
五、环境管理要求				
1. 环境法律法规标准		符合国家和地方有关环境法律、法规，污染物排放达到国家和地方排放标准、总量控制和排污许可证管理要求		
2. 环境审核		按照 GB/T 24001 建立并运行环境管理体系，环境管理手册、程序文件及作业文件齐备	对生产过程中的环境因素进行控制，有严格的操作规程，建立相关方管理程序、清洁生产审核制度和各种环境管理制度	对生产过程中的主要环境因素进行控制，有操作规程，建立相关方管理程序、清洁生产审核制度和必要的环境管理制度
3. 组织机构	环境管理机构	设专门环境管理机构和专职管理人员		
	环境管理制度	环境管理制度健全、完善并纳入日常管理		建立较完善的环境管理制度
4. 生产过程环境管理	原料用量及质量	规定严格的检验、计量控制措施		
	生产设备的使用、维护、检修管理制度	有完善的管理制度，并严格执行	对主要设备有具体的管理制，并严格执行	
	生产工艺用水、电、气管理	所有环节安装计量仪表进行计量，并制定严格定量考核制度	对主要环节安装计量仪表进行计量，并制定定量考核制度	
	环保设施管理	记录运行数据并建立环保档案		
	污染源监测系统	按照《污染源自动监控管理办法》的规定，安装污染物排放自动监控设备		
	厂区综合环境	管道、设备无跑、冒、滴、漏，有可靠的防范措施；厂区给排水实行清污分流，用污分流；厂区内道路经硬化处理；厂区内设置垃圾箱，做到日产日清		
5. 相关方环境管理		对原材料供应方、生产协作方、相关服务方提出环境管理要求		

5 数据采集和计算方法

5.1 监测方法

废水污染物产生指标是指末端处理之前的指标，应在废水处理站的入口，按照国家已公布的监测方法执行。所有指标均按采样次数的实测数据进行平均。

表 2　污染物指标分析方法

监测项目	测点位置	分析方法	监测及采样频次
化学需氧量	废水处理站入口	重铬酸盐法（GB 11914—89）	每半个月监测一次，每次监测采样按照《地表水和污水监测技术规范》执行
氨氮		纳氏试剂比色法（GB 7479—87） 蒸馏和滴定法（GB 7478—87） 气相分子吸收光谱法（HJ/T 195—2005）	

注：每次监测时须同时监测废水流量。

6　标准的实施

本标准由各级人民政府环境保护行政主管部门负责监督实施。

清洁生产标准　煤炭采选业（节录）

HJ 446—2008

（2008 年 11 月 21 日发布　2009 年 2 月 1 日实施）

本标准由环境保护部科技标准司组织制定。
本标准起草单位：太原市环境科学研究设计院、中国环境科学研究院。

（按原标准编号节录）

3　术语和定义

下列术语和定义适用于本标准。

3.1　清洁生产

指不断采取改进设计、使用清洁的能源和原料、采用先进的工艺技术与设备、改善管理、综合利用等措施，从源头削减污染，提高资源利用效率，减少或者避免生产、服务和产品使用过程中污染物的产生和排放，以减轻或者消除对人类健康和环境的危害。

3.2　煤炭采选业

指开采地下煤炭资源并进行物理加工的行业，可以划分为煤炭开采和煤炭洗选加工两个子行业。煤炭开采业的产品是原煤（露天煤矿称为毛煤），煤炭洗选业的产品是不同粒径和灰分等级的商品煤。

3.3　综合机械化采煤工艺

指落煤、装煤、运输、支护、采空区处理等工序全部实现机械化。

3.4　选煤水闭路循环

指选煤水中的煤泥全部厂内机械回收，洗水全部复用。

3.5 煤炭工业废水

指煤炭开采和选煤过程中产生的废水,包括采煤废水和选煤废水。其中,采煤废水指煤炭开采过程中,排放到环境水体的煤矿矿井水或露天煤矿疏干水。选煤废水指在选煤厂煤泥水处理工艺中,洗水不能形成闭路循环,需向环境排放的那部分废水。

3.6 煤矸石

是煤炭生产过程中产生的岩石的统称,包括混入煤中的岩石,巷道掘进排出的岩石,采空区垮落的岩石,工作面冒落的岩石,以及选煤过程中排出的碳质岩石。

3.7 煤层

煤层:含煤岩系中赋存的层状煤体,它是泥炭沼泽中植物遗体经泥碳化作用转变成的泥炭层,被埋藏后又经煤化作用而形成。

厚煤层:地下开采时厚度3.5m以上的煤层,露天开采时厚度10m以上的煤层;

中厚煤层:地下开采时厚度1.3～3.5m的煤层,露天开采时厚度3.5～10m的煤层;

薄煤层:地下开采时厚度1.3m以下的煤层,露天开采时厚度3.5m以下的煤层。

4 规范性技术要求

4.1 指标分级

本标准给出了煤炭采选业生产过程清洁生产水平的三级技术指标:

一级:国际清洁生产先进水平;

二级:国内清洁生产先进水平;

三级:国内清洁生产基本水平。

4.2 指标要求

煤炭采选业清洁生产的指标要求见表1。(表1具体内容见原标准)

5 数据采集和计算方法

5.1 采样和监测

本标准各项指标的采样和监测按照国家标准方法执行,详见表2。

表2 废水污染物各项指标监测采样及分析方法

污染源类型	监测项目	测点位置	监测采样及分析方法	监测及采样
水污染源	化学需氧量	末端治理设施入口	水质 化学需氧量的测定 重铬酸盐法(GB/T 11914—89)	监测采样按照《地表水和污水监测技术规范》(HJ/T 91)执行
	石油类		水质 石油类和动植物油类的测定 红外光度法(GB/T 16488—1996)	
注:采用计算的污染物平均浓度应为每次实测浓度的废水流量的加权平均值。				

6 标准的实施

本标准由各级人民政府环境保护行政主管部门负责监督实施。

清洁生产标准 制革工业(牛轻革)(节录)

HJ 448—2008

(2008年11月21日发布 2009年2月1日实施)

本标准由环境保护部科技标准司组织制定。
本标准起草单位:中国轻工业清洁生产中心、中国环境科学研究院。

(按原标准编号节录)

3 术语和定义

下列术语和定义适用于本标准。

3.1 清洁生产

指不断采取改进设计、使用清洁的能源和原料、采用先进的工艺技术与设备、改善管理、综合利用等措施,从源头削减污染,提高资源利用效率,减少或者避免生产、服务和产品使用过程中污染物的产生和排放,以减轻或者消除对人类健康和环境的危害。

3.2 污染物产生指标(末端处理前)

指单位量(产量)产品的生产(或加工)过程中产生污染物的量(末端处理前)。该类指标主要为废水产生量及污染物产生量。

3.3 牛轻革

指以牛皮为原料采用铬鞣法进行鞣制的质量转轻、张幅较小的革。

3.4 脱灰

指将裸皮中的石灰和碱部分或全部除去的操作过程。

3.5 鞣制

指皮蛋白质与鞣制相结合,性质发生根本转变的过程,即由皮变成革。

3.6 加脂

指将油脂直接施于革上的操作过程。

3.7 涂饰

指在干燥和整理后的皮革表面施涂一层有色的或无色的天然或合成的高分子薄膜的操作过程。

3.8 粒面革、二层革

在皮革加工中,较厚的动物皮需经过剖层机剖成几层,以获得厚薄一致的皮革,并获得数量更多的皮革。剖下后动物皮生长毛带粒面的一层为头层皮,也叫粒面革;头层皮下面一层为二层革。

4 规范性技术要求

4.1 指标分级

本标准共给出了制革工业(牛轻革)生产过程清洁生产水平的三级技术指标:

一级:国际清洁生产先进水平;

二级:国内清洁生产先进水平;

三级:国内清洁生产基本水平。

4.2 指标要求

制革工业(牛轻革)清洁生产的指标要求见表1。

表1 制革工业(牛轻革)清洁生产指标要求

清洁生产指标等级		一级	二级	三级
一、生产工艺与装备要求				
1.原皮处理		鲜皮保藏(冷冻保存)占75%,其他为低盐保藏(添加无毒杀菌剂)并循环使用盐	低温低盐保藏并循环使用盐	盐水浸渍
2.脱毛、浸灰		无硫保毛脱毛,浸灰液循环利用	低硫保毛脱毛,浸灰液循环利用	低硫脱毛
3.脱灰、软化		CO_2法脱灰	无铵脱灰	低铵盐脱灰
4.浸酸、鞣制		无盐浸酸;高吸收、高结合铬鞣及含铬液循环利用,或其他环保型的非铬鞣	低盐浸酸;少铬鞣制,含铬液循环利用	
5.复鞣		无铬、无甲醛复鞣剂	无铬、无甲醛复鞣剂占80%以上	无铬、无甲醛复鞣剂占70%以上
6.染色		高吸收染料,不使用国际上禁用的偶氮染料	高吸收染料使用50%,不使用国际上禁用的偶氮染料	
7.加脂		高吸收、无卤代有机物,可降解加脂剂	高吸收、无卤代有机物,可降解加脂剂达到90%	高吸收、无卤代有机物,可降解加脂剂达到70%
8.涂饰		水溶性涂饰材料,不使用甲醛,不含有害重金属	水溶性涂饰材料占80%以上,不使用甲醛,不含有害重金属	
二、资源能源利用指标				
1.企业规模		年加工牛皮10万(含)张以上		
2.得革率	粒面革[①]/(m²/m²)	≥0.92	≥0.90	≥0.85
	二层革[②]/(m²/m²)	≥0.63	≥0.60	≥0.56

(续表)

清洁生产指标等级		一级	二级	三级
3. 取水量/(m^3/m^2)		≤0.32	≤0.36	≤0.40
4. 水重复利用率/%		≥65	≥50	≥35
5. 综合能耗[②](折标煤)(kg/m^2)		≤2.0	≤2.2	≤2.4
三、产品指标				
1. 包装		可降解、可回收		
2. 产品合格率/%		≥99	≥98	≥97
四、污染物产生指标(末端处理前)				
1. 废水	废水产生量[②]/(m^3/m^2)	≤0.28	≤0.32	≤0.36
	COD产生量[②]/(g/m^2)	≤630	≤740	≤850
	氨氮产生量[②]/(g/m^2)	≤45	≤58	≤72
	总铬产生量[②]/(g/m^2)	≤3.5	≤4.8	≤7.2
2. 固体废物	皮类固体废物产生量[②]/(kg/m^2)	≤0.5	≤0.6	≤0.7
五、废物回收利用指标				
1. 无铬废物利用率/%		≥100	≥90	≥80
2. 含铬废物利用率/%		≥75	≥70	≥65
六、环境管理要求				
1. 环境法律法规标准		符合国家有关环境法律、法规、总量控制和排污许可证管理要求;废水排放、大气排放执行国家相关或行业标准,符合制革工业污染防治政策		
2. 环境审核		按照GB/T 24001建立并运行环境管理体系,环境管理手册、程序文件及作业文件齐备	对生产过程中的环境因素进行控制,有严格的操作规程、建立相关方管理程序,清洁生产审核制度和各种环境管理制度,特别是固体废物(包括危险废物)的转移制度	对生产过程中的主要环境因素进行控制,有操作规程,建立相关方管理程序、清洁生产审核制度和必要环境管理制度
3. 组织机构	环境管理机构	设专门环境管理机构和专职管理人员		
	环境管理制度	健全、完善并纳入日常管理		较完善的环境管理制度
4. 生产过程环境管理	原料用量及质量	规定严格的检验、计量措施		
	生产设备的使用、维护、检修管理制度	有完善的管理制度,并严格执行	生产设备的使用、维护、检修管理制度	

(续表)

清洁生产指标等级		一级	二级	三级
4.生产过程环境管理	生产工艺用水、电、气管理	所有环节安装计量仪表进行计量,并制定严格定量考核制度	对主要环节安装计量仪表进行计量,并制定定量考核制度	
	环保设施管理	记录运行数据并建立环保档案		
	污染源监测系统	按照《污染源自动监控管理办法》的规定,安装污染物排放自动监控设备		
	废物处理处置	采用符合国家规定的废物处理处置方法处置废物:一般固体废物按照 GB 18599 相关规定执行。对含铬污泥等危险废物,要严格按照 GB 18597 相关规定进行危险废物管理;应交由持有危险废物经营许可证的单位进行处理;应制定并向所在地县级以上地方人民政府环境保护行政主管部门备案危险废物管理计划(包括减少危险废物产生量和危害性的措施以及危险废物贮存、利用、处置措施),向所在地县级以上地方人民政府环境保护行政主管部门申报危险废物产生种类、产生量、流向、贮存、处置等有关资料。针对危险废物的产生、收集、贮存、运输、利用、处置,应当制定意外事故防范措施和应急预案,并向所在地县级以上地方人民政府环境保护行政主管部门备案		
	厂区综合环境	管道、设备无跑冒滴漏,有可靠的防范措施;厂区给排水实行清污分流、雨污分流;厂区内道路经硬化处理;厂区内设置垃圾箱,做到日产日清		
5.相关方环境管理		对原材料供应方、生产协作方、相关服务方提出环境管理要求		

注:① 以单位原料皮计。
② 以单位成品革计。

5 数据采集和计算方法

5.1 监测方法

本标准各项指标的采样和监测按照国家标准监测方法执行,见表2。

废水污染物产生指标是指末端处理之前的指标,应分别在监测各个车间或装置后进行累计。所有指标均按采样次数的实测数据进行平均。

表2 废水污染物各项指标监测采样及分析方法

监测项目	测点位置	分析方法	监测及采样频次
化学需氧量	废水处理站入口	水质 化学需氧量的测定 重铬酸盐法(GB 11914—91) 高氯废水 化学需氧量的测定 氯气校正法(HJ/T 70—2001)	每半个月监测一次,每次监测采样按照《地表水和污水监测技术规范》(HJ/T 91)执行
氨氮		水质 铵的测定 蒸馏和滴定法(GB 7478—87) 水质 铵的测定 纳氏试剂比色法(GB 7479—87) 水质 氨氮的测定 气相分子吸收光谱法(HJ/T 195—2005)	
总铬		水质 总铬的测定 高锰酸钾氧化-二苯碳酰二肼分光光度法(GB 7466—87)	

注:每次监测时须同时监测废水流量。

6 标准的实施

本标准由各级人民政府环境保护行政主管部门负责监督实施。

附录 禁止使用的染料(略)。

清洁生产标准 印制电路板制造业(节录)

HJ 450—2008

(2008 年 11 月 21 日发布 2009 年 2 月 1 日实施)

本标准由环境保护部科技标准司组织制定。
本标准起草单位:中国印制电路行业协会、中国环境科学研究院。

(按原标准编号节录)

3 术语和定义

下列术语和定义适用于本标准。

3.1 清洁生产

指不断采取改进设计、使用清洁的能源和原料、采用先进的工艺技术与设备、改善管理、综合利用等措施,从源头削减污染,提高资源利用效率,减少或者避免生产、服务和产品使用过程中污染物的产生和排放,以减轻或者消除对人类健康和环境的危害。

3.2 资源能源利用指标

指在正常生产情况下,生产单位(产量或产值)产品所需的新鲜水耗、能耗、物耗,以及水、能源和物质利用的效率、重复利用率等。

3.3 污染物产生量(末端处理前)

即产污系数,指单位产品生产(或加工)过程中,产生污染物的量(末端处理前)。该类指标主要有废水、废气和固体废物产生量等。

废水污染物产生量指废水处理装置入口的污水量和污染物种类,单位排量。废气污染物产生量指废气处理装置入口的废气量和污染物种类、单位排量。固体废物产生量指固体废物处理装置入口的污染物种类和单位排量。

3.4 印制电路板(Printed circuit board,PCB)

指在绝缘基材上,按预定设计形成从点到点互联线路以及印制元件的印制电路板,简称印制板。

印制电路板包括刚性板与挠性板,它们又有单面印制电路板、双面印制电路板、多层印制电路板,以及刚挠结合印制电路板和高密度互连印制电路板等区分。高密度互连印制电路板,简称HDI板。

3.5 覆铜箔层压板(Copper clad laminate,CCL)

指在一面或两面覆有铜箔的层压板,简称覆铜板。覆铜板由铜箔、黏合树脂和增强材料这三部分组成,经层压成一体,用于制作印制电路板。

3.6 印制电路板制造

指以覆铜箔层压板(覆铜板)为主要材料,采用图形转移和蚀刻铜(减成法)工艺形成电路图形,并由钻孔与孔金属化、电镀实现层间互连而加工成印制电路板。

4 规范性技术要求

4.1 指标分级

印制电路板制造业生产过程清洁生产水平,分为三个等级技术指标:

一级:国际清洁生产先进水平;

二级:国内清洁生产先进水平;

三级:国内清洁生产基本水平。

4.2 指标要求

印制电路板制造业清洁生产的指标要求见表1。

表1 印制电路板制造业清洁生产指标要求

清洁生产指标等级	一级	二级	三级
一、生产工艺与装备要求			
1. 基本要求	工厂有全面节能节水措施,并有效实施。工厂布局先进,生产设备自动化程度高,有安全、节能工效	工厂布局合理,图形形成、板面清洗、蚀刻和电镀与化学镀有水电计量装置	不采用已淘汰高耗能设备;生产场所整洁,符合安全技术、工业卫生的要求
2. 机械加工及辅助设施	高噪声区隔音吸声处理;或有防噪声措施	有集尘系统回收粉尘;废边料分类回收利用	有安全防护装置;有吸尘装置
3. 线路与阻焊图形形成(印刷或感光工艺)	用光固化抗蚀剂、阻焊剂;显影、去膜设备附有有机膜处理装置;配置排气或废气处理系统		用水溶性抗蚀剂、弱碱显影阻焊剂;废料分类、回收
4. 板面清洗	化学清洗和/或机械磨刷,采用逆流清洗或水回用,附有铜粉回收或污染物回收处理装置		不使用有机清洗剂,清洗液不含络合物
5. 蚀刻	蚀刻机有自动控制与添加、再生循环系统;蚀刻清洗水多级逆流清洗;蚀刻清洗溶液补充添加于蚀刻液中或回收;蚀刻机密封,无溶液与气体泄漏,排风管有阀门;排气有吸收处理装置,控制效果好		应用封闭式自动传送蚀刻装置,蚀刻液不含铬、铁化合物及螯合物,废液集中存放并回收

(续表)

清洁生产指标等级	一级	二级	三级
6.电镀与化学镀	除电镀金与化学镀金外,均采用无氰电镀液		
	除产品特定要求外,不采用铅合金电镀与含氟络合物的电镀液,不采用含铅的焊锡涂层。设备有自动控制装置,清洗水多级逆流回用。配置废气收集和处理系统		废液集中存放并回收。配置排气和处理系统
二、资源能源利用指标			
1.新水量/(m^3/m^2)			
单面板	≤0.17	≤0.26	≤0.36
双面板	≤0.50	≤0.90	≤1.32
多层板(2+n层)	≤(0.5+0.3n)	≤(0.9+0.4n)	≤(1.3+0.5n)
HDI板(2+n层)	≤(0.6+0.5n)	≤(1.0+0.6n)	≤(1.3+0.8n)
2.耗电量/($kW \cdot h/m^2$)			
单面板	≤20	≤25	≤35
双面板	≤45	≤55	≤70
多层板(2+n层)	≤(45+20n)	≤(65+25n)	≤(75+30n)
HDI板(2+n层)	≤(60+40n)	≤(85+50n)	≤(105+60n)
3.覆铜板利用率/%			
单面板	≥88	≥85	≥75
双面板	≥80	≥75	≥70
多层板(2+n层)	≥(80-2n)	≥(75-3n)	≥(70-5n)
HDI板(2+n层)	≥(75-2n)	≥(70-3n)	≥(65-4n)
三、污染物产生指标(末端处理前)			
1.废水产生量/(m^3/m^2)			
单面板	≤0.14	≤0.22	≤0.30
双面板	≤0.42	≤0.78	≤1.32
多层板(2+n层)	≤(0.42+0.29n)	≤(0.78+0.39n)	≤(1.3+0.49n)
HDI板(2+n层)	≤(0.52+0.49n)	≤(0.85+0.59n)	≤(1.3+0.79n)
2.废水中铜产生量/(g/m^2)			
单面板	≤8.0	≤20.0	≤50.0
双面板	≤15.0	≤25.0	≤60.0
多层板(2+n层)	≤(15+3n)	≤(20+5n)	≤(50+8n)
HDI板(2+n层)	≤(15+8n)	≤(20+10n)	≤(50+12n)
3.废水中化学需氧量(COD)产生量/(g/m^2)			
单面板	≤40	≤80	≤100
双面板	≤100	≤180	≤300
多层板(2+n层)	≤(100+30n)	≤(180+60n)	≤(300+100n)
HDI板(2+n层)	≤(120+50n)	≤(200+80n)	≤(300+120n)
四、废物回收利用指标			
1.工业用水重复利用率/%	≥55	≥45	≥30
2.金属回收率/%	≥95	≥88	≥80

(续表)

清洁生产指标等级	一级	二级	三级
五、环境管理要求			
1. 环境法律法规标准	符合国家和地方有关环境法律、法规,污染物排放达到国家和地方排放标准、总量控制指标和排污许可证管理要求		
2. 生产过程环境管理	有工艺控制和设备操作文件;有针对生产装置突发损坏,对危险物、化学溶液应急处理的措施规定		无跑、冒、滴、漏现象,有维护保养计划与记录
3. 环境管理体系	建立 GB/T 24001 环境管理体系并被认证,管理体系有效运行;有完善的清洁生产管理机构,制定持续清洁生产体系,完成国家的清洁生产审核		有环境管理和清洁生产管理规程,岗位职责明确
4. 废水处理系统	废水分类处理,有自动加料调节与监控装置,有废水排放量与主要成分自动在线监测装置		废水分类汇集、处理,有废水分析监测装置,排水口有计量表具
5. 环保设施的运行管理	对污染物能在线监测,自有污染物分析条件,记录运行数据并建立环保档案,具备计算机网络化管理系统。废水在线监测装置经环保部门比对监测		有污染物分析条件,记录运行的数据
6. 危险物品管理	符合国家《危险废物贮存污染控制标准》规定,危险品原材料分类,有专门仓库(场所)存放,有危险品管理制度,岗位职责明确		有危险品管理规程,有危险品管理场所
7. 废物存放和处理	做到国家相关管理规定,危险废物交由有资质的专业单位回收处理。应制定并向所在地县级以上地方人民政府环境保护行政主管部门备案危险废物管理计划(包括减少危险废物产生量和危害性的措施以及危险废物贮存、利用、处置措施),向所在地县级以上地方人民政府环境保护行政主管部门申报危险废物产生种类、产生量、流向、贮存、处置等有关资料,针对危险废物的产生、收集、贮存、运输、利用、处置,应当制定意外事故防范措施和应急预案,并向所在地县级以上地方人民政府环境保护行政主管部门备案。废物定置管理,按不同种类区别存放及标识清楚;无泄漏,存放环境整洁;如是可利用资源应无污染地回用处理;不能自行回用则交由有资质专业回收单位处理。做到再生利用,没有二次污染		

注:1. 表中"机械加工及辅助设施"包括开料、钻铣、冲切、刻槽、磨边、层压、空气压缩、排风等设备。
2. 表中的单面板、双面板、多层板包括刚性印制电路板和挠性印制电路板。由于挠性印制电路板的特殊性,新水用量、耗电量和废水产生量比表中所列值分别增加25%与35%,覆铜板利用率比表中所列值减少25%。刚挠结合印制电路板参照挠性印制电路板相关指标。
3. 表中所述印制电路板制造适合于规模化批量生产企业。以小批量、多品种为主的快件和样板生产企业,其新水用量、耗电量和废水产生量可在表中指标值的基础上增加15%。
4. 表中印制电路板层数加"n"是正整数。如6层多层板是(2+4),n为4;HDI 板层数包含芯板,若无芯板则是全积层层数,都是在2层基础上加上 n 层;刚挠板是以刚性或挠性的最多层数计算。
5. 若采用半加成法或加成法工艺制作印制电路板,能源利用指标、污染物产生指标应不大于本标准。其他未列出的特种印制电路板参照相应导电图形层数印制电路板的要求。如加印导电线路的单面板、导电膏灌孔的双面板都按双面板指标要求。
6. 若生产中除用电外还耗用重油、柴油或天然气等其他能源,则可以按国家有关综合能耗折标煤标准换算,统一以耗电量计算。如电力:1.229t/(万 kW·h),重油:1.4286t/t,天然气:1.3300t/10^3 m³,则1t标煤折电力0.81367万 kW·h,1t 重油折电力1.1624万 kW·h,1000m³ 天然气折电力1.0822万 kW·h。

5 数据采集和计算方法

5.1 采样和监测

本标准的各项指标的采样和监测按照国家标准监测方法执行,详见表2。

表2　废水污染物各项指标监测采样及分析方法

污染源类型	监测项目	测点位置	监测采样及分析方法	监测及采样
水污染源	化学需氧量	末端治理设施入口	水质　化学需氧量的测定　重铬酸盐法(GB 11914—89)	监测采样按照《地表水和污水监测技术规范》(HJ/T 91)执行
	铜		水质　铜、铅、锌、镉的测定　原子吸收分光光度法(GB 7475—87)	

注:采用计算的污染物平均浓度应为每次实测浓度的废水流量的加权平均值。

6 标准的实施

本标准由各级人民政府环境保护行政主管部门负责监督实施。

清洁生产标准　葡萄酒制造业(节录)

HJ 452—2008

(2008年12月24日发布　2009年3月1日实施)

本标准由环境保护部科技标准司组织制定。

本标准起草单位:中国食品发酵工业研究院、中国环境科学研究院、中国酿酒工业协会葡萄酒分会。

(按原标准编号节录)

3 术语和定义

下列术语和定义适用于本标准。

3.1 清洁生产

指不断采取改进设计、使用清洁的能源和原料、采用先进的工艺技术与设备、改善管理、综合利用等措施,从源头削减污染,提高资源利用效率,减少或者避免生产、服务和产品使用过程中污染物的产生和排放,以减轻或者消除对人类健康和环境的危害。

3.2 污染物产生指标(末端处理前)

即产污系数,指单位产品生产(或加工)过程中,产生污染物的量(末端处理前)。本标准主要是水污染物产生指标和固体废物产生指标。水污染物产生指标包括污水处理装置入口的污水量和污染物种类、单排量或浓度。固体废物产生指标包括固体废物处理装置入口的污染物种类和单排量。

3.3 葡萄酒制造业
从葡萄原料到成品酒灌装全过程的生产企业。

3.4 葡萄原酒制造业
只进行葡萄酒原酒加工、不进行灌装的企业。

3.5 酒石
指葡萄酒酿造过程中析出的一种固体沉淀,主要成分是酒石酸氢钾和少量的酒石酸钙。

4 规范性技术要求

4.1 指标分级
本标准给出了葡萄酒制造业和葡萄原酒制造业生产过程清洁生产水平的三级技术指标:
一级:国际清洁生产先进水平;
二级:国内洁清生产先进水平;
三级:国内清洁生产基本水平。

4.2 指标要求
葡萄酒制造业清洁生产指标要求见表1,葡萄原酒制造业清洁生产指标要求见表2。

表1 葡萄酒制造业清洁生产指标要求

清洁生产指标等级		一级	二级	三级
一、生产工艺与装备要求				
1.葡萄前处理设备		配备除梗破碎机、压榨机(白葡萄酒和桃红葡萄酒)		
2.发酵设备		不锈钢发酵罐、橡木桶或水泥池		
3.发酵控制设备		发酵过程由微机控制		发酵过程由人工控制
4.包装设备		采用洗瓶、灌装、压塞、贴标机械化灌装线		
5.清洗系统		就地自动清洗系统(CIP)		人工清洗
6.贮酒设备		葡萄酒贮存采用不锈钢罐或橡木桶等设备		
二、资源能源利用指标				
1.原辅材料的选择		生产过程使用的加工助剂或添加剂应符合 GB 2760 标准		
2.葡萄出汁率/% ≥	红葡萄酒	75	70	65
	桃红葡萄酒	73	68	63
	白葡萄酒	70	65	60
	山葡萄酒	50	45	40
3.出酒率/% ≥	红葡萄酒	70	65	60
	桃红葡萄酒	68	63	58
	白葡萄酒	65	60	55
	山葡萄酒	45	40	35

(续表)

清洁生产指标等级		一级	二级	三级
4.耗水量/(m³/kl) ≤		2.0	4.0	6.0
5.耗电量/(kW·h/kl) ≤		100.0	140.0	200.0
6.综合能耗(折标煤)/(kg/kl) ≤		17.0	24.0	35.0
三、污染物产生指标(末端处理前)				
1.废水产生量(m³/kl) ≤		1.8	3.6	5.2
2.化学需氧量(COD_{Cr})产生量/(kg/kl) ≤		3.5	5.5	7.0
3.皮渣及发酵渣产生量/(t/kl) ≤	红葡萄酒、桃红葡萄酒、白葡萄酒	0.4	0.5	0.7
	山葡萄酒	1.2	1.5	1.9
四、废物回收利用指标				
1.皮渣及发酵渣回收利用率/%		100		
2.冷却水循环利用率/% ≥		95.0	90.0	80.0
3.废硅藻土处置率/%		100%进行处理或利用,不直接排入下水道或环境中		
4.酒石沉淀回收处置率/%		100		≥95
五、环境管理要求				
1.环境法律法规标准		符合国家和地方有关环境法律、法规,污染物排放达到国家和地方排放标准、总量控制和排污许可证管理要求		
2.组织机构		建立健全专门环境管理机构,配备专职管理人员		
3.环境审核		按照 GB/T 24001 建立并有效运行环境管理体系,环境管理手册、程序文件和作业文件齐备	环境管理制度健全,原始记录及统计数据齐全有效	环境管理制度、原始记录及统计数据基本齐全
4.固体废物处理处置		固体废物应有专门的贮存场所,避免扬散、流失、渗漏;减少固体废物的产生量和危害性,充分合理利用固体废物和无害化处置固体废物		
5.生产过程环境管理		应使用环境友好的包装材料,并符合食品卫生标准的有关要求;有原材料、包装材料的质检制度和消耗定额管理,对能耗和物耗指标有考核,有健全的岗位操作规程、事故应急预案和设备维护保养规程;对主要环节进行计量,制定定量考核制度并配备污染物检测设施;对不合格产品,返工重新处理或蒸馏,不能将其倒入下水道、受纳水体和环境中		
6.相关方环境管理		购买有资质的原材料供应商产品,对原材料供应商的产品质量、包装和运输环节施加影响		

表2 葡萄原酒制造业清洁生产指标要求

清洁生产指标等级		一级	二级	三级
一、生产工艺与装备要求				
1.葡萄前处理设备		配备除梗破碎机、压榨机(白葡萄酒和桃红葡萄酒)		
2.发酵设备		不锈钢发酵罐、橡木桶或水泥池		
3.发酵控制设备		发酵过程由微机控制	发酵过程由人工控制	
4.清洗系统		自动就地清洗系统(CIP)	人工清洗	
二、资源能源利用指标				
1.原辅材料的选择		生产过程使用的加工助剂或添加剂应符合GB 2760标准		
2.葡萄出汁率/% ≥	红葡萄酒	75	70	65
	桃红葡萄酒	73	68	63
	白葡萄酒	70	65	60
	山葡萄酒	50	45	40
3.耗水量/(m^3/kl) ≤		1.2	2.4	3.6
4.耗电量/(kW·h/kl) ≤		25.0	38.0	50.0
5.综合能耗(折标煤)/(kg/kl) ≤		4.0	6.0	9.0
三、污染物产生指标(末端处理前)				
1.废水产生量/(m^3/kl) ≤		1.1	2.2	3.1
2.化学需氧量(COD_{Cr})产生量/(kg/kl) ≤		3.5	5.5	6.5
3.皮渣及发酵渣产生量/(t/kl) ≤	红葡萄酒、桃红葡萄酒、白葡萄酒	0.4	0.5	0.7
	山葡萄酒	1.2	1.5	1.9
四、废物回收利用指标				
1.皮渣及发酵渣回收利用率/%		100		
2.冷却水循环利用率/% ≥		95.0	90.0	80.0
五、环境管理要求				
1.环境法律法规标准		符合国家和地方有关环境法律、法规,污染物排放达到国家和地方排放标准、总量控制和排污许可证管理要求		
2.组织机构		建立健全专门环境管理机构,配备专职管理人员		
3.环境审核		按照GB/T 24001建立并有效运行环境管理体系,环境管理手册、程序文件和作业文件齐备	环境管理制度健全,原始记录及统计数据齐全有效	环境管理制度、原始记录及统计数据基本齐全

(续表)

清洁生产指标等级	一级	二级	三级
4.固体废物处理处置	固体废物应有专门的贮存场所,避免扬散、流失、渗漏;减少固体废物的产生量和危害性,充分合理利用固体废物和无害化处置固体废物		
5.生产过程环境管理	有原材料、包装材料的质检制度和消耗定额管理,对能耗和物耗指标有考核,有健全的岗位操作规程、事故应急预案和设备维护保养规程;对主要环节进行计量,制定定量考核制度并配备污染物检测设施		
6.相关方环境管理	购买有资质的原材料供应商产品,对原材料供应商的产品质量、包装和运输环节施加影响		

5 数据采集和计算方法

5.1 采样

本标准各项指标的采样和监测按照国家标准监测方法执行,见表3。

废水污染物产生指标是指末端处理之前的指标,应分别在监测各个车间或装置后进行累计。所有指标均按采样次数的实测数据进行平均。

5.2 测定方法

表3　废水污染物各项指标监测采样及分析方法

监测项目	测点位置	分析方法	监测及采样频次
化学需氧量	废水处理站入口	水质　化学需氧量的测定　重铬酸盐法(GB 11914—91)	每半月监测一次,每次监测采样按照《地表水和污水监测技术规范》(HJ/T 91)执行

注:每次监测时须同时监测废水流量。

6 标准的实施

本标准由各级人民政府环境保护行政主管部门负责监督实施。

清洁生产标准　人造板行业（中密度纤维板）（节录）

HJ/T 315—2006

（2006年11月22日发布　2007年2月1日实施）

本标准由国家环境保护总局科技标准司提出。
本标准起草单位:黑龙江省环境保护科学研究院、中国环境科学研究院。

(按原标准编号节录)

3 术语和定义

3.1 清洁生产
指不断采取改进设计、使用清洁的能源和原料、采用先进的工艺技术与设备、改善管理、综合利用等措施,从源头削减污染,提高资源利用效率,减少或者避免生产、服务和产品使用过程中污染物的产生和排放,以减轻或者消除对人类健康和环境的危害。

3.2 中密度纤维板
指以木质纤维为原料,施加脲醛树脂或其他合成树脂及助剂,在一定的加工条件下,压制而成的一种板材。通常厚度超过 1.0mm,密度为 450～880kg/m³。本标准以厚度为15mm、密度为750kg/m³ 的中密度纤维板为例(参见 GB/T 11718)。

3.3 综合能耗
指在计划统计期内,对实际消耗的各种能源,经综合计算后所得的能源消耗量。

3.4 南方
指在冬季不装设建筑采暖设施的地区(《林产工业设计节能技术规定》林计通字〔1996〕6号)。

3.5 北方
指在冬季装设建筑采暖设施的地区。其中,对建在黑龙江省、吉林省、内蒙古自治区的工厂,其综合能耗指标在北方工厂数值的基础上再乘以 1.07 的系数,辽宁省乘以 1.03 的系数(《林产工业设计节能技术规定》林计通字〔1996〕6号)。

3.6 工艺废渣
指由生产过程和原料贮存过程中产生的废料(如废木片、树皮、锯屑、砂光粉等)。

4 规范性技术要求

4.1 指标分级
本标准给出了人造纸板行业(中密度纤维板)生产过程清洁生产水平的三级技术指标:
一级:国际清洁生产先进水平;
二级:国内清洁生产先进水平;
三级:国内清洁生产基本水平。

4.2 指标要求
人造板行业(中密度纤维板)生产企业清洁生产标准指标要求见表1。

表1 人造板行业(中密度纤维板)清洁生产标准指标要求

清洁生产指标等级	一级	二级	三级
一、资源能源利用指标			
1.绝干木材量/(kg/m³)	≤820	≤900	≤940
2.综合能耗(标煤)/(kg/m³)	南方≤170 北方≤200	南方≤310 北方≤390	南方≤340 北方≤440

(续表)

清洁生产指标等级	一级	二级	三级
二、产品指标			
1.产品质量合格率/%	≥98	≥97	≥95
2.甲醛释放量/(mg/100g)	≤5	≤9	≤15
三、污染物产生指标(末端处理前)			
1.作业环境空气中甲醛质量浓度/(mg/m³)	≤0.3	≤0.3	≤0.5
2.作业环境空气中木粉尘质量浓度/(mg/m³)	≤2	≤2	≤3
3.作业环境噪声/dB(A)	按 GBZ 2 中有关噪声规定执行		
四、废物回收利用指标			
1.废水综合利用率/%	100		
2.工艺废渣综合利用率/%	100		
五、环境管理要求			
1.环境法律法规标准	符合国家和地方有关环境法律、法规,污染物排放达到国家和地方排放标准、总量控制和排污许可证管理要求		
2.环境审核	按照国家环境保护总局《清洁生产审核暂行办法》的要求进行了清洁生产审核,并全部实施了无、低费方案按照 GB/T 24001 建立并运行环境管理体系、环境管理手册、程序文件及作业文件齐备	按照国家环境保护总局《清洁生产审核暂行办法》的要求进行了清洁生产审核;环境管理制度健全、原始记录及统计数据齐全有效	按照国家环境保护总局《清洁生产审核暂行办法》的要求进行了清洁生产审核;环境管理制度健全、原始记录及统计数据基本齐全
3.固体废物处理处置	对一般废物进行妥善处理;对生产和化验用的危险废物进行了无害化处置		
4.生产过程环境管理 — 备料、干燥、热磨、热压等主要工序的操作管理	严格按工艺操作规程		
4.生产过程环境管理 — 岗位培训	所有岗位进行过严格培训		
4.生产过程环境管理 — 生产设备的使用、维护、检修管理制度	有完善的管理制度,并严格执行		
4.生产过程环境管理 — 生产工艺用水、电、气的管理	安装计量仪表,并制定严格定量、考核制度		
4.生产过程环境管理 — 事故、非正常生产状况应急	有完善的应急措施及应急预案,并严格执行		
5.相关环境管理	对原材料供应方、生产协作方、相关服务方等提出环境管理要求		

6 标准的实施

本标准由各级人民政府环境保护行政主管部门负责监督实施。

清洁生产标准 电解铝业（节录）

HJ/T 187—2006

(2006年7月3日发布 2006年10月1日实施)

本标准由国家环境保护总局科技标准司提出。

本标准由抚顺市环境保护研究所、中国环境科学研究院负责起草。

（按原标准编号节录）

3 定义

3.1 清洁生产

指不断采取改进设计、使用清洁的能源和原料、采用先进的工艺技术与设备、改善管理、综合利用等措施，从源头削减污染，提高资源利用效率，减少或者避免生产、服务和产品使用过程中污染物的产生和排放，以减轻或者消除对人类健康和环境的危害。

3.2 污染物产生指标

本标准中为气污染物产生指标。气污染物产生指标是指废气处理装置入口的废气量和污染物种类、单排量或浓度。

3.3 浓相输送

指一种气力输送中的静压输送技术，是直接利用压缩空气的静压能来推动物料，使物料呈非悬浮态栓装流动，输送物料时风速低解决了能量传递和颗粒物间的摩擦损失。

3.4 超浓相输送

指一种气力输送中的流态化输送技术，是低压风通过分配板使槽内物料流态化，使其具有流体的性质，同时沿输送方向建立起料柱差，料柱差所产生的推动力足以克服流体流动的摩擦力时，流态化的物料向前流动。

4 技术要求

4.2 指标要求

电解铝业清洁生产标准的指标要求见表1。

表1 电解铝业清洁生产标准

指标		一级	二级	三级
一、生产工艺与装备要求				
备料工艺与装备	氧化铝、氟化盐贮存	袋装料进室内库,罐装料进贮仓		
	氧化铝输送	浓相输送		
	氟化盐输送	浓相输送		
	氧化铝、氟化盐上料段	超浓相输送、计算机控制、自动化精确配料		
电解工艺与装备	工艺与产能要求	电解铝预焙工艺,产量10万t以上(包括10万t)		
	电解电流强度/kA	≥200	≥160	<160
	电解烟气净化系统	全密闭集气、机械排烟、干法净化系统	全密闭集气、机械排烟、干法净化系统	全密闭集气、机械排烟、干法净化系统
二、资源能源利用指标				
1. 原辅材料的消耗		电解铝生产的主要原料为氧化铝,辅助原料氟化铝、冰晶石、阳极炭块。使用其他代用品时,在生产过程中应减轻对人体健康的损害和生态环境的负面影响		
2. 原辅材料合格率/%		100	100	100
3. 电流效率/%		≥94	≥93	≥91
4. 原铝直流电耗(kW·h/t)[1]		≤13 300	≤13 400	≤14 000
5. 原铝综合电耗(kW·h/t)[1]		≤14 500	≤14 700	≤15 400
6. 氧化铝单耗(kg/t)[1]		≤1 930	≤1 930	≤1 940
7. 氟化铝单耗(kg/t)[1]		≤22	≤23	≤28
8. 冰晶石单耗(kg/t)[1]		≤4	≤5	≤5
9. 阳极单耗(净耗)/(kg/t)[1]		≤410	≤420	≤500
三、污染物产生指标(末端处理前)				
1. 全氟产生量/(kg/t)[2]		≤16	≤18	≤20
2. 粉尘产生量/(kg/t)[2]		≤30	≤30	≤40
四、废物回收利用指标				
1. 集气效率/%		≥98	≥96	≥95
2. 净化效率/%		≥99	≥98	≥97
3. 废电解质		100%回收并加工利用	100%回收并加工利用	100%回收并加工利用
4. 废阳极		100%回收并加工利用	100回收并加工利用	100%回收并加工利用
5. 冷却水		100%循环利用	100%循环利用	100%循环利用
五、环境管理要求				
1. 环境法律法规标准		符合国家和地方有关环境法律、法规、总量控制和排污许可证管理要求;污染物排放达到国家和地方排放标准(如GB 9078、GB 16297等)		

（续表）

指标	一级	二级	三级
2.组织机构	设专门环境管理机构和专职管理人员		
3.环境审核		按照电解铝业企业清洁生产审核指南的要求进行审核；环境管理制度健全，原始记录及统计数据齐全有效	
4.废物处理		用符合国家规定的废物处置方法处置废物；严格执行国家或地方规定的废物转移制度；对危险废物要建立危险废物管理制度，并进行无害化处理	
5.生产过程环境管理	①按照电解铝业企业清洁生产审核指南的要求进行审核；按照GB/T 24001建立并运行环境管理体系，环境管理手册、程序文件及作业文件齐备；②近3年无重大环境污染事故	①每个生产装置要有操作规程，对重点岗位要有作业指导书；易造成污染的设备和废物产生部位要有警示牌；对生产装置进行分级考核 ②建立环境管理制度其中包括：——开停工及停工检修时的环境管理程序；——新、改、扩建项目环境管理及验收程序；——环境监测管理制度；——污染事故的应急程序；——环境管理记录和台账 ③近3年无重大环境污染事故	①每个生产装置要有操作规程，对重点岗位要有作业指导书；对生产装置进行分级考核 ②建立环境管理制度其中包括：——开停工及停工检修时的环境管理程序；——新、改、扩建项目环境管理及验收程序；——环境监测管理制度；——污染事故的应急程序 ③近3年无重大环境污染事故
6.相关方环境管理		——原材料供应方的环境管理程序；——协作方、服务方的环境管理程序；	

注：1）指吨铝单耗。
　　2）指吨铝污染物产生量。

6　标准的实施

本标准由各级人民政府环境保护行政主管部门负责组织实施。

清洁生产标准 水泥工业（节录）

HJ 467—2009

（2009年3月25日发布 2009年7月1日实施）

本标准由环境保护部科技标准司组织制定。
本标准起草单位：中材地质工程勘查研究院、大连市环境监测中心、中国环境科学研究院。

（按原标准编号节录）

3 术语和定义

下列术语和定义适用于本标准。

3.1 清洁生产

指不断采取改进设计、使用清洁的能源和原料、采用先进的工艺技术与设备、改善管理、综合利用等措施，从源头削减污染，提高资源利用效率，减少或者避免生产、服务和产品使用过程中污染物的产生和排放，以减轻或者消除对人类健康和环境的危害。

3.2 水泥窑

水泥熟料煅烧设备，通常包括回转窑和立窑两大类。

3.3 窑磨一体机

把水泥窑废气引入物料粉磨系统，利用废气余热烘干物料，窑和磨排出的废气同用一台除尘设备进行处理的窑磨联合运行的系统。

3.4 自动化控制系统

使用计算机网络通讯技术，对水泥生产过程进行操作控制与数据采集的管理系统，主要包括集散型分布式（DCS）控制系统、程序逻辑控制器（PLC）控制系统、生料质量控制系统、生产信息管理系统和大气污染物连续在线监测系统等。

3.5 熟料综合煤耗

在统计期内生产每吨熟料的燃料消耗，包括烘干原料、燃料和烧成熟料消耗的燃料。

3.6 熟料综合电耗

在统计期内生产每吨熟料的综合电力消耗，包括熟料生产各过程的电耗和生产熟料辅助过程的电耗。

3.7 水泥综合电耗

在统计期内生产每吨水泥的综合电力消耗，包括水泥生产各过程的电耗和生产水泥的辅助过程电耗（包括厂区内线路损失以及车间办公室、仓库的照明等消耗）。

3.8 单位熟料新鲜水用量

生产设备生产每吨水泥熟料所消耗的新鲜水量（不包括重复使用的和循环利用的水量及余

热发电用水蒸发量)。

3.9 单位产品污染物产生量

各设备生产每吨产品所产生的污染物质量。产品产量按污染物监测时段的设备或系统实际小时产出量计算,如水泥窑、熟料冷却机以熟料产出量计算,生料制备系统以生料产出量计算。

4 规范性技术要求

4.2 指标要求

水泥工业清洁生产指标要求见表1。

表1 水泥工业清洁生产指标要求

清洁生产指标等级			一级	二级	三级
一、生产工艺与装备要求					
1.水泥生产					
(1)规模		水泥熟料生产线/(t/d)	≥4000	≥2000	
		水泥粉磨站/(万t/a)	≥100	≥60	≥40
(2)装备		窑系统	窑外分解新型干法窑,袋收尘或电收尘		窑外分解新型干法窑及产业政策允许的其他窑,袋收尘或电收尘
		生料粉磨系统	立式磨,袋收尘或电收尘	磨机直径≥4.6m圈流球磨机,袋收尘或电收尘	产业政策允许的其他磨机,袋收尘或电收尘
		煤粉制备系统	立式磨或风扫磨,袋收尘或电收尘		
		水泥粉磨系统(含粉磨站)	磨机直径≥4.2m,辊压机与球磨机组合的粉磨系统或立式磨,袋收尘	磨机直径≥3.8m,辊压机与球磨机组合的粉磨系统或带高效选粉机的圈流球磨机,袋收尘	2.6≤磨机直径<3.8m,圈流球磨机或高细磨,袋收尘
		动力配置	高、低压变频	暂波调整或滤波调整或水电阻调整	
(3)生产过程控制水平			采用现场总线或DCS或PLC控制系统、生料质量控制系统、生产管理信息分析系统,窑头、窑尾安装大气污染物连续监测装置		采用了DCS或PLC操作控制系统

(续表)

清洁生产指标等级		一级	二级	三级
(4)收尘设备同步运转率/%		\multicolumn{3}{c	}{100}	
(5)包装(袋装水泥)	包装方式	\multicolumn{2}{c	}{机械化,袋收尘}	半机械化,袋收尘
	破包率/‰	≤1	≤2	≤3
(6)装卸及运输		\multicolumn{2}{c	}{机械化装卸与输送;装卸过程采取有效措施防止扬尘;运输中全部封闭或覆盖。散装采用专用散装罐车(包括火车及汽车)运输}	半机械化或人工装卸与输送;装卸过程应采取有效措施防止扬尘;运输中全部封闭或覆盖。散装应采用专用散装罐车(包括火车及汽车)运输
2. 石灰石矿山开采、破碎及运输				
(1)开采		采用矿山计算机模型软件技术;采用自上而下分水平开采方式;在矿山地形和矿体赋存条件许可的情况下,采用横向采掘开采法;中径深孔爆破技术;采用自带空压机的穿孔设备、液压挖掘机或轮式装载机;有供电条件的采用电动挖掘机	\multicolumn{2}{c|}{采用自上而下分水平开采方式;在矿山地形和矿体赋存条件许可的条件下,采用横向采掘开采法;中径深孔爆破技术或浅眼爆破技术;采用自带空压机的穿孔设备或移动式空压机供气的穿孔设备,液压挖掘机或轮式装载机,有供电条件的采用电动挖掘机}	
(2)破碎		单段破碎系统,袋收尘	\multicolumn{2}{c|}{二段破碎系统,袋收尘}	
(3)运输(矿区至厂区)		\multicolumn{2}{c	}{采用胶带输送机或溜井—胶带联合运输或汽车—胶带联合运输等运输方式。各转运点配备除尘净化设施}	采用矿用汽车或非矿用汽车运输。各转运点配备除尘净化设施
二、资源能源利用指标				
1. 可比熟料综合煤耗(折标煤)/(kg/t)		≤106	≤115	≤120
2. 可比熟料综合能耗(折标煤)/(kg/t)		≤114	≤123	≤134
3. 可比水泥综合能耗(折标煤)/(kg/t)		≤93	≤100	≤110
4. 可比熟料综合电耗[a]/(kW·h/t)		≤62	≤65	≤73

(续表)

清洁生产指标等级		一级	二级	三级
5. 可比水泥综合电耗[b]/(kW·h/t)	生产水泥的水泥企业	≤90	≤100	≤115
	水泥粉磨企业	≤35	≤38	≤45
6. 单位熟料新鲜水用量/(t/t)		≤0.3	≤0.5	≤0.75
7. 循环水利用率/%		≥95	≥90	≥85
8. 水泥散装率/%		≥70	≥40	≥30
9. 原料配料中使用工业废物[c]/%		≥15	≥10	≥5
10. 窑系统废气余热利用率/%		≥70	≥50	≥30
三、产品指标				
1. 质量指标		水泥、熟料产品质量应符合 GB 175、GB 13590、GB/T 21372、JC600 和《水泥企业质量管理规程》的有关要求,产品出厂合格率、28d 抗压富余强度、袋装重量、均匀性等质量指标合格率均应达到100%		
2. 放射性		对用于 I 类民用建筑主体材料的矿渣硅酸盐水泥、复合硅酸盐水泥和钢渣硅酸盐水泥,其产品中天然放射性比活度的内、外照射指数 I_{Ra}、I_r 应满足 GB 6566 标准要求		
四、污染物产生指标[d](末端处理前)				
1. 单位产品二氧化硫产生量/(kg/t)	燃料用煤的全硫量≤1.5%	≤0.20	≤0.30	
	燃料用煤的全硫量>1.5%	≤0.30	≤0.50	
2. 单位产品氮氧化物(以 NO_2 计)产生量/(kg/t)		≤2.00	≤2.40	
3. 单位产品氟化物(以总氟计)产生量/(kg/t)		≤0.006	≤0.008	≤0.01
五、废物回收利用指标				
窑灰、粉尘、废弃料回收利用率/%		100		
六、环境管理要求				
1. 环境法律法规标准		符合国家和地方有关环境法律、法规,污染物排放(包括焚烧危险废物和生活垃圾)应达到国家和地方排放标准、总量减排和排污许可证管理要求		
2. 组织机构		建立健全专门环境管理机构和专职管理人员,开展环保和清洁生产有关工作		
3. 环境审核		按照《清洁生产审核暂行办法》要求进行了审核;按照 GB/T 24001 建立并运行环境管理体系并通过认证	按照《清洁生产审核暂行办法》要求进行了审核;按照 GB/T 24001 建立并运行环境管理体系,环境管理手册、程序文件及作业文件齐备,原始记录及统计数据齐全有效	

(续表)

清洁生产指标等级		一级	二级	三级
4. 生产过程环境管理	岗位培训	所有岗位进行过严格培训		主要岗位进行过严格培训
	各岗位操作管理、设备管理	建立完善的管理制度并严格执行,设备完好率达100%	建立完善的管理制度并严格执行,设备完好率达98%	建立较完善的管理制度并严格执行,设备完好率达95%
	原料、燃料消耗及质检	建立原料、燃料质检制度和原料、燃料消耗定额管理制度,安装计量装置或仪表,对能耗、物料消耗及水耗进行严格定量考核	建立原料、燃料质检制度和原料、燃料消耗定额管理制度,对能耗、物料消耗及水耗进行定量考核	建立原料、燃料质检制度和原料、燃料消耗定额管理制度,对能耗、物料消耗及水耗进行计量
	颗粒物、无组织排放控制	生产线的物料处理、输送、装卸、贮存过程应封闭,所有物料均不得露天堆放,对粉尘、无组织排放进行控制并定期监测,其中窑系统须安装并实施连续在线监测装置;同时对块石、粘湿物料、浆料以及车船装卸料过程进行有效的控制。建立污染事故的应急程序		生产线对干粉料的处理、输送、装卸、贮存应封闭;对粉尘、无组织排放进行控制;露天储料场应当采取防起尘、防雨水冲刷流失的措施;装、卸料时,采取有效措施防止扬尘
	氯化氢、汞、镉、铅、二噁英类、厂界恶臭(氨、硫化氢、甲硫醇和臭气浓度)e	焚烧工业固体废物和生活垃圾的水泥窑,焚烧工业固体废物和生活垃圾时做好废物和垃圾的预处理,焚烧危险废物窑或窑磨一体机的烟气处理宜采用高效布袋除尘器		
5. 原料矿山降尘要求		露天采矿场有洒水除尘设备,对爆堆、采矿工作面,运输道路和其他扬尘点喷水降尘		
6. 固体废物处理处置		建有固废储存、处置场,并有防止扬尘、淋滤水污染、水土流失的措施		
7. 土地复垦		符合国家土地复垦的有关规定,具有完整的复垦计划,复垦管理纳入日常生产管理。矿山开采的表层土要全部回用,采终后受破坏植被绿化率100%	符合国家土地复垦的有关规定,具有完整的复垦计划,复垦管理纳入日常生产管理。矿山开采的表层土要全部回用,采终后受破坏植被绿化率70%	符合国家土地复垦的有关规定,具有完整的复垦计划。矿山开采的表层土要全部回用,采终后受破坏植被绿化率50%
8. 相关方环境管理		服务协议中明确原辅材料的供应方、协作方、服务方的环境要求		

注:a 只生产水泥熟料的水泥企业。
b 不包括钢渣粉制备的电耗。
c 废物资源条件不能满足的地区不执行此指标。
d 指在水泥窑及窑磨一体机的污染物产生量。
e 仅适用于焚烧工业固体废物和生活垃圾的水泥窑。

6 标准的实施

本标准由各级人民政府环境保护行政主管部门负责监督实施。

钢铁工业发展循环经济环境保护导则（节录）

HJ 465—2009

（2009年3月14日发布　2009年7月1日实施）

本标准由环境保护部科技标准司组织制定。
本标准起草单位：中国环境科学研究院、北京科技大学。

（按原标准编号节录）

3 术语和定义

下列术语和定义适用于本标准。

3.1 循环经济

循环经济，是指在生产、流通和消费等过程中进行的减量化、再利用、资源化活动的总称，也就是资源节约和循环利用活动的总称。循环经济是推进可持续发展战略的一种优选模式，它强调以循环发展模式替代传统的线性增长模式，表现为以"资源—产品—再生资源"和"生产—消费—再循环"的模式，有效地利用资源和保护环境，最终达到以较小发展成本获取较大的经济效益、社会效益和环境效益。

3.2 钢铁工业

我国钢铁工业按其生产产品和生产工艺流程可分为两大类型，即长流程生产和短流程生产。长流程的生产流程主要包括烧结（球团）、焦化、炼铁、炼钢、轧钢等生产工序；短流程的生产流程主要包括炼钢、轧钢等生产工序。本标准中钢铁工业指长流程（包括电炉炼钢）的生产过程，但不包括采矿和选矿工序。

6 钢铁工业发展循环经济污染控制要求

6.2 钢铁工业水污染物排放控制执行《钢铁行业水污染物排放标准》（GB 13456—1992）。

6.3 钢铁工业焦化生产单元大气污染物排放控制执行《炼焦炉大气污染物排放标准》（GB 16171—1996），工业炉窑生产单元执行《工业炉窑大气污染物排放标准》（GB 9078—1996），其他生产单元大气污染物执行《大气污染物综合排放标准》（GB 16297—1996）。国家出台行业污染物排放标准后，按照新标准规定执行。

6.5 噪声视企业所在功能区执行《工业企业厂界环境噪声排放标准》（GB 12348—2008）。

6.6 在炼钢生产单元，进口废钢铁的使用执行《进口可用做原料的固体废物环境保护控制

标准　废钢铁》(GB 16487.6—2005)。

6.7 提高钢铁工业环境管理水平。对新、改、扩、建项目严格执行项目环境影响评价制度，依据企业所在区域的区位特点和环境容量，制定建设项目污染物强度准入要求和污染物总量准入要求。新建项目的能耗、物耗和污染物产生强度应达到原国家环保总局颁布的《清洁生产标准　钢铁行业》(HJ/T 189—2006)中的一级指标，相应的生产单元应达到中华人民共和国环境保护部颁布的《清洁生产标准　钢铁行业(烧结)》(HJ/426—2008)、《清洁生产标准　钢铁行业(高炉炼铁)》(HJ/T 427—2008)、《清洁生产标准　钢铁行业(炼钢)》(HJ/T 428—2008)的中的一级指标。

6.8 对于无法资源化利用的危险废物，应按照《中华人民共和国固体废物污染环境防治法》，委托具有资质的危险废物处置单位，统一收集处置，危险废物的收集、运输、贮存、处置应遵守《固体废物污染环境防治法》、《废弃危险化学品污染环境防治办法》以及《危险废物转移联单管理办法》等规章制度中的相关规定。

8　标准实施

本标准由各级环境保护行政主管部门负责组织实施。

铝工业发展循环经济环境保护导则（节录）

HJ 466—2009

(2009年3月14日发布　2009年7月1日实施)

本标准由环境保护部科技标准司组织制定。
本标准起草单位：中国环境科学研究院。

（按原标准编号节录）

3　术语定义

3.1　循环经济

循环经济，是指在生产、流通和消费等过程中进行的减量化、再利用、资源化活动的总称，也就是资源节约和循环利用活动的总称。循环经济是推进可持续发展战略的一种优选模式，它强调以循环发展模式替代传统的线性增长模式，表现为以"资源—产品—再生资源"和"生产—消费—再循环"的模式，有效地利用资源和保护环境，最终达到以较小发展成本获取较大的经济效益、社会效益和环境效益。

3.2　铝工业

铝是国民经济发展的重要基础原材料，我国的铝工业主要由氧化铝、电解铝、铝加工三部分组成。

6 铝工业发展循环经济污染控制要求

6.2 铝工业水污染物排放控制执行《污水综合排放标准》(GB 8978—1996)。

6.3 铝工业大气污染物排放控制执行《大气污染物综合排放标准》(GB 16297—1996)、《工业炉窑大气污染物排放标准》(GB 9078—1996)等相关排放标准。国家出台行业污染物排放标准后,按照新标准规定执行。

6.5 噪声执行《工业企业厂界环境噪声排放标准》(GB 12348—2008)。

6.8 对于无法资源化利用的危险废物,应按照《中华人民共和国固体废物污染环境防治法》,委托具有资质的危险废物处置单位,统一收集处置,危险废物的收集、运输、贮存、处置应遵守《废弃危险化学品污染环境防治办法》、《危险废物转移联单管理办法》等相关规定。

8 标准实施

本标准由各级环境保护行政主管部门负责组织实施。

车用汽油有害物质控制标准(第四、五阶段)(节录)

GWKB 1.1—2011

(2011年2月14日发布 2011年5月1日实施)

本标准由环境保护部科技标准司组织制定。
本标准起草单位:中国环境科学研究院。

(按原标准编号节录)

3 术语和定义

下列术语和定义适用于本标准。

清净性 detergency

车用汽油具有的抑制或消除发动机进气系统和燃烧室沉积物的性能。

4 技术要求

4.1 与实施国家第四、五阶段机动车排放标准要求相应的车用汽油中有害物质含量应符合表1要求。

表1 车用汽油有害物质含量要求及检验方法(第四、五阶段)

序号	项目	限值		检验方法	其他要求
		第四阶段	第五阶段		
1	铅(g/L)	≤0.005		GB/T 8020	不得人为加入
2	铁(g/L)	≤0.01		SH/T 0712	不得人为加入

(续表)

序号	项目	限值 第四阶段	限值 第五阶段	检验方法	其他要求
3	锰(g/L)	≤0.008	≤0.002	SH/T 0711	指汽油中以甲基环戊二烯三羰基锰形式存在的总锰含量,不得加入其他类型的含锰添加剂
4	铜(g/L)	≤0.001		SH/T 0102	不得人为加入。限值为方法检出限
5	磷(g/L)	≤0.0002		SH/T 0020	不得人为加入。限值为方法检出限
6	硫(mg/kg)	≤50	≤10	SH/T 0689 GB/T 11140 SH/T 0253	可用 GB/T 11140、SH/T 0253 方法测定,有异议时,以 SH/T 0689 方法测定结果为准
7	苯(%,体积分数)	≤1.0		SH/T 0713 SH/T 0693	可用 SH/T 0693 方法测定,有异议时,以 SH/T 0713 方法测定结果为准
8	烯烃(%,体积分数)	≤28	≤25	GB/T 11132 SH/T 0741	可用 SH/T 0741 方法测定,有异议时,以 GB/T 11132 方法测定结果为准
9	芳烃(%,体积分数)	≤40	≤35	GB/T 11132 SH/T 0741	可用 SH/T 0741 方法测定,有异议时,以 GB/T 11132 方法测定结果为准
10	甲醇(%,质量分数)	≤0.3		SH/T 0663	不得人为加入

5 标准实施

实施国家第四、五阶段机动车排放标准地区的人民政府,可根据当地污染防治工作需要和部门分工,确定本标准的监督实施方式。

车用柴油有害物质控制标准(第四、五阶段)(节录)

GWKB 1.2—2011

(2011 年 2 月 14 日发布 2011 年 5 月 1 日实施)

本标准由环境保护部科技标准司组织制定。
本标准起草单位:中国环境科学研究院。

(按原标准编号节录)

3 术语和定义

下列术语和定义适用于本标准。

清净性 detergency

车用柴油具有的抑制或消除发动机喷嘴结焦的性能。

4 技术要求

4.1 与实施国家第四、五阶段机动车排放标准要求相应的车用柴油中有害物质含量应符合表1要求。

表1 车用柴油有害物质含量要求及检验方法(第四、五阶段)

序号	项目	限值		检验方法	其他要求
		第四阶段	第五阶段		
1	硫含量(mg/kg)	≤50	≤10	SH/T 0689	可用 GB/F 11140 方法测定,有异议时,以 SH/T 0689 方法测定结果为准
				GB/T 11140	
2	多环芳烃(%,质量分数)	≤11		SH/T 0606	可用 SH/T 0806 方法测定,有异议时,以 SH/T 0606 方法测定结果为准
				SH/T 0806	

5 标准实施

实施国家第四、五阶段机动车排放标准地区的人民政府,可根据当地污染防治工作需要和部门分工,确定本标准的监督实施方式。

第八部分 生态环境保护工程规划设计与损害鉴定标准

城市污水再生回灌农田安全技术规范(节录)

GB/T 22103—2008

(2008年6月27日发布 2008年10月1日实施)

本标准由中华人民共和国农业部提出并归口。
本标准起草单位:农业部环境保护科研监测所。

(按原标准编号节录)

3 术语和定义

下列术语和定义适用于本标准。

3.1 城市污水 municipal waste water

排入国家按行政建制设立的市、镇污水收集系统的污水统称。

注:它由综合生活污水、工业废水和地下渗水三部分组成,在合流制排水系统中,还包括截留的雨水。

3.2 城市再生水 reclaimed water from municipal waste water

城市污水经再生工艺处理后达到使用功能的水。

3.3 污水一级强化处理 enhanced primary treatment of sewage

城市污水在常规一级处理(重力沉降)基础上,增加化学混凝处理、机械过滤或不完全生物处理等,以提高一级处理效果的处理工艺。

3.4 污水二级处理 secondary treatment of sewage

城市污水在一级处理的基础上,采用生物处理工艺去除污水中有机污染物,使污水得到进一步净化,二级处理通常作为生物处理的同义语使用。

3.5 露地蔬菜 open-air vegetables

除温室、大棚蔬菜外的陆地露天生长的需加工、烹调及去皮的蔬菜。

4 水质要求

按 GB 20922 规定执行。

5 规划要求

5.1 城市再生水在规划用于灌溉之前,应对拟定的灌溉区农田土壤进行调查、取样、分析、评价。

5.2 规划的内容包括该地城市再生水水量、水质及灌溉的作物种类,城市再生水的输送,储存及净化措施,农田管网配制。

5.3 根据供水水量、作物灌溉制度,确定灌溉面积和储存塘容量。

5.4 灌溉区与居民区之间应有200 m的卫生防护带。

5.5 使用喷灌的地区应距离居民区500 m以上,避免水雾中的病原体向居民区扩散。

5.6 在集中式水源保护区、泉水出露区、岩石裂隙及碳酸岩溶发育区、淡水的地下水位距地表小于1 m的地区、经常受淹的河滩和洼涝地,不应设置城市污水再生利用的灌溉区。

5.7 城市污水处理厂和住宅区的污泥严禁进入灌区。

6 具体使用

6.1 灌溉纤维作物、旱地谷物其水质处理应达到污水处理厂一级强化处理的要求;灌溉水田谷物、露地蔬菜其水质处理应达到污水处理厂二级处理的要求。

6.2 城市再生水应由专门的管道(或渠道)输送到农业灌区的储存地,在输水过程中应有防渗措施。

6.3 在灌溉农田之前,应根据当地的气候条件、作物的种植种类及土壤类别进行灌溉试验,确定适合当地的灌水定额及灌水时间。

6.4 露地蔬菜在采摘前1周应停止灌溉。

7 回用控制原则

7.1 城市再生水应经过储存净化达到农田灌溉水质要求后,方可用于灌溉。

7.2 在使用城市再生水的灌溉中出现作物生长异常、地下水中污染物增多,应立即停灌,查明原因。

7.3 灌溉区非食用农产品按其未来用途执行相关标准;灌溉区食用农产品质量达不到国家食品中污染物限量标准的,应立即停灌,查明原因。

8 监测

8.1 水质监测

8.1.1 水质监测包括城市再生水灌溉农田跟踪监测和灌溉区地下水的水质监测。

8.1.2 一类污染物的监测项目为:镉、汞、铅、砷、铬。

该类项目应为必测项目,灌溉露地蔬菜每月监测一次,灌溉纤维、旱地、水田为每两个月监测一次。

8.1.3 二类污染物的水质监测项目(常规水质控制项目)和时间见表1。

表1 二类污染物的监测时间

项目	pH	化学需氧量(COD_{Cr})	悬浮物(SS)	溶解性总固体(TDS)	溶解氧(DO)	石油类	挥发酚	余氯	粪大肠菌群数	蛔虫卵
纤维作物	每月	每月	每月	两月	—	—	—	—	—	—
旱地谷物	每月	每月	每月	两月	—	—	—	—	—	—
水田谷物	每月	每月	每月	两月	每月	每月	每月	每月	每月	每月

（续表）

项目	pH	化学需氧量（COD_{Cr}）	悬浮物（SS）	溶解性总固体（TDS）	溶解氧（DO）	石油类	挥发酚	余氯	粪大肠菌群数	蛔虫卵
露地蔬菜	每月	每月	每月	两月	每月	15天	15天	15天	每月	每月

注1：若采用喷灌方式，SS需2天测一次。
注2：灌溉水田的5日生化需氧量（BOD_5）、硫化物、氯化物可每三个月监测一次。
注3：灌溉纤维、旱地作物的石油类、挥发酚、余氯在作物苗期监测一次。
注4：表中取样样品为日均值计。
注5：表中项目为必测的项目。

8.1.4 选择性控制项目的监测，由地方市政和农业行政主管部门，根据污水处理厂接纳的工业污染物类别和农业用水水质要求，进行选择控制，其控制标准按 GB 20922 规定执行。选择项目每月监测一次（日均值）。

8.1.5 取样要求，按每 2h 一次，取 24h 混合样，以日均值计。

8.1.6 监测项目采样布点按 NY/T 396 规定执行。

8.2 土壤监测

8.2.1 监测项目的采样点及监测频率按 NY/T 395 规定执行。

8.2.2 土壤监测应有对照地的样品，以便分析污染趋势及评价。

8.3 农产品监测

采样布点及样品处置按 NY/T 398 规定执行。

畜禽养殖污水贮存设施设计要求（节录）

GB/T 26624—2011

（2011年6月16日发布　2011年11月1日实施）

本标准由中华人民共和国农业部提出。

本标准起草单位：农业部畜牧环境设施设备质量监督检验测试中心（北京）、中国农业科学院农业环境与可持续发展研究所。

（按原标准编号节录）

3 术语和定义

下列术语和定义适用于本标准。

3.1 畜禽养殖污水 waste water from livestock and poultry feeding

冲洗系统运行后产生的液体废弃物，其中包括粪便残渣、尿液、散落的饲料，以及畜禽毛发和皮屑等。

3.2 养殖污水贮存设施 waste water storage facility

用以贮存养殖污水的设施。

4 选址要求

4.1 根据畜禽养殖场区面积、规模以及远期规划选择建造地点,并做好以后扩建的计划。

4.2 满足畜禽养殖场总体布置及工艺要求,布置紧凑,方便施工和维护。

4.3 设在场区主导风向的下风向或侧风向。

4.4 与畜禽养殖场生产区相隔离,满足防疫要求。

5 技术参数要求

5.3 底面和壁面

5.3.1 按 CJJ/T 54—1993 中第七部分"塘体设计"中相关规定执行。

5.3.2 内壁和底面应做防渗处理,具体参照 GB 50069 相关规定执行。

5.3.3 底面高于地下水位 0.6m 以上。

5.3.4 高度或深度不超过 6m。

6 其他要求

6.1 地下污水贮存设施周围应设置导流渠,防止径流、雨水进入贮存设施内。

6.2 进水管道直径最小为 300mm。

6.3 进、出水口设计应避免在设施内产生短流、沟流、返混和死区。

6.4 地上污水贮存设施应设有自动溢流管道。

6.5 污水贮存设施周围应设置明显的标志和围栏等防护设施。

6.6 防火距离按 GB 50016 相关规定执行。

6.7 设施在使用过程中不应产生二次污染,其恶臭及污染物排放应符合 GB 18596 的相关规定。

6.8 制定检查日程,至少每两周检察一次,防止意外泄漏和溢流发生。

6.9 制定应急计划,包括事故性溢流应对措施,做好降水前后的排流工作。

6.10 制定底部淤泥清除计划。

6.11 在贮存设施周围进行绿化工作,按 NY/T 1169 相关要求执行。

附录 A
（资料性附录）

畜禽养殖业每日最高允许排水量

集约化畜禽养殖业水冲工艺和干清粪工艺最高允许排水量分别见表 A.1 和表 A.2。

表 A.1 集约化畜禽养殖业水冲工艺最高允许排水量

种类	猪/[m³/(百头·d)]		鸡/[m³/(千只·d)]		牛/[m³/(百头·d)]	
季节	冬季	夏季	冬季	夏季	冬季	夏季
标准值	2.5	3.5	0.8	1.2	20	30

注1：废水最高允许排放量的单位中，百头、千只均指存栏数。
注2：春、秋季废水最高允许排放量按冬、夏两季的平均值计算。

表 A.2 集约化畜禽养殖业干清粪工艺最高允许排水量

种类	猪/[m³/(百头·d)]		鸡/[m³/(千只·d)]		牛/[m³/(百头·d)]	
季节	冬季	夏季	冬季	夏季	冬季	夏季
标准值	1.2	1.8	0.5	0.7	17	20

注1：废水最高允许排放量的单位中，百头、千只均指存栏数。
注2：春、秋季废水最高允许排放量按冬、夏两季的平均值计算。

铜选矿厂废水回收利用规范（节录）

GB/T 29773—2013

（2013年11月27日发布 2014年8月1日实施）

本标准负责起草单位：云南铜业（集团）玉溪矿业有限公司。

本标准参加起草单位：北京矿冶研究总院、紫金矿业集团公司、铜陵有色金属集团控股有限公司、江西铜业集团公司、中条山有色金属集团有限公司。

（按原标准编号节录）

3 术语和定义

下列术语和定义适用本文件。

3.1 选矿废水 mineral processing waste water

在选矿生产过程中所产生的不符合回水水质指标的生产废水，包括尾矿废水、精矿废水及其他废水等。

3.2 选矿回水 return water of Mineral processing

选矿废水经过适当工艺处理后，达到回水水质指标，并可以进行再利用的水。

3.3 选矿回水利用 return water using

选矿废水经过处理达到回水水质指标后再利用的过程。

3.4 选矿废水回用率 reusing rate of mineral processing waste water

选矿废水经过处理后回用总量(V_{cy})占生产用水总量(V)的百分比。

8 回水水质指标的一般要求与分析方法

8.1 回水水质指标一般要求

见表1。

表1 回水水质指标

序号	控制项目		工艺用水	设备冷却水		厂区绿化、除尘、保洁用水
				直流式	循环式	
1	pH 值		6~9	6~9	6~9	6~9
2	悬浮物(SS)/(mg/L)	≤	300	100	70	—
3	总硬度(以 $CaCO_3$ 计)/(mg/L)	≤	450	450	450	—
4	氨氮(以 N 计)/(mg/L)	≤	25	—	25	25
5	石油类/(mg/L)	≤	10	10	10	10
6	氰化物/(mg/L)	≤	0.5	0.5	—	0.5
7	Cu/(mg/L)	≤	1.0	—	—	—
8	Pb/(mg/L)	≤	1.0	—	—	—
9	Cd(mg/L)	≤	0.1	—	—	—
10	As/(mg/L)	≤	0.5	—	—	0.5
11	Hg/(mg/L)	≤	0.05	0.05	—	0.05

8.2 水质分析方法

检测分析方法按表2或国家认定的替代方法、等效方法进行。

表2 回水水质分析方法

序号	控制项目	测定方法标准名称	分析方法
1	pH 值	水质 pH 的测定 玻璃电极法	GB/T 6920
2	悬浮物(SS)	水质 悬浮物的测定 重量法	GB/T 11901
3	总硬度(以 $CaCO_3$ 计)/(mg/L)	水质 钙和镁总量的测定 EDTA 滴定法	GB/T 7477
4	氨氮(以 N 计)/(mg/L)	水质 氨氮的测定 纳氏试剂分光光度法 水质 氨氮的测定 蒸馏-中和滴定法	HJ 535 HJ 537
5	石油类(mg/L)	水质 石油类和动植物油的测定 红外光度法	HJ 637
6	氰化物/(mg/L) ≤	水质 氰化物的测定 容量法和分光光度法	HJ 484
7	Cu/(mg/L)	水质铜、锌、铅、镉的测定 原子吸收分光光度法 水质 铜的测定 二乙基二硫代氨基甲酸钠分光光度法 水质 铜的测定 2,9 二甲基-1,10-菲啰啉分光光度法	GB/T 7475 HJ 485 HJ 186

(续表)

序号	控制项目	测定方法标准名称	分析方法
8	Pb/(mg/L)	水质 铅的测定 双硫腙分光光度法 水质铜、锌、铅、镉的测定 原子吸收分光光度法	GB/T 7470 GB/T 7475
9	Cd/(mg/L)	水质铜、锌、铅、镉的测定 原子吸收分光光度法	GB/T 7475
10	As/(mg/L)	水质 总砷的测定 二乙基二硫代氨基甲酸银分光光度法	GB/T 7485
11	Hg/(mg/L)	水质 汞的测定 冷原子吸收分光光度法	HJ 597

11 回水水质的检测

11.1 废水回用取样检测点应设在废水处理设施出口回水蓄水池。

11.2 表1所列检测项目检测频率应每季度一次。

12 其他要求

12.1 经工艺处理后回收利用水不可用作生活用水、精密设备冷却水、化验分析用水等。

12.2 铜选矿回收利用水要按规定涂有与生产新水管道相区别的颜色,并标注"回水"或"再生水"字样。

12.3 选厂应进行回水的用水管理,包括水质、水量、输送管网与用水设备监测控制等工作。

铜矿山酸性废水综合处理规范(节录)

GB/T 29999—2013

(2013年11月27日发布 2014年8月1日实施)

本标准负责起草单位:北京矿冶研究总院。

本标准参加起草单位:紫金矿业集团股份有限公司、铜陵有色金属集团控股有限公司、江西铜业集团公司、中条山有色金属集团有限公司。

(按原标准编号节录)

3 术语和定义

下列术语和定义适合本文件。

3.1 酸性废水 Acid waste water

指铜矿山在采矿过程中产生的pH值低于6的废水。

3.2 废水综合处理 The integration treatment of waste water

指铜矿山酸性废水的源头控制、过程调控、末端治理相结合的集成处理。

3.3 中和污泥 Neutralization sludge

指矿山酸性废水中和处理过程中产生的化学污泥。

4 酸性废水的排放控制及处理回用要求

4.1 露采矿山宜合理控制爆破堆存量,雨季"多爆少存",旱季"少爆多存",及时清除边坡斜面残存的岩石及凹陷坑,杜绝雨水积存酸化。

4.2 地采矿山宜对废弃矿井进行固封,使矿井内变成厌氧环境,避免酸性水的产生。

4.3 铜矿山企业应按照"清污分流、雨污分流"原则,在露天采场、废石场、排土场周边建设截洪沟、排水沟等工程设施。

4.4 铜矿山企业应设置酸性水库和酸性废水处理站,对生产过程中产生的酸性废水进行收集、处理,处理后外排废水应满足 GB 25467 的规定。

4.5 酸性废水宜分质处理、分质回用,有条件时宜优先回收废水中有价金属。

4.6 酸性水库底部及四周应进行防渗、防腐处理,基础必须防渗,防渗层为至少1m厚黏土层(渗透系数$\leqslant 10^{-7}$cm/s),或 2 mm 厚高密度聚乙烯或至少 2 mm 厚的其他人工材料,渗透系数$\leqslant 10^{-10}$cm/s。

4.7 酸性废水处理站应设置事故应急防范设施,防止酸性废水外排。

4.8 酸性废水处理产生的中和污泥应按 GB 5085、GB 5086.1、HJ 557 规定鉴别其性质;根据污泥性质送有资质单位综合回收或自行安全处置,企业自行处置应满足 GB 18597、GB 18598、GB 18599的规定。

5 废水处理工艺选择与水质控制指标

5.1 应根据铜矿山酸性废水的水质特点,选择能够稳定处理达标和有利于回用的废水处理工艺,铜矿山酸性废水主要处理工艺及回用水用途见表1。

表1 废水主要处理工艺选择

处理方法	原则工艺流程	工艺特点	回用水用途
石灰中和法	废水→沉砂均化→石灰中和→沉淀液固分离→处理后产水	对重金属离子的去除率很高(大于98%),基本可处理除汞以外的所有重金属离子,对水质有较强的适应性;工艺流程短、设备简单、石灰就地可取、价格低廉、废水处理费用低;但处理后出水浊度较高、过滤脱水性能差,组成复杂,产生污泥含固率低,仅1%~2%,污泥量大,综合回收利用与处置难,易造成二次污染	处理后可达标排放,也可用作废石堆场、道路抑尘和湿法收尘用水,还可经回用实验或相似经验证明可行时用作锅炉补给水和工艺用水
高浓度泥浆法(HDS)	废水→沉砂均化→中和反应→沉淀液固分离→处理后产水	处理原理与石灰中和法相同,通过回流底泥,充分利用石灰的剩余碱度,处理同体积废水可比常规方法减少石灰消耗5%~10%;可提高水处理能力1~3倍;产生污泥含固率高,可达20%~30%;是常规石灰法污泥体积的1/20~1/30;可显著延缓设备、管道结垢,提高设备使用率;可实现全自动化操作	

(续表)

处理方法	原则工艺流程	工艺特点	回用水用途
硫化-石灰中和法	废水→沉砂均化→硫化→沉淀液固分离→中和反应→沉淀液固分离→处理后产水	当废水中含有有价金属时，可采用该法回收有价金属。硫化法生成的金属硫化物溶解度比金属氢氧化物溶解度小，处理效果比石灰中和法更彻底，且沉淀物不易溶解，沉渣量少，含水率低，便于回收有价金属；但反应过程会产生有毒气体硫化氢，需进行收集处理	处理后可达标排放，也可用作废石堆场、道路抑尘和湿法收尘用水，还可经回用实验或相似经验证明可行时用作锅炉补给水和工艺用水
物化-膜法	废水→沉砂均化→中和→沉淀液固分离→出水预处理→多介质过滤→超滤→反渗透或纳滤→深度处理产水	对中和处理后水加入阻垢剂进行预处理降低钙浓度，再经多介质过滤、超滤和反渗透（纳滤）膜系统处理，深度处理出水能达到工业循环水水质标准；农水采用中和、重金属吸附处理。具有分离效率高、节能环保、设备简单、操作方便；适用于严格控制重金属废水外排地区的污水	

5.2 废水经处理后应采用分质回用方式重复利用，以提高废水重复利用率，不能实现全部回收利用需外排的废水，应符合 GB 25467 的规定。

5.3 采用表 1 废水处理工艺处理后产水回用时，其水质指标应按表 2 要求进行控制。

表 2 废水经处理后产出的回用水水质指标控制要求

序号	检测项目		回用水水质指标控制值(pH 除外)/(mg/L)			
			石灰中和法	高浓度泥浆法	硫化-石灰中和法	物化-膜法
1	pH 值		6~9	6~9	6~9	6~9
2	悬浮物	≤	80	80	80	—
3	总硬度(以 $CaCO_3$ 计)	≤	—	—	—	450
4	Fe	≤				0.3
5	化学需氧量(COD)	≤	60	60	60	20
6	氟化物(以 F 计)	≤	5	5	5	1.0
7	总氮	≤	15	15	15	1.0
8	总磷	≤	1.0	1.0	1.0	0.2
9	氨氮	≤	8	8	8	1.0
10	总锌	≤	1.5	1.5	1.5	1.0
11	石油类	≤	3.0	3.0	3.0	0.05
12	总铜	≤	0.5	0.5	0.5	1.0
13	硫化物	≤	1.0	1.0	1.0	1.0
14	总铅	≤	0.5	0.5	0.5	0.05
15	总镉	≤	0.1	0.1	0.1	0.005

(续表)

序号	检测项目		回用水水质指标控制值(pH除外)/(mg/L)			
			石灰中和法	高浓度泥浆法	硫化-石灰中和法	物化-膜法
16	总镍	≤	0.5	0.5	0.5	0.02
17	总砷	≤	0.5	0.5	0.5	0.05
18	总汞	≤	0.05	0.05	0.05	0.0001
19	总钴	≤	1.0	1.0	1.0	1.0

6 废水重复利用技术要求

6.1 废水重复利用应遵循分质收集处理、分质回用原则；酸性废水经集中收集处理后出水应根据不同用水要求实现分质回用。

6.2 石灰中和法和高浓度泥浆法(HDS)出水回用时，宜加入适量的缓蚀阻垢剂减缓在输送和使用过程中对管道和设备的结垢和腐蚀作用。

6.3 回用水用作废石堆场、道路抑尘和湿法收尘用水时，应符合 GB 25467 的规定。

6.4 回用水用作锅炉补给水时，应根据锅炉工况，对回用水再进行软化、除盐、离子交换等处理，直至满足相应工况的锅炉水质标准。对于低压锅炉，水质应达到 GB 1576 中锅炉补给水水质的要求；对于中压锅炉，水质应达到 GB 12145 中锅炉补给水水质的要求；对于热水热力网和热采锅炉，水质应达到相关行业标准。

6.5 回用水用作工艺用水时，应符合相关工艺或产品的用水水质指标要求。

7 废水重复利用管理

7.1 使用回用水的用户应进行回用水的用水管理，包括水质稳定、水质水量、输送管网与用水设备监测控制等工作。

7.2 回用水管道要按规定涂有与新鲜水管道相区别的颜色，并标注"回用水"字样。

7.3 回用水管道用水点处要有"禁止饮用"标志，防止误饮误用。

7.4 外排废水排放口应安装计量和在线监测装置，并符合 HJ/T 353、HJ/T 355、HJ/T 212 的要求。

8 取样与监测

8.1 出水取样监测点应设在废水处理设施出口水池，并制订监测计划定期对出水水质进行取样监测分析，以满足排放或回用水质要求。

8.2 监测分析按表3或国家认定的替代方法、等效方法执行。

表3 废水水质测定方法

序号	项目	测定方法标准名称	标准编号
1	pH 值	水质 pH 值的测定 玻璃电极法	GB/T 6920
2	悬浮物	水质 悬浮物的测定 重量法	GB/T 11901

(续表)

序号	项目	测定方法标准名称	标准编号
3	总硬度(以 $CaCO_3$ 计)	水质 钙和镁总量的测定 EDTA 滴定法	GB/T 7477
4	浊度(NTU)	水质 浊度的测定	GB/T 13200
5	铁	水质 铁的测定 邻菲啰啉分光光度法(试行)	HJ/T 345
6	化学需氧量(COD)	水质 化学需氧量的测定 重铬酸盐法 水质 化学需氧量的测定 快速消解分光光度法	GB/T 11914、 HJ/T 399
7	氟化物(以 F 计)	水质 氟化物的测定 离子选择电极法 水质 氟化物的测定 茜素磺酸锆目视比色法 水质 氟化物的测定 氟试剂分光光度法	GB/T 7484、 HJ 487、 HJ 488
8	总氮	水质 总氮的测定 碱性过硫酸钾消解紫外分光光度法 水质 总氮的测定 气相分子吸收光谱法	HJ 636、 HJ/T 199
9	总磷	水质 总磷的测定 钼酸铵分光光度法	GB/T 11893
10	氨氮	水质 氨氮的测定 气相分子吸收光谱法 水质 氨氮的测定 纳氏试剂分光光度法 水质 氨氮的测定 水杨酸分光光度法 水质 氨氮的测定 蒸馏-中和滴定法	HJ/T 195、 HJ 535、 HJ 536、 HJ 537
11	总锌	水质 铜、锌、铅、镉的测定 原子吸收分光光度法	GB/T 7475
12	石油类	水质 石油类和动植物油的测定 红外光度法	HJ 637
13	总铜	水质 铜、锌、铅、镉的测定 原子吸收分光光度法	GB/T 7475
14	硫化物	水质 硫化物的测定 亚甲基蓝分光光度法 水质 硫化物的测定 碘量法	GB/T 16489、 HJ/T 60
15	总铅	水质 铜、锌、铅、镉的测定 原子吸收分光光度法	GB/T 7475
16	总镉	水质 铜、锌、铅、镉的测定 原子吸收分光光度法	GB/T 7475
17	总镍	水质 镍的测定 火焰原子吸收分光光度法	GB/T 11912
18	总砷	水质 总砷的测定 二乙基二硫代氨基甲酸银分光光度法	GB/T 7485
19	总汞	水质 总汞的测定 冷原子吸收分光光度法	HJ 597
20	总钴	水质 总钴的测定 5-氯-2-(吡啶偶氮)-1,3-二氨基苯分光光度光度法(暂行)	HJ 550

室外排水设计规范（2016 年修改）（节录）

GB 50014—2006

（2016 年 1 月 18 日发布　根据 2016 年 6 月 28 日住房和城乡建设部公告第 1191 号《住房城乡建设部关于发布国家标准〈室外排水设计规范〉局部修订的公告》修改）

主编单位：上海市政工程设计研究总院（集团）有限公司
参编单位：北京市市政工程设计研究总院、中国市政工程东北设计研究总院、中国市政工程华北设计研究总院、中国市政工程西北设计研究院有限公司、中国市政工程中南设计研究总院有限公司、中国市政工程西南设计研究总院、天津市市政工程设计研究院、合肥市市政设计院、深圳市市政工程设计院、哈尔滨工业大学、同济大学、重庆大学。

（按原标准编号节录）

2　术语和符号

2.1　术语

2.1.15　总变化系数 peaking factor
最高日最高时污水量与平均日平均时污水量的比值。

2.1.16A　径流量 runoff
降落到地面的雨水，由地面和地下汇流到管渠至受纳水体的流量的统称。径流包括地面径流和地下径流等。在排水工程中，径流量指降水超出一定区域内地面渗透、滞蓄能力后多余水量产生的地面径流量。

2.1.18A　雨水管渠设计重现期 recurrence interval for storm sewer design
用于进行雨水管渠设计的暴雨重现期。

2.1.20B　内涝防治系统 local flooding prevention and control system
用于防止和应对城镇内涝的工程性设施和非工程性措施以一定方式组合成的总体，包括雨水收集、输送、调蓄、行泄、处理和利用的天然和人工设施以及管理措施等。

2.1.20C　内涝防治设计重现期 recurrence interval for local flooding design
用于进行城镇内涝防治系统设计的暴雨重现期，使地面、道路等地区的积水深度不超过一定的标准。内涝防治设计重现期大于雨水管渠设计重现期。

2.1.21　地面集水时间 time of concentration
雨水从相应汇水面积的最远点地面流到雨水管渠入口的时间，简称集水时间。

2.1.53　混合液回流 mixed liquor recycle
污水生物处理工艺中，生物反应区内的混合液由后端回流至前端的过程。该过程有别于将二沉池沉淀后的污泥回流至生物反应区的过程。

2.1.89 再生水 reclaimed water, reuse water

污水经适当处理后,达到一定的水质标准,满足某种使用要求的水。

煤炭工业矿区总体规划规范（节录）

GB 50465—2008

（2008年12月15日发布　2009年8月1日实施）

本标准由中华人民共和国住房和城乡建设部批准。

主编单位：中国煤炭建设协会勘察设计委员会。

参编单位：煤炭工业济南设计研究院有限公司、中煤国际工程集团北京华宇工程有限公司、中煤国际工程集团沈阳设计研究院、煤炭工业合肥设计研究院、煤炭工业太原设计研究院、中煤西安设计工程有限责任公司、中煤国际工程集团南京设计研究院。

（按原标准编号节录）

10　矿区给水、排水、供热与燃气

10.2　排水

10.2.1　矿区内的排水系统，应根据矿区和企业规划，当地雨量情况和排放标准，以及地形、水体条件等因素确定。矿区的排水系统宜采用分流制。

10.2.2　矿区内的排水量可按居民生活污水、井下排水、工业生产废水和雨水进行估算。

10.2.3　在规划污水处理厂时，进厂污水水质可按当地污水水质资料参比估算，并应同时对污泥进行处理。

10.2.4　污水处理工艺应采用技术先进、流程简单、运行安全、出水水质可靠的工艺。处理后的出水水质应达到国家及地方有关水质的要求，排出口位置的设置应征求当地有关部门的意见。

11　环境保护和水土保持

11.1　环境保护

11.1.1　矿区总体规划必须贯彻"预防为主、防治结合"的指导方针，遵循国家和地方现行有关环境保护法律、法规、政策和规定，坚持煤炭工业可持续发展和循环经济原则，合理开发和充分利用国家煤炭资源，严格控制环境污染和生态破坏，建设资源节约型和环境友好型矿区。

11.1.2　矿区总体规划的建设项目宜采用资源利用率高、能耗物耗小、污染物产生量少的清洁生产技术、工艺和装备。

11.1.3　矿区各类污染物排放必须达到国家和地区规定的排放标准，并应符合国家重点污

染物总量控制指标的要求。

11.1.4 矿区规划环境保护目标应当地政府制定的区域环境保护目标相协调。矿区总体规划应根据规划内容和所在区域的环境特征,并按全面保护环境和利于生态建设的要求,对矿区发展规模、产业结构以及建设项目的选址和布局的环境可行性进行分析。

11.1.5 矿区内国家规定的重要风景区,国家重点保护的不能移动的历史文物和名胜古迹、自然保护区及重要水源地等,应根据国家和地方相关法律、法规提出保护要求。

11.1.6 矿井排水和露天矿疏干水应作为水资源进行重复利用。选煤、水力采煤、防火灌浆、井下消防洒水、露天矿洒水降尘、绿化等用水,应使用经处理后达到水质要求的矿井水和露天矿疏干水,重复利用率应达到国家现行环保技术政策的要求。选煤厂和水力采煤矿井用水应实行闭路循环,并应达到零排放。

11.1.7 在有条件的矿区宜使用瓦斯等洁净燃料;矿区宜采用封闭式储煤仓(场)或挡风抑尘网。开放式的露天储煤场应采取洒水抑尘措施,周围应设置围挡和隔尘绿化带。

11.1.8 矿区总体布局应根据所在区域声环境功能区划合理规则布局。

11.1.9 矿区规划应按"减量化、再利用、资源化"的原则进行煤矸石、煤泥的综合利用。矿区不应设置永久排矸场,周转排矸场应采取防止水土流失和矸石自燃的措施。

11.1.10 矿区规划应根据国家和地方土地复垦的有关规定,实施矿区土地复垦和生态恢复,并应边开采、边复垦,破坏土地的复垦率应达到国家现行环保技术政策的要求。露天矿排土场应进行边坡整治、覆土绿化。

11.1.11 矿区绿化规划应结合当地农林和环保部门的发展规划,并应符合适用、经济、美观的原则。

11.1.12 矿区应设置环境保护管理机构,并应根据矿区的规模、监测任务和监测范围,设置必要的监测机构与相应的监测手段。

11.1.13 矿区总体规划阶段应依法进行环境影响评价,并应编制环境影响报告书。

11.2 水土保持

11.2.1 矿区总体规划应贯彻"预防为主、全面规划、综合防治、因地制宜、加强管理、注重效益"的方针,结合地方水土保持规划和生态建设规划,编制矿区水土保持规划,制定矿区水土流失防治目标。

11.2.2 矿区的废弃矸石、剥离物、灰渣等应规划专门的堆放周转场地,严禁向江河、湖泊、运河、渠道、水库及其最高水位线以下的滩地和岸坡等法律、法规规定禁止倾倒、堆放废弃物的地点倾倒、堆放固体废物。

11.2.3 矿区建设应减少植被破坏,矿区铁路、公路两侧地界内的山坡地应修建护坡或采取其他防止滑坡和水土流失的整治措施;取土场、弃土场应统一规划,并应采取控制水土流失的措施。

11.2.4 煤炭开采破坏的土地应进行复垦。矿区总体规划应根据矿区自然条件、采煤工艺及采后对土地的破坏程度,制定因地制宜的土地复垦规划。在规划布局上应处理好与生态建设和土地利用总体规划、煤炭开采规划、当地农村经济发展规划、矿区生产建设进度的协调关系。

输油管道工程设计规范（节录）

GB 50253—2014

（2014年6月23日发布　2015年4月1日实施）

主编单位：中国石油天然气管道工程有限公司。
参编单位：中石化洛阳工程有限公司、中国石油规划总院。

（按原标准编号节录）

2　术语

2.0.1　输油管道工程 oil transportation pipeline engineering
用管道输送原油、成品油和液化石油气的建设工程。一般包括输油管线、输油站及辅助设施等工程内容。

2.0.2　管道系统 oil pipeline system
各类型输油站、管线及有关设施的统称。

2.0.3　输油站 oil transportation station
输油管道工程中各类工艺站场的统称。

2.0.4　首站 initial station
输油管道的起点站。

2.0.5　末站 terminal
输油管道的终点站。

2.0.6　中间站 intermediate station
在输油首站和末站之间设有的各类站场的统称。

2.0.7　中间热泵站 intermediate heating and pumping station
在输油首站和末站之间以加热、加压设施为主的输油站。

2.0.8　中间泵站 intermediate pumping station
在输油首站和末站之间以加压设施为主的输油站。

2.0.9　中间加热站 intermediate heating station
在输油首站和末站之间以加热设施为主的输油站。

2.0.10　注入站 injection station
在管道中间某位置向管道中注入其他来源油品的站场。

2.0.11　分输站 distributing station
在输油管道沿线，为分输油品至用户而设置的站场。

2.0.12　减压站 pressure-reducing station
为降低管道由于位差过大形成过高的管道内压力而设置减压设施的输油站。

2.0.13 线路截断阀 pipeline block valve
在管道沿线设置的用于将管道分段的阀门。
2.0.14 原油 crude oil 石油采出后的液相部分。
2.0.15 成品油 products
原油经加工生产的 C_5 及 C_5 以上轻质油至重质油的商品油。
2.0.16 液化石油气 liquefied petroleum gas(LPG)
以丙烷、丁烷为主要成分的液态石油产品,一般有商品丙烷、丁烷和商品丙烷、丁烷混合物。
2.0.17 顺序输送 batch transportation
多种原油或石油产品用同一条管道依次输送的方式。
2.0.18 操作压力 operating pressure
在稳态操作条件下,一个系统内介质的压力。
2.0.19 操作温度 operating temperature
在稳态操作条件下,一个系统内介质的温度。
2.0.20 最高稳态操作压力 maximum steady state operating pressure(MSOP)
管道内液体在稳态操作条件下,介质的最大压力。
2.0.21 管道设计内压力 pipeline internal design pressure
在设计温度范围内,管道系统设计计算或分析所用的内压力。
2.0.22 水击压力 surge pressure
在管道中,由于液流速度突然改变而引起管道内的压力变化现象称水击,该压力的幅值称水击压力。
2.0.23 静压力 hydrostatic pressure
管道内流体处于静止状态下,因重力而垂直作用在管道及管道附件内壁上的压力。
2.0.24 弹性弯曲 elastic bending
管道在外力或自重作用下产生的弹性限度范围内的弯曲变形。
2.0.25 管件 pipe fittings
弯头、弯管、三通、异径接头和管封头等各种管道异形连接件的统称。
2.0.26 管道附件 pipe accessories
管件、阀门及其组合件、法兰、绝缘法兰、绝缘接头、清管器收发筒等管道专用部件的统称。
2.0.27 冷弯管 cold bends
用模具将管子在不加热状态下弯制成需要角度的弯管。
2.0.28 热煨弯管 hot bends
管子加热后,在弯制机具上弯曲成需要角度的弯管。
2.0.29 公称管壁厚度 pipe nominal wall thickness
钢管标准中所列出的管壁厚度。
2.0.30 并行管道 parallel pipelines
以一定间距相邻敷设的管道。

6 输油站

6.8 站场供、排水及消防

6.8.1 站场水源的选择应符合下列规定:

6.8.1.1 水源应根据站场规模、用水要求、水源条件和水文地质条件等因素综合分析确定,并宜就近选择。

6.8.1.2 生产、生活及消防用水宜采用同一水源。当油罐区、液化石油气罐区、生产区和生活区分散布置,或有其他特殊情况时,经技术经济比较后可分别设置水源。

6.8.1.3 生活用水的水质应符合现行国家标准《生活饮用水卫生标准》GB 5749 的相关规定;生产和消防用水的水质标准,应满足生产和消防工艺要求。

6.8.2 站场及油码头的污水排放应符合下列规定:

6.8.2.1 含油污水应与生活污水和雨水分流排放;

6.8.2.2 生活污水应经处理达标后排放;

6.8.2.3 含油污水应进行处理,宜采用小型装置化处理设备,处理深度应符合现行国家标准《污水综合排放标准》GB 8978 的相关规定和当地环保部门的要求;

6.8.2.4 雨水宜采用地面有组织排水的方式排放;油罐区的雨水排水管道穿越防火堤处,在堤内宜设置截油装置,在堤外应设置截流装置。

6.8.3 站场及油码头的消防设计应符合下列规定:

6.8.3.1 原油、成品油储罐区的消防设计,应符合现行国家标准《石油天然气工程设计防火规范》GB 50183 和《泡沫灭火系统设计规范》GB 50151 的相关规定;

6.8.3.2 液化石油气储罐区的消防设计,应符合现行国家标准《石油天然气工程设计防火规范》GB 50183 和《建筑设计防火规范》GB 50016 的相关规定;

6.8.3.3 装卸原油、成品油码头的消防设计,应符合国家现行标准《固定消防炮灭火系统设计规定》GB 50338 和《装卸油品码头防火设计规范》JTJ 237 的相关规定;

6.8.3.4 站场及油码头的建筑消防设计,应符合现行国家标准《建筑设计防火规范》GB 50016 和《建筑灭火器配置设计规范》GB 50140 的相关规定。

油气输送管道跨越工程施工规范(节录)

GB 50460—2015

(2015 年 11 月 12 日发布 2016 年 6 月 1 日实施)

主编单位:四川石油天然气建设工程有限责任公司。

参编单位:中国石油天然气股份有限公司管道建设项目经理部、中国石油集团工程设计有限责任公司西南分公司。

（按原标准编号节录）

2 术语

2.0.1 管道跨越工程 pipeline aerial crossing engineering
管道从天然或人工障碍物上部架空通过的建设工程。

2.0.2 斜拉索式跨越 obliquely-cable stayed type pipeline aerial crossing
输送管道结构用多根斜向张拉钢索联结于塔架上的跨越结构型式。

2.0.3 悬索式跨越 suspension cable type pipeline aerial crossing
输送管道吊挂在承重主索上的跨越结构型式。

2.0.4 桁架式跨越 truss type pipeline aerial crossing
用桁架作为管道承重结构的跨越结构型式。

2.0.5 轻型托架跨越 light truss type pipeline aerial crossing
以管道作为上弦，与钢索或型钢构成的下撑式组合梁的跨越结构型式。

2.0.6 梁式直跨 girder pipeline aerial crossing
用输送管道或套管作为梁的跨越结构型式。

2.0.7 锚固墩 anchor block
用于承受钢索的拉力并锚固钢索或固定管道的钢筋混凝土结构。

2.0.8 大体积混凝土 mass concrete
混凝土结构物实体最小几何尺寸不小于1m的大体量混凝土，或预计会因混凝土中胶凝材料水化引起的温度变化和收缩而导致有害裂缝产生的混凝土。

2.0.9 猫道 catwalk
为悬索结构上部结构施工需要而架设的，一般由施工缆索支承的空中施工通道。

2.0.10 预制平行索股法 prefabricated parallel wire strands
将工厂化预制的平行高强钢丝组成的索股，并将其从一端锚体向另一端锚体牵引就位锚固而形成主索的架设方法。

2.0.11 成品拉索 finished cable
拉索两端锚具及防腐外护套已经在厂内安装完毕的拉索。

2.0.12 抗风索 wind resistance cable
为提高跨越结构的侧向刚度，保证跨越结构在风振作用下的稳定而在桥面两侧设置的索系结构。

2.0.13 索夹 cable clamp
悬索跨越索系间联结的夹箍式构件。

2.0.14 隧道式锚碇 tunnel anchorage
用隧道的方式将主缆张力通过锚碇体传递给周围的岩体从而满足锚固要求的锚碇。

16 健康、安全与环境

16.0.1 施工中应执行国家和行业有关健康、安全与环境管理的法律、法规。

16.0.2 管道跨越工程施工前应编制健康、安全与环境管理的作业指导书和作业计划书。至少应包括以下内容：

（1）健康、安全与环境管理作业指导书：
岗位任职条件；

岗位职责；
岗位操作规程；
巡回检查及主要检查内容；
应急处置程序。
（2）健康、安全与环境管理作业计划书：
项目概况、作业现场及周边情况；
人员能力及设备状况；
项目新增危害因素辨识与主要风险提示；
风险控制措施；
应急预案。

16.0.3 施工中应对影响员工健康的营区建设、身体检查、疾病防治、人身保险与防护等进行管理与控制。

16.0.4 施工前应对员工进行健康、安全与环境管理的专项培训。

16.0.5 对管道跨越工程施工各环节及工序的危害风险应进行分析识别，并应制定预防控制措施及开展应急演练。

16.0.6 基坑作业、塔架施工、吊装作业、防腐保温作业应编制安全预案，爆破、水下等特种作业，应符合国家相关管理规定要求。

16.0.7 高空作业人员应在开工前进行体检。高空作业时，应做好班前安全交底工作；高空作业人员应穿戴好劳保用品、系好安全带，登高防护设施应符合要求。

16.0.8 水上作业人员应进行体检。水上作业时，应做好班前安全交底工作，并应配齐各种防护救护设施，同时应做好应急抢险救援监护工作；应设置明显的施工作业警示带。

16.0.9 管道跨越工程施工时，应采取保护航道安全的措施。

16.0.10 施工中泥浆、水、大体的排放和弃渣应符合环保要求。施工中应采取措施，减少施工噪声、振动。

16.0.11 管道跨越工程地貌恢复及水工保护等环境保护工作应符合设计要求，并应满足现行行业标准《油气输送管道线路工程水工保护施工规范》SY/T 4126 的有关规定。

石油库设计规范（节录）

GB 50074—2014

（2014 年 7 月 13 日发布　2015 年 5 月 1 日实施）

主编单位：中国石化工程建设有限公司。

参编单位：解放军总后勤部建筑工程规划设计研究院、铁道第三勘察设计院、解放军总装备部工程设计研究总院、中国石油天然气管道工程有限公司。

参加单位：中国航空油料集团公司。

(按原标准编号节录)

2 术语

2.0.1 石油库 oil depot
收发、储存原油、成品油及其他易燃和可燃液体化学品的独立设施。

2.0.2 特级石油库 super oil depot
既储存原油,也储存非原油类易燃和可燃液体,且储罐计算总容量大于或等于 1 200 000m³ 的石油库。

2.0.3 企业附属石油库 oil depot attached to an enterprise
设置在非石油化工企业界区内并为本企业生产或运行服务的石油库。

2.0.4 储罐 tank
储存易燃和可燃液体的设备。

2.0.5 固定顶储罐 fixed roof tank
罐顶周边与罐壁顶部固定连接的储罐。

2.0.6 外浮顶储罐 external floating roof tank
顶盖漂浮在液面上的储罐。

2.0.7 内浮顶储罐 internal floating roof tank
在固定顶储罐内装有浮盘的储罐。

2.0.8 立式储罐 vertical tank
固定顶储罐、外浮顶储罐和内浮顶储罐的统称。

2.0.9 地上储罐 above ground tank
在地面以上,露天建设的立式储罐和卧式储罐的统称。

2.0.10 埋地卧式储罐 underground storage oil tank
采用直接覆土或罐池充沙(细土)方式埋设在地下,且罐内最高液面低于罐外 4m 范围内地面的最低标高 0.2m 的卧式储罐。

2.0.11 覆土立式油罐 buried vertical oil tank
独立设置在用土掩埋的罐室或护体内的立式油品储罐。

2.0.12 覆土卧式油罐 buried horizontal oil tank
采用直接覆土或埋地方式设置的卧式油罐,包括埋地卧式油罐。

2.0.13 覆土油罐 buried oil tank
覆土立式油罐和覆土卧式油罐的统称。

2.0.14 浅盘式内浮顶储罐 pan internal floating roof tank
浮顶无隔舱、浮筒或其他浮子,仅靠盆形浮顶直接与液体接触的内浮顶储罐。

2.0.15 敞口隔舱式内浮顶 open-top bulk-headed internal floating roof
浮顶周围设置环形敞口隔舱,中间仅为单层盘板的内浮顶。

2.0.16 压力储罐 pressurized tank
设计压力大于或等于 0.1MPa(罐顶表压)的储罐。

2.0.17 低压储罐 low-pressure tank
设计压力大于 6.0kPa 且小于 0.1MPa(罐顶表压)的储罐。

2.0.18 单盘式浮顶 single-deck floating roof
浮顶周围设环形密封舱,中间仅为单层盘板的浮顶。

2.0.19 双盘式浮顶 double-deck floating roof
整个浮顶均由隔舱构成的浮顶。

2.0.20 罐组 a group of tanks
布置在同一个防火堤内的一组地上储罐。

2.0.21 储罐区 tank farm
由一个或多个罐组或覆土储罐构成的区域。

2.0.22 防火堤 dike
用于储罐发生泄漏时,防止易燃、可燃液体漫流和火灾蔓延的构筑物。

2.0.23 隔堤 dividing dike
用于防火堤内储罐发生少量泄漏事故时,为了减少易燃、可燃液体漫流的影响范围,而将一个储罐组分隔成多个区域的构筑物。

2.0.24 储罐容量 nominal volume of tank
经计算并圆整后的储罐公称容量。

2.0.25 储罐计算总容量 calculate nominal volume of tank
按照储存液体火灾危险性的不同,将储罐容量乘以一定系数折算后的储罐总容量。

2.0.26 储罐操作间 operating room for tank
覆土油罐进出口阀门经常操作的地点。

2.0.27 易燃液体 flammable liquid
闪点低于45℃的液体。

2.0.28 可燃液体 combustible liquid
闪点高于或等于45℃的液体。

2.0.29 液化烃 liquefied hydrocarbon
在15℃时,蒸气压大于0.1MPa的烃类液体及其他类似的液体,包括液化石油气。

2.0.30 沸溢性液体 boil-over liquid
因具有热波特性,在燃烧时会发生沸溢现象的含水黏性油品(如原油、重油、渣油等)。

2.0.31 工艺管道 process pipeline
输送易燃液体、可燃液体、可燃气体和液化烃的管道。

2.0.32 操作温度 operating temperature
易燃和可燃液体在正常储存或输送时的温度。

2.0.33 铁路罐车装卸线 railway for oil loading and unloading
用于易燃和可燃液体装卸作业的铁路线段。

2.0.34 油气回收装置 vapor recovery device
通过吸附、吸收、冷凝、膜分离、焚烧等方法,将收集来的可燃气体进行回收处理至达标浓度排放的装置。

2.0.35 明火地点 open flame site
室内外有外露火焰或赤热表面的固定地点(民用建筑内的灶具、电磁炉等除外)。

2.0.36 散发火花地点 sparking site

有飞火的烟囱或室外的砂轮、电焊、气焊(割)等的固定地点。

2.0.37 库外管道 external pipeline

敷设在石油库围墙外,在同一个石油库的不同区域的储罐区之间、储罐区与易燃和可燃液体装卸区之间的管道,以及两个毗邻石油库之间的管道。

2.0.38 有毒液体 toxic liquid

按现行国家标准《职业性接触毒物危害程度分级》GBZ 230 的规定,毒性程度划分为极度危害(Ⅰ级)、高度危害(Ⅱ级)、中度危害(Ⅲ级)和轻度危害(Ⅳ级)的液体。

13 给排水及污水处理

13.2 排水

13.2.1 石油库的含油与不含油污水,应采用分流制排放。含油污水应采用管道排放。未被易燃和可燃液体污染的地面雨水和生产废水可采用明沟排放,并宜在石油库围墙处集中设置排放口。

13.2.2 储罐区防火堤内的含油污水管道引出防火堤时,应在堤外采取防止泄漏的易燃和可燃液体流出罐区的切断措施。

13.2.3 含油污水管道应在储罐组防火堤处、其他建(构)筑物的排水管出口处、支管与干管连接处、干管每隔 300m 处设置水封井。

13.2.4 石油库通向库外的排水管道和明沟,应在石油库围墙里侧设置水封井和截断装置。水封井与围墙之间的排水通道应采用暗沟或暗管。

13.2.5 水封井的水封高度不应小于 0.25m。水封井应设沉泥段,沉泥段自最低的管底算起,其深度不应小于 0.25m。

13.3 污水处理

13.3.1 石油库的含油污水和化工污水(包括接受油船上的压舱水和洗舱水),应经过处理,达到现行的国家排放标准后才能排放。

13.3.2 处理含油污水和化工污水的构筑物或设备,宜采用密闭式或加设盖板。

13.3.3 含油污水和化工污水处理,应根据污水的水质和水量,选用相应的调节、隔油过滤等设施。对于间断排放的含油污水和化工污水,宜设调节池。调节、隔油等设施宜结合总平面及地形条件集中布置。

13.3.4 有毒液体设备和管道排放的有毒化工污水,应设置专用收集设施。

13.3.5 含Ⅰ、Ⅱ级毒性液体的污水处理宜依托有相应处理能力的污水处理厂进行处理。

13.3.6 石油库需自建有毒污水处理设施时,应符合现行国家标准《石油化工污水处理设计规范》GB 50747 的有关规定。

13.3.7 在石油库污水排放处,应设置取样点或检测水质和测量水量的设施。

13.3.8 某个罐组的专用隔油池需要布置在该罐组防火堤内,其容量不应大于150m^3,与储罐的距离可不受限制。

13.4 漏油及事故污水收集

13.4.1 库区内应设置漏油及事故污水收集系统。收集系统可由罐组防火堤、罐组周围路堤式消防车道与防火堤之间的低洼地带、雨水收集系统、漏油及事故污水收集池组成。

13.4.2 一、二、三、四级石油库的漏油及事故污水收集池容量,分别不应小于 1 000m³、750m³、500m³、300m³;五级石油库可不设漏油及事故污水收集池。漏油及事故污水收集池宜布置在库区地势较低处。漏油及事故污水收集池应采取隔油措施。

13.4.3 在防火堤外有易燃和可燃液体管道的地方,地面应就近坡向雨水收集系统。当雨水收集系统干道采用暗管时,暗管宜采用金属管道。

13.4.4 雨水暗管或雨水沟支线进入雨水主管或主沟处,应设水封井。

综合类生态工业园区标准（2012 年修订）（节录）

HJ 274—2009

[2009 年 6 月 23 日发布 根据 2012 年 8 月 6 日环境保护部公告 2012 年第 48 号《关于发布〈综合类生态工业园区标准〉(HJ 274—2009)修改方案的公告》修订]

本标准由环境保护部科技标准司组织制定。
本标准起草单位:中国环境科学研究院。

（按原标准编号节录）

3 定义

3.1 生态工业园区

生态工业园区是依据循环经济理念、工业生态学原理和清洁生产要求而建设的一种新型工业园区。它通过理念更新、体制革新、机制创新,把不同工厂、企业、产业联系起来,提供可持续的服务体系,形成共享资源和互换副产品的产业共生组合,建立"生产者—消费者—分解者"的循环方式,寻求物质闭环循环、能量多级利用、信息反馈,实现园区经济的协调健康发展。

3.2 综合类生态工业园区

综合类生态工业园区是由不同行业的企业组成的工业园区,主要指在经济技术开发区、高新技术产业开发区等工业园区基础上改造而成的生态工业园区。

4 要求

4.1 基本条件

(1)国家和地方有关法律、法规、制度及各项政策得到有效的贯彻执行,近三年内未发生重大污染事故或重大生态破坏事件。

(2)环境质量达到国家或地方规定的环境功能区环境质量标准,园区内企业污染物达标排放,各类重点污染物排放总量均不超过国家或地方的总量控制要求。

(3)《生态工业园区建设规划》已通过国务院环境保护行政主管部门或国家生态工业示范园

区建设领导小组办公室的论证,并由当地人民政府或人大批准实施。

(4)园区有环保机构并有专人负责,具备明确的环境管理职能,鼓励有条件的地方设立独立的环保机构。环境保护工作纳入园区行政管理机构领导班子实绩考核内容,并建立相应的考核机制。

(5)园区管理机构通过 ISO 14001 环境管理体系认证。

(6)《生态工业园区建设规划》通过论证后,规划范围内新增建筑的建筑节能率符合国家或地方的有关建筑节能的政策和标准。

(7)园区主要产业形成集群并具备较为显著的工业生态链条。

(8)园区经济保持持续增长,且国内生产总值三年年均增长率不低于所在地级及以上城市国内生产总值三年年均增长率。

(9)园区应积极开展再生水利用,再生水利用应符合当地有关政策和标准要求。

4.2 指标

综合类生态工业园区指标见表1。

表1 综合类生态工业园区指标

项目	序号	指标		单位	指标值或要求
经济发展	1	人均工业增加值		万元/人	≥15
	2	工业增加值年均增长率		%	≥15
物质减量与循环	3	单位工业用地工业增加值		亿元/km²	≥9
	4	单位工业增加值综合能耗(标煤)		t/万元	≤0.5
	5	综合能耗弹性系数		—	<0.6
	6	单位工业增加值新鲜水耗		m³/万元	≤9
	7	新鲜水耗弹性系数		—	<0.55
	8	单位工业增加值废水产生量		t/万元	≤8
	9	单位工业增加值固废产生量		t/万元	≤0.1
	10	工业用水重复利用率		%	≥75
	11	工业固体废物综合利用率		%	≥85
	12	中水回用率[a]	人均水资源年占有量≤1 000 m³	%	≥40
			人均水资源年占有量>1 000 m³ ≤2 000 m³	%	≥25
			人均水资源年占有量>2 000 m³		≥12
污染控制	13	单位工业增加值 COD 排放量		kg/万元	≤1
	14	COD 排放弹性系数		—	<0.3
	15	单位工业增加值 SO₂ 排放量		kg/万元	≤1
	16	SO₂ 排放弹性系数		—	<0.2
	17	危险废物处理处置率		%	100
	18	生活污水集中处理率		%	≥85
	19	生活垃圾无害化处理率		%	100
	20	废物收集和集中处理处置能力		—	具备

(续表)

项目	序号	指标	单位	指标值或要求
园区管理	21	环境管理制度与能力	—	完善
	22	生态工业信息平台的完善度	%	100
	23	园区编写环境报告书情况	期/年	1
	24	重点企业清洁生产审核实施率	%	100
	25	公众对环境的满意度	%	≥90
	26	公众对生态工业的认知率	%	≥90

6 标准的实施

本标准由县级以上环境保护、商务、科技行政主管部门负责组织实施。

生态环境损害鉴定评估技术指南 总纲

(2016年6月29日发布)

目 次

前 言

1 适用范围

2 规范性引用文件

3 术语和定义

4 总 则

5 生态环境损害调查确认

6 因果关系分析

7 生态环境损害实物量化

8 生态环境损害恢复方案筛选与价值量化

9 生态环境恢复效果评估

10 附 则

附录A(资料性附录) 生态环境损害鉴定评估报告书的编制要求(略)

附录B(资料性附录) 常用的环境价值评估方法(略)

前 言

为贯彻《中华人民共和国环境保护法》,保护生态环境,维护生态环境安全,指导生态环境损害鉴定评估工作,制定本指南。

本指南规定了生态环境损害鉴定评估的一般性原则、程序、内容和方法。

本指南附录 A 和 B 为资料性附录。

本指南为首次发布。

本指南由环境保护部政策法规司组织制定。

本指南主要起草单位:环境保护部环境规划院、清华大学。

本指南由环境保护部解释。

1 适用范围

本指南规定了生态环境损害鉴定评估的一般性原则、程序、内容和方法。

本指南适用于因污染环境或破坏生态导致生态环境损害的鉴定评估。

本指南不适用于因核与辐射所致生态环境损害的鉴定评估。

2 规范性引用文件

本指南引用下列文件中的条款。凡是不注明日期的引用文件,其有效版本适用于本指南。

GB 3095　　环境空气质量标准

GB 3096　　声环境质量标准

GB 3097　　海水水质标准

GB 3838　　地表水环境质量标准

GB 10070　　城市区域环境振动标准

GB 11607　　渔业水质标准

GB 15618　　土壤环境质量标准

GB/T 14848　地下水质量标准

环境损害鉴定评估推荐方法(第Ⅱ版)(环办〔2014〕90 号)

司法鉴定文书规范(司发通〔2007〕71 号)

3 术语和定义

下列术语和定义适用于本指南。

3.1　生态环境损害鉴定评估 identification and assessment for eco-environmental damage

指鉴定评估机构按照规定的程序和方法,综合运用科学技术和专业知识,调查污染环境、破坏生态行为与生态环境损害情况,分析污染环境或破坏生态行为与生态环境损害间的因果关系,评估污染环境或破坏生态行为所致生态环境损害的范围和程度,确定生态环境恢复至基线并补偿期间损害的恢复措施,量化生态环境损害数额的过程。

3.2　生态环境损害 eco-environmental damage

指因污染环境、破坏生态造成大气、地表水、地下水、土壤等环境要素和植物、动物、微生物等生物要素的不利改变,及上述要素构成的生态系统功能的退化。

3.3　生态系统服务 ecosystem service

指生态系统直接或间接为人类提供的惠益。

3.4 生态环境基线 eco-environmental baseline

指污染环境、破坏生态行为未发生时,评估区域内生态环境及其生态系统服务的状态。

3.5 期间损害 interim damage

指生态环境损害开始发生至生态环境恢复到基线的期间,生态系统向公众或其他生态系统提供服务的丧失或减少。

3.6 生态环境恢复 eco-environmental restoration

指生态环境损害发生后,采取各项必要的、合理的措施将生态环境及其生态系统服务恢复至基线水平,同时补偿期间损害。按照恢复目标和阶段不同,生态环境恢复可包括基本恢复、补偿性恢复和补充性恢复。

3.7 基本恢复 primary restoration

指采取自然恢复或人工恢复措施,使受损的生态环境及其生态系统服务恢复至基线水平。

3.8 补偿性恢复 compensatory restoration

指采取各项恢复措施,补偿生态环境期间损害。

3.9 补充性恢复 complementary restoration

指基本恢复或补偿性恢复不能完全恢复受损的生态环境及生态服务时,采取各项弥补性的恢复措施,使生态环境及生态服务恢复到基线水平。

3.10 永久性损害 permanent damage

指受损生态环境及其功能难以恢复,其向公众或其他生态系统提供服务的能力完全丧失。

4 总则

4.1 鉴定评估原则

4.1.1 合法合规原则

鉴定评估工作应遵守国家和地方有关法律、法规和技术规范。禁止伪造数据和弄虚作假。

4.1.2 科学合理原则

鉴定评估工作应制定科学、合理、可操作的工作方案。鉴定评估工作方案中应包含严格的质量控制和质量保证措施。

4.1.3 独立客观原则

鉴定评估机构及鉴定人员应当运用专业知识和实践经验独立客观地开展鉴定评估,不受鉴定评估委托方以及其他方面的影响。

4.2 鉴定评估内容

4.2.1 鉴定评估范围

生态环境损害鉴定评估工作的时间范围以污染环境或破坏生态行为发生日期为起点,持续到受损生态环境及其生态系统服务恢复至基线为止。生态环境损害鉴定评估工作空间范围的确定可以综合利用现场调查、环境监测、遥感分析和模型预测等方法,依据污染物的迁移扩散范围或破坏生态行为的影响范围确定。

4.2.2 鉴定评估事项

生态环境损害鉴定评估的主要内容包括:调查污染环境、破坏生态行为,以及生态环境损害情况;鉴定污染物性质;分析污染环境或破坏生态行为与生态环境损害之间的因果关系;确定生态环境损害的性质、类型、范围和程度;计算生态环境损害实物量,筛选并给出推荐的生态环境恢复方案,计算生态环境损害价值量,开展生态环境恢复效果评估。

4.3 鉴定评估工作程序

生态环境损害鉴定评估工作包括鉴定评估准备、生态环境损害调查、因果关系分析、生态环境损害实物量化、生态环境损害价值量化、报告编制和生态环境恢复效果评估。鉴定评估实践中,应根据鉴定评估委托事项开展相应的工作,可根据鉴定委托事项适当简化工作程序。必要时,针对生态环境损害鉴定评估中的关键问题,开展专题研究。生态环境损害鉴定评估基本工作程序见图1。

4.3.1 鉴定评估准备

通过资料收集分析、现场踏勘、座谈走访、文献查阅、问卷调查等方式,掌握污染环境和破坏生态行为以及生态环境损害的基本情况和主要特征,确定生态环境损害鉴定评估的内容和范围,筛选特征污染物、评估指标和评估方法,编制鉴定评估工作方案。

4.3.2 损害调查确认

根据生态环境损害鉴定评估工作方案,组织开展污染环境和破坏生态行为以及生态环境损害状况调查或相关资料收集。生态环境损害调查应编制调查方案,明确生态环境损害调查的目标、内容、方法、质量控制和质量保证措施,并进行专家论证。

4.3.3 因果关系分析

基于污染环境、破坏生态行为和生态环境损害事实的调查结果,分析污染环境或破坏生态行为与生态环境损害之间是否存在因果关系。

4.3.4 损害实物量化

对比受损生态环境状况与基线的差异,确定生态环境损害的范围和程度,计算生态环境损害实物量。

4.3.5 损害价值量化

选择替代等值分析方法,编制并比选生态环境恢复方案,估算恢复工程量和工程费用,或采用环境价值评估方法,计算生态环境损害数额。

4.3.6 评估报告编制

编制生态环境损害鉴定评估报告(意见)书,同时建立完整的鉴定评估工作档案。

4.3.7 恢复效果评估

跟踪生态环境损害基本恢复和补偿性恢复的实施情况,开展必要的调查和监测,评估生态环境恢复措施的效果是否达到预期目标,决定是否需要开展补充性恢复。

4.4 鉴定评估报告(意见)书编制总体要求

鉴定评估机构应根据委托方要求,编制鉴定评估意见书或鉴定评估报告书。鉴定评估意见书包括生态环境损害确认、因果关系分析、生态环境损害量化及生态环境损害鉴定评估中涉及的特别事项等,鉴定评估报告书的格式和内容要求参见附录A。用于生态环境损害司法鉴定目的的,报告书格式参见《司法鉴定文书规范》。

生态环境恢复效果评估应编制独立的生态环境恢复效果评估报告。

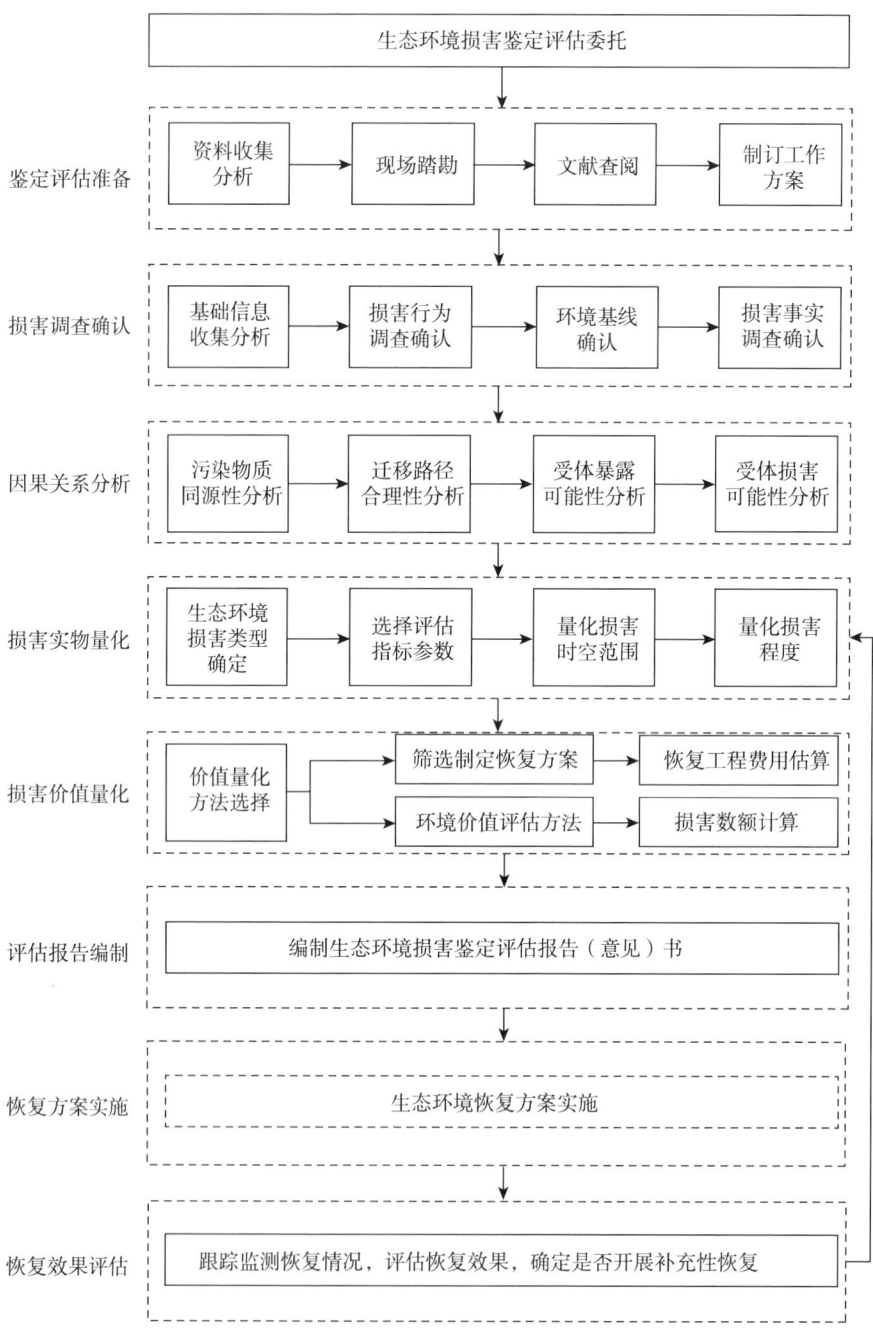

图1 生态环境损害鉴定评估工作流程图

5 生态环境损害调查确认

5.1 收集分析污染环境、破坏生态行为的相关资料,开展现场踏勘和采样分析等,掌握污染环境、破坏生态行为的基本情况。

5.1.1 明确污染环境、破坏生态行为的发生时间、地点,污染排放方式、排放去向、排放频率、特征污染物、排放浓度、排放过程、排放总量等情况。

5.1.2 掌握乱捕滥猎、乱砍滥伐、毁林造田等破坏生态行为的破坏方式、破坏对象和影响范围等情况。

5.1.3 分析污染环境或破坏生态行为产生生态环境损害的可能路径、途径和机制,如特征污染物排放导致环境空气、地表水、沉积物、土壤、地下水等损害,并进一步造成生物损害的路径、途径和机制。

5.2 收集分析生态环境损害的相关材料,确定生态环境基线,开展生态调查、环境监测、遥感分析、文献查阅等,确认评估区域生态环境与基线相比是否受到损害,识别生态环境损害的类型。

5.2.1 基线的确定方法包括:

a) 利用污染环境或破坏生态行为发生前评估区域近三年内的历史数据确定基线,数据来源包括历史监测、专项调查、学术研究等反映生态环境质量状况的历史数据;

b) 利用未受污染环境或破坏生态行为影响的相似现场数据确定基线,即"对照区域"数据。"对照区域"应与评估区域的生态环境特征、生态系统服务等具有可比性;

c) 利用模型确定基线。可考虑构建环境污染物浓度与种群密度、物种丰度等生态环境损害评价指标间的剂量-反应关系来确定基线;

d) 参考环境基准或国家和地方发布的环境质量标准,如 GB 3095、GB 3096、GB 3097、GB 3838、GB 10070、GB 11607、GB 15618 和 GB/T 14848 等确定基线。

5.2.2 当基线确定所需数据充分时,优先选择 5.2.1a) 和 5.2.1 b) 确定基线,如果 5.2.1 a) 和 5.2.1b) 不可行,可考虑选择 5.2.1 c) 和 5.2.1 d) 确定基线。当基线确定所需数据不充分时,可综合采用不同基线确定方法并相互验证。

5.2.3 生态环境损害确认应满足以下任一条件:

a) 评估区域空气、地表水、沉积物、土壤、地下水等环境介质中特征污染物浓度超过基线 20% 以上;

b) 评估区域指示物种种群数量或密度降低,且与基线相比存在统计学显著差异;

c) 评估区域指示物种种群结构(性别比例、年龄组成等)改变,且与基线相比存在统计学显著差异;

d) 评估区域植物群落组成和结构发生变化,且与基线相比存在统计学显著差异;

e) 评估区域植被覆盖度降低,且与基线相比存在统计学显著差异;

f) 评估区域生物物种丰度减少,且与基线相比存在统计学显著差异;

g) 评估区域生物体外部畸形、骨骼变形、内部器官和软组织畸形、组织病理学水平损害等发生率增加,且与基线相比存在统计学显著差异;

h) 造成生态环境损害的其他情形。

6 因果关系分析

6.1 因果关系分析应以存在明确的污染环境或破坏生态行为和生态环境损害事实为前提。

6.2 污染环境行为与生态环境损害间因果关系分析的主要内容包括环境污染物(污染源、环境介质、生物)的同源性分析、污染物迁移路径的合理性分析、生物暴露的可能性分析和生物发生损害的可能性分析。

6.2.1 调查分析污染环境或破坏生态行为与生态环境损害发生的时间先后顺序。污染环境或破坏生态行为与生态环境损害间应存在明确的时间先后顺序。

6.2.2 环境污染物的同源性分析。采样分析污染源、环境介质和生物中污染物的成分、浓度、同位素丰度等,采用稳定同位素或放射性同位素和指纹图谱等技术,结合统计分析方法,判断污染源、环境介质和生物中污染物是否具有同源性。

6.2.3 迁移路径的合理性分析。分析评估区域气候气象、地形地貌、水文地质等自然环境条件,判断是否存在污染物从污染源迁移至环境介质最后到达生物的可能。建立环境污染物从污染源经环境介质到生物的迁移路径假设,识别划分迁移路径的每一个单元,利用空间分析、迁移扩散模型等方法分析污染物迁移方向、浓度变化等情况,分析判断各个单元是否可以组成完整的链条,验证迁移路径的连续性、合理性和完整性。

6.2.4 生物暴露的可能性分析。识别生物暴露于环境污染物的暴露介质、暴露途径和暴露方式,结合生物内暴露和外暴露测量,分析判断生物暴露于环境污染物的可能性。

6.2.5 生物发生损害的可能性分析。通过文献查阅、专家咨询和毒理实验等方法,分析污染物暴露与生态环境损害间的关联性,阐明污染物暴露与生态环境损害间可能的作用机理;建立污染物暴露与生态环境损害间的剂量–反应关系,结合环境介质中污染物浓度、生物内暴露和外暴露量等,分析判断生物暴露水平产生损害的可能性。

6.2.6 排除其他可能的因素的影响,并阐述因果关系分析结论的不确定性。

6.3 破坏生态行为与生态环境损害间的因果关系分析,主要通过文献查阅、专家咨询、样方调查和生态实验等方法,阐明破坏生态行为导致生态环境损害的可能的作用机制,建立破坏生态行为导致生态环境损害的生态链条,分析破坏生态行为导致生态环境损害的可能性。

7 生态环境损害实物量化

7.1 生态环境损害实物量化内容

7.1.1 综合考虑评估对象、目的、适用条件、资料完备程度等情况,选择适当的实物量化指标、方法和参数。对生态环境质量的损害,一般以特征污染物浓度为量化指标;对生态系统服务的损害,一般选择指示物种种群密度、种群数量、种群结构、植被覆盖度等指标作为量化指标。

7.1.2 比较污染环境行为发生前后空气、地表水、沉积物、土壤、地下水等生态环境质量状况,确定生态环境中特征污染物浓度超过基线的时间、体积和程度等变量和因素。

7.1.3 比较污染环境或破坏生态行为发生前后生物种群数量、密度、结构等的变化,确定生物资源或生态系统服务超过基线的时间、面积和程度等变量和因素。

7.2 生态环境损害实物量化方法

7.2.1 生态环境损害实物量化的常用方法主要包括统计分析、空间分析、模型模拟。

7.2.2 生态环境损害实物量化过程中应综合利用 7.2.1 所列方法,并对不同方法量化结果的不确定性进行分析。

8 生态环境损害恢复方案筛选与价值量化

8.1 恢复方案筛选与价值量化内容

8.1.1 生态环境损害价值主要根据将生态环境恢复至基线需要开展的生态环境恢复工程措施的费用进行计算,同时,还应包括生态环境损害开始发生至恢复到基线水平的期间损害。

8.1.2 生态环境恢复方案的筛选应遵循以下程序和要求:

a) 应首先确定生态环境恢复的总体目标、阶段目标和恢复策略;

b) 应综合考虑恢复目标、工作量、持续时间等因素,制定备选基本恢复方案;

c) 估计备选基本恢复行动或措施的实施范围、恢复规模和持续时间等,选择适宜的替代等值分析方法,评估期间损害,计算补偿性恢复行动工程量,制定补偿性恢复方案;

d) 综合采用专家咨询、费用-效果分析、层次分析法等方法对备选生态环境恢复方案进行筛选。筛选应重点考虑备选基本恢复方案和补偿性恢复方案的时间与经济成本,兼顾方案的有效性、合法性、技术可行性、公众可接受性、环境安全性、可持续性等因素,筛选比对后确定最优基本恢复和补偿性恢复方案;

e) 在进行生态环境损害评估时,如果既无法将受损的生态环境恢复至基线,也没有可行的补偿性恢复方案弥补期间损害,或只能恢复部分受损的生态环境,则应采用环境价值评估方法对生态环境的永久性损害进行价值评估,计算生态环境损害数额。

8.1.3 生态环境恢复费用,按照国家工程投资估算的规定列出,包括:工程费、设备及材料购置费、替代工程建设所需的土地、水域、海域等购置费用和工程建设费用及其他费用,采用概算定额法、类比工程预算法编制。污染环境行为发生后,为减轻或消除污染对生态环境的危害而发生的阻断、去除、转移、处理和处置污染物的污染清理费用,以实际发生费用为准,并对实际发生费用的必要性和合理性进行判断。

8.2 生态环境损害评估方法

8.2.1 生态环境损害评估方法包括替代等值分析方法和环境价值评估方法。替代等值分析方法包括资源等值分析方法、服务等值分析方法和价值等值分析方法。环境价值评估方法包括直接市场价值法、揭示偏好法、效益转移法和陈述偏好法。

8.2.2 优先选择资源等值分析方法和服务等值分析方法。如果受损的生态环境以提供资源为主,采用资源等值分析方法;如果受损的生态环境以提供生态系统服务为主,或兼具资源与生态系统服务,采用服务等值分析方法。

8.2.3 如果不能满足资源等值分析方法和服务等值分析方法的基本条件,可考虑采用价值等值分析方法。如果恢复行动产生的单位效益可以货币化,考虑采用价值-价值法;如果恢复行动产生的单位效益的货币化不可行(耗时过长或成本过高),则考虑采用价值-成本法。同等条件下,优先采用价值-价值法。

8.2.4 如果替代等值分析方法不可行,则考虑采用环境价值评估方法。根据方法的不确定性从小到大,建议依次采用直接市场价值法、揭示偏好法和陈述偏好法,条件允许时可以采用效益转移法。常用的环境价值评估方法见附录 B。

8.2.5 以下情况推荐采用环境价值评估方法:

a) 当评估生物资源时,如果选择生物体内污染物浓度或对照区的发病率作为基线水平评价指标,由于在生态环境恢复过程中难以对其进行衡量,推荐采用环境价值评估方法;

b) 由于某些限制原因,生态环境不能通过工程完全恢复,采用环境价值评估方法评估生态环境的永久性损害;

c) 如果生态环境恢复工程的成本大于预期收益,推荐采用环境价值评估方法。

9 生态环境恢复效果评估

9.1 生态环境恢复效果评估的内容

9.1.1 生态环境恢复方案实施后,定期跟踪生态环境及生态系统服务的恢复情况,全面评估生态环境恢复效果,包括是否正确执行生态环境恢复方案,是否达到生态环境恢复总体目标和分项目标,恢复行动实施期间是否造成二次污染,是否需要开展补充性恢复等。如果基本恢复或补偿性恢复未达到预期效果,应进一步量化损害,制定并筛选补充性恢复方案,具体参照 7.1、7.2、8.1 和 8.2,损害量化内容纳入补充性恢复方案。

9.1.2 生态环境恢复效果评估需制定生态环境调查和监测方案,定期进行调查、监测和分析,包括大气、地表水、沉积物、土壤、地下水等环境监测,动物、植物、微生物等生物监测,水文、地质等相关参数的监测,以及生态系统恢复状况调查。

9.1.3 公开征求公众对恢复行动的意见,调查公众对恢复行动实施效果的满意度。

9.2 生态环境恢复效果评估的方法

生态环境恢复效果评估的方法包括环境监测、生物监测、生态调查和问卷调查等。

10 附 则

本技术指南施行前环境保护部发布的推荐方法,与本技术指南不一致的,以本技术指南为准。

生态环境损害鉴定评估技术指南 损害调查

(2016 年 6 月 29 日发布)

目 次

前 言

1 适用范围

2 规范性引用文件

3 术语和定义

4 调查原则
5 工作内容与工作程序
6 初步调查
7 系统调查
8 质量控制
9 信息汇总分析
附录A(资料性附录) 生态环境损害鉴定评估调查报告的编制要求(略)
附录B(资料性附录) 生态环境损害鉴定评估资料清单(略)
附录C(资料性附录) 生态环境损害鉴定评估调查表(略)

前　言

为贯彻《中华人民共和国环境保护法》，保护生态环境，维护生态环境安全，指导生态环境损害鉴定评估调查工作，制定本技术指南。

本指南规定了生态环境损害鉴定评估中损害调查的一般性原则、程序、内容和方法。

本指南附录A，附录B，附录C为资料性附录。

本指南为首次发布。

本指南由环境保护部政策法规司组织制定。

本指南主要起草单位：环境保护部环境规划院、中国科学院南京土壤研究所。

本指南由环境保护部解释。

1　适用范围

本指南规定了生态环境损害鉴定评估中损害调查的一般性原则、程序、内容和方法。

本指南适用于因污染环境或破坏生态导致的生态环境损害调查。

本指南不适用于因核与辐射所致生态环境损害的调查。

2　规范性引用文件

本指南引用下列文件中的条款。凡是不注明日期的引用文件，其有效版本适用于本指南。

GB 5085	危险废物鉴别标准
GB 5490	粮油检验一般规则
GB 17378	海洋监测规范
GB/T 12763	海洋调查规范
GB/T 12990	水质 微型生物群落监测 PFU法
GB/T 13266	水质 物质对蚤类（大型蚤）急性毒性测定方法
GB/T 13267	水质 物质对淡水鱼（斑马鱼）急性毒性测定方法
GB/T 15440	环境中有机污染物遗传毒性检测的样品前处理规范
GB/T 15441	水质 急性毒性的测定 发光细菌法
GB/T 16310	船舶散装运输液体化学品危害性评价规范
GB/T 21281	危险化学品鱼类急性毒性分级试验方法

GB/T 21805	化学品 藻类生长抑制试验
GB/T 21807	化学品 鱼类胚胎和卵黄囊仔鱼阶段的短期毒性试验
GB/T 21808	化学品 鱼类延长毒性 14 天试验
GB/T 21809	化学品 蚯蚓急性毒性试验
GB/T 21810	化学品 鸟类日粮毒性试验
GB/T 21812	化学品 蜜蜂急性经口毒性试验
GB/T 21814	工业废水的试验方法 鱼类急性毒性试验
GB/T 21830	化学品 溞类急性活动抑制试验
GB/T 21854	化学品 鱼类早期生活阶段毒性试验
GB/T 31270	化学农药环境安全评价试验准则
HJ 25.1	场地环境调查技术导则
HJ 25.2	场地环境监测技术导则
HJ 493	水质 样品的保存和管理技术规定
HJ 494	水质 采样技术指导
HJ 495	水质 采样方案设计技术规定
HJ 606	工业污染源现场检查技术规范
HJ 630	环境监测质量管理技术导则
HJ 710	生物多样性观测技术导则
HJ/T 55	大气污染物无组织排放监测技术导则
HJ/T 91	地表水和污水监测技术规范
HJ/T 164	地下水环境监测技术规范
HJ/T 166	土壤环境监测技术规范
HJ/T 194	环境空气质量手工监测技术规范
HJ/T 298	危险废物鉴别技术规范
HJ/T 373	固定污染源监测质量保证与质量控制技术规范(试行)
HJ/T 397	固定源废气监测技术规范
HJ/T 589	突发环境事件应急监测技术规范
SN/T 3524	化学品 鱼类生殖毒性试验方法
CJ/T 150	城市供水 致突变物的测定 鼠伤寒沙门氏菌/哺乳动物微粒体酶试验
NY/T 395	农田土壤环境质量监测技术规范
NY/T 396	农田水源环境质量监测技术
NY/T 397	农区环境空气质量监测技术规范
NY/T 789	农药残留分析样本的采样方法
NY/T 1669	农业野生植物调查技术规范
LY/T 1814	自然保护区生物多样性调查规范
SC/T 9102	渔业生态环境监测规范
SL 167	水库渔业资源调查规范

DD 2014—15　地下水污染调查评价样品分析质量控制技术要求
DZ/T 0282　　水文地质调查规范（1∶50 000）
固体废物鉴别导则（试行）
全国植物物种资源调查技术规定（试行）
全国动物物种资源调查技术规定（试行）
全国淡水生物物种资源调查技术规定（试行）
全国海洋生物物种资源调查技术规定（试行）
全国微生物资源调查技术规定（试行）
地下水环境状况调查评价工作指南（征求意见稿）

3　术语和定义

下列术语和定义适用于本指南。

3.1　生态环境损害 eco-environmental damage

指因污染环境、破坏生态造成大气、地表水、地下水、土壤等环境要素和植物、动物、微生物等生物要素的不利改变，及上述要素构成的生态系统功能的退化。

3.2　生态环境损害调查 eco-environmental damage investigation

指采用科学、系统的调查方法，搜集信息和数据，为生态环境损害鉴定评估提供支持的过程。

3.3　生态系统服务 ecosystem services

指生态系统直接或间接为人类提供的惠益。

3.4　生态环境基线 eco-environmental baseline

指污染环境、破坏生态行为未发生时，评估区域内生态环境及其生态系统服务的状态。

3.5　生态环境恢复 eco-environmental restoration

指生态环境损害发生后，采取各项必要的、合理的措施将生态环境及其生态系统服务恢复至基线水平，同时补偿期间损害。按照恢复目标和阶段不同，生态环境恢复可包括基本恢复、补偿性恢复和补充性恢复。

3.6　基本恢复 primary restoration

指采取自然恢复或人工恢复措施，使受损的生态环境及其生态系统服务恢复至基线水平。

3.7　补偿性恢复 compensatory restoration

指采取各项恢复措施，补偿生态环境期间损害。

3.8　补充性恢复 complementary restoration

指基本恢复或补偿性恢复不能完全恢复受损的生态环境及生态服务时，采取各项弥补性的恢复措施，使生态环境及生态服务恢复到基线水平。

4　调查原则

4.1　规范性原则

采用程序化和系统化的方式规范调查行为，由专业人员运用国家规定的、公认的技术方法进行现场调查、监测,保证调查过程的科学性和客观性。在调查过程中,数据和资料的搜集、样品的采集与运输、样品的分析检测应当按照有关技术规范开展。

4.2 中立性原则

调查活动不受任何部门和个人因素的干扰。参与调查工作的人员应当保持中立,不受鉴定评估委托方以及其他方面的干扰。

4.3 全面性原则

调查应力求严谨周密、不以偏概全,确保调查数据和结论能够客观反映环境污染或生态破坏损害情况。

4.4 及时性原则

在环境污染或生态破坏发生后尽早介入,尽早开展工作,及时制定调查方案和监测计划,取得有关资料,进行环境监测,获得鉴定评估所需的数据资料。

5 工作内容与工作程序

5.1 工作内容

生态环境损害调查包括生态环境基线调查、污染源调查、环境质量调查、生物调查、生态系统服务调查、生态环境恢复措施与费用调查、生态环境恢复效果评估调查。

5.2 工作程序

生态环境损害调查分为初步调查和系统调查两个阶段,初步调查主要开展资料搜集、现场踏勘和人员访谈,对生态环境损害范围和程度进行初步的判断和分析。系统调查在初步调查的基础上,对生态环境损害开展针对性调查,为损害确认和损害量化提供支撑。

生态环境恢复费用中的污染清理费用相关资料原则上由委托方提供。鉴定评估机构可根据委托方的委托进行相关资料的搜集。

初步调查和系统调查阶段应分别制定调查工作方案,包括调查对象、调查内容、调查方法、调查方式和质量控制等内容。

调查工作结束后编写《生态环境损害鉴定评估调查报告》,该报告也可以作为生态环境损害鉴定评估报告的内容而不单独出具,编制要求见附录 A。

调查的工作程序见图 1。

6 初步调查

初步调查主要开展资料搜集、现场踏勘和人员访谈。初步调查阶段的环境监测以现场快速检测为主,并进行必要的实验室检测。

6.1 资料搜集与分析

调查人员应根据生态环境损害具体情况和生态环境损害评估需求,选择搜集相关信息,并制作生态环境损害鉴定评估资料清单(参照附录 B)。

6.1.1 背景信息调查搜集

主要包括:

a) 评估区域的气候气象、地形地貌、水文地质等自然条件;

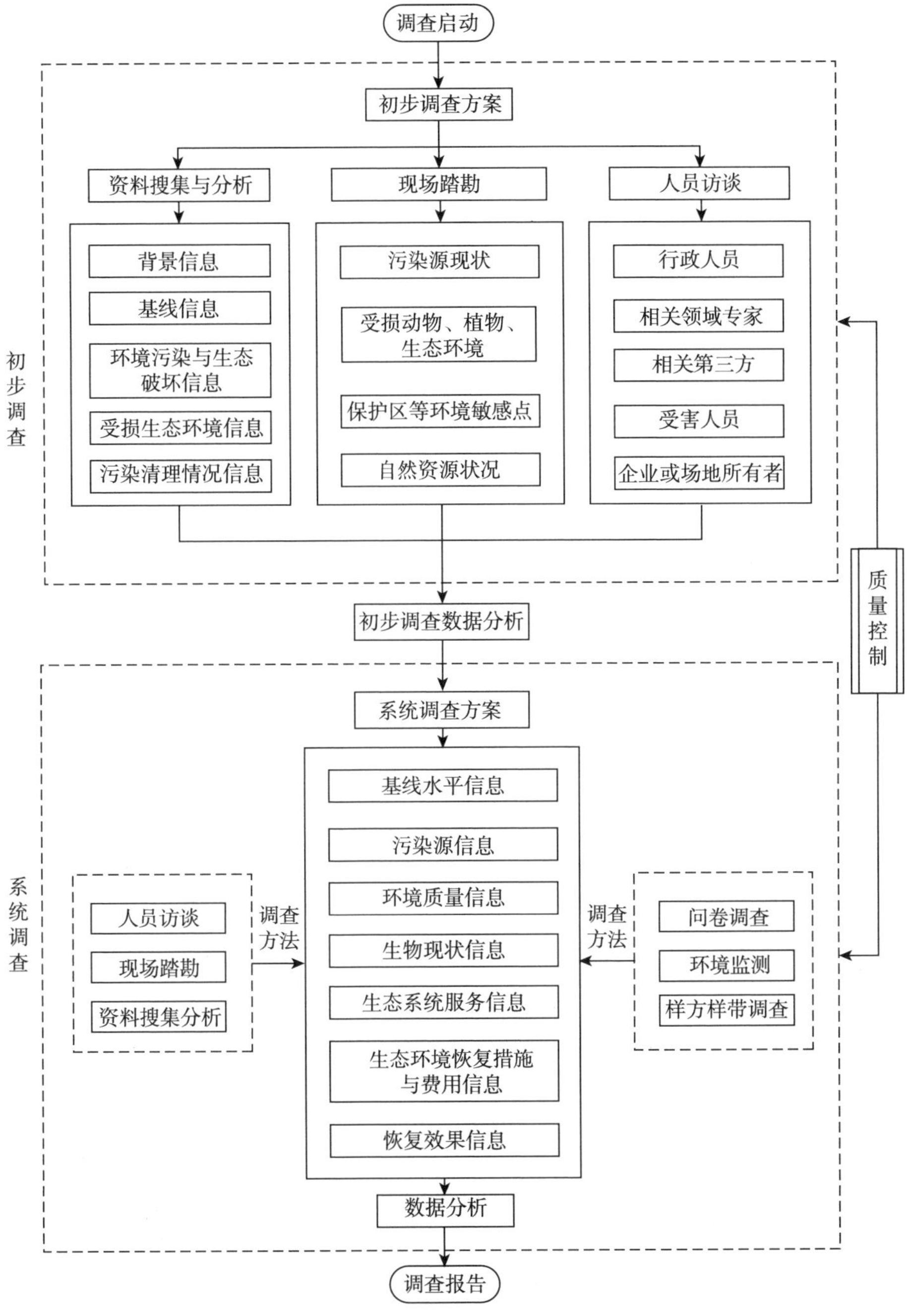

```
┌─────────────┐
│  调查启动   │
└──────┬──────┘
       ↓
┌─────────────────┐
│  初步调查方案   │
└─────────────────┘
```

初步调查

- 资料搜集与分析
  - 背景信息
  - 基线信息
  - 环境污染与生态破坏信息
  - 受损生态环境信息
  - 污染清理情况信息

- 现场踏勘
  - 污染源现状
  - 受损动物、植物、生态环境
  - 保护区等环境敏感点
  - 自然资源状况

- 人员访谈
  - 行政人员
  - 相关领域专家
  - 相关第三方
  - 受害人员
  - 企业或场地所有者

↓ 初步调查数据分析 ↓

系统调查方案

- 基线水平信息
- 污染源信息
- 环境质量信息
- 生物现状信息
- 生态系统服务信息
- 生态环境恢复措施与费用信息
- 恢复效果信息

系统调查

调查方法:
- 人员访谈
- 现场踏勘
- 资料搜集分析

调查方法:
- 问卷调查
- 环境监测
- 样方样带调查

质量控制

↓ 数据分析 ↓

↓ 调查报告 ↓

图1　调查工作程序流程图

b) 评估区域及其周边地区的大气、地表水、土壤、地下水、近海海域的历史和应急监测数据；

c) 评估区域内人口、交通、基础设施、经济、土地利用现状，居民区、饮用水水源地等敏感点信息，以及能源和水资源供给、消耗等信息；

d) 评估区域内主要产业构成的历史、现状和发展情况；

e) 评估区域内主要生物、矿产、能源等自然资源状况，开发利用方式和强度等信息，以及主要厂矿和建筑物的分布情况。

6.1.2 基线信息调查搜集

主要包括：

a) 针对评估区域的专项调查、学术研究以及其他自然地理、生态环境状况等相关历史数据；

b) 针对与评估区域地理位置、气候条件、地形地貌、土地利用类型等类似的未受影响的对照区域，搜集区域的生态环境状况等数据；

c) 污染物的环境标准和环境基准。

6.1.3 环境污染和生态破坏信息调查搜集

主要包括：

a) 污染源的数量、位置和周边情况等信息；

b) 污染排放时间、排放方式、排放去向和排放频率等信息；

c) 污染源排放的特征污染物种类、排放量和排放浓度等信息；

d) 污染源排放的污染物进入外环境生成的次生污染物种类、数量和浓度等信息；

e) 林地、耕地、草地、湿地等生态系统自然状态以及野生动植物受到破坏或伤害的时间、方式和过程等信息。

6.1.4 受损生态环境质量信息调查搜集

主要包括：

a) 关于受损生态环境的文字与音像材料以及遥感影像、航拍图片等影像资料；

b) 受到影响的大气、地表水、沉积物、土壤、地下水等环境介质的质量变化；

c) 受到影响的生物的类型、结构和数量变化等情况；

d) 评估区域的历史环境污染、生态破坏的相关资料。

6.1.5 污染清理情况信息调查搜集

主要包括：

a) 污染清理的组织、工作过程、清理效果与二次污染物的产生情况等资料信息；

b) 污染清理的现场照片和录像等音像资料；

c) 污染物清理转运、物资投入和工程设施等信息。

6.1.6 资料分析

根据专业知识和经验识别资料中的错误和不合理信息，对于不完整、不确定信息应在报告中说明。

6.2 现场踏勘

根据生态环境损害具体情况和生态环境损害评估需求，开展现场踏勘，并填写现场踏勘记录表（参照附录 C-2）。

6.2.1 现场踏勘范围

对污染环境行为造成的生态环境损害，以污染源、污染物的迁移途径、受损生态环境所在区域为主要踏勘范围；对破坏生态行为造成的生态环境损害，以受损或退化的生物所在区域和生态系统为主要踏勘范围。

6.2.2 现场踏勘的内容和方法

现场踏勘的工作内容可包括：

a) 污染源。造成污染的各种来源，如化学品的生产、使用、贮存、情况，污染物非法倾倒、事故排放、临时堆放泄漏情况，以及安全和交通事故、自然原因造成的污染物泄漏等状况；

b) 迁移途径。污染物在环境界面的物质交换及长距离运输，如污染物在土壤—大气、土壤—地表水、土壤—地下水，地表水—沉积物等界面的物质交换过程；以及污染物在大气、地表水、地下水等介质中迁移、扩散、转化以及长距离运输的过程；

c) 受损环境情况。由污染造成的大气、地表水、沉积物、土壤和地下水环境影响范围、影响程度和潜在影响区域；

d) 区域状况及环境敏感点。区域土地利用类型以及可能影响污染物迁移扩散的构筑物、沟渠、河道、地下管网和渗坑等要素，区域水文地质、地形地貌等自然状况，居民区、饮用水水源地、自然保护区、风景名胜区、世界文化和自然遗产地等周边区域环境敏感点；

e) 生物的动态变化情况。观察评估区域内植物群落的类型、群落的层次结构，动物种群的结构特征、行为特征和栖息地的情况，着重识别评估区域的指示物种，以及指示物种的生物学、生态学和生境特征及其变化情况；

f) 生态系统。对于森林生态系统，分层（乔木层、灌木层和草本层）进行踏勘观测；湿地生态系统主要关注湿地的类型，其所在的水系和区域流域的水文情况，地表和地下水水位的时空分布以及动态变化；对于草地生态系统，重点踏勘草地群落组成和草地退化情况；对于荒漠生态系统，主要关注主导风向、风速以及地下水系的情况；对于农田生态系统，着重调查传粉昆虫种群动态、农作物的产量和轮作情况，病虫害的类型、爆发时间和防治措施等情况；

g) 现场踏勘过程中对评估区域的大气、地表水、沉积物、土壤、地下水和生物等样品的检测以现场快速检测为主，同时保存不低于20%比例的样品，以备复查。

6.2.3 安全防护准备

在现场踏勘前，根据现场的具体情况采取相应的防护措施，装备必要的防护用品。

6.3 人员访谈

调查人员可采取面谈、电话交流、电子或书面调查表等方式，对现场状况或历史的知情人，包括当地政府官员、环境保护行政主管部门的人员、相关领域专家、企业或场地所有者、熟悉现场的第三方、实际或潜在受害人员进行访谈，补充相关信息，考证已有资料。调查人员应填写人员访谈记录表（参照附录C-3）。

6.4 初步调查总结

应该初步明确污染源的位置、类型、污染物排放量和排放浓度，生物和生态系统损害的表现和强度，初步确定生态环境损害的类型、范围和程度，并对系统调查提出建议。

7 系统调查

7.1 调查内容

7.1.1 基线水平信息

包括评估区域和补偿性恢复备选区域的环境介质、生物、生态系统服务等表征指标的基线水平。

7.1.2 污染源信息

包括造成评估区域生态环境损害的所有污染源数量、位置、污染排放情况、特征污染物种类、排放量和排放浓度等信息。

7.1.3 环境质量信息

包括评估区域和补偿性恢复备选区域的大气、地表水、沉积物、土壤、地下水等环境介质的质量现状、污染分布情况、污染物浓度水平等信息。

7.1.4 生物信息

包括评估区域和补偿性恢复备选区域的植物群落建群种、分布面积、密度、生物量、是否有保护物种分布和保护物种的级别、植物群落的受损程度,以及主要动物物种密度、出生率、死亡率、繁殖率、生境、是否有保护物种分布和保护物种的级别、动物的受损程度等情况。

7.1.5 生态系统服务信息

包括评估生态系统提供的服务类型和受损程度。受损程度通常用生态系统面积、生物量或初级生产力来表征,必要情况下,也可以用固碳量、释氧量、水源涵养量等生态系统服务量来表征。

7.1.6 生态环境恢复措施与费用信息

包括为恢复生态环境功能及其服务水平所采取的基本恢复、补偿性恢复和补充性恢复等措施及相关费用,也包括为采取行动发生的监测和维护费用。其中,基本恢复措施也包括为减轻或消除污染而采取的阻断、去除、转移、处理和处置环境中污染物的必要的、合理的临时性措施。

7.1.7 生态环境恢复效果信息

包括实施恢复的环境介质、生物、生态系统的恢复情况,恢复行动实施期间的二次污染情况,公众满意度情况等用于评价生态环境恢复措施是否达到预期目标、是否需要开展补充性恢复的信息。

7.2 调查方法

系统调查阶段的调查方法主要包括资料搜集与分析、现场踏勘、人员访谈、环境监测、问卷调查、样方样带调查。

系统调查阶段的资料搜集与分析是在初步调查阶段的基础上,根据评估需求,进行针对性的信息搜集、核实和补充,并对生态环境损害鉴定评估资料清单进行补充。

现场踏勘要求见 6.2 节,人员访谈要求见 6.3 节,其他调查要求见 7.3 节。

7.3 调查要求

7.3.1 基线水平调查

a)通过查阅相关历史档案或文献资料,获得评估区域环境质量、生物数量、生态系统服务等表征指标的基线水平；

b）选取对照区域,开展环境质量、生物数量、生态系统服务等的相关调查和监测工作。

c）必要时开展基线水平的专项研究。

7.3.2 污染源调查

污染源调查可按照 HJ 606 和 HJ/T 373 执行。

7.3.3 环境质量调查

a）环境质量调查主要通过环境监测手段,开展现场采样、分析检测、质量控制和判断评价等工作。应针对污染类型、污染物性质和生态环境损害评估的需求制定环境质量调查工作方案;

b）环境质量调查中,应合理选择有代表性的检测项目,包括由污染源直接排入环境的一次污染物、一次污染物进入环境转化生成的二次污染物、在污染清理过程中引入的污染物、能影响上述特征污染物环境行为的理化指标、可能对特征污染物检测结果产生干扰的理化指标等项目;

c）对于大气、地表水、土壤、地下水和固体废物等环境监测方案和分析检测方法,优先选择国家标准。无国家标准的,可参照行业或地方标准;国内无标准的,可参照国外相关适用性标准。常用的监测技术导则和规范见表1,环境质量监测应遵守 GB/T 15440 和 HJ 630 的相关规定。

d）污染场地的调查和监测按照 HJ 25.1 和 HJ 25.2 执行；突发环境事件的调查和监测按照 HJ/T 589 执行。

e）对于矿区等特大生态环境损害区域调查、地下溶洞等复杂条件生态环境损害调查等无相关技术导则的情况,调查人员应根据专业知识和经验,结合评估区域特点设计采样监测方案。

f）调查人员应填写现场采样记录表(参照附录C-4)。

表1 环境质量调查相关技术导则和规范

调查内容	引用标准
大气	HJ/T 55：大气污染物无组织排放监测技术导则 HJ/T 194：环境空气质量手工监测技术规范 NY/T 397：农田环境空气质量监测技术规范
废气	HJ/T 373：固定污染源监测质量保证与质量控制技术规范 HJ/T 397：固定源废气监测技术规范
海洋	GB 12763：海洋调查规范 GB 17378：海洋监测规范
地表水	HJ 493：水质 样品的保存和管理技术规定 HJ 494：水质 采样技术指导 HJ 495：水质 采样方案设计技术规定 HJ/T 91：地表水和污水监测技术规范 NY/T 396：农田水源环境质量监测技术

(续表)

调查内容	引用标准
地下水	HJ 630:环境监测质量管理技术 导则 HJ/T 164:地下水环境监测技术规范 DZ/T 0282—2015:水文地质调查规范(1:50000) DD 2014—15:地下水污染调查评价样品分析质量控制技术要求 地下水环境状况调查评价工作指南(征求意见稿)
废水	HJ/T 91:地表水和污水监测技术规范 HJ/T 373:固定污染源监测质量保证与质量控制技术规范
土壤	HJ/T 166:土壤环境监测技术规范 NY/T 395:农田土壤环境质量监测技术规范
固体废物	固体废物鉴别导则(试行)
危险废物	GB 5085.1—7:危险废物鉴别标准 HJ/T 298:危险废物鉴别技术规范

7.3.3 生物调查

生物调查包括生物多样性和生物毒性的调查,针对不同调查内容的常用相关技术导则见表2,调查人员应填写生物现场调查表(参照附录 C-5)。

表2　生物调查相关技术导则和规范

调查内容		引用标准
生物物种资源和生物多样性	自然保护区	LY/T1814:自然保护区生物多样性调查规范
	陆生植物	HJ 710.1:生物多样性观测技术导则 陆生维管植物 HJ 710.2:生物多样性观测技术导则 地衣和苔藓 HJ 710.11:生物多样性观测技术导则 大型真菌 NY/T1669 农业野生植物调查技术规范 全国植物物种资源调查技术规定(试行)
	陆生动物	HJ 710.3:生物多样性观测技术导则 陆生哺乳类 HJ 710.4:生物多样性观测技术导则 鸟类 HJ 710.5:生物多样性观测技术导则 爬行动物 HJ 710.6:生物多样性观测技术导则 两栖动物 HJ 710.10:生物多样性观测技术导则 大中型土壤动物 全国动物物种资源调查技术规定(试行)

(续表)

调查内容		引用标准
生物物种资源和生物多样性	水生植物	GB 12763:海洋调查规范 GB 17378:海洋监测规范 HJ 710.12:生物多样性观测技术导则 水生维管植物
	水生动物	GB 12763:海洋调查规范 GB 17378:海洋监测规范 HJ 710.6:生物多样性观测技术导则 两栖动物 HJ 710.7:生物多样性观测技术导则 内陆水域鱼类 HJ 710.8:生物多样性观测技术导则 淡水底栖大型无脊椎动物 SC/T 9102:渔业生态环境监测规范 SL167:水库渔业资源调查规范
	生物物种	全国淡水生物物种资源调查技术规定(试行) 全国海洋生物物种资源调查技术规定(试行)
	微生物	全国微生物资源调查技术规定(试行)
生物毒性	陆生植物	GB 5490:粮油检验 一般规则 GB/T 31270.19:化学农药环境安全评价试验准则 第19部分:非靶标植物影响试验 NY/T789:农药残留分析样本的采样方法
	陆生动物	GB/T 16310.4:船舶散装运输液体化学品危害性评价规范哺乳动物毒性试验方法 GB/T 21809:化学品 蚯蚓急性毒性试验 GB/T 21810:化学品 鸟类日粮毒性试验 GB/T 21812:化学品 蜜蜂急性经口毒性试验 GB/T 31270.9:化学农药环境安全评价试验准则 第9部分:鸟类急性毒性试验 GB/T 31270.10:化学农药环境安全评价试验准则 第10部分:蜜蜂急性毒性试验 GB/T 31270.11:化学农药环境安全评价试验准则 第11部分:家蚕急性毒性试验 GB/T 31270.15:化学农药环境安全评价试验准则 第15部分:蚯蚓急性毒性试验 GB/T 31270.17:化学农药环境安全评价试验准则 第17部分:天敌赤眼蜂急性毒性试验 GB/T 31270.18:化学农药环境安全评价试验准则 第18部分:天敌两栖类急性毒性试验 GB/T 31270.20:化学农药环境安全评价试验准则 第20部分:家畜短期饲喂毒性试验 CJ/T 150:城市供水 致突变物的测定 鼠伤寒沙门氏菌/哺乳动物微粒体酶试验
	土壤微生物	GB/T 31270.16:化学农药环境安全评价试验准则 第16部分:土壤微生物毒性试验

(续表)

调查内容		引用标准
生物毒性	水生植物	GB/T 12990:水质 微型生物群落监测 PFU 法 GB/T 15441:水质 急性毒性的测定 发光细菌法 GB/T 21805:化学品 藻类生长抑制试验 GB/T 31270.14:化学农药环境安全评价试验准则 第 14 部分:藻类生长抑制试验
	水生动物	GB/T 12990:水质 微型生物群落监测 PFU 法 GB/T 13266:水质 物质对蚤类(大型蚤)急性毒性测定方法 GB/T 13267:水质 物质对淡水鱼（斑马鱼）急性毒性测定方法 GB/T 16310.1:船舶散装运输液体化学品危害性评价规范水生生物急性毒性试验方法 GB/T 16310.2:船舶散装运输液体化学品危害性评价规范水生生物积累性试验方法 GB/T 16310.3:船舶散装运输液体化学品危害性评价规范水生生物沾染试验方法 GB/T 16310.5:船舶散装运输液体化学品危害性评价规范危害性评价程序与污染分类方法 GB/T 21281:危险化学品鱼类急性毒性分级试验方法 GB/T 21807:化学品 鱼类胚胎和卵黄囊仔鱼阶段的短期毒性试验 GB/T 21808:化学品 鱼类延长毒性 14 天试验 GB/T 21814:工业废水的试验方法 鱼类急性毒性试验 GB/T 21830:化学品 溞类急性活动抑制试验 GB/T 21854:化学品 鱼类早期生活阶段毒性试验 GB/T 31270.12:化学农药环境安全评价试验准则 第 12 部分:鱼类急性毒性试验 GB/T 31270.13:化学农药环境安全评价试验准则 第 13 部分:溞类急性活动抑制试验 GB/T 31270.21:化学农药环境安全评价试验准则 第 21 部分:大型甲壳类生物毒性试验 SN/T 3524:化学品 鱼类生殖毒性试验方法
	水生微生物	GB/T 12990:水质 微型生物群落监测 PFU 法 GB/T 15441:水质 急性毒性的测定 发光细菌法

7.3.4 生态系统服务调查

根据生态系统类型确定调查项目,具体方法参照 7.3.3 节的要求执行;对于无技术规范的情况,调查人员应根据专业知识和经验进行信息的搜集。调查人员应填写生态系统服务调查表(参照附录 C-6)。

7.3.5 生态环境恢复措施与费用调查

a)生态环境恢复方案筛选调查,应调查搜集备选方案的实施费用、监测维护费用、恢复时间、经济社会效益、技术可行性、是否造成二次污染等信息;

b) 对于污染清理和恢复措施已经完成或正在进行的,搜集实际发生的费用信息,并对实际发生费用的合理性进行判断核实;

c) 对于恢复措施尚未开展的,应按照国家工程投资估算的规定搜集备选恢复方案的相关费用信息,必要时应开展专项研究;

d) 对于无法恢复而采用环境价值评估方法评估生态环境损害的,应根据具体的环境价值评估方法的需求搜集相关资料和信息,必要时应开展专项研究;

e) 调查人员应填写污染清理等费用调查表(参照附录 C-7)和生态环境恢复方案比选表(参照附录 C-8)。

7.3.6 生态环境恢复效果调查

a) 开展现场踏勘,制定生态环境恢复效果调查工作方案;

b) 对于已完成的生态环境恢复措施,应主要搜集实际实施的恢复方案、方案目标和二次污染情况等信息;

c) 对于实施恢复的环境介质、生物、生态系统的信息调查分别参照 7.3.2 节、7.3.3 节和 7.3.4 节的要求执行;

d) 对于需要开展补充性恢复的情况,应搜集补充性修复方案的实施费用、监测维护费用、恢复时间、经济社会效益、技术可行性、是否造成二次污染等信息;

e) 针对生态环境恢复措施和目标公众特点,设计恢复效果公众满意度调查表,开展公众满意度调查;

f) 参照生态环境损害鉴定评估调查报告的编制要求(附录 A)编写生态环境恢复效果调查报告。

8 质量控制

调查人员应对调查所获得的数据信息进行审核。

8.1 检测及实验数据质量控制

检测及实验数据质量控制主要考虑以下几个方面:

a) 样品的检测数量和检测项目是否符合要求;

b) 样品的保管、运输是否严格遵照相关技术规定;

c) 样品的检测是否严格遵照相关技术规定。

8.2 调查数据质量控制

调查数据包括资料搜集、现场踏勘、人员访谈和问卷调查获得的数据,质量控制主要考虑以下几个方面:

a) 调查表(记录表)是否存在漏报情况,填报是否完整;

b) 信息数据的获取和提交是否符合工作程序和相应规定;

c) 调查表(记录表)的填报是否按照相应的要求进行;

d) 审核数据材料中的内容是否符合客观实际情况;

e) 审核数据材料中重复出现的同一指标数值是否一致,具有关联的指标间衔接是否符合逻辑;

f) 分析数据值是否正确,指标数量级别、计量单位是否准确;

g）对于搜集获得的资料,随机抽取 5%～10% 进行资料复核;对于人员访谈和调查表(记录表)获得的资料信息,随机抽取 5%～10% 进行回访复核。

9　信息汇总分析

调查人员应对损害调查阶段获得的信息进行分析,确定评估区域特征污染物类型、浓度水平和空间分布情况,明确生态环境损害的情况,整理调查信息和分析检测结果,评估分析数据的质量和有效性,对是否需要补充调查进行判断。调查人员应填写生态环境损害调查信息汇总表(参照附录 C-1),并完成生态环境损害调查报告。

COLLECTIONS OF LAWS, REGULATIONS AND STANDARDS FOR
INDENTIFICATION AND ASSESSMENT OF ECOLOGICAL ENVIRONMENTAL DAMAGE

生态环境损害鉴定评估法律法规与标准汇编

(中卷)

司法部公共法律服务管理局 编

本书作者感谢以下课题及基金会的帮助

国家自然科学基金项目"基于碳源碳汇空间格局的低碳城乡空间规划方法研究"（编号：51178235）；"十二五"国家科技支撑课题"GIS 与 VR 技术在中华文明探源中的应用研究"（编号：2013BAK08B07）；中国海油海洋环境与生态保护公益基金会；国家重点研发计划项目"生态环境损害鉴定评估业务化技术研究"（编号：2016YFC0503600）。

编审委员会

主　任　邓甲明

副主任　舒国华　高振会　苗前军

编审委员会成员（按姓氏笔画排名）

毛　锋　张元勋　张效礼　郑振玉　舒俭民

编辑委员会

主　编　高振会

副主编　张书豪　毛　锋

编辑委员会成员（按姓氏笔画排名）

马金锋　王　伟　王　艳　王　霄　王一萍　王中华　毛　锋　邓甲明
曲克明　朱　琳　孙　光　远丽辉　杜立静　李安虎　杨悦锁　何升金
宋俊花　宋莎莎　张　雷　张元勋　张书豪　张林波　张效礼　张继民
陈　志　武　鹏　苗前军　林　虎　郑　立　郑文锋　郑振玉　赵　鸣
赵　楠　姜锡仁　高　萍　高　蒙　高振会　郭　振　郭银波　黄伟政
黄健熙　崔正国　隋亚栋　韩龙江　程永强　程宏君　舒国华　舒俭民
魏文普　魏计房

编写说明

生态环境问题是全人类共同面临的重大问题。生态兴则文明兴,生态衰则文明衰。生态文明建设关系人民福祉,关乎民族未来,事关"两个一百年"奋斗目标和中华民族伟大复兴中国梦的实现。习近平总书记指出:"生态环境保护是功在当代、利在千秋的事业。要清醒认识保护生态环境、治理环境污染的紧迫性和艰巨性,清醒认识加强生态文明建设的重要性和必要性,以对人民群众、对子孙后代高度负责的态度和责任,真正下决心把环境污染治理好,把生态环境建设好,努力走向社会主义生态文明新时代,为人民创造良好生产生活环境。"党中央、国务院高度重视生态文明建设。党的第十八次全国代表大会以来,我国生态文明建设成效显著,污染防治工作得到极大推进,但环境污染重、生态受损大、环境风险高等问题依然存在,成为全面建成小康社会的突出短板。生态文明建设正处于压力叠加、负重前行的关键期,已进入提供更多优质生态产品以满足人民日益增长的优美生态环境需要的攻坚期,同时,也到了有条件有能力解决突出生态环境问题的窗口期。

2015年12月,中共中央办公厅、国务院办公厅印发《生态环境损害赔偿制度改革试点方案》,开始在部分省份试行生态环境损害赔偿制度;2017年12月,中共中央办公厅、国务院办公厅又印发《生态环境损害赔偿制度改革方案》,生态环境损害赔偿制度改革从先行试点进入全国试行阶段。

环境损害司法鉴定是指在诉讼活动中鉴定人运用环境科学技术或者专门知识,采用监测、检测、现场勘察、实验模拟或者综合分析等技术方法,对环境污染或者生态破坏诉讼涉及的专门性问题进行鉴别和判断并提供鉴定意见的活动,对支持办案和行政执法机关更有力地打击环境违法犯罪行为,更好地保护生态环境、建设美丽中国具有重要意义。2015年12月21日,最高人民法院、最高人民检察院、司法部联合发布了《关于将环境损害司法鉴定纳入统一登记管理范围的通知》,对从事生态环境损害司法鉴定业务的鉴定机构和鉴定人实行统一登记管理,同时,司法部、生态环境部(原环境保护部)印发《关于规范环境损害司法鉴定管理工作的通知》,进一步明确了规范管理环境损害司法鉴定工作的思路和措施,推动我国生态环境损害鉴定评估工作进入规范化、科学化和法制化发展轨道。

依据我国现行法律法规和技术标准规范开展生态环境损害鉴定,是确定生态环境损害因果关系、评估损害程度、制订修复方案和计算损害赔偿数额的关键,是确定生态环境

损害责任和公平执法的基础。根据我国相关法律规定,生态环境包括大气、水、海洋、土地、矿藏、森林、草原、湿地、野生生物、自然遗迹、人文遗迹、自然保护区、风景名胜区、城市和乡村等,范围十分广泛,与生态环境损害鉴定相关的法律法规、国家标准、行业标准众多。为做好生态环境损害鉴定评估工作,加快推进生态环境损害司法鉴定标准体系建设,适应生态环境诉讼、环境保护行政执法需求,有必要以与生态环境相关的国家现行法律法规与标准为基础,编纂《生态环境损害鉴定评估法律法规与标准汇编》。

受司法部公共法律服务管理局委托,中国环境科学学会环境损害鉴定评估专业委员会组织有关专家、学者,历时二年,编纂了《生态环境损害鉴定评估法律法规与标准汇编》,该汇编分上、中、下三卷,上卷包括与生态环境相关的通用法律法规与标准,中卷包括与大气、水、海洋生态环境相关的法律法规与标准,下卷包括与土壤、生态、噪声、辐射、地震减灾等相关的法律法规与标准。其中,上卷的通用法律法规与标准涉及大气、水、海洋、土壤、生态、噪声、辐射、地震减灾等生态环境领域广泛使用的现行法律法规与标准;中卷大气、水、海洋篇的选编范围分别是与大气、水、海洋生态环境或生态环境损害相关的现行法律法规和标准;下卷土壤、生态、噪声、辐射、地震减灾篇的选编范围分别是与土壤、生态、噪声、辐射、地震减灾等环境或环境损害相关的现行法律法规和标准。

《生态环境损害鉴定评估法律法规与标准汇编》是我国现行与生态环境有关的法律法规与标准的汇集和摘编,是开展生态环境损害鉴定、评估、追责、赔偿与生态环境修复的基本依据,可供法院、检察院、公安机关、环境保护部门、环境损害司法鉴定机构、生态环境相关科研院所和大专院校、环保组织、环保相关企业、保险机构、律师事务所等单位、组织和相关人员使用。

由于时间有限,疏漏和错误之处在所难免,敬请各位读者批评指正。

司法部公共法律服务管理局
2018 年 12 月

详 目

中 卷

上篇　大气环境损害鉴定评估相关法律法规与标准

第九部分　大气环境损害鉴定评估相关法律法规 …… 0931

中华人民共和国大气污染防治法(2018年修正)
　　2018年10月26日　中华人民共和国主席令第16号 …… 0931
大气污染防治行动计划
　　2013年9月10日　国发〔2013〕37号 …… 0946
加强大气污染治理重点城市煤炭消费总量控制工作方案
　　2015年5月13日　发改环资〔2015〕1015号 …… 0954
汽车排气污染监督管理办法(2010年修正)(节录)
　　2010年12月22日　环境保护部令第16号 …… 0957
消耗臭氧层物质管理条例(2018年修正)
　　2018年3月19日　中华人民共和国国务院令第698号 …… 0960
关于发布《中国受控消耗臭氧层物质清单》的公告
　　2010年9月27日　环境保护部、国家发展和改革委员会、
　　工业和信息化部公告2010年第72号 …… 0965
消耗臭氧层物质进出口管理办法
　　2014年1月21日　环境保护部、商务部、海关总署令第26号 …… 0970
环境保护部关于生产和使用消耗臭氧层物质建设项目管理有关工作的通知
　　2018年1月23日　环大气〔2018〕5号 …… 0973
燃煤发电机组脱硫电价及脱硫设施运行管理办法(试行)
　　2007年5月29日　发改价格〔2007〕1176号 …… 0974
关于划分高污染燃料的规定
　　2001年4月2日　环发〔2001〕37号 …… 0977
国家环境保护总局关于加强燃煤电厂二氧化硫污染防治工作的通知
　　2003年9月15日　环发〔2003〕159号 …… 0978

第十部分　大气环境损害鉴定评估相关国家标准 0980

环境空气质量标准(2018年修订)(节录)
　　2018年8月13日发布　2018年9月1日实施 0980
室内空气质量标准(节录)
　　2002年11月19日发布　2003年3月1日实施 0985
水泥工业大气污染物排放标准(节录)
　　2013年12月27日发布　2014年3月1日实施 0987
工业炉窑大气污染物排放标准(节录)
　　1996年3月7日批准　1999年1月1日实施 0991
火电厂大气污染物排放标准(节录)
　　2011年7月29日发布　2012年1月1日实施 0998
锅炉大气污染物排放标准(节录)
　　2014年5月16日发布　2014年7月1日实施 1002
恶臭污染物排放标准(节录)
　　1993年8月6日发布　1994年1月15日实施 1005
大气污染物综合排放标准(节录)
　　1996年4月12日批准　1997年1月1日实施 1008
饮食业油烟排放标准(试行)(节录)
　　2001年11月12日发布　2002年1月1日实施 1011
储油库大气污染物排放标准(节录)
　　2007年6月22日发布　2007年8月1日实施 1014
汽油运输大气污染物排放标准(节录)
　　2007年6月22日发布　2007年8月1日实施 1016
加油站大气污染物排放标准(节录)
　　2007年6月22日发布　2007年8月1日实施 1018
煤层气(煤矿瓦斯)排放标准(暂行)(节录)
　　2008年4月2日发布　2008年7月1日实施 1023
平板玻璃工业大气污染物排放标准(节录)
　　2011年4月2日发布　2011年10月1日实施 1026
钢铁烧结、球团工业大气污染物排放标准(节录)
　　2012年6月27日发布　2012年10月1日实施 1031
炼铁工业大气污染物排放标准(节录)
　　2012年6月27日发布　2012年10月1日实施 1035
炼钢工业大气污染物排放标准(节录)
　　2012年6月27日发布　2012年10月1日实施 1038
轧钢工业大气污染物排放标准(节录)
　　2012年6月27日发布　2012年10月1日实施 1042

电子玻璃工业大气污染物排放标准(节录)
　　2013年3月14日发布　2013年7月1日实施 …………………… 1047
砖瓦工业大气污染物排放标准(节录)
　　2013年9月17日发布　2014年1月1日实施 …………………… 1051
危险废物焚烧污染控制标准(节录)
　　2001年11月12日发布　2002年1月1日实施 ………………… 1054
医疗废物焚烧环境卫生标准(节录)
　　2008年6月19日发布　2009年4月1日实施 …………………… 1059
铅酸蓄电池环保设施运行技术规范　第2部分:酸雾处理系统(节录)
　　2015年10月9日发布　2016年5月1日实施 …………………… 1067
长途客车内空气质量要求(节录)
　　2009年6月4日发布　2010年1月1日实施 ……………………… 1069
室内装饰装修材料　人造板及其制品中甲醛释放限量(节录)
　　2017年4月22日发布　2018年5月1日实施 …………………… 1070
农用运输车自由加速烟度排放限值及测量方法(节录)
　　2002年1月4日发布　2002年7月1日实施 ……………………… 1071
车用压燃式发动机和压燃式发动机汽车排气烟度排放限值及测量方法(节录)
　　2005年5月30日发布　2005年7月1日实施 …………………… 1073
点燃式发动机汽车排气污染物排放限值及测量方法(双怠速法及简易
工况法)(节录)
　　2005年5月30日发布　2005年7月1日实施 …………………… 1076
摩托车和轻便摩托车排气烟度排放限值及测量方法(节录)
　　2005年5月30日发布　2005年7月1日实施 …………………… 1079
摩托车和轻便摩托车排气污染物排放限值及测量方法(双怠速法)(节录)
　　2011年5月12日发布　2011年10月1日实施 ………………… 1081
轻便摩托车污染物排放限值及测量方法(中国第四阶段)(节录)
　　2016年8月22日发布　2018年7月1日实施 …………………… 1083
非道路移动机械用柴油机排气污染物排放限值及测量方法(中国第三、
四阶段)(节录)
　　2014年5月16日发布　2014年10月1日实施 ………………… 1087
非道路移动机械用小型点燃式发动机排气污染物排放限值与测量方法
(中国第一、二阶段)(节录)
　　2010年12月30日发布　2011年3月1日实施 ………………… 1094

第十一部分　大气环境损害鉴定评估相关地方标准选录 ………… 1101

北京市锅炉大气污染物排放标准(节录)
　　2015年5月13日发布　2015年7月1日实施 …………………… 1101

北京市储油库油气排放控制和限值(节录)
  2010年1月12日发布 2010年7月1日实施 ·················· 1105
北京市油罐车油气排放控制和限值(节录)
  2010年1月12日发布 2010年7月1日实施 ·················· 1107
北京市加油站油气排放控制和限值(节录)
  2010年1月12日发布 2010年7月1日实施 ·················· 1109
北京市炼油与石油化学工业大气污染物排放标准(节录)
  2015年5月13日发布 2015年7月1日实施 ·················· 1115
北京市大气污染物综合排放标准(节录)
  2017年1月10日发布 2017年3月1日实施 ·················· 1125
北京市生活垃圾焚烧大气污染物排放标准(节录)
  2008年7月24日发布 2008年7月24日实施 ················· 1129
北京市危险废物焚烧大气污染物排放标准(节录)
  2007年10月31日发布 2008年1月1日实施 ················· 1132
北京市铸锻工业大气污染物排放标准(节录)
  2012年10月29日发布 2013年1月1日实施 ················· 1134
天津市锅炉大气污染物排放标准(节录)
  2016年7月25日发布 2016年8月1日实施 ·················· 1140
河北省钢铁工业大气污染物排放标准(节录)
  2015年2月15日发布 2015年3月1日实施 ·················· 1143
河北省环境空气质量 非甲烷总烃限值(节录)
  2012年7月31日发布 2012年8月15日实施 ················· 1149
河北省工业炉窑大气污染物排放标准(节录)
  2012年11月28日发布 2013年4月1日实施 ················ 1151
河北省石灰行业大气污染物排放标准(节录)
  2012年11月28日发布 2013年4月1日实施 ················ 1155
黑龙江省糠醛工业大气污染物排放标准(节录)
  2010年8月11日批准 2010年9月1日实施 ·················· 1159
上海市锅炉大气污染物排放标准(节录)
  2018年6月7日发布 2018年6月7日实施 ····················· 1160
上海市铅蓄电池行业大气污染物排放标准(节录)
  2012年7月20日发布 2012年8月1日实施 ·················· 1164
厦门市大气污染物排放标准(节录)
  2011年12月20日发布 2012年1月1日实施 ················· 1167
福建省水泥工业大气污染物排放标准(节录)
  2013年1月21日发布 2013年4月1日实施 ·················· 1171

山东省火电厂大气污染物排放标准(节录)
　　2013 年 5 月 24 日发布　2013 年 9 月 1 日实施 …………… 1176
山东省建材工业大气污染物排放标准(节录)
　　2018 年 7 月 3 日发布　2019 年 1 月 1 日实施 …………… 1181
山东省锅炉大气污染物排放标准(节录)
　　2018 年 7 月 3 日发布　2019 年 1 月 1 日实施 …………… 1191
山东省工业炉窑大气污染物排放标准(节录)
　　2013 年 5 月 24 日发布　2013 年 9 月 1 日实施 …………… 1196
山东省区域性大气污染物综合排放标准(节录)
　　2013 年 5 月 24 日发布　2013 年 9 月 1 日实施 …………… 1200
广东省大气污染物排放限值(节录)
　　2001 年 8 月 20 日发布　2002 年 1 月 1 日实施 …………… 1206
广东省锅炉大气污染物排放标准(节录)
　　2010 年 6 月 9 日发布　2010 年 11 月 1 日实施 …………… 1213
广东省家具制造行业挥发性有机化合物排放标准(节录)
　　2010 年 10 月 22 日发布　2010 年 11 月 1 日实施 ………… 1219
广东省印刷行业挥发性有机化合物排放标准(节录)
　　2010 年 10 月 22 日发布　2010 年 11 月 1 日实施 ………… 1222
广东省表面涂装(汽车制造业)挥发性有机化合物排放标准(节录)
　　2010 年 10 月 22 日发布　2010 年 11 月 1 日实施 ………… 1226
广东省制鞋行业挥发性有机化合物排放标准(节录)
　　2010 年 10 月 22 日发布　2010 年 11 月 1 日实施 ………… 1230
广东省水泥工业大气污染物排放标准(节录)
　　2010 年 10 月 22 日发布　2010 年 11 月 1 日实施 ………… 1233
重庆市水泥工业大气污染物排放标准(节录)
　　2016 年 1 月 22 日发布　2016 年 2 月 1 日实施 …………… 1238
重庆市大气污染物综合排放标准(节录)
　　2016 年 1 月 22 日发布　2016 年 2 月 1 日实施 …………… 1244

中篇　水生态环境损害鉴定评估相关法律法规与标准

第十二部分　水生态环境损害鉴定评估相关法律法规 …………… 1252

中华人民共和国水法(2016 年修正)
　　2016 年 7 月 2 日　中华人民共和国主席令第 48 号 ………… 1252
中华人民共和国水污染防治法(2017 年修正)
　　2017 年 6 月 27 日　中华人民共和国主席令第 70 号 ……… 1262
中华人民共和国防洪法(2016 年修正)
　　2016 年 7 月 2 日　中华人民共和国主席令第 48 号 ………… 1275

水污染防治行动计划
  2015年4月16日 国发〔2015〕17号 ·················· 1284
饮用水水源保护区污染防治管理规定(2010年修正)
  2010年12月22日 环境保护部令第16号 ·················· 1295
国家环境保护总局、国家发展和改革委员会、财政部、建设部、交通部、
水利部、农业部关于加强河流污染防治工作的通知
  2007年12月29日 环发〔2007〕201号 ·················· 1298
取水许可管理办法(2017年修正)
  2017年12月22日 水利部令第49号 ·················· 1301
取水许可和水资源费征收管理条例(2017年修正)
  2017年3月1日 中华人民共和国国务院令第676号 ·················· 1308
国务院关于实行最严格水资源管理制度的意见
  2012年1月12日 国发〔2012〕3号 ·················· 1316
实行最严格水资源管理制度考核办法
  2013年1月2日 国办发〔2013〕2号 ·················· 1320
水利部办公厅关于加强农业取水许可管理的通知
  2015年8月19日 办资源〔2015〕175号 ·················· 1325
水利部关于授予黄河水利委员会取水许可管理权限的通知
  1994年5月21日 水政资〔1994〕197号 ·················· 1328
水利部关于授予长江水利委员会取水许可管理权限的通知
  1994年10月7日 水政资〔1994〕438号 ·················· 1329
水利部关于授予海河水利委员会取水许可管理权限的通知
  1994年10月22日 水政资〔1994〕460号 ·················· 1331
水利部关于授予淮河水利委员会取水许可管理权限的通知
  1994年7月4日 水政资〔1994〕276号 ·················· 1333
水利部关于授予珠江水利委员会取水许可管理权限的通知
  1994年12月23日 水政资〔1994〕555号 ·················· 1334
水利部关于授予松辽水利委员会取水许可管理权限的通知
  1994年12月23日 水政资〔1994〕554号 ·················· 1336
水利部关于授予太湖流域管理局取水许可管理权限的通知
  1995年1月10日 水政资〔1995〕7号 ·················· 1337
水利部关于国际跨界河流、国际边界河流和跨省(自治区)内陆河流取水
许可管理权限的通知
  1996年1月3日 水政资〔1996〕5号 ·················· 1339
黄河水量调度条例
  2006年7月24日 中华人民共和国国务院令第472号 ·················· 1341

黄河水量调度条例实施细则(试行)
　　2007年11月20日　水资源〔2007〕469号 …………………………………… 1346
国家发展改革委、环境保护部关于加强长江黄金水道环境污染防控治理
的指导意见
　　2016年2月23日　发改环资〔2016〕370号 …………………………………… 1349
长江渔业资源管理规定(2004年修正)
　　2004年7月1日　农业部令第38号 ……………………………………………… 1354
淮河流域水污染防治暂行条例(2011年修正)
　　2011年1月8日　中华人民共和国国务院令第588号 ………………………… 1357
太湖流域管理条例
　　2011年9月7日　中华人民共和国国务院令第604号 ………………………… 1360
环境保护部关于预防与处置跨界水污染纠纷的指导意见
　　2008年7月7日　环发〔2008〕64号 …………………………………………… 1370
水利部关于城市规划区地下水取水许可管理有关问题的通知
　　1998年8月28日　水政资〔1998〕334号 ……………………………………… 1372
国务院关于全国地下水污染防治规划(2011—2020年)的批复
　　2011年10月10日　国函〔2011〕119号 ………………………………………… 1373
中央机构编制委员会办公室关于矿泉水地热水管理职责分工问题的通知
　　1998年12月16日　中编办发〔1998〕14号 …………………………………… 1374
城市供水条例(2018年修正)
　　2018年3月19日　中华人民共和国国务院令第698号 ………………………… 1375
城市供水价格管理办法(2004年修订)
　　2004年11月29日 ………………………………………………………………… 1378
城市供水水质管理规定
　　2007年3月1日　建设部令第156号 …………………………………………… 1382
城市节约用水管理规定
　　1988年12月20日　建设部令第1号 …………………………………………… 1386

第十三部分　水质及工业水污染物排放国家标准 ……………………………… 1388

地表水环境质量标准
　　2002年4月28日发布　2002年6月1日实施 ………………………………… 1388
地下水质量标准
　　2017年10月14日发布　2018年5月1日实施 ………………………………… 1399
农田灌溉水质标准(节录)
　　2005年7月21日发布　2006年11月1日实施 ………………………………… 1406
生活饮用水卫生标准(节录)
　　2006年12月29日发布　2007年7月1日实施 ………………………………… 1409

饮用天然矿泉水(节录)
    2008 年 12 月 29 日发布　2009 年 10 月 1 日实施 ·················· 1416
污水综合排放标准(1999 年修订)(节录)
    1999 年 12 月 15 日发布　1999 年 12 月 15 日实施················· 1419
麻纺工业水污染物排放标准(节录)
    2012 年 10 月 19 日发布　2013 年 1 月 1 日实施·················· 1421
制革及毛皮加工工业水污染物排放标准(节录)
    2013 年 12 月 27 日发布　2014 年 3 月 1 日实施·················· 1424
制浆造纸工业水污染物排放标准(节录)
    2008 年 6 月 25 日发布　2008 年 8 月 1 日实施 ··················· 1428
船舶工业污染物排放标准(节录)
    1984 年 5 月 18 日发布　1985 年 3 月 1 日实施 ··················· 1432
纺织染整工业水污染物排放标准(2015 年修订)(节录)
    2015 年 3 月 27 日发布　2015 年 3 月 27 日实施·················· 1437
钢铁工业水污染物排放标准(节录)
    2012 年 6 月 27 日发布　2012 年 10 月 1 日实施·················· 1441
肉类加工工业水污染物排放标准(节录)
    1992 年 5 月 18 日发布　1992 年 7 月 1 日实施 ··················· 1447
合成氨工业水污染物排放标准(节录)
    2013 年 3 月 14 日发布　2013 年 7 月 1 日实施 ··················· 1450
航天推进剂水污染物排放与分析方法标准(节录)
    1993 年 5 月 22 日发布　1993 年 12 月 1 日实施·················· 1454
兵器工业水污染物排放标准　火炸药(节录)
    2002 年 11 月 18 日发布　2003 年 7 月 1 日实施·················· 1456
兵器工业水污染物排放标准　火工药剂(节录)
    2002 年 11 月 18 日发布　2003 年 7 月 1 日实施·················· 1460
弹药装药行业水污染物排放标准(节录)
    2011 年 4 月 29 日发布　2012 年 1 月 1 日实施 ··················· 1464
磷肥工业水污染物排放标准(节录)
    2011 年 4 月 2 日发布　2011 年 10 月 1 日实施 ··················· 1468
杂环类农药工业水污染物排放标准(节录)
    2008 年 4 月 2 日发布　2008 年 7 月 1 日实施 ··················· 1471
羽绒工业水污染物排放标准(节录)
    2008 年 6 月 25 日发布　2008 年 8 月 1 日实施 ··················· 1477
医疗机构水污染物排放标准(节录)
    2005 年 7 月 27 日发布　2006 年 1 月 1 日实施 ··················· 1480

发酵类制药工业水污染物排放标准(节录)
  2008 年 6 月 25 日发布　2008 年 8 月 1 日实施 …………………………… 1485
化学合成类制药工业水污染物排放标准(节录)
  2008 年 6 月 25 日发布　2008 年 8 月 1 日实施 …………………………… 1488
提取类制药工业水污染物排放标准(节录)
  2008 年 6 月 25 日发布　2008 年 8 月 1 日实施 …………………………… 1491
中药类制药工业水污染物排放标准(节录)
  2008 年 6 月 25 日发布　2008 年 8 月 1 日实施 …………………………… 1494
生物工程类制药工业水污染物排放标准(节录)
  2008 年 6 月 25 日发布　2008 年 8 月 1 日实施 …………………………… 1497
混装制剂类制药工业水污染物排放标准(节录)
  2008 年 6 月 25 日发布　2008 年 8 月 1 日实施 …………………………… 1500
制糖工业水污染物排放标准(节录)
  2008 年 6 月 25 日发布　2008 年 8 月 1 日实施 …………………………… 1502
淀粉工业水污染物排放标准(节录)
  2010 年 9 月 27 日发布　2010 年 10 月 1 日实施 ………………………… 1505
酵母工业水污染物排放标准(节录)
  2010 年 9 月 27 日发布　2010 年 10 月 1 日实施 ………………………… 1508
油墨工业水污染物排放标准(节录)
  2010 年 9 月 27 日发布　2010 年 10 月 1 日实施 ………………………… 1511
发酵酒精和白酒工业水污染物排放标准(节录)
  2011 年 10 月 27 日发布　2012 年 1 月 1 日实施 ………………………… 1516
缫丝工业水污染物排放标准(节录)
  2012 年 10 月 19 日发布　2013 年 1 月 1 日实施 ………………………… 1519
毛纺工业水污染物排放标准(节录)
  2012 年 10 月 19 日发布　2013 年 1 月 1 日实施 ………………………… 1521
柠檬酸工业水污染物排放标准(节录)
  2013 年 3 月 14 日发布　2013 年 7 月 1 日实施 …………………………… 1524
皂素工业水污染物排放标准(节录)
  2006 年 9 月 1 日发布　2007 年 1 月 1 日实施 …………………………… 1527
汽车维修业水污染物排放标准(节录)
  2011 年 7 月 29 日发布　2012 年 1 月 1 日实施 …………………………… 1529

第十四部分　水质及污水排放地方标准选录 ………………………………… 1533
 北京市水污染物综合排放标准(节录)
  2013 年 12 月 20 日发布　2014 年 1 月 1 日实施 ………………………… 1533

北京市城镇污水处理厂水污染物排放标准(节录)
　　2012年5月28日发布　2012年7月1日实施 ……………………………… 1535
上海市污水综合排放标准(节录)
　　2009年5月26日发布　2009年10月1日实施 …………………………… 1539
辽宁省污水综合排放标准(节录)
　　2008年7月1日发布　2008年8月1日实施 ……………………………… 1542

下篇　海洋生态环境损害鉴定评估相关法律法规与标准

第十五部分　海洋生态环境损害鉴定评估相关法律法规 …………………… 1547

中华人民共和国海洋环境保护法(2017年修正)
　　2017年11月4日　中华人民共和国主席令第81号 ……………………… 1547
中华人民共和国海域使用管理法
　　2001年10月27日　中华人民共和国主席令第61号 ……………………… 1558
中华人民共和国海岛保护法
　　2009年12月26日　中华人民共和国主席令第22号 ……………………… 1564
中华人民共和国渔业法(2013年修正)
　　2013年12月28日　中华人民共和国主席令第8号 ………………………… 1570
中华人民共和国防治陆源污染物污染损害海洋环境管理条例
　　1990年6月22日　中华人民共和国国务院令第61号 ……………………… 1575
中华人民共和国防治海岸工程建设项目污染损害海洋环境管理条例
(2018年修正)
　　2018年3月19日　中华人民共和国国务院令第698号 …………………… 1579
防治海洋工程建设项目污染损害海洋环境管理条例(2018年修正)
　　2018年3月19日　中华人民共和国国务院令第698号 …………………… 1582
近岸海域环境功能区管理办法(2010年修正)
　　2010年12月22日　环境保护部令第16号 ………………………………… 1589
中华人民共和国海洋石油勘探开发环境保护管理条例
　　1983年12月29日　国发〔1983〕202号 …………………………………… 1592
防治船舶污染海洋环境管理条例(2018年修正)
　　2018年3月19日　中华人民共和国国务院令第698号 …………………… 1596
中华人民共和国海洋倾废管理条例(2017年修正)
　　2017年3月1日　中华人民共和国国务院令第676号 ……………………… 1605
中华人民共和国海洋倾废管理条例实施办法(2017年修正)
　　2017年12月29日　国土资源部令第78号 ………………………………… 1608

第十六部分　海洋监测规范 ······ 1613

海洋监测规范　第1部分:总则(节录)
　　2007年10月18日发布　2008年5月1日实施 ······ 1613

海洋监测规范　第2部分:数据处理与分析质量控制(节录)
　　2007年10月18日发布　2008年5月1日实施 ······ 1628

海洋监测规范　第3部分:样品采集、贮存与运输(节录)
　　2007年10月18日发布　2008年5月1日实施 ······ 1631

海洋监测规范　第4部分:海水分析(节录)
　　2007年10月18日发布　2008年5月1日实施 ······ 1646

海洋监测规范　第5部分:沉积物分析(节录)
　　2007年10月18日发布　2008年5月1日实施 ······ 1683

海洋监测规范　第6部分:生物体分析(节录)
　　2007年10月18日发布　2008年5月1日实施 ······ 1702

海洋监测规范　第7部分:近海污染生态调查和生物监测(节录)
　　2007年10月18日发布　2008年5月1日实施 ······ 1719

第十七部分　海洋监测技术规程 ······ 1736

海洋监测技术规程　第1部分:海水(节录)
　　2013年4月25日发布　2013年5月1日实施 ······ 1736

海洋监测技术规程　第2部分:沉积物(节录)
　　2013年4月25日发布　2013年5月1日实施 ······ 1754

海洋监测技术规程　第3部分:生物体(节录)
　　2013年4月25日发布　2013年5月1日实施 ······ 1758

海洋监测技术规程　第4部分:海洋大气(节录)
　　2013年4月25日发布　2013年5月1日实施 ······ 1767

海洋监测技术规程　第5部分:海洋生态(节录)
　　2013年4月25日发布　2013年5月1日实施 ······ 1776

海洋监测技术规程　第6部分:海洋水文、气象与海冰(节录)
　　2013年4月25日发布　2013年5月1日实施 ······ 1787

第十八部分　渔业生态环境监测规范 ······ 1790

渔业生态环境监测规范　第1部分:总则(节录)
　　2007年6月14日发布　2007年9月1日实施 ······ 1790

渔业生态环境监测规范　第2部分:海洋(节录)
　　2007年6月14日发布　2007年9月1日实施 ······ 1795

渔业生态环境监测规范　第3部分:淡水(节录)
    2007年6月14日发布　2007年9月1日实施 …………… 1808
渔业生态环境监测规范　第4部分:资料处理与报告编制(节录)
    2007年6月14日发布　2007年9月1日实施 …………… 1816

第十九部分　海洋渔业生态环境标准 …………………… 1821

海水水质标准(节录)
    1997年12月3日发布　1998年7月1日实施 …………… 1821
渔业水质标准(节录)
    1989年8月12日发布　1990年3月1日实施 …………… 1823
无公害食品　海水养殖用水水质(节录)
    2001年9月3日发布　2001年10月1日实施 …………… 1827
无公害食品　水产品中有毒有害物质限量(节录)
    2006年1月26日发布　2006年4月1日实施 …………… 1830
海洋沉积物质量(节录)
    2002年3月10日发布　2002年10月1日实施 …………… 1832
海洋生物质量(节录)
    2001年8月28日发布　2002年3月1日实施 …………… 1834
渔业污染事故经济损失计算方法(节录)
    2018年6月7日发布　2019年1月1日实施 …………… 1837
建设项目海洋环境影响跟踪监测技术规程(节录)
    国家海洋局　2002年4月发布 ………………………………… 1844
建设项目对海洋生物资源影响评价技术规程(节录)
    2007年12月18日发布　2008年3月1日实施 …………… 1850
山东省用海建设项目海洋生态损失补偿评估技术导则(节录)
    2015年12月22日发布　2016年1月22日实施 …………… 1857
海洋石油勘探开发污染物排放浓度限值(节录)
    2008年10月19日发布　2009年5月1日实施 …………… 1865

上篇　大气环境损害鉴定评估相关法律法规与标准

第九部分　大气环境损害鉴定评估相关法律法规

中华人民共和国大气污染防治法（2018年修正）

（1987年9月5日第六届全国人民代表大会常务委员会第二十二次会议通过　根据1995年8月29日第八届全国人民代表大会常务委员会第十五次会议《关于修改〈中华人民共和国大气污染防治法〉的决定》第一次修正　2000年4月29日第九届全国人民代表大会常务委员会第十五次会议第一次修订　2015年8月29日第十二届全国人民代表大会常务委员会第十六次会议第二次修订　根据2018年10月26日第十三届全国人民代表大会常务委员会第六次会议《关于修改〈中华人民共和国野生动物保护法〉等十五部法律的决定》第二次修正）

目　录

第一章　总　则
第二章　大气污染防治标准和限期达标规划
第三章　大气污染防治的监督管理
第四章　大气污染防治措施
　第一节　燃煤和其他能源污染防治
　第二节　工业污染防治
　第三节　机动车船等污染防治
　第四节　扬尘污染防治
　第五节　农业和其他污染防治
第五章　重点区域大气污染联合防治
第六章　重污染天气应对
第七章　法律责任
第八章　附　则

第一章　总　则

第一条　为保护和改善环境，防治大气污染，保障公众健康，推进生态文明建设，促进经济社会可持续发展，制定本法。

第二条　防治大气污染，应当以改善大气环境质量为目标，坚持源头治理，规划先行，转变经济发展方式,优化产业结构和布局,调整能源结构。

防治大气污染,应当加强对燃煤、工业、机动车船、扬尘、农业等大气污染的综合防治,推行区域大气污染联合防治,对颗粒物、二氧化硫、氮氧化物、挥发性有机物、氨等大气污染物和温室气体实施协同控制。

第三条 县级以上人民政府应当将大气污染防治工作纳入国民经济和社会发展规划,加大对大气污染防治的财政投入。

地方各级人民政府应当对本行政区域的大气环境质量负责,制定规划,采取措施,控制或者逐步削减大气污染物的排放量,使大气环境质量达到规定标准并逐步改善。

第四条 国务院环境保护主管部门会同国务院有关部门,按照国务院的规定,对省、自治区、直辖市大气环境质量改善目标、大气污染防治重点任务完成情况进行考核。省、自治区、直辖市人民政府制定考核办法,对本行政区域内地方大气环境质量改善目标、大气污染防治重点任务完成情况实施考核。考核结果应当向社会公开。

第五条 县级以上人民政府环境保护主管部门对大气污染防治实施统一监督管理。

县级以上人民政府其他有关部门在各自职责范围内对大气污染防治实施监督管理。

第六条 国家鼓励和支持大气污染防治科学技术研究,开展对大气污染来源及其变化趋势的分析,推广先进适用的大气污染防治技术和装备,促进科技成果转化,发挥科学技术在大气污染防治中的支撑作用。

第七条 企业事业单位和其他生产经营者应当采取有效措施,防止、减少大气污染,对所造成的损害依法承担责任。

公民应当增强大气环境保护意识,采取低碳、节俭的生活方式,自觉履行大气环境保护义务。

第二章 大气污染防治标准和限期达标规划

第八条 国务院环境保护主管部门或者省、自治区、直辖市人民政府制定大气环境质量标准,应当以保障公众健康和保护生态环境为宗旨,与经济社会发展相适应,做到科学合理。

第九条 国务院环境保护主管部门或者省、自治区、直辖市人民政府制定大气污染物排放标准,应当以大气环境质量标准和国家经济、技术条件为依据。

第十条 制定大气环境质量标准、大气污染物排放标准,应当组织专家进行审查和论证,并征求有关部门、行业协会、企业事业单位和公众等方面的意见。

第十一条 省级以上人民政府环境保护主管部门应当在其网站上公布大气环境质量标准、大气污染物排放标准,供公众免费查阅、下载。

第十二条 大气环境质量标准、大气污染物排放标准的执行情况应当定期进行评估,根据评估结果对标准适时进行修订。

第十三条 制定燃煤、石油焦、生物质燃料、涂料等含挥发性有机物的产品、烟花爆竹以及锅炉等产品的质量标准,应当明确大气环境保护要求。

制定燃油质量标准,应当符合国家大气污染物控制要求,并与国家机动车船、非道路移动机械大气污染物排放标准相互衔接,同步实施。

前款所称非道路移动机械,是指装配有发动机的移动机械和可运输工业设备。

第十四条 未达到国家大气环境质量标准城市的人民政府应当及时编制大气环境质量限期

达标规划,采取措施,按照国务院或者省级人民政府规定的期限达到大气环境质量标准。

编制城市大气环境质量限期达标规划,应当征求有关行业协会、企业事业单位、专家和公众等方面的意见。

第十五条 城市大气环境质量限期达标规划应当向社会公开。直辖市和设区的市的大气环境质量限期达标规划应当报国务院环境保护主管部门备案。

第十六条 城市人民政府每年在向本级人民代表大会或者其常务委员会报告环境状况和环境保护目标完成情况时,应当报告大气环境质量限期达标规划执行情况,并向社会公开。

第十七条 城市大气环境质量限期达标规划应当根据大气污染防治的要求和经济、技术条件适时进行评估、修订。

第三章 大气污染防治的监督管理

第十八条 企业事业单位和其他生产经营者建设对大气环境有影响的项目,应当依法进行环境影响评价、公开环境影响评价文件;向大气排放污染物的,应当符合大气污染物排放标准,遵守重点大气污染物排放总量控制要求。

第十九条 排放工业废气或者本法第七十八条规定名录中所列有毒有害大气污染物的企业事业单位、集中供热设施的燃煤热源生产运营单位以及其他依法实行排污许可管理的单位,应当取得排污许可证。排污许可的具体办法和实施步骤由国务院规定。

第二十条 企业事业单位和其他生产经营者向大气排放污染物的,应当依照法律法规和国务院环境保护主管部门的规定设置大气污染物排放口。

禁止通过偷排、篡改或者伪造监测数据、以逃避现场检查为目的的临时停产、非紧急情况下开启应急排放通道、不正常运行大气污染防治设施等逃避监管的方式排放大气污染物。

第二十一条 国家对重点大气污染物排放实行总量控制。

重点大气污染物排放总量控制目标,由国务院环境保护主管部门在征求国务院有关部门和各省、自治区、直辖市人民政府意见后,会同国务院经济综合主管部门报国务院批准并下达实施。

省、自治区、直辖市人民政府应当按照国务院下达的总量控制目标,控制或者削减本行政区域的重点大气污染物排放总量。

确定总量控制目标和分解总量控制指标的具体办法,由国务院环境保护主管部门会同国务院有关部门规定。省、自治区、直辖市人民政府可以根据本行政区域大气污染防治的需要,对国家重点大气污染物之外的其他大气污染物排放实行总量控制。

国家逐步推行重点大气污染物排污权交易。

第二十二条 对超过国家重点大气污染物排放总量控制指标或者未完成国家下达的大气环境质量改善目标的地区,省级以上人民政府环境保护主管部门应当会同有关部门约谈该地区人民政府的主要负责人,并暂停审批该地区新增重点大气污染物排放总量的建设项目环境影响评价文件。约谈情况应当向社会公开。

第二十三条 国务院环境保护主管部门负责制定大气环境质量和大气污染源的监测和评价规范,组织建设与管理全国大气环境质量和大气污染源监测网,组织开展大气环境质量和大气污染源监测,统一发布全国大气环境质量状况信息。

县级以上地方人民政府环境保护主管部门负责组织建设与管理本行政区域大气环境质量和大气

污染源监测网,开展大气环境质量和大气污染源监测,统一发布本行政区域大气环境质量状况信息。

第二十四条 企业事业单位和其他生产经营者应当按照国家有关规定和监测规范,对其排放的工业废气和本法第七十八条规定名录中所列有毒有害大气污染物进行监测,并保存原始监测记录。其中,重点排污单位应当安装、使用大气污染物排放自动监测设备,与环境保护主管部门的监控设备联网,保证监测设备正常运行并依法公开排放信息。监测的具体办法和重点排污单位的条件由国务院环境保护主管部门规定。

重点排污单位名录由设区的市级以上地方人民政府环境保护主管部门按照国务院环境保护主管部门的规定,根据本行政区域的大气环境承载力、重点大气污染物排放总量控制指标的要求以及排污单位排放大气污染物的种类、数量和浓度等因素,商有关部门确定,并向社会公布。

第二十五条 重点排污单位应当对自动监测数据的真实性和准确性负责。环境保护主管部门发现重点排污单位的大气污染物排放自动监测设备传输数据异常,应当及时进行调查。

第二十六条 禁止侵占、损毁或者擅自移动、改变大气环境质量监测设施和大气污染物排放自动监测设备。

第二十七条 国家对严重污染大气环境的工艺、设备和产品实行淘汰制度。

国务院经济综合主管部门会同国务院有关部门确定严重污染大气环境的工艺、设备和产品淘汰期限,并纳入国家综合性产业政策目录。

生产者、进口者、销售者或者使用者应当在规定期限内停止生产、进口、销售或者使用列入前款规定目录中的设备和产品。工艺的采用者应当在规定期限内停止采用列入前款规定目录中的工艺。

被淘汰的设备和产品,不得转让给他人使用。

第二十八条 国务院环境保护主管部门会同有关部门,建立和完善大气污染损害评估制度。

第二十九条 生态环境主管部门及其环境执法机构和其他负有大气环境保护监督管理职责的部门,有权通过现场检查监测、自动监测、遥感监测、远红外摄像等方式,对排放大气污染物的企业事业单位和其他生产经营者进行监督检查。被检查者应当如实反映情况,提供必要的资料。实施检查的部门、机构及其工作人员应当为被检查者保守商业秘密。

第三十条 企业事业单位和其他生产经营者违反法律法规规定排放大气污染物,造成或者可能造成严重大气污染,或者有关证据可能灭失或者被隐匿的,县级以上人民政府环境保护主管部门和其他负有大气环境保护监督管理职责的部门,可以对有关设施、设备、物品采取查封、扣押等行政强制措施。

第三十一条 环境保护主管部门和其他负有大气环境保护监督管理职责的部门应当公布举报电话、电子邮箱等,方便公众举报。

环境保护主管部门和其他负有大气环境保护监督管理职责的部门接到举报的,应当及时处理并对举报人的相关信息予以保密;对实名举报的,应当反馈处理结果等情况,查证属实的,处理结果依法向社会公开,并对举报人给予奖励。

举报人举报所在单位的,该单位不得以解除、变更劳动合同或者其他方式对举报人进行打击报复。

第四章 大气污染防治措施

第一节 燃煤和其他能源污染防治

第三十二条 国务院有关部门和地方各级人民政府应当采取措施,调整能源结构,推广清洁能源的生产和使用;优化煤炭使用方式,推广煤炭清洁高效利用,逐步降低煤炭在一次能源消费中的比重,减少煤炭生产、使用、转化过程中的大气污染物排放。

第三十三条 国家推行煤炭洗选加工,降低煤炭的硫分和灰分,限制高硫分、高灰分煤炭的开采。新建煤矿应当同步建设配套的煤炭洗选设施,使煤炭的硫分、灰分含量达到规定标准;已建成的煤矿除所采煤炭属于低硫分、低灰分或者根据已达标排放的燃煤电厂要求不需要洗选的以外,应当限期建成配套的煤炭洗选设施。

禁止开采含放射性和砷等有毒有害物质超过规定标准的煤炭。

第三十四条 国家采取有利于煤炭清洁高效利用的经济、技术政策和措施,鼓励和支持洁净煤技术的开发和推广。

国家鼓励煤矿企业等采用合理、可行的技术措施,对煤层气进行开采利用,对煤矸石进行综合利用。从事煤层气开采利用的,煤层气排放应当符合有关标准规范。

第三十五条 国家禁止进口、销售和燃用不符合质量标准的煤炭,鼓励燃用优质煤炭。

单位存放煤炭、煤矸石、煤渣、煤灰等物料,应当采取防燃措施,防止大气污染。

第三十六条 地方各级人民政府应当采取措施,加强民用散煤的管理,禁止销售不符合民用散煤质量标准的煤炭,鼓励居民燃用优质煤炭和洁净型煤,推广节能环保型炉灶。

第三十七条 石油炼制企业应当按照燃油质量标准生产燃油。

禁止进口、销售和燃用不符合质量标准的石油焦。

第三十八条 城市人民政府可以划定并公布高污染燃料禁燃区,并根据大气环境质量改善要求,逐步扩大高污染燃料禁燃区范围。高污染燃料的目录由国务院环境保护主管部门确定。

在禁燃区内,禁止销售、燃用高污染燃料;禁止新建、扩建燃用高污染燃料的设施,已建成的,应当在城市人民政府规定的期限内改用天然气、页岩气、液化石油气、电或者其他清洁能源。

第三十九条 城市建设应当统筹规划,在燃煤供热地区,推进热电联产和集中供热。在集中供热管网覆盖地区,禁止新建、扩建分散燃煤供热锅炉;已建成的不能达标排放的燃煤供热锅炉,应当在城市人民政府规定的期限内拆除。

第四十条 县级以上人民政府市场监督管理部门应当会同生态环境主管部门对锅炉生产、进口、销售和使用环节执行环境保护标准或者要求的情况进行监督检查;不符合环境保护标准或者要求的,不得生产、进口、销售和使用。

第四十一条 燃煤电厂和其他燃煤单位应当采用清洁生产工艺,配套建设除尘、脱硫、脱硝等装置,或者采取技术改造等其他控制大气污染物排放的措施。

国家鼓励燃煤单位采用先进的除尘、脱硫、脱硝、脱汞等大气污染物协同控制的技术和装置,减少大气污染物的排放。

第四十二条 电力调度应当优先安排清洁能源发电上网。

第二节 工业污染防治

第四十三条 钢铁、建材、有色金属、石油、化工等企业生产过程中排放粉尘、硫化物和氮氧化物的,应当采用清洁生产工艺,配套建设除尘、脱硫、脱硝等装置,或者采取技术改造等其他控制大气污染物排放的措施。

第四十四条 生产、进口、销售和使用含挥发性有机物的原材料和产品的,其挥发性有机物含量应当符合质量标准或者要求。

国家鼓励生产、进口、销售和使用低毒、低挥发性有机溶剂。

第四十五条 产生含挥发性有机物废气的生产和服务活动,应当在密闭空间或者设备中进行,并按照规定安装、使用污染防治设施;无法密闭的,应当采取措施减少废气排放。

第四十六条 工业涂装企业应当使用低挥发性有机物含量的涂料,并建立台账,记录生产原料、辅料的使用量、废弃量、去向以及挥发性有机物含量。台账保存期限不得少于三年。

第四十七条 石油、化工以及其他生产和使用有机溶剂的企业,应当采取措施对管道、设备进行日常维护、维修,减少物料泄漏,对泄漏的物料应当及时收集处理。

储油储气库、加油加气站、原油成品油码头、原油成品油运输船舶和油罐车、气罐车等,应当按照国家有关规定安装油气回收装置并保持正常使用。

第四十八条 钢铁、建材、有色金属、石油、化工、制药、矿产开采等企业,应当加强精细化管理,采取集中收集处理等措施,严格控制粉尘和气态污染物的排放。

工业生产企业应当采取密闭、围挡、遮盖、清扫、洒水等措施,减少内部物料的堆存、传输、装卸等环节产生的粉尘和气态污染物的排放。

第四十九条 工业生产、垃圾填埋或者其他活动产生的可燃性气体应当回收利用,不具备回收利用条件的,应当进行污染防治处理。

可燃性气体回收利用装置不能正常作业的,应当及时修复或者更新。在回收利用装置不能正常作业期间确需排放可燃性气体的,应当将排放的可燃性气体充分燃烧或者采取其他控制大气污染物排放的措施,并向当地环境保护主管部门报告,按照要求限期修复或者更新。

第三节 机动车船等污染防治

第五十条 国家倡导低碳、环保出行,根据城市规划合理控制燃油机动车保有量,大力发展城市公共交通,提高公共交通出行比例。

国家采取财政、税收、政府采购等措施推广应用节能环保型和新能源机动车船、非道路移动机械,限制高油耗、高排放机动车船、非道路移动机械的发展,减少化石能源的消耗。

省、自治区、直辖市人民政府可以在条件具备的地区,提前执行国家机动车大气污染物排放标准中相应阶段排放限值,并报国务院环境保护主管部门备案。

城市人民政府应当加强并改善城市交通管理,优化道路设置,保障人行道和非机动车道的连续、畅通。

第五十一条 机动车船、非道路移动机械不得超过标准排放大气污染物。

禁止生产、进口或者销售大气污染物排放超过标准的机动车船、非道路移动机械。

第五十二条 机动车、非道路移动机械生产企业应当对新生产的机动车和非道路移动机械进行排放检验。经检验合格的,方可出厂销售。检验信息应当向社会公开。

省级以上人民政府生态环境主管部门可以通过现场检查、抽样检测等方式,加强对新生产、销售机动车和非道路移动机械大气污染物排放状况的监督检查。工业、市场监督管理等有关部门予以配合。

第五十三条 在用机动车应当按照国家或者地方的有关规定,由机动车排放检验机构定期对其进行排放检验。经检验合格的,方可上道路行驶。未经检验合格的,公安机关交通管理部门不得核发安全技术检验合格标志。

县级以上地方人民政府环境保护主管部门可以在机动车集中停放地、维修地对在用机动车的大气污染物排放状况进行监督抽测;在不影响正常通行的情况下,可以通过遥感监测等技术手段对在道路上行驶的机动车的大气污染物排放状况进行监督抽测,公安机关交通管理部门予以配合。

第五十四条　机动车排放检验机构应当依法通过计量认证,使用经依法检定合格的机动车排放检验设备,按照国务院环境保护主管部门制定的规范,对机动车进行排放检验,并与环境保护主管部门联网,实现检验数据实时共享。机动车排放检验机构及其负责人对检验数据的真实性和准确性负责。

环境保护主管部门和认证认可监督管理部门应当对机动车排放检验机构的排放检验情况进行监督检查。

第五十五条　机动车生产、进口企业应当向社会公布其生产、进口机动车车型的排放检验信息、污染控制技术信息和有关维修技术信息。

机动车维修单位应当按照防治大气污染的要求和国家有关技术规范对在用机动车进行维修,使其达到规定的排放标准。交通运输、环境保护主管部门应当依法加强监督管理。

禁止机动车所有人以临时更换机动车污染控制装置等弄虚作假的方式通过机动车排放检验。禁止机动车维修单位提供该类维修服务。禁止破坏机动车车载排放诊断系统。

第五十六条　环境保护主管部门应当会同交通运输、住房城乡建设、农业行政、水行政等有关部门对非道路移动机械的大气污染物排放状况进行监督检查,排放不合格的,不得使用。

第五十七条　国家倡导环保驾驶,鼓励燃油机动车驾驶人在不影响道路通行且需停车三分钟以上的情况下熄灭发动机,减少大气污染物的排放。

第五十八条　国家建立机动车和非道路移动机械环境保护召回制度。

生产、进口企业获知机动车、非道路移动机械排放大气污染物超过标准,属于设计、生产缺陷或者不符合规定的环境保护耐久性要求的,应当召回;未召回的,由国务院市场监督管理部门会同国务院生态环境主管部门责令其召回。

第五十九条　在用重型柴油车、非道路移动机械未安装污染控制装置或者污染控制装置不符合要求,不能达标排放的,应当加装或者更换符合要求的污染控制装置。

第六十条　在用机动车排放大气污染物超过标准的,应当进行维修;经维修或者采用污染控制技术后,大气污染物排放仍不符合国家在用机动车排放标准的,应当强制报废。其所有人应当将机动车交售给报废机动车回收拆解企业,由报废机动车回收拆解企业按照国家有关规定进行登记、拆解、销毁等处理。

国家鼓励和支持高排放机动车船、非道路移动机械提前报废。

第六十一条　城市人民政府可以根据大气环境质量状况,划定并公布禁止使用高排放非道路移动机械的区域。

第六十二条　船舶检验机构对船舶发动机及有关设备进行排放检验。经检验符合国家排放标准的,船舶方可运营。

第六十三条　内河和江海直达船舶应当使用符合标准的普通柴油。远洋船舶靠港后应当使用符合大气污染物控制要求的船舶用燃油。

新建码头应当规划、设计和建设岸基供电设施;已建成的码头应当逐步实施岸基供电设施改造。船舶靠港后应当优先使用岸电。

第六十四条 国务院交通运输主管部门可以在沿海海域划定船舶大气污染物排放控制区,进入排放控制区的船舶应当符合船舶相关排放要求。

第六十五条 禁止生产、进口、销售不符合标准的机动车船、非道路移动机械用燃料;禁止向汽车和摩托车销售普通柴油以及其他非机动车用燃料;禁止向非道路移动机械、内河和江海直达船舶销售渣油和重油。

第六十六条 发动机油、氮氧化物还原剂、燃料和润滑油添加剂以及其他添加剂的有害物质含量和其他大气环境保护指标,应当符合有关标准的要求,不得损害机动车船污染控制装置效果和耐久性,不得增加新的大气污染物排放。

第六十七条 国家积极推进民用航空器的大气污染防治,鼓励在设计、生产、使用过程中采取有效措施减少大气污染物排放。

民用航空器应当符合国家规定的适航标准中的有关发动机排出物要求。

第四节 扬尘污染防治

第六十八条 地方各级人民政府应当加强对建设施工和运输的管理,保持道路清洁,控制料堆和渣土堆放,扩大绿地、水面、湿地和地面铺装面积,防治扬尘污染。

住房城乡建设、市容环境卫生、交通运输、国土资源等有关部门,应当根据本级人民政府确定的职责,做好扬尘污染防治工作。

第六十九条 建设单位应当将防治扬尘污染的费用列入工程造价,并在施工承包合同中明确施工单位扬尘污染防治责任。施工单位应当制定具体的施工扬尘污染防治实施方案。

从事房屋建筑、市政基础设施建设、河道整治以及建筑物拆除等施工单位,应当向负责监督管理扬尘污染防治的主管部门备案。

施工单位应当在施工工地设置硬质围挡,并采取覆盖、分段作业、择时施工、洒水抑尘、冲洗地面和车辆等有效防尘降尘措施。建筑土方、工程渣土、建筑垃圾应当及时清运;在场地内堆存的,应当采用密闭式防尘网遮盖。工程渣土、建筑垃圾应当进行资源化处理。

施工单位应当在施工工地公示扬尘污染防治措施、负责人、扬尘监督管理主管部门等信息。

暂时不能开工的建设用地,建设单位应当对裸露地面进行覆盖;超过三个月的,应当进行绿化、铺装或者遮盖。

第七十条 运输煤炭、垃圾、渣土、砂石、土方、灰浆等散装、流体物料的车辆应当采取密闭或者其他措施防止物料遗撒造成扬尘污染,并按照规定路线行驶。

装卸物料应当采取密闭或者喷淋等方式防治扬尘污染。

城市人民政府应当加强道路、广场、停车场和其他公共场所的清扫保洁管理,推行清洁动力机械化清扫等低尘作业方式,防治扬尘污染。

第七十一条 市政河道以及河道沿线、公共用地的裸露地面以及其他城镇裸露地面,有关部门应当按照规划组织实施绿化或者透水铺装。

第七十二条 贮存煤炭、煤矸石、煤渣、煤灰、水泥、石灰、石膏、砂土等易产生扬尘的物料应当密闭;不能密闭的,应当设置不低于堆放物高度的严密围挡,并采取有效覆盖措施防治扬尘污染。

码头、矿山、填埋场和消纳场应当实施分区作业,并采取有效措施防治扬尘污染。

第五节 农业和其他污染防治

第七十三条 地方各级人民政府应当推动转变农业生产方式，发展农业循环经济，加大对废弃物综合处理的支持力度，加强对农业生产经营活动排放大气污染物的控制。

第七十四条 农业生产经营者应当改进施肥方式，科学合理施用化肥并按照国家有关规定使用农药，减少氨、挥发性有机物等大气污染物的排放。

禁止在人口集中地区对树木、花草喷洒剧毒、高毒农药。

第七十五条 畜禽养殖场、养殖小区应当及时对污水、畜禽粪便和尸体等进行收集、贮存、清运和无害化处理，防止排放恶臭气体。

第七十六条 各级人民政府及其农业行政等有关部门应当鼓励和支持采用先进适用技术，对秸秆、落叶等进行肥料化、饲料化、能源化、工业原料化、食用菌基料化等综合利用，加大对秸秆还田、收集一体化农业机械的财政补贴力度。

县级人民政府应当组织建立秸秆收集、贮存、运输和综合利用服务体系，采用财政补贴等措施支持农村集体经济组织、农民专业合作经济组织、企业等开展秸秆收集、贮存、运输和综合利用服务。

第七十七条 省、自治区、直辖市人民政府应当划定区域，禁止露天焚烧秸秆、落叶等产生烟尘污染的物质。

第七十八条 国务院环境保护主管部门应当会同国务院卫生行政部门，根据大气污染物对公众健康和生态环境的危害和影响程度，公布有毒有害大气污染物名录，实行风险管理。

排放前款规定名录中所列有毒有害大气污染物的企业事业单位，应当按照国家有关规定建设环境风险预警体系，对排放口和周边环境进行定期监测，评估环境风险，排查环境安全隐患，并采取有效措施防范环境风险。

第七十九条 向大气排放持久性有机污染物的企业事业单位和其他生产经营者以及废弃物焚烧设施的运营单位，应当按照国家有关规定，采取有利于减少持久性有机污染物排放的技术方法和工艺，配备有效的净化装置，实现达标排放。

第八十条 企业事业单位和其他生产经营者在生产经营活动中产生恶臭气体的，应当科学选址，设置合理的防护距离，并安装净化装置或者采取其他措施，防止排放恶臭气体。

第八十一条 排放油烟的餐饮服务业经营者应当安装油烟净化设施并保持正常使用，或者采取其他油烟净化措施，使油烟达标排放，并防止对附近居民的正常生活环境造成污染。

禁止在居民住宅楼、未配套设立专用烟道的商住综合楼以及商住综合楼内与居住层相邻的商业楼层内新建、改建、扩建产生油烟、异味、废气的餐饮服务项目。

任何单位和个人不得在当地人民政府禁止的区域内露天烧烤食品或者为露天烧烤食品提供场地。

第八十二条 禁止在人口集中地区和其他依法需要特殊保护的区域内焚烧沥青、油毡、橡胶、塑料、皮革、垃圾以及其他产生有毒有害烟尘和恶臭气体的物质。

禁止生产、销售和燃放不符合质量标准的烟花爆竹。任何单位和个人不得在城市人民政府禁止的时段和区域内燃放烟花爆竹。

第八十三条 国家鼓励和倡导文明、绿色祭祀。

火葬场应当设置除尘等污染防治设施并保持正常使用，防止影响周边环境。

第八十四条 从事服装干洗和机动车维修等服务活动的经营者，应当按照国家有关标准或者要求设置异味和废气处理装置等污染防治设施并保持正常使用,防止影响周边环境。

第八十五条 国家鼓励、支持消耗臭氧层物质替代品的生产和使用,逐步减少直至停止消耗臭氧层物质的生产和使用。

国家对消耗臭氧层物质的生产、使用、进出口实行总量控制和配额管理。具体办法由国务院规定。

第五章 重点区域大气污染联合防治

第八十六条 国家建立重点区域大气污染联防联控机制,统筹协调重点区域内大气污染防治工作。国务院环境保护主管部门根据主体功能区划、区域大气环境质量状况和大气污染传输扩散规律,划定国家大气污染防治重点区域,报国务院批准。

重点区域内有关省、自治区、直辖市人民政府应当确定牵头的地方人民政府,定期召开联席会议,按照统一规划、统一标准、统一监测、统一的防治措施的要求,开展大气污染联合防治,落实大气污染防治目标责任。国务院环境保护主管部门应当加强指导、督促。

省、自治区、直辖市可以参照第一款规定划定本行政区域的大气污染防治重点区域。

第八十七条 国务院环境保护主管部门会同国务院有关部门、国家大气污染防治重点区域内有关省、自治区、直辖市人民政府,根据重点区域经济社会发展和大气环境承载力,制定重点区域大气污染联合防治行动计划,明确控制目标,优化区域经济布局,统筹交通管理,发展清洁能源,提出重点防治任务和措施,促进重点区域大气环境质量改善。

第八十八条 国务院经济综合主管部门会同国务院环境保护主管部门,结合国家大气污染防治重点区域产业发展实际和大气环境质量状况,进一步提高环境保护、能耗、安全、质量等要求。

重点区域内有关省、自治区、直辖市人民政府应当实施更严格的机动车大气污染物排放标准,统一在用机动车检验方法和排放限值,并配套供应合格的车用燃油。

第八十九条 编制可能对国家大气污染防治重点区域的大气环境造成严重污染的有关工业园区、开发区、区域产业和发展等规划,应当依法进行环境影响评价。规划编制机关应当与重点区域内有关省、自治区、直辖市人民政府或者有关部门会商。

重点区域内有关省、自治区、直辖市建设可能对相邻省、自治区、直辖市大气环境质量产生重大影响的项目,应当及时通报有关信息,进行会商。

会商意见及其采纳情况作为环境影响评价文件审查或者审批的重要依据。

第九十条 国家大气污染防治重点区域内新建、改建、扩建用煤项目的,应当实行煤炭的等量或者减量替代。

第九十一条 国务院环境保护主管部门应当组织建立国家大气污染防治重点区域的大气环境质量监测、大气污染源监测等相关信息共享机制,利用监测、模拟以及卫星、航测、遥感等新技术分析重点区域内大气污染来源及其变化趋势,并向社会公开。

第九十二条 国务院环境保护主管部门和国家大气污染防治重点区域内有关省、自治区、直辖市人民政府可以组织有关部门开展联合执法、跨区域执法、交叉执法。

第六章 重污染天气应对

第九十三条 国家建立重污染天气监测预警体系。

国务院环境保护主管部门会同国务院气象主管机构等有关部门、国家大气污染防治重点区域内有关省、自治区、直辖市人民政府,建立重点区域重污染天气监测预警机制,统一预警分级标准。可能发生区域重污染天气的,应当及时向重点区域内有关省、自治区、直辖市人民政府通报。

省、自治区、直辖市、设区的市人民政府环境保护主管部门会同气象主管机构等有关部门建立本行政区域重污染天气监测预警机制。

第九十四条 县级以上地方人民政府应当将重污染天气应对纳入突发事件应急管理体系。

省、自治区、直辖市、设区的市人民政府以及可能发生重污染天气的县级人民政府,应当制定重污染天气应急预案,向上一级人民政府环境保护主管部门备案,并向社会公布。

第九十五条 省、自治区、直辖市、设区的市人民政府环境保护主管部门应当会同气象主管机构建立会商机制,进行大气环境质量预报。可能发生重污染天气的,应当及时向本级人民政府报告。省、自治区、直辖市、设区的市人民政府依据重污染天气预报信息,进行综合研判,确定预警等级并及时发出预警。预警等级根据情况变化及时调整。任何单位和个人不得擅自向社会发布重污染天气预报预警信息。

预警信息发布后,人民政府及其有关部门应当通过电视、广播、网络、短信等途径告知公众采取健康防护措施,指导公众出行和调整其他相关社会活动。

第九十六条 县级以上地方人民政府应当依据重污染天气的预警等级,及时启动应急预案,根据应急需要可以采取责令有关企业停产或者限产、限制部分机动车行驶、禁止燃放烟花爆竹、停止工地土石方作业和建筑物拆除施工、停止露天烧烤、停止幼儿园和学校组织的户外活动、组织开展人工影响天气作业等应急措施。

应急响应结束后,人民政府应当及时开展应急预案实施情况的评估,适时修改完善应急预案。

第九十七条 发生造成大气污染的突发环境事件,人民政府及其有关部门和相关企业事业单位,应当依照《中华人民共和国突发事件应对法》、《中华人民共和国环境保护法》的规定,做好应急处置工作。环境保护主管部门应当及时对突发环境事件产生的大气污染物进行监测,并向社会公布监测信息。

第七章 法律责任

第九十八条 违反本法规定,以拒绝进入现场等方式拒不接受生态环境主管部门及其环境执法机构或者其他负有大气环境保护监督管理职责的部门的监督检查,或者在接受监督检查时弄虚作假的,由县级以上人民政府生态环境主管部门或者其他负有大气环境保护监督管理职责的部门责令改正,处二万元以上二十万元以下的罚款;构成违反治安管理行为的,由公安机关依法予以处罚。

第九十九条 违反本法规定,有下列行为之一的,由县级以上人民政府环境保护主管部门责令改正或者限制生产、停产整治,并处十万元以上一百万元以下的罚款;情节严重的,报经有批准权的人民政府批准,责令停业、关闭:

(一)未依法取得排污许可证排放大气污染物的;

(二)超过大气污染物排放标准或者超过重点大气污染物排放总量控制指标排放大气污染物的;

(三)通过逃避监管的方式排放大气污染物的。

第一百条 违反本法规定,有下列行为之一的,由县级以上人民政府环境保护主管部门责令改正,处二万元以上二十万元以下的罚款;拒不改正的,责令停产整治:

(一)侵占、损毁或者擅自移动、改变大气环境质量监测设施或者大气污染物排放自动监测设备的;

(二)未按照规定对所排放的工业废气和有毒有害大气污染物进行监测并保存原始监测记录的;

(三)未按照规定安装、使用大气污染物排放自动监测设备或者未按照规定与环境保护主管部门的监控设备联网,并保证监测设备正常运行的;

(四)重点排污单位不公开或者不如实公开自动监测数据的;

(五)未按照规定设置大气污染物排放口的。

第一百零一条 违反本法规定,生产、进口、销售或者使用国家综合性产业政策目录中禁止的设备和产品,采用国家综合性产业政策目录中禁止的工艺,或者将淘汰的设备和产品转让给他人使用的,由县级以上人民政府经济综合主管部门、海关按照职责责令改正,没收违法所得,并处货值金额一倍以上三倍以下的罚款;拒不改正的,报经有批准权的人民政府批准,责令停业、关闭。进口行为构成走私的,由海关依法予以处罚。

第一百零二条 违反本法规定,煤矿未按照规定建设配套煤炭洗选设施的,由县级以上人民政府能源主管部门责令改正,处十万元以上一百万元以下的罚款;拒不改正的,报经有批准权的人民政府批准,责令停业、关闭。

违反本法规定,开采含放射性和砷等有毒有害物质超过规定标准的煤炭的,由县级以上人民政府按照国务院规定的权限责令停业、关闭。

第一百零三条 违反本法规定,有下列行为之一的,由县级以上地方人民政府市场监督管理部门责令改正,没收原材料、产品和违法所得,并处货值金额一倍以上三倍以下的罚款:

(一)销售不符合质量标准的煤炭、石油焦的;

(二)生产、销售挥发性有机物含量不符合质量标准或者要求的原材料和产品的;

(三)生产、销售不符合标准的机动车船和非道路移动机械用燃料、发动机油、氮氧化物还原剂、燃料和润滑油添加剂以及其他添加剂的;

(四)在禁燃区内销售高污染燃料的。

第一百零四条 违反本法规定,有下列行为之一的,由海关责令改正,没收原材料、产品和违法所得,并处货值金额一倍以上三倍以下的罚款;构成走私的,由海关依法予以处罚:

(一)进口不符合质量标准的煤炭、石油焦的;

(二)进口挥发性有机物含量不符合质量标准或者要求的原材料和产品的;

(三)进口不符合标准的机动车船和非道路移动机械用燃料、发动机油、氮氧化物还原剂、燃料和润滑油添加剂以及其他添加剂的。

第一百零五条 违反本法规定,单位燃用不符合质量标准的煤炭、石油焦的,由县级以上人民政府环境保护主管部门责令改正,处货值金额一倍以上三倍以下的罚款。

第一百零六条 违反本法规定,使用不符合标准或者要求的船舶用燃油的,由海事管理机构、渔业主管部门按照职责处一万元以上十万元以下的罚款。

第一百零七条 违反本法规定,在禁燃区内新建、扩建燃用高污染燃料的设施,或者未按照规定停止燃用高污染燃料,或者在城市集中供热管网覆盖地区新建、扩建分散燃煤供热锅炉,或者未按照规定拆除已建成的不能达标排放的燃煤供热锅炉的,由县级以上地方人民政府生态环境主管部门没收燃用高污染燃料的设施,组织拆除燃煤供热锅炉,并处二万元以上二十万元以下的罚款。

违反本法规定,生产、进口、销售或者使用不符合规定标准或者要求的锅炉,由县级以上人民政府市场监督管理、生态环境主管部门责令改正,没收违法所得,并处二万元以上二十万元以下的罚款。

第一百零八条 违反本法规定,有下列行为之一的,由县级以上人民政府环境保护主管部门责令改正,处二万元以上二十万元以下的罚款;拒不改正的,责令停产整治:

(一)产生含挥发性有机物废气的生产和服务活动,未在密闭空间或者设备中进行,未按照规定安装、使用污染防治设施,或者未采取减少废气排放措施的;

(二)工业涂装企业未使用低挥发性有机物含量涂料或者未建立、保存台账的;

(三)石油、化工以及其他生产和使用有机溶剂的企业,未采取措施对管道、设备进行日常维护、维修,减少物料泄漏或者对泄漏的物料未及时收集处理的;

(四)储油储气库、加油加气站和油罐车、气罐车等,未按照国家有关规定安装并正常使用油气回收装置的;

(五)钢铁、建材、有色金属、石油、化工、制药、矿产开采等企业,未采取集中收集处理、密闭、围挡、遮盖、清扫、洒水等措施,控制、减少粉尘和气态污染物排放的;

(六)工业生产、垃圾填埋或者其他活动中产生的可燃性气体未回收利用,不具备回收利用条件未进行防治污染处理,或者可燃性气体回收利用装置不能正常作业,未及时修复或者更新的。

第一百零九条 违反本法规定,生产超过污染物排放标准的机动车、非道路移动机械的,由省级以上人民政府环境保护主管部门责令改正,没收违法所得,并处货值金额一倍以上三倍以下的罚款,没收销毁无法达到污染物排放标准的机动车、非道路移动机械;拒不改正的,责令停产整治,并由国务院机动车生产主管部门责令停止生产该车型。

违反本法规定,机动车、非道路移动机械生产企业对发动机、污染控制装置弄虚作假、以次充好,冒充排放检验合格产品出厂销售的,由省级以上人民政府环境保护主管部门责令停产整治,没收违法所得,并处货值金额一倍以上三倍以下的罚款,没收销毁无法达到污染物排放标准的机动车、非道路移动机械,并由国务院机动车生产主管部门责令停止生产该车型。

第一百一十条 违反本法规定,进口、销售超过污染物排放标准的机动车、非道路移动机械的,由县级以上人民政府市场监督管理部门、海关按照职责没收违法所得,并处货值金额一倍以上三倍以下的罚款,没收销毁无法达到污染物排放标准的机动车、非道路移动机械;进口行为构成走私的,由海关依法予以处罚。

违反本法规定,销售的机动车、非道路移动机械不符合污染物排放标准的,销售者应当负责修理、更换、退货;给购买者造成损失的,销售者应当赔偿损失。

第一百一十一条 违反本法规定,机动车生产、进口企业未按照规定向社会公布其生产、进口机动车车型的排放检验信息或者污染控制技术信息的,由省级以上人民政府环境保护主管部门责令改正,处五万元以上五十万元以下的罚款。

违反本法规定,机动车生产、进口企业未按照规定向社会公布其生产、进口机动车车型的有关维修技术信息的,由省级以上人民政府交通运输主管部门责令改正,处五万元以上五十万元以下的罚款。

第一百一十二条 违反本法规定,伪造机动车、非道路移动机械排放检验结果或者出具虚假排放检验报告的,由县级以上人民政府环境保护主管部门没收违法所得,并处十万元以上五十万元以下的罚款;情节严重的,由负责资质认定的部门取消其检验资格。

违反本法规定,伪造船舶排放检验结果或者出具虚假排放检验报告的,由海事管理机构依法予以处罚。

违反本法规定,以临时更换机动车污染控制装置等弄虚作假的方式通过机动车排放检验或者破坏机动车车载排放诊断系统的,由县级以上人民政府环境保护主管部门责令改正,对机动车所有人处五千元的罚款;对机动车维修单位处每辆机动车五千元的罚款。

第一百一十三条 违反本法规定,机动车驾驶人驾驶排放检验不合格的机动车上道路行驶的,由公安机关交通管理部门依法予以处罚。

第一百一十四条 违反本法规定,使用排放不合格的非道路移动机械,或者在用重型柴油车、非道路移动机械未按照规定加装、更换污染控制装置的,由县级以上人民政府生态环境等主管部门按照职责责令改正,处五千元的罚款。

违反本法规定,在禁止使用高排放非道路移动机械的区域使用高排放非道路移动机械的,由城市人民政府生态环境等主管部门依法予以处罚。

第一百一十五条 违反本法规定,施工单位有下列行为之一的,由县级以上人民政府住房城乡建设等主管部门按照职责责令改正,处一万元以上十万元以下的罚款;拒不改正的,责令停工整治:

(一)施工工地未设置硬质密闭围挡,或者未采取覆盖、分段作业、择时施工、洒水抑尘、冲洗地面和车辆等有效防尘降尘措施的;

(二)建筑土方、工程渣土、建筑垃圾未及时清运,或者未采用密闭式防尘网遮盖的。

违反本法规定,建设单位未对暂时不能开工的建设用地的裸露地面进行覆盖,或者未对超过三个月不能开工的建设用地的裸露地面进行绿化、铺装或者遮盖的,由县级以上人民政府住房城乡建设等主管部门依照前款规定予以处罚。

第一百一十六条 违反本法规定,运输煤炭、垃圾、渣土、砂石、土方、灰浆等散装、流体物料的车辆,未采取密闭或者其他措施防止物料遗撒的,由县级以上地方人民政府确定的监督管理部门责令改正,处二千元以上二万元以下的罚款;拒不改正的,车辆不得上道路行驶。

第一百一十七条 违反本法规定,有下列行为之一的,由县级以上人民政府生态环境等主管部门按照职责责令改正,处一万元以上十万元以下的罚款;拒不改正的,责令停工整治或者停业整治:

(一)未密闭煤炭、煤矸石、煤渣、煤灰、水泥、石灰、石膏、砂土等易产生扬尘的物料的;

(二)对不能密闭的易产生扬尘的物料,未设置不低于堆放物高度的严密围挡,或者未采取有效覆盖措施防治扬尘污染的;

(三)装卸物料未采取密闭或者喷淋等方式控制扬尘排放的;

(四)存放煤炭、煤矸石、煤渣、煤灰等物料,未采取防燃措施的;

(五)码头、矿山、填埋场和消纳场未采取有效措施防治扬尘污染的;

(六)排放有毒有害大气污染物名录中所列有毒有害大气污染物的企业事业单位,未按照规定建设环境风险预警体系或者对排放口和周边环境进行定期监测、排查环境安全隐患并采取有效措施防范环境风险的；

（七）向大气排放持久性有机污染物的企业事业单位和其他生产经营者以及废弃物焚烧设施的运营单位，未按照国家有关规定采取有利于减少持久性有机污染物排放的技术方法和工艺，配备净化装置的；

（八）未采取措施防止排放恶臭气体的。

第一百一十八条 违反本法规定，排放油烟的餐饮服务业经营者未安装油烟净化设施、不正常使用油烟净化设施或者未采取其他油烟净化措施，超过排放标准排放油烟的，由县级以上地方人民政府确定的监督管理部门责令改正，处五千元以上五万元以下的罚款；拒不改正的，责令停业整治。

违反本法规定，在居民住宅楼、未配套设立专用烟道的商住综合楼、商住综合楼内与居住层相邻的商业楼层内新建、改建、扩建产生油烟、异味、废气的餐饮服务项目的，由县级以上地方人民政府确定的监督管理部门责令改正；拒不改正的，予以关闭，并处一万元以上十万元以下的罚款。

违反本法规定，在当地人民政府禁止的时段和区域内露天烧烤食品或者为露天烧烤食品提供场地的，由县级以上地方人民政府确定的监督管理部门责令改正，没收烧烤工具和违法所得，并处五百元以上二万元以下的罚款。

第一百一十九条 违反本法规定，在人口集中地区对树木、花草喷洒剧毒、高毒农药，或者露天焚烧秸秆、落叶等产生烟尘污染的物质的，由县级以上地方人民政府确定的监督管理部门责令改正，并可以处五百元以上二千元以下的罚款。

违反本法规定，在人口集中地区和其他依法需要特殊保护的区域内，焚烧沥青、油毡、橡胶、塑料、皮革、垃圾以及其他产生有毒有害烟尘和恶臭气体的物质的，由县级人民政府确定的监督管理部门责令改正，对单位处一万元以上十万元以下的罚款，对个人处五百元以上二千元以下的罚款。

违反本法规定，在城市人民政府禁止的时段和区域内燃放烟花爆竹的，由县级以上地方人民政府确定的监督管理部门依法予以处罚。

第一百二十条 违反本法规定，从事服装干洗和机动车维修等服务活动，未设置异味和废气处理装置等污染防治设施并保持正常使用，影响周边环境的，由县级以上地方人民政府环境保护主管部门责令改正，处二千元以上二万元以下的罚款；拒不改正的，责令停业整治。

第一百二十一条 违反本法规定，擅自向社会发布重污染天气预报预警信息，构成违反治安管理行为的，由公安机关依法予以处罚。

违反本法规定，拒不执行停止工地土石方作业或者建筑物拆除施工等重污染天气应急措施的，由县级以上地方人民政府确定的监督管理部门处一万元以上十万元以下的罚款。

第一百二十二条 违反本法规定，造成大气污染事故的，由县级以上人民政府环境保护主管部门依照本条第二款的规定处以罚款；对直接负责的主管人员和其他直接责任人员可以处上一年度从本企业事业单位取得收入百分之五十以下的罚款。

对造成一般或者较大大气污染事故的，按照污染事故造成直接损失的一倍以上三倍以下计算罚款；对造成重大或者特大大气污染事故的，按照污染事故造成的直接损失的三倍以上五倍以下计算罚款。

第一百二十三条 违反本法规定,企业事业单位和其他生产经营者有下列行为之一,受到罚款处罚,被责令改正,拒不改正的,依法作出处罚决定的行政机关可以自责令改正之日的次日起,按照原处罚数额按日连续处罚:

(一)未依法取得排污许可证排放大气污染物的;

(二)超过大气污染物排放标准或者超过重点大气污染物排放总量控制指标排放大气污染物的;

(三)通过逃避监管的方式排放大气污染物的;

(四)建筑施工或者贮存易产生扬尘的物料未采取有效措施防治扬尘污染的。

第一百二十四条 违反本法规定,对举报人以解除、变更劳动合同或者其他方式打击报复的,应当依照有关法律的规定承担责任。

第一百二十五条 排放大气污染物造成损害的,应当依法承担侵权责任。

第一百二十六条 地方各级人民政府、县级以上人民政府环境保护主管部门和其他负有大气环境保护监督管理职责的部门及其工作人员滥用职权、玩忽职守、徇私舞弊、弄虚作假的,依法给予处分。

第一百二十七条 违反本法规定,构成犯罪的,依法追究刑事责任。

第八章 附 则

第一百二十八条 海洋工程的大气污染防治,依照《中华人民共和国海洋环境保护法》的有关规定执行。

第一百二十九条 本法自 2016 年 1 月 1 日起施行。

大气污染防治行动计划

(2013 年 9 月 10 日 国发〔2013〕37 号)

大气环境保护事关人民群众根本利益,事关经济持续健康发展,事关全面建成小康社会,事关实现中华民族伟大复兴中国梦。当前,我国大气污染形势严峻,以可吸入颗粒物(PM_{10})、细颗粒物($PM_{2.5}$)为特征污染物的区域性大气环境问题日益突出,损害人民群众身体健康,影响社会和谐稳定。随着我国工业化、城镇化的深入推进,能源资源消耗持续增加,大气污染防治压力继续加大。为切实改善空气质量,制定本行动计划。

总体要求:以邓小平理论、"三个代表"重要思想、科学发展观为指导,以保障人民群众身体健康为出发点,大力推进生态文明建设,坚持政府调控与市场调节相结合、全面推进与重点突破相配合、区域协作与属地管理相协调、总量减排与质量改善相同步,形成政府统领、企业施治、市场驱动、公众参与的大气污染防治新机制,实施分区域、分阶段治理,推动产业结构优化、科技创新能力增强、经济增长质量提高,实现环境效益、经济效益与社会效益多赢,为建设美丽中国而奋斗。

奋斗目标:经过五年努力,全国空气质量总体改善,重污染天气较大幅度减少;京津冀、长三角、珠三角等区域空气质量明显好转。力争再用五年或更长时间，逐步消除重污染天气，全国空气质量明显改善。

具体指标：到2017年，全国地级及以上城市可吸入颗粒物浓度比2012年下降10%以上，优良天数逐年提高；京津冀、长三角、珠三角等区域细颗粒物浓度分别下降25%、20%、15%左右，其中北京市细颗粒物年均浓度控制在60微克/立方米左右。

一、加大综合治理力度，减少多污染物排放

（一）加强工业企业大气污染综合治理

全面整治燃煤小锅炉。加快推进集中供热、"煤改气"、"煤改电"工程建设，到2017年，除必要保留的以外，地级及以上城市建成区基本淘汰每小时10蒸吨及以下的燃煤锅炉，禁止新建每小时20蒸吨以下的燃煤锅炉；其他地区原则上不再新建每小时10蒸吨以下的燃煤锅炉。在供热供气管网不能覆盖的地区，改用电、新能源或洁净煤，推广应用高效节能环保型锅炉。在化工、造纸、印染、制革、制药等产业集聚区，通过集中建设热电联产机组逐步淘汰分散燃煤锅炉。

加快重点行业脱硫、脱硝、除尘改造工程建设。所有燃煤电厂、钢铁企业的烧结机和球团生产设备、石油炼制企业的催化裂化装置、有色金属冶炼企业都要安装脱硫设施，每小时20蒸吨及以上的燃煤锅炉要实施脱硫。除循环流化床锅炉以外的燃煤机组均应安装脱硝设施，新型干法水泥窑要实施低氮燃烧技术改造并安装脱硝设施。燃煤锅炉和工业窑炉现有除尘设施要实施升级改造。

推进挥发性有机物污染治理。在石化、有机化工、表面涂装、包装印刷等行业实施挥发性有机物综合整治，在石化行业开展"泄漏检测与修复"技术改造。限时完成加油站、储油库、油罐车的油气回收治理，在原油成品油码头积极开展油气回收治理。完善涂料、胶粘剂等产品挥发性有机物限值标准，推广使用水性涂料，鼓励生产、销售和使用低毒、低挥发性有机溶剂。

京津冀、长三角、珠三角等区域要于2015年底前基本完成燃煤电厂、燃煤锅炉和工业窑炉的污染治理设施建设与改造，完成石化企业有机废气综合治理。

（二）深化面源污染治理

综合整治城市扬尘。加强施工扬尘监管，积极推进绿色施工，建设工程施工现场应全封闭设置围挡墙，严禁敞开式作业，施工现场道路应进行地面硬化。渣土运输车辆应采取密闭措施，并逐步安装卫星定位系统。推行道路机械化清扫等低尘作业方式。大型煤堆、料堆要实现封闭储存或建设防风抑尘设施。推进城市及周边绿化和防风防沙林建设，扩大城市建成区绿地规模。

开展餐饮油烟污染治理。城区餐饮服务经营场所应安装高效油烟净化设施，推广使用高效净化型家用吸油烟机。

（三）强化移动源污染防治

加强城市交通管理。优化城市功能和布局规划，推广智能交通管理，缓解城市交通拥堵。实施公交优先战略，提高公共交通出行比例，加强步行、自行车交通系统建设。根据城市发展规划，合理控制机动车保有量，北京、上海、广州等特大城市要严格限制机动车保有量。通过鼓励绿色出行、增加使用成本等措施，降低机动车使用强度。

提升燃油品质。加快石油炼制企业升级改造，力争在2013年底前，全国供应符合国家第四阶段标准的车用汽油，在2014年底前，全国供应符合国家第四阶段标准的车用柴油，在2015年

底前,京津冀、长三角、珠三角等区域内重点城市全面供应符合国家第五阶段标准的车用汽、柴油,在 2017 年底前,全国供应符合国家第五阶段标准的车用汽、柴油。加强油品质量监督检查,严厉打击非法生产、销售不合格油品行为。

加快淘汰黄标车和老旧车辆。采取划定禁行区域、经济补偿等方式,逐步淘汰黄标车和老旧车辆。到 2015 年,淘汰 2005 年底前注册营运的黄标车,基本淘汰京津冀、长三角、珠三角等区域内的 500 万辆黄标车。到 2017 年,基本淘汰全国范围的黄标车。

加强机动车环保管理。环保、工业和信息化、质检、工商等部门联合加强新生产车辆环保监管,严厉打击生产、销售环保不达标车辆的违法行为;加强在用机动车年度检验,对不达标车辆不得发放环保合格标志,不得上路行驶。加快柴油车车用尿素供应体系建设。研究缩短公交车、出租车强制报废年限。鼓励出租车每年更换高效尾气净化装置。开展工程机械等非道路移动机械和船舶的污染控制。

加快推进低速汽车升级换代。不断提高低速汽车(三轮汽车、低速货车)节能环保要求,减少污染排放,促进相关产业和产品技术升级换代。自 2017 年起,新生产的低速货车执行与轻型载货车同等的节能与排放标准。

大力推广新能源汽车。公交、环卫等行业和政府机关要率先使用新能源汽车,采取直接上牌、财政补贴等措施鼓励个人购买。北京、上海、广州等城市每年新增或更新的公交车中新能源和清洁燃料车的比例达到 60% 以上。

二、调整优化产业结构,推动产业转型升级

(四)严控"两高"行业新增产能

修订高耗能、高污染和资源性行业准入条件,明确资源能源节约和污染物排放等指标。有条件的地区要制定符合当地功能定位、严于国家要求的产业准入目录。严格控制"两高"行业新增产能,新、改、扩建项目要实行产能等量或减量置换。

(五)加快淘汰落后产能

结合产业发展实际和环境质量状况,进一步提高环保、能耗、安全、质量等标准,分区域明确落后产能淘汰任务,倒逼产业转型升级。

按照《部分工业行业淘汰落后生产工艺装备和产品指导目录(2010 年本)》、《产业结构调整指导目录(2011 年本)(修正)》的要求,采取经济、技术、法律和必要的行政手段,提前一年完成钢铁、水泥、电解铝、平板玻璃等 21 个重点行业的"十二五"落后产能淘汰任务。2015 年再淘汰炼铁 1500 万吨、炼钢 1500 万吨、水泥(熟料及粉磨能力)1 亿吨、平板玻璃 2000 万重量箱。对未按期完成淘汰任务的地区,严格控制国家安排的投资项目,暂停对该地区重点行业建设项目办理审批、核准和备案手续。2016 年、2017 年,各地区要制定范围更宽、标准更高的落后产能淘汰政策,再淘汰一批落后产能。

对布局分散、装备水平低、环保设施差的小型工业企业进行全面排查,制定综合整改方案,实施分类治理。

(六)压缩过剩产能

加大环保、能耗、安全执法处罚力度,建立以节能环保标准促进"两高"行业过剩产能退出的机制。制定财政、土地、金融等扶持政策,支持产能过剩"两高"行业企业退出、转型发展。发挥优强企业对行业发展的主导作用,通过跨地区、跨所有制企业兼并重组,推动过剩产能压缩。严禁核准产能严重过剩行业新增产能项目。

(七)坚决停建产能严重过剩行业违规在建项目

认真清理产能严重过剩行业违规在建项目,对未批先建、边批边建、越权核准的违规项目,尚未开工建设的,不准开工;正在建设的,要停止建设。地方人民政府要加强组织领导和监督检查,坚决遏制产能严重过剩行业盲目扩张。

三、加快企业技术改造,提高科技创新能力

(八)强化科技研发和推广

加强灰霾、臭氧的形成机理、来源解析、迁移规律和监测预警等研究,为污染治理提供科学支撑。加强大气污染与人群健康关系的研究。支持企业技术中心、国家重点实验室、国家工程实验室建设,推进大型大气光化学模拟仓、大型气溶胶模拟仓等科技基础设施建设。

加强脱硫、脱硝、高效除尘、挥发性有机物控制、柴油机(车)排放净化、环境监测,以及新能源汽车、智能电网等方面的技术研发,推进技术成果转化应用。加强大气污染治理先进技术、管理经验等方面的国际交流与合作。

(九)全面推行清洁生产

对钢铁、水泥、化工、石化、有色金属冶炼等重点行业进行清洁生产审核,针对节能减排关键领域和薄弱环节,采用先进适用的技术、工艺和装备,实施清洁生产技术改造;到2017年,重点行业排污强度比2012年下降30%以上。推进非有机溶剂型涂料和农药等产品创新,减少生产和使用过程中挥发性有机物排放。积极开发缓释肥料新品种,减少化肥施用过程中氨的排放。

(十)大力发展循环经济

鼓励产业集聚发展,实施园区循环化改造,推进能源梯级利用、水资源循环利用、废物交换利用、土地节约集约利用,促进企业循环式生产、园区循环式发展、产业循环式组合,构建循环型工业体系。推动水泥、钢铁等工业窑炉、高炉实施废物协同处置。大力发展机电产品再制造,推进资源再生利用产业发展。到2017年,单位工业增加值能耗比2012年降低20%左右,在50%以上的各类国家级园区和30%以上的各类省级园区实施循环化改造,主要有色金属品种以及钢铁的循环再生比重达到40%左右。

(十一)大力培育节能环保产业

着力把大气污染治理的政策要求有效转化为节能环保产业发展的市场需求,促进重大环保技术装备、产品的创新开发与产业化应用。扩大国内消费市场,积极支持新业态、新模式,培育一批具有国际竞争力的大型节能环保企业,大幅增加大气污染治理装备、产品、服务产业产值,有效推动节能环保、新能源等战略性新兴产业发展。鼓励外商投资节能环保产业。

四、加快调整能源结构,增加清洁能源供应

(十二)控制煤炭消费总量

制定国家煤炭消费总量中长期控制目标,实行目标责任管理。到2017年,煤炭占能源消费总量比重降低到65%以下。京津冀、长三角、珠三角等区域力争实现煤炭消费总量负增长,通过逐步提高接受外输电比例、增加天然气供应、加大非化石能源利用强度等措施替代燃煤。

京津冀、长三角、珠三角等区域新建项目禁止配套建设自备燃煤电站。耗煤项目要实行煤炭减量替代。除热电联产外,禁止审批新建燃煤发电项目;现有多台燃煤机组装机容量合计达到30万千瓦以上的,可按照煤炭等量替代的原则建设为大容量燃煤机组。

(十三)加快清洁能源替代利用

加大天然气、煤制天然气、煤层气供应。到2015年,新增天然气干线管输能力1500亿立方米以上,覆盖京津冀、长三角、珠三角等区域。优化天然气使用方式,新增天然气应优先保障居民生活或用于替代燃煤;鼓励发展天然气分布式能源等高效利用项目,限制发展天然气化工项目;有序发展天然气调峰电站,原则上不再新建天然气发电项目。

制定煤制天然气发展规划,在满足最严格的环保要求和保障水资源供应的前提下,加快煤制天然气产业化和规模化步伐。

积极有序发展水电,开发利用地热能、风能、太阳能、生物质能,安全高效发展核电。到2017年,运行核电机组装机容量达到5000万千瓦,非化石能源消费比重提高到13%。

京津冀区域城市建成区、长三角城市群、珠三角区域要加快现有工业企业燃煤设施天然气替代步伐;到2017年,基本完成燃煤锅炉、工业窑炉、自备燃煤电站的天然气替代改造任务。

(十四)推进煤炭清洁利用

提高煤炭洗选比例,新建煤矿应同步建设煤炭洗选设施,现有煤矿要加快建设与改造;到2017年,原煤入选率达到70%以上。禁止进口高灰分、高硫分的劣质煤炭,研究出台煤炭质量管理办法。限制高硫石油焦的进口。

扩大城市高污染燃料禁燃区范围,逐步由城市建成区扩展到近郊。结合城中村、城乡结合部、棚户区改造,通过政策补偿和实施峰谷电价、季节性电价、阶梯电价、调峰电价等措施,逐步推行以天然气或电替代煤炭。鼓励北方农村地区建设洁净煤配送中心,推广使用洁净煤和型煤。

(十五)提高能源使用效率

严格落实节能评估审查制度。新建高耗能项目单位产品(产值)能耗要达到国内先进水平,用能设备达到一级能效标准。京津冀、长三角、珠三角等区域,新建高耗能项目单位产品(产值)能耗要达到国际先进水平。

积极发展绿色建筑,政府投资的公共建筑、保障性住房等要率先执行绿色建筑标准。新建建筑要严格执行强制性节能标准,推广使用太阳能热水系统、地源热泵、空气源热泵、光伏建筑一体化、"热—电—冷"三联供等技术和装备。

推进供热计量改革,加快北方采暖地区既有居住建筑供热计量和节能改造;新建建筑和完成供热计量改造的既有建筑逐步实行供热计量收费。加快热力管网建设与改造。

五、严格节能环保准入,优化产业空间布局

(十六)调整产业布局

按照主体功能区规划要求,合理确定重点产业发展布局、结构和规模,重大项目原则上布局在优化开发区和重点开发区。所有新、改、扩建项目,必须全部进行环境影响评价;未通过环境影响评价审批的,一律不准开工建设;违规建设的,要依法进行处罚。加强产业政策在产业转移过程中的引导与约束作用,严格限制在生态脆弱或环境敏感地区建设"两高"行业项目。加强对各类产业发展规划的环境影响评价。

在东部、中部和西部地区实施差别化的产业政策,对京津冀、长三角、珠三角等区域提出更高的节能环保要求。强化环境监管,严禁落后产能转移。

(十七)强化节能环保指标约束

提高节能环保准入门槛,健全重点行业准入条件,公布符合准入条件的企业名单并实施动态管理。严格实施污染物排放总量控制,将二氧化硫、氮氧化物、烟粉尘和挥发性有机物排放是否符合总量控制要求作为建设项目环境影响评价审批的前置条件。

京津冀、长三角、珠三角区域以及辽宁中部、山东、武汉及其周边、长株潭、成渝、海峡西岸、山西中北部、陕西关中、甘宁、乌鲁木齐城市群等"三区十群"中的47个城市,新建火电、钢铁、石化、水泥、有色、化工等企业以及燃煤锅炉项目要执行大气污染物特别排放限值。各地区可根据环境质量改善的需要,扩大特别排放限值实施的范围。

对未通过能评、环评审查的项目,有关部门不得审批、核准、备案,不得提供土地,不得批准开工建设,不得发放生产许可证、安全生产许可证、排污许可证,金融机构不得提供任何形式的新增授信支持,有关单位不得供电、供水。

(十八)优化空间格局

科学制定并严格实施城市规划,强化城市空间管制要求和绿地控制要求,规范各类产业园区和城市新城、新区设立和布局,禁止随意调整和修改城市规划,形成有利于大气污染物扩散的城市和区域空间格局。研究开展城市环境总体规划试点工作。

结合化解过剩产能、节能减排和企业兼并重组,有序推进位于城市主城区的钢铁、石化、化工、有色金属冶炼、水泥、平板玻璃等重污染企业环保搬迁、改造,到2017年基本完成。

六、发挥市场机制作用,完善环境经济政策

(十九)发挥市场机制调节作用

本着"谁污染、谁负责,多排放、多负担,节能减排得收益、获补偿"的原则,积极推行激励与约束并举的节能减排新机制。

分行业、分地区对水、电等资源类产品制定企业消耗定额。建立企业"领跑者"制度,对能效、排污强度达到更高标准的先进企业给予鼓励。

全面落实"合同能源管理"的财税优惠政策,完善促进环境服务业发展的扶持政策,推行污染治理设施投资、建设、运行一体化特许经营。完善绿色信贷和绿色证券政策,将企业环境信息纳入征信系统。严格限制环境违法企业贷款和上市融资。推进排污权有偿使用和交易试点。

(二十)完善价格税收政策

根据脱硝成本,结合调整销售电价,完善脱硝电价政策。现有火电机组采用新技术进行除尘设施改造的,要给予价格政策支持。实行阶梯式电价。

推进天然气价格形成机制改革,理顺天然气与可替代能源的比价关系。

按照合理补偿成本、优质优价和污染者付费的原则合理确定成品油价格,完善对部分困难群体和公益性行业成品油价格改革补贴政策。

加大排污费征收力度,做到应收尽收。适时提高排污费标准,将挥发性有机物纳入排污费征收范围。

研究将部分"两高"行业产品纳入消费税征收范围。完善"两高"行业产品出口退税政策和资源综合利用税收政策。积极推进煤炭等资源税从价计征改革。符合税收法律法规规定,使用专用设备或建设环境保护项目的企业以及高新技术企业,可以享受企业所得税优惠。

(二十一)拓宽投融资渠道

深化节能环保投融资体制改革,鼓励民间资本和社会资本进入大气污染防治领域。引导银行业金融机构加大对大气污染防治项目的信贷支持。探索排污权抵押融资模式,拓展节能环保设施融资、租赁业务。

地方人民政府要对涉及民生的"煤改气"项目、黄标车和老旧车辆淘汰、轻型载货车替代低速货车等加大政策支持力度,对重点行业清洁生产示范工程给予引导性资金支持。要将空气质量监测站点建设及其运行和监管经费纳入各级财政预算予以保障。

在环境执法到位、价格机制理顺的基础上,中央财政统筹整合主要污染物减排等专项,设立大气污染防治专项资金,对重点区域按治理成效实施"以奖代补";中央基本建设投资也要加大对重点区域大气污染防治的支持力度。

七、健全法律法规体系,严格依法监督管理

(二十二)完善法律法规标准

加快大气污染防治法修订步伐,重点健全总量控制、排污许可、应急预警、法律责任等方面的制度,研究增加对恶意排污、造成重大污染危害的企业及其相关负责人追究刑事责任的内容,加大对违法行为的处罚力度。建立健全环境公益诉讼制度。研究起草环境税法草案,加快修改环境保护法,尽快出台机动车污染防治条例和排污许可证管理条例。各地区可结合实际,出台地方性大气污染防治法规、规章。

加快制(修)订重点行业排放标准以及汽车燃料消耗量标准、油品标准、供热计量标准等,完善行业污染防治技术政策和清洁生产评价指标体系。

(二十三)提高环境监管能力

完善国家监察、地方监管、单位负责的环境监管体制,加强对地方人民政府执行环境法律法规和政策的监督。加大环境监测、信息、应急、监察等能力建设力度,达到标准化建设要求。

建设城市站、背景站、区域站统一布局的国家空气质量监测网络,加强监测数据质量管理,客观反映空气质量状况。加强重点污染源在线监控体系建设,推进环境卫星应用。建设国家、省、市三级机动车排污监管平台。到2015年,地级及以上城市全部建成细颗粒物监测点和国家直管的监测点。

(二十四)加大环保执法力度

推进联合执法、区域执法、交叉执法等执法机制创新,明确重点,加大力度,严厉打击环境违法行为。对偷排偷放、屡查屡犯的违法企业,要依法停产关闭。对涉嫌环境犯罪的,要依法追究刑事责任。落实执法责任,对监督缺位、执法不力、徇私枉法等行为,监察机关要依法追究有关部门和人员的责任。

(二十五)实行环境信息公开

国家每月公布空气质量最差的10个城市和最好的10个城市的名单。各省(区、市)要公布本行政区域内地级及以上城市空气质量排名。地级及以上城市要在当地主要媒体及时发布空气质量监测信息。

各级环保部门和企业要主动公开新建项目环境影响评价、企业污染物排放、治污设施运行情况等环境信息,接受社会监督。涉及群众利益的建设项目,应充分听取公众意见。建立重污染行业企业环境信息强制公开制度。

八、建立区域协作机制,统筹区域环境治理

(二十六)建立区域协作机制

建立京津冀、长三角区域大气污染防治协作机制,由区域内省级人民政府和国务院有关部门参加,协调解决区域突出环境问题,组织实施环评会商、联合执法、信息共享、预警应急等大气污染防治措施,通报区域大气污染防治工作进展,研究确定阶段性工作要求、工作重点和主要任务。

(二十七)分解目标任务

国务院与各省(区、市)人民政府签订大气污染防治目标责任书,将目标任务分解落实到地方人民政府和企业。将重点区域的细颗粒物指标、非重点地区的可吸入颗粒物指标作为经济社会发展的约束性指标,构建以环境质量改善为核心的目标责任考核体系。

国务院制定考核办法,每年初对各省(区、市)上年度治理任务完成情况进行考核;2015年进行中期评估,并依据评估情况调整治理任务;2017年对行动计划实施情况进行终期考核。考核和评估结果经国务院同意后,向社会公布,并交由干部主管部门,按照《关于建立促进科学发展的党政领导班子和领导干部考核评价机制的意见》、《地方党政领导班子和领导干部综合考核评价办法(试行)》、《关于开展政府绩效管理试点工作的意见》等规定,作为对领导班子和领导干部综合考核评价的重要依据。

(二十八)实行严格责任追究

对未通过年度考核的,由环保部门会同组织部门、监察机关等部门约谈省级人民政府及其相关部门有关负责人,提出整改意见,予以督促。

对因工作不力、履职缺位等导致未能有效应对重污染天气的,以及干预、伪造监测数据和没有完成年度目标任务的,监察机关要依法依纪追究有关单位和人员的责任,环保部门要对有关地区和企业实施建设项目环评限批,取消国家授予的环境保护荣誉称号。

九、建立监测预警应急体系,妥善应对重污染天气

(二十九)建立监测预警体系

环保部门要加强与气象部门的合作,建立重污染天气监测预警体系。到2014年,京津冀、长三角、珠三角区域要完成区域、省、市级重污染天气监测预警系统建设;其他省(区、市)、副省级市、省会城市于2015年底前完成。要做好重污染天气过程的趋势分析,完善会商研判机制,提高监测预警的准确度,及时发布监测预警信息。

(三十)制定完善应急预案

空气质量未达到规定标准的城市应制定和完善重污染天气应急预案并向社会公布;要落实责任主体,明确应急组织机构及其职责、预警预报及响应程序、应急处置及保障措施等内容,按不同污染等级确定企业限产停产、机动车和扬尘管控、中小学校停课以及可行的气象干预等应对措施。开展重污染天气应急演练。

京津冀、长三角、珠三角等区域要建立健全区域、省、市联动的重污染天气应急响应体系。区域内各省(区、市)的应急预案,应于2013年底前报环境保护部备案。

(三十一) 及时采取应急措施

将重污染天气应急响应纳入地方人民政府突发事件应急管理体系,实行政府主要负责人负责制。要依据重污染天气的预警等级,迅速启动应急预案,引导公众做好卫生防护。

十、明确政府企业和社会的责任,动员全民参与环境保护

(三十二) 明确地方政府统领责任

地方各级人民政府对本行政区域内的大气环境质量负总责,要根据国家的总体部署及控制目标,制定本地区的实施细则,确定工作重点任务和年度控制指标,完善政策措施,并向社会公开;要不断加大监管力度,确保任务明确、项目清晰、资金保障。

(三十三) 加强部门协调联动

各有关部门要密切配合、协调力量、统一行动,形成大气污染防治的强大合力。环境保护部要加强指导、协调和监督,有关部门要制定有利于大气污染防治的投资、财政、税收、金融、价格、贸易、科技等政策,依法做好各自领域的相关工作。

(三十四) 强化企业施治

企业是大气污染治理的责任主体,要按照环保规范要求,加强内部管理,增加资金投入,采用先进的生产工艺和治理技术,确保达标排放,甚至达到"零排放";要自觉履行环境保护的社会责任,接受社会监督。

(三十五) 广泛动员社会参与

环境治理,人人有责。要积极开展多种形式的宣传教育,普及大气污染防治的科学知识。加强大气环境管理专业人才培养。倡导文明、节约、绿色的消费方式和生活习惯,引导公众从自身做起、从点滴做起、从身边的小事做起,在全社会树立起"同呼吸、共奋斗"的行为准则,共同改善空气质量。

我国仍然处于社会主义初级阶段,大气污染防治任务繁重艰巨,要坚定信心、综合治理,突出重点、逐步推进,重在落实、务求实效。各地区、各有关部门和企业要按照本行动计划的要求,紧密结合实际,狠抓贯彻落实,确保空气质量改善目标如期实现。

加强大气污染治理重点城市煤炭消费总量控制工作方案

(2015年5月13日 发改环资〔2015〕1015号)

为落实2015年政府工作报告提出的打好节能减排和环境治理攻坚战的要求,依据国务院《大气污染防治行动计划》、国务院办公厅《2014—2015年节能减排低碳发展行动方案》、国家发展改革委等部门《重点地区煤炭消费减量替代管理暂行办法》(以下简称《暂行办法》),结合节能环保工作具体安排,将空气质量相对较差前10位城市作为大气污染治理重点城市(以下简称重点城市),将空气质量相对较差的前11—20位城市作为预警城市,加强煤炭消费总量控制及预警工作,制定本工作方案。

一、落实目标责任

(一)分解落实目标

重点城市煤炭消费总量要较上一年度实现负增长。重点城市所在省根据本地区节能和能源(煤炭)消费控制任务将煤炭减量目标分解到各个城市(直辖市由国家提出要求),目标不得低于《暂行办法》要求的重点地区煤炭减量任务平均水平,并要求重点城市分解到各县(区)、重点耗煤企业。鼓励有条件的城市制定更严格的煤炭减量目标,大幅降低煤炭消耗。

(二)制订工作方案

重点城市要确保完成煤炭减量目标任务,研究建立中长期煤炭消费总量控制目标责任管理制度,制订煤炭减量工作方案,提出煤炭减量具体措施和相应的目标,制订替代供应方案,确保合理用能。工作方案按年度进行滚动调整,重点城市应及时将工作方案调整计划报所在省发展改革、工业和信息化、环境保护、能源主管部门。

(三)强化目标考核

重点城市煤炭减量目标报国家发展改革委、环境保护部、国家能源局备案。国家将重点城市煤炭消费减量任务完成情况作为对所在省人民政府节能目标责任评价考核的重要内容。对未完成煤炭减量年度目标的城市给予通报批评,暂缓审批其新建燃煤项,上一年度未完成的减量目标继续计入下一年度进行考核。

二、明确重点任务

(一)加快调整优化产业结构

一是积极化解过剩产能。坚决贯彻落实国务院关于化解产能严重过剩矛盾的指导意见,严格项目管理,不得以任何名义、任何方式审批或备案产能严重过剩行业新增产能项目,依法依规全面清理违规在建和建成项目。加大淘汰落后产能力度,力争超额完成"十二五"淘汰落后产能目标任务。

二是加快发展低能耗低排放产业。落实鼓励发展服务业和战略性新兴产业相关政策措施,把促进发展服务业和战略性新兴产业作为推动经济转型的重点,降低对传统高耗能、高排放行业的依赖。

三是严格能评环评制度。严格执行新建项目能评、环评等约束性制度,确保新建项目能效水平达到国内先进水平,对耗煤行业新增产能严格实行煤炭减量置换。

四是强化节能环保标准约束。对现有高耗煤行业进行排查严肃查处使用国家明令淘汰的用能设备或生产工艺、单位产耗超限额标准用能等问题,对生产单位超过单位产品能耗限额标准用能的,要求限期达标;对未按期达标的,依法责令停业整顿或者关闭。持续开展环保专项执法,对违法违规行为进行公开通报或挂牌督办。重点城市所在省可以根据实际情况提高相关节能标准,采用差别电价、惩罚性电价等手段,促进高耗煤行业能效水平提升。

(二)实施节能减排重点工程

一是实施节能重点工程。围绕重点企业、重点领域,加快实施余热余压利用、能量系统优化、电机系统节能等重点工程,推进煤电节能减排升级与改造行动计划实施。加快实施节能技术装备产业化示范工程,推广应用低品位余热利用、半导体照明、稀土永磁电机等先进技术装备。

二是推进燃煤锅炉节能环保综合提升工程。重点城市要率先完成在用工业锅炉能效环保普查工作,摸清在用工业锅炉数据和能效环保水平,有针对性地实施燃煤锅炉节能环保综合提升工程。提前完成小锅炉淘汰任务,加大高效节能环保锅炉推广力度,全面推进燃煤锅炉除尘升级改造。

三是加强建筑节能。在重点城市深入开展绿色建筑行动,加快绿色建筑推广普及,大力推进既有居住建筑节能改造。创新城镇用能方式,鼓励有条件的地区发展太阳能、生物质能、地热能供暖以及热电冷联供。鼓励新建、改建、扩建的住宅和公共建筑安装太阳能热水或集热系统。鼓励使用工业低品位余热替代燃煤为居民提供供暖服务。

(三)推进能源结构优化

一是多策并举保障城市合理用能。重点城市转变"就地平衡"能源发展理念,综合采取外购清洁电力、背压热电替代分散供热燃煤锅炉、扩大天然气利用、发展可再生能源等多种途径,保障城市合理用能。

二是实施煤炭消费替代工程。按照先规划、再发展、优先民用原则,在积极协调落实气源基础上,有序实施"煤改气"、"煤改电",逐步削减分散燃煤。鼓励发展天然气分布式能源等高效利用项目,积极推动生物质成型燃料替代燃煤锅炉供热。

三是推进煤炭清洁利用。全面推行洁净煤技术,大幅提高原煤洗选比例,提高煤炭分级分质阶梯利用水平。在重点城市限制高污染劣质煤使用,限制销售灰分高于16%、硫分高于1%的散煤,大力推广使用型煤、清洁优质煤及清洁能源。

三、强化组织实施

(一)加强统筹协调

国家发展改革委等部门建立协调机制,强化部门协调配合,协调解决有关重大事项,拟定相关政策措施。国务院有关部门和重点城市所在省统筹使用相关资金,向重点城市倾斜。

(二)建立重点城市动态调整机制

对重点城市名单每年进行动态调整。每年初,根据环境保护部发布的上一年度城市空气质量状况,将空气质量相对较差前10位城市纳入本年度重点城市;对退出前10位、仍居前11-20位的,不作为重点城市,但仍按照重点城市要求执行本方案,直到退出前20位。

(三)严格监督检查

重点城市所在省要加强重点城市煤炭减量工作监督指导。国家发展改革委会同有关部门每年组织对重点城市煤炭减量工作进行实地抽查,结果向社会公告。重点城市要加强组织领导,明确责任,切实降低煤炭消耗、改善空气质量。

(四)实施监测预警

预警城市要加强空气质量和能源(煤炭)消耗监测,做好煤炭消费总量控制工作预案,按有关要求主动开展煤炭减量工作。鼓励预警城市所在省参照对重点城市的煤炭消费总量控制方案开展工作。

(五)实施期限

本方案自发布之日起实施,实施至2020年底。

汽车排气污染监督管理办法（2010年修正）（节录）

（1990年8月15日国家环保局、公安部、国家进出口商品检验局、中国人民解放军总后勤部、交通部、中国汽车工业总公司〔90〕环管字第359号发布 根据2010年12月22日环境保护部令第16号《环境保护部关于废止、修改部分环保部门规章和规范性文件的决定》修正）

目　录

第一章　总　则
第二章　汽车及其发动机产品的监督管理
第三章　在用汽车的监督管理
第四章　汽车维修的监督管理
第五章　进口汽车监督管理
第六章　汽车排气污染检测的管理
第七章　附　则

第一章　总　则

第一条　为加强对汽车排气污染的监督管理，防治大气污染，制定本办法。

第二条　一切生产、改装、使用、维修、进口汽车及其发动机的单位和个人，必须执行本办法。

第三条　各级人民政府的环境保护行政主管部门是对汽车排气污染实施统一监督管理的机关，指导、协调各汽车排气污染监督管理部门的工作。

各省、自治区、直辖市及省辖市人民政府的环境保护行政主管部门对其所辖地区汽车生产企业生产的汽车及其发动机产品的排气污染实施监督管理。

各级人民政府的公安交通管理部门根据国家环境保护法规对在用汽车排气污染实施具体的监督管理。

国家进出口商品检验部门及其设在各地的商检机构根据国家环境保护法规对进口汽车排气污染实施具体的监督管理。

军队车辆管理部门根据国家环境保护法规对军用车辆排气污染实施具体的监督管理。

第四条　各级人民政府的有关部门应将汽车排气污染防治工作纳入国民经济和社会发展计划，加强汽车排气污染防治的科学研究，采取措施控制汽车排气污染，保护大气环境。

第五条　各级人民政府的汽车生产主管部门必须采取技术措施，将汽车及其发动机排放指标纳入产品质量指标，保证汽车及其发动机产品稳定达到国家规定的排放标准。

第六条　各级人民政府的汽车维修主管部门，必须采取有效技术措施，将排放指标纳入汽车维修质量标准，保证汽车及其发动机的维修质量稳定地达到国家规定的排放标准。

第七条 对控制汽车排气污染有贡献的单位或个人,应给予表彰、奖励。

第二章 汽车及其发动机产品的监督管理

第八条 汽车及其发动机产品生产主管部门对出厂汽车及发动机产品的排气污染,实施行业监督管理。

第九条 汽车及其发动机产品生产主管部门必须将汽车及其发动机产品排气污染指标纳入产品质量指标。汽车及其发动机生产企业必须具备出厂检验所必需的排气污染检测手段,其质量检验单位应按标准要求对出厂产品严格检验,达不到国家规定的排放标准的产品不得出厂。

第十条 汽车及其发动机新产品(不包括采用已定型的汽车底盘改装的新车)的定型,必须包括排气污染指标,并将有关资料报主管本企业的省、自治区、直辖市及省辖市的环境保护行政主管部门备案。

第十一条 汽车及其发动机产品的排放情况,应由各省、自治区、直辖市环境保护行政主管部门认可的监督检测机构进行抽测,抽测频率每季度不得多于一次,每年不得少于两次。达不到国家规定的排放标准的产品,不得出厂。

第十二条 汽车及其发动机产品达不到或不能稳定达到国家规定的排放标准的企业,应限制稳定达到国家规定的排放标准。

第十三条 国务院有关部门或各省、自治区、直辖市人民政府直接管辖的企业的汽车排气限期稳定达到国家规定的排放标准,由省、自治区、直辖市人民政府环境保护行政主管部门提出意见,报同级人民政府决定。市、县和市、县以下人民政府管辖的企业的汽车排气限制稳定达到国家规定的排放标准,由市、县人民政府的环境保护行政主管部门提出意见,报同级人民政府决定。

第三章 在用汽车的监督管理

第十四条 在用汽车排气污染必须达到国家规定的排放标准。

第十五条 公安交通管理部门必须将汽车排气污染检验纳入初次检验、年度检验及道路行驶抽检内容。初次检验达不到国家规定的排放标准的汽车不发牌证;年检达不到国家规定的排放标准的汽车,不得继续行驶。对抽检的车辆,其排气达不到国家规定的排放标准的,由公安交通管理部门按《中华人民共和国道路交通安全法》有关规定给予处罚。

第十六条 军队和人民武装警察部队车辆管理部门,必须将汽车排气污染检验纳入初次检验,年度检验及抽检内容。初次检验不合格的不发牌证,年检达不到国家规定的排放标准的汽车,不得继续行驶。

第十七条 凡年检排气合格的汽车跨省、市行驶时,所到地区不再进行抽检。

第十八条 排气污染控制装置定型投产前,必须经国家环境保护行政主管部门指定的检测机构认定,并由环境保护行政主管部门实施质量监督。

各级汽车排气污染监督管理部门,不得强制推销汽车排气污染控制装置。

第四章 汽车维修的监督管理

第十九条 汽车维修主管部门,对所维修的汽车排气污染实施行业监督管理。

第二十条 汽车维修主管部门必须将汽车排气污染指标纳入维修质量考核内容。经维修的汽车其排气必须达到国家规定的排放标准。

第二十一条 汽车维修主管部门负责组织制定防治汽车排气污染维修规范和维修质量管理人员的业务培训。

第二十二条 凡从事汽车大修、发动机总成维修的企业,必须具备符合规范的汽车排气污染检测手段,车辆维修后的排气状况必须经过自检合格方可出厂。

第二十三条 凡承担汽车排气污染控制装置的安装、更换和调整等业务的维修企业,必须经汽车维修主管部门审查核发专修许可证,并报当地环境保护行政主管部门备案。

第二十四条 市级以上环境保护行政主管部门对大修竣工、发动机总成大修及车辆排气专修出厂的汽车,进行排气污染抽测,达不到国家规定的排放标准的,不得出厂。

第五章 进口汽车监督管理

第二十五条 各级商检部门对进口汽车实施质量许可制度和法定检验。进口汽车的单位或个人必须遵守商检法规,并根据国家规定的排放标准将其纳入订货合同,排气污染达不到国家规定标准的不得进口。

第二十六条 对未将国家规定的排放标准纳入订货合同的进口汽车的单位或个人,由商检部门按《中华人民共和国进出口商品检验法》和其他法律、法规及有关规定给予处罚。

第六章 汽车排气污染检测的管理

第二十七条 公安交通管理部门汽车排气检测设备能力不能满足汽车排气年检需要的地方,由环境保护行政主管部门监测机构承担汽车排气年检工作。

第二十八条 市级以上环境保护行政主管部门对保有汽车的单位进行汽车排气污染的不定期抽检。

第二十九条 市级以上环境保护行政主管部门负责汽车排气检测仪器设备的抽检和业务指导。对不符合规范要求的检测单位和个人,环境保护行政主管部门应停止其检测工作,直到合格。

第三十条 承担汽车排气污染检测的单位必须按要求向当地环境保护行政主管部门定期报送检测的统计数据。

第三十一条 汽车排气污染的初检、年检和对汽车生产企业的抽检,按当地物价部门核定的标准收取检测工本费。对汽车排气污染的路检,对汽车保有单位的抽检以及对维修厂维修后汽车的抽检,凡不超标者不收检测费。

第七章 附 则

第三十二条 本办法所指排气污染物,包括发动机排气管废气、曲轴箱泄漏、油箱及燃料系统的燃料蒸发的排放物。

发动机排气管废气污染物排放标准已于1983年颁布,按标准规定的日期进行检测。

曲轴箱排放物测量方法及限值标准已于1989年颁布,按标准规定的日期进行检测。

油箱及燃油系统燃料蒸发污染物待排放标准颁布后,按标准规定日期进行检测。

第三十三条 本办法同样适用于摩托车排气污染监督管理。

第三十四条 本办法由国家环境保护局负责解释。

第三十五条 本办法自公布之日起施行。

第三十六条 国务院颁布机动车船监督管理办法后,本办法即行废止。

消耗臭氧层物质管理条例（2018年修正）

（2010年4月8日中华人民共和国国务院令第573号发布　根据2018年3月19日中华人民共和国国务院令第698号《国务院关于修改和废止部分行政法规的决定》修正）

第一章　总　则

第一条 为了加强对消耗臭氧层物质的管理,履行《保护臭氧层维也纳公约》和《关于消耗臭氧层物质的蒙特利尔议定书》规定的义务,保护臭氧层和生态环境,保障人体健康,根据《中华人民共和国大气污染防治法》,制定本条例。

第二条 本条例所称消耗臭氧层物质,是指对臭氧层有破坏作用并列入《中国受控消耗臭氧层物质清单》的化学品。

《中国受控消耗臭氧层物质清单》由国务院环境保护主管部门会同国务院有关部门制定、调整和公布。

第三条 在中华人民共和国境内从事消耗臭氧层物质的生产、销售、使用和进出口等活动,适用本条例。

前款所称生产,是指制造消耗臭氧层物质的活动。前款所称使用,是指利用消耗臭氧层物质进行的生产经营等活动,不包括使用含消耗臭氧层物质的产品的活动。

第四条 国务院环境保护主管部门统一负责全国消耗臭氧层物质的监督管理工作。

国务院商务主管部门、海关总署等有关部门依照本条例的规定和各自的职责负责消耗臭氧层物质的有关监督管理工作。

县级以上地方人民政府环境保护主管部门和商务等有关部门依照本条例的规定和各自的职责负责本行政区域消耗臭氧层物质的有关监督管理工作。

第五条 国家逐步削减并最终淘汰作为制冷剂、发泡剂、灭火剂、溶剂、清洗剂、加工助剂、杀虫剂、气雾剂、膨胀剂等用途的消耗臭氧层物质。

国务院环境保护主管部门会同国务院有关部门拟订《中国逐步淘汰消耗臭氧层物质国家方案》(以下简称国家方案),报国务院批准后实施。

第六条 国务院环境保护主管部门根据国家方案和消耗臭氧层物质淘汰进展情况,会同国务院有关部门确定并公布限制或者禁止新建、改建、扩建生产、使用消耗臭氧层物质建设项目的类别,制定并公布限制或者禁止生产、使用、进出口消耗臭氧层物质的名录。

因特殊用途确需生产、使用前款规定禁止生产、使用的消耗臭氧层物质的,按照《关于消耗臭氧层物质的蒙特利尔议定书》有关允许用于特殊用途的规定,由国务院环境保护主管部门会同国务院有关部门批准。

第七条 国家对消耗臭氧层物质的生产、使用、进出口实行总量控制和配额管理。国务院环境保护主管部门根据国家方案和消耗臭氧层物质淘汰进展情况,商国务院有关部门确定国家消耗臭氧层物质的年度生产、使用和进出口配额总量,并予以公告。

第八条 国家鼓励、支持消耗臭氧层物质替代品和替代技术的科学研究、技术开发和推广应用。

国务院环境保护主管部门会同国务院有关部门制定、调整和公布《中国消耗臭氧层物质替代品推荐名录》。

开发、生产、使用消耗臭氧层物质替代品,应当符合国家产业政策,并按照国家有关规定享受优惠政策。国家对在消耗臭氧层物质淘汰工作中做出突出成绩的单位和个人给予奖励。

第九条 任何单位和个人对违反本条例规定的行为,有权向县级以上人民政府环境保护主管部门或者其他有关部门举报。接到举报的部门应当及时调查处理,并为举报人保密;经调查情况属实的,对举报人给予奖励。

第二章 生产、销售和使用

第十条 消耗臭氧层物质的生产、使用单位,应当依照本条例的规定申请领取生产或者使用配额许可证。但是,使用单位有下列情形之一的,不需要申请领取使用配额许可证:

(一)维修单位为了维修制冷设备、制冷系统或者灭火系统使用消耗臭氧层物质的;

(二)实验室为了实验分析少量使用消耗臭氧层物质的;

(三)出入境检验检疫机构为了防止有害生物传入传出使用消耗臭氧层物质实施检疫的;

(四)国务院环境保护主管部门规定的不需要申请领取使用配额许可证的其他情形。

第十一条 消耗臭氧层物质的生产、使用单位除具备法律、行政法规规定的条件外,还应当具备下列条件:

(一)有合法生产或者使用相应消耗臭氧层物质的业绩;

(二)有生产或者使用相应消耗臭氧层物质的场所、设施、设备和专业技术人员;

(三)有经验收合格的环境保护设施;

(四)有健全完善的生产经营管理制度。

将消耗臭氧层物质用于本条例第六条规定的特殊用途的单位,不适用前款第(一)项的规定。

第十二条 消耗臭氧层物质的生产、使用单位应当于每年10月31日前向国务院环境保护主管部门书面申请下一年度的生产配额或者使用配额,并提交其符合本条例第十一条规定条件的证明材料。

国务院环境保护主管部门根据国家消耗臭氧层物质的年度生产、使用配额总量和申请单位生产、使用相应消耗臭氧层物质的业绩情况,核定申请单位下一年度的生产配额或者使用配额,并于每年12月20日前完成审查,符合条件的,核发下一年度的生产或者使用配额许可证,予以公告,并抄送国务院有关部门和申请单位所在地省、自治区、直辖市人民政府环境保护主管部门;不符合条件的,书面通知申请单位并说明理由。

第十三条 消耗臭氧层物质的生产或者使用配额许可证应当载明下列内容：
（一）生产或者使用单位的名称、地址、法定代表人或者负责人；
（二）准予生产或者使用的消耗臭氧层物质的品种、用途及其数量；
（三）有效期限；
（四）发证机关、发证日期和证书编号。

第十四条 消耗臭氧层物质的生产、使用单位需要调整其配额的，应当向国务院环境保护主管部门申请办理配额变更手续。

国务院环境保护主管部门应当依照本条例第十一条、第十二条规定的条件和依据进行审查，并在受理申请之日起20个工作日内完成审查，符合条件的，对申请单位的配额进行调整，并予以公告；不符合条件的，书面通知申请单位并说明理由。

第十五条 消耗臭氧层物质的生产单位不得超出生产配额许可证规定的品种、数量、期限生产消耗臭氧层物质，不得超出生产配额许可证规定的用途生产、销售消耗臭氧层物质。

禁止无生产配额许可证生产消耗臭氧层物质。

第十六条 依照本条例规定领取使用配额许可证的单位，不得超出使用配额许可证规定的品种、用途、数量、期限使用消耗臭氧层物质。

除本条例第十条规定的不需要申请领取使用配额许可证的情形外，禁止无使用配额许可证使用消耗臭氧层物质。

第十七条 消耗臭氧层物质的销售单位，应当按照国务院环境保护主管部门的规定办理备案手续。

国务院环境保护主管部门应当将备案的消耗臭氧层物质销售单位的名单进行公告。

第十八条 除依照本条例规定进出口外，消耗臭氧层物质的购买和销售行为只能在符合本条例规定的消耗臭氧层物质的生产、销售和使用单位之间进行。

第十九条 从事含消耗臭氧层物质的制冷设备、制冷系统或者灭火系统的维修、报废处理等经营活动的单位，应当向所在地县级人民政府环境保护主管部门备案。

专门从事消耗臭氧层物质回收、再生利用或者销毁等经营活动的单位，应当向所在地省、自治区、直辖市人民政府环境保护主管部门备案。

第二十条 消耗臭氧层物质的生产、使用单位，应当按照国务院环境保护主管部门的规定采取必要的措施，防止或者减少消耗臭氧层物质的泄漏和排放。

从事含消耗臭氧层物质的制冷设备、制冷系统或者灭火系统的维修、报废处理等经营活动的单位，应当按照国务院环境保护主管部门的规定对消耗臭氧层物质进行回收、循环利用或者交由从事消耗臭氧层物质回收、再生利用、销毁等经营活动的单位进行无害化处置。

从事消耗臭氧层物质回收、再生利用、销毁等经营活动的单位，应当按照国务院环境保护主管部门的规定对消耗臭氧层物质进行无害化处置，不得直接排放。

第二十一条 从事消耗臭氧层物质的生产、销售、使用、回收、再生利用、销毁等经营活动的单位，以及从事含消耗臭氧层物质的制冷设备、制冷系统或者灭火系统的维修、报废处理等经营活动的单位，应当完整保存有关生产经营活动的原始资料至少3年，并按照国务院环境保护主管部门的规定报送相关数据。

第三章 进出口

第二十二条 国家对进出口消耗臭氧层物质予以控制,并实行名录管理。国务院环境保护主管部门会同国务院商务主管部门、海关总署制定、调整和公布《中国进出口受控消耗臭氧层物质名录》。

进出口列入《中国进出口受控消耗臭氧层物质名录》的消耗臭氧层物质的单位,应当依照本条例的规定向国家消耗臭氧层物质进出口管理机构申请进出口配额,领取进出口审批单,并提交拟进出口的消耗臭氧层物质的品种、数量、来源、用途等情况的材料。

第二十三条 国家消耗臭氧层物质进出口管理机构应当自受理申请之日起20个工作日内完成审查,作出是否批准的决定。予以批准的,向申请单位核发进出口审批单;未予批准的,书面通知申请单位并说明理由。

进出口审批单的有效期最长为90日,不得超期或者跨年度使用。

第二十四条 取得消耗臭氧层物质进出口审批单的单位,应当按照国务院商务主管部门的规定申请领取进出口许可证,持进出口许可证向海关办理通关手续。列入《出入境检验检疫机构实施检验检疫的进出境商品目录》的消耗臭氧层物质,由出入境检验检疫机构依法实施检验。

消耗臭氧层物质在中华人民共和国境内的海关特殊监管区域、保税监管场所与境外之间进出的,进出口单位应当依照本条例的规定申请领取进出口审批单、进出口许可证;消耗臭氧层物质在中华人民共和国境内的海关特殊监管区域、保税监管场所与境内其他区域之间进出的,或者在上述海关特殊监管区域、保税监管场所之间进出的,不需要申请领取进出口审批单、进出口许可证。

第四章 监督检查

第二十五条 县级以上人民政府环境保护主管部门和其他有关部门,依照本条例的规定和各自的职责对消耗臭氧层物质的生产、销售、使用和进出口等活动进行监督检查。

第二十六条 县级以上人民政府环境保护主管部门和其他有关部门进行监督检查,有权采取下列措施:

(一)要求被检查单位提供有关资料;
(二)要求被检查单位就执行本条例规定的有关情况作出说明;
(三)进入被检查单位的生产、经营、储存场所进行调查和取证;
(四)责令被检查单位停止违反本条例规定的行为,履行法定义务;
(五)扣押、查封违法生产、销售、使用、进出口的消耗臭氧层物质及其生产设备、设施、原料及产品。

被检查单位应当予以配合,如实反映情况,提供必要资料,不得拒绝和阻碍。

第二十七条 县级以上人民政府环境保护主管部门和其他有关部门进行监督检查,监督检查人员不得少于2人,并应当出示有效的行政执法证件。

县级以上人民政府环境保护主管部门和其他有关部门的工作人员,对监督检查中知悉的商业秘密负有保密义务。

第二十八条 国务院环境保护主管部门应当建立健全消耗臭氧层物质的数据信息管理系统,收集、汇总和发布消耗臭氧层物质的生产、使用、进出口等数据信息。

县级以上地方人民政府环境保护主管部门应当将监督检查中发现的违反本条例规定的行为

及处理情况逐级上报至国务院环境保护主管部门。

县级以上地方人民政府其他有关部门应当将监督检查中发现的违反本条例规定的行为及处理情况逐级上报至国务院有关部门，国务院有关部门应当及时抄送国务院环境保护主管部门。

第二十九条 县级以上地方人民政府环境保护主管部门或者其他有关部门对违反本条例规定的行为不查处的，其上级主管部门有权责令其依法查处或者直接进行查处。

第五章 法律责任

第三十条 负有消耗臭氧层物质监督管理职责的部门及其工作人员有下列行为之一的，对直接负责的主管人员和其他直接责任人员，依法给予处分；直接负责的主管人员和其他直接责任人员构成犯罪的，依法追究刑事责任：

（一）违反本条例规定核发消耗臭氧层物质生产、使用配额许可证的；

（二）违反本条例规定核发消耗臭氧层物质进出口审批单或者进出口许可证的；

（三）对发现的违反本条例的行为不依法查处的；

（四）在办理消耗臭氧层物质生产、使用、进出口等行政许可以及实施监督检查的过程中，索取、收受他人财物或者谋取其他利益的；

（五）有其他徇私舞弊、滥用职权、玩忽职守行为的。

第三十一条 无生产配额许可证生产消耗臭氧层物质的，由所在地县级以上地方人民政府环境保护主管部门责令停止违法行为，没收用于违法生产消耗臭氧层物质的原料、违法生产的消耗臭氧层物质和违法所得，拆除、销毁用于违法生产消耗臭氧层物质的设备、设施，并处100万元的罚款。

第三十二条 依照本条例规定应当申请领取使用配额许可证的单位无使用配额许可证使用消耗臭氧层物质的，由所在地县级以上地方人民政府环境保护主管部门责令停止违法行为，没收违法使用的消耗臭氧层物质、违法使用消耗臭氧层物质生产的产品和违法所得，并处20万元的罚款；情节严重的，并处50万元的罚款，拆除、销毁用于违法使用消耗臭氧层物质的设备、设施。

第三十三条 消耗臭氧层物质的生产、使用单位有下列行为之一的，由所在地省、自治区、直辖市人民政府环境保护主管部门责令停止违法行为，没收违法生产、使用的消耗臭氧层物质、违法使用消耗臭氧层物质生产的产品和违法所得，并处2万元以上10万元以下的罚款，报国务院环境保护主管部门核减其生产、使用配额数量；情节严重的，并处10万元以上20万元以下的罚款，报国务院环境保护主管部门吊销其生产、使用配额许可证：

（一）超出生产配额许可证规定的品种、数量、期限生产消耗臭氧层物质的；

（二）超出生产配额许可证规定的用途生产或者销售消耗臭氧层物质的；

（三）超出使用配额许可证规定的品种、数量、用途、期限使用消耗臭氧层物质的。

第三十四条 消耗臭氧层物质的生产、销售、使用单位向不符合本条例规定的单位销售或者购买消耗臭氧层物质的，由所在地县级以上地方人民政府环境保护主管部门责令改正，没收违法销售或者购买的消耗臭氧层物质和违法所得，处以所销售或者购买的消耗臭氧层物质市场总价3倍的罚款；对取得生产、使用配额许可证的单位，报国务院环境保护主管部门核减其生产、使用配额数量。

第三十五条 消耗臭氧层物质的生产、使用单位，未按照规定采取必要的措施防止或者减少消耗臭氧层物质的泄漏和排放的，由所在地县级以上地方人民政府环境保护主管部门责令限期改正，处5万元的罚款；逾期不改正的，处10万元的罚款，报国务院环境保护主管部门核减其生产、使用配额数量。

第三十六条 从事含消耗臭氧层物质的制冷设备、制冷系统或者灭火系统的维修、报废处理等经营活动的单位,未按照规定对消耗臭氧层物质进行回收、循环利用或者交由从事消耗臭氧层物质回收、再生利用、销毁等经营活动的单位进行无害化处置的,由所在地县级以上地方人民政府环境保护主管部门责令改正,处进行无害化处置所需费用3倍的罚款。

第三十七条 从事消耗臭氧层物质回收、再生利用、销毁等经营活动的单位,未按照规定对消耗臭氧层物质进行无害化处置而直接向大气排放的,由所在地县级以上地方人民政府环境保护主管部门责令改正,处进行无害化处置所需费用3倍的罚款。

第三十八条 从事消耗臭氧层物质生产、销售、使用、进出口、回收、再生利用、销毁等经营活动的单位,以及从事含消耗臭氧层物质的制冷设备、制冷系统或者灭火系统的维修、报废处理等经营活动的单位有下列行为之一的,由所在地县级以上地方人民政府环境保护主管部门责令改正,处5000元以上2万元以下的罚款:

(一)依照本条例规定应当向环境保护主管部门备案而未备案的;
(二)未按照规定完整保存有关生产经营活动的原始资料的;
(三)未按时申报或者谎报、瞒报有关经营活动的数据资料的;
(四)未按照监督检查人员的要求提供必要的资料的。

第三十九条 拒绝、阻碍环境保护主管部门或者其他有关部门的监督检查,或者在接受监督检查时弄虚作假的,由监督检查部门责令改正,处1万元以上2万元以下的罚款;构成违反治安管理行为的,由公安机关依法给予治安管理处罚;构成犯罪的,依法追究刑事责任。

第四十条 进出口单位无进出口许可证或者超出进出口许可证的规定进出口消耗臭氧层物质的,由海关依照有关法律、行政法规的规定予以处罚;构成犯罪的,依法追究刑事责任。

第六章 附 则

第四十一条 本条例自2010年6月1日起施行。

关于发布《中国受控消耗臭氧层物质清单》的公告

(2010年9月27日 环境保护部、国家发展和改革委员会、工业和信息化部公告2010年第72号)

为了履行《保护臭氧层维也纳公约》《关于消耗臭氧层物质的蒙特利尔议定书》及其修正案规定的义务,根据《消耗臭氧层物质管理条例》(中华人民共和国国务院令第573号)的有关规定,环境保护部、国家发展改革委、工业和信息化部共同制定了《中国受控消耗臭氧层物质清单》。现予以公告。

附件:中国受控消耗臭氧层物质清单

附件：

中国受控消耗臭氧层物质清单

类别	物质			异构体数目	ODP值[a]	备注
	代码	化学式	化学名称			
第一类全氯氟烃（又称氯氟化碳）	CFC-11	$CFCl_3$	三氯一氟甲烷	—	—	主要用途为制冷剂、发泡剂、清洗剂等。按《关于消耗臭氧层物质的蒙特利尔议定书》（以下简称《议定书》）规定，自2010年1月1日起，除特殊用途外，全面禁止生产和使用。
	CFC-12	CF_2Cl_2	二氯二氟甲烷	—	1	
	CFC-113	$C_2F_3Cl_3$	1,1,2-三氯-1,2,2-三氟乙烷	—	0.8	
	CFC-114	$C_2F_4Cl_2$	1,2-二氯-1,1,2,2,-四氟乙烷	—	1	
	CFC-115	C_2F_5Cl	一氯五氟乙烷	—	0.6	
	CFC-13	CF_3Cl	一氯三氟甲烷	—	1	
	CFC-111	C_2FCl_5	五氯一氟乙烷	—	1	
	CFC-112	$C_2F_2Cl_4$	四氯二氟乙烷	—	1	
	CFC-211	C_3FCl_7	七氯一氟丙烷	—	1	
	CFC-212	$C_3F_2Cl_6$	六氯二氟丙烷	—	1	
	CFC-213	$C_3F_3Cl_5$	五氯三氟丙烷	—	1	
	CFC-214	$C_3F_4Cl_4$	四氯四氟丙烷	—	1	
	CFC-215	$C_3F_5Cl_3$	三氯五氟丙烷	—	1	
	CFC-216	$C_3F_6Cl_2$	二氯六氟丙烷	—	1	
	CFC-217	C_3F_7Cl	一氯七氟丙烷	—	1	
第二类哈龙	（哈龙-1211）	CF_2BrCl	一溴一氯二氟甲烷	—	3	主要用途为灭火剂。按《议定书》规定，自2010年1月1日起，除特殊用途外，全面禁止生产和使用。
	（哈龙-1301）	CF_3Br	一溴三氟甲烷	—	10	
	（哈龙-2402）	$C_2F_4Br_2$	二溴四氟乙烷	—	6	
第三类四氯化碳	—	CCl_4	四氯化碳	—	1.1	主要用途为加工助剂、清洗剂和试剂等。按《议定书》规定，自2010年1月1日起，除特殊用途外，全面禁止生产和使用。
第四类甲基氯仿	—	[b]$C_2H_3Cl_3$	1,1,1-三氯乙烷（非1,1,2-三氯乙烷）又称甲基氯仿	—	0.1	主要用途为清洗剂、溶剂。按《议定书》规定，自2010年1月1日起，除特殊用途外，全面禁止生产和使用。

(续表)

类别	物质			异构体数目	ODP值[a]	备注
	代码	化学式	化学名称			
第五类含氢氯氟烃	(HCFC-21)	$CHFCl_2$	二氯一氟甲烷	1	0.04	主要用途为制冷剂、发泡剂、灭火剂、清洗剂、气雾剂等。按照《议定书》最新的调整案规定,2013年生产和使用分别冻结在2009和2010年两年平均水平,2015年在冻结水平上削减10%,2020年削减35%,2025年削减67.5%,2030年实现除维修和特殊用途以外的完全淘汰。
	(HCFC-22)	CHF_2Cl	一氯二氟甲烷	1	0.055	
	(HCFC-31)	CH_2FCl	一氯一氟甲烷	1	0.02	
	(HCFC-121)	C_2HFCl_4	四氯一氟乙烷	2	0.01–0.04	
	(HCFC-122)	$C_2HF_2Cl_3$	三氯二氟乙烷	3	0.02–0.08	
	(HCFC-123)	$C_2HF_3Cl_2$	二氯三氟乙烷	3	0.02–0.06	
	(HCFC-123)	$CHCl_2CF_3$	1,1-二氯-2,2,2-三氟乙烷	—	0.02	
	(HCFC-124)	C_2HF_4Cl	一氯四氟乙烷	2	0.02–0.04	
	(HCFC-124)	$CHFClCF_3$	1-氯-1,2,2,2-四氟乙烷	—	0.022	
	(HCFC-131)	$C_2H_2FCl_3$	三氯一氟乙烷	3	0.007–0.05	
	(HCFC-132)	$C_2H_2F_2Cl_2$	二氯二氟乙烷	4	0.008–0.05	
	(HCFC-133)	$C_2H_2F_3Cl$	一氯三氟乙烷	3	0.02–0.06	
	(HCFC-141)	$C_2H_3FCl_2$	二氯一氟乙烷	3	0.005–0.07	
	(HCFC-141)	$C_2H_3FCl_2$	二氯一氟乙烷	3	0.005–0.07	
	(HCFC-141b)	CH_3CFCl_2	1,1-二氯-1-氟乙烷	—	0.01	
	(HCFC-142)	$C_2H_3F_2Cl$	一氯二氟乙烷	3	0.008–0.07	
	(HCFC-142b)	CH_3CF_2Cl	1-氯-1,1-二氟乙烷	—	0.065	
	(HCFC-151)	C_2H_4FCl	一氯一氟乙烷	2	0.003–0.005	
	(HCFC-221)	C_3HFCl_6	六氯一氟丙烷	5	0.015–0.07	
	(HCFC-222)	$C_3HF_2Cl_5$	五氯二氟丙烷	9	0.01–0.09	
	(HCFC-223)	$C_3HF_3Cl_4$	四氯三氟丙烷	12	0.01–0.08	
	(HCFC-224)	$C_3HF_4Cl_3$	三氯四氟丙烷	12	0.01–0.09	
	(HCFC-225)	$C_3HF_5Cl_2$	二氯五氟丙烷	9	0.02–0.07	
	(HCFC-225ca)	$CF_3CF_2CHCl_2$	1,1-二氯-2,2,3,3,3-五氟丙烷	—	0.025	
	(HCFC-225cb)	CF_2ClCF_2CHClF	1,3-二氯-1,1,2,2,3-五氟丙烷	—	0.033	
	(HCFC-226)	C_3HF_6Cl	一氯六氟丙烷	5	0.02–0.10	
	(HCFC-231)	$C_3H_2FCl_5$	五氯一氟丙烷	9	0.05–0.09	
	(HCFC-232)	$C_3H_2F_2Cl_4$	四氯二氟丙烷	16	0.008–0.10	

(续表)

类别	物质			异构体数目	ODP值[a]	备注
	代码	化学式	化学名称			
第五类含氢氯氟烃	(HCFC-233)	$C_3H_2F_3Cl_3$	三氯三氟丙烷	18	0.007-0.23	主要用途为制冷剂、发泡剂、灭火剂、清洗剂、气雾剂等。按照《议定书》最新的调整案规定，2013年生产和使用分别冻结在2009和2010年两年平均水平，2015年在冻结水平上削减10%，2020年削减35%，2025年削减67.5%，2030年实现除维修和特殊用途以外的完全淘汰。
	(HCFC-234)	$C_3H_2F_4Cl_2$	二氯四氟丙烷	16	0.01-0.28	
	(HCFC-235)	$C_3H_2F_5Cl$	一氯五氟丙烷	9	0.03-0.52	
	(HCFC-241)	$C_3H_3FCl_4$	四氯一氟丙烷	12	0.004-0.09	
	(HCFC-242)	$C_3H_3F_2Cl_3$	三氯二氟丙烷	18	0.005-0.13	
	(HCFC-243)	$C_3H_3F_3Cl_2$	二氯三氟丙烷	18	0.007-0.12	
	(HCFC-244)	$C_3H_3F_4Cl$	一氯四氟丙烷	12	0.009-0.14	
	(HCFC-251)	$C_3H_4FCl_3$	三氯一氟丙烷	12	0.001-0.01	
	(HCFC-252)	$C_3H_4F_2Cl_2$	二氯二氟丙烷	16	0.005-0.04	
	(HCFC-253)	$C_3H_4F_3Cl$	一氯三氟丙烷	12	0.003-0.03	
	(HCFC-261)	$C_3H_5FCl_2$	二氯一氟丙烷	9	0.002-0.02	
	(HCFC-262)	$C_3H_5F_2Cl$	一氯二氟丙烷	9	0.002-0.02	
	(HCFC-271)	C_3H_6FCl	一氯一氟丙烷	5	0.001-0.03	
第六类含氢溴氟烃	—	$CHFBr_2$	二溴一氟甲烷	1	1	按照《议定书》及相关修正案规定，禁止生产和使用。
	—	CHF_2Br	一溴二氟甲烷	1	0.74	
	—	CH_2FBr	一溴一氟甲烷	1	0.73	
	—	C_2HFBr_4	四溴一氟乙烷	2	0.3-0.8	
	—	$C_2HF_2Br_3$	三溴二氟乙烷	3	0.5-1.8	
	—	$C_2HF_3Br_2$	二溴三氟乙烷	3	0.4-1.6	
	—	C_2HF_4Br	一溴四氟乙烷	2	0.7-1.2	
	—	$C_2H_2FBr_3$	三溴一氟乙烷	3	0.1-1.1	
	—	$C_2H_2F_2Br_2$	二溴二氟乙烷	4	0.2-1.5	
	—	$C_2H_2F_3Br$	一溴三氟乙烷	3	0.7-1.6	
	—	$C_2H_3FBr_2$	二溴一氟乙烷	3	0.1-1.7	
	—	$C_2H_3F_2Br$	一溴二氟乙烷	3	0.2-1.1	
	—	C_2H_4FBr	一溴一氟乙烷	2	0.07-0.1	
	—	C_3HFBr_6	六溴一氟丙烷	5	0.3-1.5	
	—	$C_3HF_2Br_5$	五溴二氟丙烷	9	0.2-1.9	
	—	$C_3HF_3Br_4$	四溴三氟丙烷	12	0.3-1.8	
	—	$C_3HF_4Br_3$	三溴四氟丙烷	12	0.5-2.2	

(续表)

类别	物质			异构体数目	ODP 值[a]	备注
	代码	化学式	化学名称			
第六类含氢溴氟烃	—	$C_3HF_5Br_2$	二溴五氟丙烷	9	0.9–2.0	按照《议定书》及相关修正案规定,禁止生产和使用。
	—	C_3HF_6Br	一溴六氟丙烷	5	0.7–3.3	
	—	$C_3H_2FBr_5$	五溴一氟丙烷	9	0.1–1.9	
	—	$C_3H_2F_2Br_4$	四溴二氟丙烷	16	0.2–2.1	
	—	$C_3H_2F_3Br_3$	三溴三氟丙烷	18	0.2–5.6	
	—	$C_3H_2F_4Br_2$	二溴四氟丙烷	16	0.3–7.5	
	—	$C_3H_2F_5Br$	一溴五氟丙烷	8	0.9–1.4	
	—	$C_3H_3FBr_4$	四溴一氟丙烷	12	0.08–1.9	
	—	$C_3H_3F_2Br_3$	三溴二氟丙烷	18	0.1–3.1	
	—	$C_3H_3F_3Br_2$	二溴三氟丙烷	18	0.1–2.5	
	—	$C_3H_3F_4Br$	一溴四氟丙烷	12	0.3–4.4	
	—	$C_3H_4FBr_3$	三溴一氟丙烷	12	0.03–0.3	
	—	$C_3H_4F_2Br_2$	二溴二氟丙烷	16	0.1–1.0	
	—	$C_3H_4F_3Br$	一溴三氟丙烷	12	0.07–0.8	
	—	$C_3H_5FBr_2$	二溴一氟丙烷	9	0.04–0.4	
	—	$C_3H_5F_2Br$	一溴二氟丙烷	9	0.07–0.8	
	—	C_3H_6FBr	一溴一氟丙烷	5	0.02–0.7	
第七类溴氯甲烷	—	CH_2BrCl	溴氯甲烷	1	0.12	按照《议定书》及相关修正案规定,禁止生产和使用。
第八类甲基溴	—	CH_3Br	一溴甲烷	—	0.6	主要用途为杀虫剂、土壤熏蒸剂等。按《议定书》规定,应在2015年前实现除特殊用途外所有甲基溴的生产和使用淘汰。

注:a 在列出消耗臭氧潜能值的幅度时,为蒙特利尔议定书的目的应使用该幅度的最高值。作为单一数值列出的消耗臭氧潜能值是根据实验室的测量计算得出的。作为幅度列出的潜能值是根据估算得出的,因为较不确定,幅度值涉及一个同质异构群的潜能值,其最高值是具有最大消耗臭氧潜能值的异构体的消耗臭氧潜能值估计数,最低值是具有最少消耗臭氧潜能值的异构体的潜能值估计数。
b 本分子式并不指1,1,2-三氯乙烷。

消耗臭氧层物质进出口管理办法

（2014年1月21日　环境保护部、商务部、海关总署令第26号）

第一条　为履行《关于消耗臭氧层物质的蒙特利尔议定书》及其修正案，加强对我国消耗臭氧层物质进出口管理，根据《消耗臭氧层物质管理条例》，制定本办法。

第二条　本办法适用于以任何形式进出口列入《中国进出口受控消耗臭氧层物质名录》的消耗臭氧层物质的活动；通过捐赠、货样、广告物品、退运等方式将列入《中国进出口受控消耗臭氧层物质名录》的消耗臭氧层物质运入、运出中华人民共和国关境，其他法律法规另有规定的，从其规定。

《中国进出口受控消耗臭氧层物质名录》由国务院环境保护主管部门会同国务院商务主管部门、海关总署制定、调整和公布。

第三条　国家对列入《中国进出口受控消耗臭氧层物质名录》的消耗臭氧层物质实行进出口配额许可证管理。

第四条　国务院环境保护主管部门、国务院商务主管部门和海关总署联合设立国家消耗臭氧层物质进出口管理机构，对消耗臭氧层物质的进出口实行统一监督管理。

第五条　国务院环境保护主管部门根据消耗臭氧层物质淘汰进展情况，商国务院商务主管部门确定国家消耗臭氧层物质年度进出口配额总量，并在每年12月20日前公布下一年度进出口配额总量。

第六条　从事消耗臭氧层物质进出口的单位（以下简称"进出口单位"）应当具有法人资格，并依法办理对外贸易经营者备案登记手续。

第七条　进出口单位应当在每年10月31日前向国家消耗臭氧层物质进出口管理机构申请下一年度进出口配额，并提交下列材料：

（一）法人营业执照和对外贸易经营者备案登记表；

（二）消耗臭氧层物质进出口单位年度环保备案表；

（三）下一年度消耗臭氧层物质进出口配额申请书和年度进出口计划表。

初次申请进出口配额的进出口单位，还应当提交前三年消耗臭氧层物质进出口业绩。

申请进出口属于危险化学品的消耗臭氧层物质的单位，还应当提交该危险化学品的国内生产使用企业持有的危险化学品环境管理登记证，以及安全生产监督管理部门核发的危险化学品生产、使用或者经营许可证。

未按时提交上述材料或者提交材料不齐全的，国家消耗臭氧层物质进出口管理机构不予受理配额申请。

第八条　国家消耗臭氧层物质进出口管理机构在核定进出口单位的年度进出口配额申请时，应当综合考虑下列因素：

（一）遵守法律法规情况；

（二）前三年消耗臭氧层物质进出口业绩；
（三）上一年度消耗臭氧层物质进出口计划及配额完成情况；
（四）管理水平和环境保护措施落实情况；
（五）其他影响消耗臭氧层物质进出口的因素。

第九条 国家消耗臭氧层物质进出口管理机构应当在每年12月20日前对进出口单位的进出口配额做出发放与否的决定，并予以公告。

第十条 在年度进出口配额指标内，进出口单位需要进出口消耗臭氧层物质的，应当向国家消耗臭氧层物质进出口管理机构申请领取进出口受控消耗臭氧层物质审批单，并提交下列材料：
（一）消耗臭氧层物质进出口申请书；
（二）对外贸易合同或者订单等相关材料，非生产企业还应当提交合法生产企业的供货证明；
（三）国家消耗臭氧层物质进出口管理机构认为需要提供的其他材料。

出口回收的消耗臭氧层物质的单位应当持有回收单位所在省级环境保护主管部门签发的回收证明，依法申请领取进出口受控消耗臭氧层物质审批单后，方可办理其他手续。

特殊用途的消耗臭氧层物质的出口，进出口单位应当提交进口国政府部门出具的进口许可证或者其他官方批准文件等材料。

第十一条 国家消耗臭氧层物质进出口管理机构应当自受理进出口申请之日起二十个工作日内完成审查，作出是否签发消耗臭氧层物质进出口审批单的决定，并对获准签发消耗臭氧层物质进出口审批单的进出口单位名单进行公示；未予批准的，应当书面通知申请单位并说明理由。

第十二条 消耗臭氧层物质进出口审批单实行一单一批制。审批单有效期为九十日，不得超期或者跨年度使用。

第十三条 进出口单位应当持进出口审批单，向所在地省级商务主管部门所属的发证机构申请领取消耗臭氧层物质进出口许可证。在京中央企业向国务院商务主管部门授权的发证机构申请领取消耗臭氧层物质进出口许可证。

消耗臭氧层物质进出口许可证实行一批一证制。每份进出口许可证只能报关使用一次，当年有效，不得跨年度使用。

进出口许可证的申领和管理按照国务院商务主管部门有关规定执行。

第十四条 进出口单位凭商务主管部门签发的消耗臭氧层物质进出口许可证向海关办理通关手续。

第十五条 进出口单位在领取消耗臭氧层物质进出口许可证后，实际进出口的数量少于批准的数量的，应当在完成通关手续之日起二十个工作日内向国家消耗臭氧层物质进出口管理机构报告实际进出口数量等信息。

进出口单位在领取消耗臭氧层物质进出口许可证后，实际未发生进出口的，应当在进出口许可证有效期届满之日起二十个工作日内向国家消耗臭氧层物质进出口管理机构报告。

第十六条 消耗臭氧层物质在中华人民共和国境内的海关特殊监管区域、保税监管场所与境外之间进出的，进出口单位应当依照本办法的规定申请领取进出口审批单、进出口许可证；消耗臭氧层物质在中华人民共和国境内的海关特殊监管区域、保税监管场所与境内其他区域之间进出的，或者在上述海关特殊监管区域、保税监管场所之间进出的，不需要申请领取进出口审批单、进出口许可证。

第十七条 进出口单位应当按照进出口审批单或者进出口许可证载明的内容从事消耗臭氧层物质的进出口活动。发生与进出口审批单或者进出口许可证载明的内容不符的情形的,进出口单位应当重新申请领取进出口审批单或者进出口许可证。

第十八条 国家消耗臭氧层物质进出口管理机构建立消耗臭氧层物质进出口数据信息管理系统,收集、汇总消耗臭氧层物质的进出口数据信息。

国务院环境保护主管部门、商务主管部门、海关总署以及省级环境保护主管部门应当建立信息共享机制,及时通报消耗臭氧层物质进出口、进出口单位信息和违法情况等信息。

第十九条 县级以上环境保护主管部门、商务主管部门、海关等有关部门有权依法对进出口单位的消耗臭氧层物质进出口活动进行监督检查。被检查单位必须如实反映情况,提供必要资料,不得拒绝和阻碍。检查部门对监督检查中知悉的商业秘密负有保密义务。

第二十条 进出口单位当年不能足额使用的进出口配额,应当于当年10月31日前报告并交还国家消耗臭氧层物质进出口管理机构。国家消耗臭氧层物质进出口管理机构可以根据实际情况对年度配额进行调整分配。

进出口单位未按期交还进出口配额并且在当年年底前未足额使用的,国家消耗臭氧层物质进出口管理机构可以核减或者取消其下一年度的进出口配额。

第二十一条 进出口单位以欺骗、贿赂等不正当手段取得消耗臭氧层物质进出口年度配额、消耗臭氧层物质进出口审批单或者进出口许可证的,依照《中华人民共和国行政许可法》的规定,由国家消耗臭氧层物质进出口管理机构撤销其消耗臭氧层物质进出口审批单,或者由商务主管部门撤销其消耗臭氧层物质进出口许可证,并由国家消耗臭氧层物质进出口管理机构酌情核减或者取消进出口单位本年度或者下一年度的进出口配额;构成犯罪的,依法移送司法机关追究刑事责任。

进出口单位对本办法第七条、第十条要求申请人提交的数据、材料有谎报、瞒报情形的,国家消耗臭氧层物质进出口管理机构除给予前款规定处罚外,还应当将违法事实通报给进出口单位所在地县级以上地方环境保护主管部门,并由进出口单位所在地县级以上地方环境保护主管部门依照《消耗臭氧层物质管理条例》第三十八条的规定予以处罚。

第二十二条 进出口单位倒卖、出租、出借进出口审批单或者进出口许可证的,由国家消耗臭氧层物质进出口管理机构撤销其消耗臭氧层物质进出口审批单,或者由商务主管部门撤销其消耗臭氧层物质进出口许可证,并由国家消耗臭氧层物质进出口管理机构取消其当年配额,禁止其三年内再次申请消耗臭氧层物质进出口配额;构成犯罪的,依法移送司法机关追究刑事责任。

第二十三条 进出口单位使用虚假进出口审批单或者进出口许可证的,由国家消耗臭氧层物质进出口管理机构取消其当年进出口配额,禁止其再次申请消耗臭氧层物质进出口配额;构成犯罪的,依法移送司法机关追究刑事责任。

第二十四条 进出口单位无进出口许可证或者超出进出口许可证的规定进出口消耗臭氧层物质的,或者违反海关有关规定进出口消耗臭氧层物质的,或者走私消耗臭氧层物质的,由海关依法处罚;构成犯罪的,依法移送司法机关追究刑事责任。国家消耗臭氧层物质进出口管理机构可以根据进出口单位违法行为情节轻重,禁止其再次申请消耗臭氧层物质进出口配额。

第二十五条 负有消耗臭氧层物质进出口监督管理职责的部门及其工作人员有下列行为之一的,对直接负责的主管人员和其他直接责任人员,依法给予处分;构成犯罪的,依法移送司法机关追究刑事责任：

（一）违反本办法规定发放消耗臭氧层物质进出口配额的；

（二）违反本办法规定签发消耗臭氧层物质进出口审批单或者进出口许可证的；

（三）对发现的违反本办法的行为不依法查处的；

（四）在办理消耗臭氧层物质进出口以及实施监督检查的过程中，索取、收受他人财物或者谋取其他利益的；

（五）其他徇私舞弊、滥用职权、玩忽职守行为。

第二十六条　本办法规定的消耗臭氧层物质进出口配额申请书、年度进出口计划表、消耗臭氧层物质进出口申请书、进出口受控消耗臭氧层物质审批单、消耗臭氧层物质进出口单位年度环保备案表、回收证明等文件格式由国家消耗臭氧层物质进出口管理机构统一制定并公布。

第二十七条　本办法由国务院环境保护主管部门商国务院商务主管部门、海关总署解释。

第二十八条　本办法自2014年3月1日起施行。原国家环境保护总局发布的《消耗臭氧层物质进出口管理办法》(环发〔1999〕278号)和原国家环境保护总局、原对外经济贸易合作部、海关总署发布的《关于加强对消耗臭氧层物质进出口管理的规定》(环发〔2000〕85号)同时废止。

环境保护部关于生产和使用消耗臭氧层物质建设项目管理有关工作的通知

（2018年1月23日　环大气〔2018〕5号）

各省、自治区、直辖市环境保护厅(局)，新疆生产建设兵团环境保护局：

根据我国政府批准加入的《关于消耗臭氧层物质的蒙特利尔议定书》(以下简称《议定书》)及其有关修正案，除特殊用途外，我国已淘汰受控用途的哈龙、全氯氟烃、四氯化碳、甲基氯仿和甲基溴等消耗臭氧层物质的生产和使用，正在逐步削减受控用途的含氢氯氟烃的生产和使用。为实现《议定书》规定的履约目标，依据《消耗臭氧层物质管理条例》的有关规定，现将有关要求通知如下：

一、禁止新建、扩建生产和使用作为制冷剂、发泡剂、灭火剂、溶剂、清洗剂、加工助剂、气雾剂、土壤熏蒸剂等受控用途的消耗臭氧层物质的建设项目。

二、改建、异址建设生产受控用途的消耗臭氧层物质的建设项目，禁止增加消耗臭氧层物质生产能力。

三、新建、改建、扩建生产化工原料用途的消耗臭氧层物质的建设项目，生产的消耗臭氧层物质仅用于企业自身下游化工产品的专用原料用途，不得对外销售。

四、新建、改建、扩建副产四氯化碳的建设项目，应当配套建设四氯化碳处置设施。

五、本通知所指消耗臭氧层物质具体见《中国受控消耗臭氧层物质清单》(环境保护部、发展改革委、工业和信息化部公告2010年第72号)。

六、本通知自印发之日起实施。原《关于禁止新建生产、使用消耗臭氧层物质生产设施的通知》(环发〔1997〕733号)、《关于〈关于禁止新建生产、使用消耗臭氧层物质生产设施的通知〉的补充通知》(环发〔1999〕147号)、《关于严格控制新(扩)建四氯化碳生产项目的通知》(环办〔2003〕28号)、《关于严格控制新、扩建或改建1,1,1-三氯乙烷和甲基溴生产项目的通知》(环办〔2003〕60号)、《关于禁止新建使用消耗臭氧层物质作为加工助剂生产设施的公告》(环函〔2004〕410号)、《关于严格控制新(扩)建项目使用四氯化碳的补充通知》(环办〔2006〕15号)、《关于严格控制新建、改建、扩建含氢氯氟烃生产项目的通知》(环办〔2008〕104号)、《关于严格控制新建使用含氢氯氟烃生产设施的通知》(环办〔2009〕121号)、《关于严格控制新建、改建、扩建含氢氯氟烃生产项目的补充通知》(环办函〔2015〕644号)同时废止。

燃煤发电机组脱硫电价及脱硫设施运行管理办法（试行）

(2007年5月29日 发改价格〔2007〕1176号)

第一条 为加快燃煤机组烟气脱硫设施建设,提高脱硫设施投运率,减少二氧化硫排放,促进环境保护,根据《中华人民共和国环境保护法》《中华人民共和国大气污染防治法》《中华人民共和国价格法》《国务院关于落实科学发展观 加强环境保护的决定》等法律、法规,特制定本办法。

第二条 本办法适用于符合国家建设管理有关规定建设的燃煤发电机组脱硫设施电价和运行管理。

第三条 新(扩)建燃煤机组必须按照环保规定同步建设脱硫设施,其上网电量执行国家发展改革委公布的燃煤机组脱硫标杆上网电价。

第四条 现有燃煤机组应按照国家发展改革委、国家环保总局印发的《现有燃煤电厂二氧化硫治理"十一五"规划》要求完成脱硫改造。安装脱硫设施后,其上网电量执行在现行上网电价基础上每千瓦时加价1.5分钱的脱硫加价政策。

电厂使用的煤炭平均含硫量大于2%或者低于0.5%的省(区、市),脱硫加价标准可单独制定,具体标准由省级价格主管部门提出方案,报国家发展改革委审批。

第五条 安装脱硫设施的燃煤发电企业,持国家或省级环保部门出具的脱硫设施验收合格文件,报省级价格主管部门审核后,自验收合格之日起执行燃煤机组脱硫标杆上网电价或脱硫加价。

第六条 2004年以前投产的燃煤机组执行脱硫加价后电网企业增加的购电成本,通过调整终端用户销售电价解决。

第七条 国家发展改革委按照补偿治理二氧化硫成本的原则,调整二氧化硫排污费征收标准。具体标准另行公布。

第八条 环保部门应按国家规定的征收标准足额征收二氧化硫排污费,严格按照有关法律法规使用排污费,并做到公开、透明。

第九条 新(扩)建燃煤机组建设脱硫设施时,鼓励不设置烟气旁路通道。不设置烟气旁路通道的,环保部门优先审批新(扩)建燃煤机组的环境影响评价文件。国家发展改革委组织新(扩)建燃煤机组进行不设置烟气旁路通道的试点,取得经验后逐步推广。

第十条 国家或省级环保部门负责电厂脱硫设施的竣工验收,并自收到发电企业竣工验收申请之日起30个工作日内完成验收并出具验收文件。投资主管部门负责发电项目的全面监督检查。

第十一条 安装脱硫设施的发电企业要保证脱硫设施的正常运行,不得无故停运。需要改造、更新脱硫设施,因脱硫设备维修需暂停脱硫设施运行的发电企业,需提前报请所在省级环保部门批准并报告省级电网企业;省级环保部门在收到申请后10个工作日内作出决定,逾期视为同意。遇事故停运应立即报告。

第十二条 安装的烟气脱硫设施必须达到环保要求的脱硫效率,并确保达到二氧化硫排放标准和总量指标要求。

第十三条 燃煤电厂(机组)应建立脱硫设施运行台账,记录脱硫设施运行和维护、烟气连续监测数据、机组负荷、燃料硫分分析和脱硫剂的用量、厂用电率、脱硫副产物处置、旁路挡板门启停时间、运行事故及处理等情况,并接受省级发展改革(经贸)、价格、环保部门核查。

第十四条 省级环保部门和省级电网企业负责实时监测燃煤机组脱硫设施运行情况,监控脱硫设施投运率和脱硫效率。

第十五条 燃煤电厂建设脱硫设施时,必须安装烟气自动在线监测系统,并与省级环保部门和省级及以上电网企业联网,向省级环保部门和省级电网企业实时传送监测数据。

第十六条 燃煤电厂安装烟气自动在线监控系统应当符合《计量法》和《污染源自动监控管理办法》有关规定。自动在线监控装置及传输系统由计量鉴定机构或其授权的单位执行强制检定、测试任务。

第十七条 烟气自动在线监控系统发生故障不能正常采集、传输数据的,燃煤电厂应在事故发生后立即报告所在省(区、市)环保部门及电网企业。

第十八条 环保部门不得向燃煤电厂收取自动在线监控设备及系统的验收费、管理费等不合理费用。

第十九条 具有下列情形的燃煤机组,从上网电价中扣减脱硫电价:
(一)脱硫设施投运率在90%以上的,扣减停运时间所发电量的脱硫电价款。
(二)投运率在80%-90%的,扣减停运时间所发电量的脱硫电价款并处1倍罚款。
(三)投运率低于80%的,扣减停运时间所发电量的脱硫电价款并处5倍罚款。

第二十条 省级环保部门会同省级电网企业每月计算辖区内各燃煤机组脱硫设施月投运率,于每月初5个工作日内报省级价格主管部门。同时向社会公告所辖地区各燃煤机组上月脱硫设施投运率、脱硫效率及排污费征收情况。

第二十一条 省级价格主管部门根据各月份脱硫设施运行情况计算年度投运率,于次年1月1日起10个工作日内根据年度投运率扣减脱硫电价,并在15个工作日内向社会公告所辖地区各燃煤机组上年度脱硫电价扣减及处罚情况。从发电企业扣减脱硫电价形成的收入,由省级价格主管部门上缴当地省级财政主管部门,同时报国家发展改革委和国家环保总局备案。

第二十二条 国家发展改革委每年1月底前汇总各地脱硫电价执行和扣减情况并向社会公布。

第二十三条 发电企业未按规定安装脱硫设施、自动在线监测装置或者脱硫设施、自动在线监测装置没有达到国家规定要求的,由省级环保部门按照《中华人民共和国环境保护法》第三十六条、《中华人民共和国大气污染防治法》第四十七条、《污染源自动监控管理办法》第十六条依法予以处罚。

第二十四条 发电企业擅自拆除、闲置或者无故停运脱硫设施及自动在线监测系统,以及故意开启烟气旁路通道、未按国家环保规定排放二氧化硫的,按照《中华人民共和国环境保护法》第三十七条、《中华人民共和国大气污染防治法》第四十六条第三款及第四十八条、《污染源自动监控管理办法》第十八条第二款有关规定予以处罚,并根据《环境保护违法违纪行为处分暂行规定》第十一条第三款规定,由省级环保部门、监察部门追究有关责任人的责任。

第二十五条 发电企业拒报或者谎报脱硫设施运行情况、没有建立运行台账、故意修改自动在线监控设备参数获得脱硫电价款的,按照《中华人民共和国环境保护法》第三十五条第二款、《中华人民共和国大气污染防治法》第四十六条第一款、《污染源自动监控管理办法》第十八条、《价格违法行为行政处罚规定》第十二条、第十三条、第十四条有关规定,由省级及以上环保、价格主管部门予以处罚。

第二十六条 电网企业未按规定对电厂脱硫设施运行情况实施自动在线监测、拒报或谎报燃煤机组脱硫设施运行情况,以及拒绝执行或者未能及时执行脱硫电价的,按照《中华人民共和国价格法》《中华人民共和国环境保护法》《中华人民共和国大气污染防治法》和《价格违法行为行政处罚规定》有关规定,由省级及以上价格、环保主管部门予以处罚。

第二十七条 省级环保部门拒报或谎报燃煤机组脱硫设施运行情况、未在规定时间内完成脱硫设施验收、未在规定时间向社会公告燃煤机组投运率以及违反规定擅自减免排污费或违规使用排污费的,由国家环保总局通报批评、责令改正,并建议省级人民政府按照《中华人民共和国环境保护法》《中华人民共和国大气污染防治法》和《环境保护违法违纪行为处分暂行规定》有关规定追究有关责任人责任。

第二十八条 省级价格主管部门未按时审核符合条件的电厂执行脱硫电价、未在规定时间按电厂脱硫设施投运率足额扣减脱硫电价、未在规定时间向社会公告扣减情况的,由国家发展改革委通报批评、责令改正,并建议省级人民政府按照依据《价格法》《价格违法行为行政处罚规定》追究有关责任人责任。

第二十九条 国家环保总局定期对完成脱硫设施验收的燃煤机组进行公告,并会同国家发展改革委每年对地方和企业排放目标完成情况进行评估,向社会公布评估结果。

第三十条 各省(区、市)价格主管部门、发展改革(经贸)部门、环保部门要会同电力监管部门和行业组织对电厂环保设施的运行情况及脱硫电价执行情况进行经常性检查。鼓励群众向各级环保部门举报电厂非正常停运脱硫设施的行为;群众举报属实的,环保部门给予适当奖励。加强新闻舆论对燃煤电厂脱硫情况的监督。

第三十一条 鼓励燃煤电厂委托具有环保治理设施运营资质的专业化脱硫公司承担污染治理或脱硫设施运营。国家发展改革委会同国家环保总局组织开展烟气脱硫特许经营试点,提高脱硫设施的建设质量和运行质量。

第三十二条 国家发展改革委会同国家环保总局加强对脱硫产业发展的指导,并对脱硫项目进行后评估,提高脱硫设施整体技术水平。

第三十三条 国家发展改革委和国家环保总局制订和完善脱硫设计、施工、运行、维护等技术规范,建立脱硫产业技术规范体系,规范脱硫装置的建设和运行。

第三十四条 电网企业应在同等条件下优先安排安装脱硫设施的燃煤机组上网发电。

第三十五条 本办法由国家发展改革委会同国家环保总局负责解释。

第三十六条 本办法自从2007年7月1日起施行。

附件一:名词解释(略)
附件二:相关法律法规条文(略)

关于划分高污染燃料的规定

(2001年4月2日 环发〔2001〕37号)

一、根据《中华人民共和国大气污染防治法》第二十五条的规定,制定本规定。

二、国务院划定的大气污染防治重点城市人民政府按照《中华人民共和国大气污染防治法》的有关要求,划定禁止销售、使用高污染燃料区域(以下简称"禁燃区"),适用本规定。

本规定不适用于车用燃料。

三、下列燃料或物质为高污染燃料:

(一)原(散)煤、煤矸石、粉煤、煤泥、燃料油(重油和渣油)、各种可燃废物和直接燃用的生物质燃料(树木、秸秆、锯末、稻壳、蔗渣等)。

(二)燃料中污染物含量超过下表限值的固硫蜂窝型煤、轻柴油、煤油和人工煤气。

燃料种类	基准热值	硫含量	灰分含量
固硫蜂窝型煤	5000 cal/Kg	0.3%	—
轻柴油、煤油	10000 cal/Kg	0.5%	0.01%
人工煤气	4000 cal/Kg	30mg/m^3	20mg/m^3

注:1. 固硫蜂窝型煤仅限于居民采暖小煤炉使用。固硫蜂窝型煤硫含量限值0.3%是指可排放硫含量。有条件的城市可以在"禁燃区"内规定禁用固硫蜂窝型煤。
  2. 燃料的实际热值不等于基准热值时,表中的硫含量和灰分含量限值需乘以热值调整系数。
    热值调整系数 = 实际热值/基准热值。(实际热值指燃料的低位发热量)
  3. 燃料中其他污染物含量还应符合有关法规、标准的规定。

四、国务院划定的大气污染防治重点城市人民政府应制定高污染燃料销售、使用、转运、存放的管制办法和鼓励使用清洁能源的经济政策,并可以制定严于本规定第三条确定的高污染燃料控制要求,报国家环境保护总局备案。

国家环境保护总局关于加强燃煤电厂二氧化硫污染防治工作的通知

(2003年9月15日 环发〔2003〕159号)

当前,我国二氧化硫年排放总量大大超出了环境自净能力,造成近三分之一的国土酸雨污染严重。按照《国民经济和社会发展第十个五年计划纲要》和《国家环境保护"十五"计划》要求,到"十五"末期,全国二氧化硫排放量要比2000年减少10%。其中,"两控区"(指酸雨控制区和二氧化硫控制区)减少20%,污染防治任务十分艰巨。2002年,燃煤电厂二氧化硫排放量达到666万吨,占全国排放总量的34.6%。严格控制燃煤电厂二氧化硫排放对实现全国二氧化硫总量控制目标至关重要。为了实现"十五"燃煤电厂二氧化硫污染防治目标,进一步加大污染防治力度,经国务院批准,现就加强燃煤电厂二氧化硫污染防治工作通知如下:

一、大中城市建成区和规划区,原则上不得新建、扩建燃煤电厂。对符合国家能源政策和环保要求的热电联产项目,在按程序审批后,同步配套建设脱硫设施,与主体工程同时设计、同时施工、同时投产使用,所需资金纳入主体工程投资概算。

二、东中部地区以及西部"两控区"内新建、改建和扩建燃煤电厂,要严格按照基本建设程序审批,同步配套建设脱硫设施。西部"两控区"以外的燃煤电厂,不符合国家排放标准、总量控制等环保要求以及没有环境容量的,也要同步配套建设脱硫设施;符合环保要求的,可预留脱硫场地,分阶段建设脱硫设施;建设燃用特低硫煤(含硫量小于0.5%)的坑口电站,有环境容量的,可暂不要求建设脱硫设施,但必须预留脱硫场地。

三、加大现有电厂二氧化硫污染治理力度。对不符合城市规划和环保要求的市区内现有燃煤电厂,要通过建设脱硫设施、机组退役或搬迁等措施,逐步达到环保要求。2000年以前批准建设的燃煤电厂,二氧化硫排放超过标准的,应分批建设脱硫设施,逐步达到国家排放标准要求。2000年以后批准建设的新建、改建和扩建燃煤电厂(西部燃用特低硫煤的坑口电站除外),在2010年之前建成脱硫设施。

四、抓紧制定鼓励脱硫的经济政策,建立电厂上网电价公平竞争的机制。研究制订燃煤电厂上网电价折价办法;制订燃煤电厂二氧化硫排放在线连续监测和环保优先的发电调度管理办法,修订燃煤电厂二氧化硫排放标准,推动燃煤电厂采取措施,减少二氧化硫排放。

五、地方各级人民政府要切实履行职责,认真落实各项二氧化硫污染防治措施。

国务院已经作出的有关规定,各地必须认真执行;严格按照国家有关规定审批燃煤电厂的规划用地;督促落实为二氧化硫排放总量指标平衡而承诺的各类治理项目,并与新建、改建、扩建燃煤电厂主体工程同步验收。"两控区"内地方人民政府应抓好《两控区酸雨和二氧化硫污染防治"十五"计划》确定的137个燃煤电厂脱硫项目建设,督促相关企业落实资金和保证进度。

六、国务院有关部门要根据各自的职能分工,切实加强对燃煤电厂二氧化硫污染防治工作的监督、指导和支持。对无正当理由未实施或未按期完成国家确定的燃煤电厂二氧化硫污染防治项目的地区、电力集团和企业,不再审批该地区、电力集团和企业的新建、改建和扩建项目;对现有含硫量大于1%、"九五"以来批准建设并预留脱硫场地和位于国家113个环保重点城市市区的燃煤机组脱硫项目,予以优先安排。加强对燃煤电厂二氧化硫排污费的征收和使用管理,排污费必须纳入财政预算,列入环境保护专项资金进行管理,用于电力企业二氧化硫污染防治,不得挪作他用。进一步加强对燃煤电厂二氧化硫排放监测和污染防治工作的统一监督管理,加强环境执法检查,严肃查处各种环境违法行为。

第十部分　大气环境损害鉴定评估相关国家标准

环境空气质量标准（2018年修订）（节录）

GB 3095—2012

[2012年2月29日环保部公告2012年第7号发布　根据2018年8月13日生态环境部公告2018年第29号《关于发布〈环境空气质量标准〉(GB 3095—2012)修改单的公告》修订]

本标准由环境保护部科技标准司组织制定。
本标准主要起草单位：中国环境科学研究院、中国环境监测总站。

（按原标准编号节录）

3　术语和定义

下列术语和定义适用于本标准。

3.1　环境空气 ambient air

指人群、植物、动物和建筑物所暴露的室外空气。

3.2　总悬浮颗粒物 total suspended particle（TSP）

指环境空气中空气动力学当量直径小于等于100 μm的颗粒物。

3.3　颗粒物（粒径小于等于10 μm）particulate matter（PM_{10}）

指环境空气中空气动力学当量直径小于等于10 μm的颗粒物，也称可吸入颗粒物。

3.4　颗粒物（粒径小于等于2.5 μm）particulate matter（$PM_{2.5}$）

指环境空气中空气动力学当量直径小于等于2.5 μm的颗粒物，也称细颗粒物。

3.5　铅 lead

指存在于总悬浮颗粒物中的铅及其化合物。

3.6　苯并[a]芘 benzo[a]pyrene（BaP）

指存在于颗粒物（粒径小于等于10 μm）中的苯并[a]芘。

3.7　氟化物 fluoride

指以气态和颗粒态形式存在的无机氟化物。

3.8　1小时平均 1-hour average

指任何1小时污染物浓度的算术平均值。

3.9 8 小时平均 8-hour average

指连续 8 小时平均浓度的算术平均值,也称 8 小时滑动平均。

3.10 24 小时平均 24-hour average

指一个自然日 24 个小时平均浓度的算术平均值,也称为日平均。

3.11 月平均 monthly average

指一个日历月内各日平均浓度的算术平均值。

3.12 季平均 quarterly average

指一个日历季内各日平均浓度的算术平均值。

3.13 年平均 annual mean

指一个日历年内各日平均浓度的算术平均值。

3.14 参比状态 reference state

指大气温度为 298.15 K,大气压力为 1013.25 hPa 时的状态。本标准中的二氧化硫、二氧化氮、一氧化碳、臭氧、氮氧化物等气态污染物浓度为参比状态下的浓度。颗粒物(粒径小于等于 10 μm)、颗粒物(粒径小于等于 2.5 μm)、总悬浮颗粒物及其组分铅、苯并[a]芘等浓度为监测时大气温度和压力下的浓度。

4 环境空气功能区分类和质量要求

4.1 环境空气功能区分类

环境空气功能区分为二类:一类区为自然保护区、风景名胜区和其他需要特殊保护的区域;二类区为居住区、商业交通居民混合区、文化区、工业区和农村地区。

4.2 环境空气功能区质量要求

一类区适用一级浓度限值,二类区适用二级浓度限值。一、二类环境空气功能区质量要求见表 1 和表 2。

表 1 环境空气污染物基本项目浓度限值

序号	污染物项目	平均时间	浓度限值		单位
			一级	二级	
1	二氧化硫(SO_2)	年平均	20	60	$\mu g/m^3$
		24 小时平均	50	150	
		1 小时平均	150	500	
2	二氧化氮(NO_2)	年平均	40	40	
		24 小时平均	80	80	
		1 小时平均	200	200	
3	一氧化碳(CO)	24 小时平均	4	4	mg/m^3
		1 小时平均	10	10	

(续表)

序号	污染物项目	平均时间	浓度限值 一级	浓度限值 二级	单位
4	臭氧(O_3)	日最大8小时平均	100	160	$\mu g/m^3$
		1小时平均	160	200	
5	颗粒物(粒径小于等于10 μm)	年平均	40	70	
		24小时平均	50	150	
6	颗粒物(粒径小于等于2.5 μm)	年平均	15	35	
		24小时平均	35	75	

表2 环境空气污染物其他项目浓度限值

序号	污染物项目	平均时间	浓度限值 一级	浓度限值 二级	单位
1	总悬浮颗粒物(TSP)	年平均	80	200	$\mu g/m^3$
		24小时平均	120	300	
2	氮氧化物(NO_X)	年平均	50	50	
		24小时平均	100	100	
		1小时平均	250	250	
3	铅(Pb)	年平均	0.5	0.5	
		季平均	1	1	
4	苯并[a]芘(BaP)	年平均	0.001	0.001	
		24小时平均	0.0025	0.0025	

5 监测

环境空气质量监测工作应按照《环境空气质量监测规范(试行)》等规范性文件的要求进行。

5.1 监测点位布设

表1和表2中环境空气污染物监测点位的设置,应按照《环境空气质量监测规范(试行)》中的要求执行。

5.2 样品采集

环境空气质量监测中的采样环境、采样高度及采样频率等要求,按HJ/T 193或HJ/T 194的要求执行。

5.3 分析方法

应按表3的要求,采用相应的方法分析各项污染物的浓度。

表3 各项污染物分析方法

序号	污染物项目	手工分析方法		自动分析方法
		分析方法	标准编号	
1	二氧化硫(SO_2)	环境空气 二氧化硫的测定 甲醛吸收-副玫瑰苯胺分光光度法	HJ 482	紫外荧光法、差分吸收光谱分析法
		环境空气 二氧化硫的测定 四氯汞盐吸收-副玫瑰苯胺分光光度法	HJ 483	
2	二氧化氮(NO_2)	环境空气 氮氧化物(一氧化氮和二氧化氮)的测定 盐酸萘乙二胺分光光度法	HJ 479	化学发光法、差分吸收光谱分析法
3	一氧化碳(CO)	空气质量 一氧化碳的测定 非分散红外法	GB 9801	气体滤波相关红外吸收法、非分散红外吸收法
4	臭氧(O_3)	环境空气 臭氧的测定 靛蓝二磺酸钠分光光度法	HJ 504	紫外荧光法、差分吸收光谱分析法
		环境空气 臭氧的测定 紫外光度法	HJ 590	
5	颗粒物(粒径小于等于10μm)	环境空气 PM_{10}和$PM_{2.5}$的测定 重量法	HJ 618	微量振荡天平法、β射线法
6	颗粒物(粒径小于等于2.5μm)	环境空气 PM_{10}和$PM_{2.5}$的测定 重量法	HJ 618	微量振荡天平法、β射线法
7	总悬浮颗粒物(TSP)	环境空气 总悬浮颗粒物的测定 重量法	GB/T 15432	—
8	氮氧化物(NO_X)	环境空气 氮氧化物(一氧化氮和二氧化氮)的测定 盐酸萘乙二胺分光光度法	HJ 479	化学发光法、差分吸收光谱分析法
9	铅(Pb)	环境空气 铅的测定 石墨炉原子吸收分光光度法(暂行)	HJ 539	
		环境空气 铅的测定 火焰原子吸收分光光度法	GB/T 15264	
10	苯并[a]芘(BaP)	空气质量 飘尘中苯并[a]芘的测定 乙酰化滤纸层析荧光分光光度法	GB 8971	
		环境空气 苯并[a]芘的测定 高效液相色谱法	GB/T 15439	

6 数据统计的有效性规定

6.1 应采取措施保证监测数据的准确性、连续性和完整性,确保全面、客观地反映监测结果。所有有效数据均应参加统计和评价,不得选择性地舍弃不利数据以及人为干预监测和评价结果。

6.2 采用自动监测设备监测时,监测仪器应全年365天(闰年366天)连续运行。在监测仪器校准、停电和设备故障,以及其他不可抗拒的因素导致不能获得连续监测数据时,应采取有效措施及时恢复。

6.3 异常值的判断和处理应符合 HJ 630 的规定。对于监测过程中缺失和删除的数据均应说明原因,并保留详细的原始数据记录,以备数据审核。

6.4 任何情况下,有效的污染物浓度数据均应符合表 4 中的最低要求,否则应视为无效数据。

表4 污染物浓度数据有效性的最低要求

污染物项目	平均时间	数据有效性规定
二氧化硫(SO_2)、二氧化氮(NO_2)、颗粒物(粒径小于等于10μm)、颗粒物(粒径小于等于2.5μm)、氮氧化物(NO_X)	年平均	每年至少有324个日平均浓度值 每月至少有27个日平均浓度值 (二月至少有25个日平均浓度值)
二氧化硫(SO_2)、二氧化氮(NO_2)、一氧化碳(CO)、颗粒物(粒径小于等于10μm)、颗粒物(粒径小于等于2.5μm)、氮氧化物(NO_X)	24小时平均	每日至少有20个小时平均浓度值或采样时间
臭氧(O_3)	8小时平均	每8小时至少有6小时平均浓度值
二氧化硫(SO_2)、二氧化氮(NO_2)、一氧化碳(CO)、臭氧(O_3)、氮氧化物(NO_X)	1小时平均	每小时至少有45分钟的采样时间
总悬浮颗粒物(TSP)、苯并[a]芘(BaP)、铅(Pb)	年平均	每年至少有分布均匀的60个日平均浓度值 每月至少有分布均匀的5个日平均浓度值
铅(Pb)	季平均	每季至少有分布均匀的15个日平均浓度值 每月至少有分布均匀的5个日平均浓度值
总悬浮颗粒物(TSP)、苯并[a]芘(BaP)、铅(Pb)	24小时平均	每日应有24小时的采样时间

7 实施与监督

7.1 本标准由各级环境保护行政主管部门负责监督实施。

7.2 各类环境空气功能区的范围由县级以上(含县级)人民政府环境保护行政主管部门划分,报本级人民政府批准实施。

7.3 按照《中华人民共和国大气污染防治法》的规定,未达到本标准的大气污染防治重点城市,应当按照国务院或者国务院环境保护行政主管部门规定的期限,达到本标准。该城市人民政府应当制定限期达标规划,并可以根据国务院的授权或者规定,采取更严格的措施,按期实现达标规划。

室内空气质量标准（节录）

GB/T 18883—2002

(2002年11月19日发布 2003年3月1日实施)

本标准由卫生部、国家环保总局《室内空气质量标准》联合起草小组起草。

本标准主要起草单位：中国疾病预防控制中心环境与健康相关产品安全所、中国环境科学研究院环境标准研究所、中国疾病预防控制中心辐射防护安全所、北京大学环境学院、南开大学环境科学与工程学院、北京市劳动保护研究所、清华大学建筑学院、中国科学院生态环境研究中心、中国建筑材料科学院环保所。

（按原标准编号节录）

3 术语和定义

3.1 室内空气质量参数 indoor air quality parameter

指室内空气中与人体健康有关的物理、化学、生物和放射性参数。

3.2 可吸入颗粒物 particles with diameters of 10μm or less, PM_{10}

指悬浮在空气中，空气动力学当量直径小于等于10μm的颗粒物。

3.3 总挥发性有机化合物 total volatile organic compounds, TVOC

利用Tenax GC或Tenax TA采样，非极性色谱柱（极性指数小于10）进行分析，保留时间在正己烷和正十六烷之间的挥发性有机化合物。

3.4 标准状态 normal state

指温度为273K，压力为101.325Kpa时的干物质状态。

4 室内空气质量

4.1 室内空气应无毒、无害、无异常嗅味。

4.2 室内空气质量标准见表1。

表1 室内空气质量标准

序号	参数类别	参数	单位	标准值	备注
1	物理性	温度	℃	22～28	夏季空调
				16～24	冬季采暖
2		相对湿度	%	40～80	夏季空调
				30～60	冬季采暖
3		空气流速	m/s	0.3	夏季空调
				0.2	冬季采暖
4		新风量	m³/h·人	30^a	—
5	化学性	二氧化硫 SO_2	mg/m³	0.50	1 h均值
6		二氧化氮 NO_2	mg/m³	0.24	1 h均值
7		一氧化碳 CO	mg/m³	10	1 h均值
8		二氧化碳 CO_2	%	0.10	日平均值
9		氨 NH_3	mg/m³	0.20	1 h均值
10		臭氧 O_3	mg/m³	0.16	1 h均值
11		甲醛 HCHO	mg/m³	0.10	1 h均值
12		苯 C_6H_6	mg/m³	0.11	1 h均值
13		甲苯 C_7H_8	mg/m³	0.20	1 h均值
14		二甲苯 C_8H_{10}	mg/m³	0.20	1 h均值
15		苯并[a]芘 BaP	ng/m³	1.0	日平均值
16		可吸入颗粒 PM_{10}	mg/m³	0.15	日平均值
17		总挥发性有机物 TVOC	mg/m³	0.60	8 h均值
18	生物性	菌落总数	cfu/m³	2 500	依据仪器定^b
19	放射性	氡 ^{222}Rn	Bq/m³	400	年平均值（行动水平^c）

注：a 新风量要求不小于标准值，除温度、相对湿度外的其他参数要求不大于标准值。
    b 见附录D。
    c 行动水平即达到此水平建议采取干预行动以降低室内氡浓度。

5 室内空气质量检验

5.1 室内空气中各种参数的监测技术见附录A。

5.2 室内空气中苯的检验方法见附录B。

5.3 室内空气中总挥发性有机物(TVOC)的检验方法见附录C。

5.4 室内空气中菌落总数检验方法见附录D。

附录 A（规范性附录） 室内空气监测技术（略）
附录 B（规范性附录） 室内空气中苯的检验方法（毛细管气相色谱法）（略）
附录 C（规范性附录） 室内空气中总挥发性有机物（TVOC）的检验方法（热解吸/毛细管气相色谱法）（略）
附录 D（规范性附录） 室内空气中菌落总数检验方法（略）

水泥工业大气污染物排放标准（节录）

GB 4915—2013

（2013 年 12 月 27 日发布　2014 年 3 月 1 日实施）

本标准由环境保护部科技标准司组织制定。
本标准主要起草单位：中国环境科学研究院、合肥水泥研究设计院。

（按原标准编号节录）

3　术语和定义

下列术语和定义适用于本标准。

3.1　水泥工业　cement industry

本标准指从事水泥原料矿山开采、水泥制造、散装水泥转运以及水泥制品生产的工业部门。

3.2　水泥窑　cement kiln

水泥熟料煅烧设备，通常包括回转窑和立窑两种形式。

3.3　窑尾余热利用系统　waste heat utilization system of kiln exhaust gas

引入水泥窑窑尾废气，利用废气余热进行物料干燥、发电等，并对余热利用后的废气进行净化处理的系统。

3.4　烘干机、烘干磨、煤磨及冷却机　dryer, drying and grinding mill, coal grinding mill and clinker cooler

烘干机指各种型式物料烘干设备；烘干磨指物料烘干兼粉磨设备；煤磨指各种型式煤粉制备设备；冷却机指各种类型（筒式、篦式等）冷却熟料设备。

3.5　破碎机、磨机、包装机及其他通风生产设备　crusher, mill, packing machine and other ventilation equipments

破碎机指各种破碎块粒状物料设备；磨机指各种物料粉磨设备系统（不包括烘干磨和煤磨）；包装机指各种型式包装水泥设备（包括水泥散装仓）；其他通风生产设备指除上述主要生产设备以外的需要通风的生产设备，其中包括物料输送设备、料仓和各种类型储库等。

3.6 采用独立热源的烘干设备 dryer associated with independent heat source

无水泥窑窑头、窑尾余热可以利用,需要单独设置热风炉等热源,对物料进行烘干的设备。

3.7 散装水泥中转站 bulk cement terminal

散装水泥集散中心,一般为水运(海运、河运)与陆运中转站。

3.8 水泥制品生产 production of cement products

预拌混凝土、砂浆和混凝土预制件的生产,不包括水泥用于施工现场搅拌的过程。

3.9 标准状态 standard condition

温度为273K,压力为101.3 kPa时的状态。本标准规定的大气污染物浓度均为标准状态下的质量浓度。

3.10 排气筒高度 stack height

自排气筒(或其主体建筑构造)所在的地平面至排气筒出口计的高度,单位为m。

3.11 无组织排放 fugitive emission

大气污染物不经过排气筒的无规则排放,主要包括作业场所物料堆存、开放式输送扬尘,以及设备、管线等大气污染物泄漏。

3.12 现有企业 existing facility

本标准实施之日前已建成投产或环境影响评价文件已通过审批的水泥工业企业或生产设施。

3.13 新建企业 new facility

自本标准实施之日起环境影响评价文件通过审批的新、改、扩建水泥工业建设项目。

3.14 重点地区 key region

根据环境保护工作的要求,在国土开发密度较高,环境承载能力开始减弱,或大气环境容量较小、生态环境脆弱,容易发生严重大气环境污染问题而需要严格控制大气污染物排放的地区。

4 大气污染物排放控制要求

4.1 排气筒大气污染物排放限值

4.1.1 现有企业2015年6月30日前仍执行GB 4915—2004,自2015年7月1日起执行表1规定的大气污染物排放限值。

4.1.2 自2014年3月1日起,新建企业执行表1规定的大气污染物排放限值。

表1 现有与新建企业大气污染物排放限值

单位:mg/m³

生产过程	生产设备	颗粒物	二氧化硫	氮氧化物(以NO_2计)	氟化物(以总F计)	汞及其化合物	氨
矿山开采	破碎机及其他通风生产设备	20	—	—	—	—	—

(续表)

生产过程	生产设备	颗粒物	二氧化硫	氮氧化物（以NO_2计）	氟化物（以总F计）	汞及其化合物	氨
水泥制造	水泥窑及窑尾余热利用系统	30	200	400	5	0.05	10[a]
	烘干机、烘干磨、煤磨及冷却机	30	600[b]	400[b]	—	—	—
	破碎机、磨机、包装机及其他通风生产设备	20	—	—	—	—	—
散装水泥中转站及水泥制品生产	水泥仓及其他通风生产设备	20	—	—	—	—	—

注：a 适用于使用氨水、尿素等含氨物质作为还原剂，去除烟气中氮氧化物。
　　b 适用于采用独立热源的烘干设备。

4.1.3 重点地区企业执行表2规定的大气污染物特别排放限值。执行特别排放限值的时间和地域范围由国务院环境保护行政主管部门或省级人民政府规定。

表2 大气污染物特别排放限值

单位：mg/m^3

生产过程	生产设备	颗粒物	二氧化硫	氮氧化物（以NO_2计）	氟化物（以总F计）	汞及其化合物	氨
矿山开采	破碎机及其他通风生产设备	10	—	—	—	—	—
水泥制造	水泥窑及窑尾余热利用系统	20	100	320	3	0.05	8[a]
	烘干机、烘干磨、煤磨及冷却机	20	400[b]	300[b]	—	—	—
	破碎机、磨机、包装机及其他通风生产设备	10	—	—	—	—	—
散装水泥中转站及水泥制品生产	水泥仓及其他通风生产设备	10	—	—	—	—	—

注：a 适用于使用氨水、尿素等含氨物质作为还原剂，去除烟气中氮氧化物。
　　b 适用于采用独立热源的烘干设备。

4.2 无组织排放控制要求

4.2.1 水泥工业企业的物料处理、输送、装卸、储存过程应当封闭，对块石、粘湿物料、浆料以及车船装卸料过程也可采取其他有效抑尘措施,控制颗粒物无组织排放。

4.2.2 自2014年3月1日起,水泥工业企业大气污染物无组织排放监控点浓度限值应符合表3规定。

表3 大气污染物无组织排放限值

单位:mg/m³

序号	污染物项目	限值	限值含义	无组织排放监控位置
1	颗粒物	0.5	监控点与参照点总悬浮颗粒物(TSP)1小时浓度值的差值	厂界外20 m处上风向设参照点,下风向设监控点
2	氨[a]	1.0	监控点处1小时浓度平均值	监控点设在下风向厂界外10m范围内浓度最高点

注:a 适用于使用氨水、尿素等含氨物质作为还原剂,去除烟气中氮氧化物。

4.3 废气收集、处理与排放

4.3.1 产生大气污染物的生产工艺和装置必须设立局部或整体气体收集系统和净化处理装置,达标排放。

4.3.2 净化处理装置应与其对应的生产工艺设备同步运转。应保证在生产工艺设备运行波动情况下净化处理装置仍能正常运转,实现达标排放。因净化处理装置故障造成非正常排放,应停止运转对应的生产工艺设备,待检修完毕后共同投入使用。

4.3.3 除储库底、地坑及物料转运点单机除尘设施外,其他排气筒高度应不低于15 m。排气筒高度应高出本体建(构)筑物3 m以上。水泥窑及窑尾余热利用系统排气筒周围半径200 m范围内有建筑物时,排气筒高度还应高出最高建筑物3 m以上。

4.4 周边环境质量监控

在现有企业生产、建设项目竣工环保验收后的生产过程中,负责监管的环境保护主管部门应对周围居住、教学、医疗等用途的敏感区域环境质量进行监控。建设项目的具体监控范围为环境影响评价确定的周围敏感区域;未进行过环境影响评价的现有企业,监控范围由负责监管的环境保护主管部门,根据企业排污的特点和规律及当地的自然、气象条件等因素,参照相关环境影响评价技术导则确定。地方政府应对本辖区环境质量负责,采取措施确保环境状况符合环境质量标准要求。

5 污染物监测要求

5.1 企业应按照有关法律和《环境监测管理办法》等规定,建立企业监测制度,制定监测方案,对污染物排放状况及其对周边环境质量的影响开展自行监测,保存原始监测记录,并公布监测结果。

5.2 新建企业和现有企业安装污染物排放自动监控设备的要求,按有关法律和《污染源自动监控管理办法》的规定执行。

5.3 企业应按照环境监测管理规定和技术规范的要求,设计、建设、维护永久性采样口、采样测试平台和排污口标志。

5.4 对企业排放废气的采样,应根据监测污染物的种类,在规定的污染物排放监控位置进行,有废气处理设施的,应在该设施后监测。排气筒中大气污染物的监测采样按GB/T 16157、

HJ/T 397 或 HJ/T 75 规定执行；大气污染物无组织排放的监测按 HJ/T 55 规定执行。

6 实施与监督

6.1 本标准由县级以上人民政府环境保护行政主管部门负责监督实施。

6.2 在任何情况下，水泥工业企业均应遵守本标准规定的大气污染物排放控制要求，采取必要措施保证污染防治设施正常运行。各级环保部门在对企业进行监督性检查时，可以现场即时采样或监测的结果，作为判定排污行为是否符合排放标准以及实施相关环境保护管理措施的依据。

工业炉窑大气污染物排放标准（节录）

GB 9078—1996

（1996 年 3 月 7 日批准　1999 年 1 月 1 日实施）

本标准由国家环境保护局科技司提出。

（按原标准编号节录）

3 定义

本标准采用下列定义：

3.1 工业炉窑

工业炉窑是指在工业生产中用燃料燃烧成电能转换产生的热量，将物料或工件进行冶炼、焙烧、烧结、熔化、加热等工序的热工设备。

3.2 标准状态

指烟气在温度为 273K，压力为 101 325Pa 时的状态，简称"标态"。本标准规定的排放浓度均指标准状态下的干烟气中的数值。

3.3 无组织排放

凡不通过烟囱或排气系统而泄漏烟尘、生产性粉尘和有害污染物，均称无组织排放。

3.4 过量空气系数

燃料燃烧时实际空气需要量与理论空气需要量之比值。

3.5 掺风系数

冲天炉掺风系数是指从加料口等处进入炉体的空气量与冲天炉工艺理论空气需要量之比值。

4 技术内容

4.1 排放标准的适用区域

4.1.1 本标准分为一级、二级、三级标准，分别与 GB 3095 中的环境空气质量功能区相对应：

一类区执行一级标准；

二类区执行二级标准；

三类区执行三级标准。

4.1.2 在一类区内,除市政、建筑施工临时用沥青加热炉外,禁止新建各种工业炉窑,原有的工业炉窑改建时不得增加污染负荷。

4.2 1997年1月1日前安装[包括尚未安装,但环境影响报告书(表)已经批准]的各种工业炉窑,烟尘及生产性粉尘最高允许排放浓度、烟气黑度限值按表1规定执行。

表1

序号	炉窑类别		标准级别	排放限值	
				烟(粉)尘浓度 mg/m³	烟气黑度（林格曼级）
1	熔炼炉	高炉及高炉出铁场	一	100	—
			二	150	—
			三	200	—
		炼铜炉及混铁炉(车)	一	100	—
			二	150	—
			三	200	—
		铁合金熔炼炉	一	100	—
			二	150	—
			三	250	—
		有色金属熔炼炉	一	100	—
			二	200	—
			三	300	—
2	熔化炉	冲天炉、化铁炉	一	100	1
			二	200	1
			三	300	1
		金属熔化炉	一	100	1
			二	200	1
			三	300	1
		非金属熔化、冶炼炉	一	100	1
			二	250	1
			三	400	1

（续表）

序号	炉窑类别		标准级别	排放限值	
				烟(粉)尘浓度 mg/m³	烟气黑度（林格曼级）
3	铁矿烧结炉	烧结机、（机头、机尾）	一	100	—
			二	150	—
			三	200	—
		球团竖炉 带式球团	一	100	—
			二	150	—
			三	250	—
4	加热炉	金属压延、锻造加热炉	一	100	1
			二	300	1
			三	350	1
		非金属加热炉	一	100	1
			二	300	1
			三	350	1
5	热处理炉	金属热处理炉	一	100	1
			二	300	1
			三	350	1
		非金属热处理炉	一	100	1
			二	300	1
			三	350	1
6		干燥炉、窑	一	100	1
			二	250	1
			三	350	1
7		非金属焙(煅)烧炉窑（耐火材料窑）	一	100	1
			二	300	1
			三	400	2
8		石灰窑	一	100	1
			二	250	1
			三	400	1

(续表)

序号	炉窑类别		标准级别	排放限值	
				煤(粉)尘浓度 mg/m³	烟气黑度(林格曼级)
9	陶瓷搪瓷砖瓦窑	隧道窑	一	100	1
			二	250	1
			三	400	1
		其他窑	一	100	1
			二	300	1
			三	500	2
10	其他炉窑		一	150	1
			二	300	1
			三	400	1

注:栏中一字线系指不监测项目,下同。

4.3 1997年1月1日起通过环境影响报告书(表)批准的新建、改建、扩建的各种工业炉窑,其烟尘及生产性粉尘最高允许排放浓度、烟气黑度限值,按表2规定执行。

表2

序号	炉窑类别		标准级别	排放限值	
				烟(粉)尘浓度 mg/m³	烟气黑度(林格曼级)
1	熔炼炉	高炉及高炉出铁场	一	禁排	—
			二	100	—
			三	150	—
		炼钢炉及混铁炉(车)	一	禁排	—
			二	100	—
			三	150	—
		铁合金熔炼炉	一	禁排	—
			二	100	—
			三	200	—
		有色金属熔炼炉	一	禁排	—
			二	100	—
			三	200	—

（续表）

序号	炉窑类别		标准级别	排放限值	
				烟(粉)尘浓度 mg/m³	烟气黑度（林格曼级）
2	熔化炉	冲天炉、化铁炉	一	禁排	—
			二	150	1
			三	200	1
		金属熔化炉	一	禁排	—
			二	150	1
			三	200	1
		非金属熔化、冶炼炉	一	禁排	—
			二	200	1
			三	300	1
3	铁矿烧结炉	烧结机（机头、机尾）	一	禁排	—
			二	100	—
			三	150	—
		球团竖炉 带式球团	一	禁排	—
			二	100	—
			三	150	—
4	加热炉	金属压延、锻造加热炉	一	禁排	—
			二	200	1
			三	300	1
		非金属加热炉	一	50ᵃ	1
			二	200	1
			三	300	1
5	热处理炉	金属热处理炉	一	禁排	—
			二	200	1
			三	300	1
		非金属热处理炉	一	禁排	—
			二	200	1
			三	300	1

(续表)

序号	炉窑类别		标准级别	排放限值	
				烟(粉)尘浓度 mg/m³	烟气黑度（林格曼级）
6	干燥炉、窑		一	禁排	—
			二	200	1
			三	300	1
7	非金属焙(煅)烧炉窑（耐火材料窑）		一	禁排	—
			二	200	1
			三	300	2
8	石灰窑		一	禁排	—
			二	200	1
			三	350	1
9	陶瓷搪瓷砖瓦窑	隧道窑	一	禁排	—
			二	200	1
			三	300	1
		其他窑	一	禁排	—
			二	200	1
			三	400	2
10	其他炉窑		一	禁排	—
			二	200	1
			三	300	1

注：a 仅限于市政、建筑时用沥青加热炉

4.4 各种工业炉窑(不分其安装时间)，无组织排放烟(粉)尘最高允许浓度，按表3规定执行。

表3

设置方式	炉窑类别	无组织排放烟(粉)尘最高允许浓度 mg/m³
有车间厂房	熔炼炉、铁矿烧结炉	25
	其他炉窑	5
露天(或有顶无围墙)	各种工业炉窑	5

4.5 各种工业炉窑的有害污染物最高允许排放浓度按表4规定执行。

表 4

序号	有害污染物名称		标准级别	1997年1月1日前安装的工业炉窑 排放浓度 mg/m³	1997年1月1日起新、改、扩建的工业炉窑 释放浓度 mg/m³
1	二氧化硫	有色金属冶炼	一	850	禁排
			二	1430	850
			三	4300	1430
		钢铁烧结冶炼	一	1430	禁排
			二	2860	2000
			三	4300	2860
		燃煤(油)炉窑	一	1200	禁排
			二	1430	850
			三	1800	1200
2	氟及其化合物（以 F 计）		一	6	禁排
			二	15	6
			三	50	15
3	铅	金属冶炼	一	5	禁排
			二	30	10
			三	45	35
		其他	一	0.5	禁排
			二	0.10	0.10
			三	0.20	0.10
4	汞	金属熔炼	一	0.05	禁排
			二	3.0	1.0
			三	5.0	3.0
		其他	一	0.008	禁排
			二	0.010	0.010
			三	0.020	0.010
5	铍及其化合物（以 Be 计）		一	0.010	禁排
			二	0.015	0.010
			三	0.015	0.015
6	沥青油烟		一	10	5[a]
			二	80	50
			三	150	100

注：a 仅限于市政、建筑施工临时用沥青加热炉。

4.6 烟囱高度

4.6.1 各种工业炉窑烟囱（或排气筒）最低允许高度为15m。

4.6.2 1997年1月1日起新建、改建、扩建的排放烟（粉）尘和有害污染物的工业炉窑，其烟囱（或排气筒）最低允许高度除应执行4.6.1和4.6.3规定外，还应按批准的环境影响报告书要求确定。

4.6.3 当烟囱（或排气筒）周围半径200m距离内有建筑物时，除应执行4.6.1和4.6.2规定外，烟囱（或排气筒）还应高出最高建筑物3m以上。

4.6.4 各种工业炉窑烟囱（或排气筒）高度如果达不到4.6.1、4.6.2和4.6.3的任何一项规定时，其烟（粉）尘或有害污染物最高允许排放浓度，应按相应区域排放标准值的50%执行。

4.6.5 1997年1月1日起新建、改建、扩建的工业炉窑烟囱（或排气筒）应设置永久采样、监测孔和采样监测用平台。

5 监测

5.1 测试工况：测试在最大热负荷下进行，当炉窑达不到或超过设计能力时，也必须在最大生产能力的热负荷下测定，即在燃料耗量较大的稳定加温阶段进行。一般测试时间不得少于2h。

5.2 实测的工业炉窑的烟（粉）尘，有害污染物排放浓度，应换算为规定的掺风系数或过量空气系数时的数值：

冲天炉（冷风炉，鼓风温度≤400℃）掺风系数现定为4.0；

冲天炉（热风炉，鼓风温度>400℃）掺风系数规定为2.5；

其他工业炉窑过量空气系数规定为1.7；

熔炼炉、铁矿烧结炉按实测浓度计。

5.3 无组织排放烟尘及生产性粉尘监测点，设置在工业炉窑所在厂房门窗排放口处，并选浓度最大值。若工业炉窑露天设置（或有顶无围墙），监测点应选在距烟（粉）尘排放源5m，最低高度1.5m处任意点，并选浓度最大值。

6 标准实施

6.1 本标准由县级以上人民政府环境保护行政主管部门负责监督实施。

6.2 位于国务院批准划定的酸雨控制区和二氧化硫污染控制区内的各种工业炉窑，SO_2的排放除执行本标准外，还应执行总量控制标准。

火电厂大气污染物排放标准（节录）

GB 13223—2011

（2011年7月29日发布　2012年1月1日实施）

本标准由环境保护部科技标准司组织制定。

本标准起草单位:中国环境科学研究院、国电环境保护研究院。

(按原标准编号节录)

3 术语和定义

下列术语和定义适用于本标准

3.1 火电厂 thermal power plant

燃烧固体、液体、气体燃料的发电厂。

3.2 标准状态 standard condition

烟气在温度为 273 K,压力为 101 325 Pa 时的状态,简称"标态"。本标准中所规定的大气污染物浓度均指标准状态下干烟气的数值。

3.3 氧含量 oxygen content

燃料燃烧时,烟气中含有的多余的自由氧,通常以干基容积百分数表示。

3.4 现有火力发电锅炉及燃气轮机组 existing plant

指本标准实施之日前,建成投产或环境影响评价文件已通过审批的火力发电锅炉及燃气轮机组。

3.5 新建火力发电锅炉及燃气轮机组 new plant

指本标准实施之日起,环境影响评价文件通过审批的新建、扩建和改建的火力发电锅炉及燃气轮机组。

3.6 W 形火焰炉膛 arch fired furnace

燃烧器置于炉膛前后墙拱顶,燃料和空气向下喷射,燃烧产物转折 180°后从前后拱中间向上排出而形成 W 形火焰的燃烧空间。

3.7 重点地区 key region

指根据环境保护工作的要求,在国土开发密度较高,环境承载能力开始减弱,或大气环境容量较小、生态环境脆弱,容易发生严重大气环境污染问题而需要严格控制大气污染物排放的地区。

3.8 大气污染物特别排放限值 special limitation for air pollutants

指为防治区域性大气污染、改善环境质量、进一步降低大气污染源的排放强度、更加严格地控制排污行为而制定并实施的大气污染物排放限值,该限值的排放控制水平达到国际先进或领先程度,适用于重点地区。

4 污染物排放控制要求

4.1 自 2014 年 7 月 1 日起,现有火力发电锅炉及燃气轮机组执行表 1 规定的烟尘、二氧化硫、氮氧化物和烟气黑度排放限值。

4.2 自 2012 年 1 月 1 日起,新建火力发电锅炉及燃气轮机组执行表 1 规定的烟尘、二氧化硫、氮氧化物和烟气黑度排放限值。

4.3 自 2015 年 1 月 1 日起,燃煤锅炉执行表 1 规定的汞及其化合物污染物排放限值。

表1 火力发电锅炉及燃气轮机组大气污染物排放浓度限值

单位:mg/m³(烟气黑度除外)

序号	燃料和热能转化设施类型	污染物项目	适用条件	限值	污染物排放监控位置
1	燃煤锅炉	烟尘	全部	30	烟囱或烟道
		二氧化硫	新建锅炉	100 200ª	
			现有锅炉	200 400ª	
		氮氧化物(以 NO_2 计)	全部	100 200ᵇ	
		汞及其化合物	全部	0.03	
2	以油为燃料的锅炉或燃气轮机组	烟尘	全部	30	
		二氧化硫	新建锅炉及燃气轮机组	100	
			现有锅炉及燃气轮机组	200	
		氮氧化物(以 NO_2 计)	新建锅炉	100	
			现有锅炉	200	
			燃气轮机组	120	
3	以气体为燃料的锅炉或燃气轮机组	烟尘	天然气锅炉及燃气轮机组	5	
			其他气体燃料锅炉及燃气轮机组	10	
		二氧化硫	天然气锅炉及燃气轮机组	35	
			其他气体燃料锅炉及燃气轮机组	100	
		氮氧化物(以 NO_2 计)	天然气锅炉	100	
			其他气体燃料锅炉	200	
			天然气燃气轮机组	50	
			其他气体燃料燃气轮机组	120	
4	燃煤锅炉,以油、气体为燃料的锅炉或燃气轮机组	烟气黑度(林格曼黑度)/级	全部	1	烟囱排放口

注:a 位于广西壮族自治区、重庆市、四川省和贵州省的火力发电锅炉执行该限值。
b 采用W形火焰炉膛的火力发电锅炉,现有循环流化床火力发电锅炉,以及2003年12月31日前建成投产或通过建设项目环境影响报告书审批的火力发电锅炉执行该限值。

4.4 重点地区的火力发电锅炉及燃气轮机组执行表2规定的大气污染物特别排放限值。

执行大气污染物特别排放限值的具体地域范围、实施时间,由国务院环境保护行政主管部门规定。

表 2　大气污染物特别排放限值

单位：mg/m³（烟气黑度除外）

序号	燃料和热能转化设施类型	污染物项目	适用条件	限值	污染物排放监控位置
1	燃煤锅炉	烟尘	全部	20	烟囱或烟道
		二氧化硫	全部	50	
		氮氧化物（以 NO_2 计）	全部	100	
		汞及其化合物	全部	0.03	
2	以油为燃料的锅炉或燃气轮机组	烟尘	全部	20	
		二氧化硫	全部	50	
		氮氧化物（以 NO_2 计）	燃油锅炉	100	
			燃气轮机组	120	
3	以气体为燃料的锅炉或燃气轮机组	烟尘	全部	5	
		二氧化硫	全部	35	
		氮氧化物（以 NO_2 计）	燃气锅炉	100	
			燃气轮机组	50	
4	燃煤锅炉，以油、气体为燃料的锅炉或燃气轮机组	烟气黑度（林格曼黑度）/级	全部	1	烟囱排放口

4.5　在现有火力发电锅炉及燃气轮机组运行、建设项目竣工环保验收及其后的运行过程中，负责监管的环境保护行政主管部门，应对周围居住、教学、医疗等用途的敏感区域环境质量进行监测。建设项目的具体监控范围为环境影响评价确定的周围敏感区域；未进行过环境影响评价的现有火力发电企业，监控范围由负责监管的环境保护行政主管部门，根据企业排污的特点和规律及当地的自然、气象条件等因素，参照相关环境影响评价技术导则确定。地方政府应对本辖区环境质量负责，采取措施确保环境状况符合环境质量标准要求。

4.6　不同时段建设的锅炉，若采用混合方式排放烟气，且选择的监控位置只能监测混合烟气中的大气污染物浓度，则应执行各时段限值中最严格的排放限值。

5　污染物监测要求

5.1　污染物采样与监测要求

5.1.1　对企业排放废气的采样，应根据监测污染物的种类，在规定的污染物排放监控位置进行，有废气处理设施的，应在该设施后监控。在污染物排放监控位置须设置规范的永久性测试孔、采样平台和排污口标志。

5.1.2　新建和现有火力发电锅炉及燃气轮机组安装污染物排放自动监控设备的要求，应按有关法律和《污染源自动监控管理办法》的规定执行。

5.1.3　污染物排放自动监控设备通过验收并正常运行的，应按照 HJ/T 75 和 HJ/T 76 的要求,定期对自动监控设备进行监督考核。

5.1.4 对企业污染物排放情况进行监测的采样方法、采样频次、采样时间和运行负荷等要求,按 GB/T 16157 和 HJ/T 397 的规定执行。

5.1.5 火电厂大气污染物监测的质量保证与质量控制,应按照 HJ/T 373 的要求进行。

5.1.6 企业应按照有关法律和《环境监测管理办法》的规定,对排污状况进行监测,并保存原始监测记录。

6 实施与监督

6.1 本标准由县级以上人民政府环境保护行政主管部门负责监督实施。

6.2 在任何情况下,火力发电企业均应遵守本标准的大气污染物排放控制要求,采取必要措施保证污染防治设施正常运行。各级环保部门在对企业进行监督性检查时,可以现场即时采样或监测结果,作为判定排污行为是否符合排放标准以及实施相关环境保护管理措施的依据。

锅炉大气污染物排放标准（节录）

GB 13271—2014

(2014 年 5 月 16 日发布 2014 年 7 月 1 日实施)

本标准由环境保护部科技标准司组织制定。

本标准起草单位:天津市环境保护科学研究院、中国环境科学研究院。

（按原标准编号节录）

3 术语和定义

下列术语和定义适用于本标准。

3.1 锅炉 boiler

锅炉是利用燃料燃烧释放的热能或其他热能加热热水或其他工质,以生产规定参数(温度、压力)和品质的蒸汽、热水或其他工质的设备。

3.2 在用锅炉 in-use boiler

指本标准实施之日前,已建成投产或环境影响评价文件已通过审批的锅炉。

3.3 新建锅炉 new boiler

本标准实施之日起,环境影响评价文件通过审批的新建、改建和扩建的锅炉建设项目。

3.4 有机热载体锅炉 organic fluid boiler

以有机质液体作为热载体工质的锅炉。

3.5 标准状态 standard condition

锅炉烟气在温度为 273K,压力为 101 325Pa 时的状态,简称"标态"。本标准规定的排放浓度均指标准状态下干烟气中的数值。

3.6 烟囱高度 stack height

指从烟囱(或锅炉房)所在的地平面至烟囱出口的高度。

3.7 氧含量 O_2 content

燃料燃烧后,烟气中含有的多余的自由氧,通常以干基容积百分数来表示。

3.8 重点地区 key region

根据环境保护工作的要求,在国土开发密度较高,环境承载能力开始减弱,或大气环境容量较小、生态环境脆弱,容易发生严重大气环境污染问题而需要严格控制大气污染物排放的地区。

3.9 大气污染物特别排放限值 special limitation for air pollutants

为防治区域性大气污染、改善环境质量、进一步降低大气污染源的排放强度、更加严格地控制排污行为而制定并实施的大气污染物排放限值,该限值的控制水平达到国际先进或领先程度,适用于重点地区。

4 大气污染物排放控制要求

4.1 10t/h 以上在用蒸汽锅炉和 7MW 以上在用热水锅炉 2015 年 9 月 30 日前执行 GB 13271—2001 中规定的排放限值,10t/h 及以下在用蒸汽锅炉和 7MW 及以下在用热水锅炉 2016 年 6 月 30 日前执行 GB 13271—2001 中规定的排放限值。

4.2 10t/h 以上在用蒸汽锅炉和 7MW 以上在用热水锅炉自 2015 年 10 月 1 日起执行表 1 规定的大气污染物排放限值,10t/h 及以下在用蒸汽锅炉和 7MW 及以下在用热水锅炉自 2016 年 7 月 1 日起执行表 1 规定的大气污染物排放限值。

表 1 在用锅炉大气污染物排放浓度限值

单位:mg/m^3

污染物项目	限值			污染物排放监控位置
	燃煤锅炉	燃油锅炉	燃气锅炉	
颗粒物	80	60	30	烟囱或烟道
二氧化硫	400 550[1]	300	100	烟囱或烟道
氮氧化物	400	400	400	烟囱或烟道
汞及其化合物	0.05	—	—	烟囱或烟道
烟气黑度(林格曼黑度,级)	≤1			烟囱排放口

注:[1] 位于广西壮族自治区、重庆市、四川省和贵州省的燃煤锅炉执行该限值。

4.3 自 2014 年 7 月 1 日起,新建锅炉执行表 2 规定的大气污染物排放限值。

表 2 新建锅炉大气污染物排放浓度限值

单位:mg/m³

污染物项目	限值			污染物排放监控位置
	燃煤锅炉	燃油锅炉	燃气锅炉	
颗粒物	50	30	20	烟囱或烟道
二氧化硫	300	200	50	
氮氧化物	300	250	200	
汞及其化合物	0.05	—	—	
烟气黑度(林格曼黑度,级)	≤1			烟囱排放口

4.4 重点地区锅炉执行表3规定的大气污染物特别排放限值。

执行大气污染物特别排放限值的地域范围、时间,由国务院环境保护主管部门或省级人民政府规定。

表 3 大气污染物特别排放限值

单位:mg/m³

污染物项目	限值			污染物排放监控位置
	燃煤锅炉	燃油锅炉	燃气锅炉	
颗粒物	30	30	20	烟囱或烟道
二氧化硫	200	100	50	
氮氧化物	200	200	150	
汞及其化合物	0.05	—	—	
烟气黑度(林格曼黑度,级)	≤1			烟囱排放口

4.5 每个新建燃煤锅炉房只能设一根烟囱,烟囱高度应根据锅炉房装机总容量,按表4规定执行,燃油、燃气锅炉烟囱不低于8米,锅炉烟囱的具体高度按批复的环境影响评价文件确定。新建锅炉房的烟囱周围半径200m距离内有建筑物时,其烟囱应高出最高建筑物3m以上。

表 4 燃煤锅炉房烟囱最低允许高度

锅炉房装机总容量	MW	<0.7	0.7~<1.4	1.4~<2.8	2.8~<7	7~<14	≥14
	t/h	<1	1~<2	2~<4	4~<10	10~<20	≥20
烟囱最低允许高度	m	20	25	30	35	40	45

4.6 不同时段建设的锅炉,若采用混合方式排放烟气,且选择的监控位置只能监测混合烟气中的大气污染物浓度,应执行各个时段限值中最严格的排放限值。

5 大气污染物监测要求

5.1 污染物采样与监测要求

5.1.1 锅炉使用企业应按照有关法律和《环境监测管理办法》等规定,建立企业监测制度,制定监测方案,对污染物排放状况及其对周边环境质量的影响开展自行监测,保存原始监测记录,并公布监测结果。

5.1.2 锅炉使用企业应按照环境监测管理规定和技术规范的要求,设计、建设、维护永久性采样口、采样测试平台和排污口标志。

5.1.3 对锅炉排放废气的采样,应根据监测污染物的种类,在规定的污染物排放监控位置进行,有废气处理设施的,应在该设施后监测。排气筒中大气污染物的监测采样按 GB 5468、GB/T 16157 或 HJ/T 397 规定执行;

5.1.4 20t/h 及以上蒸汽锅炉和 14MW 及以上热水锅炉应安装污染物排放自动监控设备,与环保部门的监控中心联网,并保证设备正常运行,按有关法律和《污染源自动监控管理办法》的规定执行。

5.1.5 对大气污染物的监测,应按照 HJ/T 373 的要求进行监测质量保证和质量控制。

6 实施与监督

6.1 本标准由县级以上人民政府环境保护行政主管部门负责监督实施。

6.2 在任何情况下,锅炉使用单位均应遵守本标准的大气污染物排放控制要求,采取必要措施保证污染防治设施正常运行。各级环保部门在对锅炉使用单位进行监督性检查时,可以现场即时采样或监测的结果,作为判断排污行为是否符合排放标准以及实施相关环境保护管理措施的依据。

恶臭污染物排放标准(节录)

GB 14554—93

(1993 年 8 月 6 日发布 1994 年 1 月 15 日实施)

本标准由国家环境保护局科技标准司提出。
本标准由天津市环境保护科学研究所、北京市机电研究院环保技术研究所主编。

(按原标准编号节录)

3 名词术语

3.1 恶臭污染物 odor pollutants
指一切刺激嗅觉器官引起人们不愉快及损害生活环境的气体物质。

3.2 臭气浓度 odor concentration

指恶臭气体(包括异味)用无臭空气进行稀释,稀释到刚好无臭时,所需的稀释倍数。

3.3 无组织排放源

指没有排气筒或排气筒高度低于 15 m 的排放源。

4 技术内容

4.1 标准分级

本标准恶臭污染物厂界标准值分三级。

4.1.1 排入 GB 3095 中一类区的执行一级标准,一类区中不得建新的排污单位。

4.1.2 排入 GB 3095 中二类区的执行二级标准。

4.1.3 排入 GB 3095 中三类区的执行三级标准。

4.2 标准值

4.2.1 恶臭污染物厂界标准值是对无组织排放源的限值,见表1。

1994 年 6 月 1 日起立项的新、扩、改建设项目及其建成后投产的企业执行二级、三级标准中相应的标准值。

表 1 恶臭污染物厂界标准值

序号	控制项目	单位	一级	二级		三级	
				新扩改建	现有	新扩改建	现有
1	氨	mg/m^3	1.0	1.5	2.0	4.0	5.0
2	三甲胺	mg/m^3	0.05	0.08	0.15	0.45	0.80
3	硫化氢	mg/m^3	0.03	0.06	0.10	0.32	0.60
4	甲硫醇	mg/m^3	0.004	0.007	0.010	0.020	0.035
5	甲硫醚	mg/m^3	0.03	0.07	0.15	0.55	1.10
6	二甲二硫	mg/m^3	0.03	0.06	0.13	0.42	0.71
7	二硫化碳	mg/m^3	2.0	3.0	5.0	8.0	10
8	苯乙烯	mg/m^3	3.0	5.0	7.0	14	19
9	臭气浓度	无量纲	10	20	30	60	70

4.2.2 恶臭污染物排放标准值见表 2。(表 2 具体内容见原标准)

5 标准的实施

5.1 排污单位排放(包括泄漏和无组织排放)的恶臭污染物,在排污单位边界上规定监测点(无其他干扰因素)的一次最大监督值(包括臭气浓度)都必须低于或等于恶臭污染物厂界标准值。

5.2 排污单位经烟、气排气筒(高度在 15m 以上)排放的恶臭污染物的排放量和臭气浓度都必须低于或等于恶臭污染物排放标准。

5.3 排污单位经排水排出并散发的恶臭污染物和臭气浓度必须低于或等于恶臭污染物厂界标准值。

6 监测

6.1 有组织排放源监测

6.1.1 排气筒的最低高度不得低于15m。

6.1.2 凡在表2所列两种高度之间的排气筒,采用四舍五入方法计算其排气筒的高度。表2中所列的排气筒高度系指从地面(零地面)起至排气口的垂直高度。

6.1.3 采样点:有组织排放源的监测采样点应为臭气进入大气的排气口,也可以在水平排气道和排气筒下部采样监测,得到臭气浓度或进行换算求得实际排放量。经过治理的污染源监测点设在治理装置的排气口,并应设置永久性标志。

6.1.4 有组织排放源采样频率应按生产周期确定监测频率,生产周期在8h以内的,每2h采集一次,生产周期大于8h的,每4h采集一次,取其最低测定值。

6.2 无组织排放源监测

6.2.1 采样点

厂界的监测采样点,设置在工厂厂界的下风向侧,或有臭气方位的边界线上。

6.2.2 采样频率

连续排放源相隔2h采一次,共采集4次,取其最大测定值。

间歇排放源选择在气味最大时间内采样,样品采集次数不少于3次,取其最大测定值。

6.3 水域监测

水域(包括海洋、河流、湖泊、排水沟、渠)的监测,应以岸边为厂界边界线,其采样点设置、采样频率与无组织排放源监测相同。

6.4 测定

标志中各单项恶臭污染物与臭气浓度的测定方法,见表3。

表3 恶臭污染物与臭气浓度测定方法

序号	控 制 项 目	测 定 方 法
1	氨	GB/T 14679
2	三甲胺	GB/T 14676
3	硫化氢	GB/T 14678
4	甲硫醇	GB/T 14678
5	甲硫醚	GB/T 14678
6	二甲二硫醚	GB/T 14678
7	二硫化碳	GB/T 14680
8	苯乙烯	GB/T 14677
9	臭气浓度	GB/T 14675

附录A 排放浓度、排放量的计算补充文件(略)

大气污染物综合排放标准(节录)

GB 16297—1996

(1996年4月12日批准 1997年1月1日实施)

本标准由国家环境保护局科技标准司提出。

(按原标准编号节录)

3 定义

本标准采用下列定义:

3.1 标准状态

指温度为273K,压力为101 325Pa时的状态。本标准规定的各项标准值,均以标准状态下的干空气为基准。

3.2 最高允许排放浓度

指处理设施后排气筒中污染物任何1小时浓度平均值不得超过的限值;或指无处理设施排气筒中污染物任何1小时浓度平均值不得超过的限值。

3.3 最高允许排放速率

指一定高度的排气筒任何1小时排放污染物的质量不得超过的限值。

3.4 无组织排放

指大气污染物不经过排气筒的无规则排放。低矮排气筒的排放属有组织排放,但在一定条件下也可造成与无组织排放相同的后果。因此,在执行"无组织排放监控浓度限值"指标时,由低矮排气筒造成的监控点污染物浓度增加不予扣除。

3.5 无组织排放监控点

依照本标准附录C的规定,为判别无组织排放是否超过标准而设立的监测点。

3.6 无组织排放监控浓度限值

指监控点的污染物浓度在任何1小时的平均值不得超过的限值。

3.7 污染源

指排放大气污染物的设施或指排放大气污染物的建筑构造(如车间等)。

3.8 单位周界

指单位与外界环境接界的边界。通常应依据法定手续确定边界;若无法定手续,则按目前的实际边界确定。

3.9 无组织排放源

指设置于露天环境中具有无组织排放的设施,或指具有无组织排放的建筑构造(如车间、工棚等)。

3.10 排气筒高度

指自排气筒(或其主体建筑构造)所在的地平面至排气筒出口计的高度。

4 指标体系

本标准设置下列三项指标：

4.1 通过排气筒排放废气的最高允许排放浓度。

4.2 通过排气筒排放的废气,按排气筒高度规定的最高允许排放速率。

任何一个排气筒必须同时遵守上述两项指标,超过其中任何一项均为超标排放。

4.3 以无组织方式排放的废气,规定无组织排放的监控点及相应的监控浓度限值。

该指标按照本标准第9.2条的规定执行。

5 排放速率标准分级

本标准规定的最高允许排放速率,现有污染源分为一、二、三级,新污染源分为二、三级。

按污染源所在的环境空气质量功能区类别,执行相应级别的排放速率标准,即：

位于一类区的污染源执行一级标准(一类区禁止新、扩建污染源,一类区现有污染源改建时执行现有污染源的一级标准)；

位于二类区的污染源执行二级标准；

位于三类区的污染源执行三级标准。

6 标准值

6.1 1997年1月1日前设立的污染源(以下简称为现有污染源)执行表1所列标准值。(表1具体内容见原标准)

6.2 1997年1月1日起设立(包括新建、扩建、改建)的污染源(以下简称为新污染源)执行表2所列标准值。(表2具体内容见原标准)

6.3 按下列规定判断污染源的设立日期：

6.3.1 一般情况下应以建设项目环境影响报告书(表)批准日期作为其设立日期。

6.3.2 未经环境保护行政主管部门审批设立的污染源,应按补做的环境影响报告书(表)批准日期作为其设立日期。

7 其他规定

7.1 排气筒高度除须遵守表列排放速率标准值外,还应高出周围200米半径范围的建筑5米以上,不能达到该要求的排气筒,应按其高度对应的表列排放速率标准值严格50%执行。

7.2 两个排放相同污染物(不论其是否由同一生产工艺过程产生)的排气筒,若其距离小于其几何高度之和,应合并视为一根等效排气筒。若有三根以上的近距排气筒,且排放同一种污染物时,应以前两根的等效排气筒,依次与第三、四根排气筒取等效值。等效排气筒的有关参数计算方法见附录A。

7.3 若某排气筒的高度处于本标准列出的两个值之间,其执行的最高允许排放速率以内插法计算,内插法的计算式见本标准附录B；当某排气筒的高度大于或小于本标准列出的最大或最小值时,以外推法计算其最高允许排放速率,外推法计算式见本标准附录B。

7.4 新污染源的排气筒一般不应低于15米。若新污染源的排气筒必须低于15米时,其排放速率标准值按7.3的外推计算结果再严格50%执行。

7.5 新污染源的无组织排放应从严控制,一般情况下不应有无组织排放存在,无法避免的无组织排放应达到表2规定的标准值。

7.6 工业生产尾气确需燃烧排放的,其烟气黑度不得超过林格曼1级。

8 监测

8.1 布点

8.1.1 排气筒中颗粒物或气态污染物监测的采样点数目及采样点位置的设置,按GB/T 16157—1996执行。

8.1.2 无组织排放监测的采样点(即监控点)数目和采样点位置的设置方法,详见本标准附录C。

8.2 采样时间和频次

本标准规定的三项指标,均指任何1小时平均值不得超过的限值,故在采样时应做到:

8.2.1 排气筒中废气的采样

以连续1小时的采样获取平均值;

或在1小时内,以等时间间隔采集4个样品,并计平均值。

8.2.2 无组织排放监控点的采样

无组织排放监控点和参照点监测的采样,一般采用连续1小时采样计平均值;

若浓度偏低,需要时可适当延长采样时间;

若分析方法灵敏度高,仅需用短时间采集样品时,应实行等时间间隔采样,采集四个样品计平均值。

8.2.3 特殊情况下的采样时间和频次

若某排气筒的排放为间断性排放,排放时间小于1小时,应在排放时段内实行连续采样,或在排放时段内以等时间间隔采集2～4个样品,并计平均值;

若某排气筒的排放为间断性排放,排放时间大于1小时,则应在排放时段内按8.2.1的要求采样;

当进行污染事故排放监测时,按需要设置的采样时间和采样频次,不受上述要求的限制;

建设项目环境保护设施竣工验收监测的采样时间和频次,按国家环境保护局制定的建设项目环境保护设施竣工验收监测办法执行。

8.3 监测工况要求

8.3.1 在对污染源的日常监督性监测中,采样期间的工况应与当时的运行工况相同,排污单位的人员和实施监测的人员都不应任意改变当时的运行工况。

8.3.2 建设项目环境保护设施竣工验收监测的工况要求按国家环境保护局制定的建设项目环境保护设施竣工验收监测办法执行。

8.4 采样方法和分析方法

8.4.1 污染物的分析方法按国家环境保护局规定执行。

8.4.2 污染物的采样方法按GB/T 16157—1996和国家环境保护局规定的分析方法有关部

分执行。

8.5 排气量的测定

排气量的测定应与排放浓度的采样监测同步进行,排气量的测定方法按 GB/T 16157—1996 执行。

9 标准实施

9.1 位于国务院批准划定的酸雨控制区和二氧化硫污染控制区的污染源,其二氧化硫排放除执行本标准外,还应执行总量控制标准。

9.2 本标准中无组织排放监控浓度限值,由省、自治区、直辖市人民政府环境保护行政主管部门决定是否在本地区实施,并报国务院环境保护行政主管部门备案。

9.3 本标准由县级以上人民政府环境保护行政主管部门负责监督实施。

附录 A(标准的附录)　等效排气筒有关参数计算(略)
附录 B(标准的附录)　确定某排气筒最高允许排放速率的内插法和外推法(略)
附录 C(标准的附录)　无组织排放监控点设置方法(略)

饮食业油烟排放标准（试行）（节录）

GB 18483—2001

(2001 年 11 月 12 日发布　2002 年 1 月 1 日实施)

本标准由国家环境保护总局提出。

(按原标准编号节录)

3 定义

本标准采用下列定义

3.1 标准状态

指温度为 273K,压力为 101 325Pa 时的状态。本标准规定的浓度标准值均为标准状态下的干烟气数值。

3.2 油烟

指食物烹饪、加工过程中挥发的油脂、有机质及其加热分解或裂解产物,统称为油烟。

3.3 城市

与《中华人民共和国城市规划法》关于城市的定义相同,即:国家按行政建制设立的直辖市、市、镇。

3.4 饮食业单位

处于同一建筑物内,隶属于同一法人的所有排烟灶头,计为一个饮食业单位。

3.5 无组织排放
未经任何油烟净化设施净化的油烟排放。

3.6 油烟去除效率
指油烟经净化设施处理后,被去除的油烟与净化之前的油烟的质量的百分比。

$$P = \frac{c_{前} \times Q_{前} - c_{后} \times Q_{后}}{c_{前} \times Q_{前}} \times 100\%$$

式中：P——油烟去除效率,%；

$c_{前}$——处理设施前的油烟浓度,mg/m³；

$Q_{前}$——处理设施前的排风量,m³/h；

$c_{后}$——处理设施后的油烟浓度,mg/m³；

$Q_{后}$——处理设施后的排风量,m³/h。

4 标准限值

4.1 饮食业单位的油烟净化设施最低去除效率限值按规模分为大、中、小三级；饮食业单位的规模按基准灶头数划分,基准灶头数按灶的总发热功率或排气罩灶面投影总面积折算。每个基准灶头对应的发热功率为 1.67×10^8 J/h,对应的排气罩灶面投影面积为 $1.1 m^2$。饮食业单位的规模划分参数见表1。

表1 饮食业单位的规模划分

规模	小型	中型	大型
基准灶头数	≥1,<3	≥3,<6	≥6
对应灶头总功率(10^8 J/h)	1.67,<5.00	≥5.00,<10	≥10
对应排气罩灶面总投影面积(m²)	≥1.1,<3.3	≥3.3,<6.6	≥6.6

4.2 饮食业单位油烟的最高允许排放浓度和油烟净化设施最低去除效率,按表2的规定执行。

表2 饮食业单位的油烟最高允许排放浓度和油烟净化设施最低去除效率

规模	小型	中型	大型
最高允许排放浓度(mg/m³)	2.0		
净化设施最低去除效率(%)	60	75	85

5 其他规定

5.1 排放油烟的饮食业单位必须安装油烟净化设施,并保证操作期间按要求运行。油烟无组织排放视同超标。

5.2 排气筒出口段的长度至少应有4.5倍直径(或当量直径)的平直管段。

5.3 排气筒出口朝向应避开易受影响的建筑物。油烟排气筒的高度、位置等具体规定由省级环境保护部门制定。

5.4 排烟系统应做到密封完好,禁止人为稀释排气筒中污染物浓度。

5.5 饮食业产生特殊气味时,参照《恶臭污染物排放标准》臭气浓度指标执行。

6 监测

6.1 采样位置

采样位置应优先选择在垂直管段。应避开烟道弯头和断面急剧变化部位。采样位置应设置在距弯头、变径管下游方向不小于 3 倍直径,和距上述部件上游方向不小于 1.5 倍直径处,对矩形烟道,其当量直径 $D = 2AB/(A+B)$,式中 A、B 为边长。

6.2 采样点

当排气管截面积小于 $0.5 m^2$ 时,只测一个点,取动压中位值处;超过上述截面积时,则按 GB/T 16157—1996 有关规定进行。

6.3 采样时间和频次

执行本标准规定的排放限值指标体系时,采样时间应在油烟排放单位正常作业期间,采样次数为连续采样 5 次,每次 10min。

6.4 采样工况

样品采集应在油烟排放单位作业(炒菜、食品加工或其他产生油烟的操作)高峰期进行。

6.5 分析结果处理

五次采样分析结果之间,其中任何一个数据与最大值比较,若该数据小于最大值的四分之一,则该数据为无效值,不能参与平均值计算。数据经取舍后,至少有三个数据参与平均值计算。若数据之间不符合上述条件,则需重新采样。

6.6 监测排放浓度时,应将实测排放浓度折算为基准风量时的排放浓度:

$$c_{基} = c_{测} \times \frac{Q_{测}}{nq_{基}}$$

式中:$c_{基}$——折算为单个灶头基准排风量时的排放浓度,mg/m^3;

$Q_{测}$——实测排风量,m^3/h;

$c_{测}$——实测排放浓度,mg/m^3;

$q_{基}$——单个灶头基准排风量,大、中、小型均为 $2000 m^3/h$;

n——折算的工作灶头个数。

7 标准实施

7.1 安装并正常运行符合 4.2 要求的油烟净化设施视同达标。县级以上环保部门可视情况需要,对饮食单位油烟排放状况进行监督监测。

7.2 新老污染源执行同一标准值。本标准实施之日之前已开业的饮食业单位或已批准设立的饮食业单位为现有饮食业单位,未达标的应限期达标排放。本标准实施之日起批准设立的饮食业单位为新饮食业单位,应按"三同时"要求执行本标准。

7.3 油烟净化设施须经国家认可的单位检测合格才能安装使用。

7.4 本标准由县级以上人民政府环境保护行政主管部门负责监督实施。

附录 A(标准的附录) 饮食业油烟采样方法及分析分法(略)

附录 B(标准的附录) 油烟采样器技术规范(略)
附录 C(标准的附录) 油烟去除效率的测定方法(略)

储油库大气污染物排放标准(节录)

GB 20950—2007

(2007年6月22日发布 2007年8月1日实施)

本标准由国家环境保护总局科技标准司提出。
本标准主要起草单位:北京市环境保护科学研究院、国家环保总局环境标准研究所。

(按原标准编号节录)

3 术语与定义

下列术语和定义适用于本标准。

3.1 储油库 bulk gasoline terminal
由储油罐组成并通过管道、船只或油罐车等方式收发汽油的场所(含炼油厂)。

3.2 油气 gasoline vapor
储油库储存、装卸汽油过程中产生的挥发性有机物气体(非甲烷总烃)。

3.3 油气排放浓度 vapor emission concentration
标准状态下(温度273K,压力101.3kPa),排放每 m^3 干气中所含非甲烷总烃的质量,单位为 g/m^3。

3.4 发油 gasoline loading
从储油库把油品装入油罐车。

3.5 收油 gasoline receiving
向储油库储罐注油。

3.6 底部装油 bottom loading
从油罐汽车的罐底部将油发装入罐内。

3.7 浮顶罐 floating roof tank
顶盖漂浮在油面上的油罐,包括内浮顶罐和外浮顶罐。

3.8 油气回收处理装置 vapor recovery processing equipment
通过吸附、吸收、冷凝、膜分离等方法将发油过程产生的油气进行回收处理的装置。

3.9 油气收集系统泄漏点 vapor collection system leakage point
与发油设施配套的油气收集系统可能发生泄漏的部位,如油气回收密封式快速接头、铁路罐车顶装密封罩、阀门、法兰等。

3.10 烃类气体探测器 hydrocarbon gas detector

基于光离子化、红外等原理的可快速显示空气中油气浓度的便携式检测仪器。

4 发油油气排放控制和限值

4.1 储油库应采用底部装油方式,装油时产生的油气应进行密闭收集和回收处理。油气回收系统和回收处理装置应进行技术评估并出具报告,评估工作主要包括:调查分析技术资料;核实应具备的相关认证文件;检测至少连续3个月的运行情况;列出油气回收系统设备清单。完成技术评估的单位应具备相应的资质,所提供的技术评估报告应经由国家有关主管部门审核批准。

4.2 排放限值

4.2.1 油气密闭收集系统(以下简称油气收集系统)任何泄漏点排放的油气体积分数浓度不应超过0.05%,每年至少检测1次,检测方法见附录A。

4.2.2 油气回收处理装置(以下简称处理装置)的油气排放浓度和处理效率应同时符合表1规定的限值,排放口距地平面高度应不低于4m,每年至少检测1次,检测方法见附录B。

表1 处理装置油气排放限值

油气排放浓度/g/m³	≤25
油气处理效率/%	≥95

4.2.3 底部装油结束并断开快接头时,汽油泄漏量不应超过10ml,泄漏检测限值为泄漏单元连续3次断开操作的平均值。

4.2.4 储油库油气收集系统应设置测压装置,收集系统在收集油罐车罐内的油气时对罐内不宜造成超过4.5kPa的压力,在任何情况下都不应超过6kPa。

4.2.5 储油库防溢流控制系统应定期进行检测,检测方法按有关专业技术规范执行。

4.2.6 储油库给铁路罐车装油时应采用顶部浸没式或底部装油方式,顶部浸没式装油管出油口距罐底高度应小于200mm。

4.3 技术措施

4.3.1 底部装油和油气输送接口应采用DN100mm的密封式快速接头。

4.3.2 应对进、出处理装置的气体流量进行监测,流量计应具备连续测量和数据至少存储1年的功能并符合安全要求。

4.3.3 应建立油气收集系统和处理装置的运行规程,每天记录气体流量、系统压力、发油量,记录防溢流控制系统定期检测结果,随时记录油气收集系统和处理装置的检修事项。编写年度运行报告并附带上述原始记录,作为储油库环保检测报告的组成部分。

5 汽油储存油气排放控制

5.1 储油库储存汽油应按GB 50074采用浮顶罐储油。

5.2 新、改、扩建的内浮顶罐,浮盘与罐壁之间应采用液体镶嵌式、机械式鞋形、双封式等高效密封方式;新、改、扩建的外浮顶罐,浮盘与罐壁之间应采用双封式密封,且初级密封采用液体镶嵌式、机械式鞋形等高效密封方式。

5.3 浮顶罐所有密封结构不应有造成漏气的破损和开口,浮盘上所有可开启设施在非需要开启时都应保持不漏气状态。

6 标准实施

6.1 储油库油气排放控制标准实施区域和时限见表2。

表2 储油库油气排放控制标准实施区域和时限

地区	实施日期
北京市、天津市、河北省设市城市及其他地区承担上述城市加油站汽油供应的储油库	2008年5月1日
长江三角洲和珠江三角洲设市城市注及其他地区承担上述城市加油站汽油供应的储油库	2010年1月1日
其他设市城市及承担相应城市加油站汽油供应的储油库	2012年1月1日
注:长江三角洲地区包括:上海市、江苏省8个市、浙江省7个市,共16市。江苏省8个市,包括:南京市、苏州市、无锡市、常州市、镇江市、扬州市、泰州市、南通市;浙江省7个市,包括:杭州市、嘉兴市、湖州市、舟山市、绍兴市、宁波市、台州市。珠江三角洲地区9个市,包括:广州市、深圳市、珠海市、东莞市、中山市、江门市、佛山市、惠州市、肇庆市。	

6.2 按表2实施日期,可有2年过渡期允许顶部装油和底部装油系统同时存在。

6.3 省级人民政府可根据本地对环境质量的要求和经济技术条件提前实施,并报国家环境保护行政主管部门备案。

6.4 本标准由各级人民政府环境保护行政主管部门监督实施。

附录A(规范性附录) 收集系统泄漏浓度检测方法(略)
附录B(规范性附录) 处理装置油气排放检测方法(略)

汽油运输大气污染物排放标准(节录)

GB 20951—2007

(2007年6月22日发布 2007年8月1日实施)

本标准由国家环境保护总局科技标准司提出。
本标准主要起草单位:北京市环境保护科学研究院、国家环保总局环境标准研究所。

(按原标准编号节录)

3 术语与定义

下列术语和定义适用于本标准。

3.1 油罐车 tank truck

专门用于运输汽油的油罐汽车和铁路罐车。

3.2 密封式快速接头 quick connect fitting

快速、严密的管道连接部件,实现两个系统的油品交接。

3.3 油气回收系统 vapor collecting system

油气回收系统包括:油气回收快速接头、帽盖、无缝钢管气体管线、弯头、管路箱、压力/真空阀、防溢流探头、气动阀、连接胶管等。

3.4 底部装卸油系统 bottom loading system

由气动底阀、无缝钢管、阀门、过滤网、密封式快速接头、帽盖及其他相关部件组成的从油罐汽车罐体底部装卸油的系统。

3.5 压力/真空阀 pressure/vacuum valve

又称 P/V 阀、通气阀、机械呼吸阀,可调节罐体内外压差,使罐体内外气体相通的阀门。

3.6 油仓 compartment

罐体内带有液体密封的分隔空间。

3.7 防溢流探头 over-fill prevention probe

防止在装油过程中溢油的装置。

3.8 气动底阀 pneumatic bottom valve

安装在油罐汽车底部的气动阀门,主要用于紧急情况防止油品泄漏。

4 排放控制和限值

4.1 排放控制

4.1.1 油罐汽车应具备油气回收系统。装油时能够将汽车油罐内排出的油气密闭输入储油库回收系统;往返运输过程中能够保证汽油和油气不泄漏;卸油时能够将产生的油气回收到汽车油罐内。任何情况下不应因操作、维修和管理等方面的原因发生汽油泄漏。

4.1.2 油罐车油气回收系统应进行技术评估并出具报告,评估工作主要包括:调查分析技术资料;核实应具备的相关认证文件;按照标准规定的检测方法检测每种型号的车辆;列出油气回收系统设备清单。完成技术评估的单位应具备相应的资质,所提供的技术评估报告应经由国家有关主管部门审核批准。

4.2 排放限值

4.2.1 油罐汽车油气回收系统密闭性检测压力变动值应小于等于表1规定的限值,多仓油罐车的每个油仓都应进行检测。油气回收系统密闭性检测应每年至少进行1次,检测方法见附录A。

表1 油罐汽车油气回收系统密闭性检测压力变动限值

单仓罐或多仓罐单个油仓的容积(L)	5 min 后压力变动限值(kPa)
≥9500	0.25
5500~9499	0.38
3799~5499	0.50
≤3800	0.65

4.2.2 油罐汽车油气回收管线气动阀门密闭性检测压力变动值应小于等于表2规定的限

值。油气回收管线气动阀门密闭性检测应每年至少进行1次,检测方法见附录A。

表2 油罐汽车油气回收管线气动阀门密闭性检测压力变动限值

罐体或单个油仓的容积(L)	5min后压力变动限值(kPa)
任何容积	1.30

4.2.3 防溢流探头应按专业检测技术规范,采用国家有关部门认证的检测仪器进行检测,并同时检测探头安装高度,每年至少检测1次。

4.2.4 油罐汽车罐体及各种阀门和管路系统渗透检测应按 GB 18564.1 和 QC/T 653 执行。

6 标准实施

6.1 油罐汽车油气排放控制标准实施区域和时限见表3。

表3 油罐汽车油气排放控制标准实施区域和时限

地 区	实施日期
北京市、天津市、河北省设市城市及其他地区承担上述城市汽油运送的油罐汽车	2008年5月1日
长江三角洲和珠江三角洲设市城市注及其他地区承担上述城市汽油运送的油罐汽车	2010年1月1日
其他设市城市及承担设市城市汽油运送的油罐汽车	2012年1月1日

注:长江三角洲地区包括:上海市、江苏省8个市、浙江省7个市,共16市。江苏省8个市,包括:南京市、苏州市、无锡市、常州市、镇江市、扬州市、泰州市、南通市;浙江省7个市,包括:杭州市、嘉兴市、湖州市、舟山市、绍兴市、宁波市、台州市。
珠江三角洲地区9个市,包括:广州市、深圳市、珠海市、东莞市、中山市、江门市、佛山市、惠州市、肇庆市。

6.2 省级人民政府可根据本地对环境质量的要求和经济技术条件提前实施,并报国家环境保护行政主管部门。

6.3 本标准由各级人民政府环境保护行政主管部门监督实施。

附录A(规范性附录) 油罐汽车油气回收系统密闭性检测方法(略)

加油站大气污染物排放标准(节录)

GB 20952—2007

(2007年6月22日发布 2007年8月1日实施)

本标准由国家环境保护总局科技标准司提出。
本标准主要起草单位:北京市环境保护科学研究院、国家环保总局环境标准研究所。

（按原标准编号节录）

3 术语与定义

下列术语和定义适用于本标准。

3.1 加油站 gasoline filling station

为汽车油箱充装汽油的专门场所。

3.2 油气 gasoline vapor

加油站加油、卸油和储存汽油过程中产生的挥发性有机物(非甲烷总烃)。

3.3 油气排放浓度 vapor emission concentration

标准状态下(温度273K，压力101.3kPa)，排放每 m^3 干气中所含非甲烷总烃的质量，单位为 g/m^3。

3.4 加油站油气回收系统 vapor recovery system for gasoline filling station

加油站油气回收系统由卸油油气回收系统、汽油密闭储存、加油油气回收系统、在线监测系统和油气排放处理装置组成。该系统的作用是将加油站在卸油、储油和加油过程中产生的油气，通过密闭收集、储存和送入油罐汽车的罐内，运送到储油库集中回收变成汽油。

3.5 卸油油气回收系统 vapor recovery system for unloading gasoline

将油罐汽车卸汽油时产生的油气，通过密闭方式收集进入油罐汽车罐内的系统。

3.6 加油油气回收系统 vapor recovery system for filling gasoline

将给汽车油箱加汽油时产生的油气，通过密闭方式收集进入埋地油罐的系统。

3.7 溢油控制措施 overfill protection measurement

采用截流阀或浮筒阀或其他防溢流措施，控制卸油时可能发生的溢油。

3.8 埋地油罐 underground storage tank

完全埋设在地面以下的储油罐。

3.9 压力/真空阀 pressure/vacuum valve

又称P/V阀、通气阀、机械呼吸阀，可调节油罐内外压差，使油罐内外气体相通的阀门。

3.10 液阻 dynamic back pressure

凝析液体滞留在油气管线内或因其他原因造成气体通过管线时的阻力。

3.11 密闭性 vapor recovery system tightness

油气回收系统在一定气体压力状态下的密闭程度。

3.12 气液比 air to liquid volume ratio

加油时收集的油气体积与同时加入油箱内的汽油体积的比值。

3.13 真空辅助 vacuum-assist

加油油气回收系统中利用真空发生装置辅助回收加油过程中产生的油气。

3.14 在线监测系统 on-line monitoring system

在线监测加油油气回收过程中的气液比以及油气回收系统的密闭性和管线液阻是否正常的系统，当发现异常时可提醒操作人员采取相应的措施，并能记录、储存、处理和传输监测数据。

3.15 油气排放处理装置 vapor emission processing equipment

针对加油油气回收系统部分排放的油气,通过采用吸附、吸收、冷凝、膜分离等方法对这部分排放的油气进行回收处理的装置。

4 油气排放控制和限值

4.1 加油站卸油、储油和加油时排放的油气,应采用以密闭收集为基础的油气回收方法进行控制。

4.2 技术评估

4.2.1 加油油气回收系统应进行技术评估并出具报告,评估工作主要包括:调查分析技术资料;核实应具备的相关认证文件;评估多个流量和多枪的气液比;检测至少连续 3 个月的运行情况;给出控制效率大于等于 90% 的气液比范围;列出油气回收系统设备清单。

4.2.2 油气排放处理装置(以下简称处理装置)和在线监测系统应进行技术评估并出具报告,评估工作主要包括:调查分析技术资料;核实应具备的相关认证文件;在国内或国外实际使用情况的资料证明;检测至少连续 3 个月的运行情况。

4.2.3 完成技术评估的单位应具备相应的资质,所提供的技术评估报告应经由国家有关主管部门审核批准。

4.3 排放限值

4.3.1 加油油气回收管线液阻检测值应小于表 1 规定的最大压力限值。液阻应每年检测 1 次,检测方法见附录 A。

表 1 加油站油气回收管线液阻最大压力限值

通入氮气流量 L/min	最大压力 Pa
18.0	40
28.0	90
38.0	155

4.3.2 油气回收系统密闭性压力检测值应大于等于表 2 规定的最小剩余压力限值。密闭性应每年检测 1 次,检测方法见附录 B。

表 2 加油站油气回收系统密闭性检测最小剩余压力限值

单位:Pa

储罐油气空间 L	受影响的加油枪数				
	1～6	7～12	13～18	19～24	>24
1893	182	172	162	152	142
2082	199	189	179	169	159
2271	217	204	194	184	177
2460	232	219	209	199	192

(续表)

储罐油气空间 L	受影响的加油枪数				
	1～6	7～12	13～18	19～24	>24
2650	244	234	224	214	204
2839	257	244	234	227	217
3028	267	257	247	237	229
3217	277	267	257	249	239
3407	286	277	267	257	249
3596	294	284	277	267	259
3785	301	294	284	274	267
4542	329	319	311	304	296
5299	349	341	334	326	319
6056	364	356	351	344	336
6813	376	371	364	359	351
7570	389	381	376	371	364
8327	396	391	386	381	376
9084	404	399	394	389	384
9841	411	406	401	396	391
10598	416	411	409	404	399
11355	421	418	414	409	404
13248	431	428	423	421	416
15140	438	436	433	428	426
17033	446	443	441	436	433
18925	451	448	446	443	441
22710	458	456	453	451	448
26495	463	461	461	458	456
30280	468	466	463	463	461
34065	471	471	468	466	466
37850	473	473	471	468	468
56775	481	481	481	478	478
75700	486	486	483	483	483
94625	488	488	488	486	486
注：如果各储罐油气管线连通，则受影响的加油枪数等于汽油加油枪总数。否则，仅统计通过油气管线与被检测储罐相连的加油枪数。					

4.3.3 各种加油油气回收系统的气液比均应在大于等于1.0和小于等于1.2范围内,但对气液比进行检测时的检测值应符合技术评估报告给出的范围。依次检测每支加油枪的气液比,安装和未安装在线监测系统的加油站应按附录C规定的加油流量检测气液比。气液比应每年至少检测1次,检测方法见附录C。

4.3.4 处理装置的油气排放浓度应小于等于25g/m³,排放口距地平面高度应不低于4m。排放浓度每年至少检测1次,检测方法见附录D。

4.3.5 不同类型的在线监测系统,应按照评估或认证文件的规定进行校准检测。在线监测系统应每年至少校准检测1次,检测方法参见附录E。

5 技术措施

5.4 在线监测系统和处理装置

5.4.1 在线监测系统应能够监测气液比和油气回收系统压力,具备至少储存1年数据、远距离传输和超标预警功能,通过数据能够分析油气回收系统的密闭性、油气回收管线的液阻和处理装置的运行情况。

5.4.2 在线监测系统对气液比的监测:超出0.9至1.3范围时轻度警告,若连续7d处于轻度警告状态应报警;超出0.6至1.5范围时重度警告,若连续24h处于重度警告状态应报警。在线监测系统对系统压力的监测:超过300Pa时轻度警告,若连续30d处于轻度警告状态应报警;超过700Pa时重度警告,若连续7d处于重度警告状态应报警。

5.4.3 处理装置压力感应值宜设定在超过+150Pa时启动,低于-150Pa时停止。

5.4.4 处理装置应符合国家有关噪声标准。

5.5 设备匹配和标准化连接

5.5.1 油气回收系统、处理装置、在线监测系统应采用标准化连接。

5.5.2 在进行包括加油油气排放控制在内的油气回收设计和施工时,无论是否安装处理装置或在线监测系统,均应同时将各种需要埋设的管线事先埋设。

6 标准实施

6.1 卸油油气排放控制标准实施区域和时限见表3。

表3 卸油油气排放控制标准实施区域和时限

地区	实施日期
北京市、天津市、河北省设市城市	2008年5月1日
长江三角洲和珠江三角洲设市城市注	2010年1月1日
其他设市城市	2012年1月1日
注:长江三角洲地区包括:上海市、江苏省8个市、浙江省7个市,共16市。江苏省8个市,包括:南京市、苏州市、无锡市、常州市、镇江市、扬州市、泰州市、南通市;浙江省7个市,包括:杭州市、嘉兴市、湖州市、舟山市、绍兴市、宁波市、台州市。 珠江三角洲地区9个市,包括:广州市、深圳市、珠海市、东莞市、中山市、江门市、佛山市、惠州市、肇庆市。	

6.2 储油、加油油气排放控制标准实施区域和时限见表4。

表4 储油、加油油气排放控制标准实施区域和时限

地区	实施日期
北京、天津全市范围,河北省设市城市建成区	2008年5月1日
上海、广州全市范围,其他长江三角洲和珠江三角洲设市城市建成区,臭氧浓度监测超标城市建成区	2010年1月1日
其他设市城市建成区	2015年1月1日

6.3 按照表4中储油、加油油气排放控制标准的实施区域和时限,位于城市建成区的加油站应安装处理装置。

6.4 按照表4中储油、加油油气排放控制标准的实施区域和时限,符合下列条件之一的加油站应安装在线监测系统:
a) 年销售汽油量大于8000t的加油站;
b) 臭氧浓度超标城市年销售汽油量大于5000t的加油站;
c) 省级环境保护局确定的其他需要安装在线监测系统的加油站。

6.5 省级人民政府可根据本地对环境质量的要求和经济技术条件提前实施,并报国家环境保护行政主管部门备案。

6.6 本标准由各级人民政府环境保护行政主管部门监督实施。

附录A(规范性附录)　液阻检测方法(略)
附录B(规范性附录)　密闭性检测方法(略)
附录C(规范性附录)　气液比检测方法(略)
附录D(规范性附录)　处理装置油气排放检测方法(略)
附录E(资料性附录)　在线监测系统校准方法(略)

煤层气(煤矿瓦斯)排放标准(暂行)(节录)

GB 21522—2008

(2008年4月2日发布　2008年7月1日实施)

本标准由环境保护部科技标准司组织制定。

本标准主要起草单位:中国环境科学研究院、煤炭科学研究总院、中煤国际工程集团北京华宇工程有限公司。

(按原标准编号节录)

3 术语和定义

下列术语与定义适用于本标准。

3.1 煤层气 coalbed methane

指赋存在煤层中以甲烷为主要成分,以吸附在煤基质颗粒表面为主、部分游离于煤孔隙中或溶解于煤层水中的烃类气体的总称。

3.2 煤矿瓦斯 mine gas

煤矿瓦斯简称瓦斯,指煤炭矿井开采过程中从煤层及其围岩涌入矿井巷道和工作面的天然气体,主要由甲烷构成。有时单独指甲烷。

3.3 瓦斯抽放 gas drainage

采用专用设备和管路把煤层、岩层或采空区瓦斯抽出的措施。

3.4 瓦斯抽放系统 gas drainage works

采用专用设备和管路把煤层、岩层和采空区中的瓦斯抽出或排出的系统工程。

3.5 高浓度瓦斯 high concentration mine gas

指甲烷体积分数大于或等于30%经煤矿瓦斯抽放系统抽出或排出的瓦斯。

3.6 低浓度瓦斯 low concentration mine gas

指甲烷体积分数小于30%经煤矿瓦斯抽放系统抽出或排出的瓦斯。

3.7 风排瓦斯 windblown mine gas

指煤矿采用通风方法并由风井排出的瓦斯。

3.8 标准状态 normal state

指温度273.15 K,压力101 325 Pa时的状态,本标准规定的煤层气、煤矿瓦斯排放体积分数均指标准状态下干空气数值。

3.9 绝对瓦斯涌出量 absolute gas emission rate

单位时间内从煤层和岩层以及采落的煤(岩)体所涌出的瓦斯量,单位采用 m^3/min。

3.10 煤(岩)与瓦斯突出 coal/rock and gas outburst

在地应力和瓦斯的共同作用下,破碎的煤、岩和瓦斯由煤体或岩体内突然向采掘空间抛出的异常的动力现象。

3.11 煤(岩)与瓦斯突出矿井 coal/rock and gas outburst mine

在采掘过程中,发生过煤(岩)与瓦斯突出并经鉴定的矿井。

3.12 排放 emission

指抽出的煤层气或煤矿瓦斯向大气排空。

3.13 现有矿井及煤层气地面开发系统、新建矿井及煤层气地面开发系统 existing source,new source

现有矿井及煤层气地面开发系统指本标准实施之日前已建成投产或环境影响评价文件已通过批准的井工煤矿和煤层气地面开发系统。

新(扩、改)建矿井及煤层气地面开发系统是指本标准实施之日起环境影响评价文件通过批准的新、改、扩建井工煤矿和煤层气地面开发系统。

4 技术要求

4.1 煤矿瓦斯抽放要求

4.1.1 有下列情况之一的矿井,必须建立地面永久抽放瓦斯系统或井下移动泵站抽放系统:

a)一个采煤工作面的瓦斯涌出量大于 $5m^3/min$ 或一个掘进工作面瓦斯涌出量大于 $3m^3/min$,用通风方法解决瓦斯问题不合理时;

b)矿井绝对涌出量达到以下条件的:

——大于或等于 $40\ m^3/min$;

——年产量 $1.0 \sim 1.5\ Mt$ 的矿井,大于 $30\ m^3/min$;

——年产量 $0.6 \sim 1.0\ Mt$ 的矿井,大于 $25\ m^3/min$;

——年产量 $0.4 \sim 0.6\ Mt$ 的矿井,大于 $20\ m^3/min$;

——年产量等于或小于 $0.4\ Mt$,大于 $15\ m^3/min$ 。

c)开采有煤与瓦斯突出危险煤层。

4.1.2 凡符合 4.1.1 条件,并同时具备以下两个条件的矿井,应建立地面永久瓦斯抽放系统:

a)瓦斯抽放系统的抽放量可稳定在 $2\ m/min$ 以上;

b)瓦斯资源可靠、储量丰富,预计瓦斯抽放服务年限在五年以上。

4.1.3 煤矿瓦斯抽放基本指标按 AQ 1026 执行。

4.1.4 矿井瓦斯抽放系统工程设计要求、瓦斯抽放方法以及瓦斯抽放管理按 AQ 1027 执行。

4.1.5 具备地面煤层气开发条件的矿井,应利用地面煤层气开发技术,实现"先采气、后采煤"。

4.2 煤层气(煤矿瓦斯)排放控制要求

4.2.1 煤层气(煤矿瓦斯)排放限值

自 2008 年 7 月 1 日起,新建矿井及煤层气地面开发系统的煤层气(煤矿瓦斯)排放执行表 1 规定的排放限值。

自 2010 年 1 月 1 日起,现有矿井及煤层气地面开发系统的煤层气(煤矿瓦斯)排放执行表 1 规定的排放限值。

表 1 煤层气(煤矿瓦斯)排放限值

受控设施	控制项目	排放限值
煤层气地面开发系统	煤层气	禁止排放
煤矿瓦斯抽放系统	高浓度瓦斯(甲烷体积分数≥30%)	禁止排放
	低浓度瓦斯(甲烷体积分数<30%)	—
煤矿回风井	风排瓦斯	—

4.2.2 对可直接利用的高浓度瓦斯,应建立瓦斯储气罐,配套建设瓦斯利用设施,可采取民用、发电、化工等方式加以利用。

4.2.3 对目前无法直接利用的高浓度瓦斯,可采取压缩、液化等方式进行异地利用。

4.2.4 对目前无法利用的高浓度瓦斯,可采取焚烧等方式处理。

5 监测要求

5.1 矿井瓦斯抽放泵站输入管路、瓦斯储气罐输出管路应设置甲烷传感器、流量传感器、压力传感器及温度传感器,对管道内的甲烷浓度、流量、压力、温度等参数进行监测。抽放泵站应设甲烷传感器防止瓦斯泄漏。

5.2 新建、改建、扩建矿井瓦斯抽放系统和煤层气地面开发系统应按照《污染源自动监控管理办法》的规定,安装煤层气(煤矿瓦斯)排放自动监控设备,并与环保部门的监控中心联网,并保证设备正常运行。

5.3 甲烷传感器应达到 AQ 6204 规定的技术指标,并符合 AQ 6201 煤矿安全监控系统通用技术要求。

5.4 企业应按照有关法律和《环境监测管理办法》的规定,对排放状况进行监测,并保存原始监测记录。

6 实施与监督

本标准由县级以上人民政府环境保护行政主管部门负责监督实施。

平板玻璃工业大气污染物排放标准(节录)

GB 26543—2011

(2011 年 4 月 2 日发布 2011 年 10 月 1 日实施)

本标准由环境保护部科技标准司组织制定。
本标准主要起草单位:中国环境科学研究院、蚌埠玻璃工业设计研究院。

(按原标准编号节录)

3 术语和定义

下列术语和定义适用于本标准。

3.1 平板玻璃 flat glass
板状的硅酸盐玻璃。

3.2 平板玻璃工业 flat glass industry
采用浮法、平拉(含格法)、压延等工艺制造平板玻璃的工业。

3.3 玻璃熔窑 glass furnace
熔制玻璃的热工设备,由钢结构和耐火材料砌筑而成。

3.4 冷修 cold repair
玻璃熔窑停火冷却后进行大修的过程。

3.5 纯氧燃烧 oxygen-fuel combustion

助燃气体含氧量大于等于90%的燃烧方式。

3.6 大气污染物排放浓度 emission concentration of air pollutants

温度273 K,压力101.3 kPa状态下,排气筒干燥排气中大气污染物任何1h的质量浓度平均值,单位为mg/m^3。

3.7 排气筒高度 stack height

自排气筒(或其主体建筑构造)所在的地平面至排气筒出口计的高度,单位为m。

3.8 无组织排放 fugitive emission

大气污染物不经过排气筒的无规则排放,主要包括作业场所物料堆存、开放式输送扬尘,以及设备、管线含尘气体泄漏等。

3.9 无组织排放监控点浓度限值 concentration limit at fugitive emission reference point

温度273 K,压力101.3 kPa状态下,监控点(根据HJ/T 55确定)的大气污染物质量浓度在任何1 h的平均值不得超过的值,单位为mg/m^3。

3.10 现有企业 existing facility

本标准实施之日前已建成投产或环境影响评价文件已通过审批的平板玻璃制造企业或生产设施。

3.11 新建企业 new facility

自本标准实施之日起环境影响评价文件通过审批的新建、改建和扩建平板玻璃工业建设项目。

4 大气污染物排放控制要求

4.1 大气污染物排放限值

4.1.1 自2011年10月1日起至2013年12月31日止,现有企业执行表1规定的大气污染物排放限值。

表1 现有企业大气污染物排放限值

单位:mg/m^3(烟气黑度除外)

序号	污染物项目	排放限值			污染物排放监控位置
		玻璃熔窑[a]	在线镀膜尾气处理系统	配料、碎玻璃等其他通风生产设备	
1	颗粒物	100	50	50	车间或生产设施排气筒
2	烟气黑度(林格曼,级)	1	—	—	
3	二氧化硫	600	—	—	
4	氯化氢	30	30	—	
5	氟化物(以总F计)	5	5	—	
6	锡及其化合物	—	8.5	—	
注:a 指干烟气中O_2含量8%状态下(纯氧燃烧为基准排气量条件下)的排放浓度限值。					

4.1.2 自2014年1月1日起,现有企业执行表2规定的大气污染物排放限值。

4.1.3 现有企业在 2014 年 1 月 1 日前对玻璃熔窑进行冷修重新投入运行的,自投入运行之日起执行表 2 规定的大气污染物排放限值。

4.1.4 自 2011 年 10 月 1 日起,新建企业执行表 2 规定的大气污染物排放限值。

表 2 新建企业大气污染物排放限值

单位:mg/m³(烟气黑度除外)

序号	污染物项目	排放限值			污染物排放监控位置
		玻璃熔窑ª	在线镀膜尾气处理系统	配料、碎玻璃等其他通风生产设备	
1	颗粒物	50	30	30	车间或生产设施排气筒
2	烟气黑度(林格曼,级)	1	—	—	
3	二氧化硫	400	—	—	车间或生产设施排气筒
4	氯化氢	30	30	—	
5	氟化物(以总 F 计)	5	5	—	
6	锡及其化合物	—	5	—	
7	氮氧化物(以 NO₂ 计)	700	—	—	

注:a 指干烟气中 O_2 含量 8% 状态下(纯氧燃烧为基准排气量条件下)的排放浓度限值。

4.1.5 对于玻璃熔窑排气(纯氧燃烧除外),应同时对排气中氧含量进行监测,实测排气筒中大气污染物排放

浓度应按式(1)换算为含氧量 8% 状态下的基准排放浓度,并以此作为判定排放是否达标的依据。其他车间或生产设施排气按实测浓度计算,但不得人为稀释排放。

$$\rho_{\text{基}} = \frac{21-8}{21-O_{\text{实}}} \cdot \rho_{\text{实}} \tag{1}$$

式中:$\rho_{\text{基}}$——大气污染物基准排放浓度,mg/m³;

$\rho_{\text{实}}$——实测排气筒中大气污染物排放浓度,mg/m³;

$O_{\text{实}}$——玻璃熔窑干烟气中含氧量百分率实测值。

4.1.6 纯氧燃烧玻璃熔窑应监测排气筒中大气污染物排放浓度、排气量及相应时间内的玻璃出料量,按式(2)计算基准排气量[3 000 m³/t(玻璃液)]条件下的基准排放浓度,并以此作为判定排放是否达标的依据。大气污染物排放浓度、排气量、产品产量的监测、统计周期为 1h,可连续采样或等时间间隔采样获得大气污染物排放浓度和排气量数据,玻璃出料量数据以企业统计报表为依据。

$$\rho_{\text{基}} = \frac{Q_{\text{实}}}{3\,000 \cdot M} \cdot \rho_{\text{实}} \tag{2}$$

式中:$\rho_{\text{基}}$ 大气污染物基准排放浓度,mg/m³;

$\rho_{\text{实}}$——实测排气筒中大气污染物排放浓度,mg/m³;

$Q_{\text{实}}$——实测玻璃熔窑小时排气量,m³/h;

M——与监测时段相对应的小时玻璃出料量,t/h。

4.2 无组织排放控制要求

4.2.1 平板玻璃制造企业在原料破碎、筛分、储存、称量、混合、输送、投料等阶段应封闭操作,防止无组织排放。

4.2.2 自本标准实施之日起,平板玻璃制造企业大气污染物无组织排放监控点浓度限值应符合表3规定。

表3 大气污染物无组织排放限值

单位:mg/m³

序号	污染物项目	排放限值	限值含义	无组织排放监控位置
1	颗粒物	1.0	监控点与参照点总悬浮颗粒物(TSP)1 h 浓度值的差值	执行 HJ/T 55 的规定,上风向设参照点,下风向设监控点

4.2.3 在现有企业生产、建设项目竣工环保验收后的生产过程中,负责监管的环境保护行政主管部门应对周围居住、教学、医疗等用途的敏感区域环境质量进行监测。建设项目的具体监控范围为环境影响评价确定的周围敏感区域;未进行过环境影响评价的现有企业,监控范围由负责监管的环境保护行政主管部门,根据企业排污的特点和规律及当地的自然、气象条件等因素,参照相关环境影响评价技术导则确定。地方政府应对本辖区环境质量负责,采取措施确保环境状况符合环境质量标准要求。

4.3 废气收集与排放

4.3.1 产生大气污染物的生产工艺和装置需设立局部或整体气体收集系统和净化处理装置,达标排放。

4.3.2 所有排气筒高度应不低于 15 m。排气筒周围半径 200 m 范围内有建筑物时,排气筒高度还应高出最高建筑物 3 m 以上。

5 大气污染物监测要求

5.1 对企业排放废气的采样应根据监测污染物的种类,在规定的污染物排放监控位置进行,有废气处理设施的,应在该设施后监控。在污染物排放监控位置需设置永久性排污口标志。

5.2 新建企业和现有企业安装污染物排放自动监控设备的要求,按有关法律和《污染源自动监控管理办法》的规定执行。

5.3 对企业大气污染物排放状况进行监测的频次、采样时间等要求,按国家有关污染源监测技术规范的规定执行。

5.4 排气筒中大气污染物的监测采样按 GB/T 16157—1996、HJ/T 397—2007 或 HJ/T 75—2007 规定执行;大气污染物无组织排放的监测按 HJ/T 55—2000 规定执行。

5.5 对大气污染物排放浓度的测定采用表4所列的方法标准。

表 4 大气污染物浓度测定方法标准

序号	污染物项目	方法标准名称	方法标准编号
1	颗粒物	固定污染源排气中颗粒物测定与气态污染物采样方法	GB/T 16157—1996
		固定污染源 烟气排放连续监测系统技术要求及检测方法	HJ/T 76—2007
		环境空气 总悬浮颗粒物的测定 重量法	GB/T 15432—1995
2	烟气黑度	固定污染源 排放烟气黑度的测定 林格曼烟气黑度图法	HJ/T 398—2007
3	二氧化硫	固定污染源排气中二氧化硫的测定 碘量法	HJ/T 56—2000
		固定污染源排气中二氧化硫的测定 定电位电解法	HJ/T 57—2000
		固定污染源烟气排放连续监测系统技术要求及检测方法	HJ/T 76—2007
4	氯化氢	固定污染源排气中氯化氢的测定 硫氰酸汞分光光度法	HJ/T 27—1999
		固定污染源 废气氯化氢的测定 硝酸银容量法(暂行)	HJ 548—2009
		环境空气和废气氯化氢的测定 离子色谱法(暂行)	HJ 549—2009
5	氟化物	大气固定污染源 氟化物的测定 离子选择电极法	HJ/T 67—2001
6	锡及其化合物	大气固定污染源 锡的测定 石墨炉原子吸收分光光度法	HJ/T 65—2001
7	氮氧化物	固定污染源排气中氮氧化物的测定 紫外分光光度法	HJ/T 42—1999
		固定污染源排气中氮氧化物的测定 盐酸萘乙二胺分光光度法	HJ/T 43—1999
		固定污染源烟气排放连续监测系统技术要求及检测方法	HJ/T 76—2007

6 实施与监督

6.1 本标准由县级以上人民政府环境保护行政主管部门负责监督实施。

6.2 在任何情况下,平板玻璃制造企业均应遵守本标准规定的大气污染物排放控制要求,采取必要措施保证污染防治设施正常运行。各级环保部门在对企业进行监督性检查时,可以现场即时采样或监测的结果,作为判定排污行为是否符合排放标准以及实施相关环境保护管理措施的依据。

钢铁烧结、球团工业大气污染物排放标准（节录）

GB 28662—2012

(2012年6月27日发布　2012年10月1日实施)

本标准由环境保护部科技标准司组织制定。
本标准主要起草单位：鞍钢集团设计研究院、环境保护部环境标准研究所。

（按原标准编号节录）

3　术语和定义

下列术语和定义适用于本标准。

3.1　烧结

铁粉矿等含铁原料加入熔剂和固体燃料，按要求的比例配合，加水混合制粒后，平铺在烧结机台车上，经点火抽风，使其燃料燃烧，烧结料部分熔化粘结成块状的过程。

3.2　球团

铁精矿等原料与适量的膨润土均匀混合后，通过造球机造出生球，然后高温焙烧，使球团氧化固结的过程。

3.3　现有企业

指在本标准实施之日前建成投产或环境影响评价文件已通过审批的烧结及球团生产企业或生产设施。

3.4　新建企业

指本标准实施之日起环境影响评价文件通过审批的新建、改建和扩建的烧结及球团工业建设项目。

3.5　标准状态

温度为273.15K，压力为101 325Pa时的状态。本标准规定的大气污染物排放浓度均以标准状态下的干气体为基准。

3.6　烧结（球团）设备

生产烧结矿（球团矿）的烧结机，包括竖炉、带式焙烧机和链箅机-回转窑等设备。

3.7　其他生产设备

除烧结（球团）设备以外的所有生产设备。

3.8　颗粒物

生产过程中排放的炉窑烟尘和生产性粉尘的总称。

3.9 二噁英类

多氯代二苯并-对-二噁英(PCDDs)和多氯代二苯并呋喃(PCDFs)的统称。

3.10 毒性当量因子(TEF)

二噁英类同类物与2,3,7,8-四氯代二苯并-对-二噁英对Ah受体的亲和性能之比。

3.11 毒性当量(TEQ)

各二噁英类同类物浓度折算为相当于2,3,7,8-四氯代二苯并-对-二噁英毒性的等价浓度,毒性当量浓度为实测浓度与该异构体的毒性当量因子的乘积。

4 大气污染物排放控制要求

4.1 自2012年10月1日起至2014年12月31日止,现有企业执行表1规定的大气污染物排放限值。

表1 现有企业大气污染物排放浓度限值

单位:mg/m^3(二噁英类除外)

生产工序或设施	污染物项目	限值	污染物排放监控位置
烧结机 球团焙烧设备	颗粒物	80	车间或生产设施排气筒
	二氧化硫	600	
	氮氧化物(以NO_2计)	500	
	氟化物(以F计)	6.0	
	二噁英类($ng-TEQ/m^3$)	1.0	
烧结机机尾 带式焙烧机机尾 其他生产设备	颗粒物	50	

4.2 自2015年1月1日起,现有企业执行表2规定的大气污染物排放限值。

4.3 自2012年10月1日起,新建企业执行表2规定的大气污染物排放限值。

表2 新建企业大气污染物排放浓度限值

单位:mg/m^3(二噁英类除外)

生产工序或设施	污染物项目	限值	污染物排放监控位置
烧结机 球团焙烧设备	颗粒物	50	车间或生产设施排气筒
	二氧化硫	200	
	氮氧化物(以NO_2计)	300	
	氟化物(以F计)	4.0	
	二噁英类($ng-TEQ/m^3$)	0.5	
烧结机机尾 带式焙烧机机尾 其他生产设备	颗粒物	30	

4.4 根据环境保护工作的要求,在国土开发密度已经较高、环境承载能力开始减弱,或环境容量较小、生态环境脆弱,容易发生严重环境污染问题而需要采取特别保护措施的地区,应严格控制企业的污染物排放行为,在上述地区的企业执行表 3 规定的大气污染物特别排放限值。

执行大气污染物特别排放限值的地域范围、时间,由国务院环境保护行政主管部门或省级人民政府规定。

表 3　大气污染物特别排放限值

单位:mg/m³(二噁英类除外)

生产工序或设施	污染物项目	限值	污染物排放监控位置
烧结机	颗粒物	40	车间或生产设施排气筒
球团焙烧设备	二氧化硫	180	
	氮氧化物(以 NO₂ 计)	300	
	氟化物(以 F 计)	4.0	
	二噁英类(ng-TEQ/m³)	0.5	
烧结机机尾带式焙烧机机尾其他生产设备	颗粒物	20	

4.5 企业颗粒物无组织排放执行表 4 规定的限值。

表 4　现有和新建企业颗粒物无组织排放浓度限值

单位:mg/m³

序号	无组织排放源	限值
1	有厂房生产车间	8.0
2	无完整厂房车间	5.0

4.6 在现有企业生产、建设项目竣工环保验收及其后的生产过程中,负责监管的环境保护行政主管部门,应对周围居住、教学、医疗等用途的敏感区域环境空气质量进行监测。建设项目的具体监控范围为环境影响评价确定的周围敏感区域;未进行过环境影响评价的现有企业,监控范围由负责监管的环境保护行政主管部门,根据企业排污的特点和规律及当地的自然、气象条件等因素,参照相关环境影响评价技术导则确定。地方政府应对本辖区环境质量负责,采取措施确保环境状况符合环境质量标准要求。

4.7 产生大气污染物的生产工艺装置必须设立局部气体收集系统和集中净化处理装置,达标排放。所有排气筒高度应不低于 15m。排气筒周围半径 200m 范围内有建筑物时,排气筒高度还应高出最高建筑物 3m 以上。

4.8 在国家未规定生产单位产品基准排气量之前,以实测浓度作为判定大气污染物排放是否达标的依据。

5 大气污染物监测要求

5.1 对企业排放废气的采样应根据监测污染物的种类,在规定的污染物排放监控位置进行,有废气处理设施的,应在该设施后监控。在污染物排放监控位置须设置永久性排污口标志。

5.2 新建企业和现有企业安装污染物排放自动监控设备的要求,按有关法律和《污染源自动监控管理办法》的规定执行。

5.3 对企业污染物排放情况进行监测的频次、采样时间等要求,按国家有关污染源监测技术规范的规定执行。二噁英类指标每年监测一次。

5.4 排气筒中大气污染物的监测采样按 GB/T 16157、HJ/T 397 规定执行。

5.5 大气污染物无组织排放的采样点设在生产厂房门窗、屋顶、气楼等排放口处,并选浓度最大值。若无组织排放源是露天或有顶无围墙,监测点应选在距烟(粉)尘排放源 5m,最低高度 1.5m 处任意点,并选浓度最大值。无组织排放监控点的采样,采用任何连续 1h 的采样计平均值,或在任何 1h 内,以等时间间隔采集 4 个样品计平均值。

5.6 企业应按照有关法律和《环境监测管理办法》的规定,对排污状况进行监测,并保存原始监测记录。

5.7 对大气污染物排放浓度的测定采用表 5 所列的方法标准。

表 5 大气污染物浓度测定方法标准

序号	污染物项目	方法标准名称	方法标准编号
1	颗粒物	固定污染源排气中颗粒物测定与气态污染物采样方法	GB/T 16157—1996
		环境空气 总悬浮颗粒物的测定 重量法	GB/T 15432—1995
2	二氧化硫	固定污染源排气中二氧化硫的测定 碘量法	HJ/T 56—2000
		固定污染源排气中二氧化硫的测定 定电位电解法	HJ/T 57—2000
3	氮氧化物	固定污染源排气中氮氧化物的测定 紫外分光光度法	HJ/T 42—1999
		固定污染源排气中氮氧化物的测定 盐酸萘乙二胺分光光度法	HJ/T 43—1999
4	氟化物	大气固定污染源 氟化物的测定 离子选择电极法	HJ/T 67—2001
5	二噁英类	环境空气和废气 二噁英类的测定 同位素稀释高分辨气相色谱-高分辨质谱法	HJ/T 77.2—2008

6 实施与监督

6.1 本标准由县级以上人民政府环境保护行政主管部门负责监督实施。

6.2 在任何情况下,企业均应遵守本标准的大气污染物排放控制要求,采取必要措施保证污染防治设施正常运行。各级环保部门在对企业进行监督性检查时,可以现场即时采样或监测的结果,作为判定排污行为是否符合排放标准以及实施相关环境保护管理措施的依据。

炼铁工业大气污染物排放标准(节录)

GB 28663—2012

(2012年6月27日发布 2012年10月1日实施)

本标准由环境保护部科技标准司组织制定。
本标准主要起草单位:中钢集团天澄环保科技股份有限公司、环境保护部环境标准研究所。

(按原标准编号节录)

3 术语和定义

下列术语和定义适用于本标准。

3.1 高炉炼铁

指采用高炉冶炼生铁的生产过程。高炉是工艺流程的主体,从其上部装入的铁矿石、燃料和熔剂向下运动,下部鼓入空气燃料燃烧,产生大量的高温还原性气体向上运动;炉料经过加热、还原、熔化、造渣、渗碳、脱硫等一系列物理化学过程,最后生成液态炉渣和生铁。

3.2 现有企业

在本标准实施之日前,建成投产或环境影响评价文件已通过审批的炼铁生产企业或生产设施。

3.3 新建企业

本标准实施之日起,环境影响评价文件通过审批的新建、改建和扩建的炼铁工业生产设施建设项目。

3.4 标准状态

温度为273.15K,压力为101 325Pa时的状态。本标准规定的大气污染物排放浓度均以标准状态下的干气体为基准。

3.5 高炉出铁场

高炉冶炼出铁时的场所,包括出铁口、主沟、砂口、铁沟、渣沟、罐位、摆动流嘴等生产设施所在场所,也称高炉炉前。

3.6 热风炉

供风系统为高炉提供热风的蓄热式换热装置。

3.7 原料系统

为高炉冶炼准备原料的设施,包括:贮矿仓、贮矿槽、焦槽、槽上运料设备(火车与矿车或皮带)、矿石与焦炭的槽下筛分设备(振动筛)、返矿和返焦运输设备(皮带及转运站)、入炉矿石和焦炭的称量设备、将炉料运送至炉顶的皮带、上料车、炉顶受料斗等。

3.8 煤粉系统

磨煤机、煤粉输送设备及管道、高炉煤粉贮存及喷吹罐、混合器、分配调节器、喷枪、压缩空气及安全保护系统等。

3.9 颗粒物

生产过程中排放的炉窑烟尘和生产性粉尘的总称。

3.10 排气筒高度

自排气筒(或其主体建筑构造)所在的地平面至排气筒出口计的高度,单位为 m。

4 大气污染物排放控制要求

4.1 自 2012 年 10 月 1 日起至 2014 年 12 月 31 日止,现有企业执行表 1 规定的大气污染物排放限值。

表 1 现有企业大气污染物排放浓度限值

单位:mg/m³

生产工序或设施	污染物项目	限值	污染物监控位置
热风炉	颗粒物	50	车间或生产设施排气筒
热风炉	二氧化硫	100	车间或生产设施排气筒
热风炉	氮氧化物(以 NO_2 计)	300	车间或生产设施排气筒
原料系统、煤粉系统、高炉出铁场、其他生产设施	颗粒物	50	车间或生产设施排气筒

4.2 自 2015 年 1 月 1 日起,现有企业执行表 2 规定的大气污染物排放限值。

4.3 自 2012 年 10 月 1 日起,新建企业执行表 2 规定的大气污染物排放限值。

表 2 新建企业大气污染物排放浓度限值

单位:mg/m³

生产工序或设施	污染物项目	限值	污染物监控位置
热风炉	颗粒物	20	车间或生产设施排气筒
热风炉	二氧化硫	100	车间或生产设施排气筒
热风炉	氮氧化物(以 NO_2 计)	300	车间或生产设施排气筒
原料系统、煤粉系统、高炉出铁场、其他生产设施	颗粒物	25	车间或生产设施排气筒

4.4 根据环境保护工作的要求,在国土开发密度已经较高、环境承载能力开始减弱,或环境容量较小、生态环境脆弱,容易发生严重环境污染问题而需要采取特别保护措施的地区,应严格控制企业的污染物排放行为,在上述地区的企业执行表 3 规定的大气污染物特别排放限值。

执行大气污染物特别排放限值的地域范围、时间,由国务院环境保护行政主管部门或省级人民政府规定。

表3 大气污染物特别排放限值

单位：mg/m³

生产工序或设施	污染物项目	限值	污染物监控位置
热风炉	颗粒物	15	车间或生产设施排气筒
	二氧化硫	100	
	氮氧化物（以 NO_2 计）	300	
高炉出铁场	颗粒物	15	
原料系统、煤粉系统、其他生产设施		10	

4.5 企业颗粒物无组织排放执行表4规定的限值。

表4 现有和新建企业颗粒物无组织排放浓度限值

单位：mg/m³

序号	无组织排放源	限值
1	有厂房生产车间	8.0
2	无完整厂房车间	5.0

4.6 在现有企业生产、建设项目竣工环保验收及其后的生产过程中，负责监管的环境保护行政主管部门，应对周围居住、教学、医疗等用途的敏感区域环境空气质量进行监测。建设项目的具体监控范围为环境影响评价确定的周围敏感区域；未进行过环境影响评价的现有企业，监控范围由负责监管的环境保护行政主管部门，根据企业排污的特点和规律及当地的自然、气象条件等因素，参照相关环境影响评价技术导则确定。地方政府应对本辖区环境质量负责，采取措施确保环境状况符合环境质量标准要求。

4.7 产生大气污染物的生产工艺装置必须设立局部气体收集系统和集中净化处理装置，达标排放。所有排气筒高度应不低于15m。排气筒周围半径200m范围内有建筑物时，排气筒高度还应高出最高建筑物3m以上。

4.8 在国家未规定生产单位产品基准排气量之前，以实测浓度作为判定大气污染物排放是否达标的依据。

5 大气污染物监测要求

5.1 对企业排放废气的采样应根据监测污染物的种类，在规定的污染物排放监控位置进行，有废气处理设施的，应在该设施后监控。在污染物排放监控位置须设置永久性排污口标志。

5.2 新建企业和现有企业安装污染物排放自动监控设备的要求，按有关法律和《污染源自动监控管理办法》的规定执行。

5.3 对企业污染物排放情况进行监测的频次、采样时间等要求，按国家有关污染源监测技术规范的规定执行。

5.4 排气筒中大气污染物的监测采样按 GB/T 16157、HJ/T 397 规定执行。

5.5 大气污染物无组织排放的采样点设在生产厂房门窗、屋顶、气楼等排放口处，并选浓度最大值。若无组织排放源是露天或有顶无围墙,监测点应选在距烟(粉)尘排放源 5m,最低高度 1.5m 处任意点,并选浓度最大值。无组织排放监控点的采样,采用任何连续 1h 的采样计平均值,或在任何 1h 内,以等时间间隔采集 4 个样品计平均值。

5.6 企业应按照有关法律和《环境监测管理办法》的规定,对排污状况进行监测,并保存原始监测记录。

5.7 对大气污染物排放浓度的测定采用表 5 所列的方法标准。

表 5 大气污染物浓度测定方法标准

序号	污染物项目	方法标准名称	方法标准编号
1	颗粒物	固定污染源排气中颗粒物测定与气态污染物采样方法	GB/T 16157—1996
		环境空气 总悬浮颗粒物的测定 重量法	GB/T 15432—1995
2	二氧化硫	固定污染源排气中二氧化硫的测定 碘量法	HJ/T 56—2000
		固定污染源排气中二氧化硫的测定 定电位电解法	HJ/T 57—2000
3	氮氧化物	固定污染源排气中氮氧化物的测定 紫外分光光度法	HJ/T 42—1999
		固定污染源排气中氮氧化物的测定 盐酸萘乙二胺分光光度法	HJ/T 43—1999

6 实施与监督

6.1 本标准由县级以上人民政府环境保护行政主管部门负责监督实施。

6.2 在任何情况下,企业均应遵守本标准的大气污染物排放控制要求,采取必要措施保证污染防治设施正常运行。各级环保部门在对企业进行监督性检查时,可以现场即时采样或监测的结果,作为判定排污行为是否符合排放标准以及实施相关环境保护管理措施的依据。

炼钢工业大气污染物排放标准(节录)

GB 28664—2012

(2012 年 6 月 27 日发布 2012 年 10 月 1 日实施)

本标准由环境保护部科技标准司组织制定。

本标准起草单位:宝山钢铁股份有限公司、上海宝钢工程技术有限公司、环境保护部环境标准研究所。

(按原标准编号节录)

3 术语和定义

下列术语和定义适用本标准。

3.1 炼钢

将炉料(如铁水、废钢、海绵铁、铁合金等)熔化、升温、提纯,使之符合成分和纯净度要求的过程,涉及的生产工艺包括:铁水预处理、熔炼、炉外精炼(二次冶金)和浇铸(连铸)。

3.2 现有企业

本标准实施之日前,已建成投产或环境影响评价文件已通过审批的炼钢生产企业或生产设施,含废钢加工、石灰焙烧、白云石焙烧。

3.3 新建企业

本标准实施之日起,环境影响评价文件通过审批的新、改、扩建炼钢工业建设项目,含废钢加工、石灰焙烧、白云石焙烧。

3.4 标准状态

温度为273.15K,压力为101 325Pa时的状态。本标准规定的大气污染物排放浓度均以标准状态下的干气体为基准。

3.5 铁水预处理

为了提高炼钢熔炼效率,铁水在进入炼钢炉前,先行去除某些有害成分的处理过程,主要包括脱硫、脱硅、脱磷等预处理。

3.6 转炉炼钢

利用吹入炉内的氧与铁水中的元素碳、硅、锰、磷反应放出热量进行的冶炼过程。

3.7 电炉炼钢

利用电能作热源进行的冶炼过程,主要为电弧炉。

3.8 炉外精炼

为了提高钢的质量或提高生产效率,将在转炉或电炉中的精炼任务转移到钢包或专门的容器中进行的二次冶金过程。其主要目的是脱氧、脱气、脱硫、深脱碳、去除夹杂物和成分微调等。

3.9 浇铸

将炼钢过程(包括二次冶金)生产出的合格液态钢通过一定的凝固成形工艺制成具有特定要求的固态材料的加工过程,主要有铸钢、钢锭浇铸和连铸。炼钢厂浇注工艺主要是连铸。

3.10 一次烟气

转炉炼钢煤气回收过程因煤气不合格不能回收而放散的烟气。

3.11 二次烟气

转炉炼钢除一次烟气之外,兑铁水、加料、出渣、出钢等生产过程产生的所有含尘烟气。

3.12 颗粒物

生产过程中排放的炉窑烟尘和生产性粉尘的总称。

3.13 二噁英类

多氯代二苯并-对-二噁英(PCDDs)和多氯代二苯并呋喃(PCDFs)的统称。

3.14 毒性当量因子(TEF)

二噁英类同类物与2,3,7,8-四氯代二苯并-对-二噁英对Ah受体的亲和性能之比。

3.15 毒性当量(TEQ)

各二噁英类同类物浓度折算为相当于2,3,7,8-四氯代二苯并-对-二噁英毒性的等价浓度,毒性当量浓度为实测浓度与该异构体的毒性当量因子的乘积。

3.16 排气筒高度

自排气筒（或其主体建筑构造）所在的地平面至排气筒出口计的高度，单位为 m。

4 大气污染物排放控制要求

4.1 自 2012 年 10 月 1 日起至 2014 年 12 月 31 日止，现有企业执行表 1 规定的大气污染物排放限值。

表 1 现有企业大气污染物排放浓度限值

单位：mg/m^3（二噁英类除外）

污染物项目	生产工序或设施	限值	污染物排放监控位置
颗粒物	转炉（一次烟气）	100	车间或生产设施排气筒
	混铁炉及铁水预处理（包括倒罐、扒渣等）、转炉（二次烟气）、电炉、精炼炉	50	
	连铸切割及火焰清理、石灰窑、白云石窑焙烧	50	
	钢渣处理	100	
	其他生产设施	50	
二噁英类（$ng\text{-}TEQ/m^3$）	电炉	1.0	
氟化物（以 F 计）	电渣冶金	6.0	

4.2 自 2015 年 1 月 1 日起，现有企业执行表 2 规定的大气污染物排放限值。

4.3 自 2012 年 10 月 1 日起，新建企业执行表 2 规定的大气污染物排放限值。

表 2 新建企业大气污染物排放浓度限值

单位：mg/m^3（二噁英类除外）

污染物项目	生产工序或设施	限值	污染物排放监控位置
颗粒物	转炉（一次烟气）	50	车间或生产设施排气筒
	铁水预处理（包括倒罐、扒渣等）转炉（二次烟气）、电炉、精炼炉	20	
	连铸切割及火焰清理、石灰窑、白云石窑焙烧	30	
	钢渣处理	100	
	其他生产设施	20	
二噁英类（$ng\text{-}TEQ/m^3$）	电炉	0.5	
氟化物（以 F 计）	电渣冶金	5.0	

4.4 根据环境保护工作的要求，在国土开发密度已经较高、环境承载能力开始减弱，或环境容量较小、生态环境脆弱，容易发生严重环境污染问题而需要采取特别保护措施的地区，应严格控制企业的污染物排放行为，在上述地区的企业执行表 3 规定的大气污染物特别排放限值。

执行大气污染物特别排放限值的地域范围、时间,由国务院环境保护行政主管部门或省级人民政府规定。

表3 大气污染物特别排放限值

单位:mg/m³(二噁英类除外)

污染物项目	生产工序或设施	限值	污染物排放监控位置
颗粒物	转炉(一次烟气)	50	车间或生产设施排气筒
	铁水预处理(包括倒罐、扒渣等)、转炉(二次烟气)、电炉、精炼炉	15	
	连铸切割及火焰清理、石灰窑、白云石窑焙烧	30	
	钢渣处理	100	
	其他生产设施	15	
二噁英类 (ng-TEQ/m³)	电炉	0.5	
氟化物(以F计)	电渣冶金	5.0	

4.5 企业颗粒物无组织排放执行表4规定的限值。

表4 现有和新建企业颗粒物无组织排放浓度限值

单位:mg/m³

序号	无组织排放源	限值
1	有厂房生产车间	8.0
2	无完整厂房车间	5.0

4.6 在现有企业生产、建设项目竣工环保验收及其后的生产过程中,负责监管的环境保护行政主管部门,应对周围居住、教学、医疗等用途的敏感区域环境空气质量进行监测。建设项目的具体监控范围为环境影响评价确定的周围敏感区域;未进行过环境影响评价的现有企业,监控范围由负责监管的环境保护行政主管部门,根据企业排污的特点和规律及当地的自然、气象条件等因素,参照相关环境影响评价技术导则确定。地方政府应对本辖区环境质量负责,采取措施确保环境状况符合环境质量标准要求。

4.7 产生大气污染物的生产工艺装置必须设立局部气体收集系统和集中净化处理装置,达标排放。所有排气筒高度应不低于15m。排气筒周围半径200m范围内有建筑物时,排气筒高度还应高出最高建筑物3m以上。

4.8 对于石灰窑、白云石窑排气,应同时对排气中氧含量进行监测,实测排气筒中大气污染物排放浓度应按公式(1)换算为含氧量8%状态下的基准排放浓度,并以此作为判定排放是否达标的依据。在国家未规定其他生产设施单位产品基准排气量之前,暂以实测浓度作为判定大气污染物排放是否达标的依据。[公式(1)具体内容见原标准。]

5 大气污染物监测要求

5.1 对企业排放废气的采样应根据监测污染物的种类,在规定的污染物排放监控位置进行,有废气处理设施的,应在该设施后监控。在污染物排放监控位置须设置永久性排污口标志。

5.2 新建企业和现有企业安装污染物排放自动监控设备的要求,按有关法律和《污染源自动监控管理办法》的规定执行。

5.3 对企业污染物排放情况进行监测的频次、采样时间等要求,按国家有关污染源监测技术规范的规定执行。二噁英类指标每年监测一次。

5.4 排气筒中大气污染物的监测采样按 GB/T 16157、HJ/T 397 规定执行。

5.5 大气污染物无组织排放的采样点设在生产厂房门窗、屋顶、气楼等排放口处,并选浓度最大值。若无组织排放源是露天或有顶无围墙,监测点应选在距烟(粉)尘排放源 5m,最低高度 1.5m 处任意点,并选浓度最大值。无组织排放监控点的采样,采用任何连续 1h 的采样计平均值,或在任何 1h 内,以等时间间隔采集 4 个样品平均值。

5.6 企业应按照有关法律和《环境监测管理办法》的规定,对排污状况进行监测,并保存原始监测记录。

5.7 对大气污染物排放浓度的测定采用表 5 所列的方法标准。

表 5 大气污染物浓度测定方法标准

序号	污染物项目	方法标准名称	方法标准编号
1	颗粒物	固定污染源排气中颗粒物测定与气态污染物采样方法	GB/T 16157—1996
		环境空气 总悬浮颗粒物的测定 重量法	GB/T 15432—1995
2	氟化物	大气固定污染源 氟化物的测定 离子选择电极法	HJ/T 67—2001
3	二噁英类	环境空气和废气 二噁英类的测定 同位素稀释高分辨气相色谱-高分辨质谱法	HJ/T 77.2—2008

6 实施与监督

6.1 本标准由县级以上人民政府环境保护行政主管部门负责监督实施。

6.2 在任何情况下,企业均应遵守本标准的大气污染物排放控制要求,采取必要措施保证污染防治设施正常运行。各级环保部门在对企业进行监督性检查时,可以现场即时采样或监测的结果,作为判定排污行为是否符合排放标准以及实施相关环境保护管理措施的依据。

轧钢工业大气污染物排放标准(节录)

GB 28665—2012

(2012 年 6 月 27 日发布 2012 年 10 月 1 日实施)

本标准由环境保护部科技标准司组织制定。
本标准起草单位:宝山钢铁股份有限公司、环境保护部环境标准研究所。

（按原标准编号节录）

3 术语和定义

下列术语和定义适用于本标准。

3.1 轧钢

钢坯料经过加热通过热轧或将钢板通过冷轧轧制成所需要的成品钢材的过程。本标准也包括在钢材表面涂镀金属或非金属的涂、镀层钢材的加工过程。

3.2 现有企业

在本标准实施之日前,已建成投产或环境影响评价文件已通过审批的轧钢生产企业或生产设施。

3.3 新建企业

在本标准实施之日起,环境影响评价文件通过审批的新建、改建和扩建的轧钢工业建设项目。

3.4 标准状态

温度为273.15K,压力为101 325Pa时的状态。本标准规定的大气污染物排放浓度均以标准状态下的干气体为基准。

3.5 热处理炉

将钢铁材料放在一定的介质中加热至一定的适宜温度并通过不同的保温、冷却方式来改变材料表面或内部组织结构性能的热工设备,包括加热炉、退火炉、正火炉、回火炉、保温炉（坑）、淬火炉、固溶炉、时效炉、调质炉等。

3.6 颗粒物

生产过程中排放的炉窑烟尘和生产性粉尘的总称。

3.7 排气筒高度

自排气筒(或其主体建筑构造)所在的地平面至排气筒出口计的高度,单位为m。

4 大气污染物排放控制要求

4.2 自2015年1月1日起,现有企业执行表2规定的大气污染物排放限值。

4.3 自2012年10月1日起,新建企业执行表2规定的大气污染物排放限值。

表2 新建企业大气污染物排放浓度限值

单位:mg/m^3

序号	污染物项目	生产工艺或设施	限值	污染物排放监控位置
1	颗粒物	热轧精轧机	30	车间或生产设施排气筒
		废酸再生	30	
		热处理炉、拉矫、精整、抛丸、修磨、焊接机及其他生产设施	20	

(续表)

序号	污染物项目	生产工艺或设施	限值	污染物排放监控位置
2	二氧化硫	热处理炉	150	车间或生产设施排气筒
3	氮氧化物（以 NO_2 计）	热处理炉	300	
4	氯化氢	酸洗机组	20	
		废酸再生	30	
5	硫酸雾	酸洗机组	10	
6	铬酸雾	涂镀层机组、酸洗机组	0.07	
7	硝酸雾	酸洗机组	150	
		废酸再生	240	
8	氟化物	酸洗机组	6.0	
		废酸再生	9.0	
9	碱雾[a]	脱脂	10	
10	油雾[a]	轧制机组	30	
11	苯[a]	涂层机组	8.0	
12	甲苯		40	
13	二甲苯		40	
14	非甲烷总烃		80	

注：a 待国家污染物监测方法标准发布后实施。

4.4 根据环境保护工作的要求，在国土开发密度已经较高、环境承载能力开始减弱，或环境容量较小、生态环境脆弱，容易发生严重环境污染问题而需要采取特别保护措施的地区，应严格控制企业的污染物排放行为，在上述地区的企业执行表3规定的大气污染物特别排放限值。

执行大气污染物特别排放限值的地域范围、时间，由国务院环境保护行政主管部门或省级人民政府规定。

表3　大气污染物特别排放限值

单位：mg/m^3

序号	污染物项目	生产工艺或设施	限值	污染物排放监控位置
1	颗粒物	热轧精轧机	20	车间或生产设施排气筒
		废酸再生	30	
		热处理炉、拉矫、精整、抛丸、修磨、焊接机及其他生产设施	15	
2	二氧化硫	热处理炉	150	

(续表)

序号	污染物项目	生产工艺或设施	限值	污染物排放监控位置
3	氮氧化物（以 NO_2 计）	热处理炉	300	车间或生产设施排气筒
4	氯化氢	酸洗机组	15	
		废酸再生	30	
5	硫酸雾	酸洗机组	10	
6	铬酸雾	涂镀层机组、酸洗机组	0.07	
7	硝酸雾	酸洗机组	150	
		废酸再生	240	
8	氟化物	酸洗机组	6.0	
		废酸再生	9.0	
9	碱雾[a]	脱脂	10	
10	油雾[a]	轧制机组	20	
11	苯[a]	涂层机组	5.0	
12	甲苯		25	
13	二甲苯		40	
14	非甲烷总烃		50	

注：a 待国家污染物监测方法标准发布后实施。

4.5 企业无组织排放执行表4规定的限值。

表4 现有和新建企业无组织排放浓度限值

单位：mg/m³

序号	污染物项目	生产工艺或设施	限值
1	颗粒物	板坯加热、磨辊作业、钢卷精整、酸再生下料	5.0
2	硫酸雾	酸洗机组及废酸再生	1.2
3	氯化氢		0.2
4	硝酸雾		0.12
5	苯	涂层机组	0.4
6	甲苯		2.4
7	二甲苯		1.2
8	非甲烷总烃		4.0

4.6 在现有企业生产、建设项目竣工环保验收及其后的生产过程中，负责监管的环境保护行政主管部门，应对周围居住、教学、医疗等用途的敏感区域环境空气质量进行监测。建设项目

的具体监控范围为环境影响评价确定的周围敏感区域;未进行过环境影响评价的现有企业,监控范围由负责监管的环境保护行政主管部门,根据企业排污的特点和规律及当地的自然、气象条件等因素,参照相关环境影响评价技术导则确定。地方政府应对本辖区环境质量负责,采取措施确保环境状况符合环境质量标准要求。

4.7 产生大气污染物的生产工艺装置必须设立局部气体收集系统和集中净化处理装置,达标排放。所有排气筒高度应不低于15m。排气筒周围半径200m范围内有建筑物时,排气筒高度还应高出最高建筑物3m以上。

4.8 对于热处理炉排气,应同时对排气中氧含量进行监测,实测排气筒中大气污染物排放浓度应按公式(1)换算为含氧量8%状态下的基准排放浓度,并以此作为判定排放是否达标的依据。在国家未规定其他生产设施单位产品基准排气量之前,暂以实测浓度作为判定大气污染物排放是否达标的依据。[公式(1)具体内容见原标准。]

5 大气污染物监测要求

5.1 对企业排放废气的采样应根据监测污染物的种类,在规定的污染物排放监控位置进行,有废气处理设施的,应在该设施后监控。在污染物排放监控位置须设置永久性排污口标志。

5.2 新建企业和现有企业安装污染物排放自动监控设备的要求,按有关法律和《污染源自动监控管理办法》的规定执行。

5.3 对企业污染物排放情况进行监测的频次、采样时间等要求,按国家有关污染源监测技术规范的规定执行。

5.4 排气筒中大气污染物的监测采样按 GB/T 16157、HJ/T 397 规定执行。

5.5 大气污染物无组织排放的采样点设在生产厂房门窗、屋顶、气楼等排放口处,并选浓度最大值。若无组织排放是露天或有顶无围墙,监测点应选在距烟(粉)尘排放源5m,最低高度1.5m处任意点,并选浓度最大值。无组织排放监控点的采样,采用任何连续1h的采样计平均值,或在任何1h内,以等时间间隔采集4个样品计平均值。

5.6 企业应按照有关法律和《环境监测管理办法》的规定,对排污状况进行监测,并保存原始监测记录。

5.7 对大气污染物排放浓度的测定采用表5所列的方法标准。

表5 大气污染物浓度测定方法标准

序号	污染物项目	方法标准名称	方法标准编号
1	颗粒物	固定污染源排气中颗粒物测定与气态污染物采样方法	GB/T 16157—1996
		环境空气 总悬浮颗粒物的测定 重量法	GB/T 15432—1995
2	二氧化硫	固定污染源排气中二氧化硫的测定 碘量法	HJ/T 56—1999
		固定污染源排气中二氧化硫的测定 定电位电解法	HJ/T 57—1999
3	氮氧化物	固定污染源排气中氮氧化物的测定 紫外分光光度法	HJ/T 42—1999
		固定污染源排气中氮氧化物的测定 盐酸萘乙二胺分光光度法	HJ/T 43—1999
4	铬酸雾	固定污染源排气中铬酸雾的测定 二苯基碳酰二肼分光光度法	HJ/T 29—1999

(续表)

序号	污染物项目	方法标准名称	方法标准编号
5	氯化氢	固定污染源排气中氯化氢的测定 硫氰酸汞分光光度法	HJ/T 27—1999
		固定污染源废气 氯化氢的测定 硝酸银容量法(暂行)	HJ 548—2009
		环境空气和废气 氯化氢的测定 离子色谱法(暂行)	HJ549—2009
6	硫酸雾	固定污染源废气 硫酸雾测定 离子色谱法(暂行)	HJ 544—2009
7	硝酸雾	固定污染源排气中氮氧化物的测定 紫外分光光度法	HJ/T 42—1999
		固定污染源排气中氮氧化物的测定 盐酸萘乙二胺分光光度法	HJ/T 43—1999
8	氟化物	大气固定污染源氟化物的测定 离子选择电极法	HJ/T 67—2001
9	苯、甲苯及二甲苯	环境空气 苯系物的测定 固体吸附/热脱附-气相色谱法	HJ 583—2010
		环境空气 苯系物的测定 活性炭吸附/二硫化碳解吸-气相色谱法	HJ 584—2010
10	非甲烷总烃	固定污染源排气中非甲烷总烃的测定 气相色谱法	HJ/T 38—1999

6 实施与监督

6.1 本标准由县级以上人民政府环境保护行政主管部门负责监督实施。

6.2 在任何情况下,企业均应遵守本标准规定的大气污染物排放控制要求,采取必要措施保证污染防治设施正常运行。各级环保部门在对企业进行监督性检查时,可以现场即时采样或监测的结果,作为判定排污行为是否符合排放标准以及实施相关环境保护管理措施的依据。

电子玻璃工业大气污染物排放标准(节录)

GB 29495—2013

(2013年3月14日发布 2013年7月1日实施)

本标准由环境保护部科技标准司组织制定。
本标准主要起草单位:中国环境科学研究院、中国硅酸盐学会电子玻璃分会。

(按原标准编号节录)

3 术语和定义

下列术语和定义适用于本标准。

3.1 电子玻璃 electronic glass

CRT显像管玻璃、平板显示玻璃、电光源玻璃等应用于电子、微电子、光电子领域的玻璃

3.2 CRT 显像管玻璃 cathode ray tube (CRT) glass

用于制造阴极射线管显示器(也称"玻壳")的玻璃,包括屏玻璃、锥玻璃、管颈玻璃、芯柱及排气管玻璃、电子枪用支架玻杆、低温焊接玻璃等。

3.3 平板显示玻璃 flat panel display (FPD) glass

用于制造液晶显示器(TN/STN-LCD、TFT-LCD)、等离子体显示器(PDP)、有机发光显示器(OLED)等平板显示器件的基板玻璃、防护(触摸)玻璃及其他玻璃部件。

3.4 电光源玻璃 lighting glass

用于制造白炽灯、荧光灯、高强度气体放电灯等电光源产品的泡壳、玻管、芯柱及排气管玻璃等。

3.5 电子玻璃熔炉 electronic glass furnace

熔制电子玻璃的热工设备,包括各种型式的池炉和坩埚炉。按热能来源,可分为使用天然气、重油等燃料的熔炉(含电助熔)和全电熔炉。

3.6 冷修 cold repair

玻璃熔炉停火冷却后进行大修的过程。

3.7 纯氧燃烧 oxygen-fuel combustion

助燃气体含氧量大于等于90%的燃烧方式。

3.8 大气污染物排放浓度 emission concentration of air pollutants

温度273K,压力101.3 kPa状态下,排气筒干燥排气中大气污染物任何1小时浓度平均值,单位为mg/m^3。

3.9 排气筒高度 stack height

自排气筒(或其主体建筑构造)所在的地平面至排气筒出口计的高度,单位为m。

3.10 无组织排放 fugitive emission

大气污染物不经过排气筒的无规则排放,主要包括作业场所物料堆存、开放式输送扬尘,以及设备、管线含尘气体泄漏等。

3.11 无组织排放监控点浓度限值 concentration limit at fugitive emission reference point

温度273K,压力101.3 kPa状态下,监控点(根据HJ/T 55确定)的大气污染物浓度在任何1小时的平均值不得超过的值,单位为mg/m^3。

3.12 现有企业 existing facility

本标准实施之日前已建成投产或环境影响评价文件已通过审批的电子玻璃企业或生产设施。

3.13 新建企业 new facility

自本标准实施之日起环境影响评价文件通过审批的新建、改建和扩建电子玻璃工业建设项目。

4 大气污染物排放控制要求

4.1 大气污染物排放限值

4.1.2 自2015年7月1日起,现有企业执行表2规定的大气污染物排放限值。

4.1.3 现有企业在2015年7月1日前对玻璃熔炉进行冷修重新投入运行的,自投入运行之日起执行表2规定的大气污染物排放限值。

4.1.4 自2013年7月1日起,新建企业执行表2规定的大气污染物排放限值。

表2 新建企业大气污染物排放限值

单位:mg/m³(烟气黑度除外)

序号	污染物项目	适用条件	排放限值 玻璃熔炉[a]	排放限值 配料、碎玻璃等其他通风生产设备	污染物排放监控位置
1	颗粒物	全部	50	30	车间或生产设施排气筒
2	烟气黑度(林格曼,级)	全部	1	—	
3	二氧化硫	全部	400	—	
4	氯化氢	全部	30	—	
5	氟化物(以总F计)	全部	5	—	车间或生产设施排气筒
6	铅及其化合物	CRT锥玻璃、管玻璃及其他含铅电子玻璃	0.7	3[b]	
7	砷及其化合物	使用砷化合物作为澄清剂	0.5	3[b]	
8	锑及其化合物[c]	使用锑化合物作为澄清剂	5	—	
9	氮氧化物(以NO_2计)	全部	700	—	

注:a 指干烟气中O_2含量8%状态下(纯氧燃烧为基准排气量条件下)的排放浓度限值。
b 指铅、砷配料的颗粒物浓度限值。
c 待国家监测方法标准发布后实施。

4.2 无组织排放控制要求

4.2.1 电子玻璃企业在原料破碎、筛分、储存、称量、混合、输送、投料等阶段应封闭操作,防止无组织排放。

4.2.2 自本标准实施之日起,电子玻璃企业大气污染物无组织排放监控点浓度限值应符合表3规定。

表3 大气污染物无组织排放限值

序号	污染物项目	浓度限值,mg/m³	限值含义	无组织排放监控位置
1	颗粒物	1.0	监控点与参照点总悬浮颗粒物(TSP)1小时浓度值的差值	执行HJ/T 55的规定,上风向设参照点,下风向设监控点
2	铅及其化合物	0.006	监控点环境空气中铅的最高允许浓度	执行HJ/T 55的规定,监控点设在周界外10m范围内浓度最高点
3	砷及其化合物	0.003	监控点环境空气中砷的最高允许浓度	执行HJ/T 55的规定,监控点设在周界外10m范围内浓度最高点

4.2.3 在现有企业生产、建设项目竣工环保验收后的生产过程中,负责监管的环境保护主管部门应对周围居住、教学、医疗等用途的敏感区域环境质量进行监测。建设项目的具体监控范围为环境影响评价确定的周围敏感区域;未进行过环境影响评价的现有企业,监控范围由负责监管的环境保护主管部门,根据企业排污的特点和规律及当地的自然、气象条件等因素,参照相关环境影响评价技术导则确定。地方政府应对本辖区环境质量负责,采取措施确保环境状况符合环境质量标准要求。

4.3 废气收集与排放

4.3.1 产生大气污染物的生产工艺和装置需设立局部或整体气体收集系统和净化处理装置,达标后排放。

4.3.2 所有排气筒高度应不低于15m。排气筒周围半径200m范围内有建筑物时,排气筒高度还应高出最高建筑物3m以上。

5 大气污染物监测要求

5.1 对企业排放废气的采样应根据监测污染物的种类,在规定的污染物排放监控位置进行,有废气处理设施的,应在该设施后监控。在污染物排放监控位置应设置永久性排污口标志。企业应按照国家有关污染源监测技术规范的要求设置采样口,并符合规定的采样条件。

5.2 新建企业和现有企业安装污染物排放自动监控设备的要求,按有关法律和《污染源自动监控管理办法》的规定执行。

5.3 对企业大气污染物排放情况进行监测的频次、采样时间等要求,按国家有关污染源监测技术规范的规定执行。

5.4 排气筒中大气污染物的监测采样按 GB/T 16157、HJ/T 397 或 HJ/T 75 规定执行;大气污染物无组织排放的监测按 HJ/T 55 规定执行。

5.5 对大气污染物排放浓度的测定采用表4所列的方法标准。

表4 大气污染物浓度测定方法标准

序号	污染物项目	方法标准名称	方法标准编号
1	颗粒物	固定污染源排气中颗粒物测定与气态污染物采样方法	GB/T 16157—1996
		环境空气 总悬浮颗粒物的测定 重量法	GB/T 15432—1995
2	烟气黑度	固定污染源 排放烟气黑度的测定 林格曼烟气黑度图法	HJ/T 398—2007
3	二氧化硫	固定污染源排气中二氧化硫的测定 碘量法	HJ/T 56—2000
		固定污染源排气中二氧化硫的测定 定电位电解法	HJ/T 57—2000
		固定污染源 废气二氧化硫的测定 非分散红外吸收法	HJ 629—2012
4	氯化氢	固定污染源排气中氯化氢的测定 硫氰酸汞分光光度法	HJ/T 27—1999
		固定污染源废气 氯化氢的测定 硝酸银容量法(暂行)	HJ 548—2009
		环境空气和废气 氯化氢的测定 离子色谱法(暂行)	HJ 549—2009
5	氟化物	大气固定污染源 氟化物的测定 离子选择电极法	HJ/T 67—2001

(续表)

序号	污染物项目	方法标准名称	方法标准编号
6	铅及其化合物	固定污染源废气 铅的测定 火焰原子吸收分光光度法(暂行)	HJ 538—2009
		环境空气 铅的测定 石墨炉原子吸收分光光度法(暂行)	HJ 539—2009
7	砷及其化合物	环境空气和废气 砷的测定 二乙基二硫代氨基甲酸银分光光度法(暂行)	HJ 540—2009
8	氮氧化物	固定污染源排气中氮氧化物的测定 紫外分光光度法	HJ/T 42—1999
		固定污染源排气中氮氧化物的测定 盐酸萘乙二胺分光光度法	HJ/T 43—1999

5.6 企业应按照有关法律和《环境监测管理办法》的规定,对排污状况进行监测,并保存原始监测记录。

6 实施与监督

6.1 本标准由县级以上人民政府环境保护行政主管部门负责监督实施。

6.2 在任何情况下,电子玻璃企业均应遵守本标准规定的大气污染物排放控制要求,采取必要措施(如备用含铅烟尘净化系统)保证污染防治设施正常运行。各级环保部门在对企业进行监督性检查时,可以现场即时采样或监测的结果,作为判定排污行为是否符合排放标准以及实施相关环境保护管理措施的依据。

附录 A(资料性附录) 玻壳构成示意图(略)

砖瓦工业大气污染物排放标准(节录)

GB 29620—2013

(2013 年 9 月 17 日发布 2014 年 1 月 1 日实施)

本标准由环境保护部科技标准司组织制定。
本标准主要起草单位:中国环境科学研究院、西安墙体材料研究设计院。

(按原标准编号节录)

3 术语和定义

下列术语和定义适用于本标准。

3.1 砖瓦工业 brick and tile industry

通过原料制备、挤出(压制)成型、干燥、焙烧(蒸压)等生产过程,生产烧结砖瓦制品和非烧结砖瓦制品的工业。

3.2 现有企业 existing facility

指在本标准实施之日前已建成投产或环境影响评价文件已通过审批的砖瓦工业企业及生产设施。

3.3 新建企业 new facility

指本标准实施之日起环境影响评价文件通过审批的新建、改建和扩建的砖瓦工业建设项目。

3.4 排气筒高度 stack height

指自排气筒(或其主体建筑构造)所在的地平面至排气筒出口计的高度。

3.5 标准状态 standard condition

指温度为273.15K、压力为101 325Pa时的状态。本标准规定的大气污染物排放浓度限值均以标准状态下的干气体为基准。

3.6 过量空气系数 excess air coefficient

指工业炉窑运行时实际空气量与理论空气需要量的比值。

3.7 企业边界 enterprise boundary

指砖瓦工业企业的法定边界。若无法定边界,则指实际边界。

4 污染物排放控制要求

4.2 自2016年7月1日起,现有企业执行表2规定的大气污染物排放限值。

4.3 自2014年1月1日起,新建企业执行表2规定的大气污染物排放限值。

表2 新建企业大气污染物排放限值

单位:mg/m³

生产过程	最高允许排放浓度				污染物排放监控位置
	颗粒物	二氧化硫	氮氧化物(以NO_2计)	氟化物(以F计)	
原料燃料破碎及制备成型	30	—	—	—	车间或生产设施排气筒
人工干燥及焙烧	30	300	200	3	

4.4 企业边界大气污染物任何1小时平均浓度执行表3规定的限值。

表3 现有和新建企业边界大气污染物浓度限值

单位:mg/m³

序号	污染物项目	浓度限值
1	总悬浮颗粒物	1.0
2	二氧化硫	0.5
3	氟化物	0.02

4.5 在现有企业生产、建设项目竣工环保验收后的生产过程中,负责监管的环境保护主管部门应对周围居住、教学、医疗等用途的敏感区域环境质量进行监测,建设项目的具体监控范围

为环境影响评价确定的周围敏感区域;未进行过环境影响评价的现有企业,监控范围由负责监管的环境保护主管部门,根据企业排污的特点和规律及当地的自然、气象条件等因素,参照相关环境影响评价技术导则确定。地方政府应对本辖区环境质量负责,采取措施确保环境状况符合环境质量标准要求。

4.6 产生大气污染物的生产工艺和装置必须设立局部或整体气体收集系统和集中净化处理装置。人工干燥及焙烧窑的排气筒高度一律不得低于15m。排气筒周围半径200m范围内有建筑物时,排气筒高度还应高出最高建筑物3m以上。

4.7 基准过量空气系数为1.7,实测的大气污染物排放浓度应换算为基准过量空气系数排放浓度。生产设施应采取合理的通风措施,不得故意稀释排放。

5 污染物监测要求

5.1 污染物监测的一般要求

5.1.1 对企业排放废气的采样,应根据监测污染物的种类,在规定的污染物排放监控位置进行,有废气处理设施的,应在该设施后监控。在污染物排放监控位置须设置规范的永久性测试孔、采样平台和排污口标志。

5.1.2 新建企业和现有企业安装污染物排放自动监控设备的要求,应按有关法律和《污染源自动监控管理办法》的规定执行。

5.1.3 对企业污染物排放情况进行监测的频次、采样时间等要求,按国家有关污染源监测技术规范的规定执行。

5.1.4 企业应按照有关法律和《环境监测管理办法》的规定,对排污状况进行监测,并保存原始监测记录。

5.2 大气污染物监测要求

5.2.1 采样点的设置与采样方法按 GB/T 16157 和 HJ/T 75 的规定执行。

5.2.2 在有敏感建筑物方位、必要的情况下进行无组织排放监控,具体要求按 HJ/T 55 进行监测。

5.2.3 对企业排放大气污染物浓度的测定采用表4所列的方法标准。

表4 大气污染物监测项目测定方法

序号	污染物项目	方法标准名称	方法标准编号
1	颗粒物	环境空气 总悬浮颗粒物的测定重量法	GB/T 15432
		固定污染源排气中颗粒物测定与气态污染物采样方法	GB/T 16157
2	二氧化硫	固定污染源排气中二氧化硫的测定 碘量法	HJ/T 56
		固定污染源排气中二氧化硫的测定 定电位电解法	HJ/T 57
		环境空气 二氧化硫的测定 甲醛吸收-副玫瑰苯胺分光光度法	HJ 482
		环境空气 二氧化硫的测定 四氯汞盐吸收-副玫瑰苯胺分光光度法	HJ 483

(续表)

序号	污染物项目	方法标准名称	方法标准编号
3	氮氧化物	固定污染源排气中氮氧化物的测定 紫外分光光度法	HJ/T 42
		固定污染源排气中氮氧化物的测定 盐酸萘乙二胺分光光度法	HJ/T 43
4	氟化物	固定污染源排气 氟化物的测定 离子选择电极法	HJ/T 67
		环境空气 氟化物的测定 滤膜采样氟离子选择电极法	HJ 480
		环境空气 氟化物的测定 石灰滤纸采样氟离子选择电极法	HJ 481

6 实施与监督

6.1 本标准由县级以上人民政府环境保护行政主管部门负责监督实施。

6.2 在任何情况下，企业均应遵守本标准的大气污染物排放控制要求，采取必要措施保证污染防治设施正常运行。各级环保部门在对设施进行监督性检查时，可以现场即时采样或监测结果，作为判定排污行为是否符合排放标准以及实施相关环境保护管理措施的依据。

危险废物焚烧污染控制标准（节录）

GB 18484—2001

(2001 年 11 月 12 日发布　2002 年 1 月 1 日实施)

本标准由国家环保总局污染控制司提出。

本标准由中国环境监测总站和中国科技大学负责起草。

（按原标准编号节录）

3 术语

3.1 危险废物

是指列入国家危险废物名录或者根据国家规定的危险废物鉴别标准和鉴别方法判定的具有危险特性的废物。

3.2 焚烧

指焚化燃烧危险废物使之分解并无害化的过程。

3.3 焚烧炉

指焚烧危险废物的主体装置。

3.4 焚烧量

焚烧炉每小时焚烧危险废物的重量。

3.5 焚烧残余物
指焚烧危险废物后排出的燃烧残渣、飞灰和经尾气净化装置产生的固态物质。

3.6 热灼减率
指焚烧残渣经灼热减少的质量占原焚烧残渣质量的百分数。其计算方法如下：

$$P = \frac{A-B}{A} \times 100\%$$

式中：P——热灼减率，%；

A——干燥后原始焚烧残渣在室温下的质量，g；

B——焚烧残渣经600℃（±25℃）3h 灼热后冷却至室温的质量，g。

3.7 烟气停留时间
指燃烧所产生的烟气从最后的空气喷射口或燃烧器出口到换热面（如余热锅炉换热器）或烟道冷风引射口之间的停留时间。

3.8 焚烧炉温度
指焚烧炉燃烧室出口中心的温度。

3.9 燃烧效率（CE）
指烟道排出气体中二氧化碳浓度与二氧化碳和一氧化碳浓度之和的百分比。用以下公式表示：

$$CE = \frac{[CO_2]}{[CO_2]+[CO]} \times 100\%$$

式中：$[CO_2]$ 和 $[CO]$——分别为燃烧后排气中 CO_2 和 CO 的浓度。

3.10 焚毁去除率（DRE）
指某有机物质经焚烧后所减少的百分比。用以下公式表示：

$$DRE = \frac{W_i - W_n}{W_i} \times 100\%$$

式中：W_i——被焚烧物中某有机物质的重量；

W_n——烟道排放气和焚烧残余物中与 W_i 相应的有机物质的重量之和。

3.11 二噁英类
多氯代二苯并-对-二噁英和多氯代二苯并呋喃的总称。

3.12 二噁英毒性当量（TEQ）
二噁英毒性当量因子（TEF）是二噁英毒性同类物与2,3,7,8-四氯代二苯并-对-二噁英对 Ah 受体的亲和性能之比。二噁英毒性当量可以通过下式计算：

$$TEQ = \Sigma(二噁英毒性同类物浓度 \times TEF)$$

3.13 标准状态
指温度在273.16 K，压力在101.325 kPa 时的气体状态。本标准规定的各项污染物的排放限值，均指在标准状态下以11% O_2（干空气）作为换算基准换算后的浓度。

4 技术要求

4.1 焚烧厂选址原则

4.1.1 各类焚烧厂不允许建设在 GHZB1 中规定的地表水环境质量 I 类、Ⅱ 类功能区和 GB 3095 中规定的环境空气质量一类功能区,即自然保护区、风景名胜区和其他需要特殊保护地区。集中式危险废物焚烧厂不允许建设在人口密集的居住区、商业区和文化区。

4.1.2 各类焚烧厂不允许建设在居民区主导风向的上风向地区。

4.2 焚烧物的要求

除易爆和具有放射性以外的危险废物均可进行焚烧。

4.3 焚烧炉排气筒高度

4.3.1 焚烧炉排气筒高度见表1。

表1 焚烧炉排气筒高度

焚烧量(kg/h)	废物类型	排气筒最低允许高度(m)
≤300	医院临床废物	20
	除医院临床废物以外的第4.2条规定的危险废物	25
300～2000	第4.2条规定的危险废物	35
2000～2500	第4.2条规定的危险废物	45
≥2500	第4.2条规定的危险废物	50

4.3.2 新建集中式危险废物焚烧厂焚烧炉排气筒周围半径200米有建筑物时,排气筒高度必须高出最高建筑物5米以上。

4.3.3 对有几个排气源的焚烧厂因集中到一个排气筒排采多筒集合式排放。

4.3.4 焚烧炉排气筒应按 GB/T 16157 的要求,设置永久采样孔,并安装用采样和测量的设施。

4.4 焚烧炉的技术指标

4.4.1 焚烧炉的技术性能要求见表2。

表2 焚烧炉的技术性能指标

指标 废物类型	焚烧炉温度(℃)	烟气停留时间(s)	燃烧效率(%)	焚毁去除率(%)	焚烧残渣的热灼减率(%)
危险废物	≥1100	≥2.0	≥99.9	≥99.99	<5
多氯联苯	≥1200	≥2.0	≥99.9	≥99.9999	<5
医院临床废物	≥850	≥1.0	≥99.9	≥99.99	<5

4.4.2 焚烧炉出口烟气中的氧气含量因为6%～10%(干气)。

4.4.3 焚烧炉运行过程中要保证系统处于负压状态,避免有害气逸出。

4.4.4 焚烧炉必须有尾气进化系统、报警系统和应急处理装置。

4.5 危险废物的贮存
4.5.1 危险废物的贮存场所必须有符合 GB 15562.2 的专用标志。
4.5.2 废物的贮存容器必须有明显标志,具有耐腐蚀、耐压、密封和不与所贮存的废物发生反应等特性。
4.5.3 贮存场所内禁止混放不相容危险废物。
4.5.4 贮存场所要有集排水和防渗漏设施。
4.5.5 贮存场所要远离焚烧设施并符合消防要求。

5 污染物(项目)控制限值

5.1 焚烧炉大气污染物排放限值

焚烧炉排气中任何一种有害物质不得超过表3中所列的最高允许限值。

5.2 危险废物焚烧厂排放废水时,其水中污染物最高允许排放浓度按 GB 8978 执行。

5.3 焚烧残余物按危险废物进行安全处置。

5.4 危险废物焚烧厂噪声执行 GB 12349。

表3 危险废物焚烧炉大气污染物排放限值[a]

序号	污染物	不同焚烧容量时的最高允许排放浓度限值(mg/m³)		
		≤300(kg/h)	300～2500(kg/h)	≥2500(kg/h)
1	烟气黑度	格林曼Ⅰ级		
2	烟尘	100	80	65
3	一氧化碳(CO)	100	80	80
4	二氧化硫(SO_2)	400	300	200
5	氟化氢(HF)	9.0	7.0	5.0
6	氯化氢(HCl)	100	70	60
7	氮氧化物(以 NO_2 计)	500		
8	汞及其化合物(以 Hg 计)	0.1		
9	镉及其化合物(以 Cd 计)	0.1		
10	砷、镍及其化合物(以 As + Ni 计)[b]	1.0		
11	铅及其化合物(以 Pb 计)	1.0		
12	铬、锡、锑、铜、锰及其化合物 (以 Cr + Sn + Sb + Cu + Mn 计)[c]	4.0		
13	二噁英类	0.5 TEQ ng/m³		

注:a 在测试计算过程中,以 11% O_2(干气)作为换算基准。换算公式为:

$$c = \frac{10}{21 - O_s} \times c_s$$

式中:c——标准状态下被测污染物经换算后的浓度(mg/m³);
O_s——排气中氧气的浓度(%);
c_s——标准状态下被测污染物的浓度(mg/m³)。
b 指砷和镍的总量。
c 指铬、锡、锑、铜和锰的总量。

6 监督监测

6.1 废气监测

6.1.1 焚烧炉排气筒中烟尘或气态污染物监测的采样点数目及采样点位置的设置,执行 GB/T 16157。

6.1.2 在焚烧设施于正常状态下运行 1h 后,开始以 1 次/h 的频次采集气样,每次采样时间不得低于 45min,连续采样 3 次,分别测定以平均值作为判定值。

6.1.3 焚烧设施排放气体按污染源监测分析方法执行(见表4)。

表4 焚烧设施排放气体的分析方法

序号	污染物	分析方法	方法来源
1	烟气黑度	林格曼烟度法	GB/T 5468—91
2	烟尘	重量法	GB/T 16157—1996
3	一氧化碳(CO)	非分散红外吸收法	HJ/T 44—1999
4	二氧化硫(SO_2)	甲醛吸收副玫瑰苯胺分光光度法	a)
5	氟化氢(HF)	滤膜・氟离子选择电极法	a)
6	氯化氢(HCl)	硫氰酸汞分光光度法硝酸银容量法	HJ/T 27—1999a)
7	氮氧化物	盐酸萘乙二胺分光光度法	HJ/T 43—1999
8	汞	冷原子吸收分光光度法	a)
9	镉	原子吸收分光光度法	a)
10	铅	火焰原子吸收分光光度法	a)
11	砷	二乙基二硫代氨基甲酸银分光光度法	a)
12	铬	二苯碳酰二肼分光光度法	a)
13	锡	原子吸收分光光度法	a)
14	锑	5-Br-PADAP 分光光度法	a)
15	铜	原子吸收分光光度法	a)
16	锰	原子吸收分光光度法	a)
17	镍	原子吸收分光光度法	a)
18	二噁英类	色谱-质谱联用法	b)

注:a)《空气和废气监测分析方法》,中国环境科学出版社,北京,1990年。
b)《固体废弃物试验分析评价手册》,中国环境科学出版社,北京,1992年,P332~359。

6.2 焚烧残渣热灼减率监测

6.2.1 样品的采集和制备方法执行 HJ/T 20。

6.2.2 焚烧残渣热灼减率的分析采用重量法。依据本标准"3.6"所列公式计算,取 3 次平均值作为判定值。

7 标准实施

(1)自 2000 年 3 月 1 日起,二噁英类污染物排放限值在北京市、上海市、广州市执行。2003 年 1 月 1 日之日起在全国执行。

(2)本标准由县级以上人民政府环境保护行政主管部门负责监督与实施。

医疗废物焚烧环境卫生标准(节录)

GB/T 18773—2008

(2008 年 6 月 19 日发布　2009 年 4 月 1 日实施)

本标准由中华人民共和国建设部提出。

本标准起草单位:沈阳市环境卫生工程设计研究院。

(按原标准编号节录)

3 标准值

3.1 焚烧炉技术性能要求

按照 GB 19218 及 GB 18484 相关内容,医疗废物焚烧炉技术性能要求见表 1。

表 1　医疗废物焚烧炉技术性能要求

序号	项目	要求内容
1	炉体表面温度/℃	≤50
2	焚烧炉的温度/℃	≥850
3	烟气停留时间/s	≥2.0
4	燃烧效率/%	≥99.9
5	焚烧去除率/%	≥99.99
6	焚烧残渣的热灼减率/%	<5
7	噪声限值/dB(A)	≤85
8	残留物含菌量限值	无
9	焚烧炉出口烟气中的氧气含量/%	6～10
10	排气筒高度/m	按照 GB 18484 规定执行

3.2 大气污染物排放限值

医疗废物焚烧排放气体污染物最高允许限值应符合表 2 的规定。

表2　医疗废物焚烧排放气体污染物最高允许限值[a]

序号	污染物	不同焚烧炉容量时的最高允许排放浓度限值/(mg/m³)		
		≤300 kg/h	300 kg/h～2 500 kg/h	≥2 500 kg/h
1	烟气黑度	林格曼Ⅰ级		
2	烟尘	100	80	65
3	一氧化碳(CO)	100	80	80
4	二氧化硫(SO_2)	400	300	200
5	氟化氢(HF)	9.0	7.0	5.0
6	氯化氢(HCl)	100	70	60
7	氮氧化物(以NO_2计)	500		
8	汞及其化合物(以Hg计)	0.1		
9	镉及其化合物(以Cd计)	0.1		
10	砷、镍及其化合物(以As+Ni计)[b]	1.0		
11	铅及其化合物(以Pb计)	1.0		
12	铬、锡、锑、铜、锰及其化合物 (以Cr+Sn+Sb+Cu+Mn计)[c]	4.0		
13	二噁英类	0.5 TEQ ng/m³		

注：a 在测试计算过程中，以11% O_2（干气）作为换算基准。（换算公式见原标准）
　　b 指砷和镍的总量。
　　c 指铬、锡、锑、铜、锰的总量。

3.3　医疗废物焚烧厂区空气污染物允许浓度限值

医疗废物焚烧厂区空气污染物最高允许浓度限值应符合表3的规定。

表3　医疗废物焚烧厂区空气污染物最高允许浓度限值

序号	污染物名称	取值时间	浓度限值		浓度单位
			二级标准[a]	三级标准[b]	
1	二氧化硫 SO_2	日平均 1 h平均	0.15 0.50	0.25 0.70	mg/m³ （标准状态）
2	总悬浮颗粒物 TSP	日平均	0.30	0.50	
3	可吸入颗粒物 PM_{10}	日平均	0.15	0.25	
4	二氧化氮 NO_2	日平均 1 h平均	0.08 0.12	0.12 0.24	
5	一氧化碳 CO	日平均 1 h平均	4.00 10.00	6.00 20.00	
6	苯并[a]芘 BaP	日平均	0.01		

注：a 二类区执行二级标准，二类区为城镇规划中确定的居住区、商业交通居民混合区、文化区、一般工业区和农村地区。
　　b 三类区执行三级标准，三类区为特定工业区。

3.4 工作场所空气中有毒物质允许浓度限值

医疗废物焚烧工作场所空气中有毒物质允许浓度限值应符合表4的规定。

表4 工作场所空气中有毒物质允许浓度 单位:毫克每立方米

序号	污染物名称	最高允许浓度	时间加权平均允许浓度	短时间接触允许浓度
1	氯化氢	7.5	—	—
2	硫化氢	10	—	—
3	二氧化硫	—	5	10
4	二氧化氮	—	2	10
5	氟化氢	2	—	—
6	一氧化碳 非高原 高原 海拔 2 000 m～3 000 m 海拔大于 3 000 m	 20 15	20	30

3.5 水污染物排放限值

医疗废物焚烧厂水污染物排放限值应符合表5的规定。

表5 医疗废物焚烧厂水污染物排放限值(日均值)

序号	污染物	排放标准
1	粪大肠菌群数/(MPN/L)	500
2	肠道致病菌	不得检出
3	肠道病毒	不得检出
4	pH	6～9
5	化学需氧量(COD)浓度/(mg/L)	60
6	生化需氧量(BOD_5)浓度/(mg/L)	20
7	悬浮物(SS)浓度/(mg/)	20
8	氨氮/(mg/L)	15
9	动植物油/(mg/L)	5
10	石油类	5
11	阴离子表面活性剂/(mg/L)	5
12	色度(稀释倍数)	30
13	挥发酚/(mg/L)	0.5
14	总氰化物/(mg/L)	0.5
15	总汞/(mg/L)	0.05

(续表)

序号	污染物	排放标准
16	总镉/(mg/L)	0.1
17	总铬/(mg/L)	1.5
18	六价铬(mg/L)	0.5
19	总砷/(mg/L)	0.5
20	总铅/(mg/L)	1.0
21	总银/(mg/L)	0.5
22	总余氯/(mg/L)	0.5

3.6 固体废物污染控制要求

3.6.1 除尘设施产生的飞灰、吸附二噁英和其他有害成分的活性炭等残余物应按危险废物进行安全处置。

3.6.2 污水处理厂产生的污泥应按危险废物进行安全处置。

3.6.3 更换的滤袋、废弃的防护用品等应按危险废物进行安全处置。

3.6.4 焚烧产生的炉渣应送生活垃圾卫生填埋场处置。

3.7 厂界噪声限值

医疗废物焚烧厂界噪声限值应按 GB 12348 的有关规定执行。

3.8 工作场所噪声限值

医疗废物焚烧工作场所操作人员每天连续接触噪声为 8h，噪声声级卫生限值应小于 85dB（A）。对于操作人员每天接触噪声不足 8h 的场合，可根据实际接触噪声的时间，按接触时间减半，噪声声级卫生限值增加 3dB（A）的原则，确定其噪声声级限值（见表 6）。但最高限值不应超过 115dB（A）。

表6 工作地点噪声声级的卫生限值

序号	日接触噪声时间/h	卫生限值/dB(A)
1	8	85
2	4	88
3	2	91
4	1	94
5	1/2	97
6	1/4	100
7	1/8	103
8	最高不应超过 115dB(A)	

3.9 非噪声工作地点噪声限值

医疗废物焚烧生产性噪声传播至非噪声作业地点的噪声声级卫生限值不应超过表 7 的规定。

表7 非噪声工作地点的噪声声级卫生限值

序号	地点名称	卫生限值/dB(A)	工效限值/dB(A)
1	噪声车间办公室	75	不应超过55
2	非噪声车间办公室	60	
3	会议室	60	
4	计算机室、精密加工室	70	

3.10 恶臭污染物厂界限值

医疗废物焚烧厂恶臭污染物厂界限值应符合表8的规定。

表8 医疗废物焚烧厂恶臭污染物厂界限值

序号	控制项目	单位	二级标准[a]	三级标准[b]
1	氨	mg/m³	1.5	4.0
2	三甲胺	mg/m³	0.08	0.45
3	硫化氢	mg/m³	0.06	0.32
4	甲硫醇	mg/m³	0.007	0.020
5	甲硫醚	mg/m³	0.07	0.55
6	二甲二硫	mg/m³	0.06	0.42
7	二硫化碳	mg/m³	3.0	8.0
8	苯乙烯	mg/m³	5.0	14
9	臭气浓度	1	20	60

注:a 二类区执行二级标准,二类区为城镇规划中确定的居住区、商业交通居民混合区、文化区、一般工业区和农村地区。
b 三类区执行三级标准,三类区为特定工业区。

4 监测方法

4.1 焚烧炉使用条件的监测

4.1.1 炉体主体外壳温度的测定

在连续正常工作2h～4h之间,用精度为1.5级表面温度计测定炉体外壳温度。

4.1.2 炉内温度的测定

用热电偶法在火焰上方检测炉内温度。

4.1.3 焚烧炉烟气停留时间根据设计文件检查确定。

4.1.4 热灼减率的测定

按照HJ/T 20采取和制备样品,焚烧残渣经灼热减少的质量占原焚烧残渣质量的百分数,应按式(1)计算:

$$p = (A-B)/A \times 100 \tag{1}$$

式中:P——热灼减率,%;
  A——干燥后原始焚烧残渣在室温下的质量,单位为克(g);
  B——焚烧残渣经600 ℃(±25 ℃)3 h灼热后冷却至室温的质量,单位为克(g)。
取3次平均值作为判定值。

4.1.5 氧气浓度测定按GB/T 16157的有关规定执行。

4.2 大气污染物的监测

4.2.1 焚烧炉排气筒中烟尘或气态污染物的采样点数目及采样点位置的设置,应按GB/T 16157的有关规定执行。

4.2.2 在焚烧炉正常状态下运行1h后,开始以1次/h的频次采集气样,每次采样时间不应低于45min,连续采样3次,分别测定,以平均值作为判定值。

4.2.3 焚烧炉排放污染物及分析方法应符合表9的规定。

表9 焚烧炉排放气体监测分析方法

序号	污染物	分析方法	方法来源
1	烟气黑度	林格曼黑度图法	空气和废气监测分析方法[a]
2	烟尘	重量法	GB/T 16157
3	一氧化碳(CO)	非分散红外吸收法	HJ/T 44
4	二氧化硫(SO_2)	甲醛吸收副玫瑰苯胺分光光度法	空气和废气监测分析方法[a]
5	氟化氢(HF)	滤膜·氟离子选择电极法	空气和废气监测分析方法[a]
6	氯化氢(HCl)	硫氰酸汞分光光度法 离子色谱法	HJ/T 27 空气和废气监测分析方法[a]
7	氮氧化物	盐酸萘乙二胺分光光度法	HJ/T 43
8	汞	冷原子吸收分光光度法	空气和废气监测分析方法[a]
9	镉	原子吸收分光光度法	空气和废气监测分析方法[a]
10	铅	火焰原子吸收分光光度法	空气和废气监测分析方法[a]
11	砷	二乙基二硫代氨基甲酸银分光光度法	空气和废气监测分析方法[a]
12	铬	二苯碳酰二肼分光光度法	空气和废气监测分析方法[a]
13	锡	原子吸收分光光度法	空气和废气监测分析方法[a]
14	锑	5-Br-PADAP分光光度法	空气和废气监测分析方法[a]
15	铜	原子吸收分光光度法	空气和废气监测分析方法[a]
16	锰	原子吸收分光光度法	空气和废气监测分析方法[a]
17	镍	原子吸收分光光度法	空气和废气监测分析方法[a]
18	二噁英类	色谱-质谱联用法	固体废弃物试验分析评价手册[b]

注:a《空气和废气监测分析方法》,中国环境科学出版社,北京,2003年。
  b《固体废弃物试验分析评价手册》,中国环境科学出版社,北京,1992年,P332~359。

4.2.4 焚烧烟气中的黑度、氟化氢、氯化氢、重金属及其他化合物应每季度至少采样监测1

次,二噁英采样监测频次每年至少监测 1 次。

4.2.5 厂区空气污染物采样应符合 HJ/T 194 环境空气质量手工监测技术规范,采用环境空气监测分析法,测定方法应符合表 10 的规定。

表 10 厂区空气污染物测定方法

序号	污染物	分析方法	方法来源
1	总悬浮颗粒物	重量法	GB/T 15432
2	可吸入颗粒物	重量法	GB/T 6921
3	二氧化氮	Saltzman 法	GB/T 15435
4	二氧化硫	四氯汞盐-盐酸副玫瑰苯胺比色法 甲醛吸收-副玫瑰苯胺分光光度法	GB/T 8970 GB/T 15262
5	一氧化碳	非分散红外法	GB/T 9801
6	苯并[a]芘	乙酰化滤纸层析荧光分光光度法 高效液相色谱法	GB/T 8971 GB/T 15439

4.2.6 工作场所空气中有毒物质采样应符合 GBZ 159 的有关规定,测定方法应符合表 11 的规定。

表 11 工作场所空气中有毒物质测定方法

序号	污染物	分析方法
1	氯化氢	GBZ/T 160.37
2	硫化氢	空气和废气监测分析方法[a]
3	二氧化硫	GBZ/T 160.32
4	二氧化氮	GBZ/T 160.32
5	氟化氢	GBZ/T 160.36
6	一氧化碳	GBZ/T 160.28

注:a《空气和废气监测方法》,中国环境科学出版社,北京,2003 年。

4.3 厂区排放污水监测

4.3.1 污水取样与监测

厂区污水排放口应设置明显标志,污染物的取样点应设在排污单位的外排口。

4.3.2 监测频率

a) 粪大肠菌群数每月监测不应少于 1 次。采用含氯消毒剂消毒时,接触池出口总余氯每日监测不应少于 2 次(采用间歇式消毒处理的,每次排放前监测)。

b) 肠道致病菌主要监测沙门氏菌、志贺氏菌。沙门氏菌的监测,每季度不少于 1 次;志贺氏菌的监测,每年不少于 2 次。根据需要监测结核杆菌。

c) 理化指标监测频率:pH 每日监测不少于 2 次,COD 和 SS 每周监测 1 次,其他污染物每季度监测不少于 1 次。

d) 采样频率:每 4h 采样 1 次,一日至少采样 3 次,测定结果以日均值计。

4.3.3 监督性监测应按 HJ/T 91 执行。

4.3.4 场区排放污水监测分析方法应符合表12的规定。

表12 厂区排放污水分析方法

序号	污染物	分析方法	标准来源
1	粪大肠菌群数(MPN/L)	多管发酵法	GB/T 18466
2	沙门氏菌	—	GB 18466
3	志贺氏菌	—	GB 18466
4	结核杆菌	—	GB 18466
5	pH	玻璃电极法	GB/T 6920
6	化学需氧量(COD)	重铬酸盐法	GB/T 11914
7	五日生化需氧量(BOD_5)	稀释与接种法	GB/T 7488
8	悬浮物(SS)	重量法	GB/T 11901
9	氨氮	蒸馏和滴定法 纳氏试剂比色法	GB/T 7478 GB/T 7479
10	动植物油	红外光度法	GB/T 16488
11	石油类	红外光度法	GB/T 16488
12	阴离子表面活性剂(LAS)	亚甲蓝分光光度法	GB/T 7494
13	色度	稀释倍数法	GB/T 11903
14	挥发酚/(mg/L)	蒸馏后4-氨基安替比林分光光度法 蒸馏后溴化容量法	GB/T 7490 GB/T 7491
15	总氰化合物/(mg/L)	硝酸银滴定法 异烟酸-吡唑啉酮比色法 吡啶-巴比妥酸比色法	GB/T 7486 GB/T 7486 GB/T 7486
16	总汞/(mg/L)	冷吸收分光光度法 双硫腙分光光度法	GB/T 7468 GB/T 7469
17	总镉/(mg/L)	原子吸收分光光度法(螯合萃取法) 双硫腙分光光度法	GB/T 7475 GB/T 7471
18	总铬	高锰酸钾氧化-二苯碳酰二肼分光光度法	GB/T 7466
19	六价铬/(mg/L)	二苯碳酰二肼分光光度法	GB/T 7467
20	总砷	二乙基二硫代氨基甲酸银分光光度法	GB/T 7485
21	总铅/(mg/L)	原子吸收分光光度法(螯合萃取法) 双硫腙分光光度法	GB/T 7475 GB/T 7470
22	总银/(mg/L)	火焰原子吸收分光光度法 镉试剂2B分光光度法	GB/T 11907 GB/T 11908
23	总余氯	N,N-二乙基-1,4-苯二胺分光光度法 N,N-二乙基-1,4-苯二胺滴定法	GB/T 11898 GB/T 11897

4.4 厂区内噪声监测

厂区内噪声监测应按 GB/T 12349 的有关规定执行。

4.5 恶臭污染物浓度测定

测定方法应符合表 13 的规定。

表 13 恶臭污染物与臭气浓度测定方法

序号	控制项目	测定方法
1	氨	GB/T 14679
2	三甲胺	GB/T 14676
3	硫化氢	GB/T 14678
4	甲硫醇	GB/T 14678
5	甲硫醚	GB/T 14678
6	二甲二硫	GB/T 14678
7	二硫化碳	GB/T 14680
8	苯乙烯	GB/T 14677
9	臭气浓度	GB/T 14675

铅酸蓄电池环保设施运行技术规范 第 2 部分：酸雾处理系统（节录）

GB/T 32068.2—2015

（2015 年 10 月 9 日发布 2016 年 5 月 1 日实施）

本部分由中国电器工业协会提出。

本部分主要起草单位：绍兴汇同蓄电池有限公司、江苏苏中电池科技发展有限公司、江苏华富储能新技术股份有限公司、沈阳蓄电池研究所、山东瑞宇蓄电池有限公司、超威电源有限公司、江苏澳鑫科技发展有限公司、浙江杰斯特电器有限公司、安徽理士电源技术有限公司、山东圣阳电源股份有限公司、杭州海久电池有限公司、江西省三余环保节能科技有限公司、江苏三环实业股份有限公司、天能电池集团有限公司、江苏常祺机电科技有限公司、江苏省盛达环保设备有限公司。

（按原标准编号节录）

3 术语和定义

下列术语和定义适用于本文件。

3.1 酸雾 acid fog

铅酸蓄电池生产过程中产生的漂浮于空气中含直径为 $0.1\mu m \sim 10\mu m$ 硫酸微粒的气雾。

3.2 物理净化 physical purification

污染物经稀释、扩散、淋洗、挥发、沉降等物理作用使其浓度降低或消除的过程。

3.3 化学净化 chemical purification

污染物经中和、化合、分解、吸附、凝聚等化学作用使其浓度降低或消除的过程。

3.4 酸雾净化器 acid mist purifier

降低或消除废气中酸物质浓度的设备。

3.5 酸雾净化回收器 acid mist purification collector

物理净化回收废气中硫酸的设备。

3.6 酸雾净化塔 act mist purification tower

化学净化酸雾的设备。

3.7 酸雾收集装置 act mist collection device

收集酸雾并将酸雾导入净化器的装置。

7 安装、调试与验收

7.4 验收

7.4.2 环境保护验收

7.4.2.1 酸雾处理系统工程竣工验收后应按《建设项目竣工环境保护验收管理办法》的规定进行环境保护验收。

7.4.2.2 环境保护验收前应完成酸雾处理系统的性能测试,性能测试结果可作为项目竣工环境保护验收的参考文件。性能测试主要内容包括:

　a) 生产达产时酸雾处理系统的风量;
　b) 排放浓度及排放量;
　c) 岗位污染物浓度;
　d) 酸雾处理系统阻力及系统运行能耗;
　e) 废水及废渣排放值及去向;
　f) 噪声测量值;
　g) 烟囱高度。

9 环境保护与安全卫生

9.1 一般规定

9.1.1 在酸雾处理系统运行过程中产生的废水、噪声及其他污染物的防治与排放,应贯彻并执行国家现行的环境保护法规等有关规定。

9.1.2 酸雾处理系统在设计、建设和运行过程中,应高度重视劳动安全和工业卫生,采取相应措施,消除事故隐患,防止事故发生。

9.1.3 安全和卫生设施应与酸雾处理系统同时建成运行,有污染和危害之处应悬挂标志。操作规程中应有劳动安全和工业卫生条款。

9.1.4 应对操作者进行环境保护与安全卫生培训,提供所需的防护用品和洗涤设施,定期进行健康检查。

9.2 环境保护

9.2.1 酸雾处理系统产生的废水应与生产废水统一处理,循环使用。

9.2.2 经过处理后的酸雾排放浓度应符合 GB 30484 和 GB 25466 的规定。

9.2.3 酸雾处理系统的设计、建设,应采取有效的隔声、消声等降低噪声的措施,噪声和振动应符合 GB 50087 和 GB 50040 的规定,厂界噪声应达到 GB 12348 的要求。

9.3 劳动安全

9.3.1 酸雾处理系统在设计、安装、调试、运行以及维修过程中应始终贯彻安全的原则,遵守安全技术规程和相关设备安全性要求的规定。

9.3.2 建立并严格执行经常性和定期的安全检查制度。

9.4 职业卫生

9.4.1 企业应按相关国家标准和行业标准要求,为设备操作人员配备正确合格的个人防护用品。

9.4.2 设备操作人员应具有正确使用个人防护用品的技能,上岗时应穿戴好个人防护用品。

长途客车内空气质量要求(节录)

GB/T 17729—2009

(2009 年 6 月 4 日发布 2010 年 1 月 1 日实施)

本标准由中华人民共和国交通运输部提出。

本标准主要起草单位:重庆交通大学、重庆环保总局、国家客车质量监督检验中心。

(按原标准编号节录)

2 术语和定义

下列术语和定义适用于本标准。

2.1 长途客车 interurban coach

一种为城间运输而设计和装备的客车。这种车辆没有专供乘客站立的位置,但在其通道内可载运短途站立的乘客。

3 空气质量要求

长途客车内空气主要成分的标准值见表1。

表1

项目	单位	标准值	限值条件
氧(O_2)	%	≥20	1 h 均值
二氧化碳(CO_2)	%	≤0.20	日平均值
一氧化碳(CO)	mg/m³	≤10	1 h 均值
甲醛(HCHO)	mg/m³	≤0.12	1 h 均值

(续表)

项目	单位	标准值	限值条件
甲苯(C_7H_8)	mg/m³	≤0.24	1 h 均值
二甲苯(C_8H_{10})	mg/m³	≤0.24	1 h 均值
总挥发性有机化合物(TVOC)	mg/m³	≤0.60	1 h 均值

室内装饰装修材料 人造板及其制品中甲醛释放限量（节录）

GB 18580—2017

(2017 年 4 月 22 日发布　2018 年 5 月 1 日实施)

本标准由国家林业局提出。

本标准起草单位：中国林业科学研究院木材工业研究所、浙江省林产品质量检测站、江西省产品质量监督检测院、南京林业大学、徐州市产品质量监督检验中心、江苏出入境检验检疫局工业产品检测中心、四川升达林业产业股份有限公司、大亚人造板集团有限公司、德华兔宝宝装饰新材股份有限公司、湖南圣保罗木业有限公司、吉林森林工业股份有限公司、柯诺(北京)木业有限公司、昆明新飞林人造板有限公司、千年舟投资集团有限公司、圣象集团有限公司、太尔化工有限公司、亚洲创建(深圳)木业有限公司、粤海装饰材料(中山)有限公司、江苏洛基木业有限公司、浙江裕华木业有限公司、山东拜尔新材料有限公司、冠县新瑞木业有限公司、江苏森茂竹木业有限公司。

（按原标准编号节录）

3　术语和定义

GB/T 18259—2009 界定的术语和定义适用于本文件。

4　要求

室内装饰装修材料人造板及其制品中甲醛释放限量值为 0.124mg/m³，限量标识 E_1。

5　试验方法

5.1　按 GB/T 17657—2013 中 4.60 甲醛释放量测定——1m³ 气候箱法的规定进行。

5.2　试件尺寸为长 l = (500±5)mm，宽 b = (500±5)mm。试件数为两块，试件表面积为 1m²。当试件长、宽小于所需尺寸，允许采用不影响测定结果的方法拼合。

6　判定规则

检验结果符合限量规定时，判为符合本标准要求。

7　检验报告

7.1　检验报告的内容应包括产品名称、规格、类别、限量标识、生产日期、检验依据标准及试验方法等。

7.2 检验结果和结论。

7.3 检验过程中出现的异常情况和其他有必要说明的问题。

附录 A

（资料性附录）

用于生产质量控制的甲醛释放量试验方法

A.1 气体分析法

按 GB/T 17657—2013 中 4.61 甲醛释放量测定——气体分析法的规定进行。

A.2 干燥器法

按 GB/T 17657—2013 中 4.59 甲醛释放量测定——干燥器法的规定进行。

A.3 穿孔萃取法

按 GB/T 17657—2013 中 4.58 甲醛含量测定——穿孔法的规定进行。

农用运输车自由加速烟度排放限值及测量方法（节录）

GB 18322—2002

(2002 年 1 月 4 日发布　2002 年 7 月 1 日实施)

本标准由国家环境保护总局科技标准司提出。

本标准由北京市汽车研究所、中国农机研究院起草。

（按原标准编号节录）

3 定义

本标准采用下列定义。

3.1 农用运输车

以柴油机为动力装置，中小吨位、中低速度，从事道路运输的机动车辆，包括三轮农用运输车和四轮农用运输车等，但不包括轮式拖拉机车组、手扶拖拉机车组和手扶变型运输机。

其中三轮农用运输车指最大设计车速不大于 50km/h，最大设计总质量不大于 2000kg，长不大于 4.6m、宽不大于 1.6m 和高不大于 2m 的三个车轮的农用运输车。四轮农用运输车指最大设计车速不大于 70 km/h，最大设计总质量不大于 4 500 kg，长小于 6m、宽不大于 2m 和高不大于 2.5m 的四个车轮的农用运输车。

3.2 自由加速工况

柴油发动机于怠速工况（发动机运转，离合器处于接合位置，油门踏板与手油门处于松开位置,变速器处于空挡位置),将油门踏板迅速踏到底,维持4s后松开。

3.3 自由加速烟度

在自由加速工况下,从发动机排气管抽取规定容量的排气,使规定面积的清洁滤纸染黑的程度,称为自由加速烟度。单位为 Rb。

6 排放限值

6.1 农用运输车自由加速烟度排放限值见表1、表2和表3。

表1 型式认证试验排放限值

实施阶段	实施日期	烟度值 Rb	
		装用单缸柴油机	装用多缸柴油机
1	2002.10.01—2003.12.31	4.5	3.5
2	2004.01.01 起	4.0	3.0

表2 生产一致性检查试验排放限值

实施阶段	实施日期	烟度值 Rb	
		装用单缸柴油机	装用多缸柴油机
1	2003.07.01—2004.06.30	5.0	4.0
2	2004.07.01 起	4.5	3.5

表3 在用车检查试验排放限值

实施阶段	实施日期	烟度值 Rb	
		装用单缸柴油机	装用多缸柴油机
1	2002.07.01 前生产	6.0	4.5
2	2002.07.01—2004.06.30 生产	5.5	4.5
3	2004.07.01 起生产	5.0	4.0
进入城镇建成区的在用农用运输车a	2002.07.01—2004.06.30	4.5	
	2004.07.01 起	4.0	

注:a 实施限值的城镇范围由省级人民政府决定。

6.2 结果判别

连续3次测量结果的算术平均值不超过本标准6.1对应的排放限值,则为合格。

7 标准的实施监督

标准由各级环境保护行政主管部门统一监督实施。

车用压燃式发动机和压燃式发动机汽车排气烟度排放限值及测量方法（节录）

GB 3847—2005

（2005年5月30日发布　2005年7月1日实施）

本标准由国家环境保护总局科技标准司提出。

本标准起草单位：中国环境科学研究院大气所、北京理工大学、东风汽车工程研究院、中国汽车技术研究中心和交通部公路科学研究所。

（按原标准编号节录）

3　术语和定义

本标准采用下列术语和定义。

3.1　净功率

按 GB/T 17692 测得的发动机净功率。

3.2　压燃式发动机

采用压燃原理工作的发动机（如：柴油机）。

3.3　冷启动装置

通过其工作临时增加发动机供油量和用于辅助发动机启动的装置。

3.4　不透光烟度计

附录 G 规定的、用于连续测量汽车排气的光吸收系数的仪器。

3.5　最高额定转速

调速器所允许的全负荷最高转速。

3.6　最低额定转速

——发动机下列三种转速中最高者：45%最高额定转速；1000r/min；怠速控制器允许的最低转速。或

——制造厂要求的更低转速。

3.7　轮边功率

指汽车在底盘测功机上运转时驱动轮实际输出功率的测量值。

3.8　最大轮边功率（MaxHP）

进行本标准规定的功率扫描过程中得到的实测轮边功率最大值。

3.9　光吸收系数（k）

表示光束被单位长度的排烟衰减的一个系数，它是单位体积的微粒数 n，微粒的平均投影面

积 a 和微粒的消光系数 Q 三者的乘积。

3.10 发动机最大转速(MaxRPM)

在进行本标准规定的测试试验中,油门踏板处于全开位置时测量得到的发动机最大转速。

3.11 实测最大轮边功率时的转鼓线速度(VelMaxHP)

指在进行本标准规定的功率扫描试验中,实际测量得到的最大轮边功率点的转鼓线速度。

3.12 新生产汽车

指制造厂合格入库或出厂的汽车。

3.13 在用汽车

指已经登记注册并取得号牌的汽车。

6 发动机型式核准

6.3 关于排气烟度排放的技术要求

6.3.1 提交核准的发动机的排气烟度排放,应按附录 C 和附录 D 所述方法测定。试验可采用符合国家标准的市售燃料。如制造厂提出要求,也可用符合 GB/T 19147《车用柴油》标准规定的燃油做试验,见附录 E。

6.3.2 提交核准发动机的功率,应在 C.3.1.5 规定的允差范围内。

6.3.3 按附录 C 所述方法测得的排气光吸收系数测量值,应不大于表 1 规定的限值。按附录 D 所述方法测得的排气光吸收系数,应按 D.3 规定的方法确定自由加速试验排气烟度的校正值,该值即为批准的该机型的自由加速排气烟度排放限值。

表 1 稳定转速试验的烟度排放限值

名义流量 G/(L/s)	光吸收系数 k/m^{-1}	名义流量 G/(L/s)	光吸收系数 k/m^{-1}
≤42	2.26	120	1.37
45	2.19	125	1.345
50	2.08	130	1.32
55	1.985	135	1.30
60	1.90	140	1.27
65	1.84	145	1.25
70	1.775	150	1.225
75	1.72	155	1.205
80	1.665	160	1.19
85	1.62	165	1.17
90	1.575	170	1.155
95	1.535	175	1.14
100	1.495	180	1.125
105	1.465	185	1.11
110	1.425	190	1.095
115	1.395	195	1.08
		≥200	1.065

注:虽然以上数值均修约至最接近的 0.01 至 0.005,但这并不意味着测量也需要精确到这种程度。

6.3.4 如果制造厂提出要求,对于 7.2、7.3 所允许的核准已批准发动机的变型,应进行附录 C 和附录 D 所述的试验,以得到自由加速试验排气烟度的校正值。

6.3.4.1 如果发动机制造厂希望在比 7.3 允许的扭矩和/或转速更小的范围内测量排气烟度,那么机型的核准仅适用于限定的扭矩和/或转速范围。

6.3.4.2 如果以后制造厂希望将发动机的核准扩展到 7.3 所承认的全部扭矩和转速范围,则应另外提交一台发动机进行试验,以便确定未进行试验的那部分负荷/转速范围内的自由加速试验排气烟度的校正值。

6.3.5 如果为了满足扭矩和转速范围内某些部分的要求,必须附加一些技术要求,这些要求应以附录 A 的格式提出,并附在提交的文件中。

6.3.6 完成型式核准的发动机的自由加速试验排气烟度的光吸收系数值,可根据发动机的额定转速和扭矩,从按附录 D 的方法建立的矩阵数值中适当选取。

6.3.7 对于装有涡轮增压器的发动机,其自由加速试验测得的光吸收系数应满足排放限值。该限值是表 1 规定的,在稳定转速试验中测得的最大光吸收系数对应的名义流量所规定的限值,再加 $0.5 m^{-1}$。

11 汽车型式核准

11.4 关于排气烟度排放的技术要求

11.4.1 提交核准的汽车车型申报文件中应包括装用的发动机机型自由加速排气烟度排放的限值。

11.4.2 对于污染物排放符合 GB 18352 的压燃式轻型汽车,根据汽车制造厂的要求,也可按附录 D 的要求进行自由加速试验,将测得的光吸收系数作为该车型型式核准的自由加速排气烟度排放的限值。

18 汽车型式核准

18.3 关于排气烟度排放的技术要求

18.3.1 提交核准的汽车的排气烟度排放,应按附录 C 和附录 D 所述的、分别对应于稳定转速和自由加速试验的两种方法进行试验。提交核准汽车的发动机的功率,应在 C.3.1.5 规定的允差范围内。试验可采用符合国家标准的市售燃料。如制造厂提出要求,也可用符合 GB/T 19147—2003《车用柴油》标准规定的燃油做试验,见附录 E。

18.3.2 按附录 C 所述方法测得的排气光吸收系数测量值,应不大于表 1 规定的限值。按附录 D 所述方法测得的排气光吸收系数,应按 D.3 规定的方法确定自由加速试验排气烟度的校正值,该值即为批准的该车型的自由加速排气烟度排放限值。

18.3.3 对于装用涡轮增压器的发动机的汽车,其自由加速试验测得的光吸收系数应满足排放限值。该限值是表 1 规定的、在稳定转速试验中测得的最大光吸收系数对应的名义流量所规定的限值,再加 $0.5 m^{-1}$。

18.3.4 对于污染物排放符合 GB 18352 的压燃式轻型汽车,应按附录 D 的要求进行自由加速试验,将测得的光吸收系数值作为该车型型式核准的自由加速排气烟度排放限值。

26 在用汽车的排放监控

26.2 各省级有关行政主管部门可根据当地实际情况,确定在用汽车排放监控方案,选择自由加速法或加载减速工况法中的一种方法作为在用汽车排气污染物排放检测方法。对于同一车型的在用汽车实施排放监控或环保定期检测时不得采用二种或二种以上的排气污染物排放检测方法。

26.3 采用加载减速工况法的地区,应制定地方排气烟度排放限值,经省级人民政府批准,报国务院有关行政主管部门备案后实施。加载减速法排气烟度排放限值确定的基本原则和方法由国务院有关行政主管部门另行制定。

附录 A(规范性附录)　汽车和发动机的基本特征及与试验相关的资料(略)
附录 B(规范性附录)　试验结果报告(略)
附录 C(规范性附录)　全负荷稳定转速试验　不透光烟度法(略)
附录 D(规范性附录)　自由加速试验　不透光烟度法(略)
附录 E(规范性附录)　型式核准和生产一致性检查用基准燃油的技术要求(略)
附录 G(规范性附录)　不透光烟度计的特征(略)

点燃式发动机汽车排气污染物排放限值及测量方法（双怠速法及简易工况法）（节录）

GB 18285—2005

(2005 年 5 月 30 日发布　2005 年 7 月 1 日实施)

本标准由国家环境保护总局科技标准司提出。
本标准起草单位:中国环境科学研究院、交通部公路科学研究所。

(按原标准编号节录)

3　术语和定义

下列术语和定义适用于本标准。

3.1　轻型汽车

指最大总质量不超过 3 500 kg 的 M_1 类、M_2 类和 N_1 类车辆。

3.2　M_1、M_2、N_1 类车辆

M_1 类车指至少有四个车轮,或有三个车轮且厂定最大总质量超过 1 000 kg,除驾驶员座位外,乘客座位不超过 8 个的载客车辆。

M_2 类车指至少有四个车轮,或有三个车轮且厂定最大总质量超过 1 000 kg,除驾驶员座位外,乘客座位超过 8 个,且厂定最大总质量不超过 5 000 kg 的载客车辆。

N_1 类车指至少有四个车轮,或有三个车轮且厂定最大总质量超过 1 000 kg,厂定最大总质量不超过 3 500 kg 的载货车辆。

3.3 重型汽车
指最大总质量超过 3 500 kg 的车辆。

3.4 第一类轻型汽车
设计乘员数不超过 6 人(包括司机),且最大总质量≤2 500 kg 的 M_1 类车。

3.5 第二类轻型汽车
本标准适用范围内除第一类车以外的其他所有轻型汽车。

3.6 新生产汽车
本标准中指制造厂合格入库或出厂的汽车。

3.7 在用汽车
指已经登记注册并取得号牌的汽车。

3.8 基准质量(RM)
指整车整备质量加 100 kg 质量。

3.9 最大总质量
指汽车制造厂规定的技术上允许的车辆最大质量。

3.10 当量惯量
指在底盘测功机上用惯量模拟器模拟汽车行驶中移动和转动惯量时所相当的质量。

3.11 排气污染物
指排气管排放的气体污染物。通常指一氧化碳(CO)、碳氢化合物(HC)及氮氧化物(NO_x)。氮氧化物(NO_x)用二氧化氮(NO_2)当量表示。碳氢化合物(HC)以碳(C)当量表示,假定碳氢比如下:

——汽油:$C_1H_{1.85}$,
——LPG:$C_1H_{2.525}$,
——NG:CH_4。

3.12 一氧化碳(CO)、碳氢化合物(HC)和一氧化氮(NO)的体积分数
排气中一氧化碳(CO)的体积分数以"%"表示;
排气中碳氢化合物(HC)的体积分数以"10^{-6}"表示,体积分数值按正己烷当量;
排气中一氧化氮(NO)的体积分数以"10^{-6}"表示。

3.13 额定转速
指发动机发出额定功率时的转速。

3.14 急速与高急速工况
急速工况指发动机无负载运转状态。即离合器处于接合位置、变速器处于空挡位置(对于自动变速箱的车应处于"停车"或"P"挡位);采用化油器供油系统的车,阻风门应处于全开位置;油门踏板处于完全松开位置。高急速工况指满足上述(除最后一项)条件,用油门踏板将发动机转速稳定控制在 50% 额定转速或制造厂技术文件中规定的高急速转速时的工况。本标准中将轻型汽车的高急速转速规定为 2 500 ±100 r/min,重型车的高急速转速规定为 1 800 ±100 r/min;如有特殊规定的,按照制造厂技术文件中规定的高急速转速。

3.15 过量空气系数(λ)
燃烧 1 kg 燃料的实际空气量与理论上所需空气量之质量比。

3.16 气体燃料
指液化石油气(LPG)或天然气(NG)。

3.17 两用燃料车
能燃用汽油和一种气体燃料的车辆。

3.18 单一燃料车
指能燃用汽油和一种气体燃料,但汽油仅用于紧急情况或发动机起动,且汽油箱容积不超过 15 L 的车辆。

4 排气污染物排放限值

4.1 新生产汽车排气污染物排放限值
装用点燃式发动机的新生产汽车,型式核准和生产一致性检查的排气污染物排放限值见表1。

表 1 新生产汽车排气污染物排放限值(体积分数)

车型	类别			
	怠速		高怠速	
	CO(%)	HC($\times 10^{-6}$)	CO(%)	HC($\times 10^{-6}$)
2005 年 7 月 1 日起新生产的第一类轻型汽车	0.5	100	0.3	100
2005 年 7 月 1 日起新生产的第二类轻型汽车	0.8	150	0.5	150
2005 年 7 月 1 日起新生产的重型汽车	1.0	200	0.7	200

4.2 在用汽车排气污染物排放限值
装用点燃式发动机的在用汽车,排气污染物排放限值见表2。

表 2 在用汽车排气污染物排放限值(体积分数)

车型	类别			
	怠速		高怠速	
	CO(%)	HC($\times 10^{-6}$)	CO(%)	HC($\times 10^{-6}$)
1995 年 7 月 1 日前生产的轻型汽车	4.5	1 200	3.0	900
1995 年 7 月 1 日起生产的轻型汽车	4.5	90	3.0	900
2000 年 7 月 1 日起生产的第一类轻型汽车[a]	0.8	150	0.3	100
2001 年 10 月 1 日起生产的第二类轻型汽车	1.0	20	0.5	150
1995 年 7 月 1 日前生产的重型汽车	5.0	2 000	3.5	1 200

(续表)

车型	类别			
	怠速		高怠速	
	CO（％）	HC（×10⁻⁶）	CO（％）	HC（×10⁻⁶）
1995年7月1日起生产的重型汽车	4.5	1 200	3.0	900
2004年9月1日起生产的重型汽车	1.5	250	0.7	200

注：a 对于2001年5月31日以前生产的5座以下（含5座）的微型面包车，执行1995年7月1日起生产的轻型汽车的排放限值。

8 在用汽车的排放监控

8.1 自本标准的实施之日起，全国点燃式发动机在用汽车排放监控，采用本标准规定的双怠速法排气污染物排放限值及测量方法；在机动车保有量大、污染严重的地区，也可按规定采用本标准附录B、C、D中所列的简易工况法。

8.2 各省级有关行政主管部门可根据当地实际情况，确定在用汽车排放监控方案，选择双怠速法或简易工况法中的一种方法作为在用汽车排气污染物排放检测方法。对于同一车型的在用汽车实施排放监控，环保定期检测时不得采用二种或二种以上的排气污染物排放检测方法。

8.3 采用简易工况法的地区，应制定地方排气污染物排放限值，经省级人民政府批准，报国务院有关行政主管部门备案后实施。简易工况法排气污染物排放限值确定的基本原则和方法由国务院有关行政主管部门另行制定。

附录A（规范性附录） 双怠速法排放气体测试仪器技术条件（略）
附录B（规范性附录） 稳态工况法测量方法（略）
附录C（规范性附录） 瞬态工况法测量方法（略）
附录D（规范性附录） 简易瞬态工况法测量方法（略）

摩托车和轻便摩托车排气烟度排放限值及测量方法（节录）

GB 19758—2005

（2005年5月30日发布 2005年7月1日实施）

本标准由国家环境保护总局科技标准司提出。
本标准起草单位：天津内燃机研究所（天津摩托车技术中心）。

(按原标准编号节录)

3 术语和定义

本标准采用下列术语和定义:

3.1 摩托车和轻便摩托车 motorcycles and mopeds

摩托车:指整车整备质量小于 400kg、发动机排量大于 50ml 或最大设计车速大于 50km/h 的装有火花点火式发动机的两轮或三轮机动车。

轻便摩托车:指整车整备质量小于 400kg、发动机排量不超过 50ml、最大设计车速不超过 50km/h 的装有火花点火式发动机的两轮或三轮机动车。

3.2 不透光度 $N(\%)$ opacity

由光源发射的光线不能透过排烟的比率,以百分数表示。光线完全透过时为 0%,完全不透过时为 100%。

3.3 光通道有效长度 $L(m)$ effective optical path length

光源和受光元件之间被排烟横截的光束长度,该长度已对密度梯度和边缘效应造成的不均匀性作了修正。

3.4 光吸收系数 $K(m^{-1})$ light absorption coefficient

一缕烟的光吸收系数(K),由不透光度(N)和光通道有效长度(L)按下式而定:

$$K = -\frac{1}{L}\ln\left(1 - \frac{N}{100}\right)$$

3.5 急加速工况 snap-acceleration condition

对带有手动或自动变速器的摩托车和轻便摩托车,使离合器结合,变速挡位处于Ⅰ挡位置。试验时,迅速使油门全开,至 2s 后立即松开油门,减速至怠速,一个循环共 32s。

3.6 急加速烟度 snap-acceleration smoke concentration

在急加速工况下,摩托车和轻便摩托车排烟测量中的不透光度峰值。

3.7 排气烟度 exhaust smoke

摩托车和轻便摩托车排气的烟浓度,用不透光度 $N(\%)$ 表示。

4 排气烟度排放限值

用急加速法测量时,不透光度 N 的排放限值见表1。

表1 排气烟度排放限值

排放试验类别		排放限值 $N(\%)$
型式核准		15
生产一致性检查		
在用车排放检查	2006 年 7 月 1 日起生产的车辆	30
	2006 年 7 月 1 日前生产的车辆	40

7 标准的实施

摩托车和轻便摩托车的生产企业,应就符合本标准适用范围的摩托车和轻便摩托车的排气烟度排放水平,向负责车型型式核准的主管部门提出型式核准申请。

对已获得型式核准而成批生产的车辆,必须采取措施确保车辆、系统、部件或单独技术总成与已核准的型式一致。摩托车和轻便摩托车的排气烟度排放生产一致性检查由国务院有关行政主管部门组织实施。

在用车排放状况检查由县级及以上人民政府有关行政主管部门负责实施。

7.1 自2005年7月1日起,所有进行型式核准的新型摩托车和轻便摩托车均应满足本标准要求。

7.2 自2006年7月1日起,所有销售和投入使用的摩托车和轻便摩托车均应满足本标准要求。

7.3 自2007年1月1日起,所有在用摩托车和轻便摩托车均应满足本标准要求。

摩托车和轻便摩托车排气污染物排放限值及测量方法(双怠速法)(节录)

GB 14621—2011

(2011年5月12日发布 2011年10月1日实施)

本标准由环境保护部科技标准司组织制定。

本标准主要起草单位:天津摩托车技术中心、中国环境科学研究院。

本标准参加起草单位:江门市大长江集团有限公司、五羊—本田摩托(广州)有限公司、中国嘉陵工业股份有限公司(集团)、浙江钱江摩托股份有限公司、济南轻骑摩托车股份有限公司、北京金铠星科技有限公司、浙江飞亚电子有限公司。

(按原标准编号节录)

3 术语和定义

下列术语和定义适用于本标准。

3.1 摩托车

GB/T 15089规定的两轮摩托车(L_3类)、边三轮摩托车(L_4类)和正三轮摩托车(L_5类)。

3.2 轻便摩托车

GB/T 15089规定的两轮轻便摩托车(L_1类)和三轮轻便摩托车(L_2类)。

3.3 排气污染物

排气管排放的一氧化碳(CO)、碳氢化合物(HC)和氮氧化物(NO_X)。

3.4 怠速与高怠速工况

怠速工况指发动机无负载最低稳定运转状态,即发动机正常运转,变速器处于空挡,油门控制器处于最小位置,阻风门全开,发动机转速符合制造厂技术文件的规定。高怠速工况指满足上述条件(油门控制器位置除外,对自动变速器的车辆,驱动轮应处于自由状态),通过调整油门控制器,将发动机转速稳定控制在制造厂技术文件规定的高怠速转速,但高怠速转速不能低于 2 000r/min。若技术文件没有规定,发动机转速控制在 2 500r/min±250r/min。

3.5 一氧化碳(CO)、碳氢化合物(HC)、二氧化碳(CO_2)的体积分数

一氧化碳(CO)的体积分数为排气中一氧化碳(CO)的体积百分数,以%表示;碳氢化合物(HC)的体积分数为排气中碳氢化合物(HC)的体积百万分数,以 10^{-6} 表示;二氧化碳(CO_2)的体积分数为排气中二氧化碳(CO_2)的体积百分数,以%表示。

3.6 气体燃料

GB 18047 规定的天然气(NG)或 GB 19159 规定的液化石油气(LPG)。

3.7 两用燃料车

既能燃用汽油又能燃用一种气体燃料,但两种燃料不能同时燃用的摩托车。

3.8 单一气体燃料车

只能燃用某一种气体燃料的摩托车,或能燃用某种气体燃料[天然气(NG)或液化石油气(LPG)]和汽油,但汽油仅用于紧急情况或发动机启动用的摩托车。

3.9 生产一致性检查

指对制造厂批量生产的摩托车和轻便摩托车进行双怠速法排放检查。

3.10 在用车

已经登记注册并取得号牌的摩托车和轻便摩托车。

4 污染物排放控制要求

4.1 型式核准和生产一致性检查排放限值

自本标准规定的日期起,摩托车和轻便摩托车在分别按照 GB 14622—2007、GB 18176—2007 要求进行型式核准、生产一致性检查的同时,应按本标准规定进行双怠速法排放检测,排气污染物排放应符合表1的规定。

表1 双怠速法型式核准和生产一致性检查排放限值

实施要求和日期	工况			
	怠速工况		高怠速工况	
	CO/%	HC/10^{-6}	CO/%	HC/10^{-6}
2011年10月1日起,型式核准、生产一致性检查	2.0	250	2.0	250

注:1. 污染物含量为体积分数。
   2. HC 体积分数值按正己烷当量计。

4.2 在用车排放限值

自本标准规定的日期起,在用摩托车和轻便摩托车排气污染物排放应符合表2的规定。

表 2 双怠速法在用车排放限值

实施要求和日期	工况			
	怠速工况		高怠速工况	
	CO/%	HC/10^{-6}	CO/%	HC/10^{-6}
2003年7月1日前生产的摩托车和轻便摩托车(二冲程)	4.5	8 000	—	—
2003年7月1日前生产的摩托车和轻便摩托车(四冲程)	4.5	2 200	—	—
2003年7月1日起生产的摩托车和轻便摩托车(二冲程)	4.5	4 500	—	—
2003年7月1日起生产的摩托车和轻便摩托车(四冲程)	4.5	1 200	—	—
2010年7月1日起生产的两轮摩托车和两轮轻便摩托车	3.0	400	3.0	400
2011年7月1日起生产的三轮摩托车和三轮轻便摩托车				

注:1. 污染物含量为体积分数。
　　2. HC体积分数值按正己烷当量计。

7　检测结果的判定规则

被检测车辆的排气污染物浓度低于或等于本标准规定的排放限值,则判定为达标;任何一项污染物浓度超过排放限值,则判定为超标。

轻便摩托车污染物排放限值及测量方法（中国第四阶段）（节录）

GB 18176—2016

(2016年8月22日发布　2018年7月1日实施)

本标准由环境保护部科技标准司组织制定。

本标准起草单位:天津摩托车技术中心、中国环境科学研究院、国家摩托车质量监督检验中心。

（按原标准编号节录）

3　术语和定义

下列术语和定义适用本标准。

3.1 轻便摩托车 moped

按照 GB/T 15089—2001 规定：

两轮轻便摩托车（L_1类）：若使用热力发动机，其气缸排量不超过 50mL，且无论何种驱动方式，其最高设计车速不超过 50 km/h 的两轮车辆。

三轮轻便摩托车（L_2类）：若使用热力发动机，其气缸排量不超过 50mL，且无论何种驱动方式，其最高设计车速不超过 50 km/h，具有任何车轮布置形式的三轮车辆。

3.2 型式检验 type test

指轻便摩托车的一种车型在设计完成后，对试制出来的新产品进行的定型试验，以验证产品能否满足本标准技术要求的检验。

3.3 气体燃料 gas fuel

指液化石油气（LPG）或天然气（NG）。

3.4 两用燃料车 bi-fuel moped

指既能用汽油又能用一种气体作为燃料，但两种燃料不能同时燃用的轻便摩托车。

3.5 单一气体燃料车 mono fuel gas moped

指只能燃用某一种气体燃料（LPG 或 NG）的轻便摩托车，或能燃用某种气体燃料（LPG 或 NG）和汽油，但汽油仅用于紧急情况或发动机启动的轻便摩托车。

3.6 当量惯量 equivalent inertia

指在底盘测功机上用惯量模拟器模拟轻便摩托车行驶中移动和转动惯量所相当的质量。

3.7 基准质量 reference mass

基准质量指轻便摩托车的整车整备质量加上 75kg 驾驶员质量。

3.8 稀释排气 diluted gases

指轻便摩托车排气用周围空气稀释后的均匀混合气。

3.9 气态污染物 gaseous pollutants

指排气污染物中的一氧化碳（CO）、碳氢化合物（HC）和用二氧化氮当量表示的氮氧化物（NO_X）碳氢化合物假定碳氢比如下：

汽油：$C_1H_{1.85}$；

液化石油气（LPG）：$C_1H_{2.525}$；

——天然气（ng）：CH_4。

3.10 排气污染物 tailpipe emissions

指轻便摩托车排气管排放的气态污染物。

3.11 急速与高急速工况 operating mode at normal idling speed or at high idling speed

急速工况指发动机无负载最低稳定运转状态，即发动机正常运转，变速器处于空挡，油门控制器处于最小位置，阻风门全开，发动机转速符合制造企业技术文件的规定。

高急速工况指满足上述条件（油门控制器位置除外，对自动变速器的车辆，驱动轮应处于自由状态），通过调整油门控制器，将发动机转速稳定控制在制造企业技术文件规定的高急速转速，但高急速转速不能低于 2000 r/min。若技术文件没有规定，发动机转速控制在 2500 r/min ± 250r/min。

3.12 曲轴箱污染物 crankcase emissions

指从发动机曲轴箱通气孔或润滑系的开口处排放到大气中的气态污染物。

3.13 蒸发污染物 evaporative emissions

指轻便摩托车排气管排放之外,从轻便摩托车的燃料(汽油)系统损失的碳氢化合物蒸气,包括:

昼间换气损失(diurnal loss):由于燃油箱内温度变化排放的碳氢化合物(用 $C_1H_{2.33}$ 当量表示)。

热浸损失(hot-soak loss):轻便摩托车行驶一段时间以后,静置时从燃料系统排放的碳氢化合物(用 $C_1H_{2.20}$ 当量表示)。

3.14 碳罐有效容积 volume of the carbon in canister

指碳罐装活性炭的体积。

3.15 碳罐活性炭质量 weight of carbon in the canister

指碳罐中存储的活性炭的填充质量。

3.16 碳罐有效吸附量 efficient loading quality of canister

指吸附蒸气后碳罐总质量与脱附后碳罐总质量之差。

3.17 碳罐床容积 bed volume of canister

在碳罐中所能容纳的活性炭的设计容积。

3.18 碳罐丁烷初始工作能力 initial butane working capacity of canister

指经过 13 次试验后,单位碳罐有效容积的有效吸附量。

3.19 临界点 breakthrough point

燃油蒸发污染物排放量累计等于 2 g 的时刻。

3.20 非外露式油箱 non-exposed type of fuel storage tank

指在车辆上,除油箱盖外,不直接暴露于阳光照射的燃油箱。

3.21 车载诊断(OBD)系统 on-board diagnostic system

指排放控制用车载诊断(OBD)系统,简称 OBD 系统。它必须具有识别可能存在故障的区域的功能,并以故障代码的方式将该信息存储在电控单元存储器内。

3.22 失效装置 defeat device

一种装置,它通过测量、感应或响应轻便摩托车的运行参数(如车速、发动机转速、变速器挡位、温度、进气支管真空度或其他参数),来激活、调整、延迟或停止某一部件的工作或排放控制系统的功能,使得轻便摩托车在正常使用条件下,排放控制系统的效能降低。

下列装置不作为失效装置:

(1)为保护发动机不遭损坏或不出事故,以及为了轻便摩托车的安全行驶所需要的装置;

(2)仅在发动机启动时起作用的装置;

(3)在 I 型或 IV 型试验中确实起作用的装置。

3.23 不合理排放控制策略 irrational emission control strategy

不合理排放控制策略指在轻便摩托车正常工作和使用的条件下,使其排放控制系统的效能降低至不符合型式检验规程要求的排放水平的措施或方法。

3.24 污染控制装置 emission-control devices

指轻便摩托车上用于控制或者限制排气污染物或蒸发污染物排放的装置。

3.25 燃料 fuel

指轻便摩托车发动机正常使用的燃料,种类包括:

——汽油;

——LPG;

——NG;

——汽油和 LPG;

——汽油和 NG。

3.26 冷起动装置 cold-start device

指临时加浓油气混合气以辅助发动机启动的装置。

4 型式检验和检验信息公开

4.1 按照本标准要求进行型式检验,并满足本标准要求。

4.2 轻便摩托车制造企业或其授权代理人应按附录 A 和附录 B 进行信息公开,如涉及企业机密的内容,可仅向主管部门公开信息。

4.3 为进行第 6 章所述试验,必须向负责型式检验的检测机构提交一辆代表性样车。进行 V 型试验时还需提供两套相同的碳罐,进行 V 型试验时还需提供两套相同的催化转化器。

5 一般要求

5.1 影响排气污染物、曲轴箱污染物和蒸发污染物的零部件,在设计、制造和组装上应使轻便摩托车在正常使用条件下,不论遇到哪种振动,均应能满足本标准的要求。

5.2 轻便摩托车制造企业必须采取技术措施,确保轻便摩托车满足第 6 章、第 7 章的规定。这样,则认为在正常使用条件下和使用寿命期内,能有效控制其排气污染物和蒸发污染物在本标准规定的限值内。

5.3 轻便摩托车制造企业必须采取下列措施之一,防止由于油箱盖丢失造成的蒸发污染物过度排放和燃油溢出。

(1)不可拿掉的自动开启和关闭的油箱盖;

(2)从设计结构上防止油箱盖丢失所造成的蒸发污染物过度排放;

(3)其他具有同样效果的任何措施。例如,拴住的油箱盖;或油箱盖锁和轻便摩托车点火使用同一把钥匙,且油箱盖只有锁上时才能拔掉钥匙。

5.4 所有轻便摩托车都应装备 OBD 系统,该系统应在设计、制造和安装上,能确保轻便摩托车在整个寿命期内识别并记录故障的类型。未经型式检验,不能对制造企业采取的技术措施和轻便摩托车装备的 OBD 系统进行任何可能影响排放的篡改。OBD 系统应带有一个能迅速让驾驶员察觉的故障指示器(MI)。

5.5 电控系统安全性应符合以下规定:

(1)除得到制造企业的授权外,任何采用电控单元控制排放的轻便摩托车,应能防止改动。任何可插拔的用于存储标定数据的芯片,应装入一个密封的容器内,或由电子算法进行保护,并且对存储的数据应不能改动,除非使用了专用工具和专用程序。仅对直接与排放标定相关或与车辆防盗相关的功能要求满足该保护要求。

（2）用电控单元代码表示的发动机运转参数,应不能改动,除非使用了专用工具和专用规程[如:电控单元零部件焊死或封死,或密闭(或封死)的电控单元盒子]。

（3）采用电控单元可编程序代码系统(如:电可擦除可编程序只读存储器)的制造企业,应防止非授权改编程序。制造企业应采取防非法改动对策,以及防编写功能,例如要求远程电子登录由制造商维护的电脑系统。该方法应向主管部门公开。

5.6 轻便摩托车禁止使用失效装置和(或)不合理排放控制策略。

5.7 在满足下列条件之一时,轻便摩托车可以安装和使用相关的发动机控制装置、功能、系统或措施。

（1）仅用于发动机保护,冷起动或暖机。

（2）仅用于运行安全或保险以及跛行回家。

5.8 如果轻便摩托车使用的发动机控制装置、功能、系统或措施,能够导致发动机采用与正常使用排放试验循环中采用的控制策略不同的或是经过调整的发动机控制策略,若充分证明该措施不会降低排放控制系统的效率,则允许使用。在其他所有的情况下,均认为其是失效装置。

附录 A(规范性附录) 型式检验相关信息(略)
附录 B(规范性附录) 型式检验结果(略)

非道路移动机械用柴油机排气污染物排放限值及测量方法（中国第三、四阶段）（节录）

GB 20891—2014

(2014 年 5 月 16 日发布 2014 年 10 月 1 日实施)

本标准由环境保护部科技标准司组织制定。

本标准起草单位:济南汽车检测中心、中国环境科学研究院、玉柴机器股份有限公司。

（按原标准编号节录）

3 术语和定义

3.1 非道路移动机械 non-road mobile machinery

指用于非道路上的、如"范围"中提到的各类机械,即:

（1）自驱动或具有双重功能:既能自驱动又能进行其他功能操作的机械；

（2）不能自驱动,但被设计成能够从一个地方移动或被移动到另一个地方的机械。

3.2 第二台柴油机 secondary engine

指道路车辆装用的、不为车辆提供行驶驱动力而为车载专用设施提供动力的柴油机。

3.3 试验循环 test cycle

指柴油机在稳态工况或瞬态工况(NRTC 试验)下按照规定的转速和扭矩进行试验的程序。

3.4 NRTC 试验 non-road transient cycle

指按照本标准附件 BE 规定,包含 1 238 个逐秒变换工况的试验循环。

3.5 基准转速 n_{ref}

指按照 GB 17691—2005 标准附件 BB 中所述的,NRTC 试验相对转速 100% 点所对应的实际转速值。

3.6 柴油机型式核准 diesel engine type-approval

指就柴油机排气污染物的排放水平核准一种柴油机机型。

3.7 柴油机机型 diesel engine type

指在附件 AA 中列出的柴油机基本特性参数无差异的同一类柴油机。

3.8 柴油机系族 diesel engine family

指制造企业按附件 AB 规定所设计的一组柴油机,这些柴油机具有类似的排气排放特性;同一系族中所有柴油机都必须满足相应的排放限值。

3.9 源机 parent engine

指从柴油机系族中选出的,能代表这一柴油机系族排放特性的柴油机。

3.10 排气污染物 emission pollutants

指柴油机排气管排出的气态污染物和颗粒物。

3.11 气态污染物 gaseous pollutants

指排气污染物中的一氧化碳(CO)、碳氢化合物(HC)和氮氧化物(NO_X)。碳氢化合物(HC)以 C1 当量表示(假定碳氢比为 1:1.88),氮氧化物(NO_X)以二氧化氮(NO_2)当量表示。

3.12 颗粒物(PM)particulate matter

指按附录 B 所述的试验方法,在温度不超过 325K(52℃)的稀释排气中,由规定的过滤介质收集到的排气中所有物质。

3.13 净功率(P)net power

指在柴油机试验台架上,按照 GB/T 17692—1999 规定的净功率测量方法,在本标准规定的试验条件①下,在柴油机曲轴末端或其等效部件上测得的功率。

3.14 额定净功率(Pmax)rated net power

指制造企业为柴油机型式核准时标明的净功率。

3.15 额定转速 rated speed

指制造企业使用说明书中规定的、调速器所允许的全负荷最高转速;如果柴油机不带调速器,则制造企业在使用说明书中规定的柴油机最大功率时的转速。

---

① 净功率试验时,柴油机上所安装的装备和辅件见附录 E,使用的基准燃料技术参数见附录 D。

3.16 负荷百分比 percent load

指在柴油机某一转速下可得到的最大扭矩的百分数。

3.17 中间转速 intermediate speed

指设计在非恒定转速下工作的柴油机,按全负荷扭矩曲线运行时,符合下列条件之一的转速:

——如果标定的最大扭矩转速在额定转速的60%～75%之间,则中间转速取标定的最大扭矩转速;

——如果标定的最大扭矩转速低于额定转速的60%,则中间转速取额定转速的60%;

——如果标定的最大扭矩转速高于额定转速的75%,则中间转速取额定转速的75%。

3.18 有效寿命 useful life

由本标准第5.2.2条规定的,保证非道路移动机械用柴油机及其排放控制系统(如有)的正常运转并符合有关气态污染物和颗粒物排放限值,且已在型式核准时给予确认的使用时间。

3.19 替换用柴油机 replacement diesel engine

指仅以更换部件为用途的非道路移动机械用新柴油机。

3.20 缩写、符号及单位

3.20.1 试验参数符号

所有的体积和体积流量都必须折算到273K(0℃)和101.3kPa的基准状态。

符号	单位	定义
A_P	m²	等动态取样探头的横截面积
A_T	m²	排气管的横截面积
Aver		加权平均值
	m³/h	—体积流量
	kg/h	—质量流量
C1	—	碳氢化合物,以 C1 当量表示
conc	ppm(或 Vol%)	某组分的浓度(用下标表示)
$conc_c$	ppm(或 Vol%)	背景校正后的某组分浓度(用下标表示)
$conc_d$	ppm(或 Vol%)	稀释空气的某组分浓度(用下标表示)
DF	—	稀释系数
fa	—	实验室大气因子
F_{FH}	—	燃油特性系数,用来根据氢碳比从干基浓度转化为湿基浓度
G_{AIRW}	kg/h	湿基进气质量流量
G_{AIRD}	kg/h	干基进气质量流量
G_{DILW}	kg/h	湿基稀释空气质量流量
G_{EDFW}	kg/h	湿基当量稀释排气质量流量
G_{EXHW}	kg/h	湿基排气质量流量
G_{FUEL}	kg/h	燃油质量流量
G_{TOTW}	kg/h	湿基稀释排气质量流量
H_{REF}	g/kg	绝对湿度基准值10.71g/kg,用于计算 NO_X 和颗粒物的湿

		度校正系数
H_a	g/kg	进气绝对湿度
H_d	g/kg	稀释空气绝对湿度
I	—	表示某一工况的下标
K_H	—	NO_x 湿度校正系数
K_p	—	颗粒物湿度校正系数
$K_{w,a}$	—	进气干-湿基校正系数
$K_{w,d}$	—	稀释空气干-湿基校正系数
$K_{w,e}$	—	稀释排气干-湿基校正系数
$K_{w,r}$	—	原排气干-湿基校正系数
L	%	试验转速下的扭矩相对最大扭矩的百分数
Mass	g/h	排气污染物质量流量的下标
M_{DIL}	kg	通过颗粒物取样滤纸的稀释空气质量
M_{SAM}	kg	通过颗粒物取样滤纸的稀释排气质量
M_d	mg	从稀释空气中收集到的颗粒物质量
M_f	mg	收集到的颗粒物质量
p_a	kPa	进气饱和蒸气压(GB/T 6072: p_{sy} = PSY 测试环境)
p_B	kPa	总大气压(GB/T 6072: p_x = PX 现场环境总压力 p_y = PY 试验环境总压力)
p_d	kPa	稀释空气的饱和蒸气压
p_s	kPa	干空气压
$P_{(n)}$	kW	试验转速下测量的最大功率(安装附录 E 的装备和辅件)
$P_{(a)}$	kW	试验时应安装的柴油机辅件所吸收的功率
$P_{(b)}$	kW	试验时应拆除的柴油机辅件所吸收的功率
$P_{(m)}$	kW	试验台上测得的功率
Q	—	稀释比
R	—	等动态取样探头与排气管横截面面积比
R_a	%	进气相对湿度
R_d	%	稀释空气相对湿度
R_f	—	FID 响应系数
S	kW	测功机设定值
T_a	K	进气绝对温度
T_D	K	绝对露点温度
T_{ref}	K	基准温度(进气:298K)
V_{AIRD}	m^3/h	干基进气体积流量
V_{AIRW}	m^3/h	湿基进气体积流量
V_{DIL}	m^3	通过颗粒物取样滤纸的稀释空气体积
V_{DILW}	m^3/h	湿基稀释空气体积流量

V_{EDFW}	m³/h	湿基当量稀释排气体积流量
V_{EXHD}	m³/h	干基排气体积流量
V_{EXHW}	m³/h	湿基排气体积流量
V_{SAM}	m³	通过颗粒物取样滤纸的稀释排气体积
V_{TOTW}	m³/h	湿基稀释排气体积流量
WF	—	加权系数
WF_E	—	有效加权系数
DF	—	劣化系数或劣化修正值
EDP	—	排放耐久周期
N_{ref}	r/min	NRTC 试验时柴油机的基准转速
W_{act}	kWh	NRTC 的实际循环功
W_{ref}	kWh	NRTC 的基准循环功

3.20.2 化学组分符号

CO	一氧化碳
CO_2	二氧化碳
HC	碳氢化合物
NMHC	非甲烷碳氢化合物
NO_x	氮氧化物
NO	一氧化氮
NO_2	二氧化氮
O_2	氧气
PM	颗粒物
DOP	邻苯二甲酸二辛酯
CH_4	甲烷
C_3H_8	丙烷
H_2O	水
PTFE	聚四氟乙烯

3.20.3 缩写

FID	氢火焰离子化检测器
HFID	加热型氢火焰离子化检测器
NDIR	不分光红外线分析仪
CLD	化学发光检测器
HCLD	加热型化学发光检测器
PDP	容积式泵
CFV	临界流量文丘里管

5 技术要求和试验

5.1 总则

制造企业采取的技术措施必须确保柴油机在正常的工作条件下,在本标准第5.2.2条规定的有效寿命期内,排放符合本标准的要求。

耐久性试验应按照本标准附件 BD 的技术要求,通过技术成熟的工程方法来完成。耐久性试验过程中,可以定期更换柴油滤芯、机油滤芯等部件或系统,这些工作必须在技术允许的范围内进行。系统维护的要求必须包括在用户使用手册中(其中包括制造企业对排气后处理装置耐久性的保证书)。制造企业在型式核准申请时,使用说明书中与后处理装置维修、更换有关的内容摘要必须包含在附录 A 所描述的型式核准申报材料中。

5.2 排气污染物的规定

5.2.1 试验规程及取样系统

柴油机排气污染物的测量与取样规程按附录 B 附件 BA 的规定进行,试验循环按附录 B 中表 B.1.1、或表 B.1.2、或表 B.2 规定的稳态试验循环进行;第四阶段小于 560kW 的非恒速柴油机还需按照附件 BE 规定的 NRTC 瞬态试验循环进行试验。

柴油机的排气污染物应使用附录 C 描述的系统测定。

如果其他系统或分析仪能得到和下述基准系统等效的结果,则型式核准主管部门可以对其认可:

—— 在原始排气中测量气态污染物所应用的系统(见附录 C 图 C.1);

—— 在全流稀释系统中测量气态污染物所应用的系统(见附录 C 图 C.2);

—— 在全流稀释系统中测量颗粒物,使用单滤纸(在整个试验循环中使用一对滤纸)方法或多滤纸(每工况使用一对滤纸)方法取样所应用的系统(见附录 C 图 C.12)。

其他系统或分析仪与本标准的某一个或几个基准系统之间的等效性,应在至少七对样本的相关性研究基础上加以确认。

判定等效性的准则定义为配对样本均值的一致性在 ±5% 内。对于引入本标准的新系统,其等效性应根据 GB/T 6379.2—2004 所述的再现性和重复性计算作为根据。

5.2.2 有效寿命

应保证柴油机的排放控制装置在表 1 规定的有效寿命期内正常运转,且污染物排放符合5.2.3 规定的限值要求。

柴油机耐久性运行试验应按照附件 BD 的要求,完成表 1 规定的耐久性试验,柴油机排放耐久性的最短运行时间或者等效运行时间不低于表 2 规定的柴油机有效寿命的 25%,并确定劣化系数或劣化修正值。对于装用含有贵金属的催化转化器的柴油机,试验前,制造厂还应单独提供两套相同的催化转化器,型式核准主管部门应任选一套进行耐久性试验;另一套按 HJ 509 的规定检测其载体体积及各贵金属含量,测量值应不高于制造厂申报值的 1.1 倍。

表 1 耐久性时间要求

柴油机功率段(kW)	转速	有效寿命(h)	允许最短试验时间(h)
$P_{max} \geq 37$	任何转速	8 000	2 000
$19 \leq P_{max} < 37$	非恒速	5 000	1 250
	恒速<3000		
	恒速≥3000	3 000	750
$P_{max} < 19$	任何转速		

5.2.3 限值

非道路移动机械用柴油机排气污染物中的一氧化碳(CO)、碳氢化合物(HC)和氮氧化物(NO_X)、颗粒物(PM)的比排放量,乘以按照本标准附件 BD.2.9 条所确定的劣化系数(安装排气后处理系统的柴油机),或加上按照本标准附件 BD.2.10 条所确定的劣化修正值(未安装排气后处理系统的柴油机),结果都不应超出表 2 规定的限值。

表 2 非道路移动机械用柴油机排气污染物排放限值

阶段	额定净功率 (P_{max}) (kW)	CO (g/kWh)	HC (g/kWh)	NO_X (g/kWh)	HC + NO_X (g/kWh)	PM (g/kWh)
第三阶段	$P_{max} > 560$	3.5	—	—	6.4	0.20
	$130 \leq P_{max} \leq 560$	3.5	—	—	4.0	0.20
	$75 \leq P_{max} < 130$	5.0	—	—	4.0	0.30
	$37 \leq P_{max} < 75$	5.0	—	—	4.7	0.40
	$P_{max} < 37$	5.5	—	—	7.5	0.60
第四阶段	$P_{max} > 560$	3.5	0.40	3.5, 0.67[a]	—	0.10
	$130 \leq P_{max} \leq 560$	3.5	0.19	2.0	—	0.025
	$75 \leq P_{max} < 130$	5.0	0.19	3.3	—	0.025
	$56 \leq P_{max} < 75$	5.0	0.19	3.3	—	0.025
	$37 \leq P_{max} < 56$	5.0	—	—	4.7	0.025
	$P_{max} < 37$	5.5	—	—	7.5	0.60

注:a 适用于可移动式发电机组用 P_{max} > 900kW 的柴油机。

5.2.4 根据附录 A 附件 AB 的定义,若一个柴油机系族中有多个功率段的柴油机,则源机和该系族内柴油机的排气污染物结果都必须满足相应的高功率段更加严格的排放要求。制造企业可选择将柴油机系族限制在一个功率段内,并进行该功率段的柴油机系族的型式核准申请。

5.2.5 替换用柴油机应满足被替换柴油机制造当时的排放要求。

附录A(规范性附录) 型式核准申报材料(略)
    附件 AA(规范性附件) 柴油机(源机)的基本特点以及有关试验的资料(略)
    附件 AB(规范性附件) 柴油机系族的基本特点(略)
    附件 AC(规范性附件) 系族内柴油机机型的基本特点(略)
附录B(规范性附录) 试验规程(略)
    附件 BA(规范性附件) 测量和取样规程(略)
    附件 BB(规范性附件) 标定规程(略)
    附件 BC(规范性附件) 数据确定和计算(略)
    附件 BD(规范性附件) 耐久性技术要求(略)
    附件 BE(规范性附件) NRTC 试验循环中发动机测功机的设定规范(略)
附录 C(规范性附录) 气体和颗粒物取样系统(略)

非道路移动机械用小型点燃式发动机排气污染物排放限值与测量方法（中国第一、二阶段）（节录）

GB 26133—2010

（2010年12月30日发布　2011年3月1日实施）

本标准由环境保护部科技标准司组织制定。
本标准起草单位：天津内燃机研究所、中国环境科学研究院。

（按原标准编号节录）

3　术语和定义

下列术语和定义适用于本标准。

3.1　非道路移动机械 non-road mobile machinery

装配有发动机的移动机械、可运输的工业设备以及不以道路客运或货运为目的的车辆。

3.2　发动机机型 engine type

本标准附件 AA 所列发动机基本特征没有区别的同一类发动机。

3.3　发动机系族 engine family

制造企业通过其设计以期具有相似排放特性的一类发动机，在该系族中，所有发动机均须符合所适用的排放限值。发动机系族及系族内发动机机型的基本特点见附件 AB 和 AC。

3.4　源机 parent engine

按照 9.1 和附件 AA 的规定选出的代表发动机系族排放水平的发动机机型，如果系族中只涵盖一个发动机机型，则该发动机机型即为源机。

3.5　手持式发动机 hand-held engine

应至少满足下列要求之一的发动机，用"SH"表示：

a）在使用过程中应由操作者携带；

b）在使用过程中应具有多个位置，如上下或倾斜；

c）执行本标准 5.3.1 第一阶段排放限值期间该设备连同发动机的质量不大于 20kg，执行本标准 5.3.2 第二阶段排放限值期间质量不大于 21 kg，且至少具有下列特征之一：

　1）操作者在使用过程中应支撑或携带该设备；

　2）操作者应在使用过程中支撑或用姿态控制该设备；

　3）用于发电机或泵的发动机。

3.6　非手持式发动机 non-hand-held engine

不满足手持式发动机定义的发动机，用"FSH"表示。

3.7 净功率 net power

按照本标准表 EB.1 要求安装发动机装置与附件(风冷发动机直接安装在曲轴上的冷却风扇可保留),从曲轴末端或其等效部件上测得的功率,发动机运转条件和燃油按照本标准规定执行。

3.8 额定转速 rated speed

a) 制造企业为手持式发动机规定的满负荷运转条件下最常用的发动机转速;
b) 制造企业为非手持式发动机设定的满负荷运转条件下由调速器决定的最大允许转速。

3.9 中间转速 intermediate speed

如果发动机按 G1 循环测试,中间转速为额定转速的 85%。

3.10 负荷百分比 percent load

发动机在某转速下扭矩占该转速可得到的最大扭矩的百分数。

3.11 最大扭矩转速 maximum torque speed

制造企业规定的最大扭矩对应的发动机转速。

3.12 发动机生产日期 engine production date

发动机通过最终检查离开生产线的日期,这个阶段发动机已经准备好交货或入库存放

3.13 符号、单位和缩略语

3.13.1 试验参数符号

所有的体积和体积流量都应折算到 273 K (0℃) 和 101.325 kPa 的基准状态。

符号	单位	定义
A_T	m^2	排气管的横截面积
Aver		加权平均值:
	m^3/h	—体积流量
	kg/h	—质量流量
C1	—	碳氢化合物,以甲烷当量表示
conc	10^{-6}(或%,体积分数)	用下标表示的某组分的浓度
$conc_c$	10^{-6}(或%,体积分数)	背景校正的某组分浓度(用下标表示)
$conc_d$	10^{-6}(或%,体积分数)	稀释空气的某组分浓度(用下标表示)
DF	—	稀释系数
fa	—	实验室大气因子
F_{FH}	—	燃油特性系数,用来根据氢碳比从干基浓度转化为湿基浓度
G_{AIRW}	kg/h	湿基进气质量流量
G_{AIRD}	kg/h	干基进气质量流量
G_{DILW}	kg/h	湿基稀释空气质量流量
G_{EDFW}	kg/h	湿基当量稀释排气质量流量
G_{EXHW}	kg/h	湿基排气质量流量
G_{FUEL}	kg/h	燃油质量流量
G_{TOTW}	kg/h	湿基稀释排气质量流量
H_{REF}	g/kg	绝对湿度参考值

符号	单位	说明
		10.71 g/kg 用来计算 NO_x 的湿度校正系数
H_a	g/kg	进气绝对湿度
H_d	g/kg	稀释空气绝对湿度
K_H	—	NO_x 湿度校正系数
$K_{w,a}$	—	进气干-湿基校正系数
$K_{w,d}$	—	稀释空气干-湿基校正系数
$K_{w,e}$	—	稀释排气干-湿基校正系数
$K_{w,r}$	—	原排气干-湿基校正系数
L	%	试验转速下,扭矩相对最大扭矩的百分数
P_a	kPa	发动机进气的饱和蒸汽压（GB/T 6072.1 p_{sy} = PSY 测试环境）
P_B	kPa	总大气压(GB/T 6072.1：p_x = PX 现场环境总压力；p_y = PY 试验环境总压力)
P_d	kPa	稀释空气的饱和水蒸气压
P_s	kPa	干空气压
P_M	kW	试验转速下测量的最大功率(安装附件 EB 的设备和辅件)
$P_{(a)}$	kW	试验时应安装的发动机辅件所吸收的功率
$P_{(b)}$	kW	试验时应拆除的发动机辅件所吸收的功率
$P_{(n)}$	kW	未校正的净功率
$P_{(m)}$	kW	试验台上测得的功率
Q	—	稀释比
R_a	%	进气相对湿度
R_d	%	稀释空气相对湿度
R_f	—	FID 响应系数
S	kW	测功机设定值
T_a	K	进气绝对温度
T_d	K	绝对露点温度
T_{ref}	K	参考温度(燃烧空气:298 K)
V_{AIRD}	m³/h	干基进气体积流量
V_{AIRW}	m³/h	湿基进气体积流量
V_{DILW}	m³/h	湿基稀释空气体积流量
V_{EDFW}	m³/h	湿基当量稀释排气体积流量
V_{EXHD}	m³/h	干基排气体积流量
V_{EXHW}	m³/h	湿基排气体积流量
V_{TOTW}	m³/h	湿基稀释排气体积流量
WF	—	加权系数
WF_E	—	有效加权系数
[wet]	—	湿基
[dry]	—	干基

3.13.2 化学组分符号

CO	一氧化碳
CO_2	二氧化碳
HC	碳氢化合物
NMHC	非甲烷碳氢
NO_X	氮氧化物
NO	一氧化氮
NO_2	二氧化氮
O_2	氧气
C_2H_6	乙烷
CH_4	甲烷
C_3H_8	丙烷
H_2O	水
PTFE	聚四氟乙烯

3.13.3 缩写

FID	氢火焰离子化检测仪
HFID	加热型氢火焰离子化检测仪
NDIR	不分光红外线分析仪
CLD	化学发光检测仪
HCLD	加热型化学发光检测仪
PDP	容积式泵
CFV	临界流量文氏管

4 型式核准的申请与批准

4.1 型式核准的申请

4.1.1 发动机型式核准的申请由制造企业或制造企业授权的代理人向型式核准机构提出。应按本标准附录 A 的要求提交型式核准有关技术资料。

4.1.2 应按本标准附录 F 的要求提交生产一致性保证计划。

4.1.3 应按型式核准机构要求向指定的检验机构提交一台发动机完成本标准规定的检验内容,该发动机应符合 9.1 和附录 A 所描述的机型(或源机)特性。

4.1.4 如果型式核准机构认为,申请者申报的源机不能完全代表附件 AB 中定义的发动机系族,制造企业应提供另一台源机,按照本标准 4.1.3 的要求重新提交型式核准申请。

4.2 型式核准的批准

4.2.1 型式核准机构对满足本标准要求的发动机机型或发动机系族应予以型式核准批准,并颁发附录 E 规定的型式核准证书。

4.2.2 对源机的型式核准可以扩展到发动机系族中所有机型。

5 技术要求

5.1 一般要求

5.1.1 影响发动机排放的零部件设计、制造与装配,应确保发动机在正常使用中,无论零部件受到何种振动,排放仍应符合本标准的规定。

5.1.2 制造企业应采取有效技术措施确保发动机在正常使用条件下,在表4或表5规定的发动机使用寿命期内,排放均应满足本标准要求。

5.3 排气污染物限值

5.3.1 第一阶段

发动机排气污染物中一氧化碳、碳氢化合物和氮氧化物的比排放量不得超过表2中的限值。

表2 发动机排气污染物排放限值(第一阶段)

单位:g/(kW·h)

发动机类别代号	污染物排放限值			
	一氧化碳(CO)	碳氢化合物(HC)	氮氧化物(NO_x)	碳氢化合物+氮氧化物(HC+NO_x)
SH1	805	295	5.36	—
SH2	805	241	5.36	—
SH3	603	161	5.36	—
FSH1	519	—	—	50
FSH2	519	—	—	40
FSH3	519	—	—	16.1
FSH4	519	—	—	13.4

5.3.2 第二阶段

5.3.2.1 自第二阶段开始,发动机排气污染物中一氧化碳、碳氢化合物和氮氧化物的比排放量不得超过表3中的限值,同时发动机应满足表4,表5和附件BD规定的排放控制耐久性要求。制造企业应声明每个发动机系族适用的耐久期类别。所选类别应尽可能接近发动机拟安装机械的寿命。

表3 发动机排气污染物排放限值(第二阶段)

单位:g/(kW·h)

发动机类别代号	污染物排放限值		
	一氧化碳(CO)	碳氢化合物+氮氧化物(HC+NO_x)	氮氧化物(NO_x)
SH1	805	50	10
SH2	805	50	
SH3	603	72	
FSH1	610	50	
FSH2	610	40	
FSH3	610	16.1	
FSH4	610	12.1	

5.3.2.2 对于手持式发动机,制造企业应从表4选择排放控制耐久期的类别。

表4 手持式发动机排放控制耐久期的类别

单位:h

发动机类别代号	排放控制耐久期类别		
	1	2	3
SH1	50	125	300
SH2	50	125	300
SH3	50	125	300

5.3.2.3 对于非手持式发动机,制造企业应从表5选择排放控制耐久期的类别。

表5 非手持式发动机的排放控制耐久期的类别

单位:h

发动机类别代号	排放控制耐久期类别		
	1	2	3
FSH1	50	125	300
FSH2	125	250	500
FSH3	125	250	500
FSH4	250	500	1 000

5.3.3 用于扫雪机的二冲程发动机,无论是否为手持式,只需满足相应工作容积的SH1、SH2或SH3类发动机限值要求。

5.3.4 对于以天然气为燃料的发动机,可选择使用NMHC替代HC。

10 标准的实施

10.1 自表7规定的日期起,所有发动机或系族应按本标准要求进行排气污染物型式核准。

10.2 制造企业也可在表7规定的型式核准执行日期前进行排气污染物型式核准。

10.3 对于按本标准已获得型式核准的发动机或系族,其生产一致性检查自批准之日起执行。

10.4 自表7规定型式核准执行日期之后一年起,所有制造和销售的发动机应符合本标准的要求。

表7 型式核准执行日期

第一阶段	第二阶段	
非手持式和手持式发动机	非手持式发动机	手持式发动机
2011年3月1日	2013年1月1日	2015年1月1日

附录A(规范性附录) 型式核准申报材料(略)

附件 AA(规范性附件)　发动机(源机)的基本特点以及有关试验的资料(若申报多个发动机机型或发动机系族,应分别提交本附件)(略)

附件 AB(规范性附件)　发动机系族的基本特点(略)

附件 AC(规范性附件)　系族内发动机机型的基本特点(略)

附录 B(规范性附录)　试验规程(略)

附件 BA(规范性附件)　测量与取样方法(略)

附件 BB(规范性附件)　分析仪的标定(略)

附件 BC(规范性附件)　数据评定与计算(略)

附件 BD(规范性附件)　排放控制耐久性要求(略)

第十一部分 大气环境损害鉴定评估相关地方标准选录

北京市锅炉大气污染物排放标准（节录）

DB 11/ 139—2015

（2015年5月13日发布 2015年7月1日实施）

本标准由北京市环境保护局提出并归口。
本标准起草单位：北京市环境保护科学研究院、北京市环境保护监测中心。

（按原标准编号节录）

3 术语和定义

下列术语和定义适用于本文件。

3.1 锅炉 boiler

利用燃料燃烧释放的热能或其他热能加热热水或其他工质，以生产规定参数（温度，压力）和品质的蒸汽、热水或其他工质的设备。

注：0.7MW的产热量相当于1t/h蒸发量。

3.2 发电锅炉 utility boiler

使用燃煤、燃油及燃气等燃料用于发电的锅炉。

3.3 工业锅炉 industrial boiler

用于工业生产及民用供热的锅炉。

3.4 直燃型吸收式冷（温）水机组 direct-fired absorption water chiller(heater)

以燃油、燃气直接燃烧为热源，以水为制冷剂，溴化锂水溶液等作吸收液，交替或者同时制取空气调节、工艺冷水、温水及生活热水的机组。

3.5 燃气采暖热水炉 gas-fired heating and hot water combi-boiler

具备分户供暖功能的燃气器具。

3.6 标准状态 standard condition

烟气在温度为273K，压力为101 325Pa时的状态，简称"标态"。

注：本标准规定的大气污染物排放浓度限值均指标准状态下干烟气的数值。

3.7 含氧量 O_2 content

燃料燃烧时，烟气中含有的多余的自由氧，通常以干基容积百分数来表示。

3.8 烟气排放连续监测系统 continuous emissions monitoring system

连续测定颗粒物和/或气态污染物浓度和排放率所需要的全部设备，又称烟气排放在线监测系统。

3.9 烟囱高度 stack height

从烟囱(或锅炉房)所在的地平面至烟囱出口的高度。

3.10 新建和在用锅炉 new and in-use boiler

新建锅炉:本标准实施之日起,环境影响评价文件通过审批的新建、改建和扩建的锅炉建设项目。

在用锅炉:本标准实施之日前,已建成投产或环境影响评价文件已通过审批的锅炉。

3.11 高污染燃料禁燃区 high-polluted fuel forbidden area

市及区县政府划定的禁止销售、使用高污染燃料的区域。

4 大气污染物排放控制要求

4.1 锅炉大气污染物排放限值

4.1.1 新建锅炉大气污染物排放浓度应执行表1规定的限值。

表1 新建锅炉大气污染物排放浓度限值

污染物项目	2017年3月31日前的新建锅炉	2017年4月1日起的新建锅炉
颗粒物(mg/m^3)	5	5
二氧化硫(mg/m^3)	10	10
氮氧化物(mg/m^3)	80	30
汞及其化合物($\mu g/m^3$)	0.5	0.5
烟气黑度(林格曼,级)	1级	

4.1.2 在用锅炉大气污染物排放浓度应执行表2规定的限值,高污染燃料禁燃区内的在用锅炉2017年3月31日前执行附录A中相应的排放限值。燃煤发电锅炉根据市政府要求适时关停,关停之前执行表2规定的排放限值。

表2 在用锅炉大气污染物排放浓度限值

污染物项目	高污染燃料禁燃区内 2017年4月1日后	高污染燃料禁燃区外 标准实施之日起
颗粒物(mg/m^3)	5	10
二氧化硫(mg/m^3)	10	20
氮氧化物(mg/m^3)	80	150
汞及其化合物($\mu g/m^3$)	0.5	30
烟气黑度(林格曼,级)	1级	1级

4.1.3 不同时段建设的锅炉,若采用混合方式排放烟气且选择的监控位置只能监测混合烟气中的大气污染物浓度,应执行各个时段限值中最严格的排放限值。

4.1.4 新建燃气采暖热水炉氮氧化物排放限值不宜超过$100mg/kW·h$。

4.1.5 燃煤锅炉房无组织粉尘浓度执行表3规定的限值。

表3 燃煤锅炉无组织粉尘排放控制限值

污染物项目	浓度限值(mg/m^3)
无组织粉尘(监控点与上风向参照点浓度差值)	0.2

4.2 脱硝设备设计运行管理要求

脱硝设备的设计应采取必要措施确保反应物混合均匀,反应完全,减少有毒有害或可能对环境空气质量造成直接或间接影响的大气污染物排放。

采用选择性催化还原(SCR)工艺的脱硝设备,氨逃逸质量浓度不应高于$2.5mg/m^3$。

采用选择性非催化还原(SNCR)工艺的脱硝设备,氨逃逸质量浓度不应高于$8mg/m^3$。

4.3 烟囱高度规定

锅炉烟囱高度应符合 GB 13271 的规定。同时,锅炉额定容量在 0.7MW 及以下的烟囱高度不应低于 8m;锅炉额定容量在 0.7MW 以上的烟囱高度不应低于 15m。

5 监测

5.1 烟气监测孔和采样平台

应按 DB 11/1195 的规定设置永久性烟气采样孔和采样平台。

5.2 监测负荷

监测锅炉颗粒物及气态污染物排放时,锅炉负荷应符合 GB 5468 的规定。

5.3 锅炉大气污染物的监测分析方法

5.3.1 大气污染物的采样方法

大气污染物的采样方法执行 GB/T 16157、HJ/T 397 和 HJ/T 55 的规定。

5.3.2 大气污染物的监测分析方法

大气污染物的监测分析方法见表4。

表4 大气污染物的监测分析方法

序号	污染物项目	手工监测分析方法	自动监测分析方法
1	颗粒物	GB 5468 锅炉烟尘测试方法 GB/T 16157 固定污染源排气中颗粒物测定与气态污染物采样方法[a]	HJ/T 76 固定污染源烟气排放连续监测系统技术要求及检测方法(试行)
2	二氧化硫	HJ/T 57 定电位电解法 HJ 629 非分散红外吸收法	
3	氮氧化物	HJ/T 42 紫外分光光度法 HJ/T 43 盐酸萘乙二胺分光光度法 HJ 692 非分散红外吸收法 HJ 693 定电位电解法 GB 25034 燃气采暖热水炉[b]	

(续表)

序号	污染物项目	手工监测分析方法	自动监测分析方法
4	汞及其化合物	HJ 543 冷原子吸收分光光度法（暂行）	—
5	烟气黑度	HJ/T 398 林格曼烟气黑度图法	—
6	无组织粉尘	GB/T 15432 环境空气 总悬浮颗粒物的测定 重量法 HJ/T 55 大气污染物无组织排放监测技术导则	—
7	氨	HJ 533 纳氏试剂分光光度法	—

注：a 暂采用该方法，待国家新的方法标准发布后，执行新颁布标准。
b 仅适用于燃气采暖热水炉氮氧化物的测定。

5.4 质量保证和质量控制

锅炉大气污染物的监测应按照 HJ/T 373 的要求进行监测质量保证和质量控制。监测用烟气分析仪应符合 JJG 968 的规定。

5.5 大气污染物浓度折算方法

实测的锅炉颗粒物、二氧化硫、氮氧化物、汞及其化合物的排放浓度应执行 GB/T 16157 的规定，按公式（1）折算为基准含氧量排放浓度。各类燃烧设备的基准含氧量按表5的规定执行。

表5 基准含氧量

锅炉类型		基准含氧量(O_2)/%
发电锅炉	燃煤[a]	6
	燃气、燃油	3
工业锅炉	燃煤[a]	9
	燃气、燃油	3.5

注：a 其他燃料参照燃煤。

$$C = C' \times \frac{21 - \varphi(O_2)}{21 - \varphi'(O_2)} \tag{1}$$

式中：C——折算后的锅炉大气污染物排放浓度，单位为毫克每立方米（mg/m^3）；

C'——实测的锅炉大气污染物排放浓度，单位为毫克每立方米（mg/m^3）；

$\varphi(O_2)$——基准含氧量，%；

$\varphi'(O_2)$——实测含氧量，%。

5.6 气态污染物浓度单位换算

本标准中氮氧化物质量浓度以二氧化氮计，$1\mu mol/mol$ 氮氧化物相当于 $2.05 mg/m^3$ 质量浓度，$1\mu mol/mol$ 二氧化硫相当于 $2.86 mg/m^3$ 质量浓度。

5.7 锅炉烟气排放连续监测系统

额定功率14MW（含）以上的热水锅炉及额定蒸发量20t/h（含）以上的蒸汽锅炉应安装烟气排放连续监测系统，并符合《北京市固定污染源自动监控管理办法》、HJ/T 75 和 HJ/T 76 的规定。烟气排放连续监测系统经检查合格后，在有效期内监测数据为有效数据，以小时均值作为连续监测达标考核的依据。测试仪器的管理、使用应按照环境保护和计量监督的有关法规执行。

6 实施与监督

6.1 本标准由市和区(县)环境保护行政主管部门统一监督实施。

6.2 在任何情况下,锅炉使用单位均应遵守本标准的大气污染物排放控制要求,采取必要措施保证污染防治设施正常运行。各级环保部门在对锅炉使用单位进行监督性检查时,可以现场即时采样或监测的结果,作为判定排污行为是否符合排放标准以及实施相关环境保护管理措施的依据。

附录 A

（规范性附录）

高污染燃料禁燃区内的在用锅炉 2017 年 3 月 31 日前执行的大气污染物排放限值

表 A.1 高污染燃料禁燃区内的在用锅炉 2017 年 3 月 31 日前执行的大气污染物排放浓度限值

污染物项目	电站锅炉		工业锅炉	
	2007 年 9 月 1 日前建设的锅炉	2007 年 9 月 1 日后建设的锅炉	2007 年 9 月 1 日前建设的锅炉	2007 年 9 月 1 日后建设的锅炉
颗粒物(mg/m^3)	20	10	30	10
二氧化硫(mg/m^3)	50	20	50	20
氮氧化物(mg/m^3)	100	100	200	150
汞及其化合物($\mu g/m^3$)	30	30	30	30
烟气黑度(林格曼,级)	1 级			

北京市储油库油气排放控制和限值（节录）

DB 11/206—2010

(2010 年 1 月 12 日发布　2010 年 7 月 1 日实施)

本标准由北京市环境保护局提出并归口。

本标准起草单位:中机生产力促进中心、北京市环境保护科学研究院、北京市机动车排放管理中心。

(按原标准编号节录)

3 术语与定义

3.1 储油库 bulk gasoline terminal

由储油罐组成并通过管道、油罐车等方式收发汽油的场所(含炼油厂)。

3.2 油气 gasoline vapor

储油库在储存和装卸汽油过程中产生的挥发性有机物气体。

3.3 油气排放浓度 vapor emission concentration

标准状态下(温度273 K,压力101.3 kPa),排放每立方米干气中所含非甲烷总烃的量。非甲烷总烃用体积表示的浓度是体积浓度,单位是%;用质量表示时的浓度是质量浓度,单位是 g/m^3。

3.4 油气收集系统 vapor collection system

用于发油过程中收集油气的系统。

3.5 油气回收处理装置 vapor recovery processing equipment

采用吸附、吸收、冷凝、膜分离等方法,将发油过程产生的油气进行密闭回收处理的设施。

4 油气排放控制、限值和检测要求

4.1 发油油气排放控制

4.1.1 储油库应安装油气回收系统,发油时产生的油气应进行密闭收集和处理。

4.1.2 油气收集系统对油罐车罐内产生的气相压力不宜超过 4.5 kPa,且在任何情况下不应超过 6.0 kPa。

4.1.3 向汽车油罐车(以下简称"油罐车")发油时,应采用底部装油方式。装油接头和油气回收接头应分别采用与油罐车底部装卸油接口相匹配的自封闭式快速接头,公称直径应为100 mm。

4.1.4 铁路发油栈桥应采用密闭式油气回收鹤管。系统应有防溢、高液位报警和同时开启或关闭鹤管与油气回收支管阀门的联控功能。

4.1.5 油气回收处理装置(以下简称"处理装置")的油气进口和出口应设流量监测系统。流量监测系统应具备连续测量、数据累计的功能,并应符合防爆安全要求。在油气从发油平台直至处理装置出口整个过程中,不得发生油气泄漏或稀释现象。

4.1.6 处理装置的排气管口至少高于地面4 m,管口应设阻火器。

4.1.7 处理装置应按附录A中A.2的规定配备满足油气排放浓度检测要求的采样孔和平台。

4.1.8 储油库发油系统应采用防溢流控制和静电接地系统。

4.1.9 处理装置排气管上应配备具有数据上传功能的出口浓度在线检测仪。

4.1.10 油气回收设备应经相关权威机构技术评估合格。

4.2 发油油气排放限值

储油库发油油气排放限值,应符合表1的规定。

表 1　发油油气排放限值

油气收集系统泄漏点油气体积浓度 %	处理装置的油气排放质量浓度 g/m³	底部装油汽油滴漏量 mL
≤0.05	≤20	≤10

4.3　发油油气排放检测要求

4.3.1　油气收集系统泄漏点周边的油气体积浓度每年应至少检测 2 次,检测方法见附录 B。

4.3.2　处理装置的油气排放质量浓度每年应至少检测 1 次,检测方法见附录 A。

4.3.3　储油库应每个月对油气收集系统、处理装置及每个发油装置的密闭性进行 1 次自检,检查出的泄漏点应在 15 天内修复,并应有检测和维修记录。

4.3.4　发油装置的密闭性检测方法可采用气体浓度检测仪、气压试验等方式。

4.4　储油油气排放控制

4.4.1　储存汽油的地上立式油罐应按 GB 50074 的规定设置内浮顶罐。浮盘与罐壁之间应采用液体镶嵌式、机械式楔形、双封式等高效密封方式。

4.4.2　内浮顶罐所有密封结构不应有破损,浮盘上所有可开启的设备在正常运行时都应保持密闭状态。

附录 A(规范性附录)　处理装置油气排放浓度的检测方法(略)
附录 B(规范性附录)　油气泄漏和汽油滴漏检测方法(略)
附录 C(资料性附录)　储油库油气排放检测报告和检测记录表(略)

北京市油罐车油气排放控制和限值(节录)

DB 11/207—2010

(2010 年 1 月 12 日发布　2010 年 7 月 1 日实施)

本标准由北京市环境保护局提出并归口。

本标准起草单位:中机生产力促进中心、北京市环境保护科学研究院、北京市机动车排放管理中心。

(按原标准编号节录)

3　术语与定义

下列术语和定义适用于本文件。

3.1　气动底阀 pneumatic bottom valve

安装于油罐车底部、用于装卸油的专用气动阀门,也称海底阀。

3.2 油气回收阀 vapor recovery valve
专用于油罐车装油和卸油过程中回收油气的阀门。

3.3 压力真空阀 pressure/vacuum valve
用于使油罐车罐内气体压力(正压和负压)不超过规定值的阀门,又称罐车 P/V 阀或呼吸阀。

3.4 防溢流探头 over-fill prevention probe
用于防止在装油过程中可能出现溢油的探测装置。

3.5 装卸油 API 阀门 API valve
油罐车底部装卸油接口处的专用阀门。

3.6 底部装卸油系统 bottom-loading and bottom-unloading gasoline system
由气动底阀、无缝钢管和装卸油 API 阀门等组成的从油罐车罐体底部装卸油的系统。

4 油气排放控制、限值和检测要求

4.1 排放控制

4.1.1 油罐车应符合 GB 18564.1、GB 2045 和 QC/T 653 等相关技术的规定。油罐车罐体及各种阀门和管路系统渗漏检测结果按 GB 18564.1 和 QC/T 653 的要求检查后在表 C.1 记录结果。

4.1.2 油罐车应采用底部装卸油系统,并应具备油气回收功能。

4.1.3 油罐车底部装卸油系统应由带过滤网的气动底阀、API 阀门(配帽盖)与连接管道等构成,系统公称直径应为 100 mm。

4.1.4 油罐车的油气回收系统应在装油、运输和卸油过程中保持良好的密闭状态。装油时能够将汽车油罐内排出的油气密闭输入到储油库的油气回收系统;运输过程中能够保证油品和油气不泄漏;向加油站或储油库卧式油罐卸油时能够将储油罐内的油气收集到汽车油罐内。任何情况下不能因操作、维修和管理等方面的原因发生燃油泄漏。

4.1.5 油罐车油气回收系统,应由气动油气回收阀、油气回收入孔盖(带呼吸阀)和公称直径100mm 的密封式专用油气回收接头(配帽盖)等器件构成。气动油气回收阀与油气回收接头的连接应采用无缝钢管。

4.1.6 油气回收阀应与油罐车底部的气动底阀实现联动。

4.1.7 已完成底部装卸油和油气回收改造的油罐车,应取消原有卸油口。

4.1.8 油气回收接头、装卸油 API 阀门,以及气动操作按钮、防溢插座等,应集中装设在管路箱内,并应固定牢靠。多仓油罐车应将各仓油气回收管路在罐顶并联后引入管路箱。

4.1.9 防溢流探头的安装应考虑油罐车装油容量3%~10%的膨胀系数要求。

4.2 排放限值与检测要求

4.2.1 排放限值
排放限值应符合表1的规定。

表1 油气回收系统和油气回收阀密闭性检测压力变化限值

罐体或单个油仓的容积 V（L）	油气回收系统严密性检测压力变动限值 P1（kPa）	油气回收阀严密性压力变动限值 P2（kPa）
V≥9500	P1≤0.15	P2≤1.25
9500＞V≥5500	P1≤0.20	
5500＞V≥3800	P1≤0.25	
V＜3800	P1≤0.35	

4.2.2 检测要求

4.2.2.1 油罐汽车罐体及各种阀门和管路系统渗漏检测结果应符合 GB 18564.1 和 QC/T 653 的要求,防溢流探头的检测方法见附录 A,每年至少检测 1 次。

4.2.2.2 油气回收系统的密闭性检测以正压 4.5 kPa、负压 1.5 kPa 进行检测,油气回收阀的密闭性以正压 4.5 kPa 进行检测,均以停压 5 min 后的压力变化值符合表 1 规定的限值为合格。检测方法见附录 B。

附录 A（规范性附录） 防溢流及静电接地系统检测方法（略）
附录 B（规范性附录） 油罐车油气回收系统密闭性检测方法（略）
附录 C（资料性附录） 油罐车检测报告和检测记录表（略）

北京市加油站油气排放控制和限值（节录）

DB 11/208—2010

（2010 年 1 月 12 日发布　2010 年 7 月 1 日实施）

本标准由北京市环境保护局提出并归口。

本标准起草单位:中机生产力促进中心、北京市环境保护科学研究院、北京市机动车排放管理中心。

（按原标准编号节录）

3　术语与定义

下列术语和定义适用于本文件。

3.1　油气 gasoline vapor
加油站加油、卸油和储存汽油过程中产生的挥发性有机物。

3.2　真空辅助方式 vacuum-assist mode
采用真空泵将加油时产生的油气回收到埋地油罐内。

3.3 油气排放浓度 vapor emission concentration

标准状态下(温度 273 K,压力 101.3 kPa),排放每立方米干气中所含非甲烷总烃的量。

非甲烷总烃用体积表示时的浓度是体积浓度,单位是%;用质量表示时的浓度是质量浓度,单位是 g/m^3。

3.4 加油站油气回收系统 vapor recovery system for gasoline filling station

由卸油油气回收、汽油密闭储存、加油油气回收、在线监控和油气排放处理装置等组成。

3.5 卸油油气回收系统 vapor recovery system for unloading gasoline

油罐车向埋地油罐卸汽油时,能使埋地油罐内的油气通过密闭方式收集进入油罐汽车罐内的系统,也称为一阶段油气回收。

3.6 加油油气回收系统 vapor recovery system for filling gasoline

对于汽车加油时产生的油气,通过密闭方式收集进入埋地油罐的系统,也称为二阶段油气回收。

3.7 在线监控系统 on-line monitoring system

实时监测加油油气回收过程中的气液比、油气回收系统的密闭性和管线液阻是否正常的系统,并能记录、储存、处理和传输监测数据。

3.8 油气排放处理装置 vapor emission processing equipment

针对加油油气回收系统部分排放的油气,采用吸附、吸收、冷凝、膜分离等方法,对排放的油气进行回收处理的装置(以下简称"处理装置")。

3.9 油气回收系统密闭性 vapor recovery system tightness

油气回收系统在一定压力状态下的密闭程度。

3.10 油气回收管线液阻 dynamic back pressure

凝析的液体积聚在加油机至埋地油罐之间的油气回收管线内,在油气通过时产生的阻力。

3.11 气液比 air to liquid volume ratio

加油时回收的油气体积与同步加油体积的比值。

4 排放控制、限值和检测要求

4.1 排放控制

4.1.1 一般规定

4.1.1.1 加油站卸油和加油产生的油气应进行密闭回收或处理。

4.1.1.2 加油站安装油气回收泵及处理装置等设备后,对环境质量的噪声影响应符合 GB 3096 的规定。

4.1.1.3 油气回收设备应经过相关权威机构技术评估合格。

4.1.1.4 加油站应建立技术资料和认证资料档案,制定油气回收设施的操作规程和管理规程,指定专人进行日常维护和定期检测,并记录备查。

4.1.1.5 油气回收管道系统安装、试压、吹扫完毕之后和覆土之前,应按本标准规定的限值和检测方法,对管路密闭性和液阻进行自检。

4.1.1.6 卸油时,应停止加油;向汽车油箱加油达到油枪自动跳枪油面时,不应再向油箱内强行加油。

4.1.2 埋地油罐油气排放控制

4.1.2.1 埋地油罐上安装的设备及管道连接件应严密。

4.1.2.2 埋地油罐的通气立管上应设阀门,阀门距地面的高度在1.2 m～1.5 m之间。

4.1.2.3 埋地油罐应有进油防溢措施,并按DB 11/588的规定设置液位监测系统。

4.1.3 卸油油气排放控制

4.1.3.1 非管道供油加油站的卸油应采用平衡式密闭油气回收系统(油罐车向加油站埋地油罐卸油的同时,埋地油罐内的油气排入油罐车)。

4.1.3.2 卸油和卸油油气回收快速接头应分别采用公称直径100 mm的专用快速接头及密封帽盖。卸油油气回收快速接头与管道的连接处应设阀门。

4.1.3.3 当卸油油气回收口采用自封式快速接头时,可不另设阀门。

4.1.3.4 卸油口、卸油油气回收口应有明显标识。

4.1.3.5 卸油软管和油气回收软管上的快速接头,应与站内卸油接口和油气回收接口相匹配。卸油时应按规定紧密连接。

4.1.4 加油油气排放控制

4.1.4.1 加油产生的油气,应采用真空辅助方式密闭回收。

4.1.4.2 汽油加油机应具备油气回收功能。加油枪应配套采用带封气罩的防溢式油气回收加油枪和软管。加油枪与加油机之间的连接软管上应设拉断阀。

4.1.4.3 加油油气回收管道的公称直径不应小于50 mm。横管坡向埋地油罐或积液装置的坡度不应小于1%。

4.1.4.4 加油机底部与油气回收立管的连接处,应安装检测液阻和系统密闭性的螺纹三通,接头至少应高出地面150 mm,其旁通短管应设球阀及丝堵,公称直径应为25 mm。见图1。

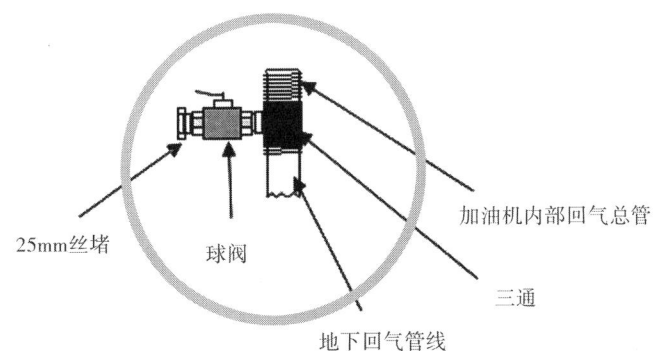

图1 三通检测接头示意图

4.1.4.5 加油油气回收系统的密闭性、回气管内液阻、加油枪的气液比等限值,应符合4.2的规定。

4.1.5 在线监控系统的要求

4.1.5.1 一般要求应符合下列规定:

a) 应能监测油气回收系统的压力、加油枪的气液比和处理装置是否处于正常状态等;

b) 应具备检测数据显示、打印、储存(1 年)、分析(如统计结果、图表、曲线及筛选等)、远程实时自动上传、超标预警和报警的功能;

c) 误报警率不大于 1%,有效率不小于 95%。

4.1.5.2 在 24 h 内,在线监控系统监测每条加油枪有效气液比值(每次连续加油量大于 15 L)小于 0.85 或大于 1.35 的次数超过总次数的 25% 时,系统应预警,若连续 5 d 处于预警状态应报警;在线监控系统气液比值报警时,应具备自动关闭超标的加油枪、油泵或加油机的功能。

4.1.5.3 在线监控系统应以不大于 30 s 采样间隔监测系统压力,自动监测压力的变化趋势,分析压力变化,当压力值超出压力/真空阀设定开启压力 200 Pa 应预警,连续保持 5 min 时,应报警;在 24 h 内压力数据在 -1000 Pa ~ +600 Pa 之外的次数超过总次数的 25% 应预警,若连续 5 d 处于预警状态应报警。

4.1.5.4 在线监控系统应具备判断是否存在系统油气泄漏以及卸油时是否连接回气管的功能。

4.1.5.5 当在线监控系统预警后,加油站应及时检查系统出现预警的原因,并采取相应措施。当系统出现报警时,应关闭加油机,在排除故障之前,不应进行加油作业。

4.1.5.6 数据上传系统应满足附录 A 的要求。

4.1.6 油气排放处理装置的要求

4.1.6.1 以管道供油的加油站,应安装处理装置。

4.1.6.2 处理装置应有自身故障诊断功能,以及实时显示罐内空间压力的功能或预留随时检测罐内空间压力检测接口。

4.1.6.3 处理装置应能根据埋地油罐的空间压力实施自动控制开启或停机,启动压力感应值宜在 150 Pa ~ 300 Pa 之间,停止运行的压力感应值宜为 -150 Pa。

4.1.6.4 处理装置宜靠近埋地油罐通气管设置,在站内的防火距离可比照加油机确定。

4.1.6.5 处理装置的排气管上应按附录 B 中 B.4.1 的规定预留满足油气排放浓度检测要求的采样孔。采样孔上部的排气管上应设手动阀门;排气管口高于地面不应小于 4 m,管口应装阻火器。

4.1.6.6 处理装置的进口管道应接在埋地油罐罐盖、通气管或卸油油气回收管道上,处理产生的高浓油气或冷凝油应引入低标号汽油罐。

4.1.6.7 与处理装置连接的管道公称直径不应小于 50 mm,横管坡向埋地油罐的坡度不应小于 1%。连接部位应设阀门。

4.1.6.8 处理装置在非开启时应保持密闭状态。

4.2 限值

4.2.1 加油油气回收系统密闭性最小剩余压力限值见表 1。

表 1 加油站油气回收系统密闭性最小剩余压力限值

单位:Pa

储罐油气空间 L	加油枪数[a] 枪				
	1～6	7～12	13～18	19～24	>24
1893	182	172	162	152	142
2082	199	189	179	169	159
2271	217	204	194	184	177
2460	232	219	209	199	192
2650	244	234	224	214	204
2839	257	244	234	227	217
3028	267	257	247	237	229
3217	277	267	257	249	239
3407	286	277	267	257	249
3596	294	284	277	267	259
3785	301	294	284	274	267
4542	329	319	311	304	296
5299	349	341	334	326	319
6056	364	356	351	344	336
6813	376	371	364	359	351
7570	389	381	376	371	364
8327	396	391	386	381	376
9084	404	399	394	389	384
9841	411	406	401	396	391
10598	416	411	409	404	399
11355	421	418	414	409	404
13248	431	428	423	421	416
15140	438	436	433	428	426
17033	446	443	441	436	433
18925	451	448	446	443	441
22710	458	456	453	451	448
26495	463	461	461	458	456
30280	468	466	463	463	461

(续表)

储罐油气空间 L	加油枪数[a] 枪				
	1～6	7～12	13～18	19～24	>24
34065	471	471	468	466	466
37850	473	473	471	468	468
56775	481	481	481	478	478
75700	486	486	483	483	483
94625	488	488	488	486	486

注:a 如果各储罐油气管线连通,则加油枪数等于汽油加油枪总数。否则,仅统计通过油气管线与被检测储罐相连的汽油加油枪数。

4.2.2 加油油气回收管道内液阻压力限值见表2。

表2 加油站油气回收管道内液阻限值

通入氮气流速 L/min	液阻限值 Pa
20	≤40
30	≤90
40	≤150

4.2.3 气液比和油气浓度限值见表3。

表3 气液比、油气浓度限值

加油枪的气液比	处理装置油气排放质量浓度 g/m³	加油机壳体内以及人井内油气浓度 %
1.0～1.2	≤20	≤0.05

附录A(规范性附录) 在线监控系统设备要求及数据上传要求(略)
附录B(规范性附录) 处理装置油气排放浓度检测方法(略)
附录C(规范性附录) 密闭性检测方法(略)
附录D(规范性附录) 液阻检测方法(略)
附录E(规范性附录) 汽液比检测方法(略)
附录F(规范性附录) 在线监控系统准确性验证(略)
附录G(规范性附录) 加油机壳体内部空间和人井内部油气浓度检测方法(略)
附录H(资料性附录) 加油站油气回收系统检测报告和检测记录表(略)

北京市炼油与石油化学工业大气污染物排放标准（节录）

DB 11/447—2015

(2015年5月13日发布　2015年7月1日实施)

本标准由北京市环境保护局提出并归口。

本标准起草单位：北京市环境保护科学研究院、环境保护部环境标准研究所、北京飞燕石化环保技术发展有限公司。

（按原标准编号节录）

3　术语和定义

下列术语和定义适用于本文件。

3.1　炼油 petroleum refining

以原油、重油等为原料，生产汽油馏分、柴油馏分、燃料油、润滑油、石蜡油、石油沥青和石油化工原料等的工业。

3.2　石油化工生产 petrochemicals manufacturing

以石油馏分、天然气等为原料，生产有机化学品、合成树脂、合成纤维、合成橡胶等的工业。

3.3　挥发性有机物 volatile organic compounds

参与大气光化学反应的有机化合物，或者根据规定的方法测量或核算确定的有机化合物。

3.4　非甲烷总烃 non-methane hydrocarbon

采用规定的监测方法，检测器有明显响应的除甲烷外的碳氢化合物的总称（以碳计）。本标准使用"非甲烷总烃（NMHC）"作为排气筒和厂界挥发性有机物（VOCs）排放的综合控制指标。

3.5　大气污染物排放浓度 air pollutants emission concentration

标准状态下（温度273 K，压力101.3 kPa），排气筒中每 m^3 干排气中所含大气污染物的质量。

3.6　酸性气 acid gas

炼油与石油化工生产过程中气体脱硫溶剂再生、含硫含氨酸性水汽提等工艺单元产生的含硫化氢（H_2S）成分的气体。

3.7　生产工艺单元 process unit

通过管线连接在一起，对原料进行加工生产石油产品或石化产品的设备的集合。通常包括：原料准备单元、化学反应单元、产品分离/精制单元、物料回收单元、三废处理单元，以及原料、中间产品、最终产品的储罐等。

3.8　挥发性有机液体 volatile organic liquid

任何能向大气释放挥发性有机化合物的符合以下任一条件的有机液体：(1)20℃时，挥发性有机液体的真实蒸气压大于0.3 kPa。(2)20℃时,混合物中,真实蒸气压大于0.3 kPa的纯有机化合物的总浓度等于或者高于20%(重量比)。

3.9 挥发性有机物探测器 VOCs detector

符合国家规定的可快速显示空气中挥发性有机物浓度的便携式检测仪器。

3.10 泄漏检测值 leakage detection value

采用规定的监测方法,检测仪器探测到的设备(泵、压缩机等)或管线组件(阀门、法兰等)泄漏点的挥发性有机物浓度扣除环境本底值后的净值(以碳计),单位 $\mu mol/mol$。

3.11 实际蒸气压 true vapour pressure

有机液体气化率为零时的蒸气压,又称泡点蒸气压,根据GB/T 8017测定的雷德蒸气压换算得到。

3.12 开口阀门及管线 open-ended lines

与有机气体或挥发性有机液体等物料相连通的阀门及管线组合。阀门一侧接触物料,另一侧接触大气,但不包括释压装置。

3.13 蒸气平衡系统 vapor balancing system

汽车(火车)、槽罐与发料储罐之间设置的气相连通系统。

3.14 现有污染源 existing pollution source

本标准实施之日前已建成投产或环境影响评价文件已通过审批的炼油与石油化学工业企业或生产设施。

3.15 新建污染源 new pollution source

自本标准实施之日起环境影响评价文件通过审批的新、改、扩建炼油与石油化学工业建设项目。

4 标准控制对象与时段划分

4.1 标准控制对象

标准主要控制对象包括:

——通过排气筒(烟囱)的有组织排放控制,执行标准第5章"工艺排气的大气污染物排放控制";

——对无组织逸散的污染物排放控制,执行标准第6章"设备与管线组件泄漏的大气污染物排放控制"、第7章"挥发性有机液体储运的大气污染物排放控制"、第8章"废水收集、处理、储存设施的大气污染物排放控制";

——厂界污染控制,执行标准第9章"厂界环境空气中大气污染物浓度限值";

——其他如开停工、检修、火炬放空、工艺采样过程的非正常排放控制以及排气筒高度要求等,执行标准第10章的规定。

5 工艺排气的大气污染物排放控制

5.1 工艺加热炉烟气

炼油与石油化工生产过程中使用的工艺加热炉(含裂解炉),其排气筒中大气污染物排放浓度执行表1规定的限值。

表 1　工艺加热炉大气污染物排放浓度限值

单位：mg/m³

时段划分	颗粒物	二氧化硫	氮氧化物（以 NO_2 计）
Ⅰ时段	50	50	120
Ⅱ时段	20	30	100

5.2　催化剂再生烟气

炼油与石油化工生产过程中使用的催化剂再生装置（包括其他空气烧焦装置），其排气筒中大气污染物排放浓度执行表2规定的限值。

表 2　催化剂再生装置大气污染物排放浓度限值

单位：mg/m³

时段划分	颗粒物	二氧化硫	氮氧化物（以 NO_2 计）	镍及其化合物	烟气黑度
Ⅰ时段	50	150	300	0.5	林格曼Ⅰ级
Ⅱ时段	30	50	100	0.3	

注：催化裂化余热锅炉吹灰时再生烟气污染物浓度最大值执行表中限值的2倍，且每次持续时间不应大于1小时。

5.3　硫磺回收尾气

炼油与石油化工生产过程产生的酸性气，应经密闭管道输送至硫磺回收装置回收硫磺，硫磺回收尾气应灼烧排放，尾气灼烧炉排气筒中二氧化硫排放浓度执行表3规定的限值。

表 3　硫磺回收装置大气污染物排放浓度限值

单位：mg/m³

时段划分	二氧化硫
Ⅰ时段	500
Ⅱ时段	200

5.4　有机工艺尾气

炼油与石油化工生产工艺单元排放的有机工艺尾气，应回收利用；不能（或不能完全）回收利用的，应采用工艺加热炉、焚烧炉予以焚烧，或采用吸收、吸附、冷凝等非焚烧方式予以处理，其排气筒中的挥发性有机物排放浓度（以非甲烷总烃为指标考核）执行表4规定的限值。

表 4　生产工艺单元非甲烷总烃排放浓度限值

单位：mg/m³

处理方式	焚烧处理	非焚烧处理
排放限值	20	100
处理效率	≥97%	

注：废水好氧生物处理设施只执行浓度限值，不执行处理效率限值。

5.5 特殊工艺排气

如工艺排气设施排放有下表指定的大气污染物,其排气筒中大气污染物排放浓度执行表5规定的限值。

表5 特殊工艺排气大气污染物排放浓度限值

单位:mg/m³

大气污染物	工艺排气设施	排放限值 Ⅰ时段	排放限值 Ⅱ时段
(一)颗粒物			
合成树脂、合成橡胶的产品粉尘	合成树脂、合成橡胶产品的加工(如挤压造粒、洗胶压块等)、输送、装卸、贮存设施等	20	20
沥青烟	产生或使用石油沥青的工艺单元	20	10
其他颗粒物	颗粒料、粉料的加工(如粉碎、混合等)、输送、装卸、贮存设施等	30	30
(二)无机气态污染物			
氟化氢(HF)	HF法烷基化装置;其他产生或使用氟化氢的工艺单元	5.0	5.0
氯(Cl_2)	氯乙烯装置;其他产生或使用氯气的工艺单元	5.0	5.0
硫化氢(H_2S)	硫磺回收装置尾气灼烧炉;其他产生或使用硫化氢的工艺单元	5.0	5.0
氨(NH_3)	氨冷冻系统(氨不凝气排放);其他产生或使用氨气的工艺单元	30	30
氯化氢(HCl)	催化重整单元催化剂再生装置;氯乙烯装置;其他产生或使用氯化氢的工艺单元	30	10
(三)有机气态污染物			
环氧乙烷	环氧乙烷/乙二醇装置;其他产生或使用环氧乙烷的工艺单元	5.0	0.5
1,3-丁二烯	丁二烯抽提装置;顺丁橡胶装置;丁苯橡胶装置;其他产生或使用1,3-丁二烯的工艺单元	5.0	1.0
1,2-二氯乙烷	氯乙烯装置;其他产生或使用1,2-二氯乙烷的工艺单元	5.0	1.0
氯乙烯	氯乙烯装置;聚氯乙烯装置;其他产生或使用氯乙烯的工艺单元	10	1.0
氯甲烷	丁基橡胶装置;其他产生或使用氯甲烷的工艺单元	20	20
苯	芳烃抽提装置;苯乙烯装置;苯酚丙酮装置;其他产生或使用苯的工艺单元	8	4
甲苯	芳烃抽提装置;苯乙烯装置;其他产生或使用甲苯的工艺单元	25	15
二甲苯	芳烃抽提装置;二甲苯制备装置;PIA/PTA装置;其他产生或使用二甲苯的工艺单元	40	20

(续表)

大气污染物		工艺排气设施	排放限值	
			Ⅰ时段	Ⅱ时段
其他有机气态污染物	A类物质[a]	—	20	20
	B类物质[b]	—	50	50
	C类物质[c]	—	80	80

注：炼油与石油化学工业执行的国家大气污染物排放标准中，如某种污染物的排放浓度限值严于本标准，则执行该种污染物的国家标准。
  a A类物质是指除苯、1,3-丁二烯、环氧乙烷、1,2-二氯乙烷、氯乙烯外，根据GBZ 2.1—2007，工业场所空气中有毒物质容许浓度TWA值(8hr时间加权平均容许浓度)或MAC值(最高容许浓度)＜20mg/m³的有机气态物质，例如溴甲烷、四氯化碳、氯乙酸、丙烯酸、丙烯腈、酚、氯丁二烯、乙酸乙烯酯、苯胺、吡啶、二硫化碳等。
  b B类物质是指除甲苯、二甲苯外，根据GBZ 2.1—2007，工业场所空气中有毒物质容许浓度TWA值(8hr时间加权平均容许浓度)或MAC值(最高容许浓度)≥20mg/m³，但＜50mg/m³有机气态物质，例如异佛尔酮、三氯甲烷、苯乙烯、甲醇、乙醛、乙二醇、乙腈、氯苯、二甲基甲酰胺(DMF)等。
  c C类物质是指除氯甲烷外，根据GBZ 2.1—2007，工业场所空气中有毒物质容许浓度TWA值(8hr时间加权平均容许浓度)或MAC值(最高容许浓度)≥50mg/m³有机气态物质，例如正己烷、环己烷、二氯甲烷、1,2-二氯丙烷、乙苯、丙酮、2-丁酮、四氯乙烯、甲基丙烯酸甲酯、四氢呋喃等。

6 设备与管线组件泄漏的大气污染物排放控制

6.1 适用对象

挥发性有机物流经以下可能产生挥发性有机物泄漏的设备或管线组件，应采用挥发性有机物探测器进行泄漏检测：

a) 泵；

b) 压缩机；

c) 泄压设备；

d) 取样连接系统；

e) 阀门；

f) 开口阀门及管线；

g) 法兰及其他连接件；

h) 其他密封设备(搅拌机密封处、装卸接合部位等)。

6.2 挥发性有机物泄漏认定

满足下列条件之一，则认定设备与管线组件发生了泄漏：

a) 目测设备与管线组件存在液滴滴下现象；

b) 挥发性有机物泄漏检测值超过表6规定的限值。

表6 设备与管线组件的挥发性有机物泄漏限值

单位：μmol/mol

设备	泄漏检测值	
	Ⅰ时段	Ⅱ时段
气体、挥发性有机液体流经的泵、压缩机	2000	1000
其他	2000	500

6.3 泄漏检查

炼油与石油化工企业应按以下频次对设备或管线组件的挥发性有机物泄漏进行检测并记录,记录至少应保留2年;

a) 泵、压缩机和释压装置每日巡检目视检查;
b) 泵、压缩机:每3个月检测一次;
c) 释压装置:每3个月及每次释压排放后5日内检测一次;
d) 其他:每6个月检测一次;
e) 对易泄漏组件,企业应根据情况增加检测频率。

6.4 泄漏超标的认定

满足下列条件之一,则认定发生了泄漏超标:

a) 挥发性有机液体泄漏大于3滴/分钟;
b) 根据受检测设备或管线密封点数量,存在泄漏的密封点数量超过表7的规定。

表7 密封点泄漏数量超标认定

组件类型	泄漏数量	
	受检测密封点(≤200个)	受检测密封点(>200个)
阀门	1	受检测总密封点的0.5%
泵	2	受检测总密封点的1%
压缩机	2	受检测总密封点的1%
释压装置	2	受检测总部件数的1%
其他部件	2	受检测总部件数的1%
注:泄漏数量须四舍五入取最近整数值。		

6.5 泄漏源修复

6.5.1 存在泄漏的设备及管线组件以及挥发性有机液体泄漏数量不超过3滴/分钟的泄漏,应予以标识,并最晚不迟于自发现之日起15日内完成修复。

6.5.2 符合下列情况之一的,不能在15日内完成修复的泄漏,应提前记录备案,并在具备条件时立即完成修复。记录应至少保存2年。

a) 需工艺停车;
b) 存在安全风险;
c) 企业能够证明15日内完成修复比延迟修复排放量更大。

7 挥发性有机液体储运的大气污染物排放控制

7.1 挥发性有机液体储罐

7.1.1 对于储存物料的实际蒸气压大于76.0kPa,且容积大于或等于75m^3的有机液体储罐,应符合下列规定之一:

a) 采用压力罐;
b) 其他等效措施。

7.1.2 对于储存物料的实际蒸气压大于 2.8kPa 但小于 76.0kPa,且容积大于或等于 75m³ 的有机液体储罐,以及容积大于或等于 75m³ 的二甲苯储罐,应符合下列规定之一:
a) 采用浮顶罐;
b) 如采用固顶罐,应安装密闭排气系统,排气至污染控制设备;
c) 其他等效措施。

7.1.3 固顶罐应符合下列规定:
a) 储罐呼吸阀、计量或取样装置,除工作、测量或取样外,应保持气密状态;
b) 罐顶不应有破洞、裂缝或其他破损情况。

7.1.4 内浮顶罐应符合下列规定:
a) 内浮顶罐应安装液体镶嵌式密封、机械式鞋形密封、双封式密封或其他等效密封其中一种高效密封方式;
b) 罐顶上方挥发性有机物检测浓度不应超过 4000μmol/mol。

7.1.5 外浮顶罐应符合下列规定:
a) 外浮顶罐应采用双封式密封,且初级密封应为液体镶嵌式密封、机械式鞋形密封或其他等效密封的其中一种高效密封方式;
b) 初级密封外壳和二级密封不应有任何开口。

7.1.6 采用密闭排气至污染控制设备,大气污染物排放执行表 4 和表 5 规定的限值。

7.1.7 检查与修复应符合下列规定:
a) 每日巡检目视检查固定顶罐、内浮顶罐罐顶和外浮顶罐浮顶是否有开口;浮顶罐排空时目视检查封气设备是否有开口。出现问题,应在 72 小时内修复;
b) 每月检测内浮顶罐罐顶上方的挥发性有机气体浓度并记录,记录至少保存 2 年。检测浓度超过 4000μmol/mol,应自发现之日起 90 日内完成修复;
c) 每月检测外浮顶罐浮盘密封设施的状态并记录,记录至少保存 2 年。发现密封设施不能密闭的,应自发现之日起 90 日内完成修复。

7.2 挥发性有机液体装载设施

7.2.1 对挥发性有机液体进行装载操作,其装载设施应配备蒸气收集系统,并密闭排气至下列设备之一:
a) 污染控制设备;
b) 蒸气平衡系统。

7.2.2 采用密闭排气至污染控制设备,大气污染物排放执行表 4 和表 5 规定的限值。

7.2.3 装车、船应采用顶部浸没式或底部装载方式,顶部浸没式装载出油口局里罐底高度应小于 200 mm。底部装油结束并断开快接头时,油品滴洒量不应超过 10mL,滴洒量取连续 3 次断开操作的平均值。

8 废水收集、处理、储存设施的大气污染物排放控制

8.1 废水收集系统

废水收集系统(所有用于含挥发性有机物、恶臭污染物废水集输的设备、管线)应满足下列要求之一:

a) 全部密闭,确保没有液面暴露在空气中;
b) 其他具有同等或更有效减少挥发性有机物的控制措施。

8.2 废水处理、储存设施

隔油池、鼓风曝气池、气浮池等废水处理设施应加盖密闭,并收集气体至污染控制设备;污泥处理设施应采用密闭集气系统至污染控制设备。污染控制设备大气污染物排放执行表4和表5规定的限值。

其他废水处理、储存设施,如液面上10 cm处的挥发性有机物浓度检测值大于300 μmol/mol(以甲烷计),亦应符合上述规定。

9 厂界环境空气中大气污染物浓度限值

炼油与石油化工企业厂界环境空气中任何1小时的大气污染物平均浓度执行表8规定的限值。

表8 厂界环境空气中大气污染物浓度限值

单位:mg/m³

污染物		颗粒物	非甲烷总烃	苯
厂界监控点处浓度	Ⅰ时段	1.0	4.0	0.4
	Ⅱ时段	1.0	2.0	0.2
污染物		甲苯	二甲苯	氯化氢
厂界监控点处浓度	Ⅰ时段	0.8	0.8	0.01
	Ⅱ时段	0.8	0.5	0.01

注:炼油与石油化学工业执行的国家大气污染物排放标准中,如某种污染物的企业边界浓度限值严于本标准,则执行该种污染物的国家标准。

10 规定

10.1 停工检修

设备、管道停工检修,应在退料阶段尽量将残存物料退净,并用容器(如重污油罐)承接;吹扫、气体置换与清洗时,应有效收集排放的气体并予以回收或送至污染控制设备处理,污染控制设备大气污染物排放执行表4和表5规定的限值。

企业应制定停工检修环保管理规程,按规程操作并记录备查。

10.2 火炬放空

装置开停车、检修、紧急事故等非正常工况下废气可排入火炬燃烧放空,火炬安装消烟装置。正常工况下排放废气应回收或排入污染控制设备处理。

紧急状况下需要燃烧放空时,应记录火炬燃烧放空数据(火炬气流量、火炬头温度、燃烧时间、冒黑烟时间、燃烧气体的成分及硫含量)备查,记录至少保存2年。

10.3 工艺采样

因产品(含中间过程产品)质量检验而进行的工艺采样,除不具备密闭采样条件的产品外,应采用可回收式密闭采样设备、密闭回路式取样连接系统、在线取样分析系统等方法予以控制。

10.4 排气筒高度与排放速率

任何炼油与石油化工生产设施排气筒的高度均不低于 15m。

除符合标准第 5 章规定的排放浓度限值外,大气污染物排放速率应符合 DB 11/501 和 GB 14554 中与排气筒高度相对应的小时排放速率要求。

11 监测

11.1 工艺排气的监测

11.1.1 炼油与石油化工生产设施应按 DB 11/1195 的规定设置废气采样口和采样平台,安装符合 HJ/T 1 要求的气体参数测量和采样的固定位装置,并满足 GB/T 16157 规定的采样条件。

11.1.2 大气污染物的分析测定应按照表 9 规定的方法执行。

表 9 大气污染物浓度测定方法

序号	污染物项目	方法标准名称	方法标准编号
1	颗粒物	固定污染源排气中颗粒物测定与气态污染物采样方法	GB/T 16157
		环境空气 总悬浮颗粒物的测定 重量法	GB/T 15432
2	镍及其化合物	大气固定污染源 镍的测定 火焰原子吸收分光光度法	HJ/T 63.1
		大气固定污染源 镍的测定 石墨炉原子吸收分光光度法	HJ/T 63.2
		大气固定污染源 镍的测定 丁二酮肟-正丁醇萃取分光光度法	HJ/T 63.3
3	二氧化硫	固定污染源排气中二氧化硫的测定 碘量法	HJ/T 56
		固定污染源排气中二氧化硫的测定 定电位电解法	HJ/T 57
		固定污染源废气 二氧化硫的测定 非分散红外吸收法	HJ 629
4	氮氧化物	固定污染源排气中氮氧化物的测定 紫外分光光度法	HJ/T 42
		固定污染源排气中氮氧化物的测定 盐酸萘乙二胺分光光度法	HJ/T 43
		固定污染源排气 氮氧化物的测定 酸碱滴定法	HJ 675
		固定污染源废气 氮氧化物的测定 非分散红外吸收法	HJ 692
		固定污染源废气 氮氧化物的测定 定电位电解法	HJ 693
5	非甲烷总烃	固定污染源排气中非甲烷总烃的测定 气相色谱法	HJ/T 38
6	沥青烟	固定污染源排气中沥青烟的测定 重量法	HJ/T 45
7	氟化氢	大气固定污染源 氟化物的测定 离子选择电极法	HJ/T 67
		固定污染源废气 氟化氢的测定离子色谱法(暂行)	HJ 688
8	氯气	固定污染源排气中氯气的测定 甲基橙分光光度法	HJ/T 30
		固定污染源废气 氯气的测定 碘量法(暂行)	HJ 547
9	硫化氢	空气质量 硫化氢、甲硫醇、甲硫醚和二甲二硫的测定 气相色谱法	GB/T 14678—1993
10	氨	环境空气和废气 氨的测定 纳氏试剂分光光度法	HJ 533—2009

(续表)

序号	污染物项目	方法标准名称	方法标准编号
11	氯化氢	固定污染源排气中氯化氢的测定 硫氰酸汞分光光度法	HJ/T 27
		固定污染源废气氯化氢的测定 硝酸银容量法(暂行)	HJ 548
		环境空气和废气氯化氢的测定 离子色谱法(暂行)	HJ 549
12	苯 甲苯 二甲苯	固定污染源废气 挥发性有机物的测定 固相吸附-热脱附/气相色谱-质谱法	HJ 734

注:1. 本标准实施之日后,国家再行发布的适用的大气污染物分析方法也应执行。
2. 暂未规定方法的,参考《空气和废气监测分析方法》(中国环境科学出版社,2003,第四版)执行。

11.1.3 排气筒中大气污染物浓度限值是指任何1小时浓度平均值不应超过的限值,可以任何连续1小时的采样获得平均值;或在任何1小时内以等时间间隔采集3个以上样品,计算平均值。

11.1.4 对于焚烧类有机废气、工艺加热炉烟气、催化剂再生烟气、硫磺回收装置后的灼烧废气,实测排气筒中大气污染物排放浓度,应换算为3%含氧量时的数值。其他工艺排气以实测浓度计算,但不应人为稀释排放。

11.1.5 对于催化裂化单元催化剂再生装置排气筒、硫磺回收装置尾气灼烧炉排气筒,以及废气排放量在40,000m³/h及以上的燃烧、焚烧、烧焦装置排气筒,应安装大气污染物连续自动监测设备。

11.2 逸散性排放检测

11.2.1 设备与管线组件泄漏检测和废水处理、储存设施挥发性有机物浓度检测,按 HJ 733 执行。

11.2.2 内浮顶罐顶挥发性有机物浓度检测,采用与"设备与管线组件泄漏检测"相同性能的探测器。内浮顶罐检测罐顶排气口中心位置处的挥发性有机物浓度。

11.2.3 逸散性排放检测每个测点采集的样本数应不少于3个,计平均值,采样间隔时间为1～5分钟。

11.3 厂界环境空气监测

11.3.1 对厂界监控点处环境空气中大气污染物的监测按 HJ/T 55 的规定执行。

11.3.2 大气污染物的分析测定按表10规定的方法执行。

表10 厂界大气污染物浓度测定方法

序号	污染物项目	方法标准名称	方法标准编号
1	颗粒物	环境空气总悬浮颗粒物的测定重量法	GB/T 15432
2	非甲烷总烃	固定污染源排气中非甲烷总烃的测定 气相色谱法	HJ/T 38

(续表)

序号	污染物项目	方法标准名称	方法标准编号
3	苯 甲苯 二甲苯	环境空气 苯系物的测定 固体吸附/热脱附-气相色谱法	HJ 583
		环境空气 苯系物的测定 活性炭吸附/二硫化碳解吸-气相色谱法	HJ 584
		环境空气 挥发性有机物的测定 吸附管采样 热脱附/气相色谱-质谱法	HJ 644
4	氯化氢	环境空气和废气氯化氢的测定 离子色谱法(暂行)	HJ 549

注:1. 本标准实施之日后,国家再行发布的适用的大气污染物分析方法也应执行。
2. 暂未规定方法的,参考《空气和废气监测分析方法》(中国环境科学出版社,2003,第四版)执行。

12 实施与监督

12.1 本标准由市和区(县)环境保护行政主管部门统一监督实施。

12.2 在任何情况下,炼油与石油化学工业企业均应遵守本标准规定的污染物排放要求,采取必要措施保证污染防治设施正常运行。各级环保部门在对企业进行监督性检查时,可以现场即时采样或监测的结果,作为判定排污行为是否符合排放标准以及实施相关环境保护管理措施的依据。

北京市大气污染物综合排放标准(节录)

DB 11/501—2017

(2017年1月10日发布 2017年3月1日实施)

本标准由北京市环境保护局提出并归口。
本标准起草单位:北京市环境保护科学研究院。

(按原标准编号节录)

3 术语和定义

下列术语和定义适用于本标准。

3.1 工业炉窑 industrial furnace and kiln

在工业生产中,用燃料燃烧或电能转换产生的热量,将物料或工件进行冶炼、焙烧、烧结、熔化、加热等的热工设备。

3.2 大气污染物排放浓度 air pollutants emission concentration

标准状态下(温度273K,压力101.3kPa),排气筒中每 m^3 干排气中所含大气污染物的质量,单位 mg/m^3。

本标准规定的大气污染物最高允许排放浓度是指排气筒中污染物任何 1 小时浓度平均值不得超过的值。

3.3 排气筒高度 stack height

自排气筒所在的地平面至排气筒出口计的高度。

3.4 大气污染物排放速率 air pollutants emission rate

一定高度的排气筒任何 1 小时排放污染物的质量,单位 kg/h。

本标准规定的大气污染物最高允许排放速率是指排气筒任何 1 小时所排放的污染物的质量不得超过的值。

3.5 无组织排放 fugitive emission

大气污染物不经过排气筒的无规则排放。

3.6 无组织排放监控点浓度限值 concentration limit at fugitive emission reference point

标准状态下(温度 273K,压力 101.3kPa),监控点(根据 HJ/T 55 确定)的大气污染物浓度在任何 1 小时的平均值不得超过的值,单位 mg/m^3。

3.7 臭气浓度 odor concentration

恶臭气体(包括异味)用无臭空气进行稀释,稀释到刚好无臭时,所需的稀释倍数。

3.8 挥发性有机物(VOCs) volatile organic compounds

参与大气光化学反应的有机化合物,或者根据规定的方法测量或核算确定的有机化合物。

3.9 非甲烷总烃 non-methane hydrocarbon

采用规定的监测方法,检测器有明显响应的除甲烷外的碳氢化合物的总称(以碳计)。

本标准使用"非甲烷总烃(NMHC)"作为排气筒及单位周界挥发性有机物排放的综合控制指标。

3.10 密闭排气系统 closed vent system

将工艺设备或车间排出或逸散出的大气污染物,捕集并输送至污染控制设备或排放管道,使输送的气体不直接与大气接触的系统。

3.11 含氧量 O_2 content

燃料燃烧时,烟气中含有的多余的自由氧,通常以干基容积百分数来表示。

3.12 现有污染源 existing pollution source

本标准实施之日前,已建成投产或环境影响评价文件已通过审批的排污单位和生产设施。

3.13 新建污染源 new pollution source

本标准实施之日起,环境影响评价文件通过审批的新建、改建和扩建的建设项目。

4 大气污染物排放控制要求

4.1 时段划分

4.1.1 现有污染源按 Ⅰ、Ⅱ 两个时段,分别执行相应的标准限值。第 Ⅰ 时段指本标准实施之日起至 2017 年 12 月 31 日止,第 Ⅱ 时段指自 2018 年 1 月 1 日起。

4.1.2 新建污染源自本标准实施之日起执行第 Ⅱ 时段标准。

4.1.3 排放限值、技术与管理规定等未划分时段的,则自本标准实施之日起执行。

4.2 污染源排放要求

4.2.1 工业炉窑第Ⅰ时段的大气污染物排放限值按表1的规定执行。工业炉窑第Ⅱ时段的主要大气污染物排放限值按表2的规定执行,其他特征大气污染物排放限值按表3规定执行。含有工业炉窑的排污单位周界无组织排放监控点浓度限值按表3规定执行。(表3具体内容见原标准)

表1 工业炉窑的第Ⅰ时段大气污染物排放限值

序号	污染物项目	大气污染物最高允许排放浓度 mg/m³	与排气筒高度对应的大气污染物最高允许排放速率 kg/h				
			15m	20m	30m	40m	50m
1	颗粒物	30	3.5	5.9	23	39	60
2	二氧化硫	300	2.6	4.3	15	25	39
3	氟化物(以F计)a	6.0	0.10	0.17	0.59	1.0	1.5

注:a 制作耐火材料、砖瓦、玻璃、陶瓷制品等的炉窑需执行氟化物排放限值要求。

表2 工业炉窑的第Ⅱ时段大气污染物排放限值

类别	序号	污染物项目	大气污染物最高允许排放浓度 mg/m³	与排气筒高度对应的大气污染物最高允许排放速率 kg/h				
				15m	20m	30m	40m	50m
常规大气污染物	1	颗粒物	10	0.78	1.3	5.0	8.8	13
	2	二氧化硫	20	1.4	2.4	8.2	14	22
	3	氮氧化物	100	0.43	0.72	2.4	4.3	6.6
特征大气污染物	4	汞及其化合物	0.0080	1.3×10^{-4}	2.2×10^{-4}	8.4×10^{-4}	1.5×10^{-3}	2.2×10^{-3}
	5	铅及其化合物	0.10	1.8×10^{-3}	3.1×10^{-3}	0.012	0.020	0.031
	6	砷及其化合物	0.50	2.6×10^{-3}	4.4×10^{-3}	0.017	0.029	0.044
	7	镉及其化合物	0.10	1.3×10^{-5}	2.2×10^{-5}	8.4×10^{-5}	1.5×10^{-4}	2.2×10^{-4}
	8	镍及其化合物	0.20	0.052	0.088	0.34	0.58	0.89
	9	锑及其化合物	1.0	0.026	0.044	0.17	0.29	0.44
	10	氟化物(以F计)	3.0	0.072	0.12	0.41	0.71	1.1
	11	氯化氢	25	0.036	0.060	0.20	0.36	0.55

4.2.2 生产工艺废气及其他废气大气污染物排放限值按表3的规定执行。(表3具体内容见原标准)

6 监测要求

6.1 一般要求

6.1.1 排污单位应按照有关法律法规的要求,建立排污单位监测制度,制定监测方案,对污染物排放状况及其对周边环境质量的影响开展自行监测,保存原始监测记录。

6.1.2 排污单位安装污染物排放自动监控设备的要求,按《北京市固定污染源自动监控管理办法》、HJ/T 75 中相关要求及其他相关法律法规执行。

6.1.3 实施监督性监测期间的工况应与实际运行工况相同,监测时排污单位应提供工况数据材料。

6.1.4 对排污单位排放大气污染物浓度的测定采用表4所列的方法标准执行。(表4具体内容见原标准)

6.2 排气筒监测要求

6.2.1 工艺设备或车间排气筒应设置永久采样口,按 DB11/ 1195 的规定设置废气采样口和采样平台,并符合 GB/T 16157、HJ/T 397、HJ/T 373 及 HJ/T 75、HJ/T 76、HJ 732 的规定。

6.2.2 本标准规定的排气筒中大气污染物浓度可以任何连续1小时的采样获得平均值;或在任何1小时内以等时间间隔采集3个以上样品,计算平均值。对于间歇性排放且排放时间小于1小时,则应在排放时段内实行连续采样获得平均值,或以等时间间隔采集3个以上样品并计平均值。

6.2.3 对于工业炉窑,应同时对排气中含氧量进行监测,实测排气筒中大气污染物排放浓度应按公式(2)换算为基准含氧量排放浓度,并以此作为判断排放是否达标的依据。若国家相关行业标准对工业炉窑基准含氧量或基准排气量有规定的,按照国家相关行业标准的规定执行;若没有规定的,基准含氧量按9%进行换算。以电为能源的炉窑按实测浓度计。[公式(2)具体内容见原标准]

6.2.4 生产工艺废气及其他废气按实测浓度计,但不应人为稀释排放。

6.3 无组织排放监测要求

6.3.1 单位周界无组织排放监控点浓度监测按 HJ/T 55、HJ/T 194、HJ 691 的规定执行,根据污染物的排放、扩散规律,当受条件限制,无法按上述要求布设监测采样点时,也可将监测采样点设于单位周界内侧靠近周界的位置。

6.3.2 单位周界无组织排放监控点浓度监测,可以任何连续1小时的采样获得平均值;或在任何1小时内以等时间间隔采集3个以上样品,计算平均值。对于浓度偏低的,可适当延长采样时间获得平均值。

7 标准实施

7.1 本标准由市和区环境保护行政主管部门统一监督实施。

7.2 在任何情况下,排污单位均应遵守本标准规定的大气污染物排放控制要求,采取必要的措施保证污染防治设施正常运行。各级环保部门在对排污单位进行监督性检查时,现场即时采样或监测的结果,可以作为判定排污行为是否符合排放标准以及实施相关环境保护管理措施的依据。

7.3 标准条款中出现"应"或"不得"用语的,应理解为具有与限值规定相同的效力,不符合该条款规定视为超标。

7.4 关于在线监测数据的达标判定按国家有关规定执行。

附录 A(资料性附录)　典型污染源受控工艺设施和污染物项目(略)
附录 B(规范性附录)　大气污染物最高允许排放速率计算(略)
附录 C(规范性附录)　污染控制的记录要求(略)

北京市生活垃圾焚烧大气污染物排放标准（节录）

DB 11/502—2008

(2008 年 7 月 24 日发布　2008 年 7 月 24 日实施)

本标准由北京市环境保护局提出并归口。
本标准起草单位：北京大学、北京市固体废物管理中心。

（按原标准编号节录）

3　术语和定义

下列术语和定义适用于本标准。

3.1　生活垃圾 municipal solid waste

在日常生活中或者为日常生活提供服务的活动中产生的固体废物以及法律、行政法规规定视为生活垃圾的固体废物。

3.2　焚烧炉 incinerator

利用高温氧化作用处理生活垃圾的装置。

3.3　处理能力 incineration capacity

焚烧炉单位时间焚烧垃圾的质量。

3.4　二噁英类 dioxins

多氯代二苯并-对-二噁英和多氯代二苯并呋喃的总称。

3.5　二噁英类毒性当量 toxicity equivalence quantity（TEQ）

二噁英类毒性当量因子(TEF)是二噁英类毒性同类物与 2,3,7,8-四氯代二苯并-对-二噁英对 Ah 受体的亲和性能之比。二噁英同类物毒性当量因子表参见附录 A。二噁英类毒性当量可按式(1)计算：

$$TEQ = \sum (\text{二噁英毒性同类物浓度} \times TEF) \qquad (1)$$

3.6　烟气不透光率 opacity

入射光线通过烟气介质，光线被吸收及散射后强度衰减的百分率。本标准中所规定的烟气不透光率排放限值均指折算至排放口处的烟气不透光率数值，用"Op"表示。

4 生活垃圾焚烧大气污染物排放限值

4.1 生活垃圾焚烧炉大气污染物排放限值

生活垃圾焚烧炉大气污染物排放应执行表1规定的排放限值。

表1 生活垃圾焚烧炉大气污染物排放限值

序号	项目	单位	最高允许排放浓度限值
1	烟尘	mg/m³	30
2	烟气黑度	林格曼黑度,级	1
3	烟气不透光率	%	10
4	一氧化碳	mg/m³	55
5	氮氧化物	mg/m³	250
6	二氧化硫	mg/m³	200
7	氯化氢	mg/m³	60
8	汞	mg/m³	0.2
9	镉	mg/m³	0.1
10	铅	mg/m³	1.6
11	二噁英类	ng TEQ/m³	0.1

4.2 恶臭控制

4.2.1 生活垃圾焚烧厂应设计、建设焚烧系统停炉检修期间垃圾贮存仓的臭气收集和处理系统,并在停炉检修期间运行。

4.2.2 生活垃圾焚烧厂恶臭污染物无组织排放、臭气收集和处理系统的恶臭污染物排放应符合 GB 14554 中的有关规定。

5 生活垃圾焚烧污染控制技术要求

生活垃圾焚烧设施除执行 GB 18485 等国家标准的污染控制要求外,应满足以下要求:

a) 单台焚烧炉的处理能力不低于 200 吨/天;

b) 焚烧炉应能连续运行,运行过程中必须保证系统处于负压状态;

c) 烟气净化系统脱酸工艺宜采用干法/半干法工艺;除尘系统宜采用活性炭喷射加布袋除尘器的组合工艺;

d) 自动控制系统应能使焚烧系统和烟气处理系统实现自动连锁控制,使烟气中污染物排放浓度符合表1规定的排放限值要求;

e) 焚烧厂厂界距离居(村)民住宅、学校、医院等公共设施和类似建筑物的防护距离应通过环境影响评价确定,但不应小于 300 米。

6 监测

6.1 监测工况

6.1.1 在对焚烧炉进行日常监督性监测时,采样期间的工况应与日常运行工况相同。

6.1.2 在对焚烧炉进行环保验收监测时,采样期间的工况负荷应不低于焚烧炉设计处理能力的 75%。

6.2 监测方法

6.2.1 焚烧炉烟气黑度的监测按照 HJ/T 398 的规定执行。

6.2.2 排气筒烟气不透光率的监测按 DB11/ 237—2004 中附录 C 的规定执行。

6.2.3 焚烧炉其他大气污染物的监测方法按照 GB 18485 的有关规定执行。

6.3 在线监测

6.3.1 焚烧系统的主要工艺参数和表征焚烧系统运行性能的指标(包括烟气中 CO、CO_2、NO_x、SO_2、烟尘、O_2、HCl 浓度和烟气不透光率)应实施在线监测。

6.3.2 焚烧炉在线监测系统应具备对外联网的接口和数据传输功能。

6.3.3 焚烧厂所有在线监测数据应至少保存 3 年。

6.3.4 所有在线监测的污染物在任意一个小时的时段内,排放浓度的平均值超过表 1 中的排放限值则属于超标排放。

6.4 重金属和二噁英类监测频次

对于在线监测未包括的项目,烟气中重金属每季度应至少监测一次,二噁英类每年应至少监测一次。

7 标准实施

7.1 新建、改建、扩建生活垃圾焚烧项目自本标准实施之日起执行;新建、改建、扩建生活垃圾焚烧项目是指在本标准实施之日(含)后批准其环境影响评价文件的项目。

7.2 现有焚烧设施应于 2010 年 1 月 1 日起达到本标准的排放限值要求,在此之前按其环境影响评价批复的大气污染物排放限值执行。

附录 A (资料性附录)
二噁英同类物毒性当量因子

表 A.1 二噁英同类物毒性当量因子表

PCDDs	TEF	PCDFs	TEF
2,3,7,8-TCDD	1.0	2,3,7,8-TCDF	0.1
1,2,3,7,8-P_5CDD	0.5	1,2,3,7,8-P_5CDF	0.05
	—	2,3,4,7,8-P_5CDF	0.5
2,3,7,8-取代 H_6CDD	0.1	2,3,7,8-取代 H_6CDF	0.1
1,2,3,4,6,7,8-H_7CDD	0.01	2,3,7,8-取代 H_7CDF	0.01
OCDD	0.001	OCDF	0.001
注:PCDDs:多氯代二苯并-对-二噁英(Polychlorinated dibenzo-p-dioxins); PCDFs:多氯代二苯并呋喃(Polychlorinated dibenzofurans)。			

北京市危险废物焚烧大气污染物排放标准（节录）

DB 11/ 503—2007

(2007年10月31日发布 2008年1月1日实施)

本标准由北京市环境保护局提出并归口。
本标准起草单位：北京大学环境学院、北京市固体废物管理中心。

（按原标准编号节录）

3　术语和定义

下列术语和定义适用于本标准。

3.1　危险废物 hazardous waste

列入国家危险废物名录或者根据国家规定的危险废物鉴别标准和鉴别方法判定的具有危险特性的废物。

3.2　焚烧 incineration

焚化燃烧危险废物使之分解并无害化的过程。

3.3　焚烧炉 incinerator

焚烧危险废物的主体装置。

3.4　焚烧量 incineration capacity

焚烧炉单位时间焚烧危险废物的重量。

3.5　焚烧残余物 incineration residues

焚烧危险废物后排出的燃烧残渣、飞灰和经尾气净化装置产生的固态物质。

3.6　烟气停留时间 residence time

燃烧所产生的烟气从最后的空气喷射口或燃烧器出口到换热面（如余热锅炉换热器）或烟道冷风引射口之间的停留时间。

3.7　焚烧温度 incineration temperature

焚烧炉燃烧室出口中心的温度。

3.8　二噁英类 dioxins

多氯代二苯并-对-二噁英和多氯代二苯并呋喃的总称。

3.9　二噁英毒性当量 toxicity equivalence quantity (TEQ)

二噁英类毒性当量因子（TEF）是二噁英类毒性同类物与2,3,7,8-四氯代二苯并-对-二噁英对Ah受体的亲和性能之比。二噁英同类物毒性当量因子表参见附录A。二噁英类毒性当量可以通过式(1)计算：

$$TEQ = \sum (二噁英毒性同类物浓度 \times TEF) \tag{1}$$

3.10 标准状态 standardized condition

烟气温度为 273.16 K,压强为 101.325 kPa 时的状态。

3.11 烟气不透光率 opacity

入射光线通过烟气介质,光线被吸收及散射后强度衰减的百分率。本标准中所规定的烟气不透光率排放限值均指折算至排放口处的烟气不透光率数值,用"Op"表示。

4 危险废物焚烧大气污染物排放限值

4.1 焚烧炉大气污染物排放限值

焚烧炉大气污染物排放应执行表 1 规定的排放限值。

表 1 危险废物焚烧炉大气污染物排放限值[a]

序号	项目	单位	数值含义	最高允许排放浓度限值
1	烟尘	mg/m^3	小时均值	30
2	烟气黑度	林格曼,级	测定值[b]	1
3	烟气不透光率	%	小时均值	10
4	一氧化碳	mg/m^3	小时均值	55
5	氮氧化物	mg/m^3	小时均值	500
6	二氧化硫	mg/m^3	小时均值	200
7	氯化氢	mg/m^3	小时均值	60
8	氟化氢	mg/m^3	小时均值	4.0
9	汞及其化合物(以 Hg 计)	mg/m^3	测定均值	0.1
10	镉及其化合物(以 Cd 计)	mg/m^3	测定均值	0.1
11	砷、镍及其化合物(以 As + Ni 计)[c]	mg/m^3	测定均值	1.0
12	铅及其化合物(以 Pb 计)	mg/m^3	测定均值	1.0
13	铬、锡、锑、铜、锰及其化合物(以 Cr + Sn + Sb + Cu + Mn 计)[d]	mg/m^3	测定均值	4.0
14	二噁英类	$ng\ TEQ/m^3$	测定均值	0.1

注:a 本表规定的各项标准限值,均以标准状态下含 11% O_2 的干烟气为参考值换算。
　　b 在任何 1 小时内,烟气黑度超过林格曼 1 级的累计时间不得超过 5 分钟。
　　c 指砷和镍的总量。
　　d 指铬、锡、锑、铜和锰的总量。

4.2 对于水泥窑共处置危险废物,排气中颗粒物、SO_2、NO_X、HF 的排放限值执行 DB 11/237 的要求,$HCl + Cl_2 \leq 60\ mg/m^3$,其他污染物执行表 1 中的排放限值要求。

4.3 臭气控制

焚烧厂恶臭污染物控制应按照 GB 14554 有关规定执行。

5 危险废物焚烧技术要求

危险废物焚烧应执行 GB 18484 等国家标准的管理和技术要求,并应满足以下要求:

a) 新建区域集中危险废物焚烧炉的处理能力不应低于 400 公斤/小时。

b) 焚烧炉运行过程中要保证系统处于负压状态。

c) 自动控制系统应能使焚烧系统和烟气处理系统实现自动连锁控制,使烟气中污染物排放浓度达到表 1 所列的排放限值要求。

6 监测方法

6.1 监测工况要求

在对焚烧炉进行日常监督性监测时,采样期间的工况应与正常运行工况相同(不低于焚烧炉额定处理能力的 75%),不应任意改变运行工况。

6.2 在线监测系统和监视系统

6.2.1 焚烧系统的主要工艺参数和表征焚烧系统运行性能的指标(包括烟气中 CO、CO_2、NO_x、SO_2、烟尘、O_2、HCl 浓度和烟气不透光率)应实施在线监测。

6.2.2 焚烧炉在线监测系统应具备对外联网的接口和数据传输功能。

6.2.3 焚烧厂所有在线监测数据应至少保存 3 年。

6.2.4 所有在线监测的污染物在任意一个小时的时段内,排放浓度的平均值超过表 1 中的排放限值则属于超标排放。

6.2.5 排气筒不透光率监测

6.2.5.1 应采用经过核准的不透光率监测设备,包括手动监测设备、连续在线监测设备、激光雷达遥测设备。

6.2.5.2 激光雷达遥测参照《大气固定源的采样和分析》(中国环境科学出版社,1993)第十五章暗度"二、激光雷达遥测固定源排放物的暗度"有关规定执行。手动监测设备和连续在线监测设备按 DB 11/ 237—2004 中的附录 C 规定执行。

6.2.5.3 在烟道中监测不透光率数值,需折算至排放口处,按公式(2)计算。[公式(2)具体内容见原标准]

6.3 氟化氢、重金属及二噁英监测

烟气中氟化氢、重金属及其化合物含量每季度应至少监测一次,二噁英每年应至少监测一次。

附录 A(资料性附录) 二噁英同类物毒性当量因子表(略)

北京市铸锻工业大气污染物排放标准(节录)

DB 11/914—2012

(2012 年 10 月 29 日发布 2013 年 1 月 1 日实施)

本标准由北京市环境保护局提出并归口。

本标准起草单位:北京市环境保护科学研究院。

（按原标准编号节录）

3 术语和定义

3.1 标准状态 standard condition

温度为273K,压力为101 325Pa时的状态,简称"标态"。

注:本标准规定的大气污染物排放浓度均指标准状态下干烟气中的数值。

3.2 最高允许排放浓度 maximal allowable emission concentration

处理设施后排气筒中污染物任何1h浓度平均值不应超过的限值;或指无处理设施排气筒中污染物任何1h浓度平均值不应超过的限值。

3.3 无组织排放 fugitive emission

大气污染物不经过排气筒的无规则排放。

注:低矮排气筒的排放属有组织排放,但在一定条件下也可造成与无组织排放相同的后果,因此在执行"无组织排放监控点浓度限值"指标时,由低矮排气筒造成的监控点污染物浓度增加不予扣除。

3.4 无组织排放监控点浓度限值 concentration limit at fugitive emission reference point

监控点的污染物浓度在任何1h的平均值不应超过的限值。

3.5 排气筒高度 stack height

自排气筒(或其主体建筑构造)所在的地平面至排气筒出口计的高度。

3.6 最高允许排放速率 maximal allowable emission rate

一定高度的排气筒任何1h排放污染物的质量不应超过的限值。

3.7 过量空气系数 excess air coefficient

燃料燃烧时实际空气消耗量与理论空气需要量之比值。

3.8 铸造 casting

熔炼金属,制造铸型,并将熔融金属浇入铸型,凝固后获得具有一定形状、尺寸和性能金属零件毛坯的成型方法。

3.9 锻造 forging

在加压设备及工(模)具的作用下,使坯料、铸锭产生局部或全部的塑性变形,以获得一定几何尺寸、形状和质量的锻件的加工方法。

3.10 造型 molding

用型砂及模样等工艺装备制造砂型的方法和过程。

3.11 制芯(造芯) core making

将芯砂制成符合芯盒形状的砂芯的过程。

3.12 熔炼 smelting

通过加热使金属由固态转变为液态,并通过冶金反应去除金属液中的杂质,使其温度和成分达到规定要求的过程和操作。

3.13 浇注 pouring

将熔融金属从浇包注入铸型的操作。

3.14 落砂 shakeout
用手工或机械方法使铸件与型(芯)砂分离的操作。可带砂箱落砂或在捅型后再落砂。

3.15 清理 cleaning
落砂后从铸件上清除表面粘砂、型砂、多余金属(包括浇冒口、飞翅和氧化皮)等过程的总称。

3.16 挥发性有机物 volatile organic compounds
在20℃条件下蒸气压大于或等于0.01kPa,或者特定适用条件下具有相应挥发性的全部有机化合物的统称,简写作 VOCs。

注:本标准针对排气筒排放废气中的 VOCs,以"非甲烷总烃"和几种特定的单项物质作为控制指标;针对厂界和车间周边环境空气中的 VOCs,以"非甲烷总烃"作为控制指标。

3.17 非甲院总烃 non-methane hydrocarbon
采用规定的监测方法,检测器有明显响应的除甲烷外的碳氢化合物的总称(以碳计)。

注:本标准使用"非甲烷总烃(NMHC)"作为排气筒及无组织 VOCs 排放的综合控制指标。

3.18 密闭排气系统 closed vent system
将工艺设备或车间排出或逸散出的大气污染物,捕集并输送至污染控制设备或排放管道,使输送的气体不直接与大气接触的系统。

5 排放限值

5.1 排气筒大气污染物排放限值

5.1.1 排放浓度限值

第 I 时段大气污染物最高允许排放浓度不应超过表 1 规定的限值,第 II 时段大气污染物最高允许排放浓度不应超过表 2 规定的限值。铸件/锻件涂漆工序的大气污染物最高允许排放浓度不分时段,均不应超过表 3 规定的限值。

表 1 第 I 时段大气污染物排放浓度限值

受控工艺或设备		大气污染物最高允许排放浓度(mg/m^3,烟气黑度除外)					
		颗粒物	二氧化硫	氮氧化物	一氧化碳	非甲烷总烃	烟气黑度(林格曼,级)
铸造	旧砂再生/砂制备	30	—	—	—	—	—
	造型/制芯	30	—	—	—	20	—
	冲天炉	10	20	150	800	20	1
	其他熔炼炉	10	20	150	—	—	1
	浇注	20	—	—	—	20	—
	铸件落砂/清理	30	—	—	—	—	—
	干燥炉/焙烧炉/热处理炉	10	20	150	—	20	1
锻造	加热炉/热处理炉	10	20	150	—	—	1
	锻件清理	30	—	—	—	—	—

表2 第Ⅱ时段大气污染物排放浓度限值

受控工艺或设备		大气污染物最高允许排放浓度(mg/m^3,烟气黑度除外)								
		颗粒物	二氧化硫	氮氧化物	一氧化碳	非甲烷总烃	三乙胺	氯气	氯化氢	烟气黑度(林格曼,级)
铸造	旧砂再生/砂制备	10	—	—	—	—	—	—	—	—
	造型/制芯	10	—	—	—	20	5[a]	—	—	—
	冲天炉	10	20	150	800	20	—	—	—	1
	其他熔炼炉	10	20	150	—	—	—	5[b]	30[b]	1
	浇注	10	—	—	—	20	—	—	—	—
	铸件落砂/清理	10	—	—	—	—	—	—	—	—
	干燥炉/焙烧炉/热处理炉	10	20	150	—	20	—	—	—	1
锻造	加热炉/热处理炉	10	20	150	—	—	—	—	—	1
	锻件清理	10	—	—	—	—	—	—	—	—

注:a 适用于冷芯盒法制芯工序;
b 适用于有色金属熔炼炉。

表3 铸件/锻件涂漆工序大气污染物排放浓度限值

污染物	苯	甲苯与二甲苯合计	非甲烷总烃
最高允许排放浓度(mg/m^3)	1	18	30

5.1.2 最高允许排放速率

排气筒中污染物排放除应符合表1、表2和表3规定的大气污染物排放浓度限值外,还应同时满足表4规定的与排气筒高度对应的排放速率限值。

表4 污染物排放速率限值

排气筒高度(m)	最高允许排放速率(kg/h)[a]										
	颗粒物	二氧化硫	氮氧化物	一氧化碳	非甲烷总烃	苯	甲苯	二甲苯	三乙胺	氯气	氯化氢
15	1.3	1.6	0.47	11	6.3	0.36	2.2	0.73	0.42	—	0.18
20	2.2	2.6	0.77	18	10	0.61	3.7	1.2	0.84	0.36[b]	0.31
30	8.4	8.8	2.6	62	35	2.1	12	4.1	2.2	0.61	1.0
40	14	15	4.6	110	61	3.5	21	7.1	4.1	2.1	1.8
50	22	23	7.0	160	95	5.4	33	11	6.3	3.5	2.7

注:a 排气筒高度处于表4所列的两个高度之间时,其执行的最高允许排放速率按内插法确定,内插法计算公式见本标准附录A;排气筒高度大于表4所列的最高值,以外推法计算其执行的最高允许排放速率,外推法计算公式见本标准附录A。
b 最低排气筒高度25m时的限值。

5.2 无组织排放浓度限值

颗粒物和 VOCs 无组织排放浓度限值见表5。

表5 无组织排放监控点浓度限值

时段	无组织排放监控点	浓度限值（mg/m³）	
		颗粒物	非甲烷总烃
I 时段	单位周界	0.5	2.0
II 时段	单位周界	0.5	1.0
	车间或露天作业场所周边	1.0	2.0
	车间内部[a]	2.0	—

注：a 采取密闭及废气集中净化系统的车间可豁免，其车间排气口按有组织排放源进行管理。

6 技术与管理要求

6.1 排气筒高度

6.1.1 排放氯气的排气筒高度不应低于25m。

6.1.2 排放除氯气以外的其他大气污染物的排气筒高度不应低于15m。

6.2 污染控制要求

6.2.1 旧砂再生/型砂制备、造型/制芯、熔炼、浇注、落砂、铸件/锻件清理、铸件/锻件涂漆等主要生产工序均应设置有效密闭排气系统，变无组织逸散为有组织排放。密闭罩开口部位断面风速不应低于0.5m/s。有条件的应设立隔离间实行密闭作业。

6.2.2 生产车间敞开的天窗、门窗等处不应有可见无组织排放存在。

6.2.3 粒状或粉状物料的运输和贮存应当密闭，装卸过程应当采取污染控制措施。

6.2.4 露天生产场地应设围护结构，并采取洒水、清洁、地面硬化等措施，防止扬尘。

7 监测

7.1 质量保证和质量控制

铸锻工业大气污染物的监测以及监测质量保证和质量控制应按照 HJ/T 397 和 HJ/T 373 规定的要求进行。

7.2 排气筒排放监测

7.2.1 排气筒应设置永久采样孔和采样测试平台，安装符合 HJ/T 1 要求的气体参数测量和采样的固定位装置，并满足 GB/T 16157 规定的采样条件。

7.2.2 排气筒中颗粒物或气态污染物的监测采样应按 GB/T 16157 执行。

7.2.3 污染物分析方法见表6。

表6 污染物监测分析方法

序号	污染物项目	监测分析方法
1	颗粒物	GB/T 16157 重量法
2	二氧化硫	HJ/T 56 碘量法 HJ/T 57 定电位电解法 HJ/T 629 非分散红外吸收法
3	氮氧化物	HJ/T 42 紫外分光光度法 HJ/T 43 盐酸萘乙二胺分光光度法 定电位电解法[a] 非分散红外吸收法[a]
4	氯气	HJ 547 碘量法
5	氯化氢	HJ/T 27 硫氰酸汞分光光度法 HJ 548 硝酸银容量法
6	非甲烷总烃	HJ/T 38 气相色谱法
7	一氧化碳	HJ/T 44 非色散红外吸收法
8	三乙胺	GBZ 160.69 工作场所空气有毒物质测定 脂肪族胺类化合物
9	苯、甲苯、二甲苯	HJ 583 固体吸附/热脱附—气相色谱法 HJ 584 活性炭吸附/二硫化碳解吸—气相色谱法
10	烟气黑度	HJ/T 398 林格曼烟气黑度图法

注:a 暂采用《空气和废气监测分析方法》(第四版,中国环境科学出版社,2003.9)中规定的方法,待国家方法标准发布后,执行国家标准。

7.2.4 对于建设项目环境保护设施竣工验收监测或限期治理后的监测,采样期间的工况不应低于设计工况的75%。对于监督性监测,不受工况和生产负荷限制。

7.2.5 对于排气筒中大气污染物浓度的监测可采用任何连续1h的采样获得平均值;或在任何1h内以等时间间隔采集3个以上样品,计算平均值。对于间歇性排放且排放时间小于1h,则应在排放时段内实行连续监测,或以等时间间隔采集3个以上样品并计平均值。

7.2.6 工业炉窑实测污染物浓度应换算为规定的过量空气系数时的数值:
——冲天炉(冷风炉,鼓风温度≤400℃)的过量空气系数规定为4.0;
——冲天炉(热风炉,鼓风温度>400℃)的过量空气系数规定为2.5;
——燃油、燃气炉窑的过量空气系数规定为1.2;
——以电为能源的炉窑按实测浓度计。

折算公式如下:

$$C = C' \times \frac{\alpha'}{\alpha}$$

式中:C——折算后的大气污染物排放浓度,mg/m^3;
C'——实测大气污染物排放浓度,mg/m^3;
α'——实测的过量空气系数;
α——规定的过量空气折算系数。

7.2.7 VOCs 燃烧处理装置排气实测污染物浓度应换算为过量空气系数为 2.1 时的数值。其他工艺排气按实测浓度计算，但不应人为稀释排放。

7.3 无组织排放监测

7.3.1 对单位周界和车间周边无组织排放监控点污染物浓度的监测应采用连续 1h 采样计平均值，需要时可适当延长采样时间。仅需用短时间采集样品时，应在 1h 内以等时间间隔采集 3 个以上样品，计平均值；对于车间内部无组织排放监控点污染物浓度的监测执行 GBZ 159。

7.3.2 单位周界监控点的设置执行 HJ/T 55，车间内部监控点的设置执行 GBZ 159，车间或露天作业场所周边监控点的设置方法执行附录 B。

7.3.3 环境空气中颗粒物的测定方法按 GB/T 15432 执行。

8 标准实施

8.1 本标准由市和区(县)环境保护行政主管部门统一监督实施。

8.2 对企业进行监督性检查时，可以现场即时采样或监测的结果作为判定排污行为是否符合排放标准以及实施相关环境保护管理措施的依据。

附录 A(规范性附录) 确定排气筒最高允许排放速率的内插法和外推法(略)
附录 B(规范性附录) 车间或露天作业场所周边无组织排放监控点的设置(略)

天津市锅炉大气污染物排放标准(节录)

DB 12/151—2016

(2016 年 7 月 25 日发布 2016 年 8 月 1 日实施)

本标准由天津市环境保护局提出并归口。
本标准起草单位：天津市环境保护科学研究院、天津市大气污染防治重点实验室。

(按原标准编号节录)

3 术语和定义

下列术语和定义适用于本标准。

3.1 锅炉 boiler

锅炉是利用燃料燃烧释放的热能或其他热能加热热水或其他工质，以生产规定参数(温度,压力)和品质的蒸汽、热水或其他工质的设备。

3.2 在用锅炉 in-use boiler

指本标准实施之日前，已建成投产或环境影响评价文件已通过审批的锅炉。

3.3 新建锅炉 new boiler

本标准实施之日起，环境影响评价文件通过审批的新建、改建和扩建的锅炉建设项目。

3.4 有机热载体锅炉 organic fluid boiler
以有机质液体作为热载体工质的锅炉。

3.5 标准状态 standard condition
锅炉烟气在温度为273K,压力为101 325Pa时的状态,简称"标态"。本标准规定的排放浓度均指标准状态下干烟气中的数值。

3.6 烟囱高度 stack height
从锅炉所在地±0地平面至烟囱排放口的垂直距离。位于地平面以下的锅炉应扣除从锅炉所在地表面至±0地表面部分。

3.7 烟气排放连续监测系统 continuous emissions monitoring system
对锅炉排放的烟气进行连续地、实时地跟踪监测,又称为烟气排放在线监测系统。

3.8 含氧量 O_2 content
燃料燃烧后,烟气中含有的多余的自由氧,通常以干基容积百分数来表示。

3.9 高污染燃料禁燃区 urban high-polluted fuel forbidden area
由市人民政府在行政区域内划定的禁止燃用高污染燃料的区域。

4 大气污染物排放控制要求

4.1 在用锅炉执行表1中的大气污染物排放限值。

表1 在用锅炉大气污染物排放浓度限值

单位:mg/Nm³

污染物项目		限值				污染物排放监控位置
		高污染燃料禁燃区内		高污染燃料禁燃区外		
		2017年12月31日前	2018年1月1日起	2017年12月31日前	2018年1月1日起	
燃煤锅炉	颗粒物	30	禁排	30	30	烟囱或烟道
	二氧化硫	200	禁排	200	100	
	氮氧化物	400	禁排	400	200	
	汞及其化合物	0.05	禁排	0.05	0.05	
燃油锅炉	颗粒物	30		30		
	二氧化硫	50		50		
	氮氧化物	300		300		
燃气锅炉	颗粒物	10		10		烟囱或烟道
	二氧化硫	20		20		
	氮氧化物	150		150		
烟气黑度(林格曼黑度,级)		≤1				烟囱排放口

4.2 新建锅炉执行表2中的大气污染物排放限值。

表2 新建锅炉大气污染物排放浓度限值

单位：mg/Nm³

污染物项目	限值		污染物排放监控位置
	燃油、燃气锅炉	燃煤锅炉	
颗粒物	10	20	烟囱或烟道
二氧化硫	20	50	
氮氧化物	80	150	
汞及其化合物	—	0.05	
烟气黑度（林格曼黑度，级）	≤1		烟囱排放口

4.3 燃煤锅炉配套堆场应采取封闭措施，燃煤锅炉房无组织粉尘浓度执行表3的规定。

表3 燃煤锅炉无组织粉尘排放控制限值

单位：mg/Nm³

污染物项目	限值
无组织粉尘（监控点与上风向参照点浓度差值）	0.2

4.4 烟囱高度的规定

4.4.1 锅炉烟囱高度应符合 GB 13271 的规定。同时，燃油燃气锅炉额定容量在 0.7MW 及以下的烟囱高度不应低于 8m，额定容量在 0.7MW 以上的烟囱高度不应低于 15m。

4.4.2 不同时段建设的锅炉，若采用混合方式排放烟气，且选择的监控位置只能监测混合烟气中的大气污染物浓度，应执行各个时段限值中最严格的排放限值。

5 大气污染物监测要求

5.1 污染物采样与监测要求

5.1.1 锅炉使用企业应建立企业监测制度，制定监测方案，对污染物排放状况开展自行监测，保存原始监测记录，并公布监测结果。

5.1.2 锅炉使用企业应按照环境监测管理规定和技术规范的要求，设计、建设、维护永久性采样口、采样测试平台。

5.1.3 对锅炉排放废气的采样，应根据监测污染物的种类，在规定的污染物排放监测位置进行，有废气处理设施的，应在该设施后监测。排气筒中大气污染物的监测按现行有关规定执行。

5.1.4 20t/h 及以上蒸汽锅炉、14MW 及以上热水锅炉，以及环境保护行政主管部门确定的大气污染物重点排污单位应安装污染物排放自动监控设备，并与环保部门联网，保证设备正常运行。

5.1.5 对大气污染物的监测，应按照国家及天津市有关规定进行监测质量保证和质量控制。

5.1.6 对大气污染物排放浓度的测定采用表4列的方法标准。

表4 大气污染物浓度测定方法标准

序号	污染物项目	方法标准名称	方法标准编号
1	颗粒物	锅炉烟尘测试方法	GB 5468
		固定污染源排气中颗粒物测定与气态污染物采样方法	GB/T 16157
		固定污染源废气 低浓度颗粒物测定 重量法	—
2	烟气黑度	固定污染源排放烟气黑度的测定 林格曼烟气黑度图法	HJ/T 398
3	二氧化硫	固定污染源排气中二氧化硫的测定 定电位电解法	HJ/T 57
		固定污染源废气二氧化硫的测定 非分散红外吸法	HJ 629
4	氮氧化物	固定污染源排气中氮氧化物的测定 紫外分光光度法	HJ/T 42
		固定污染源排气中氮氧化物的测定 盐酸萘乙二胺分光光度法	HJ/T 43
		固定污染源废气 氮氧化物的测定 非分散红外吸收法	HJ 692
		固定污染源排气 氮氧化物的测定 定电位电解法	HJ 693
5	汞及其化合物	固定污染源废气 汞的测定冷原子吸收分光光度法	HJ 543
		附录A 吸附管法测定燃煤污染源中气态总汞方法	—
6	无组织粉尘	环境空气 总悬浮颗粒物的测定方法 重量法	GB/T 15432
		大气污染物无组织排放监测技术导则	HJ/T 55

6 实施与监督

6.1 在任何情况下,锅炉使用单位均应遵守本标准的大气污染物排放控制要求,采取必要措施保证污染防治设施正常运行。环境保护行政主管部门在对锅炉使用单位进行监督性检查时,可以现场即时监测的结果,作为判断排污行为是否符合排放标准以及实施相关环境保护管理措施的依据。

6.2 本标准由市和区(县)环境保护行政主管部门负责监督实施。

附录A(规范性附录) 吸附管法测定燃煤污染源中气态总汞方法(略)

河北省钢铁工业大气污染物排放标准(节录)

DB 13/ 2169—2015

(2015年2月15日发布 2015年3月1日实施)

本标准起草单位:河北省环境科学学会、河北省环境科学研究院、河北省工程咨询研究院、河北省冶金行业协会、河北前进钢铁集团有限公司。

(按原标准编号节录)

3 术语和定义

下列术语和定义适用于本文件。

3.1 钢铁工业

本标准所指钢铁工业包括烧结(球团)、高炉炼铁、炼钢、热轧和冷轧生产工序,不包括耐火材料、碳素制品、焦化及铁合金生产。

3.2 现有企业

在本标准实施之日前,建成投产或环境影响评价文件已通过审批的生产企业或设施。

3.3 新建企业

本标准实施之日起,环境影响评价文件通过审批的新、改、扩建生产企业或设施。

3.4 标准状态

指温度273.15K、压力101 325 Pa时的状态。

3.5 排气筒高度

指自排气筒(或其主体建筑构造)所在的地平面至排气筒出口处的高度。

3.6 烟气排放连续监测

指对固定污染源排放的烟气进行连续地、实时地跟踪监测,又称为烟气排放在线监测。

4 污染物排放控制要求

4.1 有组织排放大气污染物排放标准

自标准实施之日起,现有企业执行表1～表4规定的"现有企业"排放浓度限值。

自标准实施之日起,新建企业执行表1～表4规定的"新建企业"排放浓度限值。

根据环境保护工作的要求,在国土开发密度已经较高、环境承载能力开始减弱,或环境容量较小、生态环境脆弱,容易发生严重环境污染问题而需要采取特别保护措施的地区,应严格控制企业的污染排放行为,在上述地区的企业执行表1～表4中的"特别排放限值"。

执行大气污染物特别排放限值的地域范围和时间,按河北省人民政府公告执行。

表1 颗粒物排放限值

单位:mg/m³

生产工序或设施		最高允许排放浓度		
		现有企业[a]	新建企业[b]	特别排放限值
烧结（球团）	烧结机头、球团焙烧设备	50	40	40
	烧结机机尾、带式焙烧机机尾以及其他生产设备	30	20	20
高炉炼铁	热风炉	20	20	15
	高炉出铁场	25	15	15
	原料系统、煤粉系统、其他生产设施	25	15	10

(续表)

生产工序或设施		最高允许排放浓度		
		现有企业[a]	新建企业[b]	特别排放限值
炼钢	转炉(一次烟气)	50	50	50
	混铁炉及铁水预处理(包括倒罐、扒渣等)、转炉(二次烟气)、精炼炉	20	15	15
	连铸切割及火焰清理、石灰窑、白云石窑焙烧	30	30	30
	钢渣处理	100	100	100
	其他生产设施	20	20	15
	电炉	20	20	15
轧钢	精轧机	30	20	20
	热处理炉、拉矫、精整、抛丸、修磨、焊接机及其他生产设施	20	20	15
	废酸再生	30	30	30

注:a 邢台市、邯郸市现有钢铁企业排放标准参照环境保护部2013年第14号公告中规定的重点控制城市现有企业标准执行。
b 邢台市、邯郸市新受理的钢铁环评项目参照环境保护部2013年第14号公告中规定的新受理的钢铁环评项目标准执行。

表2 二氧化硫排放限值

单位:mg/m³

生产工序或设施		最高允许排放浓度		
		现有企业	新建企业	特别排放限值
烧结(球团)	烧结机头、球团焙烧设备	180	180	160
高炉炼铁	热风炉	80	80	80
炼钢	石灰窑、白云石窑焙烧	80	80	80
轧钢	热处理炉	150	150	100

表3 氮氧化物(以 NO_2 计)排放限值

单位:mg/m³

生产工序或设施		最高允许排放浓度		
		现有企业	新建企业	特别排放限值
烧结(球团)	烧结机头、球团焙烧设备		300	
高炉炼铁	热风炉		300	

(续表)

生产工序或设施		最高允许排放浓度		
		现有企业	新建企业	特别排放限值
炼钢	石灰窑、白云石窑焙烧	400		
轧钢	热处理炉	300		

表4 其他污染物排放限值

单位：mg/m³（二噁英除外）

生产工序或设施		污染物项目	最高允许排放浓度		
			现有企业	新建企业	特别排放限值
烧结（球团）	烧结机头、球团焙烧设备	氟化物（以F计）	4.0	4.0	4.0
		二噁英类（ng-TEQ/m³）	0.5	0.5	0.5
		铅及其化合物[c]	0.9	0.7	0.7
炼钢	电炉	二噁英类（ng-TEQ/m³）	0.5	0.5	0.5
	电渣冶金	氟化物（以F计）	5.0	5.0	5.0
轧钢	酸洗机组	氯化氢	20	15	15
		硫酸雾	10	10	10
		铬酸雾	0.07	0.07	0.07
		硝酸雾	150	150	150
		氟化物	6.0	6.0	6.0
	废酸再生	氯化氢	30	30	30
		硝酸雾	240	240	240
		氟化物	9.0	9.0	9.0
	涂镀层机组	铬酸雾	0.07	0.07	0.07
	涂层机组	苯[d]	8.0	5.0	5.0
		甲苯	40	25	25
		二甲苯	40	40	40
		非甲烷总烃	80	50	50
	脱脂	碱雾[d]	10	10	10
	轧制机组	油雾[d]	30	20	20

注：c 铅及其化合物限值为参考指标。
　　d 待国家污染物监测方法标准发布后实施。

4.2 无组织排放污染物浓度限值。

企业边界大气污染物任何1h平均浓度执行表5规定的限值。

表5 企业大气污染物无组织排放浓度限值

单位：mg/m³

序号	生产工艺或设施	污染物项目	限值
1	有厂房车间	颗粒物	8.0
2	无完整厂房车间		5.0
3	厂界		1.0
4	酸洗机组及废酸再生	硫酸雾	1.2
5		氯化氢	0.2
6		硝酸雾	0.12
7	涂层机组	苯	0.4
8		甲苯	2.4
9		二甲苯	1.2
10		非甲烷总烃	4.0

原料场建设防风抑尘网或（半）密闭料仓，采用大型筒仓贮煤，城市钢厂及位于沿海、大气污染防治重点区域的企业应采用密闭料场或筒仓。各生产单元在装卸、加工、贮存、输送物料时的扬尘点，烧结（球团）设备，炼铁出铁场的出铁口、主沟、铁沟、渣沟等，以及炼钢铁水预处理、转炉兑铁、电炉加料、出渣、出钢等产生大气污染物的生产工序必须设立局部气体收集系统和集中净化处理装置，净化后的气体由排气筒排放。

4.3 钢铁企业生产尾气确需要燃烧排放的，其烟气林格曼黑度不得超过1级。

4.4 排气筒（烟囱）高度要求

所有排气筒高度应不低于15m。排气筒周围半径200m范围内有建筑物时，排气筒高度还应高出最高建筑物3m以上。

4.5 炼钢石灰窑、白云石窑以及轧钢热处理炉实测排气筒中大气污染物排放浓度应按式（1）换算为含氧量8%状态下的基准排放浓度，并以此作为判定排放是否达标的依据。在国家、省未规定其他生产设施单位产品基准排气量之前，暂以实测浓度作为判定大气污染物排放是否达标的依据。

$$C_{基} = \frac{21-8}{21-O_{实}} C_{实} \tag{1}$$

式中：$C_{基}$——大气污染物基准排放浓度，mg/m³；

$C_{实}$——实测的大气污染物排放浓度，mg/m³；

$O_{实}$——实测的排气筒干烟气中含氧量，%。

5 污染物监测要求

5.1 对企业排放废气的采样,应根据监测污染物的种类,在规定的污染物排放监控位置进行,有废气处理设施的,应在该设施后监控。在污染物排放监控位置须设置永久性标识。

5.2 新建企业和现有企业安装污染物排放自动监控设备的要求,按有关法律和《污染源自动监控管理办法》的规定执行。

5.3 对企业污染物排放情况进行监测的频次、采样时间等要求,按国家有关污染源监测技术规范的规定执行。烧结二噁英类指标每年监测一次。

5.4 排气筒中大气污染物的监测采样按 GB/T 16157、HJ/T 397 规定执行。

5.5 厂内大气污染物无组织排放的采样点设在生产厂房门窗、屋顶、气楼等排放口处,并选浓度最大值。若无组织排放源露天或有顶无围墙,监测点应选在距烟(粉)尘排放源5m,最低高度1.5m处任意点,并选浓度最大值。无组织排放监控点的采样,采用任何连续1h的采样计平均值,或在任何1h内,以等时间间隔采集4个样品计平均值。

5.6 企业应按照有关法律和《环境监测管理办法》的规定,对排污状况进行监测,并保存原始监测记录。

5.7 厂(场)界颗粒物无组织排放的监测,监测方法执行 HJ/T 55 的规定。

5.8 对大气污染物排放浓度的测定采用表6所列的方法标准。

表6 大气污染物浓度测定方法标准

序号	污染物项目	方法标准名称	方法标准编号
1	颗粒物	固定污染源排气中颗粒物测定与气态污染物采样方法	GB/T 16157
		环境空气 总悬浮颗粒物的测定 重量法	GB/T 15432
2	二氧化硫	固定污染源排气中二氧化硫的测定 碘量法	HJ/T 56
		固定污染源排气中二氧化硫的测定 定电位电解法	HJ/T 57
		固定污染源废气 二氧化硫的测定 非分散红外吸收法	HJ 629
		固定污染源烟气排放连续监测系统技术要求及检测方法(试行)	HJ/T 76
3	氮氧化物	固定污染源排气中氮氧化物的测定 盐酸萘乙二胺分光光度法	HJ/T 43
		固定污染源排气中氮氧化物的测定 紫外分光光度法	HJ/T 42
		固定污染源烟气排放连续监测系统技术要求及检测方法(试行)	HJ/T 76
		固定污染源废气 氮氧化物的测定 非分散红外吸收法	HJ 692
		固定污染源废气 氮氧化物的测定 定电位电解法	HJ 693
4	氟化物	大气固定污染源 氟化物的测定 离子选择电极法	HJ/T 67
5	二噁英类	环境空气和废气二噁英类的测定 同位素稀释高分辨气相色谱-高分辨质谱法	HJ 77.2
6	铅及其化合物	环境空气铅的测定 石墨炉原子吸收分光光度法(暂行)	HJ 539

(续表)

序号	污染物项目	方法标准名称	方法标准编号
7	铬酸雾	固定污染源排气中铬酸雾的测定 二苯基碳酰二肼分光光度法	HJ/T 29
8	氯化氢	固定污染源排气中氯化氢的测定 硫氰酸汞分光光度法	HJ/T 27
		固定污染源废气 氯化氢的测定 硝酸银容量法(暂行)	HJ 548
		环境空气和废气 氯化氢的测定 离子色谱法(暂行)	HJ 549
9	硫酸雾	固定污染源废气 硫酸雾测定 离子色谱法(暂行)	HJ 544
10	硝酸雾	固定污染源排气中氮氧化物的测定 紫外分光光度法	HJ/T 42
		固定污染源排气中氮氧化物的测定 盐酸萘乙二胺分光光度法	HJ/T 43
11	苯、甲苯及二甲苯	环境空气 苯系物的测定 固体吸附/热脱附-气相色谱法	HJ 583
		环境空气 苯系物的测定 活性炭吸附/二硫化碳解吸-气相色谱法	HJ 584
12	非甲烷总烃	固定污染源排气中非甲烷总烃的测定 气相色谱法	HJ/T 38
13	烟气黑度	固定污染源排放 烟气黑度的测定 林格曼烟气黑度图法	HJ/T 398

6 实施与监督

6.1 本标准由县级及其以上人民政府环境保护行政主管部门负责监督实施。

6.2 在任何情况下,企业均应遵守本标准的污染物排放控制要求,采取必要措施保证污染防治设施正常运行。各级环保部门在对企业进行监督性检查时,可以将现场即时采样或监测的结果,作为判定排污行为是否符合排放标准以及实施相关环境保护管理措施的依据。

河北省环境空气质量 非甲烷总烃限值(节录)

DB 13/1577—2012

(2012年7月31日发布 2012年8月15日实施)

本标准由河北省环境保护厅提出。

本标准起草单位:沧州市环境科学保护研究院、沧州市环境监测站。

(按原标准编号节录)

3 术语和定义

下列术语和定义适用于本标准。

3.1 非甲烷总烃 non methane total hydrocarbon（NMHC）

存在于环境空气中除甲烷之外的所有碳氢化合物的总称，主要是指 $C_2 \sim C_{12}$ 的烃类物质。在本标准规定的条件下所测得的非甲烷总烃，是气相色谱火焰离子化检测器有明显响应的除甲烷以外碳氢化合物总量。

5 环境浓度限值

环境空气中非甲烷总烃浓度不得超过表1规定的浓度限值。

表1 环境空气中非甲烷总烃浓度限值

项 目	一级标准	二级标准
1小时平均浓度限值，mg/m^3（标准状态）	1.0	2.0

6 环境监测要求

6.1 采样

环境空气监测中的采样容器与洗涤、样品采集与保存的要求，按 HJ 604 规定执行。

6.2 分析方法

环境空气中非甲烷总烃浓度的测定采用表2所列的分析方法。

表2 环境空气中非甲烷总烃浓度测定方法标准

分析项目	方法名称	方法来源
总烃	气相色谱法	HJ 604
甲烷	气相色谱法	《空气和废气监测分析方法》(第四版) 总烃和非甲烷总烃测定方法一

6.3 非甲烷总烃计算

总烃浓度与甲烷浓度之差即为非甲烷总烃浓度。

7 数据统计的有效性规定

7.1 本标准规定的环境空气中非甲烷总烃限值为1h平均浓度限值。

7.2 1h平均浓度限值数据统计的有效性规定：在1h内，以等时间间隔采集不少于4个样品，并计算算术平均值；或在1h内，以等时间间隔采集不少于4个样品，并测定等比例混合样品。

河北省工业炉窑大气污染物排放标准(节录)

DB 13/1640—2012

(2012年11月28日发布 2013年4月1日实施)

本标准由河北省环境保护厅提出。
本标准起草单位:河北省环境监测中心站。

(按原标准编号节录)

3 术语和定义

下列术语和定义适用于本标准。

3.1 工业炉窑

在工业生产中用燃料燃烧或电能转换产生的热量,将物料或工件进行冶炼、焙烧、烧结、熔化、加热等工序的热工设备。

3.2 现有工业炉窑

在本标准实施之日前,建成投产或环境影响评价文件已通过审批的工业炉窑。

3.3 新建工业炉窑

本标准实施之日起,环境影响评价文件通过审批的新、改、扩建工业炉窑。

3.4 标准状态

温度在273K,压力在101 325Pa时的气体状态,简称"标态"。

3.5 最高允许排放浓度

处理设施后排气筒中污染物任何1.0 h浓度平均值不得超过的限值;或指无处理设施排气筒中污染物任何1.0 h浓度平均值不得超过的限值,mg/m^3(标)或mg/Nm^3。

3.6 大气污染物排放浓度

在温度273K,压力101 325Pa状态下,排气筒中干排气所含污染物任何1.0 h浓度平均值,mg/m^3(标)或mg/Nm^3。

3.7 无组织排放

大气污染物不经过排气筒的无规则排放。

3.8 无组织排放监控点浓度限值

监控点的污染物浓度在任何1.0 h的平均值不得超过的限值。单位为:mg/m^3(标)或mg/Nm^3。

3.9 企业边界

企业与外界环境接界的边界。通常应依据法定手续确定边界;若无法定手续,则按目前的实际边界确定。

3.10 排气筒高度

自排气筒(或其主体建筑构造)所在的地平面至排气筒出口计的高度,m。

3.11 过量空气系数

燃料燃烧时实际空气需要量与理论空气需要量之比值。

3.12 掺风系数

冲天炉掺风系数是指从加料口等处进入炉体的空气量与冲天炉工艺理论空气需要量之比值。

5 排放限值规定及技术要求

5.1 工业炉窑大气污染物排放限值

工业炉窑在生产过程中,通过设备(车间)排气筒排放的颗粒物和气态污染物的最高允许排放浓度,以及无组织排放监控点浓度限值不得超过表1、表2和表3规定的限值。其中工业炉窑烟气黑度排放限值均小于1级(林格曼黑度)。

表1 工业炉窑颗粒物排放限值

序号	炉窑类别		颗粒物排放浓度(mg/Nm^3)	
			现有炉窑	新建炉窑
1	有色金属熔炼炉		100	50
2	熔化炉	冲天炉	120	80
		金属熔化炉	100	50
		非金属熔化、冶炼炉	100	50
3	加热炉	金属压延、锻造加热炉	120	50
		非金属加热炉	100	50
4	热处理炉		100	50
5	干燥炉、窑		100	50
6	非金属焙(煅)烧炉窑(耐火材料窑)		100	50
7	搪瓷、砖瓦窑		150	100
8	其他炉窑		100	50

表2 工业炉窑有害污染物排放限值

序号	有害污染物名称		排放浓度(mg/Nm^3)
1	SO_2	现有炉窑	500
		新建炉窑	400
2	氮氧化物(以NO_2计)		400
3	氟及其化合物(以F计)		6

(续表)

序号	有害污染物名称		排放浓度（mg/Nm³）
4	铅	金属熔炼、加热	0.50
		其他	0.10
5	汞	金属熔炼	1.0
		其他	0.010
6	铍及其化合物（以 Be 计）		0.010
7	沥青油烟		30

表3 工业炉窑无组织排放颗粒物排放限值

时段	周界外颗粒物最高允许浓度（mg/Nm³）
现有和新建工业炉窑	1.0

5.2 烟囱高度

5.2.1 各种工业炉窑烟囱（或排气筒）最低允许高度为 15m。

5.2.2 当烟囱（或排气筒）周围半径 200m 距离内有建筑物时，除应执行 5.2.1 规定外，烟囱（或排气筒）还应高出最高建筑物 3.0m 以上。

5.2.3 各种工业炉窑烟囱（或排气筒）高度如果达不到 5.2.1、5.2.2 的任何一项规定时，其烟（粉）尘或有害污染物最高允许排放浓度，应按相应区域排放标准值的 50% 执行。

6 监测

6.1 烟气监测和采样平台

自本标准实施之日起新建、改建、扩建的工业炉窑烟囱（或排气筒）应按 GB/T 16157 的规定设置永久采样、监测孔和采样监测用平台及其相关设施。

6.2 测试工况要求

6.2.1 对于日常监督性监测，采样期间的工况应与当时正常工况相同。排污单位人员和实施监测人员不得任意改变当时的运行工况。建设项目环境保护设施竣工验收监测的工况要求按环境保护部制定的建设项目环境保护设施竣工验收监测办法执行。

6.2.2 工业炉窑烟气测试在最大热负荷下进行，当炉窑达不到或超过设计能力时，也必须在最大生产能力的热负荷下测定，即在燃料耗量较大的稳定加温阶段进行。一般测试时间不得少于 2.0h。

6.3 采样方法

采样方法按 GB/T 16157 和 HJ/T 397 中的有关规定执行。

6.4 大气污染物的分析方法

按国家标准和环境保护部相关规定执行，具体见表4。

6.5 烟气连续自动监测要求

6.5.1 工业炉窑大气污染物的连续监测按 HJ/T 75 和本省有关规定执行。

6.5.2 烟气排放连续监测装置经省级以上人民政府环境保护行政主管部门验收合格后,在有效期内,其正常运行情况下取得的监测数据为有效数据。连续监测以小时平均值作为达标考核的依据。

6.6 无组织排放监测

颗粒物无组织排放的监测按照 HJ/T 55 执行。

6.7 过量空气系数折算值

实测的工业炉窑的烟(粉)尘、有害污染物排放浓度,应按 GB/T 16157 规定,换算为规定的掺风系数或过量空气系数时的数值,本标准采用表 5 规定的过量空气系数进行折算。折算公式见式(1)。

$$C = C' \times \frac{\alpha'}{\alpha} \tag{1}$$

式中:C—— 折算后的大气污染物排放浓度,mg/Nm^3;

C'—— 实测大气污染物排放浓度,mg/Nm^3;

α'—— 实测的空气过剩系数　α' = 21/(21 - 实测氧含量);

α—— 规定的空气过剩系数。

表 4　大气污染物监测分析方法

序号	项目	手工监测分析方法	自动监测分析方法
1	颗粒物	GB/T16157	
2	二氧化硫	HJ/T 56、HJ/T 57	HJ/T 75
3	氮氧化物	HJ/T 42、HJ/T 43、定电位电解法	
4	烟气黑度	HJ/T 398	—
5	沥青油烟	HJ/T 45	—
6	氟化物	HJ/T 67	—
7	铍及其化合物	原子吸收分光光度法	—
8	铅	HJ 538	—
9	汞	HJ 543—2009、原子荧光光度法	—

注:无国家标准方法的暂采用以上方法,待国家方法标准发布后,执行国家标准。

表 5　工业炉窑过量空气系数折算值

炉窑类型	过量空气系数 α	备注
冲天炉	掺风系数:4.0 掺风系数:2.5	冷风炉,鼓风温度≤400℃ 热风炉,鼓风温度>400℃
熔炼炉、冶炼炉	按实测计	—
其他工业炉窑	1.7	—

7 标准实施

7.1 本标准由省、市和县(区)人民政府环境保护行政主管部门负责监督实施。

7.2 工业炉窑各项污染物指标排放除执行本标准外,还须执行国家和地方总量排放控制指标。

7.3 在线监测仪器设备安装、运行及管理按河北省污染源自动监测管理有关规定执行。

7.4 自本标准实施之日起,本标准规定范围之内的位于河北省行政管辖区域内的工业炉窑大气污染物排放按本标准执行。

河北省石灰行业大气污染物排放标准(节录)

DB 13/1641—2012

(2012年11月28日发布 2013年4月1日实施)

本标准由河北省环境保护厅提出并归口。
本标准起草单位:承德市环境科学研究院。

(按原标准编号节录)

3 术语和定义

下列术语和定义适用于本标准。

3.1 石灰行业

本标准所指石灰行业包括石灰石和白云石的开采、煅(焙)烧以及深加工等生产工序。

3.2 现有企业

在本标准实施之日前,建成投产或环境影响评价文件已通过审批的生产企业或设施。

3.3 新建企业

本标准实施之日起,环境影响评价文件通过审批的新、改、扩建生产企业或设施。

3.4 最高允许排放浓度

处理设施后排气筒中污染物任何1h浓度平均值不得超过的限值;或指无处理设施排气筒中污染物任何1h浓度平均值不得超过的限值。

3.5 过量空气系数

燃料燃烧时实际空气需要量与理论空气需要量之比值。

3.6 最高允许排放速率

一定高度的排气筒任何1h排放污染物的质量不得超过的限值。

3.7 高污染燃料

根据《关于划分高污染燃料的规定》(环发〔2001〕37号),高污染燃料系指:原(散)煤、煤矸石、粉煤、煤泥、燃料油(重油和渣油);各种可燃废物和直接燃用的生物质燃料(树木、秸秆、锯末、稻壳、蔗渣等);以及可排放硫含量>0.3%的固硫蜂窝型煤、硫含量>30mg/m³的人工煤气等。

4 排放限值

4.1 生产设备排气筒大气污染物排放限值

4.1.2 新建企业自本标准实施日起,执行表2规定的大气污染物排放限值。

4.1.3 现有企业自2015年1月1日起,执行表2规定的排放限值。

表2 大气污染物最高允许排放限值

生产过程	生产设备	颗粒物 排放浓度 mg/m³	二氧化硫 排放浓度 mg/m³	氮氧化物(以NO_2计) 排放浓度 mg/m³
矿山开采	破碎机、筛分机等生产设备	30	—	—
石灰及其制品	石灰窑[a]	30	100	400
石灰及其制品	物料处理输送过程、磨机、干燥机、石灰仓、包装机和其他通风生产设备	30	—	—

注:a 含氧量按16%计算。

4.2 作业场所颗粒物无组织排放限值

自本标准实施日起现有企业以及新建企业,作业场所颗粒物无组织排放监控点浓度不得超过表3规定的限值。

表3 作业场所颗粒物无组织排放限值

作业场所	颗粒物无组织排放监控点	浓度限值[a],mg/m³
矿山开采作业场所、石灰及其制品厂	厂(场)界外10m处	1.0(扣除参考值[b])

注:a 指监控点处的总悬浮颗粒物(TSP)一小时浓度值。
  b 参考值含义见第6.2.1条。

5 其他管理规定

5.1 颗粒物无组织排放控制要求

5.1.1 石灰矿山、石灰制造和石灰制品生产过程,应采取有效措施,控制颗粒物无组织排放。

5.1.2 新建生产线的物料处理、输送、装卸、贮存过程应当封闭;对块石、粘湿物料、浆料以及厂区内装卸料过程应采取适用的有效抑尘措施。

5.1.3 现有生产线对干粉料的处理、输送、装卸、贮存应当封闭;露天储料场应当采取防起尘、防雨水冲刷流失的措施;厂区内装卸料时,应采取有效措施防止扬尘。

5.1.4 单窑生产能力500t/d及其以上的石灰窑,应当安装烟气颗粒物、二氧化硫和氮氧化物连续监测装置。连续监测装置需满足 HJ/T 76 的要求。

5.1.5 烟气排放连续监测装置经县级以上人民政府环境保护行政主管部门验收后,在有效期内其监测数据为有效数据。以小时平均值作为连续监测达标考核的依据。

5.2 非正常排放和事故排放控制要求

5.2.1 除尘装置应与其对应的生产工艺设备同步运转。应分别计量生产工艺设备和除尘装置的年累计运转时间,以除尘装置年运转时间与生产工艺设备的年运转时间之比,考核同步运转率。

5.2.2 石灰窑应保证在生产工艺波动情况下除尘装置仍能正常运转,禁止非正常排放。现有石灰窑采用的除尘装置,其相对于石灰窑通风机的年同步运转率不得小于99%。

5.2.3 因除尘装置故障造成事故排放,应采取应急措施使主机设备停止运转,待除尘装置检修完毕后共同投入使用。

5.3 排气筒高度要求

5.3.1 除提升输送、储库下小仓的除尘设施外,生产设备排气筒(含车间排气筒)一律不得低于15m。

5.3.2 以下生产设备排气筒高度还应符合表4中的规定。

表4 排气筒高度

生产设备名称	回转窑				立窑		破碎机、磨机、干燥机、石灰仓、包装机和其他通风生产设备
单线(机)生产能力,t/d	≤200	>200~500	>500~800	>800	≤100	>100	高于本体建筑物3m以上
最低允许高度,m	30	45	60	80	30	35	

5.3.3 若现有生产设备排气筒达不到表4规定的高度,其大气污染物排放应严加控制。排放限值按式(1)计算。

$$C = C_0 \cdot \frac{h^2}{h_0^2} \tag{1}$$

式中:C——实际允许排放浓度,mg/Nm³;

C_0——表1或表2规定的允许排放浓度,mg/Nm³;

h——实际排气筒高度,m;

h_0——表4规定的排气筒高度,m。

5.4 其他规定

5.4.1 不得采用、使用《中华人民共和国大气污染防治法》第十九条规定的严重污染大气环境的落后生产工艺和设备。

5.4.2 不得使用硫含量>1%的原煤、硫含量>30mg/m³的人工煤气等。

5.4.3 灰窑含氧量按16%计算。当实测含氧量低于16%时,以实测浓度为准,不进行折算。

6 监测

6.1 排气筒中大气污染物的监测

6.1.1 生产设备排气筒应设置永久采样孔并符合GB/T 16157规定的采样条件。

6.1.2 排气筒中颗粒物或气态污染物的监测采样应按GB/T 16157执行。

6.1.3 以任何连续1h的采样获得平均值,或在任何1h内,以等时间间隔采集3个以上样品,计算平均值。

6.1.4 建设项目环境保护设施竣工验收监测的工况要求和采样时间频次按环保部制定的建设项目环境保护设施竣工验收监测办法和规范执行。

6.1.5 石灰行业大气污染物分析方法见表5。

表5 大气污染物项目测定方法标准

序号	分析项目	手动分析方法	自动分析方法
1	颗粒物	GB/T 16157	HJ/T 76
2	二氧化硫	HJ/T 56 HJ/T 57	
3	氮氧化物	HJ/T 42 HJ/T 43	

6.1.6 实测的石灰窑的烟(粉)尘、二氧化硫和氮氧化物排放浓度,应换算未规定的掺风系数或过量空气系数时的数值:石灰窑过量空气系数规定为1.7。

6.2 厂界外颗粒物无组织排放的监测

6.2.1 在厂界外20m处(无明显厂界,以车间外20m处)上风方与下风方同时布点采样,将上风方的监测数据作为参考值。

6.2.2 监测按HJ/T 55的规定执行。

6.2.3 颗粒物分析方法采用GB/T 15432。

6.3 排气量的测定

排气量的测定应与排放浓度的采样监测同步进行,测定方法按GB/T 16157执行。

7 标准实施

7.1 本标准由县级以上人民政府环境保护行政主管部门负责监督实施。

7.2 地方环境保护行政主管部门应根据环境管理要求,考虑石灰行业结构调整和企业达标情况,制定现有石灰窑烟气连续监测装置的安装计划,并予以公布。

黑龙江省糠醛工业大气污染物排放标准(节录)

DB 23/1395—2010

(2010年8月11日批准 2010年9月1日实施)

本标准由哈尔滨市环境工程评估中心提出。
本标准由哈尔滨市环境工程评估中心负责起草。

(按原标准编号节录)

3 术语和定义

下列术语和定义适用于本标准。

3.1 糠醛企业

指以玉米芯、稻壳等生物质为主要原料,经水解、蒸馏、分醛、精制等工艺生产糠醛的企业。

3.2 大气环境防护距离

为保护人群健康,减少正常排放条件下大气污染物对居住区的环境影响,在项目厂界以外设置的环境防护距离。

4 大气污染物排放限值

4.1 糠醛工业企业锅炉大气污染物排放应符合 GB 13271、GB 14554 的规定,采样与监测应符合 GB 13271、GB 14554 的规定。

4.2 恶臭污染物及气态糠醛排放限值

4.2.1 位于 GB 3095 规定的一类区不得建设糠醛企业。

4.2.2 位于 GB 3095 规定的二、三类区应符合表1中的规定。

表1 厂界废气排放最高允许浓度

污染物项目	排放限值
臭气强度(无量纲)	20(稀释倍数)
糠醛(mg/m^3)	0.30

4.2.3 采样与监测

4.2.3.1 臭气强度、气态糠醛监测点设于糠醛企业厂界。

4.2.3.2 监测点的布置方法与采样方法按 GB 16297 附录 C 和 HJ/T 55 的有关规定执行。

4.2.3.3 采样频率,每2小时采样一次,共采集4次,取其最大测定值。

4.2.3.4 监测分析采用表2所列方法,适用于表2中所列污染物的国家环境保护标准发布、实施后,按新发布的国家环境保护标准的规定实施监测。

表 2 恶臭及糠醛污染物监测分析方法

项目	测定方法	方法来源
臭气强度	三点比较式臭袋法	GB/T 14675
糠醛	气相色谱-质谱法	附录 A

5 大气环境防护距离

糠醛工业企业大气环境防护距离应依据环境影响报告书结论确定,并经环境保护行政主管部门批准。

附录 A(规范性附录) 环境空气 糠醛的测定 气相色谱-质谱法(略)

上海市锅炉大气污染物排放标准(节录)

DB 31/387—2018

(2018 年 6 月 7 日发布 2018 年 6 月 7 日实施)

本标准由上海市环境保护局组织修订。

本标准主要起草单位:上海市环境监测中心、上海市环境科学研究院、上海市能效中心、江苏双良锅炉有限公司、上海工业锅炉研究所。

(按原标准编号节录)

3 术语和定义

下列术语和定义适用于本标准。

3.1 锅炉 boiler

指利用燃料燃烧释放的热能或其他来源的热能,将水或其他工质(如有机热载体等)加热以生产规定参数(温度,压力)和品质的蒸汽、热水或其他工质的设备,用于工业生产和/或民用。锅炉的额定出力(产热量)一般以两种单位来表示,即热功率和蒸发量。热功率的单位为 MW(兆瓦),蒸发量的单位为 t/h(吨/时)。其换算关系为 0.7MW 相当于 1t/h。

3.2 气态燃料 gaseous fuel

天然气、焦炉煤气、高炉煤气等燃烧时物理状态为气态的燃料。

3.3 标准状态 standard condition

指温度在 273K,压力在 101 325Pa 时的气体状态,简称"标态"。本标准规定的排放浓度均指标准状态下的干烟气中的数值。

3.4 氧含量 O₂ content

燃料燃烧后,烟气中含有的多余的自由氧,通常以干基容积百分数来表示。

3.5 烟囱高度 stack height

从烟囱(或锅炉房)所在地平面至烟囱出口的高度。

3.6 新建锅炉和在用锅炉 new and in-use boiler

新建锅炉:本标准实施之日起,环境影响评价文件通过审批的新建、改建、扩建的锅炉建设项目。在用锅炉:本标准实施之日前,已建成投产或环境影响评价文件已通过审批的锅炉。

4 大气污染物排放控制要求

4.1 大气污染物排放限值

4.1.1 自本标准实施之日起至2020年9月30日,在用锅炉执行表1规定的排放限值。自2020年10月1日起,在用锅炉(生物质燃料锅炉除外)执行表2规定的排放限值。自2020年10月1日起,在用生物质燃料锅炉执行表1规定的排放限值。

4.1.2 自本标准实施之日起,新建锅炉(生物质燃料锅炉除外)执行表3规定的排放限值。自本标准实施之日起,新建生物质燃料锅炉执行表1规定的排放限值。

表1 锅炉大气污染物排放限值(第一阶段)

单位:mg/m³

锅炉类别	颗粒物	二氧化硫	氮氧化物 (以NO₂计)	一氧化碳	烟气黑度 (林格曼黑度,级)	监控位置
气态燃料锅炉	20	20	150	100[b]	≤1	烟道或烟囱
其他锅炉		20[a], 100				

注:a,b 适用于生物质燃料锅炉。

表2 锅炉大气污染物排放限值(第二阶段)

单位:mg/m³

锅炉类别	颗粒物	二氧化硫	氮氧化物 (以NO₂计)	烟气黑度 (林格曼黑度,级)	监控位置
气态燃料锅炉	10	10	50	≤1	烟道或烟囱
其他锅炉		20	50[a],80[b]		

注:a 适用于本市外环线区域内的其他锅炉。
  b 适用于本市外环线区域外的其他锅炉。

表 3 新建锅炉大气污染物排放限值

单位:mg/m³

锅炉类别	颗粒物	二氧化硫	氮氧化物（以 NO_2 计）	烟气黑度（林格曼黑度,级）	监控位置
气态燃料锅炉	10	10	50	≤1	烟道或烟囱
其他锅炉	10	10	50	≤1	烟道或烟囱

4.2 其他规定

4.2.1 锅炉烟囱高度按批复的环境影响评价文件或排污许可证要求确定,应符合 GB 13271 的规定,不低于 8m。锅炉烟囱高度达不到本条款规定时,其颗粒物、二氧化硫、氮氧化物及一氧化碳最高允许排放浓度,应按排放限值的 50% 执行。国家和本市对排气筒高度有另行规定的,从其规定。

4.2.2 执行不同排放控制要求的锅炉,若采用混合方式排放烟气,且选择的监控位置只能监测混合烟气中的大气污染物浓度,应执行排放控制要求中最严格的规定。

4.2.3 排污单位应建立环境管理台账备查,台账包括燃料消耗量等能源使用情况、污染物治理设施的运行状况、投运率以及在脱除污染物过程中主要试剂使用量等内容。

5 大气污染物监测要求

5.1 一般规定

5.1.1 锅炉使用企业应按照有关法律、《环境监测管理办法》以及 HJ 819 等规定,建立企业监测制度,制定监测方案,对污染物排放状况开展自行监测,保存原始监测记录,并公布监测结果。

5.1.2 锅炉使用企业应按照环境监测管理规定和相关技术规范的要求,设计、建设、维护永久性采样口、采样测试平台。

5.1.3 对锅炉排放废气的采样,应根据监测污染物的种类,在规定的污染物排放监测位置进行,有废气处理设施的,应在该设施后监测。

5.2 采样与分析方法

5.2.1 锅炉大气污染物的采样方法执行 GB 5468、GB/T 16157、HJ 836 及 HJ/T 397 的规定。固定污染源监测质量保证和质量控制要求应按照 HJ/T 373 的规定执行。

5.2.2 锅炉大气污染物的分析方法见表 4。

表 4 锅炉大气污染物浓度监测方法标准

序号	污染物项目	手工监测方法标准		连续监测方法标准	
1	颗粒物	锅炉烟尘测试方法	GB 5468	固定污染源烟气(SO_2、NO_x、颗粒物)排放连续监测技术规范	HJ 75
		固定污染源排气中颗粒物测定与气态污染物采样方法	GB/T 16157		
		固定污染源废气 低浓度颗粒物的测定 重量法	HJ 836		

(续表)

序号	污染物项目	手工监测方法标准		连续监测方法标准
2	二氧化硫	固定污染源排气中二氧化硫的测定 碘量法	HJ/T 56	固定污染源烟气(SO_2、NO_X、颗粒物)排放连续监测技术规范 HJ 75
2	二氧化硫	固定污染源排气中二氧化硫的测定 定电位电解法	HJ 57	
2	二氧化硫	固定污染源废气 二氧化硫的测定 非分散红外吸收法	HJ 629	
3	氮氧化物	固定污染源排气中氮氧化物的测定 紫外分光光度法	HJ/T 42	
3	氮氧化物	固定污染源排气中氮氧化物的测定 盐酸萘乙二胺分光光度法	HJ/T 43	
3	氮氧化物	固定污染源废气 氮氧化物的测定 非分散红外吸收法	HJ 692	
3	氮氧化物	固定污染源废气 氮氧化物的测定 定电位电解法	HJ 693	
4	一氧化碳	固定污染源排气中一氧化碳的测定 非色散红外吸收法	HJ/T 44	—
5	烟气黑度	固定污染源排放 烟气黑度的测定 林格曼烟气黑度图法	HJ/T 398	—

5.3 烟气排放连续监测

5.3.1 额定热功率大于等于14MW或额定蒸发量大于等于20t/h的锅炉应按《污染源自动监控管理办法》的规定安装烟气排放连续监测系统,与环保部门联网,并保证设备正常运行。其他锅炉自动监控设备安装按环境保护行政主管部门有关规定执行。

5.3.2 烟气排放连续监测系统安装、调试、验收、运行及管理按HJ 75、HJ 76要求以及国家和本市的有关规定执行。

5.4 监测工况要求

5.4.1 对于竣工环境保护验收监测,应在锅炉设计出力条件下进行。

5.4.2 对于执法检查监测,应在锅炉实际运行工况条件下进行。颗粒物排放浓度的测试,应按表5规定的出力影响系数K再次进行折算,即将实测的颗粒物排放浓度乘以表5中所列出力影响系数K。

表5 锅炉出力影响系数

锅炉实测出力占锅炉设计出力的百分数(%)	<70	70~<75	75~<80	80~<85	85~<90	90~<95	≥95
出力影响系数K	2.0	1.6	1.4	1.2	1.1	1.05	1

6 实施与监督

6.1 本标准由市和区环境保护主管部门负责监督实施。

6.2 在任何情况下,排污单位均应遵守本标准的大气污染物排放控制要求,采取必要措施保证污染防治设施正常运行。各级环保部门在对设施进行执法检查时,可以以现场即时采样或监测的结果,作为判定排污行为是否符合排放标准以及实施相关环境保护管理措施的依据。

上海市铅蓄电池行业大气污染物排放标准(节录)

DB 31/603—2012

(2012年7月20日发布 2012年8月1日实施)

本标准由上海市环境保护局提出并归口。
本标准由上海市环境科学研究院负责起草。

(按原标准编号节录)

3 术语和定义

下列术语和定义适用于本标准。

3.1 铅蓄电池 lead-acid battery

俗称铅酸蓄电池,指电极主要由铅及其氧化物制成,电解液是硫酸溶液的一种蓄电池。一般由正极板、负极板、隔板(隔膜)、电解液、电池槽、电池盖和接线端子等部分组成。

3.2 铅蓄电池生产企业 lead-acid battery manufacturing plants

指从事铅蓄电池生产或极板加工或电池组装的生产企业。

3.3 现有企业 existing facility

指2012年8月1日前已建成投产或环境影响评价文件已通过审批的铅蓄电池生产企业。

3.4 新建企业 new facility

指2012年8月1日起环境影响评价文件通过审批的新建、改建和扩建的铅蓄电池生产企业。

3.5 排气筒高度 stack height

指自排气筒(或其主体建筑构造)所在的地平面至排气筒出口计的高度。

3.6 企业边界 enterprise boundary

指铅蓄电池生产企业的法定边界;若无法定边界,则指实际边界。

3.7 无组织排放 fugitive emission

指大气污染物不经过排气筒的无规则排放。低矮排气筒的排放属有组织排放,但在一定条件下也可造成与无组织排放相同的后果。因此,在执行"无组织排放监控浓度限值"指标时,由低矮排气筒造成的监控点污染物浓度增加不予扣除。

3.8 最高允许排放浓度 maximal permitted emission concentration

指排气筒中污染物排放浓度在任何1h的平均值不得超过的限值。

3.9 最高允许排放速率 maximal permitted emission rate

指一定高度的排气筒任何1h排放污染物的质量不得超过的限值。

3.10 无组织排放监控浓度限值 concentration limit at fugitive emission reference point
指企业边界监控点的污染物浓度在任何1h的平均值不得超过的限值。

3.11 标准状态 standard state
指温度为273K,压力为101 325 Pa时的状态。本标准规定的各项标准值,均以标准状态下的干空气为基准。

4 污染物排放控制

4.1 新建企业自2012年8月1日起执行本标准,现有企业自2013年8月1日起执行本标准。
4.2 排气筒污染物排放限值执行表1的规定。
4.3 企业边界无组织排放监控浓度限值执行表2的规定。

表1 排气筒污染物排放限值

序号	污染物	最高允许排放浓度 mg/m³	最高允许排放速率 kg/h	监控位置
1	铅及其化合物	0.1	0.0025	车间或生产设施排气筒
2	硫酸雾	5	1.1	
3	颗粒物	20	0.5	

表2 企业边界无组织排放监控浓度限值

序号	污染物	监控浓度限值 mg/m³	监控位置
1	铅及其化合物	0.001	按照 GB 16297 和 HJ/T 55 的规定执行
2	硫酸雾	0.3	
3	总悬浮颗粒物	0.3	

4.4 产生大气污染物的生产工艺和装置必须设置局部或整体气体收集系统和集中净化处理装置,未采取上述措施视同超标。

4.5 排气筒高度应不低于15m。排气筒周围半径200m范围内有建筑物时,排气筒高度还应高出最高建筑物3m以上。

4.6 两个排放相同污染物的排气筒,若其距离小于其几何高度之和,应合并视为一根等效排气筒。若有三根以上的近距离排气筒,且排放同一种污染物时,应以前两根的等效排气筒,依次与第三、四根排气筒取等效值。等效排气筒的有关参数计算方法参照 GB 16297—1996 的规定执行。

4.7 在现有企业生产、建设项目竣工环保验收后的生产过程中,负责监管的环境保护行政主管部门应对企业周围居住、教学、医疗等用途的敏感区域环境质量进行监测。

5 污染物监测

5.1 采样和测定方法

5.1.1 排气筒中铅及其化合物和硫酸雾采样点设置按照 HJ/T 397 执行,颗粒物采样点设置按照 GB 16157 执行。

5.1.2 企业边界无组织排放监控的点位设置按照 GB 16297 和 HJ/T 55 执行。

5.1.3 污染物监测的采样时间和监测频次按照 GB 16297 执行,采样方法按照 GB/T 16157 和环境保护部规定的方法标准有关部分执行。

5.1.4 对企业排放大气污染物浓度的测定按照表3规定的方法执行。

表3 大气污染物浓度测定方法标准

序号	污染物项目	方法标准名称	方法标准编号
1	铅及其化合物	固定污染源废气 铅的测定 火焰原子吸收分光光度法(暂行)	HJ 538
		环境空气 铅的测定 石墨炉原子吸收分光光度法(暂行)	HJ 539
		环境空气 铅的测定 火焰原子吸收分光光度法	GB/T 15264
2	硫酸雾	固定污染源废气 硫酸雾的测定 离子色谱法(暂行)	HJ 544
3	颗粒物	固定污染源排气中颗粒物测定与气态污染物采样方法	GB/T 16157
	总悬浮颗粒物	环境空气 总悬浮颗粒物的测定 重量法	GB/T 15432

5.2 监测工况

5.2.1 建设项目环境保护设施竣工验收监测的工况要求执行国家和本市相关规定。

5.2.2 污染源监督性监测过程中,企业不得任意改变当时的运行工况。

5.2.3 企业自行监测时应记录当时运行工况。

5.3 企业监测规定

5.3.1 企业应按 GB/T 16157 的要求设置采样口。

5.3.2 企业应按有关规定建立污染物定期监测制度,排气筒和企业边界无组织排放监测频率每季度均不少于一次,保存监测原始记录,建立相应台账备查。企业在线监测设备安装使用按环保部门有关规定执行。

6 运营管理与监控

6.1 清洁生产

新建、改建、扩建铅蓄电池企业必须达到 HJ 447 中清洁生产一级标准水平。

6.2 有组织废气污染控制

各生产工序产生的废气必须收集、处理后方可排放;熔铅、板栅、制粉、和膏、分片、称片叠片、组装等工序产生的含铅废气,应采用符合 GB/T 14295 要求的高效空气过滤器或其他更先进的除尘设施。

6.3 无组织废气污染控制

所有涉铅生产工序应集中布置在独立、密闭的联合厂房内。厂房设置机械排风,维持负压运行,排风须经过高效过滤处理。未采取上述措施视同超标。

6.4 污染治理设施运行与管理

建立污染治理设施自动监控系统,包括排风系统运行压力、风量变化、除尘装置运行压差和检漏的在线监测及自动记录等;记录各废气治理设施的定期维护及滤料更换情况,并保留台账备查;同时防止环保治理设施运营、维护过程中产生的二次污染等。

7 标准实施与监督

7.1 本标准由市和各区、县级人民政府环境保护行政主管部门负责监督实施。

7.2 在任何情况下,企业均应遵守本标准规定的污染物排放控制要求,采取必要措施保证污染治理设施正常运行。各级环保部门在对企业进行监督性检查时,可以现场即时采样监测的结果,作为判定排污行为是否符合排放标准以及实施相关环境保护管理措施的依据。

厦门市大气污染物排放标准(节录)

DB 35/323—2011

(2011年12月20日发布 2012年1月1日实施)

本标准由厦门市环境保护局提出并归口。
本标准起草单位:厦门市环境保护科研所。

(按原标准编号节录)

3 术语和定义

GB 16297—1996界定的及下列术语和定义适用于本文件。

3.1 排污者周界 unit border

指排污者与外界环境接界的边界。通常应依据法定手续确定边界;若无法定手续,则按目前的实际边界确定。

3.2 现有污染源 present pollution source

在本标准颁布之前已建项目产生的污染源。

3.3 挥发性有机物 volatile organic compounds,VOCs

在温度为293.15 K、蒸汽压大于或等于0.01kPa时,可挥发性有机化合物(甲烷除外)的总称。

3.4 非甲烷总烃 non-methane hydrocarbon

采用HJ/T 38规定的监测方法,检测器有明显响应的除甲烷外的碳氢化合物的总称(以碳计)。

4 指标体系、标准分级

4.1 指标体系

本标准设置下列三项指标:

a) 通过排气筒排放的污染物最高允许排放浓度;

b) 通过排气筒排放的污染物,按排气筒高度规定的最高允许排放速率;

同时遵守a)、b)两项指标,超过其中任何一项均为超标排放。

c) 以无组织方式排放的污染物,规定无组织排放的监控点及相应的监控浓度限值。

4.2 标准分级

4.2.1 位于一类区已建项目的污染源执行GB 16297—1996表1中的一级标准。

4.2.2 位于二类区的污染源执行本标准。

5 大气污染物排放要求

5.1 大气污染物排放限值

5.1.1 大气污染物排放限值应执行表1的规定。

表1 大气污染物排放限值

序号	污染物名称	最高允许排放浓度 mg/m³	与排气筒高度对应的大气污染物最高允许排放速率 kg/h				无组织排放监控浓度限值[a] mg/m³
			15m	20m	30m	40m	
(一)无机气态污染物、颗粒物							
1	二氧化硫	440(硫、二氧化硫、硫酸和其他含硫化合物使用)	2.1	3.5	12	20	0.40
2	氮氧化物	200(硝酸使用和其他)	0.62	1.0	3.5	6.0	0.12
3	颗粒物	15(炭黑尘、染料尘)	0.40	0.70	2.7	4.6	肉眼不可见
		50(玻璃棉尘、石英粉尘、矿渣棉尘)[b]	1.5	2.5	10	17	0.8
		100(其他)	2.8	4.7	18	31	1.0
4	氯化氢	80	0.20	0.35	1.2	2.1	0.20
5	硫酸雾[c]	40	1.2	2.1	7.0	12	1.2
6	氟化物[d]	7	0.08	0.14	0.47	0.8	20 μg/m³
7	氯气	50	—	0.4[e]	0.7	2.3	0.40
(二)有机气态污染物							
8	苯	12	0.4	0.8	1.8	3.3	0.3
9	甲苯	40	0.5	0.8	2.2	4.1	0.6
10	二甲苯	40	0.5	0.8	2.2	4.1	0.8
11	乙酸	50	0.83	1.4	4.7	8.0	1.0
12	乙酸甲酯[f]	80	1.0	2.0	5.2	9.5	1.2
13	乙酸乙酯	100	1.2	2.1	7.0	12	1.5
14	丙酮	150	1.4	2.4	8.2	14	1.8
15	环己酮	50	0.41	0.7	2.3	4.0	1.0
16	非甲烷总烃	100	8.0	13	42	80	3.2

注:本标准使用"非甲烷总烃(NMHC)"作为排气筒及厂界VOCs排放的综合控制指标。
  a 无组织排放监控点设置按GB 16297—1996中附录C规定执行。
  b 均指含游离二氧化硅10%以上的各种粉尘。
  c 火药厂除外的其他工业。
  d 普钙工业除外的其他工业。
  e 氯气排气筒高度为25m时的排放速率。
  f 石化工业由于生产工艺需要,废气排放量在$2.0 \times 10^5 Nm^3/h$及以上的排气筒,其最高允许排放速率按经依法批准的环境影响评价文件的要求执行;除上述限制外均执行本标准。

5.1.2 排气筒高度除应遵守表1所列排放速率限值外,还应高出周围200 m半径范围的建筑物5 m以上,不能达到该要求的排气筒,应按其高度对应的排放速率限值的50%执行。

5.1.3 当排气筒高度低于15 m时,其排放速率限值按外推法计算结果的50%执行。

5.1.4 新建项目的无组织排放须从严控制,无特殊需求不应有无组织排放存在,确因工艺需要进行无组织排放的应达到表1规定的限值。

5.1.5 计算等效排气筒有关参数、确定排气筒最高允许排放速率的内插法和外推法、设置无组织排放监控点方法等分别按 GB 16297—1996 附录 A、附录 B、附录 C 执行。

5.2 餐饮业油烟排放要求

5.2.1 已建项目

5.2.1.1 所在建筑物高度在24 m(含24m)以下的,其油烟排放口应高于所在建筑物屋顶1.5 m,且排气筒高度不得低于15 m,餐饮业油烟排放应执行 GB 18483 规定。

5.2.1.2 对不能满足5.2.1.1要求的项目,油烟排放浓度应小于等于1.0 mg/m^3,并增加异味处理设施,油烟排放口位置应当距离相邻居民住宅、医院、学校或其他单位10 m以上。

5.2.1.3 所在建筑物高度在24 m以上,按 GB 18483、HJ 554 规定执行。

5.2.2 新改扩建项目

按 GB 18483、HJ 554 规定执行。

6 污染物监测要求

6.1 布点

排气筒中污染物监测的采样点数目及采样点位置的设置,按 GB/T 16157、HJ/T 397 规定执行。

6.2 采样时间和频次

6.2.1 以连续1 h的采样获取平均值;或在1 h内,以等时间间隔采集4个样品,取平均值。

6.2.2 无组织排放监控点监测的采样,一般采用连续1 h 采样取平均值。

6.2.3 若浓度偏低,可适当延长采样时间。

6.2.4 若分析方法灵敏度高,仅需用短时间采样时,应在1 h内以等时间间隔采样4个样品,取平均值。

6.2.5 特殊情况下的采样时间和频次,若排气筒的排放为间断性排放,排放时间小于1 h,应在排放时段内实行连续采样,或在排放时段内以等时间间隔采集(2~4)个样品,取平均值;若排气筒的排放为间断性排放,排放时间大于1h,则应在排放时段内按排气筒中废气的采样,以连续1h采样获取平均值;或在1 h内,以等时间间隔采集(2~4)个样品,取平均值。

6.2.6 当进行污染事故排放监测时,应按需要设置采样时间和采样频次,不受上述的要求限制;建设项目竣工环境保护监测的采样时间和频次,按国家环境保护部发布的相关建设项目竣工环境保护验收技术规范执行。

6.3 采样方法

按 GB/T 16157、HJ/T 55、HJ/T 397 规定执行。

6.4 分析方法

大气污染物排放浓度测定采用表2所列的方法。

表2 大气污染物排放浓度测定方法

序号	污染物项目	方法标准名称	方法标准编号
1	二氧化硫	固定污染源排气中二氧化硫的测定 碘量法	HJ/T 56
		固定污染源排气中二氧化硫的测定 定电位电解法	HJ/T 57
		固定污染源废气二氧化硫的测定 非分散红外吸收法	HJ 629
2	氮氧化物	固定污染源排气中氮氧化物的测定 紫外分光光度法	HJ/T 42
		固定污染源排气中氮氧化物的测定 盐酸萘乙二胺分光光度法	HJ/T 43
3	颗粒物	固定污染源排气中颗粒物测定与气态污染物采样方法	GB/T 16157
4	氯化氢	固定污染源排气中氯化氢的测定 硫氰酸汞分光光度法	HJ/T 27
		固定污染源废气 氯化氢的测定 硝酸银容量法（暂行）	HJ 548
		固定污染源废气 氯化氢的测定 离子色谱法（暂行）	HJ 549
5	硫酸雾	固定污染源废气 硫酸雾的测定 离子色谱法（暂行）	HJ/T 544
		废气中硫酸雾的测定 铬酸钡分光光度法（附录C）	GB 21900
		废气中硫酸雾的测定 离子色谱法（附录D）	GB 21900
6	氟化物	固定污染源排气 氟化物的测定 离子选择电子法	HJ/T 67
7	氯气	固定污染源排气中氯气的测定 甲基橙分光光度法	HJ/T 30
		固定污染源废气 氯气的测定 碘量法（暂行）	HJ 547
8	苯	环境空气 苯系物的测定 固体吸附/热脱附−气相色谱法	HJ 583
9	甲苯	环境空气 苯系物的测定 固体吸附/热脱附−气相色谱法	HJ 583
10	二甲苯	环境空气 苯系物的测定 固体吸附/热脱附−气相色谱法	HJ 583
11	乙酸	车间空气中乙酸卫生标准（附录A）气相色谱法	GB 16233
12	乙酸甲酯	工业场所空气有毒物质测定 饱和脂肪族酯类化合物	GBZ/T 160.63
13	乙酸乙酯	工业场所空气有毒物质测定 饱和脂肪族酯类化合物	GBZ/T 160.63
14	丙酮	工业场所空气有毒物质测定 饱和脂肪族酮类化合物	GBZ/T 160.55
15	环己酮	工业场所空气有毒物质测定 脂环酮和芳香族酮类化合物	GBZ/T 160.56
16	非甲烷总烃	固定污染源排气中非甲烷总烃的测定 气相色谱法	HJ/T 38
17	油烟	饮食业油烟排放标准（试行）（附录A、附录B、附录C）	GB 18483

7 标准实施

本标准由厦门市环境保护局及驻区分局负责监督实施。

福建省水泥工业大气污染物排放标准（节录）

DB 35/1311—2013

(2013年1月21日发布　2013年4月1日实施)

本标准由福建省环境保护厅提出并归口。
本标准起草单位：福建省环境科学研究院、福建省环境监测中心站。

（按原标准编号节录）

3　术语和定义

下列术语和定义适用于本标准。

3.1　标准状态

指温度为273 K，压力为101 325 Pa时的状态，简称"标态"。本标准规定的大气污染物排放浓度均指标准状态下干烟气中的数值。

3.2　最高允许排放浓度

指处理设施后排气筒中污染物任意1小时浓度平均值不得超过规定的值；或指无处理设施排气筒中污染物任意1小时浓度平均值不得超过规定的值。

3.3　单位产品排放量

指各设备生产单位产品所排放的有害重量，单位kg/t产品。产品产量按污染物监测时段的设备实际小时产出量计算，如水泥窑、熟料冷却机以熟料产出量计算；生料磨以生料产出量计算；水泥磨以水泥产出量计算；煤磨以产生的煤粉计算；烘干机、烘干磨以产生的干物料计算。对于窑磨一体机，在窑磨联合运转时，以磨机产生的物料量计算，在水泥窑单独运转时，以水泥窑产出的熟料量计算。

3.4　无组织排放

指大气污染物不经过排气筒的无规则排放，主要包括作业场所物料堆放、开放式输送扬尘和管道、设备的含尘气体泄漏等。

3.5　无组织排放监控点污染物浓度限值

指监控点的污染物浓度在任意1小时的平均值不得超过规定的值。

3.6　排气筒高度

指自排气筒（或其主体建筑构造）所在的地平面至排气筒出口计算的高度。

3.7　水泥窑

指水泥熟料煅烧设备，通常包括回转窑和立窑两大类。

3.8 窑磨一体机

指把水泥窑废气引入物料粉磨系统,利用废气余热烘干物料,窑和磨排出的废气同用一台除尘设备进行处理的窑磨联合运行的系统。

3.9 烘干机、烘干磨、煤磨和冷却机

烘干机指各种型式物料烘干设备;烘干磨指物料烘干兼粉磨设备;煤磨指各种型式煤粉制备设备;冷却机指各种类型(筒式、篦式等)冷却熟料设备。

3.10 破碎机、磨机、包装机和其他通风生产设备

破碎机指各种破碎块粒状物料设备;磨机指各种物料粉磨设备系统(不包括烘干磨和煤磨);包装机指各种型式包装水泥设备(包括水泥散装仓);其他通风生产设备指除上述主要生产设备以外的需要通风的生产设备,其中包括物料输送设备、料仓和各种类型贮库等。

3.11 水泥制品生产

指预拌混凝土、预拌砂浆和混凝土预制件的生产,不包括水泥用于现场搅拌的过程。

3.12 散装水泥中转站

指散装水泥出厂后不直接运输到用户,经中间贮存后再转运到用户的供应场所。

3.13 现有生产线、新建生产线

现有生产线是指本标准实施之日前已建成投产或环境影响评价文件已通过审批的水泥矿山、水泥(含熟料)制造、水泥制品生产线及散装水泥中转站。

新建生产线是指本标准实施之日起环境影响评价文件通过审批的新、改、扩建水泥矿山、水泥(含熟料)制造、水泥制品生产线及散装水泥中转站。

4 排放限值

4.1 生产设备排气筒大气污染物排放限值

4.1.1 自本标准实施之日起至2013年12月31日止,现有生产线各生产设备(设施)排气筒中的颗粒物和气态污染物最高允许排放浓度及单位产品排放量不得超过表1规定的限值。

4.1.2 自2014年1月1日起,现有生产线各生产设备(设施)排气筒中的颗粒物和气态污染物最高允许排放浓度及单位产品排放量不得超过表2规定的限值。

4.1.3 自本标准实施之日起,新建生产线各生产设备(设施)排气筒中的颗粒物和气态污染物最高允许排放浓度及单位产品排放量不得超过表2规定的限值。

表1 现有企业大气污染物排放浓度限值及单位产品排放限值

生产过程	生产设备	颗粒物		二氧化硫		氮氧化物（以 NO_2 计）		氟化物（以总氟计）	
		排放浓度 mg/m³	单位产品排放量 kg/t	排放浓度 mg/m³	单位产品排放量 kg/t	排放浓度 mg/m³	单位产品排放量 kg/t	排放浓度 mg/m³	单位产品排放量 kg/t
矿山开采	破碎机及其他通风生产设备	30	—	—	—	—	—	—	—
水泥制造	水泥窑及窑磨一体机[a]	50	0.15	200	0.60	800	2.40	5	0.015
	烘干机、烘干磨、煤磨及冷却机	50	0.15	—	—	—	—	—	—
	破碎机、磨机、包装机及其他通风生产设备	30	0.024	—	—	—	—	—	—
水泥制品生产	水泥仓及其他通风生产设备	30	—	—	—	—	—	—	—

注：a 指烟气中 O_2 含量10%状态下的排放浓度。

表2 新建企业大气污染物排放浓度限值及单位产品排放限值

生产过程	生产设备	颗粒物		二氧化硫		氮氧化物（以 NO_2 计）		氟化物（以总氟计）		氨[b]
		排放浓度 mg/m³	单位产品排放量 kg/t	排放浓度 mg/m³	单位产品排放量 kg/t	排放浓度 mg/m³	单位产品排放量 kg/t	排放浓度 mg/m³	单位产品排放量 kg/t	排放浓度 mg/m³
矿山开采	破碎机及其他通风生产设备	20	—	—	—	—	—	—	—	—
水泥制造	水泥窑及窑磨一体机[a]	30	0.1	100	0.30	400	1.20	5	0.015	8
	烘干机、烘干磨、煤磨及冷却机	30	0.1	—	—	—	—	—	—	—
	破碎机、磨机、包装机及其他通风生产设备	20	0.024	—	—	—	—	—	—	—
水泥制品生产	水泥仓及其他通风生产设备	20	—	—	—	—	—	—	—	—
散装水泥中转站	水泥仓及其他通风生产设备	20	—	—	—	—	—	—	—	—

注：a 指烟气中 O_2 含量10%状态下的排放浓度。
b 适用于水泥窑烟气脱硝使用含氨还原剂的情况。

4.2 作业场所无组织排放限值

4.2.1 自本标准实施之日起现有生产线和新建生产线,作业场所颗粒物无组织排放监控点浓度不得超过表3规定的限值。

表3 颗粒物无组织排放限值

作业场所	颗粒物无组织排放监控点	浓度限值[a]mg/m³
水泥制造(含粉磨站)、水泥制品厂、散装水泥中转站	厂界外20 m处	0.5(扣除参考值)

注:a 指监控点处的总悬浮颗粒物(TSP)1小时浓度值。

4.2.2 自本标准实施之日起现有生产线和新建生产线,在水泥窑烟气脱硝使用含氨还原剂的情况下,厂界外10 m范围内无组织排放监控点的氨的1小时浓度值不得大于1.0 mg/m³。

5 其他管理规定

5.1 颗粒物无组织排放控制要求

5.1.1 水泥矿山、水泥制造和水泥制品生产过程,应采取有效措施,控制颗粒物无组织排放。

5.1.2 新建生产线的物料处理、输送、装卸、贮存过程应当封闭,对块石、粘湿物料、浆料以及车船装、卸料过程也可采取其他有效抑尘措施。

5.1.3 现有生产线对干粉料的处理、输送、装卸、贮存应当封闭;车船装、卸料时,应采取有效措施防止扬尘。

5.1.4 生产车间内粉尘不得采用排气扇向车间外抽排。生产车间敞开的天窗、门窗等处不得有肉眼可见粉尘无组织排放现象存在。

5.1.5 水泥(含熟料)生产所有物料禁止露天堆放。水泥(含熟料)生产企业应配置吸尘车对生产车间内外地面定期进行吸尘作业,防止二次扬尘。

5.2 非正常排放和事故排放控制要求

5.2.1 除尘装置应与其对应的生产工艺设备同步运转。应分别计量生产工艺设备和除尘装置的年累计运转时间,以除尘装置年运转时间与生产工艺设备的年运转时间之比,考核同步运转率。

5.2.2 新建水泥窑应保证在生产工艺波动情况下除尘装置仍能正常运转,禁止非正常排放。现有水泥窑采用的除尘装置,其相对于水泥窑通风机的年同步运转率不得小于99%。

5.2.3 因除尘装置故障造成事故排放,应采取应急措施使主机设备停止运转,同时向当地环保行政主管部门报告,待除尘装置检修完毕后共同投入使用。

5.3 排气筒高度要求

5.3.1 除提升输送、储库下小仓的除尘设施外,生产设备排气筒(含车间排气筒)一律不得低于15 m,并应高出本体建筑物3m以上。水泥窑及窑磨一体机排气筒周围半径200m范围内有建筑物时,排气筒高度还应高出最高建筑物3m以上。

5.3.2 水泥窑及窑磨一体机、烘干机、烘干磨、煤磨及冷却机等设备排气筒高度还应符合表4规定。

表4 排气筒允许最低高度

生产设备名称	水泥窑及窑磨一体机				烘干机、烘干磨煤磨及冷却机		
单线(机)生产能力,t/d	≤240	>240~700	>700~1200	>1200	≤500	>500~1000	>1000
最低高度,m	30	45	60	80	20	25	30

5.4 其他规定

5.4.1 不得采用、使用《中华人民共和国大气污染防治法》第十九条规定的严重污染大气环境的落后生产工艺和设备。

5.4.2 禁止在环境空气质量一类功能区内开采矿山、生产水泥及其制品。

5.4.3 水泥窑及烘干机等不得设置旁路烟囱,现的自本标准实施之日起必须拆除。

5.4.4 水泥窑焚烧固体废物按照有关国家标准及相关法律法规执行。

6 监测

6.1 排气筒中大气污染物的监测

6.1.1 生产设备排气筒应设置永久采样孔并符合 GB/T 16157 规定的采样条件。

6.1.2 排气筒中颗粒物或气态污染物的采样监测应按 GB/T 16157、HJ/T 397 或 HJ/T 75 执行。

6.1.3 对于日常监督性监测,采样期间的工况应与当时正常工况相同。排污单位人员和实施监测人员不得任意改变当时的运行工况。在任意连续1小时的采样获得平均值,或在任意1小时内,以等时间间隔采集3个以上样品,取其平均值。

建设项目环境保护设施竣工验收监测的工况要求和采样时间频次,按国家环境保护部制定的建设项目环境保护设施竣工验收监测办法和规范执行。

6.1.4 水泥工业大气污染物分析方法见表5。

表5 大气污染物浓度测定方法标准

序号	分析项目	手动分析方法	自动分析方法
1	颗粒物	GB/T 16157 GB/T 15432 重量法	HJ/T 76 固定污染源排放烟气连续监测系统技术要求及检测方法
2	二氧化硫	HJ/T 56 碘量法 HJ/T 57 定电位电解法 HJ 629 非分散红外吸收法	
3	氮氧化物	HJ/T 42 紫外分光光度法 HJ/T 43 盐酸萘乙二胺分光光度法	
4	氟化物	HJ/T 67 离子选择电极法	
5	氨	HJ 533 纳氏试剂分光光度法 HJ 534 次氯酸钠-水杨酸分光光度法	

6.1.5 应按照国家相关法规和《污染源自动监控管理办法》(国家环境保护总局令第28号)等环境管理部门的要求,规范安装运行主要污染物自动在线监测仪器。

6.1.6 水泥窑及窑磨一体机排气筒(窑尾)应当安装烟气颗粒物、二氧化硫和氮氧化物连续监测装置;冷却机排气筒(窑头)应当安装烟气颗粒物连续监测装置。并与当地环保行政主管部门联网,所安装的连续监测装置须符合 HJ/T 76 要求。经县级以上人民政府环境保护行政主管部门验收后,在有效期内其监测数据为有效数据。以 1 小时平均值作为连续监测达标考核的依据。

6.2 厂界大气污染物无组织排放的监测按 HJ/T 55 的规定执行。

6.3 企业须按照有关法律和《环境监测管理办法》(国家环境保护总局令第 39 号)的规定,对排污状况进行监测,并保存原始监测记录。

7 监督与实施

7.1 本标准由县级以上人民政府环境保护行政主管部门负责监督实施。

7.2 在任何情况下,企业均应遵守本标准规定的污染物排放控制要求并采取必要措施保证污染防治设施正常运行。各级环保部门在对设施进行监督性检查时,可以现场即时采样或监测的结果,作为判定排污行为是否符合排放标准以及实施有关环境保护管理措施的依据。

山东省火电厂大气污染物排放标准(节录)

DB 37/664—2013

(2013 年 5 月 24 日发布 2013 年 9 月 1 日实施)

本标准由山东省环境保护厅提出并负责解释。

本标准起草单位:济南市环境保护科学研究院、山东省环境保护科学研究设计院、烟台龙源电力技术股份有限公司、山东三融环保工程有限公司。

(按原标准编号节录)

3 术语及定义

下列术语及定义适用于本文件。

3.1 火电厂

燃烧固体、液体、气体燃料的发电厂。

3.2 标准状态

烟气在温度为 273K,压力为 101 325Pa 时的状态,简称"标态"。本标准中所规定的大气污染物浓度均指标准状态下干烟气的数值。

3.3 氧含量

燃料燃烧时,烟气中含有的多余的自由氧,通常以干基容积百分数表示。

3.4 现有火力发电锅炉及燃气轮机组

本标准实施之日前,建成投产或环境影响评价文件已通过审批的火力发电锅炉及燃气轮机组。

3.5 新建火力发电锅炉及燃气轮机组

本标准实施之日起,环境影响评价文件通过审批的新建、改建和扩建的火力发电锅炉及燃气轮机组。

3.6 W型火焰炉膛

燃烧器置于炉膛前后墙拱顶,燃料和空气向下喷射,燃烧产物转折180°后从前后拱中间向上排出而形成W型火焰的燃烧空间。

4 污染物排放控制要求

4.1 自2013年9月1日起,现有火力发电锅炉及燃气轮机组执行表1规定的烟尘、二氧化硫、氮氧化物和烟气黑度排放浓度限值。

4.2 自2013年9月1日起,新建火力发电锅炉及燃气轮机组执行表2规定的排放浓度限值。

表1 火力发电锅炉及燃气轮机组大气污染物排放浓度限值

单位:mg/m³(烟气黑度除外)

序号	燃料与热能转化设施类型	污染物项目	适用条件	限值	污染物排放监控位置
1	燃煤(含水煤浆)锅炉	烟尘	全部	30	烟囱或烟道
		二氧化硫	全部	200	
		氮氧化物(以NO_2计)	全部	100 200[a]	
		汞及其化合物	全部	0.03	
2	以油为燃料的锅炉或燃气轮机组	烟尘	全部	30	
		二氧化硫	全部	200	
		氮氧化物(以NO_2计)	燃油锅炉	200	
			燃气轮机组	120	
3	以气体为燃料的锅炉或燃气轮机组	烟尘	天然气锅炉及燃气轮机组	5	
			其他气体燃料锅炉及燃气轮机组	10	
		二氧化硫	天然气锅炉及燃气轮机	35	
			其他气体燃料锅炉及燃气轮机组	100	
		氮氧化物(以NO_2计)	天然气锅炉	100	
			其他气体燃料锅炉	200	
			天然气燃气轮机组	50	
			其他气体燃料燃气轮机组	120	

（续表）

序号	燃料与热能转化设施类型	污染物项目	适用条件	限值	污染物排放监控位置
4	燃煤锅炉,以油、气体为燃料的锅炉或燃气轮机组	烟气黑度(林格曼黑度)/级	全部	1	烟囱排放口

注：a 采用 W 型火焰炉膛的火力发电锅炉、现有循环流化床火力发电锅炉执行该限值。

4.3 自 2015 年 1 月 1 日起,燃煤锅炉执行表 1 规定的汞及其化合物污染物排放浓度限值。

4.4 自 2017 年 1 月 1 日起,现有火力发电锅炉及燃气轮机组执行表 2 规定的排放浓度限值。

表 2 火力发电锅炉及燃气轮机组大气污染物排放浓度限值

单位：mg/m^3（烟气黑度除外）

序号	燃料与热能转化设施类型	污染物项目	适用条件	限值	污染物排放监控位置
1	燃煤(含水煤浆)锅炉	烟尘	全部	20	烟囱或烟道
		二氧化硫	全部	100	
		氮氧化物(以 NO_2 计)	全部	100 200[a]	
		汞及其化合物	全部	0.03	
2	以油为燃料的锅炉或燃气轮机组	烟尘	全部	20	
		二氧化硫	全部	100	
		氮氧化物(以 NO_2 计)	全部	100	
3	以气体为燃料的锅炉或燃气轮机组	烟尘	全部	5	
		二氧化硫	天然气锅炉及燃气轮机组	35	
			其他气体燃料锅炉及燃气轮机组	100	
		氮氧化物(以 NO_2 计)	天然气锅炉	100	
			其他气体燃料锅炉	200	
			天然气燃气轮机组	50	
			其他气体燃料燃气轮机组	100	
4	燃煤锅炉,以油、气体为燃料的锅炉或燃气轮机组	烟气黑度(林格曼黑度)/级	全部	1	烟囱排放口

注：a 采用 W 型火焰炉膛的火力发电锅炉、现有循环流化床火力发电锅炉执行该限值。

4.5 根据环境保护工作的要求,在国土开发密度较高、环境承载能力开始减弱,或环境容量较小、生态环境脆弱,容易发生严重环境污染问题而需要采取特别保护措施的地区,应严格控制企业的污染物排放行为,在上述地区的企业执行表 3 中的"特别排放限值"。

4.6 执行大气污染物特别排放限值的地域范围和时间,由省人民政府以通知或公告形式另行发布。

表3 大气污染物特别排放限值

单位:mg/m³(烟气黑度除外)

序号	燃料和热能转化设施类型	污染物项目	适用条件	限值	污染物排放监控位置
1	燃煤(含水煤浆)锅炉	烟尘	全部	20	烟囱或烟道
		二氧化硫	全部	50	
		氮氧化物(以NO₂计)	全部	100	
		汞及其化合物	全部	0.03	
2	以油为燃料的锅炉或燃气轮机组	烟尘	全部	20	
		二氧化硫	全部	50	
		氮氧化物(以NO₂计)	燃油锅炉	100	
			燃气轮机组	100	
3	以气体为燃料的锅炉或燃气轮机组	烟尘	全部	5	
		二氧化硫	全部	35	
		氮氧化物(以NO₂计)	燃气锅炉	100	
			燃气轮机组	50	
4	燃煤锅炉,以油、气体为燃料的锅炉或燃气轮机组	烟气黑度(林格曼黑度)/级	全部	1	烟囱排放口

4.7 新建锅炉和现有锅炉若采用混合方式排放烟气,且选择的监控位置只能监测混合烟气中的大气污染浓度,则应执行新建锅炉排放限值。

4.8 在现有火力发电锅炉及燃气轮机组运行、建设项目竣工环保验收及其投产后的运行过程中,负责监管的环境保护行政主管部门,应对周围居住、教学、医疗等用途的敏感区域环境质量进行监测。建设项目的具体监控范围为环境影响评价确定的周围敏感区域;未进行过环境影响评价的现有火电厂,监控范围由负责监管的环境保护行政主管部门,根据企业排污的特点和规律及当地的自然、气象条件等因素,参照相关环境影响评价技术导则确定。

4.9 火电厂的煤场及渣土场,必须实施封闭管理。

5 污染物监测要求

5.1 污染物采样与监测要求

5.1.1 对企业排放废气的采样,应根据监测污染物的种类,在规定的污染物排放监控位置进行,有废气处理设施的,应在该设施后监控。在污染物排放监控位置须设置规范的永久性测试孔、采样平台和排污口标志。

5.1.2 新建和现有火力发电锅炉及燃气轮机组需要安装污染物排放自动监控装置的,应按有关法律和《污染源自动监控管理办法》的规定执行。

5.1.3 污染物排放自动监控设备通过验收并正常运行的,应按 HJ/T 75 和 HJ/T 76 的规定,定期对自动监控设备进行监督考核。

5.1.4 对企业污染物排放情况进行监测的采样方法、采样频次、采样时间和运行负荷等方面的要求,应按 GB/T 16157 和 HJ/T 397 的规定执行。

5.1.5 火电厂大气污染物监测的质量保证和质量控制,应按 HJ/T 373 的规定执行。

5.1.6 企业应按照有关法律和《环境监测管理办法》的规定,对排污状况进行监测,并保存原始监测记录。

5.1.7 对火电厂大气污染物排放浓度的测定采用表4所列的方法标准。

表4 火电厂大气污染物浓度测定方法标准

序号	污染物项目	方法标准名称	方法标准编号
1	烟尘	固定污染源排气中颗粒物测定与气态污染物采样方法	GB/T 16157
2	烟气黑度	固定污染源排放 烟气黑度的测定 林格曼烟气黑度图法	HJ/T 398
3	二氧化硫	固定污染源排气中二氧化硫的测定 碘量法	HJ/T 56
		固定污染源排气中二氧化硫的测定 定电位电解法	HJ/T 57
		固定污染源废气 二氧化硫的测定 非分散红外吸收法	HJ 629
4	氮氧化物	固定污染源排气中氮氧化物的测定 紫外分光光度法	HJ/T 42
		固定污染源排气中氮氧化物的测定 盐酸萘乙二胺分光光度法	HJ/T 43
5	汞及其化合物	固定污染源废气 汞的测定 冷原子吸收分光光度法(暂行)	HJ 543

5.2 大气污染物基准氧含量排放浓度折算方法

实测的火电厂烟尘、二氧化硫、氮氧化物和汞及其化合物排放浓度,必须执行 GB/T 16157 的规定,按式(1)折算为基准氧含量排放浓度。各类热能转化设施的基准氧含量按表5的规定执行。

表5 基准氧含量

序号	热能转化设施类型	基准氧含量(O_2)/%
1	燃煤锅炉	6
2	燃油锅炉及燃气锅炉	3
3	燃气轮机组	15

$$c = c' \times \frac{21 - O_2}{21 - O_2'} \tag{1}$$

式中:c——大气污染物基准氧含量排放浓度,mg/m³;

c'——实测的大气污染物排放浓度,mg/m³;

O_2'——实测的氧含量,%;

O_2——基准氧含量,%。

6 实施与监督

6.1 本标准由县级以上人民政府环境保护行政主管部门负责监督实施。

6.2 在任何情况下,火电企业均应遵守本标准的大气污染排放控制要求,采取必要措施保证污染防治设施的正常运行。各级环保部门在对企业进行监督性检查时,可以现场即时采样或监测结果作为判定排污行为是否符合排放标准以及实施相关环境保护管理措施的依据。

6.3 本标准实施后,新制定、新修订的省、国家(综合或行业)污染物排放标准严于本标准的,按照从严要求的原则,按适用范围执行相应污染物排放标准,不再执行本标准。

山东省建材工业大气污染物排放标准(节录)

DB 37/2373—2018

(2018 年 7 月 3 日发布 2019 年 1 月 1 日实施)

本标准由山东省环境保护厅提出并负责解释。

本标准起草单位:山东省环境规划研究院、济南大学、临沂市环境监测站。

(按原标准编号节录)

3 术语和定义

下列术语和定义适用于本文件。

3.1 建材工业 building materials industry

建材工业是生产建筑材料的工业部门的总称,主要包括水泥、石灰、玻璃、陶瓷、砖瓦、陶粒和墙板、非金属矿、建筑石材、耐火材料以及其他建材工业。

3.2 水泥工业 cement industry

从事水泥矿山开采、水泥制造、散装水泥转运以及水泥制品生产的工业。水泥制品生产指预拌混凝土、砂浆和混凝土预制件的生产,不包括水泥用于施工现场搅拌的过程。

3.3 石灰工业 lime industry

从事石灰矿山开采及石灰制造的工业。

3.4 玻璃工业 glass industry

从事平板玻璃、日用玻璃、电子玻璃、玻璃纤维及制品生产的工业。平板玻璃工业指采用浮法、压延等工艺制造平板玻璃的工业;日用玻璃工业指生产玻璃仪器、日用玻璃制品及玻璃包装容器、玻璃保温容器等的工业;电子玻璃工业指生产 CRT 显像管玻璃、平板显示玻璃、电光源玻璃等应用于电子、微电子、光电子领域的玻璃产品的工业;玻璃纤维及制品工业指生产玻璃纤维原料球、玻璃纤维及玻璃纤维制品的工业。

3.5 陶瓷工业 ceramics industry

用黏土类及其他矿物原料经过粉碎加工、成型、煅烧等过程而制成各种陶瓷制品的工业,主要包括日用及陈设艺术瓷、建筑陶瓷、卫生陶瓷和特种陶瓷等的生产。

3.6 砖瓦工业 brick and tile industry

通过原料制备、挤出(压制)成型、干燥、焙烧(蒸压)等生产过程,生产烧结砖瓦制品和非烧结砖瓦制品的工业,主要包括以黏土、页岩、煤矸石、粉煤灰为主要原料的砖瓦烧结制品生产过程和以砂石、粉煤灰、石灰及水泥为主要原料的砖瓦非烧结制品生产过程。

3.7 陶粒工业 ceramsite industry

通过原料制备、滚动(压制)成型、焙烧等生产过程,生产类球形陶粒的工业,主要包括黏土陶粒、页岩陶粒和粉煤灰陶粒等。

3.8 墙板工业 wall board industry

生产各类建筑墙板的工业,主要包括石膏板、蒸压加气混凝土板、各种纤维增强板和复合墙板等。

3.9 非金属矿工业 non-metallic mineral industry

从事非金属矿物采选及非金属矿物加工制品生产的工业。

3.10 建筑石材工业 building stone industry

从事建筑石材加工的工业。

3.11 耐火材料工业 refractory material industry

用非金属或金属原料经过粉碎加工、成型、煅烧等过程而制成各种耐火材料的工业。

3.12 现有企业 existing facility

本标准实施之日前,已建成投产或环境影响评价文件已通过审批的建材工业企业或生产设施。

3.13 新建企业 new facility

本标准实施之日起,环境影响评价文件通过审批的新建、改建、扩建的建材工业项目或生产设施。

3.14 标准状态 standard condition

烟气在温度为 273 K,压力为 101 325 Pa 时的状态,简称"标态"。本标准中所规定的大气污染物排放浓度均指标准状态下干烟气的数值。

3.15 无组织排放 fugitive emission

大气污染物不经过排气筒的无规则排放,主要包括作业场所物料堆存、开放式输送扬尘,以及设备、管线等大气污染物泄漏。

3.16 氧含量 oxygen content

燃料燃烧时,烟气中含有多余的自由氧,通常以干基容积百分数表示。

3.17 核心控制区 core control region

生态环境敏感度高的区域,包括各类自然保护区、风景名胜区和其他需要特殊保护的区域。

3.18 重点控制区 key control region

人口密度大、环境容量较小、生态环境敏感度较高的区域。

3.19 一般控制区 general control region

人口密度低、环境容量相对较大、生态环境敏感度相对较低的区域,即除核心控制区和重点控制区之外的其他区域。

4 污染物排放控制要求

4.1 大气污染物排放控制区划分

依据生态环境敏感程度、人口密度、环境承载能力三个因素,将全省区域划分三类控制区,即核心控制区、重点控制区和一般控制区,由各设区市人民政府划定,报省环保厅备案。其中核心控制区内禁止新建污染大气环境的生产项目,已建项目应逐步搬迁。

4.2 污染物有组织排放控制要求

4.2.1 2017 年 1 月 1 日前建成投产或环境影响评价文件通过审批的企业,自本标准实施之日起至 2019 年 12 月 31 日不分控制区执行表 1 规定的排放限值。

表 1 现有企业大气污染物排放限值

单位:毫克/立方米(mg/m^3)(烟气黑度除外)

工业	受控工艺或设备	污染物项目	浓度限值
水泥	矿山开采:破碎机及其他通风生产设备	颗粒物	20
	水泥制造:水泥窑及窑尾余热利用系统	颗粒物	20
		二氧化硫	100
		氮氧化物(以 NO_2 计)	300
		氟化物(以总 F 计)	5
		汞及其化合物	0.05
		氨[a]	8
	水泥制造:烘干机、烘干磨、煤磨及冷却机	颗粒物	20
		二氧化硫[b]	100
		氮氧化物[b](以 NO_2 计)	300
	水泥制造:破碎机、磨机、包装机及其他通风生产设备	颗粒物	20
	散装水泥中转站及水泥制品生产:水泥仓及其他通风生产设备	颗粒物	20

(续表)

工业	受控工艺或设备	污染物项目	浓度限值
石灰	矿山开采:破碎机及其他通风生产设备	颗粒物	20
石灰	石灰制造:石灰窑	颗粒物	30
石灰	石灰制造:石灰窑	二氧化硫	100
石灰	石灰制造:石灰窑	氮氧化物(以 NO_2 计)	300
石灰	石灰制造:破碎机、包装机及其他通风生产设备	颗粒物	20
玻璃	所有玻璃熔窑	颗粒物	25
玻璃	所有玻璃熔窑	二氧化硫	150
玻璃	所有玻璃熔窑	氮氧化物(以 NO_2 计)	400
玻璃	所有玻璃熔窑	氟化物(以总 F 计)	5
玻璃	所有玻璃熔窑	氯化物(以 HCl 计)	30
玻璃	所有玻璃熔窑	烟气黑度(林格曼黑度,级)	1
玻璃	所有玻璃熔窑	氨[a]	8
玻璃	日用玻璃熔窑	铅及其化合物	0.5
玻璃	日用玻璃熔窑	砷及其化合物	0.5
玻璃	日用玻璃熔窑	锑及其化合物	1
玻璃	日用玻璃熔窑	镉及其化合物	0.2
玻璃	日用玻璃熔窑	铬及其化合物	1
玻璃	电子玻璃熔窑	铅及其化合物	0.7
玻璃	电子玻璃熔窑	砷及其化合物	0.5
玻璃	电子玻璃熔窑	锑及其化合物	5
玻璃	所有配料、碎玻璃等其他通风生产设备	颗粒物	20
玻璃	电子玻璃配料、碎玻璃等其他通风生产设备	铅及其化合物	3
玻璃	电子玻璃配料、碎玻璃等其他通风生产设备	砷及其化合物	3
玻璃	平板玻璃在线镀膜尾气处理系统	颗粒物	20
玻璃	平板玻璃在线镀膜尾气处理系统	氟化物(以总 F 计)	5
玻璃	平板玻璃在线镀膜尾气处理系统	氯化物(以 HCl 计)	30
玻璃	平板玻璃在线镀膜尾气处理系统	锡及其化合物	5

(续表)

工业	受控工艺或设备	污染物项目	浓度限值
陶瓷	原料制备、干燥:喷雾干燥塔 烧成、烤花:辊道窑、隧道窑、梭式窑	颗粒物	10
		二氧化硫	35
		氮氧化物(以 NO_2 计)	120
		烟气黑度(林格曼黑度,级)	1
		氨[a]	8
	烧成、烤花:辊道窑、隧道窑、梭式窑	氟化物(以总 F 计)	3
		氯化物(以 HCl 计)	25
		铅及其化合物	0.1
		镉及其化合物	0.1
		镍及其化合物	0.2
	原料破碎、筛分等其他生产工序	颗粒物	20
砖瓦、陶粒、墙板	原料燃料破碎及制备成型	颗粒物	30
	人工干燥及焙烧	颗粒物	30
		二氧化硫	150
		氮氧化物(以 NO_2 计)	150
		氟化物(以总 F 计)	3
非金属矿	矿山开采及制品生产:破碎机、包装机及其他通风生产设备	颗粒物	30
建筑石材	石材加工:破碎机、包装机及其他通风生产设备	颗粒物	30
耐火材料	原料制备、干燥:干燥塔 烧成:梭式窑、隧道窑、辊道窑、煅烧竖窑	颗粒物	30
		二氧化硫	50
		氮氧化物(以 NO_2 计)	300
		烟气黑度(林格曼黑度,级)	1
	原料破碎、筛分等其他生产工序	颗粒物	30
其他建材	—	颗粒物	30

注:a 适用于使用氨水、尿素等含氨物质作为还原剂去除烟气中氮氧化物的情形。
　　b 适用于采用独立热源的烘干设备。

4.2.2　2017 年 1 月 1 日前建成投产或环境影响评价文件通过审批的企业,自 2020 年 1 月 1 日起按照所在控制区执行表 2 中的排放限值。

4.2.3　2017 年 1 月 1 日起至本标准实施之日前环境影响评价文件通过审批的企业以及新

建企业,自本标准实施之日起按照所在控制区执行表2中的排放限值。

4.2.4 国务院环境保护主管部门或省级人民政府明确规定执行大气污染物特别排放限值的地域范围和时间的,该地域范围内的建材工业企业除应执行本标准外,还应按规定达到国家标准中特别排放限值的要求。

表2 新建企业大气污染物排放限值

单位:毫克/立方米(mg/m^3)(烟气黑度除外)

工业	受控工艺或设备	污染物项目	重点控制区	一般控制区
水泥	矿山开采:破碎机及其他通风生产设备	颗粒物	10	20
	水泥制造:水泥窑及窑尾余热利用系统	颗粒物	10	20
		二氧化硫	50	100
		氮氧化物(以 NO_2 计)	100	200
		氟化物(以总F计)	5	5
		汞及其化合物	0.05	0.05
		氨[a]	8	8
	水泥制造:烘干机、烘干磨、煤磨及冷却机	颗粒物	10	20
		二氧化硫[b]	50	100
		氮氧化物[b](以 NO_2 计)	100	200
	水泥制造:破碎机、磨机、包装机及其他通风生产设备	颗粒物	10	20
	散装水泥中转站及水泥制品生产:水泥仓及其他通风生产设备	颗粒物	10	20
石灰	矿山开采:破碎机及其他通风生产设备	颗粒物	10	20
	石灰制造:石灰窑	颗粒物	10	20
		二氧化硫	50	50
		氮氧化物(以 NO_2 计)	100	200
	石灰制造:破碎机、包装机及其他通风生产设备	颗粒物	10	20
玻璃	所有玻璃熔窑	颗粒物	10	20
		二氧化硫	50	100
		氮氧化物(以 NO_2 计)	100	200
		氟化物(以总F计)	5	5
		氯化物(以 HCl 计)	30	30
		烟气黑度(林格曼黑度,级)	1	1
		氨[a]	8	8

(续表)

工业	受控工艺或设备	污染物项目	重点控制区	一般控制区
玻璃	日用玻璃熔窑	铅及其化合物	0.5	0.5
		砷及其化合物	0.5	0.5
		锑及其化合物	1	1
		镉及其化合物	0.2	0.2
		铬及其化合物	1	1
	电子玻璃熔窑	铅及其化合物	0.7	0.7
		砷及其化合物	0.5	0.5
		锑及其化合物	5	5
	所有配料、碎玻璃等其他通风生产设备	颗粒物	10	20
	电子玻璃配料、碎玻璃等其他通风生产设备	铅及其化合物	3	3
		砷及其化合物	3	3
	平板玻璃在线镀膜尾气处理系统	颗粒物	10	20
		氟化物(以总F计)	5	5
		氯化物(以HCl计)	30	30
		锡及其化合物	5	5
陶瓷	原料制备、干燥:喷雾干燥塔 烧成、烤花:辊道窑、隧道窑、梭式窑	颗粒物	10	10
		二氧化硫	35	35
		氮氧化物(以NO_2计)	80	100
		烟气黑度(林格曼黑度,级)	1	1
	烧成、烤花:辊道窑、隧道窑、梭式窑	氨[a]	8	8
		氟化物(以总F计)	3	3
		氯化物(以HCl计)	25	25
		铅及其化合物	0.1	0.1
		镉及其化合物	0.1	0.1
		镍及其化合物	0.2	0.2
	原料破碎、筛分等其他生产工序	颗粒物	10	20

(续表)

工业	受控工艺或设备	污染物项目	重点控制区	一般控制区
砖瓦、陶粒、墙板	原料燃料破碎及制备成型	颗粒物	10	20
	人工干燥及焙烧	颗粒物	10	20
		二氧化硫	50	100
		氮氧化物(以 NO$_2$ 计)	100	150
		氟化物(以总 F 计)	3	3
非金属矿	矿山开采及制品生产:破碎机、包装机及其他通风生产设备	颗粒物	10	20
建筑石材	石材加工:破碎机、包装机及其他通风生产设备	颗粒物	10	20
耐火材料	原料制备、干燥:干燥塔 烧成:梭式窑、隧道窑、辊道窑、煅烧竖窑	颗粒物	10	20
		二氧化硫	50	50
		氮氧化物(以 NO$_2$ 计)	100	200
		烟气黑度(林格曼黑度,级)	1	1
	原料破碎、筛分等其他生产工序	颗粒物	10	20
其他建材	—	颗粒物	10	20
注:a 适用于使用氨水、尿素等含氨物质作为还原剂去除烟气中氮氧化物的情形。 b 适用于采用独立热源的烘干设备。				

4.3 污染物无组织排放控制要求

4.3.1 自本标准实施之日起,现有和新建企业无组织排放监控点浓度限值应符合表3规定。

表3 建材工业大气污染物无组织排放限值

单位:毫克/立方米(mg/m^3)

序号	行业	污染物项目	浓度限值
1	水泥	颗粒物	0.5
2	除水泥外的其他建材	颗粒物	1.0
3	水泥、玻璃、陶瓷、耐火材料	氨[a]	1.0
4	日用玻璃、电子玻璃	铅及其化合物	0.006
		砷及其化合物	0.003
5	砖瓦、陶粒、墙板	二氧化硫	0.5
		氟化物	0.02
注:a 适用于使用氨水、尿素等含氨物质作为还原剂去除烟气中氮氧化物的情形。			

4.3.2 企业应按照国家相关行业污染物排放标准及污染防治技术规范的要求,严格落实无组织排放措施,有效控制大气污染物无组织排放。

4.4 企业应按照 HJ 847、HJ 856 等行业技术规范的相关要求,严格落实非正常工况下的污染物控制措施和管理要求。

4.5 排气筒高度要求

除储库底、坑及物料转运点单机除尘设施外,其他排气筒的高度应不低于 15 m,具体高度按环境影响评价要求确定。

5 污染物监测要求

5.1 污染物采样与监测要求

5.1.1 企业应按照有关法律和环境监测管理办法等规定,建立企业监测制度,制定监测方案,对污染物排放状况及其对周边环境质量的影响开展自行监测,保存原始监测记录,并公布监测结果。企业自行监测方案制定、监测质量保证和质量控制等应符合 HJ/T 373、HJ 819 和 HJ 848 的要求。

5.1.2 新建企业和现有企业安装污染物排放自动监控设备的要求,按污染源自动监控管理办法、HJ 75 和 HJ 76 等相关要求及有关法律和规定执行。

5.1.3 排气筒应设置采样孔和永久监测平台,监测平台面积应不小于 1.5 m²,并设有 1.1 m 高的护栏,采样孔距平台面约 1.2 m～1.3 m,监测平台高度距地面大于 5 m 时需安装旋梯、"Z"字梯或升降电梯。同时设置规范的永久性排污口标志。

5.1.4 无组织排放监控点数量和位置的设置,应符合 HJ/T 55 的要求。

5.1.5 实施监督性监测期间的采样频次应符合 GB/T 16157、HJ/T 397 和 HJ/T 55 的要求。

5.1.6 污染源采样方法应符合 GB/T 16157、HJ/T 397 和相关分析方法标准的要求;无组织排放监控点采样方法应符合 HJ/T 55 和相关分析方法标准的要求。

5.1.7 对大气污染物排放浓度的测定采用表 4 所列的方法标准。

表 4 建材工业大气污染物浓度测定方法标准

序号	污染物项目	方法标准名称	方法标准编号
1	颗粒物	环境空气 总悬浮颗粒物的测定 重量法	GB/T 15432
		固定污染源废气 低浓度颗粒物的测定 重量法	HJ 836
2	二氧化硫	固定污染源排气中二氧化硫的测定 碘量法	HJ/T 56
		固定污染源废气 二氧化硫的测定 定电位电解法	HJ 57
		环境空气 二氧化硫的测定 甲醛吸收-副玫瑰苯胺分光光度法	HJ 482
		环境空气 二氧化硫的测定 四氯汞盐吸收-副玫瑰苯胺分光光度法	HJ 483
		固定污染源废气 二氧化硫的测定 非分散红外吸收法	HJ 629
3	氮氧化物	固定污染源排气中氮氧化物的测定 紫外分光光度法	HJ/T 42
		固定污染源排气中氮氧化物的测定 盐酸萘乙二胺分光光度法	HJ/T 43
		固定污染源废气 氮氧化物的测定 非分散红外吸收法	HJ 692
		固定污染源废气 氮氧化物的测定 定电位电解法	HJ 693

(续表)

序号	污染物项目	方法标准名称	方法标准编号
4	氟化物	大气固定污染源 氟化物的测定 离子选择电极法	HJ/T 67
		环境空气 氟化物的测定 滤膜采样氟离子选择电极法	HJ 480
		环境空气 氟化物的测定 石灰滤纸采样氟离子选择电极法	HJ 481
5	氯化氢	固定污染源排气中氯化氢的测定 硫氰酸汞分光光度法	HJ/T 27
		固定污染源废气 氯化氢的测定 硝酸银容量法	HJ 548
		环境空气和废气 氯化氢的测定 离子色谱法	HJ 549
6	烟气黑度	固定污染源排放烟气黑度的测定 林格曼烟气黑度图法	HJ/T 398
7	氨	环境空气和废气 氨的测定 纳氏试剂分光光度法	HJ 533
		环境空气 氨的测定 次氯酸钠-水杨酸分光光度法	HJ 534
8	锡及其化合物	大气固定污染源 锡的测定 石墨炉原子吸收分光光度法	HJ/T 65
		空气和废气 颗粒物中铅等金属元素的测定 电感耦合等离子体质谱法	HJ 657
9	铅及其化合物	环境空气 铅的测定 火焰原子吸收分光光度法	GB/T 15264
		环境空气 铅的测定 石墨炉原子吸收分光光度法	HJ 539
		空气和废气 颗粒物中铅等金属元素的测定 电感耦合等离子体质谱法	HJ 657
		固定污染源 废气铅的测定 火焰原子吸收分光光度法	HJ 685
10	镉及其化合物	大气固定污染源 镉的测定 火焰原子吸收分光光度法	HJ/T 64.1
		大气固定污染源 镉的测定 石墨炉原子吸收分光光度法	HJ/T 64.2
		大气固定污染源 镉的测定 对-偶氮苯重氮氨基偶氮苯磺酸分光光度法	HJ/T 64.3
		空气和废气 颗粒物中铅等金属元素的测定 电感耦合等离子体质谱法	HJ 657
11	镍及其化合物	大气固定污染源 镍的测定 火焰原子吸收分光光度法	HJ/T 63.1
		大气固定污染源 镍的测定 石墨炉原子吸收分光光度法	HJ/T 63.2
		大气固定污染源 镍的测定 丁二酮肟-正丁醇萃取分光光度法	HJ/T 63.3
		空气和废气 颗粒物中铅等金属元素的测定 电感耦合等离子体质谱法	HJ 657
12	汞及其化合物	固定污染源废气 汞的测定 冷原子吸收分光光度法(暂行)	HJ 543
		固定污染源废气 气态汞的测定 活性炭吸附/热裂解原子吸收分光光度法	HJ 917
13	砷及其化合物	固定污染源废气 砷的测定 二乙基二硫代氨基甲酸银分光光度法	HJ 540
		空气和废气 颗粒物中铅等金属元素的测定 电感耦合等离子体质谱法	HJ 657
14	铬及其化合物	空气和废气 颗粒物中铅等金属元素的测定 电感耦合等离子体质谱法	HJ 657

(续表)

序号	污染物项目	方法标准名称	方法标准编号
15	锑及其化合物	空气和废气 颗粒物中铅等金属元素的测定 电感耦合等离子体质谱法	HJ 657

6 达标判定

6.1 各级环保部门按照相关手工监测技术规范获取的监测结果超过本标准排放浓度限值的,判定为排放超标。各级环保部门在对企业进行监督性检查时,可以将现场即时采样或监测的结果作为判定排污行为是否符合排放标准以及实施相关环境保护管理措施的依据。

6.2 排污单位按照法律法规及标准规范要求与环保部门联网的自动监测数据日均值超过本标准排放浓度限值的,判定为排放超标。

6.3 国家和省对达标判定另有要求的,从其规定。

7 实施与监督

7.1 在任何情况下,企业均应遵守本标准的污染物排放控制要求,采取必要措施保证污染防治设施正常运行。

7.2 本标准实施后,新制(修)订的国家或地方排放标准中大气污染物的排放限值、批复的环境影响评价文件或排污许可证中对大气污染物的排放要求严于本标准的,按相应的排放标准限值或要求执行。

山东省锅炉大气污染物排放标准(节录)

DB 37/2374—2018

(2018 年 7 月 3 日发布 2019 年 1 月 1 日实施)

本标准由山东省环境保护厅提出。
本标准起草单位:山东省环境规划研究院、济南市环境保护科学研究院。

(按原标准编号节录)

3 术语和定义

下列术语及定义适用于本标准。

3.1 锅炉 boiler

利用燃料燃烧释放的热能或其他热能加热水或其他工质,以生产规定参数(温度、压力)和品质的蒸汽、热水或其他工质的设备。

3.2 现有锅炉 existing boiler

本标准实施之日前,已建成投产或环境影响评价文件已通过审批的锅炉。

3.3 新建锅炉 new boiler

本标准实施之日起,环境影响评价文件通过审批的新建、改建和扩建的锅炉建设项目。

3.4 燃煤锅炉 coal fired boiler

使用煤块、碎煤、煤粉、型煤、煤泥、水煤浆等为燃料的锅炉。

3.5 燃油锅炉 oil fired boiler

使用汽油、柴油、煤油、重油、渣油等为燃料的锅炉。

3.6 燃气锅炉 gas fired boiler

使用天然气、煤制气、油制气、高炉煤气、液化石油气、沼气等气态物质为燃料的锅炉。

3.7 其他燃料锅炉 other fuel boiler

除燃煤、燃油和燃气锅炉外,使用煤矸石、油页岩、生物质等其他燃料的锅炉。

3.8 标准状态 standard condition

锅炉烟气在温度为 273 K,压力为 101 325 Pa 时的状态,简称"标态"。本标准规定的排放浓度均指标准状态下干烟气的数值。

3.9 氧含量 oxygen content

燃料燃烧时烟气中含有多余的自由氧,通常以干基容积百分数来表示。

3.10 核心控制区 core control region

生态环境敏感度高的区域,包括各类自然保护区、风景名胜区和其他需要特殊保护的区域。

3.11 重点控制区 key control region

人口密度大、环境容量较小、生态环境敏感度较高的区域。

3.12 一般控制区 general control region

人口密度低、环境容量相对较大、生态环境敏感度相对较低的区域,即除核心控制区和重点控制区之外的其他区域。

4 技术内容

4.1 排放控制区划分

依据生态环境敏感程度、人口密度、环境承载能力三个因素,将全省区域划分三类控制区,即核心控制区、重点控制区、一般控制区,由各设区市人民政府划定,报省环保厅备案。其中,在核心控制区内禁止新建污染大气环境的工业生产设施,已建项目应逐步搬迁;建设工业生产设施之外的锅炉项目应符合国家和省相关法律、法规及政策等的要求。

4.2 污染物排放控制要求

4.2.1 2016 年 12 月 31 日前建成投产或环境影响评价文件已通过审批的燃油、燃气和其他燃料锅炉,自本标准实施之日起至 2019 年 12 月 31 日止,不分控制区执行表 1 中的排放浓度限值。

表 1　现有燃油、燃气和其他燃料锅炉大气污染物排放浓度限值

单位:mg/m³(烟气黑度除外)

污染物项目	燃油锅炉	燃气锅炉	其他燃料锅炉	监控位置
颗粒物	20	10	20	烟囱排放口
二氧化硫	100	50	200	
氮氧化物	250	200	300	
汞及其化合物	—	—	0.05	
烟气林格曼黑度(级)	1			

4.2.2　所有燃煤锅炉,2017 年 1 月 1 日起至本标准实施之日前环境影响评价文件通过审批的燃油、燃气和其他燃料锅炉建设项目以及新建锅炉项目,自本标准实施之日起按所在控制区执行表 2 中的排放浓度限值。

4.2.3　2020 年 1 月 1 日起,现有燃油、燃气和其他燃料锅炉按所在控制区执行表 2 中的排放浓度限值。

表 2　新建锅炉大气污染物排放浓度限值

单位:mg/m³(烟气黑度除外)

大气污染物控制区	污染物项目	适用条件	限值	监控位置
核心控制区	颗粒物	全部锅炉	5	烟囱排放口
	二氧化硫	全部锅炉	35	
	氮氧化物	全部锅炉	50	
	汞及其化合物	燃煤锅炉及其他燃料锅炉	0.05	
	烟气林格曼黑度(级)	全部锅炉	1	
重点控制区	颗粒物	全部锅炉	10	
	二氧化硫	全部锅炉	50	
	氮氧化物	全部锅炉	100	
	汞及其化合物	燃煤锅炉及其他燃料锅炉	0.05	
	烟气林格曼黑度(级)	全部锅炉	1	
一般控制区	颗粒物	燃煤、燃油及燃气锅炉	10	
		其他燃料锅炉	20	
	二氧化硫	燃煤、燃油及燃气锅炉	50	
		其他燃料锅炉	100	
	氮氧化物	济南、青岛、淄博、潍坊、日照五市所有燃煤锅炉;上述五市外其他设区市 2016 年 9 月 20 日起通过环评审批的燃煤锅炉项目	100	
		上述情形外的其他锅炉	200	
	汞及其化合物	燃煤锅炉及其他燃料锅炉	0.05	
	烟气林格曼黑度(级)	全部锅炉	1	

4.2.4 国务院环境保护主管部门或省级人民政府明确规定执行大气污染物特别排放限值的地域范围和时间的,该地域范围内的锅炉除应执行本标准外,还应按规定达到国家标准中特别排放限值的要求。

4.2.5 企业应采取措施对锅炉燃料运输、储存以及灰渣堆存等大气污染物无组织排放进行严格控制。

4.2.6 两台及以上锅炉若采用混合方式排放烟气,且选择的监控位置只能监测混合烟气中的大气污染物浓度,按各锅炉中最严的排放浓度限值执行。

4.2.7 每个新建燃煤锅炉房或其他燃料锅炉房只能设一根烟囱,烟囱高度应根据锅炉房装机总容量,按表3规定执行,燃油、燃气锅炉烟囱不低于 8 m,锅炉烟囱的具体高度按批复的环境影响评价文件确定。新建锅炉房的烟囱周围半径 200 m 距离内有建筑物时,其烟囱应高出最高建筑物 3 m 以上。

表3 燃煤及其他燃料锅炉房烟囱最低允许高度

锅炉房装机总容量	MW	<0.7	0.7~<1.4	1.4~<2.8	2.8~<7	7~<14	≥14
	t/h	<1	1~<2	2~<4	4~<10	10~<20	≥20
烟囱最低允许高度	m	20	25	30	35	40	45

5 污染物监测要求

5.1 污染物采样与监测要求

5.1.1 锅炉使用企业应按照环境监测管理规定和技术规范的要求,设计、建设、维护永久性采样口、采样测试平台和排污口标志。

5.1.2 锅炉使用企业应按照有关法律和环境监测管理办法等规定,建立企业监测制度,制定监测方案,对污染物排放状况及其对周边环境质量的影响展开自行监测,保存原始监测记录,并公布监测结果。企业自行监测方案制定、监测质量保证和质量控制等应符合 HJ/T 373、HJ 819 和 HJ 820 等的相关要求。

5.1.3 对锅炉排放废气的采样,应根据监测污染物的种类,在规定的污染物排放监控位置进行。排气筒中大气污染物的监测采样应符合 GB 5468、GB/T 16157、HJ/T 397 和相关分析方法标准的要求。

5.1.4 20 t/h 及以上蒸汽锅炉和 14 MW 及以上热水锅炉应安装污染物排放自动监控设备,与环保部门联网,并保证设备正常运行,按有关法律和污染源自动监控管理办法的规定执行。污染物排放自动监控设备通过验收并正常运行的,应按照 HJ 75 和 HJ 76 的要求,定期对自动监测设备进行监督考核。

5.1.5 对锅炉大气污染物排放浓度的测定采用表4所列的方法标准。

表4 锅炉大气污染物浓度测定方法标准

序号	污染物项目	方法标准名称	方法标准编号
1	颗粒物	锅炉烟尘测试方法	GB 5468
		固定污染源废气 低浓度颗粒物的测定 重量法	HJ 836

(续表)

序号	污染物项目	方法标准名称	方法标准编号
2	烟气黑度	固定污染源排放烟气黑度的测定　林格曼烟气黑度图法	HJ/T 398
3	二氧化硫	固定污染源排气中二氧化硫的测定　碘量法	HJ/T 56
		固定污染源废气　二氧化硫的测定　定电位电解法	HJ 57
		固定污染源废气　二氧化硫的测定　非分散红外吸收法	HJ 629
4	氮氧化物	固定污染源排气中氮氧化物的测定　紫外分光光度法	HJ/T 42
		固定污染源排气中氮氧化物的测定　盐酸萘乙二胺分光光度法	HJ/T 43
		固定污染源废气　氮氧化物的测定　非分散红外吸收法	HJ 692
		固定污染源废气　氮氧化物的测定　定电位电解法	HJ 693
5	汞及其化合物	固定污染源废气　汞的测定　冷原子吸收分光光度法（暂行）	HJ 543
		固定污染源废气　气态汞的测定　活性炭吸附/热裂解原子吸收分光光度法	HJ 917

6 达标判定

6.1 各级环保部门按照相关手工监测技术规范获取的监测结果超过本标准排放浓度限值的，判定为排放超标。各级环保部门在对企业进行监督性检查时，可以将现场即时采样或监测的结果作为判定排污行为是否符合排放标准以及实施相关环境保护管理措施的依据。

6.2 排污单位按照法律法规及标准规范要求与环保部门联网的自动监测数据日均值超过本标准排放浓度限值的，判定为排放超标。

6.3 锅炉启动至出力达到额定的50%前（不超过4小时），以及出力低于额定的50%至完全停炉为止（不超过1小时），上述两个时段内的氮氧化物排放数据可不作为达标判定依据。

6.4 国家对达标判定另有要求的，从其规定。

7 实施与监督

7.1 在任何情况下，企业均应遵守本标准的污染物排放控制要求，采取必要措施保证污染防治设施正常运行。

7.2 本标准实施后，新制（修）订的国家或省排放标准、批复的环境影响评价文件或排污许可证中相应污染物的排放要求严于本标准的，按相应的排放标准限值或要求执行。

山东省工业炉窑大气污染物排放标准(节录)

DB 37/2375—2013

(2013年5月24日发布 2013年9月1日实施)

本标准由山东省环境保护厅提出并负责解释。

本标准起草单位:山东省环境保护科学研究设计院、济南大学、山东环冠科技有限公司、山东奥博环保科技有限公司。

(按原标准编号节录)

3 术语和定义

下列术语和定义适用于本文件。

3.1 工业炉窑

在工业生产中用燃料燃烧或电能转换产生的热量,将物料或工件进行冶炼、焙烧、烧结、熔化、加热等工序的热工设备。

3.2 现有企业

本标准实施之日前已建成投产或环境影响评价文件已通过审批的企业或生产设施。

3.3 新建企业

本标准实施之日起环境影响评价文件通过审批的新建、改建、扩建建设项目或生产设施。

3.4 标准状态

烟气在温度为273K,压力为101 325Pa时的状态,简称"标态"。本标准规定的排放浓度均指标准状态下的干烟气中的数值。

3.5 氧含量

燃料燃烧时,烟气中含有的多余的自由氧,通常以干基容积百分数来表示。

4 污染物排放控制要求

4.1 常规大气污染物排放浓度限值

4.1.1 自2013年9月1日起,现有企业执行表1规定的常规大气污染物排放浓度限值。

表 1 现有企业工业炉窑常规大气污染物排放浓度限值

单位:mg/m³(烟气黑度除外)

序号	工业炉窑类型	颗粒物	二氧化硫	氮氧化物（以 NO_2 计）	烟气黑度（林格曼级）	监控位置
1	以煤、重油、煤制气等为燃料的炉窑	50	400	450	1	车间或生产设施排放口
2	以轻油、天然气等为燃料的炉窑或电炉	30	300	300	1	

4.1.2 自 2015 年 1 月 1 日起,现有企业执行表 2 规定的常规大气污染物排放浓度限值。

4.1.3 自 2013 年 9 月 1 日起,新建企业执行表 2 规定的常规大气污染物排放浓度限值。

表 2 新建企业工业炉窑常规大气污染物排放浓度限值

单位:mg/m³(烟气黑度除外)

序号	工业炉窑类型	颗粒物	二氧化硫	氮氧化物（以 NO_2 计）	烟气黑度（林格曼级）	监控位置
1	以煤、重油、煤制气等为燃料的炉窑	50	300	300	1	车间或生产设施排放口
2	以轻油、天然气等为燃料的炉窑或电炉	20	200	200	1	

4.2 行业特征大气污染物排放浓度限值

4.2.1 2014 年 1 月 1 日起,现有及新建企业排放特征大气污染物按表 3 的规定执行。

4.2.2 本标准未做规定的控制指标,且省或国家有相关标准及监测方法的,按相关标准要求执行。

表 3 工业炉窑行业特征大气污染物排放浓度限值

污染物名称	单位	工业炉窑类型	排放限值	监控位置
氟化物（以总 F 计）	mg/m³	金属熔炼炉	3.0	
		其他炉窑	6.0	
铅及其化合物	mg/m³	金属熔炼炉	0.7	
		其他炉窑	0.1	
汞及其化合物	mg/m³		0.008	
铍及其化合物	mg/m³		0.01	车间或生产设施排放口
砷及其化合物	mg/m³		0.4	
镉及其化合物	mg/m³	所有炉窑	0.8	
氯化氢	mg/m³		60	
苯并[a]芘	μg/m³		0.3	
二噁英	ng-TEQ/m³		0.4	
沥青烟	mg/m³		5.0	

4.3 排气筒高度的规定

产生大气污染物的生产工艺装置必须设立局部气体收集系统和集中净化处理装置,达标排放。所有排气筒高度应不低于 15 m。排气筒周围半径 200 m 范围内有建筑物时,排气筒高度还应高出最高建筑物 3 m 以上。

5 污染物监测要求

5.1 污染物采样与监测要求

5.1.1 对企业排放废气的采样,应根据监测污染物的种类,在规定的污染物排放监控位置进行,有废气处理设施的,应在该设施后监控。在污染物排放监控位置须设置永久性排污口标志。

5.1.2 新建企业和现有企业安装废气自动监控设备的要求,按有关法律和《污染源自动监控管理办法》的规定执行。

5.1.3 污染物排放自动监控设备通过验收并正常运行的,应按照 HJ/T 75 和 HJ/T 76 的要求,定期对自动监测设备进行监督考核。

5.1.4 对企业污染物排放情况进行监测的频次、采样时间等要求,按国家有关污染源监测技术规范的规定执行。二噁英指标每年监测一次。

5.1.5 排气筒中大气污染物的监测采样应按 GB/T 16157、HJ/T 397 规定执行。

5.1.6 对大气污染物的监测,应按照 HJ/T 373 的要求进行监测质量保证和质量控制。

5.1.7 企业需按照有关法律和《环境监测管理办法》的规定,对排污状况进行监测,并保存原始监测记录。

5.1.8 对大气污染物排放浓度的测定采用表 4 所列的方法标准。

表 4 大气污染物浓度测定方法标准

序号	污染物项目	方法标准名称	方法标准编号
1	颗粒物	固定污染源排气中颗粒物测定与气态污染物采样方法	GB/T 16157
2	二氧化硫	固定污染源排气中二氧化硫的测定 碘量法	HJ/T 56
		固定污染源排气中二氧化硫的测定 定电位电解法	HJ/T 57
		固定污染源废气 二氧化硫的测定 非分散红外吸收法	HJ 629
3	氮氧化物	固定污染源排气中氮氧化物的测定 紫外分光光度法	HJ/T 42
		固定污染源排气中氮氧化物的测定 盐酸萘乙二胺分光光度法	HJ/T 43
4	烟气黑度	固定污染源排放烟气黑度的测定 林格曼烟气黑度图法	HJ/T 398
5	氟化物	大气固定污染源 氟化物的测定 离子选择电极法	HJ/T 67
6	铅及其化合物	固定污染源废气 铅的测定 火焰原子吸收分光光度法(暂行)	HJ 538
7	汞及其化合物	固定污染源废气 汞的测定 冷原子吸收分光光度法(暂行)	HJ 543
8	铍及其化合物	环境空气 铍的测定 原子吸收分光光度法(待国家新的监测方法标准发布后,按新的国家标准执行)	FHZHJDQ0091
9	砷及其化合物	环境空气和废气 砷的测定 二乙基二硫代氨基甲酸银分光光度法(暂行)	HJ 540

(续表)

序号	污染物项目	方法标准名称	方法标准编号
10	镉及其化合物	大气固定污染源 镉的测定 火焰原子吸收分光光度法	HJ/T 64.1
		大气固定污染源 镉的测定 石墨炉原子吸收分光光度法	HJ/T 64.2
		大气固定污染源 镉的测定 对-偶氮苯重氮氨基偶氮苯磺酸分光光度法	HJ/T 64.3
11	氯化氢	固定污染源排气中氯化氢的测定 硫氰酸汞分光光度法	HJ/T 27
		固定污染源废气 氯化氢的测定 硝酸银容量法(暂行)	HJ 548
12	苯并[a]芘	固定污染源排气中苯并[a]芘的测定 高效液相色谱法	HJ/T 40
13	二噁英类	环境空气和废气 二噁英类的测定 同位素稀释高分辨气相色谱-高分辨质谱法	HJ/T 77.2
14	沥青烟	固定污染源排气中沥青烟的测定 重量法	HJ/T 45

5.2 大气污染物基准氧含量排放浓度折算方法

实测的工业炉窑污染物浓度,必须按公式(1)折算为基准氧含量排放浓度。各类工业炉窑的基准氧含量按表5的规定执行。

表5 基准氧含量

序号	炉窑类型		基准氧含量(O_2)/%
1	冲天炉	冷风炉(鼓风温度≤400 ℃)	15
2		热风炉(鼓风温度>400 ℃)	12
3		使用燃油、燃气的加热炉、热处理炉、干燥炉	3.5
4		金属熔炼炉、烧结炉	按实测浓度计
5		铝用碳素厂阳极焙烧炉	15
6		其他工业炉窑	9

$$c = c' \times \frac{21 - O_2}{21 - O_2'} \tag{1}$$

式中:c——大气污染物基准氧含排放浓度,mg/m^3;

c'——实测的大气污染物排放浓度,mg/m^3;

O_2'——实测的氧含量,%;

O_2——基准氧含量,%。

6 实施与监督

6.1 本标准由县级以上人民政府环境保护行政主管部门负责监督实施。

6.2 在任何情况下,企业均应遵守本标准的大气污染物排放控制要求,采取必要措施保证污染防治设施的正常运行。各级环保部门在对企业进行监督性检查时,可以现场即时采样或监测,结果作为判定排污行为是否符合排放标准以及实施相关环境保护管理措施的依据。

6.3 本标准发布之日后,新制定或新修订的国家或地方(综合或行业)污染物排放标准严于本标准限值的,按照从严要求的原则,按适用范围执行相应污染物排放标准,不再执行本标准。

山东省区域性大气污染物综合排放标准(节录)

DB 37/2376—2013

(2013 年 5 月 24 日发布　2013 年 9 月 1 日实施)

本标准由山东省环境保护厅提出并负责解释。
本标准起草单位:山东省环境保护科学研究设计院、济南市环境监测中心站。

(按原标准编号节录)

3 术语和定义

下列术语和定义适用于本文件。

3.1 固定源

各种锅炉和炉窑等燃烧设备以及冶金、建材等生产过程中产生的通过排气筒向空中排放的废气污染源。

3.2 现有企业

本标准实施之日前已建成投产或环境影响评价文件已通过审批的企业或生产设施。

3.3 新建企业

本标准实施之日起环境影响评价文件通过审批的新建、改建和扩建建设项目或生产设施。

3.4 标准状态

温度为 273K、压力为 101 325Pa 时的状态,简称"标态"。本标准规定的大气污染物排放浓度均指标准状态下干烟气中的数值。

3.5 氧含量

燃料燃烧时,烟气中含有多余的自由氧,通常以干基容积百分数来表示。

4 技术内容

4.1 排放控制区划分

4.1.1 依据生态环境敏感程度、人口密度、环境承载能力三个因素,将全省区域划分为三类控制区。

4.1.2 核心控制区:生态环境敏感度高的区域,包括各类自然保护区、风景名胜区和其他需要特殊保护的区域。

4.1.3 重点控制区:人口密度大、环境容量较小、生态环境敏感度较高的区域。执行重点控制区排放浓度限值仍然不能满足环境质量要求时,设区市人民政府可以依据环境容量总量控制原则倒推污染源排放浓度限值。

4.1.4 一般控制区:人口密度低、环境容量相对较大、生态环境敏感度相对较低的区域,即除核心控制区和重点控制区之外的其他区域。

4.2 污染物排放控制要求

4.2.1 2013年9月1日起至2014年12月31日止为第一时段,2015年1月1日起至2016年12月31日止为第二时段,现有企业与新建企业执行省行业污染物排放标准(第一时段、第二时段)及国家有关排放标准的要求。

4.2.2 自2017年1月1日起至2019年12月31日止为第三时段,现有企业不分控制区执行表1的排放浓度限值。

表1 大气污染物排放浓度限值(第三时段)

单位:mg/m³

行业	工段		SO_2	NO_x(以NO_2计)	颗粒物
火电厂[a]	燃煤锅炉		100	100 200[b]	20
	燃油锅炉或燃气轮机组		100	100	20
	气体燃料锅炉	天然气锅炉	35	100	5
		其他气体燃料锅炉	100	200	5
	燃气轮机组	天然气燃气轮机组	35	50	5
		其他气体燃料燃气轮机组	100	100	5
钢铁工业	铁矿采选	所有尘源	—	—	20
	烧结(球团)	烧结机头、球团焙烧设备	100	300	20
		其他	—	—	20
	炼铁	热风炉	80	300	20
		其他	—	—	20
	炼钢	转炉、钢渣处理	—	—	50
		其他	—	—	20
	轧钢	热处理炉	100	150	20
		其他	—	—	20
	铁合金	半封闭炉、敞口炉、精炼炉	—	—	50
		其他	—	—	20

(续表)

行业	工段			SO_2	NO_x(以NO_2计)	颗粒物
建材工业	水泥	水泥窑及窑磨一体机		100	300	20
		其他		—	—	20
	平板玻璃	玻璃熔窑		200	500	30
		其他		—	—	20
	陶瓷	喷雾干燥塔	以水煤浆为燃料	200	200	30
			以油、气为燃料	100	200	30
		辊道窑、隧道窑、梭式窑	以水煤浆为燃料	200	400	30
			以油、气为燃料	100	300	30
		其他		—	—	20
	砖瓦	干燥焙烧		700	400	30
铝工业	氧化铝			100	300	30
	电解铝	电解槽烟气		200	300	20
		其他		200	300	30
	铝用碳素厂	阳极焙烧炉		300	300	30
		其他		300	300	30
炼焦化学工业	装煤、干法熄焦			100	—	30
	推焦			50	—	30
	焦炉	热回收焦炉		100	200	30
		机焦炉、半焦炉		50	500	30
	粗苯管式炉、半焦烘干和氨分解炉等燃用焦炉煤气的设备			50	200	30
	硫铵结晶干燥			—	—	50
	其他设施			—	—	30
硫酸工业				300	—	50
硝酸工业				—	200	—
橡胶制造工业				—	—	10
合成革工业	聚氯乙烯工艺			—	—	10
	其他			—	—	—
锅炉[b]	燃煤锅炉			200	300	20
	燃油锅炉			100	250	20
	燃气锅炉			100	250	10

（续表）

行业	工段	SO_2	NO_x（以NO_2计）	颗粒物
其他工业炉窑	以煤、重油、煤制气等为燃料的炉窑	300	300	30
	以轻油、天然气等为燃料的炉窑或电炉	200	200	20
其他排放源		200	300	30 |注：a 火电厂和锅炉的定义及适用范围同省相关行业标准，以下出现的均同本注释。
b 采用 W 型火焰炉膛的火力发电锅炉、现有循环流化床火力发电锅炉执行该排放浓度限值。

4.2.3 自2020年1月1日起为第四时段，现有企业按照所在控制区分别执行表2中"重点控制区"和"一般控制区"的排放浓度限值，部分行业还应按所在控制区从严执行表3中相应的排放浓度限值。

4.2.4 自2017年1月1日起，新建企业按所在控制区应分别执行表2中"重点控制区"和"一般控制区"的排放浓度限值，部分行业还应按所在控制区从严执行表3中相应的排放浓度限值。

4.2.5 核心控制区内禁止新建污染大气环境的生产项目，已建项目应逐步搬迁；建设其他设施，其污染物排放应满足表2中"核心控制区"的排放浓度限值。

表2 大气污染物排放浓度限值（第四时段）

单位：mg/m^3

污染物	核心控制区	重点控制区	一般控制区
SO_2	35	50	100
NO_x（以NO_2计）	50	100	200
颗粒物	5	10	20

注：部分行业还应按所在控制区从严执行表3规定的排放浓度限值。

表3 部分行业、工段需进一步从严控制的指标和排放浓度限值（第四时段）

单位：mg/m^3

行业	工段	重点控制区			一般控制区		
		SO_2	NO_x（以NO_2计）	颗粒物	SO_2	NO_x（以NO_2计）	颗粒物
火电厂	燃煤锅炉	—	—	—	—	100	—
	以油为燃料的锅炉或燃气轮机组	—	—	—	—	100	—
	以天然气为燃料的锅炉	35	—	5	35	100	5
	天然气燃气轮机组	35	50	5	35	50	5
	其他气体燃料锅炉	—	—	5	—	—	5
	其他气体燃气轮机组	—	—	5	—	100	5

(续表)

行业	工段		重点控制区			一般控制区		
			SO_2	NO_x(以NO_2计)	颗粒物	SO_2	NO_x(以NO_2计)	颗粒物
钢铁工业	炼铁	热风炉	—	—	—	80	—	15
		高炉出铁厂	/	/	/	/	/	15
		其他	/	/	/	/	/	10
	炼钢	转炉、钢渣处理	/	/	/	/	/	—
		其他	/	/	/	/	/	15
	轧钢	热处理炉	—	—	—	—	150	15
		其他	/	/	/	/	/	/
炼焦化学工业	推焦		—	/	—	50	/	—
	机焦炉、半焦炉					50		
	粗苯管式炉、半焦烘干和氨分解炉等燃用焦炉煤气的设备		—			50		
橡胶制造工业			/	/	—	/	/	10
合成革工业	聚氯乙烯工艺		/	/	/	/	/	10

注:标"—"的指标执行表 2 中对应的限值,标"/"的为不控制该项因子。

5 监测要求

5.1 污染物监测要求

5.1.1 所有排气筒高度不得低于 15 m。排气筒(转尘点、地面除尘站等简易除尘设备除外)周围半径 200 m 范围内有建筑物时,排气筒高度还需高出最高建筑物 3 m 以上。确因生产装置安全或特殊工艺无法满足上述要求时,其污染物排放浓度按相应标准限值的 50% 执行。

5.1.2 对企业排放废气的采样,应根据监测污染物的种类,在规定的污染物排放监控位置进行,有废气处理设施的,应在该设施后监控。在污染物排放监控位置须设置规范的永久性测试孔、采样平台和排污口标志。

5.1.3 新建和现有企业安装污染物排放自动监控设备的要求,按有关法律和《污染源自动监控管理办法》的规定执行。

5.1.4 污染物排放自动监控设备通过验收并正常运行的,应符合 HJ/T 75 和 HJ/T 76 的规定,定期对自动监测设备进行监督考核。

5.1.5 对企业污染物排放情况进行监测的采样方法、采样频次、采样时间和运行负荷等要求,应符合 GB/T 16157 和 HJ/T 397 的规定。

5.1.6 对企业大气污染物的监测,应符合 HJ/T 373 的规定进行监测质量保证和质量控制。

5.1.7 企业需按照有关法律和《环境监测管理办法》的规定,对排污状况进行监测,并保存原始监测记录。

5.1.8 对大气污染物排放浓度的测定采用表 4 所列的方法标准。

表4 大气污染物浓度测定方法标准

序号	污染物项目	方法标准名称	方法标准编号
1	颗粒物	固定污染源排气中颗粒物测定与气态污染物采样方法	GB/T 16157
2	二氧化硫	固定污染源排气中二氧化硫的测定 碘量法	HJ/T 56
		固定污染源排气中二氧化硫的测定 非分散红外吸收法	HJ 629
		固定污染源排气中二氧化硫的测定 定电位电解法	HJ/T 57
3	氮氧化物	固定污染源排气中氮氧化物的测定 紫外分光光度法	HJ/T 42
		固定污染源排气中氮氧化物的测定 盐酸萘乙二胺分光光度法	HJ/T 43

5.2 大气污染物基准氧含量排放浓度折算方法

实测的大气污染物排放浓度,必须按公式(1)折算为基准氧含量排放浓度。各类热能转化设施的基准氧含量按表5的规定执行。

表5 基准氧含量

序号	所述行业	热能转化设施类型		基准氧含量(O_2)/%
1	火电厂	燃煤锅炉		6
2		燃油锅炉及燃气锅炉		3
3		燃气轮机组		15
4	锅炉	燃煤锅炉		9
5		燃油锅炉		3.5
6		燃气锅炉		3.5
7	工业炉窑	冲天炉	冷风炉,鼓风温度≤400 ℃	15
8			热风炉,鼓风温度>400 ℃	12
9		水泥窑及窑磨一体机		10
10		玻璃窑炉		8
11		陶瓷工业的喷雾干燥塔及炉窑		8.6
12		砖瓦工业干燥焙烧窑		16
13		使用燃油、燃气的加热炉、热处理炉、干燥炉		3.5
14		铝用碳素厂阳极焙烧炉		15
15		金属熔炼炉、烧结炉		按实测浓度计
16		其他工业炉窑		9

$$c = c' \times \frac{21 - O_2}{21 - O_2'} \tag{1}$$

式中:c——大气污染物基准氧含量排放浓度,mg/m³;

c'——实测的大气污染物排放浓度,mg/m³;

O_2'——实测的氧含量,%;
O_2——基准氧含量,%。

6 实施与监督

6.1 本标准由县级以上人民政府环境保护行政主管部门负责监督实施。

6.2 在任何情况下,企业均应遵守本标准的污染物排放控制要求,采取必要措施保证污染防治设施正常运行。各级环保部门在对企业进行监督性检查时,可以现场即时采样或监测的结果,作为判定排污行为是否符合排放标准以及实施相关环境保护管理措施的依据。

6.3 本标准实施后,新制定或新修订的国家或地方(综合或行业)大气污染物排放标准中,排放限值严于本标准限值的,按照从严要求的原则,执行相应的排放标准,不再执行本标准。

广东省大气污染物排放限值(节录)

DB 44/27—2001

(2001 年 8 月 20 日发布　2002 年 1 月 1 日实施)

本标准由广东省环境保护局提出。

本标准起草单位:广东省环境保护监测中心站。

(按原标准编号节录)

3 术语和定义

下列术语和定义适用于本标准。

3.1 标准状态 standard state

温度为 273 K,压力为 101 325 Pa 时的状态。本标准规定的各项标准值,均以标准状态下的干空气为基准。

3.2 最高允许排放浓度 maximum acceptable emission concentration

经处理后排气筒中污染物任何一小时浓度平均值不得超过的限值;或指无处理设施排气筒中污染物任何一小时浓度平均值不得超过的限值。

3.3 最高允许排放速率 maximum acceptable emission rate

一定高度的排气筒任何一小时排放污染物的质量不得超过的限值。

3.4 无组织排放 fugitive emission

凡不通过烟囱或排气系统而泄漏烟尘、生产性粉尘和其他有害污染物,均称为无组织排放。

3.5 无组织排放监控点 fugitive emission monitoring point

为判别无组织排放是否超过标准而设立的监测点。

3.6 无组织排放监控浓度限值 monitoring concentration threshold of fugitive emission

监控点的污染物浓度在任何一小时的平均值不得超过的限值。

3.7 污染源 pollution source

排放大气污染物的设施或指排放大气污染物的建筑构造。

3.8 单位周界 unit border

单位与外界环境接界的边界。通常应依据法定手续确定边界;若无法定手续,则按目前的实际边界确定。

3.9 无组织排放源 fugitive emission source

设置于露天环境中(或仅有棚顶而无围墙建筑)具有无组织排放的设施。

3.10 排气筒高度 emission pipe height

自排气筒(或其主体建筑构造)所在的地平面至排气筒出口处的高度。

3.11 烟尘初始排放浓度 dust emission initial concentration

自锅炉烟气出口处或进入净化装置前的烟尘排放浓度。

3.12 过量空气系数 excess air coefficient

燃料燃烧时实际空气消耗量与理论空气需要量之比值,用"α"表示。

4 技术内容

4.1 指标体系

4.1.1 本标准设置下列三项指标:

a)通过排气筒排放污染物的最高允许排放浓度;

b)通过排气筒排放的污染物,按排气筒高度规定的最高允许排放速率;

c)以无组织方式排放的污染物,规定无组织排放的监控点及相应的监控浓度限值。

4.1.2 任何一个排气筒应同时遵守4.1.1的a)项b)项,超过其中任何一项均为超标排放。

4.2 控制区划分和排放速率标准分级

4.2.1 控制区划分

根据GB 3095将全省环境空气质量功能区划分为下列三类:

a)一类控制区,指根据GB 3095划分的一类区;

b)二类控制区,指根据GB 3095划分的二类区;

c)三类控制区,指根据GB 3095划分的三类区。

4.2.2 排放速率标准分级

4.2.2.1 位于一类控制区的污染源执行一级标准,除非营业性生活炉灶外,一类控制区禁止新、扩建污染源,现有污染源改建时执行第一时段一级标准且不得增加污染物排放总量。

4.2.2.2 位于二类控制区的污染源执行二级标准。

4.2.2.3 位于三类控制区的污染源执行三级标准。

4.3 标准值

4.3.1 时间段划分

4.3.1.1 2002年1月1日前建设(锅炉按建成使用)的项目执行第一时段限值。

4.3.1.2 2002年1月1日起建设(锅炉按建成使用)的项目执行第二时段限值。

4.3.1.3 建设项目的建设时间,以环境影响报告书、报告表、登记表批准日期为准划分;锅炉的建成使用时间,以项目验收日期为准划分。

4.3.2 工艺废气

4.3.2.1 第一时段建设项目的工艺废气执行表1规定的限值。(表1具体内容见原标准)

4.3.2.2 第二时段建设项目的工艺废气执行表2规定的限值。(表2具体内容见原标准)

4.3.2.3 排气筒高度除应遵守表列排放速率限值外,还应高出周围200 m半径范围的建筑5 m以上,不能达到该要求的排气筒,应按其高度对应的排放速率限值的50%执行。

4.3.2.4 两个排放相同污染物(不论其是否由同一生产工艺过程产生)的排气筒,若其距离小于其几何高度之和,应合并视为一根等效排气筒。若有三根以上的近距离排气筒,且排放同一种污染物时,应以前两根的等效排气筒,依次与第三、四根排气筒取等效值。等效排气筒的有关参数计算方法见附录A。

4.3.2.5 若某排气筒的高度处于本标准列出的两个值之间,其执行的最高允许排放速率以内插法计算,内插法的计算式见附录B;当某排气筒的高度大于或小于本标准列出的最大值或最小值时,以外推法计算其最高允许排放速率,外推法计算式见附录B。

4.3.2.6 本标准颁布后新建项目的排气筒一般不应低于15 m。若某新项目的排气筒必须低于15 m时,其排放速率限值按4.3.2.5的外推计算结果的50%执行。

4.3.2.7 本标准颁布后新建项目的无组织排放应从严控制,一般情况下不应有无组织排放存在,无法避免的无组织排放应达到表2规定的限值。

4.3.2.8 工业生产尾气确需燃烧排放的,其烟气黑度不得超过林格曼1级。

4.3.3 火电厂

4.3.3.1 火电厂所排放的大气污染物执行表3所列的限值。

表3 火电厂大气污染物最高允许排放限值

单位:毫克每立方米

序号	污染物名称	适用范围		排放浓度	
				第一时段	第二时段
1	二氧化硫	燃煤电厂	酸雨控制区		1 300
			非酸雨控制区		1 800
		燃油电厂			1 100
		燃气电厂			100
2	氮氧化物	燃煤电厂		—	650[a]
		燃油、燃气电厂			400
3	烟尘	燃煤电厂		200	150
		燃油电厂			100
		燃气电厂			50
4	烟气黑度(林格曼黑度,级)	全部			1

注:a 1997年1月1日起建设的燃煤电厂执行此限值。

4.3.3.3 火电厂二氧化硫最高允许排放量按全厂建设规模计算。所采用烟囱高度以 240 m 为极限,由于地形和当地大气扩散条件需要,烟囱的实际建造高度超过 240 m 时,仍按 240 m 计算。

4.3.3.4 实测的二氧化硫、氮氧化物和烟尘排放浓度,燃煤电厂按过量空气系数 1.4、燃油、燃气电厂按过量空气系数 1.2 进行折算排放浓度。

4.3.3.5 沸腾炉及低循环倍率炉烟尘允许排放浓度按 0.5 折算。

4.3.4 锅炉

4.3.4.1 锅炉所排放的大气污染物执行表 5 所列的限值。

表 5 锅炉大气污染物最高允许排放限值

单位:毫克每立方米

序号	污染物名称	适用锅炉		适用区域	排放浓度	
					第一时段	第二时段
1	二氧化硫	燃煤锅炉		全部	1 000	900
		燃油锅炉	轻柴油、煤油	全部	700	500
			其他燃料油		1 000	800
		燃气锅炉		全部	100	100
2	氮氧化物	燃煤锅炉		全部	—	600
		燃油、燃气锅炉		全部	—	400
3	烟尘	燃煤锅炉	自然通风锅炉（<1 t/h）	一类	100	50
				二类	120	100
				三类	150	120
			其他锅炉	一类	100	80
				二类	200	150
				三类	250	150
		燃油锅炉	轻柴油、煤油	一类	50	50
				二、三类	80	80
			其他燃料油	一类	80	80
				二、三类	150	100
		燃气锅炉		全部	50	50
4	烟气黑度（林格曼黑度/级）	全部		全部	1	

4.3.4.2 燃煤锅炉烟尘初始排放浓度应符合表 6 的规定。

表6 烟尘初始排放浓度限值

锅炉类别		烟尘初始排放浓度 mg/m³		烟气黑度（林格曼黑度,级）
		第一时段	第二时段	
层燃锅炉	自然通风锅炉（<1 t/h）	150	120	1
	其他锅炉（≤4 t/h）	1 800	1 600	
	其他锅炉（>4 t/h）	2 000	1 800	
沸腾锅炉	循环流化床锅炉	15 000	15 000	1
	其他沸腾锅炉	20 000	18 000	
抛煤机锅炉		5 000	5 000	

4.3.4.3 燃煤、燃油（燃轻柴油、煤油除外）锅炉烟囱高度按锅炉房装机总容量应符合表7的规定，每个新建锅炉房只能设一根烟囱。

表7 锅炉房烟囱最低允许高度

锅炉总额定出力(t/h)	<1	1～<2	2～<4	4～<10	10～<20	20～≤40
烟囱最低高度(m)	20	25	30	35	40	45

4.3.4.4 锅炉房装机总容量大于40 t/h时，其烟囱高度应按批准的环境影响报告书（表）要求确定，但不得低于45 m。新建锅炉房烟囱周围半径200 m距离内有建筑物时，其烟囱应高出最高建筑物3 m以上。

4.3.4.5 燃气、燃轻柴油、燃煤油锅炉烟囱高度应按批准的环境影响报告书（表）要求确定，但不得低于8 m。

4.3.4.6 各种锅炉烟囱高度如果达不到4.3.4.3、4.3.4.4、4.3.4.5的任一项规定时，其烟尘、二氧化硫、氮氧化物最高允许排放浓度，应按相应区域和时段排放限值的50%执行。

4.3.4.7 实测的锅炉烟尘、二氧化硫、氮氧化物排放浓度，按表8规定进行过量空气系数折算。

表8 过量空气系数折算

锅炉类型	折算项目	过量空气系数
燃煤锅炉	烟尘初始排放浓度	1.7
	烟尘、二氧化硫、氮氧化物排放浓度	1.8
燃油、燃气锅炉	烟尘、二氧化硫、氮氧化物排放浓度	1.2

4.3.4.8 一类控制区禁止新建以重油、渣油为燃料的锅炉。

4.3.5 水泥厂

4.3.5.1 水泥厂所排放的大气污染物按年限分别执行表9、表10所列的限值。

表 9 水泥厂大气污染物最高允许排放限值
（第一时段）

生产设备名称	适用区域	烟尘或粉尘		二氧化硫		距厂界外20米处空气中粉尘最高允许浓度[a] mg/m³
		排放浓度 mg/m³	吨产品排放量 kg/t	排放浓度 mg/m³	吨产品排放量 kg/t	
回转窑	二类	100	0.30	400	1.2	二类区 1.5 三类区 3.0
	三类	150	0.45	800	2.4	
立窑	二类	100	0.30	300	0.90	
	三类	150	0.45	600	1.8	
烘干机、烘干磨、煤磨及冷却机（单台）	二类	100	0.30	—	—	
	三类	150	0.45	—	—	
破碎机、磨机、包装机及其他通风生产设备（单台）	二类	50	0.04	—	—	
	三类	100	0.07	—	—	

注：a 粉尘无组织排放监测要求在厂界外20米处（无明显厂界，以车间外20米外）上风向与下风向同时布点采样，将上风向的监测数据作为参考值，表10同。

表 10 水泥厂大气污染物最高允许排放限值
（第二时段）

生产设备名称	适用区域	烟尘或粉尘		二氧化硫		氮氧化物（以二氧化氮计）		氟化物[a]（以总氟计）		距厂界外20米处空气中粉尘最高允许浓度 mg/m³
		排放浓度 mg/m³	吨产品排放量 kg/t	排放浓度 mg/m³	吨产品排放量 kg/t	排放浓度 mg/m³	吨产品排放量 kg/t	排放浓度 mg/m³	吨产品排放量 kg/t	
回转窑	二类	80	0.20	400	1.2	800	2.4	10	0.03	二类区 1.0 三类区 1.5
	三类	120	0.40	800	2.4	1600	4.8	20	0.06	
立窑	二类	80	0.20	300	0.90	200	0.60	50	0.15	
	三类	120	0.40	600	1.8	400	1.2	100	0.30	
烘干机、烘干磨、煤磨及冷却机（单台）	二类	80	0.20	—	—	—	—	—	—	
	三类	120	0.40	—	—	—	—	—	—	
破碎机、磨机、包装机及其他通风生产设备（单台）	二类	50	0.04	—	—	—	—	—	—	
	三类	80	0.06	—	—	—	—	—	—	

注：a 周围有敏感作物的水泥厂，其氟化物排放限值要求严格一倍执行，这里敏感作物指 GB 9137 中规定的相对于氟化物的"敏感作物"。

4.3.5.2 新建、扩建、改建的水泥生产线,其烟囱(排气筒)高度应符合表11的规定。多个并列烟囱(排气筒)的高度,除符合表11规定外,还应通过环境影响评价确定。

表11 水泥厂烟囱(排气筒)最低允许高度

生产设备名称	回转窑				立窑		烘干机、烘干磨煤磨及冷却机			破碎机、磨机、包装机及其通风生产设备
单机生产能力 t/d	≤240	240～700	700～1200	>1200	120～240	>240	≤500	500～1000	>1000	新建、扩建、改建设备排气筒高度应高出屋面3米
最低允许高度 m	30	45	60	80	30	35	20	25	30	

5 监测

5.1 采样

大气污染物的采样方法按 GB/T 16157、GB 5468 以及国家环境保护总局规定的分析方法的有关规定执行。

5.2 采样点

5.2.1 排气筒中污染物监测的采样点数目及采样点位置的设置,按 GB/T 16157 或 GB 5468 执行。

5.2.2 无组织排放监测的采样点(即监控点)数目和采样点位置的设置方法,按 HJ/T 55 执行。

5.3 时间和频率

5.3.1 排气筒中废气的采样

以连续一小时的采样获取平均值;或在一小时内,以等时间间隔采集四个样品,并计平均值。

5.3.2 无组织排放监控点的采样

无组织排放监控点和参照点监测的采样,一般采用连续一小时采样计平均值;若浓度偏低,需要时可适当延长采样时间;若分析方法灵敏度高,仅需用短时间采集样品时,应实行等时间间隔采样,采集四个样品计平均值。

5.3.3 特殊情况下的采样时间和频率

若某排气筒的排放为间断性排放,排放时间小于一小时,应在排放时段内实行连续采样,或在排放时段内以等时间间隔采集二～四个样品,并计平均值;若某排气筒的排放为间断性排放,排放时间大于一小时,则应在排放时段内按 5.3.1 的要求采样;当进行污染事故排放监测时,按需要设置的采样时间和频率,不受上述要求限制。

5.3.4 竣工验收监测采样时间和频率

建设项目环境保护设施竣工验收监测的采样时间和频率,按国家环保总局制定的建设项目环境保护设施竣工验收监测技术要求(试行)进行。

5.4 监测分析要求

5.4.1 在对污染源进行监督性监测时,采样期间的工况应与正常的运行工况相同,排污单位的人员和实施监测的人员都不应任意改变正常的运行工况。

5.4.2 建设项目环境保护设施竣工验收监测的工况要求按国家环保总局制定的建设项目环境保护设施竣工验收监测技术要求(试行)进行。

5.5 排气量的测定

排气量的测定应与排放浓度的采样监测同步,排气量的测定方法按 GB/T 16157 执行。

5.7 烟气连续监测装置

所有单台出力≥65 t/h 的锅炉必须装设固定的烟尘、气态污染物排放浓度连续监测装置;2000 年 3 月 1 日起建成使用(含扩建、改造)单台出力≥20 t/h 的锅炉必须装设固定的烟尘、气态污染物排放浓度连续监测装置。

6 标准实施

6.1 位于国务院批准划定的酸雨控制区的污染源,其二氧化硫排放除执行本标准外,还应执行广东省发布的总量控制指标。

6.2 本标准由县级以上人民政府的环境保护行政主管部门监督实施。

6.3 本标准规定的各类控制区,当执行相应级别的标准不能保证空气环境质量标准时,各地级市人民政府可以针对某项污染物提出制定严于本标准的排放限值或补充本标准未列的污染物项目和排放限值,报省人民政府批准后实施。

6.4 本标准颁布后,新颁布或新修订的国家大气污染物排放标准若严于本标准,则按其适用范围执行相应的国家大气污染物排放标准,不再执行本标准。

附录 A(规范性附录) 等效排气筒有关参数计算(略)
附录 B(规范性附录) 确定某排气筒最高允许排放速率的内插法和外推法(略)

广东省锅炉大气污染物排放标准(节录)

DB 44/765—2010

(2010 年 6 月 9 日发布 2010 年 11 月 1 日实施)

本标准由广东省环境保护厅提出并负责解释。
本标准起草单位:广东省环境科学研究院、广州市环境保护技术设备公司。

(按原标准编号节录)

3 术语和定义

本标准采用下列术语和定义。

3.1 标准状态 standard condition

烟气在温度为273K,压力为101 325Pa时的状态,简称"标态"。本标准中所规定的大气污染物排放浓度均指标准状态下干烟气的数值。

3.2 烟气排放连续监测 continuous emissions monitoring

是指对锅炉排放的烟气进行连续、实时跟踪监测。

3.3 过量空气系数 excess air coefficient

燃料燃烧时,实际空气消耗量与理论空气需要量之比值,用"α"表示。

3.4 烟囱高度 stack height

指从烟囱(或锅炉房)所在地平面至烟囱出口的高度。

3.4 最高允许排放浓度 maximum acceptable emission concentration

指烟气经净化装置后的污染物任何一小时浓度平均值不得超过的限值;或指无净化装置的锅炉,其锅炉出口污染物任何一小时浓度平均值不得超过的限值。

3.5 烟尘初始排放浓度 raw gas dust density

指锅炉烟气出口处或进入净化装置前的烟尘排放浓度。

3.6 在用、新建、扩建、改建锅炉 in-use, new, expansive, constructed boiler

在用锅炉:指本标准实施前,已建成并投入使用的锅炉(以环保行政主管部门的试运行通知为准)。

新建锅炉:指从无到有,新开始建设的锅炉(含本标准实施之日前已获得批准、但尚未建成投入使用的锅炉)。

扩建锅炉:指在原有锅炉房基础上,为增加锅炉房容量而建设的锅炉。

改建锅炉:指更新改造的锅炉(不含低氮燃烧技术改造及烟气治理设施改造)。

4 技术内容

4.1 区域划分

本标准将广东省划分为A、B两个区域,按所在区域执行相应的排放限值。

A区:珠江三角洲经济区、珠江三角洲经济区外的环境保护重点城市建成区。珠三角经济区的行政辖域包括广州、深圳、珠海、东莞、中山、江门、佛山和惠州市的惠城区、惠阳、惠东、博罗,肇庆的端州区、鼎湖区、高要、四会。范围为东经111°59.7′~115°25.3′,北纬20°17.6′~23°55.9′。

B区:除A区以外的行政区域。

4.2 污染物排放限值

4.2.1 锅炉烟尘最高允许排放浓度,按表1的规定执行。

表1 锅炉烟尘最高允许排放浓度和烟气黑度限值

锅炉类别		适用区域	烟尘排放浓度限值(mg/m³)			烟气黑度(林格曼黑度,级)
			在用锅炉执行日期		新建、扩建、改建锅炉执行日期	
			2010年11月1日	2013年1月1日	2010年11月1日	2010年11月1日
燃煤锅炉	≥7MW(10t/h)锅炉	A	120 80ª	80	80	1.0
		B		100 80ª	100 80ª	
	<7MW(10t/h)锅炉	全部区域	150 80ª	120 80ª	120 80ª	
燃油锅炉	轻柴油、煤油	全部区域	80 50ª	50	50	
	其他油品	A		50	50	
		B		80	80	
燃气锅炉		全部区域	30	30	30	

注:a 自然保护区、风景名胜区和其他需要特殊保护的地区锅炉执行该限值。

4.2.2 锅炉二氧化硫最高允许排放浓度,按表2的规定执行。

表2 锅炉二氧化硫最高允许排放浓度

单位:mg/m³

锅炉类别		适用区域	在用锅炉执行日期		新建、扩建、改建锅炉执行日期
			2010年11月1日	2013年1月1日	2010年11月1日
燃煤锅炉	≥7MW(10t/h)锅炉	A	450	300	300
		B	600	400	400
	<7MW(10t/h)锅炉	A	500	400	400
		B	650	500	500
燃油锅炉	全部油品	A	500	300	300
	轻柴油、煤油	B	500	400	400
	其他		600		
燃气锅炉	以高炉煤气、焦炉煤气为燃料的锅炉	全部区域	100	100	100
	其他燃气锅炉		50	50	50

4.2.3 锅炉氮氧化物最高允许排放浓度,按表3的规定执行。

表3 锅炉氮氧化物最高允许排放浓度

单位：mg/m³

锅炉类别		适用区域	在用锅炉执行日期 2010年11月1日	在用锅炉执行日期 2013年1月1日	新建、扩建、改建锅炉执行日期 2010年11月1日
燃煤锅炉	≥7MW(10t/h)锅炉	A	400	200	200
		B		300	300
	<7MW(10t/h)锅炉	A		300	300
		B		400	400
燃油锅炉		A	400	300	300
		B	400	400	400
燃气锅炉		全部区域	200	200	200

4.2.4 燃煤锅炉房无组织粉尘排放控制限值的规定

燃煤锅炉房无组织粉尘排放控制限值见表4。

表4 燃煤锅炉房的无组织粉尘排放控制限值

无组织粉尘（监控点与上风向参照点浓度差值，mg/m³）	0.5

4.2.5 燃煤锅炉房无组织粉尘控制措施

燃煤锅炉房无组织粉尘控制措施见附录A。

4.3 烟囱高度

4.3.1 燃煤、燃油（燃轻柴油、煤油除外）锅炉房烟囱高度的规定

锅炉房总容量在28MW(40t/h)及以下的烟囱高度按表5规定执行。锅炉房装机总容量大于28MW(40t/h)时，其烟囱高度应按批准的环境影响报告书（表）要求确定，但不应低于45m。新建锅炉房烟囱周围半径200m距离内有建筑物时，其烟囱应高出最高建筑物3m以上。

表5 燃煤、燃油（燃轻柴油、煤油除外）锅炉房烟囱最低允许高度

锅炉房装机总容量(D)	MW	D<0.7	0.7≤D<1.4	1.4≤D<2.8	2.8≤D<7	7≤D<14	14≤D≤28
	t/h	D<1	1≤D<2	2≤D<4	4≤D<10	10≤D<20	20≤D≤40
烟囱最低允许高度	m	20	25	30	35	40	45

4.3.2 燃气、燃轻柴油、煤油锅炉烟囱高度的规定

燃气、燃轻柴油、煤油锅炉烟囱高度及距周围居民住宅的距离应按批准的环境影响报告书（表）确定，但不得低于8m。

4.3.3 锅炉烟囱高度达不到规定高度时的处置

如果达不到 4.3.1、4.3.2 的任何一项规定时,其烟尘、二氧化硫、氮氧化物最高允许排放浓度,应按相应区域和时段排放标准值的 50% 执行。

5 监测

5.1 锅炉烟气监测孔和采样平台

各类锅炉应按 GB/T 16157 的规定设置永久的烟气监测孔、采样平台及其相关设施。每台锅炉应单独设置监测孔和采样平台。

5.2 监测分析方法

锅炉大气污染物采样方法执行 GB 5468 和 GB/T 16157 的规定。

锅炉无组织粉尘测定方法执行 HJ/T 55 的规定。

锅炉烟尘测定方法执行 GB 5468 和 GB/T 16157。

锅炉气态污染物分析方法执行 HJ/T 56、HJ/T 57、HJ/T 42、HJ/T 43 及《空气与废气监测分析方法》(第四版)的规定。

烟气黑度测定方法执行 HJ/T 398—2007 和《空气与废气监测分析方法》(第四版)的规定。

5.3 烟气排放连续监测

5.3.1 自本标准实施之日起,使用单台容量≥14MW(20t/h)的燃煤、燃油锅炉,应装设烟气排放在线连续监测仪器。

5.3.2 锅炉大气污染物的连续监测按 HJ/T 75、HJ/T 76 有关规定执行。

5.3.3 烟气排放连续监测装置经地级以上人民政府环境保护行政主管部门验收合格后,在有效期内正常运行情况下取得的监测数据为有效数据。连续监测以小时平均值作为达标考核的依据。

5.4 烟气污染物的过量空气系数折算值

实测的锅炉烟尘、二氧化硫、氮氧化物排放浓度,应按 GB/T 16157 规定,采用表 6 规定的过量空气系数进行折算。

表 6 锅炉大气污染物的过量空气折算系数

锅炉类型	折算项目	过量空气折算系数 α
燃煤锅炉	烟尘初始排放浓度	1.7
	烟尘、二氧化硫、氮氧化物排放浓度	1.8
燃油、燃气锅炉	烟尘、二氧化硫、氮氧化物排放浓度	1.2

锅炉大气污染物过量空气系数折算排放浓度按式(1)计算:

$$C = C' \times \frac{\alpha'}{\alpha} \tag{1}$$

式中:C ——折算后的烟尘、二氧化硫和氮氧化物排放浓度,mg/m³;

C'——实测的烟尘、二氧化硫和氮氧化物排放浓度,mg/m³;

α'——实测的过量空气系数;

α——规定的过量空气系数。

5.5 监测工况要求

5.5.1 新建锅炉烟尘排放验收测试应在设计出力下进行。

5.5.2 在用锅炉烟尘排放浓度的测试,应按表7规定的出力影响系数K进行折算,即将实测的烟尘排放浓度乘以表7中所列出力影响系数K。

表7 锅炉出力影响系数

锅炉实测出力占锅炉设计出力的百分比(%)	<70	70～<75	75～<80	80～<85	85～<90	90～<95	≥95
运行三年内的锅炉出力影响系数K	2.0	1.6	1.4	1.2	1.1	1.05	1
运行三年以上的锅炉出力影响系数K	1.6	1.3	1.2	1.1	1	1	1

5.6 气态污染物浓度单位换算

本标准中,1 μmol/mol(1ppm)二氧化硫相当于2.86mg/m³。氮氧化物以二氧化氮计,1 μmol/mol(1ppm)氮氧化物相当于2.05mg/m³。

5.7 多台锅炉共用烟囱排放规定

多台执行不同的最高允许排放浓度的锅炉,烟气经同一条烟囱排放的,每台锅炉应单独设置排放监测孔。确实不能单独设置的,烟气混合排放口浓度及混合过量空气系数应执行按锅炉出力折算后的限值。

最高允许排放混合浓度按式(2)计算:

$$c = \frac{\sum c_i q_i}{\sum q_i} \tag{2}$$

式中:c ——烟气混合排放口最高允许排放混合浓度,mg/m³;

c_i ——某锅炉烟气按表1、表2、表3规定应执行的最高允许排放浓度,mg/m³;

q_i ——某锅炉监测时的实际出力(t/h);

混合过量空气系数按式(3)计算:

$$\alpha = \frac{\sum \alpha_i q_i}{\sum q_i} \tag{3}$$

式中:α ——多台锅炉混合过量空气系数

α_i ——某锅炉按表6规定应执行的过量空气系数;

q_i ——某锅炉监测时的实际出力(t/h);

6 标准实施

6.1 本标准由县级以上人民政府环境保护行政主管部门负责监督实施。

6.2 锅炉大气污染物排放除执行本标准外,还须执行国家和地方总量排放控制指标。

附录 A
（规范性附录）
燃煤锅炉房无组织粉尘排放控制措施

A.1 燃煤锅炉房应根据储煤量建设相应规模的密闭式煤仓,除尘器排灰、锅炉排渣等易产生扬尘的物料必须采取密闭防尘措施;

A.2 除尘器产生的干灰应密闭或袋装存放和运输;

A.3 煤、灰、渣等易产生扬尘的物料的卸装过程应采取洒水等抑尘措施;

A.4 煤、灰、渣等物料的运输过程要严防泄漏遗撒。

广东省家具制造行业挥发性有机化合物排放标准（节录）

DB 44/814—2010

（2010 年 10 月 22 日发布 2010 年 11 月 1 日实施）

本标准由广东省环境保护厅提出并归口。

本标准主要起草单位:广东省环境保护职业技术学校、佛山市环境监测中心站。

（按原标准编号节录）

3 术语和定义

下列术语和定义适用于本标准。

3.1 挥发性有机化合物 volatile organic compounds

在 101 325 Pa 标准大气压下,任何沸点低于或等于 250℃ 的有机化合物,简称 VOCs。

3.2 标准状态 standard state

温度为 273.15 K,压力为 101 325 Pa 时的状态。本标准规定的各项标准值,均以标准状态下的干空气为基准。

［GB 16297—1996,定义 3.1］

3.3 最高允许排放浓度 maximum acceptable emission concentration

处理设施后排气筒中污染物任何 1 h 浓度平均值不得超过的限值;或指无处理设施排气筒中污染物任何 1 h 浓度平均值不得超过的限值。

［GB 16297—1996,定义 3.2］

3.4 最高允许排放速率 maximum acceptable emission rate

一定高度的排气筒任何 1h 排放污染物的质量不得超过的限值。

［GB 16297—1996,定义 3.3］

3.5 无组织排放 fugitive emission

不经过排气筒的无规则排放视为无组织排放。

3.6 无组织排放监控点浓度限值 concentration limit at fugitive emission reference point

标准状态下,监控点(根据 HJ/T 55 确定)的大气污染物浓度在任何 1 h 的平均值不得超过的值。

3.7 涂装工艺 painting technics

为保护或装饰家具,在其表面覆以涂料膜层的过程。

3.8 溶剂型涂料 solvent based coating

以有机物为溶剂介质的涂料。

3.9 排气筒高度 emission pipe height

自排气筒(或其主体建筑构造)所在的地平面至排气筒出口处的高度。

[GB 16297—1996,定义 3.10]

4 技术内容

4.1 污染源界定与时段划分

4.1.1 现有源是指本标准实施之日(2010 年 11 月 1 日)前已建成投产或环境影响评价文件已获批准的污染源;新源是指自本标准实施之日(2010 年 11 月 1 日)起环境影响评价文件通过审批的新建、改建、扩建污染源。

4.1.2 现有源和新源分时段执行不同的排放限值。现有源自本标准实施之日起至 2012 年 12 月 31 日止执行第Ⅰ时段限值,自 2013 年 1 月 1 日起执行第Ⅱ时段限值;新源自本标准实施之日起执行第Ⅱ时段限值。

4.1.3 排放限值、技术与管理规定未划分时段的,则自本标准实施之日起执行。

4.2 排气筒 VOCs 排放限值

排气筒 VOCs 排放限值按表 1 执行。

表 1 排气筒 VOCs 排放限值

污染物	最高允许排放浓度(mg/m^3)		最高允许排放速率(kg/h)	
	Ⅰ时段	Ⅱ时段	Ⅰ时段	Ⅱ时段
苯	1	1	0.4	0.4
甲苯与二甲苯合计	40	20	1.2 [a]	1.0
总 VOCs	60	30	3.6	2.9

注:a 二甲苯排放速率不得超过 1.0kg/h。

4.3 无组织排放监控点 VOCs 浓度限值

无组织排放监控点浓度限值按表 2 执行。

表 2 无组织排放监控点浓度限值

单位:mg/m^3

苯	甲苯	二甲苯	总 VOCs
0.1	0.6	0.2	2.0

4.4 控制 VOCs 排放的生产工艺和管理要求

家具制造行业控制 VOCs 排放的生产工艺和管理要求参见附录 A。

4.5 排气筒高度与排放速率要求

4.5.1 排气筒高度不应低于15 m。排气筒高度必须低于15 m时,其排放速率标准值按表1所列排放限值的外推法计算结果的50%执行,外推法计算式见本标准附录B。

4.5.2 排气筒高度除须遵守4.5.1的要求外,还应高出周围200m半径范围的最高建筑5m以上,不能达到该要求的排气筒,VOCs最高允许排放速率按表1所列排放限值的50%执行。

4.5.3 有涂装工艺的家具生产企业必须有组织排放含VOCs废气,排气筒高度不应低于15 m³。

4.5.4 企业内有多根排放含VOCs废气的排气筒的,两根排放同种污染物(不论其是否由同一生产工艺产生)的排气筒,若其距离小于其几何高度之和,应合并视为一根等效排气筒。若有三根以上的近距离排气筒,且排放同种污染物时,应以前两根的等效排气筒,依次与第三、四根排气筒取等效值。等效排气筒的有关参数计算方法见附录C。

5 监测

5.1 布点

5.1.1 排气筒VOCs监测的采样点数目及采样点位置的设置应按照GB/T 16157执行。

5.1.2 无组织排放监控点的数目及点位设置应按照HJ/T 55执行。

5.2 采样和分析

5.2.1 排气筒应设置永久性采样口,安装符合HJ/T 1要求的气体参数测量和采样的固定位装置,并满足GB/T 16157规定的采样条件。

5.2.2 排气筒中VOCs浓度限值是指任何1 h浓度平均值不得超过的值,可以任何连续1 h的采样获得浓度值;或在任何1h以等时间间隔采集3个以上样品,并计算平均值。

5.2.3 无组织排放监控点和参照点的采样,一般采用连续1 h采样获得浓度值。

5.2.4 对于间歇性排放且排放时间小于1h,则应在排放时段内实行连续监测,或以等时间间隔采集3个以上样品并计平均值。

5.2.5 VOCs的分析测定应按照表3规定执行。

表3 VOCs监测方法

序号	污染物项目	方法名称	方法来源
1	苯	气相色谱法	附录D[a]
2	甲苯		
3	(对、间、邻)二甲苯		
4	总VOCs		

注:a 测定方法标准暂参考所列方法,待国家发布相应的方法标准并实施后,停止使用。

5.3 监测工况要求

5.3.1 采样期间的工况应与日常实际运行工况相同。

6 标准实施

本标准由县级以上人民政府环境保护行政主管部门负责监督实施。

附录 A(规范性附录) 控制 VOCs 排放的生产工艺和管理要求(略)
附录 B(资料性附录) 确定排气筒最高允许排放速率的外推法(略)
附录 C(资料性附录) 等效排气筒有关参数计算方法(略)
附录 D(规范性附录) VOCs 监测方法(略)

广东省印刷行业挥发性有机化合物排放标准（节录）

DB 44/815—2010

(2010 年 10 月 22 日发布　2010 年 11 月 1 日实施)

本标准由广东省环境保护厅提出并归口。
本标准起草单位：广东省环境科学研究院、华南理工大学。

（按原标准编号节录）

3　术语和定义

下列术语和定义适用于本标准。

3.1　挥发性有机化合物 volatile organic compounds

在 101 325 Pa 标准大气压下,任何沸点低于或等于 250 ℃ 的有机化合物,简称 VOCs。

3.2　标准状态 standard state

温度为 273.15 K,压力为 101 325 Pa 时的状态。本标准规定的各项标准值,均以标准状态下的干空气为基准。

［GB 16297—1996,定义 3.1］

3.3　印刷 printing

使用印版或其他方式将原稿上的图文信息转移到承印物上的工艺过程,包括出版物印刷、包装装潢印刷、其他印刷品印刷和排版、制版、印后加工四大类。

3.4　油墨 printing ink

用于印刷的染色液体或者黏性物料。

3.5　不透气承印物 non-porous substrate

表面能防止水分渗透的承印物,包括(但不限于)薄片、聚乙烯、聚丙烯、玻璃纸、加上不透气物料的纸张或者纸板、金属化聚酯及尼龙。

3.6　透气承印物 porous substrate

表面不能防止水分渗透的承印物,包括(但不限于)纸张、纸板及任何加上透气物料的纸制品。

3.7 柔性版油墨 flexographic ink

用于柔性版印刷的油墨。柔性版印刷是一种利用柔性橡胶或其他弹性印版的印刷方式,其图像部分高于非图像部分。

3.8 凸版油墨 letterpress ink

用于凸版印刷的油墨。凸版印刷是一种印刷工艺,其图像部分高于非图像部分,而油墨从图像表面直接转移至承印物。

3.9 平版油墨 lithographic ink

用于平版印刷的油墨。平版印刷是一种平版式印刷工艺,其图像部分与非图像部分位于同一平面,而两者的化学特性不同。

3.10 热固油墨 heatset ink

符合以下条件的印刷油墨:

(1)用于配有烘干箱或者烤箱的连续式卷筒轮转印刷机;

(2)其油分受热挥发后变干或定形,再以冷凝卷筒使油墨凝结。

3.11 最高允许排放浓度 maximum acceptable emission concentration

处理设施后排气筒中污染物任何 1 h 浓度平均值不得超过的限值;或指无处理设施排气筒中污染物任何 1h 浓度平均值不得超过的限值。

[GB 16297—1996,定义 3.2]

3.12 最高允许排放速率 maximum acceptable emission rate

一定高度的排气筒任何 1h 排放污染物的质量不得超过的限值。

[GB 16297—1996,定义 3.3]

3.13 无组织排放 fugitive emission

不经过排气筒的无规则排放视为无组织排放。

3.14 无组织排放监控点浓度限值 concentration limit at fugitive emission reference point

标准状态下,监控点(根据 HJ/T 55 确定)的大气污染物浓度在任何 1 h 的平均值不得超过的值。

3.15 排气筒高度 emission pipe height

自排气筒(或其主体建筑构造)所在的地平面至排气筒出口计的高度。

[GB 16297—1996,定义 3.10]

4 技术内容

4.1 污染源界定与时段划分

4.1.1 现有源是指本标准实施之日(2010 年 11 月 1 日)前已建成投产或环境影响评价文件已获批准的污染源;新源是指自本标准实施之日(2010 年 11 月 1 日)起环境影响评价文件通过审批的新建、改建、扩建污染源。

4.1.2 现有源和新源分时段执行不同的排放限值。现有源自本标准实施之日起至 2012 年 12 月 31 日止执行第 I 时段限值,自 2013 年 1 月 1 日起执行第 II 时段限值;新源自本标准实施之日起执行第 II 时段限值。

4.1.3 排放限值、技术与管理规定未划分时段的,则自本标准实施之日起执行。

4.2 印刷油墨 VOCs 含量限值

印刷企业生产过程中使用的印刷油墨 VOCs 含量限值(为处于即用状态以每升油墨所含多少克 VOCs 计算)应执行表1的规定。

表1 印刷油墨 VOCs 含量限值

印刷油墨种类	VOCs 含量的最高限值/(g/L)	
	Ⅰ时段	Ⅱ时段
用于不透气承印物的柔性版油墨	—	300
用于透气承印物的柔性版油墨	225	225
用于不透气承印物的平版油墨	—	700
用于透气承印物的平版油墨(热固油墨除外)	300	300
凸版油墨	300	300

4.3 排气筒 VOCs 排放限值

企业排气筒 VOCs 排放限值按表2执行。

表2 排气筒 VOCs 排放限值

印刷方式	污染物	最高允许排放浓度 (mg/m³)		最高允许排放速率 (kg/h)	
		Ⅰ时段	Ⅱ时段	Ⅰ时段	Ⅱ时段
平版印刷(不含以金属、陶瓷、玻璃为承印物的平版印刷)、柔性版印刷	苯	1	1	0.4	0.4
	甲苯与二甲苯合计	30	15	1.8[a]	1.6[a]
	总 VOCs	120	80	5.4	5.1
凹版印刷、凸版印刷、丝网印刷、平版印刷(以金属、陶瓷、玻璃为承印物的平版印刷)	苯	1	1	0.4	0.4
	甲苯与二甲苯合计	30	15	1.8[a]	1.6[a]
	总 VOCs	180	120	5.4	5.1
注:a 二甲苯排放速率不得超过1.0kg/h。					

4.4 无组织排放监控点 VOCs 浓度限值

无组织排放应执行表3的无组织排放监控点浓度限值

表3 无组织排放监控点浓度限值

单位:mg/m³

苯	甲苯	二甲苯	总 VOCs
0.1	0.6	0.2	2.0

4.5 控制 VOCs 排放的生产工艺和管理要求

印刷行业控制 VOCs 排放的生产工艺和管理要求参见附录 A。

4.6 排气筒高度与排放速率要求

4.6.1 排气筒高度一般不应低于 15 m,不能达到该要求的排气筒,其排放速率限值按表 2 所列对应排放速率限值的外推法计算结果的 50% 执行。外推法计算公式参见附录 B。

4.6.2 企业排气筒高度应高出周围 200 m 半径范围的最高建筑 5 m 以上,不能达到该要求的排气筒,应按表 2 所列对应排放速率限值的 50% 执行。

4.6.3 企业内有多根排放含 VOCs 废气的排气筒的,两根排放相同污染物(不论其是否由同一生产工艺产生)的排气筒,若其距离小于其几何高度之和,应合并视为一根等效排气筒。若有三根以上的近距排气筒,且排放同一种污染物时,应以前两根的等效排气筒,依次与第三、四根排气筒取等效值。等效排气筒的有关参数计算方法参见附录 C。

5 监测

5.1 布点

5.1.1 排气筒 VOCs 监测的采样点数目及采样点位置的设置应按照 GB/T 16157 执行。

5.1.2 无组织排放监控点的数目及点位设置应按照 HJ/T 55 执行。

5.2 采样和分析

5.2.1 排气筒应设置永久性采样口,安装符合 HJ/T 1 要求的气体参数测量和采样的固定位装置,并满足 GB/T 16157 规定的采样条件。

5.2.2 排气筒中 VOCs 浓度限值是指任何 1 h 浓度平均值不得超过的值,可以任何连续 1 h 的采样获得浓度值;或在任何 1h 以等时间间隔采集 3 个以上样品,并计算平均值。

5.2.3 无组织排放监控点和参照点的采样,一般采用连续 1 h 采样获得浓度值。

5.2.4 对于间歇性排放且排放时间小于 1h,则应在排放时段内实行连续监测,或以等时间间隔采集 3 个以上样品并计平均值。

5.2.5 VOCs 的分析测定应按照表 4 规定执行。

表 4 VOCs 监测方法

序号	污染物项目	方法名称	方法来源
1	苯	气相色谱法	附录 D[a]
2	甲苯		
3	(对、间、邻)二甲苯		
4	总 VOCs		

注:a 测定方法标准暂参考所列方法,待国家发布相应的方法标准并实施后,停止使用。

5.3 监测工况要求

5.3.1 采样期间的工况应与日常实际运行工况相同。

5.3.2 生产设施应采用合理的通风措施,不得故意稀释排放。在国家未规定单位产品基准排气量之前,暂以实测浓度作为判定是否达标的依据。

6 标准实施

本标准由县级以上人民政府环境保护行政主管部门负责监督实施。

附录 A（规范性附录） 印刷行业控制 VOCs 排放的生产工艺和管理要求（略）
附录 B（资料性附录） 确定排气筒最高允许排放速率的外推法（略）
附录 C（资料性附录） 等效排气筒有关参数计算方法（略）
附录 D（规范性附录） VOCs 监测方法（略）

广东省表面涂装（汽车制造业）挥发性有机化合物排放标准（节录）

DB 44/816—2010

（2010 年 10 月 22 日发布　2010 年 11 月 1 日实施）

本标准由广东省环境保护厅提出并归口。
本标准主要起草单位：华南理工大学、广东省环境科学研究院。

（按原标准编号节录）

3 术语和定义

下列术语和定义适用于本文件。

3.1 汽车 automobile

由动力驱动，具有四个或者四个以上车轮的非轨道承载的车辆，主要用于：载运人员和/或货物；牵引载运人员和/或货物的车辆；特殊用途。

本术语还包括：a) 与电力线相连的车辆，如无轨电车；b) 整车整备质量超过 400 kg 的车辆。

3.2 表面涂装 surface coating

为保护或装饰车体，在其表面覆以膜层的过程。

3.3 烘干室 drying room

加热、烘烤使车体表面涂料产生聚合、干燥或固化的场所。

3.4 挥发性有机化合物 volatile organic compounds

在 101 325 Pa 标准大气压下，任何沸点低于或等于 250°C 的有机化合物，简称 VOCs。

3.5 标准状态 standard state

温度为 273.15 K，压力为 101 325 Pa 时的状态。本标准规定的各项标准值，均以标准状态下的干空气为基准。

[GB 16297—1996,定义 3.1]

3.6 最高允许排放浓度 maximum acceptable emission concentration

经处理后排气筒中污染物任何 1h 浓度不得超过的限值;或指无处理设施排气筒中污染物任何 1h 浓度平均值不得超过的限值。

[GB 16297—1996,定义 3.2]

3.7 最高允许排放速率 maximum acceptable emission rate

一定高度的排气筒任何 1 h 排放污染物的质量不得超过的限值。

[GB 16297—1996,定义 3.3]

3.8 无组织排放 fugitive emission

不经排气筒的无规则排放视为无组织排放。

3.9 无组织排放监控点浓度限值 concentration limit at fugitive emission reference point

标准状态下,监控点(根据 HJ/T 55 确定)的大气污染物浓度在任何 1h 的平均值不得超过的值。

3.10 排气筒高度 emission pipe height

自排气筒(或其主体建筑构造)所在的地平面至排气筒出口处的高度。

[GB 16297—1996,定义 3.10]

3.11 汽车制造涂装生产线 VOCs 排放总量 total VOCs emission of automobile surface coating line

涂装工艺从电泳(或者其他任何类型的底漆涂装)开始,到最后的面涂罩光、修补、注蜡所有工艺阶段的 VOCs 排放量,以及溶剂用作工艺设备(喷漆室、其他固定设备)的清洗(既包括在线清洗也包括停机清洗)的合计排放量。

4 污染源界定与时段划分

4.1 污染源界定

现有源是指本标准实施之日(2010 年 11 月 01 日)前已建成投产或环境影响评价文件已获批准的污染源;新源是指自本标准实施之日(2010 年 11 月 1 日)起环境影响评价文件通过审批的新建、改建、扩建污染源。

4.2 时段划分

4.2.1 现有源和新源分时段执行不同的排放限值。现有源自本标准实施之日起至 2012 年 12 月 31 日止执行第 Ⅰ 时段限值,自 2013 年 1 月 1 日起执行第 Ⅱ 时段限值;新源自本标准实施之日起执行第 Ⅱ 时段限值。

4.2.2 排放限值、技术与管理规定未划分时段的,则自本标准实施之日起执行。

5 技术内容

5.1 汽车制造涂装生产线单位涂装面积的 VOCs 排放量限值

汽车制造涂装生产线单位涂装面积的 VOCs 排放量不应超过表 1 规定的限值。

表1 涂装生产线单位涂装面积的VOCs排放量限值

车型范围	单位涂装面积的VOCs排放量限值（g/m²）		说明
	Ⅰ时段	Ⅱ时段	
乘用车	40	20	指GB/T 15089规定的M_1类汽车。
货车驾驶舱	75	55	指GB/T 15089规定的N_2、N_3类车的驾驶舱。
货车、厢式货车	90	70	指GB/T 15089规定的N_1、N_2、N_3类车，不包括驾驶舱。
客车	225	150	指GB/T 15089规定的M_2、M_3类汽车。

注：根据GB/T 15089的规定，M_1、M_2、M_3、N_1、N_2、N_3类车定义如下：
M_1类车指包括驾驶员座位在内，座位数不超过9座的载客汽车；
M_2类车指包括驾驶员座位在内座位数超过9座，且最大设计总质量不超过5,000 kg的载客汽车；
M_3类车指包括驾驶员座位在内座位数超过9座，且最大设计总质量超过5,000 kg的载客汽车；
N_1类车指最大设计总质量不超过3,500 kg的载货汽车；
N_2类车指最大设计总质量超过3,500 kg，但不超过12,000 kg的载货汽车；
N_3类车指最大设计总质量超过12,000 kg的载货汽车。

5.2 排气筒VOCs排放限值

烘干室排气应安装废气净化装置进行处理，其VOCs的总去除效率应达到90%，排气筒排放的总VOCs浓度限值为50mg/m³。其他气筒排放的VOCs浓度限值应符合表2规定。

表2 排气筒VOCs排放限值

项目	其他排气筒排放浓度限值（mg/m³）		与排气筒高度对应的VOCs最高允许排放速率（kg/h）					
			15 m		30 m		60 m	
	Ⅰ时段	Ⅱ时段	Ⅰ时段	Ⅱ时段	Ⅰ时段	Ⅱ时段	Ⅰ时段	Ⅱ时段
苯	1	1	0.3	0.2	1.6	1.0	3.2	1.9
甲苯与二甲苯合计[a]	30	18	2.4	1.4	12.8	7.7	25.6	15.4
苯系物[a]	100	60	3.0	2.4	16.0	9.6	32.0	19.2
总VOCs	150	90	4.6	2.8	25.0	15.0	50.0	30.0

注：a 苯系物指单环芳烃中的甲苯、二甲苯、三甲苯合计。甲苯与二甲苯合计、苯系物中二甲苯的排放速率不得超过GB 16297规定的二甲苯的最高允许排放速率限值：15m，30m，60m高排气筒，分别不得超过1.0kg/h、6.9kg/h、27kg/h，其余高度排气筒的二甲苯排放速率限值，以内插法计算，内插法计算式见原标准附录D。

5.3 无组织排放监控点VOCs浓度限值

汽车制造企业无组织排放监控点VOCs浓度限值应符合表3的规定。

表3 无组织排放监控点 VOCs 浓度限值

污染物项目	浓度限值（mg/m³）
苯	0.1
甲苯	0.6
二甲苯	0.2
三甲苯	0.2
总 VOCs	2.0

6 监测

6.1 布点

6.1.1 排气筒 VOCs 监测的采样点数目及采样点位置的设置应按照 GB/T 16157 执行。

6.1.2 无组织排放监控点的数目及点位设置应按照 HJ/T 55 执行。

6.2 采样分析

6.2.1 排气筒应设置永久性采样口,安装符合 HJ/T 1 要求的气体参数测量和采样的固定位装置,并满足 GB/T 16157 规定的采样条件。

6.2.2 排气筒中 VOCs 浓度限值是指任何 1 h 浓度平均值不得超过的值,可以任何连续 1 h 的采样获得的浓度值;或在任何 1 h 以等时间间隔采集 3 个以上样品,并计算平均值。

6.2.3 无组织排放监控点和参照点的采样,一般采用连续 1 h 采样获得的浓度值。

6.2.4 对于间歇性排放且排放时间小于1h,则应在排放时段内实行连续监测,或以等时间间隔采集 3 个以上样品并计平均值。

6.2.5 VOCs 的分析测定应按照表4规定执行。

表4 VOCs 监测方法

序号	污染物项目	方法名称
1	苯	气相色谱法[a]
2	甲苯	
3	（对、间、邻）二甲苯	
4	（连、均、偏）三甲苯	气相色谱法[a]
5	总 VOCs	

注:a 测定方法标准暂参考所列方法,待国家发布相应的方法标准并实施后,停止使用。

6.4 监测工况要求

6.4.1 采样期间的工况应与当时的运行工况相同。

6.4.2 生产设施应采用合理的通风措施,不得故意稀释排放。在国家未规定单位产品基准排气量之前,暂以实测浓度作为判定是否达标的依据。

7 标准实施

本标准由县级以上人民政府环境保护行政主管部门负责监督实施。

附录 A(规范性附录)　控制 VOCs 排放的生产工艺和管理要求(略)
附录 B(规范性附录)　涂装生产线单位涂装面积的 VOCs 排放量核算(略)
附录 C(资料性附录)　确定排气筒最高允许排放速率的内插法和外推法(略)
附录 D(资料性附录)　等效排气筒有关参数计算方法(略)
附录 D(规范性附录)　VOCs 监测方法(略)

广东省制鞋行业挥发性有机化合物排放标准(节录)

DB 44/817—2010

(2010 年 10 月 22 日发布　2010 年 11 月 1 日实施)

本标准由广东省环境保护厅提出并归口。
本标准起草单位:东莞市环境保护监测站、广东省环境科学研究院。

(按原标准编号节录)

3　术语和定义

下列术语和定义适用于本标准。

3.1　制鞋 shoe making

经过鞋型开发、鞋面加工、鞋底生产、面底结合、清洗等多道工序生产各类、各种材质的鞋产品的过程。

3.2　粘胶工艺 adhesion technics

也称冷粘工艺。是利用胶粘剂将鞋帮、内底、外底连接在一起的工艺方法。由于鞋帮和鞋底粘合面材料不同,所使用胶粘剂的类型和性质也不同。

3.3　挥发性有机化合物 volatile organic compounds

在 101 325 Pa 标准大气压下,任何沸点低于或等于 250 ℃的有机化合物,简称 VOCs。

3.4　标准状态 standard state

温度为 273.15 K,压力为 101 325 Pa 时的状态。本标准规定的各项标准值,均以标准状态下的干空气为基准。
[GB 16297—1996,定义 3.1]

3.5　最高允许排放浓度 maximum acceptable emission concentration

指处理设施后排气筒中污染物任何 1 h 浓度平均值不得超过的限值;或指无处理设施排气筒

中污染物任何 1h 浓度平均值不得超过的限值。

[GB 16297—1996,定义 3.2]

3.6 最高允许排放速率 maximum acceptable emission rate

一定高度的排气筒任何 1h 排放污染物的质量不得超过的限值。

[GB 16297—1996,定义 3.3]

3.7 无组织排放 fugitive emission

不经过排气筒的无规则排放视为无组织排放。

3.8 无组织排放监控点浓度限值 concentration limit at fugitive emission reference point

标准状态下,监控点(根据 HJ/T 55 确定)的大气污染物浓度在任何 1h 的平均值不得超过的值。

3.9 排气筒高度 emission pipe height

自排气筒(或其主体建筑构造)所在的地平面至排气筒出口计的高度。

[GB 16297—1996,定义 3.10]

4 技术内容

4.1 污染源界定与时段划分

4.1.1 现有源是指本标准实施之日(2010 年 11 月 1 日)前已建成投产或环境影响评价文件已获批准的污染源;新源是指自本标准实施之日(2010 年 11 月 1 日)起环境影响评价文件通过审批的新建、改建、扩建污染源。

4.1.2 现有源和新源分时段执行不同的排放限值:现有源自本标准实施之日起至 2012 年 12 月 31 日止执行第 I 时段限值,自 2013 年 1 月 1 日起执行第 II 时段限值;新源自本标准实施之日起执行第 II 时段限值。

4.1.3 排放限值、技术与管理规定未划分时段的,则自本标准实施之日起执行。

4.2 排气筒 VOCs 排放限值

排气筒 VOCs 排放限值按表 1 执行。

表 1 排气筒 VOCs 排放限值

污染物	最高允许排放浓度 mg/m³		最高允许排放速率 kg/h	
	I 时段	II 时段	I 时段	II 时段
苯	1	1	0.4	0.4
甲苯与二甲苯合计	30	15	1.9[a]	1.5[a]
总 VOCs	80	40	3.4	2.6

注:a 二甲苯排放速率不得超过 1.0kg/h。

4.3 无组织排放监控点 VOCs 浓度限值

无组织排放监控点浓度限值按表 2 执行。

表2 无组织排放监控点浓度限值

单位:mg/m³

污染物	浓度限值
苯	0.1
甲苯	0.6
二甲苯	0.2
总VOCs	2.0

4.4 控制VOCs排放的生产管理和工艺操作技术要求

制鞋行业控制VOCs排放的生产工艺和管理要求参见附录A。

4.5 排气筒高度与排放速率要求

4.5.1 排气筒高度一般不应低于15 m,不能达到该要求的排气筒,其排放速率限值按表1所列对应排放速率限值的外推法计算结果的50%执行。外推法计算公式参见附录B。

4.5.2 排气筒高度除遵守4.5.1的规定外,应高出周围200 m半径范围内的最高建筑5 m以上,不能达到该项要求的排气筒,按表1所列排放速率限值的50%执行。

4.5.3 企业内有多根排放含VOCs废气的排气筒的,两根排放相同污染物(不论其是否由同一生产工艺产生)的排气筒,若其距离小于其几何高度之和,应合并视为一根等效排气筒。若有三根以上的近距离排气筒,且排放同一种污染物时,应以前两根的等效排气筒,依次与第三、第四排气筒取等效值。等效排气筒的有关参数计算方法参见附录C。

5 监测

5.1 布点

5.1.1 排气筒VOCs监测采样点位置的设置,按照GB/T 16157执行。

5.1.2 无组织排放监控点的数目及点位设置,按照HJ/T 55执行。

5.2 采样和分析

5.2.1 排气筒应设置永久性采样口,安装符合HJ/T 1要求的气体参数测量和采样的固定位装置,并满足GB/T 16157规定的采样条件。

5.2.2 排气筒中VOCs浓度限值是指任何1h浓度平均值不得超过的值,可以任何连续1 h采样获得的浓度值;或在任何1h内以等时间间隔采集3个以上样品,计算平均值。

5.2.3 无组织排放监控点和参照点的采样,一般采用连续1 h采样获得的浓度值。

5.2.4 对于间歇性排放且排放时间小于1 h,则应在排放时段内实行连续监测,或以等时间间隔采集3个以上样品并计算平均值。

5.2.5 VOCs的分析测定应按照表3规定执行。

表3 VOCs 测定方法

序号	污染物项目	方法标准名称	方法来源
1	苯	气相色谱法	附录D[a]
2	甲苯		
3	二甲苯		
4	总 VOCs		

注:a 测定方法标准暂参考所列方法,待国家发布相应的方法标准并实施后,停止使用。

5.3 监测工况要求

5.3.1 采样期间的工况应与日常实际运行工况相同。

5.3.2 生产设施应采用合理的通风措施,不得故意稀释排放。在国家未规定单位产品基准排气量之前,暂以实测浓度作为判定是否达标的依据。

6 标准实施

本标准由县级以上人民政府环境保护行政主管部门负责监督实施。

附录 A(规范性附录) 控制 VOCs 排放的生产工艺和管理要求(略)
附录 B(资料性附录) 确定排气筒最高允许排放速率的外推法(略)
附录 C(资料性附录) 等效排气筒有关参数计算方法(略)
附录 D(规范性附录) VOCs 监测方法(略)

广东省水泥工业大气污染物排放标准(节录)

DB 44 /818—2010

(2010 年 10 月 22 日发布 2010 年 11 月 1 日实施)

本标准由广东省环境保护厅提出并归口。
本标准起草单位:广东省环境监测中心、广东省水泥行业协会。

(按原标准编号节录)

3 术语和定义

下列术语和定义适用于本文件。

3.1 标准状态 standard condition

温度为 273.15K,压力为 101 325Pa 时的状态,简称"标态"。

3.2 最高允许排放浓度 maximum allowable emission concentration

处理设施后排气筒中污染物任何 1h 浓度平均值不得超过的限值;或指无处理设施排气筒中污染物任何 1h 浓度平均值不得超过的限值。

3.3 单位产品排放量 emission of unit product

各设备生产每吨产品所排放的有害物质量,单位为 kg/t。产品产量按污染物监测时段的设备实际小时产出量计算。

3.4 无组织排放 unorganized emission

大气污染物不经过排气筒的无规则排放,主要包括作业场所物料堆放、开放式输送扬尘和管道、设备的含尘气体泄漏等。

3.5 无组织排放监控点浓度限值 concentration limit at fugitive emission reference point

监控点的污染物浓度在任何 1h 的平均值不得超过的限值。

3.6 排气筒高度 stack height

自排气筒(或其主体建筑构造)所在的地平面至排气筒出口计的高度。

3.7 水泥窑 cement kiln

水泥熟料煅烧设备,通常包括回转窑和立窑两大类。

3.8 窑磨一体机 In-line kiln/raw mill

把水泥窑废气引入物料粉磨系统,利用废气余热烘干物料,窑和磨排出的废气同用一台除尘设备进行处理的窑磨联合运行的系统。

3.9 烘干机 dryer

各种型式物料烘干设备。

3.10 烘干磨 drying and grinding mill

物料烘干兼粉磨设备。

3.11 煤磨 coal grinding mill

各种型式煤粉制备设备。

3.12 冷却机 cooler

各种类型冷却熟料设备。

3.13 破碎机 crusher

各种破碎块粒状物料设备。

3.14 磨机 mill

各种物料粉磨设备系统(不包括烘干磨和煤磨)。

3.15 包装机 packing machine

各种型式包装水泥设备(包括水泥散装仓)。

3.16 散装水泥装卸设备 bulk cement handling machine

包括物料输送设备、料仓和各种类型贮库等。

3.17 水泥制品生产 production of cement products

预拌混凝土、砂浆和混凝土预制件的生产,不包括建筑施工现场搅拌混凝土及砂浆的过程。

3.18 现有生产线 existing production line

本标准实施之日前已建成投产或环境影响评价文件已通过审批的水泥矿山、水泥制造、水泥制品生产线。

3.19 新建生产线 production line to be established

本标准实施之日起新建、改建、扩建水泥矿山、水泥制造、水泥制品生产线。

3.20 厂界 enterprise boundary

水泥厂(含粉磨站)、水泥制品厂或水泥矿山与外界环境接界的边界。通常应依据法定手续确定边界;若无法定手续,则按目前的实际边界确定。

3.21 A 区 region A

当前(2010 年)广东省内行政区划下包括广州、深圳、珠海、佛山、东莞、中山、江门七个市和肇庆市的端州区、鼎湖区、高要市、四会市以及惠州市的惠城区、惠阳市、惠东县、博罗县的区域。

3.22 B 区 region B

当前(2010 年)广东省内行政区划下除 A 区以外的行政区域。

4 排放限值

4.1 生产设备排气筒大气污染物排放限值

4.1.1 现有生产线各生产设备(设施)排气筒中的颗粒物和气态污染物最高允许排放浓度及单位产品排放量自本标准实施之日起执行表1规定的限值,A 区自 2012 年 1 月 1 日起执行表 2 规定的限值,B 区自 2014 年 1 月 1 日起执行表 2 规定的限值。

4.1.2 新建生产线各生产设备(设施)排气筒中的颗粒物和气态污染物最高允许排放浓度及单位产品排放量不得超过表 2 规定的限值。

4.1.3 水泥窑焚烧危险废物时,排气中颗粒物、二氧化硫、氮氧化物、氟化物依照水泥窑建设时间和地点,分别执行表 1 或表 2 规定的排放限值;其他污染物执行 GB 18484 规定的排放限值,但二噁英允许排放浓度最高为 0.1ng TEQ/m^3。

4.1.4 水泥窑焚烧生活垃圾时,排气中颗粒物、二氧化硫、氮氧化物、氟化物依照水泥窑建设时间和地点,分别执行表 1 或表 2 规定的排放限值;其他污染物执行 GB 18485 规定的排放限值。

4.1.5 本标准规定的大气污染物排放浓度均指标准状态下干烟气中的数值。

表 1 水泥工业大气污染物最高允许排放限值

生产过程	生产设备	颗粒物		二氧化硫		氮氧化物(以 NO_2 计)		氟化物(以总氟计)	
		排放浓度 (mg/Nm^3)	单位产品排放量[b] (kg/t)	排放浓度 (mg/Nm^3)	单位产品排放量[b] (kg/t)	排放浓度 (mg/Nm^3)	单位产品排放量[b] (kg/t)	排放浓度 (mg/Nm^3)	单位产品排放量[b] (kg/t)
矿山开采	破碎机及其他通风生产设备	30	—	—	—	—	—	—	—
水泥制造	水泥窑及窑磨一体机[a]	50	0.150	200	0.600	800	2.400	5	0.015
	烘干机、烘干磨、煤磨及冷却机	50	0.150						
	破碎机、磨机、包装机及其他通风生产设备	30	0.024						

(续表)

生产过程	生产设备	颗粒物		二氧化硫		氮氧化物（以 NO_2 计）		氟化物（以总氟计）	
		排放浓度（mg/Nm³）	单位产品排放量[b]（kg/t）	排放浓度（mg/Nm³）	单位产品排放量（kg/t）	排放浓度（mg/Nm³）	单位产品排放量（kg/t）	排放浓度（mg/Nm³）	单位产品排放量（kg/t）
水泥制品生产	水泥仓及其他通风生产设备	30	—	—	—	—	—	—	—

注：a 烟气中 O_2 含量10%状态下的排放浓度。
b 单位产品排放量中水泥窑、熟料冷却机以熟料产出量计算，生料磨以生料产出量计算，水泥磨以水泥产出量计算，煤磨以产生的煤粉计算，烘干机、烘干磨以产生的干物料计算。对于窑磨一体机，在窑磨联合运转时，以磨机产生的物料量计算，在水泥窑单独运转时，以水泥窑产出的熟料量计算。

表2 水泥工业大气污染物最高允许排放限值

生产过程	生产设备	颗粒物		二氧化硫		氮氧化物（以 NO_2 计）		氟化物（以总氟计）	
		排放浓度（mg/Nm³）	单位产品排放量[b]（kg/t）	排放浓度（mg/Nm³）	单位产品排放量（kg/t）	排放浓度（mg/Nm³）	单位产品排放量（kg/t）	排放浓度（mg/Nm³）	单位产品排放量（kg/t）
矿山开采	破碎机及其他通风生产设备	30	—	—	—	—	—	—	—
水泥制造	水泥窑及窑磨一体机[a]	30	0.090	100	0.300	550	1.650	3	0.009
	烘干机、烘干磨、煤磨及冷却机	30	0.090	—	—	—	—	—	—
	破碎机、磨机、包装机及其他通风生产设备	30	0.024	—	—	—	—	—	—
水泥制品生产	水泥仓及其他通风生产设备	30	—	—	—	—	—	—	—

注：a 烟气中 O_2 含量10%状态下的排放浓度。
b 单位产品排放量中水泥窑、熟料冷却机以熟料产出量计算，生料磨以生料产出量计算，水泥磨以水泥产出量计算，煤磨以产生的煤粉计算，烘干机、烘干磨以产生的干物料计算。对于窑磨一体机，在窑磨联合运转时，以磨机产生的物料量计算，在水泥窑单独运转时，以水泥窑产出的熟料量计算。

4.2 作业场所颗粒物无组织排放限值

自本标准实施之日起，现有生产线和新建生产线作业场所颗粒物无组织排放监控点浓度均不得超过表3规定的限值。

表3 作业场所颗粒物无组织排放限值

作业场所	颗粒物无组织排放监控点	浓度限值[a,b] mg/m³
水泥厂（含粉磨站）、水泥制品厂、水泥矿山	厂界外20m处	1.0（扣除参考值[c]）

注：a 监控点处的总悬浮颗粒物（TSP）1h浓度值。
b 低矮排气筒的排放属有组织排放，但在一定条件下也可造成与无组织排放相同的后果，因此在执行"无组织排放监控点浓度限值"指标时，由低矮排气筒造成的监控点污染物浓度增加不予扣除。
c 参考值含义见第6.2.1条。

5 其他管理规定

5.1 颗粒物无组织排放控制要求

5.1.1 水泥矿山、水泥制造和水泥制品生产过程,应采取有效措施,控制颗粒物无组织排放。

5.1.2 新建生产线的物料处理、输送、装卸、贮存过程应当封闭,对块石、粘湿物料、浆料以及车船装、卸料过程应采取适用的有效抑尘措施。

5.1.3 现有生产线对干粉料的处理、输送、装卸、贮存应当封闭;露天储料场应当采取防起尘、防雨水冲刷流失的措施;车船装、卸料时,应采取有效措施防止扬尘。

5.2 非正常排放和事故排放控制要求

5.2.1 除尘装置应与其对应的生产工艺设备同步运转。应分别计量生产工艺设备和除尘装置的年累计运转时间,以除尘装置年运转时间与生产工艺设备的年运转时间之比,考核同步运转率。

5.2.2 新建水泥窑应保证在生产工艺波动情况下除尘装置仍能正常运转,禁止非正常排放。现有水泥窑采用的除尘装置,其相对于水泥窑通风机的年同步运转率不得小于99%。

5.2.3 因除尘装置故障造成事故排放,应采取应急措施使主机设备停止运转,待除尘装置检修完毕后共同投入使用。

5.3 排气筒高度要求

5.3.1 除提升输送、储库下小仓的除尘设施外,生产设备排气筒(含车间排气筒)一律不得低于15m。

5.3.2 以下生产设备排气筒高度还应符合表4中的规定。

表4 排气筒高度

生产设备名称	水泥窑及窑磨一体机				烘干机、烘干磨煤磨及冷却机			破碎机、磨机、包装机及其他通风生产设备
单线(机)生产能力/(t/d)	≤240	>240~700	>700~1200	>1200	≤500	>500~1000	>1000	高于本体建筑物3m以上
最低允许高度/m	30	45[a]	60	80	20	25	30	

注:a 现有立窑排气筒仍按35m要求。

5.4 其他要求

5.4.1 禁止在环境空气质量一类功能区内开采矿山、生产水泥及其制品。

5.4.2 水泥窑不得用于焚烧重金属类危险废物。

水泥窑焚烧医疗废物应遵守《医疗废物集中处置技术规范》的要求。

利用水泥窑焚烧危险废物,其水泥窑或窑磨一体机的烟气处理应采用高效布袋除尘器。

6 监测

6.1 排气筒中大气污染物的监测

6.1.1 生产设备排气筒应设置永久采样孔并符合GB/T 16157规定的采样条件。

6.1.2 排气筒中颗粒物或气态污染物的监测采样应按GB/T 16157执行。

6.1.3 对于日常监督性监测,采样期间的工况应与当时正常工况相同。排污单位人员和实施监测人员不得任意改变当时的运行工况。以任何连续 1h 的采样获得平均值,或在任何 1h 内,以等时间间隔采集 3 个以上样品,计算平均值。

建设项目环境保护设施竣工验收监测的工况要求和采样时间频次按国家环境保护部制定的建设项目环境保护设施竣工验收监测办法和规范执行。

6.1.4 水泥工业大气污染物分析方法见表 5。

表 5 水泥工业大气污染物分析方法

序号	分析项目	手动分析测定方法	自动分析测定方法
1	颗粒物	GB/T 16157 重量法	HJ/T 76 固定污染源排放烟气连续监测系统技术要求及检测方法
2	二氧化硫	HJ/T 56 碘量法 HJ/T 57 定电位电解法	
3	氮氧化物	HJ/T 42 紫外分光光度法 HJ/T 43 盐酸萘乙二胺分光光度法	
4	氟化物	HJ/T 67 离子选择电极法	—
5	二噁英	HJ/T 77 色谱-质谱联用法	—

6.1.5 新建生产线水泥窑及窑磨一体机排气筒(窑尾)应安装烟气颗粒物、二氧化硫和氮氧化物连续监测装置;冷却机排气筒(窑头)应安装烟气颗粒物连续监测装置;现有水泥生产线应在 2010 年 12 月 31 号前全部安装连续监测装置。

连续监测装置需满足 HJ/T 76 的要求。烟气排放连续监测装置经县级以上人民政府环境保护行政主管部门验收后,在有效期内其监测数据为有效数据。以小时平均值作为连续监测达标考核的依据。

6.2 厂界外颗粒物无组织排放的监测

6.2.1 在厂界外 20m 处(无明显厂界,以车间外 20m 处)上风方与下风方同时布点采样,将上风方的监测数据作为参考值。

6.2.2 监测按 HJ/T 55 的规定执行。

6.2.3 颗粒物测定方法采用 GB/T 15432。

重庆市水泥工业大气污染物排放标准(节录)

DB 50/656—2016

(2016 年 1 月 22 日发布　2016 年 2 月 1 日实施)

本标准由重庆市环境保护局提出并归口。

本标准主要起草单位:重庆市环境科学研究院。

（按原标准编号节录）

3 术语和定义

下列术语和定义适用于本标准。

3.1 水泥工业 cement industry

本标准指从事水泥原料矿山开采、水泥制造、散装水泥转运以及水泥制品生产的工业部门。

3.2 水泥窑 cement kiln

水泥熟料煅烧设备，通常包括回转窑和立窑两种形式。

3.3 窑尾余热利用系统 waste heat utilization system of kiln exhaust gas

引入水泥窑窑尾废气，利用废气余热进行物料干燥、发电等，并对余热利用后的废气进行净化处理的系统。

3.4 烘干机、烘干磨、煤磨及冷却机 dryer, drying and grinding mill, coal grinding mill and clinker cooler

烘干机指各种型式物料烘干设备；烘干磨指物料烘干兼粉磨设备；煤磨指各种型式煤粉制备设备；冷却机指各种类型（筒式、篦式等）冷却熟料设备。

3.5 破碎机、磨机、包装机及其他通风生产设备 crusher, mill, packing machine and other ventilation equipments

破碎机指各种破碎块粒状物料设备；磨机指各种物料粉磨设备系统（不包括烘干磨和煤磨）；包装机指各种型式包装水泥设备（包括水泥散装仓）；其他通风生产设备指除上述主要生产设备以外的需要通风的生产设备，其中包括物料输送设备、料仓和各种类型储库等。

3.6 采用独立热源的烘干设备 dryer associated with independent heat source

无水泥窑窑头、窑尾余热可以利用，需要单独设置热风炉等热源，对物料进行烘干的设备。

3.7 散装水泥中转站 bulk cement terminal

散装水泥集散中心，一般为水运与陆运中转站。

3.8 水泥制品生产 production of cement products

预拌混凝土、砂浆和混凝土预制件的生产，不包括水泥用于施工现场搅拌的过程。

3.9 标准状态 standard condition

温度为273K，压力为101.3 kPa时的状态。本标准规定的大气污染物浓度均为标准状态下的质量浓度。

3.10 排气筒高度 height of stack

自排气筒（或其主体建筑构造）所在的地平面至排气筒出口计的高度，单位为m。
[GB 16297—1996,定义3.10]

3.11 无组织排放 fugitive emission

大气污染物不经过排气筒的无规则排放，主要包括作业场所物料堆存、开放式输送扬尘，以及设备、管线等大气污染物泄漏。

3.12 现有企业 existing facility

2014年3月1日前已建成投产或环境影响评价文件已通过审批的水泥工业企业或生产设施。

3.13 新建企业 new facility

自2014年3月1日起环境影响评价文件通过审批的新、改、扩建水泥工业建设项目。

3.14 主城区 urban area

主城区对应都市功能核心区和都市功能拓展区,包括:渝中区、大渡口区、江北区、南岸区、沙坪坝区、九龙坡区、北碚区、渝北区、巴南区九个行政区。

3.15 其他区域 other area

重庆市行政区划内除去主城区的行政区域。

3.16 重点地区 key area

根据环境保护工作的要求,在国土开发密度较高,环境承载能力开始减弱,或大气环境容量较小、生态环境脆弱,容易发生严重大气环境污染问题而需要严格控制大气污染物排放的地区。

3.17 周边建筑物 surrounding building

企业排气筒建设之前已经存在的有人类活动的建筑物。建筑物的高度考虑地势高差,当排气筒(及其主体建筑)所在水平面与评价范围内的建筑物所在水平面的地势高差大于排气筒高度和其最大烟气抬升高度之和时,可不视此建筑为周边建筑物。

3.18 推荐值 recommended maximum emission value

为鼓励企业结合自身情况采用环保材料、先进工艺及治理技术等从而设立的排放限值,不作为强制性执行规定,推荐执行,并可作为后续申请相关激励措施评定的依据之一。

4 大气污染物排放控制要求

4.1 排气筒大气污染物排放限值

4.1.1 自标准实施之日起,现有企业执行表1规定的大气污染物排放限值。

4.1.2 自标准实施之日起,新建企业执行表2规定的大气污染物排放限值。

4.1.3 其他区县中的重点地区可参照主城区标准限值执行。

表1 现有水泥企业排放限值

单位:mg/m³

生产过程	生产设备		二氧化硫	氮氧化物(以NO_2计)	颗粒物	氟化物(以总F计)	汞及其化合物	氨
矿山开采	破碎机及其他通风生产设备	主城区	—	—	15	—	—	—
		其他区域	—	—	20	—	—	—
水泥制造	水泥窑及窑尾余热利用系统	主城区	150	250	15	5	0.05	10[a]
		其他区域	200	350	30	5	0.05	10[a]
	烘干机、烘干磨、煤磨及冷却机	主城区	600[b]	400[b]	30	—	—	—
		其他区域			30			
	破碎机、磨机、包装机及其他通风生产设备	主城区	—	—	15	—	—	—
		其他区域	—	—	20	—	—	—

（续表）

生产过程	生产设备		二氧化硫	氮氧化物（以NO₂计）	颗粒物	氟化物（以总F计）	汞及其化合物	氨
散装水泥中转站及水泥制品生产	水泥仓及其他通风生产设备	主城区	—	—	15	—	—	—
		其他区域	—	—	20	—	—	—

注：a 适用于使用氨水、尿素等含氨物质作为还原剂，去除烟气中氮氧化物。
　　b 适用于采用独立热源的烘干设备。

表2　新建水泥企业排放限值

单位：mg/m³

生产过程	生产设备		二氧化硫	氮氧化物（以NO₂计）	颗粒物	氟化物（以总F计）	汞及其化合物	氨
矿山开采	破碎机及其他通风生产设备	主城区	—	—	10	—	—	—
		其他区域	—	—	20	—	—	—
水泥制造	水泥窑及窑尾余热利用系统	主城区	100	250	15	3	0.05	8[a]
		其他区域	200	350	30	5	0.05	10[a]
	烘干机、烘干磨、煤磨及冷却机	主城区	400[b]	300[b]	20	—	—	—
		其他区域	600[b]	400[b]	30	—	—	—
	破碎机、磨机、包装机及其他通风生产设备	主城区	—	—	10	—	—	—
		其他区域	—	—	20	—	—	—
散装水泥中转站及水泥制品生产	水泥仓及其他通风生产设备	主城区	—	—	10	—	—	—
		其他区域	—	—	20	—	—	—

注：a 适用于使用氨水、尿素等含氨物质作为还原剂，去除烟气中氮氧化物。
　　b 适用于采用独立热源的烘干设备。

4.2　无组织排放控制要求

4.2.1　水泥工业企业的物料处理、输送、装卸、储存过程应当封闭，对块石、粘湿物料、浆料以及车船装卸料过程也可采取其他有效抑尘措施，控制颗粒物无组织排放。

4.2.2　自标准实施之日起，水泥工业企业大气污染物无组织排放监控点浓度限值应符合表3规定。

表3 大气污染物无组织排放限值

单位:mg/m³

序号	污染物项目	限值	限值含义	无组织排放监控位置
1	颗粒物	0.5	监控点与参照点总悬浮颗粒物(TSP)1小时浓度值的差值	厂界外20m以上风向设参照点,下风向设监控点
2	氨[a]	1.0	监控点处1小时浓度平均值	监控点设在下风向厂界外10 m范围内浓度最高点

注:a 适用于使用氨水、尿素等含氨物质作为还原剂,去除烟气中氮氧化物。

4.3 废气收集、处理与排放

4.3.1 产生大气污染物的生产工艺和装置必须设立局部或整体气体收集系统和净化处理装置,达标排放。

4.3.2 净化处理装置应与其对应的生产工艺设备同步运转。应保证在生产工艺设备运行波动情况下净化处理装置仍能正常运转,实现达标排放。因净化处理装置故障造成非正常排放,应停止运转对应的生产工艺设备,待检修完毕后共同投入使用。

4.3.3 除储库底、地坑及物料转运点单机除尘设施外,其他排气筒高度应不低于15 m。排气筒高度应高出本体建(构)筑物3 m以上。水泥窑及窑尾余热利用系统排气筒周围半径200m范围内有周边建筑物时,排气筒高度还应高出最高建筑物3 m以上。排气筒周围半径200m范围内存在因地势高差而不视为周边建筑物的建筑物时,排气筒高度按环境影响评价相关要求执行。

4.4 周边环境质量监控

在现有企业生产、建设项目竣工环保验收后的生产过程中,负责监管的环境保护主管部门应对周围居住、教学、医疗等用途的敏感区域环境质量进行监控。建设项目的具体监控范围为环境影响评价确定的周围敏感区域;未进行过环境影响评价的现有企业,监控范围由负责监管的环境保护主管部门,根据企业排污的特点和规律及当地的自然、气象条件等因素,参照相关环境影响评价技术导则确定。地方政府应对本辖区环境质量负责,采取措施确保环境状况符合环境质量标准要求。

4.5 鼓励有条件的企业执行附录A的推荐性排放限值。

5 污染物监测要求

5.1 企业应按照有关法律和《环境监测管理办法》等规定,建立企业监测制度,制定监测方案,对污染物排放状况及其对周边环境质量的影响开展自行监测,保存原始监测记录,并公布监测结果。

5.2 新建企业和现有企业安装污染物排放自动监控设备的要求,按有关法律和《污染源自动监控管理办法》的规定执行。

5.3 企业应按照环境监测管理规定和技术规范的要求,设计、建设、维护永久性采样口、采样测试平台和排污口标志。

5.4 对企业排放废气的采样,应根据监测污染物的种类,在规定的污染物排放监控位置进行,有废气处理设施的,应在该设施后监测。排气筒中大气污染物的监测采样按 GB/T 16157、HJ/T 397 或 HJ/T 75 规定执行;大气污染物无组织排放的监测按 HJ/T 55 规定执行。

5.5 对大气污染物排放浓度的测定采用表4所列的方法标准。

表4 大气污染物浓度测定方法标准

序号	污染物项目	方法标准名称	方法标准编号
1	颗粒物	固定污染源排气中颗粒物测定与气态污染物采样方法	GB/T 16157
		环境空气 总悬浮颗粒物的测定 重量法	GB/T 15432
2	二氧化硫	固定污染源排气中二氧化硫的测定 碘量法	HJ/T 56
		固定污染源排气中二氧化硫的测定 定电位电解法	HJ/T 57
		固定污染源废气 二氧化硫的测定 非分散红外吸收法	HJ 629
3	氮氧化物	固定污染源排气中氮氧化物的测定 紫外分光光度法	HJ/T 42
		固定污染源排气中氮氧化物的测定 盐酸萘乙二胺分光光度法	HJ/T 43
		固定污染源废气 氮氧化物的测定 定电位电解法	HJ 693
		固定污染源排气 氮氧化物的测定 酸碱滴定法	HJ 675
		固定污染源废气 氮氧化物的测定 非分散红外吸收法	HJ 692
4	氟化物	大气固定污染源 氟化物的测定 离子选择电极法	HJ/T 67
5	汞及其化合物	固定污染源废气 汞的测定 冷原子吸收分光光度法(暂行)	HJ 543
6	氨	环境空气和废气 氨的测定 纳氏试剂分光光度法	HJ 533
		环境空气 氨的测定 次氯酸钠-水杨酸分光光度法	HJ 534

6 实施与监督

6.1 本标准由县级以上人民政府环境保护行政主管部门负责监督实施。

6.2 在任何情况下,水泥工业企业均应遵守本标准规定的大气污染物排放控制要求,采取必要措施保证污染防治设施正常运行。各级环保部门在对企业进行监督性检查时,可以现场即时采样或监测的结果,作为判定排污行为是否符合排放标准以及实施相关环境保护管理措施的依据。

附录 A/T 水泥行业鼓励性排放推荐限值(略)

重庆市大气污染物综合排放标准（节录）

DB 50/418—2016

（2016年1月22日发布　2016年2月1日实施）

本标准由重庆市环境保护局提出并归口。
本标准主要起草单位：重庆市环境科学研究院。

（按原标准编号节录）

3　术语和定义

下列术语和定义适用于本标准。

3.1　标准状态 standard condition

指烟气在温度为273K，压力为101 325Pa时的状态，简称"标态"。本标准规定的各项标准值，均以标准状态下的干空气为基准。

3.2　最高允许排放浓度 maximum approval emission concentration

指处理设施后排气筒中污染物任何1小时浓度平均值不得超过的限值；或指无处理设施排气筒中污染物任何1小时浓度平均值不得超过的限值。

3.3　最高允许排放速率 maximum approval emission rate

指一定高度的排气筒任何1小时排放污染物的质量不得超过的限值。

3.4　无组织排放 fugitive emission

指大气污染物不经过排气筒的无规则排放。

低矮排气筒的排放属有组织排放，但在一定条件下也可造成与无组织排放相同的后果。因此，在执行"无组织排放监控浓度限值"指标时，由低矮排气筒造成的监控点污染物浓度增加不予扣除。

3.5　无组织排放监控点 fugitive emission monitoring site

为判别无组织排放是否超过标准而设立的监测点。

3.6　无组织排放监控浓度限值 concentration limit of fugitive emission monitoring point

指标准状态下，监控点的污染物浓度在任何1小时的平均值不得超过的值。

3.7　主城区 urban area

主城区对应都市功能核心区和都市功能拓展区，包括：渝中区、大渡口区、江北区、南岸区、沙坪坝区、九龙坡区、北碚区、渝北区、巴南区九个行政区。

3.8　影响区 affecting area

指大气扩散对重庆市主城区有直接影响或影响较大的区域，包括江津区、璧山区和合川区行政区域。

3.9 其他区域 other area

重庆市行政区划内除去主城区、影响区外的行政区域(含行政区域范围内的各类开发区)。

3.10 重点区域 key area

根据环境保护工作的要求,在国土开发密度较高,环境承载能力开始减弱,或大气环境容量较小、生态环境脆弱,容易发生严重大气环境污染问题而需要严格控制大气污染物排放的区域。

3.11 周边建筑物 surrounding building

企业排气筒建设之前已经存在的有人类活动的建筑物。建筑物的高度考虑地势高差,当排气筒(及其主体建筑)所在水平面与评价范围内的建筑物所在水平面的地势高差大于排气筒高度和其最大烟气抬升高度之和时,可不视此建筑为周边建筑物。

4 污染物排放控制要求

4.1 自本标准实施之日起,新建及环境影响评价已通过评审的污染源的有组织排放应达到表1的规定。

4.2 污染源的无组织排放应从严控制,一般情况下不应有无组织排放存在,无法避免的无组织排放应达到表1规定的限值。

4.3 影响区、其他区域中的重点区域可以参照主城区标准执行。

表1 大气污染物排放限值

序号	污染物项目		大气污染物最高允许排放浓度 (mg/m^3)	与排气筒高度对应的大气污染物最高允许排放速率(kg/h)					无组织排放监控点浓度限值 (mg/m^3)
				15m	20m	30m	40m	50m	
无机气态污染物									
1	二氧化硫	主城区	200	0.7	1.5	3.6	6.5	10.7	0.40
		影响区	$400^a/300^b$	1.4	2.9	7	12.6	20.7	
		其他区域	$960^a/550^b$	2.6	4.3	15	25	39	
2	氮氧化物	主城区	200	0.3	0.5	1.2	2.2	3.7	0.12
		影响区	$300^c/240^d$	0.5	1	2.4	4.3	7.1	
		其他区域	$1400^c/240^d$	0.77	1.3	4.4	7.5	12	
3	氯化氢		100	0.26	0.43	1.4	2.6	3.8	0.2
4	铬酸雾		0.07	0.008	0.013	0.043	0.076	0.12	0.006
5	硫酸雾		430(火炸药厂) 45(其他)	1.5	2.6	8.8	15	23	1.2

(续表)

序号	污染物项目	大气污染物最高允许排放浓度（mg/m³）	与排气筒高度对应的大气污染物最高允许排放速率(kg/h)					无组织排放监控点浓度限值（mg/m³）
			15m	20m	30m	40m	50m	
6	氟化物	90（普钙工业）9（其他）	0.1	0.17	0.59	1	1.5	0.02
7	氯气	65	—	—	0.87	2.9	5	0.4
8	铅及其化合物	0.7	0.004	0.006	0.027	0.047	0.072	0.006
9	汞及其化合物	0.012	1.5×10^{-3}	2.6×10^{-3}	7.8×10^{-3}	15×10^{-3}	23×10^{-3}	0.0012
10	镉及其化合物	0.85	0.05	0.09	0.29	0.5	0.77	0.04
11	铍及其化合物	0.012	1.1×10^{-3}	1.8×10^{-3}	6.2×10^{-3}	11×10^{-3}	16×10^{-3}	0.0008
12	镍及其化合物	4.3	0.15	0.26	0.88	1.5	2.3	0.04
13	锡及其化合物	8.5	0.31	0.52	1.8	3	4.6	0.2
有机气态污染物								
14	苯	6	0.5	0.9	2.9	5.6	8.8	0.4
15	甲苯	40	3.1	5.2	18	30	46.9	2.4
16	二甲苯	70	1.0	1.7	5.9	10	15.6	1.2
17	酚类	100	0.1	0.17	0.58	1	1.5	0.08
18	甲醛	25	0.26	0.43	1.4	2.6	3.8	0.2
19	乙醛	125	0.05	0.09	0.29	0.5	0.77	0.04
20	丙烯腈	22	0.77	1.3	4.4	7.5	12	0.6
21	丙烯醛	16	0.52	0.87	2.9	5	7.7	0.4
22	氰化氢	1.9	—	—	0.26	0.88	1.5	0.024
23	甲醇	190	5.1	8.6	29	50	77	12
24	苯胺类	20	0.52	0.87	2.9	5	7.7	0.4
25	氯苯类	60	0.52	0.87	2.5	4.3	6.6	0.4
26	硝基苯	16	0.05	0.09	0.29	0.5	0.77	0.04
27	氯乙烯	36	0.77	1.3	4.4	7.5	12	0.6
28	苯并芘	0.30×10^{-3}（沥青及碳素制品生产和加工）	0.050×10^{-3}	0.085×10^{-3}	0.29×10^{-3}	0.50×10^{-3}	0.770×10^{-3}	0.008（μg/m³）

(续表)

序号	污染物项目		大气污染物最高允许排放浓度（mg/m³）	与排气筒高度对应的大气污染物最高允许排放速率（kg/h）					无组织排放监控点浓度限值（mg/m³）
				15m	20m	30m	40m	50m	
29	光气		3	—	—	0.17	0.59	1	0.08
30	非甲烷总烃		120（使用溶剂汽油或其他混合烃类物质）	10	17	53	100	156	4.0
颗粒物									
31	炭黑尘、染料尘	主城区	10	0.3	0.4	1.9	3.2	5.1	肉眼不可见
		影响区	18	0.51	0.85	3.4	5.8	9.1	
		其他区域							
32	玻璃棉尘、石英粉尘、矿渣棉尘	主城区	20	0.8	1.6	3.9	7	11.6	1.0
		影响区	60	1.5	3.1	7.6	13.7	22.5	
		其他区域	60	1.9	3.1	12	21	32.8	
33	其他颗粒物	主城区	50	0.8	1.6	3.9	7	11.6	1.0
		影响区	100	1.5	3.2	7.6	13.7	22.5	
		其他区域	120	3.5	5.9	23	39	60	
其他									
34	沥青烟		140(吹制沥青)/40(熔炼、浸涂)/75（建筑搅拌）	0.18	0.3	1.3	2.3	3.6	生产设备不得有明显的无组织排放存在
35	石棉尘		1根纤维/cm³或10mg/m³	0.55	0.93	3.6	6.2	9.4	生产设备不得有明显的无组织排放存在

注：a 适用于除以硫磺、硫铁矿和石膏为原料生产硫酸以外的硫酸生产企业和其他二氧化硫和含硫化合物的生产企业；
　　b 适用于使用硫、二氧化硫、硫酸和其他含硫化合物的企业；
　　c 适用于氨氧法之外的硝酸和硝酸盐生产、氮肥生产和火炸药生产企业；
　　d 适用于硝酸使用及其他工业企业。

4.4 任何一个工艺废气排气筒必须同时遵守最高允许排放浓度和最高允许排放速率指标,超过其中任何一项均为超标排放。

5 排气筒高度要求

5.1 排气筒高度应高出200m半径范围内周边建筑物5m以上。不能达到该要求的排气筒,应按其高度对应的排放速率限值的50%执行。排气筒周围半径200m范围内存在因地势高差而不视为周边建筑物的建筑物时,排气筒高度按环境影响评价相关要求执行。

5.2 若某排气筒的高度处于本标准列出的两个值之间,其执行的最高允许排放速率以内插法计算;当某排气筒的高度大于或小于本标准列出的最大值或最小值时,以外推法计算其最高允许排放速率。内插法和外推法计算公式参考 GB 16297—1996 附录 B。

5.3 所有排气筒高度应按环境影响评价要求执行,至少不低于15m,氯气、氰化氢、光气的排气筒不得低于25m。

5.4 两个排放相同污染物(不论其是否由同一生产工艺过程产生)的排气筒,若其距离小于其几何高度之和,应合并视为一根等效排气筒。若有三根以上的近距离排气筒且排放同一种污染物时,应以前两根的等效排气筒,依次与第三、四根排气筒取等效值。三根以上排气筒计算等效高度时,应选取不同等效顺序计算的等效高度值中的最小值作为等效排气筒高度。等效排气筒的有关参数计算方法参考 GB 16297—1996 附录 A。

6 污染物监测要求

6.1 采样点位、采样频率、采样方法按照 GB 5468、GB/T 16157、HJ/T 397 相关规定执行。

6.2 污染物分析方法按国家环境保护部相关规定执行,具体见表2。

表 2 分析方法

序号	项目	测定方法	方法来源
1	二氧化硫	固定污染源排气中二氧化硫的测定 碘量法	HJ/T 56
		固定污染源排气中二氧化硫的测定 定电位电解法	HJ/T 57
		固定污染源废气 二氧化硫的测定 非分散红外吸收法	HJ 629
		环境空气 二氧化硫的测定 四氯汞盐吸收-副玫瑰苯胺分光光度法	HJ 483
		环境空气 二氧化硫的测定 甲醛吸收-副玫瑰苯胺分光光度法	HJ 482
2	氮氧化物	固定污染源排气中氮氧化物的测定 紫外分光光度法	HJ/T 42
		固定污染源排气中氮氧化物的测定 盐酸萘乙二胺分光光度法	HJ/T 43
		固定污染源废气 氮氧化物的测定 定电位电解法	HJ 693
		固定污染源废气 氮氧化物的测定 酸碱滴定法	HJ 675
		固定污染源废气 氮氧化物的测定 非分散红外吸收法	HJ 692
		环境空气氮氧化物(一氧化氮和二氧化氮)的测定 盐酸萘乙二胺分光光度法	HJ 479

(续表)

序号	项目	测定方法	方法来源
3	颗粒物	固定污染源排气中颗粒物测定与气态污染物采样方法	GB/T 16157
		环境空气 总悬浮颗粒物的测定 重量法	GB/T 15432
4	氯化氢	固定污染源排气中氯化氢的测定 硫氰酸汞分光光度法	HJ/T 27
		固定污染源废气 氯化氢的测定 硝酸银容量法(暂行)	HJ 548
		环境空气和废气 氯化氢的测定 离子色谱法(暂行)	HJ 549
5	铬酸雾	固定污染源排气中铬酸雾的测定 二苯基碳酰二肼分光光度法	HJ/T 29
6	硫酸雾	固定污染源废气 硫酸雾的测定 离子色谱法(暂行)	HJ 544
		硫酸浓缩尾气 硫酸雾的测定 铬酸钡比色法	GB 4920
7	氟化物	大气固定污染源 氟化物的测定 离子选择电极法	HJ/T 67
		环境空气 氟化物的测定 滤膜采样氟离子选择电极法	HJ 480
		环境空气 氟化物的测定 石灰滤纸采样氟离子选择电极法	HJ 481
8	氯气	固定污染源废气 氯气的测定 碘量法(暂行)	HJ 547
		固定污染源排气中氯气的测定 甲基橙 分光光度法	HJ/T 30
9	铅及其化合物	固定污染源废气 铅的测定 火焰原子吸收分光光度法	HJ 685
		环境空气 铅的测定 石墨炉原子吸收分光光度法	HJ 539
		固定污染源废气 铅的测定 火焰原子吸收分光光度法(暂行)	HJ 538
		环境空气 铅的测定 火焰原子吸收分光光度法	GB/T 15264
10	汞及其化合物	固定污染源废气 汞的测定 冷原子吸收分光光度法(暂行)	HJ 543
		环境空气 汞的测定 巯基棉富集-冷原子荧光分光光度法(暂行)	HJ 542
11	镉及其化合物	大气固定污染源 镉的测定 对-偶氮苯重氮氨基偶氮苯磺酸吸收分光光度法	HJ/T 64.3
		大气固定污染源 镉的测定 石墨炉原子吸收分光光度法	HJ/T 64.2
		大气固定污染源 镉的测定 火焰原子吸收分光光度法	HJ/T 64.1
12	铍及其化合物	固定污染源废气 铍的测定 石墨炉原子吸收分光光度法	HJ 684
13	镍及其化合物	大气固定污染源 镍的测定 丁二酮肟-正丁醇萃取分光光度法	HJ/T 63.3
		大气固定污染源 镍的测定 石墨炉原子吸收分光光度法	HJ/T 63.2
		大气固定污染源 镍的测定 火焰原子吸收分光光度法	HJ/T 63.1
14	锡及其化合物	大气固定污染源 锡的测定 石墨炉原子吸收分光光度法	HJ/T 65

(续表)

序号	项目	测定方法	方法来源
15	苯系物	环境空气 苯系物的测定 活性炭吸附/二硫化碳解吸-气相色谱法	HJ 584
		环境空气 苯系物的测定 固体吸附/热脱附-气相色谱法	HJ 583
16	酚类	环境空气 酚类化合物的测定 高效液相色谱法	HJ 638
		固定污染源排气中酚类化合物的测定 4-氨基安替比林分光光度法	HJ/T 32
17	甲醛	空气质量 甲醛的测定 乙酰丙酮分光光度法	GB/T 15516
18	乙醛	固定污染源排气中乙醛的测定 气相色谱法	HJ/T 35
19	丙烯腈	固定污染源排气中丙烯腈的测定 气相色谱法	HJ/T 37
20	丙烯醛	固定污染源排气中丙烯醛的测定 气相色谱法	HJ/T 36
21	氰化氢	固定污染源排气中氰化氢的测定 异烟酸-吡唑啉酮分光光度法	HJ/T 28
22	甲醇	固定污染源排气中甲醇的测定 气相色谱法	HJ/T 33
23	苯胺类	大气固定污染源 苯胺类的测定 气相色谱法	HJ/T 68
		空气质量 苯胺类的测定 盐酸萘乙二胺分光光度法	GB/T 15502
24	氯苯类	大气固定污染源 氯苯类化合物的测定 气相色谱法	HJ/T 66
		固定污染源排气中氯苯类的测定 气相色谱法	HJ/T 39
25	硝基苯	环境空气 硝基苯类化合物的测定 气相色谱-质谱法	HJ 739
		环境空气 硝基苯类化合物的测定 气相色谱法	HJ 738
		空气质量 硝基苯类(一硝基和二硝基化合物)的测定 锌还原-盐酸萘 乙二胺分光光度法	GB/T 15501
26	氯乙烯	固定污染源排气中氯乙烯的测定 气相色谱法	HJ/T 34
27	苯并芘	固定污染源排气中苯并[a]芘的测定 高效液相色谱法	HJ/T 40
		环境空气 苯并[a]芘的测定 高效液相色谱法	GB/T 15439
28	光气	固定污染源排气中光气的测定 苯胺紫外分光光度法	HJ/T 31
29	非甲烷总烃	固定污染源排气中非甲烷总烃的测定 气相色谱法	HJ/T 38
30	沥青烟	固定污染源排气中沥青烟的测定 重量法	HJ/T 45
31	石棉尘	固定污染源排气中石棉尘的测定 镜检法	HJ/T 41

6.3 监测工况

6.3.1 在对污染源进行监督性监测时,采样期间的工况应与当时正常运行工况相同,排污单位的人员和实施监测的人员都不应任意改变当时的运行工况。

6.3.2 建设项目环境保护设施竣工验收监测工况要求按《重庆市建设项目环境保护设施竣

工验收监测技术规范—污染型项目》进行。

6.4 排气量的测定应与排放浓度的采样监测同步进行,排气量的测定方法按 GB/T 16157 执行。

6.5 工艺废气无组织排放监测点在周界外浓度最高点。

6.6 烟气在线监测系统

6.6.1 规模以上的所有燃烧设备或工艺设备(使用单台容量≥20t/h 或额定功率≥14MW 的燃煤、燃油锅炉等)必须装设固定的烟尘、气态污染物排放浓度连续监测装置和在线流量测定装置。

6.6.2 企业安装污染物排放自动监控设备的要求,应按有关法律和《污染源自动监控管理办法》的规定执行。

6.6.3 固定污染源烟气排放连续监测系统的主要技术指标、检测项目及检测方法应按照 HJ/T 76 相关规定执行。

6.6.4 固定污染源烟气排放连续监测系统通过验收并正常运行的,应按照 HJ/T 75 和 HJ/T 76 的要求,定期对自动监测设备进行监督、考核。

6.7 企业须按照国家有关法律和法规的规定,建立企业自行监测制度,制定监测方案,对污染源排放状况以及对周围环境质量的影响实施监测,保存原始监测记录,并发布监测结果。

7 实施与监督

7.1 本标准由县级以上人民政府环境保护主管部门负责监督实施。

7.2 在任何情况下,排污单位应遵守本标准规定的大气污染物排放控制要求,采取必要措施保证污染防治设施正常运行。各级政府环境保护行政主管部门在对排污单位进行监督性检查时,可以将现场即时采样或监测的结果,作为判定排污行为是否符合排放标准以及实施相关环境保护管理措施的依据。

中篇　水生态环境损害鉴定评估相关法律法规与标准

第十二部分　水生态环境损害鉴定评估相关法律法规

中华人民共和国水法（2016年修正）

（1988年1月21日第六届全国人民代表大会常务委员会第二十四次会议通过　2002年8月29日第九届全国人民代表大会常务委员会第二十九次会议修订　根据2009年8月27日第十一届全国人民代表大会常务委员会第十次会议《关于修改部分法律的决定》第一次修正　根据2016年7月2日第十二届全国人民代表大会常务委员会第二十一次会议《关于修改〈中华人民共和国节约能源法〉等六部法律的决定》第二次修正）

目　录

第一章　总　则

第二章　水资源规划

第三章　水资源开发利用

第四章　水资源、水域和水工程的保护

第五章　水资源配置和节约使用

第六章　水事纠纷处理与执法监督检查

第七章　法律责任

第八章　附　则

第一章　总　则

第一条　为了合理开发、利用、节约和保护水资源，防治水害，实现水资源的可持续利用，适应国民经济和社会发展的需要，制定本法。

第二条　在中华人民共和国领域内开发、利用、节约、保护、管理水资源，防治水害，适用本法。

本法所称水资源，包括地表水和地下水。

第三条　水资源属于国家所有。水资源的所有权由国务院代表国家行使。农村集体经济组织的水塘和由农村集体经济组织修建管理的水库中的水，归该农村集体经济组织使用。

第四条　开发、利用、节约、保护水资源和防治水害，应当全面规划、统筹兼顾、标本兼治、综合利用、讲求效益，发挥水资源的多种功能，协调好生活、生产经营和生态环境用水。

第五条 县级以上人民政府应当加强水利基础设施建设,并将其纳入本级国民经济和社会发展计划。

第六条 国家鼓励单位和个人依法开发、利用水资源,并保护其合法权益。开发、利用水资源的单位和个人有依法保护水资源的义务。

第七条 国家对水资源依法实行取水许可制度和有偿使用制度。但是,农村集体经济组织及其成员使用本集体经济组织的水塘、水库中的水的除外。国务院水行政主管部门负责全国取水许可制度和水资源有偿使用制度的组织实施。

第八条 国家厉行节约用水,大力推行节约用水措施,推广节约用水新技术、新工艺,发展节水型工业、农业和服务业,建立节水型社会。

各级人民政府应当采取措施,加强对节约用水的管理,建立节约用水技术开发推广体系,培育和发展节约用水产业。

单位和个人有节约用水的义务。

第九条 国家保护水资源,采取有效措施,保护植被、植树种草,涵养水源,防治水土流失和水体污染,改善生态环境。

第十条 国家鼓励和支持开发、利用、节约、保护、管理水资源和防治水害的先进科学技术的研究、推广和应用。

第十一条 在开发、利用、节约、保护、管理水资源和防治水害等方面成绩显著的单位和个人,由人民政府给予奖励。

第十二条 国家对水资源实行流域管理与行政区域管理相结合的管理体制。

国务院水行政主管部门负责全国水资源的统一管理和监督工作。

国务院水行政主管部门在国家确定的重要江河、湖泊设立的流域管理机构(以下简称流域管理机构),在所管辖的范围内行使法律、行政法规规定的和国务院水行政主管部门授予的水资源管理和监督职责。

县级以上地方人民政府水行政主管部门按照规定的权限,负责本行政区域内水资源的统一管理和监督工作。

第十三条 国务院有关部门按照职责分工,负责水资源开发、利用、节约和保护的有关工作。

县级以上地方人民政府有关部门按照职责分工,负责本行政区域内水资源开发、利用、节约和保护的有关工作。

第二章 水资源规划

第十四条 国家制定全国水资源战略规划。

开发、利用、节约、保护水资源和防治水害,应当按照流域、区域统一制定规划。规划分为流域规划和区域规划。流域规划包括流域综合规划和流域专业规划;区域规划包括区域综合规划和区域专业规划。

前款所称综合规划,是指根据经济社会发展需要和水资源开发利用现状编制的开发、利用、节约、保护水资源和防治水害的总体部署。前款所称专业规划,是指防洪、治涝、灌溉、航运、供水、水力发电、竹木流放、渔业、水资源保护、水土保持、防沙治沙、节约用水等规划。

第十五条 流域范围内的区域规划应当服从流域规划,专业规划应当服从综合规划。

流域综合规划和区域综合规划以及与土地利用关系密切的专业规划,应当与国民经济和社会发展规划以及土地利用总体规划、城市总体规划和环境保护规划相协调,兼顾各地区、各行业的需要。

第十六条 制定规划,必须进行水资源综合科学考察和调查评价。水资源综合科学考察和调查评价,由县级以上人民政府水行政主管部门会同同级有关部门组织进行。

县级以上人民政府应当加强水文、水资源信息系统建设。县级以上人民政府水行政主管部门和流域管理机构应当加强对水资源的动态监测。

基本水文资料应当按照国家有关规定予以公开。

第十七条 国家确定的重要江河、湖泊的流域综合规划,由国务院水行政主管部门会同国务院有关部门和有关省、自治区、直辖市人民政府编制,报国务院批准。跨省、自治区、直辖市的其他江河、湖泊的流域综合规划和区域综合规划,由有关流域管理机构会同江河、湖泊所在地的省、自治区、直辖市人民政府水行政主管部门和有关部门编制,分别经有关省、自治区、直辖市人民政府审查提出意见后,报国务院水行政主管部门审核;国务院水行政主管部门征求国务院有关部门意见后,报国务院或者其授权的部门批准。

前款规定以外的其他江河、湖泊的流域综合规划和区域综合规划,由县级以上地方人民政府水行政主管部门会同同级有关部门和有关地方人民政府编制,报本级人民政府或者其授权的部门批准,并报上一级水行政主管部门备案。

专业规划由县级以上人民政府有关部门编制,征求同级其他有关部门意见后,报本级人民政府批准。其中,防洪规划、水土保持规划的编制、批准,依照防洪法、水土保持法的有关规定执行。

第十八条 规划一经批准,必须严格执行。

经批准的规划需要修改时,必须按照规划编制程序经原批准机关批准。

第十九条 建设水工程,必须符合流域综合规划。在国家确定的重要江河、湖泊和跨省、自治区、直辖市的江河、湖泊上建设水工程,未取得有关流域管理机构签署的符合流域综合规划要求的规划同意书的,建设单位不得开工建设;在其他江河、湖泊上建设水工程,未取得县级以上地方人民政府水行政主管部门按照管理权限签署的符合流域综合规划要求的规划同意书的,建设单位不得开工建设。水工程建设涉及防洪的,依照防洪法的有关规定执行;涉及其他地区和行业的,建设单位应当事先征求有关地区和部门的意见。

第三章 水资源开发利用

第二十条 开发、利用水资源,应当坚持兴利与除害相结合,兼顾上下游、左右岸和有关地区之间的利益,充分发挥水资源的综合效益,并服从防洪的总体安排。

第二十一条 开发、利用水资源,应当首先满足城乡居民生活用水,并兼顾农业、工业、生态环境用水以及航运等需要。

在干旱和半干旱地区开发、利用水资源,应当充分考虑生态环境用水需要。

第二十二条 跨流域调水,应当进行全面规划和科学论证,统筹兼顾调出和调入流域的用水需要,防止对生态环境造成破坏。

第二十三条 地方各级人民政府应当结合本地区水资源的实际情况,按照地表水与地下水统一调度开发、开源与节流相结合、节流优先和污水处理再利用的原则,合理组织开发、综合利用水资源。

国民经济和社会发展规划以及城市总体规划的编制、重大建设项目的布局,应当与当地水资源条件和防洪要求相适应,并进行科学论证;在水资源不足的地区,应当对城市规模和建设耗水量大的工业、农业和服务业项目加以限制。

第二十四条 在水资源短缺的地区,国家鼓励对雨水和微咸水的收集、开发、利用和对海水的利用、淡化。

第二十五条 地方各级人民政府应当加强对灌溉、排涝、水土保持工作的领导,促进农业生产发展;在容易发生盐碱化和渍害的地区,应当采取措施,控制和降低地下水的水位。

农村集体经济组织或者其成员依法在本集体经济组织所有的集体土地或者承包土地上投资兴建水工程设施的,按照谁投资建设谁管理和谁受益的原则,对水工程设施及其蓄水进行管理和合理使用。

农村集体经济组织修建水库应当经县级以上地方人民政府水行政主管部门批准。

第二十六条 国家鼓励开发、利用水能资源。在水能丰富的河流,应当有计划地进行多目标梯级开发。

建设水力发电站,应当保护生态环境,兼顾防洪、供水、灌溉、航运、竹木流放和渔业等方面的需要。

第二十七条 国家鼓励开发、利用水运资源。在水生生物洄游通道、通航或者竹木流放的河流上修建永久性拦河闸坝,建设单位应当同时修建过鱼、过船、过木设施,或者经国务院授权的部门批准采取其他补救措施,并妥善安排施工和蓄水期间的水生生物保护、航运和竹木流放,所需费用由建设单位承担。

在不通航的河流或者人工水道上修建闸坝后可以通航的,闸坝建设单位应当同时修建过船设施或者预留过船设施位置。

第二十八条 任何单位和个人引水、截(蓄)水、排水,不得损害公共利益和他人的合法权益。

第二十九条 国家对水工程建设移民实行开发性移民的方针,按照前期补偿、补助与后期扶持相结合的原则,妥善安排移民的生产和生活,保护移民的合法权益。

移民安置应当与工程建设同步进行。建设单位应当根据安置地区的环境容量和可持续发展的原则,因地制宜,编制移民安置规划,经依法批准后,由有关地方人民政府组织实施。所需移民经费列入工程建设投资计划。

第四章 水资源、水域和水工程的保护

第三十条 县级以上人民政府水行政主管部门、流域管理机构以及其他有关部门在制定水资源开发、利用规划和调度水资源时,应当注意维持江河的合理流量和湖泊、水库以及地下水的合理水位,维护水体的自然净化能力。

第三十一条 从事水资源开发、利用、节约、保护和防治水害等水事活动,应当遵守经批准的规划;因违反规划造成江河和湖泊水域使用功能降低、地下水超采、地面沉降、水体污染的,应当承担治理责任。

开采矿藏或者建设地下工程,因疏干排水导致地下水水位下降、水源枯竭或者地面塌陷,采矿单位或者建设单位应当采取补救措施;对他人生活和生产造成损失的,依法给予补偿。

第三十二条 国务院水行政主管部门会同国务院环境保护行政主管部门、有关部门和有关省、自治区、直辖市人民政府,按照流域综合规划、水资源保护规划和经济社会发展要求,拟定国家确定的重要江河、湖泊的水功能区划,报国务院批准。跨省、自治区、直辖市的其他江河、湖泊的水功能区划,由有关流域管理机构会同江河、湖泊所在地的省、自治区、直辖市人民政府水行政主管部门、环境保护行政主管部门和其他有关部门拟定,分别经有关省、自治区、直辖市人民政府审查提出意见后,由国务院水行政主管部门会同国务院环境保护行政主管部门审核,报国务院或者其授权的部门批准。

前款规定以外的其他江河、湖泊的水功能区划,由县级以上地方人民政府水行政主管部门会同同级人民政府环境保护行政主管部门和有关部门拟定,报同级人民政府或者其授权的部门批准,并报上一级水行政主管部门和环境保护行政主管部门备案。

县级以上人民政府水行政主管部门或者流域管理机构应当按照水功能区对水质的要求和水体的自然净化能力,核定该水域的纳污能力,向环境保护行政主管部门提出该水域的限制排污总量意见。

县级以上地方人民政府水行政主管部门和流域管理机构应当对水功能区的水质状况进行监测,发现重点污染物排放总量超过控制指标的,或者水功能区的水质未达到水域使用功能对水质的要求的,应当及时报告有关人民政府采取治理措施,并向环境保护行政主管部门通报。

第三十三条 国家建立饮用水水源保护区制度。省、自治区、直辖市人民政府应当划定饮用水水源保护区,并采取措施,防止水源枯竭和水体污染,保证城乡居民饮用水安全。

第三十四条 禁止在饮用水水源保护区内设置排污口。

在江河、湖泊新建、改建或者扩大排污口,应当经过有管辖权的水行政主管部门或者流域管理机构同意,由环境保护行政主管部门负责对该建设项目的环境影响报告书进行审批。

第三十五条 从事工程建设,占用农业灌溉水源、灌排工程设施,或者对原有灌溉用水、供水水源有不利影响的,建设单位应当采取相应的补救措施;造成损失的,依法给予补偿。

第三十六条 在地下水超采地区,县级以上地方人民政府应当采取措施,严格控制开采地下水。在地下水严重超采地区,经省、自治区、直辖市人民政府批准,可以划定地下水禁止开采或者限制开采区。在沿海地区开采地下水,应当经过科学论证,并采取措施,防止地面沉降和海水入侵。

第三十七条 禁止在江河、湖泊、水库、运河、渠道内弃置、堆放阻碍行洪的物体和种植阻碍行洪的林木及高秆作物。

禁止在河道管理范围内建设妨碍行洪的建筑物、构筑物以及从事影响河势稳定、危害河岸堤防安全和其他妨碍河道行洪的活动。

第三十八条 在河道管理范围内建设桥梁、码头和其他拦河、跨河、临河建筑物、构筑物,铺设跨河管道、电缆,应当符合国家规定的防洪标准和其他有关的技术要求,工程建设方案应当依照防洪法的有关规定报经有关水行政主管部门审查同意。

因建设前款工程设施,需要扩建、改建、拆除或者损坏原有水工程设施的,建设单位应当负担扩建、改建的费用和损失补偿。但是,原有工程设施属于违法工程的除外。

第三十九条 国家实行河道采砂许可制度。河道采砂许可制度实施办法,由国务院规定。

在河道管理范围内采砂,影响河势稳定或者危及堤防安全的,有关县级以上人民政府水行政主管部门应当划定禁采区和规定禁采期,并予以公告。

第四十条 禁止围湖造地。已经围垦的,应当按照国家规定的防洪标准有计划地退地还湖。

禁止围垦河道。确需围垦的,应当经过科学论证,经省、自治区、直辖市人民政府水行政主管部门或者国务院水行政主管部门同意后,报本级人民政府批准。

第四十一条 单位和个人有保护水工程的义务,不得侵占、毁坏堤防、护岸、防汛、水文监测、水文地质监测等工程设施。

第四十二条 县级以上地方人民政府应当采取措施,保障本行政区域内水工程,特别是水坝和堤防的安全,限期消除险情。水行政主管部门应当加强对水工程安全的监督管理。

第四十三条 国家对水工程实施保护。国家所有的水工程应当按照国务院的规定划定工程管理和保护范围。

国务院水行政主管部门或者流域管理机构管理的水工程,由主管部门或者流域管理机构商有关省、自治区、直辖市人民政府划定工程管理和保护范围。

前款规定以外的其他水工程,应当按照省、自治区、直辖市人民政府的规定,划定工程保护范围和保护职责。

在水工程保护范围内,禁止从事影响水工程运行和危害水工程安全的爆破、打井、采石、取土等活动。

第五章 水资源配置和节约使用

第四十四条 国务院发展计划主管部门和国务院水行政主管部门负责全国水资源的宏观调配。全国的和跨省、自治区、直辖市的水中长期供求规划,由国务院水行政主管部门会同有关部门制订,经国务院发展计划主管部门审查批准后执行。地方的水中长期供求规划,由县级以上地方人民政府水行政主管部门会同同级有关部门依据上一级水中长期供求规划和本地区的实际情况制订,经本级人民政府发展计划主管部门审查批准后执行。

水中长期供求规划应当依据水的供求现状、国民经济和社会发展规划、流域规划、区域规划,按照水资源供需协调、综合平衡、保护生态、厉行节约、合理开源的原则制定。

第四十五条 调蓄径流和分配水量,应当依据流域规划和水中长期供求规划,以流域为单元制定水量分配方案。

跨省、自治区、直辖市的水量分配方案和旱情紧急情况下的水量调度预案,由流域管理机构商有关省、自治区、直辖市人民政府制订,报国务院或者其授权的部门批准后执行。其他跨行政区域的水量分配方案和旱情紧急情况下的水量调度预案,由共同的上一级人民政府水行政主管部门商有关地方人民政府制订,报本级人民政府批准后执行。

水量分配方案和旱情紧急情况下的水量调度预案经批准后,有关地方人民政府必须执行。

在不同行政区域之间的边界河流上建设水资源开发、利用项目,应当符合该流域经批准的水量分配方案,由有关县级以上地方人民政府报共同的上一级人民政府水行政主管部门或者有关流域管理机构批准。

第四十六条 县级以上地方人民政府水行政主管部门或者流域管理机构应当根据批准的水量分配方案和年度预测来水量,制定年度水量分配方案和调度计划,实施水量统一调度;有关地方人民政府必须服从。

国家确定的重要江河、湖泊的年度水量分配方案,应当纳入国家的国民经济和社会发展年度计划。

第四十七条 国家对用水实行总量控制和定额管理相结合的制度。

省、自治区、直辖市人民政府有关行业主管部门应当制订本行政区域内行业用水定额,报同级水行政主管部门和质量监督检验行政主管部门审核同意后,由省、自治区、直辖市人民政府公布,并报国务院水行政主管部门和国务院质量监督检验行政主管部门备案。

县级以上地方人民政府发展计划主管部门会同同级水行政主管部门,根据用水定额、经济技术条件以及水量分配方案确定的可供本行政区域使用的水量,制定年度用水计划,对本行政区域内的年度用水实行总量控制。

第四十八条 直接从江河、湖泊或者地下取用水资源的单位和个人,应当按照国家取水许可制度和水资源有偿使用制度的规定,向水行政主管部门或者流域管理机构申请领取取水许可证,并缴纳水资源费,取得取水权。但是,家庭生活和零星散养、圈养畜禽饮用等少量取水的除外。

实施取水许可制度和征收管理水资源费的具体办法,由国务院规定。

第四十九条 用水应当计量,并按照批准的用水计划用水。

用水实行计量收费和超定额累进加价制度。

第五十条 各级人民政府应当推行节水灌溉方式和节水技术,对农业蓄水、输水工程采取必要的防渗漏措施,提高农业用水效率。

第五十一条 工业用水应当采用先进技术、工艺和设备,增加循环用水次数,提高水的重复利用率。

国家逐步淘汰落后的、耗水量高的工艺、设备和产品,具体名录由国务院经济综合主管部门会同国务院水行政主管部门和有关部门制定并公布。生产者、销售者或者生产经营中的使用者应当在规定的时间内停止生产、销售或者使用列入名录的工艺、设备和产品。

第五十二条 城市人民政府应当因地制宜采取有效措施,推广节水型生活用水器具,降低城市供水管网漏失率,提高生活用水效率;加强城市污水集中处理,鼓励使用再生水,提高污水再生利用率。

第五十三条 新建、扩建、改建建设项目,应当制订节水措施方案,配套建设节水设施。节水设施应当与主体工程同时设计、同时施工、同时投产。

供水企业和自建供水设施的单位应当加强供水设施的维护管理,减少水的漏失。

第五十四条 各级人民政府应当积极采取措施,改善城乡居民的饮用水条件。

第五十五条 使用水工程供应的水,应当按照国家规定向供水单位缴纳水费。供水价格应当按照补偿成本、合理收益、优质优价、公平负担的原则确定。具体办法由省级以上人民政府价格主管部门会同同级水行政主管部门或者其他供水行政主管部门依据职权制定。

第六章 水事纠纷处理与执法监督检查

第五十六条 不同行政区域之间发生水事纠纷的,应当协商处理;协商不成的,由上一级人民政府裁决,有关各方必须遵照执行。在水事纠纷解决前,未经各方达成协议或者共同的上一级人民政府批准,在行政区域交界线两侧一定范围内,任何一方不得修建排水、阻水、取水和截(蓄)水工程,不得单方面改变水的现状。

第五十七条 单位之间、个人之间、单位与个人之间发生的水事纠纷,应当协商解决;当事人不愿协商或者协商不成的,可以申请县级以上地方人民政府或者其授权的部门调解,也可以直接向人民法院提起民事诉讼。县级以上地方人民政府或者其授权的部门调解不成的,当事人可以向人民法院提起民事诉讼。

在水事纠纷解决前,当事人不得单方面改变现状。

第五十八条 县级以上人民政府或者其授权的部门在处理水事纠纷时,有权采取临时处置措施,有关各方或者当事人必须服从。

第五十九条 县级以上人民政府水行政主管部门和流域管理机构应当对违反本法的行为加强监督检查并依法进行查处。

水政监督检查人员应当忠于职守,秉公执法。

第六十条 县级以上人民政府水行政主管部门、流域管理机构及其水政监督检查人员履行本法规定的监督检查职责时,有权采取下列措施:

(一)要求被检查单位提供有关文件、证照、资料;
(二)要求被检查单位就执行本法的有关问题作出说明;
(三)进入被检查单位的生产场所进行调查;
(四)责令被检查单位停止违反本法的行为,履行法定义务。

第六十一条 有关单位或者个人对水政监督检查人员的监督检查工作应当给予配合,不得拒绝或者阻碍水政监督检查人员依法执行职务。

第六十二条 水政监督检查人员在履行监督检查职责时,应当向被检查单位或者个人出示执法证件。

第六十三条 县级以上人民政府或者上级水行政主管部门发现本级或者下级水行政主管部门在监督检查工作中有违法或者失职行为的,应当责令其限期改正。

第七章 法律责任

第六十四条 水行政主管部门或者其他有关部门以及水工程管理单位及其工作人员,利用职务上的便利收取他人财物、其他好处或者玩忽职守,对不符合法定条件的单位或者个人核发许可证、签署审查同意意见,不按照水量分配方案分配水量,不按照国家有关规定收取水资源费,不履行监督职责,或者发现违法行为不予查处,造成严重后果,构成犯罪的,对负有责任的主管人员和其他直接责任人员依照刑法的有关规定追究刑事责任;尚不够刑事处罚的,依法给予行政处分。

第六十五条 在河道管理范围内建设妨碍行洪的建筑物、构筑物,或者从事影响河势稳定、危害河岸堤防安全和其他妨碍河道行洪的活动的,由县级以上人民政府水行政主管部门或者流域管理机构依据职权,责令停止违法行为,限期拆除违法建筑物、构筑物,恢复原状;逾期不拆除、不恢复原状的,强行拆除,所需费用由违法单位或者个人负担,并处一万元以上十万元以下的罚款。

未经水行政主管部门或者流域管理机构同意,擅自修建水工程,或者建设桥梁、码头和其他拦河、跨河、临河建筑物、构筑物,铺设跨河管道、电缆,且防洪法未作规定的,由县级以上人民政府水行政主管部门或者流域管理机构依据职权,责令停止违法行为,限期补办有关手续;逾期不补办或者补办未被批准的,责令限期拆除违法建筑物、构筑物;逾期不拆除的,强行拆除,所需费用由违法单位或者个人负担,并处一万元以上十万元以下的罚款。

虽经水行政主管部门或者流域管理机构同意，但未按照要求修建前款所列工程设施的，由县级以上人民政府水行政主管部门或者流域管理机构依据职权，责令限期改正，按照情节轻重，处一万元以上十万元以下的罚款。

第六十六条 有下列行为之一，且防洪法未作规定的，由县级以上人民政府水行政主管部门或者流域管理机构依据职权，责令停止违法行为，限期清除障碍或者采取其他补救措施，处一万元以上五万元以下的罚款：

（一）在江河、湖泊、水库、运河、渠道内弃置、堆放阻碍行洪的物体和种植阻碍行洪的林木及高秆作物的；

（二）围湖造地或者未经批准围垦河道的。

第六十七条 在饮用水水源保护区内设置排污口的，由县级以上地方人民政府责令限期拆除、恢复原状；逾期不拆除、不恢复原状的，强行拆除、恢复原状，并处五万元以上十万元以下的罚款。

未经水行政主管部门或者流域管理机构审查同意，擅自在江河、湖泊新建、改建或者扩大排污口的，由县级以上人民政府水行政主管部门或者流域管理机构依据职权，责令停止违法行为，限期恢复原状，处五万元以上十万元以下的罚款。

第六十八条 生产、销售或者在生产经营中使用国家明令淘汰的落后的、耗水量高的工艺、设备和产品的，由县级以上地方人民政府经济综合主管部门责令停止生产、销售或者使用，处二万元以上十万元以下的罚款。

第六十九条 有下列行为之一的，由县级以上人民政府水行政主管部门或者流域管理机构依据职权，责令停止违法行为，限期采取补救措施，处二万元以上十万元以下的罚款；情节严重的，吊销其取水许可证：

（一）未经批准擅自取水的；

（二）未依照批准的取水许可规定条件取水的。

第七十条 拒不缴纳、拖延缴纳或者拖欠水资源费的，由县级以上人民政府水行政主管部门或者流域管理机构依据职权，责令限期缴纳；逾期不缴纳的，从滞纳之日起按日加收滞纳部分千分之二的滞纳金，并处应缴或者补缴水资源费一倍以上五倍以下的罚款。

第七十一条 建设项目的节水设施没有建成或者没有达到国家规定的要求，擅自投入使用的，由县级以上人民政府有关部门或者流域管理机构依据职权，责令停止使用，限期改正，处五万元以上十万元以下的罚款。

第七十二条 有下列行为之一，构成犯罪的，依照刑法的有关规定追究刑事责任；尚不够刑事处罚，且防洪法未作规定的，由县级以上地方人民政府水行政主管部门或者流域管理机构依据职权，责令停止违法行为，采取补救措施，处一万元以上五万元以下的罚款；违反治安管理处罚法的，由公安机关依法给予治安管理处罚；给他人造成损失的，依法承担赔偿责任：

（一）侵占、毁坏水工程及堤防、护岸等有关设施，毁坏防汛、水文监测、水文地质监测设施的；

（二）在水工程保护范围内，从事影响水工程运行和危害水工程安全的爆破、打井、采石、取土等活动的。

第七十三条 侵占、盗窃或者抢夺防汛物资，防洪排涝、农田水利、水文监测和测量以及其他水工程设备和器材，贪污或者挪用国家救灾、抢险、防汛、移民安置和补偿及其他水利建设款物，构成犯罪的,依照刑法的有关规定追究刑事责任。

第七十四条 在水事纠纷发生及其处理过程中煽动闹事、结伙斗殴、抢夺或者损坏公私财物、非法限制他人人身自由,构成犯罪的,依照刑法的有关规定追究刑事责任;尚不够刑事处罚的,由公安机关依法给予治安管理处罚。

第七十五条 不同行政区域之间发生水事纠纷,有下列行为之一的,对负有责任的主管人员和其他直接责任人员依法给予行政处分:

(一)拒不执行水量分配方案和水量调度预案的;

(二)拒不服从水量统一调度的;

(三)拒不执行上一级人民政府的裁决的;

(四)在水事纠纷解决前,未经各方达成协议或者上一级人民政府批准,单方面违反本法规定改变水的现状的。

第七十六条 引水、截(蓄)水、排水,损害公共利益或者他人合法权益的,依法承担民事责任。

第七十七条 对违反本法第三十九条有关河道采砂许可制度规定的行政处罚,由国务院规定。

第八章 附 则

第七十八条 中华人民共和国缔结或者参加的与国际或者国境边界河流、湖泊有关的国际条约、协定与中华人民共和国法律有不同规定的,适用国际条约、协定的规定。但是,中华人民共和国声明保留的条款除外。

第七十九条 本法所称水工程,是指在江河、湖泊和地下水源上开发、利用、控制、调配和保护水资源的各类工程。

第八十条 海水的开发、利用、保护和管理,依照有关法律的规定执行。

第八十一条 从事防洪活动,依照防洪法的规定执行。

水污染防治,依照水污染防治法的规定执行。

第八十二条 本法自 2002 年 10 月 1 日起施行。

中华人民共和国水污染防治法（2017年修正）

（1984年5月11日第六届全国人民代表大会常务委员会第五次会议通过 根据1996年5月15日第八届全国人民代表大会常务委员会第十九次会议《关于修改〈中华人民共和国水污染防治法〉的决定》第一次修正 2008年2月28日第十届全国人民代表大会常务委员会第三十二次会议修订 根据2017年6月27日第十二届全国人民代表大会常务委员会第二十八次会议《关于修改〈中华人民共和国水污染防治法〉的决定》第二次修正）

目 录

第一章 总则

第二章 水污染防治的标准和规划

第三章 水污染防治的监督管理

第四章 水污染防治措施

　第一节 一般规定

　第二节 工业水污染防治

　第三节 城镇水污染防治

　第四节 农业和农村水污染防治

　第五节 船舶水污染防治

第五章 饮用水水源和其他特殊水体保护

第六章 水污染事故处置

第七章 法律责任

第八章 附则

第一章 总 则

第一条 为了保护和改善环境，防治水污染，保护水生态，保障饮用水安全，维护公众健康，推进生态文明建设，促进经济社会可持续发展，制定本法。

第二条 本法适用于中华人民共和国领域内的江河、湖泊、运河、渠道、水库等地表水体以及地下水体的污染防治。

海洋污染防治适用《中华人民共和国海洋环境保护法》。

第三条 水污染防治应当坚持预防为主、防治结合、综合治理的原则，优先保护饮用水水源，严格控制工业污染、城镇生活污染，防治农业面源污染，积极推进生态治理工程建设，预防、控制和减少水环境污染和生态破坏。

第四条 县级以上人民政府应当将水环境保护工作纳入国民经济和社会发展规划。

地方各级人民政府对本行政区域的水环境质量负责,应当及时采取措施防治水污染。

第五条 省、市、县、乡建立河长制,分级分段组织领导本行政区域内江河、湖泊的水资源保护、水域岸线管理、水污染防治、水环境治理等工作。

第六条 国家实行水环境保护目标责任制和考核评价制度,将水环境保护目标完成情况作为对地方人民政府及其负责人考核评价的内容。

第七条 国家鼓励、支持水污染防治的科学技术研究和先进适用技术的推广应用,加强水环境保护的宣传教育。

第八条 国家通过财政转移支付等方式,建立健全对位于饮用水水源保护区区域和江河、湖泊、水库上游地区的水环境生态保护补偿机制。

第九条 县级以上人民政府环境保护主管部门对水污染防治实施统一监督管理。

交通主管部门的海事管理机构对船舶污染水域的防治实施监督管理。

县级以上人民政府水行政、国土资源、卫生、建设、农业、渔业等部门以及重要江河、湖泊的流域水资源保护机构,在各自的职责范围内,对有关水污染防治实施监督管理。

第十条 排放水污染物,不得超过国家或者地方规定的水污染物排放标准和重点水污染物排放总量控制指标。

第十一条 任何单位和个人都有义务保护水环境,并有权对污染损害水环境的行为进行检举。

县级以上人民政府及其有关主管部门对在水污染防治工作中做出显著成绩的单位和个人给予表彰和奖励。

第二章 水污染防治的标准和规划

第十二条 国务院环境保护主管部门制定国家水环境质量标准。

省、自治区、直辖市人民政府可以对国家水环境质量标准中未作规定的项目,制定地方标准,并报国务院环境保护主管部门备案。

第十三条 国务院环境保护主管部门会同国务院水行政主管部门和有关省、自治区、直辖市人民政府,可以根据国家确定的重要江河、湖泊流域水体的使用功能以及有关地区的经济、技术条件,确定该重要江河、湖泊流域的省界水体适用的水环境质量标准,报国务院批准后施行。

第十四条 国务院环境保护主管部门根据国家水环境质量标准和国家经济、技术条件,制定国家水污染物排放标准。

省、自治区、直辖市人民政府对国家水污染物排放标准中未作规定的项目,可以制定地方水污染物排放标准;对国家水污染物排放标准中已作规定的项目,可以制定严于国家水污染物排放标准的地方水污染物排放标准。地方水污染物排放标准须报国务院环境保护主管部门备案。

向已有地方水污染物排放标准的水体排放污染物的,应当执行地方水污染物排放标准。

第十五条 国务院环境保护主管部门和省、自治区、直辖市人民政府,应当根据水污染防治的要求和国家或者地方的经济、技术条件,适时修订水环境质量标准和水污染物排放标准。

第十六条 防治水污染应当按流域或者按区域进行统一规划。国家确定的重要江河、湖泊的流域水污染防治规划,由国务院环境保护主管部门会同国务院经济综合宏观调控、水行政等部门和有关省、自治区、直辖市人民政府编制,报国务院批准。

前款规定外的其他跨省、自治区、直辖市江河、湖泊的流域水污染防治规划,根据国家确定的重要江河、湖泊的流域水污染防治规划和本地实际情况,由有关省、自治区、直辖市人民政府环境保护主管部门会同同级水行政等部门和有关市、县人民政府编制,经有关省、自治区、直辖市人民政府审核,报国务院批准。

省、自治区、直辖市内跨县江河、湖泊的流域水污染防治规划,根据国家确定的重要江河、湖泊的流域水污染防治规划和本地实际情况,由省、自治区、直辖市人民政府环境保护主管部门会同同级水行政等部门编制,报省、自治区、直辖市人民政府批准,并报国务院备案。

经批准的水污染防治规划是防治水污染的基本依据,规划的修订须经原批准机关批准。

县级以上地方人民政府应当根据依法批准的江河、湖泊的流域水污染防治规划,组织制定本行政区域的水污染防治规划。

第十七条 有关市、县级人民政府应当按照水污染防治规划确定的水环境质量改善目标的要求,制定限期达标规划,采取措施按期达标。

有关市、县级人民政府应当将限期达标规划报上一级人民政府备案,并向社会公开。

第十八条 市、县级人民政府每年在向本级人民代表大会或者其常务委员会报告环境状况和环境保护目标完成情况时,应当报告水环境质量限期达标规划执行情况,并向社会公开。

第三章 水污染防治的监督管理

第十九条 新建、改建、扩建直接或者间接向水体排放污染物的建设项目和其他水上设施,应当依法进行环境影响评价。

建设单位在江河、湖泊新建、改建、扩建排污口的,应当取得水行政主管部门或者流域管理机构同意;涉及通航、渔业水域的,环境保护主管部门在审批环境影响评价文件时,应当征求交通、渔业主管部门的意见。

建设项目的水污染防治设施,应当与主体工程同时设计、同时施工、同时投入使用。水污染防治设施应当符合经批准或者备案的环境影响评价文件的要求。

第二十条 国家对重点水污染物排放实施总量控制制度。

重点水污染物排放总量控制指标,由国务院环境保护主管部门在征求国务院有关部门和各省、自治区、直辖市人民政府意见后,会同国务院经济综合宏观调控部门报国务院批准并下达实施。

省、自治区、直辖市人民政府应当按照国务院的规定削减和控制本行政区域的重点水污染物排放总量。具体办法由国务院环境保护主管部门会同国务院有关部门规定。

省、自治区、直辖市人民政府可以根据本行政区域水环境质量状况和水污染防治工作的需要,对国家重点水污染物之外的其他水污染物排放实行总量控制。

对超过重点水污染物排放总量控制指标或者未完成水环境质量改善目标的地区,省级以上人民政府环境保护主管部门应当会同有关部门约谈该地区人民政府的主要负责人,并暂停审批新增重点水污染物排放总量的建设项目的环境影响评价文件。约谈情况应当向社会公开。

第二十一条 直接或者间接向水体排放工业废水和医疗污水以及其他按照规定应当取得排污许可证方可排放的废水、污水的企业事业单位和其他生产经营者,应当取得排污许可证;城镇污水集中处理设施的运营单位,也应当取得排污许可证。排污许可证应当明确排放水污染物的种类、浓度、总量和排放去向等要求。排污许可的具体办法由国务院规定。

禁止企业事业单位和其他生产经营者无排污许可证或者违反排污许可证的规定向水体排放前款规定的废水、污水。

第二十二条 向水体排放污染物的企业事业单位和其他生产经营者,应当按照法律、行政法规和国务院环境保护主管部门的规定设置排污口;在江河、湖泊设置排污口的,还应当遵守国务院水行政主管部门的规定。

第二十三条 实行排污许可管理的企业事业单位和其他生产经营者应当按照国家有关规定和监测规范,对所排放的水污染物自行监测,并保存原始监测记录。重点排污单位还应当安装水污染物排放自动监测设备,与环境保护主管部门的监控设备联网,并保证监测设备正常运行。具体办法由国务院环境保护主管部门规定。

应当安装水污染物排放自动监测设备的重点排污单位名录,由设区的市级以上地方人民政府环境保护主管部门根据本行政区域的环境容量、重点水污染物排放总量控制指标的要求以及排污单位排放水污染物的种类、数量和浓度等因素,商同级有关部门确定。

第二十四条 实行排污许可管理的企业事业单位和其他生产经营者应当对监测数据的真实性和准确性负责。

环境保护主管部门发现重点排污单位的水污染物排放自动监测设备传输数据异常,应当及时进行调查。

第二十五条 国家建立水环境质量监测和水污染物排放监测制度。国务院环境保护主管部门负责制定水环境监测规范,统一发布国家水环境状况信息,会同国务院水行政等部门组织监测网络,统一规划国家水环境质量监测站(点)的设置,建立监测数据共享机制,加强对水环境监测的管理。

第二十六条 国家确定的重要江河、湖泊流域的水资源保护工作机构负责监测其所在流域的省界水体的水环境质量状况,并将监测结果及时报国务院环境保护主管部门和国务院水行政主管部门;有经国务院批准成立的流域水资源保护领导机构的,应当将监测结果及时报告流域水资源保护领导机构。

第二十七条 国务院有关部门和县级以上地方人民政府开发、利用和调节、调度水资源时,应当统筹兼顾,维持江河的合理流量和湖泊、水库以及地下水体的合理水位,保障基本生态用水,维护水体的生态功能。

第二十八条 国务院环境保护主管部门应当会同国务院水行政等部门和有关省、自治区、直辖市人民政府,建立重要江河、湖泊的流域水环境保护联合协调机制,实行统一规划、统一标准、统一监测、统一的防治措施。

第二十九条 国务院环境保护主管部门和省、自治区、直辖市人民政府环境保护主管部门应当会同同级有关部门根据流域生态环境功能需要,明确流域生态环境保护要求,组织开展流域环境资源承载能力监测、评价,实施流域环境资源承载能力预警。

县级以上地方人民政府应当根据流域生态环境功能需要,组织开展江河、湖泊、湿地保护与修复,因地制宜建设人工湿地、水源涵养林、沿河沿湖植被缓冲带和隔离带等生态环境治理与保护工程,整治黑臭水体,提高流域环境资源承载能力。

从事开发建设活动,应当采取有效措施,维护流域生态环境功能,严守生态保护红线。

第三十条 环境保护主管部门和其他依照本法规定行使监督管理权的部门,有权对管辖范围内的排污单位进行现场检查,被检查的单位应当如实反映情况,提供必要的资料。检查机关有义务为被检查的单位保守在检查中获取的商业秘密。

第三十一条 跨行政区域的水污染纠纷,由有关地方人民政府协商解决,或者由其共同的上级人民政府协调解决。

第四章 水污染防治措施

第一节 一般规定

第三十二条 国务院环境保护主管部门应当会同国务院卫生主管部门,根据对公众健康和生态环境的危害和影响程度,公布有毒有害水污染物名录,实行风险管理。

排放前款规定名录中所列有毒有害水污染物的企业事业单位和其他生产经营者,应当对排污口和周边环境进行监测,评估环境风险,排查环境安全隐患,并公开有毒有害水污染物信息,采取有效措施防范环境风险。

第三十三条 禁止向水体排放油类、酸液、碱液或者剧毒废液。

禁止在水体清洗装贮过油类或者有毒污染物的车辆和容器。

第三十四条 禁止向水体排放、倾倒放射性固体废物或者含有高放射性和中放射性物质的废水。

向水体排放含低放射性物质的废水,应当符合国家有关放射性污染防治的规定和标准。

第三十五条 向水体排放含热废水,应当采取措施,保证水体的水温符合水环境质量标准。

第三十六条 含病原体的污水应当经过消毒处理;符合国家有关标准后,方可排放。

第三十七条 禁止向水体排放、倾倒工业废渣、城镇垃圾和其他废弃物。

禁止将含有汞、镉、砷、铬、铅、氰化物、黄磷等的可溶性剧毒废渣向水体排放、倾倒或者直接埋入地下。

存放可溶性剧毒废渣的场所,应当采取防水、防渗漏、防流失的措施。

第三十八条 禁止在江河、湖泊、运河、渠道、水库最高水位线以下的滩地和岸坡堆放、存贮固体废弃物和其他污染物。

第三十九条 禁止利用渗井、渗坑、裂隙、溶洞,私设暗管,篡改、伪造监测数据,或者不正常运行水污染防治设施等逃避监管的方式排放水污染物。

第四十条 化学品生产企业以及工业集聚区、矿山开采区、尾矿库、危险废物处置场、垃圾填埋场等的运营、管理单位,应当采取防渗漏等措施,并建设地下水水质监测井进行监测,防止地下水污染。

加油站等的地下油罐应当使用双层罐或者采取建造防渗池等其他有效措施,并进行防渗漏监测,防止地下水污染。

禁止利用无防渗漏措施的沟渠、坑塘等输送或者存贮含有毒污染物的废水、含病原体的污水和其他废弃物。

第四十一条 多层地下水的含水层水质差异大的,应当分层开采;对已受污染的潜水和承压水,不得混合开采。

第四十二条 兴建地下工程设施或者进行地下勘探、采矿等活动,应当采取防护性措施,防止地下水污染。

报废矿井、钻井或者取水井等,应当实施封井或者回填。

第四十三条 人工回灌补给地下水,不得恶化地下水质。

第二节 工业水污染防治

第四十四条 国务院有关部门和县级以上地方人民政府应当合理规划工业布局,要求造成水污染的企业进行技术改造,采取综合防治措施,提高水的重复利用率,减少废水和污染物排放量。

第四十五条 排放工业废水的企业应当采取有效措施,收集和处理产生的全部废水,防止污染环境。含有毒有害水污染物的工业废水应当分类收集和处理,不得稀释排放。

工业集聚区应当配套建设相应的污水集中处理设施,安装自动监测设备,与环境保护主管部门的监控设备联网,并保证监测设备正常运行。

向污水集中处理设施排放工业废水的,应当按照国家有关规定进行预处理,达到集中处理设施处理工艺要求后方可排放。

第四十六条 国家对严重污染水环境的落后工艺和设备实行淘汰制度。

国务院经济综合宏观调控部门会同国务院有关部门,公布限期禁止采用的严重污染水环境的工艺名录和限期禁止生产、销售、进口、使用的严重污染水环境的设备名录。

生产者、销售者、进口者或者使用者应当在规定的期限内停止生产、销售、进口或者使用列入前款规定的设备名录中的设备。工艺的采用者应当在规定的期限内停止采用列入前款规定的工艺名录中的工艺。

依照本条第二款、第三款规定被淘汰的设备,不得转让给他人使用。

第四十七条 国家禁止新建不符合国家产业政策的小型造纸、制革、印染、染料、炼焦、炼硫、炼砷、炼汞、炼油、电镀、农药、石棉、水泥、玻璃、钢铁、火电以及其他严重污染水环境的生产项目。

第四十八条 企业应当采用原材料利用效率高、污染物排放量少的清洁工艺,并加强管理,减少水污染物的产生。

第三节 城镇水污染防治

第四十九条 城镇污水应当集中处理。

县级以上地方人民政府应当通过财政预算和其他渠道筹集资金,统筹安排建设城镇污水集中处理设施及配套管网,提高本行政区域城镇污水的收集率和处理率。

国务院建设主管部门应当会同国务院经济综合宏观调控、环境保护主管部门,根据城乡规划和水污染防治规划,组织编制全国城镇污水处理设施建设规划。县级以上地方人民政府组织建设、经济综合宏观调控、环境保护、水行政等部门编制本行政区域的城镇污水处理设施建设规划。县级以上地方人民政府建设主管部门应当按照城镇污水处理设施建设规划,组织建设城镇污水集中处理设施及配套管网,并加强对城镇污水集中处理设施运营的监督管理。

城镇污水集中处理设施的运营单位按照国家规定向排污者提供污水处理的有偿服务,收取污水处理费用,保证污水集中处理设施的正常运行。收取的污水处理费用应当用于城镇污水集中处理设施的建设运行和污泥处理处置,不得挪作他用。

城镇污水集中处理设施的污水处理收费、管理以及使用的具体办法,由国务院规定。

第五十条 向城镇污水集中处理设施排放水污染物,应当符合国家或者地方规定的水污染物排放标准。

城镇污水集中处理设施的运营单位,应当对城镇污水集中处理设施的出水水质负责。

环境保护主管部门应当对城镇污水集中处理设施的出水水质和水量进行监督检查。

第五十一条 城镇污水集中处理设施的运营单位或者污泥处理处置单位应当安全处理处置污泥,保证处置后的污泥符合国家标准,并对污泥的去向等进行记录。

第四节 农业和农村水污染防治

第五十二条 国家支持农村污水、垃圾处理设施的建设,推进农村污水、垃圾集中处理。

地方各级人民政府应当统筹规划建设农村污水、垃圾处理设施,并保障其正常运行。

第五十三条 制定化肥、农药等产品的质量标准和使用标准,应当适应水环境保护要求。

第五十四条 使用农药,应当符合国家有关农药安全使用的规定和标准。

运输、存贮农药和处置过期失效农药,应当加强管理,防止造成水污染。

第五十五条 县级以上地方人民政府农业主管部门和其他有关部门,应当采取措施,指导农业生产者科学、合理地施用化肥和农药,推广测土配方施肥技术和高效低毒低残留农药,控制化肥和农药的过量使用,防止造成水污染。

第五十六条 国家支持畜禽养殖场、养殖小区建设畜禽粪便、废水的综合利用或者无害化处理设施。

畜禽养殖场、养殖小区应当保证其畜禽粪便、废水的综合利用或者无害化处理设施正常运转,保证污水达标排放,防止污染水环境。

畜禽散养密集区所在地县、乡级人民政府应当组织对畜禽粪便污水进行分户收集、集中处理利用。

第五十七条 从事水产养殖应当保护水域生态环境,科学确定养殖密度,合理投饵和使用药物,防止污染水环境。

第五十八条 农田灌溉用水应当符合相应的水质标准,防止污染土壤、地下水和农产品。

禁止向农田灌溉渠道排放工业废水或者医疗污水。向农田灌溉渠道排放城镇污水以及未综合利用的畜禽养殖废水、农产品加工废水的,应当保证其下游最近的灌溉取水点的水质符合农田灌溉水质标准。

第五节 船舶水污染防治

第五十九条 船舶排放含油污水、生活污水,应当符合船舶污染物排放标准。从事海洋航运的船舶进入内河和港口的,应当遵守内河的船舶污染物排放标准。

船舶的残油、废油应当回收,禁止排入水体。

禁止向水体倾倒船舶垃圾。

船舶装载运输油类或者有毒货物,应当采取防止溢流和渗漏的措施,防止货物落水造成水污染。

进入中华人民共和国内河的国际航线船舶排放压载水的,应当采用压载水处理装置或者采取其他等效措施,对压载水进行灭活等处理。禁止排放不符合规定的船舶压载水。

第六十条 船舶应当按照国家有关规定配置相应的防污设备和器材,并持有合法有效的防止水域环境污染的证书与文书。

船舶进行涉及污染物排放的作业,应当严格遵守操作规程,并在相应的记录簿上如实记载。

第六十一条 港口、码头、装卸站和船舶修造厂所在地市、县级人民政府应当统筹规划建设船舶污染物、废弃物的接收、转运及处理处置设施。

港口、码头、装卸站和船舶修造厂应当备有足够的船舶污染物、废弃物的接收设施。从事船舶污染物、废弃物接收作业,或者从事装载油类、污染危害性货物船舱清洗作业的单位,应当具备与其运营规模相适应的接收处理能力。

第六十二条 船舶及有关作业单位从事有污染风险的作业活动,应当按照有关法律法规和标准,采取有效措施,防止造成水污染。海事管理机构、渔业主管部门应当加强对船舶及有关作业活动的监督管理。

船舶进行散装液体污染危害性货物的过驳作业,应当编制作业方案,采取有效的安全和污染防治措施,并报作业地海事管理机构批准。

禁止采取冲滩方式进行船舶拆解作业。

第五章 饮用水水源和其他特殊水体保护

第六十三条 国家建立饮用水水源保护区制度。饮用水水源保护区分为一级保护区和二级保护区;必要时,可以在饮用水水源保护区外围划定一定的区域作为准保护区。

饮用水水源保护区的划定,由有关市、县人民政府提出划定方案,报省、自治区、直辖市人民政府批准;跨市、县饮用水水源保护区的划定,由有关市、县人民政府协商提出划定方案,报省、自治区、直辖市人民政府批准;协商不成的,由省、自治区、直辖市人民政府环境保护主管部门会同同级水行政、国土资源、卫生、建设等部门提出划定方案,征求同级有关部门的意见后,报省、自治区、直辖市人民政府批准。

跨省、自治区、直辖市的饮用水水源保护区,由有关省、自治区、直辖市人民政府商有关流域管理机构划定;协商不成的,由国务院环境保护主管部门会同同级水行政、国土资源、卫生、建设等部门提出划定方案,征求国务院有关部门的意见后,报国务院批准。

国务院和省、自治区、直辖市人民政府可以根据保护饮用水水源的实际需要,调整饮用水水源保护区的范围,确保饮用水安全。有关地方人民政府应当在饮用水水源保护区的边界设立明确的地理界标和明显的警示标志。

第六十四条 在饮用水水源保护区内,禁止设置排污口。

第六十五条 禁止在饮用水水源一级保护区内新建、改建、扩建与供水设施和保护水源无关的建设项目;已建成的与供水设施和保护水源无关的建设项目,由县级以上人民政府责令拆除或者关闭。

禁止在饮用水水源一级保护区内从事网箱养殖、旅游、游泳、垂钓或者其他可能污染饮用水水体的活动。

第六十六条 禁止在饮用水水源二级保护区内新建、改建、扩建排放污染物的建设项目;已建成的排放污染物的建设项目,由县级以上人民政府责令拆除或者关闭。

在饮用水水源二级保护区内从事网箱养殖、旅游等活动的,应当按照规定采取措施,防止污染饮用水水体。

第六十七条 禁止在饮用水水源准保护区内新建、扩建对水体污染严重的建设项目;改建建设项目,不得增加排污量。

第六十八条 县级以上地方人民政府应当根据保护饮用水水源的实际需要,在准保护区内采取工程措施或者建造湿地、水源涵养林等生态保护措施,防止水污染物直接排入饮用水水体,确保饮用水安全。

第六十九条 县级以上地方人民政府应当组织环境保护等部门,对饮用水水源保护区、地下水型饮用水源的补给区及供水单位周边区域的环境状况和污染风险进行调查评估,筛查可能存在的污染风险因素,并采取相应的风险防范措施。

饮用水水源受到污染可能威胁供水安全的,环境保护主管部门应当责令有关企业事业单位和其他生产经营者采取停止排放水污染物等措施,并通报饮用水供水单位和供水、卫生、水行政等部门;跨行政区域的,还应当通报相关地方人民政府。

第七十条 单一水源供水城市的人民政府应当建设应急水源或者备用水源,有条件的地区可以开展区域联网供水。

县级以上地方人民政府应当合理安排、布局农村饮用水水源,有条件的地区可以采取城镇供水管网延伸或者建设跨村、跨乡镇联片集中供水工程等方式,发展规模集中供水。

第七十一条 饮用水供水单位应当做好取水口和出水口的水质检测工作。发现取水口水质不符合饮用水水源水质标准或者出水口水质不符合饮用水卫生标准的,应当及时采取相应措施,并向所在地市、县级人民政府供水主管部门报告。供水主管部门接到报告后,应当通报环境保护、卫生、水行政等部门。

饮用水供水单位应当对供水水质负责,确保供水设施安全可靠运行,保证供水水质符合国家有关标准。

第七十二条 县级以上地方人民政府应当组织有关部门监测、评估本行政区域内饮用水水源、供水单位供水和用户水龙头出水的水质等饮用水安全状况。

县级以上地方人民政府有关部门应当至少每季度向社会公开一次饮用水安全状况信息。

第七十三条 国务院和省、自治区、直辖市人民政府根据水环境保护的需要,可以规定在饮用水水源保护区内,采取禁止或者限制使用含磷洗涤剂、化肥、农药以及限制种植养殖等措施。

第七十四条 县级以上人民政府可以对风景名胜区水体、重要渔业水体和其他具有特殊经济文化价值的水体划定保护区,并采取措施,保证保护区的水质符合规定用途的水环境质量标准。

第七十五条 在风景名胜区水体、重要渔业水体和其他具有特殊经济文化价值的水体的保护区内,不得新建排污口。在保护区附近新建排污口,应当保证保护区水体不受污染。

第六章 水污染事故处置

第七十六条 各级人民政府及其有关部门,可能发生水污染事故的企业事业单位,应当依照《中华人民共和国突发事件应对法》的规定,做好突发水污染事故的应急准备、应急处置和事后恢复等工作。

第七十七条 可能发生水污染事故的企业事业单位,应当制定有关水污染事故的应急方案,做好应急准备,并定期进行演练。

生产、储存危险化学品的企业事业单位,应当采取措施,防止在处理安全生产事故过程中产生的可能严重污染水体的消防废水、废液直接排入水体。

第七十八条 企业事业单位发生事故或者其他突发性事件,造成或者可能造成水污染事故的,应当立即启动本单位的应急方案,采取隔离等应急措施,防止水污染物进入水体,并向事故发生地的县级以上地方人民政府或者环境保护主管部门报告。环境保护主管部门接到报告后,应当及时向本级人民政府报告,并抄送有关部门。

造成渔业污染事故或者渔业船舶造成水污染事故的,应当向事故发生地的渔业主管部门报告,接受调查处理。其他船舶造成水污染事故的,应当向事故发生地的海事管理机构报告,接受调查处理;给渔业造成损害的,海事管理机构应当通知渔业主管部门参与调查处理。

第七十九条 市、县级人民政府应当组织编制饮用水安全突发事件应急预案。

饮用水供水单位应当根据所在地饮用水安全突发事件应急预案,制定相应的突发事件应急方案,报所在地市、县级人民政府备案,并定期进行演练。

饮用水水源发生水污染事故,或者发生其他可能影响饮用水安全的突发性事件,饮用水供水单位应当采取应急处理措施,向所在地市、县级人民政府报告,并向社会公开。有关人民政府应当根据情况及时启动应急预案,采取有效措施,保障供水安全。

第七章 法律责任

第八十条 环境保护主管部门或者其他依照本法规定行使监督管理权的部门,不依法作出行政许可或者办理批准文件的,发现违法行为或者接到对违法行为的举报后不予查处的,或者有其他未依照本法规定履行职责的行为的,对直接负责的主管人员和其他直接责任人员依法给予处分。

第八十一条 以拖延、围堵、滞留执法人员等方式拒绝、阻挠环境保护主管部门或者其他依照本法规定行使监督管理权的部门的监督检查,或者在接受监督检查时弄虚作假的,由县级以上人民政府环境保护主管部门或者其他依照本法规定行使监督管理权的部门责令改正,处二万元以上二十万元以下的罚款。

第八十二条 违反本法规定,有下列行为之一的,由县级以上人民政府环境保护主管部门责令限期改正,处二万元以上二十万元以下的罚款;逾期不改正的,责令停产整治:

(一)未按照规定对所排放的水污染物自行监测,或者未保存原始监测记录的;

(二)未按照规定安装水污染物排放自动监测设备,未按照规定与环境保护主管部门的监控设备联网,或者未保证监测设备正常运行的;

(三)未按照规定对有毒有害水污染物的排污口和周边环境进行监测,或者未公开有毒有害水污染物信息的。

第八十三条 违反本法规定,有下列行为之一的,由县级以上人民政府环境保护主管部门责令改正或者责令限制生产、停产整治,并处十万元以上一百万元以下的罚款;情节严重的,报经有批准权的人民政府批准,责令停业、关闭:

(一)未依法取得排污许可证排放水污染物的;

(二)超过水污染物排放标准或者超过重点水污染物排放总量控制指标排放水污染物的;

(三)利用渗井、渗坑、裂隙、溶洞,私设暗管,篡改、伪造监测数据,或者不正常运行水污染防治设施等逃避监管的方式排放水污染物的;

(四)未按照规定进行预处理,向污水集中处理设施排放不符合处理工艺要求的工业废水的。

第八十四条 在饮用水水源保护区内设置排污口的,由县级以上地方人民政府责令限期拆除,处十万元以上五十万元以下的罚款;逾期不拆除的,强制拆除,所需费用由违法者承担,处五十万元以上一百万元以下的罚款,并可以责令停产整治。

除前款规定外,违反法律、行政法规和国务院环境保护主管部门的规定设置排污口的,由县级以上地方人民政府环境保护主管部门责令限期拆除,处二万元以上十万元以下的罚款;逾期不拆除的,强制拆除,所需费用由违法者承担,处十万元以上五十万元以下的罚款;情节严重的,可以责令停产整治。

未经水行政主管部门或者流域管理机构同意,在江河、湖泊新建、改建、扩建排污口的,由县级以上人民政府水行政主管部门或者流域管理机构依据职权,依照前款规定采取措施、给予处罚。

第八十五条 有下列行为之一的,由县级以上地方人民政府环境保护主管部门责令停止违法行为,限期采取治理措施,消除污染,处以罚款;逾期不采取治理措施的,环境保护主管部门可以指定有治理能力的单位代为治理,所需费用由违法者承担:

(一)向水体排放油类、酸液、碱液的;

(二)向水体排放剧毒废液,或者将含有汞、镉、砷、铬、铅、氰化物、黄磷等的可溶性剧毒废渣向水体排放、倾倒或者直接埋入地下的;

(三)在水体清洗装贮过油类、有毒污染物的车辆或者容器的;

(四)向水体排放、倾倒工业废渣、城镇垃圾或者其他废弃物,或者在江河、湖泊、运河、渠道、水库最高水位线以下的滩地、岸坡堆放、存贮固体废弃物或者其他污染物的;

(五)向水体排放、倾倒放射性固体废物或者含有高放射性、中放射性物质的废水的;

(六)违反国家有关规定或者标准,向水体排放含低放射性物质的废水、热废水或者含病原体的污水的;

(七)未采取防渗漏等措施,或者未建设地下水水质监测井进行监测的;

(八)加油站等的地下油罐未使用双层罐或者采取建造防渗池等其他有效措施,或者未进行防渗漏监测的;

(九)未按照规定采取防护性措施,或者利用无防渗漏措施的沟渠、坑塘等输送或者存贮含有毒污染物的废水、含病原体的污水或者其他废弃物的。

有前款第三项、第四项、第六项、第七项、第八项行为之一的,处二万元以上二十万元以下的罚款。有前款第一项、第二项、第五项、第九项行为之一的,处十万元以上一百万元以下的罚款;情节严重的,报经有批准权的人民政府批准,责令停业、关闭。

第八十六条 违反本法规定,生产、销售、进口或者使用列入禁止生产、销售、进口、使用的严重污染水环境的设备名录中的设备,或者采用列入禁止采用的严重污染水环境的工艺名录中的工艺的,由县级以上人民政府经济综合宏观调控部门责令改正,处五万元以上二十万元以下的罚款;情节严重的,由县级以上人民政府经济综合宏观调控部门提出意见,报请本级人民政府责令停业、关闭。

第八十七条 违反本法规定,建设不符合国家产业政策的小型造纸、制革、印染、染料、炼焦、炼硫、炼砷、炼汞、炼油、电镀、农药、石棉、水泥、玻璃、钢铁、火电以及其他严重污染水环境的生产项目的,由所在地的市、县人民政府责令关闭。

第八十八条 城镇污水集中处理设施的运营单位或者污泥处理处置单位,处理处置后的污泥不符合国家标准,或者对污泥去向等未进行记录的,由城镇排水主管部门责令限期采取治理措施,给予警告;造成严重后果的,处十万元以上二十万元以下的罚款;逾期不采取治理措施的,城镇排水主管部门可以指定有治理能力的单位代为治理,所需费用由违法者承担。

第八十九条 船舶未配置相应的防污染设备和器材,或者未持有合法有效的防止水域环境污染的证书与文书的,由海事管理机构、渔业主管部门按照职责分工责令限期改正,处二千元以上二万元以下的罚款;逾期不改正的,责令船舶临时停航。

船舶进行涉及污染物排放的作业,未遵守操作规程或者未在相应的记录簿上如实记载的,由海事管理机构、渔业主管部门按照职责分工责令改正,处二千元以上二万元以下的罚款。

第九十条 违反本法规定,有下列行为之一的,由海事管理机构、渔业主管部门按照职责分工责令停止违法行为,处一万元以上十万元以下的罚款;造成水污染的,责令限期采取治理措施,消除污染,处二万元以上二十万元以下的罚款;逾期不采取治理措施的,海事管理机构、渔业主管部门按照职责分工可以指定有治理能力的单位代为治理,所需费用由船舶承担:

(一)向水体倾倒船舶垃圾或者排放船舶的残油、废油的;
(二)未经作业地海事管理机构批准,船舶进行散装液体污染危害性货物的过驳作业的;
(三)船舶及有关作业单位从事有污染风险的作业活动,未按照规定采取污染防治措施的;
(四)以冲滩方式进行船舶拆解的;
(五)进入中华人民共和国内河的国际航线船舶,排放不符合规定的船舶压载水的。

第九十一条 有下列行为之一的,由县级以上地方人民政府环境保护主管部门责令停止违法行为,处十万元以上五十万元以下的罚款;并报经有批准权的人民政府批准,责令拆除或者关闭:

(一)在饮用水水源一级保护区内新建、改建、扩建与供水设施和保护水源无关的建设项目的;
(二)在饮用水水源二级保护区内新建、改建、扩建排放污染物的建设项目的;
(三)在饮用水水源准保护区内新建、扩建对水体污染严重的建设项目,或者改建建设项目增加排污量的。

在饮用水水源一级保护区内从事网箱养殖或者组织进行旅游、垂钓或者其他可能污染饮用水水体的活动的,由县级以上地方人民政府环境保护主管部门责令停止违法行为,处二万元以上十万元以下的罚款。个人在饮用水水源一级保护区内游泳、垂钓或者从事其他可能污染饮用水水体的活动的,由县级以上地方人民政府环境保护主管部门责令停止违法行为,可以处五百元以下的罚款。

第九十二条 饮用水供水单位供水水质不符合国家规定标准的,由所在地市、县级人民政府供水主管部门责令改正,处二万元以上二十万元以下的罚款;情节严重的,报经有批准权的人民政府批准,可以责令停业整顿;对直接负责的主管人员和其他直接责任人员依法给予处分。

第九十三条 企业事业单位有下列行为之一的,由县级以上人民政府环境保护主管部门责令改正;情节严重的,处二万元以上十万元以下的罚款:

(一)不按照规定制定水污染事故的应急方案的;

(二)水污染事故发生后,未及时启动水污染事故的应急方案,采取有关应急措施的。

第九十四条 企业事业单位违反本法规定,造成水污染事故的,除依法承担赔偿责任外,由县级以上人民政府环境保护主管部门依照本条第二款的规定处以罚款,责令限期采取治理措施,消除污染;未按照要求采取治理措施或者不具备治理能力的,由环境保护主管部门指定有治理能力的单位代为治理,所需费用由违法者承担;对造成重大或者特大水污染事故的,还可以报经有批准权的人民政府批准,责令关闭;对直接负责的主管人员和其他直接责任人员可以处上一年度从本单位取得的收入百分之五十以下的罚款;有《中华人民共和国环境保护法》第六十三条规定的违法排放水污染物等行为之一,尚不构成犯罪的,由公安机关对直接负责的主管人员和其他直接责任人员处十日以上十五日以下的拘留;情节较轻的,处五日以上十日以下的拘留。

对造成一般或者较大水污染事故的,按照水污染事故造成的直接损失的百分之二十计算罚款;对造成重大或者特大水污染事故的,按照水污染事故造成的直接损失的百分之三十计算罚款。

造成渔业污染事故或者渔业船舶造成水污染事故的,由渔业主管部门进行处罚;其他船舶造成水污染事故的,由海事管理机构进行处罚。

第九十五条 企业事业单位和其他生产经营者违法排放水污染物,受到罚款处罚,被责令改正的,依法作出处罚决定的行政机关应当组织复查,发现其继续违法排放水污染物或者拒绝、阻挠复查的,依照《中华人民共和国环境保护法》的规定按日连续处罚。

第九十六条 因水污染受到损害的当事人,有权要求排污方排除危害和赔偿损失。

由于不可抗力造成水污染损害的,排污方不承担赔偿责任;法律另有规定的除外。

水污染损害是由受害人故意造成的,排污方不承担赔偿责任。水污染损害是由受害人重大过失造成的,可以减轻排污方的赔偿责任。

水污染损害是由第三人造成的,排污方承担赔偿责任后,有权向第三人追偿。

第九十七条 因水污染引起的损害赔偿责任和赔偿金额的纠纷,可以根据当事人的请求,由环境保护主管部门或者海事管理机构、渔业主管部门按照职责分工调解处理;调解不成的,当事人可以向人民法院提起诉讼。当事人也可以直接向人民法院提起诉讼。

第九十八条 因水污染引起的损害赔偿诉讼,由排污方就法律规定的免责事由及其行为与损害结果之间不存在因果关系承担举证责任。

第九十九条 因水污染受到损害的当事人人数众多的,可以依法由当事人推选代表人进行共同诉讼。

环境保护主管部门和有关社会团体可以依法支持因水污染受到损害的当事人向人民法院提起诉讼。

国家鼓励法律服务机构和律师为水污染损害诉讼中的受害人提供法律援助。

第一百条 因水污染引起的损害赔偿责任和赔偿金额的纠纷,当事人可以委托环境监测机构提供监测数据。环境监测机构应当接受委托,如实提供有关监测数据。

第一百零一条 违反本法规定,构成犯罪的,依法追究刑事责任。

第八章 附 则

第一百零二条 本法中下列用语的含义:

(一)水污染,是指水体因某种物质的介入,而导致其化学、物理、生物或者放射性等方面特性的改变,从而影响水的有效利用,危害人体健康或者破坏生态环境,造成水质恶化的现象。

(二)水污染物,是指直接或者间接向水体排放的,能导致水体污染的物质。

(三)有毒污染物,是指那些直接或者间接被生物摄入体内后,可能导致该生物或者其后代发病、行为反常、遗传异变、生理机能失常、机体变形或者死亡的污染物。

(四)污泥,是指污水处理过程中产生的半固态或者固态物质。

(五)渔业水体,是指划定的鱼虾类的产卵场、索饵场、越冬场、洄游通道和鱼虾贝藻类的养殖场的水体。

第一百零三条 本法自2008年6月1日起施行。

中华人民共和国防洪法(2016年修正)

(1997年8月29日第八届全国人民代表大会常务委员会第二十七次会议通过 根据2009年8月27日第十一届全国人民代表大会常务委员会第十次会议《全国人民代表大会常务委员会关于修改部分法律的决定》第一次修正 根据2015年4月24日第十二届全国人民代表大会常务委员会第十四次会议《全国人民代表大会常务委员会关于修改〈中华人民共和国港口法〉等七部法律的决定》第二次修正 根据2016年7月2日第十二届全国人民代表大会常务委员会第二十一次会议《全国人民代表大会常务委员会关于修改〈中华人民共和国节约能源法〉等六部法律的决定》第三次修正)

第一章 总 则

第一条 为了防治洪水,防御、减轻洪涝灾害,维护人民的生命和财产安全,保障社会主义现代化建设顺利进行,制定本法。

第二条 防洪工作实行全面规划、统筹兼顾、预防为主、综合治理、局部利益服从全局利益的原则。

第三条 防洪工程设施建设,应当纳入国民经济和社会发展计划。
防洪费用按照政府投入同受益者合理承担相结合的原则筹集。

第四条 开发利用和保护水资源,应当服从防洪总体安排,实行兴利与除害相结合的原则。
江河、湖泊治理以及防洪工程设施建设,应当符合流域综合规划,与流域水资源的综合开发相结合。

本法所称综合规划是指开发利用水资源和防治水害的综合规划。

第五条 防洪工作按照流域或者区域实行统一规划、分级实施和流域管理与行政区域管理相结合的制度。

第六条 任何单位和个人都有保护防洪工程设施和依法参加防汛抗洪的义务。

第七条 各级人民政府应当加强对防洪工作的统一领导,组织有关部门、单位,动员社会力量,依靠科技进步,有计划地进行江河、湖泊治理,采取措施加强防洪工程设施建设,巩固、提高防洪能力。

各级人民政府应当组织有关部门、单位,动员社会力量,做好防汛抗洪和洪涝灾害后的恢复与救济工作。

各级人民政府应当对蓄滞洪区予以扶持;蓄滞洪后,应当依照国家规定予以补偿或者救助。

第八条 国务院水行政主管部门在国务院的领导下,负责全国防洪的组织、协调、监督、指导等日常工作。国务院水行政主管部门在国家确定的重要江河、湖泊设立的流域管理机构,在所管辖的范围内行使法律、行政法规规定和国务院水行政主管部门授权的防洪协调和监督管理职责。

国务院建设行政主管部门和其他有关部门在国务院的领导下,按照各自的职责,负责有关的防洪工作。

县级以上地方人民政府水行政主管部门在本级人民政府的领导下,负责本行政区域内防洪的组织、协调、监督、指导等日常工作。县级以上地方人民政府建设行政主管部门和其他有关部门在本级人民政府的领导下,按照各自的职责,负责有关的防洪工作。

第二章 防洪规划

第九条 防洪规划是指为防治某一流域、河段或者区域的洪涝灾害而制定的总体部署,包括国家确定的重要江河、湖泊的流域防洪规划,其他江河、河段、湖泊的防洪规划以及区域防洪规划。

防洪规划应当服从所在流域、区域的综合规划;区域防洪规划应当服从所在流域的流域防洪规划。

防洪规划是江河、湖泊治理和防洪工程设施建设的基本依据。

第十条 国家确定的重要江河、湖泊的防洪规划,由国务院水行政主管部门依据该江河、湖泊的流域综合规划,会同有关部门和有关省、自治区、直辖市人民政府编制,报国务院批准。

其他江河、河段、湖泊的防洪规划或者区域防洪规划,由县级以上地方人民政府水行政主管部门分别依据流域综合规划、区域综合规划,会同有关部门和有关地区编制,报本级人民政府批准,并报上一级人民政府水行政主管部门备案;跨省、自治区、直辖市的江河、河段、湖泊的防洪规划由有关流域管理机构会同江河、河段、湖泊所在地的省、自治区、直辖市人民政府水行政主管部门、有关主管部门拟定,分别经有关省、自治区、直辖市人民政府审查提出意见后,报国务院水行政主管部门批准。

城市防洪规划,由城市人民政府组织水行政主管部门、建设行政主管部门和其他有关部门依据流域防洪规划、上一级人民政府区域防洪规划编制,按照国务院规定的审批程序批准后纳入城市总体规划。

修改防洪规划,应当报经原批准机关批准。

第十一条 编制防洪规划,应当遵循确保重点、兼顾一般,以及防汛和抗旱相结合、工程措施和非工程措施相结合的原则,充分考虑洪涝规律和上下游、左右岸的关系以及国民经济对防洪的要求,并与国土规划和土地利用总体规划相协调。

防洪规划应当确定防护对象、治理目标和任务、防洪措施和实施方案,划定洪泛区、蓄滞洪区和防洪保护区的范围,规定蓄滞洪区的使用原则。

第十二条 受风暴潮威胁的沿海地区的县级以上地方人民政府,应当把防御风暴潮纳入本地区的防洪规划,加强海堤(海塘)、挡潮闸和沿海防护林等防御风暴潮工程体系建设,监督建筑物、构筑物的设计和施工符合防御风暴潮的需要。

第十三条 山洪可能诱发山体滑坡、崩塌和泥石流的地区以及其他山洪多发地区的县级以上地方人民政府,应当组织负责地质矿产管理工作的部门、水行政主管部门和其他有关部门对山体滑坡、崩塌和泥石流隐患进行全面调查,划定重点防治区,采取防治措施。

城市、村镇和其他居民点以及工厂、矿山、铁路和公路干线的布局,应当避开山洪威胁;已经建在受山洪威胁的地方的,应当采取防御措施。

第十四条 平原、洼地、水网圩区、山谷、盆地等易涝地区的有关地方人民政府,应当制定除涝治涝规划,组织有关部门、单位采取相应的治理措施,完善排水系统,发展耐涝农作物种类和品种,开展洪涝、干旱、盐碱综合治理。

城市人民政府应当加强对城区排涝管网、泵站的建设和管理。

第十五条 国务院水行政主管部门应当会同有关部门和省、自治区、直辖市人民政府制定长江、黄河、珠江、辽河、淮河、海河入海河口的整治规划。

在前款入海河口围海造地,应当符合河口整治规划。

第十六条 防洪规划确定的河道整治计划用地和规划建设的堤防用地范围内的土地,经土地管理部门和水行政主管部门会同有关地区核定,报经县级以上人民政府按照国务院规定的权限批准后,可以划定为规划保留区;该规划保留区范围内的土地涉及其他项目用地的,有关土地管理部门和水行政主管部门核定时,应当征求有关部门的意见。

规划保留区依照前款规定划定后,应当公告。

前款规划保留区内不得建设与防洪无关的工矿工程设施;在特殊情况下,国家工矿建设项目确需占用前款规划保留区内的土地的,应当按照国家规定的基本建设程序报请批准,并征求有关水行政主管部门的意见。

防洪规划确定的扩大或者开辟的人工排洪道用地范围内的土地,经省级以上人民政府土地管理部门和水行政主管部门会同有关部门、有关地区核定,报省级以上人民政府按照国务院规定的权限批准后,可以划定为规划保留区,适用前款规定。

第十七条 在江河、湖泊上建设防洪工程和其他水工程、水电站等,应当符合防洪规划的要求;水库应当按照防洪规划的要求留足防洪库容。

前款规定的防洪工程和其他水工程、水电站未取得有关水行政主管部门签署的符合防洪规划要求的规划同意书的,建设单位不得开工建设。

第三章 治理与防护

第十八条 防治江河洪水,应当蓄泄兼施,充分发挥河道行洪能力和水库、洼淀、湖泊调蓄洪水的功能,加强河道防护,因地制宜地采取定期清淤疏浚等措施,保持行洪畅通。

防治江河洪水,应当保护、扩大流域林草植被,涵养水源,加强流域水土保持综合治理。

第十九条 整治河道和修建控制引导河水流向、保护堤岸等工程,应当兼顾上下游、左右岸的关系,按照规划治导线实施,不得任意改变河水流向。

国家确定的重要江河的规划治导线由流域管理机构拟定,报国务院水行政主管部门批准。

其他江河、河段的规划治导线由县级以上地方人民政府水行政主管部门拟定,报本级人民政府批准;跨省、自治区、直辖市的江河、河段和省、自治区、直辖市之间的省界河道的规划治导线由有关流域管理机构组织江河、河段所在地的省、自治区、直辖市人民政府水行政主管部门拟定,经有关省、自治区、直辖市人民政府审查提出意见后,报国务院水行政主管部门批准。

第二十条 整治河道、湖泊,涉及航道的,应当兼顾航运需要,并事先征求交通主管部门的意见。整治航道,应当符合江河、湖泊防洪安全要求,并事先征求水行政主管部门的意见。

在竹木流放的河流和渔业水域整治河道的,应当兼顾竹木水运和渔业发展的需要,并事先征求林业、渔业行政主管部门的意见。在河道中流放竹木,不得影响行洪和防洪工程设施的安全。

第二十一条 河道、湖泊管理实行按水系统一管理和分级管理相结合的原则,加强防护,确保畅通。

国家确定的重要江河、湖泊的主要河段,跨省、自治区、直辖市的重要河段、湖泊,省、自治区、直辖市之间的省界河道、湖泊以及国(边)界河道、湖泊,由流域管理机构和江河、湖泊所在地的省、自治区、直辖市人民政府水行政主管部门按照国务院水行政主管部门的划定依法实施管理。其他河道、湖泊,由县级以上地方人民政府水行政主管部门按照国务院水行政主管部门或者国务院水行政主管部门授权的机构的划定依法实施管理。

有堤防的河道、湖泊,其管理范围为两岸堤防之间的水域、沙洲、滩地、行洪区和堤防及护堤地;无堤防的河道、湖泊,其管理范围为历史最高洪水位或者设计洪水位之间的水域、沙洲、滩地和行洪区。

流域管理机构直接管理的河道、湖泊管理范围,由流域管理机构会同有关县级以上地方人民政府依照前款规定界定;其他河道、湖泊管理范围,由有关县级以上地方人民政府依照前款规定界定。

第二十二条 河道、湖泊管理范围内的土地和岸线的利用,应当符合行洪、输水的要求。

禁止在河道、湖泊管理范围内建设妨碍行洪的建筑物、构筑物,倾倒垃圾、渣土,从事影响河势稳定、危害河岸堤防安全和其他妨碍河道行洪的活动。

禁止在行洪河道内种植阻碍行洪的林木和高秆作物。

在船舶航行可能危及堤岸安全的河段,应当限定航速。限定航速的标志,由交通主管部门与水行政主管部门商定后设置。

第二十三条 禁止围湖造地。已经围垦的,应当按照国家规定的防洪标准进行治理,有计划地退地还湖。

禁止围垦河道。确需围垦的,应当进行科学论证,经水行政主管部门确认不妨碍行洪、输水后,报省级以上人民政府批准。

第二十四条 对居住在行洪河道内的居民,当地人民政府应当有计划地组织外迁。

第二十五条 护堤护岸的林木,由河道、湖泊管理机构组织营造和管理。护堤护岸林木,不得任意砍伐。采伐护堤护岸林木的,应当依法办理采伐许可手续,并完成规定的更新补种任务。

第二十六条 对壅水、阻水严重的桥梁、引道、码头和其他跨河工程设施,根据防洪标准,有关水行政主管部门可以报请县级以上人民政府按照国务院规定的权限责令建设单位限期改建或者拆除。

第二十七条 建设跨河、穿河、穿堤、临河的桥梁、码头、道路、渡口、管道、缆线、取水、排水等工程设施,应当符合防洪标准、岸线规划、航运要求和其他技术要求,不得危害堤防安全、影响河势稳定、妨碍行洪畅通;其工程建设方案未经有关水行政主管部门根据前述防洪要求审查同意的,建设单位不得开工建设。

前款工程设施需要占用河道、湖泊管理范围内土地,跨越河道、湖泊空间或者穿越河床的,建设单位应当经有关水行政主管部门对该工程设施建设的位置和界限审查批准后,方可依法办理开工手续;安排施工时,应当按照水行政主管部门审查批准的位置和界限进行。

第二十八条 对于河道、湖泊管理范围内依照本法规定建设的工程设施,水行政主管部门有权依法检查;水行政主管部门检查时,被检查者应当如实提供有关的情况和资料。

前款规定的工程设施竣工验收时,应当有水行政主管部门参加。

第四章 防洪区和防洪工程设施的管理

第二十九条 防洪区是指洪水泛滥可能淹及的地区,分为洪泛区、蓄滞洪区和防洪保护区。

洪泛区是指尚无工程设施保护的洪水泛滥所及的地区。

蓄滞洪区是指包括分洪口在内的河堤背水面以外临时贮存洪水的低洼地区及湖泊等。

防洪保护区是指在防洪标准内受防洪工程设施保护的地区。

洪泛区、蓄滞洪区和防洪保护区的范围,在防洪规划或者防御洪水方案中划定,并报请省级以上人民政府按照国务院规定的权限批准后予以公告。

第三十条 各级人民政府应当按照防洪规划对防洪区内的土地利用实行分区管理。

第三十一条 地方各级人民政府应当加强对防洪区安全建设工作的领导,组织有关部门、单位对防洪区内的单位和居民进行防洪教育,普及防洪知识,提高水患意识;按照防洪规划和防御洪水方案建立并完善防洪体系和水文、气象、通信、预警以及洪涝灾害监测系统,提高防御洪水能力;组织防洪区内的单位和居民积极参加防洪工作,因地制宜地采取防洪避洪措施。

第三十二条 洪泛区、蓄滞洪区所在地的省、自治区、直辖市人民政府应当组织有关地区和部门,按照防洪规划的要求,制定洪泛区、蓄滞洪区安全建设计划,控制蓄滞洪区人口增长,对居住在经常使用的蓄滞洪区的居民,有计划地组织外迁,并采取其他必要的安全保护措施。

因蓄滞洪区而直接受益的地区和单位,应当对蓄滞洪区承担国家规定的补偿、救助义务。国务院和有关的省、自治区、直辖市人民政府应当建立对蓄滞洪区的扶持和补偿、救助制度。

国务院和有关的省、自治区、直辖市人民政府可以制定洪泛区、蓄滞洪区安全建设管理办法以及对蓄滞洪区的扶持和补偿、救助办法。

第三十三条 在洪泛区、蓄滞洪区内建设非防洪建设项目,应当就洪水对建设项目可能产生的影响和建设项目对防洪可能产生的影响作出评价,编制洪水影响评价报告,提出防御措施。洪水影响评价报告未经有关水行政主管部门审查批准的,建设单位不得开工建设。

在蓄滞洪区内建设的油田、铁路、公路、矿山、电厂、电信设施和管道,其洪水影响评价报告应当包括建设单位自行安排的防洪避洪方案。建设项目投入生产或者使用时,其防洪工程设施应当经水行政主管部门验收。

在蓄滞洪区内建造房屋应当采用平顶式结构。

第三十四条 大中城市,重要的铁路、公路干线,大型骨干企业,应当列为防洪重点,确保安全。

受洪水威胁的城市、经济开发区、工矿区和国家重要的农业生产基地等,应当重点保护,建设必要的防洪工程设施。

城市建设不得擅自填堵原有河道沟叉、贮水湖塘洼淀和废除原有防洪围堤。确需填堵或者废除的,应当经城市人民政府批准。

第三十五条 属于国家所有的防洪工程设施,应当按照经批准的设计,在竣工验收前由县级以上人民政府按照国家规定,划定管理和保护范围。

属于集体所有的防洪工程设施,应当按照省、自治区、直辖市人民政府的规定,划定保护范围。

在防洪工程设施保护范围内,禁止进行爆破、打井、采石、取土等危害防洪工程设施安全的活动。

第三十六条 各级人民政府应当组织有关部门加强对水库大坝的定期检查和监督管理。对未达到设计洪水标准、抗震设防要求或者有严重质量缺陷的险坝,大坝主管部门应当组织有关单位采取除险加固措施,限期消除危险或者重建,有关人民政府应当优先安排所需资金。对可能出现垮坝的水库,应当事先制定应急抢险和居民临时撤离方案。

各级人民政府和有关主管部门应当加强对尾矿坝的监督管理,采取措施,避免因洪水导致垮坝。

第三十七条 任何单位和个人不得破坏、侵占、毁损水库大坝、堤防、水闸、护岸、抽水站、排水渠系等防洪工程和水文、通信设施以及防汛备用的器材、物料等。

第五章 防汛抗洪

第三十八条 防汛抗洪工作实行各级人民政府行政首长负责制,统一指挥、分级分部门负责。

第三十九条 国务院设立国家防汛指挥机构,负责领导、组织全国的防汛抗洪工作,其办事机构设在国务院水行政主管部门。

在国家确定的重要江河、湖泊可以设立由有关省、自治区、直辖市人民政府和该江河、湖泊的流域管理机构负责人等组成的防汛指挥机构,指挥所管辖范围内的防汛抗洪工作,其办事机构设在流域管理机构。

有防汛抗洪任务的县级以上地方人民政府设立由有关部门、当地驻军、人民武装部负责人等组成的防汛指挥机构,在上级防汛指挥机构和本级人民政府的领导下,指挥本地区的防汛抗洪工作,其办事机构设在同级水行政主管部门;必要时,经城市人民政府决定,防汛指挥机构也可以在建设行政主管部门设城市市区办事机构,在防汛指挥机构的统一领导下,负责城市市区的防汛抗洪日常工作。

第四十条 有防汛抗洪任务的县级以上地方人民政府根据流域综合规划、防洪工程实际状况和国家规定的防洪标准,制定防御洪水方案(包括对特大洪水的处置措施)。

长江、黄河、淮河、海河的防御洪水方案,由国家防汛指挥机构制定,报国务院批准;跨省、自治区、直辖市的其他江河的防御洪水方案,由有关流域管理机构会同有关省、自治区、直辖市人民政府制定,报国务院或者国务院授权的有关部门批准。防御洪水方案经批准后,有关地方人民政府必须执行。

各级防汛指挥机构和承担防汛抗洪任务的部门和单位,必须根据防御洪水方案做好防汛抗洪准备工作。

第四十一条 省、自治区、直辖市人民政府防汛指挥机构根据当地的洪水规律,规定汛期起止日期。

当江河、湖泊的水情接近保证水位或者安全流量,水库水位接近设计洪水位,或者防洪工程设施发生重大险情时,有关县级以上人民政府防汛指挥机构可以宣布进入紧急防汛期。

第四十二条 对河道、湖泊范围内阻碍行洪的障碍物,按照谁设障、谁清除的原则,由防汛指挥机构责令限期清除;逾期不清除的,由防汛指挥机构组织强行清除,所需费用由设障者承担。

在紧急防汛期,国家防汛指挥机构或者其授权的流域、省、自治区、直辖市防汛指挥机构有权对壅水、阻水严重的桥梁、引道、码头和其他跨河工程设施作出紧急处置。

第四十三条 在汛期,气象、水文、海洋等有关部门应当按照各自的职责,及时向有关防汛指挥机构提供天气、水文等实时信息和风暴潮预报;电信部门应当优先提供防汛抗洪通信的服务;运输、电力、物资材料供应等有关部门应当优先为防汛抗洪服务。

中国人民解放军、中国人民武装警察部队和民兵应当执行国家赋予的抗洪抢险任务。

第四十四条 在汛期,水库、闸坝和其他水工程设施的运用,必须服从有关的防汛指挥机构的调度指挥和监督。

在汛期,水库不得擅自在汛期限制水位以上蓄水,其汛期限制水位以上的防洪库容的运用,必须服从防汛指挥机构的调度指挥和监督。

在凌汛期,有防凌汛任务的江河的上游水库的下泄水量必须征得有关的防汛指挥机构的同意,并接受其监督。

第四十五条 在紧急防汛期,防汛指挥机构根据防汛抗洪的需要,有权在其管辖范围内调用物资、设备、交通运输工具和人力,决定采取取土占地、砍伐林木、清除阻水障碍物和其他必要的紧急措施;必要时,公安、交通等有关部门按照防汛指挥机构的决定,依法实施陆地和水面交通管制。

依照前款规定调用的物资、设备、交通运输工具等,在汛期结束后应当及时归还;造成损坏或者无法归还的,按照国务院有关规定给予适当补偿或者作其他处理。取土占地、砍伐林木的,在汛期结束后依法向有关部门补办手续;有关地方人民政府对取土后的土地组织复垦,对砍伐的林木组织补种。

第四十六条 江河、湖泊水位或者流量达到国家规定的分洪标准,需要启用蓄滞洪区时,国务院、国家防汛指挥机构、流域防汛指挥机构、省、自治区、直辖市人民政府、省、自治区、直辖市防汛指挥机构,按照依法经批准的防御洪水方案中规定的启用条件和批准程序,决定启用蓄滞洪区。依法启用蓄滞洪区,任何单位和个人不得阻拦、拖延;遇到阻拦、拖延时,由有关县级以上地方人民政府强制实施。

第四十七条 发生洪涝灾害后,有关人民政府应当组织有关部门、单位做好灾区的生活供给、卫生防疫、救灾物资供应、治安管理、学校复课、恢复生产和重建家园等救灾工作以及所管辖地区的各项水毁工程设施修复工作。水毁防洪工程设施的修复,应当优先列入有关部门的年度建设计划。

国家鼓励、扶持开展洪水保险。

第六章 保障措施

第四十八条 各级人民政府应当采取措施,提高防洪投入的总体水平。

第四十九条 江河、湖泊的治理和防洪工程设施的建设和维护所需投资,按照事权和财权相统一的原则,分级负责,由中央和地方财政承担。城市防洪工程设施的建设和维护所需投资,由城市人民政府承担。

受洪水威胁地区的油田、管道、铁路、公路、矿山、电力、电信等企业、事业单位应当自筹资金,兴建必要的防洪自保工程。

第五十条 中央财政应当安排资金,用于国家确定的重要江河、湖泊的堤坝遭受特大洪涝灾害时的抗洪抢险和水毁防洪工程修复。省、自治区、直辖市人民政府应当在本级财政预算中安排资金,用于本行政区域内遭受特大洪涝灾害地区的抗洪抢险和水毁防洪工程修复。

第五十一条 国家设立水利建设基金,用于防洪工程和水利工程的维护和建设。具体办法由国务院规定。

受洪水威胁的省、自治区、直辖市为加强本行政区域内防洪工程设施建设,提高防御洪水能力,按照国务院的有关规定,可以规定在防洪保护区范围内征收河道工程修建维护管理费。

第五十二条 任何单位和个人不得截留、挪用防洪、救灾资金和物资。

各级人民政府审计机关应当加强对防洪、救灾资金使用情况的审计监督。

第七章 法律责任

第五十三条 违反本法第十七条规定,未经水行政主管部门签署规划同意书,擅自在江河、湖泊上建设防洪工程和其他水工程、水电站的,责令停止违法行为,补办规划同意书手续;违反规划同意书的要求,严重影响防洪的,责令限期拆除;违反规划同意书的要求,影响防洪但尚可采取补救措施的,责令限期采取补救措施,可以处一万元以上十万元以下的罚款。

第五十四条 违反本法第十九条规定,未按照规划治导线整治河道和修建控制引导河水流向、保护堤岸等工程,影响防洪的,责令停止违法行为,恢复原状或者采取其他补救措施,可以处一万元以上十万元以下的罚款。

第五十五条 违反本法第二十二条第二款、第三款规定,有下列行为之一的,责令停止违法行为,排除阻碍或者采取其他补救措施,可以处五万元以下的罚款:

(一)在河道、湖泊管理范围内建设妨碍行洪的建筑物、构筑物的;

(二)在河道、湖泊管理范围内倾倒垃圾、渣土,从事影响河势稳定、危害河岸堤防安全和其他妨碍河道行洪的活动的;

(三)在行洪河道内种植阻碍行洪的林木和高秆作物的。

第五十六条 违反本法第十五条第二款、第二十三条规定,围海造地、围湖造地、围垦河道的,责令停止违法行为,恢复原状或者采取其他补救措施,可以处五万元以下的罚款;既不恢复原状也不采取其他补救措施的,代为恢复原状或者采取其他补救措施,所需费用由违法者承担。

第五十七条 违反本法第二十七条规定,未经水行政主管部门对其工程建设方案审查同意或者未按照有关水行政主管部门审查批准的位置、界限,在河道、湖泊管理范围内从事工程设施建设活动的,责令停止违法行为,补办审查同意或者审查批准手续;工程设施建设严重影响防洪的,责令限期拆除,逾期不拆除的,强行拆除,所需费用由建设单位承担;影响行洪但尚可采取补救措施的,责令限期采取补救措施,可以处一万元以上十万元以下的罚款。

第五十八条 违反本法第三十三条第一款规定,在洪泛区、蓄滞洪区内建设非防洪建设项目,未编制洪水影响评价报告或者洪水影响评价报告未经审查批准开工建设的,责令限期改正;逾期不改正的,处五万元以下的罚款。

违反本法第三十三条第二款规定,防洪工程设施未经验收,即将建设项目投入生产或者使用的,责令停止生产或者使用,限期验收防洪工程设施,可以处五万元以下的罚款。

第五十九条 违反本法第三十四条规定,因城市建设擅自填堵原有河道沟叉、贮水湖塘洼淀和废除原有防洪围堤的,城市人民政府应当责令停止违法行为,限期恢复原状或者采取其他补救措施。

第六十条 违反本法规定,破坏、侵占、毁损堤防、水闸、护岸、抽水站、排水渠系等防洪工程和水文、通信设施以及防汛备用的器材、物料的,责令停止违法行为,采取补救措施,可以处五万元以下的罚款;造成损坏的,依法承担民事责任;应当给予治安管理处罚的,依照治安管理处罚法的规定处罚;构成犯罪的,依法追究刑事责任。

第六十一条 阻碍、威胁防汛指挥机构、水行政主管部门或者流域管理机构的工作人员依法执行职务,构成犯罪的,依法追究刑事责任;尚不构成犯罪,应当给予治安管理处罚的,依照治安管理处罚法的规定处罚。

第六十二条 截留、挪用防洪、救灾资金和物资,构成犯罪的,依法追究刑事责任;尚不构成犯罪的,给予行政处分。

第六十三条 除本法第六十条的规定外,本章规定的行政处罚和行政措施,由县级以上人民政府水行政主管部门决定,或者由流域管理机构按照国务院水行政主管部门规定的权限决定。但是,本法第六十一条、第六十二条规定的治安管理处罚的决定机关,按照治安管理处罚法的规定执行。

第六十四条 国家工作人员,有下列行为之一,构成犯罪的,依法追究刑事责任;尚不构成犯罪的,给予行政处分:

(一)违反本法第十七条、第十九条、第二十二条第二款、第二十二条第三款、第二十七条或者第三十四条规定,严重影响防洪的;

(二)滥用职权,玩忽职守,徇私舞弊,致使防汛抗洪工作遭受重大损失的;

(三)拒不执行防御洪水方案、防汛抢险指令或者蓄滞洪方案、措施、汛期调度运用计划等防汛调度方案的;

(四)违反本法规定,导致或者加重毗邻地区或者其他单位洪灾损失的。

第八章 附　则

第六十五条 本法自 2016 年 9 月 1 日起施行。

水污染防治行动计划

(2015年4月16日　国发〔2015〕17号)

水环境保护事关人民群众切身利益,事关全面建成小康社会,事关实现中华民族伟大复兴中国梦。当前,我国一些地区水环境质量差、水生态受损重、环境隐患多等问题十分突出,影响和损害群众健康,不利于经济社会持续发展。为切实加大水污染防治力度,保障国家水安全,制定本行动计划。

总体要求:全面贯彻党的十八大和十八届二中、三中、四中全会精神,大力推进生态文明建设,以改善水环境质量为核心,按照"节水优先、空间均衡、系统治理、两手发力"原则,贯彻"安全、清洁、健康"方针,强化源头控制,水陆统筹、河海兼顾,对江河湖海实施分流域、分区域、分阶段科学治理,系统推进水污染防治、水生态保护和水资源管理。坚持政府市场协同,注重改革创新;坚持全面依法推进,实行最严格环保制度;坚持落实各方责任,严格考核问责;坚持全民参与,推动节水洁水人人有责,形成"政府统领、企业施治、市场驱动、公众参与"的水污染防治新机制,实现环境效益、经济效益与社会效益多赢,为建设"蓝天常在、青山常在、绿水常在"的美丽中国而奋斗。

工作目标:到2020年,全国水环境质量得到阶段性改善,污染严重水体较大幅度减少,饮用水安全保障水平持续提升,地下水超采得到严格控制,地下水污染加剧趋势得到初步遏制,近岸海域环境质量稳中趋好,京津冀、长三角、珠三角等区域水生态环境状况有所好转。到2030年,力争全国水环境质量总体改善,水生态系统功能初步恢复。到本世纪中叶,生态环境质量全面改善,生态系统实现良性循环。

主要指标:到2020年,长江、黄河、珠江、松花江、淮河、海河、辽河等七大重点流域水质优良(达到或优于Ⅲ类)比例总体达到70%以上,地级及以上城市建成区黑臭水体均控制在10%以内,地级及以上城市集中式饮用水水源水质达到或优于Ⅲ类比例总体高于93%,全国地下水质量极差的比例控制在15%左右,近岸海域水质优良(一、二类)比例达到70%左右。京津冀区域丧失使用功能(劣于Ⅴ类)的水体断面比例下降15个百分点左右,长三角、珠三角区域力争消除丧失使用功能的水体。

到2030年,全国七大重点流域水质优良比例总体达到75%以上,城市建成区黑臭水体总体得到消除,城市集中式饮用水水源水质达到或优于Ⅲ类比例总体为95%左右。

一、全面控制污染物排放

(一)狠抓工业污染防治。取缔"十小"企业。全面排查装备水平低、环保设施差的小型工业企业。2016年底前,按照水污染防治法律法规要求,全部取缔不符合国家产业政策的小型造纸、制革、印染、染料、炼焦、炼硫、炼砷、炼油、电镀、农药等严重污染水环境的生产项目。(环境保护部牵头,工业和信息化部、国土资源部、能源局等参与,地方各级人民政府负责落实。以下均需地

方各级人民政府落实,不再列出)

专项整治十大重点行业。制定造纸、焦化、氮肥、有色金属、印染、农副食品加工、原料药制造、制革、农药、电镀等行业专项治理方案,实施清洁化改造。新建、改建、扩建上述行业建设项目实行主要污染物排放等量或减量置换。2017年底前,造纸行业力争完成纸浆无元素氯漂白改造或采取其他低污染制浆技术,钢铁企业焦炉完成干熄焦技术改造,氮肥行业尿素生产完成工艺冷凝液水解析技术改造,印染行业实施低排水染整工艺改造,制药(抗生素、维生素)行业实施绿色酶法生产技术改造,制革行业实施铬减量化和封闭循环利用技术改造。(环境保护部牵头,工业和信息化部等参与)

集中治理工业集聚区水污染。强化经济技术开发区、高新技术产业开发区、出口加工区等工业集聚区污染治理。集聚区内工业废水必须经预处理达到集中处理要求,方可进入污水集中处理设施。新建、升级工业集聚区应同步规划、建设污水、垃圾集中处理等污染治理设施。2017年底前,工业集聚区应按规定建成污水集中处理设施,并安装自动在线监控装置,京津冀、长三角、珠三角等区域提前一年完成;逾期未完成的,一律暂停审批和核准其增加水污染物排放的建设项目,并依照有关规定撤销其园区资格。(环境保护部牵头,科技部、工业和信息化部、商务部等参与)

(二)强化城镇生活污染治理。加快城镇污水处理设施建设与改造。现有城镇污水处理设施,要因地制宜进行改造,2020年底前达到相应排放标准或再生利用要求。敏感区域(重点湖泊、重点水库、近岸海域汇水区域)城镇污水处理设施应于2017年底前全面达到一级A排放标准。建成区水体水质达不到地表水Ⅳ类标准的城市,新建城镇污水处理设施要执行一级A排放标准。按照国家新型城镇化规划要求,到2020年,全国所有县城和重点镇具备污水收集处理能力,县城、城市污水处理率分别达到85%、95%左右。京津冀、长三角、珠三角等区域提前一年完成。(住房城乡建设部牵头,发展改革委、环境保护部等参与)

全面加强配套管网建设。强化城中村、老旧城区和城乡结合部污水截流、收集。现有合流制排水系统应加快实施雨污分流改造,难以改造的,应采取截流、调蓄和治理等措施。新建污水处理设施的配套管网应同步设计、同步建设、同步投运。除干旱地区外,城镇新区建设均实行雨污分流,有条件的地区要推进初期雨水收集、处理和资源化利用。到2017年,直辖市、省会城市、计划单列市建成区污水基本实现全收集、全处理,其他地级城市建成区于2020年底前基本实现。(住房城乡建设部牵头,发展改革委、环境保护部等参与)

推进污泥处理处置。污水处理设施产生的污泥应进行稳定化、无害化和资源化处理处置,禁止处理处置不达标的污泥进入耕地。非法污泥堆放点一律予以取缔。现有污泥处理处置设施应于2017年底前基本完成达标改造,地级及以上城市污泥无害化处理处置率应于2020年底前达到90%以上。(住房城乡建设部牵头,发展改革委、工业和信息化部、环境保护部、农业部等参与)

(三)推进农业农村污染防治。防治畜禽养殖污染。科学划定畜禽养殖禁养区,2017年底前,依法关闭或搬迁禁养区内的畜禽养殖场(小区)和养殖专业户,京津冀、长三角、珠三角等区域提前一年完成。现有规模化畜禽养殖场(小区)要根据污染防治需要,配套建设粪便污水贮存、处理、利用设施。散养密集区要实行畜禽粪便污水分户收集、集中处理利用。自2016年起,新建、改建、扩建规模化畜禽养殖场(小区)要实施雨污分流、粪便污水资源化利用。(农业部牵头,环

境保护部参与)

控制农业面源污染。制定实施全国农业面源污染综合防治方案。推广低毒、低残留农药使用补助试点经验,开展农作物病虫害绿色防控和统防统治。实行测土配方施肥,推广精准施肥技术和机具。完善高标准农田建设、土地开发整理等标准规范,明确环保要求,新建高标准农田要达到相关环保要求。敏感区域和大中型灌区,要利用现有沟、塘、窖等,配置水生植物群落、格栅和透水坝,建设生态沟渠、污水净化塘、地表径流集蓄池等设施,净化农田排水及地表径流。到2020年,测土配方施肥技术推广覆盖率达到90%以上,化肥利用率提高到40%以上,农作物病虫害统防统治覆盖率达到40%以上;京津冀、长三角、珠三角等区域提前一年完成。(农业部牵头,发展改革委、工业和信息化部、国土资源部、环境保护部、水利部、质检总局等参与)

调整种植业结构与布局。在缺水地区试行退地减水。地下水易受污染地区要优先种植需肥需药量低、环境效益突出的农作物。地表水过度开发和地下水超采问题较严重,且农业用水比重较大的甘肃、新疆(含新疆生产建设兵团)、河北、山东、河南等五省(区),要适当减少用水量较大的农作物种植面积,改种耐旱作物和经济林;2018年底前,对3300万亩灌溉面积实施综合治理,退减水量37亿立方米以上。(农业部、水利部牵头,发展改革委、国土资源部等参与)

加快农村环境综合整治。以县级行政区域为单元,实行农村污水处理统一规划、统一建设、统一管理,有条件的地区积极推进城镇污水处理设施和服务向农村延伸。深化"以奖促治"政策,实施农村清洁工程,开展河道清淤疏浚,推进农村环境连片整治。到2020年,新增完成环境综合整治的建制村13万个。(环境保护部牵头,住房城乡建设部、水利部、农业部等参与)

(四)加强船舶港口污染控制。积极治理船舶污染。依法强制报废超过使用年限的船舶。分类分级修订船舶及其设施、设备的相关环保标准。2018年起投入使用的沿海船舶、2021年起投入使用的内河船舶执行新的标准;其他船舶于2020年底前完成改造,经改造仍不能达到要求的,限期予以淘汰。航行于我国水域的国际航线船舶,要实施压载水交换或安装压载水灭活处理系统。规范拆船行为,禁止冲滩解体。(交通运输部牵头,工业和信息化部、环境保护部、农业部、质检总局等参与)

增强港口码头污染防治能力。编制实施全国港口、码头、装卸站污染防治方案。加快垃圾接收、转运及处理处置设施建设,提高含油污水、化学品洗舱水等接收处置能力及污染事故应急能力。位于沿海和内河的港口、码头、装卸站及船舶修造厂,分别于2017年底前和2020年底前达到建设要求。港口、码头、装卸站的经营人应制定防治船舶及其有关活动污染水环境的应急计划。(交通运输部牵头,工业和信息化部、住房城乡建设部、农业部等参与)

二、推动经济结构转型升级

(五)调整产业结构。依法淘汰落后产能。自2015年起,各地要依据部分工业行业淘汰落后生产工艺装备和产品指导目录、产业结构调整指导目录及相关行业污染物排放标准,结合水质改善要求及产业发展情况,制定并实施分年度的落后产能淘汰方案,报工业和信息化部、环境保护部备案。未完成淘汰任务的地区,暂停审批和核准其相关行业新建项目。(工业和信息化部牵头,发展改革委、环境保护部等参与)

严格环境准入。根据流域水质目标和主体功能区规划要求,明确区域环境准入条件,细化功能分区,实施差别化环境准入政策。建立水资源、水环境承载能力监测评价体系,实行承载能力监测预警,已超过承载能力的地区要实施水污染物削减方案,加快调整发展规划和产业结构。到

2020年,组织完成市、县域水资源、水环境承载能力现状评价。(环境保护部牵头,住房城乡建设部、水利部、海洋局等参与)

(六)优化空间布局。合理确定发展布局、结构和规模。充分考虑水资源、水环境承载能力,以水定城、以水定地、以水定人、以水定产。重大项目原则上布局在优化开发区和重点开发区,并符合城乡规划和土地利用总体规划。鼓励发展节水高效现代农业、低耗水高新技术产业以及生态保护型旅游业,严格控制缺水地区、水污染严重地区和敏感区域高耗水、高污染行业发展,新建、改建、扩建重点行业建设项目实行主要污染物排放减量置换。七大重点流域干流沿岸,要严格控制石油加工、化学原料和化学制品制造、医药制造、化学纤维制造、有色金属冶炼、纺织印染等项目环境风险,合理布局生产装置及危险化学品仓储等设施。(发展改革委、工业和信息化部牵头,国土资源部、环境保护部、住房城乡建设部、水利部等参与)

推动污染企业退出。城市建成区内现有钢铁、有色金属、造纸、印染、原料药制造、化工等污染较重的企业应有序搬迁改造或依法关闭。(工业和信息化部牵头,环境保护部等参与)

积极保护生态空间。严格城市规划蓝线管理,城市规划区范围内应保留一定比例的水域面积。新建项目一律不得违规占用水域。严格水域岸线用途管制,土地开发利用应按照有关法律法规和技术标准要求,留足河道、湖泊和滨海地带的管理和保护范围,非法挤占的应限期退出。(国土资源部、住房城乡建设部牵头,环境保护部、水利部、海洋局等参与)

(七)推进循环发展。加强工业水循环利用。推进矿井水综合利用,煤炭矿区的补充用水、周边地区生产和生态用水应优先使用矿井水,加强洗煤废水循环利用。鼓励钢铁、纺织印染、造纸、石油石化、化工、制革等高耗水企业废水深度处理回用。(发展改革委、工业和信息化部牵头,水利部、能源局等参与)

促进再生水利用。以缺水及水污染严重地区城市为重点,完善再生水利用设施,工业生产、城市绿化、道路清扫、车辆冲洗、建筑施工以及生态景观等用水,要优先使用再生水。推进高速公路服务区污水处理和利用。具备使用再生水条件但未充分利用的钢铁、火电、化工、制浆造纸、印染等项目,不得批准其新增取水许可。自2018年起,单体建筑面积超过2万平方米的新建公共建筑,北京市2万平方米、天津市5万平方米、河北省10万平方米以上集中新建的保障性住房,应安装建筑中水设施。积极推动其他新建住房安装建筑中水设施。到2020年,缺水城市再生水利用率达到20%以上,京津冀区域达到30%以上。(住房城乡建设部牵头,发展改革委、工业和信息化部、环境保护部、交通运输部、水利部等参与)

推动海水利用。在沿海地区电力、化工、石化等行业,推行直接利用海水作为循环冷却等工业用水。在有条件的城市,加快推进淡化海水作为生活用水补充水源。(发展改革委牵头,工业和信息化部、住房城乡建设部、水利部、海洋局等参与)

三、着力节约保护水资源

(八)控制用水总量。实施最严格水资源管理。健全取用水总量控制指标体系。加强相关规划和项目建设布局水资源论证工作,国民经济和社会发展规划以及城市总体规划的编制、重大建设项目的布局,应充分考虑当地水资源条件和防洪要求。对取用水总量已达到或超过控制指标的地区,暂停审批其建设项目新增取水许可。对纳入取水许可管理的单位和其他用水大户实行计划用水管理。新建、改建、扩建项目用水要达到行业先进水平,节水设施应与主体工程同时设计、同时施工、同时投运。建立重点监控用水单位名录。到2020年,全国用水总量控制在6700

亿立方米以内。(水利部牵头,发展改革委、工业和信息化部、住房城乡建设部、农业部等参与)

严控地下水超采。在地面沉降、地裂缝、岩溶塌陷等地质灾害易发区开发利用地下水,应进行地质灾害危险性评估。严格控制开采深层承压水,地热水、矿泉水开发应严格实行取水许可和采矿许可。依法规范机井建设管理,排查登记已建机井,未经批准的和公共供水管网覆盖范围内的自备水井,一律予以关闭。编制地面沉降区、海水入侵区等区域地下水压采方案。开展华北地下水超采区综合治理,超采区内禁止工农业生产及服务业新增取用地下水。京津冀区域实施土地整治、农业开发、扶贫等农业基础设施项目,不得以配套打井为条件。2017年底前,完成地下水禁采区、限采区和地面沉降控制区范围划定工作,京津冀、长三角、珠三角等区域提前一年完成。(水利部、国土资源部牵头,发展改革委、工业和信息化部、财政部、住房城乡建设部、农业部等参与)

(九)提高用水效率。建立万元国内生产总值水耗指标等用水效率评估体系,把节水目标任务完成情况纳入地方政府政绩考核。将再生水、雨水和微咸水等非常规水源纳入水资源统一配置。到2020年,全国万元国内生产总值用水量、万元工业增加值用水量比2013年分别下降35%、30%以上。(水利部牵头,发展改革委、工业和信息化部、住房城乡建设部等参与)

抓好工业节水。制定国家鼓励和淘汰的用水技术、工艺、产品和设备目录,完善高耗水行业取用水定额标准。开展节水诊断、水平衡测试、用水效率评估,严格用水定额管理。到2020年,电力、钢铁、纺织、造纸、石油石化、化工、食品发酵等高耗水行业达到先进定额标准。(工业和信息化部、水利部牵头,发展改革委、住房城乡建设部、质检总局等参与)

加强城镇节水。禁止生产、销售不符合节水标准的产品、设备。公共建筑必须采用节水器具,限期淘汰公共建筑中不符合节水标准的水嘴、便器水箱等生活用水器具。鼓励居民家庭选用节水器具。对使用超过50年和材质落后的供水管网进行更新改造,到2017年,全国公共供水管网漏损率控制在12%以内;到2020年,控制在10%以内。积极推行低影响开发建设模式,建设滞、渗、蓄、用、排相结合的雨水收集利用设施。新建城区硬化地面,可渗透面积要达到40%以上。到2020年,地级及以上缺水城市全部达到国家节水型城市标准要求,京津冀、长三角、珠三角等区域提前一年完成。(住房城乡建设部牵头,发展改革委、工业和信息化部、水利部、质检总局等参与)

发展农业节水。推广渠道防渗、管道输水、喷灌、微灌等节水灌溉技术,完善灌溉用水计量设施。在东北、西北、黄淮海等区域,推进规模化高效节水灌溉,推广农作物节水抗旱技术。到2020年,大型灌区、重点中型灌区续建配套和节水改造任务基本完成,全国节水灌溉工程面积达到7亿亩左右,农田灌溉水有效利用系数达到0.55以上。(水利部、农业部牵头,发展改革委、财政部等参与)

(十)科学保护水资源。完善水资源保护考核评价体系。加强水功能区监督管理,从严核定水域纳污能力。(水利部牵头,发展改革委、环境保护部等参与)

加强江河湖库水量调度管理。完善水量调度方案。采取闸坝联合调度、生态补水等措施,合理安排闸坝下泄水量和泄流时段,维持河湖基本生态用水需求,重点保障枯水期生态基流。加大水利工程建设力度,发挥好控制性水利工程在改善水质中的作用。(水利部牵头,环境保护部参与)

科学确定生态流量。在黄河、淮河等流域进行试点,分期分批确定生态流量(水位),作为流

域水量调度的重要参考。(水利部牵头,环境保护部参与)

四、强化科技支撑

(十一)推广示范适用技术。加快技术成果推广应用,重点推广饮用水净化、节水、水污染治理及循环利用、城市雨水收集利用、再生水安全回用、水生态修复、畜禽养殖污染防治等适用技术。完善环保技术评价体系,加强国家环保科技成果共享平台建设,推动技术成果共享与转化。发挥企业的技术创新主体作用,推动水处理重点企业与科研院所、高等学校组建产学研技术创新战略联盟,示范推广控源减排和清洁生产先进技术。(科技部牵头,发展改革委、工业和信息化部、环境保护部、住房城乡建设部、水利部、农业部、海洋局等参与)

(十二)攻关研发前瞻技术。整合科技资源,通过相关国家科技计划(专项、基金)等,加快研发重点行业废水深度处理、生活污水低成本高标准处理、海水淡化和工业高盐废水脱盐、饮用水微量有毒污染物处理、地下水污染修复、危险化学品事故和水上溢油应急处置等技术。开展有机物和重金属等水环境基准、水污染对人体健康影响、新型污染物风险评价、水环境损害评估、高品质再生水补充饮用水水源等研究。加强水生态保护、农业面源污染防治、水环境监控预警、水处理工艺技术装备等领域的国际交流合作。(科技部牵头,发展改革委、工业和信息化部、国土资源部、环境保护部、住房城乡建设部、水利部、农业部、卫生计生委等参与)

(十三)大力发展环保产业。规范环保产业市场。对涉及环保市场准入、经营行为规范的法规、规章和规定进行全面梳理,废止妨碍形成全国统一环保市场和公平竞争的规定和做法。健全环保工程设计、建设、运营等领域招投标管理办法和技术标准。推进先进适用的节水、治污、修复技术和装备产业化发展。(发展改革委牵头,科技部、工业和信息化部、财政部、环境保护部、住房城乡建设部、水利部、海洋局等参与)

加快发展环保服务业。明确监管部门、排污企业和环保服务公司的责任和义务,完善风险分担、履约保障等机制。鼓励发展包括系统设计、设备成套、工程施工、调试运行、维护管理的环保服务总承包模式、政府和社会资本合作模式等。以污水、垃圾处理和工业园区为重点,推行环境污染第三方治理。(发展改革委、财政部牵头,科技部、工业和信息化部、环境保护部、住房城乡建设部等参与)

五、充分发挥市场机制作用

(十四)理顺价格税费。加快水价改革。县级及以上城市应于2015年底前全面实行居民阶梯水价制度,具备条件的建制镇也要积极推进。2020年底前,全面实行非居民用水超定额、超计划累进加价制度。深入推进农业水价综合改革。(发展改革委牵头,财政部、住房城乡建设部、水利部、农业部等参与)

完善收费政策。修订城镇污水处理费、排污费、水资源费征收管理办法,合理提高征收标准,做到应收尽收。城镇污水处理收费标准不应低于污水处理和污泥处理处置成本。地下水水资源费征收标准应高于地表水,超采地区地下水水资源费征收标准应高于非超采地区。(发展改革委、财政部牵头,环境保护部、住房城乡建设部、水利部等参与)

健全税收政策。依法落实环境保护、节能节水、资源综合利用等方面税收优惠政策。对国内企业为生产国家支持发展的大型环保设备,必须进口的关键零部件及原材料,免征关税。加快推进环境保护税立法、资源税税费改革等工作。研究将部分高耗能、高污染产品纳入消费税征收范

围。(财政部、税务总局牵头,发展改革委、工业和信息化部、商务部、海关总署、质检总局等参与)

(十五)促进多元融资。引导社会资本投入。积极推动设立融资担保基金,推进环保设备融资租赁业务发展。推广股权、项目收益权、特许经营权、排污权等质押融资担保。采取环境绩效合同服务、授予开发经营权益等方式,鼓励社会资本加大水环境保护投入。(人民银行、发展改革委、财政部牵头,环境保护部、住房城乡建设部、银监会、证监会、保监会等参与)

增加政府资金投入。中央财政加大对属于中央事权的水环境保护项目支持力度,合理承担部分属于中央和地方共同事权的水环境保护项目,向欠发达地区和重点地区倾斜;研究采取专项转移支付等方式,实施"以奖代补"。地方各级人民政府要重点支持污水处理、污泥处理处置、河道整治、饮用水水源保护、畜禽养殖污染防治、水生态修复、应急清污等项目和工作。对环境监管能力建设及运行费用分级予以必要保障。(财政部牵头,发展改革委、环境保护部等参与)

(十六)建立激励机制。健全节水环保"领跑者"制度。鼓励节能减排先进企业、工业集聚区用水效率、排污强度等达到更高标准,支持开展清洁生产、节约用水和污染治理等示范。(发展改革委牵头,工业和信息化部、财政部、环境保护部、住房城乡建设部、水利部等参与)

推行绿色信贷。积极发挥政策性银行等金融机构在水环境保护中的作用,重点支持循环经济、污水处理、水资源节约、水生态环境保护、清洁及可再生能源利用等领域。严格限制环境违法企业贷款。加强环境信用体系建设,构建守信激励与失信惩戒机制,环保、银行、证券、保险等方面要加强协作联动,于2017年底前分级建立企业环境信用评价体系。鼓励涉重金属、石油化工、危险化学品运输等高环境风险行业投保环境污染责任保险。(人民银行牵头,工业和信息化部、环境保护部、水利部、银监会、证监会、保监会等参与)

实施跨界水环境补偿。探索采取横向资金补助、对口援助、产业转移等方式,建立跨界水环境补偿机制,开展补偿试点。深化排污权有偿使用和交易试点。(财政部牵头,发展改革委、环境保护部、水利部等参与)

六、严格环境执法监管

(十七)完善法规标准。健全法律法规。加快水污染防治、海洋环境保护、排污许可、化学品环境管理等法律法规制修订步伐,研究制定环境质量目标管理、环境功能区划、节水及循环利用、饮用水水源保护、污染责任保险、水功能区监督管理、地下水管理、环境监测、生态流量保障、船舶和陆源污染防治等法律法规。各地可结合实际,研究起草地方性水污染防治法规。(法制办牵头,发展改革委、工业和信息化部、国土资源部、环境保护部、住房城乡建设部、交通运输部、水利部、农业部、卫生计生委、保监会、海洋局等参与)

完善标准体系。制修订地下水、地表水和海洋等环境质量标准,城镇污水处理、污泥处理处置、农田退水等污染物排放标准。健全重点行业水污染物特别排放限值、污染防治技术政策和清洁生产评价指标体系。各地可制定严于国家标准的地方水污染物排放标准。(环境保护部牵头,发展改革委、工业和信息化部、国土资源部、住房城乡建设部、水利部、农业部、质检总局等参与)

(十八)加大执法力度。所有排污单位必须依法实现全面达标排放。逐一排查工业企业排污情况,达标企业应采取措施确保稳定达标;对超标和超总量的企业予以"黄牌"警示,一律限制生产或停产整治;对整治仍不能达到要求且情节严重的企业予以"红牌"处罚,一律停业、关闭。自2016年起,定期公布环保"黄牌"、"红牌"企业名单。定期抽查排污单位达标排放情况,结果向社会公布。(环境保护部负责)

完善国家督查、省级巡查、地市检查的环境监督执法机制,强化环保、公安、监察等部门和单位协作,健全行政执法与刑事司法衔接配合机制,完善案件移送、受理、立案、通报等规定。加强对地方人民政府和有关部门环保工作的监督,研究建立国家环境监察专员制度。(环境保护部牵头,工业和信息化部、公安部、中央编办等参与)

严厉打击环境违法行为。重点打击私设暗管或利用渗井、渗坑、溶洞排放、倾倒含有毒有害污染物废水、含病原体污水,监测数据弄虚作假,不正常使用水污染物处理设施,或者未经批准拆除、闲置水污染物处理设施等环境违法行为。对造成生态损害的责任者严格落实赔偿制度。严肃查处建设项目环境影响评价领域越权审批、未批先建、边批边建、久试不验等违法违规行为。对构成犯罪的,要依法追究刑事责任。(环境保护部牵头,公安部、住房城乡建设部等参与)

(十九)提升监管水平。完善流域协作机制。健全跨部门、区域、流域、海域水环境保护议事协调机制,发挥环境保护区域督查派出机构和流域水资源保护机构作用,探索建立陆海统筹的生态系统保护修复机制。流域上下游各级政府、各部门之间要加强协调配合、定期会商,实施联合监测、联合执法、应急联动、信息共享。京津冀、长三角、珠三角等区域要于2015年底前建立水污染防治联动协作机制。建立严格监管所有污染物排放的水环境保护管理制度。(环境保护部牵头,交通运输部、水利部、农业部、海洋局等参与)

完善水环境监测网络。统一规划设置监测断面(点位)。提升饮用水水源水质全指标监测、水生生物监测、地下水环境监测、化学物质监测及环境风险防控技术支撑能力。2017年底前,京津冀、长三角、珠三角等区域、海域建成统一的水环境监测网。(环境保护部牵头,发展改革委、国土资源部、住房城乡建设部、交通运输部、水利部、农业部、海洋局等参与)

提高环境监管能力。加强环境监测、环境监察、环境应急等专业技术培训,严格落实执法、监测等人员持证上岗制度,加强基层环保执法力量,具备条件的乡镇(街道)及工业园区要配备必要的环境监管力量。各市、县应自2016年起实行环境监管网格化管理。(环境保护部负责)

七、切实加强水环境管理

(二十)强化环境质量目标管理。明确各类水体水质保护目标,逐一排查达标状况。未达到水质目标要求的地区要制定达标方案,将治污任务逐一落实到汇水范围内的排污单位,明确防治措施及达标时限,方案报上一级人民政府备案,自2016年起,定期向社会公布。对水质不达标的区域实施挂牌督办,必要时采取区域限批等措施。(环境保护部牵头,水利部参与)

(二十一)深化污染物排放总量控制。完善污染物统计监测体系,将工业、城镇生活、农业、移动源等各类污染源纳入调查范围。选择对水环境质量有突出影响的总氮、总磷、重金属等污染物,研究纳入流域、区域污染物排放总量控制约束性指标体系。(环境保护部牵头,发展改革委、工业和信息化部、住房城乡建设部、水利部、农业部等参与)

(二十二)严格环境风险控制。防范环境风险。定期评估沿江河湖库工业企业、工业集聚区环境和健康风险,落实防控措施。评估现有化学物质环境和健康风险,2017年底前公布优先控制化学品名录,对高风险化学品生产、使用进行严格限制,并逐步淘汰替代。(环境保护部牵头,工业和信息化部、卫生计生委、安全监管总局等参与)

稳妥处置突发水环境污染事件。地方各级人民政府要制定和完善水污染事故处置应急预案,落实责任主体,明确预警预报与响应程序、应急处置及保障措施等内容,依法及时公布预警信息。(环境保护部牵头,住房城乡建设部、水利部、农业部、卫生计生委等参与)

(二十三)全面推行排污许可。依法核发排污许可证。2015年底前,完成国控重点污染源及排污权有偿使用和交易试点地区污染源排污许可证的核发工作,其他污染源于2017年底前完成。(环境保护部负责)

加强许可证管理。以改善水质、防范环境风险为目标,将污染物排放种类、浓度、总量、排放去向等纳入许可证管理范围。禁止无证排污或不按许可证规定排污。强化海上排污监管,研究建立海上污染排放许可证制度。2017年底前,完成全国排污许可证管理信息平台建设。(环境保护部牵头,海洋局参与)

八、全力保障水生态环境安全

(二十四)保障饮用水水源安全。从水源到水龙头全过程监管饮用水安全。地方各级人民政府及供水单位应定期监测、检测和评估本行政区域内饮用水水源、供水厂出水和用户水龙头水质等饮水安全状况,地级及以上城市自2016年起每季度向社会公开。自2018年起,所有县级及以上城市饮水安全状况信息都要向社会公开。(环境保护部牵头,发展改革委、财政部、住房城乡建设部、水利部、卫生计生委等参与)

强化饮用水水源环境保护。开展饮用水水源规范化建设,依法清理饮用水水源保护区内违法建筑和排污口。单一水源供水的地级及以上城市应于2020年底前基本完成备用水源或应急水源建设,有条件的地方可以适当提前。加强农村饮用水水源保护和水质检测。(环境保护部牵头,发展改革委、财政部、住房城乡建设部、水利部、卫生计生委等参与)

防治地下水污染。定期调查评估集中式地下水型饮用水水源补给区等区域环境状况。石化生产存贮销售企业和工业园区、矿山开采区、垃圾填埋场等区域应进行必要的防渗处理。加油站地下油罐应于2017年底前全部更换为双层罐或完成防渗池设置。报废矿井、钻井、取水井应实施封井回填。公布京津冀等区域内环境风险大、严重影响公众健康的地下水污染场地清单,开展修复试点。(环境保护部牵头,财政部、国土资源部、住房城乡建设部、水利部、商务部等参与)

(二十五)深化重点流域污染防治。编制实施七大重点流域水污染防治规划。研究建立流域水生态环境功能分区管理体系。对化学需氧量、氨氮、总磷、重金属及其他影响人体健康的污染物采取针对性措施,加大整治力度。汇入富营养化湖库的河流应实施总氮排放控制。到2020年,长江、珠江总体水质达到优良,松花江、黄河、淮河、辽河在轻度污染基础上进一步改善,海河污染程度得到缓解。三峡库区水质保持良好,南水北调、引滦入津等调水工程确保水质安全。太湖、巢湖、滇池富营养化水平有所好转。白洋淀、乌梁素海、呼伦湖、艾比湖等湖泊污染程度减轻。环境容量较小、生态环境脆弱,环境风险高的地区,应执行水污染物特别排放限值。各地可根据水环境质量改善需要,扩大特别排放限值实施范围。(环境保护部牵头,发展改革委、工业和信息化部、财政部、住房城乡建设部、水利部等参与)

加强良好水体保护。对江河源头及现状水质达到或优于Ⅲ类的江河湖库开展生态环境安全评估,制定实施生态环境保护方案。东江、滦河、千岛湖、南四湖等流域于2017年底前完成。浙闽片河流、西南诸河、西北诸河及跨界水体水质保持稳定。(环境保护部牵头,外交部、发展改革委、财政部、水利部、林业局等参与)

(二十六)加强近岸海域环境保护。实施近岸海域污染防治方案。重点整治黄河口、长江口、闽江口、珠江口、辽东湾、渤海湾、胶州湾、杭州湾、北部湾等河口海湾污染。沿海地级及以上城市实施总氮排放总量控制。研究建立重点海域排污总量控制制度。规范入海排污口设置,2017年底前全面清理非法或设置不合理的入海排污口。到 2020 年,沿海省(区、市)入海河流基本消除劣于Ⅴ类的水体。提高涉海项目准入门槛。(环境保护部、海洋局牵头,发展改革委、工业和信息化部、财政部、住房城乡建设部、交通运输部、农业部等参与)

推进生态健康养殖。在重点河湖及近岸海域划定限制养殖区。实施水产养殖池塘、近海养殖网箱标准化改造,鼓励有条件的渔业企业开展海洋离岸养殖和集约化养殖。积极推广人工配合饲料,逐步减少冰鲜杂鱼饲料使用。加强养殖投入品管理,依法规范、限制使用抗生素等化学药品,开展专项整治。到 2015 年,海水养殖面积控制在 220 万公顷左右。(农业部负责)

严格控制环境激素类化学品污染。2017 年底前完成环境激素类化学品生产使用情况调查,监控评估水源地、农产品种植区及水产品集中养殖区风险,实施环境激素类化学品淘汰、限制、替代等措施。(环境保护部牵头,工业和信息化部、农业部等参与)

(二十七)整治城市黑臭水体。采取控源截污、垃圾清理、清淤疏浚、生态修复等措施,加大黑臭水体治理力度,每半年向社会公布治理情况。地级及以上城市建成区应于 2015 年底前完成水体排查,公布黑臭水体名称、责任人及达标期限;于 2017 年底前实现河面无大面积漂浮物,河岸无垃圾,无违法排污口;于 2020 年底前完成黑臭水体治理目标。直辖市、省会城市、计划单列市建成区要于 2017 年底前基本消除黑臭水体。(住房城乡建设部牵头,环境保护部、水利部、农业部等参与)

(二十八)保护水和湿地生态系统。加强河湖水生态保护,科学划定生态保护红线。禁止侵占自然湿地等水源涵养空间,已侵占的要限期予以恢复。强化水源涵养林建设与保护,开展湿地保护与修复,加大退耕还林、还草、还湿力度。加强滨河(湖)带生态建设,在河道两侧建设植被缓冲带和隔离带。加大水生野生动植物类自然保护区和水产种质资源保护区保护力度,开展珍稀濒危水生生物和重要水产种质资源的就地和迁地保护,提高水生生物多样性。2017 年底前,制订实施七大重点流域水生生物多样性保护方案。(环境保护部、林业局牵头,财政部、国土资源部、住房城乡建设部、水利部、农业部等参与)

保护海洋生态。加大红树林、珊瑚礁、海草床等滨海湿地、河口和海湾典型生态系统,以及产卵场、索饵场、越冬场、洄游通道等重要渔业水域的保护力度,实施增殖放流,建设人工鱼礁。开展海洋生态补偿及赔偿等研究,实施海洋生态修复。认真执行围填海管制计划,严格围填海管理和监督,重点海湾、海洋自然保护区的核心区及缓冲区、海洋特别保护区的重点保护区及预留区、重点河口区域、重要滨海湿地区域、重要砂质岸线及沙源保护海域、特殊保护海岛及重要渔业海域禁止实施围填海,生态脆弱敏感区、自净能力差的海域严格限制围填海。严肃查处违法围填海行为,追究相关人员责任。将自然海岸线保护纳入沿海地方政府政绩考核。到 2020 年,全国自然岸线保有率不低于 35%(不包括海岛岸线)。(环境保护部、海洋局牵头,发展改革委、财政部、农业部、林业局等参与)

九、明确和落实各方责任

(二十九)强化地方政府水环境保护责任。各级地方人民政府是实施本行动计划的主体,要于 2015 年底前分别制订并公布水污染防治工作方案,逐年确定分流域、分区域、分行业的重点任务和年度目标。要不断完善政策措施,加大资金投入,统筹城乡水污染治理,强化监管,确保各项任务全面完成。各省(区、市)工作方案报国务院备案。(环境保护部牵头,发展改革委、财政部、住房城乡建设部、水利部等参与)

（三十）加强部门协调联动。建立全国水污染防治工作协作机制,定期研究解决重大问题。各有关部门要认真按照职责分工,切实做好水污染防治相关工作。环境保护部要加强统一指导、协调和监督,工作进展及时向国务院报告。（环境保护部牵头,发展改革委、科技部、工业和信息化部、财政部、住房城乡建设部、水利部、农业部、海洋局等参与）

（三十一）落实排污单位主体责任。各类排污单位要严格执行环保法律法规和制度,加强污染治理设施建设和运行管理,开展自行监测,落实治污减排、环境风险防范等责任。中央企业和国有企业要带头落实,工业集聚区内的企业要探索建立环保自律机制。（环境保护部牵头,国资委参与）

（三十二）严格目标任务考核。国务院与各省（区、市）人民政府签订水污染防治目标责任书,分解落实目标任务,切实落实"一岗双责"。每年分流域、分区域、分海域对行动计划实施情况进行考核,考核结果向社会公布,并作为对领导班子和领导干部综合考核评价的重要依据。（环境保护部牵头,中央组织部参与）

将考核结果作为水污染防治相关资金分配的参考依据。（财政部、发展改革委牵头,环境保护部参与）

对未通过年度考核的,要约谈省级人民政府及其相关部门有关负责人,提出整改意见,予以督促;对有关地区和企业实施建设项目环评限批。对因工作不力、履职缺位等导致未能有效应对水环境污染事件的,以及干预、伪造数据和没有完成年度目标任务的,要依法依纪追究有关单位和人员责任。对不顾生态环境盲目决策,导致水环境质量恶化,造成严重后果的领导干部,要记录在案,视情节轻重,给予组织处理或党纪政纪处分,已经离任的也要终身追究责任。（环境保护部牵头,监察部参与）

十、强化公众参与和社会监督

（三十三）依法公开环境信息。综合考虑水环境质量及达标情况等因素,国家每年公布最差、最好的10个城市名单和各省（区、市）水环境状况。对水环境状况差的城市,经整改后仍达不到要求的,取消其环境保护模范城市、生态文明建设示范区、节水型城市、园林城市、卫生城市等荣誉称号,并向社会公告。（环境保护部牵头,发展改革委、住房城乡建设部、水利部、卫生计生委、海洋局等参与）

各省（区、市）人民政府要定期公布本行政区域内各地级市（州、盟）水环境质量状况。国家确定的重点排污单位应依法向社会公开其产生的主要污染物名称、排放方式、排放浓度和总量、超标排放情况,以及污染防治设施的建设和运行情况,主动接受监督。研究发布工业集聚区环境友好指数、重点行业污染物排放强度、城市环境友好指数等信息。（环境保护部牵头,发展改革委、工业和信息化部等参与）

（三十四）加强社会监督。为公众、社会组织提供水污染防治法规培训和咨询,邀请其全程参与重要环保执法行动和重大水污染事件调查。公开曝光环境违法典型案件。健全举报制度,充分发挥"12369"环保举报热线和网络平台作用。限期办理群众举报投诉的环境问题,一经查实,可给予举报人奖励。通过公开听证、网络征集等形式,充分听取公众对重大决策和建设项目的意见。积极推行环境公益诉讼。（环境保护部负责）

（三十五）构建全民行动格局。树立"节水洁水,人人有责"的行为准则。加强宣传教育,把水资源、水环境保护和水情知识纳入国民教育体系,提高公众对经济社会发展和环境保护客观规律的认识。依托全国中小学节水教育、水土保持教育、环境教育等社会实践基地,开展环保社会实践活动。支持民间环保机构、志愿者开展工作。倡导绿色消费新风尚,开展环保社区、学校、家庭等群众性创建活动,推动节约用水,鼓励购买使用节水产品和环境标志产品。(环境保护部牵头,教育部、住房城乡建设部、水利部等参与)

我国正处于新型工业化、信息化、城镇化和农业现代化快速发展阶段,水污染防治任务繁重艰巨。各地区、各有关部门要切实处理好经济社会发展和生态文明建设的关系,按照"地方履行属地责任、部门强化行业管理"的要求,明确执法主体和责任主体,做到各司其职,恪尽职守,突出重点,综合整治,务求实效,以抓铁有痕、踏石留印的精神,依法依规狠抓贯彻落实,确保全国水环境治理与保护目标如期实现,为实现"两个一百年"奋斗目标和中华民族伟大复兴中国梦作出贡献。

饮用水水源保护区污染防治管理规定(2010年修正)

(1989年7月10日国家环境保护局、卫生部、建设部、水利部、地质矿产部〔89〕环管字第201号发布 根据2010年12月22日环境保护部令第16号《环境保护部关于废止、修改部分环保部门规章和规范性文件的决定》修正)

第一章 总 则

第一条 为保障人民身体健康和经济建设发展,必须保护好饮用水水源。根据《中华人民共和国水污染防治法》特制订本规定。

第二条 本规定适用于全国所有集中式供水的饮用水地表水源和地下水源的污染防治管理。

第三条 按照不同的水质标准和防护要求分级划分饮用水水源保护区。饮用水水源保护区一般划分为一级保护区和二级保护区,必要时可增设准保护区。各级保护区应有明确的地理界线。

第四条 饮用水水源各级保护区及准保护区均应规定明确的水质标准并限期达标。

第五条 饮用水水源保护区的设置和污染防治应纳入当地的经济和社会发展规划和水污染防治规划。跨地区的饮用水水源保护区的设置和污染防治应纳入有关流域、区域、城市的经济和社会发展规划和水污染防治规划。

第六条 跨地区的河流、湖泊、水库、输水渠道,其上游地区不得影响下游饮用水水源保护区对水质标准的要求。

第二章 饮用水地表水源保护区的划分和防护

第七条 饮用水地表水源保护区包括一定的水域和陆域,其范围应按照不同水域特点进行水质定量预测并考虑当地具体条件加以确定,保证在规划设计的水文条件和污染负荷下,供应规划水量时,保护区的水质能满足相应的标准。

第八条 在饮用水地表水源取水口附近划定一定的水域和陆域作为饮用水地表水源一级保护区。一级保护区的水质标准不得低于国家规定的《地表水环境质量标准》Ⅱ类标准,并须符合国家规定的《生活饮用水卫生标准》的要求。

第九条 在饮用水地表水源一级保护区外划定一定的水域和陆域作为饮用水地表水源二级保护区。二级保护区的水质标准不得低于国家规定的《地表水环境质量标准》Ⅲ类标准,应保证一级保护区的水质能满足规定的标准。

第十条 根据需要可在饮用水地表水源二级保护区外划定一定的水域及陆域作为饮用水地表水源准保护区。准保护区的水质标准应保证二级保护区的水质能满足规定的标准。

第十一条 饮用水地表水源各级保护区及准保护区内均必须遵守下列规定:

一、禁止一切破坏水环境生态平衡的活动以及破坏水源林、护岸林、与水源保护相关植被的活动。

二、禁止向水域倾倒工业废渣、城市垃圾、粪便及其他废弃物。

三、运输有毒有害物质、油类、粪便的船舶和车辆一般不准进入保护区,必须进入者应事先申请并经有关部门批准、登记并设置防渗、防溢、防漏设施。

四、禁止使用剧毒和高残留农药,不得滥用化肥,不得使用炸药、毒品捕杀鱼类。

第十二条 饮用水地表水源各级保护区及准保护区内必须分别遵守下列规定:

一、一级保护区内

禁止新建、扩建与供水设施和保护水源无关的建设项目;

禁止向水域排放污水,已设置的排污口必须拆除;

不得设置与供水需要无关的码头,禁止停靠船舶;

禁止堆置和存放工业废渣、城市垃圾、粪便和其他废弃物;

禁止设置油库;

禁止从事种植、放养禽畜和网箱养殖活动;

禁止可能污染水源的旅游活动和其他活动。

二、二级保护区内

禁止新建、改建、扩建排放污染物的建设项目;

原有排污口依法拆除或者关闭;

禁止设立装卸垃圾、粪便、油类和有毒物品的码头。

三、准保护区内

禁止新建、扩建对水体污染严重的建设项目;改建建设项目,不得增加排污量。

第三章 饮用水地下水源保护区的划分和防护

第十三条 饮用水地下水源保护区应根据饮用水水源地所处的地理位置、水文地质条件、供水的数量、开采方式和污染源的分布划定。

第十四条 饮用水地下水源保护区的水质均应达到国家规定的《生活饮用水卫生标准》的要求。

各级地下水源保护区的范围应根据当地的水文地质条件确定,并保证开采规划水量时能达到所要求的水质标准。

第十五条 饮用水地下水源一级保护区位于开采井的周围,其作用是保证集水有一定滞后时间,以防止一般病原菌的污染。直接影响开采井水质的补给区地段,必要时也可划为一级保护区。

第十六条 饮用水地下水源二级保护区位于饮用水地下水源一级保护区外,其作用是保证集水有足够的滞后时间,以防止病原菌以外的其他污染。

第十七条 饮用水地下水源准保护区位于饮用水地下水源二级保护区外的主要补给区,其作用是保护水源地的补给水源水量和水质。

第十八条 饮用水地下水源各级保护区及准保护区内均必须遵守下列规定:

一、禁止利用渗坑、渗井、裂隙、溶洞等排放污水和其他有害废弃物。

二、禁止利用透水层孔隙、裂隙、溶洞及废弃矿坑储存石油、天然气、放射性物质、有毒有害化工原料、农药等。

三、实行人工回灌地下水时不得污染当地地下水源。

第十九条 饮用水地下水源各级保护区及准保护区内必须遵守下列规定:

一、一级保护区内

禁止建设与取水设施无关的建筑物;

禁止从事农牧业活动;

禁止倾倒、堆放工业废渣及城市垃圾、粪便和其他有害废弃物;

禁止输送污水的渠道、管道及输油管道通过本区;

禁止建设油库;

禁止建立墓地。

二、二级保护区内

(一)对于潜水含水层地下水水源地

禁止建设化工、电镀、皮革、造纸、制浆、冶炼、放射性、印染、染料、炼焦、炼油及其他有严重污染的企业,已建成的要限期治理、转产或搬迁;

禁止设置城市垃圾、粪便和易溶、有毒有害废弃物堆放场和转运站,已有的上述场站要限期搬迁;

禁止利用未经净化的污水灌溉农田,已有的污灌农田要限期改用清水灌溉;

化工原料、矿物油类及有毒有害矿产品的堆放场所必须有防雨、防渗措施。

(二)对于承压含水层地下水水源地

禁止承压水和潜水的混合开采,做好潜水的止水措施。

三、准保护区内

禁止建设城市垃圾、粪便和易溶、有毒有害废弃物的堆放场站,因特殊需要设立转运站的,必须经有关部门批准,并采取防渗漏措施;

当补给源为地表水体时,该地表水体水质不应低于《地表水环境质量标准》Ⅲ类标准;

不得使用不符合《农田灌溉水质标准》的污水进行灌溉,合理使用化肥;

保护水源林,禁止毁林开荒,禁止非更新砍伐水源林。

第四章 饮用水水源保护区污染防治的监督管理

第二十条 各级人民政府的环境保护部门会同有关部门做好饮用水水源保护区的污染防治

工作并根据当地人民政府的要求制定和颁布地方饮用水水源保护区污染防治管理规定。

第二十一条　饮用水水源保护区的划定,由有关市、县人民政府提出划定方案,报省、自治区、直辖市人民政府批准;跨市、县饮用水水源保护区的划定,由有关市、县人民政府协商提出划定方案,报省、自治区、直辖市人民政府批准;协商不成的,由省、自治区、直辖市人民政府环境保护主管部门会同同级水行政、国土资源、卫生、建设等部门提出划定方案,征求同级有关部门的意见后,报省、自治区、直辖市人民政府批准。

跨省、自治区、直辖市的饮用水水源保护区,由有关省、自治区、直辖市人民政府商有关流域管理机构划定;协商不成的,由国务院环境保护主管部门会同同级水行政、国土资源、卫生、建设等部门提出划定方案,征求国务院有关部门的意见后,报国务院批准。

国务院和省、自治区、直辖市人民政府可以根据保护饮用水水源的实际需要,调整饮用水水源保护区的范围,确保饮用水安全。

第二十二条　环境保护、水利、地质矿产、卫生、建设等部门应结合各自的职责,对饮用水水源保护区污染防治实施监督管理。

第二十三条　因突发性事故造成或可能造成饮用水水源污染时,事故责任者应立即采取措施消除污染并报告当地城市供水、卫生防疫、环境保护、水利、地质矿产等部门和本单位主管部门。由环境保护部门根据当地人民政府的要求组织有关部门调查处理,必要时经当地人民政府批准后采取强制性措施以减轻损失。

第五章　奖励与惩罚

第二十四条　对执行本规定保护饮用水水源有显著成绩和贡献的单位或个人给予表扬和奖励。其奖励办法由市级以上(含市级)环境保护部门制定,报经当地人民政府批准实施。

第二十五条　对违反本规定的单位或个人,应根据《中华人民共和国水污染防治法》及其实施细则的有关规定进行处罚。

第六章　附　则

第二十六条　本规定由国家环境保护部门负责解释。

第二十七条　本规定自公布之日起实施。

国家环境保护总局、国家发展和改革委员会、财政部、建设部、交通部、水利部、农业部关于加强河流污染防治工作的通知

(2007 年 12 月 29 日　环发[2007]201 号)

近年来,在党中央、国务院领导下,各地、各有关部门加强了河流污染综合整治工作,取得了一定成效。但由于存在经济增长方式粗放、工业布局不尽合理、工业污染物排放稳定达标率低、城镇污水处理设施建设滞后、农村污染问题突出和环境监管能力不足等问题,水污染及水生态问

题依然严重。为贯彻落实党的十七大对环保工作提出的新任务、新要求,进一步加强河流污染防治工作,尽快改善水质,现将有关事项通知如下:

一、明确目标,分类指导

(一)进一步提高对河流治污工作重要性的认识。河流流域大多是国家重要的商品粮基地、工业基地和人口集中地区,在经济社会发展全局中具有重要的战略地位。加强河流治污工作,保持良好的河流水环境,对实现污染物减排目标,维护人民群众切身利益,建设资源节约型和环境友好型社会具有重要意义。有关地区和部门要充分认识河流水环境形势的严峻性,污染治理任务的长期性和艰巨性,把河流治污工作摆到更加突出的位置,切实增强责任感、紧迫感,加强组织领导,采取切实有力的措施,让河流休养生息。

(二)努力实现河流治污工作目标。2008年年底前,主要饮用水水源地主要污染指标达标率达100%。到2010年年底前,跨省界断面河段水质显著好转,主要江河干流水质满足水(环境)功能目标的要求,城市污水处理率达到70%,主要水污染物COD排放总量比2005年平均削减10%以上,水环境监管及水污染预警和应急处置能力得到增强。

(三)认真实施河流流域水污染防治规划。各地要紧密结合城市总体规划、土地利用总体规划、流域综合规划和水资源保护规划等相关规划,根据水(环境)功能区保护、水环境容量和水资源承载条件,制定并组织实施流域污染防治"十一五"规划,加快治污项目建设进度。加大投入力度,明确各级政府和企业责任,按照中央与地方、政府与市场事权划分原则,落实治污所需资金。

(四)分类强化河流治污工作。要根据不同流域的特点,有针对性地确定防控重点,确保饮用水水源地水质安全,满足重要江河污染防治与资源保护目标要求。淮河要实现干流、支流、城镇集中式饮用水水源地水质的全面改善;海河要重点改善漳卫南运河、沧浪渠、子牙新河等水域水质;辽河要着力提高城镇污水处理率,彻底解决条子河等跨省界污染问题;黄河重点解决中上游干流、渭河、汾河、湟水河等支流突出的水污染问题;南水北调工程要保证饮用水水源地及输水水质安全;长江、珠江要重点解决工业和城市水污染问题;跨国界河流要加快治污设施建设,保证水质安全。

二、突出重点,综合治理

(五)加大工业水污染防治力度。各级发展改革部门要加大产业结构调整力度,研究建立落后产能退出机制,监督地方政府安排资金支持淘汰落后产能。结合国家产业政策,2009年起,环保部门要制定并实行更加严格的环保标准,停批向河流排放汞、镉、六价铬重金属或持久性有机污染物的项目。加强工业企业环境风险管理,存在重大风险隐患的现有工业园区、基地和项目,要开展环境风险后评价,建立环境风险防范措施、应急预案,消除环境隐患,提升工业园区的环境管理水平。科学制定更为严格的地方污染物排放标准,强化论证工作。自2009年起,河流流域内所有重点排污单位实行持证排污,对未达到排污许可证规定的企业要责令限期改正,并处罚款,情节严重的吊销排污许可证。环保部门要加强与金融部门的合作与沟通,积极推行绿色信贷政策,在环境事故高发的区域和企业开展环境污染责任保险试点,限制污染企业的融资来源,积极防范信贷风险。加强与证监会的沟通,强化上市企业环保核查工作,对于污染物不能达标排放或不能达到总量控制要求的,不得通过上市环境保护审核;对已经上市的,及时披露企业接受环保部门处罚的信息。

(六)加快城市和村镇污水处理设施建设。建设部门要积极推行产业化,引入市场机制,鼓励采用多种投融资形式,加快城市和村镇污水处理设施建设进度。污水处理系统建设要坚持"厂网并举,管网优先",合理确定建设规模,采用先进适用的工艺技术,提高城镇污水处理厂的负荷率和处理效率。所有新建城镇污水处理厂要配套脱氮工艺,在建、已建污水处理厂应于2010年年底前完成脱氮改造。在做好节水的同时,统筹考虑再生水利用系统及污泥处理处置设施建设和运行。加大污水处理费的收缴力度,城市污水处理费不得低于每立方米0.8元。研究改进城镇污水处理的收费和投资机制,充分动员政府和市场两个方面的资源,全面加强城镇污水管理和监管。对城市污水处理设施建设严重滞后、不落实收费政策、污水处理厂建成后一年内实际处理水量达不到设计处理能力60%的,已建成污水处理设施但无故不运行的,在线监控设施安装不到位的,环保部门要暂缓审批该地区新增水污染物项目环评文件。统筹城乡,因地制宜推进农村生活污水治理。有条件的城镇污水管网可向近郊农村延伸,重点流域的村庄要建污水处理设施。分地区开发村镇污水处理适宜技术,制定技术标准,建立长效机制。

(七)加强面源和流动源污染防治。农业部门要大力实施乡村清洁工程,推进农村废弃物资源化利用,积极推广使用沼气、太阳能等清洁能源。科学划定禁养、限养区域,禁养区内不得新建任何畜禽养殖场,已建的畜禽养殖场要限期搬迁或关闭。对规模化畜禽养殖场要加强粪污处理设施建设。科学合理施用化肥农药,鼓励和支持开展有机肥资源综合利用,推广科学测土配方施肥、病虫害综合防治等科学技术。交通部门要制定船舶污染内河水域应急反应预案,加强污染应急的预警、监视、监测和应急处置能力建设。进入河流的机动船舶应当按照标准配备相应的防止污染设备和污染物集中收集、存储设施,并制定船舶污染事故应急预案。地方政府要协调有关部门建立船舶污染物接收处理的保障机制,保证到港船舶污染物得到及时接收,并纳入城市废弃物接收处理系统统一处理。2009年年底前,港口等船舶集中停泊区域应按照标准设置污染物接收与处理设施。运输、储存危险化学品的,要按照国务院《危险化学品安全管理条例》有关规定执行。

(八)加强生态保护和修复。环保部门要协调林业、水利等部门,依法保护好流域内的林草植被、湿地和自然保护区,大力营造水土保持林、水源涵养林,减少水土流失。合理开发利用水资源,处理好水资源利用与生态保护的关系,优先保证生活用水,科学安排必要的生态用水。有关部门要监督指导地方政府对主要入河道(口)逐条开展环境综合治理,实施生态修复,确保入河水质达标。因地制宜地建设前置库、人工湿地等生态修复工程,有计划地开展底泥疏浚,种植有利于净化水体的植物,提高水体自净能力,增强生态功能。财政、发展改革、环保和水利等部门要研究制定本省辖区流域生态补偿有关政策,并开展生态补偿试点工作。

(九)做好跨界河流水质保护工作。环保部门要加强河流环境监测工作,督促地方政府进一步加快跨国界河流我方河段工业废水治理工程。建设部门要加快推进城市污水处理厂及配套管网、垃圾处理场建设,并监督其运营管理。流域机构要加强省界水质监测断面的监测,及时与相关省级人民政府、环保部门、水利部门沟通协调,做好水资源的合理配置和有效保护工作。环保总局会同水利部门制定跨省界断面水质考核标准,地方人民政府环保部门会同水利部门制定跨市界断面考核标准。跨省界断面要设立水质自动监测站,全天候监测跨省水质变化情况,为查处水污染突发事件提供依据。上游环保等有关部门一旦预测或监测发现跨界河流水质发生异常变化,要及时向下游发出预报和通报,下游立即启动水污染应急预案;下游地区发现水质恶化,应立即向上游反馈,上游地区要开展污染源清查,消除污染隐患。

三、系统管理,强化监管

(十)统筹协调河流水污染防治与水资源保护。环保部门要督促地方政府统筹考虑江河上、中、下游地区的生态环境功能,统筹兼顾干流和支流的污染防治,统筹实行污染治理和生态修复措施。水利部门要统筹做好流域水资源开发和保护工作,科学规划和建设各类水利工程,优化调度运用方式,维持河流的最小生态流量,确保水资源的可持续利用,保护流域水生态系统。

(十一)大力加强科技攻关。环保部门要加大对河流水体污染机理、污染源动态监控、生态修复、面源污染控制、高浓度有机废水处理、环境风险评估及流域水环境管理决策支撑等关键技术与集成技术开发的支持力度,推进国家和地方环保标准研究,加强河流水环境保护国际科技合作与交流。

(十二)严格环境执法。加强环境监管能力建设,建立污染源、水环境质量和应急系统的综合信息管理平台。加大饮用水水源地保护区、工业园区、重点行业企业的环境整治力度。对典型环境污染问题,实行挂牌督办,依法实施高额处罚,对涉嫌构成犯罪的,依法移送司法机关。对环境违法行为突出的地区、行业实行"区域限批"或"行业整治"。所有工业污染源必须达标排放,对长期超标排污、私设暗管偷排偷放、污染直排、存在重大污染隐患的企业,依法停产整治或关闭。对建设项目未批先建、未经验收擅自投产的,依法责令停产停建。对基层政府自行出台有悖于环保法律法规的"土政策",要全面取缔,并依法追究责任人的责任。完善水污染损害的司法救济,支持环境公益诉讼,依法对污染受害者给予赔偿。

(十三)实行跨省界断面水质监测与考核评估制度。要认真贯彻执行《"十一五"水污染物总量削减目标责任书》,加强对治污工作目标、任务和措施落实情况的监督检查,监督地方政府辖区内和出境断面水质达到目标要求。加强跨省界水域水质达标管理,实行跨行政区水质断面责任制,积极筹建水质自动监测站,确保跨省界水质达标交接、顺畅衔接。自2008年起,环保总局会同有关部门按年度目标对跨省界断面水质进行考核评估。地方人民政府也要结合本省实际情况,对跨市界断面水质进行考核评估,确保治污目标的实现。

取水许可管理办法(2017年修正)

(2008年4月9日水利部令第34号发布 根据2015年12月16日水利部令第47号《水利部关于废止和修改部分规章的决定》第一次修正 根据2017年12月22日水利部令第49号《水利部关于废止和修改部分规章的决定》第二次修正)

第一章 总 则

第一条 为加强取水许可管理,规范取水的申请、审批和监督管理,根据《中华人民共和国水法》和《取水许可和水资源费征收管理条例》(以下简称《取水条例》)等法律法规,制定本办法。

第二条 取用水资源的单位和个人以及从事取水许可管理活动的水行政主管部门和流域管

理机构及其工作人员,应当遵守本办法。

第三条 水利部负责全国取水许可制度的组织实施和监督管理。

水利部所属流域管理机构(以下简称流域管理机构),依照法律法规和水利部规定的管理权限,负责所管辖范围内取水许可制度的组织实施和监督管理。

县级以上地方人民政府水行政主管部门按照省、自治区、直辖市人民政府规定的分级管理权限,负责本行政区域内取水许可制度的组织实施和监督管理。

第四条 流域内批准取水的总耗水量不得超过国家批准的本流域水资源可利用量。

行政区域内批准取水的总水量,不得超过流域管理机构或者上一级水行政主管部门下达的可供本行政区域取用的水量。

第二章 取水的申请和受理

第五条 建设项目取得取水许可申请批准文件,申请人方可兴建取水工程或者设施。

第六条 申请取水并需要设置入河排污口的,申请人在提出取水申请的同时,应当按照《入河排污口监督管理办法》的有关规定一并提出入河排污口设置申请。

第七条 直接取用其他取水单位或者个人的退水或者排水的,应当依法办理取水许可申请。

第八条 需要申请取水的建设项目,申请人应当按照《建设项目水资源论证管理办法》要求,自行或者委托有关单位编制建设项目水资源论证报告书。其中,取水量较少且对周边环境影响较小的建设项目,申请人可不编制建设项目水资源论证报告书,但应当填写建设项目水资源论证表。

不需要编制建设项目水资源论证报告书的情形以及建设项目水资源论证表的格式及填报要求,由水利部规定。

第九条 县级以上人民政府水行政主管部门或者流域管理机构应当组织有关专家对建设项目水资源论证报告书进行审查,并提出书面审查意见,作为审批取水申请的技术依据。

第十条 《取水条例》第十一条第一款第四项所称的国务院水行政主管部门规定的其他材料包括:

(一)取水单位或者个人的法定身份证明文件;

(二)有利害关系第三者的承诺书或者其他文件;

(三)建设项目水资源论证报告书;

(四)不需要编制建设项目水资源论证报告书的,应当提交建设项目水资源论证表;

(五)利用已批准的入河排污口退水的,应当出具具有管辖权的县级以上地方人民政府水行政主管部门或者流域管理机构的同意文件。

第十一条 申请人应当向具有审批权限的审批机关提出申请。申请利用多种水源,且各种水源的取水审批机关不同的,应当向其中最高一级审批机关提出申请。

申请在地下水限制开采区开采利用地下水的,应当向取水口所在地的省、自治区、直辖市人民政府水行政主管部门提出申请。

取水许可权限属于流域管理机构的,应当向取水口所在地的省、自治区、直辖市人民政府水行政主管部门提出申请;其中,取水口跨省、自治区、直辖市的,应当分别向相关省、自治区、直辖市人民政府水行政主管部门提出申请。

第十二条 取水许可权限属于流域管理机构的,接受申请材料的省、自治区、直辖市人民政府水行政主管部门应当自收到申请之日起20个工作日内提出初审意见,并连同全部申请材料转报流域管理机构。申请利用多种水源,且各种水源的取水审批机关为不同流域管理机构的,接受申请材料的省、自治区、直辖市人民政府水行政主管部门应当同时分别转报有关流域管理机构。

初审意见应当包括建议审批水量、取水和退水的水质指标要求,以及申请取水项目所在水系本行政区域已审批取水许可总量、水功能区水质状况等内容。

第十三条 县级以上地方人民政府水行政主管部门或者流域管理机构,应当按照《取水条例》第十三条的规定对申请材料进行审查,并作出处理决定。

第十四条 《取水条例》第四条规定的为保障矿井等地下工程施工安全和生产安全必须进行临时应急取(排)水的以及为消除对公共安全或者公共利益的危害临时应急取水的,取水单位或者个人应当在危险排除或者事后10日内,将取水情况报取水口所在地县级以上地方人民政府水行政主管部门或者流域管理机构备案。

第十五条 《取水条例》第四条规定的为农业抗旱和维护生态与环境必须临时应急取水的,取水单位或者个人应当在开始取水前向取水口所在地县级人民政府水行政主管部门提出申请,经其同意后方可取水;涉及到跨行政区域的,须经共同的上一级地方人民政府水行政主管部门或者流域管理机构同意后方可取水。

第三章 取水许可的审查和决定

第十六条 申请在地下水限制开采区开采利用地下水的,由取水口所在地的省、自治区、直辖市人民政府水行政主管部门负责审批;其中,由国务院或者国务院投资主管部门审批、核准的大型建设项目取用地下水限制开采区地下水的,由流域管理机构负责审批。

第十七条 取水审批机关审批的取水总量,不得超过本流域或者本行政区域的取水许可总量控制指标。

在审批的取水总量已经达到取水许可总量控制指标的流域和行政区域,不得再审批新增取水。

第十八条 取水审批机关应当根据本流域或者本行政区域的取水许可总量控制指标,按照统筹协调、综合平衡、留有余地的原则核定申请人的取水量。所核定的取水量不得超过按照行业用水定额核定的取水量。

第十九条 取水审批机关在审查取水申请过程中,需要征求取水口所在地有关地方人民政府水行政主管部门或者流域管理机构意见的,被征求意见的地方人民政府水行政主管部门或者流域管理机构应当自收到征求意见材料之日起10个工作日内提出书面意见并转送取水审批机关。

第二十条 《取水条例》第二十条第一款第三项、第四项规定的不予批准的情形包括:
(一)因取水造成水量减少可能使取水口所在水域达不到水功能区水质标准的;
(二)在饮用水水源保护区内设置入河排污口的;
(三)退水中所含主要污染物浓度超过国家或者地方规定的污染物排放标准的;
(四)退水可能使排入水域达不到水功能区水质标准的;
(五)退水不符合排入水域限制排污总量控制要求的;

（六）退水不符合地下水回补要求的。

第二十一条 取水审批机关决定批准取水申请的，应当签发取水申请批准文件。取水申请批准文件应当包括下列内容：

（一）水源地水量水质状况，取水用途，取水量及其对应的保证率；

（二）退水地点、退水量和退水水质要求；

（三）用水定额及有关节水要求；

（四）计量设施的要求；

（五）特殊情况下的取水限制措施；

（六）蓄水工程或者水力发电工程的水量调度和合理下泄流量的要求；

（七）申请核发取水许可证的事项；

（八）其他注意事项。

申请利用多种水源，且各种水源的取水审批机关为不同流域管理机构的，有关流域管理机构应当联合签发取水申请批准文件。

第四章　取水许可证的发放和公告

第二十二条 取水工程或者设施建成并试运行满30日的，申请人应当向取水审批机关报送以下材料，申请核发取水许可证：

（一）建设项目的批准或者核准文件；

（二）取水申请批准文件；

（三）取水工程或者设施的建设和试运行情况；

（四）取水计量设施的计量认证情况；

（五）节水设施的建设和试运行情况；

（六）污水处理措施落实情况；

（七）试运行期间的取水、退水监测结果。

拦河闸坝等蓄水工程，还应当提交经地方人民政府水行政主管部门或者流域管理机构批准的蓄水调度运行方案。

地下水取水工程，还应当提交包括成井抽水试验综合成果图、水质分析报告等内容的施工报告。

取水申请批准文件由不同流域管理机构联合签发的，申请人可以向其中任何一个流域管理机构报送材料。

第二十三条 取水审批机关应当自收到前条规定的有关材料后20日内，对取水工程或者设施进行现场核验，出具验收意见；对验收合格的，应当核发取水许可证。

取水申请批准文件由不同流域管理机构联合签发的，有关流域管理机构应当联合核验取水工程或者设施；对验收合格的，应当联合核发取水许可证。

第二十四条 同一申请人申请取用多种水源的，经统一审批后，取水审批机关应当区分不同的水源，分别核发取水许可证。

第二十五条 取水审批机关在核发取水许可证时，应当同时明确取水许可监督管理机关，并书面通知取水单位或者个人取水许可监督管理和水资源费征收管理的有关事项。

第二十六条　按照《取水条例》第二十五条规定,取水单位或者个人向原取水审批机关提出延续取水申请时应当提交下列材料：

（一）延续取水申请书；

（二）原取水申请批准文件和取水许可证。

取水审批机关应当对原批准的取水量、实际取水量、节水水平和退水水质状况以及取水单位或者个人所在行业的平均用水水平、当地水资源供需状况等进行全面评估,在取水许可证届满前决定是否批准延续。批准延续的,应当核发新的取水许可证；不批准延续的,应当书面说明理由。

第二十七条　在取水许可证有效期限内,取水单位或者个人需要变更其名称（姓名）的或者因取水权转让需要办理取水权变更手续的,应当持法定身份证明文件和有关取水权转让的批准文件,向原取水审批机关提出变更申请。取水审批机关审查同意的,应当核发新的取水许可证；其中,仅变更取水单位或者个人名称（姓名）的,可以在原取水许可证上注明。

第二十八条　在取水许可证有效期限内出现下列情形之一的,取水单位或者个人应当重新提出取水申请：

（一）取水量或者取水用途发生改变的（因取水权转让引起的取水量改变的情形除外）；

（二）取水水源或者取水地点发生改变的；

（三）退水地点、退水量或者退水方式发生改变的；

（四）退水中所含主要污染物及污水处理措施发生变化的。

第二十九条　连续停止取水满2年的,由原取水审批机关注销取水许可证。由于不可抗力或者进行重大技术改造等原因造成停止取水满2年且取水许可证有效期尚未届满的,经原取水审批机关同意,可以保留取水许可证。

第三十条　取水审批机关应当于每年的1月31日前向社会公告其上一年度新发放取水许可证以及注销和吊销取水许可证的情况。

第五章　监督管理

第三十一条　流域管理机构审批的取水,可以委托其所属管理机构或者取水口所在地省、自治区、直辖市人民政府水行政主管部门实施日常监督管理。

县级以上地方人民政府水行政主管部门审批的取水,可以委托其所属具有管理公共事务职能的单位或者下级地方人民政府水行政主管部门实施日常监督管理。

第三十二条　县级以上地方人民政府水行政主管部门应当按照上一级地方人民政府水行政主管部门规定的时间,向其报送本行政区域下一年度取水计划建议。

省、自治区、直辖市人民政府水行政主管部门应当按照流域管理机构规定的时间,按水系向所在流域管理机构报送本行政区域该水系下一年度取水计划建议。

第三十三条　流域管理机构应当会同有关省、自治区、直辖市人民政府水行政主管部门制定国家确定的重要江河、湖泊的流域年度水量分配方案和年度取水计划,并报水利部备案。

县级以上地方人民政府水行政主管部门应当根据上一级地方人民政府水行政主管部门或者流域管理机构下达的年度水量分配方案和年度取水计划,制定本行政区域的年度水量分配方案和年度取水计划,并报上一级人民政府水行政主管部门或者流域管理机构备案。

第三十四条　取水单位或者个人应当在每年的12月31日前向取水审批机关报送其本年度

的取水情况总结(表)和下一年度的取水计划建议(表)。

水力发电工程,还应当报送其下一年度发电计划。

公共供水工程,还应当附具供水范围内重要用水户下一年度用水需求计划。

取水情况总结(表)和取水计划建议(表)的格式及填报要求,由省、自治区、直辖市水行政主管部门或者流域管理机构制定。

第三十五条 取水审批机关应当于每年的1月31日前向取水单位或者个人下达当年取水计划。

取水审批机关下达的年度取水计划的取水总量不得超过取水许可证批准的取水量,并应当明确可能依法采取的限制措施。

第三十六条 新建、改建、扩建建设项目,取水单位或者个人应当在取水工程或者设施经验收合格后、开始取水前30日内,向取水审批机关提出其该年度的取水计划建议。取水审批机关批准后,应当及时向取水单位或者个人下达年度取水计划。

第三十七条 取水单位或者个人应当严格按照批准的年度取水计划取水。因扩大生产等特殊原因需要调整年度取水计划的,应当报经原取水审批机关同意。

第三十八条 取水单位或者个人应当按照取水审批机关下达的年度取水计划核定的退水量,在规定的退水地点退水。

因取水单位或者个人的责任,致使退水量减少的,取水审批机关应当责令其限期改正;期满无正当理由不改正的,取水审批机关可以根据年度取水计划核定的应当退水量相应核减其取水量。

第三十九条 流域管理机构应当商相关省、自治区、直辖市人民政府水行政主管部门及其他相关单位,根据流域下一年度水量分配方案和年度预测来水量、水库蓄水量,按照总量控制、丰增枯减、以丰补枯的原则,统筹考虑地表水和地下水,制订本流域重要水系的年度水量调度计划或者枯水时段的调度方案。

县级以上地方人民政府水行政主管部门应当根据上一级地方人民政府水行政主管部门或者流域管理机构下达的年度水量分配方案和年度水量调度计划,制订本行政区域的年度水量调度计划或者枯水时段的调度方案,并报上一级人民政府水行政主管部门或者流域管理机构备案。

第四十条 县级以上地方人民政府水行政主管部门和流域管理机构按照管理权限,负责所辖范围内的水量调度工作。

蓄水工程或者水力发电工程,应当服从下达的调度计划或者调度方案,确保下泄流量达到规定的控制指标。

第四十一条 取水单位或者个人应当安装符合国家法律法规或者技术标准要求的计量设施,对取水量和退水量进行计量,并定期进行检定或者核准,保证计量设施正常使用和量值的准确、可靠。

利用闸坝等水工建筑物系数或者泵站开机时间、电表度数计算水量的,应当由具有相应资质的单位进行率定。

第四十二条 有下列情形之一的,可以按照取水设施日最大取水能力计算取(退)水量:

(一)未安装取(退)水计量设施的;

(二)取(退)水计量设施不合格或者不能正常运行的;

（三）取水单位或者个人拒不提供或者伪造取（退）水数据资料的。

第四十三条 取水许可监督管理机关应当按月或者按季抄录取水单位或者个人的实际取水量、退水量或者实际发电量，一式二份，双方签字认可，取水许可监督管理机关和取水单位或者个人各持一份。

取水单位或者个人拒绝签字的，取水许可监督管理机关应当派两名以上工作人员到现场查验，记录存档，并当场留置一份给取水单位或者个人。

第四十四条 取水单位或者个人应当根据国家技术标准对用水情况进行水平衡测试，改进用水工艺或者方法，提高水的重复利用率和再生水利用率。

第四十五条 省、自治区、直辖市人民政府水行政主管部门应当按照流域管理机构的要求，定期报送由其负责监督管理的取水单位或者个人的取用水情况；流域管理机构应当定期将由其所属管理机构负责监督管理的取水单位或者个人的取用水情况抄送省、自治区、直辖市人民政府水行政主管部门。

第四十六条 省、自治区、直辖市人民政府水行政主管部门应当于每年的 2 月 25 日前向流域管理机构报送本行政区域相关水系上一年度保有的、新发放的和吊销的取水许可证数量以及审批的取水总量等取水审批的情况。

流域管理机构应当按流域水系分区建立取水许可登记簿，于每年的 4 月 15 日前向水利部报送本流域水系分区取水审批情况和取水许可证发放情况。

第六章 罚 则

第四十七条 水行政主管部门和流域管理机构及其工作人员，违反本办法规定的，按照《中华人民共和国水法》和《取水条例》的有关规定予以处理。

第四十八条 取水单位或者个人违反本办法规定的，按照《中华人民共和国水法》和《取水条例》的有关规定予以处罚。

第四十九条 取水单位或者个人违反本办法规定，有下列行为之一的，由取水审批机关责令其限期改正，并可处 1000 元以下罚款：

（一）擅自停止使用节水设施的；
（二）擅自停止使用取退水计量设施的；
（三）不按规定提供取水、退水计量资料的。

第七章 附 则

第五十条 本办法自公布之日起施行。1994 年 6 月 9 日水利部发布的《取水许可申请审批程序规定》（水利部令第 4 号）、1996 年 7 月 29 日水利部发布的《取水许可监督管理办法》（水利部令第 6 号）以及 1995 年 12 月 23 日水利部发布并经 1997 年 12 月 23 日水利部修正的《取水许可水质管理规定》（水政资〔1995〕485 号、水政资〔1997〕525 号）同时废止。

取水许可和水资源费征收管理条例(2017年修正)

(2006年2月21日中华人民共和国国务院令第460号发布 根据2017年3月1日中华人民共和国国务院令第676号《国务院关于修改和废止部分行政法规的决定》修正)

第一章 总 则

第一条 为加强水资源管理和保护,促进水资源的节约与合理开发利用,根据《中华人民共和国水法》,制定本条例。

第二条 本条例所称取水,是指利用取水工程或者设施直接从江河、湖泊或者地下取用水资源。

取用水资源的单位和个人,除本条例第四条规定的情形外,都应当申请领取取水许可证,并缴纳水资源费。

本条例所称取水工程或者设施,是指闸、坝、渠道、人工河道、虹吸管、水泵、水井以及水电站等。

第三条 县级以上人民政府水行政主管部门按照分级管理权限,负责取水许可制度的组织实施和监督管理。

国务院水行政主管部门在国家确定的重要江河、湖泊设立的流域管理机构(以下简称流域管理机构),依照本条例规定和国务院水行政主管部门授权,负责所管辖范围内取水许可制度的组织实施和监督管理。

县级以上人民政府水行政主管部门、财政部门和价格主管部门依照本条例规定和管理权限,负责水资源费的征收、管理和监督。

第四条 下列情形不需要申请领取取水许可证:

(一)农村集体经济组织及其成员使用本集体经济组织的水塘、水库中的水的;

(二)家庭生活和零星散养、圈养畜禽饮用等少量取水的;

(三)为保障矿井等地下工程施工安全和生产安全必须进行临时应急取(排)水的;

(四)为消除对公共安全或者公共利益的危害临时应急取水的;

(五)为农业抗旱和维护生态与环境必须临时应急取水的。

前款第(二)项规定的少量取水的限额,由省、自治区、直辖市人民政府规定;第(三)项、第(四)项规定的取水,应当及时报县级以上地方人民政府水行政主管部门或者流域管理机构备案;第(五)项规定的取水,应当经县级以上人民政府水行政主管部门或者流域管理机构同意。

第五条 取水许可应当首先满足城乡居民生活用水,并兼顾农业、工业、生态与环境用水以及航运等需要。

省、自治区、直辖市人民政府可以依照本条例规定的职责权限,在同一流域或者区域内,根据实际情况对前款各项用水规定具体的先后顺序。

第六条 实施取水许可必须符合水资源综合规划、流域综合规划、水中长期供求规划和水功能区划,遵守依照《中华人民共和国水法》规定批准的水量分配方案;尚未制定水量分配方案的,应当遵守有关地方人民政府间签订的协议。

第七条 实施取水许可应当坚持地表水与地下水统筹考虑,开源与节流相结合、节流优先的原则,实行总量控制与定额管理相结合。

流域内批准取水的总耗水量不得超过本流域水资源可利用量。

行政区域内批准取水的总水量,不得超过流域管理机构或者上一级水行政主管部门下达的可供本行政区域取用的水量;其中,批准取用地下水的总水量,不得超过本行政区域地下水可开采量,并应当符合地下水开发利用规划的要求。制定地下水开发利用规划应当征求国土资源主管部门的意见。

第八条 取水许可和水资源费征收管理制度的实施应当遵循公开、公平、公正、高效和便民的原则。

第九条 任何单位和个人都有节约和保护水资源的义务。

对节约和保护水资源有突出贡献的单位和个人,由县级以上人民政府给予表彰和奖励。

第二章 取水的申请和受理

第十条 申请取水的单位或者个人(以下简称申请人),应当向具有审批权限的审批机关提出申请。申请利用多种水源,且各种水源的取水许可审批机关不同的,应当向其中最高一级审批机关提出申请。

取水许可权限属于流域管理机构的,应当向取水口所在地的省、自治区、直辖市人民政府水行政主管部门提出申请。省、自治区、直辖市人民政府水行政主管部门,应当自收到申请之日起20个工作日内提出意见,并连同全部申请材料转报流域管理机构;流域管理机构收到后,应当依照本条例第十三条的规定作出处理。

第十一条 申请取水应当提交下列材料:

(一)申请书;

(二)与第三者利害关系的相关说明;

(三)属于备案项目的,提供有关备案材料;

(四)国务院水行政主管部门规定的其他材料。

建设项目需要取水的,申请人还应当提交建设项目水资源论证报告书。论证报告书应当包括取水水源、用水合理性以及对生态与环境的影响等内容。

第十二条 申请书应当包括下列事项:

(一)申请人的名称(姓名)、地址;

(二)申请理由;

(三)取水的起始时间及期限;

(四)取水目的、取水量、年内各月的用水量等;

(五)水源及取水地点;

(六)取水方式、计量方式和节水措施;

(七)退水地点和退水中所含主要污染物以及污水处理措施；

(八)国务院水行政主管部门规定的其他事项。

第十三条 县级以上地方人民政府水行政主管部门或者流域管理机构，应当自收到取水申请之日起5个工作日内对申请材料进行审查，并根据下列不同情形分别作出处理：

(一)申请材料齐全、符合法定形式、属于本机关受理范围的，予以受理；

(二)提交的材料不完备或者申请书内容填注不明的，通知申请人补正；

(三)不属于本机关受理范围的，告知申请人向有受理权限的机关提出申请。

第三章 取水许可的审查和决定

第十四条 取水许可实行分级审批。

下列取水由流域管理机构审批：

(一)长江、黄河、淮河、海河、滦河、珠江、松花江、辽河、金沙江、汉江的干流和太湖以及其他跨省、自治区、直辖市河流、湖泊的指定河段限额以上的取水；

(二)国际跨界河流的指定河段和国际边界河流限额以上的取水；

(三)省际边界河流、湖泊限额以上的取水；

(四)跨省、自治区、直辖市行政区域的取水；

(五)由国务院或者国务院投资主管部门审批、核准的大型建设项目的取水；

(六)流域管理机构直接管理的河道(河段)、湖泊内的取水。

前款所称的指定河段和限额以及流域管理机构直接管理的河道(河段)、湖泊，由国务院水行政主管部门规定。

其他取水由县级以上地方人民政府水行政主管部门按照省、自治区、直辖市人民政府规定的审批权限审批。

第十五条 批准的水量分配方案或者签订的协议是确定流域与行政区域取水许可总量控制的依据。

跨省、自治区、直辖市的江河、湖泊，尚未制定水量分配方案或者尚未签订协议的，有关省、自治区、直辖市的取水许可总量控制指标，由流域管理机构根据流域水资源条件，依据水资源综合规划、流域综合规划和水中长期供求规划，结合各省、自治区、直辖市取水现状及供需情况，商有关省、自治区、直辖市人民政府水行政主管部门提出，报国务院水行政主管部门批准；设区的市、县(市)行政区域的取水许可总量控制指标，由省、自治区、直辖市人民政府水行政主管部门依据本省、自治区、直辖市取水许可总量控制指标，结合各地取水现状及供需情况制定，并报流域管理机构备案。

第十六条 按照行业用水定额核定的用水量是取水量审批的主要依据。

省、自治区、直辖市人民政府水行政主管部门和质量监督检验管理部门对本行政区域行业用水定额的制定负责指导并组织实施。

尚未制定本行政区域行业用水定额的，可以参照国务院有关行业主管部门制定的行业用水定额执行。

第十七条 审批机关受理取水申请后，应当对取水申请材料进行全面审查，并综合考虑取水可能对水资源的节约保护和经济社会发展带来的影响，决定是否批准取水申请。

第十八条 审批机关认为取水涉及社会公共利益需要听证的,应当向社会公告,并举行听证。

取水涉及申请人与他人之间重大利害关系的,审批机关在作出是否批准取水申请的决定前,应当告知申请人、利害关系人。申请人、利害关系人要求听证的,审批机关应当组织听证。

因取水申请引起争议或者诉讼的,审批机关应当书面通知申请人中止审批程序;争议解决或者诉讼终止后,恢复审批程序。

第十九条 审批机关应当自受理取水申请之日起45个工作日内决定批准或者不批准。决定批准的,应当同时签发取水申请批准文件。

对取用城市规划区地下水的取水申请,审批机关应当征求城市建设主管部门的意见,城市建设主管部门应当自收到征求意见材料之日起5个工作日内提出意见并转送取水审批机关。

本条第一款规定的审批期限,不包括举行听证和征求有关部门意见所需的时间。

第二十条 有下列情形之一的,审批机关不予批准,并在作出不批准的决定时,书面告知申请人不批准的理由和依据:

(一)在地下水禁采区取用地下水的;

(二)在取水许可总量已经达到取水许可控制总量的地区增加取水量的;

(三)可能对水功能区水域使用功能造成重大损害的;

(四)取水、退水布局不合理的;

(五)城市公共供水管网能够满足用水需要时,建设项目自备取水设施取用地下水的;

(六)可能对第三者或者社会公共利益产生重大损害的;

(七)属于备案项目,未报送备案的;

(八)法律、行政法规规定的其他情形。

审批的取水量不得超过取水工程或者设施设计的取水量。

第二十一条 取水申请经审批机关批准,申请人方可兴建取水工程或者设施。

第二十二条 取水申请批准后3年内,取水工程或者设施未开工建设,或者需由国家审批、核准的建设项目未取得国家审批、核准的,取水申请批准文件自行失效。

建设项目中取水事项有较大变更的,建设单位应当重新进行建设项目水资源论证,并重新申请取水。

第二十三条 取水工程或者设施竣工后,申请人应当按照国务院水行政主管部门的规定,向取水审批机关报送取水工程或者设施试运行情况等相关材料;经验收合格的,由审批机关核发取水许可证。

直接利用已有的取水工程或者设施取水的,经审批机关审查合格,发给取水许可证。

审批机关应当将发放取水许可证的情况及时通知取水口所在地县级人民政府水行政主管部门,并定期对取水许可证的发放情况予以公告。

第二十四条 取水许可证应当包括下列内容:

(一)取水单位或者个人的名称(姓名);

(二)取水期限;

(三)取水量和取水用途;

(四)水源类型;

(五)取水、退水地点及退水方式、退水量。

前款第(三)项规定的取水量是在江河、湖泊、地下水多年平均水量情况下允许的取水单位或者个人的最大取水量。

取水许可证由国务院水行政主管部门统一制作,审批机关核发取水许可证只能收取工本费。

第二十五条 取水许可证有效期限一般为5年,最长不超过10年。有效期届满,需要延续的,取水单位或者个人应当在有效期届满45日前向原审批机关提出申请,原审批机关应当在有效期届满前,作出是否延续的决定。

第二十六条 取水单位或者个人要求变更取水许可证载明的事项的,应当依照本条例的规定向原审批机关申请,经原审批机关批准,办理有关变更手续。

第二十七条 依法获得取水权的单位或者个人,通过调整产品和产业结构、改革工艺、节水等措施节约水资源的,在取水许可的有效期和取水限额内,经原审批机关批准,可以依法有偿转让其节约的水资源,并到原审批机关办理取水权变更手续。具体办法由国务院水行政主管部门制定。

第四章 水资源费的征收和使用管理

第二十八条 取水单位或者个人应当缴纳水资源费。

取水单位或者个人应当按照经批准的年度取水计划取水。超计划或者超定额取水的,对超计划或者超定额部分累进收取水资源费。

水资源费征收标准由省、自治区、直辖市人民政府价格主管部门会同同级财政部门、水行政主管部门制定,报本级人民政府批准,并报国务院价格主管部门、财政部门和水行政主管部门备案。其中,由流域管理机构审批取水的中央直属和跨省、自治区、直辖市水利工程的水资源费征收标准,由国务院价格主管部门会同国务院财政部门、水行政主管部门制定。

第二十九条 制定水资源费征收标准,应当遵循下列原则:

(一)促进水资源的合理开发、利用、节约和保护;

(二)与当地水资源条件和经济社会发展水平相适应;

(三)统筹地表水和地下水的合理开发利用,防止地下水过量开采;

(四)充分考虑不同产业和行业的差别。

第三十条 各级地方人民政府应当采取措施,提高农业用水效率,发展节水型农业。

农业生产取水的水资源费征收标准应当根据当地水资源条件、农村经济发展状况和促进农业节约用水需要制定。农业生产取水的水资源费征收标准应当低于其他用水的水资源费征收标准,粮食作物的水资源费征收标准应当低于经济作物的水资源费征收标准。农业生产取水的水资源费征收的步骤和范围由省、自治区、直辖市人民政府规定。

第三十一条 水资源费由取水审批机关负责征收;其中,流域管理机构审批的,水资源费由取水口所在地省、自治区、直辖市人民政府水行政主管部门代为征收。

第三十二条 水资源费缴纳数额根据取水口所在地水资源费征收标准和实际取水量确定。

水力发电用水和火力发电贯流式冷却用水可以根据取水口所在地水资源费征收标准和实际发电量确定缴纳数额。

第三十三条 取水审批机关确定水资源费缴纳数额后,应当向取水单位或者个人送达水资源费缴纳通知单,取水单位或者个人应当自收到缴纳通知单之日起7日内办理缴纳手续。

直接从江河、湖泊或者地下取用水资源从事农业生产的,对超过省、自治区、直辖市规定的农业生产用水限额部分的水资源,由取水单位或者个人根据取水口所在地水资源费征收标准和实际取水量缴纳水资源费;符合规定的农业生产用水限额的取水,不缴纳水资源费。取用供水工程的水从事农业生产的,由用水单位或者个人按照实际用水量向供水工程单位缴纳水费,由供水工程单位统一缴纳水资源费;水资源费计入供水成本。

为了公共利益需要,按照国家批准的跨行政区域水量分配方案实施的临时应急调水,由调入区域的取用水的单位或者个人,根据所在地水资源费征收标准和实际取水量缴纳水资源费。

第三十四条 取水单位或者个人因特殊困难不能按期缴纳水资源费的,可以自收到水资源费缴纳通知单之日起7日内向发出缴纳通知单的水行政主管部门申请缓缴;发出缴纳通知单的水行政主管部门应当自收到缓缴申请之日起5个工作日内作出书面决定并通知申请人;期满未作决定的,视为同意。水资源费的缓缴期限最长不得超过90日。

第三十五条 征收的水资源费应当按照国务院财政部门的规定分别解缴中央和地方国库。因筹集水利工程基金,国务院对水资源费的提取、解缴另有规定的,从其规定。

第三十六条 征收的水资源费应当全额纳入财政预算,由财政部门按照批准的部门财政预算统筹安排,主要用于水资源的节约、保护和管理,也可以用于水资源的合理开发。

第三十七条 任何单位和个人不得截留、侵占或者挪用水资源费。

审计机关应当加强对水资源费使用和管理的审计监督。

第五章　监督管理

第三十八条 县级以上人民政府水行政主管部门或者流域管理机构应当依照本条例规定,加强对取水许可制度实施的监督管理。

县级以上人民政府水行政主管部门、财政部门和价格主管部门应当加强对水资源费征收、使用情况的监督管理。

第三十九条 年度水量分配方案和年度取水计划是年度取水总量控制的依据,应当根据批准的水量分配方案或者签订的协议,结合实际用水状况、行业用水定额、下一年度预测来水量等制定。

国家确定的重要江河、湖泊的流域年度水量分配方案和年度取水计划,由流域管理机构会同有关省、自治区、直辖市人民政府水行政主管部门制定。

县级以上各地方行政区域的年度水量分配方案和年度取水计划,由县级以上地方人民政府水行政主管部门根据上一级地方人民政府水行政主管部门或者流域管理机构下达的年度水量分配方案和年度取水计划制定。

第四十条 取水审批机关依照本地区下一年度取水计划、取水单位或者个人提出的下一年度取水计划建议,按照统筹协调、综合平衡、留有余地的原则,向取水单位或者个人下达下一年度取水计划。

取水单位或者个人因特殊原因需要调整年度取水计划的,应当经原审批机关同意。

第四十一条 有下列情形之一的,审批机关可以对取水单位或者个人的年度取水量予以限制:

(一)因自然原因,水资源不能满足本地区正常供水的;
(二)取水、退水对水功能区水域使用功能、生态与环境造成严重影响的;
(三)地下水严重超采或者因地下水开采引起地面沉降等地质灾害的;
(四)出现需要限制取水量的其他特殊情况的。

发生重大旱情时,审批机关可以对取水单位或者个人的取水量予以紧急限制。

第四十二条 取水单位或者个人应当在每年的12月31日前向审批机关报送本年度的取水情况和下一年度取水计划建议。

审批机关应当按年度将取用地下水的情况抄送同级国土资源主管部门,将取用城市规划区地下水的情况抄送同级城市建设主管部门。

审批机关依照本条例第四十一条第一款的规定,需要对取水单位或者个人的年度取水量予以限制的,应当在采取限制措施前及时书面通知取水单位或者个人。

第四十三条 取水单位或者个人应当依照国家技术标准安装计量设施,保证计量设施正常运行,并按照规定填报取水统计报表。

第四十四条 连续停止取水满2年的,由原审批机关注销取水许可证。由于不可抗力或者进行重大技术改造等原因造成停止取水满2年的,经原审批机关同意,可以保留取水许可证。

第四十五条 县级以上人民政府水行政主管部门或者流域管理机构在进行监督检查时,有权采取下列措施:
(一)要求被检查单位或者个人提供有关文件、证照、资料;
(二)要求被检查单位或者个人就执行本条例的有关问题作出说明;
(三)进入被检查单位或者个人的生产场所进行调查;
(四)责令被检查单位或者个人停止违反本条例的行为,履行法定义务。

监督检查人员在进行监督检查时,应当出示合法有效的行政执法证件。有关单位和个人对监督检查工作应当给予配合,不得拒绝或者阻碍监督检查人员依法执行公务。

第四十六条 县级以上地方人民政府水行政主管部门应当按照国务院水行政主管部门的规定,及时向上一级水行政主管部门或者所在流域的流域管理机构报送本行政区域上一年度取水许可证发放情况。

流域管理机构应当按照国务院水行政主管部门的规定,及时向国务院水行政主管部门报送其上一年度取水许可证发放情况,并同时抄送取水口所在地省、自治区、直辖市人民政府水行政主管部门。

上一级水行政主管部门或者流域管理机构发现越权审批、取水许可证核准的总取水量超过水量分配方案或者协议规定的数量、年度实际取水总量超过下达的年度水量分配方案和年度取水计划的,应当及时要求有关水行政主管部门或者流域管理机构纠正。

第六章 法律责任

第四十七条 县级以上地方人民政府水行政主管部门、流域管理机构或者其他有关部门及其工作人员,有下列行为之一的,由其上级行政机关或者监察机关责令改正;情节严重的,对直接负责的主管人员和其他直接责任人员依法给予行政处分;构成犯罪的,依法追究刑事责任:

(一)对符合法定条件的取水申请不予受理或者不在法定期限内批准的;

(二)对不符合法定条件的申请人签发取水申请批准文件或者发放取水许可证的；
(三)违反审批权限签发取水申请批准文件或者发放取水许可证的；
(四)不按照规定征收水资源费，或者对不符合缓缴条件而批准缓缴水资源费的；
(五)侵占、截留、挪用水资源费的；
(六)不履行监督职责，发现违法行为不予查处的；
(七)其他滥用职权、玩忽职守、徇私舞弊的行为。

前款第(五)项规定的被侵占、截留、挪用的水资源费，应当依法予以追缴。

第四十八条 未经批准擅自取水，或者未依照批准的取水许可规定条件取水的，依照《中华人民共和国水法》第六十九条规定处罚；给他人造成妨碍或者损失的，应当排除妨碍、赔偿损失。

第四十九条 未取得取水申请批准文件擅自建设取水工程或者设施的，责令停止违法行为，限期补办有关手续；逾期不补办或者补办未被批准的，责令限期拆除或者封闭其取水工程或者设施；逾期不拆除或者不封闭其取水工程或者设施的，由县级以上地方人民政府水行政主管部门或者流域管理机构组织拆除或者封闭，所需费用由违法行为人承担，可以处5万元以下罚款。

第五十条 申请人隐瞒有关情况或者提供虚假材料骗取取水申请批准文件或者取水许可证的，取水申请批准文件或者取水许可证无效，对申请人给予警告，责令其限期补缴应当缴纳的水资源费，处2万元以上10万元以下罚款；构成犯罪的，依法追究刑事责任。

第五十一条 拒不执行审批机关作出的取水量限制决定，或者未经批准擅自转让取水权的，责令停止违法行为，限期改正，处2万元以上10万元以下罚款；逾期拒不改正或者情节严重的，吊销取水许可证。

第五十二条 有下列行为之一的，责令停止违法行为，限期改正，处5000元以上2万元以下罚款；情节严重的，吊销取水许可证：
(一)不按照规定报送年度取水情况的；
(二)拒绝接受监督检查或者弄虚作假的；
(三)退水水质达不到规定要求的。

第五十三条 未安装计量设施的，责令限期安装，并按照日最大取水能力计算的取水量和水资源费征收标准计征水资源费，处5000元以上2万元以下罚款；情节严重的，吊销取水许可证。

计量设施不合格或者运行不正常的，责令限期更换或者修复；逾期不更换或者不修复的，按照日最大取水能力计算的取水量和水资源费征收标准计征水资源费，可以处1万元以下罚款；情节严重的，吊销取水许可证。

第五十四条 取水单位或者个人拒不缴纳、拖延缴纳或者拖欠水资源费的，依照《中华人民共和国水法》第七十条规定处罚。

第五十五条 对违反规定征收水资源费、取水许可证照费的，由价格主管部门依法予以行政处罚。

第五十六条 伪造、涂改、冒用取水申请批准文件、取水许可证的，责令改正，没收违法所得和非法财物，并处2万元以上10万元以下罚款；构成犯罪的，依法追究刑事责任。

第五十七条 本条例规定的行政处罚，由县级以上人民政府水行政主管部门或者流域管理机构按照规定的权限决定。

第七章 附 则

第五十八条 本条例自2006年4月15日起施行。1993年8月1日国务院发布的《取水许可制度实施办法》同时废止。

国务院关于实行最严格水资源管理制度的意见

(2012年1月12日 国发〔2012〕3号)

各省、自治区、直辖市人民政府,国务院各部委、各直属机构:

水是生命之源、生产之要、生态之基,人多水少、水资源时空分布不均是我国的基本国情和水情。当前我国水资源面临的形势十分严峻,水资源短缺、水污染严重、水生态环境恶化等问题日益突出,已成为制约经济社会可持续发展的主要瓶颈。为贯彻落实好中央水利工作会议和《中共中央、国务院关于加快水利改革发展的决定》(中发〔2011〕1号)的要求,现就实行最严格水资源管理制度提出以下意见:

一、总体要求

(一)指导思想。深入贯彻落实科学发展观,以水资源配置、节约和保护为重点,强化用水需求和用水过程管理,通过健全制度、落实责任、提高能力、强化监管,严格控制用水总量,全面提高用水效率,严格控制入河湖排污总量,加快节水型社会建设,促进水资源可持续利用和经济发展方式转变,推动经济社会发展与水资源水环境承载能力相协调,保障经济社会长期平稳较快发展。

(二)基本原则。坚持以人为本,着力解决人民群众最关心最直接最现实的水资源问题,保障饮水安全、供水安全和生态安全;坚持人水和谐,尊重自然规律和经济社会发展规律,处理好水资源开发与保护关系,以水定需、量水而行、因水制宜;坚持统筹兼顾,协调好生活、生产和生态用水,协调好上下游、左右岸、干支流、地表水和地下水关系;坚持改革创新,完善水资源管理体制和机制,改进管理方式和方法;坚持因地制宜,实行分类指导,注重制度实施的可行性和有效性。

(三)主要目标。确立水资源开发利用控制红线,到2030年全国用水总量控制在7000亿立方米以内;确立用水效率控制红线,到2030年用水效率达到或接近世界先进水平,万元工业增加值用水量(以2000年不变价计,下同)降低到40立方米以下,农田灌溉水有效利用系数提高到0.6以上;确立水功能区限制纳污红线,到2030年主要污染物入河湖总量控制在水功能区纳污能力范围之内,水功能区水质达标率提高到95%以上。

为实现上述目标,到2015年,全国用水总量力争控制在6350亿立方米以内;万元工业增加值用水量比2010年下降30%以上,农田灌溉水有效利用系数提高到0.53以上;重要江河湖泊水功能区水质达标率提高到60%以上。到2020年,全国用水总量力争控制在6700亿立方米以内,万元工业增加值用水量降低到 65 立方米以下,农田灌溉水有效利用系数提高到 0.55 以上;重要江河湖泊水功能区水质达标率提高到 80% 以上,城镇供水水源地水质全面达标。

二、加强水资源开发利用控制红线管理,严格实行用水总量控制

(四)严格规划管理和水资源论证。开发利用水资源,应当符合主体功能区的要求,按照流域和区域统一制定规划,充分发挥水资源的多种功能和综合效益。建设水工程,必须符合流域综合规划和防洪规划,由有关水行政主管部门或流域管理机构按照管理权限进行审查并签署意见。加强相关规划和项目建设布局水资源论证工作,国民经济和社会发展规划以及城市总体规划的编制、重大建设项目的布局,应当与当地水资源条件和防洪要求相适应。严格执行建设项目水资源论证制度,对未依法完成水资源论证工作的建设项目,审批机关不予批准,建设单位不得擅自开工建设和投产使用,对违反规定的,一律责令停止。

(五)严格控制流域和区域取用水总量。加快制定主要江河流域水量分配方案,建立覆盖流域和省市县三级行政区域的取用水总量控制指标体系,实施流域和区域取用水总量控制。各省、自治区、直辖市要按照江河流域水量分配方案或取用水总量控制指标,制定年度用水计划,依法对本行政区域内的年度用水实行总量管理。建立健全水权制度,积极培育水市场,鼓励开展水权交易,运用市场机制合理配置水资源。

(六)严格实施取水许可。严格规范取水许可审批管理,对取用水总量已达到或超过控制指标的地区,暂停审批建设项目新增取水;对取用水总量接近控制指标的地区,限制审批建设项目新增取水。对不符合国家产业政策或列入国家产业结构调整指导目录中淘汰类的,产品不符合行业用水定额标准的,在城市公共供水管网能够满足用水需要却通过自备取水设施取用地下水的,以及地下水已严重超采的地区取用地下水的建设项目取水申请,审批机关不予批准。

(七)严格水资源有偿使用。合理调整水资源费征收标准,扩大征收范围,严格水资源费征收、使用和管理。各省、自治区、直辖市要抓紧完善水资源费征收、使用和管理的规章制度,严格按照规定的征收范围、对象、标准和程序征收,确保应收尽收,任何单位和个人不得擅自减免、缓征或停征水资源费。水资源费主要用于水资源节约、保护和管理,严格依法查处挤占挪用水资源费的行为。

(八)严格地下水管理和保护。加强地下水动态监测,实行地下水取用水总量控制和水位控制。各省、自治区、直辖市人民政府要尽快核定并公布地下水禁采和限采范围。在地下水超采区,禁止农业、工业建设项目和服务业新增取用地下水,并逐步削减超采量,实现地下水采补平衡。深层承压地下水原则上只能作为应急和战略储备水源。依法规范机井建设审批管理,限期关闭在城市公共供水管网覆盖范围内的自备水井。抓紧编制并实施全国地下水利用与保护规划以及南水北调东中线受水区、地面沉降区、海水入侵区地下水压采方案,逐步削减开采量。

(九)强化水资源统一调度。流域管理机构和县级以上地方人民政府水行政主管部门要依法制订和完善水资源调度方案、应急调度预案和调度计划,对水资源实行统一调度。区域水资源调度应当服从流域水资源统一调度,水力发电、供水、航运等调度应当服从流域水资源统一调度。水资源调度方案、应急调度预案和调度计划一经批准,有关地方人民政府和部门等必须服从。

三、加强用水效率控制红线管理,全面推进节水型社会建设

(十)全面加强节约用水管理。各级人民政府要切实履行推进节水型社会建设的责任,把节约用水贯穿于经济社会发展和群众生活生产全过程,建立健全有利于节约用水的体制和机制。稳步推进水价改革。各项引水、调水、取水、供用水工程建设必须首先考虑节水要求。水资源短缺、生态脆弱地区要严格控制城市规模过度扩张,限制高耗水工业项目建设和高耗水服务业发展,遏制农业粗放用水。

(十一)强化用水定额管理。加快制定高耗水工业和服务业用水定额国家标准。各省、自治区、直辖市人民政府要根据用水效率控制红线确定的目标,及时组织修订本行政区域内各行业用水定额。对纳入取水许可管理的单位和其他用水大户实行计划用水管理,建立用水单位重点监控名录,强化用水监控管理。新建、扩建和改建建设项目应制订节水措施方案,保证节水设施与主体工程同时设计、同时施工、同时投产(即"三同时"制度),对违反"三同时"制度的,由县级以上地方人民政府有关部门或流域管理机构责令停止取用水并限期整改。

(十二)加快推进节水技术改造。制定节水强制性标准,逐步实行用水产品用水效率标识管理,禁止生产和销售不符合节水强制性标准的产品。加大农业节水力度,完善和落实节水灌溉的产业支持、技术服务、财政补贴等政策措施,大力发展管道输水、喷灌、微灌等高效节水灌溉。加大工业节水技术改造,建设工业节水示范工程。充分考虑不同工业行业和工业企业的用水状况和节水潜力,合理确定节水目标。有关部门要抓紧制定并公布落后的、耗水量高的用水工艺、设备和产品淘汰名录。加大城市生活节水工作力度,开展节水示范工作,逐步淘汰公共建筑中不符合节水标准的用水设备及产品,大力推广使用生活节水器具,着力降低供水管网漏损率。鼓励并积极发展污水处理回用、雨水和微咸水开发利用、海水淡化和直接利用等非常规水源开发利用。加快城市污水处理回用管网建设,逐步提高城市污水处理回用比例。非常规水源开发利用纳入水资源统一配置。

四、加强水功能区限制纳污红线管理,严格控制入河湖排污总量

(十三)严格水功能区监督管理。完善水功能区监督管理制度,建立水功能区水质达标评价体系,加强水功能区动态监测和科学管理。水功能区布局要服从和服务于所在区域的主体功能定位,符合主体功能区的发展方向和开发原则。从严核定水域纳污容量,严格控制入河湖排污总量。各级人民政府要把限制排污总量作为水污染防治和污染减排工作的重要依据。切实加强水污染防控,加强工业污染源控制,加大主要污染物减排力度,提高城市污水处理率,改善重点流域水环境质量,防治江河湖库富营养化。流域管理机构要加强重要江河湖泊的省界水质水量监测。严格入河湖排污口监督管理,对排污量超出水功能区限排总量的地区,限制审批新增取水和入河湖排污口。

(十四)加强饮用水水源保护。各省、自治区、直辖市人民政府要依法划定饮用水水源保护区,开展重要饮用水水源地安全保障达标建设。禁止在饮用水水源保护区内设置排污口,对已设置的,由县级以上地方人民政府责令限期拆除。县级以上地方人民政府要完善饮用水水源地核准和安全评估制度,公布重要饮用水水源地名录。加快实施全国城市饮用水水源地安全保障规划和农村饮水安全工程规划。加强水土流失治理,防治面源污染,禁止破坏水源涵养林。强化饮用水水源应急管理,完善饮用水水源地突发事件应急预案,建立备用水源。

（十五）推进水生态系统保护与修复。开发利用水资源应维持河流合理流量和湖泊、水库以及地下水的合理水位，充分考虑基本生态用水需求，维护河湖健康生态。编制全国水生态系统保护与修复规划，加强重要生态保护区、水源涵养区、江河源头区和湿地的保护，开展内源污染整治，推进生态脆弱河流和地区水生态修复。研究建立生态用水及河流生态评价指标体系，定期组织开展全国重要河湖健康评估，建立健全水生态补偿机制。

五、保障措施

（十六）建立水资源管理责任和考核制度。要将水资源开发、利用、节约和保护的主要指标纳入地方经济社会发展综合评价体系，县级以上地方人民政府主要负责人对本行政区域水资源管理和保护工作负总责。国务院对各省、自治区、直辖市的主要指标落实情况进行考核，水利部会同有关部门具体组织实施，考核结果交由干部主管部门，作为地方人民政府相关领导干部和相关企业负责人综合考核评价的重要依据。具体考核办法由水利部会同有关部门制订，报国务院批准后实施。有关部门要加强沟通协调，水行政主管部门负责实施水资源的统一监督管理，发展改革、财政、国土资源、环境保护、住房城乡建设、监察、法制等部门按照职责分工，各司其职，密切配合，形成合力，共同做好最严格水资源管理制度的实施工作。

（十七）健全水资源监控体系。抓紧制定水资源监测、用水计量与统计等管理办法，健全相关技术标准体系。加强省界等重要控制断面、水功能区和地下水的水质水量监测能力建设。流域管理机构对省界水量的监测核定数据作为考核有关省、自治区、直辖市用水总量的依据之一，对省界水质的监测核定数据作为考核有关省、自治区、直辖市重点流域水污染防治专项规划实施情况的依据之一。加强取水、排水、入河湖排污口计量监控设施建设，加快建设国家水资源管理系统，逐步建立中央、流域和地方水资源监控管理平台，加快应急机动监测能力建设，全面提高监控、预警和管理能力。及时发布水资源公报等信息。

（十八）完善水资源管理体制。进一步完善流域管理与行政区域管理相结合的水资源管理体制，切实加强流域水资源的统一规划、统一管理和统一调度。强化城乡水资源统一管理，对城乡供水、水资源综合利用、水环境治理和防洪排涝等实行统筹规划、协调实施，促进水资源优化配置。

（十九）完善水资源管理投入机制。各级人民政府要拓宽投资渠道，建立长效、稳定的水资源管理投入机制，保障水资源节约、保护和管理工作经费，对水资源管理系统建设、节水技术推广与应用、地下水超采区治理、水生态系统保护与修复等给予重点支持。中央财政加大对水资源节约、保护和管理的支持力度。

（二十）健全政策法规和社会监督机制。抓紧完善水资源配置、节约、保护和管理等方面的政策法规体系。广泛深入开展基本水情宣传教育，强化社会舆论监督，进一步增强全社会水忧患意识和水资源节约保护意识，形成节约用水、合理用水的良好风尚。大力推进水资源管理科学决策和民主决策，完善公众参与机制，采取多种方式听取各方面意见，进一步提高决策透明度。对在水资源节约、保护和管理中取得显著成绩的单位和个人给予表彰奖励。

实行最严格水资源管理制度考核办法

(2013年1月2日 国办发〔2013〕2号)

第一条 为推进实行最严格水资源管理制度,确保实现水资源开发利用和节约保护的主要目标,根据《中华人民共和国水法》、《中共中央国务院关于加快水利改革发展的决定》(中发〔2011〕1号)、《国务院关于实行最严格水资源管理制度的意见》(国发〔2012〕3号)等有关规定,制定本办法。

第二条 考核工作坚持客观公平、科学合理、系统综合、求真务实的原则。

第三条 国务院对各省、自治区、直辖市落实最严格水资源管理制度情况进行考核,水利部会同发展改革委、工业和信息化部、监察部、财政部、国土资源部、环境保护部、住房城乡建设部、农业部、审计署、统计局等部门组成考核工作组,负责具体组织实施。

各省、自治区、直辖市人民政府是实行最严格水资源管理制度的责任主体,政府主要负责人对本行政区域水资源管理和保护工作负总责。

第四条 考核内容为最严格水资源管理制度目标完成、制度建设和措施落实情况。

各省、自治区、直辖市实行最严格水资源管理制度主要目标详见附件;制度建设和措施落实情况包括用水总量控制、用水效率控制、水功能区限制纳污、水资源管理责任和考核等制度建设及相应措施落实情况。

第五条 考核评定采用评分法,满分为100分。考核结果划分为优秀、良好、合格、不合格四个等级。考核得分90分以上为优秀,80分以上90分以下为良好,60分以上80分以下为合格,60分以下为不合格。(以上包括本数,以下不包括本数)

第六条 考核工作与国民经济和社会发展五年规划相对应,每五年为一个考核期,采用年度考核和期末考核相结合的方式进行。在考核期的第2至5年上半年开展上年度考核,在考核期结束后的次年上半年开展期末考核。

第七条 各省、自治区、直辖市人民政府要按照本行政区域考核期水资源管理控制目标,合理确定年度目标和工作计划,在考核期起始年3月底前报送水利部备案,同时抄送考核工作组其他成员单位。如考核期内对年度目标和工作计划有调整的,应及时将调整情况报送备案。

第八条 各省、自治区、直辖市人民政府要在每年3月底前将本地区上年度或上一考核期的自查报告上报国务院,同时抄送水利部等考核工作组成员单位。

第九条 考核工作组对自查报告进行核查,对各省、自治区、直辖市进行重点抽查和现场检查,划定考核等级,形成年度或期末考核报告。

第十条 水利部在每年6月底前将年度或期末考核报告上报国务院,经国务院审定后,向社会公告。

第十一条 经国务院审定的年度和期末考核结果,交由干部主管部门,作为对各省、自治区、直辖市人民政府主要负责人和领导班子综合考核评价的重要依据。

第十二条 对期末考核结果为优秀的省、自治区、直辖市人民政府,国务院予以通报表扬,有关部门在相关项目安排上优先予以考虑。对在水资源节约、保护和管理中取得显著成绩的单位和个人,按照国家有关规定给予表彰奖励。

第十三条 年度或期末考核结果为不合格的省、自治区、直辖市人民政府,要在考核结果公告后一个月内,向国务院作出书面报告,提出限期整改措施,同时抄送水利部等考核工作组成员单位。

整改期间,暂停该地区建设项目新增取水和入河排污口审批,暂停该地区新增主要水污染物排放建设项目环评审批。对整改不到位的,由监察机关依法依纪追究该地区有关责任人员的责任。

第十四条 对在考核工作中瞒报、谎报的地区,予以通报批评,对有关责任人员依法依纪追究责任。

第十五条 水利部会同有关部门组织制定实行最严格水资源管理制度考核工作实施方案。

各省、自治区、直辖市人民政府要根据本办法,结合当地实际,制定本行政区域内实行最严格水资源管理制度考核办法。

第十六条 本办法自发布之日起施行。

附件:1.各省、自治区、直辖市用水总量控制目标
  2.各省、自治区、直辖市用水效率控制目标
  3.各省、自治区、直辖市重要江河湖泊水功能区水质达标率控制目标

附件1:

各省、自治区、直辖市用水总量控制目标(单位:亿立方米)

地区	2015年	2020年	2030年
北京	40.00	46.58	51.56
天津	27.50	38.00	42.20
河北	217.80	221.00	246.00
山西	76.40	93.00	99.00
内蒙古	199.00	211.57	236.25
辽宁	158.00	160.60	164.58
吉林	141.55	165.49	178.35
黑龙江	353.00	353.34	370.05
上海	122.07	129.35	133.52
江苏	508.00	524.15	527.68
浙江	229.49	244.40	254.67
安徽	273.45	270.84	276.75

（续表）

地区	2015年	2020年	2030年
福建	215.00	223.00	233.00
江西	250.00	260.00	264.63
山东	250.60	276.59	301.84
河南	260.00	282.15	302.78
湖北	315.51	365.91	368.91
湖南	344.00	359.75	359.77
广东	457.61	456.04	450.18
广西	304.00	309.00	314.00
海南	49.40	50.30	56.00
重庆	94.06	97.13	105.58
四川	273.14	321.64	339.43
贵州	117.35	134.39	143.33
云南	184.88	214.63	226.82
西藏	35.79	36.89	39.77
陕西	102.00	112.92	125.51
甘肃	124.80	114.15	125.63
青海	37.00	37.95	47.54
宁夏	73.00	73.27	87.93
新疆	515.60	515.97	526.74
全国	6350.00	6700.00	7000.00

附件2：

各省、自治区、直辖市用水效率控制目标

地区	2015年	
	万元工业增加值用水量比2010年下降	农田灌溉水有效利用系数
北京	25%	0.710
天津	25%	0.664
河北	27%	0.667
山西	27%	0.524
内蒙古	27%	0.501

（续表）

地区	2015 年	
	万元工业增加值用水量比 2010 年下降	农田灌溉水有效利用系数
辽宁	27%	0.587
吉林	30%	0.550
黑龙江	35%	0.588
上海	30%	0.734
江苏	30%	0.580
浙江	27%	0.581
安徽	35%	0.515
福建	35%	0.530
江西	35%	0.477
山东	25%	0.630
河南	35%	0.600
湖北	35%	0.496
湖南	35%	0.490
广东	30%	0.474
广西	33%	0.450
海南	35%	0.562
重庆	33%	0.478
四川	33%	0.450
贵州	35%	0.446
云南	30%	0.445
西藏	30%	0.414
陕西	25%	0.550
甘肃	30%	0.540
青海	25%	0.489
宁夏	27%	0.480
新疆	25%	0.520
全国	30%	0.530

注：各省、自治区、直辖市 2015 年后的用水效率控制目标，综合考虑国家产业政策、区域发展布局和物价等因素，结合国民经济和社会发展五年规划另行制定。

附件3：

各省、自治区、直辖市重要江河湖泊水功能区水质达标率控制目标

地区	2015年	2020年	2030年
北京	50%	77%	95%
天津	27%	61%	95%
河北	55%	75%	95%
山西	53%	73%	95%
内蒙古	52%	71%	95%
辽宁	50%	78%	95%
吉林	41%	69%	95%
黑龙江	38%	70%	95%
上海	53%	78%	95%
江苏	62%	82%	95%
浙江	62%	78%	95%
安徽	71%	80%	95%
福建	81%	86%	95%
江西	88%	91%	95%
山东	59%	78%	95%
河南	56%	75%	95%
湖北	78%	85%	95%
湖南	85%	91%	95%
广东	68%	83%	95%
广西	86%	90%	95%
海南	89%	95%	95%
重庆	78%	85%	95%
四川	77%	83%	95%
贵州	77%	85%	95%
云南	75%	87%	95%
西藏	90%	95%	95%
陕西	69%	82%	95%
甘肃	65%	82%	95%
青海	74%	88%	95%
宁夏	62%	79%	95%
新疆	85%	90%	95%
全国	60%	80%	95%

水利部办公厅关于加强农业取水许可管理的通知

(2015年8月19日 办资源〔2015〕175号)

各流域机构,各省、自治区、直辖市水利(水务)厅(局):

为落实最严格水资源管理制度,保障农业合理用水,促进提高农业用水效率,实现对农业用水的有效管控,根据《水法》和《取水许可和水资源费征收管理条例》(以下简称《条例》)等法律法规,现就加强农业取水许可管理有关要求通知如下:

一、充分认识加强农业取水许可管理的重要意义

农业是我国最大的用水行业,其用水量占全国用水总量的60%以上。当前,取水许可制度在农业用水领域尚未全面落实,农业用水管理较为粗放,农业用水效率相对较低,部分地区还存在农业用水被挤占现象。加强农业取水许可管理,促进农业高效用水,保障农业合理用水,已势在必行。

1. 加强农业取水许可管理是依法行政的要求。十八届四中全会进一步全面部署依法行政,要求各级政府及其部门的法定职责必须为。实施取水许可制度是《水法》和《条例》明确规定的水行政主管部门的职责,但目前农业取水许可的落实尚不普及,各级水行政主管部门必须严格落实法律法规规定,切实加强农业取水许可管理。

2. 加强农业取水许可管理是保障国家粮食安全的要求。水资源是粮食生产的基本要素,保证农业用水是保障粮食生产的必要条件。加强农业取水许可管理,明确灌区等农业用水的许可取用水量和用水权益,是确保农业用水不被挤占、保障国家粮食安全的基本要求。

3. 加强农业取水许可管理是落实最严格水资源管理制度的要求。农业是我国用水量最大的行业,实行最严格水资源管理制度,必须在确保粮食安全的前提下,不断提高农业用水效率,对农业用水实行总量控制。加强农业取水许可管理,是严控农业用水总量的重要抓手,是促进农业提高用水效率的重要举措。

4. 加强农业取水许可管理是深化水利改革的要求。建立健全水权制度是深化水利改革的重要任务。加强农业取水许可管理,是探索开展农业水资源使用权确权登记的基础,也是推动水权交易、建立健全水权制度的前提。

二、明确农业取水许可管理的目标要求

到"十三五"末,农业取水许可要基本实现全覆盖,大型灌区和重点中型灌区主要取水口要全面计量监控,信息化管理水平显著提高,日常监督管理明显加强,取水许可制度在农业用水中得到有效落实,农业用水实现有效管控。

近期,要重点推进大中型灌区取水许可管理工作。2016年底前,北方地区要基本完成大型灌区取水许可工作;2017年底前,北方地区5万亩以上重点中型灌区、南方地区供水水源集中的大型和重点中型灌区要基本完成取水许可工作。南方地区供水水源分散的大中型灌区,要在探索

取得经验的基础上,力争在2018年底前全面完成取水许可工作。

三、严格农业取水许可审批

严格农业取水许可审批是农业取水许可管理的关键。要在严格总量控制的前提下,全面掌握灌区基本情况,科学核定取水许可水量,保障合理用水,促进高效用水。

1. 严格总量控制。各省级水行政主管部门要依据本区域用水总量控制指标和有关江河水量分配方案等,按照水资源综合规划明确的农业用水水量配置方案,严控农业取水许可审批总量。对用水总量已经超过控制指标的地区,禁止审批农业新增用水;对用水总量接近控制指标的地区,限制审批农业新增用水;对存在地下水超采问题的地区,禁止审批农业新增取用地下水。

2. 科学核定灌区取水许可水量。对新建灌区,要严格进行水资源论证,科学核定取水许可水量。对未办理取水许可或取水许可到期未延续的已有灌区,审批机关应在区域用水总量控制指标和有关江河水量分配的范围内,结合灌区设计文件,全面复核灌区灌溉面积、定额、水源可供水量、近年来实际取用水量等,严格核定取水许可水量,从严发放取水许可证;非法开荒或未纳入供水范围的灌溉用水,禁止批准取水许可。

3. 明确审批主体和对象。农业取水许可主要由地方水行政主管部门负责审批,各省级水行政主管部门要按照灌区规模、类型等,明确各类灌区的取水许可审批机关,审批机关应能够全面掌握灌区用水情况。按照《条例》和水利部授权文件属于流域机构审批权限的,流域机构应在征得取水口所在地省级水行政主管部门意见后再进行审批。对灌区用水,原则上灌区管理单位是取水许可的审批对象,有关具体要求见附件。

四、完善农业取水计量监控系统

完善农业取水计量监控系统是农业取水许可管理的基本要求。要突出重点,落实建设和维护责任,加快开展农业取水计量监控设施建设,着力提高农业用水信息化管理水平。

1. 加快大型和重点中型灌区监控计量设施建设。各省级水行政主管部门要集中力量,于2017年底前完成北方地区大型和重点中型灌区、南方地区供水水源集中的大型和重点中型灌区取水口的监控计量设施建设;逐步推进南方地区供水水源分散的大中型灌区的监控计量设施建设,力争在2018年底前基本实现主要取水口在线监控。在线监控信息要纳入国家水资源监控管理系统,实时传输至所在省、流域和国家水资源监控管理平台。

2. 落实建设资金和运行维护责任。各省级水行政主管部门要与相关部门积极沟通,落实建设资金,抓紧建立健全农业取水计量监控系统;积极争取监控系统运行维护经费纳入各级财政预算,明确运行维护责任主体,确保监测设施安全稳定运行。

五、加强农业取水许可日常监督管理

加强日常监督管理是落实农业取水许可的重要环节。要明确监管主体,强化监管责任,将农业取水许可审批事项落到实处。

1. 强化监管责任。地方水行政主管部门是辖区内农业用水日常监督管理的责任主体。各省级水行政主管部门要具体明确各灌区取水许可日常监督管理单位,明确监控计量、计划用水、取用水监督检查等具体监管责任。流域机构对流域内各省(自治区、直辖市)的取水许可管理工作予以指导与监督检查。

2. 严格农业用水年度计划管理。地方水行政主管部门应以批准的取水许可量为主要依据,

统筹年度用水总量控制目标、年度江河水量分配方案和调度计划、取用水户提出的下一年度用水计划建议,按照综合平衡、留有余地的原则,向获得取水许可的取用水户下达年度用水计划并严格监督执行。流域机构委托省级水行政主管部门下达用水计划的,省级水行政主管部门应及时将上一年度用水计划管理情况和本年度用水计划情况报送流域机构。

3. 健全考核制度。农业取水许可管理作为一项重要内容,纳入最严格水资源管理制度考核,重点考核农业取水许可覆盖程度、监控计量设施建设和日常监管落实情况。各省、自治区、直辖市也应将农业取水许可管理情况纳入考核。

农业取水许可工作涉及面广、情况复杂、任务繁重,为切实做好农业取水许可工作,各省级水行政主管部门要在调查梳理本区域农业取水许可现状情况的基础上,结合本地实际抓紧组织制订工作方案,细化明确目标任务、分工责任和时间要求,于 2015 年 10 月底前将工作方案报水利部,并抄送相关流域机构。各流域机构要于 2015 年 9 月 15 日前将已审批的农业取水许可情况及时提供给相关省(自治区、直辖市)水行政主管部门。在推进农业取水许可管理工作中,要及时总结经验,探索创新管理方式方法,有关问题及建议请及时联系流域机构及水利部。

联系人:水利部水资源司　刘国军
电　　话:010-63203792
邮　　箱:liuguojun@mwr.gov.cn

附件:水利部办公厅关于灌区取水许可申请与信息管理的有关要求

附件:

水利部办公厅关于灌区取水许可申请与信息管理的有关要求

根据《水法》和《条例》等法律法规规定,在按照本通知要求开展取水许可审批过程中,有关灌区取水许可申请与信息管理的具体要求如下:

一、关于灌区取水许可申请人

原则上灌区管理单位是申请办理取水许可的主要申请人。如灌区未设置管理单位,由该灌区供水工程管理单位申请办理取水许可。井灌区或分散小泵站灌区等没有设置灌区管理单位或供水工程管理单位的,可根据实际情况,因地制宜,将农民用水合作组织、村集体经济组织或农户等作为取水许可申请人。

二、关于灌区取水许可审批需载明的许可事项(信息)

审批机关批准农业取水许可申请和发放取水许可证时,应在《条例》第二十四条基础上,详细载明灌区具体地理位置及边界、灌溉面积、灌溉定额、取水口地点与许可水量、取水方式、计量监控方式、取水许可证有效期等取水许可事项。其中,灌区具体地理位置与边界应当附图;灌区有多个取水口的,应当载明每个水源或取水口的许可水量与计量监控方式;灌溉定额应按主要种植作物细化。

三、关于取水许可的信息管理

审批机关审批的农业取水许可及载明的许可事项应及时录入全国取水许可管理台账。每年

2月25日前,各省级水行政主管部门、流域机构相互通告上一年度各自审批的取水审批情况。每年3月底前,各流域机构、省级水行政主管部门分别将本流域范围内和本省(自治区、直辖市)范围内上一年度所有取水审批情况报水利部。

水利部关于授予黄河水利委员会取水许可管理权限的通知

(1994年5月21日 水政资〔1994〕197号)

青海、四川、甘肃、宁夏、内蒙古、陕西、山西、河南、山东、河北省(自治区)、天津市人民政府办公厅、水利(水电)厅(局)、黄河水利委员会:

为加强黄河流域水资源的统一管理,促进水资源的合理开发利用、保护和节约用水、计划用水,根据《中华人民共和国水法》和国务院发布的《取水许可制度实施办法》等法规,在征求和协调沿黄各省(自治区)水行政主管部门意见的基础上,经研究,我部授予黄河水利委员会在黄河流域实施取水许可管理的权限如下:

一、根据国务院1994年1月批准的水利部"三定"方案,黄河水利委员会是我部的派出机构,国家授权其在黄河流域内行使水行政主管部门职责,在我部授权范围内,负责黄河流域取水许可制度的组织实施和监督管理。

二、黄河水利委员会对黄河干流及其重要跨省区支流的取水许可实行全额管理或限额管理,并按照国务院批准的黄河可供水量分配方案对沿黄各省区的黄河取水实行总量控制。

三、在下列范围内的取水,由黄河水利委员会实行全额管理,受理、审核取水许可预申请,受理、审批取水许可申请、发放取水许可证:

1. 黄河干流托克托(头道拐水文站基本断面)以下到入海口(含河口区)、洛河故县水库库区、沁河紫柏滩以下干流、东平湖滞洪区(含大清河),以上均包括在河道管理范围内取地下水;

2. 金堤河干流北耿庄以下至张庄闸(包括在河道管理范围内取地下水);

3. 黄河流域内跨省、自治区行政区域的取水;

4. 黄河流域内由国务院批准的大型建设项目的取水(含取地下水)。

四、在下列范围内限额以上的取水,由黄河水利委员会审核取水许可预申请、审批取水许可申请、发放取水许可证:

1. 黄河干流托克托(头道拐水文站基本断面)以上至河源河道管理范围内(含水库、湖泊):地表水取水口设计流量15立方米每秒以上的农业取水或日取水量8万立方米以上的工业与城镇生活取水;地下水取水口(含群井)日取水量2万立方米以上的取水;

2. 渭河干流河道管理范围内:地表水取水口设计流量10立方米每秒以上的农业取水或日取水量8万立方米以上的工业与城镇生活取水;地下水取水口(含群井)日取水量2万立方米以上的取水;

3. 大通河、泾河和沁河紫柏滩以上干流河道管理范围内:地表水取水口设计流量10立方米每秒以上的农业取水或日取水量5万立方米以上的工业与城镇生活取水;地下水取水口(含群井)日取水量2万立方米以上的取水。

五、在《取水许可制度实施办法》发布前,凡已在我部授权黄河水利委员会实施取水许可管理范围内已经取水的单位和个人,应当依照我部《取水许可申请审批程序规定》,在1994年12月1日前到黄河水利委员会进行取水登记,领取取水许可证,其中已由当地水行政主管部门登记过的,应到黄河水利委员会换领取水许可证。

六、黄河水利委员会可根据国务院《取水许可制度实施办法》和部《取水许可申请审批程序规定》的规定,划分内部分级管理权限,制定黄河取水许可实施细则。

希望黄河水利委员会与各地密切配合,相互支持,认真贯彻《取水许可制度实施办法》,全面推进黄河流域的取水许可管理工作,使有限的黄河水资源更好地为黄河流域的社会和经济发展服务。

水利部关于授予长江水利委员会取水许可管理权限的通知

(1994年10月7日 水政资〔1994〕438号)

青海、甘肃、陕西、西藏、云南、贵州、四川、广西、湖南、湖北、河南、江西、安徽、江苏、浙江、福建、广东省(自治区)、上海市人民政府办公厅、水利(水电)厅(局),长江水利委员会:

为加强长江流域水资源的统一管理,促进水资源的合理开发利用、保护和节约用水、计划用水,根据《中华人民共和国水法》和国务院颁发的《取水许可制度实施办法》以及经国务院批准的《长江流域综合利用规划简要报告》等法规、文件,在征求和协调流域内有关省、自治区、直辖市水行政主管部门意见的基础上,经研究决定,授予长江水利委员会在长江流域实施取水许可管理的权限如下:

一、根据国务院1994年1月批准的水利部"三定"方案,长江水利委员会是我部的派出机构,国家授权其在长江流域内行使水行政主管部门职责,负责我部授权范围内取水许可制度的组织实施和监督管理。

二、在下列河道管理范围内限额以上的取水,由长江水利委员会审核取水许可预申请、审批取水许可申请、发放取水许可证:

1. 金沙江干流

江源—石鼓:地表水日取水量5万立方米以上的工业与城镇生活取水或设计流量5立方米每秒以上的农业取水;

石鼓(含石鼓)—宜宾:地表水日取水量5万立方米以上的工业与城镇生活取水或设计流量10立方米每秒以上的农业取水;

江源—宜宾:地下水(含井群)日取水量2万立方米以上的取水。

2. 长江干流

宜宾(含宜宾)—南京:地表水日取水量10万立方米以上的工业与城镇生活取水或设计流量20立方米每秒以上的农业取水;

南京(含南京)—南汇咀:地表水日取水量15万立方米以上的工业与城镇生活取水或设计流量20立方米每秒以上的取水。

宜宾—南汇咀:地下水(含井群)日取水量2万立方米以上的取水。

3.汉江干流

河源—丹江口(不含丹江口水库):地表水日取水量3万立方米以上的工业与城镇生活取水或设计流量10立方米每秒以上的农业取水;

丹江口(不含丹江口水库)—武汉入江口:地表水日取水量5万立方米以上的工业与城镇生活取水或设计流量20立方米每秒以上的农业取水;

河源—武汉入江口:地下水(含井群)日取水量2万立方米以上的取水。

4.乌江干流

化屋(含化屋)—涪陵:地表水日取水量5万立方米以上的工业与城镇生活取水或设计流量10立方米每秒以上的农业取水。

5.松滋河、虎渡河和藕池河干流

地表水日取水量1万立方米以上的工业与城镇生活取水或设计流量3立方米每秒以上的农业取水。

6.牛栏江干流鲁纳(含鲁纳)以下、横江干流盐津(含盐津)以下、赤水河干流、綦江干流蒙渡(含蒙渡)以下、嘉陵江干流凤县(含凤县)至昭化、白龙江干流武都(含武都)至昭化、唐岩河干流咸丰(含咸丰)以下、郁江干流忠路(含忠路)以下、芙蓉江干流旧城(含旧城)以下、清水江干流锦屏(含锦屏)至洪江、沅水干流镇远(含镇远)至芷江、锦江干流铜仁(含铜仁)至麻阳、酉水干流沙道沟(含沙道沟)至保靖、溇水干流鹤峰(含鹤峰)至江垭、湘江干流黄沙河(含黄沙河)至大江口、金钱河干流户家垣(含户家垣)以下、丹江干流竹林关(含竹林关)以下、白河干流新野(含新野)以下、唐河干流郭滩(含郭滩)以下、水阳江干流、滁河干流和龙感湖、石臼湖、固城湖湖区:地表水日取水量3万立方米以上的工业与城镇生活取水或设计流量5立方米每秒以上的农业取水。

三、在下列范围内的取水,由长江水利委员会实行全额管理,受理、审核取水许可预申请,受理、审批取水许可申请,发放取水许可证:

1.长江流域内由国务院批准的大型建设项目的取水(含地下水);

2.我部直管项目丹江口水库、陆水水库等库区的取水(含取地下水)。

四、本通知二所列河流指定河段限额以下的取水及其他河段的取水,其他跨省和省际边界河道的取水,以及金沙江、长江、汉江其他支流的取水,由地方水行政主管部门依照分级管理权限实施取水许可,长江水利委员会对取水总量进行监督管理:

1.在总量监督管理范围内,日取水量3万立方米以上的工业与城镇生活取水、设计流量5万立方米每秒以上的农业取水,须报长江水利委员会核备。每年年底,由省、自治区、直辖市水行政主管部门汇总各河道取水情况,向长江水利委员会报送年度取水总结和下一年度用水计划。

2.在总量监督管理范围内,已有我部批准的水量分配方案或省际间协商达成的分水协议的河道、湖泊(含水库)内的取水,省水行政主管部门应将总的取水计划和取水安排报送长江水利委员会审批,其取水量应在已确定的分水份额之内。地方水行政主管部门依据长江水利委员会批准的取水计划和取水安排受理取水许可申请,审批、发放取水许可证,并将批准的取水计划报送长江水利委员会核备。

五、在《取水许可制度实施办法》颁布前,凡已在我部授权长江水利委员会实施取水许可管理范围内取水的单位和个人,应当依照我部《取水许可申请审批程序规定》,在1994年12月1日前,到长江水利委员会办理取水登记,领取取水许可证,其中已在当地水行政主管部门登记、领证的,应到长江水利委员会换领取水许可证。

六、长江水利委员会可根据本流域的实际,依照《取水许可制度实施办法》和《取水许可申请审批程序规定》,在我部授权范围内,结合本流域实际情况,制定长江流域取水许可制度实施细则。

长江水利委员会要切实做好授权范围的取水许可管理工作,与各地密切配合,认真贯彻《取水许可制度实施办法》,使长江水资源更好地为长江流域和北方缺水地区经济和社会发展服务。

附件:长江水利委员会实施取水许可管理的河段及限额表(见原文件)

水利部关于授予海河水利委员会取水许可管理权限的通知

(1994年10月22日 水政资〔1994〕460号)

北京、天津、河北、山西、内蒙古、山东、河南省(自治区、直辖市)人民政府办公厅、水利厅(局),海河水利委员会:

为加强海河流域水资源的统一管理,促进水资源的合理开发利用、保护和节约用水、计划用水,根据《中华人民共和国水法》和国务院颁发的《取水许可制度实施办法》以及经国务院批准的《海河流域综合规划》等法规、文件,在征求和协调流域内各省、自治区、直辖市水行政主管部门意见的基础上,经研究决定,我部授予海河水利委员会在海河流域(含滦河流域、鲁北地区,下同)实施取水许可管理的权限如下:

一、根据国务院1994年1月批准的水利部"三定"方案,海河水利委员会是我部的派出机构,国家授权其在海河流域行使水行政主管部门职责。在我部授权范围内,负责海河流域取水许可制度的组织实施和监督管理。

二、在下列河道管理范围内的取水,由海河水利委员会实施全额管理,受理、审核取水许可预申请,受理、审批取水许可申请、发放取水许可证:

(一)由海河水利委员会所属的漳河上游管理局、漳卫南运河管理局、引滦工程管理局统一管理的河道、水库管理范围内的取水(包括在河道管理范围内取地下水),其具体范围是:

1. 浊漳河候壁水文站(含)以下河段、清漳河匡门口水文站(含)以下河段、漳河(包括岳城水库库区)、淇河口以下卫河、刘庄闸以下共产主义渠、卫运河、南运河第三店以上河段、漳卫新河(四女寺闸至入海口,含四女寺减河);

2. 滦河潘家口水库和大黑汀水库的库区以及两库之间的干流河道。

(二)海河流域内跨省、自治区、直辖市行政区域的取水。

(三)海河流域内由国务院批准的大型建设项目的取水(包括取地下水)。

三、在下列范围内限额以上的取水(包括在河道管理范围内取地下水),由海河水利委员会审核取水许可预申请、审批取水许可申请、发放取水许可证:

(一)工业及城镇生活日取水量2.0万立方米以上或农业灌溉取水口设计流量2.0立方米每秒以上的河段:

滦河干流白城子至潘家口水库(不含)。

(二)工业及城镇生活日取水量1.0万立方米以上或农业灌溉取水口设计流量1.0立方米每秒以上的河段:

1. 蓟运河干流九王庄闸至入海口,支流河的平谷县城以下至九王庄闸;
2. 大清河北支拒马河的紫荆关至东茨村。

(三)工业及城镇生活日取水量1.0万立方米以上或农业灌溉取水口设计流量1.5立方米每秒以上的河段:

1. 滹沱河干流的济胜桥至小觉;
2. 浊漳河干流的河南村至候壁(水文站基本断面)。

四、上述第二条、第三条所列河段河流的其他河段和所列河段限额以下的取水,以及其他跨省(自治区、直辖市)或省(自治区、直辖市)际边界河道的取水,由地方水行政主管部门依照分级管理权限实施取水许可,海河水利委员会对取水总量实行控制和监督管理。

(一)在总量控制范围内的取水,由省、自治区、直辖市水行政主管部门根据既定的水量分配份额,提出总的取水计划和安排(水量分配份额确定之前可以根据流域综合规划、流域水长期供求计划以及有关水量分配协议制定总的取水计划和安排),报海河水利委员会审查批准后,由地方水行政主管部门依据批准的取水计划和安排受理取水许可和取水登记、申请,审批和发放取水许可证;对其中日取水量1.0万立方米以上的工业及城镇生活取水或取水口设计流量1.0立方米每秒以上的农业灌溉取水,须报海河水利委员会核备。

(二)在总量控制范围内的取水,由省(自治区、直辖市)水行政主管部门汇总各河道取水情况,每年年底向海河水利委员会报送年度取水总结和下一年度用水计划。

五、在《取水许可制度实施办法》发布前,凡已在我部授权海河水利委员会实施取水许可管理范围内取水的单位和个人,应当按照我部《取水许可申请审批程序规定》,在1994年12月1日前到海河水利委员会办理取水登记,领取取水许可证,其中已在当地水行政主管部门登记、领证的,应到海河水利委员会换领取水许可证。

六、海河水利委员会可根据本流域实际,依照《取水许可制度实施办法》和《取水许可申请审批程序规定》,在我部授权范围内,制定海河流域《取水许可制度实施办法》实施细则。

海河水利委员会要切实做好我部授权范围内的取水许可管理工作,与各地密切配合、互相支持,认真贯彻《取水许可制度实施办法》,全面推进海河流域的取水许可管理工作,使有限的水资源更好地为海河流域的社会和经济发展服务。

水利部关于授予淮河水利委员会取水许可管理权限的通知

(1994年7月4日　水政资〔1994〕276号)

河南、安徽、江苏、山东省人民政府办公厅、水利厅,淮河水利委员会:

为加强淮河流域水资源的统一管理,促进水资源的合理开发利用、保护和节约用水、计划用水,根据《中华人民共和国水法》和国务院颁发的《取水许可制度实施办法》等法规,在征求和协调流域内各省水行政主管部门意见的基础上,经研究决定,我部授予淮河水利委员会在淮河流域实施取水许可管理的权限如下:

一、根据国务院1994年1月批准的水利部"三定"方案,淮河水利委员会为我部的派出机构,国家授权其在淮河流域内行使水行政主管部门职责,负责我部授权范围内取水许可制度的组织实施和监督管理。

二、在下列范围内限额以上的取水(包括在河道管理范围内取地下水),由淮河水利委员会审核取水许可预申请、审批取水许可申请、发放取水许可证:

(一)工业及城镇生活取水限额为每日5.0万立方米以上、农业灌溉取水限额为设计流量5.0立方米每秒以上的河段:

1. 淮河干流:河南省息县(包括息县境内河段)至洪泽湖;
2. 洪泽湖:全湖及自洪泽湖取水的河段;

(二)工业及城镇生活取水限额为每日2.0万立方米以上、农业灌溉取水限额为设计流量3.0立方米每秒以上的河段:

1. 洪汝河:班台至洪河口;
2. 涡河:付桥闸、东孙营闸至大寺集闸;
3. 沙颍河:周口闸至阜阳闸;
4. 新汴河:张桥闸至岱桥闸;泗县104国道公路桥至洪泽湖。

三、下列范围内的取水,由淮河水利委员会实施全额管理,受理、审核取水许可预申请,受理、审批取水许可申请、发放取水许可证:

(一)淮河沂沭泗水系由沂沭泗水利管理局统一管理的河道、湖泊(含水库)管理范围内的取水(包括在河道管理范围内取地下水),其具体范围是:

1. 沂河干流:跋山水库以下至骆马湖口;
2. 沭河干流:青峰岭水库以下至入新沂河口;
3. 邳苍分洪道:江风口闸至入中运河口;
4. 分沂入沭水道:彭家道口闸至入沭河口;
5. 新沭河:大官庄闸至石梁河水库;
6. 韩庄运河和中运河:韩庄闸至宿迁闸;
   伊家河:伊家河闸至入韩庄运河口;

7. 新沂河:嶂山闸至入海口;
8. 南四湖:全湖及自南四湖取水的河段;
9. 骆马湖:全湖及自骆马湖取水的河段;
10. 石梁河水库:全库及入库河道水库兴利水位回水段。

(二)全流域内,由国务院批准的大型建设项目的取水(包括取地下水)。

(三)全流域内,自1991年起由中央投资建设的大型人工河道、水库管理范围内的取水(包括取地下水)。

四、上述第二条、第三条所列河段河流的其他河段和所列河段限额以下的取水,以及其他跨省或省际边界河道的取水,由地方水行政主管部门依照分级管理权限实施取水许可,淮河水利委员会对取水总量进行监督管理。

(一)在总量监督管理范围内,日取水量2.0万立方米及其以上的工业及城镇生活取水、设计流量3.0立方米每秒及其以上的农业灌溉取水,须报淮河水利委员会核备。每年年终,由省水行政主管部门汇总各河道取水情况,向淮河水利委员会报送年度取水总结和下一年度用水计划。

(二)在总量监督管理范围内,已有我部批准的水量分配方案或省际间协商达成的分水协议的河道、湖泊(含水库)内的取水,省水行政主管部门应将总的取水计划和取水安排报送淮河水利委员会审批,其取水总量应在已确定的分水份额之内。地方水行政主管部门依据淮河水利委员会批准的取水计划和取水安排受理取水许可申请,审批、发放取水许可证,并将批准的取水计划报送淮河水利委员会核备。

五、在《取水许可制度实施办法》颁发前,凡已在我部授权淮河水利委员会实施取水许可管理范围内取水的单位和个人,应当依照我部《取水许可申请审批程序规定》,在1994年12月1日前,到淮河水利委员会办理取水登记,领取取水许可证(包括已在当地水行政主管部门登记、领证的,可换领取水许可证)。

六、淮河水利委员会可根据本流域的实际,依照《取水许可证制度实施办法》和《取水许可申请审批程序规定》,在我部授权的范围内与流域各省水行政主管部门协商,制定《取水许可制度实施办法》淮河流域的实施细则。

淮河水利委员会要切实做好我部授权范围内的取水许可管理工作。望淮委与各地要密切配合、互相支持,认真贯彻《取水许可制度实施办法》,全面推进淮河流域的取水许可管理工作,使有限的淮河水资源更好地为淮河流域社会和经济发展服务。

水利部关于授予珠江水利委员会取水许可管理权限的通知

(1994年12月23日 水政资〔1994〕555号)

云南、贵州、广西、广东、海南、福建省(自治区)人民政府办公厅、水利(水电)厅(局),珠江水利委员会:

为加强珠江流域(片)水资源的统一管理,促进水资源的合理开发利用、保护和节约用水、计划用水,根据《中华人民共和国水法》和国务院颁发的《取水许可制度实施办法》以及经国务院批准的《珠江流域综合利用规划》等法规、文件,在征求和协调流域(片)内各省、自治区水行政主管部门意见的基础上,经研究决定,我部授予珠江水利委员会在珠江流域(片)实施取水许可管理的权限如下:

一、根据国务院1994年1月批准的水利部"三定"方案,珠江水利委员会为我部的派出机构,国家授权其在珠江流域(片)内行使水行政主管部门职责,负责我部授权范围内取水许可制度的组织实施和监督管理。

二、下列河道管理范围内限额以上的取水,由珠江水利委员会审核取水许可预申请,审批取水许可申请、发放取水许可证:

(一)西江干流

1. 桂平至思贤滘西滘口:地表水日取水量43万立方米以上的工业与城镇生活取水;或设计流量10立方米每秒以上的农业取水。

2. 思贤滘西滘口(含)以下西江干流及其出海水道(含西海水道、磨刀门水道):地表水日取水量30万立方米以上的工业与城镇生活取水;或设计流量10立方米每秒以上(电灌)和30立方米每秒以上(潮灌)的农业取水。

(二)北江干流

思贤滘北滘口(含)以下北江干流及其出海水道(含顺德水道、沙湾水道):地表水日取水量26万立方米以上的工业与城镇生活取水;或设计流量10立方米每秒以上(电灌)和30立方米每秒以上(潮灌)的农业取水。

(三)南盘江、红水河

南盘江黄泥河口至红水河曹渡河口:地表水日取水量26万立方米以上的工业及城镇生活取水或设计流量6立方米每秒以上的农业取水。

三、东江、韩江、北盘江、都柳江、贺江、涟江等跨省(自治区)河流以及北江思贤滘以上干流河段,根据现实情况由有关省、自治区水行政主管部门,依照分级管理权限实施取水许可管理;珠江水利委员会可视今后水资源开发利用情况,需要时,再确定指定河段及限额,报部批准后实施。

四、珠江流域(片)内由国务院批准的大型建设项目的取水(包括取地下水),以及跨省、自治区行政区域的取水,由珠江水利委员会实行全额管理,受理、审核取水许可预申请,受理、审批取水许可申请、发放取水许可证。

五、上述第二条中所列河流指定河段限额以下的取水以及其他河流(河段)的取水,由地方水行政主管部门依照分级管理的权限实施取水许可管理。珠江水利委员会对取水总量实行监督管理:

1. 凡依照分级管理原则,由流域(片)内各省(自治区)水行政主管部门审批的取水项目,需报珠江水利委员会核备;

2. 每年年终,由各省(自治区)水行政主管部门汇总取水情况,向珠江水利委员会报送年度取水总结和下一年度用水计划。

六、在本通知下达前,凡已在我部授权珠江水利委员会实施取水许可管理范围内取水的单位和个人,应当依照我部《取水许可申请审批程序规定》,在1995年4月1日前,到珠江水利委员会办理取水登记,领取取水许可证,其中已在当地水行政主管部门登记、领证的,应到珠江水利委员会办理换领取水许可证等手续。

七、珠江水利委员会应依照《取水许可制度实施办法》和《取水许可申请审批程序规定》，在我部授权范围内，结合本流域(片)实际情况，制定《取水许可制度实施办法》珠江流域(片)实施细则。

珠江水利委员会要切实做好我部授权范围内的取水许可管理工作，与各地密切配合，认真贯彻《取水许可制度实施办法》，全面推进珠江流域(片)的取水许可管理工作，使有限的水资源更好地为珠江流域(片)的社会和经济发展服务。

水利部关于授予松辽水利委员会取水许可管理权限的通知

(1994年12月23日 水政资[1994]554号)

黑龙江、吉林、辽宁、内蒙古自治区人民政府办公厅、水利厅，松辽水利委员会：

为加强松辽流域的水资源统一管理，促进水资源的合理开发利用、保护和节约用水、计划用水，根据《中华人民共和国水法》和国务院颁发的《取水许可制度实施办法》以及经国务院批准的《辽河、松花江流域综合规划》等法规、文件，在征求和协调流域内有关省、自治区水行政主管部门意见的基础上，经研究决定，授予松辽水利委员会在松辽流域实施取水许可管理的权限如下：

一、根据国务院1994年1月批准的水利部"三定"方案，松辽水利委员会是我部的派出机构，国家授权其在松辽流域、东北地区国际界河和独流入海河流范围内行使水行政主管部门职责，负责我部授权范围内取水许可制度的组织实施和监督管理。

二、在下列河道管理范围内限额以上的取水(包括取地下水)，由松辽水利委员会审核取水许可预申请、审批取水许可申请、发放取水许可证：

(一)松花江流域

1. 嫩江(自嫩江镇至三岔河)、松花江干流(自三岔河至依兰)：地表水日取水量7.0万立方米以上的工业与城镇生活取水或设计流量10.0立方米每秒以上的农业取水；地下水取水口(含群井)日取水2.0万立方米以上的取水。

2. 第二松花江(自饮马河口至三岔河)：地表水日取水量5.0万立方米以上的工业与城镇生活取水或设计流量10.0立方米每秒以上的农业取水；地下水取水口(含群井)日取水2.0万立方米以上的取水。

(二)辽河流域

辽河干流(自福德店至清河口)：地表水日取水量4.0万立方米以上的工业与城镇生活取水或设计流量8.0立方米每秒以上的农业取水；地下水取水口(含群井)日取水量2.0万立方米以上的取水。

(三)跨省(自治区)河流及省(自治区)际边界河流

1. 松花江流域

嫩江：嫩江镇(含)至南瓮河入嫩江河口；拉林河：五常县张瓦店(含)至入松花江河口；诺敏河：莫力达瓦达斡尔族自治旗乌尔科镇(含)至入嫩江河口；绰尔河：扎赉特旗音德尔镇(含)至入

嫩江河口。

2. 鸭绿江流域

浑江：宽甸县下露河（含）至入鸭绿江河口。

上述河段地表水日取水量3.0万立方米以上的工业与城镇生活取水或设计流量5.0立方米每秒以上的农业取水；地下水取水口（含群井）日取水量1.0万立方米以上的取水。

3. 辽河流域

老哈铁路：叶赤铁路至赤通铁路桥；东辽河：双辽县东明乡（含）至福德店；西辽河：科左中旗巴颜塔拉（含）至福德店。

上述河段地表水日取水量2.0万立方米以上的工业与城镇生活取水或设计流量2.0立方米每秒以上的农业取水；地下水取水口（含群井）日取水量1.0万立方米以上的取水。

三、在下列范围内的取水，由松辽水利委员会实施全额管理，受理、审核取水许可预申请，受理、审批取水许可申请、发放取水许可证：

1. 松辽流域内跨省、自治区行政区域的取水；
2. 松辽流域内由国务院批准的大型建设项目的取水（包括取地下水）；
3. 察尔森水库及1994年以后由中央投资建设的大型水库管理范围内的取水（包括取地下水）。

四、上述第二条所列河流的其他河段和所列河段限额以下的取水，以及其他跨省或省际边界河道的取水，由地方水行政主管部门依照分级管理权限实施取水许可，松辽水利委员会对取水总量实行监督管理。由省级水行政主管部门审批的取水项目，需报松辽水利委员会核备。每年年底由省级水行政主管部门汇总取水情况，向松辽水利委员会报送年度取水总结和下一年度用水计划。

五、在本通知下达前，凡已在我部授权松辽水利委员会实施取水许可管理范围内取水的单位和个人，应当依照我部《取水许可申请审批程序规定》，在1995年4月1日前，到松辽水利委员会办理取水登记，领取取水许可证，其中已在当地水行政主管部门登记、领证的，应到松辽水利委员会办理换领取水许可证等有关手续。

六、松辽水利委员会应依照《取水许可制度实施办法》和《取水许可申请审批程序规定》，在我部授权的范围内，结合本流域实际情况，制定松辽流域取水许可制度实施细则。

松辽水利委员会要切实做好我部授权范围内的取水许可管理工作，与各地密切配合，相互支持，认真贯彻《取水许可制度实施办法》，全面推进松辽流域的取水许可管理工作，使有限的松花江、辽河流域水资源更好地为全流域的社会和经济发展服务。

水利部关于授予太湖流域管理局取水许可管理权限的通知

（1995年1月10日 水政资〔1995〕7号）

江苏、浙江、福建、安徽、上海省（直辖市）人民政府办公厅、水利（水电）厅（局），太湖流域管理局：

为加强太湖流域及浙闽地区水资源的统一管理，促进水资源的合理开发利用、保护和节约用水、计划用水,根据《中华人民共和国水法》和国务院颁发的《取水许可制度实施办法》,在征求和协调有关省、直辖市水行政主管部门意见的基础上,经研究决定,我部授予太湖流域管理局在太湖流域及浙闽地区实施取水许可管理的权限如下:

一、根据1994年1月国务院批准的水利部"三定"方案,太湖流域管理局是我部的派出机构,在太湖流域及浙闽地区(福建省的韩江流域除外,下同)行使水行政主管部门职责,负责我部授权范围内取水许可制度的组织实施和监督管理。

同时,对利用水工程或机械提水设施从长江引水进入太湖流域各河道后的取水,由太湖流域管理局按本通知的有关规定,负责实施取水许可管理。

二、在下列河道管理范围内限额以上的取水,由太湖流域管理局审核取水许可预申请、审批取水许可申请、发放取水许可证:

1. 太浦河、望虞河、栏路港(含斜塘和泖河)、红旗塘(油车港—三角渡)、太湖、淀山湖、元荡的全河(全湖),及其岸线以外区域(夹浦—长兴—湖州—东迁—练市—嘉兴—嘉善—平湖—乍浦—金卫—张堰—金山—泖港—米市渡—松江—朱家角—淀东—大市—陈墓—周庄—北库—八坼—吴江—长桥—苏州—浒墅关—东桥—黄埭—杨园—常熟—赵市—福山—港口—王庄—羊尖—厚桥—硕放—新安—无锡—洛社—戴溪—周铁—丁蜀—濮东—夹浦连线所围区域)内的河段、湖荡,不含区域内县级以上城市城区。

2. 吴淞江(昆山市陆家至青浦县黄渡)、盐铁塘(太仓市南郊乡至嘉定区外岗)、新浏河(太仓市浏河口至盐铁塘交叉处)、江南运河(吴江市八坼镇至嘉兴市环城河交叉处)、烂溪塘(桐乡市乌镇至吴江市平望镇)、頔塘(湖州市东迁镇至吴江市平望镇)、新安江[安徽省歙县的薛坑口至新安江水库(不含)]。

从上述1、2节中的河流(河段)、湖泊地表水日取水量5.0万立方米以上的工业及城镇生活取水或设计流量1.0立方米每秒以上的农业取水。

3. 黄浦江干流闸港以上河段、闽江干流竹岐至玉亭和钱塘江桐庐至杭州市钱塘江铁路大桥:地表水日取水量8.0万立方米以上的工业及城镇生活取水或设计流量1.5立方米每秒以上的农业取水。

三、太湖流域范围内的其他引排骨干工程所在河流(谏壁运河、九曲河、新孟河、德胜河、藻港、新夏港、白屈港、武宜运河、扁担河、新越溇河、丹金槽河、南溪河、东西苕溪、长山河、海盐塘、盐官下河、上圹河),根据现实状况,由有关省、直辖市水行政主管部门依照分级管理权限实施取水许可管理。太湖流域管理局可视今后水资源开发利用情况,需要时,再确定具体管理河段和限额,报部批准后实施。

四、在下列范围内的取水,由太湖流域管理局实行全额管理,受理、审核取水许可预申请,受理、审批取水许可申请、发放取水许可证:

1. 在太湖流域及浙闽地区内,由国务院批准的大型建设项目的取水(含取地下水);

2. 在太湖流域及浙闽地区内,跨省、直辖市行政区域的取水。

五、第二条所列河流、湖泊限额以下取水以及在太湖流域的其他河流、湖泊的取水,由地方水行政主管部门依照分级管理权限实施取水许可,太湖流域管理局对取水总量进行监督管理。

1. 在取水总量监督管理范围内,日取水量5.0万立方米以上的工业与城镇生活取水或设计流量1.0立方米每秒以上的农业取水,需报太湖流域管理局核备。每年年底,由各省、直辖市水行政主管部门汇总取水情况,向太湖流域管理局报送年度取水总结和下一年度用水计划。

2. 在取水总量监督管理范围内,已有我部批准的水量分配方案或省(直辖市)际达成分水协议的河道、湖泊内的取水,省、直辖市水行政主管部门应将年度总的取水计划及取水总结报送太湖流域管理局核备。

3. 每年年底,太湖流域管理局应将从长江引入太湖流域各河道的总水量及其取水情况汇总后,送长江水利委员会备查。

六、凡在本通知下达前,已在我部授权太湖流域管理局实施取水许可管理范围内取水的单位和个人,均应依照我部《取水许可申请审批程序规定》,在1995年4月1日前,到太湖流域管理局办理取水登记、领取取水许可证。其中已在当地水行政主管部门登记、领证的,应到太湖流域管理局办理换领取水许可证等手续。

七、太湖流域管理局应依照《取水许可制度实施办法》和《取水许可申请审批程序规定》,在我部授权范围内,结合本流域实际情况,制定太湖流域及浙闽地区取水许可制度实施细则。

太湖流域管理局要切实做好我部授权范围内取水许可管理工作,要与有关省、直辖市和长江水利委员会密切配合,认真贯彻《取水许可制度实施办法》,全面推进取水许可管理工作,使有限的水资源更好地为太湖流域及浙闽地区的社会和经济发展服务。

水利部关于国际跨界河流、国际边界河流和跨省(自治区)内陆河流取水许可管理权限的通知

(1996年1月3日 水政资〔1996〕5号)

黑龙江、吉林、辽宁、内蒙古、新疆、青海、甘肃、西藏、广西、云南省(自治区)人民政府办公厅、水利(水电)厅(局),松辽水利委员会、黄河水利委员会、长江水利委员会、珠江水利委员会:

为加强国际跨界河流、国际边界河流(含湖泊,下同)和跨省(自治区)内陆河流水资源的统一管理,促进水资源的合理开发利用、保护和计划用水、节约用水,根据《中华人民共和国水法》和国务院发布的《取水许可制度实施办法》等法规,在征求和协调省(自治区)水行政主管部门意见的基础上,经研究,我部授予松辽水利委员会、黄河水利委员会、长江水利委员会、珠江水利委员会及有关省(自治区)在国际跨界河流、国际边界河流和跨省(自治区)内陆河流实施取水许可管理的权限如下:

一、松辽水利委员会、黄河水利委员会、长江水利委员会和珠江水利委员会分别对其管理范围内的国际跨界河流、国际边界河流和跨省(自治区)内陆河流上由国务院批准的大型建设项目的取水(含地下水)实行全额管理,受理、审核取水许可预申请,受理、审批取水许可申请、发放取水许可证。

二、在下列河流河道管理范围内的取水,分别由松辽水利委员会、黄河水利委员会、长江水利委员会和珠江水利委员会实行限额管理,审核取水许可预申请、审批取水许可申请、发放取水许可证:

(一)松辽水利委员会取水许可管理权限：

黑龙江、吉林、辽宁、内蒙古境内的黑龙江(含额尔古纳河)、乌苏里江(含松阿察河)、湖布图河、白棱河全部中俄边界河段，图们江、鸭绿江全部中朝界河段，哈拉哈河全部中蒙界河段(共二段)，兴凯湖、贝尔湖、长白山天池境内侧，绥芬河、克鲁伦河境内干流段：地表水日取水量4.0万立方米以上的工业与城镇生活取水或设计流量6.0立方米每秒以上的农业取水。其中长白山天池禁止取水。

(二)黄河水利委员会取水许可管理权限：

1. 新疆境内的额尔齐斯河、伊犁河干流河段：地表水日取水量1.0万立方米以上的工业与城镇生活取水或设计流量10.0立方米每秒以上的农业取水；

2. 青海、甘肃、内蒙古境内的黑河干流河段：地表水日取水量1.0万立方米以上的工业与城镇生活取水或设计流量5.0立方米每秒以上的农业取水。

(三)长江水利委员会取水许可管理权限：

1. 西藏、青海、云南境内的雅鲁藏布江、怒江、澜沧江干流段和边界河段：地表水日取水量15.0万立方米以上的工业与城镇生活取水或设计流量10.0立方米每秒以上的农业取水；

2. 西藏境内的森格藏布、朗钦藏布、朋曲、卡门河、西巴霞曲、丹巴曲、察隅曲干流段：地表水日取水量3.0万立方米以上的工业与城镇生活取水或设计流量5.0立方米每秒以上的农业取水；

3. 西藏、云南境内的独龙江、大盈江、瑞丽江、南定河、南卡江、南垒河、南览河干流段和边界河段：地表水日取水量5.0万立方米以上的工业与城镇生活取水或设计流量6.0立方米每秒以上的农业取水。

长江水利委员会在审批云南境内国际跨界河流、国际边界河流的取水许可(预)申请前，应征求珠江水利委员会的意见，以便由珠江水利委员会负责的对外事务、计划管理等工作顺利进行。

(四)珠江水利委员会取水许可管理权限：

1. 云南境内的红河(元江)干流段和边界河段：地表水日取水量15.0万立方米以上的工业与城镇生活取水或设计流量10.0立方米每秒以上的农业取水；

2. 云南境内的李仙江、藤条江、盘龙江、普梅河、南溪河及广西境内的北仑河干流段和边界河段：地表水日取水量5.0万立方米以上的工业与城镇生活取水或设计流量6.0立方米每秒以上的农业取水。

三、本通知"二"中指定河流河段限额以下的取水以及其他国际跨界河流、国际边界河流和跨省(自治区)内陆河流的取水，分别由河流所在省(自治区)的地方水行政主管部门依照分级管理权限实施取水许可管理，流域机构对取水总量进行监督管理。省(自治区)水行政主管部门汇总各河道取水情况，在年末向相应流域管理机构报送年度取水总结和下一年度用水计划。

国际边界河流和出境国际河流由省(自治区)级水行政主管部门审批的取水，须逐项报送相应流域管理机构备案。

黑河的取水由黄河水利委员会依照国家计委批准的分水方案实行总量控制。

四、有国际或双边协议的国际跨界河流、国际边界河流的取水按有关协议规定执行。

五、在本通知下达前，凡已在我部授权松辽水利委员会、黄河水利委员会、长江水利委员会和珠江水利委员会实施国际跨界河流、国际边界河流和跨省(自治区)内陆河流取水许可管理权限范围内取水的单位和个人,均应按我部《取水许可申请审批程序规定》,在 1996 年 4 月 31 日前,分别到相应流域管理机构进行取水登记,领取取水许可证,其中已在当地水行政主管部门登记领证的,应分别到相应流域管理机构办理换领取水许可证等手续。

六、松辽水利委员会、黄河水利委员会、长江水利委员会、珠江水利委员会可根据国务院《取水许可制度实施办法》和我部《取水许可申请审批程序规定》,结合各流域实际情况,制定具体贯彻本通知的意见。

省(自治区)水行政主管部门可参照本省(自治区)《取水许可制度实施细则》对其管理范围内的国际跨界河流、国际边界河流和跨省(自治区)内陆河流的取水进行取水许可的组织实施和监督管理。

希望有关省(自治区)与流域管理机构密切配合,相互支持,认真贯彻《取水许可制度实施办法》,全面推进取水许可管理工作,使有限的水资源更好地为社会和经济发展服务。

附件:国际跨界河流、国际边界河流和跨省(自治区)内陆河流取水许可管理权限表(见原文件)

黄河水量调度条例

(2006 年 7 月 24 日 中华人民共和国国务院令第 472 号)

第一章 总 则

第一条 为加强黄河水量的统一调度,实现黄河水资源的可持续利用,促进黄河流域及相关地区经济社会发展和生态环境的改善,根据《中华人民共和国水法》,制定本条例。

第二条 黄河流域的青海省、四川省、甘肃省、宁夏回族自治区、内蒙古自治区、陕西省、山西省、河南省、山东省,以及国务院批准取用黄河水的河北省、天津市(以下称十一省区市)的黄河水量调度和管理,适用本条例。

第三条 国家对黄河水量实行统一调度,遵循总量控制、断面流量控制、分级管理、分级负责的原则。

实施黄河水量调度,应当首先满足城乡居民生活用水的需要,合理安排农业、工业、生态环境用水,防止黄河断流。

第四条 黄河水量调度计划、调度方案和调度指令的执行,实行地方人民政府行政首长负责制和黄河水利委员会及其所属管理机构以及水库主管部门或者单位主要领导负责制。

第五条 国务院水行政主管部门和国务院发展改革主管部门负责组织、协调、监督、指导黄河水量调度工作。

黄河水利委员会依照本条例的规定负责黄河水量调度的组织实施和监督检查工作。

有关县级以上地方人民政府水行政主管部门和黄河水利委员会所属管理机构,依照本条例的规定负责所辖范围内黄河水量调度的实施和监督检查工作。

第六条 在黄河水量调度工作中做出显著成绩的单位和个人,由有关县级以上人民政府或者有关部门给予奖励。

第二章 水量分配

第七条 黄河水量分配方案,由黄河水利委员会商十一省区市人民政府制订,经国务院发展改革主管部门和国务院水行政主管部门审查,报国务院批准。

国务院批准的黄河水量分配方案,是黄河水量调度的依据,有关地方人民政府和黄河水利委员会及其所属管理机构必须执行。

第八条 制订黄河水量分配方案,应当遵循下列原则:

(一)依据流域规划和水中长期供求规划;

(二)坚持计划用水、节约用水;

(三)充分考虑黄河流域水资源条件,取用水现状、供需情况及发展趋势,发挥黄河水资源的综合效益;

(四)统筹兼顾生活、生产、生态环境用水;

(五)正确处理上下游、左右岸的关系;

(六)科学确定河道输沙入海水量和可供水量。

前款所称可供水量,是指在黄河流域干、支流多年平均天然年径流量中,除必需的河道输沙入海水量外,可供城乡居民生活、农业、工业及河道外生态环境用水的最大水量。

第九条 黄河水量分配方案需要调整的,应当由黄河水利委员会商十一省区市人民政府提出方案,经国务院发展改革主管部门和国务院水行政主管部门审查,报国务院批准。

第三章 水量调度

第十条 黄河水量调度实行年度水量调度计划与月、旬水量调度方案和实时调度指令相结合的调度方式。

黄河水量调度年度为当年7月1日至次年6月30日。

第十一条 黄河干、支流的年度和月用水计划建议与水库运行计划建议,由十一省区市人民政府水行政主管部门和河南、山东黄河河务局以及水库管理单位,按照调度管理权限和规定的时间向黄河水利委员会申报。河南、山东黄河河务局申报黄河干流的用水计划建议时,应当商河南省、山东省人民政府水行政主管部门。

第十二条 年度水量调度计划由黄河水利委员会商十一省区市人民政府水行政主管部门和河南、山东黄河河务局以及水库管理单位制订,报国务院水行政主管部门批准并下达,同时抄送国务院发展改革主管部门。

经批准的年度水量调度计划,是确定月、旬水量调度方案和年度黄河干、支流用水量控制指标的依据。年度水量调度计划应当纳入本级国民经济和社会发展年度计划。

第十三条 年度水量调度计划,应当依据经批准的黄河水量分配方案和年度预测来水量、水库蓄水量,按照同比例丰增枯减、多年调节水库蓄丰补枯的原则,在综合平衡申报的年度用水计划建议和水库运行计划建议的基础上制订。

第十四条 黄河水利委员会应当根据经批准的年度水量调度计划和申报的月用水计划建

议、水库运行计划建议,制订并下达月水量调度方案;用水高峰时,应当根据需要制订并下达旬水量调度方案。

第十五条 黄河水利委员会根据实时水情、雨情、旱情、墒情、水库蓄水量及用水情况,可以对已下达的月、旬水量调度方案作出调整,下达实时调度指令。

第十六条 青海省、四川省、甘肃省、宁夏回族自治区、内蒙古自治区、陕西省、山西省境内黄河干、支流的水量,分别由各省级人民政府水行政主管部门负责调度;河南省、山东省境内黄河干流的水量,分别由河南、山东黄河河务局负责调度,支流的水量,分别由河南省、山东省人民政府水行政主管部门负责调度;调入河北省、天津市的黄河水量,分别由河北省、天津市人民政府水行政主管部门负责调度。

市、县级人民政府水行政主管部门和黄河水利委员会所属管理机构,负责所辖范围内分配水量的调度。

实施黄河水量调度,必须遵守经批准的年度水量调度计划和下达的月、旬水量调度方案以及实时调度指令。

第十七条 龙羊峡、刘家峡、万家寨、三门峡、小浪底、西霞院、故县、东平湖等水库,由黄河水利委员会组织实施水量调度,下达月、旬水量调度方案及实时调度指令;必要时,黄河水利委员会可以对大峡、沙坡头、青铜峡、三盛公、陆浑等水库组织实施水量调度,下达实时调度指令。

水库主管部门或者单位具体负责实施所辖水库的水量调度,并按照水量调度指令做好发电计划的安排。

第十八条 黄河水量调度实行水文断面流量控制。黄河干流水文断面的流量控制指标,由黄河水利委员会规定;重要支流水文断面及其流量控制指标,由黄河水利委员会会同黄河流域有关省、自治区人民政府水行政主管部门规定。

青海省、甘肃省、宁夏回族自治区、内蒙古自治区、河南省、山东省人民政府,分别负责并确保循化、下河沿、石嘴山、头道拐、高村、利津水文断面的下泄流量符合规定的控制指标;陕西省和山西省人民政府共同负责并确保潼关水文断面的下泄流量符合规定的控制指标。

龙羊峡、刘家峡、万家寨、三门峡、小浪底水库的主管部门或者单位,分别负责并确保贵德、小川、万家寨、三门峡、小浪底水文断面的出库流量符合规定的控制指标。

第十九条 黄河干、支流省际或者重要控制断面和出库流量控制断面的下泄流量以国家设立的水文站监测数据为依据。对水文监测数据有争议的,以黄河水利委员会确认的水文监测数据为准。

第二十条 需要在年度水量调度计划外使用其他省、自治区、直辖市计划内水量分配指标的,应当向黄河水利委员会提出申请,由黄河水利委员会组织有关各方在协商一致的基础上提出方案,报国务院水行政主管部门批准后组织实施。

第四章 应急调度

第二十一条 出现严重干旱、省际或者重要控制断面流量降至预警流量、水库运行故障、重大水污染事故等情况,可能造成供水危机、黄河断流时,黄河水利委员会应当组织实施应急调度。

第二十二条 黄河水利委员会应当商十一省区市人民政府以及水库主管部门或者单位,制订旱情紧急情况下的水量调度预案,经国务院水行政主管部门审查,报国务院或者国务院授权的部门批准。

第二十三条 十一省区市人民政府水行政主管部门和河南、山东黄河河务局以及水库管理单位,应当根据经批准的旱情紧急情况下的水量调度预案,制订实施方案,并抄送黄河水利委员会。

第二十四条 出现旱情紧急情况时,经国务院水行政主管部门同意,由黄河水利委员会组织实施旱情紧急情况下的水量调度预案,并及时调整取水及水库出库流量控制指标;必要时,可以对黄河流域有关省、自治区主要取水口实行直接调度。

县级以上地方人民政府、水库管理单位应当按照旱情紧急情况下的水量调度预案及其实施方案,合理安排用水计划,确保省际或者重要控制断面和出库流量控制断面的下泄流量符合规定的控制指标。

第二十五条 出现旱情紧急情况时,十一省区市人民政府水行政主管部门和河南、山东黄河河务局以及水库管理单位,应当每日向黄河水利委员会报送取(退)水及水库蓄(泄)水情况。

第二十六条 出现省际或者重要控制断面流量降至预警流量、水库运行故障以及重大水污染事故等情况时,黄河水利委员会及其所属管理机构、有关省级人民政府及其水行政主管部门和环境保护主管部门以及水库管理单位,应当根据需要,按照规定的权限和职责,及时采取压减取水量直至关闭取水口、实施水库应急泄流方案、加强水文监测、对排污企业实行限产或者停产等处置措施,有关部门和单位必须服从。

省际或者重要控制断面的预警流量,由黄河水利委员会确定。

第二十七条 实施应急调度,需要动用水库死库容的,由黄河水利委员会商有关水库主管部门或者单位,制订动用水库死库容的水量调度方案,经国务院水行政主管部门审查,报国务院或者国务院授权的部门批准实施。

第五章 监督管理

第二十八条 黄河水利委员会及其所属管理机构和县级以上地方人民政府水行政主管部门应当加强对所辖范围内水量调度执行情况的监督检查。

第二十九条 十一省区市人民政府水行政主管部门和河南、山东黄河河务局,应当按照国务院水行政主管部门规定的时间,向黄河水利委员会报送所辖范围内取(退)水量报表。

第三十条 黄河水量调度文书格式,由黄河水利委员会编制、公布,并报国务院水行政主管部门备案。

第三十一条 黄河水利委员会应当定期将黄河水量调度执行情况向十一省区市人民政府水行政主管部门以及水库主管部门或者单位通报,并及时向社会公告。

第三十二条 黄河水利委员会及其所属管理机构、县级以上地方人民政府水行政主管部门,应当在各自的职责范围内实施巡回监督检查,在用水高峰时对主要取(退)水口实施重点监督检查,在特殊情况下对有关河段、水库、主要取(退)水口进行驻守监督检查;发现重点污染物排放总量超过控制指标或者水体严重污染时,应当及时通报有关人民政府环境保护主管部门。

第三十三条 黄河水利委员会及其所属管理机构、县级以上地方人民政府水行政主管部门实施监督检查时,有权采取下列措施:

(一)要求被检查单位提供有关文件和资料,进行查阅或者复制;

(二)要求被检查单位就执行本条例的有关问题进行说明;
(三)进入被检查单位生产场所进行现场检查;
(四)对取(退)水量进行现场监测;
(五)责令被检查单位纠正违反本条例的行为。

第三十四条 监督检查人员在履行监督检查职责时,应当向被检查单位或者个人出示执法证件,被检查单位或者个人应当接受和配合监督检查工作,不得拒绝或者妨碍监督检查人员依法执行公务。

第六章 法律责任

第三十五条 违反本条例规定,有下列行为之一的,对负有责任的主管人员和其他直接责任人员,由其上级主管部门、单位或者监察机关依法给予处分:
(一)不制订年度水量调度计划的;
(二)不及时下达月、旬水量调度方案的;
(三)不制订旱情紧急情况下的水量调度预案及其实施方案和动用水库死库容水量调度方案的。

第三十六条 违反本条例规定,有下列行为之一的,对负有责任的主管人员和其他直接责任人员,由其上级主管部门、单位或者监察机关依法给予处分;造成严重后果,构成犯罪的,依法追究刑事责任:
(一)不执行年度水量调度计划和下达的月、旬水量调度方案以及实时调度指令的;
(二)不执行旱情紧急情况下的水量调度预案及其实施方案、水量调度应急处置措施和动用水库死库容水量调度方案的;
(三)不履行监督检查职责或者发现违法行为不予查处的;
(四)其他滥用职权、玩忽职守等违法行为。

第三十七条 省际或者重要控制断面下泄流量不符合规定的控制指标的,由黄河水利委员会予以通报,责令限期改正;逾期不改正的,按照控制断面下泄流量的缺水量,在下一调度时段加倍扣除;对控制断面下游水量调度产生严重影响或者造成其他严重后果的,本年度不再新增该省、自治区的取水工程项目。对负有责任的主管人员和其他直接责任人员,由其上级主管部门、单位或者监察机关依法给予处分。

第三十八条 水库出库流量控制断面的下泄流量不符合规定的控制指标,对控制断面下游水量调度产生严重影响的,对负有责任的主管人员和其他直接责任人员,由其上级主管部门、单位或者监察机关依法给予处分。

第三十九条 违反本条例规定,有关用水单位或者水库管理单位有下列行为之一的,由县级以上地方人民政府水行政主管部门或者黄河水利委员会及其所属管理机构按照管理权限,责令停止违法行为,给予警告,限期采取补救措施,并处2万元以上10万元以下罚款;对负有责任的主管人员和其他直接责任人员,由其上级主管部门、单位或者监察机关依法给予处分:
(一)虚假填报或者篡改上报的水文监测数据、取用水量数据或者水库运行情况等资料的;
(二)水库管理单位不执行水量调度方案和实时调度指令的;
(三)超计划取用水的。

第四十条 违反本条例规定,有下列行为之一的,由公安机关依法给予治安管理处罚;构成犯罪的,依法追究刑事责任:

(一)妨碍、阻挠监督检查人员或者取用水工程管理人员依法执行公务的;

(二)在水量调度中煽动群众闹事的。

第七章 附 则

第四十一条 黄河水量调度中,有关用水计划建议和水库运行计划建议申报时间,年度水量调度计划制订、下达时间,月、旬水量调度方案下达时间,取(退)水水量报表报送时间等,由国务院水行政主管部门规定。

第四十二条 在黄河水量调度中涉及水资源保护、防洪、防凌和水污染防治的,依照《中华人民共和国水法》、《中华人民共和国防洪法》和《中华人民共和国水污染防治法》的有关规定执行。

第四十三条 本条例自 2006 年 8 月 1 日起施行。

黄河水量调度条例实施细则(试行)

(2007 年 11 月 20 日 水资源〔2007〕469 号)

为进一步加强黄河水量调度工作,规范黄河水量调度工作中有关各方的行为,根据《黄河水量调度条例》,水利部制定了《黄河水量调度条例实施细则(试行)》,并于 11 月 20 日以水资源〔2007〕469 号文颁布实施。

第一条 根据《黄河水量调度条例》,制定本实施细则。

第二条 黄河水量调度总量控制是指十一省区市的年、月、旬取(耗)水总水量不得超过年度水量调度计划和月、旬水量调度方案确定的取(耗)水总量控制指标。

第三条 黄河水量调度断面流量控制是指水文断面实际流量必须符合月、旬水量调度方案和实时调度指令确定的断面流量控制指标。其中,水库日平均出库流量误差不得超过控制指标的 ±5%;其他控制断面月、旬平均流量不得低于控制指标的 95%,日平均流量不得低于控制指标的 90%。

控制河段上游断面流量与控制指标有偏差或者区间实际来水流量与预测值有偏差的,下游断面流量控制指标可以相应增减,但不得低于预警流量。

第四条 黄河支流水量调度实行分类管理。跨省、自治区的支流,实行年度用水总量控制和非汛期水量调度;不跨省、自治区的支流,实行年度用水总量控制。

黄河水利委员会负责发布重要支流水量调度方案和调度指令,进行宏观管理及监督检查;有关省、自治区人民政府水行政主管部门根据下达的取(耗)水总量控制指标和断面流量控制指标负责本辖区内重要支流的水量调度管理。

第五条 县级以上地方人民政府及其水行政主管部门、黄河水利委员会及其所属管理机构以及水库主管部门或者单位应当明确水量调度管理机构和水量调度责任人,制定水量调度工作责任制。

十一省区市人民政府及其水行政主管部门、水库主管部门或者单位应当于每年10月20日前将水量调度责任人名单报送黄河水利委员会；黄河水利委员会应当于每年10月30日前将十一省区市人民政府及其水行政主管部门、黄河水利委员会及其所属管理机构以及水库主管部门或者单位的水量调度责任人名单报送水利部；水利部于11月公布。水量调度责任人发生变更的，应当及时报黄河水利委员会和水利部备案。

第六条 十一省区市人民政府水行政主管部门和河南、山东黄河河务局以及水库管理单位，应当按下列时间要求向黄河水利委员会申报黄河干、支流的年度和月、旬用水计划建议与水库运行计划建议：

（一）每年的10月25日前申报本调度年度非汛期用水计划建议和水库运行计划建议；

（二）每月25日前申报下一月用水计划建议和水库运行计划建议；

（三）用水高峰期，每月5日、15日、25日前分别申报下一旬用水计划建议和水库运行计划建议。

第七条 十一省区市人民政府水行政主管部门和河南、山东黄河河务局以及水库管理单位需要实时调整用水计划或水库运行计划的，应当提前48小时提出计划调整建议。

第八条 黄河水利委员会应当于每年10月31日前向水利部报送年度水量调度计划，水利部于11月10日前审批下达。

第九条 十一省区市人民政府水行政主管部门和河南、山东黄河河务局应当依照调度管理权限和经批准的年度水量调度计划，对辖区内各行政区域以及主要用水户年度用水计划提出意见，并于11月25日前报黄河水利委员会备案。

第十条 黄河水利委员会应当于每月28日前下达下一月水量调度方案；用水高峰期，应当根据需要于每月8日、18日、28日前分别下达下一旬水量调度方案。

第十一条 十一省区市人民政府水行政主管部门和河南、山东黄河河务局应当依照调度管理权限和黄河水利委员会下达的月、旬水量调度方案，对辖区内各行政区域及主要用水户月、旬用水计划提出意见，并于每月5日前报黄河水利委员会备案，用水高峰期，于每月1日、11日、21日前报黄河水利委员会备案。

第十二条 申请在年度水量调度计划外使用其他省、自治区、直辖市计划内水量分配指标的，应当同时符合以下条件：

（一）辖区内发生严重旱情的；

（二）年度用水指标不足且辖区内其他水资源已充分利用的。

申请由有关省、自治区、直辖市水行政主管部门和河南、山东黄河河务局按照调度管理权限提前15日以书面形式提出。申请应当载明申请的理由、指标额度、使用时间等事项。

黄河水利委员会收到申请后，应当根据黄河来水、水库蓄水和各省、自治区、直辖市用水需求情况，经供需分析和综合平衡后提出初步意见，认为有调整能力的，组织有关各方在协商一致的基础上提出方案，报水利部批准后实施；认为无调整能力的，在10日内作出答复。

第十三条 十一省区市人民政府水行政主管部门和河南、山东黄河河务局应当按照下列时间要求向黄河水利委员会报送所辖范围内取(退)水量报表：

（一）每年7月25日前报送上一调度年度逐月取(退)水量报表；

（二）每年10月25日前报送7月至10月的取(退)水量报表；

(三)每月 5 日前报送上一月取(退)水量报表;

(四)用水高峰期,每月 5 日、15 日、25 日前报送上一旬的取(退)水量报表;

(五)应急调度期,每日 10 时前报送前日平均取(退)水量和当日 8 时取(退)水流量报表。

第十四条 有关水库管理单位应当按照下列时间要求向黄河水利委员会报送水库运行情况报表:

(一)每年 7 月 25 日前报送上一调度年度水库运行情况报表;

(二)每月 5 日前报送上一月水库运行情况报表;

(三)用水高峰期,每月 5 日、15 日、25 日报送上一旬水库运行情况报表;

(四)应急调度期,每日 10 时前报送当日 8 时水库水位、蓄水量、下泄流量和前日平均下泄流量报表。

第十五条 十一省区市人民政府水行政主管部门和河南、山东黄河河务局以及水库管理单位,应当于每年 7 月 25 日前向黄河水利委员会报送年度水量调度工作总结;黄河水利委员会应当于 8 月 10 日前向水利部报送年度水量调度工作总结。

第十六条 黄河水利委员会应当于每年 3 月和 7 月将水量调度执行情况向十一省区市人民政府水行政主管部门以及水库主管部门或者单位通报,应急调度期应根据需要加报,并及时向社会公告。

第十七条 黄河干流省际和重要控制断面预警流量按照下表确定。

黄河干流省际和重要控制断面预警流量表

单位:立方米每秒

断面	下河沿	石嘴山	头道拐	龙门	潼关	花园口	高村	孙口	泺口	利津
预警流量	200	150	50	100	50	150	120	100	80	30

第十八条 黄河重要支流控制断面最小流量指标及保证率按照下表确定。

黄河重要支流控制断面最小流量指标及保证率表

河流	断面	最小流量指标(立方米每秒)	保证率(%)	河流	断面	最小流量指标(立方米每秒)	保证率(%)
洮河	红旗	27	95	渭河	北道	2	90
湟水	连城	9	95		雨落坪	2	90
	享堂	10	95		家坪	2	90
	民和	8	95		华县	12	90
汾河	河津	1	80	沁河	润城	1	95
伊洛河	黑石关	4	95		五龙口	3	80
大汶河	戴村坝	1	80		武陟	1	50

第十九条 本细则自颁布之日起施行。

国家发展改革委、环境保护部关于加强长江黄金水道环境污染防控治理的指导意见

(2016年2月23日 发改环资〔2016〕370号)

依托长江黄金水道推动长江经济带发展,是党中央、国务院作出的重大战略决策。长江流域是我国人口最多、经济活动强度最大的流域,也是水环境问题最为突出的流域之一。当前长江干流总体水质较好,但部分支流污染严重,涉危涉重企业数量多、布局不合理、污染事故多发频发,部分饮用水水源地存在安全隐患,废水排放量逐年增加,部分河段总磷、氨氮超标,船舶污染没有得到有效控制,江湖关系紧张,部分地区生态问题突出。加强长江黄金水道环境污染防控治理,坚持走生态优先、绿色发展之路,不仅事关长江经济带发展,也关系到经济社会持续健康发展的大局和中华民族的伟大复兴。为加强长江黄金水道环境污染防控治理,特制定本意见。

一、总体要求

(一)总体思路

将修复长江生态环境摆在压倒性位置,以改善水环境质量为核心,强化空间管控,优化产业结构,加强源头治理,注重风险防范,全面推进长江水污染防治和生态保护与修复。坚持质量改善要求,改革完善总量控制制度,更加注重断面水环境质量管理和考核;坚持责任导向,严格落实目标责任追究;坚持突出干流,兼顾重要湖库、主要支流和重点区域;坚持改革创新,探索建立流域联防联控、协同治理新机制,加快形成"目标明确、责任清晰、监管到位、全民参与"的长江水污染防控格局,确保"一江清水"永续利用,促进长江经济带可持续发展。

(二)主要目标

到2017年,长江经济带水环境质量不降低并力争有所改善,主要污染物排放总量继续减少,涉危企业环境风险防控体系基本建立。

到2020年,长江经济带水环境质量持续改善,水质优良(达到或优于Ⅲ类)比例总体稳定保持在75%以上,干流水质稳定保持在优良水平;饮水安全保障水平持续提升,地级及以上城市集中式饮用水源水质达到或优于Ⅲ类比例总体高于97%;主要污染物排放总量大幅削减;三峡库区水质进一步改善;太湖等主要湖泊富营养化得到控制。

二、切实加强水环境质量管理

(三)强化跨界断面考核

2016年6月底前,建成布局合理、功能完善的跨省界考核断面监测网络,省界断面实时自动监测能力显著增强。国家上收跨省界断面水环境质量监测及考核事权,由环境保护部统一负责。2017年起实施跨界断面考核,实行按月监测评估、按季度预警通报、按年度进行考核,把水质"只能更好,不能变坏"作为各级、各地政府水环境质量的责任底线。考核结果作为财政转移支付、区

域限批、地方党政领导问责的重要依据。

(四)严控污染物排放总量

做好水功能区纳污能力核定工作,2016年底前完成长江经济带重要江河湖泊流域水体纳污能力核定和提出限制排污总量意见,作为总量控制的重要依据。2016年6月底前,明确所有控制断面的水质目标,对于不达标地区要制定实施水污染物排放总量控制计划,通过核发排污许可证确定排污单位排放限值,强化监督检查,推进落实工程减排、结构减排、监管减排措施。对总磷超标的区域开展研究,建立磷总量控制的指标体系。

(五)加强饮用水水源地保护

严格执行水源地保护管理条例及相关法律法规,优化沿江取水口和排污口布局,科学划定水源保护区,加快应急备用水源建设。

2016年底前,全面取缔水源保护区、自然保护区、风景名胜区等禁设区域内的排污口;对没有满足水功能区管理要求和影响取水安全的排污口限期整改,整改不到位的一律取消。加强水源地水质监测能力建设,提升水质安全监测预警能力。

三、推动沿江产业调整优化

(六)优化沿江产业空间布局

落实主体功能区战略,实施差别化的区域产业政策。科学划定岸线功能分区边界,严格分区管理和用途管制。坚持"以水定发展",统筹规划沿江岸线资源,严控下游高污染、高排放企业向上游转移。

除在建项目外,严禁在干流及主要支流岸线1公里范围内新建布局重化工园区,严控在中上游沿岸地区新建石油化工和煤化工项目。

(七)加快沿江产业结构调整

实施创新驱动发展战略,推动战略性新兴产业和先进制造业健康发展,发展壮大服务业,有序开发沿江旅游资源。大力发展低耗水、低排放、低污染、无毒无害产业,推进传统产业清洁生产和循环化改造。制定实施分年度落后产能淘汰方案,2016年底前,全面取缔"十小"企业。在三峡库区等重点水功能区,加快淘汰潜在环境风险大、升级改造困难的企业。

(八)严格沿江产业准入

加强沿江各类开发建设规划和规划环评工作,完善空间准入、产业准入和环境准入的负面清单管理模式,建立健全准入标准,从严审批产生有毒有害污染物的新建和改扩建项目。强化环评管理,新建、改建、扩建重点行业项目实行主要水污染物排放减量置换,严控新增污染物排放。加强高耗水行业用水定额管理,严格控制高耗水项目建设。

(九)推进沿江产业水循环利用

加大火电、钢铁、造纸、化工、纺织等行业节水改造力度,开展园区废水循环综合利用试点。到2020年,长江经济带万元增加值用水量比2015年下降30%以上。建设雨水收集利用加大再生水利用力度。推广节水灌溉技术,提高农业灌溉用水开展设施渔业养殖废水综合利用。

四、深化重点领域污染防治

(十)狠抓工业污染防治

全面排查沿江工业污染源,对不能达标排放的企业一律停产整顿,限期治理后仍不能达到要求的,依法关闭。2016 年底前,完成造纸、制革、电镀、印染、有色金属等重点行业专项治理任务。强化工业集聚区污染治理,引导工业企业向产业园区集中。2017 年底前,长江经济带全部工业集聚(园)区必须建成污水集中处理设施及自动在线监控装置,并稳定运行,长三角区域提前一年完成。2018 年底前,完成沿江已有工业集聚(园)区环境影响核查和跟踪评价,以及省级以上园区循环化改造。

(十一)提高城镇污水垃圾收集处理水平

加快城镇污水处理设施和配套管网建设,2017 年底前,干流及主要支流沿线县级以上城市(区)污水处理设施全部达到一级 A 排放标准,实现稳定运行。2020 年,长江经济带所有县城和建制镇具备污水收集处理能力,县城、城市污水处理率分别达到 85%、95% 左右,地级以上城市污泥无害化处理处置率达到 90% 以上,长三角区域提前一年完成。加快城镇垃圾接收、转运及处理处置设施建设,2020 年,长江经济带所有县城和建制镇具备垃圾收集处理能力,长三角区域提前一年完成。

(十二)打好农业农村污染防治攻坚战

大力实施农村清洁工程和农村环境连片整治。加大畜禽养殖污染防治力度,2017 年底前,完成禁养区内的畜禽养殖场(小区)关闭搬迁任务,长三角区域提前一年完成。落实农业面源污染综合防治方案,积极开展农作物病虫害绿色防控和统防统治。2020 年,11 省市测土配方施肥技术推广覆盖率达到 93% 以上,化肥利用率提高到 40% 以上,长三角区域提前一年完成。

(十三)控制船舶港口污染

强化船舶流动污染的源头控制,分级分类修订相关环保标准,按照标准要求安装配备船舶污水和垃圾的收集储存设施。完善船舶污染物的接收处理,提高含油污水、化学品洗舱水等接收处置能力,重点推进港口、船舶修造厂污染物接收处理设施建设,2020 年底前全部建成并实现与市政环卫设施的衔接。推广使用 LNG 等清洁燃料,2018 年底前启动相关设施建设,积极推进码头岸电设施建设和油气回收工作。

五、抓好重点区域污染防治

(十四)加强重点库区水体保护

保持三峡库区、丹江口库区总体水质优良水平。加大三峡库区及上游流域水污染防治力度,改善重要支流水质,强化库区消落区分类管理,推进库区生态屏障带建设。加强丹江口库区及上游地区水源保护,开展农村环境连片整治,提升库区重点县市的城镇生活污水、垃圾收集与处理能力,建设环库生态隔离带,确保南水北调水质。

(十五)加大重点湖泊生态保护与修复力度

有效减轻太湖、巢湖、滇池富营养化水平。深入实施太湖流域水环境综合治理总体方案。加强巢湖流域西北区域污染治理,显著削减流域主要污染物排放量。统筹推进滇池流域截污、调水、节水与再生利用,开展湖体水生态修复。强化洞庭湖和鄱阳湖生态安全体系建设,完善水生态保护和水资源调度。坚持以重点湖泊水质改善为指向,建立水污染防治和生态保护综合防控体系。

(十六)实施重点支流综合治理

加快汉江干流城市河段水污染治理,加强上游湿地和中下游水生资源保护。加大湘江重金属污染综合防治力度,涉重企业数量和重金属排放量显著减少,重金属污染防治取得重大进展。加强嘉陵江干流城市饮用水水源地保护,完善沿江排污口布局和整治。强化岷江上游生态流量管理,保障生态需水,逐步恢复生态功能。切实加强沱江流域重污染企业整治,完善水污染环境风险防控体系,杜绝重大水污染事件的发生。

(十七)抓好重点城市污染防治

严格控制占全流域水污染物排放总量一半的上海、南京、武汉、宜昌、重庆、攀枝花等重点城市污染物排放量。实施城镇生活污水处理提标工程,加快推动重污染企业搬迁改造,实施水污染物特别排放限值。上海重点推进长江口综合整治,南京、武汉、宜昌、重庆重点优化高风险、高排放产业布局和结构调整,攀枝花重点抓好工矿企业污染减排。

(十八)加快重点江段总磷污染防治

针对长江流域总磷超标等突出环境问题,梳理排查总磷超标原因,加大对三峡库区及上游、长江干流湖南段和湖北段等重点江段的总磷污染防治。

六、加强突发环境事件风险防控

(十九)防控涉危涉重企业污染风险

落实企业环境安全主体责任,2017年底前,所有沿江涉危涉重企业完成突发环境事件风险评估,编制评估报告,完善环境应急预案并备案,定期排查环境安全隐患,落实环境风险防控措施。环保部门要将突发环境事件风险评估作为新建涉危涉重项目环评文件的重要内容。逐步推广企业环境污染强制责任保险。

(二十)强化危险货物运输风险管理

严格船运危险货物运输管理,运输船舶要符合适航适装条件,利用先进技术实施全程跟踪监管。定期开展危险货物运输整治,对装卸作业码头、水上加油站点等设施进行重点排查。严厉打击未取得资质运输《内河禁运危险化学品目录》中的危险化学品等违法违规行为。

(二十一)加强应急体系建设

2017年底前,沿江各级政府及相关部门要在评估辖区内流域环境风险和开展应急资源调查的基础上,编制、完善突发环境事件应急预案,明确指挥机构和负责人员,细化应急监测、污染处置、人员转移等措施,定期开展应急人员培训与演练,提高突发环境事件应急处置能力。加强监测预警和信息公开,强化应急响应,建立流域区域应急联动机制,发生突发环境事件要第一时间向上级政府报告并通报下游有关地区。

七、实施生态保护与修复

(二十二)提高重点生态区域生态功能

划定生态保护红线,加强重要生态保护区、水源涵养区、生态环境敏感区和脆弱区等区域生态保护与修复、江河源头区保护,重点加强皖南—浙西南、大别山—罗霄山、秦巴山—武陵山、川滇高原四大生态功能区建设。强化生物多样性保护优先区域、自然保护区、风景名胜区、森林公园、湿地保护与建设,探索建立沿江国家公园。开展珍稀濒危水生生物和重要水产种质资源跟踪观测和科学研究,根据需要采取就地和迁地保护措施,加强水生生物多样性保护。

(二十三)大力推进重大生态环保工程建设

深入实施好长江防护林建设、水土流失及石漠化治理、退耕还林还草、天然林保护、河湖和湿地保护修复等国家重点生态工程。

实施生物多样性保护重大工程,优先开展长江经济带本底调查与评估。中上游重点实施山地丘陵地区坡耕地治理、退耕还林还草和岩溶地区石漠化治理,中下游重点实施生态清洁小流域综合治理及退田还草还湖还湿。着力构建沿江生态隔离带,积极开展河湖滨岸带拦污截污工程和长江河道崩岸治理工程。

(二十四)积极开展生态调度

以三峡枢纽作为节点,开展长江经济带的生态调度工作。充分利用生态环境和水文预测预报,将生态流量(水位)作为流域水量调度的重要参考,主动开展长江经济带水库群生态调度。加强江河湖库水量调度管理,合理安排闸坝下泄水量和泄流时段,维持河湖基本生态用水需求,重点保障枯水期生态基流,及时解决生态环境、生产生活用水以及泥沙等方面出现的问题,满足长江经济带生态系统健康完整的需求。

八、充分发挥市场机制作用

(二十五)建立长江经济带生态保护补偿机制

加大对重点生态功能区转移支付力度,逐步提高转移支付系数和生态保护支出标准。建立以干流跨界断面水质为主、向中上游地区倾斜的补偿资金分配标准,形成长江干流补偿制度。支持重要支流上下游采取资金补助、产业扶持、人才培训、共建园区等方式开展横向生态保护补偿试点。

(二十六)完善价格和收费政策

建立健全水资源价格形成机制,全面推行城市居民生活用水阶梯式价格和非居民用水超定额累进加价制度。合理制定和调整污水处理收费标准,目前尚未征收污水处理费的市、县和重点建制镇应及时开征污水处理费;2016年底前,设市城市和县城、重点建制镇居民收费标准每吨应分别调整至不低于0.95元和0.85元,非居民收费标准每吨分别调整至不低于1.4元和1.2元。制定、完善垃圾收费管理办法,加大收缴力度,积极研究开展垃圾计量收费试点。提高排污收费标准,加强排污企业的申报审核工作。积极推动排污权有偿使用和交易试点。

(二十七)健全多渠道投融资机制

完善财政、金融等政策。通过特许经营、投资补助、政府购买服务等途径,积极引导社会资本以PPP等形式参与污染防控治理。研究设立长江水环境保护基金,通过多种方式支持长江水环境和水生生态保护。推行绿色信贷,鼓励银行等金融机构创新环境金融产品;支持发行各类绿色债券。

(二十八)推行环境污染第三方治理

在环保基础设施领域,鼓励采取BTO、TOT、股权转让、委托经营等多种方式,将已建、新建污染治理设施交由第三方治理企业运行和管理。鼓励企业污染物采取外包方式进行处置并加强监管。

对被环境保护主管部门责令限制生产、停产整治且拒不自行治理污染的企业,探索实施限期第三方治理。加快实施环境污染第三方治理试点,2016年底前,贵州、湖北、湖南、江西、江苏、浙江完成环境污染第三方治理试点任务。

九、构建长江黄金水道污染防控保障体系

(二十九)严格责任考核追究

各级地方人民政府是长江经济带水环境质量的责任主体,应按要求制定并公布工作方案,逐年确定分流域、分区域、分行业水污染防治的重点任务和年度目标。严格落实《党政领导干部生态环境损害责任追究办法(试行)》,对因工作不力、履职缺位等导致任期内出境断面水环境质量恶化、水污染问题突出、发生严重水污染事件的,要依规追究党委和政府主要领导责任;对未能有效应对水环境污染事件的,以及干预、伪造数据和没有完成年度目标任务的,要依法依纪追究有关单位和人员责任。

(三十)推动信息公开与公众参与

环境保护部定期公开跨省断面水质考核结果,省级人民政府定期公布本行政区域内各地级市(州)水环境质量状况。各级环境保护部门要按规定公开新建项目环境影响评价信息;重点污染企业要及时准确在当地主流媒体上公开污染物排放、治污设施运行情况等环境信息,接受社会监督。地方政府和建设单位要通过公开听证、网络征集等形式,充分听取公众对重大决策和建设项目的意见。健全举报制度,建立环境公益诉讼制度。

(三十一)建立流域环境协同保护治理机制

在长江经济带省际协商合作机制下,由环境保护部牵头,有关部门、地方参加,成立长江黄金水道水环境污染防控治理协调小组,定期研究解决重大问题。建立长江经济带水环境联合执法监督机制,协同打击跨区域环境违法行为;研究建立规划环评会商机制,上游地区重大开发利用规划环境影响评价,应征求下游地区会商意见,作为规划环评审查和规划审批的重要依据;推动建立水生态环境保护与流域水资源调度联动机制,统筹水质水量的关系。

(三十二)强化科技和政府投入支撑

加快实施国家水体污染控制与治理科技重大专项,加强水污染防治共性、关键、前瞻技术的攻关研发,推广成熟先进适用的水污染防治、节水、循环再利用、生态修复等技术,培育一批具有国际竞争力的大型环保企业,壮大环保产业。各级政府要加大对水污染防治投入力度。中央财政重点支持城镇环境基础设施建设、节能减排重点工程、畜禽规模化养殖污染治理、农村环境连片整治、生态保护与修复工程、跨界断面水质自动监测站建设运行、应急体系建设、执法能力建设等领域。

长江渔业资源管理规定(2004年修正)

(1995年9月28日农业部发布 根据2004年7月1日农业部令第38号《农业部关于修订农业行政许可规章和规范性文件的决定》修正)

第一章 总 则

第一条 为加强长江渔业资源的保护、增殖和合理利用,保障渔业生产者的合法权益,促进长江渔业生产的发展,根据《中华人民共和国渔业法》、《中华人民共和国野生动物保护法》和有关法规,特制定本规定。

第二条 凡在长江干流及其通江水域从事渔业生产或与其相关活动的单位和个人,均必须遵守本规定。

第三条 长江渔业资源管理委员会负责长江渔业资源的管理和协调工作。长江渔业资源管理委员会办公室(设在农业部东海区渔政渔港监督管理局)负责日常工作。

第四条 长江渔业资源保护对象：

(一)国家一、二级保护水生野生动物：白鱀豚、中华鲟、达氏鲟、白鲟、胭脂鱼、松江鲈鱼、江豚、大鲵、细痣疣螈、川陕哲罗鲑等。

(二)鱼类：鲥鱼、鳗鱼、鲤鱼、青鱼、草鱼、鳙鱼、鲫鱼、团头鲂、三角鲂、鳊鱼、鲌鱼、鲻鱼、梭鱼、凤鲚、刀鲚、河豚、黄颡鱼、黄鳝、银鱼、铜鱼、鳜鱼、鲳鱼、鳈鱼、中华倒刺鲃鱼、裂腹鱼、白甲鱼、鳜鱼、岩原鲤、南方大口鲶、长薄鳅、白鱼等。

(三)虾蟹类：中华绒螯蟹、秀丽白虾(白虾)、日本沼虾(青虾)。

(四)、贝类：三角帆蚌、褶文冠蚌、丽蚌。

(五)其他：乌龟、鳖。

第五条 第四条(一)项的长江中的国家一、二级保护水生野生动物，各级渔业行政主管部门须按照《中华人民共和国野生动物保护法》、《中华人民共和国水生野生动物保护实施条例》及其他有关法规进行保护。第四条第(二)(三)(四)(五)项的保护对象的最低可捕标准由各省、直辖市渔业行政主管部门制定。

第六条 禁止炸鱼、毒鱼和使用电力、鱼鹰、水獭捕鱼，禁止使用拦河缯(网)、密眼网(布网、网络子、地笼网)、滚钩、迷魂阵、底拖网等有害渔具进行捕捞。沿江闸口禁止套网捕捞生产。

第七条 严禁捕捞入江上溯的鲥鱼亲体和降河入海的鲥鱼幼体。

每年五月十五日至八月三十一日从长江口至九江江段，禁止使用双层和三层刺网作业。

每年六月一日至七月三十一日从赣江新干到吉安江段的鲥鱼主要产卵场实行禁捕。

江西省鄱阳湖口幼鱼出湖入江高峰期内，实行禁捕；禁捕时间不得少于十天；具体禁捕时间由长江渔业资源管理委员会商江西省渔政局、长江渔业资源监测站确定，由江西省渔政局实施。

因科研需要捕捉鲥鱼的，应当向农业部申请，由农业部核发专项(特许)捕捞许可证，实行限额捕捞。

农业部应当自申请受理之日起20日内作出是否发放专项(特许)捕捞许可证的决定。

第八条 禁捕长江口中华绒螯蟹产卵场的抱卵春蟹，限制捕捞长江干流江段的中华绒螯蟹亲蟹、幼蟹及蟹苗。因人工育苗、养殖和增殖放流等原因确需捕捞亲蟹、幼蟹、蟹苗的单位和个人，应当向农业部申请，由农业部核发专项(特许)捕捞许可证，限定捕捞网具、捕捞时间及捕捞江段。

农业部应当自受理之日起20日内作出是否发放专项(特许)捕捞许可证的决定。

长江幼蟹和蟹苗的收购、运输由省、直辖市渔政渔港监督管理机构核发准购证和准运证。

第九条 禁止捕捞进入江、河水域的鳗苗。

鳗苗汛期，沿江省、直辖市各级渔业行政主管部门及其所属的渔政渔港监督管理机构应严格控制捕捞许可证的发放，并在省、直辖市人民政府统一领导下，与水利、航政、公安、工商、外贸等有关部门密切配合，组织检查，加强管理。

第十条 每年家鱼苗繁殖季节，对青、草、鲢、鳙四大家鱼产卵场实行禁捕，具体禁渔期、禁渔区由长江渔业资源管理委员会商有关省、直辖市确定，由有关省、直辖市渔政渔港监督管理机构监督管理。

禁止捕捞经济鱼类天然鱼苗。

因养殖、科研需要采捕四大家鱼和需要采捕其他经济鱼类的鱼苗培育原种进行人工繁殖的单位和个人,应当向所在省、直辖市渔业行政主管部门申请,由所在省、直辖市渔业行政主管部门核发专项(特许)捕捞许可证,在指定区域和时间,限额捕捞。

所在省、直辖市渔业行政主管部门应当自申请受理之日起20日内作出是否发放专项(特许)捕捞许可证的决定。

禁止捕捞幼鱼及苗种作为饵料。

第十一条 长江渔业资源监测站负责对长江主要渔业资源及珍稀水生野生动物的监测工作,并定期向沿江各级渔政渔港监督管理机构报告监测情况,为管理提供科学依据。

第十二条 凡在长江干流及其通江水域从事捕捞生产的单位和个人,应当按规定向县级以上渔业行政主管部门提出申请,取得捕捞许可证并缴纳渔业资源增殖保护费后,方准进行作业。长江渔业资源增殖保护费的征收标准根据沿江各省、直辖市渔业资源增殖保护费征收使用办法执行。

县级以上渔业行政主管部门应当自申请受理之日起20日内作出是否发放捕捞许可证的决定。

第十三条 捕捞生产原则上不得跨省、直辖市作业,确需跨省、直辖市作业的,须向作业所在地省、直辖市渔业行政主管部门提出申请并取得临时捕捞许可证,缴纳渔业资源增殖保护费,方可作业。

省、直辖市渔业行政主管部门应当自申请受理之日起20日内作出是否发放捕捞许可证的决定。

第十四条 渔业船舶由省、直辖市渔政渔港监督管理机构统一管理。凡建造或改造渔业船舶须按审批权限经所在省、直辖市渔业行政主管部门所属的渔政渔港监督管理机构批准。各省、直辖市应控制捕捞渔船的盲目增长。

第十五条 加强渔业水域环境保护,严格执行《中华人民共和国渔业水域水质标准》及有关渔业水质的规定。

第十六条 沿江各级渔业环境监测站负责对长江干流及其通江渔业水域污染情况和因污染危害渔业资源事故进行监测。

因污染造成渔业资源损失的,由渔政渔港监督管理机构按照有关法规调查处理。

第十七条 在渔业水域修建水利工程、疏浚航道、兴建港口锚地、架设桥梁、采集沙石、进行水下爆破等,建设单位应预先征求渔业行政主管部门的意见,因施工影响渔民生产造成渔业资源损失的,建设单位应负责赔偿,并应采取补救措施。

凡在鱼虾蟹洄游通道上建闸的,要适时开闸纳苗。

禁止围湖造田。其他重要苗种基地、索饵场、产卵场、越冬场及鱼虾蟹洄游通道,不得围垦。

第十八条 对贯彻执行本规定,保护长江渔业资源作出显著成绩的单位和个人,省、直辖市渔业行政主管部门应予以表彰和奖励。

第十九条 对违反本规定的,由渔政渔港监督管理机构按照有关法律、法规予以处罚。

第二十条 本规定由农业部负责解释。

第二十一条 本规定自颁布之日起施行。原《长江中下游渔业资源管理暂行规定》同时废止。

淮河流域水污染防治暂行条例（2011年修正）

(1995年8月8日中华人民共和国国务院令第183号发布 根据2011年1月8日中华人民共和国国务院令第588号《国务院关于废止和修改部分行政法规的决定》修正)

第一条 为了加强淮河流域水污染防治，保护和改善水质，保障人体健康和人民生活、生产用水，制定本条例。

第二条 本条例适用于淮河流域的河流、湖泊、水库、渠道等地表水体的污染防治。

第三条 淮河流域水污染防治的目标：1997年实现全流域工业污染源达标排放；2000年淮河流域各主要河段、湖泊、水库的水质达到淮河流域水污染防治规划的要求，实现淮河水体变清。

第四条 淮河流域水资源保护领导小组（以下简称领导小组），负责协调、解决有关淮河流域水资源保护和水污染防治的重大问题，监督、检查淮河流域水污染防治工作，并行使国务院授予的其他职权。

领导小组办公室设在淮河流域水资源保护局。

第五条 河南、安徽、江苏、山东四省（以下简称四省）人民政府各对本省淮河流域水环境质量负责，必须采取措施确保本省淮河流域水污染防治目标的实现。

四省人民政府应当将淮河流域水污染治理任务分解到有关市（地）、县，签订目标责任书，限期完成，并将该项工作作为考核有关干部政绩的重要内容。

第六条 淮河流域县级以上地方人民政府，应当定期向本级人民代表大会常务委员会报告本行政区域内淮河流域水污染防治工作进展情况。

第七条 国家对淮河流域水污染防治实行优惠、扶持政策。

第八条 四省人民政府应当妥善做好淮河流域关、停企业的职工安置工作。

第九条 国家对淮河流域实行水污染物排放总量（以下简称排污总量）控制制度。

第十条 国务院环境保护行政主管部门会同国务院计划部门、水行政主管部门商四省人民政府，根据淮河流域水污染防治目标，拟订淮河流域水污染防治规划和排污总量控制计划，经由领导小组报国务院批准后执行。

第十一条 淮河流域县级以上地方人民政府，根据上级人民政府制定的淮河流域水污染防治规划和排污总量控制计划，组织制定本行政区域内淮河流域水污染防治规划和排污总量控制计划，并纳入本行政区域的国民经济和社会发展中长期规划和年度计划。

第十二条 淮河流域排污总量控制计划，应当包括确定的排污总量控制区域、排污总量、排污削减量和削减时限要求，以及应当实行重点排污控制的区域和重点排污控制区域外的重点排污单位名单等内容。

第十三条 向淮河流域水体排污的企业事业单位和个体工商户（以下简称排污单位），凡纳入排污总量控制的,由环境保护行政主管部门商同级有关行业主管部门,根据排污总量控制计划、建设项目环境影响报告书和排污申报量,确定其排污总量控制指标。

排污单位的排污总量控制指标的削减量以及削减时限要求,由下达指标的环境保护行政主管部门根据本级人民政府的规定,商同级有关行业主管部门核定。

超过排污总量控制指标排污的,由有关县级以上地方人民政府责令限期治理。

第十四条 在淮河流域排污总量控制计划确定的重点排污控制区域内的排污单位和重点排污控制区域外的重点排污单位,必须按照国家有关规定申请领取排污许可证,并在排污口安装污水排放计量器具。

第十五条 国务院环境保护行政主管部门商国务院水行政主管部门,根据淮河流域排污总量控制计划以及四省的经济技术条件,制定淮河流域省界水质标准,报国务院批准后施行。

第十六条 淮河流域水资源保护局负责监测四省省界水质,并将监测结果及时报领导小组。

第十七条 淮河流域重点排污单位超标排放水污染物的,责令限期治理。

市、县或者市、县以下人民政府管辖的企业事业单位的限期治理,由有关市、县人民政府决定。中央或者省级人民政府管辖的企业事业单位的限期治理,由省级人民政府决定。

限期治理的重点排污单位名单,由国务院环境保护行政主管部门商四省人民政府拟订,经领导小组审核同意后公布。

第十八条 自1998年1月1日起,禁止一切工业企业向淮河流域水体超标排放水污染物。

第十九条 淮河流域排污单位必须采取措施按期完成污染治理任务,保证水污染物的排放符合国家制定的和地方制定的排放标准;持有排污许可证的单位应当保证其排污总量不超过排污许可证规定的排污总量控制指标。

未按期完成污染治理任务的排污单位,应当集中资金尽快完成治理任务;完成治理任务前,不得建设扩大生产规模的项目。

第二十条 淮河流域县级以上地方人民政府环境保护行政主管部门征收的排污费,必须按照国家有关规定,全部用于污染治理,不得挪作他用。

审计部门应当对排污费的使用情况依法进行审计,并由四省人民政府审计部门将审计结果报领导小组。

第二十一条 在淮河流域河流、湖泊、水库、渠道等管理范围内设置或者扩大排污口的,必须依法报经水行政主管部门同意。

第二十二条 禁止在淮河流域新建化学制浆造纸企业。

禁止在淮河流域新建制革、化工、印染、电镀、酿造等污染严重的小型企业。

严格限制在淮河流域新建前款所列大中型项目或者其他污染严重的项目;建设该类项目的,必须事先征得有关省人民政府环境保护行政主管部门的同意,并报国务院环境保护行政主管部门备案。

禁止和严格限制的产业、产品名录,由国务院环境保护行政主管部门商国务院有关行业主管部门拟订,经领导小组审核同意,报国务院批准后公布施行。

第二十三条 淮河流域县级以上地方人民政府环境保护行政主管部门审批向水体排放污染物的建设项目的环境影响报告书时,不得突破本行政区域排污总量控制指标。

第二十四条 淮河流域县级以上地方人民政府应当按照淮河流域水污染防治规划的要求,建设城镇污水集中处理设施。

第二十五条 淮河流域水闸应当在保证防汛、抗旱的前提下,兼顾上游下游水质,制定防污调控方案,避免闸控河道蓄积的污水集中下泄。

领导小组确定的重要水闸,由淮河水利委员会会同有关省人民政府水行政主管部门制定防污调控方案,报领导小组批准后施行。

第二十六条 领导小组办公室应当组织四省人民政府环境保护行政主管部门、水行政主管部门等采取下列措施,开展枯水期水污染联合防治工作:

(一)加强对主要河道、湖泊、水库的水质、水情的动态监测,并及时通报监测资料;

(二)根据枯水期的水环境最大容量,商四省人民政府环境保护行政主管部门规定各省枯水期污染源限排总量,由四省人民政府环境保护行政主管部门逐级分解到排污单位,使其按照枯水期污染源限排方案限量排污;

(三)根据水闸防污调控方案,调度水闸。

第二十七条 淮河流域发生水污染事故时,必须及时向环境保护行政主管部门报告。环境保护行政主管部门应当在接到事故报告时起24小时内,向本级人民政府、上级环境保护行政主管部门和领导小组办公室报告,并向相邻上游和下游的环境保护行政主管部门、水行政主管部门通报。当地人民政府应当采取应急措施,消除或者减轻污染危害。

第二十八条 淮河流域省际水污染纠纷,由领导小组办公室进行调查、监测,提出解决方案,报领导小组协调处理。

第二十九条 领导小组办公室根据领导小组的授权,可以组织四省人民政府环境保护行政主管部门、水行政主管部门等检查淮河流域水污染防治工作。被检查单位必须如实反映情况,提供必要的资料。

第三十条 排污单位有下列情形之一的,由有关县级以上人民政府责令关闭或者停业:

(一)造成严重污染,又没有治理价值的;

(二)自1998年1月1日起,工业企业仍然超标排污的。

第三十一条 在限期治理期限内,未完成治理任务的,由县级以上地方人民政府环境保护行政主管部门责令限量排污,可以处10万元以下的罚款;情节严重的,由有关县级以上人民政府责令关闭或者停业。

第三十二条 擅自在河流、湖泊、水库、渠道管理范围内设置或者扩大排污口的,由有关县级以上地方人民政府环境保护行政主管部门或者水行政主管部门责令纠正,可以处5万元以下的罚款。

第三十三条 自本条例施行之日起,新建化学制浆造纸企业和制革、化工、印染、电镀、酿造等污染严重的小型企业或者未经批准建设属于严格限制的项目的,由有关县级人民政府责令停止建设或者关闭,环境保护行政主管部门可以处20万元以下的罚款。

第三十四条 环境保护行政主管部门超过本行政区域的排污总量控制指标,批准建设项目环境影响报告书的,对负有直接责任的主管人员和其他直接责任人员依法给予行政处分;构成犯罪的,依法追究刑事责任。

第三十五条 违反枯水期污染源限排方案超量排污的,由有关县级以上地方人民政府环境保护行政主管部门责令纠正,可以处10万元以下的罚款;情节严重的,由有关县级以上人民政府责令关闭或者停业;对负有直接责任的主管人员和其他直接责任人员,依法给予行政处分。

第三十六条　本条例规定的责令企业事业单位停止建设或者停业、关闭,由作出限期治理决定的人民政府决定;责令中央管辖的企业事业单位停止建设或者停业、关闭,须报国务院批准。

第三十七条　县级人民政府环境保护行政主管部门或者水行政主管部门决定的罚款额,以不超过1万元为限;超过1万元的,应当报上一级环境保护行政主管部门或者水行政主管部门批准。

设区的市人民政府环境保护行政主管部门决定的罚款额,以不超过5万元为限;超过5万元的,应当报上一级环境保护行政主管部门批准。

第三十八条　违反水闸防污调控方案调度水闸的,由县级以上人民政府水行政主管部门责令纠正;对负有直接责任的主管人员和其他直接责任人员,依法给予行政处分。

第三十九条　因发生水污染事故,造成重大经济损失或者人员伤亡,负有直接责任的主管人员和其他直接责任人员构成犯罪的,依法追究刑事责任。

第四十条　拒绝、阻碍承担本条例规定职责的国家工作人员依法执行职务,违反治安管理的,依照《中华人民共和国治安管理处罚法》的规定处罚;构成犯罪的,依法追究刑事责任。

第四十一条　承担本条例规定职责的国家工作人员滥用职权、徇私舞弊、玩忽职守,或者拒不履行义务,构成犯罪的,依法追究刑事责任;尚不构成犯罪的,依法给予行政处分。

第四十二条　四省人民政府可以根据本条例分别制定实施办法。

第四十三条　本条例自1995年8月8日起施行。

太湖流域管理条例

(2011年9月7日　中华人民共和国国务院令第604号)

第一章　总　则

第一条　为了加强太湖流域水资源保护和水污染防治,保障防汛抗旱以及生活、生产和生态用水安全,改善太湖流域生态环境,制定本条例。

第二条　本条例所称太湖流域,包括江苏省、浙江省、上海市(以下称两省一市)长江以南,钱塘江以北,天目山、茅山流域分水岭以东的区域。

第三条　太湖流域管理应当遵循全面规划、统筹兼顾、保护优先、兴利除害、综合治理、科学发展的原则。

第四条　太湖流域实行流域管理与行政区域管理相结合的管理体制。

国家建立健全太湖流域管理协调机制,统筹协调太湖流域管理中的重大事项。

第五条　国务院水行政、环境保护等部门依照法律、行政法规规定和国务院确定的职责分工,负责太湖流域管理的有关工作。

国务院水行政主管部门设立的太湖流域管理机构(以下简称太湖流域管理机构)在管辖范围内,行使法律、行政法规规定的和国务院水行政主管部门授予的监督管理职责。

太湖流域县级以上地方人民政府有关部门依照法律、法规规定,负责本行政区域内有关的太湖流域管理工作。

第六条 国家对太湖流域水资源保护和水污染防治实行地方人民政府目标责任制与考核评价制度。

太湖流域县级以上地方人民政府应当将水资源保护、水污染防治、防汛抗旱、水域和岸线保护以及生活、生产和生态用水安全等纳入国民经济和社会发展规划，调整经济结构，优化产业布局，严格限制高耗水和高污染的建设项目。

第二章 饮用水安全

第七条 太湖流域县级以上地方人民政府应当合理确定饮用水水源地，并依照《中华人民共和国水法》《中华人民共和国水污染防治法》的规定划定饮用水水源保护区，保障饮用水供应和水质安全。

第八条 禁止在太湖流域饮用水水源保护区内设置排污口、有毒有害物品仓库以及垃圾场；已经设置的，当地县级人民政府应当责令拆除或者关闭。

第九条 太湖流域县级人民政府应当建立饮用水水源保护区日常巡查制度，并在饮用水水源一级保护区设置水质、水量自动监测设施。

第十条 太湖流域县级以上地方人民政府应当按照水源互补、科学调度的原则，合理规划、建设应急备用水源和跨行政区域的联合供水项目。按照规划供水范围的正常用水量计算，应急备用水源应当具备不少于7天的供水能力。

太湖流域县级以上地方人民政府供水主管部门应当根据生活饮用水国家标准的要求，编制供水设施技术改造规划，报本级人民政府批准后组织实施。

第十一条 太湖流域县级以上地方人民政府应当组织水行政、环境保护、住房和城乡建设等部门制订本行政区域的供水安全应急预案。有关部门应当根据本行政区域的供水安全应急预案制订实施方案。

太湖流域供水单位应当根据本行政区域的供水安全应急预案，制订相应的应急工作方案，并报供水主管部门备案。

第十二条 供水安全应急预案应当包括下列主要内容：

（一）应急备用水源和应急供水设施；

（二）监测、预警、信息报告和处理；

（三）组织指挥体系和应急响应机制；

（四）应急备用水源启用方案或者应急调水方案；

（五）资金、物资、技术等保障措施。

第十三条 太湖流域市、县人民政府应当组织对饮用水水源、供水设施以及居民用水点的水质进行实时监测；在蓝藻暴发等特殊时段，应当增加监测次数和监测点，及时掌握水质状况。

太湖流域市、县人民政府发现饮用水水源、供水设施以及居民用水点的水质异常，可能影响供水安全的，应当立即采取预防、控制措施，并及时向社会发布预警信息。

第十四条 发生供水安全事故，太湖流域县级以上地方人民政府应当立即按照规定程序上报，并根据供水安全事故的严重程度和影响范围，按照职责权限启动相应的供水安全应急预案，优先保障居民生活饮用水。

发生供水安全事故,需要实施跨流域或者跨省、直辖市行政区域水资源应急调度的,由太湖流域管理机构对太湖、太浦河、新孟河、望虞河的水工程下达调度指令。

防汛抗旱期间发生供水安全事故,需要实施水资源应急调度的,由太湖流域防汛抗旱指挥机构、太湖流域县级以上地方人民政府防汛抗旱指挥机构下达调度指令。

第三章 水资源保护

第十五条 太湖流域水资源配置与调度,应当首先满足居民生活用水,兼顾生产、生态用水以及航运等需要,维持太湖合理水位,促进水体循环,提高太湖流域水环境容量。

太湖流域水资源配置与调度,应当遵循统一实施、分级负责的原则,协调总量控制与水位控制的关系。

第十六条 太湖流域管理机构应当商两省一市人民政府水行政主管部门,根据太湖流域综合规划制订水资源调度方案,报国务院水行政主管部门批准后组织两省一市人民政府水行政主管部门统一实施。

水资源调度方案批准前,太湖流域水资源调度按照国务院水行政主管部门批准的引江济太调度方案以及有关年度调度计划执行。

地方人民政府、太湖流域管理机构和水工程管理单位主要负责人应当对水资源调度方案和调度指令的执行负责。

第十七条 太浦河太浦闸、泵站,新孟河江边枢纽、运河立交枢纽,望虞河望亭、常熟水利枢纽,由太湖流域管理机构下达调度指令。

国务院水行政主管部门规定的对流域水资源配置影响较大的水工程,由太湖流域管理机构商当地省、直辖市人民政府水行政主管部门下达调度指令。

太湖流域其他水工程,由县级以上地方人民政府水行政主管部门按照职责权限下达调度指令。

下达调度指令应当以水资源调度方案为基本依据,并综合考虑实时水情、雨情等情况。

第十八条 太湖、太浦河、新孟河、望虞河实行取水总量控制制度。两省一市人民政府水行政主管部门应当于每年2月1日前将上一年度取水总量控制情况和本年度取水计划建议报太湖流域管理机构。太湖流域管理机构应当根据取水总量控制指标,结合年度预测来水量,于每年2月25日前向两省一市人民政府水行政主管部门下达年度取水计划。

太湖流域管理机构应当对太湖、太浦河、新孟河、望虞河取水总量控制情况进行实时监控。对取水总量已经达到或者超过取水总量控制指标的,不得批准建设项目新增取水。

第十九条 国务院水行政主管部门应当会同国务院环境保护等部门和两省一市人民政府,按照流域综合规划、水资源保护规划和经济社会发展要求,拟定太湖流域水功能区划,报国务院批准。

太湖流域水功能区划未涉及的太湖流域其他水域的水功能区划,由两省一市人民政府水行政主管部门会同同级环境保护等部门拟定,征求太湖流域管理机构意见后,由本级人民政府批准并报国务院水行政、环境保护主管部门备案。

调整经批准的水功能区划,应当经原批准机关或者其授权的机关批准。

第二十条 太湖流域的养殖、航运、旅游等涉及水资源开发利用的规划,应当遵守经批准的水功能区划。

在太湖流域湖泊、河道从事生产建设和其他开发利用活动的，应当符合水功能区保护要求；其中在太湖从事生产建设和其他开发利用活动的，有关主管部门在办理批准手续前，应当就其是否符合水功能区保护要求征求太湖流域管理机构的意见。

第二十一条 太湖流域县级以上地方人民政府水行政主管部门和太湖流域管理机构应当加强对水功能区保护情况的监督检查，定期公布水资源状况；发现水功能区未达到水质目标的，应当及时报告有关人民政府采取治理措施，并向环境保护主管部门通报。

主要入太湖河道控制断面未达到水质目标的，在不影响防洪安全的前提下，太湖流域管理机构应当通报有关地方人民政府关闭其入湖口门并组织治理。

第二十二条 太湖流域县级以上地方人民政府应当按照太湖流域综合规划和太湖流域水环境综合治理总体方案等要求，组织采取环保型清淤措施，对太湖流域湖泊、河道进行生态疏浚，并对清理的淤泥进行无害化处理。

第二十三条 太湖流域县级以上地方人民政府应当加强用水定额管理，采取有效措施，降低用水消耗，提高用水效率，并鼓励回用再生水和综合利用雨水、海水、微咸水。

需要取水的新建、改建、扩建建设项目，应当在水资源论证报告书中按照行业用水定额要求明确节约用水措施，并配套建设节约用水设施。节约用水设施应当与主体工程同时设计、同时施工、同时投产。

第二十四条 国家将太湖流域承压地下水作为应急和战略储备水源，禁止任何单位和个人开采，但是供水安全事故应急用水除外。

第四章　水污染防治

第二十五条 太湖流域实行重点水污染物排放总量控制制度。

太湖流域管理机构应当组织两省一市人民政府水行政主管部门，根据水功能区对水质的要求和水体的自然净化能力，核定太湖流域湖泊、河道纳污能力，向两省一市人民政府环境保护主管部门提出限制排污总量意见。

两省一市人民政府环境保护主管部门应当按照太湖流域水环境综合治理总体方案、太湖流域水污染防治规划等确定的水质目标和有关要求，充分考虑限制排污总量意见，制订重点水污染物排放总量削减和控制计划，经国务院环境保护主管部门审核同意，报两省一市人民政府批准并公告。

两省一市人民政府应当将重点水污染物排放总量削减和控制计划确定的控制指标分解下达到太湖流域各市、县。市、县人民政府应当将控制指标分解落实到排污单位。

第二十六条 两省一市人民政府环境保护主管部门应当根据水污染防治工作需要，制订本行政区域其他水污染物排放总量控制指标，经国务院环境保护主管部门审核，报本级人民政府批准，并由两省一市人民政府抄送国务院环境保护、水行政主管部门。

第二十七条 国务院环境保护主管部门可以根据太湖流域水污染防治和优化产业结构、调整产业布局的需要，制定水污染物特别排放限值，并商两省一市人民政府确定和公布在太湖流域执行水污染物特别排放限值的具体地域范围和时限。

第二十八条 排污单位排放水污染物，不得超过经核定的水污染物排放总量，并应当按照规定设置便于检查、采样的规范化排污口,悬挂标志牌;不得私设暗管或者采取其他规避监管的方式排放水污染物。

禁止在太湖流域设置不符合国家产业政策和水环境综合治理要求的造纸、制革、酒精、淀粉、冶金、酿造、印染、电镀等排放水污染物的生产项目,现有的生产项目不能实现达标排放的,应当依法关闭。

在太湖流域新设企业应当符合国家规定的清洁生产要求,现有的企业尚未达到清洁生产要求的,应当按照清洁生产规划要求进行技术改造,两省一市人民政府应当加强监督检查。

第二十九条 新孟河、望虞河以外的其他主要入太湖河道,自河口 1 万米上溯至 5 万米河道岸线内及其岸线两侧各 1000 米范围内,禁止下列行为:

(一)新建、扩建化工、医药生产项目;

(二)新建、扩建污水集中处理设施排污口以外的排污口;

(三)扩大水产养殖规模。

第三十条 太湖岸线内和岸线周边 5000 米范围内,淀山湖岸线内和岸线周边 2000 米范围内,太浦河、新孟河、望虞河岸线内和岸线两侧各 1000 米范围内,其他主要入太湖河道自河口上溯至 1 万米河道岸线内及其岸线两侧各 1000 米范围内,禁止下列行为:

(一)设置剧毒物质、危险化学品的贮存、输送设施和废物回收场、垃圾场;

(二)设置水上餐饮经营设施;

(三)新建、扩建高尔夫球场;

(四)新建、扩建畜禽养殖场;

(五)新建、扩建向水体排放污染物的建设项目;

(六)本条例第二十九条规定的行为。

已经设置前款第一项、第二项规定设施的,当地县级人民政府应当责令拆除或者关闭。

第三十一条 太湖流域县级以上地方人民政府应当推广测土配方施肥、精准施肥、生物防治病虫害等先进适用的农业生产技术,实施农药、化肥减施工程,减少化肥、农药使用量,发展绿色生态农业,开展清洁小流域建设,有效控制农业面源污染。

第三十二条 两省一市人民政府应当加强对太湖流域水产养殖的管理,合理确定水产养殖规模和布局,推广循环水养殖、不投饵料养殖等生态养殖技术,减少水产养殖污染。

国家逐步淘汰太湖围网养殖。江苏省、浙江省人民政府渔业行政主管部门应当按照统一规划、分步实施、合理补偿的原则,组织清理在太湖设置的围网养殖设施。

第三十三条 太湖流域的畜禽养殖场、养殖专业合作社、养殖小区应当对畜禽粪便、废水进行无害化处理,实现污水达标排放;达到两省一市人民政府规定规模的,应当配套建设沼气池、发酵池等畜禽粪便、废水综合利用或者无害化处理设施,并保证其正常运转。

第三十四条 太湖流域县级以上地方人民政府应当合理规划建设公共污水管网和污水集中处理设施,实现雨水、污水分流。自本条例施行之日起 5 年内,太湖流域县级以上地方人民政府所在城镇和重点建制镇的生活污水应当全部纳入公共污水管网并经污水集中处理设施处理。

太湖流域县级人民政府应当为本行政区域内的农村居民点配备污水、垃圾收集设施,并对收集的污水、垃圾进行集中处理。

第三十五条 太湖流域新建污水集中处理设施,应当符合脱氮除磷深度处理要求;现有的污水集中处理设施不符合脱氮除磷深度处理要求的,当地市、县人民政府应当自本条例施行之日起1年内组织进行技术改造。

太湖流域市、县人民政府应当统筹规划建设污泥处理设施,并指导污水集中处理单位对处理污水产生的污泥等废弃物进行无害化处理,避免二次污染。

国家鼓励污水集中处理单位配套建设再生水利用设施。

第三十六条 在太湖流域航行的船舶应当按照要求配备污水、废油、垃圾、粪便等污染物、废弃物收集设施。未持有合法有效的防止水域环境污染证书、文书的船舶,不得在太湖流域航行。运输剧毒物质、危险化学品的船舶,不得进入太湖。

太湖流域各港口、码头、装卸站和船舶修造厂应当配备船舶污染物、废弃物接收设施和必要的水污染应急设施,并接受当地港口管理部门和环境保护主管部门的监督。

太湖流域县级以上地方人民政府和有关海事管理机构应当建立健全船舶水污染事故应急制度,在船舶水污染事故发生后立即采取应急处置措施。

第三十七条 太湖流域县级人民政府应当组建专业打捞队伍,负责当地重点水域蓝藻等有害藻类的打捞。打捞的蓝藻等有害藻类应当运送至指定的场所进行无害化处理。

国家鼓励运用技术成熟、安全可靠的方法对蓝藻等有害藻类进行生态防治。

第五章 防汛抗旱与水域、岸线保护

第三十八条 太湖流域防汛抗旱指挥机构在国家防汛抗旱指挥机构的领导下,统一组织、指挥、指导、协调和监督太湖流域防汛抗旱工作,其具体工作由太湖流域管理机构承担。

第三十九条 太湖流域管理机构应当会同两省一市人民政府,制订太湖流域洪水调度方案,报国家防汛抗旱指挥机构批准。太湖流域洪水调度方案是太湖流域防汛调度的基本依据。

太湖流域发生超标准洪水或者特大干旱灾害,由太湖流域防汛抗旱指挥机构组织两省一市人民政府防汛抗旱指挥机构提出处理意见,报国家防汛抗旱指挥机构批准后执行。

第四十条 太浦河太浦闸、泵站,新孟河江边枢纽、运河立交枢纽,望虞河望亭、常熟水利枢纽以及国家防汛抗旱指挥机构规定的对流域防汛抗旱影响较大的水工程的防汛抗旱调度指令,由太湖流域防汛抗旱指挥机构下达。

太湖流域其他水工程的防汛抗旱调度指令,由太湖流域县级以上地方人民政府防汛抗旱指挥机构按照职责权限下达。

第四十一条 太湖水位以及与调度有关的其他水文测验数据,以国家基本水文测站的测验数据为准;未设立国家基本水文测站的,以太湖流域管理机构确认的水文测验数据为准。

第四十二条 太湖流域管理机构应当组织两省一市人民政府水行政主管部门会同同级交通运输主管部门,根据防汛抗旱和水域保护需要制订岸线利用管理规划,经征求两省一市人民政府国土资源、环境保护、城乡规划等部门意见,报国务院水行政主管部门审核并由其报国务院批准。岸线利用管理规划应当明确太湖、太浦河、新孟河、望虞河岸线划定、利用和管理等要求。

太湖流域县级人民政府应当按照岸线利用管理规划,组织划定太湖、太浦河、新孟河、望虞河岸线,设置界标,并报太湖流域管理机构备案。

第四十三条 在太湖、太浦河、新孟河、望虞河岸线内兴建建设项目,应当符合太湖流域综合规划和岸线利用管理规划,不得缩小水域面积,不得降低行洪和调蓄能力,不得擅自改变水域、滩地使用性质;无法避免缩小水域面积、降低行洪和调蓄能力的,应当同时兴建等效替代工程或者采取其他功能补救措施。

第四十四条 需要临时占用太湖、太浦河、新孟河、望虞河岸线内水域、滩地的,应当经太湖流域管理机构同意,并依法办有关手续。临时占用水域、滩地的期限不得超过2年。

临时占用期限届满,临时占用人应当及时恢复水域、滩地原状;临时占用水域、滩地给当地居民生产等造成损失的,应当依法予以补偿。

第四十五条 太湖流域圩区建设、治理应当符合流域防洪要求,合理控制圩区标准,统筹安排圩区外排水河道规模,严格控制联圩并圩,禁止将湖荡等大面积水域圈入圩内,禁止缩小圩外水域面积。

两省一市人民政府水行政主管部门应当编制圩区建设、治理方案,报本级人民政府批准后组织实施。太湖、太浦河、新孟河、望虞河以及两省一市行政区域边界河道的圩区建设、治理方案在批准前,应当征得太湖流域管理机构同意。

第四十六条 禁止在太湖岸线内圈圩或者围湖造地;已经建成的圈圩不得加高、加宽圩堤,已经围湖所造的土地不得垫高土地地面。

两省一市人民政府水行政主管部门应当会同同级国土资源等部门,自本条例施行之日起2年内编制太湖岸线内已经建成的圈圩和已经围湖所造土地清理工作方案,报国务院水行政主管部门和两省一市人民政府批准后组织实施。

第六章 保障措施

第四十七条 太湖流域县级以上地方人民政府及其有关部门应当采取措施保护和改善太湖生态环境,在太湖岸线周边500米范围内,饮用水水源保护区周边1500米范围内和主要入太湖河道岸线两侧各200米范围内,合理建设生态防护林。

第四十八条 太湖流域县级以上地方人民政府林业、水行政、环境保护、农业等部门应当开展综合治理,保护湿地,促进生态恢复。

两省一市人民政府渔业行政主管部门应当根据太湖流域水生生物资源状况、重要渔业资源繁殖规律和水产种质资源保护需要,开展水生生物资源增殖放流,实行禁渔区和禁渔期制度,并划定水产种质资源保护区。

第四十九条 上游地区未完成重点水污染物排放总量削减和控制计划、行政区域边界断面水质未达到阶段水质目标的,应当对下游地区予以补偿;上游地区完成重点水污染物排放总量削减和控制计划、行政区域边界断面水质达到阶段水质目标的,下游地区应当对上游地区予以补偿。补偿通过财政转移支付方式或者有关地方人民政府协商确定的其他方式支付。具体办法由国务院财政、环境保护主管部门会同两省一市人民政府制定。

第五十条 排放污水的单位和个人,应当按照规定缴纳污水处理费。通过公共供水设施供水的,污水处理费和水费一并收取;使用自备水源的,污水处理费和水资源费一并收取。污水处理费应当纳入地方财政预算管理,专项用于污水集中处理设施的建设和运行。污水处理费不能补偿污水集中处理单位正常运营成本的,当地县级人民政府应当给予适当补贴。

第五十一条 对为减少水污染物排放自愿关闭、搬迁、转产以及进行技术改造的企业，两省一市人民政府应当通过财政、信贷、政府采购等措施予以鼓励和扶持。

国家鼓励太湖流域排放水污染物的企业投保环境污染责任保险，具体办法由国务院环境保护主管部门会同国务院保险监督管理机构制定。

第五十二条 对因清理水产养殖、畜禽养殖，实施退田还湖、退渔还湖等导致转产转业的农民，当地县级人民政府应当给予补贴和扶持，并通过劳动技能培训、纳入社会保障体系等方式，保障其基本生活。

对因实施农药、化肥减施工程等导致收入减少或者支出增加的农民，当地县级人民政府应当给予补贴。

第七章　监测与监督

第五十三条 国务院发展改革、环境保护、水行政、住房和城乡建设等部门应当按照国务院有关规定，对两省一市人民政府水资源保护和水污染防治目标责任执行情况进行年度考核，并将考核结果报国务院。

太湖流域县级以上地方人民政府应当对下一级人民政府水资源保护和水污染防治目标责任执行情况进行年度考核。

第五十四条 国家按照统一规划布局、统一标准方法、统一信息发布的要求，建立太湖流域监测体系和信息共享机制。

太湖流域管理机构应当商两省一市人民政府环境保护、水行政主管部门和气象主管机构等，建立统一的太湖流域监测信息共享平台。

两省一市人民政府环境保护主管部门负责本行政区域的水环境质量监测和污染源监督性监测。太湖流域管理机构和两省一市人民政府水行政主管部门负责水文水资源监测；太湖流域管理机构负责两省一市行政区域边界水域和主要入太湖河道控制断面的水环境质量监测，以及太湖流域重点水功能区和引江济太调水的水质监测。

太湖流域水环境质量信息由两省一市人民政府环境保护主管部门按照职责权限发布。太湖流域水文水资源信息由太湖流域管理机构会同两省一市人民政府水行政主管部门统一发布；发布水文水资源信息涉及水环境质量的内容，应当与环境保护主管部门协商一致。太湖流域年度监测报告由国务院环境保护、水行政主管部门共同发布，必要时也可以授权太湖流域管理机构发布。

第五十五条 有下列情形之一的，有关部门应当暂停办理两省一市相关行政区域或者主要入太湖河道沿线区域可能产生污染的建设项目的审批、核准以及环境影响评价、取水许可和排污口设置审查等手续，并通报有关地方人民政府采取治理措施：

（一）未完成重点水污染物排放总量削减和控制计划，行政区域边界断面、主要入太湖河道控制断面未达到阶段水质目标的；

（二）未完成本条例规定的违法设施拆除、关闭任务的；

（三）因违法批准新建、扩建污染水环境的生产项目造成供水安全事故等严重后果的。

第五十六条 太湖流域管理机构和太湖流域县级以上地方人民政府水行政主管部门应当对设置在太湖流域湖泊、河道的排污口进行核查登记，建立监督管理档案，对污染严重和违法设置的排污口,依照《中华人民共和国水法》、《中华人民共和国水污染防治法》的规定处理。

第五十七条 太湖流域县级以上地方人民政府环境保护主管部门应当会同有关部门,加强对重点水污染物排放总量削减和控制计划落实情况的监督检查,并按照职责权限定期向社会公布。

国务院环境保护主管部门应当定期开展太湖流域水污染调查和评估。

第五十八条 太湖流域县级以上地方人民政府水行政、环境保护、渔业、交通运输、住房和城乡建设等部门和太湖流域管理机构,应当依照本条例和相关法律、法规的规定,加强对太湖开发、利用、保护、治理的监督检查,发现违法行为,应当通报有关部门进行查处,必要时可以直接通报有关地方人民政府进行查处。

第八章 法律责任

第五十九条 太湖流域县级以上地方人民政府及其工作人员违反本条例规定,有下列行为之一的,对直接负责的主管人员和其他直接责任人员依法给予处分;构成犯罪的,依法追究刑事责任:

(一)不履行供水安全监测、报告、预警职责,或者发生供水安全事故后不及时采取应急措施的;

(二)不履行水污染物排放总量削减、控制职责,或者不依法责令拆除、关闭违法设施的;

(三)不履行本条例规定的其他职责的。

第六十条 县级以上人民政府水行政、环境保护、住房和城乡建设等部门及其工作人员违反本条例规定,有下列行为之一的,由本级人民政府责令改正,通报批评,对直接负责的主管人员和其他直接责任人员依法给予处分;构成犯罪的,依法追究刑事责任:

(一)不组织实施供水设施技术改造的;

(二)不执行取水总量控制制度的;

(三)不履行监测职责或者发布虚假监测信息的;

(四)不组织清理太湖岸线内的圈圩、围湖造地和太湖围网养殖设施的;

(五)不履行本条例规定的其他职责的。

第六十一条 太湖流域管理机构及其工作人员违反本条例规定,有下列行为之一的,由国务院水行政主管部门责令改正,通报批评,对直接负责的主管人员和其他直接责任人员依法给予处分;构成犯罪的,依法追究刑事责任:

(一)不履行水资源调度职责的;

(二)不履行水功能区、排污口管理职责的;

(三)不组织制订水资源调度方案、岸线利用管理规划的;

(四)不履行监测职责的;

(五)不履行本条例规定的其他职责的。

第六十二条 太湖流域水工程管理单位违反本条例规定,拒不服从调度的,由太湖流域管理机构或者水行政主管部门按照职责权限责令改正,通报批评,对直接负责的主管人员和其他直接责任人员依法给予处分;构成犯罪的,依法追究刑事责任。

第六十三条 排污单位违反本条例规定,排放水污染物超过经核定的水污染物排放总量,或者在已经确定执行太湖流域水污染物特别排放限值的地域范围、时限内排放水污染物超过水污染物特别排放限值的,依照《中华人民共和国水污染防治法》第七十四条的规定处罚。

第六十四条 违反本条例规定,在太湖、淀山湖、太浦河、新孟河、望虞河和其他主要入太湖河道岸线内以及岸线周边、两侧保护范围内新建、扩建化工、医药生产项目,或者设置剧毒物质、危险化学品的贮存、输送设施,或者设置废物回收场、垃圾场、水上餐饮经营设施的,由太湖流域县级以上地方人民政府环境保护主管部门责令改正,处20万元以上50万元以下罚款;拒不改正的,由太湖流域县级以上地方人民政府环境保护主管部门依法强制执行,所需费用由违法行为人承担;构成犯罪的,依法追究刑事责任。

违反本条例规定,在太湖、淀山湖、太浦河、新孟河、望虞河和其他主要入太湖河道岸线内以及岸线周边、两侧保护范围内新建、扩建高尔夫球场的,由太湖流域县级以上地方人民政府责令停止建设或者关闭。

第六十五条 违反本条例规定,运输剧毒物质、危险化学品的船舶进入太湖的,由交通运输主管部门责令改正,处10万元以上20万元以下罚款,有违法所得的,没收违法所得;拒不改正的,责令停产停业整顿;构成犯罪的,依法追究刑事责任。

第六十六条 违反本条例规定,在太湖、太浦河、新孟河、望虞河岸线内兴建不符合岸线利用管理规划的建设项目,或者不依法兴建等效替代工程、采取其他功能补救措施的,由太湖流域管理机构或者县级以上地方人民政府水行政主管部门按照职责权限责令改正,处10万元以上30万元以下罚款;拒不改正的,由太湖流域管理机构或者县级以上地方人民政府水行政主管部门按照职责权限依法强制执行,所需费用由违法行为人承担。

第六十七条 违反本条例规定,有下列行为之一的,由太湖流域管理机构或者县级以上地方人民政府水行政主管部门按照职责权限责令改正,对单位处5万元以上10万元以下罚款,对个人处1万元以上3万元以下罚款;拒不改正的,由太湖流域管理机构或者县级以上地方人民政府水行政主管部门按照职责权限依法强制执行,所需费用由违法行为人承担:

(一)擅自占用太湖、太浦河、新孟河、望虞河岸线内水域、滩地或者临时占用期满不及时恢复原状的;

(二)在太湖岸线内圈圩,加高、加宽已经建成圈圩的圩堤,或者垫高已经围湖所造土地地面的;

(三)在太湖从事不符合水功能区保护要求的开发利用活动的。

违反本条例规定,在太湖岸线内围湖造地的,依照《中华人民共和国水法》第六十六条的规定处罚。

第九章 附 则

第六十八条 本条例所称主要入太湖河道控制断面,包括望虞河、大溪港、梁溪河、直湖港、武进港、太滆运河、漕桥河、殷村港、社渎港、官渎港、洪巷港、陈东港、大浦港、乌溪港、大港河、夹浦港、合溪新港、长兴港、杨家浦港、庞儿港、苕溪、大钱港的入太湖控制断面。

第六十九条 两省一市可以根据水环境综合治理需要,制定严于国家规定的产业准入条件和水污染防治标准。

第七十条 本条例自2011年11月1日起施行。

环境保护部关于预防与处置跨省界水污染纠纷的指导意见

(2008年7月7日　环发〔2008〕64号)

各省、自治区、直辖市环境保护局(厅),新疆生产建设兵团环境保护局,各环境保护督查中心:

近年来,跨省界水污染纠纷不断增加,逐渐成为引发社会矛盾、影响社会安定的重要因素。国务院领导要求在跨省界重点河流、湖泊、海域建立跨省际联防治污机制,互通情况、相互监督,注重日常监测、预警、检查的协同,防患未然,形成治污工作合力,及时有效地预防和处置跨省界水污染纠纷,维护社会和谐稳定。为贯彻落实国务院领导的指示,有效预防与处置跨省界水污染纠纷,现提出如下指导意见:

一、从源头上预防跨省界水污染纠纷的发生

为预防跨省界水污染纠纷,涉及跨省界流域的相邻地区特别是上游地区,要根据该地区环境容量及出境水质目标,合理制定规划、优化区域布局、调整产业结构、严把环境准入关和项目验收关,采取更加严格的环保措施。从源头上防范跨省界流域水污染纠纷。

(一)合理规划布局,促进产业结构调整。跨省界流域交界地区尤其是上游地区应实行环境优先政策,根据当地的环境容量及跨省界水质要求,制定经济发展总体规划、专项规划,合理布局、优化产业结构。要限制、禁止发展重污染项目,加快产业结构调整步伐,加大对钢铁、造纸、酒精等12个高耗能、高污染行业落后生产能力的淘汰力度,尽早完成强制淘汰或关闭落后工艺、设备与产品任务。

(二)注重源头控制,严把环境准入关和验收关。跨省界流域交界地区尤其是上游地区应严格控制新污染源的产生,按照国务院批准、由七部门印发的《关于加强河流污染防治工作的通知》(环发〔2007〕201号)要求,自2009年起,停止审批向河流排放重金属、持久性有机污染物的项目。毗邻上游地区拟建项目,经环境影响评价预测可能会严重影响跨省界断面水质或造成超标的,在审批前应采取适当方式征询下游相邻环保部门的意见。相邻省级环保部门对该项目的环境影响评价结论有争议的,其环境影响评价文件报环境保护部审批。新建设项目未批先建、未经验收擅自投产的,要依法责令停产停建。

(三)强化监督执法,加大污染整治力度。加大对跨省界流域环境整治力度,水污染物排放必须达到国家或者地方规定的水污染物排放标准和重点水污染物排放总量控制指标。对未按照要求完成重点水污染物排放总量控制指标的市、县予以公布,对超过总量指标的地区,暂停审批新增重点水污染物排放总量的建设项目环评报告。对长期超标排污、私设暗管偷排偷放、污染直排、影响跨省界水质的企业,依法停产整治或关闭。加快城镇污水处理厂的建设,并严格控制流域农业面源污染。

(四)落实治污责任,严格实行跨省界流域断面水质考核。敦促政府确保跨省界流域水质达到《"十一五"水污染物总量削减目标责任书》中确定的目标。我部对跨省界断面水质按年度目

标进行考核评定,对不能按期完成工作任务的,暂停审批影响跨省界流域水质的主要区域新增排污总量的建设项目环评报告。因跨省界水污染引起的损害赔偿责任和赔偿金额纠纷按《水污染防治法》有关规定执行。国家加快制定上下游流域生态补偿政策,并鼓励地方积极探索和建立生态补偿机制。

(五)加强沟通协调,合理确定跨省界流域的水环境质量适用标准。部分流域省界相邻地区执行水环境质量标准不协调,适用标准不合理,影响监督管理与责任考核,应加强相邻省界地区执行水环境质量标准的统一性和合理性。重要流域跨省界流域的水环境质量适用标准由我部会同水利部门和有关省、自治区、直辖市人民政府确定,其余流域由相邻省级环保部门会同有关部门和当地政府确定。如确实无法协调的,由我部协调确定。

二、建立预防与处置跨省界水污染纠纷长效工作机制

根据跨省界流域水污染情况及省界断面水质目标要求,省级环保部门要督促并协助有关地方政府,在与相邻省级环保部门和地方政府共同协商的基础上,建立预防与处置跨省界水污染纠纷长效工作机制。

(一)定期联席会商。督促并协助跨省界流域上下游地区人民政府建立联席会商机制,下游地区政府至少每年汛期前主动召集一次联席会议,相互通报并商讨跨省界水污染防治工作,上游地区政府应予以配合。督促流域省界相邻地区政府要组织制定科学合理的闸坝调控方案,并监督落实。

(二)信息互通共享。流域省界地区相邻环保部门定期互通水污染防治进展、断面水质等情况。环保部门要与水利、渔政等部门定期互通省界断面水质、水量、水文、闸坝运行等信息。当上游地区发生污染事故或污染物排放、流域水量水质水文等出现异常并可能威胁下游水质时,除按规定上报外,上游政府或环保等有关部门应立即通知下游政府或环保等有关部门,并对重点污染源采取限产、限排或暂时关闭等措施。当下游地区发生水质恶化或死鱼等严重污染事故并确认由上游来水所致时,除按规定上报外,应及时通报上游政府和环保等相关部门。上游地区应积极采取措施控制污染,并向下游地区及时通报事故调查处理进展。

(三)联合采样监测。由我部组织跨省界流域相邻两省环保部门共同制定跨省界水质监测方案,明确采样断面与时间、监测指标与方法,定期开展联合监测。敏感时期增加监测频次,环保部门要组织水利、渔政等部门及时通报监测数据等情况。一旦发生跨省界水污染事故,相邻环保部门立即启动环境突发事件应急监测预案,在规定时间内到达同一断面共同采样监测,一方无故不到或不按规定监测的以另一方监测数据为准。双方对监测数据提出异议时,应保存水样,由中国环境监测总站负责监测。

(四)联合执法监督。在定期会晤、信息共享和联合监测的基础上,跨省界流域相邻环保部门要定期或不定期地组成联合检查组,共同对两地水污染防治情况开展现场检查,加强流域重点水污染源、城镇污水处理厂等环保措施落实情况的督查,预防跨界水污染事故的发生。同时要互相通报在联合检查中发现问题的整改情况。环境保护部区域环境保护督查中心要加强跨省界流域交界地区的环境监管和督查。

(五)敏感时期预警。在敏感时段(如枯水期、汛期)和河流敏感区域(如饮用水源地),跨省界流域相邻环保部门要及时了解重点污染源排污变化情况,必要时采取限产限排等控制排污总量的措施。加强与水利、渔政等部门的协调与沟通,及时了解江河流量、闸坝调控、污水处理厂运行等情况,在确保跨省界断面水质未明显下降的前提下,实施小流量排放等措施,保障水环境安全。

(六)协同应急处置。一旦发生跨省界水污染突发事件,交界地区环保部门要立即报请当地政府迅速启动环境突发事件应急预案,提出控制、消除污染的具体应急措施,协助当地政府控制和处置水污染。并按有关程序及时上报情况。

(七)协调处理纠纷。跨省界水污染纠纷发生后,应依法由相邻两省人民政府共同协商处理。经协商确实无法达成共识的,相邻两省人民政府提出申请,由我部进行协调。经协调并达成共识时,按协调意见落实。经协调仍无法达成一致意见时,由我部提出处理意见上报国务院批准,并按国务院批复意见执行。

(八)开展后督查工作。对于引发跨省界水污染纠纷的企事业单位,当地政府和环保部门要依法处罚并提出限期整改要求,由相邻两省环保部门组成联合督查组对其整改情况开展后督查,确保整改措施落实到位。必要时,由我部组织进行督查、督办。

各级环境保护部门要高度重视跨省界流域环境污染问题,加强协调与合作,联防治污、联动预警、联合处置,积极有效地预防和处置跨省界水污染纠纷问题,维护环境安全和社会稳定。

水利部关于城市规划区地下水取水许可管理有关问题的通知

(1998年8月28日 水政资〔1998〕334号)

各流域机构,各省、自治区、直辖市水利(水电)厅(局),各计划单列市水利(水电)局:

国务院批准的《水利部职能配置、内设机构和人员编制规定》(国办发〔1998〕87号)规定,水利部负责"组织实施取水许可制度和水资源费征收制度","原由建设部承担的指导城市规划区地下水资源的管理保护职能,交给水利部承担","取水许可证由水利部实施统一管理,不再授权其他部门颁发"。根据上述规定,现就城市规划区地下水取水许可管理的有关问题通知如下:

一、统一发放《中华人民共和国取水许可证》。自本通知发布之日起,在城市规划区内新建、改建、扩建的地下水取水项目,一律由各级水行政主管部门按照规定的分级管理权限统一受理取水许可(预)申请,审批、发放国务院授权水利部统一制作的《中华人民共和国取水许可证》(以下简称法定取水许可证),不再授权或委托其他部门办理。

二、限期办理取水登记,换发法定的取水许可证。在本通知发布之前,已在城市规划区内取用地下水而未按国务院《取水许可制度实施办法》规定办理取水登记、领证手续的取水户,应在省级水行政主管部门规定的期限内,到当地水行政主管部门办理取水登记,并领取法定取水许可证;同时由水行政主管部门收缴原取水户领取的《取用城市地下水审核书》、《城市地下水取水许可证》等依法应予废止的证件。

对于过去由地方性规定、文件或水行政主管部门授权或委托其他部门发放的取用城市规划区内地下水的取水许可证,应在上述规定的期限内,换发由水行政主管部门颁发的法定取水许可证。同时上述被授权或被委托部门应向水行政主管部门移交已发放的取水许可证的取水户档案。

城市规划区内地下水取水登记和颁发许可证工作由各省级水行政主管部门统一组织实施,并在 1998 年 12 月 31 日前全面完成。

三、清理地方性规定和文件。在实施取水许可登记、发证或换证的基础上,各级水行政主管部门要按照《国务院办公厅关于取水许可制度实施有关问题的通知》(国办通〔1996〕7 号),组织对有关涉及水资源管理的地方性规定或文件进行认真清理,凡不符合国办〔1998〕87 号文件精神的,提请地方人大或政府及时进行修订。其他任何机构原来承担的城市规划区地下水取水许可审批与发证、水资源费征收管理、计划用水管理等水资源行政管理职能,均应交由水行政主管部门统一行使。

四、严格实施取水许可监督管理。各级水行政主管部门要认真贯彻水利部《取水许可监督管理办法》和《取水许可水质管理规定》,建立健全适应本地区资源环境及社会经济特点的用水定额管理、计划用水与节约用水管理、取水计量管理、取水与退水监测管理等各项水资源管理工作制度。要通过取水许可监督管理,综合协调城乡之间、工农业之间、行政区域之间的用水,对地表水与地下水实施统一规划和统一调配,大力加强节水管理和适当调整现有水利工程的供水方向,严格控制地下水超采,积极而有效地缓解城市缺水问题。

五、加强领导和指导。各省级水行政主管部门应根据本通知精神和本地区的实际情况,制订本地区进一步加强城市规划区地下水取水许可管理的具体措施,加强对各有关地区工作的指导、检查和督促。我部将于 1999 年上半年对各地执行本通知的情况进行检查。

请各地将贯彻实施本通知的情况及时报我部水资源水文司。

国务院关于全国地下水污染防治规划
(2011—2020 年)的批复

(2011 年 10 月 10 日　国函〔2011〕119 号)

各省、自治区、直辖市人民政府,发展改革委、财政部、国土资源部、环境保护部、住房城乡建设部、水利部:

环境保护部《关于上报〈全国地下水污染防治规划(2011—2020 年)〉修改稿的请示》(环发〔2011〕104 号)收悉。现批复如下:

一、原则同意《全国地下水污染防治规划(2011—2020 年)》(以下简称《规划》),请你们认真组织实施。

二、《规划》实施要深入贯彻落实科学发展观,坚持保护优先、预防为主、防治结台、落实责任、强化监管的原则,加大对地下水污染状况调查力度,健全法规标准,完善政策措施,依法推进综合防治,切实保障地下水饮用水水源环境安全,逐步建成以防为主的地下水污染防治体系,保障地下水资源可持续利用,推动经济社会可持续发展。

三、通过实施《规划》,到 2015 年,基本掌握地下水污染状况,初步控制地下水污染源,初步遏制地下水水质恶化趋势,全面建立地下水环境监管体系;到 2020 年,对典型地下水污染源实现全面监控,重要地下水饮用水水源水质安全得到基本保障,重点地区地下水水质明显改善,地下水环境监管能力全面提高,地下水污染防治体系基本建成。

四、各省(区、市)人民政府是《规划》实施的责任主体,要切实加强组织领导,将《规划》确定的目标和任务纳入本地区经济社会发展规划,并制定年度实施计划。要加强规划衔接和项目协调,建立多元化投融资机制,加大资金投入力度,加强环境监测和执法监督,落实企业责任,综合推进规划实施。对符合规划要求项目,中央财政将在现有投资渠道中予以支持。

五、有关部门要根据各自的职能分工,建立联动机制,加强对《规划》实施的指导、支持和监督,统筹规划完善地下水监测网络,建立信息共享平台,统一发布相关环境信息。环境保护部要会同有关部门抓紧制定《规划》实施的评估机制,提出《规划》后续实施方案。

《规划》是我国地下水污染防治、保护和管理工作的重要依据。各地区和部门要统一认识,密切协作,确保《规划》顺利实施,切实提高地下水对经济社会发展的支撑和保障能力。

中央机构编制委员会办公室关于矿泉水地热水管理职责分工问题的通知

(1998 年 12 月 16 日　中编办发〔1998〕14 号)

各省、自治区、直辖市人民政府,国务院各部委、各直属机构:

国务院部门"三定"规定下发后,有关部门和地方对矿泉水、地热水的管理职责分工问题存在着不同认识,使尚未开始机构改革的地方政府无所适从,社会反映强烈,并影响到一些地方法院对矿泉水、地热水采矿权转让案件的审理。为解决这一问题,经中央机构编制委员会办公室、国务院法制办公室和国土资源部、水利部协调一致,并经国务院领导同意,现就矿泉水、地热水的管理职责分工问题通知如下:

一、国家对水资源实行统一管理。开采已探明的矿泉水、地热水由水行政主管部门在统一考虑地表水与地下水的资源状况和生活用水、农业用水、工业用水的实际需要的基础上,先办理取水许可证,确定开采限量。水行政主管部门在办理取水许可证时,只能收取工本费。

二、开采矿泉水、地热水,用于商业经营的企事业单位(如矿泉水厂、温泉宾馆、地热电厂等),凭取水许可证向地质矿产行政主管部门登记,办理相应的采矿许可证,并按照水行政主管部门确定的开采限量开采。地质矿产行政主管部门办理采矿许可证时,只能收取工本费。

三、企事业单位开采矿泉水、地热水的采矿权使用费和矿产资源补偿费,由地质矿产行政主管部门按照《矿产资源开采登记管理办法》和《矿产资源补偿费征收管理规定》征收,并及时全额上缴财政。

企事业单位已经缴纳矿泉水、地热水的采矿权使用费和矿产资源补偿费的,不再缴纳水资源费。

四、依法转让矿泉水、地热水的采矿权的,由地质矿产行政主管部门按照《探矿权采矿权转让管理办法》的规定办理。

本通知下发后,对矿泉水、地热水的管理职责分工,以本通知为准。有关部门和地方应当密切合作,严格执行本通知的规定,维护正常的管理秩序。

城市供水条例(2018年修正)

(1994年7月19日中华人民共和国国务院令第158号发布 根据2018年3月19日中华人民共和国国务院令第698号《国务院关于修改和废止部分行政法规的决定》修正)

第一章 总 则

第一条 为了加强城市供水管理,发展城市供水事业,保障城市生活、生产用水和其他各项建设用水,制定本条例。

第二条 本条例所称城市供水,是指城市公共供水和自建设施供水。

本条例所称公共供水,是指城市自来水企业以公共供水管道及其附属设施向单位和居民的生活、生产和其他各项建设提供用水。

本条例所称自建设施供水,是指城市的用水单位以其自行建设的供水管道及其属设施向本单位的生活、生产和其他各项建设提供用水。

第三条 从事城市供水工作和使用城市供水,必须遵守本条例。

第四条 城市供水工作实行开发水源和计划用水、节约用水相结合的原则。

第五条 县级以上人民政府应将发展城市供水事业纳入国民经济和社会发展计划。

第六条 国家实行有利于城市供水事业发展的政策,鼓励城市供水科学技术研究,推广先进技术,提高城市供水的现代化水平。

第七条 国务院城市建设行政主管部门主管全国城市供水工作。

省、自治区人民政府城市建设行政主管部门主管本行政区域内的城市供水工作。

县级以上城市人民政府确定的城市供水行政主管部门(以下简称城市供水行政主管部门)主管本行政区域的城市供水工作。

第八条 对在城市供水工作中作出显著成绩的单位和个人,给予奖励。

第二章 城市供水水源

第九条 县级以上城市人民政府应当组织城市规划行政主管部门、水行政主管部门、城市供水行政主管部门和地质矿产行政主管部门等共同编制城市供水水源开发利用规划,作为城市供水发展规划的组成部分,纳入城市总体规划。

第十条 编制的城市供水水源开发利用规划,应当从城市发展的需要出发,并与水资源统筹规划和水长期供求计划相协调。

第十一条 编制城市供水水源开发利用规划,应当根据当地情况,合理安排利用地表水和地下水。

第十二条 编制城市供水水源开发利用规划,应当优先保证城市社会用水,统筹兼顾工业用水和其他各项建设用水。

第十三条 县级以上地方人民政府环境保护部门应当会同城市供水行政主管部门、水行政主管部门和卫生行政主管部门等共同划定饮用水水源保护区,经本级人民政府批准后公布,划定跨省、市、县的饮用水水源保护区,应当由有关人民政府共同商定并经其共同的上级人民政府批准后公布。

第十四条 在饮用水水源保护区内,禁止一切污染水质的活动。

第三章　城市供水工程建设

第十五条 城市供水工程的建设,应当按照城市供水发展规划及其年度建设计划进行。

第十六条 城市供水工程的设计、施工,应委托持有相应资质证书的设计、施工单位承担,并遵守国家有关技术标准和规范。禁止无证或者超越资质证书规定的经营范围承担城市供水工程的设计、施工任务。

工程竣工后,应当按照国家规定组织验收;未经验收或者验收不合格的,不得投入使用。

第十八条 城市新建、扩建、改建工程项目需要增加用水的,其工程项目总概算应当包括供水工程建设投资;需要增加城市公共供水量的,应当将其供水工程建设投资交付城市供水行政主管部门,由其统一组织城市供水工程建设。

第四章　城市供水经营

第十九条 城市自来水供水企业和自建设施对外供水的企业,经工商行政管理机关登记注册后,方可从事经营活动。

第二十条 城市自来水供水企业和自建设施对外供水的企业,应当建立、健全水质检测制度,确保城市供水的水质符合国家规定的饮用水标准。

第二十一条 城市自来水供水企业和自建设施对外供水的企业,应当按照国家有关规定设置管网测压点,做好水压监测工作,确保供水管网的压力符合国家规定的标准。

禁止在城市公共供水管道上直接装泵抽水。

第二十二条 城市自来水供水企业和自建设施对外供水的企业应当保持不间断供水。由于施工、设备维修等原因需要停止供水的,应当经城市供水行政主管部门批准并提前24小时通知用水单位和个人;因发生灾害或者紧急事故,不能提前通知的,应当在抢修的同时通知用水单位和个人,尽快恢复正常供水,并报告城市供水行政主管部门。

第二十三条 城市自来水供水企业和自建设施对外供水的企业应当实行职工持证上岗制度。具体办法由国务院城市建设行政主管部门会同人事部门等制定。

第二十四条　用水单位和个人应当按照规定的计量标准和水价标准按时缴纳水费。

第二十五条　禁止盗用或转供城市公共供水。

第二十六条　城市供水价格应当按照生活用水保本微利、生产和经营用水合理计价的原则制定。城市供水价格制定办法，由省、自治区、直辖市人民政府规定。

第五章　城市供水设施维护

第二十七条　城市自来水供水企业和自建设施供水的企业对其管理的城市供水的专用水库、引水渠道、取水口、泵站、井群、输(配)水管网、进户总水表、净(配)水厂、公用水站等设施，应当定期检查维修，确保安全运行。

第二十八条　用水单位自行建设的与城市公共供水管道连接的户外管道及其附属设施，必须经城市自来水供水企业验收合格并交其统一管理后，方可使用。

第二十九条　在规定的城市公共供水管道及其附属设施的地面和地下的安全保护范围内，禁止挖坑取土或者修建筑物、构筑物等危害供水设施安全的活动。

第三十条　因工程建设确需改装、拆除或者迁移城市公共供水设施的，建设单位应当报经县以上人民政府城市规划行政主管部门和城市供水行政主管部门批准，并采取相应的补救措施。

第三十一条　涉及城市供水设施的建设工程开工前，建设单位或者施工单位应当向城市自来水供水企业查明地下供水管网情况。施工影响城市供水设施安全的，建设单位或者施工单位应当与城市自来水供水企业商定相应的保护措施，由施工单位负责实施。

第三十二条　禁止擅自将自建设施供水管网系统与城市公共水管网系统连接；因特殊情况确需连接的，必须经城市自来水供水企业同意，并在管道连接处采取必要的防护措施。

禁止产生或者使用有毒有害物质的单位将其生产用水管网系统与城市公共供水管网系统直接连接。

第六章　罚　则

第三十三条　城市自来水供水企业或者自建设施对外供水的企业有下列行为之一的，由城市供水行政主管部门责令改正，可以处以罚款。情节严重的，报经县级以上人民政府批准，可以停业整顿。对负有直接责任的主管人员和其他直接责任人员，其所在单位或者上级机关可以予以行政处分：

（一）供水水质、水压不符合国家规定标准的；

（二）擅自停止供水或者未履行停水通知义务的；

（三）未按照规定检修供水设施或者在供水设施发生故障后未及时抢修的。

第三十四条　违反本条例规定，有下列行为之一的，由城市供水行政主管部门责令停止违法行为，可以处以罚款；对负有直接责任的主管人员和其他直接责任人员，其所在单位或者上级机关可以给予行政处分：

（一）无证或者超越资质证书规定的经营范围进行城市供水工程的设计或者施工的；

（二）未按国家规定的技术标准和规范进行城市供水工程的设计或者施工的；

（三）违反城市供水发展规划及其年度建设计划兴建城市供水工程的。

第三十五条　违反本条例规定，有下列行为之一的，由城市供水行政主管部门或者其授权的

单位责令限期改正,可以处以罚款:

(一)未按规定缴纳水费的;

(二)盗用或者转供城市公共供水的;

(三)在规定的城市公共供水管道及其附属设施的安全保护范围内进行危害供水设施安全活动的;

(四)擅自将自建设施供水管网系统与城市公共供水管网系统连接的;

(五)产生或者使用有毒有害物质的单位将其生产用水管网系统与城市公共供水管网系统直接连接的;

(六)在公共供水管道上直接装泵抽水的;

(七)擅自拆除、改装或者迁移城市公共供水设施的。有前款第(一)项、第(二)项、第(四)项、第(五)项、第(六)项、第(七)项所列行为之一,情节严重的,经县级以上人民政府批准,还可以在一定时间内停止供水。

第三十六条 建设工程施工危害城市公共供水设施的,由城市供水行政主管部门责令停止危害活动;造成损失的,由责任方依法赔偿损失;对负有直接责任的主管人员和其他直接责任人员,其所在单位或者上级机关可以给予行政处分。

第三十七条 城市供水行政主管部门的工作人员玩忽职守,滥用职权、徇私舞弊的,由其所在单位或者上级机关给予行政处分;构成犯罪的,依法追究刑事责任。

第七章 附 则

第三十八条 本条例第三十三条、第三十四条、第三十五条规定的罚款数额由省、自治区、直辖市人民政府规定。

第三十九条 本条例自 1994 年 10 月 1 日起施行。

城市供水价格管理办法(2004 年修订)

(1998 年 9 月 23 日计价格〔1998〕1810 号发布 根据 2004 年 11 月 29 日《国家发展和改革委员会、建设部关于修订〈城市供水价格管理办法〉的通知》修正)

各省、自治区、直辖市及计划单列市、副省级省会城市物价局(委员会)、建委(建设厅)、北京市市政管理委员会,深圳市水务局:

为进一步规范城市供水价格,国家计委和建设部制定了《城市供水价格管理办法》,现印发给你们,请按照执行,并将执行中遇到的主要问题和取得的经验及时反馈给我们。1998 年作为改革城市供水价格管理办法的过渡期,城市供水价格的调整仍按《国家发展计划委员会关于进一步调整价格监审品种目录的通知》(计价管〔1998〕725 号)执行。

第一章 总　则

第一条　为规范城市供水价格,保障供水、用水双方的合法权益,促进城市供水事业发展,节约和保护水资源,根据《中华人民共和国价格法》和《城市供水条例》,制定本办法。

第二条　本办法适用于中华人民共和国境内城市供水价格行为。

第三条　城市供水价格是指城市供水企业通过一定的工程设施,将地表水、地下水进行必要的净化、消毒处理,使水质符合国家规定的标准后供给用户使用的商品水价格。

污水处理费计入城市供水价格,按城市供水范围,根据用户使用量计量征收。

第四条　县级以上人民政府价格主管部门是城市供水价格的主管部门。县级以上城市供水行政主管部门按职责分工,协助政府价格主管部门做好城市供水价格管理工作。

第五条　城市供水价格按照统一领导、分级管理的原则,实行政府定价,具体定价权限按价格分工管理目录执行。

制定城市供水价格,实行听证会制度和公告制度。

第二章　水价分类与构成

第六条　城市供水实行分类水价。根据使用性质可分为居民生活用水、工业用水、行政事业用水、经营服务用水、特种用水等五类。各类水价之间的比价关系由所在城市人民政府价格主管部门会同同级城市供水行政主管部门结合本地实际情况确定。

第七条　城市供水价格由供水成本、费用、税金和利润构成。成本和费用按国家财政主管部门颁发的《企业财务通则》和《企业会计准则》等有关规定核定。

（一）城市供水成本是指供水生产过程中发生的原水费、电费、原材料费、资产折旧费、修理费、直接工资、水质检测和监测费以及其他应计入供水成本的直接费用。

（二）费用是指组织和管理供水生产经营所发生的销售费用、管理费用和财务费用。

（三）税金是指供水企业应交纳的税金。

（四）城市供水价格中的利润,按净资产利润率核定。

第八条　输水、配水等环节中的水损可合理计入成本。

第九条　污水处理成本按管理体制单独核算。

第三章　水价的制定

第十条　制定城市供水价格应遵循补偿成本、合理收益、节约用水、公平负担的原则。

第十一条　供水企业合理盈利的平均水平应当是净资产利润率8%～10%。具体的利润水平由所在城市人民政府价格主管部门征求同级城市供水行政主管部门意见后,根据其不同的资金来源确定。

（一）主要靠政府投资的,企业净资产利润率不得高于6%。

（二）主要靠企业投资的,包括利用贷款、引进外资、发行债券或股票等方式筹资建设供水设施的供水价格,还贷期间净资产利润率不得高于12%。

还贷期结束后,供水价格应按本条规定的平均净资产利润率核定。

第十二条　城市供水应逐步实行容量水价和计量水价相结合的两部制水价或阶梯式计量

水价。

容量水价用于补偿供水的固定资产成本。计量水价用于补偿供水的运营成本。

两部制水价计算公式如下：

(一)两部制水价＝容量水价＋计量水价；

(二)容量水价＝容量基价＋每户容量基数；

(三)容量基价＝$\dfrac{年固定资产折旧额＋年固定资产投资利息}{年制水能力}$；

(四)居民生活用水容量水价基数＝每户平均人口×每人每月计划平均消费量；

(五)非居民生活用水容量水价基数为：前一年或前三年的平均用水量，新用水单位按审定后的用水量计算；

(六)计量水价＝计量基价×实际用水量；

(七)计量基价＝$\dfrac{成本＋费用＋税金＋利润－（年固定资产折旧额＋年固定资产投资利息）}{年实际售水量}$。

第十三条 城市居民生活用水可根据条件先实行阶梯式计量水价。

阶梯式计量水价可分为三级，级差为1∶1.5∶2。

阶梯式计量水价计算公式如下：

(一)阶梯式计量水价＝第一级水价×第一级水量基数＋第二级水价×第二级水量基数＋第三级水价×第三级水量基数；

(二)居民生活用水计量水价第一级水量基数＝每户平均人口×每人每月计划平均消费量；

具体比价关系由所在城市人民政府价格主管部门会同同级供水行政主管部门结合本地实际情况确定。

第十四条 居民生活用水阶梯式水价的第一级水量基数，根据确保居民基本生活用水的原则制定；第二级水量基数，根据改善和提高居民生活质量的原则制定；第三级水量基数，根据按市场价格满足特殊需要的原则制定。具体各级水量基数由所在城市人民政府价格主管部门结合本地实际情况确定。

第十五条 以旅游业为主或季节性消费特点明显的地区可实行季节性水价。

第十六条 城市非居民生活用水实行两部制水价时，应与国务院及其所属职能部门发布的实行计划用水超计划加价的有关规定相衔接。

第十七条 污水处理费的标准根据城市排水管网和污水处理厂的运行维护和建设费用核定。

第十八条 供水企业在未接管居民小区物业管理等单位的供水职责之前，应对居民小区物业管理等临时供水单位实行趸售价格。趸售价格在不改变居民生活用水价格的前提下由供水企业与临时供水单位协商议定，报所在城市人民政府价格主管部门备案。双方对临时供水价格有争议的，由所在城市人民政府价格主管部门协调。

第四章 水价申报与审批

第十九条 符合以下条件的供水企业可以提出调价申请：

(一)按国家法律、法规合法经营，价格不足以补偿简单再生产的。

(二)政府给予补贴后仍有亏损的。

(三)合理补偿扩大再生产投资的。

第二十条 城市供水企业需要调整供水价格时,应向所在城市人民政府价格主管部门提出书面申请,调价申报文件应抄送同级城市供水行政主管部门。城市供水行政主管部门应及时将意见函告同级人民政府价格主管部门,以供同级价格主管部门统筹考虑。

第二十一条 城市供水价格的调整,由供水企业所在的城市人民政府价格主管部门审核,报所在城市人民政府批准后执行,并报上一级人民政府价格和供水行政主管部门备案。必要时,上一级人民政府价格主管部门可对城市供水价格实行监审。监审的具体办法由国务院价格主管部门规定。

第二十二条 城市价格主管部门接到调整城市供水价格的申报后,应召开听证会,邀请人大、政协和政府各有关部门及各界用户代表参加。听证会的具体办法由国务院价格主管部门另行下达。

第二十三条 城市供水价格调整方案实施前,由所在城市人民政府向社会公告。

第二十四条 调整城市供水价格应按以下原则审批:

(一)有利于供水事业的发展,满足经济发展和人民生活需要。

(二)有利于节约用水。

(三)充分考虑社会承受能力。理顺城市供水价格应分步实施。第一次制定两部制水价时,容量水价不得超过居民每月负担平均水价的三分之一。

(四)有利于规范供水价格,健全供水企业成本约束机制。

第二十五条 对城市供水中涉及用户特别是带有垄断性质的供水设施建设、维护、服务等主要项目(如用户管网配套、增容、维修、计量器具安装),劳务及重要原材料、设施等价格标准,应由所在城市人民政府价格主管部门会同同级城市供水行政主管部门核定。

第五章 水价执行与监督

第二十六条 城市中有水厂独立经营或管网独立经营的,允许不同供水企业执行不同上网水价,但对同类用户,必须执行同一价格。

第二十七条 城市供水应实行装表到户、抄表到户、计量收费。

第二十八条 城市供水行政主管部门应当对各类量水、测水设施实行统一管理,加强供水计量监测,完善供水计量监测设施。

第二十九条 混合用水应分表计量,未分表计量的从高适用水价。

第三十条 用户应当按照规定的计量标准和水价标准按月交纳水费。没有正当理由或特殊原因连续两个月不交水费的,供水企业可按照《城市供水条例》规定暂停供水。

第三十一条 供水企业的供水水质、水压必须符合《生活饮用水卫生标准》和《城市供水企业资质管理规定》的要求。因水质达不到饮用水标准,给用户造成不良影响和经济损失的,用户有权到政府价格主管部门、供水行政主管部门、消协或司法部门投诉,供水企业应当按照《城市供水条例》规定,承担相应的法律责任。

第三十二条 用户应根据所在城市人民政府的规定,在交纳水费的同时,交纳污水处理费。

第三十三条 各级城市供水行政主管部门要逐步建立、健全城市供水水质监管体系,加强水质管理,保证安全可靠供水。

县级以上人民政府价格主管部门应当加强对本行政区域内城市供水价格执行情况的监督检查,对违反价格法律、法规、规章及政策的单位和个人应依法查处。

第六章 附 则

第三十四条 本办法所称"城市",按《中华人民共和国城市规划法》规定,是指国家按行政建制设立的直辖市、市、镇。

第三十五条 本办法由国务院价格主管部门负责解释。

第三十六条 各省、自治区、直辖市人民政府价格主管部门应会同同级城市供水行政主管部门根据本办法制定城市供水价格管理实施细则。

第三十七条 本办法自发布之日起实施。

城市供水水质管理规定

(2007年3月1日　建设部令第156号)

第一条 为加强城市供水水质管理,保障城市供水水质安全,根据《中华人民共和国产品质量法》和《城市供水条例》等有关法律、行政法规,制定本规定。

第二条 从事城市供水活动,对城市供水水质实施监督管理,适用本规定。

第三条 本规定所称城市供水水质,是指城市公共供水及自建设施供水(包括二次供水、深度净化处理水)的水质。

本规定所称二次供水,是指单位或者个人使用储存、加压等设施,将城市公共供水或者自建设施供水经储存、加压后再供用户的形式。

本规定所称深度净化处理水,是指利用活性炭、膜等技术对城市自来水或者其他原水作进一步处理后,通过管道形式直接供给城市居民饮用的水。

本规定所称城市供水单位,是指从事城市公共供水及自建设施供水(包括深度净化处理供水)的企业和单位。

第四条 国务院建设主管部门负责全国城市供水水质监督管理工作。

省、自治区人民政府建设主管部门负责本行政区域内的城市供水水质监督管理工作。

直辖市、市、县人民政府确定的城市供水主管部门负责本行政区域内的城市供水水质监督管理工作。

涉及生活饮用水的卫生监督管理,由县级以上人民政府建设、卫生主管部门按照《生活饮用水卫生监督管理办法》(建设部、卫生部令第53号)的规定分工负责。

第五条 对在城市供水水质管理工作中做出突出贡献的单位和个人,按照国家有关规定给予表彰或者奖励。

第六条 城市供水水质监测体系由国家和地方两级城市供水水质监测网络组成。

国家城市供水水质监测网,由建设部城市供水水质监测中心和直辖市、省会城市及计划单列市等经过国家质量技术监督部门资质认定的城市供水水质监测站(以下简称国家站)组成,业务上接受国务院建设主管部门指导。建设部城市供水水质监测中心为国家城市供水水质监测网中心站,承担国务院建设主管部门委托的有关工作。

地方城市供水水质监测网(以下简称地方网),由设在直辖市、省会城市、计划单列市等的国家站和其他城市经过省级以上质量技术监督部门资质认定的城市供水水质监测站(以下简称地方站)组成,业务上接受所在地省、自治区建设主管部门或者直辖市人民政府城市供水主管部门指导。

省、自治区建设主管部门和直辖市人民政府城市供水主管部门应当根据本行政区域的特点、水质检测机构的能力和水质监测任务的需要,确定地方网中心站。

第七条 城市供水单位对其供应的水的质量负责,其中,经二次供水到达用户的,二次供水的水质由二次供水管理单位负责。

城市供水水质应当符合国家有关标准的规定。

第八条 城市供水原水水质应当符合生活饮用水水源水质标准。

城市供水单位应当做好原水水质检测工作。发现原水水质不符合生活饮用水水源水质标准时,应当及时采取相应措施,并报告所在地直辖市、市、县人民政府城市供水、水利、环境保护和卫生主管部门。

第九条 城市供水单位所用的净水剂及与制水有关的材料等,应当符合国家有关标准。

净水剂及与制水有关的材料等实施生产许可证管理的,城市供水单位应当选用获证企业的产品。

城市供水单位所用的净水剂及与制水有关的材料等,在使用前应当按照国家有关质量标准进行检验;未经检验或者检验不合格的,不得投入使用。

第十条 城市供水设备、管网应当符合保障水质安全的要求。

用于城市供水的新设备、新管网或者经改造的原有设备、管网,应当严格进行清洗消毒,经质量技术监督部门资质认定的水质检测机构检验合格后,方可投入使用。

第十一条 城市供水单位应当履行以下义务:

(一)编制供水安全计划并报所在地直辖市、市、县人民政府城市供水主管部门备案;

(二)按照有关规定,对其管理的供水设施定期巡查和维修保养;

(三)建立健全水质检测机构和检测制度,提高水质检测能力;

(四)按照国家规定的检测项目、检测频率和有关标准、方法,定期检测原水、出厂水、管网水的水质;

(五)做好各项检测分析资料和水质报表存档工作;

(六)按月向所在地直辖市、市、县人民政府城市供水主管部门如实报告供水水质检测数据;

(七)按照所在地直辖市、市、县人民政府城市供水主管部门的要求公布有关水质信息;

(八)接受公众关于城市供水水质信息的查询。

第十二条 城市供水单位上报的水质检测数据,应当是经质量技术监督部门资质认定的水质检测机构检测的数据。水质检测机构应当依照国家有关规定,客观、公正地出具检验结果。水质检测数据按以下程序报送:

(一)城市供水单位将水质检测数据报所在地市、县人民政府城市供水主管部门审核后,报送地方网中心站汇总;

（二）地方网中心站将汇总、分析后的报表和报告送省、自治区建设主管部门或者直辖市人民政府城市供水主管部门审核后，报送建设部城市供水水质监测中心；

（三）建设部城市供水水质监测中心汇总、分析地方网中心站上报的报表和报告，形成水质报告，报送国务院建设主管部门。

第十三条 城市供水单位从事生产和水质检测的人员，应当经专业培训合格，持证上岗；但是，仅向本单位提供用水的自建设施供水单位除外。

第十四条 二次供水管理单位，应当建立水质管理制度，配备专（兼）职人员，加强水质管理，定期进行常规检测并对各类储水设施清洗消毒（每半年不得少于一次）。不具备相应水质检测能力的，应当委托经质量技术监督部门资质认定的水质检测机构进行现场检测。

第十五条 国务院建设主管部门，省、自治区建设主管部门以及直辖市、市、县人民政府城市供水主管部门［以下简称建设（城市供水）主管部门］应当建立健全城市供水水质检查和督察制度，对本规定的执行情况进行监督检查。

第十六条 建设（城市供水）主管部门实施监督检查时，可以采取以下措施：

（一）进入现场实施检查；

（二）对供水水质进行抽样检测；

（三）查阅、复制相关报表、数据、原始记录等文件和资料；

（四）要求被检查的单位就有关问题做出说明；

（五）纠正违反有关法律、法规和本办法规定的行为。

第十七条 实施监督检查，不得妨碍被检查单位正常的生产经营活动。

建设（城市供水）主管部门及其工作人员对知悉的被检查单位的商业秘密负有保密义务。

第十八条 建设（城市供水）主管部门依法实施监督检查，有关单位和个人不得拒绝或者阻挠。被检查单位应当接受监督检查和督察，并提供工作方便。

第十九条 建设（城市供水）主管部门实施现场检查时应当做好检查记录，并在取得抽检水样检测报告十五日内，向被检查单位出具检查意见书。

发现供水水质不合格或存在安全隐患的，建设（城市供水）主管部门应当责令被检查单位限期改正。

第二十条 建设（城市供水）主管部门实施监督检查，应当委托城市供水水质监测网监测站或者其他经质量技术监督部门资质认定的水质检测机构进行水质检测。

第二十一条 被检查单位对监督检查结果有异议的，可以自收到监督检查意见书之日起十五日内向实施监督检查的机关申请复查。

第二十二条 县级以上地方人民政府建设（城市供水）主管部门应当将监督检查情况及有关问题的处理结果，报上一级建设（城市供水）主管部门，并向社会公布城市供水水质监督检查年度报告。

第二十三条 任何单位和个人发现违反本规定行为的，有权向建设（城市供水）主管部门举报。

第二十四条 建设（城市供水）主管部门应当会同有关部门制定城市供水水质突发事件应急预案，经同级人民政府批准后组织实施。

城市供水单位应当依据所在地城市供水水质突发事件应急预案，制定相应的突发事件应急预案，报所在地直辖市、市、县人民政府城市供水主管部门备案，并定期组织演练。

第二十五条 城市供水水质突发事件应急预案应当包括以下内容：
（一）突发事件的应急管理工作机制；
（二）突发事件的监测与预警；
（三）突发事件信息的收集、分析、报告、通报制度；
（四）突发事件应急处理技术和监测机构及其任务；
（五）突发事件的分级和应急处理工作方案；
（六）突发事件预防与处理措施；
（七）应急供水设施、设备及其他物资和技术的储备与调度；
（八）突发事件应急处理专业队伍的建设和培训。

第二十六条 任何单位和个人发现城市供水水质安全事故或者安全隐患后，应当立即向有关城市供水单位、二次供水管理单位或者所在地直辖市、市、县人民政府城市供水主管部门报告。

城市供水单位、二次供水管理单位接到安全事故或者安全隐患报告的，应当立即向所在地直辖市、市、县人民政府城市供水主管部门和其他有关部门报告。

直辖市、市、县人民政府城市供水主管部门接到安全事故或者安全隐患报告的，应当按照有关规定，向同级人民政府报告，并通知有关城市供水单位、二次供水管理单位。

第二十七条 发现城市供水水质安全隐患或者安全事故后，直辖市、市、县人民政府城市供水主管部门应当会同有关部门立即启动城市供水水质突发事件应急预案，采取措施防止事故发生或者扩大，并保障有关单位和个人的用水；有关城市供水单位、二次供水管理单位应当立即组织人员查明情况，组织抢险抢修。

城市供水单位发现供水水质不能达到标准，确需停止供水的，应当报经所在地直辖市、市、县人民政府城市供水主管部门批准，并提前24小时通知用水单位和个人；因发生灾害或者紧急事故，不能提前通知的，应当在采取应急措施的同时，通知用水单位和个人，并向所在地直辖市、市、县人民政府城市供水主管部门报告。

第二十八条 发生城市供水水质安全事故后，直辖市、市、县人民政府城市供水主管部门应当会同有关部门立即派员前往现场，进行调查和取证。调查取证应当全面、客观、公正。

调查期间，有关单位和个人应当予以配合，如实提供有关情况和证据，不得谎报或者隐匿、毁灭证据，阻挠、妨碍事故原因的调查和取证。

第二十九条 违反本规定，有下列行为之一的，由直辖市、市、县人民政府城市供水主管部门给予警告，并处以3万元的罚款：
（一）供水水质达不到国家有关标准规定的；
（二）城市供水单位、二次供水管理单位未按规定进行水质检测或者委托检测的；
（三）对于实施生产许可证管理的净水剂及与制水有关的材料等，选用未获证企业产品的；
（四）城市供水单位使用未经检验或者检验不合格的净水剂及有关制水材料的；
（五）城市供水单位使用未经检验或者检验不合格的城市供水设备、管网的；
（六）二次供水管理单位，未按规定对各类储水设施进行清洗消毒的；
（七）城市供水单位、二次供水管理单位隐瞒、缓报、谎报水质突发事件或者水质信息的；
（八）违反本规定，有危害城市供水水质安全的其他行为的。

第三十条 违反本规定，有下列行为之一的，由直辖市、市、县人民政府城市供水主管部门给

予警告,并处以 5000 元以上 2 万元以下的罚款:

(一)城市供水单位未制定城市供水水质突发事件应急预案的;

(二)城市供水单位未按规定上报水质报表的。

第三十一条 建设(城市供水)主管部门不履行本规定职责、玩忽职守、滥用职权、徇私舞弊的,对负有责任的主管人员和其他直接责任人员依法给予处分;构成犯罪的,依法追究刑事责任。

第三十二条 因城市供水单位原因导致供水水质不符合国家有关标准,给用户造成损失的,应当依法承担赔偿责任。

第三十三条 本规定自 2007 年 5 月 1 日起施行。《城市供水水质管理规定》(建设部令第 67 号)、《建设部关于修改〈城市供水水质管理规定〉的决定》(建设部令第 132 号令)同时废止。

城市节约用水管理规定

(1988 年 12 月 20 日　建设部令第 1 号)

总　则

第一条 为加强城市节约用水管理,保护和合理利用水资源,促进国民经济和社会发展,制定本规定。

第二条 本规定适用于城市规划区内节约用水的管理工作。

在城市规划区内使用公共供水和自建设施供水的单位和个人,必须遵守本规定。

第三条 城市实行计划用水和节约用水。

第四条 国家鼓励城市节约用水科学技术研究,推广先进技术,提高城市节约用水科学技术水平。

在城市节约用水工作中作出显著成绩的单位和个人,由人民政府给予奖励。

第五条 国务院城市建设行政主管部门主管全国的城市节约用水工作,业务上受国务院水行政主管部门指导。

国务院其他有关部门按照国务院规定的职责分工,负责本行业的节约用水管理工作。

省、自治区人民政府和县级以上城市人民政府城市建设行政主管部门和其他有关行业主管部门,按照同级人民政府规定的职责分工,负责城市节约用水管理工作。

第六条 城市人民政府应当在制定城市供水发展规划的同时,制定节约用水发展规划,并根据节约用水发展规划制定节约用水年度计划。

各有关行业行政主管部门应当制定本行业的节约用水发展规划和节约用水年度计划。

第七条 工业用水重复利用率低于 40%(不包括热电厂用水)的城市,新建供水工程时,未经上一级城市建设行政主管部门的同意,不得新增工业用水量。

第八条 单位自建供水设施取用地下水,必须经城市建设行政主管部门核准后,依照国家规定申请取水许可。

第九条 城市的新建、扩建和改建工程项目,应当配套建设节约用水设施。城市建设行政主管部门应当参加节约用水设施的竣工验收。

第十条 城市建设行政主管部门应当会同有关行业行政主管部门制定行业综合用水定额和单项用水定额。

第十一条 城市用水计划由城市建设行政主管部门根据水资源统筹规划和水长期供求计划制定,并下达执行。

超计划用水必须缴纳超计划用水加价水费。超计划用水加价水费,应当从税后留利或者预算包干经费中支出,不得纳入成本或者从当年预算中支出。

超计划用水加价水费的具体征收办法由省、自治区、直辖市人民政府制定。

第十二条 生活用水按户计量收费。新建住宅应当安装分户计量水表;现有住户未装分户计量水表的,应当限期安装。

第十三条 各用水单位应当在用水设备上安装计量水表,进行用水单耗考核,降低单位产品用水量;应当采取循环用水、一水多用等措施,在保证用水质量标准的前提下,提高水的重复利用率。

第十四条 水资源紧缺城市,应当在保证用水质量标准的前提下,采取措施提高城市污水利用率。

沿海城市应当积极开发利用海水资源。

有咸水资源的城市,应当合理开发利用咸水资源。

第十五条 城市供水企业、自建供水设施的单位应当加强供水设施的维修管理,减少水的漏损量。

第十六条 各级统计部门、城市建设行政主管部门应当做好城市节约用水统计工作。

第十七条 城市的新建、扩建和改建工程项目未按规定配套建设节约用水设施或者节约用水设施经验收不合格的,由城市建设行政主管部门限制其用水量,并责令其限期完善节约用水设施,可以并处罚款。

第十八条 超计划用水加价水费必须按规定的期限缴纳。逾期不缴纳的,城市建设行政主管部门除限期缴纳外,并按日加收超计划用水加价水费5‰的滞纳金。

第十九条 拒不安装生活用水分户计量水表的,城市建设行政主管部门应当责令其限期安装;逾期仍不安装的,由城市建设行政主管部门限制其用水量,可以并处罚款。

第二十条 当事人对行政处罚决定不服的,可以在接到处罚通知次日起15日内,向作出处罚决定机关的上一级机关申请复议;对复议决定不服的,可以在接到复议通知次日起15日内向人民法院起诉。逾期不申请复议或者不向人民法院起诉又不履行处罚决定的,由作出处罚决定的机关申请人民法院强制执行。

第二十一条 城市建设行政主管部门的工作人员玩忽职守、滥用职权、徇私舞弊的,由其所在单位或者上级主管部门给予行政处分;构成犯罪的,由司法机关依法追究刑事责任。

附 则

第二十二条 各省、自治区、直辖市人民政府可以根据本规定制定实施办法。

第二十三条 本规定由国务院城市建设行政主管部门负责解释。

第二十四条 本规定自1989年1月1日起施行。

第十三部分　水质及工业水污染物排放国家标准

地表水环境质量标准

GB 3838—2002

(2002年4月28日发布　2002年6月1日实施)

目　次
前　言
1　范　围
2　引用标准
3　水域功能和标准分类
4　标准值
5　水质评价
6　水质检测
7　标准的实施和监督
表1　地表水环境质量标准基本项目标准限值(略)
表2　集中式生活饮用水地表水源地补充项目标准限值(略)
表3　集中式生活饮用水地表水源地特定项目标准限值(略)
表4　地表水环境质量标准基本项目分析方法(略)
表5　集中式生活饮用水地表水源地补充项目分析方法(略)
表6　集中式生活饮用水地表水源地特定项目分析方法(略)

前　言

为贯彻《中华人民共和国环境保护法》和《中华人民共和国水污染防治法》，防治水污染，保护地表水水质，保障人体健康，维护良好的生态系统，制定本标准。

本标准将标准项目分为：地表水环境质量标准基本项目、集中式生活饮用水地表水源地补充项目和集中式生活饮用水地表水源地特定项目。地表水环境质量标准基本项目适用于全国江河、湖泊、运河、渠道、水库等具有使用功能的地表水水域；集中式生活饮用水地表水源地补充项目和特定项目适用于集中式生活饮用水地表水源地一级保护区和二级保护区。集中式生活饮用水地表水源地特定项目由县级以上人民政府环境保护行政主管部门根据本地区地表水水质特点和环境管理的需要进行选择，集中式生活饮用水地表水源地补充项目和选择确定的特定项目作为基本项目的补充指标。

本标准项目共计109项，其中地表水环境质量标准基本项目24项，集中式生活饮用水地表水源地补充项目5项，集中式生活饮用水地表水源地特定项目80项。

与GHZB 1—1999相比，本标准在地表水环境质量标准基本项目中增加了总氮一项指标，删除了基本要求和亚硝酸盐、非离子氨及凯氏氮三项指标,将硫酸盐、氯化物、硝酸盐、铁、锰调整为集中式生活饮用水地表水源地补充项目,修订了 pH、溶解氧、氨氮、总磷、高锰酸盐指数、铅、粪大肠菌群七个项目的标准值,增加了集中式生活饮用水地表水源地特定项目 40 项。本标准删除了湖泊水库特定项目标准值。

县级以上人民政府环境保护行政主管部门及相关部门根据职责分工,按本标准对地表水各类水域进行监督管理。

与近海水域相连的地表水河口水域根据水环境功能按本标准相应类别标准值进行管理,近海水功能区水域根据使用功能按《海水水质标准》相应类别标准值进行管理。批准划定的单一渔业水域按《渔业水质标准》进行管理;处理后的城市污水及与城市污水水质相近的工业废水用于农田灌溉用水的水质按《农田灌溉水质标准》进行管理。

《地面水环境质量标准》(GB 3838—83)为首次发布,1988 年为第一次修订,1999 年为第二次修订,本次为第三次修订。本标准自 2002 年 6 月 1 日起实施,《地面水环境质量标准》(GB 3838—88)和《地表水环境质量标准》(GHZB 1—1999)同时废止。

本标准由国家环境保护总局科技标准司提出并归口。

本标准由中国环境科学研究院负责修订。

本标准由国家环境保护总局 2002 年 4 月 26 日批准。

本标准由国家环境保护总局负责解释。

1　范围

1.1　本标准按照地表水环境功能分类和保护目标,规定了水环境质量应控制的项目及限值,以及水质评价、水质项目的分析方法和标准的实施与监督。

1.2　本标准适用于中华人民共和国领域内江河、湖泊、运河、渠道、水库等具有使用功能的地表水水域。具有特定功能的水域,执行相应的专业用水水质标准。

2　引用标准

《生活饮用水卫生规范》(卫生部,2001 年)和本标准表 4～表 6 所列分析方法标准及规范中所含条文在本标准中被引用即构成为本标准条文,与本标准同效。当上述标准和规范被修订时,应使用其最新版本。

3　水域功能和标准分类

依据地表水水域环境功能和保护目标,按功能高低依次划分为五类:

Ⅰ类　主要适用于源头水、国家自然保护区;

Ⅱ类　主要适用于集中式生活饮用水地表水源地一级保护区、珍稀水生生物栖息地、鱼虾类产卵场、仔稚幼鱼的索饵场等;

Ⅲ类　主要适用于集中式生活饮用水地表水源地二级保护区、鱼虾类越冬场、洄游通道、水产养殖区等渔业水域及游泳区;

Ⅳ类　主要适用于一般工业用水区及人体非直接接触的娱乐用水区;

Ⅴ类　主要适用于农业用水区及一般景观要求水域。

对应地表水上述五类水域功能,将地表水环境质量标准基本项目标准值分为五类,不同功能类别分别执行相应类别的标准值。水域功能类别高的标准值严于水域功能类别低的标准值。同一水域兼有多类使用功能的,执行最高功能类别对应的标准值。实现水域功能与达功能类别标准为同一含义。

4 标准值

4.1 地表水环境质量标准基本项目标准限值见表1。

4.2 集中式生活饮用水地表水源地补充项目标准限值见表2。

4.3 集中式生活饮用水地表水源地特定项目标准限值见表3。

5 水质评价

5.1 地表水环境质量评价应根据应实现的水域功能类别,选取相应类别标准,进行单因子评价,评价结果应说明水质达标情况,超标的应说明超标项目和超标倍数。

5.2 丰、平、枯水期特征明显的水域,应分水期进行水质评价。

5.3 集中式生活饮用水地表水源地水质评价的项目应包括表1中的基本项目、表2中的补充项目以及由县级以上人民政府环境保护行政主管部门从表3中选择确定的特定项目。

6 水质监测

6.1 本标准规定的项目标准值,要求水样采集后自然沉降30 min,取上层非沉降部分按规定方法进行分析。

6.2 地表水水质监测的采样布点、监测频率应符合国家地表水环境监测技术规范的要求。

6.3 本标准水质项目的分析方法应优先选用表4～表6规定的方法,也可采用ISO方法体系等其他等效分析方法,但须进行适用性检验。

7 标准的实施与监督

7.1 本标准由县级以上人民政府环境保护行政主管部门及相关部门按职责分工监督实施。

7.2 集中式生活饮用水地表水源地水质超标项目经自来水厂净化处理后,必须达到《生活饮用水卫生规范》的要求。

7.3 省、自治区、直辖市人民政府可以对本标准中未作规定的项目,制定地方补充标准,并报国务院环境保护行政主管部门备案。

表1 地表水环境质量标准基本项目标准限值

单位:mg/L

序号	标准值 项目	分类	I类	II类	III类	IV类	V类
1	水温(℃)		人为造成的环境水温变化应限制在: 周平均最大温升≤1 周平均最大温降≤2				
2	pH值(无量纲)		6～9				
3	溶解氧	≥	饱和率90% (或7.5)	6	5	3	2

(续表)

序号	标准值 项目		I类	II类	III类	IV类	V类
4	高锰酸盐指数	≤	2	4	6	10	15
5	化学需氧量(COD)	≤	15	15	20	30	40
6	五日生化需氧量(BOD_5)	≤	3	3	4	6	10
7	氨氮(NH_3-N)	≤	0.15	0.5	1.0	1.5	2.0
8	总磷(以P计)	≤	0.02 (湖、库0.01)	0.1 (湖、库0.025)	0.2 (湖、库0.05)	0.3 (湖、库0.1)	0.4 (湖、库0.2)
9	总氮(湖、库,以N计)	≤	0.2	0.5	1.0	1.5	2.0
10	铜	≤	0.01	1.0	1.0	1.0	1.0
11	锌	≤	0.05	1.0	1.0	2.0	2.0
12	氟化物(以F^-计)	≤	1.0	1.0	1.0	1.5	1.5
13	硒	≤	0.01	0.01	0.01	0.02	0.02
14	砷	≤	0.05	0.05	0.05	0.1	0.1
15	汞	≤	0.00005	0.00005	0.0001	0.001	0.001
16	镉	≤	0.001	0.005	0.005	0.005	0.01
17	铬(六价)	≤	0.01	0.05	0.05	0.05	0.1
18	铅	≤	0.01	0.01	0.05	0.05	0.1
19	氰化物	≤	0.005	0.05	0.2	0.2	0.2
20	挥发酚	≤	0.002	0.002	0.005	0.01	0.1
21	石油类	≤	0.05	0.05	0.05	0.5	1.0
22	阴离子表面活性剂	≤	0.2	0.2	0.2	0.3	0.3
23	硫化物	≤	0.05	0.1	0.2	0.5	1.0
24	粪大肠菌群(个/L)	≤	200	2000	10000	20000	40000

表2 集中式生活饮用水地表水源地补充项目标准限值

单位:mg/L

序号	项目	标准值
1	硫酸盐(以SO_4^{2-}计)	250
2	氯化物(以Cl^-计)	250
3	硝酸盐(以N计)	10
4	铁	0.3
5	锰	0.1

表3 集中式生活饮用水地表水源地特定项目标准限值

单位:mg/L

序号	项目	标准值	序号	项目	标准值
1	三氯甲烷	0.06	31	二硝基苯[④]	0.5
2	四氯化碳	0.002	32	2,4-二硝基甲苯	0.0003
3	三溴甲烷	0.1	33	2,4,6-三硝基甲苯	0.5
4	二氯甲烷	0.02	34	硝基氯苯[⑤]	0.05
5	1,2-二氯乙烷	0.03	35	2,4-二硝基氯苯	0.5
6	环氧氯丙烷	0.02	36	2,4-二氯苯酚	0.093
7	氯乙烯	0.005	37	2,4,6-三氯苯酚	0.2
8	1,1-二氯乙烯	0.03	38	五氯酚	0.009
9	1,2-二氯乙烯	0.05	39	苯胺	0.1
10	三氯乙烯	0.07	40	联苯胺	0.0002
11	四氯乙烯	0.04	41	丙烯酰胺	0.0005
12	氯丁二烯	0.002	42	丙烯腈	0.1
13	六氯丁二烯	0.0006	43	邻苯二甲酸二丁酯	0.003
14	苯乙烯	0.02	44	邻苯二甲酸二(2-乙基己基)酯	0.008
15	甲醛	0.9	45	水合肼	0.01
16	乙醛	0.05	46	四乙基铅	0.0001
17	丙烯醛	0.1	47	吡啶	0.2
18	三氯乙醛	0.01	48	松节油	0.2
19	苯	0.01	49	苦味酸	0.5
20	甲苯	0.7	50	丁基黄原酸	0.005
21	乙苯	0.3	51	活性氯	0.01
22	二甲苯[①]	0.5	52	滴滴涕	0.001
23	异丙苯	0.25	53	林丹	0.002
24	氯苯	0.3	54	环氧七氯	0.0002
25	1,2-二氯苯	1.0	55	对硫磷	0.003
26	1,4-二氯苯	0.3	56	甲基对硫磷	0.002
27	三氯苯[②]	0.02	57	马拉硫磷	0.05
28	四氯苯[③]	0.02	58	乐果	0.08
29	六氯苯	0.05	59	敌敌畏	0.05
30	硝基苯	0.017	60	敌百虫	0.05

(续表)

序号	项目	标准值	序号	项目	标准值
61	内吸磷	0.03	71	钼	0.07
62	百菌清	0.01	72	钴	1.0
63	甲萘威	0.05	73	铍	0.002
64	溴氰菊酯	0.02	74	硼	0.5
65	阿特拉津	0.003	75	锑	0.005
66	苯并[a]芘	2.8×10^{-6}	76	镍	0.02
67	甲基汞	1.0×10^{-6}	77	钡	0.7
68	多氯联苯⑥	2.0×10^{-5}	78	钒	0.05
69	微囊藻毒素-LR	0.001	79	钛	0.1
70	黄磷	0.003	80	铊	0.0001

注:① 二甲苯:指对-二甲苯、间-二甲苯、邻-二甲苯。
② 三氯苯:指1,2,3-三氯苯、1,2,4-三氯苯、1,3,5-三氯苯。
③ 四氯苯:指1,2,3,4-四氯苯、1,2,3,5-四氯苯、1,2,4,5-四氯苯。
④ 二硝基苯:指对-二硝基苯、间-二硝基苯、邻-二硝基苯。
⑤ 硝基氯苯:指对-硝基氯苯、间-硝基氯苯、邻-硝基氯苯。
⑥ 多氯联苯:指PCB-1016、PCB-1221、PCB-1232、PCB-1242、PCB-1248、PCB-1254、PCB-1260。

表4　地表水环境质量标准基本项目分析方法

序号	项目	分析方法	最低检出限（mg/L）	方法来源
1	水温	温度计法	—	GB 13195—91
2	pH 值	玻璃电极法	—	GB 6920—86
3	溶解氧	碘量法	0.2	GB 7489—87
		电化学探头法	—	GB 11913—89
4	高锰酸盐指数	—	0.5	GB 11892—89
5	化学需氧量	重铬酸盐法	10	GB 11914—89
6	五日生化需氧量	稀释与接种法	2	GB 7488—87
7	氨氮	纳氏试剂比色法	0.05	GB 7479—87
		水杨酸分光光度法	0.01	GB 7481—87
8	总磷	钼酸铵分光光度法	0.01	GB 11893—89
9	总氮	碱性过硫酸钾消解紫外分光光度法	0.05	GB 11894—89
10	铜	2,9-二甲基-1,10-菲啰啉分光光度法	0.06	GB 7473—87
		二乙基二硫代氨基甲酸钠分光光度法	0.010	GB 7474—87
		原子吸收分光光度法(螯合萃取法)	0.001	GB 7475—87
11	锌	原子吸收分光光度法	0.05	GB 7475—87

(续表)

序号	项目	分析方法	最低检出限（mg/L）	方法来源
12	氟化物	氟试剂分光光度法	0.05	GB 7483—87
		离子选择电极法	0.05	GB 7484—87
		离子色谱法	0.02	HJ/T 84—2001
13	硒	2,3-二氨基萘荧光法	0.00025	GB 11902—89
		石墨炉原子吸收分光光度法	0.003	GB/T 15505—1995
14	砷	二乙基二硫代氨基甲酸银分光光度法	0.007	GB 7485—87
		冷原子荧光法	0.00006	1)
15	汞	冷原子吸收分光光度法	0.00005	GB 7468—87
		冷原子荧光法	0.00005	1)
16	镉	原子吸收分光光度法（螯合萃取法）	0.001	GB 7475—87
17	铬（六价）	二苯碳酰二肼分光光度法	0.004	GB 7467—87
18	铅	原子吸收分光光度法（螯合萃取法）	0.01	GB 7475—87
19	氰化物	异烟酸-吡唑啉酮比色法	0.004	GB 7487—87
		吡啶-巴比妥酸比色法	0.002	
20	挥发酚	蒸馏后4-氨基安替比林分光光度法	0.002	GB 7490—87
21	石油类	红外分光光度法	0.01	GB/T 16488—1996
22	阴离子表面活性剂	亚甲蓝分光光度法	0.05	GB 7494—87
23	硫化物	亚甲基蓝分光光度法	0.005	GB/T 16489—1996
		直接显色分光光度法	0.004	GB/T 17133—1997
24	粪大肠菌群	多管发酵法、滤膜法	—	1)

注：暂采用下列分析方法，待国家方法标准发布后，执行国家标准。
1)《水和废水监测分析方法（第三版）》，中国环境科学出版社，1989年。

表5 集中式生活饮用水地表水源地补充项目分析方法

序号	项目	分析方法	最低检出限（mg/L）	方法来源
1	硫酸盐	重量法	10	GB 11899—89
		火焰原子吸收分光光度法	0.4	GB 13196—91
		铬酸钡光度法	8	1)
		离子色谱法	0.09	HJ/T 84—2001

(续表)

序号	项目	分析方法	最低检出限（mg/L）	方法来源
2	氯化物	硝酸银滴定法	10	GB 11896—89
		硝酸汞滴定法	2.5	1)
		离子色谱法	0.02	HJ/T 84—2001
3	硝酸盐	酚二磺酸分光光度法	0.02	GB 7480—87
		紫外分光光度法	0.08	1)
		离子色谱法	0.08	HJ/T 84—2001
4	铁	火焰原子吸收分光光度法	0.03	GB 11911—89
		邻菲啰啉分光光度法	0.03	1)
5	锰	高碘酸钾分光光度法	0.02	GB 11906—89
		火焰原子吸收分光光度法	0.01	GB 11911—89
		甲醛肟光度法	0.01	1)

注：暂采用下列分析方法，待国家方法标准发布后，执行国家标准。
1)《水和废水监测分析方法(第三版)》，中国环境科学出版社，1989年。

表6　集中式生活饮用水地表水源地特定项目分析方法

序号	项目	分析方法	最低检出限（mg/L）	方法来源
1	三氯甲烷	顶空气相色谱法	0.0003	GB/T 17130—1997
		气相色谱法	0.0006	2)
2	四氯化碳	顶空气相色谱法	0.00005	GB/T 17130—1997
		气相色谱法	0.0003	2)
3	三溴甲烷	顶空气相色谱法	0.001	GB/T 17130—1997
		气相色谱法	0.006	2)
4	二氯甲烷	顶空气相色谱法	0.0087	2)
5	1,2-二氯乙烷	顶空气相色谱法	0.0125	2)
6	环氧氯丙烷	气相色谱法	0.02	2)
7	氯乙烯	气相色谱法	0.001	2)
8	1,1-二氯乙烯	吹出捕集气相色谱法	0.000018	2)
9	1,2-二氯乙烯	吹出捕集气相色谱法	0.000012	2)
10	三氯乙烯	顶空气相色谱法	0.0005	GB/T 17130—1997
		气相色谱法	0.003	2)

(续表)

序号	项目	分析方法	最低检出限（mg/L）	方法来源
11	四氯乙烯	顶空气相色谱法	0.0002	GB/T 17130—1997
		气相色谱法	0.0012	2)
12	氯丁二烯	顶空气相色谱法	0.002	2)
13	六氯丁二烯	气相色谱法	0.00002	2)
14	苯乙烯	气相色谱法	0.01	2)
15	甲醛	乙酰丙酮分光光度法	0.05	GB 13197—91
		4-氨基-3-联氨-5-巯基-1,2,4-三氮杂茂（AHMT）分光光度法	0.05	2)
16	乙醛	气相色谱法	0.24	2)
17	丙烯醛	气相色谱法	0.019	2)
18	三氯乙醛	气相色谱法	0.001	2)
19	苯	液上气相色谱法	0.005	GB 11890—89
		顶空气相色谱法	0.00042	2)
20	甲苯	液上气相色谱法	0.005	GB 11890—89
		二硫化碳萃取气相色谱法	0.05	
		气相色谱法	0.01	2)
21	乙苯	液上气相色谱法	0.005	GB 11890—89
		二硫化碳萃取气相色谱法	0.05	
		气相色谱法	0.01	2)
22	二甲苯	液上气相色谱法	0.005	GB 11890—89
		二硫化碳萃取气相色谱法	0.05	
		气相色谱法	0.01	2)
23	异丙苯	顶空气相色谱法	0.0032	2)
24	氯苯	气相色谱法	0.01	HJ/T 74—2001
25	1,2-二氯苯	气相色谱法	0.002	GB/T 17131—1997
26	1,4-二氯苯	气相色谱法	0.005	GB/T 17131—1997
27	三氯苯	气相色谱法	0.00004	2)
28	四氯苯	气相色谱法	0.00002	2)
29	六氯苯	气相色谱法	0.00002	2)
30	硝基苯	气相色谱法	0.0002	GB 13194—91
31	二硝基苯	气相色谱法	0.2	2)

(续表)

序号	项目	分析方法	最低检出限(mg/L)	方法来源
32	2,4-二硝基甲苯	气相色谱法	0.0003	GB 13194—91
33	2,4,6-三硝基甲苯	气相色谱法	0.1	2)
34	硝基氯苯	气相色谱法	0.0002	GB 13194—91
35	2,4-二硝基氯苯	气相色谱法	0.1	2)
36	2,4-二氯苯酚	电子捕获-毛细色谱法	0.0004	2)
37	2,4,6-三氯苯酚	电子捕获-毛细色谱法	0.00004	2)
38	五氯酚	气相色谱法	0.00004	GB 8972—88
38	五氯酚	电子捕获-毛细色谱法	0.000024	2)
39	苯胺	气相色谱法	0.002	2)
40	联苯胺	气相色谱法	0.0002	3)
41	丙烯酰胺	气相色谱法	0.00015	2)
42	丙烯腈	气相色谱法	0.10	2)
43	邻苯二甲酸二丁酯	液相色谱法	0.0001	HJ/T 72—2001
44	邻苯二甲酸二(2-乙基己基)酯	气相色谱法	0.0004	2)
45	水合肼	对二甲氨基苯甲醛直接分光光度法	0.005	2)
46	四乙基铅	双硫腙比色法	0.0001	2)
47	吡啶	气相色谱法	0.031	GB/T 14672—93
47	吡啶	巴比土酸分光光度法	0.05	2)
48	松节油	气相色谱法	0.02	2)
49	苦味酸	气相色谱法	0.001	2)
50	丁基黄原酸	铜试剂亚铜分光光度法	0.002	2)
51	活性氯	N,N-二乙基对苯二胺(DPD)分光光度法	0.01	2)
51	活性氯	3,3′,5,5′-四甲基联苯胺比色法	0.005	2)
52	滴滴涕	气相色谱法	0.0002	GB 7492—87
53	林丹	气相色谱法	4×10^{-6}	GB 7492—87
54	环氧七氯	液液萃取气相色谱法	0.000083	2)
55	对硫磷	气相色谱法	0.00054	GB 13192—91
56	甲基对硫磷	气相色谱法	0.00042	GB 13192—91
57	马拉硫磷	气相色谱法	0.00064	GB 13192—91
58	乐果	气相色谱法	0.00057	GB 13192—91

(续表)

序号	项目	分析方法	最低检出限（mg/L）	方法来源
59	敌敌畏	气相色谱法	0.00006	GB 13192—91
60	敌百虫	气相色谱法	0.000051	GB 13192—91
61	内吸磷	气相色谱法	0.0025	2)
62	百菌清	气相色谱法	0.0004	2)
63	甲萘威	高效液相色谱法	0.01	2)
64	溴氰菊酯	气相色谱法	0.0002	2)
64	溴氰菊酯	高效液相色谱法	0.002	2)
65	阿特拉津	气相色谱法	—	3)
66	苯并[a]芘	乙酰化滤纸层析荧光分光光度法	4×10^{-6}	GB 11895—89
66	苯并[a]芘	高效液相色谱法	1×10^{-6}	GB 13198—91
67	甲基汞	气相色谱法	1×10^{-8}	GB/T 17132—1997
68	多氯联苯	气相色谱法	—	3)
69	微囊藻毒素-LR	高效液相色谱法	0.00001	2)
70	黄磷	钼-锑-抗分光光度法	0.0025	2)
71	钼	无火焰原子吸收分光光度法	0.00231	2)
72	钴	无火焰原子吸收分光光度法	0.00191	2)
73	铍	铬菁R分光光度法	0.0002	HJ/T 58—2000
73	铍	石墨炉原子吸收分光光度法	0.00002	HJ/T 59—2000
73	铍	桑色素荧光分光光度法	0.0002	2)
74	硼	姜黄素分光光度法	0.02	HJ/T 49—1999
74	硼	甲亚胺-H分光光度法	0.2	2)
75	锑	氢化原子吸收分光光度法	0.00025	2)
76	镍	无火焰原子吸收分光光度法	0.00248	2)
77	钡	无火焰原子吸收分光光度法	0.00618	2)
78	钒	钽试剂(BPHA)萃取分光光度法	0.018	GB/T 15503—1995
78	钒	无火焰原子吸收分光光度法	0.00698	2)
79	钛	催化示波极谱法	0.0004	2)
79	钛	水杨基荧光酮分光光度法	0.02	2)
80	铊	无火焰原子吸收分光光度法	4×10^{-6}	2)

注：暂采用下列分析方法，待国家方法标准发布后，执行国家标准。
2)《生活饮用水卫生规范》，中华人民共和国卫生部，2001年。
3)《水和废水标准检验法(第15版)》，中国建筑工业出版社，1985年。

地下水质量标准

GB/T 14848—2017

(2017 年 10 月 14 日发布　2018 年 5 月 1 日实施)

目　次
前　言
引　言
1　范围
2　规范性引用文件
3　术语和定义
4　地下水质量分类及指标
5　地下水质量调查与监测
6　地下水质量评价
附录 A(规范性附录)　地下水样品保存和送检要求(略)
附录 B(资料性附录)　地下水质量检测指标推荐分析方法(略)
参考文献(略)

前　言

本标准按照 GB/T 1.1—2009 给出的规则起草。

本标准代替 GB/T 14848—1993《地下水质量标准》，与 GB/T 14848—1993 相比，除编辑性修改外，主要技术变化如下：

——水质指标由 GB/T 14848—1993 的 39 项增加至 93 项，增加了 54 项；

——参照 GB 5749—2006《生活饮用水卫生标准》，将地下水质量指标划分为常规指标和非常规指标；

——感官性状及一般化学指标由 17 项增至 20 项，增加了铝、硫化物和钠 3 项指标；用耗氧量替换了高锰酸盐指数。修订了总硬度、铁、锰、氨氮 4 项指标；

——毒理学指标中无机化合物指标由 16 项增加至 20 项，增加了硼、锑、银和铊 4 项指标；修订了亚硝酸盐、碘化物、汞、砷、镉、铅、铍、钡、镍、钴和钼 11 项指标；

——毒理学指标中有机化合物指标由 2 项增至 49 项，增加了三氯甲烷、四氯化碳、1,1,1-三氯乙烷、三氯乙烯、四氯乙烯、二氯甲烷、1,2-二氯乙烷、1,1,2-三氯乙烷、1,2-二氯丙烷、三溴甲烷、氯乙烯、1,1-二氯乙烯、1,2-二氯乙烯、氯苯、邻二氯苯、对二氯苯、三氯苯(总量)、苯、甲苯、乙苯、二甲苯、苯乙烯、2,4-二硝基甲苯、2,6-二硝基甲苯、萘、蒽、荧蒽、苯并[b]荧蒽、苯并[a]芘、多氯联苯(总量)、γ-六六六(林丹)、六氯苯、七氯、莠去津、五氯酚、2,4,6-三氯酚、邻苯二甲酸二(2-乙基己基)酯、克百威、涕灭威、敌敌畏、甲基对硫磷、马拉硫磷、乐果、百菌清、2,4-滴、毒死蜱和草甘膦；滴滴涕和六六六分别用滴滴涕（总量）和六六六（总量）代替，并进行了修订；
——放射性指标中修订了总α放射性；
——修订了地下水质量综合评价的有关规定。

本标准由中华人民共和国国土资源部和水利部共同提出。

本标准由全国国土资源标准化技术委员会（SAC/TC 93）归口。

本标准主要起草单位：中国地质调查局、水利部水文局、中国地质科学院水文地质环境地质研究所、中国地质大学（北京）、国家地质实验测试中心、中国地质环境监测院、中国水利水电科学研究院、淮河流域水环境监测中心、海河流域水资源保护局、中国地质调查局水文地质环境地质调查中心、中国地质调查局沈阳地质调查中心、中国地质调查局南京地质调查中心、清华大学、中国农业大学。

本标准主要起草人：文冬光、孙继朝、何江涛、毛学文、林良俊、王苏明、刘菲、饶竹、荆继红、齐继祥、周怀东、吴培任、唐克旺、罗阳、袁浩、汪珊、陈鸿汉、李广贺、吴爱民、李重九、张二勇、王瑾、蔡五田、刘景涛、徐慧珍、朱雪琴、叶念军、王晓光。

本标准所代替标准的历次版本发布情况为：
GB/T 14848—1993。

引　言

随着我国工业化进程加快，人工合成的各种化合物投入施用，地下水中各种化学组分正在发生变化；分析技术不断进步，为适应调查评价需要，进一步与升级的 GB 5749—2006 相协调，促进交流，有必要对 GB/T 14848—1993 进行修订。

GB/T 14848—1993 是以地下水形成背景为基础，适应了当时的评价需要。新标准结合修订的 GB 5749—2006、国土资源部近 20 年地下水方面的科研成果和国际最新研究成果进行了修订，增加了指标数量，指标由 GB/T 14848—1993 的 39 项增加至 93 项，增加了 54 项；调整了 20 项指标分类限值，直接采用了 19 项指标分类限值；减少了综合评价规定，使标准具有更广泛的应用性。

1　范围

本标准规定了地下水质量分类、指标及限值，地下水质量调查与监测，地下水质量评价等内容。

本标准适用于地下水质量调查、监测、评价与管理。

2　规范性引用文件

下列文件对于本文件的应用是必不可少的。凡是注日期的引用文件，仅注日期的版本适用于本文件。凡是不注日期的引用文件，其最新版本（包括所有的修改单）适用于本文件。

GB 5749—2006　生活饮用水卫生标准

GB/T 27025—2008　检测和校准实验室能力的通用要求

3　术语和定义

下列术语和定义适用于本文件。

3.1 地下水质量 groundwater quality
地下水的物理、化学和生物性质的总称。

3.2 常规指标 regular indices
反映地下水质量基本状况的指标,包括感官性状及一般化学指标、微生物指标、常见毒理学指标和放射性指标。

3.3 非常规指标 non-regular indices
在常规指标上的拓展,根据地区和时间差异或特殊情况确定的地下水质量指标,反映地下水中所产生的主要质量问题,包括比较少见的无机和有机毒理学指标。

3.4 人体健康风险 human health risk
地下水中各种组分对人体健康产生危害的概率。

4 地下水质量分类及指标

4.1 地下水质量分类

依据我国地下水质量状况和人体健康风险,参照生活饮用水、工业、农业等用水质量要求,依据各组分含量高低(pH 除外)分为五类。

Ⅰ类:地下水化学组分含量低,适用于各种用途;

Ⅱ类:地下水化学组分含量较低,适用于各种用途;

Ⅲ类:地下水化学组分含量中等,以 GB 5749—2006 为依据,主要适用于集中式生活饮用水水源及工农业用水;

Ⅳ类:地下水化学组分含量较高,以农业和工业用水质量要求以及一定水平的人体健康风险为依据,适用于农业和部分工业用水,适当处理后可作生活饮用水;

Ⅴ类:地下水化学组分含量高,不宜作为生活饮用水水源,其他用水可根据使用目的选用。

4.2 地下水质量分类指标

地下水质量指标分为常规指标和非常规指标,其分类及限值分别见表1和表2。

表1 地下水质量常规指标及限值

序号	指标	Ⅰ类	Ⅱ类	Ⅲ类	Ⅳ类	Ⅴ类
感官性状及一般化学指标						
1	色(铂钴色度单位)	≤5	≤5	≤15	≤25	>25
2	嗅和味	无	无	无	无	有
3	浑浊度/NTU^a	≤3	≤3	≤3	≤10	>10
4	肉眼可见物	无	无	无	无	有
5	pH	6.5≤pH≤8.5			5.5≤pH<6.5 8.5<pH≤9.0	pH<5.5 或 pH>9.0
6	总硬度(以 CaCO$_3$ 计)/(mg/L)	≤150	≤300	≤450	≤650	>650

(续表)

序号	指标	I类	II类	III类	IV类	V类
7	溶解性总固体/(mg/L)	≤300	≤500	≤1 000	≤2 000	>2 000
8	硫酸盐/(mg/L)	≤50	≤150	≤250	≤350	>350
9	氯化物/(mg/L)	≤50	≤150	≤250	≤350	>350
10	铁/(mg/L)	≤0.1	≤0.2	≤0.3	≤2.0	>2.0
11	锰/(mg/L)	≤0.05	≤0.05	≤0.10	≤1.50	>1.50
12	铜/(mg/L)	≤0.01	≤0.05	≤1.00	≤1.50	>1.50
13	锌/(mg/L)	≤0.05	≤0.5	≤1.00	≤5.00	>5.00
14	铝/(mg/L)	≤0.01	≤0.05	≤0.20	≤0.50	>0.50
15	挥发性酚类(以苯酚计)/(mg/L)	≤0.001	≤0.001	≤0.002	≤0.01	>0.01
16	阴离子表面活性剂/(mg/L)	不得检出	≤0.1	≤0.3	≤0.3	>0.3
17	耗氧量(COD_{Mn}法,以O_2计)/(mg/L)	≤1.0	≤2.0	≤3.0	≤10.0	>10.0
18	氨氮(以N计)/(mg/L)	≤0.02	≤0.10	≤0.50	≤1.50	>1.50
19	硫化物/(mg/L)	≤0.005	≤0.01	≤0.02	≤0.10	>0.10
20	钠/(mg/L)	≤100	≤150	≤200	≤400	>400
微生物指标						
21	总大肠菌群/(MPN^b/100 mL或CFU^c/100 mL)	≤3.0	≤3.0	≤3.0	≤100	>100
22	菌落总数/(CFU/mL)	≤100	≤100	≤100	≤1 000	>1 000
毒理学指标						
23	亚硝酸盐(以N计)/(mg/L)	≤0.01	≤0.10	≤1.00	≤4.80	>4.80
24	硝酸盐(以N计)/(mg/L)	≤2.0	≤5.0	≤20.0	≤30.0	>30.0
25	氰化物/(mg/L)	≤0.001	≤0.01	≤0.05	≤0.1	>0.1
26	氟化物/(mg/L)	≤1.0	≤1.0	≤1.0	≤2.0	>2.0
27	碘化物/(mg/L)	≤0.04	≤0.04	≤0.08	≤0.50	>0.50
28	汞/(mg/L)	≤0.000 1	≤0.000 1	≤0.001	≤0.002	>0.002
29	砷/(mg/L)	≤0.001	≤0.001	≤0.01	≤0.05	>0.05
30	硒/(mg/L)	≤0.01	≤0.01	≤0.01	≤0.1	>0.1
31	镉/(mg/L)	≤0.000 1	≤0.001	≤0.005	≤0.01	>0.01

(续表)

序号	指标	I类	II类	III类	IV类	V类
32	铬（六价）/(mg/L)	≤0.005	≤0.01	≤0.05	≤0.10	>0.10
33	铅/(mg/L)	≤0.005	≤0.005	≤0.01	≤0.10	>0.10
34	三氯甲烷/(μg/L)	≤0.5	≤6	≤60	≤300	>300
35	四氯化碳/(μg/L)	≤0.5	≤0.5	≤2.0	≤50.0	>50.0
36	苯/(μg/L)	≤0.5	≤1.0	≤10.0	≤120	>120
37	甲苯/(μg/L)	≤0.5	≤140	≤700	≤1 400	>1 400
放射性指标[d]						
38	总α放射性/(Bq/L)	≤0.1	≤0.1	≤0.5	>0.5	>0.5
39	总β放射性/(Bq/L)	≤0.1	≤1.0	≤1.0	>1.0	>1.0

注：a NTU 为散射浊度单位。
　　b MPN 表示最可能数。
　　c CFU 表示菌落形成单位。
　　d 放射性指标超过指导值，应进行核素分析和评价。

表2　地下水质量非常规指标及限值

序号	指标	I类	II类	III类	IV类	V类
毒理学指标						
1	铍/(mg/L)	≤0.000 1	≤0.000 1	≤0.002	≤0.06	>0.06
2	硼/(mg/L)	≤0.02	≤0.10	≤0.50	≤2.00	>2.00
3	锑/(mg/L)	≤0.000 1	≤0.000 5	≤0.005	≤0.01	>0.01
4	钡/(mg/L)	≤0.01	≤0.10	≤0.70	≤4.00	>4.00
5	镍/(mg/L)	≤0.002	≤0.002	≤0.02	≤0.10	>0.10
6	钴/(mg/L)	≤0.005	≤0.005	≤0.05	≤0.10	>0.10
7	钼/(mg/L)	≤0.001	≤0.01	≤0.07	≤0.15	>0.15
8	银/(mg/L)	≤0.001	≤0.01	≤0.05	≤0.10	>0.10
9	铊/(mg/L)	≤0.000 1	≤0.000 1	≤0.000 1	≤0.001	>0.001
10	二氯甲烷/(μg/L)	≤1	≤2	≤20	≤500	>500
11	1,2-二氯乙烷/(μg/L)	≤0.5	≤3.0	≤30.0	≤40.0	>40.0
12	1,1,1-三氯乙烷/(μg/L)	≤0.5	≤400	≤2 000	≤4 000	>4 000
13	1,1,2-三氯乙烷/(μg/L)	≤0.5	≤0.5	≤5.0	≤60.0	>60.0
14	1,2-二氯丙烷/(μg/L)	≤0.5	≤0.5	≤5.0	≤60.0	>60.0
15	三溴甲烷/(μg/L)	≤0.5	≤10.0	≤100	≤800	>800
16	氯乙烯/(μg/L)	≤0.5	≤0.5	≤5.0	≤90.0	>90.0

(续表)

序号	指标	I类	II类	III类	IV类	V类
17	1,1-二氯乙烯/(μg/L)	≤0.5	≤3.0	≤30.0	≤60.0	>60.0
18	1,2-二氯乙烯/(μg/L)	≤0.5	≤5.0	≤50.0	≤60.0	>60.0
19	三氯乙烯/(μg/L)	≤0.5	≤7.0	≤70.0	≤210	>210
20	四氯乙烯/(μg/L)	≤0.5	≤4.0	≤40.0	≤300	>300
21	氯苯/(μg/L)	≤0.5	≤60.0	≤300	≤600	>600
22	邻二氯苯/(μg/L)	≤0.5	≤200	≤1 000	≤2 000	>2 000
23	对二氯苯/(μg/L)	≤0.5	≤30.0	≤300	≤600	>600
24	三氯苯(总量)/(μg/L)[a]	≤0.5	≤4.0	≤20.0	≤180	>180
25	乙苯/(μg/L)	≤0.5	≤30.0	≤300	≤600	>600
26	二甲苯(总量)/(μg/L)[b]	≤0.5	≤100	≤500	≤1 000	>1 000
27	苯乙烯/(μg/L)	≤0.5	≤2.0	≤20.0	≤40.0	>40.0
28	2,4-二硝基甲苯/(μg/L)	≤0.1	≤0.5	≤5.0	≤60.0	>60.0
29	2,6-二硝基甲苯/(μg/L)	≤0.1	≤0.5	≤5.0	≤30.0	>30.0
30	萘/(μg/L)	≤1	≤10	≤100	≤600	>600
31	蒽/(μg/L)	≤1	≤360	≤1 800	≤3 600	>3 600
32	荧蒽/(μg/L)	≤1	≤50	≤240	≤480	>480
33	苯并[b]荧蒽/(μg/L)	≤0.1	≤0.4	≤4.0	≤8.0	>8.0
34	苯并[a]芘/(μg/L)	≤0.002	≤0.002	≤0.01	≤0.50	>0.50
35	多氯联苯(总量)/(μg/L)[c]	≤0.05	≤0.05	≤0.50	≤10.0	>10.0
36	邻苯二甲酸二(2-乙基己基)酯/(μg/L)	≤3	≤3	≤8.0	≤300	>300
37	2,4,6-三氯酚/(μg/L)	≤0.05	≤20.0	≤200	≤300	>300
38	五氯酚/(μg/L)	≤0.05	≤0.90	≤9.0	≤18.0	>18.0
39	六六六(总量)/(μg/L)[d]	≤0.01	≤0.50	≤5.00	≤300	>300
40	γ-六六六(林丹)/(μg/L)	≤0.01	≤0.20	≤2.00	≤150	>150
41	滴滴涕(总量)/(μg/L)[e]	≤0.01	≤0.10	≤1.00	≤2.00	>2.00
42	六氯苯/(μg/L)	≤0.01	≤0.10	≤1.00	≤2.00	>2.00
43	七氯/(μg/L)	≤0.01	≤0.04	≤0.40	≤0.80	>0.80
44	2,4-滴/(μg/L)	≤0.1	≤6.0	≤30.0	≤150	>150
45	克百威/(μg/L)	≤0.05	≤1.40	≤7.00	≤140	>140
46	涕灭威/(μg/L)	≤0.05	≤0.60	≤3.00	≤30.0	>30.0
47	敌敌畏/(μg/L)	≤0.05	≤0.10	≤1.00	≤2.00	>2.00

(续表)

序号	指标	I类	II类	III类	IV类	V类
48	甲基对硫磷/(μg/L)	≤0.05	≤4.00	≤20.0	≤40.0	>40.0
49	马拉硫磷/(μg/L)	≤0.05	≤25.0	≤250	≤500	>500
50	乐果/(μg/L)	≤0.05	≤16.0	≤80.0	≤160	>160
51	毒死蜱/(μg/L)	≤0.05	≤6.00	≤30.0	≤60.0	>60.0
52	百菌清/(μg/L)	≤0.05	≤1.00	≤10.0	≤150	>150
53	莠去津/(μg/L)	≤0.05	≤0.40	≤2.00	≤600	>600
54	草甘膦/(μg/L)	≤0.1	≤140	≤700	≤1 400	>1 400

注:a 三氯苯(总量)为1,2,3-三氯苯、1,2,4-三氯苯、1,3,5-三氯苯3种异构体加和。
   b 二甲苯(总量)为邻二甲苯、间二甲苯、对二甲苯3种异构体加和。
   c 多氯联苯(总量)为PCB28、PCB52、PCB101、PCB118、PCB138、PCB153、PCB180、PCB194、PCB206 9种多氯联苯单体加和。
   d 六六六(总量)为α-六六六、β-六六六、γ-六六六、δ-六六六4种异构体加和。
   e 滴滴涕(总量)为o,p'-滴滴涕、p,p'-滴滴伊、p,p'-滴滴滴、p,p'-滴滴涕4种异构体加和。

5 地下水质量调查与监测

5.1 地下水质量应定期监测。潜水监测频率应不少于每年两次(丰水期和枯水期各1次)承压水监测频率可以根据质量变化情况确定,宜每年1次。

5.2 依据地下水质量的动态变化,应定期开展区域性地下水质量调查评价。

5.3 地下水质量调查与监测指标以常规指标为主,为便于水化学分析结果的审核,应补充钾、钙、镁、重碳酸根、碳酸根、游离二氧化碳指标;不同地区可在常规指标的基础上,根据当地实际情况补充选定非常规指标进行调查与监测。

5.4 地下水样品的采集参照相关标准执行,地下水样品的保存和送检按附录A执行。

5.5 地下水质量检测方法的选择参见附录B 使用前应按照GB/T 27025—2008中5.4的要求,进行有效确认和验证。

6 地下水质量评价

6.1 地下水质量评价应以地下水质量检测资料为基础。

6.2 地下水质量单指标评价,按指标值所在的限值范围确定地下水质量类别,指标限值相同时,从优不从劣。

示例:挥发性酚类I、II类限值均为0.001mg/L,若质量分析结果为0.001mg/L时,应定为I类,不定为II类。

6.3 地下水质量综合评价,按单指标评价结果最差的类别确定,并指出最差类别的指标。

示例:某地下水样氯化物含量400mg/L,四氯乙烯含量350μg/L,这两个指标属V类,其余指标均低于V类。则该地下水质量综合类别定为V类,V类指标为氯离子和四氯乙烯。

附录A(规范性附录) 地下水样品保存和送检要求(略)
附录B(资料性附录) 地下水质量检测指标推荐分析方法(略)

农田灌溉水质标准（节录）

GB 5084—2005

（2005年7月21日发布 2006年11月1日实施）

本标准由中华人民共和国农业部提出。
本标准由农业部环境保护科研监测所负责起草。

（按原标准编号节录）

3 技术内容

3.1 农田灌溉用水水质应符合表1、表2的规定。

表1 农田灌溉用水水质基本控制项目标准值

序号	项目类别		作物种类		
			水作	旱作	蔬菜
1	五日生化需氧量/(mg/L)	≤	60	100	40[a],15[b]
2	化学需氧量/(mg/L)	≤	150	200	100[a],60[b]
3	悬浮物/(mg/L)	≤	80	100	60[a],15[b]
4	阴离子表面活性剂/(mg/L)	≤	5	8	5
5	水温/℃	≤	35		
6	pH		5.5～8.5		
7	全盐量/(mg/L)	≤	1000[c]（非盐碱土地区），2000[c]（盐碱土地区）		
8	氯化物/(mg/L)	≤	350		
9	硫化物/(mg/L)	≤	1		
10	总汞/(mg/L)	≤	0.001		
11	镉/(mg/L)	≤	0.01		
12	总砷/(mg/L)	≤	0.05	0.1	0.05
13	铬(六价)/(mg/L)	≤	0.1		
14	铅/(mg/L)	≤	0.2		
15	粪大肠菌群数/(个/100mL)	≤	4 000	4 000	2 000[a],1 000[b]
16	蛔虫卵数/(个/L)	≤	2		2[a],1[b]

注：a 加工、烹调及去皮蔬菜。
 b 生食类蔬菜、瓜类和草本水果。
 c 具有一定的水利灌排设施，能保证一定的排水和地下水径流条件的地区，或有一定淡水资源能满足冲洗土体中盐分的地区，农田灌溉水质全盐量指标可以适当放宽。

表2 农田灌溉用水水质选择性控制项目标准值

序号	项目类别		作物种类		
			水作	旱作	蔬菜
1	铜/(mg/L)	≤	0.5	1	
2	锌/(mg/L)	≤	2		
3	硒/(mg/L)	≤	0.02		
4	氟化物/(mg/L)	≤	2(一般地区),3(高氟区)		
5	氰化物/(mg/L)	≤	0.5		
6	石油类/(mg/L)	≤	5	10	1
7	挥发酚/(mg/L)	≤	1		
8	苯/(mg/L)	≤	2.5		
9	三氯乙醛/(mg/L)	≤	1	0.5	0.5
10	丙烯醛/(mg/L)	≤	0.5		
11	硼/(mg/L)	≤	1[a](对硼敏感作物),2[b](对硼耐受性较强的作物),3[c](对硼耐受性强的作物)		

注:a 对硼敏感作物,如黄瓜、豆类、马铃薯、笋瓜、韭菜、洋葱、柑橘等。
　　b 对硼耐受性较强的作物,如小麦、玉米、青椒、小白菜、葱等。
　　c 对硼耐受性强的作物,如水稻、萝卜、油菜、甘蓝等。

3.2 向农田灌溉渠道排放处理后的养殖业废水及以农产品为原料加工的工业废水,应保证其下游最近灌溉取水点的水质符合本标准。

3.3 当本标准不能满足当地环境保护需要或农业生产需要时,省、自治区、直辖市人民政府可以补充本标准中未规定的项目或制定严于本标准的相关项目,作为地方补充标准,并报国务院环境保护行政主管部门和农业行政主管部门备案。

4 监测与分析方法

4.1 监测

4.1.1 农田灌溉用水水质基本控制项目,监测项目的布点监测频率应符合 NY/T 396 的要求。

4.1.2 农田灌溉用水水质选择性控制项目,由地方主管部门根据当地农业水源的来源和可能的污染物种类选择相应的控制项目,所选择的控制项目监测布点和频率应符合 NY/T 396 的要求。

4.2 分析方法

本标准控制项目分析方法按表3执行。

表3 农田灌溉水质控制项目分析方法

序号	分析项目	测定方法	方法来源
1	生化需氧量(BOD_5)	稀释与接种法	GB/T 7488
2	化学需氧量	重铬酸盐法	GB/T 11914
3	悬浮物	重量法	GB/T 11901
4	阴离子表面活性剂	亚甲蓝分光光度法	GB/T 7494
5	水温	温度计或颠倒温度计测定法	GB/T 13195
6	pH	玻璃电极法	GB/T 6920
7	全盐量	重量法	HJ/T 51
8	氯化物	硝酸银滴定法	GB/T 11896
9	硫化物	亚甲基蓝分光光度法	GB/T 16489
10	总汞	冷原子吸收分光光度法	GB/T 7468
11	镉	原子吸收分光光度法	GB/T 7475
12	总砷	二乙基二硫代氨基甲酸银分光光度法	GB/T 7485
13	铬(六价)	二苯碳酰二肼分光光度法	GB/T 7467
14	铅	原子吸收分光光度法	GB/T 7475
15	铜	原子吸收分光光度法	GB/T 7475
16	锌	原子吸收分光光度法	GB/T 7475
17	硒	2,3-二氨基萘荧光法	GB/T 11902
18	氟化物	离子选择电极法	GB/T 7484
19	氰化物	硝酸银滴定法	GB/T 7486
20	石油类	红外光度法	GB/T 16488
21	挥发酚	蒸馏后4-氨基安替比林分光光度法	GB/T 7490
22	苯	气相色谱法	GB/T 11937
23	三氯乙醛	吡唑啉酮分光光度法	HJ/T 50
24	丙烯醛	气相色谱法	GB/T 11934
25	硼	姜黄素分光光度法	HJ/T 49
26	粪大肠菌群数	多管发酵法	GB/T 5750—1985
27	蛔虫卵数	沉淀集卵法[a]	《农业环境监测实用手册》第三章中"水质 污水蛔虫卵的测定 沉淀集卵法"

注:a 暂采用此方法,待国家方法标准颁布后,执行国家标准。

生活饮用水卫生标准(节录)

GB 5749—2006

(2006年12月29日发布 2007年7月1日实施)

本标准由中华人民共和国卫生部、建设部、水利部、国土资源部、国家环境保护总局等提出。本标准负责起草单位:中国疾病预防控制中心环境与健康相关产品安全所。

(按原标准编号节录)

3 术语和定义

下列术语和定义适用于本标准。

3.1 生活饮用水 drinking water

供人生活的饮水和生活用水。

3.2 供水方式 type of water supply

3.2.1 集中式供水 central water supply

自水源集中取水,通过输配水管网送到用户或者公共取水点的供水方式,包括自建设施供水。为用户提供日常饮用水的供水站和为公共场所、居民社区提供的分质供水也属于集中式供水。

3.2.2 二次供水 secondary water supply

集中式供水在入户之前经再度储存、加压和消毒或深度处理,通过管道或容器输送给用户的供水方式。

3.2.3 小型集中式供水 small central water supply

农村日供水在1 000m^3以下(或供水人口在1万人以下)的集中式供水。

3.2.4 分散式供水 non-central water supply

分散居户直接从水源取水,无任何设施或仅有简易设施的供水方式。

3.3 常规指标 regular indices

能反映生活饮用水水质基本状况的水质指标。

3.4 非常规指标 non-regular indices

根据地区、时间或特殊情况需要实施的生活饮用水水质指标。

4 生活饮用水水质卫生要求

4.1 生活饮用水水质应符合下列基本要求,保证用户饮用安全。

4.1.1 生活饮用水中不得含有病原微生物。

4.1.2 生活饮用水中化学物质不得危害人体健康。

4.1.3 生活饮用水中放射性物质不得危害人体健康。
4.1.4 生活饮用水的感官性状良好。
4.1.5 生活饮用水应经消毒处理。
4.1.6 生活饮用水水质应符合表1和表3卫生要求。集中式供水出厂水中消毒剂限值、出厂水和管网末梢水中消毒剂余量均应符合表2要求。
4.1.7 小型集中式供水和分散式供水因条件限制,水质部分指标可暂按照表4执行,其余指标仍按表1、表2和表3执行。
4.1.8 当发生影响水质的突发性公共事件时,经市级以上人民政府批准,感官性状和一般化学指标可适当放宽。
4.1.9 当饮用水中含有附录A表A.1所列指标时,可参考此表限值评价。

表1 水质常规指标及限值

指标	限值
1. 微生物指标[a]	
总大肠菌群/(MPN/100mL 或 CFU/100mL)	不得检出
耐热大肠菌群/(MPN/100mL 或 CFU/100mL)	不得检出
大肠埃希氏菌/(MPN/100mL 或 CFU/100mL)	不得检出
菌落总数/(CFU/mL)	100
2. 毒理指标	
砷/(mg/L)	0.01
镉/(mg/L)	0.005
铬(六价)/(mg/L)	0.05
铅/(mg/L)	0.01
汞/(mg/L)	0.001
硒/(mg/L)	0.01
氰化物/(mg/L)	0.05
氟化物/(mg/L)	1.0
硝酸盐(以N计)/(mg/L)	10 地下水源限制时为20
三氯甲烷/(mg/L)	0.06
四氯化碳/(mg/L)	0.002
溴酸盐(使用臭氧时)/(mg/L)	0.01
甲醛(使用臭氧时)/(mg/L)	0.9
亚氯酸盐(使用二氧化氯消毒时)/(mg/L)	0.7
氯酸盐(使用复合二氧化氯消毒时)/(mg/L)	0.7

(续表)

指标	限值
3.感官性状和一般化学指标	
色度(铂钴色度单位)	15
浑浊度(散射浑浊度单位)/NTU	1 水源与净水技术条件限制时为3
臭和味	无异臭、异味
肉眼可见物	无
pH	不小于6.5且不大于8.5
铝/(mg/L)	0.2
铁/(mg/L)	0.3
锰/(mg/L)	0.1
铜/(mg/L)	1.0
锌/(mg/L)	1.0
氯化物/(mg/L)	250
硫酸盐/(mg/L)	250
溶解性总固体/(mg/L)	1 000
总硬度(以$CaCO_3$计)/(mg/L)	450
耗氧量(COD_{Mn}法,以O_2计)/(mg/L)	3 水源限制,原水耗氧量>6 mg/L时为5
挥发酚类(以苯酚计)/(mg/L)	0.002
阴离子合成洗涤剂/(mg/L)	0.3
4.放射性指标[b]	指导值
总α放射性/(Bq/L)	0.5
总β放射性/(Bq/L)	1

注:a MPN表示最可能数;CFU表示菌落形成单位。当水样检出总大肠菌群时,应进一步检验大肠埃希氏菌或耐热大肠菌群;水样未检出总大肠菌群,不必检验大肠埃希氏菌或耐热大肠菌群。
b 放射性指标超过指导值,应进行核素分析和评价,判定能否饮用。

表2 饮用水中消毒剂常规指标及要求

消毒剂名称	与水接触时间	出厂水中限值/(mg/L)	出厂水中余量/(mg/L)	管网末梢水中余量/(mg/L)
氯气及游离氯制剂(游离氯)	≥30 min	4	≥0.3	≥0.05
一氯胺(总氯)	≥120 min	3	≥0.5	≥0.05
臭氧(O_3)	≥12 min	0.3	—	0.02 如加氯,总氯≥0.05
二氧化氯(ClO_2)	≥30 min	0.8	≥0.1	≥0.02

表3 水质非常规指标及限值

指标	限值
1. 微生物指标	
贾第鞭毛虫/(个/10 L)	<1
隐孢子虫/(个/10 L)	<1
2. 毒理指标	
锑/(mg/L)	0.005
钡/(mg/L)	0.7
铍/(mg/L)	0.002
硼/(mg/L)	0.5
钼/(mg/L)	0.07
镍/(mg/L)	0.02
银/(mg/L)	0.05
铊/(mg/L)	0.000 1
氯化氰(以CN⁻计)/(mg/L)	0.07
一氯二溴甲烷/(mg/L)	0.1
二氯一溴甲烷/(mg/L)	0.06
二氯乙酸/(mg/L)	0.05
1,2-二氯乙烷/(mg/L)	0.03
二氯甲烷/(mg/L)	0.02
三卤甲烷(三氯甲烷、一氯二溴甲烷、二氯一溴甲烷、三溴甲烷的总和)	该类化合物中各种化合物的实测浓度与其各自限值的比值之和不超过1
1,1,1-三氯乙烷/(mg/L)	2
三氯乙酸/(mg/L)	0.1
三氯乙醛/(mg/L)	0.01
2,4,6-三氯酚/(mg/L)	0.2
三溴甲烷/(mg/L)	0.1
七氯/(mg/L)	0.000 4
马拉硫磷/(mg/L)	0.25
五氯酚/(mg/L)	0.009
六六六(总量)/(mg/L)	0.005
六氯苯/(mg/L)	0.001

(续表)

指标	限值
乐果/(mg/L)	0.08
对硫磷/(mg/L)	0.003
灭草松/(mg/L)	0.3
甲基对硫磷/(mg/L)	0.02
百菌清/(mg/L)	0.01
呋喃丹/(mg/L)	0.007
林丹/(mg/L)	0.002
毒死蜱/(mg/L)	0.03
草甘膦/(mg/L)	0.7
敌敌畏/(mg/L)	0.001
莠去津/(mg/L)	0.002
溴氰菊酯/(mg/L)	0.02
2,4-滴/(mg/L)	0.03
滴滴涕/(mg/L)	0.001
乙苯/(mg/L)	0.3
二甲苯(总量)/(mg/L)	0.5
1,1-二氯乙烯/(mg/L)	0.03
1,2-二氯乙烯/(mg/L)	0.05
1,2-二氯苯/(mg/L)	1
1,4-二氯苯/(mg/L)	0.3
三氯乙烯/(mg/L)	0.07
三氯苯(总量)/(mg/L)	0.02
六氯丁二烯/(mg/L)	0.000 6
丙烯酰胺/(mg/L)	0.000 5
四氯乙烯/(mg/L)	0.04
甲苯/(mg/L)	0.7
邻苯二甲酸二(2-乙基己基)酯/(mg/L)	0.008
环氧氯丙烷/(mg/L)	0.000 4
苯/(mg/L)	0.01
苯乙烯/(mg/L)	0.02
苯并[a]芘/(mg/L)	0.000 01

(续表)

指标	限值
氯乙烯/(mg/L)	0.005
氯苯/(mg/L)	0.3
微囊藻毒素-LR/(mg/L)	0.001
3.感官性状和一般化学指标	
氨氮(以N计)/(mg/L)	0.5
硫化物/(mg/L)	0.02
钠/(mg/L)	200

表4 小型集中式供水和分散式供水部分水质指标及限值

指标	限值
1.微生物指标	
菌落总数/(CFU/mL)	500
2.毒理指标	
砷/(mg/L)	0.05
氟化物/(mg/L)	1.2
硝酸盐(以N计)/(mg/L)	20
3.感官性状和一般化学指标	
色度(铂钴色度单位)	20
浑浊度(散射浑浊度单位)/NTU	3 水源与净水技术条件限制时为5
pH	不小于6.5且不大于9.5
溶解性总固体/(mg/L)	1 500
总硬度(以$CaCO_3$计)/(mg/L)	550
耗氧量(COD_{Mn}法,以O_2计)/(mg/L)	5
铁/(mg/L)	0.5
锰/(mg/L)	0.3
氯化物/(mg/L)	300
硫酸盐/(mg/L)	300

5 生活饮用水水源水质卫生要求

5.1 采用地表水为生活饮用水水源时应符合GB 3838要求。

5.2 采用地下水为生活饮用水水源时应符合GB/T 14848要求。

6 集中式供水单位卫生要求

集中式供水单位的卫生要求应按照卫生部《生活饮用水集中式供水单位卫生规范》执行。

7 二次供水卫生要求

二次供水的设施和处理要求应按照 GB 17051 执行。

8 涉及生活饮用水卫生安全产品卫生要求

8.1 处理生活饮用水采用的絮凝、助凝、消毒、氧化、吸附、pH 调节、防锈、阻垢等化学处理剂不应污染生活饮用水,应符合 GB/T 17218 要求。

8.2 生活饮用水的输配水设备、防护材料和水处理材料不应污染生活饮用水,应符合 GB/T 17219 要求。

9 水质监测

9.1 供水单位的水质检测

9.1.1 供水单位的水质非常规指标选择由当地县级以上供水行政主管部门和卫生行政部门协商确定。

9.1.2 城市集中式供水单位水质检测的采样点选择、检验项目和频率、合格率计算按照 CJ/T 206 执行。

9.1.3 村镇集中式供水单位水质检测的采样点选择、检验项目和频率、合格率计算按照 SL 308 执行。

9.1.4 供水单位水质检测结果应定期报送当地卫生行政部门,报送水质检测结果的内容和办法由当地供水行政主管部门和卫生行政部门商定。

9.1.5 当饮用水水质发生异常时应及时报告当地供水行政主管部门和卫生行政部门。

9.2 卫生监督的水质监测

9.2.1 各级卫生行政部门应根据实际需要定期对各类供水单位的供水水质进行卫生监督、监测。

9.2.2 当发生影响水质的突发性公共事件时,由县级以上卫生行政部门根据需要确定饮用水监督、监测方案。

9.2.3 卫生监督的水质监测范围、项目、频率由当地市级以上卫生行政部门确定。

10 水质检验方法

生活饮用水水质检验应按照 GB/T 5750(所有部分)执行。

附录 A(资料性附录) 生活饮用水水质参考指标及限值(略)

饮用天然矿泉水(节录)

GB 8537—2008

(2008年12月29日发布 2009年10月1日实施)

本标准由中国轻工业联合会提出。
本标准起草单位:中国食品发酵工业研究院、中国疾病预防控制中心环境与健康相关产品安全所、中国地质环境监测院、中国疾病预防控制中心营养与食品安全所、中国饮料工业协会天然矿泉水分会、海口椰树矿泉水有限公司、深圳达能益力泉饮品有限公司。

(按原标准编号节录)

3 术语和定义

下列术语和定义适用于本标准。

3.1 饮用天然矿泉水 drinking natural mineral water

从地下深处自然涌出的或经钻井采集的,含有一定量的矿物质、微量元素或其他成分,在一定区域未受污染并采取预防措施避免污染的水;在通常情况下,其化学成分、流量、水温等动态指标在天然周期波动范围内相对稳定。

5 要求

5.1 水源要求

水源地勘查评价、水源防护、水源地的监测按 GB/T 13727 执行。

5.2 水质要求

5.2.1 感官要求

应符合表1的规定。

表1 感官要求

项目		要求
色度/度	≤	15(不得呈现其他异色)
浑浊度/NTU	≤	5
臭和味		具有矿泉水特征性口味,不得有异臭、异味
可见物		允许有极少量的天然矿物盐沉淀,但不得含其他异物

5.2.2 理化要求

5.2.2.1 界限指标

应有一项(或一项以上)指标符合表2的规定。

表2 界限指标

项目		要求
锂/(mg/L)	≥	0.20
锶/(mg/L)	≥	0.20(含量在0.20mg/L～0.40mg/L时，水源水水温应在25℃以上)
锌/(mg/L)	≥	0.20
碘化物/(mg/L)	≥	0.20
偏硅酸/(mg/L)	≥	25.0(含量在25.0mg/L～30.0mg/L时，水源水水温应在25℃以上)
硒/(mg/L)	≥	0.01
游离二氧化碳/(mg/L)	≥	250
溶解性总固体/(mg/L)	≥	1 000

5.2.2.2 限量指标

应符合表3的规定。

表3 限量指标

项目		要求
硒/(mg/L)	<	0.05
锑/(mg/L)	<	0.005
砷/(mg/L)	<	0.01
铜/(mg/L)	<	1.0
钡/(mg/L)	<	0.7
镉/(mg/L)	<	0.003
铬/(mg/L)	<	0.05
铅/(mg/L)	<	0.01
汞/(mg/L)	<	0.001
锰/(mg/L)	<	0.4
镍/(mg/L)	<	0.02
银/(mg/L)	<	0.05
溴酸盐/(mg/L)	<	0.01
硼酸盐(以B计)/(mg/L)	<	5
硝酸盐(以NO_3^-计)/(mg/L)	<	45
氟化物(以F^-计)/(mg/L)	<	1.5
耗氧量(以O_2计)/(mg/L)	<	3.0
^{226}镭放射性/(Bq/L)	<	1.1

5.2.2.3 污染物指标

应符合表4规定。

表4 污染物指标

项 目		要 求
挥发酚(以苯酚计)/(mg/L)	<	0.002
氰化物(以 CN⁻ 计)/(mg/L)	<	0.010
阴离子合成洗涤剂/(mg/L)	<	0.3
矿物油/(mg/L)	<	0.05
亚硝酸盐(以 NO_2^- 计)/(mg/L)	<	0.1
总 β 放射性/(Bq/L)	<	1.50

5.2.3 微生物要求

应符合表5和表6的规定。

表5 微生物指标

项目	要求
大肠菌群/(MPN/100 mL)	0
粪链球菌/(CFU/250 mL)	0
铜绿假单胞菌/(CFU/250 mL)	0
产气荚膜梭菌/(CFU/50 mL)	0

注：1. 取样 1×250 mL(产气荚膜梭菌取样 1×50 mL)进行第一次检验,符合表5要求,报告为合格。
2. 检测结果大于等于1并小于2时,应按表6采取 n 个样品进行第二次检验。
3. 检测结果大于等于2时,报告为"不合格"。

表6 第二次检验

项目	样品数		限量	
	n	c	m	M
大肠菌群	4	1	0	2
粪链球菌	4	1	0	2
铜绿假单胞菌	4	1	0	2
产气荚膜梭菌	4	1	0	2

注：n——一批产品应采集的样品件数;
c——最大允许可超出 m 值的样品数,超出该数值判为不合格;
m——每 250 mL (或 50 mL)样品中最大允许可接受水平的限量值(CFU);
M——每 250 mL (或 50 mL)样品中不可接受的微生物限量值(CFU),等于或高于 M 值的样品均为不合格。

6 检验方法

水质要求按 GB/T 8538 规定的方法进行检验。

污水综合排放标准(1999年修订)(节录)

GB 8978—1996

[1996年10月4日发布 根据1999年12月15日环发[1999]285号《关于发布〈污水综合排放标准〉(GB 8978—1996)中石化工业COD标准值修改单的通知》修订]

本标准由国家环境保护局科技标准司提出。
本标准由国家环境保护局负责解释。

(按原标准编号节录)

3 定义

3.1 污水
指在生产与生活活动中排放的水的总称。

3.2 排水量
指在生产过程中直接用于工艺生产的水的排放量。不包括间接冷却水、厂区锅炉、电站排水。

3.3 一切排污单位
指本标准适用范围所包括的一切排污单位。

3.4 其他排污单位
指在某一控制项目中,除所列行业外的一切排污单位。

4 技术内容

4.1 标准分级

4.1.1 排入GB 3838 Ⅲ类水域(划定的保护区和游泳区除外)和排入GB 3097中二类海域的污水,执行一级标准。

4.1.2 排入GB 3838中Ⅳ、Ⅴ类水域和排入GB 3097中三类海域的污水,执行二级标准。

4.1.3 排入设置二级污水处理厂的城镇排水系统的污水,执行三级标准。

4.1.4 排入未设置二级污水处理厂的城镇排水系统的污水,必须根据排水系统出水受纳水域的功能要求,分别执行4.1.1和4.1.2的规定。

4.1.5 GB 3838中Ⅰ、Ⅱ类水域和Ⅲ类水域中划定的保护区,GB 3097中一类海域,禁止新建排污口,现有排污口应按水体功能要求,实行污染物总量控制,以保证受纳水体水质符合规定用途的水质标准。

4.2 标准值

4.2.1 本标准将排放的污染物按其性质及控制方式分为二类。

4.2.1.1 第一类污染物：不分行业和污水排放方式，也不分受纳水体的功能类别，一律在车间或车间处理设施排放口采样，其最高允许排放浓度必须达到本标准要求（采矿行业的尾矿坝出水口不得视为车间排放口）。

4.2.1.2 第二类污染物：在排污单位排放口采样，其最高允许排放浓度必须达到本标准要求。

4.2.2 本标准按年限规定了第一类污染物和第二类污染物最高允许排放浓度及部分行业最高允许排水量，分别为：

4.2.2.1 1997年12月31日之前建设（包括改、扩建）的单位，水污染物的排放必须同时执行表1、表2、表3的规定。

4.2.2.2 1998年1月1日起建设（包括改、扩建）的单位，水污染物的排放必须同时执行表1、表4、表5的规定。

4.2.2.3 建设（包括改、扩建）单位的建设时间，以环境影响评价报告书（表）批准日期为准划分。

4.3 其他规定

4.3.1 同一排放口排放两种或两种以上不同类别的污水，且每种污水的排放标准又不同时，其混合污水的排放标准按附录A计算。

4.3.2 工业污水污染物的最高允许排放负荷量按附录B计算。

4.3.3 污染物最高允许年排放总量按附录C计算。

4.3.4 对于排放含有放射性物质的污水，除执行本标准外，还须符合GB 8703—88《辐射防护规定》。

6 标准实施监督

6.1 本标准由县级以上人民政府环境保护行政主管部门负责监督实施。

6.2 省、自治区、直辖市人民政府对执行国家水污染物排放标准不能保证达到水环境功能要求时，可以制定严于国家水污染物排放标准的地方水污染物排放标准，并报国家环境保护行政主管部门备案。

表1—表5具体内容见原标准及《〈污水综合排放标准〉（GB 8978—1996）中石化工业COD标准修改单》。

附录A（标准的附录）（略）
附录B（标准的附录）（略）
附录C（标准的附录）（略）
附录D（标准的附录）（略）

麻纺工业水污染物排放标准（节录）

GB 28938—2012

（2012年10月19日发布　2013年1月1日实施）

本标准由环境保护部科技标准司组织制定。
本标准主要起草单位：中国轻工业清洁生产中心、环境保护部环境标准研究所、湖南省沅江市明星麻业有限公司。

（按原标准编号节录）

3　术语和定义

下列术语和定义适用于本标准。

3.1　麻纺企业

指以苎麻、亚麻、红麻及黄麻、汉麻等纤维类农产品为主要原料进行脱胶和纺织加工的企业。

3.2　现有企业

指本标准实施之日前，已建成投产或环境影响评价文件已通过审批的麻纺生产企业及生产设施。

3.3　新建企业

指本标准实施之日起，环境影响评价文件通过审批的新建、改建和扩建的麻纺生产设施建设项目。

3.4　排水量

指生产设施或企业向企业法定边界以外排放的废水的量，包括与生产有直接或间接关系的各种外排废水（含厂区生活污水、冷却废水、厂区锅炉和电站排水等）。

3.5　单位产品基准排水量

指用于核定水污染物排放浓度而规定的生产单位精干麻（纱）产品的废水排放量上限值。

3.6　公共污水处理系统

指通过纳污管道等方式收集废水，为两家以上排污单位提供废水处理服务并且排水能够达到相关排放标准要求的企业或机构，包括各种规模和类型的城镇污水处理厂、区域（包括各类工业园区、开发区、工业聚集地等）废水处理厂等，其废水处理程度应达到二级或二级以上。

3.7　直接排放

指排污单位直接向环境排放水污染物的行为。

3.8　间接排放

指排污单位向公共污水处理系统排放水污染物的行为。

4　污染物排放控制要求

4.2　自2015年1月1日起，现有企业执行表2规定的水污染物排放限值。

4.3　自2013年1月1日起，新建企业执行表2规定的水污染物排放限值。

表2 新建企业水污染物排放浓度限值及单位产品基准排水量

单位：mg/L（pH、色度除外）

序号	污染物项目	限值 直接排放	限值 间接排放	污染物排放监控位置
1	pH值	6～9	6～9	企业废水总排放口
2	色度（稀释倍数）	50	80	
3	悬浮物	50	100	
4	五日生化需氧量	30	70	
5	化学需氧量（COD_{Cr}）	100	250	
6	总磷	0.5	1.5	
7	总氮	15	30	
8	氨氮	10	25	
9	可吸附有机卤素（AOX）	10	10	
单位产品基准排水量[a]（m^3/t产品）		400		排水量计量位置与污染物排放监控位置相同

注：a 苎麻厂单位产品为吨精干麻，亚麻和黄（红）麻厂单位产品为吨纱。

4.4 根据环境保护工作的要求，在国土开发密度已经较高、环境承载能力开始减弱，或环境容量较小、生态环境脆弱，容易发生严重环境污染问题而需要采取特别保护措施的地区，应严格控制企业的污染物排放行为，在上述地区的企业执行表3规定的水污染物特别排放限值。

执行水污染物特别排放限值的地域范围、时间，由国务院环境保护行政主管部门或省级人民政府规定。

表3 水污染物特别排放限值

单位：mg/L（pH、色度除外）

序号	污染物项目	限值 直接排放	限值 间接排放	污染物排放监控位置
1	pH值	6～9	6～9	企业废水总排放口
2	色度（稀释倍数）	30	50	
3	悬浮物	20	50	
4	五日生化需氧量	20	30	
5	化学需氧量（COD_{Cr}）	60	100	
6	总磷	0.5	0.5	
7	总氮	10	15	
8	氨氮	5	10	
9	可吸附有机卤素（AOX）	8	8	
单位产品基准排水量[a]（m^3/t产品）		300		排水量计量位置与污染物排放监控位置相同

注：a 苎麻厂单位产品为吨精干麻，亚麻和黄（红）麻厂单位产品为吨纱。

5 污染物监测要求

5.1 对企业排放废水的采样,应根据监测污染物的种类,在规定的污染物排放监控位置进行,有废水处理设施的,应在处理设施后监控。企业应按照国家有关污染源监测技术规范的要求设置采样口,在污染物排放监控位置应设置排污口标志。

5.2 新建企业和现有企业安装污染物排放自动监控设备的要求,按有关法律和《污染源自动监控管理办法》的规定执行。

5.3 对企业污染物排放情况进行监测的频次、采样时间等要求,按国家有关污染源监测技术规范的规定执行。

5.4 企业产品产量的核定,以法定报表为依据。

5.5 企业应按照有关法律和《环境监测管理办法》的规定,对排污状况进行监测,并保存原始监测记录。

5.6 对企业排放水污染物浓度的测定采用表4所列的方法标准。

表4 水污染物浓度测定方法标准

序号	污染物项目	方法标准名称	方法标准编号
1	pH 值	水质 pH 值的测定 玻璃电极法	GB/T 6920—1986
2	化学需氧量	水质 化学需氧量的测定 重铬酸盐法	GB/T 11914—1989
3	五日生化需氧量	水质 五日生化需氧量(BOD_5)的测定 稀释与接种法	HJ 505—2009
4	悬浮物	水质 悬浮物的测定 重量法	GB/T 11901—1989
5	色度	水质 色度的测定	GB/T 11903—1989
6	氨氮	水质 氨氮的测定 气相分子吸收光谱法	HJ/T 195—2005
		水质 氨氮的测定 纳氏试剂分光光度法	HJ 535—2009
		水质 氨氮的测定 水杨酸分光光度法	HJ 536—2009
		水质 氨氮的测定 蒸馏-中和滴定法	HJ 537—2009
7	总磷	水质 总磷的测定 钼酸铵分光光度法	GB/T 11893—1989
8	总氮	水质 总氮的测定 碱性过硫酸钾消解紫外分光光度法	HJ 636—2012
		水质 总氮的测定 气相分子吸收光谱法	HJ/T 199—2005
9	可吸附有机卤素	水质 可吸附有机卤素(AOX)的测定 库仑法	GB/T 15959—1995

6 实施与监督

6.1 本标准由县级以上人民政府环境保护行政主管部门负责监督实施。

6.2 在任何情况下,企业均应遵守本标准的污染物排放控制要求,采取必要措施保证污染防治设施正常运行。各级环保部门在对设施进行监督性检查时,可以现场即时采样或监测的结果,作为判定排污行为是否符合排放标准以及实施相关环境保护管理措施的依据。在发现企业耗水或排水量有异常变化的情况下,应核定企业的实际产品产量和排水量,按本标准的规定,换算水污染物基准排水量排放浓度。

制革及毛皮加工工业水污染物排放标准（节录）

GB 30486—2013

（2013年12月27日发布　2014年3月1日实施）

本标准由环境保护部科技标准司组织制定。
本标准主要起草单位：中国皮革协会、中国轻工业清洁生产中心、环境保护部环境标准研究所。

（按原标准编号节录）

3　术语和定义

下列术语和定义适用于本标准。

3.1　原料皮

指制革企业或毛皮加工企业加工皮革或毛皮所用的最初状态的皮料，包括成品革或成品毛皮之前的所有阶段的产品，如生皮、蓝湿皮、坯革等。

3.2　制革

把从猪、牛、羊等动物体上剥下来的皮（即生皮），进行系统的化学和物理处理，制作成适合各种用途的半成品革或成品革的过程。从半成品革经过整饰加工成成品革也属于制革的范畴。

3.3　毛皮加工

把从毛皮动物体上剥下的皮（包括毛被和皮板），通过系统的化学和物理处理，制作成带毛的加工品的过程。

3.4　制革企业

以生皮或半成品革（包括蓝湿革和坯革）为原料进行制革的企业。

3.5　毛皮加工企业

以羊皮、狐狸皮、水貂皮等生毛皮为原料生产成品毛皮或剪绒毛皮的企业。

3.6　现有企业

指本标准实施之日前，已建成投产或环境影响评价文件已通过审批的制革和毛皮加工企业及生产设施。

3.7　新建企业

指本标准实施之日起，环境影响评价文件通过审批的新建、改建和扩建的制革和毛皮加工生产建设项目。

3.8 排水量

指生产设施或企业向企业法定边界以外排放的废水的量。包括与生产有直接或间接关系的各种外排废水(含厂区生活污水、冷却水、厂区锅炉和电站排水等)。

3.9 单位产品基准排水量

指用于核定水污染物排放浓度而规定的加工单位原料皮的废水排放量上限值。

3.10 公共污水处理系统

指通过纳污管道等方式收集废水,为两家以上排污单位提供废水处理服务并且排水能够达到相关排放标准要求的企业或机构,包括各种规模和类型的城镇污水处理厂、区域(包括各类工业园区、开发区、工业聚集地等)废水处理厂等,其废水处理程度应达到《城镇污水处理厂污染物排放标准》二级或二级以上。

3.11 直接排放

指排污单位直接向环境排放水污染物的行为。

3.12 间接排放

指排污单位向公共污水处理系统排放水污染物的行为。

4 水污染物排放控制要求

4.2 自2016年1月1日起,现有企业执行表2规定的水污染物排放限值。

4.3 自2014年3月1日起,新建企业执行表2规定的水污染物排放限值。

表2 新建企业水污染物排放浓度限值及单位产品基准排水量

单位:mg/L(pH、色度除外)

序号	污染物名称	直接排放限值		间接排放限值	污染物排放监控位置
		制革企业	毛皮加工企业		
1	pH值	6~9	6~9	6~9	企业废水总排放口
2	色度	30	30	100	
3	悬浮物	50	50	120	
4	五日生化需氧量(BOD_5)	30	30	80	
5	化学需氧量(COD_{Cr})	100	100	300	
6	动植物油	10	10	30	
7	硫化物	0.5	0.5	1.0	
8	氨氮	25	15	70	
9	总氮	50	30	140	
10	总磷	1	1	4	
11	氯离子	3000	4000	4000	

(续表)

序号	污染物名称	直接排放限值		间接排放限值	污染物排放监控位置
		制革企业	毛皮加工企业		
12	总铬	1.5			车间或生产设施废水排放口
13	六价铬	0.1			
	单位产品基准排水量（m^3/t 原料皮）	55	70	a	排水量计量位置与污染物排放监控位置相同

注：a 制革企业和毛皮加工企业的单位产品基准排水量的间接排放限值与各自的直接排放限值相同。

4.4 根据环境保护工作的要求，在国土开发密度已经较高、环境承载能力开始减弱，或环境容量较小、生态环境脆弱，容易发生严重环境污染问题而需要采取特别保护措施的地区，应严格控制企业的污染物排放行为，排水到上述地区的企业执行表3规定的水污染物特别排放限值。

执行水污染物特别排放限值的地域范围、时间，由国务院环境保护行政主管部门或省级人民政府规定。

表3 水污染物特别排放限值及单位产品基准排水量

单位：mg/L（pH、色度除外）

序号	污染物名称	排放限值		污染物排放监控位置
		直接排放	间接排放	
1	pH 值	6～9	6～9	
2	色度	20	30	
3	悬浮物	10	50	
4	五日生化需氧量（BOD_5）	20	30	
5	化学需氧量（COD_{Cr}）	60	100	
6	动植物油	5	10	企业废水总排放口
7	硫化物	0.2	0.5	
8	氨氮	15	25	
9	总氮	20	40	
10	总磷	0.5	1	
11	氯离子	1000	1000	
12	总铬	0.5		车间或生产设施废水排放口
13	六价铬	0.05		
	单位产品基准排水量（m^3/t 原料皮）	40		排水量计量位置与污染物排放监控位置相同

5 水污染物监测要求

5.1 企业应按照有关法律和《环境监测管理办法》等规定，建立企业监测制度，制定监测方案,对污染物排放状况开展自行监测,保存原始监测记录,并公布监测结果。

5.2 新建企业和现有企业安装污染物排放自动监控设备的要求,按有关法律和《污染源自动监控管理办法》的规定执行。

5.3 企业应按照环境监测管理规定和技术规范的要求,设计、建设、维护永久性采样口、采样测试平台和排污口标志。

5.4 应根据污染物的种类,在规定的污染物排放监控位置开展监测,有废水处理设施的,应在处理设施后监测。

5.5 企业产品产量的核定,以法定报表为依据。

5.6 对企业排放水污染物浓度的测定采用表4所列的方法标准。

表4 水污染物浓度测定方法标准

序号	污染物项目	方法标准名称	方法标准编号
1	pH值	水质 pH值的测定 玻璃电极法	GB/T 6920
2	色度	水质 色度的测定 稀释倍数法	GB/T 11903
3	悬浮物	水质 悬浮物的测定 重量法	GB/T 11901
4	五日生化需氧量(BOD_5)	水质 五日生化需氧量(BOD_5)的测定 稀释与接种法	HJ 505
5	化学需氧量(COD_{Cr})	水质 化学需氧量的测定 重铬酸盐法	GB/T 11914
		高氯废水 化学需氧量的测定 碘化钾碱性高锰酸钾法	HJ/T 132
6	动植物油	水质 石油类和动植物油类的测定 红外分光光度法	HJ 637
7	硫化物	水质 硫化物的测定 亚甲基蓝分光光度法	GB/T 16489
		水质 硫化物的测定 碘量法	HJ/T 60
8	氨氮	水质 氨氮的测定 气相分子吸收光谱法	HJ/T 195
		水质 氨氮的测定 纳氏试剂分光光度法	HJ 535
		水质 氨氮的测定 水杨酸分光光度法	HJ 536
		水质 氨氮的测定 蒸馏-中和滴定法	HJ 537
9	总氮	水质 总氮的测定 碱性过硫酸钾消解紫外分光光度法	HJ 636
		水质 总氮的测定 气相分子吸收光谱法	HJ/T 199
10	总磷	水质 总磷的测定 钼酸铵分光光度法	GB/T 11893
11	氯离子	水质 无机阴离子的测定 离子色谱法	HJ/T 84
12	总铬	水质 总铬的测定 分光光度法	GB/T 7466
13	六价铬	水质 六价铬的测定 二苯碳酰二肼分光光度法	GB/T 7467

6 实施与监督

6.1 本标准由县级以上人民政府环境保护行政主管部门负责监督实施。

6.2 在任何情况下,企业均应遵守本标准的污染物排放控制要求,采取必要措施保证污染防治设施正常运行。各级环保部门在对设施进行监督性检查时,可以现场即时采样或监测结果,作为判定排污行为是否符合排放标准及实施相关环境保护管理措施的依据。在发现设施耗水或排水量有异常变化的情况下,应核定企业的实际原料皮加工量和排水量,按本标准的规定,换算水污染物基准排水量排放浓度。

制浆造纸工业水污染物排放标准(节录)

GB 3544—2008

(2008年6月25日发布 2008年8月1日实施)

本标准由环境保护部科技标准司组织制定。

本标准由山东省环境保护局、山东省环境规划研究院、环境保护部环境标准研究所、山东省环境保护科学研究设计院等单位起草。

(按原标准编号节录)

3 术语和定义

下列术语和定义适用于本标准。

3.1 制浆造纸企业

指以植物(木材、其他植物)或废纸等为原料生产纸浆,及(或)以纸浆为原料生产纸张、纸板等产品的企业或生产设施。

3.2 现有企业

指本标准实施之日前已建成投产或环境影响评价文件已通过审批的制浆造纸企业。

3.3 新建企业

指本标准实施之日起环境影响文件通过审批的新建、改建和扩建制浆造纸建设项目。

3.4 制浆企业

指单纯进行制浆生产的企业,以及纸浆产量大于纸张产量,且销售纸浆量占总制浆量80%及以上的制浆造纸企业。

3.5 造纸企业

指单纯进行造纸生产的企业,以及自产纸浆量占纸浆总用量20%及以下的制浆造纸企业。

3.6 制浆和造纸联合生产企业

指除制浆企业和造纸企业以外、同时进行制浆和造纸生产的制浆造纸企业。

3.7 废纸制浆和造纸企业

指自产废纸浆量占纸浆总用量80%及以上的制浆造纸企业。

3.8 排水量

指生产设施或企业向企业法定边界以外排放的废水的量,包括与生产有直接或间接关系的各种外排废水(如厂区生活污水、冷却废水、厂区锅炉和电站排水等)。

3.9 单位产品基准排水量

指用于核定水污染物排放浓度而规定的生产单位纸浆、纸张(板)产品的废水排放量上限值。

4 水污染物排放控制要求

4.2 自2011年7月1日起,现有制浆造纸企业执行表2规定的水污染物排放限值。

4.3 自2008年8月1日起,新建制浆造纸企业执行表2规定的水污染物排放限值。

表2 新建企业水污染物排放限值

		污染物项目	制浆企业	制浆和造纸联合生产企业	造纸企业	污染物排放监控位置
排放限值	1	pH值	6~9	6~9	6~9	企业废水总排放口
	2	色度(稀释倍数)	50	50	50	
	3	悬浮物(mg/L)	50	30	30	
	4	五日生化需氧量(BOD_5,mg/L)	20	20	20	
	5	化学需氧量(COD_{Cr},mg/L)	100	90	80	
	6	氨氮(mg/L)	12	8	8	
	7	总氮(mg/L)	15	12	12	
	8	总磷(mg/L)	0.8	0.8	0.8	
	9	可吸附有机卤素(AOX,mg/L)	12	12	12	车间或生产设施废水排放口
	10	二噁英(pgTEQ/L)	30	30	30	
单位产品基准排水量,吨/吨(浆)			50	40	20	排水量计量位置与污染物排放监控位置一致

注:a 可吸附有机卤素(AOX)和二噁英指标适用于采用含氯漂白工艺的情况。
b 纸浆量以绝干浆计。
c 核定制浆和造纸联合生产企业单位产品实际排水量,以企业纸浆产量与外购商品浆数量的总和为依据。
d 企业自产废纸浆量占企业纸浆总用量的比重大于80%的,单位产品基准排水量为20吨/吨(浆)。
e 企业漂白非木浆产量占企业纸浆总用量的比重大于60%的,单位产品基准排水量为60吨/吨(浆)。

4.4 根据环境保护工作的要求,在国土开发密度较高、环境承载能力开始减弱,或水环境容量较小、生态环境脆弱,容易发生严重水环境污染问题而需要采取特别保护措施的地区,应严格控制企业的污染物排放行为,在上述地区的企业执行表3规定的水污染物特别排放限值。

执行水污染物特别排放限值的地域范围、时间,由国务院环境保护行政主管部门或省级人民政府规定。

表3 水污染物特别排放限值

		污染物项目	制浆企业	制浆和造纸联合生产企业	造纸企业	污染物排放监控位置
排放限值	1	pH 值	6～9	6～9	6～9	企业废水总排放口
	2	色度(稀释倍数)	50	50	50	
	3	悬浮物(mg/L)	20	10	10	
	4	五日生化需氧量(BOD_5,mg/L)	10	10	10	
	5	化学需氧量(COD_{Cr},mg/L)	80	60	50	
	6	氨氮(mg/L)	5	5	5	
	7	总氮(mg/L)	10	10	10	
	8	总磷(mg/L)	0.5	0.5	0.5	车间或生产设施废水排放口
	9	可吸附有机卤素(AOX,mg/L)	8	8	8	
	10	二噁英(pgTEQ/L)	30	30	30	
单位产品基准排水量,吨/吨(浆)			30	25	10	排水量计量位置与污染物排放监控位置一致

注:a 可吸附有机卤素(AOX)和二噁英指标适用于采用含氯漂白工艺的情况。
　　b 纸浆量以绝干浆计。
　　c 核定制浆和造纸联合生产企业单位产品实际排水量,以企业纸浆产量与外购商品浆数量的总和为依据。
　　d 企业自产废纸浆量占企业纸浆总用量的比重大于80%的,单位产品基准排水量为15吨/吨(浆)。

5 水污染物监测要求

5.1 对企业排放废水采样应根据监测污染物的种类,在规定的污染物排放监控位置进行,有废水处理设施的,应在该设施后监控。在污染物排放监控位置须设置永久性排污口标志。

5.2 新建企业应按照《污染源自动监控管理办法》的规定,安装污染物排放自动监控设备,并与环境保护主管部门的监控设备联网,并保证设备正常运行。各地现有企业安装污染物排放自动监控设备的要求由省级环境保护行政主管部门规定。

5.3 对企业污染物排放情况进行监测的频次、采样时间等要求,按国家有关污染源监测技术规范的规定执行。

二噁英指标每年监测一次。

5.4 企业产品产量的核定,以法定报表为依据。
5.5 对企业排放水污染物浓度的测定采用表4所列的方法标准。

表4 水污染物浓度测定方法标准

序号	污染物项目	方法标准名称	方法标准编号
1	pH值	水质 pH值的测定 玻璃电极法	GB/T 6920—1986
2	色度	水质 色度的测定 稀释倍数法	GB/T 11903—1989
3	悬浮物	水质 悬浮物的测定 重量法	GB/T 11901—1989
4	五日生化需氧量	水质 五日生化需氧量(BOD_5)的测定 稀释与接种法	GB/T 7488—1987
5	化学需氧量	水质 化学需氧量的测定 重铬酸盐法	GB/T 11914—1989
6	氨氮	水质 铵的测定 蒸馏和滴定法	GB/T 7478—1987
		水质 铵的测定 纳氏试剂比色法	GB/T 7479—1987
		水质 铵的测定 水杨酸分光光度法	GB/T 7481—1987
		水质 氨氮的测定 气相分子吸收光谱法	HJ/T 195—2005
7	总氮	水质 总氮的测定 碱性过硫酸钾消解紫外分光光度法	GB/T 11894—1989
		水质 总氮的测定 气相分子吸收光谱法	HJ/T 199—2005
8	总磷	水质 总磷的测定 钼酸铵分光光度法	GB/T 11893—1989
9	可吸附有机卤素(AOX)	水质 可吸附有机卤素(AOX)的测定 微库仑法	GB/T 15959—1995
		水质 可吸附有机卤素(AOX)的测定 离子色谱法	HJ/T 83—2001
10	二噁英	水质 多氯代二苯并二噁英和多氯代二苯并呋喃的测定 同位素稀释高分辨毛细管气相色谱/高分辨质谱法	HJ/T 77—2001

5.6 企业须按照有关法律和《环境监测管理办法》的规定,对排污状况进行监测,并保存原始监测记录。

6 实施与监督

6.1 本标准由县级以上人民政府环境保护行政主管部门负责监督实施。

6.2 在任何情况下,企业均应遵守本标准的水污染物排放控制要求,采取必要措施保证污染防治设施正常运行。各级环保部门在对企业进行监督性检查时,可以现场即时采样或监测的结果,作为判定排污行为是否符合排放标准以及实施相关环境保护管理措施的依据。在发现企业耗水或排水量有异常变化的情况下,应核定企业的实际产品产量和排水量,按本标准的规定,换算水污染物基准水量排放浓度。

船舶工业污染物排放标准(节录)

GB 4286—84

(1984年5月18日发布　1985年3月1日实施)

本标准由原国务院环境保护领导小组提出。
本标准由中国船舶工业总公司第九设计研究院负责起草。

(按原标准编号节录)

1　标准的分级、分类

1.1　船舶工业污染物排放标准分为二级:
第一级:是指新建、扩建、改建企业,自本标准实施之日起立即执行的标准。
第二级:是指现有企业,自本标准实施之日起立即执行的标准。
1.2　船舶工业污染物排放标准按污染源所在地分为二类:
第一类:是指大、中城市市区及文物、自然保护地区。
第二类:是指上述地区以外其他地区。

2　标准值

2.1　电镀废水污染物排放标准

2.1.1　船舶工业电镀每平方米镀件的镀液带出量最高容许值和镀件每平方米的镀液污染物最高容许排出量,应符合表1规定。

表1　镀件的镀液带出量和镀液污染物排出量最高容许值

编号	镀种		镀件特征	电镀液最高容许带出量,l/m^2		电镀液污染物最高容许排出量,mg/m^2		
				第一级	第二级	污染物名称	第一级	第二级
1	镀铬							
	a.硬铬		一般的	4.30×10^{-5}	0.028	Cr^{6-}	56	3.64×10^3
			复杂的	6.15×10^{-5}	0.08	Cr^{6-}	80	10.4×10^3
	b.装饰铬		一般的	1.53×10^{-5}	0.02	Cr^{6-}	20	2.6×10^3
2	镀锌							
	a.胺盐镀锌		船用大件	12.5×10^{-5}	0.03	Zn^{2-}	30	0.72×10^3
			一般的	10.0×10^{-5}	0.024	Zn^{2-}	24	0.57×10^3
	b.酸性镀锌		船用大件	6.12×10^{-5}	0.03	Zn^{2-}	30	1.47×10^3
			一般的	4.90×10^{-5}	0.024	Zn^{2-}	24	1.17×10^3
	c.氰化镀锌		一般的	6.67×10^{-5}	0.024	Zn^{2-}	24	0.86×10^3

(续表)

编号	镀种	镀件特征	电镀液最高容许带出量,l/m²		电镀液污染物最高容许排出量,mg/m²		
			第一级	第二级	污染物名称	第一级	第二级
3	镀铜						
	a.焦磷酸盐镀铜	一般的	4.33×10^{-5}	0.026	Cu^{2+}	13	0.78×10^3
	b.酸性镀铜	一般的	5.20×10^{-5}	0.026	Cu^{2+}	13	0.65×10^3
4	镀镍						
	硫酸镍镀镍	一般的	2.22×10^{-5}	0.014	Ni^{2+}	14	0.82×10^3
5	氰化镀镉	船用大件	6.82×10^{-5}	0.06	Cd^{2+}	30	2.64×10^3
		船用大件	3.75×10^{-5}	0.06	CN^-	30	4.80×10^3
		一般的	1.59×10^{-5}	0.014	Cd^{2+}	7	0.62×10^3
		一般的	0.88×10^{-5}	0.014	CN^-	7	1.12×10^3

2.1.2 船舶工业电镀镀件漂洗水最高容许耗水量应符合表2规定。

表2 电镀镀件漂洗水最高容许耗水量

l/m²镀件

编号	镀种	镀件特征	最高容许耗水量	
			第一级	第二级
1	镀铬			
	a.硬铬	一般的	16	68
		复杂的	22	97
	b.装饰铬	一般的	6	24
2	镀锌			
	a.胺盐镀锌	船用大件	5	16
		一般的	4	13
	b.酸性镀锌	船用大件	4	22
		一般的	4	18
	c.氰化镀锌	一般的	4	15
3	镀铜			
	a.焦磷酸镀铜	一般的	6	21
	b.酸性镀铜	一般的	5	20

(续表)

编号	镀种	镀件特征	最高容许耗水量 第一级	第二级
4	镀镍			
	硫酸镍镀镍	一般的	3	12
5	镀镉			
	a.氰化镀镉	船用机大件	15[a]	60[a]
		一般的	3[a]	14[a]
	b.氰化镀镉	船用机大件	18[b]	80[b]
		一般的	4[b]	19[b]

注：a Cd^{2+} 漂洗水。
b CN^- 漂洗水。

2.1.3 船舶工业电镀废水排放标准应符合表3规定。

表3 船舶工业电镀废水排放标准

编号	项目	第一、二级排放标准	
		任何一日最大值	连续三十日平均值
1	pH	6～9	6～9
2	六价铬(以 Cr^{6+} 计),mg/l	0.5	0.3～0.5[a]
3	三价铬(以 Cr^{3+} 计),mg/l	1.2	0.5
4	锌及其化合物(以 Zn^{2+} 计),mg/l	7.5	5.0
5	铜及其化合物(以 Cu^{2+} 计),mg/l	1.5	1.0
6	镍及其化合物(以 Ni^{2+} 计),mg/l	1.5	1.0
7	镉及其化合物(以 Cd^{2+} 计),mg/l	0.15	0.1
8	氰化物(以 CN^- 计),mg/l	1.5	1.0

注：a 离子交换法处理废水时,采用0.3,化学法、电解法及其他方法处理废水时,采用0.5。

2.2 废气污染物排放标准

2.2.1 船用钢材及船体分段防锈底漆喷涂车间废气排放口有机溶剂排放浓度和每平方米钢材有机溶剂排放量,应符合表4规定。

表4 有机溶剂排放标准[a]

级别	项目 有机溶剂种类	最高容许排放浓度[b] mg/标准立方米			最高容许排放量[c] g/m²		
	排气口高度	15m	25m	35m	15m	25m	35m
第一级	甲苯	500	700	1000	3	5	7
	二甲苯	400	600	800	2	4	6
	苯	200	300	400	1	2	3
第二级	甲苯	5000	7000	10000	25	50	75
	二甲苯	4000	6000	8000	20	35	65
	苯	2000	3000	4000	10	20	30

注:a 表4中排放标准值,适用于有机溶剂重量组分为10%～40%的所有船用底漆。
  b 最高容许排放浓度系指废气排放口任何一次测定结果的最大容许值,单位为每标准立方米废气中有机溶剂的重量毫克数。
  c 最高容许排放量系指采样测定时间内,平均每喷涂一平方米钢材表面,在排放废气中所含有机溶剂的重量克数。

2.2.2 船用钢材预处理喷、抛丸除锈装置,粉尘最高容许排放浓度和处理每平方米钢材粉尘最高容许排放量,应符合表5规定。船体分段喷、抛丸清理除锈设施粉尘排放浓度及排放量,应符合表6规定。

表5 钢材预处理粉尘排放标准

级别 项目	最高容许排放浓度 mg/m³	最高容许排放量 kg/m²
第一级	150	0.05～0.10
第二级	200	0.10～0.20

表6 船体分段喷、抛丸房粉尘排放标准

级别	喷、抛丸房容积, m³ 项目	最高容许排放浓度 mg/m³			最高容许排放量[a] kg/h		
		1000以下	1000～3000	3000～5000	1000以下	1000～3000	3000～5000
第一级		150	150	150	8	10	15
第二级		200	200	200	15	20	30

注:a 粉尘最高容许排放量系指喷、抛丸房全部通风除尘系统平均每小时排入室外大气的粉尘总重量。

2.2.3 中小型炼钢炉排放的烟尘量,应符合表7规定。

表7 炼钢炉烟尘排放标准

公称容量,t	项目 排放口高度 m	最高容许排放浓度 mg/标准立方米				最高容许排放量 kg/t 钢			
		10	20	30	40	10	20	30	40
1.5		150	150	—	—	0.70	0.80	—	—
3~5		150	150	200	—	0.60	0.65	0.70	—
10		—	150	200	—	—	0.55	0.60	—
20		—	150	200	200	—	0.28	0.30	0.35
30		—	—	200	200	—	—	0.20	0.25

2.2.4 熔铜炉产生的烟尘主要成分为氧化锌,其排放量应符合表8规定。

表8 熔铜炉氧化锌粉尘排放标准

类别	项目 公称容量 t	最高容许排放浓度 mg/标准立方米					最高容许排放量 kg/t 黄铜				
		0.5以下	0.5~1.0	1.0~5.0	5.0~15	15以上	0.5以下	0.5~1.0	1.0~5.0	5.0~15	15以上
第一类		200	200	100	100	100	1.0	0.7	0.4	0.3	0.2
第二类		400	400	200	200	200	2.0	1.5	0.8	0.6	0.4

2.2.5 冲天炉烟尘排放量,应符合表9规定。

表9 冲天炉烟尘排放标准

类别	冲天炉熔化率 t/h	最高容许排放浓度 mg/标准立方米	最高容许排放量 kg/h	最低烟囱高度 m
第一类	5以下	200	2.4	15
	10	200	4.8	18
	15	200	7.1	21
	20	200	9.6	24
第二类	5以下	400	4.8	15
	10	400	9.6	18
	15	400	14.2	21
	20	400	19.2	24

3 其他规定

3.1 表1、表2中标准值的取得,要求生产中记录完成的电镀面积量(m^2/班)和浸入镀液中的非电镀面积量(m^2/班)。漂洗水耗用量要以每镀种漂洗水管上的专用水表读数为准(1/班)。

3.2 表3中规定的标准值的采样,以废水处理装置出口或漂洗槽出口(外排)为准。

3.3 表7、表8、表9中的标准值,第一级同第二级。即对于现有企业及新建、扩建、改建企业,自本标准实施之日起均立即执行本表中同一标准值。

3.4 当执行本标准不符合当地情况时,应以地方环境标准的规定为准。

4 标准的监测

制订本标准监测分析方法的依据是《船舶工业污染物监测分析方法》。

纺织染整工业水污染物排放标准(2015年修订)(节录)

GB 4287—2012

[2012年10月19日发布 根据2015年3月27日环境保护部公告2015年第19号《关于发布国家污染排放标准〈纺织染整工业水污染物排放标准〉(GB 4287—2012)修改单的公告》修订]

本标准由环境保护部科技标准司组织制定。

本标准起草单位:中国纺织经济研究中心、东华大学、环境保护部环境标准研究所、富润控股集团。

(按原标准编号节录)

3 术语和定义

下列术语和定义适用于本标准。

3.1 纺织染整

对纺织材料(纤维、纱、线和织物)进行以染色、印花、整理为主的处理工艺过程,包括预处理(不含洗毛、麻脱胶、煮茧和化纤等纺织用原料的生产工艺)、染色、印花和整理。纺织染整俗称印染。

3.2 标准品

机织物标准品为布幅宽度152cm、布重10~14kg/100m的棉染色合格产品;真丝绸机织物标准品为布幅宽度114cm、布重6~8kg/100m的染色合格产品;针织、纱线标准品为棉浅色染色产品;毛织物标准品布幅按1500cm、布重30kg/100m折算。

3.3 现有企业

指在本标准实施之日前,已建成投产或环境影响评价文件已通过审批的纺织染整生产企业或生产设施。

3.4 新建企业

指在本标准实施之日起,环境影响评价文件通过审批的新建、改建和扩建的纺织染整生产设施建设项目。

3.5 排水量

指生产设施或企业向企业法定边界以外排放的废水的量,包括与生产有直接或间接关系的各种外排废水(含厂区生活污水、冷却废水、厂区锅炉和电站排水等)。

3.6 单位产品基准排水量

指用于核定水污染物排放浓度而规定的生产单位印染产品的废水排放量上限值。

3.7 直接排放

指排污单位直接向环境排放水污染物的行为。

3.8 间接排放

指排污单位向公共污水处理系统排放水污染物的行为。

3.9 公共污水处理系统

指通过纳污管道等方式收集废水,为两家以上排污单位提供废水处理服务并且排水能够达到相关排放标准要求的企业或机构,包括各种规模和类型的城镇污水处理厂、区域(包括各类工业园区、开发区、工业聚集地等)废水处理厂等,其废水处理程度应达到二级或二级以上。

4 污染物排放控制要求

4.2 自2015年1月1日起,现有企业执行表2规定的水污染物排放限值。

4.3 自2013年1月1日起,新建企业执行表2规定的水污染物排放限值。

表2 新建企业水污染物排放浓度限值及单位产品基准排水量

单位:mg/L(pH值、色度除外)

序号	污染物项目	限值		污染物排放监控位置
		直接排放	间接排放[3]	
1	pH值	6～9	6～9	企业废水总排放口
2	化学需氧量(COD_{Cr})	500[4]	200[5]	
3	五日生化需氧量	150[4]	50[5]	
4	悬浮物	50	100	
5	色度	50	80	
6	氨氮	10 15[1]	20 30[1]	
7	总氮	15 25[1]	30 50[1]	
8	总磷	0.5	1.5	
9	总锑	0.10	0.10	
10	二氧化氯	0.5	0.5	
11	可吸附有机卤素(AOX)	12	12	
12	硫化物	0.5	0.5	
13	苯胺类	不得检出	不得检出	
14	六价铬	不得检出		车间或生产设施废水排放口

(续表)

序号	污染物项目	限值		污染物排放监控位置
		直接排放	间接排放[3]	
单位产品基准排水量[2]（m³/t标准品）	棉、麻、化纤及混纺机织物	140		排水量计量位置与污染物排放监控位置相同
	真丝绸机织物(含练白)	300		
	纱线、针织物	85		
	精梳毛织物	500		
	粗梳毛织物	575		

注：(1) 蜡染行业执行该限值。
(2) 当产品不同时，可按 FZ/T 01002-2010 进行换算。
(3) 废水进入城镇污水处理厂或经由城镇污水管线排放，应达到直接排放限值。
(4) 适用于园区(包括工业园区、开发区、工业聚集地等)企业向能够对纺织染整废水进行专门收集和集中预处理(不与其他废水混合)的园区污水处理厂排放的情形，集中预处理的出水应满足(5)所要求的排放限值。
(5) 适用于除(3)和(4)以外的其他间接排放情形。

4.4 根据环境保护工作的要求，在国土开发密度已经较高、环境承载能力开始减弱，或环境容量较小、生态环境脆弱，容易发生严重环境污染问题而需要采取特别保护措施的地区，应严格控制企业的污染物排放行为，在上述地区的企业执行表3规定的水污染物特别排放限值。

执行水污染物特别排放限值的地域范围、时间，由国务院环境保护行政主管部门或省级人民政府规定。

表3 水污染物特别排放限值

单位：mg/L(pH值，色度除外)

序号	污染物项目	限值		污染物排放监控位置
		直接排放	间接排放[2]	
1	pH值	6～9	6～9	企业废水总排放口
2	化学需氧量(COD_{Cr})	60	80	
3	五日生化需氧量	15	20	
4	悬浮物	20	50	
5	色度	30	50	
6	氨氮	8	10	
7	总氮	12	15	
8	总磷	0.5	0.5	
9	总锑	0.10	0.10	
10	二氧化氯	0.5	0.5	
11	可吸附有机卤素(AOX)	8	8	
12	硫化物	不得检出	不得检出	
13	苯胺类	不得检出	不得检出	

(续表)

序号	污染物项目	限值		污染物排放监控位置
		直接排放	间接排放[2]	
14	六价铬	不得检出		车间或生产设施废水排放口
单位产品基准排水量[1]（m³/t标准品）	棉、麻、化纤及混纺机织物	140		排水量计量位置与污染物排放监控位置相同
	真丝绸机织物（含练白）	300		
	纱线、针织物	85		
	精梳毛织物	500		
	粗梳毛织物	575		

注：(1) 当产品不同时，可按 FZ/T 01002-2010 进行换算。
(2) 废水进入城镇污水处理厂或经由城镇污水管线排放，应达到直接排放限值。

5 污染物监测要求

5.1 对企业排放废水的采样，应根据监测污染物的种类，在规定的污染物排放监控位置进行，有废水处理设施的，应在处理设施后监控。企业应按照国家有关污染源监测技术规范的要求设置采样口，在污染物排放监控位置应设置排污口标志。

5.2 新建企业和现有企业安装污染物排放自动监控设备的要求，按有关法律和《污染源自动监控管理办法》的规定执行。

5.3 对企业污染物排放情况进行监测的频次、采样时间等要求，按国家有关污染源监测技术规范的规定执行。

5.4 企业产品产量的核定，以法定报表为依据。

5.5 企业应按照有关法律和《环境监测管理办法》的规定，对排污状况进行监测，并保存原始监测记录。

5.6 对企业排放水污染物浓度的测定采用表4所列的方法标准。

表4　水污染物浓度测定方法标准

序号	污染物项目	方法标准名称	方法标准编号
1	pH 值	水质　pH 值的测定　玻璃电极法	GB/T 6920—1986
2	化学需氧量	水质　化学需氧量的测定　重铬酸盐法	GB/T 11914—1989
3	五日生化需氧量	水质　五日生化需氧量（BOD_5）的测定　稀释与接种法	HJ 505—2009
4	悬浮物	水质　悬浮物的测定　重量法	GB/T 11901—1989
5	色度	水质　色度的测定	GB/T 11903—1989
6	氨氮	水质　氨氮的测定　纳氏试剂分光光度法	HJ 535—2009
		水质　氨氮的测定　水杨酸分光光度法	HJ 536—2009
		水质　氨氮的测定　蒸馏—中和滴定法	HJ 537—2009
		水质　氨氮的测定　气相分子吸收光谱法	HJ/T 195—2005

(续表)

序号	污染物项目	方法标准名称	方法标准编号
7	总氮	水质 总氮的测定 碱性过硫酸钾消解紫外分光光度法	HJ 636—2012
		水质 总氮的测定 气相分子吸收光谱法	HJ/T 199—2005
8	总磷	水质 总磷的测定 钼酸铵分光光度法	GB/T 11893—1989
9	二氧化氯	水质 二氧化氯的测定 连续滴定碘量法(暂行)	HJ 551—2009
10	可吸附有机卤素(AOX)	水质 可吸附有机卤素(AOX)的测定 离子色谱法	HJ/T 83—2001
11	硫化物	水质 硫化物的测定 碘量法	HJ/T 60—2000
12	苯胺类	水质 苯胺类的测定 N-(1-萘基)乙二胺偶氮分光光度法	GB/T 11889—1989
13	六价铬	水质 六价铬的测定 二苯碳酰二肼分光光度法	GB/T 7467—1987
14	汞、砷、硒、铋和锑	水质 汞、砷、硒、铋和锑的测定 原子荧光法	HJ 694
15	65种元素	水质 65种元素的测定 电感耦合等离子体质谱法	HJ 700

6 实施与监督

6.1 本标准由县级以上人民政府环境保护行政主管部门负责监督实施。

6.2 在任何情况下,企业均应遵守本标准的污染物排放控制要求,采取必要措施保证污染防治设施正常运行。各级环保部门在对设施进行监督性检查时,可以现场即时采样或监测的结果,作为判定排污行为是否符合排放标准以及实施相关环境保护管理措施的依据。在发现企业耗水或排水量有异常变化的情况下,应核定企业的实际产品产量和排水量,按本标准的规定,换算水污染物基准水量排放浓度。

钢铁工业水污染物排放标准(节录)

GB 13456—2012

(2012年6月27日发布 2012年10月1日实施)

本标准由环境保护部科技标准司组织制定。
本标准主要起草单位:中钢集团武汉安全环保研究院、环境保护部环境标准研究所。

(按原标准编号节录)

3 术语和定义

3.1 钢铁联合企业
指拥有钢铁工业的基本生产过程的钢铁企业,至少包含炼铁、炼钢和轧钢等生产工序。

3.2 钢铁非联合企业
指除钢铁联合企业外,含一个或二个及以上钢铁工业生产工序的企业。

3.3 烧结
指铁粉矿等含铁原料加入熔剂和固体燃料,按要求的比例配合,加水混合制粒后,平铺在烧结机台车上,经点火抽风,使其燃料燃烧,烧结料部分熔化粘结成块状的过程,包括球团。

3.4 炼铁
指采用高炉冶炼生铁的生产过程。高炉是工艺流程的主体,从其上部装入的铁矿石、燃料和熔剂向下运动,下部鼓入空气燃料燃烧,产生大量的高温还原性气体向上运动;炉料经过加热、还原、熔化、造渣、渗碳、脱硫等一系列物理化学过程,最后生成液态炉渣和生铁。

3.5 炼钢
指将炉料(如铁水、废钢、海绵铁、铁合金等)熔化、升温、提纯,使之符合成分和纯净度要求的过程,涉及的生产工艺包括:铁水预处理、熔炼、炉外精炼(二次冶金)和浇铸(连铸)。

3.6 轧钢
指钢坯料经过加热通过热轧或将钢板通过冷轧轧制变成所需要的成品钢材的过程。本标准也包括在钢材表面涂镀金属或非金属的涂、镀层钢材的加工过程。

3.7 现有企业
指在本标准实施之日前,已建成投产或环境影响评价文件已通过审批的钢铁生产企业或生产设施。

3.8 新建企业
指在本标准实施之日起,环境影响评价文件通过审批的新建、改建和扩建的钢铁工业建设项目。

3.9 直接排放
指排污单位直接向环境排放水污染物的行为。

3.10 间接排放
指排污单位向公共污水处理系统排放水污染物的行为。

3.11 公共污水处理系统
指通过纳污管道等方式收集废水,为两家以上排污单位提供废水处理服务并且排水能够达到相关排放标准要求的企业或机构,包括各种规模和类型的城镇污水处理厂、区域(包括各类工业园区、开发区、工业聚集地等)废水处理厂等,其废水处理程度应达到二级或二级以上。

3.12 排水量
指生产设施或企业向企业法定边界以外排放的废水的量,包括与生产有直接或间接关系的各种外排废水（如厂区生活污水、冷却废水、厂区锅炉和电站排水等）。

3.13 单位产品基准排水量

指用于核定水污染物排放浓度而规定的生产单位产品的废水排放量上限值。

4 水污染物排放控制要求

4.2 自2015年1月1日起，现有企业执行表2规定的水污染物排放限值。

4.3 自2012年10月1日起，新建企业执行表2规定的水污染物排放限值。

表2 新建企业水污染物排放浓度限值及单位产品基准排水量

单位：mg/L（pH值除外）

序号	污染物项目	限值						间接排放	污染物排放监控位置
		直接排放							
		钢铁联合企业	钢铁非联合企业						
			烧结（球团）	炼铁	炼钢	轧钢			
						冷轧	热轧		
1	pH值	6～9	6～9	6～9	6～9	6～9		6～9	企业废水总排放口
2	悬浮物	30	30	30	30	30		100	
3	化学需氧量（COD_{Cr}）	50	50	50	50	70	50	200	
4	氨氮	5	—	5	5	5		15	
5	总氮	15	—	15	15	15		35	
6	总磷	0.5	—	—	—	0.5		2.0	
7	石油类	3	3	3	3	3		10	
8	挥发酚	0.5	—	0.5	—	—		1.0	
9	总氰化物	0.5	—	0.5	—	0.5		0.5	
10	氟化物	10	—	—	10	10		20	
11	总铁[a]	10	—	—	—	10		10	
12	总锌	2.0	—	2.0	—	2.0		4.0	
13	总铜	0.5	—	—	—	0.5		1.0	
14	总砷	0.5	0.5	—	—	0.5		0.5	车间或生产设施废水排放口
15	六价铬	0.5	—	—	—	0.5		0.5	
16	总铬	1.5	—	—	—	1.5		1.5	
17	总铅	1.0	1.0	1.0	—	—		1.0	
18	总镍	1.0	—	—	—	1.0		1.0	
19	总镉	0.1	—	—	—	0.1		0.1	
20	总汞	0.05	—	—	—	0.05		0.05	

(续表)

序号	污染物项目		限值						污染物排放监控位置
			直接排放					间接排放	
			钢铁联合企业	钢铁非联合企业					
				烧结(球团)	炼铁	炼钢	轧钢		
							冷轧	热轧		
单位产品基准排水量(m^3/t)	钢铁联合企业[b]		1.8						排水量计量位置与污染物排放监控位置相同
	钢铁非联合企业	烧结、球团、炼铁	0.05						
		炼钢	0.1						
		轧钢	1.5						

注:a 排放废水 pH 值小于 7 时执行该限值。
　　b 钢铁联合企业的产品以粗钢计。

4.4 根据环境保护工作的要求,在国土开发密度已经较高、环境承载能力开始减弱,或环境容量较小、生态环境脆弱,容易发生严重环境污染问题而需要采取特别保护措施的地区,应严格控制企业的污染物排放行为,在上述地区的企业执行表3规定的水污染物特别排放限值。执行水污染物特别排放限值的地域范围、时间,由国务院环境保护行政主管部门或省级人民政府规定。

表 3　水污染物特别排放限值

单位:mg/L(pH 值除外)

序号	污染物项目	限值						污染物排放监控位置
		直接排放					间接排放	
		钢铁联合企业	钢铁非联合企业					
			烧结(球团)	炼铁	炼钢	轧钢		
1	pH 值	6~9	6~9	6~9	6~9	6~9	6~9	企业废水总排放口
2	悬浮物	20	20	20	20	20	30	
3	化学需氧量(COD_{Cr})	30	30	30	30	30	200	
4	氨氮	5	—	5	5	5	8	
5	总氮	15	—	15	15	15	20	
6	总磷	0.5	—			0.5	0.5	
7	石油类	1	1	1	1	1	3	

（续表）

序号	污染物项目	限值 直接排放 钢铁联合企业	限值 直接排放 钢铁非联合企业 烧结(球团)	限值 直接排放 钢铁非联合企业 炼铁	限值 直接排放 钢铁非联合企业 炼钢	限值 直接排放 钢铁非联合企业 轧钢	间接排放	污染物排放监控位置
8	挥发酚	0.5	—	0.5	—	—	0.5	企业废水总排放口
9	总氰化物	0.5	—	0.5	—	0.5	0.5	企业废水总排放口
10	氟化物	10	—	—	10	10	10	企业废水总排放口
11	总铁[a]	2.0	—	—	—	2.0	10	企业废水总排放口
12	总锌	1.0	—	1.0	—	1.0	2.0	企业废水总排放口
13	总铜	0.3	—	—	—	0.3	0.5	企业废水总排放口
14	总砷	0.1	0.1	—	—	0.1	0.1	车间或生产设施废水排放口
15	六价铬	0.05	—	—	—	0.05	0.05	车间或生产设施废水排放口
16	总铬	0.1	—	—	—	0.1	0.1	车间或生产设施废水排放口
17	总铅	0.1	0.1	0.1	—	—	0.1	车间或生产设施废水排放口
18	总镍	0.05	—	—	—	0.05	0.05	车间或生产设施废水排放口
19	总镉	0.01	—	—	—	0.01	0.01	车间或生产设施废水排放口
20	总汞	0.01	—	—	—	0.01	0.01	车间或生产设施废水排放口

单位产品基准排水量 (m^3/t)			排水量计量位置与污染物排放监控位置相同
钢铁联合企业[b]		1.2	
钢铁非联合企业	烧结、球团、炼铁	0.05	
钢铁非联合企业	炼钢	0.1	
钢铁非联合企业	轧钢	1.1	

注：a 排放废水 pH 值小于 7 时执行该限值。
　　b 钢铁联合企业的产品以粗钢计。

5 水污染物监测要求

5.1 对企业排放废水的采样，应根据监测污染物的种类，在规定的污染物排放监控位置进行。有废水处理设施的，应在处理设施后监控。在污染物排放监控位置须设置永久性排污口标志。

5.2 新建企业和现有企业安装污染物排放自动监控设备的要求，按有关法律和《污染源自动监控管理办法》的规定执行。

5.3 对企业污染物排放情况进行监测的频次、采样时间等要求，按国家有关污染源监测技术规范的规定执行。

5.4 企业产品产量的核定,以法定报表为依据。

5.5 企业应按照有关法律和《环境监测管理办法》的规定,对排污状况进行监测,并保存原始监测记录。

5.6 对企业排放水污染物浓度的测定采用表4所列的方法标准。

表4 水污染物浓度测定方法标准

序号	污染物项目	方法标准名称	方法标准编号
1	pH值	水质 pH值的测定 玻璃电极法	GB/T 6920—1986
2	悬浮物	水质 悬浮物的测定 重量法	GB/T 11901—1989
3	化学需氧量	水质 化学需氧量的测定 重铬酸钾法	GB/T 11914—1989
		水质 化学需氧量的测定 快速消解分光光度法	HJ/T 399—2007
4	氨氮	水质 氨氮的测定 气相分子吸收光谱法	HJ/T 195—2005
		水质 氨氮的测定 纳氏试剂分光光度法	HJ 535—2009
		水质 氨氮的测定 水杨酸分光光度法	HJ 536—2009
		水质 氨氮的测定 蒸馏-中和滴定法	HJ 537—2009
5	总氮	水质 总氮的测定 碱性过硫酸钾消解紫外分光光变法	GB/T 11894—1989
		水质 总氮的测定 气相分子吸收光谱法	HJ/T 199—2005
6	总磷	水质 总磷的测定 钼酸铵分光光变法	GB/T 11893 1989
7	石油类	水质 石油类的测定 红外分光光度法	GB/T 16488—1996
8	挥发酚	水质 挥发酚的测定 4-氨基安替比林分光光度法	HJ 503—2009
9	氟化物	水质 氟化物的测定 茜素磺酸锆目视比色法	HJ 487—2009
		水质 氟化物的测定 氟试剂分光光度法	HJ 488—2009
10	氰化物	水质 氰化物的测定 容量法和分光光度法	HJ 484—2009
11	总铁	水质 铁、锰的测定 火焰原子吸收分光光度法	GB/T 11911—1989
		水质 铁的测定 邻菲啰啉分光光度法	HJ/T 345—2007
12	总锌	水质 铜、锌、铅、镉的测定 原子吸收分光光度法	GB/T 7475—1987
		水质 锌的测定 双硫腙分光光度法	GB/T 7472—1987
13	总铜	水质 铜、锌、铅、镉的测定 原子吸收分光光度法	GB/T 7475—1987
		水质 铜的测定 二乙基二硫代氨基甲酸钠分光光度法	HJ 485—2009

(续表)

序号	污染物项目	方法标准名称	方法标准编号
14	总砷	水质 砷的测定 二乙基二硫代氨基甲酸银分光光度法	GB/T 7485—1987
15	总铬	水质 总铬的测定 高锰酸钾氧化-二苯碳酰二肼分光光度法	GB/T 7466—1987
16	六价铬	水质 六价铬的测定 二苯碳酰二肼分光光度法	GB/T 7467—1987
17	总铅	水质 铜、锌、铅、镉的测定 原子吸收分光光度法	GB/T 7475—1987
18	总镍	水质 镍的测定 丁二酮肟分光光度法	GB/T 11910—1989
		水质 镍的测定 火焰原子吸收分光光度法	GB/T 11912—1989
19	总镉	水质 铜、锌、铅、镉的测定 原子吸收分光光度法	GB/T 7475—1987
20	总汞	水质 总汞的测定 冷原子吸收分光光度法	HJ 597—2011
		水质 汞的测定 双硫腙分光光度法	GB/T 7469—1987
		水质 汞的测定 冷原子荧光法（试行）	HJ/T 341—2007

6 实施与监督

6.1 本标准由县级以上人民政府环境保护行政主管部门负责监督实施。

6.2 在任何情况下，企业均应遵守本标准的污染物排放控制要求，采取必要措施保证污染防治设施的正常运行。各级环保部门在对企业进行监督性检查时，可以采用现场即时采样或监测的结果，作为判定排污行为是否符合排放标准以及实施相关环境保护管理措施的依据。在发现设施耗水或排水量有异常变化的情况下，应核定设施的实际产品产量和排水量，按本标准的规定，将实测水污染物浓度换算为水污染物基准水量排放浓度后进行考核。

肉类加工工业水污染物排放标准（节录）

GB 13457—92

（1992 年 5 月 18 日发布　1992 年 7 月 1 日实施）

本标准由国家环境保护局科技标准司提出。

本标准由商业部《肉类加工工业水污染物排放标准》编制组、中国环境科学研究院环境标准研究所负责起草。

（按原标准编号节录）

3 术语

3.1 活屠重
指被屠宰畜、禽的活重。

3.2 原料肉
指作为加工肉制品原料的冻肉或鲜肉。

4 技术内容

4.1 加工类别
按肉类加工企业的加工类别分为：

a. 畜类屠宰加工；

b. 肉制品加工；

c. 禽类屠宰加工。

4.2 标准分级
按排入水域的类别划分标准级别。

4.2.1 排入 GB 3838 中 III 类水域（水体保护区除外），GB 3097 中二类海域的废水，执行一级标准。

4.2.2 排入 GB 3838 中 IV、V 类水域，GB 3097 中三类海域的废水，执行二级标准。

4.2.3 排入设置二级污水处理厂的城镇下水道的废水，执行三级标准。

4.2.4 排入未设置二级污水处理厂的城镇下水道的废水，必须根据下水道出水受纳水域的功能要求，分别执行 4.2.1 和 4.2.2 的规定。

4.2.5 GB 3838 中 I、II 类水域和 III 类水域中的水体保护区，GB 3097 中一类海域，禁止新建排污口，扩建、改建项目不得增加排污量。

4.3 标准值
本标准按照不同年限分别规定了肉类加工企业的排水量和水污染物最高允许排放浓度等指标，标准值分别规定为：

4.3.1 1989 年 1 月 1 日之前立项的建设项目及其建成后投产的企业按表 1 执行。

表 1

标准值\污染物级别	悬浮物			生化需氧量 (BOD_5)			化学需氧量 (COD_{Cr})			动植物油			氨氮			pH 值			大肠菌群数 个/L			排水量 m^3/t（活屠重） m^3/t（原料肉）		
	一级	二级	三级	一级	二级	三级	一级	二级	三级	一级	二级	三级	一级	二级	三级	一级	二级	三级	一级	二级	三级	一级	二级	三级
排放浓度 mg/L	100	250	400	60	80	300	120	160	500	30	40	100	25	40	—	6~9			5 000	—				7.2

4.3.2 1989 年 1 月 1 日至 1992 年 6 月 30 日之间立项的建设项目及其建成后投产的企业按表 2 执行。

表 2

污染物 级别 标准值	悬浮物			生化需氧量(BOD$_5$)			化学需氧量(COD$_{Cr}$)			动植物油			氨氮			pH 值	大肠菌群数 个/L			排水量 m³/t(活屠重) m³/t(原料肉)
	一级	二级	三级	一级	二级	三级	一级	二级	三级	一级	二级	三级	一级	二级	三级	一级 二级 三级	一级	二级	三级	一级 二级 三级
排放浓度 mg/L	70	200	400	30	60	300	100	120	500	20	20	100	15	25	—	6~9	5 000	—	—	6.5

4.3.3 1992 年 7 月 1 日起立项的建设项目及其建成后投产的企业按表 3 执行。(具体内容见原标准)

4.4 其他规定

4.4.1 表 1、表 2 和表 3 中所列污染物最高允许排放浓度,按日均值计算。

4.4.2 污泥与固体废物应合理处置。

4.4.3 工艺参考指标为行业内部考核评价企业排放状况的主要参数。

4.4.4 有分割肉、化制等工序的企业,每加工 1 t 原料肉,可增加排水量 2 m³。

4.4.5 加工蛋品的企业,每加工 1 t 蛋品,可增加排水量 5 m³。

4.4.6 回用水应符合回用水水质标准。

4.4.7 在执行三级标准时,若二级污水处理厂运行条件允许,生化需氧量(BOD$_5$)可放宽至 600 mg/L,化学需氧量(COD$_{Cr}$)可放宽至 1 000 mg/L,但需经当地环境保护行政主管部门认定。

4.4.8 非单一加工类别的企业,其污染物最高允许排放浓度、排水量和污染物排放量限值,以一定时间内的各种原料加工量为权数,加权平均计算。计算方法见附录 A。

4.4.9 表 1、表 2 中禽类屠宰加工的排水量参照表 3 执行。(表 3 具体内容见原标准)

5 监测

5.1 采样点

采样点应在肉类加工企业的废水排放口,排放口应设置废水水量计量装置和设立永久性标志。

5.2 采样频率

按生产周期确定监测频率。生产周期在 8 h 以内的,每 2 h 采样一次;生产周期大于 8 h 的,每 4 h 采样一次。

5.3 排水量

排水量只计直接生产排水,不包括间接冷却水、厂区生活排水及厂内锅炉、电站排水,若不符合以上条件时,应改建排放口;排水量按月均值计算。

5.4 统计

企业原材料使用量、产品产量等,以法定月报表和年报表为准。

5.5 测定方法

本标准采用的测定方法按表4执行。

表4

序号	项目	方法	方法来源
1	pH值	玻璃电极	GB 6920
2	悬浮物	重量法	GB 11901
3	五日生化需氧量(BOD_5)	稀释与接种法	GB 7488
4	化学需氧量(COD_{Cr})	重铬酸钾法	GB 11914
5	动植物油	重量法	a
6	氨氮	蒸馏中滴定法 纳氏试剂比色法 水杨酸分光光度法	GB 7478 GB 7479 GB 7481
7	大肠菌群数	发酵法	GB 5750

注：a 暂时采用《环境监测分析方法》（城乡建设环境保护部环境保护局，1983）。待国家颁布相应的方法标准后，执行国家标准。

6 标准实施监督

本标准由各级人民政府环境保护行政主管部门负责监督实施。

附录A 非单 加工企业污染物限值计算方法（略）

合成氨工业水污染物排放标准（节录）

GB 13458—2013

（2013年3月14日发布 2013年7月1日实施）

本标准由环境保护部科技标准司组织制定。
本标准主要起草单位：中国环境科学研究院。

（按原标准编号节录）

3 术语和定义

下列术语和定义适用于本标准。

3.1 合成氨工业

合成氨工业包括生产合成氨以及以合成氨为原料生产尿素、硝酸铵、碳酸氢铵以及醇氨联产的生产企业或生产设施。

3.2 现有企业

指在本标准实施之日前,已建成投产或环境影响评价文件已通过审批的合成氨工业企业或生产设施。

3.3 新建企业

指在本标准实施之日起,环境影响评价文件通过审批的新建、改建和扩建的合成氨工业生产设施建设项目。

3.4 排水量

指生产设施或企业向企业法定边界以外排放的废水的量,包括与生产有直接或间接关系的各种外排废水(含厂区生活污水、冷却废水、厂区锅炉和电站排水等)。

3.5 单位产品基准排水量

指用于核定水污染物排放浓度而规定的生产吨氨的废水排放量上限值。

注:醇氨联产企业需将醇生产量折算为氨生产量后再加和核定单位产品基准排水量。

3.6 直接排放

指排污单位直接向环境排放水污染物的行为。

3.7 间接排放

指排污单位向公共污水处理系统排放水污染物的行为。

3.8 公共污水处理系统

指通过纳污管道等方式收集废水,为两家以上排污单位提供废水处理服务并且排水能够达到相关排放标准要求的企业或机构,包括各种规模和类型的城镇污水处理厂、区域(包括各类工业园区、开发区、工业聚集地等)废水处理厂等,其废水处理程度应达到二级或二级以上。

4 水污染物排放控制要求

4.2 自 2016 年 1 月 1 日起,现有企业执行表 2 规定的水污染物排放限值。

4.3 自 2013 年 7 月 1 日起,新建企业执行表 2 规定的水污染物排放限值。

表 2 新建企业水污染物排放浓度限值及单位产品基准排水量

单位:mg/L(pH 除外)

序号	污染物项目	限值		污染物排放监控位置
		直接排放	间接排放	
1	pH 值	6~9	6~9	企业废水总排放口
2	悬浮物	50	100	
3	化学需氧量(COD_{Cr})	80	200	
4	氨氮	25	50	
5	总氮	35	60	

(续表)

序号	污染物项目	限值 直接排放	限值 间接排放	污染物排放监控位置
6	总磷	0.5	1.5	企业废水总排放口
7	氰化物	0.2	0.2	
8	挥发酚	0.1	0.1	
9	硫化物	0.5	0.5	
10	石油类	3	3	
单位产品基准排水量(m^3/t 氨)		10		排水量计量位置与污染物排放监控位置相同

4.4 根据环境保护工作的要求,在国土开发密度已经较高、环境承载能力开始减弱,或环境容量较小、生态环境脆弱,容易发生严重环境污染问题而需采取特别保护措施的地区,应严格控制企业的污染物排放行为,在上述地区的企业执行表3规定的水污染物特别排放限值。

执行水污染物特别排放限值的地域范围、时间,由国务院环境保护行政主管部门或省级人民政府规定。

表3 水污染物特别排放限值

单位:mg/L(pH 除外)

序号	污染物项目	限值 直接排放	限值 间接排放	污染物排放监控位置
1	pH 值	6~9	6~9	企业废水总排放口
2	悬浮物	30	50	
3	化学需氧量(COD_{Cr})	50	80	
4	氨氮	15	25	
5	总氮	25	35	
6	总磷	0.5	0.5	
7	氰化物	0.2	0.2	
8	挥发酚	0.1	0.1	
9	硫化物	0.5	0.5	
10	石油类	3	3	
单位产品基准排水量(m^3/t 氨)		10		排水量计量位置与污染物排放监控位置相同

5 水污染物监测要求

5.1 对企业排放废水的采样,应根据监测污染物的种类,在规定的污染物排放监控位置进行,有废水处理设施的,应在处理设施后监控。在污染物排放监控位置应设置永久性排污口标志。

5.2 新建企业和现有企业安装污染物排放自动监控设备的要求,按有关法律和《污染源自动监控管理办法》的规定执行。

5.3 对企业污染物排放情况进行监测的频次、采样时间等要求,按国家有关污染源监测技术规范的规定执行。

5.4 企业产品产量的核定,以法定报表为依据。

5.5 企业应按照有关法律和《环境监测管理办法》的规定,对排污状况进行监测,并保存原始监测记录。

5.6 对企业排放水污染物浓度的测定采用表4所列的方法标准。

表4 水污染物浓度测定方法标准

序号	污染物项目	方法标准名称	方法标准编号
1	pH 值	水质 pH 值的测定 玻璃电极法	GB/T 6920
2	悬浮物	水质 悬浮物的测定 重量法	GB/T 11901
3	化学需氧量	水质 化学需氧量的测定 重铬酸盐法	GB/T 11914
		水质 化学需氧量的测定 快速消解分光光度法	HJ/T 399
4	氨氮	水质 氨氮的测定 纳氏试剂分光光度法	HJ 535
		水质 氨氮的测定 水杨酸分光光度法	HJ 536
		水质 氨氮的测定 蒸馏-中和滴定法	HJ 537
		水质 氨氮的测定 气相分子吸收光谱法	HJ/T 195
5	总氮	水质 总氮的测定 碱性过硫酸钾消解紫外分光光度法	HJ 636
		水质 总氮的测定 气相分子吸收光谱法	HJ/T 199
6	总磷	水质 总磷的测定 钼酸铵分光光度法	GB/T 11893
7	氰化物	水质 氰化物的测定 容量法和分光光度法	HJ 484
8	挥发酚	水质 挥发酚的测定 溴化容量法	HJ 502
		水质 挥发酚的测定 4-氨基安替比林分光光度法	HJ 503
9	硫化物	水质 硫化物的测定 亚甲基蓝分光光度法	GB/T 16489
		水质 硫化物的测定 直接显色分光光度法	GB/T 17133
		水质 硫化物的测定 碘量法	HJ/T 60
		水质 硫化物的测定 气相分子吸收光谱法	HJ/T 200
10	石油类	水质 石油类和动植物油的测定 红外光度法	GB/T 16488

6 实施与监督

6.1 本标准由县级以上人民政府环境保护行政主管部门负责监督实施。

6.2 在任何情况下,企业均应遵守本标准规定的污染物排放控制要求,采取必要措施保证污染防治设施正常运行。各级环保部门在对企业进行监督性检查时,可以现场即时采样或监测的结果,作为判定排污行为是否符合排放标准以及实施相关环境保护管理措施的依据。在发现企业耗水或排水量有异常变化的情况下,应核定企业的实际产品产量和排水量,按本标准的规定,换算水污染物基准排水量排放浓度。

航天推进剂水污染物排放与分析方法标准(节录)

GB 14374—93

(1993年5月22日发布 1993年12月1日实施)

本标准由国家环境保护局科技标准司、原航空航天工业部建设司联合提出。
本标准由原航空航天工业部第七设计研究院负责起草。

(按原标准编号节录)

3 技术内容

3.1 排放去向

本标准规定的污染物不得排入 GB 3838 中 IV、V 类水域和 GB 3097 中三类海域以外的水域。

3.2 标准值

3.2.1 1993年12月1日以前立项的建设项目及其建成后投产的企业按表1执行。

表1

序号	污染物	最高允许排放浓度,mg/L
1	pH 值	6~9
2	生化需氧量(BOD_5)	80
3	化学需氧量(COD_{Cr})	200
4	悬浮物	250
5	氨氮	40
6	氰化物	0.5
7	甲醛	3.0
8	苯胺类	3.0
9	肼	0.1

(续表)

序号	污染物最高允许排放浓度,mg/L	
10	一甲基肼	0.2
11	偏二甲基肼	0.5
12	三乙胺	10.0
13	二乙烯三胺	10.0
注:标准值为一次监测最大值。		

3.2.2 1993年12月1日起立项的建设项目及其建成后投产的企业按表2执行。

表2

序号	污染物最高允许排放浓度,mg/L	
1	pH值	6～9
2	生化需氧量(BOD_5)	60
3	化学需氧量(COD_{Cr})	150
4	悬浮物	200
5	氨氮	25
6	氰化物	0.5
7	甲醛	2.0
8	苯胺类	2.0
9	肼	0.1
10	一甲基肼	0.2
11	偏二甲基肼	0.5
12	三乙胺	10.0
13	二乙烯三胺	10.0
注:标准值为一次监测最大值。		

4 监测

4.1 采样点

肼、一甲基肼、偏二甲基肼、三乙胺、二乙烯三胺的采样点应设在车间或处理设施的排放口;其他污染物在总排放口采样。排放口设置永久性标志。

4.2 采样频率

按生产周期确定监测频率。生产周期在8h以内的,每2h采样一次;生产周期大于8h的,每4h采样一次。

4.3 测定方法

本标准中污染物的测定方法按表3执行。

表 3

序号	项目	测定方法	方法标准号
1	pH 值	玻璃电极法	GB 6920
2	生化需氧量（BOD_5）	稀释与接种法	GB 7488
3	化学需氧量（COD_{Cr}）	重铬盐酸法	GB 11914
4	悬浮物	重量法	GB 11901
5	氨氮	纳氏试剂比色法	GB 7479
6	氰化物	异烟酸-吡唑啉酮比色法	GB 7487
7	甲醛	乙酰丙酮分光光度法	GB 13197
8	苯胺类	N-(1-奈基)乙二胺偶氮分光光度法	GB 11889
9	一甲基肼	对二甲氨基苯甲醛分光光度法	GB/T 14375
10	偏二甲基肼	氨基亚铁氰化钠分光光度法	GB/T 14376
11	三乙胺	溴酚蓝分光光度法	GB/T 14377
12	二乙烯三胺	水杨醛分光光度法	GB/T 14378

5　标准实施监督

本标准由各级人民政府环境保护行政主管部门负责监督实施。

兵器工业水污染物排放标准　火炸药（节录）

GB 14470.1—2002

（2002 年 11 月 18 日发布　2003 年 7 月 1 日实施）

本标准由国家环境保护总局科技标准司提出并归口。
本标准由中国兵器工业集团公司、中国兵器工业第五设计研究院负责起草。

（按原标准编号节录）

3　术语和定义

GJB 102A 规定的术语和定义适用于本标准。

3.1　硝化纤维素　nitrocellulose

纤维素与硝酸酯化后的反应产物。其中棉纤维素与硝酸酯化后的产物称硝化棉。代号：NC。

3.2　梯恩梯　trinitrotoluene

学名：2,4,6-三硝基甲苯；分子式：$C_7H_5N_3O_6$；代号：TNT。

3.3 地恩梯 dinitrotoluene

学名:二硝基甲苯;分子式:$C_7H_6N_2O_4$;代号:DNT。

3.4 黑索今 hexogen; cyclonite

学名:环三亚甲基三硝胺,又称1,3,5-三硝基-1,3,5-三氮杂环己烷;分子式:$C_3H_6N_6O_6$;代号:RDX。

3.5 硝化甘油 nitroglycerin

学名:1,2,3-丙三醇三硝酸酯或甘油三硝酸酯;分子式:$C_3H_5O_9N_3$;代号:NG。

4 技术要求

4.1 本标准分年限规定了火炸药工业水污染物最高日均允许排放浓度、吨产品最高允许排水量。

4.1.1 2003年6月30日之前建设的项目及其建成后投产的企业,按表1规定的标准执行。

4.1.2 2003年7月1日起建设的企业和现有企业的新、扩、改建项目,按表2规定的标准执行。

排入设置二级污水处理厂城镇下水道的火炸药工业废水中特征污染物 NG、TNT、DNT、RDX 应达到本标准;其他项目应达到地方规定的污水处理厂进水要求。

表1 2003年6月30日之前建成投产的火炸药企业,工业水污染物最高日均允许排放浓度、吨产品最高允许排水量

类别	产品、原料工艺、规模	排水量/(m³/t)	污染物量高允许日均排放浓度(单位:mg/L,色度、pH除外)									
			色度(稀释倍数)	悬浮物(SS)	生化需氧量(BOD₅)	化学需氧量(CODcr)	总硝基化合物		黑索今(RDX)	硝化甘油(NG)	铅(1)(Pb)	pH
							梯恩梯(TNT)	二硝基甲苯(DNT)				
硝化甘油系火炸药	硝化甘油	7.0	80	100	60	150	—	3.0	—	100	1.0	6~9
	双基发射药	5.0										
	硝化甘油类炸药	2.0										
	固体火箭推进剂	9.0										
粉状铵梯炸药	年产量>6 000t	1.5	80	70	60	120	3.0	—	—	—	—	6~9
	年产量≤6 000t	2.0	80	100	60	150	4.0	—	—	—	—	6~9
硝化棉	以精制棉为原料	200	80	100	60	150	—	—	—	—	—	6~9
	以棉短绒为原料	450	200	150	100	300	—	—	—	—	—	6~9
单质炸药	黑索今	35	80	100	60	150	—	—	5.0	—	—	6~9
	梯恩梯	4.0	80	70	60	150	10		—	—	—	6~9
火炸药工业废酸浓缩	锅式浓缩硫酸	36	80	70	60	150	15		—	—	—	6~9
	硫酸法浓缩硝酸	8.0	80	70	60	150	—		—	—	—	6~9
	硝镁法浓缩硝酸	400										

注:(1) 在车间或车间处理设施排放口取样。

表2 2003年7月1日起建设的火炸药企业和现有企业的新扩改建项目，工业水污染物最高日均允许排放浓度、吨产品最高允许排水量

类别	产品、原料工艺、规模	排水量/(m³/t)	色度(稀释倍数)	悬浮物(SS)	生化需氧量(BOD₅)	化学需氧量(COD_Cr)	梯恩梯(TNT)	二硝基甲苯(DNT)	黑索今(RDX)	硝化甘油(NG)	铅(1)(Pb)	pH
硝化甘油系火炸药	硝化甘油	7.0	50	70	30	100	—	3.0	—	80	1.0	6~9
	双基发射药	5.0										
	硝化甘油类炸药	2.0										
	固体火箭推进剂	9.0										
粉状铵梯炸药	年产量>6 000t	0.8	50	40	30	100	0.5					6~9
	年产量≤6 000t	1.0	50	70	30	100	0.5					6~9
硝化棉	以精制棉为原料	200	50	70	30	100						6~9
	以棉短绒为原料	450	80	100	60	150						6~9
单质炸药	黑索今	30	50	70	30	100			3.0			6~9
	梯恩梯	2.5	50	70	30	100	5.0					6~9
火炸药工业废酸浓缩	真空法浓缩硫酸(2)	1.0	50	70	30	100	5.0					6~9
	硫酸法浓缩硝酸	7.0										
	硝镁法浓缩硝酸	300	50	70	30	100	—					6~9

注：(1) 在车间或车间处理设施排放口取样。
(2) 该工艺在与锅式浓缩结合时排放值参照附录A计算。

4.2 建设（包括改、扩建）项目的建设时间，以环境影响评价报告书（表）批准日期为准划分。

同一排放口排放两种或两种以上不同类别的废水，且每种废水中所含的同一种污染物的排放标准不同时，其混合后水污染物的最高允许排放浓度（$c_{混合}$）按照附录A的规定换算。

5 其他要求

5.1 硝化甘油系火炸药生产

5.1.1 对硝化甘油喷射输送水，应采取措施除去游离的硝化甘油等安全措施后可循环使用。

5.1.2 二硝基甲苯应采用间接加温法熔化，以减少废水的排放。

5.1.3 对吸收药驱水机排出的废水可用于棉浆配制、混合液喷射输送和冲洗管道等，以减少排放量。

5.2 硝化棉生产

5.2.1 硝化棉生产驱酸过程应采用高分离效率的驱酸技术和设备，最大限度地减少硝化棉的吸附酸含量,降低消耗,提高综合利用率。

驱酸后的硝化棉应进行酸水置换,进一步回收吸附酸,降低酸度,减少污染。

5.2.2 硝化棉酸性输送水应循环使用,以提高水的循环利用率。

5.3 粉状铵梯炸药生产

5.3.1 产生粉尘的各种工序采用不排或少排含梯恩梯废水的除尘方法。

5.3.2 在生产过程中,应严格控制药粉撒落室内、外地面。对废药、带药垃圾、废水沉淀池中固体沉渣及粘附药粉的包装袋等应集中保管,定期销毁。禁止露天堆放或随意乱抛,防止污染环境。

5.4 梯恩梯生产

5.4.1 梯恩梯精制产生的碱性废水(包括冲洗地面、刷洗设备、废药回收及事故排放等碱性废水)必须进行处理,严禁外排。

5.4.2 梯恩梯生产过程中产生的酸性废水,属于工艺酸性废水的应循环使用;属于非工艺酸性废水必须进行处理达标排放。

5.4.3 制片、干燥、包装等工序宜采用不排或少排含药粉尘废水的除尘方法。

5.4.4 废水沉淀池中的固体沉渣及各种废药不得露天堆放,应集中回收或销毁。

5.5 黑索今生产

5.5.1 采用直接硝化法生产工艺,主机的中间试样、黑索今酸性洗涤水、煮洗水必须回用。

5.5.2 对散落在地面上的固体黑索今及废水沉淀池中清理出的沉渣应集中处理销毁。

5.5.3 提高酸性产品水洗效率,避免煮洗不合格,以减少煮洗水的排放量。

5.6 火炸药工业废酸浓缩

5.6.1 硫酸浓缩过程中产生的酸渣,必须处理达中性后定点堆放,防止流失污染环境。

5.6.2 黑索今生产厂硝酸浓缩采用硝镁法时,大气冷凝器应采用间接冷凝,减少大量酸性废水的排放量。

6 监测

企业废水排放口应设置排污口标志和废水水量计量装置。

6.1 采样点

采样点设在企业的废水排放口(铅在车间或车间处理设施排放口采样)。

6.2 采样频率

采样频率应按生产周期确定,生产周期在8h以内,每两小时采样一次;生产周期大于8h的,每四小时采样一次。计算日均值。

6.3 排水量

排水量只计直接生产排水,不包括间接冷却水量、厂区生活污水及厂内锅炉排水量。吨产品最高允许排水量按月均值计算。

6.4 统计

企业原材料使用量、产品产量等,以法定月报表或年报表为准。

6.5 测定方法

本标准采用的测定方法按表3执行。

表3 污染物项目测定方法

序号	项目	测定方法	方法来源
1	pH值	玻璃电极法	GB 6920
2	生化需氧量(BOD_5)	稀释与接种法	GB 7488
3	悬浮物	重量法	GB 11901
4	色度	稀释倍数法	GB 11903
5	化学需氧量(COD_{Cr})	重铬酸盐法	GB 11914
6	铅(Pb)	示波极谱法	GB/T 13896
7	二硝基甲苯(DNT)	示波极谱法	GB/T 13901
8	硝化甘油(NG)	示波极谱法	GB/T 13902
9	梯恩梯(TNT)	亚硫酸钠分光光度法	GB/T 13905
10	黑索今(RDX)	萘乙二胺分光光度法	(1)
11	梯恩梯(TNT)	CPC分光光度法	(1)

注：(1)《兵器工业环境监测分析方法》，国防工业出版社1991年版。

7 标准实施监督

本标准由县级以上人民政府环境保护行政主管部门负责监督实施。

附录A(规范性附录) 混合废水污染物最高允许排放浓度计算(略)

兵器工业水污染物排放标准 火工药剂(节录)

GB 14470.2—2002

(2002年11月18日发布 2003年7月1日实施)

本标准由国家环境保护总局科技标准司提出并归口。
本标准由中国兵器工业集团公司、西安北方庆华电器(集团)有限责任公司负责起草。

(按原标准编号节录)

3 术语和定义

3.1 火工药剂 initiating explosive material and their relative composition
用于或主要用于火工品的炸药或烟火药等，主要包括起爆药、点火药和延期药等。

3.2 苦味酸 picric acid;2,4,6-trinitrophenol

学名 2,4,6-三硝基苯酚。

3.3 碱式苦味酸铅与叠氮酸铅复盐 Double salt of basic lead picrate and lead azide

又称 K·D 复盐起爆药。

3.4 叠氮化铅与三硝基间苯二酚铅共沉淀起爆药 Co-ipitated product of lead azide and lead trinitro-re-sorcinate

又称 D·S 共沉淀起爆药。

4 技术要求

4.1 标准值

本标准按照不同时间段规定了火工药剂工业水污染物最高允许日均排放浓度和生产中直接用水的单位产品最高允许排水量。

4.1.1 2003 年 6 月 30 日之前建设的项目及其建成后投产的企业,按表 1 规定的标准执行。

表 1 2003 年 6 月 30 日之前建设的项目及其建成后投产的火工药剂生产企业,水污染物最高允许日均排放浓度、单位产品最高允许排水量

产品名称	排水量/(L/kg)	污染物最高允许日均排放浓度(单位:mg/L,pH,色度除外)									
		pH 值	化学需氧量(COD)	生化需氧量(BOD_5)	色度(稀释倍数)	总铅	硝基酚类(以苦味酸计)	叠氮化钠(以 N_3^- 计)	肼(以 N_2H_4 计)	硫氰酸盐(以 SCN^- 计)	铁(II、III)氰络合物(以$[Fe(CN)_6]^{3-}$计)	硫化物(以 S^{2-} 计)
二硝基重氮酚	220	6~9	250	80	180	—	6.0	—	—	—	—	2.0
叠氮化铅	60	6~9	150	30	—	3.0	—	5.0	—	—	—	—
三硝基间苯二酚铅	60	6~9	150	30	100	5.0	4.0	—	—	—	—	—
D·S 共沉淀起爆药	60	6~9	150	30	100	5.0	4.0	5.0	—	—	—	—
K·D 复盐起爆药	60	6~9	150	30	150	5.0	4.0	5.0	—	—	—	—
硫氰酸盐	20	6~9	150	30	—	3.0	—	—	—	5.0	—	—
亚铁氰化铅	80	6~9	150	30	—	3.0	—	—	—	—	5.0	—
叠氮化钠	20	6~9	200	80	—	—	—	3.0	3.0	—	—	—
三硝基间苯二酚	50	6~9	150	30	150	—	4.0	—	—	—	—	—

4.1.2 2003 年 7 月 1 日起建设的企业和现有企业的新、扩、改建项目,按表 2 规定的标准执行。

表2 2003年7月1日起建设的火工药剂生产企业及其新、改、扩建项目，
水污染物最高允许日均排放浓度、单位产品最高允许排水量

产品名称	排水量/(L/kg)	污染物最高允许日均排放浓度(单位:mg/L,pH,色度除外)									
		pH值	化学需氧量(COD)	生化需氧量(BOD_5)	色度(稀释倍数)	总铅	硝基酚类(以苦味酸计)	叠氮化钠(以N_3^-计)	肼(以N_2H_4计)	硫氰酸盐(以SCN^-计)	铁(II、III)氰络合物(以$[Fe(CN)_6]^{3-}$计)	硫化物(以S^{2-}计)
二硝基重氮酚	220	6～9	150	40	120	—	3.0	—	—	—	—	1.0
叠氮化铅	60	6～9	150	30	—	1.0	—	5.0	—	—	—	—
三硝基间苯二酚铅	60	6～9	150	30	80	1.0	3.0	—	—	—	—	—
D·S共沉淀起爆药	60	6～9	150	30	80	1.0	3.0	5.0	—	—	—	—
K·D复盐起爆药	60	6～9	150	30	120	1.0	3.0	5.0	—	—	—	—
硫氰酸盐	20	6～9	150	30	—	1.0	—	—	—	3.0	—	—
亚铁氰化铅	80	6～9	150	30	—	1.0	—	—	—	—	5.0	—
叠氮化钠	15	6～9	150	40	—	—	—	3.0	3.0	—	—	—
三硝基间苯二酚	50	6～9	150	30	120	—	3.0	—	—	—	—	—

4.2 排入设置二级污水处理厂城镇排水系统的污水,特征污染物硝基酚类、叠氮化物、肼、硫氰酸盐、铁(II、III)氰络合物和总铅执行本标准,其他项目应达到地方规定的污水处理厂进水要求。

5 其他要求

5.1 应将生产过程中产生的废水与一般清理卫生的污水分开,以减少需处理的污水量。对于含有标准中所列有害物质的卫生用水应予以处理,符合排放标准后方可排放。

5.2 对于废水中所含的药粒,在保障安全和产品质量的前提下,尽量与废水分离,使之回用于生产。

5.3 对于三硝基间苯二酚、硫氰酸铅等药剂生产中的洗涤水应尽量回用作配料水或冲淡用水,以减少废水的处理数量,节约用水,增加得率。三硝基间苯二酚的生产母液经吸附处理除去硝基酚后,其含酸溶液尽量用作叠氮化钠、D·S共沉淀起爆药等废水处理时的药剂,做到以废治废。

5.4 废水治理后的铅盐应做到回收使用。三硝基间苯二酚、硫酸钠等应尽量予以利用,避免二次污染。

5.5 原材料包装品不得任意丢弃,应集中处理。

6 监测

6.1 采样点

对总铅、叠氮化物、肼三个项目的监测在车间排放口采样,其余项目均在工厂总排放口采样。排放口应设置排放口标志和污水水量计量装置。

6.2 采样频率

采样频率应按生产周期确定。生产周期在8h以内的,每两小时采样一次;生产周期大于8h的,每四小时采样一次。最高允许排放浓度按日均值计算。

6.3 排水量

排水量只计生产直接排水,其最高允许排水量按月均值计算。

6.4 统计

企业的原料使用量、产品产量等,以法定月报表或年报表为准。

6.5 测定方法

本标准采用的测定方法按表3执行。

表3 污染物项目的监测方法

序号	监测项目	测定方法	方法来源
1	pH值	玻璃电极法	GB 6920
2	总铅	双硫腙分光光度法	GB 7470
3	总铅	原子吸收分光光度法	GB 7475
#	生化需氧量(BOD_5)	稀释与接种法	GB 7488
5	色度	稀释倍数法	GB 11903
6	化学需氧量(COD)	重铬酸盐法	GB 11914
7	硫氰酸盐	异烟酸-吡唑啉酮分光光度法	GB/T 13897
8	铁(II、III)氰络合物	原子吸收分光光度法	GB/T 13898
9	铁(II、III)氰络合物	三氯化铁分光光度法	GB/T 13899
10	肼	对二甲氨基苯甲醛分光光度法	GB/T 15507
11	硫化物	亚甲基蓝分光光度法	GB/T 16489
12	硝基酚类	分光光度法	参见附录A
13	叠氮化物	限量比色法	a

注:a 参见《国家排放污染物标准编制说明和分析方法(2)》,城乡建设环境保护部环保局标准处,1984年。对于K·D复盐起爆药和叠氮化钠工业废水中叠氮化物的测定,暂按本书中"叠氮化铅、三硝基间苯二酚铅和D·S共沉淀起爆药工业废水分析方法"进行。在分析叠氮化钠工业废水时,将叠氮化钠标准溶液乙的加入量由2.5mL改为1.5mL。

7 标准实施与监督

本标准由县级以上人民政府环境保护行政主管部门负责实施与监督。

附录 A(资料性附录) 火工药剂废水中硝基酚类的分析方法(略)

弹药装药行业水污染物排放标准（节录）

GB 14470.3—2011

(2011 年 4 月 29 日发布 2012 年 1 月 1 日实施)

本标准由环境保护部科技标准司组织制定。
本标准主要起草单位:北京中兵北方环境科技发展有限责任公司、中国兵器工业集团公司。

（按原标准编号节录）

3 术语和定义

下列术语和定义适用于本标准。

3.1 弹药装药 ammunition loading

依据规定动能需要，按照一定的工艺要求,将一定量的火药、炸药、烟火药及火工药剂等填充到弹药有关零部件中的操作过程或最终结果。

3.5 现有企业 existing facility

本标准实施之日前已建成投产或环境影响评价文件已通过审批的弹药装药企业或生产设施。

3.6 新建企业 new facility

本标准实施之日起环境影响文件通过审批的新建、改建和扩建的弹药装药行业建设项目。

3.7 排水量 discharge of wastewater

指生产设施或企业向企业法定边界以外排放的废水的量,包括与生产有直接或间接关系的各种外排废水(含厂区生活污水、冷却废水、厂区锅炉和电站废水等)。

3.8 基准排水量 datum discharge of wastewater quantity in unit time

指用于核定水污染物排放浓度而规定的每日清洗设备、工作面、洗涤防护品、水浴除尘器和其他各种外排水设施的废水排放量上限值。

3.9 直接排放 direct discharge

指排污单位直接向环境水体排放污染物的行为。

3.10 间接排放 indirect discharge

指排污单位向公共污水处理系统排放污染物的行为。

3.11 公共污水处理系统 publish wastewater treatment system

指通过纳污管道等方式收集废水,为两家以上排污单位提供废水处理服务并且排水能够达到相关排放标准要求的企业或机构,包括各种规模和类型的城镇污水处理厂、区域(各类工业园区、开发区、工业聚集地等)废水处理厂等,其废水处理程度应达到二级或二级以上。

4 水污染物排放控制要求

4.2 自2013年7月1日起,现有企业执行表2规定的水污染物排放质量浓度限值。

4.3 自2012年1月1日起,新建企业执行表2规定的水污染物排放质量浓度限值。

表2 新建企业水污染物排放质量浓度限值及基准排水量

单位:mg/L(pH值、色度和基准排水量除外)

序号	污染物项目	排放限值		污染物排放监控位置
		直接排放	间接排放	
1	pH值	6～9	6～9	企业废水总排放口
2	色度(稀释倍数)	40	100	
3	五日生化需氧量(BOD_5)	20	60	
4	化学需氧量(COD_{Cr})	60	200	
5	总磷	1.0	3.0	
6	总氮	20	50	
7	氨氮	15	40	
8	阴离子表面活性剂	1	5	
9	石油类	3	10	
10	悬浮物(SS)	50	100	
11	梯恩梯(TNT)	0.5	0.5	车间或生产设施废水排放口
12	地恩梯(DNT)	0.5	0.5	
13	黑索今(RDX)	0.2	0.2	
14	基准排水量/(m^3/d)	20		排水量计量位置与污染物排放监控位置一致

4.4 根据环境保护工作的要求,在国土开发密度较高、环境承载能力开始减弱,或水环境容量较小、生态环境脆弱,容易发生严重水环境污染问题而需要采取特别保护措施的地区,应严格控制设施的污染排放行为,在上述地区的企业执行表3规定的水污染物特别排放限值。

执行水污染物特别排放限值的地域范围、时间,由国务院环境保护行政主管部门或省级人民政府规定。

表3 水污染物特别排放限值及基准排水量

单位:mg/L(pH值、色度和基准排水量除外)

序号	污染物项目	排放限值 直接排放	排放限值 间接排放	污染物排放监控位置
1	pH值	6~9	6~9	企业废水总排放口
2	色度(稀释倍数)	30	40	企业废水总排放口
3	五日生化需氧量(BOD_5)	20	40	企业废水总排放口
4	化学需氧量(COD_{Cr})	50	60	企业废水总排放口
5	总磷	0.5	1.0	企业废水总排放口
6	总氮	15	20	企业废水总排放口
7	氨氮	10	15	企业废水总排放口
8	阴离子表面活性剂	0.5	1	企业废水总排放口
9	石油类	2	3	企业废水总排放口
10	悬浮物(SS)	30	50	企业废水总排放口
11	梯恩梯(TNT)	0.2	0.2	车间或生产设施废水排放口
12	地恩梯(DNT)	0.2	0.2	车间或生产设施废水排放口
13	黑索今(RDX)	0.1	0.1	车间或生产设施废水排放口
14	基准排水量/(m^3/d)	20		排水量计量位置与污染物排放监控位置一致

5 水污染物监测要求

5.1 对企业排放废水采样,应根据监测污染物的种类,在规定的污染物排放监控位置进行。有废水处理设施的,应在该设施后监控。企业应按国家有关污染源监测技术规范的要求设置采样口,在污染物排放监控位置须设置永久性排污口标志。

5.2 新建企业和现有企业安装污染物排放自动监控设备的要求,按有关法律和《污染源自动监控管理办法》的规定执行。

5.3 对企业水污染物排放情况进行监测的频次、采样时间、质量保证与质量控制等要求,按照国家有关污染源监测技术规范的规定和环境保护行政主管部门的要求执行。

5.4 企业应按照有关法律和《环境监测管理办法》的规定,对排污状况进行监测,并保存原始监测记录。

5.5 对企业排放水污染物质量浓度的测定采用表4所列的方法标准。

表4 水污染物质量浓度测定方法标准

序号	污染物项目	方法标准名称	方法标准编号
1	pH值	水质 pH值的测定 玻璃电极法	GB/T 6920—1986
2	色度	水质 色度的测定 稀释倍数法	GB/T 11903—1989
3	五日生化需氧量（BOD_5）	水质 五日生化需氧量（BOD_5）的测定 稀释与接种法	HJ 505—2009
		水质 生化需氧量（BOD）的测定 微生物传感器快速测定法	HJ/T 86—2002
4	化学需氧量（COD_{Cr}）	水质 化学需氧量的测定 重铬酸盐法	GB/T 11914—1989
		水质 化学需氧量的测定 快速消解分光光度法	HJ/T 399—2007
5	总磷	水质 总磷的测定 钼酸铵分光光度法	GB/T 11894—1989
6	总氮	水质 总氮的测定 碱性过硫酸钾消解紫外分光光度法	GB/T 11894—1989
		水质 总氮的测定 气相分子吸收光谱法	HJ/T 199—2005
7	氨氮	水质 氨氮的测定 纳氏试剂分光光度法	HJ 535—2009
		水质 氨氮的测定 水杨酸分光光度法	HJ 536—2009
		水质 氨氮的测定 蒸馏-中和滴定法	HJ 537—2009
		水质 氨氮的测定 气相分子吸收光谱法	HJ/T 195—2005
8	阴离子表面活性剂	水质 阴离子表面活性剂的测定 亚甲蓝分光光度法	GB/T 7494—1987
9	石油类	水质 石油类和动植物油的测定 红外光度法	GB/T 16488—1996
10	悬浮物（SS）	水质 悬浮物的测定 重量法	GB/T 11901—1989
11	梯恩梯（TNT）	水质 梯恩梯的测定 N-氯代十六烷基吡啶-亚硝酸钠 分光光度法	HJ 599—2011
		水质 梯恩梯、黑索今、地恩梯的测定 气相色谱法	HJ 600—2011
12	地恩梯（DNT）	水质 梯恩梯、黑索今、地恩梯的测定 气相色谱法	HJ 600—2011
13	黑索今（RDX）	水质 黑索今的测定 分光光度法	GB/T 13900—1992
		水质 梯恩梯、黑索今、地恩梯的测定 气相色谱法	HJ 600—2011

6 实施与监督

6.1 本标准由县级以上人民政府环境保护行政主管部门负责监督实施。

6.2 在任何情况下,弹药装药企业均应遵守本标准的污染物排放控制要求,采取必要措施保证污染防治设施正常运行。各级环保部门在对设施进行监督性检查时,可以现场即时采样或监测的结果,作为判定排污行为是否符合排放标准及实施相关环境保护管理措施的依据。在发现排水量有异常变化的情况下,应按4.5的规定,换算水污染物基准水量排放质量浓度。（4.5具体内容见原标准）

磷肥工业水污染物排放标准(节录)

GB 15580—2011

(2011年4月2日发布 2011年10月1日实施)

本标准由环境保护部科技标准司组织制定。
本标准主要起草单位:中国环境科学研究院、中石化集团南京设计院。

(按原标准编号节录)

3 术语和定义

下列术语和定义适用于本标准。

3.1 磷肥工业 phosphate fertilizer industry

生产磷肥产品的工业。磷肥产品包括:过磷酸钙(简称普钙)、钙镁磷肥、磷酸铵、重过磷酸钙(简称重钙)、复混肥(包括复合肥和掺合肥)、硝酸磷肥和其他副产品(如氟加工产品等),以及生产磷肥所需的中间产品磷酸(湿法)。

3.2 现有企业 existing facility

本标准实施之日前已建成投产或环境影响评价文件已通过审批的磷肥企业或生产设施。

3.3 新建企业 new facility

本标准实施之日起环境影响评价文件通过审批的新建、改建和扩建磷肥工业建设项目。

3.4 直接排放 direct discharge

排污单位直接向环境水体排放污染物的行为。

3.5 间接排放 indirect discharge

排污单位向公共污水处理系统排放污染物的行为。

3.6 公共污水处理系统 publish wastewater treatment system

通过纳污管道等方式收集废水,为两家以上排污单位提供废水处理服务并且排水能够达到相关排放标准要求的企业或机构,包括各种规模和类型的城镇污水处理厂、区域(包括各类工业园区、开发区、工业聚集地等)废水处理厂等,其废水处理程度应达到二级或二级以上。

3.7 排水量 effluent volume

生产设施或企业向企业法定边界以外排放的废水的量,包括与生产有直接或间接关系的各种外排废水(如厂区生活污水、冷却废水、厂区锅炉和电站排水等)。

3.8 单位产品基准排水量 benchmark effluent volume per unit product

用于核定水污染物排放浓度而规定的生产单位磷肥产品的废水排放量上限值。

4 水污染物排放控制要求

4.2 自2013年4月1日起,现有企业执行表2规定的水污染排放限值。

4.3 自2011年10月1日起,新建企业执行表2规定的水污染排放限值。

表2 新建企业水污染物排放限值

单位:mg/L(pH值除外)

序号	污染物	直接排放限值					间接排放限值	污染物排放监控位置
		过磷酸钙	钙镁磷肥	磷酸铵[a]	重过磷酸钙	复混肥		
1	pH值	6~9	6~9	6~9	6~9	6~9	6~9	企业废水总排放口
2	化学需氧量(COD_{Cr})	70	70	70	70	70	150	
3	悬浮物	30	30	30	30	30	100	
4	氟化物(以F计)	15	15	15	15	15	20	
5	总磷(以P计)	10	10	15	15	10	20	
6	总氮	15	15	20	15	20	60	
7	氨氮	10	10	15	10	15	30	
8	总砷	0.3	0.3	0.3	0.3	0.3	0.3	车间或生产设施废水排放口
	单位产品基准排水量/(m³/t)	0.3	0.4	0.2	0.15	0.15	与直接排放相同	排水量计量位置与污染物排放监控位置一致
		12[b]						

注:a 硝酸磷肥按磷酸铵的排放限值执行。
b 适用于有氟加工产品(产品以氟硅酸钠计)的企业,单位为m³/t。

4.4 根据环境保护工作的要求,在国土开发密度已经较高、环境承载能力开始减弱,或环境容量较小、生态环境脆弱,容易发生严重环境污染问题而需要采取特别保护措施的地区,应严格控制企业的污染物排放行为,在上述地区的磷肥企业执行表3规定的水污染物特别排放限值。

表3 水污染物特别排放限值

单位:mg/L(pH值除外)

序号	污染物	直接排放限值					间接排放限值	污染物排放监控位置
		过磷酸钙	钙镁磷肥	磷酸铵[a]	重过磷酸钙	复混肥		
1	pH值	6~9	6~9	6~9	6~9	6~9	6~9	企业废水总排放口
2	化学需氧量(COD_{Cr})	50	50	50	50	50	100	
3	悬浮物	20	20	20	20	20	40	
4	氟化物(以F计)	10	10	10	10	10	15	
5	总磷(以P计)	0.5	0.5	0.5	0.5	0.5	1.0	

(续表)

序号	污染物	直接排放限值					间接排放限值	污染物排放监控位置
		过磷酸钙	钙镁磷肥	磷酸铵[a]	重过磷酸钙	复混肥		
6	总氮	10	10	15	10	15	20	企业废水总排放口
7	氨氮	5	5	10	5	10	15	
8	总砷	0.1	0.1	0.1	0.1	0.1	0.1	车间或生产设施废水排放口
单位产品基准排水量/(m^3/t 产品)		0.2	0.2	0.1	0.1	0.1	与直接排放相同	排水量计量位置与污染物排放监控位置一致

注：a 硝酸磷肥按磷酸铵的排放限值执行。

5 水污染物监测要求

5.1 对企业排放废水的采样，应根据监测污染物的种类，在规定的污染物排放监控位置进行。有废水处理设施的，应在处理设施后监控。在污染物排放监控位置须设置永久性排污口标志。

5.2 新建企业和现有企业安装污染物排放自动监控设备的要求，按有关法律和《污染源自动监控管理办法》的规定执行。

5.3 对企业污染物排放情况进行监测的频次、采样时间、质量保证与质量控制等要求，按国家有关污染源监测技术规范的规定执行。

5.4 企业产品产量的核定，以法定报表为依据。

5.5 企业应按照有关法律和《环境监测管理办法》的规定，对排污状况进行监测，并保存原始监测记录。

5.6 对企业排放水污染物浓度的测定采用表4所列的方法标准。

表4 水污染物浓度测定方法标准

序号	污染物项目	方法标准名称	方法标准编号
1	pH 值	水质 pH 值的测定 玻璃电极法	GB/T 6920—86
2	化学需氧量	水质 化学需氧量的测定 重铬酸盐法	GB/T 11914—89
		水质 化学需氧量的测定 快速消解分光光度法	HJ/T 399—2007
3	悬浮物	水质 悬浮物的测定 重量法	GB/T 11901—89
4	氟化物	水质 氟化物的测定 离子选择电极法	GB/T 7484—87
		水质 无机阴离子的测定 离子色谱法	HJ/T 84—2001
		水质 氟化物的测定 茜素磺酸锆目视比色法	HJ 487—2009
		水质 氟化物的测定 氟试剂分光光度法	HJ 488—2009
5	总磷	水质 总磷的测定 钼酸铵分光光度法	GB/T 11893—89

(续表)

序号	污染物项目	方法标准名称	方法标准编号
6	总氮	水质 总氮的测定 碱性过硫酸钾消解分光光度法	GB/T 11894—89
		水质 总氮的测定 气相分子吸收光谱法	HJ/T 199—2005
7	氨氮	水质 氨氮的测定 气相分子吸收光谱法	HJ/T 195—2005
		水质 氨氮的测定 纳氏试剂分光光度法	HJ 535—2009
		水质 氨氮的测定 水杨酸分光光度法	HJ 536—2009
		水质 氨氮的测定 蒸馏-中和滴定法	HJ 537—2009
8	总砷	水质 总砷的测定 二乙基二硫代氨基甲酸银分光光度法	GB/T 7485—87

6 实施与监督

6.1 本标准由县级以上人民政府环境保护行政主管部门负责监督实施。

6.2 在任何情况下,企业均应遵守本标准的污染物排放控制要求,采取必要措施保证污染防治设施正常运行。各级环保部门在对设施进行监督性检查时,可以现场即时采样或监测的结果,作为判定排污行为是否符合排放标准以及实施相关环境保护管理措施的依据。在发现设施耗水或排水量有异常变化的情况下,应核定设施的实际产品产量和排水量,按本标准的规定,换算水污染物基准水量排放浓度。

杂环类农药工业水污染物排放标准(节录)

GB 21523—2008

(2008 年 4 月 2 日发布 2008 年 7 月 1 日实施)

本标准由环境保护部科技标准司组织制定。
本标准起草单位:环境保护部南京环境科学研究所、沈阳化工研究院。

(按原标准编号节录)

3 术语和定义

下列术语和定义适用于本标准。

3.1 吡虫啉

中文通用名:吡虫啉,英文通用名:imidacloprid,其他名称:咪蚜胺、蚜虱净,化学名:1-[(6-氯-吡啶)甲基]-4,5-二氢-N-硝基-1-氢咪唑-2-胺,分子式:$C_9H_{10}ClN_5O_2$,相对分子质量:255.7。CAS 号:138261-41-3。

3.2 三唑酮

中文通用名:三唑酮,英文通用名:triadimefon,其他名称:百里通、粉锈宁,化学名:1-(4-氯苯氧基)-3,3-二甲基-1-(1,2,4-三唑-1-基)-2-丁酮,分子式:$C_{14}H_{16}ClN_3O_2$,相对分子质量:293.8。CAS 号:43121-43-3。

3.3 多菌灵

中文通用名:多菌灵,英文通用名:carbendazim,其他名称:苯骈咪唑44号、棉萎灵。化学名称:苯骈咪唑-2-氨基甲酸甲酯,分子式:$C_9H_9N_3O_2$,相对分子质量:191.2。CAS 号:10605-21-7。

3.4 百草枯

中文通用名:百草枯,英文通用名:paraquat,其他名称:克芜踪、对草快。化学名称:1,1'-二甲基-4,4'-联吡啶阳离子盐,分子式:$C_{12}H_{14}Cl_2N_2$,相对分子质量:257.2。CAS 号:1910-42-5。

3.5 莠去津

中文通用名:莠去津,英文通用名:atrazine,其他名称:阿特拉津、莠去尽、园保净。化学名称:2-氯-4-乙胺基-6-异丙胺基-1,3,5-三嗪,分子式:$C_8H_{14}ClN_5$,相对分子质量:215.7。CAS 号:1912-24-9。

3.6 氟虫腈

中文通用名:氟虫腈,英文通用名:fipronil,其他名称:锐劲特。化学名称:(RS)-5-氨基-1-(2,6-二氯-a,a,a-三氟-对-甲苯基)-4-三氟甲基亚磺酰基吡唑-3-腈,分子式:$C_{12}H_4Cl_2F_6N_4OS$,相对分子质量:437.2。CAS 号:120068-37-3。

3.7 现有企业

本标准实施之日前建成投产或环境影响评价文件已通过审批的杂环类(吡虫啉、三唑酮、多菌灵、百草枯、莠去津、氟虫腈)原药生产企业或生产设施。

3.8 新建企业

本标准实施之日起环境影响评价文件通过审批的新、改、扩建的杂环类(吡虫啉、三唑酮、多菌灵、百草枯、莠去津、氟虫腈)原药生产建设项目。

3.9 排水量

指生产设施或企业排放到企业法定边界外的废水量。包括与生产有直接或间接关系的各种外排废水(含厂区生活污水、冷却废水、厂区锅炉和电站废水等)。

3.10 单位产品基准排水量

指用于核定水污染物排放浓度而规定的生产单位农药产品的废水排放量上限值。

4 水污染物排放控制要求

4.1 排放限值

4.1.2 现有企业自2009年7月1日起执行表2规定的水污染物排放质量浓度限值。

4.1.3 新建企业自2008年7月1日起执行表2规定的水污染物排放质量浓度限值。

表 2　新建企业水污染物排放限值

单位:mg/L(pH 值、色度除外)

序号	污染物项目	排放质量浓度限值						污染物排放监控位置
		吡虫啉原药生产企业	三唑酮原药生产企业	多菌灵原药生产企业	百草枯原药生产企业	莠去津原药生产企业	氟虫腈原药生产企业	
1	pH 值	6～9	6～9	6～9	6～9	6～9	6～9	企业废水处理设施总排放口
2	色度(稀释倍数)	30	30	30	30	30	30	
3	悬浮物	50	50	50	50	50	50	
4	化学需氧量（COD_{Cr}）	100	100	100	100	100	100	
5	氨氮	10	10	10	10	10	10	
6	总氰化合物	—	—	—	0.4	—	0.5	
7	氟化物	—	—	—	—	—	10	
8	甲醛	—	—	—	—	—	1.0	
9	甲苯	—	—	—	—	—	0.1	
10	氯苯	—	—	—	—	—	0.2	
11	可吸附有机卤化物(AOX)	—	—	—	—	—	1.0	
12	苯胺类	—	—	—	—	—	1.0	
13	2-氯-5-氯甲基吡啶	2	—	—	—	—	—	
14	咪唑烷	10	—	—	—	—	—	
15	吡虫啉	5	—	—	—	—	—	
16	三唑酮	—	2	—	—	—	—	—
17	对氯苯酚	—	0.5	—	—	—	—	
18	多菌灵	—	—	2	—	—	—	
19	邻苯二胺	—	—	2	—	—	—	
20	吡啶	—	—	—	2	—	—	
21	百草枯离子	—	—	—	0.03	—	—	
22	2,2':6',2"-三联吡啶	—	—	—	不得检出[a]	—	—	
23	莠去津	—	—	—	—	3	—	生产设施或车间排放口

（续表）

序号	污染物项目	排放质量浓度限值						污染物排放监控位置
		吡虫啉原药生产企业	三唑酮原药生产企业	多菌灵原药生产企业	百草枯原药生产企业	莠去津原药生产企业	氟虫腈原药生产企业	
24	氟虫腈	—	—	—	—	—	0.04	生产设施或车间排放口
单位产品基准排水量/（m³/t）		150	20	120	18	20	200	排水量计量位置与污染物排放监控位置相同

注：a 2,2′:6′,2″-三联吡啶检出限：0.08mg/L。

4.1.4 根据环境保护工作的要求，在国土开发密度已经较高、环境承载能力开始减弱，或环境容量较小、生态环境脆弱，容易发生严重环境污染问题而需要采取特别保护措施的地区，应严格控制企业的污染物排放行为，在上述地区的杂环类农药工业现有企业和新建企业执行表3规定的水污染物特别排放限值。

表3 水污染物特别排放限值

单位：mg/L（pH值、色度除外）

序号	污染物项目	排放质量浓度限值						污染物排放监控位置
		吡虫啉原药生产企业	三唑酮原药生产企业	多菌灵原药生产企业	百草枯原药生产企业	莠去津原药生产企业	氟虫腈原药生产企业	
1	pH值	6～9	6～9	6～9	6～9	6～9	6～9	
2	色度（稀释倍数）	20	20	20	20	20	20	
3	悬浮物	30	30	30	30	30	30	
4	化学需氧量（COD$_{Cr}$）	80	80	80	80	80	80	
5	总磷	0.5	0.5	0.5	0.5	0.5	0.5	
6	总氮	15	15	15	15	15	15	
7	氨氮	5	5	5	5	5	5	企业废水处理设施总排放口
8	总氰化合物			0.2			0.2	
9	氟化物	—	—	—	—	—	5	
10	甲醛	—	—	—	—	—	0.5	
11	甲苯	—	—	—	—	—	0.06	
12	氯苯	—	—	—	—	—	0.1	
13	可吸附有机卤化物（AOX）	—	—	—	—	—	0.5	
14	苯胺类	—	—	—	—	—	0.5	
15	2-氯-5-氯甲基吡啶	1						

(续表)

序号	污染物项目	排放质量浓度限值						污染物排放监控位置
		吡虫啉原药生产企业	三唑酮原药生产企业	多菌灵原药生产企业	百草枯原药生产企业	莠去津原药生产企业	氟虫腈原药生产企业	
16	咪唑烷	5	—	—	—	—	—	企业废水处理设施总排放口
17	吡虫啉	3	—	—	—	—	—	
18	三唑酮	—	1	—	—	—	—	
19	对氯苯酚	—	0.3	—	—	—	—	
20	多菌灵	—	—	1	—	—	—	
21	邻苯二胺	—	—	1	—	—	—	
22	吡啶	—	—	—	1	—	—	
23	百草枯离子	—	—	—	0.01	—	—	
24	2,2′:6′,2″-三联吡啶	—	—	—	不得检出ª	—	—	
25	莠去津	—	—	—	—	1	—	生产设施或车间排放口
26	氟虫腈	—	—	—	—	—	0.01	
	单位产品基准排水量/(m³/t)	150	20	120	18	20	100	排水量计量位置与污染物排放监控位置相同

注：a 2,2′:6′,2″-三联吡啶检出限：0.08mg/L。

4.2 基准水量排放质量浓度的换算

4.2.1 水污染物排放质量浓度限值适用于单位产品实际排水量不高于单位产品基准排水量的情况。若单位产品实际排水量超过单位产品基准排水量，应按污染物单位产品基准排水量将实测水污染物质量浓度换算为水污染物基准水量排放质量浓度，并以水污染物基准水量排放质量浓度作为判定排放是否达标的依据。产品产量和排水量统计周期为一个工作日。

4.3 生产过程中的水污染控制要求

4.3.1 对各工段产生的废水应分别进行集中处理。

4.3.2 严格实施"清污分流"，对废水贮池、管网进行防腐、防渗漏处理，避免废水渗漏到清下水管网中；加强管理，增加集水池，杜绝地面冲洗水、设备冲洗水进入清水沟，把这类废水引入稀废水收集池。

4.3.3 在蒸馏后的产品抽滤操作过程中应采取有效措施控制产品流失，以减少悬浮物的产生量，提高产品回收率。

4.3.4 莠去津生产过程产生的废水应在储池中停留7d以上，以沉降悬浮物。

5 监测要求

5.1 对企业排放废水采样应根据监测污染物的种类，在规定的污染物排放监控位置进行。

在污染物排放监控位置须设置排污口标志。

5.2 新建企业应按照《污染源自动监控管理办法》的规定，安装污染物排放自动监控设备，与环保部门监控设备联网，保证设备正常运行。各地现有企业安装污染物排放自动监控设备的要求由省级环境保护主管部门规定。

5.3 对企业污染物排放情况进行监测的频次、采样时间等要求，按国家有关污染源监测技术规范的规定执行。

5.4 企业产品产量的核定，以法定报表为依据。

5.5 企业须按照有关法律和《环境监测管理办法》的规定，对排污状况进行监测，并保存原始监测记录。

6 标准实施与监督

6.1 本标准由县级以上人民政府环境保护行政主管部门负责监督实施。

6.2 在任何情况下，企业均应遵守本标准规定的污染物排放控制要求，采取必要措施保证污染防治设施正常运行。各级环保部门在对企业进行监督性检查时，可以现场即时采样或监测的结果，作为判定排污行为是否符合排放标准以及实施相关环境保护管理措施的依据。在发现企业耗水或排水量有异常变化的情况下，应核定企业的实际产品产量和排水量，按本标准的规定，换算水污染物基准水量排放质量浓度。

6.3 执行水污染物特别排放限值的地域范围、时间，由国务院环境保护主管部门或省级人民政府规定。

附录A（规范性附录） 废水中吡虫啉农药的测定 液相色谱法（略）
附录B（规范性附录） 废水中咪唑烷的测定 气相色谱法（略）
附录C（规范性附录） 废水中三唑酮的测定 气相色谱法（略）
附录D（规范性附录） 废水中多菌灵的测定 气相色谱法（略）
附录E（规范性附录） 废水中百草枯离子的测定 液相色谱法（略）
附录F（规范性附录） 废水中2,2′:6′,2″-三联吡啶的测定 气相色谱-质谱法（略）
附录G（规范性附录） 废水中莠去津的测定 气相色谱法（略）
附录H（规范性附录） 废水中对氯苯酚的测定 液相色谱法（略）
附录I（规范性附录） 废水中氟虫腈的测定 气相色谱法（略）

羽绒工业水污染物排放标准（节录）

GB 21901—2008

(2008年6月25日发布　2008年8月1日实施)

本标准由环境保护部科技标准司组织制定。
本标准主要起草单位：中国羽绒工业协会、环境保护部环境标准研究所。

（按原标准编号节录）

3　术语和定义

下列术语和定义适用于本标准。

3.1　羽绒工业

指将鹅、鸭的羽毛、羽绒经水洗和高温烘干消毒工艺生产符合国家相关产品质量标准的水洗羽毛绒产品，并将其作为填充料生产各种羽绒制品（包括各式羽绒服装及羽绒被、枕、褥、垫、睡袋等）的工业。

羽绒工业包括以下三种企业类型：水洗羽毛绒加工企业、羽绒制品加工企业、水洗羽毛绒与羽绒制品联合生产企业。

3.2　现有企业

指本标准实施之日前已建成投产或环境影响评价文件已通过审批的羽绒企业或生产设施。

3.3　新建企业

指本标准实施之日起环境影响评价文件通过审批的新建、改建和扩建羽绒工业建设项目。

3.4　排水量

指生产设施或企业向企业法定边界以外排放的废水的量，包括与生产有直接或间接关系的各种外排废水（如厂区生活污水、冷却废水、厂区锅炉和电站排水等）。

3.5　单位产品基准排水量

指用于核定水污染物排放浓度而规定的生产单位水洗羽毛绒产品（含水率≤13%）的废水排放量上限值。

4　水污染物排放控制要求

4.2　自2010年7月1日起，现有企业执行表2规定的水污染物排放限值。

4.3　自2008年8月1日起，新建企业执行表2规定的水污染物排放限值。

表2 新建企业水污染物排放浓度限值及单位产品基准排水量

单位:mg/L(pH 值除外)

序号	污染物项目	限值	污染物排放监控位置
1	pH 值	6~9	企业废水总排放口
2	悬浮物	50	
3	五日生化需氧量(BOD$_5$)	15	
4	化学需氧量(COD$_{Cr}$)	80	
5	氨氮	12	
6	总氮	16	
7	总磷	0.5	
8	阴离子表面活性剂	3	
9	动植物油	5	
	单位产品基准排水量/(m³/t)	60	排水量计量位置与污染物排放监控位置一致

注:单位产品基准排水量适用于水洗羽毛绒加工企业和水洗羽毛绒与羽绒制品联合生产企业。

4.4 根据环境保护工作的要求,在国土开发密度较高、环境承载能力开始减弱,或水环境容量较小、生态环境脆弱,容易发生严重水环境污染问题而需要采取特别保护措施的地区,应严格控制企业的污染排放行为,在上述地区的企业执行表3规定的水污染物特别排放限值。

执行水污染物特别排放限值的地域范围、时间,由国务院环境保护主管部门或省级人民政府规定。

表3 水污染物特别排放限值

单位:mg/L(pH 值除外)

序号	污染物项目	限值	污染物排放监控位置
1	pH 值	6~9	企业废水总排放口
2	悬浮物	20	
3	五日生化需氧量(BOD$_5$)	10	
4	化学需氧量(COD$_{Cr}$)	50	
5	氨氮	5	
6	总氮	10	
7	总磷	0.5	
8	阴离子表面活性剂	1	
9	动植物油	3	
	单位产品基准排水量/(m³/t)	30	排水量计量位置与污染物排放监控位置一致

注:单位产品基准排水量适用于水洗羽毛绒加工企业和水洗羽毛绒与羽绒制品联合生产企业。

5 水污染物监测要求

5.1 对企业排放废水的采样应根据监测污染物的种类,在规定的污染物排放监控位置进行,有废水处理设施的,应在该设施后监控。在污染物排放监控位置应设置永久性排污口标志。

5.2 新建企业应按照《污染源自动监控管理办法》的规定,安装污染物排放自动监控设备,并与环境保护主管部门的监控设备联网,保证设备正常运行。各地现有企业安装污染物排放自动监控设备的要求由省级环境保护主管部门规定。

5.3 对企业水污染物排放情况进行监测的频次、采样时间等要求,按国家有关污染源监测技术规范的规定执行。

5.4 企业产品产量的核定,以法定报表为依据。

5.5 对企业排放水污染物浓度的测定采用表4所列的方法标准。

表4 水污染物浓度测定方法标准

序号	污染物项目	方法标准名称	方法标准编号
1	pH值	水质 pH值的测定 玻璃电极法	GB/T 6920—1986
2	悬浮物	水质 悬浮物的测定 重量法	GB/T 11901—1989
3	五日生化需氧量	水质 五日生化需氧量(BOD_5)的测定 稀释与接种法	GB/T 7488—1987
4	化学需氧量	水质 化学需氧量的测定 重铬酸盐法	GB/T 11914—1989
		水质 化学需氧量的测定 快速消解分光光度法	HJ/T 399—2007
5	氨氮	水质 铵的测定 蒸馏和滴定法	GB/T 7478—1987
		水质 铵的测定 纳氏试剂比色法	GB/T 7479—1987
		水质 铵的测定 水杨酸分光光度法	GB/T 7481—1987
		水质 氨氮的测定 气相分子吸收光谱法	HJ/T 195—2005
6	总氮	水质 总氮的测定 碱性过硫酸钾消解紫外分光光度法	GB/T 11894—1989
		水质 总氮的测定 气相分子吸收光谱法	HJ/T 199—2005
7	总磷	水质 总磷的测定 钼酸铵分光光度法	GB/T 11893—1989
8	阴离子表面活性剂	水质 阴离子表面活性剂的测定 亚甲蓝分光光度法	GB/T 7494—1987
9	动植物油	水质 石油类和动植物油的测定 红外光度法	GB/T 16488—1996

5.6 企业须按照有关法律和《环境监测管理办法》的规定,对排污状况进行监测,并保存原始监测记录。

6 实施与监督

6.1 本标准由县级以上人民政府环境保护主管部门负责监督实施。

6.2 在任何情况下,羽绒生产企业均应遵守本标准的水污染物排放控制要求,采取必要措施保证污染防治设施正常运行。各级环保部门在对企业进行监督性检查时,可以现场即时采样或监测的结果,作为判定排污行为是否符合排放标准以及实施相关环境保护管理措施的依据。在发现企业耗水或排水量有异常变化的情况下,应核定企业的实际产品产量和排水量,按本标准规定,换算水污染物基准水量排放浓度。

医疗机构水污染物排放标准(节录)

GB 18466—2005

(2005年7月27日发布 2006年1月1日实施)

本标准由国家环境保护总局科技标准司提出并归口。
本标准委托北京市环境保护科学研究院和中国疾病预防控制中心起草。

(按原标准编号节录)

3 术语和定义

本标准采用下列定义。

3.1 医疗机构 medical organization

指从事疾病诊断、治疗活动的医院、卫生院、疗养院、门诊部、诊所、卫生急救站等。

3.2 医疗机构污水 medical organization wastewater

指医疗机构门诊、病房、手术室、各类检验室、病理解剖室、放射室、洗衣房、太平间等处排出的诊疗、生活及粪便污水。当医疗机构其他污水与上述污水混合排出时一律视为医疗机构污水。

3.3 污泥 sludge

指医疗机构污水处理过程中产生的栅渣、沉淀污泥和化粪池污泥。

3.4 废气 waste gas

指医疗机构污水处理过程中产生的有害气体。

4 技术内容

4.1 污水排放要求

4.1.1 传染病和结核病医疗机构污水排放一律执行表1的规定。

4.1.2 县级及县级以上或20张床位及以上的综合医疗机构和其他医疗机构污水排放执行表2的规定。直接或间接排入地表水体和海域的污水执行排放标准,排入终端已建有正常运行城镇二级污水处理厂的下水道的污水,执行预处理标准。

表1 传染病、结核病医疗机构水污染物排放限值(日均值)

序号	控制项目	标准值
1	粪大肠菌群数/(MPN/L)	100
2	肠道致病菌	不得检出
3	肠道病毒	不得检出
4	结核杆菌	不得检出
5	pH	6～9
6	化学需氧量(COD) 　　浓度/(mg/L) 　　最高允许排放负荷/[g/(床位·d)]	60 60
7	生化需氧量(BOD) 　　浓度/(mg/L) 　　最高允许排放负荷/[g/(床位·d)]	20 20
8	悬浮物(SS) 　　浓度/(mg/L) 　　最高允许排放负荷[g/(床位·d)]	20 20
9	氨氮/(mg/L)	15
10	动植物油/(mg/L)	5
11	石油类/(mg/L)	5
12	阴离子表面活性剂/(mg/L)	5
13	色度/(稀释倍数)	30
14	挥发酚/(mg/L)	0.5
15	总氰化物/(mg/L)	0.5
16	总汞/(mg/L)	0.05
17	总镉/(mg/L)	0.1
18	总铬/(mg/L)	1.5
19	六价铬/(mg/L)	0.5
20	总砷/(mg/L)	0.5
21	总铅/(mg/L)	1.0
22	总银/(mg/L)	0.5
23	总α/(Bq/L)	1
24	总β/(Bq/L)	10
25	总余氯[a,b]/(mg/L) (直接排入水体的要求)	0.5

注:a 采用含氯消毒剂消毒的工艺控制要求为:消毒接触池的接触时间≥1.5 h,接触池出口总余氯6.5～10 mg/L。
　　b 采用其他消毒剂对总余氯不做要求。

表2 综合医疗机构和其他医疗机构水污染物排放限值(日均值)

序号	控制项目	排放标准	预处理标准
1	粪大肠菌群数/(MPN/L)	500	5 000
2	肠道致病菌	不得检出	—
3	肠道病毒	不得检出	—
4	pH	6～9	6～9
5	化学需氧量(COD) 　　浓度/(mg/L) 　　最高允许排放负荷/[g/(床位·d)]	 60 60	 250 250
6	生化需氧量(BOD) 　　浓度/(mg/L) 　　最高允许排放负荷/[g/(床位·d)]	 20 20	 100 100
7	悬浮物(ss) 　　浓度/(mg/L) 　　最高允许排放负荷/[g/(床位·d)]	 20 20	 60 60
8	氨氮/(mg/L)	15	—
9	动植物油/(mg/L)	5	20
10	石油类/(mg/L)	5	20
11	阴离子表面活性剂/(mg/L)	5	10
12	色度/(稀释倍数)	30	—
13	挥发酚/(mg/L)	0.5	1.0
14	总氰化物/(mg/L)	0.5	0.5
15	总汞/(mg/L)	0.05	0.5
16	总镉/(mg/L)	0.1	0.1
17	总铬/(mg/L)	1.5	1.5
18	六价铬/(m/L)	0.5	0.5
19	总砷/(mg/L)	0.5	0.5
20	总铅/(mg/L)	1.0	1.0
21	总银/(mg/L)	0.5	0.5
22	总α/(Bq/L)	1	1
23	总β/(Bq/L)	10	10
24	总余氯[a,b]/(m/L)	0.5	—

注：a 采用含氯消毒剂消毒的工艺控制要求为：
　　排放标准：消毒接触池接触时间≥1h,接触池出口总余氯3～10 mg/L。
　　预处理标准：消毒接触池接触时间≥1h,接触池出口总余氯2～8 mg/L。
　b 采用其他消毒剂对总余氯不做要求。

4.1.3 县级以下或20张床位以下的综合医疗机构和其他所有医疗机构污水经消毒处理后方可排放。

4.1.4 禁止向 GB 3838 Ⅰ、Ⅱ类水域和Ⅲ类水域的饮用水保护区和游泳区，GB 3097 一、二类海域直接排放医疗机构污水。

4.1.5 带传染病房的综合医疗机构，应将传染病房污水与非传染病房污水分开。传染病房的污水、粪便经过消毒后方可与其他污水合并处理。

4.1.6 采用含氯消毒剂进行消毒的医疗机构污水，若直接排入地表水体和海域，应进行脱氯处理，使总余氯小于 0.5 mg/L。

4.2 废气排放要求

4.2.1 污水处理站排出的废气应进行除臭除味处理，保证污水处理站周边空气中污染物达到表3要求。

表3 污水处理站周边大气污染物最高允许浓度

序号	控制项目	标准值
1	氨/(mg/m³)	1.0
2	硫化氢/(mg/m³)	0.03
3	臭气浓度(无量纲)	10
4	氯气/(mg/m³)	0.1
5	甲烷(指处理站内最高体积百分数/%)	1

4.2.2 传染病和结核病医疗机构应对污水处理站排出的废气进行消毒处理。

4.3 污泥控制与处置

4.3.1 栅渣、化粪池和污水处理站污泥属危险废物，应按危险废物进行处理和处置。

4.3.2 污泥清掏前应进行监测，达到表4要求。

表4 医疗机构污泥控制标准

医疗机构类别	粪大肠菌群数/(MPN/g)	肠道致病菌	肠道病毒	结核杆菌	蛔虫卵死亡率/%
传染病医疗机构	≤100	不得检出	不得检出	—	>95
结核病医疗机构	≤100	—	—	不得检出	>95
综合医疗机构和其他医疗机构	≤100	—	—	—	>95

5 处理工艺与消毒要求

5.1 医疗机构病区和非病区的污水，传染病区和非传染病区的污水应分流，不得将固体传染性废物、各种化学废液弃置和倾倒排入下水道。

5.2 传染病医疗机构和综合医疗机构的传染病房应设专用化粪池，收集经消毒处理后的粪便排泄物等传染性废物。

5.3 化粪池应按最高日排水量设计，停留时间为 24～36 h。清掏周期为 180～360 d。

5.4 医疗机构的各种特殊排水应单独收集并进行处理后,再排入医院污水处理站。

5.4.1 低放射性废水应经衰变池处理。

5.4.2 洗相室废液应回收银,并对废液进行处理。

5.4.3 口腔科含汞废水应进行除汞处理。

5.4.4 检验室废水应根据使用化学品的性质单独收集,单独处理。

5.4.5 含油废水应设置隔油池处理。

5.5 传染病医疗机构和结核病医疗机构污水处理宜采用二级处理+消毒工艺或深度处理+消毒工艺。

5.6 综合医疗机构污水排放执行排放标准时,宜采用二级处理+消毒工艺或深度处理+消毒工艺;执行预处理标准时宜采用一级处理或一级强化处理+消毒工艺。

5.7 消毒剂应根据技术经济分析选用,通常使用的有:二氧化氯、次氯酸钠、液氯、紫外线和臭氧等。采用含氯消毒剂时按表1、表2要求设计。

5.7.1 采用紫外线消毒,污水悬浮物浓度应小于10 mg/L,照射剂量30～40 mJ/cm^2,照射接触时间应大于10 s 或由试验确定。

5.7.2 采用臭氧消毒,污水悬浮物浓度应小于20 m/L,臭氧用量应大于10 m/L,接触时间应大于12 min 或由试验确定。

6 取样与监测

6.1 污水取样与监测

6.1.1 应按规定设置科室处理设施排出口和单位污水外排口,并设置排放口标志。

6.1.2 表1第16～22项,表2第15～21项在科室处理设施排出口取样,总α、总β在衰变池出口取样监测。其他污染物的采样点一律设在排污单位的外排口。

医疗机构污水外排口处应设污水计量装置,并宜设污水比例采样器和在线监测设备。

6.1.3 监测频率

6.1.3.1 粪大肠菌群数每月监测不得少于1次。采用含氯消毒剂消毒时,接触池出口总余氯每日监测不得少于2次(采用间歇式消毒处理的,每次排放前监测)。

6.1.3.2 肠道致病菌主要监测沙门氏菌、志贺氏菌。沙门氏菌的监测,每季度不少于1次;志贺氏菌的监测,每年不少于2次。其他致病菌和肠道病毒按6.1.3.3规定进行监测。结核病医疗机构根据需要监测结核杆菌。

6.1.3.3 收治了传染病病人的医院应加强对肠道致病菌和肠道病毒的监测。同时收治的感染上同一种肠道致病菌或肠道病毒的甲类传染病病人数超过5人、或乙类传染病病人数超过10人、或丙类传染病病人数超过20人时,应及时监测该种传染病病原体。

6.1.3.4 理化指标监测频率:pH每日监测不少于2次,COD和SS每周监测1次,其他污染物每季度监测不少于1次。

6.1.3.5 采样频率:每4小时采样1次,一日至少采样3次,测定结果以日均值计。

6.1.4 监督性监测按 HJ/T 91 执行。

6.1.5 监测分析方法按表5和附录执行。(表5具体内容见原标准)

6.1.6 污染物单位排放负荷计算见附录F。

6.2 大气取样与监测

6.2.1 污水处理站大气监测点的布置方法与采样方法按 GB 16297 中附录 C 和 HJ/T 55 的有关规定执行。

6.2.2 采样频率,每 2 小时采样一次,共采集 4 次,取其最大测定值。每季度监测一次。

6.2.3 监测分析方法按表 6 执行。(表 6 具体内容见原标准)

6.3 污泥取样与监测

6.3.1 取样方法,采用多点取样,样品应有代表性,样品重量不小于 1 kg。清掏前监测。

6.3.2 监测分析方法见附录 A、附录 B、附录 C、附录 D 和附录 E。

7 标准的实施与监督

7.1 本标准由县级以上人民政府环境保护行政主管部门负责监督实施。

7.2 省、自治区、直辖市人民政府对执行本标准不能达到本地区环境功能要求时,可以根据总量控制要求和环境影响评价结果制定严于本标准的地方污染物排放标准。

附录 A(规范性附录) 医疗机构污水和污泥中粪大肠菌群的检验方法(略)
附录 B(规范性附录) 医疗机构污水和污泥中沙门氏菌的检验方法(略)
附录 C(规范性附录) 医疗机构污水及污泥中志贺氏菌的检验方法(略)
附录 D(标准的附录) 医疗机构污泥中蛔虫卵的检验方法(略)
附录 E(规范性附录) 医疗机构污水和污泥中结核杆菌的检验方法(略)
附录 F(规范性附录) 医疗机构污水污染物(COD、BOD、SS)单位排放负荷计算方法(略)

发酵类制药工业水污染物排放标准(节录)

GB 21903—2008

(2008 年 6 月 25 日发布 2008 年 8 月 1 日实施)

本标准由环境保护部科技标准司组织制定。

本标准主要起草单位:华北制药集团环境保护研究所、河北省环境科学研究院、环境保护部环境标准研究所、中国化学制药工业协会。

(按原标准编号节录)

3 术语和定义

下列术语和定义适用于本标准。

3.1 发酵类制药

指通过发酵的方法产生抗生素或其他的活性成分,然后经过分离、纯化、精制等工序生产出药物的过程,按产品种类分为抗生素类、维生素类、氨基酸类和其他类。其中,抗生素类按照化学结构又分为β-内酰胺类、氨基糖苷类、大环内酯类、四环素类、多肽类和其他。

3.2 现有企业

本标准实施之日前已建成投产或环境影响评价文件已通过审批的发酵类制药企业或生产设施。

3.3 新建企业

本标准实施之日起环境影响评价文件通过审批的新建、改建、扩建发酵类制药工业建设项目。

3.4 排水量

指生产设施或企业向企业法定边界以外排放的废水的量,包括与生产有直接或间接关系的各种外排废水(含厂区生活污水、冷却废水、厂区锅炉和电站排水等)。

3.5 单位产品基准排水量

指用于核定水污染物排放浓度而规定的生产单位产品的废水排放量上限值。

4 水污染物排放控制要求

4.1 排放限值

4.1.2 自2010年7月1日起,现有企业执行表2规定的水污染物排放限值。

4.1.3 自2008年8月1日起,新建企业执行表2规定的水污染物排放限值。

表2 新建企业水污染物排放浓度限值

单位:mg/L(pH值、色度除外)

序号	污染物项目	限值	污染物排放监控位置
1	pH值	6～9	企业废水总排放口
2	色度(稀释倍数)	60	
3	悬浮物	60	
4	五日生化需氧量(BOD_5)	40(30)	
5	化学需氧量(COD_{Cr})	120(100)	
6	氨氮	35(25)	
7	总氮	70(50)	
8	总磷	1.0	
9	总有机碳	40(30)	
10	急性毒性($HgCl_2$毒性当量)	0.07	
11	总锌	3.0	
12	总氰化物	0.5	

注:括号内排放限值适用于同时生产发酵类原料药和混装制剂的联合生产企业。

4.1.4 根据环境保护工作的要求,在国土开发密度较高、环境承载能力开始减弱,或水环境容量较小、生态环境脆弱,容易发生严重水环境污染问题而需要采取特别保护措施的地区,应严格控制企业的污染排放行为,在上述地区的企业执行表3规定的水污染物特别排放限值。

执行水污染物特别排放限值的地域范围、时间,由国务院环境保护主管部门或省级人民政府规定。

表3 水污染物特别排放限值

单位:mg/L(pH值、色度除外)

序号	污染物项目	限值	污染物排放监控位置
1	pH值	6～9	企业废水总排放口
2	色度(稀释倍数)	30	
3	悬浮物	10	
4	五日生化需氧量(BOD_5)	10	
5	化学需氧量(COD_{Cr})	50	
6	氨氮	5	
7	总氮	15	
8	总磷	0.5	
9	总有机碳	15	
10	急性毒性($HgCl_2$毒性当量)	0.07	
11	总锌	0.5	
12	总氰化物	不得检出	

注:总氰化物检出限为0.25 mg/L。

5 水污染物监测要求

5.1 对企业排放废水的采样应根据监测污染物的种类,在规定的污染物排放监控位置进行,有废水处理设施的,应在该设施后监控。在污染物排放监控位置应设置永久性排污口标志。

5.2 新建企业应按照《污染源自动监控管理办法》的规定,安装污染物排放自动监控设备,并与环境保护主管部门的监控设备联网,保证设备正常运行。各地现有企业安装污染物排放自动监控设备的要求由省级环境保护主管部门规定。

5.3 对企业水污染物排放情况进行监测的频次、采样时间等要求,按国家有关污染源监测技术规范的规定执行。

5.4 企业产品产量的核定,以法定报表为依据。

5.5 对企业排放水污染物浓度的测定采用表5所列的方法标准。(表5具体内容见原标准)

5.6 企业须按照有关法律和《环境监测管理办法》的规定,对排污状况进行监测,并保存原始监测记录。

6 实施与监督

6.1 本标准由县级以上人民政府环境保护主管部门负责监督实施。

6.2 在任何情况下,发酵类制药生产企业均应遵守本标准规定的水污染物排放控制要求,采取必要措施保证污染防治设施正常运行。各级环保部门在对企业进行监督性检查时,可以现场即时采样或监测的结果,作为判定排污行为是否符合排放标准以及实施相关环境保护管理措施的依据。在发现企业耗水或排水量有异常变化的情况下,应核定企业的实际产品产量和排水量,按本标准规定,换算水污染物基准水量排放浓度。

化学合成类制药工业水污染物排放标准(节录)

GB 21904—2008

(2008年6月25日发布　2008年8月1日实施)

本标准由环境保护部科技标准司组织制定。

本标准主要起草单位:哈尔滨工业大学、河北省环境科学研究院、环境保护部环境标准研究所。

(按原标准编号节录)

3　术语和定义

下列术语和定义适用于本标准。

3.1　化学合成类制药

采用一个化学反应或者一系列化学反应生产药物活性成分的过程。

3.2　现有企业

本标准实施之日前已建成投产或环境影响评价文件已通过审批的化学合成类制药企业或生产设施。

3.3　新建企业

本标准实施之日起环境影响评价文件通过审批的新建、改建和扩建化学合成类制药工业建设项目。

3.4　排水量

指生产设施或企业向企业法定边界以外排放的废水的量,包括与生产有直接或间接关系的各种外排废水(含厂区生活污水、冷却废水、厂区锅炉和电站排水等)。

3.5　单位产品基准排水量

指用于核定水污染物排放浓度而规定的生产单位产品的废水排放量上限值。

4　水污染物排放控制要求

4.1　排放限值

4.1.2　自2010年7月1日起,现有企业执行表2规定的水污染物排放限值。

4.1.3　自2008年8月1日起,新建企业执行表2规定的水污染物排放限值。

表2 新建企业水污染物排放浓度限值

单位:mg/L(pH 值、色度除外)

序号	污染物项目	限值	污染物排放监控位置
1	pH 值	6～9	企业废水总排放口
2	色度(稀释倍数)	50	
3	悬浮物	50	
4	五日生化需氧量(BOD_5)	25(20)[b]	
5	化学需氧量(COD_{Cr})	120(100)[b]	
6	氨氮(以 N 计)	25(20)[b]	
7	总氮	35(30)[b]	
8	总磷	1.0	
9	总有机碳	35(30)[b]	
10	急性毒性($HgCl_2$毒性当量)	0.07	
11	总铜	0.5	
12	总锌	0.5	
13	总氰化物	0.5	
14	挥发酚	0.5	
15	硫化物	1.0	
16	硝基苯类	2.0	
17	苯胺类	2.0	
18	二氯甲烷	0.3	
19	总汞	0.05	车间或生产设施废水排放口
20	烷基汞	不得检出[a]	
21	总镉	0.1	
22	六价铬	0.5	
23	总砷	0.5	
24	总铅	1.0	
25	总镍	1.0	

注:a 烷基汞检出限:10 ng/L。
b 括号内排放限值适用于同时生产化学合成类原料药和混装制剂的联合生产企业。

4.1.4 根据环境保护工作的要求,在国土开发密度较高、环境承载能力开始减弱,或水环境容量较小、生态环境脆弱,容易发生严重水环境污染问题而需要采取特别保护措施的地区,应严格控制企业的污染排放行为,在上述地区的企业执行表3规定的水污染物特别排放限值。

执行水污染物特别排放限值的地域范围、时间,由国务院环境保护主管部门或省级人民政府规定。

表3 水污染物特别排放限值

单位:mg/L(pH 值、色度除外)

序号	污染物项目	限值	污染物排放监控位置
1	pH 值	6～9	企业废水总排放口
2	色度(稀释倍数)	30	
3	悬浮物	10	
4	五日生化需氧量(BOD_5)	10	
5	化学需氧量(COD_{Cr})	50	
6	氨氮	5	
7	总氮	15	
8	总磷	0.5	
9	总有机碳	15	
10	急性毒性($HgCl_2$毒性当量)	0.07	
11	总铜	0.5	
12	总锌	0.5	
13	总氰化物	不得检出[a]	
14	挥发酚	0.5	
15	硫化物	1.0	
16	硝基苯类	2.0	
17	苯胺类	1.0	
18	二氯甲烷	0.2	
19	总汞	0.05	车间或生产设施废水排放口
20	烷基汞	不得检出[b]	
21	总镉	0.1	
22	六价铬	0.3	
23	总砷	0.3	
24	总铅	1.0	
25	总镍	1.0	

注:a 总氰化物检出限:0.25 mg/L。
　　b 烷基汞检出限:10 ng/L。

5 水污染物监测要求

5.1 对企业排放废水的采样应根据监测污染物的种类,在规定的污染物排放监控位置进行,有废水处理设施的,应在该设施后监控。在污染物排放监控位置应设置永久性排污口标志。

5.2 新建企业应按照《污染源自动监控管理办法》的规定,安装污染物排放自动监控设备,并与环境保护主管部门的监控设备联网,保证设备正常运行。各地现有企业安装污染物排放自动监控设备的要求由省级环境保护主管部门规定。

5.3 对企业水污染物排放情况进行监测的频次、采样时间等要求,按国家有关污染源监测技术规范的规定执行。

5.4 企业产品产量的核定,以法定报表为依据。

5.5 对企业排放水污染物浓度的测定采用表5所列的方法标准。(表5具体内容见原标准)

5.6 企业须按照有关法律和《环境监测管理办法》的规定,对排污状况进行监测,并保存原始监测记录。

6 实施与监督

6.1 本标准由县级以上人民政府环境保护主管部门负责监督实施。

6.2 在任何情况下,化学合成类制药生产企业均应遵守本标准规定的水污染物排放控制要求,采取必要措施保证污染防治设施正常运行。各级环保部门在对企业进行监督性检查时,可以现场即时采样或监测的结果,作为判定排污行为是否符合排放标准以及实施相关环境保护管理措施的依据。在发现企业耗水或排水量有异常变化的情况下,应核定企业的实际产品产量和排水量,按本标准的规定,换算水污染物基准水量排放浓度。

提取类制药工业水污染物排放标准(节录)

GB 21905—2008

(2008年6月25日发布　2008年8月1日实施)

本标准由环境保护部科技标准司组织制定。

本标准主要起草单位:河北省环境科学研究院、环境保护部环境标准研究所。

(按原标准编号节录)

3 术语和定义

下列术语和定义适用于本标准。

3.1 提取类制药

指运用物理的、化学的、生物化学的方法,将生物体中起重要生理作用的各种基本物质经过提取、分离、纯化等手段制造药物的过程。

3.2 现有企业

本标准实施之日前已建成投产或环境影响评价文件已通过审批的提取类制药企业或生产设施。

3.3 新建企业

本标准实施之日起环境影响评价文件通过审批的新建、改建和扩建提取类制药工业建设项目。

3.4 排水量

指生产设施或企业向企业法定边界以外排放的废水的量,包括与生产有直接或间接关系的各种外排废水(含厂区生活污水、冷却废水、厂区锅炉和电站排水等)。

3.5 单位产品基准排水量

指用于核定水污染物排放浓度而规定的生产单位产品的废水排放量上限值。

4 水污染物排放控制要求

4.2 自2010年7月1日起,现有企业执行表2规定的水污染物排放限值。

4.3 自2008年8月1日起,新建企业执行表2规定的水污染物排放限值。

表2 新建企业水污染物排放浓度限值及单位产品基准排水量

单位:mg/L(pH值、色度除外)

序号	污染物项目	限值	污染物排放监控位置
1	pH值	6～9	企业废水总排放口
2	色度(稀释倍数)	50	
3	悬浮物	50	
4	五日生化需氧量(BOD_5)	20	
5	化学需氧量(COD_{Cr})	100	
6	动植物油	5	
7	氨氮	15	
8	总氮	30	
9	总磷	0.5	
10	总有机碳	30	
11	急性毒性($HgCl_2$毒性当量)	0.07	
单位产品基准排水量/(m^3/t)		500	排水量计量位置与污染物排放监控位置一致

4.4 根据环境保护工作的要求,在国土开发密度较高、环境承载能力开始减弱,或水环境容量较小、生态环境脆弱,容易发生严重水环境污染问题而需要采取特别保护措施的地区,应严格控制企业的污染排放行为,在上述地区的企业执行表3规定的水污染物特别排放限值。

执行水污染物特别排放限值的地域范围、时间,由国务院环境保护主管部门或省级人民政府规定。

表3 水污染物特别排放限值

单位:mg/L(pH值、色度除外)

序号	污染物项目	限值	污染物排放监控位置
1	pH值	6~9	企业废水总排放口
2	色度(稀释倍数)	30	
3	悬浮物	10	
4	五日生化需氧量(BOD_5)	10	
5	化学需氧量(COD_{Cr})	50	
6	动植物油	5	
7	氨氮	5	
8	总氮	15	
9	总磷	0.5	
10	总有机碳	15	
11	急性毒性($HgCl_2$毒性当量)	0.07	
单位产品基准排水量/(m^3/t)		500	排水量计量位置与污染物排放监控位置一致

5 水污染物监测要求

5.1 对企业排放废水的采样应根据监测污染物的种类,在规定的污染物排放监控位置进行,有废水处理设施的,应在该设施后监控。污染物排放监控位置应设置永久性排污口标志。

5.2 新建企业应按照《污染源自动监控管理办法》的规定,安装污染物排放自动监控设备,并与环境保护主管部门的监控设备联网,保证设备正常运行。各地现有企业安装污染物排放自动监控设备的要求由省级环境保护主管部门规定。

5.3 对企业水污染物排放情况进行监测的频次、采样时间等要求,按国家有关污染源监测技术规范的规定执行。

5.4 企业产品产量的核定,以法定报表为依据。

5.5 对企业排放水污染物浓度的测定采用表4所列的方法标准。(表4具体内容见原标准)

5.6 企业须按照有关法律和《环境监测管理办法》的规定,对排污状况进行监测,并保存原始监测记录。

6 实施与监督

6.1 本标准由县级以上人民政府环境保护主管部门负责监督实施。

6.2 在任何情况下,提取类制药生产企业均应遵守本标准规定的水污染物排放控制要求,采取必要措施保证污染防治设施正常运行。各级环保部门在对企业进行监督性检查时,可以现场即时采样或监测的结果,作为判定排污行为是否符合排放标准以及实施相关环境保护管理措施的依据。在发现企业耗水或排水量有异常变化的情况下,应核定企业的实际产品产量和排水量,按本标准的规定,换算水污染物基准水量排放浓度。

中药类制药工业水污染物排放标准（节录）

GB 21906—2008

（2008年6月25日发布　2008年8月1日实施）

本标准由环境保护部科技标准司组织制定。
本标准主要起草单位：中国环境科学研究院、中国中药协会、河北省环境科学研究院。

（按原标准编号节录）

3　术语和定义

下列术语和定义适用于本标准。

3.1　中药制药

指以药用植物和药用动物为主要原料，根据国家药典，生产中药饮片和中成药各种剂型产品的过程。

3.2　现有企业

本标准实施之日前已建成投产或环境影响评价文件已通过审批的中药类制药企业或生产设施。

3.3　新建企业

本标准实施之日起环境影响评价文件通过审批的新建、改建和扩建中药类制药工业建设项目。

3.4　排水量

指生产设施或企业向企业法定边界以外排放的废水的量，包括与生产有直接或间接关系的各种外排废水（含厂区生活污水、冷却废水、厂区锅炉和电站排水等）。

3.5　单位产品基准排水量

指用于核定水污染物排放浓度而规定的生产单位产品的废水排放量上限值。

4　水污染物排放控制要求

4.2　自2010年7月1日起，现有企业执行表2规定的水污染物排放限值。

4.3　自2008年8月1日起，新建企业执行表2规定的水污染物排放限值。

表2　新建企业水污染物排放浓度限值及单位产品基准排水量

单位:mg/L(pH值、色度除外)

序号	污染物项目	限值	污染物排放监控位置
1	pH值	6～9	企业废水总排放口
2	色度(稀释倍数)	50	
3	悬浮物	50	
4	五日生化需氧量(BOD_5)	20	
5	化学需氧量(COD_{Cr})	100	
6	动植物油	5	
7	氨氮	8	
8	总氮	20	
9	总磷	0.5	
10	总有机碳	25	
11	总氰化物	0.5	
12	急性毒性($HgCl_2$毒性当量)	0.07	
13	总汞	0.05	车间或生产设施废水排放口
14	总砷	0.5	
	单位产品基准排水量/(m^3/t)	300	排水量计量位置与污染物排放监控位置一致

4.4　根据环境保护工作的要求,在国土开发密度较高、环境承载能力开始减弱,或水环境容量较小、生态环境脆弱,容易发生严重水环境污染问题而需要采取特别保护措施的地区,应严格控制企业的污染排放行为,在上述地区的企业执行表3规定的水污染物特别排放限值。

执行水污染物特别排放限值的地域范围、时间,由国务院环境保护主管部门或省级人民政府规定。

表3　水污染物特别排放限值

单位:mg/L(pH值、色度除外)

序号	污染物项目	限值	污染物排放监控位置
1	pH值	6～9	企业废水总排放口
2	色度(稀释倍数)	30	
3	悬浮物	15	
4	五日生化需氧量(BOD_5)	15	
5	化学需氧量(COD_{Cr})	50	
6	动植物油	5	

(续表)

序号	污染物项目	限值	污染物排放监控位置
7	氨氮	5	企业废水总排放口
8	总氮	15	
9	总磷	0.5	
10	总有机碳	20	
11	总氰化物	0.3	
12	急性毒性($HgCl_2$毒性当量)	0.07	
13	总汞	0.01	车间或生产设施废水排放口
14	总砷	0.1	
单位产品基准排水量/(m^3/t)		300	排水量计量位置与污染物排放监控位置一致

5 水污染物监测要求

5.1 对企业排放废水的采样应根据监测污染物的种类,在规定的污染物排放监控位置进行,有废水处理设施的,应在该设施后监控。在污染物排放监控位置应设置永久性排污口标志。

5.2 新建企业应按照《污染源自动监控管理办法》的规定,安装污染物排放自动监控设备,并与环境保护主管部门的监控设备联网,保证设备正常运行。各地现有企业安装污染物排放自动监控设备的要求由省级环境保护主管部门规定。

5.3 对企业水污染物排放情况进行监测的频次、采样时间等要求,按国家有关污染源监测技术规范的规定执行。

5.4 企业产品产量的核定,以法定报表为依据。

5.5 对企业排放水污染物浓度的测定采用表4所列的方法标准。(表4具体内容见原标准)

5.6 企业须按照有关法律和《环境监测管理办法》的规定,对排污状况进行监测,并保存原始监测记录。

6 实施与监督

6.1 本标准由县级以上人民政府环境保护主管部门负责监督实施。

6.2 在任何情况下,中药类制药生产企业均应遵守本标准规定的水污染物排放控制要求,采取必要措施保证污染防治设施正常运行。各级环保部门在对企业进行监督性检查时,可以现场即时采样或监测的结果,作为判定排污行为是否符合排放标准以及实施相关环境保护管理措施的依据。在发现企业耗水或排水量有异常变化的情况下,应核定企业的实际产品产量和排水量,按本标准规定,换算水污染物基准水量排放浓度。

生物工程类制药工业水污染物排放标准（节录）

GB 21907—2008

(2008年6月25日发布　2008年8月1日实施)

本标准由环境保护部科技标准司组织制定。

本标准主要起草单位：华东理工大学、上海市生物医药行业协会、河北省环境科学研究院、环境保护部环境标准研究所、中国医药生物技术协会、上海市环境保护局。

（按原标准编号节录）

3　术语和定义

下列术语和定义适用于本标准。

3.1　生物工程类制药

指利用微生物、寄生虫、动物毒素、生物组织等，采用现代生物技术方法（主要是基因工程技术等）进行生产，作为治疗、诊断等用途的多肽和蛋白质类药物、疫苗等药品的过程，包括基因工程药物、基因工程疫苗、克隆工程制备药物等。

3.2　现有企业

本标准实施之日前已建成投产或环境影响评价文件已通过审批的生物工程类制药企业或生产设施。

3.3　新建企业

本标准实施之日起环境影响评价文件通过审批的新建、改建和扩建生物工程类制药工业建设项目。

3.4　排水量

指生产设施或企业向企业法定边界以外排放的废水的量，包括与生产有直接或间接关系的各种外排废水（含厂区生活污水、冷却废水、厂区锅炉和电站排水等）。

3.5　单位产品基准排水量

指用于核定水污染物排放浓度而规定的生产单位产品的废水排放量上限值。

4　水污染物排放控制要求

4.1　排放限值

4.1.2　自2010年7月1日起，现有企业执行表2规定的水污染物排放限值。

4.1.3　自2008年8月1日起，新建企业执行表2规定的水污染物排放限值。

表 2　新建企业水污染物排放浓度限值

单位:mg/L(pH 值、色度、粪大肠菌群数除外)

序号	污染物项目	限值	污染物排放监控位置
1	pH 值	6～9	企业废水总排放口
2	色度(稀释倍数)	50	
3	悬浮物	50	
4	五日生化需氧量(BOD_5)	20	
5	化学需氧量(COD_{Cr})	80	
6	动植物油	5	
7	挥发酚	0.5	
8	氨氮	10	
9	总氮	30	
10	总磷	0.5	
11	甲醛	2.0	
12	乙腈	3.0	
13	总余氯(以 Cl 计)	0.5	
14	粪大肠菌群数[a]/(MPN/L)	500	
15	总有机碳(TOC)	30	
16	急性毒性($HgCl_2$ 毒性当量)	0.07	

注:a 消毒指示微生物指标。

4.1.4 根据环境保护工作的要求,在国土开发密度较高、环境承载能力开始减弱,或水环境容量较小、生态环境脆弱,容易发生严重水环境污染问题而需要采取特别保护措施的地区,应严格控制企业的污染排放行为,在上述地区的企业执行表 3 规定的水污染物特别排放限值。

执行水污染物特别排放限值的地域范围、时间,由国务院环境保护主管部门或省级人民政府规定。

表 3　水污染物特别排放限值

单位:mg/L(pH 值、色度、粪大肠菌群数除外)

序号	污染物项目	限值	污染物排放监控位置
1	pH 值	6～9	企业废水总排放口
2	色度(稀释倍数)	30	
3	悬浮物	10	
4	五日生化需氧量(BOD_5)	10	
5	化学需氧量(COD_{Cr})	50	

(续表)

序号	污染物项目	限值	污染物排放监控位置
6	动植物油	1.0	企业废水总排放口
7	挥发酚	0.5	
8	氨氮	5	
9	总氮	15	
10	总磷	0.5	
11	甲醛	1.0	
12	乙腈	2.0	
13	总余氯（以Cl计）	0.5	
14	粪大肠菌群数[a]/(MPN/L)	100	
15	总有机碳（TOC）	15	
16	急性毒性（$HgCl_2$毒性当量）	0.07	

注：a 消毒指示微生物指标。

4.2 基准水量排放浓度换算

4.2.1 生产不同类别的生物工程类制药产品，其单位产品基准排水量见表4。

表4 生物工程类制药工业企业单位产品基准排水量

单位：m^3/kg

序号	药物种类	单位产品基准排水量	排水量计量位置
1	细胞因子[a]、生长因子、人生长激素	80 000	排水量计量位置与污染物排放监控位置一致
2	治疗性酶[b]	200	
3	基因工程疫苗	250	
4	其他类	80	

注：a 细胞因子主要指干扰素类、白介素类、肿瘤坏死因子及相类似药物。
b 治疗性酶主要指重组溶栓剂、重组抗凝剂、重组抗凝血酶、治疗用酶及相类似药物。

5 水污染物监测要求

5.1 对企业排放废水的采样应根据监测污染物的种类，在规定的污染物排放监控位置进行，有废水处理设施的，应在该设施后监控。在污染物排放监控位置应设置永久性排污口标志。

5.2 新建企业应按照《污染源自动监控管理办法》的规定，安装污染物排放自动监控设备，并与环境保护主管部门的监控设备联网，保证设备正常运行。各地现有企业安装污染物排放自动监控设备的要求由省级环境保护主管部门规定。

5.3 对企业水污染物排放情况进行监测的频次、采样时间等要求，按国家有关污染源监测技术规范的规定执行。

5.4 企业产品产量的核定,以法定报表为依据。

5.5 对企业排放水污染物浓度的测定采用表5所列的方法标准。(表5具体内容见原标准)

5.6 企业须按照有关法律和《环境监测管理办法》的规定,对排污状况进行监测,并保存原始监测记录。

6 实施与监督

6.1 本标准由县级以上人民政府环境保护主管部门负责监督实施。

6.2 在任何情况下,生物工程类制药生产企业均应遵守本标准规定的水污染物排放控制要求,采取必要措施保证污染防治设施正常运行。各级环保部门在对企业进行监督性检查时,可以现场即时采样或监测的结果,作为判定排污行为是否符合排放标准以及实施相关环境保护管理措施的依据。在发现企业耗水或排水量有异常变化的情况下,应核定企业的实际产品产量和排水量,按本标准规定,换算水污染物基准水量排放浓度。

附录A(规范性附录) 乙腈的测定 吹脱捕集气相色谱法(P&T-GC-FID)(略)

混装制剂类制药工业水污染物排放标准(节录)

GB 21908—2008

(2008年6月25日发布 2008年8月1日实施)

本标准由环境保护部科技标准司组织制定。
本标准主要起草单位:河北省环境科学研究院、环境保护部环境标准研究所。

(按原标准编号节录)

3 术语和定义

下列术语和定义适用于本标准。

3.1 混装制剂类制药

指用药物活性成分和辅料通过混合、加工和配制,形成各种剂型药物的过程。

3.2 现有企业

本标准实施之日前已建成投产或环境影响评价文件已通过审批的混装制剂类制药企业或生产设施。

3.3 新建企业

本标准实施之日起环境影响评价文件通过审批的新建、改建和扩建混装制剂类制药工业建设项目。

3.4 排水量

指生产设施或企业向企业法定边界以外排放的废水的量,包括与生产有直接或间接关系的各种外排废水(含厂区生活污水、冷却废水、厂区锅炉和电站排水等)。

3.5 单位产品基准排水量

指用于核定水污染物排放浓度而规定的生产单位产品的废水排放量上限值。

4 水污染物排放控制要求

4.2 自 2010 年 7 月 1 日起,现有企业执行表 2 规定的水污染物排放限值。

4.3 自 2008 年 8 月 1 日起,新建企业执行表 2 规定的水污染物排放限值。

表 2 新建企业水污染物排放浓度限值及单位产品基准排水量

单位:mg/L(pH 值除外)

序号	污染物项目	排放限值	污染物排放监控位置
1	pH 值	6～9	企业废水总排放口
2	悬浮物	30	
3	五日生化需氧量(BOD_5)	15	
4	化学需氧量(COD_{Cr})	60	
5	氨氮	10	
6	总氮	20	
7	总磷	0.5	
8	总有机碳	20	
9	急性毒性($HgCl_2$毒性当量)	0.07	
单位产品基准排水量/(m^3/t)		300	排水量计量位置与污染物排放监控位置一致

4.4 根据环境保护工作的要求,在国土开发密度较高、环境承载能力开始减弱,或水环境容量较小、生态环境脆弱,容易发生严重水环境污染问题而需要采取特别保护措施的地区,应严格控制企业的污染物排放行为,在上述地区的企业执行表 3 规定的水污染物特别排放限值。

执行水污染物特别排放限值的地域范围、时间,由国务院环境保护主管部门或省级人民政府规定。

表 3 水污染物特别排放限值

单位:mg/L(pH 值除外)

序号	污染物项目	限值	污染物排放监控位置
1	pH 值	6～9	企业废水总排放口
2	悬浮物	10	
3	五日生化需氧量(BOD_5)	10	
4	化学需氧量(COD_{Cr})	50	
5	氨氮	5	

(续表)

序号	污染物项目	限值	污染物排放监控位置
6	总氮	15	企业废水总排放口
7	总磷	0.5	
8	总有机碳	15	
9	急性毒性($HgCl_2$毒性当量)	0.07	
单位产品基准排水量/(m^3/t)		300	排水量计量位置与污染物排放监控位置一致

5 水污染监测要求

5.1 对企业排放废水的采样应根据监测污染物的种类,在规定的污染物排放监控位置进行,有废水处理设施的,应在该设施后监控。在污染物排放监控位置应设置永久性排污口标志。

5.2 新建企业应按照《污染源自动监控管理办法》的规定,安装污染物排放自动监控设备,并与环境保护主管部门的监控设备联网,保证设备正常运行。各地现有企业安装污染物排放自动监控设备的要求由省级环境保护主管部门规定。

5.3 对企业水污染物排放情况进行监测的频次、采样时间等要求,按国家有关污染源监测技术规范的规定执行。

5.4 企业产品产量的核定,以法定报表为依据。

5.5 对企业排放水污染物浓度的测定采用表4所列的方法标准。(表4具体内容见原标准)

5.6 企业须按照有关法律和《环境监测管理办法》的规定,对排污状况进行监测,并保存原始监测记录。

6 实施与监督

6.1 本标准由县级以上人民政府环境保护主管部门负责监督实施。

6.2 在任何情况下,混装制剂类制药生产企业均应遵守本标准规定的水污染物排放控制要求,采取必要措施保证污染防治设施正常运行。各级环保部门在对企业进行监督性检查时,可以现场即时采样或监测的结果,作为判定排污行为是否符合排放标准以及实施相关环境保护管理措施的依据。在发现企业耗水或排水量有异常变化的情况下,应核定企业的实际产品产量和排水量,按本标准的规定,换算水污染物基准水量排放浓度。

制糖工业水污染物排放标准(节录)

GB 21909—2008

(2008年6月25日发布 2008年8月1日实施)

本标准由环境保护部科技标准司组织制定。

本标准主要起草单位:中国轻工业清洁生产中心、环境保护部环境标准研究所、中国糖业协会、国家糖业质量监督检验中心。

(按原标准编号节录)

3 术语和定义

下列术语和定义适用于本标准。

3.1 甘蔗制糖
以甘蔗的蔗茎为原料,通过物理和化学的方法,去除杂质、提取出含高纯度蔗糖的食糖成品的过程。

3.2 甜菜制糖
以甜菜的块根为原料,通过物理和化学的方法,去除杂质、提取出含高纯度蔗糖的食糖成品的过程。

3.3 现有企业
指本标准实施之日前已建成投产或环境影响评价文件已通过审批的制糖企业或生产设施。

3.4 新建企业
指本标准实施之日起环境影响评价文件通过审批的新建、改建和扩建制糖工业建设项目。

3.5 排水量
指生产设施或企业向企业法定边界以外排放的废水的量,包括与生产有直接或间接关系的各种外排废水(如厂区生活污水、冷却废水、厂区锅炉和电站排水等)。

3.6 单位产品基准排水量
指用于核定水污染物排放浓度而规定的生产单位糖产品的废水排放量上限值。

4 水污染物排放控制要求

4.2 自2010年7月1日起,现有企业执行表2规定的水污染物排放限值。

4.3 自2008年8月1日起,新建企业执行表2规定的水污染物排放限值。

表2 新建企业水污染物排放浓度限值及单位产品基准排水量

单位:mg/L(pH值除外)

序号	污染物项目	限值		污染物排放监控位置
		甘蔗制糖	甜菜制糖	
1	pH值	6~9	6~9	企业废水总排放口
2	悬浮物	70	70	
3	五日生化需氧量(BOD_5)	20	20	
4	化学需氧量(COD_{Cr})	100	100	
5	氨氮	10	10	

(续表)

序号	污染物项目	限值 甘蔗制糖	限值 甜菜制糖	污染物排放监控位置
6	总氮	15	15	企业废水总排放口
7	总磷	0.5	0.5	
单位产品(糖)基准排水量/(m^3/t)		51	32	排水量计量与污染物排放监控位置一致

4.4 根据环境保护工作的要求,在国土开发密度较高、环境承载能力开始减弱,或水环境容量较小、生态环境脆弱,容易发生严重水环境污染问题而需要采取特别保护措施的地区,应严格控制企业的污染排放行为,在上述地区的企业执行表3规定的水污染物特别排放限值。

执行水污染物特别排放限值的地域范围、时间,由国务院环境保护主管部门或省级人民政府规定。

表3 水污染物特别排放限值

单位:mg/L(pH 值除外)

序号	污染物项目	限值 甘蔗制糖	限值 甜菜制糖	污染物排放监控位置
1	pH 值	6~9	6~9	企业废水总排放口
2	悬浮物	10	10	
3	五日生化需氧量(BOD_5)	10	10	
4	化学需氧量(COD_{Cr})	50	50	
5	氨氮	5	5	
6	总氮	8	8	
7	总磷	0.5	0.5	
单位产品(糖)基准排水量/(m^3/t)		34	20	排水量计量与污染物排放监控位置一致

5 水污染物监测要求

5.1 对企业排放废水的采样应根据监测污染物的种类,在规定的污染物排放监控位置进行,有废水处理设施的,应在该设施后监控。在污染物排放监控位置须设置永久性排污口标志。

5.2 新建企业应按照《污染源自动监控管理办法》的规定,安装污染物排放自动监控设备,并与环境保护主管部门的监控设备联网,保证设备正常运行。各地现有企业安装污染物排放自动监控设备的要求由省级环境保护主管部门规定。

5.3 对企业水污染物排放情况进行监测的频次、采样时间等要求,按国家有关污染源监测技术规范的规定执行。

5.4 企业产品产量的核定,以法定报表为依据。

5.5 对企业排放水污染物浓度的测定采用表4所列的方法标准。(表4具体内容见原

标准)

5.6 企业须按照有关法律和《环境监测管理办法》的规定,对排污状况进行监测,并保存原始监测记录。

6 实施与监督

6.1 本标准由县级以上人民政府环境保护主管部门负责监督实施。

6.2 在任何情况下,制糖企业均应遵守本标准规定的水污染物排放控制要求,采取必要措施保证污染防治设施正常运行。各级环保部门在对企业进行监督性检查时,可以现场即时采样或监测的结果,作为判定排污行为是否符合排放标准以及实施相关环境保护管理措施的依据。在发现企业耗水或排水量有异常变化的情况下,应核定企业的实际产品产量和排水量,按本标准规定,换算水污染物基准水量排放浓度。

淀粉工业水污染物排放标准(节录)

GB 25461—2010

(2010 年 9 月 27 日发布 2010 年 10 月 1 日实施)

本标准由环境保护部科技标准司组织制定。

本标准主要起草单位:中国环境科学研究院、环境保护部环境标准研究所、中国淀粉工业协会。

(按原标准编号节录)

3 术语和定义

下列术语和定义适用于本标准。

3.1 淀粉工业 starch industry

从玉米、小麦、薯类等含淀粉的原料中提取淀粉以及以淀粉为原料生产变性淀粉、淀粉糖和淀粉制品的工业。

3.2 变性淀粉 modified starch

原淀粉经过某种方法处理后,不同程度地改变其原来的物理或化学性质的产物。

3.3 淀粉糖 starch sugar

利用淀粉为原料生产的糖类统称淀粉糖,是淀粉在催化剂(酶或酸)和水的作用下,淀粉分子不同程度解聚的产物。

3.4 淀粉制品 starch product

利用淀粉生产的粉丝、粉条、粉皮、凉粉、凉皮等称为淀粉制品。

3.5 现有企业 existing facility

本标准实施之日前已建成投产或环境影响评价文件已通过审批的淀粉企业或生产设施。

3.6 新建企业 new facility

本标准实施之日起环境影响评价文件通过审批的新建、改建和扩建淀粉工业建设项目。

3.7 排水量 effluent volume

指生产设施或企业向企业法定边界以外排放的废水的量,包括与生产有直接或间接关系的各种外排废水(如厂区生活污水、冷却废水、厂区锅炉和电站排水等)。

3.8 单位产品基准排水量 benchmark effluent volume per unit product

指用于核定水污染物排放浓度而规定的生产单位淀粉产品或以单位淀粉生产变性淀粉、淀粉糖、淀粉制品的废水排放量上限值。

3.9 公共污水处理系统 public wastewater treatment system

指通过纳污管道等方式收集废水,为两家以上排污单位提供废水处理服务并且排水能够达到相关排放标准要求的企业或机构,包括各种规模和类型的城镇污水处理厂、区域(包括各类工业园区、开发区、工业聚集地等)废水处理厂等,其废水处理程度应达到二级或二级以上。

3.10 直接排放 direct discharge

指排污单位直接向环境排放水污染物的行为。

3.11 间接排放 indirect discharge

指排污单位向公共污水处理系统排放水污染物的行为。

4 水污染物排放控制要求

4.2 自2013年1月1日起,现有企业执行表2规定的水污染物排放限值。

4.3 自2010年10月1日起,新建企业执行表2规定的水污染物排放限值。

表2 新建企业水污染物排放浓度限值及单位产品基准排水量

单位:mg/L(pH值除外)

序号	污染物项目	限值		污染物排放监控位置
		直接排放	间接排放	
1	pH值	6~9	6~9	
2	悬浮物	30	70	
3	五日生化需氧量(BOD_5)	20	70	
4	化学需氧量(COD_{Cr})	100	300	企业废水总排放口
5	氨氮	15	35	
6	总氮	30	55	
7	总磷	1	5	
8	总氰化物(以木薯为原料)	0.5	0.5	
单位产品(淀粉)基准排水量/(m^3/t)	以玉米、小麦为原料	3		排水量计量位置与污染物排放监控位置一致
	以薯类为原料	8		

4.4 根据环境保护工作的要求,在国土开发密度较高、环境承载能力开始减弱,或水环

境容量较小、生态环境脆弱,容易发生严重水环境污染问题而需要采取特别保护措施的地区,应严格控制企业的污染排放行为,在上述地区的企业执行表3规定的水污染物特别排放限值。

表3 水污染物特别排放限值

单位:mg/L(pH 值除外)

序号	污染物项目		限值		污染物排放监控位置
			直接排放	间接排放	
1	pH 值		6～9	6～9	企业废水总排放口
2	悬浮物		10	30	
3	五日生化需氧量(BOD_5)		10	20	
4	化学需氧量(COD_{Cr})		50	100	
5	氨氮		5	15	
6	总氮		10	30	
7	总磷		0.5	1.0	
8	总氰化物(以木薯为原料)		0.1	0.1	
单位产品(淀粉)基准排水量/(m^3/t)		以玉米、小麦为原料	1		排水量计量位置与污染物排放监控位置一致
		以薯类为原料	4		

执行水污染物特别排放限值的地域范围、时间,由国务院环境保护行政主管部门或省级人民政府规定。

5 水污染物监测要求

5.1 对企业排放废水的采样应根据监测污染物的种类,在规定的污染物排放监控位置进行,有废水处理设施的,应在该设施后监控。在污染物排放监控位置应设置永久性排污口标志。

5.2 新建企业和现有企业安装污染物排放自动监控设备的要求,按有关法律和《污染源自动监控管理办法》的规定执行。

5.3 对企业水污染物排放情况进行监测的频次、采样时间等要求,按国家有关污染源监测技术规范的规定执行。

5.4 企业产品产量的核定,以法定报表为依据。

5.5 对企业排放水污染物浓度的测定采用表4所列的方法标准。(表4具体内容见原标准)

5.6 企业须按照有关法律和《环境监测管理办法》的规定,对排污状况进行监测,并保存原始监测记录。

6 实施与监督

6.1 本标准由县级以上人民政府环境保护行政主管部门负责监督实施。

6.2 在任何情况下,淀粉生产企业均应遵守本标准规定的水污染物排放控制要求,采取必要措施保证污染防治设施正常运行。各级环保部门在对企业进行监督性检查时,可以现场即时采样或监测的结果,作为判定排污行为是否符合排放标准以及实施相关环境保护管理措施的依据。在发现企业耗水或排水量有异常变化的情况下,应核定企业的实际产品产量和排水量,按本标准规定,换算水污染物基准水量排放浓度。

酵母工业水污染物排放标准（节录）

GB 25462—2010

(2010 年 9 月 27 日发布　2010 年 10 月 1 日实施)

本标准由环境保护部科技标准司组织制定。

本标准主要起草单位:中国地质大学(武汉)、环境保护部环境标准研究所、湖北省环境保护厅、宜昌市环境保护局。

(按原标准编号节录)

3　术语和定义

下列术语和定义适用于本标准。

3.1　酵母工业　yeast industry

以甘蔗糖蜜、甜菜糖蜜等为原料,通过发酵工艺生产各类干酵母、鲜酵母产品的工业。

3.2　现有企业　existing facility

本标准实施之日前已建成投产或环境影响评价文件已通过审批的酵母企业或生产设施。

3.3　新建企业　new facility

本标准实施之日起环境影响评价文件通过审批的新建、改建和扩建酵母工业建设项目。

3.4　排水量　effluent volume

指生产设施或企业向企业法定边界以外排放的废水的量,包括与生产有直接或间接关系的各种外排废水(如厂区生活污水、冷却废水、厂区锅炉和电站排水等)。

3.5　单位产品基准排水量　benchmark effluent volume per unit product

指用于核定水污染物排放浓度而规定的生产单位酵母产品(以纯干酵母重量计)的废水排放量上限值。

3.6　公共污水处理系统　public wastewater treatment system

指通过纳污管道等方式收集废水,为两家以上排污单位提供废水处理服务并且排水能够达到相关排放标准要求的企业或机构,包括各种规模和类型的城镇污水处理厂、区域(包括各类工业园区、开发区、工业聚集地等)废水处理厂等,其废水处理程度应达到二级或二级以上。

3.7 直接排放 direct discharge

指排污单位直接向环境排放水污染物的行为。

3.8 间接排放 indirect discharge

指排污单位向公共污水处理系统排放水污染物的行为。

4 水污染物排放控制要求

4.2 自2013年1月1日起,现有企业执行表2规定的水污染物排放限值。

4.3 自2010年10月1日起,新建企业执行表2规定的水污染物排放限值。

表2 新建企业水污染物排放浓度限值及单位产品基准排水量

单位:mg/L(pH值、色度除外)

序号	污染物项目	限值		污染物排放监控位置
		直接排放	间接排放	
1	pH值	6~9	6~9	企业废水总排放口
2	色度(稀释倍数)	30	80	
3	悬浮物	50	100	
4	五日生化需氧量(BOD_5)	30	80	
5	化学需氧量(COD_{Cr})	150	400	
6	氨氮	10	25	
7	总氮	20	40	
8	总磷	0.8	2.0	
单位产品基准排水量/(m^3/t)		80		排水量计量位置与污染物排放监控位置一致

4.4 根据环境保护工作的要求,在国土开发密度较高、环境承载能力开始减弱,或水环境容量较小、生态环境脆弱,容易发生严重水环境污染问题而需要采取特别保护措施的地区,应严格控制企业的污染排放行为,在上述地区的企业执行表3规定的水污染物特别排放限值。

表3 水污染物特别排放限值

单位:mg/L(pH值、色度除外)

序号	污染物项目	限值		污染物排放监控位置
		直接排放	间接排放	
1	pH值	6~9	6~9	企业废水总排放口
2	色度(稀释倍数)	20	30	
3	悬浮物	20	50	

(续表)

序号	污染物项目	限值		污染物排放监控位置
		直接排放	间接排放	
4	五日生化需氧量(BOD_5)	20	30	企业废水总排放口
5	化学需氧量(COD_{Cr})	60	150	
6	氨氮	8	10	
7	总氮	10	20	
8	总磷	0.5	0.8	
单位产品基准排水量/(m^3/t)		70		排水量计量位置与污染物排放监控位置一致

执行水污染物特别排放限值的地域范围、时间,由国务院环境保护行政主管部门或省级人民政府规定。

5 水污染物监测要求

5.1 对企业排放废水的采样应根据监测污染物的种类,在规定的污染物排放监控位置进行,有废水处理设施的,应在该设施后监控。在污染物排放监控位置应设置永久性排污口标志。

5.2 新建企业和现有企业安装污染物排放自动监控设备的要求,按有关法律和《污染源自动监控管理办法》的规定执行。

5.3 对企业水污染物排放情况进行监测的频次、采样时间等要求,按国家有关污染源监测技术规范的规定执行。

5.4 企业产品产量的核定,以法定报表为依据。

5.5 对企业排放水污染物浓度的测定采用表4所列的方法标准。(表4具体内容见原标准)

5.6 企业须按照有关法律和《环境监测管理办法》的规定,对排污状况进行监测,并保存原始监测记录。

6 实施与监督

6.1 本标准由县级以上人民政府环境保护行政主管部门负责监督实施。

6.2 在任何情况下,生产企业均应遵守本标准规定的水污染物排放控制要求,采取必要措施保证污染防治设施正常运行。各级环保部门在对企业进行监督性检查时,可以现场即时采样或监测的结果,作为判定排污行为是否符合排放标准以及实施相关环境保护管理措施的依据。在发现企业耗水或排水量有异常变化的情况下,应核定企业的实际产品产量和排水量,按本标准规定,换算水污染物基准排水量排放浓度。

油墨工业水污染物排放标准（节录）

GB 25463—2010

（2010 年 9 月 27 日发布　2010 年 10 月 1 日实施）

本标准由环境保护部科技标准司组织制定。
本标准主要起草单位：华东理工大学、环境保护部环境标准研究所、中国日用化工协会。

（按原标准编号节录）

3　术语和定义

下列术语和定义适用于本标准。

3.1　油墨工业　ink industry

指以颜料、填充料、连接料和辅助剂为原料制备印刷用油墨的工业，包括自制颜料、树脂的油墨生产。

3.2　综合油墨生产企业　comprehensive ink manufacturers

指含有颜料生产且颜料年产量在 1 000 t 及以上的油墨工业企业。

3.3　其他油墨生产企业　other ink manufacturers

指不含颜料生产的油墨工业企业或含颜料生产且颜料年产量在 1 000 t 以下的油墨工业企业。

3.4　平版油墨　planographic printing ink

指适用于各种平版印刷方式的油墨总称。

3.5　干法平版油墨　planographic printing ink by dry method

指采用颜料干粉与连接料等材料混合、研磨而成的平版油墨。

3.6　湿法平版油墨　planographic printing ink by wet method

指采用含水的颜料滤饼与连接料等材料混合、研磨而成的平版油墨。

3.7　凹版油墨　gravure ink

指用于凹版印刷的油墨的总称。

3.8　柔版油墨　flexographic printing ink

指用于柔版印刷的油墨的总称。

3.9　基墨　primary ink

指将含水的颜料滤饼与油墨连接料混合均匀，并除去其中剩余水分而制成的油墨基料。

3.10　现有企业　existing facility

指本标准实施之日前已建成投产或环境影响评价文件已通过审批的油墨工业企业或生产设施。

3.11 新建企业 new facility

指本标准实施之日起环境影响评价文件通过审批的新建、改建和扩建油墨工业设施建设项目。

3.12 排水量 effluent volume

指生产设施或企业向企业法定边界以外排放的废水的量,包括与生产有直接或间接关系的各种外排废水(如厂区生活污水、冷却废水、厂区锅炉和电站排水等)。

3.13 单位产品基准排水量 benchmark effluent volume per unit product

指用于核定水污染物排放浓度而规定的生产单位产品的废水排放量上限值。

3.14 公共污水处理系统 public wastewater treatment system

指通过纳污管道等方式收集废水,为两家以上排污单位提供废水处理服务并且排水能够达到相关排放标准要求的企业或机构,包括各种规模和类型的城镇污水处理厂、区域(包括各类工业园区、开发区、工业聚集地等)废水处理厂等,其废水处理程度应达到二级或二级以上。

3.15 直接排放 direct discharge

指排污单位直接向环境水体排放污染物的行为。

3.16 间接排放 indirect discharge

指排污单位向公共污水处理系统排放污染物的行为。

4 水污染物排放控制要求

4.2 自2012年1月1日起,现有企业执行表2规定的水污染物排放限值。

4.3 自2010年10月1日起,新建企业执行表2规定的水污染物排放限值。

表2 新建企业水污染物排放浓度限值

单位:mg/L(pH值、色度除外)

序号	污染物项目	限值			污染物排放监控位置
		直接排放		间接排放	
		综合油墨生产企业	其他油墨生产企业		
1	pH值	6～9	6～9	6～9	企业废水总排放口
2	色度(稀释倍数)	70	50	80	
3	悬浮物	40	40	100	
4	五日生化需氧量(BOD_5)	25	20	50	
5	化学需氧量(COD)	120	80	300	
6	石油类	8	8	8	
7	动植物油	10	10	10	
8	挥发酚	0.5	0.5	0.5	

(续表)

序号	污染物项目	限值 直接排放 综合油墨生产企业	限值 直接排放 其他油墨生产企业	限值 间接排放	污染物排放监控位置
9	氨氮	15	10	25	企业废水总排放口
10	总氮	30	20	50	企业废水总排放口
11	总磷	0.5	0.5	2.0	企业废水总排放口
12	苯胺类	1.0	—	1.0[a]	企业废水总排放口
13	总铜	0.5	—	0.5[a]	企业废水总排放口
14	苯	0.05	0.05	0.05	企业废水总排放口
15	甲苯	0.2	0.2	0.2	企业废水总排放口
16	乙苯	0.4	0.4	0.4	企业废水总排放口
17	二甲苯	0.4	0.4	0.4	企业废水总排放口
18	总有机碳(TOC)	30	20	60	企业废水总排放口
19	总汞	0.002			车间或生产设施废水排放口
20	烷基汞	不得检出			车间或生产设施废水排放口
21	总镉	0.1			车间或生产设施废水排放口
22	总铬	0.5			车间或生产设施废水排放口
23	六价铬	0.2			车间或生产设施废水排放口
24	总铅	0.1			车间或生产设施废水排放口

注:a 仅适用于综合油墨生产企业。

4.4 根据环境保护工作的要求,在国土开发密度较高、环境承载能力开始减弱,或水环境容量较小、生态环境脆弱,容易发生严重水环境污染问题而需要采取特别保护措施的地区,应严格控制企业的污染排放行为,在上述地区的企业执行表3规定的水污染物特别排放限值。

表3 水污染物特别排放限值

单位:mg/L(pH值、色度除外)

序号	污染物项目	限值 直接排放 综合油墨生产企业	限值 直接排放 其他油墨生产企业	限值 间接排放	污染物排放监控位置
1	pH值	6~9	6~9	6~9	企业废水总排放口
2	色度(稀释倍数)	30	30	70	企业废水总排放口
3	悬浮物	20	20	40	企业废水总排放口

(续表)

序号	污染物项目	限值			污染物排放监控位置
		直接排放		间接排放	
		综合油墨生产企业	其他油墨生产企业		
4	五日生化需氧量（BOD_5）	10	10	25	企业废水总排放口
5	化学需氧量（COD）	50	50	120	
6	石油类	1.0	1.0	1.0	
7	动植物油	1.0	1.0	1.0	
8	挥发酚	0.2	0.2	0.2	
9	氨氮	5	5	15	
10	总氮	15	15	30	
11	总磷	0.5	0.5	0.5	
12	苯胺类	0.5	—	0.5[a]	
13	总铜	0.2	—	0.2[a]	
14	苯	0.05	0.05	0.05	
15	甲苯	0.1	0.1	0.1	
16	乙苯	0.4	0.4	0.4	
17	二甲苯	0.4	0.4	0.4	
18	总有机碳（TOC）	15	15	30	
19	总汞	0.001			车间或生产设施废水排放口
20	烷基汞	不得检出			
21	总镉	0.01			
22	总铬	0.1			
23	六价铬	0.05			
24	总铅	0.1			

注：a 仅适用于综合油墨生产企业。

执行水污染物特别排放限值的地域范围、时间，由国务院环境保护行政主管部门或省级人民政府规定。

4.5 基准水量排放浓度换算

4.5.1 生产不同类别油墨产品，其单位产品基准排水量见表4。

表4 油墨生产企业单位产品基准排水量

单位:m³/t

产品类型			单位产品基准排水量	排水量计量位置
湿法平版油墨、基墨			4.0	排水量计量位置与污染物排放监控位置相同
凹版油墨、柔版油墨、干法平版油墨以及其他类油墨			1.6	
颜料	偶氮类颜料(颜料红、颜料黄)		100	
	酞菁类颜料(颜料蓝)	盐析工艺	120	
		非盐析工艺	40	
	其他颜料		120	
树脂类			1.6	

5 水污染物监测要求

5.1 对企业排放废水的采样应根据监测污染物的种类,在规定的污染物排放监控位置进行,有废水处理设施的,应在该设施后监控。在污染物排放监控位置应设置永久性排污口标志。

5.2 新建企业和现有企业安装污染物排放自动监控设备的要求,按有关法律和《污染源自动监控管理办法》的规定执行。

5.3 对企业水污染物排放情况进行监测的频次、采样时间等要求,按国家有关污染源监测技术规范的规定执行。

5.4 企业产品产量的核定,以法定报表为依据。

5.5 企业须按照有关法律和《环境监测管理办法》的规定,对排污状况进行监测,并保存原始监测记录。

5.6 对企业排放水污染物浓度的测定采用表5所列的方法标准。(表5具体内容见原标准)

6 实施与监督

6.1 本标准由县级以上人民政府环境保护行政主管部门负责监督实施。

6.2 在任何情况下,企业均应遵守本标准规定的水污染物排放控制要求,采取必要措施保证污染防治设施正常运行。各级环保部门在对企业进行监督性检查时,可以现场即时采样或监测的结果,作为判定排污行为是否符合排放标准以及实施相关环境保护管理措施的依据。在发现企业耗水或排水量有异常变化的情况下,应核定企业的实际产品产量和排水量,按本标准规定,换算水污染物基准水量排放浓度。

发酵酒精和白酒工业水污染物排放标准（节录）

GB 27631—2011

（2011年10月27日发布　2012年1月1日实施）

本标准由环境保护部科技标准司组织制定。

本标准主要起草单位：中国环境科学研究院、中国酿酒工业协会、环境保护部环境工程评估中心。

（按原标准编号节录）

3　术语和定义

下列术语和定义适用于本标准。

3.1　发酵酒精工业

指以淀粉质、糖蜜或其他生物质等为原料，经发酵、蒸馏而制成食用酒精、工业酒精、变性燃料乙醇等酒精产品的工业。

3.2　白酒工业

指以淀粉质、糖蜜或其他代用料等为原料，经发酵、蒸馏而制成白酒和用食用酒精勾兑成白酒的工业。

3.3　现有企业

本标准实施之日前已建成投产或环境影响评价文件已通过审批的发酵酒精和白酒工业企业或生产设施。

3.4　新建企业

本标准实施之日起环境影响评价文件通过审批的新建、改建和扩建的发酵酒精和白酒工业建设项目。

3.5　排水量

指生产设施或企业向企业法定边界以外排放的废水的量，包括与生产有直接或间接关系的各种外排废水（含厂区生活污水、冷却废水、厂区锅炉和电站排水等）。

3.6　单位产品基准排水量

指用于核定水污染物排放浓度而规定的生产单位酒精或原酒（原酒按65度折算）的废水排放量上限值。

3.7　公共污水处理系统

指通过纳污管道等方式收集废水，为两家以上排污单位提供废水处理服务并且排水能够达到相关排放标准要求的企业或机构，包括各种规模和类型的城镇污水处理厂、区域（包括各类工业园区、开发区、工业聚集地等)废水处理厂等,其废水处理程度应达到二级或二级以上。

3.8 直接排放

指排污单位直接向环境排放污染物的行为。

3.9 间接排放

指排污单位向公共污水处理系统排放污染物的行为。

4 水污染物排放控制要求

4.2 自2014年1月1日起,现有企业执行表2规定的水污染物排放限值。

4.3 自2012年1月1日起,新建企业执行表2规定的水污染物排放限值。

表2 新建企业水污染物排放限值

单位:mg/L(pH值、色度除外)

序号	污染物项目	限值		污染物排放监控位置
		直接排放	间接排放	
1	pH值	6~9	6~9	企业废水总排放口
2	色度(稀释倍数)	40	80	
3	悬浮物	50	140	
4	五日生化需氧量(BOD_5)	30	80	
5	化学需氧量(COD_{Cr})	100	400	
6	氨氮	10	30	
7	总氮	20	50	
8	总磷	1.0	3.0	
单位产品基准排水量(m^3/t)	发酵酒精企业	30	30	排水量计量位置与污染物排放监控位置一致
	白酒企业	20	20	

4.4 根据环境保护工作的要求,在国土开发密度较高、环境承载能力开始减弱,或水环境容量较小、生态环境脆弱,容易发生严重水环境污染问题而需要采取特别保护措施的地区,应严格控制企业的污染排放行为,在上述地区的企业执行表3规定的水污染物特别排放限值。

执行水污染物特别排放限值的地域范围、时间,由国务院环境保护主管部门或省级人民政府规定。

表3 水污染物特别排放限值

单位:mg/L(pH值、色度除外)

序号	污染物项目	限值		污染物排放监控位置
		直接排放	间接排放	
1	pH值	6~9	6~9	企业废水总排放口
2	色度(稀释倍数)	20	40	

(续表)

序号	污染物项目	限值		污染物排放监控位置
		直接排放	间接排放	
3	悬浮物	20	50	企业废水总排放口
4	五日生化需氧量（BOD_5）	20	30	
5	化学需氧量（COD_{Cr}）	50	100	
6	氨氮	5	10	
7	总氮	15	20	
8	总磷	0.5	1.0	
单位产品基准排水量（m^3/t）	发酵酒精企业	20	20	排水量计量位置与污染物排放监控位置一致
	白酒企业	10	10	

5 水污染物监测要求

5.1 对企业排放废水的采样应根据监测污染物的种类，在规定的污染物排放监控位置进行，有废水处理设施的，应在该设施后监控。企业应按国家有关污染源监测技术规范的要求设置采样口，在污染物排放监控位置应设置永久性排污口标志。

5.2 新建企业和现有企业安装污染物排放自动监控设备的要求，按有关法律和《污染源自动监控管理办法》的规定执行。

5.3 对企业水污染物排放情况进行监测的频次、采样时间等要求，按国家有关污染源监测技术规范的规定执行。

5.4 企业产品产量的核定，以法定报表为依据。

5.5 对企业排放水污染物的测定采用表4所列的方法标准。（表4具体内容见原标准）

5.6 企业须按照有关法律和《环境监测管理办法》的规定，对排污状况进行监测，并保存原始监测记录。

6 实施与监督

6.1 本标准由县级以上人民政府环境保护主管部门负责监督实施。

6.2 在任何情况下，发酵酒精和白酒生产企业均应遵守本标准规定的水污染物排放控制要求，采取必要措施保证污染防治设施正常运行。各级环保部门在对企业进行监督性检查时，可以现场即时采样或监测的结果，作为判定排污行为是否符合排放标准以及实施相关环境保护管理措施的依据。在发现企业耗水或排水量有异常变化的情况下，应核定企业的实际产品产量和排水量，按本标准规定，换算水污染物基准水量排放浓度。

缫丝工业水污染物排放标准（节录）

GB 28936—2012

（2012年10月19日发布　2013年1月1日实施）

本标准由环境保护部科技标准司组织制定。

本标准起草单位：中国纺织经济研究中心、浙江凯喜雅国际股份有限公司、中国丝绸协会、环境保护部环境标准研究所、山东泰安百川水业科技有限公司。

（按原标准编号节录）

3　术语和定义

下列术语和定义适用于本标准。

3.1　缫丝企业

指以蚕茧为主要原料，经选剥、煮茧、缫丝、复摇、整理等工序生产生丝、土丝、双宫丝以及长吐、汰头、蚕蛹等副产品的企业，包括桑蚕缫丝企业和柞蚕缫丝企业。

3.2　现有企业

指在本标准实施之日前，已建成投产或环境影响评价文件已通过审批的缫丝生产企业或生产设施。

3.3　新建企业

指在本标准实施之日起，环境影响评价文件通过审批的新建、改建、扩建的缫丝生产设施建设项目。

3.4　排水量

指生产设施或企业排出的、没有使用功能的污水的量。包括与生产有直接或间接关系的各种外排污水（含厂区生活污水、厂区锅炉和电站排水等）。

3.5　单位产品基准排水量

指用于核定水污染物排放浓度而规定的生产单位生丝产品的污水排放量上限值。

3.6　直接排放

指排污单位直接向环境排放水污染物的行为。

3.7　间接排放

指排污单位向公共污水处理系统排放水污染物的行为。

3.8　公共污水处理系统

指通过纳污管道等方式收集废水，为两家以上排污单位提供废水处理服务并且排水能够达到相关排放标准要求的企业或机构，包括各种规模和类型的城镇污水处理厂、区域（包括各类工业园区、开发区、工业聚集地等)废水处理厂等,其废水处理程度应达到二级或二级以上。

4 污染物排放控制要求

4.2 自2015年1月1日起,现有桑蚕缫丝企业执行表2规定的水污染物排放限值。

4.3 自2013年1月1日起,新建企业执行表2规定的水污染物排放限值。

表2 新建企业水污染物排放浓度限值及单位产品基准排水量

单位:mg/L(pH值除外)

序号	污染物项目	限值		污染物排放监控位置
		直接排放	间接排放	
1	pH值	6~9	6~9	企业废水总排放口
2	化学需氧量(COD_{Cr})	60	200	
3	五日生化需氧量	25	80	
4	悬浮物	30	140	
5	氨氮	15	40	
6	总氮	20	50	
7	总磷	0.5	1.5	
8	动植物油	3	3	
单位产品基准排水量(m^3/t产品)		800		排水量计量位置与污染物排放监控位置相同

4.4 根据环境保护工作的要求,在国土开发密度已经较高、环境承载能力开始减弱,或环境容量较小、生态环境脆弱,容易发生严重环境污染问题而需要采取特别保护措施的地区,应严格控制企业的污染物排放行为,在上述地区的企业执行表3规定的水污染物特别排放限值。

执行水污染物特别排放限值的地域范围、时间,由国务院环境保护行政主管部门或省级人民政府规定。

表3 水污染物特别排放限值

单位:mg/L(pH值除外)

序号	污染物项目	限值		污染物排放监控位置
		直接排放	间接排放	
1	pH值	6~9	6~9	企业废水总排放口
2	化学需氧量(COD_{Cr})	40	60	
3	五日生化需氧量	15	25	
4	悬浮物	10	30	
5	氨氮	5	15	

(续表)

序号	污染物项目	限值		污染物排放监控位置
		直接排放	间接排放	
6	总氮	8	20	企业废水总排放口
7	总磷	0.5	0.5	
8	动植物油	1	1	
单位产品基准排水量(m^3/t产品)		400		排水量计量位置与污染物排放监控位置相同

5 污染物监测要求

5.1 对企业排放废水的采样,应根据监测污染物的种类,在规定的污染物排放监控位置进行,有废水处理设施的,应在处理设施后监控。企业应按照国家有关污染源监测技术规范的要求设置采样口,在污染物排放监控位置应设置排污口标志。

5.2 新建企业和现有企业安装污染物排放自动监控设备的要求,按有关法律和《污染源自动监控管理办法》的规定执行。

5.3 对企业污染物排放情况进行监测的频次、采样时间等要求,按国家有关污染源监测技术规范的规定执行。

5.4 企业产品产量的核定,以法定报表为依据。

5.5 企业应按照有关法律和《环境监测管理办法》的规定,对排污状况进行监测,并保存原始监测记录。

5.6 对企业排放水污染物浓度的测定采用表4所列的方法标准。(表4具体内容见原标准)

6 实施与监督

6.1 本标准由县级及以上人民政府环境保护行政主管部门负责监督实施。

6.2 在任何情况下,企业均应遵守本标准的污染物排放控制要求,采取必要措施保证污染防治设施正常运行。各级环保部门在对设施进行监督性检查时,可以现场即时采样或监测的结果,作为判定排污行为是否符合排放标准以及实施相关环境保护管理措施的依据。在发现企业耗水或排水量有异常变化的情况下,应核定企业的实际产品产量和排水量,按本标准的规定,换算水污染物基准水量排放浓度。

毛纺工业水污染物排放标准(节录)

GB 28937—2012

(2012年10月19日发布 2013年1月1日实施)

本标准由环境保护部科技标准司组织制定。

本标准主要起草单位:中国轻工业清洁生产中心、江苏阳光股份有限公司、环境保护部环境标准研究所。

(按原标准编号节录)

3 术语和定义

下列术语和定义适用于本标准。

3.1 毛纺企业

毛纺企业是指以羊毛纤维或其他动物毛纤维为主要原料,进行洗毛、梳条、染色、纺纱、织造、染整的生产企业。

3.2 洗毛废水

毛纺企业在洗毛过程中所产生的工业废水。

3.3 现有企业

指本标准实施之日前,已建成投产或环境影响评价文件已通过审批的毛纺生产企业及生产设施。

3.4 新建企业

指本标准实施之日起,环境影响评价文件通过审批的新建、改建和扩建的毛纺生产设施建设项目。

3.5 排水量

指生产设施或企业向企业法定边界以外排放的废水的量,包括与生产有直接或间接关系的各种外排废水(含厂区生活污水、冷却废水、厂区锅炉和电站排水等)。

3.6 单位产品基准排水量

指用于核定水污染物排放浓度而规定的生产单位洗净毛、羊毛毛条和其他动物毛条的废水排放量上限值。

3.7 公共污水处理系统

指通过纳污管道等方式收集废水,为两家以上排污单位提供废水处理服务并且排水能够达到相关排放标准要求的企业或机构,包括各种规模和类型的城镇污水处理厂、区域(包括各类工业园区、开发区、工业聚集地等)废水处理厂等,其废水处理程度应达到二级或二级以上。

3.8 直接排放

指排污单位直接向环境排放水污染物的行为。

3.9 间接排放

指排污单位向公共污水处理系统排放水污染物的行为。

4 污染物排放控制要求

4.2 自2015年1月1日起,现有企业执行表2规定的水污染物排放限值。

4.3 自2013年1月1日起,新建企业执行表2规定的水污染物排放限值。

表2 新建企业水污染物排放浓度限值及单位产品基准排水量

单位:mg/L(pH值除外)

序号	污染物项目	限值		污染物排放监控位置
		直接排放	间接排放	
1	pH值	6～9	6～9	企业废水总排放口
2	悬浮物	60	100	
3	化学需氧量(COD_{Cr})	80	200	
4	五日生化需氧量	20	50	
5	总磷	0.5	1.5	
6	总氮	20	40	
7	氨氮	10	25	
8	动植物油	10	10	
单位产品基准排水量(m^3/t产品)		20		排水量计量位置与污染物排放监控位置相同

4.4 根据环境保护工作的要求,在国土开发密度已经较高、环境承载能力开始减弱,或环境容量较小、生态环境脆弱,容易发生严重环境污染问题而需要采取特别保护措施的地区,应严格控制企业的污染物排放行为,在上述地区的企业执行表3规定的水污染物特别排放限值。

执行水污染物特别排放限值的地域范围、时间,由国务院环境保护行政主管部门或省级人民政府规定。

表3 水污染物特别排放限值

单位:mg/L(pH值除外)

序号	污染物项目	排放限值		污染物排放监控位置
		直接排放	间接排放	
1	pH值	6～9	6～9	企业废水总排放口
2	悬浮物	20	60	
3	化学需氧量(COD_{Cr})	60	80	
4	五日生化需氧量	15	20	
5	总磷	0.5	0.5	
6	总氮	15	20	
7	氨氮	8	10	
8	动植物油	3	3	
单位产品基准排水量(m^3/t产品)		15		排水量计量位置与污染物排放监控位置相同

5 污染物监测要求

5.1 对企业排放废水的采样,应根据监测污染物的种类,在规定的污染物排放监控位置进行,有废水处理设施的,应在处理设施后监控。企业应按照国家有关污染源监测技术规范的要求设置采样口,在污染物排放监控位置应设置排污口标志。

5.2 新建企业和现有企业安装污染物排放自动监控设备的要求,按有关法律和《污染源自动监控管理办法》的规定执行。

5.3 对企业污染物排放情况进行监测的频次、采样时间等要求,按国家有关污染源监测技术规范的规定执行。

5.4 企业产品产量的核定,以法定报表为依据。

5.5 企业应按照有关法律和《环境监测管理办法》的规定,对排污状况进行监测,并保存原始监测记录。

5.6 对企业排放水污染物浓度的测定采用表4所列的方法标准。(表4具体内容见原标准)

6 实施与监督

6.1 本标准由县级以上人民政府环境保护行政主管部门负责监督实施。

6.2 在任何情况下,企业均应遵守本标准的污染物排放控制要求,采取必要措施保证污染防治设施正常运行。各级环保部门在对设施进行监督性检查时,可以现场即时采样或监测结果,作为判定排污行为是否符合排放标准及实施相关环境保护管理措施的依据。在发现企业耗水或排水量有异常变化的情况下,应核定企业的实际产品产量和排水量,按本标准的规定,换算水污染物基准排水量排放浓度。

柠檬酸工业水污染物排放标准(节录)

GB 19430—2013

(2013年3月14日发布 2013年7月1日实施)

本标准由环境保护部科技标准司组织制定。

本标准主要起草单位:中国环境科学研究院、中国轻工业清洁生产中心、中国发酵工业协会、日照金禾生化集团有限公司。

(按原标准编号节录)

3 术语和定义

下列术语和定义适用于本标准。

3.1 柠檬酸工业

指以玉米(淀粉)、薯干(淀粉)等为主要原料,通过糖化、发酵、提取和精制等过程生产柠檬酸产品的工业。

3.2 现有企业
指本标准实施之日已建成投产或环境影响评价文件已通过审批的柠檬酸生产企业或生产设施。

3.3 新建企业
指本标准实施之日起环境影响评价文件通过审批的新建、改建和扩建柠檬酸生产设施建设项目。

3.4 排水量
指生产设施或企业向企业法定边界以外排放的废水的量,包括与生产有直接或间接关系的各种外排废水(如厂区生活污水、冷却废水、厂区锅炉和电站排水等)。

3.5 单位产品基准排水量
指用于核定水污染物排放浓度而规定的生产单位柠檬酸产品的废水排放量上限值。

3.6 直接排放
指排污单位直接向环境水体排放污染物的行为。

3.7 间接排放
指排污单位向公共污水处理系统排放污染物的行为。

3.8 公共污水处理系统
指通过纳污管道等方式收集废水,为两家以上排污单位提供废水处理服务并且排水能够达到相关排放标准要求的企业或机构,包括各种规模和类型的城镇污水处理厂、区域(包括各类工业园区、开发区、工业聚集地等)废水处理厂等,其废水处理程度应达到二级或二级以上。

4 水污染物排放控制要求

4.2 自2015年1月1日起,现有企业执行表2规定的水污染物排放限值。

4.3 自2013年1月1日起,新建企业执行表2规定的水污染物排放限值。

表2 新建企业水污染物排放限值及单位产品基准排水量

单位:mg/L(pH值、色度除外)

序号	污染物项目	限值		污染物排放监控位置
		直接排放	间接排放	
1	pH值	6~9	6~9	企业废水总排放口
2	色度(稀释倍数)	40	100	
3	悬浮物	50	160	
4	五日生化需氧量(BOD_5)	20	80	
5	化学需氧量(COD_{Cr})	100	300	
6	氨氮	10	30	
7	总氮	20	80	
8	总磷	1.0	4.0	
单位产品基准排水量(m^3/t产品)		30		排水量计量位置与污染物排放监控位置一致

4.4 根据环境保护工作的要求,在国土开发密度已经较高、环境承载能力开始减弱,或环境容量较小、生态环境脆弱,容易发生严重环境污染问题而需要采取特别保护措施的地区,应严格控制企业的污染物排放行为,在上述地区的柠檬酸企业执行表3规定的水污染物特别排放限值。

执行水污染物特别排放限值的地域范围、时间,由国务院环境保护主管部门或省级人民政府规定。

表3 水污染物特别排放限值及单位产品基准排水量

单位:mg/L(pH值、色度除外)

序号	污染物项目	限值		污染物排放监控位置
		直接排放	间接排放	
1	pH值	6~9	6~9	企业废水总排放口
2	色度(稀释倍数)	30	50	
3	悬浮物	10	50	
4	五日生化需氧量(BOD_5)	10	20	
5	化学需氧量(COD_{Cr})	50	100	
6	氨氮	8	10	
7	总氮	15	50	
8	总磷	1.0	2.0	
单位产品基准排水量(m^3/t产品)		20		排水量计量位置与污染物排放监控位置一致

5 水污染物监测要求

5.1 对企业排放废水的采样,应根据监测污染物的种类,在规定的污染物排放监控位置进行,有废水处理设施的,应在该设施后监控。企业应按照国家有关污染源监测技术规范的要求设置采样口,在污染物排放监控位置须设置永久性排污口标志。

5.2 新建企业和现有企业安装污染物排放自动监控设备的要求,按有关法律和《污染源自动监控管理办法》的规定执行。

5.3 对企业水污染物排放情况进行监测的频次、采样时间等要求,按国家有关污染源监测技术规范的规定执行。

5.4 企业产品产量的核定,以法定报表为依据。

5.5 企业应按照有关法律和《环境监测管理办法》的规定,对排污状况进行监测,并保存原始监测记录。

5.6 对企业排放水污染物浓度的测定采用表4所列的方法标准。(表4具体内容见原标准)

6 实施与监督

6.1 本标准由县级以上人民政府环境保护主管部门负责监督实施。

6.2 在任何情况下,企业均应遵守本标准的污染物排放控制要求,采取必要措施保证污染防治设施正常运行。各级环保部门在对设施进行监督性检查时,可以现场即时采样或监测的结果,作为判定排污行为是否符合排放标准以及实施相关环境保护管理措施的依据。在发现企业耗水或排水量有异常变化的情况下,应核定企业的实际产品产量和排水量,按本标准的规定,换算水污染物基准水量排放浓度。

皂素工业水污染物排放标准(节录)

GB 20425—2006

(2006年9月1日发布 2007年1月1日实施)

本标准由国家环境保护总局科技标准司提出。
本标准起草单位:武汉化工学院、湖北省环保局、湖北省十堰市环保局。

(按原标准编号节录)

3 定义

3.1 皂素工业企业

指利用黄姜、穿地龙等薯蓣类植物以及剑麻、番麻等各种植物为原料通过生物化工方法生产成品皂素或水解物的所有工业企业。其皂素产量和吨产品排污量以月为单位进行核算。

3.2 水解物

指通过酸解过程、洗涤并干燥后形成的皂素与渣的混合物。

3.3 排水量

指在生产的酸解过程中的洗涤液及允许排放的原料冲洗水的总排放量。

3.4 洗涤液

指在生产过程的酸解后分离得到的液体和直接用于洗涤水解物的各次工艺用水。第一次洗涤液是指酸解后分离得到的液体,也称"头道液"。

3.5 原料冲洗水

指在黄姜、穿地龙等植物原料的粉碎过程中直接用于冲洗的生产用水。

3.6 冷却水

指从水解物中提取皂素过程中起间接冷却作用回收汽油的工艺用水。

3.7 皂素渣

指用汽油等萃取剂从水解物中提取皂素后残留的固形物。

3.8 现有皂素企业

指本标准实施之日前建成或批准环境影响报告书的企业。

3.9 新建皂素企业

指本标准实施之日起批准环境影响报告书的新建、改建、扩建皂素企业。

4 污染物排放控制要求

4.2 新建(包括改、扩建)皂素企业

自本标准实施之日起执行表2的规定。

表2 新建皂素企业水污染排放控制限值

污染物项目	化学需氧量(COD_{Cr})		五日生化需氧量(BOD_5)		悬浮物(SS)		氨氮		氯化物(Cl^-)		总磷		排水量	pH值	色度/倍
	kg/t	mg/L	kg/t	mg/L	kg/t	mg/L	kg/t	mg/L	kg/t	mg/L	kg/t	mg/L	m³/t		
标准限值	120	300	20	50	28	70	32	80	120	300	0.2	0.5	400	6～9	80

注:① 产品为皂素。
② 色度为参考指标。

5 采样与监测

5.3 排污量的计算

皂素产品的产量以法定月报表为准,月排水量以流量连续计量装置测定数值为准,水污染物排放浓度的月均值根据该月日均值累积数与该月天数计算,由产品产量和测定的排水量及水污染物排放浓度,计算企业吨皂素排水量和吨皂素的污染物排放量。

5.4 测定方法

本标准采用的测定方法按表3执行。(表3具体内容见原标准)

6 其他控制措施

6.1 原料冲洗水应经沉淀处理后回用。

6.2 冷却水应循环使用。

6.3 允许直接对综合废水进行处理达到本标准要求,提倡对第一次洗涤液(头道液)首先回收其中的糖类等物质后,再进行生化处理并达到本标准要求。

7 标准实施与监督

7.1 本标准由县级以上人民政府环境保护行政主管部门负责监督实施,定期对企业执行本标准的情况进行检查与审核。

7.2 县级人民政府环境保护行政主管部门负责对企业、环境监测站上报的各种监测数据进行审核和管理。

汽车维修业水污染物排放标准（节录）

GB 26877—2011

（2011年7月29日发布 2012年1月1日实施）

本标准由环境保护部科技标准司组织制定。
本标准主要起草单位：北京市环境保护科学研究院、环境保护部环境标准研究所、北京汽车维修行业协会。

（按原标准编号节录）

3 术语和定义

下列术语和定义适用于本标准。

3.1 汽车维修企业

指从事汽车修理、维护和保养服务的企业。本标准中汽车维修企业指符合 GB/T 16739.1—2004 要求的一类和二类汽车整车维修企业，不包括从事油罐车、化学品运输车等危险品运输车辆维修的企业。

3.2 小型车

指车身总长不超过 6m 的载客车辆和最大设计总质量不超过 3500kg 的载货车辆。

3.3 大、中型客车

指车身总长超过 6m 的载客车辆。

3.4 大型货车

指最大设计总质量超过 3500kg 的载货车辆、挂车及专用汽车的车辆部分。

3.5 现有企业

指在本标准实施之日前已建成投产或环境影响评价文件通过审批的汽车维修企业。

3.6 新建企业

指本标准实施之日起环境影响评价文件通过审批的新建、改建和扩建的汽车维修业建设项目。

3.7 直接排放

指排污单位直接向环境排放水污染物的行为。

3.8 间接排放

指排污单位向公共污水处理系统排放水污染物的行为。

3.9 公共污水处理系统

指通过纳污管道等方式收集废水，为两家以上排污单位提供废水处理服务并且排水能够达到相关排放标准要求的企业或机构,包括各种规模和类型的城镇污水处理厂、区域(包括各类工业园区、开发区、工业聚集地等)废水处理厂等,其废水处理程度应达到二级或二级以上。

3.10 排水量

指生产设施或企业向企业法定边界以外排放的废水的量,包括与生产有直接或间接关系的各种外排废水(如厂区生活污水、冷却废水、厂区锅炉和电站排水等)。

3.11 单位基准排水量

指用于核定水污染物排放浓度而规定的维修每辆车的废水排放量上限值。

4 水污染物排放控制要求

4.2 自2013年1月1日起,现有企业执行表2规定的水污染物排放限值。

4.3 自2012年1月1日起,新建企业执行表2规定的水污染物排放限值。

表2 新建企业水污染物排放浓度限值

单位:mg/L(pH值除外)

序号	污染物项目	限值		污染物排放监控位置
		直接排放	间接排放	
1	pH	6~9	6~9	企业废水总排放口
2	悬浮物(SS)	20	100	
3	化学需氧量(COD)	60	300	
4	五日生化需氧量(BOD_5)	20	150	
5	石油类	3	10	
6	阴离子表面活性剂(LAS)	3	10	
7	氨氮	10	25	
8	总氮	20	30	
9	总磷	0.5	3	

4.4 根据环境保护工作的要求,在国土开发密度已经较高、环境承载能力开始减弱,或环境容量较小、生态环境脆弱,容易发生严重水环境污染问题而需要采取特别保护措施的地区,应严格控制企业的污染物排放行为,在上述地区的企业执行表3规定的水污染物特别排放限值。

执行水污染物特别排放限值的地域范围、时间,由国务院环境保护行政主管部门或省级人民政府规定。

表3 水污染物特别排放限值

单位:mg/L(pH值除外)

序号	污染物项目	限值 直接排放	限值 间接排放	污染物排放监控位置
1	pH	6~9	6~9	企业废水总排放口
2	悬浮物(SS)	10	20	
3	化学需氧量(COD)	50	60	
4	五日生化需氧量(BOD_5)	10	20	
5	石油类	1	3	
6	阴离子表面活性剂(LAS)	1	3	
7	氨氮	5	10	
8	总氮	15	20	
9	总磷	0.5	0.5	

4.5 现有企业和新建企业单位基准排水量按表4的规定执行。

表4 单位基准排水量

单位:m^3/辆

序号	车型	限值	污染物排放监控位置
1	小型客车	0.014	排水量计量位置与污染物排放监控位置相同
2	小型货车	0.05	
3	大、中型客车	0.06	
4	大型货车	0.07	

5 水污染物监测要求

5.1 对企业排放废水的采样,应根据监测污染物的种类,在规定的污染物排放监控位置进行,有废水处理设施的,应在处理设施后监控。在污染物排放监控位置须设置永久性排污口标志。

5.2 新建企业和现有企业安装污染物排放自动监控设备的要求,按有关法律和《污染源自动监控管理办法》的规定执行。

5.3 对企业污染物排放情况进行监测的频次、采样时间等要求,按国家有关污染源监测技术规范的规定执行。

5.4 企业产品产量的核定,以法定报表为依据。

5.5 企业必须按照有关法律和《环境监测管理办法》的规定,对排污状况进行监测,并保存原始监测记录。

5.6 对企业排放水污染物浓度的测定采用表5所列的方法标准。(表5具体内容见原标准)

6 实施与监督

6.1 本标准由县级以上人民政府环境保护行政主管部门负责监督实施。

6.2 在任何情况下,企业均应遵守本标准的污染物排放控制要求,采取必要措施保证污染防治设施正常运行。各级环保部门在对设施进行监督性检查时,可以现场即时采样或监测的结果,作为判定排污行为是否符合排放标准以及实施相关环境保护管理措施的依据。在发现排水量有异常变化的情况下,应核定企业的实际产品产量和排水量,按本标准的规定,换算水污染物基准排水量排放浓度。

第十四部分　水质及污水排放地方标准选录

北京市水污染物综合排放标准（节录）

DB 11/307—2013

（2013年12月20日发布　2014年1月1日实施）

本标准由北京市环境保护局提出并归口。
本标准主要起草单位：北京市环境保护科学研究院。

（按原标准编号节录）

3　术语和定义

下列术语和定义适用于本文件。

3.1　新（改、扩）建单位　new(rebuilding、extending) construction units
本标准实施之日起，环境影响评价文件通过审批的新（改、扩）建单位。

3.2　现有单位　existing units
在本标准实施之日前，已建成投产或环境影响评价文件已通过审批的单位。

3.3　公共污水处理系统　public wastewater treatment plant
通过纳污管道等方式收集废水，为两家以上排污单位提供废水处理服务并且排水能够达到相关排放标准要求的企业或机构，包括各种规模和类型的城镇污水处理厂、区域（包括各类工业园区、开发区、工业聚集地等）废水处理厂等，其废水处理程度应达到二级或二级以上。

3.4　单位产品基准排水量　drainage volume per unit product
用于核定水污染物排放浓度而规定的生产单位产品废水排放量的上限值。

4　污染物排放控制要求

4.1　本标准适用于法律允许的污染物排放行为。新设立污染源的选址和特殊保护区域内现有污染源的管理，按照《中华人民共和国水污染防治法》《北京市水污染防治条例》等法律、法规、规章的相关规定执行。

4.2　直接向地表水体排放污水的单位（村庄生活污水处理站除外）其水污染物的排放执行表1的规定，排入北京市Ⅱ类、Ⅲ类水体及其汇水范围的污水执行A排放限值，排入北京市Ⅳ、Ⅴ类水体及其汇水范围的污水执行B排放限值。其中新（改、扩）建单位自本标准实施之日起执行；现有单位自2015年12月31日起执行，2015年12月30日前执行原标准DB 11/307—2005的排放限值。（表1具体内容见原标准）

4.3　村庄生活污水处理站自本标准实施之日起执行表2排放限值，排入北京市Ⅱ类、Ⅲ类水体及其汇水范围的污水执行 A 排放限值,排入北京市Ⅳ、Ⅴ类水体及其汇水范围的污水执行 B 排放限值。

表2 村庄生活污水处理站排入地表水体的水污染物排放限值

单位:mg/L(凡注明者除外)

序号	污染物或项目名称	新(改、扩)污水处理站		现有污水处理站		污染物排放监控位置
		A 排放限值	B 排放限值	A 排放限值	B 排放限值	
1	pH 值/无量纲	6~9	6~9	6~9	6~9	单位污水总排放口
2	悬浮物(SS)	5	10	10	20	
3	五日生化需氧量(BOD_5)	6	10	10	20	
4	化学需氧量(COD_{Cr})	30	40	50	60	
5	氨氮[a]	1.5(2.5)	5(8)	5(8)	8(15)	
6	总氮	15	15	15	20	
7	总磷(以P计)	0.3	0.4	0.5	1.0	
8	动植物油	0.5	1.0	1.0	3.0	
9	阴离子表面活性剂(LAS)	0.3	0.3	0.5	1.0	
10	粪大肠菌群/(MPN/L)	1 000	10 000	1 000	10 000	
11	总余氯	0.5	0.5	0.5	0.5	

注:a 12月1日—3月31日执行括号内的排放限值。

4.4 排入公共污水处理系统的污水执行表3的规定,生活垃圾填埋场的污水排入公共污水处理系统执行 GB 16889—2008 表2的规定。(表3具体内容见原标准)

4.5 排入末端未设置二级污水处理厂的排水系统的污水,应根据排水系统出水受纳水体的功能类别,执行本标准4.2的规定。

4.6 各行业的单位产品基准排水量按国家相应行业水污染物排放标准的规定执行。

4.7 水污染物排放除执行本标准所规定的排放限值外,还应达到国家或地方环境保护部门核准或规定的有关污染物排放总量控制限值。

4.8 排放含有放射性物质污水的单位,除执行本标准外,还应符合 GB 8703 的规定。

5 污染物监测要求

5.1 对排污单位排放污水的采样,应根据监测污染物的种类,在规定的污染物排放监控位置进行,有废水处理设施的,应在处理设施后监控。在污染物排放监控位置须设置永久性排污口标志。

5.2 新(改、扩)建单位和现有单位安装污染物排放自动监控设备的要求,按有关法律和《污染源自动监控管理办法》的规定执行。

5.3 排污单位应按照有关法律和《环境监测管理办法》的规定,对排污状况进行监测,并保存原始监测记录。

5.4 对污染物排放情况进行监测的频次、采样时间等要求,按国家和地方有关污染源监测技术规范的规定执行。

5.5 水污染物浓度的测定采用表4所列的方法标准。（表4具体内容见原标准）

6 标准的实施与监督

6.1 本标准由市和区（县）环境保护行政主管部门、水行政主管部门统一监督实施。

6.2 对排污单位进行监督性检查时，可以现场即时采样或监测的结果作为判定排污行为是否符合排放标准以及实施相关环境保护管理措施的依据。

北京市城镇污水处理厂水污染物排放标准（节录）

DB 11/890—2012

（2012年5月28日发布 2012年7月1日实施）

本标准由北京市环境保护局提出并归口。
本标准起草单位：北京市环境保护科学研究院。

（按原标准编号节录）

3 术语与定义

下列术语和定义适用于本文件。

3.1 城镇污水处理厂 municipal wastewater treatment plant

指北京市中心城城市污水处理厂、新城和郊区（县）城市污水处理厂、乡镇污水处理厂。

3.2 现有城镇污水处理厂 existing municipal wastewater treatment plant

指在本标准实施之日前，已建成投产或环境影响评价文件已通过审批的城镇污水处理厂。

3.3 新（改、扩）建城镇污水处理厂 new(rebuilding、extending)municipal wastewater treatment plant

指本标准实施之日起，环境影响评价文件通过审批的新（改、扩）建城镇污水处理厂。

3.4 基本控制项目 basic control item

指所有城镇污水处理厂应控制的污染物项目。

3.5 选择控制项目 optional control item

根据城镇污水处理厂接纳工业污染物的种类而选择控制的污染物项目。

4 污染物排放控制要求

4.1 控制项目分类

4.1.1 城镇污水处理厂水污染物排放控制项目分为基本控制项目和选择控制项目。

4.1.2 基本控制项目所有城镇污水处理厂均应执行。各城镇污水处理厂的选择控制项目，根据城镇污水处理厂接纳工业污染物的种类在表3中选择，由相关行政主管部门确认。

4.2 排放限值

4.2.1 新(改、扩)建城镇污水处理厂基本控制项目的排放限值执行表1中的限值。其中排入北京市Ⅱ、Ⅲ类水体的城镇污水处理厂执行A标准,排入Ⅳ、Ⅴ类水体的城镇污水处理厂执行B标准。

4.2.2 现有城镇污水处理厂基本控制项目的排放限值执行表2中的限值。其中排入北京市Ⅱ、Ⅲ类水体的城镇污水处理厂执行A标准,排入Ⅳ、Ⅴ类水体的城镇污水处理厂执行B标准。

4.2.3 自2015年12月31日起,现有中心城城市污水处理厂基本控制项目的排放限值执行表1的B标准。

4.2.4 新(改、扩)建和现有城镇污水处理厂选择控制项目的排放限值执行表3的规定。

表1 新(改、扩)建城镇污水处理厂基本控制项目排放限值

单位:mg/L(注明的除外)

序号	基本控制项目	A标准	B标准
1	pH/无量纲	6～9	6～9
2	化学需氧量(COD)	20	30
3	生化需氧量(BOD_5)	4	6
4	悬浮物(SS)	5	5
5	动植物油	0.1	0.5
6	石油类	0.05	0.5
7	阴离子表面活性剂	0.2	0.3
8	总氮(以N计)	10	15
9	氨氮(以N计)[a]	1.0(1.5)	1.5(2.5)
10	总磷(以P计)	0.2	0.3
11	色度/稀释倍数	10	15
12	粪大肠菌群数/(MPN/L)	500	1 000
13	总汞	0.001	
14	烷基汞	不得检出	
15	总镉	0.005	
16	总铬	0.1	
17	六价铬	0.05	
18	总砷	0.05	
19	总铅	0.05	

注:a 12月1日—3月31日执行括号内的排放限值。

表2　现有城镇污水处理厂基本控制项目排放限值

单位：mg/L（注明的除外）

序号	基本控制项目	A 标准	B 标准
1	pH/无量纲	6～9	6～9
2	化学需氧量（COD）	50	60
3	生化需氧量（BOD_5）	10	20
4	悬浮物（SS）	10	20
5	动植物油	1.0	3.0
6	石油类	1.0	3.0
7	阴离子表面活性剂	0.5	1.0
8	总氮（以 N 计）	15	20
9	氨氮（以 N 计）[a]	5（8）	8（15）
10	总磷（以 P 计）	0.5	1.0
11	色度/稀释倍数	30	30
12	粪大肠菌群数/（MPN/L）	1 000	10 000
13	总汞	0.001	
14	烷基汞	不得检出	
15	总镉	0.01	
16	总铬	0.1	
17	六价铬	0.05	
18	总砷	0.1	
19	总铅	0.1	

注：a 12 月 1 日—3 月 31 日执行括号内的排放限值。

表3　选择控制项目排放限值

单位：mg/L（注明的除外）

序号	选择控制项目	排放限值	序号	选择控制项目	排放限值
1	总镍	0.02	7	总锌	1.0
2	总铍	0.002	8	苯并[a]芘	0.000 002
3	总银	0.1	9	总 α 放射性（Bq/L）	1.0
4	总硒	0.02	10	总 β 放射性（Bq/L）	10
5	总锰	0.1	11	挥发酚	0.01
6	总铜	0.5	12	总氰化物	0.2

(续表)

序号	选择控制项目	排放限值	序号	选择控制项目	排放限值
13	硫化物	0.2	34	三氯乙烯	0.07
14	氟化物	1.5	35	四氯乙烯	0.04
15	甲醛	0.5	36	氯苯	0.05
16	甲醇	3.0	37	1,4-二氯苯	不得检出
17	硝基苯类	0.015	38	1,2-二氯苯	不得检出
18	苯胺类	0.1	39	1,2,4-三氯苯	不得检出
19	苯	0.01	40	对硝基氯苯	不得检出
20	甲苯	0.1	41	2,4-二硝基氯苯	不得检出
21	乙苯	0.2	42	邻苯二甲酸二丁酯	0.003
22	邻-二甲苯	0.2	43	邻苯二甲酸二辛酯	0.008
23	对-甲苯	0.2	44	丙烯腈	不得检出
24	间-二甲苯	0.2	45	彩色显影剂	1.0
25	苯系物总量	1.2	46	显影剂及其氧化物总量	2.0
26	苯酚	0.0	47	有机磷农药(以P计)	不得检出
27	间-甲酚	0.01	48	马拉硫磷	不得检出
28	2,4-二氯酚	不得检出	49	乐果	不得检出
29	2,4,6-三氯酚	不得检出	50	对硫磷	不得检出
30	可吸附有机卤化物(AOX 以Cl计)	不得检出	51	甲基对硫磷	不得检出
31	三氯甲烷	0.06	52	五氯酚及五氯酚钠(以五氯酚计)	不得检出
32	1,2-二氯乙烷	不得检出	53	总有机碳(TOC)	12
33	四氯化碳	0.002	54	可溶性固体总量	1 000

5 污染物监测要求

5.1 城镇污水处理厂水污染物排放监控位置应设在污水处理厂总排放口。排放口应按规定设置永久性排污口标志。

5.2 城镇污水处理厂应按照《污染源自动监控管理办法》的规定,安装COD、氨氮等主要污染物排放自动监控设备,与相关行政主管部门的监控设备联网,并保证设备正常运行。

5.3 污染物监测应取24h混合样,以日均值计。选用自动比例采样器时,取24h混合样;人工采样时,每2h采样一次,取24h混合样。污染物的采样与监测应按HJ/T 91—2002有关规定执行。

5.4 城镇污水处理厂应按照有关法律和环境监测技术规范的规定,对排污状况进行监测,并保存原始监测记录。

5.5 城镇污水处理厂应对本标准表3规定的选择控制项目每年至少监测1次。

5.6 水污染物监测分析方法按表4执行。(表4具体内容见原标准)

6 标准实施与监督

6.1 本标准由市和区(县)环境保护行政主管部门统一监督实施。

6.2 对城镇污水处理厂进行监督性检查时,可以现场即时采样或监测的结果作为判定排污行为是否符合排放标准以及实施相关环境保护管理措施的依据。

上海市污水综合排放标准(节录)

DB 31/199—2009

(2009年5月26日发布 2009年10月1日实施)

本标准由上海市环境保护局提出并归口。

本标准主要起草单位:上海市环境监测中心、上海市环境科学研究院。

(按原标准编号节录)

3 术语与定义

3.1 特殊保护水域

指经国家或市人民政府批准的自然保护区范围内水域、集中式生活饮用水水源保护区和准水源保护区。法律、法规禁止排放的水域除外。

3.2 终端污水处理设施

指城镇污水处理厂与工业区污水处理厂。

3.3 排污单位

指具有污水排放行为的单位和个体经营者。

3.4 所有排污单位

指本标准适用范围内一切排污单位。

3.5 其他排污单位

指某一特定污染物项目最高排放限值适用范围中,除所列行业外的一切排污单位。

4 污水排放控制要求

4.1 污染物分类

4.1.1 本标准将污染物按其性质及控制方式分为两类,第一类17项,第二类77项。

4.1.2 第一类污染物在车间(或车间处理设施)排放口和排污单位总排口同时采样,达到本标准要求。

4.1.3 第二类污染物在排污单位总排口采样,达到本标准要求。
4.2 标准分级
4.2.1 第一类污染物排放标准分级
4.2.1.1 第一类污染物的排放标准分为 A 级标准、B 级标准(见表1)。(表1具体内容见原标准)
4.2.1.2 排入特殊保护水域、GB 3838 中Ⅲ类环境功能水域与第二类环境功能海域的污水,执行 A 级标准。
4.2.1.3 排入 GB 3838 中Ⅳ、V 类环境功能水域和 GB 3097 中第三、第四类环境功能海域的污水,执行 B 级标准。
4.2.1.4 排入设置终端污水处理设施的城镇或工业区排水系统的污水,执行 B 级标准。
4.2.1.5 排入未设终端污水处理设施的城镇或工业区排水系统的污水,根据该排水系统出水受纳水域的环境功能区划类别,分别执行4.2.1.2 和4.2.1.3 的规定。
4.2.2 第二类污染物排放标准分级
4.2.2.1 根据受纳水域的环境功能,第二类污染物的排放标准分为特殊保护水域标准、一级标准和二级标准(见表2)。(表2具体内容见原标准)
4.2.2.2 排入特殊保护水域的污水执行特殊保护水域标准。
4.2.2.3 排入 GB 3838 中的 Ⅲ 类环境功能水域(特殊保护水域除外)和 GB 3097 中第二类环境功能海域的污水,执行一级标准。
4.2.2.4 排入 GB 3838 中Ⅳ、V 类环境功能水域和 GB 3097 中第三、第四类环境功能海域的污水,执行二级标准。
4.2.2.5 排入设置终端污水处理设施的城镇或工业区排水系统的污水,表3所列有毒污染物项目执行二级标准。(表3具体内容见原标准)
4.2.2.6 排入未设终端污水处理设施的城镇或工业区排水系统的污水,其排放标准按该排水系统出水受纳水域的环境功能区划类别,依据4.2.2.2、4.2.2.3 和4.2.2.4 确定。
4.3 标准限值
4.3.1 污染物测定值或其计算值与表1和表2中的标准限值作比较时,采用 GB/T 8170 规定的修约值比较法。
4.3.2 除 pH 值、鱼类急性毒性以外的所有污染物项目标准限值均为最高允许排放限值。
4.3.3 pH 值的标准限值为一个允许范围,无日均值,任意一次 pH 值超出该允许范围即为超标。
4.3.4 鱼类急性毒性无日均值,任意一次检出毒性即为超标。
4.3.5 污染物项目的标准限值为不得检出时,该标准限值为小于该项目规定的测定方法的检出限。
4.4 总量控制要求
4.4.1 排入地表水域的污水除实行本标准所规定的标准限值外,还应达到环境保护部门核准或规定的有关污染物排放总量控制限值。
4.4.2 郊区和郊县执行本标准时,若某些污染物控制项目不能满足本地区饮用水源水质要求时,区、县环境保护主管部门可根据该受纳水域的水质状况,削减污染物的排放总量控制指标,报上海市环境保护局批准后实施。

5 污染物监测要求

5.1 排污口设置

5.1.1 排污单位应设置独立的排污口,不得与其他排污单位共用排污口。

5.1.2 排污口的布设应符合 HJ/T 91、HJ/T 92 和市环境保护行政主管部门的有关规定。

5.1.3 工业企业已达到排放标准的间接冷却水应单独设排污口,不得与工艺生产污水混合后处理,不得在排污口上游和排污口内进行稀释排放。

5.1.4 若一个排污单位的排污口排放两种或两种以上的混合污水(间接冷却水除外),且各种污水若单独排放时执行不同的排放标准,则该排污口排放的混合污水按其中最严格的排放标准执行。

5.2 其他规定

5.2.1 禁止将污水排入地下。

5.2.2 禁止将未达标污水稀释排放。

5.3 监测

5.3.1 污染源监督性监测和建设项目污水处理设施竣工环境保护监测的采样方案设计与监测项目选择应符合国家和市环境保护行政主管部门的有关规定。

5.3.2 污染源监督性监测、抽查性监测、企业自我监测、流域监测和建设项目污水处理设施竣工环境保护监测的采样频率应符合国家和市环境保护行政主管部门的有关规定。

5.3.3 污染源在线监测应符合国家和市环境保护行政主管部门的有关规定。

5.3.4 污水样品的采集方法应符合 GB 12998、HJ/T 91 及相关分析方法标准的有关规定。

5.3.5 污水样品的保存方法应符合 GB 12999、HJ/T 91 及相关分析方法标准的有关规定。

5.3.6 污水流量的测量应符合 HJ/T 91 和 HJ/T 92 的有关规定。

5.3.7 总大肠菌群应与总余氯同时采样监测,达到本标准要求。

5.3.8 苯酚、间-甲酚、2,4-二氯酚、2,4,6-三氯酚应与挥发酚同时采样监测,达到本标准要求。

5.3.9 本标准中各污染物项目的测定采用表4所列的方法标准。

5.3.10 若污染物项目有两个或两个以上的测定方法,则表4中第一个测定方法为该污染物项目的仲裁测定方法。(表4具体内容见原标准)

6 实施要求

6.1 本标准由上海市和各区、县人民政府环境保护主管部门负责监督实施。

6.2 在任何情况下,排污单位应遵守本标准规定的水污染物排放控制要求,采取必要措施保证污染防治设施正常运行。各级环保部门在对排污单位进行监督性检查时,可以现场即时采样或监测的结果,作为判定排污行为是否符合排放标准以及实施相关环境保护管理措施的依据。

辽宁省污水综合排放标准（节录）

DB 21/1627—2008

(2008 年 7 月 1 日发布　2008 年 8 月 1 日实施)

本标准由辽宁省环境保护局提出并归口。
本标准起草单位：大连理工大学。

（按原标准编号节录）

3　术语和定义

下列术语和定义适用于本标准。

3.1　污水　waste water

在生产、经营与生活活动中排放的水的总称。

3.2　排水量　amount of drainage

在完成全部生产过程之后最终排出生产系统之外的总水量。

3.3　城镇污水处理厂　municipal wastewater treatment plant

对进入城镇污水收集系统的污水进行净化处理的污水处理厂。

3.4　工业园区（开发区）污水处理厂　industrial park wastewater treatment plant

对进入各类开发区、工业园区、高新技术园区等污水收集系统的污水进行净化处理的污水处理厂。

3.5　污水处理厂　wastewater treatment plant

城镇污水处理厂和工业园区污水处理厂的统称。

3.6　医疗机构污水　medical organization wastewater

医疗机构门诊、病房、手术室、各类检验室、病理解剖室、放射室、洗衣房、太平间等处排出的诊疗、生活及粪便污水。当医疗机构其他污水与上述污水混合排出时一律视为医疗机构污水。

3.7　其他污水　other wastewater

除污水处理厂排水和医疗机构污水以外的污水。

4　污水排放控制要求

4.1　污水排放区控制要求

4.1.1　禁止排放区

GB 3838—2002《地表水环境质量标准》中的Ⅰ、Ⅱ类水域及Ⅲ类水域中的饮用水源二级保护区、游泳区和 GB 3097—1997《海水水质标准》中规定的一类海域、二类海域中的珍稀水产养殖区、海水浴场区为禁止排放区。禁止排放区水域禁止新建排污口和直接排入污水。已有排污口的排水必须满足受纳水域功能类别的水质标准。

4.1.2 允许排放区

GB 3838—2002《地表水环境质量标准》中的Ⅲ类(划定的饮用水源二级保护区和游泳区除外)、Ⅳ类、Ⅴ类水域和 GB 3097—1997《海水水质标准》中规定的二类(珍稀水产养殖区、海水浴场区除外)、三类、四类海域为允许排放区。允许排放区水域允许设置污水排污口。

4.1.3 污水排放区划定

省辖市环境保护行政主管部门负责根据本辖区内各类地表水执行的水质标准类别(Ⅰ~Ⅴ类)和近岸海域海水执行的水质标准类别(一~四类),提出本辖区内的禁止排放区、允许排放区划分方案,报省环境保护行政主管部门批准。未划定类别的,禁止直接排入污水。

4.2 污水排放标准分级和限值

4.2.1 污水处理厂排水

省辖市规划城市中心区的城镇污水处理厂及国家、省、市级的各类工业园区(开发区)污水处理厂的出水执行 GB 18918《城镇污水处理厂污染物排放标准》中一级标准的 A 标准。省辖市郊区、县级(含县级市)城镇污水处理厂及其所属的各类工业园区(开发区)污水处理厂的出水执行 GB 18918《城镇污水处理厂污染物排放标准》中一级标准的 B 标准。

4.2.2 医疗机构污水

医疗机构污水直接排放的执行本标准表 1 的规定,排入污水处理厂的执行 GB 18466《医疗机构水污染物排放标准》的相关规定。

4.2.3 其他污水

直接排入允许排放区受纳水体的污水执行表 1 的规定。

表 1 直接排放的水污染物最高允许排放浓度

单位:mg/L

序号	污染物或项目名称	最高允许排放浓度
1	色度(稀释倍数)	30
2	悬浮物(SS)	20
3	五日生化需氧量(BOD_5)	10
4	化学需氧量(COD_{Cr})	50
5	总氮	15
6	氨氮	8(10)[a]
7	磷酸盐(以 P 计)	0.5
8	石油类	3.0
9	挥发酚	0.3
10	硫化物	0.5
11	总氰化物(按 CN^- 计)	0.2
12	总有机碳(TOC)	20

(续表)

序号	污染物或项目名称	最高允许排放浓度
13	氯化物(以氯离子计)[b]	400
14	硼	2.0
15	总钼(按 Mo 计)	1.5
16	总钒	1.0
17	总钴	0.5
18	苯乙烯	0.2
19	乙腈	2.0
20	甲醇	3.0
21	水合肼	0.2
22	丙烯醛	0.5
23	吡啶	0.5
24	二硫化碳	1.0
25	丁基黄原酸盐	0.1

注:a 括号外数值为水温>12℃时的控制指标,括号内数值为水温≤12℃时的控制指标。
　　b 氯化物(按氯离子计)只针对排放于淡水水域,海域不受限制,排水用于农田灌溉的排放标准为250mg/l;污水回用处理反渗透膜浓水排放标准为1 000 mg/l。

4.2.4 排入设置污水处理厂的收集管网系统的污水,执行表 2 的规定。

表2　排入污水处理厂的水污染物最高允许排放浓度

单位:mg/L

序号	污染物或项目名称	限值
1	色度(稀释倍数)	100
2	悬浮物(SS)	300
3	五日生化需氧量(BOD$_5$)	250
4	化学需氧量(COD$_{Cr}$)	450/300[a]
5	总氮	50
6	氨氮	30
7	磷酸盐(以 P 计)	5.0
8	石油类	20
9	挥发酚	2.0
10	硫化物	1.0
11	总氰化物(按 CN$^-$ 计)	1.0

(续表)

序号	污染物或项目名称	限值
12	氯化物(以氯离子计)	1 000
13	硼	10
14	总钼(按Mo计)	3.0
15	总钒	2.0
16	总钴	1.0
17	苯乙烯	3.0
18	乙腈	5.0
19	甲醇	15.0
20	水合肼	0.3
21	丙烯醛	3.0
22	吡啶	3.0
23	二硫化碳	4.0
24	丁基黄原酸盐	0.5

注:a 粮食加工、食品加工、啤酒、饮料、酒精、味精等行业排入污水处理厂的COD最高允许排放浓度为450mg/L;其他行业排入污水处理厂的COD最高允许排放浓度为300mg/L。

4.2.5 部分行业的污水排水量必须符合表3中所限定的行业最高允许排水量的要求。对本标准未列入的行业污水排水量的限值,从严执行已颁布的国家行业标准、国家清洁生产标准或GB 8978《污水综合排放标准》中的排水量限值。(表3具体内容见原标准)

4.3 标准值实施时段

自本标准实施之日起,新建、改建、扩建项目[以环境影响报告书(表)的批准之日期为准]以及现有造纸、糠醛、印染企业,执行本标准;

本标准实施之日已建成(含在建)的排放污水企业,自2009年7月1日起执行本标准。

4.4 其他规定

4.4.1 本标准未包括的水污染物项目,从严执行GB 8978《污水综合排放标准》或对应国家行业标准及国家清洁生产标准。

4.4.2 严禁船舶向4.1.1规定的禁止排放区水域排放污水。向其他水域排放污水须执行GB 3552《船舶污染物排放标准》。

4.4.3 生活垃圾填埋场渗滤液的排放执行GB 16889《生活垃圾填埋场污染控制标准》的相关规定和水污染物排放浓度限值。

5 污染物检测要求

5.1 采样点

5.1.1 含《剧毒化学品目录(2002年版)》中的化学物质的污水,不分行业和污水排放方式,也不分受纳水体的功能类别,一律在车间或车间处理设施排放口采样。

5.1.2 其他污水在排污单位排放口采样。

5.1.3 污水排放口应设置环境保护图形标志。

5.1.4 所有污水处理厂的污水进水口、排放口和重点水污染企业排污口,应安装在线实时监测仪器设备及污水水量计量装置。

5.2 采样频率

建设项目竣工环境保护验收监测,采样频率按 GB 8978《污水综合排放标准》中的规定执行。各级环保部门对排放污水企业进行现场监督检查时,按国家环境保护总局公告 2007 年第 16 号《关于环保部门现场检查中排污监测方法问题的解释》的有关规定。

5.3 样品采集和保存

5.3.1 污水样品采集应符合 GB 12997《水质采样方案设计技术规定》的规定。

5.3.2 样品保存应符合 GB 12999《水质采样样品的保存和管理技术规定》的规定。

5.4 统计

企业的原辅材料使用量、产品产量等以法定月报表或年报表为准。

5.5 分析方法

分析方法应采用国家方法标准,见表4。(表4具体内容见原标准)

6 实施要求

6.1 本标准由县级以上人民政府环境保护行政主管部门负责监督实施。

6.2 在任何情况下,企业均应遵守本标准的污染物排放控制要求,采取必要措施保证污染防治设施正常运行。各级环保部门在对设施进行监督检查时,可依据现场即时采样或监测的结果,作为判定排污行为是否符合排放标准以及实施相关环境保护管理措施的依据。

6.3 本标准颁布后,新颁布或新修订的国家(综合或行业)水污染物排放标准严于本标准的污染物控制项目,执行新颁布或新修订的国家(综合或行业)水污染物排放标准。

下篇 海洋生态环境损害鉴定评估相关法律法规与标准

第十五部分 海洋生态环境损害鉴定评估相关法律法规

中华人民共和国海洋环境保护法（2017年修正）

（1982年8月23日第五届全国人民代表大会常务委员会第二十四次会议通过 1999年12月25日第九届全国人民代表大会常务委员会第十三次会议修订 根据2013年12月28日第十二届全国人民代表大会常务委员会第六次会议《关于修改〈中华人民共和国海洋环境保护法〉等七部法律的决定》第一次修正 根据2016年11月7日第十二届全国人民代表大会常务委员会第二十四次会议《关于修改〈中华人民共和国海洋环境保护法〉的决定》第二次修正 根据2017年11月4日第十二届全国人民代表大会常务委员会第三十次会议《关于修改〈中华人民共和国会计法〉等十一部法律的决定》第三次修正)

目 录
第一章 总 则
第二章 海洋环境监督管理
第三章 海洋生态保护
第四章 防治陆源污染物对海洋环境的污染损害
第五章 防治海岸工程建设项目对海洋环境的污染损害
第六章 防治海洋工程建设项目对海洋环境的污染损害
第七章 防治倾倒废弃物对海洋环境的污染损害
第八章 防治船舶及有关作业活动对海洋环境的污染损害
第九章 法律责任
第十章 附 则

第一章 总 则

第一条 为了保护和改善海洋环境，保护海洋资源，防治污染损害，维护生态平衡，保障人体健康，促进经济和社会的可持续发展，制定本法。

第二条 本法适用于中华人民共和国内水、领海、毗连区、专属经济区、大陆架以及中华人民共和国管辖的其他海域。

在中华人民共和国管辖海域内从事航行、勘探、开发、生产、旅游、科学研究及其他活动，或者在沿海陆域内从事影响海洋环境活动的任何单位和个人，都必须遵守本法。

在中华人民共和国管辖海域以外,造成中华人民共和国管辖海域污染的,也适用本法。

第三条 国家在重点海洋生态功能区、生态环境敏感区和脆弱区等海域划定生态保护红线,实行严格保护。

国家建立并实施重点海域排污总量控制制度,确定主要污染物排海总量控制指标,并对主要污染源分配排放控制数量。具体办法由国务院制定。

第四条 一切单位和个人都有保护海洋环境的义务,并有权对污染损害海洋环境的单位和个人,以及海洋环境监督管理人员的违法失职行为进行监督和检举。

第五条 国务院环境保护行政主管部门作为对全国环境保护工作统一监督管理的部门,对全国海洋环境保护工作实施指导、协调和监督,并负责全国防治陆源污染物和海岸工程建设项目对海洋污染损害的环境保护工作。

国家海洋行政主管部门负责海洋环境的监督管理,组织海洋环境的调查、监测、监视、评价和科学研究,负责全国防治海洋工程建设项目和海洋倾倒废弃物对海洋污染损害的环境保护工作。

国家海事行政主管部门负责所辖港区水域内非军事船舶和港区水域外非渔业、非军事船舶污染海洋环境的监督管理,并负责污染事故的调查处理;对中华人民共和国管辖海域航行、停泊和作业的外国籍船舶造成的污染事故登轮检查处理。船舶污染事故给渔业造成损害的,应当吸收渔业行政主管部门参与调查处理。

国家渔业行政主管部门负责渔港水域内非军事船舶和渔港水域外渔业船舶污染海洋环境的监督管理,负责保护渔业水域生态环境工作,并调查处理前款规定的污染事故以外的渔业污染事故。

军队环境保护部门负责军事船舶污染海洋环境的监督管理及污染事故的调查处理。

沿海县级以上地方人民政府行使海洋环境监督管理权的部门的职责,由省、自治区、直辖市人民政府根据本法及国务院有关规定确定。

第六条 环境保护行政主管部门、海洋行政主管部门和其他行使海洋环境监督管理权的部门,根据职责分工依法公开海洋环境相关信息;相关排污单位应当依法公开排污信息。

第二章 海洋环境监督管理

第七条 国家海洋行政主管部门会同国务院有关部门和沿海省、自治区、直辖市人民政府根据全国海洋主体功能区规划,拟定全国海洋功能区划,报国务院批准。

沿海地方各级人民政府应当根据全国和地方海洋功能区划,保护和科学合理地使用海域。

第八条 国家根据海洋功能区划制定全国海洋环境保护规划和重点海域区域性海洋环境保护规划。

毗邻重点海域的有关沿海省、自治区、直辖市人民政府及行使海洋环境监督管理权的部门,可以建立海洋环境保护区域合作组织,负责实施重点海域区域性海洋环境保护规划、海洋环境污染的防治和海洋生态保护工作。

第九条 跨区域的海洋环境保护工作,由有关沿海地方人民政府协商解决,或者由上级人民政府协调解决。

跨部门的重大海洋环境保护工作,由国务院环境保护行政主管部门协调;协调未能解决的,由国务院作出决定。

第十条 国家根据海洋环境质量状况和国家经济、技术条件,制定国家海洋环境质量标准。

沿海省、自治区、直辖市人民政府对国家海洋环境质量标准中未作规定的项目,可以制定地方海洋环境质量标准。

沿海地方各级人民政府根据国家和地方海洋环境质量标准的规定和本行政区近岸海域环境质量状况,确定海洋环境保护的目标和任务,并纳入人民政府工作计划,按相应的海洋环境质量标准实施管理。

第十一条 国家和地方水污染物排放标准的制定,应当将国家和地方海洋环境质量标准作为重要依据之一。在国家建立并实施排污总量控制制度的重点海域,水污染物排放标准的制定,还应当将主要污染物排海总量控制指标作为重要依据。

排污单位在执行国家和地方水污染物排放标准的同时,应当遵守分解落实到本单位的主要污染物排海总量控制指标。

对超过主要污染物排海总量控制指标的重点海域和未完成海洋环境保护目标、任务的海域,省级以上人民政府环境保护行政主管部门、海洋行政主管部门,根据职责分工暂停审批新增相应种类污染物排放总量的建设项目环境影响报告书(表)。

第十二条 直接向海洋排放污染物的单位和个人,必须按照国家规定缴纳排污费。依照法律规定缴纳环境保护税的,不再缴纳排污费。

向海洋倾倒废弃物,必须按照国家规定缴纳倾倒费。

根据本法规定征收的排污费、倾倒费,必须用于海洋环境污染的整治,不得挪作他用。具体办法由国务院规定。

第十三条 国家加强防治海洋环境污染损害的科学技术的研究和开发,对严重污染海洋环境的落后生产工艺和落后设备,实行淘汰制度。

企业应当优先使用清洁能源,采用资源利用率高、污染物排放量少的清洁生产工艺,防止对海洋环境的污染。

第十四条 国家海洋行政主管部门按照国家环境监测、监视规范和标准,管理全国海洋环境的调查、监测、监视,制定具体的实施办法,会同有关部门组织全国海洋环境监测、监视网络,定期评价海洋环境质量,发布海洋巡航监视通报。

依照本法规定行使海洋环境监督管理权的部门分别负责各自所辖水域的监测、监视。

其他有关部门根据全国海洋环境监测网的分工,分别负责对入海河口、主要排污口的监测。

第十五条 国务院有关部门应当向国务院环境保护行政主管部门提供编制全国环境质量公报所必需的海洋环境监测资料。

环境保护行政主管部门应当向有关部门提供与海洋环境监督管理有关的资料。

第十六条 国家海洋行政主管部门按照国家制定的环境监测、监视信息管理制度,负责管理海洋综合信息系统,为海洋环境保护监督管理提供服务。

第十七条 因发生事故或者其他突发性事件,造成或者可能造成海洋环境污染事故的单位和个人,必须立即采取有效措施,及时向可能受到危害者通报,并向依照本法规定行使海洋环境监督管理权的部门报告,接受调查处理。

沿海县级以上地方人民政府在本行政区域近岸海域的环境受到严重污染时,必须采取有效措施,解除或者减轻危害。

第十八条 国家根据防止海洋环境污染的需要,制定国家重大海上污染事故应急计划。

国家海洋行政主管部门负责制定全国海洋石油勘探开发重大海上溢油应急计划,报国务院环境保护行政主管部门备案。

国家海事行政主管部门负责制定全国船舶重大海上溢油污染事故应急计划,报国务院环境保护行政主管部门备案。

沿海可能发生重大海洋环境污染事故的单位,应当依照国家的规定,制定污染事故应急计划,并向当地环境保护行政主管部门、海洋行政主管部门备案。

沿海县级以上地方人民政府及其有关部门在发生重大海上污染事故时,必须按照应急计划解除或者减轻危害。

第十九条 依照本法规定行使海洋环境监督管理权的部门可以在海上实行联合执法,在巡航监视中发现海上污染事故或者违反本法规定的行为时,应当予以制止并调查取证,必要时有权采取有效措施,防止污染事态的扩大,并报告有关主管部门处理。

依照本法规定行使海洋环境监督管理权的部门,有权对管辖范围内排放污染物的单位和个人进行现场检查。被检查者应当如实反映情况,提供必要的资料。

检查机关应当为被检查者保守技术秘密和业务秘密。

第三章 海洋生态保护

第二十条 国务院和沿海地方各级人民政府应当采取有效措施,保护红树林、珊瑚礁、滨海湿地、海岛、海湾、入海河口、重要渔业水域等具有典型性、代表性的海洋生态系统,珍稀、濒危海洋生物的天然集中分布区,具有重要经济价值的海洋生物生存区域及有重大科学文化价值的海洋自然历史遗迹和自然景观。

对具有重要经济、社会价值的已遭到破坏的海洋生态,应当进行整治和恢复。

第二十一条 国务院有关部门和沿海省级人民政府应当根据保护海洋生态的需要,选划、建立海洋自然保护区。

国家级海洋自然保护区的建立,须经国务院批准。

第二十二条 凡具有下列条件之一的,应当建立海洋自然保护区:

(一)典型的海洋自然地理区域、有代表性的自然生态区域,以及遭受破坏但经保护能恢复的海洋自然生态区域;

(二)海洋生物物种高度丰富的区域,或者珍稀、濒危海洋生物物种的天然集中分布区域;

(三)具有特殊保护价值的海域、海岸、岛屿、滨海湿地、入海河口和海湾等;

(四)具有重大科学文化价值的海洋自然遗迹所在区域;

(五)其他需要予以特殊保护的区域。

第二十三条 凡具有特殊地理条件、生态系统、生物与非生物资源及海洋开发利用特殊需要的区域,可以建立海洋特别保护区,采取有效的保护措施和科学的开发方式进行特殊管理。

第二十四条 国家建立健全海洋生态保护补偿制度。

开发利用海洋资源,应当根据海洋功能区划合理布局,严格遵守生态保护红线,不得造成海洋生态环境破坏。

第二十五条 引进海洋动植物物种,应当进行科学论证,避免对海洋生态系统造成危害。

第二十六条 开发海岛及周围海域的资源,应当采取严格的生态保护措施,不得造成海岛地形、岸滩、植被以及海岛周围海域生态环境的破坏。

第二十七条 沿海地方各级人民政府应当结合当地自然环境的特点,建设海岸防护设施、沿海防护林、沿海城镇园林和绿地,对海岸侵蚀和海水入侵地区进行综合治理。

禁止毁坏海岸防护设施、沿海防护林、沿海城镇园林和绿地。

第二十八条 国家鼓励发展生态渔业建设,推广多种生态渔业生产方式,改善海洋生态状况。

新建、改建、扩建海水养殖场,应当进行环境影响评价。

海水养殖应当科学确定养殖密度,并应当合理投饵、施肥,正确使用药物,防止造成海洋环境的污染。

第四章 防治陆源污染物对海洋环境的污染损害

第二十九条 向海域排放陆源污染物,必须严格执行国家或者地方规定的标准和有关规定。

第三十条 入海排污口位置的选择,应当根据海洋功能区划、海水动力条件和有关规定,经科学论证后,报设区的市级以上人民政府环境保护行政主管部门备案。

环境保护行政主管部门应当在完成备案后十五个工作日内将入海排污口设置情况通报海洋、海事、渔业行政主管部门和军队环境保护部门。

在海洋自然保护区、重要渔业水域、海滨风景名胜区和其他需要特别保护的区域,不得新建排污口。

在有条件的地区,应当将排污口深海设置,实行离岸排放。设置陆源污染物深海离岸排放排污口,应当根据海洋功能区划、海水动力条件和海底工程设施的有关情况确定,具体办法由国务院规定。

第三十一条 省、自治区、直辖市人民政府环境保护行政主管部门和水行政主管部门应当按照水污染防治有关法律的规定,加强入海河流管理,防治污染,使入海河口的水质处于良好状态。

第三十二条 排放陆源污染物的单位,必须向环境保护行政主管部门申报拥有的陆源污染物排放设施、处理设施和在正常作业条件下排放陆源污染物的种类、数量和浓度,并提供防治海洋环境污染方面的有关技术和资料。

排放陆源污染物的种类、数量和浓度有重大改变的,必须及时申报。

第三十三条 禁止向海域排放油类、酸液、碱液、剧毒废液和高、中水平放射性废水。

严格限制向海域排放低水平放射性废水;确需排放的,必须严格执行国家辐射防护规定。

严格控制向海域排放含有不易降解的有机物和重金属的废水。

第三十四条 含病原体的医疗污水、生活污水和工业废水必须经过处理,符合国家有关排放标准后,方能排入海域。

第三十五条 含有机物和营养物质的工业废水、生活污水,应当严格控制向海湾、半封闭海及其他自净能力较差的海域排放。

第三十六条 向海域排放含热废水,必须采取有效措施,保证邻近渔业水域的水温符合国家海洋环境质量标准,避免热污染对水产资源的危害。

第三十七条 沿海农田、林场施用化学农药,必须执行国家农药安全使用的规定和标准。

沿海农田、林场应当合理使用化肥和植物生长调节剂。

第三十八条 在岸滩弃置、堆放和处理尾矿、矿渣、煤灰渣、垃圾和其他固体废物的，依照《中华人民共和国固体废物污染环境防治法》的有关规定执行。

第三十九条 禁止经中华人民共和国内水、领海转移危险废物。

经中华人民共和国管辖的其他海域转移危险废物的，必须事先取得国务院环境保护行政主管部门的书面同意。

第四十条 沿海城市人民政府应当建设和完善城市排水管网，有计划地建设城市污水处理厂或者其他污水集中处理设施，加强城市污水的综合整治。

建设污水海洋处置工程，必须符合国家有关规定。

第四十一条 国家采取必要措施，防止、减少和控制来自大气层或者通过大气层造成的海洋环境污染损害。

第五章 防治海岸工程建设项目对海洋环境的污染损害

第四十二条 新建、改建、扩建海岸工程建设项目，必须遵守国家有关建设项目环境保护管理的规定，并把防治污染所需资金纳入建设项目投资计划。

在依法划定的海洋自然保护区、海滨风景名胜区、重要渔业水域及其他需要特别保护的区域，不得从事污染环境、破坏景观的海岸工程项目建设或者其他活动。

第四十三条 海岸工程建设项目单位，必须对海洋环境进行科学调查，根据自然条件和社会条件，合理选址，编制环境影响报告书（表）。在建设项目开工前，将环境影响报告书（表）报环境保护行政主管部门审查批准。

环境保护行政主管部门在批准环境影响报告书（表）之前，必须征求海洋、海事、渔业行政主管部门和军队环境保护部门的意见。

第四十四条 海岸工程建设项目的环境保护设施，必须与主体工程同时设计、同时施工、同时投产使用。环境保护设施应当符合经批准的环境影响评价报告书（表）的要求。

第四十五条 禁止在沿海陆域内新建不具备有效治理措施的化学制浆造纸、化工、印染、制革、电镀、酿造、炼油、岸边冲滩拆船以及其他严重污染海洋环境的工业生产项目。

第四十六条 兴建海岸工程建设项目，必须采取有效措施，保护国家和地方重点保护的野生动植物及其生存环境和海洋水产资源。

严格限制在海岸采挖砂石。露天开采海滨砂矿和从岸上打井开采海底矿产资源，必须采取有效措施，防止污染海洋环境。

第六章 防治海洋工程建设项目对海洋环境的污染损害

第四十七条 海洋工程建设项目必须符合全国海洋主体功能区规划、海洋功能区划、海洋环境保护规划和国家有关环境保护标准。海洋工程建设项目单位应当对海洋环境进行科学调查，编制海洋环境影响报告书（表），并在建设项目开工前，报海洋行政主管部门审查批准。

海洋行政主管部门在批准海洋环境影响报告书（表）之前，必须征求海事、渔业行政主管部门和军队环境保护部门的意见。

第四十八条 海洋工程建设项目的环境保护设施，必须与主体工程同时设计、同时施工、同时投产使用。环境保护设施未经海洋行政主管部门验收,或者经验收不合格的,建设项目不得投入生产或者使用。

拆除或者闲置环境保护设施,必须事先征得海洋行政主管部门的同意。

第四十九条 海洋工程建设项目,不得使用含超标准放射性物质或者易溶出有毒有害物质的材料。

第五十条 海洋工程建设项目需要爆破作业时,必须采取有效措施,保护海洋资源。

海洋石油勘探开发及输油过程中,必须采取有效措施,避免溢油事故的发生。

第五十一条 海洋石油钻井船、钻井平台和采油平台的含油污水和油性混合物,必须经过处理达标后排放;残油、废油必须予以回收,不得排放入海。经回收处理后排放的,其含油量不得超过国家规定的标准。

钻井所使用的油基泥浆和其他有毒复合泥浆不得排放入海。水基泥浆和无毒复合泥浆及钻屑的排放,必须符合国家有关规定。

第五十二条 海洋石油钻井船、钻井平台和采油平台及其有关海上设施,不得向海域处置含油的工业垃圾。处置其他工业垃圾,不得造成海洋环境污染。

第五十三条 海上试油时,应当确保油气充分燃烧,油和油性混合物不得排放入海。

第五十四条 勘探开发海洋石油,必须按有关规定编制溢油应急计划,报国家海洋行政主管部门的海区派出机构备案。

第七章 防治倾倒废弃物对海洋环境的污染损害

第五十五条 任何单位未经国家海洋行政主管部门批准,不得向中华人民共和国管辖海域倾倒任何废弃物。

需要倾倒废弃物的单位,必须向国家海洋行政主管部门提出书面申请,经国家海洋行政主管部门审查批准,发给许可证后,方可倾倒。

禁止中华人民共和国境外的废弃物在中华人民共和国管辖海域倾倒。

第五十六条 国家海洋行政主管部门根据废弃物的毒性、有毒物质含量和对海洋环境影响程度,制定海洋倾倒废弃物评价程序和标准。

向海洋倾倒废弃物,应当按照废弃物的类别和数量实行分级管理。

可以向海洋倾倒的废弃物名录,由国家海洋行政主管部门拟定,经国务院环境保护行政主管部门提出审核意见后,报国务院批准。

第五十七条 国家海洋行政主管部门按照科学、合理、经济、安全的原则选划海洋倾倒区,经国务院环境保护行政主管部门提出审核意见后,报国务院批准。

临时性海洋倾倒区由国家海洋行政主管部门批准,并报国务院环境保护行政主管部门备案。

国家海洋行政主管部门在选划海洋倾倒区和批准临时性海洋倾倒区之前,必须征求国家海事、渔业行政主管部门的意见。

第五十八条 国家海洋行政主管部门监督管理倾倒区的使用,组织倾倒区的环境监测。对经确认不宜继续使用的倾倒区,国家海洋行政主管部门应当予以封闭,终止在该倾倒区的一切倾倒活动,并报国务院备案。

第五十九条 获准倾倒废弃物的单位,必须按照许可证注明的期限及条件,到指定的区域进行倾倒。废弃物装载之后,批准部门应当予以核实。

第六十条 获准倾倒废弃物的单位,应当详细记录倾倒的情况,并在倾倒后向批准部门作出书面报告。倾倒废弃物的船舶必须向驶出港的海事行政主管部门作出书面报告。

第六十一条 禁止在海上焚烧废弃物。

禁止在海上处置放射性废弃物或者其他放射性物质。废弃物中的放射性物质的豁免浓度由国务院制定。

第八章 防治船舶及有关作业活动对海洋环境的污染损害

第六十二条 在中华人民共和国管辖海域,任何船舶及相关作业不得违反本法规定向海洋排放污染物、废弃物和压载水、船舶垃圾及其他有害物质。

从事船舶污染物、废弃物、船舶垃圾接收、船舶清舱、洗舱作业活动的,必须具备相应的接收处理能力。

第六十三条 船舶必须按照有关规定持有防止海洋环境污染的证书与文书,在进行涉及污染物排放及操作时,应当如实记录。

第六十四条 船舶必须配置相应的防污设备和器材。

载运具有污染危害性货物的船舶,其结构与设备应当能够防止或者减轻所载货物对海洋环境的污染。

第六十五条 船舶应当遵守海上交通安全法律、法规的规定,防止因碰撞、触礁、搁浅、火灾或者爆炸等引起的海难事故,造成海洋环境的污染。

第六十六条 国家完善并实施船舶油污损害民事赔偿责任制度;按照船舶油污损害赔偿责任由船东和货主共同承担风险的原则,建立船舶油污保险、油污损害赔偿基金制度。

实施船舶油污保险、油污损害赔偿基金制度的具体办法由国务院规定。

第六十七条 载运具有污染危害性货物进出港口的船舶,其承运人、货物所有人或者代理人,必须事先向海事行政主管部门申报。经批准后,方可进出港口、过境停留或者装卸作业。

第六十八条 交付船舶装运污染危害性货物的单证、包装、标志、数量限制等,必须符合对所装货物的有关规定。

需要船舶装运污染危害性不明的货物,应当按照有关规定事先进行评估。

装卸油类及有毒有害货物的作业,船岸双方必须遵守安全防污操作规程。

第六十九条 港口、码头、装卸站和船舶修造厂必须按照有关规定备有足够的用于处理船舶污染物、废弃物的接收设施,并使该设施处于良好状态。

装卸油类的港口、码头、装卸站和船舶必须编制溢油污染应急计划,并配备相应的溢油污染应急设备和器材。

第七十条 船舶及有关作业活动应当遵守有关法律法规和标准,采取有效措施,防止造成海洋环境污染。海事行政主管部门等有关部门应当加强对船舶及有关作业活动的监督管理。

船舶进行散装液体污染危害性货物的过驳作业,应当事先按照有关规定报经海事行政主管部门批准。

第七十一条 船舶发生海难事故,造成或者可能造成海洋环境重大污染损害的,国家海事行政主管部门有权强制采取避免或者减少污染损害的措施。

对在公海上因发生海难事故,造成中华人民共和国管辖海域重大污染损害后果或者具有污染威胁的船舶、海上设施,国家海事行政主管部门有权采取与实际的或者可能发生的损害相称的必要措施。

第七十二条 所有船舶均有监视海上污染的义务,在发现海上污染事故或者违反本法规定的行为时,必须立即向就近的依照本法规定行使海洋环境监督管理权的部门报告。

民用航空器发现海上排污或者污染事件,必须及时向就近的民用航空空中交通管制单位报告。接到报告的单位,应当立即向依照本法规定行使海洋环境监督管理权的部门通报。

第九章 法律责任

第七十三条 违反本法有关规定,有下列行为之一的,由依照本法规定行使海洋环境监督管理权的部门责令停止违法行为、限期改正或者责令采取限制生产、停产整治等措施,并处以罚款;拒不改正的,依法作出处罚决定的部门可以自责令改正之日的次日起,按照原罚款数额按日连续处罚;情节严重的,报经有批准权的人民政府批准,责令停业、关闭:

(一)向海域排放本法禁止排放的污染物或者其他物质的;
(二)不按照本法规定向海洋排放污染物,或者超过标准、总量控制指标排放污染物的;
(三)未取得海洋倾倒许可证,向海洋倾倒废弃物的;
(四)因发生事故或者其他突发性事件,造成海洋环境污染事故,不立即采取处理措施的。

有前款第(一)(三)项行为之一的,处三万元以上二十万元以下的罚款;有前款第(二)(四)项行为之一的,处二万元以上十万元以下的罚款。

第七十四条 违反本法有关规定,有下列行为之一的,由依照本法规定行使海洋环境监督管理权的部门予以警告,或者处以罚款:

(一)不按照规定申报,甚至拒报污染物排放有关事项,或者在申报时弄虚作假的;
(二)发生事故或者其他突发性事件不按照规定报告的;
(三)不按照规定记录倾倒情况,或者不按照规定提交倾倒报告的;
(四)拒报或者谎报船舶载运污染危害性货物申报事项的。

有前款第(一)(三)项行为之一的,处二万元以下的罚款;有前款第(二)(四)项行为之一的,处五万元以下的罚款。

第七十五条 违反本法第十九条第二款的规定,拒绝现场检查,或者在被检查时弄虚作假的,由依照本法规定行使海洋环境监督管理权的部门予以警告,并处二万元以下的罚款。

第七十六条 违反本法规定,造成珊瑚礁、红树林等海洋生态系统及海洋水产资源、海洋保护区破坏的,由依照本法规定行使海洋环境监督管理权的部门责令限期改正和采取补救措施,并处一万元以上十万元以下的罚款;有违法所得的,没收其违法所得。

第七十七条 违反本法第三十条第一款、第三款规定设置入海排污口的,由县级以上地方人民政府环境保护行政主管部门责令其关闭,并处二万元以上十万元以下的罚款。

海洋、海事、渔业行政主管部门和军队环境保护部门发现入海排污口设置违反本法第三十条第一款、第三款规定的,应当通报环境保护行政主管部门依照前款规定予以处罚。

第七十八条 违反本法第三十九条第二款的规定,经中华人民共和国管辖海域,转移危险废物的,由国家海事行政主管部门责令非法运输该危险废物的船舶退出中华人民共和国管辖海域,并处五万元以上五十万元以下的罚款。

第七十九条 海岸工程建设项目未依法进行环境影响评价的,依照《中华人民共和国环境影响评价法》的规定处理。

第八十条 违反本法第四十四条的规定,海岸工程建设项目未建成环境保护设施,或者环境保护设施未达到规定要求即投入生产、使用的,由环境保护行政主管部门责令其停止生产或者使用,并处二万元以上十万元以下的罚款。

第八十一条 违反本法第四十五条的规定,新建严重污染海洋环境的工业生产建设项目的,按照管理权限,由县级以上人民政府责令关闭。

第八十二条 违反本法第四十七条第一款的规定,进行海洋工程建设项目的,由海洋行政主管部门责令其停止施工,根据违法情节和危害后果,处建设项目总投资额百分之一以上百分之五以下的罚款,并可以责令恢复原状。

违反本法第四十八条的规定,海洋工程建设项目未建成环境保护设施、环境保护设施未达到规定要求即投入生产、使用的,由海洋行政主管部门责令其停止生产、使用,并处五万元以上二十万元以下的罚款。

第八十三条 违反本法第四十九条的规定,使用含超标准放射性物质或者易溶出有毒有害物质材料的,由海洋行政主管部门处五万元以下的罚款,并责令其停止该建设项目的运行,直到消除污染危害。

第八十四条 违反本法规定进行海洋石油勘探开发活动,造成海洋环境污染的,由国家海洋行政主管部门予以警告,并处二万元以上二十万元以下的罚款。

第八十五条 违反本法规定,不按照许可证的规定倾倒,或者向已经封闭的倾倒区倾倒废弃物的,由海洋行政主管部门予以警告,并处三万元以上二十万元以下的罚款;对情节严重的,可以暂扣或者吊销许可证。

第八十六条 违反本法第五十五条第三款的规定,将中华人民共和国境外废弃物运进中华人民共和国管辖海域倾倒的,由国家海洋行政主管部门予以警告,并根据造成或者可能造成的危害后果,处十万元以上一百万元以下的罚款。

第八十七条 违反本法规定,有下列行为之一的,由依照本法规定行使海洋环境监督管理权的部门予以警告,或者处以罚款:

(一)港口、码头、装卸站及船舶未配备防污设施、器材的;

(二)船舶未持有防污证书、防污文书,或者不按照规定记载排污记录的;

(三)从事水上和港区水域拆船、旧船改装、打捞和其他水上、水下施工作业,造成海洋环境污染损害的;

(四)船舶载运的货物不具备防污适运条件的。

有前款第(一)(四)项行为之一的,处二万元以上十万元以下的罚款;有前款第(二)项行为的,处二万元以下的罚款;有前款第(三)项行为的,处五万元以上二十万元以下的罚款。

第八十八条 违反本法规定,船舶、石油平台和装卸油类的港口、码头、装卸站不编制溢油应急计划的,由依照本法规定行使海洋环境监督管理权的部门予以警告,或者责令限期改正。

第八十九条 造成海洋环境污染损害的责任者,应当排除危害,并赔偿损失;完全由于第三者的故意或者过失,造成海洋环境污染损害的,由第三者排除危害,并承担赔偿责任。

对破坏海洋生态、海洋水产资源、海洋保护区,给国家造成重大损失的,由依照本法规定行使海洋环境监督管理权的部门代表国家对责任者提出损害赔偿要求。

第九十条 对违反本法规定,造成海洋环境污染事故的单位,除依法承担赔偿责任外,由依照本法规定行使海洋环境监督管理权的部门依照本条第二款的规定处以罚款;对直接负责的主管人员和其他直接责任人员可以处上一年度从本单位取得收入百分之五十以下的罚款;直接负责的主管人员和其他直接责任人员属于国家工作人员的,依法给予处分。

对造成一般或者较大海洋环境污染事故的,按照直接损失的百分之二十计算罚款;对造成重大或者特大海洋环境污染事故的,按照直接损失的百分之三十计算罚款。

对严重污染海洋环境、破坏海洋生态,构成犯罪的,依法追究刑事责任。

第九十一条 完全属于下列情形之一,经过及时采取合理措施,仍然不能避免对海洋环境造成污染损害的,造成污染损害的有关责任者免予承担责任:

(一)战争;

(二)不可抗拒的自然灾害;

(三)负责灯塔或者其他助航设备的主管部门,在执行职责时的疏忽,或者其他过失行为。

第九十二条 对违反本法第十二条有关缴纳排污费、倾倒费规定的行政处罚,由国务院规定。

第九十三条 海洋环境监督管理人员滥用职权、玩忽职守、徇私舞弊,造成海洋环境污染损害的,依法给予行政处分;构成犯罪的,依法追究刑事责任。

第十章 附 则

第九十四条 本法中下列用语的含义是:

(一)海洋环境污染损害,是指直接或者间接地把物质或者能量引入海洋环境,产生损害海洋生物资源、危害人体健康、妨害渔业和海上其他合法活动、损害海水使用素质和减损环境质量等有害影响。

(二)内水,是指我国领海基线向内陆一侧的所有海域。

(三)滨海湿地,是指低潮时水深浅于六米的水域及其沿岸浸湿地带,包括水深不超过六米的永久性水域、潮间带(或洪泛地带)和沿海低地等。

(四)海洋功能区划,是指依据海洋自然属性和社会属性,以及自然资源和环境特定条件,界定海洋利用的主导功能和使用范畴。

(五)渔业水域,是指鱼虾类的产卵场、索饵场、越冬场、洄游通道和鱼虾贝藻类的养殖场。

(六)油类,是指任何类型的油及其炼制品。

(七)油性混合物,是指任何含有油分的混合物。

(八)排放,是指把污染物排入海洋的行为,包括泵出、溢出、泄出、喷出和倒出。

(九)陆地污染源(简称陆源),是指从陆地向海域排放污染物,造成或者可能造成海洋环境污染的场所、设施等。

(十)陆源污染物,是指由陆地污染源排放的污染物。

(十一)倾倒,是指通过船舶、航空器、平台或者其他载运工具,向海洋处置废弃物和其他有害物质的行为,包括弃置船舶、航空器、平台及其辅助设施和其他浮动工具的行为。

(十二)沿海陆域,是指与海岸相连,或者通过管道、沟渠、设施,直接或者间接向海洋排放污染物及其相关活动的一带区域。

(十三)海上焚烧,是指以热摧毁为目的,在海上焚烧设施上,故意焚烧废弃物或者其他物质的行为,但船舶、平台或者其他人工构造物正常操作中,所附带发生的行为除外。

第九十五条 涉及海洋环境监督管理的有关部门的具体职权划分,本法未作规定的,由国务院规定。

第九十六条 中华人民共和国缔结或者参加的与海洋环境保护有关的国际条约与本法有不同规定的,适用国际条约的规定;但是,中华人民共和国声明保留的条款除外。

第九十七条 本法自2000年4月1日起施行。

中华人民共和国海域使用管理法

(2001年10月27日第九届全国人民代表大会常务委员会第二十四次会议通过)

目 录

第一章 总 则
第二章 海洋功能区划
第三章 海域使用的申请与审批
第四章 海域使用权
第五章 海域使用金
第六章 监督检查
第七章 法律责任
第八章 附 则

第一章 总 则

第一条 为了加强海域使用管理,维护国家海域所有权和海域使用权人的合法权益,促进海域的合理开发和可持续利用,制定本法。

第二条 本法所称海域,是指中华人民共和国内水、领海的水面、水体、海床和底土。

本法所称内水,是指中华人民共和国领海基线向陆地一侧至海岸线的海域。

在中华人民共和国内水、领海持续使用特定海域三个月以上的排他性用海活动,适用本法。

第三条 海域属于国家所有,国务院代表国家行使海域所有权。任何单位或者个人不得侵占、买卖或者以其他形式非法转让海域。

单位和个人使用海域,必须依法取得海域使用权。

第四条 国家实行海洋功能区划制度。海域使用必须符合海洋功能区划。

国家严格管理填海、围海等改变海域自然属性的用海活动。

第五条 国家建立海域使用管理信息系统,对海域使用状况实施监视、监测。

第六条 国家建立海域使用权登记制度,依法登记的海域使用权受法律保护。

国家建立海域使用统计制度,定期发布海域使用统计资料。

第七条 国务院海洋行政主管部门负责全国海域使用的监督管理。沿海县级以上地方人民政府海洋行政主管部门根据授权,负责本行政区毗邻海域使用的监督管理。

渔业行政主管部门依照《中华人民共和国渔业法》,对海洋渔业实施监督管理。

海事管理机构依照《中华人民共和国海上交通安全法》,对海上交通安全实施监督管理。

第八条 任何单位和个人都有遵守海域使用管理法律、法规的义务,并有权对违反海域使用管理法律、法规的行为提出检举和控告。

第九条 在保护和合理利用海域以及进行有关的科学研究等方面成绩显著的单位和个人,由人民政府给予奖励。

第二章 海洋功能区划

第十条 国务院海洋行政主管部门会同国务院有关部门和沿海省、自治区、直辖市人民政府,编制全国海洋功能区划。

沿海县级以上地方人民政府海洋行政主管部门会同本级人民政府有关部门,依据上一级海洋功能区划,编制地方海洋功能区划。

第十一条 海洋功能区划按照下列原则编制:

(一)按照海域的区位、自然资源和自然环境等自然属性,科学确定海域功能;

(二)根据经济和社会发展的需要,统筹安排各有关行业用海;

(三)保护和改善生态环境,保障海域可持续利用,促进海洋经济的发展;

(四)保障海上交通安全;

(五)保障国防安全,保证军事用海需要。

第十二条 海洋功能区划实行分级审批。

全国海洋功能区划,报国务院批准。

沿海省、自治区、直辖市海洋功能区划,经该省、自治区、直辖市人民政府审核同意后,报国务院批准。

沿海市、县海洋功能区划,经该市、县人民政府审核同意后,报所在的省、自治区、直辖市人民政府批准,报国务院海洋行政主管部门备案。

第十三条 海洋功能区划的修改,由原编制机关会同同级有关部门提出修改方案,报原批准机关批准;未经批准,不得改变海洋功能区划确定的海域功能。

经国务院批准,因公共利益、国防安全或者进行大型能源、交通等基础设施建设,需要改变海洋功能区划的,根据国务院的批准文件修改海洋功能区划。

第十四条 海洋功能区划经批准后,应当向社会公布;但是,涉及国家秘密的部分除外。

第十五条 养殖、盐业、交通、旅游等行业规划涉及海域使用的,应当符合海洋功能区划。

沿海土地利用总体规划、城市规划、港口规划涉及海域使用的,应当与海洋功能区划相衔接。

第三章　海域使用的申请与审批

第十六条　单位和个人可以向县级以上人民政府海洋行政主管部门申请使用海域。

申请使用海域的,申请人应当提交下列书面材料:

(一)海域使用申请书;

(二)海域使用论证材料;

(三)相关的资信证明材料;

(四)法律、法规规定的其他书面材料。

第十七条　县级以上人民政府海洋行政主管部门依据海洋功能区划,对海域使用申请进行审核,并依照本法和省、自治区、直辖市人民政府的规定,报有批准权的人民政府批准。

海洋行政主管部门审核海域使用申请,应当征求同级有关部门的意见。

第十八条　下列项目用海,应当报国务院审批:

(一)填海五十公顷以上的项目用海;

(二)围海一百公顷以上的项目用海;

(三)不改变海域自然属性的用海七百公顷以上的项目用海;

(四)国家重大建设项目用海;

(五)国务院规定的其他项目用海。

前款规定以外的项目用海的审批权限,由国务院授权省、自治区、直辖市人民政府规定。

第四章　海域使用权

第十九条　海域使用申请经依法批准后,国务院批准用海的,由国务院海洋行政主管部门登记造册,向海域使用申请人颁发海域使用权证书;地方人民政府批准用海的,由地方人民政府登记造册,向海域使用申请人颁发海域使用权证书。海域使用申请人自领取海域使用权证书之日起,取得海域使用权。

第二十条　海域使用权除依照本法第十九条规定的方式取得外,也可以通过招标或者拍卖的方式取得。招标或者拍卖方案由海洋行政主管部门制订,报有审批权的人民政府批准后组织实施。海洋行政主管部门制订招标或者拍卖方案,应当征求同级有关部门的意见。

招标或者拍卖工作完成后,依法向中标人或者买受人颁发海域使用权证书。中标人或者买受人自领取海域使用权证书之日起,取得海域使用权。

第二十一条　颁发海域使用权证书,应当向社会公告。

颁发海域使用权证书,除依法收取海域使用金外,不得收取其他费用。

海域使用权证书的发放和管理办法,由国务院规定。

第二十二条　本法施行前,已经由农村集体经济组织或者村民委员会经营、管理的养殖用海,符合海洋功能区划的,经当地县级人民政府核准,可以将海域使用权确定给该农村集体经济组织或者村民委员会,由本集体经济组织的成员承包,用于养殖生产。

第二十三条　海域使用权人依法使用海域并获得收益的权利受法律保护,任何单位和个人不得侵犯。

海域使用权人有依法保护和合理使用海域的义务;海域使用权人对不妨害其依法使用海域的非排他性用海活动,不得阻挠。

第二十四条 海域使用权人在使用海域期间,未经依法批准,不得从事海洋基础测绘。

海域使用权人发现所使用海域的自然资源和自然条件发生重大变化时,应当及时报告海洋行政主管部门。

第二十五条 海域使用权最高期限,按照下列用途确定:

(一)养殖用海十五年;

(二)拆船用海二十年;

(三)旅游、娱乐用海二十五年;

(四)盐业、矿业用海三十年;

(五)公益事业用海四十年;

(六)港口、修造船厂等建设工程用海五十年。

第二十六条 海域使用权期限届满,海域使用权人需要继续使用海域的,应当至迟于期限届满前二个月向原批准用海的人民政府申请续期。除根据公共利益或者国家安全需要收回海域使用权的外,原批准用海的人民政府应当批准续期。准予续期的,海域使用权人应当依法缴纳续期的海域使用金。

第二十七条 因企业合并、分立或者与他人合资、合作经营,变更海域使用权人的,需经原批准用海的人民政府批准。

海域使用权可以依法转让。海域使用权转让的具体办法,由国务院规定。

海域使用权可以依法继承。

第二十八条 海域使用权人不得擅自改变经批准的海域用途;确需改变的,应当在符合海洋功能区划的前提下,报原批准用海的人民政府批准。

第二十九条 海域使用权期满,未申请续期或者申请续期未获批准的,海域使用权终止。

海域使用权终止后,原海域使用权人应当拆除可能造成海洋环境污染或者影响其他用海项目的用海设施和构筑物。

第三十条 因公共利益或者国家安全的需要,原批准用海的人民政府可以依法收回海域使用权。

依照前款规定在海域使用权期满前提前收回海域使用权的,对海域使用权人应当给予相应的补偿。

第三十一条 因海域使用权发生争议,当事人协商解决不成的,由县级以上人民政府海洋行政主管部门调解;当事人也可以直接向人民法院提起诉讼。

在海域使用权争议解决前,任何一方不得改变海域使用现状。

第三十二条 填海项目竣工后形成的土地,属于国家所有。

海域使用权人应当自填海项目竣工之日起三个月内,凭海域使用权证书,向县级以上人民政府土地行政主管部门提出土地登记申请,由县级以上人民政府登记造册,换发国有土地使用权证书,确认土地使用权。

第五章 海域使用金

第三十三条 国家实行海域有偿使用制度。

单位和个人使用海域,应当按照国务院的规定缴纳海域使用金。海域使用金应当按照国务院的规定上缴财政。

对渔民使用海域从事养殖活动收取海域使用金的具体实施步骤和办法,由国务院另行规定。

第三十四条 根据不同的用海性质或者情形,海域使用金可以按照规定一次缴纳或者按年度逐年缴纳。

第三十五条 下列用海,免缴海域使用金:

(一)军事用海;

(二)公务船舶专用码头用海;

(三)非经营性的航道、锚地等交通基础设施用海;

(四)教学、科研、防灾减灾、海难搜救打捞等非经营性公益事业用海。

第三十六条 下列用海,按照国务院财政部门和国务院海洋行政主管部门的规定,经有批准权的人民政府财政部门和海洋行政主管部门审查批准,可以减缴或者免缴海域使用金:

(一)公用设施用海;

(二)国家重大建设项目用海;

(三)养殖用海。

第六章 监督检查

第三十七条 县级以上人民政府海洋行政主管部门应当加强对海域使用的监督检查。

县级以上人民政府财政部门应当加强对海域使用金缴纳情况的监督检查。

第三十八条 海洋行政主管部门应当加强队伍建设,提高海域使用管理监督检查人员的政治、业务素质。海域使用管理监督检查人员必须秉公执法,忠于职守,清正廉洁,文明服务,并依法接受监督。

海洋行政主管部门及其工作人员不得参与和从事与海域使用有关的生产经营活动。

第三十九条 县级以上人民政府海洋行政主管部门履行监督检查职责时,有权采取下列措施:

(一)要求被检查单位或者个人提供海域使用的有关文件和资料;

(二)要求被检查单位或者个人就海域使用的有关问题作出说明;

(三)进入被检查单位或者个人占用的海域现场进行勘查;

(四)责令当事人停止正在进行的违法行为。

第四十条 海域使用管理监督检查人员履行监督检查职责时,应当出示有效执法证件。

有关单位和个人对海洋行政主管部门的监督检查应当予以配合,不得拒绝、妨碍监督检查人员依法执行公务。

第四十一条 依照法律规定行使海洋监督管理权的有关部门在海上执法时应当密切配合,互相支持,共同维护国家海域所有权和海域使用权人的合法权益。

第七章 法律责任

第四十二条 未经批准或者骗取批准,非法占用海域的,责令退还非法占用的海域,恢复海域原状,没收违法所得,并处非法占用海域期间内该海域面积应缴纳的海域使用金五倍以上十五倍以下的罚款;对未经批准或者骗取批准,进行围海、填海活动的,并处非法占用海域期间内该海域面积应缴纳的海域使用金十倍以上二十倍以下的罚款。

第四十三条 无权批准使用海域的单位非法批准使用海域的,超越批准权限非法批准使用海域的,或者不按海洋功能区划批准使用海域的,批准文件无效,收回非法使用的海域;对非法批准使用海域的直接负责的主管人员和其他直接责任人员,依法给予行政处分。

第四十四条 违反本法第二十三条规定,阻挠、妨害海域使用权人依法使用海域的,海域使用权人可以请求海洋行政主管部门排除妨害,也可以依法向人民法院提起诉讼;造成损失的,可以依法请求损害赔偿。

第四十五条 违反本法第二十六条规定,海域使用权期满,未办理有关手续仍继续使用海域的,责令限期办理,可以并处一万元以下的罚款;拒不办理的,以非法占用海域论处。

第四十六条 违反本法第二十八条规定,擅自改变海域用途的,责令限期改正,没收违法所得,并处非法改变海域用途的期间内该海域面积应缴纳的海域使用金五倍以上十五倍以下的罚款;对拒不改正的,由颁发海域使用权证书的人民政府注销海域使用权证书,收回海域使用权。

第四十七条 违反本法第二十九条第二款规定,海域使用权终止,原海域使用权人不按规定拆除用海设施和构筑物的,责令限期拆除;逾期拒不拆除的,处五万元以下的罚款,并由县级以上人民政府海洋行政主管部门委托有关单位代为拆除,所需费用由原海域使用权人承担。

第四十八条 违反本法规定,按年度逐年缴纳海域使用金的海域使用权人不按期缴纳海域使用金的,限期缴纳;在限期内仍拒不缴纳的,由颁发海域使用权证书的人民政府注销海域使用权证书,收回海域使用权。

第四十九条 违反本法规定,拒不接受海洋行政主管部门监督检查、不如实反映情况或者不提供有关资料的,责令限期改正,给予警告,可以并处二万元以下的罚款。

第五十条 本法规定的行政处罚,由县级以上人民政府海洋行政主管部门依据职权决定。但是,本法已对处罚机关作出规定的除外。

第五十一条 国务院海洋行政主管部门和县级以上地方人民政府违反本法规定颁发海域使用权证书,或者颁发海域使用权证书后不进行监督管理,或者发现违法行为不予查处的,对直接负责的主管人员和其他直接责任人员,依法给予行政处分;徇私舞弊、滥用职权或者玩忽职守构成犯罪的,依法追究刑事责任。

第八章 附 则

第五十二条 在中华人民共和国内水、领海使用特定海域不足三个月,可能对国防安全、海上交通安全和其他用海活动造成重大影响的排他性用海活动,参照本法有关规定办理临时海域使用证。

第五十三条 军事用海的管理办法,由国务院、中央军事委员会依据本法制定。

第五十四条 本法自2002年1月1日起施行。

中华人民共和国海岛保护法

(2009年12月26日第十一届全国人民代表大会常务委员会第十二次会议通过)

目 录

第一章 总 则

第二章 海岛保护规划

第三章 海岛的保护

 第一节 一般规定

 第二节 有居民海岛生态系统的保护

 第三节 无居民海岛的保护

 第四节 特殊用途海岛的保护

第四章 监督检查

第五章 法律责任

第六章 附 则

第一章 总 则

第一条 为了保护海岛及其周边海域生态系统,合理开发利用海岛自然资源,维护国家海洋权益,促进经济社会可持续发展,制定本法。

第二条 从事中华人民共和国所属海岛的保护、开发利用及相关管理活动,适用本法。

本法所称海岛,是指四面环海水并在高潮时高于水面的自然形成的陆地区域,包括有居民海岛和无居民海岛。

本法所称海岛保护,是指海岛及其周边海域生态系统保护,无居民海岛自然资源保护和特殊用途海岛保护。

第三条 国家对海岛实行科学规划、保护优先、合理开发、永续利用的原则。

国务院和沿海地方各级人民政府应当将海岛保护和合理开发利用纳入国民经济和社会发展规划,采取有效措施,加强对海岛的保护和管理,防止海岛及其周边海域生态系统遭受破坏。

第四条 无居民海岛属于国家所有,国务院代表国家行使无居民海岛所有权。

第五条 国务院海洋主管部门和国务院其他有关部门依照法律和国务院规定的职责分工,负责全国有居民海岛及其周边海域生态保护工作。沿海县级以上地方人民政府海洋主管部门和其他有关部门按照各自的职责,负责本行政区域内有居民海岛及其周边海域生态保护工作。

国务院海洋主管部门负责全国无居民海岛保护和开发利用的管理工作。沿海县级以上地方人民政府海洋主管部门负责本行政区域内无居民海岛保护和开发利用管理的有关工作。

第六条 海岛的名称,由国家地名管理机构和国务院海洋主管部门按照国务院有关规定确定和发布。

沿海县级以上地方人民政府应当按照国家规定,在需要设置海岛名称标志的海岛设置海岛名称标志。

禁止损毁或者擅自移动海岛名称标志。

第七条 国务院和沿海地方各级人民政府应当加强对海岛保护的宣传教育工作,增强公民的海岛保护意识,并对在海岛保护以及有关科学研究工作中做出显著成绩的单位和个人予以奖励。

任何单位和个人都有遵守海岛保护法律的义务,并有权向海洋主管部门或者其他有关部门举报违反海岛保护法律、破坏海岛生态的行为。

第二章 海岛保护规划

第八条 国家实行海岛保护规划制度。海岛保护规划是从事海岛保护、利用活动的依据。

制定海岛保护规划应当遵循有利于保护和改善海岛及其周边海域生态系统,促进海岛经济社会可持续发展的原则。

海岛保护规划报送审批前,应当征求有关专家和公众的意见,经批准后应当及时向社会公布。但是,涉及国家秘密的除外。

第九条 国务院海洋主管部门会同本级人民政府有关部门、军事机关,依据国民经济和社会发展规划、全国海洋功能区划,组织编制全国海岛保护规划,报国务院审批。

全国海岛保护规划应当按照海岛的区位、自然资源、环境等自然属性及保护、利用状况,确定海岛分类保护的原则和可利用的无居民海岛,以及需要重点修复的海岛等。

全国海岛保护规划应当与全国城镇体系规划和全国土地利用总体规划相衔接。

第十条 沿海省、自治区人民政府海洋主管部门会同本级人民政府有关部门、军事机关,依据全国海岛保护规划、省域城镇体系规划和省、自治区土地利用总体规划,组织编制省域海岛保护规划,报省、自治区人民政府审批,并报国务院备案。

沿海直辖市人民政府组织编制的城市总体规划,应当包括本行政区域内海岛保护专项规划。

省域海岛保护规划和直辖市海岛保护专项规划,应当规定海岛分类保护的具体措施。

第十一条 省、自治区人民政府根据实际情况,可以要求本行政区域内的沿海城市、县、镇人民政府组织编制海岛保护专项规划,并纳入城市总体规划、镇总体规划;可以要求沿海县人民政府组织编制县域海岛保护规划。

沿海城市、镇海岛保护专项规划和县域海岛保护规划,应当符合全国海岛保护规划和省域海岛保护规划。

编制沿海城市、镇海岛保护专项规划,应当征求上一级人民政府海洋主管部门的意见。

县域海岛保护规划报省、自治区人民政府审批,并报国务院海洋主管部门备案。

第十二条 沿海县级人民政府可以组织编制全国海岛保护规划确定的可利用无居民海岛的保护和利用规划。

第十三条 修改海岛保护规划,应当依照本法第九条、第十条、第十一条规定的审批程序报经批准。

第十四条 国家建立完善海岛统计调查制度。国务院海洋主管部门会同有关部门拟定海岛综合统计调查计划,依法经批准后组织实施,并发布海岛统计调查公报。

第十五条 国家建立海岛管理信息系统,开展海岛自然资源的调查评估,对海岛的保护与利用等状况实施监视、监测。

第三章 海岛的保护

第一节 一般规定

第十六条 国务院和沿海地方各级人民政府应当采取措施,保护海岛的自然资源、自然景观以及历史、人文遗迹。

禁止改变自然保护区内海岛的海岸线。禁止采挖、破坏珊瑚和珊瑚礁。禁止砍伐海岛周边海域的红树林。

第十七条 国家保护海岛植被,促进海岛淡水资源的涵养;支持有居民海岛淡水储存、海水淡化和岛外淡水引入工程设施的建设。

第十八条 国家支持利用海岛开展科学研究活动。在海岛从事科学研究活动不得造成海岛及其周边海域生态系统破坏。

第十九条 国家开展海岛物种登记,依法保护和管理海岛生物物种。

第二十条 国家支持在海岛建立可再生能源开发利用、生态建设等实验基地。

第二十一条 国家安排海岛保护专项资金,用于海岛的保护、生态修复和科学研究活动。

第二十二条 国家保护设置在海岛的军事设施,禁止破坏、危害军事设施的行为。

国家保护依法设置在海岛的助航导航、测量、气象观测、海洋监测和地震监测等公益设施,禁止损毁或者擅自移动,妨碍其正常使用。

第二节 有居民海岛生态系统的保护

第二十三条 有居民海岛的开发、建设应当遵守有关城乡规划、环境保护、土地管理、海域使用管理、水资源和森林保护等法律、法规的规定,保护海岛及其周边海域生态系统。

第二十四条 有居民海岛的开发、建设应当对海岛土地资源、水资源及能源状况进行调查评估,依法进行环境影响评价。海岛的开发、建设不得超出海岛的环境容量。新建、改建、扩建建设项目,必须符合海岛主要污染物排放、建设用地和用水总量控制指标的要求。

有居民海岛的开发、建设应当优先采用风能、海洋能、太阳能等可再生能源和雨水集蓄、海水淡化、污水再生利用等技术。

有居民海岛及其周边海域应当划定禁止开发、限制开发区域,并采取措施保护海岛生物栖息地,防止海岛植被退化和生物多样性降低。

第二十五条 在有居民海岛进行工程建设,应当坚持先规划后建设、生态保护设施优先建设或者与工程项目同步建设的原则。

进行工程建设造成生态破坏的,应当负责修复;无力修复的,由县级以上人民政府责令停止建设,并可以指定有关部门组织修复,修复费用由造成生态破坏的单位、个人承担。

第二十六条 严格限制在有居民海岛沙滩建造建筑物或者设施;确需建造的,应当依照有关城乡规划、土地管理、环境保护等法律、法规的规定执行。未经依法批准在有居民海岛沙滩建造的建筑物或者设施,对海岛及其周边海域生态系统造成严重破坏的,应当依法拆除。

严格限制在有居民海岛沙滩采挖海砂;确需采挖的,应当依照有关海域使用管理、矿产资源的法律、法规的规定执行。

第二十七条 严格限制填海、围海等改变有居民海岛海岸线的行为,严格限制填海连岛工程建设;确需填海、围海改变海岛海岸线,或者填海连岛的,项目申请人应当提交项目论证报告、经批准的环境影响评价报告等申请文件,依照《中华人民共和国海域使用管理法》的规定报经批准。

本法施行前在有居民海岛建设的填海连岛工程,对海岛及其周边海域生态系统造成严重破坏的,由海岛所在省、自治区、直辖市人民政府海洋主管部门会同本级人民政府有关部门制定生态修复方案,报本级人民政府批准后组织实施。

第三节 无居民海岛的保护

第二十八条 未经批准利用的无居民海岛,应当维持现状;禁止采石、挖海砂、采伐林木以及进行生产、建设、旅游等活动。

第二十九条 严格限制在无居民海岛采集生物和非生物样本;因教学、科学研究确需采集的,应当报经海岛所在县级以上地方人民政府海洋主管部门批准。

第三十条 从事全国海岛保护规划确定的可利用无居民海岛的开发利用活动,应当遵守可利用无居民海岛保护和利用规划,采取严格的生态保护措施,避免造成海岛及其周边海域生态系统破坏。

开发利用前款规定的可利用无居民海岛,应当向省、自治区、直辖市人民政府海洋主管部门提出申请,并提交项目论证报告、开发利用具体方案等申请文件,由海洋主管部门组织有关部门和专家审查,提出审查意见,报省、自治区、直辖市人民政府审批。

无居民海岛的开发利用涉及利用特殊用途海岛,或者确需填海连岛以及其他严重改变海岛自然地形、地貌的,由国务院审批。

无居民海岛开发利用审查批准的具体办法,由国务院规定。

第三十一条 经批准开发利用无居民海岛的,应当依法缴纳使用金。但是,因国防、公务、教学、防灾减灾、非经营性公用基础设施建设和基础测绘、气象观测等公益事业使用无居民海岛的除外。

无居民海岛使用金征收使用管理办法,由国务院财政部门会同国务院海洋主管部门规定。

第三十二条 经批准在可利用无居民海岛建造建筑物或者设施,应当按照可利用无居民海岛保护和利用规划限制建筑物、设施的建设总量、高度以及与海岸线的距离,使其与周围植被和景观相协调。

第三十三条 无居民海岛利用过程中产生的废水,应当按照规定进行处理和排放。

无居民海岛利用过程中产生的固体废物,应当按照规定进行无害化处理、处置,禁止在无居民海岛弃置或者向其周边海域倾倒。

第三十四条 临时性利用无居民海岛的,不得在所利用的海岛建造永久性建筑物或者设施。

第三十五条 在依法确定为开展旅游活动的可利用无居民海岛及其周边海域,不得建造居民定居场所,不得从事生产性养殖活动;已经存在生产性养殖活动的,应当在编制可利用无居民海岛保护和利用规划中确定相应的污染防治措施。

第四节 特殊用途海岛的保护

第三十六条 国家对领海基点所在海岛、国防用途海岛、海洋自然保护区内的海岛等具有特殊用途或者特殊保护价值的海岛,实行特别保护。

第三十七条 领海基点所在的海岛,应当由海岛所在省、自治区、直辖市人民政府划定保护范围,报国务院海洋主管部门备案。领海基点及其保护范围周边应当设置明显标志。

禁止在领海基点保护范围内进行工程建设以及其他可能改变该区域地形、地貌的活动。确需进行以保护领海基点为目的的工程建设的,应当经过科学论证,报国务院海洋主管部门同意后依法办理审批手续。

禁止损毁或者擅自移动领海基点标志。

县级以上人民政府海洋主管部门应当按照国家规定,对领海基点所在海岛及其周边海域生态系统实施监视、监测。

任何单位和个人都有保护海岛领海基点的义务。发现领海基点以及领海基点保护范围内的地形、地貌受到破坏的,应当及时向当地人民政府或者海洋主管部门报告。

第三十八条 禁止破坏国防用途无居民海岛的自然地形、地貌和有居民海岛国防用途区域及其周边的地形、地貌。

禁止将国防用途无居民海岛用于与国防无关的目的。国防用途终止时,经军事机关批准后,应当将海岛及其有关生态保护的资料等一并移交该海岛所在省、自治区、直辖市人民政府。

第三十九条 国务院、国务院有关部门和沿海省、自治区、直辖市人民政府,根据海岛自然资源、自然景观以及历史、人文遗迹保护的需要,对具有特殊保护价值的海岛及其周边海域,依法批准设立海洋自然保护区或者海洋特别保护区。

第四章 监督检查

第四十条 县级以上人民政府有关部门应当依法对有居民海岛保护和开发、建设进行监督检查。

第四十一条 海洋主管部门应当依法对无居民海岛保护和合理利用情况进行监督检查。

海洋主管部门及其海监机构依法对海岛周边海域生态系统保护情况进行监督检查。

第四十二条 海洋主管部门依法履行监督检查职责,有权要求被检查单位和个人就海岛利用的有关问题作出说明,提供海岛利用的有关文件和资料;有权进入被检查单位和个人所利用的海岛实施现场检查。

检查人员在履行检查职责时,应当出示有效的执法证件。有关单位和个人对检查工作应当予以配合,如实反映情况,提供有关文件和资料等;不得拒绝或者阻碍检查工作。

第四十三条 检查人员必须忠于职守、秉公执法、清正廉洁、文明服务,并依法接受监督。在依法查处违反本法规定的行为时,发现国家机关工作人员有违法行为应当给予处分的,应当向其任免机关或者监察机关提出处分建议。

第五章 法律责任

第四十四条 海洋主管部门或者其他对海岛保护负有监督管理职责的部门,发现违法行为或者接到对违法行为的举报后不依法予以查处,或者有其他未按照本法规定履行职责的行为的,由本级人民政府或者上一级人民政府有关主管部门责令改正,对直接负责的主管人员和其他直接责任人员依法给予处分。

第四十五条 违反本法规定,改变自然保护区内海岛的海岸线,填海、围海改变海岛海岸线,或者进行填海连岛的,依照《中华人民共和国海域使用管理法》的规定处罚。

第四十六条 违反本法规定,采挖、破坏珊瑚、珊瑚礁,或者砍伐海岛周边海域红树林的,依照《中华人民共和国海洋环境保护法》的规定处罚。

第四十七条 违反本法规定,在无居民海岛采石、挖海砂、采伐林木或者采集生物、非生物样本的,由县级以上人民政府海洋主管部门责令停止违法行为,没收违法所得,可以并处二万元以下的罚款。

违反本法规定,在无居民海岛进行生产、建设活动或者组织开展旅游活动的,由县级以上人民政府海洋主管部门责令停止违法行为,没收违法所得,并处二万元以上二十万元以下的罚款。

第四十八条 违反本法规定,进行严重改变无居民海岛自然地形、地貌的活动的,由县级以上人民政府海洋主管部门责令停止违法行为,处以五万元以上五十万元以下的罚款。

第四十九条 在海岛及其周边海域违法排放污染物的,依照有关环境保护法律的规定处罚。

第五十条 违反本法规定,在领海基点保护范围内进行工程建设或者其他可能改变该区域地形、地貌活动的,在临时性利用的无居民海岛建造永久性建筑物或者设施,或者在依法确定为开展旅游活动的可利用无居民海岛建造居民定居场所的,由县级以上人民政府海洋主管部门责令停止违法行为,处以二万元以上二十万元以下的罚款。

第五十一条 损毁或者擅自移动领海基点标志的,依法给予治安管理处罚。

第五十二条 破坏、危害设置在海岛的军事设施,或者损毁、擅自移动设置在海岛的助航导航、测量、气象观测、海洋监测和地震监测等公益设施的,依照有关法律、行政法规的规定处罚。

第五十三条 无权批准开发利用无居民海岛而批准,超越批准权限批准开发利用无居民海岛,或者违反海岛保护规划批准开发利用无居民海岛的,批准文件无效;对直接负责的主管人员和其他直接责任人员依法给予处分。

第五十四条 违反本法规定,拒绝海洋主管部门监督检查,在接受监督检查时弄虚作假,或者不提供有关文件和资料的,由县级以上人民政府海洋主管部门责令改正,可以处二万元以下的罚款。

第五十五条 违反本法规定,构成犯罪的,依法追究刑事责任。

造成海岛及其周边海域生态系统破坏的,依法承担民事责任。

第六章 附 则

第五十六条 低潮高地的保护及相关管理活动,比照本法有关规定执行。

第五十七条 本法中下列用语的含义:

(一)海岛及其周边海域生态系统,是指由维持海岛存在的岛体、海岸线、沙滩、植被、淡水和周边海域等生物群落和非生物环境组成的有机复合体。

(二)无居民海岛,是指不属于居民户籍管理的住址登记地的海岛。

(三)低潮高地,是指在低潮时四面环海水并高于水面但在高潮时没入水中的自然形成的陆地区域。

(四)填海连岛,是指通过填海造地等方式将海岛与陆地或者海岛与海岛连接起来的行为。

(五)临时性利用无居民海岛,是指因公务、教学、科学调查、救灾、避险等需要而短期登临、停靠无居民海岛的行为。

第五十八条 本法自 2010 年 3 月 1 日起施行。

中华人民共和国渔业法（2013 年修正）

（1986 年 1 月 20 日第六届全国人民代表大会常务委员会第十四次会议通过　根据 2000 年 10 月 31 日第九届全国人民代表大会常务委员会第十八次会议《关于修改〈中华人民共和国渔业法〉的决定》第一次修正　根据 2004 年 8 月 28 日第十届全国人民代表大会常务委员会第十一次会议《关于修改〈中华人民共和国渔业法〉的决定》第二次修正　根据 2009 年 8 月 27 日第十一届全国人民代表大会常务委员会第十次会议《关于修改部分法律的决定》第三次修正　根据 2013 年 12 月 28 日第十二届全国人民代表大会常务委员会第六次会议《关于修改〈中华人民共和国海洋环境保护法〉等七部法律的决定》第四次修正）

目　录

第一章　总　则

第二章　养殖业

第三章　捕捞业

第四章　渔业资源的增殖和保护

第五章　法律责任

第六章　附　则

第一章　总　则

第一条　为了加强渔业资源的保护、增殖、开发和合理利用,发展人工养殖,保障渔业生产者的合法权益,促进渔业生产的发展,适应社会主义建设和人民生活的需要,特制定本法。

第二条　在中华人民共和国的内水、滩涂、领海、专属经济区以及中华人民共和国管辖的一切其他海域从事养殖和捕捞水生动物、水生植物等渔业生产活动,都必须遵守本法。

第三条　国家对渔业生产实行以养殖为主,养殖、捕捞、加工并举,因地制宜,各有侧重的方针。

各级人民政府应当把渔业生产纳入国民经济发展计划,采取措施,加强水域的统一规划和综合利用。

第四条　国家鼓励渔业科学技术研究,推广先进技术,提高渔业科学技术水平。

第五条　在增殖和保护渔业资源、发展渔业生产、进行渔业科学技术研究等方面成绩显著的单位和个人,由各级人民政府给予精神的或者物质的奖励。

第六条 国务院渔业行政主管部门主管全国的渔业工作。县级以上地方人民政府渔业行政主管部门主管本行政区域内的渔业工作。县级以上人民政府渔业行政主管部门可以在重要渔业水域、渔港设渔政监督管理机构。

县级以上人民政府渔业行政主管部门及其所属的渔政监督管理机构可以设渔政检查人员。渔政检查人员执行渔业行政主管部门及其所属的渔政监督管理机构交付的任务。

第七条 国家对渔业的监督管理，实行统一领导、分级管理。

海洋渔业，除国务院划定由国务院渔业行政主管部门及其所属的渔政监督管理机构监督管理的海域和特定渔业资源渔场外，由毗邻海域的省、自治区、直辖市人民政府渔业行政主管部门监督管理。

江河、湖泊等水域的渔业，按照行政区划由有关县级以上人民政府渔业行政主管部门监督管理；跨行政区域的，由有关县级以上地方人民政府协商制定管理办法，或者由上一级人民政府渔业行政主管部门及其所属的渔政监督管理机构监督管理。

第八条 外国人、外国渔业船舶进入中华人民共和国管辖水域，从事渔业生产或者渔业资源调查活动，必须经国务院有关主管部门批准，并遵守本法和中华人民共和国其他有关法律、法规的规定；同中华人民共和国订有条约、协定的，按照条约、协定办理。

国家渔政渔港监督管理机构对外行使渔政渔港监督管理权。

第九条 渔业行政主管部门和其所属的渔政监督管理机构及其工作人员不得参与和从事渔业生产经营活动。

第二章 养殖业

第十条 国家鼓励全民所有制单位、集体所有制单位和个人充分利用适于养殖的水域、滩涂，发展养殖业。

第十一条 国家对水域利用进行统一规划，确定可以用于养殖业的水域和滩涂。单位和个人使用国家规划确定用于养殖业的全民所有的水域、滩涂的，使用者应当向县级以上地方人民政府渔业行政主管部门提出申请，由本级人民政府核发养殖证，许可其使用该水域、滩涂从事养殖生产。核发养殖证的具体办法由国务院规定。

集体所有的或者全民所有由农业集体经济组织使用的水域、滩涂，可以由个人或者集体承包，从事养殖生产。

第十二条 县级以上地方人民政府在核发养殖证时，应当优先安排当地的渔业生产者。

第十三条 当事人因使用国家规划确定用于养殖业的水域、滩涂从事养殖生产发生争议的，按照有关法律规定的程序处理。在争议解决以前，任何一方不得破坏养殖生产。

第十四条 国家建设征收集体所有的水域、滩涂，按照《中华人民共和国土地管理法》有关征地的规定办理。

第十五条 县级以上地方人民政府应当采取措施，加强对商品鱼生产基地和城市郊区重要养殖水域的保护。

第十六条 国家鼓励和支持水产优良品种的选育、培育和推广。水产新品种必须经全国水产原种和良种审定委员会审定，由国务院渔业行政主管部门公告后推广。

水产苗种的进口、出口由国务院渔业行政主管部门或者省、自治区、直辖市人民政府渔业行政主管部门审批。

水产苗种的生产由县级以上地方人民政府渔业行政主管部门审批。但是,渔业生产者自育、自用水产苗种的除外。

第十七条 水产苗种的进口、出口必须实施检疫,防止病害传入境内和传出境外,具体检疫工作按照有关动植物进出境检疫法律、行政法规的规定执行。

引进转基因水产苗种必须进行安全性评价,具体管理工作按照国务院有关规定执行。

第十八条 县级以上人民政府渔业行政主管部门应当加强对养殖生产的技术指导和病害防治工作。

第十九条 从事养殖生产不得使用含有毒有害物质的饵料、饲料。

第二十条 从事养殖生产应当保护水域生态环境,科学确定养殖密度,合理投饵、施肥、使用药物,不得造成水域的环境污染。

第三章 捕捞业

第二十一条 国家在财政、信贷和税收等方面采取措施,鼓励、扶持远洋捕捞业的发展,并根据渔业资源的可捕捞量,安排内水和近海捕捞力量。

第二十二条 国家根据捕捞量低于渔业资源增长量的原则,确定渔业资源的总可捕捞量,实行捕捞限额制度。国务院渔业行政主管部门负责组织渔业资源的调查和评估,为实行捕捞限额制度提供科学依据。中华人民共和国内海、领海、专属经济区和其他管辖海域的捕捞限额总量由国务院渔业行政主管部门确定,报国务院批准后逐级分解下达;国家确定的重要江河、湖泊的捕捞限额总量由有关省、自治区、直辖市人民政府确定或者协商确定,逐级分解下达。捕捞限额总量的分配应当体现公平、公正的原则,分配办法和分配结果必须向社会公开,并接受监督。

国务院渔业行政主管部门和省、自治区、直辖市人民政府渔业行政主管部门应当加强对捕捞限额制度实施情况的监督检查,对超过上级下达的捕捞限额指标的,应当在其次年捕捞限额指标中予以核减。

第二十三条 国家对捕捞业实行捕捞许可证制度。

到中华人民共和国与有关国家缔结的协定确定的共同管理的渔区或者公海从事捕捞作业的捕捞许可证,由国务院渔业行政主管部门批准发放。海洋大型拖网、围网作业的捕捞许可证,由省、自治区、直辖市人民政府渔业行政主管部门批准发放。其他作业的捕捞许可证,由县级以上地方人民政府渔业行政主管部门批准发放;但是,批准发放海洋作业的捕捞许可证不得超过国家下达的船网工具控制指标,具体办法由省、自治区、直辖市人民政府规定。

捕捞许可证不得买卖、出租和以其他形式转让,不得涂改、伪造、变造。

到他国管辖海域从事捕捞作业的,应当经国务院渔业行政主管部门批准,并遵守中华人民共和国缔结的或者参加的有关条约、协定和有关国家的法律。

第二十四条 具备下列条件的,方可发给捕捞许可证:

(一)有渔业船舶检验证书;

(二)有渔业船舶登记证书;

(三)符合国务院渔业行政主管部门规定的其他条件。

县级以上地方人民政府渔业行政主管部门批准发放的捕捞许可证,应当与上级人民政府渔业行政主管部门下达的捕捞限额指标相适应。

第二十五条 从事捕捞作业的单位和个人，必须按照捕捞许可证关于作业类型、场所、时限、渔具数量和捕捞限额的规定进行作业，并遵守国家有关保护渔业资源的规定，大中型渔船应当填写渔捞日志。

第二十六条 制造、更新改造、购置、进口的从事捕捞作业的船舶必须经渔业船舶检验部门检验合格后，方可下水作业。具体管理办法由国务院规定。

第二十七条 渔港建设应当遵守国家的统一规划，实行谁投资谁受益的原则。县级以上地方人民政府应当对位于本行政区域内的渔港加强监督管理，维护渔港的正常秩序。

第四章　渔业资源的增殖和保护

第二十八条 县级以上人民政府渔业行政主管部门应当对其管理的渔业水域统一规划，采取措施，增殖渔业资源。县级以上人民政府渔业行政主管部门可以向受益的单位和个人征收渔业资源增殖保护费，专门用于增殖和保护渔业资源。渔业资源增殖保护费的征收办法由国务院渔业行政主管部门会同财政部门制定，报国务院批准后施行。

第二十九条 国家保护水产种质资源及其生存环境，并在具有较高经济价值和遗传育种价值的水产种质资源的主要生长繁育区域建立水产种质资源保护区。未经国务院渔业行政主管部门批准，任何单位或者个人不得在水产种质资源保护区内从事捕捞活动。

第三十条 禁止使用炸鱼、毒鱼、电鱼等破坏渔业资源的方法进行捕捞。禁止制造、销售、使用禁用的渔具。禁止在禁渔区、禁渔期进行捕捞。禁止使用小于最小网目尺寸的网具进行捕捞。捕捞的渔获物中幼鱼不得超过规定的比例。在禁渔区或者禁渔期内禁止销售非法捕捞的渔获物。

重点保护的渔业资源品种及其可捕捞标准，禁渔区和禁渔期，禁止使用或者限制使用的渔具和捕捞方法，最小网目尺寸以及其他保护渔业资源的措施，由国务院渔业行政主管部门或者省、自治区、直辖市人民政府渔业行政主管部门规定。

第三十一条 禁止捕捞有重要经济价值的水生动物苗种。因养殖或者其他特殊需要，捕捞有重要经济价值的苗种或者禁捕的怀卵亲体的，必须经国务院渔业行政主管部门或者省、自治区、直辖市人民政府渔业行政主管部门批准，在指定的区域和时间内，按照限额捕捞。

在水生动物苗种重点产区引水用水时，应当采取措施，保护苗种。

第三十二条 在鱼、虾、蟹洄游通道建闸、筑坝，对渔业资源有严重影响的，建设单位应当建造过鱼设施或者采取其他补救措施。

第三十三条 用于渔业并兼有调蓄、灌溉等功能的水体，有关主管部门应当确定渔业生产所需的最低水位线。

第三十四条 禁止围湖造田。沿海滩涂未经县级以上人民政府批准，不得围垦；重要的苗种基地和养殖场所不得围垦。

第三十五条 进行水下爆破、勘探、施工作业，对渔业资源有严重影响的，作业单位应当事先同有关县级以上人民政府渔业行政主管部门协商，采取措施，防止或者减少对渔业资源的损害；造成渔业资源损失的，由有关县级以上人民政府责令赔偿。

第三十六条 各级人民政府应当采取措施，保护和改善渔业水域的生态环境，防治污染。

渔业水域生态环境的监督管理和渔业污染事故的调查处理,依照《中华人民共和国海洋环境保护法》和《中华人民共和国水污染防治法》的有关规定执行。

第三十七条 国家对白鳍豚等珍贵、濒危水生野生动物实行重点保护,防止其灭绝。禁止捕杀、伤害国家重点保护的水生野生动物。因科学研究、驯养繁殖、展览或者其他特殊情况,需要捕捞国家重点保护的水生野生动物的,依照《中华人民共和国野生动物保护法》的规定执行。

第五章 法律责任

第三十八条 使用炸鱼、毒鱼、电鱼等破坏渔业资源方法进行捕捞的,违反关于禁渔区、禁渔期的规定进行捕捞的,或者使用禁用的渔具、捕捞方法和小于最小网目尺寸的网具进行捕捞或者渔获物中幼鱼超过规定比例的,没收渔获物和违法所得,处五万元以下的罚款;情节严重的,没收渔具,吊销捕捞许可证;情节特别严重的,可以没收渔船;构成犯罪的,依法追究刑事责任。

在禁渔区或者禁渔期内销售非法捕捞的渔获物的,县级以上地方人民政府渔业行政主管部门应当及时进行调查处理。

制造、销售禁用的渔具的,没收非法制造、销售的渔具和违法所得,并处一万元以下的罚款。

第三十九条 偷捕、抢夺他人养殖的水产品的,或者破坏他人养殖水体、养殖设施的,责令改正,可以处二万元以下的罚款;造成他人损失的,依法承担赔偿责任;构成犯罪的,依法追究刑事责任。

第四十条 使用全民所有的水域、滩涂从事养殖生产,无正当理由使水域、滩涂荒芜满一年的,由发放养殖证的机关责令限期开发利用;逾期未开发利用的,吊销养殖证,可以并处一万元以下的罚款。

未依法取得养殖证擅自在全民所有的水域从事养殖生产的,责令改正,补办养殖证或者限期拆除养殖设施。

未依法取得养殖证或者超越养殖证许可范围在全民所有的水域从事养殖生产,妨碍航运、行洪的,责令限期拆除养殖设施,可以并处一万元以下的罚款。

第四十一条 未依法取得捕捞许可证擅自进行捕捞的,没收渔获物和违法所得,并处十万元以下的罚款;情节严重的,并可以没收渔具和渔船。

第四十二条 违反捕捞许可证关于作业类型、场所、时限和渔具数量的规定进行捕捞的,没收渔获物和违法所得,可以并处五万元以下的罚款;情节严重的,并可以没收渔具,吊销捕捞许可证。

第四十三条 涂改、买卖、出租或者以其他形式转让捕捞许可证的,没收违法所得,吊销捕捞许可证,可以并处一万元以下的罚款;伪造、变造、买卖捕捞许可证,构成犯罪的,依法追究刑事责任。

第四十四条 非法生产、进口、出口水产苗种的,没收苗种和违法所得,并处五万元以下的罚款。

经营未经审定的水产苗种的,责令立即停止经营,没收违法所得,可以并处五万元以下的罚款。

第四十五条 未经批准在水产种质资源保护区内从事捕捞活动的,责令立即停止捕捞,没收渔获物和渔具,可以并处一万元以下的罚款。

第四十六条　外国人、外国渔船违反本法规定,擅自进入中华人民共和国管辖水域从事渔业生产和渔业资源调查活动的,责令其离开或者将其驱逐,可以没收渔获物、渔具,并处五十万元以下的罚款;情节严重的,可以没收渔船;构成犯罪的,依法追究刑事责任。

第四十七条　造成渔业水域生态环境破坏或者渔业污染事故的,依照《中华人民共和国海洋环境保护法》和《中华人民共和国水污染防治法》的规定追究法律责任。

第四十八条　本法规定的行政处罚,由县级以上人民政府渔业行政主管部门或者其所属的渔政监督管理机构决定。但是,本法已对处罚机关作出规定的除外。

在海上执法时,对违反禁渔区、禁渔期的规定或者使用禁用的渔具、捕捞方法进行捕捞,以及未取得捕捞许可证进行捕捞的,事实清楚、证据充分,但是当场不能按照法定程序作出和执行行政处罚决定的,可以先暂时扣押捕捞许可证、渔具或者渔船,回港后依法作出和执行行政处罚决定。

第四十九条　渔业行政主管部门和其所属的渔政监督管理机构及其工作人员违反本法规定核发许可证、分配捕捞限额或者从事渔业生产经营活动的,或者有其他玩忽职守不履行法定义务、滥用职权、徇私舞弊的行为的,依法给予行政处分;构成犯罪的,依法追究刑事责任。

第六章　附　则

第五十条　本法自1986年7月1日起施行。

中华人民共和国防治陆源污染物污染损害海洋环境管理条例

(1990年6月22日　中华人民共和国国务院令第61号)

第一条　为加强对陆地污染源的监督管理,防治陆源污染物污染损害海洋环境,根据《中华人民共和国海洋环境保护法》,制定本条例。

第二条　本条例所称陆地污染源(简称陆源),是指从陆地向海域排放污染物,造成或者可能造成海洋环境污染损害的场所、设施等。

本条例所称陆源污染物是指由前款陆源排放的污染物。

第三条　本条例适用于在中华人民共和国境内向海域排放陆源污染物的一切单位和个人。

防止拆船污染损害海洋环境,依照《防止拆船污染环境管理条例》执行。

第四条　国务院环境保护行政主管部门,主管全国防治陆源污染物污染损害海洋环境工作。

沿海县级以上地方人民政府环境保护行政主管部门,主管本行政区域内防治陆源污染物污染损害海洋环境工作。

第五条　任何单位和个人向海域排放陆源污染物,必须执行国家和地方发布的污染物排放标准和有关规定。

第六条　任何单位和个人向海域排放陆源污染物,必须向其所在地环境保护行政主管部门申报登记拥有的污染物排放设施、处理设施和在正常作业条件下排放污染物的种类、数量和浓度,提供防治陆源污染物污染损害海洋环境的资料,并将上述事项和资料抄送海洋行政主管部门。

排放污染物的种类、数量和浓度有重大改变或者拆除、闲置污染物处理设施的,应当征得所在地环境保护行政主管部门同意并经原审批部门批准。

第七条 任何单位和个人向海域排放陆源污染物,超过国家和地方污染物排放标准的,必须缴纳超标准排污费,并负责治理。

第八条 任何单位和个人,不得在海洋特别保护区、海上自然保护区、海滨风景游览区、盐场保护区、海水浴场、重要渔业水域和其他需要特殊保护的区域内兴建排污口。

对在前款区域内已建的排污口,排放污染物超过国家和地方排放标准的,限期治理。

第九条 对向海域排放陆源污染物造成海洋环境严重污染损害的企业事业单位,限期治理。

第十条 国务院各部门或者省、自治区、直辖市人民政府直接管辖的企业事业单位的限期治理,由省、自治区、直辖市人民政府的环境保护行政主管部门提出意见,报同级人民政府决定。市、县或者市、县以下人民政府管辖的企业事业单位的限期治理,由市、县人民政府环境保护行政主管部门提出意见,报同级人民政府决定。被限期治理的企业事业单位必须如期完成治理任务。

第十一条 禁止在岸滩擅自堆放、弃置和处理固体废弃物。确需临时堆放、处理固体废弃物的,必须按照沿海省、自治区、直辖市人民政府环境保护行政主管部门规定的审批程序,提出书面申请。其主要内容包括:

(一)申请单位的名称、地址;

(二)堆放、处理的地点和占地面积;

(三)固体废弃物的种类、成分,年堆放量、处理量,积存堆放、处理的总量和堆放高度;

(四)固体废弃物堆放、处理的期限,最终处置方式;

(五)堆放、处理固体废弃物可能对海洋环境造成的污染损害;

(六)防止堆放、处理固体废弃物污染损害海洋环境的技术和措施;

(七)审批机关认为需要说明的其他事项。

现有的固体废弃物临时堆放、处理场地,未经县级以上地方人民政府环境保护行政主管部门批准的,由县级以上地方人民政府环境保护行政主管部门责令限期补办审批手续。

第十二条 被批准设置废弃物堆放场、处理场的单位和个人,必须建造防护堤和防渗漏、防扬尘等设施,经批准设置废弃物堆放场、处理场的环境保护行政主管部门验收合格后方可使用。

在批准使用的废弃物堆放场、处理场内,不得擅自堆放、弃置未经批准的其他种类的废弃物。不得露天堆放含剧毒、放射性、易溶解和易挥发性物质的废弃物;非露天堆放上述废弃物,不得作为最终处置方式。

第十三条 禁止在岸滩采用不正当的稀释、渗透方式排放有毒、有害废水。

第十四条 禁止向海域排放含高、中放射性物质的废水。

向海域排放含低放射性物质的废水,必须执行国家有关放射防护的规定和标准。

第十五条 禁止向海域排放油类、酸液、碱液和毒液。

向海域排放含油废水、含有害重金属废水和其他工业废水,必须经过处理,符合国家和地方规定的排放标准和有关规定。处理后的残渣不得弃置入海。

第十六条 向海域排放含病原体的废水,必须经过处理,符合国家和地方规定的排放标准和有关规定。

第十七条 向海域排放含热废水的水温应当符合国家有关规定。

第十八条 向自净能力较差的海域排放含有机物和营养物质的工业废水和生活废水,应当控制排放量;排污口应当设置在海水交换良好处,并采用合理的排放方式,防止海水富营养化。

第十九条 禁止将失效或者禁用的药物及药具弃置岸滩。

第二十条 入海河口处发生陆源污染物污染损害海洋环境事故,确有证据证明是由河流携带污染物造成的,由入海河口处所在地的省、自治区、直辖市人民政府环境保护行政主管部门调查处理;河流跨越省、自治区、直辖市的,由入海河口处所在省、自治区、直辖市人民政府环境保护行政主管部门和水利部门会同有关省、自治区、直辖市人民政府环境保护行政主管部门、水利部门和流域管理机构调查处理。

第二十一条 沿海相邻或者相向地区向同一海域排放陆源污染物的,由有关地方人民政府协商制定共同防治陆源污染物污染损害海洋环境的措施。

第二十二条 一切单位和个人造成陆源污染物污染损害海洋环境事故时,必须立即采用措施处理,并在事故发生后四十八小时内,向当地人民政府环境保护行政主管部门作出事故发生的时间、地点、类型和排放污染物的数量、经济损失、人员受害等情况的初步报告,并抄送有关部门。事故查清后,应当向当地人民政府环境保护行政主管部门作出书面报告,并附有关证明文件。

各级人民政府环境保护行政主管部门接到陆源污染物污染损害海洋环境事故的初步报告后,应当立即会同有关部门采用措施,消除或者减轻污染,并由县级以上人民政府环境保护行政主管部门会同有关部门或者由县级以上人民政府环境保护行政主管部门授权的部门对事故进行调查处理。

第二十三条 县级以上人民政府环境保护行政主管部门,按照项目管理权限,可以会同项目主管部门对排放陆源污染物的单位和个人进行现场检查,被检查者必须如实反映情况、提供资料。检查者有责任为被检查者保守技术秘密和业务秘密。法律法规另有规定的除外。

第二十四条 违反本条例规定,具有下列情形之一的,由县级以上人民政府环境保护行政主管部门责令改正,并可处以三百元以上三千元以下的罚款:

(一)拒报或者谎报排污申报登记事项的;

(二)拒绝、阻挠环境保护行政主管部门现场检查,或者在被检查中弄虚作假的。

第二十五条 废弃物堆放场、处理场的防污染设施未经环境保护行政主管部门验收或者验收不合格而强行使用的,由环境保护行政主管部门责令改正,并可处以五千元以上二万元以下的罚款。

第二十六条 违反本条例规定,具有下列情形之一的,由县级以上人民政府环境保护行政主管部门责令改正,并可处以五千元以上十万元以下的罚款:

(一)未经所在地环境保护行政主管部门同意和原批准部门批准,擅自改变污染物排放的种类、增加污染物排放的数量、浓度或者拆除、闲置污染物处理设施的;

(二)在本条例第八条第一款规定的区域内兴建排污口的。

第二十七条 违反本条例规定,具有下列情形之一的,由县级以上人民政府环境保护行政主管部门责令改正,并可处以一千元以上二万元以下的罚款;情节严重的,可处以二万元以上十万元以下的罚款:

(一)在岸滩采用不正当的稀释、渗透方式排放有毒、有害废水的；

(二)向海域排放含高、中放射性物质的废水的；

(三)向海域排放油类、酸液、碱液和毒液的；

(四)向岸滩弃置失效或者禁用的药物和药具的；

(五)向海域排放含油废水、含病原体废水、含热废水、含低放射性物质废水、含有害重金属废水和其他工业废水超过国家和地方规定的排放标准和有关规定或者将处理后的残渣弃置入海的；

(六)未经县级以上地方人民政府环境保护行政主管部门批准，擅自在岸滩堆放、弃置和处理废弃物或者在废弃物堆放场、处理场内，擅自堆放、处理未经批准的其他种类的废弃物或者露天堆放含剧毒、放射性、易溶解和易挥发性物质的废弃物的。

第二十八条 对逾期未完成限期治理任务的企业事业单位，征收两倍的超标准排污费，并可根据危害和损害后果，处以一万元以上十万元以下的罚款，或者责令停业、关闭。

罚款由环境保护行政主管部门决定。责令停业、关闭，由作出限期治理决定的人民政府决定；责令国务院各部门直接管辖的企业事业单位停业、关闭，须报国务院批准。

第二十九条 不按规定缴纳超标准排污费的，除追缴超标准排污费及滞纳金外，并可由县级以上人民政府环境保护行政主管部门处以一千元以上一万元以下的罚款。

第三十条 对造成陆源污染物污染损害海洋环境事故，导致重大经济损失的，由县级以上人民政府环境保护行政主管部门按照直接损失百分之三十计算罚款，但最高不得超过二十万元。

第三十一条 县级人民政府环境保护行政主管部门可处以一万元以下的罚款，超过一万元的罚款，报上级环境保护行政主管部门批准。

省辖市级人民政府环境保护行政主管部门可处以五万元以下的罚款，超过五万元的罚款，报上级环境保护行政主管部门批准。

省、自治区、直辖市人民政府环境保护行政主管部门可处以二十万元以下的罚款。

罚款全部上交国库，任何单位和个人不得截留、分成。

第三十二条 缴纳超标准排污费或者被处以罚款的单位、个人，并不免除消除污染、排除危害和赔偿损失的责任。

第三十三条 当事人对行政处罚决定不服的，可以在接到处罚通知之日起十五日内，依法申请复议；对复议决定不服的，可以在接到复议决定之日起十五日内，向人民法院起诉。当事人也可以在接到处罚通知之日起十五日内，直接向人民法院起诉。当事人逾期不申请复议、也不向人民法院起诉、又不履行处罚决定的，由作出处罚决定的机关申请人民法院强制执行。

第三十四条 环境保护行政主管部门工作人员滥用职权、玩忽职守、徇私舞弊的，由其所在单位或者上级主管机关给予行政处分；构成犯罪的，依法追究刑事责任。

第三十五条 沿海省、自治区、直辖市人民政府，可以根据本条例制定实施办法。

第三十六条 本条例由国务院环境保护行政主管部门负责解释。

第三十七条 本条例自1990年8月1日起施行。

中华人民共和国防治海岸工程建设项目污染损害海洋环境管理条例（2018年修正）

(1990年6月25日中华人民共和国国务院令第62号发布 根据2007年9月25日中华人民共和国国务院令第507号《国务院关于修改〈中华人民共和国防治海岸工程建设项目污染损害海洋环境管理条例〉的决定》第一次修订 根据2017年3月1日中华人民共和国国务院令第676号《国务院关于修改和废止部分行政法规的决定》第二次修订 根据2018年3月19日中华人民共和国国务院令第698号《国务院关于修改和废止部分行政法规的决定》修正)

第一条 为加强海岸工程建设项目的环境保护管理,严格控制新的污染,保护和改善海洋环境,根据《中华人民共和国海洋环境保护法》,制定本条例。

第二条 本条例所称海岸工程建设项目,是指位于海岸或者与海岸连接,工程主体位于海岸线向陆一侧,对海洋环境产生影响的新建、改建、扩建工程项目。具体包括：

(一)港口、码头、航道、滨海机场工程项目；

(二)造船厂、修船厂；

(三)滨海火电站、核电站、风电站；

(四)滨海物资存储设施工程项目；

(五)滨海矿山、化工、轻工、冶金等工业工程项目；

(六)固体废弃物、污水等污染物处理处置排海工程项目；

(七)滨海大型养殖场；

(八)海岸防护工程、砂石场和入海河口处的水利设施；

(九)滨海石油勘探开发工程项目；

(十)国务院环境保护主管部门会同国家海洋主管部门规定的其他海岸工程项目。

第三条 本条例适用于在中华人民共和国境内兴建海岸工程建设项目的一切单位和个人。拆船厂建设项目的环境保护管理,依照《防止拆船污染环境管理条例》执行。

第四条 建设海岸工程建设项目,应当符合所在经济区的区域环境保护规划的要求。

第五条 国务院环境保护主管部门,主管全国海岸工程建设项目的环境保护工作。

沿海县级以上地方人民政府环境保护主管部门,主管本行政区域内的海岸工程建设项目的环境保护工作。

第六条 新建、改建、扩建海岸工程建设项目,应当遵守国家有关建设项目环境保护管理的规定。

第七条 海岸工程建设项目的建设单位,应当依法编制环境影响报告书(表),报环境保护主管部门审批。

环境保护主管部门在批准海岸工程建设项目的环境影响报告书(表)之前,应当征求海洋、海事、渔业主管部门和军队环境保护部门的意见。

禁止在天然港湾有航运价值的区域、重要苗种基地和养殖场所及水面、滩涂中的鱼、虾、蟹、贝、藻类的自然产卵场、繁殖场、索饵场及重要的洄游通道围海造地。

第八条 海岸工程建设项目环境影响报告书的内容,除按有关规定编制外,还应当包括:

(一)所在地及其附近海域的环境状况;

(二)建设过程中和建成后可能对海洋环境造成的影响;

(三)海洋环境保护措施及其技术、经济可行性论证结论;

(四)建设项目海洋环境影响评价结论。

海岸工程建设项目环境影响报告表,应当参照前款规定填报。

第九条 禁止兴建向中华人民共和国海域及海岸转嫁污染的中外合资经营企业、中外合作经营企业和外资企业;海岸工程建设项目引进技术和设备,应当有相应的防治污染措施,防止转嫁污染。

第十条 在海洋特别保护区、海上自然保护区、海滨风景游览区、盐场保护区、海水浴场、重要渔业水域和其他需要特殊保护的区域内不得建设污染环境、破坏景观的海岸工程建设项目;在其区域外建设海岸工程建设项目的,不得损害上述区域的环境质量。法律法规另有规定的除外。

第十一条 海岸工程建设项目竣工验收时,建设项目的环境保护设施验收合格后,该建设项目方可正式投入生产或者使用。

第十二条 县级以上人民政府环境保护主管部门,按照项目管理权限,可以会同有关部门对海岸工程建设项目进行现场检查,被检查者应当如实反映情况、提供资料。检查者有责任为被检查者保守技术秘密和业务秘密。法律法规另有规定的除外。

第十三条 设置向海域排放废水设施的,应当合理利用海水自净能力,选择好排污口的位置。采用暗沟或者管道方式排放的,出水管口位置应当在低潮线以下。

第十四条 建设港口、码头,应当设置与其吞吐能力和货物种类相适应的防污设施。

港口、油码头、化学危险品码头,应当配备海上重大污染损害事故应急设备和器材。

现有港口、码头未达到前两款规定要求的,由环境保护主管部门会同港口、码头主管部门责令其限期设置或者配备。

第十五条 建设岸边造船厂、修船厂,应当设置与其性质、规模相适应的残油、废油接收处理设施,含油废水接收处理设施,拦油、收油、消油设施,工业废水接收处理设施,工业和船舶垃圾接收处理设施等。

第十六条 建设滨海核电站和其他核设施,应当严格遵守国家有关核环境保护和放射防护的规定及标准。

第十七条 建设岸边油库,应当设置含油废水接收处理设施,库场地面冲刷废水的集接、处理设施和事故应急设施;输油管线和储油设施应当符合国家关于防渗漏、防腐蚀的规定。

第十八条 建设滨海矿山,在开采、选矿、运输、贮存、冶炼和尾矿处理等过程中,应当按照有关规定采取防止污染损害海洋环境的措施。

第十九条 建设滨海垃圾场或者工业废渣填埋场,应当建造防护堤坝和场底封闭层,设置渗液收集、导出、处理系统和可燃性气体防爆装置。

第二十条 修筑海岸防护工程,在入海河口处兴建水利设施、航道或者综合整治工程,应当采取措施,不得损害生态环境及水产资源。

第二十一条 兴建海岸工程建设项目,不得改变、破坏国家和地方重点保护的野生动植物的生存环境。不得兴建可能导致重点保护的野生动植物生存环境污染和破坏的海岸工程建设项目;确需兴建的,应当征得野生动植物行政主管部门同意,并由建设单位负责组织采取易地繁育等措施,保证物种延续。

在鱼、虾、蟹、贝类的洄游通道建闸、筑坝,对渔业资源有严重影响的,建设单位应当建造过鱼设施或者采取其他补救措施。

第二十二条 集体所有制单位或者个人在全民所有的水域、海涂,建设构不成基本建设项目的养殖工程的,应当在县级以上地方人民政府规划的区域内进行。

集体所有制单位或者个人零星经营性采挖砂石,应当在县级以上地方人民政府指定的区域内采挖。

第二十三条 禁止在红树林和珊瑚礁生长的地区,建设毁坏红树林和珊瑚礁生态系统的海岸工程建设项目。

第二十四条 兴建海岸工程建设项目,应当防止导致海岸非正常侵蚀。

禁止在海岸保护设施管理部门规定的海岸保护设施的保护范围内从事爆破、采挖砂石、取土等危害海岸保护设施安全的活动。非经国务院授权的有关主管部门批准,不得占用或者拆除海岸保护设施。

第二十五条 未持有经审核和批准的环境影响报告书(表),兴建海岸工程建设项目的,依照《中华人民共和国海洋环境保护法》第八十条的规定予以处罚。

第二十六条 拒绝、阻挠环境保护主管部门进行现场检查,或者在被检查时弄虚作假的,由县级以上人民政府环境保护主管部门依照《中华人民共和国海洋环境保护法》第七十五条的规定予以处罚。

第二十七条 海岸工程建设项目的环境保护设施未建成或者未达到规定要求,该项目即投入生产、使用的,依照《中华人民共和国海洋环境保护法》第八十一条的规定予以处罚。

第二十八条 环境保护主管部门工作人员滥用职权、玩忽职守、徇私舞弊的,由其所在单位或者上级主管机关给予行政处分;构成犯罪的,依法追究刑事责任。

第二十九条 本条例自 1990 年 8 月 1 日起施行。

防治海洋工程建设项目污染损害海洋环境管理条例
（2018年修正）

(2006年9月19日中华人民共和国国务院令第475号发布 根据2017年3月1日中华人民共和国国务院令第676号《国务院关于修改和废止部分行政法规的决定》修订 根据2018年3月19日中华人民共和国国务院令第698号《国务院关于修改和废止部分行政法规的决定》修正)

第一章 总 则

第一条 为了防治和减轻海洋工程建设项目(以下简称海洋工程)污染损害海洋环境,维护海洋生态平衡,保护海洋资源,根据《中华人民共和国海洋环境保护法》,制定本条例。

第二条 在中华人民共和国管辖海域内从事海洋工程污染损害海洋环境防治活动,适用本条例。

第三条 本条例所称海洋工程,是指以开发、利用、保护、恢复海洋资源为目的,并且工程主体位于海岸线向海一侧的新建、改建、扩建工程。具体包括:

(一)围填海、海上堤坝工程;
(二)人工岛、海上和海底物资储藏设施、跨海桥梁、海底隧道工程;
(三)海底管道、海底电(光)缆工程;
(四)海洋矿产资源勘探开发及其附属工程;
(五)海上潮汐电站、波浪电站、温差电站等海洋能源开发利用工程;
(六)大型海水养殖场、人工鱼礁工程;
(七)盐田、海水淡化等海水综合利用工程;
(八)海上娱乐及运动、景观开发工程;
(九)国家海洋主管部门会同国务院环境保护主管部门规定的其他海洋工程。

第四条 国家海洋主管部门负责全国海洋工程环境保护工作的监督管理,并接受国务院环境保护主管部门的指导、协调和监督。沿海县级以上地方人民政府海洋主管部门负责本行政区域毗邻海域海洋工程环境保护工作的监督管理。

第五条 海洋工程的选址和建设应当符合海洋功能区划、海洋环境保护规划和国家有关环境保护标准,不得影响海洋功能区的环境质量或者损害相邻海域的功能。

第六条 国家海洋主管部门根据国家重点海域污染物排海总量控制指标,分配重点海域海洋工程污染物排海控制数量。

第七条 任何单位和个人对海洋工程污染损害海洋环境、破坏海洋生态等违法行为,都有权向海洋主管部门进行举报。

接到举报的海洋主管部门应当依法进行调查处理,并为举报人保密。

第二章 环境影响评价

第八条 国家实行海洋工程环境影响评价制度。

海洋工程的环境影响评价,应当以工程对海洋环境和海洋资源的影响为重点进行综合分析、预测和评估,并提出相应的生态保护措施,预防、控制或者减轻工程对海洋环境和海洋资源造成的影响和破坏。

海洋工程环境影响报告书应当依据海洋工程环境影响评价技术标准及其他相关环境保护标准编制。编制环境影响报告书应当使用符合国家海洋主管部门要求的调查、监测资料。

第九条 海洋工程环境影响报告书应当包括下列内容:

(一)工程概况;

(二)工程所在海域环境现状和相邻海域开发利用情况;

(三)工程对海洋环境和海洋资源可能造成影响的分析、预测和评估;

(四)工程对相邻海域功能和其他开发利用活动影响的分析及预测;

(五)工程对海洋环境影响的经济损益分析和环境风险分析;

(六)拟采取的环境保护措施及其经济、技术论证;

(七)公众参与情况;

(八)环境影响评价结论。

海洋工程可能对海岸生态环境产生破坏的,其环境影响报告书中应当增加工程对近岸自然保护区等陆地生态系统影响的分析和评价。

第十条 新建、改建、扩建海洋工程的建设单位,应当编制环境影响报告书,报有核准权的海洋主管部门核准。

海洋主管部门在核准海洋工程环境影响报告书前,应当征求海事、渔业主管部门和军队环境保护部门的意见;必要时,可以举行听证会。其中,围填海工程必须举行听证会。

第十一条 下列海洋工程的环境影响报告书,由国家海洋主管部门核准:

(一)涉及国家海洋权益、国防安全等特殊性质的工程;

(二)海洋矿产资源勘探开发及其附属工程;

(三)50公顷以上的填海工程,100公顷以上的围海工程;

(四)潮汐电站、波浪电站、温差电站等海洋能源开发利用工程;

(五)由国务院或者国务院有关部门审批的海洋工程。

前款规定以外的海洋工程的环境影响报告书,由沿海县级以上地方人民政府海洋主管部门根据沿海省、自治区、直辖市人民政府规定的权限核准。

海洋工程可能造成跨区域环境影响并且有关海洋主管部门对环境影响评价结论有争议的,该工程的环境影响报告书由其共同的上一级海洋主管部门核准。

第十二条 海洋主管部门应当自收到海洋工程环境影响报告书之日起60个工作日内,作出是否核准的决定,书面通知建设单位。

需要补充材料的,应当及时通知建设单位,核准期限从材料补齐之日起重新计算。

第十三条 海洋工程环境影响报告书核准后,工程的性质、规模、地点、生产工艺或者拟采取的环境保护措施等发生重大改变的,建设单位应当重新编制环境影响报告书,报原核准该工程环境影响报告书的海洋主管部门核准;海洋工程自环境影响报告书核准之日起超过5年方开工建设的,应当在工程开工建设前,将该工程的环境影响报告书报原核准该工程环境影响报告书的海洋主管部门重新核准。

第十四条 建设单位可以采取招标方式确定海洋工程的环境影响评价单位。其他任何单位和个人不得为海洋工程指定环境影响评价单位。

第三章 海洋工程的污染防治

第十五条 海洋工程的环境保护设施应当与主体工程同时设计、同时施工、同时投产使用。

第十六条 海洋工程的初步设计,应当按照环境保护设计规范和经核准的环境影响报告书的要求,编制环境保护篇章,落实环境保护措施和环境保护投资概算。

第十七条 建设单位应当在海洋工程投入运行之日30个工作日前,向原核准该工程环境影响报告书的海洋主管部门申请环境保护设施的验收;海洋工程投入试运行的,应当自该工程投入试运行之日起60个工作日内,向原核准该工程环境影响报告书的海洋主管部门申请环境保护设施的验收。

分期建设、分期投入运行的海洋工程,其相应的环境保护设施应当分期验收。

第十八条 海洋主管部门应当自收到环境保护设施验收申请之日起30个工作日内完成验收;验收不合格的,应当限期整改。

海洋工程需要配套建设的环境保护设施未经海洋主管部门验收或者经验收不合格的,该工程不得投入运行。

建设单位不得擅自拆除或者闲置海洋工程的环境保护设施。

第十九条 海洋工程在建设、运行过程中产生不符合经核准的环境影响报告书的情形的,建设单位应当自该情形出现之日起20个工作日内组织环境影响的后评价,根据后评价结论采取改进措施,并将后评价结论和采取的改进措施报原核准该工程环境影响报告书的海洋主管部门备案;原核准该工程环境影响报告书的海洋主管部门也可以责成建设单位进行环境影响的后评价,采取改进措施。

第二十条 严格控制围填海工程。禁止在经济生物的自然产卵场、繁殖场、索饵场和鸟类栖息地进行围填海活动。

围填海工程使用的填充材料应当符合有关环境保护标准。

第二十一条 建设海洋工程,不得造成领海基点及其周围环境的侵蚀、淤积和损害,危及领海基点的稳定。

进行海上堤坝、跨海桥梁、海上娱乐及运动、景观开发工程建设的,应当采取有效措施防止对海岸的侵蚀或者淤积。

第二十二条 污水离岸排放工程排污口的设置应当符合海洋功能区划和海洋环境保护规划,不得损害相邻海域的功能。

污水离岸排放不得超过国家或者地方规定的排放标准。在实行污染物排海总量控制的海域,不得超过污染物排海总量控制指标。

第二十三条 从事海水养殖的养殖者,应当采取科学的养殖方式,减少养殖饵料对海洋环境的污染。因养殖污染海域或者严重破坏海洋景观的,养殖者应当予以恢复和整治。

第二十四条 建设单位在海洋固体矿产资源勘探开发工程的建设、运行过程中,应当采取有效措施,防止污染物大范围悬浮扩散,破坏海洋环境。

第二十五条 海洋油气矿产资源勘探开发作业中应当配备油水分离设施、含油污水处理设备、排油监控装置、残油和废油回收设施、垃圾粉碎设备。

海洋油气矿产资源勘探开发作业中所使用的固定式平台、移动式平台、浮式储油装置、输油管线及其他辅助设施,应当符合防渗、防漏、防腐蚀的要求;作业单位应当经常检查,防止发生漏油事故。

前款所称固定式平台和移动式平台,是指海洋油气矿产资源勘探开发作业中所使用的钻井船、钻井平台、采油平台和其他平台。

第二十六条 海洋油气矿产资源勘探开发单位应当办理有关污染损害民事责任保险。

第二十七条 海洋工程建设过程中需要进行海上爆破作业的,建设单位应当在爆破作业前报告海洋主管部门,海洋主管部门应当及时通报海事、渔业等有关部门。

进行海上爆破作业,应当设置明显的标志、信号,并采取有效措施保护海洋资源。在重要渔业水域进行炸药爆破作业或者进行其他可能对渔业资源造成损害的作业活动的,应当避开主要经济类鱼虾的产卵期。

第二十八条 海洋工程需要拆除或者改作他用的,应当在作业前报原核准该工程环境影响报告书的海洋主管部门批准。拆除或者改变用途后可能产生重大环境影响的,应当进行环境影响评价。

海洋工程需要在海上弃置的,应当拆除可能造成海洋环境污染损害或者影响海洋资源开发利用的部分,并按照有关海洋倾倒废弃物管理的规定进行。

海洋工程拆除时,施工单位应当编制拆除的环境保护方案,采取必要的措施,防止对海洋环境造成污染和损害。

第四章 污染物排放管理

第二十九条 海洋油气矿产资源勘探开发作业中产生的污染物的处置,应当遵守下列规定:

(一)含油污水不得直接或者经稀释排放入海,应当经处理符合国家有关排放标准后再排放;

(二)塑料制品、残油、废油、油基泥浆、含油垃圾和其他有毒有害残液残渣,不得直接排放或者弃置入海,应当集中储存在专门容器中,运回陆地处理。

第三十条 严格控制向水基泥浆中添加油类,确需添加的,应当如实记录并向原核准该工程环境影响报告书的海洋主管部门报告添加油的种类和数量。禁止向海域排放含油量超过国家规定标准的水基泥浆和钻屑。

第三十一条 建设单位在海洋工程试运行或者正式投入运行后,应当如实记录污染物排放设施、处理设备的运转情况及其污染物的排放、处置情况,并按照国家海洋主管部门的规定,定期向原核准该工程环境影响报告书的海洋主管部门报告。

第三十二条 县级以上人民政府海洋主管部门,应当按照各自的权限核定海洋工程排放污染物的种类、数量,根据国务院价格主管部门和财政部门制定的收费标准确定排污者应当缴纳的排污费数额。

排污者应当到指定的商业银行缴纳排污费。

第三十三条 海洋油气矿产资源勘探开发作业中应当安装污染物流量自动监控仪器,对生产污水、机舱污水和生活污水的排放进行计量。

第三十四条 禁止向海域排放油类、酸液、碱液、剧毒废液和高、中水平放射性废水;严格限制向海域排放低水平放射性废水,确需排放的,应当符合国家放射性污染防治标准。

严格限制向大气排放含有毒物质的气体,确需排放的,应当经过净化处理,并不得超过国家或者地方规定的排放标准;向大气排放含放射性物质的气体,应当符合国家放射性污染防治标准。

严格控制向海域排放含有不易降解的有机物和重金属的废水;其他污染物的排放应当符合国家或者地方标准。

第三十五条 海洋工程排污费全额纳入财政预算,实行"收支两条线"管理,并全部专项用于海洋环境污染防治。具体办法由国务院财政部门会同国家海洋主管部门制定。

第五章 污染事故的预防和处理

第三十六条 建设单位应当在海洋工程正式投入运行前制定防治海洋工程污染损害海洋环境的应急预案,报原核准该工程环境影响报告书的海洋主管部门和有关主管部门备案。

第三十七条 防治海洋工程污染损害海洋环境的应急预案应当包括以下内容:

(一)工程及其相邻海域的环境、资源状况;

(二)污染事故风险分析;

(三)应急设施的配备;

(四)污染事故的处理方案。

第三十八条 海洋工程在建设、运行期间,由于发生事故或者其他突发性事件,造成或者可能造成海洋环境污染事故时,建设单位应当立即向可能受到污染的沿海县级以上地方人民政府海洋主管部门或者其他有关主管部门报告,并采取有效措施,减轻或者消除污染,同时通报可能受到危害的单位和个人。

沿海县级以上地方人民政府海洋主管部门或者其他有关主管部门接到报告后,应当按照污染事故分级规定及时向县级以上人民政府和上级有关主管部门报告。县级以上人民政府和有关主管部门应当按照各自的职责,立即派人赶赴现场,采取有效措施,消除或者减轻危害,对污染事故进行调查处理。

第三十九条 在海洋自然保护区内进行海洋工程建设活动,应当按照国家有关海洋自然保护区的规定执行。

第六章 监督检查

第四十条 县级以上人民政府海洋主管部门负责海洋工程污染损害海洋环境防治的监督检查,对违反海洋污染防治法律、法规的行为进行查处。

县级以上人民政府海洋主管部门的监督检查人员应当严格按照法律、法规规定的程序和权限进行监督检查。

第四十一条 县级以上人民政府海洋主管部门依法对海洋工程进行现场检查时,有权采取下列措施:

(一)要求被检查单位或者个人提供与环境保护有关的文件、证件、数据以及技术资料等,进行查阅或者复制;

(二)要求被检查单位负责人或者相关人员就有关问题作出说明;

(三)进入被检查单位的工作现场进行监测、勘查、取样检验、拍照、摄像;

(四)检查各项环境保护设施、设备和器材的安装、运行情况;

(五)责令违法者停止违法活动,接受调查处理;

(六)要求违法者采取有效措施,防止污染事态扩大。

第四十二条 县级以上人民政府海洋主管部门的监督检查人员进行现场执法检查时,应当出示规定的执法证件。用于执法检查、巡航监视的公务飞机、船舶和车辆应当有明显的执法标志。

第四十三条 被检查单位和个人应当如实提供材料,不得拒绝或者阻碍监督检查人员依法执行公务。

有关单位和个人对海洋主管部门的监督检查工作应当予以配合。

第四十四条 县级以上人民政府海洋主管部门对违反海洋污染防治法律、法规的行为,应当依法作出行政处理决定;有关海洋主管部门不依法作出行政处理决定的,上级海洋主管部门有权责令其依法作出行政处理决定或者直接作出行政处理决定。

第七章 法律责任

第四十五条 建设单位违反本条例规定,有下列行为之一的,由负责核准该工程环境影响报告书的海洋主管部门责令停止建设、运行,限期补办手续,并处5万元以上20万元以下的罚款:

(一)环境影响报告书未经核准,擅自开工建设的;

(二)海洋工程环境保护设施未申请验收或者经验收不合格即投入运行的。

第四十六条 建设单位违反本条例规定,有下列行为之一的,由原核准该工程环境影响报告书的海洋主管部门责令停止建设、运行,限期补办手续,并处5万元以上20万元以下的罚款:

(一)海洋工程的性质、规模、地点、生产工艺或者拟采取的环境保护措施发生重大改变,未重新编制环境影响报告书报原核准该工程环境影响报告书的海洋主管部门核准的;

(二)自环境影响报告书核准之日起超过5年,海洋工程方开工建设,其环境影响报告书未重新报原核准该工程环境影响报告书的海洋主管部门核准的;

(三)海洋工程需要拆除或者改作他用时,未报原核准该工程环境影响报告书的海洋主管部门备案或者未按要求进行环境影响评价的。

第四十七条 建设单位违反本条例规定,有下列行为之一的,由原核准该工程环境影响报告书的海洋主管部门责令限期改正;逾期不改正的,责令停止运行,并处1万元以上10万元以下的罚款:

(一)擅自拆除或者闲置环境保护设施的;

(二)未在规定时间内进行环境影响后评价或者未按要求采取整改措施的。

第四十八条 建设单位违反本条例规定,有下列行为之一的,由县级以上人民政府海洋主管部门责令停止建设、运行,限期恢复原状;逾期未恢复原状的,海洋主管部门可以指定具有相应资质的单位代为恢复原状,所需费用由建设单位承担,并处恢复原状所需费用1倍以上2倍以下的罚款:

(一)造成领海基点及其周围环境被侵蚀、淤积或者损害的;
(二)违反规定在海洋自然保护区内进行海洋工程建设活动的。

第四十九条 建设单位违反本条例规定,在围填海工程中使用的填充材料不符合有关环境保护标准的,由县级以上人民政府海洋主管部门责令限期改正;逾期不改正的,责令停止建设、运行,并处5万元以上20万元以下的罚款;造成海洋环境污染事故,直接负责的主管人员和其他直接责任人员构成犯罪的,依法追究刑事责任。

第五十条 建设单位违反本条例规定,有下列行为之一的,由原核准该工程环境影响报告书的海洋主管部门责令限期改正;逾期不改正的,处1万元以上5万元以下的罚款:
(一)未按规定报告污染物排放设施、处理设备的运转情况或者污染物的排放、处置情况的;
(二)未按规定报告其向水基泥浆中添加油的种类和数量的;
(三)未按规定将防治海洋工程污染损害海洋环境的应急预案备案的;
(四)在海上爆破作业前未按规定报告海洋主管部门的;
(五)进行海上爆破作业时,未按规定设置明显标志、信号的。

第五十一条 建设单位违反本条例规定,进行海上爆破作业时未采取有效措施保护海洋资源的,由县级以上人民政府海洋主管部门责令限期改正;逾期未改正的,处1万元以上10万元以下的罚款。

建设单位违反本条例规定,在重要渔业水域进行炸药爆破或者进行其他可能对渔业资源造成损害的作业,未避开主要经济类鱼虾产卵期的,由县级以上人民政府海洋主管部门予以警告、责令停止作业,并处5万元以上20万元以下的罚款。

第五十二条 海洋油气矿产资源勘探开发单位违反本条例规定向海洋排放含油污水,或者将塑料制品、残油、废油、油基泥浆、含油垃圾和其他有毒有害液残渣直接排放或者弃置入海的,由国家海洋主管部门或者其派出机构责令限期清理,并处2万元以上20万元以下的罚款;逾期未清理的,国家海洋主管部门或者其派出机构可以指定有相应资质的单位代为清理,所需费用由海洋油气矿产资源勘探开发单位承担;造成海洋环境污染事故,直接负责的主管人员和其他直接责任人员构成犯罪的,依法追究刑事责任。

第五十三条 海水养殖者未按规定采取科学的养殖方式,对海洋环境造成污染或者严重影响海洋景观的,由县级以上人民政府海洋主管部门责令限期改正;逾期不改正的,责令停止养殖活动,并处清理污染或者恢复海洋景观所需费用1倍以上2倍以下的罚款。

第五十四条 建设单位未按本条例规定缴纳排污费的,由县级以上人民政府海洋主管部门责令限期缴纳;逾期拒不缴纳的,处应缴纳排污费数额2倍以上3倍以下的罚款。

第五十五条 违反本条例规定,造成海洋环境污染损害的,责任者应当排除危害,赔偿损失。完全由于第三者的故意或者过失造成海洋环境污染损害的,由第三者排除危害,承担赔偿责任。

违反本条例规定,造成海洋环境污染事故,直接负责的主管人员和其他直接责任人员构成犯罪的,依法追究刑事责任。

第五十六条 海洋主管部门的工作人员违反本条例规定,有下列情形之一的,依法给予行政处分;构成犯罪的,依法追究刑事责任:
(一)未按规定核准海洋工程环境影响报告书的;

(二)未按规定验收环境保护设施的;
(三)未按规定对海洋环境污染事故进行报告和调查处理的;
(四)未按规定征收排污费的;
(五)未按规定进行监督检查的。

第八章 附 则

第五十七条 船舶污染的防治按照国家有关法律、行政法规的规定执行。

第五十八条 本条例自 2006 年 11 月 1 日起施行

近岸海域环境功能区管理办法(2010 年修正)

(1999 年 12 月 10 日国家环境保护总局令第 8 号发布 根据 2010 年 12 月 22 日环境保护部令第 16 号《环境保护部关于废止、修改部分环保部门规章和规范性文件的决定》修正)

第一章 总 则

第一条 为保护和改善近岸海域生态环境,执行《中华人民共和国海水水质标准》,规范近岸海域环境功能区的划定工作,加强对近岸海域环境功能区的管理,制定本办法。

第二条 近岸海域环境功能区,是指为适应近岸海域环境保护工作的需要,依据近岸海域的自然属性和社会属性以及海洋自然资源开发利用现状,结合本行政区国民经济、社会发展计划与规划,按照本办法规定的程序,对近岸海域按照不同的使用功能和保护目标而划定的海洋区域。

近岸海域环境功能区分为四类:

一类近岸海域环境功能区包括海洋渔业水域、海上自然保护区、珍稀濒危海洋生物保护区等;

二类近岸海域环境功能区包括水产养殖区、海水浴场、人体直接接触海水的海上运动或娱乐区、与人类食用直接有关的工业用水区等;

三类近岸海域环境功能区包括一般工业用水区、海滨风景旅游区等;

四类近岸海域环境功能区包括海洋港口水域、海洋开发作业区等。

各类近岸海域环境功能区执行相应类别的海水水质标准.

本办法所称近岸海域是指与沿海省、自治区、直辖市行政区域内的大陆海岸、岛屿、群岛相毗连,《中华人民共和国领海及毗连区法》规定的领海外部界限向陆一侧的海域。渤海的近岸海域,为自沿岸低潮线向海一侧 12 海里以内的海域。

第三条 沿海县级以上地方人民政府环境保护行政主管部门对本行政区近岸海域环境功能区的环境保护工作实施统一监督管理。

第二章　近岸海域环境功能区的划定

第四条　划定近岸海域环境功能区,应当遵循统一规划,合理布局,因地制宜,陆海兼顾,局部利益服从全局利益,近期计划与长远规划相协调,经济效益、社会效益和环境效益相统一,促进经济、社会可持续发展的原则。

第五条　近岸海域环境功能区划方案应当包括以下主要内容:
(一)本行政区近岸海域自然环境现状;
(二)本行政区沿海经济、社会发展现状和发展规划;
(三)本行政区近岸海域海洋资源开发利用现状、开发规划和存在的主要问题;
(四)本行政区近岸海域环境状况变化预测;
(五)近岸海域环境功能区的海水水质现状和保护目标;
(六)近岸海域环境功能区的功能、位置和面积;
(七)近岸海域环境功能区海水水质保护目标可达性分析;
(八)近岸海域环境功能区的管理措施。

第六条　任何单位和个人不得擅自改变近岸海域环境功能区划方案。确因需要必须进行调整的,由本行政区省辖市级环境保护行政主管部门按本办法第四条和第五条的规定提出调整方案,报原审批机关批准。

第三章　近岸海域环境功能区的管理

第七条　各类近岸海域环境功能区应当执行国家《海水水质标准》(GB 3097—1997)规定的相应类别的海水水质标准。
(一)一类近岸海域环境功能区应当执行一类海水水质标准。
(二)二类近岸海域环境功能区应当执行不低于二类的海水水质标准。
(三)三类近岸海域环境功能区应当执行不低于三类的海水水质标准。
(四)四类近岸海域环境功能区应当执行不低于四类的海水水质标准。

第八条　沿海省、自治区、直辖市人民政府环境保护行政主管部门根据本行政区近岸海域环境功能区环境保护的需要,对国家海水水质标准中未作规定的项目,可以组织拟订地方海水水质补充标准,报同级人民政府批准发布。

沿海省、自治区、直辖市人民政府环境保护行政主管部门对国家污染物排放标准中未作规定的项目,可以组织拟订地方污染物排放标准;对国家污染物排放标准中已作规定的项目,可以组织拟订严于国家污染物排放标准的地方污染物排放标准,报同级人民政府批准发布。

地方海水水质补充标准和地方污染物排放标准应报国务院环境保护行政主管部门备案。

凡是向已有地方污染物排放标准的近岸海域环境功能区排放污染物的,应当执行地方污染物排放标准。

第九条　对入海河流河口、陆源直排口和污水排海工程排放口附近的近岸海域,可确定为混合区。

确定混合区的范围,应当根据该区域的水动力条件,邻近近岸海域环境功能区的水质要求,接纳污染物的种类、数量等因素,进行科学论证。

混合区不得影响邻近近岸海域环境功能区的水质和鱼类洄游通道。

第十条 在一类、二类近岸海域环境功能区内,禁止兴建污染环境、破坏景观的海岸工程建设项目。

第十一条 禁止破坏红树林和珊瑚礁。

在红树林自然保护区和珊瑚礁自然保护区开展活动,应严格执行《中华人民共和国自然保护区条例》,禁止危害保护区环境的项目建设和其他经济开发活动。

禁止在红树林自然保护区和珊瑚礁自然保护区内设置新的排污口。本办法发布前已经设置的排污口,由县级以上地方人民政府环境保护行政主管部门依照《海洋环境保护法》第七十七条规定责令其关闭,并处二万元以上十万元以下的罚款。

第十二条 向近岸海域环境功能区排放陆源污染物,必须遵守海洋环境保护有关法律、法规的规定和有关污染物排放标准。

对现有排放陆源污染物超过国家或者地方污染物排放标准的,限期治理。

第十三条 在近岸海域环境功能区内可能发生重大海洋环境污染事故的单位和个人,应当依照国家规定制定污染事故应急计划。

第十四条 沿海县级以上地方人民政府环境保护行政主管部门,有权对在本行政区近岸海域环境功能区内兴建海岸工程建设项目和排放陆源污染物的单位进行现场检查。被检查者应当如实反映情况,提供必要的资料。环境保护行政主管部门应当为被检查者保守技术秘密和业务秘密。

第十五条 沿海县级以上地方人民政府环境保护行政主管部门,应当按照国务院环境保护行政主管部门的有关规定进行近岸海域环境状况统计,在发布本行政区的环境状况公报中列出近岸海域环境状况。

第十六条 国务院环境保护行政主管部门对近岸海域环境质量状况定期组织检查和考核,并公布检查和考核结果。

第十七条 在近岸海域环境功能区内,防治船舶、海洋石油勘探开发、向海洋倾倒废弃物污染的环境保护工作,由《中华人民共和国海洋环境保护法》规定的有关主管部门实施监督管理。

第十八条 违反本办法规定的,由环境保护行政主管部门依照有关法律、法规的规定进行处罚。

第四章 附 则

第十九条 本办法用语含义:

(一)海洋渔业水域是指鱼虾类的产卵场、索饵场、越冬场、洄游通道。

(二)珍稀濒危海洋生物保护区是指对珍贵、稀少、濒临灭绝的和有益的、有重要经济、科学研究价值的海洋动植物,依法划出一定范围予以特殊保护和管理的区域。

(三)水产养殖区是指鱼虾贝藻类及其他海洋水生动植物的养殖区域。

(四)海水浴场是指在一定的海域内,有专门机构管理,供人进行露天游泳的场所。

(五)人体直接接触海水的海上运动或娱乐区是指在海上开展游泳、冲浪、划水等活动的区域。

(六)与人类食用直接有关的工业用水区是指从事取卤、晒盐、食品加工、海水淡化和从海水中提取供人食用的其他化学元素等的区域。

（七）一般工业用水区是指利用海水做冷却水、冲刷库场等的区域。

（八）滨海风景旅游区是指风景秀丽、气候宜人，供人观赏、旅游的沿岸或海洋区域。

（九）海洋港口水域是指沿海港口以及河流入海处附近，以靠泊海船为主的港口，包括港区水域、通海航道、库场和装卸作业区。

（十）海洋开发作业区是指勘探、开发、管线输送海洋资源的海洋作业区以及海洋倾废区。

第二十条　本办法自公布之日起施行。

中华人民共和国海洋石油勘探开发环境保护管理条例

（1983年12月29日　国发〔1983〕202号）

第一条　为实施《中华人民共和国海洋环境保护法》，防止海洋石油勘探开发对海洋环境的污染损害，特制定本条例。

第二条　本条例适用于在中华人民共和国管辖海域从事石油勘探开发的企业、事业单位、作业者和个人，以及他们所使用的固定式和移动式平台及其他有关设施。

第三条　海洋石油勘探开发环境保护管理主管部门是中华人民共和国国家海洋局及其派出机构，以下称"主管部门"。

第四条　企业或作业者在编制油（气）田总体开发方案的同时，必须编制海洋环境影响报告书，报中华人民共和国城乡建设环境保护部。城乡建设环境保护部会同国家海洋局和石油工业部，按照国家基本建设项目环境保护管理的规定组织审批。

第五条　海洋环境影响报告书应包括以下内容：

（一）油田名称、地理位置、规模；

（二）油田所处海域的自然环境和海洋资源状况；

（三）油田开发中需要排放的废弃物种类、成分、数量、处理方式；

（四）对海洋环境影响的评价；海洋石油开发对周围海域自然环境、海洋资源可能产生的影响；对海洋渔业、航运、其他海上活动可能产生的影响；为避免、减轻各种有害影响，拟采取的环境保护措施；

（五）最终不可避免的影响、影响程度及原因；

（六）防范重大油污染事故的措施：防范组织，人员配备，技术装备，通信联络等。

第六条　企业、事业单位、作业者应具备防治油污染事故的应急能力，制订应急计划，配备与其所从事的海洋石油勘探开发规模相适应的油收回设施和围油、消油器材。

配备化学消油剂，应将其牌号、成分报告主管部门核准。

第七条　固定式和移动式平台的防污设备的要求：

（一）应设置油水分离设备；

（二）采油平台应设置含油污水处理设备，该设备处理后的污水含油量应达到国家排放标准；

（三）应设置排油监控装置；

（四）应设置残油、废油回收设施；

（五）应设置垃圾粉碎设备；

（六）上述设备应经中华人民共和国船舶检验机关检验合格，并获得有效证书。

第八条 一九八三年三月一日以前，已经在中华人民共和国管辖海域从事石油勘探开发的固定式和移动式平台，防污设备达不到规定要求的，应采取有效措施，防止污染，并在本条例颁布后三年内使防污设备达到规定的要求。

第九条 企业、事业单位和作业者应具有有关污染损害民事责任保险或其他财务保证。

第十条 固定式和移动式平台应备有由主管部门批准格式的防污记录簿。

第十一条 固定式和移动式平台的含油污水，不得直接或稀释排放。经过处理后排放的污水，含油量必须符合国家有关含油污水排放标准。

第十二条 对其他废弃物的管理要求：

（一）残油、废油、油基泥浆、含油垃圾和其他有毒残液残渣，必须回收，不得排放或弃置入海；

（二）大量工业垃圾的弃置，按照海洋倾废的规定管理；零星工业垃圾，不得投弃于渔业水域和航道；

（三）生活垃圾，需要在距最近陆地十二海里以内投弃的，应经粉碎处理，粒径应小于二十五毫米。

第十三条 海洋石油勘探开发需要在重要渔业水域进行炸药爆破或其他对渔业资源有损害的作业时，应采取有效措施，避开主要经济鱼虾类的产卵、繁殖和捕捞季节，作业前报告主管部门，作业时并应有明显的标志、信号。

主管部门接到报告后，应及时将作业地点、时间等通告有关单位。

第十四条 海上储油设施、输油管线应符合防渗、防漏、防腐蚀的要求，并应经常检查，保持良好状态，防止发生漏油事故。

第十五条 海上试油应使油气通过燃烧器充分燃烧。对试油中落海的油类和油性混合物，应采取有效措施处理，并如实记录。

第十六条 企业、事业单位及作业者在作业中发生溢油、漏油等污染事故，应迅速采取围油、回收油的措施，控制、减轻和消除污染。

发生大量溢油、漏油和井喷等重大油污染事故，应立即报告主管部门，并采取有效措施，控制和消除油污染，接受主管部门的调查处理。

第十七条 化学消油剂要控制使用：

（一）在发生油污染事故时，应采取回收措施，对少量确实无法回收的油，准许使用少量的化学消油剂。

（二）一次性使用化学消油剂的数量（包括溶剂在内），应根据不同海域等情况，由主管部门另做具体规定。作业者应按规定向主管部门报告，经准许后方可使用。

（三）在海洋浮油可能发生火灾或者严重危及人命和财产安全，又无法使用回收方法处理，而使用化学消油剂可以减轻污染和避免扩大事故后果的紧急情况下，使用化学消油剂的数量和报告程序可不受本条（二）项规定限制。但事后，应将事故情况和使用化学消油剂情况详细报告主管部门。

(四)必须使用经主管部门核准的化学消油剂。

第十八条 作业者应将下列情况详细地、如实地记载于平台防污记录簿:

(一)防污设备、设施的运行情况;

(二)含油污水处理和排放情况;

(三)其他废弃物的处理、排放和投弃情况;

(四)发生溢油、漏油、井喷等油污染事故及处理情况;

(五)进行爆破作业情况;

(六)使用化学消油剂的情况;

(七)主管部门规定的其他事项。

第十九条 企业和作业者在每季度末后十五日内,应按主管部门批准的格式,向主管部门综合报告该季度防污染情况及污染事故的情况。

固定式平台和移动式平台的位置,应及时通知主管部门。

第二十条 主管部门的公务人员或指派的人员,有权登临固定式和移动式平台以及其他有关设施,进行监测和检查。包括:

(一)采集各类样品;

(二)检查各项防污设备、设施和器材的装备、运行或使用情况;

(三)检查有关的文书、证件;

(四)检查防污记录簿及有关的操作记录,必要时可进行复制和摘录,并要求平台负责人签证该复制和摘录件为正确无误的副本;

(五)向有关人员调查污染事故;

(六)其他有关的事项。

第二十一条 主管部门的公务船舶应有明显标志。公务人员或指派的人员执行公务时,必须穿着公务制服,携带证件。

被检查者应为上述公务船舶、公务人员和指派人员提供方便,并如实提供材料,陈述情况。

第二十二条 受到海洋石油勘探开发污染损害,要求赔偿的单位和个人,应按照《中华人民共和国环境保护法》第三十二条的规定及《中华人民共和国海洋环境保护法》第四十二条的规定,申请主管部门处理,要求造成污染损害的一方赔偿损失。受损害一方应提交污染损害索赔报告书,报告书应包括以下内容:

(一)受石油勘探开发污染损害的时间、地点、范围、对象;

(二)受污染损害的损失清单,包括品名、数量、单位、计算方法,以及养殖或自然等情况;

(三)有关科研部门鉴定或公证机关对损害情况的签证;

(四)尽可能提供受污染损害的原始单证,有关情况的照片,其他有关索赔的证明单据、材料。

第二十三条 因清除海洋石油勘探开发污染物,需要索取清除污染物费用的单位和个人(有商业合同者除外),在申请主管部门处理时,应向主管部门提交索取清除费用报告书。该报告书应包括以下内容:

(一)清除污染物的时间、地点、对象;

(二)投入的人力、机具、船只、清除材料的数量、单价、计算方法;

(三)组织清除的管理费、交通费及其他有关费用;

（四）清除效果及情况；
（五）其他有关的证据和证明材料。

第二十四条 由于不可抗力发生污染损害事故的企业、事业单位、作业者，要求免于承担赔偿责任的，应向主管部门提交报告。该报告应能证实污染损害确实属于《中华人民共和国海洋环境保护法》第四十三条所列的情况之一，并经过及时采取合理措施仍不能避免的。

第二十五条 主管部门受理的海洋石油勘探开发污染损害赔偿责任和赔偿金额纠纷，在调查了解的基础上，可以进行调解处理。

当事人不愿调解或对主管部门的调解处理不服的，可以按《中华人民共和国海洋环境保护法》第四十二条的规定办理。

第二十六条 主管部门对违反《中华人民共和国海洋环境保护法》和本条例的企业、事业单位、作业者，可以责令其限期治理，支付消除污染费用，赔偿国家损失；超过标准排放污染物的，可以责令其交纳排污费。

第二十七条 主管部门对违反《中华人民共和国海洋环境保护法》和本条例的企业、事业单位、作业者和个人，可视其情节轻重，予以警告或罚款处分。

罚款分为以下几种：
（一）对造成海洋环境污染的企业、事业单位、作业者的罚款，最高额为人民币十万元。
（二）对企业、事业单位、作业者的下列违法行为，罚款最高额为人民币五千元：
1. 不按规定向主管部门报告重大油污染事故；
2. 不按规定使用化学消油剂。
（三）对企业、事业单位、作业者的下列违法行为，罚款最高额为人民币一千元：
1. 不按规定配备防污记录簿；
2. 防污记录簿的记载非正规化或者伪造；
3. 不按规定报告或通知有关情况；
4. 阻挠公务人员或指派人员执行公务。
（四）对有直接责任的个人，可根据情节轻重，酌情处以罚款。

第二十八条 当事人对主管部门的处罚决定不服的，按《中华人民共和国海洋环境保护法》第四十一条的规定处理。

第二十九条 主管部门对主动检举、揭发企业、事业单位、作业者匿报石油勘探开发污染损害事故，或者提供证据，或者采取措施减轻污染损害的单位和个人，给予表扬和奖励。

第三十条 本条例中下列用语的含义是：
（一）"固定式和移动式平台"，即《中华人民共和国海洋环境保护法》中所称的钻井船、钻井平台和采油平台，并包括其他平台。
（二）"海洋石油勘探开发"，是指海洋石油勘探、开发、生产储存和管线输送等作业活动。
（三）"作业者"，是指实施海洋石油勘探开发作业的实体。

第三十一条 本条例自发布之日起施行。

防治船舶污染海洋环境管理条例（2018 年修正）

（2009 年 9 月 9 日中华人民共和国国务院令第 561 号发布　根据 2013 年 7 月 18 日中华人民共和国国务院令第 638 号《国务院关于废止和修改部分行政法规的决定》第一次修订　根据 2013 年 12 月 7 日中华人民共和国国务院令第 645 号《国务院关于修改部分行政法规的决定》第二次修订　根据 2014 年 7 月 29 日中华人民共和国国务院令第 653 号《国务院关于修改部分行政法规的决定》第三次修订　根据 2016 年 2 月 6 日中华人民共和国国务院令第 666 号《国务院关于修改部分行政法规的决定》第四次修订　根据 2017 年 3 月 1 日中华人民共和国国务院令第 676 号《国务院关于修改和废止部分行政法规的决定》第五次修订　根据 2018 年 3 月 19 日中华人民共和国国务院令第 698 号《国务院关于修改和废止部分行政法规的决定》修正）

目　录

第一章　总　则

第二章　防治船舶及其有关作业活动污染海洋环境的一般规定

第三章　船舶污染物的排放和接收

第四章　船舶有关作业活动的污染防治

第五章　船舶污染事故应急处置

第六章　船舶污染事故调查处理

第七章　船舶污染事故损害赔偿

第八章　法律责任

第九章　附　则

第一章　总　则

第一条　为了防治船舶及其有关作业活动污染海洋环境，根据《中华人民共和国海洋环境保护法》，制定本条例。

第二条　防治船舶及其有关作业活动污染中华人民共和国管辖海域适用本条例。

第三条　防治船舶及其有关作业活动污染海洋环境，实行预防为主、防治结合的原则。

第四条　国务院交通运输主管部门主管所辖港区水域内非军事船舶和港区水域外非渔业、非军事船舶污染海洋环境的防治工作。

海事管理机构依照本条例规定具体负责防治船舶及其有关作业活动污染海洋环境的监督管理。

第五条　国务院交通运输主管部门应当根据防治船舶及其有关作业活动污染海洋环境的需

要,组织编制防治船舶及其有关作业活动污染海洋环境应急能力建设规划,报国务院批准后公布实施。

沿海设区的市级以上地方人民政府应当按照国务院批准的防治船舶及其有关作业活动污染海洋环境应急能力建设规划,并根据本地区的实际情况,组织编制相应的防治船舶及其有关作业活动污染海洋环境应急能力建设规划。

第六条 国务院交通运输主管部门、沿海设区的市级以上地方人民政府应当建立健全防治船舶及其有关作业活动污染海洋环境应急反应机制,并制定防治船舶及其有关作业活动污染海洋环境应急预案。

第七条 海事管理机构应当根据防治船舶及其有关作业活动污染海洋环境的需要,会同海洋主管部门建立健全船舶及其有关作业活动污染海洋环境的监测、监视机制,加强对船舶及其有关作业活动污染海洋环境的监测、监视。

第八条 国务院交通运输主管部门、沿海设区的市级以上地方人民政府应当按照防治船舶及其有关作业活动污染海洋环境应急能力建设规划,建立专业应急队伍和应急设备库,配备专用的设施、设备和器材。

第九条 任何单位和个人发现船舶及其有关作业活动造成或者可能造成海洋环境污染的,应当立即就近向海事管理机构报告。

第二章 防治船舶及其有关作业活动污染海洋环境的一般规定

第十条 船舶的结构、设备、器材应当符合国家有关防治船舶污染海洋环境的技术规范以及中华人民共和国缔结或者参加的国际条约的要求。

船舶应当依照法律、行政法规、国务院交通运输主管部门的规定以及中华人民共和国缔结或者参加的国际条约的要求,取得并随船携带相应的防治船舶污染海洋环境的证书、文书。

第十一条 中国籍船舶的所有人、经营人或者管理人应当按照国务院交通运输主管部门的规定,建立健全安全营运和防治船舶污染管理体系。

海事管理机构应当对安全营运和防治船舶污染管理体系进行审核,审核合格的,发给符合证明和相应的船舶安全管理证书。

第十二条 港口、码头、装卸站以及从事船舶修造的单位应当配备与其装卸货物种类和吞吐能力或者修造船舶能力相适应的污染监视设施和污染物接收设施,并使其处于良好状态。

第十三条 港口、码头、装卸站以及从事船舶修造、打捞、拆解等作业活动的单位应当制定有关安全营运和防治污染的管理制度,按照国家有关防治船舶及其有关作业活动污染海洋环境的规范和标准,配备相应的防治污染设备和器材。

港口、码头、装卸站以及从事船舶修造、打捞、拆解等作业活动的单位,应当定期检查、维护配备的防治污染设备和器材,确保防治污染设备和器材符合防治船舶及其有关作业活动污染海洋环境的要求。

第十四条 船舶所有人、经营人或者管理人应当制定防治船舶及其有关作业活动污染海洋环境的应急预案,并报海事管理机构备案。

港口、码头、装卸站的经营人以及有关作业单位应当制定防治船舶及其有关作业活动污染海洋环境的应急预案,并报海事管理机构和环境保护主管部门备案。

船舶、港口、码头、装卸站以及其他有关作业单位应当按照应急预案,定期组织演练,并做好相应记录。

第三章 船舶污染物的排放和接收

第十五条 船舶在中华人民共和国管辖海域向海洋排放的船舶垃圾、生活污水、含油污水、含有毒有害物质污水、废气等污染物以及压载水,应当符合法律、行政法规、中华人民共和国缔结或者参加的国际条约以及相关标准的要求。

船舶应当将不符合前款规定的排放要求的污染物排入港口接收设施或者由船舶污染物接收单位接收。

船舶不得向依法划定的海洋自然保护区、海滨风景名胜区、重要渔业水域以及其他需要特别保护的海域排放船舶污染物。

第十六条 船舶处置污染物,应当在相应的记录簿内如实记录。

船舶应当将使用完毕的船舶垃圾记录簿在船舶上保留2年;将使用完毕的含油污水、含有毒有害物质污水记录簿在船舶上保留3年。

第十七条 船舶污染物接收单位从事船舶垃圾、残油、含油污水、含有毒有害物质污水接收作业,应当编制作业方案,遵守相关操作规程,并采取必要的防污染措施。船舶污染物接收单位应当将船舶污染物接收情况按照规定向海事管理机构报告。

第十八条 船舶污染物接收单位接收船舶污染物,应当向船舶出具污染物接收单证,经双方签字确认并留存至少2年。污染物接收单证应当注明作业双方名称,作业开始和结束的时间、地点,以及污染物种类、数量等内容。船舶应当将污染物接收单证保存在相应的记录簿中。

第十九条 船舶污染物接收单位应当按照国家有关污染物处理的规定处理接收的船舶污染物,并每月将船舶污染物的接收和处理情况报海事管理机构备案。

第四章 船舶有关作业活动的污染防治

第二十条 从事船舶清舱、洗舱、油料供受、装卸、过驳、修造、打捞、拆解,污染危害性货物装箱、充罐,污染清除作业以及利用船舶进行水上水下施工等作业活动的,应当遵守相关操作规程,并采取必要的安全和防治污染的措施。

从事前款规定的作业活动的人员,应当具备相关安全和防治污染的专业知识和技能。

第二十一条 船舶不符合污染危害性货物适载要求的,不得载运污染危害性货物,码头、装卸站不得为其进行装载作业。

污染危害性货物的名录由国家海事管理机构公布。

第二十二条 载运污染危害性货物进出港口的船舶,其承运人、货物所有人或者代理人,应当向海事管理机构提出申请,经批准方可进出港口或者过境停留。

第二十三条 载运污染危害性货物的船舶,应当在海事管理机构公布的具有相应安全装卸和污染物处理能力的码头、装卸站进行装卸作业。

第二十四条 货物所有人或者代理人交付船舶载运污染危害性货物,应当确保货物的包装与标志等符合有关安全和防治污染的规定,并在运输单证上准确注明货物的技术名称、编号、类别(性质)、数量、注意事项和应急措施等内容。

货物所有人或者代理人交付船舶载运污染危害性不明的货物,应当委托有关技术机构进行危害性评估,明确货物的危害性质以及有关安全和防治污染要求,方可交付船舶载运。

第二十五条 海事管理机构认为交付船舶载运的污染危害性货物应当申报而未申报,或者申报的内容不符合实际情况的,可以按照国务院交通运输主管部门的规定采取开箱等方式查验。

海事管理机构查验污染危害性货物,货物所有人或者代理人应当到场,并负责搬移货物,开拆和重封货物的包装。海事管理机构认为必要的,可以径行查验、复验或者提取货样,有关单位和个人应当配合。

第二十六条 进行散装液体污染危害性货物过驳作业的船舶,其承运人、货物所有人或者代理人应当向海事管理机构提出申请,告知作业地点,并附送过驳作业方案、作业程序、防治污染措施等材料。

海事管理机构应当自受理申请之日起 2 个工作日内作出许可或者不予许可的决定。2 个工作日内无法作出决定的,经海事管理机构负责人批准,可以延长 5 个工作日。

第二十七条 依法获得船舶油料供受作业资质的单位,应当向海事管理机构备案。海事管理机构应当对船舶油料供受作业进行监督检查,发现不符合安全和防治污染要求的,应当予以制止。

第二十八条 船舶燃油供给单位应当如实填写燃油供受单证,并向船舶提供船舶燃油供受单证和燃油样品。

船舶和船舶燃油供给单位应当将燃油供受单证保存 3 年,并将燃油样品妥善保存 1 年。

第二十九条 船舶修造、水上拆解的地点应当符合环境功能区划和海洋功能区划。

第三十条 从事船舶拆解的单位在船舶拆解作业前,应当对船舶上的残余物和废弃物进行处置,将油舱(柜)中的存油驳出,进行船舶清舱、洗舱、测爆等工作。

从事船舶拆解的单位应当及时清理船舶拆解现场,并按照国家有关规定处理船舶拆解产生的污染物。

禁止采取冲滩方式进行船舶拆解作业。

第三十一条 禁止船舶经过中华人民共和国内水、领海转移危险废物。

经过中华人民共和国管辖的其他海域转移危险废物的,应当事先取得国务院环境保护主管部门的书面同意,并按照海事管理机构指定的航线航行,定时报告船舶所处的位置。

第三十二条 船舶向海洋倾倒废弃物,应当如实记录倾倒情况。返港后,应当向驶出港所在地的海事管理机构提交书面报告。

第三十三条 载运散装液体污染危害性货物的船舶和 1 万总吨以上的其他船舶,其经营人应当在作业前或者进出港口前与符合国家有关技术规范的污染清除作业单位签订污染清除作业协议,明确双方在发生船舶污染事故后污染清除的权利和义务。

与船舶经营人签订污染清除作业协议的污染清除作业单位应当在发生船舶污染事故后,按照污染清除作业协议及时进行污染清除作业。

第五章 船舶污染事故应急处置

第三十四条 本条例所称船舶污染事故,是指船舶及其有关作业活动发生油类、油性混合物和其他有毒有害物质泄漏造成的海洋环境污染事故。

第三十五条 船舶污染事故分为以下等级：

（一）特别重大船舶污染事故，是指船舶溢油 1000 吨以上，或者造成直接经济损失 2 亿元以上的船舶污染事故；

（二）重大船舶污染事故，是指船舶溢油 500 吨以上不足 1000 吨，或者造成直接经济损失 1 亿元以上不足 2 亿元的船舶污染事故；

（三）较大船舶污染事故，是指船舶溢油 100 吨以上不足 500 吨，或者造成直接经济损失 5000 万元以上不足 1 亿元的船舶污染事故；

（四）一般船舶污染事故，是指船舶溢油不足 100 吨，或者造成直接经济损失不足 5000 万元的船舶污染事故。

第三十六条 船舶在中华人民共和国管辖海域发生污染事故，或者在中华人民共和国管辖海域外发生污染事故造成或者可能造成中华人民共和国管辖海域污染的，应当立即启动相应的应急预案，采取措施控制和消除污染，并就近向有关海事管理机构报告。

发现船舶及其有关作业活动可能对海洋环境造成污染的，船舶、码头、装卸站应当立即采取相应的应急处置措施，并就近向有关海事管理机构报告。

接到报告的海事管理机构应当立即核实有关情况，并向上级海事管理机构或者国务院交通运输主管部门报告，同时报告有关沿海设区的市级以上地方人民政府。

第三十七条 船舶污染事故报告应当包括下列内容：

（一）船舶的名称、国籍、呼号或者编号；

（二）船舶所有人、经营人或者管理人的名称、地址；

（三）发生事故的时间、地点以及相关气象和水文情况；

（四）事故原因或者事故原因的初步判断；

（五）船舶上污染物的种类、数量、装载位置等概况；

（六）污染程度；

（七）已经采取或者准备采取的污染控制、清除措施和污染控制情况以及救助要求；

（八）国务院交通运输主管部门规定应当报告的其他事项。

作出船舶污染事故报告后出现新情况的，船舶、有关单位应当及时补报。

第三十八条 发生特别重大船舶污染事故，国务院或者国务院授权国务院交通运输主管部门成立事故应急指挥机构。

发生重大船舶污染事故，有关省、自治区、直辖市人民政府应当会同海事管理机构成立事故应急指挥机构。

发生较大船舶污染事故和一般船舶污染事故，有关设区的市级人民政府应当会同海事管理机构成立事故应急指挥机构。

有关部门、单位应当在事故应急指挥机构统一组织和指挥下，按照应急预案的分工，开展相应的应急处置工作。

第三十九条 船舶发生事故有沉没危险，船员离船前，应当尽可能关闭所有货舱（柜）、油舱（柜）管系的阀门，堵塞货舱（柜）、油舱（柜）通气孔。

船舶沉没的，船舶所有人、经营人或者管理人应当及时向海事管理机构报告船舶燃油、污染危害性货物以及其他污染物的性质、数量、种类、装载位置等情况，并及时采取措施予以清除。

第四十条 发生船舶污染事故或者船舶沉没,可能造成中华人民共和国管辖海域污染的,有关沿海设区的市级以上地方人民政府、海事管理机构根据应急处置的需要,可以征用有关单位或者个人的船舶和防治污染设施、设备、器材以及其他物资,有关单位和个人应当予以配合。

被征用的船舶和防治污染设施、设备、器材以及其他物资使用完毕或者应急处置工作结束,应当及时返还。船舶和防治污染设施、设备、器材以及其他物资被征用或者征用后毁损、灭失的,应当给予补偿。

第四十一条 发生船舶污染事故,海事管理机构可以采取清除、打捞、拖航、引航、过驳等必要措施,减轻污染损害。相关费用由造成海洋环境污染的船舶、有关作业单位承担。

需要承担前款规定费用的船舶,应当在开航前缴清相关费用或者提供相应的财务担保。

第四十二条 处置船舶污染事故使用的消油剂,应当符合国家有关标准。

第六章 船舶污染事故调查处理

第四十三条 船舶污染事故的调查处理依照下列规定进行:

(一)特别重大船舶污染事故由国务院或者国务院授权国务院交通运输主管部门等部门组织事故调查处理;

(二)重大船舶污染事故由国家海事管理机构组织事故调查处理;

(三)较大船舶污染事故和一般船舶污染事故由事故发生地的海事管理机构组织事故调查处理。

船舶污染事故给渔业造成损害的,应当吸收渔业主管部门参与调查处理;给军事港口水域造成损害的,应当吸收军队有关主管部门参与调查处理。

第四十四条 发生船舶污染事故,组织事故调查处理的机关或者海事管理机构应当及时、客观、公正地开展事故调查,勘验事故现场,检查相关船舶,询问相关人员,收集证据,查明事故原因。

第四十五条 组织事故调查处理的机关或者海事管理机构根据事故调查处理的需要,可以暂扣相应的证书、文书、资料;必要时,可以禁止船舶驶离港口或者责令停航、改航、停止作业直至暂扣船舶。

第四十六条 组织事故调查处理的机关或者海事管理机构开展事故调查时,船舶污染事故的当事人和其他有关人员应当如实反映情况和提供资料,不得伪造、隐匿、毁灭证据或者以其他方式妨碍调查取证。

第四十七条 组织事故调查处理的机关或者海事管理机构应当自事故调查结束之日起20个工作日内制作事故认定书,并送达当事人。

事故认定书应当载明事故基本情况、事故原因和事故责任。

第七章 船舶污染事故损害赔偿

第四十八条 造成海洋环境污染损害的责任者,应当排除危害,并赔偿损失;完全由于第三者的故意或者过失,造成海洋环境污染损害的,由第三者排除危害,并承担赔偿责任。

第四十九条 完全属于下列情形之一,经过及时采取合理措施,仍然不能避免对海洋环境造成污染损害的,免予承担责任:

(一)战争；
(二)不可抗拒的自然灾害；
(三)负责灯塔或者其他助航设备的主管部门,在执行职责时的疏忽,或者其他过失行为。

第五十条 船舶污染事故的赔偿限额依照《中华人民共和国海商法》关于海事赔偿责任限制的规定执行。但是,船舶载运的散装持久性油类物质造成中华人民共和国管辖海域污染的,赔偿限额依照中华人民共和国缔结或者参加的有关国际条约的规定执行。

前款所称持久性油类物质,是指任何持久性烃类矿物油。

第五十一条 在中华人民共和国管辖海域内航行的船舶,其所有人应当按照国务院交通运输主管部门的规定,投保船舶油污损害民事责任保险或者取得相应的财务担保。但是,1000 总吨以下载运非油类物质的船舶除外。

船舶所有人投保船舶油污损害民事责任保险或者取得的财务担保的额度应当不低于《中华人民共和国海商法》、中华人民共和国缔结或者参加的有关国际条约规定的油污赔偿限额。

第五十二条 已依照本条例第五十一条的规定投保船舶油污损害民事责任保险或者取得财务担保的中国籍船舶,其所有人应当持船舶国籍证书、船舶油污损害民事责任保险合同或者财务担保证明,向船籍港的海事管理机构申请办理船舶油污损害民事责任保险证书或者财务保证证书。

第五十三条 发生船舶油污事故,国家组织有关单位进行应急处置、清除污染所发生的必要费用,应当在船舶油污损害赔偿中优先受偿。

第五十四条 在中华人民共和国管辖水域接收海上运输的持久性油类物质货物的货物所有人或者代理人应当缴纳船舶油污损害赔偿基金。

船舶油污损害赔偿基金征收、使用和管理的具体办法由国务院财政部门会同国务院交通运输主管部门制定。

国家设立船舶油污损害赔偿基金管理委员会,负责处理船舶油污损害赔偿基金的赔偿等事务。船舶油污损害赔偿基金管理委员会由有关行政机关和缴纳船舶油污损害赔偿基金的主要货主组成。

第五十五条 对船舶污染事故损害赔偿的争议,当事人可以请求海事管理机构调解,也可以向仲裁机构申请仲裁或者向人民法院提起民事诉讼。

第八章 法律责任

第五十六条 船舶、有关作业单位违反本条例规定的,海事管理机构应当责令改正;拒不改正的,海事管理机构可以责令停止作业、强制卸载,禁止船舶进出港口、靠泊、过境停留,或者责令停航、改航、离境、驶向指定地点。

第五十七条 违反本条例的规定,船舶的结构不符合国家有关防治船舶污染海洋环境的技术规范或者有关国际条约要求的,由海事管理机构处 10 万元以上 30 万元以下的罚款。

第五十八条 违反本条例的规定,有下列情形之一的,由海事管理机构依照《中华人民共和国海洋环境保护法》有关规定予以处罚：

(一)船舶未取得并随船携带防治船舶污染海洋环境的证书、文书的；
(二)船舶、港口、码头、装卸站未配备防治污染设备、器材的；

（三）船舶向海域排放本条例禁止排放的污染物的；

（四）船舶未如实记录污染物处置情况的；

（五）船舶超过标准向海域排放污染物的；

（六）从事船舶水上拆解作业，造成海洋环境污染损害的。

第五十九条 违反本条例的规定，船舶未按照规定在船舶上留存船舶污染物处置记录，或者船舶污染物处置记录与船舶运行过程中产生的污染物数量不符合的，由海事管理机构处 2 万元以上 10 万元以下的罚款。

第六十条 违反本条例的规定，船舶污染物接收单位从事船舶垃圾、残油、含油污水、含有毒有害物质污水接收作业，未编制作业方案、遵守相关操作规程、采取必要的防污染措施的，由海事管理机构处 1 万元以上 5 万元以下的罚款；造成海洋环境污染的，处 5 万元以上 25 万元以下的罚款。

第六十一条 违反本条例的规定，船舶污染物接收单位未按照规定向海事管理机构报告船舶污染物接收情况，或者未按照规定向船舶出具污染物接收单证，或者未按规定将船舶污染物的接收和处理情况报海事管理机构备案的，由海事管理机构处 2 万元以下的罚款。

第六十二条 违反本条例的规定，有下列情形之一的，由海事管理机构处 2000 元以上 1 万元以下的罚款：

（一）船舶未按照规定保存污染物接收证明的；

（二）船舶燃油供给单位未如实填写燃油供受单证的；

（三）船舶燃油供给单位未按照规定向船舶提供燃油供受单证和燃油样品的；

（四）船舶和船舶燃油供给单位未按照规定保存燃油供受单证和燃油样品的。

第六十三条 违反本条例的规定，有下列情形之一的，由海事管理机构处 2 万元以上 10 万元以下的罚款：

（一）载运污染危害性货物的船舶不符合污染危害性货物适载要求的；

（二）载运污染危害性货物的船舶未在具有相应安全装卸和污染物处理能力的码头、装卸站进行装卸作业的；

（三）货物所有人或者代理人未按照规定对污染危害性不明的货物进行危害性评估的。

第六十四条 违反本条例的规定，未经海事管理机构批准，船舶载运污染危害性货物进出港口、过境停留或者过驳作业的，由海事管理机构处 1 万元以上 5 万元以下的罚款。

第六十五条 违反本条例的规定，有下列情形之一的，由海事管理机构处 2 万元以上 10 万元以下的罚款：

（一）船舶发生事故沉没，船舶所有人或者经营人未及时向海事管理机构报告船舶燃油、污染危害性货物以及其他污染物的性质、数量、种类、装载位置等情况的；

（二）船舶发生事故沉没，船舶所有人或者经营人未及时采取措施清除船舶燃油、污染危害性货物以及其他污染物的。

第六十六条 违反本条例的规定，有下列情形之一的，由海事管理机构处 1 万元以上 5 万元以下的罚款：

（一）载运散装液体污染危害性货物的船舶和 1 万总吨以上的其他船舶，其经营人未按照规定签订污染清除作业协议的；

(二)污染清除作业单位不符合国家有关技术规范从事污染清除作业的。

第六十七条 违反本条例的规定,发生船舶污染事故,船舶、有关作业单位未立即启动应急预案的,对船舶、有关作业单位,由海事管理机构处 2 万元以上 10 万元以下的罚款;对直接负责的主管人员和其他直接责任人员,由海事管理机构处 1 万元以上 2 万元以下的罚款。直接负责的主管人员和其他直接责任人员属于船员的,并处给予暂扣适任证书或者其他有关证件 1 个月至 3 个月的处罚。

第六十八条 违反本条例的规定,发生船舶污染事故,船舶、有关作业单位迟报、漏报事故的,对船舶、有关作业单位,由海事管理机构处 5 万元以上 25 万元以下的罚款;对直接负责的主管人员和其他直接责任人员,由海事管理机构处 1 万元以上 5 万元以下的罚款。直接负责的主管人员和其他直接责任人员属于船员的,并处给予暂扣适任证书或者其他有关证件 3 个月至 6 个月的处罚。瞒报、谎报事故的,对船舶、有关作业单位,由海事管理机构处 25 万元以上 50 万元以下的罚款;对直接负责的主管人员和其他直接责任人员,由海事管理机构处 5 万元以上 10 万元以下的罚款。直接负责的主管人员和其他直接责任人员属于船员的,并处给予吊销适任证书或者其他有关证件的处罚。

第六十九条 违反本条例的规定,未按照国家规定的标准使用消油剂的,由海事管理机构对船舶或者使用单位处 1 万元以上 5 万元以下的罚款。

第七十条 违反本条例的规定,船舶污染事故的当事人和其他有关人员,未如实向组织事故调查处理的机关或者海事管理机构反映情况和提供资料,伪造、隐匿、毁灭证据或者以其他方式妨碍调查取证的,由海事管理机构处 1 万元以上 5 万元以下的罚款。

第七十一条 违反本条例的规定,船舶所有人有下列情形之一的,由海事管理机构责令改正,可以处 5 万元以下的罚款;拒不改正的,处 5 万元以上 25 万元以下的罚款:

(一)在中华人民共和国管辖海域内航行的船舶,其所有人未按照规定投保船舶油污损害民事责任保险或者取得相应的财务担保的;

(二)船舶所有人投保船舶油污损害民事责任保险或者取得的财务担保的额度低于《中华人民共和国海商法》、中华人民共和国缔结或者参加的有关国际条约规定的油污赔偿限额的。

第七十二条 违反本条例的规定,在中华人民共和国管辖水域接收海上运输的持久性油类物质货物的货物所有人或者代理人,未按照规定缴纳船舶油污损害赔偿基金的,由海事管理机构责令改正;拒不改正的,可以停止其接收的持久性油类物质货物在中华人民共和国管辖水域进行装卸、过驳作业。

货物所有人或者代理人逾期未缴纳船舶油污损害赔偿基金的,应当自应缴之日起按日加缴未缴额的万分之五的滞纳金。

第九章 附 则

第七十三条 中华人民共和国缔结或者参加的国际条约对防治船舶及其有关作业活动污染海洋环境有规定的,适用国际条约的规定。但是,中华人民共和国声明保留的条款除外。

第七十四条 县级以上人民政府渔业主管部门负责渔港水域内非军事船舶和渔港水域外渔业船舶污染海洋环境的监督管理,负责保护渔业水域生态环境工作,负责调查处理《中华人民共和国海洋环境保护法》第五条第四款规定的渔业污染事故。

第七十五条 军队环境保护部门负责军事船舶污染海洋环境的监督管理及污染事故的调查处理。

第七十六条 本条例自2010年3月1日起施行。1983年12月29日国务院发布的《中华人民共和国防止船舶污染海域管理条例》同时废止。

中华人民共和国海洋倾废管理条例（2017年修正）

（1985年3月6日国发〔1985〕34号发布　根据2011年1月8日中华人民共和国国务院令第588号《国务院关于废止和修改部分行政法规的决定》第一次修正　根据2017年3月1日中华人民共和国国务院令第676号《国务院关于修改和废止部分行政法规的决定》第二次修正）

第一条 为实施《中华人民共和国海洋环境保护法》，严格控制向海洋倾倒废弃物，防止对海洋环境的污染损害，保持生态平衡，保护海洋资源，促进海洋事业的发展，特制定本条例。

第二条 本条例中的"倾倒"，是指利用船舶、航空器、平台及其他载运工具，向海洋处置废弃物和其他物质；向海洋弃置船舶、航空器、平台和其他海上人工构造物，以及向海洋处置由于海底矿物资源的勘探开发及与勘探开发相关的海上加工所产生的废弃物和其他物质。

"倾倒"不包括船舶、航空器及其他载运工具和设施正常操作产生的废弃物的排放。

第三条 本条例适用于：

一、向中华人民共和国的内海、领海、大陆架和其他管辖海域倾倒废弃物和其他物质；

二、为倾倒的目的，在中华人民共和国陆地或港口装载废弃物和其他物质；

三、为倾倒的目的，经中华人民共和国的内海、领海及其他管辖海域运送废弃物和其他物质；

四、在中华人民共和国管辖海域焚烧处置废弃物和其他物质。

海洋石油勘探开发过程中产生的废弃物，按照《中华人民共和国海洋石油勘探开发环境保护管理条例》的规定处理。

第四条 海洋倾倒废弃物的主管部门是中华人民共和国国家海洋局及其派出机构（简称"主管部门"，下同）。

第五条 海洋倾倒区由主管部门商同有关部门，按科学、合理、安全和经济的原则划出，报国务院批准确定。

第六条 需要向海洋倾倒废弃物的单位，应事先向主管部门提出申请，按规定的格式填报倾倒废弃物申请书，并附报废弃物特性和成分检验单。

主管部门在接到申请书之日起两个月内予以审批。对同意倾倒者应发给废弃物倾倒许可证。

任何单位和船舶、航空器、平台及其他载运工具，未依法经主管部门批准，不得向海洋倾倒废弃物。

第七条 外国的废弃物不得运至中华人民共和国管辖海域进行倾倒，包括弃置船舶、航空器、平台和其他海上人工构造物。违者，主管部门可责令其限期治理，支付清除污染费，赔偿损失，并处以罚款。

在中华人民共和国管辖海域以外倾倒废弃物，造成中华人民共和国管辖海域污染损害的，按本条例第十七条规定处理。

第八条 为倾倒的目的，经过中华人民共和国管辖海域运送废弃物的任何船舶及其他载运工具，应当在进入中华人民共和国管辖海域15天之前，通报主管部门，同时报告进入中华人民共和国管辖海域的时间、航线，以及废弃物的名称、数量及成分。

第九条 外国籍船舶、平台在中华人民共和国管辖海域，由于海底矿物资源的勘探开发及与勘探开发相关的海上加工所产生的废弃物和其他物质需要向海洋倾倒的，应按规定程序报经主管部门批准。

第十条 倾倒许可证应注明倾倒单位、有效期限和废弃物的数量、种类、倾倒方法等事项。

签发许可证应根据本条例的有关规定严格控制。主管部门根据海洋生态环境的变化和科学技术的发展，可以更换或撤销许可证。

第十一条 废弃物根据其毒性、有害物质含量和对海洋环境的影响等因素，分为三类。其分类标准，由主管部门制定。主管部门可根据海洋生态环境的变化，科学技术的发展，以及海洋环境保护的需要，对附件进行修订。

一、禁止倾倒附件一所列的废弃物及其他物质(见附件一)。当出现紧急情况，在陆地上处置会严重危及人民健康时，经国家海洋局批准，获得紧急许可证，可到指定的区域按规定的方法倾倒。

二、倾倒附件二所列的废弃物(见附件二)，应当事先获得特别许可证。

三、倾倒未列入附件一和附件二的低毒或无毒的废弃物，应当事先获得普通许可证。

第十二条 获准向海洋倾倒废弃物的单位在废弃物装载时，应通知主管部门予以核实。

核实工作按许可证所载的事项进行。主管部门如发现实际装载与许可证所注明内容不符，应责令停止装运；情节严重的，应中止或吊销许可证。

第十三条 主管部门应对海洋倾倒活动进行监视和监督，必要时可派员随航。倾倒单位应为随航公务人员提供方便。

第十四条 获准向海洋倾倒废弃物的单位，应当按许可证注明的期限和条件，到指定的区域进行倾倒，如实地详细填写倾倒情况记录表，并按许可证注明的要求，将记录表报送主管部门。倾倒废弃物的船舶、航空器、平台和其他载运工具应有明显标志和信号，并在航行日志上详细记录倾倒情况。

第十五条 倾倒废弃物的船舶、航空器、平台和其他载运工具，凡属《中华人民共和国海洋环境保护法》第九十条、第九十二条规定的情形，可免于承担赔偿责任。

为紧急避险或救助人命，未按许可证规定的条件和区域进行倾倒时，应尽力避免或减轻因倾倒而造成的污染损害，并在事后尽快向主管部门报告。倾倒单位和紧急避险或救助人命的受益者，应对由此所造成的污染损害进行补偿。

由于第三者的过失造成污染损害的，倾倒单位应向主管部门提出确凿证据，经主管部门确认后责令第三者承担赔偿责任。

在海上航行和作业的船舶、航空器、平台和其他载运工具，因不可抗拒的原因而弃置时，其所有人应向主管部门和就近的港务监督报告,并尽快打捞清理。

第十六条 主管部门对海洋倾倒区应定期进行监测,加强管理,避免对渔业资源和其他海上活动造成有害影响。当发现倾倒区不宜继续倾倒时,主管部门可决定予以封闭。

第十七条 对违反本条例,造成海洋环境污染损害的,主管部门可责令其限期治理,支付清除污染费,向受害方赔偿由此所造成的损失,并视情节轻重和污染损害的程度,处以警告或人民币 10 万元以下的罚款。

第十八条 要求赔偿损失的单位和个人,应尽快向主管部门提出污染损害索赔报告书。报告书应包括:受污染损害的时间、地点、范围、对象、损失清单,技术鉴定和公证证明,并尽可能提供有关原始单据和照片等。

第十九条 受托清除污染的单位在作业结束后,应尽快向主管部门提交索取清除污染费用报告书。报告书应包括:清除污染的时间、地点,投入的人力、机具、船只,清除材料的数量、单价、计算方法,组织清除的管理费、交通费及其他有关费用,清除效果及其情况,其他有关证据和证明材料。

第二十条 对违法行为的处罚标准如下:

一、凡有下列行为之一者,处以警告或人民币 2000 元以下的罚款:

(一)伪造废弃物检验单的;

(二)不按本条例第十四条规定填报倾倒情况记录表的;

(三)在本条例第十五条规定的情况下,未及时向主管部门和港务监督报告的。

二、凡实际装载与许可证所注明内容不符,情节严重的,除中止或吊销许可证外,还可处以人民币 2000 元以上 5000 元以下的罚款。

三、凡未按本条例第十二条规定通知主管部门核实而擅自进行倾倒的,可处以人民币 5000 元以上 2 万元以下的罚款。

四、凡有下列行为之一者,可处以人民币 2 万元以上 10 万元以下的罚款:

(一)未经批准向海洋倾倒废弃物的;

(二)不按批准的条件和区域进行倾倒的,但本条例第十五条规定的情况不在此限。

第二十一条 对违反本条例,造成或可能造成海洋环境污染损害的直接责任人,主管部门可处以警告或者罚款,也可以并处。

对于违反本条例,污染损害海洋环境造成重大财产损失或致人伤亡的直接责任人,由司法机关依法追究刑事责任。

第二十二条 当事人对主管部门的处罚决定不服的,可以在收到处罚通知书之日起 15 日内,向人民法院起诉;期满不起诉又不履行处罚决定的,由主管部门申请人民法院强制执行。

第二十三条 对违反本条例,造成海洋环境污染损害的行为,主动检举、揭发,积极提供证据,或采取有效措施减少污染损害有成绩的个人,应给予表扬或奖励。

第二十四条 本条例自 1985 年 4 月 1 日起施行。

附件一:

禁止倾倒的物质

一、含有机卤素化合物、汞及汞化合物、镉及镉化合物的废弃物,但微含量的或能在海水中迅速转化为无害物质的除外。

二、强放射性废弃物及其他强放射性物质。

三、原油及其废弃物、石油炼制品、残油,以及含这类物质的混合物。

四、渔网、绳索、塑料制品及其他能在海面漂浮或在水中悬浮,严重妨碍航行、捕鱼及其他活动或危害海洋生物的人工合成物质。

五、含有本附件第一、二项所列物质的阴沟污泥和疏浚物。

附件二:

需要获得特别许可证才能倾倒的物质

一、含有下列大量物质的废弃物:

(一)砷及其化合物;

(二)铅及其化合物;

(三)铜及其化合物;

(四)锌及其化合物;

(五)有机硅化合物;

(六)氰化物;

(七)氟化物;

(八)铍、铬、镍、钒及其化合物;

(九)未列入附件一的杀虫剂及其副产品。

但无害的或能在海水中迅速转化为无害物质的除外。

二、含弱放射性物质的废弃物。

三、容易沉入海底,可能严重障碍捕鱼和航行的容器、废金属及其他笨重的废弃物。

四、含有本附件第一、二项所列物质的阴沟污泥和疏浚物。

中华人民共和国海洋倾废管理条例实施办法(2017年修正)

(1990年9月25日国家海洋局令第2号发布 根据2016年1月8日国土资源部令第64号《国土资源部关于修改和废止部分规章的决定》第一次修正 根据2017年12月29日国土资源部令第78号《国土资源部关于修改和废止部分规章的决定》第二次修正)

第一条 根据《中华人民共和国海洋环境保护法》第四十七条的规定,为实施《中华人民共和国海洋倾废管理条例》(以下简称《条例》),加强海洋倾废管理,制定本办法。

第二条 本办法适用于任何法人、自然人和其他经济实体向中华人民共和国的内海、领海、大陆架和其他一切管辖海域倾倒废弃物和其他物质的活动。

本办法还适用于《条例》第三条二、三、四款所规定的行为和因不可抗拒的原因而弃置船舶、航空器、平台和其他载运工具的行为。

第三条 国家海洋局及其派出机构（以下简称海区主管部门）是实施本办法的主管部门。

第四条 为防止或减轻海洋倾废对海洋环境的污染损害，向海洋倾倒的废弃物及其他物质应视其毒性进行必要的预处理。

第五条 废弃物依据其性质分为一、二、三类废弃物。

一类废弃物是指列入《条例》附件一的物质，该类废弃物禁止向海洋倾倒。除非在陆地处置会严重危及人类健康，而海洋倾倒是防止威胁的唯一办法时可以例外。

二类废弃物是指列入《条例》附件二的物质和附件一第一、三款属"痕量沾污"或能够"迅速无害化"的物质。

三类废弃物是指未列入《条例》附件一、附件二的低毒、无害的物质和附件二第一款，其含量小于"显著量"的物质。

第六条 未列入《条例》附件一、附件二的物质，在不能肯定其海上倾倒是无害时，须事先进行评价，确定该物质类别。

第七条 海洋倾倒区分为一、二、三类倾倒区，试验倾倒区和临时倾倒区。

一、二、三类倾倒区是为处置一、二、三类废弃物而相应确定的，其中一类倾倒区是为紧急处置一类废弃物而确定的。

试验倾倒区是为倾倒试验而确定的（使用期不超过两年）。

临时倾倒区是因工程需要等特殊原因而划定的一次性专用倾倒区。

第八条 一类、二类倾倒区由国家海洋局组织选划。

三类倾倒区、试验倾倒区、临时倾倒区由海区主管部门组织选划。

第九条 一、二、三类倾倒区经商有关部门后，由国家海洋局报国务院批准，国家海洋局公布。

试验倾倒区由海区主管部门（分局级）商海区有关单位后，报国家海洋局审查确定，并报国务院备案。

试验倾倒区经试验可行，商有关部门后，再报国务院批准为正式倾倒区。

临时倾倒区由海区主管部门（分局级）审查批准，报国家海洋局备案。使用期满，立即封闭。

第十条 海洋倾废实行许可证制度。

倾倒许可证应载明倾倒单位，有效期限和废弃物的数量、种类、倾倒方法等。

倾倒许可证分为紧急许可证、特别许可证、普通许可证。

第十一条 凡向海洋倾倒废弃物的废弃物所有者及疏浚工程单位，应事先向主管部门提出倾倒申请，办理倾倒许可证。

废弃物所有者或疏浚工程单位与实施倾倒作业单位有合同约定，依合同规定实施倾倒作业单位也可向主管部门申请办理倾倒许可证。

第十二条 申请倾倒许可证应填报倾倒废弃物申请书。

第十三条 主管部门在收到申请书后两个月内应予以答复。经审查批准的应签发倾倒许可证。

紧急许可证由国家海洋局签发。或者经国家海洋局批准，由海区主管部门签发。

特别许可证、普通许可证由海区主管部门签发。

第十四条 紧急许可证为一次性使用许可证。

特别许可证有效期不超过六个月。

普通许可证有效期不超过一年。

许可证有效期满仍需继续倾倒的,应在有效期满前二个月到发证主管部门办理换证手续。

倾倒许可证不得转让;倾倒许可证使用期满后十五日内交回发证机关。

第十五条 申请倾倒许可证和更换倾倒许可证应缴纳费用。具体收费项目和收费标准由国家物价局、国家海洋局另行规定。

第十六条 检验工作由海区主管部门委托检验机构依照有关评价规范开展。

第十七条 一类废弃物禁止向海上倾倒。但在符合本办法第五条第二款规定的条件下,可以申请获得紧急许可证,到指定的一类倾倒区倾倒。

第十八条 二类废弃物须申请获得特别许可证,到指定的二类倾倒区倾倒。

第十九条 三类废弃物须申请获得普通许可证,到指定的三类倾倒区倾倒。

第二十条 含有《条例》附件一、二所列物质的疏浚物的倾倒,按"疏浚物分类标准和评价程序"实施管理。

第二十一条 向海洋处置船舶、航空器、平台和其他海上人工构造物,须获得海区主管部门签发的特别许可证,按许可证的规定处置。

第二十二条 油污水和垃圾回收船对所回收的油污水、废弃物经处理后,需要向海洋倾倒的,应向海区主管部门提出申请,取得倾倒许可证后,到指定区域倾倒。

第二十三条 向海洋倾倒军事废弃物的,应由军队有关部门按本办法的规定向海区主管部门申请,按许可证的要求倾倒。

第二十四条 为开展科学研究,需向海洋投放物质的单位,应按本办法的规定程序向海区主管部门申请,并附报投放试验计划和海洋环境影响评估报告,海区主管部门核准签发相应类别许可证。

第二十五条 所有进行倾倒作业的船舶、飞机和其他载运工具应持有倾倒许可证(或许可证副本),未取得许可证的船舶、飞机和其他载运工具不得进行倾倒。

第二十六条 进行倾倒作业的船舶、飞机和其他载运工具在装载废弃物时,应通知发证主管部门核实。利用船舶运载出港的,应在离港前通知就近港务监督核实。

凡在军港装运的,应通知军队有关部门核实。

如发现实际装载与倾倒许可证注明内容不符,则不予放行,并及时通知发证主管部门处理。

第二十七条 进行倾倒作业的船舶、飞机和其他载运工具应将作业情况如实详细填写在倾倒情况记录表和航行日志上,并在返港后十五日内将记录表报发证机关。

第二十八条 "中国海监"船舶、飞机、车辆负责海上倾倒活动的监视检查和监督管理。必要时海洋监察人员也可登船或随倾废船舶或其他载运工具进行监督检查。实施倾倒作业的船舶(或其他载运工具)应为监察人员履行公务提供方便。

第二十九条 主管部门对海洋倾倒区进行监测,如认定倾倒区不宜继续使用时,应予以封闭,并报国务院备案。

主管部门在封闭倾倒区之前两个月向倾倒单位发出通告,倾倒单位须从倾倒区封闭之日起终止在该倾倒区的倾倒。

第三十条 为紧急避险、救助人命而未能按本办法规定的程序申请倾倒的或未能按倾倒许可证要求倾倒的,倾倒单位应在倾倒后十天内向海区主管部门提交书面报告。报告内容应包括:倾倒时间和地点,倾倒物质特性和数量,倾倒时的海况和气象情况,倾倒的详细过程,倾倒后采取的措施及其他事项等。

航空器应在紧急放油后十天内向海区主管部门提交书面报告。报告内容应包括航空器国籍、所有人、机号、放油时间、地点、数量、高度及具体放油原因等。

第三十一条 因不可抗拒的原因而弃置的船舶、航空器、平台和其他载运工具,应尽可能地关闭所有油舱(柜)的阀门和通气孔,防止溢油。弃置后其所有人应在十天内向海区主管部门和就近的港务监督报告,并根据要求进行处置。

第三十二条 向海洋弃置船舶、航空器、平台和其他海上人工构造物前,应排出所有的油类和其他有害物质。

第三十三条 需要设置海上焚烧设施,应事先向海区主管部门申请,申请时附报该设施详细技术资料,经海区主管部门批准后,方可建立。设施建成后,须经海区主管部门检验核准。

实施焚烧作业的单位,应按本办法的规定程序向海区主管部门申请海上焚烧许可证。

第三十四条 违反《条例》和本实施办法,造成或可能造成海洋环境污染损害的,海区主管部门可依照《条例》第十七条、第二十条和第二十一条的规定,予以处罚。

未获得主管部门签发的倾倒许可证,擅自倾倒和未按批准的条件或区域进行倾倒的,按《条例》第二十条有关规定处罚。

第三十五条 对处罚不服者,可在收到行政处罚决定之日起十五日内向作出处罚决定机关的上一级机关申请复议。对复议结果不服的,从收到复议决定之日起十五日内,向人民法院起诉;当事人也可在收到处罚决定之日起十五日内直接向人民法院起诉。

当事人逾期不申请复议,也不向人民法院起诉,又不履行处罚决定的,由作出处罚决定的机关申请人民法院强制执行。

第三十六条 违反《条例》和本实施办法,造成海洋环境污染损害和公私财产损失的,肇事者应承担赔偿责任。

第三十七条 赔偿责任包括:

1. 受害方为清除、治理污染所支付的费用及对污染损害所采取的预防措施所支付的费用。
2. 污染对公私财产造成的经济损失,对海水水质、生物资源等的损害。
3. 为处理海洋倾废引起的污染损害事件所进行的调查费用。

第三十八条 赔偿责任和赔偿金额的纠纷,当事人可依照民事诉讼程序向人民法院提起诉讼;也可请求海区主管部门进行调解处理。对调解不服的,也可以向人民法院起诉;涉外案件还可以按仲裁程序解决。

第三十九条 因环境污染损害赔偿提起诉讼的时效期间为三年,从当事人知道或应当知道受到污染损害时计算。

赔偿纠纷处理结束后,受害方不得就同一污染事件再次提出索赔要求。

第四十条 由于战争行为、不可抗拒的自然灾害或由于第三者的过失,虽经及时采取合理措施,但仍不能避免造成海洋环境污染损害的,可免除倾倒单位的赔偿责任。

由于第三者的责任造成污染损害的,由第三者承担赔偿责任。

因不可抗拒的原因而弃置的船舶、航空器、平台和其他载运工具,不按本办法第三十一条规定要求进行处置而造成污染损害的,应承担赔偿责任。

海区主管部门对免除责任的条件调查属实后,可做出免除赔偿责任的决定。

第四十一条 本办法下列用语的含义是:

1."内海"系指领海基线内侧的全部海域(包括海湾、海峡、海港、河口湾);领海基线与海岸之间的海域;被陆地包围或通过狭窄水道连接海洋的海域。

2."疏浚物倾倒"系指任何通过或利用船舶或其他载运工具,有意地在海上以各种方式抛弃和处置疏浚物。"疏浚物"系指任何疏通、挖深港池、航道工程和建设、挖掘港口、码头、海底与岸边工程所产生的泥土、沙砾和其他物质。

3."海上焚烧"系指以热摧毁方式在海上用焚烧设施有目的地焚烧有害废弃物的行为,但不包括船舶或其他海上人工构造物在正常操作中所附带发生的此类行为。

4."海上焚烧设施"系指为在海上焚烧目的作业的船舶、平台或人工构造物。

5."废弃物和其他物质"系指为弃置的目的,向海上倾倒或拟向海上倾倒的任何形式和种类的物质与材料。

6."迅速无害化"系指列入《条例》附件一的某些物质能通过海上物理、化学和生物过程迅速转化为无害,并不会使可食用的海洋生物变味或危及人类健康和家畜家禽的正常生长。

7."痕量沾污"即《条例》附件一中的"微含量",系指列入《条例》附件一的某些物质在海上倾倒不会产生有害影响,特别是不会对海洋生物或人类健康产生急性或慢性效应,不论这类毒性效应是否是由于这类物质在海洋生物尤其是可食用的海洋生物富集而引起的。

8."显著量"即《条例》附件二中的"大量"。系指列入《条例》附件二的某些物质的海上倾倒,经生物测定证明对海洋生物有慢性毒性效应,则认为该物质的含量为显著量。

9."特别管理措施"系指倾倒非"痕量沾污",又不能"迅速无害化"的疏浚物时,须采取的一些行政或技术管理措施。通过这些措施降低疏浚物中的所含附件一或附件二中物质对环境的影响,使其不对人类健康和生物资源产生危害。

第四十二条 本办法由国家海洋局负责解释。

第四十三条 本办法自发布之日起开发施行。

第十六部分　海洋监测规范

海洋监测规范　第1部分：总则（节录）

GB 17378.1—2007

（2007年10月18日发布　2008年5月1日实施）

本部分由国家海洋局提出。
本部分起草单位：国家海洋环境监测中心。

（按原标准编号节录）

3　通则

3.1　海洋监测的任务

3.1.1　掌握主要污染物的入海量和海域质量状况及中长期变化趋势，判断海洋环境质量是否符合国家标准。

3.1.2　检验海洋环境保护政策与防治措施的区域性效果，反馈宏观管理信息，评价防治措施的效果。

3.1.3　监控可能发生的主要环境与生态问题，为早期警报提供依据。

3.1.4　研究、验证污染物输移、扩散模式，预测新增污染源和二次污染对海洋环境的影响，为制定环境管理和规划提供科学依据。

3.1.5　有针对性地进行海洋权益监测，为边界划分、保护海洋资源、维护海洋健康提供资料。

3.1.6　开展海洋资源监测，为保护人类健康、维护生态平衡和合理开发利用海洋资源，实现永续利用服务。

3.2　海洋监测的分类

3.2.1　研究性监测

研究性监测是旨在弄清楚目标污染物的监测。通过监测弄清污染物从排放源排出至受体的迁移变化趋势和规律。当监测资料表明存在环境问题时，应确定污染物对人体、生物和景观生态的危害程度和性质。

3.2.2　监视性监测

监视性监测又称例行监测，包括污染源控制排放监测和污染趋势监测。在排污口和预定海域，进行定期定点测定污染物含量，为评定控制排放，评价环境状况、变化趋势以及环境改善所取得的进展情况提供科学依据。

3.2.3 海洋资源监测

海洋资源包括可再生和不可再生资源。海洋资源监测包括生物、矿产、旅游、港口交通、动力能源、盐业和化学等的监测与调查。

3.2.4 海洋权益监测

海洋权益监测是指,为维护国家或地区的海洋权益,在多国或多方共同拥有的海域进行的以保护海洋生态健康和海洋生物资源再生产为目的的海洋监测。

3.2.5 海洋监测

在设计好的时间和空间内,使用统一的、可比的采样和监测手段,获取海洋环境质量要素和陆源性入海物质资料。

海洋监测依介质分类,可分成水质监测、生物监测、沉积物监测和大气监测;从监测要素来分,可分成常规项目监测、有机和无机污染物监测;从海区的地理区位来分,可分成近岸海域监测、近海海域监测和远海海域监测等。

海洋监测包括海洋污染监测和海洋环境要素监测。海洋污染监测包括近岸海域污染监测、污染源监测、海洋倾废区监测、海洋油污染监测、海洋其他监测等。海洋环境要素监测包括海洋水文气象要素、生物要素、化学要素和地质要素的监测。

3.2.6 基线调查

对某设定海区的环境质量基本要素状况的初始调查和为掌握其以后间隔较长时间的趋势变化的重复调查。

3.2.7 常规监测

在基线调查基础上,经优化选择若干代表性测站和项目,进行以求得空间分布为主要目的,长期逐年相对固定时期的监测。

3.2.8 定点监测

在固定站点进行常年更短周期的观测。其中包括在岸(岛)边设一固定采样点,或在固定站附近小范围海区布设若干采样点两种形式监测。

3.2.9 应急监测

在海上发生有毒有害物质泄放或赤潮等灾害紧急事件时,组织反应快速的现场观测,或在其附近固定站临时增加的针对性监测。

3.2.10 专项调查

为某一专门需要的调查。如废弃物倾倒区,资源开发,海岸工程环境评价等进行的调查。

3.3 海洋监测的原则

3.3.1 监测迫切性原则

无论是环境监测、资源监测,还是权益监测,都应遵照轻重缓急、因地制宜、整体设计、分步实施、滚动发展的原则。根据情况变化和海洋管理反馈的信息,随时进行调整、修改和补充。把海洋管理、海洋开发利用和公益服务放在第一位,把兼顾海洋研究和资料积累需求放在第二位。

3.3.2 突出重点,控制一般原则

近岸和有争议的海区是我国海洋监测的重点。在近岸区,应突出河口、重点海湾、大中城市和工业近岸海域,以及重要的海洋功能区和开发区的监测。在近海区,监测的重点是石油开发

区、重要渔场、海洋倾废区和主要的海上运输线附近。在权益监测上,重点以海域划界有争议的海域为主。

3.3.3 多介质、多功能一体化原则

建立以水质监测为主体的控制性监测机制,以底质监测为主要内容的趋势性监测机制,以生物监测为骨架的效应监测机制,和以危害国家海洋权益为主要对象的权益监测机制,从而形成兼顾多种需求多功能一体化的监测体系。

3.3.4 优先污染物监测原则

探明海洋污染物的分布、出现频率及含量,确定新污染物名单,研究和发展优先监测污染物的监测方法,待方法成熟和条件许可时列为优先监测污染物。通常,监测因子具有广泛代表性的项目,可考虑优先监测。

3.4 监测计划与效益分析

3.4.1 监测计划的报批与执行

海洋监测计划由任务技术负责人按计划任务、上级指定或合同内容设计监测范围、站位、项目、频率、层次主持编制。计划编制必须立足现实人员技术条件和物质保证,并应考虑下述内容:任务及依据;站位图、表及参考水深;时间安排、航线顺序和补给地点;监测和采样项目、层次、数量、人员组织及分工、安全预防措施;经费预算、出海携带物品明细表等。

由任务执行单位,在监测前20d,呈文报监测主管部门,待计划批准后,应遵照执行,如需变动时,应经主管部门批准。有关作业中的航行安全,在制订计划时应充分考虑。计划执行中,不应任意弃站,对遇恶劣天气而未能作业的测站应补测。在应急监测中,技术负责人在现场有权根据实际情况对计划进行修改和补充。在常规监测中,发现重要海洋现象或海损事件,技术负责人有权决定跟踪探索,但应同时上报主管部门。

3.4.2 采样和分析方法的选择

应按照采样规定的方法,切实采取防污染措施,按照规范的操作,结合当地当时的情况,通过实地调查,确定合适的采样方法。

在海洋环境中,待测物处于微量或痕量水平,海水中含盐量之高、组分之多、化合物形式复杂,势必给海洋环境监测带来困难。某些经典的分析方法因灵敏度而受到限制,海洋监测应使用高灵敏度的、统一的测定方法,使各海区获得准确可比的监测数据。

3.4.3 效益分析

监测计划制定中,监测人员应根据所需测项,预算完成监测任务所需的费用。在不影响监测目的的情况下,应选择更为专一、准确度和精密度好的分析方法。

3.5 海洋监测的质量保证和质量控制(QA/QC)

3.5.1 质量保证

海洋监测的质量保证是整个海洋监测过程的全面质量管理,它包含了为保证环境监测数据准确可靠的全部活动和措施,包括从现场调查、站位布设、样品采集、贮存与运输、实验室样品分析、数据处理、综合评价全过程的质量保证。

3.5.2 质量控制

质量控制是为达到监测质量要求所采取的一切技术活动,是监测过程的控制方法,是质量保证的一部分。

3.5.3 准确度与精密度

准确度是指测量结果与客观环境的接近程度;精密度是指测量结果具有良好的平行性、重复性和再现性。

3.5.4 完整性

完整性是指预期按计划取得有系统的、周期性的或连续的(包括时间和空间)环境数据的特性。

3.5.5 代表性

代表性是指在有代表性的时间、地点,并根据确定的目的获得的典型环境数据的特性。

3.5.6 可比性

可比性是指除采样、监测等全过程可比外,还应包括通过标准物质和标准方法的准确度传递系统和追溯系统,来实现不同时间和不同地点(如国际间、区域间、行业间、实验室间)数据的可比性和一致性。

3.5.7 实验室内质量控制

实验室内质量控制又称内部质量控制,是指分析人员对分析质量进行自我控制和内部质控人员实施质量控制技术管理的过程。内部质量控制包括方法空白试验、现场空白试验、校准曲线核查、仪器设备定期校验、平行样分析、加标样分析、密码样分析、利用质控图校核等。内部质量控制是按照一定的质量控制程序进行分析工作,以控制测试误差,发现异常现象,针对问题查找原因,并作出相应的校正和改进。

3.5.8 实验室间质量控制

实验室间质量控制也叫外部质量控制,是指由外部有工作经验和技术水平的第三方或技术组织,对各实验室及分析人员进行定期和不定期的分析质量考查的过程。对分析测试系统的评价,一般由评价单位发密码标准样品,考核各实验室的分析测试能力,检查实验室间数据的可比性。也可在现场对某一待测项目,从采样方法到报出数据进行全过程考核。

4 监测内容

4.1 海洋环境质量监测要素

海洋环境质量监测要素主要包括以下内容:
——海洋水文气象基本参数;
——水中重要理化参数、营养盐类,有害有毒物质;
——沉积物中有关理化参数和有害有毒物质;
——生物体中有关生物学参数和生物残留物及生态学参数;
——大气理化参数;
——放射性核素。

4.2 项目选定原则

除水文气象项目必测外,其他项目的选定原则包括:
——基线调查应是多介质多项目要尽量取全;
——常规监测应选基线调查中得出的对监测海域环境质量敏感的项目;
——定点监测项目为海水的 pH、浑浊度、溶解氧、化学需氧量、营养盐类等;沉积物的粒度、

有机质、氧化还原电位等;浮游生物的体长、重量、年龄、性腺成熟度等;
——应急监测和专项调查酌情自定。

5 监测站位布设原则

5.1 站位布设基本要求

5.1.1 依据任务目的确定监测范围,以最少数量测站,所获取的数据能满足监测目的需要。

5.1.2 基线调查站位密,常规监测站位疏;近岸密,远岸疏;发达地区密,原始海岸疏。

5.1.3 尽可能沿用历史测站,适当利用海洋断面调查测站,照顾测站分布的均匀性和与岸边固定站衔接。

5.2 各类水域测站布设原则

5.2.1 海域:在海洋水团、水系锋面、重要渔场、养殖场、主要航线,重点风景旅游区、自然保护区、废弃物倾倒区以及环境敏感区设立测站或增加测站密度。

5.2.2 海湾:在河流入汇处,海湾中部及湾海交汇处,同时参照湾内环境特征及受地形影响的局部环流状况设立测站。

5.2.3 河口:在河流左右侧地理端点连线以上,河口城镇主要排污口以下,并减少潮流影响处。如建有闸坝,应设在闸上游;河口处有支流入汇应设在入汇处下游。

6 监测频率及周期

6.1 基线调查频率

基线调查初始一次,趋势性调查每五年一次。

6.2 常规监测频率

6.2.1 水质监测每年二次。在丰水期、枯水期进行。

6.2.2 沉积物监测每年或每两年一次。

6.2.3 生物质量监测每年一次或二次(在生物成熟期进行)。

6.2.4 气象除到站观测外,航行时每日02、08、14、20时进行定时观测。

6.3 定点监测

6.3.1 按单点观测方式,每1h~3h采样1次,连续采样25h。

6.3.2 按大面观测方式,每月不少于一次。

6.3.3 海上发生海损、赤潮等事件时,有关联的定点站应酌情或按上级指令要求增加观测次数。

6.4 应急监测和专项调查

根据监测和调查目的,由项目负责人设计。

7 海上监测一般规定

7.1 规章制度

应建立值班、交接班、岗位责任、安全保密、仪器设备检查保养、资料校核保管等各项制度。

7.2 时间标准

近海监测一律用北京标准时间,全年不变。每天校对时间一次,记时误差不应超过设计允许范围。远洋监测或国际联合监测,必要时应采用世界标准时,但需在资料载体上注明。注意校对计时器,计时误差不应超过设计允许范围。

7.3 定位要求

海洋监测的定位应满足以下要求:

——海洋环境基本要素监测的导航定位设备一般为全球定位系统(GPS)或差分全球定位系统(DGPS);

——定位设备应按规定定期进行校准和性能测试,标定其系统参数;

——GPS 或 DGPS 的安装、操作应按其使用说明书进行;

——在海上调查开始前,由导航定位人员将设计好的监测线和测点画在导航定位图上或输入导航定位系统;

——航海部门人员应在航海日志中准确记录与海洋监测有关的时间、站号、站位、航向、航速、水深等信息,并及时向监测人员提供航行参数和测线、测点的编号;

——在河口及有陆标的近岸海域,水、沉积物及生物监测的站点的定位误差不应超过 50m;其他海域站点定位误差不应超过 100m;

——河口区断面位置,用地名、河(江)名及当地明显目标特征距离表示;

——潮间带生物生态监测,断面间距误差不应超过两断面距离的 1%;断面上各测点间距不应超过断面长度 0.5%;

——专项监测调查,定位精度按特定要求自行规定;

——实际站位应尽量与标定站位相符,两者相差,近岸不应超过 100m,近海不应超过 200m。

7.4 监测用标准物质

监测用标准物质应满足以下要求:

——使用具有定级证书的有证标准物质;

——标准物质应标明批号,并在有效期内使用;

——没有标准物质产品的项目,应经专门人员、以专用仪器、实验室、用具有出厂检验合格证且在使用有效期内的化学基准试剂配置,并进行互校或比对。

7.5 船上实验室

船上实验室应满足如下要求:

——实验室应安排在方便工作、安全操作的地方;

——应配有满足监测要求的水、电、照明、排风、消防设施和设备;

——实验室内的温度、湿度、空间大小、采光等环境应符合有关规定;

——实验室应避免受外界或内部的污染以及机械、噪声、热、光及电磁等干扰;

——样品、试剂按规定包装、存放,分类摆放有序,标识清楚、安放牢固,防止混淆、丢失、遗漏、变质及交叉污染;

——剧毒、贵重、易燃、易爆物品应以特定程序管理、特殊设施存放;

——建立仪器设备管理制度,严格对仪器设备交接班检查和定期通电检查、维护;

——进出实验室或交接班应认真检查水、电、热供应设施是否处于正常开关状态;

——建立三废处理制度,正确收集、处理、排放废物、废水、废气和过期试剂;

——保持实验室(观测场及作业场)洁净、整齐、有序。

7.6 样品和资料保管

样品取得后,应立即进行预处理和分装,样品登记表和资料载体以及初步计算的结果,均应标注清楚。样品和资料应随时包装、整理,专人负责保管,发生危急事故时,须全力抢救。

8 海洋监测质量保证

8.1 监测人员质量控制

8.1.1 监测人员应专门培训,经考核取得合格证书持证书上岗。

8.1.2 对监测人员进行质量意识教育,明确质量责任。

8.2 监测质量控制工作体系

8.2.1 监测项目承担单位应接受项目委托单位和技术监督机构的监督。

8.2.2 监测项目承担单位应将监测过程的质量控制纳入本单位的质量运行体系,并根据本单位的质量体系和监测项目要求制定质量计划。

8.2.3 监测项目负责人应指定质量负责人,建立监测过程的质量监督管理工作体系。

8.3 采样质量保证

8.3.1 制定采样操作程序,防止采样沾污。

8.3.2 防止样品沾污,应做到:

——严格防止船舶自身以及采样设备的沾污影响;

——根据监测项目,选用合适材料的采样器样品瓶。绞车、缆索,导向轮应采取相应的防沾污措施;

——减少界面富集影响,深层采样建议用闭-开-闭方式采样器;

——沉积物采样,被采样品应不受扰动。待测样品应冷冻贮存;

——予处理的样品(过滤、萃取等)应在采样后在现场即时完成。然后再加入稳定剂,并低温保存。受生物活动影响,随时间变化明显的项目应在规定时间内测定。

8.4 实验室质量保证

8.4.1 实验室应进行计量认证,取得计量认证合格证书方能承担检测任务。

8.4.2 固定级实验室应具有100级超净实验室;海区级应有10万级简易洁净实验室;一般实验室应具备重金属水样前处理用超净工作台。

8.4.3 选定检测方法,主要依据方法的精密度、准确度和检出限,适当考虑分析成本,设备条件和检测时间长短及人员水平等因素。

8.5 监测网络质量保证

8.5.1 凡有两个及以上实验室参加的统一监测任务或网络,由监测业务主管单位负责质量监督和管理。

8.5.2 监测前应进行实验室间互校。经监测业务主管单位评判合格后,方可参加监测任务。

8.5.3 采用统一的标准参比物质,中途若有更换应对先后使用的标准参比物质进行对比检验。求得相互关系,必要时对数据进行订正。

8.5.4 实验室间应使用相同的检测方法和仪器。

8.5.5 文件资料和成果归档,应符合质量标准。

9 监测船及其设施要求

9.1 监测船性能要求

监测船应满足以下要求：

——具有适应海洋监测用的甲板及机械设备；
——有观测、采样和样品存贮的充足空间和样品处理、测试、分析与资料整理所需的实验室；
——电源应满足照明、绞车、拖网采样、实验室检测设施以及各种仪器的需要。
——有周密、可靠、有效的安全、消防措施及设备；
——有准确可靠的测深、导航定位系统和通讯系统；
——远洋监测船应有较大续航力和自持力，能在广泛的洋区监测作业，配备全球导航定位系统；海洋生物监测船有满足需要的拖网绞车，船尾适于拖网作业；
——河口及近岸浅水监测船，要求排水量 100t～150t，吃水 0.5m，航速 12kn 左右，并具有抗搁浅性能；
——近海水域监测船，要求排水量 600t～2 000t，吃水 2m～5m，航速 14kn～16kn；船体结构牢固，抗浪性强，受风压面小，续航力不少于二个月船上，应装有侧推可变螺距及减摇装置；
——具有稳定的 2kn～3kn 慢速性能；专用监测船应设可控排污装置，兼用监测船需改装排污系统，以减少船舶自身对采集样品的沾污。

9.2 监测船管理要求

监测船的管理应满足以下要求：

——应通过船舶和有关检验机构的检查，认定符合适航标准和安全检查条例；
——船长及船员具有相应职位的资质证书，熟悉业务，明确调查任务对船舶的作业要求，并积极主动地配合完成监测任务；
——保证监测人员必要的工作条件和生活条件；
——按计划完成备航和安全检查、教育工作，按时出海作业，在不影响安全的前提下，船舶的行动应尊重监测项目负责人（或首席科学家）的意见；
——按监测任务的需要准确地操纵船舶，保证航行安全；
——凡属船上固定的监测设备，均需经常保持良好状态。

9.3 监测仪器设备的要求

监测仪器设备应满足以下要求：

——出航前应对仪器设备进行全面检查和调试，并将检查情况填入"海上仪器设备检查记录表"；
——监测仪器设备生产单位应取得《制造计量器具许可证》或型式批准证书。研制、开发的科研样机应经授权的国家法定计量检定机构鉴定合格；
——进口的仪器设备应经过国务院计量行政部门型式批准；
——仪器设备应送授权的法定计量检定机构检定或校准。没有授权机构的由持有单位按合法化了的自校或互校方法进行自校或互校；
——仪器设备应在检定、校准证书有效期内使用，并至少在调查前后各进行一次校验。校验可采用室内或现场自校、互校、比对及校准等方式；

——无法在室内检定、校准的仪器设备,应与传统仪器进行现场比对,考察其有效性;
——对测量中需定标的仪器,应按规定定标,并列入操作程序;
——调查仪器设备的运输、安装、布放、操作、维护,应按其使用说明书的规定进行;
——不允许使用超过检定周期的仪器设备。

9.4 采样设施要求

采样设施应满足如下要求:
——水文观测、水样采取、沉积物采样和浮游生物采样绞车至少四部和生物采样用吊杆一部;
——浅海绞车缆绳长200m,近海绞车缆绳长600m。采取水样的绞车、缆绳及导轮应无油和暴露金属;
——生物采样场所设船艉部,要求宽广平坦,避开通风筒、天窗等突出物并设收放式栏杆;
——采样绞车处应装有保护栏杆的突出活动操作平台;
——采样场所应有安置样品的足够空间。

9.5 专用监测船实验室要求

实验室应满足以下要求:
——设在位置适中,摇摆度较小处。并靠近采样操作场所;
——有良好的通风装置、空调设备、超净工作台、通风橱、水槽等专用设备,有足够的白色照明灯;
——独立的淡水供水系统,排水槽及管道需耐酸碱腐蚀;
——电源:交流220V、380V;直流6V、12V、24V;
——实验桌面耐酸碱,并设有固定各种仪器的支架、栏杆、夹套等装置;
——配有样品冷藏装置、防火器材及急救药品等;
——附近应有装置高压气瓶的安全隔离小间。

10 海洋监测实施计划的编制

10.1 目的

按计划任务,上级指定或合同内容设计监测范围、站位、项目、频率、层次。在上述基础上,各专业组进行采样及检测方法的技术设计。编制监测实施计划。

10.2 监测计划编制原则

监测计划编制应遵循下述原则:
——任务技术负责人主持编制;
——符合任务书、合同和 GB 17378.2～17378.7 的技术要求;
——规定相应的资源配置;
——充分利用已有的具有溯源性的文献和资料;
——提高效益、减少损耗,充分利用资源,进行综合调查;
——立足现有人员的技术状况和物质保证条件。

10.3 主要内容

监测计划内容主要包括:

——任务及其依据；

——站位图、表及参考水深；

——时间安排、航线顺序和补给地点；

——观测和采样项目、层次、数量；

——人员组织及分工；

——安全措施；

——经费预算，根据需要决定是否列入；

——出海携带物品明细表。

10.4 计划的报批

10.4.1 监测计划应由任务执行单位呈文报任务下达单位批准。

10.4.2 航行计划应经主管部门批准下达。

10.5 计划的执行

10.5.1 计划经批准后，应严格执行。若需变动时，应经主管部门批准。

10.5.2 作业中有关航行安全，在制订计划时应予充分考虑。一般在执行任务中，不应以航行安全为由而任意弃站。遇恶劣天气未能作业的测站应尽可能补齐。

10.5.3 应急监测计划不宜过细，项目负责人或首席科学家在现场有权根据实际情况对计划进行修改和补充。

10.5.4 常规监测中，发现重要海洋现象或海损事件，技术负责人有权决定跟踪探索，但应同时上报主管部门。

11 海洋监测的组织实施

11.1 组织准备

11.1.1 按年度计划任务书、上级指令或合同内容确定总体任务。

11.1.2 选定项目负责人或首席科学家。

11.1.3 收集分析监测海区与监测任务有关的文献资料。

11.1.4 由项目负责人编制监测实施计划，报主管部门审批。

11.2 出海准备

11.2.1 组织监测队伍，设立专业组，明确人员分工和岗位职责，列出值班顺序。

11.2.2 选定监测用船，与航海部门商定并申报航行计划，做好航行与监测业务的协调。

11.2.3 配制海上作业用的试剂，对样品器皿和玻璃器皿按规定要求进行洗涤。

11.2.4 按计划监测项目列出装备、仪器、用具、记录用表等数量和规格清单，并逐项进行检查。特别要注意检查消耗品和易损物品的备份是否充足。

11.2.5 对装船仪器进行安装、固定、调试和校准。

11.3 海上作业

11.3.1 项目负责人或首席科学家负责与船长作好海上作业与船舶航行的协调工作。在保证安全的前提下，航行应满足监测作业的需要。

11.3.2 按计划和 GB 17378.2～17378.7 的要求，获取样品和资料。

11.3.3 船到站前 20min 停止排污和冲洗甲板，关闭厕所通海管路，直至监测作业结束。值班专业组长应负责检查,发现排污或可疑排污,纠正后重新采取样品。

11.3.4 严格禁止用手沾污采样品,防止样品瓶塞(盖)沾污。

11.3.5 样品应按规范要求采集、分割、包装、保存,及时进行必要的预处理和现场描述,并准确地记录其状态并标识,填写有关记录表或记录本。

11.3.6 现场描述项目和内容应简明并表格化,主要包括要素名称、监测海区、监测时间、测线和站位(观测点)层次、编号及样品状态描述等。

11.3.7 值班人员应遵守值班和交接班制度,坚守岗位,认真负责。交接班时应将有关情况交接清楚。

11.3.8 以学科为单位建立值班日志,值班日志应统一、规范,有确保填写记录内容真实的保障制度以及确保记录数据准确可靠的技术规范或规定。值班日志由值班人填写,交接班时由接班人核验,学科负责人定期检查,确保内容完整可靠。

11.3.9 值班日志主要包括以下内容:

——仪器安装调试及运行情况;

——作业情况(时间、站位、人员、观测要素、作业深度、获取数据载体编号登记、采样登记、质量偏离记录和处理措施),并及时将这些信息标注到样品和资料载体的标识上;

——仪器设备故障、维修、更换记录;

——值班人员姓名;

——质量计划现场执行结果;

——事故与处理过程;

——调查中遇到的特殊海洋现象及处理情况等。

11.3.10 观测和样品登记标签一律用黑色铅笔填写,应经第二人校核。各项原始记录不准涂擦,有误时可在错误记录上划一横线,在其上方填写纠正的数字。

11.3.11 按规定的期限记录、保存原始观测数据,以及监测现场状况、突发事件、异常现象、作业概况等信息。原始记录应以"共　页第　页"的形式标注页码,以空白表示无观测数据,以添划横杠表示漏测、缺测数据,以终结线表示其后无记录。观测、采样、测试的执行人员以及结果校核人员应签名。

11.3.12 应考虑原始自动记录格式与人工记录间的一致性。

11.3.13 某项要素无法监测或因为仪器故障等影响监测结果质量时,应在相关的记录表的记录栏中注明,并在值班日志中详细说明。某项因故提前或延迟监测时,除注明原因外,应记录实际监测时间。

11.3.14 在规定时间内完成现场样品的检测,同时做好非现场检测样品的预处理。

11.3.15 观测和现场检测项目的记录,应当班完成检查、订正、统计等全部整理程序,并由下一班校核完毕。

11.3.16 观测和采样结束后,应及时仔细检查有无遗漏,然后通知船方起航。

11.3.17 将海上观测、采样、检测等作业有关事项以及监测中遇到的特殊海洋现象及处理情况,填入值班日志。监测结束后还应编写航次报告。

11.3.18 遇有赤潮、排污、倾废和溢油等情况,应立即停车,按应急监测规定进行观测和采样。

11.4 监测结束

11.4.1 验收观测原始记录,采样记录和海上测定记录表。

11.4.2 将待测样品移入实验室,并在样品保存期限内完成检测。

11.4.3 整理计算测定数据,编制报表,绘制成果图件,编写成果报告。

11.4.4 监测资料和成果报告归档。

11.4.5 监测成果报告鉴定或验收。

12 样品和原始资料的验收

按任务书、上级有关规定、合同、监测实施计划以及 GB 17378.2～17378.7 的技术要求验收。

12.1 验收内容

验收内容主要包括:

——海上监测仪器设备检查记录;

——测站定位表,值班日志,航次报告;

——记录在不同载体上的数据资料;

——样品及采样记录,现场描述。

12.2 验收要求

验收应满足以下要求:

——在航次结束后 10d 内,由调查项目承担单位组织三名以上同行专家,根据监测计划以及 GB 17378.2～17378.7 的要求组织对原始资料和样品的验收;

——数量不够、已变质、被污染、结构破坏、标识不清、站号和位置混乱不清、取自非规定层位的样品应作废;

——由不符合要求的监测人员、以不合格的仪器设备或标准物质、违反《海洋监测规范》或操作规程获取的资料,记录不清、观测不完整、数据丢失严重、载体破坏严重的资料及不具备溯源性的数据应视为不合格资料;离散严重或达不到准确度的数据应为不合格数据;

——未经验收的样品或资料,不能进行实验室检测、鉴定或整理计算;

——验收不合格的样品或资料,不应作为有效工作量计算,不再进行检测、鉴定或计算整理;

——仪器发生故障时观测的资料,观测不完整,不能表示该要素在该站点分析状况和变化规律的资料,经涂改、记录不清或精密度明显低于任务书要求的资料,按废品处理。

12.3 验收时间

海上作业结束后,样品检测和资料整理之前。

13 样品室内分析与测试

13.1 样品交接与描述

实验室在接收检验样品时,应记录其状态,包括是否异常或是否与相应的检验方法中所描述的标准状态有所偏离。如果对样品是否适用于检验有任何疑问,或者样品与提供的说明不符,或者对要求的检验规定得不完全,实验室应在工作开始之前询问送样者,要求进一步予以说明。样品交接时应办理正式交接手续。

13.2 样品的唯一性标识

实验室建立对送检样品的唯一识别系统。

13.3 样品的预处理与分析测试

实验室应按 GB 17378.3～17378.7 中相应条款规定的方法和技术要求在规定的时间内完成样品预处理、分析、测试和鉴定工作。

13.4 分析测试的质量检查

应在规定的时间内对样品分析、测试与鉴定结果按质量计划规定的要求进行质量检查。如发现误差超出规定范围,应重新分析、测试与鉴定。

质量检查措施为由质量保证人员制定的内控样、平行双样、盲样及实验室间互校等。

13.5 分析测试结果的报出

分析测试结果应以规范的格式和内容,由分析测试者签字,经核验人核验、实验室负责人批准后报出。

13.6 剩余样品和标样的处置

现场分析测试剩余样品不保存;实验室分析测试剩余的生物样品、底质样品和所用标样保留4 个月以上,有条件的实验室可以长期保存;特殊生物、底质样品应制成标本,永久保存。

14 海洋监测资料的整理

14.1 现场作业与室内测试资料汇总

项目负责人负责按船、航次将监测的现场作业与室内测试资料汇总,并组织数据处理。

14.2 数据处理

数据处理应满足以下要求:

——按 GB 17378.3～17378.7 中相应条款规定的方法和要求处理数据,发现并剔除坏值,修正系统误差,进行针对影响量的订正,整理、计算出各测量要素观测结果。数据分析、计算应有责任制度,分析(计算)者、校核者应签字;

——数据处理及计算应使用法定计量单位。

14.3 计算机处理资料的要求

计算机处理资料应满足以下要求:

——应由同行科技人员认真检查输入数据和软件系统。使用其他计算工具分步计算时,应经第二人对计算公式、方法、步骤进行严格审查和进行复算;

——环境、配套设施、硬件配置和相应工作软件应满足工作要求,建立必要的规章制度;

——计算机工作软件应是正版合法产品;

——委托或自行开发的工作软件应经过评审、测试,鉴定为合格;

——全部工作软件应由监测项目承担单位批准,实现合法化;

——输入计算机或录入报表上的数据,应经第二人校核,应保证误码率低于 1×10^{-4};

——记录监测资料的电子媒体原件应存档,用其复制品进行资料的整理;

——以磁带、磁盘、光盘等载体记录的监测资料原件存档,另用复制件进行整理。

14.4 报表填写和图件绘制

报表填写和图件绘制应满足以下要求:

——环境质量要素报表,应采用规定的标准格式;

——监测资料汇编、图件及声像资料上的数字、线条、符号应准确、清楚、端正、规格统一、注

记完整、颜色鲜明。在图件和报表的规定位置上,有关人员应签名;

——成果图件的图幅、图式、图例等应符合 GB 17378.2～17378.7 的规定;

——使用计算机和自动绘图仪绘制的图件、表格,应由相应水平的科技人员进行检查。对手工编制的图件、报表,应由不低于编制者技术水平的他人进行复核;

——在图件和报表的规定位置上,有关人员应签名。

14.5 监测资料的报送

外业工作结束后,应将计算所得的环境基本质量要素资料,以标准格式,在规定的时间内报送上级主管部门规定的部门。

15 监测成果报告的编写

15.1 编写内容

15.1.1 前言部分

前言部分主要内容包括:

——监测概况;

——任务及其来源;

——监测范围及地理坐标;

——监测船及监测时间;

——站位及项目;

——采样和检测方法;

——数据质量评述。

15.1.2 监测区基本环境状况

基本环境状况主要内容包括:

——自然地理状况及水文气象状况;

——陆源性污染源状况。

15.1.3 环境质量状况及其分析

环境质量状况及其分析主要内容包括:

——各介质环境质量要素的特征值分析和空间分布;

——各环境质量要素与有关标准对照分析;

——各介质反映的环境质量状况评述;

——综合环境质量评价及其成因探讨。

15.1.4 环境对策建议

根据海域环境质量评估,结合区域社会经济特点,提出针对性的环境管理和改善环境质量状况的建议。

15.2 报表及成果图件

成果报告文字分析及其所引用的数据统计表、图件应附入成果报告。

15.3 编写要求

成果报告的编写应满足以下要求:

——由项目负责人主持编写;

——符合任务书、上级指令文件、合同和监测实施计划要求；
——内容应重点突出，论据充分，文字简练。

15.4 完成时间

在任务书、合同和上级指令规定时间内完成。

16 监测资料和成果归档

16.1 归档资料的内容

归档资料主要内容包括：
——任务书，合同，监测实施计划；
——海上观测及采样记录，实验室检测记录，工作曲线及验收结论；
——站位实测表，值班日志和航次报告；
——监测资料成果表；
——成果报告最终原稿及印刷件；
——成果报告鉴定书和验收结论。

16.2 归档要求

归档应满足以下要求：
——按照国家档案法和本单位档案管理规定，将档案材料系统整理编目，经项目负责人审查签字，由档案室主管人验收后保存。
——未完成归档的监测成果报告，不能鉴定或验收。
——按资料保密规定，划分密级妥善保管。
——磁盘、磁带等不能长期保存的载体归档资料，应按载体保存限期及时转录，并在防磁、防潮条件下保管。

16.3 归档时间要求

持续时间为两年以内的监测项目，于验收或鉴定前、后两次完成归档。持续时间为两年以上的监测项目，还应在每个航次结束后两个月内归档一次。监测成果报告半年内归档。

16.4 档案质量要求

海洋监测档案质量应符合 HY/T 058 的有关规定。归档不符合要求的项目，不应进行成果验收。

17 监测成果报告的鉴定和验收

17.1 成果报告的鉴定

17.1.1 鉴定内容

鉴定主要内容包括：
——文字报告；
——成果图件；
——资料统计表。

17.1.2 鉴定依据

任务书、上级有关文件、合同书、监测实施计划以及 GB 17378.2～17378.7 规定的技术指标。

17.1.3 鉴定办法

鉴定办法按《中华人民共和国国家科学技术委员会科学技术成果鉴定办法》进行鉴定。通过后应填写科技成果鉴定证书,鉴定未获通过则应限期补充修改,再次报请重新鉴定。

17.1.4 鉴定时间

监测成果报告完成后及时进行。

17.2 成果报告的验收

17.2.1 凡不需进行鉴定的成果,应进行成果验收。

17.2.2 验收办法

由监测任务下达单位或委托单位的主管部门派人组织验收。形成由验收人签字和验收单位盖章的书面验收结论。与验收依据有明显差距的成果报告不予验收,并限期修改,重新验收。如成果报告质量低劣而又无法修改时,应做出"不予验收,只供参考"的结论。

海洋监测规范 第2部分:数据处理与分析质量控制(节录)

GB 17378.2—2007

(2007年10月18日发布 2008年5月1日实施)

本部分由国家海洋局提出。

本部分起草单位:国家海洋环境监测中心。

(按原标准编号节录)

3 术语和定义

下列术语和定义适用于 GB 17378 的本部分。

3.1 原始样 raw sample

现场采集的初始样品。

3.2 分析样 analytical sample

需要经过预处理,才能进行测定的样品。

3.3 平行样 paralle sample

独立取自同一个样本的两个以上的样品。

3.4 标准空白 standard blank

对应标准系列中零浓度的分析信号响应值。

3.5 分析空白 analysis blank

在与样品分析全程一致的条件下,空白样品的测定结果。

3.6 校准曲线 calibration curve

样品中待测项目的量值(X)与分析仪器给出的信号值(Y)之间的相关曲线。校准曲线分为标准曲线和工作曲线。

3.7 工作曲线 working curve
标准系列的测定步骤与样品分析过程完全相同条件下测定得到的校准曲线。

3.8 标准曲线 standard curve
标准系列的测定步骤比样品分析过程有所简化的条件下测定得到的校准曲线。

3.9 方法灵敏度 method sensibility
某一测定方法的灵敏度,在量值上等于响应信号的指示量与产生该信号的待测物质的浓度或质量的比值。它反映了待测物质单位浓度或单位质量变化所导致的响应信号指示量的变化程度。

3.10 检出限(X_N) detection limit
通过一次测量,就能以95%的置信概率定性判定待测物质存在所需要的最小浓度或量。

3.11 测定下限(X_B) limit of determination
置信概率为95%时,可以被定量测定的被测物的最低浓度或最低量。

3.12 未检出 undetection
低于检出限 X_N 的测定结果。

3.13 精密度 precision
在规定条件下,相互独立的测试结果之间的一致程度。常用标准偏差来度量。
注:精密度仅依赖于随机误差,而与被测量的真值或其他约定值无关。

3.14 极差(R) range
测定结果样本中最大值与最小值之差。

3.15 偏差(D) deviation
各个单次测定值与平均值之差。

3.16 相对偏差(RD) relative deviation
单次测定值与平均值之差再与平均值之比。

3.17 标准偏差 standard deviation
样本分量与样本均值之差的平方和除以样本容量减1的平方根,见式(1):

$$S = \sqrt{\frac{1}{n-1}\sum_{i=1}^{n}(X_i - \bar{X})^2} \tag{1}$$

式中:S——标准偏差;
X_i——各次测定值;
$\bar{X}$——平均值;
n——重复测定次数;

当 n≥20 时:$S = \sqrt{\frac{1}{n}\sum_{i=1}^{n}(X_i - \bar{X})^2}$。

3.18 相对标准偏差(RSD) relative standard deviation
样本标准偏差与样本均值之比。

3.19 重复性 repeatability

在重复性条件下,相互独立的测试结果之间的一致程度。

3.20 重复性条件 repeatability condition

在同一实验室,由同一操作者使用相同的设备,按相同的测试方法,并在短时间内从同一被测对象取得相互独立测试结果的条件。

3.21 再现性 reproducibility

在再现性条件下,测试结果之间的一致程度。

3.22 再现性条件 reproducibility conditions

在不同的实验室,由不同的操作者使用不同的设备,按相同的测试方法,从同一被测对象取得测试结果的条件。

[GB/T 20001.4—2001,定义3.14]

3.23 准确度 accuracy

测试结果与被测量真值或约定真值间的一致程度。

3.24 测试误差 error of a test

测试结果与被测量的真值(或约定真值)之差。测试误差包括系统误差和随机误差。

3.25 系统误差 systematic error

由一种或多种确定原因引起的测量误差。

注:无论引起系统误差的原因是已知的还是未知的,理论上应采用适当的方法予以纠正。

3.26 随机误差 random error

由不确定原因引起、服从统计规律、具有抵偿性的测量误差。

注:应通过多次测量求平均值的方法降低随机误差对测量结果的影响。

4 一般规定

4.1 现场原始工作记录在指定的表格上用硬质铅笔书写、字迹端正,不应涂抹。需要改正错记时,在错的数字上划一横线,将正确数字补写在其上方。

4.2 按5.1给出的方法记录与修约有效数字的位数。

4.3 表示测试结果的量纲及其有效数字位数,应按照该分析方法中具体规定填报。若无此规定时,一般性原则是一个数据中只准许末尾一个数字是估计(可疑)值,其他各数字都是有效(可信)的,依此决定整数及小数的位数。因量纲的变化不作小数补位的硬性规定,有关计算方法的细节见第5章。

4.4 低于检出限 X_N 的测试结果,应报"未检出",但在区域性监测检出率占样品频数的1/2以上(包括1/2)或不足1/2时,未检出部分可分别取 X_N 的1/2和1/4量参加统计运算。

4.5 未执行业务主管部门规定的质量控制程序所产生的数据,视为可疑数据。可疑数据不得用于海洋环境质量及海洋环境影响评价。

4.6 平行样品测试是分析质量控制的方法之一。原则规定,不与内控样同步测定的项目,一律测试双平行分析样。溶解氧、水中油类等须测原始样双平行(此类不必测分析样双平行)。若分析方法未对海水双样的相对偏差允许值进行规定,则按表1执行。

4.7 沉积物和生物体双样相对偏差表见GB 17378.5和GB 17378.6。

4.8 天然样品加标回收率,不得越出方法给出范围值。若无此规定,按表2执行。

4.9 海洋监测中,若采用本规范以外的分析方法,必须按规定做方法对比验证工作,报请业务主管部门批准备案。

表1 海水平行双样相对偏差表

分析结果所在数量级	10^{-4}	10^{-5}	10^{-6}	10^{-7}	10^{-8}	10^{-9}	10^{-10}	—
相对偏差容许限/%	1.0	2.5	5	10	20	30	50	计算 $\frac{|A-B|}{A+B} \times 100$

表2 回收率容许值表

浓度或含量范围/(μg/L)	回收率/%
<100	60～110
>100	80～110
>1 000	90～110
容量及重量法	95～105

5 数据处理(具体内容见原标准)

6 实验室内部分析质量控制(具体内容见原标准)

附录A(资料性附录) 海水分析空白上限、检出限、测定下限的估算(略)

海洋监测规范 第3部分:样品采集、贮存与运输(节录)

GB 17378.3—2007

(2007年10月18日发布 2008年5月1日实施)

本部分由国家海洋局提出。

本部分起草单位:国家海洋环境监测中心。

(按原标准编号节录)

3 通则

3.1 采样代表性

欲使采集的样品具有代表性,应周密设计监测海域的采样断面、采样站位、采样时间、采样频率和样品数量,使分析样品的数据能够客观地表征海洋环境的真实情况,确保所采样品不仅代表原环境,而且应在采样及其处理过程中不变化、不添加、不损失。

3.2 采样目标

采样目标就是采集运输方便、实验室易处理、能表征整体环境的样品。采取可行的措施,使样品中相关组分的比例和浓度与其在海洋环境中的相同,在实验室分析之前组分不改变,保持采样时的相同状态。

3.3 采样计划

采样计划是整个监测计划的重要部分。一般包括:
——何地如何进行采样;
——采样设备及其校验;
——样品容器,包括清洗、加固定剂;
——样品的舍取;
——样品预处理程序;
——分样程序;
——样品记录;
——样品贮存与运输;
——质量保证与质量控制措施。

3.4 采样程序

在设计采样程序时,首先确定采样目的和原则,采样目的是决定采样地点、采样频率、采样时间、样品处理及分析技术要求的主要依据,采样程序主要包括:
——确定采样目的和原则;
——确定样品采集的时空尺度;
——采样点的设置;
——现场采样方法及质量保证措施。

3.5 样品监管

样品的监管,即从样品采集到样品分析过程的完整性,样品的采集、分析应是可追踪的;对样品封条、现场记事本、监管记录和样品清单,以及使用的程序等,均有明确的要求;对不同阶段样品,保管人职责、采样人、现场监察负责人、交接人均有明确的职责。

4 水质样品

4.1 一般规定

从海洋环境中取得有代表性的样品,并采取一切预防措施,避免在采样和分析的时间间隔内发生变化,是海洋环境调查监测的第一关键环节。采样程序应包括以下几个主要方面:
——采样目的:采样目的通常分为环境质量控制、环境质量表征以及污染源鉴别三种类型;
——样品采集的时空尺度;
——采样点的设置;
——现场采样方法及质量保证措施。

4.2 安全措施

样品采集应采取以下安全措施:

——在各种天气条件下采样,应确保操作人员和仪器设备的安全;
——在大面积水体上采样,操作人员应系好安全带,备好救生圈,各种仪器设备均应采取安全固定措施;
——在冰层覆盖的水体采样前,应仔细检查薄冰的位置和范围;
——监测船在所有水域采样时要防止商船、捕捞船及其他船只靠近,应随时使用各种信号表明正在工作的性质;
——应避免在危险岸边等不安全地点采样。如果不可避免,不应单独一个人,可由一组人采样,并采取相应措施。若具备条件,应在桥梁、码头等安全地点采样。安装在岸边或浅水海域的采样设备,应采取保护措施;
——采样时,应采取一些特殊防护措施,避免某些偶然情况出现,如腐蚀性、有毒、易燃易爆、病毒及有害动物等对人体的伤害;
——使用电操作采样设备,在操作和维修过程中,应加强安全措施。

4.3 样品

4.3.1 样品类型

4.3.1.1 瞬时样品

瞬时样品是不连续的样品。无论在水表层或在规定的深度和底层,一般均应手工采集,在某些情况下也可用自动方法采集。

考察一定范围的海域可能存在的污染或者调查监测其污染程度,特别是在较大范围采样,均应采集瞬时样品。对于某些待测项目,例如溶解氧、硫化氢等溶解气体的待测水样,应采集瞬时样品。

4.3.1.2 连续样品

连续样品通常包括,在固定时间间隔下采集定时样品(取决于时间)及在固定的流量间隔下采集定时样品(取决于体积)。采集连续样品常用在直接入海排污口等特殊情况下,以揭示利用瞬时样品观察不到的变化。

4.3.1.3 混合样品

混合样品是指在同一个采样点上以流量、时间、体积为基础的若干份单独样品的混合。混合样品用于提供组分的平均数据。若水样中待测成分在采集和贮存过程中变化明显,则不能使用混合水样,要单独采集并保存。

4.3.1.4 综合水样

把从不同采样点同时采集的水样进行混合而得到的水样(时间不是完全相同,而是尽可能接近)。

4.3.2 对样品的要求

样品一旦采完,应保持与采样时相同的状态。应避免样品在采集、贮存和分析测试过程中受到来自船体、采水装置、实验设备、玻璃器皿、化学药品、空气及操作者本身所产生的沾污。样品中的待测成分也可因吸附、沉降或挥发而受到损失。

4.4 采样时空频率的优化

采样位置的确定及时空频率的选择,首先应在大量历史数据进行客观分析的基础上,对调查监测海域进行特征区划。特征区划的关键在于各站点历史数据的中心趋势及特征区划标准的确定。

根据污染物在较大面积海域分布的不均匀性和局部海域的相对均匀性的时空特征,运用均质分析法、模糊集合聚类分析法等分类方法,将监测海域划分为污染区、过渡区及对照区。

4.5 采样站位的布设

4.5.1 布设原则

监测站位和监测断面的布设应根据监测计划确定的监测目,结合水域类型、水文、气象、环境等自然特征及污染源分布,综合诸因素提出优化布点方案,在研究和论证的基础上确定。采样的主要站点应合理地布设在环境质量发生明显变化或有重要功能用途的海域,如近岸河口区或重大污染源附近。在海域的初期污染调查过程中,可以进行网格式布点。影响站点布设的因素很多,主要遵循以下原则:

——能够提供有代表性信息;
——站点周围的环境地理条件;
——动力场状况(潮流场和风场);
——社会经济特征及区域性污染源的影响;
——站点周围的航行安全程度;
——经济效益分析;
——尽量考虑站点在地理分布上的均匀性,并尽量避开特征区划的系统边界;
——根据水文特征、水体功能、水环境自净能力等因素的差异性,来考虑监测站点的布设。同时,还要考虑到自然地理差异及特殊需要。

4.5.2 监测断面

监测断面的布设应遵循近岸较密、远岸较疏,重点区(如主要河口、排污口、渔场或养殖场、风景、游览区、港口码头等)较密,对照区较疏的原则。

断面设置应根据掌握水环境质量状况的实际需要,考虑对污染物时空分布和变化规律的控制,力求以较少的断面和测点取得代表性最好的样点。

一个断面可分左、中、右和不同深度,通过水质参数的实测之后,可做各测点之间的方差分析,判断显著性差别。同时分析判断各测点之间的密切程度,从而决定断面内的采样点位置。为确定完全混合区域内断面上的采样点数目,有必要规定采样点之间的最小相关系数。海洋沿岸的采样,可在沿海设置大断面,并在断面上设置多个采样点。

入海河口区的采样断面应与径流扩散方向垂直布设。根据地形和水动力特征布设一至数个断面。

港湾采样断面(站位)视地形、潮汐、航道和监测对象等情况布设。在潮流复杂区域,采样断面可与岸线垂直设置。

海岸开阔海区的采样站位呈纵横断面网格状布设。也可在海洋沿岸设置大断面。

4.5.3 采样层次

采样层次见表1。

表 1 采样层次

水深范围/m	标准层次	底层与相邻标准层最小距离 m
小于 10	表层	—
10～25	表层、底层	—
25～50	表层、10m、底层	—
50～100	表层、10m、50m、底层	5
100 以上	表层、10m、50m、以下水层酌情加层、底层	10

注1：表层系指海面以下0.1m～1m；
注2：底层，对河口及港湾海域最好取离海底2m的水层，深海或大风浪时可酌情增大离底层的距离。

4.6 采样时间和采样频率

按以下要求确定采样时间和采样频率：

a) 采样时间和频率的确定原则如下：

——以最小工作量满足反映环境信息所需资料；

——技术上的可能性和可行性；

——能够真实地反映出环境要素变化特征；

——尽量考虑采样时间的连续性。

b) 谱分析可以作为确定采样时间和频率的一种方法，根据大量资料绘制出的污染物入海量的变化曲线，在变化的最高期望或较高期望上确定采样时间和采样频率。

c) 运用多年调查监测资料，以合适的参数作为统计指标，进行时间聚类分析。根据时间聚类结果确定采样时间和采样频率。还可以运用其他统计学方法，进行统计学检验，进而确定采样时间和频率。

注：用于环境质量控制的采样频率一般应高于环境质量表征所需的采样频率。污染源鉴别采样程序与环境质量控制、环境质量表征程序不同，影响确定采样时间和采样频率的因素很多，其采样频率要比污染物出现的频率高得多。

4.7 采样装置

4.7.1 水质采样器的技术要求

以下为水质采样器的主要技术要求：

——具有良好的注充性和密闭性：采样器的结构要严密，关闭系统可靠，且不易被堵塞，海水与采样瓶中水交换应充分迅速。零件应减少到最小数目；

——材质要耐腐蚀、无沾污、无吸附。痕量金属采水器应为非金属结构，常以聚四氟乙烯、聚乙烯及聚碳酸酯等为主体材料，如果采用金属材质，则在金属结构表面加以非金属材料涂层；

——结构简单、轻便、易于冲洗、易于操作和维修，采样前不残留样品，样品转移方便；

——能够抵抗恶劣气候的影响，适应在广泛的环境条件下操作。能在温度为0℃～40℃，相对湿度不大于90%的环境中工作；

——价格便宜，容易推广使用。

4.7.2 采样器类型

以下为几种主要类型的采样器：

a) 瞬时样品采样器

近岸表层采水器：在可以伸缩的长杆上连接包着塑料的瓶夹，采样瓶固定在塑料瓶夹上，采样瓶即为样品瓶。

抛浮式采水器：采样瓶安装在可以开启的不锈钢做成的固定架里，钢架用固定长度的尼龙绳与浮球连接，通常用来采集表层油类等水样。

b) 深度综合采样器

深度综合采样需要一套用以夹住采样瓶并使之沉入水中的机械装置，加重物的采样瓶沉入水中，同时通过注入阀门使整个垂直断面的各层水样进入采样瓶。采样瓶沉降或提升速度随深度不同相应变化，同时具备可调节的注孔，用以保持在水压变化的情况下，注入流量恒定。

在无上述采样设备时，可采用开-闭式采水器分别采集各深度层的样品，然后混合。

开-闭式采水器是一种简便易行的采样器，两端开口，顶端与底端各有可以开启的盖子。采水器呈开启状沉入水中，到达采样深度时，两端盖子按指令关闭，此时即可以取到所需深度的样品。

c) 选定深度定点采水器(闭-开-闭式采水器)

固定在采样装置上的采样瓶呈闭合状潜入水体，当采样器到达选定深度，按指令打开，采样瓶里充满水样后，按指令呈关闭状。用非金属材质构成的闭-开-闭式采水器非常适合痕量金属样品的采集。

d) 泵吸系统采水器

利用泵吸系统采水器，可以获取很大体积的水样，又可以按垂直和水平方向进行连续采样，并可与CTD、STD参数监测仪联用，使之具有独特之处。取样泵的吸入高度要最小，整个管路系统要严密。

4.7.3 采样缆绳及其他设备

水文钢丝绳应以非金属材质涂敷或以塑料绳代替。使锤应以聚四氟乙烯、聚乙烯等材质喷涂。水文绞车应采取防沾污措施。

4.8 采样瓶的洗涤与保存

采样瓶的洗涤要求见4.12.2。每次采样完毕应将采样瓶放入塑料袋中保存，切勿与船体或其他沾污源直接接触。

4.9 现场采样操作

4.9.1 岸上采样

如果水是流动的，采样人员站在岸边，应面对水流动方向操作。若底部沉积物受到扰动，则不能继续取样。

4.9.2 冰上采样

若冰上覆盖积雪，可用木铲或塑料铲清出面积为 $1.5m \times 1.5m$ 的积雪地，再用冰钻或电锯在中央部位打开一个洞。由于冰钻和锯齿是金属的，这就增加了水质沾污的可能性，冰洞打完后用冰勺(若取痕量金属样品，冰勺需用塑料包裹)取出碎冰。此时要特别小心，防止采样者衣着和鞋帽沾污了洞口周围的冰，数分钟后方可取样。

4.9.3 船上采样

采用向风逆流采样,将来自船体的各种沾污控制在一个尽量低的水平上。由于船体本身就是一个污染源,船上采样要始终采取适当措施,防止船上各种污染源可能带来的影响。当船体到达采样站位后,应该根据风向和流向,立即将采样船周围海面划分成船体沾污区、风成沾污区和采样区三部分,然后在采样区采样。发动机关闭后,当船体仍在缓慢前进时,将抛浮式采水器从船头部位尽力向前方抛出,或者使用小船离开大船一定距离后采样。在船上,采样人员应坚持向风操作,采样器不能直接接触船体任何部位,裸手不能接触采样器排水口,采样器内的水样先放掉一部分后,然后再取样。

采集痕量金属水样时,应避免直接接触铁质或其他金属物品。

4.10 特殊样品的采样

4.10.1 溶解氧、生化需氧量样品的采集

应用碘量法测定水中溶解氧,水样需直接采集到样品瓶中。采样时,应注意不使水样暴气或残存气体。如使用有机玻璃采水器、球阀式采水器、颠倒采水器等应防止搅动水体,溶解氧样品需最先采集。采样步骤如下:

——乳胶管的一端接上玻璃管,另一端套在采水器的出水口,放出少量水样淌洗水样瓶两次;

——将玻璃管插到分样瓶底部,慢慢注入水样,待水样装满并溢出约为瓶子体积的二分之一时,将玻璃管慢慢抽出;

——立即用自动加液器(管尖靠近液面)依次注入氯化锰溶液和碱性碘化钾溶液;

——塞紧瓶塞并用手按住瓶塞和瓶底,将瓶缓慢地上下颠倒 20 次,使样品与固定液充分混匀。待样品瓶内沉淀物降至瓶体三分之二以下时方可进行分析。

4.10.2 pH 样品的采集

pH 样品的采集应按照以下步骤:

——初次使用的样品瓶应洗净,用海水浸泡 1d;

——用少量水样淌洗水样瓶两次,再慢慢将瓶充满,立即盖紧瓶塞;

——加 1 滴氯化汞溶液固定,盖好瓶盖,混合均匀,待测;

——样品允许保存 24h。

4.10.3 浑浊度、悬浮物样品的采集

浑浊度、悬浮物样品的采集应按照以下步骤:

——水样采集后,应尽快从采样器中放出样品;

——在水样装瓶的同时摇动采样器,防止悬浮物在采样器内沉降;

——除去杂质如树叶、样状物等。

4.10.4 重金属样品的采集

重金属样品的采集应按照以下步骤:

——水样采集后,要防止现场大气降尘带来沾污措施,尽快放出样品;

——防止采样器内样品中所含污染物随悬浮物的下沉而降低含量,灌装样品时必须边摇动采水器边灌装;

——立即用 0.45μm 滤膜过滤处理(汞的水样除外),过滤水样用酸酸化至 pH 值小于 2,塞

上塞子存放在洁净环境中。

4.10.5 油类样品的采集

油类样品的采集应按照以下步骤：

——测定水中油含量应用单层采水器固定样品瓶在水体中直接灌装,采样后立即提出水面,在现场萃取；

——油类样品的容器不应预先用海水冲洗。

4.10.6 营养盐样品的采集

营养盐样品的采集应按照以下步骤：

——采样时先放掉少量水样,混匀后再分装样品；

——在采样时,应立即分装样；

——在灌装样品时,样品瓶和盖至少洗两次；

——灌装水样量应是瓶容量的四分之三；

——采样时,应防止船上排污水的污染、船体的搅动；

——要防止空气污染,特别是防止船烟和吸烟者的污染；

——推荐用采样瓶采营养盐样品；

——应用 0.45μm 过滤膜过滤水样,以除去颗粒物质。

4.11 采样中的质量控制

4.11.1 现场空白样

现场空白是指在采样现场以纯水作样品,按照测定项目的采样方法和要求,与样品相同条件下装瓶、保存、运输,直至送交实验室分析。通过将现场空白与室内空白测定结果相对照,掌握采样过程和环境条件对样品质量影响的状况。

现场空白样所用的纯水,其制备方法及质量要求与室内空白样纯水相同。纯水应用洁净的专用容器,由采样人员带到采样现场,运输过程应注意防止沾污。

4.11.2 现场平行样

现场平行样是指在相同采样条件下,采集平行双样密码送实验室分析。测定结果可反映采样与实验室测定精密度。当实验室精密度受控时,主要反映采样过程的精密度变化状况。现场平行样要注意控制采样操作和条件的一致。对水质中非均相物质或分布不均匀污染物,在样品灌装时摇动采样器,使样品保持均匀。

4.11.3 现场加标样

现场加标样是取一组现场平行样,将实验室配制的一定浓度的被测物质的标准溶液,加入到其中一份已知体积的水样中,另一份不加标。然后按样品要求进行处理,送实验室分析。将测定结果与实验室加标样对比,掌握测定对象在采样、运输过程中变化状况。现场使用的标准溶液与实验室使用的为同一标准溶液。现场加标操作应由熟练的质控人员或分析人员担任。

4.11.4 采样设备和材料的防沾污

采样设备和材料防沾污应采取以下措施：

——样器、样品瓶等均须按规定的洗涤方法洗净,按规定容器分装测样；

——现场作业前,应先进行保存试验和抽查器皿的洁净度；

——用于分装有机化合物的样品容器,洗涤后用 Teflon 或铝箔盖内衬,防止污染水样；

——采样人员手应保持清洁,采样时,不能用手、手套等接触样品瓶的内壁和瓶盖;
——样品瓶应防尘、防污、防烟雾和污垢,应置于清洁环境中;
——过滤膜及其设备应保持清洁。可用酸和其他洗涤剂清洗,并用洁净的铝箔包藏;
——消毒过的瓶子应保持无菌状况直至样品采集;
——外界金属物质不能与酸和水样接触;
——采样器可用海水广泛漂洗,或放在较深处,再提到采样深度采样。

4.12 样品的贮存与运输

4.12.1 样品容器的材质选择

贮存水质样品的容器材质的选择应遵循以下原则:

——容器材质对水质样品的沾污程度应最小;
——容器便于清洗;
——容器的材质在化学活性和生物活性方面具有惰性,使样品与容器之间的作用保持在最低水平。
——选择贮存样品容器时,应考虑对温度变化的应变能力、抗破裂性能、密封性、重复打开的能力、体积、形状、质量和重复使用的可能性;
——大多数含无机成分的样品,多采用聚乙烯、聚四氟乙烯和多碳酸酯聚合物材质制成的容器。常用的高密度聚乙烯,适合于水中硅酸盐、钠盐、总碱度、氯化物、电导率、pH 分析和测定的样品贮存;
——玻璃质容器适合于有机化合物和生物样品的贮存。塑料容器适合于放射性核素和大部分痕量元素的水样贮存。带有氯丁橡胶圈和油质润滑阀门的容器不适合有机物和微生物样品的贮存。

4.12.2 样品容器的洗涤

样品容器的洗涤应遵循以下原则:

——新容器应彻底清洗,使用的洗涤剂种类取决于待测物质的组分;
——对于一般性用途,可用自来水和洗涤剂清洗尘埃和包装物质,然后用铬酸和硫酸洗涤液浸泡,再用蒸馏水淋洗。使用过的容器,在器壁和底部多有吸附和附着的油分、重金属及沉淀物等,重复使用时,应充分洗净后方可使用;
——对于具塞玻璃瓶,在磨口部位常有溶出、吸附和附着现象,聚乙烯瓶特别易吸附油分、重金属、沉淀物及有机物,难以除掉,洗涤时应十分注意;
——使用聚乙烯容器时,先用 1mol/L 的盐酸溶液清洗,然后再用硝酸溶液(1+3)进行较长时间的浸泡。用于贮存计数和生化分析的水样瓶,还应该另用硝酸溶液浸泡,然后用蒸馏水淋洗以除去任何重金属和铬酸盐残留物,如果待测定的有机成分需经萃取后进行测定,在这种情况下,也可以用萃取剂处理玻璃瓶。

4.12.3 水质样品的固定与贮存

水质样品的固定通常采用冷冻和酸化后低温冷藏两种方法。水质过滤样加酸酸化,使 pH 值小于 2,然后低温冷藏。未过滤的样品不能酸化(汞的样品除外),酸化可使颗粒物上的痕量金属解吸,未过滤的水样应冷冻贮存。

水样现场处理及贮存方法按照 GB 17378.4 的规定执行。

4.12.4 样品运输
空样容器送往采样地点或装好样品的容器运回实验室供分析,都应非常小心。包装箱可用多种材料,用以防止破碎,保持样品完整性,使样品损失降低到最小程度。包装箱的盖子一般都应衬有隔离材料,用以对瓶塞施加轻微压力,增加样品瓶在样品箱内的固定程度。

4.12.5 标志和记录
采样瓶注入样品后,应立即将样品来源和采样条件记录下来,并标志在样品瓶上。
采样记录应从采样时起直到分析测试结束,始终伴随样品。

5 沉积物样品

5.1 目的
研究海洋环境中各种污染物的沉积、迁移转化规律,确定海区的纳污能力。研究水体污染对海洋生物特别是对海洋底栖生物的影响,进行海洋环境评价、预测和综合管理。
采集有代表性的沉积物样品是实施沉积物监测,反映海洋环境的沉积现状和污染历史的重要环节。

5.2 采样站位的布设

5.2.1 采样站位的布设原则
采样站位布设应遵循以下原则:
a)沉积物采样断面的设置应与水质断面一致,以便将沉积物的机械组成、理化性质和受污染状况与水质污染状况进行对比研究;
b)沉积物采样点应与水质采样点在同一重线上,如沉积物采样点有障碍物影响采样可适当偏移;
c)站位在监测海域应具有代表性,其沉积条件要稳定。选择站位应考虑以下几个方面:
——水动力状况(海流、水团垂直结构);
——沉积盆地结构;
——生物扰动;
——沉积速率;
——沉积结构(地貌、粒径等);
——历史数据和其他资料;
——沉积物的理化特征。

5.2.2 采样站位的布设
采样站位布设原则如下:
a)选择性布设:在专项监测时,根据监测对象及监测项目的不同,在局部地带有选择性地布设沉积物采样点。如排污口监测以污染源为中心,顺污染物扩散带按一定距离布设采样点。
b)综合性布设:根据区域或监测目的的不同,进行对照、控制、消减断面的布设。如在某港湾进行污染排放总量控制监测中,可按区域功能的不同进行对照、控制、消减性断面的布设。布设方法可以是单点、断面、多断面、网格式布点。

5.3 监测时间和频率

采样频率依各采样点时空变异和所要求的精密度而定。一般说来,由于沉积物相对稳定,受水文、气象条件变化的影响较小,污染物含量随时间变化的差异不大,采样频次与水质采样相比较少,通常每年采样一次,与水质采样同步进行。

5.4 样品采集

5.4.1 沉积物采样的辅助器材

以下为采集沉积物样品所需的辅助器材:

a) 绞车:电动或手摇绞车,附有直径 4mm~6mm 钢丝绳,长度视水深而定,负荷 50kg~300kg 有变速装置。采柱状样应使用电动绞车或吊杆,钢丝绳直径 8mm~9mm,负荷不低于 300kg;

b) 接样盘:木质或塑料制成,正方形,面积为采泥器张口面积的 2 倍~3 倍;

c) 刀、勺:由塑料制成;

d) 烧杯、记录表格、塑料标签卡、铅笔、记号笔、钢卷尺、工作日记等;

e) 接样箱:木质,用于柱状样品采集,按不同要求制作。

5.4.2 表层样品的采集

5.4.2.1 采样器类型及其选择

表层沉积物采样器,一般选择抓斗式(掘式)采泥器、锥式采泥器等。采样器的选择主要考虑以下几个因素:

——穿泥层的深度;

——齿板锁合的角度;

——锁合效率(避免障碍的能力);

——引起波浪"振荡"和造成样品的流失或者在泥水界面上洗掉样品组成或生物体的程度;

——在急流中样品的稳定性。在选择沉积物采样器时,对生境、水流情况、采样面积以及采样船只设备均应统筹考虑;

——常用的抓斗式采泥器通过水文绞车将其沉降到选定的采样点上,采集较大量的混合样品,能够比较准确地代表所选定的采样地点情况。

5.4.2.2 表层样品的采集

表层样品采集按以下步骤操作:

——将绞车的钢丝绳与采泥器连接,检查是否牢固,同时,测采样点水深;

——慢速开动绞车将采泥器放入水中。稳定后,常速下放至离海底一定距离 3m~5m,再全速降至海底,此时应将钢丝绳适当放长,浪大流急时更应如此;

——慢速提升采泥器离底后,快速提至水面,再行慢速,当采泥器高过船舷时,停车,将其轻轻降至接样板上;

——打开采泥器上部耳盖,轻轻倾斜采泥器,使上部积水缓缓流出。若因采泥器在提升过程中受海水冲刷,致使样品流失过多或因沉积物太软,采泥器下降过猛,沉积物从耳盖中冒出,均应重采;

——样品处理完毕,弃出采泥器中的残留沉积物,冲洗干净,待用。

5.4.3 柱状样的采集

柱状样采集按以下步骤操作:

——先要检查柱状采样器各部件是否安全牢固；

——先作表层采样,了解沉积物性质,若为砂砾沉积物,就不作重力取样；

——确定作重力采样后,慢速开动绞车,将采泥器慢慢放入水中待取样管在水中稳定后,常速下至离海3m～5m处,再全速降至海底,立即停车；

——慢速提升采样器,离底后快速提至水面,再行慢速。停车后,用铁钩勾住管身,转入舷内,平卧于甲板上；

——小心将取样管上部积水倒出,测量取样管打入深度。再用通条将样品缓缓挤出,顺序放在接样板上进行处理和描述。柱状采样器可以采集垂直断面沉积物样品,如果采集到的样品本身不具有机械强度,那么从采泥器上取下样器时应小心保持泥样纵向的完整性。若样柱长度不足或样管斜插入海底,均应重采；

——柱样挤出后,清洗取样管内外,放置稳妥,待用。

5.5 样品的现场描述

5.5.1 颜色、嗅和厚度

颜色:颜色往往能反映沉积物的环境条件,按 GB/T 12763.8 规定执行。

嗅:样品采上后,立即用嗅觉鉴别有无油味、硫化氢味及其气味的轻重。

厚度:沉积物表面往往有一浅色薄层,能指示其沉积环境。取样时,可用玻璃试管轻插入样品中,取出后,测量浅色层厚度。柱状取样时可描述取样管打入深度,样柱实际长度及自然分层厚度。

5.5.2 沉积物类型

沉积物类型的测定按 GB/T 12763.8 规定的分析方法执行。

5.5.3 生物现象

生物现象的描述包括:

——贝壳含量及其破碎程度；

——含生物的种类及数量；

——生物活动痕迹；

——其他特征。

沉积物样品的上述特性应清晰、准确、简要地记入采样记录中。

分析样品的采集、处理与制备按 GB 17378.5 中的有关要求执行。

5.6 样品保存与运输

5.6.1 样品贮存容器

用于贮存海洋沉积物样品容器应为广口硼硅玻璃和聚乙烯袋。聚乙烯袋强度有限,使用时应用两只袋子双层加固或套用白布袋保护。聚乙烯袋不能用于湿样测定项目和硫化物等样品的贮存,应采用不透明的棕色广口玻璃瓶做容器。用于分析有机物的沉积物样品应置于棕色玻璃瓶中。测痕量金属的沉积物样品用聚四氟乙烯容器。聚乙烯袋要使用新袋,不得印有任何标志和字迹。样品瓶和聚乙烯袋预先用硝酸溶液(1+2)泡2d～3d,用去离子水淋洗干净、晾干。

5.6.2 样品保存

凡装样的广口瓶均需用氮气充满瓶中空间,放置阴冷处,最好采用低温冷藏。一般情况下也可以将样品放置阴暗处保存。

5.6.3　样品的运输

样品的运输见 4.12.4。

5.6.4　样品登记

样品瓶事先编号,装样后贴标签,并用特种铅笔将站号及层次写在样品瓶上,以免标签脱落弄乱样品。塑料袋上需贴胶布,用记号笔注明站号和层次,并将写好的标签放入袋中,扎口封存。认真做好采样现场记录。

5.7　样品采集的质量保证与质量控制

5.7.1　采取有代表性的样品。由于沉积物样品非均匀性,采样中的不确定度通常超过分析中的不确定度。样品非均匀性、样本大小及其贡献率、采样偏倚都会增大变异。为使沉积物样品具有代表性,在同一采样点周围应采样2次~3次,将各次采集的样品混合均匀分装。现场采双样并制备接近现场样品特性的固体合成质控样。质控样应放相同的贮样容器中,与分析样品同样条件下贮存、运输直至分析。

5.7.2　采样器材质应用强度高,耐磨性能好的材料制成。使用前用洗涤剂除去防锈油脂、冲洗干净。

5.7.3　采样时,如海流速度大可加大采样器配重,保证在采样点准确位置上采样。应避免搅动水体和沉积物,特别是在浅海区。

5.7.4　沉积物表层样品的采集深度不应小于5cm,否则应重新采样。如沉积物很硬,可在同一采样点周围采样2次~3次。

5.7.5　采样器提升时,如发现沉积物流失过多或因泥质太软从采样器耳盖等处溢出,或采泥器因底质障碍物使斗壳锁合不稳、不紧密或壳口处夹有卵石和其他杂物时均应重采。

5.7.6　沉积物样品采集后,用白色塑料盘和小木杓接样,滤去水分,剔除砾石、木屑、杂草及贝壳等动植物残体,搅拌均匀后装入瓶或袋中。

5.7.7　由采样器中取样应使用非金属器具,避免取已接触采样器内壁的沉积物。采样和分装样应防止采样装置带来的沾污和已采集样品间的交夹沾污。

5.7.8　样品采集后应存放在清洁的样品箱内,有条件的应冷藏保存。

5.7.9　采样完毕后,打开采泥器壳口,弃去残留沉积物,冲洗干净备用。

5.7.10　应特别注意挥发性物质在采样和保存期间的损失,应制定专门的采样和管理程序。

6　生物样品

6.1　样品采集目的及样品来源

6.1.1　目的

了解污染物在生物体内的积累分布和转移代谢规律,评价海域污染物含量及其随时间变化的状况,计算污染物在海洋环境中的质量平衡程度,评价海域环境质量。

6.1.2　生物样品的来源

海洋生物样品以贝类为主(选择生物质量监测种类的顺序依次为贻贝、牡蛎和菲律宾蛤),根据海区(滩涂)特征可增选鱼、虾和藻类作为监测生物。生物样品的来源主要包括:

——生物测站的底栖拖网捕捞;

——近岸定点养殖采样；
——渔船捕捞；
——沿岸海域定置网捕捞及垂钓；
——市场直接购买,样品来源必须确认监测海区,主要包括经济鱼类、虾蟹类、贝类和某些藻类。

6.2 选择样品的一般原则

样品选择一般应遵循以下原则：
——能积累污染物并对污染物有一定的耐受能力,其体内污染物含量明显高于其生活水体；
——被人类直接食用或作为食物链被人类间接食用的海洋生物；
——大量存在、分布广泛,易于采集；
——有固定的生息环境,有较长的生活周期,至少有寿命一年以上的种类；
——生命力较长,样品采集后依然呈活体；
——有固定的生息环境；
——样品大小适当,有足够肉质供分析；
——生物种群中的优势种和常见种。

6.3 采样站位布设

6.3.1 布设原则

海洋生物监测站位的布设,应在对监测海域自然环境及社会状况进行调查研究的基础上根据监测目的,按照下述原则布设：
——测站的布设应覆盖或代表监测海域(滩涂)生物质量,样品采自潮间带、潮下带和外海海域；
——依据监测海域(滩涂)范围,以最少数量测站,所获取的数据能够满足监测目的需要；
——尽可能沿用历史测站；
——不同类型滩涂、增养殖海区,测站布设应有所不同；
——应考虑监测海域(滩涂)的水动力状况和功能,开阔海区,测站可适当减少,半封闭或封闭海区,测站可适当加密。

6.3.2 站位布设

站位布设应根据实际情况,以覆盖和代表监测海域(滩涂)生物质量为原则：
——采用扇型(河口近岸海域)或井字型、梅花型、网格型方法布设监测断面和监测站位；
——生物监测断面布设与水质监测相一致,便于监测结果的分析；
——海洋大面监测断面布设基本与沿岸平行,重点考虑河口、排污口、港湾和经济敏感区；
——港湾水域监测断面按网格布设,按监测目的和项目的不同站点布设而有所侧重。

6.4 采样季节

在生物生长处于比较稳定期采样,一般说来应在成熟期采样,如果为了解在不同季节里生物体内所含污染物的变化情况,在每个季节里都应采样。

6.5 样品的年龄和大小

选择生物种群中年龄、大小和重量占优势的类型。

6.6 样品采集

6.6.1 采样工具

采样时应注意采样工具对待测项目的影响,测定金属项目的采样工具应使用木质、竹质、塑料材质。鱼类和贝类的解剖可以用不锈钢材质的刀具、剪子等。一般应配备以下工具:

——铁锨(采取栖息在泥沙中的动物);

——铁把手(采集栖息在浅层泥沙中的贝类);

——凿子(采集栖息在岩石或岩石缝隙内的动物,如牡蛎等);

——解剖不锈钢刀;

——冰瓶(保存样品);

——组织捣碎机(样品匀浆);

——一次性塑料袋;

——一次性乳胶手套;

——广口玻璃瓶、聚乙烯袋、纱布、卡尺、记录本、记号笔等。

6.6.2 现场样品采集

现场样品的采集按以下步骤进行:

a) 贝类样品的采集:挑选采集体长大致相似的个体约 1.5kg。如果壳上有附着物,应用不锈钢刀或比较硬的毛刷刷掉,彼此相连个体应用不锈钢小刀分开。用现场海水冲洗干净后,放入双层聚乙烯袋中冰冻保存,用于生物残毒及贝毒检测;

b) 藻类样品的采集:采集大型藻类样品 100g 左右,用现场海水冲洗干净,放入双层聚乙烯袋中冰冻保存($-10℃\sim 2℃$);

c) 检测细菌学指标(粪大肠菌群、异养细菌)样品的采集:检测细菌学指标的生物样品,应现场用凿子铲取栖息在岩石或其他附着物上的生物个体。栖息在沙底或泥底中的生物个体可用铲子采取,或铁钩子扒取。在选取生物样品时要去掉壳碎的或损伤的个体(指机械损伤),将无损伤、生物活力强的个体装入做好标记的一次性塑料袋中。然后将样品放入冰瓶冷藏($0℃\sim 4℃$)保存不得超过 24h,全过程严格无菌操作;

d) 虾、鱼类样品的采集:虾、鱼类等生物的取样量为 1.5kg 左右,为了保证样品的代表性和分析用量,应视生物个体大小确定生物的个体数,保证选取足够数量(一般需要 100g 肌肉组织)的完好样品用于分析测定。用现场海水冲洗干净,冰冻保存($-10℃\sim -20℃$)。

6.7 采样现场的描述

采样时如实记录下采样日期,采样海区的位置和采样深度,采样海区的特征,使用的采样方法,采集的生物种类。如果已作好样品鉴定,应记下样品的年龄、大小、重量、性别等,待分析项目、贮存方式、处理方法等。

6.8 样品的保存与运输

6.8.1 样品的保存

样品运输前,应根据采样记录和样品登记表清点样品,填好装箱单和送样单,由专人负责,将样品送回实验室冷冻保存。

生物残毒和贝毒检测样品应保存在-20℃以下的冰柜中。

用于微生物检测的样品运回实验室后,应立即进行检测。

6.8.2 样品的运输

样品采集后,若长途运输,需把样品放入样品箱(或塑料桶)中,对无须封装的样品应将现场清洁海水淋洒在样品上,保持样品润湿状(不得浸入水中)。若样品处理,须在采样24h后进行,可将样品放在聚乙烯袋中,压出袋内空气,将袋口打结. 将此袋和样品标签一起放入另一聚乙烯袋(或洁净的广口玻璃瓶)中,封口、冷冻保存。

6.9 样品采集、运输、贮存的质量保证

样品采集、运输、贮存过程应遵循以下原则:

——制定一个科学的采样计划,选择合理的采样地点、采样时间和采样方法,确保采样的代表性;

——格各类样品采集、取样、包装、运输和储存的一切器具的选择及按规定清洗,防止样品被沾污;

——采样工具的材料不应干扰分析;

——测定样品时,应单独使用分样,测定完毕后,剩余样品不应再用;

——消过毒的瓶子应保持在灭菌状态直到样品采集;

——样品保存或运输过程中要冰冻保存,不应放在水中。

海洋监测规范 第4部分:海水分析(节录)

GB 17378.4—2007

(2007年10月18日发布 2008年5月1日实施)

本部分由国家海洋局提出。

本部分起草单位:国家海洋环境监测中心。

(按原标准编号节录)

3 术语和定义

下列术语和定义适用于 GB 17378 的本部分。

3.1 过滤的水样 filtered water sample

用 0.45μm 纤维滤膜过滤的水。

3.2 标线 standard line

计量容器体积的刻度线。

4 一般规定

4.1 试剂、溶剂、滤膜的纯化和处理

4.1.1 氨水的等温扩散法纯化:将分别盛有氨水和高纯水的容器分放在玻璃干燥器隔板上或隔板下,密闭放置。扩散时间依气温而定,大约 1 周~2 周。

4.1.2 三氯甲烷、四氯化碳的纯化:对新开封的溶剂可进行简单的处理,即每升溶剂中加 200mL 盐酸羟胺溶液(体积分数 0.5%),于分液漏斗中振荡洗涤弃去水相,再用纯水洗涤一次,经干燥过的滤纸过滤即可。若作为回收的废溶剂或经上述方法处理后仍不合格者,改用下法处理:将溶剂倒入蒸馏瓶至半满,加适量亚硫酸钠溶液(体积分数 10%)适量覆于上层,进行第一次蒸馏,再移入另一清洁的蒸馏瓶中,加入固体氧化钙进行第二次蒸馏,弃去初馏液少许,接取馏液,贮于棕色瓶中。若溶剂为氯仿,可加 1% 体积的无水乙醇,增加其稳定性。

4.1.3 $0.45\mu m$ 纤维滤膜的处理:用敷有聚乙烯膜的不锈钢镊子挟持滤膜的边缘,逐张地竖直向下浸入 0.5mol/L 的盐酸溶液中,至少 12h。用纯水冲洗至中性,密封待用。

4.2 说明

4.2.1 标准空白(A_0)与分析空白(A_b)的扣除

4.2.1.1 当 $A_0 = A_b$(即标准系列与水样测定步骤完全一致),两者都可不必扣除,即 A_i 不减 A_0;A_w 不减 A_b 绘制校准曲线或查读曲线,但只限同批可行;若空白值(A_0 及 A_b)十分稳定,可延用一周。

注1:A_w,水样的吸光(信号)值;

注2:A_b,分析空白吸光值;

注3:A_i,标准系列各点的吸光值,其中零浓度为标准空白 A_0。

4.2.1.2 当 $A_0 \neq A_b$,即标准系列的测定步骤较之水样有所省略时,则必须 A_i—A_0 后绘制曲线;A_w—A_b 后查读曲线。

4.2.1.3 用线性回归方程计算也应按上述规定。

4.2.1.4 原子吸收、气相色谱、电化学等测定方法,参照上述规定。

4.2.2 盐误差的校正

盐误差(离子强度不同带来的误差)的校正,应用清洁海水稀释定容标准系列;若用纯水则应给出校正因数;已知某些校正因数(如硅、氨)受环境和纯水影响波动较大,使用者应以实测的结果作必要的校正。

4.2.3 水样体积的校正

在量取测定水样之前向水样加入的试剂溶液超过 1% 体积时,按式(1)进行体积校正:

$$V = \frac{V_1 V_3}{V_1 + V_2} \tag{1}$$

式中:V——校正后水样体积,单位为毫升(mL);

V_1——原始水样体积,单位为毫升(mL);

V_3——量取测定水样体积,单位为毫升(mL);

V_2——加入试剂溶液体积,单位为毫升(mL)。

4.2.4 测试方法的验证

水温、盐度、水色、透明度、PH、氯化物、化学需氧量、氨的次溴酸盐法等测试方法系等同采用国内外经典方法,其性能指标多数引自原稿,未再验证。

4.2.5 平行样间的相对偏差限及天然样品加标回收率

重复测定平行样之间的相对偏差限及天然样品加标回收率,若原方法中未作规定,按照GB 17378.2的规定执行。

5 汞

5.1 原子荧光法

5.1.1 适用范围和应用领域

适用于大洋、近岸及河口区海水中汞的测定。

本方法为仲裁方法。

5.1.2 方法原理

水样经硫酸-过硫酸钾消化后,在还原剂硼氢化钾的作用下,汞离子被还原成单质汞。以氩气为载气将汞蒸气带入原子荧光光度计的原子化器中,以特种汞空心阴极灯为激发光源,测定汞原子荧光强度。

5.1.7 精密度和准确度

浓度为 1.00 μg/L 时,重复性相对标准偏差 2.5%;再现性相对标准偏差 10.2%;相对误差 6.5%。

5.1.8 注意事项

本方法执行中应注意以下事项:

——除非另有说明,本方法所用试剂均为分析纯,水为无汞纯水或等效纯水。

——测试使用的所有器皿必须在硝酸溶液(1+3)中浸泡24h后,再用去离子水冲洗干净方可使用;

——测试过程中切勿使器皿受汞的沾污。

——盐酸羟胺的含汞量差别较大,使用前应进行试剂空白测试,以免因空白值过大,造成过大的测定误差。

——由于影响汞测定的因素较多,如载气流量、汞灯电流、负高压等,因此,每次测定均应测定标准系列。

5.2 冷原子吸收分光光度法

5.2.1 范围和应用领域

适用于大洋、近岸及河口区海水中汞的测定。

5.2.2 方法原理

水样经硫酸-过硫酸钾消化,在还原剂氯化亚锡的作用下,汞离子被还原为金属汞,采用气-液平衡开路吸气系统,在253.7nm波长测定汞原子特征吸收值。

5.2.7 精密度和准确度

浓度为 1.25μg/L 时,相对误差 0.50%;重复性(r)0.17μg/L;重复性相对标准偏差 4.8%;再现性(R)0.37μg/L;再现性相对标准偏差 9.3%。

5.2.8 注意事项

本方法执行中应注意以下事项：

——除非另有说明，本方法所用试剂均为分析纯，水为无汞纯水或等效纯水；

——汞离子在蒸馏水中极不稳定，因此汞的标准系列应配于过滤的表层海水或2%的氯化钠溶液中；

——氯气影响测定结果，在测定前必须除净消化样品中的氯气，否则结果偏高；

——所用器皿，均须用硝酸溶液(1+3)浸泡1d以上，并检查合格；

——用过的汞蒸气发生瓶，须用酸性高锰酸钾溶液洗涤，再用水洗净。

5.3 金捕集冷原子吸收光度法

5.3.1 适用范围和应用领域

适用于大洋水、近岸海水、地面水痕量汞的测定。

5.3.2 方法原理

样品经硫酸-过硫酸钾消化，有机汞转化为无机汞，在还原剂氯化亚锡的作用下，汞离子还原为金属汞，汞蒸气被载气带入金捕集器与金丝生成金汞齐。加热金丝，释放汞蒸气，由载气导入测汞仪吸收池中。在253.7nm波长，测定汞原子特征吸光值。

5.3.7 精密度和准确度

浓度为$1.25\mu g/L$时，相对误差2.9%；重复性$(r)0.25\mu g/L$；重复性相对标准偏差7.2%；再现性$(R)0.28\mu g/L$；再现性相对标准偏差8.1%。

5.3.8 注意事项

本方法执行中应注意如下事项：

——除非另有说明，本方法所用试剂均为分析纯，水为无汞纯水或等效纯水；

——本方法由于超痕量级分析，器皿必须按要求严格清洗；

——若遇到高含汞量样品，在测定该样之后，需再通电加热金丝除掉残留汞，以防影响下一样品的测定。测定样品时，浓度应由低到高逐次进行；

——金丝的保护是延长其使用寿命的关键。大量有机质和氧化性物质会破坏金丝的捕集能力。金丝加热时间不宜过长，当吸收值达最大时，应立即关闭加热开关，同时迅速冷却金丝；

——若金丝捕集能力下降，可以取出金丝用20%氢氧化钠溶液浸泡一周左右；若因含氧化性物质而引起的，可用盐酸羟胺溶液（见5.3.3.5）浸泡几天，然后用标准溶液检查其恢复情况；

——金丝置于石英管中，不要使其缠绕过紧，要呈网状丝团，长度大约5mm与石英管壁紧贴；

——有机质、氧化性物质和其他易挥发物质，会降低或破坏金丝的捕集能力，当测定受污染较重的水体时，须先经高倍稀释；

——样品瓶及接触样品的容器，必须用硝酸溶液(1+1)浸泡1h以上。

6 铜

6.1 无火焰原子吸收分光光度法（连续测定铜、铅和镉）

6.1.1 适用范围和应用领域

本法适用于海水中痕量铜、铅和镉的连续测定。

本方法为仲裁方法。

6.1.2 方法原理

在 pH 为 5～6 的条件下,海水中的铜、铅、镉与吡咯烷二硫代氨甲酸铵(APDC)和二乙氨基二硫代甲酸钠(DDTC)混合液螯合,经甲基异丁酮(MIBK)-环己烷混合溶液萃取分离后,于各自的特征波长下用石墨炉原子吸收光谱法测定其吸收值。

6.1.7 精密度和准确度

铜含量为 24.4μg/L 时,相对误差 3.0%;重复性(r)3.9μg/L;重复性相对标准偏差 5.2%;再现性(R)7.5μg/L;再现性相对标准偏差 11%。

铅含量为 24.4μg/L 时,相对误差 0.51%;重复性(r)14μg/L;重复性相对标准偏差 3.9%;再现性(R)39μg/L;再现性相对标准偏差 11%。

镉含量为 10.1μg/L 时,相对误差 4.9%;重复性(r)1.2μg/L;重复性相对标准偏差 4.2%;再现性(R)2.2μg/L;再现性相对标准偏差 7.9%。

6.1.8 注意事项

本方法执行中应注意如下事项:

——除非另作说明,本方法所用试剂均指分析纯,水为去离子水或等效纯水;

——所用器皿用硝酸溶液(1+3)浸泡,使用前用水清洗,防止沾污;

——所用试剂,在使用前作空白试验,对空白值高的试剂,应进行提纯处理或使用级别更高的试剂;

——根据所使用原子吸收分光光度计灵敏度高低,和海水样品铜、铅、镉含量的高低,相应增加或减少海水样品取样量。海水取样量与标准溶液体积相同;

——根据所用的原子吸收分光光度计,选定最佳仪器工作条件。

6.2 阳极溶出伏安法(连续测定铜、铅和镉)

6.2.1 适用范围和应用领域

本法适用于盐度大于 0.5 的河口水和海水中溶解铜、铅和镉的连续测定。

6.2.2 方法原理

水样中铜、铅和镉金属离子在极限扩散电流电位范围内,于-0.90V 恒压电解,金属离子在悬汞电极上还原生成汞齐。当电极电位均匀地由负向正方向扫描,电位到达可使该金属的汞齐发生氧化反应时,富集在电极上的该金属重新氧化成离子进入溶液。根据所得到的伏安曲线连续测定铜、铅和镉的含量。

6.2.7 精密度和准确度

铜含量为 9.09μg/L 时,相对误差 4.6%;重复性(r)2.8μg/L;重复性相对标准偏差 11%;再现性(R)4.8μg/L;再现性相对标准偏差 19%。

铅含量为 34.9μg/L 时,相对误差 2.0%;重复性(r)9.5μg/L;重复性相对标准偏差 10%;再现性(R)11μg/L;再现性相对标准偏差 12%。

镉含量为 10.1μg/L 时,相对误差 3.4%;重复性(r)1.8μg/L;重复性相对标准偏差 6.5%;再现性(R)2.4μg/L;再现性相对标准偏差 8.5%。

6.2.8 注意事项

本方法执行中应注意如下事项:

——除非另作说明,本方法所用试剂均为分析纯;

——所用器皿使用前均用硝酸溶液(1+1)浸泡一星期,而后用重蒸馏水冲洗干净;

——电解池在水样测定前用提纯过的1mol/L硝酸溶液冲洗一次,再用重蒸馏水冲洗二次,电极系统也同样处理;

——本方法所测定的只是水样中具有电极反应活性的金属形态;

——海水中铜、铅和镉的特征峰电压分别约为 $-0.30V$、$-0.52V$、$-0.72V$,其中铅和镉的特征峰电压随盐度的变化不大,但铜的特征峰电压随盐度变化很明显,盐度为0.5的河口水中铜的特征峰电压约为$-0.19V$;

——用于酸化水样的硝酸为经亚沸石英蒸馏器重蒸馏的超纯酸,该试剂中的空白值可略而不计;

——各实验室均应自行以所用的极谱仪,试验本方法各金属的线性范围及灵敏度,必要时自行选定最佳仪器参数;

——加标准使用溶液时,应参考加入标准溶液前的峰电流值和金属的灵敏度,选择合适体积的标准使用溶液,尽量使加入标准溶液后峰电流值的增值与未加入标准溶液时的峰电流值相接近。必要时改变标准使用溶液的浓度,使所加入的金属标准溶液的体积一般均不小于10.0μL,加入标准溶液后的总体积一般不大于200μL。

6.3 火焰原子吸收分光光度法

6.3.1 适用范围和应用领域

本方法适用于海水中痕量铜的测定。

6.3.2 方法原理

在pH值5~6条件下,水中溶解态铜与吡咯烷二硫代甲酸铵(APDC)及二乙氨基二硫代甲酸钠(DDTC-Na)形成螯合物,用甲基异丁酮(MIBK)萃取富集分离后,有机相中铜在其特征吸收谱线处测定吸光值。

6.3.7 精密度和准确度

铜含量为66.4μg/L时,相对误差1.9%;重复性(r)4.9μg/L;重复性相对标准偏差2.6%;再现性(R)5.1μg/L;再现性相对标准偏差2.7%。

6.3.8 注意事项

——除非另作说明,本方法所用试剂均为分析纯,水为无铜去离子水或等效纯水;

——本方法所用的器皿均先用硝酸溶液(1+1)浸泡24h以上,使用前用二次去离子水冲洗干净,待用;

——根据所用的原子吸收分光光度计,选定最佳仪器工作条件。

7 铅

7.1 无火焰原子吸收分光光度法

无火焰原子吸收分光光度法见6.1。

本方法为仲裁方法。

7.2 阳极溶出伏安法

阳极溶出伏安法见6.2。

7.3 火焰原子吸收分光光度法

7.3.1 适用范围和应用领域

本法适用于近海、沿岸、河口水中铅的测定。

7.3.2 方法原理

在 pH 为 4~5 条件下,铅与吡咯烷基二硫代甲酸铵(APDC)和二乙氨基二硫代甲酸钠(DDTC)形成螯合物,经甲基异丁酮(MIBK)和环己烷混合溶液萃取分离,用硝酸溶液反萃取,于 217.0nm 波长测定原子吸光值。

7.3.7 精密度和准确度

铅含量为 347μg/L 时,相对误差 1.7%;重复性(r)33μg/L;重复性相对标准偏差 3.4%;再现性(R)53μg/L;再现性相对标准偏差 5.5%。

7.3.8 注意事项

本方法执行中应注意如下事项:
——除非另作说明,本方法所用试剂均指分析纯;
——器皿必须用硝酸溶液(1+3)浸泡 24h 以上,使用前用水(7.3.3.1)洗净;
——所用试剂必须检查纯度后使用。不合要求的试剂应提纯;
——在萃取与反萃取过程中,溶液放出前须用水(7.3.3.1)洗净锥形分液漏斗出口管下端的内外壁,避免沾污;
——根据所用的原子吸收分光光度计,选定最佳仪器工作条件;
——用细玻璃棒沾微量溶液试验其 pH 值时,应防止沾污。

8 镉

8.1 无火焰原子吸收分光光度法

无火焰原子吸收分光光度法见 6.2。
本方法为仲裁方法。

8.2 阳极溶出伏安法

阳极溶出伏安法见 6.2。

8.3 火焰原子吸收分光光度法

8.3.1 适用范围和应用领域

本法适用于近海、河口水体中镉的测定。

8.3.2 方法原理

在 pH 为 4~5 条件下,海水中的镉与吡咯烷二硫代甲酸铵(APDC)和二乙氨基二硫代甲酸钠(DDTC)形成螯合物,经甲基异丁酮(MIBK)和环己烷混合溶液萃取分离,用硝酸溶液反萃取,于 228.8nm 波长测定原子吸光值。

8.3.7 精密度和准确度

镉含量为 31.6μg/L 时,相对误差 1.9%;重复性(r)3.6μg/L;重复性相对标准偏差 4.1%,再现性(R)7.1μg/L;再现性相对标准偏差 8.1%。

8.3.8 注意事项

本方法执行中应注意如下事项:
——除非另作说明,本方法所用试剂均指分析纯;
——器皿均须用硝酸溶液(1+3)浸泡 24h 以上,使用前用水(8.3.3.1)洗净;
——所用试剂必须检查纯度后使用,不合要求的试剂应提纯;

——萃取与反萃取过程中,溶液放出前须用水(8.3.3.1)洗净锥形分液漏斗出口管下端的内外壁,避免沾污;

——根据所用原子吸收分光光度计,选定最佳仪器工作条件;

——用细玻璃棒沾微量溶液试验其pH值时,应防止沾污。

9 锌

9.1 火焰原子吸收分光光度法

9.1.1 适用范围和应用领域

本法适用于海水中痕量锌的测定。

本方法为仲裁方法。

9.1.2 方法原理

在弱酸性(pH为3.5～4.0)条件下,锌与吡咯烷二硫代甲酸铵(APDC)及二乙氨基二硫代甲酸钠(DDTC-Na)形成螯合物,经甲基异丁酮(MIBK)萃取富集分离后,有机相中的锌在乙炔-空气火焰中被原子化。在其特征吸收波长处测定原子吸光值。

9.1.7 精密度和准确度

锌含量为282μg/L时,相对误差2.8%;重复性(r)54.5μg/L;重复性相对标准偏差6.9;再现性(R)74.5μg/L;再现性相对标准偏差9.3%。

9.1.8 注意事项

本方法执行中应注意如下事项:

——除非另有说明,本方法所用试剂均为分析纯,水为二次去离子无锌水或等效纯水;

——本法测定所用器皿必须用硝酸溶液(1+1)浸泡12h以上,再用水洗净;

——根据所用火焰原子吸收分光光度计,选定最佳仪器工作条件。

9.2 阳极溶出伏安法

9.2.1 适用范围和应用领域

本法适用于盐度大于0.5的河口水和海水中溶解锌的测定。

9.2.2 方法原理

水样中锌离子在-1.30V恒电压电解,锌离子在悬汞电极上还原生成锌汞齐。然后,将电极电位均匀地由负向正方向扫描,当电位到达锌汞齐氧化电位时,汞齐中的锌重新氧化成离子进入溶液。根据所得到的伏安曲线测定锌含量。

9.2.7 精密度和准确度

锌含量为270μg/L时,相对误差6.6%;重复性(r)44μg/L;重复性相对标准偏差5.8%;再现性(R)56μg/L;再现性相对标准偏差7.5%。

9.2.8 注意事项

本方法执行中应注意如下事项:

——除非另作说明,本方法所用试剂均为分析纯;

——所用器皿均用硝酸溶液(1+1)浸泡一周而后用重蒸馏水冲洗干净;

——电解池在水样测定前用提纯过的1mol/L硝酸溶液冲洗一次,再用重蒸馏水冲洗二次,电极系统也同样处理;

——本法所测定的只是水样中具有电极反应活性的锌;
——海水、河口水中锌的特征峰电压约为-1.1V;
——根据所用极谱仪型号,试验本法测定锌的线性范围及灵敏度,必要时自行选定最佳仪器参数;
——加标准使用溶液时,应参考加入标准溶液前锌的峰电流值和灵敏度,选择合适体积的标准使用溶液,尽量使加入标准溶液后峰电流值的增值与未加标准溶液时的峰电流值相接近。必要时改变标准使用溶液的浓度,使所加入锌标准溶液的体积一般为 10.0μL~100μL。

10 总铬

10.1 无火焰原子吸收分光光度法

10.1.1 适用范围和应用领域

本方法适合于海水中总铬的测定。

本方法为仲裁方法。

10.1.2 方法原理

在 pH 为 3.8±0.2 的条件下,低价态铬被高锰酸钾氧化后,同二乙氨基二硫代甲酸钠(DDTC)螯合,用甲基异丁酮(MIBK)萃取,于铬的特征吸收波长处测定原子吸光值。

10.1.7 精密度和准确度

铬含量为 184μg/L 时,相对误差 1.0%;重复性(r)12.0μg/L;重复性相对标准偏差 3.2%;再现性(R)23.0μg/L,再现性相对标准偏差 4.5%。

10.1.8 注意事项

本方法执行中应注意如下事项:

——除非另作说明,本方法所用试剂均为分析纯,水为二次去离子水或等效纯水;
——本方法关键是控制 pH 范围,因此在调 pH 接近浅橙色时,必须用很稀的氨水(1+500)仔细调;
——当水样中铬的含量很低时,取水样量增加到 20mL,进入石墨炉的有机相体积增加到 50μL;
——水样的萃取体积和进样体积,应与标准系列分析时完全一致;
——不同型号仪器应自选最佳工作条件。

10.2 二苯碳酰二肼分光光度法

10.2.1 适用范围和应用领域

本法适用于河口和近岸海水总铬的测定。

10.2.2 方法原理

海水中六价铬在酸性条件下,用亚硫酸钠还原为三价铬,以氢氧化铁共沉淀富集。沉淀物溶于酸中,在一定酸度下,用高锰酸钾将三价铬氧化为六价铬,分离铁后,六价铬离子与二苯氨基脲生成紫红色络合物,于 540nm 波长测定吸光值。

10.2.7 精密度和准确度

铬含量为 572μg/L 时,相对误差 2.1%;重复性(r)32μg/L;重复性相对标准偏差 2.2%;再现性(R)38μg/L;再现性相对标准偏差 2.4%。

10.2.8 注意事项

本方法执行中应注意如下事项：

——除非另作说明，本方法所用试剂均为分析纯，水为二次蒸馏水或等效纯水；

——所用器皿先用洗涤剂洗净，再用硝酸溶液(1+3)浸泡2d～3d，不得使用重铬酸钾洗液，以免沾污；

——六价铬与二苯氨基脲生成的络合物的稳定性随温度增加而降低，一般应在2h内测定完毕，温度高于30℃时，应在半小时内完成测定；

——二苯氨基脲的丙酮溶液变黄或浑浊时，应重配。

11 砷

11.1 原子荧光法

11.1.1 适用范围和应用领域

本方法适用于海水中砷的测定。

本方法为仲裁方法。

11.1.2 方法原理

在酸性介质中，五价砷被硫脲-抗坏血酸还原成三价砷，用硼氢化钾将三价砷转化为砷化氢气体，由氩气作载气将其导入原子荧光光度计的原子化器进行原子化，以砷特种空心阴极灯作激发光源，测定砷原子的荧光强度。

11.1.7 精密度和准确度

砷含量为 5.0μg/L 时，重复性相对标准偏差 3%；再现性相对标准偏差 10.8%；相对误差2.1%。

11.1.8 注意事项

本方法执行中应注意如下事项：

——除非另有说明，本方法所用试剂均为分析纯，水为去离子水或等效纯水；

——所用器皿必须清洁，器皿水洗后要经15%硝酸浸泡24h以上，再用二次去离子水或等效纯水冲干净方可使用，尤其对新玻璃器皿，应做空白试验；

——盐酸试剂的空白值差别较大，使用前应进行空白检验；

——配制标准溶液与检测样品应用同一瓶盐酸；

——由于影响砷测定的因素很多，如载气、炉温、灯电流、气液体积比等，因此，每次测定应同时绘制标准曲线。

11.2 砷化氢-硝酸银分光光度法

11.2.1 适用范围和应用领域

本方法适用于各类海水及地面水中砷的测定。

11.2.2 方法原理

在弱酸性条件下，砷(V)经抗坏血酸预还原成砷(Ⅲ)，然后用硼氢化钾还原砷(Ⅲ)为砷化氢，经硝酸银-聚乙烯醇吸收液吸收。银离子被砷化氢还原成黄色胶体银，在特征吸收波长406nm处测其吸光值。

11.2.7 精密度和准确度

砷含量为 572μg/L 时,相对误差:2.1%;重复性(r):35μg/L;重复性相对标准偏差:2.2%;再现性(R):38μg/L;再现性相对标准偏差:2.4%。

11.2.8 注意事项

本方法执行中应注意如下事项:

——除非另说明,本方法所用试剂均为分析纯,水为去离子水或等效纯水;

——N,N′-二甲基甲酰胺(DMF)装填时,先在导管中装入脱脂棉(不要过紧),约滴入 0.25mLDMF 溶液。DMF 棉明显变红时就应调换;

——吸收管和导气管用前烘干;

——室温高时,易造成吸收不完全,反应温度最好控制在 28℃ 以下,吸收温度最好低于 20℃。夏天应将吸收管置于水中(15℃~20℃)控温,可将几支吸收管插入试管架,然后将试管架放入冷水中,再按图 3 安好反应装置;

——导气管出口离开吸收管底部的距离约 0.5mm 左右。一批水样测定时,该距离应尽量保持一致,以免影响测定精度;

——吸收液高度对测定结果有影响,应选用内径一致的 10mL 比色管作吸收管;

——投入硼氢化钾片剂后,迅即塞紧塞子,可在塞子边缘采用水封法检漏。反应过程中应不时摇动反应瓶,使反应完全。

11.3 氢化物发生原子吸收分光光度法

11.3.1 适用范围和应用领域

本方法适用于大洋、近岸、河口水中无机砷的测定。

11.3.2 方法原理

在酸性介质中,以硼氢化钾将砷(Ⅲ)转化为砷化氢气体,由载气将其导入原子化器,分解生成原子态砷,在其特征吸收波长处测定原子吸光值。

11.3.7 精密度和准确度

砷含量为 184μg/L 时,相对误差 1.0%;重复性(r)12μg/L;重复性相对标准偏差 3.2%;再现性(R)23μg/L;再现性相对标准偏差 4.5%。

11.3.8 注意事项

本方法执行中应注意如下事项:

——除非另作说明,本方法所用试剂均为分析纯,水为二次去离子水或等效纯水;

——原子化器加热温度对测定结果影响极大,因此必须预热,待散热和加热达到平衡后再正式工作;

——所用器皿均需用 1+6 硝酸溶液浸泡 2h 以上,用纯水冲洗 5 次以上方可使用;

——加热电压要稳定;

——每份样品分析间隔时间要尽量一致;

——测定中间对标准曲线重校一次,检查灵敏度是否有变化;

——硼氢化钾流速、浓度及反应液的温度,载气流速对结果均有影响,因此条件要恒定。

11.4 催化极谱法

11.4.1 适用范围和应用领域

本法适用于河水、各种盐度的海水中砷的测定。

11.4.2 方法原理

在酸性介质中,用氯酸钾将砷(Ⅲ)氧化成砷(Ⅴ),用 EDTA 作掩蔽剂,以铍作载体与砷(Ⅴ)共沉淀,沉淀溶于硫酸后,被过氧化氢还原砷呈三价状态,砷(Ⅲ)在碲-硫酸-碘化铵介质中能得到灵敏的催化波,其催化电流与砷的浓度呈正相关。

11.4.7 精密度和准确度

砷含量为 214μg/L 时,相对误差 7.0%;重复性(r)25μg/L;重复性相对标准偏差 4.2%;再现性(R)41μg/L;再现性相对标准偏差 6.9%。

11.4.8 注意事项

本方法执行中应注意如下事项:

——除非另作说明,本方法所用试剂均为分析纯,水为二次去离子水或等效纯水;

——共沉淀结束后,一定要待沉淀澄清(给予充分的陈化时间)再离心分离,否则结果会偏低;

——加入过氧化氢的目的在于将砷(Ⅴ)还原成砷(Ⅲ),在中温蒸至硫酸刚冒白烟时就取下,时间过长由于硫酸挥发损失过量会影响峰电流值及结果不稳定。反之,若过氧化氢分解不完全,在加入碘化铵时,会析出碘而影响测定;

——硫酸溶液(1+1)及碲溶液要准确地加入,否则结果不稳定;

——测定时,室温要控制在(15~30)℃,并且温度要基本保持一致。低于14℃时,砷的催化波波形不稳定,甚至不出峰。高于30℃时,峰电流值也不稳定,因此,仪器室应配有空调装置;

——所用器皿均用硝酸溶液(1+3)浸泡过夜并用水清洗干净。

12 硒

12.1 荧光分光光度法

12.1.1 适用范围和应用领域

本法适用于海水、天然水中总硒的测定,如果样品不经酸处理,可直接测定四价硒的含量。本方法为仲裁方法。

12.1.2 方法原理

水样用高氯酸-硫酸-钼酸钠消化,再用盐酸将硒(Ⅵ)还原为硒(Ⅳ)。在酸性条件下,硒(Ⅳ)与 2,3-二氨基萘反应生成有绿色荧光的 4,5-苯并苯硒脑,用环己烷萃取,在激发波长 376nm,发射波长 520nm 下,进行荧光分光光度测定。

12.1.7 精密度和准确度

硒含量为 214μg/L 时,相对误差 3.5%;重复性(r)2.7μg/L;重复性相对标准偏差 2.5%;再现性(R)4.4μg/L;再现性相对标准偏差 4.1%。

12.1.8 注意事项

本方法执行中应注意如下事项:

——除非另作说明,本方法所用试剂均为分析纯,水为去离子水或等效纯水;

——配制 DAN 溶液时应在暗处进行;

——在沸水浴上加热 5min 后,用冷水冷却的时间控制在 10min 内。否则结果会稍偏低;

——甲酚红指示剂有两个变色范围,当 pH 为 2~3 时由红变黄,pH 为 7.2~8.8 时由黄变红。本方法中调节 pH 为 1.5~2.0 时至粉橙色,pH<1.5 为桃红色。因此调 pH 时要注意颜色

变化,必要时可用精密 pH 试剂验证;

——玻璃器皿用硝酸溶液浸泡 2d～3d,洗净后使用;

——样品中硒含量低时,可增加水样体积至 50mL,对测定无影响。

12.2 二氨基联苯胺分光光度法

12.2.1 适用范围和应用领域

本方法适用于河口和海水中硒的测定。

12.2.2 方法原理

水样经酸性高锰酸钾消化,硒(Ⅵ)用盐酸还原为硒(Ⅳ)。在酸性条件下,硒(Ⅳ)与 3,3′-二氨基联苯胺四盐酸盐形成黄色络合物,在 pH 为 6～8 条件下用甲苯萃取,于 420nm 处进行分光光度测定。

12.2.7 精密度和准确度

硒含量为 74.6μg/L 时,相对误差 2.5%;重复性(r)13μg/L;重复性相对标准偏差 6.2%;再现性(R)18.3μg/L;再现性相对标准偏差 8.8%。

12.2.8 注意事项

本方法执行中应注意如下事项:

——除非另作说明,本方法所用试剂均为分析纯,水为去离子水或等效纯水;

——所用玻璃器皿均经硝酸溶液(1+1)浸泡 2d～3d,用自来水、去离子水洗净;

——DAB 在空气中和光照下易分解,需避光密封保存;

——蒸发浓缩海水测定样时,其温度控制在 170℃ 以下,以免盐类析出爆溅。

12.3 催化极谱法

12.3.1 适用范围和应用领域

本法适用于海水及河水中溶解态硒的测定。

12.3.2 方法原理

用盐酸将硒(Ⅵ)还原成硒(Ⅳ)。在 pH 为 4.6～6 时,以氢氧化铁作载体共沉淀硒(Ⅳ)。沉淀溶于高氯酸中,以柠檬酸三铵、EDTA 作掩蔽剂,硒(Ⅳ)被亚硫酸还原成单价硒。在氟化铵-氢氧化铵缓冲溶液中(pH=10),Se 与 S_3^{2-} 生成 $SeSO_3^{2+}$。在碘酸钾存在下 $SeSO_3^{2+}$ 产生一个灵敏的硒极谱催化波。其峰电流值随硒浓度增加而增加。

12.3.7 精密度和准确度

硒含量为 23.6μg/L 时,相对误差 1.1%;重复性(r)3.0μg/L;重复性相对标准偏差 4.6%;再现性(R)3.4μg/L;再现性相对标准偏差 5.2%。

12.3.8 注意事项

本方法执行中应注意如下事项:

——除非另有说明,本方法所用试剂均为分析纯,水均为二次去离子水或等效纯水;

——本法适宜温度(15～25)℃。若室温高于 25℃,加入氟化铵-氢氧化铵缓冲溶液(见 12.3.3.8)及碘酸钾溶液(见 12.3.3.7)后,需在冷水浴中放置 10mn 再测定硒峰电流值,否则结果不稳;

——为了使结果稳定,样品加入碘酸钾溶液(见 12.3.3.7)后,应在半小时内测完。若样品多,应分小批量加入底液。但标准曲线制作时不受时间影响;

——样品和标准溶液于电热板上加热时,要防止蒸干,为此应在低温进行,否则结果偏低;

——本法对所用的试剂纯度要求比较高,应尽量使用超纯或优级纯。特别值得注意的是有时不同厂家生产的同一纯度的氨水,其空白值有较大的差别。若遇到无低空白值的氨水时,可用优级纯的氢氧化钠溶液代替。使用方法是,硒（Ⅵ）经盐酸还原为硒（Ⅳ）以后,加 1.5mL（17mol/L）的氢氧化钠,然后加铁（Ⅲ）和用等温扩散提纯的稀氨水调节 pH 为 4.6～6.0。其他步骤同 12.3.5.2；

——做试剂空白时,可采用亚沸蒸馏水代替样品取样体积,而按分析步骤加入试剂；

——所用器皿均用硝酸溶液(1+3)浸泡过夜并用二次去离子水清洗干净。

13 油类

13.1 荧光分光光度法

13.1.1 适用范围和应用领域

本法适用于大洋、近海、河口等水体中油类的测定。

本方法为仲裁方法。

13.1.2 方法原理

海水中油类的芳烃组分,用石油醚萃取后,在荧光分光光度计上,以 310nm 为激发波长,测定 360nm 发射波长的荧光强度,其相对荧光强度与石油醚中芳烃的浓度成正比。

13.1.7 精密度和准确度

重复性相对标准偏差 4.6%；再现性相对标准偏差 9.3%；相对误差 5.0%。

13.1.8 注意事项

本方法执行中应注意如下事项：

——除非另作说明,本方法所用试剂均为分析纯,水为去离子水或等效纯水；

——水样用 500mL 小口玻璃瓶直接采集时,须一次装好,不可灌满或溢出,否则应另取水样瓶重新取样。采集的水样用 5mL 硫酸溶液(见 13.1.3.11)酸化。分析时需将瓶中水样全部倒入分液漏斗中萃取,萃取后需测量萃取过水样的体积,扣除 5mL 硫酸溶液体积,即为水样实际体积；

——现场取样及实验室处理,应仔细认真,严防沾污；

——用过的玻璃容器,应及时用硝酸溶液(1+1)浸泡,洗净,烘干；

——判断石油醚的质量要求：经过脱芳处理的石油醚,其荧光强度与最大的瑞利散射峰强度比不大于 2%；

——采样后 4h 内萃取,有效期 20d。

13.2 紫外分光光度法

13.2.1 适用范围和应用领域

本法适用于近海、河口水中油类的测定。

13.2.2 方法原理

水体中油类的芳烃组分,在紫外光区有特征吸收,其吸收强度与芳烃含量成正比。水样经正己烷萃取后,以油标准作参比,进行紫外分光光度测定。

13.2.7 精密度和准确度

石油含量分别为 14.4μg/L,38.9μg/L 和 78.6μg/L 时,相对标准偏差分别为 9.0%,3.1% 和 1.9%；海水添加 200μg 大港原油的回收率为(97 ± 3)%。

13.2.8 注意事项

本方法执行中应注意如下事项：

——除非另作说明,本方法所用试剂均为分析纯,水为自来水加高锰酸钾蒸馏或等效纯水;

——水样用500mL小口玻璃瓶直接采集时,须一次装好,不可灌满或溢出,否则应另取水样瓶重新取样。采集的水样用5mL硫酸溶液(见13.2.3.4)酸化。分析时需将瓶中水样全部倒入分液漏斗中萃取,萃取后需测量萃取过水样的体积,扣除5mL硫酸溶液体积,即为水样实际体积;

——测定池易受沾污,注意保持洁净。使用前须校正测定池的误差;

——用过的层析活性炭经活化,可重复使用;

——用过的正己烷经脱芳处理,可重复使用;

——塑料、橡皮材料对测定有干扰,应避免使用由其制成的器件;

——采样后4h内萃取,萃取液避光贮存于5℃冰箱内,有效期20d。

13.3 重量法

13.3.1 适用范围和应用领域

本方法适用于油污染较重海水中油类的测定。

13.3.2 方法原理

用正己烷萃取水样中的油类组分,蒸除正己烷,称重,计算水样中含油浓度。

13.3.7 精密度和准确度

石油含量分别为0.35mg/L和3.76mg/L时,相对标准偏差分别为8.6%和2.7%;平均回收率为86%。

13.3.8 注意事项

本方法执行中应注意如下事项：

——除非另作说明,本方法所用试剂均为分析纯,水为纯水加高锰酸钾蒸馏或等效纯水;

——水样用试剂瓶直接采集时,须一次装好,不可灌满或溢出,否则应另取水样瓶重新采集。采集的水样用5mL硫酸溶液(1+3)酸化。分析时须将瓶中水样全部倒入分液漏斗中萃取。萃取后需测量萃取过水样的体积,扣除5mL硫酸溶液体积,即得水样实际体积V;

——用过的正己烷经重蒸馏处理,可重复使用;

——铝箔槽自重应尽量小,以提高测定准确度。制作时,边缘避免纵向折痕,防止油沿痕蠕升损失;

——采样后,4h内萃取,萃取液避光贮存于5℃冰箱内,有效期20d。

14 666、DDT——气相色谱法

14.1 适用范围和应用领域

本方法适用于河口、近岸海水中666、DDT的测定。

本方法为仲裁方法。

14.2 方法原理

水样中的666、DDT经正己烷萃取,净化和浓缩,用填充柱气相色谱法测定其各异构体含量。总量为各异构体含量之和。

14.7 精密度和准确度

有机氯农药的含量分别为α-666,44.0ng/L;γ-666,6.48ng/L;β-666,6.86 ng/L;δ-666,

2.13 ng/L;∑666,59.5 ng/L;p.p′-DDE,0.71 ng/L;p.p′-DDD,15.5 ng/L;p.p′-DDT,10.2 ng/L;∑DDT,26.4ng/L 时,相对标准偏差(%)分别为 α-666 2.9,γ-666 4.5,β-666 5.5,δ-666 4.7;∑666 2.7;p,p′-DDE 28,o.p-DDT 1,p.p′-DDD 8.4,p.p′-DDT 12,∑DDT 5.7;方法平均回收率为∑666,86%～95%,∑DDT,78%～86%。

14.8 注意事项

本方法执行中应注意如下事项:

——除非另作说明,本方法所用试剂均为分析纯,水为蒸馏水加入高锰酸钾溶液至稳定的紫红色蒸馏。再加氢氧化钠溶液呈强碱性重蒸。亦可采用活性炭-国产 1300 型树脂吸收柱净化;

——所用玻璃器皿均先用洗涤剂刷洗,自来水彻底冲洗,再用普通蒸馏水和净化蒸馏水各荡洗 3 次。浓缩瓶需用 5%氢氧化钠-乙醇溶液浸泡过夜,用自来水彻底冲洗,普通蒸馏水洗 5 次,净化蒸馏水洗 3 次。除分液漏斗自然晾干外,其余均烘干,置于干净的柜内避尘保存;

——为减少微量注射器引起的误差,标准和样品均使用同一支注射器,且注射体积相同,若确实需要采用不同体积注射,需对针头滞液量进行校正,并在计算公式中引入体积比($V_{标}/V_{样}$)因子;

——如果水样有机质含量较高,可增加硫酸净化次数;

——提取液浓缩时应保持溶液呈微沸状态,以减少损失;

——提取浓缩液最好当天进行色谱测定,试剂空白必须当天测定,否则变异很大;

——蒸发浓缩回收的正己烷经纯化后可反复使用;

——超纯硫酸一般可直接使用,低于此纯度的硫酸须用正己烷(见 14.3.4)提纯至空白值可以接受;

——∑666 和∑DDT 分别为 666 和 DDT 各异构体含量之和,在实际工作中,往往会出现个别异构体含量低于其检测限,出现此情况用其检出限的一半代表该异构体的含量;

——色谱仪的最佳工作条件需根据所用仪器型号进行选择;

——海水样品必须存放在全玻璃容器内,并尽快进行分析。塑料容器不适宜用于水样的贮放。

15 多氯联苯——气相色谱法

15.1 适用范围和应用领域

本法适用于近岸和大洋海水中多氯联苯含量的测定。

本方法为仲裁方法。

15.2 方法原理

海水样品通过树脂柱,多氯联苯及有机氯农药吸附在树脂上。用丙酮洗脱,正己烷萃取,通过硅胶混合层析柱脱水、净化、分离,浓缩的洗脱液经氢氧化钾-甲醇溶液碱解,浓缩后进行气相色谱测定。

15.7 精密度和准确度

PCBs 浓度分别为 25.0ng/L 和 125ng/L 时,相对标准偏差分别为 6.6%和 7.6%;平均回收率分别为 66%和 73%。

15.8 注意事项

本方法执行中应注意如下事项:

——除非另作说明,本方法所用试剂为分析纯,水为普通蒸馏水通过1300(Ⅰ)型树脂柱的水或等效纯水;

——所用玻璃器皿应先用洗涤剂洗后,浸泡于热的洗涤剂水溶液或重铬酸洗液中,自来水冲净,普通蒸馏水淋洗3遍,最后用纯净水冲洗。于120℃烘箱烘干后,用铝箔盖住瓶口,于橱中保存。临使用前用丙酮(见15.3.9)洗2次,再用正己烷(见15.3.8)洗1次;

——实验中很难把树脂净化到分析所要求的纯度,因此,树脂经甲醇、丙酮、甲醇索提以后,应该进行空白检验。其检验方法按照15.5.2~15.5.4的操作步骤,但不必通过海水样;

——15.5.2~15.5.3分析步骤是本方法的关键。操作时应将树脂柱与硅胶层析柱填得紧密没有气泡。一旦出现气泡,既影响流速,也影响吸附效率。每当水或溶剂通过柱时,不要让水或溶剂的液面低于柱层的顶端,即不要让空气进入柱层。树脂层更容易有气泡,一旦出现,可暂停操作,用玻璃棒插入柱层将气泡赶出;

——若待测试样中仅含PCBs,不含有机氯农药时,15.5.2~15.5.3步骤可以省略,将15.5.3.d)步骤的淋洗液直接浓缩至小于0.5mL,其他步骤不变;

——根据所用色谱仪型号,选定最佳色谱条件。

16 狄氏剂——气相色谱法

16.1 适用范围和应用领域

本法适用于近岸和大洋海水中狄氏剂含量测定。

本方法为仲裁方法。

16.2 方法原理

海水样品通过树脂柱,溶解态的狄氏剂被吸附于树脂上。用丙酮洗脱,正己烷萃取,通过硅胶混合层析柱脱水、净化、分离,浓缩后进行气相色谱测定。

16.7 精密度和准确度

狄氏剂浓度分别为6.25ng/L和25ng/L时,平均值分别为5.4ng/L和22ng/L;相对标准偏差分别为1.7%和5.4%;平均回收率分别为86%和88%。

16.8 注意事项

本方法执行中应注意如下事项:

——除非另作说明,本方法所用试剂为分析纯,水为普通蒸馏水通过1 300(Ⅰ)型树脂柱的水或等效纯水;

——由于海水中存在多种有机化合物,保留时间相同的有机物时有所见,因而,当样品检出含狄氏剂时,尚需进一步做确证试验,方法如下:

a)盐酸-乙酸酐混合物的制备:搅拌下滴加10mL乙酸酐到一个置于冰水中,内装5mL盐酸($HCl,\rho=1.19g/mL$)的锥形烧瓶中。该溶液密闭于锥形瓶,在室温下可放30min;

b)狄氏剂衍生物:在1个12mL离心管中放入含有适量杀虫剂的样品提取液(本试验在1mL正己烷中加入含有12.5ng标准狄氏剂),当0.5mL的盐酸乙酸酐试剂加入后,用氮气吹拂浓缩至大约0.5mL,摇动离心管使内容物完全湿润,后用磨口玻璃塞住,把内容物置于100±1℃烘箱加热45min,冷却至室温后加入1.5mL纯水,接着在搅拌下加入饱和的碳酸钠溶液,直至没有二氧化碳气体逸出为止。加入1mL正己烷(见16.3.8),摇动离心管,待分层后,上面有机相用滴管吸取,通过硅胶(2g)-氧化铝(1g)-无水硫酸钠(1g)层析柱,先用13mL正己烷(见16.3.8)淋洗层析柱,弃掉淋洗液。用14mL乙醚-正己烷混合溶剂(见16.3.12)淋洗,收集该淋洗液于离心管中,将它浓缩至0.5mL,注入色谱仪,色谱条件与本方法其他测试相同。

试验参数为:注入色谱仪的狄氏剂标准溶液和狄氏剂与盐酸-乙酸酐反映的衍生物的保留时间分别为4.70min 和10.88min。

——在实验室中,很难把树脂净化到要求的纯度,因此,树脂经甲醇、丙酮、甲醇索提以后,仍需进行空白检验。其检验方法按照16.1.5.1～16.1.5.3 的操作步骤,但不必通过海水样;

——16.5.1～16.5.3是本方法的关键步骤,操作时应将树脂柱与硅胶层析柱填得紧密没有气泡。一旦出现气泡,既影响流速,也影响吸附效率。任何水或溶剂过柱时,其液面不得低于柱层的顶端,严防空气进入柱层。树脂层更容易有气泡,一旦出现,可暂停操作,用玻璃棒插入柱层将气泡赶出;

——若待测试样中不仅含有狄氏剂,尚含有PCBs与其他有机氯农药。那么,本方法中16.5.2～16.5.3步骤所收集的第一份淋洗液不能弃掉,留待测定PCBs与其他组分;

——根据所用的色谱仪器型号,选择最佳色谱条件。

17 活性硅酸盐

17.1 硅钼黄法

17.1.1 适用范围和应用领域

本法适用于硅酸盐含量较高的海水。

本方法为仲裁方法。

17.1.2 方法原理

水样中的活性硅酸盐与钼酸铵-硫酸混合试剂反应,生成黄色化合物(硅钼黄),于380nm波长测定吸光值。

17.1.7 精密度和准确度

浓度为0.56mg/L时,相对标准偏差为1.93%,相对误差为2.17%;重复性相对标准偏差为1.70%;浓度为2.8mg/L时,相对标准偏差为0.6%,相对误差为3.03%。

17.1.8 注意事项

本方法执行中应注意如下事项:

——除非另作说明,本方法所用试剂均为分析纯,水为无硅蒸馏水或等效纯水;

——所有试剂、溶液及纯水用塑料瓶保存,并选用含硅低的试剂可降低空白值;

——工作曲线在水样测定实验室绘制,工作期间每天加测一次标准溶液以检查工作曲线,并须每个站位至少测一份空白。曲线延用的时间最多为一周;

——温度对反应速度影响较大,整个实验操作的温度变化范围应控制在±5℃以内;

——当试液中加混合液后,一般60min内颜色稳定,应及时完成测定,否则,结果偏低;

——器皿和测定池要及时清洗,必要时可用等体积硝酸与硫酸的混合酸或铬酸洗液短时间浸泡,洗净;

——此方法的显色受酸度及钼酸铵浓度影响,因此要注意测定条件尽量一致;

——此方法受水样中离子强度的影响而造成盐度误差,除用盐度校正表外,最好用接近水样盐度的人工海水制得硅酸盐工作曲线。

17.2 硅钼蓝法

17.2.1 适用范围和应用领域

本法适用于硅酸盐含量较低的海水。

17.2.2 方法原理

活性硅酸盐在酸性介质中与钼酸铵反应,生成黄色的硅钼黄,当加入含有草酸(消除磷和砷的干扰)的对甲替氨基苯酚-亚硫酸钠还原剂,硅钼黄被还原为硅钼蓝,于812nm波长测定其吸光值。

17.2.7 精密度和准确度

浓度为0.13mg/L时,相对误差为4%;浓度为1.3mg/L时,相对误差为2.5%;浓度为4.2mg/L时,相对误差6%。

17.2.8 注意事项

本方法执行中应注意如下事项:

——除非另作说明,本方法所用试剂为分析纯,水为无硅蒸馏水或等效纯水;

——使用硅含量低的试剂。试剂溶液及纯水用塑料瓶保存,可降低空白值;

——测量水样时,硅酸盐溶液的温度与制定工作曲线时硅钼蓝溶液的温度之差不得超过5℃;

——本法最佳测量温度为18℃~25℃,当水样温度较低时,可用水浴18℃~25℃;

——采集水样后立即过滤,然后贮存于冰箱中(<4℃),在24h内分析完毕;

——如水样中硅酸盐含量很低,可多取水样或改用较长光程的测定池测量;如水样中硅酸盐含量较高,则改用较短光程的测定池测量;

——工作曲线应在水样测定实验室制定,工作期间每天加测工作标准溶液,以检查曲线,并须每个站位加测一份空白。曲线延用时间最多为一周;

——此方法受水样中离子强度影响而造成盐度误差,除用盐度校正表外,最好用接近于水样盐度的人工海水制得硅酸盐工作曲线;

——水中含有大量铁质、丹宁、硫化物和磷酸盐将干扰测定。加入草酸以及硫酸可以清除磷酸盐的干扰和减低丹宁的影响。

18 硫化物

18.1 亚甲基蓝分光光度法

18.1.1 适用范围和应用领域

本法适用于大洋、近岸、河口水体中硫化物浓度为10μg/L以下的水样。

本方法为仲裁方法。

18.1.2 方法原理

水样中的硫化物同盐酸反应,生成的硫化氢随氮气进入乙酸锌-乙酸钠混合溶液中被吸收。吸收液中的硫离子在酸性条件和三价铁离子存在下,同对氨基二甲基苯胺二盐酸盐反应生成亚甲基蓝,在650nm波长测定其吸光值。

18.1.7 精密度和准确度

硫化物(以 S^{2-} 计)含量为 427μg/L 时,重复性(r)91μg/L;重复性相对标准偏差 7.6%;再现性(R)118μg/L;再现性相对标准偏差 9.9%。

18.1.8 注意事项

本方法执行中应注意如下事项:

——除非另作说明,本方法所用试剂均为分析纯,水为去离子水或等效纯水;
——水样不能立即分析时,1L 水样应加入 2mL 乙酸锌溶液(1mol/L),予以固定;
——对氨基二甲基苯胺二盐酸盐溶液易变质,宜在临用时配制;
——测定水样与绘制标准曲线,条件必须一致,重新配制试剂或室温变化超过 ±5℃时,要重新绘制标准曲线;
——水样中 CN^- 离子浓度达到 500mg/L 时,对测定有干扰;
——氮气中如有微量氧,可安装洗气瓶(内装亚硫酸钠饱和溶液)予以除去。

18.2 离子选择电极法

18.2.1 适用范围和应用领域

适用于大洋近岸海水中硫化物的测定。

18.2.2 方法原理

硫离子选择电极以硫化银为敏感膜,它对银离子和硫离子均有响应,其电极电势与被测溶液中银离子活度呈正相关。银离子活度和硫离子活度由硫化银溶度积决定,即电极对 S^{2-} 的响应是通过 Ag_2S 的溶质积 K_{sp} 间接实现的,因而测定的电极电势值与硫离子活度的负对数呈线性关系。当标准系列溶液与被测离子强度相近,两者电极电势相等时其 S^{2-} 浓度也相等。加入抗坏血酸作抗氧化剂,防止 S^{2-} 被溶解氧所氧化。海水中硫含量大于 160μg/L 时可直接取样测定;小于 160μg/L 时,可加入乙酸锌溶液使硫离子形成硫化锌随氢氧化锌共沉淀,再将沉淀溶解于碱性 EDTA-抗坏血酸抗氧络合溶液后进行测定。

18.2.7 精密度和准确度

硫化物(以 S^{2-} 计)含量为 344μg/L 时,重复性(r)5.6μg/L;重复性相对标准偏差 5.8%;再现性(R)9.9μg/L;再现性相对标准偏差 10%。

18.2.8 注意事项

本方法执行中应注意如下事项:

——除非另作说明,本方法所用试剂均为分析纯,水为去离子水或等效纯水;
——电极性能的好坏是决定测试结果的关键,为此对电极的使用要注意保护;
——当 pH＞13 时,电极膜受腐蚀。由于在强碱性溶液中操作,所以要注意控制溶液的 pH 值,电极用后要用去离子水洗净到空白值,擦干避光保存;
——CN^- 会使电极中毒干扰测定。可加入甲醛掩蔽,加入量视 CN^- 浓度大小而定。

19 挥发性酚——4-氨基安替比林分光光度法

19.1 适用范围和应用领域

本方法适用于海水及工业排污口水体中酚含量低于 10mg/L 的测定。酚含量超过此值,可用溴化滴定法。

本方法为仲裁方法。

19.2 方法原理

被蒸馏出的挥发酚类在 pH10.0±0.2 和以铁氰化钾为氧化剂的溶液中,与 4-氨基安替比林反应形成有色的安替比林染料。此染料的最大吸收波长在 510nm 处,颜色在 30min 内稳定,用三氯甲烷萃取,可稳定 4h 并能提高灵敏度,但最大吸收波长移至 460nm。本方法不能区别不同类型的酚,而在每份试样中各种酚类化合物的百分组成是不确定的,因此,不能提供含有混合酚的通用标准参考物,本方法用苯酚作为参比标准。

19.7 精密度和准确度

挥发酚含量为 10.1μg/L 时,相对误差 4.5%;重复性(r)0.68μg/L;重复性相对标准偏差 2.4%;再现性(R)2.1μg/L;再现性相对标准偏差 7.3%。

19.8 注意事项

本方法执行中应注意如下事项:

——除非另作说明,本方法所用试剂均为分析纯,水为不含酚和氯的蒸馏水;

——干扰物质的消除:来自水体的干扰可能有分解酚的细菌、氧化及还原物质和样品的强碱性条件。在分析前除去干扰化合物的处理步骤中可能有一部分挥发酚类被除去或损失。因此,对一些高污染海水,为消除干扰和定量回收挥发酚类,需要较严格的操作技术,具体步骤如下:

a)水样中的氧化剂能将酚类氧化而使结果偏低。采样后取一滴酸化了的水样于淀粉-碘化钾试纸上,若试纸变蓝则说明水中有氧化剂。采样后应立即加入硫酸亚铁溶液或抗坏血酸溶液以除去所有的氧化性物质。过剩的硫酸亚铁或抗坏血酸在蒸馏步骤中被除去。

b)水样中含有石油制品,如油类和焦油等低沸点污染物,可使蒸馏液浑浊,某些酚类化合物还可能溶于这些物质中。采样后用分液漏斗分离出浮油,在没有硫酸铜($CuSO_4$)存在的条件下,先用粒状氢氧化钠(NaOH)将 pH 调节至 12~12.5,使酚成为酚钠,以避免萃取酚类化合物。尽快用四氯化碳(CCl_4)从水相中提出杂质(每升废水用 40mL 四氯化碳萃取两次)。并将 pH 调到 4.0。

c)用三氯甲烷萃取时,须用无酚水作一试剂空白,或先用 1g/L 氢氧化钠溶液洗涤三氯甲烷,以除去可能存在的酚。二氯甲烷可代替三氯甲烷,尤其在用氢氧化钠提纯三氯甲烷溶液形成乳浊液时。

d)硫的化合物,酸化时释放出硫化氢能干扰酚的测定,用磷酸将水样酸化至 pH4.0,短时间搅拌曝气即可除去硫化氢及二氧化硫的干扰。然后加入足够的硫酸铜溶液(见 19.3.4),使样品呈淡蓝色或不再有硫化铜沉淀产生。然后将 pH 调到 4.0。铜(Ⅱ)离子抑制了生物降解,酸化保证了铜(Ⅱ)离子的存在并消除样品为强碱性时的化学变化。

——将水样蒸馏,馏出液清亮,无色,从而消除浑浊和颜色的干扰,铁(Ⅲ)能与铁氰酸根生成棕色产物而干扰测定,蒸馏将排除这一干扰。pH 在 8.0~10.0 范围内显示的颜色都可以,但为了防止芳香胺(苯胺、甲苯胺、乙酰苯胺)的干扰,以 pH9.8~10.2 最合适,因为此范围内 20mg/L 苯胺所产生的颜色仅相当于 0.1mg/L 酚的颜色;

——游离氯能氧化 4-氨基安替比林,还能与酚起取代反应生成氯酚;

——NH_4OH-NH_4Cl 体系的缓冲液比较稳定,由于增大了溶液 NH_3 的浓度,可以抑制4-氨基安替比林被氧化为安替比林红的反应;

——主试剂在空气中易变质而使底色加深,此外,4-氨基安替比林的纯度越高,灵敏度越高,如配制的4-氨基安替比林溶液颜色较深时,可用活性炭处理脱色;

——过硫酸铵$[(NH_4)_2S_2O_8]$可代替铁氰化钾$[K_3Fe(CN)_6]$;

——测定酚的水样必须用全玻璃蒸馏器蒸馏,如用橡皮塞、胶皮管等连接蒸馏烧瓶及冷凝管,都能使结果偏高和出现假阳性而产生误差;

——各种试剂加入的顺序很重要,不能随意更改;

——停止蒸馏时,须防电炉余热引起的爆沸,以免将瓶塞冲起砸碎或沾污冷凝管;

——比色槽在连续使用过程中,宜用氯仿荡洗,蒸发至干。

20 氰化物

20.1 异烟酸-吡唑啉酮分光光度法

20.1.1 适用范围和应用领域

本法适用于大洋、近岸、河口及工业排污口水体中氰化物的测定。

本方法为仲裁方法。

20.1.2 方法原理

蒸馏出的氰化物在中性(pH7~8)条件下,与氯胺T反应生成氯化氰,后者和异烟酸反应并经水解生成戊烯二醛,与吡唑啉酮缩合,生成稳定的蓝色化合物,在波长639nm处测定吸光值。

20.1.7 精密度和准确度

氰化物含量为 $43.4\mu g/L$ 时,相对误差3.8%;重复性(r) $2.7\mu g/L$;重复性相对标准偏差2.2%;再现性(R) $4.6\mu g/L$;再现性相对标准偏差3.8%。

20.1.8 注意事项

本方法执行中应注意如下事项:

——除非另作说明,本方法所用试剂均为分析纯,水为不含氰化物的蒸馏水;

——水样进行蒸馏时应防止倒吸,发现倒吸较严重时,可轻轻敲一下蒸馏器;

——须经常检查氯胺T溶液是否失效,检查方法为:取配成的氯胺T溶液若干毫升,加入邻甲联苯胺,若呈血红色,则游离氯(Cl_2)含量充足,如呈淡黄色,则游离氯(Cl_2)不足,应重新配制;

——接触氰化物时务必小心,要防止喷溅在任何物体上,严禁氰化物与酸接触,不可用嘴直接吸取氰化物溶液,若操作者手上有破伤或溃烂,必须带上胶皮手套保护;

——含有氰化钾的废液应收集在装有适量硫代硫酸钠和硫酸亚铁的废液瓶中,稀释处理;

——比色管和蒸馏器使用完毕后应浸泡在稀硝酸中;

——在水样的保存和处理期间,氧化剂能破坏大部分氰化物。检验方法:点一滴水样于稀盐酸浸过的 KI-淀粉试纸上,如出现蓝色斑点,可在水样中加计量的 $Na_2S_2O_3$ 晶体,搅拌均匀,重复试验,直至无蓝色斑点出现,然后每升再加0.1g过量的硫代硫酸钠晶体;

——硫化物能迅速地把 CN^- 转化成 CNS^-,特别是在高 pH 值的情况下,并且随氰化物一起蒸出,对比色、滴定和电极法产生干扰。检验方法:点一滴水样于预先用醋酸盐缓冲液(pH=4)浸过的醋酸铅试纸上,如试纸变黑,表示有硫离子,可加醋酸铅或柠檬酸铋除去。重复这一操作,直至醋酸铅试纸不再变黑；

——高浓度的碳酸盐,在加酸时,可释放出较多的二氧化碳气体,影响蒸馏。而二氧化碳消耗吸收剂中的氢氧化钠。当采集的水样含有较高的碳酸盐(例如炼焦废水等),其碳酸盐含量较高,可使用熟石灰[$Ca(OH)_2$],使 pH 提高至 12～12.5。在沉淀生成分层后,量取上清液测定；

——水样中加氢氧化钠固体,直至 pH12～12.5 贮存于棕色玻璃瓶中。因氰化物不稳定,水样加碱固定后,亦应尽快测定。

20.2 吡啶-巴比土酸分光光度法

20.2.1 适用范围和应用领域

本法适用于大洋、近岸、河口和沿岸排污口水体中氰化物测定。

20.2.2 方法原理

蒸馏出的氰化物在弱酸性(pH4.5)条件下,与氯胺 T 反应生成氯化氰,后者使吡啶开环,生成戊烯二醛,再与巴比土酸反应,产生红-蓝色染料,在波长 579nm 处,测定吸光值。

20.2.7 精密度和准确度

氰化物含量为 43.4μg/L 时,相对误差 2.7%；重复性(r)3.7μg/L；重复性相对标准偏差 3.1%；再现性(R)6.4μg/L；再现性相对标准偏差 5.3%。

20.2.8 注意事项

见 20.1.7。

21 水色——比色法

21.1 适用范围和应用领域

本法适用于大洋、近岸海水水色的测定。

本方法为仲裁方法。

21.2 方法原理

海水水色是指位于透明度值一半的深度处,白色透明度盘上所显现的海水颜色。水色的观测只在白天进行。观测地点应选在背阳光处。观测时应避免船只排出污水的影响。

水色根据水色计目测确定,水色计是由蓝色、黄色、褐色三种溶液按一定比例配成的 22 支不同色级,分别密封在 22 支内径 8mm、长 100mm 无色玻璃管内,置于敷有白色衬里两开的盒中。

21.3 观测方法

观测透明度后,将透明度盘提到透明度值一半的水层,根据透明度盘上所呈现的海水颜色,在水色计中找出与之最相似的色级号码,并记入表 A.18 中。

21.4 注意事项

——观测时水色计内的玻璃管应与观测者的视线垂直；

——水色计必须保存在阴暗干燥处,切忌日光照射,以免褪色。每次观测结束后,应将水色计擦净并装在里红外黑的布套里；

——使用的水色计在 6 个月内至少应与标准水色计校准一次,发现褪色现象,应及时更换。作为校准用的标准水色计(在同批出厂的水色计中,保留一盒),平时应始终装在里红外黑的布套里,并保存在阴暗干燥处。

22 透明度——透明圆盘法

22.1 适用范围和应用领域

本法适用于大洋、近岸海水透明度的测定。

本方法为仲裁方法。

22.2 方法原理

海水透明度是指白色透明度盘在海水中的最大可见深度。透明度观测只在白天进行。观测地点应选在背阳光处,观测时务须避免船只排出污水的影响。

透明度用透明度盘观测。透明度盘是一块漆成白色的木质或金属圆盘,直径30cm。盘下应拴有铅锤(约5kg),盘上系有绳索。绳索上标有以米为单位的长度记号,绳索长度应根据海区透明度值大小而定,一般可取30m～50m。

22.3 观测方法

在船甲板的背阳光处,将透明度盘放入水中,沉至刚看不见的深度,然后再慢慢地提到隐约可见时,读取绳索在水面的标记数值(有波浪时应分别读取绳索在波峰和波谷处的标记数值),读到一位小数,重复2～3次,取其平均值,即为观测的透明度值,记入表A.18中。若倾角超过15℃,则应进行深度校正(根据"海洋水文常用表")。当绳索倾角过大时,盘下的铅锤应适当加重。

观测工作应在透明度盘的垂直上方进行。

22.4 注意事项

本方法执行中应注意如下事项:

——出海前应检查透明度盘的绳索标记。新绳索使用前须经缩水处理(将绳索放在水中浸泡手拉紧晾干),使用过程中须增加校正次数;

——透明度盘应保持洁白,当油漆脱落或污脏时应重新油漆;

——每航次观测结束后,透明度盘应用淡水冲洗。绳索须用淡水浸洗,晾干后保存。

23 阴离子洗涤剂——亚甲基蓝分光光度法

23.1 适用范围和应用领域

本法适用于海水。对有较深颜色的水样本法受干扰。有机的硫酸盐、磺酸盐、羧酸盐、酚类以及无机的氰酸盐、硝酸盐和硫氰酸盐等引起正干扰,有机胺类则引起负干扰。

本方法为仲裁方法。

23.2 方法原理

阴离子洗涤剂与亚甲基蓝反应,生成蓝色的离子对化合物,用氯仿萃取后,在650nm波长处测定吸光值。测定结果以直链烷基苯磺酸钠(LAS,烷基平均碳原子数为12)的表观浓度表示,实际上是测定了亚甲基蓝活性物质(MBAS)。

23.7 精密度和准确度

直链烷基苯磺酸钠含量为0.125mg/L时,相对误差2.4%;重复性(r)0.01mg/L;重复性相对标准偏差:2.7%;再现性(R)0.016mg/L;再现性相对标准偏差4.7%。

23.8 注意事项

本方法执行中应注意如下事项:

——除非另作说明,本方法所用试剂均为分析纯,水为蒸馏水或等效纯水;
——玻璃仪器均经盐酸或硝酸溶液(1+3)浸泡,用自来水冲洗后再用蒸馏水洗净。分液漏斗活塞上的润滑脂用纸擦去,再用氯仿洗净;
——若萃取出现深蓝色絮状物,此絮状物不能放入盛洗涤液的分液漏中。漏斗颈内有水,要用脱脂棉先行吸去;
——水样应澄清,否则,应用离心分离或滤纸过滤;
——采样后,当天进行测定。

24 嗅和味——感官法

24.1 适用范围和应用领域

本法适用于海水嗅和味的测定。

24.2 原水样的臭和味

取 100mL 水样,置于 250mL 锥形瓶中,振荡后从瓶口嗅水的气味,用适当词句描述,并按六级记录其强度,见表2。

与此同时,取少量水放入口中,不要咽下去,尝水的味道,加以描述,并按六级记录强度,见表2。原水的水味检定只适用于对人体健康无害的水样。

24.3 原水煮沸后的臭和味

将上述锥形瓶内的水样加热至开始沸腾,立即取下锥形瓶,稍冷后嗅味和尝味。按上法用适当词句描述其性质,并按六级记录其强度,见表2。

表 2 嗅和味的强度等级

等级	强度	说明
0	无	无任何嗅和味
1	微弱	一般人甚难察觉,但嗅、味敏感者可以发觉
2	弱	一般人刚能察觉,嗅、味敏感者已能明显察觉
3	明显	能明显察觉
4	强	已有很明显的臭和味
5	很强	有强烈的恶臭或异味

25 水温

25.1 表层水温表法

本方法为仲裁方法。

表层水温表用于测量海洋、湖泊、河流、水库等的表层水温度,它由测量范围为 $-5℃ \sim +4℃$,分度 0.2℃ 的玻璃水银温度表和铜制外壳组成(见原标准图6)。

25.1.1 测量方法

用表层水温表测量时应先将金属管上端的提环用绳子拴住,在离船舷 0.5m 以外的地方放入 0m～1m 水层中,待与外部的水温达到热平衡之后,即感温 3min 左右,迅速提出水面读数,然后将筒内的水倒掉,把该表重新放入水中,再测量一次,将两次测量的平均值按检定规程修订后,即为表层水温的实测值。

风浪较大时,可用水桶取水进行测量,测量时把表层水温表放入水桶内,感温1min～2min后,将水桶和表管中的水倒掉,重新取水,将该表再放入水桶中,感温3min读数,然后过1min再读数,当气温高于水温时,把两次读数偏低的一次读数,按检定规程修订后的值,即为表层水温的实测值。反之,把两次读数偏高的一次读数,按检定规程修订后的值,即为表层水温的实测值。

将测量的水温值记入表A.19中。(具体内容见原标准附录A)

25.2 颠倒温度表法

颠倒温度表用以测量表层以下水温。颠倒温度表分为测量海水温度的闭端颠倒温度表和测量海水深度及温度的开端颠倒温度表。主、副温度表的主要规格如表3所示。

表3 主副温度的主要规格

型式	主温度表/℃		副温度表/℃		最大使用深度/m
	示值范围	分度值	示值范围	分度值	
闭端颠倒温度表	-2～+32	0.1	-20～+50	0.5	3 500
	-2～+15	0.05	-20～+50	0.5	6 000
	0～+6	0.02	-20～+50	0.5	10 000
	"0"+15～+40	0.1	-20～+50	0.5	2 500
开端颠倒温度表	-2～+32	0.1	—	—	—
	-2～+60	0.2	-20～+50	0.5	—
	"0"+30～+60	0.1	—	—	—
	"0"+30～+80	0.2	—	—	—

26 pH——pH计法

26.1 适用范围和应用领域

本法适用于大洋和近岸海水pH值的测定。水样采集后,应在6h内测定。如果加入1滴氯化汞溶液(26.1.3.3),盖好瓶盖,允许保存2d。水的色度、浑浊度、胶体微粒、游离氯、氧化剂、还原剂以及较高的含盐量等干扰都较小,当pH大于9.5时,大量的钠离子会引起很大误差,读数偏低。

本方法为仲裁方法。

26.2 方法原理

将玻璃-甘汞电极对插入水样中,组成电池,则水样的pH与该电池的电动势(E)有如下线性关系见式(51)

$$pH_S = A + \frac{E_X}{2.302\,6RT/F} \tag{51}$$

当玻璃-甘汞电极对插入标准缓冲溶液时,则得:

$$A = pH_S - \frac{E_S}{2.302\,6RT/F} \tag{52}$$

在同一温度下,分别测定同一电极对在标准缓冲溶液和水样中的电动势,则水样的 pH 值为:

$$pH_X = pH_S + \frac{E_X \cdot E_S}{2.3026RT/F} \tag{53}$$

式中:pH_X——水样的 pH 值;
pH_S——标准缓冲溶液的 pH 值;
E_X——玻璃-甘汞电极对插入水样的电动势;
E_S——玻璃-甘汞电极对插入标准缓冲溶液中的电动势;
R——气体常数;
F——法拉第常数;
T——绝对温度 K。

27 悬浮物——重量法

27.1 适用范围和应用领域

本方法适用于河口、港湾和大洋水体中悬浮物质的测定。

本方法为仲裁方法。

27.2 方法原理

一定体积的水样通过 0.45μm 的滤膜,称量留在滤膜上的悬浮物质的重量,计算水中的悬浮物质浓度。

27.6 注意事项

本方法执行中应注意如下事项:

——水样要现场过滤、烘干、按顺序保存好。如果现场不能立即过滤,水样放在阴凉处,但 24h 内应过滤完毕;

——各种器具应保持清净,过滤前应用清水洗涤干净;

——过滤时,为防止海水倒灌,损坏真空泵,应及时放掉废水;

——滤膜放入编好号的滤膜盒内,按站位顺序排列;

——用不锈钢镊子夹取滤膜,以免沾污;

——烘干样品时,应保持周围环境清洁。样品置于红外灯下烘干时,温度不超过 50℃,红外灯泡与样品的距离不应小于 30cm,避免滤膜卷曲或燃烧。

28 氯化物——银量滴定法

28.1 适用范围和应用领域

适用于海水中氯化物的测定。应用本法测定时,溴化物、碘化物和氰化物亦表现为定比的氯化物浓度。硫化物、硫代硫酸盐产生干扰,可用过氧化氢予以消除。

本方法为仲裁方法。

测定范围为 0.28mg/L~200mg/L。

28.2 方法原理

在中性或弱碱性溶液中,氯化物与硝酸银反应生成难溶的氯化银沉淀,以铬酸钾指示终点。当氯全量生成氯化银时,过量的银生成红色的铬酸银。

29 盐度

29.1 盐度计法

29.1.1 适用范围和应用领域

适用于在陆地或船上实验室中测量海水样品的盐度。典型的仪器应用范围。

$$2 \leqslant S \leqslant 42, -2℃ \leqslant \theta \leqslant 35℃$$

本方法为仲裁方法。

29.1.2 基本原理

实验室用的盐度计分为感应式和电极式两种类型。

测量海水样品与标准海水在 101 325 Pa 下的电导率比 R_θ，再查国际海洋常用表，得出海水样品的实用盐度。或按式(59)计算：

$$S = a_0 + a_1 R_\theta^{\frac{1}{2}} + a_3 R_\theta^{\frac{3}{2}} + a_4 R_\theta^2 + a_5 R_\theta^{\frac{5}{2}} + \frac{\theta - 15}{1 + K(\theta - 15)}(b_0 + b_1 R_\theta^{\frac{1}{2}} + b_2 R_\theta + b_3 R_\theta^{\frac{3}{2}} + b_4 R_\theta^2 + b_5 R_\theta^{\frac{5}{2}}) \tag{59}$$

式中：$a_0 = 0.008\ 0$　　　　　$a_1 = -0.169\ 2$　　　　　$a_2 = 25.385$
　　　$a_3 = 14.094\ 1$　　　　$a_4 = 7.026\ 1$　　　　　$a_5 = 2.708\ 1$
　　　$K = 0.016\ 2$　　　　　$b_0 = 0.000\ 5$　　　　　$b_1 = -0.005\ 6$
　　　$b_2 = -0.006\ 6$　　　 $b_3 = -0.037\ 5$　　　　$b_4 = 0.063\ 6$
　　　$b_6 = -0.014\ 4$

R_θ——被测海水与实用盐度为 35 的标准海水在温度为 θ 时的电导率的比值（均在 101 325 Pa 下）。

29.1.7 注意事项

本方法执行中应注意如下事项：

——250 mL 样品瓶及瓶塞必须用同一水样严格清洗 3 次后，再装取测试水样。使用后的样品瓶应盛有部分海水，在下一次取样时放掉；

——向电导池内充灌海水样品时，应注意避免电导池内有气泡产生。若有气泡，测量读数一般会偏小，此时应重新充灌测量。产生气泡的原因较多，主要有以下几种：

a) 充灌速度太快，气泡来不及逸出而附着在电导池壁上。消除方法：调节储水杯上面的调速小螺丝，使充灌时间大于 10 s。

b) 电导池被脏物或油垢污染，容易附着气泡。一般情况下，可用配制的 30% 洗洁净溶液充灌清洗，再用蒸馏水清洗。特别情况下，需拆下电导池壳清除油污或脏物时，应特别小心，不要损坏电导池内的热敏电阻加热器。

c) 热敏电阻的密封环节有漏气处，容易引进气泡。可适当拧紧螺丝，但不宜过紧，以免损坏热敏电阻。

d) 进水旋塞磨损，气泡和水会同时进入电导池。可将旋塞左边有机玻璃螺母拧紧。若还不行，可取出旋塞，将孔清洗干净，薄薄地涂上一层真空脂（不可涂得过多，以免污染电导池），装上旋塞。

——向电导池充灌水样时,应先把进水管内的残留水样放掉,擦干进水管,再按分析步骤中所述程序进行。否则,残留水会污染水样;

——连续测量时,应用标准海水或工作副标准海水定时检验仪器,并将检测的数值填入记录表内。间断测量时,按需要随时检验校准仪器,确保测量数据的准确可靠,并将校准的情况,记入记录表内,以备分析参考;

——加热器一般在仪器调节温度补偿时使用,测量时不用。电导池无水时,不应开加热器,以免烧坏加热器和探头;

——经常注意泄放储水杯内的残水,切不可使存水接近气孔。否则,开气泵时会把水吸入气泵,损坏气泵。

29.2 温盐深仪(CTD)法

等效采用 GB 12763.2。

30 浑浊度

30.1 浊度计法

30.1.1 适用范围和应用领域

本法适用于近海海域和大洋水浊度的测定。本法规定1L纯水中含高岭土1mg的浊度为1°。水样中具有迅速下沉的碎屑及粗大沉淀物都可被测定为浊度。

本方法为仲裁方法。

30.1.2 方法原理

以一定光束照射水样,其透射光的强度与无浊纯水透射光的强度相比较而定值。

30.1.7 精密度和准确度

浊度为 4.5mg/L,25mg/L 的人工合成水样,重复性相对标准偏差为 1.1%,相对误差为 0.70%。

30.1.8 注意事项

本方法执行中应注意如下事项:

——除非另作说明,本方法所用试剂均为分析纯,水为无浊水或等效纯水;

——测定浊度时要迅速,从水样或标样充分振匀后倒入测定池中算起,须在3min内测读完毕;

——水样应在取样当天测定,如果不可避免要保持更长时间,将水样保存暗处可达24h。如若在样品中加 0.5g/L $HgCl_2$ 固定剂,可保存 22d。

30.2 目视比浊法

30.2.1 适用范围和应用领域

本法适用于近海海域和大洋水浊度的测定。本法规定1L纯水中含高岭土1mg的浊度为1°。水样中具有迅速下沉的碎屑及粗大沉淀物都可被测定为浊度。

30.2.2 方法原理

浊度与透视度成反比关系,水样与标准系列进行透视度比测,定值。

30.2.7 精密度和准确度

浊度为 7.0mg/L;50.0mg/L 时的人工合成水样,重复性相对标准偏差为 3.78%,相对误差为 4.10%。

30.2.8 注意事项

本方法执行中应注意如下事项:

——除非另作说明,本方法所用试剂均指分析纯,水指无浊纯水或等效纯水;

——水样在取样当天测定浊度,如果不可避免要保持更长时间,将水样保存暗处可达 24h。如若在样品中加适量 $HgCl_2$ 固定剂,可保存 22d;

——不洁净的玻璃器皿和空气泡,以及扰乱水样表面能见度的振动都能造成虚假结果;

——每次量取水样或标准液时,必须将水样瓶横放,上下强烈振荡 30 次后,立即取出水样;

——玻璃试剂瓶磨口与磨口塞之间,在启瓶对磨中,可增大所盛液体的浊度。因此所用水样瓶及试剂瓶,均应配换橡胶塞,并将胶塞置于盛纯水的烧杯中煮沸 2h;

——样品贮存时,每 500mL 水样可加 5mL 二氯化汞溶液(见 30.2.3.3)即可。

30.3 分光光度法

30.3.1 适用范围和应用领域

本法适用于近海海域和大洋水浊度的测定。水样中具有迅速下沉的碎屑及粗大沉淀物可被测定为浊度。

30.3.2 方法原理

透射水样的光束,可被悬浊颗粒散射和吸收而消减,光的消减量与浊度成正相关。测定透过水样光量的消减值,与标准系列相比较而定值。

30.3.7 精密度和准确度

浊度为 7.0mg/L,50.0mg/L 的人工合成水样,重复性相对标准偏差 6.7%,相对误差为 5.1%。

30.3.8 注意事项

本方法执行中应注意如下事项:

——不洁净的玻璃器皿和空气泡,以及扰乱水样表面能见度的振动,都能造成虚假结果;

——水样在取样当天测定浊度。如果不可避免要保持更长时间,将水样保存暗处可达 24h,若在样品中加 0.5g/L $HgCl_2$ 固定剂,可保存 22d;

——水样中存在有色物质,会使测得浊度偏高,可改选适当波长或取水样上清液作参比,消除颜色的干扰;

——测定吸光值时要迅速,从水样或标准样充分振匀后入测定池中算起,应在 3min 内测读完毕;

——其他注意事项,见 30.2.7。

31 溶解氧——碘量法

31.1 适用范围和应用领域

本法适用于大洋和近岸海水及河水、河口水溶解氧的测定。

本方法为仲裁方法。

31.2 方法原理

水样中溶解氧与氯化锰和氢氧化钠反应,生成高价锰棕色沉淀。加酸溶解后,在碘离子存在下即释出与溶解氧含量相当的游离碘,然后用硫代硫酸钠标准溶液滴定游离碘,换算溶解氧含量。

31.7 注意事项

本方法执行中应注意如下事项:

——除非另有说明,本方法所用试剂均为分析纯,水为蒸馏水或等效纯水;

——溶解氧样品瓶均应进行容积校正:将水样瓶装满蒸馏水,塞上瓶塞、擦干、称重。减去干燥的空瓶重量,除以该水温时蒸馏水的密度,测得水样瓶容积。将瓶号及相应的水样瓶容积测量结果记录,备查;

——滴定临近终点,速度不宜太慢,否则终点变色不敏锐。如终点前溶液显紫红色,表示淀粉溶液变质,应重新配制;

——水样中含有氧化性物质可以析出碘产生正干扰,含有还原性物质消耗碘产生负干扰。

32 化学需氧量——碱性高锰酸钾法

32.1 适用范围和应用领域

本法适用于大洋和近岸海水及河口水化学需氧量(COD)的测定。

本方法为仲裁方法。

32.2 方法原理

在碱性加热条件下,用已知量并且是过量的高锰酸钾,氧化海水中的需氧物质。然后在硫酸酸性条件下,用碘化钾还原过量的高锰酸钾和二氧化锰,所生成的游离碘用硫代硫酸钠标准溶液滴定。

32.7 注意事项

本方法执行中应注意如下事项:

——除非另作说明,本方法所用试剂均为分析纯,水为蒸馏水或等效纯水;

——水样加热完毕,应冷却至室温,再加入硫酸和碘化钾,否则游离碘挥发而造成误差;

——化学需氧量的测定是在一定反应条件下试验的结果,是一个相对值,所以测定时应严格控制条件,如试剂的用量、加入试剂的次序、加热时间及加热温度的高低,加热前溶液的总体积等都必须保持一致;

——用于制备碘酸钾标准溶液的纯水和玻璃器皿须经煮沸处理,否则碘酸钾溶液易分解。

33 生化需氧量

33.1 五日培养法(BOD_5)

33.1.1 适用范围和应用领域

本法适用于海水的生化需氧量的测定。

本方法为仲裁方法。

33.1.2 方法原理

水体中有机物在微生物降解的生物化学过程中,消耗水中溶解氧。用碘量法测定培养前和后两者溶解氧含量之差,即为生化需氧量,以氧的含量(mg/L)计。培养五天为五日生化需氧量

（BOD_5）。水中有机质越多,生物降解需氧量也越多,一般水中溶解氧有限,因此,须用氧饱和的蒸馏水稀释。为提高测定的准确度,培养后减少的溶解氧要求占培养前溶解氧的40%～70%为适宜。

33.1.7 注意事项

本方法执行中应注意以下事项：

——除非另作说明,本方法所用试剂均为化学纯,水为蒸馏水或等效纯水；

——配制试剂和稀释水所用的蒸馏水不应含有机质、苛性碱和酸；

——稀释水也可以采用新鲜天然海水,稀释水应保持在20℃左右,并且在20℃培养五天后,溶解氧的减少量应在0.5mg/L以下；

——水样在培养期间,培养水瓶封口处始终保持有水,可用纸或塑料帽盖在喇叭口上减少培养期间封口水的蒸发。经常检查培养箱的温度是否保持20℃±1℃。样品在培养期间不应见光,以防光合作用产生溶解氧；

——为使测定正确,尤其对初次操作者说来,可以用标准物质进行校验。常用的标准物质有葡萄糖和谷氨酸混合液。将葡萄糖和谷氨酸在103℃烘箱中干燥1h,精确称取葡萄糖150mg 加谷氨酸150mg 溶解在1 000mL 蒸馏水中,其20℃ BOD_5 为200mg/L±37mg/L。

33.2 两日培养法（BOD_2）

除培养温度和培养时间不同外,其他均与五日生化需氧量相同。

培养温度:30℃±0.5℃

培养时间:2d。

计算： $BOD_2^{30} \times K = BOD_5^{20}$

式中：

BOD_2^{30}——在30℃时,两日生化需养量；

BOD_5^{20}——在20℃时,5 日生化需养量；

K——根据各海域具体情况由实验确定的系数,建议用数值1.17。

34 总有机碳

34.1 总有机碳仪器法

34.1.1 适用范围和应用领域

本法适用于海水中总有机碳(TOC)的测定。

本方法为仲裁方法。

34.1.2 方法原理

海水样品经进样器自动进入总碳(TC)燃烧管(装有白金触媒,温度680℃)中,通入高纯空气将样品中含碳有机物氧化为 CO_2 后,由非色散红外检测器定量。然后同一水样自动注入无机碳(IC)反应器(装有25%磷酸溶液)中,于常温下酸化无机碳酸盐所生成 CO_2,由非色散红外检测器检定出 IC 含量,由 TC 减去 IC 即得 TOC 含量。

亦可用2mol/L盐酸先酸化水样,然后通气鼓泡5min～10min,除去 IC,由此测得的 TC 即为 TOC。由于鼓泡过程会造成水样中挥发性有机物的损失而产生部分误差,其测定结果仅代表不可吹出有机碳含量。

34.1.7 精密度和准确度

碳含量为 3.00mg/L 时,重复性相对标准偏差为 2%;再现性相对标准偏差 2%;相对误差 1%。

34.1.8 注意事项

本标准执行中应注意如下事项:

——除非另作说明,本法所用试剂均为分析纯,水为无碳水或等效纯水;

——所用玻璃器皿使用前须用硫酸-重铬酸钾洗液浸泡 24h～48h,自来水冲洗后用无碳水洗净;

——无碳水应在临用前制备;

——样品采集后应在 24h 内完成分析,如超过 24h,应于每 20mL 水样加入 3 粒～4 粒 $HgCl_2$ 固定水样,然后摇晃样品管至溶解为止(80 次左右);

——TOC 采样容器应采用带磨口 20mL～25mL 玻质比色管,用现场海水冲洗两遍后采样;

——若测定溶解有机碳(DOC),应用 WatermanGF/C 玻璃纤维滤膜过滤,上机测定;

——测定海水样品,仪器四通阀易腐蚀生锈,需在四通阀转动部位经常滴点硅油;

——TC 管装填状况和盐、钙等固体物在管内积累可影响峰形,若出现拖尾可严重影响测定结果。测完含酸、碱、盐的样品后,必须用无碳水反复多次冲洗进样管。

34.2 过硫酸钾氧化法

34.2.1 适用范围和应用领域

本法适用于河口、近岸以及大海洋水中溶解有机碳的测定。

34.2.2 方法原理

海水样品经酸化通氮气除去无机碳后,用过硫酸钾将有机碳氧化生成二氧化碳气体,用非色散红外二氧化碳气体分析仪测定。

34.2.7 注意事项

本方法执行中应注意如下事项:

——除非另作说明,本法所用试剂均为分析纯,水为无碳水或等效纯水;

——将蒸馏水盛于全玻璃回流装置中,并按每升水加 10g 过硫酸钾($K_2S_2O_8$)和 2mL 磷酸(34.2.3.2),投入少许沸石,加热回流 4h 后,换上全玻璃磨口蒸馏接收装置,蒸出无碳水,收集中间馏分于充满氮气的玻璃具塞瓶中。蒸馏装置需接一个内装活性炭和钠石灰的吸收管,以吸收外界进入的二氧化碳和有机气体;

——所用玻璃器皿使用前须用硫酸-重铬酸钾洗液浸泡 1d～2d,自来水冲洗后用蒸馏水洗涤,最后用无碳水洗净;

——无碳水应在临用时制备;

——工作曲线标准系列溶液配制和样品测定试样制备时,去除溶液无机碳的通氮管应插入液体底部;去除盛有待测溶液安瓿瓶顶部空间无机碳的通氮管口应稍高于液面;

——安瓿瓶封口时应将安瓿瓶口与一装有碱石棉的玻璃三通管连接,避免外部二氧化碳气体沾污;

——测定时要保持载气流量恒定。夹安瓿瓶和插入不锈钢导管的动作应迅速,以免影响测定精密度;

——每次测定前需更换盐酸羟胺溶液和高氯酸镁,以防水气和氯气进入分析仪干扰测定;

——样品采集后应立即用 Whatman GF/C 玻璃纤维滤膜过滤和分析。若不能立即分析,试样应添加少许氯化汞并置于冰箱保存。

35 无机氮

无机氮的化合物种类很多。本章所指无机氮仅包括氨氮、亚硝酸盐氮、硝酸盐氮的总和。测定方法分别参见 36,37,38 章。

36 氨

36.1 靛酚蓝分光光度法

36.1.1 适用范围和应用领域

本法适用于大洋和近岸海水及河口水。

本方法为仲裁方法。

36.1.2 方法原理

在弱碱性介质中,以亚硝酰铁氰化钠为催化剂,氨与苯酚和次氯酸盐反应生成靛酚蓝,在 640nm 处测定吸光值。

36.1.7 精密度和准确度

氨-氮浓度为 $30\mu g/L$,$90\mu g/L$,$150pg/L$ 的人工合成样品,重复性相对标准偏差为 1.2%。氨-氮浓度为 $1\,400\mu g/L$ 的人工合成样品,再现性相对标准偏差为 4%;相对误差为 2.8%。

36.1.8 注意事项

本标准执行中应注意如下事项:

——除非另作说明,本方法所用试剂均为分析纯,水为无氨蒸馏水或等效纯水;

——水样经 $0.45\mu m$ 滤膜过滤后盛于聚乙烯瓶中。应从速分析,不能延迟 3h 以上;若样品采集后不能立即分析,则应快速冷冻至 $-20^\circ C$。样品熔化后立即分析;

——测定中要避免空气中的氨对水样或试剂的沾污;

——若发现苯酚出现粉红色则必须精制,即:取适量苯酚置蒸馏瓶中,徐徐加热,用空气冷凝管冷却,收集 $182^\circ C \sim 184^\circ C$ 馏分。精制后的苯酚为无色结晶状。在酚的蒸馏过程中应注意爆沸和火灾;

——样品和标准溶液的显色时间保持一致,并避免阳光照射;

——该法重现性好,空白值低,有机氮化物不被测定,但反应慢,灵敏度略低。

36.2 次溴酸盐氧化法

36.2.1 适用范围和应用领域

本法适用于大洋和近岸海水及河口水中氨-氮的测定。本法不适用于污染较重,含有机物较多的养殖水体。

36.2.2 方法原理

在碱性介质中次溴酸盐将氨氧化为亚硝酸盐,然后以重氮-偶氮分光光度法测亚硝酸盐氮的总量,扣除原有亚硝酸盐氮的浓度,得氨氮的浓度。

36.2.7 精密度和准确度

相对标准偏差 1%;相对误差 0.4%。

36.2.8 注意事项

本标准执行中应注意如下事项：

——除非另作说明，本法所用试剂均为分析纯，水为无氨蒸馏水或等效纯水；

——水样经 0.45μm 滤膜过滤后贮于聚乙烯瓶中。分析工作不应延迟 3h 以上，若样品采集后不能立即分析，则应快速冷冻至-20℃保存，样品熔化后立即分析；

——测定中应严防空气中的氨对水样、试剂和器皿的沾污；

——当水温高于 10℃时，氧化 30min 即可，若低于 10℃时，氧化时间应适当延长；

——在条件许可下，最好用无氨海水绘制工作曲线；

——加盐酸萘乙二胺试剂后，应在 2h 内测定完毕，并避免阳光照射；

——该法氧化率较高，快速，简便，灵敏，但部分氨基酸也被测定。

37 亚硝酸盐——萘乙二胺分光光度法

37.1 适用范围和应用领域

本法适用于海水及河口水中亚硝酸盐氮的测定。

本方法为仲裁方法。

37.2 方法原理

在酸性介质中亚硝酸盐与磺胺进行重氮化反应，其产物再与盐酸萘乙二胺偶合生成红色偶氮染料，于543mm 波长测定吸光值。

37.7 注意事项

本方法执行中应注意如下事项：

——除非另作说明，本方法所用试剂均为分析纯，水为无亚硝酸盐的二次蒸馏水或等效纯水；

——水样可用有机玻璃或塑料采水器采集，经 0.45μm 滤膜过滤后贮于聚乙烯瓶中，应从速分析，不能延迟 3h 以上，否则应快速冷冻至-20℃保存。样品熔化后应立即分析；

——大量的硫化氢干扰测定，可在加入磺胺后用氮气驱除硫化氢；

——水样加盐酸萘乙二胺溶液后，应在 2h 内测量完毕，并避免阳光照射；

——温度对测定的影响不显著，但以 10℃～25℃内测定为宜；

——标准曲线每隔一周应重制一次，当测定样品的实验条件与制定工作曲线的条件相差较大时，如更换光源或光电管、温度变化较大时，应及时重制标准曲线。

38 硝酸盐

36.1 镉柱还原法

38.1.1 适用范围和应用领域

本法适用于大洋和近岸海水、河口水中硝酸盐氮的测定。

本方法为仲裁方法。

38.1.2 方法原理

水样通过镉还原柱，将硝酸盐定量地还原为亚硝酸盐，然后按重氮-偶氮光度法测定亚硝酸盐氮的总量，扣除原有亚硝酸盐氮，得硝酸盐氮的含量。

38.1.7 精密度和准确度

硝酸盐氮浓度为 $25\mu g/L$,$100\mu g/L$,$200\mu g/L$ 的人工合成水样,重复性相对标准偏差为 1.1%;硝酸盐氮浓度为 $210\mu g/L$ 的人工合成水样,再现性相对标准偏差为 2.4%;相对误差为 1.4%。

38.1.8 注意事项

本方法执行中应注意如下事项:

——除非另作说明,本方法所用试剂均为分析纯,水为二次去离子水或等效纯水;

——水样可用有机玻璃或塑料采水器采集,用 $0.45\mu m$ 滤膜过滤,贮于聚乙烯瓶中。分析工作不能延迟 3h 以上,如果样品采集后不能立即分析,应快速冷冻至-20℃。样品熔化后应立即分析;

——还原柱可用蝴蝶夹固定在滴定台上,并配备可插比色管的塑料底座。在船上工作时可用自由夹固定比色管;

——水样通过还原柱时,液面不能低于镉屑,否则会引进气泡,影响水样流速,如流速达不到要求,可在还原柱的流出处用乳胶管连接一段细玻璃管,即可加快流速;

——水样加盐酸萘乙二胺溶液后,应在 2h 内测量完毕,并避免阳光照射;

——工作曲线每隔一周须重制一次,但应每天测定一份标准溶液以校对曲线。当测定样品的实验条件与制定工作曲线的条件相差较大时(如更换光源或光电管、温度变化较大时),应及时重制工作曲线;

——水样中的悬浮物会影响水样的流速,如吸附在镉屑上能降低硝酸盐的还原率,水样要预先通过 $0.45\mu m$ 滤膜过滤;

——铁、铜或其他金属浓度过高时会降低还原效率,向水样中加入 EDTA 即可消除此干扰。油和脂会覆盖镉屑的表面,用有机溶剂预先萃取水样可排除此干扰;

——分光光度计的测定池与参比池两者之间的吸光值(A_c)可能有显著差异,应在 A_w 及 A_i 中扣除。

38.2 锌-镉还原法

等效采用 GB 12763.4。

39 无机磷

39.1 磷钼蓝分光光度法

39.1.1 适用范围和应用领域

本法适用于海水中活性磷酸盐的测定。

本方法为仲裁方法。

39.1.2 方法原理

在酸性介质中,活性磷酸盐与钼酸铵反应生成磷钼黄,用抗坏血酸还原为磷钼蓝后,于 882nm 波长测定吸光值。

39.1.7 注意事项

本方法执行中应注意如下事项:

——除非另作说明,本方法所用试剂均为分析纯,水为二次水或等效纯水;

——水样采集后应马上过滤,立即测定。若不能立即测定,应置于冰箱中保存,但也应在 48h 内测定完毕;

——过滤水样的微孔滤膜,需用 0.5mol/L 盐酸浸泡,临用时用水洗净;
——硫化物含量高于 2mg/L-S 时干扰测定。此时,水样用硫酸酸化,通氮气 15min,将硫化氢除去,可消除干扰;
——磷钼蓝颜色在 4h 内稳定。

39.2 磷钼蓝萃取分光光度法

39.2.1 适用范围和应用领域

适用于测定海水中的活性磷酸盐。

39.2.2 方法原理

在酸性介质中,活性磷酸盐与钼酸铵反应生成磷钼黄,用抗坏血酸还原为磷钼蓝,用醇类有机溶剂萃取,于 700nm 波长处测定吸光值。

39.2.7 精密度和准确度

相对误差 1.8%;重复性(r)0.015μg/L;重复性相对标准偏差 2.1%;再现性(R)0.13μg/L;再现性相对标准偏差 2.4%。

39.2.8 注意事项

本方法执行中应注意如下事项:
——除非另作说明,本方法所用试剂均为分析纯,水为二次蒸馏水或等效纯水;
——硫化物含量大于 1mg/L-S 时,对本方法有明显的影响。此时,水样酸化后,通氮气 10min,可有效除去硫化物干扰;
——砷酸盐含量大于 0.5mg/L-As 时,对本方法有明显的影响。通常海水中砷含量约 0.003mg/L-As,其影响可忽略不计;
——硅酸盐含量大于 1.4mg/L-Si 时,对本方法有影响。河口水和大洋深层水中硅酸盐含量常大于 1.4mg/L-Si,应进行校正。由式(74)求出硅酸盐增加的吸光值 A_{Si}。

$$A_{Si} = F_{Si} \times \rho_{Si} \tag{74}$$

式中:F_{Si}——用本方法测定硅酸盐工作曲线的斜率;
ρ_{Si}——水样中硅酸盐浓度,mg/L-Si。据($A_w - A_b - A_{Si}$)值在测定活性磷酸盐的工作曲线上查得其浓度。

40 总磷——过硫酸钾氧化法

总磷——过硫酸钾氧化法等效采用 GB 12763.4。

41 总氮——过硫酸钾氧化法

总氮——过硫酸钾氧化法等效采用 GB 12763.4。

42 镍——无火焰原子吸收分光光度法

42.1 适用范围和应用领域

本方法适用于海水中痕量镍的测定。
本方法为仲裁方法。

42.2 方法原理

在 pH 为 4~6 介质中,镍与吡咯烷二硫代甲酸铵(APDC)和二乙氨基二硫代甲酸钠(DDTC)

混合液形成螯合物,经甲基异丁酮(MIBK)-环己烷萃取分离,再以硝酸溶液反萃取,于232.0nm波长测定镍的原子吸光值。

42.7 精密度和准确度

相对误差0.87%;重复性相对标准偏差1.0%;再现性相对标准偏差2.3%。

42.8 注意事项

本方法执行中应注意如下事项:

——除非另作说明,本方法所用试剂均为分析纯,水为去离子水或等效纯水;

——所用器皿均用硝酸溶液(1+3)浸泡一星期以上,使用前用水清洗。再用APDC-DDTC溶液荡洗,最后再用水洗净;

——萃取与反萃取过程中,放出溶液前须用水洗净分液漏斗出口下端的内外管壁,避免沾污。

附录A(规范性附录)　记录表(略)
附录B(规范性附录)　水样采集、贮存和运输(略)
附录C(资料性附录)　方法检出限(略)
附录D(资料性附录)　工作副标准海水的制备(略)

海洋监测规范　第5部分:沉积物分析(节录)

GB 17378.5—2007

(2007年10月18日发布　2008年5月1日实施)

本部分由国家海洋局提出。

本部分起草单位:国家海洋环境监测中心。

(按原标准编号节录)

3　术语和定义

下列术语和定义适用于GB 17378的本部分。

3.1　标线 standard line

计量容器体积的刻度线。

3.2　蒸至白烟冒尽 evaporating to fumeless

溶剂蒸发后的容器,置于室温处时无白烟冒出。

4　一般规定

4.1　样品的采集、预处理、制备及保存

样品的采集、预处理、制备及保存见GB 17378.3,具体内容和方法按以下要求执行。

4.1.1 样品的采集

4.1.1.1 设备和工具

采样使用的设备和工具如下:
—— 接样盘或接样板:用硬木或聚乙烯板制成;
—— 样品箱,样品瓶(125 mL,500 mL 磨口广口瓶)和聚乙烯袋;
—— 塑料刀,勺;
—— 烧杯:50 mL,100 mL;
—— 其他:记录表格、塑料标签卡、铅笔、记号笔、钢卷尺、橡皮筋、工作日记等。

4.1.1.2 分析样品的采取

4.1.1.2.1 表层沉积物样品的采取

表层沉积物样品的采取按以下步骤进行:
—— 用塑料刀或勺从采泥器耳盖中仔细取上部 0 cm~1 cm 和 1 cm~2 cm 的沉积物,分别代表表层和亚表层。如遇砂砾层,可在 0 cm~3 cm 层内混合取样;
—— 通常情况下,每层各取 3 份~4 份分析样品,取样量视分析项目而定。如一次采样量不足,应再采一次;
—— 取刚采集的沉积物样品,迅速装入 100 mL 烧杯中(约半杯,力求保持样品原状,避免空气进入)供现场测定氧化还原电位用(也可在采泥器中直接测定);
—— 取约 5 g 新鲜湿样,盛于 50 mL 烧杯中,供现场测定硫化物(离子选择电极法)用。若用比色法或碘量法测定硫化物,则取 20 g~30 g 新鲜湿样,盛于 125 mL 磨口广口瓶中,充氮气后塞紧磨口塞;
—— 取 500 g~600 g 湿样,放入已洗净的聚乙烯袋中,扎紧袋口。供测定铜、铅、镉、锌、铬、砷及硒用;
—— 取 500 g~600 g 湿样,盛入 500 mL 磨口广口瓶中,密封瓶口。供测定含水率、粒度、总汞、油类、有机碳、有机氯农药及多氯联苯用。

4.1.1.2.2 柱状沉积物样品的采取

柱状沉积物样品采取步骤如下:
—— 样柱上部 30 cm 内按 5 cm 间隔,下部按 10 cm 间隔(超过 1 m 时酌定)用塑料刀切成小段,小心地将样柱表面刮去,沿纵向剖开三份(三份比例为 1:1:2);
—— 两份量少的分别盛入 50 mL 烧杯(离子选择电极法测定硫化物,如用比色法或碘量法测定硫化物时,则盛于 125 mL 磨口广口瓶中,充氮气后,密封保存)和聚乙烯袋中;
—— 另一份装入 125 mL 磨口广口瓶中。

4.1.2 样品的登记、保存与运输

样品登记、保存与运输步骤如下:
—— 样品瓶及聚乙烯袋预先用硝酸溶液(1+3)浸泡 2 d~3 d,用去离子水淋洗干净,晾干装瓶,贴上样品标签,用记号笔把海区、站号、层次及采样日期写在标签上;
—— 样品装入聚乙烯袋,并将填写好站号及层次的标签放入外袋中,用橡皮筋扎紧袋口。装箱保存在阴凉处;
—— 所有的样品均应将采样海区、站号、层次、数量、现场描述情况填入表 A.1 中;(具体内容见原标准附录 A)

——需携带回陆地实验室的样品,均应保存在阴冷处,最好放在冰箱或冷库中,于4℃左右保存;

——样品应及时送往陆地实验室,送样时,按照表 A.2 要求填写送样单一式三份。一份留底,两份随样品送交收样单位。(具体见原标准附录 A)

4.1.3 分析样品的制备

4.1.3.1 供测定重金属(铜、铅、镉、锌、铬、砷及硒)的分析样品的制备

样品的制备步骤如下:

——将聚乙烯袋中的湿样转到洗净并编号的瓷蒸发皿中,置于80℃～100℃烘箱内,烘干过程中用玻璃棒经常翻动样品并把大块压碎,以加速干燥;

——将烘干的样品摊放在干净的聚乙烯板上,剔除砾石和颗粒较大的动植物残骸。将样品装入玛瑙体中,每500mL玛瑙体中装入约100g干样;

——放入玛瑙球,在球磨机上研磨至全部通过160目($96\mu m$)(事先经试验确定大小玛瑙球的个数及研磨时间等条件,研磨后不再过筛)。也可用玛瑙研体手工粉碎,用160目尼龙筛,盖上塑料盖过筛,严防样品逸出。将研磨后的样品充分混匀;

——四分法缩分分取10g～20g制备好的样品,放入样品袋(已填写样品的站号、层次等),送各实验室进行分析测定。其余的样品盛入玻璃磨口广口瓶或有密封内盖的塑料广口瓶中,盖紧瓶盖,留作副样保存;

——操作人员应戴口罩并在通风良好的条件下进行操作。碎样及取样等工具及器皿均要先净化处理,以避免样品被沾污。

4.1.3.2 供测定测油类,有机碳,有机氯农药及多氯联苯的分析样品的制备

样品的制备按以下步骤进行:

——将已测定过含水率、粒度及总汞后的样品摊放在已洗净并编号的搪瓷盘内,置于室内阴凉通风处,不时地翻动样品并把大块压碎,以加速干燥,制成风干样品;

——将已风干的样品摊放在聚乙烯板上,剔除砾石和颗粒较大的动植物残骸;

——在球磨机上粉碎至全部通过80目($180\mu m$)(事先经条件试验,粉碎后不再过筛),也可用瓷研钵手工粉碎,用80目($180\mu m$)金属筛盖上金属盖过筛。严防样品逸出。将研磨后的样品充分混匀;

——四分法缩分分取40g～50g制备好的样品,放入样品袋(已填写样品的站号、层次等),送各实验室进行分析测定。

4.1.4 分析副样的保存

为确保历次监测航次测试结果的质量及数据的可比性,为海洋环境保护科学的发展积累资料,应妥善地保存好分析副样,以备分析质量检查及其他用途。

4.2 规定和要求

4.2.1 分析样品的烘干:未注明干燥温度及时间时,均指(105 ± 1)℃,干燥2h。

4.2.2 标准溶液配制中,所用的量瓶和移液管均应事先进行容量校正或检定。

4.2.3 数据处理按 GB 17378.2 要求执行。

4.2.4 文内pH值除注明测量方法以外,均可用精密或广泛pH试纸测量。

4.2.5 沉积物中硫化物的测定不做双样检查。

4.3 分析结果质量检查

分析结果质量检查步骤如下:

——分析结果质量检查按表1任意抽取检查样,分别装袋并另编样号,将基本样与检查样交分析测试人员进行测定;

表1 从分析样中抽取检查样的比例

分析样个数	<10	10～30	>30
检查样抽取比例/%	50	40	30

——检查样的测项与基本样相同;
——当样品数量较多时,基本样与检查样不应安排在同批内进行测试;
——测试所得结果按表2所列双样相对偏差容许限控制分析质量,当某测项双样检查结果超差率大于30%时,此批基本样中该测项应全部重新测定。若仍出现上述超差情况,分析测试人员应认真检查分析原因(如标准溶液的配制,环境质量,所用仪器设备有无不正常情况等)后,再进行这批样品(基本样与检查样)的测定;
——当某测项双样检验结果超差率小于30%时,超差的样品应重新称样进行测定,直至所测结果合格为止。报数据时,按平行双样结果的均值计算;
——每批分析的样品(20个左右)插入2个～3个海洋沉积物成分分析标准物质(分别装袋及另编样号),以检验有无系统误差。

表2 平行双样相对偏差表

分析结果所在数量级	10^{-4}	10^{-5}	10^{-6}	10^{-7}	10^{-8}	10^{-9}
相对偏差容许限/%	4	8	15	20	30	40

4.4 说明

4.4.1 各种酸碱的密度(ρ),是指20℃时的每毫升克数。

4.4.2 除船上现场测定的项目列出所用的仪器设备以外,陆地实验室内测定的项目,只列出主要的仪器和特殊设备及器皿等。

4.4.3 干燥剂在不指明具体名称时,均指变色硅胶。

4.4.4 所配制的元素的标准溶液的浓度均指该元素的浓度。

4.4.5 没有指明溶剂的溶液都是水溶液。

4.4.6 除电化学分析法以外,也可用校准曲线的线性回归方程求出被测物的质量或浓度,再按计算公式计算样品中被测物的含量。当校准曲线中段的某点出现异常较大的情况时,用线性回归方程计算含量会造成较大的误差,此时应舍弃该点,用作图法求结果。如异常点出现在校准曲线两端,则校准曲线的范围就相应地变小,这时就应重新绘制校准曲线。

4.4.7 沉积物中粒度的测定按 GB/T 12763.8 执行。

5 总汞

5.1 原子荧光法

5.1.1 适用范围和应用领域

本方法适用于淡水和海水水系沉积物中总汞的测定。

本方法为仲裁方法。

5.1.2 方法原理

样品在硝酸-盐酸体系中,置于沸水浴中消化,汞以离子态全量进入溶液。以硼氢化钾为还原剂,将溶液中离子态汞转变为汞蒸汽。以氩气为载气使原子汞蒸汽进入原子荧光光度计的原子化器中,以特种汞空心阴极灯为激发光源,测定汞原子荧光强度。

5.1.7 精密度和准确度

汞含量为 0.048×10^{-6} 时,重复性相对标准偏差为 4%;再现性相对标准偏差:24%;相对误差:±5%。

5.1.8 注意事项

本方法执行中应注意如下事项:
——除非另作说明,本方法所用试剂均为分析纯,水为去离子水或等效无汞水;
——试验用器皿用硝酸溶液(1+3)浸泡 24h 以上,洗净,并检查空白是否合格;
——沉积物湿样先在 40℃～60℃条件下烘干研磨后,再进行消化测定;
——所用的试剂,特别是硝酸和盐酸,在使用前应作空白试验。空白高的酸将严重影响方法灵敏度和准确度;
——汞元素的气体发生条件与所在基体溶液的化学组成有一定关系,制作标准曲线用的基体溶液组成应与试样消化液组成相近;
——试样和分析空白的消化条件要一致,所配试剂的使用时间不应过长;
——为保证分析结果准确,可适当地调节样品的称取量,使得测定值在标准曲线范围内。

5.2 冷原子吸收光度法

5.2.1 适用范围和应用领域

本法适用于河口、近岸、大洋沉积物中总汞的测定。

5.2.2 方法原理

试样用硝酸-过氧化氢加热消化,离子态汞经氧化亚锡还原,转变为汞蒸气,随载气进入吸收池。在 253.7nm 波长处的特征吸收值与汞的含量成正比。

5.2.7 精密度和准确度

汞含量为 0.22×10^{-6} 时,重复性标准差为 0.002×10^{-6};重复性相对标准差为 0.91%;再现性标准差为 0.010×10^{-6},再现性相对标准差为 4.5%;相对误差为 1.8%。

5.2.8 注意事项

本方法执行中应注意如下事项:
——除非另作说明,本方法所用试剂为分析纯,水为无汞蒸馏水或等效纯水;
——必须确保所用器皿清洁,新器皿要经硝酸溶液(1+1)浸泡一天以上,用过的器皿要认真清洗后使用;
——由于汞蒸气压大,实验过程中既要防止汞的逸失,又要防止空气中汞对试样及试剂的沾污。试样与空白的消解时间尽量地相同,以防止试剂与空气的接触。所配试剂的使用时间不宜太长;
——为保证分析结果准确,可适当地调整试样称取量和改变所量取的样品消化液的体积,使测得值在标准曲线范围内;
——由于反应瓶中溶液体积对测定有影响,加适量的水使溶液体积控制到 50mL 左右;

——在标准曲线制定时,用同一个反应瓶,操作方便并可减少随机误差的产生,此时先在反应瓶中加入2mL氯化亚锡溶液,分别加入0.0μL,20μL,40μL,60μL,80μL,100μL汞标准使用溶液(见5.2.3.1.3)迅速盖紧瓶塞,以下按标准曲线绘制的步骤进行。

6 铜

6.1 无火焰原子吸收分光光度法(连续测定铜、铅和镉)

6.1.1 适用范围和应用领域

本法适用于海洋沉积物中铜、铅和镉的连续测定。

本方法为仲裁方法。

6.1.2 方法原理

沉积物样品用硝酸-高氯酸消化后,在稀硝酸介质中,铜在324.7nm波长,铅在283.3nm波长,镉在228.8nm波长处进行无火焰原子吸收测定。

6.1.7 精密度和准确度

铜含量为62.1×10^{-6}时,重复性标准差为0.03×10^{-6},重复性相对标准偏差为0.1%;含量为31.6×10^{-6}时,再现性标准差为2.0×10^{-6},再现性相对标准偏差为6.3%;相对误差为4.5%。

铅含量分别为20.6×10^{-6},85.1×10^{-6}和82.2×10^{-6}时,重复性相对标准偏差分别为6.3%,6.7%和4.8%,6.3%;含量为31.6×10^{-6}时,再现性标准差为1.8×10^{-6},再现性相对标准偏差为6.2%;相对误差为8.4%。

镉含量分别为0.27×10^{-6}、2.43×10^{-6}、0.243×10^{-6}和2.39×10^{-6}时,相对标准偏差分别为12%、6.6%、2.9%和0.4%;含量为0.25×10^{-6}时,再现性标准差为0.02×10^{-6},再现性相对标准偏差为8.0%;相对误差为6.0%。

6.1.8 注意事项

本方法执行中应注意如下事项:

——除非另有说明,本方法所用试剂为分析纯,水为二次去离子水或等效纯水;

——所有器皿应经硝酸溶液(1+3)浸泡12h以上,用二次去离子水洗净;

——样品中铜的含量超出标准曲线范围时,可通过增加内气流的办法来测定,这时标准曲线制定中,所用的内气流值也要相应地变动。

6.2 火焰原子吸收分光光度法(连续测定铜、铅和镉)

6.2.1 适用范围和应用领域

本方法适用于海洋沉积物中铜、铅和镉的连续测定。

6.2.2 方法原理

沉积物样品用硝酸-高氯酸消化后,铜在324.7nm波长,铅在283.3nm波长,镉在228.8nm波长处直接进行火焰原子吸收测定。

6.2.7 精密度和准确度

铜含量为31.6×10^{-6}时,重复性标准差为0.47×10^{-6},重复性相对标准偏差为1.5%;再现性标准差为2.2×10^{-6},再现性相对标准偏差为7.0%;相对误差为7.3%。

铅含量分别为19.6×10^{-6}和82.3×10^{-6}时,重复性相对标准偏差分别为4.1%和5.3%;含量为29.2×10^{-6}时,再现性相对标准偏差为6.8%;相对误差为6.1%。

镉含量分别为 0.25×10^{-6} 和 1.99×10^{-6} 时,重复性相对标准偏差分别为 4.0% 和 1.0%;含量为 0.25×10^{-6} 时,再现性标准差为 0.04×10^{-6},再现性相对标准偏差为 16.0%;相对误差为 3.3%。

6.2.8 注意事项

本方法执行中应注意如下事项:

——除非另有说明,本方法所用试剂为分析纯,水为二次去离子水或等效纯水;

——所有器皿应经硝酸溶液(1+3)浸泡 12h 以上,用水洗净。

7 铅

7.1 无火焰原子吸收分光光度法

无火焰原子吸收分光光度法见 6.1。

7.2 火焰原子吸收分光光度法

火焰原子吸收分光光度法见 6.2。

8 镉

8.1 无火焰原子吸收分光光度法

无火焰原子吸收分光光度法见 6.1。

8.2 火焰原子吸收分光光度法

火焰原子吸收分光光度法见 6.2。

9 锌——火焰原子吸收分光光度法

9.1 适用范围和应用领域

本法适用于海洋沉积物中锌的测定。

本方法为仲裁方法。

9.2 方法原理

沉积物样品经硝酸-高氯酸消化后,在 213.8nm 波长处,直接进行火焰原子吸收测定。

9.7 精密度和准确度

锌含量为 472.5×10^{-6} 时,重复性标准差为 11.0×10^{-6},重复性相对标准偏差为 2.3%;含量为 75.3×10^{-6} 时,再现性标准差为 9.5×10^{-6},再现性相对标准偏差为 12.6%;相对误差为 7.1%。

9.8 注意事项

本方法执行中应注意如下事项:

——除非另有说明,本方法所用试剂为分析纯,水为二次去离子水或等效纯水;

——所用的器皿应用硝酸溶液(1+3)浸泡 2d~3d,用水洗净后才能使用;

——高氯酸应分解驱尽,以免 $KClO_4$ 沉淀包裹被测元素,致使结果偏低;

——不同型号的原子吸收分光光度计,自行选定仪器最佳操作参数。

10 铬

10.1 无火焰原子吸收分光光度法

10.1.1 适用范围和应用领域

本法适用于海洋沉积物中铬的测定。

本方法为仲裁方法。

10.1.2 方法原理

沉积物样品经硝酸和高氯酸消化后,铬转化为离子态,用硝酸镁作基体改进剂,在357.9nm波长处,进行无火焰原子吸收测定。

10.1.7 精密度和准确

铬含量为41.8×10^{-6}时,重复性标准偏差为1.2×10^{-6},重复性相对标准偏差为2.9%,再现性标准偏差为1.2×10^{-6},再现性相对标准偏差为2.9%;相对误差为0.6%。

10.1.8 注意事项

本方法执行中应注意如下事项:

——除非另作说明,本方法所用试剂为分析纯,水为二次去离子水;

——所有器皿均应用硝酸溶液(1+3)浸泡12h以上,用水洗净后才能使用。不应使用重铬酸钾洗液,以免沾污;

——样品消化时,温度不应超过180℃;

——样品中含铬太低或太高时,可通过增减内气流(在绘制标准曲线时内气流也相应地改变)或增减测定时样品的稀释倍数以适应曲线动态范围。

10.2 二苯碳酰二肼分光光度法

10.2.1 适用范围和应用领域

本法适用于海洋沉积物中铬的测定。

10.2.2 方法原理

沉积物样品经硝酸和高氯酸消化,滤去残渣后,用高锰酸钾将三价铬氧化成六价,在尿素存在下,用亚硝酸钠还原过剩的高锰酸钾,在酸性介质中,六价铬离子与二苯碳酰二肼生成紫红色络合物,于540nm波长处测定吸光值。

10.2.7 精密度和准确度

铬含量分别为57.3×10^{-6}和48.0×10^{-6}时,相对标准偏差为2.2%和5.0%;含量为59.0×10^{-6}时间,再现性标准差为2.3×10^{-6},再现性相对标准偏差为3.9%;相对误差为0.1%。

10.2.8 注意事项

本方法执行中应注意如下事项:

——除非另作说明,本方法所用试剂为分析纯,水为去离子水或等效纯水;

——三价铁离子对本法有干扰,少量铁可用磷酸或焦磷酸钠掩蔽,大量铁共存时,用5%亚硝基苯胲铵-三氯甲烷萃取加以分离;

——所用的器皿均用硝酸溶液(1+3)浸泡12h以上,水洗净后才能使用。不应使用重铬酸钾洗液,以免沾污;

——样品消化时,温度不应超过180℃;

——铬合物颜色的稳定性随温度的升高而下降,一般应在2h内测定完毕,室温高于30℃时,应在半小时内完成测定;

——二苯碳酰二肼的丙酮溶液若变黄或浑浊时,应重新配制。

11 砷

11.1 原子荧光法

11.1.1 适用范围和应用领域

本方法适用于海洋沉积物中砷的测定。

本方法为仲裁方法。

11.1.2 方法原理

沉积物样品在酸性介质中消化,用硼氢化钾将溶液中的砷(Ⅲ)转化成砷化氢气体,由氩气载入石英原子化器,在特制砷空心阴极灯下进行原子荧光测定。

11.1.7 精密度和准确度

砷含量为 10.3×10^{-6} 时,再现性相对标准偏差为5%,相对误差为±4%;重复性相对标准偏差为3%。

11.1.8 注意事项

本方法执行中应注意如下事项:

——除非另作说明,本方法所用试剂为分析纯,水为去离子水或等效纯水;

——所用的器皿应用15%硝酸溶液浸泡24h,用水淋洗干净后使用;

——所用的试剂,在使用前应作空白试验;

——空白高的试剂,特别是盐酸将严重影响方法的测定下限和准确度。

11.2 砷钼酸-结晶紫分光光度法

11.2.1 适用范围和应用领域

本法适用于大洋、近岸、河口沉积物中砷的测定。

11.2.2 方法原理

沉积物样品用硝酸,高氯酸和硫酸消化,于硫酸介质中,在碘化钾、氯化亚锡和初生态氢存在下,将砷还原成砷化氢气体。三价砷被高锰酸钾-硝酸银-硫酸溶液氧化吸收,五价砷与钼酸形成砷钼杂多酸并与结晶紫结合成蓝色络合物,于545nm波长处进行光度测定。

11.2.7 精密度和准确度

砷含量为 19.4×10^{-6} 时,重复性标准差为 0.07×10^{-6},重复性相对标准偏差为0.4%,再现性标准有效期为 0.9×10^{-6},再现性相对标准偏差为4.6%,相对误差为3.6%。

11.2.8 注意事项

本方法执行中应注意如下事项:

——除非另作说明,本方法所用试剂为分析纯,水为去离子水;

——砷化氢气体剧毒,氢化-吸收装置应安放在通风橱中;

——显色应在20℃~30℃条件下进行;

——吸收液的硫酸用量应准确,否则测定的结果不稳定;

——加入结晶紫溶液后应立即混匀,否则分析结果的重现性不佳。结晶紫的纯度应预先检

验,试剂空白的吸光值(水作参比)以小于 0.2 为宜;
——玻管球部中装填的乙酸铅棉花要松散均匀,使气体遇到的阻力基本一致;
——吸收液的液柱高度应在 8cm 以上;
——所用的器皿均应用硝酸溶液(1+3)浸泡 12h 以上,水洗净后才能使用。

11.3 氢化物-原子吸收分光光度法

11.3.1 适用范围和应用领域

本法适用于海洋和河流沉积物中砷的测定。采用本法时,当硒的含量高出砷两倍及锑、铋、锡及汞的含量高出砷 10 倍时,对测定产生明显干扰。

11.3.2 方法原理

在酸性介质中,用硼氢化钾把溶液中的砷(Ⅲ)转化成砷化氢气体,由载气导入原子化器,生成原子态砷,于 193.7nm 处进行原子吸收测定。

11.3.7 精密度和准确度

砷含量为 19.4×10^{-6} 时,重复性标准差为 0.46×10^{-6},重复性相对标准偏差为 2.4%,再现性标准为 0.49×10^{-6},再现相对标准偏差为 2.5%;相对误差为 12.5%。

11.3.8 注意事项

本方法执行中应注意如下事项:
——除非另作说明,所用试剂为分析纯,水为二次去离子水或等效纯水;
——原子化器要预热,使散热和加热速率平衡后,才能正式工作;
——加热电压要稳定;
——每份样品分析间隔时间应尽量保持一致;
——分析进行中间重做一条标准曲线,检查曲线是否不变化;
——硼氢化钾流速、深度及反应液的温度、载气流速对结果均有影响,应保持一致;
——所用的器皿均应用硝酸溶液(1+3)浸泡 12h 以上,用水淋洗干净后才能使用。

11.4 催化极谱法

11.4.1 适用范围和应用领域

本法适用于海洋与陆地水系沉积物中砷的测定。

11.4.2 方法原理

样品经硝酸-高氯酸消化,在硫酸介质中,用过氧化氢将砷(Ⅴ)还原成砷(Ⅲ),用硫酸钡共沉淀铅以排除它的干扰。砷(Ⅲ)在碲-硫酸-磺化铵介质中能得到灵敏的催化波,其催化电流随砷的浓度增加而增加,以此进行砷的定量测定。

11.4.7 精密度和准确度

砷含量为 33.7×10^{-6} 时,重复性标准偏差为 0.4×10^{-6},重复性相对标准偏差为 1.2%;含量为 19.4×10^{-6} 时,再现性标准偏差为 1.4×10^{-6},再现性相对标准偏差为 7.2%;含量为 56.2×10^{-6} 时,相对误差为 1.4%。

11.4.8 注意事项

本方法执行中应注意如下事项:
——除非另有说明,本方法所用试剂为分析纯,水为二次去离子水或等效纯水;
——样品消化中,有机物务必彻底除尽,消化开始温度不应太高,待反应基本结束后,升高温

度蒸干至白烟冒尽,残渣不呈灰褐色,即表明有机物已破坏殆尽;

——硝酸及高氯酸要除尽,否则加入过氧化氢后不能将砷(Ⅴ)还原成砷(Ⅲ)。样品消化中,用水淋洗杯壁及蒸干,然后加入硫酸蒸至刚冒烟,就是为了驱尽硝酸及高氯酸;

——测定时溶液中的铁量如超过 1mg,峰电流值将会下降。本法测定时溶液中相当有 12mg 样品,在样品中铁含量为 8.3% 时,不影响测定;

——配制好的极谱底液应放置半小时后测定,否则极谱波不稳定,无法测得准确的峰电流;

——起始电压应固定,因为峰电流值随起始电压改变而改变;

——测试时,室温应高于 14℃,低于此温度波形不好,甚至得不到极谱波,温度最好控制在 20℃～28℃ 之间。温度过高时,易析出 I_2。因之,极谱室应有空调装置;

——若样品中砷的含量质量比低于 $5×10^{-6}$ 时,应在测定液中加入 0.100μg As,从测得值中减去 0.100μg。这是因为标准曲线在砷的浓度低于 5ng/mL 时,曲线向下弯曲;

——所用的器皿均应用(1+3)硝酸溶液浸泡 12h 以上,水洗净后才能使用。

12 硒

12.1 荧光分光光度法

12.1.1 适用范围和应用领域

本法适用于河流及海洋沉积物中硒的测定。

本方法为仲裁方法。

12.1.2 方法原理

样品经硝酸-高氯酸消化,用盐酸将硒(Ⅵ)还原为硒(Ⅳ),在酸性条件下,硒(Ⅳ)与 2,3-二氨基萘反应生成有绿色荧光的 4,5-苯并苯硒脑。用环己烷萃取,在激发波长 376nm 及发射波长 520nm 下进行荧光分光光度测定。其荧光强度和硒(Ⅳ)的含量成正比。

12.1.7 精密度和准确度

硒含量为 $0.15×10^{-6}$ 时,重复性标准差为 $0.003×10^{-6}$,重复性相对标准偏差为 2.0%;含量为 $0.38×10^{-6}$ 时,再现性标准差为 $0.03×10^{-6}$,再现性相对标准偏差为 20%;相对误差分别为 14.7% 及 8.3%。

12.1.8 注意事项

本方法执行中应注意如下事项:

——除非另作说明,本方法所用试剂为分析纯,水为去离子水或等效纯水;

——所用的器皿均应用(1+3)硝酸浸泡 12h 以上,水淋洗干净后才能使用;

——DAN 溶液的配制应在光线较暗的地方进行,避免阳光照射;

——样品消化时,为防止硒的挥发损失,切忌长时间高温加热,若由此造成残渣干涸,应重新称样消化;

——溶液在沸水浴上加热 5min 后,溶液冷却至室温的时间应少于 10min,否则分析结果易偏低。

12.2 二氨基联苯胺四盐酸盐分光光度法

12.2.1 适用范围和应用领域

本法适用于河流及海洋沉积物中硒的测定。

12.2.2 方法原理

样品经硝酸-高氯酸消化,用盐酸将硒(Ⅵ)还原为硒(Ⅳ)。在酸性质中,硒(Ⅳ)与3,3′-二氨基联苯胺四盐酸盐形成黄色络合物,在pH为6~8条件下用甲苯萃取,于420nm处进行分光光度测定。

12.2.7 精密度和准确度

平行6次测定3个海洋沉积物样品,其结果分别为0.75×10^{-6}、2.15×10^{-6}和4.81×10^{-6},重复性相对标准偏差分别为8.6%,7.4%和3.3%。

硒含量为0.38×10^{-6}时,再现性标准差为0.06×10^{-6},再现性相对标准偏差为15.8%,相对误差为0.5%。

12.2.8 注意事项

本方法执行中应注意如下事项:

——除非另作说明,所用试剂为分析纯,水为去离子水或等效纯水;

——所用的器皿均应用硝酸溶液(1+3)浸泡12h以上,用水洗净后才能使用;

——DAB在空气中和阳光下易分解,需避光密封保存;

——消化样品时,为防止硒的挥发损失,切忌长时间高温加热,若由此造成残渣干涸,应重新称样分析。

12.3 催化极谱法

12.3.1 适用范围和应用领域

本法适用于海洋及陆地水系沉积物中硒的测定。

12.3.2 方法原理

样品经硝酸-高氯酸消化,制备成盐酸溶液。用柠檬酸三铵及EDTA作掩蔽剂,Se(Ⅳ)被亚硫酸还原成单质,在氟化铵-氢氧化铵缓冲溶液中(pH值=10)Se与亚硫酸根生成$SeSO_3^{2-}$,在IO_3^-存在下,$SeSO_3^{2-}$产生一个很灵敏的极谱催化波。其峰电流值随硒浓度增加而增加,以此进行硒的定量测定。

12.3.7 精密度和准确度

硒含量0.38×10^{-6}时,重复性标准偏差为0.04×10^{-6},重复性相对标准偏差为10.5%;再现性标准偏差为0.014×10^{-6},再现性相对标准偏差为3.7%;相对误差为3.3%。

12.3.8 注意事项

本方法执行中应注意如下事项:

——除非另作说明,本方法所用试剂为分析纯,水为二次去离子水再经石英亚沸蒸馏或等效纯水;

——在样品消化中,加高氯酸于电热板上加热冒白烟时不能蒸干,否则结果会偏低。样品消化液加高氯酸加热这一步,其蒸发后剩下的高氯酸体积应与标准溶液加高氯酸蒸至刚冒浓白烟取下的体积相同;

——样品消化时,有机质应除尽。加入盐酸前的溶液应呈无色,含铁量较高时应呈淡黄色;

——样品消化溶液中硒的浓度若超过6ng/mL时,应经过适当稀释后测定;

——测定时的适宜室温为15℃~25℃,若室温高于25℃,加入缓冲溶液及碘酸钾溶液后,需在冷水浴中放置10min,再进行测定,否则测定的结果不稳;

——为了使测试结果稳定,样品消化液在加入碘酸钾溶液后应在半小时内测定完毕。若样品数目多,应分小批量加入极谱底液。但标准曲线制定时不受影响。

13 油类

13.1 荧光分光光度法

13.1.1 适用范围和应用领域

本法适用于沉积物中油类的测定。

本方法为仲裁方法。

13.1.2 方法原理

沉积物风干样中的油类经石油醚萃取,用激发波长310nm照射,于360nm波长处测定相对荧光强度,其相对荧光强度与石油醚中芳烃的浓度成正比。

13.1.7 精密度和准确度

重复性相对标准偏差2.9%;再现性相对标准偏差4.3%;相对误差4.0%。

13.1.8 注意事项

本方法执行中应注意如下事项:

——除非另作说明,本方法所用试剂为分析纯,水为蒸馏水或等效纯水;

——整个操作程序应严防沾污;

——玻璃容器用过后用硝酸溶液(1+1)浸泡、洗涤、烘干;

——判断石油醚的质量标准:经过脱芳处理的石油醚,荧光强度与最大的瑞利散射峰强度比,不大于2%。

13.2 紫外分光光度法

13.2.1 适用范围和应用领域

本法适用于近岸,河口沉积物油类的测定。

13.2.2 方法原理

沉积物用正己烷萃取后,以标准油作参比,沉积物中的芳烃组分,在紫外光区有特征吸收,其吸收强度与芳烃含量成正比,进行紫外分光光度测定。

13.2.7 精密度和准确度

油含量分别为 80.1×10^{-6} 和 300×10^{-6} 时,相对标准偏差分别为1.7%和2.8%;回收率为96%。

13.2.8 注意事项

本方法执行中应注意如下事项:

——除非另作说明,本方法所用试剂均为分析纯;

——所用玻璃器皿用去污粉和重铬酸钾洗液洗净,依次用自来水,蒸馏水淋洗,在150℃烘箱中烘干。量瓶、吸管自然晾干,使用前用脱芳正己烷洗涤2次;

——测定池易被沾污,应注意保持洁净,使用前应校正测定池的误差;

——用过的活性炭和正己烷经处理后可重复使用;

——塑料、橡胶材料对测定有干扰,应避免接触;

——若用本法测定沉积物中石油的含量,则在称样后加 20mL 氢氧化钾-乙醇溶液

(13.3.3.7),混匀后加盖,在室温下皂化15h,最初2h内,每隔半小时振摆试管一次后再用正己烷萃取测定。萃取效率系数的测定中也相应地增加此皂化步骤。该时,氢氧化钾-乙醇溶液的用量为1.00mL。95%乙醇的试剂空白吸光值大于0.01时,应该用蒸馏法提纯。

13.3 重量法

13.3.1 适用范围和应用领域

本法适用于油污较重海区沉积物中油类含量的测定。

13.3.2 方法原理

沉积物样品中的油类用正己烷萃取,蒸发除去正己烷,称重,计算沉积物中油类的含量。

13.3.7 精密度和准确度

油类含量分别为 720×10^{-6} 和 $5\,660 \times 10^{-6}$ 时,测试结果的相对标准偏差分别为6.1%和5.1%;回收率为85%。

13.3.8 注意事项

本方法执行中应注意如下事项:

——除非另作说明,所用试剂均为分析纯;

——所用玻璃器皿用去污粉和重铬酸钾洗液洗净,依次用自来水,蒸馏水漂洗,在150℃烘箱中烘干。量瓶、吸液管自然晾干,使用前用正己烷洗涤2次;

——用过的活性炭和正己烷经处理后可重复使用;

——铝箔槽的铝箔自重应尽量轻些,以提高测定准确度。制作时,边缘应避免有折痕,以防止石油由折线处爬出损失;

——若用重量法测定沉积物干样中石油的含量,则在称样后加入30mL氢氧化钾-乙醇溶液(见13.3.3.7)混匀后加盖,在室温下皂化15h,最初2h内,每0.5h振摆试管一次。以下按13.3.5.1.a)~13.235.1.g)步骤进行。校正系数的测定中也相应地增加此皂化步骤。

14 666、DDT——气相色谱法

14.1 适用范围和应用领域

本方法适用于沉积物样品中666、DDT和狄氏剂的测定。

本方法为仲裁方法。

14.2 方法原理

沉积物中666、DDT和狄氏剂用正己烷-丙酮混合溶剂作为提取剂,用索氏提取器回流提取,将提取液浓缩,柱分离,再浓缩后注入色谱柱被分离为具有不同保留时间的单一组分。用电子捕获检测器检测,各组分的响应值与含量成正比。将被测物色谱图与标准色谱图相比较,计算出各组分的含量。

14.7 精密度和准确度

重复性标准差 $\Sigma 666$ 为3.3%~4.0%, ΣDDT 为3.6%~4.7%;平均回收率 $\Sigma 666$ 为85.3%~97.1%, ΣDDT 为90.9%~99.3%。

14.8 注意事项

本方法执行中应注意如下事项:

——除非另有说明,本方法所有试剂为分析纯,水为纯水;

——与农药共萃取的硫化物,脂肪,类脂物及色素是样品测定的主要干扰物。分别用铜粉和佛罗里土除去;

——多氯联苯与666、DDT,狄氏剂的色谱峰互相重叠而干扰测定,用微型活性炭柱使之相互分离;

——每批佛罗里土的吸附容量不完全相同,佛罗里土的用量可用佛罗里土的吸附容量来确定,具体方法见附录G;

——应经常测定标准样品检查电子捕获检测器被污染的情况,及由此而产生的响应值和线性范围的变化;

——标准使用溶液和待测样品的注入体积应相同;

——注意同一标准使用溶液在实验开始和终了时的峰高的变化,相对值应不应超过5%。在一般情况下,注入待测样品净化液后,应接着注入标准使用溶液,两者不能相隔太久;

——对于脂肪、类脂物及色素含量较高的样品,需用第二支佛罗里土柱净化;

——所有的器皿应用纯水反复地洗净;

——几种有机氯农药在色谱柱[2% OV-17 + 4% OV-210/80 ～ 100 目(180μm ～ 150μm) Chromosorb W·AW·DMCS]上相对于pp'-DDE的相对保留时间(RRT)(pp'-DDE=100)列于表4供参考。

表4 有机氯农药的相对保留时间

农药	α-666	γ-666	β-666	δ-666	pp'-DDE	狄氏剂	op'-DDT	pp'-DDD	pp'-DDT
RRT	24	30	36	42	100	110	140	158	188

15 多氯联苯(PCBs)——气相色谱法

15.1 适用范围和应用领域

本法适用于海洋、河流、湖泊沉积物中PCBs的测定。

本方法为仲裁方法。

15.2 方法原理

沉积物中的PCBs,用索氏提取法提取于正己烷-丙酮溶剂中。与PCBs一起共提取的类脂物、色素、有机氯农药、硫和硫化物等干扰物,按本方法给定的程序被全部除去。将含有PCBs的样品提取液注入色谱柱,用电子捕获检测器检测,其响应值的大小与PCBs含量成正比。

15.7 精密度和准确度

PCBs含量分别为 1.044μg、2.088μg 和 4.176μg 时,重复性相对标准偏差分别为 3.4%、3.9%和4.0%;平均回收率分别为81.99%、93.39%和95.62%。

15.8 注意事项

注意事项见14.8。

16 狄氏剂——气相色谱法

狄氏剂——气相色谱法见14章。

17 硫化物

17.1 亚甲基蓝分光光度法

17.1.1 适用范围和应用领域

本法适用于海洋、河流沉积物中硫化物的测定。

本方法为仲裁方法。

17.1.2 方法原理

沉积物样品中的硫化物与盐酸反应生成硫化氢,随水蒸气一起蒸馏出来,被乙酸锌溶液吸收,反应生成硫化锌。在酸性介质中当三价铁离子存在时,硫离子与对氨基二甲基苯胺反应生成亚甲基蓝,在650nm波长处进行光度测定。

17.1.7 精密度和准确度

硫化物(S^{2-})含量为3.97×10^{-6}时,重复性相对标准偏差为5.5%。

17.1.8 注意事项

本方法执行中应注意如下事项:

——除非另作说明,本方法所用试剂为分析纯,水为去离子水或等效纯水;

——硫化物标准使用溶液应在使用前临时配制;

——氮气中如有微量氧,可安装洗气瓶(内装亚硫酸钠饱和溶液)予以除去;

——硫代硫酸钠及硫化物标准贮备溶液标定中,各进行六份测定,滴定液体积的平均值是以极差为0.05mL以内诸数据进行平均而求得。

17.2 离子选择电极法

17.2.1 适用范围和应用领域

本法适用于海洋沉积物中硫化物的测定。可用于船上现场测定。

17.2.2 方法原理

固态硫化银膜电极对银离子和硫离子均有响应,当该电极同溶液接触时,所产生的电极电位与银离子活度呈正相关,而电极对硫离子的响应是通过Ag_2S的溶度积间接实现的,因此硫离子选择电极在溶液中所产生的电极电位与硫离子的活度的负对数呈线性关系。当标准系列与被测液的离子强度相近时,若两者硫离子的活度相等其浓度也相等。

海洋沉积物中的硫化物以多种形态存在,对于某些难溶硫化物,当加入EDTA络合剂后,有利于硫离子释出。用来浸提沉积物的浸提液中常含溶解氧,会氧化硫离子。硫含量越低,这种氧化作用越显著。为此,在测试液中加入一定量的抗坏血酸,以防止S^{2-}被氧化,并可提高方法的灵敏度。

17.2.7 精密度和准确度

硫含量为$1\,041.5 \times 10^{-6}$时,重复性相对标准偏差为8.4%。

17.2.8 注意事项

本方法执行中应注意如下事项:

——除非另作说明,本方法所有试剂为分析纯,水为去离子水或等效纯水;

——现场(船上)采样后应立即进行测定;

——电极性能的好坏是决定测试准确性的关键,为此,电极要注意保护,使用后要用去离子水反复地清洗,用滤纸擦干并避光保存;

——溶液中 CN^- 的存在使电极中毒,干扰测定,可加入适量甲醛溶液(1+1)进行掩蔽;
——电极在硫离子的稀溶液中的响应速度较慢,应迅速搅拌,读取稳定的电位差值;
——此法测定结果中不包括 PbS、CuS 和 HgS;
——硫代硫酸钠及硫化物标准贮备溶液标定中,各进行六份测定,滴定液体积的平均值是以极差为 0.05mL 以内诸数据进行平均而求得。

17.3 碘量法

17.3.1 适用范围和应用领域

本法适用于近海、河口、港湾污染较重的沉积物中硫化物的测定。

17.3.2 方法原理

沉积物样品中硫化物(S^{2-})在酸性介质中产生硫化氢,同水蒸气一起蒸出,被乙酸锌溶液吸收,生成硫化锌沉淀。此沉淀与盐酸反应,生成的硫化氢被碘氧化,过剩的碘用硫代硫酸钠标准溶液滴定。

17.3.7 精密度和准确度

硫含量为 100.7×10^{-6} 时,重复性相对标准偏差为 3.0%。

17.3.8 注意事项

本方法执行中应注意如下事项:
——除非另作说明,本方法所有的试剂为分析纯,水为去离子水或等效纯水;
——欲测游离硫化物[硫化氢(H_2S)及在该条件下能够水解产生硫化氢(H_2S)的物质],只要不向蒸馏装置中加盐酸即可,其他过程均同上。

18 有机碳

18.1 重铬酸钾氧化-还原容量法

18.1.1 适用范围和应用领域

本法适用于沉积物中有机碳含量(质量分数)低于15%的样品的测定。
本方法为仲裁方法。

18.1.2 方法原理

在浓硫酸介质中,加入一定量的标准重铬酸钾,在加热条件下将样品中有机碳氧化成二氧化碳。剩余的重铬酸钾用硫酸亚铁标准溶液回滴,按重铬酸钾的消耗量,计算样品中有机碳的含量。

18.1.7 注意事项

本方法执行中应注意如下事项:
——除另作说明,本方法所有试剂为化学纯,水为普通蒸馏水;
——称样量视有机碳含量而定,含量(质量分数)在 5%~15% 时,称取 0.1g,含量在 1%~5% 时,称取 0.3g,含量小于 1% 时,称取 0.5g;
——应注意勿将样品沾在试管壁上,否则,测定的结果易偏低;
——消化后的溶液应为黄色,黄褐色或黄绿色,如以绿色为主,则说明氧化不完全。就减少称样重量,重新测定;
——滴定时,如消耗的硫酸亚铁标准溶液的体积小于空白样用量 1/3 时,有氧化反应不完全的可能,应减少称样量,重新测定;

——样品消化温度及时间应保持一致;
——用含铁量低的沉积物经焙烧及磨细后制成空白样。否则,由于焙烧后样品呈红色,使滴定终点难辨;
——硫酸亚铁溶液浓度易变化,每次使用前均应标定;
——试管外壁的油液应擦净,不能混入试液中,否则结果会偏高;
——也可用二苯胺磺酸钠($C_6H_5NHC_6H_4SO_3Na$)做指示剂(1mg/mL,1+35 硫酸溶液),该时溶液颜色由蓝紫色突变为壳绿色为终点;
——如样品中存在其他还原性物质(如 Fe^{2+} 及 S^{2-} 等)较多时,测定的结果会明显偏高。该时应将待测样摊成薄层,风干,使这些无机还原物质充分地被氧化后再行测定;
——硫酸亚铁标准溶液的浓度标定时,滴定液平均体积是以极差为 0.05mL 以内诸数据进行平均而求得。

18.2 热导法

18.2.1 适用范围和应用领域

本法适用于河口排污口、港湾、近岸及大洋沉积物和悬浮颗粒中有机碳的测定。本法取样量小,精密度高;但当测定钙质沉积物时,因碳酸盐含量高,会产生正误差。通常,样品中碳酸盐($CaCO_3$)的含量(质量分数)超过10%时,正误差较为显著,尚需经过校正计算,使其结果更正确。此外,冶金、机械、原子工业及涂料、染料、铅笔等工厂排放的沉积物中,因其含有碳(如活性炭、碳粉及石墨等),会使测定结果偏高。所以在测定上述排污口沉积物中有机碳时,应考虑其影响。可选用氧化-还原容量法(见18.1)进行测定。

18.2.2 方法原理

样品经稀盐酸处理后,在纯氧环境中,于静态条件下燃烧(960℃~970℃),样品中的有机碳被氧化生成二氧化碳。以氦气为载气,通过仪器的热导检测器进行测定,并由测得的信号值计算有机碳含量。

18.2.7 精密度和准确度

有机碳含量为2.64%时,重复性相对标准偏差为9.5%;有机碳含量为3.19%时,再现性相对标准偏差为0.63%,相对误差为0.42%。

18.2.8 注意事项

本方法执行中应注意如下事项:
——除非另作说明,本方法所用试剂为分析纯,水为蒸馏水或等效纯水;
——实验室保持清洁、干燥、周围无污染源(碳酸气和氨气)、电压要稳定;
——称量前,将小舟内样品轻压一下,避免烧样时残渣溅在燃烧管内;
——碳酸盐含量低于10%的样品,在计算结果时可将 C 值忽略不计。

19 含水率——重量法

19.1 适用范围和应用领域

本法适用于潮间带、河口及海洋沉积物中含水率的测定。
本方法为仲裁方法。

19.2 方法原理

将已知重量的沉积物湿样(或风干样),于105℃±1℃烘至恒重。用两次重量的差值计算样品的含水率。

19.6 注意事项

本方法执行中应注意如下事项:

——考虑到船上现场称量的准确度难以保证,因之,将现场采集的沉积物湿样密封冷冻保存,送回实验室后再行测定含水率;

——风干样与湿样的含水率的测定步骤相同。此含水率在指定称取风干样或湿样的各测项换算成干样重量时使用;

——每个样品做两次测定,含水率的差值不得大于1%;

——取样时,应注意代表性,明显的生物残骸及砾石等不能混入;

——每次称量准确至0.001g。所谓恒重,是指两次干燥后重量的差值小于0.005g。

20 氧化还原电位——电位计法

20.1 适用范围和应用领域

本法适用于现场测定沉积物氧化还原电位。

本方法为仲裁方法。

20.2 方法原理

氧化还原电位反应可用通式表示:氧化剂$^{m+}$ + ne ⇌ 还原剂$^{m-n}$

氧化还原电位(E_h)值与沉积物中氧化剂和还原剂相对含量之间的关系依赖于萘斯特公式:$E = E° + 59\lg($氧化剂/还原剂$)$。因此,氧化还原电位(E)的数值越大,说明沉积物中氧化剂所占的比例越大,氧化能力越强。

20.7 注意事项

本方法执行中应注意如下事项:

——所用试剂为分析纯,水为蒸馏水或等效纯水;

——沉积物的E值受空气及微生物活动影响而极不稳定,采样后应立即测定;

——铂丝电极处理:先将铂丝洗净,然后浸入三氯甲烷或乙醚中搅动约1min,用水冲洗后,再浸入50mg/mL重铬酸钾或5%~10%过氧化氢溶液中搅动约1min,用水洗净后备用;

——检查饱和甘汞电极中氯化钾溶液是否过饱,若发现电极内无氯化钾结晶时,从电极侧面小口加入固体氯化钾至过饱和;

——当温度不是25℃,可由下式来计算缓冲液pH值:

$$pH = [455 - 0.09(t-25) - E]/[59.1 + 0.2(t-25)]$$

式中:E——测得值,单位为毫伏(mV);

  t——测定时溶液温度,单位为摄氏度(℃)。

附录 A(规范性附录)   记录表(略)

附录 B(资料性附录)   测定项目、方法及检出限(略)

附录 C(资料性附录)   总磷-分光光度法(略)

附录 D(资料性附录)   总氮-凯式滴定法(略)

附录 E(资料性附录)   有机氯农药-毛细管气相色谱测定法(略)

附录 F(资料性附录)　多氯联苯-毛细管气相色谱测定法(略)
附录 G(资料性附录)　佛罗里土吸附容量的测定方法及用量的调整(略)

海洋监测规范　第6部分：生物体分析（节录）

GB 17378.6—2007

(2007 年 10 月 18 日发布　2008 年 5 月 1 日实施)

本部分由国家海洋局提出。
本部分起草单位:国家海洋环境监测中心。

（按原标准编号节录）

3　术语和定义

下列术语和定义适用于 GB 17378 的本部分。

3.1　蒸至近干 evaporation to dryness

溶剂蒸发至小体积(0.2mL～0.3mL),留有残渣呈湿润状。

3.2　标线 standard line

计量容器体积的刻度线。
[GB 17378.5—2007,定义3.1]

4　一般规定

4.1　样品的采集与制备

4.1.1　采样种类

贝类、虾和鱼类。贝类一般采集菲律宾蛤仔、文蛤、四角蛤蜊、紫贻贝、翡翠贻贝、毛蚶、缢蛏、僧帽牡蛎等。

4.1.2　试剂

4.1.2.1　去离子水或等效蒸馏水,其痕量金属含量应低于分析方法的检出限,或用未受沾污的海水。

4.1.2.2　合成洗涤剂。

4.1.3　仪器和设备

仪器和设备如下：

——塑料冷冻箱:配有冰袋。用于贻贝贮存和运输时,底部应具有栅板,以免样品浸入水中；

——冰箱；

——低温冰箱；

——塑料板和尺子:用于长度测量；

——塑料刀；
——玻璃或陶瓷碟:制备样品用；
——镊子:塑料制品或其他合适材料的制品；
——高密度聚乙烯袋和塑料容器:供速冻保存样品用,装样前,应用合成洗涤剂清洗,并用蒸馏水洗净；
——分析天平:感量0.1mg；
——塑料洗瓶；
——刮刀:供采集样品用；
——塑料桶:容量20L～50L；
——大号金属刀:无锈斑,供切取鱼组织用；
——匀浆器:不锈钢或其他适宜材料的制品；
——称量瓶:容量50mL；
——电热烘箱；
——干燥箱；
——冷冻干燥设备。

4.1.4 采样与运输

4.1.4.1 准备工作

用合成洗涤剂(见4.1.2.2)清洗冷冻箱、高密度聚乙烯袋、塑料板及尺、大号金属刀、刮刀,再用蒸馏水或海水(见4.1.2.1)漂洗干净。

4.1.4.2 贻贝样品的采集

用清洁刮刀从其附着物上采集贻贝样。

选取足够数量的完好贻贝存于冷冻箱中。若需长途运输(炎热天超过2h),应把贻贝样品盛于塑料桶中,将现场采集的清洁海水淋洒在贻贝上,样品保持润湿状但不能浸入水中。

若样品处理须在采样24h后进行,可将贻贝样存于高密度塑料袋中,压出袋内空气,将袋口打结或热封,将此袋和样品标签一起放入聚乙烯袋中并封口,存于低温冰箱中。

4.1.4.3 虾与中小型鱼样采集

按要求选取足够数量的完好的生物样,放入干净的聚乙烯袋中,应防止刺破袋子。挤出袋内空气,将袋口打结或热封,将此袋和样品标签一起放入另一聚乙烯袋中,并封口,低温冷藏。若贮存期不太长时(热天不超过48h),可用冰箱或冷冻箱存放样品。

4.1.4.4 大型鱼样采集

测量并记下鱼样的叉长、体重和性别。

用清洁的金属刀切下至少100g肌肉组织,厚度至少5cm,样品处理时,切除沾污或内脏部分。存于清洁的聚乙烯袋中,挤出空气并封口,将此袋与样品标签一起放入另一聚乙烯袋中,封口,于低温冰箱中贮存。若保存时间不太长(热天不超过48h)可用冰箱或冷冻箱贮放样品。

4.1.4.5 样品的运输

样品采集后,若长途运输,应把样品放入样品箱(或塑料桶)中,对不需封装的样品应将现场清洁海水淋洒在样品上,保持样品润湿状(不得浸入水中)若样品处理,应在采样24h后进行,可将样品放在聚乙烯袋中,压出袋内空气,将袋口打结。将此袋和样品标签一起放入另一聚乙烯袋(或洁净的广口玻璃瓶)中,封口、冷冻保存。其他按照 GB 17378.3 规定执行。

4.1.5 样品预处理

4.1.5.1 准备工作

必要时将冷冻样品在冰箱(-2℃~4℃)中放置过夜,使部分解冻以便切片。

用合成洗涤剂(见4.1.2.2)清洗塑料刀、碟、镊子、塑料板及尺和称重塑料膜,用蒸馏水或清洁海水(见4.1.2.1)漂洗干净。工作台用洗净的塑料膜罩上。用合成洗涤剂(见4.1.2.2)仔细地洗手,后用蒸馏水或清洁海水(见4.1.2.1)漂洗干净。

4.1.5.2 贝类样的制备

用塑料刀或塑料刷除去贝壳外部所有的附着物。

用蒸馏水或清洁海水(见4.1.2.1)漂洗每一个样品个体,让其自然流干,拉出足丝。用天平称个体全重,并记下重量。

用另一把塑料刀插入足丝伸出口,切断闭合肌,打开贝壳。

用蒸馏水或清洁海水(见4.1.2.1)洗贝壳内的软组织,用塑料刀和镊子取出软组织,让水流尽。

单个体样品:将软组织放入已称重的塑料容器内,再称重,记下鲜重。盖紧,贴上标签。用尺子测量并记录贝壳长度。

多个体样品:按上述步骤将至少 10 个个体的软组织放入已知重量的塑料容器中,称重,记下鲜重。于匀浆器中匀化样品,将匀浆样放回原塑料容器,再称重,并记录总重量,计算匀浆样重。贴上样品标签。

各生物个体大小应相近,并在取出生物组织前分别测量其个体长度和总重量。

4.1.5.3 虾样制备

4.1.5.3.1 单个体样品

用尺子量虾体长,将虾放在聚乙烯称样膜上,称重,记下长度和鲜重。

用塑料刀将腹部与头胸部及尾部分开,小心将其内脏从腹部取出。腿全部切除。将腹部翻下,用塑料刀沿腹部外甲边缘切开,用塑料镊子取下内侧外甲并弃去。

用另一把塑料刀松动腹部肌肉,并用镊子取出肌肉。

检查性腺,记录所鉴别的性别。

用镊子将肌肉移入塑料容器中,称重并记录鲜重。盖紧容器,标上号码。将几个容器一起放入同一塑料袋中,并附样品登记清单,结紧袋口,低温冰箱中保存。

4.1.5.3.2 多个体样品

按上述方法制备样品,仔细地记录各个体长度、鲜重、腹部肌肉重和性别。每个样品须包括 6 个以上性别相同、大小相近的个体肌肉。将样品放入匀浆器中匀化腹部肌肉,转入已知重量的塑料容器中盖紧,标上号码,称重,记下鲜重和其他数据。

将几个塑料容器放在同一塑料袋中,并附上样品登记清单,结紧袋口,在低温冰箱中保存。

4.1.5.4 中小型鱼样制备

4.1.5.4.1 单个体样品

测量鱼的叉长,并于聚乙烯称样膜上称重。鉴定性腺性别,记下叉长和体重。

用蒸馏水或清洁海水(见4.1.2.1)洗涤鱼样,将它放在工作台上,用塑料刀切除胸鳍并切开背鳍附近自头至尾部的鱼皮。

在鳃附近和尾部,横过鱼体各切一刀;在腹部,鳃和尾部两侧各切一刀。四刀只切在鱼体一侧,且不得切太深,以免切开内脏,沾污肉片。

用镊子将鱼皮与肉片分离,谨防外表皮沾污肉片。

用另一把塑料刀将肌肉与脊椎分离,并用镊子取下肌肉。将组织盛于塑料容器中,称重并记录重量。

若一侧的肌肉量不能满足分析用量,取另一侧肌肉补充。

盖紧容器,贴上标签或记号,做好记录,于低温冰箱中保存。

4.1.5.4.2 多个体样品

仔细记下各个体体长、鲜重、肌肉重。鉴定性别。个体数不应少于6个,且性别应相同,大小相近。

用匀浆器匀化鱼组织,将匀浆样转入已知重量的塑料容器中,盖紧,贴上标签并称重,记下匀浆样重和其他数据。置于低温冰箱中存放。

4.1.5.5 大型鱼样制备

若必要,将现场采集的样品放在 $-2℃\sim 4℃$ 冰箱中过夜,使部分解冻以便于切片。

用蒸馏水或清洁海水(见4.1.2.1)洗涤鱼样。将鱼样置于清洁的工作台上,剔除残存的皮和骨,用塑料刀切去表层,再用另一把塑料刀重复操作一次,留下不受污染的肌肉组织。将肌肉组织放入塑料容器中,盖紧,贴上标签,称重,将数据记入记录表,样品存于低温冰箱中。

4.1.5.6 干样制备

将部分新鲜试样按4.1.6.1或4.1.6.2步骤烘干,计算干湿比,以校正水分含量。干燥后的样品用玛瑙研体磨碎,全部过80目~100目(180μm~154μm)尼龙筛,供痕量元素分析用。

4.1.6 干重测定

4.1.6.1 烘干

将称量瓶放入105℃烘箱,2h后,取出称量瓶,置于干燥器中冷却30min。

盖好瓶盖,用分析天平称重,记下重量。取5g~10g上述生物制备样于称量瓶中,盖好瓶盖,再称重($\pm 0.5mg$)并记下重量。

将盛样品的称量瓶半开盖放入105℃烘箱中,24h后取出,置于干燥器中冷却30min。盖好瓶盖后称重并记录所称重量。

重复烘干操作,至前后两次烘干后的重量差小于总重量的0.5%。计算干重和干湿比。

4.1.6.2 冷冻干燥

对类脂物含量高的生物样品,不能烘干至恒重,则应用冷冻干燥。准确称取1g~2g上述生物制备样于干净的冷冻干燥的样品容器中,冷冻干燥24h后称重一次。再次冷冻干燥24h,再称重。两次称重的重量差应小于总重量的0.5%。否则,应继续干燥至符合要求。计算干重和干湿比。

4.1.7 注意事项

本规定执行中应注意如下事项:

——在实验室附近采集贻贝,不存在特殊的运输和贮藏问题。运往实验室时,应使贻贝样通风并用海水保持润湿。采自潮间带的贻贝,在空气中可生存24h。运输时不应将贻贝放在水中;

——手洗净之后,不应接触解剖组织,应戴上手套;若条件许可,准备工作和样品制备均应在洁净条件下进行；
——制备多个体样品时,应取性别相同、个体大小相近的生物。取出软组织之前,应分别测量各个体的体长和重量；
——样品消化前,将盛有样品的容器总重量与贮存时之重量进行比较,可发现贮存期间样品是否失重；
——不同部位肌肉的痕量金属含量可能存在差别,故实际样品的有关资料应尽可能记录详细；
——用于有机氯农药和石油烃测定的生物样品,样品采集和预处理的设备和试剂作适当的相应改变,应避免采用塑料器皿和含有卤代烃试剂；
——生物体中总汞及有害有机物的测定,不应用干燥样品,应用湿样测定,结果仍以干样中被测物的含量来表示。

4.2 规定和要求

4.2.1 分析样品的烘干:未注明干燥温度及时间时,均指 105℃ ±1℃,干燥 2h。

4.2.2 标准溶液配制中,所有的移液管和容量瓶均应进行检定或容量校正。

4.2.3 除另有注明外,所用容器的净化均先用硝酸溶液(1+3)浸泡 2d～3d 后,再用去离子水仔细淋洗干净,晾干后备用。

4.2.4 pH 值除注明测量方法外,均可用精密或广泛 pH 试纸测量。

4.2.5 为检查分析结果的质量,应从一批分析样中按表 1 任意抽取检查样,分别装袋并另编样号,将基本样与检查样交分析测试人员,按以下要求进行测定:
——抽查样的测项与基本样相同；
——当分析样数量较多时,基本样与检查样可不应安排在同批内进行测试；
——测试所得结果按表 2 所列双样相对偏差值控制分析质量。当某测项双样检查结果超差率大于 30% 时,此批基本样中该测项应全部重新称样测定；
——若仍出现上述超差情况,分析测试人员应认真检查分析原因(如标准溶液的配制,环境质量,所用仪器设备有无不正常情况等)后,再进行这批样品(基本样与检查样)的测定；
——当某测项双样检查结果超差率小于 30% 时,超差的样品应重新称样进行测定,直至新测定结果合格为止。按平行双样的均值报出结果；
——每批分析的样品(20 个左右)应插入 2 个～3 个有证标准物质样品(另行编号),以检验有无系统误差。

表 1 从分析样中抽取检查样的比例

分析样个数/个	<10	10～30	>30
检查样抽取比例/%	50	40	30

表 2 平行双样相对偏差表

分析结果所在数量级	10^{-4}	10^{-5}	10^{-6}	10^{-7}	10^{-8}	10^{-9}	—
相对偏差容许限/%	4	8	15	20	30	40	计算: $\dfrac{\lvert A-B \rvert}{A+B} \times 100$

4.3 说明

4.3.1 各种酸碱的密度(ρ)是指20℃时的质量除以体积,单位为g/mL。

4.3.2 干燥剂在不指明具体名称时,均指变色硅胶。

4.3.3 所配制的元素的标准溶液的浓度均指该元素的浓度。

4.3.4 没有指明溶剂的溶液都是水溶液。

5 总汞

5.1 原子荧光法

5.1.1 适用范围和应用领域

本方法适用于海洋生物体中总汞的测定。

本方法为仲裁方法。

5.1.2 方法原理

在硝酸-高氯酸消化体系中,生物体中的汞全量转化为汞离子进入溶液。用硼氢化钾作为还原剂将溶液中的汞离子还原成汞蒸汽。以氩气为载气使原子汞蒸汽进入原子荧光光度计的原子化器中,用特种汞空心阴极灯为激发光源,测定汞原子荧光强度。

5.1.7 精密度和准确度

汞含量为0.052×10^{-6}时,再现性相对标准偏差为8%;平均相对误差为1%;重复性相对标准偏差为5%。

5.1.8 注意事项

本方法执行中应注意如下事项:

——除非另作说明,本方法所用试剂均为分析纯,水为去离子水或等效无汞水;

——对含碘量高的生物样品,应加入适量的硝酸银消除碘对测定的干扰;

——试验用器皿用硝酸溶液(1+3)浸泡24h以上,洗净,并检查空白是否合格;

——生物样品取样量较大时,可适当增加硝酸用量;

——每批生物样品测定完成后,用酸性高锰酸钾溶液清洗荧光光度计的氢化物发生器,并用水洗净;

——标准系列溶液的介质组成应尽可能与试样消化液组成相近;

——所用的试剂,特别是硝酸和盐酸,在使用前应作空白试验;

——适当地调节样品的称取量,确保测得值在标准曲线范围内。

5.2 冷原子吸收光度法

5.2.1 适用范围和应用领域

本方法适用于海洋生物体中总汞的测定。对含碘量高的生物样品,应添加适量硝酸银消除碘对测定的干扰。

5.2.2 方法原理

以五氧化二钒作催化剂,用硝酸-硫酸消化生物样品,将有机汞全部转化为无机汞,再用氯化亚锡将汞离子还原成金属汞,用气-液平衡开路吸气冷原子吸收测定系统于253.7nm波长测定总汞含量。

5.2.7 精密度和准确度

汞含量为 0.25×10^{-6} 时,相对标准偏差为 4%;4 个实验室测定同一牡蛎互校样,相对标准偏差为 9.1%。

5.2.8 注意事项

本方法执行中应注意如下事项:

——除非另作说明,本方法所用试剂均为分析纯,水为去离子水或等效纯水;
——试验用器皿用硝酸溶液(1+3)浸泡 24h 以上,洗净,并检查空白是否合格;
——用过的汞蒸气发生瓶,应用酸性高锰酸钾溶液漂洗,用水洗净;
——绘制汞标准曲线时,也可用氯化钠溶液代替低汞海水。

6 铜

6.1 无火焰原子吸收分光光度法(连续测定铜、铅和镉)

6.1.1 适用范围和应用领域

本法适用于海洋生物体中铜、铅和镉的连续测定。

本方法为仲裁方法。

6.1.2 方法原理

生物样品经硝酸-过氧化氢消化,铜在 324.7nm 波长,铅在 283.3nm 波长,镉在 228.8nm 波长处进行无火焰原子吸收测定。

6.1.7 精密度和准确度

铜:六个实验室测定同一互校生物样,测定结果的再现性相对标准偏差为 1.6%。

铅:平行 6 次测定三种生物样品,相对标准偏差分别为 7.5%、6.4% 和 2.7%;五个实验室测定生物样品(牡蛎),平均值为 1.68×10^{-6},再现性标准偏差为 1.1%;六个实验室测定铅含量为 0.54×10^{-6} 的标准物质,相对误差平均为 3.7%。

镉:平行 6 次测定三种生物样品,相对标准偏差分别为 13%、2.8% 和 3.6%;五个实验室测定镉含量为 0.067×10^{-6} 的标准物质,误差平均为 7.2%;五个实验室分析同一生物样品(牡蛎),再现性相对标准偏差为 8.2%。

6.1.8 注意事项

本方法执行中应注意如下事项:

——除非另作说明,本方法所用试剂均为分析纯,水为二次去离子水或等效纯水;
——试验用器皿用硝酸溶液(1+3)浸泡 24h 以上,洗净,使用前用二次去离子水淋洗干净,并检查空白是否合格;
——样品消化时,应始终盖上表面皿;
——不同型号的无火焰原子吸收分光光度计,自行选定仪器最佳技术参数。

6.2 阳极溶出伏安法

6.2.1 适用范围和应用领域

本法适用于海洋生物体中铜的测定。

6.2.2 方法原理

生物样经硝酸-过氧化氢消化,用柠檬酸三铵掩蔽干扰离子。在 pH 值为 8.2 ± 0.2 的乙二胺介质中,当在工作电极上施加一定电压进行电解时,铜被还原并沉积在悬滴汞电极上形成铜-汞齐,然后进行反向电压扫描,汞中的金属铜被氧化溶出,所产生的氧化电流与溶液中铜的浓度呈正比关系,借以进行定量测定。

6.2.7 精密度和准确度

4 个实验室测定同一生物样品(牡蛎),平均值为 65.3×10^{-6},再现性相对标准偏差为 11%;测定铜含量为 17.2×10^{-6} 的标准物质时,相对误差平均为 3.0%。

6.2.8 注意事项

本方法执行中应注意如下事项:

——除非另作说明,本方法所用试剂均为分析纯,水为二次去离子水或等效纯水;
——消化液中有机物质应除尽,否则会导致铜的测定结果偏低,甚至出现不正常溶出峰;
——悬汞滴体积须一致;
——电解池的容积、几何形状及电极的位置应保持一致;
——悬汞滴表面或毛细管口上部不应有气泡;
——搅拌速率应恒定;
——电解时间、扫描速率、脉冲高度等均影响峰电流应严加控制,力求一致;
——毛细管沾污常会引起电流峰不重现,溶出曲线混乱或毛细管内汞线断开。毛细管不使用时,应在空气中干燥贮存。毛细管在浸入新的溶液之前应先挤出一滴汞;
——所用玻璃器皿应用硝酸浸泡 1d 以上,用二次去离子水反复洗净,再用无铜蒸馏水淋洗一遍。精密微量移液管的吸头用同法浸泡及洗净后,于低温(低于 60℃)烘干,可反复使用;
——使用不同型号的极谱仪,应选择最佳仪器工作条件。

6.3 火焰原子吸收分光光度法

6.3.1 适用范围和应用领域

本法适用于海洋生物中铜的测定。

6.3.2 方法原理

生物干样经硝酸-过氧化氢消化,于 324.7nm 波长处直接进行火焰原子吸收分光光度测定。

6.3.7 精密度和准确度

6 个实验室测定同一生物样(牡蛎),再现性相对标准偏差为 2.7%。

6.3.8 注意事项

本方法执行中应注意如下事项:

——除非另有说明,本方法所用试剂均为分析纯,水为二次去离子水或等效纯水;
——试验用器皿用硝酸溶液(1+3)浸泡 24h 以上,洗净,使用前用二次去离子水淋洗干净,并检查空白是否合格;
——样品消化时,须始终盖上表面皿;
——不同型号的原子吸收分光光度计,须选定仪器最佳技术参数。

7 铅

7.1 无火焰原子吸收分光光度法

无火焰原子吸收分光光度法见 6.1。

7.2 阳极溶出伏安法

7.2.1 适用范围和应用领域

本方法适用于海洋生物体中铅的测定。

7.2.2 方法原理

生物干样经硝酸-过氧化氢消化,在 pH 值为 2.0～2.5 的介质中,当对工作电极施加一定电压进行电解时,铅被还原并沉积在悬滴汞电极上形成铅-汞齐。然后进行反向电压扫描,汞齐中的金属铅被氧化溶出,其氧化电流与溶液中铅的浓度呈正比关系,以此进行定量测定。

7.2.7 精密度和准确度

铅含量为 1.98×10^{-6} 时,测定结果的平均值为 1.94×10^{-6},再现性相对标准偏差为 5.2%;含量为 0.54×10^{-6} 时,测定结果的相对误差为 5.8%。

7.2.8 注意事项

本方法执行中应注意如下事项:

——除非另作说明,本方法所用试剂均为分析纯,水为去离子水或等效纯水;

——使用不同型号的极谱仪,应选择最佳仪器工作条件;

——其他见 6.2.7。

7.3 火焰原子吸收分光光度法

7.3.1 适用范围和应用领域

本方法适用于海洋生物样品中铅的测定。

7.3.2 方法原理

生物干样经硝酸-高氯酸消化,在酸性介质中,铅与碘化钾形成络合物,用甲基异丁酮萃取后于波长 217.0nm 处进行铅的火焰原子吸收测定。

7.3.7 精密度和准确度

铅含量为 2.20×10^{-6} 时,相对标准偏差为 10.5%;再现性相对标准偏差为 13.9%。

7.3.8 注意事项

本方法执行中应注意如下事项:

——除非另作说明,本方法所用试剂均为分析纯。水为蒸馏水经石英蒸馏器蒸馏或等效纯水;

——所有玻璃器皿应经(1+3)硝酸溶液浸泡 3d 以上,然后用水洗净;

——生物样品消化时,初次加入浓硝酸后应静置至其大部分生物组织消解后再加热;

——MIBK 萃取液应在 2h 内测定完毕;

——根据原子吸收分光光度计的型号,选定最佳仪器技术参数。

8 镉

8.1 无火焰原子吸收分光光度法

无火焰原子吸收分光光度法见 6.1。

8.2 阳极溶出伏安法

8.2.1 适用范围和应用领域

本方法适用于海洋生物体中镉的测定。

8.2.2 方法原理

生物干样经硝酸-过氧化氢消化,在 pH 值为 2.0～2.5 介质中,当在工作电极上施加一定电压进行电解时,镉被还原并沉积在悬滴汞电极上形成镉-汞齐。然后进行反向电压扫描,汞齐中的金属镉被氧化溶出,其氧化电流与溶液中镉的浓度呈正比关系,借以进行定量测定。

8.2.7 精密度和准确度

五个实验室测定同一生物样品(牡蛎),测定结果的再现性相对标准偏差为 8.4%。

8.2.8 注意事项

本方法执行中应注意如下事项:

——除非另有说明,本方法所用试剂均为分析纯,水为去离子水或等效纯水;

——使用不同型号的极谱仪,应选择最佳仪器操作条件;

——其他注意事项见 6.2.7。

8.3 火焰原子吸收分光光度法

8.3.1 适用范围和应用领域

本方法适用于海洋生物样品中镉的测定。

8.3.2 方法原理

生物干样经硝酸-高氯酸湿法消化,于波长 228.8nm 处进行镉的火焰原子吸收测定。

8.3.7 精密度和准确度

镉含量为 1.93×10^{-6} 时,测定结果的相对标准偏差为 1.1%;再现性相对标准偏差为 8.7%。

8.3.8 注意事项

本方法执行中应注意如下事项:

——除非另作说明,本方法所用试剂均为分析纯,水用市售蒸馏水经石英蒸馏器蒸馏或等效纯水;

——所有玻璃器皿经硝酸溶液(1+3)浸泡 2d 以上,然后用水洗净;

——生物样消化时初次加入浓硝酸后宜放置至其大部分生物组织消解后再加热;

——根据原子吸收分光光度计型号,选定最佳仪器技术参数。

9 锌

9.1 火焰原子吸收分光光度法

9.1.1 适用范围和应用领域

本方法适用于海洋生物中锌的测定。

本方法为仲裁方法。

9.1.2 方法原理

生物样品经硝酸-过氧化氢消化后,于 213.8nm 波长处直接进行锌的火焰原子吸收分光光度测定。

9.1.7 精密度和准确度

六个实验室测定同一生物样品(牡蛎),测定结果的再现性相对标准偏差为 4.9%。

9.1.8 注意事项

本方法执行中应注意如下事项:

——除非另有说明,本方法所有试剂均为分析纯,水为二次去离子水或等效纯水;

——本方法中所用器皿均先用硝酸溶液(1+3)浸泡1d以上,使用前用水淋洗干净;
——样品消化时,应始终盖上表面皿;
——不同型号的原子吸收分光光度计,自行选定仪器最佳技术参数。

9.2 阳极溶出伏安法

9.2.1 适用范围和应用领域

本方法适用于海洋生物体中锌的测定。

9.2.2 方法原理

样品经硝酸-过氧化氢消化。在镓存在下,用氨水调节溶液pH值为2.2~2.8,当对工作电极上施加一定电压进行电解时,锌被还原并沉积在悬滴汞电极上形成锌-汞齐。然后进行反向电压扫描,汞齐中的金属锌被氧化溶出,所产生的氧化电流与溶液中锌的浓度是正比关系,以此进行定量测定。

9.2.7 精密度和准确度

4个实验室测定同一生物样(牡蛎),测定结果的平均值为 305×10^{-6},再现性相对标准偏差为5.0%;测定含量为 172×10^{-6} 的标准物质时,测定结果的相对误差平均为0.2%。

9.2.8 注意事项

注意事项见6.2.7。

10 铬

10.1 无火焰原子吸收分光光度法

10.1.1 适用范围和应用领域

本方法适用于海洋生物中铬的测定。

本方法为仲裁方法。

10.1.2 方法原理

生物干样经硝酸-过氧化氢消化后,在357.9nm波长处,直接进行铬的无火焰原子吸收分光光度测定。

10.1.7 精密度和准确度

六个实验室测定同一生物样(牡蛎),测定结果的再现性相对标准偏差为10%。

10.1.8 注意事项

本方法执行中应注意如下事项:
——除非另作说明,本方法所有试剂为分析纯,水为二次去离子水或等效纯水;
——所用器皿均先用硝酸溶液(1+1)浸泡1d以上,使用前用二次去离子水淋洗干净;
——样品消化时应始终盖上表面皿;
——若样品制备液铬的浓度超过标准曲线范围时,应作适当稀释并补加适量抗坏血酸,使其试液中铬的浓度在标准曲线浓度范围内。此时,分析空白制备液也应作相应处理。结果计算中应乘以稀释因数;
——不同型号的无火焰原子吸收分光光度计,自行选定仪器最佳技术参数。

10.2 二苯碳酰二肼分光光度法

10.2.1 适用范围和应用领域
本方法适用于生物体中铬的测定。

10.2.2 方法原理
生物干样经硝酸-硫酸-高氯酸消化后,在一定酸度下,用高锰酸钾将三价铬氧化为六价铬,六价铬离子与二苯碳酰二肼生成紫红色络合物,于540nm波长处进行分光光度法测定。

10.2.7 精密度和准确度
铬含量分别为 0.85×10^{-6} 和 2.88×10^{-6} 时,相对标准偏差分别为7.1%和6.1%;再现性相对标准偏差为18%。

10.2.8 注意事项
本方法执行中应注意如下事项:
——除非另作说明,本方法所用试剂均为分析纯,水为二次蒸馏水或等效纯水;
——三阶铁离子对本方法有干扰,可用磷酸或焦磷酸钠消除;
——所用玻璃器皿用稀王水洗涤,不得用重铬酸钾洗液,以免沾污;
——滴加还原剂时,应充分摇匀,细心控制用量,防止六价铬被还原;
——络合物颜色稳定性随温度升高而下降,一般应在2h内测定完毕;当室温高于30℃时,应在半小时内测定完毕;
——二苯碳酰二肼丙酮溶液若变黄或浑浊时,应重配。

11 砷

11.1 原子荧光法

11.1.1 适用范围和应用领域
本方法适用于海洋生物体中砷的测定。
本方法为仲裁方法。

11.1.2 方法原理
生物样品经硝酸-高氯酸消解后,以硼氢化钾作还原剂将砷还原成挥发性氢化物,以氩气为载气使挥发性氢化物进入原子荧光光度计的原子化器中,进行原子荧光测定。

11.1.7 精密度和准确度
砷含量为 6.67×10^{-6} 时,测定结果的再现性相对标准偏差为7%,相对误差为1%;重复性相对标准偏差为1.5%。

11.1.8 注意事项
本方法执行中应注意如下事项:
——除非另作说明,本方法所用试剂均为分析纯,水为去离子水或等效无砷水;
——所用器皿需用硝酸溶液(1+6)浸泡2d以上,使用前用纯水冲洗;
——生物样品取样量较大时,可适当增加硝酸用量;
——所用的试剂,在使用前应作空白试验;
——空白高的试剂,特别是酸,将会严重影响方法的准确度。

11.2 砷钼酸-结晶紫分光光度法

11.2.1 适用范围和应用领域

本方法适用于海洋生物体中砷的测定。

11.2.2 方法原理

生物样品经硝酸-高氯酸-硫酸消化,在酸性介质中,用碘化钾、氯化亚锡和金属锌将砷还原为砷化氢,并被高锰酸钾-硝酸银溶液吸收。砷与钼杂多酸-结晶紫形成络合物,于波长545nm处进行分光光度测定。

11.2.7 精密度和准确度

5个实验室测定同一生物样品(牡蛎),测定结果的再现性相对标准偏差为14.4%。

11.2.8 注意事项

本方法执行中应注意如下事项:

——除非另作说明,本方法所用试剂均为分析纯,水为二次去离子或等效纯水;

——玻璃器皿应用硝酸溶液(1+3)浸泡过夜,再用二次去离子水洗净;

——加入结晶紫溶液后应立即混匀,否则结果的重现性不佳。结晶紫的纯度应预先检验,试剂空白的吸光值(以水作参比)一般应小于0.2为宜;

——加入的试剂量应一致,以获得良好的精密度;

——对砷含量较低的生物样品,可适当增加称样量,并适当增加消化的酸用量;

——玻璃导气管球部装填的乙酸铅棉花应松散均匀,使气体遇到的阻力基本一致;

——砷化氢发生装置应十分严密,防止漏气。吸收液的液柱高度要求在8cm以上。

11.3 氢化物原子吸收分光光度法

11.3.1 适用范围和应用领域

本方法适用于海洋生物中砷的测定。

11.3.2 方法原理

样品经硝酸-硫酸消化。在酸性介质中,用抗坏血酸将五价砷还原成三价砷,用硼氢化钾将三价砷转化成砷化氢,由载气将砷化氢导入原子化器,于193.7nm波长处进行原子吸收分光光度测定。

11.3.7 精密度和准确度

测定砷含量为0.044×10^{-6}的标准物质时,再现性相对标准偏差为8.8%,相对误差平均为5.7%。

11.3.8 注意事项

本方法执行中应注意如下事项:

——除非另作说明,本方法所用试剂均为分析纯,水为二次去离子水或等效纯水;

——称样较多时,可适当增加硝酸用量;

——仪器应预热,温度达平衡后再正式工作。加热电压要稳定。每份样品分析间隔时间应尽量一致;

——工作进行中,重做一条标准曲线与前曲线相比较,检查灵敏度是否一致;

——硼氢化钾流速、浓度及反应液的温度,载气流速对结果都有影响,应保持条件一致;

——增加样品称取量或减少消化溶液的定容体积,可提高测定灵敏度,降低检出限;

——所用器皿均应用硝酸溶液(1+6)浸泡2d以上,并用纯水冲洗5次,方可使用。

11.4 催化极谱法

11.4.1 适用范围和应用领域

本方法适用于海洋生物体中砷的测定。

11.4.2 方法原理

样品经硝酸-高氯酸分解,在硫酸介质中,用过氧化氢将五价砷还原成三价砷,用硫酸钡共沉淀铅排除干扰。三价砷在碲-硫酸-碘化铵介质中能得到灵敏的催化波,其催化电流随砷浓度的增加而增加,以此进行砷的定量测定。

11.4.7 精密度和准确度

6个实验室分析同一生物样品(牡蛎),测定结果的再现性相对标准偏差为4.9%。

11.4.8 注意事项

本方法执行中应注意如下事项:

——除非另作说明,本方法所用试剂为分析纯,水为二次去离子水或等效纯水;

——消化结束后,残渣不呈灰褐色,表明有机物已被破坏殆尽;

——硝酸及高氯酸应除尽,否则加入过氧化氢后不能将五价砷还原成三价砷。样品消化时,用水淋洗杯壁,然后蒸干,再加入硫酸蒸至刚冒白烟;

——测定时溶液中铁量如超过1mg时,峰电流值会下降。本方法对含有12mg砷的试液,当其铁含量高达8.3%时,不影响测定;

——配制好的极谱底液应放置半小时后测定,否则极谱不稳定,无法测得准确的峰电流值;

——起始电压应固定;

——测试时,室温应高于14℃,低于此温度时,波形不好,甚至得不到极谱波,温度最好控制在20℃～28℃之间。温度过高时,易析出I_2,因此,极谱室应有空调设备;

——若样品中砷的含量低于5×10^{-6}时,可在测定液中加入0.100μg砷,测定后,再扣去其添加的0.100μg砷。

12 硒

12.1 荧光分光光度法

12.1.1 适用范围和应用领域

本方法适用于生物样品中硒的测定。

本方法为仲裁方法。

12.1.2 方法原理

生物样品经硫酸-高氯酸-钼酸钠消解,在酸性介质中,四价硒与2,3-二氨基萘反应生成有绿色荧光的4,5-苯并苯硒脑,用环己烷萃取,在激发波长376nm,发射波长520nm下,进行荧光分光光度测定。

12.1.7 精密度和准确度

硒含量分别为1.03×10^{-6}和3.85×10^{-6}时,测试结果的相对标准偏差分别为5.3%和8.8%;再现性相对标准偏差为15%。

12.1.8 注意事项

本方法执行中应注意如下事项:

——除非另作说明,本方法中所用试剂为分析纯,水为去离子水或等效纯水;

——消化过程中粘附在锥形瓶壁的棕色物用较高温度的酸回流时可以消除;

——生物样消解后无需用盐酸将六价硒还原,在此消解条件下,各种形态硒都可以转化为四价;

——配制 DAN 时应在暗处进行。在沸水浴上加热 5min 后,用冷水冷却,时间应控制在 10min 内;

——甲酚红指示剂有两个变色范围,当 pH 值为 2～3 时,由红变黄;pH 值为 7.2～8.8 时,由黄变红。本方法中,当调节溶液 pH 值使溶液呈粉橙色时,其 pH 值为 1.5～2.0;当 pH 值 < 1.5 时,为桃红色,因此调节溶液 pH 时,要注意颜色变化,必要时可用精密 pH 试纸确证;

——玻璃器皿均应用硝酸溶液(1+3)浸泡 1d 以上,洗净后使用。

12.2 二氨基联苯胺四盐酸盐分光光度法

12.2.1 适用范围和应用领域

本方法适用于生物样品中硒的测定。

12.2.2 方法原理

生物样品经硝酸-高氯酸消化,六价硒用盐酸还原为四价硒。在酸性介质中,四价硒与3,3′-二氨基联苯胺四盐酸盐形成黄色络合物,在 pH 值为 6～8 条件下用甲基苯萃取,于波长 420nm 处进行分光光度测定。

12.2.7 精密度和准确度

硒含量分别为 1.5×10^{-6}、2.54×10^{-6} 和 5.38×10^{-6} 时,测试结果的相对标准偏差分别为 12.2%、3.9% 和 3.5%;含量为 0.94×10^{-6} 时,测定结果的平均相对误差为 23%;5 个试验室测试同一生物样品(牡蛎),结果的平均值为 3.15×10^{-6},再现性相对标准偏差 27%。

12.2.8 注意事项

本方法执行中应注意如下事项:

——除非另作说明,本方法所用试剂为分析纯。水为去离子水或等效纯水;

——玻璃器皿均须经硝酸溶液(1+3)浸泡 1d 以上,洗净后使用;

——3,3′-二氨基联苯胺四盐酸盐应避光密封保存;

——硒及其卤化物为易挥发物质,消化温度应控制低于180℃。长时间高温消化或消化液干涸均会造成挥发损失。

12.3 催化极谱法

12.3.1 适用范围和应用领域

本方法适用于海洋生物体中硒的测定。

12.3.2 方法原理

生物样品经硝酸-高氯酸分解,制备成盐酸溶液。然后于高氯酸中,以柠檬酸三铵、EDTA 为掩蔽剂,四价硒被亚硫酸还原成单质硒。在氟化铵-氢氧化铵缓冲溶液中(pH 值 = 10),Se 与 SO_3^{2-} 生成 $SeSO_3^{2-}$。在碘酸钾存在下,$SeSO_3^{2-}$ 产生一个很灵敏的硒极谱催化波。其峰电流值随硒浓度增加而增加,以此定量测定硒。

12.3.7 精密度和准确度

6个实验室测定硒含量为 W0.94×10^{-6} 的标准物质样品,测定结果的相对误差平均为5.3%;6个实验室测定同一生物(牡蛎)样品,测定结果的平均值为3.44,再现性相对标准偏差为4.7%。

12.3.8 注意事项

本方法执行中应注意如下事项:

——除非另作说明,本方法所用试剂为分析纯。水为去离子水或等效纯水;

——在样品消化中,加高氯酸于电热板上加热冒白烟时不应蒸干。样品消化液加高氯酸加热这一步,其蒸发后剩下的高氯酸体积应与标准溶液加高氯酸蒸至刚冒浓白烟取下的体积相同;

——样品消化时,有机质应除尽。加入盐酸溶液(1+2)前的溶液应呈无色,含铁量较高时应呈淡黄色;

——样品消化溶液中硒的浓度若超过6ng/mL时,应经过适当稀释后测定;

——测定时的适宜室温为15℃~25℃,若室温高于25℃,加入缓冲溶液及碘酸钾溶液后,需在冷水溶中放置10min再进行测定,否则测定的结果不稳;

——样品消化液在加入碘酸钾溶液后应在半小时内测定完毕。若样品数目多,应分小批量加入极谱底液。

13 石油烃——荧光分光光度法

13.1 适用范围和应用领域

本方法适用于海洋生物体中石油烃的测定。

本方法为仲裁方法。

13.2 方法原理

生物样品经氢氧化钠皂化,用二氯甲烷萃取。将萃取液中的二氯甲烷蒸发后,残留物用石油醚溶解,于激发波长310nm,发射波长360nm处进行荧光分光光度测定。

13.7 精密度和准确度

6个实验室测试同一生物(贻贝)样品,测定结果的重复性相对标准偏差为5.1%;再现性相对标准偏差为11.6%;相对误差为0.5%。

13.8 注意事项

本方法执行中应注意如下事项:

——除非另作说明,本方法所用试剂为分析纯,水为去离子水或等效纯水;

——皂化萃取过程中,试剂加入的顺序,加入纯水的质量和数量对萃取分层有明显影响;

——全部操作应仔细认真,称量生物样品时,不可沾于瓶口或瓶壁,以免与氢氧化钠溶液接触不充分,影响皂化效果。

14 666、DDT——气相色谱法

14.1 适用范围和应用领域

本方法适用于生物体中666、DDT和狄氏剂的测定。

14.2 方法原理

生物样品中的666、DDT和狄氏剂用索氏提取器提取于正己烷中,用佛罗里土吸附柱去除提

取液中的脂肪和色素,二氯甲烷-正己烷淋洗液供666气相色谱测定,此淋洗液再经活性炭吸附柱去除PCBs,丙酮淋洗液供DDT和狄氏剂气相色谱测定。

14.7 精密度和准确度

666、DDT:相对误差∑666为5.71%~12.5%、∑DDT为3.05%~11.12%;相对标准差∑666为4.19%~7.06%、∑DDT为6.05%~8.25%;重复性相对标准差∑666为2.31%~3.85%、∑DDT为3.28%~5.14%。

狄氏剂:相对误差5.14%~21.45%;相对标准差5.16%~9.63%;重复性相对标准差2.89%~5.34%。

14.8 注意事项

本方法执行中应注意如下事项:

——除非另有说明,本方法所用试剂为分析纯,水为去离子水或等效纯水;

——色谱仪在长时间使用时,应经常注射标准样品,以检查电子捕获检测器污染情况,及由此而产生的响应和线性范围的变化;

——标准样品和待测样品的注入体积应相同;

——同一标准样品在实验开始和终了时峰高的变化应不越超过5%。一般情况下注入待测样品净化液后,应接着注入标准样品,两者不能相隔太久;

——应根据具体仪器型号选择气相色谱的最佳仪器操作参数;

——本方法系以贻贝和牡蛎为分析对象建立的,对其他海洋生物体中666、DDT和狄氏剂测定,前处理应作适当修改。用佛罗里土层析柱净化萃取液时,应先试验二氯甲烷和正己烷淋洗剂(30+70,V/V)的用量和佛罗里土用量,确认脂肪,色素被完全除去后,才能用活性炭柱分离去除PCBs;

——溶剂应经全玻璃蒸馏器蒸馏,玻璃器皿应洗净。

15 多氯联苯——气相色谱法

15.1 适用范围和应用领域

本方法适用于生物体样品中PCBs的测定。

15.2 方法原理

生物样品中的多氯联苯,用索氏提取法萃取于正己烷中,用佛罗里硅土和活性炭柱分离萃取液中的脂肪、色素、有机氯农药等干扰物后,进行多氯联苯的气相色谱测定。

15.7 精密度和准确度

相对误差17%~28%;相对标准差4.8%~9.0%;重复性相对标准差2.9%~4.6%。

15.8 注意事项

本方法执行中应注意如下事项:

——除非另有说明,本方法所用试剂为分析纯,水为去离子水或等效纯水。

——本方法系以贻贝和牡蛎为分析对象建立的,对其他海洋生物PCB的分析,前处理应作适当的修改。用佛罗里土柱净化萃取液时,应先试验二氯甲烷和正己烷淋洗剂(30+70,体积比)的用量和佛罗里土用量,确认脂肪、色素被完全除去后,才能用活性炭柱分离出PCB。

——其他见 14.8。

16 狄氏剂——气相色谱法

狄氏剂——气相色谱法见 14.1。

附录 A(规范性附录)　记录表(略)
附录 B(资料性附录)　方法检出限(略)
附录 C(资料性附录)　有机氯农药-毛细管气相色谱测定法(略)
附录 D(资料性附录)　多氯联苯-毛细管气相色谱测定法(略)

海洋监测规范　第7部分：近海污染生态调查和生物监测（节录）
GB 17378.7—2007

(2007 年 10 月 18 日发布　2008 年 5 月 1 日实施)

本部分由国家海洋局提出。
本部分起草单位:国家海洋环境监测中心。

（按原标准编号节录）

3　术语和定义

下列术语和定义适用于 GB 17378 的本部分。

3.1　浮游生物 plankton
体型细小悬浮于水层中,无或仅有微弱游泳能力随水流移动的水生生物。

3.2　大型底栖生物 macrobenthos
底栖生物的一类,不能通过 0.5mm 孔径网筛的底栖生物。

3.3　大型浮游生物 macroplankton
个体在(5～10)mm 之间的浮游生物。水母、大型桡足类、磷虾类、樱虾类、被囊类、毛颚动物、翼足类软体动物和异足类软体动物等的统称。

3.4　指标生物 index organism
对某种污染物质有很强的忍受能力或对某种污染物敏感的生物种类。

3.5　毒性试验 toxicity test
将生物体置于试验条件下,施加污染物的影响,然后观察、测定生物异常或死亡效应,包括急性、亚急性、慢性毒性试验。

3.6　试液 test solution
用作毒性试验的毒物溶液或排污口水样的不同浓度的稀释液。

3.7 稀释度 dilution
试液被稀释的程度（倍数）。

3.8 受试生物 test organism
用作毒性试验的生物。

3.9 受试验时间 testing time
受试生物直接接触试液的起止时间范围。

3.10 半数致死浓度 half lethal concentration
在一定观察期内，造成 50% 的受试生物死亡的毒物浓度。

3.11 半数效应浓度 half effect concentration
在一定观察期内，导致 50% 的受试生物出现某种异常反应（如回避、摄食率和呼吸率改变、平衡丧失等）的毒物浓度。

4 一般规定

4.1 近岸污染生态调查
近岸污染生态调查内容如下：
——浮游生物生态调查；
——大型底栖生物生态调查；
——潮间带生物生态调查。

4.2 生物监测
生物监测内容如下：
——叶绿素 a；
——粪大肠菌群；
——细菌总数；
——生物毒性试验；
——鱼类回避反应实验；
——滤食率测定；
——赤潮毒素——麻痹性贝毒的检测。

4.3 调查和监测项目的选择
近岸污染生态调查和监测项目选择应遵循以下原则：
——在调查和监测中，应依据目的、任务和性质考虑生物调查和监测的内容。通常，在基线（背景）调查和环境质量综合评价中，浮游生物生态调查、大型底栖生物生态调查、潮间带生物生态调查、叶绿素 a、粪大肠菌群和细菌总数等是应测项目；
——在危害调查和排污口、倾废区、海上石油开发区等的监视监测中，应选测生物毒性试验、鱼类回避反应实验和滤食率测定等项目；
——赤潮毒素（麻痹性贝毒）的检测，应在赤潮发生区和赤潮多发季节定期监测，或发现可疑的麻痹性贝毒（PSP）中毒事件时应用；
——运用污染生态调查资料常用评述方法（参见附录 B）时应慎重，应比较几种方法所得的结果，并与传统的生态描述方法结合，进行综合分析；

——几种受试动物的亲体产卵和幼虫阶段培养条件(参见附录 C),因生物地区性很强,各地用其进行毒性试验时,应进行必要的试养;

——在生物监测中,对生物体内污染物质累积量的测定,也是主要内容之一。其分析测定方法见 GB 17378.6。

5 浮游生物生态调查

5.1 调查内容和方法

5.1.1 调查内容

5.1.1.1 生物调查

调查浮游植物的种类组成和数量分布;浮游动物的生物量、种类组成和数量分布。

5.1.1.2 环境调查

根据污染调查的目的、类型及污染源的性质,确定调查和监测项目。赤潮的环境调查和监测,特别应考虑营养盐、溶解氧、化学耗氧量、pH、水色、微量重金属、铁、锰、叶绿素 a 等的测定。

5.1.2 调查类型

5.1.2.1 现状调查(或称基础调查)

掌握调查海域浮游生物的种类组成、数量分布、季节变化等生态学现状,为调查海域的污染生态监测和评价,提供背景资料。

调查站位的布设应与环境监测设站相一致。若站位较密,工作量太大,浮游生物可考虑间隔站取样。调查时间每月一次,根据需要于大潮期和小潮期间进行。

5.1.2.2 监测性调查

掌握污染海域,尤其是赤潮频发区的浮游生物(特别是赤潮生物种)的动态及其与环境的关系。通过长期资料积累,为环境和赤潮的预测、预报做好必要的准备工作。

此类调查,站位布设不宜过多,可在现状调查的基础上,选择若干"热点"设站定期取样分析。一旦发现异常,应密切注意其动向,适当增加调查次数,并按现状调查的站位,进行一次较全面的调查。每月大潮期间进行一次,在赤潮常发期(4 月~10 月),5 d 调查监测一次,并设置对照测站。

5.1.2.3 应急跟踪调查

应急跟踪调查是在发生突发性污染事故(如溢油)或发生赤潮时所采取的应急性行动。调查、监测应尽快赶赴现场取样,并持续到直观迹象消失。每天或隔天采样一次。站位布设应根据污染或赤潮发生范围,按梯度变化酌情而定。同时应在事故范围之外,选取 1 个~2 个站作为对照。

5.1.3 调查方法

5.1.3.1 采样

浮游植物调查,一般只需采水样。测站水深在 15 m 以内的浅海,采表、底两层;水深大于 15 m 的采表、中、底三层。若需要详细了解其垂直分布,可按 0 m、3 m、5 m、10 m、15 m 和底层等层次采样。当有必要进行昼夜连续观测时,可每间隔 2 h 或 3 h 按上述层次采样一次。

5.1.3.2 拖网

通常用于浮游动物采样。浮游植物拖网采样,可考虑在需要详细分析种类组成时采用。一般使用规定的网具自海底至水面作垂直拖网采样。若需了解其垂直分布,可按 5 m~0 m、10 m~5 m、底至 10 m 等层次作垂直分层拖网。若需进行昼夜连续观测,应与浮游植物采水样的时间间隔一致。

6 大型底栖生物生态调查

6.1 调查内容和方法

6.1.1 调查内容

6.1.1.1 生物调查
生物调查内容如下：
——鉴定生物种类，测定栖息密度和生物量，分析其相对丰度和群落多样性；
——确定群落中的主要种，并尽可能测量其个体大小，年龄结构、性别比例等。有条件的可做干湿比和灰重、生长率、生殖率；
——主要种类体内污染物质测定。

6.1.1.2 环境调查
环境调查内容如下：
——环境特点调查，包括海区的地理环境、形态和沉积物、状况、污染源的位置等；
——水文气象调查天气状况、水温、水深、水色、透明度等；
——沉积物粒度、有机质、氧化还原电位、氧化物、底温等；
——污染物的测定项目应根据污染源的性质选定，分析方法按 GB 17378.4 和 GB 17378.5 的规定执行。

6.1.2 调查方法

6.1.2.1 准备工作
调查之前，应对调查水域的基本状况有所了解，包括陆上和海上污染源的位置分布、海区的沉积物类型、海流、泥沙运动和底栖生物的基本特点等。并应进行必要的社会调查，特别应注意沿海工业和海上工程建设对海区环境的影响，为制订调查方案提供依据。

6.1.2.2 站位布设
站位的布设应根据污染源的位置和分布，结合海区的水文、水质、沉积物等环境资料综合考虑。特别应注意水深、沉积类型和底栖动物区系异同。调查站位与沉积物污染调查一致。同时还应选择生态类型相同的非污染点或断面作为参照，以便进行资料对比和评价。

6.1.2.2.1 与污染源有关的调查
城市工业排污、海上石油平台及海上倾废区等点源污染的调查，应按点源污染的浓度梯度布设直线型或辐射型的站位，站位多少可根据实际需要酌定。一般在封闭和半封闭的海湾、河口或在复杂沉积类型的水域应密些，在浅海或沉积类型均匀的水域可适当疏些。

6.1.2.2.2 一般性的普查
作为一般性的污染普查，应按方格式布设站位，断面的布设主要考虑水深和盐度梯度的变化。

6.1.2.3 调查类型和次数

6.1.2.3.1 基线(背景)调查：按生物季节(春季3月～5月、夏季6月～8月、秋季9月～11月、冬季12月～2月)一年调查4次或根据需要适当增减调查次数。

6.1.2.3.2 监测性调查：根据各地实情和需要，选择若干固定月份和若干站点定期取样分析。所选时间和站位应与基线调查时的时间和站位相应。

6.1.2.3.3 应急调查：若遇突发污染事故，倾废、赤潮等，应跟踪监测，并于事故后进行若干次危害评价调查。

6.1.2.4 取样面积、次数和手段

6.1.2.4.1 沉积物采样：一般使用 0.1m² 采泥器，每次取 3 次；在港湾中或无动力设备的小船上，可用 0.05m² 采泥器，每站取 3 次。特殊情况下，不少于 2 次。

6.1.2.4.2 拖网取样：应在调查船低速(2kn 左右)时进行。如船只无 1kn～3kn 的低速挡，可采用低速间歇开车进行拖网。每站拖网时间一般为 15min；半定量取样，拖网时间 10min（以网具着底始算起至起网止）。深水拖网，可适当延长时间。

6.2 样品采集(具体内容见原标准)

7 潮间带生物生态调查

7.1 调查内容和方法

7.1.1 调查内容

7.1.1.1 生物调查

生物调查内容如下：

——不同生境动、植物的种类、数量（栖息密度、生物量或现存量）及其水平和垂直分布的调查；

——污染生态效应调查，例如：污染指示生物的出现或消失；主要种类的增减、异常、死亡；种群动态；丰度、多样性、生长率、生殖力的改变；各生物类群比例关系的变化以及群落结构的演替等；

——主要种类体内污染物质的测定。

7.1.1.2 环境调查

环境调查内容如下：

——环境基本特征：包括港湾形态、潮汐类型、滩涂阔狭、沉积物类型、污染源分布及位置等；

——水文气象要素：天气（晴、阴、雨）、气温、水温、水色、底温、风向、风速等；

——化学要素：盐度、溶解氧(DO)、化学需氧量(COD)、pH 值等，并依调查区污染源性质和调查目的，选测其他有关项目；

——沉积物要素：粒度、有机质、硫化物、氧化还原电位等，并依调查区污染性质和调查目的，选测其他有关项目。

7.1.2 调查方法

7.1.2.1 调查地点的选择

调查地点的选择应遵循以下原则：

a) 了解有关地点的历史、现状和未来若干时期的可能变化（如：建厂、围垦和其他海岸工程建设）；

b) 根据调查目的，结合污染源分布状况，考虑污染可能影响的范围；

c) 调查区内可能有岩岸、沙滩、泥沙滩、泥滩等多种海岸类型，选点应包括有不同类型，若有困难，为保证资料的可比性，所选点的沉积物类型应力求一致；

d) 应在远离污染源的地方，选一生态特征大体相似的清洁区（非污染区）作为对照点。

7.1.2.2 潮间带的划分

7.1.2.2.1 潮汐参数划分法

调查地点选定后，应依据当地的潮汐水位参数或岸滩生物的垂直分布，将潮间带划分为若干区（带）、层（亚带），划分方法如下：

a) 半日潮类型按以下方法划分：

——高潮区(带):最高高潮线至小潮高潮线之间的地带;
——中潮区(带):小潮高潮线至小潮低潮线之间的地带;
——低潮区(带):小潮低潮线至最低低潮线之间的地带。

b) 日潮类型按以下方法划分:
——高潮区(带):回归潮高潮线至分点潮高潮线之间的地带;
——中潮区(带):分点潮高潮线至分点潮低潮线之间的地带;
——低潮区(带):分点潮低潮线至回归潮低潮线之间的地带。

c) 混合潮类型按以下方法划分:
——高潮区(带):高高潮线至低高潮线之间的地带;
——中潮区(带):低高潮线至高低潮线之间的地带;
——低潮区(带):高低潮线至低低潮线之间的地带。

7.1.2.2.2 生物垂直分布带划分法

根据生物群落在潮间带的垂直分布来划分,由于生物群落可随纬度高低、沉积物类型、外海内湾、盐度梯度、向浪背浪、背阴向阳等复杂环境因素的不同而改变,因此,要提供一个统一模式是困难的。一般而言,岩石岸大体分为:滨螺带;藤壶-牡蛎带;藻类带。泥沙滩可有:绿螂-沙蚕-招潮蟹滩(或南方的盐碱植物带);蟹类-螺类滩;蛤类滩。各地在调查时可根据各区、层的群落优势种给予更确切的命名。

7.1.2.3 断面和取样站布设

7.1.2.3.1 断面布设

断面布设应遵循以下原则:

a) 调查地点选定后,对该地生境要有宏观概念,选取不被或少被人为破坏、具代表性的地段布设调查断面;

b) 每一调查地点,通常要设主、辅两条断面,若生境无大差异,可只设一条主断面;

c) 断面位置应有陆上标志,走向应与海岸垂直。

7.1.2.3.2 取样站布设

取样站布设应遵循以下原则:

a) 依据潮带划分,各潮区(带)均应布有取样站位,通常高潮区(带)布设 2 站、中潮区(带)布设 3 站、低潮区(带)布设 1 站~2 站;

b) 岩石岸布站应密切结合生物带的垂直分布;软相滩涂除考虑生物的垂直分布外,应特别注意潮区(带)的交替、沉积物类型的变化和镶嵌;

c) 各站间距离视岩岸坡度、滩涂阔狭酌定。确定站位后,应设有固定标志,以便今后调查找到原位。为防标志物遗失,需按站序测量、记录各站间距离;

d) 岩沼和滩涂水洼地是一种特殊生境,在污染调查中具有重要意义,应另布站取样。

7.1.2.4 调查时间

调查时间的确定应遵循以下原则:

a) 潮间带采样受潮汐限制,为获得低潮区(带)样品,须在大潮期间进行。若断面或站数较多而工作量较大时,可安排大潮期间调查各断面的低潮区(带),小潮期间再进行高、中潮区(带)的调查;

b) 基础(背景)调查,应按生物季节(春季 3 月~5 月、夏季 6 月~8 月、秋季 9 月~11 月、冬

季 12 月～2 月),一年最少调查 4 次;

c)监测性调查,可根据各地实情选择若干月份定期进行(如枯水期、丰水期等)。但为了资料比较,所选月份应与基础调查月份一致,并应注意避开当地主要生物种类的繁殖期;

d)急调查(偶发污染事故、赤潮等),应进行跟踪观测,并对事故后所造成的影响作若干次必要的调查。

8 叶绿素-a 的测定

8.1 荧光分光光度法

8.1.1 方法原理

用丙酮溶液提取浮游植物色素进行荧光测定,根据提取液酸化前后的荧光值,可分别计算叶绿素 a 及脱镁色素的含量。

8.2 分光光度法

8.2.1 方法原理

以丙酮溶液提取浮游植物色素,依次在 664nm、647nm、630nm 波长下测定吸光度,分别测定叶绿素 a、b、c 的含量。

9 粪大肠菌群检测

9.1 发酵法

9.1.1 方法原理

大肠菌群系一群在 37℃ 或 44℃ 生长时能使乳糖发酵,在 24h 内产酸产气的需氧及兼性厌氧的革兰氏阴性无芽孢杆菌。大肠菌群数系指每升水样中所含有的"大肠菌群"的数目。一般在 37℃ 培养生长的称为"总大肠菌群",在 44℃ 培养生长的称为"粪大肠菌群"。海水检验采用 44℃ 培养法,以检测粪大肠菌群。

发酵法系通过初发酵及复发酵两个步骤,以证实海水水样中是否存在粪大肠菌群并测定其数目。

9.1.7 注意事项

本方法执行中应注意以下事项:

——大肠菌群的检验应按照无菌操作的要求进行,同时应作平行样品的测定;

——上述发酵法也适用于检测近岸海域沉积物中的粪大肠菌群。即以定量的沉积物经适当稀释并充分混匀后,吸取一定量水样代替,其他检验步骤与测水样相同。

9.2 滤膜法

9.2.1 方法原理

将水样注入已灭菌的放有微孔滤膜的滤器中,经过抽滤,细菌被截留在滤膜上,然后将滤膜贴于合适的培养基上进行培养。计数与鉴定滤膜上生长的大肠菌群菌落,计算出每升水样中含有的大肠菌群数。

9.2.7 注意事项

本方法执行中应注意以下事项:

——如海水水样混浊,过滤的水量又较多时,滤膜易被堵塞而影响检测,应采用"发酵法"为宜;

——水样过滤前,应将水样充分摇匀,使附着于颗粒、杂质上的细菌分散,以利于正确的检测;

——滤膜上所生的菌数一般以不超过 50 个为宜,如菌落数过多则不易分散生长,影响菌落准确计数,遇此情况应将过滤水样量减少,或同一水样作几个不同稀释度,再行过滤,以选择其中合适的一个滤膜进行计数。同时须作平行样品测定;

——采用新滤膜前,应对滤膜进行鉴定,即将已知的大肠埃希氏菌置于水样中用此种滤膜过滤,此时在滤液中不得检出大肠埃希氏菌。

10 细菌总数测定

10.1 平板计数法

10.1.1 方法原理

平板计数法是根据单一的细菌在平板培养基上,经若干时间培养,形成一个肉眼可见的子细胞群(菌落)(亦即一个菌落代表一个细胞),通过计算菌落数而得知细菌数的。计数关键是必须尽可能将样品中的细菌分散成单个细胞,并制成均匀的不同浓度稀释液,将一定量的稀释液均匀地接种到盛有固体培养基的培养皿上(以下简称平皿)。

10.1.7 注意事项

本方法执行中应注意以下事项:

——细菌学检验必须严格遵照无菌操作;

——采得的样品应及时送检,时间不得超过 2h,否则,水样应放置冰瓶保存,但保存时间也不应超过 6h;

——平板应预先制作好,否则存留于平板上的水分会影响检测结果。

10.2 荧光显微镜直接计数法

10.2.1 方法原理

样品中的细菌经吖啶橙染色,用预先经伊拉克黑染色的微孔滤膜过滤,截留在滤膜上(黑色背景)。在荧光显微镜下观察,可见细菌发荧光绿,由此可直接计数。一般而言样品中的细菌量在($10^3 \sim 10^8$)个/mL 时,用此法效果较好,准确度高。

10.2.7 注意事项

本方法执行中应注意以下事项:

——检测过程,应按一般细菌学检验的无菌操作进行;

——每次检测前应作空白对照;

——各种染色液和冲洗用水,需经过滤,不得含有颗粒和细菌;

——若样品加入甲醛固定,换算时的水样体积应作必要修正。如:10mL 水样,加入 0.5mL 甲醛,则计算公式中的过滤水样体应除以 10.5。

11 生物毒性试验

11.1 实验设施及仪器设备

11.1.1 供水系统

由潜水泵、输水管道、砂滤设备、贮水池等构成。材料应无毒和耐腐蚀。

11.1.2 生物培养设备

培养设备如下:

——贮养池或大型玻璃水箱;

——玻璃缸或试验水槽:依受试生物个体大小选用合适容器;
——充气增氧机;
——仪器设备;
——筛绢:40目(380μm)、100目(150μm)、200目(75μm)、300目(48μm);
——过滤器:包括抽滤设备;
——微孔滤膜:0.45μm,直径与滤器内径相等;
——计数框:1mL;
——一般实验室常用仪器设备。

11.2 受试生物

11.2.1 受试生物的选择原则

受试生物的选择应遵循以下原则:
——栖息于非污染区、生长良好、健康无病的个体;
——对污染反应较敏感的种类;
——地理分布较广、数量较大,全年在某一实际海区容易采到的、并对其生活习性清楚,易在实验室条件下培养的种类;
——受试生物来源于同一地点、同一种群,力求个体大小基本一致;
——选用受试生物的早期发育阶段(受精卵、幼虫或幼体)。

11.2.3 受试生物的采集

受试生物按以下方法采集:
——定居性或活动能力很小的种类,可直接用铲、耙采集,选取无损伤、大小相近的个体;
——活动性强的种类(如:鱼、虾)和浮游桡足类,需用曳网、浮游生物网采捕,谨防弄伤;
——若试验材料选用受精卵、幼虫或幼体而需进行室内人工催产培养的,亲体应选体壮、性腺成熟者;
——采集的受试生物在运输过程中,应保证其存活条件(如:温度、供氧等),避免碰撞致伤,尽快带回实验室。

11.2.4 受试生物的贮养

受试生物按以下办法贮养:
——贮养池(或水箱)应事先清洗干净,进行消毒灭菌,然后由供水系统提供无污染的清洁海水;
——小心洗净、剔除受试生物体表的泥沙和附着物,再用清洁海水冲洗,以防将病菌带入池中;
——将受试生物轻放入池,控制池中的水温、盐度、pH等,使其大体接近于采集的自然海区。并给予适当充气;
——根据受试生物食性,适当投饵,经常换水和清除粪便、残饵,以防水质恶化;
——受试生物需经一星期以上驯养才能用于实验,若驯养期间内有10%以上个体死亡,则该批生物不能用于试验,应全部弃去,另采新的受试生物。并检查死亡原因;
——用受精卵、幼虫、幼体做试验,必须取性腺成熟个体,经人工催产、培养。部分受试生物的催产及幼虫培养条件见附录C。同一系列的试验材料应力求来自同一亲体,并应选择生长发育正常者。

11.3 污染水样采集和致毒试验液的配制

11.3.1 污染水样采集及处理

11.3.1.1 采样应用无毒容器,水样应装满,以免运输过程剧烈摇荡而改变某些水质特性。采集的水样量,应按实验设计和次数备足。同一系列试验,应用同时同地采的污水。

11.3.1.2 采水时应记录采样时间、地点、现场测量水温,并观察记录污染的表观现象。

11.3.1.3 采回的水样最好立即用于试验,若需放置,应低温保存。水样应进行化学分析,测定其盐度、pH、水温、溶解氧(DO)、化学耗氧量(COD)、营养盐及主要污染物含量,为配制致毒试液提供参考。

11.3.2 致毒试液的配制

11.3.2.1 毒性试验的浓度范围的确定一般应做预试验。预试验可用较大浓度间隔按等比级数配制污水稀释液,如:按污水体积比配制出如下浓度组:0.01%、0.1%、1.0%、10%、100%。

11.3.2.2 正式实验可根据预试验所提供的浓度范围(引起少数生物死亡的浓度为下限,引起90%以上死亡的为上限),按相等的浓度对数间隔安排5个以上的试验浓度组。

11.3.2.3 配制不同浓度的致毒试液时,应先将污水轻轻摇匀,再按需要量取一定体积用清洁海水稀释。注意用海盐或除氯自来水调节其盐度,使与受试生物的适盐范围(或驯养时的盐度)基本一致。

11.3.2.4 若要试验某特定污染物的毒性效应,可人工配制该种污染物的储备液,然后,参照化学分析测得的污水中该污染物的含量,酌情按上述方法,用洁净海水配制试液。石油类污染物,可单独试验水溶性组分或用少量低毒性的分散剂制备乳浊液后再行配制。

11.4 试验步骤

试验按以下步骤进行:

a) 备好若干洗净的试验容器(成体按每克体重1L的用水量选用玻璃缸或水槽;受精卵和幼体用0.5L～1L左右的烧杯),并按对照组和各不同浓度组分别编号;

b) 将上述配好的致毒试液,按浓度顺序分别倒入各相应的试验容器中,对照组可依试验目的,加入洁净的海水或受纳水体的海水;

c) 按从低浓度至高浓度顺序,移入受试生物。若受试生物是成体,每组放入10个以上;若受试生物属受精卵,密度约20 000个/～30 000个/L;若为贝类幼虫,密度10 000个/～15 000个/L;甲壳类无节幼体200只/L～500只/L左右。受试生物移入试液前,需经必要检查,受精卵、幼小个体应在解剖镜下观察,除去死亡和异常个体;

d) 记录试验起始时间,检查时间是2h、4h、6h、8h、10h、12h、16h、20h、24h、32h、40h、48h、60h、72h、96h,发现死亡个体,应及时拣出,统计记录24h、48h、72h、96h各时间内的死亡或异常的总个体数。受精卵和微小个体可用显微镜或解剖镜观察;

e) 试验期间,每隔24h更换一次试液,注意勿改变各组试液浓度。换新试液时,微小个体和受精卵可用孔径小于受试个体的筛绢滤出,再放回相应的新试液中;

f) 试验结束,为统计各组个体差异,应及时测量各组个体大小(不宜试验前测量,以免损伤)。微小个体可进行显微测量若干数量,以比较各组生长发育受抑制情况。必要时,还可取水样和受试生物样分析,比较试验前后污染物质在水体和生物体内的变化;

g)每一试验应有两个平行试验,并按上述步骤和条件,重复试验两次以上。

11.6 注意事项

生物毒性试验过程中应注意以下事项:

——试验期间,温度、pH、光照等条件,必须适合受试生物的要求,受精卵和幼体早期发育阶段对环境变化特别敏感,应特别注意控制。重复试验,上述条件应基本一致;

——更新式试验,水体应保证足量,以免受试生物因缺氧死亡。若需通气增氧也不宜剧烈曝气(特别是含有挥发性污染物的试验),以免污染物毒性受影响而降低;

——试验过程,一旦发现死亡个体,应及时拣出,登记入表 A.29 以防腐烂影响水质。更换试液时,可依存活的个数,适当减少试液用量;

——若发现对照组受试生物的死亡率大于最低浓度试验组,该批试验数据应舍弃;

——试验容器应按化学分析要求清洗干净,防止沾污。在同一批试验中,各组容器应固定,以避免倒序使用。

12 鱼类回避反应实验

12.1 实验装置及仪器设备

12.1.1 回避槽

回避槽有多种形式可选用,如长方形、Y 型、圆形和平行槽等,无论何型均应用无毒材料制成。通常其结构,应能使清水和污水进入槽内形成清水区、污水区和混合区,还应配有自动关闸装置和计时器,以便定时关闸观察鱼在槽内的分布。

12.1.2 供水设备

两只体积大于50L 具阀门的容器,分别用于盛放待测试液(污染水样或毒物)和清洁海水(或受纳水体海水),容器的出水口与回避槽的进水管相连,由阀门控制进水流量,所有的材料亦应无毒。

12.1.3 海水供水系统及生物贮养设备按 11.1.1 和 11.1.2 的要求配置。

12.1.4 其他一般实验室常用的仪器设备。

12.2 受试生物

12.2.1 受试生物的选择

一般采用幼鱼或鱼苗,也可选用虾类等游动性动物。受试生物选择的基本原则与要求见 11.2.1.1～11.2.1.4。

12.2.2 受试生物的采集

受试生物的采集应遵循以下原则:

——受试生物可从自然海区采集或向养殖场购买;

——应是健康、无病、无损伤、游动活泼者;

——采集时避免离水,最好用桶捞取,小心移入运输容器;

——运输容器应事先清洗干净,灭菌。运输过程中应尽量避碰撞,并注意充气增氧。

12.2.3 驯养:按 11.2.3 要求执行。

12.3 污染水样的处理及试液的制备

12.3.1 污染水样的采集及处理

12.3.1.1 污染水样的采集及处理方法按 11.3.1 要求进行。

12.3.1.2 为了解污染水样的毒性,可按 11 章"生物毒性试验"的方法求出半致死浓度(LC_{50})。

12.3.2 试液的配制

12.3.2.1 用于回避实验的污染水样应用时现配,用洁净海水逐级稀释,配制成所需浓度的试液。

12.3.2.2 试验浓度范围一般可选取 LC_{50} 的 0.05~0.5 倍量并在该浓度范围内按等比级数设计 5 个以上试验组。

12.4 实验步骤

实验按以下步骤进行:

a) 洗净回避槽(见 12.1.1),注入清洁海水,使槽内水位高度能使受试鱼自由活动,放入 10 尾受试鱼,驯养 0.5h~1.0h;

b) 在两个供水设备(见 12.1.2)中,分别盛放清洁海水和待试试液;

c) 用乳胶管连接回避槽与两供水容器的进出水口,控制适当的相同流量;

d) 先把计时器拨到预定的实验时间(10min~20min),在放海水和试液进入槽内的同时,启动计时器,试验开始;

e) 待到预定的实验时间,自控装置自动关闭闸板。观察清水区,试液区和混合区内鱼的分布和游动情况,并把鱼在各区内的尾数记入表 A.31 中;(具体内容见原标准附录 A)

f) 把受试后的鱼移入清洁海水中暂养 24h,观察其活动和存活情况,以确定是否发生死亡或其他迟发性中毒症状;

g) 每次实验结束,应把回避槽内的水放尽,用清洁海水冲洗数遍后,再进行下一组实验。

12.6 注意事项

本实验过程中应注意以下事项:

——实验装置应设在安静的室内,避免强光、噪声、走动等,以免惊动鱼的正常游动,影响实验结果;

——试液和实验用的海水,其水温、盐度应尽量与驯养条件一致,若差别较大,需先行调节;

——进入回避槽的清洁海水和试液,应依回避槽的设计要求,控制相同的流量。同批试验不应改变已定流量,试验时间亦应一致;

——受试生物应在实验之前 24h 停止投饵,以免影响实验结果;

——每批实验都必须用没接触过毒物的鱼,经实验接触过毒物的鱼不宜用作下一次实验;

——每个试验浓度应有 8 次~10 次的重复实验。

13 滤食率测定

13.3 污染水样的处理及试液的制备:见 11.3。

13.4 实验步骤

13.4.1 致毒实验

致毒实验按以下步骤进行:

a) 根据实验需要准备若干试验缸(或水槽),清洗干净后按对照组和致毒浓度组的顺序编号。在各试验缸中分别加入不同浓度的试液,对照组用清洁海水(或受纳水体海水)。用水量按每个受试生物1.0L计；

  b）选取滤食活动正常，个体大小基本一致，经驯养过的生物等数量分组移入各试验缸；

  c）致毒时间可为24h、48h、96h或更长的时间，每隔24h更换一次新试液；

  d）致毒期间应注意观察受试生物是否有死亡或其他异常现象，并做记录。

13.4.2 滤食实验

滤食实验按以下步骤进行：

  a）预定的致毒时间一到，把各试验缸中的试液倒弃，保留缸内生物，用海水冲洗数遍，换上等量的含藻海水。并另设一未放生物的含藻海水样作对照，以检测海水中藻类在试验时间内的浓度变化；

  b）含藻海水应事先配好，使水体中的藻类浓度约为 1×10^4 个/mL～ 4×10^4 个/mL，搅拌均匀后再加入各试验缸；

  c）换上含藻海水后，各试验缸要立即同时取样，经滤食1h～2h，再同时取样一次，记录下二次取样的时间。按藻类浓度测定法（见13.4.3），分析两次藻类浓度的变化；

  d）取出的水样应按实验序号记录编号，以免弄乱，应取的水样量及固定方法应按选用的藻类测定方法进行；

  e）滤食实验结束后，用卡尺量取各组受试生物的壳长，计算平均值记入表A.32中。（具体内容见原标准附录A）

13.4.3 藻类浓度测定

藻类浓度测定可采用如下方法中的一种：

  a）藻类细胞显微计数法按5.3.2要求进行；

  b）电子颗粒计数法：取50mL水样移入仪器的计数杯中，启动搅拌器，每次进样量50μL。仪器测定条件：电眼孔径直径100μm，用过滤海水作电解液。粒径测定范围按藻类的颗粒大小分布而定。每测样应读取二次测值，取其平均值并换算成水样的藻类含量（个/mL）；

  c）活体细胞荧光法：用荧光计测定水样中藻类的活体细胞荧光值，仪器的激发波长436nm，发射波长680nm。取5mL水样移到测试管中，把测试管放入吸收池，选择适当的测试量程，读取两次测值，取其平均值与标准对照，查出水样的藻类含量（个/mL）。测定时用已知浓度的藻液作标准，以过滤海水作空白；

  d）藻类叶绿素a测定按第8章执行。

13.6 注意事项

本方法执行中应注意以下事项：

——受试生物要选用同一来源。每个浓度试验组的生物个数不得少于10个。个体大小应尽量一致；

——每批次实验用藻、实验的海水体积、藻类浓度和滤食时间应尽可能一致；

——每批次的实验应有二次以上的重复；

——受试生物于实验前24h停止投饵；

——致毒实验的注意事项见11.6。

14 赤潮毒素——麻痹性贝毒的检测

14.4 贝类样品的采集和试样的制备

14.4.1 贝类样品的采集

贝类样品的采集应遵循以下原则：

a) 样品应采于赤潮发生区的水域或滩涂，选择人工养殖品种和野生经济食用种类；

b) 采样量应足以提供制取100g以上的组织匀浆量。此外，另采集10个个体，用70%酒精溶液或5%的甲醛溶液固定，以供分析胃内含物；

c) 依采集地点和品种，分别将样品置于冰柜中，投入注明采集地点、时间和品种的标签；

d) 采得的样品应尽快带回实验室及时处理，否则应放入冰箱保存。

14.4.2 试样的制备

按以下方法制备试样：

a) 打开贝壳，将软组织和体液取出，用剪刀剪碎，取100g以上的量置于组织匀浆器中匀浆；

b) 称取100.0匀浆样，置于500mL烧杯中，加入100mL盐酸溶液（见14.1.2），充分搅拌。然后，用盐酸溶液（见14.1.1）或氢氧化钠溶液（见14.1.3）调pH为3～4；

c) 将此烧杯置水浴中煮沸5mm，冷却至室温，再调节pH为2～4，后用盐酸溶液（见14.1.2）定容至200mL；

d) 若组织样品不足100g，可按1g组织得2mL的上述处理样进行制备；

e) 将处理的样品离心，离心速度3 000 r/min，离心时间5min。之后，小心倾取上清液，即是贝毒的抽提液，置冰箱备用。

14.5 检测步骤

14.5.1 空白试验

取2只～3只小白鼠，在其腹腔处分别注入1mL盐酸溶液（见14.1.2），若1h内无死亡，即可进行毒性试验。

14.5.2 毒性试验

毒性试验按以下步骤进行：

a) 先进行预试验，以判断提取液毒性强弱。取2只～3只小白鼠，在每只的腹腔内注射提取液1mL，若小白鼠在4min内死亡，可依死亡时间在表11中查出相应的鼠单位；（表11具体内容见原标准）

b) 按预试验得出的鼠单位数据，用盐酸溶液（见14.1.2）稀释提取液，使每毫升稀释液的毒性约含1.60个鼠单位，以便把小白鼠的致死时间基本控制在4min～8min之间。若预试验时，小白鼠死亡时间大于4min，提取液不必稀释；

c) 取8只～10只小白鼠（每试验组应有的鼠数），于每只腹腔注射1mL抽取液（或稀释液），注意观察、记录每只死亡时间（精确至秒），死亡判定以最后一次喘息为准。死亡时间力求控制在4min～8min之间。

14.5.3 胃含物的分析与鉴定

胃含物的分析与鉴定以下步骤进行：

a）将野外固定的贝类样品外壳撬开，用吸管吸水冲洗其软体部分，剖开胃囊，滴入少许清水，稍加搅动，吸出胃含物，按(见5.3.2)的浮游植物计数法计数；

b）认真鉴定胃含物中的藻种，确定胃内是否含有海区的赤潮生物，并计算其在饵料中的比例。

15 海水增养殖区监测

15.1 监测方案设计

15.1.1 测站布设

15.1.1.1 布设原则

测站布设应遵循以下原则：

——选择重点监测增养殖区，在重点监测增养殖区内，测站可适当加密；在重点监测增养殖区外，测站可适当减少；

——重点监测增养殖区面积小于$50km^2$，测站不能少于6个；等于或大于$50km^2$，测站不能少于12个；

——尽可能沿用历史测站，以便于进行比较。

15.1.1.2 布设方法

以重点监测增养殖区为中心，设立若干断面，每断面至少设3个站位。

15.1.2 监测频率

常规监测：水质监测每月一次；沉积物监测每季度一次。

应急监测：在接到紧急事件（发生有毒有害物质污染、养殖对象发生大面积死亡或赤潮等）报告时，立即前往监测。视具体情况，选择适当的监测频率和监测项目。

15.1.3 采样层次

水深5m以内，采集表层水样，5m及5m以上采集表、底层水样。油类分析采1.0m层水样。沉积物采集表层沉积物样。

15.1.4 监测项目

15.1.4.1 水质监测

必测项目：水温、透明度、化学需氧量（COD）、pH、溶解氧（DO）、盐度、无机氮（氨氮、硝酸盐、亚硝酸盐）、活性磷酸盐、油类、叶绿素a。

选测项目：总氮、总磷、硅酸盐、汞、镉、铅、铜、砷、挥发酚、粪大肠菌群、弧菌数量、异养细菌总数、浮游植物。

15.1.4.2 沉积物监测

必测项目：总汞、镉、铅、铜、砷、油类、DDT、PCBs、硫化物、有机质、粪大肠菌群。

选测项目：异养细菌总数、总磷、总氮、底栖生物。

15.2 质量控制与保证

本办法实施过程中所有的质量控制与保证应满足GB 17378.1、GB 17378.2和GB 17378.3的相关规定和要求。

15.3 分析方法

水质监测项目分析方法见表12。（表12具体内容见原标准）

沉积物监测项目分析方法见表13。（表13具体内容见原标准）

15.4 监测资料汇总

监测资料按以下方法汇总：
——水质监测结果按照表 A.35 规定的格式汇总资料；（具体内容见原标准附录 A）
——沉积物检测结果按照表 A.36 规定的格式汇总资料；（具体内容见原标准附录 A）
——浮游植物监测结果按照表 A.37 规定的格式汇总资料。（具体内容见原标准附录 A）

15.5 监测海域水质与沉积物环境质量评价

15.5.1 评价参数

水质评价参数为：溶解氧、化学需氧量、总无机氮（$NO_3^- - N$、$NO_2^- - N$ 和 $NH_3 - N$ 之和）、磷酸盐、油类、汞、镉、铅、铜、砷、粪大肠菌群。

沉积物评价参数为：有机质、硫化物、油类、汞、镉、铅、铜、砷、粪大肠菌群。

15.5.2 评价标准

评价执行以下标准：
——水质评价采用 GB 3097—1997 的第二类标准；
——沉积物评价采用 GB 18668—2002 的第一类标准；
——异养细菌总数参照附录 G 的评价等级进行评价。

15.5.4 评价指标

污染指数：以单因子污染指数 1.0 作为该因子是否对环境产生污染的基本分界线，小于 0.5 为水域或沉积物未受该因子沾污；介于 0.5～1.0 之间为水域或沉积物受到该因子沾污；大于 1.0 表明水域或沉积物已受到该因子污染。

营养指数（E）：如 E≥1，则水体呈富营养化状态。

有机污染评价指数（A）：用有机污染评价指数评价海域质量状况。有机污染评价分级见表 14。

表 14 有机污染评价分级表

A 值	<0	0～1	1～2	2～3	3～4	>4
污染程度分级	0	1	2	3	4	5
水质评价	良好	较好	开始受到污染	轻度污染	中度污染	严重污染

生物多样性指数（H′）：H′值在 3～4 为清洁区域，2～3 为轻度污染，1～2 为中度污染，<1 为重污染。

营养状态质量指数（NQI）：根据 NQI 值将海域营养水平分为三级，NQI<3 为富营养水平；NQI 为 2～3 为中营养水平；NQI<2 为贫营养水平。

病原微生物指标：根据已有的标准，判断病原微生物是否超标。

15.5.5 监测报告编写

海水增养殖区监测报告的格式和内容应满足附录 I 的要求。

附录 A（规范性附录） 记录表（略）
附录 B（资料性附录） 污染生态调查资料常用评述方法（略）

附录 C(资料性附录) 受试动物的亲体产卵和幼虫阶段培养条件(略)
附录 D(规范性附录) 弧菌数量检测-平板计数法(略)
附录 E(规范性附录) 沉积物粪大肠菌群数-发酵法(略)
附录 F(规范性附录) 沉积物异养细菌总数-平板计数法(略)
附录 G(资料性附录) 异养细菌总数评价等级(略)
附录 H(规范性附录) 水质、沉积物质量评价资料汇总(略)
附录 I(规范性附录) 海水增养殖区监测报告内容与格式(略)

第十七部分 海洋监测技术规程

海洋监测技术规程 第1部分:海水(节录)

HY/T 147.1—2013

(2013年4月25日发布 2013年5月1日实施)

本部分由国家海洋环境监测中心提出。
本部分负责起草单位:国家海洋环境监测中心。
本部分参与起草单位:国家海洋局南海环境监测中心、国家海洋局东海环境监测中心、国家海洋局北海环境监测中心。

(按原标准编号节录)

3 术语和定义

GB 17378.2 界定的以及下列术语和定义适用于本文件。

3.1 连续流动分析 continuous flow analysis

利用蠕动泵将样品压入以一定流速流动的、用空气气泡或氮气气泡间隔的载流中,样品和试剂在连续流动的载流中充分混合并充分反应达到稳态后,反应产物通过检测器检测。

3.2 现场加标样 field spiked samples

在采样现场取一组平行样,将实验室配制的已知浓度的被测物质的标准溶液,定量加到其中一份已知体积的水样中,作为现场加标样,另一份不加标。

4 一般规定

4.1 样品采集

4.1.1 采样设备

本部分所需的采样设备包括:
a) 聚氯乙烯或聚四氟乙烯材质的采水器;
b) 不锈钢缆绳。

4.1.2 样品容器

应采用下列容器:
a) 细口或广口玻璃瓶;
b) 带聚四氟乙烯衬垫盖的棕色玻璃瓶;
c) 塑料材质的样品瓶;
d) 聚对苯二甲酸乙二酯(PET)材质的样品瓶。

4.1.3 容器的洗涤
容器按下述步骤清洗:
a) 容器盖和盖衬先用洗涤剂清洗;
b) 用自来水冲洗2次~3次;
c) 用去离子水漂洗3次;
d) 烘干;
e) 特殊项目按要求进行洗涤。

4.1.4 样品采集、贮存及运输
样品的采集、贮存及运输应按照GB 17378.1和GB 17378.3中的规定执行。

4.1.5 采样操作注意事项
采样操作应注意以下几个方面:
a) 用船只采样时,水样应避免受船体污染;
b) 用水样荡洗采样器3次~5次;
c) 采样器不应直接接触船体任何部位,裸手不得接触采样器排水口;
d) 采集多层样品时,按由浅到深的顺序采集;
e) 采样人员的手臂应保持清洁;
f) 样品采集后,必要时应立即加固定剂固定,并于项目规定条件下保存。

4.2 试剂和材料
实验用品、水、试剂和溶剂应符合下述要求:
a) 实验用带刻度试管、浓缩瓶、移液管、容量瓶等使用前,应进行校准;
b) 选择合适纯度的试剂,必要时进行纯化;
c) 所用试剂和溶剂宜选用同一厂家生产的同类产品;
d) 为保证实验的重现性和再现性,重蒸馏有机试剂应混匀,实验条件应一致;
e) 按测项要求选择适宜的实验用水。

4.3 实验室常规设备
实验室常用设备如下:
a) 冰箱;
b) 冰柜;
c) 电加热板(或电炉)
d) 电子天平(感量分别为0.1mg、0.001g、0.01g等);
e) 高精度微量移液器($10\mu L \sim 100\mu L$,$100\mu L \sim 1\,000\mu L$);
f) 微波炉;
g) 马弗炉;
h) 超纯水系统;
i) 亚沸蒸馏器;
j) 离心机;
k) 真空抽滤泵;
l) 过滤装置;

m) 玛瑙研磨机。

4.4 样品前处理

样品前处理应符合下列要求：

a) 用于前处理的器皿，应根据样品的性质选择不同的清洗剂（如硝酸、洗液、洗涤剂等）浸泡 24h，依次用水、去离子水洗净，根据需要再用其他试剂漂洗；

b) 每次前处理应同时加测试剂空白；

c) 认真记录前处理样品的体积；

d) 应先处理较清洁的水质样品；

e) 水样过滤及保存方法按 GB 17378.3 中的相关规定执行。

4.5 质量保证与质量控制

质量保证与质量控制措施包括：

a) 样品测定过程中应加测现场空白样；

b) 现场平行样：现场平行样应占样品总量的 5%～10%，每次采样至少采 2 组平行样；

c) 设备材料空白：当使用新采样设备、新容器和新材料时，应进行设备材料的空白试验；

d) 分析空白应占样品总数的 5%，样品少于 20 个时，每批至少带 1 个分析空白；

e) 每批样品应按样品总数的 2%（样品不足 10 个时，应至少做 2 个）做加标回收率的测定；

f) 当样品量超过 20 个时，应进行平行 3 份样品的分析；

g) 质控样的测定值和加标回收率超出控制线时，应查找原因，在未找出原因之前不得继续分析样品。

4.6 精密度与正确度

精密度与正确度的测定和计算按照 GB/T 6379.2—2004 的规定执行。

5 铜、铅、锌、镉、铬、铍、锰、钴、镍、砷、铊的同步测定——电感耦合等离子体质谱法

5.1 适用范围

本方法适用于河口区、入海排污口污水中铜、铅、锌、镉、铬、铍、锰、钴、镍、砷、铊的同步测定。方法检出限参见表 A.1。（具体内容见原标准附录 A）

5.2 方法原理

以等离子体作为质谱离子源，样品雾化后以气溶胶的形式进入等离子体区域，经过蒸发、解离、原子化、电离等过程，被导入高真空的质谱部分，待测离子经质量分析器按质荷比（m/z）的大小过滤分离后进入离子检测器，根据离子强度的大小计算得到样品中待测元素的浓度。

5.6 计算与记录

将稀释后标准加入样品测定值减去分析空白值，即为样品中待测元素的含量。测试结果记入表 B.1 中。（具体内容见原标准附录 B）

5.7 精密度与正确度

5 家实验室测定海水加标样品，各元素的重复性相对标准偏差和再现性相对标准偏差见表 1。

表1 ICP-MS测定各元素的重复性和再现性

元素名称	样品浓度 μg/L	重复性相对标准偏差%	再现性相对标准偏差%
铜	20.6	2.75	16.5
铅	19.7	1.45	10.6
锌	27.3	3.05	1.9
镉	18.8	4.63	5.4
铬	20.8	1.22	9.7
铍	18.6	7.75	8.6
锰	20.5	2.49	18.6
钴	20.7	3.02	18.8
镍	18.3	4.2	8.5
砷	22.2	2.38	21.2
铊	17.7	1.37	6.6

6 六价铬的测定——便携式光谱仪法

6.1 适用范围

本方法适用于河口及入海排污口水体中六价铬[Cr(Ⅵ)]的测定。方法检出限参见表A.1。（具体内容见原标准附录A）

6.2 方法原理

酸性溶液中，Cr(Ⅵ)与显色剂二苯碳酰二肼反应，生成紫红色化合物，在其最大吸收波长540nm处，用分光光度法检测。

6.7 精密度与正确度

4家实验室测定浓度为0.020mg/L的样品，重复性相对标准偏差为2.5%，再现性相对标准偏差为2.6%；测定浓度为0.10mg/L的样品，重复性相对标准偏差为0.1%，再现性相对标准偏差为0.8%。

7 亚硝酸盐

7.1 亚硝酸盐的测定——流动分析法

7.1.1 适用范围

本方法适用于海水、河口水及入海排污口水体中亚硝酸盐的测定。方法检出限参见表A.1。（具体内容见原标准附录A）

7.1.2 方法原理

在酸性介质中，亚硝酸盐与磺胺发生重氮化反应，其产物再与盐酸萘乙二胺偶合生成红色偶氮染料，于550nm波长处测定。

7.2 亚硝酸盐的测定——便携式光谱仪法

7.2.1 适用范围

本方法适用于河口及入海排污口水体中亚硝酸盐的测定。方法检出限参见表A.1。（具体

内容见原标准附录 A）

7.2.2 方法原理

在酸性介质中，亚硝酸盐与磺胺进行重氮化反应，其产物再与盐酸萘乙二胺偶合生成红色偶氮染料，用便携式光谱仪进行测定。

7.2.7 精密度与正确度

4 家实验室测定浓度为 0.020mg/L 的样品，重复性相对标准偏差为 2.5%，再现性相对标准偏差为 2.6%；测定浓度为 0.10mg/L 的样品，重复性相对标准偏差为 0.1%，再现性相对标准偏差为 0.8%。

8 硝酸盐

8.1 硝酸盐的测定——流动分析法

8.1.1 适用范围

本方法适用于海水、河口水及入海排污口水中硝酸盐的测定。方法检出限参见表 A.1。（具体内容见原标准附录 A）

8.1.2 方法原理

水样通过铜-镉还原柱，将硝酸盐定量地还原为亚硝酸盐，与磺胺在酸性介质条件下进行重氮化反应，再与盐酸萘乙二胺偶合生成红色偶氮染料，于 550nm 波长处检测。测定出的亚硝酸盐总量，扣除水样中原有的亚硝酸盐含量，即可得到硝酸盐的含量。

8.1.7 精密度与正确度

3 家实验室测定浓度为 0.033mg/L 的天然海水，重复性相对标准偏差为 0.9%，再现性相对标准偏差为 3.8%，回收率为 97.4%～103%；测定浓度为 0.161mg/L 的天然海水，重复性相对标准偏差为 0.6%，再现性相对标准偏差为 2.1%，回收率为 94.5%～105%。

8.2 硝酸盐的测定——便携式光谱仪法

8.2.1 适用范围

本方法适用于河口及入海排污口水体中硝酸盐的测定。方法检出限参见表 A.1。（具体内容见原标准附录 A）

8.2.2 方法原理

水样通过铜-镉还原柱，将硝酸盐定量地还原为亚硝酸盐，然后按重氮-偶氮光度法用便携式光谱仪测定亚硝酸盐的总量，扣除原有亚硝酸盐含量，得硝酸盐的含量。

8.2.6 记录与计算

用仪器测得的浓度减去按 7.2 的规定测得的亚硝酸盐的浓度即得水样中硝酸盐的浓度，结果记入表 B.2 中。（具体内容见原标准附录 B）

8.2.7 精密度与正确度

4 家实验室测定浓度为 0.050mg/L 的样品，重复性相对标准偏差为 1.4%，再现性相对标准偏差为 3.2%；测定浓度为 0.200mg/L 的样品，重复性相对标准偏差为 1.4%，再现性相对标准偏差为 2.4%。

9 铵盐

9.1 铵盐的测定——流动分析法

9.1.1 适用范围

本方法适用于近岸海水、河口水及入海排污口水中铵盐的测定。方法检出限参见表 A.1。（具体内容见原标准附录 A）

9.1.2 方法原理

以亚硝酰铁氰化钠为催化剂,铵盐与水杨酸钠和二氯异氰尿酸钠在碱性条件下反应生成一种蓝色化合物,于660nm 波长处测定。

9.1.6 记录与计算

仪器测定值即为样品的铵盐浓度,结果记入表 B.2 中。（具体内容见原标准附录 B）

9.1.7 精密度与正确度

2 家实验室测定浓度为 0.093mg/L 的天然海水,重复性相对标准偏差 0.5%，再现性相对标准偏差 2.0%，回收率为 98.4%～102%。

9.2 铵盐的测定——便携式光谱仪法

9.2.1 适用范围

本方法适用于河口及入海排污口水体中铵盐的测定。方法检出限参见表 A.1。（具体内容见原标准附录 A）

9.2.2 方法原理

在碱性介质中次溴酸盐将铵盐氧化为亚硝酸盐,然后以重氮-偶氮分光光度法测亚硝酸盐的总量,扣除原有亚硝酸盐的含量,得到铵盐的含量。

9.2.6 记录与计算

用仪器测得的浓度减去按 7.2 的规定测得的亚硝酸盐的浓度,即为铵盐的浓度,结果记入表 B.2。（具体内容见原标准附录 B）

9.2.7 精密度与正确度

4 家实验室测定浓度为 0.020mg/L 的样品,重复性相对标准偏差为 2.3%，再现性相对标准偏差为 2.5%；测定浓度为 0.10mg/L 的样品,重复性相对标准偏差为 0.8%，再现性相对标准偏差为 2.0%。

10 磷酸盐

10.1 磷酸盐的测定——流动分析法

10.1.1 适用范围

本方法适用于海水、河口水及入海排污口水中活性磷酸盐的测定。方法检出限参见表 A.1。（具体内容见原标准附录 A）

10.1.2 方法原理

在酸性介质中,活性磷酸盐与钼酸铵在酒石酸锑钾的催化下反应生成磷钼黄,在 pH 小于 1 时被抗坏血酸还原为磷钼蓝,于880nm 波长处检测。

10.1.6 记录与计算

仪器测定值即样品的活性磷酸盐浓度,结果记入表 B.2 中。（具体内容见原标准附录 B）

10.1.7 精密度与正确度

4家实验室测定浓度为0.033mg/L的海水样品,重复性相对标准偏差为0.9%,再现性相对标准偏差为4.6%,回收率为95.9%~104.1%;测定浓度为0.093mg/L的海水样品,重复性相对标准偏差为1.8%,再现性相对标准偏差为5.2%,回收率为95.4%~105%。

10.1.8 质量保证与控制

质量保证与控制见7.1.8。

10.2 磷酸盐的测定——便携式光谱仪法

10.2.1 适用范围

本方法适用于河口及排污口水体中活性磷酸盐的测定。方法检出限参见表A.1。(具体内容见原标准附录A)

10.2.2 方法原理

在酸性介质中,活性磷酸盐与钼酸铵反应生成磷钼黄,用抗坏血酸还原为磷钼蓝后,用便携式光谱仪测定。

10.2.6 记录与计算

仪器测得的浓度即为水样中活性磷酸盐的浓度,结果记入表B.2。(具体内容见原标准附录B)

10.2.7 精密度与正确度

4家实验室测定浓度为0.055mg/L的水样,重复性相对标准偏差为1.3%,再现性相对标准偏差为3.6%;测定浓度为0.477mg/L的水样,重复性相对标准偏差为0.5%,再现性相对标准偏差为11%。

11 硅酸盐的测定——流动分析法

11.1 适用范围

本方法适用于海水、河口水及入海排污口水中硅酸盐的测定。方法检出限参见表A.1。(具体内容见原标准附录A)

11.2 方法原理

活性硅酸盐在酸性介质中与钼酸铵反应生成硅钼黄,然后被抗坏血酸还原成硅钼蓝后,于820nm波长处测定。

11.6 记录与计算

仪器测定值即为样品的硅酸盐浓度,结果记入表B.2中。(具体内容见原标准附录B)

11.7 精密度与正确度

3家实验室测定浓度为0.189mg/L的海水样品,重复性相对标准偏差为1.3%;再现性相对标准偏差为8.9%,回收率为92.3%~107.7%;测定浓度为0.66mg/L的海水样品,重复性相对标准偏差为0.8%,再现性相对标准偏差为6.4%,回收率为94.4%~106%。

11.8 质量保证与控制

质量保证与控制见7.1.8。

12 总氮的测定——流动分析法

12.1 适用范围

本方法适用于近岸海水、河口水及入海排污口水中总氮的测定。方法检出限参见表A.1。

(具体内容见原标准附录 A)

12.2 方法原理

样品在碱性介质和高温高压条件下,用过硫酸钾氧化,样品中无机氮和有机氮均被氧化为硝酸盐。硝酸盐经流动分析仪的铜-镉还原柱还原为亚硝酸盐,与磺胺/N-(1-萘基)乙二胺盐酸盐反应生成红色络合物,在波长550nm处测定。

12.6 记录与计算

流动分析仪测定结果即为样品中总氮的浓度,结果记入表 B.2 中。(具体内容见原标准附录 B)

12.7 精密度与正确度

3家实验室测定浓度为 0.990mg/L 的海水样品,重复性相对标准偏差为 3.0%,再现性相对标准偏差为 5.6%,回收率为 95.3%~105%;测定浓度为 1.890mg/L 的海水样品,重复性相对标准偏差为 2.6%,再现性相对标准偏差为 3.8%,回收率为 97.0%~103%。

12.8 质量保证与控制

本方法操作过程中应执行以下质量控制措施:

——海水样品消化时每 20 个样品增加一个有机氮标准溶液,如甘氨酸(12.3.2)或 EDTA 二钠盐(12.3.3)溶液,作为质控样品,以检验氧化剂的消化效率,消化效率应在 85%~110%;

——在测定开始和结束时分别测定与硝酸盐标准系列中最高浓度标准溶液相同浓度的亚硝酸盐标准溶液,以检验铜-镉还原柱在整个分析过程中的还原率;

——每测定 10 个样品做一组平行样和样品加标。

13 总磷的测定——流动分析法

13.1 适用范围

本方法适用于近岸海水、河口水及入海排污口水中总磷的测定。方法检出限参见表 A.1。(具体内容见原标准附录 A)

13.2 方法原理

水样在酸性介质和高温高压条件下,用过硫酸钾氧化,有机磷化合物被转化为无机磷,无机聚合态磷水解为正磷酸盐。消化后水样中的正磷酸盐用流动分析法测定。

13.6 记录与计算

流动分析仪测定结果即为样品中总磷的浓度,结果记入表 B.2 中。(具体内容见原标准附录 B)

13.7 精密度与正确度

3家实验室测定浓度为 0.093mg/L 的海水样品,重复性相对标准偏差为 4.5%,再现性相对标准偏差为 4.6%,回收率为 96.5%~104.7%;测定浓度为 0.260mg/L 的海水样品,重复性相对标准偏差为 4.7%,再现性相对标准偏差为 10.4%,回收率为 89.6%~106%。

13.8 质量保证与控制

本方法操作过程中应执行以下质量控制措施:

——海水样品消化时每 20 个样品增加一个有机磷标准溶液,如 ATP(13.3.10)或磷酸三乙酯(13.3.11)溶液,作为质控样品,以检验氧化剂的消化效率,消化效率应在 85%~110%;

——每测定 10 个样品做一组平行样和样品加标。

14 碳/氮元素的测定——元素分析仪法

14.1 适用范围

本方法适用于海水颗粒物、海洋生物和海洋沉积物样品中总碳、总氮的测定;也适用于经过酸化处理的样品中有机碳的测定。方法检出限参见表 A.1。(具体内容见原标准附录 A)

14.2 方法原理

样品在 800℃~1 200℃ 的高温下燃烧分解,生成待检测气体 CO_2 和 N_2,待检测气体被净化和除杂后,通过载气进入吸附柱,通过程序升温解吸和分离,经热导检测器定量检测。

14.6 结果计算

14.6.1 水样中颗粒态的碳/氮含量按式(3)计算:

$$C = \frac{XM - X_0 M_0}{V} \tag{3}$$

式中:C——水样中颗粒态的碳/氮含量,单位为毫克每升(mg/L);

X——仪器测定结果,%;

M——待测滤膜的干重,单位为毫克(mg);

X_0——空白值,%;

M_0——空白滤膜的干重,单位为毫克(mg);

V——海水过滤体积,单位为升(L)。

14.6.2 仪器测定值即为沉积物和生物体中的碳/氮元素的质量分数。

14.7 精密度

4 家实验室测定同一沉积物样品,总碳重复性相对标准偏差为 23%,再现性相对标准偏差为 6.5%;总氮重复性相对标准偏差为 3.0%,再现性相对标准偏差为 7.1%。

4 家实验室测定同一生物样品(菲律宾蛤仔),总碳重复性相对标准偏差为 6.9%,再现性相对标准偏差为 18.2%;总氮重复性相对标准偏差为 7.4%,再现性相对标准偏差为 14.6%。

15 化学需氧量(COD_{Cr})的测定——便携式光谱仪法

15.1 适用范围

本方法适用于氯化物含量不大于 2 000mg/L(稀释后)、化学需氧量大于 10mg/L 的水体中 COD_{Cr} 的测定。方法检出限参见表 A.1。(具体内容见原标准附录 A)

15.2 方法原理

在强酸溶液中,加入定量重铬酸钾溶液作氧化剂,在催化剂作用下,水样中的有机物与 $C_r(Ⅵ)$ 反应,生成 $Cr(Ⅲ)$,通过比色法测定 $Cr(Ⅵ)$ 和 $Cr(Ⅲ)$ 的含量,通过校准曲线换算成消耗氧的质量浓度,即化学需氧量。

15.5.3 记录与计算

仪器测得浓度即为化学需氧量,结果记入表 B.2。(具体内容见原标准附录 B)

15.5.4 精密度与正确度

4 家实验室测定浓度为 50.0mg/L 的样品,重复性相对标准偏差为 1.2%,再现性相对标准偏差为 3.2%;测定浓度为 300mg/L 的样品,重复性相对标准偏差为 0.8%,再现性相对标准偏差为 2.4%。

16 氰化物的测定——便携式光谱仪法

16.1 适用范围
本方法适用于河口及入海排污口水体中氰化物的测定。方法检出限参见表 A.1。(具体内容见原标准附录 A)

16.2 方法原理
在弱酸性条件下,氰化物与氯胺T作用生成的氯化氰与异烟酸反应,并经水解而生成戊烯二醛,最后与巴比妥酸作用生成紫蓝色络合物。在一定浓度范围内,其色度与氰化物浓度成正比,在 600nm 波长处进行光谱测定。

16.5.4 记录与计算
仪器测得的浓度即为水样中氰化物的浓度,结果记入表 B.2。(具体内容见原标准附录 B)

16.6 精密度与正确度
4 家实验室测定浓度为 0.060mg/L 的水样,重复性相对标准偏差为 7.5%,再现性相对标准偏差为 10.6%;测定浓度为 0.15mg/L 的水样,重复性相对标准偏差为 1.93%,再现性相对标准偏差为 3.9%。

17 叶绿素 a 和脱镁色素的测定——荧光仪法

17.1 适用范围
本方法适用于海水和河口水中叶绿素 a 和脱镁色素的测定。

17.2 方法原理
以丙酮溶液提取浮游植物色素进行荧光测定,根据提取液酸化前后的荧光值,分别计算叶绿素 a 及脱镁色素的含量。

17.6 记录与计算
将测得的数据填入表 B.3 中(具体内容见原标准附录 B),用式(8)、式(9)分别进行叶绿素 a 和脱镁色素的计算:

$$\rho_1 = \frac{R}{R-1} \times (R_d - R_e) \times \frac{v}{V} \tag{8}$$

$$\rho_2 = \frac{R}{R-1} \times (RR_e - R_d) \times \frac{v}{V} \tag{9}$$

式中:ρ_1——样品中叶绿素 a 的浓度,单位为微克每升(μg/L);

ρ_2——样品中脱镁色素的浓度,单位为微克每升(μg/L);

R——叶绿素 a 酸化因子;

R_d——样品酸化前的测定值,单位为微克每升(μg/L);

R_e——样品酸化后的测定值,单位为微克每升(μg/L);

v——丙酮提取液的体积,单位为毫升(mL);

V——海水样品的体积,单位为升(L)。

17.7 精密度与正确度
3 家实验室测定浓度为 5.0μg/L 的样品,重复性相对标准偏差为 1.90%,再现性相对标准偏差为 3.32%,回收率为 96.3%～102%;测定浓度为 25.0μg/L 的样品,重复性相对标准偏差为

0.90%,再现性相对标准偏差为 3.09%,回收率为 94.6%～99.8%;测定浓度为 50.0μg/L 的样品,重复性相对标准偏差为 0.56%,再现性相对标准偏差为 3.35%,回收率为 95.1%～101%。

18 有机氯农药的测定——气相色谱法

警告——本实验操作过程中需接触大量有机溶剂,且标准物质或溶液均具有高毒性,因此实验应在通风橱内进行。

18.1 适用范围

本方法适用于海水、河口水及入海排污口水样中 α-666、β-666、γ-666、δ-666、七氯、环氧七氯、艾氏剂、γ-氯丹、硫丹-Ⅰ、α-氯丹、p,p'-DDE、狄氏剂、异狄氏剂、硫丹-Ⅱ、p,p'-DDD、异狄氏剂醛、硫丹硫酸盐、p,p'-DDT、甲氧滴滴涕等有机氯农药(OCPs)的测定。方法检出限参见表 A.1。(具体内容见原标准附录 A)

18.2 方法原理

用正己烷萃取水样中的 OCPs,萃取液经浓缩并净化后用具电子捕获检测器的气相色谱仪(GC-ECD)进行测定。

19 多氯联苯的测定——气相色谱法

警告——本实验操作过程中需接触大量有机溶剂,且标准物质或溶液均具有高毒性,因此实验应在通风橱内进行。

19.1 适用范围

本方法适用于海水、河口水及入海排污口水样中 CB 28、CB 52、CB 155、CB 101、CB 118、CB 153、CB 138 和 CB 180 等多氯联苯(PCBs)的测定。方法检出限参见表 A.1。(具体内容见原标准附录 A)

19.2 方法原理

水样中的多氯联苯(PCBs)经正己烷萃取,萃取液经浓缩并用层析柱或硫酸净化后用具电子捕获检测器的气相色谱仪(GC-ECD)测定。

20 酞酸酯类化合物

20.1 酞酸酯类化合物的测定——气相色谱法

警告——本实验操作过程中需接触大量有机溶剂,且标准物质或溶液均具有高毒性,因此实验应在通风橱内进行。

20.1.1 适用范围

本方法适用于海水、河口水及入海排污口水样中邻苯二甲酸二甲酯、邻苯二甲酸二乙酯、邻苯二甲酸二丁酯、邻苯二甲酸丁基苄酯、邻苯二甲酸二(2-乙基己基)酯和邻苯二甲酸二正辛酯等酞酸酯类化合物的测定。方法检出限参见表 A.1。(具体内容见原标准附录 A)

20.1.2 方法原理

用二氯甲烷萃取水样中的酞酸酯类化合物,萃取液经浓缩并净化,用具电子捕获检测器的气相色谱仪(GC-ECD)测定。

20.1.7 精密度与正确度

5 家实验室测定同一海水样品,重复性相对标准偏差、再现性相对标准偏差及回收率参见表4。

表 4　GC-ECD 测定酞酸酯的重复性、再现性及回收率

序号	组分名	重复性相对标准偏差%	再现性相对标准偏差%	回收率%
1	邻苯二甲酸二甲酯	2.4	6.6	67～74
2	邻苯二甲酸二乙酯	2.1	4.3	58～72
3	邻苯二甲酸二丁酯	5.1	9.2	70～82
4	邻苯二甲酸丁基苄酯	9.8	13.1	61～81
5	邻苯二甲酸二(2-乙基己基)酯	10.7	13.8	58～87
6	邻苯二甲酸二正辛酯	2.7	4.9	63～84

20.2　酞酸酯类化合物的测定——气相色谱/质谱联用法

警告——本方法操作过程中需接触大量有机溶剂,且标准物质或溶液均具有高毒性,因此实验应在通风橱内进行。

20.2.1　适用范围

本方法适用于海水、河口水及入海排污口污水样品中邻苯二甲酸二甲酯、邻苯二甲酸二乙酯、邻苯二甲酸二丁酯、邻苯二甲酸丁基苄酯、邻苯二甲酸二(2-乙基己基)酯和邻苯二甲酸二正辛酯等酞酸酯类化合物的测定。方法检出限参见表 A.1。(具体内容见原标准附录 A)

20.2.2　方法原理

用二氯甲烷萃取水样中的酞酸酯类化合物,萃取液经浓缩并净化,用气相色谱/质谱联用仪测定。

20.2.8　精密度与正确度

5 家实验室测定同一海水样品,重复性相对标准偏差、再现性相对标准偏差及回收率参见表6。

表 6　GC-MS 测定酞酸酯的重复性、再现性及回收率

序号	组分名	重复性相对标准偏差%	再现性相对标准偏差%	回收率%
1	邻苯二甲酸二甲酯	0.9	4.4	80～92
2	邻苯二甲酸二乙酯	4.2	6.3	83～88
3	邻苯二甲酸二丁酯	3.8	6.7	90～100
4	邻苯二甲酸丁基苄酯	7.0	10.4	80～94
5	邻苯二甲酸二(2-乙基己基)酯	6.4	8.2	88～101
6	邻苯二甲酸二正辛酯	3.6	6.6	92～96

21　有机磷农药的测定——气相色谱法

警告——本方法操作过程中需接触大量有机溶剂,且标准物质或溶液均具有高毒性,因此实验应在通风橱内进行。

21.1　适用范围

本方法适用于海水、河口水及入海排污口污水样品中敌敌畏、速灭磷、甲拌磷、乐果、二嗪农、

异稻瘟净、甲基对硫磷、杀螟松、马拉硫磷、对硫磷、水胺硫磷、稻丰散、杀扑磷、乙硫磷等有机磷农药的测定。方法检出限参见表 A.1。（具体内容见原标准附录 A）

21.2 方法原理

在中性条件下,用二氯甲烷萃取水样中的有机磷农药,萃取液经浓缩定容后,用毛细管柱气相色谱分离,火焰光度检测器检测,以保留时间定性,外标法定量。

21.7 精密度与正确度

3 家实验室测定同一海水样品,重复性相对标准偏差、再现性相对标准偏差及回收率参见表 7。

表 7　GC-FPD 测定有机磷农药的重复性、再现性及回收率

化合物	重复性相对标准偏差%	再现性相对标准偏差%	回收率%
敌敌畏	3.1	5.5	85～112
速灭磷	2.4	4.8	97～106
甲拌磷	5.8	7.3	61～70
乐果	4.5	7.0	53～59
二嗪农	3.6	6.0	88～92
异稻瘟净	4.1	8.1	118～132
甲基对硫磷	1.7	3.2	86～100
杀螟松	3.2	4.4	83～100
马拉硫磷	3.3	5.1	51～63
对硫磷	2.0	3.8	90～94
水胺硫磷	2.6	5.2	58～84
稻丰散	3.9	6.7	44～54
杀扑磷	2.9	5.5	40～74
乙硫磷	4.1	6.8	52～58

22　酚类化合物的测定——气相色谱/质谱联用法

警告——本实验操作过程中需接触大量有机溶剂,且标准物质或溶液均具有高毒性,因此实验应在通风橱内进行。

22.1 适用范围

本方法适用于海水,河口水及入海排污口污水样品中壬基酚、辛基酚和双酚 A 的测定。方法检出限参见表 A.1。（具体内容见原标准附录 A）

22.2 方法原理

用二氯甲烷萃取水样中的壬基酚、辛基酚和双酚 A,萃取液浓缩后进行硅烷化衍生,衍生液经净化浓缩后,用气相色谱/质谱联用仪测定。

22.8 精密度与正确度

5家实验室测定同一海水样品,重复性相对标准偏差、再现性相对标准偏差及回收率参见表9。

表9 GC-MS 测定酚类化合物的重复性、再现性与回收率

化合物	重复性相对标准偏差 %	再现性相对标准偏差 %	回收率 %
4-t-辛基酚	4.6	10.6	88~108
n-辛基酚	6.1	12.3	90~126
n-壬基酚	4.3	12.9	92~119
双酚 A	4.3	9.4	95~119

23 氯霉素的测定——高效液相色谱/串联质谱法

警告——本实验操作过程中需接触大量有机溶剂,且标准物质或溶液均具有高毒性,因此实验应在通风橱内进行。

23.1 适用范围

本方法适用于海水、河口水以及入海排污口污水样品中氯霉素的测定。方法检出限参见表 A.1。(具体内容见原标准附录 A)

23.2 方法原理

用乙酸乙酯提取水样中的氯霉素,高效液相色谱/串联质谱仪测定。

23.7 精密度与正确度

5家实验室测定同一海水样品,重复性相对标准偏差为 5.7%,再现性相对标准偏差为 7.2%,回收率为 65%~89%。

24 磺胺类抗生素的测定——高效液相色谱/串联质谱法

警告——本方法操作过程中需接触大量有机溶剂,且标准物质或溶液均具有高毒性,因此实验应在通风橱内进行。

24.1 适用范围

本方法适用于海水、河口水及入海排污口污水样品中磺胺醋酰、磺胺嘧啶、磺胺吡啶、磺胺甲基异唑、磺胺噻唑、磺胺甲基嘧啶、磺胺甲噻唑、磺胺二甲嘧啶、磺胺对甲氧嘧啶、磺胺间甲氧嘧啶、磺胺喹噁啉、磺胺甲氧哒嗪、磺胺氯哒嗪、磺胺间二甲氧嘧啶和磺胺邻二甲氧嘧啶等磺胺类抗生素的测定。方法检出限参见表 A.1。(具体内容见原标准附录 A)

24.2 方法原理

用固相萃取法(SPE)提取、净化水样中磺胺类抗生素,洗脱定容后经高效液相色谱/串联质谱仪测定。

24.7 精密度与正确度

5家实验室测定同一海水样品,重复性相对标准偏差、再现性相对标准偏差及回收率参见表14。

表14 HPLC-MS-MS测定磺胺的重复性、再现性及回收率

化合物	重复性相对标准偏差%	再现性相对标准偏差%	回收率%
磺胺醋酰	9.0	12.1	58～73
磺胺吡啶	9.4	10.8	73～87
磺胺嘧啶	7.3	7.9	66～79
磺胺甲基异噁唑	4.1	5.6	86～94
磺胺噻唑	6.2	7.4	74～84
磺胺甲基嘧啶	6.8	10.1	85～95
磺胺甲噻唑	6.7	9.2	85～94
磺胺二甲嘧啶	5.6	8.3	81～94
磺胺对甲氧嘧啶	8.3	11.2	75～87
磺胺间甲氧嘧啶	3.6	5.7	78～85
磺胺甲氧哒嗪	9.7	10.4	64～80
磺胺氯哒嗪	4.2	6.0	75～84
磺胺喹噁啉	8.4	10.8	70～83
磺胺间二甲氧嘧啶	6.9	7.9	69～79
磺胺邻二甲氧嘧啶	5.6	7.7	75～88

25 挥发性有机物的测定——气相色谱/质谱联用法

警告——本实验操作过程中需接触大量有机溶剂,且标准物质或溶液均具有高毒性,因此实验应在通风橱内进行。

25.1 适用范围

本方法适用于海水、河口水和入海排污口污水样品中1,1-二氯乙烯、反式1,2-二氯乙烯、1,1-二氯乙烷、顺式1,2-二氯乙烯、溴氯甲烷、氯仿、1,1,1-三氯乙烷、1,1-二氯丙烷、四氯化碳、1,2-二氯乙烷、苯、三氯乙烯、1,2-二氯丙烷、二溴甲烷、溴二氯甲烷、顺式1,3-二氯丙烯、甲苯、反式1,3-二氯丙烯、1,1,2-三氯乙烷、四氯乙烯、1,3-二氯丙烷、二溴氯甲烷、1,2-二溴甲烷、氯苯、乙苯、1,1,1,2-四氯乙烷、间二甲苯、对二甲苯、邻二甲苯、苯乙烯、溴仿、异丙苯、1,1,2,2-四氯乙烷、1,2,3-三氯丙烷、溴苯、正丙苯、2-氯甲苯、1,3,5-三甲基苯、4-氯甲苯、叔丁基苯、1,2,4-三甲基苯、仲丁基苯、对异丙基甲苯、1,3-二氯苯、1,4-二氯苯、正丁基苯、1,2-二氯苯、1,2-二溴-3-氯丙烷、1,2,4-三氯苯、六氯丁二烯、萘和1,2,3-三氯苯等挥发性有机物(VOCs)的测定。方法检出限参见表A.1。(具体内容见原标准附录A)

25.2 方法原理

水样中的挥发性有机物(VOCs)经氦气吹脱后捕集在装有吸附剂的捕集管上,快速加热捕集管并以氦气反吹,所吸附的组分解吸进入气相色谱/质谱仪测定。

25.7 精密度与正确度

4 家实验室测定同一海水样品,重复性相对标准偏差、再现性相对标准偏差及回收率参见原标准表 15。

26 芳香胺的测定——气相色谱/质谱联用法

警告——本实验操作过程中需接触大量有机溶剂,且标准物质或溶液均具有高毒性,因此实验应在通风橱内进行。

26.1 适用范围

本方法适用于海水、河口水及入海排污口污水样品中邻甲苯胺,邻氨基苯甲醚,对氯苯胺,2-甲氧基-5-甲基苯胺,2,4,5-三甲基苯胺,4-氯邻甲苯胺,2,4-二氨基甲苯,2,4-二氨基苯甲醚,2-萘胺,4-氨基联苯,4,4′-二氨基二苯醚,联苯胺,4,4′-二氨基二苯甲烷,3,3′-二甲氧-4,4′-二氨基二苯甲烷,3,3′-二甲基联苯胺,4,4′-二氨基二苯硫醚,3,3′-二氯联苯胺,4,4′-亚甲基-二-(2-氯苯胺)和 3,3′-二甲氧基联苯胺等芳香胺类化合物的测定。方法检出限参见表 A.1。(具体内容见原标准附录 A)

26.2 方法原理

水样中的芳香胺类化合物,在碱性条件下用乙醚溶液萃取,萃取液于酸性条件下净化浓缩,在碱性条件下定容,用气相色谱法/质谱联用仪测定。

26.7 精密度与正确度

5 家实验室测定同一海水样品,重复性相对标准偏差、再现性相对标准偏差及回收率参见表 17。

表 17 GC-MS 测定芳香胺的重复性、再现性及回收率

序号	化合物	重复性相对标准偏差%	再现性相对标准偏差%	回收率%
1	邻甲苯胺	2.3	5.6	70～85
2	邻氨基苯甲醚	3.6	6.2	67～83
3	对氯苯胺	1.2	3.8	82～104
4	2-甲氧基-5-甲基苯胺	4.5	7.6	66～73
5	2,4,5-三甲基苯胺	3.7	6.8	92～110
6	4-氯邻甲苯胺	3.2	4.6	68～72
7	2,4-二氨基甲苯	1.6	4.8	82～94
8	2,4-二氨基苯甲醚	4.4	6.9	90～108
9	2-萘胺	2.3	4.9	67～74
10	5-硝基-邻甲苯胺	—	—	—
11	4-氨基联苯	2.2	4.7	87～96
12	4-氨基偶氮苯	—	—	—
13	4,4′-二氨基二苯醚	3.6	7.8	85～108

(续表)

序号	化合物	重复性相对标准偏差%	再现性相对标准偏差%	回收率%
14	联苯胺	5.2	8.2	92～138
15	4,4′-二氨基二苯甲烷	4.7	10.1	94～114
16	邻氨基偶氮甲苯	—	—	—
17	3,3′-二甲氧-4,4′-二氨基二苯甲烷	5.1	10.4	69～92
18	3,3′-二甲基联苯胺	2.8	5.3	82～116
19	4,4′-二氨基二苯硫醚	3.6	7.7	85～120
20	3,3′-二氯联苯胺	3.4	6.2	73～99
21	4,4′-亚甲基-二-(2-氯苯胺)	4.4	6.3	96～128
22	3,3′-二甲氧基联苯胺	3.7	9.2	86～112

27 有机锡的测定——气相色谱法

警告——本实验操作过程中需接触大量有机溶剂,且标准物质或溶液均具有高毒性,因此实验应在通风橱内进行。

27.1 适用范围

本方法适于海水、河口水及入海排污口污水样品中一丁基锡(MBT)、二丁基锡(DBT)及三丁基锡(TBT)等有机锡化合物的测定。方法检出限参见表 A.1。(具体内容见原标准附录 A)

27.2 方法原理

环庚三烯酚酮与水样中的有机锡反应生成有机锡络合物,用正己烷萃取有机锡络合物,再用过量的格氏试剂将有机锡络合物转化为低沸点的四烷基锡,破坏掉过量的格氏试剂后再次用正己烷萃取,经净化浓缩后用气相色谱测定。

27.7 精密度与正确度

5 家实验室测定同一海水样品,重复性相对标准偏差、再现性相对标准偏差及回收率参见表 18。

表 18 GC-FPD 测定有机锡化合物的重复性、再现性及回收率

化合物	重复性相对标准偏差%	再现性相对标准偏差%	回收率%
MBT	2.1	5.0	72～104
DBT	1.0	6.2	81～96
TBT	2.9	6.4	86～140

28 三嗪类和酰胺类除草剂的测定——气相色谱/质谱联用法

警告——本实验操作过程中需接触大量有机溶剂,且标准物质或溶液均具有高毒性,因此实验应在通风橱内进行。

28.1 适用范围

本方法适用于海水、河口水及入海排污口污水样品中去乙基阿特拉津、去异丙基阿特拉津、阿特拉津、西玛津、乙草胺、甲草胺、扑草净、西草净、异丙甲草胺、嗪草酮、丁草胺和氰草津等三嗪类和酰胺类除草剂的测定。方法检出限参见表A.1。(具体内容见原标准附录A)

28.2 方法原理

水体中的三嗪类和酰胺类除草剂,在碱性条件下用二氯甲烷萃取,萃取液经净化浓缩后,用气相色谱/质谱联用仪测定。

28.7 精密度与正确度

5家实验室测定同一海水样品,重复性相对标准偏差、再现性相对标准偏差及回收率参见表20。

表20 GC-MS测定三嗪类和酰胺类除草剂的重复性、再现性及回收率

序号	化合物	重复性相对标准偏差%	再现性相对标准偏差%	回收率%
1	去乙基阿特拉津	14.1	16.4	67~98
2	去异丙基阿特拉津	11.9	13.5	70~101
3	阿特拉津	8.8	12.9	73~111
4	西玛津	9.6	14.3	65~103
5	乙草胺	12.0	16.5	69~111
6	甲草胺	11.0	11.9	65~108
7	扑草净	13.6	14.4	65~103
8	西草净	8.0	8.9	84~110
9	异丙甲草胺	11.0	15.8	64~99
10	嗪草酮	8.4	8.9	68~86
11	丁草胺	9.0	10.6	81~113
12	氰草津	12.8	18.8	65~105

附录A(资料性附录) 方法检出限(略)

附录B(规范性附录) 记录表(略)

海洋监测技术规程 第2部分:沉积物(节录)

HY/T 147.2—2013

(2013年4月25日发布 2013年5月1日实施)

本部分由国家海洋环境监测中心提出。
本部分负责起草单位:国家海洋环境监测中心。
本部分参与起草单位:国家海洋局南海环境监测中心、国家海洋局东海环境监测中心、国家海洋局北海环境监测中心。

(按原标准编号节录)

3 术语和定义

GB 17378.1 和 GB 17378.2 界定的术语和定义适用于本文件。

4 一般规定

4.1 样品采集

样品的采集、制备、贮存、运输及预处理按 GB 17378.3 和 GB 17378.5 的相关规定执行。

4.2 试剂和材料

实验用品、水、试剂和溶剂应符合下述要求:
a)实验用带刻度试管、浓缩瓶、移液管、容量瓶等在使用前应进行校准;
b)玻璃容器、用具应用水冲洗,用洗涤剂洗涤,再用纯水或去离子水洗净,烘干或自然晾干;
c)试剂、有机溶剂按测项具体分析方法的要求进行纯化;
d)所用试剂和溶剂宜为同一厂家生产的同类产品;
e)为保证实验的重现性和再现性,重蒸馏有机试剂应混匀,实验条件应一致。

4.3 实验室常用设备

一般实验室常用设备如下:
a)冰箱;
b)冰柜;
c)电加热板(或电炉);
d)分析天平;
e)高精度电子天平(感量0.1mg);
f)高精度微量移液器($10\mu L \sim 100\mu L$,$100\mu L \sim 1\,000\mu L$);
g)微波炉;
h)马弗炉;

i)超纯水系统；

j)亚沸蒸馏器；

k)离心机；

l)真空抽滤泵；

m)过滤装置；

n)玛瑙研磨机。

4.4 质量保证与质量控制

质量保证与质量控制措施包括：

a)样品测定过程中应加测现场空白样；

b)现场平行样：现场平行样应占样品总量的5%～10%，每次采样至少采两组平行样；

c)设备材料空白：当使用新采样设备、新容器和新材料时，应进行设备材料的空白试验；

d)分析空白应占样品总数的5%，样品少于20个时，每批至少带1个分析空白；

e)每批样品应按样品总数的2%（样品不足10个时，应至少做2个）做加标回收率的测定；

f)当样品量超过20个时，应进行平行3份样品的分析；

g)质控样的测定值和加标回收率超出控制线时，应查找原因，在未找出原因之前不得继续分析样品。

4.5 精密度与正确度

精密度与正确度的测定和计算按照 GB/T 6379.2—2004 的规定执行。

5 总汞的测定——热分解冷原子吸收光度法

5.1 适用范围

本方法适用于远海及近岸海域沉积物样品中总汞的监测，也适用于河口、入海排污口及其邻近海域沉积物样品中总汞的监测。方法检出限参见表 B.1。（具体内容见原标准附录 B）

5.2 方法原理

在热分解管中，样品被充分干燥后经热分解释放其中的汞，产生的气体被载气导入催化炉，完成氧化作用并脱去卤素、硫氧化物和氮氧化物后进入混汞器，汞发生歧化反应被固定。混汞器加热释放出汞蒸气，并由载气载入吸收池，在波长253.7nm处测定。

6 铜、铅、锌、镉、铬、锂、钒、钴、镍、砷、铝、钛、铁、锰的同步测定——电感耦合等离子体质谱法

6.1 适用范围

本方法适用于海洋及河口沉积物中铜、铅、锌、镉、铬、锂、钒、钴、镍、砷、铝、钛、铁、锰的同步测定。方法检出限参见表 B.1。（具体内容见原标准附录 B）

6.2 方法原理

沉积物样品经消解后，所得酸性消化液经由蠕动泵提升进入电感耦合等离子体质谱仪（ICP-MS），样品雾化后以气溶胶的形式进入等离子体区域，经过蒸发、解离、原子化、电离等过程，转化为带正电荷的离子后被导入高真空的质谱部分，待测离子经质量分析器按质荷比（m/z）的大小过滤分离后进入离子检测器，根据离子强度的大小计算得到样品中待测元素的

浓度。

7 多环芳烃

7.1 多环芳烃的测定——气相色谱/质谱联用法

警告——本实验操作过程中需接触大量有机溶剂,且标准物质或溶液均具有高毒性,因此实验应在通风橱内进行。

7.1.1 适用范围

本方法适用于沉积物中萘、一甲基萘、二甲基萘、二氢苊、苊、芴、菲、蒽、荧蒽、芘、苯并[a]蒽、䓛、苯并[b]荧蒽、苯并[k]荧蒽、苯并[a]芘、茚并[1,2,3-c,d]芘、二苯并[a,h]蒽和苯并[g,h,i]芘等18种多环芳烃(PAHs)的测定。方法检出限参见表B.1。(具体内容见原标准附录B)

7.1.2 方法原理

沉积物样品中的PAHs,用正己烷与二氯甲烷的混合溶液作提取剂,用索氏提取法(或超声提取法或加速溶剂萃取法)对沉积物中的PAHs进行提取,提取液经净化浓缩后,用气相色谱/质谱联用仪测定。

7.2 多环芳烃的测定——气相色谱法

警告——本实验操作过程中需接触大量有机溶剂,且标准物质或溶液均具有高毒性,因此实验应在通风橱内进行。

7.2.1 适用范围

本方法适用于沉积物中萘、苊烯、苊、芴、菲、蒽、荧蒽、芘、苯并[a]蒽、䓛、苯并[b]荧蒽、苯并[k]荧蒽、苯并[a]芘、苯并[g,h,i]芘、二苯并[a,h]蒽和茚并[1,2,3-c,d]芘等16种多环芳烃(PAHs)的测定。方法检出限参见表B.1。(具体内容见原标准附录B)

7.2.2 方法原理

沉积物中的PAHs用索氏提取法(或超声提取法或加速溶剂萃取法)提取于二氯甲烷/正己烷混合溶液中,用硅胶/氧化铝混合柱净化,用二氯甲烷与正己烷混合溶液淋洗,用气相色谱仪测定。

7.3 多环芳烃的测定——高效液相色谱法

警告——本实验操作过程中需接触大量有机溶剂,且标准物质或溶液均具有高毒性,因此实验应在通风橱内进行。

7.3.1 适用范围

本方法适用于沉积物中萘、苊烯、苊、芴、菲、蒽、荧蒽、芘、苯并[a]蒽、䓛、苯并[b]荧蒽、苯并[k]荧蒽、苯并[a]芘、苯并[g,h,i]芘、二苯并[a,h]蒽、茚并[1,2,3-c,d]芘等16种多环芳烃(PAHs)的测定。方法检出限参见表B.1。(具体内容见原标准附录B)

7.3.2 方法原理

沉积物中的PAHs,用索氏提取法(或超声提取法或加速溶剂萃取法)提取,经硅胶/氧化铝层析柱净化浓缩后,用高效液相色谱仪测定。

8 酞酸酯类化合物

8.1 酞酸酯类化合物的测定——气相色谱/质谱联用法

警告——本实验操作过程中需接触大量有机溶剂,且标准物质或溶液均具有高毒性,因此实验应在通风橱内进行。

8.1.1 适用范围

本方法适用于沉积物中邻苯二甲酸二甲酯、邻苯二甲酸二乙酯、邻苯二甲酸二丁酯、邻苯二甲酸丁基苄酯、邻苯二甲酸二(2-乙基己基)酯和邻苯二甲酸二正辛酯等 6 种酞酸酯类化合物的测定。方法检出限参见表 B.1。(具体内容见原标准附录 B)

8.1.2 方法原理

沉积物中的酞酸酯类化合物,用正己烷与二氯甲烷的混合溶液作提取剂,用索氏提取法(或超声提取法或加速溶剂萃取法)提取,提取液经净化浓缩后,用气相色谱/质谱联用仪测定。

8.2 酞酸酯类化合物的测定——气相色谱法

警告——本实验操作过程中需接触大量有机溶剂,且标准物质或溶液均具有高毒性,因此实验应在通风橱内进行。

8.2.1 适用范围

本方法适用于沉积物样品中邻苯二甲酸二甲酯、邻苯二甲酸二乙酯、邻苯二甲酸二丁酯、邻苯二甲酸丁基苄酯、邻苯二甲酸二(2-乙基己基)酯和邻苯二甲酸二正辛酯等 6 种酞酸酯类化合物的测定。方法检出限参见表 B.1。(具体内容见原标准附录 B)

8.2.2 方法原理

用二氯甲烷与正己烷的混合溶液提取沉积物中的酞酸酯类化合物,提取液经浓缩、层析柱净化后用具电子捕获检测器的气相色谱仪(GC-ECD)测定。

9 有机磷农药的测定——气相色谱法

警告——本实验操作过程中需接触大量有机溶剂,且标准物质或溶液均具有高毒性,因此实验应在通风橱内进行。

9.1 适用范围

本方法适用于沉积物中甲基对硫磷、杀扑磷、对硫磷、乙硫磷、马拉硫磷、杀螟松、异稻瘟净、乐果、二嗪农、速灭磷、敌敌畏、稻丰散、水胺硫磷、甲拌磷等有机磷农药的测定。方法检出限参见表 B.1。(具体内容见原标准附录 B)

9.2 方法原理

沉积物样品经二氯甲烷与丙酮的混合溶液提取,浓缩定容后,用气相色谱分离,火焰光度检测器检测,以保留时间定性,外标法定量。

10 有机锡的测定——气相色谱法

警告——本实验操作过程中需接触大量有机溶剂,且标准物质或溶液均具有高毒性,因此实验应在通风橱内进行。

10.1 适用范围

本方法适用于沉积物中一丁基锡(MBT)、二丁基锡(DBT)及三丁基锡(TBT)等有机锡化合

物的测定。方法检出限参见表 B.1。(具体内容见原标准附录 B)

10.2 方法原理

环庚三烯酚酮与沉积物样品中的有机锡反应生成有机锡络合物,用正己烷萃取有机锡络合物,再用过量的格氏试剂将有机锡络合物转化为低沸点的四烷基锡,破坏掉过量的格氏试剂后再次用正己烷萃取,经净化浓缩后用气相色谱测定。

11 多溴联苯醚的测定——气相色谱/质谱联用法

警告——本实验操作过程中需接触大量有机溶剂,且标准物质或溶液均具有高毒性,因此实验应在通风橱内进行。

11.1 适用范围

本方法适用于沉积物中 2,4,4′-三溴联苯醚(2,4,4′-TrBDE)、2,2′,4,4′-四溴联苯醚(2,2′,4,4′-TeBDE)、2,2′,4,4′,5-五溴联苯醚(2,2′,4,4′,5-PeBDE)、2,2′,4,4′,6-五溴联苯醚(2,2′,4,4′,6-PeBDE)、2,2′,4,4′,5,5′-六溴联苯醚(2,2′,4,4′,5,5′-HxBDE))、2,2′,4,4′,5′,6-六溴联苯醚(2,2′,4,4′5′,6-HxPDE)和 2,2′,3,4,4′,5′,6-七溴联苯醚(2,2′,3,4,4′,5′,6-HpBDE)等 7 种多溴联苯醚的测定。方法检出限参见表 B.1。(具体内容见原标准附录 B)

11.2 方法原理

沉积物中的多溴联苯醚,用正己烷与二氯甲烷的混合溶液提取,提取液经净化浓缩后,用气相色谱/质谱联用仪测定。

附录 A(规范性附录) 记录表(略)
附录 B(资料性附录) 方法检出限(略)
附录 C(资料性附录) 酸溶可挥发性硫化物及同步萃取金属——平衡分配测定法(略)

海洋监测技术规程 第 3 部分:生物体(节录)

HY/T 147.3—2013

(2013 年 4 月 25 日发布 2013 年 5 月 1 日实施)

本部分由国家海洋环境监测中心提出。

本部分负责起草单位:国家海洋环境监测中心。

本部分参与起草单位:国家海洋局南海环境监测中心、国家海洋局东海环境监测中心、国家海洋局北海环境监测中心。

（按原标准编号节录）

3 术语和定义

GB 17378.1 和 GB 17378.2 界定的以及下列术语和定义适用于本文件。

3.1 海洋生物样品 marine biological sample

远海、近海及河口的海洋生物体,包括鱼、虾、贝类等海洋生物体。

3.2 冷冻干燥 freeze-drying

将待干燥物快速冻结后,再在高真空条件下将其中的冰升华为水蒸气而去除的干燥方法。由于冰的升华带走热量使冻干整个过程保持低温冻结状态,有利于保留一些生物样品(如蛋白质)的活性。

4 一般规定

4.1 样品采集

样品的采集、制备、贮存、运输及预处理按 GB 17378.3 和 GB 17378.6 的相关规定执行。

4.2 试剂和材料

本部分实验用品应按下述要求处理：

a) 实验用带刻度试管、浓缩瓶、移液管、容量瓶等在使用前,应进行校准；

b) 玻璃容器、用具应用水冲洗,用洗涤剂洗涤,再用超纯水洗净,烘干或自然晾干；

c) 试剂、有机溶剂按测项具体分析方法的要求进行纯化；

d) 所用试剂和溶剂宜是同一厂家生产的同类产品；

e) 为保证实验的重现性和再现性,重蒸馏有机试剂应混匀,实验条件应一致。

4.3 实验室常规设备

实验室常用仪器与设备如下：

a) 冰箱；

b) 冰柜；

c) 电加热板(或电炉)；

d) 分析天平；

e) 高精度电子天平(感量为 0.1 mg)；

f) 高精度微量移液器($10\mu L \sim 100\mu L$, $100\mu L \sim 1\,000\mu L$)；

g) 微波炉；

h) 马弗炉；

i) 超纯水系统；

j) 亚沸蒸馏器；

k) 离心机；

l) 真空抽滤泵；

m) 过滤装置；

n) 生物组织研磨机；

o) 冷冻干燥机。

4.4 质量保证与质量控制

质量保证与质量控制措施包括：

a)样品测定过程中应加测现场空白样；
b)现场平行样：现场平行样应占样品总量的5%～10%,每次采样至少采两组平行样；
c)设备材料空白：当使用新采样设备、新容器和新材料时，应进行设备材料的空白试验；
d)分析空白应占样品总数的5%,样品少于20个时，每批至少带一个分析空白；
e)每批样品应按样品总数的2%(样品不足10个时，应至少做2个)做加标回收率的测定；
f)当样品量超过20个时，应进行平行三份样品的分析；
g)质控样的测定值和加标回收率超出控制线时，应查找原因，在未找出原因之前不得继续分析样品。

4.5 精密度与正确度

精密度与正确度的测定和计算按照 GB/T 6379.2—2004 的规定执行。

5 总汞的测定——热分解冷原子吸收光度法

警告——汞化合物大多具有高毒性，易吞食、吸入或通过皮肤吸收，应注意汞试剂的处理。

5.1 适用范围

本方法适用于远海、近海及河口海洋生物样品中总汞的测定。方法检出限参见表 B.1。

5.2 方法原理

在热分解管中，样品被充分干燥后经热分解释放其中的汞，产生的气体被载气导入催化炉，完成氧化作用并脱去卤素、硫氧化物和氮氧化物后进入混汞器，发生汞歧化反应被固定。混汞器加热释放出汞蒸汽，并由载气载入吸收池，在波长253.7nm处测定。

5.6 记录与计算

将样品吸光值 A_w 和空白吸光值 A_b 的测定结果记入表 A.1 中，以标准系列溶液的含量为纵坐标，其对应的吸光值为横坐标，反演出样品中目标化合物的含量 m_{Hg}。

按式(1)计算生物样品中汞含量。

$$W_{Hg} = \frac{m_{Hg}}{m \times 1000} \tag{1}$$

式中：W_{Hg}——生物样品中总汞含量，质量分数(10^{-9})；

m_{Hg}——测得汞量，单位为纳克(ng)；

m——样品称取量，单位为毫克(mg)。

5.7 精密度与正确度

四家实验室测定同一生物样品，重复性相对标准偏差为1.78%、再现性相对标准偏差为2.42%,回收率为95%～102%。

6 铜、铅、锌、镉、铬、锰、镍、砷、铝、铁的同步测定——电感耦合等离子体质谱法

6.1 适用范围

本方法适用于远海、近海及河口海洋生物样品中铜、铅、锌、镉、铬、锰、镍、砷、铝、铁的同步测定。方法检出限参见附表 B.1。(具体内容见原标准附录 B)

6.2 方法原理

样品经消解后所得到的酸性消化液经由蠕动泵提升进入 ICP-MS,样品雾化后以气溶胶的形式进入等离子体区域,经过蒸发、解离、原子化、电离等过程,转化为带正电荷的离子后被导入高真空的质谱部分,待测离子经质量分析器按质荷比(m/z)的大小过滤分离后进入离子检测器,根据离子强度的大小计算得到样品中待测元素的浓度。

6.6 记录与计算

用标准曲线的线性回归方程计算生物样品消解溶液中各元素的浓度值,按式(2)计算生物样品中待测元素的含量。测试结果记入表 A.2 中。(具体内容见原标准附录 A)

$$W_i = \frac{(X_i - X_0) \cdot V}{M} \tag{2}$$

式中:W_i——生物样品中待测元素的含量,质量分数(10^{-6});

X_i——生物样品消解溶液中目标化合物的浓度,单位为微克每升(μg/L);

X_0——空白溶液中目标化合物的浓度,单位为微克每升(μg/L);

V——生物样品消解溶液的体积,单位为升(L);

M——生物样品的称取量,单位为克(g)。

6.7 精密度正确度

五家实验室测定同一生物样品,重复性相对标准、再现性相对标准偏差及回收率参见表3。

表3 ICP-MS 测定各元素的重复性、再现性及回收率

元素名称	样品含量 ×10^{-4}	重复性相对标准偏差%	再现性相对标准偏差%	回收率%
铜	1.09	8.2	18.4	98～104
锌	26.5	2.1	7.1	92～99
铅	0.400	17.6	14.4	92～97
镉	0.0500	17.1	20.7	91～101
铬	0.38	12.9	32.5	94～107
铝	237	13.8	15.0	90～101
锰	0.38	14.2	16.2	94～104
铁	15.2	17.6	16.0	91～107
镍	1.76	17.1	34.7	95～102
砷	5.44	3.72	8.29	94～108

7 多环芳烃

警告——本实验操作过程中需接触大量有机溶剂,且标准物质或溶液均具有高毒性,因此实验应在通风橱内进行。

7.1 多环芳烃的测定——气相色谱/质谱联用法

7.1.1 适用范围

本方法适用于生物样品中萘、一甲基萘、二甲基萘、二氢苊、苊、芴、菲、蒽、荧蒽、芘、苯并[a]蒽、䓛、苯并[b]荧蒽、苯并[k]荧蒽、苯并[a]芘、茚并[1,2,3-c-d]芘、二苯并[a,h]蒽和苯并[g, h,i]苊等18种多环芳烃(PAHs)的测定。方法检出限参见附表B.1。(具体内容见原标准附录B)

7.1.2 方法原理

生物样品中的PAHs,用正己烷与二氯甲烷的混合溶液作提取液,用索氏提取法(或超声提取法或加速溶剂萃取法)对生物体中的PAHs进行提取,提取液经浓缩净化后,用气相色谱/质谱联用仪测定。

7.1.8 精密度与正确度

五家实验室测定同一生物样品,重复性相对标准偏差、再现性相对标准偏差及回收率参见表5。

表5 GC-MS测定PAHs的重复性、再现性及回收率

序号	化合物名称	重复性相对标准偏差%	再现性相对标准偏差%	回收率%
1	萘	2.4	2.8	84～96
2	二甲基萘	2.0	2.6	92～103
3	一甲基萘	2.1	4.2	93～102
4	二氢苊	2.3	1.8	86～103
5	苊	3.6	2.4	90～97
6	芴	2.5	3.4	95～97
7	菲	3.2	2.6	93～102
8	蒽	2.6	2.7	98～102
9	荧蒽	2.6	2.2	89～103
10	芘	3.9	8.9	88～112
11	苯并[a]蒽	3.0	2.2	88～101
12	䓛	2.9	1.7	90～101
13	苯并[b]荧蒽	3.1	2.5	96～100
14	苯并[k]荧蒽	4.4	2.0	91～103
15	苯并[a]芘	3.3	3.1	98～105
16	茚并[1,2,3-c,d]芘	2.8	2.5	90～101
17	二苯并[a,h]蒽	3.4	4.1	92～99
18	苯并[g,h,i]苝	4.5	2.3	90～100

7.2 多环芳烃的测定——气相色谱法

7.2.1 适用范围

本方法适用于海洋生物样品中萘、苊烯、苊、芴、菲、蒽、荧蒽、芘、苯并[a]蒽、䓛、苯并[b]荧蒽、苯并[k]荧蒽、苯并[a]芘、苯并[g,h,i]苝、二苯并[a,h]蒽和茚并[1,2,3-c,d]芘等16种多环芳烃(PAHs)的测定。方法检出限参见附表B.1。(具体内容见原标准附录B)

7.2.2 方法原理

用索氏提取法(或超声提取法或加速溶剂萃取法)提取生物体中的多环芳烃于正己烷中,用硅胶/氧化铝层析柱净化,用气相色谱仪测定。

7.3 多环芳烃的测定——高效液相色谱法
7.3.1 适用范围
本方法适用于海洋生物样品中萘、苊烯、苊、芴、菲、蒽、荧蒽、芘、苯并[a]蒽、䓛、苯并[b]荧蒽、苯并[k]荧蒽、苯并[a]芘、苯并[g,h,i]苝、二苯并[a,h]蒽、茚并(1,2,3-c,d)芘等16种多环芳烃(PAHs)的测定。方法检出限参见附表B.1。(具体内容见原标准附录B)

7.3.2 方法原理
海洋生物体中的PAHs,用索氏提取法(或超声提取法或加速溶剂萃取法)提取,用硅胶/氧化铝层析柱净化,用二氯甲烷和正己烷的混合溶液淋洗,高效液相色谱仪测定。

7.3.7 精密度
四家实验室测定同一生物样品,重复性相对标准偏差参见表8。

表8 HPLC测定PAHs的重复性相对标准偏差

序号	PAHs	重复性相对标准偏差%	
		HPLC-UVD	HPIC-FLD
1	萘	—	—
2	苊烯	—	—
3	苊	—	—
4	芴	—	—
5	菲	—	—
6	蒽	—	—
7	荧蒽	4.0	30.0
8	芘	5.0	—
9	苯并[a]蒽	3.0	20.0
10	䓛	6.0	—
11	苯并[b]荧蒽	11.0	8.0
12	苯并[k]荧蒽	11.0	8.0
13	苯并[a]芘	0.0	12.0
14	苯并[g,h,i]苝	—	0.0
15	二苯并[a,h]蒽	—	11.0
16	茚并[1,2,3-c,d]芘	—	—

8 酞酸酯类化合物
警告——本实验操作过程中需接触大量有机溶剂,且标准物质或溶液均具有高毒性,因此实验应在通风橱内进行。

8.1 酞酸酯类化合物的测定——气相色谱/质谱联用法
8.1.1 适用范围
本方法适用于生物样品中邻苯二甲酸二甲酯、邻苯二甲酸二乙酯、邻苯二甲酸二丁酯、邻苯二甲酸丁基苄酯、邻苯二甲酸二(2-乙基己基)酯和邻苯二甲酸二正辛酯等6种酞酸酯类化合物的测定。方法检出限参见附表 B.1。(具体内容见原标准附录 B)

8.1.2 方法原理

生物体中的酞酸酯类化合物,用正己烷与二氯甲烷混合溶液作提取液,用索氏提取法(或超声提取法或加速溶剂萃取法)提取,提取液经浓缩净化后,用气相色谱/质谱联用仪测定。

8.1.8 精密度与正确度

五家实验室测定同一生物样品,重复性相对标准偏差、再现性相对标准偏差及回收率参见表 10。

表 10 GC-MS 测定酞酸酯的重复性、再现性及回收率

化合物	重复性相对标准偏差%	再现性相对标准偏差%	回收率%
邻苯二甲酸二甲酯	9.1	10.6	91～99
邻苯二甲酸二乙酯	7.9	8.9	90～99
邻苯二甲酸二丁酯	13.6	15.1	95～102
邻苯二甲酸丁基苄酯	3.0	5.1	93～99
邻苯二甲酸二(2-乙基己基)酯	8.6	10.3	91～99
邻苯二甲酸二正辛酯	7.6	9.7	91～97

8.2 酞酸酯类化合物的测定——气相色谱法

8.2.1 适用范围

本方法适用于生物样品中邻苯二甲酸二甲酯、邻苯二甲酸二乙酯、邻苯二甲酸二丁酯、邻苯二甲酸丁基苄酯、邻苯二甲酸二(2-乙基己基)酯和邻苯二甲酸二正辛酯等6种酞酸酯类化合物的测定。方法检出限参见表 B.1。(具体内容见原标准附录 B)

8.2.2 方法原理

用二氯甲烷/正己烷混合溶液提取生物样品中的酞酸酯类化合物,经浓缩净化后用具电子捕获检测器的气相色谱仪(GC-ECD)测定。

8.2.7 精密度与正确度

五家实验室测定同一生物样品,重复性相对标准偏差、再现性相对标准偏差及回收率参见表 11。

表 11 GC-ECD 测定酞酸酯的重复性、再现性及回收率

序号	组分名	重复性相对标准偏差%	再现性相对标准偏差%	回收率%
1	邻苯二甲酸二甲酯	2.4	5.2	70～74
2	邻苯二甲酸二乙酯	2.1	47	72～79
3	邻苯二甲酸二丁酯	5.1	8.3	75～82
4	邻苯二甲酸丁基苄酯	9.8	11.2	81～89
5	邻苯二甲酸二(2-乙基己基)酯	10.7	15.6	78～87
6	邻苯二甲酸二正辛酯	2.7	3.7	75～84

9 有机磷农药的测定——气相色谱法

警告——本实验操作过程中需接触大量有机溶剂,且标准物质或溶液均具有高毒性,因此实验应在通风橱内进行。

9.1 适用范围

本方法适用于生物样品中甲基对硫磷、杀扑磷、对硫磷、乙硫磷、马拉硫磷、杀螟松、异稻瘟净、乐果、二嗪农、速灭磷、敌敌畏、稻丰散、水胺硫磷、甲拌磷等14种有机磷农药类的测定。方法检出限参见附表B.1(具体内容见原标准附录B)。

9.2 方法原理

生物样品经丙酮与二氯甲烷的混合溶液提取,经浓缩净化,用气相色谱/火焰光度检测器检测,以保留时间定性,外标法定量。

9.7 精密度与正确度

五家实验室测定同一生物样品,重复性相对标准偏差、再现性相对标准偏差及回收率参见表12。

表12 GC-FPD测定有机磷农药的重复性、再现性及回收率

化合物	重现性相对标准偏差%	再现性相对标准偏差%	回收率%
敌敌畏	1.9	3.1	79～84
速灭磷	3.7	5.6	81～90
甲拌磷	3.0	4.9	88～94
乐果	6.7	8.7	78～86
二嗪农	4.3	5.9	87～95
异稻瘟净	8.7	10.2	89～105
甲基对硫磷	2.4	4.7	90～95
杀螟松	6.5	9.7	89～98
马拉硫磷	1.7	3.4	86～91
对硫磷	4.4	6.5	69～73
水胺硫磷	2.6	5.9	81～88
稻丰散	5.4	7.4	80～87
杀扑磷	3.5	5.8	76～86
乙硫磷	2.3	4.7	69～78

10 有机锡的测定——气相色谱法

警告——本实验操作过程中需接触大量有机溶剂,且标准物质或溶液均具有高毒性,因此实验应在通风橱内进行。

10.1 适用范围

本方法适用于海洋生物样品中一丁基锡(MBT)、二丁基锡(DBT)及三丁基锡(TBT)等有机

锡化合物的测定。方法检出限参见附表 B.1。(具体内容见原标准附录 B)

10.2 方法原理

环庚三烯酚酮与生物样品中的有机锡反应生成有机锡络合物,用正己烷萃取有机锡络合物,再用过量的格氏试剂将有机锡络合物转化为低沸点的四烷基锡,破坏掉过量的格氏试剂后再次用正己烷萃取,经净化浓缩后用气相色谱测定。

10.7 精密度与正确度

五家实验室测定同一生物样品,重复性相对标准偏差、再现性相对标准偏差及回收率参见表13。

表13 GC-FPD 测定有机锡化合物的重复性、再现性及回收率

化合物名称	重复性相对标准偏差%	再现性相对标准偏差%	回收率%
MBT	3.48	8.64	76～98
DBT	3.62	7.85	70～92
TBT	2.53	8.79	80～104

11 多溴联苯醚的测定——气相色谱/质谱联用法

警告——本实验操作过程中需接触大量有机溶剂,且标准物质或溶液均具有高毒性,因此实验应在通风橱内进行。

11.1 适用范围

本方法适用于生物样品中 2,4,4′-三溴联苯醚(2,4,4′-TrBDE)、2,2′,4,4′-四溴联苯醚(2,2′,4,4′-TeBDE)、2,2′,4,4′,5-五溴联苯醚(2,2′,4,4′,5-PeBDE)、2,2′,4,4′,6-五溴联苯醚(2,2′,4,4′,6-PeBDE)、2,2′,4,4′,5,5′-六溴联苯醚(2,2′,4,4′,5,5′-HxBDE)、2,2′,4,4′,5′,6-六溴联苯醚(2,2′,4,4′,5′,6-HxBDE)和 2,2′,3,4,4′,5′,6-七溴联苯醚(2,2′,3,4,4′,5′,6-HpPDE)等7种多溴联苯醚(PB-DEs)的测定。方法检出限参见附表 B.1。(具体内容见原标准附录 B)

11.2 方法原理

生物体中的多溴联苯醚,用正己烷与二氯甲烷的混合溶液提取,提取液经净化浓缩后,用气相色谱/质谱联用仪(配有负化学源)测定。

11.7 精密度与准确度

五家实验室测定同一生物样品,重复性相对标准偏差、再现性相对标准偏差及回收率参见表15。

表15 GC-MS 测定多溴联苯醚的重复性、再现性及回收率

化合物名称	重复性相对标准偏差%	再现性相对标准偏差%	回收率%
BDE28	2.4	4.9	89～97
BDE47	2.0	4.2	90～97
BDE99	2.4	5.9	91～96

(续表)

化合物名称	重复性相对标准偏差%	再现性相对标准偏差%	回收率%
BDE100	3.5	6.1	89~101
BDE153	2.7	4.9	90~99
BDE154	2.6	7.1	91~99
BDE183	2.5	6.3	91~98

附录A(规范性附录)　记录表(略)
附录B(资料性附录)　方法检出限(略)
附录C(资料性附录)　EROD的测定—动力学荧光法(略)
附录D(资料性附录)　海洋生物体内总乙酰胆碱酯酶的测定(略)

海洋监测技术规程　第4部分:海洋大气(节录)

HY/T 147.4—2013

(2013年4月25日发布　2013年5月1日实施)

本部分由国家海洋环境监测中心提出。
本部分负责起草单位:国家海洋环境监测中心。
本部分参与起草单位:国家海洋局南海环境监测中心、国家海洋局东海环境监测中心、国家海洋局北海环境监测中心。

(按原标准编号节录)

3　术语和定义

GB 17378.1和GB 17378.2界定的以及下列术语和定义适用于本文件。

3.1　总悬浮颗粒物 total suspended particulate;TSP
悬浮于空气中空气动力学当量直径在100μm以下粒子的总称,简称TSP。

3.2　降水 wet deposition
从大气中降入下垫面(陆地、水面等)的液态水和固态水,包括雨、雪、雹、雾等。

3.3　样品滤膜 sample membrane
载有大气总悬浮颗粒物的滤膜。

4　一般规定

4.1　总悬浮颗粒物浓度测定采用重量法,见GB/T 15432。

4.2 降水电导率测定采用电极法,见 GB/T 13580.3。

4.3 降水 pH 测定采用电极法,见 GB/T 13580.4。

4.4 降水中亚硝酸盐的测定方法有以下几种:

a)流动分析法,见 6.2;

b)离子色谱法,见 GB/T 13580.5;

c)N-(1-萘基)乙二胺光度法,见 GB/T 13580.7。

4.5 降水中硝酸盐的测定方法有以下几种:

a)流动分析法,见 7.2;

b)离子色谱法,见 GB/T 13580.5;

c)紫外光度法,见 GB/T 13580.8;

d)镉柱还原光度法,见 GB/T 13580.8。

4.6 降水中铵盐的测定方法有以下几种:

a)流动分析法,见 8.2;

b)纳氏试剂光度法,见 GB/T 13580.11;

c)次氯酸钠-水杨酸光度法,见 GB/T 13580.11。

5 铜、铅、锌、镉、铬、砷和铁的同步测定

5.1 总悬浮颗粒物样品的测定——电感耦合等离子体质谱法(ICP-MS)

5.1.1 适用范围

本方法适用于海洋大气总悬浮颗粒物样品中铜、铅、锌、镉、铬、砷和铁的同步测定。方法检出限参见附表 B.1。(具体内容见原标准附录 B)

5.1.2 方法原理

用大流量采样器采集大气总悬浮颗粒物样品,样品滤膜经消解后,消解溶液雾化后以气溶胶的形式进入等离子体区域,经过蒸发、解离、原子化、电离等过程,被导入高真空的质谱部分,待测离子经质量分析器按质荷比(m/z)的大小过滤分离后进入离子检测器,根据离子强度的大小计算得到样品中待测元素的浓度。

5.1.8 精密度

5 家实验室测定同一大气滤膜样品,重复性相对标准偏差及再现性相对标准偏差见表 2。

表 2 ICP-MS 测定大气滤膜样品中各元素的重复性及再现性

元素名称	样品浓度 μg/m³	重复性相对标准偏差%	再现性相对标准偏差%
铜	0.051 7	6.3	14 3
铅	0.221 6	1.2	20.3
锌	0.576 1	1.0	17.8
铬	0.032 3	2.1	21.9
镉	0.002 3	1.4	16.2
铁	6.155 1	1.0	11.0
砷	0.021 0	1.0	5.0

5.1.9 质量保证和控制

本方法操作过程中应遵守以下质控措施:
——每批样品在消解过程中,至少应制备两个空白样品;
——进行大批量样品分析时,每 10 个样品进行一个双平行样品的分析;
——每分析 20 个样品,应选用标准系列中的一个溶液进行检验,若测定值与原始值误差超过 10% 时,应重新绘制标准曲线;
——分析过程中,采用内标元素进行校正时,可采用在线或离线方式加入内标溶液(5.1.3.7),并使样品中内标元素含量与待测元素含量相当。内标元素的选择应遵循以下几个原则:

a) 内标元素不存在于样品中或样品中含量不会对内标元素造成影响;
b) 待测元素的质量数和电离能应尽可能与内标元素接近;
c) 内标元素应不受同质异位素或多原子离子的干扰或对被测元素的同位素测定产生干扰;
d) 内标元素应当具有较好的测试灵敏度。

5.2 降水样品的测定——电感耦合等离子体质谱法(ICP-MS)

5.2.1 适用范围

本方法适用于海洋大气降水样品中铜、铅、锌、镉、铬、砷和铁的同步测定。方法检出限参见附表 B.1。

5.2.2 方法原理

用降水采样器采集降水样品,样品雾化后以气溶胶的形式进入等离子体区域,经过蒸发、解离、原子化、电离等过程,被导入高真空的质谱部分,待测离子经质量分析器按质荷比(m/z)的大小过滤分离后进入离子检测器,根据离子强度的大小计算得到样品中待测元素的浓度。

5.2.8 精密度

5 家实验室测定同一大气降水样品,重复性相对标准偏差及再现性相对标准偏差参见表 3。

表3 ICP-MS 测定降水样品中各元素的重复性及再现性

元素名称	样品浓度 μg/L	重复性相对标准偏差%	再现性相对标准偏差%
铜	9.689	1.3	114
铅	1.496	2.0	27.5
锌	172.8	1.4	7.7
铬	0.382	14.4	15.4
镉	0.390	6.5	29.3
铁	19.810	27.7	32.8
砷	1.781	2.5	27.8

6 亚硝酸盐的测定

6.1 总悬浮颗粒物样品的测定——流动分析法

6.1.1 适用范围

本方法适用于海洋大气总悬浮颗粒物样品中亚硝酸盐的测定。方法检出限参见表 B.1。

(具体内容见原标准附录 B)

6.1.2 方法原理

用大流量采样器采集大气总悬浮颗粒物样品,样品滤膜经浸提后,浸提溶液中的亚硝酸盐与磺胺在酸性介质条件下进行重氮化反应,其产物再与盐酸萘乙二胺偶合生成红色偶氮染料,于550nm波长处测定。

6.1.8 精密度

5家实验室测定同一大气总悬浮颗粒物样品,重复性相对标准偏差为6.3%,再现性相对标准偏差为10.4%。

6.1.9 质量保证与控制

本方法操作过程中应遵守以下质控措施:

——每批样品在处理过程中,至少应制备两个空白样品;

——进行大批量样品分析时,每10个样品(整批样品数量不足10个以10个计)进行一个双平行样品的分析;

——每分析20个样品,应选用标准系列中的一个溶液进行检验,若测定值与原始值误差超过10%时,应重新绘制标准曲线。

6.2 降水样品的测定——流动分析法

6.2.1 适用范围

本方法适用于海洋大气降水样品中亚硝酸盐的测定。方法检出限参见附表B.1。(具体内容见原标准附录 B)

6.2.2 方法原理

用降水采样器采集降水样品,样品中的亚硝酸盐与磺胺在酸性介质条件下进行重氮化反应,其产物再与盐酸萘乙二胺偶合生成红色偶氮染料,于550nm波长下检测。

6.2.7 结果与计算

流动分析仪测定结果即为样品中亚硝酸盐的浓度,结果记入表A.5中。(具体内容见原标准附录 A)

6.2.8 精密度

5家实验室测定同一大气降水样品,重复性相对标准偏差为3.4%,再现性相对标准偏差为10.2%。

7 硝酸盐的测定

7.1 总悬浮颗粒物样品的测定——流动分析法

7.1.1 适用范围

本方法适用于海洋大气总悬浮颗粒物样品中硝酸盐的测定。方法检出限参见表B.1。(具体内容见原标准附录 B)

7.1.2 方法原理

用大流量采样器采集大气总悬浮颗粒物样品,样品滤膜经浸提后,浸提溶液通过铜-镉还原柱,硝酸盐定量地还原为亚硝酸盐。亚硝酸盐与磺胺在酸性介质条件下进行重氮化反应,其产物再与盐酸萘乙二胺偶合生成红色偶氮染料,于550nm波长下检测。测定出的亚硝酸盐总量,扣除样品中的亚硝酸盐含量,得到硝酸盐的含量。

7.1.8 精密度

5家实验室测定同一大气总悬浮颗粒物样品,重复性相对标准偏差为17%,再现性相对标准偏差6.2%。

7.2 降水样品的测定——流动分析法

7.2.1 适用范围

本方法适用于海洋大气降水样品中硝酸盐的测定。方法检出限参见表B.1。(具体内容见原标准附录B)

7.2.2 方法原理

用降水采样器采集降水样品,样品通过铜-镉还原柱,硝酸盐定量地还原为亚硝酸盐。亚硝酸盐与磺胺在酸性介质条件下进行重氮化反应,其产物再与盐酸萘乙二胺偶合生成红色偶氮染料,于550nm波长下检测。测定出的亚硝酸盐总量,扣除原有的亚硝酸盐含量,得到硝酸盐的含量。

7.2.8 精密度

5家实验室测定同一大气降水样品,重复性相对标准偏差为1.1%,再现性相对标准偏差3.3%。

8 铵盐的测定

8.1 总悬浮颗粒物样品的测定——流动分析法

8.1.1 适用范围

本方法适用于海洋大气总悬浮颗粒物样品中铵盐的测定。方法检出限参见表B.1。(具体内容见原标准附录B)

8.1.2 方法原理

用大流量采样器采集大气悬浮颗粒物样品,样品滤膜经浸提后,浸提溶液中的铵盐以亚硝酰铁氰化钠为催化剂,与水杨酸钠和二氯异氰尿酸钠在碱性条件下反应生成一种蓝色化合物,于660nm波长处测定。

8.1.8 精密度

5家实验室测定同一大气总悬浮颗粒物样品,重复性相对标准偏差为1.0%,再现性相对标准偏差为5.2%。

8.2 降水样品的测定——流动分析法

8.2.1 适用范围

本方法适用于海洋大气降水样品中铵盐的测定。方法检出限参见表B.1。(具体内容见原标准附录B)

8.2.2 方法原理

用降水采样器采集降水样品,降水样品中铵盐以亚硝酰铁氰化钠为催化剂,与水杨酸钠和二氯异氰尿酸钠在碱性条件下反应生成一种蓝色化合物,于660nm波长处测定。

9 磷酸盐的测定

9.1 总悬浮颗粒物样品的测定——流动分析法

9.1.1 适用范围

本方法适用于海洋大气总悬浮颗粒物样品中活性磷酸盐的测定。方法检出限参见表B.1。

(具体内容见原标准附录B)

9.1.2 方法原理

用大流量采样器采集大气总悬浮颗粒物样品,样品滤膜经浸提后,浸提溶液中的活性磷酸盐在酸性介质中,用酒石酸锑钾作为催化剂,与钼酸铵反应生成磷钼黄,在pH小于1时被抗坏血酸还原为磷钼蓝后,于880nm波长下检测。

9.1.8 精密度

5家实验室测定同一大气总悬浮颗粒物样品,重复性相对标准偏差为3.0%,再现性相对标准偏差为8.2%。

9.2 降水样品的测定——流动分析法

9.2.1 适用范围

本方法适用于海洋大气降水样品中活性磷酸盐的测定。方法检出限参见表B.1。(具体内容见原标准附录B)

9.2.2 方法原理

用降水采样器采集降水样品,降水样品中的活性磷酸盐在酸性介质中,用酒石酸锑钾作为催化剂,与钼酸铵反应生成磷钼黄,在pH小于1时被抗坏血酸还原为磷钼蓝后,于880nm波长下检测。

9.2.8 精密度

5家实验室测定同一大气降水样品,重复性相对标准偏差为3.5%,再现性相对标准偏差为11.1%。

10 总磷的测定

10.1 总悬浮颗粒物样品的测定——流动分析法

10.1.1 适用范围

本方法适用于海洋大气总悬浮颗粒物样品中总磷的测定。方法检出限参见表B.1。(具体内容见原标准附录B)

10.1.2 方法原理

用大流量采样器采集大气总悬浮颗粒物样品,样品滤膜经浸提后,浸提溶液在酸性介质中和110℃~120℃条件下,用过硫酸钾氧化,有机磷化合物被转化为无机磷,无机聚合态磷水解为正磷酸盐。消化后水样中的正磷酸盐在酸性介质中,用酒石酸锑钾作为催化剂,与钼酸铵反应生成磷钼黄,在pH小于1时被抗坏血酸还原为磷钼蓝后,于880nm波长下检测。

10.1.8 精密度

4家实验室测定同一大气总悬浮颗粒物样品,重复性相对标准偏差为1.2%,再现性相对标准偏差为8.6%。

10.1.9 质量保证与控制

本部分操作过程中应遵守以下质控措施:

——每20个样品(整批样品数量不足20个以20计)增加一个有机磷标准溶液,如ATP或磷酸三乙酯(10.1.3.11)溶液,作为质控样品,以检验氧化剂的消化效率,消化效率应在85%~110%;

——每测定10个样品(整批样品数量不足10个以10计)做一次双平行样品的分析和样品

加标测定,检验分析精密度和准确度;

——每批样品测定时至少同时测定2个空白样品。

10.2 降水样品的测定——流动分析法

10.2.1 适用范围

本方法适用于海洋大气降水样品中总磷的测定。方法检出限参见表B.1。(具体内容见原标准附录B)

10.2.2 方法原理

用降水采样器采集降水样品,降水样品在酸性介质中和110℃~120℃条件下,用过硫酸钾氧化,有机磷化合物被转化为无机磷,无机聚合态磷水解为正磷酸盐。消化后水样中的正磷酸盐在酸性介质中,用酒石酸锑钾作为催化剂,与钼酸铵反应生成磷钼黄,在pH小于1时被抗坏血酸还原为磷钼蓝后,于880nm波长下检测。

10.2.8 精密度

4家实验室测定同一大气降水样品,重复性相对标准偏差为6.7%,再现性相对标准偏差为18.4%。

11 多环芳烃的测定

11.1 大气样品中多环芳烃的测定——高效液相色谱法

11.1.1 适用范围

本方法适用于海洋大气样品中萘、苊、芴、菲、蒽、荧蒽、芘、苯并[a]蒽、䓛、苯并[b]荧蒽、苯并[k]荧蒽、苯并[a]芘、二苯并[a,h]蒽、茚并[1,2,3-cd]芘和苯并[g,h,i]苝等15种多环芳烃(PAHs)的测定。方法检出限参见表B.1。(具体见原标准附录B)

11.1.2 方法原理

用大流量采样器采集大气样品,利用玻璃纤维滤膜(GFF)收集颗粒态PAHs,用聚氨酯泡沫(PUF)富集气态PAHs,用二氯甲烷浸提GFF和PUF中的PAHs,浓缩净化后用高效液相色谱测定15种PAHs的含量。

11.1.8 精密度

5家实验室测定同一GFF或PUF样品,重复性相对标准偏差和再现性相对标准偏差参见表6。

表6 HPLC测定大气样品中PAHs的重复性及再现性

出峰顺序	PAHs	GFF		PUF	
		重复性相对标准偏差%	再现性相对标准偏差%	重复性相对标准偏差%	再现性相对标准偏差%
1	萘	6.8	15.6	7.8	17.2
2	苊	4.6	12.3	4.5	12.8
3	芴	5.5	15.7	6.7	15.7
4	菲	3.9	11.0	3.9	8.9
5	蒽	1.4	6.6	4.1	7.5

（续表）

出峰顺序	PAHs	GFF		PUF	
		重复性相对标准偏差%	再现性相对标准偏差%	重复性相对标准偏差%	再现性相对标准偏差%
6	荧蒽	2.0	9.0	1.6	3.5
7	芘	4.1	10.6	4.4	10.6
8	苯并[a]蒽	3.3	8.9	5.1	11.9
9	䓛	1.9	6.8	2.3	4.9
10	苯并[b]荧蒽	5.6	13.3	6.0	12.6
11	苯并[k]荧蒽	7.0	11.2	5.8	14.4
12	苯并[a]芘	4.2	10.5	4.4	7.5
13	二苯并[a,h]蒽	4.3	9.0	3.7	8.1
14	苯并[g,h,i]苝	5.1	9.1	6.7	11.5
15	茚并[1,2,3-cd]芘	4.4	9.9	5.9	12.0

11.2 降水样品的测定——高效液相色谱法

11.2.1 适用范围

本方法适用于海洋大气降水样品中萘、苊、芴、菲、蒽、荧蒽、芘、苯并[a]蒽、䓛、苯并[b]荧蒽、苯并[k]荧蒽、苯并[a]芘、二苯并[a,h]蒽、茚并[1,2,3-cd]芘和苯并[g,h,i]苝等15种多环芳烃(PAHs)的测定。方法检出限参见表B.1。（具体见原标准附录B）

11.2.2 方法原理

用降水采样器采集降水样品，用二氯甲烷萃取降水样品中的PAHs，浓缩净化后用高效液相色谱测定15种PAHs的含量。

11.2.8 精密度

5家实验室测定同一大气降水样品，重复性相对标准偏差及再现性相对标准偏差参见表7。

表7 HPLC测定降水样品中PAHs的重复性及再现性

出峰顺序	PAHs	重复性相对标准偏差%	再现性相对标准偏差%
1	萘	4.6	11.6
2	苊	3.8	10.3
3	芴	6.0	13.2
4	菲	4.2	9.0
5	蒽	4.7	8.9
6	荧蒽	3.6	9.3
7	芘	5.5	11.2
8	苯并[a]蒽	4.0	9.9

(续表)

出峰顺序	PAHs	重复性相对标准偏差%	再现性相对标准偏差%
9	䓛	5.2	10.0
10	苯并[b]荧蒽	6.1	10.5
11	苯并[k]荧蒽	3.4	9.2
12	苯并[a]芘	2.9	8.5
13	二苯并[a,h]蒽	4.6	11.0
14	苯并[g,h,i]苝	6.2	10.1
15	茚并[1,2,3-cd]芘	4.8	9.1

12 多氯联苯的测定

12.1 大气样品的测定——气相色谱法

12.1.1 适用范围

本方法适用于海洋大气总悬浮颗粒物样品中 CB28、CB52、CB155、CB101、CB118、CB153、CB138 和 CP180 等 8 种多氯联苯(PCBs)的测定。方法检出限参见表 B.1。(具体内容见原标准附录 B)

12.1.2 方法原理

用大流量采样器采集大气样品,利用玻璃纤维膜(GFF)收集颗粒态 PCBs,用聚氨酯泡沫(PUF)富集气态 PCBs,用正己烷提取 GFF 和 PUF 中的 PCBs,浓缩净化后用气相色谱仪测定 8 种 PCBs 的含量。

12.1.8 精密度

5 家实验室测定同一 GFF 或 PUF 样品,重复性相对标准偏差及再现性相对标准偏差参见表 8。

表 8 GC-ECD 测定大气样品中 PCBs 的重复性及再现性

出峰顺序	PCBs	GFF		PUF	
		重复性相对标准偏差%	再现性相对标准偏差%	重复性相对标准偏差%	再现性相对标准偏差%
1	CB28	5.6	10.2	7.2	12.5
2	CB52	4.3	7.7	2.8	6.2
3	CB155	5.7	9.6	5.7	9.8
4	CB101	6.0	11.8	4.9	6.9
5	CB118	5.6	13.1	4.5	8.9
6	CB153	4.0	6.4	5.5	10.8
7	CB138	4.6	9.6	4.6	7.6
8	CB180	4.9	7.4	3.9	6.3

12.2 降水样品中多氯联苯的测定——气相色谱法

12.2.1 适用范围

本方法适用于海洋大气降水样品中 CB28、CB52、CB155、CB101、CB118、CB153、CB138 和 CB180 等 8 种多氯联苯(PCBs)的测定。方法检出限参见表 B.1。(具体内容见原标准附录 B)

12.2.2 方法原理

用降水采样器采集降水样品,用正己烷萃取降水样品中的 PCBs,浓缩净化后用气相色谱仪测定 8 种(PCBs)的含量。

12.2.8 精密度

5 家实验室测定同一大气降水样品,重复性相对标准偏差及再现性相对标准偏差参见表 9。

表 9 GC-ECD 测定降水样品中 PCBs 的重复性及再现性

序号	组分名	重复性相对标准偏差%	再现性相对标准偏差%
1	CB28	2.4	6.8
2	CB52	2.1	7.2
3	CB155	5.1	11.2
4	CB101	3.0	9.0
5	CB118	3.4	7.4
6	CB153	2.7	5.9
7	CB138	3.4	7.8
8	CB180	5.2	10.4

附录 A(规范性附录) 记录表(略)
附录 B(资料性附录) 测定方法检出限(略)

海洋监测技术规程 第5部分:海洋生态(节录)

HY/T 147.5—2013

(2013 年 4 月 25 日发布 2013 年 5 月 1 日实施)

本部分由国家海洋环境监测中心提出。

本部分起草单位:国家海洋环境监测中心、国家海洋局南海环境监测中心、国家海洋局东海环境监测中心、国家海洋局北海环境监测中心。

（按原标准编号节录）

3 术语和定义

下列术语和定义适用于本文件。

3.1 浮游生物 plankton

缺乏发达的运动器官，没有或仅有微弱的运动能力，悬浮在水层中，常随水流移动的生物。包括浮游植物和浮游动物两大类。浮游生物依个体的大小可分为以下几种类型：粒径小于 $2\mu m$ 的称微微型浮游生物（picoplankton）；粒径为 $2\mu m \sim 20\mu m$ 的称微型浮游生物（nanoplankton）；粒径为 $20\mu m \sim 200\mu m$ 的称小型浮游生物（microplankton 或 netplankton）；粒径为 $200\mu m \sim 2\,000\mu m$ 的称中型浮游生物（mesoplankton）；粒径为 $2\,000\mu m \sim 20mm$ 之间的，称为大型浮游生物（macroplankton）；粒径大于 $20mm$ 的称巨型浮游生物（megaplankton）。此外，鱼类浮游生物（ichthyoplankton）即为鱼卵和仔稚鱼。

[GB/T 12763.6—2007，定义 3.10]

3.2 距离抽样 distance sampling

利用不同距离和生境内的鸟类辨识技术，在一定范围或距离内估算鸟类数量，收集生态种群数据。抽样方法包括样点法和样带法。

3.3 样点法 point count

在一定时间内，观察者于固定的观察点对鸟类进行观察计数的方法，可以用于估计鸟类种群的相对密度，也可与距离估测结合计算绝对密度。该方法适用于调查高度可见的、鸣叫的以及在广阔生境中的鸟种，一般用于调查雀形目鸟类。

3.4 样带法 line transect

在一定时间内，观察者沿固定的线路行进，并对线路两侧所见到的鸟类进行观察计数的方法，行进方式在陆地上可以是沿样带行走、驾车，在海上可行船，或在空中飞行。该方法适用于调查高度开放生境中的鸟类，也适用于调查离开海岸的海鸟和水鸟。

3.5 微生物源示踪 microbial source tracking

以某些具有代表性的微生物作为示踪因子，对环境样品中的污染物质进行跟踪溯源的检测技术。

3.6 基因指纹图谱库 gene fingerprint library

将独有的基因片段作为特异性的指纹标记，用以判断基因来源而构建的比对用数据库。

3.7 沉积物毒性检验 sediment toxicity test

通过将试验生物直接暴露于沾污沉积物的方法来确定沉积物中污染物质的生物效应。

3.8 加标 spiked

在实验室通过在清洁沉积物或海水中按一定浓度加入一种或几种具有潜在毒性化学物质的过程。

3.9 上覆水 overlying water

沉积物毒性检验试验中加入试验容器里面固相沉积物上面的试验海水。

4 浮游病毒总数——染色计数法

4.1 适用范围
本方法适用于海水中浮游病毒的丰度检测。

4.2 方法原理
荧光染料 SYBR Green I 与病毒核酸嵌合,在荧光显微镜蓝色光激发下呈针扎状、亮绿色。根据颗粒大小分辨浮游病毒。

5 沉积物中病毒总数——染色计数法

5.1 适用范围
本方法适用于海洋表层沉积物中病毒的丰度测定。

5.2 方法原理
见 4.2。

6 弧菌总数——平板计数法

按《海洋灾害调查技术规范 第 3 部分:海洋生态灾害调查》的要求执行。

7 肠球菌——最大可能数法(MPN)和滤膜法

按《海洋灾害调查技术规范 第 3 部分:海洋生态灾害调查》的要求执行。

8 粪大肠菌群——测试片法

8.1 适用范围
本方法适用于海水、海洋沉积物和海洋鱼、虾、蟹、贝、藻类等生物样品中粪大肠菌群的快速检验。

本方法包括直接计数法与最大可能数(most probable number,简称 MPN)计数法,当两种方法所获结果发生矛盾时,以直接计数法为仲裁方法。

8.2 直接计数法

8.2.1 方法原理
大肠菌群测试片是一种预先制备好的培养基,含有紫罗兰红胆汁(VRB)培养基、冷水可溶性凝胶和氯化三苯四氮唑(TTC)指示剂等,可增强大肠菌群菌落的计数效果。同时该培养基系表面覆盖的胶膜可截留发酵乳糖而产生的气体,因此红色菌落周围有气泡形成。44.5℃ ±0.5℃ 培养 24h ± 2h 后计数周围有气泡的红色菌落数,即为粪大肠菌群数,亦称耐高温大肠菌群数。

8.4 废弃物处理与生物安全措施
检测过程中的所有培养物收集后,应经 121℃ 高压灭菌 15min 处理。所有废弃物应小心处置,并按照 GB 19489 中的有关规定执行。

9 分级叶绿素 a——荧光法

9.1 适用范围
本方法适用于海洋生物生态监测分级叶绿素 a 的样品采集、分析及资料整理。

9.2 方法原理
通过不同孔径的滤膜把不同粒径的浮游植物分别截留下来,对不同粒度的浮游植物进行分级测量。粒级分为20μm～200μm(小型)、2μm～20μm(微型)和小于2μm(微微型)。

叶绿素a的丙酮萃取液受蓝光激发产生红色荧光,过滤一定体积海水所得的浮游植物用90%丙酮提取其色素,使用荧光计测定提取液酸化前后的荧光值,计算出海水中叶绿素a的浓度。

10　分级初级生产力——^{14}C同位素法

10.1　适用范围

本方法适用于海水中的分级初级生产力的调查与监测。

10.2　方法原理

把一定数量的放射性碳酸氢盐$H^{14}CO_3^-$（或碳酸盐$^{14}CO_3^{2-}$）加入到已知二氧化碳浓度的海水样品中,经过一段时间培养,测定浮游植物细胞内的有机^{14}C活度,计算浮游植物光合作用速率。根据光合作用速率和粒径分级方法,计算得到分级初级生产力。

11　赤潮甲藻孢囊——光学显微镜法

按《海洋灾害调查技术规范　第3部分:海洋生态灾害调查》的要求执行。

12　微微型浮游植物——荧光显微镜计数法

12.1　适用范围

本方法适用于海水中的微微型浮游生物中的自养型浮游植物丰度调查与监测。

12.2　方法原理

根据微微型浮游植物所含色素荧光特性的不同,利用荧光显微镜的蓝色(410nm～490nm)和绿色(10nm～560nm)滤光片可将微微型浮游植物分为单细胞的聚球藻蓝细菌和微微型光合真核生物。

13　微型浮游生物——显微镜个体计数法

13.1　适用范围

本方法适用于海洋生物生态监测微型浮游生物的样品采集、分析测试及资料整理。

13.2　方法原理

将少量待测样品的混匀悬浮液置于浮游植物计数框中,按照微型浮游生物分类原则,于显微镜下直接计数和分类。

14　小型浮游生物——显微镜个体计数法

按《海洋灾害调查技术规范　第3部分:海洋生态灾害调查》的要求执行。

15　鱼类浮游生物——体视显微镜计数法

15.1　适用范围

本方法适用于近岸和近海海洋生物生态学的监测和渔业资源监测。

15.2　方法原理

按照鱼卵和仔、稚鱼分类原则,于体视显微镜和光学显微镜下直接计数和分类。

16　珍稀濒危动物调查——调访观测法

16.1　适用范围

本方法适用于海洋珍稀濒危动物的调访和观测。

16.2 方法原理

以调访和观测等途径,对海洋珍稀濒危动物数量及群落结构等进行查实。

17 滨海湿地植物——野外勘查法

17.1 适用范围

本方法适用于滨海湿地植物的野外调查。

17.2 方法原理

以布设断面和选择样地等方法,对滨海湿地植物密度、频度、生长高度和地上生物量进行调查。

18 腹泻性贝毒——酶联免疫吸附试验法(ELISA)

按《海洋灾害调查技术规范 第3部分:海洋生态灾害调查》的要求执行。

19 麻痹性贝毒——酶联免疫吸附试验法(ELISA)

按《海洋灾害调查技术规范 第3部分:海洋生态灾害调查》的要求执行。

20 麻痹性贝毒——高效液相法(HPLC)

20.1 适用范围

本方法适用于海洋贝类生物体中麻痹性贝毒的检测。

20.2 方法原理

海洋贝类生物体内的麻痹性贝毒经分离提取后,通过碱性氧化作用将毒素分子氧化成有色的荧光衍生物,再通过高效液相色谱荧光检测系统进行检测。

20.9 精密度

在重复性条件下获得的两次独立测定结果的绝对差值不应超过算术平均值的10%。

21 记忆缺失性贝毒——酶联免疫吸附试验法(ELISA)

按《海洋灾害调查技术规范 第3部分:海洋生态灾害调查》的要求执行。

22 神经性贝毒——酶联免疫吸附试验法(ELISA)

按《海洋灾害调查技术规范 第3部分:海洋生态灾害调查》的要求执行。

23 金黄色葡萄球菌——测试片法

23.1 适用范围

本方法适用于海洋鱼、虾、蟹、贝、藻类等生物样品中金黄色葡萄球菌的快速检验计数。

本方法包括直接计数法与MPN计数法,当两种方法所获得的结果发生矛盾时,以直接计数法为仲裁方法。

23.2 直接计数法

23.2.1 方法原理

金黄色葡萄球菌快速检验测试片法,是一种不需准备培养基、应用一种预先制备好的快速检验系统(测试片)来检测金黄色葡萄球菌的方法。测试片含有具有显色功能并经改良的Baird-Parker培养基,对金黄色葡萄球菌具有很强的选择性,培养24h后金黄色葡萄球菌在测试片上形成紫红色菌落。当测试片上出现除紫红色以外的其他任何颜色的菌落时,则应使用确认反应片。此确认反应片含有显色剂和脱氧核糖核酸(deoxyribonuleic acid,简称 DNA)。金黄色葡萄球菌产生的脱氧核糖核酸酶(DNase)会和反应片中的显色剂形成粉红色晕圈。

24 沙门氏菌——微孔板试剂盒法

24.1 适用范围

本方法适用于海洋鱼、虾、蟹、贝、藻类等生物样品中沙门氏菌的快速检验。

24.2 方法原理

沙门氏菌微孔板试剂盒快速检验法是一种以 ELISA 为基础检测沙门氏菌的免疫学检验方法。该法采用预先包被了沙门氏菌(A-E 群)单克隆抗体的微量板,加入经增菌培养的海洋生物样品,反应后再加入指示剂,作用完毕后通过比色或酶标仪测定吸光值来判定结果。

ELISA 法检出沙门氏菌的细胞极限范围在 10^5 个/mL $\sim 10^6$ 个/mL,因此,要得出可靠的结果,生物样品首先应进行预增菌、选择性增菌,通常还应在含有 D-甘露糖的肉汤(M 肉汤)中进行后增菌,以促进鞭毛发育。

25 李斯特菌——测试片法

25.1 适用范围

本方法适用于海洋鱼、虾、蟹、贝、藻类等生物样品中单核细胞增生李斯特菌(*Listeria monocytogenes*)的检验。

25.2 方法原理

李斯特菌(*Listeria*)测试片是一种预先制备好的培养基,含有李斯特菌选择性试剂、营养成分、冷水可溶性凝胶和有助于检测李斯特菌落的显色指示剂。测试片检出的李斯特菌包括单核细胞增生李斯特菌(*L. monocytogenes*)、英诺克李斯特菌(*L. innocua*)、威廉李斯特菌(*L. welshimeri*)。

26 真菌——测试片法

26.1 适用范围

本方法适用于海水、海洋沉积物和海洋鱼、虾、蟹、贝、藻类等生物样品中霉菌和酵母菌的快速检验。

26.2 方法原理

酵母菌和霉菌测试片是一种预先制备好的培养基,在标准培养基中添加了四环素、氯霉素、冷水可溶性凝胶和 5-溴-4-氯-3 吲哚基-磷酸盐敏感指示剂,该培养基能抑制细菌生长和增强酵母菌和霉菌的生长,培养基中指示剂具有使菌落清晰、利于菌落计数的作用,能够根据不同特征区分酵母菌和霉菌。

27 海水中副溶血弧菌——聚合酶链式反应(PCR)法

27.1 适用范围

本方法适用于海水中副溶血弧菌的检验,可进行海洋环境中致病微生物的调查。

27.2 方法原理

通过提取副溶血弧菌的总基因组 DNA,使用特异引物进行聚合酶链式反应(*polymerase chain*

reaction,简称 PCR)扩增而获得目的基因或检测基因表达,达到检测副溶血弧菌的目的。

28 海水中创伤弧菌——聚合酶链式反应(PCR)法

28.1 适用范围

本方法适用于海水中创伤弧菌的检验,可进行海洋环境中致病微生物的调查。

28.2 方法原理

通过提取创伤弧菌的总基因组 DNA,使用特异引物进行 PCR 扩增,获得目的基因或检测基因表达,达到检测创伤弧菌的目的。

29 海水中河流弧菌——聚合酶链式反应(PCR)法

29.1 适用范围

本方法适用于海水中河流弧菌的检验,可进行海洋环境中致病微生物的调查。

29.2 方法原理

通过提取河流弧菌的总基因组 DNA,使用特异引物,进行 PCR 扩增,而获得目的基因或检测基因表达,达到检测河流弧菌的目的。

30 海水中溶藻弧菌——聚合酶链式反应(PCR)法

30.1 适用范围

本方法适用于海水中溶藻弧菌的检验,可进行海洋环境中致病微生物的调查。

30.2 方法原理

通过提取溶藻弧菌的总基因组 DNA,使用特异引物进行 PCR 扩增,获得目的基因或检测基因表达,达到检测溶藻弧菌的目的。

31 海水中哈氏弧菌——聚合酶链式反应(PCR)法

31.1 适用范围

本方法适用于海水中哈氏弧菌的检验,可进行海洋环境中致病微生物的调查。

31.2 方法原理

通过提取哈氏弧菌的总基因组 DNA,使用特异引物进行 PCR 扩增,获得目的基因或检测基因表达,达到检测哈氏弧菌的目的。

32 海水中霍乱弧菌——聚合酶链式反应(PCR)法

32.1 适用范围

本方法适用于海水中霍乱弧菌的检验,可进行海洋环境中致病微生物的调查。

32.2 方法原理

通过提取霍乱弧菌的总基因组 DNA,使用特异引物进行 PCR 扩增,获得目的基因或检测基因表达,达到检测霍乱弧菌的目的。

33 海水中鳗弧菌——聚合酶链式反应(PCR)法

33.1 适用范围

本方法适用于海水中鳗弧菌的检验,可进行海洋环境中致病微生物的调查。

33.2 方法原理

通过提取鳗弧菌的总基因组 DNA,使用特异引物进行 PCR 扩增,获得目的基因或检测基因表达,达到检测鳗弧菌的目的。

34 海水中甲肝病毒——反转录聚合酶链式反应(RT-PCR)法

按《海洋灾害调查技术规范 第 3 部分:海洋生态灾害调查》的要求执行。

35 海水中诺如病毒——反转录聚合酶链式反应(RT-PCR)法

按《海洋灾害调查技术规范 第 3 部分:海洋生态灾害调查》的要求执行。

36 海水中星状病毒——反转录聚合酶链式反应(RT-PCR)法

36.1 适用范围

本方法适用于海水中星状病毒的检验。

36.2 方法原理

提取星状病毒的核糖核酸(ribonucleic acid,简称 RNA),以其为模板,采用特异性引物利用逆转录酶反转录成互补脱氧核糖核酸(complementary DNA,简称 cDNA),再以 cDNA 为模板进行 PCR 扩增,获得目的基因。

37 海水中轮状病毒——反转录聚合酶链式反应(RT-PCR)法

37.1 适用范围

本方法适用于海水中轮状病毒的检验。

37.2 方法原理

提取轮状病毒的 RNA,以其为模板,采用特异性引物利用逆转录酶反转录成 cDNA,再以 cDNA 为模板进行 PCR 扩增,而获得目的基因。

38 海水中腺病毒——聚合酶链式反应(PCR)法

38.1 适用范围

本方法适用于海水中腺病毒的检验。

38.2 方法原理

提取腺病毒的 DNA,以其为模板进行 PCR 扩增,获得目的基因。

39 海水中肠道病毒——反转录聚合酶链式反应(RT-PCR)法

39.1 适用范围

本方法适用于海水中肠道病毒的检验。

39.2 方法原理

提取肠道病毒的 RNA,以其为模板,采用特异性引物利用逆转录酶反转录成 cDNA,再以 cDNA 为模板进行 PCR 扩增,而获得目的基因。

40 虾类桃拉病毒——反转录聚合酶链式反应(RT-PCR)法

按《海洋灾害调查技术规范 第 3 部分:海洋生态灾害调查》的要求执行。

41 虾类白斑综合征病毒——聚合酶链式反应(PCR)法

按《海洋灾害调查技术规范 第3部分:海洋生态灾害调查》的要求执行。

42 鱼类淋巴囊肿病毒——聚合酶链式反应(PCR)法

42.1 适用范围

本方法适用于海水养殖鱼类淋巴囊肿病毒的检验。

42.2 方法原理

通过设计合成针对淋巴囊肿病毒的特异性引物和优化反应条件,利用PCR技术,对患病鱼类的淋巴囊肿病毒进行特异性检测分析。

43 鱼类虹彩病毒——聚合酶链式反应(PCR)法

按《海洋灾害调查技术规范 第3部分:海洋生态灾害调查》的要求执行。

44 贝类帕金虫——雷氏液体巯基醋酸盐培养基培养(RFTM)法和聚合酶链式反应(PCR)法

按《海洋灾害调查技术规范 第3部分:海洋生态灾害调查》的要求执行。

45 贝类单孢子虫——聚合酶链式反应(PCR)法

按《海洋灾害调查技术规范 第3部分:海洋生态灾害调查》的要求执行。

46 微生物分子鉴定——限制性内切酶片段长度多态性(RFLP)法

46.1 适用范围

本方法适用于海水和海洋沉积物中微生物种类的鉴定。

46.2 方法原理

限制性内切酶能够识别并切割特异核苷酸序列,由于物种碱基序列不同或某位点核苷酸序列发生突变,经限制性内切酶切割后,可产生大小不同的核苷酸序列片段。大小不同的核酸片段通过电泳分离进行检测,从而可比较不同品种的DNA水平的差异。

47 粪便污染源微生物示踪监测——重复性基因外回文序列聚合酶链式反应(REP-PCR)法

47.1 适用范围

本方法适用于以大肠杆菌作为示踪微生物的近岸海域粪便污染物种来源及不同物种粪便污染贡献率的示踪监测。

47.2 方法原理

依据微生物源示踪技术的库依赖法,以大肠杆菌作为示踪微生物,采用REP-PCR基因分型技术,进行样品中粪便污染物种源及不同物种源贡献率的示踪监测。即首先建立采样区域周边可疑粪便物种源大肠杆菌RFP-PCR基因指纹数据库,通过样品中分离的大肠杆菌的REP-PCR基因指纹数据与已建立的数据库进行聚类判别分析,判别样品中分离的每个大肠杆菌的物种来源,即粪便污染物种源示踪监测;同时根据样品中分离的大肠杆菌总数及每个大肠杆菌物种来源情况,计算出不同物种粪便污染的污染贡献率。

48 赤潮藻种分子鉴定——荧光原位杂交(FISH)法

48.1 适用范围
本方法适用于赤潮异弯藻(*Heterosigma akashiwo*)等赤潮藻种的分子生物学检测与鉴定。

48.2 方法原理
荧光原位杂交(FISH)法是一种利用非放射性的荧光信号对原位杂交样本进行检测的技术。它将荧光信号的高灵敏度、安全性，荧光信号的直观性和原位杂交的高准确性结合起来，通过荧光标记的 DNA 探针与待测样本的 DNA 进行原位杂交，在荧光显微镜下对荧光信号进行辨别和计数。

49 海洋污染物生物毒性检验——发光细菌法

49.1 适用范围
本方法适用于近岸海水环境污染的发光细菌急性毒性检验。

49.2 方法原理
基于发光细菌相对发光度与样品毒性组分总浓度呈显著负相关($P<0.05$)因而可测定样品的相对发光度，以表示其急性毒性水平。样品急性毒性水平可用氯化汞浓度表示，或用半效应浓度(EC_{50})值表示。

50 海洋污染物生物毒性检验——藻类检验法

50.1 适用范围
本方法适用于近岸海水环境污染的海洋藻类生物毒性检验。

50.2 方法原理
在规定的试验条件下，将受试藻类置于一系列浓度的污染物溶液中，求出污染物在 72h、96h 或 7d 后引起受试藻类的 EC_{50}，以 $72h-EC_{50}$、$96h-EC_{50}$ 或 $7d-EC_{50}$ 表示。

51 海洋污染物生物毒性检验——多毛类检验法

51.1 适用范围
本方法适用于近岸海水环境污染的多毛类生物毒性检验。

51.2 方法原理
将受试海洋多毛类置于一系列浓度的污染物溶液中，求出污染物在 24h、48h、72h 和 96h 引起受试生物中 50% 致死的浓度，即半致死浓度(LC_{50})，以 $24h-LC_{50}$、$48h-LC_{50}$、$72h-LC_{50}$ 和 LC^{50} 表示。

52 海洋污染物生物毒性检验——软体动物检验法

52.1 适用范围
本方法适用于近岸海水和沉积环境污染的软体动物生物毒性检验。

52.2 方法原理
在规定的试验条件下，将受试生物置于一系列浓度的受试溶液中，求出在 24h、48h、72h 和 96h 后受试溶液引起软体动物的 LC_{50}，以 $24h-LC_{50}$、$48h-LC_{50}$、$72h-LC_{50}$、$96h-LC_{50}$ 表示。

53 海洋污染物生物毒性检验——甲壳类检验法

53.1 适用范围

本方法适用于近岸海水环境污染的十足类、枝角类、桡足类、糠虾类和端足类等甲壳类动物生物毒性检验以及近岸沉积环境污染的十足类、枝角类、桡足类和糠虾类等甲壳类动物生物毒性检验。

53.2 方法原理

将受试生物置于试验条件下,施加被检验污染物的影响,然后观察,测定生物异常或死亡效应,求出污染物对受试生物的 LC_{50} 或 EC_{50}。

54 海洋污染物生物毒性检验——棘皮类检验法

54.1 适用范围

本方法适用于近岸海水环境污染的棘皮类动物生物毒性检验。

54.2 方法原理

在规定的试验条件下,将受试生物置于一系列浓度的受试溶液中,求出在 24h、48h、72h 和 96h 后受试溶液引起受试棘皮类群体的 LC_{50} 或 EC_{50},以 $24h-LC_{50}$、$48h-LC_{50}$、$72h-LC_{50}$、$96h-LC_{50}$ 或 $24h-EC_{50}$、$48h-EC_{50}$、$72h-EC_{50}$、$96h-EC_{50}$ 表示。

55 海洋污染物生物毒性检验——鱼类检验法

55.1 适用范围

本方法适用于近岸海水环境污染的鱼类生物毒性检验。

55.2 方法原理

在规定的试验条件下,将受试生物置于一系列浓度的受试溶液中,求出在 24h、48h、72h 和 96h 后受试溶液引起受试生物的 LC_{50} 或 EC_{50},以 $24h-LC_{50}$、$48h-LC_{50}$、$72h-LC_{50}$、$96h-LC_{50}$ 或 $24h-EC_{50}$、$48h-EC_{50}$、$72h-EC_{50}$、$96h-EC_{50}$ 表示。

56 海洋沉积物生物毒性检验——端足类检验法

56.1 适用范围

本方法适用于海洋沉积物污染的端足类动物生物毒性检验。

56.2 方法原理

将端足类受试生物置于试验条件下,施加被检验海洋沉积物的影响,然后观察,测定生物异常或死亡效应,求出污染物对受试生物的 LC_{50} 或 EC_{50}。

附录 A(规范性附录)　记录表(略)
附录 B(规范性附录)　生理盐水和细菌、真菌计数表(略)
附录 C(规范性附录)　被检样品中细菌最可能数(MPN)表(略)
附录 D(规范性附录)　浮游生物样品编号、生物量测定、计数(略)

海洋监测技术规程 第6部分：海洋水文、气象与海冰（节录）

HY/T 147.6—2013

（2013年4月25日发布 2013年5月1日实施）

本部分由国家海洋环境监测中心提出。
本部分起草单位：国家海洋环境监测中心、国家海洋局北海环境监测中心、国家海洋局东海环境监测中心、国家海洋局南海环境监测中心。

（按原标准编号节录）

3 一般规定

3.1 监测项目

海洋水文、气象与海冰监测项目包括以下内容：

a) 海洋水文：水温、盐度、海流、海浪和水位；
b) 海洋气象：海面风、气压、海面空气温度、相对湿度、降水量、太阳辐射、海面有效能见度、云、天气现象；
c) 海冰：冰量、密集度、温度、单轴抗压强度、浮冰块最大水平尺度、浮冰漂流速度和方向、固定冰宽度和冰区边缘线；
d) 每次的具体监测要素，应根据监测任务要求而定。

3.2 注意事项

海洋水文、气象与海冰项目监测过程中应注意以下几点：

a) 监测前全面检查所用船只及仪器设备，确保工作正常；
b) 监测前测试仪器的电压，确保满足监测时段内的供电需求；
c) 监测前校准仪器内部时间；
d) 监测所用仪器设备应满足各要素监测技术要求，并在检定有效期内；
e) 多站位同要素同步监测时，宜采用相同类型的仪器；若选用不同类型的仪器，应对不同类型仪器分辨率及测量结果的一致性进行比对；
f) 每次测量前、后，仪器宜进行检定或用同准确度等级的其他仪器进行现场比对；
g) 监测数据应在每次测量完成后立即下载，存储并分析原始数据，若发现数据异常，宜立即补测；
h) 利用监测船进行海上仪器投放和回收时，应在迎风舷作业；
i) 与海水、海冰直接接触的仪器设备回收后应立即用淡水冲洗干净，并定期做维护保养；
j) 仪器传感器应避免曝晒和碰撞。

4 水温监测

4.1 温盐深剖面仪法

4.1.1 适用范围

本方法适用于近岸、近海、远海和大洋海域的定点水温剖面监测。

4.1.2 技术要求(具体内容见原标准)

4.2 数字测温仪法

4.2.1 适用范围

本方法适用于近岸、近海、远海和大洋海域的定点单层水温监测。

4.2.2 技术要求(具体内容见原标准)

5 海水盐度监测——温盐深剖面仪法

5.1 适用范围

本方法适用于近岸、近海、远海和大洋海域的定点海水盐度剖面监测。

5.2 技术要求(具体内容见原标准)

6 海流监测

6.1 声学多普勒流速剖面仪法

6.1.1 适用范围

本方法适用于近岸、近海、远海和大洋海域的定点海流剖面监测。

6.1.2 技术要求(具体内容见原标准)

6.2 点式声学海流计法

6.2.1 适用范围

本方法适用于近岸、近海、远海和大洋海域的定点单层海流监测。

本方法为仲裁方法。

6.2.2 技术要求(具体内容见原标准)

6.3 自容式电磁海流计法

6.3.1 适用范围

本方法适用于近岸和近海海域的定点单层海流监测。

6.3.2 技术要求(具体内容见原标准)

7 海浪监测

7.1 坐底式声学测波仪法

7.1.1 适用范围

本方法适用于近岸和近海海域的海浪监测。

7.1.2 技术要求(具体内容见原标准)

7.2 波迹浮标法

7.2.1 适用范围

本方法适用于近岸和近海海域的海浪监测。

本方法为仲裁方法。

7.2.2 技术要求(具体内容见原标准)

7.3 X 波段雷达法

7.3.1 适用范围

本方法适用于近岸、近海、远海和大洋海域的海浪监测。

7.3.2 技术要求(具体内容见原标准)

8 水位监测

8.1 压力式水位计法

8.1.1 适用范围

本方法适用于近岸和近海海域的水位监测。

本方法为仲裁方法。

8.1.2 技术要求(具体内容见原标准)

8.2 声学式水位计法

8.2.1 适用范围

本方法适用于近岸和近海海域的水位监测。

8.2.2 技术要求(具体内容见原标准)

9 海洋气象要素监测——自动气象站法

9.1 适用范围

本方法适用于近岸、近海、远海和大洋海域的气象要素监测。

9.2 技术要求(具体内容见原标准)

10 海冰要素监测

10.1 数字测温仪法

10.1.1 适用范围

本方法适用于近岸和近海海域的海冰温度监测。

10.1.2 技术要求(具体内容见原标准)

10.2 冰压机法

10.2.1 适用范围

本方法适用于近岸和近海海域的海冰单轴抗压强度监测。

10.2.2 技术要求(具体内容见原标准)

10.3 激光测距仪法

10.3.1 适用范围

本方法适用于近岸海域的浮冰块最大水平尺度、浮冰漂流速度和方向、固定冰宽度监测。

10.3.2 技术要求(具体内容见原标准)

10.4 X 波段雷达法

10.4.1 适用范围

本方法适用于结冰海域的冰量、密集度、浮冰漂流速度和方向、冰区边缘线监测。

10.4.2 技术要求(具体内容见原标准)

附录 A(规范性附录) 记录表(略)

第十八部分 渔业生态环境监测规范

渔业生态环境监测规范 第1部分:总则(节录)

SC/T 9102.1—2007

(2007年6月14日发布 2007年9月1日实施)

本部分由中华人民共和国农业部提出。
本部分起草单位:中国水产科学研究院东海水产研究所。

(按原标准编号节录)

3 术语

下列术语和定义适用于SC/T 9102的本部分。

3.1 常规监测 ordinary monitoring

常规监测又称例行监测,它是对选定的某一相对固定的渔业水域,选择相对固定的监测项目所进行的常年监测,通过对大量监测数据的分析,提供评价监测水域生态环境状况、变化趋势及评估对渔业资源、种群数量、水产品质量可能产生的影响。

3.2 专项监测 specific monitoring

专项监测是针对特定的环境变化和影响因素,如自然灾害发生及工程建设、区域性开发建设等特定项目对渔业功能区可能产生的影响而进行的生态环境的监测。通过对特定项目的专项监测,了解和掌握特定项目实施对渔业功能区的影响程度,提出减缓影响的对策与措施。

3.3 应急监测 emergency monitoring

应急监测是在渔业水体发生突发污染事件时,为消除环境污染后果、赔偿渔业损失所进行的污染物、污染源、环境质量、渔业损失的紧急调查。在此类监测中,采用流动监测、航空监测、遥感遥测等手段,对意外发生高浓度污染进行短期的集中监测,及时发布警报,采取紧急措施,控制污染范围,尽可能减少损失,以防事故扩大,如事故性溢油应急监测和突发性赤潮监测等。

3.4 实验室内质量控制 quality controlling in laboratory

实验室内质量控制又称内部质量控制,它指分析人员对分析质量进行自我控制和内部质控人员实施质量控制技术管理的过程。

3.5 实验室间质量控制 quality controlling between laboratories

实验室间质量控制也称外部质量控制。它指由外部有工作经验和技术水平的第三方或技术组织,对各实验室及分析人员进行定期和不定期的分析质量考查的过程。

4 渔业生态环境监测目的与任务

4.1 监测目的

渔业生态环境监测为掌握水域内具有一定渔业资源、渔业经济、水生珍稀野生动物和水生生物多样性价值等类型的渔业功能区水域的环境质量状况，以及了解这些功能区水域内的水生生物与环境的关系而进行的水质、底质、生物和其他相关环境要素的监测和调查。其目的是通过监测、加强对渔业水域进行有针对性的管理或通过监测来分析、预报污染可能造成的影响，最终达到以管促治、保护环境、保护渔业资源和水生生物多样性，实现渔业生态环境的良性循环，促进渔业可持续发展。

4.2 监测任务

渔业生态环境监测任务按其性质分为常规监测、专项监测和应急监测。通过采集、处理、分析渔业生态环境要素的信息数据，掌握渔业生态环境要素不同时空尺度的状况及其变化趋势，为渔业生态环境管理和科学研究提供基础资料。

5 渔业生态环境监测的原则

在渔业生态环境监测中，由于受人力、物力、财力和监测手段等条件的限制，应根据需要和可能，运用系统理论的观点和方法，寻求优化的监测方案，要坚持以下原则。

5.1 监测任务制定原则

监测任务的制定紧紧围绕渔业水域进行，切实考虑到渔业自身的实际情况，为解决渔业水域污染存在的实际问题和渔业的发展需求进行监测。确定监测任务时，应以尽可能多的资料为基础，通过对资料的分析再确定监测任务。

5.2 监测区域选择原则

渔业生态环境监测的区域是渔业水域，《中华人民共和国渔业法》规定"渔业水域"是指鱼、虾、蟹、贝类的产卵场、索饵场、越冬场、洄游通道和鱼、虾、贝、藻类及其他水生动植物的养殖场所。在现有的监测力量尚不能顾及全部渔业水域的情况下，监测区域应选择渔业资源密集、经济价值高、污染比较严重、对水产资源和水产养殖至关重要的要害区和敏感区等重要渔业水域。

5.3 监测项目和监测时间选择原则

渔业生态环境监测的项目必须和选定的渔业水域内的鱼类及生物紧密联系。监测项目的选择要考虑到其监测结果能对渔业水域生态环境质量状况作出评价，能对渔业受害状况、水产品质量及渔业生态影响作出评价。

监测时间应和选定的渔业水域内的鱼类及生物紧密联系。对产卵场的监测应放在鱼类的产卵季节，索饵场的监测应放在索饵季节，越冬场的监测应放在冬季，对养殖水域的监测应放在养成期。

6 渔业生态环境监测质量保证和质量控制

6.1 样品采集的质量保证与质量控制

采样方法和采样设备是采样质量保证的一个重要环节。它包括采样前的准备、采样和采样设备及采样质量保证与质量控制。

6.1.1 样品采集要求
——水质采样应在自然水流状态下进行,不应扰动水流与底部沉积物,以保证样品代表性;
——采样地点和时间应符合要求;
——采样人员应经过专门训练;
——采样时必须注意安全。

6.1.2 样品采集注意事项
——水样采集量视监测项目及采用的分析方法所需水样量及备用量而定;
——采样时,采样器口部应面对水流方向。用船只采样时,船首应逆向水流,采样在船舷前部逆流进行,以避免船体污染水样;
——除细菌、油等测定用水样外,容器在装入水样前,应先用该采样点水样冲洗3次。装入水样后,应按要求加入相应的保存剂后摇匀,并及时填写水样标签;
——测定溶解氧与生化需氧量的水样采集时应避免曝气,水样应充满容器,避免接触空气;
——因采样器容积有限,需多次采样时,可将各次采集的水样倒入洗净的大容器中,混匀后分装,但本法不适用于溶解氧及细菌等易变项目测定;
——采样时应做好现场采样记录,填好水样送检单,核对瓶签;
——质量保证和质量控制样品数量应为水样总数的10%~20%,每批水样不得少于两个;质量保证和质量控制样品可用下法制备:
  • 现场空白样:在采样现场以纯水,按样品采集步骤装瓶,与水样同样处理,以掌握采样过程中环境与操作条件对监测结果的影响;
  • 现场平行样:现场采集平行水样,用于反映采样与测定分析的精密度状况,采集时应注意控制采样操作条件一致;
  • 加标样:取一组现场平行样,在其中一份中加入一定量的被测物标准溶液,然后两份水样均按常规方法处理后,送实验室分析;
——采样前应尽量在现场测定水样的物理化学特征参数,并同时测量各项水文参数;涉水采样时,采样者应位于下游方向,逆流采样,并须避免搅动沉积物;此外,还应注意实施各项质量保证和质量控制措施。

6.1.3 其他注意事项
——容器必须有内外盖,装瓶时应使容器留有1/10顶空(测溶解氧和显影剂类物质者除外),保证样品不外溢;
——使用纸制标签并套入塑料袋内,严禁使用橡皮制品或粘贴橡皮膏等;
——样品采集量与分析方法及水样的性质有关,一般地说,采集量应考虑实际分析用量和复试量(或备用量)。对污染物质浓度较高的水样可适当少取水样,因为超过一定浓度的水样在分析时要经过稀释方可测定。

6.2 样品保存、运输的质量保证与质量控制
样品保存包括保存方法、保存剂的选择和添加、样品的处理,样品运输包括样品运输的安全防护措施,质量保证与质量控制,应注意以下事项:
——采样人员采集样品时应穿戴采样用的工作服和工作帽,不应使用化妆品,不应在采样时和在样品分装及密封现场吸烟;汽车应停放在采样断面下风向50m以外;

——采样时,断面横向和垂向点位的数目、位置应完全准确,每次采样要尽量保持一致;
——采样人员及时做好现场采样记录,及时核对标签和检查保证措施的落实;
——水样送入实验室时,应及时做好样品交接工作。

6.3 实验室内质量控制

实验室内质量控制包括方法空白试验、现场空白试验、校准曲线核查、仪器设备定期校验、平行样分析、加标样分析、密码样分析、利用质控图样核等。内部质量控制是按照一定的质量控制程序进行分析工作,以控制测试误差,发现异常现象,针对问题查找原因,并作出相应的校正和改进行。渔业生态环境监测实验室质量控制,见表1。

表1 渔业生态环境监测实验室质量控制参考标准

分析结果所在数量级	平行双样相对偏差容许限(%)	精密度(%)		准确度(%)		
		室内相对标准偏差	室间相对标准偏差	加标回收率	室内相对误差	室间相对误差
10^{-4}	1.0	≤5	≤10	95~105	≤±5	≤±10
10^{-5}	2.5	≤5	≤10	90~110	≤±5	≤±10
10^{-6}	5	≤10	≤15	90~110	≤±10	≤±15
10^{-7}	10	≤10	≤15	85~110	≤±10	≤±15
10^{-8}	20	≤15	≤20	80~110	≤±15	≤±20
10^{-9}	30	≤15	≤20	70~120	≤±15	≤±20
10^{-10}	50	≤20	≤25	60~120	≤±20	≤±25

6.3.1 一般规定

实验室质量保证和质量控制包括实验室内与实验室间质量保证和质量控制,前者是实验室内部对分析质量进行控制的过程,后者是上级监测机构通过发放考核样品等方式,对实验室报出合格分析结果的综合能力、数据的可比性与系统误差作出评价的过程。各实验室应采用各种有效的质量保证和质量控制方式进行内部质量控制与管理,并贯穿于监测活动的全过程。水环境监测实验室应符合国家计量认证的要求,具备下列条件:
——健全的组织体系、质量保证体系和实验室管理制度;
——能满足测试要求的实验室环境;
——能满足监测分析要求的仪器设备;
——采用国家及行业标准或等效采用国际标准;
——经考核合格持证上岗的分析人员;
——有能准确传递量值的标准参考物质;
——各实验室应采用标准物质定期检查和消除系统误差;
——分析测试仪器安放应符合仪器使用要求,避免阳光直射,保持清洁、干燥、防止腐蚀、震动,使用时应严格执行操作规程。测试用仪器、量器应进行定期维护与检定。测试仪器的使用要求:

- 分析天平应定期检定,以保证其准确性;天平的不等臂性、砝码与灵敏性应符合检定规程要求;
- 新启用的分析仪器与玻璃量器,应按国家有关计量检定规程进行检定,合格后方可使用;
- 分析测试仪器经维修、更换主要部件等之后,应重新进行检校。
——根据测试工作的不同要求,实验室分析用纯水应符合以下要求:
- 制备标准水样或超痕量分析用纯水,电导率(25)小于等于 $0.1\mu S/cm$;
- 精密分析和研究工作用纯水,电导率(25)小于等于 $1.0\mu S/cm$;
- 一般分析工作用纯水,电导率(25)小于等于 $5.0\mu S/cm$;
- 特殊要求的分析用水如无氨水、无酚水、无氯水、无二氧化碳水等特殊分析用水,除电导率满足上述要求以外,还应按规定的方法制备,经检验合格后方可使用。

6.3.2 化学试剂的使用与标准溶液配制要求

根据测试要求,确定使用化学试剂的等级,基准溶液和标准溶液应使用基准级试剂或高纯试剂配制,否则应进行标定。标准溶液按以下要求配制:

——配制标准溶液用纯水的电导率等指标应符合要求;

——采用精称法配制标准溶液,应至少分别称取并配制 2 份,其测定信号值的相对误差不得大于 2%;

——采用基准溶液标定标准溶液时,平行标定不得不于 3 份,标定液用量应在 20mL～50mL 之间,标定结果取平均值;

——贮备液的配制与使用应符合分析方法的规定;

——标准工作溶液应在临用前配制。

校准曲线是描述待测物质浓度或量与检测仪器响应或指示量之间的定量关系曲线,它包括"工作曲线"(标准溶液处理程序及分析步骤与样品完全相同)和"标准曲线"(标准溶液处理程序较样品有所省略,如样品预处理)。校准曲线制作与要求如下:

——在测量范围内,配制的标准溶液系列,已知浓度点不得小于 6 个(含空白浓度),根据浓度值与响应值绘制校准曲线,必要时还应考虑基体影响;

——校准曲线绘制应与批样测定同时进行;

——在消除系统误差之后,校准曲线可用最小二乘法对测试结果进行处理后绘制;

——校准曲线的相关系数(γ)绝对值一般应大于或等于 0.999,否则需从分析方法、仪器、量器及操作等因素查找原因,改进后重新制作;

——使用校准曲线时,应选用曲线的直线部分和最佳测量范围,不得任意外延;

——回归校准曲线应进行以下统计检验:
- 回归校准曲线的精密度检验;
- 回归校准曲线的截距检验;
- 回归校准曲线的斜率检验。

6.3.3 实验室内质量保证和质量控制基础实验(具体内容见原标准)

7 实验室间质量控制

实验室间质量控制对分析测试系统的评价,一般由评价单位发密码标准样品,考核各实验室的分析测试能力,检查实验室间数据的可比性。也可在现场对某一待测项目,从采样方法到报出数据进行全程序考核。

8 监测数据分析

按照 SC/T 9102.4 的规定执行。

9 渔业生态环境监测报告的编制

按照 SC/T 9102.4 的规定执行。

渔业生态环境监测规范 第2部分：海洋（节录）

SC/T 9102.2—2007

（2007年6月14日发布 2007年9月1日实施）

本部分由中华人民共和国农业部提出。
本部分起草单位：中国水产科学研究院东海水产研究所。

（按原标准编号节录）

3 海洋渔业生态环境监测项目的采样

3.1 水质监测项目采样

3.1.1 采样站点的布设

3.1.1.1 基本要求

监测站位和监测断面应结合水域类型、监测项目、水文、气象、环境等自然特征及污染源分布，综合诸因素提出优化布点方案，在研究、论证基础上确定。根据水文特征、水体功能、水环境自净能力等因素的差异性，来考虑监测站点的布设。同时，布设监测站点还应考虑到自然地理差异及特殊需要。

3.1.1.2 监测点典型采样点的设置要求

监测点典型采样点的设置根据水质参数实测之后，通过各测点之间的方差分析，判断显著性差别，同时分析判断各测点之间的密切程度，从而决定断面内的采样点位置。根据采样点之间的最小相关系数，确定完全混合区域内断面上的采样点数目。海洋沿岸的采样，可在沿岸设置断面，并在断面上设置多个采样点。

3.1.1.3 河口、港湾断面布设要求

在河口和港湾监测断面布设前，根据河流流量、污染物的种类、点或非点污染源、直接排污口污染物的排放类型及其他影响水质均匀程度的因素，力求以较少的断面、重线和测点取得代表性最好的样点。一般规则：

——入海河口区的采样断面一般与径流扩散方向垂直布设，根据地形和水动力特征布设一至数个断面；

——港湾采样断面(站位)视地形、潮汐、航道和监测对象等情况布设,在潮流复杂区域,采样断面可与岸线垂直设置;
——开阔海区的采样站位呈纵横断面网格状布设,也可在海洋沿岸设置大断面;
——采样断面的布设应体现近岸较密、远岸较疏,重点区较密、对照区较疏的原则,在优化基础上设置采样断面;
——水质采样点(层次)依监测目的按要求确定,可参照表1。

表1 水质监测采样层次

水深范围(m)	标准层次(m)	底层与相邻标准层最小距离(m)
<10	表层(0.1～1,下同)	—
10～25	表层、底层(离底2m处,下同)	—
25～50	表层、10、底层	—
50～100	表层、10、50、底层	5
100以上	表层、10、50、以下水层酌情加层、底层	10

3.1.2 采样设备

采水的方法主要分三大类:采水器采水、泵抽装置采水和采样器中放入吸附剂浓缩采水。应根据分析对象和要求的不同、选择不同材料、不同规格和用于不同深度的采水器。

3.1.2.1 采水器的技术要求

采水器的基本功能是从规定的水深采集代表性水样,并确保水样组分在分样之前不发生变化。采水器的技术要求:
——具有良好的注充性和密封性:采样器的结构要求严密,关闭系统可靠。采水器到达水样深度时,应与周围水体充分交换,迅速充满,然后完全关闭;
——材质具有化学稳定性,不玷污也不吸附水样组分;
——结构简单、轻便,易于冲洗,易于操作和维修;
——样品转移方便,不残留样品;
——能够抵抗恶劣气候影响,适应在各种环境条件下操作;
——价格便宜,容易推广使用。

3.1.2.2 采水器的选择与操作要求

3.1.2.2.1 痕量金属

营养盐和常规要素的样品采集,用QCC10型PVC或同质量的球阀式采水器,具有颠倒温度计。操作方法见使用说明书,采用不锈钢或包裹聚乙烯的钢丝缆绳。

3.1.2.2.2 油类和有机污染物样品

采用QCC9-1型或同质量要求的抛浮式采水器,按使用说明书操作。采用不锈钢缆绳。

3.1.2.3 采样人员

现场采样人员必须配有聚乙烯及其他材质的手套和实验服,采样设备尽量避免与船体接触。采集表层油类样品应选择船头,顶风逆流一侧。油类采样瓶与贮样瓶必须使用同一瓶,采样人员应避免接触样品瓶塞的内侧与瓶口。采样用完后必须保存在洁净的环境中,可放在锡箔袋或塑料袋中。

3.1.2.3 采样过程样品的污染防止

采样缆绳以非金属材料涂敷或以塑料绳代替。铅锤以聚四氟乙烯、聚乙烯等材质喷涂。绞车也要采取防污染措施。此外还需考虑并认真评价由采样装置所引起的被测物与光、热、空气、微生物、金属和其他化学品的化学反应、挥发度、时空差异和吸附。

3.1.3 采样频率和采样时间

采样频率和采样时间分常规、专项和应急监测,其中常规采样频率和时间一般为生物的繁殖期、育肥期,专项监测和应急监测根据实际情况确定。河口区域采样需考虑大小潮和涨落潮,有特殊要求的监测站位,为掌握水质在一个或几个潮周内连续变化状况,可按一定时间间隔,连续采样。

3.1.4 容器材质的选择

不同的检测对象对材质及质量要求不同。容器材质按以下要求选择:

——容器材质的化学稳定性好,保证海水样各组分在贮存期间不发生变化,使样品与容器之间的作用保持在最低水平;

——抗温度性能好,抗震性好,其大小、形状和重量适宜;

——能严密封口,易于开启;

——成本较低,杂质含量少;

——便于清洗和容器壁处理,可反复使用;

——测定对光敏感的组分,应使用不透明材料或无光化性玻璃材料容器。

对大部分无机成分的样品,要求选择聚乙烯、聚四氟乙烯和多碳酸酯聚合材质制成的容器。高密度聚乙烯,适合于水中硅酸盐、钠盐、总碱度、氯化物、电导率、pH值分析样品的贮存。常用的玻璃质容器适合于有机化合物和生物样品的贮存。塑料容器适合于放射性核素和大部分痕量元素及常规监测项目的水样贮存。

3.1.5 容器的封口材料

装贮水样要用细口容器。容器封口材料与容器材质要一致,封口塞不得混用。在特殊情况下需要用木塞或橡皮塞时,必须用稳定的金属箔包裹。有机物和某些细菌样品容器不得用橡皮塞。碱性的液体样品容器不能用玻璃塞。禁止使用纸团和不稳定的金属作塞子。

3.1.7 容器的日常管理和维护

——样品容器使用前应进行密封性试验,不密封的瓶子不能使用;

——贮存和保管样品瓶要有适宜的库房,配置专用柜、橱。贮存容器的仓库不能同时存放腐蚀玷污容器的试剂、药品和其他物品。库内应保持干燥、通风,橱和柜要有防尘埃玷污的设施。

3.1.11 采样记录和标志

样品瓶注入样品后,应立即将样品来源和采样条件记录下来,并标记在样品瓶上。现场监测项目的测定值及有关资料可直接记录在采样记录表上。其他项目应在采样记录或送检表上按登记内容记录。采样记录填写要详细、完整、准确;做到字迹端正、清楚;修正应用划线删除,不随意涂改。采样记录表或送检表内容、格式应统一、规范。主要事项如下:

——地理位置、站位坐标;

——日期和时间;

——天气状况；
——站位编号、样品编号；
——采样深度、总深度；
——采样器；
——水样种类；
——有关样品质量的说明；
——采样人、分样人、记录人签名；
——船名及现场记录等。

样品须贴上标签。样品标签须防水，能牢固地粘贴在每个样品容器外，缩小标签也可置于瓶盖上。标签的内容包括：样品编号、采样站号、添加剂、监测目的、采样者、采样日期等。

3.1.12 采样中的质量控制

3.1.12.1 现场空白样

在采样现场以纯水作现场空白样样品，按照测定项目的采样方法和要求，与样品相同条件下装瓶、保存、运输，直至送交实验室分析。现场空白样所用的纯水，其制备方法及质量要求与室内空白样纯水相同。纯水要用洁净的专用容器，由采样人员带到采样现场，运输过程中应注意防止玷污。现场空白样使用每台采样设备一天不得少于一个。

3.1.12.2 运输空白样

用纯水作运输空白样，用来测定样品运输、现场处理和贮存期间或由容器带来的总玷污。每批样品至少有一个运输空白样。

3.1.12.3 现场平行样

在同等采样条件下，采集平行双样密码送实验室分析。现场平行样要注意控制采样操作和条件的一致。对水质中非均相物质或分布不均匀的污染物，在样品灌装时摇动采样器，使样品保持均匀。现场平行样占样品总量的10%以上，一般每批样品至少采集二组平行样。

3.1.12.4 现场加标样或质控样

现场加标样是取一组现场平行样，将实验室配制的一定浓度的被测物质的标准溶液，等量加入到其中一份已知体积的水样中，另一份不加标，然后按样品要求进行处理，送实验室分析。现场加标样除加标在采样现场进行、按样品要求处理外，其他要求应与实验室内加标相一致。现场使用的标准溶液与实验室使用的为同一标准溶液。现场加标操作应由熟练的质控人员或分析人员担任。质控样是将标准样与样品基体组分接近的标准控制样，带到采样现场，按样品要求处理后与样品一起送实验室分析。现场加标样或质控样的数量，一般控制在样品总量的10%左右，但每批样品不少于2个。

3.1.12.5 设备、材料空白

采样设备、材料空白是指用纯水浸泡采样设备及材料作为样品，这些空白用于检验采样设备、材料的玷污状况。

3.1.12.6 防污染措施

——现场测定应使用单独分样，测定结束后将样品抛弃，切不可送实验室作为其他项目分析样品；
——采样器、样品瓶等均须按规定的洗涤方法洗净，按规定容器分装测样；

——现场作业前,要先进行保存试验和抽查器皿的洁净度;
——用于分装有机化合物的样品容器,洗涤后用 Teflon 或铝箔盖内衬,防止污染水样;
——采样时,不能用手、手套等接触样品瓶的内壁和瓶盖;
——样品瓶要防尘、防污、防烟雾和污垢,须置于清洁环境中;
——过滤膜及其设备须保持清洁;其可用酸和其他洗涤剂清洗,并用洁净的铝箔包藏;
——消毒过的瓶子须保持无菌状况直至样品采集;如消毒纸或铝箔失效,或顶部封口被打破,则应弃之;
——外界金属物质不能与酸和水样接触;水样不可被阳光曝晒,按规定贮存;
——采样人员的手必须保持清洁,采样时不能抽烟;
——船上采样,要采取适当措施防玷污;
——采样器可用海水充分漂洗,或放在较深处,再提到采样深度采样;不推荐用桶采表层水样;
——采样确认:应采取不同的手段进行采样操作的研究,以区别采样变异,确定最佳采样技术或方法。

3.2 沉积物监测项目的采样

沉积物样品的采集是海洋监测的重要环节。与水质监测样品的采集一样,采集的沉积物样品要反映海洋环境的沉积现状和污染历史,尽可能避免采样过程中样品的玷污。

3.2.1 采样站位的布设

3.2.1.1 采样站位的布设原则

应与水质断面尽可能相一致,与水质采样点在同一重线上,如沉积物采样点有障碍物影响采样可适当偏移。站位在监测海域应具有代表性,其沉积条件要稳定,选择站位应考虑以下几个方面:
——水动力状况(海流、水团垂直结构);
——沉积盆地结构;
——生物扰动;
——沉积速率;
——沉积结构(地貌、粒径等);
——历史数据和其他资料;
——沉积物的理化特征。

3.2.1.2 沉积物采样点的布设

3.2.1.2.1 选择性布设

在专项监测时,根据监测对象及监测项目的不同,在局部地带有选择性地布设沉积物采样点。如排污口污染监测以污染源为中心,顺污染物扩散带按一定距离在易堆积区布设数个采样点。

3.2.1.2.2 综合性布设

根据区域或监测目的不同,进行对照、控制、消减断面的布设。如在某港湾进行污染排放总量控制监测中,可按区域功能的不同进行对照、控制、消减性断面的布设。布设方法可以是单点、断面、多断面、棋盘式布点。

3.2.2 监测频率和时间

监测频率和时间依据采样点时空变异和所要求的精密度而定。一般说来,由于沉积物相对稳定,受水文、气象条件变化的影响较小,污染物含量随时间变化的差异不大,采样频次通常在每年可采样一次,与水质采样同步进行。应考虑的主要因素有:

——线性沉积速率;
——分样厚度;
——沉积物表层混合厚度(生物挠动);
——污染物浓度;
——每年污染物浓度的变化;
——分析重复性。

3.2.3 样品贮存容器

用于贮存海洋沉积物样品容器主要为广口硼硅玻璃和聚乙烯袋。聚乙烯袋强度有限,使用时可用两只袋子双层加固或在用白布袋保护。对湿样测定项目和硫化物等样品的贮存,可用不透明的棕色广口玻璃瓶作容器。用于分析有机物的沉积物样品应置于棕色玻璃瓶中,瓶盖应衬垫洁净铝箔或聚四氟乙烯薄膜。测痕量金属的沉积物样品应用石英或聚四氟乙烯容器。

聚乙烯袋要使用新袋,不得印有任何标志和字迹。样品瓶和聚乙烯袋预先用硝酸溶液(1+2)泡2～3d,用去离子水淋洗干净、晾干。

3.2.6 沉积物样品采集的质量保证与质量控制

3.2.6.1 采集有代表性的样品

由于沉积物样品非均匀性,最好的选择是增加检验样品。混合样有助于克服被测物质时空上的非均匀性,在同一采样点周围应采样2～3次,将各次采集的样品混合均匀分装。现场采双样并制备接近现场样品特性的固体合成质控样。质控样应放在相同的贮样容器中,其与分析样品同样条件下贮存、运输直至分析。

3.2.6.2 表层沉积物采集深度

样品的采集深度不得小于5cm,否则应重新采样。如沉积物很硬,可在同一采样点周围采样2～3次。

3.2.6.3 其他注意事项

——采样时,如流速大可加重采样器铅鱼,保证在采样点准确位置上采样;尽可能避免搅动水体和沉积物,特别是在浅海区;
——采样器提升时,如发现沉积物流失过多或因泥质太软而从采样器耳盖等处溢出,采沉积物因底质障碍物使斗壳锁合不稳、不紧密或壳口处夹有卵石和其他杂物时均应重新采集;
——沉积物样品采集后用白色塑料盘和小木勺接样,滤去水分,剔除砾石、木屑、杂草及贝壳等动植物残体,搅拌均匀后装入瓶或袋中;
——用于无机分析的样品用塑料袋(瓶)包装,供有机分析的样品应置于棕色磨口玻璃瓶中,瓶盖内应衬垫洁净铝箔或聚四氟乙烯薄膜;
——由采样器中取样须使用非金属器具,避免取已接触采样器内壁的沉积物;采样和分装样应防止采样装置、大气尘埃带来的玷污和已采集样品间的交叉污染;
——样品采集后应存放在清洁的样品箱内,有条件的应冷藏保存;
——采样完毕后,打开采泥器壳口,弃去残留沉积物,冲洗干净备用。

——挥发性物质在沉积物采样和管理期间的损失要特别关注,需采用专门的采样和管理程序;

——在不同阶段,可用添加样品检查各阶段的不确定度;

——用现场空白样评价污染来源对分析结果的影响,空白样可分为现场空白样、样品制备空白、基体空白和试剂空白,不同类型的空白可检查采样不同步骤中的错误的影响。

3.2.7 标记与记录

样品瓶事先编号,装样后站上标签,用记号笔将站号写在容器上,以免标签脱落弄乱样。塑料袋上需贴胶布,用记号笔注明站号,并将写好的标签放入袋中,扎口封存。按规定内容认真作好采样现场记录。

3.3 生物监测项目的采集

3.3.1 监测站位的布设

3.3.1.1 监测断面的布设原则

海洋生物监测断面的布设,应在对监测海域自然环境及社会状况进行调查研究的基础上,根据监测目的,遵循下述原则。

3.3.1.1.1 与水质监测断面布设一致性原则

生物监测站位应与水质监测站位基本一致,以利于时空同步采样,才能获取互相对比的数据。

3.3.1.1.2 海洋环境的整体性原则

从海洋环境总体考虑,以获得能反映海洋环境的宏观总体数据,掌握海洋污染对海洋生物的影响,了解海洋环境的自净能力,满足对海洋环境综合评价分析的需要,来进行生物监测断面的布设。

3.3.1.1.3 断面布设的经济性原则

生物监测断面布设方案要进行科学论证,以最少的断面和站位、人力、物力,获得有代表性的数据,以求得最佳经济、社会和环境。采样站位尽可能布设在便于运输、采样安全的地段。

3.3.1.1.4 断面布设的连续性原则

监测断面的布设一经确定,不得任意变动,确需变动,需经上级批准。

3.3.1.2 生物监测断面(站位)布设

生物监测断面布设与水质监测相一致,便于监测结果的对比;海洋大面积监测断面布设基本与沿岸平行,重点考虑河口、排污口、港湾和生态敏感区。港湾水域监测断面按网格布设,一般要有三个断面,按监测目的和项目的不同,站点布设有所侧重。潮间带断面应选取具代表性、不被人为破坏或少被人为破坏的地段;断面位置应有陆上标志,走向应与海岸垂直。取样站位的布设一般依据潮带划分,各潮带均应布有取样站位,通常高潮区布设2站,中潮区布设2~3站,低潮区布设1~2站。岩石岸站布应密切结合生物带的垂直分布;软相滩涂除考虑生物的垂直分布外,应特别注意潮区的交替、沉积物类型的变化和镶嵌。各站间距离视岩岸坡度、滩涂阔狭而定。站位确定后,最好设有固定标志,以便今后调查找到原位。为防标志物遗失,尚需按站序标号和记录各站间距离。

3.3.2 采样时间、频率和监测项目

生物监测每年在生物学季节进行,一般选择生物的繁殖期、育肥期采样。监测项目应选对监测海洋渔业生态环境质量敏感相关的生物学参数、生态和生物残毒的测项。一般有细菌、叶绿素 a、浮游动植物、底栖生物和生物体残毒等,根据需要可增加有害藻类和贝毒等项目。

3.3.3 生物监测种类的选择

除了种群特性之外,生物监测种类的选择还应考虑以下因素:

——易鉴别;
——适当的体长;
——寿命;
——分布广、充足和可用性;
——运动性和行动半径;
——摄食和生境;
——年龄、级别和性别;
——每年循环特性、生命循环阶段;
——每年主要时间的可用性;
——季节的影响;
——对环境压力(盐度、悬浮物和污染物);
——生理学考虑;
——对重点化合物的富集;
——对生态效应的敏感性;
——组织中元素的化学分析;
——易处理而不引入沾污;
——生物样采集与贮存费用。

3.3.6 生物样品采集过程中的质量保证和质量控制

——防止采样工具、绞车、缆绳上的油污、发动机废气、灰尘或冷却用水的污染;
——多数情况下,生物样品的预处理要置于冰上送实验室而不是在采样船上作剖割,为避免冻结会引起内脏破裂而污染其他组织,可在调查船上取出生物体内脏;
——应在受控环境最好的超净间进行生物体样品的剖割和取分样,痕量金属分析的样品最好用石英、聚四氟乙烯、聚丙烯或聚乙烯制成的容器;
——样品应用铝箔包封,置于防渗塑料袋中,立即冻结用于有机污染物的测定;
——不应将深色肌肉组织与其他浅色肌肉组织混合,样品中不应有刀槽物质;
——盛装剖割组织的容器,预先用洗涤剂清洗,可用酸浸洗,用自来水漂洗两次,再用蒸馏水洗,然后用丙酮、高纯度二氧甲烷漂洗;
——采样过程不允许吸烟,处理生物样品要戴清洁的手套;
——测有机化合物的生物样品应用玻璃或聚碳酸酯容器,分析汞的生物样品须贮存于玻璃容器中,容器的大小应与样品相匹配,要限制样品转移到另一容器的时间;
——构成采样工具的材料不应干扰分析;如分析痕量金属元素,应避免使用不锈钢刀,可由非污染材料取代。

4 样品保存和运输

样品采集之后,不管过滤与否,为使样品不失其代表性,应尽早进行分析。因受条件限制或时间关系,不能立即进行分析,需要妥善保存样品。贮存环境条件应根据样品的性质和组成,选择适当的保存剂,有效的贮存程序和技术。

4.1 分析前的样品保存

4.1.1 采样与分析时间的间隔

一般说来,采样与分析之间的时间越短,分析结果越可靠。在海洋渔业生态环境监测中,某些测项和多数海洋物化参数要在现场测定。样品贮存时间,取决于样品的特性、分析人员和贮存条件。保存时间被定义为在无出现重大变化之前从采样到分析可贮存样品的最大时间周期。即在一定时间内,在贮存条件下保存足够量的典型样品。平行测定的均值对时间画图,标为较低限的线为外推原浓度 C_0 减去 3S 的差值。较低限与实线的交点代表出现重大变化前样品的最大贮存时间。

当必须改变贮存或稳定条件,则必需测新的贮存时间。贮存时间很短暂的样品,应在采样后立即分析。

4.3 样品的运输

空样容器送往采样地点或分装好的样品容器运回实验室,要选择合适的包装箱材料,以防止容器破碎,保持样品完整。包装箱盖一般应衬有隔离材料,用以对瓶塞施加轻微压力,增加样品瓶在箱内的固定程度。所有样品除在现场测定外,其余样品在采样完成后应立即装运。保管样品的人员应尽可能少,要保证样品的质量安全。样品运输过程中应注意以下几点:

——样品装运前必须逐件与样品登记表、样品标签和采样记录进行核对,核对无误后分类装箱;

——塑料容器要拧紧内外盖,贴好密封带;

——玻璃瓶要塞紧磨口塞,然后用细绳将瓶塞与瓶颈拴紧,或用石蜡封口(测油脂的水样不能用石蜡封口);

——样品包装要严密,装运中能耐颠簸;

——用隔板隔开玻璃容器,填满装运箱的空隙,使容器固定牢靠。加箱盖前要垫好塑料膜,上面放泡沫塑料或干净的纸条,使样品盖能适度压住样品瓶;

——细菌和溶解氧样品要用泡沫塑料等软物填充包装箱,以免振动和曝气,并要冷藏运输;

——不同季节应采取不同的保护措施,保证样品的运输环境条件;

——在装运的液体样品容器侧面上要粘贴上"此端向上"的标签,以保证运输中容器的直立;"易碎—玻璃"的标签应贴在箱顶上,以保证样品的完整并避免样品过度摇动;

——样品运输应附有清单,清单上应注明实验室分析项目、样品种类和总数;

——样品运输必要时有专人押送,样品运至实验室时,送样人和收样人必须在样品登记表上签字,以示负责并便于追踪。

5 海洋渔业生态环境水质分析方法

本部分的各项水质监测项目按表 6 的分析方法进行。

表 6 水质监测项目与分析方法

序号	项目	分析方法	检出限(ω,mg/L)	引用标准
1	pH 值	pH 计法	—	GB 12763.4
2	水温	颠倒温度计表法	—	GB 17378.4

(续表)

序号	项目	分析方法	检出限(ω,mg/L)	引用标准
3	盐度	盐度计法	—	GB 17378.4
4	悬浮物	重量法	—	GB 3097
5	水色	比色法	—	GB 17378.4
6	透明度	目视法	—	GB 17378.4
7	浑浊度	分光光度法 浊度计法	—	GB 17378.4
8	溶解氧	碘量法	0.042	GB 12763.4
9	化学需氧量	碱性高锰酸钾法	0.15	GB 3097
10	生化需氧量(BOD_5)	稀释与接种法	0.2	GB/T 7488
11	硫化物	亚甲基蓝分光光度法	0.2×10^{-3}	GB 17378.4
12	活性磷酸盐	磷钼盐分光光度法	1.4×10^{-3}	GB 3097
13	活性硅酸盐	硅钼蓝法	1.4×10^{-3}	GB 12763.4
14	亚硝酸盐-氮	盐酸萘乙二胺分光光度法	0.28×10^{-3}	GB 12763.4
15	硝酸盐-氮	镉柱还原比色法 锌镉还原法	0.6×10^{-3} 0.7×10^{-3}	GB 12763.4
16	铵-氮	靛酚蓝分光光度法 次溴酸盐氧化法	0.7×10^{-3}	GB 17378.4
17	汞	冷原子吸收法 原子荧光光度法	0.0086×10^{-3} 0.00005	GB 3097 GB 3838
18	镉	无火焰原子吸收分光光度法 阳极溶出伏安法 火焰原子吸收分光光度法	0.14×10^{-3} 0.09×10^{-3} 0.3×10^{-3}	GB 3097
19	铅	无火焰原子吸收分光光度法 阳极溶出伏安法 火焰原子吸收分光光度法	0.19×10^{-3} 0.3×10^{-3} 1.8×10^{-3}	GB 3097
20	砷	氢化物发生原子吸收分光光度法 催化极谱法 原子荧光光度法	0.06×10^{-3} 1.1×10^{-3} 0.00006	GB 17378.4 GB 3838
21	铜	无火焰原子吸收分光光度法 阳极溶出伏安法 火焰原子吸收分光光度法	0.2×10^{-3} 0.6×10^{-3} 1.1×10^{-3}	GB 17378.4
22	锌	火焰原子吸收分光光度法 阳极溶出伏安法	3.1×10^{-3} 1.2×10^{-3}	GB 17378.4
23	总铬	无火焰原子吸收分光光度法	0.91×10^{-3}	GB 3097
24	硒	催化极谱法 磷钼蓝萃取分光光度法 二氨基联苯胺分光光度法	0.0001 0.0002 0.0004	GB 17378.4

(续表)

序号	项目	分析方法	检出限(ω,mg/L)	引用标准
25	油类	紫外分光光度法 荧光分光光度法	3.5×10^{-3} 1.0×10^{-3}	GB 17378.4
26	挥发性酚	4-氨基安替比林分光光度法	4.8×10^{-3}	GB 3097
27	氰化物	异烟酸-吡唑啉酮比色法 吡啶-巴比妥酸比色法	0.002 0.004	GB/T 7487
28	多氯联苯	气象色谱法	—	GB 17378.4
29	666[2]	气象色谱法	1.0×10^{-6}	GB 17378.4
30	DDT[2]	气象色谱法	3.8×10^{-6}	GB 17378.4
31	总有机碳	过硫酸钾氧化法		GB 17378.4
32	粪大肠菌群	发酵法 滤膜法	—	GB 3097
33	大肠菌群	发酵法 滤膜法	—	GB 3097
34	苯胺	N-(1-萘基)乙二胺偶氮分光光度法	0.03	GB/T 11889
35	阴离子表面活性剂	亚甲基蓝分光光度法	0.01	GB 17378.4

注:1. 无机氮的计算按下列公式计算:
$c(N) = 14 \times 10^{-3} [c(NO_3^- - N) + c(NO_2^- - N) + c(NH_4^- - N)]$
其中:$c(N)$——无机氮浓度,以 N 计,单位为 mg/L;
$c(NO_3\text{-}N)$——用上述方法测出的水样中硝酸盐浓度,单位为 $\mu mol/L$;
$c(NO_2\text{-}N)$——用上述方法测出的水样中亚硝酸盐浓度,单位为 $\mu mol/L$;
$c(NH_4\text{-}N)$——用上述方法测出的水样中氨浓度,单位为 $\mu mol/L$。
2. 666 和 DDT 的检出限系指四种异构体检出限之和。

6 海洋渔业生态环境沉积物(底质)分析方法

本部分的各项沉积物监测项目按表7的分析方法进行。

表7 海洋沉积物监测项目与分析方法

序号	项目	分析方法	检出限(ω)	引用标准
1	总汞	冷原子吸收光度法	5×10^{-9}	GB 18668
2	镉	无火焰原子吸收分光光度法 火焰原子吸收分光光度法	0.04×10^{-6} 0.05×10^{-6}	GB 18668
3	铅	无火焰原子吸收分光光度法 火焰原子吸收分光光度法	1×10^{-6} 3×10^{-6}	GB 18668
4	锌	火焰原子吸收分光光度法	6×10^{-6}	GB 18668

(续表)

序号	项目	分析方法	检出限(ω)	引用标准
5	铜	无火焰原子吸收分光光度法 火焰原子吸收分光光度法	0.5×10^{-6} 2×10^{-6}	GB 18668
6	砷	砷钼酸—结晶紫外分光光度法 氢化物发生原子吸收分光光度法	1×10^{-6} 3×10^{-6}	GB 18668
7	铬	无火焰原子吸收分光光度法	2×10^{-6}	GB 18668
8	有机物	重铬酸钾氧化—还原容量法	0.03×10^{-2}	GB 18668
9	硫化物	碘量法	4×10^{-6}	GB 18668
10	油类	紫外光度法 荧光分光光度法	2×10^{-6} 3×10^{-6}	GB 18668
11	六六六	气相色谱法	α-666,3 pg β-666,4 pg γ-666,3 pg δ-666,5 pg	GB 17378.5
12	DDT	气相色谱法	p'-DDT,4 pg op'-DDT,11 pg pp'-DDD,6 pg pp'-DDT,18 pg	GB 17378.5
13	多氯联苯	气相色谱法	59 pg	GB 17378.5
14	含水率	重量法	—	GB 17378.5
15	粪大肠菌群	发酵法 滤膜法	—	GB 17378.7
16	大肠菌群	发酵法 滤膜法	—	GB 17378.7

7 海洋渔业生物体污染残留量分析方法

本部分的海洋渔业生物体污染残留量各项监测项目按表8的分析方法进行。

表8 生物体污染物残留量测定项目与分析方法

序号	项目	分析方法	检出限($\omega, 10^{-6}$)	引用标准
1	总汞	冷原子吸收分光光度法	0.01	GB 18421
2	镉	无火焰原子吸收分光光度法 火焰原子吸收分光光度法	0.005 0.08	GB 18421
3	铅	无火焰原子吸收分光光度法	0.04	GB 18421
4	铬	无火焰原子吸收分光光度法	0.04	GB 18421
5	砷	氢化物发生原子吸收分光光度法	0.4	GB 18421
7	锌	无火焰原子吸收分光光度法	0.4	GB 17378.6

(续表)

序号	项目	分析方法	检出限($\omega, 10^{-6}$)	引用标准
8	石油类	荧光分光光度法	1	GB 17378.6
9	多氯联苯	气相色谱法	43pg	GB 17378.6
10	六六六	气相色谱法	α-666,5 pg β-666,7 pg γ-666,3 pg δ-666,9 pg	GB 17378.5
11	多氯联苯	气相色谱法	43pg	GB 17378.6
12	DDT	气相色谱法	p'-DDE,5 pg op'-DDT,17 pg pp'-DDD,8 pg pp'-DDT,40 pg	GB 17378.6
13	粪大肠菌群	发酵法	—	GB 17378.7 GB 4789.3
14	麻痹性贝类毒素	生物法	—	GB 17378.7 SC/T 3023
15	腹泻性贝类毒素	生物法	—	SC/T 3024
16	生物毒性试验	生物法	—	GB 17378.7

8 海洋生物分析方法

本部分的各项海洋生物监测项目按表9的方法进行。

表9 生物测定项目与方法

序号	项目	方法	引用标准
1	叶绿素a	荧光分光光度法 分光光度法	GB 17378.7
2	浮游植物	显微镜形态鉴定直接计数法 显微镜形态鉴定沉降计数法 显微镜形态鉴定浓缩计数法	GB 17378.7
3	浮游动物	个体数:显微镜形态鉴定直接计数法 生物量:抽滤称重	GB 17378.7
4	鱼卵仔稚鱼	显微镜形态鉴定直接计数法	GB 17378.7
5	底栖生物	个体数:显微镜形态鉴定直接计数法 生物量:抽滤称重	GB 17378.7
6	潮间带生物	栖息密度:显微镜形态鉴定直接计数法 生物量:抽滤称重	GB 17378.7

渔业生态环境监测规范 第3部分：淡水（节录）

SC/T 9102.3—2007

（2007年6月14日发布 2007年9月1日实施）

本部分由中华人民共和国农业部提出。
本部分起草单位：中国水产科学研究院长江水产研究所。

（按原标准编号节录）

3 水质采样、水样保存和分析方法

3.1 采样区域、断面、站位或测点布设

3.1.1 原则

全面、真实、客观地反映所监测的渔业功能区水域内水环境质量及污染物的时空分布状况与特征，以较少的监测区域、断面和测点获得最具代表性的样品。

考虑河流、湖泊、水库水体的水动力条件，河流、湖泊、水库的面积、形态、补给水条件、取水、排污设施的位置和规模、污染物在水体中的循环及迁移转化。

监测水域内及相关上、下游区段内无严重污染源存在，水质稳定，在监测的中心区域设置监测采样断面或站位；存在严重污染源时，应根据污染源分布及排污状况，对排污口和污染带进行采样监测，在污染影响区域设置若干控制断面，同时在监测区域的上、下游设置对照断面和消减断面。

监测水域内有较大支流汇入，应在支流靠近汇入口的上游布设采样断面。

河流采样断面的设置应与水流方向垂直。

3.1.2 湖泊、水库

3.1.2.1 水质特性采样点

湖（库）具有复杂的岸线，或由几个不同的水面组成时，须设置多个采样点，或采用网格法布设若干个采样点，采集平面样品组或平面综合样。对河道型湖（岸），可设置采样断面，断面布设与附近水流方向垂直。湖（库）的水质在水平方向未呈现明显的差异时，在水的最深位置以上布设一个采样点。

3.1.2.2 水质控制采样点

靠近用水的取水口或主要水源的入口布设。

3.1.2.3 特殊情况的采样点

在观测到出现异常的地点布设。

3.1.2.4 垂直采样点

在非均匀水体采样，缩短采样点之间的间隔深度，采集深度样品组或深度综合样。采样层次

的布设取决于所需要的资料和局部环境。湖(库)沿水深方向水质变化很大时,同时进行分层采样,采样层数可根据水质变动情况而设定。

3.1.3 河流

3.1.3.1 垂线布设

水面宽小于50m,只设一条中泓垂线;水面宽50～100m,设置左中右三条垂线(即一条中泓垂线和左右岸有明显水流处各一条垂线);水面宽度大于100m,酌情增加采样断面。

3.1.3.2 采样点布设

水深小于5m,可只采表层(水下0.5m)水样;水深5～10m,采表层和底层(河底以上0.5m)水样。水深大于10m,采表层、中层(1/2水深处)和底层水样。河流上下层水交换充分的,可酌情减少采样层数。

3.2 采样时间和频次原则

根据需要阐明的渔业环境水质特性,考虑水质变动的时间因素,安排采样时间和频次。表征渔业水域整体水质质量时,需在鱼类越冬期、繁殖期和育肥期进行采样监测。

3.3 采样器和贮样容器选择以及样品保存技术

3.3.1 采样器的选择与使用要求

采样器应有足够强度,使用灵活、方便可靠,与水样接触部采用惰性材料,如不锈钢、聚四氟乙烯等。采样器使用前,根据待测项目的要求确定清洗采样器的方法。

在水流平缓的河流、湖泊、水库中采样,用直立式采样器。

在水深流急的河流中采样,用与铅鱼、绞车联用的横式采样器。

油类样品采集使用不锈钢采样器。

定时关启的电动泵采样器、利用进水面与表层水面水位差压力的采样器、随流速变化自动按比例采样的采样器不适于油类、pH、溶解氧、电导率、水温等项目的测定。

3.3.2 贮样容器的选择与使用要求

3.3.2.1 贮样容器材质要求

容器材质化学稳定性好,不会溶出待测组分,且在贮存期内不会与水样发生物理化学反应。测定光敏性组分的水样,容器材质应具有遮光作用。

3.3.2.2 贮样容器选择与使用要求

测定有机项目、磷酸盐和油类的贮样容器应选用硬质(硼硅)玻璃容器。

测定金属、放射性和无机项目的贮样容器可选用高密度聚乙烯或硬质(硼硅)玻璃容器。

测定钠、钙、镁、硅、硼等元素,应避免使用玻璃容器。

测定氟时,水样不能贮于玻璃瓶中。

测定溶解氧及生化需氧量(BOD_5)应使用溶解氧瓶或其他专用贮样容器。

3.3.2.3 贮样容器洗涤

根据水样待测项目的分析方法要求确定清洗容器的方法。

贮样容器清洗的一般程序是用自来水和洗涤剂清洗,再用铬酸-硫酸洗液浸泡7d以上,然后用蒸馏水冲流干净,所用的洗涤剂类型和选用的容器材质要随待测组分来确定。测磷酸盐则不能使用含磷洗涤剂;测硫酸盐或铬不能用铬酸-硫酸洗液浸泡。测重金属的玻璃容器及聚乙烯容器通常用盐酸或硝酸(1mol/L)洗净并浸泡 7d 以上后用蒸馏水或去离子水冲洗。

3.3.3 采样方法与适用范围

定流量采样:当累积水流流量达到某一设定值时,脉冲触发采样器采集水样,采集特定流量时态水样。

流速比例采样:适用于流量与污染物浓度变化较大的水样采集,采集与流速成正比例的水样。

时间积分采样:适用于采集一定时段内的混合水样。

深度积分采样:适用于采集沿采样垂线不同深度的混合水样。

3.3.4 采样方式与适用范围

涉水采样:适用于水深较浅的水体,应避免剧烈搅动水体。

桥梁采样:适用于有桥梁的采样断面。

船只采样:适用于水体较深的河流、水库、湖泊,应逆风逆流,在船头取样。

缆道采样:适用于山区流速较快的河流。

冰上采样:适用于冬季冰冻河流、湖泊和水库。

3.4 样品保存技术

样品保存技术按 GB/T 12999—1991 中表 1"常用样品保存技术"中"物理、化学及生化分析"样品保存方法执行。

3.5 水质分析方法

常规水质指标分析方法见表 1。

表 1 常用水质指标监测分析方法

序号	基本项目	分析方法	测定下限(mg/L)	方法来源
1	水温	温度计法	—	GB/T 13195
2	pH	玻璃电极法	—	GB/T 6920
3	悬浮物	重量法	—	GB/T 11901
4	凯氏氮	半微量滴定法	—	GB/T 11891
5	氨氮[a]	纳氏试剂比色法	0.05	GB/T 7479
		水杨酸分光光度法	0.01	GB/T 7481
6	总氮	碱性过硫酸钾消解紫外分光光度法	0.05	GB/T 11894
7	总磷	钼酸铵分光光度法	0.01	GB/T 11893
8	硝酸盐	酚二磺酸分光光度法	0.02	GB/T 7480
9	亚硝酸盐	分光光度法	0.001	GB/T 7493
10	氟化物	茜素磺锆目视比色法	—	GB/T 7482
		离子选择电极法	0.05	GB/T 7484
		氟试剂分光光度法	0.05	GB/T 7483

(续表)

序号	基本项目	分析方法	测定下限(mg/L)	方法来源
11	硫化物	亚甲基蓝分光光度法	0.005	GB/T 16489
		直接显色分光光度法	0.004	GB/T 17133
12	硫酸盐	重量法	10	GB/T 11899
		火焰原子吸收分光光度法	0.4	GB/T 13196
13	溶解氧	碘量法	0.2	GB/T 7489
		电化学探头法	—	GB/T 11913
14	高锰酸盐指数	高锰酸盐滴定法	0.5	GB/T 11892
15	化学需氧量	重铬酸盐法	5	GB/T 11914
16	五日生化需氧量	稀释与接种法	2	GB/T 7488
17	铁	火焰原子吸收分光光度法	0.03	GB/T 11911
18	锰	火焰原子吸收分光光度法	0.01	GB/T 11911
		高碘酸钾分光光度法	0.02	GB/T 11906
19	铜	2,9-二甲基-1,10-菲啰啉分光光度法	0.06	GB/T 7473
		二乙基二硫代氨基甲酸钠分光光度法	0.010	GB/T 7474
		原子吸收分光光度法(整合萃取法)	0.001	GB/T 7475
20	锌	原子吸收分光光度法	0.05	GB/T 7475
		双硫腙分光光度法	—	GB/T 7472
21	硒	2.3-二氨基萘荧光法	0.00025	GB/T 11902
		石墨炉原子吸收分光光度法	0.003	GB/T 15505
22	砷	二乙基二硫代氨基甲酸银分光光度法 原子荧光分光光度法[b]	0.007 0.00006	GB/T 7485
23	汞	原子荧光分光光度法[b] 冷原子吸收分光光度法	0.00005 0.00005	GB/T 7468
24	镉	原子吸收分光光度法(整合萃取法) 双硫腙分光光度法	0.001	GB/T 7475 GB/T 7471
25	六价铬	二苯碳酰二肼分光光度法	0.004	GB/T 7467
26	铅	原子吸收分光光度法(整合萃取法)	0.01	GB/T 7475
27	氰化物	异烟酸-吡唑啉酮比色法	0.004	GB/T 7487
		吡啶-巴比妥酸比色法	0.002	GB/T 7487
28	挥发酚	蒸馏后4-氨基安替比林分光光度法	0.002	GB/T 7490

(续表)

序号	基本项目	分析方法	测定下限(mg/L)	方法来源
29	石油类	红外分光光度法	0.01	GB/T 16488
30	阴离子表面活性剂	亚甲蓝分光光度法	0.05	GB/T 7494
31	粪大肠菌群	发酵法	—	GB/T 17378.7
		滤膜法		
32	叶绿素 a	荧光光度法	—	GB/T 17378.7
		分光光度法		GB/T 17378.7
33	总大肠菌群	多管发酵法	—	GB/T 5750
		滤膜法		
34	六六六(丙体)滴滴涕	气相色谱法	—	GB/T 7492

注:a 非离子氨浓度按照 GB 11607—89《渔业水质标准》附录 A(总氨换算表)进行换算。
b《水和废水监测分析方法(第三版)》,中国环境科学出版社,1989。

3.6 注意事项

按 SC/T 9102.2—渔业生态环境监测规范 第 2 部分:海洋中 3.1.6.3 执行。

4 沉积物采样、样品保存和分析方法

4.1 采样点确定原则

4.1.1 湖泊、水库

根据调查湖(库)大小和营养类型选设适当数量的采样点,湖(库)心,主要的河流入湖(库)处和污染排放口周围等有代表性区域须设置采样点。

采用网格法布设采样点时,应充分考虑样品代表性和采样可行性,采用比较合理的网格区域布点。

4.1.2 河流

采样点布设应根据调查目的确定,一般以断面方式布设。在河流左右岸边水域、中泓线区域、河口区、污染源附近、地形及潮汐原因造成堆积区、底泥恶化区,以及沉积层比较薄等区域设置采样点。

沉积物分布状况未知或易变区域,采样点要均设置,并适当增加采样点数。

4.2 采样方式

根据需要采集点状、柱状或混合样品。采样器可选用抓斗、筒式采样器、蚌式采样器或钻探装置。

混合样品可由采泥器或者抓斗采集。采集较深层的柱状样时,采用钻探装置。

4.3 沉积物样品保存与预处理

4.3.1 样品保存

使用广口、可密封容器储存样品,在样品保存期内测试完毕。样品保存方法见原标准。

4.3.2 分析样品制备
4.3.2.1 样品制备过程
分析样品须经过干燥、粉碎、过筛和缩分四个过程。
4.3.2.2 样品干燥方法及适用范围
真空冷冻干燥:适用于对热、空气不稳定的组分。
自然风干:适用于较稳定组分。
恒温干燥:在105℃环境下干燥,适用于稳定组分。
4.3.2.3 样品制备注意事项
剔除石块、贝壳、动植物残体等杂质。
测定铜、铅、锌、镉、砷及硒等的样品用玛瑙粉碎器皿研磨,过160目尼龙筛,加工后的样品充分混匀(视测定项目要求而定)。筛下样品采用四分法缩分,得到所需量的样品装入棕色广口瓶中,贴上标签后供测试用或冷冻保存。
测有机污染物样应使用不锈钢网筛。
测定汞、砷、硫化物等项目时,样品捣碎研磨过程中,不应产生高温,导致待测物损失。
采用湿样测定不稳定组分时,应同时制备两份样品,其中一份用于含水量测定。
4.4 分析方法
沉积物分析方法见表3。

表3 沉积物分析方法

序号	项目	分析方法	检出限(ω)	引用标准
1	含水率	重量法	—	GB 17378.5
2	汞	冷原子吸收光度法 双硫腙分光光度法	5×10^{-9} 30×10^{-9}	GB 17378.5
3	镉	无火焰原子吸收分光光度法 火焰原子吸收分光光度法	0.04×10^{-6} 0.05×10^{-6}	GB 17378.5
4	铅	无火焰原子吸收分光光度法 火焰原子吸收分光光度法 双硫腙分光光度法	1×10^{-6} 3×10^{-6} 0.5×10^{-9}	GB 17378.5
5	锌	火焰原子吸收分光光度法 双硫腙分光光度法	6×10^{-6} 3×10^{-6}	GB 17378.5
6	铜	无火焰原子吸收分光光度法 火焰原子吸收分光光度法 二乙基二硫代氨基甲酸钠分光光度法	0.5×10^{-6} 2×10^{-6} 1×10^{-6}	GB 17378.5
7	砷	砷钼酸—结晶紫外分光光度法 氢化物发生原子吸收分光光度法 催化极谱法	1×10^{-6} 3×10^{-6} 2×10^{-6}	GB 17378.5
8	铬	无火焰原子吸收分光光度法 二苯碳酰二肼分光光度法	2×10^{-6} 2×10^{-6}	GB 17378.5
9	凯氏氮	半微量滴定法 半微量滴定法[a]	—	GB/T 6432

(续表)

序号	项目	分析方法	检出限(ω)	引用标准
10	总磷	分光光度法 钼酸铵分光光度法ᵃ	—	GB/T 6437
11	六六六	气相色谱法	α-666,3 pg β-666,4 pg γ-666,3 pg δ-666,5 pg	GB 17378.5
12	DDT	气相色谱法	p'-DDE,4 pg op'-DDT,11 pg pp'-DDD,6 pg pp'-DDT,18 pg	GB 17378.5
13	粪大肠菌群	发酵法 滤膜法	—	GB 17378.7
14	大肠菌群	发酵法 滤膜法	—	GB 17378.7

注:a《中国生态系统研究网络观测与分析标准方法——湖泊生态调查观测与分析》:第四篇《沉积物(底质)分析》,中国标准出版社,1999。

5 浮游植物和浮游动物采样、样品保存和分析方法

5.1 浮游植物

5.1.1 采样区域、断面、站位或测点布设

5.1.1.1 原则

根据水体面积、形态特征、工作条件、浮游植物的生态分布特点和调查目的、经费状况等确定采样点的数量。

采样点必须有代表性,能反映整个水体浮游植物和浮游动物基本情况。

5.1.1.2 湖泊、水库

平面采样点布设:在湖(库)心,湖(库)湾的中心、穿过湖(库)的调水航道中心,主要进水口、出水口附近、沿岸浅水区(有水草区和无水草区)、沿岸主要排污口和入出湖、库的河流汇合口处等位置设置采样点。采样点的数目确定参考表4。

表4 不同湖库面积需设采样点的数目

面积(km²)	<5	5~20	20~50	50~100	100~500	500~1 000	1000~2000	>2 000
样点数	2~3	3~6	6~10	10~15	12~16	16~20	20~30	30~50

垂直采样点布设:根据水体深浅和水团混合情况来决定采水层次,水面下0.5m处水层必须采集。水深3m~10m的水体则在表层(0.5m)和离底部0.5m处各采一个样品。水深大于10m的深水水体可每隔2m~5m水层采一个水样。

5.1.1.3 河流

从上游至下游按适当间距设置采样断面。

在主要支流汇合口上游和汇合后与干流充分混合处、河口区,受潮汐影响的河段、严重水土流失等区域须设置采样点。

断面采样垂线设置方式参考表5。

垂线上采样点设置方式参考表6。

表5 河流采样断面垂线设置

水面宽(m)	垂线数
<50	一条(中泓线)
50~100	二条(左、右近岸有明显水流处)
>100	三条(左、中、右)

表6 河流垂线上采样点的设置

水深(m)	采样点数	说　明
<5	一点(水面下0.5m处)	水深不足1m时,应设在1/2水深处。
5~10	二点(水面下0.5m、河底上0.5m)	河流封冻时,在冰下0.5m处。
>10	三点(水面下0.5m、1/2水深、河底上0.5m)	若垂线上水质均匀,可酌情减少采样点。

5.1.2 采样频率和采样时间

采样频率和采样时间分常规监测、专项监测和应急监测,其中常规监测时间一般为生物的繁殖期、育肥期,专项监测和应急监测根据实际情况确定。

5.1.4 定性标本的采集、固定和镜检

用25号浮游生物网在水中作"∞"形移动,移动时网口与水面垂直,网口上端不露出水面,移动速度不超过0.3m/s,移动时间可根据水中生物多寡而定,采集水样盛于30mL~50mL广口瓶中。

立即用碘液加以固定,固定剂量为水样的1%,使水样呈棕黄色即可;需长期保存的样品,再在水样中加少许甲醛溶液。

根据要求鉴定至门、属和种,并做记录。

5.1.7 浮游植物重量(生物量)的计算

浮游植物的比重接近于"1",可直接由浮游植物的体积换算成重量(湿重)。生物量为各种浮游植物的个数乘以各自的平均体积,单位为mg/L或g/m^3。

浮游植物体积测定:按藻体的几何形状测量,如长度、高度、直径,然后求出体积,如球形体积$=4/3m^3$。

5.2 浮游动物监测

5.2.1 采样点、采水层次、采样频率、采集时间的选定同浮游植物。

5.2.3 定性标本的采集、固定和镜检

采集小型浮游动物(原生动物、轮虫):用25号浮游生物网,方法同浮游植物。

采集大型甲壳类(枝角类、桡足类):用13号浮游生物网,方法同浮游植物。
固定、镜检:同浮游植物。

6 底栖动物采样、样品保存和分析方法

6.1 底栖动物采样

6.1.1 采样点的选择

选择采样点必须具有代表性,能反映整个水体的基本情况,根据不同生境特点(水深、底质、水生植物)设置断面和采样点。

湖泊:采样点应选在主湖区,隔离或半隔离的湖湾、大型水生植物分布区、出水口、进水口以及污染地区等。

水库:采样点应选在近坝区、旧河床、因灌溉水势消长区、牧草、作物、森林淹没区。

河流:采样点应选在浅滩、深槽、泉水区、支流、洄水湾,并在相当长的距离作流动调查。

6.2 底栖动物样品保存和分析方法

6.2.3 定性鉴定

在低倍显微镜、解剖镜和手执放大镜下进行观察。软体动物和水蚯蚓的优势种类鉴定至种,摇蚊幼虫鉴定到属,水生昆虫等鉴定到科。

6.2.4 密度和生物量计算

把每个采样点的底栖动物按不同种类准确统计其个体数,再根据采样器开口面积计算出单位面积上的个数(ind/m^2)和生物量(g/m^2)。

称重前先把样品在吸水纸上轻轻翻滚,吸去附在体外水分,软体动物用盘架天平,水蚯蚓和昆虫用扭力天平称重。先称各采样点的总重,然后再分类称重,其数据代表固定后的湿重。

6.2.5 平均密度和平均生物量计算

将上述水体所有采样点的所有数据进行累计、平均,算出采样月(或季、年)中整个水体各类底栖动物的平均密度和生物量。

渔业生态环境监测规范 第4部分:资料处理与报告编制(节录)

SC/T 9102.4—2007

(2007年6月14日发布 2007年9月1日实施)

本部分由中华人民共和国农业部提出。
本部分由全国水产标准化技术委员会归口。
本部分起草单位:中国水产科学研究院东海水产研究所。

(按原标准编号节录)

3 监测资料的整编

3.1 监测资料的形式

——以数值为主体的监测资料为数值形资料;

——以字符为主体的监测资料为字符形资料;

——以模拟信号、图形或声像为主体的监测资料为图像资料;

——在监测中有保存价值的样品或标本为实物形资料。

资料收集的具体内容是:

- 监测数据、报表;
- 现场调查监测、采样记录;
- 社会调查如特定区域环境概况、污染源状况等资料;
- 环境统计、污染治理现状、效益等管理有关资料;
- 其他形式的所需资料。

3.2 监测资料的整理

监测资料整理须按监测计划要求,对原始资料、监测数据进行分类、筛选,形成较全面、系统的数据资料集,编制统计图表,编写《环境质量报告书》。

4 监测资料的检查

在监测资料整理过程中,须对资料的正确性、代表性和完整性进行系统检查,纠正错误,删除可疑,填补空缺,完善手续,以保证质量,得出正确结论。

4.1 逻辑性判断

对监测数据进行逻辑性判断,如出现反常现象,应查找出原因,有错必纠。

4.2 统计检验与校对

可用横列相加与纵栏相加等于总计的原则对统计报表进行检验,也可进行抽检复核。要特别注意由原始记录向报表转抄、誊写过程中出现的错误,须对原稿校对。

4.3 完整性检查

应对监测数据进行完整性检查,如发现缺漏要设法补上,无法补齐时应注明原因。

5 数据处理要求

渔业生态环境监测数据分析要求充分发挥环境质量监测工作和多年积累数据的作用,通过对数据进行处理,运用科学的综合分析方法,掌握渔业生态环境质量状况和变化趋势,为渔业经济的发展提供科学依据。

5.1 计量单位

监测数据报表须使用法定计量单位,使用单位在量纲上要保持一致。

5.2 数值修约

按规范正确进行监测数值的修约,保留准确的有效位数。

5.3 "未检出"值的处理

检出浓度低于最低检出限为未检出。未检出数据参加统计求均值时,按 1/2 最低检出限计算。或报出测定值,并注明最低检出限。

5.4 缺项的表示

统计报表缺项时,用斜线符号"/"表示。表中上下行或左右栏数据相同时,须如实填写,不得简写或用其他符号代替。

6 监测数据的统计特征和表示方法

6.1 渔业生态环境监测数据的统计特征

在渔业生态环境监测数据进行分析之前,应了解其统计特征。监测数据的统计特征有:数据中心趋向、变异性、分布形状、季节性和序列相关等,详见表1。(表1 具体内容见原标准)

一组正常的测定数据,应是来自具有一定分布的同一总体;若分析条件发生显著变化,或在实验操作中出现过失,将产生与正常数据有显著性差别的数据,此类数据称为异常值。运用统计检验程序,以判别两组数据的差异是否显著,从而更合理地使用数据,做出正确的结论。对异常值和数据差异的显著性检验按 GB 17378.2 执行。

6.2 监测数据的表示方法

——平均值包括算术平均值和几何平均值;

——对数量的均值表示法;

——超标倍数和超标率。超标是指监测值劣于水质标准而言(或其他质量标准)。超标倍数指监测值超出标准值的倍数。因水质标准等标准分多个级别,应注明超第几级标准。

$$超标倍数 = \frac{C - C_0}{C_0} \tag{1}$$

式中:C——超标监测数值;

C_0——超标项目标准值。

$$超标率 = \frac{超标数据个数}{总监测数据个数} \times 100\% \tag{2}$$

——统计表:统计表的设计应简明扼要,重点突出。统计表及其填报方法应统一;

——统计图:统计图根据监测、监视目的,以曲线图、直方图等方式表示时空的变化。如监测区域环境质量状况直方图,环境质量随时间变化曲线图、沉积物中污染物含量垂直分布图等。

6.3 评价方法

渔业生态环境质量评价采用单项标准指数法,水质评价标准首先选用 GB 11607,渔业水质标准中缺项的,考虑采用 GB 3097 或 GB 3838;沉积物质量评价标准首先选用 GB/T 18407.4,无公害水产品产地环境要求中缺项的,考虑采用 GB 18668 或其他标准,生物体质量评价标准首先选用 GB 18406.4,无公害水产品安全要求中缺项的,考虑采用 GB 18421。

7 监测数据、资料分析

资料分析以渔业生态环境监测数据为依据,引用的环境管理统计数据和社会调查资料力求翔实可靠。根据渔业生态环境监测数据平均值、范围值、超标率等统计指标,按环境要素和时空质量变化进行全面、系统分析和定量描述。

污染趋势分析,根据历年渔业生态环境监测结果,统计处理后与标准值进行分析对比,找出时间(年、月等)、空间(站位或不同层次)的污染变化规律和发展趋势。

污染原因分析,在对渔业生态环境质量状况分项评价分析基础上,进行环境污染对生态破坏、渔业作业区综合管理与发展沿岸经济的影响分析,探讨污染的突发性(污染事故等)和渐变性(如城镇建设、乡镇企业的发展、人口的增长等)因素,阐明污染特征。

在进行监测资料分析时,可采用多元回归、多因子相关分析和模糊聚类评价等方法。

8 监测资料管理

8.1 监测资料处理过程中的质量控制

——应组织熟悉资料工作的专业技术人员对资料进行人工审核;
——用计算机对资料进行自动质量控制;包括:非法码、误码、要素可能变化范围、唯一性、合理性、相关性等检验;
——资料录入前,需核对录入程序,录入完成之后,需对数据进行批处理抽样检查;
——抽样率不低于录入量的5%;误码率低于万分之一为合格;五万分之一为良好;十万分之一为优秀;
——对不合格的批处理资料应重新复核或视情况重新录入,直至抽样合格为止;
——所选择资料处理方法引入的误差不得超过获取原始资料规定的误差标准;
——对监测要素进行时空描述时,选取的时间和空间步长必须能反映出要素变化的客观规律。

8.2 监测资料的管理

渔业生态环境监测资料必须实施国家统一管理的政策,以维护监测资料的国家所有权。

渔业生态环境监测结束后,应根据国家档案法及有关规定归档。

8.3 监测数据报表

——渔业生态环境监测人员要逐项按规定编制渔业生态环境监测数据报表;
——填写前应全面审查原始记录表,发现可疑数据应认真核对,按规定在报表中填写相应的质量符;
——要严格抄、校制度,必须对报表进行检查和校对。对特殊情况,要在备注栏目内加以说明和记载;
——每张报表出现3次以上修改,应重新编制;
——抄录人、校对人、复核人等都必须在相应栏目中签名,以示负责。

8.4 渔业生态环境监测数据的微机管理系统

微机在渔业生态环境监测中的应用包括以下几个方面:
——监测仪器联机使用:对渔业生态环境监测仪器的运转进行程序控制、数据处理和最终结果的显示、打印;
——数据加工及贮存:对渔业生态环境监测数据进行汇总处理、存入数据库,以备检索和输送。
——管理信息系统:对渔业生态环境监测资料聚类分析、环境评价,与海洋地理信息系统配合,绘制各类评价专用图,实施智能型应用。

9 监测报告编制

按照渔业生态环境监测计划,在完成现场调查监测、实验室分析、数据处理和评价等工作之后,须把渔业生态环境评价工作的各种环节有机地联系起来,合理地表达各项评价的结果,以文件的形式对渔业生态环境质量作出概括性结论。渔业生态环境质量监测报告一般应包括下列内容:

9.1 渔业生态环境的概况

包括监测水域自然环境状况、渔业状况和污染源分布状况。

9.2 渔业生态环境质量状况

9.2.1 水质质量状况

水质质量状况包括监测断面数、监测次数、监测项目分析结果、超标率等状况,并列表和绘图说明。对水质质量状况作出评价,阐明所采取的措施和防治对策。

9.2.2 底质质量状况

评价底质质量状况的内容和方法与水质质量状况评价类同。主要阐述环境质量的现状、质量分级和衡量程序,阐明监测水域分异、时空分布状况和规律。对回顾性评价,要分时段进行环境质量与现状的对比。此外,还应分析环境质量的变化规律和不同扩散条件下各环境要素的动力学影响。

9.2.3 生物体质量状况

评价生物体质量状况的内容和方法与水质、底质质量状况评价类同。主要阐述生物体质量的现状、质量分级和衡量程序,阐明监测水域分异、时空分布状况和规律。对回顾性评价,要分时段进行生物体质量与现状的对比。此外,还应分析水质、底质环境质量的变化规律和不同扩散条件下各环境要素的动力学影响。

9.2.4 生物质量状况

评价生物质量状况的内容和方法与水质、底质质量状况评价不同。主要阐述生物量、种类组成、优势种的现状,群落结构和群落多样性,阐明监测水域分异、时空分布状况和规律。对回顾性评价,要分时段进行生物质量状况与现状的对比。此外,还应分析水质、底质环境质量的变化规律和不同扩散条件下各环境要素的动力学影响。

9.3 综合结论、建议和对策

在渔业生态环境质量分析、评价基础上,给出科学结论。根据渔业生态环境现状和发展趋势,提出改善渔业生态环境的措施和对策,提出有针对性的建议。

第十九部分　海洋渔业生态环境标准

海水水质标准（节录）

GB 3097—1997

（1997年12月3日发布　1998年7月1日实施）

本标准由国家环境保护局和国家海洋局共同提出。
本标准由国家海洋局第三海洋研究所和青岛海洋大学负责起草。

（按原标准编号节录）

3　海水水质分类与标准

3.1　海水水质分类
按照海域的不同使用功能和保护目标，海水水质分为四类：
第一类　适用于海洋渔业水域，海上自然保护区和珍稀濒危海洋生物保护区。
第二类　适用于水产养殖区，海水浴场，人体直接接触海水的海上运动或娱乐区，以及与人类食用直接有关的工业用水区。
第三类　适用于一般工业用水区，滨海风景旅游区。
第四类　适用于海洋港口水域，海洋开发作业区。

3.2　海水水质标准
各类海水水质标准列于表1。

表1　海水水质标准

单位：mg/L

序号	项目	第一类	第二类	第三类	第四类
1	漂浮物质	海面不得出现油膜、浮沫和其他漂浮物质			海面无明显油膜、浮沫和其他漂浮物质
2	色、臭、味	海水不得有异色、异臭、异味			海水不得有令人厌恶和感到不快的色、臭、味
3	悬浮物质	人为增加的量≤10		人为增加的量≤100	人为增加的量≤150
4	大肠菌群（个/L）≤	10 000 供人生食的贝类增养殖水质≤700			—

（续表）

序号	项目		第一类	第二类	第三类	第四类
5	粪大肠菌群(个/L)	≤	\multicolumn{3}{c}{2 000 供人生食的贝类增养殖水质≤140}	—
6	病原体		\multicolumn{4}{c}{供人生食的贝类养殖水质不得含有病原体}
7	水温(℃)		\multicolumn{2}{c}{人为造成的海水温升夏季不超过当时当地1℃，其他季节不超过2℃}	\multicolumn{2}{c}{人为造成的海水温升不超过当时当地4℃}
8	pH		\multicolumn{2}{c}{7.8～8.5 同时不超出该海域正常变动范围的0.2pH单位}	\multicolumn{2}{c}{6.8～8.8 同时不超出该海域正常变动范围的0.5pH单位}
9	溶解氧	>	6	5	4	3
10	化学需氧量(COD)	≤	2	3	4	5
11	生化需氧量(BOD₅)(COD)	≤	1	3	4	5
12	无机氮(以N计)	≤	0.20	0.30	0.40	0.50
13	非离子氮(以N计)	≤	\multicolumn{4}{c}{0.020}
14	活性磷酸盐(以P计)	≤	0.015	\multicolumn{2}{c}{0.030}	0.045
15	汞	≤	0.000 05	\multicolumn{2}{c}{0.000 2}	0.000 5
16	镉	≤	0.001	0.005	\multicolumn{2}{c}{0.010}
17	铅	≤	0.001	0.005	0.010	0.050
18	六价铬	≤	0.005	0.010	0.020	0.050
19	总铬	≤	0.05	0.10	0.20	0.50
20	砷	≤	0.020	0.030	\multicolumn{2}{c}{0.050}
21	铜	≤	0.005	0.010	\multicolumn{2}{c}{0.050}
22	锌	≤	0.020	0.050	0.10	0.50
23	硒	≤	0.010	\multicolumn{2}{c}{0.020}	0.050
24	镍	≤	0.005	0.010	0.020	0.050
25	氰化物	≤	\multicolumn{2}{c}{0.005}	0.10	0.20
26	硫化物(以S计)	≤	0.02	0.05	0.10	0.25
27	挥发性酚	≤	\multicolumn{2}{c}{0.005}	0.010	0.050
28	石油类	≤	\multicolumn{2}{c}{0.05}	0.30	0.50
29	六六六	≤	0.001	0.002	0.003	0.005
30	滴滴涕	≤	0.000 05	\multicolumn{3}{c}{0.000 1}
31	马拉硫磷	≤	0.000 5	\multicolumn{3}{c}{0.001}
32	甲基对硫磷	≤	0.000 5	\multicolumn{3}{c}{0.001}
33	苯并[a]芘(μg/L)	≤	\multicolumn{4}{c}{0.002 5}

(续表)

序号	项目		第一类	第二类	第三类	第四类
34	阴离子表面活性剂（以 LAS 计）		0.03	0.10		
35	放射性核素（Bq/L）	^{60}Co	0.03			
		^{90}Sr	4			
		^{106}Rn	0.2			
		^{134}Cs	0.6			
		^{137}Cs	0.7			

4 海水水质监测

4.1 海水水质监测样品的采集、贮存、运输和预处理按 GB 12763.4—91 和 HY 003—91 的有关规定执行。

4.2 本标准各项目的监测，按表2的分析方法进行。（表2具体内容见原标准）

5 混合区的规定

污水集中排放形成的混合区，不得影响邻近功能区的水质和鱼类洄游通道。

附录 A　无机氮的计算（略）
附录 B　非离子氮换算方法（略）

渔业水质标准（节录）

GB 11607—89

(1989 年 8 月 12 日发布　1990 年 3 月 1 日实施)

本标准由国家环境保护局标准处提出。
本标准由渔业水质标准修订组负责起草。

（按原标准编号节录）

3 渔业水质要求

3.1 渔业水域的水质，应符合渔业水质标准（见表1）。

表 1 渔业水质标准

单位：mg/L

项目序号	项 目	标准值
1	色、臭、味	不得使鱼、虾、贝、藻类带有异色、异臭、异味
2	漂浮物质	水面不得出现明显油膜或浮沫
3	悬浮物质	人为增加的量不得超过10，而且悬浮物质沉积于底部后，不得对鱼、虾、贝类产生有害的影响
4	pH 值	淡水 6.5～8.5，海水 7.0～8.5
5	溶解氧	连续24h中,16h以上必须大于5，其余任何时候不得低于3，对于鲑科鱼类栖息水域冰封期其余任何时候不得低于4
6	生化需氧量（五天、20℃）	不超过5，冰封期不超过3
7	总大肠菌群	不超过5 000 个/L（贝类养殖水质不超过500 个/L）
8	汞	≤0.000 5
9	镉	≤0.005
10	铅	≤0.05
11	铬	≤0.1
12	铜	≤0.01
13	锌	≤0.1
14	镍	≤0.05
15	砷	≤0.05
16	氰化物	≤0.005
17	硫化物	≤0.2
18	氟化物（以 F⁻ 计）	≤1
19	非离子氨	≤0.02
20	凯氏氮	≤0.05
21	挥发性酚	≤0.005
22	黄磷	≤0.001
23	石油类	≤0.05
24	丙烯腈	≤0.5
25	丙烯醛	≤0.02
26	六六六（丙体）	≤0.002
27	滴滴涕	≤0.001
28	马拉硫磷	≤0.005

(续表)

项目序号	项目	标准值
29	五氯酚钠	≤0.01
30	乐果	≤0.1
31	甲胺磷	≤1
32	甲基对硫磷	≤0.000 5
33	呋喃丹	≤0.01

3.2 各项标准数值系指单项测定最高允许值。

3.3 标准值单项超标，即表明不能保证鱼、虾、贝正常生长繁殖，并产生危害，危害程度应参考背景值、渔业环境的调查数据及有关渔业水质基准资料进行综合评价。

4 渔业水质保护

4.1 任何企、事业单位和个体经营者排放的工业废水、生活污水和有害废弃物，必须采取有效措施，保证最近渔业水域的水质符合本标准。

4.2 未经处理的工业废水、生活污水和有害废弃物严禁直接排入鱼、虾类的产卵场、索饵场、越冬场和鱼、虾、贝、藻类的养殖场及珍贵水生动物保护区。

4.3 严禁向渔业水域排放含病原体的污水；如需排放此类污水，必须经过处理和严格消毒。

5 标准实施

5.1 本标准由各级渔政监督管理部门负责监督与实施，监督实施情况，定期报告同级人民政府环境保护部门。

5.2 在执行国家有关污染物排放标准中，如不能满足地方渔业水质要求时，省、自治区、直辖市人民政府可制定严于国家有关污染排放标准的地方污染物排放标准，以保证渔业水质的要求，并报国务院环境保护部门和渔业行政主管部门备案。

5.3 本标准以外的项目，若对渔业构成明显危害时，省级渔政监督管理部门应组织有关单位制订地方补充渔业水质标准，报省级人民政府批准，并报国务院环境保护部门和渔业行政主管部门备案。

5.4 排污口所在水域形成的混合区不得影响鱼类洄游通道。

6 水质监测

6.1 本标准各项目的监测要求，按规定分析方法（见表2）进行监测。

6.2 渔业水域的水质监测工作，由各级渔政监督管理部门组织渔业环境监测站负责执行。

表2 渔业水质分析方法

序号	项目	测定方法	试验方法标准编号
3	悬浮物质	重量法	GB 11901
4	pH 值	玻璃电极法	GB 6920
5	溶解氧	碘量法	GB 7489

(续表)

序号	项目	测定方法	试验方法标准编号
6	生化需氧量	稀释与接种法	GB 7488
7	总大肠菌群	多管发酵法滤膜法	GB 5750
8	汞	冷原子吸收分光光度法	GB 7468
		高锰酸钾-过硫酸钾消解 双硫腙分光光度法	GB 7469
9	镉	原子吸收分光光度法	GB 7475
		双硫腙分光光度法	GB 7471
10	铅	原子吸收分光光度法	GB 7475
		双硫腙分光光度法	GB 7470
11	铬	二苯碳酰二肼分光光度法(高锰酸盐氧化)	GB 7467
12	铜	原子吸收分光光度法	GB 7475
		二乙基二硫代氨基甲酸钠分光光度法	GB 7474
13	锌	原子吸收分光光度法	GB 7475
		双硫腙分光光度法	GB 7472
14	镍	火焰原子吸收分光光度法	GB 11912
		丁二酮肟分光光度法	GB 11910
15	砷	二乙基二硫代氨基甲酸银分光光度法	GB 7485
16	氰化物	异烟酸-吡啶啉酮比色法 吡啶-巴比妥酸比色法	GB 7486
17	硫化物	对二甲氨基苯胺分光光度法[a]	—
18	氟化物	茜素磺酸锆目视比色法	GB 7482
		离子选择电极法	GB 7484
19	非离子氨[b]	纳氏试剂比色法	GB 7479
		水杨酸分光光度法	GB 7481
20	凯氏氮	—	GB 11891
21	挥发性酚	蒸馏后4-氨基安替比林分光光度法	GB 7490
22	黄磷	—	—
23	石油类	紫外分光光度法[a]	—
24	丙烯腈	高锰酸钾转化法[a]	—
25	丙烯醛	4-己基间苯二酚分光光度法[a]	—
26	六六六(丙体)	气相色谱法	GB 7492
27	滴滴涕	气相色谱法	GB 7492
28	马拉硫磷	气相色谱法[a]	—

(续表)

序号	项目	测定方法	试验方法标准编号
29	五氯酚钠	气相色谱法	GB 8972
		藏红剂分光光度法	GB 9803
30	乐果	气相色谱法c	—
31	甲胺磷	—	—
32	甲基对硫磷	气相色谱法c	—
33	呋喃丹	—	—

注：暂时采用下列方法，待国家标准发布后，执行国家标准。
  a 渔业水质检验方法为农牧渔业部1983年颁布。
  b 测得结果为总氨浓度，然后按表A1、表A2换算为非离子氨浓度。
  c 地面水水质监测检验方法为中国医学科学院卫生研究所1978年颁布。

附录 A 总氨换算表(略)

无公害食品 海水养殖用水水质(节录)

NY 5052—2001

(2001年9月3日发布 2001年10月1日实施)

本标准由中华人民共和国农业部提出。
本标准主要起草单位：中国水产科学研究院黄海水产研究所。

(按原标准编号节录)

3 要求

海水养殖水质应符合表1要求。

表1 海水养殖水质要求

序号	项目	标准值
1	色、臭、味	海水养殖水体不得有异色、异臭、异味
2	大肠菌群，个/L	≤5 000，供人生食的贝类养殖水质≤500
3	粪大肠菌群，个/L	≤2 000，供人生食的贝类养殖水质≤140

(续表)

序号	项目	标准值
4	汞,mg/L	≤0.000 2
5	镉,mg/L	≤0.005
6	铅,mg/L	≤0.05
7	六价铬,mg/L	≤0.01
8	总铬,mg/L	≤0.1
9	砷,mg/L	≤0.03
10	铜,mg/L	≤0.01
11	锌,mg/L	≤0.1
12	硒,mg/L	≤0.02
13	氰化物,mg/L	≤0.005
14	挥发性酚,mg/L	≤0.005
15	石油类,mg/L	≤0.05
16	六六六,mg/L	≤0.001
17	滴滴涕,mg/L	≤0.000 05
18	马拉硫磷,mg/L	≤0.000 5
19	甲基对硫磷,mg/L	≤0.000 5
20	乐果,mg/L	≤0.1
21	多氯联苯,mg/L	≤0.000 02

4 测定方法

海水养殖用水水质按表2提供方法进行分析测定。

表2 海水养殖水质项目测定方法

序号	项目	分析方法	检出限,mg/L	依据标准
1	色、臭、味	(1)比色法 (2)感官法	—	GB/T 12763.2 GB 17378
2	大肠菌群	(1)发酵法 (2)滤膜法	—	GB 17378
3	粪肠菌群	(1)发酵法 (2)滤膜法	—	GB 17378
4	汞	(1)冷原子吸收分光光度法 (2)金捕集冷原子吸收分光光度法 (3)双硫腙分光光度法	1.0×10^{-6} 2.7×10^{-5} 4.0×10^{-4}	GB 17378 GB 17378 GB 17378

(续表)

序号	项目	分析方法	检出限, mg/L	依据标准
5	镉	(1) 双硫腙分光光度法 (2) 火焰原子吸收分光光度法 (3) 阳极溶出伏安法 (4) 无火焰原子吸收分光光度法	3.6×10^{-3} 9.0×10^{-5} 9.0×10^{-5} 1.0×10^{-5}	GB 17378 GB 17378 GB 17378 GB 17378
6	铅	(1) 双硫腙分光光度法 (2) 阳极溶出伏安法 (3) 无火焰原子吸收分光光度法 (4) 火焰原子吸收分光光度法	1.4×10^{-3} 3.0×10^{-4} 3.0×10^{-3} 1.8×10^{-3}	GB 17378 GB 17378 GB 17378 GB 17378
7	六价铬	二苯碳酰二肼分光光度法	4.0×10^{-3}	GB/T 7467
8	总铬	(1) 二苯碳酰二肼分光光度法 (2) 无火焰原子吸收分光光度法	3.0×10^{-4} 4.0×10^{-4}	GB 17378 GB 17378
9	砷	(1) 砷化氢-硝酸银分光光度法 (2) 氢化物发生原子吸收分光光度法 (3) 催化极谱法	4.0×10^{-4} 6.0×10^{-5} 1.1×10^{-3}	GB 17378 GB 17378 GB 7485
10	铜	(1) 二乙氨基二硫代甲酸钠分光光度法 (2) 无火焰原子吸收分光光度法 (3) 阳极溶出伏安法 (4) 火焰原子吸收分光光度法	8.0×10^{-5} 2.0×10^{-4} 6.0×10^{-4} 1.1×10^{-3}	GB 17378 GB 17378 GB 17378 GB 17378
11	锌	(1) 双硫腙分光光度法 (2) 阳极溶出伏安法 (3) 火焰原子吸收分光光度法	1.9×10^{-3} 1.2×10^{-3} 3.1×10^{-3}	GB 17378 GB 17378 GB 17378
12	硒	(1) 荧光分光光度法 (2) 二氨基联苯胺分光光度法 (3) 催化极谱法	2.0×10^{-4} 4.0×10^{-4} 1.0×10^{-4}	GB 17378 GB 17378 GB 17378
13	氰化物	(1) 异烟酸-吡唑啉酮分光光度法 (2) 吡啶-巴比土酸分光光度法	5.0×10^{-4} 3.0×10^{-4}	GB 17378 GB 17378
14	挥发性酚	蒸馏后4-氨基安替比林分光光度法	1.1×10^{-3}	GB 17378
15	石油类	(1) 环己烷萃取荧光分光光度法 (2) 紫外分光光度法 (3) 重量法	6.5×10^{-3} 3.5×10^{-3} 0.2	GB 17378 GB 17378 GB 17378
16	六六六	气相色谱法	1.0×10^{-6}	GB 17378
17	滴滴涕	气相色谱法	3.8×10^{-6}	GB 17378
18	马拉硫磷	气相色谱法	6.4×10^{-4}	GB/T 13192
19	甲基对硫磷	气相色谱法	4.2×10^{-4}	GB/T 13192
20	乐果	气相色谱法	5.7×10^{-4}	GB/T 13192
21	多氯联苯	气相色谱法	—	GB 17378

注：部分有多种测定方法的指标，在测定结果出现争议时，以方法(1)测定为仲裁结果。

5 检验规则

海水养殖用水水质监测样品的采集、贮存、运输和预处理按 GB/T 12763.4 和 GB 17378.3 的规定执行。

6 结果判定

本标准采用单项判定法,所列指标单项超标,判定为不合格。

无公害食品 水产品中有毒有害物质限量(节录)

NY 5073—2006

(2006年1月26日发布 2006年4月1日实施)

本标准由中华人民共和国农业部提出并归口。
本标准起草单位:国家水产品质量监督检验中心。

(按原标准编号节录)

3 要求

水产品中有毒有害物质限量见表1。

表1 水产品中有毒有害物质限量

项 目		指 标
组胺	mg/100g	≤100(鲐鲹鱼类) ≤30(其他红肉鱼类)
麻痹性贝类毒素(PSP)	MU/100g	≤400(贝类)
腹泻性贝类毒素(DSP)	MU/g	不得检出(贝类)
无机砷	mg/kg	≤0.1(鱼类) ≤0.5(其他动物性水产品)
甲基汞	mg/kg	≤0.5(所有水产品,不包括食肉鱼类) ≤1.0(肉食性鱼类,如鲨鱼、金枪鱼、旗鱼等)
铅(Pb)	mg/kg	≤0.5(鱼类) ≤0.5(甲壳类) ≤1.0(贝类) ≤1.0(头足类)
镉(Cd)	mg/kg	≤0.1(鱼类) ≤0.5(甲壳类) ≤1.0(贝类) ≤1.0(头足类)

(续表)

项　目		指　标
铜(Cu)	mg/kg	≤50
氟(F)	mg/kg	≤2.0(淡水鱼类)
石油烃	mg/kg	≤15
多氯联苯(PCBs) （以 PCB 28、PCB 52、PCB 101、PCB 118、PCB 138、PCB 153、PCB 180 总和计) 其中：	mg/kg	≤2.0(海产品)
PCB 138	mg/kg	≤0.5
PCB 153	mg/kg	≤0.5

4　试验方法

4.1　组胺的测定
按 GB/T 5009.45—1996 中 4.4 条的规定执行。

4.2　麻痹性贝类毒素的测定
按 SC/T 3023 中的规定执行。

4.3　腹泻性贝类毒素的测定
按 SC/T 3024 中的规定执行。

4.4　无机砷的测定
按 GB/T 5009.11 中的规定执行。

4.5　甲基汞的测定
按 GB/T 5009.17 中的规定执行。

4.6　铅的测定
按 GB/T 5009.12 中的规定执行。

4.7　镉的测定
按 GB/T 5009.15 中的规定执行。

4.8　铜的测定
按 GB/T 5009.13 中的规定执行。

4.9　氟的测定
按 GB/T 5009.18 中的规定执行。

4.10　石油烃含量的测定
按 GB/T 17378.6 中的规定执行。

4.11　多氯联苯的测定
按 GB/T 5009.190 中的规定执行。

海洋沉积物质量(节录)

GB 18668—2002

(2002年3月10日发布 2002年10月1日实施)

本标准由国家海洋局提出并负责解释。
本标准起草单位:国家海洋局国家海洋环境监测中心。

(按原标准编号节录)

3 海洋沉积物质量分类与指标

3.1 海洋沉积物质量分类

按照海域的不同使用功能和环境保护目标,海洋沉积物质量分为三类。

第一类 适用于海洋渔业水域,海洋自然保护区,珍稀与濒危生物自然保护区,海水养殖区,海水浴场,人体直接接触沉积物的海上运动或娱乐区,与人类食用直接有关的工业用水区。

第二类 适用于一般工业用水区,滨海风景旅游区。

第三类 适用于海洋港口水域,特殊用途的海洋开发作业区。

3.2 海洋沉积物质量分类指标

各类沉积物质量标准列于表1。

表1 海洋沉积物质量标准

序号	项目		指标[a]	
		第一类	第二类	第三类
1	废弃物及其他	海底无工业、生活废弃物,无大型植物碎屑和动物尸体等		海底无明显工业、生活废弃物,无明显大型植物碎屑和动物尸体等
2	色、臭、结构	沉积物无异色、异臭,自然结构		—
3	大肠菌群/(个/g 湿重) ≤	200[b]		—
4	粪大肠菌群/(个/g 湿重) ≤	40[c]		—
5	病原体	供人生食的贝类增养殖底质不得含有病原体		—
6	汞($\times 10^{-6}$) ≤	0.20	0.50	1.00
7	镉($\times 10^{-6}$) ≤	0.50	1.50	5.00

(续表)

序号	项目		指标[a]		
			第一类	第二类	第三类
8	铅($\times 10^{-6}$)	≤	60.0	130.0	250.0
9	锌($\times 10^{-6}$)	≤	150.0	350.0	600.0
10	铜($\times 10^{-6}$)	≤	35.0	100.0	200.0
11	铬($\times 10^{-6}$)	≤	80.0	150.0	270.0
12	砷($\times 10^{-6}$)	≤	20.0	65.0	93.0
13	有机碳($\times 10^{-2}$)	≤	2.0	3.0	4.0
14	硫化物($\times 10^{-6}$)	≤	300.0	500.0	600.0
15	石油类($\times 10^{-6}$)	≤	500.0	1 000.0	1 500.0
16	六六六($\times 10^{-6}$)	≤	0.50	1.00	1.50
17	滴滴涕($\times 10^{-6}$)	≤	0.20	0.05	0.10
18	多氯联苯($\times 10^{-6}$)	≤	0.20	0.20	0.60

注:a 除大肠菌群、粪大肠菌群、病原体外,其余数值测定项目(序号 6~18)均以干重计。
b 对供人生食的贝类增养殖底质,大肠菌群(个/g 湿重)要求≤14。
c 对供人生食的贝类增养殖底质,粪大肠菌群(个/g 湿重)要求≤3。

4 海洋沉积物质量测定

4.1 海洋沉积物样品的采集、预处理、制备及保存按 GB 17378.5 的有关规定执行。

4.2 本标准各项目的测定,按表 2 的分析方法进行。除大肠菌群及粪大肠菌群的测定方法所引用的标准为 GB 17378.7,病原体的测定方法所引用的标准为 GBJ 48,其余项目的测定方法均引用 GB 17378.5 标准,各项目的引用标准见表 2。

表 2 海洋沉积物分析方法

序号	项目	分析方法	检出限/ω	引用标准
1	大肠菌群	(1)发酵法(仲裁方法) (2)滤膜法	—	GB 17378.7—1998
2	病原体	SS-平板分离法	—	GBJ 48—1983
3	粪大肠菌群	(1)发酵法(仲裁方法) (2)滤膜法	—	GB 17378.7—1998
4	汞	(1)冷原子吸收光度法(仲裁方法) (2)双硫腙分光光度法	5×10^{-9} 30×10^{-9}	GB 17378.5—1998
5	镉	(1)无火焰原子吸收分光光度法(仲裁方法) (2)火焰原子吸收分光光度法	0.04×10^{-6} 0.05×10^{-6}	GB 17378.5—1998
6	铅	(1)无火焰原子吸收分光光度法(仲裁方法) (2)火焰原子吸收分光光度法 (3)双硫腙分光光度法	1×10^{-6} 3×10^{-6} 0.5×10^{-6}	GB 17378.5—1998

(续表)

序号	项目	分析方法	检出限/ω	引用标准
7	锌	(1)火焰原子吸收分光光度法(仲裁方法) (2)双硫腙分光光度法	6×10^{-6} 3×10^{-6}	GB 17378.5—1998
8	铜	(1)无火焰原子吸收分光光度法(仲裁方法) (2)火焰原子吸收分光光度法 (3)二乙基二硫代氨基甲酸钠分光光度法	0.5×10^{-6} 2×10^{-6} 1×10^{-6}	GB 17378.5—1998
9	铬	(1)无火焰原子吸收分光光度法(仲裁方法) (2)二苯碳酰二肼分光光度法	2×10^{-6} 2×10^{-6}	GB 17378.5—1998
10	砷	(1)砷铝酸—结晶紫外分光光度法 (2)氢化物—原子吸收分光光度法(仲裁方法) (3)催化极谱法	1×10^{-6} 3×10^{-6} 2×10^{-6}	GB 17378.5—1998
11	有机碳	(1)热导法 (2)重铬酸钾氧化—还原容量法(仲裁方法)	0.03×10^{-2}	GB 17378.5—1998
12	硫化物	(1)亚甲基蓝分光光度法 (2)离子选择电极法 (3)碘量法(仲裁方法)	0.3×10^{-6} 0.2×10^{-6} 4×10^{-6}	GB 17378.5—1998
13	油类	(1)紫外分光光度法 (2)荧光分光光度法(仲裁方法)	2×10^{-6} 3×10^{-6}	GB 17378.5—1998
14	六六六[a]	气相色谱法	15 pg	GB 17378.5—1998
15	滴滴涕[b]	气相色谱法	39 pg	GB 17378.5—1998
16	多氯联苯	气相色谱法	59 pg	GB 17378.5—1998

注：a 六六六的检出限系指其四种异构体检出限之和。
b 滴滴涕的检出限系指其四种异构体检出限之和。

海洋生物质量（节录）

GB 18421—2001

（2001年8月28日发布 2002年3月1日实施）

本标准由国家海洋局提出并负责解释。
本标准起草单位：国家海洋局第三海洋研究所。

（按原标准编号节录）

3 海洋生物质量的分类

海洋生物质量按照海域的使用功能和环境保护的目标划分为三类：

第一类：适用于海洋渔业水域、海水养殖区、海洋自然保护区、与人类食用直接有关的工业用水区。

第二类：适用于一般工业用水区、滨海风景旅游区。

第三类：适用于港口水域和海洋开发作业区。

4 海洋贝类生物质量标准值

海洋贝类生物质量分类标准值列于表1。

表1 海洋贝类生物质量标准值（鲜重）[a]

单位：mg/kg

项目		第一类	第二类	第三类
感官要求		贝类的生长和活动正常，贝体不得沾油污等异物，贝肉的色泽、气味正常，无异色、异臭、异味		贝类能生存，贝肉不得有明显的异色、异臭、异味
粪大肠菌群（个/kg）	≤	3 000	5 000	—
麻痹性贝毒	≤	0.8		
总汞	≤	0.05	0.10	0.30
镉	≤	0.2	2.0	5.0
铅	≤	0.1	2.0	6.0
铬	≤	0.5	2.0	6.0
砷	≤	1.0	5.0	8.0
铜	≤	10	25	50（牡蛎100）
锌	≤	20	50	100（牡蛎500）
石油烃	≤	15	50	80
六六六[b]	≤	0.02	0.15	0.50
滴滴涕[c]	≤	0.01	0.10	0.50
注：a 以贝类去壳部分的鲜重计。 　　b 六六六含量为四种异构体总和。 　　c 滴滴涕含量为四种异构体总和。				

5 海洋贝类生物的监测

5.1 海洋贝类生物监测应符合 GB 17378.1 中提出的海洋环境质量监测的基本原则和技术规范要求。

5.2 海洋贝类生物的样品采集应符合 GB 17378.3 中的有关规定。样品的采集、贮存和预处理采用 GB 17378.6—1998 中 4.1 规定的方法。

5.3 粪大肠菌群项目的样品处理按 GB 4789.20 的规定。

5.4 贝类生物样品的分析检测采用 GB 17378.6、GB 17378.7 和 GB 4789.3 的分析方法,各项目的分析方法及引用标准列于表2。

表2 贝类生物样品的分析检测方法

项目	分析检测方法	检出限 ω,10^{-6}	引用标准
感官要求	目测法、感官法	—	
粪大肠菌群	发酵法	—	GB 17378.7—1998 GB 4789.3—1984
麻痹性贝毒	小鼠检测法	—	GB 17378.7—1998
总汞	(1)冷原子吸收分光光度法 (2)双硫腙分光光度法	0.01 0.01	GB 17378.6—1998 GB 17378.6—1998
镉	(1)无火焰原子吸收分光光度法 (2)火焰原子吸收分光光度法	0.005 0.08	GB 17378.6—1998 GB 17378.6—1998
铅	(1)无火焰原子吸收分光光度法	0.04	GB 17378.6—1998
铬	(1)二苯碳酰二肼分光光度法 (2)无火焰原子吸收分光光度法	0.40 0.04	GB 17378.6—1998 GB 17378.6—1998
砷	(1)氢化物原子吸收分光光度法	0.4	GB 17378.6—1998
铜	(1)无火焰原子吸收分光光度法 (2)阳极溶出伏安法 (3)火焰原子吸收分光光度法 (4)二乙基二硫代胺基甲酸铵分光光度法	0.4 1 2 0.8	GB 17378.6—1998 GB 17378.6—1998 GB 17378.6—1998 GB 17378.6—1998
锌	(1)火焰原子吸收分光光度法 (2)阳极溶出伏安法 (3)双硫腙分光光度法	0.4 2 0.1	GB 17378.6—1998 GB 17378.6—1998 GB 17378.6—1998
石油类	荧光分光光度法	1	GB 17378.6—1998
六六六	气相色谱法	α-666 5 pg γ-666 7 pg β-666 3 pg σ-666 9 pg	GB 17378.6—1998
滴滴涕	气相色谱法	$\rho\rho'$-DDE 5 pg $o\rho'$-DDT 17 pg $\rho\rho'$-DDD 8 pg $\rho\rho'$-DDT 40 pg	GB 17378.6—1998

渔业污染事故经济损失计算方法(节录)

GB/T 21678—2018

(2018年6月7日发布 2019年1月1日实施)

本标准由中华人民共和国农业农村部提出。
本标准起草单位:中国水产科学研究院黄海水产研究所。

(按原标准编号节录)

3 术语和定义

下列术语和定义适用于本文件。

3.1 渔业污染事故 fishery pollution accidents

单位或个人将某种物质和能量引入渔业水域,以及因意外因素的影响或不可抗拒的自然灾害等原因使渔业环境受到污染,损害渔业水域使用功能,导致渔业生物死亡、数量减少、质量下降,影响渔业生物繁殖、生长与渔业生产等事实。

3.2 污染面积 polluted area

由于污染造成渔业水域某种环境因子指标超过 GB 3097、GB 3838、GB 11607、GB 18421、GB 18668、NY/T 5361 的规定或造成渔业损害事实的水域面积。

4 渔业生物损失量评估方法

4.1 直接计算法

4.1.1 适用范围

本方法适用于天然渔业水域渔业资源损失量的评估(不包括4.3的评估范围)并且:
——拥有事故发生前近5年内同期2年,渔业资源调查历史资料;
——拥有事故发生后渔业资源现场调查资料。

4.1.2 计算

4.1.2.1 资源损失率

资源损失率按式(1)计算:

$$R_i = \frac{\overline{D}_i - D_{pi}}{\overline{D}_i} \times 100\% - E_i \tag{1}$$

式中:R_i——第 i 种渔业资源损失率,%;

$\overline{D}_i$——近5年内同期2年,第 i 种渔业资源平均密度,单位为千克每平方千米、尾每平方千米(kg/km^2、尾$/km^2$),资源密度计算方法按照附录 A 计算;

D_{pi}——污染后第 i 种资源密度,单位为千克每平方千米、尾每平方千米(kg/km^2、尾$/km^2$);

E_i——第 i 种渔业资源回避逃逸率,%,不同生物的回避逃逸率参见附录 B。

4.1.2.2 渔业资源损失量

渔业资源损失量按式(2)计算:

$$Y_1 = \sum_{i=1}^{n} \overline{D}_i \cdot R_i \cdot A_p \tag{2}$$

式中:Y_1——渔业资源损失量,单位为千克、尾(kg、尾);

$\overline{D}_i$——近 5 年内同期 2 年,第 i 种渔业资源平均密度,单位为千克每平方千米、尾每平方千米(kg/km²、尾/km²);

R_i——第 i 种渔业资源损失率,%;

A_p——污染面积,单位为平方千米(km²)。

4.2 比较法

4.2.1 适用范围

本方法适用于天然渔业水域渔业资源损失量的评估。并且:

——无污染事故发生前近 5 年内同期 2 年的渔业资源调查历史资料;

——拥有事故发生中或发生后 30 天内,污染区和非污染区渔业资源现场调查资料,非污染区为与污染区临近的区域。

4.2.2 计算

渔业资源损失量按式(3)计算:

$$Y_1 = \sum_{i=1}^{n} \left[\overline{D}_{ui} \cdot (1 - E_i) - \overline{D}_{pi} \right] \cdot A_p \tag{3}$$

式中:Y_1——渔业资源损失量,单位为千克、尾(kg、尾);

$\overline{D}_{ui}$——对照区第 i 种渔业资源平均密度,单位为千克每平方千米、尾每平方千米(kg/km²、尾/km²),资源密度计算方法见附录 A;

$\overline{D}_{pi}$——污染区第 i 种渔业资源平均密度,单位为千克每平方千米、尾平方千米(kg/km²、尾/km²),资源密度计算方法见附录 A;

A_p——污染面积,单位为平方千米(km²);

E_i——第 i 种渔业资源回避逃逸率,%,不同生物的回避逃逸率参见附录 B。

4.3 定点采捕法

4.3.1 适用范围

本方法适用于天然水域底栖生物、底播增养殖渔业生物,无法或不适宜对其进行拖网采样,但可进行定点采样的损失量的评估。

4.3.2 计算

4.3.2.1 渔业生物损失率

渔业生物损失率按式(4)计算:

$$R_i = \frac{N_1}{N_t} \times 100\% \tag{4}$$

式中:R_i——生物损失率,%;

N_1——采集到的损失生物数量,单位为只;

N_t——采集到的总生物数量(包括死亡和存活个体),单位为只。

4.3.2.2 渔业生物损失量

渔业生物损失量按式(5)计算:

$$Y_1 = \sum_{i=1}^{n} S_i \cdot \overline{D}_{fi} \cdot A_p \cdot R_i \cdot (1 - R_{si}) \tag{5}$$

式中:Y_1——渔业生物损失量,单位为千克(kg);

$\overline{D}_{fi}$——第 i 种渔业生物平均栖息密度,单位为只每平方米(只/m²);

A_p——污染面积,单位为平方米(m²);

S_i——第 i 种渔业生物商品规格,单位为千克每只(kg/只);

R_i——第 i 种渔业生物损失率,%;

R_{si}——第 i 种渔业生物自然死亡率,%。

4.4 统计推算法

4.4.1 适用范围

本方法适用于增养殖水域渔业生物损失量的评估,并且:

——能提供确切的投苗数量;

——现场调查能获得损失率数据。

4.4.2 计算

渔业生物损失量按式(6)计算:

$$Y_1 = \sum_{i=1}^{n} S_i \cdot D_{sti} \cdot R_i \cdot A_p \cdot (1 - R_{si}) \tag{6}$$

式中:Y_1——渔业生物损失量,单位为千克(kg);

S_i——第 i 种渔业生物的商品规格,单位为千克每个、尾、只(kg/个、尾、只);

D_{sti}——第 i 种渔业生物放养密度,单位为尾、只、个每平方千米(个、尾、只/km²);

R_i——渔业生物损失率,%;

A_p——污染面积,单位为平方千米(km²);

R_{si}——第 i 种渔业生物自然死亡率,%。

4.5 调查统计法

4.5.1 适用范围

本方法适用于增养殖水域渔业生物损失量的评估,现场调查能获取单位水体的生物量和损失率。

4.5.2 计算

渔业生物损失量按式(7)计算:

$$Y_1 = \sum_{i=1}^{n} S_i \cdot B_{ti} \cdot R_i \cdot A_p \cdot (1 - R_{si}) \tag{7}$$

式中:Y_1——渔业生物损失量,单位为千克(kg);

S_i——第 i 种生物商品规格,单位为千克每尾、只、个(kg/尾、kg/只、kg/个);

B_{ti}——单位面积第 i 种生物数量,单位为尾、只、个每平方千米(尾、只、个/km²);

R_i——第 i 种生物损失率,%;

R_{si}——第 i 种渔业生物自然死亡率,%;

A_p——污染面积,单位为平方千米(km²)。

4.6 模拟实验法

4.6.1 适用范围

本方法是通过一定的实验手段评估外源污染物对渔业生物造成的危害。适用于污染物不是单一物质,或为渔业水质标准、海水水质标准和地表水环境质量标准中没有列出的物质,或污染物不明确但造成生物大量急性死亡的事故,主要用于受外源污染造成生物损失的评估。

4.6.2 评估方法

按以下步骤进行评估:

——选派 2～3 名具有渔业污染事故调查鉴定资格,熟悉生态模拟试验工作程序的专家;

——根据实际情况设计受控模拟实验方案,实验设置 1 个对照组和至少 3 个平行组,受试生物的选择和数量、实验系列组的设置应按实验设计要求,并达到数理统计要求;

——将受试生物暴露于实验液中,观察不同实验组中受试生物的反应;

——根据实验结果,确定"物质—受试生物"的毒性效应,并计算出损失率;

——根据实验结果和生产中生物放养密度,按式(8)计算生物损失量:

$$Y_1 = \sum_{i=1}^{n} S_i \cdot B_{ti} \cdot R_i \cdot V_p \cdot (1 - R_{si}) \tag{8}$$

式中:Y_1——渔业生物损失量,单位为千克(kg);

B_{ti}——单位水体第 i 种生物数量,单位为个每平方千米、个每立方千米(个/km²、个/km³);

R_i——第 i 种渔业生物损失率,%;

S_i——第 i 种渔业生物商品规格,单位为千克每个(kg/个);

V_p——污染水体,单位为平方米、立方米(m²、m³);

R_{si}——第 i 种渔业生物自然死亡率,%。

4.7 生产统计法

4.7.1 适用范围

适用于增养殖水域渔业生物损失量的评估。并且:

——由于环境条件所限,无法获得放苗数量等资料;

——现场调查无法进行单位面积生物数量的定量调查;

——现场调研、调查无法获得污染后评估生物生产情况资料。

4.7.2 计算

渔业生物损失量按式(9)计算:

$$Y_1 = \sum_{i=1}^{n} (\overline{Y}_{ui}/E_i) \cdot A_p \cdot R_i \tag{9}$$

式中:Y_1——渔业生物损失量,单位为千克(kg);

$\overline{Y}_{ui}$——第 i 种渔业生物平均单位产量,为事故前 3 年平均值,单位为千克每平方千米(kg/km²);

A_p——污染面积,单位为平方千米(km²);

R_i——第 i 种渔业生物损失率,按式(4)计算,%;

E_i——第 i 种渔业生物开发率,%。

4.8 鱼卵、仔稚鱼损失评估法

4.8.1 适用范围

适用于天然渔业水域鱼卵、仔稚鱼的损失评估,苗种场中鱼卵、仔稚鱼的损失可以参照本方法。

4.8.2 计算

鱼卵、仔稚鱼损失量按式(10)计算:

$$Y_z = \overline{D} \cdot V_p \cdot T \cdot R \quad (10)$$

式中:Y_z——鱼卵、仔稚鱼损失量,粒(尾);

$\overline{D}$——污染前(与污染后同区、同期)鱼卵、仔稚鱼平均单位水体数量,单位为粒(尾)每平方米,粒(尾)每立方米[粒(尾)/km², 粒(尾)/m³];

V_p——污染水体,单位为平方千米,立方米(km², m³);

T——损害事故的持续周期数(鱼卵以 10 天为 1 个计算周期,仔稚鱼以 30 天为 1 个计算周期),单位为个(个);

R——鱼卵仔稚鱼损失率,%。

注:当条件不能满足式(10)时,可参照 4.2 计算鱼卵仔稚鱼的损失。

4.9 专家评估法

4.9.1 适用范围

当渔业水域环境比较复杂,难以进行现场定量调查,又无法获取满足"4.1～4.8"评估方法所需资料,可由有经验的专家组成评估组对渔业损失进行评估。

4.9.2 评估方法

评估程序如下:

——选择 3～5 名具有相关鉴定相关资质,了解本地区环境质量状况和渔业资源状况的专家,组成评估专家组;

——评估专家组制定详细的调查工作方案;

——现场调查、取证,广泛收集近年本区域的生产统计数据、渔业资源动态监测等资料。如果本区域参数不全,可以选用邻近地区相同生态类型区的参数;

——对获得的资料进行筛选、统计、分析、整理;

——确定具体评估方案;

——评估确定渔业生物损失量;

——编写评估报告,并由评估专家亲笔签名。

4.10 公式中参数的确定

相关参数确定如下:

a)回避逃逸率,表征渔业生物对污染物的回避能力,由评估机构根据生物种类,事发时段、区域等具体情况确定;

b)放养密度,由受损单位或个人出具证明放苗量的票据或记录,并由评估机构认可真实有效,或采用当地的平均放养密度,或由评估机构根据生物种类、养殖模式和养殖技术等因素综合分析确定;

c) 商品规格,在损失的渔业生物中,未达到商品规格的,按平均商品规格计算,商品规格由评估机构根据生物种类和当地当时的具体情况确定;

d) 平均单位产量,指评价区域评估生物前3年的单位面积平均产量,由当地渔业主管部门提供,或由受损单位或个人提供,由评估机构确认真实有效;

e) 自然死亡率,评估中将未达到商品规格的渔业生物换算为商品规格时,应考虑渔业生物的自然死亡率,指在正常情况下,生物从苗种或半成品生长至商品规格的死亡率,由评估机构根据生物种类、养殖技术和当地养殖的平均状况确定;

f) 渔业生物开发率,指渔业生物的利用程度,增养殖水域按60%～80%计算;

g) 损害事故的持续周期数(T)为整数,只要小数点后有数字的均进位为整数;

h) 资源密度计算方法见附录A。

5 渔业污染事故经济损失评估

5.1 直接经济损失计算方法

5.1.1 直接经济损失

直接经济损失按式(11)计算:

$$L_e = \sum_{i=1}^{n}(Y_{1i} \cdot P_{di} - F_i) \tag{11}$$

式中:L_e——渔业资源损失金额,单位为元;

Y_{1i}——第 i 种渔业资源、渔业生物损失量,单位为千克、尾、个(kg、尾、个);

P_{di}——第 i 种渔业生物当地的平均价格,单位为元每千克、元每尾、元每个(元/kg、元/尾、元/个);

F_i——第 i 种渔业生物的后期投资,单位为元。

5.1.2 污染导致价格下降经济损失计算

因污染造成污染区的水产品价格下降的经济损失按式(12)计算:

$$L_e = \sum_{i=1}^{n} Y_{1i} \cdot (\overline{P}_{di} - P_i) \tag{12}$$

式中:L_e——渔业资源损失金额,单位为元;

Y_{1i}——第 i 种渔业资源、渔业生物现存量,单位为千克、尾、个(kg、尾、个);

$\overline{P}_{di}$——第 i 种渔业生物当地的平均价格,单位为元每千克、元每尾、元每个(元/kg、元/尾、元/个);

P_i——受污染后第 i 种渔业生物的价格,单位为元每千克、元每尾、元每个(元/kg、元/尾、元/个)。

5.2 鱼卵、仔稚鱼经济损失计算方法

鱼卵、仔稚鱼的经济损失按式(13)进行计算:

$$L_z = Y_z \cdot P_d \cdot K_h \tag{13}$$

式中:L_z——鱼卵仔稚鱼损失金额,单位为元;

Y_z——鱼卵、仔稚鱼损失量,单位为粒、尾;

P_d——当地鱼类苗种的平均价格,单位为元每尾(元/尾);

K_h——由鱼卵、仔稚鱼换算为商品苗种规格的比例,% 鱼卵生长到商品苗种规格按1%成活

率计算,仔稚鱼生长到商品苗种规格按5%成活率计算。

5.3 天然渔业资源损失恢复费用的估算

5.3.1 估算原则

5.3.1.1 天然渔业资源损失恢复费用的估算包括增殖恢复法和推算法2种方法,在应用中可根据实际情况,选择适用的计算方法。

5.3.1.2 天然渔业资源污染损害的恢复费用为可直接增殖放流的资源恢复费用、替代增殖法的资源恢复费用和其他种类的资源恢复费用等3个部分的总和。

5.3.2 增殖恢复法

5.3.2.1 可直接增殖放流方式补充恢复资源的种类

直接增殖放流的渔业资源种类,其恢复费用按式(14)进行计算:

$$L_e = \sum_{i=1}^{n} \frac{Y_i}{k_i} \cdot P_{di} \cdot 10^{-4} + L_m \tag{14}$$

式中:L_e——直接增殖放流生物的恢复费用,单位为元;

Y_i——第 i 种渔业生物损失量,单位为尾;

k_i——第 i 种直接增殖放流生物在评估海域的成活率,%;

P_{di}——第 i 种生物苗种单位价格,单位为元每尾(元/尾);

L_m——第 i 种增殖放流生物苗种运输、人工放流等费用,单位为元。

5.3.2.2 替代增殖法估算资源恢复费用的种类

替代种类的增殖放流资源恢复,其恢复费用按式(15)进行计算:

$$L_t = \sum_{i=1}^{n} \frac{Y_i}{k_i} \cdot J_i \cdot P_{di} \cdot 10^{-4} + L_m \tag{15}$$

式中:L_t——替代种类的增殖放流资源恢复费用,单位为元;

Y_i——第 i 种生物损失量,单位为尾;

k_i——第 i 种替代种类的增殖放流生物在评估海域的成活率,%;

J_i——第 i 种损失生物的替代系数(为替代种类单价与被替代种类单价之比);

P_{di}——第 i 种生物苗种单位价格,单位为元每尾(元/尾);

L_m——第 i 种增殖放流生物苗种运输、人工放流等费用,单位为元。

5.3.2.3 其他种类评估法

其他受损渔业资源种类的恢复费用参照5.3.2.1中直接增殖放流生物的资源恢复费用与直接损失之比,推算不可替代种类的资源恢复费用为直接损失额的倍数。

5.3.3 推算法

由于渔业水域环境污染、破坏造成天然渔业资源损害,在计算经济损失时,应考虑天然渔业资源的恢复费用,天然渔业资源的恢复费用为直接损失额的3倍以上。

5.4 相关参数的确定

5.4.1 公式中参数的确定如下:

a)渔业生物价格,按照当地价格认证部门或市场管理部门提供的主要市场当时的渔业生物平均零售价格计算。

b)后期费用,评估的渔业生物未达到商品规格时,在计算经济损失时应扣除后期费用。后期费用为污染事故发生时未达到商品规格的半成品渔业生物生长至商品规格,所需投入的包括饵料费、人员工资费、管理费、起捕费、用船看护费等。后期费用可由受损单位或个人提供,并由评估机构确认真实有效;或由评估机构调研取得并由当地渔业主管部门确认。

c)增殖放流生物在评估海域的成活率,由评估机构根据生物种类、规格和当地环境状况等综合情况确定。

5.4.2 原良种场、保护区的原种生物和保护对象的价格,应按渔业主管部门提供的原种的价格计算。

5.4.3 增殖放流生物苗种运输、人工放流等费用,可按苗种购置费的10%～20%计算。

5.4.4 采用"替代增殖法"计算恢复渔业资源费用时,应根据人工增殖补充的原则、受损生物种类的受损程度、生态价值、经济价值和修复的可操作性,对需要补充的生物和替代种类进行筛选。

6 其他规定

6.1 在选择适用的计算方法时,可综合考虑水域类型、受损生物特点、污染损害状况以及满足计算所需历史资料和污染事故发生后现场调查资料的具体情况。

6.2 渔业污染事故经济损失包括直接经济损失、鱼卵仔稚鱼的经济损失和天然渔业资源恢复费用。

6.3 由于渔业污染事故对养殖生物造成损害,在计算经济损失时只计算直接经济损失。

6.4 由于渔业污染事故对鱼卵仔稚鱼造成损害,在计算经济损失时只计算直接经济损失。

6.5 由于渔业污染事故对天然渔业资源造成损失,在计算经济损失时应将直接经济损失与天然渔业资源恢复费用相加。

6.6 由于不同的渔业生物价格差异很大,因此在计算经济损失时应按种类分别计算。

6.7 凡造成国家和地方重点水生野生保护动物损失,资源量的损失可参照本标准的方法进行评估,其价值由省级以上渔业行政主管部门组织专家评估确定。

6.8 渔业生产设施损失、渔具损失以及清除污染费用按实际投入计算。

6.9 渔业污染事故调查、鉴定、评估等费用,应列入实际赔偿费用中。

附录 A(规范性附录)　天然渔业资源计算方法(略)
附录 B(资料性附录)　不同生物种类的回避逃逸率(略)

建设项目海洋环境影响跟踪监测技术规程(节录)

(国家海洋局　2002年4月发布)

本规程由国家海洋局环境保护司第一次提出。
本规程由国家海洋环境监测中心起草。

（按原标准编号节录）

3 术语

下列术语适用于本规程。

3.1 纵向 longitudinal direction

平行于海岸线方向或潮流主流方向的方向。

3.2 横向 traverse direction

垂直于海岸线或潮流主流方向的方向。

3.3 特征参数 characteristic parameter

依据建设项目项目特点和建设项目所处海域自然环境特征选定的监测参数。

4 总则

4.1 建设项目海洋环境跟踪监测的目的

建设项目海洋环境影响跟踪监测的目的是通过对由于建设项目的施工和运营而对海洋环境产生的影响的跟踪监测，了解和掌握建设项目在其施工期和运营期对海洋水文动力、水质、沉积物和生物的影响，评价其影响范围和影响程度。

4.2 建设项目海洋环境跟踪监测的要求

4.2.1 特征参数的确定

由于建设项目的性质、施工和生产工艺等情况的不同，施工期和运营期所产生的污染物也不同，海洋环境影响跟踪监测的重点也就不同。因此，在进行跟踪监测前，应根据建设项目的规模、施工方式、生产工艺流程、施工期和运营期排放的污染物的种类、建设项目所处海域的自然环境特征等情况确定施工期和运营期跟踪监测的特征参数。施工期跟踪监测的特征参数应为因建设项目施工排放的污染物，如悬浮物等；运营期跟踪监测的特征参数就是建设项目所排放的主要污染物；对于明显改变岸线和海底地形的建设项目还应将水文动力要素（如海流、水深）作为跟踪监测的特征参数；对于建设项目附近海域存在生态敏感区的应将生物项目作为跟踪监测的特征参数。

4.2.2 特征参数的监测频率

建设项目项目施工初期应对特征参数进行高密度的跟踪监测。

5 监测方案设计

5.1 监测范围

纵向：距离建设项目所处海域外缘两侧分别不小于一个潮程。

$$L = v \times 3600 \times 6 \tag{1}$$

$$L = v \times 3600 \times 12 \tag{2}$$

其中：L——潮程（m）；

v——一个潮周期内的平均流速（m/s）。

式(1)适用于半日潮流海区，式(2)适用于全日潮流海区。

横向:距离建设项目所处海域外缘两侧(海岸建设项目为向海一侧)分别不小于1km。
实际监测范围还应视具体情况而定。

5.2 站位布设原则

5.2.1 断面布设

5.2.1.1 水文监测项目的断面布设

横向不少于3个断面,其中经过建设项目所处海域中心点为主断面,两侧分别不少于1个。

5.2.1.2 水质监测项目的断面布设

垂直于纵向设3～5个断面,其中经过建设项目所处海域中心点为主断面,其他断面在主断面两侧各设1～2个。

5.2.2 站位布设

站位布设应掌握以下原则,同时可参考下述方法布设:

a) 布设的站位应具有代表性。
b) 在监测范围内,以最少的测站所获取的监测数据能够满足监测的要求。
c) 尽可能使用历史资料。
d) 如果监测范围内存在生态敏感区,应适当增加生态敏感区的测站数。

5.2.2.1 水文监测项目的站位布设

主断面上设连续测站1～3个,其他断面设连续测站1个,大面测站1～3个。其中连续测站兼大面测站(以下同)。站的间距不小于监测范围的1/3。

5.2.2.2 水质监测项目的站位布设

主断面上设连续测站1个,其他断面是否设连续测站视具体情况而定;每个断面设大面测站不少于3个。站的间距,应自建设项目所处海域中心点向外由密到疏。

5.2.2.3 沉积物和生物监测项目的站位布设

可在每个水质断面中选取1～3个测站。

5.3 监测项目

首先根据建设项目的规模、施工方式、施工和生产工艺、海域的自然环境特征、施工期和运营期排放的污染物种类等情况确定该建设项目施工期和运营期跟踪监测的重点项目。下述监测项目可根据具体情况适当增加或减少。

5.3.1 水文监测项目

水色、透明度、悬浮物及根据建设项目所处海域的自然环境特征和建设项目的特点选定的特征参数。

5.3.2 水质监测项目

铜、铅、镉、石油类以及根据建设项目所处海域的自然环境特征和建设项目各阶段排放的污染物特征选定的特征参数。

5.3.3 沉积物监测项目

铜、铅、镉、石油类以及依建设项目所处海域的自然环境特征和建设项目各阶段排放的污染物特征选定的特征参数。

5.3.4 生物监测项目

叶绿素a、浮游动物、浮游植物、底栖生物以及依建设项目所处海域的自然环境特征和建设项目各阶段排放的污染物特征选定的特征参数。

5.4 监测时间与频率

5.4.1 环境质量现状调查

需在建设项目开始施工前选择大潮和小潮期进行一次环境质量现状调查。

5.4.2 监测时间与频率

5.4.2.1 水文项目

建设项目施工开始后的大潮和小潮期进行,施工期每个季节选择大、小潮各进行一次。施工结束后进行一次后评估监测,以后的跟踪监测视后评估监测结果而定。

5.4.2.2 水质项目

施工期大于一年的建设项目至少在施工期内的每个潮汐年的丰水期、平水期和枯水期进行大、小潮期的监测。施工结束后进行一次后评估监测。施工初期,可根据工程规模、工程所处海域的自然环境状况、污染物排放量、污染物的复杂程度等情况,适当加大特征参数的监测频率。运营期至少在一个潮汐年的丰水期、平水期和枯水期进行一次大、小潮期的监测。以后可根据前几次的监测结果,适当加大和减小监测频率。

5.4.2.3 沉积物项目

沉积物项目在施工开始时进行一次,施工期每年监测一次,运行期每两年监测一次。对于明显改变海底地形的建设项目应适当加大监测频率。

5.4.2.4 生物项目

生物项目可参照水质项目适当减少监测频率。对监测范围内存在生态敏感区的建设项目应加大生态敏感区内各测站的监测频率。

5.4.3 临时监测

如遇建设项目施工或生产的特殊情况(如施工进度加快等)应及时进行临时跟踪监测。

5.5 数据分析测试与质量保证

数据分析测试与质量保证应满足下列标准的要求:

——GB 17378.2～7 海洋监测规范;
——GB 12763.7 海洋调查规范;
——GB/T 13909—92 海洋调查规范 海洋地质地球物理调查。

5.6 分析方法

监测项目的分析方法和引用标准见表1。

表1 监测项目分析方法

监测项目	分析方法	引用标准
水色	比色法	GB 17378.4
透明度	目测法	GB 17378.4
悬浮物	重量法	GB 17378.4
油类	紫外分光光度法	GB 17378.4
铜	无火焰原子吸收分光光度法	GB 17378.4
铅	无火焰原子吸收分光光度法	GB 17378.4

(续表)

监测项目	分析方法	引用标准
镉	无火焰原子吸收分光光度法	GB 17378.4
叶绿素 a	荧光分光光度法或紫外可见分光光度法	GB 17378.4

6 评价标准和评价方法

6.1 水文项目评价

由于目前国内外都没有相应的评价标准,因此可根据跟踪监测结果定性地描述建设项目对岸线和地形的影响范围和影响程度,指出其潜在的危害性。

6.2 水质评价

6.2.1 评价标准和评价方法

评价标准采用 GB 3097—1997 海水水质标准。目前国内尚无相应标准的监测参数可参照临时标准或国外标准进行评价。

评价方法:采用单项水质参数评价的标准指数法。有多项水质参数评价的需求时,可参考采用幂指数法、加权平均法、向量模法和算术平均法等方法。

6.3 沉积物评价

6.3.1 评价标准和评价方法

评价标准采用 GB 18668—2002 海洋沉积物质量标准。目前国内尚无相应标准的监测参数可参照临时标准或国外标准进行评价。

评价方法采用单项参数标准指数法;同时应结合环境质量标准和海域功能区划的要求综合评价各监测项目对沉积环境的影响范围和影响程度。

6.4 生物评价

6.4.1 评价标准和评价方法

评价标准采用 GB 18421—2001 海洋生物质量。目前国内尚无相应标准的监测参数可参照临时标准或国外标准进行评价。

评价方法可采用定性与定量相结合的方法进行;具体方法参见海洋生态环境监测技术规程。

7 报告书格式与内容

7.1 文本格式

具体内容见原技术规程。

7.2 报告书各章节内容

报告书应包括以下全部或部分内容。如有必要,其中的部分章节可另行编制成册。依据建设项目的特点和跟踪监测的具体内容,可对下列章节和内容进行适当增减。

7.2.1 总则

总则应全面、概要地反映建设项目海洋环境影响跟踪监测任务的由来,监测的目的与依据,重点监测内容,采用的评价标准与评价方法。本章应包括以下主要内容:

a)监测任务由来。

b）建设项目的性质

c）跟踪监测的目的与意义。

d）监测范围、时间和频率。

e）监测内容与监测重点。

f）环境保护目标。

h）采用的评价方法和评价标准。

7.2.2 建设项目工程分析

主要包括以下内容：

a）建设项目概况。包括建设项目的名称、地点、地理位置（附平面图），建设规模（扩建项目应说明原有规模）、总体布置（附平面图），海域使用面积、涉及的陆域面积、工程建设方案，工程施工方案及作业时间，生产工艺、工艺过程（附工艺流程图）及水平，海岸及海中建筑物分布情况，海洋资源和海域开发利用情况及发展规划，水的用量与平衡情况等。

b）建设项目性质。阐明建设项目属于控制、利用海水、海床和底土或者利用海洋完成部分或全部功能等类型，控制和利用方式等。详细分析建设项目施工期和运营期产生的环境影响要素；列出施工期和运营期污染源与污染物清单，确定对重点监测项目筛选方法的要求等。

c）附属工程布局。主要包括建设项目涉及的仓储、住宅、交通等情况。

d）建设项目对海洋功能利用分析。主要包括建设项目对海洋功能的利用类别和程度等。

7.2.3 建设项目周边海域环境概况

包括自然环境状况和社会经济状况。

自然环境现状主要包括：海岸岸滩、岸线、地形、地质、地貌状况；海域水文动力状况；气候与气象情况；滩涂、海岸带和海域生态环境及生物多样性情况，自然保护区、风景游览区、名胜古迹、疗养区以及重要的政治文化设施情况，人群健康状况等。

社会经济状况主要包括：现有工矿企业和生活居住区的分布情况，人口密度，海域利用情况，交通运输情况及其他社会经济活动状况，其他与建设项目有关的环境污染、环境破坏的现状等。

7.2.4 建设项目海域海洋功能区划和海洋开发利用现状

详细阐述建设项目周围海域海洋功能区划、各种开发利用类型和程度、建设项目对海洋功能和海洋开发可能产生的作用与影响等。

7.2.5 建设项目周围海域海洋环境保护规划与环境质量目标

详细阐明以下内容：

a）建设项目周围海域海洋环境保护规划。在建设项目周围海域具有当地的海洋环境保护规划时，按照规划确定建设项目周围海域的海洋环境保护具体目标及其要求；在当地的海洋环境保护规划未具体到建设项目周围海域时，应当按照海洋功能区划的要求，确定其海洋环境保护目标及其要求。

b）建设项目周围海域海洋环境质量保护。按照建设项目影响海域的海洋生态质量状况，生态环境与环境敏感区状况，环境敏感目标与分布，野生动物、野生植物、自然保护区、景观区及其他政治文化设施情况，人群健康状况和地方病情况，其他环境污染、环境破坏的现状，详细阐明海洋环境质量保护的目标、对象和标准。

7.2.6 建设项目海洋环境影响问题识别与分析

根据建设项目的特点和建设项目所处海域的自然环境特征，详细分析建设项目施工期和运营期的主要环境影响问题,确定跟踪监测的特征参数。

7.2.7 监测方案设计

7.2.7.1 监测站位布设

给出站位平面示意图和站位表,并辅以必要的说明(或备注)。

7.2.7.2 监测参数

根据掌握的历史资料和建设项目的特点列出各单项监测参数。

7.2.7.3 监测时间和频率

给出首次监测时间和此后的监测计划以及临时监测计划。说明监测频率调整的原则依据。

7.2.8 质量保证

详细说明整个监测过程的全程质量保证措施。

7.2.9 现状调查与评价

根据现状调查结果全面详细评价建设项目附近海域的环境质量现状,特别是与建设项目所排放的污染物有关的要素的评价应更详细更全面。

7.2.10 建设项目各单项环境影响评价

详细阐明建设项目各阶段环境影响评价的目的、范围、方法、标准和评价结论;详细阐明各阶段重点评价要素对海洋水文动力、水质、沉积物、生态等环境的影响范围和影响程度;详细阐明建设项目各阶段特征参数的影响范围、影响程度和评价结论。并分析采取对策的有效性和可行性。主要包括:

a) 环境影响评价的目的。

b) 环境影响评价的内容、范围、时段和采用的评价标准。

d) 环境影响评价重点项目及其特性。

e) 各阶段特征参数对水质、沉积物、生态等环境的影响评价。

f) 建设项目对海洋水文动力条件、岸线变化、岸滩稳定性及海底稳定性的影响评价。为避免或减轻建设项目各阶段对海洋水文动力、水质、沉积物、生态等环境的影响所采取对策的科学性和可行性分析。

7.2.11 综合分析

综合分析与评价建设项目各阶段对海洋水文动力、水质、沉积物、生态等环境的影响与评价。给出建设项目各阶段环境影响综合分析与评价结论以及建设项目环境保护措施建议。

建设项目对海洋生物资源影响评价技术规程(节录)

SC/T 9110—2007

(2007 年 12 月 18 日发布　2008 年 3 月 1 日实施)

本标准由中华人民共和国农业部渔业局提出。

本标准起草单位:中国水产科学研究院黄海水产研究所、中国水产科学研究院东海水产研究所、中国水产科学研究院南海水产研究所。

（按原标准编号节录）

3 术语和定义

下列术语和定义适用于本标准。

3.1 海洋生物资源 marine living resources

海洋生物资源泛指栖息于海洋生境中的所有生物体总称，包括渔业资源、珍稀濒危水生野生动植物以及维系海洋生态功能的其他生物资源。

3.2 海洋渔业资源 marine fishery resources

海洋渔业资源指海洋中具有开发利用价值的所有鱼类、甲壳类、头足类等游泳生物，贝类、海参、藻类等底栖固着或相对固着性生物，以及海蜇等浮游性生物的生物体总称。

注：改写 GB/T 8588—2001，定义 3.3.9。

3.3 珍稀濒危水生野生动植物 rare aquatic wild animal and plant

珍稀濒危水生野生动植物资源指水域中经认定具有保护价值的动植物生物体总称。包括列入国家和地方重点保护野生动植物名录、国际濒危野生动植物贸易公约附录等水生野生动植物物种的生物体。

3.4 其他生物资源 other living resources

其他生物资源指水域中除渔业资源和珍稀濒危水生野生动植物以外的，具维系海洋生态功能的浮游生物、底栖生物、微生物等类别的生物体总称。

3.5 渔业水域 fishery waters

渔业水域是指中华人民共和国管辖水域中的鱼、虾、蟹、贝类的产卵场、索饵场、越冬场、洄游通道，以及鱼、虾、蟹、贝、藻类及其他水生动植物的增养殖水域。

注：改写 GB/T 8588—2001，定义 2.1.9。

4 总则

4.1 评价工作程序

建设项目对海洋生物资源的影响评价，应当由建设单位在项目可行性研究阶段委托具有海洋生物资源调查和评估能力的专业单位承担海洋生物资源调查和影响评价任务。评估单位按本规程要求开展海洋生物资源调查和影响评价专项工作，其中建设项目海洋生物资源影响评价为一、二级的，需编制专题报告书。并按有关法律、法规的规定，就评估过程及与评估结果征求渔业行政主管部门的意见。

4.2 评价等级

4.2.1 评价等级划分原则及依据

依照建设项目的具体类型及其对海洋生物资源可能产生的影响程度，建设项目海洋生物资源影响评价分为三个等级。不同类型的建设项目对海洋生物资源的评价等级，参照 HJ/T 2.1、HJ/T 19、HJ/T 93、GB/T 19485 和 JTJ—231 中生态环境影响评价等级执行。

4.2.2 评价等级调整

建设项目所在地区的海洋生物资源分布特征较为特殊或对环境质量有特殊要求时,经渔业行政主管部门审核后,评价等级可作适当调整,调整幅度上下不应超过一级。

4.3 评价内容与范围

4.3.1 评价内容

建设项目对海洋生物资源的评价内容,依照建设项目的具体类型及其对海洋生物资源可能产生的影响,按表1确定。表1未列的其他建设项目类型,可参照表1中所述类型确定评估内容。

表1 建设项目对海洋生物资源损害评估内容

建设项目类型	海洋生物资源损害评估内容						
	游泳生物	鱼卵仔鱼	底栖生物	潮间带生物	珍稀濒危水生生物	浮游生物	渔业生产
围、填海工程	☆	★	★	★	★	☆	★
码头、港池、航道开挖与疏浚,海洋管道,电缆、光缆等工程	☆	★	★	★	★	☆	★
海洋排污	★	★	★	☆	★	★	☆
电厂湿(冷)排水、含氯废水,卷载效应	★	★	★	★	★	★	★
海洋油(气)开发及其附属工程、海洋矿产资源勘探开发等工程	☆	★	★	☆	★	★	★
人工岛、跨海桥梁、筑堤筑坝以及其他海上人工构造物建造等工程	☆	★	★	★	★	☆	★
盐田、海水淡化等海水综合利用	☆	★	☆	★	★	★	★
水下爆破	★	★	★	★	★	☆	★
海洋倾废	☆	★	★	☆	★	★	★

注:★为重点评估内容;☆为依据建设项目具体情况需选择的必选评估内容。

4.3.2 评价范围

建设项目对海洋生物资源的评价范围根据评价等级确定,参照GB/T 19485中生态环境影响评价等级执行。其中根据游泳生物拖网调查的设站取样要求,调查范围应适当扩大。

4.4 评价标准

按照国家质量标准GB 3097、GB 11607、GB 18421、GB 18668、GB 18406.4和GB 18407.4、4914、GB 8978和GB 18486作为环境质量评价标准。也可采用相关行业标准和地方标准为环境质量评价标准。上述标准中未列因子的评价标准,可参考国际相关标准或有关研究资料,但采用前需要经有相应审批权力的县级以上环保主管部门的批准。

5 海洋生物资源现状调查和评价

5.1 调查内容

调查内容包括：
——游泳生物种类组成、数量分布和资源密度分布；
——鱼卵、仔稚鱼种类组成和数量分布；
——珍稀濒危水生野生动植物；
——潮间带生物种类组成和数量分布；
——底栖生物种类组成和数量分布；
——浮游动物种类组成和数量分布；
——浮游植物种类组成和数量分布。

5.2 调查频率

一、二级评价项目，在季节变化显著的区域，一般应进行 4 次（每季一次）海洋生物资源的调查。当情况特殊时，至少应在主要海洋生物种类的产卵盛期和育肥期进行 2 次海洋生物资源的调查；在季节变化不显著的区域，一级评价应在主要海洋生物种类的产卵盛期和育肥期进行 2 次海洋生物资源的调查，二级评价至少应在主要海洋生物种类的产卵盛期进行 1 次海洋生物资源的调查；三级评价以收集和利用最近 3 年的资料为主，当最近 3 年的资料不能满足评价要求时，应在主要海洋生物种类的产卵盛期进行 1 次海洋生物资源的调查。

5.3 调查布点

应相据工程所处海域的地理位置、评价范围和游泳生物、鱼卵仔鱼、珍稀濒危水生野生动植物资源、底栖动物、潮间带动物和浮游动植物分布特点，按均匀分布、全面覆盖、突出重点的原则布设调查站点。一级评价项目，调查站点不应少于 12 个；二级评价项目，调查站点不应少于 8 个；三级评价项目，调查站点不应少于 5 个。其中张网调查站点布设一级评价不应少于 4 个，二级评价不应少于 3 个，三级评价不应少于 2 个；潮间带调查根据工程的性质设 2 个～4 个断面。

5.4 调查与计算方法

5.4.1 渔业资源现状调查

5.4.1.1 游泳生物资源调查

游泳生物资源调查采用拖网调查法，使用选择性小的拖曳网具，在不适宜拖网或法规不允许拖网的近岸渔业水域，采用张网调查法。

5.4.2 珍稀濒危水生野生动植物调查与评估

鲸豚类等不易捕获的水生野生动物，其数量的调查评估方法通常采用目视调查法和社会调查法，也可由有经验的专家组成评估组对珍稀濒危水生野生动植物进行评估。

其他水生野生动植物调查评估方法可参考 5.4.4.1 调查方法执行。

5.4.3 底栖生物、潮间带生物、浮游动物和浮游植物调查

潮间带生物、底栖生物、浮游动物和浮游植物的调查方法与要求应按照 GB 17378、GB 12763 海洋调查规范和 SC/T 9102.2 要求执行。

5.4.4 渔业生产现状调查
5.4.4.1 调查方式
根据渔业行政主管部门公布的渔业生产统计报表,按行政区域和年度分别收集相关内容的数据。
5.4.4.2 主要调查指标
调查评价水域所在行政区内的渔业生产人员,捕捞渔具、渔法和渔船,海洋捕捞产量、产值和主要作业时间,以及主要经济品种及其产量和产值,养殖品种及其养殖面积、方式、产量和产值。

6 工程对海洋生物资源的影响评价
6.1 影响分析
按建设项目组成内容,列出海洋生物资源可能受工程影响的要素及因子,应分别编列建设项目的施工期、营运期(包括正常工况和非正常工况)和突发事故等各阶段对海洋生物资源影响性质和影响因子。
6.2 影响性质
影响性质可分为有利影响与不利影响;直接影响与间接影响;短期影响、长期影响与累积影响;局部影响与区域影响;可逆影响与不可逆影响。
6.3 影响因子识别
影响因子识别可分为污染要素因子和非污染要素因子。
6.4 工程对海洋生物资源损害评估
6.4.1 一般要求
工程对海洋生物资源损害评估应客观、公正、合理;应分析和评价全部可能导致海洋生物资源、水产品质量下降的因子、超标状况、影响程度和范围;应分析和评价建设项目对渔业生产的影响范围和程度;评价方法应有针对性、实用性和可操作性,应分别给出定量损害评估结果和定性影响评估。其中用于影响评价和损失计算的资源密度应在调查数据基础上,与历史资料比对,必要时需进行适当修正。用于影响评价的历史资料,应为近三年内由政府部门或有资质的研究部门所公布的最新资料。
6.4.2 评估方法
6.4.2.1 占用渔业水域的海洋生物资源量损害评估
本方法适用于因工程建设需要,占用渔业水域,使渔业水域功能被破坏或海洋生物资源栖息地丧失。各种类生物资源损害量评估按公式(5)计算:

$$W_i = D_i \times S_i \tag{5}$$

式中:W_i——第 i 种类生物资源受损量,单位为尾(尾)、个(个)、千克(kg);

D_i——评估区域内第 i 种类生物资源密度,单位为尾(个)每平方千米[尾(个)/km²]、尾(个)每立方千米[尾(个)/km³]、千克每平方千米(kg/km²);

S_i——第 i 种类生物占用的渔业水域面积或体积,单位为平方千米(km²)或立方千米(km³)。

6.4.2.2 污染物扩散范围内的海洋生物资源损害评估
本方法适用于污染物(包括温排水和冷排水)扩散范围内对海洋生物资源的损害评估,分一次性损害和持续性损害。

一次性损害:污染物浓度增量区域存在时间少于15d(不含15d);

持续性损害:污染物浓度增量区域存在时间超过15d(含15d)。

1) 一次性平均受损量评估

某种污染物浓度增量超过 GB 11607 或 GB 3097 中Ⅱ类标准值(GB 11607 或 GB 3097 中未列入的污染物,其标准值按照毒性试验结果类推)对海洋生物资源损害,按公式(6)计算。[公式(6)具体内容见原标准]

2) 持续性损害受损量评估

当污染物浓度增量区域存在时间超过15d时,应计算生物资源的累计损害量。计算以年为单位的生物资源的累计损害量按公式(7)计算。[公式(7)具体内容见原标准]

6.4.2.3 水下爆破对海洋生物资源损害评估

本方法适用于水下爆破对海洋生物资源损害评估。根据水下爆破方式、一次起爆药量、爆破条件、地质和地形条件、水域以及边界条件,通过冲击波峰值压力与致死率计算,分析、评估水下爆破对海洋生物资源损害。

冲击波峰值压力按公式(8)计算。[公式(8)具体内容见原标准]

冲击波峰值压力值推算渔业生物致死率,参见附录C。水下爆破的持续影响周期以15d为一个周期。水下爆破对生物资源的损害评估按公式(9)计算。[公式(9)具体内容见原标准]

6.4.2.4 电厂取、排水卷载效应的鱼卵、仔稚鱼、幼鱼损害评估

电厂取排水卷载效应对鱼卵、仔稚鱼和幼鱼的损害评估按公式(10)计算。[公式(10)具体内容见原标准]

6.4.2.5 专家评估方法

当建设项目的生物资源损害评估,如对珍稀濒危水生野生动植物造成损害等无法采用上述4种方法进行计算时,可由有经验的专家组成评估组对生物资源损失量进行评估。专家组成员须经省级以上(包括省级)渔业行政主管部门审核同意。评估程序如下:

——选择3～5名了解本地区生物资源状况的专家,组成评估专家组;

——评估专家组制定详细的调查工作方案;

——现场调查,广泛收集近年本区域的生产、生物资源动态变化等资料。如果本区域参数不全,可以选用邻近地区相同生态类型区的参数;

——对获得的资料进行筛选、统计、分析、整理;

——确定具体评估方案;

——编写评估报告。

6.4.3 长期潜在影响评价

对建设项目运行期废水排放,应开展对海洋生物资源长期潜在影响分析和评价,以确定海洋生物资源可能受影响的程度和范围。

废水排放长期潜在影响评价应统筹考虑安全稀释度场和混合区的相容性,原则上废水安全稀释度包络场的面积不应高于国家规定的混合区面积,如超出混合区面积且影响到天然渔业资源和渔业生产,应图示其对渔业环境保护目标的影响,并开展对区域社会经济的影响评价。

安全稀释度的推定:

——当废水特征污染物在国家、地方废水排放标准中有明确规定时,采用有利于渔业资源保

护的标准推定。

——当废水特征污染物在国家、地方废水排放标准中未有明确规定时,可通过以下途径推定:
- 国际知名化学品毒性数据库中安全浓度数据;
- 采用全废水毒性试验推定的安全浓度数据;
- 类比安全浓度数据。

7 生物资源损害赔偿和补偿计算方法

7.1 生物资源经济价值计算(具体内容见原标准)

7.2 生物资源损害赔偿和补偿年限(倍数)的确定

——各类工程施工对水域生态系统造成不可逆影响的,其生物资源损害的补偿年限均按不低于20年计算;

——占用渔业水域的生物资源损害补偿,占用年限低于3年的,按3年补偿;占用年限3年~20年的,按实际占用年限补偿;占用年限20年以上的,按不低于20年补偿;

——一次性生物资源的损害补偿为一次性损害额的3倍;

——持续性生物资源损害的补偿分3种情形,实际影响年限低于3年的,按3年补偿;实际影响年限为3年~20年的,按实际影响年限补偿;影响持续时间20年以上的,补偿计算时间不应低于20年。

8 保护措施

8.1 原则与要求

建设项目对海洋生物资源的影响评价应针对工程造成不利影响的对象、范围、时段和程度,根据环境保护目标要求,提出预防、减缓、恢复、补偿、管理、科研、监测等对策措施。

建设项目对海洋生物资源与生态环境保护应按照"谁开发谁保护、谁受益谁补偿、谁损坏谁修复"的原则,根据影响评价的结果,施工期对海洋生物资源的损害补偿经费列入工程环境保护投资预算,营运期对海洋生物资源的损害补偿经费可以分阶段列入项目运行成本预算,占用渔业水域对海洋生物资源的损害补偿应一次性落实补偿经费。同时制定可行的海洋生物资源保护措施,制定海洋生物资源保护措施应进行经济技术论证,选择技术先进、经济合理、便于实施、保护和改善环境效果好的措施,以建立完善的生态补偿机制。

建设项目对海洋生物资源的损害补偿和生态修复措施应按相关的法律、法规要求,征得相应渔业行政主管部门的同意后方可实施。

8.2 保护措施

工程造成珍稀、濒危水生生物或其他有保护价值、科学研究价值和重要经济价值的水生生物的种群、数量、栖息地、洄游通道受到不利影响,应提出工程防护、栖息地保护、迁地保护、种质库保存、过鱼设施、人工繁殖放流、设立保护区和管理等措施。

工程造成海洋生物资源量损害的,要依据影响的范围和程度,制定补偿措施,补偿措施的方案要进行评估论证,择优确定,落实经费和时限。

工程造成渔业生产作业范围缩小、渔民传统作业方式改变而致使渔民收入下降的,应提出具体补偿措施或建议。

工程造成工程周边渔民完全无法从事渔业生产的,应提出切实可行的安置措施或建议。

工程的生态补偿经费严格按规定全部用于生态修复,主要包括增殖放流、保护区建设与人工鱼礁建设,珍稀水生生物驯养繁殖,增殖放流的跟踪监测、效果评估和养护管理。

对各类建设项目在建设期和营运期可能会对海洋生物资源造成影响的,依据环境影响评价的结果,必须在环境影响报告书中提出建设项目在建设期和营运期对海洋生物资源的跟踪监测计划,明确跟踪监测的内容、方法、频率、监测机构、监测经费等要求。

附录A(资料性附录)　网具对不同类型鱼虾、蟹类的捕获率(略)
附录B(资料性附录)　污染物对各类生物损失率(略)
附录C(资料性附录)　水下爆破冲击波峰值压力和渔业生物致死率计算方法(略)

山东省用海建设项目海洋生态损失补偿评估技术导则(节录)

DB 37/T 1448—2015

(2015年12月22日发布　2016年1月22日实施)

本标准由山东省海洋与渔业厅提出并归口。

本标准起草单位:国家海洋局第一海洋研究所、中国海洋大学、中国水产科学研究院黄海水产研究所。

(按原标准编号节录)

3　术语和定义

下列术语和定义适用于本文件。

3.1　用海建设项目 marine construction project

使用海域进行建设、生产、开发与利用的活动。

3.2　海洋生态破坏 marine ecological damage

破坏海洋生物、水体、表层海底与生态功能的过程和行为。

3.3　受损海域 damaged sea area

出现生态破坏的海域。包括用海建设项目占用海域及其邻近影响海域。

3.4　用海建设项目占用海域 constructed sea area

项目建设单位申请用海的海域范围。

3.5　用海建设项目邻近影响海域 nearby sea area of constructed sea area

因项目建设和海域使用导致海洋生态系统发生一定程度变化的占用海域的附近海域。

3.6　占用方式 use manner

用海建设项目及其设施在施工期和使用期占用海域的总体布局形式。

3.7 海洋生态损失 marine ecological loss

因海洋生态破坏造成的海洋生物资源和生态系统服务减损。

3.8 海洋生态损失评估 marine ecological loss accounting

对海洋生态损失进行定性、定量或货币化评估的过程。

3.9 海洋生态损失补偿 compensation for marine ecological loss

用海者履行海洋资源有偿使用责任,对因开发利用海洋资源造成的海洋生物资源价值损失和生态系统服务价值损失进行的资金补偿。

3.10 海洋生态资本基准值 base value of marine ecological capital

基准年单位面积海域生态资本价值。包括海洋生物资源基准值和海洋生态系统服务基准值。

3.11 海洋生物资源基准值 base value of marine living resources

基准年单位面积海域天然生长游泳生物资源的现存量价值。

3.12 海洋生态系统服务基准值 base value of marine ecosystem services

基准年单位面积海域每年提供的生态系统服务价值。

4 评估工作程序

海洋生态损失补偿评估工作程序分四步:

a) 搜集用海建设项目海域的自然概况、生态环境、海域使用、社会经济等有关资料,开展现场调查和社会经济调查,详细分析生态破坏的情况,初步筛选出评估的范围和对象;

b) 基于环境影响评价结果,编制评估大纲,规定评估工作的主要内容和报告书的主体内容。主要包括:

- 用海建设项目的工程类型及其占用方式、占用海域情况;
- 分析受损海域范围、影响持续期限、影响要素和影响程度;
- 分析用海建设项目所属产业类型及其国家产业政策;
- 分析受损海域是否存在保护区、生态红线区、特殊生态类型及保护物种、珍稀濒危物种及其他重要物种;
- 确定受损海域的生态资本基准值;
- 确定用海建设项目的占用方式及其损害系数;
- 确定用海建设项目的补偿系数;
- 确定用海建设项目生态损失与补偿的计算公式和参数。

c) 依据评估大纲,开展各项工作,核算用海建设项目的生态损失和补偿资金;

d) 编制用海建设项目海洋生态损失补偿评估报告,或者在环境影响评价报告中编制海洋生态损失评估专章。

5 海洋生态损失评估

5.1 受损海域范围确定

5.1.1 受损海域包括用海建设项目占用海域及其邻近影响海域。

5.1.2 邻近影响海域范围根据环评报告中水动力环境、水质环境、地形地貌与冲淤环境、海洋沉积物环境、生物与生态的影响预测范围和影响程度综合确定。

5.1.3 用海建设项目施工期的邻近影响海域范围，按照 GB/T 19485，根据悬浮泥沙增加量的最大包络线范围确定，绘制不同变化幅度的海域分布图。变化幅度划分见表3。

5.1.4 用海建设项目使用期（恢复期、运营期）的邻近影响海域范围，按照 GB/T 19485，根据特征点最大潮流速改变量或者改变率、冲刷减少量和淤积增加量的最大包络线范围分别确定不同变化幅度的影响范围。变化幅度划分见表4。如果根据潮流速和冲刷、淤积等影响因素确定的影响范围存在重叠，重叠海域面积均计为特征点最大潮流速改变量的影响范围，不再计为冲刷或淤积的影响范围。

5.1.5 温排水占用方式在运营期的邻近影响海域范围，按照 GB/T 19485，根据温升幅度的最大包络线确定，绘制不同温升幅度的海域分布图。温升幅度划分见表5。

5.1.6 取水占用方式在运营期的邻近影响海域范围，按照年均取水量除以取水口海域平均水深计算的海域面积确定。

5.2 海洋生态资本基准值确定

5.2.1 按照沿海地级市的海域划界把山东管辖海域划分为九个评价海区，其中，烟台一区指莱州市、招远市和龙口市的管辖海域，烟台二区指蓬莱市、长岛县、开发区、芝罘区、莱山区和牟平区的管辖海域，烟台三区指莱阳市和海阳市的管辖海域。每个海区的海洋生态资本基准值见表1。用海建设项目占用海域及其邻近影响海域的生态资本基准值按照表1取值。

5.2.2 如果用海建设项目占用海域以及邻近影响海域位于二个及以上的评价海区，应分别确定其对应评价海区的生态资本基准值。

表1 山东海域海洋生态资本基准值

评价海区	海洋生物资源基准值 万元/公顷	海洋生态系统服务基准值 万元/公顷·年
滨州海区	0.0050	1.8200
东营海区	0.0080	1.6500
潍坊海区	0.0120	1.6000
烟台一区	0.0130	1.6600
烟台二区	0.0200	2.1100
烟台三区	0.0300	1.7500
威海海区	0.0430	1.9800
青岛海区	0.0170	2.5300
日照海区	0.0070	2.1000

5.3 海洋生态损害系数确定

5.3.1 海洋生态损害系数包括海洋生物资源损害系数和海洋生态系统服务损害系数。评估用海建设项目造成海洋生物资源损失，采用生物资源损害系数，海洋生物资源损失属于一次性损失；评估海洋生态系统服务损失，采用生态系统服务损害系数，海洋生态系统服务损失每年发生。

5.3.2 施工期和使用期建设项目占用海域生态损害系数按表2取值。

5.3.3 施工期建设项目邻近影响海域生态损害系数按表3取值。

5.3.4 使用期建设项目邻近影响海域生态损害系数按表4取值。

5.3.5 根据特征点最大潮流速指标评价同一用海建设项目邻近影响范围及其生态损害系数选取时,按照特征点最大潮流速的改变量(V)或者改变率(Vx)确定,不可交叉混用。

5.3.6 运营期,温排水占用方式在占用海域和邻近影响海域的生态损害系数按表5取值。

表2 施工期和使用期建设项目占用海域生态损害系数

占用方式	时期	生物资源损害系数	生态系统服务损害系数
填海 (指从海底到海面占用海域,例如填造地、海堤、桥墩、基桩、人工岛等)	施工期	1.00	1.00
	使用期	1.00	1.00
排水口与港地泊位建设(港池内水域、泊位前回旋水域)	施工期	0.29	0.40
	运营期	0.18	0.21
航道建设	施工期	0.29	0.40
	恢复期	0.03	0.10
潜坝建设	施工期	0.21	0.34
	使用期	0.14	0.31
海砂开采与航道清淤	施工期	0.28	0.31
	恢复期	0.03	0.10
海底管线开挖	施工期	0.14	0.26
	恢复期	0.01	0.09
筑池晒盐	施工期	0.13	0.20
	运营期	0.53	0.06
人工增殖渔礁	施工期	0.09	0.13
	使用期	0.06	0.05
人工构筑物的透水部分 (如跨海桥梁、栈桥、高脚屋、桩基平台等设施的透水部分,不含基桩、桥墩)	施工期	0.10	0.12
	使用期	0.07	0.10
浴场与游乐场	施工期	0.02	0.02
	运营期	0.05	0.06
取水	施工期	0.01	0.02
	使用期	0.02	0.30

表 3 施工期用海建设项目邻近影响海域生态损害系数

影响因素	变化幅度	生物资源损害系数	生态系统服务损害系数
悬浮泥沙增加量(S)	10 mg/L < S ≤ 100 mg/L	0.06	0.10
	100 mg/L < S ≤ 150 mg/L	0.32	0.29
	S > 150 mg/L	0.44	0.40

表 4 使用期用海建设项目邻近影响海域生态损害系数

影响因素	变化幅度	生物资源损害系数	生态系统服务损害系数
特征点最大潮流速改变量(V)或者特征点最大潮流速改变率(Vx)	10 cm/s < V ≤ 20 cm/s 或 20% < Vx ≤ 40%	0.10	0.15
	20 cm/s < V ≤ 20 cm/s 或 40% < Vx ≤ 60%	0.15	0.21
	V > 30 cm/s 或 Vx > 60%	0.22	0.28
年冲刷减少量(E)	5 cm/a < E ≤ 10 cm/a	0.10	0.03
	10 cm/a < E ≤ 20 cm/a	0.12	0.04
	20 cm/a < E ≤ 30 cm/a	0.16	0.05
	E > 30 cm/a	0.21	0.07
年淤积增加量(D)	10 cm/a < D ≤ 20 cm/a	0.10	0.06
	20 cm/a < D ≤ 30 cm/a	0.12	0.08
	D > 30 cm/a	0.15	0.11

注：使用期指建设项目施工完工后的时期，不同建设项目习惯称为使用期、运营期或恢复期。

表 5 运营期温排水占用方式在占用海域和邻近影响海域的生态损害系数

温升幅度(T)	生物资源损害系数	生态系统服务损害系数
1℃ < T ≤ 2℃	0.01	0.01
2℃ < T ≤ 4℃	0.12	0.14
4℃ < T ≤ 7℃	0.20	0.25
7℃ < T ≤ 13℃	0.27	0.34
T > 13℃	0.37	0.45

5.4 损害期限确定

5.4.1 损害期限包括施工期和使用期（运营期、恢复期）。

5.4.2 施工期占用海域和邻近影响海域的损害期限按施工年限计算。

5.4.3 使用期占用海域的损害期限等于用海建设项目拟申请或者批准用海年限扣除施工年限；使用期邻近影响海域的损害期限按五年计算。

5.4.4 海砂开采、航道建设与清淤、海底管线开挖等占用方式,施工结束后的恢复期取两年。

5.4.5 对于温排水占用方式,运营期邻近影响海域的损害期限按设计排水期限计算。

5.5 用海建设项目海洋生态损失评估

5.5.1 评估方法

5.5.1.1 一般用海建设项目,分别计算施工期、使用期(运营期)占用海域和邻近影响海域的生态损失,加总计算总生态损失。计算施工期和使用期(运营期)占用海域生态损失,应区分不同占用方式(参见表2)。

5.5.1.2 难以确定施工期每年占用海域面积和邻近影响海域面积的,可不单独计算施工期生态损失,纳入使用期(运营期)计算生态损失,并采用使用期的计算参数。

5.5.1.3 海砂开采、航道建设与清淤、海底管线开挖,应分别计算施工期和恢复期的生态损失。

5.5.1.4 电厂取水占用方式运营期生态损失不计算生态系统服务损失,只计算海洋生物资源损失,并按拟申请或者批准年限逐年累计计算。

5.5.1.5 温排水占用方式运营期生态损失只计算温升造成的生态损失,不计算潮流速变化造成的生态损失。

5.5.2 计算方法

用海建设项目的总生态损失包括占用海域生态损失和邻近影响海域生态损失。(计算公式见原标准)。

5.5.3 占用海域生态损失评估

5.5.3.1 分别评估建设项目占用海域的生物资源损失和生态系统服务损失,加总计算占用海域生态损失。

5.5.3.2 海洋生物资源损失等于占用海域面积乘以生物资源基准值以及生物资源损害系数。

5.5.3.3 海洋生态系统服务损失等于占用海域面积乘以生态系统服务基准值、生态系统服务损害系数以及占用海域损害期限。(计算公式见原标准)

5.5.4 邻近影响海域生态损失评估

5.5.4.1 分别评估用海建设项目邻近影响海域的生物资源损失和生态系统服务损失,加总计算邻近影响海域的生态损失。

5.5.4.2 邻近影响海域海洋生物资源损失等于邻近影响海域面积乘以海洋生物资源基准值以及邻近影响海域生物资源损害系数。

5.5.4.3 邻近影响海域海洋生态系统服务损失等于邻近影响海域面积乘以海洋生态系统服务基准值、生态系统服务损害系数以及邻近影响海域损害期限。(计算公式见原标准)

6 用海建设项目海洋生态损失补偿资金评估

6.1 计算方法

用海建设项目的生态损失补偿资金等于总生态损失乘以综合补偿系数。计算公式如下:

$$EC = EL_T \times CC \tag{8}$$

式中：EC——生态损失补偿资金，单位：万元；

EL_T——总生态损失，单位：万元；

CC——综合补偿系数，无量纲。

6.2 综合补偿系数确定

用海建设项目的综合补偿系数等于基准补偿系数、政策调整系数和附加补偿系数之和。

$$CC = C_B + C_P + C_E \qquad (9)$$

式中：CC——综合补偿系数，无量纲；

C_B——基准补偿系数，无量纲；

C_P——政策调整系数，无量纲；

C_E——附加补偿系数，无量纲。

6.3 基准补偿系数确定

6.3.1 用海建设项目的基准补偿系数根据项目所属产业类型按照表6取值。

6.3.2 如果同一个用海建设项目的建设内容属于二个及以上的产业，取该项目所属全部产业的基准补偿系数的算数平均值，作为该项目的基准补偿系数值。

6.3.3 产业类型按照 GB/T 20794 进行确定。商业与服务业用海指围填海进行城镇和商业设施建设。其他经营用海指其他非海洋产业的经营性用海。公益用海指主要提供公共服务的非经营性用海项目，如科研、教育、科普宣传、防灾、救援、航行保障、军事等用海。

表6 不同产业类型用海建设项目的基准补偿系数

序号	产业类型	基准补偿系数值
1	海洋渔业用海	0.20
2	海洋油气业用海	0.35
3	海洋矿业用海	0.15
4	海洋盐业用海	0.25
5	海洋化工业用海	0.20
6	海洋生物医药业用海	0.15
7	海洋电力业用海	0.35
8	海水利用业用海	0.20
9	海洋船舶工业用海	0.20
10	海洋工程建筑业用海	0.35
11	海洋交通运输业用海	0.35
12	滨海旅游用海	0.30
13	商业与服务业用海	0.35
14	海洋能开发用海	0.25
15	其他经营用海	0.35
16	公益用海	0.25

6.4 政策调整系数确定

6.4.1 用海建设项目的建设内容属于现行有效的《山东省海洋产业发展指导目录》(以下简称《目录》)中"鼓励"类,政策调整系数取-0.1;如属于该《目录》中"限制"类,政策调整系数取0;如属于该《目录》中"淘汰"类,政策调整系数取0.1;如不在该《目录》中,政策调整系数取0.1;公益用海项目,政策调整系数取-0.1。

6.4.2 如果某用海建设项目的建设内容属于上述多个类别,则取这几个类别的政策调整系数的平均值作为该建设项目的政策调整系数。

6.5 附加补偿系数确定

6.5.1 用海建设项目的占用海域或邻近影响海域范围内如果存在保护区、保护物种分布区等生态红线区,在计算该受损生态红线区生态损失的补偿资金时,其附加补偿系数按照表7取值;如果不存在,则附加补偿系数取0。

6.5.2 如果用海建设项目在同一受损海区的附加补偿系数取到二个及以上数值,取其中最大值作为附加补偿系数值。

表7 附加补偿系数

海域	分区	附加补偿系数值
国这级海洋自然保护区	核心区与缓冲区	1.00
国家级水产种质资源保护区	核心区	0.80
国家级海洋特别保护区	重点保护区	0.70
省级海洋自然保护区	核心区与缓冲区	0.65
省级水产种质资源保护区	核心区	0.60
省级海洋特别保护区	重点保护区	0.55
国家级海洋自然保护区	实验区	0.50
国家级水产种质资源保护区	实验区	0.45
国家级海洋特别保护区	适度利用区、生态与资源恢复区、预留区	0.40
国家保护物种分布区	一类、二类保护物种分布区	0.40
省级海洋自然保护区	实验区	0.35
省级水产种质资源保护区	实验区	0.30
省级海洋特别保护区	其他海域	0.25
《山东省海洋生态红线》中其他海域		0.20
《中国物种红色名录》中其他物种的分布区	国家级和省级保护区除外,国家一类、二类保护物种除外	0.20
省级及以上政府部门批准的其他保护物种的分布区		0.20

7 海洋生态损失补偿评估报告编制

海洋生态损失补偿评估报告可作为环境影响评价报告的专章编制,也可编制单独的海洋生态损失补偿评估报告书。专章编写内容参见附录 A,报告书编写格式与内容参见附录 B。

附录 A(规范性附录) 海洋生态损失补偿评估专章编写内容(略)
附录 B(规范性附录) 海洋生态损失补偿评估报告书编写格式与内容(略)

海洋石油勘探开发污染物排放浓度限值(节录)

GB 4914—2008

(2008 年 10 月 19 日发布 2009 年 5 月 1 日实施)

本标准由国家海洋局提出。
本标准起草单位:国家海洋环境监测中心。

(按原标准编号节录)

3 术语和定义

下列术语和定义适用于本标准。

3.1 海洋石油勘探开发污染物 pollutants from offshore petroleum exploration and production

海洋石油勘探开发作业中使用或生成后向海洋排放并可能影响海洋生态环境的任何物质。

注1:海洋石油勘探开发污染物包括开发活动中产生的直接排放入海的污染物和排入大气中的伴生气。
注2:改写 GB 18420.1—2001,定义 3.1。

3.2 钻井液 drilling fluids

钻井泥浆 drilling muds

由水或油、黏土、化学处理剂及一些惰性物质组成,在石油勘探开发钻井过程中用来润滑和冷却钻头、携带钻屑、平衡地层压力和稳定井壁等。

注1:钻井液分为水基钻井液和非水基钻井液。
注2:改写 GB 18420.1—2001,定义 3.3。

3.2.1 水基钻井液 water-based drilling fluids

由水、黏土和化学处理剂等配制而成的,以水为连续相的钻井液。

注:改写 GB 18420.1—2001,定义 3.4.1。

3.2.2 非水基钻井液 non-aqueous drilling fluids

由原油、柴油、矿物油或人工合成物质、黏土及化学处理剂等配置而成的,不是以水为连续相的钻井液。

注:非水基钻井液包括油基钻井液和合成基钻井液。

3.2.2.1 油基钻井液 oil-based drilling fluids

以各类油(包括原油、柴油和矿物油等)为连续相的钻井液。

注:改写 GB 18420.1—2001,定义 3.4.2。

3.2.2.2 合成基钻井液 synthetic-based drilling fluids

以合成液体为连续相的钻井液。

3.3 钻屑 drilling cutting

钻井过程中钻头将地层研磨、切削破碎后,由钻井液从井内带至地面的岩石碎块。

注1:钻屑分为水基钻井液钻屑和非水基钻井液钻屑。

注2:改写 GB 18420.1—2001,定义 3.5。

3.4 生活污水 domestic sewage

由海上钻井平台、油气生产设施区的厨房、洗手间排出的含有洗涤剂的污水,厕所排出的含有粪、尿的污水,以及医务室排出的污水。

3.5 生活垃圾 domestic wastes

固体废弃物,包括食品废弃物和生活中产生的其他固体垃圾。

3.6 生产垃圾 industrial wastes

石油生产活动中产生的一切塑料制品(包括但不限于合成缆绳、合成渔网和塑料袋等)和其他废弃物(包括残油、废油、含油垃圾及其残液残渣等)。

4 排放要求/浓度限值分级

海洋石油勘探开发污染物的排放要求/浓度限值,按污染物排放海域的不同分为三级:

一级:适用于渤海、北部湾、国家划定的其他海洋保护区域和其他距最近陆地 4n mile 以内的海域。

二级:除渤海、北部湾、国家划定的其他海洋保护区域外,其他距最近陆地大于 4n mile 且小于 12 n mile 的海域。

三级:适用于一级和二级海区以外的其他海域。

注:距最近陆地指以领海基线为起点计算的距离。

5 污染物排放浓度限值

5.1 生产水

生产水的排放浓度限值见表1。生产水的生物毒性容许值应符合 GB 18420.1—2001 中的相关要求。

表1 生产水排放浓度限值

项目	等级	浓度限值/(mg/L)			
石油类	一级	一次容许值	≤30	月平均值	≤20
	二级		≤45		≤30
	三级		≤65		≤45

月平均排放浓度按式(1)求算:

$$MC = \frac{\sum_{i=1}^{n} DC_i \times M_i}{\sum_{i=1}^{n} M_i} \tag{1}$$

式中：MC——月平均排放浓度，单位为毫克每升(mg/L)；

　　　DC_i——该月第 i 天的平均排放浓度，单位为毫克每升(mg/L)；

　　　M_i——该月第 i 天的生产水排放量，单位为升(L)；

　　　n——该月的生产水排放总天数。

5.2 钻井液和钻屑

非水基钻井液(油基钻井液和合成基钻井液)不得排放入海。在渤海海域不得排放非水基钻井液钻屑，不得排放钻井油层的水基钻井液和钻井油层的水基钻井液钻屑。其他海域，当回收水基钻井液、水基钻井液钻屑和非水基钻井液钻屑确有困难时，经所在海区主管部门批准后，可向海排放。所排放的水基钻井液、水基钻井液钻屑和非水基钻井液钻屑应达到表 2 中的相关要求。

钻井液和钻屑的生物毒性容许值应符合 GB 18420.1 中的相关要求。

表 2　钻井液和钻屑排放浓度限值

排放污染物类型	污染参数	等级	排放要求/限值
水基钻井液和水基钻井液钻屑	含油量	一级	除渤海不得排放钻井油层钻屑和钻井油层钻井液外，其他一级海区要求含油量≤1%
		二级	≤3%
		三级	≤8%
	Hg(重晶石中最大值)	一级、二级和三级	≤1 mg/kg
	Cd(重晶石中最大值)	一级、二级和三级	≤3 mg/kg
非水基钻井液钻屑	含油量	一级	除渤海禁止排放非水基钻井液钻屑外，其他一级海区要求含油量≤1%
		二级	≤3%
		三级	≤8%
	Hg(重晶石中最大值)	一级、二级和三级	≤1 mg/kg
	Cd(重晶石中最大值)	一级、二级和三级	≤3 mg/kg

5.3 钻井设施机舱、机房和甲板含油污水

海上钻井设施的机舱、机房和甲板含油污水，在渤海禁止排放，全部实施铅封。其他海域要求排放浓度低于 15mg/L。

5.4 陆地终端含油污水的排放

陆地终端含油污水的向海排放要求应符合 GB 8978 的相关要求。

5.5 生活污水

固定式和移动平台及其他海上钻井设施排放的生活污水的排放应符合表 3 的规定。生活污水中 COD 的含量应符合 GB 18486 中的相关要求。

表3　生活污水的排放要求/排放浓度限值

项目	等级		
	一级	二级	三级
COD	≤300 mg/L		≤500 mg/L
粪便	经消毒和粉碎等处理		—

5.6 固体垃圾

固定式和移动平台及其他海上钻井设施排放固体垃圾,应符合表4的相关规定。

表4　固体垃圾的排放要求

项目		距最近陆地		
		一级	二级	三级
生产垃圾		禁止排放或弃置入海		
生活垃圾	食品废弃物	禁止排放或弃置入海	颗粒直径小于25mm	
	其他垃圾	禁止排放或弃置入海		

6 污染物的测定

6.1 采样、送样和样品的保存

6.1.1 样品的采集

6.1.1.1 采样数量

应根据所采用的分析方法,采集足够3次重复试验的样品用量。

6.1.1.2 采样地点

各类海洋石油勘探开发中污染物的采样地点按下述要求确定：
——生产水,在生产水的排放口采样；
——钻井液,经振动筛分离后的钻井液应从排放口或钻井液池采集；
——钻屑,经振动筛分离后采样；
——生活污水,在生活污水的排放口采样。

6.1.2 标签

所有样品容器上应标明样品名称、采样油井号、生产或使用者、采样人、采样时间、采样方式、采样数量等。

样品送达实验室后送样人应填写送样表,样品接受人应检查样品标签和包装是否完整,并对样品进行编号、签字和记录存档。

6.1.3 贮存和运输

不同的样品应按所采用的分析方法中的相关要求,对样品进行预处理。样品的贮存和运输亦应按分析方法中的具体规定执行,并符合 GB 17378.3 中有关样品贮存与运输的规定。

6.2 分析方法

本标准中所列各污染要素的分析方法见表5。

表5 污染要素的分析方法

序号	要素	分析方法	引用标准
1	生产水中的石油类	(1)红外分光光度法	(1)GB/T 17923—1999
		(2)萃取-重量法	(2)参见附录A
2	生产水、钻井液和钻屑生物毒性容许值	生物毒性检验法	GB/T 18420.2
3	水基钻井液的含油量	(1)蒸馏法	(1)GB/T 16783.1—2006
		(2)红外分光光度法	(2)参见附录B
4	水基钻井液钻屑的含油量	(1)蒸馏法	(1)GB/T 16783.1—2006
		(2)红外分光光度法	(2)参见附录B
5	非水基钻井液钻屑的含油量	蒸馏法	GB/T 16782—1997的附录B
6	机舱、机房和甲板含油污水中的石油类	(1)红外分光光度法	(1)GB/T 17923—1999
		(2)紫外分光光度法	(2)GB 17378.4
7	重晶石中的汞含量	冷原子吸收光谱法	SN/T 1325.1—2003
8	重晶石中的镉含量	原子吸收光谱法	SN/T 1325.2—2003
9	生活污水中的COD	重铬酸钾法	GB/T 11914
10	生产垃圾	目视法	—
11	食品废弃物	目视法	—
12	其他垃圾	目视法	—

6.3 数据处理与分析质量控制

测定数据的处理与分析质量控制应按GB 17378.2、GB 17378.7和GB/T 18420.2中的相关规定执行。

附录A(资料性附录) 萃取-重量法测定可被正己烷萃取的物质(HEM;油脂)和硅胶吸附后可被正己烷萃取的物质(SGT-HEM;非极性物质)(略)

附录B(资料性附录) 水基钻井液和水基钻井液钻屑含油量的分析方法(略)

COLLECTIONS OF LAWS, REGULATIONS AND STANDARDS FOR
INDENTIFICATION AND ASSESSMENT OF ECOLOGICAL ENVIRONMENTAL DAMAGE

生态环境损害鉴定评估
法律法规与标准汇编

（下卷）

司法部公共法律服务管理局　编

本书作者感谢以下课题及基金会的帮助

国家自然科学基金项目"基于碳源碳汇空间格局的低碳城乡空间规划方法研究"(编号:51178235);"十二五"国家科技支撑课题"GIS与VR技术在中华文明探源中的应用研究"(编号:2013BAK08B07);中国海油海洋环境与生态保护公益基金会;国家重点研发计划项目"生态环境损害鉴定评估业务化技术研究"(编号:2016YFC0503600)。

编审委员会

主　任　邓甲明

副主任　舒国华　高振会　苗前军

编审委员会成员（按姓氏笔画排名）

毛　锋　张元勋　张效礼　郑振玉　舒俭民

编辑委员会

主　编　高振会

副主编　张书豪　毛　锋

编辑委员会成员（按姓氏笔画排名）

马金锋	王　伟	王　艳	王　霄	王一萍	王中华	毛　锋	邓甲明
曲克明	朱　琳	孙　光	远丽辉	杜立静	李安虎	杨悦锁	何升金
宋俊花	宋莎莎	张　雷	张元勋	张书豪	张林波	张效礼	张继民
陈　志	武　鹏	苗前军	林　虎	郑　立	郑文锋	郑振玉	赵　鸣
赵　楠	姜锡仁	高　萍	高　蒙	高振会	郭　振	郭银波	黄伟政
黄健熙	崔正国	隋亚栋	韩龙江	程永强	程宏君	舒国华	舒俭民
魏文普	魏计房						

编写说明

生态环境问题是全人类共同面临的重大问题。生态兴则文明兴,生态衰则文明衰。生态文明建设关系人民福祉,关乎民族未来,事关"两个一百年"奋斗目标和中华民族伟大复兴中国梦的实现。习近平总书记指出:"生态环境保护是功在当代、利在千秋的事业。要清醒认识保护生态环境、治理环境污染的紧迫性和艰巨性,清醒认识加强生态文明建设的重要性和必要性,以对人民群众、对子孙后代高度负责的态度和责任,真正下决心把环境污染治理好,把生态环境建设好,努力走向社会主义生态文明新时代,为人民创造良好生产生活环境。"党中央、国务院高度重视生态文明建设。党的第十八次全国代表大会以来,我国生态文明建设成效显著,污染防治工作得到极大推进,但环境污染重、生态受损大、环境风险高等问题依然存在,成为全面建成小康社会的突出短板。生态文明建设正处于压力叠加、负重前行的关键期,已进入提供更多优质生态产品以满足人民日益增长的优美生态环境需要的攻坚期,同时,也到了有条件有能力解决突出生态环境问题的窗口期。

2015年12月,中共中央办公厅、国务院办公厅印发《生态环境损害赔偿制度改革试点方案》,开始在部分省份试行生态环境损害赔偿制度;2017年12月,中共中央办公厅、国务院办公厅又印发《生态环境损害赔偿制度改革方案》,生态环境损害赔偿制度改革从先行试点进入全国试行阶段。

环境损害司法鉴定是指在诉讼活动中鉴定人运用环境科学技术或者专门知识,采用监测、检测、现场勘察、实验模拟或者综合分析等技术方法,对环境污染或者生态破坏诉讼涉及的专门性问题进行鉴别和判断并提供鉴定意见的活动,对支持办案和行政执法机关更有力地打击环境违法犯罪行为,更好地保护生态环境、建设美丽中国具有重要意义。2015年12月21日,最高人民法院、最高人民检察院、司法部联合发布了《关于将环境损害司法鉴定纳入统一登记管理范围的通知》,对从事生态环境损害司法鉴定业务的鉴定机构和鉴定人实行统一登记管理,同时,司法部、生态环境部(原环境保护部)印发《关于规范环境损害司法鉴定管理工作的通知》,进一步明确了规范管理环境损害司法鉴定工作的思路和措施,推动我国生态环境损害鉴定评估工作进入规范化、科学化和法制化发展轨道。

依据我国现行法律法规和技术标准规范开展生态环境损害鉴定,是确定生态环境损害因果关系、评估损害程度、制订修复方案和计算损害赔偿数额的关键,是确定生态环境

损害责任和公平执法的基础。根据我国相关法律规定,生态环境包括大气、水、海洋、土地、矿藏、森林、草原、湿地、野生生物、自然遗迹、人文遗迹、自然保护区、风景名胜区、城市和乡村等,范围十分广泛,与生态环境损害鉴定相关的法律法规、国家标准、行业标准众多。为做好生态环境损害鉴定评估工作,加快推进生态环境损害司法鉴定标准体系建设,适应生态环境诉讼、环境保护行政执法需求,有必要以与生态环境相关的国家现行法律法规与标准为基础,编纂《生态环境损害鉴定评估法律法规与标准汇编》。

受司法部公共法律服务管理局委托,中国环境科学学会环境损害鉴定评估专业委员会组织有关专家、学者,历时二年,编纂了《生态环境损害鉴定评估法律法规与标准汇编》,该汇编分上、中、下三卷,上卷包括与生态环境相关的通用法律法规与标准,中卷包括与大气、水、海洋生态环境相关的法律法规与标准,下卷包括与土壤、生态、噪声、辐射、地震减灾等相关的法律法规与标准。其中,上卷的通用法律法规与标准涉及大气、水、海洋、土壤、生态、噪声、辐射、地震减灾等生态环境领域广泛使用的现行法律法规与标准;中卷大气、水、海洋篇的选编范围分别是与大气、水、海洋生态环境或生态环境损害相关的现行法律法规和标准;下卷土壤、生态、噪声、辐射、地震减灾篇的选编范围分别是与土壤、生态、噪声、辐射、地震减灾等环境或环境损害相关的现行法律法规和标准。

《生态环境损害鉴定评估法律法规与标准汇编》是我国现行与生态环境有关的法律法规与标准的汇集和摘编,是开展生态环境损害鉴定、评估、追责、赔偿与生态环境修复的基本依据,可供法院、检察院、公安机关、环境保护部门、环境损害司法鉴定机构、生态环境相关科研院所和大专院校、环保组织、环保相关企业、保险机构、律师事务所等单位、组织和相关人员使用。

由于时间有限,疏漏和错误之处在所难免,敬请各位读者批评指正。

司法部公共法律服务管理局
2018 年 12 月

详 目

下 卷

上篇　土壤生态环境损害鉴定评估法律法规与标准

第二十部分　土壤生态环境损害鉴定评估相关法律法规 ······ 1871

中华人民共和国土壤污染防治法
　　2018 年 8 月 31 日　中华人民共和国主席令第 8 号 ······ 1871
中华人民共和国固体废物污染环境防治法(2016 年修正)
　　2016 年 11 月 7 日　中华人民共和国主席令第 57 号 ······ 1884
土地管理法实施条例(2014 年修订)
　　2014 年 7 月 29 日　中华人民共和国国务院令第 653 号 ······ 1894
基本农田保护条例(2011 年修订)
　　2011 年 1 月 8 日　中华人民共和国国务院令第 588 号 ······ 1901
土壤污染防治行动计划
　　2016 年 5 月 28 日　国发〔2016〕31 号 ······ 1905
农用地土壤环境管理办法(试行)
　　2017 年 9 月 25 日　环境保护部、农业部令第 46 号 ······ 1914
污染地块土壤环境管理办法(试行)
　　2016 年 12 月 31 日　环境保护部令第 42 号 ······ 1918
土地复垦条例
　　2011 年 3 月 5 日　中华人民共和国国务院令第 592 号 ······ 1922
国土资源部关于强化管控落实最严格耕地保护制度的通知
　　2014 年 2 月 13 日　国土资发〔2014〕18 号 ······ 1928

第二十一部分　土壤环境与固废污染防治标准 ······ 1932

土壤环境质量标准(节录)
　　1995 年 7 月 13 日发布　1996 年 3 月 1 日实施 ······ 1932
土壤环境监测技术规范(节录)
　　2004 年 12 月 9 日发布　2004 年 12 月 9 日实施 ······ 1935

食用农产品产地环境质量评价标准(节录)
  2006 年 11 月 17 日发布 2007 年 2 月 1 日实施 ·············· 1956
温室蔬菜产地环境质量评价标准(节录)
  2006 年 11 月 17 日发布 2007 年 2 月 1 日实施 ·············· 1964
危险废物贮存污染控制标准(2013 年修订)(节录)
  2013 年 6 月 8 日发布 2013 年 6 月 8 日实施 ················· 1972
危险废物填埋污染控制标准(2013 年修订)(节录)
  2013 年 6 月 8 日发布 2013 年 6 月 8 日实施 ················· 1975
一般工业固体废物贮存、处置场污染控制标准(2013 年修订)(节录)
  2013 年 6 月 8 日发布 2013 年 6 月 8 日实施 ················· 1982
生活垃圾填埋场污染控制标准(节录)
  2008 年 4 月 2 日发布 2008 年 7 月 1 日实施 ················· 1986
生活垃圾填埋场降解治理的监测与检测(节录)
  2009 年 5 月 27 日发布 2010 年 2 月 1 日实施 ················ 1996
生活垃圾填埋场稳定化场地利用技术要求(节录)
  2010 年 9 月 26 日发布 2010 年 8 月 1 日实施 ················ 2002
生活垃圾综合处理与资源利用技术要求(节录)
  2010 年 9 月 26 日发布 2011 年 8 月 1 日实施 ················ 2005
热处理盐浴有害固体废物的管理 第 1 部分:一般管理(节录)
  2011 年 12 月 30 日发布 2012 年 10 月 1 日实施 ············· 2010
热处理盐浴有害固体废物的管理 第 2 部分:浸出液检测方法(节录)
  2011 年 12 月 30 日发布 2012 年 10 月 1 日实施 ············· 2013
热处理盐溶有害固体废物的管理 第 3 部分:无害化处理方法(节录)
  2011 年 12 月 30 日发布 2012 年 10 月 1 日实施 ············· 2015
水泥窑协同处置固体废物技术规范(节录)
  2014 年 6 月 9 日发布 2015 年 4 月 1 日实施 ················· 2022
水泥窑协同处置固体废物环境保护技术规范(节录)
  2013 年 12 月 27 日发布 2014 年 3 月 1 日实施 ············· 2026
铬渣污染治理环境保护技术规范(暂行)(节录)
  2007 年 4 月 13 日发布 2007 年 5 月 1 日实施 ··············· 2043
报废机动车拆解环境保护技术规范(节录)
  2007 年 4 月 9 日发布 2007 年 4 月 9 日实施 ················· 2054

中篇 生态损害鉴定评估法律法规与标准

第二十二部分 生态损害鉴定评估相关法律法规 ············· 2058

中华人民共和国森林法(2009 年修正)
  2009 年 8 月 27 日 中华人民共和国主席令第 18 号 ·········· 2058

中华人民共和国草原法(2013年修正)
　　2013年6月29日　中华人民共和国主席令第5号 …………………… 2064
中华人民共和国种子法(2015年修订)
　　2015年11月4日　中华人民共和国主席令第35号 …………………… 2072
中华人民共和国野生动物保护法(2018年修正)
　　2018年10月26日　中华人民共和国主席令第16号 ………………… 2084
中华人民共和国进出境动植物检疫法(2009年修正)
　　2009年8月27日　中华人民共和国主席令第18号 …………………… 2092
中华人民共和国森林法实施条例(2018年修正)
　　2018年3月19日　中华人民共和国国务院令第698号 ……………… 2097
国家级公益林管理办法(2017年修订)
　　2017年4月28日　林资发〔2017〕34号 ……………………………… 2104
国家级公益林区划界定办法(2017年修订)
　　2017年4月28日　林资发〔2017〕34号 ……………………………… 2107
天然林资源保护工程森林管护管理办法(2012年修订)
　　2012年2月21日　林天发〔2012〕33号 ……………………………… 2110
国家林业局关于严格保护天然林的通知
　　2015年12月31日　林资发〔2015〕181号 …………………………… 2113
中华人民共和国野生植物保护条例(2017年修正)
　　2017年10月7日　中华人民共和国国务院令第687号 ……………… 2114
植物检疫条例(2017年修正)
　　2017年10月7日　中华人民共和国国务院令第687号 ……………… 2117
植物检疫条例实施细则(林业部分)(2011年修正)
　　2011年1月25日　国家林业局令第26号 …………………………… 2120
沿海国家特殊保护林带管理规定(2011年修正)
　　2011年1月25日　国家林业局令第26号 …………………………… 2124
国家级森林公园设立、撤销、合并、改变经营范围或者变更隶属关系审批
管理办法
　　2005年6月16日　国家林业局令第16号 …………………………… 2125
林木良种推广使用管理办法(2011年修正)
　　2011年1月25日　国家林业局令第26号 …………………………… 2127
林木和林地权属登记管理办法(2011年修正)
　　2011年1月25日　国家林业局令第26号 …………………………… 2129
林木林地权属争议处理办法(2015年修订)
　　1996年10月14日　林业部令第10号 ………………………………… 2131
林业工作站管理办法(2015年修订)
　　2015年11月24日　国家林业局令第39号 …………………………… 2134
林业固定资产投资建设项目管理办法
　　2015年3月30日　国家林业局令第36号 …………………………… 2136

集体林权制度改革档案管理办法
　　2013 年 5 月 2 日　国家林业局、国家档案局令第 33 号 ······················ 2139
森林防火条例(2008 年修订)
　　2008 年 12 月 1 日　中华人民共和国国务院令第 541 号 ······················ 2142
国家林业局委托实施林业行政许可事项管理办法
　　2017 年 10 月 25 日　国家林业局令第 45 号 ······················ 2148
建设项目使用林地审核审批管理办法(2016 年修正)
　　2016 年 9 月 22 日　国家林业局令第 42 号 ······················ 2149
林木种子生产经营许可证管理办法(2016 年修订)
　　2016 年 4 月 19 日　国家林业局令第 40 号 ······················ 2153
开展林木转基因工程活动审批管理办法(2018 年修订)
　　2018 年 1 月 29 日　国家林业局令第 49 号 ······················ 2157
国家级森林公园管理办法
　　2011 年 5 月 20 日　国家林业局令第 27 号 ······················ 2161
林业行政执法证件管理办法
　　1997 年 1 月 6 日　林业部令第 12 号 ······················ 2165
林业行政处罚程序规定
　　1996 年 9 月 27 日　林业部令第 8 号 ······················ 2166
林业行政处罚听证规则
　　2002 年 11 月 2 日　国家林业局令第 4 号 ······················ 2172
林业行政许可听证办法
　　2008 年 8 月 1 日　国家林业局令第 25 号 ······················ 2176
国家林业局关于授权森林公安机关代行行政处罚权的决定
　　1998 年 6 月 26 日　国家林业局令第 1 号 ······················ 2179
第五届全国人民代表大会第四次会议关于开展全民义务植树运动的决议
　　1981 年 12 月 13 日 ······················ 2179
中华人民共和国植物新品种保护条例(2014 年修订)
　　2014 年 7 月 29 日　中华人民共和国国务院令第 653 号 ······················ 2180
中华人民共和国植物新品种保护条例实施细则(农业部分)(2014 年修订)
　　2014 年 4 月 25 日　农业部令 2014 年第 3 号 ······················ 2185
中华人民共和国森林病虫害防治条例
　　1989 年 12 月 18 日　中华人民共和国国务院令第 46 号 ······················ 2193
营利性治沙管理办法
　　2004 年 7 月 1 日　国家林业局令第 11 号 ······················ 2196
退耕还林条例(2016 年修订)
　　2016 年 2 月 6 日　中华人民共和国国务院令第 666 号 ······················ 2198
国家沙化土地封禁保护区管理办法
　　2015 年 5 月 28 日　林沙发〔2015〕66 号 ······················ 2205

国家重点保护野生动物驯养繁殖许可证管理办法(2015年修正)
  2015年4月30日 国家林业局令第37号 …………… 2207
引进陆生野生动物外来物种种类及数量审批管理办法(2016年修正)
  2016年9月22日 国家林业局令第42号 …………… 2209
国家林业局产品质量检验检测机构管理办法(2015年修正)
  2015年4月30日 国家林业局令第37号 …………… 2211
中华人民共和国陆生野生动物保护实施条例(2016年修订)
  2016年2月6日 中华人民共和国国务院令第666号 …… 2213
陆生野生动物疫源疫病监测防控管理办法
  2013年1月22日 国家林业局令第31号 …………… 2218
中华人民共和国水生野生动物保护实施条例(2013年修订)
  2013年12月7日 中华人民共和国国务院令第645号 …… 2221
中华人民共和国水生野生动物利用特许办法(2017年修订)
  2017年11月30日 农业部令2017年第8号 ………… 2226
中华人民共和国水生动植物自然保护区管理办法(2017年修订)
  2017年11月30日 农业部令2017年第8号 ………… 2231
野生动物收容救护管理办法
  2017年12月1日 国家林业局令第47号 …………… 2234
野生动物及其制品价值评估方法
  2017年11月1日 国家林业局令第46号 …………… 2236
濒危野生动植物进出口管理条例(2018年修正)
  2018年3月19日 中华人民共和国国务院令第698号 …… 2237
湿地保护管理规定(2017年修正)
  2017年12月5日 国家林业局令第48号 …………… 2240
国家湿地公园管理办法
  2017年12月27日 林湿发〔2017〕150号 …………… 2244
湿地保护修复制度方案
  2016年11月30日 国办发〔2016〕89号 …………… 2246
国家林业局关于严格禁止围垦占用湖泊湿地的通知
  2015年5月18日 林湿发〔2015〕62号 …………… 2250
中共中央办公厅、国务院办公厅印发《关于划定并严守生态保护红线的
若干意见》
  2017年2月7日 ……………………………………………… 2252
国家环境保护总局关于开展生态补偿试点工作的指导意见
  2007年8月24日 环发〔2007〕130号 …………… 2256

第二十三部分　生态损害鉴定评估相关标准 ········· 2261

自然保护区管理评估规范
　　2017年12月25日发布　2018年3月1日实施········· 2261

生物多样性观测技术导则　水生维管植物
　　2016年5月4日发布　2016年8月1日实施········· 2265

生物多样性观测技术导则　蜜蜂类
　　2016年5月4日发布　2016年8月1日实施········· 2275

生物多样性观测技术导则　蝴蝶
　　2014年10月31日发布　2015年1月1日实施········· 2283

生物多样性观测技术导则　大型真菌
　　2014年10月31日发布　2015年1月1日实施········· 2287

生物多样性观测技术导则　大中型土壤动物
　　2014年10月31日发布　2015年1月1日实施········· 2293

生物多样性观测技术导则　陆生维管植物
　　2014年10月31日发布　2015年1月1日实施········· 2299

生物多样性观测技术导则　淡水底栖大型无脊椎动物
　　2014年10月31日发布　2015年1月1日实施········· 2314

生物多样性观测技术导则　内陆水域鱼类
　　2014年10月31日发布　2015年1月1日实施········· 2324

生物多样性观测技术导则　两栖动物
　　2014年10月31日发布　2015年1月1日实施········· 2335

生物多样性观测技术导则　爬行动物
　　2014年10月31日发布　2015年1月1日实施········· 2341

生物多样性观测技术导则　鸟类
　　2014年10月31日发布　2015年1月1日实施········· 2347

生物多样性观测技术导则　陆生哺乳动物
　　2014年10月31日发布　2015年1月1日实施········· 2354

生物多样性观测技术导则　地衣和苔藓
　　2014年10月31日发布　2015年1月1日实施········· 2363

生态环境状况评价技术规范
　　2015年3月13日发布　2015年3月13日实施········· 2369

下篇　噪声、辐射、地震等环境损害鉴定评估相关法律法规与标准

第二十四部分　噪声、辐射、地震等环境损害鉴定评估相关法律法规 ········· 2389

中华人民共和国环境噪声污染防治法(2018年修正)
　　2018年12月29日　中华人民共和国主席令第24号········· 2389

中华人民共和国放射性污染防治法
　　2003年6月28日　中华人民共和国主席令第6号 ………… 2395
中华人民共和国核安全法
　　2017年9月1日　中华人民共和国主席令第73号 ………… 2402
中华人民共和国防震减灾法(2008年修订)
　　2008年12月27日　中华人民共和国主席令第7号 ………… 2414
国家环境保护总局关于加强社会生活噪声污染管理的通知
　　1999年12月15日　环发〔1999〕210号 ………………………… 2426
娱乐场所管理条例(2016年修订)
　　2016年2月6日　中华人民共和国国务院令第666号 ………… 2427
电磁辐射环境保护管理办法
　　1997年3月25日　国家环境保护局令第18号 ………………… 2433
放射性同位素与射线装置安全和防护条例(2014年修订)
　　2014年7月29日　中华人民共和国国务院令第653号 ………… 2438
放射性同位素与射线装置安全和防护管理办法
　　2011年4月18日　环境保护部令第18号 ……………………… 2447
放射性同位素与射线装置安全许可管理办法(2017年修正)
　　2017年12月20日　环境保护部令第47号 …………………… 2456
中华人民共和国民用核设施安全监督管理条例
　　1986年10月29日 ………………………………………………… 2464
民用核安全设备监督管理条例(2016年修订)
　　2016年2月6日　中华人民共和国国务院令第666号 ………… 2467
核电厂核事故应急管理条例(2011年修订)
　　2011年1月8日　中华人民共和国国务院令第588号 ………… 2475
放射性废物安全管理条例
　　2011年12月20日　中华人民共和国国务院令第612号 ……… 2480
中华人民共和国核材料管制条例
　　1987年6月15日 ………………………………………………… 2487
放射性物品运输安全管理条例
　　2009年9月14日　中华人民共和国国务院令第562号 ………… 2490
放射性物品运输安全监督管理办法
　　2016年3月14日　环境保护部令第38号 ……………………… 2499
放射性物品道路运输管理规定(2016年修正)
　　2016年9月2日　交通运输部令2016年第71号 ……………… 2505
国防科技工业军用核设施安全监督管理规定
　　1999年11月8日　国防科学技术工业委员会令第1号 ………… 2511

地震安全性评价管理条例(2017年修订)
　　2017年3月1日　中华人民共和国国务院令第676号 ·················· 2515
地震行政复议规定
　　1999年8月10日　中国地震局令第4号 ···························· 2517
地震行政法制监督规定
　　2000年1月18日　中国地震局令第5号 ···························· 2522
建设工程抗震设防要求管理规定
　　2002年1月28日　中国地震局令第7号 ···························· 2525
破坏性地震应急条例(2011年修订)
　　2011年1月8日　中华人民共和国国务院令第588号 ·················· 2527
水库地震监测管理办法
　　2011年1月26日　中国地震局令第9号 ···························· 2531
地震灾区地表水环境质量与集中式饮用水水源监测技术指南(暂行)
　　2008年5月20日　环境保护部公告2008年第14号 ·················· 2533

第二十五部分　噪声辐射与地震减灾等国家标准 ·················· 2535

内河船舶噪声级规定(节录)
　　2009年3月9日发布　2009年11月1日实施 ························ 2535
机场周围飞机噪声环境标准(节录)
　　1988年8月11日发布　1988年11月1日实施 ······················· 2536
城市区域环境振动标准(节录)
　　1988年12月10日发布　1989年7月1日实施 ······················ 2537
工业企业厂界环境噪声排放标准(节录)
　　2008年8月19日发布　2008年10月1日实施 ······················ 2538
建筑施工场界环境噪声排放标准(节录)
　　2011年12月5日发布　2012年7月1日实施 ······················· 2543
铁路边界噪声限值及其测量方法(2008年修订)(节录)
　　2008年7月30日发布　2008年10月1日实施 ······················ 2546
铁道客车内部噪声限值及测量方法(节录)
　　2006年12月24日发布　2007年5月1日实施 ······················ 2547
城市轨道交通车站　站台声学要求和测量方法(节录)
　　2006年2月7日发布　2006年8月1日实施　 ······················ 2550
城市轨道交通列车　噪声限值和测量方法(节录)
　　2006年2月7日发布　2006年8月1日实施 ························ 2553
社会生活环境噪声排放标准(节录)
　　2008年8月19日发布　2008年10月1日实施 ······················ 2556

客车车内噪声限值及测量方法(节录)
  2011 年 1 月 10 日发布 2011 年 5 月 1 日实施 ……… 2560
汽车加速行驶车外噪声限值及测量方法(节录)
  2002 年 1 月 4 日发布 2002 年 10 月 1 日实施 ……… 2561
摩托车和轻便摩托车 定置噪声限值及测量方法(节录)
  2005 年 4 月 15 日发布 2005 年 7 月 1 日实施 ……… 2563
拖拉机 噪声限值(节录)
  2008 年 11 月 17 日发布 2009 年 7 月 1 日实施 ……… 2564
旋转电机噪声测定方法及限值 第 3 部分:噪声限值(节录)
  2008 年 6 月 19 日发布 2009 年 6 月 1 日实施 ……… 2565
铁道机车辐射噪声限值(节录)
  1992 年 9 月 22 日发布 1993 年 7 月 1 日实施 ……… 2566
往复式内燃机噪声限值(节录)
  2018 年 2 月 6 日发布 2018 年 9 月 1 日实施 ……… 2567
小型汽油机噪声限值(节录)
  1995 年 11 月 16 日发布 1996 年 5 月 1 日实施 ……… 2569
摩托车和轻便摩托车加速行驶噪声限值及测量方法(节录)
  2005 年 4 月 15 日发布 2005 年 7 月 1 日实施 ……… 2570
汽车定置噪声限值(节录)
  1996 年 3 月 7 日发布 1997 年 1 月 1 日实施 ……… 2571
土方机械 噪声限值(节录)
  2010 年 12 月 23 日发布 2012 年 1 月 1 日实施 ……… 2572
农用运输车 噪声限值(节录)
  2001 年 3 月 21 日发布 2001 年 6 月 1 日实施 ……… 2574
三轮汽车和低速货车加速行驶车外噪声限值及测量方法
(中国Ⅰ、Ⅱ阶段)(节录)
  2005 年 5 月 30 日发布 2005 年 7 月 1 日实施 ……… 2575
凿岩机械与气动工具 噪声限值(节录)
  2005 年 8 月 31 日发布 2006 年 8 月 1 日实施 ……… 2576
谷物联合收割机 噪声限值(节录)
  2005 年 11 月 29 日发布 2006 年 7 月 1 日实施 ……… 2581
流动式起重机 作业噪声限值及测量方法(节录)
  2017 年 12 月 29 日发布 2018 年 7 月 1 日实施 ……… 2582
折弯机械 噪声限值(节录)
  2009 年 9 月 30 日发布 2010 年 7 月 1 日实施 ……… 2583
剪切机械 噪声限值(节录)
  2009 年 9 月 30 日发布 2010 年 7 月 1 日实施 ……… 2585

全地形车加速行驶噪声限值及测量方法(节录)
  2010 年 8 月 9 日发布　2011 年 1 月 1 日实施 ……………………… 2588
机械压力机　噪声限值(节录)
  2011 年 5 月 12 日发布　2012 年 1 月 1 日实施 ……………………… 2589
液压机　噪声限值(节录)
  2011 年 5 月 12 日发布　2012 年 1 月 1 日实施 ……………………… 2591
自动锻压机　噪声限值(节录)
  2012 年 3 月 9 日发布　2013 年 1 月 1 日实施 ……………………… 2593
民用建筑隔声设计规范(节录)
  2010 年 8 月 18 日发布　2011 年 6 月 1 日实施 ……………………… 2597
地铁设计规范(节录)
  2013 年 8 月 8 日发布　2014 年 3 月 1 日实施 ……………………… 2609
电离辐射防护与辐射源安全基本标准(节录)
  2002 年 10 月 8 日发布　2003 年 4 月 1 日实施 ……………………… 2618
核动力厂环境辐射防护规定(节录)
  2011 年 2 月 18 日发布　2011 年 9 月 1 日实施 ……………………… 2664
建筑材料放射性核素限量(节录)
  2010 年 9 月 2 日发布　2011 年 7 月 1 日实施 ……………………… 2670
γ 辐照装置的辐射防护与安全规范(节录)
  2009 年 6 月 19 日发布　2010 年 6 月 1 日实施 ……………………… 2672
操作非密封源的辐射防护规定(节录)
  2010 年 11 月 10 日发布　2011 年 9 月 1 日实施 …………………… 2675
环境核辐射监测规定(节录)
  1990 年 6 月 9 日发布　1990 年 12 月 1 日实施 ……………………… 2679
核燃料循环放射性流出物归一化排放量管理限值(节录)
  1992 年 9 月 29 日发布　1993 年 8 月 1 日实施 ……………………… 2681
铀矿冶设施退役环境管理技术(节录)
  1993 年 8 月 30 日发布　1994 年 4 月 1 日实施 ……………………… 2684
反应堆退役环境管理技术规定(节录)
  2009 年 3 月 13 日发布　2009 年 11 月 1 日实施 …………………… 2688
铀矿地质勘查辐射防护和环境保护规定(节录)
  2009 年 5 月 6 日发布　2010 年 2 月 1 日实施 ……………………… 2693
移动电话电磁辐射局部暴露限值(节录)
  2007 年 11 月 14 日发布　2008 年 8 月 1 日实施 …………………… 2698
低中水平放射性固体废物的浅地层处置规定(节录)
  1988 年 5 月 25 日发布　1988 年 9 月 1 日实施 ……………………… 2699

低、中水平放射性固体废物暂时贮存规定(节录)
　　1989年12月21日发布　1990年7月1日实施 ································ 2701
低、中水平放射性固体废物包装安全标准(节录)
　　1991年1月28日发布　1991年12月1日实施 ································ 2704
低中水平放射性固体废物的岩洞处置规定(节录)
　　1992年8月19日发布　1993年4月1日实施 ································· 2706
放射性废物管理规定(节录)
　　2002年8月5日发布　2003年4月1日实施 ·································· 2714
低、中水平放射性废物固化体性能要求　水泥固化体(节录)
　　2011年2月18日发布　2011年9月1日实施 ································· 2716
低、中水平放射性废物固化体性能要求　沥青固化体(节录)
　　1995年12月13日发布　1996年8月1日实施 ······························· 2717
核电厂放射性液态流出物排放技术要求(节录)
　　2011年2月18日发布　2011年9月1日实施 ································· 2720
极低水平放射性废物的填埋处理(节录)
　　2011年12月30日发布　2012年6月1日实施 ······························ 2721
建筑防腐蚀工程施工规范(节录)
　　2014年4月15日发布　2015年1月1日实施 ································· 2723
移动实验室有害废物管理规范(节录)
　　2012年12月31日发布　2013年7月31日实施 ···························· 2724
危险废物鉴别标准　腐蚀性鉴别(节录)
　　2007年4月25日发布　2007年10月1日实施 ······························ 2726
危险废物鉴别标准　急性毒性初筛(节录)
　　2007年4月25日发布　2007年10月1日实施 ······························ 2727
危险废物鉴别标准　浸出毒性鉴别(节录)
　　2007年4月25日发布　2007年10月1日实施 ······························ 2728
危险废物鉴别标准　易燃性鉴别(节录)
　　2007年4月25日发布　2007年10月1日实施 ······························ 2731
危险废物鉴别标准　反应性鉴别(节录)
　　2007年4月25日发布　2007年10月1日实施 ······························ 2732
危险废物鉴别标准　毒性物质含量鉴别(节录)
　　2007年4月25日发布　2007年10月1日实施 ······························ 2733

上篇　土壤生态环境损害鉴定评估法律法规与标准

第二十部分　土壤生态环境损害鉴定评估相关法律法规

中华人民共和国土壤污染防治法

(2018年8月31日　第十三届全国人民代表大会常务委员会第五次会议通过)

目　录

第一章　总　则
第二章　规划、标准、普查和监测
第三章　预防和保护
第四章　风险管控和修复
　第一节　一般规定
　第二节　农用地
　第三节　建设用地
第五章　保障和监督
第六章　法律责任
第七章　附　则

第一章　总　则

第一条　为了保护和改善生态环境,防治土壤污染,保障公众健康,推动土壤资源永续利用,推进生态文明建设,促进经济社会可持续发展,制定本法。

第二条　在中华人民共和国领域及管辖的其他海域从事土壤污染防治及相关活动,适用本法。

本法所称土壤污染,是指因人为因素导致某种物质进入陆地表层土壤,引起土壤化学、物理、生物等方面特性的改变,影响土壤功能和有效利用,危害公众健康或者破坏生态环境的现象。

第三条　土壤污染防治应当坚持预防为主、保护优先、分类管理、风险管控、污染担责、公众参与的原则。

第四条　任何组织和个人都有保护土壤、防止土壤污染的义务。

土地使用权人从事土地开发利用活动,企业事业单位和其他生产经营者从事生产经营活动,应当采取有效措施,防止、减少土壤污染,对所造成的土壤污染依法承担责任。

第五条　地方各级人民政府应当对本行政区域土壤污染防治和安全利用负责。

国家实行土壤污染防治目标责任制和考核评价制度,将土壤污染防治目标完成情况作为考核评价地方各级人民政府及其负责人、县级以上人民政府负有土壤污染防治监督管理职责的部门及其负责人的内容。

第六条 各级人民政府应当加强对土壤污染防治工作的领导,组织、协调、督促有关部门依法履行土壤污染防治监督管理职责。

第七条 国务院生态环境主管部门对全国土壤污染防治工作实施统一监督管理;国务院农业农村、自然资源、住房城乡建设、林业草原等主管部门在各自职责范围内对土壤污染防治工作实施监督管理。

地方人民政府生态环境主管部门对本行政区域土壤污染防治工作实施统一监督管理;地方人民政府农业农村、自然资源、住房城乡建设、林业草原等主管部门在各自职责范围内对土壤污染防治工作实施监督管理。

第八条 国家建立土壤环境信息共享机制。

国务院生态环境主管部门应当会同国务院农业农村、自然资源、住房城乡建设、水利、卫生健康、林业草原等主管部门建立土壤环境基础数据库,构建全国土壤环境信息平台,实行数据动态更新和信息共享。

第九条 国家支持土壤污染风险管控和修复、监测等污染防治科学技术研究开发、成果转化和推广应用,鼓励土壤污染防治产业发展,加强土壤污染防治专业技术人才培养,促进土壤污染防治科学技术进步。

国家支持土壤污染防治国际交流与合作。

第十条 各级人民政府及其有关部门、基层群众性自治组织和新闻媒体应当加强土壤污染防治宣传教育和科学普及,增强公众土壤污染防治意识,引导公众依法参与土壤污染防治工作。

第二章 规划、标准、普查和监测

第十一条 县级以上人民政府应当将土壤污染防治工作纳入国民经济和社会发展规划、环境保护规划。

设区的市级以上地方人民政府生态环境主管部门应当会同发展改革、农业农村、自然资源、住房城乡建设、林业草原等主管部门,根据环境保护规划要求、土地用途、土壤污染状况普查和监测结果等,编制土壤污染防治规划,报本级人民政府批准后公布实施。

第十二条 国务院生态环境主管部门根据土壤污染状况、公众健康风险、生态风险和科学技术水平,并按照土地用途,制定国家土壤污染风险管控标准,加强土壤污染防治标准体系建设。

省级人民政府对国家土壤污染风险管控标准中未作规定的项目,可以制定地方土壤污染风险管控标准;对国家土壤污染风险管控标准中已作规定的项目,可以制定严于国家土壤污染风险管控标准的地方土壤污染风险管控标准。地方土壤污染风险管控标准应当报国务院生态环境主管部门备案。

土壤污染风险管控标准是强制性标准。

国家支持对土壤环境背景值和环境基准的研究。

第十三条 制定土壤污染风险管控标准,应当组织专家进行审查和论证,并征求有关部门、行业协会、企业事业单位和公众等方面的意见。

土壤污染风险管控标准的执行情况应当定期评估,并根据评估结果对标准适时修订。

省级以上人民政府生态环境主管部门应当在其网站上公布土壤污染风险管控标准,供公众免费查阅、下载。

第十四条　国务院统一领导全国土壤污染状况普查。国务院生态环境主管部门会同国务院农业农村、自然资源、住房城乡建设、林业草原等主管部门，每十年至少组织开展一次全国土壤污染状况普查。

国务院有关部门、设区的市级以上地方人民政府可以根据本行业、本行政区域实际情况组织开展土壤污染状况详查。

第十五条　国家实行土壤环境监测制度。

国务院生态环境主管部门制定土壤环境监测规范，会同国务院农业农村、自然资源、住房城乡建设、水利、卫生健康、林业草原等主管部门组织监测网络，统一规划国家土壤环境监测站(点)的设置。

第十六条　地方人民政府农业农村、林业草原主管部门应当会同生态环境、自然资源主管部门对下列农用地地块进行重点监测：

（一）产出的农产品污染物含量超标的；

（二）作为或者曾作为污水灌溉区的；

（三）用于或者曾用于规模化养殖、固体废物堆放、填埋的；

（四）曾作为工矿用地或者发生过重大、特大污染事故的；

（五）有毒有害物质生产、贮存、利用、处置设施周边的；

（六）国务院农业农村、林业草原、生态环境、自然资源主管部门规定的其他情形。

第十七条　地方人民政府生态环境主管部门应当会同自然资源主管部门对下列建设用地地块进行重点监测：

（一）曾用于生产、使用、贮存、回收、处置有毒有害物质的；

（二）曾用于固体废物堆放、填埋的；

（三）曾发生过重大、特大污染事故的；

（四）国务院生态环境、自然资源主管部门规定的其他情形。

第三章　预防和保护

第十八条　各类涉及土地利用的规划和可能造成土壤污染的建设项目，应当依法进行环境影响评价。环境影响评价文件应当包括对土壤可能造成的不良影响及应当采取的相应预防措施等内容。

第十九条　生产、使用、贮存、运输、回收、处置、排放有毒有害物质的单位和个人，应当采取有效措施，防止有毒有害物质渗漏、流失、扬散，避免土壤受到污染。

第二十条　国务院生态环境主管部门应当会同国务院卫生健康等主管部门，根据对公众健康、生态环境的危害和影响程度，对土壤中有毒有害物质进行筛查评估，公布重点控制的土壤有毒有害物质名录，并适时更新。

第二十一条　设区的市级以上地方人民政府生态环境主管部门应当按照国务院生态环境主管部门的规定，根据有毒有害物质排放等情况，制定本行政区域土壤污染重点监管单位名录，向社会公开并适时更新。

土壤污染重点监管单位应当履行下列义务：

(一)严格控制有毒有害物质排放,并按年度向生态环境主管部门报告排放情况;
(二)建立土壤污染隐患排查制度,保证持续有效防止有毒有害物质渗漏、流失、扬散;
(三)制定、实施自行监测方案,并将监测数据报生态环境主管部门。

前款规定的义务应当在排污许可证中载明。

土壤污染重点监管单位应当对监测数据的真实性和准确性负责。生态环境主管部门发现土壤污染重点监管单位监测数据异常,应当及时进行调查。

设区的市级以上地方人民政府生态环境主管部门应当定期对土壤污染重点监管单位周边土壤进行监测。

第二十二条 企业事业单位拆除设施、设备或者建筑物、构筑物的,应当采取相应的土壤污染防治措施。

土壤污染重点监管单位拆除设施、设备或者建筑物、构筑物的,应当制定包括应急措施在内的土壤污染防治工作方案,报地方人民政府生态环境、工业和信息化主管部门备案并实施。

第二十三条 各级人民政府生态环境、自然资源主管部门应当依法加强对矿产资源开发区域土壤污染防治的监督管理,按照相关标准和总量控制的要求,严格控制可能造成土壤污染的重点污染物排放。

尾矿库运营、管理单位应当按照规定,加强尾矿库的安全管理,采取措施防止土壤污染。危库、险库、病库以及其他需要重点监管的尾矿库的运营、管理单位应当按照规定,进行土壤污染状况监测和定期评估。

第二十四条 国家鼓励在建筑、通信、电力、交通、水利等领域的信息、网络、防雷、接地等建设工程中采用新技术、新材料,防止土壤污染。

禁止在土壤中使用重金属含量超标的降阻产品。

第二十五条 建设和运行污水集中处理设施、固体废物处置设施,应当依照法律法规和相关标准的要求,采取措施防止土壤污染。

地方人民政府生态环境主管部门应当定期对污水集中处理设施、固体废物处置设施周边土壤进行监测;对不符合法律法规和相关标准要求的,应当根据监测结果,要求污水集中处理设施、固体废物处置设施运营单位采取相应改进措施。

地方各级人民政府应当统筹规划、建设城乡生活污水和生活垃圾处理、处置设施,并保障其正常运行,防止土壤污染。

第二十六条 国务院农业农村、林业草原主管部门应当制定规划,完善相关标准和措施,加强农用地农药、化肥使用指导和使用总量控制,加强农用薄膜使用控制。

国务院农业农村主管部门应当加强农药、肥料登记,组织开展农药、肥料对土壤环境影响的安全性评价。

制定农药、兽药、肥料、饲料、农用薄膜等农业投入品及其包装物标准和农田灌溉用水水质标准,应当适应土壤污染防治的要求。

第二十七条 地方人民政府农业农村、林业草原主管部门应当开展农用地土壤污染防治宣传和技术培训活动,扶持农业生产专业化服务,指导农业生产者合理使用农药、兽药、肥料、饲料、农用薄膜等农业投入品,控制农药、兽药、化肥等的使用量。

地方人民政府农业农村主管部门应当鼓励农业生产者采取有利于防止土壤污染的种养结

合、轮作休耕等农业耕作措施；支持采取土壤改良、土壤肥力提升等有利于土壤养护和培育的措施；支持畜禽粪便处理、利用设施的建设。

第二十八条 禁止向农用地排放重金属或者其他有毒有害物质含量超标的污水、污泥，以及可能造成土壤污染的清淤底泥、尾矿、矿渣等。

县级以上人民政府有关部门应当加强对畜禽粪便、沼渣、沼液等收集、贮存、利用、处置的监督管理，防止土壤污染。

农田灌溉用水应当符合相应的水质标准，防止土壤、地下水和农产品污染。地方人民政府生态环境主管部门应当会同农业农村、水利主管部门加强对农田灌溉用水水质的管理，对农田灌溉用水水质进行监测和监督检查。

第二十九条 国家鼓励和支持农业生产者采取下列措施：

（一）使用低毒、低残留农药以及先进喷施技术；
（二）使用符合标准的有机肥、高效肥；
（三）采用测土配方施肥技术、生物防治等病虫害绿色防控技术；
（四）使用生物可降解农用薄膜；
（五）综合利用秸秆、移出高富集污染物秸秆；
（六）按照规定对酸性土壤等进行改良。

第三十条 禁止生产、销售、使用国家明令禁止的农业投入品。

农业投入品生产者、销售者和使用者应当及时回收农药、肥料等农业投入品的包装废弃物和农用薄膜，并将农药包装废弃物交由专门的机构或者组织进行无害化处理。具体办法由国务院农业农村主管部门会同国务院生态环境等主管部门制定。

国家采取措施，鼓励、支持单位和个人回收农业投入品包装废弃物和农用薄膜。

第三十一条 国家加强对未污染土壤的保护。

地方各级人民政府应当重点保护未污染的耕地、林地、草地和饮用水水源地。

各级人民政府应当加强对国家公园等自然保护地的保护，维护其生态功能。

对未利用地应当予以保护，不得污染和破坏。

第三十二条 县级以上地方人民政府及其有关部门应当按照土地利用总体规划和城乡规划，严格执行相关行业企业布局选址要求，禁止在居民区和学校、医院、疗养院、养老院等单位周边新建、改建、扩建可能造成土壤污染的建设项目。

第三十三条 国家加强对土壤资源的保护和合理利用。对开发建设过程中剥离的表土，应当单独收集和存放，符合条件的应当优先用于土地复垦、土壤改良、造地和绿化等。

禁止将重金属或者其他有毒有害物质含量超标的工业固体废物、生活垃圾或者污染土壤用于土地复垦。

第三十四条 因科学研究等特殊原因，需要进口土壤的，应当遵守国家出入境检验检疫的有关规定。

第四章 风险管控和修复

第一节 一般规定

第三十五条 土壤污染风险管控和修复，包括土壤污染状况调查和土壤污染风险评估、风险管控、修复、风险管控效果评估、修复效果评估、后期管理等活动。

第三十六条 实施土壤污染状况调查活动，应当编制土壤污染状况调查报告。

土壤污染状况调查报告应当主要包括地块基本信息、污染物含量是否超过土壤污染风险管控标准等内容。污染物含量超过土壤污染风险管控标准的，土壤污染状况调查报告还应当包括污染类型、污染来源以及地下水是否受到污染等内容。

第三十七条 实施土壤污染风险评估活动，应当编制土壤污染风险评估报告。

土壤污染风险评估报告应当主要包括下列内容：

（一）主要污染物状况；

（二）土壤及地下水污染范围；

（三）农产品质量安全风险、公众健康风险或者生态风险；

（四）风险管控、修复的目标和基本要求等。

第三十八条 实施风险管控、修复活动，应当因地制宜、科学合理，提高针对性和有效性。

实施风险管控、修复活动，不得对土壤和周边环境造成新的污染。

第三十九条 实施风险管控、修复活动前，地方人民政府有关部门有权根据实际情况，要求土壤污染责任人、土地使用权人采取移除污染源、防止污染扩散等措施。

第四十条 实施风险管控、修复活动中产生的废水、废气和固体废物，应当按照规定进行处理、处置，并达到相关环境保护标准。

实施风险管控、修复活动中产生的固体废物以及拆除的设施、设备或者建筑物、构筑物属于危险废物的，应当依照法律法规和相关标准的要求进行处置。

修复施工期间，应当设立公告牌，公开相关情况和环境保护措施。

第四十一条 修复施工单位转运污染土壤的，应当制定转运计划，将运输时间、方式、线路和污染土壤数量、去向、最终处置措施等，提前报所在地和接收地生态环境主管部门。

转运的污染土壤属于危险废物的，修复施工单位应当依照法律法规和相关标准的要求进行处置。

第四十二条 实施风险管控效果评估、修复效果评估活动，应当编制效果评估报告。

效果评估报告应当主要包括是否达到土壤污染风险评估报告确定的风险管控、修复目标等内容。

风险管控、修复活动完成后，需要实施后期管理的，土壤污染责任人应当按照要求实施后期管理。

第四十三条 从事土壤污染状况调查和土壤污染风险评估、风险管控、修复、风险管控效果评估、修复效果评估、后期管理等活动的单位，应当具备相应的专业能力。

受委托从事前款活动的单位对其出具的调查报告、风险评估报告、风险管控效果评估报告、修复效果评估报告的真实性、准确性、完整性负责，并按照约定对风险管控、修复、后期管理等活动结果负责。

第四十四条 发生突发事件可能造成土壤污染的，地方人民政府及其有关部门和相关企业事业单位以及其他生产经营者应当立即采取应急措施，防止土壤污染，并依照本法规定做好土壤污染状况监测、调查和土壤污染风险评估、风险管控、修复等工作。

第四十五条 土壤污染责任人负有实施土壤污染风险管控和修复的义务。土壤污染责任人无法认定的,土地使用权人应当实施土壤污染风险管控和修复。

地方人民政府及其有关部门可以根据实际情况组织实施土壤污染风险管控和修复。

国家鼓励和支持有关当事人自愿实施土壤污染风险管控和修复。

第四十六条 因实施或者组织实施土壤污染状况调查和土壤污染风险评估、风险管控、修复、风险管控效果评估、修复效果评估、后期管理等活动所支出的费用,由土壤污染责任人承担。

第四十七条 土壤污染责任人变更的,由变更后承继其债权、债务的单位或者个人履行相关土壤污染风险管控和修复义务并承担相关费用。

第四十八条 土壤污染责任人不明确或者存在争议的,农用地由地方人民政府农业农村、林业草原主管部门会同生态环境、自然资源主管部门认定,建设用地由地方人民政府生态环境主管部门会同自然资源主管部门认定。认定办法由国务院生态环境主管部门会同有关部门制定。

第二节 农用地

第四十九条 国家建立农用地分类管理制度。按照土壤污染程度和相关标准,将农用地划分为优先保护类、安全利用类和严格管控类。

第五十条 县级以上地方人民政府应当依法将符合条件的优先保护类耕地划为永久基本农田,实行严格保护。

在永久基本农田集中区域,不得新建可能造成土壤污染的建设项目;已经建成的,应当限期关闭拆除。

第五十一条 未利用地、复垦土地等拟开垦为耕地的,地方人民政府农业农村主管部门应当会同生态环境、自然资源主管部门进行土壤污染状况调查,依法进行分类管理。

第五十二条 对土壤污染状况普查、详查和监测、现场检查表明有土壤污染风险的农用地地块,地方人民政府农业农村、林业草原主管部门应当会同生态环境、自然资源主管部门进行土壤污染状况调查。

对土壤污染状况调查表明污染物含量超过土壤污染风险管控标准的农用地地块,地方人民政府农业农村、林业草原主管部门应当会同生态环境、自然资源主管部门组织进行土壤污染风险评估,并按照农用地分类管理制度管理。

第五十三条 对安全利用类农用地地块,地方人民政府农业农村、林业草原主管部门,应当结合主要作物品种和种植习惯等情况,制定并实施安全利用方案。

安全利用方案应当包括下列内容:

(一)农艺调控、替代种植;

(二)定期开展土壤和农产品协同监测与评价;

(三)对农民、农民专业合作社及其他农业生产经营主体进行技术指导和培训;

(四)其他风险管控措施。

第五十四条 对严格管控类农用地地块,地方人民政府农业农村、林业草原主管部门应当采取下列风险管控措施:

(一)提出划定特定农产品禁止生产区域的建议,报本级人民政府批准后实施;

(二)按照规定开展土壤和农产品协同监测与评价;

(三)对农民、农民专业合作社及其他农业生产经营主体进行技术指导和培训;

(四)其他风险管控措施。

各级人民政府及其有关部门应当鼓励对严格管控类农用地采取调整种植结构、退耕还林还草、退耕还湿、轮作休耕、轮牧休牧等风险管控措施,并给予相应的政策支持。

第五十五条 安全利用类和严格管控类农用地地块的土壤污染影响或者可能影响地下水、饮用水水源安全的,地方人民政府生态环境主管部门应当会同农业农村、林业草原等主管部门制定防治污染的方案,并采取相应的措施。

第五十六条 对安全利用类和严格管控类农用地地块,土壤污染责任人应当按照国家有关规定以及土壤污染风险评估报告的要求,采取相应的风险管控措施,并定期向地方人民政府农业农村、林业草原主管部门报告。

第五十七条 对产出的农产品污染物含量超标,需要实施修复的农用地地块,土壤污染责任人应当编制修复方案,报地方人民政府农业农村、林业草原主管部门备案并实施。修复方案应当包括地下水污染防治的内容。

修复活动应当优先采取不影响农业生产、不降低土壤生产功能的生物修复措施,阻断或者减少污染物进入农作物食用部分,确保农产品质量安全。

风险管控、修复活动完成后,土壤污染责任人应当另行委托有关单位对风险管控效果、修复效果进行评估,并将效果评估报告报地方人民政府农业农村、林业草原主管部门备案。

农村集体经济组织及其成员、农民专业合作社及其他农业生产经营主体等负有协助实施土壤污染风险管控和修复的义务。

第三节 建设用地

第五十八条 国家实行建设用地土壤污染风险管控和修复名录制度。

建设用地土壤污染风险管控和修复名录由省级人民政府生态环境主管部门会同自然资源等主管部门制定,按照规定向社会公开,并根据风险管控、修复情况适时更新。

第五十九条 对土壤污染状况普查、详查和监测、现场检查表明有土壤污染风险的建设用地地块,地方人民政府生态环境主管部门应当要求土地使用权人按照规定进行土壤污染状况调查。

用途变更为住宅、公共管理与公共服务用地的,变更前应当按照规定进行土壤污染状况调查。

前两款规定的土壤污染状况调查报告应当报地方人民政府生态环境主管部门,由地方人民政府生态环境主管部门会同自然资源主管部门组织评审。

第六十条 对土壤污染状况调查报告评审表明污染物含量超过土壤污染风险管控标准的建设用地地块,土壤污染责任人、土地使用权人应当按照国务院生态环境主管部门的规定进行土壤污染风险评估,并将土壤污染风险评估报告报省级人民政府生态环境主管部门。

第六十一条 省级人民政府生态环境主管部门应当会同自然资源等主管部门按照国务院生态环境主管部门的规定,对土壤污染风险评估报告组织评审,及时将需要实施风险管控、修复的地块纳入建设用地土壤污染风险管控和修复名录,并定期向国务院生态环境主管部门报告。

列入建设用地土壤污染风险管控和修复名录的地块,不得作为住宅、公共管理与公共服务用地。

第六十二条 对建设用地土壤污染风险管控和修复名录中的地块,土壤污染责任人应当按照国家有关规定以及土壤污染风险评估报告的要求，采取相应的风险管控措施，并定期向地方人民政府生态环境主管部门报告。风险管控措施应当包括地下水污染防治的内容。

第六十三条 对建设用地土壤污染风险管控和修复名录中的地块，地方人民政府生态环境主管部门可以根据实际情况采取下列风险管控措施：

（一）提出划定隔离区域的建议，报本级人民政府批准后实施；

（二）进行土壤及地下水污染状况监测；

（三）其他风险管控措施。

第六十四条 对建设用地土壤污染风险管控和修复名录中需要实施修复的地块，土壤污染责任人应当结合土地利用总体规划和城乡规划编制修复方案，报地方人民政府生态环境主管部门备案并实施。修复方案应当包括地下水污染防治的内容。

第六十五条 风险管控、修复活动完成后，土壤污染责任人应当另行委托有关单位对风险管控效果、修复效果进行评估，并将效果评估报告报地方人民政府生态环境主管部门备案。

第六十六条 对达到土壤污染风险评估报告确定的风险管控、修复目标的建设用地地块，土壤污染责任人、土地使用权人可以申请省级人民政府生态环境主管部门移出建设用地土壤污染风险管控和修复名录。

省级人民政府生态环境主管部门应当会同自然资源等主管部门对风险管控效果评估报告、修复效果评估报告组织评审，及时将达到土壤污染风险评估报告确定的风险管控、修复目标且可以安全利用的地块移出建设用地土壤污染风险管控和修复名录，按照规定向社会公开，并定期向国务院生态环境主管部门报告。

未达到土壤污染风险评估报告确定的风险管控、修复目标的建设用地地块，禁止开工建设任何与风险管控、修复无关的项目。

第六十七条 土壤污染重点监管单位生产经营用地的用途变更或者在其土地使用权收回、转让前，应当由土地使用权人按照规定进行土壤污染状况调查。土壤污染状况调查报告应当作为不动产登记资料送交地方人民政府不动产登记机构，并报地方人民政府生态环境主管部门备案。

第六十八条 土地使用权已经被地方人民政府收回，土壤污染责任人为原土地使用权人的，由地方人民政府组织实施土壤污染风险管控和修复。

第五章 保障和监督

第六十九条 国家采取有利于土壤污染防治的财政、税收、价格、金融等经济政策和措施。

第七十条 各级人民政府应当加强对土壤污染的防治，安排必要的资金用于下列事项：

（一）土壤污染防治的科学技术研究开发、示范工程和项目；

（二）各级人民政府及其有关部门组织实施的土壤污染状况普查、监测、调查和土壤污染责任人认定、风险评估、风险管控、修复等活动；

（三）各级人民政府及其有关部门对涉及土壤污染的突发事件的应急处置；

（四）各级人民政府规定的涉及土壤污染防治的其他事项。

使用资金应当加强绩效管理和审计监督，确保资金使用效益。

第七十一条 国家加大土壤污染防治资金投入力度，建立土壤污染防治基金制度。设立中央土壤污染防治专项资金和省级土壤污染防治基金,主要用于农用地土壤污染防治和土壤污染责任人或者土地使用权人无法认定的土壤污染风险管控和修复以及政府规定的其他事项。

对本法实施之前产生的,并且土壤污染责任人无法认定的污染地块,土地使用权人实际承担土壤污染风险管控和修复的,可以申请土壤污染防治基金,集中用于土壤污染风险管控和修复。

土壤污染防治基金的具体管理办法,由国务院财政主管部门会同国务院生态环境、农业农村、自然资源、住房城乡建设、林业草原等主管部门制定。

第七十二条 国家鼓励金融机构加大对土壤污染风险管控和修复项目的信贷投放。

国家鼓励金融机构在办理土地权利抵押业务时开展土壤污染状况调查。

第七十三条 从事土壤污染风险管控和修复的单位依照法律、行政法规的规定,享受税收优惠。

第七十四条 国家鼓励并提倡社会各界为防治土壤污染捐赠财产,并依照法律、行政法规的规定,给予税收优惠。

第七十五条 县级以上人民政府应当将土壤污染防治情况纳入环境状况和环境保护目标完成情况年度报告,向本级人民代表大会或者人民代表大会常务委员会报告。

第七十六条 省级以上人民政府生态环境主管部门应当会同有关部门对土壤污染问题突出、防治工作不力、群众反映强烈的地区,约谈设区的市级以上地方人民政府及其有关部门主要负责人,要求其采取措施及时整改。约谈整改情况应当向社会公开。

第七十七条 生态环境主管部门及其环境执法机构和其他负有土壤污染防治监督管理职责的部门,有权对从事可能造成土壤污染活动的企业事业单位和其他生产经营者进行现场检查、取样,要求被检查者提供有关资料、就有关问题作出说明。

被检查者应当配合检查工作,如实反映情况,提供必要的资料。

实施现场检查的部门、机构及其工作人员应当为被检查者保守商业秘密。

第七十八条 企业事业单位和其他生产经营者违反法律法规规定排放有毒有害物质,造成或者可能造成严重土壤污染的,或者有关证据可能灭失或者被隐匿的,生态环境主管部门和其他负有土壤污染防治监督管理职责的部门,可以查封、扣押有关设施、设备、物品。

第七十九条 地方人民政府安全生产监督管理部门应当监督尾矿库运营、管理单位履行防治土壤污染的法定义务,防止其发生可能污染土壤的事故;地方人民政府生态环境主管部门应当加强对尾矿库土壤污染防治情况的监督检查和定期评估,发现风险隐患的,及时督促尾矿库运营、管理单位采取相应措施。

地方人民政府及其有关部门应当依法加强对向沙漠、滩涂、盐碱地、沼泽地等未利用地非法排放有毒有害物质等行为的监督检查。

第八十条 省级以上人民政府生态环境主管部门和其他负有土壤污染防治监督管理职责的部门应当将从事土壤污染状况调查和土壤污染风险评估、风险管控、修复、风险管控效果评估、修复效果评估、后期管理等活动的单位和个人的执业情况,纳入信用系统建立信用记录,将违法信息记入社会诚信档案,并纳入全国信用信息共享平台和国家企业信用信息公示系统向社会公布。

第八十一条 生态环境主管部门和其他负有土壤污染防治监督管理职责的部门应当依法公开土壤污染状况和防治信息。

国务院生态环境主管部门负责统一发布全国土壤环境信息;省级人民政府生态环境主管部

门负责统一发布本行政区域土壤环境信息。生态环境主管部门应当将涉及主要食用农产品生产区域的重大土壤环境信息，及时通报同级农业农村、卫生健康和食品安全主管部门。

公民、法人和其他组织享有依法获取土壤污染状况和防治信息、参与和监督土壤污染防治的权利。

第八十二条 土壤污染状况普查报告、监测数据、调查报告和土壤污染风险评估报告、风险管控效果评估报告、修复效果评估报告等，应当及时上传全国土壤环境信息平台。

第八十三条 新闻媒体对违反土壤污染防治法律法规的行为享有舆论监督的权利，受监督的单位和个人不得打击报复。

第八十四条 任何组织和个人对污染土壤的行为，均有向生态环境主管部门和其他负有土壤污染防治监督管理职责的部门报告或者举报的权利。

生态环境主管部门和其他负有土壤污染防治监督管理职责的部门应当将土壤污染防治举报方式向社会公布，方便公众举报。

接到举报的部门应当及时处理并对举报人的相关信息予以保密；对实名举报并查证属实的，给予奖励。

举报人举报所在单位的，该单位不得以解除、变更劳动合同或者其他方式对举报人进行打击报复。

第六章 法律责任

第八十五条 地方各级人民政府、生态环境主管部门或者其他负有土壤污染防治监督管理职责的部门未依照本法规定履行职责的，对直接负责的主管人员和其他直接责任人员依法给予处分。

依照本法规定应当作出行政处罚决定而未作出的，上级主管部门可以直接作出行政处罚决定。

第八十六条 违反本法规定，有下列行为之一的，由地方人民政府生态环境主管部门或者其他负有土壤污染防治监督管理职责的部门责令改正，处以罚款；拒不改正的，责令停产整治：

（一）土壤污染重点监管单位未制定、实施自行监测方案，或者未将监测数据报生态环境主管部门的；

（二）土壤污染重点监管单位篡改、伪造监测数据的；

（三）土壤污染重点监管单位未按年度报告有毒有害物质排放情况，或者未建立土壤污染隐患排查制度的；

（四）拆除设施、设备或者建筑物、构筑物，企业事业单位未采取相应的土壤污染防治措施或者土壤污染重点监管单位未制定、实施土壤污染防治工作方案的；

（五）尾矿库运营、管理单位未按照规定采取措施防止土壤污染的；

（六）尾矿库运营、管理单位未按照规定进行土壤污染状况监测的；

（七）建设和运行污水集中处理设施、固体废物处置设施，未依照法律法规和相关标准的要求采取措施防止土壤污染的。

有前款规定行为之一的，处二万元以上二十万元以下的罚款；有前款第二项、第四项、第五项、第七项规定行为之一，造成严重后果的，处二十万元以上二百万元以下的罚款。

第八十七条 违反本法规定,向农用地排放重金属或者其他有毒有害物质含量超标的污水、污泥,以及可能造成土壤污染的清淤底泥、尾矿、矿渣等的,由地方人民政府生态环境主管部门责令改正,处十万元以上五十万元以下的罚款;情节严重的,处五十万元以上二百万元以下的罚款,并可以将案件移送公安机关,对直接负责的主管人员和其他直接责任人员处五日以上十五日以下的拘留;有违法所得的,没收违法所得。

第八十八条 违反本法规定,农业投入品生产者、销售者、使用者未按照规定及时回收肥料等农业投入品的包装废弃物或者农用薄膜,或者未按照规定及时回收农药包装废弃物交由专门的机构或者组织进行无害化处理的,由地方人民政府农业农村主管部门责令改正,处一万元以上十万元以下的罚款;农业投入品使用者为个人的,可以处二百元以上二千元以下的罚款。

第八十九条 违反本法规定,将重金属或者其他有毒有害物质含量超标的工业固体废物、生活垃圾或者污染土壤用于土地复垦的,由地方人民政府生态环境主管部门责令改正,处十万元以上一百万元以下的罚款;有违法所得的,没收违法所得。

第九十条 违反本法规定,受委托从事土壤污染状况调查和土壤污染风险评估、风险管控效果评估、修复效果评估活动的单位,出具虚假调查报告、风险评估报告、风险管控效果评估报告、修复效果评估报告的,由地方人民政府生态环境主管部门处十万元以上五十万元以下的罚款;情节严重的,禁止从事上述业务,并处五十万元以上一百万元以下的罚款;有违法所得的,没收违法所得。

前款规定的单位出具虚假报告的,由地方人民政府生态环境主管部门对直接负责的主管人员和其他直接责任人员处一万元以上五万元以下的罚款;情节严重的,十年内禁止从事前款规定的业务;构成犯罪的,终身禁止从事前款规定的业务。

本条第一款规定的单位和委托人恶意串通,出具虚假报告,造成他人人身或者财产损害的,还应当与委托人承担连带责任。

第九十一条 违反本法规定,有下列行为之一的,由地方人民政府生态环境主管部门责令改正,处十万元以上五十万元以下的罚款;情节严重的,处五十万元以上一百万元以下的罚款;有违法所得的,没收违法所得;对直接负责的主管人员和其他直接责任人员处五千元以上二万元以下的罚款:

(一)未单独收集、存放开发建设过程中剥离的表土的;

(二)实施风险管控、修复活动对土壤、周边环境造成新的污染的;

(三)转运污染土壤,未将运输时间、方式、线路和污染土壤数量、去向、最终处置措施等提前报所在地和接收地生态环境主管部门的;

(四)未达到土壤污染风险评估报告确定的风险管控、修复目标的建设用地地块,开工建设与风险管控、修复无关的项目的。

第九十二条 违反本法规定,土壤污染责任人或者土地使用权人未按照规定实施后期管理的,由地方人民政府生态环境主管部门或者其他负有土壤污染防治监督管理职责的部门责令改正,处一万元以上五万元以下的罚款;情节严重的,处五万元以上五十万元以下的罚款。

第九十三条 违反本法规定,被检查者拒不配合检查,或者在接受检查时弄虚作假的,由地方人民政府生态环境主管部门或者其他负有土壤污染防治监督管理职责的部门责令改正,处二万元以上二十万元以下的罚款;对直接负责的主管人员和其他直接责任人员处五千元以上二万元以下的罚款。

第九十四条 违反本法规定,土壤污染责任人或者土地使用权人有下列行为之一的,由地方人民政府生态环境主管部门或者其他负有土壤污染防治监督管理职责的部门责令改正,处二万元以上二十万元以下的罚款;拒不改正的,处二十万元以上一百万元以下的罚款,并委托他人代为履行,所需费用由土壤污染责任人或者土地使用权人承担;对直接负责的主管人员和其他直接责任人员处五千元以上二万元以下的罚款:

（一）未按照规定进行土壤污染状况调查的;

（二）未按照规定进行土壤污染风险评估的;

（三）未按照规定采取风险管控措施的;

（四）未按照规定实施修复的;

（五）风险管控、修复活动完成后,未另行委托有关单位对风险管控效果、修复效果进行评估的。

土壤污染责任人或者土地使用权人有前款第三项、第四项规定行为之一,情节严重的,地方人民政府生态环境主管部门或者其他负有土壤污染防治监督管理职责的部门可以将案件移送公安机关,对直接负责的主管人员和其他直接责任人员处五日以上十五日以下的拘留。

第九十五条 违反本法规定,有下列行为之一的,由地方人民政府有关部门责令改正;拒不改正的,处一万元以上五万元以下的罚款:

（一）土壤污染重点监管单位未按照规定将土壤污染防治工作方案报地方人民政府生态环境、工业和信息化主管部门备案的;

（二）土壤污染责任人或者土地使用权人未按照规定将修复方案、效果评估报告报地方人民政府生态环境、农业农村、林业草原主管部门备案的;

（三）土地使用权人未按照规定将土壤污染状况调查报告报地方人民政府生态环境主管部门备案的。

第九十六条 污染土壤造成他人人身或者财产损害的,应当依法承担侵权责任。

土壤污染责任人无法认定,土地使用权人未依照本法规定履行土壤污染风险管控和修复义务,造成他人人身或者财产损害的,应当依法承担侵权责任。

土壤污染引起的民事纠纷,当事人可以向地方人民政府生态环境等主管部门申请调解处理,也可以向人民法院提起诉讼。

第九十七条 污染土壤损害国家利益、社会公共利益的,有关机关和组织可以依照《中华人民共和国环境保护法》《中华人民共和国民事诉讼法》《中华人民共和国行政诉讼法》等法律的规定向人民法院提起诉讼。

第九十八条 违反本法规定,构成违反治安管理行为的,由公安机关依法给予治安管理处罚;构成犯罪的,依法追究刑事责任。

第七章　附　则

第九十九条 本法自 2019 年 1 月 1 日起施行。

中华人民共和国固体废物污染环境防治法（2016年修正）

（1995年10月30日第八届全国人民代表大会常务委员会第十六次会议通过　根据2004年12月29日第十届全国人民代表大会常务委员会第十三次会议修订　根据2013年6月29日第十二届全国人民代表大会常务委员会第三次会议《关于修改〈中华人民共和国文物保护法〉等十二部法律的决定》第一次修正　根据2015年4月24日第十二届全国人民代表大会常务委员会第十四次会议《关于修改〈中华人民共和国港口法〉等七部法律的决定》第二次修正　根据2016年11月7日第十二届全国人民代表大会常务委员会第二十四次会议《关于修改〈中华人民共和国对外贸易法〉等十二部法律的决定》第三次修正）

目　录

第一章　总　则
第二章　固体废物污染环境防治的监督管理
第三章　固体废物污染环境的防治
　第一节　一般规定
　第二节　工业固体废物污染环境的防治
　第三节　生活垃圾污染环境的防治
第四章　危险废物污染环境防治的特别规定
第五章　法律责任
第六章　附　则

第一章　总　则

第一条　为了防治固体废物污染环境，保障人体健康，维护生态安全，促进经济社会可持续发展，制定本法。

第二条　本法适用于中华人民共和国境内固体废物污染环境的防治。

固体废物污染海洋环境的防治和放射性固体废物污染环境的防治不适用本法。

第三条　国家对固体废物污染环境的防治，实行减少固体废物的产生量和危害性、充分合理利用固体废物和无害化处置固体废物的原则，促进清洁生产和循环经济发展。

国家采取有利于固体废物综合利用活动的经济、技术政策和措施，对固体废物实行充分回收和合理利用。

国家鼓励、支持采取有利于保护环境的集中处置固体废物的措施，促进固体废物污染环境防治产业发展。

第四条 县级以上人民政府应当将固体废物污染环境防治工作纳入国民经济和社会发展计划,并采取有利于固体废物污染环境防治的经济、技术政策和措施。

国务院有关部门、县级以上地方人民政府及其有关部门组织编制城乡建设、土地利用、区域开发、产业发展等规划,应当统筹考虑减少固体废物的产生量和危害性、促进固体废物的综合利用和无害化处置。

第五条 国家对固体废物污染环境防治实行污染者依法负责的原则。

产品的生产者、销售者、进口者、使用者对其产生的固体废物依法承担污染防治责任。

第六条 国家鼓励、支持固体废物污染环境防治的科学研究、技术开发、推广先进的防治技术和普及固体废物污染环境防治的科学知识。

各级人民政府应当加强防治固体废物污染环境的宣传教育,倡导有利于环境保护的生产方式和生活方式。

第七条 国家鼓励单位和个人购买、使用再生产品和可重复利用产品。

第八条 各级人民政府对在固体废物污染环境防治工作以及相关的综合利用活动中作出显著成绩的单位和个人给予奖励。

第九条 任何单位和个人都有保护环境的义务,并有权对造成固体废物污染环境的单位和个人进行检举和控告。

第十条 国务院环境保护行政主管部门对全国固体废物污染环境的防治工作实施统一监督管理。国务院有关部门在各自的职责范围内负责固体废物污染环境防治的监督管理工作。

县级以上地方人民政府环境保护行政主管部门对本行政区域内固体废物污染环境的防治工作实施统一监督管理。县级以上地方人民政府有关部门在各自的职责范围内负责固体废物污染环境防治的监督管理工作。

国务院建设行政主管部门和县级以上地方人民政府环境卫生行政主管部门负责生活垃圾清扫、收集、贮存、运输和处置的监督管理工作。

第二章 固体废物污染环境防治的监督管理

第十一条 国务院环境保护行政主管部门会同国务院有关行政主管部门根据国家环境质量标准和国家经济、技术条件,制定国家固体废物污染环境防治技术标准。

第十二条 国务院环境保护行政主管部门建立固体废物污染环境监测制度,制定统一的监测规范,并会同有关部门组织监测网络。

大、中城市人民政府环境保护行政主管部门应当定期发布固体废物的种类、产生量、处置状况等信息。

第十三条 建设产生固体废物的项目以及建设贮存、利用、处置固体废物的项目,必须依法进行环境影响评价,并遵守国家有关建设项目环境保护管理的规定。

第十四条 建设项目的环境影响评价文件确定需要配套建设的固体废物污染环境防治设施,必须与主体工程同时设计、同时施工、同时投入使用。固体废物污染环境防治设施必须经原审批环境影响评价文件的环境保护行政主管部门验收合格后,该建设项目方可投入生产或者使用。对固体废物污染环境防治设施的验收应当与对主体工程的验收同时进行。

第十五条 县级以上人民政府环境保护行政主管部门和其他固体废物污染环境防治工作的

监督管理部门,有权依据各自的职责对管辖范围内与固体废物污染环境防治有关的单位进行现场检查。被检查的单位应当如实反映情况,提供必要的资料。检查机关应当为被检查的单位保守技术秘密和业务秘密。

检查机关进行现场检查时,可以采取现场监测、采集样品、查阅或者复制与固体废物污染环境防治相关的资料等措施。检查人员进行现场检查,应当出示证件。

第三章 固体废物污染环境的防治

第一节 一般规定

第十六条 产生固体废物的单位和个人,应当采取措施,防止或者减少固体废物对环境的污染。

第十七条 收集、贮存、运输、利用、处置固体废物的单位和个人,必须采取防扬散、防流失、防渗漏或者其他防止污染环境的措施;不得擅自倾倒、堆放、丢弃、遗撒固体废物。

禁止任何单位或者个人向江河、湖泊、运河、渠道、水库及其最高水位线以下的滩地和岸坡等法律、法规规定禁止倾倒、堆放废弃物的地点倾倒、堆放固体废物。

第十八条 产品和包装物的设计、制造,应当遵守国家有关清洁生产的规定。国务院标准化行政主管部门应当根据国家经济和技术条件、固体废物污染环境防治状况以及产品的技术要求,组织制定有关标准,防止过度包装造成环境污染。

生产、销售、进口依法被列入强制回收目录的产品和包装物的企业,必须按照国家有关规定对该产品和包装物进行回收。

第十九条 国家鼓励科研、生产单位研究、生产易回收利用、易处置或者在环境中可降解的薄膜覆盖物和商品包装物。

使用农用薄膜的单位和个人,应当采取回收利用等措施,防止或者减少农用薄膜对环境的污染。

第二十条 从事畜禽规模养殖应当按照国家有关规定收集、贮存、利用或者处置养殖过程中产生的畜禽粪便,防止污染环境。

禁止在人口集中地区、机场周围、交通干线附近以及当地人民政府划定的区域露天焚烧秸秆。

第二十一条 对收集、贮存、运输、处置固体废物的设施、设备和场所,应当加强管理和维护,保证其正常运行和使用。

第二十二条 在国务院和国务院有关主管部门及省、自治区、直辖市人民政府划定的自然保护区、风景名胜区、饮用水水源保护区、基本农田保护区和其他需要特别保护的区域内,禁止建设工业固体废物集中贮存、处置的设施、场所和生活垃圾填埋场。

第二十三条 转移固体废物出省、自治区、直辖市行政区域贮存、处置的,应当向固体废物移出地的省、自治区、直辖市人民政府环境保护行政主管部门提出申请。移出地的省、自治区、直辖市人民政府环境保护行政主管部门应当商经接受地的省、自治区、直辖市人民政府环境保护行政主管部门同意后,方可批准转移该固体废物出省、自治区、直辖市行政区域。未经批准的,不得转移。

第二十四条 禁止中华人民共和国境外的固体废物进境倾倒、堆放、处置。

第二十五条 禁止进口不能用作原料或者不能以无害化方式利用的固体废物；对可以用作原料的固体废物实行限制进口和自动许可进口分类管理。

国务院环境保护行政主管部门会同国务院对外贸易主管部门、国务院经济综合宏观调控部门、海关总署、国务院质量监督检验检疫部门制定、调整并公布禁止进口、限制进口和自动许可进口的固体废物目录。

禁止进口列入禁止进口目录的固体废物。进口列入限制进口目录的固体废物，应当经国务院环境保护行政主管部门会同国务院对外贸易主管部门审查许可。进口列入自动许可进口目录的固体废物，应当依法办理自动许可手续。

进口的固体废物必须符合国家环境保护标准，并经质量监督检验检疫部门检验合格。

进口固体废物的具体管理办法，由国务院环境保护行政主管部门会同国务院对外贸易主管部门、国务院经济综合宏观调控部门、海关总署、国务院质量监督检验检疫部门制定。

第二十六条 进口者对海关将其所进口的货物纳入固体废物管理范围不服的，可以依法申请行政复议，也可以向人民法院提起行政诉讼。

第二节 工业固体废物污染环境的防治

第二十七条 国务院环境保护行政主管部门应当会同国务院经济综合宏观调控部门和其他有关部门对工业固体废物对环境的污染作出界定，制定防治工业固体废物污染环境的技术政策，组织推广先进的防治工业固体废物污染环境的生产工艺和设备。

第二十八条 国务院经济综合宏观调控部门应当会同国务院有关部门组织研究、开发和推广减少工业固体废物产生量和危害性的生产工艺和设备，公布限期淘汰产生严重污染环境的工业固体废物的落后生产工艺、落后设备的名录。

生产者、销售者、进口者、使用者必须在国务院经济综合宏观调控部门会同国务院有关部门规定的期限内分别停止生产、销售、进口或者使用列入前款规定的名录中的设备。生产工艺的采用者必须在国务院经济综合宏观调控部门会同国务院有关部门规定的期限内停止采用列入前款规定的名录中的工艺。

列入限期淘汰名录被淘汰的设备，不得转让给他人使用。

第二十九条 县级以上人民政府有关部门应当制定工业固体废物污染环境防治工作规划，推广能够减少工业固体废物产生量和危害性的先进生产工艺和设备，推动工业固体废物污染环境防治工作。

第三十条 产生工业固体废物的单位应当建立、健全污染环境防治责任制度，采取防治工业固体废物污染环境的措施。

第三十一条 企业事业单位应当合理选择和利用原材料、能源和其他资源，采用先进的生产工艺和设备，减少工业固体废物产生量，降低工业固体废物的危害性。

第三十二条 国家实行工业固体废物申报登记制度。

产生工业固体废物的单位必须按照国务院环境保护行政主管部门的规定，向所在地县级以上地方人民政府环境保护行政主管部门提供工业固体废物的种类、产生量、流向、贮存、处置等有关资料。

前款规定的申报事项有重大改变的,应当及时申报。

第三十三条 企业事业单位应当根据经济、技术条件对其产生的工业固体废物加以利用;对暂时不利用或者不能利用的,必须按照国务院环境保护行政主管部门的规定建设贮存设施、场所,安全分类存放,或者采取无害化处置措施。

建设工业固体废物贮存、处置的设施、场所,必须符合国家环境保护标准。

第三十四条 禁止擅自关闭、闲置或者拆除工业固体废物污染环境防治设施、场所;确有必要关闭、闲置或者拆除的,必须经所在地县级以上地方人民政府环境保护行政主管部门核准,并采取措施,防止污染环境。

第三十五条 产生工业固体废物的单位需要终止的,应当事先对工业固体废物的贮存、处置的设施、场所采取污染防治措施,并对未处置的工业固体废物作出妥善处置,防止污染环境。

产生工业固体废物的单位发生变更的,变更后的单位应当按照国家有关环境保护的规定对未处置的工业固体废物及其贮存、处置的设施、场所进行安全处置或者采取措施保证该设施、场所安全运行。变更前当事人对工业固体废物及其贮存、处置的设施、场所的污染防治责任另有约定的,从其约定;但是,不得免除当事人的污染防治义务。

对本法施行前已经终止的单位未处置的工业固体废物及其贮存、处置的设施、场所进行安全处置的费用,由有关人民政府承担;但是,该单位享有的土地使用权依法转让的,应当由土地使用权受让人承担处置费用。当事人另有约定的,从其约定;但是,不得免除当事人的污染防治义务。

第三十六条 矿山企业应当采取科学的开采方法和选矿工艺,减少尾矿、矸石、废石等矿业固体废物的产生量和贮存量。

尾矿、矸石、废石等矿业固体废物贮存设施停止使用后,矿山企业应当按照国家有关环境保护规定进行封场,防止造成环境污染和生态破坏。

第三十七条 拆解、利用、处置废弃电器产品和废弃机动车船,应当遵守有关法律、法规的规定,采取措施,防止污染环境。

第三节 生活垃圾污染环境的防治

第三十八条 县级以上人民政府应当统筹安排建设城乡生活垃圾收集、运输、处置设施,提高生活垃圾的利用率和无害化处置率,促进生活垃圾收集、处置的产业化发展,逐步建立和完善生活垃圾污染环境防治的社会服务体系。

第三十九条 县级以上地方人民政府环境卫生行政主管部门应当组织对城市生活垃圾进行清扫、收集、运输和处置,可以通过招标等方式选择具备条件的单位从事生活垃圾的清扫、收集、运输和处置。

第四十条 对城市生活垃圾应当按照环境卫生行政主管部门的规定,在指定的地点放置,不得随意倾倒、抛撒或者堆放。

第四十一条 清扫、收集、运输、处置城市生活垃圾,应当遵守国家有关环境保护和环境卫生管理的规定,防止污染环境。

第四十二条 对城市生活垃圾应当及时清运,逐步做到分类收集和运输,并积极开展合理利用和实施无害化处置。

第四十三条 城市人民政府应当有计划地改进燃料结构,发展城市煤气、天然气、液化气和其他清洁能源。

城市人民政府有关部门应当组织净菜进城,减少城市生活垃圾。

城市人民政府有关部门应当统筹规划,合理安排收购网点,促进生活垃圾的回收利用工作。

第四十四条 建设生活垃圾处置的设施、场所,必须符合国务院环境保护行政主管部门和国务院建设行政主管部门规定的环境保护和环境卫生标准。

禁止擅自关闭、闲置或者拆除生活垃圾处置的设施、场所;确有必要关闭、闲置或者拆除的,必须经所在地县级以上地方人民政府环境卫生行政主管部门和环境保护行政主管部门核准,并采取措施,防止污染环境。

第四十五条 从生活垃圾中回收的物质必须按照国家规定的用途或者标准使用,不得用于生产可能危害人体健康的产品。

第四十六条 工程施工单位应当及时清运工程施工过程中产生的固体废物,并按照环境卫生行政主管部门的规定进行利用或者处置。

第四十七条 从事公共交通运输的经营单位,应当按照国家有关规定,清扫、收集运输过程中产生的生活垃圾。

第四十八条 从事城市新区开发、旧区改建和住宅小区开发建设的单位,以及机场、码头、车站、公园、商店等公共设施、场所的经营管理单位,应当按照国家有关环境卫生的规定,配套建设生活垃圾收集设施。

第四十九条 农村生活垃圾污染环境防治的具体办法,由地方性法规规定。

第四章 危险废物污染环境防治的特别规定

第五十条 危险废物污染环境的防治,适用本章规定;本章未作规定的,适用本法其他有关规定。

第五十一条 国务院环境保护行政主管部门应当会同国务院有关部门制定国家危险废物名录,规定统一的危险废物鉴别标准、鉴别方法和识别标志。

第五十二条 对危险废物的容器和包装物以及收集、贮存、运输、处置危险废物的设施、场所,必须设置危险废物识别标志。

第五十三条 产生危险废物的单位,必须按照国家有关规定制定危险废物管理计划,并向所在地县级以上地方人民政府环境保护行政主管部门申报危险废物的种类、产生量、流向、贮存、处置等有关资料。

前款所称危险废物管理计划应当包括减少危险废物产生量和危害性的措施以及危险废物贮存、利用、处置措施。危险废物管理计划应当报产生危险废物的单位所在地县级以上地方人民政府环境保护行政主管部门备案。

本条规定的申报事项或者危险废物管理计划内容有重大改变的,应当及时申报。

第五十四条 国务院环境保护行政主管部门会同国务院经济综合宏观调控部门组织编制危险废物集中处置设施、场所的建设规划,报国务院批准后实施。

县级以上地方人民政府应当依据危险废物集中处置设施、场所的建设规划组织建设危险废物集中处置设施、场所。

第五十五条 产生危险废物的单位,必须按照国家有关规定处置危险废物,不得擅自倾倒、堆放;不处置的,由所在地县级以上地方人民政府环境保护行政主管部门责令限期改正;逾期不处置或者处置不符合国家有关规定的,由所在地县级以上地方人民政府环境保护行政主管部门指定单位按照国家有关规定代为处置,处置费用由产生危险废物的单位承担。

第五十六条 以填埋方式处置危险废物不符合国务院环境保护行政主管部门规定的,应当缴纳危险废物排污费。危险废物排污费征收的具体办法由国务院规定。

危险废物排污费用于污染环境的防治,不得挪作他用。

第五十七条 从事收集、贮存、处置危险废物经营活动的单位,必须向县级以上人民政府环境保护行政主管部门申请领取经营许可证;从事利用危险废物经营活动的单位,必须向国务院环境保护行政主管部门或者省、自治区、直辖市人民政府环境保护行政主管部门申请领取经营许可证。具体管理办法由国务院规定。

禁止无经营许可证或者不按照经营许可证规定从事危险废物收集、贮存、利用、处置的经营活动。

禁止将危险废物提供或者委托给无经营许可证的单位从事收集、贮存、利用、处置的经营活动。

第五十八条 收集、贮存危险废物,必须按照危险废物特性分类进行。禁止混合收集、贮存、运输、处置性质不相容而未经安全性处置的危险废物。

贮存危险废物必须采取符合国家环境保护标准的防护措施,并不得超过一年;确需延长期限的,必须报经原批准经营许可证的环境保护行政主管部门批准;法律、行政法规另有规定的除外。

禁止将危险废物混入非危险废物中贮存。

第五十九条 转移危险废物的,必须按照国家有关规定填写危险废物转移联单,并向危险废物移出地设区的市级以上地方人民政府环境保护行政主管部门提出申请。移出地设区的市级以上地方人民政府环境保护行政主管部门应当商经接受地设区的市级以上地方人民政府环境保护行政主管部门同意后,方可批准转移该危险废物。未经批准的,不得转移。

转移危险废物途经移出地、接受地以外行政区域的,危险废物移出地设区的市级以上地方人民政府环境保护行政主管部门应当及时通知沿途经过的设区的市级以上地方人民政府环境保护行政主管部门。

第六十条 运输危险废物,必须采取防止污染环境的措施,并遵守国家有关危险货物运输管理的规定。

禁止将危险废物与旅客在同一运输工具上载运。

第六十一条 收集、贮存、运输、处置危险废物的场所、设施、设备和容器、包装物及其他物品转作他用时,必须经过消除污染的处理,方可使用。

第六十二条 产生、收集、贮存、运输、利用、处置危险废物的单位,应当制定意外事故的防范措施和应急预案,并向所在地县级以上人民政府环境保护行政主管部门备案;环境保护行政主管部门应当进行检查。

第六十三条 因发生事故或者其他突发性事件,造成危险废物严重污染环境的单位,必须立即采取措施消除或者减轻对环境的污染危害,及时通报可能受到污染危害的单位和居民,并向所在地县级以上地方人民政府环境保护行政主管部门和有关部门报告,接受调查处理。

第六十四条 在发生或者有证据证明可能发生危险废物严重污染环境、威胁居民生命财产安全时,县级以上地方人民政府环境保护行政主管部门或者其他固体废物污染环境防治工作的监督管理部门必须立即向本级人民政府和上一级人民政府有关行政主管部门报告,由人民政府采取防止或者减轻危害的有效措施。有关人民政府可以根据需要责令停止导致或者可能导致环境污染事故的作业。

第六十五条 重点危险废物集中处置设施、场所的退役费用应当预提,列入投资概算或者经营成本。具体提取和管理办法,由国务院财政部门、价格主管部门会同国务院环境保护行政主管部门规定。

第六十六条 禁止经中华人民共和国过境转移危险废物。

第五章　法律责任

第六十七条 县级以上人民政府环境保护行政主管部门或者其他固体废物污染环境防治工作的监督管理部门违反本法规定,有下列行为之一的,由本级人民政府或者上级人民政府有关行政主管部门责令改正,对负有责任的主管人员和其他直接责任人员依法给予行政处分;构成犯罪的,依法追究刑事责任:

(一)不依法作出行政许可或者办理批准文件的;

(二)发现违法行为或者接到对违法行为的举报后不予查处的;

(三)有不依法履行监督管理职责的其他行为的。

第六十八条 违反本法规定,有下列行为之一的,由县级以上人民政府环境保护行政主管部门责令停止违法行为,限期改正,处以罚款:

(一)不按照国家规定申报登记工业固体废物,或者在申报登记时弄虚作假的;

(二)对暂时不利用或者不能利用的工业固体废物未建设贮存的设施、场所安全分类存放,或者未采取无害化处置措施的;

(三)将列入限期淘汰名录被淘汰的设备转让给他人使用的;

(四)擅自关闭、闲置或者拆除工业固体废物污染环境防治设施、场所的;

(五)在自然保护区、风景名胜区、饮用水水源保护区、基本农田保护区和其他需要特别保护的区域内,建设工业固体废物集中贮存、处置的设施、场所和生活垃圾填埋场的;

(六)擅自转移固体废物出省、自治区、直辖市行政区域贮存、处置的;

(七)未采取相应防范措施,造成工业固体废物扬散、流失、渗漏或者造成其他环境污染的;

(八)在运输过程中沿途丢弃、遗撒工业固体废物的。

有前款第一项、第八项行为之一的,处五千元以上五万元以下的罚款;有前款第二项、第三项、第四项、第五项、第六项、第七项行为之一的,处一万元以上十万元以下的罚款。

第六十九条 违反本法规定,建设项目需要配套建设的固体废物污染环境防治设施未建成、未经验收或者验收不合格,主体工程即投入生产或者使用的,由审批该建设项目环境影响评价文件的环境保护行政主管部门责令停止生产或者使用,可以并处十万元以下的罚款。

第七十条 违反本法规定,拒绝县级以上人民政府环境保护行政主管部门或者其他固体废物污染环境防治工作的监督管理部门现场检查的,由执行现场检查的部门责令限期改正;拒不改正或者在检查时弄虚作假的,处二千元以上二万元以下的罚款。

第七十一条 从事畜禽规模养殖未按照国家有关规定收集、贮存、处置畜禽粪便,造成环境污染的,由县级以上地方人民政府环境保护行政主管部门责令限期改正,可以处五万元以下的罚款。

第七十二条 违反本法规定,生产、销售、进口或者使用淘汰的设备,或者采用淘汰的生产工艺的,由县级以上人民政府经济综合宏观调控部门责令改正;情节严重的,由县级以上人民政府经济综合宏观调控部门提出意见,报请同级人民政府按照国务院规定的权限决定停业或者关闭。

第七十三条 尾矿、矸石、废石等矿业固体废物贮存设施停止使用后,未按照国家有关环境保护规定进行封场的,由县级以上地方人民政府环境保护行政主管部门责令限期改正,可以处五万元以上二十万元以下的罚款。

第七十四条 违反本法有关城市生活垃圾污染环境防治的规定,有下列行为之一的,由县级以上地方人民政府环境卫生行政主管部门责令停止违法行为,限期改正,处以罚款:

(一)随意倾倒、抛撒或者堆放生活垃圾的;

(二)擅自关闭、闲置或者拆除生活垃圾处置设施、场所的;

(三)工程施工单位不及时清运施工过程中产生的固体废物,造成环境污染的;

(四)工程施工单位不按照环境卫生行政主管部门的规定对施工过程中产生的固体废物进行利用或者处置的;

(五)在运输过程中沿途丢弃、遗撒生活垃圾的。

单位有前款第一项、第三项、第五项行为之一的,处五千元以上五万元以下的罚款;有前款第二项、第四项行为之一的,处一万元以上十万元以下的罚款。个人有前款第一项、第五项行为之一的,处二百元以下的罚款。

第七十五条 违反本法有关危险废物污染环境防治的规定,有下列行为之一的,由县级以上人民政府环境保护行政主管部门责令停止违法行为,限期改正,处以罚款:

(一)不设置危险废物识别标志的;

(二)不按照国家规定申报登记危险废物,或者在申报登记时弄虚作假的;

(三)擅自关闭、闲置或者拆除危险废物集中处置设施、场所的;

(四)不按照国家规定缴纳危险废物排污费的;

(五)将危险废物提供或者委托给无经营许可证的单位从事经营活动的;

(六)不按照国家规定填写危险废物转移联单或者未经批准擅自转移危险废物的;

(七)将危险废物混入非危险废物中贮存的;

(八)未经安全性处置,混合收集、贮存、运输、处置具有不相容性质的危险废物的;

(九)将危险废物与旅客在同一运输工具上载运的;

(十)未经消除污染的处理将收集、贮存、运输、处置危险废物的场所、设施、设备和容器、包装物及其他物品转作他用的;

(十一)未采取相应防范措施,造成危险废物扬散、流失、渗漏或者造成其他环境污染的;

(十二)在运输过程中沿途丢弃、遗撒危险废物的;

(十三)未制定危险废物意外事故防范措施和应急预案的。

有前款第一项、第二项、第七项、第八项、第九项、第十项、第十一项、第十二项、第十三项行为之一的,处一万元以上十万元以下的罚款;有前款第三项、第五项、第六项行为之一的,处二万元以上二十万元以下的罚款;有前款第四项行为的,限期缴纳,逾期不缴纳的,处应缴纳危险废物排污费金额一倍以上三倍以下的罚款。

第七十六条 违反本法规定,危险废物产生者不处置其产生的危险废物又不承担依法应当承担的处置费用的,由县级以上地方人民政府环境保护行政主管部门责令限期改正,处代为处置费用一倍以上三倍以下的罚款。

第七十七条 无经营许可证或者不按照经营许可证规定从事收集、贮存、利用、处置危险废物经营活动的,由县级以上人民政府环境保护行政主管部门责令停止违法行为,没收违法所得,可以并处违法所得三倍以下的罚款。

不按照经营许可证规定从事前款活动的,还可以由发证机关吊销经营许可证。

第七十八条 违反本法规定,将中华人民共和国境外的固体废物进境倾倒、堆放、处置的,进口属于禁止进口的固体废物或者未经许可擅自进口属于限制进口的固体废物用作原料的,由海关责令退运该固体废物,可以并处十万元以上一百万元以下的罚款;构成犯罪的,依法追究刑事责任。进口者不明的,由承运人承担退运该固体废物的责任,或者承担该固体废物的处置费用。

逃避海关监管将中华人民共和国境外的固体废物运输进境,构成犯罪的,依法追究刑事责任。

第七十九条 违反本法规定,经中华人民共和国过境转移危险废物的,由海关责令退运该危险废物,可以并处五万元以上五十万元以下的罚款。

第八十条 对已经非法入境的固体废物,由省级以上人民政府环境保护行政主管部门依法向海关提出处理意见,海关应当依照本法第七十八条的规定作出处罚决定;已经造成环境污染的,由省级以上人民政府环境保护行政主管部门责令进口者消除污染。

第八十一条 违反本法规定,造成固体废物严重污染环境的,由县级以上人民政府环境保护行政主管部门按照国务院规定的权限决定限期治理;逾期未完成治理任务的,由本级人民政府决定停业或者关闭。

第八十二条 违反本法规定,造成固体废物污染环境事故的,由县级以上人民政府环境保护行政主管部门处二万元以上二十万元以下的罚款;造成重大损失的,按照直接损失的百分之三十计算罚款,但是最高不超过一百万元,对负有责任的主管人员和其他直接责任人员,依法给予行政处分;造成固体废物污染环境重大事故的,并由县级以上人民政府按照国务院规定的权限决定停业或者关闭。

第八十三条 违反本法规定,收集、贮存、利用、处置危险废物,造成重大环境污染事故,构成犯罪的,依法追究刑事责任。

第八十四条 受到固体废物污染损害的单位和个人,有权要求依法赔偿损失。

赔偿责任和赔偿金额的纠纷,可以根据当事人的请求,由环境保护行政主管部门或者其他固体废物污染环境防治工作的监督管理部门调解处理;调解不成的,当事人可以向人民法院提起诉讼。当事人也可以直接向人民法院提起诉讼。

国家鼓励法律服务机构对固体废物污染环境诉讼中的受害人提供法律援助。

第八十五条 造成固体废物污染环境的,应当排除危害,依法赔偿损失,并采取措施恢复环境原状。

第八十六条 因固体废物污染环境引起的损害赔偿诉讼,由加害人就法律规定的免责事由及其行为与损害结果之间不存在因果关系承担举证责任。

第八十七条 固体废物污染环境的损害赔偿责任和赔偿金额的纠纷,当事人可以委托环境监测机构提供监测数据。环境监测机构应当接受委托,如实提供有关监测数据。

第六章 附 则

第八十八条 本法下列用语的含义:

(一)固体废物,是指在生产、生活和其他活动中产生的丧失原有利用价值或者虽未丧失利用价值但被抛弃或者放弃的固态、半固态和置于容器中的气态的物品、物质以及法律、行政法规规定纳入固体废物管理的物品、物质。

(二)工业固体废物,是指在工业生产活动中产生的固体废物。

(三)生活垃圾,是指在日常生活中或者为日常生活提供服务的活动中产生的固体废物以及法律、行政法规规定视为生活垃圾的固体废物。

(四)危险废物,是指列入国家危险废物名录或者根据国家规定的危险废物鉴别标准和鉴别方法认定的具有危险特性的固体废物。

(五)贮存,是指将固体废物临时置于特定设施或者场所中的活动。

(六)处置,是指将固体废物焚烧和用其他改变固体废物的物理、化学、生物特性的方法,达到减少已产生的固体废物数量、缩小固体废物体积、减少或者消除其危险成分的活动,或者将固体废物最终置于符合环境保护规定要求的填埋场的活动。

(七)利用,是指从固体废物中提取物质作为原材料或者燃料的活动。

第八十九条 液态废物的污染防治,适用本法;但是,排入水体的废水的污染防治适用有关法律,不适用本法。

第九十条 中华人民共和国缔结或者参加的与固体废物污染环境防治有关的国际条约与本法有不同规定的,适用国际条约的规定;但是,中华人民共和国声明保留的条款除外。

第九十一条 本法自 2005 年 4 月 1 日起施行。

土地管理法实施条例(2014 年修订)

(1998 年 12 月 27 日中华人民共和国国务院令第 256 号发布 根据 2011 年 1 月 8 日中华人民共和国国务院令第 588 号《国务院关于废止和修改部分行政法规的决定》第一次修订 根据 2014 年 7 月 29 日中华人民共和国国务院令第 653 号《国务院关于修改部分行政法规的决定》第二次修订)

第一章 总 则

第一条 根据《中华人民共和国土地管理法》(以下简称《土地管理法》),制定本条例。

第二章 土地的所有权和使用权

第二条 下列土地属于全民所有即国家所有:

（一）城市市区的土地；

（二）农村和城市郊区中已经依法没收、征收、征购为国有的土地；

（三）国家依法征用的土地；

（四）依法不属于集体所有的林地、草地、荒地、滩涂及其他土地；

（五）农村集体经济组织全部成员转为城镇居民的，原属于其成员集体所有的土地；

（六）因国家组织移民、自然灾害等原因，农民成建制地集体迁移后不再使用的原属于迁移农民集体所有的土地。

第三条 国家依法实行土地登记发证制度。依法登记的土地所有权和土地使用权受法律保护，任何单位和个人不得侵犯。

土地登记内容和土地权属证书式样由国务院土地行政主管部门统一规定。

土地登记资料可以公开查询。

确认林地、草原的所有权或者使用权，确认水面、滩涂的养殖使用权，分别依照《森林法》、《草原法》和《渔业法》的有关规定办理。

第四条 农民集体所有的土地，由土地所有者向土地所在地的县级人民政府土地行政主管部门提出土地登记申请，由县级人民政府登记造册，核发集体土地所有权证书，确认所有权。

农民集体所有的土地依法用于非农业建设的，由土地使用者向土地所在地的县级人民政府土地行政主管部门提出土地登记申请，由县级人民政府登记造册，核发集体土地使用权证书，确认建设用地使用权。

设区的市人民政府可以对市辖区内农民集体所有的土地实行统一登记。

第五条 单位和个人依法使用的国有土地，由土地使用者向土地所在地的县级以上人民政府土地行政主管部门提出土地登记申请，由县级以上人民政府登记造册，核发国有土地使用权证书，确认使用权。其中，中央国家机关使用的国有土地的登记发证，由国务院土地行政主管部门负责，具体登记发证办法由国务院土地行政主管部门会同国务院机关事务管理局等有关部门制定。

未确定使用权的国有土地，由县级以上人民政府登记造册，负责保护管理。

第六条 依法改变土地所有权、使用权的，因依法转让地上建筑物、构筑物等附着物导致土地使用权转移的，必须向土地所在地的县级以上人民政府土地行政主管部门提出土地变更登记申请，由原土地登记机关依法进行土地所有权、使用权变更登记。土地所有权、使用权的变更，自变更登记之日起生效。

依法改变土地用途的，必须持批准文件，向土地所在地的县级以上人民政府土地行政主管部门提出土地变更登记申请，由原土地登记机关依法进行变更登记。

第七条 依照《土地管理法》的有关规定，收回用地单位的土地使用权的，由原土地登记机关注销土地登记。

土地使用权有偿使用合同约定的使用期限届满，土地使用者未申请续期或者虽申请续期未获批准的，由原土地登记机关注销土地登记。

第三章 土地利用总体规划

第八条 全国土地利用总体规划，由国务院土地行政主管部门会同国务院有关部门编制，报国务院批准。

省、自治区、直辖市的土地利用总体规划，由省、自治区、直辖市人民政府组织本级土地行政主管部门和其他有关部门编制，报国务院批准。

省、自治区人民政府所在地的市、人口在100万以上的城市以及国务院指定的城市的土地利用总体规划，由各该市人民政府组织本级土地行政主管部门和其他有关部门编制，经省、自治区人民政府审查同意后，报国务院批准。

本条第一款、第二款、第三款规定以外的土地利用总体规划，由有关人民政府组织本级土地行政主管部门和其他有关部门编制，逐级上报省、自治区、直辖市人民政府批准；其中，乡（镇）土地利用总体规划，由乡（镇）人民政府编制，逐级上报省、自治区、直辖市人民政府或者省、自治区、直辖市人民政府授权的设区的市、自治州人民政府批准。

第九条 土地利用总体规划的规划期限一般为15年。

第十条 依照《土地管理法》规定，土地利用总体规划应当将土地划分为农用地、建设用地和未利用地。

县级和乡（镇）土地利用总体规划应当根据需要，划定基本农田保护区、土地开垦区、建设用地区和禁止开垦区等；其中，乡（镇）土地利用总体规划还应当根据土地使用条件，确定每一块土地的用途。

土地分类和划定土地利用区的具体办法，由国务院土地行政主管部门会同国务院有关部门制定。

第十一条 乡（镇）土地利用总体规划经依法批准后，乡（镇）人民政府应当在本行政区域内予以公告。

公告应当包括下列内容：

（一）规划目标；

（二）规划期限；

（三）规划范围；

（四）地块用途；

（五）批准机关和批准日期。

第十二条 依照《土地管理法》第二十六条第二款、第三款规定修改土地利用总体规划的，由原编制机关根据国务院或者省、自治区、直辖市人民政府的批准文件修改。修改后的土地利用总体规划应当报原批准机关批准。

上一级土地利用总体规划修改后，涉及修改下一级土地利用总体规划的，由上一级人民政府通知下一级人民政府作出相应修改，并报原批准机关备案。

第十三条 各级人民政府应当加强土地利用年度计划管理，实行建设用地总量控制。土地利用年度计划一经批准下达，必须严格执行。

土地利用年度计划应当包括下列内容：

（一）农用地转用计划指标；

（二）耕地保有量计划指标；

（三）土地开发整理计划指标。

第十四条 县级以上人民政府土地行政主管部门应当会同同级有关部门进行土地调查。

土地调查应当包括下列内容：

（一）土地权属；

（二）土地利用现状；

（三）土地条件。

地方土地利用现状调查结果，经本级人民政府审核，报上一级人民政府批准后，应当向社会公布；全国土地利用现状调查结果，报国务院批准后，应当向社会公布。土地调查规程，由国务院土地行政主管部门会同国务院有关部门制定。

第十五条 国务院土地行政主管部门会同国务院有关部门制定土地等级评定标准。

县级以上人民政府土地行政主管部门应当会同同级有关部门根据土地等级评定标准，对土地等级进行评定。地方土地等级评定结果，经本级人民政府审核，报上一级人民政府土地行政主管部门批准后，应当向社会公布。

根据国民经济和社会发展状况，土地等级每6年调整1次。

第四章 耕地保护

第十六条 在土地利用总体规划确定的城市和村庄、集镇建设用地范围内，为实施城市规划和村庄、集镇规划占用耕地，以及在土地利用总体规划确定的城市建设用地范围外的能源、交通、水利、矿山、军事设施等建设项目占用耕地的，分别由市、县人民政府、农村集体经济组织和建设单位依照《土地管理法》第三十一条的规定负责开垦耕地；没有条件开垦或者开垦的耕地不符合要求的，应当按照省、自治区、直辖市的规定缴纳耕地开垦费。

第十七条 禁止单位和个人在土地利用总体规划确定的禁止开垦区内从事土地开发活动。

在土地利用总体规划确定的土地开垦区内，开发未确定土地使用权的国有荒山、荒地、荒滩从事种植业、林业、畜牧业、渔业生产的，应当向土地所在地的县级以上人民政府土地行政主管部门提出申请，报有批准权的人民政府批准。

开发未确定土地使用权的国有荒山、荒地、荒滩从事种植业、林业、畜牧业或者渔业生产的，经县级以上人民政府依法批准，可以确定给开发单位或者个人长期使用，使用期限最长不得超过50年。

第十八条 县、乡（镇）人民政府应当按照土地利用总体规划，组织农村集体经济组织制定土地整理方案，并组织实施。

地方各级人民政府应当采取措施，按照土地利用总体规划推进土地整理。土地整理新增耕地面积的百分之六十可以用作折抵建设占用耕地的补偿指标。

土地整理所需费用，按照谁受益谁负担的原则，由农村集体经济组织和土地使用者共同承担。

第五章 建设用地

第十九条 建设占用土地，涉及农用地转为建设用地的，应当符合土地利用总体规划和土地利用年度计划中确定的农用地转用指标；城市和村庄、集镇建设占用土地，涉及农用地转用的，还应当符合城市规划和村庄、集镇规划。不符合规定的，不得批准农用地转为建设用地。

第二十条 在土地利用总体规划确定的城市建设用地范围内，为实施城市规划占用土地的，按照下列规定办理：

（一）市、县人民政府按照土地利用年度计划拟订农用地转用方案、补充耕地方案、征用土地方案，分批次逐级上报有批准权的人民政府。

（二）有批准权的人民政府土地行政主管部门对农用地转用方案、补充耕地方案、征用土地方案进行审查，提出审查意见，报有批准权的人民政府批准；其中，补充耕地方案由批准农用地转用方案的人民政府在批准农用地转用方案时一并批准。

（三）农用地转用方案、补充耕地方案、征用土地方案经批准后，由市、县人民政府组织实施，按具体建设项目分别供地。

在土地利用总体规划确定的村庄、集镇建设用地范围内，为实施村庄、集镇规划占用土地的，由市、县人民政府拟订农用地转用方案、补充耕地方案，依照前款规定的程序办理。

第二十一条 具体建设项目需要使用土地的，建设单位应当根据建设项目的总体设计一次申请，办理建设用地审批手续；分期建设的项目，可以根据可行性研究报告确定的方案分期申请建设用地，分期办理建设用地有关审批手续。

第二十二条 具体建设项目需要占用土地利用总体规划确定的城市建设用地范围内的国有建设用地的，按照下列规定办理：

（一）建设项目可行性研究论证时，由土地行政主管部门对建设项目用地有关事项进行审查，提出建设项目用地预审报告；可行性研究报告报批时，必须附具土地行政主管部门出具的建设项目用地预审报告。

（二）建设单位持建设项目的有关批准文件，向市、县人民政府土地行政主管部门提出建设用地申请，由市、县人民政府土地行政主管部门审查，拟订供地方案，报市、县人民政府批准；需要上级人民政府批准的，应当报上级人民政府批准。

（三）供地方案经批准后，由市、县人民政府向建设单位颁发建设用地批准书。有偿使用国有土地的，由市、县人民政府土地行政主管部门与土地使用者签订国有土地有偿使用合同；划拨使用国有土地的，由市、县人民政府土地行政主管部门向土地使用者核发国有土地划拨决定书。

（四）土地使用者应当依法申请土地登记。

通过招标、拍卖方式提供国有建设用地使用权的，由市、县人民政府土地行政主管部门会同有关部门拟订方案，报市、县人民政府批准后，由市、县人民政府土地行政主管部门组织实施，并与土地使用者签订土地有偿使用合同。土地使用者应当依法申请土地登记。

第二十三条 具体建设项目需要使用土地的，必须依法申请使用土地利用总体规划确定的城市建设用地范围内的国有建设用地。能源、交通、水利、矿山、军事设施等建设项目确需使用土地利用总体规划确定的城市建设用地范围外的土地，涉及农用地的，按照下列规定办理：

（一）建设项目可行性研究论证时，由土地行政主管部门对建设项目用地有关事项进行审查，提出建设项目用地预审报告；可行性研究报告报批时，必须附具土地行政主管部门出具的建设项目用地预审报告。

（二）建设单位持建设项目的有关批准文件，向市、县人民政府土地行政主管部门提出建设用地申请，由市、县人民政府土地行政主管部门审查，拟订农用地转用方案、补充耕地方案、征用土地方案和供地方案（涉及国有农用地的，不拟订征用土地方案），经市、县人民政府审核同意后，逐级上报有批准权的人民政府批准；其中，补充耕地方案由批准农用地转用方案的人民政府在批准农用地转用方案时一并批准;供地方案由批准征用土地的人民政府在批准征用土地方案时一并批准(涉及国有农用地的,供地方案由批准农用地转用的人民政府在批准农用地转用方案时一并批准)。

(三)农用地转用方案、补充耕地方案、征用土地方案和供地方案经批准后,由市、县人民政府组织实施,向建设单位颁发建设用地批准书。有偿使用国有土地的,由市、县人民政府土地行政主管部门与土地使用者签订国有土地有偿使用合同;划拨使用国有土地的,由市、县人民政府土地行政主管部门向土地使用者核发国有土地划拨决定书。

(四)土地使用者应当依法申请土地登记。

建设项目确需使用土地利用总体规划确定的城市建设用地范围外的土地,涉及农民集体所有的未利用地的,只报批征用土地方案和供地方案。

第二十四条 具体建设项目需要占用土地利用总体规划确定的国有未利用地的,按照省、自治区、直辖市的规定办理;但是,国家重点建设项目、军事设施和跨省、自治区、直辖市行政区域的建设项目以及国务院规定的其他建设项目用地,应当报国务院批准。

第二十五条 征用土地方案经依法批准后,由被征用土地所在地的市、县人民政府组织实施,并将批准征地机关、批准文号、征用土地的用途、范围、面积以及征地补偿标准、农业人员安置办法和办理征地补偿的期限等,在被征用土地所在地的乡(镇)、村予以公告。

被征用土地的所有权人、使用权人应当在公告规定的期限内,持土地权属证书到公告指定的人民政府土地行政主管部门办理征地补偿登记。

市、县人民政府土地行政主管部门根据经批准的征用土地方案,会同有关部门拟订征地补偿、安置方案,在被征用土地所在地的乡(镇)、村予以公告,听取被征用土地的农村集体经济组织和农民的意见。征地补偿、安置方案报市、县人民政府批准后,由市、县人民政府土地行政主管部门组织实施。对补偿标准有争议的,由县级以上地方人民政府协调;协调不成的,由批准征用土地的人民政府裁决。征地补偿、安置争议不影响征用土地方案的实施。

征用土地的各项费用应当自征地补偿、安置方案批准之日起3个月内全额支付。

第二十六条 土地补偿费归农村集体经济组织所有;地上附着物及青苗补偿费归地上附着物及青苗的所有者所有。

征用土地的安置补助费必须专款专用,不得挪作他用。需要安置的人员由农村集体经济组织安置的,安置补助费支付给农村集体经济组织,由农村集体经济组织管理和使用;由其他单位安置的,安置补助费支付给安置单位;不需要统一安置的,安置补助费发放给被安置人员个人或者征得被安置人员同意后用于支付被安置人员的保险费用。

市、县和乡(镇)人民政府应当加强对安置补助费使用情况的监督。

第二十七条 抢险救灾等急需使用土地的,可以先行使用土地。其中,属于临时用地的,灾后应当恢复原状并交还原土地使用者使用,不再办理用地审批手续;属于永久性建设用地的,建设单位应当在灾情结束后6个月内申请补办建设用地审批手续。

第二十八条 建设项目施工和地质勘查需要临时占用耕地的,土地使用者应当自临时用地期满之日起1年内恢复种植条件。

第二十九条 国有土地有偿使用的方式包括:

（一）国有土地使用权出让；

（二）国有土地租赁；

（三）国有土地使用权作价出资或者入股。

第三十条　《土地管理法》第五十五条规定的新增建设用地的土地有偿使用费，是指国家在新增建设用地中应取得的平均土地纯收益。

第六章　监督检查

第三十一条　土地管理监督检查人员应当经过培训，经考核合格后，方可从事土地管理监督检查工作。

第三十二条　土地行政主管部门履行监督检查职责，除采取《土地管理法》第六十七条规定的措施外，还可以采取下列措施：

（一）询问违法案件的当事人、嫌疑人和证人；

（二）进入被检查单位或者个人非法占用的土地现场进行拍照、摄像；

（三）责令当事人停止正在进行的土地违法行为；

（四）对涉嫌土地违法的单位或者个人，停止办理有关土地审批、登记手续；

（五）责令违法嫌疑人在调查期间不得变卖、转移与案件有关的财物。

第三十三条　依照《土地管理法》第七十二条规定给予行政处分的，由责令作出行政处罚决定或者直接给予行政处罚决定的上级人民政府土地行政主管部门作出。对于警告、记过、记大过的行政处分决定，上级土地行政主管部门可以直接作出；对于降级、撤职、开除的行政处分决定，上级土地行政主管部门应当按照国家有关人事管理权限和处理程序的规定，向有关机关提出行政处分建议，由有关机关依法处理。

第七章　法律责任

第三十四条　违反本条例第十七条的规定，在土地利用总体规划确定的禁止开垦区内进行开垦的，由县级以上人民政府土地行政主管部门责令限期改正；逾期不改正的，依照《土地管理法》第七十六条的规定处罚。

第三十五条　在临时使用的土地上修建永久性建筑物、构筑物的，由县级以上人民政府土地行政主管部门责令限期拆除；逾期不拆除的，由作出处罚决定的机关依法申请人民法院强制执行。

第三十六条　对在土地利用总体规划制定前已建的不符合土地利用总体规划确定的用途的建筑物、构筑物重建、扩建的，由县级以上人民政府土地行政主管部门责令限期拆除；逾期不拆除的，由作出处罚决定的机关依法申请人民法院强制执行。

第三十七条　阻碍土地行政主管部门的工作人员依法执行职务的，依法给予治安管理处罚或者追究刑事责任。

第三十八条　依照《土地管理法》第七十三条的规定处以罚款的，罚款额为非法所得的50%以下。

第三十九条　依照《土地管理法》第八十一条的规定处以罚款的，罚款额为非法所得的5%以上20%以下。

第四十条 依照《土地管理法》第七十四条的规定处以罚款的,罚款额为耕地开垦费的2倍以下。

第四十一条 依照《土地管理法》第七十五条的规定处以罚款的,罚款额为土地复垦费的2倍以下。

第四十二条 依照《土地管理法》第七十六条的规定处以罚款的,罚款额为非法占用土地每平方米30元以下。

第四十三条 依照《土地管理法》第八十条的规定处以罚款的,罚款额为非法占用土地每平方米10元以上30元以下。

第四十四条 违反本条例第二十八条的规定,逾期不恢复种植条件的,由县级以上人民政府土地行政主管部门责令限期改正,可以处耕地复垦费2倍以下的罚款。

第四十五条 违反土地管理法律、法规规定,阻挠国家建设征用土地的,由县级以上人民政府土地行政主管部门责令交出土地;拒不交出土地的,申请人民法院强制执行。

第八章 附 则

第四十六条 本条例自1999年1月1日起施行。1991年1月4日国务院发布的《中华人民共和国土地管理法实施条例》同时废止。

基本农田保护条例(2011年修订)

(1998年12月27日中华人民共和国国务院令第257号发布 根据2011年1月8日国务院令第588号《国务院关于废止和修改部分行政法规的决定》修订)

第一章 总 则

第一条 为了对基本农田实行特殊保护,促进农业生产和社会经济的可持续发展,根据《中华人民共和国农业法》和《中华人民共和国土地管理法》,制定本条例。

第二条 国家实行基本农田保护制度。

本条例所称基本农田,是指按照一定时期人口和社会经济发展对农产品的需求,依据土地利用总体规划确定的不得占用的耕地。

本条例所称基本农田保护区,是指为对基本农田实行特殊保护而依据土地利用总体规划和依照法定程序确定的特定保护区域。

第三条 基本农田保护实行全面规划、合理利用、用养结合、严格保护的方针。

第四条 县级以上地方各级人民政府应当将基本农田保护工作纳入国民经济和社会发展计划,作为政府领导任期目标责任制的一项内容,并由上一级人民政府监督实施。

第五条 任何单位和个人都有保护基本农田的义务,并有权检举、控告侵占、破坏基本农田和其他违反本条例的行为。

第六条 国务院土地行政主管部门和农业行政主管部门按照国务院规定的职责分工，依照本条例负责全国的基本农田保护管理工作。

县级以上地方各级人民政府土地行政主管部门和农业行政主管部门按照本级人民政府规定的职责分工，依照本条例负责本行政区域内的基本农田保护管理工作。

乡(镇)人民政府负责本行政区域内的基本农田保护管理工作。

第七条 国家对在基本农田保护工作中取得显著成绩的单位和个人，给予奖励。

第二章 划　定

第八条 各级人民政府在编制土地利用总体规划时，应当将基本农田保护作为规划的一项内容，明确基本农田保护的布局安排、数量指标和质量要求。

县级和乡(镇)土地利用总体规划应当确定基本农田保护区。

第九条 省、自治区、直辖市划定的基本农田应当占本行政区域内耕地总面积的百分之八十以上，具体数量指标根据全国土地利用总体规划逐级分解下达。

第十条 下列耕地应当划入基本农田保护区，严格管理：

(一)经国务院有关主管部门或者县级以上地方人民政府批准确定的粮、棉、油生产基地内的耕地；

(二)有良好的水利与水土保持设施的耕地，正在实施改造计划以及可以改造的中、低产田；

(三)蔬菜生产基地；

(四)农业科研、教学试验田。

根据土地利用总体规划，铁路、公路等交通沿线，城市和村庄、集镇建设用地区周边的耕地，应当优先划入基本农田保护区；需要退耕还林、还牧、还湖的耕地，不应当划入基本农田保护区。

第十一条 基本农田保护区以乡(镇)为单位划区定界，由县级人民政府土地行政主管部门会同同级农业行政主管部门组织实施。

划定的基本农田保护区，由县级人民政府设立保护标志，予以公告，由县级人民政府土地行政主管部门建立档案，并抄送同级农业行政主管部门。任何单位和个人不得破坏或者擅自改变基本农田保护区的保护标志。

基本农田划区定界后，由省、自治区、直辖市人民政府组织土地行政主管部门和农业行政主管部门验收确认，或者由省、自治区人民政府授权设区的市、自治州人民政府组织土地行政主管部门和农业行政主管部门验收确认。

第十二条 划定基本农田保护区时，不得改变土地承包者的承包经营权。

第十三条 划定基本农田保护区的技术规程，由国务院土地行政主管部门会同国务院农业行政主管部门制定。

第三章 保　护

第十四条 地方各级人民政府应当采取措施，确保土地利用总体规划确定的本行政区域内基本农田的数量不减少。

第十五条 基本农田保护区经依法划定后，任何单位和个人不得改变或者占用。国家能源、交通、水利、军事设施等重点建设项目选址确实无法避开基本农田保护区，需要占用基本农田，涉及农用地转用或者征用土地的,必须经国务院批准。

第十六条 经国务院批准占用基本农田的,当地人民政府应当按照国务院的批准文件修改土地利用总体规划,并补充划入数量和质量相当的基本农田。占用单位应当按照占多少、垦多少的原则,负责开垦与所占基本农田的数量与质量相当的耕地;没有条件开垦或者开垦的耕地不符合要求的,应当按照省、自治区、直辖市的规定缴纳耕地开垦费,专款用于开垦新的耕地。

占用基本农田的单位应当按照县级以上地方人民政府的要求,将所占用基本农田耕作层的土壤用于新开垦耕地、劣质地或者其他耕地的土壤改良。

第十七条 禁止任何单位和个人在基本农田保护区内建窑、建房、建坟、挖砂、采石、采矿、取土、堆放固体废弃物或者进行其他破坏基本农田的活动。

禁止任何单位和个人占用基本农田发展林果业和挖塘养鱼。

第十八条 禁止任何单位和个人闲置、荒芜基本农田。经国务院批准的重点建设项目占用基本农田的,满1年不使用而又可以耕种并收获的,应当由原耕种该幅基本农田的集体或者个人恢复耕种,也可以由用地单位组织耕种;1年以上未动工建设的,应当按照省、自治区、直辖市的规定缴纳闲置费;连续2年未使用的,经国务院批准,由县级以上人民政府无偿收回用地单位的土地使用权;该幅土地原为农民集体所有的,应当交由原农村集体经济组织恢复耕种,重新划入基本农田保护区。

承包经营基本农田的单位或者个人连续2年弃耕抛荒的,原发包单位应当终止承包合同,收回发包的基本农田。

第十九条 国家提倡和鼓励农业生产者对其经营的基本农田施用有机肥料,合理施用化肥和农药。利用基本农田从事农业生产的单位和个人应当保持和培肥地力。

第二十条 县级人民政府应当根据当地实际情况制定基本农田地力分等定级办法,由农业行政主管部门会同土地行政主管部门组织实施,对基本农田地力分等定级,并建立档案。

第二十一条 农村集体经济组织或者村民委员会应当定期评定基本农田地力等级。

第二十二条 县级以上地方各级人民政府农业行政主管部门应当逐步建立基本农田地力与施肥效益长期定位监测网点,定期向本级人民政府提出基本农田地力变化状况报告以及相应的地力保护措施,并为农业生产者提供施肥指导服务。

第二十三条 县级以上人民政府农业行政主管部门应当会同级环境保护行政主管部门对基本农田环境污染进行监测和评价,并定期向本级人民政府提出环境质量与发展趋势的报告。

第二十四条 经国务院批准占用基本农田兴建国家重点建设项目的,必须遵守国家有关建设项目环境保护管理的规定。在建设项目环境影响报告书中,应当有基本农田环境保护方案。

第二十五条 向基本农田保护区提供肥料和作为肥料的城市垃圾、污泥,应当符合国家有关标准。

第二十六条 因发生事故或者其他突然性事件,造成或者可能造成基本农田环境污染事故的,当事人必须立即采取措施处理,并向当地环境保护行政主管部门和农业行政主管部门报告,接受调查处理。

第四章 监督管理

第二十七条 在建立基本农田保护区的地方,县级以上地方人民政府应当与下一级人民政府签订基本农田保护责任书;乡(镇)人民政府应当根据与县级人民政府签订的基本农田保护责任书的要求,与农村集体经济组织或者村民委员会签订基本农田保护责任书。

基本农田保护责任书应当包括下列内容:

(一)基本农田的范围、面积、地块;

(二)基本农田的地力等级;

(三)保护措施;

(四)当事人的权利与义务;

(五)奖励与处罚。

第二十八条 县级以上地方人民政府应当建立基本农田保护监督检查制度,定期组织土地行政主管部门、农业行政主管部门以及其他有关部门对基本农田保护情况进行检查,将检查情况书面报告上一级人民政府。被检查的单位和个人应当如实提供有关情况和资料,不得拒绝。

第二十九条 县级以上地方人民政府土地行政主管部门、农业行政主管部门对本行政区域内发生的破坏基本农田的行为,有权责令纠正。

第五章 法律责任

第三十条 违反本条例规定,有下列行为之一的,依照《中华人民共和国土地管理法》和《中华人民共和国土地管理法实施条例》的有关规定,从重给予处罚:

(一)未经批准或者采取欺骗手段骗取批准,非法占用基本农田的;

(二)超过批准数量,非法占用基本农田的;

(三)非法批准占用基本农田的;

(四)买卖或者以其他形式非法转让基本农田的。

第三十一条 违反本条例规定,应当将耕地划入基本农田保护区而不划入的,由上一级人民政府责令限期改正;拒不改正的,对直接负责的主管人员和其他直接责任人员依法给予行政处分或者纪律处分。

第三十二条 违反本条例规定,破坏或者擅自改变基本农田保护区标志的,由县级以上地方人民政府土地行政主管部门或者农业行政主管部门责令恢复原状,可以处1000元以下罚款。

第三十三条 违反本条例规定,占用基本农田建窑、建房、建坟、挖砂、采石、采矿、取土、堆放固体废弃物或者从事其他活动破坏基本农田,毁坏种植条件的,由县级以上人民政府土地行政主管部门责令改正或者治理,恢复原种植条件,处占用基本农田的耕地开垦费1倍以上2倍以下的罚款;构成犯罪的,依法追究刑事责任。

第三十四条 侵占、挪用基本农田的耕地开垦费,构成犯罪的,依法追究刑事责任;尚不构成犯罪的,依法给予行政处分或者纪律处分。

第六章 附 则

第三十五条 省、自治区、直辖市人民政府可以根据当地实际情况,将其他农业生产用地划为保护区。保护区内的其他农业生产用地的保护和管理,可以参照本条例执行。

第三十六条 本条例自1999年1月1日起施行。1994年8月18日国务院发布的《基本农田保护条例》同时废止。

土壤污染防治行动计划

(2016年5月28日 国发〔2016〕31号)

土壤是经济社会可持续发展的物质基础,关系人民群众身体健康,关系美丽中国建设,保护好土壤环境是推进生态文明建设和维护国家生态安全的重要内容。当前,我国土壤环境总体状况堪忧,部分地区污染较为严重,已成为全面建成小康社会的突出短板之一。为切实加强土壤污染防治,逐步改善土壤环境质量,制定本行动计划。

总体要求:全面贯彻党的十八大和十八届三中、四中、五中全会精神,按照"五位一体"总体布局和"四个全面"战略布局,牢固树立创新、协调、绿色、开放、共享的新发展理念,认真落实党中央、国务院决策部署,立足我国国情和发展阶段,着眼经济社会发展全局,以改善土壤环境质量为核心,以保障农产品质量和人居环境安全为出发点,坚持预防为主、保护优先、风险管控,突出重点区域、行业和污染物,实施分类别、分用途、分阶段治理,严控新增污染、逐步减少存量,形成政府主导、企业担责、公众参与、社会监督的土壤污染防治体系,促进土壤资源永续利用,为建设"蓝天常在、青山常在、绿水常在"的美丽中国而奋斗。

工作目标:到2020年,全国土壤污染加重趋势得到初步遏制,土壤环境质量总体保持稳定,农用地和建设用地土壤环境安全得到基本保障,土壤环境风险得到基本管控。到2030年,全国土壤环境质量稳中向好,农用地和建设用地土壤环境安全得到有效保障,土壤环境风险得到全面管控。到本世纪中叶,土壤环境质量全面改善,生态系统实现良性循环。

主要指标:到2020年,受污染耕地安全利用率达到90%左右,污染地块安全利用率达到90%以上。到2030年,受污染耕地安全利用率达到95%以上,污染地块安全利用率达到95%以上。

一、开展土壤污染调查,掌握土壤环境质量状况

(一)深入开展土壤环境质量调查。在现有相关调查基础上,以农用地和重点行业企业用地为重点,开展土壤污染状况详查,2018年底前查明农用地土壤污染的面积、分布及其对农产品质量的影响;2020年底前掌握重点行业企业用地中的污染地块分布及其环境风险情况。制定详查总体方案和技术规定,开展技术指导、监督检查和成果审核。建立土壤环境质量状况定期调查制度,每10年开展1次。(环境保护部牵头,财政部、国土资源部、农业部、国家卫生计生委等参与,地方各级人民政府负责落实。以下均需地方各级人民政府落实,不再列出)

(二)建设土壤环境质量监测网络。统一规划、整合优化土壤环境质量监测点位,2017年底前,完成土壤环境质量国控监测点位设置,建成国家土壤环境质量监测网络,充分发挥行业监测网作用,基本形成土壤环境监测能力。各省(区、市)每年至少开展1次土壤环境监测技术人员培训。各地可根据工作需要,补充设置监测点位,增加特征污染物监测项目,提高监测频次。2020年底前,实现土壤环境质量监测点位所有县(市、区)全覆盖。(环境保护部牵头,国家发展改革委、工业和信息化部、国土资源部、农业部等参与)

(三)提升土壤环境信息化管理水平。利用环境保护、国土资源、农业等部门相关数据,建立土壤环境基础数据库,构建全国土壤环境信息化管理平台,力争2018年底前完成。借助移动互联网、物联网等技术,拓宽数据获取渠道,实现数据动态更新。加强数据共享,编制资源共享目录,明确共享权限和方式,发挥土壤环境大数据在污染防治、城乡规划、土地利用、农业生产中的作用。(环境保护部牵头,国家发展改革委、教育部、科技部、工业和信息化部、国土资源部、住房城乡建设部、农业部、国家卫生计生委、国家林业局等参与)

二、推进土壤污染防治立法,建立健全法规标准体系

(四)加快推进立法进程。配合完成土壤污染防治法起草工作。适时修订污染防治、城乡规划、土地管理、农产品质量安全相关法律法规,增加土壤污染防治有关内容。2016年底前,完成农药管理条例修订工作,发布污染地块土壤环境管理办法、农用地土壤环境管理办法。2017年底前,出台农药包装废弃物回收处理、工矿用地土壤环境管理、废弃农膜回收利用等部门规章。到2020年,土壤污染防治法律法规体系基本建立。各地可结合实际,研究制定土壤污染防治地方性法规。(国务院法制办、环境保护部牵头,工业和信息化部、国土资源部、住房城乡建设部、农业部、国家林业局等参与)

(五)系统构建标准体系。健全土壤污染防治相关标准和技术规范。2017年底前,发布农用地、建设用地土壤环境质量标准;完成土壤环境监测、调查评估、风险管控、治理与修复等技术规范以及环境影响评价技术导则制修订工作;修订肥料、饲料、灌溉用水中有毒有害物质限量和农用污泥中污染物控制等标准,进一步严格污染物控制要求;修订农膜标准,提高厚度要求,研究制定可降解农膜标准;修订农药包装标准,增加防止农药包装废弃物污染土壤的要求。适时修订污染物排放标准,进一步明确污染物特别排放限值要求。完善土壤中污染物分析测试方法,研制土壤环境标准样品。各地可制定严于国家标准的地方土壤环境质量标准。(环境保护部牵头,工业和信息化部、国土资源部、住房城乡建设部、水利部、农业部、质检总局、国家林业局等参与)

(六)全面强化监管执法。明确监管重点。重点监测土壤中镉、汞、砷、铅、铬等重金属和多环芳烃、石油烃等有机污染物,重点监管有色金属矿采选、有色金属冶炼、石油开采、石油加工、化工、焦化、电镀、制革等行业,以及产粮(油)大县、地级以上城市建成区等区域。(环境保护部牵头,工业和信息化部、国土资源部、住房城乡建设部、农业部等参与)

加大执法力度。将土壤污染防治作为环境执法的重要内容,充分利用环境监管网格,加强土壤环境日常监管执法。严厉打击非法排放有毒有害污染物、违法违规存放危险化学品、非法处置危险废物、不正常使用污染治理设施、监测数据弄虚作假等环境违法行为。开展重点行业企业专项环境执法,对严重污染土壤环境、群众反映强烈的企业进行挂牌督办。改善基层环境执法条件,配备必要的土壤污染快速检测等执法装备。对全国环境执法人员每3年开展1轮土壤污染防治专业技术培训。提高突发环境事件应急能力,完善各级环境污染事件应急预案,加强环境应急管理、技术支撑、处置救援能力建设。(环境保护部牵头,工业和信息化部、公安部、国土资源部、住房城乡建设部、农业部、安全监管总局、国家林业局等参与)

三、实施农用地分类管理,保障农业生产环境安全

(七)划定农用地土壤环境质量类别。按污染程度将农用地划为三个类别,未污染和轻微污染的划为优先保护类,轻度和中度污染的划为安全利用类,重度污染的划为严格管控类,以耕地

为重点,分别采取相应管理措施,保障农产品质量安全。2017年底前,发布农用地土壤环境质量类别划分技术指南。以土壤污染状况详查结果为依据,开展耕地土壤和农产品协同监测与评价,在试点基础上有序推进耕地土壤环境质量类别划定,逐步建立分类清单,2020年底前完成。划定结果由各省级人民政府审定,数据上传全国土壤环境信息化管理平台。根据土地利用变更和土壤环境质量变化情况,定期对各类别耕地面积、分布等信息进行更新。有条件的地区要逐步开展林地、草地、园地等其他农用地土壤环境质量类别划定等工作。(环境保护部、农业部牵头,国土资源部、国家林业局等参与)

(八)切实加大保护力度。各地要将符合条件的优先保护类耕地划为永久基本农田,实行严格保护,确保其面积不减少、土壤环境质量不下降,除法律规定的重点建设项目选址确实无法避让外,其他任何建设不得占用。产粮(油)大县要制定土壤环境保护方案。高标准农田建设项目向优先保护类耕地集中的地区倾斜。推行秸秆还田、增施有机肥、少耕免耕、粮豆轮作、农膜减量与回收利用等措施。继续开展黑土地保护利用试点。农村土地流转的受让方要履行土壤保护的责任,避免因过度施肥、滥用农药等掠夺式农业生产方式造成土壤环境质量下降。各省级人民政府要对本行政区域内优先保护类耕地面积减少或土壤环境质量下降的县(市、区),进行预警提醒并依法采取环评限批等限制性措施。(国土资源部、农业部牵头,国家发展改革委、环境保护部、水利部等参与)

防控企业污染。严格控制在优先保护类耕地集中区域新建有色金属冶炼、石油加工、化工、焦化、电镀、制革等行业企业,现有相关行业企业要采用新技术、新工艺,加快提标升级改造步伐。(环境保护部、国家发展改革委牵头,工业和信息化部参与)

(九)着力推进安全利用。根据土壤污染状况和农产品超标情况,安全利用类耕地集中的县(市、区)要结合当地主要作物品种和种植习惯,制定实施受污染耕地安全利用方案,采取农艺调控、替代种植等措施,降低农产品超标风险。强化农产品质量检测。加强对农民、农民合作社的技术指导和培训。2017年底前,出台受污染耕地安全利用技术指南。到2020年,轻度和中度污染耕地实现安全利用的面积达到4000万亩。(农业部牵头,国土资源部等参与)

(十)全面落实严格管控。加强对严格管控类耕地的用途管理,依法划定特定农产品禁止生产区域,严禁种植食用农产品;对威胁地下水、饮用水水源安全的,有关县(市、区)要制定环境风险管控方案,并落实有关措施。研究将严格管控类耕地纳入国家新一轮退耕还林还草实施范围,制定实施重度污染耕地种植结构调整或退耕还林还草计划。继续在湖南长株潭地区开展重金属污染耕地修复及农作物种植结构调整试点。实行耕地轮作休耕制度试点。到2020年,重度污染耕地种植结构调整或退耕还林还草面积力争达到2000万亩。(农业部牵头,国家发展改革委、财政部、国土资源部、环境保护部、水利部、国家林业局参与)

(十一)加强林地草地园地土壤环境管理。严格控制林地、草地、园地的农药使用量,禁止使用高毒、高残留农药。完善生物农药、引诱剂管理制度,加大使用推广力度。优先将重度污染的牧草地集中区域纳入禁牧休牧实施范围。加强对重度污染林地、园地产出食用农(林)产品质量检测,发现超标的,要采取种植结构调整等措施。(农业部、国家林业局负责)

四、实施建设用地准入管理,防范人居环境风险

(十二)明确管理要求。建立调查评估制度。2016年底前,发布建设用地土壤环境调查评估技术规定。自2017年起,对拟收回土地使用权的有色金属冶炼、石油加工、化工、焦化、电镀、制

革等行业企业用地,以及用途拟变更为居住和商业、学校、医疗、养老机构等公共设施的上述企业用地,由土地使用权人负责开展土壤环境状况调查评估;已经收回的,由所在地市、县级人民政府负责开展调查评估。自2018年起,重度污染农用地转为城镇建设用地的,由所在地市、县级人民政府负责组织开展调查评估。调查评估结果向所在地环境保护、城乡规划、国土资源部门备案。(环境保护部牵头,国土资源部、住房城乡建设部参与)

分用途明确管理措施。自2017年起,各地要结合土壤污染状况详查情况,根据建设用地土壤环境调查评估结果,逐步建立污染地块名录及其开发利用的负面清单,合理确定土地用途。符合相应规划用地土壤环境质量要求的地块,可进入用地程序。暂不开发利用或现阶段不具备治理修复条件的污染地块,由所在地县级人民政府组织划定管控区域,设立标识,发布公告,开展土壤、地表水、地下水、空气环境监测;发现污染扩散的,有关责任主体要及时采取污染物隔离、阻断等环境风险管控措施。(国土资源部牵头,环境保护部、住房城乡建设部、水利部等参与)

(十三)落实监管责任。地方各级城乡规划部门要结合土壤环境质量状况,加强城乡规划论证和审批管理。地方各级国土资源部门要依据土地利用总体规划、城乡规划和地块土壤环境质量状况,加强土地征收、收回、收购以及转让、改变用途等环节的监管。地方各级环境保护部门要加强对建设用地土壤环境状况调查、风险评估和污染地块治理与修复活动的监管。建立城乡规划、国土资源、环境保护等部门间的信息沟通机制,实行联动监管。(国土资源部、环境保护部、住房城乡建设部负责)

(十四)严格用地准入。将建设用地土壤环境管理要求纳入城市规划和供地管理,土地开发利用必须符合土壤环境质量要求。地方各级国土资源、城乡规划等部门在编制土地利用总体规划、城市总体规划、控制性详细规划等相关规划时,应充分考虑污染地块的环境风险,合理确定土地用途。(国土资源部、住房城乡建设部牵头,环境保护部参与)

五、强化未污染土壤保护,严控新增土壤污染

(十五)加强未利用地环境管理。按照科学有序原则开发利用未利用地,防止造成土壤污染。拟开发为农用地的,有关县(市、区)人民政府要组织开展土壤环境质量状况评估;不符合相应标准的,不得种植食用农产品。各地要加强纳入耕地后备资源的未利用地保护,定期开展巡查。依法严查向沙漠、滩涂、盐碱地、沼泽地等非法排污、倾倒有毒有害物质的环境违法行为。加强对矿山、油田等矿产资源开采活动影响区域内未利用地的环境监管,发现土壤污染问题的,要及时督促有关企业采取防治措施。推动盐碱地土壤改良,自2017年起,在新疆生产建设兵团等地开展利用燃煤电厂脱硫石膏改良盐碱地试点。(环境保护部、国土资源部牵头,国家发展改革委、公安部、水利部、农业部、国家林业局等参与)

(十六)防范建设用地新增污染。排放重点污染物的建设项目,在开展环境影响评价时,要增加对土壤环境影响的评价内容,并提出防范土壤污染的具体措施;需要建设的土壤污染防治设施,要与主体工程同时设计、同时施工、同时投产使用;有关环境保护部门要做好有关措施落实情况的监督管理工作。自2017年起,有关地方人民政府要与重点行业企业签订土壤污染防治责任书,明确相关措施和责任,责任书向社会公开。(环境保护部负责)

(十七)强化空间布局管控。加强规划区划和建设项目布局论证,根据土壤等环境承载能力,合理确定区域功能定位、空间布局。鼓励工业企业集聚发展,提高土地节约集约利用水平,减少土壤污染。严格执行相关行业企业布局选址要求,禁止在居民区、学校、医疗和养老机构等周边新建有色金属冶炼、焦化等行业企业;结合推进新型城镇化、产业结构调整和化解过剩产能等,有序搬迁或依法关闭对土壤造成严重污染的现有企业。结合区域功能定位和土壤污染防治需要,科学布局生活垃圾处理、危险废物处置、废旧资源再生利用等设施和场所,合理确定畜禽养殖布局和规模。(国家发展改革委牵头,工业和信息化部、国土资源部、环境保护部、住房城乡建设部、水利部、农业部、国家林业局等参与)

六、加强污染源监管,做好土壤污染预防工作

(十八)严控工矿污染。加强日常环境监管。各地要根据工矿企业分布和污染排放情况,确定土壤环境重点监管企业名单,实行动态更新,并向社会公布。列入名单的企业每年要自行对其用地进行土壤环境监测,结果向社会公开。有关环境保护部门要定期对重点监管企业和工业园区周边开展监测,数据及时上传全国土壤环境信息化管理平台,结果作为环境执法和风险预警的重要依据。适时修订国家鼓励的有毒有害原料(产品)替代品目录。加强电器电子、汽车等工业产品中有害物质控制。有色金属冶炼、石油加工、化工、焦化、电镀、制革等行业企业拆除生产设施设备、构筑物和污染治理设施,要事先制定残留污染物清理和安全处置方案,并报所在地县级环境保护、工业和信息化部门备案;要严格按照有关规定实施安全处理处置,防范拆除活动污染土壤。2017年底前,发布企业拆除活动污染防治技术规定。(环境保护部、工业和信息化部负责)

严防矿产资源开发污染土壤。自2017年起,内蒙古、江西、河南、湖北、湖南、广东、广西、四川、贵州、云南、陕西、甘肃、新疆等省(区)矿产资源开发活动集中的区域,执行重点污染物特别排放限值。全面整治历史遗留尾矿库,完善覆膜、压土、排洪、堤坝加固等隐患治理和闭库措施。有重点监管尾矿库的企业要开展环境风险评估,完善污染治理设施,储备应急物资。加强对矿产资源开发利用活动的辐射安全监管,有关企业每年要对本矿区土壤进行辐射环境监测。(环境保护部、安全监管总局牵头,工业和信息化部、国土资源部参与)

加强涉重金属行业污染防控。严格执行重金属污染物排放标准并落实相关总量控制指标,加大监督检查力度,对整改后仍不达标的企业,依法责令其停业、关闭,并将企业名单向社会公开。继续淘汰涉重金属重点行业落后产能,完善重金属相关行业准入条件,禁止新建落后产能或产能严重过剩行业的建设项目。按计划逐步淘汰普通照明白炽灯。提高铅酸蓄电池等行业落后产能淘汰标准,逐步退出落后产能。制定涉重金属重点工业行业清洁生产技术推行方案,鼓励企业采用先进适用生产工艺和技术。2020年重点行业的重点重金属排放量要比2013年下降10%。(环境保护部、工业和信息化部牵头,国家发展改革委参与)

加强工业废物处理处置。全面整治尾矿、煤矸石、工业副产石膏、粉煤灰、赤泥、冶炼渣、电石渣、铬渣、砷渣以及脱硫、脱硝、除尘产生固体废物的堆放场所,完善防扬散、防流失、防渗漏等设施,制定整治方案并有序实施。加强工业固体废物综合利用。对电子废物、废轮胎、废塑料等再生利用活动进行清理整顿,引导有关企业采用先进适用加工工艺、集聚发展,集中建设和运营污染治理设施,防止污染土壤和地下水。自2017年起,在京津冀、长三角、珠三角地区的部分城市开展污水与污泥、废气与废渣协同治理试点。(环境保护部、国家发展改革委牵头,工业和信息化部、国土资源部参与)

(十九)控制农业污染。合理使用化肥农药。鼓励农民增施有机肥,减少化肥使用量。科学施用农药,推行农作物病虫害专业化统防统治和绿色防控,推广高效低毒低残留农药和现代植保机械。加强农药包装废弃物回收处理,自2017年起,在江苏、山东、河南、海南等省份选择部分产粮(油)大县和蔬菜产业重点县开展试点;到2020年,推广到全国30%的产粮(油)大县和所有蔬菜产业重点县。推行农业清洁生产,开展农业废弃物资源化利用试点,形成一批可复制、可推广的农业面源污染防治技术模式。严禁将城镇生活垃圾、污泥、工业废物直接用作肥料。到2020年,全国主要农作物化肥、农药使用量实现零增长,利用率提高到40%以上,测土配方施肥技术推广覆盖率提高到90%以上。(农业部牵头,国家发展改革委、环境保护部、住房城乡建设部、供销合作总社等参与)

加强废弃农膜回收利用。严厉打击违法生产和销售不合格农膜的行为。建立健全废弃农膜回收贮运和综合利用网络,开展废弃农膜回收利用试点;到2020年,河北、辽宁、山东、河南、甘肃、新疆等农膜使用量较高省份力争实现废弃农膜全面回收利用。(农业部牵头,国家发展改革委、工业和信息化部、公安部、工商总局、供销合作总社等参与)

强化畜禽养殖污染防治。严格规范兽药、饲料添加剂的生产和使用,防止过量使用,促进源头减量。加强畜禽粪便综合利用,在部分生猪大县开展种养业有机结合、循环发展试点。鼓励支持畜禽粪便处理利用设施建设,到2020年,规模化养殖场、养殖小区配套建设废弃物处理设施比例达到75%以上。(农业部牵头,国家发展改革委、环境保护部参与)

加强灌溉水水质管理。开展灌溉水水质监测。灌溉用水应符合农田灌溉水水质标准。对因长期使用污水灌溉导致土壤污染严重、威胁农产品质量安全的,要及时调整种植结构。(水利部牵头,农业部参与)

(二十)减少生活污染。建立政府、社区、企业和居民协调机制,通过分类投放收集、综合循环利用,促进垃圾减量化、资源化、无害化。建立村庄保洁制度,推进农村生活垃圾治理,实施农村生活污水治理工程。整治非正规垃圾填埋场。深入实施"以奖促治"政策,扩大农村环境连片整治范围。推进水泥窑协同处置生活垃圾试点。鼓励将处理达标后的污泥用于园林绿化。开展利用建筑垃圾生产建材产品等资源化利用示范。强化废氧化汞电池、镍镉电池、铅酸蓄电池和含汞荧光灯管、温度计等含重金属废物的安全处置。减少过度包装,鼓励使用环境标志产品。(住房城乡建设部牵头,国家发展改革委、工业和信息化部、财政部、环境保护部参与)

七、开展污染治理与修复,改善区域土壤环境质量

(二十一)明确治理与修复主体。按照"谁污染,谁治理"原则,造成土壤污染的单位或个人要承担治理与修复的主体责任。责任主体发生变更的,由变更后继承其债权、债务的单位或个人承担相关责任;土地使用权依法转让的,由土地使用权受让人或双方约定的责任人承担相关责任。责任主体灭失或责任主体不明确的,由所在地县级人民政府依法承担相关责任。(环境保护部牵头,国土资源部、住房城乡建设部参与)

(二十二)制定治理与修复规划。各省(区、市)要以影响农产品质量和人居环境安全的突出土壤污染问题为重点,制定土壤污染治理与修复规划,明确重点任务、责任单位和分年度实施计划,建立项目库,2017年底前完成。规划报环境保护部备案。京津冀、长三角、珠三角地区要率先完成。(环境保护部牵头,国土资源部、住房城乡建设部、农业部等参与)

(二十三)有序开展治理与修复。确定治理与修复重点。各地要结合城市环境质量提升和发展布局调整,以拟开发建设居住、商业、学校、医疗和养老机构等项目的污染地块为重点,开展治理与修复。在江西、湖北、湖南、广东、广西、四川、贵州、云南等省份污染耕地集中区域优先组织开展治理与修复；其他省份要根据耕地土壤污染程度、环境风险及其影响范围，确定治理与修复的重点区域。到2020年，受污染耕地治理与修复面积达到1000万亩。（国土资源部、农业部、环境保护部牵头，住房城乡建设部参与）

强化治理与修复工程监管。治理与修复工程原则上在原址进行，并采取必要措施防止污染土壤挖掘、堆存等造成二次污染；需要转运污染土壤的，有关责任单位要将运输时间、方式、线路和污染土壤数量、去向、最终处置措施等，提前向所在地和接收地环境保护部门报告。工程施工期间，责任单位要设立公告牌，公开工程基本情况、环境影响及其防范措施；所在地环境保护部门要对各项环境保护措施落实情况进行检查。工程完工后，责任单位要委托第三方机构对治理与修复效果进行评估，结果向社会公开。实行土壤污染治理与修复终身责任制，2017年底前，出台有关责任追究办法。（环境保护部牵头，国土资源部、住房城乡建设部、农业部参与）

（二十四）监督目标任务落实。各省级环境保护部门要定期向环境保护部报告土壤污染治理与修复工作进展；环境保护部要会同有关部门进行督导检查。各省（区、市）要委托第三方机构对本行政区域各县（市、区）土壤污染治理与修复成效进行综合评估，结果向社会公开。2017年底前，出台土壤污染治理与修复成效评估办法。（环境保护部牵头，国土资源部、住房城乡建设部、农业部参与）

八、加大科技研发力度，推动环境保护产业发展

（二十五）加强土壤污染防治研究。整合高等学校、研究机构、企业等科研资源，开展土壤环境基准、土壤环境容量与承载能力、污染物迁移转化规律、污染生态效应、重金属低积累作物和修复植物筛选，以及土壤污染与农产品质量、人体健康关系等方面基础研究。推进土壤污染诊断、风险管控、治理与修复等共性关键技术研究，研发先进适用装备和高效低成本功能材料（药剂），强化卫星遥感技术应用，建设一批土壤污染防治实验室、科研基地。优化整合科技计划（专项、基金等），支持土壤污染防治研究。（科技部牵头，国家发展改革委、教育部、工业和信息化部、国土资源部、环境保护部、住房城乡建设部、农业部、国家卫生计生委、国家林业局、中科院等参与）

（二十六）加大适用技术推广力度。建立健全技术体系。综合土壤污染类型、程度和区域代表性，针对典型受污染农用地、污染地块，分批实施200个土壤污染治理与修复技术应用试点项目，2020年底前完成。根据试点情况，比选形成一批易推广、成本低、效果好的适用技术。（环境保护部、财政部牵头，科技部、国土资源部、住房城乡建设部、农业部等参与）

加快成果转化应用。完善土壤污染防治科技成果转化机制，建成以环保为主导产业的高新技术产业开发区等一批成果转化平台。2017年底前，发布鼓励发展的土壤污染防治重大技术装备目录。开展国际合作研究与技术交流，引进消化土壤污染风险识别、土壤污染物快速检测、土壤及地下水污染阻隔等风险管控先进技术和管理经验。（科技部牵头，国家发展改革委、教育部、工业和信息化部、国土资源部、环境保护部、住房城乡建设部、农业部、中科院等参与）

（二十七）推动治理与修复产业发展。放开服务性监测市场，鼓励社会机构参与土壤环境监测评估等活动。通过政策推动，加快完善覆盖土壤环境调查、分析测试、风险评估、治理与修复工程设计和施工等环节的成熟产业链，形成若干综合实力雄厚的龙头企业，培育一批充满活力的中小企业。推动有条件的地区建设产业化示范基地。规范土壤污染治理与修复从业单位和人员管理，建立健全监督机制，将技术服务能力弱、运营管理水平低、综合信用差的从业单位名单通过企业信用信息公示系统向社会公开。发挥"互联网＋"在土壤污染治理与修复全产业链中的作用，推进大众创业、万众创新。(国家发展改革委牵头,科技部、工业和信息化部、国土资源部、环境保护部、住房城乡建设部、农业部、商务部、工商总局等参与)

九、发挥政府主导作用,构建土壤环境治理体系

(二十八)强化政府主导。完善管理体制。按照"国家统筹、省负总责、市县落实"原则,完善土壤环境管理体制,全面落实土壤污染防治属地责任。探索建立跨行政区域土壤污染防治联动协作机制。(环境保护部牵头,国家发展改革委、科技部、工业和信息化部、财政部、国土资源部、住房城乡建设部、农业部等参与)

加大财政投入。中央和地方各级财政加大对土壤污染防治工作的支持力度。中央财政整合重金属污染防治专项资金等,设立土壤污染防治专项资金,用于土壤环境调查与监测评估、监督管理、治理与修复等工作。各地应统筹相关财政资金,通过现有政策和资金渠道加大支持,将农业综合开发、高标准农田建设、农田水利建设、耕地保护与质量提升、测土配方施肥等涉农资金,更多用于优先保护类耕地集中的县(市、区)。有条件的省(区、市)可对优先保护类耕地面积增加的县(市、区)予以适当奖励。统筹安排专项建设基金,支持企业对涉重金属落后生产工艺和设备进行技术改造。(财政部牵头,国家发展改革委、工业和信息化部、国土资源部、环境保护部、水利部、农业部等参与)

完善激励政策。各地要采取有效措施,激励相关企业参与土壤污染治理与修复。研究制定扶持有机肥生产、废弃农膜综合利用、农药包装废弃物回收处理等企业的激励政策。在农药、化肥等行业,开展环保领跑者制度试点。(财政部牵头,国家发展改革委、工业和信息化部、国土资源部、环境保护部、住房城乡建设部、农业部、税务总局、供销合作总社等参与)

建设综合防治先行区。2016年底前,在浙江省台州市、湖北省黄石市、湖南省常德市、广东省韶关市、广西壮族自治区河池市和贵州省铜仁市启动土壤污染综合防治先行区建设,重点在土壤污染源头预防、风险管控、治理与修复、监管能力建设等方面进行探索,力争到2020年先行区土壤环境质量得到明显改善。有关地方人民政府要编制先行区建设方案,按程序报环境保护部、财政部备案。京津冀、长三角、珠三角等地区可因地制宜开展先行区建设。(环境保护部、财政部牵头,国家发展改革委、国土资源部、住房城乡建设部、农业部、国家林业局等参与)

(二十九)发挥市场作用。通过政府和社会资本合作(PPP)模式,发挥财政资金撬动功能,带动更多社会资本参与土壤污染防治。加大政府购买服务力度,推动受污染耕地和以政府为责任主体的污染地块治理与修复。积极发展绿色金融,发挥政策性和开发性金融机构引导作用,为重大土壤污染防治项目提供支持。鼓励符合条件的土壤污染治理与修复企业发行股票。探索通过发行债券推进土壤污染治理与修复,在土壤污染综合防治先行区开展试点。有序开展重点行业企业环境污染强制责任保险试点。(国家发展改革委、环境保护部牵头,财政部、人民银行、银监会、证监会、保监会等参与)

(三十)加强社会监督。推进信息公开。根据土壤环境质量监测和调查结果,适时发布全国土壤环境状况。各省(区、市)人民政府定期公布本行政区域各地级市(州、盟)土壤环境状况。重点行业企业要依据有关规定,向社会公开其产生的污染物名称、排放方式、排放浓度、排放总量,以及污染防治设施建设和运行情况。(环境保护部牵头,国土资源部、住房城乡建设部、农业部等参与)

引导公众参与。实行有奖举报,鼓励公众通过"12369"环保举报热线、信函、电子邮件、政府网站、微信平台等途径,对乱排废水、废气、乱倒废渣、污泥等污染土壤的环境违法行为进行监督。有条件的地方可根据需要聘请环境保护义务监督员,参与现场环境执法、土壤污染事件调查处理等。鼓励种粮大户、家庭农场、农民合作社以及民间环境保护机构参与土壤污染防治工作。(环境保护部牵头,国土资源部、住房城乡建设部、农业部等参与)

推动公益诉讼。鼓励依法对污染土壤等环境违法行为提起公益诉讼。开展检察机关提起公益诉讼改革试点的地区,检察机关可以以公益诉讼人的身份,对污染土壤等损害社会公共利益的行为提起民事公益诉讼;也可以对负有土壤污染防治职责的行政机关,因违法行使职权或者不作为造成国家和社会公共利益受到侵害的行为提起行政公益诉讼。地方各级人民政府和有关部门应当积极配合司法机关的相关案件办理工作和检察机关的监督工作。(最高人民检察院、最高人民法院牵头,国土资源部、环境保护部、住房城乡建设部、水利部、农业部、国家林业局等参与)

(三十一)开展宣传教育。制定土壤环境保护宣传教育工作方案。制作挂图、视频,出版科普读物,利用互联网、数字化放映平台等手段,结合世界地球日、世界环境日、世界土壤日、世界粮食日、全国土地日等主题宣传活动,普及土壤污染防治相关知识,加强法律法规政策宣传解读,营造保护土壤环境的良好社会氛围,推动形成绿色发展方式和生活方式。把土壤环境保护宣传教育融入党政机关、学校、工厂、社区、农村等的环境宣传和培训工作。鼓励支持有条件的高等学校开设土壤环境专门课程。(环境保护部牵头,中央宣传部、教育部、国土资源部、住房城乡建设部、农业部、新闻出版广电总局、国家网信办、国家粮食局、中国科协等参与)

十、加强目标考核,严格责任追究

(三十二)明确地方政府主体责任。地方各级人民政府是实施本行动计划的主体,要于2016年底前分别制定并公布土壤污染防治工作方案,确定重点任务和工作目标。要加强组织领导,完善政策措施,加大资金投入,创新投融资模式,强化监督管理,抓好工作落实。各省(区、市)工作方案报国务院备案。(环境保护部牵头,国家发展改革委、财政部、国土资源部、住房城乡建设部、农业部等参与)

(三十三)加强部门协调联动。建立全国土壤污染防治工作协调机制,定期研究解决重大问题。各有关部门要按照职责分工,协同做好土壤污染防治工作。环境保护部要抓好统筹协调,加强督促检查,每年2月底前将上年度工作进展情况向国务院报告。(环境保护部牵头,国家发展改革委、科技部、工业和信息化部、财政部、国土资源部、住房城乡建设部、水利部、农业部、国家林业局等参与)

(三十四)落实企业责任。有关企业要加强内部管理,将土壤污染防治纳入环境风险防控体系,严格依法依规建设和运营污染治理设施,确保重点污染物稳定达标排放。造成土壤污染的,应承担损害评估、治理与修复的法律责任。逐步建立土壤污染治理与修复企业行业自律机制。国有企业特别是中央企业要带头落实。(环境保护部牵头,工业和信息化部、国务院国资委等参与)

(三十五)严格评估考核。实行目标责任制。2016年底前,国务院与各省(区、市)人民政府签订土壤污染防治目标责任书,分解落实目标任务。分年度对各省(区、市)重点工作进展情况进行评估,2020年对本行动计划实施情况进行考核,评估和考核结果作为对领导班子和领导干部综合考核评价、自然资源资产离任审计的重要依据。(环境保护部牵头,中央组织部、审计署参与)

评估和考核结果作为土壤污染防治专项资金分配的重要参考依据。(财政部牵头,环境保护

部参与)

对年度评估结果较差或未通过考核的省(区、市),要提出限期整改意见,整改完成前,对有关地区实施建设项目环评限批;整改不到位的,要约谈有关省级人民政府及其相关部门负责人。对土壤环境问题突出、区域土壤环境质量明显下降、防治工作不力、群众反映强烈的地区,要约谈有关地市级人民政府和省级人民政府相关部门主要负责人。对失职渎职、弄虚作假的,区分情节轻重,予以诫勉、责令公开道歉、组织处理或党纪政纪处分;对构成犯罪的,要依法追究刑事责任,已经调离、提拔或者退休的,也要终身追究责任。(环境保护部牵头,中央组织部、监察部参与)

我国正处于全面建成小康社会决胜阶段,提高环境质量是人民群众的热切期盼,土壤污染防治任务艰巨。各地区、各有关部门要认清形势,坚定信心,狠抓落实,切实加强污染治理和生态保护,如期实现全国土壤污染防治目标,确保生态环境质量得到改善、各类自然生态系统安全稳定,为建设美丽中国、实现"两个一百年"奋斗目标和中华民族伟大复兴的中国梦作出贡献。

农用地土壤环境管理办法(试行)

(2017年9月25日 环境保护部、农业部令第46号)

第一章 总 则

第一条 为了加强农用地土壤环境保护监督管理,保护农用地土壤环境,管控农用地土壤环境风险,保障农产品质量安全,根据《中华人民共和国环境保护法》《中华人民共和国农产品质量安全法》等法律法规和《土壤污染防治行动计划》,制定本办法。

第二条 农用地土壤污染防治相关活动及其监督管理适用本办法。

前款所指的农用地土壤污染防治相关活动,是指对农用地开展的土壤污染预防、土壤污染状况调查、环境监测、环境质量类别划分、分类管理等活动。

本办法所称的农用地土壤环境质量类别划分和分类管理,主要适用于耕地。园地、草地、林地可参照本办法。

第三条 环境保护部对全国农用地土壤环境保护工作实施统一监督管理;县级以上地方环境保护主管部门对本行政区域内农用地土壤污染防治相关活动实施统一监督管理。

农业部对全国农用地土壤安全利用、严格管控、治理与修复等工作实施监督管理;县级以上地方农业主管部门负责本行政区域内农用地土壤安全利用、严格管控、治理与修复等工作的组织实施。

农用地土壤污染预防、土壤污染状况调查、环境监测、环境质量类别划分、农用地土壤优先保护、监督管理等工作,由县级以上环境保护和农业主管部门按照本办法有关规定组织实施。

第四条 环境保护部会同农业部制定农用地土壤污染状况调查、环境监测、环境质量类别划分等技术规范。

农业部会同环境保护部制定农用地土壤安全利用、严格管控、治理与修复、治理与修复效果评估等技术规范。

第五条 县级以上地方环境保护和农业主管部门在编制本行政区域的环境保护规划和农业发展规划时,应当包含农用地土壤污染防治工作的内容。

第六条 环境保护部会同农业部等部门组织建立全国农用地土壤环境管理信息系统(以下简称农用地环境信息系统),实行信息共享。

县级以上地方环境保护主管部门、农业主管部门应当按照国家有关规定,在本行政区域内组织建设和应用农用地环境信息系统,并加强农用地土壤环境信息统计工作,健全农用地土壤环境信息档案,定期上传农用地环境信息系统,实行信息共享。

第七条 受委托从事农用地土壤污染防治相关活动的专业机构,以及受委托从事治理与修复效果评估的第三方机构,应当遵守有关环境保护标准和技术规范,并对其出具的技术文件的真实性、准确性、完整性负责。

受委托从事治理与修复的专业机构,应当遵守国家有关环境保护标准和技术规范,在合同约定范围内开展工作,对治理与修复活动及其效果负责。

受委托从事治理与修复的专业机构在治理与修复活动中弄虚作假,对造成的环境污染和生态破坏负有责任的,除依照有关法律法规接受处罚外,还应当依法与造成环境污染和生态破坏的其他责任者承担连带责任。

第二章 土壤污染预防

第八条 排放污染物的企业事业单位和其他生产经营者应当采取有效措施,确保废水、废气排放和固体废物处理、处置符合国家有关规定要求,防止对周边农用地土壤造成污染。

从事固体废物和化学品储存、运输、处置的企业,应当采取措施防止固体废物和化学品的泄漏、渗漏、遗撒、扬散污染农用地。

第九条 县级以上地方环境保护主管部门应当加强对企业事业单位和其他生产经营者排污行为的监管,将土壤污染防治作为环境执法的重要内容。

设区的市级以上地方环境保护主管部门应当根据本行政区域内工矿企业分布和污染排放情况,确定土壤环境重点监管企业名单,上传农用地环境信息系统,实行动态更新,并向社会公布。

第十条 从事规模化畜禽养殖和农产品加工的单位和个人,应当按照相关规范要求,确定废物无害化处理方式和消纳场地。

县级以上地方环境保护主管部门、农业主管部门应当依据法定职责加强畜禽养殖污染防治工作,指导畜禽养殖废弃物综合利用,防止畜禽养殖活动对农用地土壤环境造成污染。

第十一条 县级以上地方农业主管部门应当加强农用地土壤污染防治知识宣传,提高农业生产者的农用地土壤环境保护意识,引导农业生产者合理使用肥料、农药、兽药、农用薄膜等农业投入品,根据科学的测土配方进行合理施肥,鼓励采取种养结合、轮作等良好农业生产措施。

第十二条 禁止在农用地排放、倾倒、使用污泥、清淤底泥、尾矿(渣)等可能对土壤造成污染的固体废物。

农田灌溉用水应当符合相应的水质标准,防止污染土壤、地下水和农产品。禁止向农田灌溉渠道排放工业废水或者医疗污水。向农田灌溉渠道排放城镇污水以及未综合利用的畜禽养殖废水、农产品加工废水的,应当保证其下游最近的灌溉取水点的水质符合农田灌溉水质标准。

第三章 调查与监测

第十三条 环境保护部会同农业部等部门建立农用地土壤污染状况定期调查制度,制定调查工作方案,每十年开展一次。

第十四条 环境保护部会同农业部等部门建立全国土壤环境质量监测网络,统一规划农用地土壤环境质量国控监测点位,规定监测要求,并组织实施全国农用地土壤环境监测工作。

农用地土壤环境质量国控监测点位应当重点布设在粮食生产功能区、重要农产品生产保护区、特色农产品优势区以及污染风险较大的区域等。

县级以上地方环境保护主管部门会同农业等有关部门,可以根据工作需要,布设地方农用地土壤环境质量监测点位,增加特征污染物监测项目,提高监测频次,有关监测结果应当及时上传农用地环境信息系统。

第十五条 县级以上农业主管部门应当根据不同区域的农产品质量安全情况,组织实施耕地土壤与农产品协同监测,开展风险评估,根据监测评估结果,优化调整安全利用措施,并将监测结果及时上传农用地环境信息系统。

第四章 分类管理

第十六条 省级农业主管部门会同环境保护主管部门,按照国家有关技术规范,根据土壤污染程度、农产品质量情况,组织开展耕地土壤环境质量类别划分工作,将耕地划分为优先保护类、安全利用类和严格管控类,划分结果报省级人民政府审定,并根据土地利用变更和土壤环境质量变化情况,定期对各类别农用地面积、分布等信息进行更新,数据上传至农用地环境信息系统。

第十七条 县级以上地方农业主管部门应当根据永久基本农田划定工作要求,积极配合相关部门将符合条件的优先保护类耕地划为永久基本农田,纳入粮食生产功能区和重要农产品生产保护区建设,实行严格保护,确保其面积不减少,耕地污染程度不上升。在优先保护类耕地集中的地区,优先开展高标准农田建设。

第十八条 严格控制在优先保护类耕地集中区域新建有色金属冶炼、石油加工、化工、焦化、电镀、制革等行业企业,有关环境保护主管部门依法不予审批可能造成耕地土壤污染的建设项目环境影响报告书或者报告表。优先保护类耕地集中区域现有可能造成土壤污染的相关行业企业应当按照有关规定采取措施,防止对耕地造成污染。

第十九条 对安全利用类耕地,应当优先采取农艺调控、替代种植、轮作、间作等措施,阻断或者减少污染物和其他有毒有害物质进入农作物可食部分,降低农产品超标风险。

对严格管控类耕地,主要采取种植结构调整或者按照国家计划经批准后进行退耕还林还草等风险管控措施。

对需要采取治理与修复工程措施的安全利用类或者严格管控类耕地,应当优先采取不影响农业生产、不降低土壤生产功能的生物修复措施,或辅助采取物理、化学治理与修复措施。

第二十条 县级以上地方农业主管部门应当根据农用地土壤安全利用相关技术规范要求,结合当地实际情况,组织制定农用地安全利用方案,报所在地人民政府批准后实施,并上传农用地环境信息系统。

农用地安全利用方案应当包括以下风险管控措施:

（一）针对主要农作物种类、品种和农作制度等具体情况，推广低积累品种替代、水肥调控、土壤调理等农艺调控措施，降低农产品有害物质超标风险；

（二）定期开展农产品质量安全监测和调查评估，实施跟踪监测，根据监测和评估结果及时优化调整农艺调控措施。

第二十一条 对需要采取治理与修复工程措施的受污染耕地，县级以上地方农业主管部门应当组织制定土壤污染治理与修复方案，报所在地人民政府批准后实施，并上传农用地环境信息系统。

第二十二条 从事农用地土壤污染治理与修复活动的单位和个人应当采取必要措施防止产生二次污染，并防止对被修复土壤和周边环境造成新的污染。治理与修复过程中产生的废水、废气和固体废物，应当按照国家有关规定进行处理或者处置，并达到国家或者地方规定的环境保护标准和要求。

第二十三条 县级以上地方环境保护主管部门应当对农用地土壤污染治理与修复的环境保护措施落实情况进行监督检查。

治理与修复活动结束后，县级以上地方农业主管部门应当委托第三方机构对治理与修复效果进行评估，评估结果上传农用地环境信息系统。

第二十四条 县级以上地方农业主管部门应当对严格管控类耕地采取以下风险管控措施：

（一）依法提出划定特定农产品禁止生产区域的建议；

（二）会同有关部门按照国家退耕还林还草计划，组织制定种植结构调整或者退耕还林还草计划，报所在地人民政府批准后组织实施，并上传农用地环境信息系统。

第二十五条 对威胁地下水、饮用水水源安全的严格管控类耕地，县级环境保护主管部门应当会同农业等主管部门制定环境风险管控方案，报同级人民政府批准后组织实施，并上传农用地环境信息系统。

第五章 监督管理

第二十六条 设区的市级以上地方环境保护主管部门应当定期对土壤环境重点监管企业周边农用地开展监测，监测结果作为环境执法和风险预警的重要依据，并上传农用地环境信息系统。

设区的市级以上地方环境保护主管部门应当督促土壤环境重点监管企业自行或者委托专业机构开展土壤环境监测，监测结果向社会公开，并上传农用地环境信息系统。

第二十七条 县级以上环境保护主管部门和县级以上农业主管部门，有权对本行政区域内的农用地土壤污染防治相关活动进行现场检查。被检查单位应当予以配合，如实反映情况，提供必要的资料。实施现场检查的部门、机构及其工作人员应当为被检查单位保守商业秘密。

第二十八条 突发环境事件可能造成农用地土壤污染的，县级以上地方环境保护主管部门应当及时会同农业主管部门对可能受到污染的农用地土壤进行监测，并根据监测结果及时向当地人民政府提出应急处置建议。

第二十九条 违反本办法规定，受委托的专业机构在从事农用地土壤污染防治相关活动中，不负责任或者弄虚作假的，由县级以上地方环境保护主管部门、农业主管部门将该机构失信情况记入其环境信用记录，并通过企业信用信息系统向社会公开。

第六章 附 则

第三十条 本办法自 2017 年 11 月 1 日起施行。

污染地块土壤环境管理办法（试行）

（2016 年 12 月 31 日　环境保护部令第 42 号）

目　录

第一章　总　则
第二章　各方责任
第三章　环境调查与风险评估
第四章　风险管控
第五章　治理与修复
第六章　监督管理
第七章　附则

第一章　总　则

第一条　为了加强污染地块环境保护监督管理，防控污染地块环境风险，根据《中华人民共和国环境保护法》等法律法规和国务院发布的《土壤污染防治行动计划》，制定本办法。

第二条　本办法所称疑似污染地块，是指从事过有色金属冶炼、石油加工、化工、焦化、电镀、制革等行业生产经营活动，以及从事过危险废物贮存、利用、处置活动的用地。

按照国家技术规范确认超过有关土壤环境标准的疑似污染地块，称为污染地块。

本办法所称疑似污染地块和污染地块相关活动，是指对疑似污染地块开展的土壤环境初步调查活动，以及对污染地块开展的土壤环境详细调查、风险评估、风险管控、治理与修复及其效果评估等活动。

第三条　拟收回土地使用权的，已收回土地使用权的，以及用途拟变更为居住用地和商业、学校、医疗、养老机构等公共设施用地的疑似污染地块和污染地块相关活动及其环境保护监督管理，适用本办法。

不具备本条第一款情形的疑似污染地块和污染地块土壤环境管理办法另行制定。

放射性污染地块环境保护监督管理，不适用本办法。

第四条　环境保护部对全国土壤环境保护工作实施统一监督管理。

地方各级环境保护主管部门负责本行政区域内的疑似污染地块和污染地块相关活动的监督管理。

按照国家有关规定，县级环境保护主管部门被调整为设区的市级环境保护主管部门派出分局的，由设区的市级环境保护主管部门组织所属派出分局开展疑似污染地块和污染地块相关活动的监督管理。

第五条 环境保护部制定疑似污染地块和污染地块相关活动方面的环境标准和技术规范。

第六条 环境保护部组织建立全国污染地块土壤环境管理信息系统(以下简称污染地块信息系统)。

县级以上地方环境保护主管部门按照环境保护部的规定,在本行政区域内组织建设和应用污染地块信息系统。

疑似污染地块和污染地块的土地使用权人应当按照环境保护部的规定,通过污染地块信息系统,在线填报并提交疑似污染地块和污染地块相关活动信息。

县级以上环境保护主管部门应当通过污染地块信息系统,与同级城乡规划、国土资源等部门实现信息共享。

第七条 任何单位或者个人有权向环境保护主管部门举报未按照本办法规定开展疑似污染地块和污染地块相关活动的行为。

第八条 环境保护主管部门鼓励和支持社会组织,对造成土壤污染、损害社会公共利益的行为,依法提起环境公益诉讼。

第二章 各方责任

第九条 土地使用权人应当按照本办法的规定,负责开展疑似污染地块和污染地块相关活动,并对上述活动的结果负责。

第十条 按照"谁污染,谁治理"原则,造成土壤污染的单位或者个人应当承担治理与修复的主体责任。

责任主体发生变更的,由变更后继承其债权、债务的单位或者个人承担相关责任。

责任主体灭失或者责任主体不明确的,由所在地县级人民政府依法承担相关责任。

土地使用权依法转让的,由土地使用权受让人或者双方约定的责任人承担相关责任。

土地使用权终止的,由原土地使用权人对其使用该地块期间所造成的土壤污染承担相关责任。

土壤污染治理与修复实行终身责任制。

第十一条 受委托从事疑似污染地块和污染地块相关活动的专业机构,或者受委托从事治理与修复效果评估的第三方机构,应当遵守有关环境标准和技术规范,并对相关活动的调查报告、评估报告的真实性、准确性、完整性负责。

受委托从事风险管控、治理与修复的专业机构,应当遵守国家有关环境标准和技术规范,按照委托合同的约定,对风险管控、治理与修复的效果承担相应责任。

受委托从事风险管控、治理与修复的专业机构,在风险管控、治理与修复等活动中弄虚作假,造成环境污染和生态破坏,除依照有关法律法规接受处罚外,还应当依法与造成环境污染和生态破坏的其他责任者承担连带责任。

第三章 环境调查与风险评估

第十二条 县级环境保护主管部门应当根据国家有关保障工业企业场地再开发利用环境安全的规定,会同工业和信息化、城乡规划、国土资源等部门,建立本行政区域疑似污染地块名单,并及时上传污染地块信息系统。

疑似污染地块名单实行动态更新。

第十三条 对列入疑似污染地块名单的地块,所在地县级环境保护主管部门应当书面通知土地使用权人。

土地使用权人应当自接到书面通知之日起六个月内完成土壤环境初步调查,编制调查报告,及时上传污染地块信息系统,并将调查报告主要内容通过其网站等便于公众知晓的方式向社会公开。

土壤环境初步调查应当按照国家有关环境标准和技术规范开展,调查报告应当包括地块基本信息、疑似污染地块是否为污染地块的明确结论等主要内容,并附具采样信息和检测报告。

第十四条 设区的市级环境保护主管部门根据土地使用权人提交的土壤环境初步调查报告建立污染地块名录,及时上传污染地块信息系统,同时向社会公开,并通报各污染地块所在地县级人民政府。

对列入名录的污染地块,设区的市级环境保护主管部门应当按照国家有关环境标准和技术规范,确定该污染地块的风险等级。

污染地块名录实行动态更新。

第十五条 县级以上地方环境保护主管部门应当对本行政区域具有高风险的污染地块,优先开展环境保护监督管理。

第十六条 对列入污染地块名录的地块,设区的市级环境保护主管部门应当书面通知土地使用权人。

土地使用权人应当在接到书面通知后,按照国家有关环境标准和技术规范,开展土壤环境详细调查,编制调查报告,及时上传污染地块信息系统,并将调查报告主要内容通过其网站等便于公众知晓的方式向社会公开。

土壤环境详细调查报告应当包括地块基本信息,土壤污染物的分布状况及其范围,以及对土壤、地表水、地下水、空气污染的影响情况等主要内容,并附具采样信息和检测报告。

第十七条 土地使用权人应当按照国家有关环境标准和技术规范,在污染地块土壤环境详细调查的基础上开展风险评估,编制风险评估报告,及时上传污染地块信息系统,并将评估报告主要内容通过其网站等便于公众知晓的方式向社会公开。

风险评估报告应当包括地块基本信息、应当关注的污染物、主要暴露途径、风险水平、风险管控以及治理与修复建议等主要内容。

第四章 风险管控

第十八条 污染地块土地使用权人应当根据风险评估结果,并结合污染地块相关开发利用计划,有针对性地实施风险管控。

对暂不开发利用的污染地块,实施以防止污染扩散为目的的风险管控。

对拟开发利用为居住用地和商业、学校、医疗、养老机构等公共设施用地的污染地块,实施以安全利用为目的的风险管控。

第十九条 污染地块土地使用权人应当按照国家有关环境标准和技术规范,编制风险管控方案,及时上传污染地块信息系统,同时抄送所在地县级人民政府,并将方案主要内容通过其网站等便于公众知晓的方式向社会公开。

风险管控方案应当包括管控区域、目标、主要措施、环境监测计划以及应急措施等内容。

第二十条 土地使用权人应当按照风险管控方案要求,采取以下主要措施:

(一)及时移除或者清理污染源;

(二)采取污染隔离、阻断等措施,防止污染扩散;

(三)开展土壤、地表水、地下水、空气环境监测;

(四)发现污染扩散的,及时采取有效补救措施。

第二十一条 因采取风险管控措施不当等原因,造成污染地块周边的土壤、地表水、地下水或者空气污染等突发环境事件的,土地使用权人应当及时采取环境应急措施,并向所在地县级以上环境保护主管部门和其他有关部门报告。

第二十二条 对暂不开发利用的污染地块,由所在地县级环境保护主管部门配合有关部门提出划定管控区域的建议,报同级人民政府批准后设立标识、发布公告,并组织开展土壤、地表水、地下水、空气环境监测。

第五章 治理与修复

第二十三条 对拟开发利用为居住用地和商业、学校、医疗、养老机构等公共设施用地的污染地块,经风险评估确认需要治理与修复的,土地使用权人应当开展治理与修复。

第二十四条 对需要开展治理与修复的污染地块,土地使用权人应当根据土壤环境详细调查报告、风险评估报告等,按照国家有关环境标准和技术规范,编制污染地块治理与修复工程方案,并及时上传污染地块信息系统。

土地使用权人应当在工程实施期间,将治理与修复工程方案的主要内容通过其网站等便于公众知晓的方式向社会公开。

工程方案应当包括治理与修复范围和目标、技术路线和工艺参数、二次污染防范措施等内容。

第二十五条 污染地块治理与修复期间,土地使用权人或者其委托的专业机构应当采取措施,防止对地块及其周边环境造成二次污染;治理与修复过程中产生的废水、废气和固体废物,应当按照国家有关规定进行处理或者处置,并达到国家或者地方规定的环境标准和要求。

治理与修复工程原则上应当在原址进行;确需转运污染土壤的,土地使用权人或者其委托的专业机构应当将运输时间、方式、线路和污染土壤数量、去向、最终处置措施等,提前五个工作日向所在地和接收地设区的市级环境保护主管部门报告。

修复后的土壤再利用应当符合国家或者地方有关规定和标准要求。

治理与修复期间,土地使用权人或者其委托的专业机构应当设立公告牌和警示标识,公开工程基本情况、环境影响及其防范措施等。

第二十六条 治理与修复工程完工后,土地使用权人应当委托第三方机构按照国家有关环境标准和技术规范,开展治理与修复效果评估,编制治理与修复效果评估报告,及时上传污染地块信息系统,并通过其网站等便于公众知晓的方式公开,公开时间不得少于两个月。

治理与修复效果评估报告应当包括治理与修复工程概况、环境保护措施落实情况、治理与修复效果监测结果、评估结论及后续监测建议等内容。

第二十七条 污染地块未经治理与修复,或者经治理与修复但未达到相关规划用地土壤环境质量要求的,有关环境保护主管部门不予批准选址涉及该污染地块的建设项目环境影响报告书或者报告表。

第二十八条 县级以上环境保护主管部门应当会同城乡规划、国土资源等部门,建立和完善污染地块信息沟通机制,对污染地块的开发利用实行联动监管。

污染地块经治理与修复,并符合相应规划用地土壤环境质量要求后,可以进入用地程序。

第六章 监督管理

第二十九条 县级以上环境保护主管部门及其委托的环境监察机构,有权对本行政区域内的疑似污染地块和污染地块相关活动进行现场检查。被检查单位应当予以配合,如实反映情况,提供必要的资料。实施现场检查的部门、机构及其工作人员应当为被检查单位保守商业秘密。

第三十条 县级以上环境保护主管部门对疑似污染地块和污染地块相关活动进行监督检查时,有权采取下列措施:

(一)向被检查单位调查、了解疑似污染地块和污染地块的有关情况;

(二)进入被检查单位进行现场核查或者监测;

(三)查阅、复制相关文件、记录以及其他有关资料;

(四)要求被检查单位提交有关情况说明。

第三十一条 设区的市级环境保护主管部门应当于每年的12月31日前,将本年度本行政区域的污染地块环境管理工作情况报省级环境保护主管部门。

省级环境保护主管部门应当于每年的1月31日前,将上一年度本行政区域的污染地块环境管理工作情况报环境保护部。

第三十二条 违反本办法规定,受委托的专业机构在编制土壤环境初步调查报告、土壤环境详细调查报告、风险评估报告、风险管控方案、治理与修复方案过程中,或者受委托的第三方机构在编制治理与修复效果评估报告过程中,不负责任或者弄虚作假致使报告失实的,由县级以上环境保护主管部门将该机构失信情况记入其环境信用记录,并通过企业信用信息公示系统向社会公开。

第七章 附 则

第三十三条 本办法自2017年7月1日起施行。

土地复垦条例

(2011年3月5日 中华人民共和国国务院令第592号)

第一章 总 则

第一条 为了落实十分珍惜、合理利用土地和切实保护耕地的基本国策,规范土地复垦活动,加强土地复垦管理,提高土地利用的社会效益、经济效益和生态效益,根据《中华人民共和国土地管理法》,制定本条例。

第二条 本条例所称土地复垦,是指对生产建设活动和自然灾害损毁的土地,采取整治措施,使其达到可供利用状态的活动。

第三条 生产建设活动损毁的土地,按照"谁损毁,谁复垦"的原则,由生产建设单位或者个人(以下称土地复垦义务人)负责复垦。但是,由于历史原因无法确定土地复垦义务人的生产建设活动损毁的土地(以下称历史遗留损毁土地),由县级以上人民政府负责组织复垦。

自然灾害损毁的土地,由县级以上人民政府负责组织复垦。

第四条 生产建设活动应当节约集约利用土地,不占或者少占耕地;对依法占用的土地应当采取有效措施,减少土地损毁面积,降低土地损毁程度。

土地复垦应当坚持科学规划、因地制宜、综合治理、经济可行、合理利用的原则。复垦的土地应当优先用于农业。

第五条 国务院国土资源主管部门负责全国土地复垦的监督管理工作。县级以上地方人民政府国土资源主管部门负责本行政区域土地复垦的监督管理工作。

县级以上人民政府其他有关部门依照本条例的规定和各自的职责做好土地复垦有关工作。

第六条 编制土地复垦方案、实施土地复垦工程、进行土地复垦验收等活动,应当遵守土地复垦国家标准;没有国家标准的,应当遵守土地复垦行业标准。

制定土地复垦国家标准和行业标准,应当根据土地损毁的类型、程度、自然地理条件和复垦的可行性等因素,分类确定不同类型损毁土地的复垦方式、目标和要求等。

第七条 县级以上地方人民政府国土资源主管部门应当建立土地复垦监测制度,及时掌握本行政区域土地资源损毁和土地复垦效果等情况。

国务院国土资源主管部门和省、自治区、直辖市人民政府国土资源主管部门应当建立健全土地复垦信息管理系统,收集、汇总和发布土地复垦数据信息。

第八条 县级以上人民政府国土资源主管部门应当依据职责加强对土地复垦情况的监督检查。被检查的单位或者个人应当如实反映情况,提供必要的资料。

任何单位和个人不得扰乱、阻挠土地复垦工作,破坏土地复垦工程、设施和设备。

第九条 国家鼓励和支持土地复垦科学研究和技术创新,推广先进的土地复垦技术。

对在土地复垦工作中作出突出贡献的单位和个人,由县级以上人民政府给予表彰。

第二章 生产建设活动损毁土地的复垦

第十条 下列损毁土地由土地复垦义务人负责复垦:
(一)露天采矿、烧制砖瓦、挖沙取土等地表挖掘所损毁的土地;
(二)地下采矿等造成地表塌陷的土地;
(三)堆放采矿剥离物、废石、矿渣、粉煤灰等固体废弃物压占的土地;
(四)能源、交通、水利等基础设施建设和其他生产建设活动临时占用所损毁的土地。

第十一条 土地复垦义务人应当按照土地复垦标准和国务院国土资源主管部门的规定编制土地复垦方案。

第十二条 土地复垦方案应当包括下列内容:

（一）项目概况和项目区土地利用状况；

（二）损毁土地的分析预测和土地复垦的可行性评价；

（三）土地复垦的目标任务；

（四）土地复垦应当达到的质量要求和采取的措施；

（五）土地复垦工程和投资估（概）算；

（六）土地复垦费用的安排；

（七）土地复垦工作计划与进度安排；

（八）国务院国土资源主管部门规定的其他内容。

第十三条 土地复垦义务人应当在办理建设用地申请或者采矿权申请手续时，随有关报批材料报送土地复垦方案。

土地复垦义务人未编制土地复垦方案或者土地复垦方案不符合要求的，有批准权的人民政府不得批准建设用地，有批准权的国土资源主管部门不得颁发采矿许可证。

本条例施行前已经办理建设用地手续或者领取采矿许可证，本条例施行后继续从事生产建设活动造成土地损毁的，土地复垦义务人应当按照国务院国土资源主管部门的规定补充编制土地复垦方案。

第十四条 土地复垦义务人应当按照土地复垦方案开展土地复垦工作。矿山企业还应当对土地损毁情况进行动态监测和评价。

生产建设周期长、需要分阶段实施复垦的，土地复垦义务人应当对土地复垦工作与生产建设活动统一规划、统筹实施，根据生产建设进度确定各阶段土地复垦的目标任务、工程规划设计、费用安排、工程实施进度和完成期限等。

第十五条 土地复垦义务人应当将土地复垦费用列入生产成本或者建设项目总投资。

第十六条 土地复垦义务人应当建立土地复垦质量控制制度，遵守土地复垦标准和环境保护标准，保护土壤质量与生态环境，避免污染土壤和地下水。

土地复垦义务人应当首先对拟损毁的耕地、林地、牧草地进行表土剥离，剥离的表土用于被损毁土地的复垦。

禁止将重金属污染物或者其他有毒有害物质用作回填或者充填材料。受重金属污染物或者其他有毒有害物质污染的土地复垦后，达不到国家有关标准的，不得用于种植食用农作物。

第十七条 土地复垦义务人应当于每年12月31日前向县级以上地方人民政府国土资源主管部门报告当年的土地损毁情况、土地复垦费用使用情况以及土地复垦工程实施情况。

县级以上地方人民政府国土资源主管部门应当加强对土地复垦义务人使用土地复垦费用和实施土地复垦工程的监督。

第十八条 土地复垦义务人不复垦，或者复垦验收中经整改仍不合格的，应当缴纳土地复垦费，由有关国土资源主管部门代为组织复垦。

确定土地复垦费的数额，应当综合考虑损毁前的土地类型、实际损毁面积、损毁程度、复垦标准、复垦用途和完成复垦任务所需的工程量等因素。土地复垦费的具体征收使用管理办法，由国务院财政、价格主管部门商国务院有关部门制定。

土地复垦义务人缴纳的土地复垦费专项用于土地复垦。任何单位和个人不得截留、挤占、挪用。

第十九条 土地复垦义务人对在生产建设活动中损毁的由其他单位或者个人使用的国有土地或者农民集体所有的土地,除负责复垦外,还应当向遭受损失的单位或者个人支付损失补偿费。

损失补偿费由土地复垦义务人与遭受损失的单位或者个人按照造成的实际损失协商确定;协商不成的,可以向土地所在地人民政府国土资源主管部门申请调解或者依法向人民法院提起民事诉讼。

第二十条 土地复垦义务人不依法履行土地复垦义务的,在申请新的建设用地时,有批准权的人民政府不得批准;在申请新的采矿许可证或者申请采矿许可证延续、变更、注销时,有批准权的国土资源主管部门不得批准。

第三章 历史遗留损毁土地和自然灾害损毁土地的复垦

第二十一条 县级以上人民政府国土资源主管部门应当对历史遗留损毁土地和自然灾害损毁土地进行调查评价。

第二十二条 县级以上人民政府国土资源主管部门应当在调查评价的基础上,根据土地利用总体规划编制土地复垦专项规划,确定复垦的重点区域以及复垦的目标任务和要求,报本级人民政府批准后组织实施。

第二十三条 对历史遗留损毁土地和自然灾害损毁土地,县级以上人民政府应当投入资金进行复垦,或者按照"谁投资,谁受益"的原则,吸引社会投资进行复垦。土地权利人明确的,可以采取扶持、优惠措施,鼓励土地权利人自行复垦。

第二十四条 国家对历史遗留损毁土地和自然灾害损毁土地的复垦按项目实施管理。

县级以上人民政府国土资源主管部门应当根据土地复垦专项规划和年度土地复垦资金安排情况确定年度复垦项目。

第二十五条 政府投资进行复垦的,负责组织实施土地复垦项目的国土资源主管部门应当组织编制土地复垦项目设计书,明确复垦项目的位置、面积、目标任务、工程规划设计、实施进度及完成期限等。

土地权利人自行复垦或者社会投资进行复垦的,土地权利人或者投资单位、个人应当组织编制土地复垦项目设计书,并报负责组织实施土地复垦项目的国土资源主管部门审查同意后实施。

第二十六条 政府投资进行复垦的,有关国土资源主管部门应当依照招标投标法律法规的规定,通过公开招标的方式确定土地复垦项目的施工单位。

土地权利人自行复垦或者社会投资进行复垦的,土地复垦项目的施工单位由土地权利人或者投资单位、个人依法自行确定。

第二十七条 土地复垦项目的施工单位应当按照土地复垦项目设计书进行复垦。

负责组织实施土地复垦项目的国土资源主管部门应当健全项目管理制度,加强项目实施中的指导、管理和监督。

第四章 土地复垦验收

第二十八条 土地复垦义务人按照土地复垦方案的要求完成土地复垦任务后,应当按照国务院国土资源主管部门的规定向所在地县级以上地方人民政府国土资源主管部门申请验收,接到申请的国土资源主管部门应当会同同级农业、林业、环境保护等有关部门进行验收。

进行土地复垦验收，应当邀请有关专家进行现场踏勘，查验复垦后的土地是否符合土地复垦标准以及土地复垦方案的要求，核实复垦后的土地类型、面积和质量等情况，并将初步验收结果公告，听取相关权利人的意见。相关权利人对土地复垦完成情况提出异议的，国土资源主管部门应当会同有关部门进一步核查，并将核查情况向相关权利人反馈；情况属实的，应当向土地复垦义务人提出整改意见。

第二十九条 负责组织验收的国土资源主管部门应当会同有关部门在接到土地复垦验收申请之日起60个工作日内完成验收，经验收合格的，向土地复垦义务人出具验收合格确认书；经验收不合格的，向土地复垦义务人出具书面整改意见，列明需要整改的事项，由土地复垦义务人整改完成后重新申请验收。

第三十条 政府投资的土地复垦项目竣工后，负责组织实施土地复垦项目的国土资源主管部门应当依照本条例第二十八条第二款的规定进行初步验收。初步验收完成后，负责组织实施土地复垦项目的国土资源主管部门应当按照国务院国土资源主管部门的规定向上级人民政府国土资源主管部门申请最终验收。上级人民政府国土资源主管部门应当会同有关部门及时组织验收。

土地权利人自行复垦或者社会投资进行复垦的土地复垦项目竣工后，由负责组织实施土地复垦项目的国土资源主管部门会同有关部门进行验收。

第三十一条 复垦为农用地的，负责组织验收的国土资源主管部门应当会同有关部门在验收合格后的5年内对土地复垦效果进行跟踪评价，并提出改善土地质量的建议和措施。

第五章 土地复垦激励措施

第三十二条 土地复垦义务人在规定的期限内将生产建设活动损毁的耕地、林地、牧草地等农用地复垦恢复原状的，依照国家有关税收法律法规的规定退还已经缴纳的耕地占用税。

第三十三条 社会投资复垦的历史遗留损毁土地或者自然灾害损毁土地，属于无使用权人的国有土地的，经县级以上人民政府依法批准，可以确定给投资单位或者个人长期从事种植业、林业、畜牧业或者渔业生产。

社会投资复垦的历史遗留损毁土地或者自然灾害损毁土地，属于农民集体所有土地或者有使用权人的国有土地的，有关国土资源主管部门应当组织投资单位或者个人与土地权利人签订土地复垦协议，明确复垦的目标任务以及复垦后的土地使用和收益分配。

第三十四条 历史遗留损毁和自然灾害损毁的国有土地的使用权人，以及历史遗留损毁和自然灾害损毁的农民集体所有土地的所有权人、使用权人，自行将损毁土地复垦为耕地的，由县级以上地方人民政府给予补贴。

第三十五条 县级以上地方人民政府将历史遗留损毁和自然灾害损毁的建设用地复垦为耕地的，按照国家有关规定可以作为本省、自治区、直辖市内进行非农建设占用耕地时的补充耕地指标。

第六章 法律责任

第三十六条 负有土地复垦监督管理职责的部门及其工作人员有下列行为之一的，对直接负责的主管人员和其他直接责任人员，依法给予处分；直接负责的主管人员和其他直接责任人员构成犯罪的，依法追究刑事责任：

（一）违反本条例规定批准建设用地或者批准采矿许可证及采矿许可证的延续、变更、注销的；

（二）截留、挤占、挪用土地复垦费的；

（三）在土地复垦验收中弄虚作假的；

（四）不依法履行监督管理职责或者对发现的违反本条例的行为不依法查处的；

（五）在审查土地复垦方案、实施土地复垦项目、组织土地复垦验收以及实施监督检查过程中，索取、收受他人财物或者谋取其他利益的；

（六）其他徇私舞弊、滥用职权、玩忽职守行为。

第三十七条　本条例施行前已经办理建设用地手续或者领取采矿许可证，本条例施行后继续从事生产建设活动造成土地损毁的土地复垦义务人未按照规定补充编制土地复垦方案的，由县级以上地方人民政府国土资源主管部门责令限期改正；逾期不改正的，处10万元以上20万元以下的罚款。

第三十八条　土地复垦义务人未按照规定将土地复垦费用列入生产成本或者建设项目总投资的，由县级以上地方人民政府国土资源主管部门责令限期改正；逾期不改正的，处10万元以上50万元以下的罚款。

第三十九条　土地复垦义务人未按照规定对拟损毁的耕地、林地、牧草地进行表土剥离，由县级以上地方人民政府国土资源主管部门责令限期改正；逾期不改正的，按照应当进行表土剥离的土地面积处每公顷1万元的罚款。

第四十条　土地复垦义务人将重金属污染物或者其他有毒有害物质用作回填或者充填材料的，由县级以上地方人民政府环境保护主管部门责令停止违法行为，限期采取治理措施，消除污染，处10万元以上50万元以下的罚款；逾期不采取治理措施的，环境保护主管部门可以指定有治理能力的单位代为治理，所需费用由违法者承担。

第四十一条　土地复垦义务人未按照规定报告土地损毁情况、土地复垦费用使用情况或者土地复垦工程实施情况的，由县级以上地方人民政府国土资源主管部门责令限期改正；逾期不改正的，处2万元以上5万元以下的罚款。

第四十二条　土地复垦义务人依照本条例规定应当缴纳土地复垦费而不缴纳的，由县级以上地方人民政府国土资源主管部门责令限期缴纳；逾期不缴纳的，处应缴纳土地复垦费1倍以上2倍以下的罚款，土地复垦义务人为矿山企业的，由颁发采矿许可证的机关吊销采矿许可证。

第四十三条　土地复垦义务人拒绝、阻碍国土资源主管部门监督检查，或者在接受监督检查时弄虚作假的，由国土资源主管部门责令改正，处2万元以上5万元以下的罚款；有关责任人员构成违反治安管理行为的，由公安机关依法予以治安管理处罚；有关责任人员构成犯罪的，依法追究刑事责任。

破坏土地复垦工程、设施和设备，构成违反治安管理行为的，由公安机关依法予以治安管理处罚；构成犯罪的，依法追究刑事责任。

第七章　附　则

第四十四条　本条例自公布之日起施行。1988年11月8日国务院发布的《土地复垦规定》同时废止。

国土资源部关于强化管控落实最严格耕地保护制度的通知

(2014年2月13日 国土资发〔2014〕18号)

各省、自治区、直辖市及计划单列市国土资源主管部门,新疆生产建设兵团国土资源局,解放军土地管理局,各派驻地方的国家土地督察局,部机关各司局:

党中央、国务院高度重视耕地保护工作。党的十八大、十八届三中全会和中央经济工作会议、城镇化工作会议、农村工作会议就严防死守18亿亩耕地保护红线、确保实有耕地面积基本稳定、实行耕地数量和质量保护并重等提出了新的更高要求。为了贯彻落实最严格的耕地保护制度,现通知如下:

一、进一步提高认识,毫不动摇地坚持耕地保护红线

(一)充分认识保护耕地的极端重要性。党中央、国务院的新要求,体现了对坚守耕地保护红线和粮食安全底线的战略定力,体现了深化改革创新和对子孙后代高度负责的鲜明态度。各级国土资源部门要认真学习、深刻领会党中央、国务院决策精神,切实提高对保护耕地极端重要性和现实紧迫性的认识,在思想上、行动上自觉与以习近平同志为总书记的党中央保持高度一致。必须充分认识到,尽管第二次全国土地调查数据显示耕地面积有所增加,但粮食生产的实有耕地面积并未增长,人口多、耕地少的基本国情没有改变,粮食安全和耕地保护形势依然严峻,耕地保护工作绝不能放松;我国经济已经到了必须在发展中加快提质增效升级的重要时期,粗放扩张、浪费资源、破坏环境的老路不能再走,严守耕地红线、节约集约用地比以往任何时候都更为重要和紧迫;经过30多年持续快速发展,我国土地开发强度总体偏高,建设用地存量大、利用效率低,划定永久基本农田、严控建设占用耕地不仅十分必要,也已具备条件。

(二)坚决落实党中央、国务院决策部署。各级国土资源部门要积极行动起来,认真贯彻落实党的十八大和十八届三中全会等一系列重要会议精神,紧紧围绕经济工作的总体要求,将保护耕地作为土地管理的首要任务,坚决落实最严格的耕地保护制度和节约用地制度,坚持耕地保护优先、数量质量并重,全面强化规划统筹、用途管制、用地节约和执法监管,加快建立共同责任、经济激励和社会监督机制,严守耕地红线,确保耕地实有面积基本稳定、质量不下降。

二、强化土地用途管制,全面落实耕地数量和质量保护战略任务

(三)加大土地利用规划计划管控力度。严格按照土地利用总体规划批地用地,严禁突破土地利用总体规划设立新城新区和各类开发区(园区)。建立土地利用总体规划评估修改制度,严格限定条件,规范修改程序,扩大公众参与,禁止随意修改规划,切实维护规划的严肃性。按照国家新型城镇化发展要求,依据第二次全国土地调查成果,合理调整土地利用总体规划,严格划定城市开发边界、永久基本农田和生态保护红线,强化规划硬约束;严格控制城市建设用地规模,确需扩大的,要采取串联式、组团式、卫星城式布局,避让优质耕地。按照国家统一部署,选择部分市、县,探索经济社会发展、城乡、土地利用规划的"多规合一",强化土地利用规划的基础性、约束性作用。加强年度用地计划与规划的衔接,逐步减少新增建设用地计划指标,重点控制东部地区特别是京津冀、长三角、珠三角三大城市群建设用地规模,对耕地后备资源不足的地区相应减少建设占用耕地指标。

(四)进一步严格建设占用耕地审批。强化建设项目预审,严格项目选址把关。凡不符合土地利用总体规划、耕地占补平衡要求、征地补偿安置政策、用地标准、产业和供地政策的项目,不得通过用地预审。对线性工程占用耕地 100 公顷以上、块状工程 70 公顷以上的,省级国土资源部门必须组织实地踏勘论证,部组织抽查核实;确需占用的,按照确保粮食生产能力不下降的要求,提出补充耕地安排,补充数量质量相当的耕地,并作为通过预审的必备条件。建设用地审查报批时,要严格审查补充耕地落实情况,达不到规定要求的,不得通过审查。严格审核城市建设用地,除生活用地及公共基础设施用地外,原则上不再安排城市人口 500 万以上特大城市中心城区新增建设用地;人均城市建设用地目标严格控制在 100 平方米以内,后备耕地资源不足的地方相应减少新增建设占用耕地。处理好简政放权、改革审批与保护耕地、严格监管的关系,对符合法律法规规定和以上要求的建设项目,要提高土地审批效率,搞好供地服务。

(五)强化耕地数量和质量占补平衡。各地要严格执行以补定占、先补后占规定,引导建设不占或少占耕地。利用农用地分等定级、土壤地质调查测评分析、第二次全国土地调查等成果,完善现有和后备耕地资源质量等级评定,健全耕地质量等级评价制度,作为调整完善规划、划定永久基本农田、建设用地审批和补充耕地审查的依据。土地整治补充耕地要先评定等级再验收,没有达到要求的不得验收。省级国土资源部门要在省级人民政府的领导和组织下,会同有关部门,对建设项目耕地占补平衡进行严格审查把关,坚决纠正占优补劣问题。全面实施耕作层剥离再利用制度,建设占用耕地特别是基本农田的耕作层应当予以剥离,用于补充耕地的质量建设,超过合理运距、不宜直接用于补充耕地的,应用于现有耕地的整治。统筹规划,整合资金,大力推进高标准基本农田建设。加大对生产建设活动和自然损毁土地的复垦力度,探索开展受污染严重耕地的修复工作。加强补充耕地立项管理,提高项目工程建设标准,加强项目规划设计审查,严格项目验收。加强土地整治项目的建后管护,严防边整治边撂荒,严禁土地整治后又被非农业建设占用,多措并举提高整治土地的质量等级。除突发性自然灾害等原因外,严禁将耕地等农用地通过人为撂荒、破坏质量等方式变为未利用地。对因生态退化等原因导致耕地等农用地变更为未利用地的,不得纳入土地整治项目并用于占补平衡。

(六)严格划定和永久保护基本农田。各地应以依法批准的土地利用总体规划为依据,在已有工作基础上,从城市人口 500 万以上城市中心城区周边开始,由大到小、由近及远,加快全国基本农田划定工作,切实做到落地到户、上图入库,网上公布,接受监督。在交通沿线和城镇、村庄周边的显著位置增永久保护标志牌。按照耕地质量等别从高到低的顺序,城镇、村庄周边和铁路、公路等交通沿线的优质耕地,建成的高标准农田,经县级以上人民政府批准确定的粮、棉、油、蔬菜等生产基地内的耕地,农业科研、教学试验田等,必须划定为基本农田。不得借基本农田划定或者建立数据库之机,擅自改变规划确定的基本农田布局,降低基本农田的质量标准。基本农田一经划定,实行严格管理、永久保护,任何单位和个人不得擅自占用或改变用途;建立和完善基本农田保护负面清单,符合法定条件和供地政策,确需占用和改变基本农田的,必须报国务院批准,并优先将同等面积的优质耕地补划为基本农田。

(七)严防集体土地流转"非农化"。农村土地管理制度改革要按照守住底线、试点先行的原则稳步推进,严格依据经中央批准的改革方案、在批准的试点范围内进行,坚持以符合规划和用途管制为前提,严防擅自扩大建设用地规模、乱占滥用耕地。农村土地承包经营权流转和抵押、担保等,必须在坚持和完善最严格的耕地保护制度前提下进行,坚持农地农用,不得借农地流转之名违规搞非农业建设,严禁在流转农地上建设旅游度假村、高尔夫球场、别墅、农家乐、私人会所等。引导农业结构调整不改变耕地用途,严禁占用基本农田挖塘造湖、种植林果、建绿色通道及其他毁坏基本农田种植条件的行为。设施农业项目要尽可能利用农村存量建设用地和非耕地,不得占用基本农田。生态退耕必须严格按照有关法规规定的条件和经国务院批准的方案,分步骤、有计划进行,基本农田和土地整治形成的耕地不得纳入退耕范围,依据第二次全国土地调查、年度土地变更调查成果审核退耕范围和退耕结果,严防弄虚作假和随意扩大退耕范围。

(八)引导和促进各类建设节约集约用地。各级国土资源部门要按照严控增量、盘活存量、优化结构、提高效率的总要求,综合运用规划调控、市场调节、标准控制、执法监管等手段,全面推进城镇、工矿、农村、基础设施等各类建设节约集约用地,切实减少对耕地的占用,严防侵占优质耕地。统筹安排新增和存量建设用地,新增建设用地计划安排要与节约集约用地绩效相挂钩,促进节约用地、保护耕地。

三、加强土地执法督察,严肃查处乱占滥用耕地行为

(九)强化耕地保护执法监察。加强对违反规划计划扩大建设用地规模、农村土地流转和农业结构调整中大量损坏基本农田等影响面大的违法违规行为的执法检查。充分利用卫星遥感、动态巡查、网络信息、群众举报等手段,健全"天上看、地上查、网上管、群众报"违法行为发现机制,对耕地进行全天候、全覆盖监测。在每年一次全国土地卫片执法检查的基础上,在有条件地区推广应用无人机航拍、基本农田视频监控网等,对重点城市群郊区、耕地集中连片区域和土地违法违规行为高发地区,加大执法查处频度。认真落实违法行为报告制度,对非法占用基本农田5亩以上或基本农田以外的耕地10亩以上、非法批准征占基本农田10亩以上或基本农田以外的耕地30亩以上以及其他造成耕地大量毁坏行为的,国土资源部门必须在核定上述违法行为后3个工作日内向同级地方人民政府和上级国土资源部门报告。坚持重大典型违法违规案件挂牌督办制度,对占用耕地重大典型案件及时进行公开查处、公开曝光。加强与法院、检察、公安、监察等部门的协同配合,形成查处合力。

(十)进一步加强耕地保护督察。国家土地督察机构要以耕地保护目标责任落实、规划计划执行、建设用地审批、基本农田划定、耕地占补平衡和农地流转等为重点,加强对省级人民政府耕地保护情况的监督检查,有关工作向国务院报告。2014年,要将耕地数量质量保护、粮食主产区基本农田划定和保护、农地流转"非农化"、地方违规出台相关政策造成耕地大量流失等作为督察工作的重点。对监督检查中发现的问题,派驻地方的国家土地督察局应及时向督察区域内相关省级和计划单列市人民政府提出整改意见。对整改不力的,由国家土地总督察依照有关规定责令限期整改。整改期间,暂停被责令限期整改地区农用地转用和土地征收的受理和审查报批。

(十一)严格耕地保护责任追究制度。严格执行《违反土地管理规定行为处分办法》(监察部、人力资源和社会保障部、国土资源部部令第15号),积极配合监察机关追究地方人民政府负责人的责任。应当将耕地划入基本农田而不划入,且拒不改正的,对直接负责的主管人员和其他直接责任人员,给予行政处分。对国土资源部门工作人员不依法履行职责,存在徇私舞弊、压案不查、隐瞒不报等行为的,要严格依照相关规定追究有关责任人的责任。

四、落实共同责任,建立耕地保护长效机制

(十二)构建耕地保护共同责任机制。完善省级人民政府耕地保护责任目标考核办法,将永久基本农田划定和保护、高标准基本农田建设、补充耕地质量等纳入考核内容,健全评价标准,实行耕地数量与质量考核并重。积极推动将耕地保护目标纳入地方经济社会发展和领导干部政绩考核评价指标体系,加大指标权重,考核结果作为对领导班子和领导干部综合考核评价的参考依据。推动地方政府严格执行领导干部耕地保护离任审计制度,落实地方政府保护耕地的主体责任。建立奖惩机制,将耕地保护责任目标落实情况与用地指标分配、整治项目安排相挂钩。

(十三)完善耕地保护约束激励机制。支持地方提高非农业建设占用耕地特别是基本农田的成本,加大对耕地保护的补贴力度,探索建立耕地保护经济补偿机制。建立健全制度,鼓励农村集体经济组织和农民依据土地整治规划开展高标准基本农田建设,探索实行"以补代投、以补促建"。积极促进土地税费制度改革,提高新增建设用地土地有偿使用费标准,建立按本地区开垦同等质量耕地成本缴纳耕地开垦费的制度。耕地保有量和基本农田面积少于土地利用总体规划确定的保护目标的,核减相应中央新增建设用地土地有偿使用费预算分配数。

(十四)推进耕地保护调查监测和信息化监管。加强耕地和基本农田变化情况监测及调查,及时预警、发布变化情况。以第二次全国土地调查、年度土地变更调查和卫星遥感监测数据为基础,加快完善土地规划、基本农田保护、土地整治和占补平衡等数据库,建立数据实时更新机制,实现与建设用地审批、在线土地督察等系统的关联应用和全国、省、市、县四级系统的互联互通,纳入国土资源"一张图"和综合监管平台,强化耕地保护全流程动态监管。

(十五)加强耕地保护法制化规范化建设。加强耕地保护立法研究工作,推动土地利用规划、土地整治、土地督察等法制化建设。各地要结合实际,健全耕地保护地方性法规规章。推行重大决策社会稳定风险评估和后评估制度,全面落实耕地保护听证制度。抓紧完善耕地质量等级评定和建设标准,完善工程项目用地控制指标。

管好用好耕地始终是我国现代化进程中一个基础性、全局性、战略性问题。各级国土资源部门要切实增强保护耕地的责任感和使命感,采取有力措施,坚决落实最严格的耕地保护制度,确保国家政令畅通,保障国家粮食安全。

第二十一部分　土壤环境与固废污染防治标准

土壤环境质量标准（节录）

GB 15618—1995

(1995年7月13日发布　1996年3月1日实施)

本标准由国家环境保护局科技标准司提出。
本标准主要起草单位：国家环境保护局南京环境科学研究所。

（按原标准编号节录）

为贯彻《中华人民共和国环境保护法》，防止土壤污染，保护生态环境，保障农林生产，维护人体健康，制定本标准。

1　主题内容与适用范围

1.1　主题内容

本标准按土壤应用功能、保护目标和土壤主要性质，规定了土壤中污染物的最高允许浓度指标值及相应的监测方法。

1.2　适用范围

本标准适用于农田、蔬菜地、茶园、果园、牧场、林地、自然保护区等地的土壤。

2　术语

2.1　土壤：指地球陆地表面能够生长绿色植物的疏松层。

2.2　土壤阳离子交换量：指带负电荷的土壤胶体，借静电引力而对溶液中的阳离子所吸附的数量，以每千克干土所含全部代换性阳离子的厘摩尔（按一价离子计）数表示。

3　土壤环境质量分类和标准分级

3.1　土壤环境质量分类

根据土壤应用功能和保护目标，划分为三类：

Ⅰ类主要适用于国家规定的自然保护区（原有背景重金属含量高的除外）、集中式生活饮用水源地、茶园、牧场和其他保护地区的土壤，土壤质量基本上保持自然背景水平。

Ⅱ类主要适用于一般农田、蔬菜地、茶园、果园、牧场等土壤，土壤质量基本上对植物和环境不造成危害和污染。

Ⅲ类主要适用于林地土壤及污染物容量较大的高背景值土壤和矿产附近等地的农田土壤（蔬菜地除外）。土壤质量基本上对植物和环境不造成危害和污染。

3.2　标准分级

一级标准为保护区域自然生态，维持自然背景的土壤环境质量的限制值。

二级标准为保障农业生产,维护人体健康的土壤限制值。

三级标准为保障农林业生产和植物正常生长的土壤临界值。

3.3 各类土壤环境质量执行标准的级别规定如下:

Ⅰ类土壤环境质量执行一级标准;

Ⅱ类土壤环境质量执行二级标准;

Ⅲ类土壤环境质量执行三级标准。

4 标准值

本标准规定的三级标准值,见表1。

表1 土壤环境质量标准值

单位:mg/kg

项目	级别 土壤 pH 值		一级 自然背景	二级			三级 >6.5
				<6.5	6.5~7.5	>7.5	
镉		≤	0.20	0.30	0.30	0.60	1.0
汞		≤	0.15	0.30	0.50	1.0	1.5
砷	水田	≤	15	30	25	20	30
	旱地	≤	15	40	30	25	40
铜	农田等	≤	35	50	100	100	400
	果园	≤	—	150	200	200	400
铅		≤	35	250	300	350	500
铬	水田	≤	90	250	300	350	400
	旱地	≤	90	150	200	250	300
锌		≤	100	200	250	300	500
镍		≤	40	40	50	60	200
六六六		≤	0.05	0.50			1.0
滴滴涕		≤	0.05	0.50			1.0

注:①重金属(铬主要是三价)和砷均按元素量计,适用于阳离子交换量>5cmol(+)/kg的土壤,若≤5cmol(+)/kg,其标准值为表内数值的半数。

②六六六为四种异构体总量,滴滴涕为四种衍生物总量。

③水旱轮作地的土壤环境质量标准,砷采用水田值,铬采用旱地值。

5 监测

5.1 采样方法:土壤监测方法参照国家环保局的《环境监测分析方法》、《土壤元素的近代分析方法》(中国环境监测总站编)的有关章节进行。国家有关方法标准颁布后,按国家标准执行。

5.2 分析方法按表2执行。

表2 土壤环境质量标准选配分析方法

序号	项目	测定方法	检测范围 mg/kg	注释	分析方法来源
1	镉	土样经盐酸-硝酸-高氯酸(或盐酸-硝酸-氢氟酸-高氯酸)消解后， (1)萃取-火焰原子吸收法测定 (2)石墨炉原子吸收分光光度法测定	 0.025以上 0.005以上	土壤总镉	①、②
2	汞	土样经硝酸-硫酸-五氧化二钒或硫、硝酸-高锰酸钾消解后，冷原子吸收法测定	0.004以上	土壤总汞	①、②
3	砷	(1)土样经硫酸-硝酸-高氯酸消解后，二乙基二硫代氨基甲酸银分光光度法测定 (2)土样经硝酸-盐酸-高氯酸消解后，硼氢化钾-硝酸银分光光度法测定	0.5以上 0.1以上	土壤总砷	①、② ②
4	铜	土样经盐酸-硝酸-高氯酸(或盐酸-硝酸-氢氟酸-高氯酸)消解后，火焰原子吸收分光光度法测定	1.0以上	土壤总铜	①、②
5	铅	土样经盐酸-硝酸-氢氟酸-高氯酸消解后， (1)萃取-火焰原子吸收法测定 (2)石墨炉原子吸收分光光度法测定	 0.4以上 0.06以上	土壤总铅	②
6	铬	土样经硫酸-硝酸-氢氟酸消解后， (1)高锰酸钾氧化，二苯碳酰二肼光度法测定 (2)加氯化铵液，火焰原子吸收分光光度法测定	 1.0以上 2.5以上	土壤总铬	①
7	锌	土样经盐酸-硝酸-高氯酸(或盐酸-硝酸-氢氟联-高氯酸)消解后，火焰原子吸收分光光度法测定	0.5以上	土壤总锌	①、②
8	镍	土样经盐酸-硝酸-高氯酸(或盐酸-硝酸-氢氟酸-高氯酸)消解后，火焰原子吸收分光光度法测定	2.5以上	土壤总镍	②
9	六六六和滴滴涕	丙酮-石油醚提取，浓硫酸净化，用带电子捕获检测器的气相色谱仪测定	0.005以上		GB/T 14550—93
10	pH	玻璃电极法(土:水 = 1.0:2.5)	—		②
11	阳离子交换量	乙酸铵法等	—		③

注：分析方法除土壤六六六和滴滴涕有国标外，其他项目待国家方法标准发布后执行，现暂采用下列方法：
①《环境监测分析方法》，1983，城乡建设环境保护部环境保护局；
②《土壤元素的近代分析方法》，1992，中国环境监测总站编，中国环境科学出版社；
③《土壤理化分析》，1978，中国科学院南京土壤研究所编，上海科技出版社。

6 标准的实施

6.1 本标准由各级人民政府环境保护行政主管部门负责监督实施,各级人民政府的有关行政主管部门依照有关法律和规定实施。

6.2 各级人民政府环境保护行政主管部门根据土壤应用功能和保护目标会同有关部门划分本辖区土壤环境质量类别,报同级人民政府批准。

土壤环境监测技术规范(节录)

HJ/T 166—2004

(2004 年 12 月 9 日发布　2004 年 12 月 9 日实施)

本规范由国家环境保护总局科技标准司提出。
本规范由中国环境监测总站、南京市环境监测中心站起草。

(按原标准编号节录)

3 术语和定义

本规范采用下列术语和定义:

3.1　土壤 soil

连续覆被于地球陆地表面具有肥力的疏松物质,是随着气候、生物、母质、地形和时间因素变化而变化的历史自然体。

3.2　土壤环境 soil environment

地球环境由岩石圈、水圈、土壤圈、生物圈和大气圈构成,土壤位于该系统的中心,既是各圈层相互作用的产物,又是各圈层物质循环与能量交换的枢纽。受自然和人为作用,内在或外显的土壤状况称之为土壤环境。

3.3　土壤背景 soil background

区域内很少受人类活动影响和不受或未明显受现代工业污染与破坏的情况下,土壤原来固有的化学组成和元素含量水平。但实际上目前已经很难找到不受人类活动和污染影响的土壤,只能去找影响尽可能少的土壤。不同自然条件下发育的不同土类或同一种土类发育于不同的母质母岩区,其土壤环境背景值也有明显差异;就是同一地点采集的样品,分析结果也不可能完全相同,因此土壤环境背景值是统计性的。

3.4　农田土壤 soil in farmland

用于种植各种粮食作物、蔬菜、水果、纤维和糖料作物、油料作物及农区森林、花卉、药材、草料等作物的农业用地土壤。

3.5　监测单元 monitoring unit

按地形—成土母质—土壤类型—环境影响划分的监测区域范围。

3.6 土壤采样点 soil sampling point

监测单元内实施监测采样的地点。

3.7 土壤剖面 soil profile

按土壤特征,将表土竖直向下的土壤平面划分成的不同层面的取样区域,在各层中部位多点取样,等量混匀。或根据研究的目的采取不同层的土壤样品。

3.8 土壤混合样 soil mixture sample

在农田耕作层采集若干点的等量耕作层土壤并经混合均匀后的土壤样品,组成混合样的分点数要在 5～20 个。

3.9 监测类型 monitoring type

根据土壤监测目的,土壤环境监测有 4 种主要类型:区域土壤环境背景监测、农田土壤环境质量监测、建设项目土壤环境评价监测和土壤污染事故监测。

4 采样准备

4.1 组织准备

由具有野外调查经验且掌握土壤采样技术规程的专业技术人员组成采样组,采样前组织学习有关技术文件,了解监测技术规范。

4.2 资料收集

收集包括监测区域的交通图、土壤图、地质图、大比例尺地形图等资料,供制作采样工作图和标注采样点位用。

收集包括监测区域土类、成土母质等土壤信息资料。

收集工程建设或生产过程对土壤造成影响的环境研究资料。

收集造成土壤污染事故的主要污染物的毒性、稳定性以及如何消除等资料。

收集土壤历史资料和相应的法律(法规)。

收集监测区域工农业生产及排污、污灌、化肥农药施用情况资料。

收集监测区域气候资料(温度、降水量和蒸发量)、水文资料。

收集监测区域遥感与土壤利用及其演变过程方面的资料等。

4.3 现场调查

现场踏勘,将调查得到的信息进行整理和利用,丰富采样工作图的内容。

4.4 采样器具准备

4.4.1 工具类:铁锹、铁铲、圆状取土钻、螺旋取土钻、竹片以及适合特殊采样要求的工具等。

4.4.2 器材类:GPS、罗盘、照相机、胶卷、卷尺、铝盒、样品袋、样品箱等。

4.4.3 文具类:样品标签、采样记录表、铅笔、资料夹等。

4.4.4 安全防护用品:工作服、工作鞋、安全帽、药品箱等。

4.4.5 采样用车辆

4.5 监测项目与频次

监测项目分常规项目、特定项目和选测项目;监测频次与其相应。

常规项目:原则上为 GB 15618《土壤环境质量标准》中所要求控制的污染物。

特定项目:GB 15618《土壤环境质量标准》中未要求控制的污染物,但根据当地环境污染状况,确认在土壤中积累较多、对环境危害较大、影响范围广、毒性较强的污染物,或者污染事故对土壤环境造成严重不良影响的物质,具体项目由各地自行确定。

选测项目:一般包括新纳入的在土壤中积累较少的污染物、由于环境污染导致土壤性状发生改变的土壤性状指标以及生态环境指标等,由各地自行选择测定。

土壤监测项目与监测频次见表4-1。监测频次原则上按表4-1执行,常规项目可按当地实际适当降低监测频次,但不可低于5年一次,选测项目可按当地实际适当提高监测频次。

表4-1 土壤监测项目与监测频次

项目类别		监测项目	监测频次
常规项目	基本项目	pH、阳离子交换量	每3年一次 农田在夏收或秋收后采样
	重点项目	镉、铬、汞、砷、铅、铜、锌、镍、六六六、滴滴涕	
特定项目(污染事故)		特征项目	及时采样,根据污染物变化趋势决定监测频次
选测项目	影响产量项目	全盐量、硼、氟、氮、磷、钾等	每3年监测一次 农田在夏收或秋收后采样
	污水灌溉项目	氰化物、六价铬、挥发酚、烷基汞、苯并[a]芘、有机质、硫化物、石油类等	
	POPs与高毒类农药	苯、挥发性卤代烃、有机磷农药、PCB、PAH等	
	其他项目	结合态铝(酸雨区)、硒、钒、氧化稀土总量、钼、铁、锰、镁、钙、钠、铝、硅、放射性比活度等	

5 布点与样品数容量

5.1 "随机"和"等量"原则

样品是由总体中随机采集的一些个体所组成,个体之间存在变异,因此样品与总体之间,既存在同质的"亲缘"关系,样品可作为总体的代表,但同时也存在着一定程度的异质性,差异愈小,样品的代表性愈好;反之亦然。为了达到采集的监测样品具有好的代表性,必须避免一切主观因素,使组成总体的个体有同样的机会被选入样品,即组成样品的个体应当是随机地取自总体。另一方面,在一组需要相互之间进行比较的样品应当有同样的个体组成,否则样本大的个体所组成的样品,其代表性会大于样本少的个体组成的样品。所以"随机"和"等量"是决定样品具有同等代表性的重要条件。

5.2 布点方法

5.2.1 简单随机

将监测单元分成网格,每个网格编上号码,决定采样点样品数后,随机抽取规定的样品数的样品,其样本号码对应的网格号,即为采样点。随机数的获得可以利用掷骰子、抽签、查随机数表的方法。关于随机数骰子的使用方法可见 GB 10111《利用随机数骰子进行随机抽样的办法》。简单随机布点是一种完全不带主观限制条件的布点方法。

5.2.2 分块随机

根据收集的资料,如果监测区域内的土壤有明显的几种类型,则可将区域分成几块,每块内污染物较均匀,块间的差异较明显。将每块作为一个监测单元,在每个监测单元内再随机布点。在正确分块的前提下,分块布点的代表性比简单随机布点好,如果分块不正确,分块布点的效果可能会适得其反。

5.2.3 系统随机

将监测区域分成面积相等的几部分(网格划分),每网格内布设一采样点,这种布点称为系统随机布点。如果区域内土壤污染物含量变化较大,系统随机布点比简单随机布点所采样品的代表性要好。

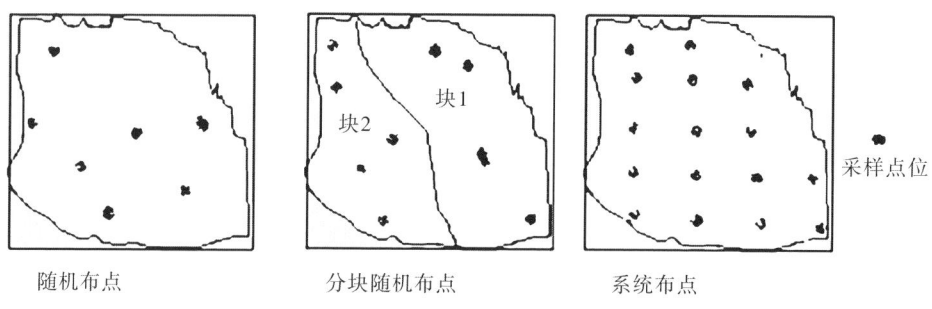

图 5-1 布点方式示意图

5.3 基础样品数量

5.3.1 由均方差和绝对偏差计算样品数

用下列公式可计算所需的样品数:

$$N = t^2 s^2 / D^2$$

式中:N——样品数;

t——选定置信水平(土壤环境监测一般选定为95%)一定自由度下的 t 值(附录 A);

s^2——均方差,可从先前的其他研究或者从极差 $R[s^2 = (R/4)^2]$ 估计;

D——可接受的绝对偏差。

示例:某地土壤多氯联苯(PCB)的浓度范围 0~13mg/kg,若95%置信度时平均值与真值的绝对偏差为 1.5mg/kg,s 为 3.25mg/kg,初选自由度为 10,则

$$N = (2.23)^2 (3.25)^2 / (1.5)^2 = 23$$

因为23比初选的10大得多,重新选择自由度查 t 值计算得:

$$N = (2.069)^2 (3.25)^2 / (1.5)^2 = 20$$

20个土壤样品数较大,原因是其土壤 PCB 含量分布不均匀(0~13mg/kg),要降低采样的样品数,就得牺牲监测结果的置信度(如从95%降低到90%),或放宽监测结果的置信距(如从1.5mg/kg 增加到 2.0mg/kg)。

5.3.2 由变异系数和相对偏差计算样品数

$$N = t^2 s^2 / D^2 \text{ 可变为}: N = t^2 C_V^2 / m^2$$

式中：N——样品数；

t——选定置信水平(土壤环境监测一般选定为95%)一定自由度下的 t 值(附录A)；

C_V——变异系数(%)，可从先前的其他研究资料中估计；

m——可接受的相对偏差(%)，土壤环境监测一般限定为 20%～30%。

没有历史资料的地区、土壤变异程度不太大的地区，一般 C_V 可用 10%～30% 粗略估计，有效磷和有效钾变异系数 C_V 可取 50%。

5.4 布点数量

土壤监测的布点数量要满足样本容量的基本要求，即上述由均方差和绝对偏差、变异系数和相对偏差计算样品数是样品数的下限数值，实际工作中土壤布点数量还要根据调查目的、调查精度和调查区域环境状况等因素确定。

一般要求每个监测单元最少设 3 个点。

区域土壤环境调查按调查的精度不同可从 2.5km、5km、10km、20km、40km 中选择网距网格布点，区域内的网格结点数即为土壤采样点数量。

农田采集混合样的样点数量见"6.2.3.2 混合样"。

建设项目采样点数量见"6.3 建设项目土壤环境评价监测采样"。

城市土壤采样点数量见"6.4 城市土壤采样"。

土壤污染事故采样点数量见"6.5 污染事故监测土壤采样"。

6 样品采集

样品采集一般按三个阶段进行：

前期采样：根据背景资料与现场考察结果，采集一定数量的样品分析测定，用于初步验证污染物空间分异性和判断土壤污染程度，为制定监测方案(选择布点方式和确定监测项目及样品数量)提供依据，前期采样可与现场调查同时进行。

正式采样：按照监测方案，实施现场采样。

补充采样：正式采样测试后，发现布设的样点没有满足总体设计需要，则要进行增设采样点补充采样。

面积较小的土壤污染调查和突发性土壤污染事故调查可直接采样。

6.1 区域环境背景土壤采样

6.1.1 采样单元

采样单元的划分，全国土壤环境背景值监测一般以土类为主，省、自治区、直辖市级的土壤环境背景值监测以土类和成土母质母岩类型为主，省级以下或条件许可或特别工作需要的土壤环境背景值监测可划分到亚类或土属。

6.1.2 样品数量

各采样单元中的样品数量应符合"5.3 基础样品数量"要求。

6.1.3 网格布点

网格间距 L 按下式计算：

$$L = (A/N)^{1/2}$$

式中：L——网格间距；

A——采样单元面积；

N——采样点数（同"5.3 基础样品数量"）。

A 和 L 的量纲要相匹配，如 A 的单位是 km^2，则 L 的单位就为 km。根据实际情况可适当减小网格间距，适当调整网格的起始经纬度，避开过多网格落在道路或河流上，使样品更具代表性。

6.1.4 野外选点

首先采样点的自然景观应符合土壤环境背景值研究的要求。采样点选在被采土壤类型特征明显的地方，地形相对平坦、稳定、植被良好的地点；坡脚、洼地等具有从属景观特征的地点不设采样点；城镇、住宅、道路、沟渠、粪坑、坟墓附近等处人为干扰大，失去土壤的代表性，不宜设采样点，采样点离铁路、公路至少 300m 以上；采样点以剖面发育完整、层次较清楚、无侵入体为准，不在水土流失严重或表土被破坏处设采样点；选择不施或少施化肥、农药的地块作为采样点，以使样品点尽可能少受人为活动的影响；不在多种土类、多种母质母岩交错分布、面积较小的边缘地区布设采样点。

6.1.5 采样

采样点可采表层样或土壤剖面。一般监测采集表层土，采样深度 0～20cm，特殊要求的监测（土壤背景、环评、污染事故等）必要时选择部分采样点采集剖面样品。剖面的规格一般为长 1.5m，宽 0.8m，深 1.2m。挖掘土壤剖面要使观察面向阳，表土和底土分两侧放置。

一般每个剖面采集 A、B、C 三层土样。地下水位较高时，剖面挖至地下水出露时为止；山地丘陵土层较薄时，剖面挖至风化层。

对 B 层发育不完整（不发育）的山地土壤，只采 A、C 两层；

干旱地区剖面发育不完善的土壤，在表层 5～20cm、心土层 50cm、底土层 100cm 左右采样。

水稻土按照 A 耕作层、P 犁底层、C 母质层（或 G 潜育层、W 潴育层）分层采样（图 6-1），对 P 层太薄的剖面，只采 A、C 两层（或 A、G 层或 A、W 层）。

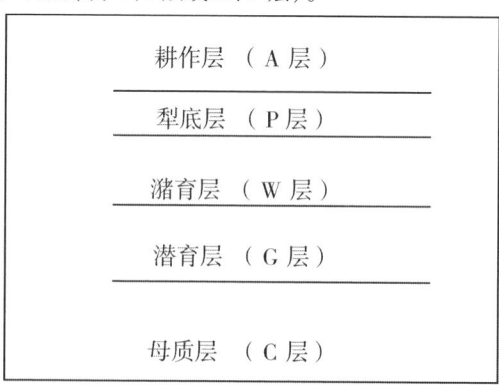

图 6-1 水稻土剖面示意图

对 A 层特别深厚，沉积层不甚发育，一米内见不到母质的土类剖面，按 A 层 5～20cm、A/B 层 60～90cm、B 层 100～200cm 采集土壤。草甸土和潮土一般在 A 层 5～20cm、C_1 层（或 B 层）

50cm、C_2 层 100～120cm 处采样。

采样次序自下而上,先采剖面的底层样品,再采中层样品,最后采上层样品。测量重金属的样品尽量用竹片或竹刀去除与金属采样器接触的部分土壤,再用其取样。

剖面每层样品采集 1kg 左右,装入样品袋,样品袋一般由棉布缝制而成,如潮湿样品可内衬塑料袋(供无机化合物测定)或将样品置于玻璃瓶内(供有机化合物测定)。采样的同时,由专人填写样品标签、采样记录;标签一式两份,一份放入袋中,一份系在袋口,标签上标注采样时间、地点、样品编号、监测项目、采样深度和经纬度。采样结束,需逐项检查采样记录、样袋标签和土壤样品,如有缺项和错误,及时补齐更正。将底土和表土按原层回填到采样坑中,方可离开现场,并在采样示意图上标出采样地点,避免下次在相同处采集剖面样。

标签和采样记录格式见表 6-1、表 6-2 和图 6-2。(具体见原标准)

6.2 农田土壤采样

6.2.1 监测单元

土壤环境监测单元按土壤主要接纳污染物途径可划分为:

(1)大气污染型土壤监测单元;
(2)灌溉水污染型土壤监测单元;
(3)固体废物堆污染型土壤监测单元;
(4)农用固体废物污染型土壤监测单元;
(5)农用化学物质污染型土壤监测单元;
(6)综合污染型土壤监测单元(污染物主要来自上述两种以上途径)。

监测单元划分要参考土壤类型、农作物种类、耕作制度、商品生产基地、保护区类型、行政区划等要素的差异,同一单元的差别应尽可能地缩小。

6.2.2 布点

根据调查目的、调查精度和调查区域环境状况等因素确定监测单元。部门专项农业产品生产土壤环境监测布点按其专项监测要求进行。

大气污染型土壤监测单元和固体废物堆污染型土壤监测单元以污染源为中心放射状布点,在主导风向和地表水的径流方向适当增加采样点(离污染源的距离远于其他点);灌溉水污染监测单元、农用固体废物污染型土壤监测单元和农用化学物质污染型土壤监测单元采用均匀布点;灌溉水污染监测单元采用按水流方向带状布点,采样点自纳污口起由密渐疏;综合污染型土壤监测单元布点采用综合放射状、均匀、带状布点法。

6.2.3 样品采集

6.2.3.1 剖面样

特定的调查研究监测需了解污染物在土壤中的垂直分布时采集土壤剖面样,采样方法同 6.1.5。

6.2.3.2 混合样

一般农田土壤环境监测采集耕作层土样,种植一般农作物采 0～20cm,种植果林类农作物采 0～60cm。为了保证样品的代表性,减低监测费用,采取采集混合样的方案。每个土壤单元设 3～7 个采样区,单个采样区可以是自然分割的一个田块,也可以由多个田块所构成,其范围以 200m×200m 左右为宜。每个采样区的样品为农田土壤混合样。混合样的采集主要有四种方法:

(1)对角线法:适用于污灌农田土壤,对角线分 5 等份,以等分点为采样分点;

(2)梅花点法:适用于面积较小,地势平坦,土壤组成和受污染程度相对比较均匀的地块,设分点 5 个左右;

(3)棋盘式法:适宜中等面积、地势平坦、土壤不够均匀的地块,设分点 10 个左右;受污泥、垃圾等固体废物污染的土壤,分点应在 20 个以上;

(4)蛇形法:适宜于面积较大、土壤不够均匀且地势不平坦的地块,设分点 15 个左右,多用于农业污染型土壤。各分点混匀后用四分法取 1kg 土样装入样品袋,多余部分弃去。样品标签和采样记录等要求同 6.1.5。

6.3 建设项目土壤环境评价监测采样

每 100 公顷占地不少于 5 个且总数不少于 5 个采样点,其中小型建设项目设 1 个柱状样采样点,大中型建设项目不少于 3 个柱状样采样点,特大性建设项目或对土壤环境影响敏感的建设项目不少于 5 个柱状样采样点。

6.3.1 非机械干扰土

如果建设工程或生产没有翻动土层,表层土受污染的可能性最大,但不排除对中下层土壤的影响。生产或者将要生产导致的污染物,以工艺烟雾(尘)、污水、固体废物等形式污染周围土壤环境,采样点以污染源为中心放射状布设为主,在主导风向和地表水的径流方向适当增加采样点(离污染源的距离远于其他点);以水污染型为主的土壤按水流方向带状布点,采样点自纳污口起由密渐疏;综合污染型土壤监测布点采用综合放射状、均匀、带状布点法。此类监测不采混合样,混合样虽然能降低监测费用,但损失了污染物空间分布的信息,不利于掌握工程及生产对土壤影响状况。

表层土样采集深度 0 ~ 20cm;每个柱状样取样深度都为 100cm,分取三个土样:表层样(0 ~ 20cm),中层样(20 ~ 60cm),深层样(60 ~ 100cm)。

6.3.2 机械干扰土

由于建设工程或生产中,土层受到翻动影响,污染物在土壤纵向分布不同于非机械干扰土。采样点布设同 6.3.1。各点取 1kg 装入样品袋,样品标签和采样记录等要求同 6.1.5。采样总深度由实际情况而定,一般同剖面样的采样深度,确定采样深度有 3 种方法可供参考。

6.3.2.1 随机深度采样

本方法适合土壤污染物水平方向变化不大的土壤监测单元,采样深度由下列公式计算:

$$深度 = 剖面土壤总深 \times RN$$

式中:RN = 0 ~ 1 之间的随机数。RN 由随机数骰子法产生,GB 10111 推荐的随机数骰子是由均匀材料制成的正 20 面体,在 20 个面上,0 ~ 9 各数字都出现两次,使用时根据需产生的随机数的位数选取相应的骰子数,并规定好每种颜色的骰子各代表的位数。对于本规范用一个骰子,其出现的数字除以 10 即为 RN,当骰子出现的数为 0 时规定此时的 RN 为 1。

示例:

土壤剖面深度(H)1.2m,用一个骰子决定随机数。

若第一次掷骰子得随机数(n_1)6,则

$RN1 = (n_1)/10 = 0.6$

采样深度(H1) = $H \times RN_1 = 1.2 \times 0.6 = 0.72(m)$

即第一个点的采样深度离地面 0.72m;

若第二次掷骰子得随机数(n_2)3,则

$$RN_2 = (n_2)/10 = 0.3$$
$$采样深度(H2) = H \times RN_2 = 1.2 \times 0.3 = 0.36(m)$$

即第二个点的采样深度离地面0.36m;

若第三次掷骰子得随机数(n_3)8,同理可得第三个点的采样深度离地面0.96m;

若第四次掷骰子得随机数(n_4)0,则

$$RN_4 = 1(规定当随机数为0时RN取1)$$
$$采样深度(H_4) = H \times RN_4 = 1.2 \times 1 = 1.2(m)$$

即第四个点的采样深度离地面1.2m;

以此类推,直至决定所有点采样深度为止。

6.3.2.2 分层随机深度采样

本采样方法适合绝大多数的土壤采样,土壤纵向(深度)分成三层,每层采一样品,每层的采样深度由下列公式计算:

$$深度 = 每层土壤深 \times RN$$

式中:RN = 0 ~ 1 之间的随机数,取值方法同6.3.2.1中的RN取值。

6.3.2.3 规定深度采样

本采样适合预采样(为初步了解土壤污染随深度的变化,制定土壤采样方案)和挥发性有机物的监测采样,表层多采,中下层等间距采样。

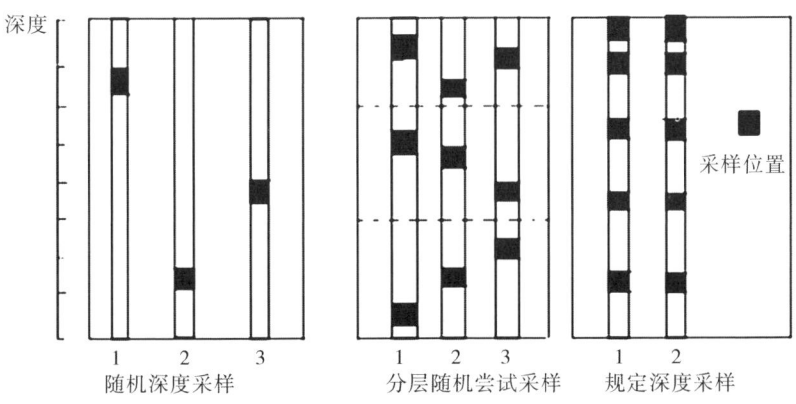

图6-3 机械干扰土采样方式示意图

6.4 城市土壤采样

城市土壤是城市生态的重要组成部分,虽然城市土壤不用于农业生产,但其环境质量对城市生态系统影响极大。城区内大部分土壤被道路和建筑物覆盖,只有小部分土壤栽植草木,本规范中城市土壤主要是指后者,由于其复杂性分两层采样,上层(0 ~ 30cm)可能是回填土或受人为影响大的部分,另一层(30 ~ 60cm)为人为影响相对较小部分。两层分别取样监测。

城市土壤监测点以网距2000m的网格布设为主,功能区布点为辅,每个网格设一个采样点。对于专项研究和调查的采样点可适当加密。

6.5 污染事故监测土壤采样

污染事故不可预料,接到举报后立即组织采样。现场调查和观察,取证土壤被污染时间,根据污染物及其对土壤的影响确定监测项目,尤其是污染事故的特征污染物是监测的重点。据污染物的颜色、印渍和气味以及结合考虑地势、风向等因素初步界定污染事故对土壤的污染范围。

如果是固体污染物抛洒污染型,等打扫后采集表层5cm土样,采样点数不少于3个。

如果是液体倾翻污染型,污染物向低洼处流动的同时向深度方向渗透并向两侧横向方向扩散,每个点分层采样,事故发生点样品点较密,采样深度较深,离事故发生点相对远处样品点较疏,采样深度较浅。采样点不少于5个。

如果是爆炸污染型,以放射性同心圆方式布点,采样点不少于5个,爆炸中心采分层样,周围采表层土(0～20cm)。

事故土壤监测要设定2～3个背景对照点,各点(层)取1kg土样装入样品袋,有腐蚀性或要测定挥发性化合物,改用广口瓶装样。含易分解有机物的待测定样品,采集后置于低温(冰箱)中,直至运送、移交到分析室。

7 样品流转

7.1 装运前核对

在采样现场样品必须逐件与样品登记表、样品标签和采样记录进行核对,核对无误后分类装箱。

7.2 运输中防损

运输过程中严防样品的损失、混淆和沾污。对光敏感的样品应有避光外包装。

7.3 样品交接

由专人将土壤样品送到实验室,送样者和接样者双方同时清点核实样品,并在样品交接单上签字确认,样品交接单由双方各存一份备查。

8 样品制备

8.1 制样工作室要求

分设风干室和磨样室。风干室朝南(严防阳光直射土样),通风良好,整洁,无尘,无易挥发性化学物质。

8.2 制样工具及容器

风干用白色搪瓷盘及木盘;

粗粉碎用木锤、木滚、木棒、有机玻璃棒、有机玻璃板、硬质木板、无色聚乙烯薄膜;

磨样用玛瑙研磨机(球磨机)或玛瑙研钵、白色瓷研钵;

过筛用尼龙筛,规格为2～100目;

装样用具塞磨口玻璃瓶,具塞无色聚乙烯塑料瓶或特制牛皮纸袋,规格视量而定。

8.3 制样程序

制样者与样品管理员同时核实清点,交接样品,在样品交接单上双方签字确认。

8.3.1 风干

在风干室将土样放置于风干盘中,摊成2～3cm的薄层,适时地压碎、翻动,拣出碎石、砂砾、植物残体。

8.3.2 样品粗磨

在磨样室将风干的样品倒在有机玻璃板上，用木锤敲打，用木滚、木棒、有机玻璃棒再次压碎，拣出杂质，混匀，并用四分法取压碎样，过孔径 0.25mm（20 目）尼龙筛。过筛后的样品全部置无色聚乙烯薄膜上，并充分搅拌混匀，再采用四分法取其两份，一份交样品库存放，另一份作样品的细磨用。粗磨样可直接用于土壤 pH、阳离子交换量、元素有效态含量等项目的分析。

8.3.3 细磨样品

用于细磨的样品再用四分法分成两份，一份研磨到全部过孔径 0.25mm（60 目）筛，用于农药或土壤有机质、土壤全氮量等项目分析；另一份研磨到全部过孔径 0.15mm（100 目）筛，用于土壤元素全量分析。制样过程见图 8-1。

8.3.4 样品分装

研磨混匀后的样品，分别装于样品袋或样品瓶，填写土壤标签一式两份，瓶内或袋内一份，瓶外或袋外贴一份。

8.3.5 注意事项

制样过程中采样时的土壤标签与土壤始终放在一起，严禁混错，样品名称和编码始终不变；制样工具每处理一份样后擦抹（洗）干净，严防交叉污染；分析挥发性、半挥发性有机物或可萃取有机物无须上述制样，用新鲜样按特定的方法进行样品前处理。

9 样品保存

按样品名称、编号和粒径分类保存。

9.1 新鲜样品的保存

对于易分解或易挥发等不稳定组分的样品要采取低温保存的运输方法，并尽快送到实验室分析测试。测试项目需要新鲜样品的土样，采集后用可密封的聚乙烯或玻璃容器在 4℃ 以下避光保存，样品要充满容器。避免用含有待测组分或对测试有干扰的材料制成的容器盛装保存样品，测定有机污染物用的土壤样品要选用玻璃容器保存。具体保存条件见表 9-1。

表 9-1 新鲜样品的保存条件和保存时间

测试项目	容器材质	温度 ℃	可保存时间 d	备注
金属（汞和六价铬除外）	聚乙烯、玻璃	<4	180	
汞	玻璃	<4	28	
砷	聚乙烯、玻璃	<4	180	
六价铬	聚乙烯、玻璃	<4	1	
氰化物	聚乙烯、玻璃	<4	2	
挥发性有机物	玻璃（棕色）	<4	7	采样瓶装满装实并密封
半挥发性有机物	玻璃（棕色）	<4	10	采样瓶装满装实并密封
难挥发性有机物	玻璃（棕色）	<4	14	

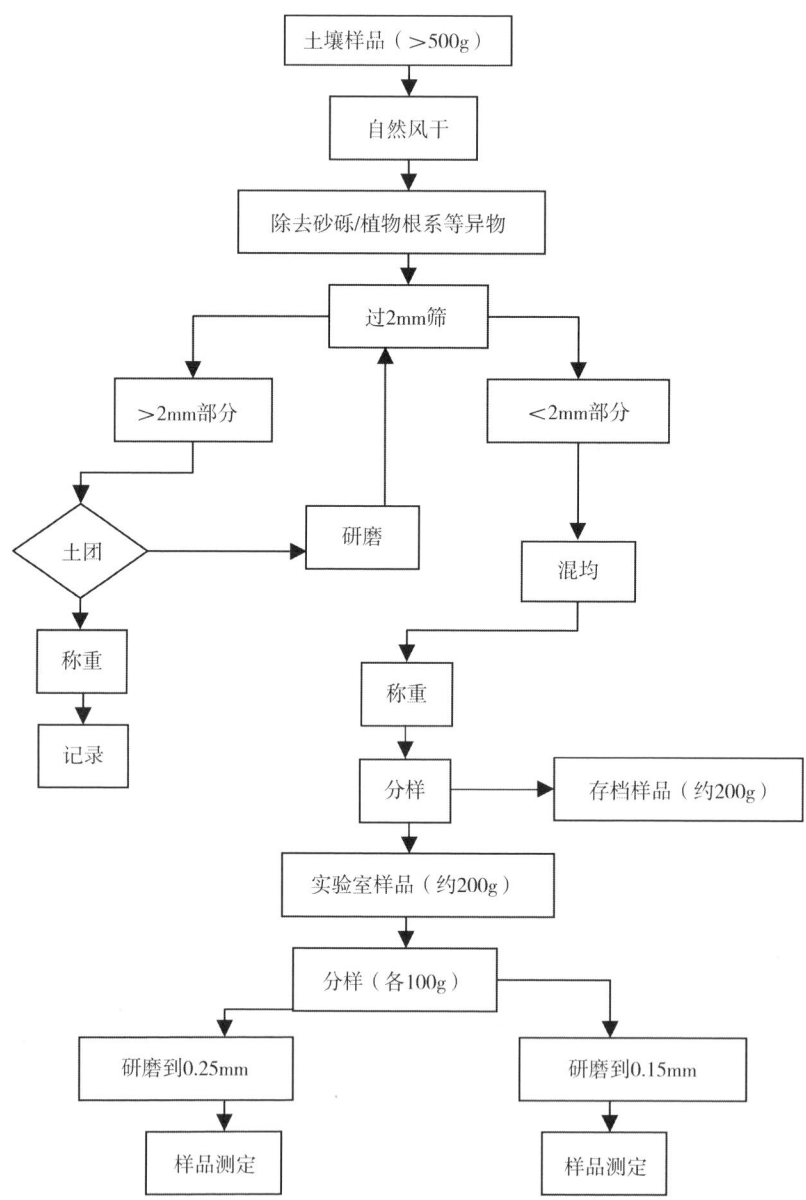

图 8-1 常规监测制样过程图

9.2 预留样品

预留样品在样品库造册保存。

9.3 分析取用后的剩余样品

分析取用后的剩余样品,待测定全部完成数据报出后,也移交样品库保存。

9.4 保存时间

分析取用后的剩余样品一般保留半年,预留样品一般保留 2 年。特殊、珍稀、仲裁、有争议样品一般要永久保存。

新鲜土样保存时间见"9.1 新鲜样品的保存"。

9.5 样品库要求

保持干燥、通风、无阳光直射、无污染;要定期清理样品,防止霉变、鼠害及标签脱落。样品入库、领用和清理均需记录。

10 土壤分析测定

10.1 测定项目

分常规项目、特定项目和选测项目,见"4.5 监测项目与频次"。

10.2 样品处理

土壤与污染物种类繁多,不同的污染物在不同土壤中的样品处理方法及测定方法各异。同时要根据不同的监测要求和监测目的,选定样品处理方法。

仲裁监测必须选定《土壤环境质量标准》中选配的分析方法中规定的样品处理方法,其他类型的监测优先使用国家土壤测定标准,《土壤环境质量标准》中没有的项目或国家土壤测定方法标准暂缺项目则可使用等效测定方法中的样品处理方法。样品处理方法见"10.3 分析方法",按选用的分析方法中规定进行样品处理。

由于土壤组成的复杂性和土壤物理化学性状(pH、Eh 等)差异,造成重金属及其他污染物在土壤环境中形态的复杂和多样性。金属不同形态,其生理活性和毒性均有差异,其中以有效态和交换态的活性、毒性最大,残留态的活性、毒性最小,而其他结合态的活性、毒性居中。部分形态分析的样品处理方法见附录 D。

一般区域背景值调查和《土壤环境质量标准》中重金属测定的是土壤中的重金属全量(除特殊说明,如六价铬),其测定土壤中金属全量的方法见相应的分析方法,其等效方法也可参见附录 D。测定土壤中有机物的样品处理方法见相应分析方法,原则性的处理方法参见附录 D。

10.3 分析方法

10.3.1 第一方法:标准方法(即仲裁方法),按《土壤环境质量标准》中选配的分析方法(表 10-1)。

表 10-1 土壤常规监测项目及分析方法

监测项目	监测仪器	监测方法	方法来源
镉	原子吸收光谱仪	石墨炉原子吸收分光光度法	GB/T 17141—1997
	原子吸收光谱仪	KI-MIBK 萃取原子吸收分光光度法	GB/T 17140—1997
汞	测汞仪	冷原子吸收法	GB/T 17136—1997

(续表)

监测项目	监测仪器	监测方法	方法来源
砷	分光光度计	二乙基二硫代氨基甲酸银分光光度法	GB/T 17134—1997
	分光光度计	硼氢化钾-硝酸银分光光度法	GB/T 17135—1997
铜	原子吸收光谱仪	火焰原子吸收分光光度法	GB/T 17138—1997
铅	原子吸收光谱仪	石墨炉原子吸收分光光度法	GB/T 17141—1997
	原子吸收光谱仪	KI-MIBK萃取原子吸收分光光度法	GB/T 17140—1997
铬	原子吸收光谱仪	火焰原子吸收分光光度法	GB/T 17137—1997[a]
锌	原子吸收光谱仪	火焰原子吸收分光光度法	GB/T 17138—1997
镍	原子吸收光谱仪	火焰原子吸收分光光度法	GB/T 17139—1997
六六六和滴滴涕	气相色谱仪	电子捕获气相色谱法	GB/T 14550—1993[b]
六种多环芳烃	液相色谱仪	高效液相色谱法	GB 13198—91[c]
稀土总量	分光光度计	对马尿酸偶氮氯膦分光光度法	GB 6262
pH	pH计	森林土壤pH测定	GB 7859—87
阳离子交换量	滴定仪	乙酸铵法	[d]

注：a 已被 HJ 491—2009 代替。
b 已被 GB/T 14550—2003 代替。
c 已被 HJ 478—2009 代替。
d 中国科学院南京土壤研究所：《土壤理化分析》，上海科技出版社，1978年版。

10.3.2 第二方法：由权威部门规定或推荐的方法。

10.3.3 第三方法：根据各地实情，自选等效方法，但应作标准样品验证或比对实验，其检出限、准确度、精密度不低于相应的通用方法要求水平或待测物准确定量的要求。土壤监测项目与分析第一方法、第二方法和第三方法汇总见表10-2。

表10-2 土壤监测项目与分析方法

监测项目	推荐方法	等效方法
砷	COL	HG-AAS、HG-AFS、XRF
镉	GF-AAS	POL、ICP-MS
钴	AAS	GF-AAS、ICP-AES、ICP-MS
铬	AAS	GF-AAS、ICP-AES、XRF、ICP-MS
铜	AAS	GF-AAS、ICP-AES、XRF、ICP-MS
氟	ISE	—
汞	HG-AAS	HG-AFS

(续表)

监测项目	推荐方法	等效方法
锰	AAS	ICP-AES、INAA、ICP-MS
镍	AAS	GF-AAS、XRF、ICP-AES、ICP-MS
铅	GF-AAS	ICP-MS、XRF
硒	HG-AAS	HG-AFS、DAN 荧光、GC
钒	COL	ICP-AES、XRF、INAA、ICP-MS
锌	AAS	ICP-AES、XRF、INAA、ICP-MS
硫	COL	ICP-AES、ICP-MS
pH	ISE	—
有机质	VOL	—
PCBs、PAHs	LC、GC	—
阳离子交换量	VOL	—
VOC	GC、GC-MS	—
SVOC	GC、GC-MS	—
除草剂和杀虫剂	GC、GC-MS、LC	—
POPs	GC、GC-MS、LC、LC-MS	—

注：ICP-AES：等离子发射光谱；XRF：X-荧光光谱分析；AAS：火焰原子吸收；GF-AAS：石墨炉原子吸收；HG-AAS：氢化物发生原子吸收法；HG-AFS：氢化物发生原子荧光法；POL：催化极谱法；ISE：选择性离子电极；VOL：容量法；POT：电位法；INAA：中子活化分析法；GC：气相色谱法；LC：液相色谱法；GC-MS：气相色谱-质谱联用法；COL：分光比色法；LC-MS：液相色谱-质谱联用法；ICP-MS：等离子体质谱联用法。

11 分析记录与监测报告

11.1 分析记录

分析记录一般要设计成记录本格式，页码、内容齐全，用碳素墨水笔填写详实，字迹要清楚，需要更正时，应在错误数据（文字）上划一横线，在其上方写上正确内容，并在所划横线上加盖修改者名章或者签字以示负责。

分析记录也可以设计成活页，随分析报告流转和保存，便于复核审查。

分析记录也可以是电子版本式的输出物（打印件）或存有其信息的磁盘、光盘等。

记录测量数据，要采用法定计量单位，只保留一位可疑数字，有效数字的位数应根据计量器具的精度及分析仪器的示值确定，不得随意增添或删除。

11.2 数据运算

有效数字的计算修约规则按 GB 8170 执行。采样、运输、储存、分析失误造成的离群数据应剔除。

11.3 结果表示

平行样的测定结果用平均数表示,一组测定数据用 Dixon 法、Grubbs 法检验剔除离群值后以平均值报出;低于分析方法检出限的测定结果以"未检出"报出,参加统计时按二分之一最低检出限计算。

土壤样品测定一般保留三位有效数字,含量较低的镉和汞保留两位有效数字,并注明检出限数值。分析结果的精密度数据,一般只取一位有效数字,当测定数据很多时,可取两位有效数字。表示分析结果的有效数字的位数不可超过方法检出限的最低位数。

11.4 监测报告

报告名称,实验室名称,报告编号,报告每页和总页数标识,采样地点名称,采样时间、分析时间,检测方法,监测依据,评价标准,监测数据,单项评价,总体结论,监测仪器编号,检出限(未检出时需列出),采样点示意图,采样(委托)者,分析者,报告编制、复核、审核和签发者及时间等内容。

12 土壤环境质量评价

土壤环境质量评价涉及评价因子、评价标准和评价模式。评价因子数量与项目类型取决于监测的目的和现实的经济和技术条件。评价标准常采用国家土壤环境质量标准、区域土壤背景值或部门(专业)土壤质量标准。评价模式常用污染指数法或者与其有关的评价方法。

12.1 污染指数、超标率(倍数)评价

土壤环境质量评价一般以单项污染指数为主,指数小污染轻,指数大污染则重。当区域内土壤环境质量作为一个整体与外区域进行比较或与历史资料进行比较时除用单项污染指数外,还常用综合污染指数。土壤由于地区背景差异较大,用土壤污染累积指数更能反映土壤的人为污染程度。土壤污染物分担率可评价确定土壤的主要污染项目,污染物分担率由大到小排序,污染物主次也同此序。除此之外,土壤污染超标倍数、样本超标率等统计量也能反映土壤的环境状况。污染指数和超标率等计算公式如下:

土壤单项污染指数 = 土壤污染物实测值/土壤污染物质量标准

土壤污染累积指数 = 土壤污染物实测值/污染物背景值

土壤污染物分担率(%) = (土壤某项污染指数/各项污染指数之和)×100%

土壤污染超标倍数 = (土壤某污染物实测值−某污染物质量标准)/某污染物质量标准

土壤污染样本超标率(%) = (土壤样本超标总数/监测样本总数)×100%

12.2 内梅罗污染指数评价

$$内梅罗污染指数(P_N) = \{[(PI_{均}^2) + (PI_{最大}^2)]/2\}^{1/2}$$

式中:$PI_{均}$ 和 $PI_{最大}$ ——分别是平均单项污染指数和最大单项污染指数。

内梅罗污染指数反映了各污染物对土壤的作用,同时突出了高浓度污染物对土壤环境质量的影响,可按内梅罗污染指数划定污染等级。内梅罗指数土壤污染评价标准见表 12-1。

表 12-1 土壤内梅罗污染指数评价标准

等级	内梅罗污染指数	污染等级
Ⅰ	$P_N \leq 0.7$	清洁（安全）
Ⅱ	$0.7 < P_N \leq 1.0$	尚清洁（警戒限）
Ⅲ	$1.0 < P_N \leq 2.0$	轻度污染
Ⅳ	$2.0 < P_N \leq 3.0$	中度污染
Ⅴ	$P_N > 3.0$	重污染

12.3 背景值及标准偏差评价

用区域土壤环境背景值(x)95%置信度的范围($x \pm 2s$)来评价：

若土壤某元素监测值 $x_I < x - 2s$，则该元素缺乏或属于低背景土壤。

若土壤某元素监测值在 $x \pm 2s$，则该元素含量正常。

若土壤某元素监测值 $x_I > x + 2s$，则土壤已受该元素污染，或属于高背景土壤。

12.4 综合污染指数法

综合污染指数（CPI）包含了土壤元素背景值、土壤元素标准（附录 B）尺度因素和价态效应综合影响。其表达式：

$$CPI = X \cdot (1 + RPE) + Y \cdot DDMB/(Z \cdot DDSB)$$

式中：CPI——综合污染指数；

X、Y——分别为测量值超过标准值和背景值的数目；

RPE——相对污染当量；

$DDMB$——元素测定浓度偏离背景值的程度；

$DDSB$——土壤标准偏离背景值的程度；

Z——用作标准元素的数目。

主要有下列计算过程：

（1）计算相对污染当量（RPE）

$$RPE = \left[\sum_{i=1}^{N} (C_i/C_{is})^{1/n} \right]/N$$

式中：N——测定元素的数目；

C_i——测定元素 i 的浓度；

C_{is}——测定元素 i 的土壤标准值；

n——测定元素 i 的氧化数。

对于变价元素，应考虑价态与毒性的关系，在不同价态共存并同时用于评价时，应在计算中注意高低毒性价态的相互转换，以体现由价态不同所构成的风险差异性。

（2）计算元素测定浓度偏离背景值的程度（DDMB）

$$DDMB = \left[\sum_{i=1}^{N} C_i/C_{iB} \right]^{1/n}/N$$

式中：C_{iB}——元素 i 的背景值。

其余符号的意义同上。

（3）计算土壤标准偏离背景值的程度（DDSB）

$$DDSB = \left[\sum_{i=1}^{Z} C_{is}/C_{iB} \right]^{1/n} / Z$$

式中:Z——用于评价元素的个数。

其余符号的意义同上。

(4)综合污染指数计算(CPI)

(5)评价

用 CPI 评价土壤环境质量指标体系见表 12-2。

表 12-2 综合污染指数(CPI)评价表

X	Y	CPI	评价
0	0	0	背景状态
0	≥1	0 < CPI < 1	未污染状态,数值大小表示偏离背景值相对程度
≥1	≥1	≥1	污染状态,数值越大表示污染程度相对越严重

(6)污染表征

$$_{N}T_{CPI}^{X}(a,b,c\cdots\cdots)$$

式中:X——超过土壤标准的元素数目;

a、b、c 等——超标污染元素的名称;

N——测定元素的数目;

CPI——综合污染指数。

13 质量保证和质量控制

质量保证和质量控制的目的是为了保证所产生的土壤环境质量监测资料具有代表性、准确性、精密性、可比性和完整性。质量控制涉及监测的全部过程。

13.1 采样、制样质量控制

布点方法及样品数量见"5 布点与样品容量"。

样品采集及注意事项见"6 样品采集"。

样品流转见"7 样品流转"。

样品制备见"8 样品制备"。

样品保存见"9 样品保存"。

13.2 实验室质量控制

13.2.1 精密度控制

13.2.1.1 测定率

每批样品每个项目分析时均须做 20% 平行样品;当 5 个样品以下时,平行样不少于 1 个。

13.2.1.2 测定方式由分析者自行编入的明码平行样,或由质控员在采样现场或实验室编入密码平行样。

13.2.1.3 合格要求

平行双样测定结果的误差在允许误差范围之内者为合格。允许误差范围见表 13-1。对未列出允许误差的方法,当样品的均匀性和稳定性较好时,参考表 13-2 的规定。当平行双样测定合格率低于 95% 时,除对当批样品重新测定外再增加样品数 10%～20% 的平行样,直至平行双样测定合格率大于 95%。

表 13-1　土壤监测平行双样测定值的精密度和准确度允许误差

监测项目	样品含量范围 mg/kg	精密度		准确度			适用的分析方法
		室内相对标准偏差%	室间相对标准偏差%	加标回收率%	室内相对误差%	室间相对误差%	
镉	<0.1 0.1～0.4 >0.4	±35 ±30 ±25	±40 ±35 ±30	75～110 85～110 90～105	±35 ±30 ±25	±40 ±35 ±30	原子吸收光谱法
汞	<0.1 0.1～0.4 >0.4	±35 ±30 ±25	±40 ±35 ±30	75～110 85～110 90～105	±35 ±30 ±25	±40 ±35 ±30	冷原子吸收法原子荧光法
砷	<10 10～20 >20	±20 ±15 ±15	±30 ±25 ±20	85～105 90～105 90～105	±20 ±15 ±15	±30 ±25 ±20	原子荧光法分光光度法
铜	<20 20～30 >30	±20 ±15 ±15	±30 ±25 ±20	85～105 90～105 90～105	±20 ±15 ±15	±30 ±25 ±20	原子吸收光谱法
铅	<20 20～40 >40	±30 ±25 ±20	±35 ±30 ±25	80～110 85～110 90～105	±30 ±25 ±20	±35 ±30 ±25	原子吸收光谱法
铬	<50 50～90 >90	±25 ±20 ±15	±30 ±30 ±25	85～110 85～110 90～105	±25 ±20 ±15	±30 ±30 ±25	原子吸收光谱法
锌	<50 50～90 >90	±25 ±20 ±15	±30 ±30 ±25	85～110 85～110 90～105	±25 ±20 ±15	±30 ±30 ±25	原子吸收光谱法
镍	<20 20～40 >40	±30 ±25 ±20	±35 ±30 ±25	80～110 85～110 90～105	±30 ±25 ±20	±35 ±30 ±25	原子吸收光谱法

表13-2 土壤监测平行双样最大允许相对偏差

含量范围 mg/kg	最大允许相对偏差 %
>100	±5
10～100	±10
1.0～10	±20
0.1～1.0	±25
<0.1	±30

13.2.2 准确度控制

13.2.2.1 使用标准物质或质控样品

例行分析中,每批要带测质控平行双样,在测定的精密度合格的前提下,质控样测定值必须落在质控样保证值(在95%的置信水平)范围之内,否则本批结果无效,需重新分析测定。

13.2.2.2 加标回收率的测定

当选测的项目无标准物质或质控样品时,可用加标回收实验来检查测定准确度。

加标率:在一批试样中,随机抽取10%～20%试样进行加标回收测定。样品数不足10个时,适当增加加标比率。每批同类型试样中,加标试样不应小于1个。

加标量:加标量视被测组分含量而定,含量高的加入被测组分含量的0.5～1.0倍,含量低的加2～3倍,但加标后被测组分的总量不得超出方法的测定上限。加标浓度宜高,体积应小,不应超过原试样体积的1%,否则需进行体积校正。

合格要求:加标回收率应在加标回收率允许范围之内。加标回收率允许范围见表13-2。当加标回收合格率小于70%时,对不合格者重新进行回收率的测定,并另增加10%～20%的试样作加标回收率测定,直至总合格率大于或等于70%以上。

13.2.3 质量控制图

必测项目应作准确度质控图,用质控样的保证值X与标准偏差S,在95%的置信水平,以X作为中心线、X±2S作为上下警告线、X±3S作为上下控制线的基本数据,绘制准确度质控图,用于分析质量的自控。

每批所带质控样的测定值落在中心附近、上下警告线之内,则表示分析正常,此批样品测定结果可靠;如果测定值落在上下控制线之外,表示分析失控,测定结果不可信,检查原因,纠正后重新测定;如果测定值落在上下警告线和上下控制线之间,虽分析结果可接受,但有失控倾向,应予以注意。

13.2.4 土壤标准样品

土壤标准样品是直接用土壤样品或模拟土壤样品制得的一种固体物质。土壤标准样品具有良好的均匀性、稳定性和长期的可保存性。土壤标准物质可用于分析方法的验证和标准化,校正并标定分析测定仪器,评价测定方法的准确度和测试人员的技术水平,进行质量保证工作,实现各实验室内及实验室间、行业之间、国家之间数据可比性和一致性。

我国已经拥有多种类的土壤标准样品,如 ESS 系列和 GSS 系列等。使用土壤标准样品时,选择合适的标样,使标样的背景结构、组分、含量水平应尽可能与待测样品一致或近似。如果与标样在化学性质和基本组成差异很大,由于基体干扰,用土壤标样作为标定或校正仪器的标准,有可能产生一定的系统误差。

13.2.5 监测过程中受到干扰时的处理

检测过程中受到干扰时,按有关处理制度执行。一般要求如下:停水、停电、停气等,凡影响到检测质量时,全部样品重新测定。仪器发生故障时,可用相同等级并能满足检测要求的备用仪器重新测定。无备用仪器时,将仪器修复,重新检定合格后重测。

13.3 实验室间质量控制

参加实验室间比对和能力验证活动,确保实验室检测能力和水平,保证出具数据的可靠性和有效性。

13.4 土壤环境监测误差源剖析

土壤环境监测的误差由采样误差、制样误差和分析误差三部分组成。

13.4.1 采样误差(SE)

13.4.1.1 基础误差(FE)

由于土壤组成的不均匀性造成土壤监测的基础误差,该误差不能消除,但可通过研磨成小颗粒和混合均匀而减小。

13.4.1.2 分组和分割误差(GE)

分组和分割误差来自土壤分布不均匀性,它与土壤组成、分组(监测单元)因素和分割(减少样品量)因素有关。

13.4.1.3 短距不均匀波动误差(CE1)

13.4.1.4 长距不均匀波动误差(CE2)

13.4.1.5 期间不均匀波动误差(CE3)

13.4.1.6 连续选择误差(CE)

此误差产生在采样时,由组成和分布不均匀复合而成,其误差呈随机和不连续性。

此误差有区域趋势(倾向),呈连续和非随机特性。

此误差呈循环和非随机性质,其绝大部分的影响来自季节性的降水。

连续选择误差由短距不均匀波动误差、长距不均匀波动误差和循环误差组成。

$$CE = CE1 + CE2 + CE3$$

或表示为 $CE = (FE + GE) + CE2 + CE3$

13.4.1.7 增加分界误差(DE)

来自不正确地规定样品体积的边界形状。分界基于土壤沉积或影响土壤质量的污染物的维数,零维为影响土壤的污染物样品全部取样分析(分界误差为零);一维分界定义为表层样品或减少体积后的表层样品;二维分界定义为上下分层,上下层间有显著差别;三维分界定义为纵向和横向均有差别。土壤环境采样以一维和二维采集方式为主,即采集土壤的表层样和柱状(剖面)样。三维采集在方法学上是一个难题,划分监测单元使三维问题转化成二维问题。增加分界误差是理念上的。

13.4.1.8 增加抽样误差(EE)

由于理念上的增加分界误差的存在,同时实际采样时不能正确地抽样,便产生了增加抽样误差,该误差不是理念上的而是实际的。

13.4.2 制样误差(PE)

来自研磨、筛分和贮存等制样过程中的误差,如样品间的交叉污染、待测组分的挥发损失、组分价态的变化、贮存样品容器对待测组分的吸附等。

13.4.3 分析误差(AE)

此误差来自样品的再处理和实验室的测定误差。在规范管理的实验室内该误差主要是随机误差。

13.4.4 总误差(TE)

综上所述,土壤监测误差可分为采样误差(SE)、制样误差(PE)和分析误差(AE)三类,通常情况下 SE > PE > AE,总误差(TE)可表达为:

$$TE = SE + PE + AE$$

或 $TE = (CE + DE + EE) + PE + AE$

即 $TE = [(FE + GE + EC2 + EC3) + DE + EE] + PE + AE$

13.5 测定不确定度

一般土壤监测对测定不确定度不作要求,但如有必要仍需计算。土壤测定不确定度来源于称样、样品消化(或其他方式前处理)、样品稀释定容、稀释标准及由标准与测定仪器响应的拟合直线。对各个不确定度分量的计算合成得出被测土壤样品中测定组分的标准不确定度和扩展不确定度。测定不确定度的具体过程和方法见国家计量技术规范《测量不确定度评定和表示》(JJF 1059)。

附录 A(资料性附录)　t 分布表(略)
附录 B(资料性附录)　中国土壤分类(略)
附录 C(资料性附录)　中国土壤水平分布(略)
附录 D(资料性附录)　土壤样品预处理方法(略)

食用农产品产地环境质量评价标准(节录)

HJ/T 332—2006

(2006 年 11 月 17 日发布　2007 年 2 月 1 日实施)

本标准由国家环境保护总局科技标准司提出。
本标准主要起草单位:国家环境保护总局南京环境科学研究所、中国环境科学研究院。

(按原标准编号节录)

3 术语和定义

食用农产品产地环境质量评价标准 farmland environmental quality evaluation standards for edible agricultural products

符合农作物生长和农产品卫生质量要求的农地土壤、灌溉水和空气等环境质量的评价标准。

4 评价指标限值

对土壤环境、灌溉水和空气环境中的污染物(或有害因素)项目划分为基本控制项目(必测项目)和选择控制项目两类。

4.1 土壤环境质量评价指标限值

食用农产品产地土壤环境质量应符合表1的规定。

表1 土壤环境质量评价指标限值[a]

单位:mg/kg

项目[b]			pH值<6.5	pH值[c] 6.5~7.5	pH值>7.5
土壤环境质量基本控制项目:					
总镉	水作、旱作、果树等	≤	0.30	0.30	0.60
	蔬菜	≤	0.30	0.30	0.40
总汞	水作、旱作、果树等	≤	0.30	0.50	1.0
	蔬菜	≤	0.25	0.30	0.35
总砷	旱作、果树等	≤	40	30	25
	水作、蔬菜	≤	30	25	20
总铅	水作、旱作、果树等	≤	80	80	80
	蔬菜	≤	50	50	50
总铬	旱作、蔬菜、果树等	≤	150	200	250
	水作	≤	250	300	350
总铜	水作、旱作、蔬菜、柑橘等	≤	50	100	100
	果树	≤	150	200	200
六六六[d]		≤	0.10		
滴滴涕[d]		≤	0.10		

(续表)

项目[b]		pH 值 <6.5	pH 值[c] 6.5～7.5	pH 值 >7.5
土壤环境质量选择控制项目：				
总锌	≤	200	250	300
总镍	≤	40	50	60
稀土总量（氧化稀土）	≤	背景值[e]+10	背景值[e]+15	背景值[e]+20
全盐量	≤	1 000	2 000[f]	

注：a 对实行水旱轮作、菜粮套种或果粮套种等种植方式的农地，执行其中较低标准值的一项作物的标准值。

b 重金属（铬主要是三价）和砷均按元素量计，适用于阳离子交换量 >5cmol/kg 的土壤，若 ≤5cmol/kg，其标准值为表内数值的半数。

c 若当地某些类型土壤 pH 值变异在 6.0～7.5 范围，鉴于土壤对重金属的吸附率，在 pH 值 6.0 时接近 pH 值 6.5，pH 值 6.5～7.5 组可考虑在该地扩展为 pH 值 6.0～7.5 范围。

d 六六六为四种异构体总量，滴滴涕为四种衍生物总量。

e 背景值：采用当地土壤母质相同、土壤类型和性质相似的土壤背景值。

f 适用于半漠境及漠境区。

4.2 灌溉水质量评价指标限值

食用农产品产地灌溉水质量应符合表 2 的规定。

表 2 灌溉水质量评价指标限值

项目[b]		作物种类[a]		
		水作	旱作	蔬菜
灌溉水质量基本控制项目：				
pH 值		5.5～8.5		
总汞/(mg/L)	≤	0.001		
总镉/(mg/L)	≤	0.005	0.01	0.005
总砷/(mg/L)	≤	0.05	0.1	0.05
六价铬/(mg/L)	≤	0.1		
总铅/(mg/L)	≤	0.1	0.2	0.1
灌溉水质量选择控制项目：				
三氯乙醛/(mg/L)	≤	1.0	0.5	0.5
五日生化需氧量/(mg/L)	≤	50	80	30[b] 10[c]
水温/℃	≤	35		

(续表)

项目[b]		作物种类[a]		
		水作	旱作	蔬菜
粪大肠菌群数/(个/L)	≤	40 000	40 000	20 000[b]　10 000[c]
蛔虫卵数/(个/L)	≤	2		2[b]　1[c]
全盐量/(mg/L)	≤	1 000　2 000[d]		
氯化物/(mg/L)	≤	350		
总铜/(mg/L)	≤	0.5	1.0	
总锌/(mg/L)	≤	2.0		
总硒/(mg/L)	≤	0.02		
氟化物/(mg/L)	≤	2.0		
硫化物/(mg/L)	≤	1.0		
氰化物/(mg/L)	≤	0.5		
石油类/(mg/L)	≤	5.0	10.0	1.0
挥发酚/(mg/L)	≤	1.0		
苯/(mg/L)	≤	2.5		
丙烯醛/(mg/L)	≤	0.5		
总硼/(mg/L)	≤	1.0		

注：a 对实行菜粮套种种植方式的农地，执行蔬菜的标准值。
　　b 加工、烹调及去皮蔬菜。
　　c 生食类蔬菜、瓜类及草本水果。
　　d 盐碱土地区：具有一定的淡水资源和水利灌排设施，能保证排水和地下水径流条件而能满足冲洗土体中盐分的地区，依据当地试验结果，农田灌溉水质全盐量指标可以适当放宽。

4.3　环境空气质量评价指标限值

食用农产品产地环境空气质量应符合表3的规定。

表3　环境空气质量评价指标限值

项目		浓度限值[①]	
		日平均[②]	植物生长季平均[③]
环境空气质量基本控制项目[⑤]：			
二氧化硫[⑥]/(mg/m³)	≤	0.15[a] 0.25[b] 0.30[c]	0.05[a] 0.08[b] 0.12[c]

(续表)

项目		浓度限值[①]	
		日平均[②]	植物生长季平均[③]
氟化物[⑦]/[μg/(dm² · d)]	≤	5.0[d] 10.0[e] 15.0[f]	1.0[d] 2.0[e] 4.5[f]
铅/(μg/m³)	≤	—	1.5
环境空气质量选择控制项目:			
总悬浮颗粒物/(mg/m³)	≤	0.30	—
二氧化氮/(mg/m³)	≤	0.12	—
苯并[a]芘/(pg/m³)	≤	0.01	—
臭氧/(mg/m³)	≤	1 小时平均[④]:0.16	

注:①各项污染物数据统计的有效性按 GB 3095 中的第 7 条规定执行。
②日平均浓度指任何 1 日的平均浓度。
③植物生长季平均浓度指任何一个植物生长季月平均浓度的算术平均值。月平均浓度指任何 1 月的日平均浓度的算术平均值。
④1 小时平均浓度指任何 1 小时的平均浓度。
⑤均为标准状态:指温度为 273.15K,压力为 101.325kPa 时的状态。
⑥二氧化硫:a.适于敏感作物。例如:冬小麦、春小麦、大麦、荞麦、大豆、甜菜、芝麻、菠菜、青菜、白菜、莴苣、黄瓜、南瓜、西葫芦、马铃薯,苹果、梨、葡萄。b.适于中等敏感作物。例如:水稻、玉米、燕麦、高粱、番茄、茄子、胡萝卜、桃、杏、李、柑橘、樱桃。c.适于抗性作物。例如:蚕豆、油菜、向日葵、甘蓝、芋头、草莓。
⑦氟化物:d.适于敏感作物。例如:冬小麦、花生、甘蓝、菜豆、苹果、梨、桃、杏、李、葡萄、草莓、樱桃。e.适于中等敏感作物。例如:大麦、水稻、玉米、高粱、大豆、白菜、芥菜、花椰菜、柑橘。f.适于抗性作物。例如:向日葵、棉花、茶、茴香、番茄、茄子、辣椒、马铃薯。

5 监测

5.1 监测采样

土壤、灌溉水和环境空气监测采样分别参照《土壤环境监测技术规范》(HJ/T 166—2004)中的第4、5、6 条规定、《农用水源环境质量监测技术规范》(NY/T 396—2000)中的第 4 条规定和《农区环境空气质量监测技术规范》(NY/T 397—2000)中的第 4 条规定进行。

5.2 分析测定

各项分析方法按表 4 测定方法进行。

表4 食用农产品产地环境质量评价标准选配分析方法

项目	分析方法	方法来源	等效方法
土壤环境质量监测：			
总镉	石墨炉原子吸收分光光度法	GB/T 17141—1997	②、③、ICP-MS
总汞	冷原子吸收分光光度法	GB/T 17136—1997	①、②、③、④、AFS
总砷	二乙基二硫代氨基甲酸银分光光度法	GB/T 17134—1997	①、②、③、④、HG-AFS
总铅	石墨炉原子吸收分光光度法	GB/T 17141—1997	②、③、ICP-MS
总铬	火焰原子吸收分光光度法	GB/T 17137—1997	②、③、ICP-MS
六六六	气相色谱法	GB/T 14550—2003	—
滴滴涕	气相色谱法	GB/T 14550—2003	—
总铜	火焰原子吸收分光光度法	GB/T 17138—1997	②、③、ICP-AES、ICP-MS
总锌	火焰原子吸收分光光度法	GB/T 17138—1997	②、③、ICP-AES
总镍	火焰原子吸收分光光度法	GB/T 17139—1997	②、③、ICP-AES、ICP-MS
氧化稀土总量	对马尿酸偶氮氯膦分光光度法	NY/T 30—1986	—
全盐量	重量法	①	
pH值	电位法	GB 7859—1987	
阳离子交换量	乙酸铵法、氯化铵-乙酸铵法	GB 7863—1987	
灌溉水质量监测：			
五日生化需氧量	稀释与接种法	GB/T 7488—1987	—
化学需氧量	重铬酸盐法	GB/T 11914—1989	—
悬浮物	重量法	GB/T 11901—1989	—
阴离子表面活性剂	亚甲基蓝分光光度法	GB/T 7494—1987	—
pH值	玻璃电极法	GB/T 6920—1986	—
水温	温度计或颠倒温度计测定法	GB/T 13195—1991	—
全盐量	重量法	HJ/T 51—1999	—
氯化物	硝酸银滴定法	GB/T 11896—1989	—
硫化物	亚甲基蓝分光光度法	GB/T 16489—1996	—
总汞	冷原子吸收分光光度法	GB/T 7468—1987	①、AFS
镉	原子吸收分光光度法	GB/T 7475—1987	—

(续表)

项目	分析方法	方法来源	等效方法
总砷	二乙基二硫代氨基甲酸银分光光度法 硼氢化钾-硝酸银分光光度法	GB/T 7485—1987 GB/T 11900—1989	①、HG-AFS
六价铬	二苯碳酰二肼分光光度法	GB/T 7467—1987	—
铅	原子吸收分光光度法	GB/T 7475—1987	—
粪大肠菌群数	生活饮用水标准检验法多管发酵法	GB/T 5750—1985	—
蛔虫卵数	沉淀集卵法	①	—
铜	原子吸收分光光度法	GB/T 7475—1987	—
锌	原子吸收分光光度法	GB/T 7475—1987	—
总硒	2,3-二氨基萘荧光光度法	GB/T 11902—1989	—
氟化物	离子选择电极法	GB/T 7484—1987	—
氰化物	硝酸银滴定法	GB/T 7486—1987 GB/T 7487—1987	—
石油类	红外分光光度法	GB/T 16488—1996	—
挥发酚	蒸馏后4-氨基安替比林分光光度法	GB/T 7490—1987	—
苯	气相色谱法	GB/T 11890—1989	—
三氯乙醛	吡唑啉酮分光光度法	HJ/T 50—1999	—
丙烯醛	气相色谱法	GB/T 11934—1989	—
硼	姜黄素分光光度法	HJ/T 49—1999	—
环境空气质量监测:			
总悬浮颗粒物	重量法	GB/T 15432—1995	—
二氧化硫	甲醛吸收-副玫瑰苯胺分光光度法	GB/T 15262—1994	—
二氧化氮	Saltzman 法	GB/T 15435—1995	—
氟化物	石灰滤纸·氟离子选择电极法	GB/T 15433—1995	—
铅	火焰原子吸收分光光度法 石墨炉原子吸收分光光度法	GB/T 15264—1994 GB/T 17141—1997	—
苯并[a]芘	乙酰化滤纸层析——荧光分光光度法 高效液相色谱法	GB/T 8971—1988 GB/T 15439—1995	—
臭氧	靛蓝二磺酸钠分光光度法 紫外光度法	GB/T 15437—1995 GB/T 15438—1995	—

注:ICP—AES:等离子体发射光谱法;ICP—MS:等离子体质谱联用法;AFS:原子荧光光谱法;HG—AFS:氢化物发生-原子荧光光谱法。①《农业环境监测实用手册》(中国标准出版社,2001年);②《区域地球化学勘查样品分析方法》(地质出版社,2004年);③:US EPA 规定方法;④《土壤元素的近代分析方法》(中国标准出版社,1992年)。

6 评价

6.1 评价指标分类

评价指标分为严格控制指标和一般控制指标(表5)。

表5 农产品产地环境质量评价指标分类

环境要素	严格控制指标	一般控制指标
土壤	镉、汞、砷、铅、铬、铜、六六六、滴滴涕	锌、镍、稀土总量、全盐量
灌溉水	pH、总汞、总镉、总砷、六价铬、总铅、三氯乙醛	五日生化需氧量、化学需氧量、悬浮物、阴离子表面活性剂、水温、粪大肠菌群数、蛔虫卵、全盐量、氯化物、总铜、总锌、总硒、氟化物、硫化物、氰化物、石油类、挥发酚、苯、丙烯醛、总硼
环境空气	二氧化硫、氟化物、铅、苯并[a]芘	总悬浮颗粒物、二氧化氮、臭氧

6.2 评价方法

6.2.1 各类参数计算方法

单项质量指数 = 单项实测值/单项标准值

单项积累指数 = 单项实测值/当地单项背景值上限值

某单项分担率(%) = (某单项质量指数/各项质量指数之和)×100%

某单项超标倍数 = (单项实测值−单项标准值)/单项标准值 超标面积率(%) = (超标样本面积之和/监测总面积)×100

$$各环境要素综合质量指数 = \sqrt{\frac{(平均单项质量指数)^2 + (最大单项质量指数)^2}{2}}$$

6.2.2 环境质量评定

食用农产品产地环境质量的评价,严格控制项目依据各单项质量指数进行评定,一般控制项目参与环境要素综合质量指数评定。

食用农产品产地环境质量等级划定见表6。

表6 农产品产地环境质量分级划定

环境质量等级	土壤各单项或综合质量指数	灌溉水各单项或综合质量指数	环境空气各单项或综合质量指数	等级名称
1	≤0.7	≤0.5	≤0.6	清洁
2	0.7~1.0	0.5~1.0	0.6~1.0	尚清洁
3	>1.0	>1.0	>1.0	超标

本标准土壤环境质量指标主要依据已有的全国范围的各项环境质量基准值的最低值资料制定的。各地监测结果,低于本值,一般无污染问题;高于本值,是否污染应视其对植物、动物、水

体、空气和(或)人体健康有无危害而定。

所定的超标等级,灌溉水、环境空气可认为污染,而土壤是否污染,应作进一步调研,若确对其所影响的植物(生长发育、可食部分超标或用作饲料部分超标)、周围环境(地下水、地表水、大气等)和(或)人体健康有危害,方能确定为污染。

6.3 评价结果表征

按各环境要素(土壤、灌溉水和环境空气)分别表征:

(1)质量指数

①各个环境要素的严格控制项目的各个项目单项质量指数(按数值由高至低排列)。

②各个环境要素的一般控制项目的各个项目单项质量指数(按数值由高至低排列)。

③各个环境要素综合质量指数。

(2)超标情况

①超标项目的超标率、超标面积数和超标面积率。

②超标项目的质量指数:最低值、最高值和平均值。

(3)积累指数

若有当地土壤背景值资料,可将背景值上限值作为评价指标,计算土壤积累指数。计算内容同上。

7 标准的实施与监督

本标准由县级以上人民政府的行政主管部门及相关部门按职责分工监督实施。

土壤环境质量、灌溉水质量和环境空气质量选择控制项目,由地方主管部门根据当地存在可能的污染物种类选择相应的控制项目,或选择不在本规定的其他污染物项目,以确定评价项目。

温室蔬菜产地环境质量评价标准(节录)

HJ/T 333—2006

(2006年11月17日发布 2007年2月1日实施)

本标准由国家环境保护总局科技标准司提出。
本标准起草单位:国家环境保护总局南京环境科学研究所。

(按原标准编号节录)

3 术语和定义

3.1 温室 greenhouse

温室是以采光覆盖材料作为全部或部分围护结构材料,具有透光、避雨、保温、控温等功能,可在冬季或其他不适宜露地植物生长的季节供栽培植物的建筑,包括玻璃单栋温室、玻璃或塑料板材连栋温室、塑料薄膜日光温室、塑料薄膜大棚等固定设施。

3.2 温室蔬菜产地环境质量指标 environmental quality index for farmland of greenhouse vegetables production

温室蔬菜生长和蔬菜产品卫生质量要求的温室内土壤、灌溉水、空气等环境质量指标。

3.3 温室蔬菜产地环境质量评价标准 environmental quality evaluation standards for farmland of greenhouse vegetables production

对温室蔬菜产地土壤、灌溉水、空气环境质量条件进行评价的指标、依据、方法,以及评定结果的表达。

4 评价指标限值

温室蔬菜产地土壤环境、灌溉水和空气环境中的污染物(或有害因素)项目均划分为基本控制项目和选择控制项目两类。基本控制项目为评价必测项目,选择控制项目由当地根据污染源及可能存在的污染物状况选择确定并予测定。

4.1 温室土壤环境质量评价指标限值

温室蔬菜产地土壤环境质量应符合表1的规定。

表1 土壤环境质量评价指标限值

单位:mg/kg

项目[①]		pH[②]		
		<6.5	6.5～7.5	>7.5
土壤环境质量基本控制项目:				
总镉	≤	0.30	0.30	0.40
总汞	≤	0.25	0.30	0.35
总砷	≤	30	25	20
总铅	≤	50	50	50
总铬	≤	150	200	250
六六六[③]	≤	0.10		
滴滴涕[③]	≤	0.10		
全盐量	≤	2 000		
土壤环境质量选择控制项目:				
总铜	≤	50	100	100
总锌	≤	200	250	300
总镍	≤	40	50	60
注:①重金属和砷均按元素量计,适用于阳离子交换量>5cmol/kg 的土壤,若≤5cmol/kg,其标准值为表内数值的半数。②若当地某些类型土壤pH值变异在6.0～7.5范围,鉴于土壤对重金属的吸附率,在pH值6.0时接近pH值6.5,pH值6.5～7.5组可考虑在该地扩展为pH值6.0～7.5范围。③六六六为四种异构体(α-666、β-666、γ-666、δ-666)总量,滴滴涕为四种衍生物总量(p,p'-DDE、o,p'-DDT、P,P-DDD、P,P'-DDT)。				

4.2 灌溉水质量评价指标限值

温室蔬菜产地灌溉水质量应符合表2的规定。

表2 灌溉水质量评价指标限值

单位:mg/L

项目		蔬菜种类	
		加工、烹调及去皮类	生食类
灌溉水质量基本控制项目:			
化学需氧量	≤	100	40
粪大肠菌群数/(个/L)	≤	10 000	2 000
pH		5.5～8.5[①]	
总汞	≤	0.001	
总镉	≤	0.005	
总砷	≤	0.05	
总铅	≤	0.1	
六价铬	≤	0.1	
硝酸盐	≤	20	
灌溉水质量选择控制项目:			
五日生化需氧量	≤	40	10
悬浮物	≤	30	10
蛔虫卵数/(个/L)	≤	2	1
全盐量	≤	2 000	
氯化物	≤	350	
总铜	≤	1.0	
总锌	≤	2.0	
氰化物	≤	0.2	
氟化物	≤	1.5	
硫化物	≤	1.0	
石油类	≤	1.0	
挥发酚	≤	0.1	
苯	≤	2.5	
三氯乙醛	≤	0.5	
丙烯醛	≤	0.5	

注:①酸性土壤区若灌溉水pH值低于6.0,可将pH标准值放宽到5.5～8.5。

4.3 温室环境空气质量评价指标限值

温室蔬菜产地环境空气质量应符合表3的规定。

表3 环境空气质量评价指标限值

项目①		浓度限值②	
		日均值③	植物生长季平均④
环境空气质量基本控制项目:			
二氧化硫⑤/(mg/m³)	≤	0.15ª 0.25ᵇ 0.30ᶜ	0.05ª 0.08ᵇ 0.12ᶜ
氟化物⑥(标准状态)/[μg/(dm²·d)]	≤	5.0ᵈ 10.0ᵉ 15.0ᶠ	1.0ᵈ 2.0ᵉ 4.5ᶠ
铅(标准状态)/(μg/m³)	≤	—	1.5
二氧化氮(标准状态)/(mg/m³)	≤	0.12	—
环境空气质量选择控制项目:			
总悬浮颗粒物(标准状态)/(mg/m³)	≤	0.30	—
苯并[a]芘(标准状态)/(kg/m³)	≤	0.01	—

注:①标准状态:指温度为273.15 K,压力为101.325 kPa时的状态。
②各污染物数据统计的有效性按GB 3095中的第7条规定执行。
③日平均浓度指任何1日的平均浓度。
④植物生长季平均浓度指任何一个植物生长季的月平均浓度的算术均值,月平均浓度指任何1月的日平均浓度的算术均值。
⑤二氧化硫:a.适用于敏感性蔬菜。例如:菠菜、青菜、白菜、莴苣、黄瓜、南瓜、西葫芦、马铃薯。b.适用于中等敏感性蔬菜。例如:番茄、茄子、胡萝卜。c.适用于抗性蔬菜。例如:蚕豆、油菜、甘蓝、芋头。
⑥氟化物:d.适用于敏感性蔬菜。例如:甘蓝、菜豆。e.适用于中等敏感性蔬菜。例如:白菜、芥菜、花椰菜。f.适用于抗性蔬菜。例如:茴香、番茄、茄子、辣椒、马铃薯。
⑦NH_3、Cl_2、C_2H_4等温室特征有害气体因资料欠缺暂不制定。

5 监测

5.1 采样

5.1.1 土壤监测采样

温室蔬菜产地土壤监测点应优先布设在那些受污染源影响较严重,或污染物进入土壤并累积到一定程度可能引起土壤环境质量恶化的温室地块内。

采样时间:温室土壤采样时间应在作物生长期内。

采样深度:一年生蔬菜土壤采样深度为 0～20cm,多年生蔬菜土壤采样深度为 0～40cm。

温室内土壤监测采样其他规定参照《农田土壤环境质量监测技术规范》(NY/T 395)中的第 4 条规定进行。

5.1.2　灌溉水监测采样

灌溉水监测采样主要参照《农用水源环境质量监测技术规范》(NY/T 396)中的第 4 条规定进行。

5.1.3　温室空气监测采样

温室空气监测点的布设应具有较好的代表性,考虑产地所处区域内的污染源可能对产地环境空气造成的影响,重点监测地处可能对产地空气环境造成污染的污染源下风向的温室。

室内采样点的数量根据温室面积大小和现场情况而确定,以期能正确反映室内空气污染物的水平。每个监测区域布局相对集中的连片温室布设不少于 3 个点。

温室大气采样高度约 1.5m。

温室环境空气监测采样其他规定主要参照《农区环境空气质量监测技术规范》(NY/T 397)中的第 4 条规定进行。

5.2　分析方法

各项分析方法按相应的国标方法进行,实际应用中也可采用其他等效方法,但等效方法必须做比对实验,其检出限、准确度、精密度不低于相应的通用方法要求水平或待测物准确定量的要求。各项分析方法见表 4。

表 4　温室蔬菜产地环境质量评价标准选配分析方法

项目	分析方法	方法来源
土壤环境质量监测:		
总镉	石墨炉原子吸收分光光度法	GB/T 17141
总汞	冷原子吸收分光光度法	GB/T 17136
总砷	二乙基二硫代氨基甲酸银分光光度法	GB/T 17134
总铅	石墨炉原子吸收分光光度法	GB/T 17141
总铬	火焰原子吸收分光光度法	GB/T 17137
六六六	气相色谱法	GB/T 14550
滴滴涕	气相色谱法	GB/T 14550
全盐量	重量法 电导法	①、②、LY/T 1251—1999
总铜	火焰原子吸收分光光度法	GB/T 17138
总锌	火焰原子吸收分光光度法	GB/T 17138
总镍	火焰原子吸收分光光度法	GB/T 17138

(续表)

项目	分析方法	方法来源
灌溉水质量监测：		
化学需氧量	重铬酸盐法	GB/T 11914
五日生化需氧量	稀释与接种法 微生物传感器快速测定法	GB/T 7488 HJ/T 86
悬浮物	重量法	GB/T 11901
粪大肠菌群数	生活饮用水标准检验方法多管发酵法	GB/T 5750
pH	玻璃电极法	GB/T 6920
总汞	冷原子吸收分光光度法	GB/T 7468
总镉	原子吸收分光光度法（螯合萃取法）	GB/T 7475
总砷	二乙基二硫代氨基甲酸银分光光度法	GB/T 7485
总铅	原子吸收分光光度法	GB/T 7475
总铜	原子吸收分光光度法	GB/T 7475
总锌	原子吸收分光光度法	GB/T 7475
六价铬	二苯碳酰二肼分光光度法	GB/T 7467
氯化物	硝酸银滴定法	GB/T 11896
硝酸盐	酚二磺酸分光光度法 紫外分光光度法 离子色谱法	GB 7480 ③ HJ/T 84
全盐量	重量法	HJ/T 51
氰化物	异烟酸-吡唑啉酮比色法 吡啶-巴比妥酸比色法	GB/T 7487
氟化物	离子选择电极法	GB/T 7484
硫化物	亚甲基蓝分光光度法	GB/T 16489
石油类	红外分光光度法	GB/T 16488
挥发酚	蒸馏后4-氨基安替比林分光光度法	GB/T 7490
苯	气相色谱法	GB/T 11890
三氯乙醛	吡唑啉酮分光光度法	HJ/T 50
丙烯醛	气相色谱法	GB/T 11934
蛔虫卵数	沉淀集卵法	④

(续表)

项目	分析方法	方法来源
环境空气质量监测：		
二氧化硫	甲醛吸收-副玫瑰苯胺分光光度法 紫外荧光法	GB/T 15262 ⑤
二氧化氮	Saltzman 法 化学发光法	GB/T 15435 ⑥
氟化物	石灰滤纸·氟离子选择电极法	GB/T 15433
铅	火焰原子吸收分光光度法	GB/T 15264
总悬浮颗粒物	重量法	GB/T 15432
苯并[a]芘	乙酰化滤纸层析——荧光分光光度法 高效液相色谱法	GB 8971 GB/T 15439

注：①《农业环境监测实用手册》第二章(中国标准出版社,2001年9月)；
②《土壤理化分析》第四章(上海科学技术出版社,1978年1月)；
③《水和废水监测分析方法》(第四版,中国环境科学出版社,2002年)；
④《农业环境监测实用手册》第三章(中国标准出版社,2001年9月)；
⑤、⑥分别暂用国际标准 ISO/CD 10498、ISO 7996。
以上方法待国家方法标准颁布后,按国家标准执行。

6 评价

根据污染指标的毒理学特性和蔬菜吸收、富集能力将评价指标分为严格控制指标和一般控制指标两类。严格控制指标依据各单项质量指数进行评价,一般控制指标依据环境要素综合质量指数评定。

6.1 评价指标分类

评价指标分类见表5。

表5 评价指标分类

环境要素	评价指标	
	严格控制指标	一般控制指标
土壤	镉、汞、砷、铅、铬、六六六、滴滴涕	全盐量、铜、锌、镍
水质	COD、pH、镉、汞、砷、铅、六价铬、粪大肠菌群数	悬浮物、蛔虫卵数、氯化物、硝酸盐、氟化物、硫化物、石油类、挥发酚、苯、三氯乙醛、丙烯醛、氰化物
空气	二氧化硫、二氧化氮、氟化物、铅、苯并[a]芘	总悬浮颗粒物

6.2 评价参数及计算方法

单项质量指数 = 单项实测值/单项标准值

某单项超标倍数 = (单项实测值 - 单项标准值)/单项标准值

某单项分担率(%) = (某单项质量指数/各项质量指数之和) × 100%

样本超标率(%) = (超标样本总数/监测样本总数) × 100%

超标面积百分率(%) = (超标样本面积之和/监测总面积) × 100%

各环境要素综合质量指数 = $\sqrt{\dfrac{(平均单项质量指数)^2 + (最大单项质量指数)^2}{2}}$

6.3 环境质量评定

温室蔬菜产地环境质量等级划定见表6。

表6 环境质量等级划定

环境质量等级	土壤各单项或综合质量指数	灌溉水各单项或综合质量指数	环境空气各单项或综合质量指数	等级名称
1	≤0.7	≤0.5	≤0.6	清洁
2	0.7~1.0	0.5~1.0	0.6~1.0	尚清洁
3	>1.0	>1.0	>1.0	超标

各严格控制指标超标一项即视为"不合格"。各环境要素综合质量指数超标,灌溉水、环境空气可认为污染,土壤则应作进一步调研,若确对其所影响的植物(生长发育、可食部分超标或用作饮料部分超标)或周围环境(地下水、地表水、大气等)有危害,方能确定为污染。

6.4 评价结果表征

按各环境要素(土壤、灌溉水和环境空气)分别表征:

(1)质量指数

①各环境要素的严格控制项目的各个项目单项质量指数(按数值由高到低排列)。

②各环境要素的一般控制项目的各个项目单项质量指数(按数值由高到低排列)。

③各环境要素综合质量指数。

(2)超标情况

①超标项目的超标率、超标面积数和超标面积率。

②超标项目的质量指数:最低值、最高值和平均值。

7 标准的实施与监督

本标准由县级以上人民政府行政主管部门按职责分工监督实施。

土壤环境质量、灌溉水质量、环境空气质量中的选择控制项目,由地方主管部门根据当地污染源状况及可能存在的污染物种类,选择相应的控制项目,或选择不在本标准规定的其他污染物项目,以确定评价项目。

省、自治区和直辖市人民政府可制定符合当地的标准,并报国务院环境保护行政主管部门备案。

危险废物贮存污染控制标准（2013年修订）（节录）

GB 18597—2001

[2001年12月28日发布　根据2013年6月8日环境保护部公告2013年第36号《关于发布〈一般工业固体废物贮存、处置场污染控制标准〉（GB 18599—2001）等3项国家污染物控制标准修改单的公告》修订]

本标准由国家环境保护总局科技标准司提出。
本标准起草单位：沈阳环境科学研究所。

（按原标准编号节录）

3　定义

3.1　危险废物
指列入国家危险废物名录或者根据国家规定的危险废物鉴别标准和鉴别方法认定的具有危险特性的废物。

3.2　危险废物贮存
指危险废物再利用、或无害化处理和最终处置前的存放行为。

3.3　贮存设施
指按规定设计、建造或改建的用于专门存放危险废物的设施。

3.4　集中贮存
指危险废物集中处理、处置设施中所附设的贮存设施和区域性的集中贮存设施。

3.5　容器
指按标准要求盛载危险废物的器具。

4　一般要求

4.1　所有危险废物产生者和危险废物经营者应建造专用的危险废物贮存设施，也可利用原有构筑物改建成危险废物贮存设施。

4.2　在常温常压下易爆、易燃及排出有毒气体的危险废物必须进行预处理，使之稳定后贮存，否则，按易爆、易燃危险品贮存。

4.3　在常温常压下不水解、不挥发的固体危险废物可在贮存设施内分别堆放。

4.4　除4.3规定外，必须将危险废物装入容器内。

4.5　禁止将不相容（相互反应）的危险废物在同一容器内混装。

4.6　无法装入常用容器的危险废物可用防漏胶袋等盛装。

4.7　装载液体、半固体危险废物的容器内须留足够空间，容器顶部与液体表面之间保留100mm以上的空间。

4.8　医院产生的临床废物，必须当日消毒，消毒后装入容器。常温下贮存期不得超过1d，于

5℃以下冷藏的,不得超过7d。

4.9 盛装危险废物的容器上必须粘贴符合本标准附录 A 所示的标签。

4.10 危险废物贮存设施在施工前应做环境影响评价。

5 危险废物贮存容器

5.1 应当使用符合标准的容器盛装危险废物。

5.2 装载危险废物的容器及材质要满足相应的强度要求。

5.3 装载危险废物的容器必须完好无损。

5.4 盛装危险废物的容器材质和衬里要与危险废物相容(不相互反应)。

5.5 液体危险废物可注入开孔直径不超过70mm并有放气孔的桶中。

6 危险废物贮存设施的选址与设计原则

6.1 危险废物集中贮存设施的选址

6.1.1 地质结构稳定,地震烈度不超过7度的区域内。

6.1.2 设施底部必须高于地下水最高水位。

6.1.3 应依据环境影响评价结论确定危险废物集中贮存设施的位置及其与周围人群的距离,并经具有审批权的环境保护行政主管部门批准,并可作为规划控制的依据。

在对危险废物集中贮存设施场址进行环境影响评价时,应重点考虑危险废物集中贮存设施可能产生的有害物质泄漏、大气污染物(含恶臭物质)的产生与扩散以及可能的事故风险等因素,根据其所在地区的环境功能区类别,综合评价其对周围环境、居住人群的身体健康、日常生活和生产活动的影响,确定危险废物集中贮存设施与常住居民居住场所、农用地、地表水体以及其他敏感对象之间合理的位置关系。

6.1.4 应避免建在溶洞区或易遭受严重自然灾害如洪水、滑坡、泥石流、潮汐等影响的地区。

6.1.5 应建在易燃、易爆等危险品仓库、高压输电线路防护区域以外。

6.1.6 应位于居民中心区常年最大风频的下风向。

6.1.7 集中贮存的废物堆选址除满足以上要求外,还应满足6.3.1款要求。

6.2 危险废物贮存设施(仓库式)的设计原则

6.2.1 地面与裙脚要用坚固、防渗的材料建造,建筑材料必须与危险废物相容。

6.2.2 必须有泄漏液体收集装置、气体导出口及气体净化装置。

6.2.3 设施内要有安全照明设施和观察窗口。

6.2.4 用以存放装载液体、半固体危险废物容器的地方,必须有耐腐蚀的硬化地面,且表面无裂隙。

6.2.5 应设计堵截泄漏的裙脚,地面与裙脚所围建的容积不低于堵截最大容器的最大储量或总储量的1/5。

6.2.6 不相容的危险废物必须分开存放,并设有隔离间隔断。

6.3 危险废物的堆放

6.3.1 基础必须防渗,防渗层为至少1m厚黏土层(渗透系数≤10^{-7}cm/s),或2mm厚高密度聚乙烯,或至少2mm厚的其他人工材料,渗透系数≤10^{-10}cm/s。

6.3.2　堆放危险废物的高度应根据地面承载能力确定。

6.3.3　衬里放在一个基础或底座上。

6.3.4　衬里要能够覆盖危险废物或其溶出物可能涉及的范围。

6.3.5　衬里材料与堆放危险废物相容。

6.3.6　在衬里上设计、建造浸出液收集清除系统。

6.3.7　应设计建造径流疏导系统,保证能防止 25a 一遇的暴雨不会流到危险废物堆里。

6.3.8　危险废物堆内设计雨水收集池,并能收集 25a 一遇的暴雨 24h 降水量。

6.3.9　危险废物堆要防风、防雨、防晒。

6.3.10　产生量大的危险废物可以散装方式堆放贮存在按上述要求设计的废物堆里。

6.3.11　不相容的危险废物不能堆放在一起。

6.3.12　总贮存量不超过 300kg(L)的危险废物要放入符合标准的容器内,加上标签,容器放入坚固的柜或箱中,柜或箱应设多个直径不少于 30mm 的排气孔。不相容危险废物要分别存放或存放在不渗透间隔开的区域内,每个部分都应有防漏裙脚或储漏盘,防漏裙脚或储漏盘的材料要与危险废物相容。

7　危险废物贮存设施的运行与管理

7.1　从事危险废物贮存的单位,必须得到有资质单位出具的该危险废物样品物理和化学性质的分析报告,认定可以贮存后,方可接收。

7.2　危险废物贮存前应进行检验,确保同预定接收的危险废物一致,并登记注册。

7.3　不得接收未粘贴符合 4.9 规定的标签或标签没按规定填写的危险废物。

7.4　盛装在容器内的同类危险废物可以堆叠存放。

7.5　每个堆间应留有搬运通道。

7.6　不得将不相容的废物混合或合并存放。

7.7　危险废物产生者和危险废物贮存设施经营者均须作好危险废物情况的记录,记录上须注明危险废物的名称、来源、数量、特性和包装容器的类别、入库日期、存放库位、废物出库日期及接收单位名称。

危险废物的记录和货单在危险废物回取后应继续保留 3a。

7.8　必须定期对所贮存的危险废物包装容器及贮存设施进行检查,发现破损,应及时采取措施清理更换。

7.9　泄漏液、清洗液、浸出液必须符合 GB 8978 的要求方可排放,气体导出口排出的气体经处理后,应满足 GB 16297 和 GB 14554 的要求。

8　危险废物贮存设施的安全防护与监测

8.1　安全防护

8.1.1　危险废物贮存设施都必须按 GB 15562.2 的规定设置警示标志。

8.1.2　危险废物贮存设施周围应设置围墙或其他防护栅栏。

8.1.3　危险废物贮存设施应配备通讯设备、照明设施、安全防护服装及工具,并设有应急防护设施。

8.1.4　危险废物贮存设施内清理出来的泄漏物,一律按危险废物处理。

8.2 按国家污染源管理要求对危险废物贮存设施进行监测。

9 危险废物贮存设施的关闭

9.1 危险废物贮存设施经营者在关闭贮存设施前应提交关闭计划书,经批准后方可执行。

9.2 危险废物贮存设施经营者必须采取措施消除污染。

9.3 无法消除污染的设备、土壤、墙体等按危险废物处理,并运至正在营运的危险废物处理处置场或其他贮存设施中。

9.4 监测部门的监测结果表明已不存在污染时,方可摘下警示标志,撤离留守人员。

10 标准的实施与监督

本标准由县级以上人民政府环境保护行政主管部门负责实施与监督。

附录 A(标准的附录)(略)
附录 B(提示性附录)(略)

危险废物填埋污染控制标准(2013 年修订)(节录)

GB 18598—2001

[2001 年 12 月 28 日发布 根据 2013 年 6 月 8 日环境保护部公告 2013 年第 36 号《关于发布〈一般工业固体废物贮存、处置场污染控制标准〉(GB 18599—2001)等 3 项国家污染物控制标准修改单的公告》修订]

本标准由国家环境保护总局科技标准司提出。
本标准起草单位:中国环境科学研究院固体废物污染控制技术研究所。

(按原标准编号节录)

3 定义

3.1 危险废物

列入国家危险废物名录或者根据国家规定的危险废物鉴别标准和鉴别方法认定具有危险特性的废物。

3.2 填埋场

处置废物的一种陆地处置设施,它由若干个处置单元和构筑物组成,处置场有界限规定,主要包括废物预处理设施、废物填埋设施和渗滤液收集处理设施。

3.3 相容性

某种危险废物同其他危险废物或填埋场中其他物质接触时不产生气体、热量、有害物质,不会燃烧或爆炸,不发生其他可能对填埋场产生不利影响的反应和变化。

3.4 天然基础层

填埋场防渗层的天然土层。

3.5 防渗层

人工构筑的防止渗滤液进入地下水的隔水层。

3.6 双人工衬层

包括两层人工合成材料衬层的防渗层,其构成见附录 A 图 1。

3.7 复合衬层包括一层人工合成材料衬层和一层天然材料衬层的防渗层,其构成见附录 A 图 2。

4 填埋场场址选择要求

4.1 填埋场场址的选择应符合国家及地方城乡建设总体规划要求,场址应处于一个相对稳定的区域,不会因自然或人为的因素而受到破坏。

4.2 填埋场场址的选择应进行环境影响评价,并经环境保护行政主管部门批准。

4.3 填埋场场址不应选在城市工农业发展规划区、农业保护区、自然保护区、风景名胜区、文物(考古)保护区、生活饮用水源保护区、供水远景规划区、矿产资源储备区和其他需要特别保护的区域内。

4.4 危险废物填埋场场址的位置及与周围人群的距离应依据环境影响评价结论确定,并经具有审批权的环境保护行政主管部门批准,并可作为规划控制的依据。

在对危险废物填埋场场址进行环境影响评价时,应重点考虑危险废物填埋场渗滤液可能产生的风险、填埋场结构及防渗层长期安全性及其由此造成的渗漏风险等因素,根据其所在地区的环境功能区类别,结合该地区的长期发展规划和填埋场的设计寿命,重点评价其对周围地下水环境、居住人群的身体健康、日常生活和生产活动的长期影响,确定其与常住居民居住场所、农用地、地表水体以及其他敏感对象之间合理的位置关系。

4.5 填埋场场址必须位于百年一遇的洪水标高线以上,并在长远规划中的水库等人工蓄水设施淹没区和保护区之外。

4.6 填埋场场址的地质条件应符合下列要求:

a. 能充分满足填埋场基础层的要求;

b. 现场或其附近有充足的黏土资源以满足构筑防渗层的需要;

c. 位于地下水饮用水水源地主要补给区范围之外,且下游无集中供水井;

d. 地下水位应在不透水层 3m 以下,否则,必须提高防渗设计标准并进行环境影响评价,取得主管部门同意;

e. 天然地层岩性相对均匀、渗透率低;

f. 地质构结构相对简单、稳定,没有断层。

4.7 填埋场场址选择应避开下列区域:破坏性地震及活动构造区;海啸及涌浪影响区;湿地和低洼汇水处;地应力高度集中,地面抬升或沉降速率快的地区;石灰溶洞发育带;废弃矿区或塌陷区;崩塌、岩堆、滑坡区;山洪、泥石流地区;活动沙丘区;尚未稳定的冲积扇及冲沟地区;高压缩性淤泥、泥炭及软土区以及其他可能危及填埋场安全的区域。

4.8 填埋场场址必须有足够大的可使用面积以保证填埋场建成后具有 10 年或更长的使用期,在使用期内能充分接纳所产生的危险废物。

4.9 填埋场场址应选在交通方便、运输距离较短,建造和运行费用低,能保证填埋场正常运行的地区。

5 填埋物入场要求

5.1 下列废物可以直接入场填埋:

a. 根据 GB 5086 和 GB/T 15555.1～11 测得的废物浸出液中有一种或一种以上有害成分浓度超过 GB 5085.3 中的标准值并低于表 5-1 中的允许进入填埋区控制限值的废物;

b. 根据 GB 5086 和 GB/T 15555.12 测得的废物浸出液 pH 值在 7.0～12.0 之间的废物。

5.2 下列废物需经预处理后方能入场填埋:

a. 根据 GB 5086 和 GB/T 15555.1～11 测得废物浸出液中任何一种有害成分浓度超过表 5-1 中允许进入填埋区的控制限值的废物;

b. 根据 GB 5086 和 GB/T 15555.12 测得的废物浸出液 pH 值小于 7.0 和大于 12.0 的废物;

c. 本身具有反应性、易燃性的废物;

d. 含水率高于 85% 的废物;

e. 液体废物。

5.3 下列废物禁止填埋:

a. 医疗废物;

b. 与衬层具有不相容性反应的废物。

表 5-1 危险废物允许进入填埋区的控制限值

序号	项目	稳定化控制限值 mg/L
1	有机汞	0.001
2	汞及其化合物(以总汞计)	0.25
3	铅(以总铅计)	5
4	镉(以总镉计)	0.50
5	总铬	12
6	六价铬	2.50
7	铜及其化合物(以总铜计)	75
8	锌及其化合物(以总锌计)	75
9	铍及其化合物(以总铍计)	0.20
10	钡及其化合物(以总钡计)	150
11	镍及其化合物(以总镍计)	15
12*	砷及其化合物(以总砷计)	2.50
13	无机氟化物(不包括氟化钙)	100
14	氰化物(以 CN 计)	5

6 填埋场设计与施工的环境保护要求

6.1 填埋场应设预处理站,预处理站包括废物临时堆放、分捡破碎、减容减量处理、稳定化养护等设施。

6.2 填埋场应对不相容性废物设置不同的填埋区,每区之间应设有隔离设施。但对于面积过小,难以分区的填埋场,对不相容性废物可分类用容器盛放后填埋,容器材料应与所有可能接触的物质相容,且不被腐蚀。

6.3 填埋场所选用的材料应与所接触的废物相容,并考虑其抗腐蚀特性。

6.4 填埋场天然基础层的饱和渗透系数不应大于 1.0×10^{-5} cm/s,且其厚度不应小于 2m。

6.5 填埋场应根据天然基础层的地质情况分别采用天然材料衬层、复合衬层或双人工衬层作为其防渗层。

6.5.1 如果天然基础层饱和渗透系数小于 1.0×10^{-7} cm/s,且厚度大于 5m,可以选用天然材料衬层。天然材料衬层经机械压实后的饱和渗透系数不应大于 1.0×10^{-7} cm/s,厚度不应小于 1m。

6.5.2 如果天然基础层饱和渗透系数小于 1.0×10^{-6} cm/s,可以选用复合衬层。复合衬层必须满足下列条件:

a.天然材料衬层经机械压实后的饱和渗透系数不应大于 1.0×10^{-7} cm/s,厚度应满足表 6-1 所列指标,坡面天然材料衬层厚度应比表 6-1 所列指标大 10%;

表 6-1 复合衬层下衬层厚度设计要求

基础层条件	下衬层厚度
渗透系数≤1.0×10^{-7} cm/s,厚度≥3m	厚度≥0.5m
渗透系数≤1.0×10^{-6} cm/s,厚度≥6m	厚度≥0.5m
渗透系数≤1.0×10^{-6} cm/s,厚度≥3m	厚度≥1.0m

b.人工合成材料衬层可以采用高密度聚乙烯(HDPE),其渗透系数不大于 10^{-12} cm/s,厚度不小于 1.5mm。HDPE 材料必须是优品质,禁止使用再生产品。

6.5.3 如果天然基础层饱和渗透系数大于 1.0×10^{-6} cm/S,则必须选用双人工衬层。双人工衬层必须满足下列条件:

a.天然材料衬层经机械压实后的渗透系数不大于 1.0×10^{-7} cm/s,厚度不小于 0.5m;

b.上人工合成衬层可以采用 HDPE 材料,厚度不小于 2.0mm;

c.下人工合成衬层可以采用 HDPE 材料,厚度不小于 1.0mm;

衬层要求的其他指标同第 6.5.2 条。

6.6 填埋场必须设置渗滤液集排水系统、雨水集排水系统和集排气系统。各个系统在设计时采用的暴雨强度重现期不得低于 50 年。管网坡度不应小于 2%;填埋场底部应以不小于 2%的坡度坡向集排水道。

6.7 采用天然材料衬层或复合衬层的填埋场应设渗滤液主集排水系统,它包括底部排水层、集排水管道和集水井;主集排水系统的集水井用于渗滤液的收集和排出。

6.8 采用双人工合成材料衬层的填埋场除设置渗滤液主集排水系统外,还应设置辅助集排水系统,它包括底部排水层、坡面排水层、集排水管道和集水井;辅助集排水系统的集水井主要用作上人工合成衬层的渗漏监测。

6.9 排水层的透水能力不应小于0.1cm/s。

6.10 填埋场应设置雨水集排水系统,以收集、排出汇水区内可能流向填埋区的雨水、上游雨水以及未填埋区域内未与废物接触的雨水。雨水集排水系统排出的雨水不得与渗滤液混排。

6.11 填埋场设置集排气系统以排出填埋废物中可能产生的气体。

6.12 填埋场必须设有渗滤液处理系统,以便处理集排水系统排出的渗滤液。

6.13 填埋场周围应设置绿化隔离带,其宽度不应小于10m。

6.14 填埋场施工前应编制施工质量保证书并获得环境保护主管部门的批准。施工中应严格按照施工质量保证书中的质量保证程序进行。

6.15 在进行天然材料衬层施工之前,要通过现场施工试验确定合适的施工机械,压实方法、压实控制参数及其他处理措施以论证是否可以达到设计要求。同时在施工过程中要进行现场施工质量检验,检验内容与频率应包括在施工设计书中。

6.16 人工合成材料衬层在铺设时应满足下列条件:

a. 对人工合成材料应检查指标合格后才可铺设,铺设时必须平坦,无皱折;

b. 在保证质量条件下,焊缝尽量少;

c. 在坡面上铺设衬层,不得出现水平焊缝;

d. 底部衬层应避免埋设垂直穿孔的管道或其他构筑物;

e. 边坡必须锚固,锚固形式和设计必须满足人工合成材料的受力安全要求;

f. 边坡与底面交界处不得设角焊缝,角焊缝不得跨过交界处。

6.17 在人工合成材料衬层在铺设、焊接过程中和完成之后,必须通过目视,非破坏性和破坏性测试检验施工效果,并通过测试结果控制施工质量。

7 填埋场运行管理要求

7.1 在填埋场投入运行之前,要制订一个运行计划。此计划不但要满足常规运行,而且要提出应急措施,以便保证填场的有效利用和环境安全。

7.2 填埋场的运行应满足下列基本要求:

a. 入场的危险废物必须符合本标准对废物的入场要求;

b. 散状废物入场后要进行分层碾压,每层厚度视填埋容量和场地情况而定;

c. 填埋场运行中应进行每日覆盖,并视情况进行中间覆盖;

d. 应保证在不同季节气候条件下,填埋场进出口道路通畅;

e. 填埋工作面应尽可能小,使其得到及时覆盖;

f. 废物堆填表面要维护最小坡度,一般为1:3(垂直:水平);

g. 通向填埋场的道路应设栏杆和大门加以控制;

h. 必须设有醒目的标志牌,指示正确的交通路线,标志牌应满足GB 15562.2的要求;

i. 每个工作日都应有填埋场运行情况的记录,应记录设备工艺控制参数,入场废物来源、种类、数量,废物填埋位置及环境监测数据等;

j. 运行机械的功能要适应废物压实的要求,为了防止发生机械故障等情况,必须有备用机械;

k. 危险废物安全填埋场的运行不能暴露在露天进行,必须有遮雨设备,以防止雨水与未进行最终覆盖的废物接触;

l. 填埋场运行管理人员,应参加环保管理部门的岗位培训,合格后上岗。

7.3 危险废物安全填埋场分区原则

7.3.1 可以使每个填埋区能在尽量短的时间内得到封闭。

7.3.2 使不相容的废物分区填埋。

7.3.3 分区的顺序应有利于废物运输和填埋。

7.4 填埋场管理单位应建立有关填埋场的全部档案,从废物特性、废物倾倒部位、场址选择、勘察、征地、设计、施工、运行管理、封场及封场管理、监测直至验收等全过程所形成的一切文件资料,必须按国家档案管理条例进行整理与保管,保证完整无缺。

8 填埋场污染控制要求

8.1 严禁将集排水系统收集的渗滤液直接排放,必须对其进行处理并达到 GB 8978《污水综合排放标准》中第一类污染物最高允许排放浓度的要求及第二类污染物最高允许排放浓度标准要求后方可排放。

8.2 危险废物填埋场废物渗滤液第二类污染物排放控制项目为:pH 值,悬浮物(SS),五日生化需氧量(BOD_5),化学需氧量(COD_{Cr}),氨氮(NH3-N),磷酸盐(以 P 计)。

8.3 填埋场渗滤液不应对地下水造成污染。填埋场地下水污染评价指标及其限值按照 GB/T 14848 执行。

8.4 地下水监测因子应根据填埋废物特性由当地环境保护行政主管部门确定,必须具有代表性,能表示废物特性的参数。常规测定项目为:浊度,pH 值,可溶性固体,氯化,硝酸盐(以 N 计),亚硝酸盐(以 N 计),氨氮,大肠杆菌总数。

8.5 填埋场排出的气体应按照 GB 16297 中无组织排放的规定执行。监测因子应根据填埋废物特性由当地环境保护行政主管部门确定,必须具有代表性,能表示废物特性的参数。

8.6 填埋场在作业期间,噪声控制应按照 GB 12348 的规定执行。

9 封场要求

9.1 当填埋场处置的废物数量达到填埋场设计容量时,应实行填埋封场。

9.2 填埋场的最终覆盖层应为多层结构,应包括下列部分:

a. 底层(兼作导气层):厚度不应小于 20cm,倾斜度不小于 2%,由透气性好的颗粒物质组成;

b. 防渗层:天然材料防渗层厚度不应小于 50cm,渗透系数不大于 10^{-7}cm/s;若采用复合防渗层,人工合成材料层厚度不应小于 1.0mm,天然材料层厚度不应小于 30cm。其他设计要求同衬层相同;

c. 排水层及排水管网:排水层和排水系统的要求同底部渗滤液集排水系统相同,设计时采用的暴雨强度不应小于 50 年;

d. 保护层:保护层厚度不应小于 20cm。由粗砥性坚硬鹅卵石组成;

e. 植被恢复层:植被层厚度一般不应小于 60cm,其土质应有利于植物生长和场地恢复;同时植被层的坡度不应超过 33%。在坡度超 10% 的地方,须建造水平台阶;坡度小于 20% 时,标高每升高 3m,建造一个台阶;坡度大于 20% 时,标高每升高 2m,建造一个台阶。台阶应有足够的宽度和坡度,要能经受暴雨的冲刷。

9.3 封场后应继续进行下列维护管理工作,并延续到封场后 30 年;

a. 维护最终覆盖层的完整性和有效性；
b. 维护和监测检漏系统；
c. 继续进行渗滤液的收集和处理；
d. 继续监测地下水水质的变化。

9.4 当发现场址或处置系统的设计有不可改正的错误,或发生严重事故及发生不可预见的自然灾害使得填埋场不能继续运行时,填埋场应实行非正常封场。非正常封场应预先作出相应补救计划,防止污染扩散。实施非正常封场必须得到环保部门的批准。

10 监测要求

10.1 对填埋场的监督性监测的项目和频率应按照有关环境监测技术规范进行,监测结果应定期报送当地环保部门,并接受当地环保部门的监督检查。

10.2 填埋场渗滤液

10.2.1 利用填埋场的每个集水井进行水位和水质监测。

10.2.2 采样频率应根据填埋物特性、覆盖层和降水等条件加以确定,应能充分反映填埋场渗滤液变化情况。渗滤液水质和水位监测频率至少为每月一次。

10.3 地下水

10.3.1 地下水监测井布设应满足下列要求：

在填埋场上游应设置一眼监测井,以取得背景水源数值。在下游至少设置三眼井,组成三维监测点,以适应于下游地下水的羽流几何型流向；

监测井应设在填埋场的实际最近距离上,并且位于地下水上下游相同水力坡度上；

监测井深度应足以采取具有代表性的样品。

10.3.2 取样频率

10.3.2.1 填埋场运行的第一年,应每月至少取样一次；在正常情况下,取样频率为每季度至少一次。

10.3.2.2 发现地下水质出现变坏现象时,应加大取样频率,并根据实际情况增加监测项目,查出原因以便进行补救。

10.4 大气

10.4.1 采样点布设及采样方法按照 GB 16297 的规定执行。

10.4.2 污染源下风方向应为主要监测范围。

10.4.3 超标地区、人口密度大和距工业区近的地区加大采样点密度。

10.4.4 采样频率。填埋场运行期间,应每月取样一次,如出现异常,取样频率应适当增加。

11 标准监督实施

本标准由县以上地方人民政府环境保护行政主管部门负责监督实施。

一般工业固体废物贮存、处置场污染控制标准
（2013年修订）（节录）

GB 18599—2001

[2001年12月28日发布　根据2013年6月8日环境保护部公告2013年第36号《关于发布〈一般工业固体废物贮存、处置场污染控制标准〉（GB 18599—2001）等3项国家污染物控制标准修改单的公告》修订]

本标准由国家环境保护总局科技标准司提出。
本标准起草单位：原冶金部马鞍山矿山研究院。

（按原标准编号节录）

3　定义

本标准采用下列定义：

3.1　一般工业固体废物

系指未被列入《国家危险废物名录》或者根据国家规定的 GB 5085 鉴别标准和 GB 5086 及 GB/T 15555 鉴别方法判定不具有危险特性的工业固体废物。

3.2　第Ⅰ类一般工业固体废物

按照 GB 5086 规定方法进行浸出试验而获得的浸出液中，任何一种污染物的浓度均未超过 GB 8978 最高允许排放浓度，且 pH 值在 6～9 范围之内的一般工业固体废物。

3.3　第Ⅱ类一般工业固体废物

按照 GB 5086 规定方法进行浸出试验而获得的浸出液中，有一种或一种以上的污染物浓度超过 GB 8978 最高允放排放浓度，或者是 pH 值在 6～9 范围之外的一般工业固体废物。

3.4　贮存场

将一般工业固体废物置于符合本标准规定的非永久性的集中堆放场所。

3.5　处置场

将一般工业固体废物置于符合本标准规定的永久性的集中堆放场所。

3.6　渗滤液

一般工业固废物在贮存、处置过程中渗流出的液体。

3.7　渗透系数

水力坡降为1时，水穿过土壤、岩石或其他防渗材料的渗透速度，以 cm/s 计。

3.8　防渗工程

用天然或人工防渗材料构筑阻止贮存、处置场内外液体渗透的工程。

4 贮存、处置场的类型

贮存、处置场划分为Ⅰ和Ⅱ两个类型。

堆放第Ⅰ类一般工业固体废物的贮存、处置场为第一类,简称Ⅰ类场。

堆放第Ⅱ类一般工业固体废物的贮存、处置场为第二类,简称Ⅱ类场。

5 场址选择的环境保护要求

5.1 Ⅰ类场和Ⅱ类场的共同要求

5.1.1 所选场址应符合当地城乡建设总体规划要求。

5.1.2 应依据环境影响评价结论确定场址的位置及其与周围人群的距离,并经具有审批权的环境保护行政主管部门批准,并可作为规划控制的依据。

在对一般工业固体废物贮存、处置场场址进行环境影响评价时,应重点考虑一般工业固体废物贮存、处置场产生的渗滤液以及粉尘等大气污染物等因素,根据其所在地区的环境功能区类别,综合评价其对周围环境、居住人群的身体健康、日常生活和生产活动的影响,确定其与常住居民居住场所、农用地、地表水体、高速公路、交通主干道(国道或省道)、铁路、飞机场、军事基地等敏感对象之间合理的位置关系。

5.1.3 应选在满足承载力要求的地基上,以避免地基下沉的影响,特别是不均匀或局部下沉的影响。

5.1.4 应避开断层、断层破碎带、溶洞区,以及天然滑坡或泥石流影响区。

5.1.5 禁止选在江河、湖泊、水库最高水位线以下的滩地和洪泛区。

5.1.6 禁止选在自然保护区、风景名胜区和其他需要特别保护的区域。

5.2 Ⅰ类场的其他要求

应优先选用废弃的采矿坑、塌陷区。

5.3 Ⅱ类场的其他要求

5.3.1 应避开地下水主要补给区和饮用水源含水层。

5.3.2 应选在防渗性能好的地基上。天然基础层地表距地下水位的距离不得小于1.5m。

6 贮存、处置场设计的环境保护要求

6.1 Ⅰ类场和Ⅱ类场的共同要求

6.1.1 贮存、处置场的建设类型,必须与将要堆放的一般工业固体废物的类别相一致。

6.1.2 建设项目环境影响评价中应设置贮存、处置场专题评价;扩建、改建和超期服役的贮存、处置场,应重新履行环境影响评价手续。

6.1.3 贮存、处置场应采取防止粉尘污染的措施。

6.1.4 为防止雨水径流进入贮存、处置场内,避免渗滤液量增加和滑坡,贮存、处置场周边应设置导流渠。

6.1.5 应设计渗滤液集排水设施。

6.1.6 为防止一般工业固体废物和渗滤液的流失,应构筑堤、坝、挡土墙等设施。

6.1.7 为保障设施、设备正常运营,必要时应采取措施防止地基下沉,尤其是防止不均匀或局部下沉。

6.1.8 含硫量大于1.5%的煤矸石,必须采取措施防止自燃。

6.1.9 为加强监督管理,贮存、处置场应按 GB 15562.2 设置环境保护图形标志。

6.2 I 类场的其他要求

6.2.1 当天然基础层的渗透系数大于 1.0×10^{-7} cm/s 时,应采用天然或人工材料构筑防渗层,防渗层的厚度应相当于渗透系数 1.0×10^{-7} cm/s 和厚度 1.5m 的黏土层的防渗性能。

6.2.2 必要时应设计渗滤液处理设施,对渗滤液进行处理。

6.2.3 为监控渗滤液对地下水的污染,贮存、处置场周边至少应设置三口地下水质监控井。一口沿地下水流向设在贮存、处置场上游,作为对照井;第二口沿地下水流向设在贮存、处置场下游,作为污染监视监测井;第三口设在最可能出现扩散影响的贮存、处置场周边,作为污染扩散监测井。

当地质和水文地质资料表明含水层埋藏较深,经论证认定地下水不会被污染时,可以不设置地下水质监控井。

7 贮存、处置场的运行管理环境保护要求

7.1 I 类场和 II 类场的共同要求

7.1.1 贮存、处置场的竣工,必须经原审批环境影响报告书(表)的环境保护行政主管部门验收合格后,方可投入生产或使用。

7.1.2 一般工业固体废物贮存、处置场,禁止危险废物和生活垃圾混入。

7.1.3 贮存、处置场的渗滤液水质达到 GB 8978 标准后方可排放,大气污染物排放应满足 GB 16297 无组织排放要求。

7.1.4 贮存、处置场使用单位,应建立检查维护制度。定期检查维护堤、坝、挡土墙、导流渠等设施,发现有损坏可能或异常,应及时采取必要措施,以保障正常运行。

7.1.5 贮存、处置场的使用单位,应建立档案制度。应将入场的一般工业固体废物的种类和数量以及下列资料,详细记录在案,长期保存,供随时查阅。

a. 各种设施和设备的检查维护资料;

b. 地基下沉、坍塌、滑坡等的观测和处置资料;

c. 渗滤液及其处理后的水污染物排放和大气污染物排放等的监测资料。

7.1.6 贮存、处置场的环境保护图形标志,应按 GB 15562.2 规定进行检查和维护。

7.2 I 类场的其他要求

禁止 I 类一般工业固体废物混入。

7.3 II 类场的其他要求

7.3.1 应定期检查维护防渗工程,定期监测地下水水质,发现防渗功能下降,应及时采取必要措施。地下水水质按 GB/T 14848 规定评定。

7.3.2 应定期检查维护渗滤液集排水设施和渗滤液处理设施,定期监测渗滤液及其处理后的排放水水质,发现集排水设施不通畅或处理后的水质超过 GB 8978 或地方的污染物排放标准,需及时采取必要措施。

8 关闭与封场的环境保护要求

8.1 Ⅰ类场和Ⅱ类场的共同要求

8.1.1 当贮存、处置场服务期满或因故不再承担新的贮存、处置任务时,应分别予以关闭或封场。关闭或封场前,必须编制关闭或封场计划,报请所在地县级以上环境保护行政主管部门核准,并采取污染防止措施。

8.1.2 关闭或封场时,表面坡度一般不超过33%。标高每升高3m～5m,需建造一个台阶。台阶应有不小于1m的宽度、2%～3%的坡度和能经受暴雨冲刷的强度。

8.1.3 关闭或封场后,仍需继续维护管理,直到稳定为止。以防止覆土层下沉、开裂,致使渗滤液量增加,防止一般工业固体废物堆体失稳而造成滑坡等事故。

8.1.4 关闭或封场后,应设置标志物,注明关闭或封场时间,以及使用该土地时应注意的事项。

8.2 Ⅰ类场的其他要求

为利于恢复植被,关闭时表面一般应覆一层天然土壤,其厚度视固体废物的颗粒度大小和拟种植物种类确定。

8.3 Ⅱ类场的其他要求

8.3.1 为防止固体废物直接暴露和雨水渗入堆体内,封场时表面应覆土二层,第一层为阻隔层,覆20cm～45cm厚的黏土,并压实,防止雨水渗入固体废物堆体内;第二层为覆盖层,覆天然土壤,以利植物生长,其厚度视栽种植物种类而定。

8.3.2 封场后,渗滤液及其处理后的排放水的监测系统应继续维持正常运转,直至水质稳定为止。地下水监测系统应继续维持正常运转。

9 污染物控制与监测

9.1 污染控制项目

9.1.1 渗滤液及其处理后的排放水

应选择一般工业固废物的特征组分作为控制项目。

9.1.2 地下水

贮存、处置场投入使用前,以 GB/T 14848 规定的项目为控制项目;使用过程中和关闭或封场后的控制项目,可选择所贮存、处置的固体废物的特征组分。

9.1.3 大气

贮存、处置场以颗粒物为控制项目,其中属于自燃性煤矸石的贮存、处置场,以颗粒物和二氧化硫为控制项目。

9.2 监测

9.2.1 渗滤液及其处理后的排放水

a)采样点。采样点设在排放口。

b)采样频率。每月一次。

c)测定方法。按 GB 8978 选配方法进行。

9.2.2 地下水

a)采样点。采样点设在地下水质监控井。

b)采样频率。贮存、处置场投入使用前,至少应监测一次本底水平;在运行过程中和封场后,每年按枯、平、丰水期进行,每期一次。

c)测定方法。按 GB 5750 进行。

9.2.3 大气

a)采样点。按 GB 16297 附录 C 进行。

b)采样频率。每月一次。

c)测定方法(见表1)

表1 大气污染物测定方法

项目	测定方法	方法来源
颗粒物	重量法	GB/T 15432—1995
二氧化硫	(1)甲醛吸收副玫瑰苯胺分光光度法	GB/T 15262—94
	(2)四氯汞盐副玫瑰苯胺分光光度法	GB 8970—88

10 标准的实施与监督

本标准由县级以上人民政府环境保护行政主管部门负责监督实施。

生活垃圾填埋场污染控制标准(节录)

GB 16889—2008

(2008 年 4 月 2 日发布 2008 年 7 月 1 日实施)

本标准由环境保护部科技标准司组织制定。
本标准主要起草单位:北京煜立晟科技有限公司。

(按原标准编号节录)

3 术语和定义

下列术语和定义适用于本标准。

3.1 运行期

生活垃圾填埋场进行填埋作业的时期。

3.2 后期维护与管理期

生活垃圾填埋场终止填埋作业后,进行后续维护、污染控制和环境保护管理直至填埋场达到稳定化的时期。

3.3 防渗衬层

设置于生活垃圾填埋场底部及四周边坡的由天然材料和(或)人工合成材料组成的防止渗漏

的垫层。

3.4 天然基础层

位于防渗衬层下部,由未经扰动的土壤等构成的基础层。

3.5 天然黏土防渗衬层

由经过处理的天然黏土机械压实形成的防渗衬层。

3.6 单层人工合成材料防渗衬层

由一层人工合成材料衬层与黏土(或具有同等以上隔水效力的其他材料)衬层组成的防渗衬层。

3.7 双层人工合成材料防渗衬层

由两层人工合成材料衬层与黏土(或具有同等以上隔水效力的其他材料)衬层组成的防渗衬层。

3.8 环境敏感点

指生活垃圾填埋场周围可能受污染物影响的住宅、学校、医院、行政办公区、商业区以及公共场所等地点。

3.9 场界

指法律文书(如土地使用证、房产证、租赁合同等)中确定的业主所拥有使用权(或所有权)的场地或建筑物边界。

3.10 现有生活垃圾填埋场

指本标准实施之日前,已建成投入使用或环境影响评价文件已通过审批的生活垃圾填埋场。

3.11 新建生活垃圾填埋场

指本标准实施之日起环境影响文件通过审批的新建、改建和扩建的生活垃圾填埋场。

4 选址要求

4.1 生活垃圾填埋场的选址应符合区域性环境规划、环境卫生设施建设规划和当地的城市规划。

4.2 生活垃圾填埋场场址不应选在城市工农业发展规划区、农业保护区、自然保护区、风景名胜区、文物(考古)保护区、生活饮用水水源保护区、供水远景规划区、矿产资源储备区、军事要地、国家保密地区和其他需要特别保护的区域内。

4.3 生活垃圾填埋场选址的标高应位于重现期不小于50年一遇的洪水位之上并建设在长远规划中的水库等人工蓄水设施的淹没区和保护区之外。

拟建有可靠防洪设施的山谷型填埋场,并经过环境影响评价证明洪水对生活垃圾填埋场的环境风险在可接受范围内,前款规定的选址标准可以适当降低。

4.4 生活垃圾填埋场场址的选择应避开下列区域:破坏性地震及活动构造区;活动中的坍塌、滑坡和隆起带;活动中的断裂带;石灰岩溶洞发育带;废弃矿区的活动塌陷区;活动沙丘区;海啸及涌浪影响区;湿地;尚未稳定的冲积扇及冲沟地区;泥炭以及其他可能危及填埋场安全的区域。

4.5 生活垃圾填埋场场址的位置及与周围人群的距离应依据环境影响评价结论确定,并经地方环境保护行政主管部门批准。

在对生活垃圾填埋场场址进行环境影响评价时,应考虑生活垃圾填埋场产生的渗滤液、大气污染物(含恶臭物质)、滋养动物(蚊、蝇、鸟类等等因素,根据其所在地区的环境功能区类别,综合评价其对周围环境、居住人群的身体健康、日常生活和生产活动的影响,确定生活垃圾填埋场与常住居民居住场所、地表水域、高速公路、交通主干道(国道或省道)、铁路、飞机场、军事基地等敏感对象之间合理的位置关系以及合理的防护距离。环境影响评价的结论可作为规划控制的依据。

5 设计、施工与验收要求

5.1 生活垃圾填埋场应包括下列主要设施:防渗衬层系统、渗滤液导排系统、渗滤液处理设施、雨污分流系统、地下水导排系统、地下水监测设施、填埋气体导排系统、覆盖和封场系统。

5.2 生活垃圾填埋场应建设围墙或栅栏等隔离设施,并在填埋区边界周围设置防飞扬设施、安全防护设施及防火隔离带。

5.3 生活垃圾填埋场应根据填埋区天然基础层的地质情况以及环境影响评价的结论,并经当地地方环境保护行政主管部门批准,选择天然黏土防渗衬层、单层人工合成材料防渗衬层或双层人工合成材料防渗衬层作为生活垃圾填埋场填埋区和其他渗滤液流经或储留设施的防渗衬层。填埋场黏土防渗衬层饱和渗透系数按照 GB/T 50123 中 13.3 节"变水头渗透试验"的规定进行测定。

5.4 如果天然基础层饱和渗透系数小于 1.0×10^{-7} cm/s,且厚度不小于 2m,可采用天然黏土防渗衬层。采用天然黏土防渗衬层应满足以下基本条件:

(1)压实后的黏土防渗衬层饱和渗透系数应小于 1.0×10^{-7} cm/s;

(2)黏土防渗衬层的厚度应不小于 2m。

5.5 如果天然基础层饱和渗透系数小于 1.0×10^{-5} cm/s,且厚度不小于 2m,可采用单层人工合成材料防渗衬层。人工合成材料衬层下应具有厚度不小于 0.75m,且其被压实后的饱和渗透系数小于 1.0×10^{-7} cm/s 的天然黏土防渗衬层,或具有同等以上隔水效力的其他材料防渗衬层。

人工合成材料防渗衬层应采用满足 CJ/T 234 中规定技术要求的高密度聚乙烯或者其他具有同等效力的人工合成材料。

5.6 如果天然基础层饱和渗透系数不小于 1.0×10^{-5} cm/s,或者天然基础层厚度小于 2m,应采用双层人工合成材料防渗衬层。下层人工合成材料防渗衬层下应具有厚度不小于 0.75m,且其被压实后的饱和渗透系数小于 1.0×10^{-7} cm/s 的天然黏土衬层,或具有同等以上隔水效力的其他材料衬层;两层人工合成材料衬层之间应布设导水层及渗漏检测层。

人工合成材料的性能要求同 5.5 条。

5.7 生活垃圾填埋场应设置防渗衬层渗漏检测系统,以保证在防渗衬层发生渗滤液渗漏时能及时发现并采取必要的污染控制措施。

5.8 生活垃圾填埋场应建设渗滤液导排系统,该导排系统应确保在填埋场的运行期内防渗衬层上的渗滤液深度不大于 30cm。

为检测渗滤液深度,生活垃圾填埋场内应设置渗滤液监测井。

5.9 生活垃圾填埋场应建设渗滤液处理设施,以在填埋场的运行期和后期维护与管理期内对渗滤液进行处理达标后排放。

5.10 生活垃圾填埋场渗滤液处理设施应设渗滤液调节池,并采取封闭等措施防止恶臭物质的排放。

5.11 生活垃圾填埋场应实行雨污分流并设置雨水集排水系统,以收集、排出汇水区内可能流向填埋区的雨水、上游雨水以及未填埋区域内未与生活垃圾接触的雨水。雨水集排水系统收集的雨水不得与渗滤液混排。

5.12 生活垃圾填埋场各个系统在设计时应保证能及时、有效地导排雨、污水。

5.13 生活垃圾填埋场填埋区基础层底部应与地下水年最高水位保持1m以上的距离。当生活垃圾填埋场填埋区基础层底部与地下水年最高水位距离不足1m时,应建设地下水导排系统。地下水导排系统应确保填埋场的运行期和后期维护与管理期内地下水水位维持在距离填埋场填埋区基础层底部1m以下。

5.14 生活垃圾填埋场应建设填埋气体导排系统,在填埋场的运行期和后期维护与管理期内将填埋层内的气体导出后利用、焚烧或达到9.2.2的要求后直接排放。

5.15 设计填埋量大于250万吨且垃圾填埋厚度超过20m生活垃圾填埋场,应建设甲烷利用设施或火炬燃烧设施处理含甲烷填埋气体。小于上述规模的生活垃圾填埋场,应采用能够有效减少甲烷产生和排放的填埋工艺或采用火炬燃烧设施处理含甲烷填埋气体。

5.16 生活垃圾填埋场周围应设置绿化隔离带,其宽度不小于10m。

5.17 在生活垃圾填埋场施工前应编制施工质量保证书并作为环境监理和环境保护竣工验收的依据。施工过程中应严格按照施工质量保证书中的质量保证程序进行。

5.18 在进行天然黏土防渗衬层施工之前,应通过现场施工实验确定压实方法、压实设备、压实次数等因素,以确保可以达到设计要求。同时在施工过程中应进行现场施工检验,检验内容与频率应包括在施工设计书中。

5.19 在进行人工合成材料防渗衬层施工前,应对人工合成材料的各项性能指标进行质量测试;在需要进行焊接之前,应进行试验焊接。

5.20 在人工合成材料防渗衬层和渗滤液导排系统的铺设过程中与完成之后,应通过连续性和完整性检测检验施工效果,以确定人工合成材料防渗衬层没有破损、漏洞等。

5.21 填埋场人工合成材料防渗衬层铺设完成后,未填埋的部分应采取有效的工程措施防止人工合成材料防渗衬层在日光下直接暴露。

5.22 在生活垃圾填埋场的环境保护竣工验收中,应对已建成的防渗衬层系统的完整性、渗滤液导排系统、填埋气体导排系统和地下水导排系统等的有效性进行质量验收,同时验收场址选择、勘察、征地、设计、施工、运行管理制度、监测计划等全过程的技术和管理文件资料。

5.23 生活垃圾转运站应采取必要的封闭和负压措施防止恶臭污染的扩散。

5.24 生活垃圾转运站应设置具有恶臭污染控制功能及渗滤液收集、贮存设施。

6 填埋废物的入场要求

6.1 下列废物可以直接进入生活垃圾填埋场填埋处置院
(1)由环境卫生机构收集或者自行收集的混合生活垃圾,以及企事业单位产生的办公废物;
(2)生活垃圾焚烧炉渣(不包括焚烧飞灰);
(3)生活垃圾堆肥处理产生的固态残余物;
(4)服装加工、食品加工以及其他城市生活服务行业产生的性质与生活垃圾相近的一般工业固体废物。

6.2 《医疗废物分类目录》中的感染性废物经过下列方式处理后,可以进入生活垃圾填埋场填埋处置。

(1)按照 HJ/T 228 要求进行破碎毁形和化学消毒处理,并满足消毒效果检验指标;
(2)按照 HJ/T 229 要求进行破碎毁形和微波消毒处理,并满足消毒效果检验指标;
(3)按照 HJ/T 276 要求进行破碎毁形和高温蒸汽处理,并满足处理效果检验指标;
(4)医疗废物焚烧处置后的残渣的入场标准按照 6.3 条执行。

6.3 生活垃圾焚烧飞灰和医疗废物焚烧残渣(包括飞灰、底渣)经处理后满足下列条件,可以进入生活垃圾填埋场填埋处置。
(1)含水率小于 30%;
(2)二噁英含量(或等效毒性量)低于 3μTEQ/kg;
(3)按照 HJ/T 300 制备的浸出液中危害成分质量浓度低于表 1 规定的限值。

表1 浸出液污染物浓度限值

序号	污染物项目	质量浓度限值(mg/L)
1	汞	0.05
2	铜	40
3	锌	100
4	铅	0.25
5	镉	0.15
6	铍	0.02
7	钡	25
8	镍	0.5
9	砷	0.3
10	总铬	4.5
11	六价铬	1.5
12	硒	0.1

6.4 一般工业固体废物经处理后,按照 HJ/T 300 制备的浸出液中危害成分质量浓度低于表 1 规定的限值,可以进入生活垃圾填埋场填埋处置。

6.5 经处理后满足 6.3 条要求的生活垃圾焚烧飞灰、医疗废物焚烧残渣(包括飞灰、底渣)和满足 6.4 条要求的一般工业固体废物在生活垃圾填埋场中应单独分区填埋。

6.6 厌氧产沼等生物处理后的固态残余物、粪便经处理后的固态残余物和生活污水处理厂污泥经处理后含水率小于 60%,可以进入生活垃圾填埋场填埋处置。

6.7 处理后分别满足 6.2、6.3、6.4 和 6.6 条要求的废物应由地方环境保护行政主管部门认可的监测部门检测、经地方环境保护行政主管部门批准后,方可进入生活垃圾填埋场。

6.8 下列废物不得在生活垃圾填埋场中填埋处置。
(1)除符合 6.3 条规定的生活垃圾焚烧飞灰以外的危险废物;
(2)未经处理的餐饮废物;
(3)未经处理的粪便;
(4)禽畜养殖废物;

(5)电子废物及其处理处置残余物;
(6)除本填埋场产生的渗滤液之外的任何液态废物和废水。
国家环境保护标准另有规定的除外。

7 运行要求

7.1 填埋作业应分区、分单元进行,不运行作业面应及时覆盖。不得同时进行多作业面填埋作业或者不分区全场敞开式作业。中间覆盖应形成一定的坡度。每天填埋作业结束后,应对作业面进行覆盖;特殊气象条件下应加强对作业面的覆盖。

7.2 填埋作业应采取雨污分流措施,减少渗滤液的产生量。

7.3 生活垃圾填埋场运行期内,应控制堆体的坡度,确保填埋堆体的稳定性。

7.4 生活垃圾填埋场运行期内,应定期检测防渗衬层系统的完整性。当发现防渗衬层系统发生渗漏时,应及时采取补救措施。

7.5 生活垃圾填埋场运行期内,应定期检测渗滤液导排系统的有效性,保证正常运行。当衬层上的渗滤液深度大于30cm时,应及时采取有效疏导措施排除积存在填埋场内的渗滤液。

7.6 生活垃圾填埋场运行期内,应定期检测地下水水质。当发现地下水水质有被污染的迹象时,应及时查找原因,发现渗漏位置并采取补救措施,防止污染扩散。

7.7 生活垃圾填埋场运行期内,应定期并根据场地和气象情况随时进行防蚊蝇、灭鼠和除臭工作。

7.8 生活垃圾填埋场运行期以及封场后期维护与管理期间,应建立运行情况记录制度,如实记载有关运行管理情况,主要包括生活垃圾处理、处置设备工艺控制参数,进入生活垃圾填埋场处置的非生活垃圾的来源、种类、数量、填埋位置,封场及后期维护与管理情况及环境监测数据等。运行情况记录簿应当按照国家有关档案管理的法律法规进行整理和保管。

8 封场及后期维护与管理要求

8.1 生活垃圾填埋场的封场系统应包括气体导排层、防渗层、雨水导排层、最终覆土层、植被层。

8.2 气体导排层应与导气竖管相连。导气竖管应高出最终覆土层上表面100cm以上。

8.3 封场系统应控制坡度,以保证填埋堆体稳定,防止雨水侵蚀。

8.4 封场系统的建设应与生态恢复相结合,并防止植物根系对封场土工膜的损害。

8.5 封场后进入后期维护与管理阶段的生活垃圾填埋场,应继续处理填埋场产生的渗滤液和填埋气,并定期进行监测,直到填埋场产生的渗滤液中水污染物质量浓度连续两年低于表2、表3中的限值。

表2 现有和新建生活垃圾填埋场水污染物排放质量浓度限值

序号	控制污染物	排放浓度限值	污染物排放监控位置
1	色度(稀释倍数)	40	常规污水处理设施排放口
2	化学需氧量(COD_{Cr})(mg/L)	100	常规污水处理设施排放口
3	生化需氧量(BOD_5)(mg/L)	30	常规污水处理设施排放口
4	悬浮物(mg/L)	30	常规污水处理设施排放口

(续表)

序号	控制污染物	排放浓度限值	污染物排放监控位置
5	总氮(mg/L)	40	常规污水处理设施排放口
6	氨氮(mg/L)	25	常规污水处理设施排放口
7	总磷(mg/L)	3	常规污水处理设施排放口
8	粪大肠菌群数(个/L)	10 000	常规污水处理设施排放口
9	总汞(mg/L)	0.001	常规污水处理设施排放口
10	总镉(mg/L)	0.01	常规污水处理设施排放口
11	总铬(mg/L)	0.1	常规污水处理设施排放口
12	六价铬(mg/L)	0.05	常规污水处理设施排放口
13	总砷(mg/L)	0.1	常规污水处理设施排放口
14	总铅(mg/L)	0.1	常规污水处理设施排放口

表3　现有和新建生活垃圾填埋场水污染物特别排放限值

序号	控制污染物	排放浓度限值	污染物排放监控位置
1	色度(稀释倍数)	30	常规污水处理设施排放口
2	化学需氧量(COD_{Cr})/(mg/L)	60	常规污水处理设施排放口
3	生化需氧量(BOD_5)/(mg/L)	20	常规污水处理设施排放口
4	悬浮物(mg/L)	30	常规污水处理设施排放口
5	总氮(mg/L)	20	常规污水处理设施排放口
6	氨氮(mg/L)	8	常规污水处理设施排放口
7	总磷(mg/L)	1.5	常规污水处理设施排放口
8	粪大肠菌群数(个/L)	10 000	常规污水处理设施排放口
9	总汞(mg/L)	0.001	常规污水处理设施排放口
10	总镉(mg/L)	0.01	常规污水处理设施排放口
11	总铬(mgL)	0.1	常规污水处理设施排放口
12	六价铬(mg/L)	0.05	常规污水处理设施排放口
13	总砷(mg/L)	0.1	常规污水处理设施排放口
14	总铅(mg/L)	0.1	常规污水处理设施排放口

9　污染物排放控制要求

9.1　水污染物排放控制要求

9.1.1　生活垃圾填埋场应设置污水处理装置,生活垃圾渗滤液(含调节池废水)等污水经处理并符合本标准规定的污染物排放控制要求后,可直接排放。

9.1.2 现有和新建生活垃圾填埋场自 2008 年 7 月 1 日起执行表 2 规定的水污染物排放质量浓度限值。

9.1.3 2011 年 7 月 1 日前，现有生活垃圾填埋场无法满足表 2 规定的水污染物排放质量浓度限值要求的，满足以下条件时可将生活垃圾渗滤液送往城市二级污水处理厂进行处理：

（1）生活垃圾渗滤液在填埋场经过处理后，总汞、总镉、总铬、六价铬、总砷、总铅等污染物质量浓度达到表 2 规定的浓度限值；

（2）城市二级污水处理厂每日处理生活垃圾渗滤液总量不超过污水处理量的 0.5%，并不超过城市二级污水处理厂额定的污水处理能力；

（3）生活垃圾渗滤液应均匀注入城市二级污水处理厂；

（4）不影响城市二级污水处理厂的污水处理效果。

2011 年 7 月 1 日起，现有全部生活垃圾填埋场应自行处理生活垃圾渗滤液并执行表 2 规定的水污染排放浓度限值。

9.1.4 根据环境保护工作的要求，在国土开发密度已经较高、环境承载能力开始减弱，或环境容量较小、生态环境脆弱，容易发生严重环境污染问题而需要采取特别保护措施的地区，应严格控制生活垃圾填埋场的污染物排放行为，在上述地区的现有和新建生活垃圾填埋场执行表 3 规定的水污染物特别排放限值。

9.2 甲烷排放控制要求

9.2.1 填埋工作面上 2m 以下高度范围内甲烷的体积分数应不大于 0.1%。

9.2.2 生活垃圾填埋场应采取甲烷减排措施；当通过导气管道直接排放填埋气体时，导气管排放口的甲烷的体积分数不大于 5%。

9.3 生活垃圾填埋场在运行中应采取必要的措施防止恶臭物质的扩散。在生活垃圾填埋场周围环境敏感点方位的场界的恶臭污染物浓度应符合 GB 14554 的规定。

9.4 生活垃圾转运站产生的渗滤液经收集后，可采用密闭运输送到城市污水处理厂处理、排入城市排水管道进入城市污水处理厂处理或者自行处理等方式。排入设置城市污水处理厂的排水管网的，应在转运站内对渗滤液进行处理，总汞、总镉、总铬、六价铬、总砷、总铅等污染物质量浓度达到表 2 规定的浓度限值，其他水污染物排放控制要求由企业与城镇污水处理厂根据其污水处理能力商定或执行相关标准。排入环境水体或排入未设置污水处理厂的排水管网的，应在转运站内对渗滤液进行处理并达到表 2 规定的浓度限值。

10 环境和污染物监测要求

10.1 水污染物排放监测基本要求

10.1.1 生活垃圾填埋场的水污染物排放口须按照《排污口规范化整治技术要求》(试行)建设，设置符合 GB/T 15562.1 要求的污水排放口标志。

10.1.2 新建生活垃圾填埋场应按照《污染源自动监控管理办法》的规定，安装污染物排放自动监控设备，与环保部门的监控中心联网，并保证设备正常运行。各地现有生活垃圾填埋场安装污染物排放自动监控设备的要求由省级环境保护行政主管部门规定。

10.1.3 地方环境保护行政主管部门对生活垃圾填埋场污染物排放情况进行监督性监测的频次、采样时间等要求，按国家有关污染源监测技术规范的规定执行。

10.2 地下水水质监测基本要求

10.2.1 地下水水质监测井的布置

应根据场地水文地质条件,以及时反映地下水水质变化为原则,布设地下水监测系统。

(1)本底井,一眼,设在填埋场地下水流向上30～50m处;

(2)排水井,一眼,设在填埋场地下水主管出口处;

(3)污染扩散井,两眼,分别设在垂直填埋场地下水走向的两侧各30～50m处;

(4)污染监视井,两眼,分别设在填埋场地下水流向下游30m、50m处。

大型填埋场可以在上述要求基础上适当增加监测井的数量。

10.2.2 在生活垃圾填埋场投入使用之前应监测地下水本底水平;在生活垃圾填埋场投入使用之时即对地下水进行持续监测,直至封场后填埋场产生的渗滤液中水污染物质量浓度连续两年低于表2中的限值时为止。

10.2.3 地下水监测指标为pH、总硬度、溶解性总固体、高锰酸盐指数、氨氮、硝酸盐、亚硝酸盐、硫酸盐、氯化物、挥发性酚类、氰化物、砷、汞、六价铬、铅、氟、镉、铁、锰、铜、锌、粪大肠菌群,不同质量类型地下水的质量标准执行GB/T 14848中的规定。

10.2.4 生活垃圾填埋场管理机构对排水井的水质监测频率应不少于每周一次,对污染扩散井和污染监视井的水质监测频率应不少于每2周一次,对本底井的水质监测频率应不少于每个月一次。

10.2.5 地方环境保护行政主管部门应对地下水水质进行监督性监测,频率应不少于每3个月一次。

10.3 生活垃圾填埋场管理机构应每6个月进行一次防渗衬层完整性的监测。

10.4 甲烷监测基本要求

10.4.1 生活垃圾填埋场管理机构应每天进行一次填埋场区和填埋气体排放口的甲烷体积分数监测。

10.4.2 地方环境保护行政主管部门应每3个月对填埋区和填埋气体排放口的甲烷体积分数进行一次监督性监测。

10.4.3 对甲烷体积分数的每日监测可采用符合GB 13486要求或者具有相同效果的便携式甲烷测定器进行测定。对甲烷体积分数的监督性监测应按照HJ/T 38中甲烷的测定方法进行测定。

10.5 生活垃圾填埋场管理机构和地方环境保护行政主管部门均应对封场后的生活垃圾填埋场的污染物质量浓度进行测定。化学需氧量、生化需氧量、悬浮物、总氮、氨氮等指标每3个月测定一次,其他指标每年测定一次。

10.6 恶臭污染物监测基本要求

10.6.1 生活垃圾填埋场管理机构应根据具体情况适时进行场界恶臭污染物监测。

10.6.2 地方环境保护行政主管部门应每3个月对场界恶臭污染物进行一次监督性监测。

10.6.3 恶臭污染物监测应按照GB/T 14675和GB/T 14678规定的方法进行测定。

10.7 污染物质量浓度测定方法采用表4所列的方法标准,地下水质量检测方法采用GB/T 5750—2006中的检测方法。

表4 污染物质量浓度测定方法

序号	污染物项目	方法名称	标准编号
1	色度(稀释倍数)	水质 色度的测定	GB/T 11903—1989
2	化学需氧量(COD_{Cr})	水质 化学需氧量的测定 快速消解分光光度法	HJ/T 399—2007
3	生化需氧量(BOD_5)	水质 生化需氧量的测定 微生物传感器快速测定法	HJ/T 86—2002
4	悬浮物	水质 悬浮物的测定 重量法	GB/T 11901—1989
5	总氮	水质 总氮的测定 气相分子吸收光谱法	HJ/T 199—2005
6	氨氮	水质 氨氮的测定 气相分子吸收光谱法	HJ/T 195—2005
7	总磷	水质 总磷的测定 钼酸铵分光光度法	GB/T 11893—1989
8	粪大肠菌群数	水质 粪大肠菌群的测定 多管发酵法和滤膜法(试行)	HJ/T 347—2007
9	总汞	水质 总汞的测定 冷原子吸收分光光度法	GB/T 7468—1987
9	总汞	水质 总汞的测定 高锰酸钾—过硫酸钾消解法双硫腙分光光度法	HJ/T 7469—1987
9	总汞	水质 汞的测定 冷原子荧光法(试行)	GB/T 341—2007
10	总镉	水质 镉的测定 双硫腙分光光度法	GB/T 7471—1987
11	总铬	水质 总铬的测定	GB/T 7466—1987
12	六价铬	水质 六价铬的测定 二苯碳酰二肼分光光度法	GB/T 7467—1987
13	总砷	水质 总砷的测定 二乙基二硫代氨基甲酸银分光光度法	GB/T 7485—1987
14	总铅	水质 铅的测定 双硫腙分光光度法	GB/T 7470—1987
15	甲烷	固定污染源排气中非甲烷总烃的测定 气相色谱法	HJ/T 38—1999
16	恶臭	空气质量恶臭的测定 三点比较式臭袋法	GB/T 14675—1993
17	硫化氢、甲硫醇、甲硫醚和二甲二硫	空气质量 硫化氢、甲硫醇、甲硫醚和二甲二硫的测定 气相色谱法	GB/T 14678—1993

10.8 生活垃圾填埋场应按照有关法律和《环境监测管理办法》的规定,对排污状况进行监测,并保存原始监测记录。

11 实施要求

11.1 本标准由县级以上人民政府环境保护行政主管部门负责监督实施。

11.2 在任何情况下,生活垃圾填埋场均应遵守本标准的污染物排放控制要求,采取必要措施保证污染防治设施正常运行。各级环保部门在对生活垃圾填埋场进行监督性检查时,可以现场即时采样,将监测的结果作为判定排污行为是否符合排放标准以及实施相关环境保护管理措施的依据。

11.3 对现有和新建生活垃圾填埋场执行水污染物特别排放限值的地域范围、时间,由国务院环境保护主管部门或省级人民政府确定。

生活垃圾填埋场降解治理的监测与检测(节录)

GB/T 23857—2009

(2009年5月27日发布 2010年2月1日实施)

本标准由中华人民共和国住房和城乡建设部提出。
本标准起草单位:北京煜立晟科技有限公司。

(按原标准编号节录)

3 术语和定义

下列术语和定义适用于本标准。

3.1 垃圾堆体 refuse dump

垃圾填埋场中将各种单体形态的不同种类的生活垃圾集合起来,掩埋覆盖,形成的堆体,是垃圾填埋场的主体组成部分。

3.2 降解治理 degradation treatment

通过物理、化学、生物等方式使垃圾填埋场中垃圾组分加速分解,实现垃圾堆体稳定化的活动。

3.3 光电离探测 photoionization detection

使用光子能量的紫外(UV)灯作为光源,被测物质进入离子化室后,经UV灯照射,原来稳定的分子结构被电离,产生带正电的离子与带负电的电子,在正负电场的作用下,形成微弱电流,检测电流的大小,测定物质在气体中含量的方法。

3.4 直接采样法 direct sampling method

直接获取一定量的填埋气体样品置于采样容器的方法。直接采样法常用的方法有:塑料袋法、注射器采样法、采样袋法、真空瓶法。

3.5 浓缩采样法 concentration sampling method

以大量的填埋气体通过液体吸收剂或固体吸附剂,将有害气体吸收或阻留,使原填埋气体中含量较低的有害气体得到浓缩(或富集)起来的方法。包括溶液吸收法、固体吸附剂法和低温冷凝法。

4 要求

4.1 采样基本要求

4.1.1 采样宜在晴天进行。

4.1.2 堆有工业废弃物等杂物的采样点,应先去除杂物。

4.1.3 贮存样品的容器应密封、保温、保湿、不透水、不吸收水分。

4.1.4 样品采集后,应及时送实验室处理。不能及时处理的,应妥善保存,并在有效保存期内完成检测。

4.2 操作安全与防护

4.2.1 样品采集和处理人员直接接触垃圾时,应防止垃圾中的尖锐物品(如:钉子、剃须刀片、碎玻璃)、有害气体等造成人身伤害。采样过程中,应配备下列个人防护用品,并符合下列要求:

a)活性炭防尘口罩或面罩,应阻燃性高、呼吸阻力小、配戴卫生、保养方便;

b)工作服,应防酸碱、阻燃;

c)内外式化学防护手套、厚皮手套、高腰安全鞋、安全帽、护目镜。

4.2.2 采样点安全防护

采样点应设置光电离探测器,探测危险气体,并设置警示或隔离标志。

4.2.3 其他安全防护设备

应配备通讯器材、交通工具、废弃物搬运设备等。

5 垃圾堆体采样与检测

5.1 采样

5.1.1 采样用具

采样铲、对开式取土器、空心钻、戽斗钻、聚乙烯密封塑料采样桶、具塞广口瓶、密封塑料袋、玻璃容器、冷藏保存器、样品标签、采样记录表、记号笔。

5.1.2 采样点设置

5.1.2.1 在设有填埋气体集中收集或导排设施的垃圾填埋场,采样点应布设在2个填埋气体收集管中间。

5.1.2.2 在未设填埋气体收集与导排设施的垃圾填埋场,每 2 500 m^2 至少应布设 1 个采样点。

5.1.3 采样方法

5.1.3.1 采样前,应使用光电离探测器,对采样点进行探测,确保采样点安全,做好采样准备工作。

5.1.3.2 钻孔前,应用小铲去除 15cm 表层覆盖土。

5.1.3.3 应将同一采样点按挖掘深度分为上、中、下三层,即:表层覆盖土层下总挖掘深度的 1/6 深处视为上层、总挖掘深度的 1/2 深处为中层、总挖掘深度的 5/6 深处为下层。

5.1.3.4 钻孔开始后,钻至上层、中层、下层深处时,分别用带尖头的铲子采集垃圾样品,剔除明显不能被降解的塑料等杂物,并将样品充分混合,上、中、下三层垃圾堆体样品分别采集至少

1kg 可供实验用样品。

5.1.3.5 将分拣后的垃圾样品,置放于贴有相应标签(参见附录 A)的采样容器中,密封待测定;同时填写采样记录表(参见附录 B)。

5.1.4 采样频率

垃圾填埋场采用快速降解治理阶段(有机物降解速率大于 0.3%/d),应按治理工艺周期进行监测,每月采样不应少于 1 次;治理结束,每季度宜采样 1 次,每次连续 3d。

5.1.5 采样容器

5.1.5.1 容器材质应符合待测项目的要求,应清洁、干燥;使用前,应严格检查,符合要求后方可使用。

5.1.5.2 测定挥发性化合物、半挥发性化合物的垃圾样品,应选用不透光的容器(或在容器外罩避光塑料袋)。

5.1.5.3 测定有机污染物的垃圾样品宜选用玻璃容器保存。

5.1.6 样品处理与保存

5.1.6.1 每份样品保存量不应少于检测和分析需用量的 3 倍。

5.1.6.2 样品保存过程中,应确定包装完好。

5.1.6.3 对于易分解或易挥发等不稳定组分的样品应采取无顶空存样,低温保存运输,尽快送实验室分析测试,最迟不应超过 24h。

5.1.6.4 样品保存应防止受潮或受灰尘等污染。

5.1.6.5 样品运送前,应指定人员负责样品保管,采样记录表随样品送实验室,实验室收样人员点收并确认样品。

5.1.6.6 撤销的样品不应随意丢弃,应按照国家相关规定处理,防止二次污染。

5.2 检测

5.2.1 常规监测项目及检测方法

应按 GB 16889 及 GB/T 18772—2008 的规定执行。

5.2.2 特定监测项目及检测方法

为确定降解治理效果,及时准确监测降解治理水平,应进行监测的项目按表 1 的规定执行。

表 1 垃圾堆体特定监测项目与检测方法

监测项目	检测方法	方法来源
pH	玻璃电极法	CJ/T 99
有机质	灼烧法	CJ/T 96
全氮	半微量开式法	CJ/T 103
半纤维素、纤维素	DNA 比色法	见附录 C 中的 C.1
比耗氧速率	比耗氧速率测定法	见附录 C 中的 C.2
生物可降解度	重铬酸钾滴定法	见附录 C 中的 C.3

(续表)

监测项目	检测方法	方法来源
自热效应	自热测试法	见附录C中的C.4
沉降量	水准仪测量法	DZ/T0154
含水率	垃圾含水率的测定	CJ/T 3039
挥发性有机化合物	气相色谱—质谱联用	US EPA 8260B
半挥发性有机化合物	气相色谱—质谱联用	US EPA 8270D

6 填埋气体采样与检测

6.1 采样

6.1.1 采样用具

气体采样栗、注射器、多种气体报警检测仪、塑料袋、采气袋、玻璃容器、真空瓶、样品标签、采样记录表。

6.1.2 采样点设置

6.1.2.1 在设有填埋气体集中收集或导排设施的垃圾填埋场，采样点应设在收集系统末端或填埋气体收集管口内部下方0.5m处。

6.1.2.2 在未设填埋气体收集与导排设施的垃圾填埋场，按CJJ 17—2004中第8章补设填埋气体导排设施，采样位置应设在导排设施管口下方0.5m处。

6.1.3 采样方法

6.1.3.1 采集样品前，每个井内应先抽出5倍以上采集器容积的填埋气体。

6.1.3.2 采用直接采样法或浓缩采样法采集气体样品，应将填埋气体置于贴有相应标签(参见附录A)的采样容器，密封待测定；同时填写采样记录表(参见附录B)。

6.1.3.3 检测项目采样方法按GB/T 18772—2008中5.2的要求执行。

6.1.4 采样频率

垃圾填埋场采用快速降解治理(有机物降解速率大于0.3%/d)阶段，按治理工艺周期进行采样，每周采样不应少于2次；治理结束，每季度宜采样1次，夏季每月1次，一年不少于6次；每次采样在1h内，以等时间间隔采集4个样品，并计平均值。

6.1.5 采样容器

6.1.5.1 按5.1.5.1执行。

6.1.5.2 应采用短的、孔径小的导管。

6.1.5.3 使用玻璃容器采样前，应利用抽气泵将容器抽至真空。再充入干洁空气至大于1个标准大气压。

6.1.5.4 采样过程中，使用待测气体对盛样容器进行换气，换气体积不应小于容器体积的10倍。

6.1.5.5 使用塑料袋容器，应尽量使用一次性密封容器，并于采样前排尽塑料袋内的气体。

6.1.6 样品处理与保存

6.1.6.1 将容器密封,确定包装完好,避免不同样品之间干扰。用塑料袋容器,应注意装运时避免压挤产生容器破碎。

6.1.6.2 样品运送前,应指定人员负责样品保管,并于当日运回实验室,最迟不得超过24h。

6.1.6.3 采样记录表随样品送实验室。

6.1.6.4 实验室收样人员应点收并确认样品。

表2 填埋气体特定监测项目与检测方法

监测项目	检测方法	方法来源
硫化氢	气相色谱法	GB/T 14678
氨	分光光度法	GB/T 14679
甲烷	气相色谱法	GB/T 10410.1
二氧化碳	分光光度法	GB/T 10410.1
一氧化碳	非分散红外法	GB/T 9801
甲硫醇	气相色谱法	GB/T 14678
挥发性有机化合物	气相色谱—质谱联用	US EPA 8260B

7 地下水采样与检测

7.1 采样

7.1.1 采样用具

贝勒管、抽水泵、现场水指标测量仪(可测量色度、电导率、温度、pH值、浊度等)、样品瓶、布卷尺、钢卷尺、样品标签、采样记录表。

7.1.2 采样点设置

7.1.2.1 在设有地下水监测系统的垃圾填埋场,采样点应选取地下水监测系统的地下水监测井。

7.1.2.2 在无防渗系统、无地下水检测系统的垃圾填埋场,采样点位置应处于填埋区底部第一承压含水层,取出水样应来自于同一含水层,采样点分布按 GB/T 18772—2008 中 8.1 的要求执行。

7.1.2.3 在有防渗系统、无地下水检测系统的垃圾填埋场:

a)填埋区防渗系统底部高于第一承压含水层超过30m,但尚未发现造成地下水污染的,可不设置地下水检测井,但应对附近水井进行水质检测;

b)若填埋区防渗系统底部高于第一承压含水层未超过30m,或超过30m但已发现造成地下水污染的,应按照 GB/T 18772—2008 中 8.1 的要求补设地下水监测井。

7.1.3 采样方法

7.1.3.1 采样前,应进行洗井,洗井时取出水量为井中存水量的3~5倍。

7.1.3.2 每个样品采集2L,特殊项目的采样量和固定方法应按其所检测项目的分析方法和要求进行。

7.1.3.3 用水指标测量仪测试地下水 pH 值、电导性、温度、色度等指标,当其达到稳定状态后,此时方可采样。

7.1.3.4 采样设备在井中的移动应缓慢上升和下降。

洗井后 2h 开始采样,记录开始采样时间,使用采样设备取足量体积的水样装于附有相应标签(参见附录 A)的样品瓶中;同时填写采样记录表(参见附录 B);盛装样品顺序宜参照待测项目挥发性敏感度的顺序安排。

7.1.4 采样频率

垃圾填埋场采用快速降解治理(有机物降解速率大于 0.3%/d)阶段,按治理工艺周期进行采样,每月不应少于 1 次;治理结束后,每年宜按枯、丰水期各采样 1 次。

7.1.5 采样容器

按 5.1.5 执行。

7.1.6 样品的处理与保存

按 GB/T 12999—1991 中 2.5 的要求执行。

7.2 检测

7.2.1 常规监测项目及检测方法

应按 GB 16889 及 GB/T 18772—2008 的规定执行。

7.2.2 特定监测项目及检测方法

按表 3 的规定执行。

表 3 地下水特定监测项目与检测方法

监测项目	检测方法	方法来源
石油类	红外光度法	GB/T 16488
挥发性有机化合物	气相色谱—质谱联用	US EPA 8260B
半挥发性有机化合物	气相色谱—质谱联用	US EPA 8270D
地下水位	人工观测法	HJ/T 164

8 渗沥液采样与检测

8.1 采样

8.1.1 采样用具

按 7.1.1 执行。

8.1.2 采样点设置

8.1.2.1 在设有垃圾渗沥液集中收集和处理设施的垃圾填埋场,采样点应设置在渗沥液收集井或调节池进水口处。

8.1.2.2 在未设渗沥液集中收集和处理设施的垃圾填埋场,应按照 CJJ 17—2004 中第 7 章渗沥液收集及处理补设渗沥液集中收集和处理设施,采样点应设置在渗沥液的集中排出点。

8.1.3 采样方法

8.1.3.1 用水样采集器提取渗沥液,弃去前 3 次渗沥液,用第 4 次渗沥液作为分析样品,采样量和固定样品方法应按 GB/T 12999—1991 中 2.5 的规定执行。

8.1.3.2 样品应装于附有相应标签(参见附录 A)的样品瓶中;同时填写采样记录表(参见附录 B)。

8.1.4 采样频率

垃圾填埋场采用快速降解治理(有机物降解速率大于 0.3%/d)阶段,按治理工艺周期进行采样,每周不应少于 2 次;治理结束,按 GB/T 18772—2008 中 6.2 的规定执行。

8.1.5 采样容器

按 5.1.5 执行。

8.1.6 样品处理与保存

按 GB/T 12999—1991 中 2.5 的规定执行。

8.2 检测

8.2.1 常规监测项目及检测方法

应按 GB 16889 及 GB/T 18772—2008 的规定执行。

8.2.2 特定监测项目及检测方法

按表 4 的规定执行。

表 4 渗沥液特定监测项目与检测方法

监测项目	检测方法	方法来源
pH	玻璃电极法	GB/T 6920
石油类	红外光度法	GB/T 16488
挥发性有机化合物	气相色谱—质谱联用	US EPA 8260B
半挥发性有机化合物	气相色谱—质谱联用	US EPA 8270D

附录 A(资料性附录) 样品标签(略)
附录 B(资料性附录) 采样记录表(略)
附录 C(规范性附录) 检测方法(略)

生活垃圾填埋场稳定化场地利用技术要求(节录)

GB/T 25179—2010

(2010 年 9 月 26 日发布　2010 年 8 月 1 日实施)

本标准由全国城镇环境卫生标准化技术委员会(SAC/TC 451)提出并归口。
本标准负责起草单位:上海市环境工程设计科学研究院有限公司。

(按原标准编号节录)

3 术语和定义

下列术语和定义适用于本文件。

3.1 填埋场稳定化 landfill stabilization

填埋场封场后,垃圾中可生物降解成分基本降解,各项监测指标趋于稳定,垃圾层沉降符合场地稳定化利用判定要求的过程。

3.2 填埋场终场 landfill closure

填埋场填埋物达到稳定状态,土地可以重新利用的阶段。

3.3 场地利用 landfill site utilization

填埋场封场后,土地的重新开发利用的活动。

4 分类

4.1 场地利用

按利用方式,场地利用可分为低度利用、中度利用和高度利用三类:
a) 低度利用一般指人与场地非长期接触,主要方式包括草地、林地、农地等。
b) 中度利用一般指人与场地不定期接触,主要包括小公园、运动场、运动型公园、野生动物园、游乐场、高尔夫球场等。
c) 高度利用一般指人与场地长期接触,主要包括学校、办公区、工业区、住宅区等。

4.2 植被恢复

按稳定化程度,填埋场封场后植被的恢复可分为恢复初期、恢复中期、恢复后期三种:
a) 初期,生长的植物以草本植物生长为主。
b) 中期,生长的植物出现了乔灌木植物。
c) 后期,植物生长旺盛,包括各类草本、花卉、乔木、灌木等。

5 要求

5.1 一般要求

5.1.1 为确保填埋场的再利用能与周边用地规划紧密结合,终场后的利用方式应在填埋场建设之前确定。

5.1.2 填埋场稳定化程度应通过对填埋场的监测判定。

5.1.3 填埋场稳定化利用之前应进行稳定化监测并符合相关要求。

5.1.4 填埋场场地利用,按照不同利用方式应满足国家有关环保要求。

5.2 判定要求

5.2.1 填埋场稳定性特征包括封场年限,填埋物有机质含量,地表水水质,填埋堆体中气体浓度、大气环境、堆体沉降和植被恢复等。

5.2.2 填埋场稳定化场地利用应按表1的规定进行判定。

表 1　填埋场场地稳定化利用的判定要求

利用方式	低度利用	中度利用	高度利用
利用范围	草地、农地、森林	公园	一般仓储或工业厂房
封场年限	较短，≥3	稍长，≥5	长，≥10
填埋物有机质含量	稍高，<20%	较低，<16%	低，<9%
地表水水质	满足 GB 3838 相关要求		
堆体中填埋气	不影响植物生长 甲烷浓度≤5%	甲烷浓度5%～1%	甲烷浓度<1% 二氧化碳浓度<1.5%
场地区域大气质量	—	达到 GB 3095 三级标准	
恶臭指标	—	达到 GB 14554 三级标准	
堆体沉降	大，>35 cm/a	不均匀，(10—30) cm/a	小，(1—5) cm/a
植被恢复	恢复初期	恢复中期	恢复后期

注：a 封场年限从填埋场完全封场后开始计算。

6　监测

6.1　气体监测

6.1.1　大气监测

环境空气监测中的采样点、采样环境、采样高度按 HJ/T 193 或 HJ/T 194 执行。各项污染物采样频率和浓度限值的要求应按 GB 3095 的规定执行。

6.1.2　填埋气监测

应按 GB 3095 的规定执行。

6.2　地表水监测

地表水水质监测应按 HJ/T 91 的规定执行。各项污染物的浓度限值应按 GB 3838 的规定执行。

6.3　填埋物有机质监测

6.3.1　采样

6.3.1.1　采样方法有对角线法、梅花形法、棋盘法、蛇形法。应结合地形选择方法和采样点数量。各种方法及适用条件见表2。

表 2　采样方法及适用条件

采样方法	适用条件	采样点/个
对角线法	水泡及洼地	4～5
梅花形布点法	面积小、地势平坦、土壤较均匀	5～10
棋盘法	中等、地势平坦、地形开阔但土壤不均匀	≥10
蛇形法	面积较大、地势不平坦、土壤不够均匀	15～20

6.3.1.2 本底监测应在填埋前取表层土1次为本底值。
6.3.1.3 深层垃圾样应采用空筒干钻取样法。
6.3.1.4 填埋后应每年钻探1次取深层垃圾样品,宜按填埋深度每2m深取1点。
6.3.1.5 采样点总数应结合填埋深度和表2确定。
6.3.1.6 每个点取样1kg,各垃圾样混合后反复按四分法弃取,直到最后留下混合垃圾样1kg。
6.3.1.7 填埋年份相差较大的区域采样应按填埋年限分区混合。
6.3.2 样品制备
应按CJ/T 3039的规定执行。
6.3.3 有机质含量的测定
应按CJ/T 96的规定执行。
6.4 堆体沉降监测
应按JCJ 8的规定执行。
6.5 植被调查
应每2年进行1次针对植物的覆盖度、植被高度、植被多样性的调查和检测分析,提出调查报告。(对植物的覆盖度、植被高度、植被多样性每2年进行1次调查和检测分析,提出调查报告。)

生活垃圾综合处理与资源利用技术要求(节录)

GB/T 25180—2010

(2010年9月26日发布 2011年8月1日实施)

本标准由全国城镇环境卫生标准化技术委员会(SAC/TC 451)提出并归口。
本标准负责起草单位:湖北省环境卫生协会。

(按原标准编号节录)

3 术语和定义

下列术语和定义适用于本标准。

3.1 综合处理 integrated treatment
在某一特定区域(场所)内,通过一种以上垃圾处理方式对生活垃圾进行处理和处置,实现减量化、资源化和无害化要求的生活垃圾处理方式。

3.2 资源利用 resource utilization
通过一定技术措施分拣回收垃圾中的可利用的物资或通过特定(物理、化学、生物)方法将垃圾进行处理和处置,实现减量化、资源化和无害化要求的生活垃圾处理方式。

3.3 预处理 pre-treatment

使生活垃圾特性和类别满足后续的处理和处置要求,对其进行的预先加工或分类的过程。

3.4 残渣 residues

生活垃圾在处理过程中产生的不再被进一步加工利用的剩余物。

4 模式分类

4.1 生活垃圾综合处理与资源利用的模式可按处理单元工艺技术组合分为下列四种类型:

a)预处理和卫生填埋:生活垃圾中分选出可回收物后,其他残渣进行卫生填埋;

b)预处理、生物处理和卫生填埋:分选出可回收物和可生物降解垃圾,可生物降解垃圾进行好氧或厌氧处理,残渣进行卫生填埋;

c)预处理、焚烧和炉渣利用:分选出可回收物并将垃圾分类,其余垃圾焚烧,焚烧后的残渣进行利用;

d)预处理、生物处理、焚烧和卫生填埋:分选出可回收物并将垃圾分类,可生物降解垃圾进行好氧或厌氧处理,可燃垃圾焚烧,残渣进行利用,未进入以上处理环节的垃圾进行卫生填埋处理。

4.2 对生活垃圾分类收集的地区,其综合处理与资源利用模式可参考4.1中的模式进行相应的简化。

5 基本要求

5.1 生活垃圾来源应符合 CJ/T 3033 的规定。

5.2 生活垃圾中不应混入下列物质:

a)按 GB 5085 界定为危险废物的物质;

b)工业固体废弃物;

c)来源不清的垃圾;

d)建筑渣土。

5.3 生活垃圾应进行预处理,改善理化条件,建立有利于后续处理的工况条件,提高处理效果。

5.4 工艺设计应按垃圾的产生源、垃圾成分、处理量和后处理处置要求,选择技术先进,经济适用,安全可靠,操作方便的技术。

5.5 生活垃圾的预处理、回收、再生利用和最终处置系统,应采用机械化、自动化程度高、运行稳定的设备。

5.6 经过预处理、回收利用和各种工艺处理、利用后的剩余生活垃圾,应进行最终的填埋处置。

6 预处理

6.1 基本要求

a)分拣可回收利用组分、分离有毒有害组分;

b)均混物料;

c)分选或破碎大块物料。

6.2 物理预处理:

a)干法预处理:在热力作用下降低垃圾的水分,使其含水率不高于15%;

b）湿法预处理：利用水的浮力进行的预处理分选,分离无机物和塑料薄膜片等比重差异较大的物料。

6.3 生物预处理：

利用专门设施,在微生物和机械作用下,降低生活垃圾含水率,提高热值,为生活垃圾的后续处理或利用创造良好的物理条件。

6.4 机械预处理：

a）筛分与破碎：采取筛分与破碎机械结合的办法,分离原生垃圾中的不同组分,为生活垃圾回收利用、后续预处理和最终处置创造良好的物理条件；

b）预制：分离出的部分物料经加工形成有利于后续处理的中间料；

c）磁选：分离出黑色金属。

7 分选回收

7.1 基本要求

7.1.1 宜以机械分选为主,人工分选为辅。

7.1.2 根据后续处理的要求,选择经济实用的分选工艺。

7.1.3 回收生活垃圾中的部分可利用物质。

7.1.4 生活垃圾经分选回收后剩余的垃圾应进一步处理或处置,并应达到无害化要求。

7.2 废塑料回收

7.2.1 回收的塑料宜按其主要特性进行细分。

7.2.2 废塑料的分选宜采用风力分选和浮选技术。

7.2.3 塑料与其他材料复合的废物应进行破碎,分离其他复合附着物。宜采用干法破碎技术。

7.2.4 废塑料应进行清洗,去除表面渣土杂物,经干燥处理后造粒。

7.2.5 废塑料的清洗宜使用机械清洗技术,并配备废水处理设施。

7.2.6 经分选得到的废塑料可按需要加以利用,也可深加工,生产建筑材料,如涂料、胶黏剂、板材塑料砖等。其材料质量应符合有关标准的规定。

7.2.7 废塑料的回收与再生利用过程的污染控制按 HJ/T 364 的相关规定执行。

7.3 废玻璃回收

7.3.1 垃圾破碎前,垃圾中的玻璃器皿宜先经人工分拣选出。

7.3.2 硬层玻璃、油漆玻璃、铁丝玻璃及火烧玻璃对后续产品质量影响较大,宜作填埋处置。

7.3.3 废玻璃利用前应经过水洗、破碎、筛选、除杂。宜按颜色分选回收。

7.4 废纸回收

废纸的回收利用按 GB 20811 的相关规定执行。

7.5 废纺织纤维物回收

7.5.1 废纺织纤维物宜分选出不同性质的纤维物质并分别存放,包括植物纤维、毛纺纤维、化学纤维和混合纤维。

7.5.2 清理废纺织纤维物应清除附着在废纺织纤维物上的灰土杂质。

7.5.3 旧块布加工时宜按用户要求的规格及可用途径,进行整理和包装。

7.5.4 碎布可按下游用途要求分选出大、小布块和新布条,宜按颜色分别存放,按需供应。

7.6 废金属回收

7.6.1 废金属包括黑色金属和有色金属。

7.6.2 应清除废金属上的附着物和包裹物。

7.6.3 黑色金属宜采用磁性分选技术分离。

7.6.4 有色金属宜采用涡流分选技术分离,也可破碎后再分离。

7.7 废皮革、废橡胶回收

7.7.1 机械或人工分选出的废皮革宜单独收集和包装。

7.7.2 机械或人工分选出的废橡胶宜单独收集和包装。

7.7.3 应清除废皮革、废橡胶上的附着的污物。

7.7.4 废皮革、橡胶中的金属物宜采用人工或机械方式剥离。

8 生物处理

8.1 基本要求

8.1.1 进行生物处理的生活垃圾应进行预处理。预处理后的物料尺寸不宜大于80mm。有机物的转化率不应低于60%。

8.1.2 生物处理过程中产生的残余物应及时、妥善处理。

8.2 好氧

8.2.1 进行好氧堆肥的生活垃圾的理化特性应满足下列要求:

a)含水率宜为40%～60%;

b)有机物含量不宜低于60%(以湿基计)。

8.2.2 生活垃圾好氧堆肥工艺技术应符合 CJJ/T 52 和 CJJ/T 86 的要求。

8.2.3 好氧堆肥处理的无害化要求及堆肥制品应符合 GB 7959、GB 8172 等相关标准的要求。

8.2.4 除去杂质后的散装堆肥产品可用于绿化或作为土壤改良剂。

8.2.5 按土壤性质和用户需要,将散装产品加入 N、P、K 添加剂制成有机、无机复混肥。添加剂应与原物料混合均匀,并符合相关标准要求。

8.3 厌氧

8.3.1 进行厌氧发酵处理的生活垃圾的理化特性应满足下列要求:

a)含水率宜大于60%;

b)有机物含量不宜低于75%(以湿基计)。

8.3.2 厌氧发酵产生的沼气应经过脱水、脱硫处理后进入沼气储存和输配系统。沼气的输送、储存应符合国家有关规定。沼气储存装置与周围建、构筑物的防火距离,应符合 GB 50016 的要求。

8.3.3 经过净化处理后的沼气质量指标,应符合下列要求:

a)沼气低位发热值应大于 $18MJ/m^3$;

b)沼气中的硫化氢含量应小于 $20mg/m^3$;

c)沼气温度应低于35℃。

8.3.4 净化处理后的沼气宜作为燃料、原料使用。

8.3.5 厌氧发酵产生的沼液通过安全性评价后可优先考虑作为液体肥料利用。

8.3.6 厌氧发酵后分离出的固相残余物(沼渣)作为农用肥料时应符合 GB 8172 的要求。

8.4 经生物处理的生活垃圾用作肥料时应满足下列要求：

a) 有机物的纤维形态消失；

b) 无臭味、异味；

c) 颗粒均匀。

9 建材生产

9.1 分选出的无机物及垃圾焚烧炉渣可作为建材生产原料。

9.2 分选出的无机物及垃圾焚烧炉渣可作为路基材料和回填土，其质量应符合道路设计要求。

9.3 分选出的垃圾焚烧炉渣可生产集料，其质量应符合 GB/T 25032 的要求。

9.4 分选出的碎砖及石块等无机物符合 JCJ 53 规定的，可作为混凝土骨料。

10 焚烧

10.1 垃圾焚烧锅炉应符合 GB/T 18750 的要求。焚烧工艺技术应符合 CJJ 90 的要求。

10.2 生活垃圾焚烧产生的热能应回收利用。利用方式应按处理规模、垃圾焚烧特点、周边用热条件等，通过经济综合比较确定。

10.3 焚烧飞灰及烟气处理应符合 GB 18485 的要求。

11 卫生填埋

11.1 填埋场填埋处置的生活垃圾应满足下列要求：

a) 无机成分应大于 40%；

b) 生活垃圾经预处理后的固态残余物含水率应小于 60%；

c) 生活垃圾焚烧炉渣应经预处理，其含水率应小于 30%。

11.2 生活垃圾卫生填埋工艺技术应符合 CJJ 17 的要求。

11.3 填埋场沼气可用作燃气轮机动力的来源、机动车燃料、供应居民或单位的生活燃料，并入天然气管网等。

11.4 沼气质量应符合本标准第 8.3.3 条的要求。沼气的排放应符合 GB 16889 的要求。

11.5 填埋堆体达到稳定及其场地利用应符合 GB/T 25179 的要求。

11.6 按垃圾稳定化程度不同，可考虑对填埋场进行阶段性利用。

12 环境保护要求

12.1 生活垃圾的预处理、回收利用和最终处置过程应符合 GBZ 1 标准的要求，防止对作业人员身体健康产生危害。

12.2 生活垃圾的综合处理与资源利用过程中产生的污水、臭气、粉尘和噪声及其他污染物的防治与排放，应符合国家有关的环境保护法规和标准的要求。

热处理盐浴有害固体废物的管理
第1部分：一般管理（节录）

GB/T 27945—2011

（2011年12月30日发布　2012年10月1日实施）

本部分由全国热处理标准化技术委员会（SAC/TC 75）提出并归口。

本部分主要起草单位：上海市机械制造工艺研究所有限公司、北京机电研究所、安徽省欧萨卫生检测技术有限公司、上海欧萨环境资源管理咨询有限公司。

（按原标准编号节录）

3　术语和定义

GB 5085.1、GB 5085.2—2007，以 GBZ/T 224—2010 和 HJ/T 299—2007 界定的以及下列术语和定义适用于本文件。为了便于使用下重复列出了 GB 5085.1、GB 508.2—2007、GBZ/T 224—2010 和 HJ/T 299—2007 中的某些术语和定义。

3.1　固体废物 solid wastes

在生产建设、日常生活和其他活动中产生的固态、半固态废弃物质。

3.2　盐浴固体废物 salt bath solid wastes

热处理熔盐在使用过程中产生的一些固态废弃物质。

3.3　浸出液 extract

可溶性组分从固相进入液相后的溶液。

3.4　浸出毒性 leaching toxicity

固体废物遇水浸沥，浸出的有害物质迁移转化并污染环境，这种危害特性称为浸出毒性。

[HJ/T 299—2007，定义2.2]

3.5　急性毒性 acute toxicity

一次或24h内多次给实验动物染毒化学物质所致的中毒效应。

[GBZ/T 224—2010，定义11.2.3]

3.6　口服毒性半数致死量 LD_{50}　LD_{50}(median lethal dose)for acute oral toxicity

是经过统计学方法得出的一种物质的单一计量，可使青年白鼠口服后，在14d内死亡一半的物质剂量。

[GB 5085.2—2007，定义3.1]

3.7　皮肤接触毒性半数致死 LD_{50}　LD_{50} for acute oral toxicity

是使白兔的裸露皮肤持续接触24h，最可能引起这些试验动物在14d内死亡一半的物质剂量。

[GB 5085.2—2007,定义 3.1]

3.8 吸入毒性半数致死浓度 LC$_{50}$ LC$_{50}$ for acute toxicity on inhalation

是使雌雄青年白鼠连续吸入 1h,最可能引起这些实验动物在 14h 内死亡一半的蒸气、烟雾或粉尘的浓度。

[GB 5085.2—2007,定义 3.3]

3.9 浸出液发光细菌急性毒性 inhibitory effect of extract on the light emission of luminescent bacteria

发光细菌在干净水体中发光恒定,当受到污染毒物影响时,发光受到抑制,受抑制的程度与水体中毒物的总体程度相关,急性毒性大小为特征参比物(如氯化汞、苯酚等)浓度的毒性当量。

3.10 腐蚀性 corrodibility

符合下列条件之一的固体废物即被认为具有腐蚀性:

按 GB/T 15555.12 的规定制备的浸出液,pH 值≥12.5 或 pH 值≤2.0;按 GB 5085.1 的规定在 55°C 条件下对 GB/T 699 中规定的 20 钢的腐蚀速率≥6.35mm/a。

4 技术要求

4.1 有害固体废物无害化处理

应对盐浴固体废物的急性毒性、浸出毒性和腐蚀性进行鉴别,凡具有一种或多种上述特性的有害固体废物应进行无害化处理。

4.2 急性毒性的初筛及其试验方法

4.2.1 浸出液发光细菌急性毒性 $HgCl_2$ 毒性当量≤0.07mg/L。浸出液发光细菌急性毒性检测方法按 GB/T 27945.2 的规定执行。

4.2.2 口服毒性半数致死量 LD$_{50}$、皮肤接触毒性半数致死量 LD$_{50}$ 和吸入毒性半数致死浓度 LC$_{50}$ 应符合 GB 5085.2—2007 的规定。

4.3 浸出毒性鉴别

4.3.1 盐浴固体废物浸出毒性浸出方法按 GB/T 27945.2 的规定执行。

4.3.2 盐浴固体废物浸出液中任何一种有害成分的浓度超过表1所列的浓度限值,定为有害固体废物。

表1 盐浴固体废物浸出毒性鉴别标准值

序号	有害物质	浸出液有害物质浓度限值 mg/L
1	钡及其化合物(以 Ba^{2+} 计)	100
2	氰化物(以 CN 计)	1.0
3	亚硝酸盐(以 NO_2^- 计)	100

4.3.3 盐浴固体废物浸出液中有害物质检测方法见表2。

表2 盐浴固体废物浸出液中有害物质检测方法

序号	有害物质	检测方法	检测方法来源
1	钡及其化合物(以 Ba^{2+} 计)	电感耦合等离子发射光谱法	GB 5085.3
		沉淀-氧化滴定法	GB/T 27945.2
2	氰化物(以 CN^- 计)	离子色谱法	GB 5085.3
		硝酸银滴定法	HJ 484
		异烟酸-巴比妥酸分光光度法	
3	亚硝酸盐(以 NO_2^- 计)	离子色谱法	GB 5085.3
		氧化还原滴定法	GB/T 27945.2

4.4 腐蚀性的鉴别与测定

腐蚀性的测定方法应符合 GB/T 15555.12 的规定。腐蚀性鉴别应符合 GB 5085.1 的规定。

5 盐浴有害固体废物的管理

5.1 盐浴有害固体废物种类见表3。

表3 盐浴有害固体废物

序号	种类	来源
1	钡盐渣	高、中温盐浴
2	氰盐渣	碳氮共渗、渗碳、氮碳共渗、硫氮共渗、硫氮碳共渗和碳氮硼共渗等盐浴
3	硝盐渣	等温、分级淬火和回火等盐浴

5.2 盐浴有害固体废物的申报登记管理,应按照国家现行的有关规定执行。

5.3 热处理盐浴使用单位应对产生的盐浴固体废物尽可能加以利用;应对暂时不利用的盐浴固体废物按国家有关规定贮存,安全分类存放和管理;应对不能利用的盐浴固体废物按 GB/T 27945.3 进行无害化处理。对热处理盐浴使用单位无能力处理的有害固体废物,应委托有资质的部门处理。处理单位应有处理过程、处理结果和排放批准的记录,并保存。处理单位应接受当地环保部门的检查、监督和管理。

5.4 收集、贮存、运输、利用和处置固体废物的单位和个人,应采取防扬散、防流失、防渗漏或者其他防止污染环境的措施,不得擅自倾倒、堆放、丢弃和遗撒固体废物。盐浴有害固体废物贮存、处置设施和场所环境保护图形标志应符合 GB 15562.2 的规定。

5.5 当本标准与当地环境要求不一致时,按当地地方环保标准的规定执行。

热处理盐浴有害固体废物的管理
第2部分：浸出液检测方法（节录）

GB/T 27945.2—2011

(2011年12月30日发布　2012年10月1日实施)

本部分由全国热处理标准化技术委员会(SAC/TC 75)提出并归口。

本部分主要起草单位：上海市机械制造工艺研究所有限公司、安徽省欧萨卫生检测技术有限公司、北京机电研究所、上海欧萨环境资源管理咨询有限公司。

（按原标准编号节录）

3　术语和定义

GB 5085.1、GB 5085.2—2007、GB/T 27945.1、GBZ/T 224—2010 和 HJ/T 299—2007 界定的以及下列术语和定义适用于本文件。为了便于使用，以下重复列出了 GB 5085.1GB 5085.2—2007、GB/T 27945.1、GBZ/T 224—2010 和 HJ/T 299—2007 中的某些术语和定义。

3.1　固体废物 solid wastes

在生产建设、日常生活和其他活动中产生的固态、半固态废弃物质。

3.2　盐浴固体废物 salt bath solid wastes

热处理熔盐在使用过程中产生的一些固态废弃物质。

3.3　浸出液 extract

可溶性组分从固相进入液相后的溶液。

3.4　浸出毒性 leaching toxicity

固体废物遇水浸沥，浸出的有害物质迁移转化并污染环境，这种危害特性称为浸出毒性。

[HJ/T 299—2007,定义2.2]

3.5　急性毒性 acute toxicity

一次或24h内多次给实验动物染毒化学物质所致的中毒效应。

[GBZ/T 224—2010,定义11.2.3]

3.6　口服毒性半数致死量 LD_{50}　LD_{50} (median lethal dose) for acute oral toxicity

经过统计学方法得出的一种物质的单一计量。可使青年白鼠口服后，在14d内死亡一半的物质剂量。

[GB 5085.2—2007,定义3.1]

3.7　皮肤接触毒性半数致死量 LD_{50}　LD_{50} for acute dermal toxicity

使白兔的裸露皮肤持续接触24h,最可能引起这些试验动物在14d内死亡一半的物质剂量。

[GB 5085.2—2007,定义 3.2]

3.8 吸入毒性半数致死浓度 LC_{50} LC_{50} for acute toxicity on inhalation

使雌雄青年白鼠连续吸入 1h,最可能引起这些试验动物在 14 d 内死亡一半的蒸气、烟雾或粉尘的浓度。

[GB 5085.2—2007,定义 3.3]

3.9 浸出液发光细菌急性毒性 inhibitory effect of extract on the light emission of luminescent bacteria

发光细菌在干净水体中发光恒定,当受到污染毒物影响时,发光受到抑制,受抑制的程度与水体中毒物的总体程度相关,急性毒性大小为特征参比物(如氯化汞、苯酚等)浓度的毒性当量。

[GB/T 27945.1—2011,定义 3.9]

3.10 腐蚀性 corrodibility

符合下列条件之一的固体废物即被认为具有腐蚀性:按 GB/T 15555.12 的规定制备的浸出液,pH 值≥12.5 或 pH 值≤2.0;按 GB 5085.1 的规定在 55°C 条件下对 GB/T 699 中规定的 20 钢的腐蚀速率≥6.35mm/a。

3.11 相对发光强度 relative light intensity

$$相对发光强度 = \frac{样品发光强度}{对照发光强度} \times 100\%$$

3.12 发光抑制率 inhibition rate of light intensity

发光抑制率 = 1 - 相对发光强度。

3.13 20% 抑制浓度(EC20) effective concentration 20%

15min 能产生发光抑制率为 20% 的被测样品的质量浓度。

4 浸出液的制备

4.1 采样

在本标准第 1 部分中所规定的热处理盐浴固体废物中采样,采样方法应符合 HJ/T 20 的规定。

4.2 制样

控制颗粒度在 1mm ~ 10mm 之间,对于粒径大的颗粒可通过破碎、切割或研磨降低粒径。称取 100g ~ 200g 上述所采集的试样置于具盖容器中,在 105°C 温度下烘干。

4.2.1 用于发光细菌急性毒性测试的浸出液制备:在室温下称取上述烘干试样 50.0g 于烧杯中,加入 0.0001mol/L 硫酸溶液 500mL,加热搅拌煮沸 2h,然后将浸出液过滤于 500mL 容量瓶中,用水稀释至刻度,摇匀。

4.2.2 钡盐渣浸出液、硝盐渣浸出液、氰盐渣浸出液和用于腐蚀性测试的浸出液制备应符合 GB/T 15555.12 的规定。

5 钡盐渣浸出液中氯化钡的测定

5.1 采用电感耦合等离子体原子发射光谱法,并符合 GB 5085.3 的规定。

5.2 采用沉淀-氧化还原滴定法,具体检测方法见附录 A。

6 氰盐渣浸出液中氰化物的测定

6.1 采用离子色谱法,并符合 GB 5085.3 的规定。

6.2 采用硝酸银滴定法,并符合 HJ/T 484 的规定。

6.3 采用异烟酸-巴比妥酸分光光度法,并符合 HJ/T 484 的规定。

7 硝盐渣浸出液中亚硝酸盐的测定

7.1 采用离子色谱法,并符合 GB 5085.3 的规定。

7.2 采用氧化还原滴定法,具体检测方法见附录 B。

8 浸出液发光细菌急性毒性的测定

8.1 采用发光细菌法(明亮发光杆菌)并符合 GB/T 15441 的规定。

8.2 采用发光细菌法(青海弧菌)具体检测方法见附录 C。

9 浸出液腐蚀性的测定

采用玻璃电极法,并符合 GB/T 15555.12 规定。

附录 A(规范性附录) 钡盐渣浸出液中氯化钡的测定(沉淀-氧化还原滴定法)(略)
附录 B(规范性附录) 硝盐渣浸出液中亚硝酸盐的测定(氧化还原法)(略)
附录 C(规范性附录) 急性毒性测试仪测定法(青海弧菌发光细菌法)(略)

热处理盐溶有害固体废物的管理
第3部分:无害化处理方法(节录)

GB/T 27945.3—2011

(2011 年 12 月 30 日发布 2012 年 10 月 1 日实施)

本部分由全国热处理标准化技术委员会(SAC/TC 75)提出并归口。

本部分主要起草单位:上海市机械制造工艺研究所有限公司、北京机电研究所、安徽省欧萨卫生检测技术有限公司、上海欧萨环境资源管理咨询有限公司。

(按原标准编号节录)

3 术语和定义

HJ/T 299—2007 界定的以及下列术语与定义适用于本文件。为了便于使用,以下重复列出了 HJ/T 299—2007 中的某些术语与定义。

3.1 固体废物 solid wastes

在生产建设、日常生活和其他活动中产生的污染环境的固态、半固态废弃物质。

3.2 盐浴固体废物 salt bath solid wastes
热处理熔盐在使用过程中产生的一些固态废弃物质。

3.3 浸出液 extract
可溶性组分从固相进入液相后的溶液。

3.4 浸出毒性 leaching toxicity
固体废物遇水浸沥，浸出的有害物质迁移转化并污染环境，这种危害特性称为浸出毒性。
[HJ/T 299—2007,定义2.2]

4 基本原理

4.1 盐浴有害固体废物种类和来源
盐浴有害固体废物种类和来源见表1。

表1 盐浴有害固体废物种类和来源

种类	钡盐渣	硝盐渣	氰盐渣
来源	高、中温盐浴	等温、分级淬火和回火等盐浴	碳氮共渗、渗碳、氮碳共渗、硫碳共渗、硫氮碳共渗和碳氮硼共渗等盐浴

4.2 钡盐渣处理原理
钡盐渣处理采用沉淀法。加入沉淀剂硫酸钠或碳酸钠+硫酸，将可溶性钡盐转变成难溶于水的硫酸钡沉淀。其化学反应式：

$$BaCl_2 + Na_2SO_4 \longrightarrow BaSO_4\downarrow + 2NaCl$$

或

$$BaCl_2 + Na_2CO_3 + H_2SO_4 \longrightarrow BaSO_4\downarrow + 2NaCl + CO_2\uparrow + H_2O$$

4.3 硝盐渣处理原理
硝盐渣处理采用氧化法。加入氧化剂次氯酸钠，将易溶于水的亚硝酸盐氧化成硝酸盐溶液。其化学反应式：

$$NaNO_2 + NaClO \longrightarrow NaNO_3 + NaCl$$

4.4 氰盐渣处理原理
氰盐渣处理采用络合法+沉淀法。加入硫酸亚铁，先将CN^-络合成亚铁氰化盐，再加入氯化铁将亚铁氰化盐转变为铁氰化盐沉淀。其化学反应式：

$$6NaCN + FeSO_4 \longrightarrow Na_4Fe(CN)_6 + Na_2SO_4$$
$$3Na_4Fe(CN)_6 + 4FeCl_3 \longrightarrow Fe_4[Fe(CN)_6]_3\downarrow + 12NaCl$$

5 试剂、材料和设备

5.1 试剂、材料
试剂、材料见表2。

表 2　试剂、材料

名称	分子式	状态	纯度	标准
硫酸	H_2SO_4	液体	工业级（$\rho \approx 1.84$）	GB/T 534
盐酸	HCl	液体	工业级（$\rho \approx 1.19$）	GB 320
氢氧化钠	NaOH	固体	工业级	GB 209
次氯酸钠	NaClO	液体	含有效氧13%（$\rho \approx 1.1$）	GB 19106
无水硫酸钠	Na_2SO_4	液体	工业级（Ⅲ类）	GB/T 6009
无水碳酸钠	Na_2CO_3	固体	工业级	GB/T 639
硫酸亚铁	$FeSO_4 \cdot 7H_2O$	固体	工业级	GB 10531
三氯化铁	$FeCl_3 \cdot 6H_2O$	固体	工业级	HG/T 3474

5.2 设备

粉碎机、搅拌机、溶渣槽、过滤器、贮液池和处理槽(缸)等。

6 盐浴有害固体废物处理条件及工艺

6.1 盐浴有害固体废物浸出液制备方法及处理条件

盐浴有害固体废物浸出液制备方法及处理条件见表3。

表 3　盐浴有害固体废物浸出液制备方法及处理条件

项目	有害固体废物类别		
	钡盐渣	硝盐渣	氰盐渣
颗粒度/mm	1～10		
溶剂	水		
	pH 值≈7	pH 值≈7	pH 值≥8（用 NaOH 调节）
固液比(渣质量:水质量)	1:10		
熔渣方法	浸出20h以上或搅拌8h或加热煮沸1h～2h		浸出20h以上或搅拌4h
浸出液处理前酸碱度调节至	6≤pH 值≤7	6≤pH 值≤8	4≤pH 值≤5
沉淀剂或氧化剂加入量与有害物质含量之比	Na_2SO_4 或 Na_2CO_3：$BaCl_2$ 为 1.5:1～2:1	$NaClO:NaNO_2$ 为 1.2:1～2:1	$FeCl_3 \cdot 6H_2O:NaCN$ 为 3:1～4:1
沉淀或氧化反应时间/h	1～2		
处理温度/℃	15～35		

6.2 盐浴有害固体废物处理工艺流程

盐浴有害固体废物处理工艺流程见图1,按本标准第1部分规定鉴别浸出液的有害毒性。

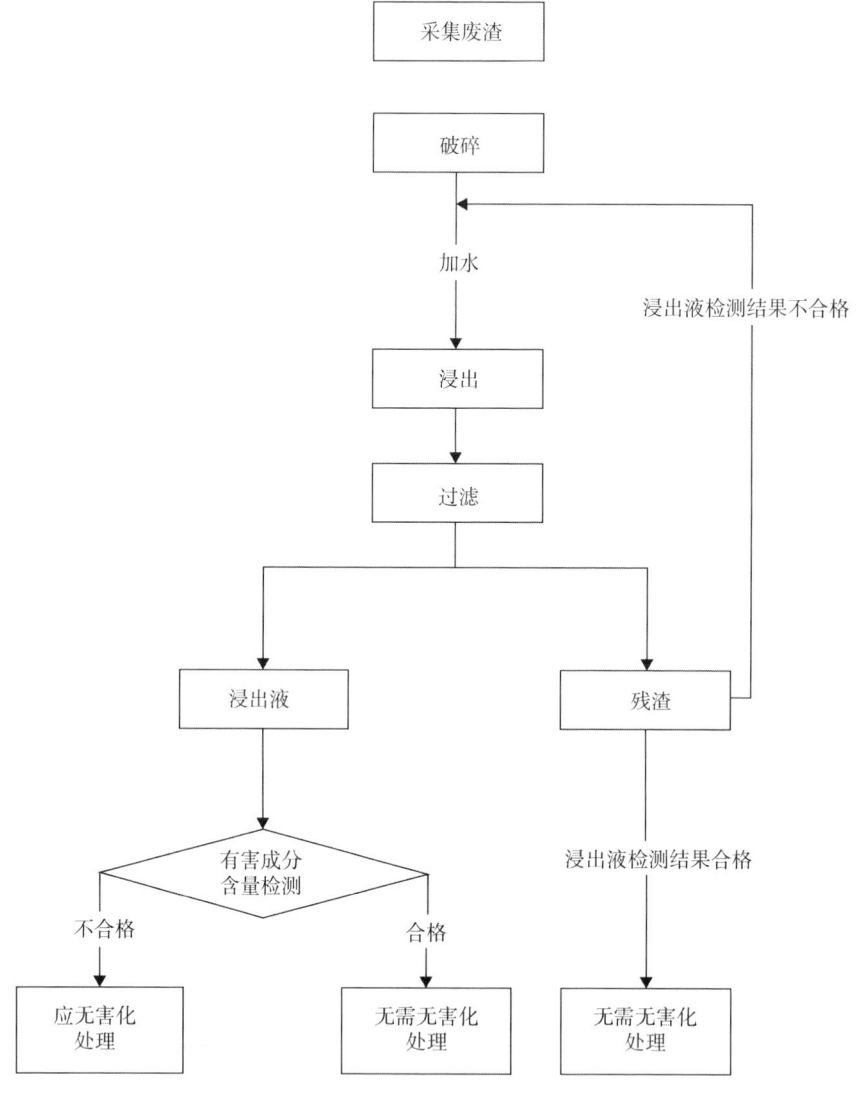

图 1　盐浴有害固体废物处理工艺流程

6.3　有害浸出液处理工艺流程

6.3.1　钡盐渣浸出液处理工艺流程

6.3.1.1　沉淀剂为硫酸钠的钡盐渣浸出液处理工艺流程见图 2。

6.3.1.2　沉淀剂为碳酸钠+硫酸的钡盐渣浸出液处理工艺流程见图 3。

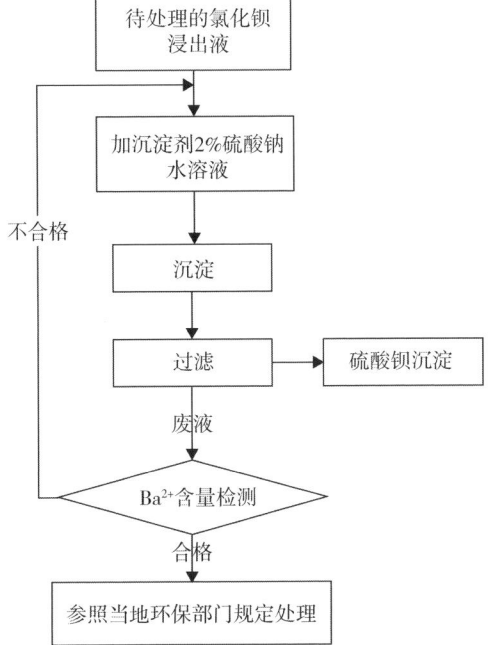

图 2　沉淀剂为硫酸钠的钡盐渣浸出液处理工艺流程

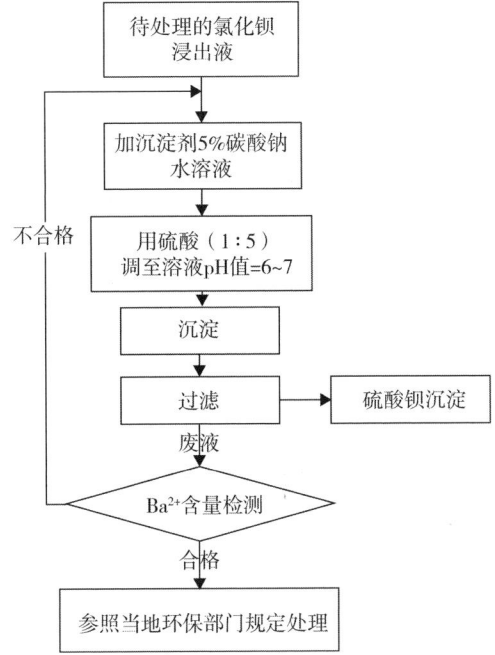

图 3　沉淀剂为碳酸钠加硫酸的钡盐渣浸出液处理工艺流程

6.3.2 硝盐渣浸出液处理工艺流程

硝盐渣浸出液处理工艺流程见图4。

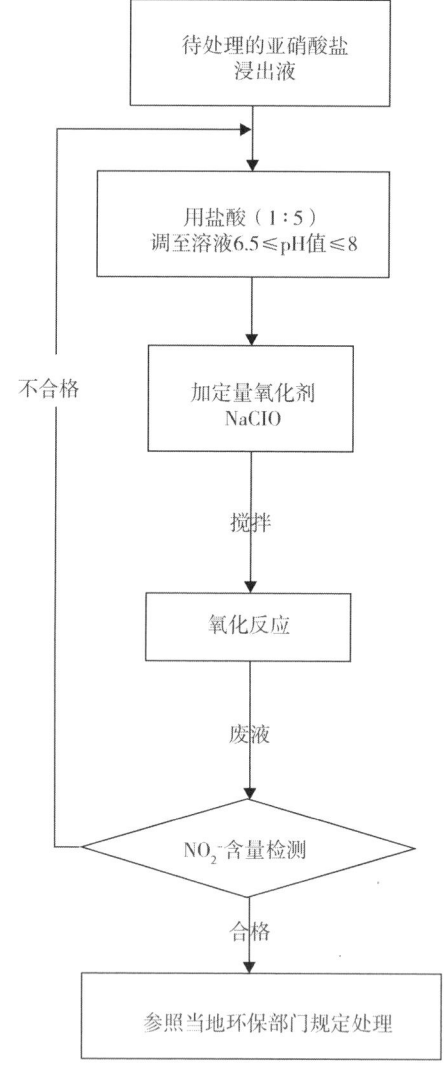

图4 硝盐渣浸出液处理工艺流程

6.3.3 氰盐渣浸出液处理工艺流程

氰盐渣浸出液处理工艺流程见图5。

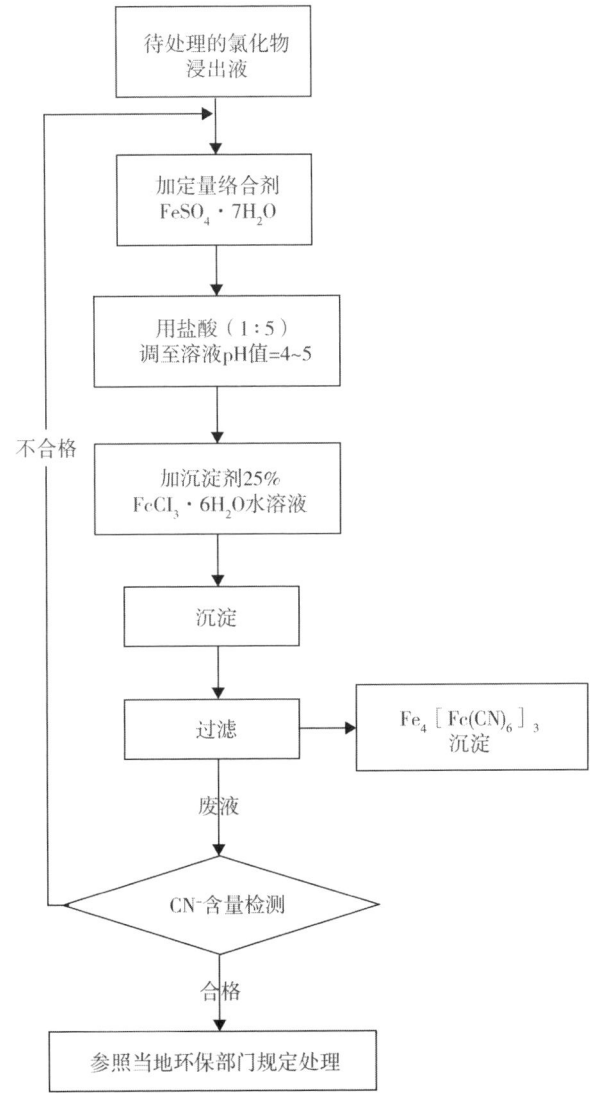

图 5 氰盐渣浸出液处理工艺流程

7 有害物质处置

7.1 钡盐渣、硝盐渣和氰盐渣浸出液的分析方法,按 GB/T 27945.2 的规定进行。

7.2 钡盐渣、硝盐渣和氰盐渣浸出液的浓度应符合 GB/T 27945.1 的规定,方可参照当地环保部门规定处理。

8 安全保护要求

8.1 操作人员在进行无害化处理时,应符合安全卫生、劳动保护的有关规定。

8.2 破碎及处理废渣时(特别是氰盐渣),应在有通风管道、排气、吸尘和湿法贮存装置的厂房进行。

8.3 处理设备、容器应加盖,防渗漏,防腐蚀,严防有害物质流失。

9 监督管理

9.1 处理单位应有处理过程、处理结果和排放批准的记录,并保存。

9.2 处理单位应接受当地环保部门的检查、监督和管理。

水泥窑协同处置固体废物技术规范(节录)

GB 30760—2014

(2014年6月9日发布 2015年4月1日实施)

本标准由中国建筑材料联合会提出。

本标准负责起草单位:中国建筑材料科学研究总院、北京金融红树林环保技术有限责任公司、华新水泥股份有限公司。

(按原标准编号节录)

3 术语和定义

下列术语和定义适用于本文件。

3.1 固体废物 solid waste

在生产、生活和其他活动中产生的丧失原有利用价值或者虽未丧失利用价值但被抛弃或者放弃的固态、半固态和置于容器中的气态的物品、物质。

3.2 水泥窑协同处置固体废物 co-processing solid waste in cement kiln

通过高温焚烧及水泥熟料矿物化高温烧结过程实现固体废物毒害特性分解、降解、消除、惰性化稳定化等目的的废物处置技术手段。

4 协同处置固体废物的鉴别和检测

4.1 不应协同处置的废物

下列固体废物不应入窑进行协同处置:

a) 放射性废物;

b) 具有传染性、爆炸性及反应性废物;

c) 未经拆解的废电池、废家用电器和电子产品;

d) 含汞的温度计、血压计、荧光灯管和开关;

e) 有钙焙烧工艺生产铬盐过程中产生的铬渣;

f) 石棉类废物;

g）未知特性和未经鉴定的固体废物。

4.2 协同处置固体废物的鉴别和分析

水泥生产企业在接收固体废物之前,应对固体废物进行鉴别和分析,确定固体废物是否适宜水泥窑协同处置。相关程序包括：

a) 了解产生固体废物企业及工艺过程基本情况,确定固体废物种类、物理化学特性等基本属性。

b) 列入《国家危险废物名录》或者根据 HJ/T 298 和 GB 5085 认定具有危险特性的废物按照 HJ/T 298 进行采样；一般废物按照 HJ/T 20 进行采样,记录并报告详细的采样信息。

c) 危险废物按照 HJ/T 298 和 GB 5085 进行鉴别分析,确定危险废物的危害特性。

d) 鉴别分析拟处置的固体废物特性,检测内容参见附录 A。

5 生产处置管理要求和工艺技术

5.1 水泥窑协同处置固体废物的管理要求

协同处置固体废物企业应设立处置废物的管理机构,建立健全各项管理制度并有专职人员负责处置固体废物管理及环境保护有关工作；所有岗位的人员均应进行有关水泥窑协同处置固体废物相关知识及技能的培训。

5.2 水泥窑协同处置设施场地与贮存

水泥窑协同处置固体废物设施所处场地应满足 GB 30485 和 HJ 662 要求。

水泥窑协同处置厂区内危险废物的贮存设施应满足 GB 18597 的要求。生产处置厂区内一般废物的贮存设施应满足 GB 50016 的要求。对于有挥发性或化工恶臭的固体废物,应在密闭条件下贮存。固体废物的贮存设施要有必要的防渗性能。贮存设施内产生的废气和渗滤液,应根据各自的性质,按照相关国家标准进行处理达标后排放。

5.3 水泥窑协同处置过程中固体废物的输送

在生产处置厂区内可采用机械、气力等输送装备或车辆输送、转运固体废物。固体废物的输送、转送要有防扬尘、防异味发散、防泄漏等技术措施。对于有挥发性或化工恶臭的固体废物,应在密闭或负压条件下进行输送、转运,产生的废气应导入水泥窑中或是通过空气过滤装置后达标排放；输送、转运管道应有防爆等技术措施。

5.4 水泥协同处置厂区内固体废物的预处理

为适应水泥窑处置的要求,可在生产处置厂区内对固体废物进行预处理,包括化学处理,如酸碱中和；物理处理,如分选、水洗、破碎、粉磨、烘干等。预处理工艺过程要有防扬尘、防异味发散、防泄漏等技术措施。对于有挥发性或化工恶臭的固体废物,应在密闭或负压条件下进行预处理。预处理过程产生的废渣、废气和废液,应根据各自的性质,按照国家相关标准和文件进行处理达标后排放。

5.5 水泥窑工艺技术装备及运行

协同处置固体废物的水泥窑应是新型干法预分解窑,设计熟料规模大于 2 000 t/d,生产过程控制采用现场总线或 DCS 或 PLC 控制系统、生料质量控制系统、生产管理信息分析系统；窑尾安装大气污染物连续监测装置。窑炉烟气排放采用高效除尘器除尘,除尘器的同步运转率为 100%。

水泥窑在协同处置固体废物时,投料量应稳定,及时调整操作参数,保证窑炉及其他工艺设备的正常稳定运行。

5.6 水泥窑协同处置固体废物的投料

水泥窑协同处置固体废物投料点可设在生料制备系统、分解炉和回转窑系统(不包括篦冷机)。设在分解炉和回转窑系统上的投料点应保持负压操作;含有机挥发性物质或化工恶臭的固体废物,不能投入生料制备系统。

水泥窑协同处置固体废物投料应有准确计量和自动控制装置。在水泥窑或烟气除尘设备出现不正常状况时,应自动联机停止固体废物投料。在水泥窑达到正常工况并稳定运行至少4小时后,可开始投加固体废物;在水泥窑计划停机前至少4小时内不得投加固体废物。

6 入窑生料中重金属含量参考限值

6.1 为确保水泥熟料中重金属含量满足要求,经计算得到的入窑生料中重金属含量不宜超过表1中规定的参考限值。入窑生料重金属含量按式(1)计算:

$$R_i = \sum w_{ij}a_j + M_i\beta + R_{ri}(1-\sum a_j - \beta) \tag{1}$$

式中:R_i—水泥窑协同处置固体废物后投料期间,生料中第 i 类重金属含量,单位为毫克每千克(mg/kg);

i—重金属种类,可取代号为 1、2、3 等;

j—水泥窑协同处置固体废物种类,可取代号为 1、2、3 等,包含在生料制备系统、分解炉和回转窑系统里投加的固体废物;

W_{ij}—第 j 类固体废物(灼烧基)的第 i 种重金属含量,单位为毫克每千克(mg/kg);

a_j—第 j 类固体废物(灼烧基)折算到生料中的配料比例,%;

M_i—煤灰中第 i 种重金属含量,单位为毫克每千克(mg/kg);

β—煤灰折算到生料中的配料比例,%;

R_{ri}—不投加固体废物期间,生料中第 i 类重金属含量,单位为毫克每千克(mg/kg)。

表1 入窑生料中重金属含量参考限值

重金属元素	参考限值/(mg/kg)
砷(As)	28
铅(Pb)	67
镉(Cd)	1.0
铬(Cr)	98
铜(Cu)	65
镍(Ni)	66
锌(Zn)	361
锰(Mn)	384

6.2 水泥窑协同处置固体废物投料量的确定也可参考 HJ 662 中的重金属最大允许投加量限值。

7 水泥熟料中重金属含量限值

7.1 水泥窑协同处置固体废物时,水泥窑生产的水泥熟料应满足 GB/T 21372—2008 的要求,水泥熟料中重金属元素含量不宜超过表 2 规定的限值。水泥熟料中重金属含量的检测按附录 B 规定的方法进行。

表 2 水泥熟料中重金属含量限值

重金属	限值/(mg/kg)
砷(As)	40
铅(Pb)	100
镉(Cd)	1.5
铬(Cr)	150
铜(Cu)	100
镍(Ni)	100
锌(Zn)	500
锰(Mn)	600

8 水泥熟料中可浸出重金属含量限值

8.1 水泥窑协同处置固体废物时,水泥熟料中可浸出重金属含量不得超过表 3 规定的限值。

8.2 水泥熟料中可浸出重金属含量测定按 GB/T 30810 规定的方法进行,其中样品制备按 GB/T 21372—2008 中 5.2 进行。

表 3 水泥熟料中可浸出重金属含量限值

重金属	限值(mg/L)
砷(As)	0.1
铅(Pb)	0.3
镉(Cd)	0.03
铬(Cr)	0.2
铜(Cu)	1.0
镍(Ni)	0.2
锌(Zn)	1.0
锰(Mn)	1.0

9 大气污染物排放量限值及监测

水泥窑协同处置固体废物时,水泥窑排放的大气污染物应按照 GB 4915、GB 30485 和 HJ 662

进行检测并满足相关的要求。

10 检测频次

10.1 当首次处置某种危险废物时,水泥熟料中重金属含量检测频次不低于每天1次;连续一周检测结果稳定且不超出标准规定限值,在危险废物来源及投料量稳定的前提下,频次可减为每周1次;连续两个月检测结果稳定且不超出标准规定限值,频次可减为每月1次;若在此期间检测结果出现异常或危险废物来源发生变化或中断处置超过半年以上,则频次重新调整为每天1次,依次重复。

当首次处置某种危险废物时,必须进行水泥熟料中可浸出重金属含量检测,在水泥熟料重金属含量检测合格、危险废物来源及投料量稳定的前提下,频次为每月1次;连续两个月检测结果稳定且不超出标准规定限值,频次可减为每半年1次;若在此期间检测结果出现异常或危险废物来源发生变化或中断处置超过半年以上,则频次重新依次重复。

10.2 当首次处置某种确定含重金属的一般废物时,水泥熟料中重金属含量检测频次不低于每周3次;连续二周检测结果稳定且不超出标准规定限值,在这种废物来源及投料量稳定的前提下,频次可减为每月1次;连续三个月结果稳定且不超出标准规定限值,频次可减为三个月1次;若在此期间试验结果出现异常或废物来源发生变化或中断处置超过半年以上,则频次重新调整为每周3次,依次重复。

当首次处置某种确定含重金属的一般废物时,必须进行水泥熟料中可浸出重金属含量检测,在这种废物来源及投料量稳定的前提下,频次为每月1次;连续三个月检测结果稳定且不超出标准规定限值,频次可减为每年1次;若在此期间检测结果出现异常或危险废物来源发生变化或中断处置超过半年以上,则频次重新依次重复。

附录A(资料性附录) 固体废物的分析项目(略)
附录B(规范性附录) 水泥熟料中重金属含量的测定方法(略)

水泥窑协同处置固体废物环境保护技术规范(节录)

HJ 662—2013

(2013年12月27日发布 2014年3月1日实施)

本标准由环境保护部科技标准司组织制定。
本标准主要起草单位:中国环境科学研究院、中国建筑材料科学研究总院、金隅红树林环保技术有限责任公司、环境保护部环境保护对外合作中心。

(按原标准编号节录)

3 术语和定义

3.1 水泥窑协同处置 co-processing in cement kilns

将满足或经过预处理后满足入窑要求的固体废物投入水泥窑,在进行水泥熟料生产的同时实现对废物的无害化处置的过程。

3.2 固体废物 solid wastes

是指在生产、生活和其他活动中产生的丧失原有利用价值或者虽未丧失利用价值但被抛弃或者放弃的固态、半固态和置于容器中的气态的物品、物质以及法律、行政法规规定纳入固体废物管理的物品、物质,包括液态废物(排入水体的废水除外)。

3.3 危险废物 hazardous wastes

列入国家危险废物名录或者根据国家规定的危险废物鉴别标准和鉴别方法认定的具有腐蚀性、毒性、易燃性、反应性和感染性等一种或一种以上危险特性,以及不排除具有以上危险特性的固体废物。

3.4 应急事件废物 emergency wastes

指由于污染事故、安全事故、重大灾害等事件以及环境保护专项行动中集中产生的固体废物。

3.5 不明性质废物 unknown wastes

指无法通过废物本身所附信息、废物产生源信息等常规渠道获得废物性质信息的废物。

3.6 新型干法水泥窑 new dry process cement kiln

指在窑尾配加了悬浮预热器和分解炉的回转式水泥窑。

3.7 窑磨一体机模式 compound mode

指把水泥窑废气引入物料粉磨系统,利用废气余热烘干物料,窑和磨排出的废气在同一套除尘设备进行处理的窑磨联合运行的模式。

3.8 窑尾余热利用系统 waste heat utilization system of kiln exhaust gas

引入水泥窑尾废气,利用废气余热进行物料干燥、发电等,并对余热利用后的废气进行净化处理的系统。

3.9 预处理 pretreatment

指为了满足水泥窑协同处置要求,对废物进行干燥、破碎、筛分、中和、搅拌、混合、配伍等前期处理的过程。

3.10 投加量(FM) feeding amount

指协同处置过程中,每生产单位质量的熟料或水泥时,某种元素或成分的投加质量(单位: mg/kg-cli 或 mg/kg-cem)。

3.11 投加速率(FR) feeding rate

指协同处置过程中,单位时间内某种元素或成分的投加质量(单位:mg/h)。

3.12 焚毁去除率(DRE) destruction and removal efficiency

指投入窑中的特征有机化合物与残留在排放烟气中的该化合物质量之差,占投入窑中该化合物质量的百分比。DRE 的表达式如下：

$$DRE = \frac{W_{in} - W_g}{W_{in}} \times 100\%$$

式中：W_{in} 为单位时间内投入窑中的特征有机化合物的总量，kg/h；

W_g 为单位时间内随烟气排出的该化合物的总量，kg/h。

3.13 有机标识物 organic marker

指在测试水泥窑对有机化合物的焚毁去除率的试验中向水泥窑内加入的难降解的特征有机化合物。

3.14 标准状态 standard state

指温度为 273K，压力为 1.01×10^5 Pa 时的状态。本标准规定的大气污染物排放浓度均指标准状态下 O_2 含量 10% 的干烟气中的数值。

4 协同处置设施技术要求

4.1 水泥窑

4.1.1 满足以下条件的水泥窑可用于协同处置固体废物：

a) 窑型为新型干法水泥窑。

b) 单线设计熟料生产规模不小于 2000 吨/日。

c) 对于改造利用原有设施协同处置固体废物的水泥窑，在改造之前原有设施应连续两年达到 GB 4915 的要求。

4.1.2 用于协同处置固体废物的水泥窑应具备以下功能：

a) 采用窑磨一体机模式。

b) 配备在线监测设备，保证运行工况的稳定：

包括窑头烟气温度、压力；窑表面温度；窑尾烟气温度、压力、O_2 浓度；分解炉或最低一级旋风筒出口烟气温度、压力、O_2 浓度；顶级旋风筒出口烟气温度、压力、O_2、CO 浓度。

c) 水泥窑及窑尾余热利用系统采用高效布袋除尘器作为烟气除尘设施，保证排放烟气中颗粒物浓度满足 GB 30485 的要求。水泥窑及窑尾余热利用系统排气筒配备粉尘、NO_x、SO_2 浓度在线监测设备，连续监测装置需满足 HJ/T 76 的要求，并与当地监控中心联网，保证污染物排放达标。

d) 配备窑灰返窑装置，将除尘器等烟气处理装置收集的窑灰返回送往生料入窑系统。

4.1.3 用于协同处置固体废物的水泥生产设施所在位置应该满足以下条件：

a) 符合城市总体发展规划、城市工业发展规划要求。

b) 所在区域无洪水、潮水或内涝威胁。设施所在标高应位于重现期不小于 100 年一遇的洪水位之上，并建设在现有和各类规划中的水库等人工蓄水设施的淹没区和保护区之外。

c) 协同处置危险废物的设施，经当地环境保护行政主管部门批准的环境影响评价结论确认与居民区、商业区、学校、医院等环境敏感区的距离满足环境保护的需要。

d) 协同处置危险废物的，其运输路线应不经过居民区、商业区、学校、医院等环境敏感区。

4.2 固体废物投加设施

4.2.1 固体废物投加设施应该满足以下条件：

a）能实现自动进料，并配置可调节投加速率的计量装置实现定量投料。

b）固体废物输送装置和投加口应保持密闭，固体废物投加口应具有防回火功能。

c）保持进料通畅以防止固体废物搭桥堵塞。

d）配置可实时显示固体废物投加状况的在线监视系统。

e）具有自动联机停机功能，当水泥窑或烟气处理设施因故障停止运转，或者当窑内温度、压力、窑转速、烟气中氧含量等运行参数偏离设定值时，或者烟气排放超过标准设定值时，可自动停止固体废物投加。

f）处理腐蚀性废物时，投加和输送装置应采用防腐材料。

4.2.2 固体废物在水泥窑中投加位置应根据固体废物特性从以下三处选择（参见附录A）：

a）窑头高温段，包括主燃烧器投加点和窑门罩投加点。

b）窑尾高温段，包括分解炉、窑尾烟室和上升烟道投加点。

c）生料配料系统（生料磨）。

4.2.3 不同位置的投加设施应满足以下特殊要求：

a）生料磨投加可借用常规生料投料设施。

b）主燃烧器投加设施应采用多通道燃烧器，并配备泵力或气力输送装置；窑门罩投加设施应配备泵力输送装置，并在窑门罩的适当位置开设投料口。

c）窑尾投加设施应配备泵力、气力或机械传输带输送装置，并在窑尾烟室、上升烟道或分解炉的适当位置开设投料口；可对分解炉燃烧器的气固相通道进行适当改造，使之适合液态或小颗粒状废物的输送和投加。

4.3 固体废物贮存设施

4.3.1 固体废物贮存设施应专门建设，以保证固体废物不与水泥生产原料、燃料和产品混合贮存。

4.3.2 固体废物贮存设施内应专门设置不明性质废物暂存区。不明性质废物暂存区应与其他固体废物贮存区隔离，并设有专门的存取通道。

4.3.3 固体废物贮存设施应符合 GB 50016 等相关消防规范的要求。与水泥窑窑体、分解炉和预热器保持一定的安全距离；贮存设施内应张贴严禁烟火的明显标识；应根据固体废物特性、贮存和卸载区条件配置相应的消防警报设备和灭火药剂；贮存设施中的电子设备应接地，并装备抗静电设备；应设置防爆通讯设备并保持通畅完好。

4.3.4 危险废物贮存设施的设计、安全防护、污染防治等应满足 GB1 8597 和 HJ/T 176 中的相关要求；危险废物贮存区应标有明确的安全警告和清晰的撤离路线；危险废物贮存区及附近应配备紧急人体清洗冲淋设施，并标明用途。

4.3.5 生活垃圾和城市污水处理厂污泥的贮存设施应有良好的防渗性能并设置污水收集装置；贮存设施应采用封闭措施，保证其中有生活垃圾或污泥存放时处于负压状态；贮存设施内抽取的空气应导入水泥窑高温区焚烧处理，或经过其他处理措施达标后排放。

4.3.6 除第4.3.4和4.3.5两条规定之外的其他固体废物贮存设施应有良好的防渗性能，以及必要的防雨、防尘功能。

4.4 固体废物预处理设施

4.4.1 固体废物的破碎、研磨、混合搅拌等预处理设施有较好的密闭性,并保证与操作人员隔离;含挥发性和半挥发性有毒有害成分的固体废物的预处理设施应布置在室内车间,车间内应设置通风换气装置,排出气体应通过处理后排放或导入水泥窑高温区焚烧。

4.4.2 预处理设施所用材料需适应固体废物特性以确保不被腐蚀,并不与固体废物发生任何反应。

4.4.3 预处理设施应符合 GB 50016 等相关消防规范的要求。区域内应配备防火防爆装置,灭火用水储量大于 $50m^3$;配备防爆通讯设备并保持通畅完好。对易燃性固体废物进行预处理的破碎仓和混合搅拌仓,为防止发生火灾爆炸等事故,应优先配备氮气充入装置。

4.4.4 危险废物预处理区域及附近应配备紧急人体清洗冲淋设施,并标明用途。

4.4.5 应根据固体废物特性及入窑要求,确定预处理工艺流程和预处理设施:

a) 从配料系统入窑的固态废物,其预处理设施应具有破碎和配料的功能;也可根据需要配备烘干等装置。

b) 从窑尾入窑的固态废物,其预处理设施应具有破碎和混合搅拌的功能;也可根据需要配备分选和筛分等装置。

c) 从窑头入窑的固态废物,其预处理设施应具有破碎、分选和精筛的功能。

d) 液态废物,其预处理设施应具有混合搅拌功能,若液态废物中有较大的颗粒物,可在混合搅拌系统内配加研磨装置;也可根据需要配备沉淀、中和、过滤等装置。

e) 半固态(浆状)废物,其预处理设施应具有混合搅拌的功能;也可根据需要配备破碎、筛分、分选、高速研磨等装置。

4.5 固体废物厂内输送设施

4.5.1 在固体废物装卸场所、贮存场所、预处理区域、投加区域等各个区域之间,应根据固体废物特性和设施要求配备必要的输送设备。

4.5.2 固体废物的物流出入口以及转运、输送路线应远离办公和生活服务设施。

4.5.3 输送设备所用材料应适应固体废物特性,确保不被腐蚀和不与固体废物发生任何反应。

4.5.4 管道输送设备应保持良好的密闭性能,防止固体废物的滴漏和溢出。

4.5.5 非密闭输送设备(如传送带、抓料斗等)应采取防护措施(如加设防护罩),防止粉尘飘散。

4.5.6 移动式输送设备,应采取措施防止粉尘飘散和固体废物遗撒。

4.5.7 厂内输送危险废物的管道、传送带应在显眼处标有安全警告信息。

4.6 分析化验室

4.6.1 从事固体废物协同处置的企业,应在原有水泥生产分析化验室的基础上,增加必要的固体废物分析化验设备。

4.6.2 分析化验室应具备以下检测能力:

a) 具备 HJ/T 20 要求的采样制样能力、工具和仪器。

b) 所协同处置的固体废物、水泥生产原料中汞(Hg)、镉(Cd)、铊(Tl)、砷(As)、镍(Ni)、铅(Pb)、铬(Cr)、锡(Sn)、锑(Sb)、铜(Cu)、锰(Mn)、铍(Be)、锌(Zn)、钒(V)、钴(Co)、钼(Mo)、氟

（F）、氯（Cl）和硫（S）的分析。

c）相容性测试，一般需要配备粘度仪、搅拌仪、温度计、压力计、pH 计、反应气体收集装置等。

d）满足 GB 5085.1 要求的腐蚀性检测；满足 GB 5085.4 要求的易燃性检测；满足 GB 5085.5 要求的反应性检测。

e）满足 GB 4915 和 GB 30485 监测要求的烟气污染物检测。

f）满足其他相关标准中要求的水泥产品环境安全性检测。

4.6.3　分析化验室应设有样品保存库，用于贮存备份样品；样品保存库应可以确保危险固体废物样品贮存 2 年而不使固体废物性质发生变化，并满足相应的消防要求。

4.6.4　本标准第 4.6.2 条 a）、b）以及 c）款为企业必须具备的条件，其他分析项目如果不具备条件，可经当地环保部门许可后委托有资质的分析监测机构进行采样分析监测。

5　固体废物特性要求

5.1　禁止进入水泥窑协同处置的废物

禁止在水泥窑中协同处置以下废物：

a）放射性废物。

b）爆炸物及反应性废物。

c）未经拆解的废电池、废家用电器和电子产品。

d）含汞的温度计、血压计、荧光灯管和开关。

e）铬渣。

f）未知特性和未经鉴定的废物。

5.2　入窑协同处置的固体废物特性要求

5.2.1　入窑固体废物应具有稳定的化学组成和物理特性，其化学组成、理化性质等不应对水泥生产过程和水泥产品质量产生不利影响。

5.2.2　入窑固体废物中如含有表 1 中所列重金属成分，其含量应该满足本标准第 6.6.7 条的要求。

5.2.3　入窑固体废物中氯（Cl）和氟（F）元素的含量不应对水泥生产和水泥产品质量造成不利影响，其含量应该满足本标准第 6.6.8 条的要求。

5.2.4　入窑固体废物中硫（S）元素含量应满足本标准第 6.6.9 条的要求。

5.2.5　具有腐蚀性的固体废物，应经过预处理降低废物腐蚀性或对设施进行防腐性改造，确保不对设施造成腐蚀后方可进行协同处置。

5.3　替代混合材的废物特性要求

5.3.1　作为替代混合材的固体废物应该满足国家或者行业有关标准，并且不对水泥质量产生不利影响。

5.3.2　下列废物不能作为混合材原料：

a）危险废物；

b）有机废物；

国家法律、法规另有规定的除外。

6 协同处置运行操作技术要求

6.1 固体废物的准入评估

6.1.1 为保证协同处置过程不影响水泥生产过程和操作运行安全,确保烟气排放达标,在协同处置企业与固体废物产生企业签订协同处置合同及固体废物运输到协同处置企业之前,应对拟协同处置的固体废物进行取样及特性分析。

6.1.2 在对拟协同处置的固体废物进行取样和特性分析前,应该对固体废物产生过程进行调查分析,在此基础上制定取样分析方案;样品采集完成后,针对本标准第 5 章要求的项目以及确保运输、贮存和协同处置全过程安全、水泥生产安全、烟气排放和水泥产品质量满足标准所要求的项目,开展分析测试。固体废物特性经双方确认后在协同处置合同中注明。取样频率和取样方法应参照 HJ/T 20 和 HJ/T 298 要求执行。

6.1.3 在完成样品分析测试以后,根据下列要求对固体废物是否可以进厂协同处置进行判断:

a) 该类固体废物不属于禁止进入水泥窑协同处置的废物类别,危险废物类别符合危险废物经营许可证规定的类别要求,满足国家和当地的相关法律和法规;

b) 协同处置企业具有协同处置该类固体废物的能力,协同处置过程中的人员健康和环境安全风险能够得到有效控制;

c) 该类固体废物的协同处置不会对水泥的稳定生产、烟气排放、水泥产品质量产生不利影响。

6.1.4 对于同一产废单位同一生产工艺产生的不同批次固体废物,在生产工艺操作参数未改变的前提下,可以仅对首批次固体废物进行采样分析,其后产生的固体废物采样分析在第 6.3 节制定处置方案时进行。

6.1.5 对入厂前固体废物采集分析的样品,经双方确认后封装保存,用于事故和纠纷的调查。备份样品应该保存到停止协同处置该种固体废物之后。如果在保存期间备份样品的特性发生变化,应更换备份样品,保证备份样品特性与所协同处置固体废物特性一致。

6.2 固体废物的接收与分析

6.2.1 入厂时固体废物的检查

a) 在固体废物进入协同处置企业时,首先通过表观和气味,初步判断入厂固体废物是否与签订的合同标注的固体废物类别一致,并对固体废物进行称重,确认符合签订的合同。

b) 对于危险废物,还应进行下列各项的检查:

1) 检查危险废物标签是否符合要求,所标注内容应与《危险废物转移联单》和签订的合同一致。

2) 通过表观和气味初步判断的危险废物类别是否与《危险废物转移联单》一致。

3) 对危险废物进行称重的重量是否与《危险废物转移联单》一致。

4) 检查危险废物包装是否符合要求,应无破损和泄漏现象。

5) 必要时,进行放射性检验。

在完成上述检查并确认符合各项要求时,固体废物方可进入贮存库或预处理车间。

c) 按照 6.2.1 条 a)、b) 款的规定进行检查后,如果拟入厂固体废物与转移联单或所签订合同的标注的废物类别不一致,或者危险废物包装发生破损或泄漏,应立即与固体废物产生单位、运输单位和运输责任人联系,共同进行现场判断。拟入厂危险废物与《危险废物转移联单》不一致时还应及时向当地环境保护行政主管部门报告。

如果在协同处置企业现有条件下可以进行协同处置,并确保在固体废物分析、贮存、运输、预处理和协同处置过程中不会对生产安全和环境保护产生不利影响,可以进入协同处置企业贮存库或者预处理车间,经特性分析鉴别后按照常规程序进行协同处置。

如果无法确定废物特性,将该批次废物作为不明性质废物,按照第9.3节规定处理。

如果确定协同处置企业无法处置该批次固体废物,应立即向当地环境保护行政主管部门报告,并退回到固体废物产生单位,或送至有关主管部门指定的专业处置单位。必要时应通知当地安全生产行政主管部门和公安部门。

6.2.2 入厂后固体废物的检验

a) 固体废物入厂后应及时进行取样分析,以判断固体废物特性是否与合同注明的固体废物特性一致。如果发现固体废物特性与合同注明的固体废物特性不一致,应参照第6.2.1条c)款的规定进行处理。

b) 协同处置企业应对各个产废单位的相关信息进行定期的统计分析,评估其管理的能力和固体废物的稳定性,并根据评估情况适当减少检验频次。

6.2.3 制定协同处置方案

a) 以固体废物入厂后的分析检测结果为依据,制定固体废物协同处置方案。固体废物协同处置方案应包括固体废物贮存、输送、预处理和入窑协同处置技术流程、配伍和技术参数,以及安全风险和相应的安全操作提示。

b) 制定协同处置方案时应注意以下关键环节:

1) 按固体废物特性进行分类,不同固体废物在预处理的混合、搅拌过程中,确保不发生导致急剧增温、爆炸、燃烧的化学反应,不产生有害气体,禁止将不相容的固体废物进行混合。

2) 固体废物及其混合物在贮存、厂内运输、预处理和入窑焚烧过程中不对所接触材料造成腐蚀破坏。

3) 入窑固体废物中有害物质的含量和投加速率满足本标准相关要求,防止对水泥生产和水泥质量造成不利影响。

c) 在制定协同处置方案的过程中,如果无法确认是否可以满足第6.2.3条b)款的要求,应通过相容性测试确认。

6.2.4 固体废物入厂检查和检验结果应该记录备案,与固体废物协同处置方案共同入档保存。入厂检查和检验结果记录及固体废物协同处置方案的保存时间不应低于3年。

6.3 固体废物贮存的技术要求

6.3.1 固体废物应与水泥厂常规原料、燃料和产品分开贮存,禁止共用同一贮存设施。

6.3.2 在液态废物贮存区应设置足够数量的砂土等吸附物质,以用于液态废物泄漏后阻止其向外溢出。吸附危险废物后的吸附物质应作为危险废物进行管理和处置。

6.3.3 危险废物贮存设施的操作运行和管理应满足 GB 18597 和 HJ/T 176 中的相关要求。

6.3.4 不明性质废物在水泥厂内的暂存时间不得超过1周。

6.4 固体废物预处理的技术要求

6.4.1 应根据入厂固体废物的特性和入窑固体废物的要求,按照固体废物协同处置方案,对固体废物进行破碎、筛分、分选、中和、沉淀、干燥、配伍、混合、搅拌、均质等预处理。

6.4.2 预处理后的固体废物应该具备以下特性:

a) 满足本标准第 5 章要求。

b) 理化性质均匀,保证水泥窑运行工况的连续稳定。

c) 满足协同处置水泥企业已有设施进行输送、投加的要求。

6.4.3 应采取措施,保证预处理操作区域的环境质量满足 GBZ 2 的要求。

6.4.4 应及时更换预处理区域内的过期消防器材和消防材料,以保证消防器材和消防材料的有效性。

6.4.5 预处理区应设置足够数量的砂土或碎木屑,以用于液态废物泄漏后阻止其向外的溢出。

6.4.6 危险废物预处理产生的各种废物均应作为危险废物进行管理和处置。

6.5 固体废物厂内输送的技术要求

6.5.1 在进行固体废物的厂内输送时,应采取必要的措施防止固体废物的扬尘、溢出和泄漏。

6.5.2 固体废物运输车辆应定期进行清洗。

6.5.3 采用车辆在厂内运输危险废物时,应按照运输车辆的专用路线行驶。

6.5.4 厂内危险废物输送设施管理、维护产生的各种废物均应作为危险废物进行管理和处置。

6.6 固体废物投加的技术要求

6.6.1 根据固体废物的特性和进料装置的要求和投加口的工况特点,选择适当的固体废物投加位置。

6.6.2 固体废物投加时应保证窑系统工况的稳定。

6.6.3 在主燃烧器投加的技术要求

a) 具有以下特性的固体废物宜在主燃烧器投加:

1) 液态或易于气力输送的粉状废物;

2) 含 POPs 物质或高氯、高毒、难降解有机物质的废物;

3) 热值高、含水率低的有机废液。

b) 在主燃烧器投加固体废物操作中应满足以下条件:

1) 通过泵力输送投加的液态废物不应含有沉淀物,以免堵塞燃烧器喷嘴;

2) 通过气力输送投加的粉状废物,从多通道燃烧器的不同通道喷入窑内,若废物灰分含量高,尽可能喷入更远的距离,尽量达到固相反应带。

6.6.4 在窑门罩投加的技术要求

a) 窑门罩宜投加不适于在窑头主燃烧器投加的液体废物,如各种低热值液态废物。

b) 在窑门罩投加固态废物时应采用特殊设计的投加设施。投加时应确保将固态废物投至固相反应带,确保废物反应完全。

c) 在窑门罩投加的液态废物应通过泵力输送至窑门罩喷入窑内。

6.6.5 在窑尾投加的技术要求

a) 含 POPs 物质和高氯、高毒、难降解有机物质的固体废物优先从窑头投加。若受物理特性限制需要从窑尾投加时,优先选择从窑尾烟室投加点。

b) 含水率高或块状废物应优先选择从窑尾烟室投入。

c) 在窑尾投加的液态、浆状废物应通过泵力输送,粉状废物应通过密闭的机械传送装置或气力输送,大块状废物应通过机械传送装置输送。

6.6.6 在生料磨只能投加不含有机物和挥发半挥发性重金属的固态废物。

6.6.7 入窑物料(包括常规原料、燃料和固体废物)中重金属的最大允许投加量不应大于表1所列限值,对于单位为 mg/kg-cem 的重金属,最大允许投加量还包括磨制水泥时由混合材带入的重金属。

入窑重金属投加量与固体废物、常规燃料、常规原料中重金属含量以及重金属投加速率的关系如式(1)和式(2)所示。

$$FM_{hm\text{-}cli} = \frac{C_w \times m_w + C_f \times m_f + C_r \times m_r}{m_{cli}} \quad (1)$$

$$FR_{hm\text{-}cli} = FM_{hm\text{-}cli} \times m_{cli} = C_w \times m_w + C_f \times m_r + C_r \times m_r \quad (2)$$

式中:$FM_{hm\text{-}cil}$ 为重金属的单位熟料投加量,即入窑重金属的投加量,不包括由混合材带入的重金属,mg/kg-cli;

C_w、C_f 和 C_r 分别为固体废物、常规燃料和常规原料中的重金属含量,mg/kg;

m_w、m_f 和 m_r 分别为单位时间内固体废物、常规燃料和常规原料的投加量,kg/h;

m_{cli} 为单位时间的熟料产量,kg/h;

$FR_{hm\text{-}cli}$ 为入窑重金属的投加速率,不包括由混合材带入的重金属,mg/h。

对于表1中单位为 mg/kg-cem 的重金属,重金属投加量和投加速率的计算如式(3)、式(4)所示。

$$FM_{hm\text{-}ce} = \frac{C_w \times m_w + C_f \times m_f + C_r \times m_r}{m_{cli}} \times R_{cli} + C_{mi} \times R_{mi} \quad (3)$$

$$FR_{hm\text{-}ce} = FM_{hm\text{-}ce} \times m_{cli} \times \frac{R_{mi} + R_{cli}}{R_{cli}} = C_w \times m_w + C_f \times C_r + C_r \times m_r + C_{mi} \times m_{cli} \times \frac{R_{mi}}{R_{cli}}$$

$$= FM_{hm\text{-}cli} \times m_{cli} + C_{mi} \times m_{cli} \times \frac{R_{mi}}{R_{cli}} \quad (4)$$

式中:$FM_{hm\text{-}ce}$ 为重金属的单位水泥投加量,包括由混合材带入的重金属,mg/kg-cem;

C_w、C_f、C_r 和 C_{mi} 分别为固体废物、常规燃料、常规原料和混合材中的重金属含量,mg/kg;

m_w、m_f 和 m_r 分别为单位时间内固体废物、常规燃料和常规原料的投加量,kg/h;

m_{cli} 为单位时间的熟料产量,kg/h;

R_{cli} 和 R_{mi} 分别为水泥中熟料和混合材的百分比,%;

$FR_{hm\text{-}ce}$ 为重金属的投加速率,包括由混合材带入的重金属,mg/h;

$FR_{hm\text{-}cli}$ 为入窑重金属的投加速率,不包括由混合材带入的重金属,mg/h。

表1　重金属最大允许投加量限值

重金属	单位	重金属的昀大允许投加量
汞(Hg)	mg/kg-cli	0.23
铊 + 镉 + 铅 + 15 × 砷 (Tl + Cd + Pb + 15 × As)	mg/kg-cli	230
铍 + 铬 + 10 × 锡 + 50 × 锑 + 铜 + 锰 + 镍 + 钒 (Be + Cr + 10Sn + 50Sb + Cu + Mn + Ni + V)		1150
总铬(Cr)	mg/kg-cem	320
六价铬(Cr^{6+})		10[a]
锌(Zn)		37760
锰(Mn)		3350
镍(Ni)		640
钼(Mo)		310
砷(As)		4280
镉(Cd)		40
铅(Pb)		1590
铜(Cu)		7920
汞(Hg)		4[b]

注：a 计入窑物料中的总铬和混合材中的六价铬。
　　b 仅计混合材中的汞。

6.6.8　协同处置企业应根据水泥生产工艺特点,控制随物料入窑的氯(Cl)和氟(F)元素的投加量,以保证水泥的正常生产和熟料质量符合国家标准。入窑物料中氟元素含量不应大于0.5%,氯元素含量不应大于0.04%。

入窑物料中F元素或Cl元素含量的计算如式(5)所示。

$$C = \frac{C_w \times m_w + C_f \times m_f + C_r \times m_r}{m_w + m_f + m_r} \quad (5)$$

式中：C 为入窑物料中F元素或Cl元素的含量,%；

C_w、C_f 和 C_r 分别为固体废物、常规燃料和常规原料中的F元素或Cl元素含量,%；

m_w、m_f 和 m_r 分别为单位时间内固体废物、常规燃料和常规原料的投加量,kg/h。

6.6.9　协同处置企业应控制物料中硫元素的投加量。通过配料系统投加的物料中硫化物硫与有机硫总含量不应大于0.014%；从窑头、窑尾高温区投加的全硫与配料系统投加的硫酸盐硫总投加量不应大于3000mg/kg-cli。

从配料系统投加的物料中硫化物S和有机S总含量的计算如式(6)所示。

$$C = \frac{C_w \times m_w + C_r \times m_r}{m_w + m_r} \tag{6}$$

式中：C 为从配料系统投加的物料中硫化物 S 和有机 S 总含量，%；

C_w 和 C_r 分别为从配料系统投加的固体废物和常规原料中的硫化物 S 和有机 S 总含量，%；

m_w 和 m_r 分别为单位时间内固体废物和常规原料的投加量，kg/h。

从窑头、窑尾高温区投加的全 S 与配料系统投加的硫酸盐 S 总投加量的计算如式（7）所示。

$$FM_S = \frac{C_{w1} \times m_{w1} + C_{w2} \times m_{w2} + C_f \times m_f + C_r \times m_r}{m_{cli}} \tag{7}$$

式中：FM_S 为从窑头、窑尾高温区投加的全硫与配料系统投加的硫酸盐硫总投加量，mg/kg-cli；

C_{w1} 和 C_f 分别为从高温区投加的固体废物和常规燃料中的全硫含量，%；

C_{w2} 和 C_r 分别为从配料系统投加的固体废物和常规原料中的硫酸盐 S 含量，%；

m_{w1}、m_{w2}、m_f 和 m_r 分别为单位时间内从高温区投加的固体废物、从配料系统投加的固体废物、常规燃料和常规原料的投加量，kg/h；

m_{cli} 为单位时间的熟料产量，kg/h。

7 协同处置污染物排放控制要求

7.1 窑灰排放和旁路放风控制

7.1.1 为避免外循环过程中挥发性元素（Hg、Tl）在窑内的过度累积，协同处置水泥企业在发现排放烟气中 Hg 或 Tl 浓度过高时宜将除尘器收集的窑灰中的一部分排出水泥窑循环系统。

7.1.2 为避免内循环过程中挥发性元素和物质（Pb、Cd、As 和碱金属氯化物、碱金属硫酸盐等）在窑内的过渡积累，协同处置企业可定期进行旁路放风。

7.1.3 未经处置的从水泥窑循环系统排出的窑灰和旁路放风收集的粉尘不得再返回水泥窑生产熟料。

7.1.4 从水泥窑循环系统排出的窑灰和旁路放风收集的粉尘若采用直接掺加入水泥熟料的处置方式，应严格控制其掺加比例，确保水泥产品中的氯、碱、硫含量满足要求，水泥产品环境安全性满足相关标准的要求。

7.1.5 水泥窑旁路放风排气筒大气污染物排放限值按照 GB 30485 的要求执行。

7.2 水泥产品环境安全性控制

7.2.1 生产的水泥产品质量应满足 GB 175 的要求。

7.2.2 协同处置固体废物的水泥窑生产的水泥产品中污染物的浸出应满足国家相关标准。

7.2.3 协同处置固体废物的水泥窑生产的水泥产品的检测按照国家相关标准中的规定执行。

7.3 烟气排放控制

7.3.1 水泥窑协同处置固体废物的排放烟气应满足 GB 30485 的要求。

7.3.2 按照 GB 30485 的要求对协同处置固体废物水泥窑排放烟气进行监测。

7.3.3 水泥窑及窑尾余热利用系统排气筒总有机碳（TOC）因协同处置固体废物增加的浓度应满足 GB 30485 的要求。

TOC 因协同处置固体废物增加的浓度的测定步骤如下：(1)测定水泥窑未协同处置固体废物时的 TOC 背景排放浓度；(2)测定水泥窑协同处置固体废物时的 TOC 排放浓度；(3)水泥窑协同

处置固体废物时的 TOC 排放浓度与未协同处置固体废物时的 TOC 背景排放浓度之差即为 TOC 因协同处置固体废物增加的浓度。其中,当水泥生产原料来源未改变时,未协同处置固体废物时的 TOC 背景排放浓度可采用前次测定的数值。

7.4 废水排放控制

7.4.1 固体废物贮存和预处理设施以及固体废物运输车辆清洗产生的废水应经收集后按照 GB 30485 的要求进行处理。

7.4.2 危险废物预处理设施和危险废物运输车辆清洗产生的废水处理污泥应作为危险废物进行管理和处置。

7.5 其他污染物排放控制

7.5.1 固体废物贮存、预处理等设施产生的废气应导入水泥窑高温区焚烧;或经过处理达到 GB 14554 规定的限值后排放。

7.5.2 协同处置固体废物的水泥生产企业厂界恶臭污染物限值应按照 GB14554 执行。

8 协同处置危险废物设施性能测试(试烧)要求

8.1 性能测试内容

8.1.1 协同处置企业在首次开展危险废物协同处置之前,应对协同处置设施进行性能测试以检验和评价水泥窑在协同处置危险废物的过程中对有机化合物的焚毁去除能力以及对污染物排放的控制效果。

性能测试包括未投加废物的空白测试和投加危险废物的试烧测试。

8.1.2 空白测试工况为未投加危险废物进行正常水泥生产时的工况,并采用窑磨一体机模式。

8.1.3 进行试烧测试时,应选择危险废物协同处置时的设计工况作为测试工况,采用窑磨一体机模式,按照危险废物设计的最大投加速率稳定投加危险废物,持续时间不小于 12 小时。

8.1.4 试烧测试时,应根据投加危险废物的特性和 8.1.5 的要求在危险废物中选择适当的有机标识物;如果试烧的危险废物不含有机标识物或其含量不能满足 8.1.7 的要求,需要外加有机标识物的化学品来进行试烧测试。

8.1.5 应根据以下原则选择有机标识物:

(1)可以与排放烟气中的有机物有效区分;

(2)具有较高的热稳定性和难降解等化学稳定性。可以选择的有机标识物包括六氟化硫(SF_6)、二氯苯、三氯苯、四氯苯和氯代甲烷。

8.1.6 在试烧测试时,含有机标识物的危险废物应分别在窑头和窑尾进行投加。若只选择上述两投加点之一进行性能测试,则在实际协同处置运行时,危险废物禁止从未经性能测试的投加点投入水泥窑。

8.1.7 有机标识物的投加速率应满足式(8)的要求。

$$FR_{tr} \geq DL_{tr} \times V_g \times 10^{-6}$$ (8)

式中:FR_{tr} 为有机标识物的投加速率,kg/h;

DL_{tr} 为试烧测试时所采用的采样分析仪器对该有机标识物的检出限,ng/Nm³;

V_g 为试烧测试时,单位时间内的烟气产生量,Nm³/h。

8.1.8 进行空白测试和试烧测试时,应按照 GB 30485 的要求进行烟气排放检测。进行试烧测试时,还应进行烟气中有机标识物的检测。

8.1.9 试烧测试时,开始烟气采样的时间应在含有机标识物的危险废物稳定投加至少 4 小时后进行。

8.2 性能测试结果合格的判定依据

如果性能测试结果符合以下条件,可以认为性能测试合格:

(1) 空白测试和试烧测试过程的烟气污染物排放浓度均满足 GB 30485 要求。

(2) 水泥窑及窑尾余热利用系统排气筒总有机碳(TOC)因协同处置固体废物增加的浓度满足 GB 30485 的要求。

(3) 有机标识物的焚毁率(DRE)不小于 99.9999%,以连续 3 次测定结果的算术平均值作为判断依据。焚毁率(DRE)计算方法见式(9)。

$$DRE_{tr} = (1 - \frac{C_{tr} \times V_g}{FR_{tr} \times 10^{12}}) \times 100\% \quad (9)$$

式中:DRE_{tr} 为有机标识物的焚毁去除率,%;

C_{tr} 为排放烟气中有机标识物的浓度,ng/Nm^3;

V_g 为单位时间内的烟气体积流量,Nm^3/h;

FR_{tr} 为有机标识物的投加速率,kg/h。

9 特殊废物协同处置技术要求

9.1 医疗废物

9.1.1 医疗废物在水泥窑中协同处置,除应满足本标准上述要求外,还应满足本节的特殊要求。

9.1.2 医疗废物的接收、贮存、输送和投加应该在专用隔离区内进行,不得与其他废物进行混合处理。

9.1.3 禁止在水泥窑中协同处置《医疗废物分类目录》中的易爆和含汞化学性废物。

9.1.4 医疗废物在入窑前禁止破碎等预处理,应与初级包装(包装袋和利器盒)一同直接入窑。

9.1.5 医疗废物的投加点优先选择窑尾烟室;投加装置和投加口应与医疗废物的包装尺寸相配备,不得损坏包装;投加口应配置保持气密性的装置,可采用双层折板门控制。

9.1.6 医疗废物的收集、运输、贮存和投加设施建设和运行应执行 HJ/T 177、HJ 421 和《医疗废物集中处置技术规范(试行)》的相关要求。清洗污水除了可按照上述规范中的要求进行处理外,也可收集导入水泥窑高温区。

9.2 应急事件废物

9.2.1 协同处置应急事件废物应经当地省级环境保护主管部门的批准并接受其技术指导。

9.2.2 在对应急事件废物进行协同处置之前,应该根据废物产生源特性对废物进行必要的检测,确定废物特性后按照本标准要求确定协同处置方案。

9.2.3 如果应急事件废物难以确定特性,应将该废物作为不明性质废物,按照第 9.3 节规定处理。

9.2.4　应优先选择具有危险废物经营许可证的水泥窑设施对应急事件废物进行协同处置。如果受条件限制,经当地省级环境保护主管部门批准,可选择不具有危险废物经营许可证的水泥窑设施,该设施及相应的协同处置过程应满足本标准危险废物协同处置的相关要求,但第4.1.1条b款、10.1条除外。

9.2.5　如果预计协同处置时间不超过3个月,可以不经性能测试直接进行协同处置。如果预计协同处置时间超过3个月,则应按照协同处置方案确定的工况参数进行性能测试。性能测试时的试烧废物可采用拟协同处置的应急事件废物,有机标识物及其投加不受第8.1.4、8.1.5、8.1.7条的限制。标识物可采用废物本身含有物质,按照设计的废物投加速率和废物本身含量投加。其他性能测试要求按照本标准第8章的相关规定执行。

9.2.6　如果应急事件废物的协同处置时间超过1年,则不适用第9.2.4和9.2.5条的特殊规定,按常规危险废物协同处置的相关要求进行管理。

9.3　不明性质废物

9.3.1　在接收不明性质废物后,应立即报告当地环境保护行政主管部门,必要时应报告当地安全生产行政主管部门和公安部门。

9.3.2　在确认不明性质废物不具有爆炸性后,可采取常规分析方法取样分析,确认废物性质后按照本标准的相关要求进行协同处置。

9.3.3　如果不明性质废物可能具有爆炸性,或者无法判断不明性质废物是否具有爆炸性,或者协同处置企业不具有对不明性质废物进行取样分析的能力,则不予接收。

9.3.4　不明性质废物在确认其性质之前,应单独贮存。不明性质废物单独贮存时间不得超过一周。

10　人员与制度要求

10.1　专业技术人员配置

10.1.1　具有1名以上具备水泥工艺专业高级以上职称的专业技术人员:主要包括水泥工艺设备选型和水泥工艺布置等专业技术人才。

10.1.2　具有1名以上具备化学与化工专业中级以上职称的专业技术人员:主要包括危险化学品特性和安全处理方面的专业技术人才。

10.1.3　具有3名以上具备环境科学与工程专业中级以上职称的专业技术人员:主要包括固体废物的处理处置和管理技术、环境监测和环境污染控制技术等专业技术人才。

10.1.4　从事处置危险废物的单位应配备依法取得资质的专职安全管理人员。

10.2　人员培训制度

10.2.1　针对水泥窑协同处置技术的特点,企业应建立相应的培训制度,并针对管理人员、技术人员和操作人员分别进行专门的培训。

10.2.2　培训主要内容包括:固体废物管理、危险化学品管理、水泥窑协同处置技术、水泥生产管理技术、现场安全预防和人员防护等。

10.3　安全管理制度

10.3.1　从事固体废物协同处置的水泥企业应遵守水泥生产相关职业健康与安全生产标准和规范。

10.3.2 从事危险废物协同处置的企业应遵守危险化学品的相关安全法规,包括《危险化学品安全管理条例》和《废弃危险化学品污染环境防治办法》,避免危险废物不当操作和管理造成的安全事故。

10.3.3 从事固体废物协同处置的企业应根据企业特点制定相应的安全生产管理制度,针对固体废物收集、贮存、运输、协同处置过程中可能出现的安全问题,建立安全生产守则基本要求、消防安全管理制度、危险作业管理制度、剧毒物品管理制度、事故管理制度及其他安全生产管理制度。

10.4 人员健康管理制度

10.4.1 建立从事危险废物作业人员的劳动保护制度,遵守 HJ/T 176 中有关劳动安全卫生和劳动保护的要求。

10.4.2 协同处置企业应建立从业人员定期体检制度,明确从业人员在上岗前、离岗前和在岗过程中的体检频次和体检内容,并按期体检。

10.4.3 建立从业人员健康档案。

10.5 应急管理制度

10.5.1 协同处置企业应遵守《关于加强环境应急管理工作的意见》和《突发环境事件应急预案管理办法》等相关要求,建立包括安全生产事故和突发环境事件在内的全面应急管理制度。

10.5.2 应急管理制度主要内容包括:应急管理组织体系,生产安全事故应急救援预案管理、突发环境事件应急预案管理、应急管理培训、应急演练、应急物资保障等。

10.5.3 应急管理组织体系包括应急管理领导小组和事故应急管理办公室,以企业主要负责人为组长。

10.5.4 应急管理领导小组负责《安全生产事故应急救援预案》的编制;预案要符合《生产经营单位安全生产事故应急预案编制导则》,危险废物协同处置企业的预案还应符合《危险废物经营单位编制应急预案指南》,并保持与上级部门预案的衔接;根据国家法律法规及实际演练情况,适时修订应急预案,做到科学、易操作。

10.5.5 应急管理领导小组应按照《突发环境事件应急预案管理办法》和相关预案编制指南的要求编制《企业突发环境事件应急预案》,并向环境保护主管部门报备;同时按照《突发环境事件应急预案管理办法》要求,做好预案演练、培训、修订等工作。

10.5.6 协同处置企业每年至少进行一次全员应急管理培训,培训内容包括:事故预防、危险辨识、事故报告、应急响应、各类事故处置方案、基本救护常识、避灾避险、逃生自救等。

10.5.7 协同处置企业应根据年度应急演练计划,每年至少分别安排一次桌面演练和综合演练,强化职工应急意识,提高应急队伍的反应速度和实战能力。

10.5.8 协同处置企业应根据预案做好应急救援设备、器材、防护用品、工具、材料、药品等保障工作;确保经费、物资供应,切实加强应急保障能力,并对应急救援设备、设施定期进行检测、维护、更新,确保性能完好;水泥企业要对电话、对讲机、手机等通讯器材进行经常性维护或更新,确保通讯畅通。

10.5.9 发生事故时,协同处置企业应立即启动应急预案,以营救遇险人员为重点,开展应急救援工作;要及时组织受威胁群众疏散、转移,做好安置工作。

10.5.10 协同处置企业在应对安全生产事故过程中,应采取必要措施,防止次生突发环境事件。

10.5.11 协同处置企业应按规定及时向相关主管部门报告生产安全事故和突发环境事件信息。

10.5.12 协同处置企业应配合环境保护主管部门对突发环境事件的调查处理和环境污染损害评估,及时落实整改措施。

10.5.13 协同处置企业应充分利用社会应急资源,与地方政府预案、上级主管单位及相关部门的预案和应急组织相衔接;企业应同各级救援中心签订救护协议,一旦发生企业不能自救的事故,请求救援中心支援。

10.6 操作运行记录制度

协同处置水泥企业应建立生产设施运行状况、设施维护和协同处置生产活动等的登记制度,主要记录内容应包括:

(1)性能测试记录(性能测试所用水泥窑基本信息,包括窑型、规模、除尘器类型等;性能测试时所选择的有机有害标识物及其投加速率、投加位置;有机有害标识物的DRE;性能测试时烟气排放物浓度;性能测试时水泥生产工况基本信息,包括窑头、窑尾温度和氧浓度,生料磨运行记录,增湿塔、余热发电锅炉和主除尘器工作状况等)。

(2)固体废物的来源、重量、类别、入厂时间、运输车辆车牌号等。

(3)协同处置日记录(每日贮存、预处理和协同处置的固体废物类别、数量等;固体废物运输车辆消毒记录;预处理和协同处置设施运行工艺控制参数记录,包括有害元素投加速率、废物投加速率、投加位置等;维修情况记录和生产事故的记录;旁路放风和窑灰处置记录)。

(4)环境监测记录(烟气中污染物排放和水泥产品的污染控制监测结果)。

(5)定期检测、评价及评估情况记录(定期对固体废物协同处置效果的评价,以及相关的改进措施记录;定期对固体废物协同处置设施运行及安全情况的检测和评估记录;对固体废物协同处置程序和人员操作进行安全评估,以及相关的改进措施记录)。

10.7 环境管理制度

协同处置水泥企业应建立环境管理制度,主要内容包括:

(1)协同处置固体废物单位应与通过相关计量认可认证的环境监测机构签订监测合同,定期开展监测,监测结果以书面形式向环境保护主管部门报告。

(2)协同处置危险废物的单位应按照《危险废物经营许可证管理办法》要求办理《危险废物经营许可证》。

(3)协同处置危险废物的单位应依法及时向环境保护主管部门报告危险废物管理计划。

(4)协同处置危险废物单位的预处理、贮存、处置场所和盛装危险废物的容器等须按照相关标准设立危险废物标识。

(5)协同处置危险废物单位应定期以书面形式向环境保护主管部门报告危险废物经营情况报告。

(6)涉及含重金属危险废物处置的,要建立环境信息披露制度,每年向社会发布企业年度环境报告,公布主要重金属污染物排放和环境管理情况。

附录A(资料性附录) 新型干法水泥窑固体废物投加点示意图(略)

铬渣污染治理环境保护技术规范（暂行）（节录）

HJ/T 301—2007

(2007年4月13日发布　2007年5月1日实施)

本标准由国家环境保护总局科技标准司提出。

本标准起草单位：中国环境科学研究院固体废物污染控制技术研究所、中国建筑材料科学研究院水泥科学与新型建筑材料研究所。

（按原标准编号节录）

4　术语和定义

下列术语和定义适用于本标准。

4.1　铬渣

有钙焙烧工艺生产铬盐过程中产生的含六价铬的废渣。

4.2　铬渣的解毒

将铬渣中的六价铬还原为三价铬并将其固定。

4.3　铬渣的干法解毒

在高温下利用还原性物质将铬渣中的六价铬还原为三价铬并将其固定。

4.4　铬渣的湿法解毒

在液态介质中利用还原性物质将铬渣中的六价铬还原为三价铬并将其固定，或利用沉淀剂使其固定。

4.5　铬渣的综合利用

经过解毒处理的铬渣用作路基材料和混凝土骨料以及用于水泥生产、制砖及砌块、烧结炼铁等。

4.6　铬渣的最终处置

经过解毒处理的铬渣进入生活垃圾填埋场或一般工业固体废物填埋场填埋。

4.7　铬渣的处理处置

铬渣的解毒、综合利用、最终处置及这些过程中所涉及的铬渣的识别、堆放、挖掘、包装、运输、贮存等环节。

4.8　含铬污染物

除铬渣之外的其他沾染铬污染物的固体废物，包括铬污染土壤、渣土混合物、拆解废物、建筑废物、报废设施等。

4.9　铬渣污染场地

铬的污染控制指标超过国家标准要求的土壤与地下水环境，包括铬渣堆放场所下的土地、厂房拆毁场地等及其地下水。

4.10 铬渣的堆放

铬渣在不符合 GB 18597 要求的场地或设施中放置。

4.11 铬渣堆放场所

不符合 GB 18597 要求的铬渣及相关废物放置场地或设施。

4.12 铬渣的贮存

铬渣在符合 GB 18597 要求的场地或设施中放置。

4.13 铬渣贮存场所

符合 GB 18597 要求的铬渣及相关废物放置场地或设施。

5 铬渣的识别

5.1 应根据铬渣堆存状况和环境影响评价结果初步判断铬渣污染场地的范围。

5.2 应根据监测结果确定铬渣污染场地的范围。

5.3 可通过感观判断区分铬渣堆放场所内的铬渣和含铬污染物。

铬渣一般呈松散、无规则的固体粉末状、颗粒状或小块状,总体颜色呈灰色或黑色并夹杂黄色或黄褐色;长时间露天放置后外表明显有黄色物质渗出,下层侧面明显有黄色物质渗出,渗出液呈黄色。

5.4 感观判断不能确定废物属性时,应按照 HJ/T 20 采集样品,并进行鉴别。铬渣的基本特性如下:

(1) 按照 CJ/T 3039 现场测定铬渣的密度,一般在 0.9-1.3kg/L 之间;
(2) 按照 GB/T 15555.12 测定铬渣的腐蚀性,铬渣的浸出液一般呈碱性;
(3) 铬渣的主要化学成分和含量范围见表1。

表 1 铬渣的主要化学成分

成分	SiO_2	Al_2O_3	CaO	MgO	Fe_2O_3	Cr_2O_3	六价铬
含量范围(%)	4~11	6~10	23~35	15~33	7~12	2.5~7.5	1~2

6 铬渣的堆放

6.1 本标准中铬渣的堆放仅限于历史遗存的原铬渣堆放场所,禁止将本标准实施后产生的铬渣放置在铬渣堆放场所。

6.2 应尽量按照 GB 18597 的要求对现有铬渣堆放场所进行改造。

6.3 应按照 GB 15562.2 的要求在铬渣堆放场所的出入口或沿渣场道路旁设立警示标志。

6.4 应采取措施防止铬渣流失,包括:

(1) 铬渣堆放场所应配备专门的管理人员,禁止无关人员和车辆进入铬渣堆放场所,对出入的人员和车辆进行检查和记录;

(2) 铬渣堆放场所内的任何作业应征得管理人员的同意,管理人员应对堆放场所内的所有作业活动进行记录。

6.5 应采取措施防止雨水径流进入铬渣堆放场所,包括:

(1)设立挡水堰；
(2)设立雨水导流沟渠,根据情况布设排水设备。

6.6 应采取措施防止或减少铬渣渗滤液排入地面、土壤和水体,防止或减少铬渣粉尘污染空气环境,包括：
(1)设立收集沟、集液池和集液井；
(2)将渗滤液收集在容器中；
(3)将收集的渗滤液返回生产工艺,或进入工业污水处理厂处理后达标排放；
(4)对堆放场所进行必要的覆盖、遮挡。

7 铬渣的挖掘

7.1 应根据铬渣挖掘后续工作的进度来确定铬渣的挖掘进度和挖掘量,禁止多点任意挖掘。

7.2 挖掘过程中出现硬化的地面、紧密土壤层、岩层与铬渣形成巨大外观反差等情况时可判断为污染场地,不再作为铬渣继续挖掘。

7.3 挖掘时尽量在渣场内对铬渣进行筛分、磨碎等预处理,筛分出的物质应堆放在渣场内。

7.4 以下情况应停止挖掘作业并采取适当防护措施：
(1)恶劣天气情况,如四级风以上、降水(雨、雪、雾)等气候条件；
(2)现场积存大量渗滤液或雨水；
(3)可导致污染扩大的其他情况。

7.5 每天的挖掘作业结束时应打扫现场,保持整洁。

7.6 应对挖掘作业进行详细记录,包括下列内容：
(1)挖掘时间；
(2)挖掘量或车次；
(3)场地特殊情况；
(4)天气情况；
(5)安全记录等。

8 铬渣的包装和运输

8.1 严禁将铬渣与其他危险废物、生活垃圾、一般工业固体废物混合包装与运输。

8.2 需要对铬渣进行包装时,其包装应满足下列要求：
(1)满足 GB 12463 的要求；
(2)包装物表面应有标识,标识应包括"铬渣"字样、重量、危害特性、相关企业的名称、地址、联系人及联系方式、发生意外污染事故时的应急措施等内容；
(3)应保证包装完好,如有破损应重新包装或修理加固；
(4)使用过的包装物应经过处理和检查认定消除污染后方可转作其他用途。

8.3 铬渣的运输应遵守 JT 3130 和《道路危险货物运输管理规定》的相关要求。

8.4 铬渣的运输应执行《危险废物转移联单管理办法》。

8.5 铬渣的运输应采用陆路运输,禁止采用水路运输。运输单位应采用符合国务院交通主管部门有关危险货物运输要求的运输工具。

8.6 铬渣的运输应选择适宜的运输路线,尽可能避开居民聚居点、水源保护区、名胜古迹、风景旅游区等环境敏感区。

8.7 运输过程中严禁将铬渣在厂外进行中转存放或堆放,严禁将铬渣向环境中倾倒、丢弃、遗撒。

8.8 铬渣的运输过程中应采取防水、防扬尘、防泄漏等措施,在运输过程中除车辆发生事故外不得进行中间装卸操作。

8.9 在铬渣的堆放、解毒和综合利用场所内,应保证铬渣的装卸、转运作业场所粉尘浓度满足 GBZ 2 的要求。

8.10 铬渣的装卸作业应遵守操作规程,做好安全防护和检查工作。卸渣后应保持车厢清洁,污染的车辆及工具应及时洗刷干净。洗刷物与残留物应处理后达标排放或安全处置,不得任意排放。

9 铬渣的贮存

9.1 铬渣贮存场所的设计、选址、运营、监测、关闭应符合 GB 18597 的相关要求,并与地区危险废物处理设施建设规划一致。

9.2 铬渣贮存场所应设置防护设施如围墙、栅栏,按照 GB 15562.2 的要求设置警示标志,并配备应急设施和人员防护装备。

9.3 铬渣在集中式贮存设施中应单独隔离存放,禁止与其他生产原料或废物混合存放。

9.4 铬渣的贮存不得超过一年。

9.5 铬盐生产企业和铬渣处理处置及综合利用企业的铬渣周转场地应遵循本标准的要求。

10 铬渣的解毒

10.1 铬渣的干法解毒

10.1.1 干法解毒设施应配备自动控制系统和在线监测系统,以控制转速(回转窑)、进料量、风量、温度等运行参数;并在线显示运行工况,包括气体的浓度、风量、温度、设施各位置的气体浓度等。

10.1.2 应根据铬渣成分确定还原剂的用量,铬渣与还原剂应在进入解毒设施之前混合均匀。

10.1.3 采用回转窑进行干法解毒时,为保证还原气氛,应控制进入回转窑的空气量,确保窑气中的 CO 和 O_2 含量有利于高温还原反应的进行。

窑内高温区的温度不应低于 850℃,窑尾的温度尽量控制在 350～450℃ 之间。应保证铬渣在窑内充分的停留时间,不应低于 45 分钟。

10.1.4 出窑的铬渣应在密闭状态下立即使用水淬剂进行降温,使之迅速冷却。水淬剂一般选择 $FeSO_4$ 溶液,浓度不宜低于 0.3g/L。

10.1.5 干法解毒设施应配备脱硫净化装置和除尘装置,并对尾气中的粉尘、SO_2 和 CO 浓度进行在线监测。

10.1.6 铬渣干法解毒设施的大气污染物排放应满足表 2 的要求(该要求亦见附录 D),排放气体的分析方法按照 GB 18484 进行。

表2 铬渣解毒设施的大气污染控制指标限值

污染控制指标	烟气黑度（林格曼级）	烟（粉）尘（mg/m³）	CO（mg/m³）	SO_2（mg/m³）	铬及其化合物（mg/m³）
限值(级别)	1	65	80	200	4.0

10.2 铬渣的湿法解毒

10.2.1 在选择湿法解毒工艺路线时应确保不引入可能造成新的环境污染的物质。

10.2.2 应根据铬渣的成分确定合适的工艺条件，包括铬渣粒度、还原反应的液固比、pH值，同时应保证充分的反应时间。

10.2.3 固液混合相还原应满足以下要求：

(1)铬渣和酸液的混合反应后物料的pH值应小于5；

(2)根据铬渣的粒度确定酸液和铬渣的液固比；

(3)根据液固比、pH值确定单次反应时间，应保证足够的反应时间。

10.2.4 固液分离后对液相进行还原应满足以下要求：

(1)二次溶出时铬渣和酸液的混合反应物料的pH值控制在5～6；

(2)酸液和还原剂的加入量应确保酸溶六价铬得到还原。

10.3 铬渣解毒过程中作业场所的粉尘浓度应满足GBZ 2的要求（见附录D）。

10.4 铬渣解毒产生的废水应尽量返回工艺流程进行循环使用。如需外排时，应进行处理，满足GB 8978的要求（见附录D）后排放。

10.5 解毒后的铬渣，必须满足其后续处理处置的相应要求。如不满足则应重新进行处理，满足标准后方可进行综合利用或最终处置。

11 铬渣的综合利用

11.1 铬渣的主要综合利用途径包括用作路基材料和混凝土骨料，用于生产水泥、制砖及砌块、烧结炼铁和用作玻璃着色剂。

11.2 铬渣用作路基材料和混凝土骨料

铬渣经过解毒、固化等预处理后，按照HJ/T 299制备的浸出液中任何一种危害成分的浓度均低于表3中的限值（该要求亦见附录D），则经过处理的铬渣可以用作路基材料和混凝土骨料。

表3 铬渣作为路基材料和混凝土骨料的污染控制指标限值

序号	成分	浸出液限值(mg/L)
1	总铬	1.5
2	六价铬	0.5
3	钡	10

11.3 铬渣用于生产水泥

11.3.1 铬渣用于制备水泥生料时，应根据工艺配料的要求确定铬渣的掺加量。铬渣的掺加量不应超过水泥生料质量的5%。

11.3.2 铬渣用作水泥混合材料时,必须经过解毒。解毒后的铬渣按照 HJ/T 299 制备的浸出液中的任何一种危害成分的浓度均应低于表3中的限值(该要求亦见附录 D)。

11.3.3 解毒后的铬渣作为水泥混合材料,其掺加量应符合水泥的相关国家或行业标准要求。

11.3.4 利用铬渣生产的水泥产品除应满足国家或水泥行业的品质标准要求外,还应满足以下要求:

(1)利用铬渣生产的水泥产品经过处理后,按照附录 A 的方法进行检测,其浸出液中的任何一种危害成分的浓度均应低于表4中的限值(该要求亦见附录 D)。

表4 利用铬渣生产的水泥产品的污染控制指标限值

序号	成分	浸出液限值(mg/L)
1	总铬	0.15
2	六价铬	0.05
3	钡	1.0

(2)利用铬渣生产的水泥产品经过处理后,按照附录 B 的方法进行检测,其中水溶性六价铬含量应不超过 0.0002%(质量分数,该要求亦见附录 D)。

(3)利用铬渣生产的水泥产品中放射性物质的量应满足 GB 6566 的要求(见附录 D)。

11.3.5 利用铬渣生产水泥的企业的大气污染物排放应满足 GB 4915 的要求(见附录 D)。

11.4 铬渣用于制砖及砌块

11.4.1 铬渣替代部分黏土或粉煤灰用于制砖及砌块时,必须经过解毒。解毒后的铬渣按照 HJ/T 299 制备的浸出液中的任何一种危害成分的浓度均应低于表3中的限值(该要求亦见附录 D)。

11.4.2 利用铬渣生产的砖及砌块成品经过处理后,按照附录 C 的方法进行检测,其浸出液中的任何一种危害成分的浓度均应低于表5中的限值(该要求亦见附录 D)。

表5 利用铬渣生产的砖及砌块产品的污染控制指标限值

序号	成分	浸出液限值(mg/L)
1	总铬	0.3
2	六价铬	0.1
3	钡	4.0

11.4.3 利用铬渣生产的砖及砌块禁止用于修建水池。

11.5 铬渣用于烧结炼铁

11.5.1 应根据烧结炼铁产品的需要确定铬渣的掺加量,以满足高炉炼铁质量标准为限。

11.5.2 在铬渣的筛分、转运、配料、进仓、出仓等操作处应设置收尘装置。

11.6 铬渣综合利用作业场所的粉尘浓度应满足 GBZ 2 的要求(见附录 D)。

11.7 利用铬渣烧结炼铁、制砖及砌块的企业的炉窑废气排放应满足 GB 9078 的要求(见附录 D)。

11.8 铬渣综合利用过程中产生的废水应尽量返回工艺流程进行循环使用。如需要外排时,应进行处理,满足 GB 8978 的要求(见附录 D)后排放。

11.9 各种元素浓度的测定方法见表6。

表 6 浸出液中元素浓度的分析方法

编号	元素	分析方法	标准
1	铬	直接吸收火焰原子吸收分光光度法	GB/T 15555.6
2	六价铬	二苯碳酰二肼分光光度法	GB/T 15555.4
3	钡	原子吸收分光光度法	GB/T 15506

12 铬渣的最终处置

12.1 铬渣进入生活垃圾填埋场

12.1.1 铬渣经过解毒、固化等预处理后,按照 HJ/T 300 制备的浸出液中任何一种危害成分的浓度均低于表7中的限值(该要求亦见附录 D),则经过处理的铬渣可以进入符合 GB 16889 的生活垃圾填埋场进行填埋。

表 7 铬渣进入生活垃圾填埋场的污染控制指标限值

序号	成分	浸出液限值(mg/L)
1	总铬	4.5
2	六价铬	1.5
3	钡	25

12.1.2 进入生活垃圾填埋场的铬渣质量不得超过当日填埋量的5%。

12.2 铬渣进入一般工业固体废物填埋场

铬渣经过解毒、固化等预处理后,按照附 HJ/T 299 制备的浸出液中任何一种危害成分的浓度均低于表8中的限值(该要求亦见附录 D),则经过处理的铬渣可以进入符合 GB 18599 的第二类一般工业固体废物填埋场进行填埋。

表 8 铬渣进入一般工业固体废物填埋场的污染控制指标限值

序号	成分	浸出液限值(mg/L)
1	总铬	9
2	六价铬	3
3	钡	50

12.3　各种元素浓度的测定方法见表6。

13　铬渣处理处置的监测与结果判断

13.1　铬渣解毒产物和综合利用产品的监测

13.1.1　铬渣解毒产物和综合利用产品的采样

(1)在铬渣解毒或综合利用产品生产流水线上采取铬渣的解毒产物或综合利用产品样品；

(2)每8小时(或一个生产班次)完成一次监测采样；

(3)每次采样数量不应少于10份，在8小时(或一个生产班次)内等时间段取样；

(4)每份样品的最低采样为0.5kg。

13.1.2　采取的每份样品应破碎并混合均匀，按照第11、12章的要求进行分析。

13.1.3　监测结果判断

当铬渣解毒产物或综合利用产品的监测结果同时满足以下两个要求时，方可视为合格：

(1)样品的超标率不超过20%；

(2)超标样品监测结果的算术平均值不超过控制指标限值的120%。

13.2　铬渣处理处置场所和设施的监测

13.2.1　应在铬渣处理处置前和处理处置过程中对铬渣处理处置场所的土壤和地下水定期进行监测(监测要求见附录D)，作为评价铬渣的处理处置过程是否对土壤和地下水造成二次污染的依据。

13.2.2　铬渣处理处置场所和设施的监测采样方法如下：

(1)颗粒物和气态污染物的采样按照 GB/T 16157 进行；

(2)污水的采样按照 HJ/T 91 进行。

(3)地下水的采样按照 HJ/T 164 进行；

(4)土壤的采样按照 HJ/T 166 进行。

13.2.3　铬渣处理处置场所和设施的监测方法如下：

(1)污染物排放浓度按照相应排放标准规定的监测方法进行；

(2)地下水中六价铬含量的监测按照 GB 5750 进行；

(3)土壤中总铬含量的监测按照 GB/T 17137 进行。

14　铬渣处理处置的污染控制

14.1　铬渣处理处置应制定实施环境保护的相关管理制度，包括下列内容：

(1)管理责任制度:应设置环境保护监督管理部门或者专(兼)职人员，负责监督铬渣处置过程中的环境保护及相关管理工作；

(2)污染预防机制和处理环境污染事故的应急预案制度；

(3)培训制度:应对铬渣处理处置过程的所有作业人员进行培训，内容包括铬渣的危害特性、环境保护要求、应急处理等方面的内容；

(4)记录制度:应建立铬渣处理处置情况记录簿，内容包括每批铬渣的来源，数量，种类，处理处置方式，处理处置时间，处理处置过程中的进料速率，监测结果，解毒产物和综合利用产品去向，运输单位，运输车辆和运输人员信息，事故等特殊情况；

(5)监测制度:应按照第13章的要求，对铬渣的处理处置过程和处理处置结果进行监测。

(6)健康保障制度:应按照国家相关规定定期对铬渣处理处置过程的所有作业人员进行体检。

(7)资料保存制度:应保存处理处置的相关资料,包括培训记录、处理处置情况记录、转移联单、环境监测数据等。

14.2 铬渣处理处置设施和场所的建设应符合国家相关标准的要求。禁止在 GB 3095 中的环境空气质量功能区对应的一类区域和 GB 3838 中的地表水环境质量一类、二类功能区内建设铬渣处理处置设施和场所。

14.3 铬渣处理处置过程中因铬渣的装卸、设备故障以及检修等原因造成洒落的铬渣应及时清扫和回收。

14.4 收(除)尘装置收集的含铬粉尘应就近进入处理处置的工艺流程,不得随意处置。

14.5 铬渣处理处置的质量控制

14.5.1 连续解毒处理后的铬渣应分班次堆放,间歇解毒处理后的铬渣应分批次堆存,以便取样进行解毒效果的监测。

14.5.2 铬渣解毒产物应按照 13.1 的要求进行监测。如果铬渣解毒产物不满足 13.1 的要求,应对自上次监测合格后至本次监测的全部铬渣重新进行解毒处理,直至满足要求为止。

14.5.3 铬渣综合利用的产品应按照 13.1 的要求进行监测。如果综合利用的产品不满足 13.1 的要求,应对自上次监测合格后至本次监测的全部产品重新进行加工,直至满足要求为止。

14.6 铬渣处理处置企业应每两个月向当地环境保护行政主管部门提交一次监测报告,监测报告将作为地方环境管理部门对铬渣污染治理工作进行监督管理与验收的依据。

14.6.1 监测数据应由获得国家质量监督检验检疫总局颁发的计量认证合格证书的实验室分析取得。

14.6.2 监测数据应包括下列内容:

(1)按照 14.5 要求测定的质量控制数据;

(2)按照 13.1、13.2 要求测定的环境监测数据。

14.6.3 铬渣处理处置单位自我监测的最小监测频率(该要求亦见附录 D)为:

(1)铬渣处理处置场所的空气和废水的监测频率为每个月一次;土壤和地下水的监测频率为铬渣处理处置活动开始前监测一次,之后每年一次;

(2)铬渣干法解毒设施尾气的监测频率为每 3 个月一次(第 10.1.5 条中规定的在线监测项目应保存在线监测结果备当地环境保护行政主管部门检查);

(3)铬渣解毒量大于(含等于)500 吨/月的,每解毒 500 吨对解毒产物进行 1 次监测;铬渣解毒量小于 500 吨/月的,每个月对解毒产物进行 1 次监测;

(4)铬渣综合利用设施尾气的监测频率为每 2 个月一次(铬及其化合物的监测频率为每 6 个月一次);

(5)铬渣综合利用产品产量大于(含等于)1 万吨/月的,每生产 1 万吨对综合利用产品进行 1 次监测;铬渣综合利用产品产量小于 1 万吨/月的,每个月对综合利用产品进行 1 次监测;利用铬渣生产的水泥产品的放射性物质的量每年监测一次。

14.7 铬渣处理处置过程结束后,应向当地环境保护行政主管部门提交铬渣处理处置总结报告,应包括以下材料:

(1)危险废物转移联单;
(2)处理处置情况记录;
(3)监测报告;
(4)其他相关材料。

15 铬渣污染治理的环境管理

15.1 铬渣污染调查

15.1.1 铬渣污染治理项目实施前,应进行铬渣污染调查。调查前应制定调查方案,内容包括调查方法、调查表格设计、调查步骤和调查内容等。

15.1.2 调查方法包括现场勘察及取样分析、查阅档案资料、走访知情人等。

15.1.3 调查表格应包括调查内容中所要求的相关信息。

15.1.4 调查步骤应包括:

(1)了解铬渣产生企业的背景资料;
(2)现场调查与采样,包括铬渣、土壤、地下水和附近水源地(如饮用水井、池塘、水渠、河流、湖泊等)样品;
(3)走访企业职工,了解铬渣产生情况与去向;
(4)走访企业周围常住居民,了解铬渣产生情况与去向;
(5)查阅地方企业经济统计资料;
(6)完成现场调查表;
(7)分析样品;
(8)调查总结。

15.1.5 调查内容应包括:

(1)铬盐的生产工艺、生产规模、生产年限、历年铬盐生产量、销售量;
(2)铬渣年产生量、历年铬渣产生总量、其他含铬废物量;
(3)铬渣堆存方式、堆存位置、占地面积、堆存量;
(4)铬渣处理处置的方式和数量;
(5)铬渣污染现状;
(6)其他相关记录。

15.1.6 调查结束时应提交调查报告,调查报告应作为铬渣污染治理方案的设计依据。

15.1.7 现场调查过程中应采取必要的安全防护措施。

15.2 铬渣污染治理方案

15.2.1 铬渣污染治理项目实施前,应制定铬渣污染治理方案。并将治理方案报当地环境保护行政主管部门备案,作为对铬渣污染治理工作进行监督管理与验收的依据。

15.2.2 铬渣污染治理方案应包括以下内容:

(1)铬渣的数量;
(2)铬渣污染治理的工艺分析,包括处理方式、处理能力与处理周期;
(3)管理责任制度;
(4)污染预防机制和环境污染事故应急预案;

(5)培训方案；

(6)处理处置情况记录方案；

(7)监测方案；

(8)资料保存方案。

15.3 环境影响评价

15.3.1 在铬渣污染治理项目实施前，应进行环境影响评价。

15.3.2 环境影响评价在满足国家相关法律法规和 HJ/T 2、HJ/T 19 等标准要求的同时，还应包括以下内容：

(1)铬渣处理处置过程中的污染控制要求和具体措施；

(2)铬渣解毒产物和综合利用产品的达标效果评价；

(3)铬渣综合利用产品的长期安全性及其风险评价。

15.3.3 环境影响评价报告的工程分析部分应如实反映铬渣污染治理项目中所使用的原材料、工艺等信息。

15.4 应对处理处置的全过程进行监督管理，监督管理工作报告作为对铬渣污染治理工作进行验收的依据。

15.4.1 铬渣的挖掘、包装与运输过程的监督管理应包括：

(1)挖掘量与识别出的铬渣量的一致性；

(2)挖掘现场的环境监测数据；

(3)危险废物转移联单；

(4)相关记录。

15.4.3 铬渣解毒过程的监督管理应包括：

(1)铬渣解毒设施的运行状况及相关记录；

(2)铬渣解毒过程污染控制设施的运行状况及相关记录；

(3)铬渣解毒产物的监测与企业自我监测数据；

(4)铬渣解毒场所和设施的监测与企业自我监测数据。

15.4.4 环境管理部门的监测频率（该要求亦见附录 D）为：

(1)铬渣处理处置场所的空气和废水的监测频率为每 6 个月一次；土壤和地下水的监测频率为铬渣处理处置活动开始前监测一次，之后每年一次；

(2)铬渣干法解毒设施尾气的监测频率为每 4 个月一次（烟气黑度、铬及其化合物的监测频率为每 6 个月一次）；

(3)铬渣解毒产物的监测频率为每 3 个月一次；

(4)铬渣综合利用设施尾气和产品的监测频率为每 6 个月一次（铬及其化合物的监测频率为每 12 个月一次）。

15.5 铬渣污染治理的验收

15.5.1 铬渣污染治理工作结束后应进行验收。

15.5.2 铬渣污染治理的验收应包括以下内容：

(1)污染治理方案；

(2)环境影响评价报告；

(3)处理处置总结报告;
(4)监督管理工作报告。

附录 A 利用铬渣生产的水泥产品中重金属浓度的测定方法(略)
附录 B 水泥中水溶性六价铬的测定 二苯碳酰二肼分光光度法(略)
附录 C 利用铬渣生产的砖及砌块产品中重金属浓度的测定方法(略)
附录 D 铬渣平衡点理处置的监测内容汇总表(略)

报废机动车拆解环境保护技术规范（节录）

HJ 348—2007

(2007年4月9日发布 2007年4月9日实施)

本标准由国家环境保护总局科技标准司提出。
本标准起草单位：中国环境科学研究院固体废物污染控制技术研究所。

（按原标准编号节录）

3 术语和定义

下列定义适用于本标准。

3.1 报废机动车

指达到国家机动车强制报废标准,或者经检验不符合国家机动车运行安全技术条件或者国家机动车污染物排放标准的机动车,包括汽车、摩托车、三轮汽车、低速载货汽车、电动车和各种工程车辆,以及进口可用作原料的废汽车压件。

3.2 拆解

将报废机动车中不同类型的部件逐一拆除使之分离出来的过程。

3.3 破碎

将报废机动车拆解后剩下的部件破坏成碎片,以利于利用和处置的过程。

4 报废机动车拆解、破碎环境保护基本要求

4.1 报废机动车拆解、破碎企业的建设与运行应以环境无害化方式进行,不能产生二次污染。

4.2 报废机动车的拆解、破碎应以材料回收为主要目的,应最大限度保证拆解、破碎产物的循环利用。

4.3 报废机动车拆解产生的废液化气罐、废安全气囊、废蓄电池、含多氯联苯的废电容器、废尾气净化催化剂、废油液(包括汽油、柴油、机油、润滑剂、液压油、制动液、防冻剂等,下同)、废

空调制冷剂等属于危险废物,应按照危险废物的有关规定进行管理和处置。

5 报废机动车拆解、破碎企业建设环境保护要求

5.1 新建报废机动车拆解、破碎企业应经过环评审批,选址合理,不得建在城市居民区、商业区及其他环境敏感区内;原有报废机动车拆解、破碎企业如果在这一区域内,应按照当地规划和环境保护行政主管部门要求限期搬迁。

5.2 报废机动车拆解、破碎企业应建有封闭的围墙并设有门,禁止无关人员进入。

5.3 报废机动车拆解、破碎企业内的道路应采取硬化措施,并确保在其运营期间无破损。

5.4 报废机动车拆解企业的厂区应划分为不同的功能区,包括管理区;未拆解的报废机动车贮存区;拆解作业区;产品(半成品)贮存区;污染控制区(各类废物的收集、贮存和处理区,下同)。

5.5 报废机动车拆解企业厂区内各功能区的设计和建设应满足以下要求:
(1)各功能区的大小和分区应适合企业的设计拆解能力;
(2)各功能区应有明确的界线和明显的标识;
(3)未拆解的报废机动车贮存区、拆解作业区、产品(半成品)贮存区、污染控制区应具有防渗地面和油水收集设施;
(4)拆解作业区、产品(半成品)贮存区、污染控制区应设有防雨、防风设施。

5.6 报废机动车破碎企业的厂区应划分为不同功能区,包括管理区;原料贮存区;破碎分选区;产品(半成品)贮存区;污染控制区。

5.7 报废机动车破碎企业厂区内各功能区的设计和建设应满足以下要求:
(1)各功能区的大小和分区应适合企业的设计破碎能力;
(2)各功能区应有明确的界线和明显的标识;
(3)原料贮存区、破碎分选区、产品(半成品)贮存区、污染控制区应具有防渗地面和油水收集设施,并设有防雨、防风设施。

5.8 报废机动车拆解、破碎企业应实行清污分流,在厂区内(除管理区外)收集的雨水、清洗水和其他非生活废水应设置专门的收集设施和污水处理设施。

5.9 报废机动车拆解、破碎企业应有符合相关要求的消防设施,并有足够的疏散通道。

5.10 报废机动车拆解、破碎企业应有完备的污染防治机制和处理环境污染事故的应急预案。

6 报废机动车拆解、破碎企业运行环境保护要求

6.1 报废机动车拆解、破碎企业应向汽车生产企业要求获得《汽车拆解指导手册》及相关技术信息。

6.2 报废机动车拆解、破碎企业应采用对环境污染程度最低的方式拆解、破碎报废机动车。鼓励采用固体废物产生量少、资源回收利用率高的拆解、破碎工艺。

6.3 应在报废机动车进入拆解企业后检查是否有废油液的泄漏。如发现有废油液的泄漏应立即采取有效的收集措施。

6.4 报废机动车在进行拆解作业之前不得侧放、倒放。

6.5 禁止露天拆解、破碎报废机动车。

6.6 报废机动车应依照下列顺序进行拆解:
(1)拆除蓄电池;
(2)拆除液化气罐;
(3)拆除安全气囊;
(4)拆除含多氯联苯的废电容器和尾气净化催化剂;
(5)排除残留的各种废油液;
(6)拆除空调器;
(7)拆除各种电子电器部件,包括仪表盘、音响、车载电台电话、电子导航设备、电动机和发电机、电线电缆以及其他电子电器;
(8)拆除其他零部件。

6.7 在完成第6.6条各项拆解作业后,应按照资源最大化的原则拆解报废机动车的其余部分。

6.8 禁止在未完成第6.6条各项拆解作业前对报废机动车进行破碎处理或者直接进行熔炼处理。

6.9 报废机动车拆解企业在拆解作业过程中拆除下来的第4.3条中所列的各种危险废物,应由具有《危险废物经营许可证》并可以处置该类废物的单位进行处理处置,并严格执行危险废物转移联单制度。

6.10 报废机动车中的废制冷剂应用专用工具拆除并收集在密闭容器中,并按照第6.9条规定进行处理,不得向大气排放。

6.11 禁止在未获得相应资质的报废机动车拆解、破碎企业内拆解废蓄电池和含多氯联苯的废电容器,禁止将蓄电池内的液态废物倾倒出来。应将废蓄电池和含多氯联苯的废电容器贮存在耐酸容器中或者具有耐酸地面的专用区域内,并按照第6.9条规定进行处理。

6.12 报废机动车拆解、破碎企业产生的各种危险废物在厂区内的贮存时间不得超过1年。

拆解过程产生的危险废物应按照类别分别放置在专门的收集容器和贮存设施内,有危险废物识别标志、标明具体物质名称,并设置危险废物警示标志。

液态废物应在不同的专用容器中分别贮存。

6.13 拆除的各种废弃电子电器部件,应交由具有资质的处置单位进行处理处置。

6.14 在拆解、破碎过程中产生的不可回收利用的工业固体废物应在符合国家标准建设、运行的处理处置设施进行处置。

6.15 禁止采用露天焚烧或简易焚烧的方式处理报废机动车拆解、破碎过程中产生的废电线电缆、废轮胎和其他废物。

6.16 拆解得到的可回收利用的零部件、再生材料与不可回收利用的废物应按种类分别收集在不同的专用容器或固定区域,并设立明显的区分标识。

6.17 拆解得到的轮胎和塑料部件的贮存区域应具消防设施,并尽量避免大量堆放。

6.18 报废机动车拆解、破碎企业厂区收集的雨水、清洗水和其他非生活废水等应通过收集管道(井)收集后进入污水处理设施进行处理,并达到排放标准后方可排放。

6.19 报废机动车拆解、破碎企业应采取隔音降噪措施。

6.20 报废机动车拆解、破碎企业应按照环境保护措施验收的要求对污染物排放进行日常监测;应建立拆解、破碎报废机动车经营情况的记录制度,如实记载每批报废机动车的来源、类型、重量(数量)、收集(接收)、拆解、破碎、贮存、处置的时间,运输单位的名称和联系方式,拆解、破碎得到的产品和不可回收利用的废物的数量和去向等。

监测报告和经营情况记录应至少保存3年。

7 污染控制要求

7.1 拆解、破碎过程不得对空气、土壤、地表水和地下水造成污染。

7.2 报废机动车拆解、破碎企业的污水经处理后直接排入水体的水质应满足 GB 8978 中的 1998 年 1 月 1 日起建设(包括改、扩建)的单位的水污染物的一级排放标准要求;经处理后排入城市管网的水质应满足 GB 8978 中的 1998 年 1 月 1 日起建设(包括改、扩建)的单位的水污染物的三级排放标准要求。

7.3 报废机动车拆解、破碎企业产生的危险废物的贮存应满足 GB 18597 的要求。

7.4 报废机动车拆解、破碎企业产生的工业固体废物的贮存、填埋设施应满足 GB 18599 的要求,焚烧设施应满足 GB 18484 的要求。

7.5 报废机动车拆解、破碎企业产生的危险废物的焚烧设施应满足 GB 18484 的要求,填埋设施应满足 GB 18598 的要求。

7.6 报废机动车拆解、破碎企业除满足第 7.4、7.5 条规定外,其他烟气排放设施排放的废气应满足 GB 16297 中新污染源大气污染物最高允许排放浓度的要求。

7.7 报废机动车拆解、破碎企业的恶臭污染物排放应满足 GB 14554 中新、改、扩建企业的恶臭污染物厂界排放限值的二级标准要求。

7.8 报废机动车拆解、破碎企业的厂界噪声应满足 GB 12348 中的 II 类标准要求。

8 进口废汽车压件拆解、破碎的环境保护特殊规定

8.1 进口废汽车压件的拆解、破碎除满足本标准其他条款要求外,还应满足本章规定。

8.2 进口废汽车压件的进口、拆解、破碎应满足进口可用作原料的固体废物的审批程序和加工利用管理的相关要求。

8.3 进口废汽车压件应满足 GB 16487.13 的要求。

8.4 从事进口废汽车压件的拆解、破碎活动,应按照所在地的规划要求,在专设的、符合 HJ/T 181 要求的废机电产品集中拆解利用处置区内进行。

9 监督实施

本标准由县级以上地方人民政府环境保护行政主管部门负责监督实施。

中篇　生态损害鉴定评估法律法规与标准

第二十二部分　生态损害鉴定评估相关法律法规

中华人民共和国森林法（2009年修正）

（1984年9月20日第六届全国人民代表大会常务委员会第七次会议通过　1984年9月20日中华人民共和国主席令第十七号发布　根据1998年4月29日第九届全国人民代表大会常务委员会第二次会议《关于修改〈中华人民共和国森林法〉的决定》第一次修正　根据2009年8月27日第十一届全国人民代表大会常务委员会第十次会议《关于修改部分法律的决定》第二次修正）

目　录
第一章　总　则
第二章　森林经营管理
第三章　森林保护
第四章　植树造林
第五章　森林采伐
第六章　法律责任
第七章　附　则

第一章　总　则

第一条　为了保护、培育和合理利用森林资源，加快国土绿化，发挥森林蓄水保土、调节气候、改善环境和提供林产品的作用，适应社会主义建设和人民生活的需要，特制定本法。

第二条　在中华人民共和国领域内从事森林、林木的培育种植、采伐利用和森林、林木、林地的经营管理活动，都必须遵守本法。

第三条　森林资源属于国家所有，由法律规定属于集体所有的除外。

国家所有的和集体所有的森林、林木和林地，个人所有的林木和使用的林地，由县级以上地方人民政府登记造册，发放证书，确认所有权或者使用权。国务院可以授权国务院林业主管部门，对国务院确定的国家所有的重点林区的森林、林木和林地登记造册，发放证书，并通知有关地方人民政府。

森林、林木、林地的所有者和使用者的合法权益，受法律保护，任何单位和个人不得侵犯。

第四条　森林分为以下五类：

（一）防护林：以防护为主要目的的森林、林木和灌木丛，包括水源涵养林，水土保持林，防风固沙林，农田、牧场防护林，护岸林，护路林；

(二)用材林:以生产木材为主要目的的森林和林木,包括以生产竹材为主要目的的竹林;

(三)经济林:以生产果品,食用油料、饮料、调料、工业原料和药材等为主要目的的林木;

(四)薪炭林:以生产燃料为主要目的的林木;

(五)特种用途林:以国防、环境保护、科学实验等为主要目的的森林和林木,包括国防林、实验林、母树林、环境保护林、风景林,名胜古迹和革命纪念地的林木,自然保护区的森林。

第五条 林业建设实行以营林为基础,普遍护林,大力造林,采育结合,永续利用的方针。

第六条 国家鼓励林业科学研究,推广林业先进技术,提高林业科学技术水平。

第七条 国家保护林农的合法权益,依法减轻林农的负担,禁止向林农违法收费、罚款,禁止向林农进行摊派和强制集资。

国家保护承包造林的集体和个人的合法权益,任何单位和个人不得侵犯承包造林的集体和个人依法享有的林木所有权和其他合法权益。

第八条 国家对森林资源实行以下保护性措施:

(一)对森林实行限额采伐,鼓励植树造林、封山育林,扩大森林覆盖面积;

(二)根据国家和地方人民政府有关规定,对集体和个人造林、育林给予经济扶持或者长期贷款;

(三)提倡木材综合利用和节约使用木材,鼓励开发、利用木材代用品;

(四)征收育林费,专门用于造林育林;

(五)煤炭、造纸等部门,按照煤炭和木浆纸张等产品的产量提取一定数额的资金,专门用于营造坑木、造纸等用材林;

(六)建立林业基金制度。

国家设立森林生态效益补偿基金,用于提供生态效益的防护林和特种用途林的森林资源、林木的营造、抚育、保护和管理。森林生态效益补偿基金必须专款专用,不得挪作他用。具体办法由国务院规定。

第九条 国家和省、自治区人民政府,对民族自治地方的林业生产建设,依照国家对民族自治地方自治权的规定,在森林开发、木材分配和林业基金使用方面,给予比一般地区更多的自主权和经济利益。

第十条 国务院林业主管部门主管全国林业工作。县级以上地方人民政府林业主管部门,主管本地区的林业工作。乡级人民政府设专职或者兼职人员负责林业工作。

第十一条 植树造林、保护森林,是公民应尽的义务。各级人民政府应当组织全民义务植树,开展植树造林活动。

第十二条 在植树造林、保护森林、森林管理以及林业科学研究等方面成绩显著的单位或者个人,由各级人民政府给予奖励。

第二章 森林经营管理

第十三条 各级林业主管部门依照本法规定,对森林资源的保护、利用、更新,实行管理和监督。

第十四条 各级林业主管部门负责组织森林资源清查,建立资源档案制度,掌握资源变化情况。

第十五条 下列森林、林木、林地使用权可以依法转让,也可以依法作价入股或者作为合资、合作造林、经营林木的出资、合作条件,但不得将林地改为非林地:

（一）用材林、经济林、薪炭林；

（二）用材林、经济林、薪炭林的林地使用权；

（三）用材林、经济林、薪炭林的采伐迹地、火烧迹地的林地使用权；

（四）国务院规定的其他森林、林木和其他林地使用权。

依照前款规定转让、作价入股或者作为合资、合作造林、经营林木的出资、合作条件的，已经取得的林木采伐许可证可以同时转让，同时转让双方都必须遵守本法关于森林、林木采伐和更新造林的规定。

除本条第一款规定的情形外，其他森林、林木和其他林地使用权不得转让。

具体办法由国务院规定。

第十六条 各级人民政府应当制定林业长远规划。国有林业企业事业单位和自然保护区，应当根据林业长远规划，编制森林经营方案，报上级主管部门批准后实行。

林业主管部门应当指导农村集体经济组织和国有的农场、牧场、工矿企业等单位编制森林经营方案。

第十七条 单位之间发生的林木、林地所有权和使用权争议，由县级以上人民政府依法处理。

个人之间、个人与单位之间发生的林木所有权和林地使用权争议，由当地县级或者乡级人民政府依法处理。

当事人对人民政府的处理决定不服的，可以在接到通知之日起一个月内，向人民法院起诉。

在林木、林地权属争议解决以前，任何一方不得砍伐有争议的林木。

第十八条 进行勘查、开采矿藏和各项建设工程，应当不占或者少占林地；必须占用或者征收、征用林地的，经县级以上人民政府林业主管部门审核同意后，依照有关土地管理的法律、行政法规办理建设用地审批手续，并由用地单位依照国务院有关规定缴纳森林植被恢复费。森林植被恢复费专款专用，由林业主管部门依照有关规定统一安排植树造林，恢复森林植被，植树造林面积不得少于因占用、征用林地而减少的森林植被面积。上级林业主管部门应当定期督促、检查下级林业主管部门组织植树造林、恢复森林植被的情况。

任何单位和个人不得挪用森林植被恢复费。县级以上人民政府审计机关应当加强对森林植被恢复费使用情况的监督。

第三章 森林保护

第十九条 地方各级人民政府应当组织有关部门建立护林组织，负责护林工作；根据实际需要在大面积林区增加护林设施，加强森林保护；督促有林的和林区的基层单位，订立护林公约，组织群众护林，划定护林责任区，配备专职或者兼职护林员。

护林员可以由县级或者乡级人民政府委任。护林员的主要职责是：巡护森林，制止破坏森林资源的行为。对造成森林资源破坏的，护林员有权要求当地有关部门处理。

第二十条 依照国家有关规定在林区设立的森林公安机关，负责维护辖区社会治安秩序，保护辖区内的森林资源，并可以依照本法规定，在国务院林业主管部门授权的范围内，代行本法第三十九条、第四十二条、第四十三条、第四十四条规定的行政处罚权。

武装森林警察部队执行国家赋予的预防和扑救森林火灾的任务。

第二十一条 地方各级人民政府应当切实做好森林火灾的预防和扑救工作:

(一)规定森林防火期,在森林防火期内,禁止在林区野外用火;因特殊情况需要用火的,必须经过县级人民政府或者县级人民政府授权的机关批准;

(二)在林区设置防火设施;

(三)发生森林火灾,必须立即组织当地军民和有关部门扑救;

(四)因扑救森林火灾负伤、致残、牺牲的,国家职工由所在单位给予医疗、抚恤;非国家职工由起火单位按照国务院有关主管部门的规定给予医疗、抚恤,起火单位对起火没有责任或者确实无力负担的,由当地人民政府给予医疗、抚恤。

第二十二条 各级林业主管部门负责组织森林病虫害防治工作。

林业主管部门负责规定林木种苗的检疫对象,划定疫区和保护区,对林木种苗进行检疫。

第二十三条 禁止毁林开垦和毁林采石、采砂、采土以及其他毁林行为。

禁止在幼林地和特种用途林内砍柴、放牧。

进入森林和森林边缘地区的人员,不得擅自移动或者损坏为林业服务的标志。

第二十四条 国务院林业主管部门和省、自治区、直辖市人民政府,应当在不同自然地带的典型森林生态地区、珍贵动物和植物生长繁殖的林区、天然热带雨林区和具有特殊保护价值的其他天然林区,划定自然保护区,加强保护管理。

自然保护区的管理办法,由国务院林业主管部门制定,报国务院批准施行。

对自然保护区以外的珍贵树木和林区内具有特殊价值的植物资源,应当认真保护;未经省、自治区、直辖市林业主管部门批准,不得采伐和采集。

第二十五条 林区内列为国家保护的野生动物,禁止猎捕;因特殊需要猎捕的,按照国家有关法规办理。

第四章 植树造林

第二十六条 各级人民政府应当制定植树造林规划,因地制宜地确定本地区提高森林覆盖率的奋斗目标。

各级人民政府应当组织各行各业和城乡居民完成植树造林规划确定的任务。

宜林荒山荒地,属于国家所有的,由林业主管部门和其他主管部门组织造林;属于集体所有的,由集体经济组织组织造林。

铁路公路两旁、江河两侧、湖泊水库周围,由各有关主管单位因地制宜地组织造林;工矿区,机关、学校用地,部队营区以及农场、牧场、渔场经营地区,由各该单位负责造林。

国家所有和集体所有的宜林荒山荒地可以由集体或者个人承包造林。

第二十七条 国有企业事业单位、机关、团体、部队营造的林木,由营造单位经营并按照国家规定支配林木收益。

集体所有制单位营造的林木,归该单位所有。

农村居民在房前屋后、自留地、自留山种植的林木,归个人所有。城镇居民和职工在自有房屋的庭院内种植的林木,归个人所有。

集体或者个人承包国家所有和集体所有的宜林荒山荒地造林的,承包后种植的林木归承包的集体或者个人所有;承包合同另有规定的,按照承包合同的规定执行。

第二十八条　新造幼林地和其他必须封山育林的地方,由当地人民政府组织封山育林。

第五章　森林采伐

第二十九条　国家根据用材林的消耗量低于生长量的原则,严格控制森林年采伐量。国家所有的森林和林木以国有林业企业事业单位、农场、厂矿为单位,集体所有的森林和林木、个人所有的林木以县为单位,制定年采伐限额,由省、自治区、直辖市林业主管部门汇总,经同级人民政府审核后,报国务院批准。

第三十条　国家制定统一的年度木材生产计划。年度木材生产计划不得超过批准的年采伐限额。计划管理的范围由国务院规定。

第三十一条　采伐森林和林木必须遵守下列规定:

(一)成熟的用材林应当根据不同情况,分别采取择伐、皆伐和渐伐方式,皆伐应当严格控制,并在采伐的当年或者次年内完成更新造林;

(二)防护林和特种用途林中的国防林、母树林、环境保护林、风景林,只准进行抚育和更新性质的采伐;

(三)特种用途林中的名胜古迹和革命纪念地的林木、自然保护区的森林,严禁采伐。

第三十二条　采伐林木必须申请采伐许可证,按许可证的规定进行采伐;农村居民采伐自留地和房前屋后个人所有的零星林木除外。

国有林业企业事业单位、机关、团体、部队、学校和其他国有企业事业单位采伐林木,由所在地县级以上林业主管部门依照有关规定审核发放采伐许可证。

铁路、公路的护路林和城镇林木的更新采伐,由有关主管部门依照有关规定审核发放采伐许可证。

农村集体经济组织采伐林木,由县级林业主管部门依照有关规定审核发放采伐许可证。

农村居民采伐自留山和个人承包集体的林木,由县级林业主管部门或者其委托的乡、镇人民政府依照有关规定审核发放采伐许可证。

采伐以生产竹材为主要目的的竹林,适用以上各款规定。

第三十三条　审核发放采伐许可证的部门,不得超过批准的年采伐限额发放采伐许可证。

第三十四条　国有林业企业事业单位申请采伐许可证时,必须提出伐区调查设计文件。其他单位申请采伐许可证时,必须提出有关采伐的目的、地点、林种、林况、面积、蓄积、方式和更新措施等内容的文件。

对伐区作业不符合规定的单位,发放采伐许可证的部门有权收缴采伐许可证,中止其采伐,直到纠正为止。

第三十五条　采伐林木的单位或者个人,必须按照采伐许可证规定的面积、株数、树种、期限完成更新造林任务,更新造林的面积和株数不得少于采伐的面积和株数。

第三十六条　林区木材的经营和监督管理办法,由国务院另行规定。

第三十七条　从林区运出木材,必须持有林业主管部门发给的运输证件,国家统一调拨的木材除外。

依法取得采伐许可证后,按照许可证的规定采伐的木材,从林区运出时,林业主管部门应当发给运输证件。

经省、自治区、直辖市人民政府批准,可以在林区设立木材检查站,负责检查木材运输。对未取得运输证件或者物资主管部门发给的调拨通知书运输木材的,木材检查站有权制止。

第三十八条 国家禁止、限制出口珍贵树木及其制品、衍生物。禁止、限制出口的珍贵树木及其制品、衍生物的名录和年度限制出口总量,由国务院林业主管部门会同国务院有关部门制定,报国务院批准。

出口前款规定限制出口的珍贵树木或者其制品、衍生物的,必须经出口人所在地省、自治区、直辖市人民政府林业主管部门审核,报国务院林业主管部门批准,海关凭国务院林业主管部门的批准文件放行。进出口的树木或者其制品、衍生物属于中国参加的国际公约限制进出口的濒危物种的,并必须向国家濒危物种进出口管理机构申请办理允许进出口证明书,海关并凭允许进出口证明书放行。

第六章 法律责任

第三十九条 盗伐森林或者其他林木的,依法赔偿损失;由林业主管部门责令补种盗伐株数十倍的树木,没收盗伐的林木或者变卖所得,并处盗伐林木价值三倍以上十倍以下的罚款。

滥伐森林或者其他林木,由林业主管部门责令补种滥伐株数五倍的树木,并处滥伐林木价值二倍以上五倍以下的罚款。

拒不补种树木或者补种不符合国家有关规定的,由林业主管部门代为补种,所需费用由违法者支付。

盗伐、滥伐森林或者其他林木,构成犯罪的,依法追究刑事责任。

第四十条 违反本法规定,非法采伐、毁坏珍贵树木的,依法追究刑事责任。

第四十一条 违反本法规定,超过批准的年采伐限额发放林木采伐许可证或者超越职权发放林木采伐许可证、木材运输证件、批准出口文件、允许进出口证明书的,由上一级人民政府林业主管部门责令纠正,对直接负责的主管人员和其他直接责任人员依法给予行政处分;有关人民政府林业主管部门未予纠正的,国务院林业主管部门可以直接处理;构成犯罪的,依法追究刑事责任。

第四十二条 违反本法规定,买卖林木采伐许可证、木材运输证件、批准出口文件、允许进出口证明书的,由林业主管部门没收违法买卖的证件、文件和违法所得,并处违法买卖证件、文件的价款一倍以上三倍以下的罚款;构成犯罪的,依法追究刑事责任。

伪造林木采伐许可证、木材运输证件、批准出口文件、允许进出口证明书的,依法追究刑事责任。

第四十三条 在林区非法收购明知是盗伐、滥伐的林木的,由林业主管部门责令停止违法行为,没收违法收购的盗伐、滥伐的林木或者变卖所得,可以并处违法收购林木的价款一倍以上三倍以下的罚款;构成犯罪的,依法追究刑事责任。

第四十四条 违反本法规定,进行开垦、采石、采砂、采土、采种、采脂和其他活动,致使森林、林木受到毁坏的,依法赔偿损失;由林业主管部门责令停止违法行为,补种毁坏株数一倍以上三倍以下的树木,可以处毁坏林木价值一倍以上五倍以下的罚款。

违反本法规定,在幼林地和特种用途林内砍柴、放牧致使森林、林木受到毁坏的,依法赔偿损失;由林业主管部门责令停止违法行为,补种毁坏株数一倍以上三倍以下的树木。

拒不补种树木或者补种不符合国家有关规定的,由林业主管部门代为补种,所需费用由违法者支付。

第四十五条 采伐林木的单位或者个人没有按照规定完成更新造林任务的,发放采伐许可证的部门有权不再发给采伐许可证,直到完成更新造林任务为止;情节严重的,可以由林业主管部门处以罚款,对直接责任人员由所在单位或者上级主管机关给予行政处分。

第四十六条 从事森林资源保护、林业监督管理工作的林业主管部门的工作人员和其他国家机关的有关工作人员滥用职权、玩忽职守、徇私舞弊,构成犯罪的,依法追究刑事责任;尚不构成犯罪的,依法给予行政处分。

第七章 附 则

第四十七条 国务院林业主管部门根据本法制定实施办法,报国务院批准施行。

第四十八条 民族自治地方不能全部适用本法规定的,自治机关可以根据本法的原则,结合民族自治地方的特点,制定变通或者补充规定,依照法定程序报省、自治区或者全国人民代表大会常务委员会批准施行。

第四十九条 本法自1985年1月1日起施行。

中华人民共和国草原法(2013年修正)

(1985年6月18日第六届全国人民代表大会常务委员会第十一次会议通过 2002年12月28日第九届全国人民代表大会常务委员会第三十一次会议修订 根据2009年8月27日第十一届全国人民代表大会常务委员会第十次会议《关于修改部分法律的决定》第一次修正 根据2013年6月29日第十二届全国人民代表大会常务委员会第三次会议《关于修改〈中华人民共和国文物保护法〉等十二部法律的决定》第二次修正)

目 录

第一章 总 则

第二章 草原权属

第三章 规 划

第四章 建 设

第五章 利 用

第六章 保 护

第七章 监督检查

第八章 法律责任

第九章 附 则

第一章　总　则

第一条　为了保护、建设和合理利用草原，改善生态环境，维护生物多样性，发展现代畜牧业，促进经济和社会的可持续发展，制定本法。

第二条　在中华人民共和国领域内从事草原规划、保护、建设、利用和管理活动，适用本法。

本法所称草原，是指天然草原和人工草地。

第三条　国家对草原实行科学规划、全面保护、重点建设、合理利用的方针，促进草原的可持续利用和生态、经济、社会的协调发展。

第四条　各级人民政府应当加强对草原保护、建设和利用的管理，将草原的保护、建设和利用纳入国民经济和社会发展计划。

各级人民政府应当加强保护、建设和合理利用草原的宣传教育。

第五条　任何单位和个人都有遵守草原法律法规、保护草原的义务，同时享有对违反草原法律法规、破坏草原的行为进行监督、检举和控告的权利。

第六条　国家鼓励与支持开展草原保护、建设、利用和监测方面的科学研究，推广先进技术和先进成果，培养科学技术人才。

第七条　国家对在草原管理、保护、建设、合理利用和科学研究等工作中做出显著成绩的单位和个人，给予奖励。

第八条　国务院草原行政主管部门主管全国草原监督管理工作。

县级以上地方人民政府草原行政主管部门主管本行政区域内草原监督管理工作。

乡（镇）人民政府应当加强对本行政区域内草原保护、建设和利用情况的监督检查，根据需要可以设专职或者兼职人员负责具体监督检查工作。

第二章　草原权属

第九条　草原属于国家所有，由法律规定属于集体所有的除外。国家所有的草原，由国务院代表国家行使所有权。

任何单位或者个人不得侵占、买卖或者以其他形式非法转让草原。

第十条　国家所有的草原，可以依法确定给全民所有制单位、集体经济组织等使用。

使用草原的单位，应当履行保护、建设和合理利用草原的义务。

第十一条　依法确定给全民所有制单位、集体经济组织等使用的国家所有的草原，由县级以上人民政府登记，核发使用权证，确认草原使用权。

未确定使用权的国家所有的草原，由县级以上人民政府登记造册，并负责保护管理。

集体所有的草原，由县级人民政府登记，核发所有权证，确认草原所有权。

依法改变草原权属的，应当办理草原权属变更登记手续。

第十二条　依法登记的草原所有权和使用权受法律保护，任何单位或者个人不得侵犯。

第十三条　集体所有的草原或者依法确定给集体经济组织使用的国家所有的草原，可以由本集体经济组织内的家庭或者联户承包经营。

在草原承包经营期内,不得对承包经营者使用的草原进行调整;个别确需适当调整的,必须经本集体经济组织成员的村(牧)民会议三分之二以上成员或者三分之二以上村(牧)民代表的同意,并报乡(镇)人民政府和县级人民政府草原行政主管部门批准。

集体所有的草原或者依法确定给集体经济组织使用的国家所有的草原由本集体经济组织以外的单位或者个人承包经营的,必须经本集体经济组织成员的村(牧)民会议三分之二以上成员或者三分之二以上村(牧)民代表的同意,并报乡(镇)人民政府批准。

第十四条　承包经营草原,发包方和承包方应当签订书面合同。草原承包合同的内容应当包括双方的权利和义务、承包草原四至界限、面积和等级、承包期和起止日期、承包草原用途和违约责任等。承包期届满,原承包经营者在同等条件下享有优先承包权。

承包经营草原的单位和个人,应当履行保护、建设和按照承包合同约定的用途合理利用草原的义务。

第十五条　草原承包经营权受法律保护,可以按照自愿、有偿的原则依法转让。

草原承包经营权转让的受让方必须具有从事畜牧业生产的能力,并应当履行保护、建设和按照承包合同约定的用途合理利用草原的义务。

草原承包经营权转让应当经发包方同意。承包方与受让方在转让合同中约定的转让期限,不得超过原承包合同剩余的期限。

第十六条　草原所有权、使用权的争议,由当事人协商解决;协商不成的,由有关人民政府处理。

单位之间的争议,由县级以上人民政府处理;个人之间、个人与单位之间的争议,由乡(镇)人民政府或者县级以上人民政府处理。

当事人对有关人民政府的处理决定不服的,可以依法向人民法院起诉。

在草原权属争议解决前,任何一方不得改变草原利用现状,不得破坏草原和草原上的设施。

第三章　规　划

第十七条　国家对草原保护、建设、利用实行统一规划制度。国务院草原行政主管部门会同国务院有关部门编制全国草原保护、建设、利用规划,报国务院批准后实施。

县级以上地方人民政府草原行政主管部门会同同级有关部门依据上一级草原保护、建设、利用规划编制本行政区域的草原保护、建设、利用规划,报本级人民政府批准后实施。

经批准的草原保护、建设、利用规划确需调整或者修改时,须经原批准机关批准。

第十八条　编制草原保护、建设、利用规划,应当依据国民经济和社会发展规划并遵循下列原则:

(一)改善生态环境,维护生物多样性,促进草原的可持续利用;

(二)以现有草原为基础,因地制宜,统筹规划,分类指导;

(三)保护为主、加强建设、分批改良、合理利用;

(四)生态效益、经济效益、社会效益相结合。

第十九条　草原保护、建设、利用规划应当包括:草原保护、建设、利用的目标和措施,草原功能分区和各项建设的总体部署,各项专业规划等。

第二十条　草原保护、建设、利用规划应当与土地利用总体规划相衔接,与环境保护规划、水土保持规划、防沙治沙规划、水资源规划、林业长远规划、城市总体规划、村庄和集镇规划以及其他有关规划相协调。

第二十一条　草原保护、建设、利用规划一经批准,必须严格执行。

第二十二条　国家建立草原调查制度。

县级以上人民政府草原行政主管部门会同同级有关部门定期进行草原调查;草原所有者或者使用者应当支持、配合调查,并提供有关资料。

第二十三条　国务院草原行政主管部门会同国务院有关部门制定全国草原等级评定标准。

县级以上人民政府草原行政主管部门根据草原调查结果、草原的质量,依据草原等级评定标准,对草原进行评等定级。

第二十四条　国家建立草原统计制度。

县级以上人民政府草原行政主管部门和同级统计部门共同制定草原统计调查办法,依法对草原的面积、等级、产草量、载畜量等进行统计,定期发布草原统计资料。

草原统计资料是各级人民政府编制草原保护、建设、利用规划的依据。

第二十五条　国家建立草原生产、生态监测预警系统。

县级以上人民政府草原行政主管部门对草原的面积、等级、植被构成、生产能力、自然灾害、生物灾害等草原基本状况实行动态监测,及时为本级政府和有关部门提供动态监测和预警信息服务。

第四章　建　设

第二十六条　县级以上人民政府应当增加草原建设的投入,支持草原建设。

国家鼓励单位和个人投资建设草原,按照谁投资、谁受益的原则保护草原投资建设者的合法权益。

第二十七条　国家鼓励与支持人工草地建设、天然草原改良和饲草饲料基地建设,稳定和提高草原生产能力。

第二十八条　县级以上人民政府应当支持、鼓励和引导农牧民开展草原围栏、饲草饲料储备、牲畜圈舍、牧民定居点等生产生活设施的建设。

县级以上地方人民政府应当支持草原水利设施建设,发展草原节水灌溉,改善人畜饮水条件。

第二十九条　县级以上人民政府应当按照草原保护、建设、利用规划加强草种基地建设,鼓励选育、引进、推广优良草品种。

新草品种必须经全国草品种审定委员会审定,由国务院草原行政主管部门公告后方可推广。从境外引进草种必须依法进行审批。

县级以上人民政府草原行政主管部门应当依法加强对草种生产、加工、检疫、检验的监督管理,保证草种质量。

第三十条　县级以上人民政府应当有计划地进行火情监测、防火物资储备、防火隔离带等草原防火设施的建设,确保防火需要。

第三十一条　对退化、沙化、盐碱化、石漠化和水土流失的草原,地方各级人民政府应当按照草原保护、建设、利用规划,划定治理区,组织专项治理。

大规模的草原综合治理,列入国家国土整治计划。

第三十二条 县级以上人民政府应当根据草原保护、建设、利用规划,在本级国民经济和社会发展计划中安排资金用于草原改良、人工种草和草种生产,任何单位或者个人不得截留、挪用;县级以上人民政府财政部门和审计部门应当加强监督管理。

第五章 利 用

第三十三条 草原承包经营者应当合理利用草原,不得超过草原行政主管部门核定的载畜量;草原承包经营者应当采取种植和储备饲草饲料、增加饲草饲料供应量、调剂处理牲畜、优化畜群结构、提高出栏率等措施,保持草畜平衡。

草原载畜量标准和草畜平衡管理办法由国务院草原行政主管部门规定。

第三十四条 牧区的草原承包经营者应当实行划区轮牧,合理配置畜群,均衡利用草原。

第三十五条 国家提倡在农区、半农半牧区和有条件的牧区实行牲畜圈养。草原承包经营者应当按照饲养牲畜的种类和数量,调剂、储备饲草饲料,采用青贮和饲草饲料加工等新技术,逐步改变依赖天然草地放牧的生产方式。

在草原禁牧、休牧、轮牧区,国家对实行舍饲圈养的给予粮食和资金补助,具体办法由国务院或者国务院授权的有关部门规定。

第三十六条 县级以上地方人民政府草原行政主管部门对割草场和野生草种基地应当规定合理的割草期、采种期以及留茬高度和采割强度,实行轮割轮采。

第三十七条 遇到自然灾害等特殊情况,需要临时调剂使用草原的,按照自愿互利的原则,由双方协商解决;需要跨县临时调剂使用草原的,由有关县级人民政府或者共同的上级人民政府组织协商解决。

第三十八条 进行矿藏开采和工程建设,应当不占或者少占草原;确需征收、征用或者使用草原的,必须经省级以上人民政府草原行政主管部门审核同意后,依照有关土地管理的法律、行政法规办理建设用地审批手续。

第三十九条 因建设征收、征用集体所有的草原的,应当依照《中华人民共和国土地管理法》的规定给予补偿;因建设使用国家所有的草原的,应当依照国务院有关规定对草原承包经营者给予补偿。

因建设征收、征用或者使用草原的,应当交纳草原植被恢复费。草原植被恢复费专款专用,由草原行政主管部门按照规定用于恢复草原植被,任何单位和个人不得截留、挪用。草原植被恢复费的征收、使用和管理办法,由国务院价格主管部门和国务院财政部门会同国务院草原行政主管部门制定。

第四十条 需要临时占用草原的,应当经县级以上地方人民政府草原行政主管部门审核同意。

临时占用草原的期限不得超过二年,并不得在临时占用的草原上修建永久性建筑物、构筑物;占用期满,用地单位必须恢复草原植被并及时退还。

第四十一条 在草原上修建直接为草原保护和畜牧业生产服务的工程设施,需要使用草原的,由县级以上人民政府草原行政主管部门批准;修筑其他工程,需要将草原转为非畜牧业生产用地的,必须依法办理建设用地审批手续。

前款所称直接为草原保护和畜牧业生产服务的工程设施,是指:
(一)生产、贮存草种和饲草饲料的设施;
(二)牲畜圈舍、配种点、剪毛点、药浴池、人畜饮水设施;
(三)科研、试验、示范基地;
(四)草原防火和灌溉设施。

第六章 保 护

第四十二条 国家实行基本草原保护制度。下列草原应当划为基本草原,实施严格管理:
(一)重要放牧场;
(二)割草地;
(三)用于畜牧业生产的人工草地、退耕还草地以及改良草地、草种基地;
(四)对调节气候、涵养水源、保持水土、防风固沙具有特殊作用的草原;
(五)作为国家重点保护野生动植物生存环境的草原;
(六)草原科研、教学试验基地;
(七)国务院规定应当划为基本草原的其他草原。
基本草原的保护管理办法,由国务院制定。

第四十三条 国务院草原行政主管部门或者省、自治区、直辖市人民政府可以按照自然保护区管理的有关规定在下列地区建立草原自然保护区:
(一)具有代表性的草原类型;
(二)珍稀濒危野生动植物分布区;
(三)具有重要生态功能和经济科研价值的草原。

第四十四条 县级以上人民政府应当依法加强对草原珍稀濒危野生植物和种质资源的保护、管理。

第四十五条 国家对草原实行以草定畜、草畜平衡制度。县级以上地方人民政府草原行政主管部门应当按照国务院草原行政主管部门制定的草原载畜量标准,结合当地实际情况,定期核定草原载畜量。各级人民政府应当采取有效措施,防止超载过牧。

第四十六条 禁止开垦草原。对水土流失严重、有沙化趋势、需要改善生态环境的已垦草原,应当有计划、有步骤地退耕还草;已造成沙化、盐碱化、石漠化的,应当限期治理。

第四十七条 对严重退化、沙化、盐碱化、石漠化的草原和生态脆弱区的草原,实行禁牧、休牧制度。

第四十八条 国家支持依法实行退耕还草和禁牧、休牧。具体办法由国务院或者省、自治区、直辖市人民政府制定。

对在国务院批准规划范围内实施退耕还草的农牧民,按照国家规定给予粮食、现金、草种费补助。退耕还草完成后,由县级以上人民政府草原行政主管部门核实登记,依法履行土地用途变更手续,发放草原权属证书。

第四十九条 禁止在荒漠、半荒漠和严重退化、沙化、盐碱化、石漠化、水土流失的草原以及生态脆弱区的草原上采挖植物和从事破坏草原植被的其他活动。

第五十条 在草原上从事采土、采砂、采石等作业活动,应当报县级人民政府草原行政主管部门批准;开采矿产资源的,并应当依法办理有关手续。

经批准在草原上从事本条第一款所列活动的,应当在规定的时间、区域内,按照准许的采挖方式作业,并采取保护草原植被的措施。

在他人使用的草原上从事本条第一款所列活动的,还应当事先征得草原使用者的同意。

第五十一条 在草原上种植牧草或者饲料作物,应当符合草原保护、建设、利用规划;县级以上地方人民政府草原行政主管部门应当加强监督管理,防止草原沙化和水土流失。

第五十二条 在草原上开展经营性旅游活动,应当符合有关草原保护、建设、利用规划,并事先征得县级以上地方人民政府草原行政主管部门的同意,方可办理有关手续。

在草原上开展经营性旅游活动,不得侵犯草原所有者、使用者和承包经营者的合法权益,不得破坏草原植被。

第五十三条 草原防火工作贯彻预防为主、防消结合的方针。

各级人民政府应当建立草原防火责任制,规定草原防火期,制定草原防火扑火预案,切实做好草原火灾的预防和扑救工作。

第五十四条 县级以上地方人民政府应当做好草原鼠害、病虫害和毒害草防治的组织管理工作。县级以上地方人民政府草原行政主管部门应当采取措施,加强草原鼠害、病虫害和毒害草监测预警、调查以及防治工作,组织研究和推广综合防治的办法。

禁止在草原上使用剧毒、高残留以及可能导致二次中毒的农药。

第五十五条 除抢险救灾和牧民搬迁的机动车辆外,禁止机动车辆离开道路在草原上行驶,破坏草原植被;因从事地质勘探、科学考察等活动确需离开道路在草原上行驶的,应当事先向所在地县级人民政府草原行政主管部门报告行驶区域和行驶路线,并按照报告的行驶区域和行驶路线在草原上行驶。

第七章 监督检查

第五十六条 国务院草原行政主管部门和草原面积较大的省、自治区的县级以上地方人民政府草原行政主管部门设立草原监督管理机构,负责草原法律、法规执行情况的监督检查,对违反草原法律、法规的行为进行查处。

草原行政主管部门和草原监督管理机构应当加强执法队伍建设,提高草原监督检查人员的政治、业务素质。草原监督检查人员应当忠于职守,秉公执法。

第五十七条 草原监督检查人员履行监督检查职责时,有权采取下列措施:

(一)要求被检查单位或者个人提供有关草原权属的文件和资料,进行查阅或者复制;

(二)要求被检查单位或者个人对草原权属等问题作出说明;

(三)进入违法现场进行拍照、摄像和勘测;

(四)责令被检查单位或者个人停止违反草原法律、法规的行为,履行法定义务。

第五十八条 国务院草原行政主管部门和省、自治区、直辖市人民政府草原行政主管部门,应当加强对草原监督检查人员的培训和考核。

第五十九条 有关单位和个人对草原监督检查人员的监督检查工作应当给予支持、配合,不得拒绝或者阻碍草原监督检查人员依法执行职务。

草原监督检查人员在履行监督检查职责时,应当向被检查单位和个人出示执法证件。

第六十条　对违反草原法律、法规的行为,应当依法作出行政处理,有关草原行政主管部门不作出行政处理决定的,上级草原行政主管部门有权责令有关草原行政主管部门作出行政处理决定或者直接作出行政处理决定。

第八章　法律责任

第六十一条　草原行政主管部门工作人员及其他国家机关有关工作人员玩忽职守、滥用职权,不依法履行监督管理职责,或者发现违法行为不予查处,造成严重后果,构成犯罪的,依法追究刑事责任;尚不够刑事处罚的,依法给予行政处分。

第六十二条　截留、挪用草原改良、人工种草和草种生产资金或者草原植被恢复费,构成犯罪的,依法追究刑事责任;尚不够刑事处罚的,依法给予行政处分。

第六十三条　无权批准征收、征用、使用草原的单位或者个人非法批准征收、征用、使用草原的,超越批准权限非法批准征收、征用、使用草原的,或者违反法律规定的程序批准征收、征用、使用草原,构成犯罪的,依法追究刑事责任;尚不够刑事处罚的,依法给予行政处分。非法批准征收、征用、使用草原的文件无效。非法批准征收、征用、使用的草原应当收回,当事人拒不归还的,以非法使用草原论处。

非法批准征收、征用、使用草原,给当事人造成损失的,依法承担赔偿责任。

第六十四条　买卖或者以其他形式非法转让草原,构成犯罪的,依法追究刑事责任;尚不够刑事处罚的,由县级以上人民政府草原行政主管部门依据职权责令限期改正,没收违法所得,并处违法所得一倍以上五倍以下的罚款。

第六十五条　未经批准或者采取欺骗手段骗取批准,非法使用草原,构成犯罪的,依法追究刑事责任;尚不够刑事处罚的,由县级以上人民政府草原行政主管部门依据职权责令退还非法使用的草原,对违反草原保护、建设、利用规划擅自将草原改为建设用地的,限期拆除在非法使用的草原上新建的建筑物和其他设施,恢复草原植被,并处草原被非法使用前三年平均产值六倍以上十二倍以下的罚款。

第六十六条　非法开垦草原,构成犯罪的,依法追究刑事责任;尚不够刑事处罚的,由县级以上人民政府草原行政主管部门依据职权责令停止违法行为,限期恢复植被,没收非法财物和违法所得,并处违法所得一倍以上五倍以下的罚款;没有违法所得的,处五万元以下的罚款;给草原所有者或者使用者造成损失的,依法承担赔偿责任。

第六十七条　在荒漠、半荒漠和严重退化、沙化、盐碱化、石漠化、水土流失的草原,以及生态脆弱区的草原上采挖植物或者从事破坏草原植被的其他活动的,由县级以上地方人民政府草原行政主管部门依据职权责令停止违法行为,没收非法财物和违法所得,可以并处违法所得一倍以上五倍以下的罚款;没有违法所得的,可以并处五万元以下的罚款;给草原所有者或者使用者造成损失的,依法承担赔偿责任。

第六十八条　未经批准或者未按照规定的时间、区域和采挖方式在草原上进行采土、采砂、采石等活动的,由县级人民政府草原行政主管部门责令停止违法行为,限期恢复植被,没收非法财物和违法所得,可以并处违法所得一倍以上二倍以下的罚款;没有违法所得的,可以并处二万元以下的罚款;给草原所有者或者使用者造成损失的,依法承担赔偿责任。

第六十九条　违反本法第五十二条规定,擅自在草原上开展经营性旅游活动,破坏草原植被的,由县级以上地方人民政府草原行政主管部门依据职权责令停止违法行为,限期恢复植被,没收违法所得,可以并处违法所得一倍以上二倍以下的罚款;没有违法所得的,可以并处草原被破坏前三年平均产值六倍以上十二倍以下的罚款;给草原所有者或者使用者造成损失的,依法承担赔偿责任。

第七十条 非抢险救灾和牧民搬迁的机动车辆离开道路在草原上行驶,或者从事地质勘探、科学考察等活动,未事先向所在地县级人民政府草原行政主管部门报告或者未按照报告的行驶区域和行驶路线在草原上行驶,破坏草原植被的,由县级人民政府草原行政主管部门责令停止违法行为,限期恢复植被,可以并处草原被破坏前三年平均产值三倍以上九倍以下的罚款;给草原所有者或者使用者造成损失的,依法承担赔偿责任。

第七十一条 在临时占用的草原上修建永久性建筑物、构筑物的,由县级以上地方人民政府草原行政主管部门依据职权责令限期拆除;逾期不拆除的,依法强制拆除,所需费用由违法者承担。

临时占用草原,占用期届满,用地单位不予恢复草原植被的,由县级以上地方人民政府草原行政主管部门依据职权责令限期恢复;逾期不恢复的,由县级以上地方人民政府草原行政主管部门代为恢复,所需费用由违法者承担。

第七十二条 未经批准,擅自改变草原保护、建设、利用规划的,由县级以上人民政府责令限期改正;对直接负责的主管人员和其他直接责任人员,依法给予行政处分。

第七十三条 对违反本法有关草畜平衡制度的规定,牲畜饲养量超过县级以上地方人民政府草原行政主管部门核定的草原载畜量标准的纠正或者处罚措施,由省、自治区、直辖市人民代表大会或者其常务委员会规定。

第九章 附 则

第七十四条 本法第二条第二款中所称的天然草原包括草地、草山和草坡,人工草地包括改良草地和退耕还草地,不包括城镇草地。

第七十五条 本法自2003年3月1日起施行。

中华人民共和国种子法(2015年修订)

(2000年7月8日第九届全国人民代表大会常务委员会第十六次会议通过 根据2004年8月28日第十届全国人民代表大会常务委员会第十一次会议《关于修改〈中华人民共和国种子法〉的决定》第一次修正 根据2013年6月29日第十二届全国人民代表大会常务委员会第三次会议《关于修改〈中华人民共和国文物保护法〉等十二部法律的决定》第二次修正 2015年11月4日第十二届全国人民代表大会常务委员会第十七次会议修订)

目 录

第一章 总 则

第二章 种质资源保护

第三章　品种选育、审定与登记
第四章　新品种保护
第五章　种子生产经营
第六章　种子监督管理
第七章　种子进出口和对外合作
第八章　扶持措施
第九章　法律责任
第十章　附　则

第一章　总　则

第一条　为了保护和合理利用种质资源，规范品种选育、种子生产经营和管理行为，保护植物新品种权，维护种子生产经营者、使用者的合法权益，提高种子质量，推动种子产业化，发展现代种业，保障国家粮食安全，促进农业和林业的发展，制定本法。

第二条　在中华人民共和国境内从事品种选育、种子生产经营和管理等活动，适用本法。

本法所称种子，是指农作物和林木的种植材料或者繁殖材料，包括籽粒、果实、根、茎、苗、芽、叶、花等。

第三条　国务院农业、林业主管部门分别主管全国农作物种子和林木种子工作；县级以上地方人民政府农业、林业主管部门分别主管本行政区域内农作物种子和林木种子工作。

各级人民政府及其有关部门应当采取措施，加强种子执法和监督，依法惩处侵害农民权益的种子违法行为。

第四条　国家扶持种质资源保护工作和选育、生产、更新、推广使用良种，鼓励品种选育和种子生产经营相结合，奖励在种质资源保护工作和良种选育、推广等工作中成绩显著的单位和个人。

第五条　省级以上人民政府应当根据科教兴农方针和农业、林业发展的需要制定种业发展规划并组织实施。

第六条　省级以上人民政府建立种子储备制度，主要用于发生灾害时的生产需要及余缺调剂，保障农业和林业生产安全。对储备的种子应当定期检验和更新。种子储备的具体办法由国务院规定。

第七条　转基因植物品种的选育、试验、审定和推广应当进行安全性评价，并采取严格的安全控制措施。国务院农业、林业主管部门应当加强跟踪监管并及时公告有关转基因植物品种审定和推广的信息。具体办法由国务院规定。

第二章　种质资源保护

第八条　国家依法保护种质资源，任何单位和个人不得侵占和破坏种质资源。

禁止采集或者采伐国家重点保护的天然种质资源。因科研等特殊情况需要采集或者采伐的，应当经国务院或者省、自治区、直辖市人民政府的农业、林业主管部门批准。

第九条　国家有计划地普查、收集、整理、鉴定、登记、保存、交流和利用种质资源，定期公布可供利用的种质资源目录。具体办法由国务院农业、林业主管部门规定。

第十条 国务院农业、林业主管部门应当建立种质资源库、种质资源保护区或者种质资源保护地。省、自治区、直辖市人民政府农业、林业主管部门可以根据需要建立种质资源库、种质资源保护区、种质资源保护地。种质资源库、种质资源保护区、种质资源保护地的种质资源属公共资源，依法开放利用。

占用种质资源库、种质资源保护区或者种质资源保护地的，需经原设立机关同意。

第十一条 国家对种质资源享有主权，任何单位和个人向境外提供种质资源，或者与境外机构、个人开展合作研究利用种质资源的，应当向省、自治区、直辖市人民政府农业、林业主管部门提出申请，并提交国家共享惠益的方案；受理申请的农业、林业主管部门经审核，报国务院农业、林业主管部门批准。

从境外引进种质资源的，依照国务院农业、林业主管部门的有关规定办理。

第三章　品种选育、审定与登记

第十二条 国家支持科研院所及高等院校重点开展育种的基础性、前沿性和应用技术研究，以及常规作物、主要造林树种育种和无性繁殖材料选育等公益性研究。

国家鼓励种子企业充分利用公益性研究成果，培育具有自主知识产权的优良品种；鼓励种子企业与科研院所及高等院校构建技术研发平台，建立以市场为导向、资本为纽带、利益共享、风险共担的产学研相结合的种业技术创新体系。

国家加强种业科技创新能力建设，促进种业科技成果转化，维护种业科技人员的合法权益。

第十三条 由财政资金支持形成的育种发明专利权和植物新品种权，除涉及国家安全、国家利益和重大社会公共利益的外，授权项目承担者依法取得。

由财政资金支持为主形成的育种成果的转让、许可等应当依法公开进行，禁止私自交易。

第十四条 单位和个人因林业主管部门为选育林木良种建立测定林、试验林、优树收集区、基因库等而减少经济收入的，批准建立的林业主管部门应当按照国家有关规定给予经济补偿。

第十五条 国家对主要农作物和主要林木实行品种审定制度。主要农作物品种和主要林木品种在推广前应当通过国家级或者省级审定。由省、自治区、直辖市人民政府林业主管部门确定的主要林木品种实行省级审定。

申请审定的品种应当符合特异性、一致性、稳定性要求。

主要农作物品种和主要林木品种的审定办法由国务院农业、林业主管部门规定。审定办法应当体现公正、公开、科学、效率的原则，有利于产量、品质、抗性等的提高与协调，有利于适应市场和生活消费需要的品种的推广。在制定、修改审定办法时，应当充分听取育种者、种子使用者、生产经营者和相关行业代表意见。

第十六条 国务院和省、自治区、直辖市人民政府的农业、林业主管部门分别设立由专业人员组成的农作物品种和林木品种审定委员会。品种审定委员会承担主要农作物品种和主要林木品种的审定工作，建立包括申请文件、品种审定试验数据、种子样品、审定意见和审定结论等内容的审定档案，保证可追溯。在审定通过的品种依法公布的相关信息中应当包括审定意见情况，接受监督。

品种审定实行回避制度。品种审定委员会委员、工作人员及相关测试、试验人员应当忠于职守，公正廉洁。对单位和个人举报或者监督检查发现的上述人员的违法行为，省级以上人民政府农业、林业主管部门和有关机关应当及时依法处理。

第十七条 实行选育生产经营相结合，符合国务院农业、林业主管部门规定条件的种子企业，对其自主研发的主要农作物品种、主要林木品种可以按照审定办法自行完成试验，达到审定标准的，品种审定委员会应当颁发审定证书。种子企业对试验数据的真实性负责，保证可追溯，接受省级以上人民政府农业、林业主管部门和社会的监督。

第十八条 审定未通过的农作物品种和林木品种，申请人有异议的，可以向原审定委员会或者国家级审定委员会申请复审。

第十九条 通过国家级审定的农作物品种和林木良种由国务院农业、林业主管部门公告，可以在全国适宜的生态区域推广。通过省级审定的农作物品种和林木良种由省、自治区、直辖市人民政府农业、林业主管部门公告，可以在本行政区域内适宜的生态区域推广；其他省、自治区、直辖市属于同一适宜生态区的地域引种农作物品种、林木良种的，引种者应当将引种的品种和区域报所在省、自治区、直辖市人民政府农业、林业主管部门备案。

引种本地区没有自然分布的林木品种，应当按照国家引种标准通过试验。

第二十条 省、自治区、直辖市人民政府农业、林业主管部门应当完善品种选育、审定工作的区域协作机制，促进优良品种的选育和推广。

第二十一条 审定通过的农作物品种和林木良种出现不可克服的严重缺陷等情形不宜继续推广、销售的，经原审定委员会审核确认后，撤销审定，由原公告部门发布公告，停止推广、销售。

第二十二条 国家对部分非主要农作物实行品种登记制度。列入非主要农作物登记目录的品种在推广前应当登记。

实行品种登记的农作物范围应当严格控制，并根据保护生物多样性、保证消费安全和用种安全的原则确定。登记目录由国务院农业主管部门制定和调整。

申请者申请品种登记应当向省、自治区、直辖市人民政府农业主管部门提交申请文件和种子样品，并对其真实性负责，保证可追溯，接受监督检查。申请文件包括品种的种类、名称、来源、特性、育种过程以及特异性、一致性、稳定性测试报告等。

省、自治区、直辖市人民政府农业主管部门自受理品种登记申请之日起二十个工作日内，对申请者提交的申请文件进行书面审查，符合要求的，报国务院农业主管部门予以登记公告。

对已登记品种存在申请文件、种子样品不实的，由国务院农业主管部门撤销该品种登记，并将该申请者的违法信息记入社会诚信档案，向社会公布；给种子使用者和其他种子生产经营者造成损失的，依法承担赔偿责任。

对已登记品种出现不可克服的严重缺陷等情形的，由国务院农业主管部门撤销登记，并发布公告，停止推广。

非主要农作物品种登记办法由国务院农业主管部门规定。

第二十三条 应当审定的农作物品种未经审定的，不得发布广告、推广、销售。

应当审定的林木品种未经审定通过的，不得作为良种推广、销售，但生产确需使用的，应当经林木品种审定委员会认定。

应当登记的农作物品种未经登记的，不得发布广告、推广，不得以登记品种的名义销售。

第二十四条 在中国境内没有经常居所或者营业场所的境外机构、个人在境内申请品种审定或者登记的，应当委托具有法人资格的境内种子企业代理。

第四章 新品种保护

第二十五条 国家实行植物新品种保护制度。对国家植物品种保护名录内经过人工选育或者发现的野生植物加以改良,具备新颖性、特异性、一致性、稳定性和适当命名的植物品种,由国务院农业、林业主管部门授予植物新品种权,保护植物新品种权所有人的合法权益。植物新品种权的内容和归属、授予条件、申请和受理、审查与批准,以及期限、终止和无效等依照本法、有关法律和行政法规规定执行。

国家鼓励和支持种业科技创新、植物新品种培育及成果转化。取得植物新品种权的品种得到推广应用的,育种者依法获得相应的经济利益。

第二十六条 一个植物新品种只能授予一项植物新品种权。两个以上的申请人分别就同一个品种申请植物新品种权的,植物新品种权授予最先申请的人;同时申请的,植物新品种权授予最先完成该品种育种的人。

对违反法律,危害社会公共利益、生态环境的植物新品种,不授予植物新品种权。

第二十七条 授予植物新品种权的植物新品种名称,应当与相同或者相近的植物属或者种中已知品种的名称相区别。该名称经授权后即为该植物新品种的通用名称。

下列名称不得用于授权品种的命名:

(一)仅以数字表示的;

(二)违反社会公德的;

(三)对植物新品种的特征、特性或者育种者身份等容易引起误解的。

同一植物品种在申请新品种保护、品种审定、品种登记、推广、销售时只能使用同一个名称。生产推广、销售的种子应当与申请植物新品种保护、品种审定、品种登记时提供的样品相符。

第二十八条 完成育种的单位或者个人对其授权品种,享有排他的独占权。任何单位或者个人未经植物新品种权所有人许可,不得生产、繁殖或者销售该授权品种的繁殖材料,不得为商业目的将该授权品种的繁殖材料重复使用于生产另一品种的繁殖材料;但是本法、有关法律、行政法规另有规定的除外。

第二十九条 在下列情况下使用授权品种的,可以不经植物新品种权所有人许可,不向其支付使用费,但不得侵犯植物新品种权所有人依照本法、有关法律、行政法规享有的其他权利:

(一)利用授权品种进行育种及其他科研活动;

(二)农民自繁自用授权品种的繁殖材料。

第三十条 为了国家利益或者社会公共利益,国务院农业、林业主管部门可以作出实施植物新品种权强制许可的决定,并予以登记和公告。

取得实施强制许可的单位或者个人不享有独占的实施权,并且无权允许他人实施。

第五章 种子生产经营

第三十一条 从事种子进出口业务的种子生产经营许可证,由省、自治区、直辖市人民政府农业、林业主管部门审核,国务院农业、林业主管部门核发。

从事主要农作物杂交种子及其亲本种子、林木良种种子的生产经营以及实行选育生产经营相结合,符合国务院农业、林业主管部门规定条件的种子企业的种子生产经营许可证,由生产经营者所在地县级人民政府农业、林业主管部门审核,省、自治区、直辖市人民政府农业、林业主管部门核发。

前两款规定以外的其他种子的生产经营许可证,由生产经营者所在地县级以上地方人民政府农业、林业主管部门核发。

只从事非主要农作物种子和非主要林木种子生产的,不需要办理种子生产经营许可证。

第三十二条 申请取得种子生产经营许可证的,应当具有与种子生产经营相适应的生产经营设施、设备及专业技术人员,以及法规和国务院农业、林业主管部门规定的其他条件。

从事种子生产的,还应当同时具有繁殖种子的隔离和培育条件,具有无检疫性有害生物的种子生产地点或者县级以上人民政府林业主管部门确定的采种林。

申请领取具有植物新品种权的种子生产经营许可证的,应当征得植物新品种权所有人的书面同意。

第三十三条 种子生产经营许可证应当载明生产经营者名称、地址、法定代表人、生产种子的品种、地点和种子经营的范围、有效期限、有效区域等事项。

前款事项发生变更的,应当自变更之日起三十日内,向原核发许可证机关申请变更登记。

除本法另有规定外,禁止任何单位和个人无种子生产经营许可证或者违反种子生产经营许可证的规定生产、经营种子。禁止伪造、变造、买卖、租借种子生产经营许可证。

第三十四条 种子生产应当执行种子生产技术规程和种子检验、检疫规程。

第三十五条 在林木种子生产基地内采集种子的,由种子生产基地的经营者组织进行,采集种子应当按照国家有关标准进行。

禁止抢采掠青、损坏母树,禁止在劣质林内、劣质母树上采集种子。

第三十六条 种子生产经营者应当建立和保存包括种子来源、产地、数量、质量、销售去向、销售日期和有关责任人员等内容的生产经营档案,保证可追溯。种子生产经营档案的具体载明事项,种子生产经营档案及种子样品的保存期限由国务院农业、林业主管部门规定。

第三十七条 农民个人自繁自用的常规种子有剩余的,可以在当地集贸市场上出售、串换,不需要办理种子生产经营许可证。

第三十八条 种子生产经营许可证的有效区域由发证机关在其管辖范围内确定。种子生产经营者在种子生产经营许可证载明的有效区域设立分支机构的,专门经营不再分装的包装种子的,或者受具有种子生产经营许可证的种子生产经营者以书面委托生产、代销其种子的,不需要办理种子生产经营许可证,但应当向当地农业、林业主管部门备案。

实行选育生产经营相结合,符合国务院农业、林业主管部门规定条件的种子企业的生产经营许可证的有效区域为全国。

第三十九条 未经省、自治区、直辖市人民政府林业主管部门批准,不得收购珍贵树木种子和本级人民政府规定限制收购的林木种子。

第四十条 销售的种子应加工、分级、包装。但是不能加工、包装的除外。

大包装或者进口种子可以分装;实行分装的,应当标注分装单位,并对种子质量负责。

第四十一条 销售的种子应当符合国家或者行业标准,附有标签和使用说明。标签和使用说明标注的内容应当与销售的种子相符。种子生产经营者对标注内容的真实性和种子质量负责。

标签应当标注种子类别、品种名称、品种审定或者登记编号、品种适宜种植区域及季节、生产经营者及注册地、质量指标、检疫证明编号、种子生产经营许可证编号和信息代码,以及国务院农业、林业主管部门规定的其他事项。

销售授权品种种子的,应当标注品种权号。

销售进口种子的,应当附有进口审批文号和中文标签。

销售转基因植物品种种子的,必须用明显的文字标注,并应当提示使用时的安全控制措施。

种子生产经营者应当遵守有关法律、法规的规定,诚实守信,向种子使用者提供种子生产者信息、种子的主要性状、主要栽培措施、适应性等使用条件的说明、风险提示与有关咨询服务,不得作虚假或者引人误解的宣传。

任何单位和个人不得非法干预种子生产经营者的生产经营自主权。

第四十二条　种子广告的内容应当符合本法和有关广告的法律、法规的规定,主要性状描述等应当与审定、登记公告一致。

第四十三条　运输或者邮寄种子应当依照有关法律、行政法规的规定进行检疫。

第四十四条　种子使用者有权按照自己的意愿购买种子,任何单位和个人不得非法干预。

第四十五条　国家对推广使用林木良种造林给予扶持。国家投资或者国家投资为主的造林项目和国有林业单位造林,应当根据林业主管部门制定的计划使用林木良种。

第四十六条　种子使用者因种子质量问题或者因种子的标签和使用说明标注的内容不真实,遭受损失的,种子使用者可以向出售种子的经营者要求赔偿,也可以向种子生产者或者其他经营者要求赔偿。赔偿额包括购种价款、可得利益损失和其他损失。属于种子生产者或者其他经营者责任的,出售种子的经营者赔偿后,有权向种子生产者或者其他经营者追偿;属于出售种子的经营者责任的,种子生产者或者其他经营者赔偿后,有权向出售种子的经营者追偿。

第六章　种子监督管理

第四十七条　农业、林业主管部门应当加强对种子质量的监督检查。种子质量管理办法、行业标准和检验方法,由国务院农业、林业主管部门制定。

农业、林业主管部门可以采用国家规定的快速检测方法对生产经营的种子品种进行检测,检测结果可以作为行政处罚依据。被检查人对检测结果有异议的,可以申请复检,复检不得采用同一检测方法。因检测结果错误给当事人造成损失的,依法承担赔偿责任。

第四十八条　农业、林业主管部门可以委托种子质量检验机构对种子质量进行检验。

承担种子质量检验的机构应当具备相应的检测条件、能力,并经省级以上人民政府有关主管部门考核合格。

种子质量检验机构应当配备种子检验员。种子检验员应当具有中专以上有关专业学历,具备相应的种子检验技术能力和水平。

第四十九条　禁止生产经营假、劣种子。农业、林业主管部门和有关部门依法打击生产经营假、劣种子的违法行为,保护农民合法权益,维护公平竞争的市场秩序。

下列种子为假种子:

(一)以非种子冒充种子或者以此种品种种子冒充其他品种种子的;

(二)种子种类、品种与标签标注的内容不符或者没有标签的。

下列种子为劣种子：

（一）质量低于国家规定标准的；

（二）质量低于标签标注指标的；

（三）带有国家规定的检疫性有害生物的。

第五十条 农业、林业主管部门是种子行政执法机关。种子执法人员依法执行公务时应当出示行政执法证件。农业、林业主管部门依法履行种子监督检查职责时，有权采取下列措施：

（一）进入生产经营场所进行现场检查；

（二）对种子进行取样测试、试验或者检验；

（三）查阅、复制有关合同、票据、账簿、生产经营档案及其他有关资料；

（四）查封、扣押有证据证明违法生产经营的种子，以及用于违法生产经营的工具、设备及运输工具等；

（五）查封违法从事种子生产经营活动的场所。

农业、林业主管部门依照本法规定行使职权，当事人应当协助、配合，不得拒绝、阻挠。

农业、林业主管部门所属的综合执法机构或者受其委托的种子管理机构，可以开展种子执法相关工作。

第五十一条 种子生产经营者依法自愿成立种子行业协会，加强行业自律管理，维护成员合法权益，为成员和行业发展提供信息交流、技术培训、信用建设、市场营销和咨询等服务。

第五十二条 种子生产经营者可自愿向具有资质的认证机构申请种子质量认证。经认证合格的，可以在包装上使用认证标识。

第五十三条 由于不可抗力原因，为生产需要必须使用低于国家或者地方规定标准的农作物种子的，应当经用种地县级以上地方人民政府批准；林木种子应当经用种地省、自治区、直辖市人民政府批准。

第五十四条 从事品种选育和种子生产经营以及管理的单位和个人应当遵守有关植物检疫法律、行政法规的规定，防止植物危险性病、虫、杂草及其他有害生物的传播和蔓延。

禁止任何单位和个人在种子生产基地从事检疫性有害生物接种试验。

第五十五条 省级以上人民政府农业、林业主管部门应当在统一的政府信息发布平台上发布品种审定、品种登记、新品种保护、种子生产经营许可、监督管理等信息。

国务院农业、林业主管部门建立植物品种标准样品库，为种子监督管理提供依据。

第五十六条 农业、林业主管部门及其工作人员，不得参与和从事种子生产经营活动。

第七章 种子进出口和对外合作

第五十七条 进口种子和出口种子必须实施检疫，防止植物危险性病、虫、杂草及其他有害生物传入境内和传出境外，具体检疫工作按照有关植物进出境检疫法律、行政法规的规定执行。

第五十八条 从事种子进出口业务的，除具备种子生产经营许可证外，还应当依照国家有关规定取得种子进出口许可。

从境外引进农作物、林木种子的审定权限，农作物、林木种子的进口审批办法，引进转基因植物品种的管理办法，由国务院规定。

第五十九条 进口种子的质量，应当达到国家标准或者行业标准。没有国家标准或者行业标准的,可以按照合同约定的标准执行。

第六十条 为境外制种进口种子的,可以不受本法第五十八条第一款的限制,但应当具有对外制种合同,进口的种子只能用于制种,其产品不得在境内销售。

从境外引进农作物或者林木试验用种,应当隔离栽培,收获物也不得作为种子销售。

第六十一条 禁止进出口假、劣种子以及属于国家规定不得进出口的种子。

第六十二条 国家建立种业国家安全审查机制。境外机构、个人投资、并购境内种子企业,或者与境内科研院所、种子企业开展技术合作,从事品种研发、种子生产经营的审批管理依照有关法律、行政法规的规定执行。

第八章 扶持措施

第六十三条 国家加大对种业发展的支持。对品种选育、生产、示范推广、种质资源保护、种子储备以及制种大县给予扶持。

国家鼓励推广使用高效、安全制种采种技术和先进适用的制种采种机械,将先进适用的制种采种机械纳入农机具购置补贴范围。

国家积极引导社会资金投资种业。

第六十四条 国家加强种业公益性基础设施建设。

对优势种子繁育基地内的耕地,划入基本农田保护区,实行永久保护。优势种子繁育基地由国务院农业主管部门商所在省、自治区、直辖市人民政府确定。

第六十五条 对从事农作物和林木品种选育、生产的种子企业,按照国家有关规定给予扶持。

第六十六条 国家鼓励和引导金融机构为种子生产经营和收储提供信贷支持。

第六十七条 国家支持保险机构开展种子生产保险。省级以上人民政府可以采取保险费补贴等措施,支持发展种业生产保险。

第六十八条 国家鼓励科研院所及高等院校与种子企业开展育种科技人员交流,支持本单位的科技人员到种子企业从事育种成果转化活动;鼓励育种科研人才创新创业。

第六十九条 国务院农业、林业主管部门和异地繁育种子所在地的省、自治区、直辖市人民政府应当加强对异地繁育种子工作的管理和协调,交通运输部门应当优先保证种子的运输。

第九章 法律责任

第七十条 农业、林业主管部门不依法作出行政许可决定,发现违法行为或者接到对违法行为的举报不予查处,或者有其他未依照本法规定履行职责的行为的,由本级人民政府或者上级人民政府有关部门责令改正,对负有责任的主管人员和其他直接责任人员依法给予处分。

违反本法第五十六条规定,农业、林业主管部门工作人员从事种子生产经营活动的,依法给予处分。

第七十一条 违反本法第十六条规定,品种审定委员会委员和工作人员不依法履行职责,弄虚作假、徇私舞弊的,依法给予处分;自处分决定作出之日起五年内不得从事品种审定工作。

第七十二条 品种测试、试验和种子质量检验机构伪造测试、试验、检验数据或者出具虚假证明的,由县级以上人民政府农业、林业主管部门责令改正,对单位处五万元以上十万元以下罚款,对直接负责的主管人员和其他直接责任人员处一万元以上五万元以下罚款;有违法所得的,并处没收违法所得;给种子使用者和其他种子生产经营者造成损失的,与种子生产经营者承担连带责任;情节严重的,由省级以上人民政府有关主管部门取消种子质量检验资格。

第七十三条 违反本法第二十八条规定,有侵犯植物新品种权行为的,由当事人协商解决,不愿协商或者协商不成的,植物新品种权所有人或者利害关系人可以请求县级以上人民政府农业、林业主管部门进行处理,也可以直接向人民法院提起诉讼。

县级以上人民政府农业、林业主管部门,根据当事人自愿的原则,对侵犯植物新品种权所造成的损害赔偿可以进行调解。调解达成协议的,当事人应当履行;当事人不履行协议或者调解未达成协议的,植物新品种权所有人或者利害关系人可以依法向人民法院提起诉讼。

侵犯植物新品种权的赔偿数额按照权利人因被侵权所受到的实际损失确定;实际损失难以确定的,可以按照侵权人因侵权所获得的利益确定。权利人的损失或者侵权人获得的利益难以确定的,可以参照该植物新品种权许可使用费的倍数合理确定。赔偿数额应当包括权利人为制止侵权行为所支付的合理开支。侵犯植物新品种权,情节严重的,可以在按照上述方法确定数额的一倍以上三倍以下确定赔偿数额。

权利人的损失、侵权人获得的利益和植物新品种权许可使用费均难以确定的,人民法院可以根据植物新品种权的类型、侵权行为的性质和情节等因素,确定给予三百万元以下的赔偿。

县级以上人民政府农业、林业主管部门处理侵犯植物新品种权案件时,为了维护社会公共利益,责令侵权人停止侵权行为,没收违法所得和种子;货值金额不足五万元的,并处一万元以上二十五万元以下罚款;货值金额五万元以上的,并处货值金额五倍以上十倍以下罚款。

假冒授权品种的,由县级以上人民政府农业、林业主管部门责令停止假冒行为,没收违法所得和种子;货值金额不足五万元的,并处一万元以上二十五万元以下罚款;货值金额五万元以上的,并处货值金额五倍以上十倍以下罚款。

第七十四条 当事人就植物新品种的申请权和植物新品种权的权属发生争议的,可以向人民法院提起诉讼。

第七十五条 违反本法第四十九条规定,生产经营假种子的,由县级以上人民政府农业、林业主管部门责令停止生产经营,没收违法所得和种子,吊销种子生产经营许可证;违法生产经营的货值金额不足一万元的,并处一万元以上十万元以下罚款;货值金额一万元以上的,并处货值金额十倍以上二十倍以下罚款。

因生产经营假种子犯罪被判处有期徒刑以上刑罚的,种子企业或者其他单位的法定代表人、直接负责的主管人员自刑罚执行完毕之日起五年内不得担任种子企业的法定代表人、高级管理人员。

第七十六条 违反本法第四十九条规定,生产经营劣种子的,由县级以上人民政府农业、林业主管部门责令停止生产经营,没收违法所得和种子;违法生产经营的货值金额不足一万元的,并处五千元以上五万元以下罚款;货值金额一万元以上的,并处货值金额五倍以上十倍以下罚款;情节严重的,吊销种子生产经营许可证。

因生产经营劣种子犯罪被判处有期徒刑以上刑罚的,种子企业或者其他单位的法定代表人、直接负责的主管人员自刑罚执行完毕之日起五年内不得担任种子企业的法定代表人、高级管理人员。

第七十七条 违反本法第三十二条、第三十三条规定,有下列行为之一的,由县级以上人民政府农业、林业主管部门责令改正,没收违法所得和种子;违法生产经营的货值金额不足一万元的,并处三千元以上三万元以下罚款;货值金额一万元以上的,并处货值金额三倍以上五倍以下罚款;可以吊销种子生产经营许可证:

(一)未取得种子生产经营许可证生产经营种子的;

(二)以欺骗、贿赂等不正当手段取得种子生产经营许可证的;

(三)未按照种子生产经营许可证的规定生产经营种子的;

(四)伪造、变造、买卖、租借种子生产经营许可证的。

被吊销种子生产经营许可证的单位,其法定代表人、直接负责的主管人员自处罚决定作出之日起五年内不得担任种子企业的法定代表人、高级管理人员。

第七十八条 违反本法第二十一条、第二十二条、第二十三条规定,有下列行为之一的,由县级以上人民政府农业、林业主管部门责令停止违法行为,没收违法所得和种子,并处二万元以上二十万元以下罚款:

(一)对应当审定未经审定的农作物品种进行推广、销售的;

(二)作为良种推广、销售应当审定未经审定的林木品种的;

(三)推广、销售应当停止推广、销售的农作物品种或者林木良种的;

(四)对应当登记未经登记的农作物品种进行推广,或者以登记品种的名义进行销售的;

(五)对已撤销登记的农作物品种进行推广,或者以登记品种的名义进行销售的。

违反本法第二十三条、第四十二条规定,对应当审定未经审定或者应当登记未经登记的农作物品种发布广告,或者广告中有关品种的主要性状描述的内容与审定、登记公告不一致的,依照《中华人民共和国广告法》的有关规定追究法律责任。

第七十九条 违反本法第五十八条、第六十条、第六十一条规定,有下列行为之一的,由县级以上人民政府农业、林业主管部门责令改正,没收违法所得和种子;违法生产经营的货值金额不足一万元的,并处三千元以上三万元以下罚款;货值金额一万元以上的,并处货值金额三倍以上五倍以下罚款;情节严重的,吊销种子生产经营许可证:

(一)未经许可进出口种子的;

(二)为境外制种的种子在境内销售的;

(三)从境外引进农作物或者林木种子进行引种试验的收获物作为种子在境内销售的;

(四)进出口假、劣种子或者属于国家规定不得进出口的种子的。

第八十条 违反本法第三十六条、第三十八条、第四十条、第四十一条规定,有下列行为之一的,由县级以上人民政府农业、林业主管部门责令改正,处二千元以上二万元以下罚款:

(一)销售的种子应当包装而没有包装的;

(二)销售的种子没有使用说明或者标签内容不符合规定的;

(三)涂改标签的;

(四)未按规定建立、保存种子生产经营档案的;

(五)种子生产经营者在异地设立分支机构、专门经营不再分装的包装种子或者受委托生产、代销种子,未按规定备案的。

第八十一条 违反本法第八条规定,侵占、破坏种质资源,私自采集或者采伐国家重点保护的天然种质资源的,由县级以上人民政府农业、林业主管部门责令停止违法行为,没收种质资源和违法所得,并处五千元以上五万元以下罚款;造成损失的,依法承担赔偿责任。

第八十二条 违反本法第十一条规定,向境外提供或者从境外引进种质资源,或者与境外机构、个人开展合作研究利用种质资源的,由国务院或者省、自治区、直辖市人民政府的农业、林业主管部门没收种质资源和违法所得,并处二万元以上二十万元以下罚款。

未取得农业、林业主管部门的批准文件携带、运输种质资源出境的,海关应当将该种质资源扣留,并移送省、自治区、直辖市人民政府农业、林业主管部门处理。

第八十三条 违反本法第三十五条规定,抢采掠青、损坏母树或者在劣质林内、劣质母树上采种的,由县级以上人民政府林业主管部门责令停止采种行为,没收所采种子,并处所采种子货值金额二倍以上五倍以下罚款。

第八十四条 违反本法第三十九条规定,收购珍贵树木种子或者限制收购的林木种子的,由县级以上人民政府林业主管部门没收所收购的种子,并处收购种子货值金额二倍以上五倍以下罚款。

第八十五条 违反本法第十七条规定,种子企业有造假行为的,由省级以上人民政府农业、林业主管部门处一百万元以上五百万元以下罚款;不得再依照本法第十七条的规定申请品种审定;给种子使用者和其他种子生产经营者造成损失的,依法承担赔偿责任。

第八十六条 违反本法第四十五条规定,未根据林业主管部门制定的计划使用林木良种的,由同级人民政府林业主管部门责令限期改正;逾期未改正的,处三千元以上三万元以下罚款。

第八十七条 违反本法第五十四条规定,在种子生产基地进行检疫性有害生物接种试验的,由县级以上人民政府农业、林业主管部门责令停止试验,处五千元以上五万元以下罚款。

第八十八条 违反本法第五十条规定,拒绝、阻挠农业、林业主管部门依法实施监督检查的,处二千元以上五万元以下罚款,可以责令停产停业整顿;构成违反治安管理行为的,由公安机关依法给予治安管理处罚。

第八十九条 违反本法第十三条规定,私自交易育种成果,给本单位造成经济损失的,依法承担赔偿责任。

第九十条 违反本法第四十四条规定,强迫种子使用者违背自己的意愿购买、使用种子,给使用者造成损失的,应当承担赔偿责任。

第九十一条 违反本法规定,构成犯罪的,依法追究刑事责任。

第十章 附 则

第九十二条 本法下列用语的含义是:

(一)种质资源是指选育植物新品种的基础材料,包括各种植物的栽培种、野生种的繁殖材料以及利用上述繁殖材料人工创造的各种植物的遗传材料。

(二)品种是指经过人工选育或者发现并经过改良,形态特征和生物学特性一致,遗传性状相对稳定的植物群体。

(三)主要农作物是指稻、小麦、玉米、棉花、大豆。

(四)主要林木由国务院林业主管部门确定并公布;省、自治区、直辖市人民政府林业主管部门可以在国务院林业主管部门确定的主要林木之外确定其他八种以下的主要林木。

（五）林木良种是指通过审定的主要林木品种，在一定的区域内，其产量、适应性、抗性等方面明显优于当前主栽材料的繁殖材料和种植材料。

（六）新颖性是指申请植物新品种权的品种在申请日前，经申请权人自行或者同意销售、推广其种子，在中国境内未超过一年；在境外，木本或者藤本植物未超过六年，其他植物未超过四年。

本法施行后新列入国家植物品种保护名录的植物的属或者种，从名录公布之日起一年内提出植物新品种权申请的，在境内销售、推广该品种子未超过四年的，具备新颖性。

除销售、推广行为丧失新颖性外，下列情形视为已丧失新颖性：

1. 品种经省、自治区、直辖市人民政府农业、林业主管部门依据播种面积确认已经形成事实扩散的；
2. 农作物品种已审定或者登记两年以上未申请植物新品种权的。

（七）特异性是指一个植物品种有一个以上性状明显区别于已知品种。

（八）一致性是指一个植物品种的特性除可预期的自然变异外，群体内个体间相关的特征或者特性表现一致。

（九）稳定性是指一个植物品种经过反复繁殖后或者在特定繁殖周期结束时，其主要性状保持不变。

（十）已知品种是指已受理申请或者已通过品种审定、品种登记、新品种保护，或者已经销售、推广的植物品种。

（十一）标签是指印制、粘贴、固定或者附着在种子、种子包装物表面的特定图案及文字说明。

第九十三条　草种、烟草种、中药材种、食用菌菌种的种质资源管理和选育、生产经营、管理等活动，参照本法执行。

第九十四条　本法自2016年1月1日起施行。

中华人民共和国野生动物保护法（2018年修正）

（1988年11月8日第七届全国人民代表大会常务委员会第四次会议通过　根据2004年8月28日第十届全国人民代表大会常务委员会第十一次会议《关于修改〈中华人民共和国野生动物保护法〉的决定》第一次修正　根据2009年8月27日第十一届全国人民代表大会常务委员会第十次会议《关于修改部分法律的决定》第二次修正　2016年7月2日第十二届全国人民代表大会常务委员会第二十一次会议修订　根据2018年10月26日第十三届全国人民代表大会常务委员会第六次会议《关于修改〈中华人民共和国野生动物保护法〉等十五部法律的决定》第三次修正）

目　录

第一章　总　则

第二章　野生动物及其栖息地保护

第三章　野生动物管理
第四章　法律责任
第五章　附　则

第一章　总　则

第一条　为了保护野生动物,拯救珍贵、濒危野生动物,维护生物多样性和生态平衡,推进生态文明建设,制定本法。

第二条　在中华人民共和国领域及管辖的其他海域,从事野生动物保护及相关活动,适用本法。

本法规定保护的野生动物,是指珍贵、濒危的陆生、水生野生动物和有重要生态、科学、社会价值的陆生野生动物。

本法规定的野生动物及其制品,是指野生动物的整体(含卵、蛋)、部分及其衍生物。

珍贵、濒危的水生野生动物以外的其他水生野生动物的保护,适用《中华人民共和国渔业法》等有关法律的规定。

第三条　野生动物资源属于国家所有。

国家保障依法从事野生动物科学研究、人工繁育等保护及相关活动的组织和个人的合法权益。

第四条　国家对野生动物实行保护优先、规范利用、严格监管的原则,鼓励开展野生动物科学研究,培育公民保护野生动物的意识,促进人与自然和谐发展。

第五条　国家保护野生动物及其栖息地。县级以上人民政府应当制定野生动物及其栖息地相关保护规划和措施,并将野生动物保护经费纳入预算。

国家鼓励公民、法人和其他组织依法通过捐赠、资助、志愿服务等方式参与野生动物保护活动,支持野生动物保护公益事业。

本法规定的野生动物栖息地,是指野生动物野外种群息繁衍的重要区域。

第六条　任何组织和个人都有保护野生动物及其栖息地的义务。禁止违法猎捕野生动物、破坏野生动物栖息地。

任何组织和个人都有权向有关部门和机关举报或者控告违反本法的行为。野生动物保护主管部门和其他有关部门、机关对举报或者控告,应当及时依法处理。

第七条　国务院林业草原、渔业主管部门分别主管全国陆生、水生野生动物保护工作。

县级以上地方人民政府林业草原、渔业主管部门分别主管本行政区域内陆生、水生野生动物保护工作。

第八条　各级人民政府应当加强野生动物保护的宣传教育和科学知识普及工作,鼓励和支持基层群众性自治组织、社会组织、企业事业单位、志愿者开展野生动物保护法律法规和保护知识的宣传活动。

教育行政部门、学校应当对学生进行野生动物保护知识教育。

新闻媒体应当开展野生动物保护法律法规和保护知识的宣传,对违法行为进行舆论监督。

第九条　在野生动物保护和科学研究方面成绩显著的组织和个人,由县级以上人民政府给予奖励。

第二章 野生动物及其栖息地保护

第十条 国家对野生动物实行分类分级保护。

国家对珍贵、濒危的野生动物实行重点保护。国家重点保护的野生动物分为一级保护野生动物和二级保护野生动物。国家重点保护野生动物名录，由国务院野生动物保护主管部门组织科学评估后制定，并每五年根据评估情况确定对名录进行调整。国家重点保护野生动物名录报国务院批准公布。

地方重点保护野生动物，是指国家重点保护野生动物以外，由省、自治区、直辖市重点保护的野生动物。地方重点保护野生动物名录，由省、自治区、直辖市人民政府组织科学评估后制定、调整并公布。

有重要生态、科学、社会价值的陆生野生动物名录，由国务院野生动物保护主管部门组织科学评估后制定、调整并公布。

第十一条 县级以上人民政府野生动物保护主管部门，应当定期组织或者委托有关科学研究机构对野生动物及其栖息地状况进行调查、监测和评估，建立健全野生动物及其栖息地档案。

对野生动物及其栖息地状况的调查、监测和评估应当包括下列内容：

（一）野生动物野外分布区域、种群数量及结构；

（二）野生动物栖息地的面积、生态状况；

（三）野生动物及其栖息地的主要威胁因素；

（四）野生动物人工繁育情况等其他需要调查、监测和评估的内容。

第十二条 国务院野生动物保护主管部门应当会同国务院有关部门，根据野生动物及其栖息地状况的调查、监测和评估结果，确定并发布野生动物重要栖息地名录。

省级以上人民政府依法划定相关自然保护区域，保护野生动物及其重要栖息地，保护、恢复和改善野生动物生存环境。对不具备划定相关自然保护区域条件的，县级以上人民政府可以采取划定禁猎（渔）区、规定禁猎（渔）期等其他形式予以保护。

禁止或者限制在相关自然保护区域内引入外来物种、营造单一纯林、过量施洒农药等人为干扰、威胁野生动物生息繁衍的行为。

相关自然保护区域，依照有关法律法规的规定划定和管理。

第十三条 县级以上人民政府及其有关部门在编制有关开发利用规划时，应当充分考虑野生动物及其栖息地保护的需要，分析、预测和评估规划实施可能对野生动物及其栖息地保护产生的整体影响，避免或者减少规划实施可能造成的不利后果。

禁止在相关自然保护区域建设法律法规规定不得建设的项目。机场、铁路、公路、水利水电、围堰、围填海等建设项目的选址选线，应当避让相关自然保护区域、野生动物迁徙洄游通道；无法避让的，应当采取修建野生动物通道、过鱼设施等措施，消除或者减少对野生动物的不利影响。

建设项目可能对相关自然保护区域、野生动物迁徙洄游通道产生影响的，环境影响评价文件的审批部门在审批环境影响评价文件时，涉及国家重点保护野生动物的，应当征求国务院野生动物保护主管部门意见；涉及地方重点保护野生动物的，应当征求省、自治区、直辖市人民政府野生动物保护主管部门意见。

第十四条 各级野生动物保护主管部门应当监视、监测环境对野生动物的影响。由于环境影响对野生动物造成危害时,野生动物保护主管部门应当会同有关部门进行调查处理。

第十五条 国家或者地方重点保护野生动物受到自然灾害、重大环境污染事故等突发事件威胁时,当地人民政府应当及时采取应急救助措施。

县级以上人民政府野生动物保护主管部门应当按照国家有关规定组织开展野生动物收容救护工作。

禁止以野生动物收容救护为名买卖野生动物及其制品。

第十六条 县级以上人民政府野生动物保护主管部门、兽医主管部门,应当按照职责分工对野生动物疫源疫病进行监测,组织开展预测、预报等工作,并按照规定制定野生动物疫情应急预案,报同级人民政府批准或者备案。

县级以上人民政府野生动物保护主管部门、兽医主管部门、卫生主管部门,应当按照职责分工负责与人畜共患传染病有关的动物传染病的防治管理工作。

第十七条 国家加强对野生动物遗传资源的保护,对濒危野生动物实施抢救性保护。

国务院野生动物保护主管部门应当会同国务院有关部门制定有关野生动物遗传资源保护和利用规划,建立国家野生动物遗传资源基因库,对原产我国的珍贵、濒危野生动物遗传资源实行重点保护。

第十八条 有关地方人民政府应当采取措施,预防、控制野生动物可能造成的危害,保障人畜安全和农业、林业生产。

第十九条 因保护本法规定保护的野生动物,造成人员伤亡、农作物或者其他财产损失的,由当地人民政府给予补偿。具体办法由省、自治区、直辖市人民政府制定。有关地方人民政府可以推动保险机构开展野生动物致害赔偿保险业务。

有关地方人民政府采取预防、控制国家重点保护野生动物造成危害的措施以及实行补偿所需经费,由中央财政按照国家有关规定予以补助。

第三章 野生动物管理

第二十条 在相关自然保护区域和禁猎(渔)区、禁猎(渔)期内,禁止猎捕以及其他妨碍野生动物生息繁衍的活动,但法律法规另有规定的除外。

野生动物迁徙洄游期间,在前款规定区域外的迁徙洄游通道内,禁止猎捕并严格限制其他妨碍野生动物生息繁衍的活动。迁徙洄游通道的范围以及妨碍野生动物生息繁衍活动的内容,由县级以上人民政府或者其野生动物保护主管部门规定并公布。

第二十一条 禁止猎捕、杀害国家重点保护野生动物。

因科学研究、种群调控、疫源疫病监测或者其他特殊情况,需要猎捕国家一级保护野生动物的,应当向国务院野生动物保护主管部门申请特许猎捕证;需要猎捕国家二级保护野生动物的,应当向省、自治区、直辖市人民政府野生动物保护主管部门申请特许猎捕证。

第二十二条 猎捕非国家重点保护野生动物的,应当依法取得县级以上地方人民政府野生动物保护主管部门核发的狩猎证,并且服从猎捕量限额管理。

第二十三条 猎捕者应当按照特许猎捕证、狩猎证规定的种类、数量、地点、工具、方法和期限进行猎捕。

持枪猎捕的,应当依法取得公安机关核发的持枪证。

第二十四条 禁止使用毒药、爆炸物、电击或者电子诱捕装置以及猎套、猎夹、地枪、排铳等工具进行猎捕,禁止使用夜间照明行猎、歼灭性围猎、捣毁巢穴、火攻、烟熏、网捕等方法进行猎捕,但因科学研究确需网捕、电子诱捕的除外。

前款规定以外的禁止使用的猎捕工具和方法,由县级以上地方人民政府规定并公布。

第二十五条 国家支持有关科学研究机构因物种保护目的人工繁育国家重点保护野生动物。

前款规定以外的人工繁育国家重点保护野生动物实行许可制度。人工繁育国家重点保护野生动物的,应当经省、自治区、直辖市人民政府野生动物保护主管部门批准,取得人工繁育许可证,但国务院对批准机关另有规定的除外。

人工繁育国家重点保护野生动物应当使用人工繁育子代种源,建立物种系谱、繁育档案和个体数据。因物种保护目的确需采用野外种源的,适用本法第二十一条和第二十三条的规定。

本法所称人工繁育子代,是指人工控制条件下繁殖出生的子代个体且其亲本也在人工控制条件下出生。

第二十六条 人工繁育国家重点保护野生动物应当有利于物种保护及其科学研究,不得破坏野外种群资源,并根据野生动物习性确保其具有必要的活动空间和生息繁衍、卫生健康条件,具备与其繁育目的、种类、发展规模相适应的场所、设施、技术,符合有关技术标准和防疫要求,不得虐待野生动物。

省级以上人民政府野生动物保护主管部门可以根据保护国家重点保护野生动物的需要,组织开展国家重点保护野生动物放归野外环境工作。

第二十七条 禁止出售、购买、利用国家重点保护野生动物及其制品。

因科学研究、人工繁育、公众展示展演、文物保护或者其他特殊情况,需要出售、购买、利用国家重点保护野生动物及其制品的,应当经省、自治区、直辖市人民政府野生动物保护主管部门批准,并按照规定取得和使用专用标识,保证可追溯,但国务院对批准机关另有规定的除外。

实行国家重点保护野生动物及其制品专用标识的范围和管理办法,由国务院野生动物保护主管部门规定。

出售、利用非国家重点保护野生动物的,应当提供狩猎、进出口等合法来源证明。

出售本条第二款、第四款规定的野生动物的,还应当依法附有检疫证明。

第二十八条 对人工繁育技术成熟稳定的国家重点保护野生动物,经科学论证,纳入国务院野生动物保护主管部门制定的人工繁育国家重点保护野生动物名录。对列入名录的野生动物及其制品,可以凭人工繁育许可证,按照省、自治区、直辖市人民政府野生动物保护主管部门核验的年度生产数量直接取得专用标识,凭专用标识出售和利用,保证可追溯。

对本法第十条规定的国家重点保护野生动物名录进行调整时,根据有关野外种群保护情况,可以对前款规定的有关人工繁育技术成熟稳定野生动物的人工种群,不再列入国家重点保护野生动物名录,实行与野外种群不同的管理措施,但应当依照本法第二十五条第二款和本条第一款的规定取得人工繁育许可证和专用标识。

第二十九条 利用野生动物及其制品的,应当以人工繁育种群为主,有利于野外种群养护,符合生态文明建设的要求,尊重社会公德,遵守法律法规和国家有关规定。

野生动物及其制品作为药品经营和利用的,还应当遵守有关药品管理的法律法规。

第三十条 禁止生产、经营使用国家重点保护野生动物及其制品制作的食品,或者使用没有合法来源证明的非国家重点保护野生动物及其制品制作的食品。

禁止为食用非法购买国家重点保护的野生动物及其制品。

第三十一条 禁止为出售、购买、利用野生动物或者禁止使用的猎捕工具发布广告。禁止为违法出售、购买、利用野生动物制品发布广告。

第三十二条 禁止网络交易平台、商品交易市场等交易场所，为违法出售、购买、利用野生动物及其制品或者禁止使用的猎捕工具提供交易服务。

第三十三条 运输、携带、寄递国家重点保护野生动物及其制品、本法第二十八条第二款规定的野生动物及其制品出县境的，应当持有或者附有本法第二十一条、第二十五条、第二十七条或者第二十八条规定的许可证、批准文件的副本或者专用标识，以及检疫证明。

运输非国家重点保护野生动物出县境的，应当持有狩猎、进出口等合法来源证明，以及检疫证明。

第三十四条 县级以上人民政府野生动物保护主管部门应当对科学研究、人工繁育、公众展示展演等利用野生动物及其制品的活动进行监督管理。

县级以上人民政府其他有关部门，应当按照职责分工对野生动物及其制品出售、购买、利用、运输、寄递等活动进行监督检查。

第三十五条 中华人民共和国缔结或者参加的国际公约禁止或者限制贸易的野生动物或者其制品名录，由国家濒危物种进出口管理机构制定、调整并公布。

进出口列入前款名录的野生动物或者其制品的，出口国家重点保护野生动物或者其制品的，应当经国务院野生动物保护主管部门或者国务院批准，并取得国家濒危物种进出口管理机构核发的允许进出口证明书。海关依法实施进出境检疫，凭允许进出口证明书、检疫证明按照规定办理通关手续。

涉及科学技术保密的野生动物物种的出口，按照国务院有关规定办理。

列入本条第一款名录的野生动物，经国务院野生动物保护主管部门核准，在本法适用范围内可以按照国家重点保护的野生动物管理。

第三十六条 国家组织开展野生动物保护及相关执法活动的国际合作与交流；建立防范、打击野生动物及其制品的走私和非法贸易的部门协调机制，开展防范、打击走私和非法贸易行动。

第三十七条 从境外引进野生动物物种的，应当经国务院野生动物保护主管部门批准。从境外引进列入本法第三十五条第一款名录的野生动物，还应当依法取得允许进出口证明书。海关依法实施进境检疫，凭进口批准文件或者允许进出口证明书以及检疫证明按照规定办理通关手续。

从境外引进野生动物物种的，应当采取安全可靠的防范措施，防止其进入野外环境，避免对生态系统造成危害。确需将其放归野外的，按照国家有关规定执行。

第三十八条 任何组织和个人将野生动物放生至野外环境，应当选择适合放生地野外生存的当地物种，不得干扰当地居民的正常生活、生产，避免对生态系统造成危害。随意放生野生动物，造成他人人身、财产损害或者危害生态系统的，依法承担法律责任。

第三十九条 禁止伪造、变造、买卖、转让、租借特许猎捕证、狩猎证、人工繁育许可证及专用标识，出售、购买、利用国家重点保护野生动物及其制品的批准文件，或者允许进出口证明书、进出口等批准文件。

前款规定的有关许可证书、专用标识、批准文件的发放情况,应当依法公开。

第四十条 外国人在我国对国家重点保护野生动物进行野外考察或者在野外拍摄电影、录像,应当经省、自治区、直辖市人民政府野生动物保护主管部门或者其授权的单位批准,并遵守有关法律法规规定。

第四十一条 地方重点保护野生动物和其他非国家重点保护野生动物的管理办法,由省、自治区、直辖市人民代表大会或者其常务委员会制定。

第四章 法律责任

第四十二条 野生动物保护主管部门或者其他有关部门、机关不依法作出行政许可决定,发现违法行为或者接到对违法行为的举报不予查处或者不依法查处,或者有滥用职权等其他不依法履行职责的行为的,由本级人民政府或者上级人民政府有关部门、机关责令改正,对负有责任的主管人员和其他直接责任人员依法给予记过、记大过或者降级处分;造成严重后果的,给予撤职或者开除处分,其主要负责人应当引咎辞职;构成犯罪的,依法追究刑事责任。

第四十三条 违反本法第十二条第三款、第十三条第二款规定的,依照有关法律法规的规定处罚。

第四十四条 违反本法第十五条第三款规定,以收容救护为名买卖野生动物及其制品的,由县级以上人民政府野生动物保护主管部门没收野生动物及其制品、违法所得,并处野生动物及其制品价值二倍以上十倍以下的罚款,将有关违法信息记入社会诚信档案,向社会公布;构成犯罪的,依法追究刑事责任。

第四十五条 违反本法第二十条、第二十一条、第二十三条第一款、第二十四条第一款规定,在相关自然保护区域、禁猎(渔)区、禁猎(渔)期猎捕国家重点保护野生动物,未取得特许猎捕证、未按照特许猎捕证规定猎捕、杀害国家重点保护野生动物,或者使用禁用的工具、方法猎捕国家重点保护野生动物的,由县级以上人民政府野生动物保护主管部门、海洋执法部门或者有关保护区域管理机构按照职责分工没收猎获物、猎捕工具和违法所得,吊销特许猎捕证,并处猎获物价值二倍以上十倍以下的罚款;没有猎获物的,并处一万元以上五万元以下的罚款;构成犯罪的,依法追究刑事责任。

第四十六条 违反本法第二十条、第二十二条、第二十三条第一款、第二十四条第一款规定,在相关自然保护区域、禁猎(渔)区、禁猎(渔)期猎捕非国家重点保护野生动物,未取得狩猎证、未按照狩猎证规定猎捕非国家重点保护野生动物,或者使用禁用的工具、方法猎捕非国家重点保护野生动物的,由县级以上地方人民政府野生动物保护主管部门或者有关保护区域管理机构按照职责分工没收猎获物、猎捕工具和违法所得,吊销狩猎证,并处猎获物价值一倍以上五倍以下的罚款;没有猎获物的,并处二千元以上一万元以下的罚款;构成犯罪的,依法追究刑事责任。

违反本法第二十三条第二款规定,未取得持枪证持枪猎捕野生动物,构成违反治安管理行为的,由公安机关依法给予治安管理处罚;构成犯罪的,依法追究刑事责任。

第四十七条 违反本法第二十五条第二款规定,未取得人工繁育许可证繁育国家重点保护野生动物或者本法第二十八条第二款规定的野生动物的,由县级以上人民政府野生动物保护主管部门没收野生动物及其制品,并处野生动物及其制品价值一倍以上五倍以下的罚款。

第四十八条 违反本法第二十七条第一款和第二款、第二十八条第一款、第三十三条第一款规定,未经批准、未取得或者未按照规定使用专用标识,或者未持有、未附有人工繁育许可证、批准文件的副本或者专用标识出售、购买、利用、运输、携带、寄递国家重点保护野生动物及其制品或者本法第二十八条第二款规定的野生动物及其制品的,由县级以上人民政府野生动物保护主管部门或者市场监督管理部门按照职责分工没收野生动物及其制品和违法所得,并处野生动物及其制品价值二倍以上十倍以下的罚款;情节严重的,吊销人工繁育许可证、撤销批准文件、收回专用标识;构成犯罪的,依法追究刑事责任。

违反本法第二十七条第四款、第三十三条第二款规定,未持有合法来源证明出售、利用、运输非国家重点保护野生动物的,由县级以上地方人民政府野生动物保护主管部门或者市场监督管理部门按照职责分工没收野生动物,并处野生动物价值一倍以上五倍以下的罚款。

违反本法第二十七条第五款、第三十三条规定,出售、运输、携带、寄递有关野生动物及其制品未持有或者未附有检疫证明的,依照《中华人民共和国动物防疫法》的规定处罚。

第四十九条 违反本法第三十条规定,生产、经营使用国家重点保护野生动物及其制品或者没有合法来源证明的非国家重点保护野生动物及其制品制作食品,或者为食用非法购买国家重点保护的野生动物及其制品的,由县级以上人民政府野生动物保护主管部门或者市场监督管理部门按照职责分工责令停止违法行为,没收野生动物及其制品和违法所得,并处野生动物及其制品价值二倍以上十倍以下的罚款;构成犯罪的,依法追究刑事责任。

第五十条 违反本法第三十一条规定,为出售、购买、利用野生动物及其制品或者禁止使用的猎捕工具发布广告的,依照《中华人民共和国广告法》的规定处罚。

第五十一条 违反本法第三十二条规定,为违法出售、购买、利用野生动物及其制品或者禁止使用的猎捕工具提供交易服务的,由县级以上人民政府市场监督管理部门责令停止违法行为,限期改正,没收违法所得,并处违法所得二倍以上五倍以下的罚款;没有违法所得的,处一万元以上五万元以下的罚款;构成犯罪的,依法追究刑事责任。

第五十二条 违反本法第三十五条规定,进出口野生动物或者其制品的,由海关、公安机关、海洋执法部门依照法律、行政法规和国家有关规定处罚;构成犯罪的,依法追究刑事责任。

第五十三条 违反本法第三十七条第一款规定,从境外引进野生动物物种的,由县级以上人民政府野生动物保护主管部门没收所引进的野生动物,并处五万元以上二十五万元以下的罚款;未依法实施进境检疫的,依照《中华人民共和国进出境动植物检疫法》的规定处罚;构成犯罪的,依法追究刑事责任。

第五十四条 违反本法第三十七条第二款规定,将从境外引进的野生动物放归野外环境的,由县级以上人民政府野生动物保护主管部门责令限期捕回,处一万元以上五万元以下的罚款;逾期不捕回的,由有关野生动物保护主管部门代为捕回或者采取降低影响的措施,所需费用由被责令限期捕回者承担。

第五十五条 违反本法第三十九条第一款规定,伪造、变造、买卖、转让、租借有关证件、专用标识或者有关批准文件的,由县级以上人民政府野生动物保护主管部门没收违法证件、专用标识、有关批准文件和违法所得,并处五万元以上二十五万元以下的罚款;构成违反治安管理行为的,由公安机关依法给予治安管理处罚;构成犯罪的,依法追究刑事责任。

第五十六条 依照本法规定没收的实物,由县级以上人民政府野生动物保护主管部门或者其授权的单位按照规定处理。

第五十七条 本法规定的猎获物价值、野生动物及其制品价值的评估标准和方法,由国务院野生动物保护主管部门制定。

第五章 附 则

第五十八条 本法自 2017 年 1 月 1 日起施行。

中华人民共和国进出境动植物检疫法（2009 年修正）

（1991 年 10 月 30 日第七届全国人民代表大会常务委员会第二十二次会议通过 1991 年 10 月 30 日中华人民共和国主席令第五十三号发布 根据 2009 年 8 月 27 日第十一届全国人民代表大会常务委员会第十次会议《关于修改部分法律的决定》修正）

目 录
第一章 总 则
第二章 进境检疫
第三章 出境检疫
第四章 过境检疫
第五章 携带、邮寄物检疫
第六章 运输工具检疫
第七章 法律责任
第八章 附 则

第一章 总 则

第一条 为防止动物传染病、寄生虫病和植物危险性病、虫、杂草以及其他有害生物（以下简称病虫害）传入、传出国境,保护农、林、牧、渔业生产和人体健康,促进对外经济贸易的发展,制定本法。

第二条 进出境的动植物、动植物产品和其他检疫物,装载动植物、动植物产品和其他检疫物的装载容器、包装物,以及来自动植物疫区的运输工具,依照本法规定实施检疫。

第三条 国务院设立动植物检疫机关（以下简称国家动植物检疫机关）,统一管理全国进出境动植物检疫工作。国家动植物检疫机关在对外开放的口岸和进出境动植物检疫业务集中的地点设立的口岸动植物检疫机关,依照本法规定实施进出境动植物检疫。

贸易性动物产品出境的检疫机关,由国务院根据情况规定。

国务院农业行政主管部门主管全国进出境动植物检疫工作。

第四条 口岸动植物检疫机关在实施检疫时可以行使下列职权:

（一）依照本法规定登船、登车、登机实施检疫；

（二）进入港口、机场、车站、邮局以及检疫物的存放、加工、养殖、种植场所实施检疫，并依照规定采样；

（三）根据检疫需要，进入有关生产、仓库等场所，进行疫情监测、调查和检疫监督管理；

（四）查阅、复制、摘录与检疫物有关的运行日志、货运单、合同、发票及其他单证。

第五条 国家禁止下列各物进境：

（一）动植物病原体（包括菌种、毒种等）、害虫及其他有害生物；

（二）动植物疫情流行的国家和地区的有关动植物、动植物产品和其他检疫物；

（三）动物尸体；

（四）土壤。

口岸动植物检疫机关发现有前款规定的禁止进境物的，作退回或者销毁处理。

因科学研究等特殊需要引进本条第一款规定的禁止进境物的，必须事先提出申请，经国家动植物检疫机关批准。

本条第一款第二项规定的禁止进境物的名录，由国务院农业行政主管部门制定并公布。

第六条 国外发生重大动植物疫情并可能传入中国时，国务院应当采取紧急预防措施，必要时可以下令禁止来自动植物疫区的运输工具进境或者封锁有关口岸；受动植物疫情威胁地区的地方人民政府和有关口岸动植物检疫机关，应当立即采取紧急措施，同时向上级人民政府和国家动植物检疫机关报告。

邮电、运输部门对重大动植物疫情报告和送检材料应当优先传送。

第七条 国家动植物检疫机关和口岸动植物检疫机关对进出境动植物、动植物产品的生产、加工、存放过程，实行检疫监督制度。

第八条 口岸动植物检疫机关在港口、机场、车站、邮局执行检疫任务时，海关、交通、民航、铁路、邮电等有关部门应当配合。

第九条 动植物检疫机关检疫人员必须忠于职守，秉公执法。动植物检疫机关检疫人员依法执行公务，任何单位和个人不得阻挠。

第二章 进境检疫

第十条 输入动物、动物产品、植物种子、种苗及其他繁殖材料的，必须事先提出申请，办理检疫审批手续。

第十一条 通过贸易、科技合作、交换、赠送、援助等方式输入动植物、动植物产品和其他检疫物的，应当在合同或者协议中订明中国法定的检疫要求，并订明必须附有输出国家或者地区政府动植物检疫机关出具的检疫证书。

第十二条 货主或者其代理人应当在动植物、动植物产品和其他检疫物进境前或者进境时持输出国家或者地区的检疫证书、贸易合同等单证，向进境口岸动植物检疫机关报检。

第十三条 装载动物的运输工具抵达口岸时，口岸动植物检疫机关应当采取现场预防措施，对上下运输工具或者接近动物的人员、装载动物的运输工具和被污染的场地作防疫消毒处理。

第十四条 输入动植物、动植物产品和其他检疫物，应当在进境口岸实施检疫。未经口岸动植物检疫机关同意，不得卸离运输工具。

输入动植物,需隔离检疫的,在口岸动植物检疫机关指定的隔离场所检疫。

因口岸条件限制等原因,可以由国家动植物检疫机关决定将动植物、动植物产品和其他检疫物运往指定地点检疫。在运输、装卸过程中,货主或者其代理人应当采取防疫措施。指定的存放、加工和隔离饲养或者隔离种植的场所,应当符合动植物检疫和防疫的规定。

第十五条 输入动植物、动植物产品和其他检疫物,经检疫合格的,准予进境;海关凭口岸动植物检疫机关签发的检疫单证或者在报关单上加盖的印章验放。

输入动植物、动植物产品和其他检疫物,需调离海关监管区检疫的,海关凭口岸动植物检疫机关签发的《检疫调离通知单》验放。

第十六条 输入动物,经检疫不合格的,由口岸植物检疫机关签发《检疫处理通知单》,通知货主或者其代理人作如下处理:

(一)检出一类传染病、寄生虫病的动物,连同其同群动物全群退回或者全群扑杀并销毁尸体;

(二)检出二类传染病、寄生虫病的动物,退回或者扑杀,同群其他动物在隔离场或者其他指定地点隔离观察。

输入动物产品和其他检疫物经检疫不合格的,由口岸动植物检疫机关签发《检疫处理通知单》,通知货主或者其代理人作除害、退回或者销毁处理。经除害处理合格的,准予进境。

第十七条 输入植物、植物产品和其他检疫物,经检疫发现有植物危险性病、虫、杂草的,由口岸动植物检疫机关签发《检疫处理通知单》,通知货主或者其代理人作除害、退回或者销毁处理。经除害处理合格的,准予进境。

第十八条 本法第十六条第一款第一项、第二项所称一类、二类动物传染病、寄生虫病的名录和本法第十七条所称植物危险性病、虫、杂草的名录,由国务院农业行政主管部门制定并公布。

第十九条 输入动植物、动植物产品和其他检疫物,经检疫发现有本法第十八条规定的名录之外,对农、林、牧、渔业有严重危害的其他病虫害的,由口岸动植物检疫机关依照国务院农业行政主管部门的规定,通知货主或者其代理人作除害、退回或者销毁处理。经除害处理合格的,准予进境。

第三章 出境检疫

第二十条 货主或者其代理人在动植物、动植物产品和其他检疫物出境前,向口岸动植物检疫机关报检。

出境前需经隔离检疫的动物,在口岸动植物检疫机关指定的隔离场所检疫。

第二十一条 输出动植物、动植物产品和其他检疫物,由口岸动植物检疫机关实施检疫,经检疫合格或者经除害处理合格的,准予出境;海关凭口岸动植物检疫机关签发的检疫证书或者在报关单上加盖的印章验放。检疫不合格又无有效方法作除害处理的,不准出境。

第二十二条 经检疫合格的动植物、动植物产品和其他检疫物,有下列情形之一的,货主或者其代理人应当重新报检:

(一)更改输入国家或者地区,更改后的输入国家或者地区又有不同检疫要求的;

(二)改换包装或者原未拼装后来拼装的;

(三)超过检疫规定有效期限的。

第四章　过境检疫

第二十三条　要求运输动物过境的,必须事先商得中国国家动植物检疫机关同意,并按照指定的口岸和路线过境。

装载过境动物的运输工具、装载容器、饲料和铺垫材料,必须符合中国动植物检疫的规定。

第二十四条　运输动植物、动植物产品和其他检疫物过境的,由承运人或者押运人持货运单和输出国家或者地区政府动植物检疫机关出具的检疫证书,在进境时向口岸动植物检疫机关报检,出境口岸不再检疫。

第二十五条　过境的动物经检疫合格的,准予过境;发现有本法第十八条规定的名录所列的动物传染病、寄生虫病的,全群动物不准过境。

过境动物的饲料受病虫害污染的,作除害、不准过境或者销毁处理。

过境的动物的尸体、排泄物、铺垫材料及其他废弃物,必须按照动植物检疫机关的规定处理,不得擅自抛弃。

第二十六条　对过境植物、动植物产品和其他检疫物,口岸动植物检疫机关检查运输工具或者包装,经检疫合格的,准予过境;发现有本法第十八条规定的名录所列的病虫害的,作除害处理或者不准过境。

第二十七条　动植物、动植物产品和其他检疫物过境期间,未经动植物检疫机关批准,不得开拆包装或者卸离运输工具。

第五章　携带、邮寄物检疫

第二十八条　携带、邮寄植物种子、种苗及其他繁殖材料进境的,必须事先提出申请,办理检疫审批手续。

第二十九条　禁止携带、邮寄进境的动植物、动植物产品和其他检疫物的名录,由国务院农业行政主管部门制定并公布。

携带、邮寄前款规定的名录所列的动植物、动植物产品和其他检疫物进境的,作退回或者销毁处理。

第三十条　携带本法第二十九条规定的名录以外的动植物、动植物产品和其他检疫物进境的,在进境时向海关申报并接受口岸动植物检疫机关检疫。

携带动物进境的,必须持有输出国家或者地区的检疫证书等证件。

第三十一条　邮寄本法第二十九条规定的名录以外的动植物、动植物产品和其他检疫物进境的,由口岸动植物检疫机关在国际邮件互换局实施检疫,必要时可以取回口岸动植物检疫机关检疫;未经检疫不得运递。

第三十二条　邮寄进境的动植物、动植物产品和其他检疫物,经检疫或者除害处理合格后放行;经检疫不合格又无有效方法作除害处理的,作退回或者销毁处理,并签发《检疫处理通知单》。

第三十三条　携带、邮寄出境的动植物、动植物产品和其他检疫物,物主有检疫要求的,由口岸动植物检疫机关实施检疫。

第六章　运输工具检疫

第三十四条　来自动植物疫区的船舶、飞机、火车抵达口岸时,由口岸动植物检疫机关实施检疫。发现有本法第十八条规定的名录所列的病虫害的,作不准带离运输工具、除害、封存或者销毁处理。

第三十五条 进境的车辆,由口岸动植物检疫机关作防疫消毒处理。

第三十六条 进出境运输工具上的泔水、动植物性废弃物,依照口岸动植物检疫机关的规定处理,不得擅自抛弃。

第三十七条 装载出境的动植物、动植物产品和其他检疫物的运输工具,应当符合动植物检疫和防疫的规定。

第三十八条 进境供拆船用的废旧船舶,由口岸动植物检疫机关实施检疫,发现有本法第十八条规定的名录所列的病虫害的,作除害处理。

第七章 法律责任

第三十九条 违反本法规定,有下列行为之一的,由口岸动植物检疫机关处以罚款:

(一)未报检或者未依法办理检疫审批手续的;

(二)未经口岸动植物检疫机关许可擅自将进境动植物、动植物产品或者其他检疫物卸离运输工具或者运递的;

(三)擅自调离或者处理在口岸动植物检疫机关指定的隔离场所中隔离检疫的动植物的。

第四十条 报检的动植物、动植物产品或者其他检疫物与实际不符的,由口岸动植物检疫机关处以罚款;已取得检疫单证的,予以吊销。

第四十一条 违反本法规定,擅自开拆过境动植物、动植物产品或者其他检疫物的包装的,擅自将过境动植物、动植物产品或者其他检疫物卸离运输工具的,擅自抛弃过境动物的尸体、排泄物、铺垫材料或者其他废弃物的,由动植物检疫机关处以罚款。

第四十二条 违反本法规定,引起重大动植物疫情的,依照刑法有关规定追究刑事责任。

第四十三条 伪造、变造检疫单证、印章、标志、封识,依照刑法有关规定追究刑事责任。

第四十四条 当事人对动植物检疫机关的处罚决定不服的,可以在接到处罚通知之日起十五日内向作出处罚决定的机关的上一级机关申请复议;当事人也可以在接到处罚通知之日起十五日内直接向人民法院起诉。

复议机关应当在接到复议申请之日起六十日内作出复议决定。当事人对复议决定不服的,可以在接到复议决定之日起十五日内向人民法院起诉。复议机关逾期不作出复议决定的,当事人可以在复议期满之日起十五日内向人民法院起诉。

当事人逾期不申请复议也不向人民法院起诉、又不履行处罚决定的,作出处罚决定的机关可以申请人民法院强制执行。

第四十五条 动植物检疫机关检疫人员滥用职权,徇私舞弊,伪造检疫结果,或者玩忽职守,延误检疫出证,构成犯罪的,依法追究刑事责任;不构成犯罪的,给予行政处分。

第八章 附 则

第四十六条 本法下列用语的含义是:

(一)"动物"是指饲养、野生的活动物,如畜、禽、兽、蛇、龟、鱼、虾、蟹、贝、蚕、蜂等;

(二)"动物产品"是指来源于动物未经加工或者虽经加工但仍有可能传播疫病的产品,如生皮张、毛类、肉类、脏器、油脂、动物水产品、奶制品、蛋类、血液、精液、胚胎、骨、蹄、角等；

（三）"植物"是指栽培植物、野生植物及其种子、种苗及其他繁殖材料等；

（四）"植物产品"是指来源于植物未经加工或者虽经加工但仍有可能传播病虫害的产品，如粮食、豆、棉花、油、麻、烟草、籽仁、干果、鲜果、蔬菜、生药材、木材、饲料等；

（五）"其他检疫物"是指动物疫苗、血清、诊断液、动植物性废弃物等。

第四十七条 中华人民共和国缔结或者参加的有关动植物检疫的国际条约与本法有不同规定的，适用该国际条约的规定。但是，中华人民共和国声明保留的条款除外。

第四十八条 口岸动植物检疫机关实施检疫依照规定收费。收费办法由国务院农业行政主管部门会同国务院物价等有关主管部门制定。

第四十九条 国务院根据本法制定实施条例。

第五十条 本法自1992年4月1日起施行。1982年6月4日国务院发布的《中华人民共和国进出口动植物检疫条例》同时废止。

中华人民共和国森林法实施条例（2018年修正）

（2000年1月29日中华人民共和国国务院令第278号发布　根据2011年1月8日《国务院关于废止和修改部分行政法规的决定》第一次修订　根据2016年2月6日《国务院关于修改部分行政法规的决定》第二次修订　根据2018年3月19日《国务院关于修改和废止部分行政法规的决定》修正）

第一章　总　则

第一条 根据《中华人民共和国森林法》（以下简称森林法），制定本条例。

第二条 森林资源，包括森林、林木、林地以及依托森林、林木、林地生存的野生动物、植物和微生物。

森林，包括乔木林和竹林。

林木，包括树木和竹子。

林地，包括郁闭度0.2以上的乔木林地以及竹林地、灌木林地、疏林地、采伐迹地、火烧迹地、未成林造林地、苗圃地和县级以上人民政府规划的宜林地。

第三条 国家依法实行森林、林木和林地登记发证制度。依法登记的森林、林木和林地的所有权、使用权受法律保护，任何单位和个人不得侵犯。

森林、林木和林地的权属证书式样由国务院林业主管部门规定。

第四条 依法使用的国家所有的森林、林木和林地，按照下列规定登记：

（一）使用国务院确定的国家所有的重点林区（以下简称重点林区）的森林、林木和林地的单位，应当向国务院林业主管部门提出登记申请，由国务院林业主管部门登记造册，核发证书，确认森林、林木和林地使用权以及由使用者所有的林木所有权；

（二）使用国家所有的跨行政区域的森林、林木和林地的单位和个人，应当向共同的上一级人民政府林业主管部门提出登记申请,由该人民政府登记造册,核发证书,确认森林、林木和林地使用权以及由使用者所有的林木所有权;

(三)使用国家所有的其他森林、林木和林地的单位和个人,应当向县级以上地方人民政府林业主管部门提出登记申请,由县级以上地方人民政府登记造册,核发证书,确认森林、林木和林地使用权以及由使用者所有的林木所有权。

未确定使用权的国家所有的森林、林木和林地,由县级以上人民政府登记造册,负责保护管理。

第五条 集体所有的森林、林木和林地,由所有者向所在地的县级人民政府林业主管部门提出登记申请,由该县级人民政府登记造册,核发证书,确认所有权。

单位和个人所有的林木,由所有者向所在地的县级人民政府林业主管部门提出登记申请,由该县级人民政府登记造册,核发证书,确认林木所有权。

使用集体所有的森林、林木和林地的单位和个人,应当向所在地的县级人民政府林业主管部门提出登记申请,由该县级人民政府登记造册,核发证书,确认森林、林木和林地使用权。

第六条 改变森林、林木和林地所有权、使用权的,应当依法办理变更登记手续。

第七条 县级以上人民政府林业主管部门应当建立森林、林木和林地权属管理档案。

第八条 国家重点防护林和特种用途林,由国务院林业主管部门提出意见,报国务院批准公布;地方重点防护林和特种用途林,由省、自治区、直辖市人民政府林业主管部门提出意见,报本级人民政府批准公布;其他防护林、用材林、特种用途林以及经济林、薪炭林,由县级人民政府林业主管部门根据国家关于林种划分的规定和本级人民政府的部署组织划定,报本级人民政府批准公布。

省、自治区、直辖市行政区域内的重点防护林和特种用途林的面积,不得少于本行政区域森林总面积的百分之三十。

经批准公布的林种改变为其他林种的,应当报原批准公布机关批准。

第九条 依照森林法第八条第一款第(五)项规定提取的资金,必须专门用于营造坑木、造纸等用材林,不得挪作他用。审计机关和林业主管部门应当加强监督。

第十条 国务院林业主管部门向重点林区派驻的森林资源监督机构,应当加强对重点林区内森林资源保护管理的监督检查。

第二章 森林经营管理

第十一条 国务院林业主管部门应当定期监测全国森林资源消长和森林生态环境变化的情况。

重点林区森林资源调查、建立档案和编制森林经营方案等项工作,由国务院林业主管部门组织实施;其他森林资源调查、建立档案和编制森林经营方案等项工作,由县级以上地方人民政府林业主管部门组织实施。

第十二条 制定林业长远规划,应当遵循下列原则:

(一)保护生态环境和促进经济的可持续发展;

(二)以现有的森林资源为基础;

(三)与土地利用总体规划、水土保持规划、城市规划、村庄和集镇规划相协调。

第十三条 林业长远规划应当包括下列内容：

（一）林业发展目标；

（二）林种比例；

（三）林地保护利用规划；

（四）植树造林规划。

第十四条 全国林业长远规划由国务院林业主管部门会同其他有关部门编制，报国务院批准后施行。

地方各级林业长远规划由县级以上地方人民政府林业主管部门会同其他有关部门编制，报本级人民政府批准后施行。

下级林业长远规划应当根据上一级林业长远规划编制。

林业长远规划的调整、修改，应当报经原批准机关批准。

第十五条 国家依法保护森林、林木和林地经营者的合法权益。任何单位和个人不得侵占经营者依法所有的林木和使用的林地。

用材林、经济林和薪炭林的经营者，依法享有经营权、收益权和其他合法权益。

防护林和特种用途林的经营者，有获得森林生态效益补偿的权利。

第十六条 勘查、开采矿藏和修建道路、水利、电力、通讯等工程，需要占用或者征用林地的，必须遵守下列规定：

（一）用地单位应当向县级以上人民政府林业主管部门提出用地申请，经审核同意后，按照国家规定的标准预交森林植被恢复费，领取使用林地审核同意书。用地单位凭使用林地审核同意书依法办理建设用地审批手续。占用或者征用林地未经林业主管部门审核同意的，土地行政主管部门不得受理建设用地申请。

（二）占用或者征用防护林林地或者特种用途林林地面积10公顷以上的，用材林、经济林、薪炭林林地及其采伐迹地面积35公顷以上的，其他林地面积70公顷以上的，由国务院林业主管部门审核；占用或者征用林地面积低于上述规定数量的，由省、自治区、直辖市人民政府林业主管部门审核。占用或者征用重点林区的林地的，由国务院林业主管部门审核。

（三）用地单位需要采伐已经批准占用或者征用的林地上的林木时，应当向林地所在地的县级以上地方人民政府林业主管部门或者国务院林业主管部门申请林木采伐许可证。

（四）占用或者征用林地未被批准的，有关林业主管部门应当自接到不予批准通知之日起7日内将收取的森林植被恢复费如数退还。

第十七条 需要临时占用林地的，应当经县级以上人民政府林业主管部门批准。

临时占用林地的期限不得超过两年，并不得在临时占用的林地上修筑永久性建筑物；占用期满后，用地单位必须恢复林业生产条件。

第十八条 森林经营单位在所经营的林地范围内修筑直接为林业生产服务的工程设施，需要占用林地的，由县级以上人民政府林业主管部门批准；修筑其他工程设施，需要将林地转为非林业建设用地的，必须依法办理建设用地审批手续。

前款所称直接为林业生产服务的工程设施是指：

（一）培育、生产种子、苗木的设施；

（二）贮存种子、苗木、木材的设施；

(三)集材道、运材道;
(四)林业科研、试验、示范基地;
(五)野生动植物保护、护林、森林病虫害防治、森林防火、木材检疫的设施;
(六)供水、供电、供热、供气、通讯基础设施。

第三章　森林保护

第十九条　县级以上人民政府林业主管部门应当根据森林病虫害测报中心和测报点对测报对象的调查和监测情况,定期发布长期、中期、短期森林病虫害预报,并及时提出防治方案。

森林经营者应当选用良种,营造混交林,实行科学育林,提高防御森林病虫害的能力。

发生森林病虫害时,有关部门、森林经营者应当采取综合防治措施,及时进行除治。

发生严重森林病虫害时,当地人民政府应当采取紧急除治措施,防止蔓延,消除隐患。

第二十条　国务院林业主管部门负责确定全国林木种苗检疫对象。省、自治区、直辖市人民政府林业主管部门根据本地区的需要,可以确定本省、自治区、直辖市的林木种苗补充检疫对象,报国务院林业主管部门备案。

第二十一条　禁止毁林开垦、毁林采种和违反操作技术规程采脂、挖笋、掘根、剥树皮及过度修枝的毁林行为。

第二十二条　25度以上的坡地应当用于植树、种草。25度以上的坡耕地应当按照当地人民政府制定的规划,逐步退耕,植树和种草。

第二十三条　发生森林火灾时,当地人民政府必须立即组织军民扑救;有关部门应当积极做好扑救火灾物资的供应、运输和通讯、医疗等工作。

第四章　植树造林

第二十四条　森林法所称森林覆盖率,是指以行政区域为单位森林面积与土地面积的百分比。森林面积,包括郁闭度0.2以上的乔木林地面积和竹林地面积、国家特别规定的灌木林地面积、农田林网以及村旁、路旁、水旁、宅旁林木的覆盖面积。

县级以上地方人民政府应当按照国务院确定的森林覆盖率奋斗目标,确定本行政区域森林覆盖率的奋斗目标,并组织实施。

第二十五条　植树造林应当遵守造林技术规程,实行科学造林,提高林木的成活率。

县级人民政府对本行政区域内当年造林的情况应当组织检查验收,除国家特别规定的干旱、半干旱地区外,成活率不足百分之八十五的,不得计入年度造林完成面积。

第二十六条　国家对造林绿化实行部门和单位负责制。

铁路公路两旁、江河两岸、湖泊水库周围,各有关主管单位是造林绿化的责任单位。工矿区,机关、学校用地,部队营区以及农场、牧场、渔场经营地区,各该单位是造林绿化的责任单位。

责任单位的造林绿化任务,由所在地的县级人民政府下达责任通知书,予以确认。

第二十七条　国家保护承包造林者依法享有的林木所有权和其他合法权益。未经发包方和承包方协商一致,不得随意变更或者解除承包造林合同。

第五章　森林采伐

第二十八条　国家所有的森林和林木以国有林业企业事业单位、农场、厂矿为单位,集体所有的森林和林木、个人所有的林木以县为单位,制定年森林采伐限额,由省、自治区、直辖市人民政府林业主管部门汇总、平衡,经本级人民政府审核后,报国务院批准;其中,重点林区的年森林采伐限额,由国务院林业主管部门报国务院批准。

国务院批准的年森林采伐限额,每 5 年核定一次。

第二十九条 采伐森林、林木作为商品销售的,必须纳入国家年度木材生产计划;但是,农村居民采伐自留山上个人所有的薪炭林和自留地、房前屋后个人所有的零星林木除外。

第三十条 申请林木采伐许可证,除应当提交申请采伐林木的所有权证书或者使用权证书外,还应当按照下列规定提交其他有关证明文件:

(一)国有林业企业事业单位还应当提交采伐区调查设计文件和上年度采伐更新验收证明;

(二)其他单位还应当提交包括采伐林木的目的、地点、林种、林况、面积、蓄积量、方式和更新措施等内容的文件;

(三)个人还应当提交包括采伐林木的地点、面积、树种、株数、蓄积量、更新时间等内容的文件。

因扑救森林火灾、防洪抢险等紧急情况需要采伐林木的,组织抢险的单位或者部门应当自紧急情况结束之日起 30 日内,将采伐林木的情况报告当地县级以上人民政府林业主管部门。

第三十一条 有下列情形之一的,不得核发林木采伐许可证:

(一)防护林和特种用途林进行非抚育或者非更新性质的采伐的,或者采伐封山育林期、封山育林区内的林木的;

(二)上年度采伐后未完成更新造林任务的;

(三)上年度发生重大滥伐案件、森林火灾或者大面积严重森林病虫害,未采取预防和改进措施的。

林木采伐许可证的式样由国务院林业主管部门规定,由省、自治区、直辖市人民政府林业主管部门印制。

第三十二条 除森林法已有明确规定的外,林木采伐许可证按照下列规定权限核发:

(一)县属国有林场,由所在地的县级人民政府林业主管部门核发;

(二)省、自治区、直辖市和设区的市、自治州所属的国有林业企业事业单位、其他国有企业事业单位,由所在地的省、自治区、直辖市人民政府林业主管部门核发;

(三)重点林区的国有林业企业事业单位,由国务院林业主管部门核发。

第三十三条 利用外资营造的用材林达到一定规模需要采伐的,应当在国务院批准的年森林采伐限额内,由省、自治区、直辖市人民政府林业主管部门批准,实行采伐限额单列。

第三十四条 木材收购单位和个人不得收购没有林木采伐许可证或者其他合法来源证明的木材。

前款所称木材,是指原木、锯材、竹材、木片和省、自治区、直辖市规定的其他木材。

第三十五条 从林区运出非国家统一调拨的木材,必须持有县级以上人民政府林业主管部门核发的木材运输证。

重点林区的木材运输证,由国务院林业主管部门核发;其他木材运输证,由县级以上地方人民政府林业主管部门核发。

木材运输证自木材起运点到终点全程有效,必须随货同行。没有木材运输证的,承运单位和个人不得承运。

木材运输证的式样由国务院林业主管部门规定。

第三十六条 申请木材运输证，应当提交下列证明文件：

（一）林木采伐许可证或者其他合法来源证明；

（二）检疫证明；

（三）省、自治区、直辖市人民政府林业主管部门规定的其他文件。

符合前款条件的，受理木材运输证申请的县级以上人民政府林业主管部门应当自接到申请之日起3日内发给木材运输证。

依法发放的木材运输证所准运的木材运输总量，不得超过当地年度木材生产计划规定可以运出销售的木材总量。

第三十七条 经省、自治区、直辖市人民政府批准在林区设立的木材检查站，负责检查木材运输；无证运输木材的，木材检查站应当予以制止，可以暂扣无证运输的木材，并立即报请县级以上人民政府林业主管部门依法处理。

第六章 法律责任

第三十八条 盗伐森林或者其他林木，以立木材积计算不足0.5立方米或者幼树不足20株的，由县级以上人民政府林业主管部门责令补种盗伐株数10倍的树木，没收盗伐的林木或者变卖所得，并处盗伐林木价值3倍至5倍的罚款。

盗伐森林或者其他林木，以立木材积计算0.5立方米以上或者幼树20株以上的，由县级以上人民政府林业主管部门责令补种盗伐株数10倍的树木，没收盗伐的林木或者变卖所得，并处盗伐林木价值5倍至10倍的罚款。

第三十九条 滥伐森林或者其他林木，以立木材积计算不足2立方米或者幼树不足50株的，由县级以上人民政府林业主管部门责令补种滥伐株数5倍的树木，并处滥伐林木价值2倍至3倍的罚款。

滥伐森林或者其他林木，以立木材积计算2立方米以上或者幼树50株以上的，由县级以上人民政府林业主管部门责令补种滥伐株数5倍的树木，并处滥伐林木价值3倍至5倍的罚款。

超过木材生产计划采伐森林或者其他林木的，依照前两款规定处罚。

第四十条 违反本条例规定，收购没有林木采伐许可证或者其他合法来源证明的木材的，由县级以上人民政府林业主管部门没收非法经营的木材和违法所得，并处违法所得2倍以下的罚款。

第四十一条 违反本条例规定，毁林采种或者违反操作技术规程采脂、挖笋、掘根、剥树皮及过度修枝，致使森林、林木受到毁坏的，依法赔偿损失，由县级以上人民政府林业主管部门责令停止违法行为，补种毁坏株数1倍至3倍的树木，可以处毁坏林木价值1倍至5倍的罚款；拒不补种树木或者补种不符合国家有关规定的，由县级以上人民政府林业主管部门组织代为补种，所需费用由违法者支付。

违反森林法和本条例规定，擅自开垦林地，致使森林、林木受到毁坏的，依照森林法第四十四条的规定予以处罚；对森林、林木未造成毁坏或者被开垦的林地上没有森林、林木的，由县级以上人民政府林业主管部门责令停止违法行为，限期恢复原状，可以处非法开垦林地每平方米10元以下的罚款。

第四十二条 有下列情形之一的,由县级以上人民政府林业主管部门责令限期完成造林任务;逾期未完成的,可以处应完成而未完成造林任务所需费用2倍以下的罚款;对直接负责的主管人员和其他直接责任人员,依法给予行政处分:

(一)连续两年未完成更新造林任务的;

(二)当年更新造林面积未达到应更新造林面积50%的;

(三)除国家特别规定的干旱、半干旱地区外,更新造林当年成活率未达到85%的;

(四)植树造林责任单位未按照所在地县级人民政府的要求按时完成造林任务的。

第四十三条 未经县级以上人民政府林业主管部门审核同意,擅自改变林地用途的,由县级以上人民政府林业主管部门责令限期恢复原状,并处非法改变用途林地每平方米10元至30元的罚款。

临时占用林地,逾期不归还的,依照前款规定处罚。

第四十四条 无木材运输证运输木材的,由县级以上人民政府林业主管部门没收非法运输的木材,对货主可以并处非法运输木材价款30%以下的罚款。

运输的木材数量超出木材运输证所准运的运输数量的,由县级以上人民政府林业主管部门没收超出部分的木材;运输的木材树种、材种、规格与木材运输证规定不符又无正当理由的,没收其不相符部分的木材。

使用伪造、涂改的木材运输证运输木材的,由县级以上人民政府林业主管部门没收非法运输的木材,并处没收木材价款10%至50%的罚款。

承运无木材运输证的木材的,由县级以上人民政府林业主管部门没收运费,并处运费1倍至3倍的罚款。

第四十五条 擅自移动或者毁坏林业服务标志的,由县级以上人民政府林业主管部门责令限期恢复原状;逾期不恢复原状的,由县级以上人民政府林业主管部门代为恢复,所需费用由违法者支付。

第四十六条 违反本条例规定,未经批准,擅自将防护林和特种用途林改变为其他林种的,由县级以上人民政府林业主管部门收回经营者所获取的森林生态效益补偿,并处所获取森林生态效益补偿3倍以下的罚款。

第七章 附 则

第四十七条 本条例中县级以上地方人民政府林业主管部门职责权限的划分,由国务院林业主管部门具体规定。

第四十八条 本条例自发布之日起施行。1986年4月28日国务院批准、1986年5月10日林业部发布的《中华人民共和国森林法实施细则》同时废止。

国家级公益林管理办法（2017年修订）

（2013年4月27日林资发〔2013〕71号发布 根据2017年4月28日林资发〔2017〕34号修订）

第一条 为了加强和规范国家级公益林的保护和管理，制定本办法。

第二条 本办法所称国家级公益林是指依据《国家级公益林区划界定办法》划定的防护林和特种用途林。

第三条 国家级公益林管理遵循"生态优先、严格保护，分类管理、责权统一，科学经营、合理利用"的原则。

第四条 国家级公益林的保护和管理，应当纳入国家和地方各级人民政府国民经济和社会发展规划、林地保护利用规划，并落实到现地，做到四至清楚、权属清晰、数据准确。

第五条 国家林业局负责全国国家级公益林管理的指导、协调和监督；地方各级林业主管部门负责辖区内国家级公益林的保护和管理。

第六条 中央财政安排资金，用于国家级公益林的保护和管理。

第七条 县级以上林业主管部门应当加强对国家级公益林保护管理相关法律法规、规章文件和政策的宣传工作。

县级以上地方林业主管部门应当组织设立国家级公益林标牌，标明国家级公益林的地点、四至范围、面积、权属、管护责任人、保护管理责任和要求、监管单位、监督举报电话等内容。

第八条 县级以上林业主管部门或者其委托单位应当与林权权利人签订管护责任书或管护协议，明确国家级公益林管护中各方的权利、义务，约定管护责任。

权属为国有的国家级公益林，管护责任单位为国有林业局（场）、自然保护区、森林公园及其他国有森林经营单位。

权属为集体所有的国家级公益林，管护责任单位主体为集体经济组织。

权属为个人所有的国家级公益林，管护责任由其所有者或者经营者承担。无管护能力、自愿委托管护或拒不履行管护责任的个人所有国家级公益林，可由县级林业主管部门或者其委托的单位，对其国家级公益林进行统一管护，代为履行管护责任。

在自愿原则下，鼓励管护责任单位采取购买服务的方式，向社会购买专业管护服务。

第九条 严格控制勘查、开采矿藏和工程建设使用国家级公益林地。确需使用的，严格按照《建设项目使用林地审核审批管理办法》有关规定办理使用林地手续。涉及林木采伐的，按相关规定依法办理林木采伐手续。

经审核审批同意使用的国家级公益林地，可按照本办法第十八条、第十九条的规定实行占补平衡，并按本办法第二十三条的规定报告国家林业局和财政部。

第十条 国家级公益林的经营管理以提高森林质量和生态服务功能为目标，通过科学经营，推进国家级公益林形成高效、稳定和可持续的森林生态系统。

第十一条 由地方人民政府编制的林地保护利用规划和林业主管部门编制的森林经营规划,应当将国家级公益林保护和管理作为重要内容。对国有国家级公益林,县级以上地方林业主管部门应当督促国有林场等森林经营单位,通过推进森林经营方案的编制和实施,将国家级公益林经营方向、经营模式、经营措施以及相关政策,落实到山头地块和经营主体;对集体和个人所有的国家级公益林,县级林业主管部门应当引导和鼓励其经营主体编制森林经营方案,明确国家级公益林经营方向、经营模式和经营措施。

第十二条 一级国家级公益林原则上不得开展生产经营活动,严禁打枝、采脂、割漆、剥树皮、掘根等行为。

国有一级国家级公益林,不得开展任何形式的生产经营活动。因教学科研等确需采伐林木,或者发生较为严重森林火灾、病虫害及其他自然灾害等特殊情况确需对受害林木进行清理的,应当组织森林经理学、森林保护学、生态学等领域林业专家进行生态影响评价,经县级以上林业主管部门依法审批后实施。

集体和个人所有的一级国家级公益林,以严格保护为原则。根据其生态状况需要开展抚育和更新采伐等经营活动,或适宜开展非木质资源培育利用的,应当符合《生态公益林建设导则》(GB/T 18337.1)、《生态公益林建设技术规程》(GB/T 18337.3)、《森林采伐作业规程》(LY/T 1646)、《低效林改造技术规程》(LY/T 1690)和《森林抚育规程》(GB/T 15781)等相关技术规程的规定,并按以下程序实施。

(一)林权权利人按程序向县级林业主管部门提出书面申请,并编制相应作业设计,在作业设计中要对经营活动的生态影响作出客观评价。

(二)县级林业主管部门审核同意的,按公示程序和要求在经营活动所在村进行公示。

(三)公示无异议后,按采伐管理权限由相应林业主管部门依法核发林木采伐许可证。

(四)县级林业主管部门应当根据需要,由其或者委托相关单位对林权权利人经营活动开展指导和验收。

第十三条 二级国家级公益林在不影响整体森林生态系统功能发挥的前提下,可以按照第十二条第三款相关技术规程的规定开展抚育和更新性质的采伐。在不破坏森林植被的前提下,可以合理利用其林地资源,适度开展林下种植养殖和森林游憩等非木质资源开发与利用,科学发展林下经济。

国有二级国家级公益林除执行前款规定外,需要开展抚育和更新采伐或者非木质资源培育利用的,还应当符合森林经营方案的规划,并编制采伐或非木质资源培育利用作业设计,经县级以上林业主管部门依法批准后实施。

第十四条 国家级公益林中的天然林,除执行上述规定外,还应当严格执行天然林资源保护的相关政策和要求。

第十五条 对国家级公益林实行"总量控制、区域稳定、动态管理、增减平衡"的管理机制。

第十六条 国家级公益林动态管理遵循责、权、利相统一的原则,申报补进、调出的县级林业主管部门对申报材料的真实性、准确性负责。

第十七条 国家级公益林的调出,以不影响整体生态功能、保持集中连片为原则,一经调出,不得再次申请补进。

(一)国有国家级公益林,原则上不得调出。

(二)集体和个人所有的一级国家级公益林,原则上不得调出。但对已确权到户的苗圃地、竹林地,以及平原农区的国家级公益林,其林权权利人要求调出的,可以按照本办法第十九条的规定调出。

(三)集体和个人所有的二级国家级公益林,林权权利人要求调出的,可以按照本办法第十九条的规定调出。

第十八条 除补进国家退耕还林工程中退耕地上营造的符合国家级公益林区划范围和标准的防护林和特种用途林外,在本省行政区域内,可以按照增减平衡的原则补进国家级公益林。补进的国家级公益林应当符合《国家级公益林区划界定办法》规定的区划范围和标准,应当属于对国家整体生态安全和生物多样性保护起关键作用的森林,特别是国家退耕还林工程中退耕地上营造的符合国家级公益林区划范围和标准的防护林和特种用途林。

第十九条 国家级公益林的调出和补进,由林权权利人征得林地所有权所属村民委员会同意后,向县级林业主管部门提出申请。县级林业主管部门对调出补进申请进行审核,并组织对调出国家级公益林开展生态影响评价,提供生态影响评价报告。县级林业主管部门审核材料和结果报经县级人民政府同意后,按程序上报省级林业主管部门。

上述调出、补进情况,应当由县级林业主管部门按照公示程序和要求在国家级公益林所在地进行公示。

按照管辖范围,省级林业主管部门会同财政部门负责对上报的调出、补进情况进行查验和审核,报经省级人民政府同意后,以正式文件进行批复。其中单次调出或者补进国家级公益林超过1万亩的,由省级林业主管部门会同财政部门在报经省级人民政府同意后,报国家林业局和财政部审定,并抄送财政部驻当地财政监察专员办事处(以下简称专员办)。

上述补进、调出结果,由省级林业主管部门会同财政部门按本办法第二十三条的规定报告国家林业局和财政部,抄送当地专员办。

第二十条 国家级公益林监管过程中发现的区划错误情况,应当本着实事求是的原则,按管辖范围,由省级林业主管部门组织核定,并在查清原因、落实责任后,进行修正。修正结果和处理情况报告,由省级林业主管部门报告国家林业局,抄送当地专员办,并提交修正后的国家级公益林基础信息数据库。

第二十一条 省级林业主管部门负责组织做好国家级公益林的落界成图工作,按照《林地保护利用规划林地落界技术规程》(LY/T 1955),在全国林地"一张图"建设和更新中将国家级公益林落实到小班地块,做到落界准确规范、成果齐全。

省级林业主管部门定期组织开展国家级公益林本底资源调查,本底资源调查结果作为国家级公益林资源变化和生态状况变化监测的基础依据。

第二十二条 县级林业主管部门和国有林业局(场)、自然保护区、森林公园等森林经营单位,应当以国家级公益林本底资源调查和落界成图成果为基础,建立国家级公益林资源档案,并根据年度变化情况及时更新国家级公益林资源档案。国家级公益林档案更新情况及时上报省级林业主管部门,确保国家级公益林图面资料与现地一致、各级成果数据资料一致。

第二十三条 省级林业主管部门应当组织开展国家级公益林资源变化情况年度监测和生态状况定期定点监测评价,并依法向社会发布监测、评价结果。

省级林业主管部门会同财政部门于每年3月15日前向国家林业局和财政部报告上年度国

家级公益林资源变化情况,提交涵盖国家级公益林林地使用、调出补进等方面内容的资源变化情况报告、资源变化情况汇总统计表,以及调出、补进和更新后的国家级公益林基础信息数据库。上述报告和统计表同时抄送当地专员办。

第二十四条 国家组织对国家级公益林数量、质量、功能和效益进行监测评价,并作为《生态文明建设考核目标体系》和《绿色发展指标体系》中森林覆盖率和森林蓄积量指标的重要组成部分实施考核评价。

第二十五条 本办法适用于全国范围内国家级公益林的保护和管理。法规规章另有规定的,从其规定。

第二十六条 本办法由国家林业局会同财政部解释。各省级林业主管部门会同财政部门,可依本办法规定,结合本辖区实际,制定实施细则。

第二十七条 本办法自印发之日起施行,有效期至 2025 年 12 月 31 日。国家林业局和财政部 2013 年发布的《国家级公益林管理办法》(林资发〔2013〕71 号)同时废止。

国家级公益林区划界定办法(2017 年修订)

(2009 年 9 月 27 日林资发〔2009〕214 号发布 根据 2017 年 4 月 28 日林资发〔2017〕34 号修订)

第一章 总 则

第一条 为规范国家级公益林区划界定工作,加强对国家级公益林的保护和管理,根据《中华人民共和国森林法》、《中华人民共和国森林法实施条例》和《中共中央国务院关于加快林业发展的决定》(中发〔2003〕9 号)、《中共中央国务院关于全面推进集体林权制度改革的意见》(中发〔2008〕10 号)等规定,制定本办法。

第二条 国家级公益林是指生态区位极为重要或生态状况极为脆弱,对国土生态安全、生物多样性保护和经济社会可持续发展具有重要作用,以发挥森林生态和社会服务功能为主要经营目的的防护林和特种用途林。

第三条 全国国家级公益林的区划界定适用于本办法。

第四条 国家级公益林区划界定应遵循以下原则:

——生态优先、确保重点,因地制宜、因害设防,集中连片、合理布局,实现生态效益、社会效益和经济效益的和谐统一。

——尊重林权所有者和经营者的自主权,维护林权的稳定性,保证已确立承包关系的连续性。

第五条 国家级公益林应当在林地范围内进行区划,并将森林(包括乔木林、竹林和国家特别规定的灌木林)作为主要的区划对象。

第六条 国家级公益林范围依据本办法第七条的规定,参照《全国主体功能区规划》、《全国林业发展区划》等相关规划以及水利部关于大江大河、大型水库的行业标准和《土壤侵蚀分类分级标准》等相关标准划定。

第二章 区划范围和标准

第七条 国家级公益林的区划范围。

(一)江河源头——重要江河干流源头,自源头起向上以分水岭为界,向下延伸20公里、汇水区内江河两侧最大20公里以内的林地;流域面积在10000平方公里以上的一级支流源头,自源头起向上以分水岭为界,向下延伸10公里、汇水区内江河两侧最大10公里以内的林地。其中,三江源区划范围为自然保护区核心区内的林地。

(二)江河两岸——重要江河干流两岸[界江(河)国境线水路接壤段以外]以及长江以北河长在150公里以上且流域面积在1000平方公里以上的一级支流两岸,长江以南(含长江)河长在300公里以上且流域面积在2000平方公里以上的一级支流两岸,干堤以外2公里以内从林缘起,为平地的向外延伸2公里、为山地的向外延伸至第一重山脊的林地。

重要江河干流包括:

1. 对国家生态安全具有重要意义的河流:长江(含通天河、金沙江)、黄河、淮河、松花江(含嫩江、第二松花江)、辽河、海河(含永定河、子牙河、漳卫南运河)、珠江(含西江、浔江、黔江、红水河)。

2. 生态环境极为脆弱地区的河流:额尔齐斯河、疏勒河、黑河(含弱水)、石羊河、塔里木河、渭河、大凌河、滦河。

3. 其他重要生态区域的河流:钱塘江(含富春江、新安江)、闽江(含金溪)、赣江、湘江、沅江、资水、沂河、沭河、泗河、南渡江、瓯江。

4. 流入或流出国界的重要河流:澜沧江、怒江、雅鲁藏布江、元江、伊犁河、狮泉河、绥芬河。

5. 界江、界河:黑龙江、乌苏里江、图们江、鸭绿江、额尔古纳河。

(三)森林和陆生野生动物类型的国家级自然保护区以及列入世界自然遗产名录的林地。

(四)湿地和水库——重要湿地和水库周围2公里以内从林缘起,为平地的向外延伸2公里、为山地的向外延伸至第一重山脊的林地。

1. 重要湿地是指同时符合以下标准的湿地:

——列入《中国湿地保护行动计划》重要湿地名录和湿地类型国家级自然保护区的湿地。

——长江以北地区面积在8万公顷以上、长江以南地区面积在5万公顷以上的湿地。

——有林地面积占该重要湿地陆地面积50%以上的湿地。

——流域、山体等类型除外的湿地。

具体包括:兴凯湖、五大连池、松花湖、查干湖、向海、白洋淀、衡水湖、南四湖、洪泽湖、高邮湖、太湖、巢湖、梁子湖群、洞庭湖、鄱阳湖、滇池、抚仙湖、洱海、泸沽湖、清澜港、乌梁素海、居延海、博斯腾湖、赛里木湖、艾比湖、喀纳斯湖、青海湖。

2. 重要水库:年均降雨量在400毫米以下(含400毫米)地区库容0.5亿立方米以上的水库;年均降雨量在400～1000毫米(含1000毫米)地区库容3亿立方米以上的水库;年均降雨量在1000毫米以上的地区库容6亿立方米以上的水库。

(五)边境地区陆路、水路接壤的国境线以内10公里的林地。

(六)荒漠化和水土流失严重地区——防风固沙林基干林带(含绿洲外围的防护林基干林带);集中连片30公顷以上的有林地、疏林地、灌木林地。

荒漠化和水土流失严重地区包括:

1. 八大沙漠:塔克拉玛干、库姆塔格、古尔班通古特、巴丹吉林、腾格里、乌兰布和、库布齐、柴达木沙漠周边直接接壤的县(旗、市)。

2. 四大沙地:呼伦贝尔、科尔沁(含松嫩沙地)、浑善达克、毛乌素沙地分布的县(旗、市)。

3. 其他荒漠化或沙化严重地区:河北坝上地区、阴山北麓、黄河故道区。

4. 水土流失严重地区:

——黄河中上游黄土高原丘陵沟壑区,以乡级为单位,沟壑密度1公里/平方公里以上、沟蚀面积15%以上或土壤侵蚀强度为平均侵蚀模数5000吨/年·平方公里以上地区。

——长江上游西南高山峡谷和云贵高原区,山体坡度36度以上地区。

——四川盆地丘陵区,以乡级为单位,土壤侵蚀强度为平均流失厚度3.7毫米/年以上或土壤侵蚀强度为平均侵蚀模数5000吨/年·平方公里以上的地区。

——热带、亚热带岩溶地区基岩裸露率在35%至70%之间的石漠化山地。

本项中涉及的水土流失各项指标,以省级以上人民政府水土保持主管部门提供的数据为准。

(七)沿海防护林基干林带、红树林、台湾海峡西岸第一重山脊临海山体的林地。

(八)除前七款区划范围外,东北、内蒙古重点国有林区以禁伐区为主体,符合下列条件之一的。

1. 未开发利用的原始林。

2. 森林和陆生野生动物类型自然保护区。

3. 以列入国家重点保护野生植物名录树种为优势树种,以小班为单元,集中分布、连片面积30公顷以上的天然林。

第八条 凡符合多条区划界定标准的地块,按照本办法第七条的顺序区划界定,不得重复交叉。

第九条 按照本办法第七条标准和区划界定程序认定的国家级公益林,保护等级分为两级。

(一)属于林地保护等级一级范围内的国家级公益林,划为一级国家级公益林。林地保护等级一级划分标准执行《县级林地保护利用规划编制技术规程》(LY/T 1956)。

(二)一级国家级公益林以外的,划为二级国家级公益林。

第三章 区划界定

第十条 省级林业主管部门会同财政部门统一组织国家级公益林的区划界定和申报工作。县级区划界定必须在森林资源规划设计调查基础上,按照森林资源规划设计调查的要求和内容将国家级公益林落实到山头地块。要确保区划界定的国家级公益林权属明确、四至清楚、面积准确、集中连片。区划界定结果应当由县级林业主管部门按照公示程序和要求在国家级公益林所在村进行公示。

第十一条 国家级公益林区划界定成果,经省级人民政府审核同意后,由省级林业主管部门会同财政部门向国家林业局和财政部申报,并抄送财政部驻当地财政监察专员办事处(以下简称专员办)。东北、内蒙古重点国有林区由东北、内蒙古重点国有林区管理机构直接向国家林业局和财政部申报,并抄送当地专员办。

申报材料包括:申报函,全省土地资源、森林资源、水利资源等情况详细说明,林地权属情况,认定成果报告,国家级公益林基础信息数据库,以及省级区划界定统计汇总图表资料。

第十二条 区划界定国家级公益林应当兼顾生态保护需要和林权权利人的利益。在区划界定过程中,对非国有林,地方政府应当征得林权权利人的同意,并与林权权利人签订区划界定书。

第十三条 县级林业主管部门对申报材料的真实性、准确性负责。国家林业局会同财政部对省级申报材料进行审核,组织开展认定核查,并根据省级申报材料和审核、核查的结果,对区划的国家级公益林进行核准,核准的主要结果呈报国务院,由国家林业局分批公布。省级以下林业主管部门负责对相应的森林资源档案进行林种变更,并将变更情况告知不动产登记机关,按规定进行不动产登记。

第四章 附 则

第十四条 本办法由国家林业局会同财政部负责解释。

第十五条 本办法自印发之日起施行,有效期至 2025 年 12 月 31 日。国家林业局、财政部 2009 年印发的《国家级公益林区划界定办法》(林资发〔2009〕214 号)同时废止,但按照林资发〔2009〕214 号文件区划界定的国家级公益林继续有效,纳入本办法管理。

天然林资源保护工程森林管护管理办法
(2012 年修订)

(林天发〔2004〕149 号发布 根据 2012 年 2 月 21 日林天发〔2012〕33 号修订)

第一章 总 则

第一条 为了加强天然林资源保护工程(以下简称"天保工程")森林管护工作,保障森林资源安全,促进森林资源持续增长,根据《长江上游、黄河上中游地区天然林资源保护工程二期实施方案》、《东北、内蒙古等重点国有林区天然林资源保护工程二期实施方案》和国家有关规定,制定本办法。

第二条 长江上游、黄河上中游地区,以及东北、内蒙古等重点国有林区天保工程二期范围(以下简称"天保工程区")的森林管护工作,必须遵守本办法。

第三条 国家林业局负责组织、协调、指导、监督天保工程森林管护工作。

天保工程区省、自治区、直辖市林业主管部门应当在人民政府领导下,加强森林管护工作的监督管理,分解森林管护指标,建立健全森林管护责任制,严格考核和奖惩。

第四条 县级林业主管部门、国有重点森工企业、国有林场等天保工程实施单位(以下简称"天保工程实施单位")负责组织实施森林管护工作,落实森林管护责任,完善森林管护体系,落实考核和奖惩措施。

第五条 天保工程区森林管护应当坚持有利于生物多样性保护、有利于促进森林生态系统功能恢复和提高的原则,对重点区域实行重点管护。

第六条 天保工程区森林管护应当坚持责权利相统一的原则,明确管护人员的责任、权利和义务。

第二章 组织管理

第七条 天保工程实施单位负责组织实施管辖区域内的森林管护工作,确定森林管护责任区,把森林管护任务落实到山头地块,把森林管护责任落实到人。

第八条 天保工程实施单位应当建立健全由县(局)、乡镇(林场)、村(组、工区)和管护站点组成的森林管护组织体系,建立完善森林管护管理制度。

第九条 天保工程实施单位应当按照批准的天保工程实施方案,制订森林管护工作年度实施计划,作为组织实施森林管护、管护费支出和检查验收的依据。

第十条 天保工程实施单位应当合理设置管护站点,配备必要的交通、通讯工具等基础设施和设备,在森林管护重点地段设置警示标识。

第十一条 天保工程区国有林森林管护工作岗位应当优先安排国有林业单位职工;集体和个人所有的公益林由林权所有者或者经营者负责管护,经林权所有者同意可以委托其他组织和个人管护。

第十二条 天保工程实施单位负责组织培训森林管护人员,努力提高森林管护人员的业务素质。

第十三条 天保工程实施单位应当根据辖区内地形、地貌、交通条件、森林火险等级、管护难易程度等确定管护模式,提高管护成效。

第十四条 森林管护方式应当因地制宜,采取专业管护、承包管护、联户合作等多种管护方式。在交通不便的地方可以因地制宜设立固定管护站点,实行封山管护。

第十五条 天保工程实施单位应当将管护站点、人员姓名、管护范围、管护任务和要求等内容予以公示,自觉接受社会监督。

第十六条 天保工程实施单位应当建立完整的森林管护档案,及时、准确提交有关报表、信息和统计资料,逐步实现档案管理标准化和现代化,不断提高工程管理水平。

第十七条 天保工程实施单位应当在确保不降低森林生态功能、不影响林木生长并经林权所有者同意的前提下,帮助和支持森林管护人员依法合理开发利用林下资源,增加管护人员收入。

第三章 管护责任

第十八条 天保工程区森林管护实行森林管护责任协议书制度。森林管护责任协议书应当明确管护范围、责任、期限、措施和质量要求、管护费支付、奖惩等内容。

森林管护责任协议书式样由国家林业局规定(见附)。

森林管护责任协议书每年度签订一次。

第十九条森林管护人员的主要职责是:

(一)宣传天然林资源保护政策和有关法律、法规。

(二)制止盗伐滥伐森林和林木、毁林开垦和侵占林地的行为,并及时报告有关情况。

(三)负责森林防火巡查,制止违章用火,发现火情及时采取有效控制措施并报告有关情况。

(四)及时发现和报告森林有害生物发生情况。

(五)制止乱捕乱猎野生动物和破坏野生植物的违法行为,并及时报告有关情况。

(六)阻止牲畜进入管护责任区毁坏林木及幼林。

(七)及时报告山体滑坡、泥石流、冰雪灾害等对森林资源的危害情况。

第二十条　森林管护人员应当按照森林管护责任协议书的要求,认真履行职责,做好巡山日志等记录,有关森林管护资料应当及时归档管理。

第二十一条　森林管护人员应当认真履行森林管护责任协议,完成任务并达到质量要求的,天保工程实施单位应当及时兑现管护费。

第四章　监督管理

第二十二条　各级林业主管部门应当对天保工程区的森林管护工作进行监督检查。监督检查的主要内容包括:

(一)森林管护责任落实情况。

(二)森林管护任务完成情况和成效。

(三)森林管护设施建设情况。

(四)森林管护档案建立和管理情况。

(五)森林管护费使用及管理情况。

(六)奖惩措施兑现情况。

第二十三条　国家林业局对天保工程实施单位森林管护工作进行抽查,抽查结果纳入国家级工程核查和"四到省"责任制实施情况统一考核。

第二十四条　天保工程实施单位应当对森林管护责任协议书执行情况定期进行考核评价,考核结果作为支付管护费的主要依据。

第二十五条　天保工程实施单位应当认真总结森林管护的经验和教训,不断完善管护措施和办法。

第二十六条　对违反规定使用天保工程森林管护资金的,依法追究有关责任人的责任。

第五章　附　则

第二十七条　省级林业主管部门可以结合本地实际制定森林管护管理办法或实施细则,报国家林业局备案。

第二十八条　本办法自印发之日起执行。国家林业局印发的原《天然林资源保护工程森林管护管理办法》(林天发〔2004〕149号)同时废止。

国家林业局关于严格保护天然林的通知

(2015年12月31日 林资发〔2015〕181号)

各省、自治区、直辖市林业厅(局),内蒙古、吉林、龙江、大兴安岭森工(林业)集团公司,新疆生产建设兵团林业局:

天然林是森林生态系统的重要组成部分,结构稳定、生物多样性丰富,对维护国家生态安全,促进生态文明建设和经济社会可持续发展具有不可替代的作用。党的十八届五中全会明确提出,"十三五"期间要"完善天然林保护制度,全面停止天然林商业性采伐","严禁移植天然大树进城"。目前,一些地方还存在以低产林改造为名违规采伐天然林、在土地占补平衡中毁林开垦、采挖移植大树进城等现象,对生态造成严重损害。为切实贯彻落实党的十八届五中全会精神,严格保护天然林资源,现将有关事项通知如下:

一、严格控制低产低效天然林改造

各地要严格遵循天然林形成规律,坚持"保护优先、自然修复为主"的原则,加大封山育林力度,尽量减少人工干扰。对低产低效天然林实施改造,要以提升天然林生态功能为目的,严格确定改造对象,从严控制规模和范围,科学设计改造方式和强度,严格执行相关技术规程和政策要求。国家一级公益林要严格保护,原则上不可实施任何方式的改造。天然起源的其他公益林、坡度大于25度以上的商品林、公路铁路和大江大河两侧、第一山脊线范围内的商品林应以封育改造和补植改造为主,一次性改造的蓄积强度不得大于20%。严禁对原生型低效林进行改造,禁止将国家公益林改造为商品林。改造过程中要保持原有生态系统要素的完整性,不得全面伐除灌木,不得全面整地。严禁任何形式的毁林开垦或毁林造林。

二、严格控制天然林树木采挖移植

各地要切实贯彻落实《国家林业局关于切实加强和严格规范树木采挖移植管理的通知》(林资发〔2013〕186号)等文件精神,严格控制天然林树木采挖移植,依法禁止采挖原生地天然濒危、珍稀树木,国家一级保护野生植物,古树名木,以及名胜古迹、革命纪念地、国家公益林、自然保护区、省级以上森林公园、国家级林木种质资源库、国家重点林木良种基地、生态脆弱地区和生态区位重要地区的树木。天然大树是地带性森林群落的重要标志,严禁移植天然大树进城。生态脆弱和生态区位重要地区的具体范围参照国家标准《生态公益林建设—导则》(GB/T 18337.1—2001)。

三、进一步完善天然林保护措施

东北、内蒙古重点国有林区要加强对中幼林抚育采伐的监管,切实巩固停止天然林商业性采伐成果。从2016年起全面停止全国国有林场天然林商业性采伐,积极推进集体和个人所有的天然林协议停止商业性采伐,逐步实现全国天然林资源保护全覆盖。要加强天然林管护队伍和基础设施建设,建立健全天然林管护体系。地方各级林业主管部门要积极协调本级财政加大对天然林保护的投入,确保把停止天然林商业性采伐的要求落实到位。对生态脆弱和生态区位重要地区未划入公益林的天然林,应科学调整公益林区划,划定为公益林,实行严格保护。各地要结合森林经营样板基地建设、森林可持续经营试点,积极探索天然林资源保护经营的新路子。

四、严厉打击各类违法违规行为

各地要开展专项检查,依法严厉打击破坏天然林的各类违法违规行为。采取个案查处和专项检查相结合的形式,依法加大查处力度。对因玩忽职守、滥用职权、徇私枉法造成天然林破坏的行政机关工作人员,要依法依纪追究责任,从严查处。国家林业局各派驻森林资源监督机构要切实加强监督检查,重点巡查国有林区、国有林场、生态脆弱和生态区位重要地区的天然林保护管理工作,发现问题,及时报告。

特此通知。

中华人民共和国野生植物保护条例(2017年修正)

(1996年9月30日国务院令第204号发布 根据2017年10月7日中华人民共和国国务院令第687号《国务院关于修改部分行政法规的决定》修正)

第一章 总 则

第一条 为了保护、发展和合理利用野生植物资源,保护生物多样性,维护生态平衡,制定本条例。

第二条 在中华人民共和国境内从事野生植物的保护、发展和利用活动,必须遵守本条例。

本条例所保护的野生植物,是指原生地天然生长的珍贵植物和原生地天然生长并具有重要经济、科学研究、文化价值的濒危、稀有植物。

药用野生植物和城市园林、自然保护区、风景名胜区内的野生植物的保护,同时适用有关法律、行政法规。

第三条 国家对野生植物资源实行加强保护、积极发展、合理利用的方针。

第四条 国家保护依法开发利用和经营管理野生植物资源的单位和个人的合法权益。

第五条 国家鼓励和支持野生植物科学研究、野生植物的就地保护和迁地保护。

在野生植物资源保护、科学研究、培育利用和宣传教育方面成绩显著的单位和个人,由人民政府给予奖励。

第六条 县级以上各级人民政府有关主管部门应当开展保护野生植物的宣传教育,普及野生植物知识,提高公民保护野生植物的意识。

第七条 任何单位和个人都有保护野生植物资源的义务,对侵占或者破坏野生植物及其生长环境的行为有权检举和控告。

第八条 国务院林业行政主管部门主管全国林区内野生植物和林区外珍贵野生树木的监督管理工作。国务院农业行政主管部门主管全国其他野生植物的监督管理工作。

国务院建设行政部门负责城市园林、风景名胜区内野生植物的监督管理工作。国务院环境保护部门负责对全国野生植物环境保护工作的协调和监督。国务院其他有关部门依照职责分工负责有关的野生植物保护工作。

县级以上地方人民政府负责野生植物管理工作的部门及其职责，由省、自治区、直辖市人民政府根据当地具体情况规定。

第二章 野生植物保护

第九条 国家保护野生植物及其生长环境。禁止任何单位和个人非法采集野生植物或者破坏其生长环境。

第十条 野生植物分为国家重点保护野生植物和地方重点保护野生植物。

国家重点保护野生植物分为国家一级保护野生植物和国家二级保护野生植物。国家重点保护野生植物名录，由国务院林业行政主管部门、农业行政主管部门（以下简称国务院野生植物行政主管部门）商国务院环境保护、建设等有关部门制定，报国务院批准公布。

地方重点保护野生植物，是指国家重点保护野生植物以外，由省、自治区、直辖市保护的野生植物。地方重点保护野生植物名录，由省、自治区、直辖市人民政府制定并公布，报国务院备案。

第十一条 在国家重点保护野生植物物种和地方重点保护野生植物物种的天然集中分布区域，应当依照有关法律、行政法规的规定，建立自然保护区；在其他区域，县级

以上地方人民政府野生植物行政主管部门和其他有关部门可以根据实际情况建立国家重点保护野生植物和地方重点保护野生植物的保护点或者设立保护标志。

禁止破坏国家重点保护野生植物和地方重点保护野生植物的保护点的保护设施和保护标志。

第十二条 野生植物行政主管部门及其他有关部门应当监视、监测环境对国家重点保护野生植物生长和地方重点保护野生植物生长的影响，并采取措施，维护和改善国家重点保护野生植物和地方重点保护野生植物的生长条件。由于环境影响对国家重点保护野生植物和地方重点保护野生植物的生长造成危害时，野生植物行政主管部门应当会同其他有关部门调查并依法处理。

第十三条 建设项目对国家重点保护野生植物和地方重点保护野生植物的生长环境产生不利影响的，建设单位提交的环境影响报告书中必须对此作出评价；环境保护部门在审批环境影响报告书时，应当征求野生植物行政主管部门的意见。

第十四条 野生植物行政主管部门和有关单位对生长受到威胁的国家重点保护野生植物和地方重点保护野生植物应当采取拯救措施，保护或者恢复其生长环境，必要时应当建立繁育基地、种质资源库或者采取迁地保护措施。

第三章 野生植物管理

第十五条 野生植物行政主管部门应当定期组织国家重点保护野生植物和地方重点保护野生植物资源调查，建立资源档案。

第十六条 禁止采集国家一级保护野生植物。因科学研究、人工培育、文化交流等特殊需要,采集国家一级保护野生植物的,应当按照管理权限后国务院林业行政主管部门或者其授权的机构申请采集证;或者向采集地的省、自治区、直辖市人民政府野生植物行政主管部门或者其授权的机构申请采集证。

采集国家二级保护野生植物的,必须经采集地的县级人民政府野生植物行政主管部门签署意见后,向省、自治区、直辖市人民政府野生植物行政主管部门或者其授权的机构申请采集证。

采集城市园林或者风景名胜区内的国家一级或者二级保护野生植物的,须先征得城市园林或者风景名胜区管理机构同意,分别依照前两款的规定申请采集证。

采集珍贵野生树木或者林区内、草原上的野生植物的,依照森林法、草原法的规定办理。

野生植物行政主管部门发放采集证后,应当抄送环境保护部门备案。

采集证的格式由国务院野生植物行政主管部门制定。

第十七条 采集国家重点保护野生植物的单位和个人,必须按照采集证规定的种类、数量、地点、期限和方法进行采集。

县级人民政府野生植物行政主管部门对在本行政区域内采集国家重点保护野生植物的活动,应当进行监督检查,并及时报告批准采集的野生植物行政主管部门或者其授权的机构。

第十八条 禁止出售、收购国家一级保护野生植物。

出售、收购国家二级保护野生植物的,必须经省、自治区、直辖市人民政府野生植物行政主管部门或者其授权的机构批准。

第十九条 野生植物行政主管部门应当对经营利用国家二级保护野生植物的活动进行监督检查。

第二十条 出口国家重点保护野生植物或者进出口中国参加的国际公约所限制进出口的野生植物的,必须按照管理权限经国务院林业行政主管部门批准,或者经进出口者所在地的省、自治区、直辖市人民政府农业行政主管部门审核后报国务院农业行政主管部门批准,并取得国家濒危物种进出口管理机构核发的允许进出口证明书或者标签。海关凭允许进出口证明书或者标签查验放行。国务院野生植物行政主管部门应当将有关野生植物进出口的资料抄送国务院环境保护部门。

禁止出口未定名的或者新发现并有重要价值的野生植物。

第二十一条 外国人不得在中国境内采集或者收购国家重点保护野生植物。

外国人在中国境内对农业行政主管部门管理的国家重点保护野生植物进行野外考察的,应当经农业行政主管部门管理的国家重点保护野生植物所在地的省、自治区、直辖市人民政府农业行政主管部门批准。

第二十二条 地方重点保护野生植物的管理办法,由省、自治区、直辖市人民政府制定。

第四章 法律责任

第二十三条 未取得采集证或者未按照采集证的规定采集国家重点保护野生植物的,由野生植物行政主管部门没收所采集的野生植物和违法所得,可以并处违法所得10倍以下的罚款;有采集证的,并可以吊销采集证。

第二十四条 违反本条例规定,出售、收购国家重点保护野生植物的,由工商行政管理部门或者野生植物行政主管部门按照职责分工没收野生植物和违法所得,可以并处违法所得10倍以下的罚款。

第二十五条 非法进出口野生植物的,由海关依照海关法的规定处罚。

第二十六条 伪造、倒卖、转让采集证、允许进出口证明书或者有关批准文件、标签的,由野生植物行政主管部门或者工商行政管理部门按照职责分工收缴,没收违法所得,可以并处5万元以下的罚款。

第二十七条 外国人在中国境内采集、收购国家重点保护野生植物,或者未经批准对农业行政主管部门管理的国家重点保护野生植物进行野外考察的,由野生植物行政主管部门没收所采集、收购的野生植物和考察资料,可以并处5万元以下的罚款。

第二十八条 违反本条例规定,构成犯罪的,依法追究刑事责任。

第二十九条 野生植物行政主管部门的工作人员滥用职权、玩忽职守、徇私舞弊,构成犯罪的,依法追究刑事责任;尚不构成犯罪的,依法给予行政处分。

第三十条 依照本条例规定没收的实物,由作出没收决定的机关按照国家有关规定处理。

第五章 附 则

第三十一条 中华人民共和国缔结或者参加的与保护野生植物有关的国际条约与本条例有不同规定的,适用国际条约的规定;但是,中华人民共和国声明保留的条款除外。

第三十二条 本条例自1997年1月1日起施行。

植物检疫条例(2017年修正)

(1983年1月3日国务院发布 根据1992年5月13日《国务院关于修改〈植物检疫条例〉的决定》第一次修正 根据2017年10月7日中华人民共和国国务院令第687号《国务院关于修改部分行政法规的决定》第二次修正)

第一条 为了防止为害植物的危性病、虫、杂草传播蔓延,保护农业、林业生产安全,制定本条例。

第二条 国务院农业主管部门、林业主管部门主管全国的植物检疫工作,各省、自治区、直辖市农业主管部门、林业主管部门主管本地区的植物检疫工作。

第三条 县级以上地方各级农业主管部门、林业主管部门所属的植物检疫机构,负责执行国家的植物检疫任务。

植物检疫人员进入车站、机场、港口、仓库以及其他有关场所执行植物检疫任务,应穿着检疫制服和佩带检疫标志。

第四条 凡局部地区发生的危险性大、能随植物及其产品传播的病、虫、杂草,应定为植物检疫对象。农业、林业植物检疫对象和应施检疫的植物、植物产品名单,由国务院农业主管部门、林业主管部门制定。各省、自治区、直辖市农业主管部门、林业主管部门可以根据本地区的需要,制定本省、自治区、直辖市的补充名单,并报国务院农业主管部门、林业主管部门备案。

第五条 局部地区发生植物检疫对象的,应划为疫区,采取封锁、消灭措施,防止植物检疫对象传出;发生地区已比较普遍的,则应将未发生地区划为保护区,防止植物检疫对象传入。

疫区应根据植物检疫对象的传播情况、当地的地理环境、交通状况以及采取封锁、消灭措施的需要来划定,其范围应严格控制。

在发生疫情的地区,植物检疫机构可以派人参加当地的道路联合检查站或者木材检查站;发生特大疫情时,经省、自治区、直辖市人民政府批准,可以设立植物检疫检查站,开展植物检疫工作。

第六条 疫区和保护区的划定,由省、自治区、直辖市农业主管部门、林业主管部门提出,报省、自治区、直辖市人民政府批准,并报国务院农业主管部门、林业主管部门备案。

疫区和保护区的范围涉及两省、自治区、直辖市以上的,由有关省、自治区、直辖市农业主管部门、林业主管部门共同提出,报国务院农业主管部门、林业主管部门批准后划定。

疫区、保护区的改变和撤销的程序,与划定时同。

第七条 调运植物和植物产品,属于下列情况的,必须经过检疫:

(一)列入应施检疫的植物、植物产品名单的,运出发生疫情的县级行政区域之前,必须经过检疫;

(二)凡种子、苗木和其他繁殖材料,不论是否列入应施检疫的植物、植物产品名单和运往何地,在调运之前,都必须经过检疫。

第八条 按照本条例第七条的规定必须检疫的植物和植物产品,经检疫未发现植物检疫对象的,发给植物检疫证书。发现有植物检疫对象、但能彻底消毒处理的,托运人应按植物检疫机构的要求,在指定地点作消毒处理,经检查合格后发给植物检疫证书;无法消毒处理的,应停止调运。

植物检疫证书的格式由国务院农业主管部门、林业主管部门制定。

对可能被植物检疫对象污染的包装材料、运载工具、场地、仓库等,也应实施检疫。如已被污染,托运人应按植物检疫机构的要求处理。

因实施检疫需要的车船停留、货物搬运、开拆、取样、储存、消毒处理等费用,由托运人负责。

第九条 按照本条例第七条的规定必须检疫的植物和植物产品,交通运输部门和邮政部门一律凭植物检疫证书承运或收寄。植物检疫证书应随货运寄。具体办法由国务院农业主管部门、林业主管部门会同铁道、交通、民航、邮政部门制定。

第十条 省、自治区、直辖市间调运本条例第七条规定经过检疫的植物和植物产品的,调入单位必须事先征得所在地的省、自治区、直辖市植物检疫机构同意,并向调出单位提出检疫要求;调出单位必须根据该检疫要求向所在地的省、自治区、直辖市植物检疫机构申请检疫。对调入的植物和植物产品,调入单位所在地的省、自治区、直辖市的植物检疫机构应当查验检疫证书,必要时可以复检。

省、自治区、直辖市内调运植物和植物产品的检疫办法,由省、自治区、直辖市人民政府规定。

第十一条 种子、苗木其他繁殖材料的繁育单位,必须有计划地建立无植物检疫对象的种苗繁育基地、母树林基地。试验推广的种子、苗木和其他繁殖材料,不得带有植物检疫对象。植物检疫机构应实施产地检疫。

第十二条 从国外引进种子、苗木,引进单位应当向所在地的省、自治区、直辖市植物检疫机构提出申请,办理检疫审批手续。但是,国务院有关部门所属的在京单位从国外引进种子、苗木,应当向国务院农业主管部门、林业主管部门所属的植物检疫机构提出申请,办理检疫审批手续。具体办法由国务院农业主管部门、林业主管部门制定。

从国外引进、可能潜伏有危险性病、虫的种子、苗木和其他繁殖材料,必须隔离试种,植物检疫机构应进行调查、观察和检疫,证明确实不带危险性病、虫的,方可分散种植。

第十三条 农林院校和试验研究单位对植物检疫对象的研究,不得在检疫对象的非疫区进行。因教学、科研确需在非疫区进行时,应当遵守国务院农业主管部门、林业主管部门的规定。

第十四条 植物检疫机构对于新发现的检疫对象和其他危险性病、虫、杂草,必须及时查清情况,立即报告省、自治区、直辖市农业主管部门、林业主管部门、采取措施,彻底消灭,并报告国务院农业主管部门、林业主管部门。

第十五条 疫情由国务院农业主管部门、林业主管部门发布。

第十六条 按照本条例第五条第一款和第十四条的规定,进行疫情调查和采取消灭措施所需的紧急防治费和补助费,由省、自治区、直辖市在每年的植物保护费、森林保护费或者国营农场生产费中安排。特大疫情的防治费,国家酌情给予补助。

第十七条 在植物检疫工作中做出显著成绩的单位和个人,由人民政府给予奖励。

第十八条 有下列行为之一的,植物检疫机构应当责令纠正,可以处以罚款;造成损失的,应当负责赔偿;构成犯罪的,由司法机关依法追究刑事责任:

(一)未依照本条例规定办理植物检疫证书或者在报检过程中弄虚作假的;

(二)伪造、涂改、买卖、转让植物检疫单证、印章、标志、封识的;

(三)未依照本条例规定调运、隔离试种或者生产应施检疫的植物、植物产品的;

(四)违反本条例规定,擅自开拆植物、植物产品包装,调换植物、植物产品,或者擅自改变植物、植物产品的规定用途的;

(五)违反本条例规定,引起疫情扩散的。

有前款第(一)、(二)、(三)、(四)项所列情形之一,尚不构成犯罪的,植物检疫机构可以没收非法所得。

对违反本条例规定调运的植物和植物产品,植物检疫机构有权予以封存、没收、销毁或者责令改变用途。销毁所需费用由责任人承担。

第十九条 植物检疫人员在植物检疫工作中,交通运输部门和邮政部门有关工作人员在植物、植物产品的运输、邮寄工作中,徇私舞弊、玩忽职守的,由其所在单位或者上级主管机关给予行政处分;构成犯罪的,由司法机关依法追究刑事责任。

第二十条 当事人对植物检疫机构的行政处罚决定不服的,可以自接到处罚决定通知书之日起15日内,向做出行政处罚决定的植物检疫机构的上级机关申请复议;对复议决定不服的,可以自接到复议决定书之日起15日内向人民法院提起诉讼。当事人逾期不申请复议或者不起诉又不履行行政处罚决定的,植物检疫机构可以申请人民法院强制执行或者依法强制执行。

第二十一条 植物检疫机构执行检疫任务可以收取检疫费,具体办法由国务院农业主管部门、林业主管部门制定。

第二十二条 进出口植物的检疫,按照《中华人民共和国进出境动植物检疫法》的规定执行。

第二十三条 本条例的实施细则由国务院农业主管部门、林业主管部门制定。各省、自治区、直辖市可根据本条例及其实施细则,结合当地具体情况,制定实施办法。

第二十四条 本条例自发布之日起施行。国务院批准、农业部一九五七年十二月四日发布的《国内植物检疫试行办法》同时废止。

植物检疫条例实施细则(林业部分)(2011年修正)

(1994年7月26日林业部令第4号发布 根据2011年1月25日国家林业局令第26号《国家林业局关于废止和修改部分部门规章的决定》修改)

第一条 根据《植物检疫条例》的规定,制定本细则。

第二条 林业部主管全国森林植物检疫(以下简称森检)工作。县级以上地方林业主管部门主管本地区的森检工作。

县级以上地方林业主管部门应当建立健全森检机构,由其负责执行本地区的森检任务。

国有林业局所属的森检机构负责执行本单位的森检任务,但是,须经省级以上林业主管部门确认。

第三条 森检员应当由具有林业专业,森保专业助理工程师以上技术职称的人员或者中等专业学校毕业、连续从事森保工作两年以上的技术员担任。

森检员应当经过省级以上林业主管部门举办的森检培训班培训并取得成绩合格证书,由省、自治区、直辖市林业主管部门批准,发给《森林植物检疫员证》。

森检员执行森检任务时,必须穿着森检制服、佩带森检标志和出示《森林植物检疫员证》。

第四条 县级以上地方林业主管部门或者其所属的森检机构可以根据需要在林业工作站、国有林场、国有苗圃、贮木场、自然保护区、木材检查站及有关车站、机场、港口、仓库等单位,聘请兼职森检员协助森检机构开展工作。

兼职森检员应当经过县级以上地方林业主管部门举办的森检培训班培训并取得成绩合格证书,由县级以上地方林业主管部门批准,发给兼职森检员证。

兼职森检员不得签发《植物检疫证书》。

第五条 森检人员在执行森检任务时有权行使下列职权:

(一)进入车站、机场、港口、仓库和森林植物及其产品的生产、经营、存放等场所,依照规定实施现场检疫或者复检、查验植物检疫证书和进行疫情监测调查;

(二)依法监督有关单位或者个人进行消毒处理、除害处理、隔离试种和采取封锁、消灭等措施;

(三)依法查阅、摘录或者复制与森检工作有关的资料,收集证据。

第六条 应施检疫的森林植物及其产品包括:

(一)林木种子、苗木和其他繁殖材料;

(二)乔木、灌木、竹类、花卉和其他森林植物;

（三）木材、竹材、药材、果品、盆景和其他林产品。

第七条 确定森检对象及补充森检对象，按照《森林植物检疫对象确定管理办法》的规定办理。补充森检对象名单应当报林业部备案，同时通报有关省、自治区、直辖市林业主管部门。

第八条 疫区、保护区应当按照有关规定划定、改变或者撤销，并采取严格的封锁、消灭等措施，防止森检对象传出或者传入。

在发生疫情的地区，森检机构可以派人参加当地的道路联合检查站或者木材检查站；发生特大疫情时，经省、自治区、直辖市人民政府批准可以设立森检检查站，开展森检工作。

第九条 地方各级森检机构应当每隔三至五年进行一次森检对象普查。

省级林业主管部门所属的森检机构编制森检对象分布至县的资料，报林业部备查；县级林业主管部门所属的森检机构编制森检对象分布至乡的资料，报上一级森检机构备查。

危险性森林病、虫疫情数据由林业部指定的单位编制印发。

第十条 属于森检对象、国外新传入或者国内突发危险性森林病、虫的特大疫情由林业部发布；其他疫情由林业部授权的单位公布。

第十一条 森检机构对新发现的森检对象和其他危险性森林病、虫，应当及时查清情况，立即报告当地人民政府和所在省、自治区、直辖市林业主管部门，采取措施，彻底消灭，并由省、自治区、直辖市林业主管部门向林业部报告。

第十二条 生产、经营应施检疫的森林植物及其产品的单位和个人，应当在生产期间或者调运之前向当地森检机构申请产地检疫，对检疫合格的，由森检员或者兼职森检员发给《产地检疫合格证》，对检疫不合格的发给《检疫处理通知单》。

产地检疫的技术要求按照《国内森林植物检疫技术规程》的规定执行。

第十三条 林木种子、苗木和其他繁殖材料的繁育单位，必须有计划地建立无森检对象的种苗繁育基地、母树林基地。

禁止使用带有危险性森林病、虫的林木种子、苗木和其他繁殖材料育苗或者造林。

第十四条 应施检疫的森林植物及其产品运出发生疫情的县级行政区域之前以及调运林木种子、苗木和其他繁殖材料必须经过检疫，取得《植物检疫证书》。《植物检疫证书》由省、自治区、直辖市森检机构按规定格式统一印制。《植物检疫证书》按一车（即同一运输工具）一证核发。

第十五条 省际间调运应施检疫的森林植物及其产品，调入单位必须事先征得所在地的省、自治区、直辖市森检机构同意并向调出单位提出检疫要求；调出单位必须根据该检疫要求向所在地的省、自治区、直辖市森检机构或其委托的单位申请检疫。对调入的应施检疫的森林植物及其产品，调入单位所在地的省、自治区、直辖市的森检机构应当查验检疫证书，必要时可以复检。检疫要求应当根据森检对象、补充森检对象的分布资料和危险性森林病、虫疫情数据提出。

第十六条 出口的应施检疫的森林植物及其产品，在省际间调运时应当按照本细则的规定实施检疫。

从国外进口的应施检疫的森林植物及其产品再次调运出省、自治区、直辖市时，存放时间在一个月以内的可以凭原检疫单证发给《植物检疫证书》，不收检疫费和证书工本费；存放时间虽未超过一个月但存放地疫情比较严重,可能染疫的,应当按照本细则的规定实施检疫。

第十七条 调运检疫时,森检机构应当按照《国内森林植物检疫技术规程》的规定受理报检和实施检疫,根据当地疫情普查资料、产地检疫合格证和现场检疫检验、室内检疫检验结果,确认是否带有森检对象、补充森检对象或者检疫要求中提出的危险性森林病、虫。对检疫合格的,发给《植物检疫证书》;对发现森检对象、补充森检对象或者危险性森林病、虫的,发给《检疫处理通知单》,责令托运人在指定地点进行除害处理,合格后发给《植物检疫证书》;对无法进行彻底除害处理的,应当停止调运,责令改变用途、控制使用或者就地销毁。

第十八条 第十八条 森检机构从受理调运检疫申请之日起,应当于十五日内实施检疫并核发检疫证书,情况特殊的经省、自治区、直辖市林业主管部门批准,可以延长十五日。

第十九条 调运检疫时,森检机构对可能被森检对象、补充森检对象或者检疫要求中的危险性森林病、虫污染的包装材料、运载工具、场地、仓库等也应实施检疫。如已被污染,托运人应按森检机构的要求进行除害处理。

因实施检疫发生的车船停留、货物搬运、开拆、取样、储存、消毒处理等费用,由托运人承担。复检时发现森检对象、补充森检对象或者检疫要求中的危险性森林病、虫的,除害处理费用由收货人承担。

第二十条 调运应施检疫的森林植物及其产品时,《植物检疫证书》(正本)应当交给交通运输部门或者邮政部门随货运寄,由收货人保存备查。

第二十一条 未取得《植物检疫证书》调运应施检疫的森林植物及其产品的,森检机构应当进行补检,在调运途中被发现的,向托运人收取补检费;在调入地被发现的,向收货人收取补检费。

第二十二条 对省际间发生的森检技术纠纷,由有关省、自治区、直辖市森检机构协商解决;协商解决不了的,报林业部指定的单位或者专家认定。

第二十三条 从国外引进林木种子、苗木和其他繁殖材料,引进单位或者个人应当向所在地的省、自治区、直辖市森检机构提出申请,填写《引进林木种子、苗木和其他繁殖材料检疫审批单》,办理引种检疫审批手续;国务院有关部门所属的在京单位从国外引进林木种子、苗木和其他繁殖材料时,应当向林业部森检管理机构或者其指定的森检单位申请办理检疫审批手续。引进后需要分散到省、自治区、直辖市种植的,应当在申请办理引种检疫审批手续前征得分散种植地所在省、自治区、直辖市森检机构的同意。

引进单位或者个人应当在有关的合同或者协议中订明审批的检疫要求。

森检机构应当在收到引进申请后三十日内按林业部有关规定进行审批。

第二十四条 从国外引进的林木种子、苗木和其他繁殖材料,有关单位或者个人应当按照审批机关确认的地点和措施进行种植。对可能潜伏有危险性森林病、虫的,一年生植物必须隔离试种一个生长周期,多年生植物至少隔离试种二年以上。经省、自治区、直辖市森检机构检疫,证明确实不带危险性森林病、虫的,方可分散种植。

第二十五条 对森检对象的研究,不得在该森检对象的非疫情发生区进行。因教学、科研需要在非疫情发生区进行时,应当经省、自治区、直辖市林业主管部门批准,并采取严密措施防止扩散。

第二十六条 森检机构收取的检疫费只能用于宣传教育、业务培训、检疫工作补助、临时工工资,购置和维修检疫实验用品、通讯和仪器设备等森检事业,不得挪作他用。

第二十七条 按照《植物检疫条例》第十六条的规定,进行疫情调查和采取消灭措施所需的紧急防治费和补助费,由省、自治区、直辖市在每年的农村造林和林木保护补助费中安排。

第二十八条 各级林业主管部门应当根据森检工作的需要,建设检疫检验室、除害处理设施、检疫隔离试种苗圃等设施。

第二十九条 有下列成绩之一的单位和个人,由人民政府或者林业主管部门给予奖励:

(一)与违反森检法规行为作斗争事迹突出的;

(二)在封锁、消灭森检对象工作中有显著成绩的;

(三)在森检技术研究和推广工作中获得重大成果或者显著效益的;

(四)防止危险性森林病、虫传播蔓延作出重要贡献的。

第三十条 有下列行为之一的,森检机构应当责令纠正,可以处以50元至2000元罚款;造成损失的,应当责令赔偿;构成犯罪的,由司法机关依法追究刑事责任:

(一)未依照规定办理《植物检疫证书》或者在报检过程中弄虚作假的;

(二)伪造、涂改、买卖、转让植物检疫单证、印章、标志、封识的;

(三)未依照规定调运、隔离试种或者生产应施检疫的森林植物及其产品的;

(四)违反规定,擅自开拆森林植物及其产品的包装,调换森林植物及其产品,或者擅自改变森林植物及其产品的规定用途的;

(五)违反规定,引起疫情扩散的。

有前款第(一)、(二)、(三)、(四)项所列情形之一尚不构成犯罪的,森检机构可以没收非法所得。

对违反规定调运的森林植物及其产品,森检机构有权予以封存、没收、销毁或者责令改变用途。销毁所需费用由责任人承担。

第三十一条 森检人员在工作中徇私舞弊、玩忽职守造成重大损失的,由其所在单位或者上级主管机关给予行政处分;构成犯罪的,由司法机关依法追究刑事责任。

第三十二条 当事人对森检机构的行政处罚决定不服的,可以自接到处罚通知书之日起六十日内提起行政复议;对复议决定不服的,可以自接到复议决定书之日起十五日内向人民法院提起诉讼,当事人逾期不申请复议或者不起诉又不履行行政处罚决定的,森检机构可以申请人民法院强制执行或者依法强制执行。

第三十三条 本细则中规定的《植物检疫证书》、《产地检疫合格证》、《检疫处理通知单》、《森林植物检疫员证》和《引进林木种子、苗木和其他繁殖材料检疫审批单》等检疫单证的格式,由林业部制定。

第三十四条 本细则由林业部负责解释。

第三十五条 本细则自发布之日起施行。1984年9月17日林业部发布的《〈植物检疫条例〉实施细则(林业部分)》同时废止。

沿海国家特殊保护林带管理规定（2011年修正）

（1996年12月9日中华人民共和国林业部令第11号发布　根据2011年1月25日国家林业局令第26号《国家林业局关于废止和修改部分部门规章的决定》修改）

第一条　为了加强沿海国家特殊保护林带的保护管理，根据《中华人民共和国森林法》和国家有关规定，制定本规定。

第二条　沿海国家特殊保护林带的保护和监督管理，必须遵守本规定。

第三条　林业部负责组织指导全国沿海国家特殊保护林带的建设和保护管理工作。沿海地区县级以上地方人民政府林业行政主管部门负责本行政区域内国家特殊保护林带的建设和保护管理工作。

第四条　经国务院批准，下列沿海基于林带划定为国家特殊保护林带：

（一）在沙岸地段：从适宜植树的地方起向岸上延伸200米。

（二）在泥岸地段：从红树林或者适宜植树的地方起向陆地延伸使林带宽度不少于100米。

（三）在岩岸地区：为临海第一座山山脊的临海坡面。

第五条　划定沿海国家特殊保护林带，不改变原来的森林、林木、林地的权属主体。

第六条　沿海地区县级以上地方人民政府林业行政主管部门应当对本行政区域内的国家特殊保护林带建立档案和设立保护标志，任何单位或者个人不得破坏或者擅自移动沿海国家特殊保护林带的保护标志。

第七条　在沿海国家特殊保护林带内，禁止从事砍柴、放牧、修坟、采石、采砂、采土、采矿及其他毁林行为，禁止非法修筑建筑物和其他工程设施。

第八条　沿海地区地方人民政府林业行政主管部门应当在当地人民政府领导下，组织有关部门做好沿海国家特殊保护林带的森林火灾和森林病虫害防治工作。

第九条　沿海国家特殊保护林带内的宜林地，由林地使用者按照沿海防护林体系建设规划负责营造防护林。

第十条　禁止采伐沿海国家特殊保护林带内的林木。

依照有关规定需要对沿海国家特殊保护林带内的林木进行抚育和更新采伐的，必须经所在地县级人民政府林业行政主管部门审核，报省级人民政府林业行政主管部门批准，并报林业部备案。

对沿海国家特殊保护林带内的林木进行抚育和更新采伐的，不得超过批准的年采伐限额核发林木采伐许可证。

对沿海国家特殊保护林带内的林木进行更新采伐的，在采伐后的当年或者次年内必须完成更新造林任务。

第十一条　沿海国家特殊保护林带内的林地不得占用、征收、征用。因国家重点工程建设等特殊情况需要占用、征收、征用的,在按照法定权限和程序报人民政府批准时,必须附具省级以上人民政府林业行政主管部门的审核意见。

对未按照法定权限和程序办理占用、征收、征用沿海国家特殊保护林带内的林地手续的,被占用、征收、征用林地的单位有权抵制,并向县级以上人民政府林业行政主管部门报告。

第十二条 经批准占用、征收、征用沿海国家特殊保护林带内的林地的,应当按照批准的数量、范围使用林地。需要采伐被占用、征收、征用林地上的林木的,必须按照有关法律、法规的规定办理林木采伐许可证。

第十三条 经批准占用、征收、征用沿海国家特殊保护林带内的林地的,用地单位应当按照国家有关规定缴纳林木补偿费、林地补偿费、安置补助费和森林植被恢复费等费用。

第十四条 违反森林保护法规,破坏沿海国家特殊保护林带森林资源的,破坏或者擅自移动沿海国家特殊保护林带的保护标志的,依照有关法律、法规的规定从重处罚。

第十五条 本规定由林业部负责解释。

第十六条 本规定自发布之日起施行。

国家级森林公园设立、撤销、合并、改变经营范围或者变更隶属关系审批管理办法

(2005年6月16日　国家林业局令第16号)

第一条 为了规范国家级森林公园设立、撤销、合并、改变经营范围或者变更隶属关系审批行为,根据《中华人民共和国行政许可法》、《国务院对确需保留的行政审批项目设定行政许可的决定》(国务院令第412号)和国家有关规定,制定本办法。

第二条 由国家林业局实施国家级森林公园设立、撤销、合并、改变经营范围或者变更隶属关系审批的行政许可事项的办理,应当遵守本办法。

第三条 森林、林木、林地的所有者和使用者,可以申请设立国家级森林公园。

设立国家级森林公园,应当具备以下条件:

(一)森林风景资源质量等级达到《中国森林公园风景资源质量等级评定》(GB/T 18005—1999)一级标准;

(二)拟建的森林公园质量等级评定分值40分以上;

(三)符合国家森林公园建设发展规划;

(四)森林风景资源权属清楚,无权属争议;

(五)经营管理机构健全,职责和制度明确,具备相应的技术和管理人员。

第四条 申请设立国家级森林公园的,应当提交以下材料:

(一)申请文件;

(二)符合规定的可行性研究报告;

(三)森林、林木和林地的权属证明材料;

(四)森林风景资源的景观照片、光盘等影像资料；
(五)经营管理机构职责、制度和技术、管理人员配置等情况的说明材料；
(六)所在地省、自治区、直辖市林业主管部门的书面意见。

第五条 有下列情况之一的，可以申请撤销国家级森林公园：
(一)主要景区的林地依法变更为非林地的；
(二)经营管理者发生变更或者改变经营方向的；
(三)因不可抗力等原因，无法继续履行保护利用森林风景资源义务或者提供森林旅游服务的。

第六条 申请撤销国家级森林公园的，应当提交以下材料：
(一)申请文件；
(二)说明理由的书面材料；
(三)所在地省、自治区、直辖市林业主管部门的书面意见。

第七条 申请合并或者改变国家级森林公园经营范围的，应当具备以下条件：
(一)符合国家森林公园建设发展规划；
(二)符合国家级森林公园的森林风景资源质量等级标准。

第八条 申请合并或者改变国家级森林公园经营范围的，应当提交以下材料：
(一)申请文件；
(二)说明理由的书面材料；
(三)合并的，提交合并后经营管理机构职责、制度和技术、管理人员配置等情况的说明材料；扩大经营范围的，提交拟新增范围内的森林风景资源调查报告和景观照片、光盘等影像资料；缩小经营范围的，提交拟减少面积的位置图；
(四)所在地省、自治区、直辖市林业主管部门的书面意见。

第九条 申请变更国家级森林公园隶属关系的，应当具备以下条件：
(一)符合国家林业发展总体规划；
(二)不影响森林风景资源的保护。

第十条 申请变更国家级森林公园隶属关系的，应当提交以下材料：
(一)申请文件；
(二)说明理由的书面材料；
(三)所在地省、自治区、直辖市林业主管部门的书面意见。

第十一条 国家林业局应当在收到国家级森林公园设立、撤销、合并、改变经营范围或者变更隶属关系审批的申请后，对申请材料齐全、符合法定形式的，即时出具《国家林业局行政许可受理通知书》；对不予受理的，应当即时告知申请人并说明理由，出具《国家林业局行政许可不予受理通知书》；对申请材料不齐或者不符合法定形式的，应当在5日内出具《国家林业局行政许可补正材料通知书》，并一次性告知申请人需要补正的全部内容。

第十二条 国家林业局作出本办法规定的行政许可，需要组织专家评审的，应当自受理之日起10日内，出具《国家林业局行政许可需要听证、招标、拍卖、检验、检测、检疫、鉴定和专家评审通知书》，将中国森林风景资源评价委员会专家评审所需时间告知申请人。

国家林业局受理本办法第四条、第八条规定的申请，需要组织专家实地考察的，应当在出具

《国家林业局行政许可需要听证、招标、拍卖、检验、检测、检疫、鉴定和专家评审通知书》时,明确告知申请人。

专家集体评审和实地考察所需时间不计算在作出行政许可决定的期限内。

第十三条 国家林业局应当自受理之日起 20 日内作出是否准予行政许可的决定,出具《国家林业局准予行政许可决定书》或者《国家林业局不予行政许可决定书》,并告知申请人。

第十四条 国家级森林公园设立、合并、改变经营范围的行政许可决定书,应当明确国家级森林公园的位置、面积和范围。

第十五条 在法定期限内不能作出行政许可决定的,经国家林业局主管负责人批准,国家林业局应当在法定期限届满前 5 日办理《国家林业局行政许可延期通知书》,并告知申请人。

第十六条 国家级森林公园设立、撤销、合并、改变经营范围或者变更隶属关系的行政许可决定,应当以适当的方式公示、公告,公众有权查阅。

第十七条 国家林业局应当依法对被许可人保护利用森林风景资源的情况进行监督检查。

第十八条 被许可人违反法律、法规的规定,造成森林资源受到破坏的,由县级以上林业主管部门按照有关法律法规的规定予以行政处罚。

第十九条 被许可人以欺骗手段取得国家级森林公园设立、撤销、合并、改变经营范围或者变更隶属关系行政许可决定的,国家林业局可以依法撤销,并予以公示、公告。

作出撤销行政许可决定的,国家林业局应当以书面形式通知被许可人,并告知其享有依法申请行政复议或者提起行政诉讼的权利。

第二十条 在国家级森林公园经营管理范围内,不得再建立自然保护区、风景名胜区、地质公园等。确有必要的,必须经国家林业局批准后方可建立。

第二十一条 国家林业局的有关工作人员在实施国家级森林公园设立、撤销、合并、改变经营范围或者变更隶属关系审批的行政许可行为中,滥用职权、徇私舞弊的,依法给予行政处分;情节严重,构成犯罪的,依法追究刑事责任。

第二十二条 国家级森林公园设立、撤销、合并、改变经营范围或者变更隶属关系的其他有关规定与本办法的规定不一致的,适用本办法。

第二十三条 申请国家级森林公园设立、撤销、合并、改变经营范围或者变更隶属关系审批的有关书面材料均为一式两份,并按照国家林业局规定的格式制作。

第二十四条 本办法自 2005 年 7 月 20 日起施行。

林木良种推广使用管理办法（2011 年修正）

(1997 年 6 月 15 日林业部令第 13 号发布　根据 2011 年 1 月 25 日国家林业局令第 26 号《国家林业局关于废止和修改部分部门规章的决定》修改)

第一章　总　则

第一条 为了加强林木良种推广使用管理,发展高产优质、高效益的林业,根据《中华人民共和国种子法》和国家有关规定,制定本办法。

未具有林木良种审定或者认定合格证书的林木种子,不得作为林木良种推广使用。

第二条 本办法所称林木良种,是指经省级以上林木良种审定委员会审定或者认定通过并发给合格证书的林木种子。

未具有林木良种审定或者认定合格证书的林木种子,不得作为林木良种推广使用。

第三条 未办法所称林木良种推广使用,是指通过试验、示范、培训、指导以及咨询服务等,把林木良种应用于林业生产的活动。

从事林木良种推广使用活动,必须遵守本办法。

第四条 县级以上林业行政主管部门应当采取措施鼓励选育林木良种,并对选育林木良种成绩显著的单位或者个人给予予奖励。

第二章 组织协调

第五条 县级以上林业行政主管部门负责本行政区域的林木良种推广使用管理工作。具体工作由其设置的林木种子管理机构组织实施。

县级以上林业行政主管部门应当加强对林木良种推广使用管理工作的领导,将林木良种推广使用管理工作作为领导任期责任制的内容,进行考核。

第六条 县级以上林业行政主管部门应当建立由林木种子管理机构、林业科技推广机构、林业科研单位和院校以及群众性科技组织相结合的林木良种推广体系。

县级以上林业行政主管部门应当建立林木良种推广使用示范基地。

第七条 林木良种推广使用计划,由省级以上林业行政主管部门根据林业发展规划和林木良种生产能力制定并组织实施。

第八条 林业科技推广机构的主要任务是:

(一)提供与林木良种推广使用有关的技术、信息服务;

(二)对推广使用的林木良种进行试验、示范;

(三)指导下级林业科技推广机构、群众性科技组织的林木良种推广使用工作。

第九条 林业科研单位和院校应当根据林业经济发展的需要,开展林木良种技术开发和推广工作,加快林木良种的推广使用。

国有林场和苗圃应当带头进行林木良种推广使用示范,并为林农提供推广使用技术服务。

第十条 从事林木良种推广使用工作的专业技术人员,应当具有中专以上学历,经县级以上林业行政主管部门考核并发给资格证书;对专业技术人员的职称评定应当以考核其林木良种推广使用工作的业务水平和实绩为主。

县级以上林业行政主管部门应当计划地组织对从事林木良种推广使用工作的人员进行技术培训和考核。

第三章 推广使用管理

第十一条 营造速生丰产用材林和经济林,应当使用林木良种。

前款规定之外的工程造林、其他使用国家投资或者由国家扶持造林的项目和国有林场造林,应当根据林木良种推广使用计划分别不同的树种核定良种使用率,实行目标管理,逐步实现造林良种化。

国家投资或者国家投资为主的造林项目和国有林业单位造林,应当根据林业行政主管部门制定的计划使用林木良种,实行目标管理,逐步实现造林良种化。

第十二条 在推广林木良种时,推广林木良种的单位或者个人应当同时向造林单位或者个人提供林木良种的育苗、培育等配套技术。

第十三条 对推广使用林木良种的单位或者个人,可以给予适当的经济补贴。具体补贴办法执行各省、自治区、直辖市林业行政主管部门的规定。

第十四条 县级以上林业行政主管部门应当按照《中华人民共和国农业推广法》第二十三条的规定,向同级人民政府争取在财政拨款和农业发展基金安排一定比例的资金份额,用于林木良种的推广使用。

县级以上林业行政主管部门应当安排适当的资金,用于林木良种的推广使用。

任何单位或者个人不得截留或者挪用林木良种推广使用资金。

第四章 监督与奖惩

第十五条 县级以上林业行政主管部门应当加强对林木良种推广使用工作的监督。

对国家投资或者国家投资为主的造林项目和国有林业单位造林,应当将使用林木良种的情况作为验收内容。

第十六条 未按照规定使用林木良种造林的项目,林业行政主管部门可以取消林木良种推广使用的经济补贴,并可酌减或者停止该项目项目下一年度的投资。

对前款行为,林业行政主管部门可以给予警告,并可处 1000 元以下罚款。

第十七条 伪造林木良种证书的,由林业行政主管部门或者其委托的林木种子管理机构予以没收,并可处 1000 元以下的罚款;有违法所得的可处违法所得 3 倍以内的罚款,但最多不得超过 30000 元。

第十八条 在林木良种推广使用工作中有突出或者得显著贡献的单位或者个人,林业行政主管部门应当给予奖励。

第五章 附 件

第十九条 本办法由林业部负责解释。

第二十条 本办法自发布之日起施行。

林木和林地权属登记管理办法(2011 年修正)

(2000 年 12 月 31 日国家林业局令第 1 号发布 根据 2011 年 1 月 25 日国家林业局令第 26 号《国家林业局关于废止和修改部分部门规章的决定》修改)

第一条 为了规范森林、林木和林地的所有权或者使用权(以下简称林权)登记工作,根据

《中华人民共和国森林法》及其实施条例规定,制定本办法。

第二条 县级以上林业主管部门依法履行林权登记职责。

林权登记包括初始、变更和注销登记。

第三条 林权权利人是指森林、林木和林地的所有权或者使用权的拥有者。

第四条 林权权利人为个人的,由本人或者其法定代理人、委托的代理人提出林权登记申请;林权权利人为法人或者其他组织的,由其法定代表人、负责人或者委托的代理人提出林权登记申请。

第五条 林权权利人应当根据森林法及其实施条例的规定提出登记申请,并提交以下文件:

(一)林权登记申请表;

(二)个人身份证明、法人或者其他组织的资格证明、法定代表人或者负责人的身份证明、法定代理人或者委托代理人的身份证明和载明委托事项和委托权限的委托书;

(三)申请登记的森林、林木和林地权属证明文件;

(四)省、自治区、直辖市人民政府林业主管部门规定要求提交的其他有关文件。

第六条 林权发生变更的,林权权利人应当到初始登记机关申请变更登记。

第七条 林地被依法征收、征用、占用或者由于其他原因造成林地灭失的,原林权权利人应当到初始登记机关申请办理注销登记。

第八条 林权权利人申请办理变更登记或者注销登记时,应当提交下列文件:

(一)林权登记申请表;

(二)林权证;

(三)林权依法变更或者灭失的有关证明文件。

第九条 登记机关应当对林权权利人提交的申请登记材料进行初步审查。

登记机关认为林权权利人提交的申请材料符合森林法及其实施条例以及本办法规定的,应当予以受理;认为不符合规定的,应当说明不受理的理由或者要求林权权利人补充材料。

第十条 登记机关对已经受理的登记申请,应当自受理之日起10个工作日内,在森林、林木和林地所在地进行公告。公告期为30天。

第十一条 对经审查符合下列全部条件的登记申请,登记机关应当自受理申请之日起3个月内予以登记:

(一)申请登记的森林、林木和林地位置、四至界限、林种、面积或者株数等数据准确;

(二)林权证明材料合法有效;

(三)无权属争议;

(四)附图中标明的界桩、明显地物标志与实地相符合。

第十二条 对经审查不符合本办法第十一条规定的登记条件的登记申请,登记机关应当不予登记。

在公告期内,有关利害关系人如对登记申请提出异议,登记机关应当对其所提出的异议进行调查核实。有关利害关系人提出的异议主张确实合法有效的,登记机关对登记申请应当不予登记。

第十三条 对不予登记的申请,登记机关应当以书面形式向提出登记申请的林权权利人告知不予登记的理由。

第十四条　对于经过登记机关审查准予登记的申请,应当及时核发林权证。

第十五条　按照森林法及其实施条例的规定,由国务院林业主管部门或者省、自治区、直辖市人民政府以及设区的市、自治州人民政府核发林权证的,登记机关应当将核发林权证的情况通知有关地方人民政府。

第十六条　国务院林业主管部门统一规定林权证式样,并指定厂家印制。

第十七条　发现林权证错、漏登记的或者遗失、损坏的,有关林权权利人可以到原林权登记机关申请更正或者补办。

第十八条　登记机关应当配备专(兼)职人员和必要的设施,建立林权登记档案。

第十九条　登记档案应当包括下列主要材料:

(一)本办法第五条规定的申请材料;

(二)林权登记台账;

(三)本办法第十二条第二款涉及的异议材料和登记机关的调查材料和审查意见;

(四)其他有关图表、数据资料等文件。

第二十条　登记机关应当公开登记档案,并接受公众查询。

第二十一条　省级林业主管部门登记机关应当将当年林权证核发、换发、变更等登记情况统计汇总,并于次年1月份报国务院林业主管部门。

第二十二条　本办法由国家林业局负责解释。

第二十三条　本办法自发布之日起施行。

林木林地权属争议处理办法(2015年修订)

(1996年10月14日　林业部令第10号)

第一章　总　则

第一条　为了公正、及时地处理林木、林地权属争议,维护当事人的合法权益,保障社会安定团结,促进林业发展,根据《中华人民共和国森林法》和国家有关规定,制定本办法。

第二条　本办法所称林木、林地权属争议,是指因森林、林木、林地所有权或者使用权的归属而产生的争议。处理森林、林木、林地的所有权或者使用权争议(以下简称林权争议),必须遵守本办法。

第三条　处理林权争议,应当尊重历史和现实情况,遵循有利于安定团结,有利于保护、培育和合理利用森林资源,有利于群众的生产生活的原则。

第四条　林权争议由各级人民政府依法作出处理决定。林业部、地方各级人民政府林业行政主管部门或者人民政府设立的林权争议处理机构(以下统称林权争议处理机构)按照管理权限分别负责办理林权争议处理的具体工作。

第五条　林权争议发生后,当事人所在地林权争议处理机构应当及时向所在地人民政府报告,并采取有效措施防止事态扩大。在林权争议解决以前,任何单位和个人不得采伐有争议的林木,不得在有争议的林地上从事基本建设或者其他生产活动。

第二章　处理依据

第六条　县级以上人民政府或者国务院授权林业部依法颁发的森林、林木、林地的所有权或者使用权证书(以下简称林权证),是处理林权争议的依据。

第七条　尚未取得林权证的,下列证据作为处理林权争议的依据:

(一)土地改革时期,人民政府依法颁发的土地证;

(二)土地改革时期,《中华人民共和国土地改革法》规定不发证的林木、林地的土地清册;

(三)当事人之间依法达成的林权争议处理协议、赠送凭证及附图;

(四)人民政府作出的林权争议处理决定;

(五)对同一起林权争议有数次处理协议或者决定的,以上一级人民政府作出的最终决定或者所在地人民政府作出的最后一次决定为依据;

(六)人民法院作出的裁定、判决。

第八条　土地改革后至林权争议发生时,下列证据可以作为处理林权争议的参考依据:

(一)国有林业事业企业单位设立时,该单位的总体设计书所确定的经营管理范围及附图;

(二)土地改革、合作化时期有关林木、林地权属的其他凭证;

(三)能够准确反映林木、林地经营管理状况的有关凭证;

(四)依照法律、法规和有关政策规定,能够确定林木、林地权属的其他凭证。

第九条　土地改革前有关林木、林地权属的凭证,不得作为处理林权争议的依据或者参考依据。

第十条　处理林权争议时,林木、林地权属凭证记载的四至清楚的,应当以四至为准;四至不清楚的,应当协商解决;经协商不能解决的,由当事人共同的人民政府确定其权属。

第十一条　当事人对同一起林权争议都能够出具合法凭证的,应当协商解决;经协商不能解决的,由当事人共同的人民政府按照双方各半的原则,并结合实际情况确定其权属。

第十二条　土地改革后营造的林木,按照"谁造林、谁管护、权属归谁所有"的原则确定其权属,但明知林地权属有争议而抢造的林木或者法律、法规另有规定的除外。

第三章　处理程序

第十三条　林权争议发生后,当事人应当主动、互谅、互让地协商解决。经协商依法达成协议的,当事人应当在协议书及附图上签字或者盖章,并报所在地林权争议处理机构备案;经协商不能达成协议的,按照本办法规定向林权争议处理机构申请处理。

第十四条　林权争议由当事人共同的林权争议处理机构负责办理具体处理工作。

第十五条　申请处理林权争议的,申请人应当向林权争议处理机构提交《林木林地权属争议处理申请书》。《林木林地权属争议处理申请书》应当包括以下内容:

(一)当事人的姓名、地址及其法定代表人的姓名、职务;

(二)争议的现状,包括争议面积、林木蓄积,争议地所在的行政区域位置、四至和附图;

(三)争议的事由,包括发生争议的时间、原因;

(四)当事人的协商意见。《林木林地权属争议处理申请书》由省、自治区、直辖市人民政府林权争议处理机构统一印制。

第十六条 林权争议处理机构在接到《林木林地权属争议处理申请书》后,应当及时组织办理。

第十七条 当事人对自己的主张应当出具证据。当事人不能出具证据的,不影响林权争议处理机构依据有关证据认定争议事实。

第十八条 林权争议经林权争议处理机构调解达成协议的,当事人应当在协议书上签名或者盖章,并由调解人员署名,加盖林权争议处理机构印章,报同级人民政府或者林业行政主管部门备案。

第十九条 林权争议经林权争议处理机构调解未达成协议的,林权争议处理机构应当制作处理意见书,报同级人民政府作出决定。处理意见书应当写明下列内容:
(一)当事人的姓名、地址及其法定代表人的姓名、职务;
(二)争议的事由、各方的主张及出具的证据;
(三)林权争议处理机构认定的事实、理由和适用的法律、法规及政策规定;
(四)处理意见。

第二十条 当事人之间达成的林权争议处理协议或者人民政府作出的林权争议处理决定,凡涉及国有林业企业、事业单位经营范围变更的,应当事先征得原批准机关同意。

第二十一条 当事人之间达成的林权争议处理协议,自当事人签字之日起生效;人民政府作出的林权争议处理决定,自送达之日起生效。

第二十二条 当事人对人民政府作出的林权争议处理决定不服的,可以依法提出申诉或者向人民法院提起诉讼。

第四章 奖励和惩罚

第二十三条 在林权争议处理工作中做出突出贡献的单位和个人,由县级以上人民政府林业行政主管部门给予奖励。

第二十四条 伪造、变造、涂改本办法规定的林木、林地权属凭证的,由林权争议处理机构收缴其伪造、变造、涂改的林木、林地权属凭证,并可视情节轻重处以1000元以下罚款。

第二十五条 违反本办法规定,在林权争议解决以前,擅自采伐有争议的林木或者在有争议的林地上从事基本建设及其他生产活动的,由县级以上人民政府林业行政主管部门依照《森林法》等法律法规给予行政处罚。

第二十六条 在处理林权争议过程中,林权争议处理机构工作人员玩忽职守,徇私舞弊的,由其所在单位或者有关机关依法给予行政处分。

第五章 附 则

第二十七条 本办法由林业部负责解释。

第二十八条 本办法自发布之日起施行。

林业工作站管理办法（2015年修订）

（2000年3月13日国家林业局令第6号发布　根据2015年11月24日国家林业局令第39号修订）

第一章　总　则

第一条　为了加强林业工作站的建设与管理,发挥林业工作站在发展林业中的作用,根据《中华人民共和国森林法》《中华人民共和国农业技术推广法》和国家有关规定,制定本办法。

第二条　林业工作站的建设和管理,适用本办法。

第三条　林业工作站是设在乡镇的基层林业工作机构,依法对森林、野生动植物资源实行管理和监督,组织和指导农村林业生产经营组织和个人发展林业生产,开展林业社会化服务。

第四条　林业工作站由县级林业主管部门直接领导或者实行由县级林业主管部门和所在地乡镇人民政府双重领导的管理体制。

第五条　国家林业局主管全国林业工作站的建设和管理工作,具体工作由其设立的林业工作站管理总站负责。

县级以上地方林业主管部门主管本行政区域内林业工作站的建设和管理工作,具体工作由其设立或者确定的林业工作站管理机构负责。

第二章　林业工作站的职责

第六条　林业工作站承担政策宣传、资源管理、林政执法、生产组织、科技推广和社会化服务等职能,具体职责是：

（一）宣传与贯彻执行森林、野生动植物资源保护等法律、法规和各项林业方针、政策；

（二）协助县级林业主管部门和乡镇人民政府制定和落实林业发展规划；

（三）配合县级林业主管部门开展资源调查、档案管理、造林检查验收、林业统计等工作；

（四）协助县级林业主管部门或者乡镇人民政府开展林木采伐等行政许可受理、审核和发证工作；

（五）配合县级林业主管部门或者乡镇人民政府开展森林防火、林业有害生物防治、陆生野生动物疫源疫病防控、森林保险和林业重点建设工程等工作；

（六）协助有关部门处理森林、林木和林地所有权或者使用权争议,查处破坏森林和野生动植物资源案件；

（七）配合乡镇人民政府建立健全乡村护林网络和管理乡村护林队伍；

（八）推广林业科学技术,开展林业技术培训、技术咨询和技术服务等林业社会化服务；

（九）承担县级林业主管部门或者乡镇人民政府规定的其他职责。

第三章　林业工作站的建设

第七条　有林业生产和经营管理任务的地方,应当在乡镇设立林业工作站;林业生产和经营管理任务相对较轻的地方,可以设立区域林业工作站。

不具备设立林业工作站条件的,乡镇人民政府应当依法设专职或者兼职人员负责林业工作。

第八条　林业工作站的设立,由县级林业主管部门提出意见或者由县级林业主管部门与当地乡镇人民政府协商后提出意见,按照有关规定报县级人民政府或者有关机构批准。

第九条　林业工作站工作人员的编制,由县级林业主管部门根据国家有关规定和当地实际情况,商机构编制部门确定。

林业工作站新进人员应当主要接收大中专院校毕业生,实行公开招聘,采取考试与考核相结合的办法,择优聘用。

第十条　林业工作站应当设立符合工作需要的专业技术岗位。专业技术人员应当具有相应的专业技术水平,符合岗位职责要求。

林业工作站新进专业技术人员,应当具备大中专以上专业学历。

第十一条　国家对林业工作站的建设给予适当扶持。林业工作站所需事业经费,根据国家有关规定纳入地方预算。

林业工作站承担林业重点工程项目等专项任务的,下达专项任务的部门或者单位应当按照有关规定列支必要的专项工作经费。

第十二条　林业工作站应当具有必要的房屋、交通、通讯工具等设施。

任何单位和个人不得非法侵占、平调、拍卖或者出租林业工作站的房屋、交通、通讯工具等设施和其他资产。

第四章　林业工作站的管理

第十三条　林业工作站的撤销或者变更,由县级林业主管部门提出意见或者由县级林业主管部门与当地乡镇人民政府协商后提出意见,报原批准设立的机关批准。

第十四条　林业工作站负责人的任免,由县级林业主管部门负责或者按照所在地人事管理规定办理。

第十五条　县级以上地方林业主管部门应当有计划地对林业工作站的工作人员进行业务培训。

对达到相应技术水平的林业工作站人员,应当按照国家有关规定聘任相应的技术职务。

第十六条　林业工作站应当建立健全岗位责任制、目标管理责任制和技术承包责任制,制定和完善各项工作制度。

第十七条　林业工作站应当建立健全人事、财务会计、国有资产管理以及廉政建设等各项制度,并接受县级林业主管部门或者乡镇人民政府的监督和检查。

第十八条　县级以上地方林业主管部门应当在同级人民政府的指导下,采取措施,保障和改善林业工作站工作人员的工作条件、生活条件和待遇,并按照国家规定给予补贴。

第十九条　对成绩显著的林业工作站及其工作人员,应当给予奖励。

第二十条　对有滥用职权、徇私舞弊、索贿受贿或者玩忽职守等行为的林业工作站工作人员,依照国家有关规定处理。

第五章 附 则

第二十一条 新疆生产建设兵团设立的团场林业工作站以及国有农场设立的林业工作站的建设与管理,参照本办法执行。

第二十二条 本办法自2016年1月1日起施行。2000年3月13日国家林业局发布的《林业工作站管理办法》同时废止。

林业固定资产投资建设项目管理办法

(2015年3月30日 国家林业局令第36号)

第一条 为了加强林业固定资产投资建设项目管理,规范项目建设程序和行为,提高项目建设质量和投资效益,根据国家有关法律、法规,制定本办法。

第二条 本办法所称林业固定资产投资建设项目,是指使用中央财政预算资金投资的林业固定资产建设项目(以下简称林业建设项目)。

第三条 县级以上人民政府林业主管部门负责林业建设项目的管理和监督工作。

第四条 国家林业局建立林业建设项目储备库,作为林业建设项目决策和年度计划安排的重要依据。林业建设项目应当符合相关规划的要求。

第五条 国家林业局按照中央财政预算资金的投资方向,根据国务院及其有关主管部门规定,制定林业建设项目申报指南。

第六条 建设单位应当根据林业建设项目申报指南,开展林业建设项目前期工作。

第七条 林业建设项目前期工作包括编制林业建设项目项目建议书、可行性研究报告、项目初步设计文件以及其他相关的工作。

建设单位开展林业建设项目前期工作,应当按照规定编制林业建设项目项目建议书、可行性研究报告、项目初步设计文件(项目实施方案)。

使用中央财政预算资金3000万元以下的林业建设项目,不编制林业建设项目项目建议书;但有特别规定的除外。

第八条 林业建设项目项目建议书应当对林业建设项目的必要性、建设条件、拟建地点和规模、投资估算、资金筹措以及经济效益、生态效益、社会效益进行初步分析,并附具有关证明文件。

林业建设项目项目建议书的主要内容应当符合林业建设项目项目建议书编制规定的要求。

林业建设项目项目建议书应当由具有相应资质的工程咨询单位编制。

第九条 林业建设项目可行性研究报告应当对林业建设项目在技术和经济上是否必要、合理、可行以及经济效益、生态效益、社会效益等进行全面分析论证,合理确定建设内容和规模,并附具有关证明文件。

林业建设项目可行性研究报告的主要内容应当符合林业建设项目可行性研究报告编制规定的要求。

林业建设项目可行性研究报告应当由具有相应资质的甲级工程咨询或者勘察设计单位编制。

第十条 林业建设项目初步设计文件应当根据批准的林业建设项目可行性研究报告组织编制。林业建设项目初步设计文件应当对各单项工程或者单位工程的建设内容、建设标准、用地规模、主要材料和设备选择进行说明,并附具设计说明、图纸、主要设备材料用量表和投资概算等材料。

林业建设项目初步设计文件的主要内容应当符合林业建设项目初步设计编制规定的要求。

林业建设项目初步设计文件应当由具有相应资质的甲级工程设计单位编制。

单纯购置类林业建设项目可以不编制项目初步设计文件,由建设单位根据可行性研究报告的批复直接编制项目实施方案。

第十一条 林业建设项目使用中央财政预算资金3000万元以上的,其项目建议书、可行性研究报告、初步设计文件按照国务院或者国家发展改革委规定审查、审批;林业建设项目使用中央财政预算资金3000万元以下的,其项目建议书、可行性研究报告由国家林业局审批;林业建设项目使用中央财政预算资金3000万元以下的,其初步设计文件由省、自治区、直辖市人民政府林业主管部门审批,并报国家林业局备案。

第十二条 建设单位应当按照规定将林业建设项目项目建议书、可行性研究报告报省、自治区、直辖市人民政府林业主管部门审查,并对申报材料的真实性负责。

第十三条 省、自治区、直辖市人民政府林业主管部门应当结合国家投资规模,依据相关规划和项目申报指南,对建设单位报送的林业建设项目项目建议书、可行性研究报告予以审查;审查合格的,应当及时上报国家林业局;审查不合格的,应当及时书面告知建设单位。

省、自治区、直辖市人民政府林业主管部门应当对审查结果负责。

第十四条 国家林业局对省、自治区、直辖市人民政府林业主管部门报送的林业建设项目的申报材料的下列内容进行初步审查:

(一)提交的相关文件及附件是否齐全、有效;

(二)是否符合中央财政预算资金的投资方向;

(三)是否符合国务院及其有关主管部门批准的相关规划的要求;

(四)主要建设条件是否具备。

国家林业局应当自收到省、自治区、直辖市人民政府林业主管部门报送的林业建设项目申报材料之日起45日内完成初步审查,并将林业建设项目初步审查意见反馈省、自治区、直辖市人民政府林业主管部门。

初步审查合格的,国家林业局对林业建设项目申报材料进行实质审查;初步审查不合格的,国家林业局应当以书面形式将林业建设项目申报材料退回省、自治区、直辖市人民政府林业主管部门。

第十五条 林业建设项目的实质审查包括对林业建设项目项目建议书、可行性研究报告、项目初步设计文件的审查。

第十六条 对于符合规定的林业建设项目项目建议书、可行性研究报告,国家林业局应当予以审批,并将批准文件送达省、自治区、直辖市人民政府林业主管部门。

第十七条 建设单位应当依据批复的林业建设项目可行性研究报告组织编制项目初步设计文件,报省、自治区、直辖市人民政府林业主管部门审批,并对申报材料的真实性负责。

第十八条 批复的林业建设项目项目建议书不作为安排中央财政预算资金投资的依据;批复的林业建设项目可行性研究报告、项目初步设计文件是安排中央预算内投资的依据。

第十九条 自林业建设项目可行性研究报告文件批复之日起满3年,仍未落实中央财政预算资金投资的,批复的林业建设项目可行性研究报告和项目初步设计文件失效。

第二十条 经批准的林业建设项目,建设单位应当严格按照审批文件执行,不得擅自调整和变更。

出现下列情况之一的,建设单位应当重新编制和报批林业建设项目可行性研究报告:

(一)总概算或者主体工程建设规模超过林业建设项目可行性研究报告批复百分之十的;

(二)主体工程建设地点发生变更的;

(三)建设单位、建设范围发生变更的。

因林业建设项目实施条件变化等原因,确需调整部分项目子项的,在中央财政预算资金投入不变的情况下,建设单位应当提出项目初步设计文件的调整方案,报原审批机关批准后实施。

第二十一条 未经批准,建设单位擅自进行调整并开工实施林业建设项目的,国家林业局不予受理该林业建设项目事后调整审批的申请。

第二十二条 林业建设项目应当严格按照《中华人民共和国招标投标法》、《中华人民共和国政府采购法》、《中华人民共和国招标投标法实施条例》等相关法律、法规、规章的规定进行招投标管理。

第二十三条 林业建设项目可行性研究报告批复文件中含有监理费的林业建设项目,建设单位应当委托具有相应资质等级的工程监理单位进行监理。

第二十四条 工程监理单位应当根据有关工程建设的法律、法规、标准、工程设计文件和监理合同等规定,对工程投资、工期和质量等内容进行监督控制。

第二十五条 未经工程监理单位选派的监理工程师签字,建设单位不得将建筑材料、建筑构配件和设备在工程上使用或者安装,不得进行下一道工序的施工;同时,不得拨付工程款,不得提请竣工验收。

第二十六条 建设单位应当自林业建设项目建成后3个月内编制完成工程结算和竣工财务决算,并按照国家林业局《林业建设项目竣工验收细则》申请竣工验收。

第二十七条 林业建设项目实施过程中和建成运营后,县级以上人民政府林业主管部门应当按照规定对建设项目质量、投资效益等进行评价。

第二十八条 省、自治区、直辖市人民政府林业主管部门应当于每年2月底前将上一年度林业建设项目执行情况上报国家林业局。执行情况包括林业建设项目申报、储备、建设进展、资金使用、竣工验收等内容。

第二十九条 省、自治区、直辖市人民政府林业主管部门应当对林业建设项目定期跟踪检查,发现问题及时上报国家林业局。凡不涉及秘密的林业建设项目,应当按照国家有关规定对相关内容和信息予以公开。

第三十条 林业建设项目存在下列情况之一的,国家林业局应当根据情节轻重采取责令限期整改、通报批评、暂停拨付中央预算内投资等措施,予以处理。
(一)未按规定履行有关审批程序擅自开工的;
(二)未经批准擅自变更建设地点、提高或者降低建设标准、改变建设内容、扩大或者缩小投资规模的;
(三)工程质量低劣的;
(四)违反财务管理规定,挪用、挤占工程资金的。

第三十一条 由于工程咨询、勘察、设计单位原因导致林业建设项目出现严重质量问题的,国家林业局应当予以通报,并可以同时公告不再受理该工程咨询、勘察、设计单位编制的设计文件。国家林业局应当将通报和处理情况抄送有关行业主管部门。

第三十二条 由于工程监理单位原因导致林业建设项目工程质量、进度及投资控制等问题出现的,国家林业局可以建议有关行业主管部门对其依法进行查处。

第三十三条 本办法所称"以上"含本数,"以下"不含本数。

第三十四条 本办法自 2015 年 5 月 1 日起施行。

集体林权制度改革档案管理办法

(2013 年 5 月 2 日　国家林业局、国家档案局令第 33 号)

第一条 为了加强和规范集体林权制度改革档案工作,有效保护和利用集体林权制度改革档案,根据《森林法》和《档案法》等有关法律法规,制定本办法。

第二条 本办法所称集体林权制度改革档案是指在集体林权制度改革(以下简称林改)中形成的对国家和社会有保存价值的文字、图表、声像、数据等各种形式或者载体文件材料的总称,是林改的重要成果和历史记录。

第三条 本办法所称林改档案工作是指林改档案的收集、整理、鉴定、保管、编研、利用等工作。

第四条 林改档案工作坚持统一领导、分级管理、集中保管、同步进行、规范运作的原则。
林改档案工作应当与林改工作同步进行和检查验收,并作为评价林改效果的重要依据。

第五条 县级以上林业行政主管部门和档案行政管理部门负责本级林改档案工作,并对本行政区域内的林改档案工作实行监督、指导、检查和验收。
县级以上林业行政主管部门应当设立或者明确林改档案管理机构,配备专职人员,按照《森林法》和《森林法实施条例》等有关规定管理林改档案。

第六条 林改档案管理机构应当履行下列工作职责:
(一)贯彻执行国家档案工作的有关法律、法规和方针、政策;
(二)按照有关规范和标准,制定林改档案管理制度和工作标准;
(三)指导林改文件材料的登记、积累和归档工作;

(四)负责林改档案的收集、整理、鉴定、编目、统计等工作;
(五)掌握所保管的林改档案情况,依法提供利用;
(六)负责组织林改档案工作人员培训;
(七)按照国家法律法规以及有关规定,做好林改档案的保管和移交工作。

第七条 县级以上林业行政主管部门应当建立、健全林改文件材料的收集、整理、归档制度,确保林改档案资料的齐全、完整、真实、有效。

县级林业行政主管部门、乡(镇)林业工作站和集体经济组织应当将林改文件材料的收集、整理、归档纳入工作计划。

第八条 林改档案作为文书档案进行管理,按照档案国家标准《文书档案案卷格式》(GB/T 9705-88)和档案行业标准《归档文件整理规则》(DA/T22-2000)等有关标准的要求进行整理,并在次年的上半年完成立卷归档工作。

第九条 产生文件材料较多的机关、单位或者组织,应当将林改档案分为大类和属类进行管理。

林改档案大类和属类设定可以参照《集体林权制度改革文件材料归档范围及保管期限表》执行。

第十条 确权和林权登记类中有关确认森林、林木、林地权属、实地勘界、登记和林权证审核发放等文件材料,应当以农户或者宗地为单元,进行整理、归档和管理。

第十一条 林改工作人员应当及时收集在林改中形成的各类文件材料,并交由林改档案管理机构整理、保管和提供利用。

林改工作人员在工作调离前,应当将个人掌握的林改文件材料,按照相关要求整理后移交给林改档案管理机构,不得拒绝移交、销毁或者擅自带离。

第十二条 林改档案保管期限分为永久和定期。

林改档案具有重要查考利用保存价值的,应当永久保存;具有一般利用保存价值的,应当定期保存,期限为30年或者10年。

具体划分办法按照《集体林权制度改革文件材料归档范围及保管期限表》执行。

第十三条 归档的林改文件纸质材料应当字迹工整、数字准确、图样清晰、手续完备。

归档纸质材料应当使用碳素、蓝黑墨水等不易褪色的书写材料,因特殊情况容易产生字迹模糊或者褪变的文件材料应当附一份清晰的复印件。

纸张、装订材料等应当符合档案保护要求。

第十四条 归档的林改文件非纸质材料应当将每一件(盒、盘)作为一个保管单位,单独排列编号,按照内容和年度分类整理并编制档号。其中与纸质文件材料有直接联系的应当编写互见号或者互见卡。

录音、录像材料要保证载体的有效性,电子文件和使用信息系统采集、贮存的专业性数据以及航空照片、遥感数据应当用可记录式光盘保存,重要的应制成纸质拷贝同时归档保存。

照片和图片应当配有文字说明,标明时间、地点、人物和事件。

电子文件产生的软硬件环境及参数须符合有关要求。

第十五条 各级林业行政主管部门应当建立林改档案保管制度,安排林改档案保管专用资金,配备档案用房、柜架、备有防火、防盗、防潮、防有害生物等安全设施,定期开展档案保管状况检查,确保档案安全。

第十六条 县级林业行政主管部门应当按照国家有关法律、行政法规和规章的规定,按时向县级国家档案馆移交林改档案。

经同级林业行政主管部门和档案行政管理部门协商同意,林改档案可以提前移交,并按规定办理移交手续。

第十七条 乡(镇)人民政府档案机构和集体经济组织应当加强林改档案的保管和移交工作。

集体经济组织不具备档案保管条件的可以将林改档案移交乡(镇)人民政府档案机构保管,经县级林业行政主管部门和档案行政管理部门验收后,依法及时移交县级国家档案馆统一保管。

第十八条 林改档案管理机构撤并时,应当将林改档案整理登记后,妥善移交给主管机关或者接收单位。

第十九条 县级林业行政主管部门、乡(镇)人民政府档案机构在移交档案之前,应当保留备份或者复印件。

森林、林木和林地权属登记、林权证发放等形成的文件资料原件一式两套,一套留县级林业行政主管部门、一套移交同级国家档案馆永久保存。

第二十条 县级国家档案馆应将林改档案纳入档案进馆接收范围,并将其统一归入林业行政主管部门单位全宗序列,对所保存的林改档案严格按照规定整理和保管。

第二十一条 各级林改档案管理机构和国家档案馆应当按照有关规定向社会开放林改档案,为社会提供利用林改档案服务,但涉及国家秘密、个人隐私和法律另有规定的除外。

单位和个人持有合法身份证明,可以依法利用已经开放的林改档案。向国家档案馆移交林改档案的林业行政主管部门和其他经济组织,对其档案享有优先利用的权利。

利用林改档案资料时,除依法收取的复制成本费外,不得收取其他费用。

第二十二条 县级以上林业行政主管部门和档案行政管理部门应当推进林改档案的信息化建设,加强林改电子文件归档和电子档案的规范化管理,提供网上信息查询服务。

第二十三条 对在林改档案的收集、整理、利用等各项工作中做出突出成绩的单位或个人,由各级人民政府及林业行政主管部门、档案行政管理部门给予奖励。

第二十四条 对于违反有关规定,造成林改档案失真、损毁或丢失的,依法追究相关人员的法律责任;情节严重的依法移送司法机关处理。

第二十五条 省、自治区、直辖市林业行政主管部门、档案行政管理部门可以根据有关法律、法规,结合本办法和本地实际,制定林改档案工作有关规定。

第二十六条 法律、行政法规、国务院决定对林改档案的管理另有规定的,从其规定。

第二十七条 本办法自2013年6月22日起施行。

森林防火条例(2008年修订)

(1988年1月16日国务院发布 根据2008年12月1日中华人民共和国国务院令第541号修订)

第一章 总 则

第一条 为了有效预防和扑救森林火灾,保障人民生命财产安全,保护森林资源,维护生态安全,根据《中华人民共和国森林法》,制定本条例。

第二条 本条例适用于中华人民共和国境内森林火灾的预防和扑救。但是,城市市区的除外。

第三条 森林防火工作实行预防为主、积极消灭的方针。

第四条 国家森林防火指挥机构负责组织、协调和指导全国的森林防火工作。

国务院林业主管部门负责全国森林防火的监督和管理工作,承担国家森林防火指挥机构的日常工作。

国务院其他有关部门按照职责分工,负责有关的森林防火工作。

第五条 森林防火工作实行地方各级人民政府行政首长负责制。

县级以上地方人民政府根据实际需要设立的森林防火指挥机构,负责组织、协调和指导本行政区域的森林防火工作。

县级以上地方人民政府林业主管部门负责本行政区域森林防火的监督和管理工作,承担本级人民政府森林防火指挥机构的日常工作。

县级以上地方人民政府其他有关部门按照职责分工,负责有关的森林防火工作。

第六条 森林、林木、林地的经营单位和个人,在其经营范围内承担森林防火责任。

第七条 森林防火工作涉及两个以上行政区域的,有关地方人民政府应当建立森林防火联防机制,确定联防区域,建立联防制度,实行信息共享,并加强监督检查。

第八条 县级以上人民政府应当将森林防火基础设施建设纳入国民经济和社会发展规划,将森林防火经费纳入本级财政预算。

第九条 国家支持森林防火科学研究,推广和应用先进的科学技术,提高森林防火科技水平。

第十条 各级人民政府、有关部门应当组织经常性的森林防火宣传活动,普及森林防火知识,做好森林火灾预防工作。

第十一条 国家鼓励通过保险形式转移森林火灾风险,提高林业防灾减灾能力和灾后自我救助能力。

第十二条 对在森林防火工作中作出突出成绩的单位和个人,按照国家有关规定,给予表彰和奖励。

对在扑救重大、特别重大森林火灾中表现突出的单位和个人，可以由森林防火指挥机构当场给予表彰和奖励。

第二章 森林火灾的预防

第十三条 省、自治区、直辖市人民政府林业主管部门应当按照国务院林业主管部门制定的森林火险区划等级标准，以县为单位确定本行政区域的森林火险区划等级，向社会公布，并报国务院林业主管部门备案。

第十四条 国务院林业主管部门应当根据全国森林火险区划等级和实际工作需要，编制全国森林防火规划，报国务院或者国务院授权的部门批准后组织实施。

县级以上地方人民政府林业主管部门根据全国森林防火规划，结合本地实际，编制本行政区域的森林防火规划，报本级人民政府批准后组织实施。

第十五条 国务院有关部门和县级以上地方人民政府应当按照森林防火规划，加强森林防火基础设施建设，储备必要的森林防火物资，根据实际需要整合、完善森林防火指挥信息系统。

国务院和省、自治区、直辖市人民政府根据森林防火实际需要，充分利用卫星遥感技术和现有军用、民用航空基础设施，建立相关单位参与的航空护林协作机制，完善航空护林基础设施，并保障航空护林所需经费。

第十六条 国务院林业主管部门应当按照有关规定编制国家重大、特别重大森林火灾应急预案，报国务院批准。

县级以上地方人民政府林业主管部门应当按照有关规定编制森林火灾应急预案，报本级人民政府批准，并报上一级人民政府林业主管部门备案。

县级人民政府应当组织乡（镇）人民政府根据森林火灾应急预案制定森林火灾应急处置办法；村民委员会应当按照森林火灾应急预案和森林火灾应急处置办法的规定，协助做好森林火灾应急处置工作。

县级以上人民政府及其有关部门应当组织开展必要的森林火灾应急预案的演练。

第十七条 森林火灾应急预案应当包括下列内容：

（一）森林火灾应急组织指挥机构及其职责；

（二）森林火灾的预警、监测、信息报告和处理；

（三）森林火灾的应急响应机制和措施；

（四）资金、物资和技术等保障措施；

（五）灾后处置。

第十八条 在林区依法开办工矿企业、设立旅游区或者新建开发区的，其森林防火设施应当与该建设项目同步规划、同步设计、同步施工、同步验收；在林区成片造林的，应当同时配套建设森林防火设施。

第十九条 铁路的经营单位应当负责本单位所属林地的防火工作，并配合县级以上地方人民政府做好铁路沿线森林火灾危险地段的防火工作。

电力、电信线路和石油天然气管道的森林防火责任单位，应当在森林火灾危险地段开设防火隔离带，并组织人员进行巡护。

第二十条 森林、林木、林地的经营单位和个人应当按照林业主管部门的规定，建立森林防火责任制,划定森林防火责任区,确定森林防火责任人,并配备森林防火设施和设备。

第二十一条 地方各级人民政府和国有林业企业、事业单位应当根据实际需要,成立森林火灾专业扑救队伍;县级以上地方人民政府应当指导森林经营单位和林区的居民委员会、村民委员会、企业、事业单位建立森林火灾群众扑救队伍。专业的和群众的火灾扑救队伍应当定期进行培训和演练。

第二十二条 森林、林木、林地的经营单位配备的兼职或者专职护林员负责巡护森林,管理野外用火,及时报告火情,协助有关机关调查森林火灾案件。

第二十三条 县级以上地方人民政府应当根据本行政区域内森林资源分布状况和森林火灾发生规律,划定森林防火区,规定森林防火期,并向社会公布。

森林防火期内,各级人民政府森林防火指挥机构和森林、林木、林地的经营单位和个人,应当根据森林火险预报,采取相应的预防和应急准备措施。

第二十四条 县级以上人民政府森林防火指挥机构,应当组织有关部门对森林防火区内有关单位的森林防火组织建设、森林防火责任制落实、森林防火设施建设等情况进行检查;对检查中发现的森林火灾隐患,县级以上地方人民政府林业主管部门应当及时向有关单位下达森林火灾隐患整改通知书,责令限期整改,消除隐患。

被检查单位应当积极配合,不得阻挠、妨碍检查活动。

第二十五条 森林防火期内,禁止在森林防火区野外用火。因防治病虫鼠害、冻害等特殊情况确需野外用火的,应当经县级人民政府批准,并按照要求采取防火措施,严防失火;需要进入森林防火区进行实弹演习、爆破等活动的,应当经省、自治区、直辖市人民政府林业主管部门批准,并采取必要的防火措施;中国人民解放军和中国人民武装警察部队因处置突发事件和执行其他紧急任务需要进入森林防火区的,应当经其上级主管部门批准,并采取必要的防火措施。

第二十六条 森林防火期内,森林、林木、林地的经营单位应当设置森林防火警示宣传标志,并对进入其经营范围的人员进行森林防火安全宣传。

森林防火期内,进入森林防火区的各种机动车辆应当按照规定安装防火装置,配备灭火器材。

第二十七条 森林防火期内,经省、自治区、直辖市人民政府批准,林业主管部门、国务院确定的重点国有林区的管理机构可以设立临时性的森林防火检查站,对进入森林防火区的车辆和人员进行森林防火检查。

第二十八条 森林防火期内,预报有高温、干旱、大风等高火险天气的,县级以上地方人民政府应当划定森林高火险区,规定森林高火险期。必要时,县级以上地方人民政府可以根据需要发布命令,严禁一切野外用火;对可能引起森林火灾的居民生活用火应当严格管理。

第二十九条 森林高火险期内,进入森林高火险区的,应当经县级以上地方人民政府批准,严格按照批准的时间、地点、范围活动,并接受县级以上地方人民政府林业主管部门的监督管理。

第三十条 县级以上人民政府林业主管部门和气象主管机构应当根据森林防火需要,建设森林火险监测和预报台站,建立联合会商机制,及时制作发布森林火险预警预报信息。

气象主管机构应当无偿提供森林火险天气预报服务。广播、电视、报纸、互联网等媒体应当及时播发或者刊登森林火险天气预报。

第三章　森林火灾的扑救

第三十一条　县级以上地方人民政府应当公布森林火警电话,建立森林防火值班制度。

任何单位和个人发现森林火灾,应当立即报告。接到报告的当地人民政府或者森林防火指挥机构应当立即派人赶赴现场,调查核实,采取相应的扑救措施,并按照有关规定逐级报上级人民政府和森林防火指挥机构。

第三十二条　发生下列森林火灾,省、自治区、直辖市人民政府森林防火指挥机构应当立即报告国家森林防火指挥机构,由国家森林防火指挥机构按照规定报告国务院,并及时通报国务院有关部门:

(一)国界附近的森林火灾;

(二)重大、特别重大森林火灾;

(三)造成3人以上死亡或者10人以上重伤的森林火灾;

(四)威胁居民区或者重要设施的森林火灾;

(五)24小时尚未扑灭明火的森林火灾;

(六)未开发原始林区的森林火灾;

(七)省、自治区、直辖市交界地区危险性大的森林火灾;

(八)需要国家支援扑救的森林火灾。

本条第一款所称"以上"包括本数。

第三十三条　发生森林火灾,县级以上地方人民政府森林防火指挥机构应当按照规定立即启动森林火灾应急预案;发生重大、特别重大森林火灾,国家森林防火指挥机构应当立即启动重大、特别重大森林火灾应急预案。

森林火灾应急预案启动后,有关森林防火指挥机构应当在核实火灾准确位置、范围以及风力、风向、火势的基础上,根据火灾现场天气、地理条件,合理确定扑救方案,划分扑救地段,确定扑救责任人,并指定负责人及时到达森林火灾现场具体指挥森林火灾的扑救。

第三十四条　森林防火指挥机构应当按照森林火灾应急预案,统一组织和指挥森林火灾的扑救。

扑救森林火灾,应当坚持以人为本、科学扑救,及时疏散、撤离受火灾威胁的群众,并做好火灾扑救人员的安全防护,尽最大可能避免人员伤亡。

第三十五条　扑救森林火灾应当以专业火灾扑救队伍为主要力量;组织群众扑救队伍扑救森林火灾的,不得动员残疾人、孕妇和未成年人以及其他不适宜参加森林火灾扑救的人员参加。

第三十六条　武装警察森林部队负责执行国家赋予的森林防火任务。武装警察森林部队执行森林火灾扑救任务,应当接受火灾发生地县级以上地方人民政府森林防火指挥机构的统一指挥;执行跨省、自治区、直辖市森林火灾扑救任务的,应当接受国家森林防火指挥机构的统一指挥。

中国人民解放军执行森林火灾扑救任务的,依照《军队参加抢险救灾条例》的有关规定执行。

第三十七条　发生森林火灾,有关部门应当按照森林火灾应急预案和森林防火指挥机构的统一指挥,做好扑救森林火灾的有关工作。

气象主管机构应当及时提供火灾地区天气预报和相关信息,并根据天气条件适时开展人工增雨作业。

交通运输主管部门应当优先组织运送森林火灾扑救人员和扑救物资。

通信主管部门应当组织提供应急通信保障。

民政部门应当及时设置避难场所和救灾物资供应点,紧急转移并妥善安置灾民,开展受灾群众救助工作。

公安机关应当维护治安秩序,加强治安管理。

商务、卫生等主管部门应当做好物资供应、医疗救护和卫生防疫等工作。

第三十八条 因扑救森林火灾的需要,县级以上人民政府森林防火指挥机构可以决定采取开设防火隔离带、清除障碍物、应急取水、局部交通管制等应急措施。

因扑救森林火灾需要征用物资、设备、交通运输工具的,由县级以上人民政府决定。扑火工作结束后,应当及时返还被征用的物资、设备和交通工具,并依照有关法律规定给予补偿。

第三十九条 森林火灾扑灭后,火灾扑救队伍应当对火灾现场进行全面检查,清理余火,并留有足够人员看守火场,经当地人民政府森林防火指挥机构检查验收合格,方可撤出看守人员。

第四章 灾后处置

第四十条 按照受害森林面积和伤亡人数,森林火灾分为一般森林火灾、较大森林火灾、重大森林火灾和特别重大森林火灾:

(一)一般森林火灾:受害森林面积在1公顷以下或者其他林地起火的,或者死亡1人以上3人以下的,或者重伤1人以上10人以下的;

(二)较大森林火灾:受害森林面积在1公顷以上100公顷以下的,或者死亡3人以上10人以下的,或者重伤10人以上50人以下的;

(三)重大森林火灾:受害森林面积在100公顷以上1000公顷以下的,或者死亡10人以上30人以下的,或者重伤50人以上100人以下的;

(四)特别重大森林火灾:受害森林面积在1000公顷以上的,或者死亡30人以上的,或者重伤100人以上的。

本条第一款所称"以上"包括本数,"以下"不包括本数。

第四十一条 县级以上人民政府林业主管部门应当会同有关部门及时对森林火灾发生原因、肇事者、受害森林面积和蓄积、人员伤亡、其他经济损失等情况进行调查和评估,向当地人民政府提出调查报告;当地人民政府应当根据调查报告,确定森林火灾责任单位和责任人,并依法处理。

森林火灾损失评估标准,由国务院林业主管部门会同有关部门制定。

第四十二条 县级以上地方人民政府林业主管部门应当按照有关要求对森林火灾情况进行统计,报上级人民政府林业主管部门和本级人民政府统计机构,并及时通报本级人民政府有关部门。

森林火灾统计报告表由国务院林业主管部门制定,报国家统计局备案。

第四十三条 森林火灾信息由县级以上人民政府森林防火指挥机构或者林业主管部门向社会发布。重大、特别重大森林火灾信息由国务院林业主管部门发布。

第四十四条 对因扑救森林火灾负伤、致残或者死亡的人员,按照国家有关规定给予医疗、抚恤。

第四十五条　参加森林火灾扑救的人员的误工补贴和生活补助以及扑救森林火灾所发生的其他费用，按照省、自治区、直辖市人民政府规定的标准，由火灾肇事单位或者个人支付；起火原因不清的，由起火单位支付；火灾肇事单位、个人或者起火单位确实无力支付的部分，由当地人民政府支付。误工补贴和生活补助以及扑救森林火灾所发生的其他费用，可以由当地人民政府先行支付。

第四十六条　森林火灾发生后，森林、林木、林地的经营单位和个人应当及时采取更新造林措施，恢复火烧迹地森林植被。

第五章　法律责任

第四十七条　违反本条例规定，县级以上地方人民政府及其森林防火指挥机构、县级以上人民政府林业主管部门或者其他有关部门及其工作人员，有下列行为之一的，由其上级行政机关或者监察机关责令改正；情节严重的，对直接负责的主管人员和其他直接责任人员依法给予处分；构成犯罪的，依法追究刑事责任：

（一）未按照有关规定编制森林火灾应急预案的；

（二）发现森林火灾隐患未及时下达森林火灾隐患整改通知书的；

（三）对不符合森林防火要求的野外用火或者实弹演习、爆破等活动予以批准的；

（四）瞒报、谎报或者故意拖延报告森林火灾的；

（五）未及时采取森林火灾扑救措施的；

（六）不依法履行职责的其他行为。

第四十八条　违反本条例规定，森林、林木、林地的经营单位或者个人未履行森林防火责任的，由县级以上地方人民政府林业主管部门责令改正，对个人处500元以上5000元以下罚款，对单位处1万元以上5万元以下罚款。

第四十九条　违反本条例规定，森林防火区内的有关单位或者个人拒绝接受森林防火检查或者接到森林火灾隐患整改通知书逾期不消除火灾隐患的，由县级以上地方人民政府林业主管部门责令改正，给予警告，对个人并处200元以上2000元以下罚款，对单位并处5000元以上1万元以下罚款。

第五十条　违反本条例规定，森林防火期内未经批准擅自在森林防火区内野外用火的，由县级以上地方人民政府林业主管部门责令停止违法行为，给予警告，对个人并处200元以上3000元以下罚款，对单位并处1万元以上5万元以下罚款。

第五十一条　违反本条例规定，森林防火期内未经批准在森林防火区内进行实弹演习、爆破等活动的，由县级以上地方人民政府林业主管部门责令停止违法行为，给予警告，并处5万元以上10万元以下罚款。

第五十二条　违反本条例规定，有下列行为之一的，由县级以上地方人民政府林业主管部门责令改正，给予警告，对个人并处200元以上2000元以下罚款，对单位并处2000元以上5000元以下罚款：

（一）森林防火期内，森林、林木、林地的经营单位未设置森林防火警示宣传标志的；

（二）森林防火期内，进入森林防火区的机动车辆未安装森林防火装置的；

（三）森林高火险期内，未经批准擅自进入森林高火险区活动的。

第五十三条 违反本条例规定，造成森林火灾，构成犯罪的，依法追究刑事责任；尚不构成犯罪的，除依照本条例第四十八条、第四十九条、第五十条、第五十一条、第五十二条的规定追究法律责任外，县级以上地方人民政府林业主管部门可以责令责任人补种树木。

第六章 附 则

第五十四条 森林消防专用车辆应当按照规定喷涂标志图案，安装警报器、标志灯具。

第五十五条 在中华人民共和国边境地区发生的森林火灾，按照中华人民共和国政府与有关国家政府签订的有关协定开展扑救工作；没有协定的，由中华人民共和国政府和有关国家政府协商办理。

第五十六条 本条例自2009年1月1日起施行。

国家林业局委托实施林业行政许可事项管理办法

（2017年10月25日 国家林业局令第45号）

第一条 为了规范委托实施林业行政许可事项行为，根据《中华人民共和国行政许可法》等法律法规的规定，制定本办法。

第二条 国家林业局委托实施林业行政许可事项，适用本办法。

委托实施林业行政许可事项，应当遵循合法、公开、公平、公正、便民、高效的原则。

第三条 法律、行政法规规定由国家林业局实施的林业行政许可事项，国家林业局可以委托省、自治区、直辖市人民政府林业主管部门或者符合法律规定的其他机关实施。

第四条 国家林业局行政许可管理机构可以根据行政许可承办机构工作需要和地方行政审批制度改革要求，提出委托实施林业行政许可事项的建议，报请国家林业局局务会议审议。

国家林业局委托实施林业行政许可事项，应当考虑拟受委托机关的承接能力，并征求拟受委托机关的意见。

第五条 国家林业局委托实施林业行政许可事项，应当以国家林业局公告的形式向社会公布以下内容：

（一）受委托机关的名称、地址、联系方式；

（二）委托实施行政许可的具体事项、委托权限、委托期限等；

（三）国家林业局的地址、联系方式。

第六条 国家林业局委托实施林业行政许可事项，应当与受委托机关签订委托实施林业行政许可事项的书面协议。

国家林业局对受委托机关实施行政许可行为的后果承担法律责任。

第七条 受委托机关应当以国家林业局的名义，实施受委托的林业行政许可事项。

受委托机关不得将国家林业局委托的林业行政许可事项再委托其他组织或者个人实施。

第八条　受委托机关应当在书面协议委托的权限范围内,按照国家林业局规定的条件和程序,依法受理、审查行政许可申请并作出行政许可决定。

受委托机关应当按照国家林业局规定的格式制作行政许可文书,颁发的行政许可决定书和其他行政许可文书应当加盖国家林业局行政许可专用印章;颁发的行政许可证书应当加盖国家林业局印章。

受委托机关应当公开行政许可决定,公众有权依法查阅。

第九条　林业行政许可事项委托实施后,申请人应当按照国家林业局公告的要求向受委托机关提交申请材料。申请人仍向国家林业局提交申请材料的,国家林业局应当告知其具体的受委托机关。

第十条　国家林业局应当对受委托机关实施行政许可工作予以经费支持,加强业务指导和培训,并依法对受委托机关实施林业行政许可事项的行为进行监督检查,及时纠正林业行政许可实施中的违法行为。

国家林业局和受委托机关应当依法对被许可人从事的行政许可活动进行监督检查,并将监督检查的情况和处理结果予以记录归档。公众有权依法查阅监督检查记录。

第十一条　受委托机关应当建立健全受委托实施林业行政许可决定文件的档案管理制度。

受委托机关作出的不予受理、准予或者不准予行政许可决定以及受委托实施行政许可的汇总情况,应当于次年1月15日前报国家林业局。

第十二条　在林业行政许可事项委托期限届满前6个月,国家林业局应当根据委托实施情况,决定是否继续委托。继续委托的,国家林业局应当和原受委托机关重新签订委托实施林业行政许可事项的书面协议;不再继续委托的,国家林业局应当及时向社会公告。

第十三条　国家林业局在林业行政许可事项委托期限内需要变更、中止或者终止委托的,应当及时向社会公告。

第十四条　国家林业局和受委托机关及其工作人员在实施受委托林业行政许可和监督检查中存在违法行为的,应当依法承担法律责任。

第十五条　本办法自2017年12月1日起施行。2013年1月22日发布的《国家林业局委托实施野生动植物行政许可事项管理办法》(国家林业局令第30号)同时废止。

建设项目使用林地审核审批管理办法(2016年修正)

(2015年3月31日国家林业局令第35号发布　根据2016年9月22日国家林业局令第42号修改)

第一条　为了规范建设项目使用林地审核和审批,严格保护和合理利用林地,促进生态林业和民生林业发展,根据《中华人民共和国森林法》、《中华人民共和国行政许可法》、《中华人民共和国森林法实施条例》,制定本办法。

第二条 本办法所称建设项目使用林地,是指在林地上建造永久性、临时性的建筑物、构筑物,以及其他改变林地用途的建设行为。包括:

(一)进行勘查、开采矿藏和各项建设工程占用林地。

(二)建设项目临时占用林地。

(三)森林经营单位在所经营的林地范围内修筑直接为林业生产服务的工程设施占用林地。

第三条 建设项目应当不占或者少占林地,必须使用林地的,应当符合林地保护利用规划,合理和节约集约利用林地。

建设项目使用林地实行总量控制和定额管理。

建设项目限制使用生态区位重要和生态脆弱地区的林地,限制使用天然林和单位面积蓄积量高的林地,限制经营性建设项目使用林地。

第四条 占用和临时占用林地的建设项目应当遵守林地分级管理的规定:

(一)各类建设项目不得使用Ⅰ级保护林地。

(二)国务院批准、同意的建设项目,国务院有关部门和省级人民政府及其有关部门批准的基础设施、公共事业、民生建设项目,可以使用Ⅱ级及其以下保护林地。

(三)国防、外交建设项目,可以使用Ⅱ级及其以下保护林地。

(四)县(市、区)和设区的市、自治州人民政府及其有关部门批准的基础设施、公共事业、民生建设项目,可以使用Ⅱ级及其以下保护林地。

(五)战略性新兴产业项目、勘查项目、大中型矿山、符合相关旅游规划的生态旅游开发项目,可以使用Ⅱ级及其以下保护林地。其他工矿、仓储建设项目和符合规划的经营性项目,可以使用Ⅲ级及其以下保护林地。

(六)符合城镇规划的建设项目和符合乡村规划的建设项目,可以使用Ⅱ级及其以下保护林地。

(七)符合自然保护区、森林公园、湿地公园、风景名胜区等规划的建设项目,可以使用自然保护区、森林公园、湿地公园、风景名胜区范围内Ⅱ级及其以下保护林地。

(八)公路、铁路、通讯、电力、油气管线等线性工程和水利水电、航道工程等建设项目配套的采石(沙)场、取土场使用林地按照主体建设项目使用林地范围执行,但不得使用Ⅱ级保护林地中的有林地。其中,在国务院确定的国家所有的重点林区(以下简称重点国有林区)内,不得使用Ⅲ级以上保护林地中的有林地。

(九)上述建设项目以外的其他建设项目可以使用Ⅳ级保护林地。

本条第一款第(二)、(三)、(七)项以外的建设项目使用林地,不得使用一级国家级公益林地。

国家林业局根据特殊情况对具体建设项目使用林地另有规定的,从其规定。

第五条 建设项目占用林地的审核权限,按照《中华人民共和国森林法实施条例》的有关规定执行。

建设项目占用林地,经林业主管部门审核同意后,建设单位和个人应当依照法律法规的规定办理建设用地审批手续。

第六条 建设项目临时占用林地和森林经营单位在所经营的林地范围内修筑直接为林业生产服务的工程设施占用林地的审批权限,由县级以上地方人民政府林业主管部门按照省、自治区、直辖市有关规定办理。其中,重点国有林区内的建设项目,由省级林业主管部门审批。

第七条 占用林地和临时占用林地的用地单位或者个人提出使用林地申请,应当填写《使用林地申请表》,同时提供下列材料:

(一)用地单位的资质证明或者个人的身份证明。

(二)建设项目有关批准文件。包括:可行性研究报告批复、核准批复、备案确认文件、勘查许可证、采矿许可证、项目初步设计等批准文件;属于批次用地项目,提供经有关人民政府同意的批次用地说明书并附规划图。

(三)拟使用林地的有关材料。包括:林地权属证书、林地权属证书明细表或者林地证明;属于临时占用林地的,提供用地单位与被使用林地的单位、农村集体经济组织或者个人签订的使用林地补偿协议或者其他补偿证明材料;涉及使用国有林场等国有林业企事业单位经营的国有林地,提供其所属主管部门的意见材料及用地单位与其签订的使用林地补偿协议;属于符合自然保护区、森林公园、湿地公园、风景名胜区等规划的建设项目,提供相关规划或者相关管理部门出具的符合规划的证明材料,其中,涉及自然保护区和森林公园的林地,提供其主管部门或者机构的意见材料。

(四)建设项目使用林地可行性报告或者林地现状调查表。

第八条 修筑直接为林业生产服务的工程设施的森林经营单位提出使用林地申请,应当填写《使用林地申请表》,提供相关批准文件或者修筑工程设施必要性的说明,并提供工程设施内容、使用林地面积等情况说明。

第九条 建设项目需要使用林地的,用地单位或者个人应当向林地所在地的县级人民政府林业主管部门提出申请;跨县级行政区域的,分别向林地所在地的县级人民政府林业主管部门提出申请。

第十条 县级人民政府林业主管部门对材料齐全、符合条件的使用林地申请,应当在收到申请之日起10个工作日内,指派2名以上工作人员进行用地现场查验,并填写《使用林地现场查验表》。

第十一条 县级人民政府林业主管部门对建设项目拟使用的林地,应当在林地所在地的村(组)或者林场范围内将拟使用林地用途、范围、面积等内容进行公示,公示期不少于5个工作日。但是,依照相关法律法规的规定不需要公示的除外。

第十二条 按照规定需要报上级人民政府林业主管部门审核和审批的建设项目,下级人民政府林业主管部门应当将初步审查意见和全部材料报上级人民政府林业主管部门。

审查意见中应当包括以下内容:项目基本情况,拟使用林地和采伐林木情况,符合林地保护利用规划情况,使用林地定额情况,以及现场查验、公示情况等。

第十三条 有审核审批权的林业主管部门对申请材料不全或者不符合法定形式的,应当一次性书面告知用地单位或者个人限期补正;逾期未补正的,退还申请材料。

第十四条 符合本办法第三条、第四条规定的条件,并且符合国家供地政策,对生态环境不会造成重大影响,有审核审批权的人民政府林业主管部门应当作出准予使用林地的行政许可决定,按照国家规定的标准预收森林植被恢复费后,向用地单位或者个人核发准予行政许可决定书。不符合上述条件的,有关人民政府林业主管部门应当作出不予使用林地的行政许可决定,向用地单位或者个人核发不予行政许可决定书,告知不予许可的理由。

有审核审批权的人民政府林业主管部门对用地单位和个人提出的使用林地申请,应当在《中华人民共和国行政许可法》规定的期限内作出行政许可决定。

第十五条　建设项目需要使用林地的,用地单位或者个人应当一次申请。严禁化整为零、规避林地使用审核审批。

建设项目批准文件中已经明确分期或者分段建设的项目,可以根据分期或者分段实施安排,按照规定权限分次申请办理使用林地手续。

采矿项目总体占地范围确定,采取滚动方式开发的,可以根据开发计划分阶段按照规定权限申请办理使用林地手续。

公路、铁路、水利水电等建设项目配套的移民安置和专项设施迁建工程,可以分别具体建设项目,按照规定权限申请办理使用林地手续。

需要国务院或者国务院有关部门批准的公路、铁路、油气管线、水利水电等建设项目中的桥梁、隧道、围堰、导流(渠)洞、进场道路和输电设施等控制性单体工程和配套工程,根据有关开展前期工作的批文,可以由省级林业主管部门办理控制性单体工程和配套工程先行使用林地审核手续。整体项目申请时,应当附具单体工程和配套工程先行使用林地的批文及其申请材料,按照规定权限一次申请办理使用林地手续。

第十六条　国家或者省级重点的公路、铁路跨多个市(县),已经完成报批材料并且具备动工条件的,可以地级市为单位,由具有整体项目审核权限的人民政府林业主管部门分段审核。

大中型水利水电工程可以分别坝址、淹没区,由具有整体项目审核权限的人民政府林业主管部门分别审核。

第十七条　公路、铁路、输电线路、油气管线和水利水电、航道建设项目临时占用林地的,可以根据施工进展情况,一次或者分批次由具有整体项目审批权限的人民政府林业主管部门审批临时占用林地。

第十八条　抢险救灾等急需使用林地的建设项目,依据土地管理法律法规的有关规定,可以先行使用林地。用地单位或者个人应当在灾情结束后6个月内补办使用林地审核手续。属于临时用地的,灾后应当恢复林业生产条件,依法补偿后交还原林地使用者,不再办理用地审批手续。

第十九条　建设项目因设计变更等原因需要增加使用林地面积的,依据规定权限办理用地审核审批手续;需要改变使用林地位置或者减少使用林地面积的,向原审核审批机关申请办理变更手续。

第二十条　公路、铁路、水利水电、航道等建设项目临时占用的林地在批准期限届满后仍需继续使用的,应当在届满之日前3个月,由用地单位向原审批机关提出延续临时占用申请,并且提供本办法第七条第(三)项规定的有关补偿材料。原审批机关应当按照本办法规定的条件进行审查,作出延续行政许可决定。

第二十一条　国家依法保护林权权利人的合法权益。建设项目使用林地的,应当对涉及单位和个人的森林、林木、林地依法给予补偿。

第二十二条　建设项目临时占用林地期满后,用地单位应当在一年内恢复被使用林地的林业生产条件。

县级人民政府林业主管部门应当加强对用地单位使用林地情况的监管,督促用地单位恢复林业生产条件。

第二十三条　上级人民政府林业主管部门可以委托下级人民政府林业主管部门对建设项目使用林地实施行政许可。

第二十四条　经审核同意使用林地的建设项目,依照有关规定批准用地后,县级以上人民政府林业主管部门应当及时变更林地管理档案。

第二十五条 经审核同意使用林地的建设项目,准予行政许可决定书的有效期为两年。建设项目在有效期内未取得建设用地批准文件的,用地单位应当在有效期届满前3个月向原审核机关提出延期申请,原审核同意机关应当在准予行政许可决定书有效期届满前作出是否准予延期的决定。建设项目在有效期内未取得建设用地批准文件也未申请延期的,准予行政许可决定书失效。

第二十六条 《使用林地申请表》、《使用林地现场查验表》式样,由国家林业局统一规定。

第二十七条 本办法所称Ⅰ、Ⅱ、Ⅲ、Ⅳ级保护林地,是指依据县级以上人民政府批准的林地保护利用规划确定的林地。

本办法所称国家级公益林林地,是指依据国家林业局、财政部的有关规定确定的公益林林地。

第二十八条 本办法所称"以上"均包含本数,"以下"均不包含本数。

第二十九条 本办法自2015年5月1日起施行。国家林业局于2001年1月4日发布、2011年1月25日修改的《占用征收征用林地审核审批管理办法》同时废止。

林木种子生产经营许可证管理办法(2016年修订)

(2002年11月2日国家林业局令第5号发布 根据2011年1月25日林业局令第26号修改 根据2015年4月30日国家林业局令第37号修改 根据2016年4月19日国家林业局令第40号修订)

第一章 总 则

第一条 为了规范林木种子生产经营许可证的管理,根据《中华人民共和国种子法》、《中华人民共和国行政许可法》的有关规定,制定本办法。

第二条 在中华人民共和国境内从事林木种子生产经营许可证的申请、审核、核发和管理等活动,适用本办法。

本办法所称林木种子生产经营许可证,是指县级以上人民政府林业主管部门核发的准予从事林木种子生产经营活动的证件。

第三条 本办法所称林木种子是指林木的种植材料(苗木)或者繁殖材料,具体是指乔木、灌木、藤本、竹类、花卉以及绿化和药用草本植物的籽粒、果实、根、茎、苗、芽、叶、花等。

第四条 从事林木种子经营和主要林木种子生产的单位和个人应当取得林木种子生产经营许可证,按照林木种子生产经营许可证载明的事项从事生产经营活动。

第五条 县级以上人民政府林业主管部门负责林木种子生产经营许可证的审核、核发和管理工作,具体工作可以由其委托的林木种苗管理机构负责。

第二章 申 请

第六条 从事林木种子经营和主要林木种子生产的单位和个人,应当向县级以上人民政府林业主管部门申请林木种子生产经营许可证。

第七条 申请林木种子生产经营许可证的单位和个人,应当提交下列材料:

(一)林木种子生产经营许可证申请表。

(二)营业执照或者法人证书复印件、身份证件复印件;单位还应当提供章程。

(三)林木种子生产、加工、检验、储藏等设施和仪器设备的所有权或者使用权说明材料以及照片。

(四)林木种子生产、检验、加工、储藏等技术人员基本情况的说明材料以及劳动合同。

第八条 申请林木种子生产经营许可证属于下列情形的,申请人还应当提交下列材料:

(一)从事具有植物新品种权林木种子生产经营的,应当提供品种权人的书面同意或者国务院林业主管部门品种权转让公告、强制许可决定。

(二)从事林木良种种子生产经营的,应当提供林木良种证明材料。

(三)实行选育生产经营相结合的,应当提供育种科研团队、试验示范测试基地以及自主研发的林木品种等相关证明材料。

(四)生产经营引进外来林木品种种子的,应当提交引种成功的证明材料。

(五)从事林木种子进出口业务的,应当提供按照国家有关规定取得的种子进出口许可证明。

(六)从事转基因林木种子生产经营的,应当提供转基因林木安全证书。

第三章 审核和核发

第九条 申请林木种子进出口业务的林木种子生产经营许可证的,申请人应当向省、自治区、直辖市人民政府林业主管部门提出申请,经省、自治区、直辖市人民政府林业主管部门审核后,由国务院林业主管部门核发。

申请林木良种种子的生产经营和选育生产经营相结合的林木种子生产经营许可证的,申请人应当向所在地县级人民政府林业主管部门提出申请,经县级人民政府林业主管部门审核后,由省、自治区、直辖市人民政府林业主管部门核发。

申请前两款以外的其他林木种子生产经营许可证的,由生产经营者所在地县级以上地方人民政府林业主管部门核发。

只从事非主要林木种子生产的,不需办理林木种子生产经营许可证。

第十条 申请林木种子生产经营许可证的,应当具备下列条件:

(一)具有与林木种子生产经营的种类和数量相适应的生产经营场所。从事籽粒、果实等有性繁殖材料生产的,必须具有晒场、种子库。

(二)具有与林木种子生产经营的种类和数量相适应的设施、设备等。从事籽粒、果实等有性繁殖材料生产的,必须具有种子烘干、风选、精选机等生产设备和恒温培养箱、光照培养箱、干燥箱、扦样器、天平、电冰箱等种子检验仪器设备。

(三)具有林木种子相关专业中专以上学历、初级以上技术职称或者同等技术水平的生产、检验、加工、储藏等技术人员。

第十一条 申请林木种子生产经营许可证从事籽粒、果实等有性繁殖材料生产的,除第十条规定外,还应当具备下列条件:

(一)具有繁殖种子的隔离和培育条件。

(二)具有无检疫性有害生物的生产地点或者县级以上人民政府林业主管部门确定的采种林。

申请林木种子生产经营许可证从事苗木生产的,除第十条规定外,还应当具有无检疫性有害生物的生产地点。

第十二条 负责审核的林业主管部门应当自受理申请之日起二十个工作日内完成审查;负责核发的林业主管部门应当自受理申请或者收到审查材料之日起二十个工作日内作出行政许可决定,并将行政许可决定抄送负责审核的林业主管部门。二十个工作日内不能作出行政许可决定的,经本级林业主管部门负责人批准,可以延长十个工作日,并应当将延长期限的理由告知申请人。

核发林木种子生产经营许可证需要组织检验检测的,应当自受理之日起五个工作日内书面告知申请人。检验检测所需时间不得超过六十日。

检验检测所需时间不计入核发林木种子生产经营许可证工作日之内。

第十三条 对申请材料齐全、符合第十条以及第十一条规定条件的,林业主管部门应当核发林木种子生产经营许可证。对不符合第十条、第十一条规定条件的,林业主管部门应当作出不予核发林木种子生产经营许可证的行政许可决定,并告知不予许可的理由。

第十四条 林木种子生产经营许可证有效期限为五年,地方性法规、政府规章另有规定的除外。

第十五条 林木种子生产经营许可证有效期届满需要延续的,生产经营者应当在有效期届满三十日前向原发证机关提出延续的书面申请。申请者应当提交林木种子生产经营许可证延续申请表和上一年度生产经营情况说明。

林木种子生产经营许可证损坏、遗失的,生产经营者应当在有效期届满前向原发证机关提出补发的书面申请并说明理由,同时将已损坏的林木种子生产经营许可证交回原发证机关。

原发证机关应当根据申请,在林木种子生产经营许可证有效期届满前作出是否准予延期或者补发的决定。

第十六条 林木种子生产经营许可证应当载明生产经营者名称、地址、法定代表人、生产经营种类、生产地点、有效期限、有效区域等事项。

从事林木良种子生产经营的,林木种子生产经营许可证应当载明审(认)定的林木良种名称、编号。

林木种子生产经营许可证注明事项发生变更的,生产经营者应当自变更之日起三十日内,向原发证机关提出变更的书面申请。申请者应当提交变更申请和相应的项目变更证明材料,同时将林木种子生产经营许可证交回原发证机关。

有效期限和有效区域不得申请变更。

第十七条 林木种子生产经营许可证的有效区域由发证机关在其管辖范围内确定。生产经营者在林木种子生产经营许可证载明的有效区域设立分支机构,专门经营不再分装的包装种子的,或者受具有林木种子生产经营许可证的生产经营者以书面委托生产、代销其种子的,不需要办理林木种子生产经营许可证。但应当在变更营业执照或者获得书面委托后十五日内,将林木种子生产经营许可证复印件、营业执照复印件或者书面委托合同等证明材料报生产经营者所在地县级人民政府林业主管部门备案。

生产经营者在林木种子生产经营许可证载明的有效区域外设立分支机构的,应当重新申请办理林木种子生产经营许可证。

实行选育生产经营相结合的种子企业的林木种子生产经营许可证的有效区域为全国。

第四章 监督管理

第十八条 县级以上人民政府林业主管部门及其工作人员,不得参与和从事林木种子生产经营活动。

第十九条 县级以上人民政府林业主管部门应当按照公开、公平、公正的原则,开展对生产经营者林木种子生产经营活动的监督检查,并将监督检查情况立卷、归档,实行动态监督管理。监督检查的主要内容包括:

(一)开展林木种子生产经营活动情况。

(二)林木种子生产经营档案制度执行情况。

(三)生产经营的林木种子质量情况。

对监督检查中发现的问题,应当按照《中华人民共和国种子法》等规定予以处理。

第二十条 县级以上人民政府林业主管部门应当建立林木种子生产经营许可证管理档案,具体内容包括:申请材料、审核、核发材料及有关法律、法规规定的文件等。

林木种子生产经营许可证管理档案应当从林木种子生产经营许可证被注销或者自动失效之日起至少保留五年。

省、自治区、直辖市人民政府林业主管部门应当于每年三月底前将上一年度林木种子生产经营许可证管理情况上报国家林业局。

第二十一条 生产经营者应当按照林木种子生产经营许可证的规定进行生产经营,建立林木种子生产经营档案。

第二十二条 申请者故意隐瞒有关情况或者提供虚假材料申请林木种子生产经营许可证的,申请人在一年内不得再次申请林木种子生产经营许可证。

生产经营者以欺骗、贿赂等不正当手段取得林木种子生产经营许可证的,生产经营者在三年内不得再次申请林木种子生产经营许可证。

第二十三条 有下列情形之一的,县级以上人民政府林业主管部门应当注销林木种子生产经营许可证,并予以公告:

(一)林木种子生产经营许可证有效期届满未延续的。

(二)林木种子生产经营许可证被吊销的。

(三)取得林木种子生产经营许可证后,无正当理由满六个月未开展相关生产经营活动或者停止相关生产经营活动满一年的。

(四)生产经营者的营业执照被吊销的。

(五)法律、法规规定的应当注销的其他情形。

第二十四条 林木种子生产经营许可证载明的林木良种被撤销审定或者认定到期的,生产经营者应当自公告发布之日起三十日内到原发证机关申请变更或者注销。

第五章 附 则

第二十五条 本办法中选育生产经营相结合企业,是指同时具备以下三个条件的林木种子生产经营企业:

1. 具有育种科研团队。
2. 具有试验示范测试基地。
3. 具有自主研发的林木品种。

第二十六条 林木种子生产经营许可证和申请表的格式由国家林业局制定。

第二十七条 本办法自2016年6月1日起施行。国家林业局于2002年12月2日发布、2011年1月25日第一次修改、2015年4月30日第二次修改的《林木种子生产、经营许可证管理办法》同时废止。

开展林木转基因工程活动审批管理办法(2018年修正)

(2006年5月11日国家林业局令第20号发布 根据2018年1月29日国家林业局令第49号修订)

第一条 为了规范林木转基因工程活动审批行为,根据《中华人民共和国行政许可法》《国务院对确需保留的行政审批项目设定行政许可的决定》(国务院令第412号),制定本办法。

第二条 实施林木转基因工程活动的行政许可,应当遵守本办法。

第三条 本办法所称林木转基因工程活动,包括转基因林木的研究、试验、生产、经营和进出口活动。

本办法所称转基因林木,是指利用基因工程技术改变基因组构成,用于林业生产或者林产品加工的森林植物,主要包括:

(一)转基因森林植物;
(二)转基因森林植物产品;
(三)转基因森林植物的直接加工品;
(四)含有转基因森林植物及其产品成分的其他相关产品。

第四条 国家林业局负责全国林木转基因工程活动安全监督管理工作;县级以上地方人民政府林业主管部门在上级林业主管部门的指导下负责本行政区域林木转基因工程活动安全监督管理工作。

第五条 国家林业局成立林业生物基因安全委员会,为林木转基因工程活动的安全评价和监督管理提供科学咨询。

第六条 开展林木转基因工程活动,应当符合林木转基因工程活动安全技术标准和技术规范,具备相适应的安全设施和措施,确保林木转基因工程活动的安全。

林木转基因工程活动安全的技术标准和技术规范由国家林业局制定。

第七条 转基因林木的安全等级按照其对人类、动植物、微生物和生态环境可能造成的危险程度,分为以下三级:

Ⅰ级:未发现危险;

Ⅱ级:具有低度危险;

Ⅲ级:具有高度危险。

第八条 从事转基因林木研究和试验的单位,应当具备下列条件:

(一)有从事转基因林木研究和试验的专业技术人员;

(二)具备与研究和试验相适应的仪器设备和设施条件。

从事转基因林木研究和试验的单位应当制定本单位转基因林木安全管理制度,并成立转基因林木安全管理组织,负责本单位转基因林木研究和试验的安全工作。

第九条 从事安全等级为Ⅲ级的转基因林木研究的,研究单位应当在研究开始前向国家林业局提出申请,并提交下列材料:

(一)申请书;

(二)转基因林木的安全等级和确定安全等级的依据;

(三)与安全等级相适应的安全设施、安全管理和防范措施等情况的说明材料。

第十条 转基因林木试验,一般分为中间试验、环境释放和生产性试验3个阶段。中间试验,是指在控制系统内或者控制条件下进行的小规模的试验。环境释放,是指在自然条件下采取相应安全措施所进行的中规模的试验。生产性试验,是指在生产和应用前进行的较大规模的试验。

转基因林木的环境释放和生产性试验可以同步进行。

第十一条 转基因林木研究结束后,需要转入中间试验的,试验单位应当向国家林业局提出申请,并提交下列材料:

(一)申请书;

(二)研究总结报告(含分子鉴定、目标性状检测报告);

(三)转基因林木的安全等级和确定安全等级的依据;

(四)相应的安全研究内容、安全管理和防范措施等情况的说明材料;

(五)土地所有权人或者使用权人同意使用土地进行试验的证明材料。

第十二条 转基因林木中间试验结束后,需要进行环境释放,或者同步进行环境释放和生产性试验的,以及在环境释放结束后需要转入生产性试验的,试验单位应当向国家林业局提出申请,并提交下列材料:

(一)申请书;

(二)转基因林木的安全等级和确定安全等级的依据;

(三)相应的安全研究内容、安全管理和防范措施等情况的说明材料;

(四)上一试验阶段总结报告(含试验情况、对生态环境等的影响);

(五)土地所有权人或者使用权人同意使用土地进行试验的证明材料。

第十三条 申请安全等级为Ⅲ级的转基因林木研究,或者申请进行转基因林木试验,符合下列条件的,应当予以批准:

（一）具有可靠的安全性评价；
（二）具有符合安全等级要求的安全控制措施；
（三）符合本办法第八条规定的条件；
（四）符合国家有关法律、法规的规定。
批准开展转基因林木研究和试验的，应当对研究和试验的条件、步骤等作出具体规定。

第十四条 生产性试验结束后，需要申请转基因林木安全证书的，试验单位应当向国家林业局提出申请，并提交下列材料：
（一）申请书；
（二）转基因林木的安全等级和确定安全等级的依据；
（三）生产性试验阶段的总结报告（含试验情况、对生态环境的影响等）；
（四）国家林业局公告规定的其他有关材料。
国家林业局应当组织林业生物基因安全委员会对转基因林木进行安全性评价。安全性评价合格的，经国家林业局综合考虑技术、经济、社会等因素后，发放转基因林木安全证书。

第十五条 转基因林木安全证书应当载明证书编号、单位名称、转基因林木名称、外源基因、安全等级、规模范围、安全措施、安全责任人、有效期等内容。

第十六条 用于生产、经营的转基因林木，应当取得转基因林木安全证书。
生产、经营转基因林木的单位和个人，应当按照转基因林木安全证书的要求从事生产、经营活动，并应当遵守《中华人民共和国种子法》、《中华人民共和国植物新品种保护条例》、《植物检疫条例》等相关法律法规的规定。
销售转基因林木种子的，应当用明显的文字标注，并提示使用时的安全控制措施。

第十七条 拟从境外引进转基因林木用于研究、试验、生产或者经营的，应当向国家林业局提出申请，并提交下列材料：
（一）申请书；
（二）进口转基因林木安全管理登记表；
（三）拟引进的转基因林木在境外已经进行相应研究、试验、生产或者经营的证明文件；
（四）引进过程中拟采取的安全管理和防范措施，以及本单位转基因林木安全管理制度。
拟引进转基因林木用于生产、经营的，还应当提交输出国家或者地区经过科学试验未发现其对人类、动植物、微生物和生态环境有害的资料。
国家林业局应当组织林业生物基因安全委员会对拟从境外引进的转基因林木进行安全性评价后，作出行政许可决定。

第十八条 从境外引进的转基因林木用于研究、试验、生产、经营，应当依照本办法的规定执行。

第十九条 向境外出口转基因林产品，确需提供有关转基因林木证明的，国家林业局可以提供相关转基因林木的审批信息。

第二十条 国家林业局收到开展林木转基因工程活动的有关申请后，对申请材料齐全、符合法定形式的，应当受理并出具《国家林业局行政许可受理通知书》；对不予受理的，应当告知申请人说明理由，出具《国家林业局行政许可不予受理通知书》；对申请材料不齐或者不符合法定形式的，应当在5日内一次性告知申请人需要补正的全部内容，出具《国家林业局行政许可补正材料通知书》。

第二十一条　国家林业局作出行政许可决定,需要组织专家评审论证或者委托检测机构对转基因林木进行检测的,应当自受理之日起 10 日内,出具《国家林业局行政许可需要听证、招标、拍卖、检验、检测、检疫、鉴定和专家评审通知书》,将专家评审论证和检测所需时间告知申请人。

专家评审论证和检测所需时间不计算在作出行政许可决定的期限内。

第二十二条　国家林业局应当自受理之日起 20 日内作出是否准予行政许可的决定,出具《国家林业局准予行政许可决定书》或者《国家林业局不予行政许可决定书》,并告知申请人。

第二十三条　在法定期限内不能作出行政许可决定的,经国家林业局主管负责人批准,国家林业局应当在法定期限届满前 5 个工作日办理《国家林业局行政许可延期通知书》,并告知申请人。

第二十四条　开展林木转基因工程活动的行政许可工作,应当按照有关规定公示、公告。

第二十五条　国家林业局应当组织县级以上地方人民政府林业主管部门对被许可人开展林木转基因工程活动的情况进行监督检查,并不定期组织专家进行安全监测。

国家林业局应当将开展林木转基因工程活动有关审批文件抄送相关省级人民政府林业主管部门,明确监督重点。县级以上地方人民政府林业主管部门应当按照要求开展监督工作,报告监督结果。

有关单位和个人对林业主管部门的监督检查,应当予以支持、配合,不得拒绝、阻碍监督检查人员依法执行职务。

第二十六条　被许可人以欺骗、贿赂等不正当手段取得批准的,国家林业局应当依法撤销其开展林木转基因工程活动的行政许可,并予以公示、公告。

作出撤销行政许可决定的,国家林业局应当以书面形式通知被许可人,并告知其享有依法申请行政复议或者提起行政诉讼的权利。

第二十七条　违反本办法规定,开展林木转基因工程活动的,县级以上人民政府林业主管部门应当责令整改,给予警告,有违法所得的,可以并处违法所得 1 倍以上 3 倍以下且不超过 3 万元的罚款;没有违法所得的,属于非经营活动的,可以并处 1 千元以下罚款,属于经营活动的,可以并处 1 万元以下罚款。

第二十八条　违反本办法规定开展林木转基因工程活动、拒不整改的,或者发现林木转基因工程活动对人类、动植物和生态环境存在危险时,国家林业局应当责令停止相关活动,撤销相关许可决定,注销转基因林木安全证书,销毁有关存在危险的转基因林木。

第二十九条　国家林业局的有关工作人员在实施开展林木转基因工程活动审批的行政许可中,滥用职权、徇私舞弊的,依法给予处分;情节严重,构成犯罪的,依法追究刑事责任。

第三十条　申请书等相关材料的格式,由国家林业局制定。

第三十一条　本办法自 2018 年 3 月 1 日起施行。

国家级森林公园管理办法

(2011年5月20日 国家林业局令第27号)

第一条 为了规范国家级森林公园管理,保护和合理利用森林风景资源,发展森林生态旅游,促进生态文明建设,制定本办法。

第二条 国家级森林公园的管理,适用本办法。

国家级森林公园的设立、撤销、合并、改变经营范围或者变更隶属关系,依照《国家级森林公园设立、撤销、合并、改变经营范围或者变更隶属关系审批管理办法》的有关规定办理。

第三条 国家林业局主管全国国家级森林公园的监督管理工作。

县级以上地方人民政府林业主管部门主管本行政区域内国家级森林公园的监督管理工作。

第四条 县级以上地方人民政府林业主管部门应当指导本行政区域内的国家级森林公园经营管理机构配备管理和技术人员,负责森林风景资源的保护和利用。

第五条 国家级森林公园的主体功能是保护森林风景资源和生物多样性、普及生态文化知识、开展森林生态旅游。

国家级森林公园的建设和经营应当遵循"严格保护、科学规划、统一管理、合理利用、协调发展"的原则。

第六条 国家级森林公园总体规划是国家级森林公园建设经营和监督管理的依据。任何单位或者个人不得违反国家级森林公园总体规划从事森林公园的建设和经营。

第七条 国家级森林公园应当自批准设立之日起18个月内,编制完成国家级森林公园总体规划;国家级森林公园合并或者改变经营范围的,应当自批准之日起12个月内修改完成总体规划。

国家级森林公园总体规划的规划期一般为10年。

第八条 国家级森林公园总体规划,应当突出森林风景资源的自然特性、文化内涵和地方特色,并符合下列要求:

(一)充分保护森林风景资源、生物多样性和现有森林植被;

(二)充分展示和传播生态文化知识,增强公众生态文明道德意识;

(三)便于森林生态旅游活动的组织与开展,以及公众对自然与环境的充分体验;

(四)以自然景观为主,严格控制人造景点的设置;

(五)严格控制滑雪场、索道等对景观和环境有较大影响的项目建设。

国家级森林公园总体规划还应当包括森林生态旅游、森林防火、旅游安全等专项规划。

第九条 已建国家级森林公园的范围与国家级自然保护区重合或者交叉的,国家级森林公园总体规划应当与国家级自然保护区总体规划相互协调;对重合或者交叉区域,应当按照自然保护区有关法律法规管理。

第十条 国家级森林公园总体规划,应当委托具有相应资质的单位,按照有关标准和规程编制。

编制国家级森林公园总体规划,应当广泛征求有关部门、公众和专家的意见;报送审核(批)国家级森林公园总体规划时应当对征求意见及其采纳情况进行说明。

第十一条 国家级森林公园总体规划,由省、自治区、直辖市林业主管部门组织专家评审并审核后,报国家林业局批准。

经批准的国家级森林公园总体规划5年内不得修改;因国家或者省级重点工程建设需要修改的,应当报国家林业局同意。

在国家级森林公园设立后、总体规划批准前,不得在森林公园内新建永久性建筑、构筑物等人工设施。

第十二条 国家林业局批准的国家级森林公园总体规划,应当自批准之日起30日内予以公开,公众有权查阅。

第十三条 国家级森林公园内的建设项目应当符合总体规划的要求,其选址、规模、风格和色彩等应当与周边景观与环境相协调,相应的废水、废物处理和防火设施应当同时设计、同时施工、同时使用。

国家级森林公园内已建或者在建的建设项目不符合总体规划要求的,应当按照总体规划逐步进行改造、拆除或者迁出。

在国家级森林公园内进行建设活动的,应当采取措施保护景观和环境;施工结束后,应当及时整理场地,美化绿化环境。

第十四条 国家级森林公园经营管理机构应当依法编制并组织实施森林经营方案,加强森林公园内森林、林木的保护、培育和管理。

因提高森林风景资源质量或者开展森林生态旅游的需要,可以对国家级森林公园内的林木进行抚育和更新性质的采伐。

第十五条 严格控制建设项目使用国家级森林公园林地,但是因保护森林及其他风景资源、建设森林防火设施和林业生态文化示范基地、保障游客安全等直接为林业生产服务的工程设施除外。

建设项目确需使用国家级森林公园林地的,应当避免或者减少对森林景观、生态以及旅游活动的影响,并依法办理林地占用、征收审核审批手续。建设项目可能对森林公园景观和生态造成较大影响或者导致森林风景资源质量明显降低的,应当在取得国家级森林公园撤销或者改变经营范围的行政许可后,依法办理林地占用、征收审核审批手续。

第十六条 因国家级森林公园总体规划的实施,给国家级森林公园内的当事人造成损失的,依法给予补偿。

第十七条 国家级森林公园经营管理机构应当对森林公园内的森林风景资源和生物多样性进行调查,建立保护管理档案,并制定相应的保护措施。

国家级森林公园经营管理机构应当加强对重要森林风景资源的监测,必要时,可以划定重点保护区域。

国家级森林公园经营管理机构应当严格保护森林公园内的天然林、珍贵树木,培育具有地方特色的风景林木,保持当地森林景观优势特征,提高森林风景资源的游览、观赏和科普价值。

第十八条 在国家级森林公园内禁止从事下列活动:

（一）擅自采折、采挖花草、树木、药材等植物；
（二）非法猎捕、杀害野生动物；
（三）刻划、污损树木、岩石和文物古迹及葬坟；
（四）损毁或者擅自移动园内设施；
（五）未经处理直接排放生活污水和超标准的废水、废气，乱倒垃圾、废渣、废物及其他污染物；
（六）在非指定的吸烟区吸烟和在非指定区域野外用火、焚烧香蜡纸烛、燃放烟花爆竹；
（七）擅自摆摊设点、兜售物品；
（八）擅自围、填、堵、截自然水系；
（九）法律、法规、规章禁止的其他活动。

国家级森林公园经营管理机构应当通过标示牌、宣传单等形式将森林风景资源保护的注意事项告知旅游者。

第十九条 在国家级森林公园内开展影视拍摄或者大型文艺演出等活动的，国家级森林公园经营管理机构应当根据承办单位的活动计划对森林公园景观与生态的影响进行评估，并报省、自治区、直辖市人民政府林业主管部门备案。

国家级森林公园经营管理机构应当监督承办单位按照备案的活动计划开展影视拍摄或者大型文艺演出等活动；对所搭建的临时设施，承办单位应当在国家级森林公园经营管理机构规定的期限内拆除，并恢复原状。

第二十条 经有关部门批准，国家级森林公园可以出售门票和收取相关费用。国家级森林公园的门票和其他经营收入应当按照国家有关规定使用，并主要用于森林风景资源的培育、保护及森林公园的建设、维护和管理。

国家级森林公园可以根据实际情况采取减免门票或者设立免费开放日等方式，为老年人、儿童、学生、现役军人、残疾人等特殊群体游览提供便利。国家另有规定的，从其规定。

第二十一条 国家级森林公园的建设和经营，应当由国家级森林公园经营管理机构负责；需要与其他单位、个人以合资、合作等方式联合进行的，应当报省级以上人民政府林业主管部门备案。

单位和个人参与国家级森林公园的建设和经营，应当符合国家级森林公园总体规划并服从国家级森林公园经营管理机构的统一管理。

国家级森林公园建设和经营管理的主体发生变动的，应当依法向国家林业局申请办理国家级森林公园被许可人变更手续。

第二十二条 国家级森林公园经营管理机构应当对森林公园的范围进行公示和标界立桩。

国家级森林公园经营管理机构应当按照规定使用中国国家森林公园专用标志。未经国家林业局同意，任何单位和个人不得使用国家级森林公园的名称和专用标志。

第二十三条 国家级森林公园经营管理机构应当建立健全解说系统，开辟展示场所，对古树名木和主要景观景物设置解说牌示，提供宣传品和解说服务，应用现代信息技术向公众介绍自然科普知识和社会历史文化知识。

第二十四条 国家级森林公园经营管理机构应当在危险地段设置安全防护设施和安全警示标识，制定突发事件应急预案。

没有安全保障的区域,不得对公众开放。

国家鼓励国家级森林公园采取购买责任保险的方式,提高旅游安全事故的应对能力。

第二十五条 国家级森林公园经营管理机构应当根据国家级森林公园总体规划确定的游客容量组织安排旅游活动,不得超过最大游客容量接待旅游者。

进入国家级森林公园的交通工具,应当按照规定路线行驶,并在指定地点停放。

国家鼓励在国家级森林公园内使用低碳、节能、环保的交通工具。

第二十六条 国家级森林公园经营管理机构应当建立健全森林防火制度,落实防火责任制,加强防火宣传和用火管理,建立森林火灾扑救队伍,配备必要的防火设施与设备。

第二十七条 国家级森林公园经营管理机构应当引导森林公园内及周边的居民发展具有地方特色的、无污染的种植、养殖和林副产品加工业,鼓励其从事与森林公园相关的资源管护和旅游接待等活动。

第二十八条 国家级森林公园经营管理机构应当建立健全信息报送制度,按照要求向县级以上人民政府林业主管部门报送森林风景资源保护、利用等方面的情况。

第二十九条 县级以上人民政府林业主管部门应当健全监督管理制度,加强对国家级森林公园总体规划、专项规划及其他经营管理活动的监督检查。国家级森林公园经营管理机构应当配合监督检查,如实提供有关材料。

第三十条 在国家级森林公园内有违反本办法的行为,森林法和野生动物保护法等法律法规已有明确规定的,县级以上人民政府林业主管部门依法予以从重处罚。

第三十一条 违反本办法规定的下列行为,由县级以上人民政府林业主管部门对直接负责的主管人员或者其他直接责任人员依法给予处分,或者建议有关主管部门给予处分:

(一)未按照规定编制总体规划、擅自变更总体规划或者未按照总体规划进行建设活动的;

(二)未按照规定从事森林公园建设和经营的;

(三)建设项目对森林公园景观和生态造成较大影响或者导致森林风景资源质量明显降低,未事先取得国家级森林公园撤销或者改变经营范围的许可的;

(四)国家级森林公园建设和经营管理的主体发生变动,未依法办理国家级森林公园被许可人变更手续的。

第三十二条 国家级森林公园未按照规定编制总体规划或者未按照总体规划进行建设、经责令整改仍达不到要求并导致国家级森林公园主体功能无法发挥的,国家林业局可以将国家级森林公园撤销。

国家级森林公园的森林风景资源质量下降,经中国森林风景资源评价委员会专家评审,达不到国家级森林公园风景资源质量等级标准的,国家林业局应当将国家级森林公园撤销。

被撤销的国家级森林公园,3年内不得再次申请设立国家级森林公园。

第三十三条 县级以上人民政府林业主管部门及其工作人员在监督管理国家级森林公园工作中,滥用职权、徇私舞弊的,依法给予处分;情节严重、构成犯罪的,依法追究刑事责任。

第三十四条 本办法自2011年8月1日起施行。

林业行政执法证件管理办法

(1997年1月6日　林业部令第12号)

第一条　为了规范林业行政执法行为,确认林业行政执法资格,加强对林业行政执法证件的管理,保障林业行政主管部门和林业行政执法人员依法行使职权,根据国家有关规定,制定本办法。

第二条　林业行政执法证件的申领、发放和管理适用本办法。

第三条　县级以上林业行政主管部门,法律、法规授权的组织以及林业行政主管部门依法委托的组织的林业行政执法人员,在林业行政执法活动中,应当持有并按规定出示《林业行政执法证》。

林业行政执法人员是指县级以上林业行政主管部门,法律、法规授权的组织以及林业行政主管部门依法委托的组织中,按照业务分工,具有林业行政执法职能机构的执法工作人员和分管的行政负责人。

陆生野生动物和野生植物行政主管部门可以在法定权限内委托符合法定条件的组织实施行政处罚。

第四条　《林业行政执法证》是从事林业行政执法活动的统一有效证件,由林业部统一制定。实行统一管理,分级发放的原则,按统一格式,分别标明林业行政执法的执法范围和种类。

第五条　部省级林业行政主管部门执法人员的《林业行政执法证》由林业部法制工作机构统一发放;地州级以下林业行政主管部门执法人员的《林业行政执法证》由省级林业行政主管部门法制工作机构组织发放,林业部负责监督。

发证机关必须严格控制证件的发放,加强证件的管理。

第六条　《林业行政执法证》的持证者除必须符合本办法第三条规定的条件外,还必须具备下列条件:

(一)林业行政执法人员必须是在岗直接从事林业行政执法工作的人员;

(二)经过林业行政主管部门组织的资格性岗位培训,取得《岗位培训合格证书》;

(三)经过林业行政执法资格性培训,考试考核合格;

(四)遵纪守法、秉公执法、清正廉洁;

(五)身体健康、作风正派、责任心强。

第七条　县级以上地方林业行政主管部门应当将符合本办法规定条件的人员,登记造册,持花名册和有关证明材料,经逐级审核后,向发证机关申请办理《林业行政执法证》。

第八条　申领《林业行政执法证》前,应当对林业行政执法人员进行培训。

部省级林业行政主管部门执法人员的执法资格性培训,由林业部统一组织;地州级以下林业行政主管部门执法人员的执法资格性培训由省级林业行政主管部门组织。

培训应当使用林业部编制的教学计划、教学大纲和教材。省级林业行政主管部门应当根据林业部制定的教学计划、教学大纲和教材,结合地方性法规和地方政府规章的规定编写培训辅导教材。

第九条 《林业行政执法证》实行一人一证制度。持证人员必须按照证件中规定的执法范围和种类从事林业行政执法活动,不得转借他人。

第十条 《林业行政执法证》实行每二年审查注册制度,持证人员所在机关应当根据发证机关的要求,将证件报送注册。经审查不合格的林业行政执法人员,发证机关不予注册,取消林业行政执法资格并及时收回证件。

到期未经审查注册的《林业行政执法证》,自行失效。

第十一条 《林业行政执法证》如有遗失或者损毁,应当及时向发证机关报失,经发证机关审核并声明作废,待一个月确认无误后,可以补发。持证人员离开林业行政执法岗位,所在林业行政主管部门应当收回其《林业行政执法证》,并及时上交发证机关。

第十二条 有下列行为之一,情节轻微的,发证机关有权督促违法人员所在林业行政主管部门给予批评教育,责令限期改正或者暂扣执法证件;情节严重、尚未构成犯罪的,依法给予行政处分,并由发证机关及时收回违法人员的《林业行政执法证》;构成犯罪的,由司法机关依法追究刑事责任。

(一)超越职权或者非公务活动使用《林业行政执法证》;

(二)使用伪造或者冒用《林业行政执法证》;

(三)以欺骗等手段骗取《林业行政执法证》;

(四)伪造《林业行政执法证》;

(五)利用《林业行政执法证》以权谋私、违法乱纪;

(六)其他违反证件管理的行为。

第十三条 违反本办法中的有关规定,无权发放或者擅自乱发《林业行政执法证》,其行为无效,上级林业行政主管部门应当责令改正,情节严重的,应当依法给予直接负责的主管人员和其他直接责任人员行政处分。

第十四条 本办法由林业部负责解释。

第十五条 本办法自发布之日起施行。

林业行政处罚程序规定

(1996年9月27日 林业部令第8号)

第一章 总 则

第一条 为了规范林业行政处罚,保障和监督林业行政主管部门有效实施行政管理,维护公共利益和社会秩序,保护公民、法人或者其他组织的合法权益,根据有关法律、法规,制定本规定。

第二条 依法实施林业行政处罚适用本规定。

第三条 实施林业行政处罚必须以事实为依据,以法律为准绳,遵循公正、公开、及时的原则。

实施林业行政处罚,纠正违法行为,应当坚持处罚与教育相结合,教育公民、法人或者其他组织自觉守法。

第四条 公民、法人或者其他组织对林业行政主管部门所给予的林业行政处罚,享有陈述权、申辩权;对林业行政处罚不服的,有权依法申请行政复议或者提起行政诉讼。

公民、法人或者其他组织因林业行政主管部门违法给予行政处罚受到损害的,有权依法提出赔偿要求。

第五条 违法行为构成犯罪,应当依法追究刑事责任,不得以行政处罚代替刑事处罚。

第二章 实施机关与管辖

第六条 实施林业行政处罚的机关,必须是县级以上林业行政主管部门,法律、法规授权的组织以及林业行政主管部门依法委托的组织。其他任何机关和组织,不得实施林业行政处罚。

林业行政主管部门依法委托实施林业行政处罚,必须办理书面委托手续,并由委托的林业行政主管部门报上一级林业行政主管部门备案。委托的林业行政主管部门对受委托的组织实施行政处罚的行为负责监督,并对该行为的后果承担法律责任。

受委托组织在委托范围内,以委托的林业行政主管部门名义实施行政处罚;不得再委托其他组织或者个人实施行政处罚。

第七条 地州级以上林业行政主管部门的法制工作机构统一管理林业行政处罚工作。

县级林业行政主管部门可以确定一个内部机构统一管理林业行政处罚工作。

第八条 县级林业行政主管部门管辖本辖区内的林业行政处罚。

地州级和省级林业行政主管部门管辖本辖区内重大、复杂的林业行政处罚。

林业部管辖全国重大、复杂的林业行政处罚。

第九条 林业行政处罚由违法行为发生地的林业行政主管部门管辖。

第十条 上一级林业行政主管部门在必要的时候可以处理下一级林业行政主管部门管辖的林业行政处罚,也可以把自己管辖的林业行政处罚交由下一级林业行政主管部门处理;下一级林业行政主管部门认为重大、复杂的林业行政处罚需要由上一级林业行政主管部门处理的,可以报请上一级林业行政主管部门决定。

第十一条 几个同级林业行政主管部门都有管辖权的林业行政处罚,由最初受理的林业行政主管部门处理;主要违法行为地的林业行政主管部门处理更为适宜的,可以移送主要违法行为地的林业行政主管部门处理。

林业行政处罚管辖权发生争议的,报请共同上一级林业行政主管部门指定管辖。

第十二条 法律、法规授权的组织和林业行政主管部门依法委托的组织,管辖授权、委托范围内的林业行政处罚。

第三章 立案、调查与决定

第十三条 违法行为在二年内未被发现的,不再给予林业行政处罚。法律另有规定的除外。

第十四条 林业行政执法人员调查处理林业行政处罚案件时,应当向当事人或者有关人员出示执法证件。执法证件由林业部统一制发,省级以上林业行政主管部门法制工作机构负责执法证件的发放和管理工作。

第十五条 林业行政执法人员在调查处理林业行政处罚案件时与当事人有利害关系的,应当自行回避。

当事人认为林业行政执法人员与本案有利害关系或者其他关系可能影响公正处理的,有权申请林业行政执法人员回避。

林业行政执法人员的回避,由行政负责人决定;行政负责人的回避由集体讨论决定。

回避未被决定以前,不得停止对案件的调查处理。

第十六条 林业行政执法人员在调查处理林业行政处罚案件时应当依法收取证据。

证据主要有以下几种:

(一)书证;

(二)物证;

(三)视听资料;

(四)证人证言;

(五)当事人的陈述;

(六)鉴定结论;

(七)勘验笔录、现场笔录。

证据必须经过查证属实,才能作为认定案件事实的根据。

第十七条 公民、法人或者其他组织违反林业行政管理秩序的行为,依法应当给予林业行政处罚的,林业行政主管部门必须查明事实;违法事实不清的,不得给予林业行政处罚。

第十八条 林业行政主管部门在林业行政处罚决定书送达之前。应当告知当事人作出林业行政处罚决定的事实、理由及依据,并告知当事人依法享有的权利。

第十九条 当事人有权进行陈述和申辩。林业行政主管部门必须充分听取当事人的意见,对当事人提出的事实、理由和证据,应当进行复核;当事人提出的事实、理由或者证据成立的,林业行政主管部门应当采纳。

林业行政主管部门不得因当事人申辩而加重处罚。

第三十条 凡给予林业行政处罚的,应当具备下述条件:

(一)有明确的违法行为人;

(二)有具体的违法事实和证据;

(三)法律、法规和规章规定应当给予林业行政处罚的;

(四)属于查处的机关管辖。

第一节 简易程序

第二十一条 违法事实确凿并有法定依据,对公民处以五十元以下、对法人或者其他组织处以一千元以下罚款或者警告的行政处罚的,可以当场作出林业行政处罚决定。当事人应当依照本规定的有关条款履行林业行政处罚决定。

第二十二条 执法人员当场作出林业行政处罚决定的,可以由一个人进行,应当向当事人出示执法身份证件,制作《林业行政处罚当场处罚笔录》,填写《林业行政处罚当场处罚决定书》,按规定格式载明当事人的违法行为、行政处罚依据、罚款数额或者警告、时间、地点以及本行政主管部门名称,由林业行政执法人员签名或者盖章,当场交付当事人。

执法人员当场作出的林业行政处罚决定,必须报所属林业行政主管部门备案。

第二节 一般程序

第三十三条 除本规定第二十一条规定的可以当场作出的行政处罚外,林业行政主管部门必须按照一般程序规定实施林业行政处罚。

第二十四条 凡发现或者接到举报、控告、移送、上级交办、主动交代等违反林业法律、法规、规章的行为,应当填写《林业行政处罚登记表》,报行政负责人审批。对认为需要给予林业行政处罚的,在七日内予以立案;对认为不需要给予林业行政处罚的,不予立案。

立案必须符合下列条件:

(一)有违法行为发生;

(二)违法行为是应受处罚的行为;

(三)属于本机关管辖;

(四)属于一般程序适用范围。

林业行政处罚案件立案以后,经调查并报行政负责人审批,没有违法事实的,撤销立案;不属于自己管辖的,移送有关主管部门;需要追究刑事责任的,移送司法机关处理。

第二十五条 调查处理林业行政处罚案件不得少于二人。

第二十六条 林业行政主管部门收集证据时,在证据可能灭失或者以后难以取得的情况下,经行政机关负责人批准,可以先行登记保存,填写《林业行政处罚登记保存通知单》,并应当在七日内及时作出处理决定,在此期间,当事人或者有关人员不得销毁或者转移证据。

第二十七条 林业行政执法人员应当全面、公正、客观地收集、调取各种证据。必要时,可以会同有关部门共同收集、调取各种证据。收集、调取证据应当制作笔录,由调查人和有关当事人在笔录上签名或者盖章。

第二十八条 林业行政执法人员调查处理林业行政处罚案件应当询问当事人或者其他知情人(以下称被询问人),并制作《林业行政处罚询问笔录》。被询问人拒绝回答的,不影响根据证据对案件事实的认定。

询问笔录应当交被询问人核对,对于没有阅读能力的,应当向其宣读;被询问人提出补充或者改正的,应当允许;被询问人确认笔录无误后,应当在笔录上签名或者盖章;被询问人拒绝签名或者盖章的,应当在笔录上注明,询问人也应当在笔录上签名或者盖章。被询问人要求自行书写的,应当允许;必要时,林业行政执法人员也可以要求被询问人自行书写,自行书写的应当有本人签名或者盖章。

第二十九条 林业行政执法人员对与违法行为有关的场所、物品可以进行勘验、检查。必要时,可以指派或者聘请具有专门知识的人进行勘验、检查,并可以邀请与案件无关的见证人和有关的当事人参加。当事人拒绝参加的,不影响勘验、检查的进行。

勘验、检查应当制作《林业行政处罚勘验、检查笔录》,由参加勘验、检查的人和被邀请的见证人、有关的当事人签名或者盖章。

第三十条 为解决林业行政处罚案件中某些专门性问题,林业行政主管部门可以指派或者聘请有专门知识的人进行鉴定。

鉴定人进行鉴定后,应当提出书面鉴定结论并签名或者盖章,注明本人身份。

第三十一条 林业行政处罚案件经调查事实清楚、证据确凿的,应当填写《林业行政处罚意见书》,并连同《林业行政处罚登记表》和证据等有关材料,由林业行政执法人员送法制工作机构提出初步意见后,再交由本行政主管部门负责人审查决定。

情节复杂或者重大违法行为需要给予较重行政处罚的,林业行政主管部门的负责人应当集体讨论决定。

第三十二条 凡决定给予林业行政处罚的,应当制作《林业行政处罚决定书》。按照规定格式载明下列事项:

(一)当事人的姓名或者名称、地址;
(二)违反法律、法规或者规章的事实和证据;
(三)林业行政处罚的种类和依据;
(四)林业行政处罚的履行方式和期限;
(五)不服林业行政处罚决定,申请行政复议或者提起行政诉讼的途径和期限;
(六)作出林业行政处罚决定的林业行政主管部门名称和作出决定的日期。

第三十三条 林业行政主管部门或其委托的组织作出的林业行政处罚,应当在《林业行政处罚决定书》上盖林业行政主管部门的印章。

法律、法规授权的组织作出的林业行政处罚,应当在《林业行政处罚决定书》上盖本组织的印章。

第三十四条 林业行政处罚案件自立案之日起,应当在一个月内办理完毕;经行政负责人批准可以延长,但不得超过三个月;特殊情况下三个月内不能办理完毕的,报经上级林业行政主管部门批准,可以延长。

第三十五条 林业行政主管部门及其执法人员在作出林业行政处罚决定之前,不依照规定向当事人告知给予行政处罚的事实、理由和依据,或者拒绝听取当事人的陈述、申辩,行政处罚不能成立;当事人放弃陈述或者申辩权利的除外。

第三十六条 公民、法人或者其他组织对林业行政主管部门或者行政执法人员作出的行政处罚有权提出申诉和检举;林业行政主管部门应当认真审查,发现确有错误的,应当主动改正。

作出林业行政处罚决定的林业行政主管部门负责人认为作出的林业行政处罚决定确有错误的,有权提请集体讨论,决定是否重新处理。

第三节 听证程序

第三十七条 林业行政主管部门作出责令停产停业、吊销许可证、较大数额罚款等行政处罚决定之前,应当告知当事人有要求举行听证的权利;当事人要求听证的,林业行政主管部门应当组织听证,制发《举行听证通知》,制作《林业行政处罚听证笔录》。当事人不承担林业行政主管部门组织听证的费用。听证依照法定程序进行。

第三十八条 听证结束后,林业行政主管部门依照本规定第三十一条,作出决定。

第四章 送达与执行

第三十九条 《林业行政处罚决定书》应当及时送达被处罚人,并由被处罚人在《林业行政处罚送达回证》上签名或者盖章；被处罚人不在，可以交给其成年家属或者所在单位的负责人员代收，并在送达回证上签名或盖章。

被处罚人或者代收人拒绝接收或者签名、盖章的，送达人可以邀请其邻居或者其单位有关人员到场，说明情况，把《林业行政处罚决定书》留在其住处或者其单位，并在送达回证上记明拒绝的事由、送达的日期，由送达人签名，即视为送达。

被处罚人不在本地的，可以委托被处罚人所在地的林业行政主管部门代为送达，也可以挂号邮寄送达。邮寄送达的，以挂号回执上注明的收件日期为送达日期。

第四十条 除依照本规定第四十一条、第四十二条规定当场收缴的罚款外，作出林业行政处罚决定的林业行政主管部门及其执法人员不得自行收缴罚款。

当事人应当自收到林业行政处罚决定书之日起十五日内，到指定的银行缴纳罚款。

第四十一条 依照本规定第二十一条可以当场作出林业行政处罚决定，有下列情形之一的，执法人员可以当场收缴罚款：

（一）依法给予二十元以下的罚款的；

（二）不当场收缴事后难以执行的。

第四十二条 在边远、水上、交通不便地区，林业行政主管部门及其执法人员作出罚款决定后，当事人向指定的银行缴纳罚款确有困难，经当事人提出，林业行政主管部门及其执法人员可以当场收缴罚款。

第四十三条 林业行政主管部门及其执法人员当场收缴罚款的，必须向当事人出具省、自治区、直辖市财政部门统一制发的罚款收据；不出具财政部门统一制发的罚款收据的，当事人有权拒绝缴纳罚款。

第四十四条 执法人员当场收缴的罚款，应当自收缴罚款之日起二日内，交至林业行政主管部门；在水上当场收缴的罚款，应当自抵岸之日起二日内交至林业行政主管部门；林业行政主管部门应当在二日内将罚款缴付指定的银行。

第四十五条 当事人逾期不履行林业行政处罚决定的，作出行政处罚决定的林业行政主管部门可以采取下列措施：

（一）到期不缴纳罚款的，每日按罚款数额的百分之三加处罚款；

（二）根据法律规定，将查封、扣押的财物拍卖或者将冻结的存款划拨抵缴罚款；

（三）申请人民法院强制执行。

第四十六条 当事人确有经济困难，需要延期或者分期缴纳罚款的，经当事人申请和作出处罚决定的林业行政主管部门审查批准，可以暂缓或者分期缴纳。

第四十七条 除依法应当予以销毁的物品外，依法没收的非法财物必须按照国家规定公开拍卖或者按照国家有关规定处理。

罚款、没收违法所得或者没收非法财物拍卖的款项，按照国家有关规定处理。

第四十八条 《林业行政处罚决定书》送达后，承办人应当将案件材料立卷。

林业行政处罚案件卷宗一般包括：卷皮、目录、案件登记表、证据材料、林业行政处罚意见书、林业行政处罚决定书和其他材料。

林业行政处罚案件办理终结，承办人应当根据一案一卷的原则，将案件的全部材料立卷归档。

第四十九条 上级交办的林业行政处罚案件办理终结,承办的单位应当将案件的处理结果向交办单位报告。

第五章 附 则

第五十条 本规定中规定的林业行政处罚案件包括破坏陆生野生动物资源的行政处罚案件。

第五十一条 本规定中规定的签名或者盖章,当事人因故不能履行的,可以按指印。

第五十二条 本规定由林业部负责解释。

第五十三条 本规定自一九九六年十月一日起施行。

林业行政处罚听证规则

(2002 年 11 月 2 日　国家林业局令第 4 号)

第一章 总 则

第一条 为了规范林业行政处罚听证行为,保障林业行政主管部门正确实施林业行政处罚,保护当事人的合法权益,根据《中华人民共和国行政处罚法》和国务院的有关规定,制定本规则。

第二条 林业行政主管部门举行林业行政处罚听证,适用本规则。

本规则所称听证,是指林业行政主管部门对属于听证范围的林业行政处罚案件在作出行政处罚前,依法听取听证参加人的陈述、申辩和质证的程序。

第三条 林业行政主管部门举行听证,应当遵循下列规定:

(一)保障和便利当事人行使陈述权、申辩权和质证权;

(二)公开、公正、效率;

(三)不得向当事人收取组织听证的费用。

第四条 听证由作出行政处罚的林业行政主管部门组织,具体实施工作由其法制工作机构负责。法制工作机构与执法机构为同一机构或者没有设立专门法制工作机构的,应当遵循听证与案件调查取证职责分离的原则,由林业行政主管部门行政负责人指定非本案调查人员主持听证。

受委托行使林业行政处罚权的组织作出行政处罚前需要举行听证的,由委托的行政机关组织。

第二章 申请和受理

第五条 林业行政主管部门依法作出责令停产停业、吊销许可证或者执照、较大数额罚款等林业行政处罚决定之前,应当告知当事人有要求举行听证的权利,并制作林业行政处罚听证权利告知书。

前款所称较大数额的罚款,按照省、自治区、直辖市人大常委会或者省级人民政府的规定执行。

国家林业局依法作出十万元以上(含十万元)罚款决定的,应当告知当事人有要求举行听证的权利。

第六条 林业行政处罚听证权利告知书应当包括下列内容:

(一)当事人的姓名或者名称;

(二)当事人的违法事实;

(三)拟作出的林业行政处罚决定、理由和依据;

(四)当事人享有要求听证的权利、提出听证的期限和组织听证的机关。

第七条 当事人要求举行听证的,应当在林业行政主管部门告知之日起三日内提出书面申请或者口头申请;口头申请的,林业行政主管部门应当制作笔录,并由当事人签字或者盖章。

当事人自林业行政主管部门告知之日起三日内未提出听证申请的,视为放弃要求举行听证的权利,由林业行政主管部门记录附卷。

第八条 林业行政主管部门收到听证申请后,应当在五日内进行审查。对符合听证规定的,应当受理;对不符合听证规定的,决定不予受理,并告知当事人。

第三章 听证主持人和听证参加人

第九条 本规则所称听证参加人,是指林业行政处罚案件的案件调查人员、当事人及其代理人、第三人及其代理人。

当事人是指要求举行听证的公民、法人或者其他组织。

第三人是指向听证主持人申请要求参加听证的,或者由听证主持人通知其参加听证、与所听证的案件有利害关系的公民、法人或者其他组织。

第十条 林业行政主管部门应当指定一至三人担任听证主持人。听证主持人为两人以上的,应当指定其中一人为首席听证主持人。

听证主持人应当指定本部门的一名工作人员作为书记员,具体承担听证准备和听证记录工作。

第十一条 听证主持人有下列情形之一的,应当自行回避;当事人有权申请回避:

(一)参与本案调查取证的;

(二)与本案当事人或者与当事人的近亲属有利害关系的;

(三)与案件处理结果有利害关系,可能影响对案件公正听证的。

前款规定,适用于书记员、翻译人员、鉴定人。

听证主持人的回避由林业行政主管部门行政负责人决定。书记员、翻译人员、鉴定人的回避由听证主持人或者首席听证主持人决定。

第十二条 听证主持人行使下列职权:

(一)决定举行听证的时间、地点;

(二)按照程序主持听证;

(三)要求听证参加人提供或者补充证据;

(四)就案件的事实和适用的法律进行询问;

（五）维护听证秩序，对违反听证秩序的人员进行警告或者批评；

（六）按规定决定听证的延期、中止或者终结；

（七）就案件的处理向林业行政主管部门行政负责人提出书面建议；

（八）本规则赋予的其他职权。

第十三条　听证主持人承担下列义务：

（一）公正地履行主持听证的职责，不得妨碍听证参加人行使陈述权、申辩权和质证权，不得徇私枉法，包庇纵容违法行为；

（二）根据听证认定的证据，依法独立、客观、公正地作出判断并写出书面建议。

第十四条　当事人、第三人可以委托一至二人代理参加听证。

委托他人代理参加听证的，应当向林业行政主管部门提交由委托人签名或者盖章的授权委托书。授权委托书应当载明委托事项及权限，委托代理人代为放弃行使听证权的，必须有委托人的特别授权。

第十五条　案件调查人员应当参加听证。

第十六条　当事人依法享有下列权利：

（一）质证权，就本案的证据向调查人员及证人提出问题并进行对质的权利；

（二）申辩权，就本案的事实与法律问题进行申述、辩解的权利；

（三）最后陈述权，听证结束前就本案的事实、法律及处理进行最后陈述的权利。

第十七条　当事人依法承担下列义务：

（一）按时参加听证；

（二）如实回答听证主持人的询问；

（三）遵守听证纪律。

第四章　听证准备

第十八条　林业行政主管部门应当自决定受理听证申请之日起三日内，确定听证主持人或者首席听证主持人。

第十九条　案件调查人员应当按照听证主持人的要求在三日内将案卷移送听证主持人。

第二十条　听证主持人应当自接到案件调查人员移送的案卷之日起五日内确定听证的时间、地点，并应当在举行听证七日前，将举行听证的时间、地点通知当事人和案件调查人员。通知案件调查人员时，应当同时退回案卷。

听证应当在受理听证申请之日起二十日内举行。

第二十一条　除涉及国家秘密、商业秘密或者个人隐私外，听证应当公开举行。

公开举行听证的，应当公开当事人姓名或者名称，案由以及举行听证的时间和地点。

第五章　听　证

第二十二条　听证由听证主持人主持，设有首席听证主持人的，由首席听证主持人主持。

第二十三条　当事人无正当理由拒不到场，又未委托代理人到场参加听证的，或者未经听证主持人允许中途退场的，视为放弃听证权。

案件调查人员无正当理由拒不到场参加听证的，或者未经听证主持人允许中途退场的，听证主持人有权责令其到场参加听证;案件调查人员拒不到场参加听证的,不得对当事人作出林业行政处罚决定。

第二十四条 参加听证应当遵守下列纪律:
(一)未经听证主持人允许,不得发言、提问;
(二)未经听证主持人允许,不得录音、录像和摄影;
(三)未经听证主持人允许,听证参加人不得中途退场;
(四)不得使用侮辱性和其他不文明语言;
(五)在听证会场不得使用通讯工具,不得鼓掌、喧哗、吵闹或者进行其他妨碍听证活动的行为。

对违反听证纪律的,听证主持人有权予以制止;情节严重的,可以责令退出听证会场。

第二十五条 听证应当按照下列程序进行:
(一)由听证主持人宣布听证开始,宣布听证纪律,核对听证参加人身份,宣布案由,宣布听证主持人、书记员、翻译人员名单;
(二)告知听证参加人在听证中的权利和义务,询问当事人是否申请回避;
(三)案件调查人员提出当事人违法的事实、证据,适用的法律、法规或者规章,以及拟作出的林业行政处罚决定;
(四)当事人或者其代理人就案件事实进行申辩,并提交证据材料;
(五)第三人或者其代理人进行陈述;
(六)询问当事人或者其代理人、案件调查人员、证人和其他有关人员,并对有关证据材料进行质证;
(七)当事人或者其代理人和案件调查人员就本案的事实和法律问题进行辩论;
(八)当事人最后陈述;
(九)听证主持人宣布听证结束。

第二十六条 有下列情形之一的,可以延期举行听证:
(一)当事人因不可抗力无法到场的;
(二)当事人临时提出回避申请,需要重新确定听证主持人的;
(三)发现有新的重要事实需要调查核实的;
(四)其他应当延期的情形。

第二十七条 有下列情形之一的,可以中止听证:
(一)当事人死亡或者解散,需要确定权利义务继承人的;
(二)当事人或者案件调查人员因不可抗拒的理由,无法继续参加听证的;
(三)需要通知新的证人到场或者需要对有关证据重新调查、鉴定的;
(四)其他需要中止听证的情形。

中止听证的情形消除后,听证主持人应当恢复听证。

第二十八条 有下列情形之一的,应当终止听证:
(一)当事人死亡或者解散三个月后,未确定权利义务继承人的;
(二)当事人无正当理由,不参加或者中途退出听证的;
(三)其他需要终止听证的情形。

第二十九条 听证应当制作林业行政处罚听证笔录,由听证主持人和书记员签字。

听证笔录在听证结束后,应当交由听证参加人审核无误或者补正后,由听证参加人当场签字或者盖章。拒绝签字或者盖章的,由听证主持人记明情况,在听证笔录中予以载明。

第三十条 所有与认定案件事实相关的证据都必须在听证中出示,并通过质证进行认定;未经质证认定的证据不得作为林业行政处罚的依据。

第三十一条 听证结束后,听证主持人应当根据听证确定的事实和证据,依照有关法律、法规、规章对原拟作出的处罚决定及其事实、理由和依据进行复核,向林业行政主管部门行政负责人提出对听证案件处理的听证报告。

林业行政主管部门应当根据听证报告确定的事实、证据和给予处罚的依据,依据《中华人民共和国行政处罚法》第三十八条的规定作出决定。

第三十二条 听证报告应当包括以下内容:

(一)听证的案由;

(二)听证主持人和听证参加人的基本情况;

(三)听证的时间、地点;

(四)听证认定的案件事实、证据;

(五)给予处罚的依据;

(六)处理意见和建议。

第六章 附 则

第三十三条 森林公安机关、森林植物检疫机构、自然保护区管理机构等依法以自己的名义作出林业行政处罚的单位举行听证的,由该单位依照本规则的规定自行组织。

第三十四条 林业行政主管部门依照《中华人民共和国森林法》第三十四条第二款作出收缴采伐许可证、中止林木采伐的行政措施,不适用本规则的规定。

第三十五条 本规则所规定的林业行政处罚听证文书的送达,依照民事诉讼法的有关规定办理。

第三十六条 林业行政主管部门应当保障听证经费,提供组织听证所必需的场地、设备以及其他便利条件。

第三十七条 本规则由国家林业局负责解释。

第三十八条 本规则自 2002 年 12 月 15 日起施行。

林业行政许可听证办法

(2008 年 8 月 1 日 国家林业局令第 25 号)

第一章 总 则

第一条 为了规范林业行政许可听证程序,根据《中华人民共和国行政许可法》和国家有关规定,制定本办法。

第二条 县级以上人民政府林业主管部门(以下简称林业主管部门)举行林业行政许可听证,适用本办法。

第三条 举行林业行政许可听证,应当遵循公开、公平、公正的原则。

第四条 林业行政许可听证工作,由林业主管部门法制工作机构负责。

第二章 听证范围

第五条 法律、法规、规章规定实施林业行政许可应当听证的事项,或者林业主管部门认为需要听证的其他涉及公共利益的重大林业行政许可事项,应当向社会公告,并举行听证。

第六条 直接涉及申请人与他人之间重大利益关系的林业行政许可事项,林业行政许可申请人、利害关系人提出听证申请的,林业主管部门应当举行听证。

第三章 听证人员和听证参加人

第七条 听证人员包括:听证主持人、听证员和记录员。

听证主持人,由林业主管部门法制工作机构工作人员担任。

听证员和记录员由听证主持人指定。

第八条 听证参加人包括:林业行政许可事项的审查人员、申请人和利害关系人。

第九条 听证主持人履行下列职责:

(一)决定举行听证的时间、地点;

(二)审查听证参加人的资格;

(三)主持听证会,并维护听证秩序;

(四)针对听证事项进行询问;

(五)核实听证笔录。

第十条 听证人员应当维护听证参加人的陈述、申辩和质证权利,保守听证事项涉及的国家秘密和商业秘密。

第十一条 听证主持人与林业行政许可事项有直接利害关系的,应当主动回避。申请人、利害关系人认为听证主持人与林业行政许可事项有直接利害关系的,有权申请回避。

听证主持人的回避由林业主管部门负责人决定。

第十二条 申请人和利害关系人享有下列权利:

(一)申请听证主持人回避;

(二)委托代理人参加听证;

(三)针对听证事项进行陈述、申辩和质证;

(四)确认听证笔录。

第十三条 林业行政许可事项的审查人员,在听证时应当提供审查意见的依据、理由,并进行陈述、申辩和质证。

第四章 听证程序

第十四条 林业主管部门按照本办法第五条规定举行林业行政许可听证的,应当于举行听证会的二十日前向社会公告。

公告内容包括：听证事项、时间、地点和听证参加人的产生方式等。

第十五条 林业主管部门在作出本办法第六条规定的林业行政许可决定前,应当告知申请人、利害关系人享有要求听证的权利,并送达林业行政许可听证申请权利告知书。

第十六条 申请人、利害关系人要求听证的,应当在收到林业行政许可听证申请权利告知书之日起五日内提出听证申请。

第十七条 林业主管部门应当在收到听证申请之日起二十日内组织听证。

第十八条 林业主管部门应当于举行听证会的七日前向听证参加人送达林业行政许可听证通知书。

第十九条 听证会应当公开举行,但涉及国家秘密和商业秘密的除外。

第二十条 申请人、利害关系人申请听证主持人回避的,应当于举行听证会三日前提出,并说明理由。

第二十一条 听证会按照下列程序进行：

（一）查明听证参加人身份；

（二）听证主持人宣读听证事由、听证人员和听证参加人名单,并宣布听证会开始；

（三）林业行政许可事项的审查人员进行陈述；

（四）申请人、利害关系人进行陈述；

（五）听证参加人进行申辩、质证；

（六）听证主持人宣布听证会结束。

第二十二条 听证会应当制作听证笔录。听证笔录应当载明下列内容：

（一）听证事项；

（二）听证人员和听证参加人；

（三）听证时间和地点；

（四）听证参加人进行陈述、申辩和质证的情况；

（五）其他事项。

听证笔录由听证主持人核实、听证参加人确认后签字或者盖章。

第二十三条 林业主管部门应当根据听证笔录,作出林业行政许可决定。

第五章 附 则

第二十四条 林业主管部门举行听证,不得向申请人、利害关系人收取任何费用。

第二十五条 本办法自2008年10月1日起施行。

国家林业局关于授权森林公安机关代行行政处罚权的决定

(1998年6月26日 国家林业局令第1号)

根据《中华人民共和国森林法》(以下简称《森林法》)第二十条规定,国家林业局决定:

一、授权森林公安机关查处《森林法》第三十九条、第四十二条、第四十三条、第四十四条规定的行政处罚案件。

二、森林公安局、森林公安分局、森林公安警察大队,查处本决定第一项规定的案件,以自己的名义作出行政处罚决定;其他森林公安机构,查处本决定第一项规定的案件,以其归属的林业主管部门名义作出行政处罚决定。

三、森林公安机关查处本决定第一项规定的行政处罚案件,必须持有国家林业局统一核发的林业行政执法证件。

第五届全国人民代表大会第四次会议关于开展全民义务植树运动的决议

(1981年12月13日第五届全国人民代表大会第四次会议通过)

中华人民共和国第五届全国人民代表大会第四次会议,审议了国务院提出的关于开展全民义务植树运动的议案。会议认为,植树造林,绿化祖国,是建设社会主义,造福子孙后代的伟大事业,是治理山河,维护和改善生态环境的一项重大战略措施。为了加速实现绿化祖国的宏伟目标,发扬中华民族植树爱林的优良传统,进一步树立集体主义、共产主义的道德风尚,会议决定开展全民性的义务植树运动。凡是条件具备的地方,年满十一岁的中华人民共和国公民,除老弱病残者外,因地制宜,每人每年义务植树三至五棵,或者完成相应劳动量的育苗、管护和其他绿化任务。会议责成国务院根据决议精神制订关于开展全民义务植树运动的实施办法,并公布施行。会议号召,勤劳智慧的全国各族人民,在中国共产党和各级人民政府的领导下,以高度的爱国热忱,人人动手,年年植树,愚公移山,坚持不懈,为建设我们伟大的社会主义祖国而共同奋斗!

中华人民共和国植物新品种保护条例(2014 年修订)

(1997 年 3 月 20 日中华人民共和国国务院令第 213 号发布 根据 2013 年 1 月 31 日中华人民共和国国务院令第 635 号《国务院关于修改〈中华人民共和国植物新品种保护条例〉的决定》第一次修订 根据 2014 年 7 月 29 日中华人民共和国国务院令第 653 号《国务院关于修改部分行政法规的决定》第二次修订)

第一章 总 则

第一条 为了保护植物新品种权,鼓励培育和使用植物新品种,促进农业、林业的发展,制定本条例。

第二条 本条例所称植物新品种,是指经过人工培育的或者对发现的野生植物加以开发,具备新颖性、特异性、一致性和稳定性并有适当命名的植物品种。

第三条 国务院农业、林业行政部门(以下统称审批机关)按照职责分工共同负责植物新品种权申请的受理和审查并对符合本条例规定的植物新品种授予植物新品种权(以下称品种权)。

第四条 完成关系国家利益或者公共利益并有重大应用价值的植物新品种育种的单位或者个人,由县级以上人民政府或者有关部门给予奖励。

第五条 生产、销售和推广被授予品种权的植物新品种(以下称授权品种),应当按照国家有关种子的法律、法规的规定审定。

第二章 品种权的内容和归属

第六条 完成育种的单位或者个人对其授权品种,享有排他的独占权。任何单位或者个人未经品种权所有人(以下称品种权人)许可,不得为商业目的生产或者销售该授权品种的繁殖材料,不得为商业目的将该授权品种的繁殖材料重复使用于生产另一品种的繁殖材料;但是,本条例另有规定的除外。

第七条 执行本单位的任务或者主要是利用本单位的物质条件所完成的职务育种,植物新品种的申请权属于该单位;非职务育种,植物新品种的申请权属于完成育种的个人。申请被批准后,品种权属于申请人。

委托育种或者合作育种,品种权的归属由当事人在合同中约定;没有合同约定的,品种权属于受委托完成或者共同完成育种的单位或者个人。

第八条 一个植物新品种只能授予一项品种权。两个以上的申请人分别就同一个植物新品种申请品种权的,品种权授予最先申请的人;同时申请的,品种权授予最先完成该植物新品种育种的人。

第九条 植物新品种的申请权和品种权可以依法转让。

中国的单位或者个人就其在国内培育的植物新品种向外国人转让申请权或者品种权的,应当经审批机关批准。

国有单位在国内转让申请权或者品种权的,应当按照国家有关规定报经有关行政主管部门批准。

转让申请权或者品种权的,当事人应当订立书面合同,并向审批机关登记,由审批机关予以公告。

第十条 在下列情况下使用授权品种的,可以不经品种权人许可,不向其支付使用费,但是不得侵犯品种权人依照本条例享有的其他权利:

(一)利用授权品种进行育种及其他科研活动;
(二)农民自繁自用授权品种的繁殖材料。

第十一条 为了国家利益或者公共利益,审批机关可以作出实施植物新品种强制许可的决定,并予以登记和公告。取得实施强制许可的单位或者个人应当付给品种权人合理的使用费,其数额由双方商定;双方不能达成协议的,由审批机关裁决。品种权人对强制许可决定或者强制许可使用费的裁决不服的,可以自收到通知之日起3个月内向人民法院提起诉讼。

第十二条 不论授权品种的保护期是否届满,销售该授权品种应当使用其注册登记的名称。

第三章 授予品种权的条件

第十三条 申请品种权的植物新品种应当属于国家植物品种保护名录中列举的植物的属或者种。植物品种保护名录由审批机关确定和公布。

第十四条 授予品种权的植物新品种应当具备新颖性。新颖性,是指申请品种权的植物新品种在申请日前该品种繁殖材料未被销售,或者经育种者许可,在中国境内销售该品种繁殖材料未超过1年;在中国境外销售藤本植物、林木、果树和观赏树木品种繁殖材料未超过6年,销售其他植物品种繁殖材料未超过4年。

第十五条 授予品种权的植物新品种应当具备特异性。特异性,是指申请品种权的植物新品种应当明显区别于在递交申请以前已知的植物品种。

第十六条 授予品种权的植物新品种应当具备一致性。一致性,是指申请品种权的植物新品种经过繁殖,除可以预见的变异外,其相关的特征或者特性一致。

第十七条 授予品种权的植物新品种应当具备稳定性。稳定性,是指申请品种权的植物新品种经过反复繁殖后或者在特定繁殖周期结束时,其相关的特征或者特性保持不变。

第十八条 授予品种权的植物新品种应当具备适当的名称,并与相同或者相近的植物属或者种中已知品种的名称相区别。该名称经注册登记后即为该植物新品种的通用名称。

下列名称不得用于品种命名:
(一)仅以数字组成的;
(二)违反社会公德的;
(三)对植物新品种的特征、特性或者育种者的身份等容易引起误解的。

第四章 品种权的申请和受理

第十九条 中国的单位和个人申请品种权的,可以直接或者委托代理机构向审批机关提出申请。

中国的单位和个人申请品种权的植物新品种涉及国家安全或者重大利益需要保密的,应当按照国家有关规定办理。

第二十条 外国人、外国企业或者外国其他组织在中国申请品种权的,应当按其所属国和中华人民共和国签订的协议或者共同参加的国际条约办理,或者根据互惠原则,依照本条例办理。

第二十一条 申请品种权的,应当向审批机关提交符合规定格式要求的请求书、说明书和该品种的照片。申请文件应当使用中文书写。

第二十二条 审批机关收到品种权申请文件之日为申请日;申请文件是邮寄的,以寄出的邮戳日为申请日。

第二十三条 申请人自在外国第一次提出品种权申请之日起 12 个月内,又在中国就该植物新品种提出品种权申请的,依照该外国同中华人民共和国签订的协议或者共同参加的国际条约,或者根据相互承认优先权的原则,可以享有优先权。

申请人要求优先权的,应当在申请时提出书面说明,并在 3 个月内提交经原受理机关确认的第一次提出的品种权申请文件的副本;未依照本条例规定提出书面说明或者提交申请文件副本的,视为未要求优先权。

第二十四条 对符合本条例第二十一条规定的品种权申请,审批机关应当予以受理,明确申请日、给予申请号,并自收到申请之日起 1 个月内通知申请人缴纳申请费。对不符合或者经修改仍不符合本条例第二十一条规定的品种权申请,审批机关不予受理,并通知申请人。

第二十五条 申请人可以在品种权授予前修改或者撤回品种权申请。

第二十六条 中国的单位或者个人将国内培育的植物新品种向国外申请品种权的,应当按照职责分工向省级人民政府农业、林业行政部门登记。

第五章 品种权的审查与批准

第二十七条 申请人缴纳申请费后,审批机关对品种权申请的下列内容进行初步审查:

(一)是否属于植物品种保护名录列举的植物属或者种的范围;

(二)是否符合本条例第二十条的规定;

(三)是否符合新颖性的规定;

(四)植物新品种的命名是否适当。

第二十八条 审批机关应当自受理品种权申请之日起 6 个月内完成初步审查。

对经初步审查合格的品种权申请,审批机关予以公告,并通知申请人在 3 个月内缴纳审查费。对经初步审查不合格的品种权申请,审批机关应当通知申请人在 3 个月内陈述意见或者予以修正;逾期未答复或者修正后仍然不合格的,驳回申请。

第二十九条 申请人按照规定缴纳审查费后,审批机关对品种权申请的特异性、一致性和稳定性进行实质审查。

申请人未按照规定缴纳审查费的,品种权申请视为撤回。

第三十条 审批机关主要依据申请文件和其他有关书面材料进行实质审查。审批机关认为必要时,可以委托指定的测试机构进行测试或者考察业已完成的种植或者其他试验的结果。

因审查需要,申请人应当根据审批机关的要求提供必要的资料和该植物新品种的繁殖材料。

第三十一条 对经实质审查符合本条例规定的品种权申请,审批机关应当作出授予品种权的决定,颁发品种权证书,并予以登记和公告。

对经实质审查不符合本条例规定的品种权申请,审批机关予以驳回,并通知申请人。

第三十二条 审批机关设立植物新品种复审委员会。

对审批机关驳回品种权申请的决定不服的,申请人可以自收到通知之日起 3 个月内,向植物新品种复审委员会请求复审。植物新品种复审委员会应当自收到复审请求书之日起 6 个月内作出决定,并通知申请人。

申请人对植物新品种复审委员会的决定不服的,可以自接到通知之日起 15 日内向人民法院提起诉讼。

第三十三条 品种权被授予后,在自初步审查合格公告之日起至被授予品种权之日止的期间,对未经申请人许可,为商业目的生产或者销售该授权品种的繁殖材料的单位和个人,品种权人享有追偿的权利。

第六章 期限、终止和无效

第三十四条 品种权的保护期限,自授权之日起,藤本植物、林木、果树和观赏树木为 20 年,其他植物为 15 年。

第三十五条 品种权人应当自被授予品种权的当年开始缴纳年费,并且按照审批机关的要求提供用于检测的该授权品种的繁殖材料。

第三十六条 有下列情形之一的,品种权在其保护期限届满前终止:

(一)品种权人以书面声明放弃品种权的;

(二)品种权人未按照规定缴纳年费的;

(三)品种权人未按照审批机关的要求提供检测所需的该授权品种的繁殖材料的;

(四)经检测该授权品种不再符合被授予品种权时的特征和特性的。

品种权的终止,由审批机关登记和公告。

第三十七条 自审批机关公告授予品种权之日起,植物新品种复审委员会可以依据职权或者依据任何单位或者个人的书面请求,对不符合本条例第十四条、第十五条、第十六条和第十七条规定的,宣告品种权无效;对不符合本条例第十八条规定的,予以更名。宣告品种权无效或者更名的决定,由审批机关登记和公告,并通知当事人。

对植物新品种复审委员会的决定不服的,可以自收到通知之日起 3 个月内向人民法院提起诉讼。

第三十八条 被宣告无效的品种权视为自始不存在。

宣告品种权无效的决定,对在宣告前人民法院作出并已执行的植物新品种侵权的判决、裁定,省级以上人民政府农业、林业行政部门作出并已执行的植物新品种侵权处理决定,以及已经履行的植物新品种实施许可合同和植物新品种权转让合同,不具有追溯力;但是,因品种权人的恶意给他人造成损失的,应当给予合理赔偿。

依照前款规定,品种权人或者品种权转让人不向被许可实施人或者受让人返还使用费或者转让费,明显违反公平原则的,品种权人或者品种权转让人应当向被许可实施人或者受让人返还全部或者部分使用费或者转让费。

第七章 罚　则

第三十九条 未经品种权人许可,以商业目的生产或者销售授权品种的繁殖材料的,品种权人或者利害关系人可以请求省级以上人民政府农业、林业行政部门依据各自的职权进行处理,也可以直接向人民法院提起诉讼。

省级以上人民政府农业、林业行政部门依据各自的职权,根据当事人自愿的原则,对侵权所造成的损害赔偿可以进行调解。调解达成协议的,当事人应当履行;调解未达成协议的,品种权人或者利害关系人可以依照民事诉讼程序向人民法院提起诉讼。

省级以上人民政府农业、林业行政部门依据各自的职权处理品种权侵权案件时,为维护社会公共利益,可以责令侵权人停止侵权行为,没收违法所得和植物品种繁殖材料;货值金额5万元以上的,可处货值金额1倍以上5倍以下的罚款;没有货值金额或者货值金额5万元以下的,根据情节轻重,可处25万元以下的罚款。

第四十条 假冒授权品种的,由县级以上人民政府农业、林业行政部门依据各自的职权责令停止假冒行为,没收违法所得和植物品种繁殖材料和植物品种繁殖材料;货值金额5万元以上的,可处货值金额1倍以上5倍以下的罚款;没有货值金额或者货值金额5万元以下的,根据情节轻重,可处25万元以下的罚款。法所得1倍以上5倍以下的罚款;情节严重,构成犯罪的,依法追究刑事责任。

第四十一条 省级以上人民政府农业、林业行政部门依据各自的职权在查处品种权侵权案件和县级以上人民政府农业、林业行政部门依据各自的职权在查处假冒授权品种案件时,根据需要,可以封存或者扣押与案件有关的植物品种的繁殖材料,查阅、复制或者封存与案件有关的合同、账册及有关文件。

第四十二条 销售授权品种未使用其注册登记的名称的,由县级以上人民政府农业、林业行政部门依据各自的职权责令限期改正,可以处1000元以下的罚款。

第四十三条 当事人就植物新品种的申请权和品种权的权属发生争议的,可以向人民法院提起诉讼。

第四十四条 县级以上人民政府农业、林业行政部门的及有关部门的工作人员滥用职权、玩忽职守、徇私舞弊、索贿受贿,构成犯罪的,依法追究刑事责任;尚不构成犯罪的,依法给予行政处分。

第八章 附　则

第四十五条 审批机关可以对本条例施行前首批列入植物品种保护名录的和本条例施行后新列入植物品种保护名录的植物属或者种的新颖性要求作出变通性规定。

第四十六条 本条例自1997年10月1日起施行。

中华人民共和国植物新品种保护条例实施细则
（农业部分）（2014年修订）

（1999年6月16日农业部令第13号发布　根据2007年9月19日农业部2011年令第5号修订　根据2011年12月31日农业部令第4号修订　根据2014年4月25日农业部令2014年第3号修订）

第一章　总　则

第一条　根据《中华人民共和国植物新品种保护条例》（以下简称《条例》），制定本细则。

第二条　农业植物新品种包括粮食、棉花、油料、麻类、糖料、蔬菜（含西甜瓜）、烟草、桑树、茶树、果树（干果除外）、观赏植物（木本除外）、草类、绿肥、草本药材、食用菌、藻类和橡胶树等植物的新品种。

第三条　依据《条例》第三条的规定，农业部为农业植物新品种权的审批机关，依照《条例》规定授予农业植物新品种权（以下简称品种权）。

农业部植物新品种保护办公室（以下简称品种保护办公室），承担品种权申请的受理、审查等事务，负责植物新品种测试和繁殖材料保藏的组织工作。

第四条　对危害公共利益、生态环境的植物新品种不授予品种权。

第二章　品种权的内容和归属

第五条　《条例》所称繁殖材料是指可繁殖植物的种植材料或植物体的其他部分，包括籽粒、果实和根、茎、苗、芽、叶等。

第六条　申请品种权的单位或者个人统称为品种权申请人；获得品种权的单位或者个人统称为品种权人。

第七条　《条例》第七条所称执行本单位任务所完成的职务育种是指下列情形之一：

（一）在本职工作中完成的育种；

（二）履行本单位交付的本职工作之外的任务所完成的育种；

（三）退职、退休或者调动工作后，3年内完成的与其在原单位承担的工作或者原单位分配的任务有关的育种。

《条例》第七条所称本单位的物质条件是指本单位的资金、仪器设备、试验场地以及单位所有的尚未允许公开的育种材料和技术资料等。

第八条　《条例》第八条所称完成新品种育种的人是指完成新品种育种的单位或者个人（以下简称育种者）。

第九条　完成新品种培育的人员（以下简称培育人）是指对新品种培育作出创造性贡献的人。仅负责组织管理工作、为物质条件的利用提供方便或者从事其他辅助工作的人不能被视为培育人。

第十条 一个植物新品种只能被授予一项品种权。

一个植物新品种由两个以上申请人分别于同一日内提出品种权申请的,由申请人自行协商确定申请权的归属;协商不能达成一致意见的,品种保护办公室可以要求申请人在指定期限内提供证据,证明自己是最先完成该新品种育种的人。逾期未提供证据的,视为撤回申请;所提供证据不足以作为判定依据的,品种保护办公室驳回申请。

第十一条 中国的单位或者个人就其在国内培育的新品种向外国人转让申请权或者品种权的,应当向农业部申请审批。

转让申请权或者品种权的,当事人应当订立书面合同,向农业部登记,由农业部予以公告,并自公告之日起生效。

第十二条 有下列情形之一的,农业部可以作出实施品种权的强制许可决定:

(一)为了国家利益或者公共利益的需要;

(二)品种权人无正当理由自己不实施,又不许可他人以合理条件实施的;

(三)对重要农作物品种,品种权人虽已实施,但明显不能满足国内市场需求,又不许可他人以合理条件实施的。

申请强制许可的,应当向农业部提交强制许可请求书,说明理由并附具有关证明文件各一式两份。

农业部自收到请求书之日起20个工作日内作出决定。需要组织专家调查论证的,调查论证时间不得超过3个月。同意强制许可请求的,由农业部通知品种权人和强制许可请求人,并予以公告;不同意强制许可请求的,通知请求人并说明理由。

第十三条 依照《条例》第十一条第二款规定,申请农业部裁决使用费数额的,当事人应当提交裁决申请书,并附具未能达成协议的证明文件。农业部自收到申请书之日起3个月内作出裁决并通知当事人。

第三章 授予品种权的条件

第十四条 依照《条例》第四十五条的规定,列入植物新品种保护名录的植物属或者种,从名录公布之日起1年内提出的品种权申请,凡经过育种者许可,申请日前在中国境内销售该品种的繁殖材料未超过4年,符合《条例》规定的特异性、一致性和稳定性及命名要求的,农业部可以授予品种权。

第十五条 具有下列情形之一的,属于《条例》第十四条规定的销售:

(一)以买卖方式将申请品种的繁殖材料转移他人;

(二)以易货方式将申请品种的繁殖材料转移他人;

(三)以入股方式将申请品种的繁殖材料转移他人;

(四)以申请品种的繁殖材料签订生产协议;

(五)以其他方式销售的情形。

具有下列情形之一的,视为《条例》第十四条规定的育种者许可销售:

(一)育种者自己销售;

(二)育种者内部机构销售;

(三)育种者的全资或者参股企业销售;
(四)农业部规定的其他情形。

第十六条 《条例》第十五条所称"已知的植物品种",包括品种权申请初审合格公告、通过品种审定或者已推广应用的品种。

第十七条 《条例》第十六条、第十七条所称"相关的特征或者特性"是指至少包括用于特异性、一致性和稳定性测试的性状或者授权时进行品种描述的性状。

第十八条 有下列情形之一的,不得用于新品种命名:
(一)仅以数字组成的;
(二)违反国家法律或者社会公德或者带有民族歧视性的;
(三)以国家名称命名的;
(四)以县级以上行政区划的地名或者公众知晓的外国地名命名的;
(五)同政府间国际组织或者其他国际国内知名组织及标识名称相同或者近似的;
(六)对植物新品种的特征、特性或者育种者的身份等容易引起误解的;
(七)属于相同或相近植物属或者种的已知名称的;
(八)夸大宣传的。

已通过品种审定的品种,或获得《农业转基因生物安全证书(生产应用)》的转基因植物品种,如品种名称符合植物新品种命名规定,申请品种权的品种名称应当与品种审定或农业转基因生物安全审批的品种名称一致。

第四章 品种权的申请和受理

第十九条 中国的单位和个人申请品种权的,可以直接或者委托代理机构向品种保护办公室提出申请。

在中国没有经常居所的外国人、外国企业或其他外国组织,向品种保护办公室提出品种权申请的,应当委托代理机构办理。

申请人委托代理机构办理品种权申请等相关事务时,应当与代理机构签订委托书,明确委托办理事项与权责。代理机构在向品种保护办公室提交申请时,应当同时提交申请人委托书。品种保护办公室在上述申请的受理与审查程序中,直接与代理机构联系。

第二十条 申请品种权的,申请人应当向品种保护办公室提交请求书、说明书和品种照片各一式两份,同时提交相应的请求书和说明书的电子文档。

请求书、说明书按照品种保护办公室规定的统一格式填写。

第二十一条 申请人提交的说明书应当包括下列内容:
(一)申请品种的暂定名称,该名称应当与请求书的名称一致;
(二)申请品种所属的属或者种的中文名称和拉丁文名称;
(三)育种过程和育种方法,包括系谱、培育过程和所使用的亲本或者其他繁殖材料来源与名称的详细说明;
(四)有关销售情况的说明;
(五)选择的近似品种及理由;
(六)申请品种特异性、一致性和稳定性的详细说明;

（七）适于生长的区域或者环境以及栽培技术的说明；

（八）申请品种与近似品种的性状对比表。

前款第（五）、（八）项所称近似品种是指在所有已知植物品种中，相关特征或者特性与申请品种最为相似的品种。

第二十二条　申请人提交的照片应当符合以下要求：

（一）照片有利于说明申请品种的特异性；

（二）申请品种与近似品种的同一种性状对比应在同一张照片上；

（三）照片应为彩色，必要时，品种保护办公室可以要求申请人提供黑白照片；

（四）照片规格为8.5厘米×12.5厘米或者10厘米×15厘米；

（五）关于照片的简要文字说明。

第二十三条　品种权申请文件有下列情形之一的，品种保护办公室不予受理：

（一）未使用中文的；

（二）缺少请求书、说明书或者照片之一的；

（三）请求书、说明书和照片不符合本细则规定格式的；

（四）文件未打印的；

（五）字迹不清或者有涂改的；

（六）缺少申请人和联系人姓名（名称）、地址、邮政编码的或者不详的；

（七）委托代理但缺少代理委托书的。

第二十四条　中国的单位或者个人将国内培育的植物新品种向国外申请品种权的，应当向所在地省级人民政府农业行政主管部门申请登记。

第二十五条　申请人依照《条例》第二十三条的规定要求优先权的，应当在申请中写明第一次提出品种权申请的申请日、申请号和受理该申请的国家或组织；未写明的，视为未要求优先权。申请人提交的第一次品种权申请文件副本应当经原受理机关确认。

第二十六条　在中国没有经常居所或者营业所的外国人、外国企业和外国其他组织，申请品种权或者要求优先权的，品种保护办公室认为必要时，可以要求其提供下列文件：

（一）申请人是个人的，其国籍证明；

（二）申请人是企业或者其他组织的，其营业所或者总部所在地的证明；

（三）外国人、外国企业、外国其他组织的所属国，承认中国单位和个人可以按照该国国民的同等条件，在该国享有品种申请权、优先权和其他与品种权有关的权利的证明文件。

第二十七条　申请人在向品种保护办公室提出品种权申请12个月内，又向国外申请品种权的，依照该国或组织同中华人民共和国签订的协议或者共同参加的国际条约，或者根据相互承认优先权的原则，可以请求品种保护办公室出具优先权证明文件。

第二十八条　依照《条例》第十九条第二款规定，中国的单位和个人申请品种权的植物新品种涉及国家安全或者重大利益需要保密的，申请人应当在申请文件中说明，品种保护办公室经过审查后作出是否按保密申请处理的决定，并通知申请人；品种保护办公室认为需要保密而申请人未注明的，仍按保密申请处理，并通知申请人。

第二十九条　申请人送交的申请品种繁殖材料应当与品种权申请文件中所描述的繁殖材料相一致，并符合下列要求：

（一）未遭受意外损害；
（二）未经过药物处理；
（三）无检疫性的有害生物；
（四）送交的繁殖材料为籽粒或果实的，籽粒或果实应当是最近收获的。

第三十条　品种保护办公室认为必要的，申请人应当送交申请品种和近似品种的繁殖材料，用于申请品种的审查和检测。申请品种属于转基因品种的，应当附具生产性试验阶段的《农业转基因生物安全审批书》或《农业转基因生物安全证书（生产应用）》复印件。

申请人应当自收到品种保护办公室通知之日起 3 个月内送交繁殖材料。送交繁殖材料为籽粒或果实的，应当送至品种保护办公室植物新品种保藏中心（以下简称保藏中心）；送交种苗、种球、块茎、块根等无性繁殖材料的，应当送至品种保护办公室指定的测试机构。

申请人送交的繁殖材料数量少于品种保护办公室规定的，保藏中心或者测试机构应当通知申请人，申请人应自收到通知之日起 1 个月内补足。特殊情况下，申请人送交了规定数量的繁殖材料后仍不能满足测试或者检测需要时，品种保护办公室有权要求申请人补交。

第三十一条　繁殖材料应当依照有关规定实施植物检疫。检疫不合格或者未经检疫的，保藏中心或者测试机构不予接收。

保藏中心或者测试机构收到申请人送交的繁殖材料后应当出具书面证明，并在收到繁殖材料之日起 20 个工作日内（有休眠期的植物除外）完成生活力等内容的检测。检测合格的，应当向申请人出具书面检测合格证明；检测不合格的，应当通知申请人自收到通知之日起 1 个月内重新送交繁殖材料并取回检测不合格的繁殖材料，申请人到期不取回的，保藏中心或者测试机构应当销毁。

申请人未按规定送交繁殖材料的，视为撤回申请。

第三十二条　保藏中心和测试机构对申请品种的繁殖材料负有保密的责任，应当防止繁殖材料丢失、被盗等事故的发生，任何人不得更换检验合格的繁殖材料。发生繁殖材料丢失、被盗、更换的，依法追究有关人员的责任。

第五章　品种权的审查与批准

第三十三条　在初步审查、实质审查、复审和无效宣告程序中进行审查和复审人员有下列情形之一的，应当自行回避，当事人或者其他利害关系人可以要求其回避：

（一）是当事人或者其代理人近亲属的；
（二）与品种权申请或者品种权有直接利害关系的；
（三）与当事人或者其代理人有其他关系，可能影响公正审查和审理的。

审查人员的回避由品种保护办公室决定，复审人员的回避由植物新品种复审委员会主任决定。

第三十四条　一件植物品种权申请包括两个以上新品种的，品种保护办公室应当要求申请人提出分案申请。申请人在指定期限内对其申请未进行分案修正或者期满未答复的，视为撤回申请。

申请人按照品种保护办公室要求提出的分案申请，可以保留原申请日；享有优先权的，可保留优先权日。但不得超出原申请文件已有内容的范围。

分案申请应当依照《条例》及本细则的规定办理相关手续。

分案申请的请求书中应当写明原申请的申请号和申请日。原申请享有优先权的,应当提交原申请的优先权文件副本。

第三十五条 品种保护办公室对品种权申请的下列内容进行初步审查:

(一)是否符合《条例》第二十七条规定;

(二)选择的近似品种是否适当;申请品种的亲本或其他繁殖材料来源是否公开。

品种保护办公室应当将审查意见通知申请人。品种保护办公室有疑问的,可要求申请人在指定期限内陈述意见或者补正;申请人期满未答复的,视为撤回申请。申请人陈述意见或者补正后,品种保护办公室认为仍然不符合规定的,应当驳回其申请。

第三十六条 除品种权申请文件外,任何人向品种保护办公室提交的与品种权申请有关的材料,有下列情形之一的,视为未提出:

(一)未使用规定的格式或者填写不符合要求的;

(二)未按照规定提交证明材料的。

当事人当面提交材料的,受理人员应当当面说明材料存在的缺陷后直接退回;通过邮局提交的,品种保护办公室应当将视为未提出的审查意见和原材料一起退回;邮寄地址不清的,采用公告方式退回。

第三十七条 自品种权申请之日起至授予品种权之日前,任何人均可以对不符合《条例》第八条、第十三至第十八条以及本细则第四条规定的品种权申请,向品种保护办公室提出异议,并提供相关证据和说明理由。未提供相关证据的,品种保护办公室不予受理。

第三十八条 未经品种保护办公室批准,申请人在品种权授予前不得修改申请文件的下列内容:

(一)申请品种的名称、申请品种的亲本或其他繁殖材料名称、来源以及申请品种的育种方法;

(二)申请品种的最早销售时间;

(三)申请品种的特异性、一致性和稳定性内容。

品种权申请文件的修改部分,除个别文字修改或者增删外,应当按照规定格式提交替换页。

第三十九条 品种保护办公室负责对品种权申请进行实质审查,并将审查意见通知申请人。品种保护办公室可以根据审查的需要,要求申请人在指定期限内陈述意见或者补正。申请人期满未答复的,视为撤回申请。

第四十条 依照《条例》和本细则的规定,品种权申请经实质审查应当予以驳回的情形是指:

(一)不符合《条例》第八条、第十三条至第十七条规定之一的;

(二)属于本细则第四条规定的;

(三)不符合命名规定,申请人又不按照品种保护办公室要求修改的;

(四)申请人陈述意见或者补正后,品种保护办公室认为仍不符合规定的。

第四十一条 品种保护办公室发出办理授予品种权手续的通知后,申请人应当自收到通知之日起2个月内办理相关手续和缴纳第1年年费。对期办理的,农业部授予品种权,颁发品种权证书,并予以公告。品种权自授权公告之日起生效。

期满未办理的,视为放弃取得品种权的权利。

第四十二条　农业部植物新品种复审委员会，负责审理驳回品种权申请的复审案件、品种权无效宣告案件和授权品种更名案件。具体规定由农业部另行制定。

第六章　文件的提交、送达和期限

第四十三条　依照《条例》和本细则规定提交的各种文件应当使用中文，并采用国家统一规定的科学技术术语和规范词。外国人名、地名和科学技术术语没有统一中文译文的，应当注明原文。

依照《条例》和本细则规定提交的各种证件和证明文件是外文的，应当附送中文译文；未附送的，视为未提交该证明文件。

第四十四条　当事人向品种保护办公室提交的各种文件应当打印或者印刷，字迹呈黑色，并整齐清晰。申请文件的文字部分应当横向书写，纸张只限单面使用。

第四十五条　当事人提交的各种文件和办理的其他手续，应当由申请人、品种权人、其他利害关系人或者其代表人签字或者盖章；委托代理机构的，由代理机构盖章。请求变更培育人姓名、品种权申请人和品种权人的姓名或者名称、国籍、地址、代理机构的名称和代理人姓名的，应当向品种保护办公室办理著录事项变更手续，并附具变更理由的证明材料。

第四十六条　当事人提交各种材料时，可以直接提交，也可以邮寄。邮寄时，应当使用挂号信函，不得使用包裹，一件信函中应当只包含同一申请的相关材料。邮寄的，以寄出的邮戳日为提交日。信封上寄出的邮戳日不清晰的，除当事人能够提供证明外，以品种保护办公室的收到日期为提交日。

品种保护办公室的各种文件，可以通过邮寄、直接送交或者以公告的方式送达当事人。当事人委托代理机构的，文件送交代理机构；未委托代理机构的，文件送交请求书中收件人地址及收件人或者第一署名人或者代表人。当事人拒绝接收文件的，该文件视为已经送达。

品种保护办公室邮寄的各种文件，自文件发出之日起满15日，视为当事人收到文件之日。

根据规定应当直接送交的文件，以交付日为送达日。文件送达地址不清，无法邮寄的，可以通过公告的方式送达当事人。自公告之日起满2个月，该文件视为已经送达。

第四十七条　《条例》和本细则规定的各种期限的第一日不计算在期限内。期限以年或者月计算的，以其最后一月的相应日为期限届满日；该月无相应日的，以该月最后一日为期限届满日。期限届满日是法定节假日的，以节假日后的第一个工作日为期限届满日。

第四十八条　当事人因不可抗力而耽误《条例》或者本细则规定的期限或者品种保护办公室指定的期限，导致其权利丧失的，自障碍消除之日起2个月内，最迟自期限届满之日起2年内，可以向品种保护办公室说明理由并附具有关证明文件，请求恢复其权利。

当事人因正当理由而耽误《条例》或者本细则规定的期限或者品种保护办公室指定的期限，造成其权利丧失的，可以自收到通知之日起2个月内向品种保护办公室说明理由，请求恢复其权利。

当事人请求延长品种保护办公室指定期限的，应当在期限届满前，向品种保护办公室说明理由并办理有关手续。

本条第一款和第二款的规定不适用《条例》第十四条、第二十三条、第三十二条第二、三款、第三十四条、第三十七条第二款规定的期限。

第四十九条 除《条例》第二十二条的规定外,《条例》所称申请日,有优先权的,指优先权日。

第七章 费用和公报

第五十条 申请品种权和办理其他手续时,应当按照国家有关规定向农业部缴纳申请费、审查费、年费。

第五十一条 《条例》和本细则规定的各种费用,可以直接缴纳,也可以通过邮局或者银行汇付。

通过邮局或者银行汇付的,应当注明品种名称,同时将汇款凭证的复印件传真或者邮寄至品种保护办公室,并说明该费用的申请号或者品种权号、申请人或者品种权人的姓名或名称、费用名称。

通过邮局或者银行汇付的,以汇出日为缴费日。

第五十二条 依照《条例》第二十四条的规定,申请人可以在提交品种权申请的同时缴纳申请费,但最迟自申请之日起1个月内缴纳申请费,期满未缴纳或者未缴足的,视为撤回申请。

第五十三条 经初步审查合格的品种权申请,申请人应当按照品种保护办公室的通知,在规定的期限内缴纳审查费。期满未缴纳或者未缴足的,视为撤回申请。

第五十四条 申请人在领取品种权证书前,应当缴纳授予品种权第1年的年费。以后的年费应当在前1年度期满前1个月内预缴。

第五十五条 品种权人未按时缴纳授予品种权第1年以后的年费,或缴纳的数额不足的,品种保护办公室应当通知申请人自应当缴纳年费期满之日起6个月内补缴;期满未缴纳的,自应当缴纳年费期满之日起,品种权终止。

第五十六条 品种保护办公室定期发布植物新品种保护公报,公告品种权有关内容。

第八章 附 则

第五十七条 《条例》第四十条、第四十一条所称的假冒授权品种行为是指下列情形之一:

(一)印制或者使用伪造的品种权证书、品种权申请号、品种权号或者其他品种权申请标记、品种权标记;

(二)印制或者使用已经被驳回、视为撤回或者撤回的品种权申请的申请号或者其他品种权申请标记;

(三)印制或者使用已经被终止或者被宣告无效的品种权的品种权证书、品种权号或者其他品种权标记;

(四)生产或者销售本条第(一)项、第(二)项和第(三)项所标记的品种;

(五)生产或销售冒充品种权申请或者授权品种名称的品种;

(六)其他足以使他人将非品种权申请或者非授权品种误认为品种权申请或者授权品种的行为。

第五十八条 农业行政部门根据《条例》第四十一条的规定对封存或者扣押的植物品种繁殖材料,应当在30日内做出处理;情况复杂的,经农业行政部门负责人批准可以延长,延长期限不超过30日。

第五十九条 当事人因品种申请权或者品种权发生纠纷,向人民法院提起诉讼并且人民法院已受理的,可以向品种保护办公室请求中止有关程序。

依照前款规定申请中止有关程序的,应当向品种保护办公室提交申请书,并附具人民法院的有关受理文件副本。

在人民法院作出的判决生效后,当事人应当向品种保护办公室请求恢复有关程序。自请求中止之日起 1 年内,有关品种申请权或者品种权归属的纠纷未能结案,需要继续中止有关程序的,请求人应当在该期限内请求延长中止。期满未请求延长的,品种保护办公室可以自行恢复有关程序。

第六十条 已被视为撤回、驳回和主动撤回的品种权申请的案卷,自该品种权申请失效之日起满 2 年后不予保存。

已被宣告无效的品种权案卷自该品种权无效宣告之日起,终止的品种权案卷自该品种权失效之日起满 3 年后不予保存。

第六十一条 本细则自 2008 年 1 月 1 日起施行。1999 年 6 月 16 日农业部发布的《中华人民共和国植物新品种保护条例实施细则(农业部分)》同时废止。

中华人民共和国森林病虫害防治条例

(1989 年 12 月 18 日 中华人民共和国国务院令第 46 号)

第一章 总 则

第一条 为有效防治森林病虫害,保护森林资源,促进林业发展,维护自然生态平衡,根据《中华人民共和国森林法》有关规定,制定本条例。

第二条 本条例所称森林病虫害防治,是指对森林、林木、林木种苗及木材、竹材的病害和虫害的预防和除治。

第三条 森林病虫害防治实行"预防为主,综合治理"的方针。

第四条 森林病虫害防治实行"谁经营、谁防治"的责任制度。地方各级人民政府应当制定措施和制度,加强对森林病虫害防治工作的领导。

第五条 国务院林业主管部门主管全国森林病虫害防治工作。县级以上地方各级人民政府林业主管部门主管本行政区域内的森林病虫害防治工作,其所属的森林病虫害防治机构负责森林病虫害防治的具体组织工作。区、乡林业工作站负责本区、乡的森林病虫害防治工作。

第六条 国家鼓励和支持森林病虫害防治科学研究,推广和应用先进技术,提高科学防治水平。

第二章 森林病虫害的预防

第七条 森林经营单位和个人在森林的经营活动中应当遵守下列规定:

(一)植树造林应当造地适树,提倡营造混交林,合理搭配树种,依照国家规定选用林木良种;造林设计方案必须有森林病虫害防治措施;

(二)禁止使用带有危险性病虫害的林木种苗进行育苗或者造林;

(三)对幼龄林和中龄林应当及时进行抚育管理,清除已经感染病虫害的林木;

(四)有计划地实行封山育林,改变纯林生态环境;

(五)及时清理火烧迹地,伐除受害严重的过火林木;

(六)有采伐后的林木应当及时运出伐区并清理现场。

第八条 各级人民政府林业主管部门应当有计划地组织建立无检疫对象的林木种苗基地。各级森林病虫害防治机构应当依法对林木种苗的木材、竹材进行产地和调运检疫;发现新传入的危险性病虫害,应当及时采取严密封锁、扑灭措施,不得将危险性病虫害传出。各口岸动植物检疫机构,应当按照国家有关进出境动植物检疫的法律规定,加强进境林木种苗的木材、竹材的检疫工作,防止境外森林病虫害传入。

第九条 各级人民政府林业主管部门应当组织和监督森林经营单位和个人,采取有效措施,保护好林内各种有益生物,并有计划地进行繁殖和培养,发挥生物防治作用。

第十条 国务院林业主管部门和省、自治区、直辖市人民政府林业主管部门的森林病虫害防治机构,应当综合分析各地测报数据,定期分别发布全国和本行政区域的森林病虫害中、长期趋势预报,并提出防治方案。县、市、自治州人民政府林业主管部门或者其所属的森林病虫害防治机构,应当综合分析基层单位测报数据,发布当地森林病虫害短、中期预报,并提出防治方案。全民所有的森林和林木,由国营林业局、国营林场或者其他经营单位组织森林病虫害情况调查。集体和个人所有的森林和林木,由区、乡林业工作站或者其森林病虫害防治机构组织森林病虫害情况调查。各调查单位应当按照规定向上一级林业主管部门或者其森林病虫害防治机构报告森林病虫害的调查情况。

第十一条 国务院林业主管部门负责制定主要森林病虫害的测报对象及测报办法;省、自治区、直辖市人民政府林业主管部门可以根据本行政区域的情况作出补充规定,并报国务院林业主管部门备案。国务院林业主管部门和省、自治区、直辖市人民政府林业主管部门的森林病虫害防治机构可以在不同地区根据实际需要建立中心测报点,对测报对象进行调查与监测。

第十二条 地方各级人民政府林业主管部门应当对经常发生森林病虫害的地区,实施以营林措施为主,生物、化学和物理防治相结合的综合治理措施,逐步改变森林生态环境,提高森林抗御自然灾害的能力。

第十三条 各级人民政府林业主管部门可以根据森林病虫害防治的实际需要,建设下列设施:(一)药剂、器械及其储备仓库;(二)临时简易机场;(三)测报试验室、检疫检验室、检疫隔离试种苗圃;(四)林木种苗及木材熏蒸除害设施。

第三章 森林病虫害的除治

第十四条 发现严重森林病虫害的单位和个人,应当及时向当地人民政府或者林业主管部门报告。当地人民政府或者林业主管部门接到报告后,应当及时组织除治,同时报告所在省、自治区、直辖市人民政府林业主管部门。发生大面积暴发性或者危险性森林病虫害时,省、自治区、直辖市人民政府林业主管部门应当及时报告国务院林业主管部门。

第十五条　发生暴发性或者危险性的森林病虫害时,当地人民政府应当根据实际需要,组织有关部门建立森林病虫害防治临时指挥机构,负责制定紧急除治措施,协调解决工作中的重大问题。

第十六条　县级以上地方人民政府或者其林业主管部门应当制定除治的森林病虫害的实施计划,并组织好交界地区的联防联治,对除治情况定期检查。

第十七条　施药必须遵守有关规定,防止环境污染,保证人畜安全,减少杀伤有益生物。使用航空器施药时,当地人民政府林业主管部门应当事先进行调查设计,做好地面准备工作,林业、民航、气象部门应当密切配合,保证作业质量。

第十八条　发生严重森林病虫害时,所需的防治药剂、器械、油料等,商业、供销、物资、石油化工等部门应当优先供应,铁路、交通、民航部门应当优先承运,民航部门应当优先安排航空器施药。

第十九条　森林病虫害防治费用,全民所有的森林和林木,依照国家有关规定,分别从育林基金、木竹销售收入、多种经营收入和事业费用解决;集体和个人所有的森林和林木,由经营者负担,地方各级人民政府可以给予适当扶持。对暂时没有经济收入的森林、林木和长期没有经济收入的防护林、水源林、特种用途林的森林经营单位和个人,其所需的森林病虫害防治费用由地方各级人民政府给予适当扶持。发生大面积暴发性或者危险性病虫害,森林经营单位或者个人确实无力负担全部防治费用的,各级人民政府应当给予补助。

第二十条　国家在重点林区逐步实行森林病虫害保险制度,具体办法由中国人民保险公司同国务院林业主管部门制定。

第四章　奖励和惩罚

第二十一条　有下列成绩之一的单位和个人,由人民政府或者林业主管部门给予奖励:(一)严格执行森林病虫害防治法规,预防和除治措施得力,在本地区或者经营区域内,连续5年没有发生森林病虫害的;(二)预报病情、虫情及时准确,并提出防治森林病虫害的合理化建议,被有关部门采纳,获得显著效益的;(三)在森林病虫害防治科学研究中取得成果或者在应用推广科研成果中获得重大效益的;(四)在林业基层单位连续从事森林病虫害防治工作满10年,工作成绩较好的;(五)在森林病虫害防治工作中有其他显著成绩的。

第二十二条　有下列行为之一的,责令限期除治、赔偿损失,可以并处100元至2000元的罚款。(一)用带有危险性病虫害的林木种苗进行育苗或者造林的;(二)发生森林病虫害不除治或者除治不力,造成森林病虫害蔓延成灾的;(三)隐瞒或者虚报森林病虫害情况,造成森林病虫害蔓延成灾的。

第二十三条　违反植物检疫法规调运林木种苗或者木材的,除依照植物检疫法规处罚外,并可处50元至2000元的罚款。

第二十四条　有本条例第二十二条、第二十三条规定行为的责任人员或者在森林病虫害防治工作中失职行为的国家工作人员,由其所在单位或者上级机关给予行政处分;构成犯罪的,由司法机关依法追究刑事责任。

第二十五条　被责令期限除治森林病虫害者不除治的,林业主管部门或者其授权的单位可以代为除治,由被责令限期除治者承担全部防治费用。代为除治森林病虫害的工作,不因被责令限期除治者申请复议或者起诉而停止执行。

第二十六条 本条例规定的行政处罚,由县级以上人民政府林业主管部门或者授权的单位决定。当事人对行政处罚决定不服的,可以在接到处罚通知之日起 15 日内向作出处罚决定机关的上一级机关申请复议;对复议决定不服的,可以在接到复议决定书之日起 15 日内向人民法院起诉。当事人也可以在接到处罚通知之日起 15 日内直接向人民法院起诉。期满不申请复议或者不起诉又不履行处罚决定的,由作出处罚决定的机关申请人民法院强制执行。

第五章 附 则

第二十七条 本条例由国务院林业主管部门负责解释。

第二十八条 省、自治区、直辖市人民政府可以根据本条例结合本地实际情况,制定实施办法。

第二十九条 城市园林管理部门管理的森林和林木,其病虫害防治工作由城市园林管理部门参照本条例执行。

第三十条 本条例自发布之日起施行。

营利性治沙管理办法

(2004 年 7 月 1 日 国家林业局令第 11 号)

第一条 为了规范营利性治沙管理活动,保障从事营利性治沙活动的单位和个人的合法权益,根据《中华人民共和国防沙治沙法》(以下简称防沙治沙法)有关规定,制定本办法。

第二条 在全国防沙治沙规划确定范围内从事营利性治沙活动适用本办法。

营利性治沙活动是指不具有沙化土地所有权或者使用权的单位和个人,在依法取得土地使用权后,以获取一定经济收益为目的,采取各种措施对沙化土地进行治理的治沙活动。

第三条 县级以上地方人民政府林业行政主管部门负责营利性治沙活动的受理申请和检查验收等管理工作。

第四条 从事营利性治理国家所有的沙化土地的单位和个人,应当与法律授权管理该沙化土地的主管部门或者该沙化土地的使用权人签订治理协议,依法取得该沙化土地的土地使用权。

从事营利性治理集体所有、尚未承包到户的沙化土地的单位和个人,应当与该集体经济组织签订治理协议,依法取得该沙化土地的土地使用权。

从事营利性治理集体所有、但已承包到户的沙化土地的单位和个人,应当与该土地的承包人签订治理协议,依法取得该沙化土地的土地使用权。

第五条 营利性治沙涉及的沙化土地在县级行政区域范围内的,由所在地的县级人民政府林业行政主管部门负责受理申请;跨县(市)、设区的市、自治州行政区域范围的,由其共同上一级地方人民政府林业行政主管部门负责受理申请。

第六条 从事营利性治沙活动的单位和个人应当依照防沙治沙法第二十六条第二款规定提供有关材料,向林业行政主管部门提出治理申请,并填写治理申请表。其中有关治理协议的主要内容应当包括:治理单位名称或者个人姓名、协议双方的权利和义务、拟治理沙化土地的四至界限、面积、治理期限、违约责任等。

第七条 防沙治沙法第二十七条第六项规定的其他需要载明的事项应当包括:被治理的沙化土地的现状,治理后该土地的利用方向,治理项目的投资概算及资金来源等。

第八条 林业行政主管部门应当在收到治理申请和有关文件后7个工作日内,对申请材料进行初步审查;治理申请和有关文件符合本办法第六条和第七条规定的,林业行政主管部门应当予以受理;不符合规定的,不予受理,并书面通知申请人,说明理由或者要求补充有关材料。

第九条 林业行政主管部门对决定受理的申请,应当组织有关专家对治理方案进行技术论证,并可以根据实际工作需要,组织工作人员对提出营利性治沙活动申请涉及的沙化土地以及提交的有关文件内容进行实地核实和调查。

核实和调查的工作人员应当不少于2人。

第十条 林业行政主管部门在决定受理申请之日起30个工作日内,对符合防沙治沙法和本办法规定的,应当予以公示,并书面通知申请人。公示应当载明下列主要内容:

(一)申请单位名称或者个人姓名;
(二)治理的沙化土地范围、四至以及面积;
(三)治理的沙化土地的所有权或者使用权情况,以及发放有关权属证书情况;
(四)治理方案的主要内容。

第十一条 有以下情况之一的,林业行政主管部门应当不予公示,并书面通知申请人:

(一)治理地点不符合国家和当地防沙治沙规划的;
(二)未取得治理范围内土地使用权的;
(三)资金没有保障的;
(四)治理方案未通过专家技术论证的。

第十二条 从事营利性治沙的单位和个人,必须按照公示的治理方案进行治理。

第十三条 需要变更原治理方案的,应当向原公示的林业行政主管部门提出变更治理方案的书面申请。

第十四条 变更治理方案的书面申请应当包括以下内容:

(一)原书面公示文件;
(二)原治理方案;
(三)治理方案变更的具体内容和理由。

变更的治理方案中规定的治理技术指标应当优于原治理方案规定的治理技术指标。

第十五条 林业行政主管部门应当在接到变更申请后15个工作日内,做出同意变更或者不同意变更的决定,并书面通知提出变更的申请人。

未经原批准的林业行政主管部门批准,任何单位和个人不得改变公示的治理方案。

第十六条 从事营利性治沙的单位和个人可以要求林业行政主管部门给予指导。林业行政主管部门应当根据从事营利性治沙的单位和个人的要求,在下列方面给予指导:

(一)有关防沙治沙工作的政策和法规咨询;
(二)编制治理方案;
(三)编制年度作业设计;

(四)提供相关的技术培训。

第十七条 从事营利性治沙的单位和个人在完成治理方案规定的治理任务后,应当向原公示的林业行政主管部门提出验收申请,并填写营利性治沙验收申请表。

第十八条 林业行政主管部门在收到验收申请后30个工作日内,应当按照治理方案确定的各项技术指标组织检查验收。

对验收合格的,林业行政主管部门应当发给治理合格证明文件;验收不合格的,从事营利性治沙的单位和个人应当继续治理。

对验收合格的森林、林木和林地,从事营利性治沙的单位和个人应持治理合格证明文件,依法申请森林、林木和林地权属登记。

第十九条 从事营利性治沙的单位和个人可以依照防沙治沙法的规定,享受资金补助、财政贴息以及税费减免等政策优惠。

第二十条 林业行政主管部门依照防沙治沙法第四十一条的规定,对从事营利性治沙活动中不按照治理方案进行治理,或者经林业行政主管部门验收不合格又不按要求继续治理的单位和个人,依法予以处罚。

第二十一条 林业行政主管部门工作人员在管理活动中滥用职权、玩忽职守、徇私舞弊的,依法给予行政处分,构成犯罪的,依法追究刑事责任。

第二十二条 依照防沙治沙法第二十六条第二款规定,由县级以上地方人民政府指定的其他行政主管部门负责营利性治沙活动的受理申请和检查验收的,可以参照本办法规定执行。

第二十三条 治理申请表和营利性治沙验收表的格式由国家林业局规定,省、自治区和直辖市人民政府林业行政主管部门印制。

第二十四条 本办法于2004年9月1日起施行。

退耕还林条例(2016年修订)

(2012年12月14日中华人民共和国国务院令第367号发布 根据2016年2月6日中华人民共和国国务院令第666号《国务院关于修改部分行政法规的决定》修订)

第一章 总 则

第一条 为了规范退耕还林活动,保护退耕还林者的合法权益,巩固退耕还林成果,优化农村产业结构,改善生态环境,制定本条例。

第二条 国务院批准规划范围内的退耕还林活动,适用本条例。

第三条 各级人民政府应当严格执行"退耕还林、封山绿化、以粮代赈、个体承包"的政策措施。

第四条 退耕还林必须坚持生态优先。退耕还林应当与调整农村产业结构、发展农村经济、防治水土流失、保护和建设基本农田、提高粮食单产、加强农村能源建设、实施生态移民相结合。

第五条 退耕还林应当遵循下列原则：

（一）统筹规划、分步实施、突出重点、注重实效；

（二）政策引导和农民自愿退耕相结合,谁退耕、谁造林、谁经营、谁受益；

（三）遵循自然规律,因地制宜,宜林则林,宜草则草,综合治理；

（四）建设与保护并重,防止边治理边破坏；

（五）逐步改善退耕还林者的生活条件。

第六条 国务院西部开发工作机构负责退耕还林工作的综合协调,组织有关部门研究制定退耕还林有关政策、办法,组织和协调退耕还林总体规划的落实；国务院林业行政主管部门负责编制退耕还林总体规划、年度计划,主管全国退耕还林的实施工作,负责退耕还林工作的指导和监督检查；国务院发展计划部门会同有关部门负责退耕还林总体规划的审核、计划的汇总、基建年度计划的编制和综合平衡；国务院财政主管部门负责退耕还林中央财政补助资金的安排和监督管理；国务院农业行政主管部门负责已垦草场的退耕还草以及天然草场的恢复和建设有关规划、计划的编制,以及技术指导和监督检查；国务院水行政主管部门负责退耕还林还草地区小流域治理、水土保持等相关工作的技术指导和监督检查；国务院粮食行政管理部门负责粮源的协调和调剂工作。

县级以上地方人民政府林业、计划、财政、农业、水利、粮食等部门在本级人民政府的统一领导下,按照本条例和规定的职责分工,负责退耕还林的有关工作。

第七条 国家对退耕还林实行省、自治区、直辖市人民政府负责制。省、自治区、直辖市人民政府应当组织有关部门采取措施,保证退耕还林中央补助资金的专款专用,组织落实补助粮食的调运和供应,加强退耕还林的复查工作,按期完成国家下达的退耕还林任务,并逐级落实目标责任,签订责任书,实现退耕还林目标。

第八条 退耕还林实行目标责任制。

县级以上地方各级人民政府有关部门应当与退耕还林工程项目负责人和技术负责人签订责任书,明确其应当承担的责任。

第九条 国家支持退耕还林应用技术的研究和推广,提高退耕还林科学技术水平。

第十条 国务院有关部门和地方各级人民政府应当组织开展退耕还林活动的宣传教育,增强公民的生态建设和保护意识。

在退耕还林工作中做出显著成绩的单位和个人,由国务院有关部门和地方各级人民政府给予表彰和奖励。

第十一条 任何单位和个人都有权检举、控告破坏退耕还林的行为。

有关人民政府及其有关部门接到检举、控告后,应当及时处理。

第十二条 各级审计机关应当加强对退耕还林资金和粮食补助使用情况的审计监督。

第二章 规划和计划

第十三条 退耕还林应当统筹规划。

退耕还林总体规划由国务院林业行政主管部门编制,经国务院西部开发工作机构协调、国务院发展计划部门审核后,报国务院批准实施。

省、自治区、直辖市人民政府林业行政主管部门根据退耕还林总体规划会同有关部门编制本行政区域的退耕还林规划，经本级人民政府批准，报国务院有关部门备案。

第十四条 退耕还林规划应当包括下列主要内容：

（一）范围、布局和重点；

（二）年限、目标和任务；

（三）投资测算和资金来源；

（四）效益分析和评价；

（五）保障措施。

第十五条 下列耕地应当纳入退耕还林规划，并根据生态建设需要和国家财力有计划地实施退耕还林：

（一）水土流失严重的；

（二）沙化、盐碱化、石漠化严重的；

（三）生态地位重要、粮食产量低而不稳的。

江河源头及其两侧、湖库周围的陡坡耕地以及水土流失和风沙危害严重等生态地位重要区域的耕地，应当在退耕还林规划中优先安排。

第十六条 基本农田保护范围内的耕地和生产条件较好、实际粮食产量超过国家退耕还林补助粮食标准并且不会造成水土流失的耕地，不得纳入退耕还林规划；但是，因生态建设特殊需要，经国务院批准并依照有关法律、行政法规规定的程序调整基本农田保护范围后，可以纳入退耕还林规划。

制定退耕还林规划时，应当考虑退耕农民长期的生计需要。

第十七条 退耕还林规划应当与国民经济和社会发展规划、农村经济发展总体规划、土地利用总体规划相衔接，与环境保护、水土保持、防沙治沙等规划相协调。

第十八条 退耕还林必须依照经批准的规划进行。未经原批准机关同意，不得擅自调整退耕还林规划。

第十九条 省、自治区、直辖市人民政府林业行政主管部门根据退耕还林规划，会同有关部门编制本行政区域下一年度退耕还林计划建议，由本级人民政府发展计划部门审核，并经本级人民政府批准后，于每年8月31日前报国务院西部开发工作机构、林业、发展计划等有关部门。国务院林业行政主管部门汇总编制全国退耕还林年度计划建议，经国务院西部开发工作机构协调，国务院发展计划部门审核和综合平衡，报国务院批准后，由国务院发展计划部门会同有关部门于10月31日前联合下达。

省、自治区、直辖市人民政府发展计划部门会同有关部门根据全国退耕还林年度计划，于11月30日前将本行政区域下一年度退耕还林计划分解下达到有关县（市）人民政府，并将分解下达情况报国务院有关部门备案。

第二十条 省、自治区、直辖市人民政府林业行政主管部门根据国家下达的下一年度退耕还林计划，会同有关部门编制本行政区域内的年度退耕还林实施方案，报本级人民政府批准实施。

县级人民政府林业行政主管部门可以根据批准后的省级退耕还林年度实施方案，编制本行政区域内的退耕还林年度实施方案，报本级人民政府批准后实施，并报省、自治区、直辖市人民政府林业行政主管部门备案。

第二十一条 年度退耕还林实施方案,应当包括下列主要内容:

(一)退耕还林的具体范围;

(二)生态林与经济林比例;

(三)树种选择和植被配置方式;

(四)造林模式;

(五)种苗供应方式;

(六)植被管护和配套保障措施;

(七)项目和技术负责人。

第二十二条 县级人民政府林业行政主管部门应当根据年度退耕还林实施方案组织专业人员或者有资质的设计单位编制乡镇作业设计,把实施方案确定的内容落实到具体地块和土地承包经营权人。

编制作业设计时,干旱、半干旱地区应当以种植耐旱灌木(草)、恢复原有植被为主;以间作方式植树种草的,应当间作多年生植物,主要林木的初植密度应当符合国家规定的标准。

第二十三条 退耕土地还林营造的生态林面积,以县为单位核算,不得低于退耕土地还林面积的80%。

退耕还林营造的生态林,由县级以上地方人民政府林业行政主管部门根据国务院林业行政主管部门制定的标准认定。

第三章 造林、管护与检查验收

第二十四条 县级人民政府或者其委托的乡级人民政府应当与有退耕还林任务的土地承包经营权人签订退耕还林合同。

退耕还林合同应当包括下列主要内容:

(一)退耕土地还林范围、面积和宜林荒山荒地造林范围、面积;

(二)按照作业设计确定的退耕还林方式;

(三)造林成活率及其保存率;

(四)管护责任;

(五)资金和粮食的补助标准、期限和给付方式;

(六)技术指导、技术服务的方式和内容;

(七)种苗来源和供应方式;

(八)违约责任;

(九)合同履行期限。

退耕还林合同的内容不得与本条例以及国家其他有关退耕还林的规定相抵触。

第二十五条 退耕还林需要的种苗,可以由县级人民政府根据本地区实际组织集中采购,也可以由退耕还林者自行采购。集中采购的,应当征求退耕还林者的意见,并采用公开竞价方式,签订书面合同,超过国家种苗造林补助费标准的,不得向退耕还林者强行收取超出部分的费用。

任何单位和个人不得为退耕还林者指定种苗供应商。

禁止垄断经营种苗和哄抬种苗价格。

第二十六条 退耕还林所用种苗应当就地培育、就近调剂,优先选用乡土树种和抗逆性强树种的良种壮苗。

第二十七条 林业、农业行政主管部门应当加强种苗培育的技术指导和服务的管理工作,保证种苗质量。

销售、供应的退耕还林种苗应当经县级人民政府林业、农业行政主管部门检验合格,并附具标签和质量检验合格证;跨县调运的,还应当依法取得检疫合格证。

第二十八条 省、自治区、直辖市人民政府应当根据本行政区域的退耕还林规划,加强种苗生产与采种基地的建设。

国家鼓励企业和个人采取多种形式培育种苗,开展产业化经营。

第二十九条 退耕还林者应当按照作业设计和合同的要求植树种草。

禁止林粮间作和破坏原有林草植被的行为。

第三十条 退耕还林者在享受资金和粮食补助期间,应当按照作业设计和合同的要求在宜林荒山荒地造林。

第三十一条 县级人民政府应当建立退耕还林植被管护制度,落实管护责任。

退耕还林者应当履行管护义务。

禁止在退耕还林项目实施范围内复耕和从事滥采、乱挖等破坏地表植被的活动。

第三十二条 地方各级人民政府及其有关部门应当组织技术推广单位或者技术人员,为退耕还林提供技术指导和技术服务。

第三十三条 县级人民政府林业行政主管部门应当按照国务院林业行政主管部门制定的检查验收标准和办法,对退耕还林建设项目进行检查验收,经验收合格的,方可发给验收合格证明。

第三十四条 省、自治区、直辖市人民政府应当对县级退耕还林检查验收结果进行复查,并根据复查结果对县级人民政府和有关责任人员进行奖惩。

国务院林业行政主管部门应当对省级复查结果进行核查,并将核查结果上报国务院。

第四章 资金和粮食补助

第三十五条 国家按照核定的退耕还林实际面积,向土地承包经营权人提供补助粮食、种苗造林补助费和生活补助费。具体补助标准和补助年限按照国务院有关规定执行。

第三十六条 尚未承包到户和休耕的坡耕地退耕还林的,以及纳入退耕还林规划的宜林荒山荒地造林,只享受种苗造林补助费。

第三十七条 种苗造林补助费和生活补助费由国务院计划、财政、林业部门按照有关规定及时下达、核拨。

第三十八条 补助粮食应当就近调运,减少供应环节,降低供应成本。粮食补助费按照国家有关政策处理。

粮食调运费用由地方财政承担,不得向供应补助粮食的企业和退耕还林者分摊。

第三十九条 省、自治区、直辖市人民政府应当根据当地口粮消费习惯和农作物种植习惯以及当地粮食库存实际情况合理确定补助粮食的品种。

补助粮食必须达到国家规定的质量标准。不符合国家质量标准的,不得供应给退耕还林者。

第四十条 退耕土地还林的第一年,该年度补助粮食可以分两次兑付,每次兑付的数量由省、自治区、直辖市人民政府确定。

从退耕土地还林第二年起,在规定的补助期限内,县级人民政府应当组织有关部门和单位及时向持有验收合格证明的退耕还林者一次兑付该年度补助粮食。

第四十一条 兑付的补助粮食,不得折算成现金或者代金券。供应补助粮食的企业不得回购退耕还林补助粮食。

第四十二条 种苗造林补助费应当用于种苗采购,节余部分可以用于造林补助和封育管护。

退耕还林者自行采购种苗的,县级人民政府或者其委托的乡级人民政府应当在退耕还林合同生效时一次付清种苗造林补助费。

集中采购种苗的,退耕还林验收合格后,种苗采购单位应当与退耕还林者结算种苗造林补助费。

第四十三条 退耕土地还林后,在规定的补助期限内,县级人民政府应当组织有关部门及时向持有验收合格证明的退耕还林者一次付清该年度生活补助费。

第四十四条 退耕还林资金实行专户存储、专款专用,任何单位和个人不得挤占、截留、挪用和克扣。

任何单位和个人不得弄虚作假、虚报冒领补助资金和粮食。

第四十五条 退耕还林所需前期工作和科技支撑等费用,国家按照退耕还林基本建设投资的一定比例给予补助,由国务院发展计划部门根据工程情况在年度计划中安排。

退耕还林地方所需检查验收、兑付等费用,由地方财政承担。中央有关部门所需核查等费用,由中央财政承担。

第四十六条 实施退耕还林的乡(镇)、村应当建立退耕还林公示制度,将退耕还林者的退耕还林面积、造林树种、成活率以及资金和粮食补助发放等情况进行公示。

第五章　其他保障措施

第四十七条 国家保护退耕还林者享有退耕土地上的林木(草)所有权。自行退耕还林的,土地承包经营权人享有退耕土地上的林木(草)所有权;委托他人还林或者与他人合作还林的,退耕土地上的林木(草)所有权由合同约定。

退耕土地还林后,由县级以上人民政府依照森林法、草原法的有关规定发放林(草)权属证书,确认所有权和使用权,并依法办理土地变更登记手续。土地承包经营合同应当作相应调整。

第四十八条 退耕土地还林后的承包经营权期限可以延长到70年。承包经营权到期后,土地承包经营权人可以依照有关法律、法规的规定继续承包。

退耕还林土地和荒山荒地造林后的承包经营权可以依法继承、转让。

第四十九条 退耕还林者按照国家有关规定享受税收优惠,其中退耕还林(草)所取得的农业特产收入,依照国家规定免征农业特产税。

退耕还林的县(市)农业税收因灾减收部分,由上级财政以转移支付的方式给予适当补助;确有困难的,经国务院批准,由中央财政以转移支付的方式给予适当补助。

第五十条 资金和粮食补助期满后,在不破坏整体生态功能的前提下,经有关主管部门批准,退耕还林者可以依法对其所有的林木进行采伐。

第五十一条 地方各级人民政府应当加强基本农田和农业基础设施建设,增加投入,改良土壤,改造坡耕地,提高地力和单位粮食产量,解决退耕还林者的长期口粮需求。

第五十二条 地方各级人民政府应当根据实际情况加强沼气、小水电、太阳能、风能等农村能源建设,解决退耕还林者对能源的需求。

第五十三条 地方各级人民政府应当调整农村产业结构,扶持龙头企业,发展支柱产业,开辟就业门路,增加农民收入,加快小城镇建设,促进农业人口逐步向城镇转移。

第五十四条 国家鼓励在退耕还林过程中实行生态移民,并对生态移民农户的生产、生活设施给予适当补助。

第五十五条 退耕还林后,有关地方人民政府应当采取封山禁牧、舍饲圈养等措施,保护退耕还林成果。

第五十六条 退耕还林应当与扶贫开发、农业综合开发和水土保持等政策措施相结合,对不同性质的项目资金应当在专款专用的前提下统筹安排,提高资金使用效益。

第六章 法律责任

第五十七条 国家工作人员在退耕还林活动中违反本条例的规定,有下列行为之一的,依照刑法关于贪污罪、受贿罪、挪用公款罪或者其他罪的规定,依法追究刑事责任;尚不够刑事处罚的,依法给予行政处分:

(一)挤占、截留、挪用退耕还林资金或者克扣补助粮食的;

(二)弄虚作假、虚报冒领补助资金和粮食的;

(三)利用职务上的便利收受他人财物或者其他好处的。

国家工作人员以外的其他人员有前款第(二)项行为的,依照刑法关于诈骗罪或者其他罪的规定,依法追究刑事责任;尚不够刑事处罚的,由县级以上人民政府林业行政主管部门责令退回所冒领的补助资金和粮食,处以冒领资金额2倍以上5倍以下的罚款。

第五十八条 国家机关工作人员在退耕还林活动中违反本条例的规定,有下列行为之一的,由其所在单位或者上一级主管部门责令限期改正,退还分摊的和多收取的费用,对直接负责的主管人员和其他直接责任人员,依照刑法关于滥用职权罪、玩忽职守罪或者其他罪的规定,依法追究刑事责任;尚不够刑事处罚的,依法给予行政处分:

(一)未及时处理有关破坏退耕还林活动的检举、控告的;

(二)向供应补助粮食的企业和退耕还林者分摊粮食调运费用的;

(三)不及时向持有验收合格证明的退耕还林者发放补助粮食和生活补助费的;

(四)在退耕还林合同生效时,对自行采购种苗的退耕还林者未一次付清种苗造林补助费的;

(五)集中采购种苗的,在退耕还林验收合格后,未与退耕还林者结算种苗造林补助费的;

(六)集中采购的种苗不合格的;

(七)集中采购种苗的,向退耕还林者强行收取超出国家规定种苗造林补助费标准的种苗费的;

(八)为退耕还林者指定种苗供应商的;

(九)批准粮食企业向退耕还林者供应不符合国家质量标准的补助粮食或者将补助粮食折算成现金、代金券支付的;

(十)其他不依照本条例规定履行职责的。

第五十九条 采用不正当手段垄断种苗市场,或者哄抬种苗价格的,依照刑法关于非法经营罪、强迫交易罪或者其他罪的规定,依法追究刑事责任;尚不够刑事处罚的,由工商行政管理机关依照反不正当竞争法的规定处理;反不正当竞争法未作规定的,由工商行政管理机关处以非法经营额 2 倍以上 5 倍以下的罚款。

第六十条 销售、供应未经检验合格的种苗或者未附具标签、质量检验合格证、检疫合格证的种苗的,依照刑法关于生产、销售伪劣种子罪或者其他罪的规定,依法追究刑事责任;尚不够刑事处罚的,由县级以上人民政府林业、农业行政主管部门或者工商行政管理机关依照种子法的规定处理;种子法未作规定的,由县级以上人民政府林业、农业行政主管部门依据职权处以非法经营额 2 倍以上 5 倍以下的罚款。

第六十一条 供应补助粮食的企业向退耕还林者供应不符合国家质量标准的补助粮食的,由县级以上人民政府粮食行政管理部门责令限期改正,可以处非法供应的补助粮食数量乘以标准口粮单价 1 倍以下的罚款。

供应补助粮食的企业将补助粮食折算成现金或者代金券支付的,或者回购补助粮食的,由县级以上人民政府粮食行政管理部门责令限期改正,可以处折算现金额、代金券额或者回购粮食价款 1 倍以下的罚款。

第六十二条 退耕还林者擅自复耕,或者林粮间作、在退耕还林项目实施范围内从事滥采、乱挖等破坏地表植被的活动的,依照刑法关于非法占用农用地罪、滥伐林木罪或者其他罪的规定,依法追究刑事责任;尚不够刑事处罚的,由县级以上人民政府林业、农业、水利行政主管部门依照森林法、草原法、水土保持法的规定处罚。

第七章 附 则

第六十三条 已垦草场退耕还草和天然草场恢复与建设的具体实施,依照草原法和国务院有关规定执行。

退耕还林还草地区小流域治理、水土保持等相关工作的具体实施,依照水土保持法和国务院有关规定执行。

第六十四条 国务院批准的规划范围外的土地,地方各级人民政府决定实施退耕还林的,不享受本条例规定的中央政策补助。

第六十五条 本条例自 2003 年 1 月 20 日起施行。

国家沙化土地封禁保护区管理办法

(2015 年 5 月 28 日 林沙发〔2015〕66 号)

第一条 为规范国家沙化土地封禁保护区建设和管理,根据《中华人民共和国防沙治沙法》等有关法律法规和全国防沙治沙规划,制定本办法。

国家沙化土地封禁保护区的划定和管理,应当遵守本办法。

第二条 国家林业局负责国家沙化土地封禁保护区的划定工作,并对其进行指导、监督和管理。

第三条 对于不具备治理条件的以及因保护生态的需要不宜开发利用的连片沙化土地,由国家林业局根据全国防沙治沙规划确定的范围,按照生态区位的重要程度、沙化危害状况和国家财力支持情况等分批划定为国家沙化土地封禁保护区。

第四条 划定和管理沙化土地封禁保护区,应该坚持"统筹规划,严格保护,集中连片,突出重点"的基本原则,在地块上不得与自然保护区及其他已批准设立的保护区重叠。

第五条 国家沙化土地封禁保护区的建设内容主要包括:封禁设施建设、管护队伍建设、固沙压沙等生态修复与治理、成效监测、宣传教育、档案建设与管理等。

第六条 划定国家沙化土地封禁保护区,应该具备以下条件。

(一)纳入全国防沙治沙规划中确定的封禁保护范围的沙化土地;

(二)生态区位重要,对周边地区乃至全国生态状况有明显影响的沙化土地;

(三)存在人为活动,且人为活动对生态破坏比较严重的沙化土地;

(四)受自然、技术和资金等条件限制,目前尚不具备治理条件的以及因保护生态的需要不宜开发利用的沙化土地;

(五)地域上相对集中连片,面积在100平方公里以上的沙化土地。

第七条 有关省级林业主管部门对于符合上述划定条件的沙化土地,可以提出划定国家沙化土地封禁保护区的申请。申请材料应包括以下内容。

(一)所在地县级人民政府关于同意设立国家沙化土地封禁保护区的文件,并提交拟划定国家沙化土地封禁保护区土地权属清晰、无争议以及相关权利人同意纳入国家沙化土地封禁保护区管理的证明文件和相关利益主体无争议的证明材料;

(二)拟划定国家沙化土地封禁保护区内有固定居民的,需提交县级人民政府编制的居民安置方案及移民承诺书;

(三)拟划定国家沙化土地封禁保护区可行性研究报告;

(四)反映拟划定国家沙化土地封禁保护区现状的图片资料和影像资料。

第八条 国家林业局组织有关专家对拟划定的国家沙化土地封禁保护区进行评审,专家评审通过并经国家林业局同意后,在国家林业局政府网站上进行公示,公示时间为7个工作日,公示无异议后由国家林业局公告。

第九条 国家沙化土地封禁保护区的命名方式为:省(自治区、直辖市)名称+具体区域名称+国家沙化土地封禁保护区。

第十条 国家沙化土地封禁保护区一经划定,省级林业主管部门负责组织本省(自治区、直辖市)国家沙化土地封禁保护区的建设、管理及检查验收等工作。

第十一条 国家沙化土地封禁保护区以县域为单位组织实施。跨市、县的国家沙化土地封禁保护区由其共同上级林业主管部门负责组织、协调和管理,具体涉及的县分别组织实施。

国家沙化土地封禁保护区所在地县级人民政府应当对国家沙化土地封禁保护区四至范围、封禁规定予以公告,任何单位和个人不得擅自变更国家沙化土地封禁保护区范围。县级林业主管部门负责本辖区内国家沙化土地封禁保护区建设的实施、日常保护和管理工作,应当明确国家沙化土地封禁保护区管理机构,配备必要的管理人员、技术人员和相应的设备设施,保障国家沙化土地封禁保护区建设和管理工作顺利实施。

第十二条 县级国家沙化土地封禁保护区管理机构的主要职责包括:

(一)负责组织实施国家沙化土地封禁保护区封禁设施建设和固沙压沙等生态修复与治理,定期进行维护更新;

(二)负责组建管护队伍,制定规章制度,落实管护措施和责任,组织开展日常巡护工作;

(三)组织开展封禁保护的成效监测和宣传教育;

(四)负责建立和管理国家沙化土地封禁保护区档案,定期向上级林业主管部门报送相关信息。

第十三条　国家沙化土地封禁保护区封禁设施建设完工后,由省级林业主管部门负责组织验收,国家林业局组织抽查。

第十四条　除国家另有规定外,在国家沙化土地封禁保护区范围内禁止下列行为。

(一)禁止砍伐、樵采、开垦、放牧、采药、狩猎、勘探、开矿和滥用水资源等一切破坏植被的活动;

(二)禁止在国家沙化土地封禁保护区范围内安置移民;

(三)未经批准,禁止在国家沙化土地封禁保护区范围内进行修建铁路、公路等建设活动。

第十五条　确需在国家沙化土地封禁保护区范围内进行修建铁路、公路等建设活动的,应当按照"在沙化土地封禁保护区范围内进行修建铁路、公路等建设活动审核"的行政许可要求,报国家林业局行政许可。

经国家林业局同意在国家沙化土地封禁保护区范围内进行建设活动的,实施单位要严格执行国家林业局行政许可的有关规定,地方各级林业主管部门应当加强对建设活动的监督检查。

第十六条　违反本办法第十四条、第十五条规定的,依照《中华人民共和国防沙治沙法》第三十八条、第四十三条有关规定予以查处。

第十七条　本办法施行前已经试点建设的沙化土地封禁保护区,统一划定为国家沙化土地封禁保护区,由国家林业局公告。

第十八条　本办法由国家林业局负责解释。省级林业主管部门应当根据本办法制定实施细则。

第十九条　本办法自2015年7月1日起施行,有效期至2020年12月31日。

国家重点保护野生动物驯养繁殖许可证管理办法(2015年修正)

(1991年1月9日林业部发布　根据2011年1月25日国家林业局令第26号修改　根据2015年4月30日国家林业局令第37号修改)

第一条　为保护、发展和合理利用野生动物资源,加强野生动物驯养繁殖管理工作,维护野生动物驯养繁殖单位和个人的合法权益,根据《中华人民共和国野生动物保护法》第十七条规定,制定本办法。

第二条　从事驯养繁殖野生动物的单位和个人,必须取得《国家重点保护野生动物驯养繁殖许可证》(以下简称《驯养繁殖许可证》)。没有取得《驯养繁殖许可证》的单位和个人,不得从事野生动物驯养繁殖活动。

本办法所称野生动物,是指国家重点保护的陆生野生动物;所称驯养繁殖,是指在人为控制条件下,为保护、研究、科学实验、展览及其他经济目的而进行的野生动物驯养繁殖活动。

第三条 具备下列条件的单位和个人,可以申请《驯养繁殖许可证》:

(一)有适宜驯养繁殖野生动物的固定场所和必需的设施;

(二)具备与驯养繁殖野生动物种类、数量相适应的人员和技术;

(三)驯养繁殖野生动物的饲料来源有保证。

第四条 有下列情况之一的,可以不批准发放《驯养繁殖许可证》:

(一)野生动物资源不清;

(二)驯养繁殖尚未成功或技术尚未过关;

(三)野生动物资源极少,不能满足驯养繁殖种源要求。

第五条 驯养繁殖野生动物的单位和个人,必须向所在地县级政府野生动物行政主管部门提出书面申请,并填写《国家重点保护野生动物驯养繁殖许可证申请表》。

凡驯养繁殖国家一级保护野生动物的,由省、自治区、直辖市政府林业行政主管部门报林业部审批;凡驯养繁殖国家二级保护野生动物的,由省、自治区、直辖市政府林业行政主管部门审批。

批准驯养繁殖野生动物的,作出行政许可决定的林业行政主管部门应当核发《驯养繁殖许可证》。

《驯养繁殖许可证》和《国家重点保护野生动物驯养繁殖许可证申请表》由林业部统一印制。

第六条 驯养繁殖野生动物的单位和个人,应当遵守以下规定:

(一)遵守国家和地方有关野生动物保护管理政策和法规,关心和支持野生动物保护事业;

(二)用于驯养繁殖的野生动物来源符合国家规定;

(三)接受野生动物的行政主管部门的监督检查和指导;

(四)建立野生动物驯养繁殖档案和统计制度;

(五)按有关规定出售、利用其驯养繁殖野生动物及其产品。

第七条 驯养繁殖野生动物的单位和个人,必须按照《驯养繁殖许可证》规定的种类进行驯养繁殖活动。需要变更驯养繁殖野生动物种类的,应当比照本办法第五条的规定,在2个月内向原批准机关申请办理变更手续;需要终止驯养繁殖野生动物活动的,应当在2个月内向原批准机关办理终止手续,并交回原《驯养繁殖许可证》。

第八条 因驯养繁殖野生动物需要从野外获得种源的,必须按照《中华人民共和国野生动物保护法》第十六条及有关规定办理。

第九条 取得《驯养繁殖许可证》的单位和个人,需要出售、利用其驯养繁殖的国家一级保护动物及其产品的,必须经林业部或其授权的单位批准;需要出售、利用其驯养繁殖的国家二级保护动物及其产品的,必须经省、自治区、直辖市政府林业行政主管部门或其授权的单位批准。

取得《驯养繁殖许可证》的单位和个人未经批准不得出售、利用其驯养繁殖的野生动物及其产品。

第十条 县级以上政府野生动物行政主管部门或其授权的单位应当定期查验《驯养繁殖许可证》。对未取得《驯养繁殖许可证》的单位和个人进行野生动物驯养繁殖活动的,由县级以上政府野生动物行政主管部门没收其驯养繁殖的野生动物。

第十一条 取得《驯养繁殖许可证》的单位和个人,有下列情况之一的,除按野生动物保护法律、法规的有关规定处理外,批准驯养繁殖野生动物或核发《驯养繁殖许可证》的机关可以注销其《驯养繁殖许可证》,并可建议工商行政管理部门吊销其《企业法人营业执照》或《营业执照》:

(一)超出《驯养繁殖许可证》的规定驯养繁殖野生动物种类的;
(二)隐瞒、虚报或以其他非法手段取得《驯养繁殖许可证》的;
(三)伪造、涂改、转让或倒卖《驯养繁殖许可证》的;
(四)非法出售、利用其驯养繁殖的野生动物及其产品的;
(五)取得《驯养繁殖许可证》以后在1年内未从事驯养繁殖活动的。

被注销《驯养繁殖许可证》的单位和个人,应立即停止驯养繁殖野生动物活动,其驯养繁殖的野生动物由县级以上政府野生动物行政主管部门或其授权单位按有关规定处理。

第十二条 省、自治区、直辖市政府林业行政主管部门要建立《驯养繁殖许可证》审批、核发制度,配备专人管理,使用野生动物管理专用章。

第十三条 本办法由林业部负责解释。

第十四条 本办法自1991年4月1日起施行。

引进陆生野生动物外来物种种类及数量审批管理办法(2016年修正)

(2005年9月27日国家林业局令第19号发布 根据2015年4月30日国家林业局令第37号修改 根据2016年9月22日国家林业局令第42号修改)

第一条 为了加强陆生野生动物外来物种管理,防止陆生野生动物外来物种入侵,保护生物多样性,维护国土生态安全,根据《中华人民共和国行政许可法》、《国务院对确需保留的行政审批项目设定行政许可的决定》(国务院令第412号)和国家有关规定,制定本办法。

第二条 实施引进陆生野生动物外来物种种类及数量审批的行政许可事项,应当遵守本办法。

第三条 本办法所称陆生野生动物外来物种,是指自然分布在境外的陆生野生动物活体及繁殖材料。

第四条 引进陆生野生动物外来物种的,应当采取安全可靠的防范措施,防止其逃逸、扩散,避免对自然生态造成危害。

第五条 需要从境外引进陆生野生动物外来物种的,申请人应当提交下列材料:
(一)申请报告、进出口申请表及进口目的的说明;
(二)当事人签订的合同或者协议,属于委托引进的,还应当提供委托代理合同或者协议;
(三)证明具备与引进陆生野生动物外来物种种类及数量相适应的人员和技术的有效文件或者材料,以及安全措施的说明。

申请首次引进境外陆生野生动物外来物种的,申请人还应当提交证明申请人身份的有效文件和拟进行隔离引种试验的实施方案。

第六条 申请材料齐全且符合下列条件的,国家林业局应当作出准予行政许可的决定:

(一)具备与引进陆生野生动物外来物种种类及数量相适应的人员和技术;

(二)具备适宜商业性经营利用和科学研究外来物种的固定场所和必要设施;

(三)有安全可靠的防逃逸管理措施;

(四)具有相应的紧急事件处置措施。

第七条 国家林业局在收到引进陆生野生动物外来物种种类及数量审批的申请后,对申请材料齐全、符合法定形式的,即时出具《国家林业局行政许可受理通知书》;对不予受理的,应当即时告知申请人并说明理由,出具《国家林业局行政许可不予受理通知书》;对申请材料不齐或者不符合法定形式的,应当在5日内出具《国家林业局行政许可补正材料通知书》,并一次性告知申请人需要补正的全部内容。

第八条 国家林业局作出行政许可决定,需要举行听证或者组织专家评审的,应当自受理之日起10日内,出具《国家林业局行政许可需要听证、招标、拍卖、检验、检测、检疫、鉴定和专家评审通知书》,并将听证或者专家评审所需时间告知申请人。

听证和专家评审所需时间不计算在作出行政许可决定的期限内。

第九条 国家林业局应当自受理之日起20日内作出是否准予行政许可的决定,出具《国家林业局准予行政许可决定书》或者《国家林业局不予行政许可决定书》,并告知申请人。

在法定期限内不能作出行政许可决定的,经国家林业局主管负责人批准,国家林业局应当在法定期限届满前5日办理《国家林业局行政许可延期通知书》,并告知申请人。

第十条 准予首次引进境外陆生野生动物外来物种进行驯养繁殖的,应当进行隔离引种试验。

隔离引种试验由省、自治区、直辖市林业主管部门指定的科研机构或者专家进行评估,评估通过后方可继续引进和推广。

隔离引种试验应当包含中间试验。中间试验未获成功的,评估不得通过。

在自然保护区、自然保护小区、森林公园、风景名胜区以及自然生态环境特殊或者脆弱的区域,不得开展隔离引种试验。

第十一条 禁止开展陆生野生动物外来物种的野外放生活动。

因科学研究、生物防治、野生动物种群结构调节等特殊情况,需要放生陆生野生动物外来物种的,应当按照《中华人民共和国陆生野生动物保护实施条例》的相关规定执行。

第十二条 经批准从境外引进的陆生野生动物外来物种及其繁殖后代、产品应当依照国家有关规定进行标记。

第十三条 陆生野生动物外来物种发生逃逸的,被许可人应当立即向当地林业主管部门报告,由当地林业主管部门责令其限期捕回或者采取其他补救措施。被责令限期捕回或者采取其他补救措施而拒绝执行的,当地林业主管部门或者其委托的单位可以代为捕回或者采取其他补救措施,并由被许可人承担全部捕回或者采取其他补救措施所需的经费;造成损害的,依照有关法律法规承担法律责任。

第十四条 依法查没的陆生野生动物外来物种,应当由当地县级以上林业主管部门按照国家有关规定处理。

第十五条 国家林业局成立陆生野生动物外来物种咨询科学委员会,负责陆生野生动物外来物种管理的科学论证、评估和咨询。

第十六条 各级林业主管部门应当建立防范陆生野生动物外来物种入侵的预警和应急防范机制。

在野外发现陆生野生动物外来物种的,当地林业主管部门应当立即向同级人民政府和上级林业主管部门报告,并会同有关部门采取监测和防治措施。

第十七条 省、自治区、直辖市之间引进本行政区域内没有天然分布的陆生野生动物外来物种的,按照国家和省、自治区、直辖市的相关规定办理。

第十八条 引进的陆生野生动物属于中国参加的国际公约限制进出口的濒危物种的,必须向国家濒危物种进出口管理机构申请办理允许进出口证明书。

第十九条 本办法自2005年11月1日起施行。

国家林业局产品质量检验检测机构管理办法(2015年修正)

(2007年11月30日国家林业局令第24号发布 根据2015年4月30日国家林业局令第37号修改)

第一条 为了规范国家林业局产品质量检验检测机构(以下简称"林业质检机构")的管理,根据《中华人民共和国标准化法》和国家有关规定,制定本办法。

第二条 本办法所称林业质检机构,是指经国家林业局批准设立的从事林业产品质量检验检测活动的机构。

第三条 国家林业局依法负责监督和指导林业质检机构的管理工作。

第四条 林业质检机构应当按照科学、公正的原则,严格执行有关法律、法规和技术标准。

第五条 申请设立林业质检机构的申请人,应当具备下列条件:

(一)具备《国家林业产品质量监督检验检测机构基本条件》要求的机构与人员、仪器设备、设施与环境和质量体系等;

(二)国家林业局规定的其他条件。

第六条 申请人应当提交下列书面申请材料:

(一)设立林业质检机构申请书;

(二)可行性报告。主要内容包括:专业人员构成、仪器设备和设施、资质、资金来源、拟申请检验检测的产品及其标准、检验检测能力评估等;

(三)国家林业局规定的其他材料。

第七条 国家林业局应当在收到林业质检机构设立的申请后,对申请材料齐全、符合法定形式的,即时出具《国家林业局行政许可受理通知书》;对不予受理的,应当即时告知申请人并说明理由,出具《国家林业局行政许可不予受理通知书》;对申请材料不齐或者不符合法定形式的,应当在 5 日内出具《国家林业局行政许可补正材料通知书》,并一次性告知申请人需要补正的全部内容。

第八条 国家林业局作出本办法规定的行政许可,需要组织专家现场评审的,应当自受理之日起 10 日内,出具《国家林业局行政许可需要听证、招标、拍卖、检验、检测、检疫、鉴定和专家评审通知书》,将专家评审所需时间告知申请人。

专家现场评审所需时间不计算在作出行政许可决定的期限内。

第九条 国家林业局应当自受理之日起 20 日内作出是否准予行政许可的决定,出具《国家林业局准予行政许可决定书》或者《国家林业局不予行政许可决定书》,并告知申请人。

国家林业局作出准予行政许可决定的,应当同时颁发林业质检机构授权证书,并予以公告。

第十条 在法定期限内不能作出行政许可决定的,经国家林业局负责人批准,国家林业局应当在法定期限届满前 5 日办理《国家林业局行政许可延期通知书》,并告知申请人。

第十一条 林业质检机构需要变更检验检测范围的,应当按照本办法的规定向国家林业局提出申请;符合本办法规定条件的,国家林业局应当依法办理变更手续。

第十二条 林业质检机构授权证书的有效期为 5 年。

需要延续林业质检机构授权证书有效期的,林业质检机构应当在有效期届满 6 个月前向国家林业局提出书面申请,国家林业局应当在有效期届满前作出是否准予延续的决定。

第十三条 林业质检机构授权证书依法被撤销或者注销的,国家林业局应当及时予以公告。

第十四条 林业质检机构应当在检验检测报告上,加盖国家林业局规定的授权标识。

第十五条 林业质检机构对在检验检测中获知的国家秘密、商业秘密负有保密的义务。因泄密造成不利影响的,应当依法承担法律责任。

林业质检机构不得伪造、变造检验检测结果。

第十六条 未经国家林业局批准的其他产品质量检验检测机构,不得在名称中使用"国家林业局"、"中国(或全国)林业"等易与林业质检机构相混淆的字样。

第十七条 国家林业局应当对林业质检机构从事产品质量检验检测活动的情况进行监督检查。

林业质检机构应当如实提供国家林业局要求的有关材料和情况。

第十八条 国家林业局有关工作人员在实施林业质检机构审批的行政许可行为中,滥用职权、徇私舞弊的,依法给予处分。

第十九条 林业质检机构接受行政执法机关或者公民、法人和其他组织的委托提供林业产品检验检测服务,依法承担相应的法律责任。

林业质检机构及其工作人员在检验检测中,伪造、变造检验检测结果的,依法给予处分;情节严重的,依法追究刑事责任。

第二十条 本办法自 2008 年 1 月 1 日起施行。1997 年 8 月 25 日公布的《林业部部级产品质量监督检验机构管理办法(试行)》同时废止。

中华人民共和国陆生野生动物保护实施条例（2016年修订）

（1992年3月1日林业部发布 根据2011年1月8日中华人民共和国国务院令第588号《国务院关于废止和修改部分行政法规的决定》第一次修订 根据2016年2月6日中华人民共和国国务院令第666号《国务院关于修改部分行政法规的决定》第二次修订）

第一章 总 则

第一条 根据《中华人民共和国野生动物保护法》（以下简称《野生动物保护法》）的规定，制定本条例。

第二条 本条例所称陆生野生动物，是指依法受保护的珍贵、濒危、有益的和有重要经济、科学研究价值的陆生野生动物（以下简称野生动物）；所称野生动物产品，是指陆生野生动物的任何部分及其衍生物。

第三条 国务院林业行政主管部门主管全国陆生野生动物管理工作。

省、自治区、直辖市人民政府林业行政主管部门主管本行政区域内陆生野生动物管理工作。自治州、县和市人民政府陆生野生动物管理工作的行政主管部门，由省、自治区、直辖市人民政府确定。

第四条 县级以上各级人民政府有关主管部门应当鼓励、支持有关科研、教学单位开展野生动物科学研究工作。

第五条 野生动物行政主管部门有权对《野生动物保护法》和本条例的实施情况进行监督检查，被检查的单位和个人应当给予配合。

第二章 野生动物保护

第六条 县级以上地方各级人民政府应当开展保护野生动物的宣传教育，可以确定适当时间为保护野生动物宣传月、爱鸟周等，提高公民保护野生动物的意识。

第七条 国务院林业行政主管部门和省、自治区、直辖市人民政府林业行政主管部门，应当定期组织野生动物资源调查，建立资源档案，为制定野生动物资源保护发展方案、制定和调整国家和地方重点保护野生动物名录提供依据。

野生动物资源普查每十年进行一次。

第八条 县级以上各级人民政府野生动物行政主管部门，应当组织社会各方面力量，采取生物技术措施和工程技术措施，维护和改善野生动物生存环境，保护和发展野生动物资源。

禁止任何单位和个人破坏国家和地方重点保护野生动物的生息繁衍场所和生存条件。

第九条 任何单位和个人发现受伤、病弱、饥饿、受困、迷途的国家和地方重点保护野生动物时，应当及时报告当地野生动物行政主管部门，由其采取救护措施；也可以就近送具备救护条件的单位救护。救护单位应当立即报告野生动物行政主管部门,并按照国务院林业行政主管部门的规定办理。

第十条 有关单位和个人对国家和地方重点保护野生动物可能造成的危害,应当采取防范措施。因保护国家和地方重点保护野生动物受到损失的,可以向当地人民政府野生动物行政主管部门提出补偿要求。经调查属实并确实需要补偿的,由当地人民政府按照省、自治区、直辖市人民政府的有关规定给予补偿。

第三章 野生动物猎捕管理

第十一条 禁止猎捕、杀害国家重点保护野生动物。

有下列情形之一,需要猎捕国家重点保护野生动物的,必须申请特许猎捕证:

(一)为进行野生动物科学考察、资源调查,必须猎捕的;

(二)为驯养繁殖国家重点保护野生动物,必须从野外获取种源的;

(三)为承担省级以上科学研究项目或者国家医药生产任务,必须从野外获取国家重点保护野生动物的;

(四)为宣传、普及野生动物知识或者教学、展览的需要,必须从野外获取国家重点保护野生动物的;

(五)因国事活动的需要,必须从野外获取国家重点保护野生动物的;

(六)为调控国家重点保护野生动物种群数量和结构,经科学论证必须猎捕的;

(七)因其他特殊情况,必须捕捉、猎捕国家重点保护野生动物的。

第十二条 申请特许猎捕证的程序如下:

(一)需要捕捉国家一级保护野生动物的,必须附具申请人所在地和捕捉地的省、自治区、直辖市人民政府林业行政主管部门签署的意见,向国务院林业行政主管部门申请特许猎捕证;

(二)需要在本省、自治区、直辖市猎捕国家二级保护野生动物的,必须附具申请人所在地的县级人民政府野生动物行政主管部门签署的意见,向省、自治区、直辖市人民政府林业行政主管部门申请特许猎捕证;

(三)需要跨省、自治区、直辖市猎捕国家二级保护野生动物的,必须附具申请人所在地的省、自治区、直辖市人民政府林业行政主管部门签署的意见,向猎捕地的省、自治区、直辖市人民政府林业行政主管部门申请特许猎捕证。

动物园需要申请捕捉国家一级保护野生动物的,在向国务院林业行政主管部门申请特许猎捕证前,须经国务院建设行政主管部门审核同意;需要申请捕捉国家二级保护野生动物的,在向申请人所在地的省、自治区、直辖市人民政府林业行政主管部门申请特许猎捕证前,须经同级政府建设行政主管部门审核同意。

负责核发特许猎捕证的部门接到申请后,应当在3个月内作出批准或者不批准的决定。

第十三条 有下列情形之一的,不予发放特许猎捕证:

(一)申请猎捕者有条件以合法的非猎捕方式获得国家重点保护野生动物的种源、产品或者达到所需目的的;

(二)猎捕申请不符合国家有关规定或者申请使用的猎捕工具、方法以及猎捕时间、地点不当的;

(三)根据野生动物资源现状不宜捕捉、猎捕的。

第十四条 取得特许猎捕证的单位和个人,必须按照特许猎捕证规定的种类、数量、地点、期限、工具和方法进行猎捕,防止误伤野生动物或者破坏其生存环境。猎捕作业完成后,应当在十日内向猎捕地的县级人民政府野生动物行政主管部门申请查验。

县级人民政府野生动物行政主管部门对在本行政区域内猎捕国家重点保护野生动物的活动,应当进行监督检查,并及时向批准猎捕的机关报告监督检查结果。

第十五条 猎捕非国家重点保护野生动物的,必须持有狩猎证,并按照狩猎证规定的种类、数量、地点、期限、工具和方法进行猎捕。

狩猎证由省、自治区、直辖市人民政府林业行政主管部门按照国务院林业行政主管部门的规定印制,县级人民政府野生动物行政主管部门或者其授权的单位核发。

狩猎证每年验证一次。

第十六条 省、自治区、直辖市人民政府林业行政主管部门,应当根据本行政区域内非国家重点保护野生动物的资源现状,确定狩猎动物种类,并实行年度猎捕量限额管理。狩猎动物种类和年度猎捕量限额,由县级人民政府野生动物行政主管部门按照保护资源、永续利用的原则提出,经省、自治区、直辖市人民政府林业行政主管部门批准,报国务院林业行政主管部门备案。

第十七条 县级以上地方各级人民政府野生动物行政主管部门应当组织狩猎者有计划地开展狩猎活动。

在适合狩猎的区域建立固定狩猎场所的,必须经省、自治区、直辖市人民政府林业行政主管部门批准。

第十八条 禁止使用军用武器、汽枪、毒药、炸药、地枪、排铳、非人为直接操作并危害人畜安全的狩猎装置、夜间照明行猎、歼灭性围猎、火攻、烟熏以及县级以上各级人民政府或者其野生动物行政主管部门规定禁止使用的其他狩猎工具和方法狩猎。

第十九条 外国人在中国境内对国家重点保护野生动物进行野外考察、标本采集或者在野外拍摄电影、录像的,必须向国家重点保护野生动物所在地的省、自治区、直辖市人民政府林业行政主管部门提出申请,经其审核后,报国务院林业行政主管部门或者其授权的单位批准。

第二十条 外国人在中国境内狩猎,必须在国务院林业行政主管部门批准的对外国人开放的狩猎场所内进行,并遵守中国有关法律、法规的规定。

第四章 野生动物驯养繁殖管理

第二十一条 驯养繁殖国家重点保护野生动物的,应当持有驯养繁殖许可证。

国务院林业行政主管部门和省、自治区、直辖市人民政府林业行政主管部门可以根据实际情况和工作需要,委托同级有关部门审批或者核发国家重点保护野生动物驯养繁殖许可证。动物园驯养繁殖国家重点保护野生动物的,林业行政主管部门可以委托同级建设行政主管部门核发驯养繁殖许可证。

驯养繁殖许可证由国务院林业行政主管部门印制。

第二十二条 从国外或者外省、自治区、直辖市引进野生动物进行驯养繁殖的,应当采取适当措施,防止其逃至野外;需要将其放生于野外的,放生单位应当向所在省、自治区、直辖市人民政府林业行政主管部门提出申请,经省级以上人民政府林业行政主管部门指定的科研机构进行科学论证后,报国务院林业行政主管部门或者其授权的单位批准。

擅自将引进的野生动物放生于野外或者因管理不当使其逃至野外的,由野生动物行政主管部门责令限期捕回或者采取其他补救措施。

第二十三条 从国外引进的珍贵、濒危野生动物,经国务院林业行政主管部门核准,可以视为国家重点保护野生动物;从国外引进的其他野生动物,经省、自治区、直辖市人民政府林业行政主管部门核准,可以视为地方重点保护野生动物。

第五章 野生动物经营利用管理

第二十四条 收购驯养繁殖的国家重点保护野生动物或者其产品的单位,由省、自治区、直辖市人民政府林业行政主管部门商有关部门提出,经同级人民政府或者其授权的单位批准,凭批准文件向工商行政管理部门申请登记注册。

依照前款规定经核准登记的单位,不得收购未经批准出售的国家重点保护野生动物或者其产品。

第二十五条 经营利用非国家重点保护野生动物或者其产品的,应当向工商行政管理部门申请登记注册。

第二十六条 禁止在集贸市场出售、收购国家重点保护野生动物或者其产品。

持有狩猎证的单位和个人需要出售依法获得的非国家重点保护野生动物或者其产品的,应当按照狩猎证规定的种类、数量向经核准登记的单位出售,或者在当地人民政府有关部门指定的集贸市场出售。

第二十七条 县级以上各级人民政府野生动物行政主管部门和工商行政管理部门,应当对野生动物或者其产品的经营利用建立监督检查制度,加强对经营利用野生动物或者其产品的监督管理。

对进入集贸市场的野生动物或者其产品,由工商行政管理部门进行监督管理;在集贸市场以外经营野生动物或者其产品,由野生动物行政主管部门、工商行政管理部门或者其授权的单位进行监督管理。

第二十八条 运输、携带国家重点保护野生动物或者其产品出县境的,应当凭特许猎捕证、驯养繁殖许可证,向县级人民政府野生动物行政主管部门提出申请,报省、自治区、直辖市人民政府林业行政主管部门或者其授权的单位批准。动物园之间因繁殖动物,需要运输国家重点保护野生动物的,可以由省、自治区、直辖市人民政府林业行政主管部门授权同级建设行政主管部门审批。

第二十九条 出口国家重点保护野生动物或者其产品的,以及进出口中国参加的国际公约所限制进出口的野生动物或者其产品的,必须经进出口单位或者个人所在地的省、自治区、直辖市人民政府林业行政主管部门审核,报国务院林业行政主管部门或者国务院批准;属于贸易性进出口活动的,必须由具有有关商品进出口权的单位承担。

动物园因交换动物需要进出口前款所称野生动物的,国务院林业行政主管部门批准前或者国务院林业行政主管部门报请国务院批准前,应当经国务院建设行政主管部门审核同意。

第三十条 利用野生动物或者其产品举办出国展览等活动的经济收益,主要用于野生动物保护事业。

第六章 奖励和惩罚

第三十一条 有下列事迹之一的单位和个人,由县级以上人民政府或者其野生动物行政主管部门给予奖励:

(一)在野生动物资源调查、保护管理、宣传教育、开发利用方面有突出贡献的;

(二)严格执行野生动物保护法规,成绩显著的;

(三)拯救、保护和驯养繁殖珍贵、濒危野生动物取得显著成效的;

(四)发现违反野生动物保护法规行为,及时制止或者检举有功的;

(五)在查处破坏野生动物资源案件中有重要贡献的;

(六)在野生动物科学研究中取得重大成果或者在应用推广科研成果中取得显著效益的;

(七)在基层从事野生动物保护管理工作五年以上并取得显著成绩的;

(八)在野生动物保护管理工作中有其他特殊贡献的。

第三十二条 非法捕杀国家重点保护野生动物的,依照刑法有关规定;情节显著轻微危害不大的,或者犯罪情节轻微不需要判处刑罚的,由野生动物行政主管部门没收猎获物、猎捕工具和违法所得,吊销特许猎捕证,并处以相当于猎获物价值十倍以下的罚款,没有猎获物的处1万元以下罚款。

第三十三条 违反野生动物保护法规,在禁猎区、禁猎期或者使用禁用的工具、方法猎捕非国家重点保护野生动物,依照《野生动物保护法》第三十二条的规定处以罚款的,按照下列规定执行:

(一)有猎获物的,处以相当于猎获物价值八倍以下的罚款;

(二)没有猎获物的,处2000元以下罚款。

第三十四条 违反野生动物保护法规,未取得狩猎证或者未按照狩猎证规定猎捕非国家重点保护野生动物,依照《野生动物保护法》第三十三条的规定处以罚款的,按照下列规定执行:

(一)有猎获物的,处以相当于猎获物价值五倍以下的罚款;

(二)没有猎获物的,处1000元以下罚款。

第三十五条 违反野生动物保护法规,在自然保护区、禁猎区破坏国家或者地方重点保护野生动物主要生息繁衍场所,依照《野生动物保护法》第三十四条的规定处以罚款的,按照相当于恢复原状所需费用3倍以下的标准执行。

在自然保护区、禁猎区破坏非国家或者地方重点保护野生动物主要生息繁衍场所的,由野生动物行政主管部门责令停止破坏行为,限期恢复原状,并处以恢复原状所需费用2倍以下的罚款。

第三十六条 违反野生动物保护法规,出售、收购、运输、携带国家或者地方重点保护野生动物或者其产品的,由工商行政管理部门或者其授权的野生动物行政主管部门没收实物和违法所得,可以并处相当于实物价值10倍以下的罚款。

第三十七条 伪造、倒卖、转让狩猎证或者驯养繁殖许可证,依照《野生动物保护法》第三十七条的规定处以罚款的,按照5000元以下的标准执行。伪造、倒卖、转让特许猎捕证或者允许进出口证明书,依照《野生动物保护法》第三十七条的规定处以罚款的,按照5万元以下的标准执行。

第三十八条 违反野生动物保护法规,未取得驯养繁殖许可证或者超越驯养繁殖许可证规定范围驯养繁殖国家重点保护野生动物的,由野生动物行政主管部门没收违法所得,处 3000 元以下罚款,可以并处没收野生动物、吊销驯养繁殖许可证。

第三十九条 外国人未经批准在中国境内对国家重点保护野生动物进行野外考察、标本采集或者在野外拍摄电影、录像的,由野生动物行政主管部门没收考察、拍摄的资料以及所获标本,可以共处 5 万元以下罚款。

第四十条 有下列行为之一,尚不构成犯罪,应当给予治安管理处罚的,由公安机关依照《中华人民共和国治安管理处罚法》的规定予以处罚:

(一)拒绝、阻碍野生动物行政管理人员依法执行职务的;
(二)偷窃、哄抢或者故意损坏野生动物保护仪器设备或者设施的;
(三)偷窃、哄抢、抢夺非国家重点保护野生动物或者其产品的;
(四)未经批准猎捕少量非国家重点保护野生动物的。

第四十一条 违反野生动物保护法规,被责令限期捕回而不捕的,被责令限期恢复原状而不恢复的,野生动物行政主管部门或者其授权的单位可以代为捕回或者恢复原状,由被责令限期捕回者或者被责令限期恢复原状者承担全部捕回或者恢复原状所需的费用。

第四十二条 违反野生动物保护法规,构成犯罪的,依法追究刑事责任。

第四十三条 依照野生动物保护法规没收的实物,按照国务院林业行政主管部门的规定处理。

第七章 附 则

第四十四条 本条例由国务院林业行政主管部门负责解释。

第四十五条 本条例自发布之日起施行。

陆生野生动物疫源疫病监测防控管理办法

(2013 年 1 月 22 日 国家林业局令第 31 号)

第一条 为了加强陆生野生动物疫源疫病监测防控管理,防范陆生野生动物疫病传播和扩散,维护公共卫生安全和生态安全,保护野生动物资源,根据《中华人民共和国野生动物保护法》、《重大动物疫情应急条例》等法律法规,制定本办法。

第二条 从事陆生野生动物疫源疫病监测防控活动,应当遵守本办法。

本办法所称陆生野生动物疫源是指携带危险性病原体,危及野生动物种群安全,或者可能向人类、饲养动物传播的陆生野生动物;本办法所称陆生野生动物疫病是指在陆生野生动物之间传播、流行,对陆生野生动物种群构成威胁或者可能传染给人类和饲养动物的传染性疾病。

第三条 国家林业局负责组织、指导、监督全国陆生野生动物疫源疫病监测防控工作。县级以上地方人民政府林业主管部门按照同级人民政府的规定,具体负责本行政区域内陆生野生动物疫源疫病监测防控的组织实施、监督和管理工作。

陆生野生动物疫源疫病监测防控实行统一领导,分级负责,属地管理。

第四条 国家林业局陆生野生动物疫源疫病监测机构按照国家林业局的规定负责全国陆生野生动物疫源疫病监测工作。

第五条 县级以上地方人民政府林业主管部门应当按照有关规定确立陆生野生动物疫源疫病监测防控机构,保障人员和经费,加强监测防控工作。

第六条 县级以上人民政府林业主管部门应当建立健全陆生野生动物疫源疫病监测防控体系,逐步提高陆生野生动物疫源疫病检测、预警和防控能力。

第七条 乡镇林业工作站、自然保护区、湿地公园、国有林场的工作人员和护林员、林业有害生物测报员等基层林业工作人员应当按照县级以上地方人民政府林业主管部门的要求,承担相应的陆生野生动物疫源疫病监测防控工作。

第八条 县级以上人民政府林业主管部门应当按照有关规定定期组织开展陆生野生动物疫源疫病调查,掌握疫病的基本情况和动态变化,为制定监测规划、预防方案提供依据。

第九条 省级以上人民政府林业主管部门应当组织有关单位和专家开展陆生野生动物疫情预测预报、趋势分析等活动,评估疫情风险,对可能发生的陆生野生动物疫情,按照规定程序向同级人民政府报告预警信息和防控措施建议,并向有关部门通报。

第十条 县级以上人民政府林业主管部门应当按照有关规定和实际需要,在下列区域建立陆生野生动物疫源疫病监测站:

(一)陆生野生动物集中分布区;

(二)陆生野生动物迁徙通道;

(三)陆生野生动物驯养繁殖密集区及其产品集散地;

(四)陆生野生动物疫病传播风险较大的边境地区;

(五)其他容易发生陆生野生动物疫病的区域。

第十一条 陆生野生动物疫源疫病监测站,分为国家级陆生野生动物疫源疫病监测站和地方级陆生野生动物疫源疫病监测站。

国家级陆生野生动物疫源疫病监测站的设立,由国家林业局组织提出或者由所在地省、自治区、直辖市人民政府林业主管部门推荐,经国家林业局组织专家评审后批准公布。

地方级陆生野生动物疫源疫病监测站按照省、自治区、直辖市人民政府林业主管部门的规定设立和管理,并报国家林业局备案。

陆生野生动物疫源疫病监测站统一按照"××(省、自治区、直辖市)××(地名)××级(国家级、省级、市级、县级)陆生野生动物疫源疫病监测站"命名。

第十二条 陆生野生动物疫源疫病监测站应当配备专职监测员,明确监测范围、重点、巡查线路、监测点,开展陆生野生动物疫源疫病监测防控工作。

陆生野生动物疫源疫病监测站可以根据工作需要聘请兼职监测员。

监测员应当经过省级以上人民政府林业主管部门组织的专业技术培训;专职监测员应当经省级以上人民政府林业主管部门考核合格。

第十三条 陆生野生动物疫源疫病监测实行全面监测、突出重点的原则,并采取日常监测和专项监测相结合的工作制度。

日常监测以巡护、观测等方式,了解陆生野生动物种群数量和活动状况,掌握陆生野生动物异常情况,并对是否发生陆生野生动物疫病提出初步判断意见。

专项监测根据疫情防控形势需要,针对特定的陆生野生动物疫源种类、特定的陆生野生动物疫病、特定的重点区域进行巡护、观测和检测,掌握特定陆生野生动物疫源疫病变化情况,提出专项防控建议。

日常监测、专项监测情况应当按照有关规定逐级上报上级人民政府林业主管部门。

第十四条 日常监测根据陆生野生动物迁徙、活动规律和疫病发生规律等分别实行重点时期监测和非重点时期监测。

日常监测的重点时期和非重点时期,由省、自治区、直辖市人民政府林业主管部门根据本行政区域内陆生野生动物资源变化和疫病发生规律等情况确定并公布,报国家林业局备案。

重点时期内的陆生野生动物疫源疫病监测情况实行日报告制度;非重点时期的陆生野生动物疫源疫病监测情况实行周报告制度。但是发现异常情况的,应当按照有关规定及时报告。

第十五条 国家林业局根据陆生野生动物疫源疫病防控工作需要,经组织专家论证,制定并公布重点监测陆生野生动物疫病种类和疫源物种目录;省、自治区、直辖市人民政府林业主管部门可以制定本行政区域内重点监测陆生野生动物疫病种类和疫源物种补充目录。

县级以上人民政府林业主管部门应当根据前款规定的目录和本辖区内陆生野生动物疫病发生规律,划定本行政区域内陆生野生动物疫源疫病监测防控重点区域,并组织开展陆生野生动物重点疫病的专项监测。

第十六条 本办法第七条规定的基层林业工作人员发现陆生野生动物疑似因疫病引起的异常情况,应当立即向所在地县级以上地方人民政府林业主管部门或者陆生野生动物疫源疫病监测站报告;其他单位和个人发现陆生野生动物异常情况的,有权向当地林业主管部门或者陆生野生动物疫源疫病监测站报告。

第十七条 县级人民政府林业主管部门或者陆生野生动物疫源疫病监测站接到陆生野生动物疑似因疫病引起异常情况的报告后,应当及时采取现场隔离等措施,组织具备条件的机构和人员取样、检测、调查核实,并按照规定逐级上报到省、自治区、直辖市人民政府林业主管部门,同时报告同级人民政府,并通报兽医、卫生等有关主管部门。

第十八条 省、自治区、直辖市人民政府林业主管部门接到报告后,应当组织有关专家和人员对上报情况进行调查、分析和评估,对确需进一步采取防控措施的,按照规定报国家林业局和同级人民政府,并通报兽医、卫生等有关主管部门。

第十九条 国家林业局接到报告后,应当组织专家对上报情况进行会商和评估,指导有关省、自治区、直辖市人民政府林业主管部门采取科学的防控措施,按照有关规定向国务院报告,并通报国务院兽医、卫生等有关主管部门。

第二十条 县级以上人民政府林业主管部门应当制定突发陆生野生动物疫病应急预案,按照有关规定报同级人民政府批准或者备案。

陆生野生动物疫源疫病监测站应当按照不同陆生野生动物疫病及其流行特点和危害程度,分别制订实施方案。实施方案应当报所属林业主管部门备案。

陆生野生动物疫病应急预案及其实施方案应当根据疫病的发展变化和实施情况,及时修改、完善。

第二十一条 县级以上人民政府林业主管部门应当根据陆生野生动物疫源疫病监测防控工作需要和应急预案的要求,做好防护装备、消毒物品、野外工作等应急物资的储备。

第二十二条 发生重大陆生野生动物疫病时,所在地人民政府林业主管部门应当在人民政府的统一领导下及时启动应急预案,组织开展陆生野生动物疫病监测防控和疫病风险评估,提出疫情风险范围和防控措施建议,指导有关部门和单位做好事发地的封锁、隔离、消毒等防控工作。

第二十三条 在陆生野生动物疫源疫病监测防控中,发现重点保护陆生野生动物染病的,有关单位和个人应当按照野生动物保护法及其实施条例的规定予以救护。

处置重大陆生野生动物疫病过程中,应当避免猎捕陆生野生动物;特殊情况确需猎捕陆生野生动物的,应当按照有关法律法规的规定执行。

第二十四条 县级以上人民政府林业主管部门应当采取措施,鼓励和支持有关科研机构开展陆生野生动物疫源疫病科学研究。

需要采集陆生野生动物样品的,应当遵守有关法律法规的规定。

第二十五条 县级以上人民政府林业主管部门及其监测机构应当加强陆生野生动物疫源疫病监测防控的宣传教育,提高公民防范意识和能力。

第二十六条 陆生野生动物疫源疫病监测信息应当按照国家有关规定实行管理,任何单位和个人不得擅自公开。

第二十七条 林业主管部门、陆生野生动物疫源疫病监测站等相关单位的工作人员玩忽职守,造成陆生野生动物疫情处置延误、疫情传播、蔓延的,或者擅自公开有关监测信息、编造虚假监测信息,妨碍陆生野生动物疫源疫病监测工作的,依法给予处分;构成犯罪的,依法追究刑事责任。

第二十八条 本办法自2013年4月1日起施行。

中华人民共和国水生野生动物保护实施条例(2013年修订)

(1993年10月5日农业部令第1号发布 根据2011年1月8日中华人民共和国国务院令第588号《国务院关于废止和修改部分行政法规的决定》第一次修订 根据2013年12月7日中华人民共和国国务院令第645号《国务院关于修改部分行政法规的决定》第二次修订)

第一章 总 则

第一条 根据《中华人民共和国野生动物保护法》(以下简称《野生动物保护法》)的规定,制定本条例。

第二条 本条例所称水生野生动物,是指珍贵、濒危的水生野生动物;所称水生野生动物产品,是指珍贵、濒危的水生野生动物的任何部分及其衍生物。

第三条 国务院渔业行政主管部门主管全国水生野生动物管理工作。

县级以上地方人民政府渔业行政主管部门主管本行政区域内水生野生动物管理工作。

《野生动物保护法》和本条例规定的渔业行政主管部门的行政处罚权,可以由其所属的渔政监督管理机构行使。

第四条 县级以上各级人民政府及其有关主管部门应当鼓励、支持有关科研单位、教学单位开展水生野生动物科学研究工作。

第五条 渔业行政主管部门及其所属的渔政监督管理机构,有权对《野生动物保护法》和本条例的实施情况进行监督检查,被检查的单位和个人应当给予配合。

第二章 水生野生动物保护

第六条 国务院渔业行政主管部门和省、自治区、直辖市人民政府渔业行政主管部门,应当定期组织水生野生动物资源调查,建立资源档案,为制定水生野生动物资源保护发展规划、制定和调整国家和地方重点保护水生野生动物名录提供依据。

第七条 渔业行政主管部门应当组织社会各方面力量,采取有效措施,维护和改善水生野生动物的生存环境,保护和增殖水生野生动物资源。

禁止任何单位和个人破坏国家重点保护的和地方重点保护的水生野生动物生息繁衍的水域、场所和生存条件。

第八条 任何单位和个人对侵占或者破坏水生野生动物资源的行为,有权向当地渔业行政主管部门或者其所属的渔政监督管理机构检举和控告。

第九条 任何单位和个人发现受伤、搁浅和因误入港湾、河汊而被困的水生野生动物时,应当及时报告当地渔业行政主管部门或者其所属的渔政监督管理机构,由其采取紧急救护措施;也可以要求附近具备救护条件的单位采取紧急救护措施,并报告渔业行政主管部门。已经死亡的水生野生动物,由渔业行政主管部门妥善处理。

捕捞作业时误捕水生野生动物的,应当立即无条件放生。

第十条 因保护国家重点保护的和地方重点保护的水生野生动物受到损失的,可以向当地人民政府渔业行政主管部门提出补偿要求。经调查属实并确实需要补偿的,由当地人民政府按照省、自治区、直辖市人民政府有关规定给予补偿。

第十一条 国务院渔业行政主管部门和省、自治区、直辖市人民政府,应当在国家重点保护的和地方重点保护的水生野生动物的主要生息繁衍的地区和水域,划定水生野生动物自然保护区,加强对国家和地方重点保护水生野生动物及其生存环境的保护管理,具体办法由国务院另行规定。

第三章 水生野生动物管理

第十二条 禁止捕捉、杀害国家重点保护的水生野生动物。

有下列情形之一,确需捕捉国家重点保护的水生野生动物的,必须申请特许捕捉证:

(一)为进行水生野生动物科学考察、资源调查,必须捕捉的;

(二)为驯养繁殖国家重点保护的水生野生动物,必须从自然水域或者场所获取种源的;

(三)为承担省级以上科学研究项目或者国家医药生产任务,必须从自然水域或者场所获取国家重点保护的水生野生动物的;

（四）为宣传、普及水生野生动物知识或者教学、展览的需要，必须从自然水域或者场所获取国家重点保护的水生野生动物的；

（五）因其他特殊情况，必须捕捉的。

第十三条　申请特许捕捉证的程序：

（一）需要捕捉国家一级保护水生野生动物的，必须附具申请人所在地和捕捉地的省、自治区、直辖市人民政府渔业行政主管部门签署的意见，向国务院渔业行政主管部门申请特许捕捉证；

（二）需要在本省、自治区、直辖市捕捉国家二级保护水生野生动物的，必须附具申请人所在地的县级人民政府渔业行政主管部门签署的意见，向省、自治区、直辖市人民政府渔业行政主管部门申请特许捕捉证；

（三）需要跨省、自治区、直辖市捕捉国家二级保护水生野生动物的，必须附具申请人所在地的省、自治区、直辖市人民政府渔业行政主管部门签署的意见，向捕捉地的省、自治区、直辖市人民政府渔业行政主管部门申请特许捕捉证。

动物园申请捕捉国家一级保护水生野生动物的，在向国务院渔业行政主管部门申请特许捕捉证前，须经国务院建设行政主管部门审核同意；申请捕捉国家二级保护水生野生动物的，在向申请人所在地的省、自治区、直辖市人民政府渔业行政主管部门申请特许捕捉证前，须经同级人民政府建设行政主管部门审核同意。

负责核发特许捕捉证的部门接到申请后，应当自接到申请之日起三个月内作出批准或者不批准的决定。

第十四条　有下列情形之一的，不予发放特许捕捉证：

（一）申请人有条件以合法的非捕捉方式获得国家重点保护的水生野生动物的种源、产品或者达到其目的的；

（二）捕捉申请不符合国家有关规定，或者申请使用的捕捉工具、方法以及捕捉时间、地点不当的；

（三）根据水生野生动物资源现状不宜捕捉的。

第十五条　取得特许捕捉证的单位和个人，必须按照特许捕捉证规定的种类、数量、地点、期限、工具和方法进行捕捉，防止误伤水生野生动物或者破坏其生存环境。捕捉作业完成后，应当及时向捕捉地的县级人民政府渔业行政主管部门或者其所属的渔政监督管理机构申请查验。

县级人民政府渔业行政主管部门或者其所属的渔政监督管理机构对在本行政区域内捕捉国家重点保护的水生野生动物的活动，应当进行监督检查，并及时向批准捕捉的部门报告监督检查结果。

第十六条　外国人在中国境内进行有关水生野生动物科学考察、标本采集、拍摄电影、录像等活动的，必须经国家重点保护的水生野生动物所在地的省、自治区、直辖市人民政府渔业行政主管部门批准。

第十七条　驯养繁殖国家一级保护水生野生动物的，应当持有国务院渔业行政主管部门核发的驯养繁殖许可证；驯养繁殖国家二级保护水生野生动物的，应当持有省、自治区、直辖市人民政府渔业行政主管部门核发的驯养繁殖许可证。

动物园驯养繁殖国家重点保护的水生野生动物的，渔业行政主管部门可以委托同级建设行政主管部门核发驯养繁殖许可证。

第十八条 禁止出售、收购国家重点保护的水生野生动物或者其产品。因科学研究、驯养繁殖、展览等特殊情况，需要出售、收购、利用国家一级保护水生野生动物或者其产品的，必须向省、自治区、直辖市人民政府渔业行政主管部门提出申请，经其签署意见后，报国务院渔业行政主管部门批准；需要出售、收购、利用国家二级保护水生野生动物或者其产品的，必须向省、自治区、直辖市人民政府渔业行政主管部门提出申请，并经其批准。

第十九条 县级以上各级人民政府渔业行政主管部门和工商行政管理部门，应当对水生野生动物或者其产品的经营利用建立监督检查制度，加强对经营利用水生野生动物或者其产品的监督管理。

对进入集贸市场的水生野生动物或者其产品，由工商行政管理部门进行监督管理，渔业行政主管部门给予协助；在集贸市场以外经营水生野生动物或者其产品，由渔业行政主管部门、工商行政管理部门或者其授权的单位进行监督管理。

第二十条 运输、携带国家重点保护的水生野生动物或者其产品出县境的，应当凭特许捕捉证或者驯养繁殖许可证，向县级人民政府渔业行政主管部门提出申请，报省、自治区、直辖市人民政府渔业行政主管部门或者其授权的单位批准。动物园之间因繁殖动物，需要运输国家重点保护的水生野生动物的，可以由省、自治区、直辖市人民政府渔业行政主管部门授权同级建设行政主管部门审批。

第二十一条 交通、铁路、民航和邮政企业对没有合法运输证明的水生野生动物或者其产品，应当及时通知有关主管部门处理，不得承运、收寄。

第二十二条 从国外引进水生野生动物的，应当向省、自治区、直辖市人民政府渔业行政主管部门提出申请，经省级以上人民政府渔业行政主管部门指定的科研机构进行科学论证后，报国务院渔业行政主管部门批准。

第二十三条 出口国家重点保护的水生野生动物或者其产品的，进出口中国参加的国际公约所限制进出口的水生野生动物或者其产品的，必须经进出口单位或者个人所在地的省、自治区、直辖市人民政府渔业行政主管部门审核，报国务院渔业行政主管部门批准；属于贸易性进出口活动的，必须由具有有关商品进出口权的单位承担。

动物园因交换动物需要进出口前款所称水生野生动物的，在国务院渔业行政主管部门批准前，应当经国务院建设行政主管部门审核同意。

第二十四条 利用水生野生动物或者其产品举办展览等活动的经济收益，主要用于水生野生动物保护事业。

第四章 奖励和惩罚

第二十五条 有下列事迹之一的单位和个人，由县级以上人民政府或者其渔业行政主管部门给予奖励：

（一）在水生野生动物资源调查、保护管理、宣传教育、开发利用方面有突出贡献的；

（二）严格执行野生动物保护法规，成绩显著的；

（三）拯救、保护和驯养繁殖水生野生动物取得显著成效的；

（四）发现违反水生野生动物保护法律、法规的行为，及时制止或者检举有功的；

（五）在查处破坏水生野生动物资源案件中作出重要贡献的；

（六）在水生野生动物科学研究中取得重大成果或者在应用推广有关的科研成果中取得显著效益的；

（七）在基层从事水生野生动物保护管理工作五年以上并取得显著成绩的；

（八）在水生野生动物保护管理工作中有其他特殊贡献的。

第二十六条 非法捕杀国家重点保护的水生野生动物的，依照刑法有关规定追究刑事责任；情节显著轻微危害不大的，或者犯罪情节轻微不需要判处刑罚的，由渔业行政主管部门没收捕获物、捕捉工具和违法所得，吊销特许捕捉证，并处以相当于捕获物价值十倍以下的罚款，没有捕获物的处以一万元以下的罚款。

第二十七条 违反野生动物保护法律、法规，在水生野生动物自然保护区破坏国家重点保护的或者地方重点保护的水生野生动物主要生息繁衍场所，依照《野生动物保护法》第三十四条的规定处以罚款的，罚款幅度为恢复原状所需费用的三倍以下。

第二十八条 违反野生动物保护法律、法规，出售、收购、运输、携带国家重点保护的或者地方重点保护的水生野生动物或者其产品的，由工商行政管理部门或者其授权的渔业行政主管部门没收实物和违法所得，可以并处相当于实物价值十倍以下的罚款。

第二十九条 伪造、倒卖、转让驯养繁殖许可证，依照《野生动物保护法》第三十七条的规定处以罚款的，罚款幅度为五千元以下。伪造、倒卖、转让特许捕捉证或者允许进出口证明书，依照《野生动物保护法》第三十七条的规定处以罚款的，罚款幅度为五万元以下。

第三十条 违反野生动物保护法规，未取得驯养繁殖许可证或者超越驯养繁殖许可证规定范围，驯养繁殖国家重点保护的水生野生动物的，由渔业行政主管部门没收违法所得，处三千元以下的罚款，可以并处没收水生野生动物、吊销驯养繁殖许可证。

第三十一条 外国人未经批准在中国境内对国家重点保护的水生野生动物进行科学考察、标本采集、拍摄电影、录像的，由渔业行政主管部门没收考察、拍摄的资料以及所获标本，可以并处五万元以下的罚款。

第三十二条 有下列行为之一，尚不构成犯罪，应当给予治安管理处罚的，由公安机关依照《中华人民共和国治安管理处罚法》的规定予以处罚：

（一）拒绝、阻碍渔政检查人员依法执行职务的；

（二）偷窃、哄抢或者故意损坏野生动物保护仪器设备或者设施的。

第三十三条 依照野生动物保护法规的规定没收的实物，按照国务院渔业行政主管部门的有关规定处理。

第五章 附 则

第三十四条 本条例由国务院渔业行政主管部门负责解释。

第三十五条 本条例自发布之日起施行。

中华人民共和国水生野生动物利用特许办法(2017年修订)

(1999年6月24日农业部令第15号发布 根据2004年7月1日农业部令第38号第一次修订 根据2010年11月26日农业部令2010年第11号第二次修订 根据2013年12月31日农业部令2013年第5号第三次修订 根据2017年11月30日农业部令2017年第8号第四次修订)

第一章 总 则

第一条 为保护、发展和合理利用水生野生动物资源,加强水生野生动物的保护与管理,规范水生野生动物利用特许证件的发放及使用,根据《中华人民共和国野生动物保护法》、《中华人民共和国水生野生动物保护实施条例》的规定,制定本办法。

第二条 凡需要捕捉、人工繁育以及展览、表演、出售、收购、进出口等利用水生野生动物或其制品的,按照本办法实行特许管理。

除第三十八条、第四十条外,本办法所称水生野生动物,是指珍贵、濒危的水生野生动物;所称水生野生动物产品,是指珍贵、濒危水生野生动物的任何部分及其衍生物。

第三条 农业部主管全国水生野生动物利用特许管理工作,负责国家一级保护水生野生动物的捕捉、水生野生动物或其制品进出口和国务院规定由农业部负责的国家重点水生野生动物的人工繁育和出售购买利用其活体及制品活动的审批。

省级人民政府渔业主管部门负责本行政区域内除国务院对审批机关另有规定的国家重点保护水生野生动物或其制品利用特许审批;县级以上地方人民政府渔业行政主管部门负责本行政区域内水生野生动物或其制品特许申请的审核。

第四条 农业部组织国家濒危水生野生动物物种科学委员会,对水生野生动物保护与管理提供咨询和评估。

审批机关在批准人工繁育、经营利用以及重要的进出口水生野生动物或其制品等特许申请前,应当委托国家濒危水生野生动物物种科学委员会对特许申请进行评估。评估未获通过的,审批机关不得批准。

第五条 申请水生野生动物或其制品利用特许的单位和个人,必须填报《水生野生动物利用特许证件申请表》(以下简称《申请表》)。《申请表》可向所在地县级以上渔业行政主管部门领取。

第六条 经审批机关批准的,可以按规定领取水生野生动物利用特许证件。

水生野生动物利用特许证件包括《水生野生动物特许猎捕证》(以下简称《猎捕证》)、《水生野生动物人工繁育许可证》(以下简称《人工繁育证》)、《水生野生动物经营利用许可证》(以下简称《经营利用证》)。

第七条 各级渔业行政主管部门及其所属的渔政监督管理机构,有权对本办法的实施情况进行监督检查,被检查的单位和个人应当给予配合。

第二章 捕捉管理

第八条 禁止捕捉、杀害水生野生动物。因科研、教学、人工繁育、展览、捐赠等特殊情况需要捕捉水生野生动物的,必须办理《猎捕证》。

第九条 凡申请捕捉水生野生动物的,应当如实填写《申请表》,并随表附报有关证明材料:

(一)因科研、调查、监测、医药生产需要捕捉的,必须附上省级以上有关部门下达的科研、调查、监测、医药生产计划或任务书复印件1份,原件备查;

(二)因人工繁育需要捕捉的,必须附上《人工繁育证》复印件1份;

(三)因人工繁育、展览、表演、医药生产需捕捉的,必须附上单位营业执照或其他有效证件复印件1份;

(四)因国际交往捐赠、交换需要捕捉的,必须附上当地县级以上渔业行政主管部门或外事部门出具的公函证明原件1份、复印件1份。

第十条 申请捕捉国家一级保护水生野生动物的,申请人应当将《申请表》和证明材料报所在地省级人民政府渔业行政主管部门签署意见。省级人民政府渔业行政主管部门应当在20日内签署意见,并报农业部审批。

需要跨省捕捉国家一级保护水生野生动物的,申请人应当将《申请表》和证明材料报所在地省级人民政府渔业行政主管部门签署意见。所在地省级人民政府渔业行政主管部门应当在20日内签署意见,并转送捕捉地省级人民政府渔业行政主管部门签署意见。捕捉地省级人民政府渔业行政主管部门应当在20日内签署意见,并报农业部审批。

农业部自收到省级人民政府渔业行政主管部门报送的材料之日起40日内作出是否发放特许猎捕证的决定。

第十一条 申请捕捉国家二级保护水生野生动物的,申请人应当将《申请表》和证明材料报所在地县级人民政府渔业行政主管部门签署意见。所在地县级人民政府渔业行政主管部门应当在20日内签署意见,并报省级人民政府渔业行政主管部门审批。

省级人民政府渔业行政主管部门应当自收到县级人民政府渔业行政主管部门报送的材料之日起40日内作出是否发放猎捕证的决定。

需要跨省捕捉国家二级保护水生野生动物的,申请人应当将《申请表》和证明材料报所在地省级人民政府渔业行政主管部门签署意见。所在地省级人民政府渔业行政主管部门应当在20日内签署意见,并转送捕捉地省级人民政府渔业行政主管部门审批。

捕捉地省级人民政府渔业行政主管部门应当自收到所在地省级人民政府渔业行政主管部门报送的材料之日起40日内作出是否发放猎捕证的决定。

第十二条 有下列情形之一的,不予发放《猎捕证》:

(一)申请人有条件以合法的非捕捉方式获得申请捕捉对象或者达到其目的的;

(二)捕捉申请不符合国家有关规定,或者申请使用的捕捉工具、方法以及捕捉时间、地点不当的;

(三)根据申请捕捉对象的资源现状不宜捕捉的。

第十三条 取得《猎捕证》的单位和个人,在捕捉作业以前,必须向捕捉地县级渔业行政主管部门报告,并由其所属的渔政监督管理机构监督进行。

捕捉作业必须按照《猎捕证》规定的种类、数量、地点、期限、工具和方法进行,防止误伤水生野生动物或破坏其生存环境。

第十四条 捕捉作业完成后,捕捉者应当立即向捕捉地县级渔业行政主管部门或其所属的渔政监督管理机构申请查验。捕捉地县级渔业行政主管部门或渔政监督管理机构应及时对捕捉情况进行查验,收回《猎捕证》,并及时向发证机关报告查验结果、交回《猎捕证》。

第三章 人工繁育管理

第十五条 国家支持有关科学研究机构因物种保护目的人工繁育国家重点保护水生野生动物。

前款规定以外的人工繁育国家重点保护水生野生动物实行许可制度。人工繁育国家重点保护水生野生动物的,应当经省级人民政府渔业主管部门批准,取得《人工繁育许可证》,但国务院对批准机关另有规定的除外。

第十六条 申请《人工繁育证》,应当具备以下条件:

(一)有适宜人工繁育水生野生动物的固定场所和必要的设施;

(二)具备与人工繁育水生野生动物种类、数量相适应的资金、技术和人员;

(三)具有充足的人工繁育水生野生动物的饲料来源。

第十七条 国务院规定由农业部批准的国家重点保护水生野生动物的人工繁育许可,向省级人民政府渔业行政主管部门提出申请。省级人民政府渔业行政主管部门应当自申请受理之日起20日内完成初步审查,并将审查意见和申请人的全部申请材料报农业部审批。

农业部应当自收到省级人民政府渔业行政主管部门报送的材料之日起15日内作出是否发放人工繁育许可证的决定。

除国务院规定由农业部批准以外的国家重点保护水生野生动物的人工繁育许可,应当向省级人民政府渔业主管部门申请。

省级人民政府渔业行政主管部门应当自申请受理之日起20日内作出是否发放人工繁育证的决定。

第十八条 人工繁育水生野生动物的单位和个人,必须按照《人工繁育证》的规定进行人工繁育活动。

需要变更人工繁育种类的,应当按照本办法第十七条规定的程序申请变更手续。经批准后,由审批机关在《人工繁育证》上作变更登记。

第十九条 禁止将人工繁育的水生野生动物或其制品进行捐赠、转让、交换。因特殊情况需要捐赠、转让、交换的,申请人应当向《人工繁育证》发证机关提出申请,由发证机关签署意见后,按本办法第三条的规定报批。

第二十条 接受捐赠、转让、交换的单位和个人,应当凭批准文件办理有关手续,并妥善养护与管理接受的水生野生动物或其制品。

第二十一条 取得《人工繁育证》的单位和个人,应当遵守以下规定:

(一)遵守国家和地方野生动物保护法律法规和政策;

(二)用于人工繁育的水生野生动物来源符合国家规定;

（三）建立人工繁育物种档案和统计制度；
（四）定期向审批机关报告水生野生动物的生长、繁殖、死亡等情况；
（五）不得非法利用其人工繁育的水生野生动物或其制品；
（六）接受当地渔业行政主管部门的监督检查和指导。

第四章 经营管理

第二十二条 禁止出售、购买、利用国家重点保护水生野生动物及其制品。因科学研究、人工繁育、公众展示展演、文物保护或者其他特殊情况，需要出售、购买、利用水生野生动物及其制品的，应当经省级人民政府渔业主管部门或其授权的渔业主管部门审核批准，并按照规定取得和使用专用标识，保证可追溯。

第二十三条 国务院规定由农业部批准的国家重点保护水生野生动物或者其制品的出售、购买、利用许可，申请人应当将《申请表》和证明材料报所在地省级人民政府渔业行政主管部门签署意见。所在地省级人民政府渔业行政主管部门应当在20日内签署意见，并报农业部审批。

除国务院规定由农业部批准以外的国家重点保护水生野生动物或者其制品的出售、购买、利用许可，应当向省级人民政府渔业主管部门申请。

出售、购买、利用国家二级保护水生野生动物或其制品的，应当向省级人民政府渔业行政主管部门申请。

省级人民政府渔业行政主管部门应当自受理之日起20日内作出是否发放经营利用证的决定。

第二十四条 医药保健利用水生野生动物或其制品，必须具备省级以上医药卫生行政管理部门出具的所生产药物及保健品中需用水生野生动物或其制品的证明；利用人工繁育的水生野生动物子代或其产品的，必须具备省级以上渔业行政主管部门指定的科研单位出具的属人工繁殖的水生野生动物子代或其产品的证明。

第二十五条 申请《经营利用证》，应当具备下列条件：
（一）出售、购买、利用的水生野生动物物种来源清楚或稳定；
（二）不会造成水生野生动物物种资源破坏；
（三）不会影响国家野生动物保护形象和对外经济交往。

第二十六条 经批准出售、购买、利用水生野生动物或其制品的单位和个人，应当持《经营利用证》到出售、收购所在地的县级以上渔业行政主管部门备案后方可进行出售、购买、利用活动。

第二十七条 出售、购买、利用水生野生动物或其制品的单位和个人，应当遵守以下规定：
（一）遵守国家和地方有关野生动物保护法律法规和政策；
（二）利用的水生野生动物或其制品来源符合国家规定；
（三）建立出售、购买、利用水生野生动物或其制品档案；
（四）接受当地渔业行政主管部门的监督检查和指导。

第二十八条 地方各级渔业行政主管部门应当对水生野生动物或其制品的经营利用建立监督检查制度，加强对经营利用水生野生动物或其制品的监督管理。

第五章 进出口管理

第二十九条 出口国家重点保护的水生野生动物或者其产品，进出口中国参加的国际公约所限制进出口的水生野生动物或者其产品的,应当向进出口单位或者个人所在地的省级人民政府渔业行政主管部门申请。省级人民政府渔业行政主管部门应当自申请受理之日起20日内完成审核,并报农业部审批。

农业部应当自收到省级人民政府渔业行政主管部门报送的材料之日起20日内作出是否同意进出口的决定。

动物园因交换动物需要进口第一款规定的野生动物的,农业部在批准前,应当经国务院建设行政主管部门审核同意。

第三十条 属于贸易性进出口活动的,必须由具有商品进出口权的单位承担,并取得《经营利用证》后方可进行。没有商品进出口权和《经营利用证》的单位,审批机关不得受理其申请。

第三十一条 从国外引进水生野生动物的,应当向所在地省级人民政府渔业行政主管部门申请。省级人民政府渔业行政主管部门应当自申请受理之日起5日内将申请材料送其指定的科研机构进行科学论证,并应当自收到论证结果之日起15日内报农业部审批。

农业部应当自收到省级人民政府渔业行政主管部门报送的材料之日起20日内作出是否同意引进的决定。

第三十二条 出口水生野生动物或其制品的,应当具备下列条件:

(一)出口的水生野生动物物种和含水生野生动物成分产品中物种原料的来源清楚;
(二)出口的水生野生动物是合法取得;
(三)不会影响国家野生动物保护形象和对外经济交往;
(四)出口的水生野生动物资源量充足,适宜出口;
(五)符合我国水产种质资源保护规定。

第三十三条 进口水生野生动物或其制品的,应当具备下列条件:

(一)进口的目的符合我国法律法规和政策;
(二)具备所进口水生野生动物活体生存必需的养护设施和技术条件;
(三)引进的水生野生动物活体不会对我国生态平衡造成不利影响或产生破坏作用;
(四)不影响国家野生动物保护形象和对外经济交往。

第六章 附 则

第三十四条 违反本办法规定的,由县级以上渔业行政主管部门或其所属的渔政监督管理机构依照野生动物保护法律、法规进行查处。

第三十五条 经批准捕捉、人工繁育以及展览、表演、出售、收购、进出口等利用水生野生动物或其制品的单位和个人,应当依法缴纳水生野生动物资源保护费。缴纳办法按国家有关规定执行。

水生野生动物资源保护费专用于水生野生动物资源的保护管理、科学研究、调查监测、宣传教育、人工繁育与增殖放流等。

第三十六条 外国人在我国境内进行有关水生野生动物科学考察、标本采集、拍摄电影、录像等活动的,应当向水生野生动物所在地省级渔业行政主管部门提出申请。省级渔业行政主管部门应当自申请受理之日起20日内作出是否准予其活动的决定。

第三十七条 本办法规定的《申请表》和水生野生动物利用特许证件由农业部统一制订。已发放仍在使用的许可证件由原发证机关限期统一进行更换。

除《猎捕证》一次有效外,其他特许证件应按年度进行审验,有效期最长不超过五年。有效期届满后,应按规定程序重新报批。

各省、自治区、直辖市渔业行政主管部门应当根据本办法制定特许证件发放管理制度,建立档案,严格管理。

第三十八条 《濒危野生动植物种国际贸易公约》附录一中的水生野生动物或其制品的国内管理,按照本办法对国家一级保护水生野生动物的管理规定执行。

《濒危野生动植物种国际贸易公约》附录二、附录三中的水生野生动物或其制品的国内管理,按照本办法对国家二级保护水生野生动物的管理规定执行。

地方重点保护的水生野生动物或其制品的管理,可参照本办法对国家二级保护水生野生动物的管理规定执行。

第三十九条 本办法由农业部负责解释。

第四十条 本办法自1999年9月1日起施行。

中华人民共和国水生动植物自然保护区管理办法(2017年修订)

(1997年10月17日农业部令第24号公布 根据2010年11月26日农业部令2010年第11号第一次修订 根据2013年12月31日农业部令2013年第5号第二次修订 根据2014年4月25日农业部令2014年第3号第三次修订 根据2017年11月30日农业部令2017年第8号第四次修订)

第一章 总 则

第一条 为加强对水生动植物自然保护区的建设和管理,根据《中华人民共和国野生动物保护法》、《中华人民共和国渔业法》和《中华人民共和国自然保护区条例》的规定,制定本办法。

第二条 本办法所称水生动植物自然保护区,是指为保护水生动植物物种,特别是具有科学、经济和文化价值的珍稀濒危物种、重要经济物种及其自然栖息繁衍生境而依法划出一定面积的土地和水域,予以特殊保护和管理的区域。

第三条 凡在中华人民共和国领域和中华人民共和国管辖的其他海域内建设和管理水生动植物自然保护区,必须遵守本办法。

第四条 任何单位和个人都有保护水生动植物自然保护区的义务,对破坏、侵占自然保护区的行为应该制止、检举和控告。

第五条 国务院渔业行政主管部门主管全国水生动植物自然保护区的管理工作;县级以上地方人民政府渔业行政主管部门主管本行政区域内水生动植物自然保护区的管理工作。

第二章 水生动植物自然保护区的建设

第六条 凡具有下列条件之一的,应当建立水生动植物自然保护区:

(1)国家和地方重点保护水生动植物的集中分布区、主要栖息地和繁殖地;
(2)代表不同自然地带的典型水生动植物生态系统的区域;
(3)国家特别重要的水生经济动植物的主要产地;
(4)重要的水生动植物物种多样性的集中分布区;
(5)尚未或极少受到人为破坏,自然状态保持良好的水生物种的自然生境;
(6)具有特殊保护价值的水生生物生态环境。

第七条 水生动植物自然保护区分为国家级和地方级。

具有重要科学、经济和文化价值,在国内、国际有典型意义或重大影响的水生动植物自然保护区,列为国家级自然保护区。其他具有典型意义或者重要科学、经济和文化价值的水生动植物自然保护区,列为地方级自然保护区。

第八条 国家级水生动植物自然保护区的建立,需经自然保护区所在地的省级人民政府同意,由省级人民政府渔业行政主管部门报国务院渔业行政主管部门,经评审委员会评审后,由国务院渔业行政主管部门按规定报国务院批准。

地方级水生动植物自然保护区的建立,由县级以上渔业行政主管部门按规定报省级人民政府批准,并报国务院渔业行政主管部门备案。

跨两个以上行政区域水生动植物自然保护区的建立,由有关行政区域的人民政府协商后提出申请,按上述程序审批。

第九条 水生动植物自然保护区的撤销及其性质、范围的调整和变化,应经原审批机关批准。

第十条 国务院渔业行政主管部门水生动植物自然保护区评审委员会,负责国家级水生动植物自然保护区申报论证和评审工作。

省级人民政府渔业行政主管部门水生动植物自然保护区评审委员会,负责地方级水生动植物自然保护区申报论证和评审工作。

第十一条 水生动植物自然保护区的范围和界线由批准建立自然保护区的人民政府确定,并标明区界,予以公告。其具体范围和界线应标绘于图,公布于众,并设置适当界碑、标志物及有关保护设施。

第十二条 水生动植物自然保护区按照下列方法命名:

国家级水生动植物自然保护区:自然保护区所在地地名加保护对象名称再加"国家级自然保护区"。

地方级水生动植物自然保护区:自然保护区所在地地名加保护对象名称再加"地方级自然保护区"。

具有多种保护对象或综合性的水生动植物自然保护区:自然保护区所在地地名加"国家级水生野生动植物自然保护区"或"地方级水生动植物自然保护区"。

第十三条 水生动植物自然保护区可根据自然环境、水生动植物资源状况和保护管理工作需要,划分为核心区、缓冲区和实验区。

第三章 水生动植物自然保护区的管理

第十四条 国家级水生动植物自然保护区,由国务院渔业行政主管部门或其所在地的省级人民政府渔业行政主管部门管理。

地方级水生动植物自然保护区,由其所在地的县级以上人民政府渔业行政主管部门管理。

跨行政区域的水生动植物自然保护区的管理,由上一级人民政府渔业行政主管部门与所涉及的地方人民政府协商确定。协商不成的,由上一级人民政府确定。

第十五条　渔业行政主管部门应当在水生动植物自然保护区内设立管理机构,配备管理和专业技术人员,负责自然保护区的具体管理工作,其主要职责是:

(一)贯彻执行国家有关自然保护和水生动植物保护的法律、法规和方针、政策;

(二)制定自然保护区的各项管理制度,统一管理自然保护区;

(三)开展自然资源调查和环境的监测、监视及管理工作,建立工作档案;

(四)组织或者协助有关部门开展科学研究、人工繁殖及增殖放流工作;

(五)开展水生动植物保护的宣传教育;

(六)组织开展经过批准的旅游、参观、考察活动;

(七)接受、抢救和处置伤病、搁浅或误捕的珍贵、濒危水生野生动物。

第十六条　禁止在水生动植物自然保护区进行砍伐、放牧、狩猎、捕捞、采药、开垦、烧荒、开矿、采石、挖沙、爆破等活动。

第十七条　禁止在水生动植物自然保护区域内新建生产设施,对于已有的生产设施,其污染物的排放必须达到国家规定的排放标准。

因血防灭螺需要向水生动植物保护区域内投放药物时,卫生防疫部门应与当地渔业行政主管部门联系,采取防范措施,避免对水生动植物资源造成损害。

第十八条　未经批准,禁止任何人进入国家级水生动植物自然保护区的核心区和一切可能对自然保护区造成破坏的活动。确因科学研究的需要,必须进入国家级水生动植物自然保护区核心区从事科学研究观测、调查活动的,应当事先向自然保护区管理机构提交申请和活动计划,并经省级人民政府渔业行政主管部门批准。

第十九条　禁止在水生动植物自然保护区的缓冲区开展旅游和生产经营活动。因科学研究、教学实习需要进入自然保护区的缓冲区,应当事先向自然保护区管理机构提交申请和活动计划,经自然保护区管理机构批准。

从事前款活动的单位和个人,应当将其活动成果的副本提交自然保护区管理机构。

第二十条　在水生动植物自然保护区的实验区开展参观、旅游活动的,由自然保护区管理机构根据自然保护区总体规划编制方案,方案应当符合自然保护区管理目标。

第二十一条　外国人进入国家级水生动植物自然保护区的,接待单位应当事先报省级人民政府渔业行政主管部门批准。

第二十二条　任何部门、单位、团体与国外签署涉及国家级水生动植物自然保护区的协议,须事先报国务院渔业主管部门批准;涉及地方级水生动植物自然保护区的,须事先经省级人民政府渔业行政主管部门批准。

第二十三条　经批准进入水生动植物自然保护区从事科学研究、教学实习、参观考察、拍摄影片、旅游、垂钓等活动的单位和个人须遵守以下规定:

(一)遵守主管部门和自然保护区管理机构制定的各项规章制度;

(二)服从自然保护区管理机构统一管理;

(三)不得破坏自然资源和生态环境；

(四)不得妨碍自然保护区的管理工作,不得干扰管理人员的业务活动。

第二十四条 水生动植物自然保护区内的自然资源和生态环境,由自然保护区管理机构统一管理,未经国务院渔业主管部门或省级人民政府渔业行政主管部门批准,任何单位和个人不得进入自然保护区建立机构和修筑设施。

第四章 罚 则

第二十五条 违反本办法规定,由自然保护区管理机构依照《中华人民共和国自然保护区条例》第三十四条和第三十五条的规定处罚。

第二十六条 违反本办法规定,对水生动植物自然保护区造成损失的,除可以依照有关法规给予处罚以外,由县级以上人民政府渔业行政主管部门责令限期改正,赔偿损失。

第二十七条 妨碍水生动植物自然保护区管理人员执行公务的,由公安机关依照《中华人民共和国治安管理处罚法》的规定予以处罚;情节严重构成犯罪的,由司法机关依法追究刑事责任。

第二十八条 违反本办法规定,造成水生动植物自然保护区重大破坏或污染事故,引起严重后果,构成犯罪的,由司法机关对有关责任人员依法追究刑事责任。

第二十九条 水生动植物自然保护区管理人员玩忽职守、滥用职权、徇私舞弊的,由所在单位或者上级主管机关给予行政处分;情节严重构成犯罪的,由司法机关依法追究刑事责任。

第五章 附 则

第三十条 本办法由国务院渔业行政主管部门负责解释。

第三十一条 省级人民政府渔业行政主管部门、各级水生动植物自然保护区管理机构可根据本办法制定实施细则和各项管理制度。

第三十二条 本办法自发布之日起施行。

野生动物收容救护管理办法

(2017年12月1日 国家林业局令第47号)

第一条 为了规范野生动物收容救护行为,依据《中华人民共和国野生动物保护法》等有关法律法规,制定本办法。

第二条 从事野生动物收容救护活动的,应当遵守本办法。

本办法所称野生动物,是指依法受保护的陆生野生动物。

第三条 野生动物收容救护应当遵循及时、就地、就近、科学的原则。

禁止以收容救护为名买卖野生动物及其制品。

第四条 国家林业局负责组织、指导、监督全国野生动物收容救护工作。县级以上地方人民政府林业主管部门负责本行政区域内野生动物收容救护的组织实施、监督和管理工作。

县级以上地方人民政府林业主管部门应当按照有关规定明确野生动物收容救护机构,保障人员和经费,加强收容救护工作。

县级以上地方人民政府林业主管部门依照本办法开展收容救护工作,需要跨行政区域的或者需要其他行政区域予以协助的,双方林业主管部门应当充分协商、积极配合。必要时,可以由共同的上级林业主管部门统一协调。

第五条 野生动物收容救护机构应当按照同级人民政府林业主管部门的要求和野生动物收容救护的实际需要,建立收容救护场所,配备相应的专业技术人员、救护工具、设备和药品等。

县级以上地方人民政府林业主管部门及其野生动物收容救护机构可以根据需要,组织从事野生动物科学研究、人工繁育等活动的组织和个人参与野生动物收容救护工作。

第六条 县级以上地方人民政府林业主管部门应当公布野生动物收容救护机构的名称、地址和联系方式等相关信息。

任何组织和个人发现因受伤、受困等野生动物需要收容救护的,应当及时报告当地林业主管部门及其野生动物收容救护机构。

第七条 有下列情况之一的,野生动物收容救护机构应当进行收容救护:

(一)执法机关、其他组织和个人移送的野生动物;

(二)野外发现的受伤、病弱、饥饿、受困等需要救护的野生动物,经简单治疗后还无法回归野外环境的;

(三)野外发现的可能危害当地生态系统的外来野生动物;

(四)其他需要收容救护的野生动物。

国家或者地方重点保护野生动物受到自然灾害、重大环境污染事故等突发事件威胁时,野生动物收容救护机构应当按照当地人民政府的要求及时采取应急救助措施。

第八条 野生动物收容救护机构接收野生动物时,应当进行登记,记明移送人姓名、地址、联系方式、野生动物种类、数量、接收时间等事项,并向移送人出具接收凭证。

第九条 野生动物收容救护机构对收容救护的野生动物,应当按照有关技术规范进行隔离检查、检疫,对受伤或者患病的野生动物进行治疗。

第十条 野生动物收容救护机构应当按照以下规定处理收容救护的野生动物:

(一)对体况良好、无需再采取治疗措施或者经治疗后体况恢复、具备野外生存能力的野生动物,应当按照有关规定,选择适合该野生动物生存的野外环境放至野外;

(二)对收容救护后死亡的野生动物,应当进行检疫;检疫不合格的,应当采取无害化处理措施;检疫合格且按照规定需要保存的,应当采取妥当措施予以保存;

(三)对经救护治疗但仍不适宜放至野外的野生动物和死亡后经检疫合格、确有利用价值的野生动物及其制品,属于国家重点保护野生动物及其制品的,依照《中华人民共和国野生动物保护法》的规定由具有相应批准权限的省级以上人民政府林业主管部门统一调配;其他野生动物及其制品,由县级以上地方人民政府林业主管部门依照有关规定调配处理。

处理执法机关查扣后移交的野生动物,事先应当征求原执法机关的意见,还应当遵守罚没物品处理的有关规定。

第十一条 野生动物收容救护机构应当建立野生动物收容救护档案,记录收容救护的野生动物种类、数量、措施、状况等信息。

野生动物收容救护机构应当将处理收容救护野生动物的全过程予以记录,制作书面记录材料;必要时,还应当制作全过程音视频记录。

第十二条 野生动物收容救护机构应当将收容救护野生动物的有关情况,按照年度向同级人民政府林业主管部门报告。

县级以上地方人民政府林业主管部门应当将本行政区域内收容救护野生动物总体情况,按照年度向上级林业主管部门报告。

第十三条 从事野生动物收容救护活动成绩显著的组织和个人,按照《中华人民共和国野生动物保护法》有关规定予以奖励。

参与野生动物收容救护的组织和个人按照林业主管部门及其野生动物收容救护机构的规定开展野生动物收容救护工作,县级以上人民政府林业主管部门可以根据有关规定予以适当补助。

第十四条 县级以上人民政府林业主管部门应当加强对本行政区域内收容救护野生动物活动进行监督检查。

第十五条 野生动物收容救护机构或者其他组织和个人以收容救护野生动物为名买卖野生动物及其制品的,按照《中华人民共和国野生动物保护法》规定予以处理。

第十六条 本办法自2018年1月1日起施行。

野生动物及其制品价值评估方法

(2017年11月1日　国家林业局令第46号)

第一条 为了规范野生动物及其制品价值评估标准和方法,根据《中华人民共和国野生动物保护法》第五十七条规定,制定本方法。

第二条 《中华人民共和国野生动物保护法》规定的猎获物价值、野生动物及其制品价值的评估活动,适用本方法。

本方法所称野生动物,是指陆生野生动物的整体(含卵、蛋);所称野生动物制品,是指陆生野生动物的部分及其衍生物,包括产品。

第三条 国家林业局负责制定、公布并调整《陆生野生动物基准价值标准目录》。

第四条 野生动物整体的价值,按照《陆生野生动物基准价值标准目录》所列该种野生动物的基准价值乘以相应的倍数核算。具体方法是:

(一)国家一级保护野生动物,按照所列野生动物基准价值的十倍核算;国家二级保护野生动物,按照所列野生动物基准价值的五倍核算;

(二)地方重点保护的野生动物和有重要生态、科学、社会价值的野生动物,按照所列野生动物基准价值核算。

两栖类野生动物的卵、蛋的价值,按照该种野生动物整体价值的千分之一核算;爬行类野生动物的卵、蛋的价值,按照该种野生动物整体价值的十分之一核算;鸟类野生动物的卵、蛋的价值,按照该种野生动物整体价值的二分之一核算。

第五条　野生动物制品的价值,由核算其价值的执法机关或者评估机构根据实际情况予以核算,但不能超过该种野生动物的整体价值。但是,省级以上人民政府林业主管部门对野生动物标本和其他特殊野生动物制品的价值核算另有规定的除外。

第六条　野生动物及其制品有实际交易价格的,且实际交易价格高于按照本方法评估的价值的,按照实际交易价格执行。

第七条　人工繁育的野生动物及其制品的价值,按照同种野生动物及其制品价值的百分之五十执行。

人工繁育的列入《人工繁育国家重点保护野生动物名录》的野生动物及其制品的价值,按照同种野生动物及其制品价值的百分之二十五执行。

第八条　《濒危野生动植物种国际贸易公约》附录所列在我国没有自然分布的野生动物,已经国家林业局核准按照国家重点保护野生动物管理的,该野生动物及其制品的价值按照与其同属、同科或者同目的国家重点保护野生动物的价值核算。

《濒危野生动植物种国际贸易公约》附录所列在我国没有自然分布的野生动物、未经国家林业局核准的,以及其他没有列入《濒危野生动植物种国际贸易公约》附录的野生动物及其制品的价值,按照与其同属、同科或者同目的地方重点保护野生动物或者有重要生态、科学、社会价值的野生动物的价值核算。

第九条　本方法施行后,新增加的重点保护野生动物和有重要生态、科学、社会价值的野生动物,尚未列入《陆生野生动物基准价值标准目录》的,其基准价值按照与其同属、同科或者同目的野生动物的基准价值核算。

第十条　本方法自2017年12月15日起施行。

附件:略

濒危野生动植物进出口管理条例（2018年修正）

(2006年4月29日国务院令第465号发布　根据2018年3月19日中华人民共和国国务院令第698号《国务院关于修改和废止部分行政法规的决定》修正)

第一条　为了加强对濒危野生动植物及其产品的进出口管理,保护和合理利用野生动植物资源,履行《濒危野生动植物种国际贸易公约》(以下简称公约),制定本条例。

第二条　进口或者出口公约限制进出口的濒危野生动植物及其产品,应当遵守本条例。

出口国家重点保护的野生动植物及其产品,依照本条例有关出口濒危野生动植物及其产品的规定办理。

第三条　国务院林业、农业(渔业)主管部门(以下称国务院野生动植物主管部门),按照职责分工主管全国濒危野生动植物及其产品的进出口管理工作,并做好与履行公约有关的工作。

国务院其他有关部门依照有关法律、行政法规的规定,在各自的职责范围内负责做好相关工作。

第四条　国家濒危物种进出口管理机构代表中国政府履行公约,依照本条例的规定对经国务院野生动植物主管部门批准出口的国家重点保护的野生动植物及其产品、批准进口或者出口的公约限制进出口的濒危野生动植物及其产品,核发允许进出口证明书。

第五条　国家濒危物种进出口科学机构依照本条例,组织陆生野生动物、水生野生动物和野生植物等方面的专家,从事有关濒危野生动植物及其产品进出口的科学咨询工作。

第六条　禁止进口或者出口公约禁止以商业贸易为目的进出口的濒危野生动植物及其产品,因科学研究、驯养繁殖、人工培育、文化交流等特殊情况,需要进口或者出口的,应当经国务院野生动植物主管部门批准;按照有关规定由国务院批准的,应当报经国务院批准。

禁止出口未定名的或者新发现并有重要价值的野生动植物及其产品以及国务院或者国务院野生动植物主管部门禁止出口的濒危野生动植物及其产品。

第七条　进口或者出口公约限制进出口的濒危野生动植物及其产品,出口国务院或者国务院野生动植物主管部门限制出口的野生动植物及其产品,应当经国务院野生动植物主管部门批准。

第八条　进口濒危野生动植物及其产品的,必须具备下列条件:

(一)对濒危野生动植物及其产品的使用符合国家有关规定;

(二)具有有效控制措施并符合生态安全要求;

(三)申请人提供的材料真实有效;

(四)国务院野生动植物主管部门公示的其他条件。

第九条　出口濒危野生动植物及其产品的,必须具备下列条件:

(一)符合生态安全要求和公共利益;

(二)来源合法;

(三)申请人提供的材料真实有效;

(四)不属于国务院或者国务院野生动植物主管部门禁止出口的;

(五)国务院野生动植物主管部门公示的其他条件。

第十条　进口或者出口濒危野生动植物及其产品的,申请人应当按照管理权限,向其所在地的省、自治区、直辖市人民政府农业(渔业)主管部门提出申请,或者向国务院林业主管部门提出申请,并提交下列材料:

(一)进口或者出口合同;

(二)濒危野生动植物及其产品的名称、种类、数量和用途;

(三)活体濒危野生动物装运设施的说明资料;

(四)国务院野生动植物主管部门公示的其他应当提交的材料。

省、自治区、直辖市人民政府农业(渔业)主管部门应当自收到申请之日起10个工作日内签署意见,并将全部申请材料转报国务院农业(渔业)主管部门。

第十一条　国务院野生动植物主管部门应当自收到申请之日起20个工作日内,作出批准或者不予批准的决定,并书面通知申请人。在20个工作日内不能作出决定的,经本行政机关负责人批准,可以延长10个工作日,延长的期限和理由应当通知申请人。

第十二条 申请人取得国务院野生动植物主管部门的进出口批准文件后,应当在批准文件规定的有效期内,向国家濒危物种进出口管理机构申请核发允许进出口证明书。

申请核发允许进出口证明书时应当提交下列材料:

(一)允许进出口证明书申请表;

(二)进出口批准文件;

(三)进口或者出口合同。

进口公约限制进出口的濒危野生动植物及其产品的,申请人还应当提交出口国(地区)濒危物种进出口管理机构核发的允许出口证明材料;出口公约禁止以商业贸易为目的进出口的濒危野生动植物及其产品的,申请人还应当提交进口国(地区)濒危物种进出口管理机构核发的允许进口证明材料;进口的濒危野生动植物及其产品再出口时,申请人还应当提交海关进口货物报关单和海关签注的允许进口证明书。

第十三条 国家濒危物种进出口管理机构应当自收到申请之日起20个工作日内,作出审核决定。对申请材料齐全、符合本条例规定和公约要求的,应当核发允许进出口证明书;对不予核发允许进出口证明书的,应当书面通知申请人和国务院野生动植物主管部门并说明理由。在20个工作日内不能作出决定的,经本机构负责人批准,可以延长10个工作日,延长的期限和理由应当通知申请人。

国家濒危物种进出口管理机构在审核时,对申请材料不符合要求的,应当在5个工作日内一次性通知申请人需要补正的全部内容。

第十四条 国家濒危物种进出口管理机构在核发允许进出口证明书时,需要咨询国家濒危物种进出口科学机构的意见,或者需要向境外相关机构核实允许进出口证明材料等有关内容的,应当自收到申请之日起5个工作日内,将有关材料送国家濒危物种进出口科学机构咨询意见或者向境外相关机构核实有关内容。咨询意见、核实内容所需时间不计入核发允许进出口证明书工作日之内。

第十五条 国务院野生动植物主管部门和省、自治区、直辖市人民政府野生动植物主管部门以及国家濒危物种进出口管理机构,在审批濒危野生动植物及其产品进出口时,除收取国家规定的费用外,不得收取其他费用。

第十六条 因进口或者出口濒危野生动植物及其产品对野生动植物资源、生态安全造成或者可能造成严重危害和影响的,由国务院野生动植物主管部门提出临时禁止或者限制濒危野生动植物及其产品进出口的措施,报国务院批准后执行。

第十七条 从不属于任何国家管辖的海域获得的濒危野生动植物及其产品,进入中国领域的,参照本条例有关进口的规定管理。

第十八条 进口濒危野生动植物及其产品涉及外来物种管理的,出口濒危野生动植物及其产品涉及种质资源管理的,应当遵守国家有关规定。

第十九条 进口或者出口濒危野生动植物及其产品的,应当在国务院野生动植物主管部门会同海关总署、国家质量监督检验检疫总局指定并经国务院批准的口岸进行。

第二十条 进口或者出口濒危野生动植物及其产品的,应当按照允许进出口证明书规定的种类、数量、口岸、期限完成进出口活动。

第二十一条 进口或者出口濒危野生动植物及其产品的,应当向海关提交允许进出口证明书,接受海关监管,并自海关放行之日起30日内,将海关验讫的允许进出口证明书副本交国家濒危物种进出口管理机构备案。

过境、转运和通运的濒危野生动植物及其产品,自入境起至出境前由海关监管。

进入保税区、出口加工区等海关特定监管区域和保税场所的濒危野生动植物及其产品,应当接受海关监管,并按照海关总署和国家濒危物种进出口管理机构的规定办理进出口手续。

进口或者出口濒危野生动植物及其产品的,应当凭允许进出口证明书向出入境检验检疫机构报检,并接受检验检疫。

第二十二条 国家濒危物种进出口管理机构应当将核发允许进出口证明书的有关资料和濒危野生动植物及其产品年度进出口情况,及时抄送国务院野生动植物主管部门及其他有关主管部门。

第二十三条 进出口批准文件由国务院野生动植物主管部门组织统一印制;允许进出口证明书及申请表由国家濒危物种进出口管理机构组织统一印制。

第二十四条 野生动植物主管部门、国家濒危物种进出口管理机构的工作人员,利用职务上的便利收取他人财物或者谋取其他利益,不依照本条例的规定批准进出口、核发允许进出口证明书,情节严重,构成犯罪的,依法追究刑事责任;尚不构成犯罪的,依法给予处分。

第二十五条 国家濒危物种进出口科学机构的工作人员,利用职务上的便利收取他人财物或者谋取其他利益,出具虚假意见,情节严重,构成犯罪的,依法追究刑事责任;尚不构成犯罪的,依法给予处分。

第二十六条 非法进口、出口或者以其他方式走私濒危野生动植物及其产品的,由海关依照海关法的有关规定予以处罚;情节严重,构成犯罪的,依法追究刑事责任。

罚没的实物移交野生动植物主管部门依法处理;罚没的实物依法需要实施检疫的,经检疫合格后,予以处理。罚没的实物需要返还原出口国(地区)的,应当由野生动植物主管部门移交国家濒危物种进出口管理机构依照公约规定处理。

第二十七条 伪造、倒卖或者转让进出口批准文件或者允许进出口证明书的,由野生动植物主管部门或者工商行政管理部门按照职责分工依法予以处罚;情节严重,构成犯罪的,依法追究刑事责任。

第二十八条 本条例自2006年9月1日起施行。

湿地保护管理规定(2017年修正)

(2013年3月28日国家林业局令第32号发布 根据2017年12月5日国家林业局令第48号修正)

第一条 为了加强湿地保护管理,履行《关于特别是作为水禽栖息地的国际重要湿地公约》(以下简称"国际湿地公约"),根据法律法规和有关规定,制定本规定。

第二条 本规定所称湿地,是指常年或者季节性积水地带、水域和低潮时水深不超过6米的海域,包括沼泽湿地、湖泊湿地、河流湿地、滨海湿地等自然湿地,以及重点保护野生动物栖息地或者重点保护野生植物原生地等人工湿地。

第三条 国家对湿地实行全面保护、科学修复、合理利用、持续发展的方针。

第四条 国家林业局负责全国湿地保护工作的组织、协调、指导和监督,并组织、协调有关国际湿地公约的履约工作。

县级以上地方人民政府林业主管部门按照有关规定负责本行政区域内的湿地保护管理工作。

第五条 县级以上人民政府林业主管部门及有关湿地保护管理机构应当加强湿地保护宣传教育和培训,结合世界湿地日、世界野生动植物日、爱鸟周和保护野生动物宣传月等开展宣传教育活动,提高公众湿地保护意识。

县级以上人民政府林业主管部门应当组织开展湿地保护管理的科学研究,应用推广研究成果,提高湿地保护管理水平。

第六条 县级以上人民政府林业主管部门应当鼓励和支持公民、法人以及其他组织,以志愿服务、捐赠等形式参与湿地保护。

第七条 国家林业局会同国务院有关部门编制全国和区域性湿地保护规划,报国务院或者其授权的部门批准。

县级以上地方人民政府林业主管部门会同同级人民政府有关部门,按照有关规定编制本行政区域内的湿地保护规划,报同级人民政府或者其授权的部门批准。

第八条 湿地保护规划应当包括下列内容:

(一)湿地资源分布情况、类型及特点、水资源、野生生物资源状况;

(二)保护和合理利用的指导思想、原则、目标和任务;

(三)湿地生态保护重点建设项目与建设布局;

(四)投资估算和效益分析;

(五)保障措施。

第九条 经批准的湿地保护规划必须严格执行;未经原批准机关批准,不得调整或者修改。

第十条 国家林业局定期组织开展全国湿地资源调查、监测和评估,按照有关规定向社会公布相关情况。

湿地资源调查、监测、评估等技术规程,由国家林业局在征求有关部门和单位意见的基础上制定。

县级以上地方人民政府林业主管部门及有关湿地保护管理机构应当组织开展本行政区域内的湿地资源调查、监测和评估工作,按照有关规定向社会公布相关情况。

第十一条 县级以上人民政府林业主管部门可以采取湿地自然保护区、湿地公园、湿地保护小区等方式保护湿地,健全湿地保护管理机构和管理制度,完善湿地保护体系,加强湿地保护。

第十二条 湿地按照其生态区位、生态系统功能和生物多样性等重要程度,分为国家重要湿地、地方重要湿地和一般湿地。

第十三条 国家林业局会同国务院有关部门制定国家重要湿地认定标准和管理办法,明确相关管理规则和程序,发布国家重要湿地名录。

第十四条 省、自治区、直辖市人民政府林业主管部门应当在同级人民政府指导下,会同有关部门制定地方重要湿地和一般湿地认定标准和管理办法,发布地方重要湿地和一般湿地名录。

第十五条 符合国际湿地公约国际重要湿地标准的,可以申请指定为国际重要湿地。

申请指定国际重要湿地的,由国务院有关部门或者湿地所在地省、自治区、直辖市人民政府林业主管部门向国家林业局提出。国家林业局应当组织论证、审核,对符合国际重要湿地条件的,在征得湿地所在地省、自治区、直辖市人民政府和国务院有关部门同意后,报国际湿地公约秘书处核准列入《国际重要湿地名录》。

第十六条 国家林业局对国际重要湿地的保护管理工作进行指导和监督,定期对国际重要湿地的生态状况开展检查和评估,并向社会公布结果。

国际重要湿地所在地的县级以上地方人民政府林业主管部门应当会同同级人民政府有关部门对国际重要湿地保护管理状况进行检查,指导国际重要湿地保护管理机构维持国际重要湿地的生态特征。

第十七条 国际重要湿地保护管理机构应当建立湿地生态预警机制,制定实施管理计划,开展动态监测,建立数据档案。

第十八条 因气候变化、自然灾害等造成国际重要湿地生态特征退化的,省、自治区、直辖市人民政府林业主管部门应当会同同级人民政府有关部门进行调查,指导国际重要湿地保护管理机构制定实施补救方案,并向同级人民政府和国家林业局报告。

因工程建设等造成国际重要湿地生态特征退化甚至消失的,省、自治区、直辖市人民政府林业主管部门应当会同同级人民政府有关部门督促、指导项目建设单位限期恢复,并向同级人民政府和国家林业局报告;对逾期不予恢复或者确实无法恢复的,由国家林业局会商所在地省、自治区、直辖市人民政府和国务院有关部门后,按照有关规定处理。

第十九条 具备自然保护区建立条件的湿地,应当依法建立自然保护区。

自然保护区的建立和管理按照自然保护区管理的有关规定执行。

第二十条 以保护湿地生态系统、合理利用湿地资源、开展湿地宣传教育和科学研究为目的,并可供开展生态旅游等活动的湿地,可以设立湿地公园。

湿地公园分为国家湿地公园和地方湿地公园。

第二十一条 国家湿地公园实行晋升制。符合下列条件的,可以申请晋升为国家湿地公园:

(一)湿地生态系统在全国或者区域范围内具有典型性,或者湿地区域生态地位重要,或者湿地主体生态功能具有典型示范性,或者湿地生物多样性丰富,或者集中分布有珍贵、濒危的野生生物物种;

(二)具有重要或者特殊科学研究、宣传教育和文化价值;

(三)成为省级湿地公园两年以上(含两年);

(四)保护管理机构和制度健全;

(五)省级湿地公园总体规划实施良好;

(六)土地权属清晰,相关权利主体同意作为国家湿地公园;

(七)湿地保护、科研监测、科普宣传教育等工作取得显著成效。

第二十二条 申请晋升为国家湿地公园的,由省、自治区、直辖市人民政府林业主管部门向国家林业局提出申请。

国家林业局在收到申请后,组织论证审核,对符合条件的,晋升为国家湿地公园。

第二十三条 省级以上人民政府林业主管部门应当对国家湿地公园的建设和管理进行监督检查和评估。

因自然因素或者管理不善导致国家湿地公园条件丧失的,或者对存在问题拒不整改或者整改不符合要求的,国家林业局应当撤销国家湿地公园的命名,并向社会公布。

第二十四条 地方湿地公园的设立和管理,按照地方有关规定办理。

第二十五条 因保护湿地给湿地所有者或者经营者合法权益造成损失的,应当按照有关规定予以补偿。

第二十六条 县级以上人民政府林业主管部门及有关湿地保护管理机构应当组织开展退化湿地修复工作,恢复湿地功能或者扩大湿地面积。

第二十七条 县级以上人民政府林业主管部门及有关湿地保护管理机构应当开展湿地动态监测,并在湿地资源调查和监测的基础上,建立和更新湿地资源档案。

第二十八条 县级以上人民政府林业主管部门应当对开展生态旅游等利用湿地资源的活动进行指导和监督。

第二十九条 除法律法规有特别规定的以外,在湿地内禁止从事下列活动:

(一)开(围)垦、填埋或者排干湿地;

(二)永久性截断湿地水源;

(三)挖沙、采矿;

(四)倾倒有毒有害物质、废弃物、垃圾;

(五)破坏野生动物栖息地和迁徙通道、鱼类洄游通道,滥采滥捕野生动植物;

(六)引进外来物种;

(七)擅自放牧、捕捞、取土、取水、排污、放生;

(八)其他破坏湿地及其生态功能的活动。

第三十条 建设项目应当不占或者少占湿地,经批准确需征收、占用湿地并转为其他用途的,用地单位应当按照"先补后占、占补平衡"的原则,依法办理相关手续。

临时占用湿地的,期限不得超过2年;临时占用期限届满,占用单位应当对所占湿地限期进行生态修复。

第三十一条 县级以上地方人民政府林业主管部门应当会同同级人民政府有关部门,在同级人民政府的组织下建立湿地生态补水协调机制,保障湿地生态用水需求。

第三十二条 县级以上人民政府林业主管部门应当按照有关规定开展湿地防火工作,加强防火基础设施和队伍建设。

第三十三条 县级以上人民政府林业主管部门应当会同同级人民政府有关部门协调、组织、开展湿地有害生物防治工作;湿地保护管理机构应当按照有关规定承担湿地有害生物防治的具体工作。

第三十四条 县级以上人民政府林业主管部门应当会同同级人民政府有关部门开展湿地保护执法活动,对破坏湿地的违法行为依法予以处理。

第三十五条 本规定自2013年5月1日起施行。

国家湿地公园管理办法

(2017年12月27日 林湿发〔2017〕150号)

第一条 为加强国家湿地公园建设和管理,促进国家湿地公园健康发展,有效保护湿地资源,根据《湿地保护管理规定》及国家有关政策,制定本办法。

国家湿地公园的设立、建设、管理和撤销应遵守本办法。

第二条 国家湿地公园是指以保护湿地生态系统、合理利用湿地资源、开展湿地宣传教育和科学研究为目的,经国家林业局批准设立,按照有关规定予以保护和管理的特定区域。

国家湿地公园是自然保护体系的重要组成部分,属社会公益事业。国家鼓励公民、法人和其他组织捐资或者志愿参与国家湿地公园保护和建设工作。

第三条 县级以上林业主管部门负责国家湿地公园的指导、监督和管理。

第四条 国家湿地公园的建设和管理,应当遵循"全面保护、科学修复、合理利用、持续发展"的方针。

第五条 具备下列条件的,可申请设立国家湿地公园:

(一)湿地生态系统在全国或者区域范围内具有典型性;或者湿地区域生态地位重要;或者湿地主体生态功能具有典型示范性;或者湿地生物多样性丰富;或者集中分布有珍贵、濒危的野生生物物种。

(二)具有重要或者特殊科学研究、宣传教育和文化价值。

(三)成为省级湿地公园两年以上(含两年)。

(四)保护管理机构和制度健全。

(五)省级湿地公园总体规划实施良好。

(六)土地权属清晰,相关权利主体同意作为国家湿地公园。

(七)湿地保护、科研监测、科普宣传教育等工作取得显著成效。

第六条 申请晋升为国家湿地公园的,可由省级林业主管部门向国家林业局提出申请。

国家林业局对申请材料进行审查,组织专家实地考察,召开专家评审会,并在所在地进行公示,经审核后符合晋升条件的设立为国家湿地公园。

第七条 申请设立国家湿地公园的,应当提交如下材料:

(一)所在地省级林业主管部门提交的申请文件、申报书。

(二)设立省级湿地公园的批复文件。

(三)所在地县级以上地方人民政府同意晋升国家湿地公园的文件;跨行政区域的,需提交其共同上级地方人民政府同意晋升国家湿地公园的文件。

(四)县级以上机构编制管理部门设立湿地公园管理机构的文件;法人证书;近2年保护管理经费的证明材料。

(五)县级以上地方人民政府出具的湿地公园土地权属清晰和相关权利主体同意纳入湿地公

园管理的证明文件。

（六）湿地公园总体规划及其范围、功能区边界矢量图。

（七）反映湿地公园资源现状和建设管理情况的报告及影像资料。

第八条 国家湿地公园的湿地面积原则上不低于100公顷，湿地率不低于30%。

国家湿地公园范围与自然保护区、森林公园不得重叠或者交叉。

第九条 国家湿地公园采取下列命名方式：

省级名称+地市级或县级名称+湿地名+国家湿地公园。

第十条 国家湿地公园应当按照总体规划确定的范围进行标桩定界，任何单位和个人不得擅自改变和挪动界标。

第十一条 国家湿地公园应划定保育区。根据自然条件和管理需要，可划分恢复重建区、合理利用区，实行分区管理。

保育区除开展保护、监测、科学研究等必需的保护管理活动外，不得进行任何与湿地生态系统保护和管理无关的其他活动。恢复重建区应当开展培育和恢复湿地的相关活动。合理利用区应当开展以生态展示、科普教育为主的宣教活动，可开展不损害湿地生态系统功能的生态体验及管理服务等活动。

保育区、恢复重建区的面积之和及其湿地面积之和应分别大于湿地公园总面积、湿地公园湿地总面积的60%。

第十二条 国家湿地公园的撤销、更名、范围和功能区调整，须经国家林业局同意。

第十三条 国家湿地公园管理机构应当具体负责国家湿地公园的保护管理工作，制定并实施湿地公园总体规划和管理计划，完善保护管理制度。

第十四条 国家湿地公园应当设置宣教设施，建立和完善解说系统，宣传湿地功能和价值，普及湿地知识，提高公众湿地保护意识。

第十五条 国家湿地公园管理机构应当定期组织开展湿地资源调查和动态监测，建立档案，并根据监测情况采取相应的保护管理措施。

第十六条 国家湿地公园管理机构应当建立和谐的社区共管机制，优先吸收当地居民从事湿地资源管护和服务等活动。

第十七条 省级林业主管部门应当每年向国家林业局报送所在地国家湿地公园建设管理情况，并通过"中国湿地公园"信息管理系统报送湿地公园年度数据。

第十八条 禁止擅自征收、占用国家湿地公园的土地。确需征收、占用的，用地单位应当征求省级林业主管部门的意见后，方可依法办理相关手续。由省级林业主管部门报国家林业局备案。

第十九条 除国家另有规定外，国家湿地公园内禁止下列行为：

（一）开（围）垦、填埋或者排干湿地。

（二）截断湿地水源。

（三）挖沙、采矿。

（四）倾倒有毒有害物质、废弃物、垃圾。

（五）从事房地产、度假村、高尔夫球场、风力发电、光伏发电等任何不符合主体功能定位的建设项目和开发活动。

（六）破坏野生动物栖息地和迁徙通道、鱼类洄游通道，滥采滥捕野生动植物。

（七）引入外来物种。

（八）擅自放牧、捕捞、取土、取水、排污、放生。

（九）其他破坏湿地及其生态功能的活动。

第二十条 省级以上林业主管部门组织对国家湿地公园的建设和管理状况开展监督检查和评估工作，并根据评估结果提出整改意见。

监督评估的主要内容包括：

（一）准予设立国家湿地公园的本底条件是否发生变化。

（二）机构能力建设、规章制度的制定及执行等情况。

（三）总体规划实施情况。

（四）湿地资源的保护管理和合理利用等情况。

（五）宣传教育、科研监测和档案管理等情况。

（六）其他应当检查的内容。

第二十一条 因自然因素造成国家湿地公园生态特征退化的，省级林业主管部门应当进行调查，指导国家湿地公园管理机构制定实施补救方案，并向国家林业局报告。

经监督评估发现存在问题的国家湿地公园，省级以上林业主管部门通知其限期整改。限期整改的国家湿地公园应当在整改期满后 15 日内向下达整改通知的林业主管部门报送书面整改报告。

第二十二条 因管理不善导致国家湿地公园条件丧失的，或者对存在重大问题拒不整改或者整改不符合要求的，国家林业局撤销其国家湿地公园的命名，并向社会公布。

撤销国家湿地公园命名的县级行政区内，自撤销之日起两年内不得申请设立国家湿地公园。

第二十三条 本办法自 2018 年 1 月 1 日起实施，有效期至 2022 年 12 月 31 日，《国家湿地公园管理办法（试行）》（林湿发〔2010〕1 号）同时废止。

湿地保护修复制度方案

（2016 年 11 月 30 日　国办发〔2016〕89 号）

湿地在涵养水源、净化水质、蓄洪抗旱、调节气候和维护生物多样性等方面发挥着重要功能，是重要的自然生态系统，也是自然生态空间的重要组成部分。湿地保护是生态文明建设的重要内容，事关国家生态安全，事关经济社会可持续发展，事关中华民族子孙后代的生存福祉。为加快建立系统完整的湿地保护修复制度，根据中共中央、国务院印发的《关于加快推进生态文明建设的意见》和《生态文明体制改革总体方案》要求，制定本方案。

一、总体要求

（一）指导思想。全面贯彻落实党的十八大和十八届三中、四中、五中、六中全会精神，深入学习贯彻习近平总书记系列重要讲话精神,紧紧围绕统筹推进"五位一体"总体布局和协调推进"四个全面"战略布局,牢固树立创新、协调、绿色、开放、共享的发展理念,认真落实党中央、国务院决策部署,深化生态文明体制改革,大力推进生态文明建设。建立湿地保护修复制度,全面保护湿地,强化湿地利用监管,推进退化湿地修复,提升全社会湿地保护意识,为建设生态文明和美丽中国提供重要保障。

(二)基本原则。坚持生态优先、保护优先的原则,维护湿地生态功能和作用的可持续性;坚持全面保护、分级管理的原则,将全国所有湿地纳入保护范围,重点加强自然湿地、国家和地方重要湿地的保护与修复;坚持政府主导、社会参与的原则,地方各级人民政府对本行政区域内湿地保护负总责,鼓励社会各界参与湿地保护与修复;坚持综合协调、分工负责的原则,充分发挥林业、国土资源、环境保护、水利、农业、海洋等湿地保护管理相关部门的职能作用,协同推进湿地保护与修复;坚持注重成效、严格考核的原则,将湿地保护修复成效纳入对地方各级人民政府领导干部的考评体系,严明奖惩制度。

(三)目标任务。实行湿地面积总量管控,到2020年,全国湿地面积不低于8亿亩,其中,自然湿地面积不低于7亿亩,新增湿地面积300万亩,湿地保护率提高到50%以上。严格湿地用途监管,确保湿地面积不减少,增强湿地生态功能,维护湿地生物多样性,全面提升湿地保护与修复水平。

二、完善湿地分级管理体系

(四)建立湿地分级体系。根据生态区位、生态系统功能和生物多样性,将全国湿地划分为国家重要湿地(含国际重要湿地)、地方重要湿地和一般湿地,列入不同级别湿地名录,定期更新。国务院林业主管部门会同有关部门制定国家重要湿地认定标准和管理办法,明确相关管理规则和程序,发布国家重要湿地名录。省级林业主管部门会同有关部门制定地方重要湿地和一般湿地认定标准和管理办法,发布地方重要湿地和一般湿地名录。(国家林业局牵头,国土资源部、环境保护部、水利部、农业部、国家海洋局等参与,地方各级人民政府负责落实。以下均需地方各级人民政府落实,不再列出)

(五)探索开展湿地管理事权划分改革。坚持权、责、利相统一的原则,探索开展湿地管理方面的中央与地方财政事权和支出责任划分改革,明晰国家重要湿地、地方重要湿地和一般湿地的事权划分。(财政部、国家林业局会同有关部门负责)

(六)完善保护管理体系。国务院湿地保护管理相关部门指导全国湿地保护修复工作。地方各级人民政府湿地保护管理相关部门指导本辖区湿地保护修复工作。对国家和地方重要湿地,要通过设立国家公园、湿地自然保护区、湿地公园、水产种质资源保护区、海洋特别保护区等方式加强保护,在生态敏感和脆弱地区加快保护管理体系建设。加强各级湿地保护管理机构的能力建设,夯实保护基础。在国家和地方重要湿地探索设立湿地管护公益岗位,建立完善县、乡、村三级管护联动网络,创新湿地保护管理形式。(国家林业局、财政部、国土资源部、环境保护部、水利部、农业部、国家海洋局等按职责分工负责)

三、实行湿地保护目标责任制

(七)落实湿地面积总量管控。确定全国和各省(区、市)湿地面积管控目标,逐级分解落实。合理划定纳入生态保护红线的湿地范围,明确湿地名录,并落实到具体湿地地块。经批准征收、占用湿地并转为其他用途的,用地单位要按照"先补后占、占补平衡"的原则,负责恢复或重建与所占湿地面积和质量相当的湿地,确保湿地面积不减少。(国家林业局、国土资源部、国家发展改革委、环境保护部、水利部、农业部、国家海洋局等按职责分工负责)

(八)提升湿地生态功能。制定湿地生态状况评定标准,从影响湿地生态系统健康的水量、水质、土壤、野生动植物等方面完善评价指标体系。到2020年,重要江河湖泊水功能区水质达标率提高到80%以上,自然岸线保有率不低于35%,水鸟种类不低于231种,全国湿地野生动植物种群数量不减少。(国家林业局、环境保护部、水利部、农业部、国土资源部、国家海洋局等按职责分工负责)

(九)建立湿地保护成效奖惩机制。地方各级人民政府对本行政区域内湿地保护负总责,政府主要领导成员承担主要责任,其他有关领导成员在职责范围内承担相应责任,要将湿地面积、湿地保护率、湿地生态状况等保护成效指标纳入本地区生态文明建设目标评价考核等制度体系,建立健全奖励机制和终身追责机制。(国家林业局牵头,国家发展改革委、国土资源部、环境保护部、水利部、农业部、国家海洋局等参与)

四、健全湿地用途监管机制

(十)建立湿地用途管控机制。按照主体功能定位确定各类湿地功能,实施负面清单管理。禁止擅自征收、占用国家和地方重要湿地,在保护的前提下合理利用一般湿地,禁止侵占自然湿地等水源涵养空间,已侵占的要限期予以恢复,禁止开(围)垦、填埋、排干湿地,禁止永久性截断湿地水源,禁止向湿地超标排放污染物,禁止对湿地野生动物栖息地和鱼类洄游通道造成破坏,禁止破坏湿地及其生态功能的其他活动。(国家林业局、国土资源部、环境保护部、水利部、农业部、国家海洋局等按职责分工负责)

(十一)规范湿地用途管理。完善涉及湿地相关资源的用途管理制度,合理设立湿地相关资源利用的强度和时限,避免对湿地生态要素、生态过程、生态服务功能等方面造成破坏。进一步加强对取水、污染物排放、野生动植物资源利用、挖砂、取土、开矿、引进外来物种和涉外科学考察等活动的管理。(国土资源部、环境保护部、水利部、农业部、国家林业局、国家海洋局等按职责分工负责)

(十二)严肃惩处破坏湿地行为。湿地保护管理相关部门根据职责分工依法对湿地利用进行监督,对湿地破坏严重的地区或有关部门进行约谈,探索建立湿地利用预警机制,遏制各种破坏湿地生态的行为。严厉查处违法利用湿地的行为,造成湿地生态系统破坏的,由湿地保护管理相关部门责令限期恢复原状,情节严重或逾期未恢复原状的,依法给予相应处罚,涉嫌犯罪,移送司法机关严肃处理。探索建立相对集中行政处罚权的执法机制。地方各级人民政府湿地保护管理相关部门或湿地保护管理机构要加强对湿地资源利用者的监督。(国家林业局、国土资源部、环境保护部、水利部、农业部、国家海洋局等按职责分工负责)

五、建立退化湿地修复制度

(十三)明确湿地修复责任主体。对未经批准将湿地转为其他用途的,按照"谁破坏、谁修复"的原则实施恢复和重建。能够确认责任主体的,由其自行开展湿地修复或委托具备修复能力的第三方机构进行修复。对因历史原因或公共利益造成生态破坏的、因重大自然灾害受损的湿地,经科学论证确需恢复的,由地方各级人民政府承担修复责任,所需资金列入财政预算。(国家

林业局、国土资源部、环境保护部、水利部、农业部、国家海洋局等按职责分工负责)

(十四)多措并举增加湿地面积。地方各级人民政府要对近年来湿地被侵占情况进行认真排查,并通过退耕还湿、退养还滩、排水退化湿地恢复和盐碱化土地复湿等措施,恢复原有湿地。各地要在水源、用地、管护、移民安置等方面,为增加湿地面积提供条件。(国家林业局、国土资源部、环境保护部、水利部、农业部、国家海洋局等按职责分工负责)

(十五)实施湿地保护修复工程。国务院林业主管部门和省级林业主管部门分别会同同级相关部门编制湿地保护修复工程规划。坚持自然恢复为主、与人工修复相结合的方式,对集中连片、破碎化严重、功能退化的自然湿地进行修复和综合整治,优先修复生态功能严重退化的国家和地方重要湿地。通过污染清理、土地整治、地形地貌修复、自然湿地岸线维护、河湖水系连通、植被恢复、野生动物栖息地恢复、拆除围网、生态移民和湿地有害生物防治等手段,逐步恢复湿地生态功能,增强湿地碳汇功能,维持湿地生态系统健康。(国家林业局牵头,国家发展改革委、财政部、国土资源部、环境保护部、水利部、农业部、国家海洋局等参与)

(十六)完善生态用水机制。水资源利用要与湿地保护紧密结合,统筹协调区域或流域内的水资源平衡,维护湿地的生态用水需求。从生态安全、水文联系的角度,利用流域综合治理方法,建立湿地生态补水机制,明确技术路线、资金投入以及相关部门的责任和义务。水库蓄水和泄洪要充分考虑相关野生动植物保护需求。(水利部牵头,国家发展改革委、财政部、国家林业局、环境保护部、农业部、国家海洋局等参与)

(十七)强化湿地修复成效监督。国务院湿地保护管理相关部门制定湿地修复绩效评价标准,组织开展湿地修复工程的绩效评价。由第三方机构开展湿地修复工程竣工评估和后评估。建立湿地修复公示制度,依法公开湿地修复方案、修复成效,接受公众监督。(国家林业局、国土资源部、环境保护部、水利部、农业部、国家海洋局等按职责分工负责)

六、健全湿地监测评价体系

(十八)明确湿地监测评价主体。国务院林业主管部门会同有关部门组织实施国家重要湿地的监测评价,制定全国湿地资源调查和监测、重要湿地评价、退化湿地评估等规程或标准,组织实施全国湿地资源调查,调查周期为10年。省级及以下林业主管部门会同有关部门组织实施地方重要湿地和一般湿地的监测评价。加强部门间湿地监测评价协调工作,统筹解决重大问题。(国家林业局牵头,国土资源部、环境保护部、水利部、农业部、国家海洋局等参与)

(十九)完善湿地监测网络。统筹规划国家重要湿地监测站点设置,建立国家重要湿地监测评价网络,提高监测数据质量和信息化水平。健全湿地监测数据共享制度,林业、国土资源、环境保护、水利、农业、海洋等部门获取的湿地资源相关数据要实现有效集成、互联共享。加强生态风险预警,防止湿地生态系统特征发生不良变化。(国家林业局牵头,国土资源部、环境保护部、水利部、农业部、国家海洋局等参与)

(二十)监测信息发布和应用。建立统一的湿地监测评价信息发布制度,规范发布内容、流程、权限和渠道等。国务院林业主管部门会同有关部门发布全国范围、跨区域、跨流域以及国家重要湿地监测评价信息。运用监测评价信息,为考核地方各级人民政府落实湿地保护责任情况提供科学依据和数据支撑。建立监测评价与监管执法联动机制。(国家林业局牵头,国土资源部、环境保护部、水利部、农业部、国家海洋局等参与)

七、完善湿地保护修复保障机制

（二十一）加强组织领导。地方各级人民政府要把湿地保护纳入重要议事日程,实施湿地保护科学决策,及时解决重大问题。各地区各有关部门要认真履行各自职责,进一步完善综合协调、分部门实施的湿地保护管理体制,形成湿地保护合力,确保实现湿地保护修复的目标任务。强化军地协调配合,共同加强湿地保护管理。(国家林业局牵头,国土资源部、环境保护部、水利部、农业部、国家海洋局等参与)

（二十二）加快法制建设。抓紧研究制订系统的湿地保护管理法律法规,切实保护好水、土地、野生动植物等资源,督促指导有关省份结合实际制定完善湿地保护与修复的地方法规。(国家林业局、国土资源部、环境保护部、水利部、农业部、国务院法制办、国家海洋局等按职责分工负责)

（二十三）加大资金投入力度。发挥政府投资的主导作用,形成政府投资、社会融资、个人投入等多渠道投入机制。通过财政贴息等方式引导金融资本加大支持力度,有条件的地方可研究给予风险补偿。探索建立湿地生态效益补偿制度,率先在国家级湿地自然保护区和国家重要湿地开展补偿试点。(国家林业局、国家发展改革委、财政部牵头,国土资源部、环境保护部、水利部、农业部、人民银行、银监会、国家海洋局等参与)

（二十四）完善科技支撑体系。加强湿地基础和应用科学研究,突出湿地与气候变化、生物多样性、水资源安全等关系研究。开展湿地保护与修复技术示范,在湿地修复关键技术上取得突破。建立湿地保护管理决策的科技支撑机制,提高科学决策水平。(国家林业局、环境保护部、水利部、农业部、国家海洋局等按职责分工负责)

（二十五）加强宣传教育。面向公众开展湿地科普宣传教育,利用互联网、移动媒体等手段,普及湿地科学知识,努力形成全社会保护湿地的良好氛围。抓好广大中小学生湿地保护知识教育,树立湿地保护意识。研究建立湿地保护志愿者制度,动员公众参与湿地保护和相关知识传播。(国家林业局、教育部、国土资源部、环境保护部、水利部、农业部、国家海洋局等按职责分工负责)

国家林业局关于严格禁止围垦占用湖泊湿地的通知

（2015年5月18日　林湿发〔2015〕62号）

各省、自治区、直辖市林业厅(局),内蒙古、龙江、大兴安岭森工(林业)集团公司,新疆生产建设兵团林业局、各计划单列市林业局:

第二次全国湿地资源调查表明,我国现有湖泊湿地859.38万公顷,与10年前相比减少了58.91万公顷,围垦占用是导致我国湖泊湿地面积快速萎缩的重要因素。当前,一些地方围垦占用湖泊湿地现象仍然屡禁不止,严重威胁着我国湿地生态安全。为有效遏制湖泊湿地面积继续减少的势头,根据党的十八大和十八届三中、四中全会提出的"扩大湿地面积,保护生物多样性"、"用严格的法律制度保护生态环境"等要求,以及习近平总书记关于加强湿地保护的一系列重要

指示精神,现就严格禁止围垦占用湖泊湿地有关事宜通知如下:

一、充分认识湖泊湿地生态系统的重要性

湖泊湿地是我国最重要的湿地类型之一,生物多样性极为丰富,是山水林田湖生命共同体的重要组成部分。湖泊湿地不仅具有涵养水源、蓄洪防旱、调节气候等重要的生态功能,而且为湖区及其周边社区人们直接提供着大量的水资源和水产品,同时,还为人类提供着休闲、游憩等社会服务功能。各级林业主管部门要充分认识湖泊湿地生态系统的重要性,发挥好林业主管部门在湖泊湿地保护管理中的组织、协调、指导和监督职能,联合相关部门共同采取有力措施,严格禁止擅自围垦占用湖泊湿地,维护湖泊湿地生态系统的完整性。

二、切实加强湖泊湿地保护管理的基础工作

(一)开展检查登记。地方各级林业主管部门要根据第二次全国湿地资源调查结果,明确辖区湖泊湿地的边界四至。要逐步理顺湖泊湿地产权关系,对湖泊湿地的保护和利用进行监管。要组织力量对围垦占用湖泊湿地的情况进行一次全面检查,建立围垦占用湖泊湿地的时间、用途、位置、面积、权属关系等信息档案,为进一步加强湖泊湿地保护与恢复工作打好基础。

(二)完善保护体系。地方各级林业主管部门,要努力创造条件,对具有重要生态功能的湖泊湿地,通过建立自然保护区、湿地公园、自然保护小区、湿地多用途管理区等保护形式加以有效保护,并进一步扩大湖泊湿地保护面积。在开展保护的同时,要探索建立湖泊湿地合理利用模式。

(三)纳入相关规划。地方各级林业主管部门,要主动协调相关部门,将辖区内湖泊湿地纳入地方主体功能区规划的禁止开发区范畴,确保在国土生态空间规划体系中对湖泊湿地实施严格保护。要把湖泊湿地保护作为地方国民经济和社会发展规划的重要内容,纳入地方生态建设、水资源保护、土地利用等规划,为湖泊湿地保护创造更好的条件。

三、坚决打击围垦占用湖泊湿地的行为

(一)开展联合执法。地方各级林业主管部门要按照党的十八届四中全会提出的"推进综合执法"的要求,在当地政府的领导下,联合水利、国土资源、农业、环境保护等部门,根据《土地管理法》、《水法》、《防洪法》、《湿地保护管理规定》等法律法规规定,以及地方出台的湿地保护方面的法规规章等关于严禁围湖造地的相关规定,加大执法力度,开展联合执法,提高执法实效。

(二)加强巡护管理。地方各级林业主管部门及林业系统相关单位要加强对辖区范围内湖泊湿地的巡护工作,对围垦占用湖泊湿地的苗头要做到早发现、早报告、早制止。对已经围垦占用湖泊湿地的单位和个人,林业主管部门要协调相关部门,责成有关单位和个人恢复湖泊湿地原状或者采取其他补救措施。对查处不力的地方和单位,林业主管部门要积极配合纪检、监察部门予以督查问责,并通过媒体曝光围垦占用湖泊湿地的行为,充分发挥舆论监督作用。

(三)开展专项打击行动。从2015年5月至2015年12月,省级林业主管部门要部署开展打击围垦占用湖泊湿地行为的专项行动,并于2015年12月底之前,向我局上报专项打击行动开展情况。

四、积极开展围垦占用湖泊湿地退耕还湿

(一)编制退耕还湿方案。地方各级林业主管部门要根据辖区内围垦占用湖泊湿地情况,按照退耕还湿的要求,开展河湖水系连通工程,强化湖泊湿地水环境、水生态建设,编制退耕还湿方案,明确近期、中期、远景目标,制定相应的对策和保障措施。

（二）开展相关研究。湖泊湿地面积大的省份要加强湖泊湿地保护恢复的关键技术研究，积极开展湖泊湿地生态监测。要开展湖泊湿地保护与恢复示范建设，从规划编制、制度建设、投入机制、科技支撑等方面予以重点支持。

五、加强湖泊湿地保护组织领导与监督

（一）加强组织领导。地方各级林业主管部门要积极争取地方党委和政府对湖泊湿地保护的重视和支持，积极推动将包括湖泊湿地在内的湿地保护纳入地方政府政绩考核指标体系，落实地方政府保护湖泊湿地的责任。推动并配合建立纪检、监察、人大执法检查等多种形式的监督机制。充分发挥新闻媒体和群众的舆论监督作用。尚未出台湿地保护方面法规或规章的省份，林业主管部门要积极争取省级党委、政府和人大支持，主动协调相关部门，尽快出台相关规定。

（二）建立约谈机制。要探索建立林业主管部门的约谈机制，对围垦占用湖泊湿地的，由省级林业主管部门约谈地方林业主管部门并责成整改。对围垦占用湖泊湿地造成重大影响的，我局将对责任单位进行约谈，视情况通报全国。

特此通知。

中共中央办公厅、国务院办公厅印发《关于划定并严守生态保护红线的若干意见》

（2017年2月7日）

生态空间是指具有自然属性、以提供生态服务或生态产品为主体功能的国土空间，包括森林、草原、湿地、河流、湖泊、滩涂、岸线、海洋、荒地、荒漠、戈壁、冰川、高山冻原、无居民海岛等。生态保护红线是指在生态空间范围内具有特殊重要生态功能、必须强制性严格保护的区域，是保障和维护国家生态安全的底线和生命线，通常包括具有重要水源涵养、生物多样性维护、水土保持、防风固沙、海岸生态稳定等功能的生态功能重要区域，以及水土流失、土地沙化、石漠化、盐渍化等生态环境敏感脆弱区域。党中央、国务院高度重视生态环境保护，作出一系列重大决策部署，推动生态环境保护工作取得明显进展。但是，我国生态环境总体仍比较脆弱，生态安全形势十分严峻。划定并严守生态保护红线，是贯彻落实主体功能区制度、实施生态空间用途管制的重要举措，是提高生态产品供给能力和生态系统服务功能、构建国家生态安全格局的有效手段，是健全生态文明制度体系、推动绿色发展的有力保障。现就划定并严守生态保护红线提出以下意见。

一、总体要求

（一）指导思想。全面贯彻党的十八大和十八届三中、四中、五中、六中全会精神，深入贯彻习近平总书记系列重要讲话精神和治国理政新理念新思想新战略，紧紧围绕统筹推进"五位一体"总体布局和协调推进"四个全面"战略布局，牢固树立新发展理念，认真落实党中央、国务院决策部署，以改善生态环境质量为核心，以保障和维护生态功能为主线，按照山水林田湖系统保护的要求,划定并严守生态保护红线,实现一条红线管控重要生态空间,确保生态功能不降低、面积不减少、性质不改变,维护国家生态安全,促进经济社会可持续发展。

(二)基本原则

——科学划定,切实落地。落实环境保护法等相关法律法规,统筹考虑自然生态整体性和系统性,开展科学评估,按生态功能重要性、生态环境敏感性与脆弱性划定生态保护红线,并落实到国土空间,系统构建国家生态安全格局。

——坚守底线,严格保护。牢固树立底线意识,将生态保护红线作为编制空间规划的基础。强化用途管制,严禁任意改变用途,杜绝不合理开发建设活动对生态保护红线的破坏。

——部门协调,上下联动。加强部门间沟通协调,国家层面做好顶层设计,出台技术规范和政策措施,地方党委和政府落实划定并严守生态保护红线的主体责任,上下联动、形成合力,确保划得实、守得住。

(三)总体目标。2017年年底前,京津冀区域、长江经济带沿线各省(直辖市)划定生态保护红线;2018年年底前,其他省(自治区、直辖市)划定生态保护红线;2020年年底前,全面完成全国生态保护红线划定,勘界定标,基本建立生态保护红线制度,国土生态空间得到优化和有效保护,生态功能保持稳定,国家生态安全格局更加完善。到2030年,生态保护红线布局进一步优化,生态保护红线制度有效实施,生态功能显著提升,国家生态安全得到全面保障。

二、划定生态保护红线

依托"两屏三带"为主体的陆地生态安全格局和"一带一链多点"的海洋生态安全格局,采取国家指导、地方组织,自上而下和自下而上相结合,科学划定生态保护红线。

(四)明确划定范围。环境保护部、国家发展改革委会同有关部门,于2017年6月底前制定并发布生态保护红线划定技术规范,明确水源涵养、生物多样性维护、水土保持、防风固沙等生态功能重要区域,以及水土流失、土地沙化、石漠化、盐渍化等生态环境敏感脆弱区域的评价方法,识别生态功能重要区域和生态环境敏感脆弱区域的空间分布。将上述两类区域进行空间叠加,划入生态保护红线,涵盖所有国家级、省级禁止开发区域,以及有必要严格保护的其他各类保护地等。

(五)落实生态保护红线边界。按照保护需要和开发利用现状,主要结合以下几类界线将生态保护红线边界落地:自然界线,主要是依据地形地貌或生态系统完整性确定的边界,如林线、雪线、流域分界线,以及生态系统分布界线等;自然保护区、风景名胜区等各类保护地边界;江河、湖库,以及海岸等向陆域(或向海)延伸一定距离的边界;全国土地调查、地理国情普查等明确的地块边界。将生态保护红线落实到地块,明确生态系统类型、主要生态功能,通过自然资源统一确权登记明确用地性质与土地权属,形成生态保护红线全国"一张图"。在勘界基础上设立统一规范的标识标牌,确保生态保护红线落地准确、边界清晰。

(六)有序推进划定工作。环境保护部、国家发展改革委同有关部门提出各省(自治区、直辖市)生态保护红线空间格局和分布意见,做好跨省域的衔接与协调,指导各地划定生态保护红线;明确生态保护红线可保护的湿地、草原、森林等生态系统数量,并与生态安全预警监测体系做好衔接。各省(自治区、直辖市)要按照相关要求,建立划定生态保护红线责任制和协调机制,明确责任部门,组织专门力量,制订工作方案,全面论证、广泛征求意见,有序推进划定工作,形成生态保护红线。环境保护部、国家发展改革委会同有关部门组织对各省(自治区、直辖市)生态保护红线进行技术审核并提出意见,报国务院批准后由各省(自治区、直辖市)政府发布实施。在各省(自治区、直辖市)生态保护红线基础上,环境保护部、国家发展改革委会同有关部门进行衔接、汇总,形成全国生态保护红线,并向社会发布。鉴于海洋国土空间的特殊性,国家海洋局根据本意见制定相关技术规范,组织划定并审核海洋国土空间的生态保护红线,纳入全国生态保护红线。

三、严守生态保护红线

落实地方各级党委和政府主体责任,强化生态保护红线刚性约束,形成一整套生态保护红线管控和激励措施。

(七)明确属地管理责任。地方各级党委和政府是严守生态保护红线的责任主体,要将生态保护红线作为相关综合决策的重要依据和前提条件,履行好保护责任。各有关部门要按照职责分工,加强监督管理,做好指导协调、日常巡护和执法监督,共守生态保护红线。建立目标责任制,把保护目标、任务和要求层层分解,落到实处。创新激励约束机制,对生态保护红线保护成效突出的单位和个人予以奖励;对造成破坏的,依法依规予以严肃处理。根据需要设置生态保护红线管护岗位,提高居民参与生态保护积极性。

(八)确立生态保护红线优先地位。生态保护红线划定后,相关规划要符合生态保护红线空间管控要求,不符合的要及时进行调整。空间规划编制要将生态保护红线作为重要基础,发挥生态保护红线对于国土空间开发的底线作用。

(九)实行严格管控。生态保护红线原则上按禁止开发区域的要求进行管理。严禁不符合主体功能定位的各类开发活动,严禁任意改变用途。生态保护红线划定后,只能增加、不能减少,因国家重大基础设施、重大民生保障项目建设等需要调整的,由省级政府组织论证,提出调整方案,经环境保护部、国家发展改革委会同有关部门提出审核意见后,报国务院批准。因国家重大战略资源勘查需要,在不影响主体功能定位的前提下,经依法批准后予以安排勘查项目。

(十)加大生态保护补偿力度。财政部会同有关部门加大对生态保护红线的支持力度,加快健全生态保护补偿制度,完善国家重点生态功能区转移支付政策。推动生态保护红线所在地区和受益地区探索建立横向生态保护补偿机制,共同分担生态保护任务。

(十一)加强生态保护与修复。实施生态保护红线保护与修复,作为山水林田湖生态保护和修复工程的重要内容。以县级行政区为基本单元建立生态保护红线台账系统,制定实施生态系统保护与修复方案。优先保护良好生态系统和重要物种栖息地,建立和完善生态廊道,提高生态系统完整性和连通性。分区分类开展受损生态系统修复,采取以封禁为主的自然恢复措施,辅以人工修复,改善和提升生态功能。选择水源涵养和生物多样性维护为主导生态功能的生态保护红线,开展保护与修复示范。有条件的地区,可逐步推进生态移民,有序推动人口适度集中安置,降低人类活动强度,减小生态压力。按照陆海统筹、综合治理的原则,开展海洋国土空间生态保护红线的生态整治修复,切实强化生态保护红线及周边区域污染联防联治,重点加强生态保护红线内入海河流综合整治。

(十二)建立监测网络和监管平台。环境保护部、国家发展改革委、国土资源部会同有关部门建设和完善生态保护红线综合监测网络体系,充分发挥地面生态系统、环境、气象、水文水资源、水土保持、海洋等监测站点和卫星的生态监测能力,布设相对固定的生态保护红线监控点位,及时获取生态保护红线监测数据。建立国家生态保护红线监管平台。依托国务院有关部门生态环境监管平台和大数据,运用云计算、物联网等信息化手段,加强监测数据集成分析和综合应用,强化生态气象灾害监测预警能力建设,全面掌握生态系统构成、分布与动态变化,及时评估和预警生态风险,提高生态保护红线管理决策科学化水平。实时监控人类干扰活动,及时发现破坏生态保护红线的行为,对监控发现的问题,通报当地政府,由有关部门依据各自职能组织开展现场核查,依法依规进行处理。2017年年底前完成国家生态保护红线监管平台试运行。各省(自治区、直辖市)应依托国家生态保护红线监管平台,加强能力建设,建立本行政区监管体系,实施分层级监管,及时接收和反馈信息,核查和处理违法行为。

(十三)开展定期评价。环境保护部、国家发展改革委会同有关部门建立生态保护红线评价机制。从生态系统格局、质量和功能等方面,建立生态保护红线生态功能评价指标体系和方法。定期组织开展评价,及时掌握全国、重点区域、县域生态保护红线生态功能状况及动态变化,评价结果作为优化生态保护红线布局、安排县域生态保护补偿资金和实行领导干部生态环境损害责任追究的依据,并向社会公布。

(十四)强化执法监督。各级环境保护部门和有关部门要按照职责分工加强生态保护红线执法监督。建立生态保护红线常态化执法机制,定期开展执法督查,不断提高执法规范化水平。及时发现和依法处罚破坏生态保护红线的违法行为,切实做到有案必查、违法必究。有关部门要加强与司法机关的沟通协调,健全行政执法与刑事司法联动机制。

(十五)建立考核机制。环境保护部、国家发展改革委会同有关部门,根据评价结果和目标任务完成情况,对各省(自治区、直辖市)党委和政府开展生态保护红线保护成效考核,并将考核结果纳入生态文明建设目标评价考核体系,作为党政领导班子和领导干部综合评价及责任追究、离任审计的重要参考。

(十六)严格责任追究。对违反生态保护红线管控要求、造成生态破坏的部门、地方、单位和有关责任人员,按照有关法律法规和《党政领导干部生态环境损害责任追究办法(试行)》等规定实行责任追究。对推动生态保护红线工作不力的,区分情节轻重,予以诫勉、责令公开道歉、组织处理或党纪政纪处分,构成犯罪的依法追究刑事责任。对造成生态环境和资源严重破坏的,要实行终身追责,责任人不论是否已调离、提拔或者退休,都必须严格追责。

四、强化组织保障

(十七)加强组织协调。建立由环境保护部、国家发展改革委牵头的生态保护红线管理协调机制,明确地方和部门责任。各地要加强组织协调,强化监督执行,形成加快划定并严守生态保护红线的工作格局。

(十八)完善政策机制。加快制定有利于提升和保障生态功能的土地、产业、投资等配套政策。推动生态保护红线有关立法,各地要因地制宜,出台相应的生态保护红线管理地方性法规。研究市场化、社会化投融资机制,多渠道筹集保护资金,发挥资金合力。

(十九)促进共同保护。环境保护部、国家发展改革委会同有关部门定期发布生态保护红线监控、评价、处罚和考核信息,各地及时准确发布生态保护红线分布、调整、保护状况等信息,保障公众知情权、参与权和监督权。加大政策宣传力度,发挥媒体、公益组织和志愿者作用,畅通监督举报渠道。

本意见实施后,其他有关生态保护红线的政策规定要按照本意见要求进行调整或废止。各地要抓紧制订实施方案,明确目标任务、责任分工和时间要求,确保各项要求落到实处。

国家环境保护总局关于开展生态补偿试点工作的指导意见

(2007年8月24日 环发〔2007〕130号)

各省、自治区、直辖市环境保护局(厅)、新疆生产建设兵团环境保护局:

为贯彻落实《国务院关于落实科学发展观加强环境保护的决定》(国发〔2005〕39号)和第六次全国环境保护大会精神,推动建立生态补偿机制,完善环境经济政策,促进生态环境保护,现就开展生态补偿试点工作提出如下意见:

一、充分认识开展生态补偿试点工作的重要意义

(一)建立生态补偿机制是贯彻落实科学发展观的重要举措。生态补偿机制是以保护生态环境、促进人与自然和谐为目的,根据生态系统服务价值、生态保护成本、发展机会成本,综合运用行政和市场手段,调整生态环境保护和建设相关各方之间利益关系的环境经济政策。建立和完善生态补偿机制,有利于推动环境保护工作实现从以行政手段为主向综合运用法律、经济、技术和行政手段的转变,有利于推进资源的可持续利用,加快环境友好型社会建设,实现不同地区、不同利益群体的和谐发展。

(二)建立生态补偿机制是落实新时期环保工作任务的迫切要求。党中央、国务院对建立生态补偿机制提出明确要求,并将其作为加强环境保护的重要内容。《国务院关于落实科学发展观加强环境保护的决定》要求"要完善生态补偿政策,尽快建立生态补偿机制。中央和地方财政转移支付应考虑生态补偿因素,国家和地方可分别开展生态补偿试点"。《国务院2007年工作要点》(国发〔2007〕8号)将"加快建立生态环境补偿机制"列为抓好节能减排工作的重要任务。国家《节能减排综合性工作方案》(国发〔2007〕15号)也明确要求改进和完善资源开发生态补偿机制,开展跨流域生态补偿试点工作。

(三)开展试点工作是全面建立生态补偿机制的重要实践基础。为探索建立生态补偿机制,一些地区积极开展工作,研究制定了一些政策,取得了一定成效。但是,生态补偿涉及复杂的利益关系调整,目前对生态补偿原理性探讨较多,针对具体地区、流域的实践探索较少,尤其是缺乏经过实践检验的生态补偿技术方法与政策体系。因此,有必要通过在重点领域开展试点工作,探索建立生态补偿标准体系,以及生态补偿的资金来源、补偿渠道、补偿方式和保障体系,为全面建立生态补偿机制提供方法和经验。

二、明确开展生态补偿试点工作的指导思想、原则和目标

(四)指导思想。以科学发展观为指导,以保护生态环境、促进人与自然和谐发展为目的,以落实生态环境保护责任、理清相关各方利益关系为核心,着力建立和完善重点领域生态补偿标准体系,探索解决生态补偿关键问题的方法和途径,在实践中取得经验,为全面建立生态补偿机制提供方法、技术与实践支持。

(五)基本原则。谁开发、谁保护,谁破坏、谁恢复,谁受益、谁补偿,谁污染、谁付费。要明确生态补偿责任主体,确定生态补偿的对象、范围。环境和自然资源的开发利用者要承担环境外部成本,履行生态环境恢复责任,赔偿相关损失,支付占用环境容量的费用;生态保护的受益者有责任向生态保护者支付适当的补偿费用。

责、权、利相统一。生态补偿涉及多方利益调整,需要广泛调查各利益相关者情况,合理分析生态保护的纵向、横向权利义务关系,科学评估维护生态系统功能的直接和间接成本,研究制订合理的生态补偿标准、程序和监督机制,确保利益相关者责、权、利相统一,做到应补则补,奖惩分明。

共建共享,双赢发展。区域或流域生态环境保护的各利益相关者应在履行环保职责的基础上,加强生态保护和环境治理方面的相互配合,并积极加强经济活动领域的分工协作,共同致力于改善区域、流域生态环境质量,拓宽发展空间,推动区域可持续发展。

政府引导与市场调控相结合。要充分发挥政府在生态补偿机制建立过程中的引导作用,结合国家相关政策和当地实际情况研究改进公共财政对生态保护投入机制,同时要研究制订完善调节、规范市场经济主体的政策法规,增强其珍惜环境和资源的压力和动力,引导建立多元化的筹资渠道和市场化的运作方式。

因地制宜,积极创新。要在试点工作中结合试点地区的特点,积极总结借鉴国内外经验,科学论证、积极创新,探索建立多样化生态补偿方式,为加快推进建立生态环境机制提供新方法、新经验。

(六)目标。通过试点工作,研究建立自然保护区、重要生态功能区、矿产资源开发和流域水环境保护等重点领域生态补偿标准体系,落实补偿各利益相关方责任,探索多样化的生态补偿方法、模式,建立试点区域生态环境共建共享的长效机制,推动相关生态补偿政策法规的制定和完善,为全面建立生态补偿机制奠定基础。

三、探索建立重点领域的生态补偿机制

(七)加快建立自然保护区生态补偿机制

理顺和拓宽自然保护区投入渠道。加强与有关地方和部门的协调,推动完善政府对自然保护区建设的投入机制,按照事权划分原则,将自然保护区基础设施、管护能力建设和基本管护费用,以及扶持保护区内原住居民进行生态移民的费用纳入相应层级的政府财政预算,推动建立各级自然保护区管护专项资金,加大对自然保护区的财政支持力度,提高自然保护区规范化建设水平。加强自然保护区与国际组织、非政府组织、绿色团体、研究机构、企业、社区的交流,争取社会各界以各种方式参与和支持自然保护区的建设管理,拓展自然保护区生态补偿资金的来源和渠道。

组织引导自然保护区和社区共建共享。积极组织自然保护区内及周边社区居民开展自然生态保护知识与技能培训,优先聘用保护区内及周边社区居民参加保护区的管护工作。通过资金、物质补偿、提供就业机会和优惠政策等形式,吸引和帮助自然保护区内的居民开展生态移民。引导保护区及周边社区居民转变生产生活方式,因地制宜发展有机食品、生态旅游等特色产业,增加就业机会,降低周边社区对自然保护区的压力。

研究建立自然保护区生态补偿标准体系。根据各自然保护区主要保护对象的不同,评估保护区内居民基本生活保障,以及对维护保护区正常生态功能的基本建设、人员工资、基本运行费用、必须生态建设投入等生态保护投入和管护能力建设需求,测算保护区野生动物引起人身伤害

和经济损失;全面评价周边地区各类建设项目对自然保护区生态环境破坏或功能区划调整、范围调整带来的生态损失,及其对自然保护区生态效益的利用情况,收集与充实相关数据、信息,建立自然保护区生态补偿标准的测算方法与技术体系。

(八)探索建立重要生态功能区生态补偿机制

建立健全重要生态功能区的协调管理与投入机制。加强与有关地方和部门的协调,加强饮用水源区等重要生态功能区域的生态保护与建设,配合有关部门推动生态保护与建设资金、项目的整合与规范,支持重要生态功能区的生态环境保护与恢复,并对区域生态功能重要、生态保护建设任务重而经济发展受到制约的地区给予扶持和补偿。积极配合有关部门,推进重要生态功能区财税政策和管理政策改革,加大对重要生态功能区的财政转移支付力度。

加强重要生态功能区的环境综合整治。加强重要生态功能区的生态环境监测、评估,建立和完善生态环境质量评价体系。推动环境保护专项资金向重要生态功能区倾斜。加大重要生态功能区内的城乡环境综合整治力度,在继续加强城市环境综合整治和工业污染防治的同时,积极采取控污、截污等多种手段,有效控制农村面源污染,促进城乡经济社会与环境的协调发展。

研究建立重要生态功能区生态补偿标准体系。在监测、评估重要生态功能区生态环境状况基础上,按照维护区域重要生态功能的原则,综合考虑居民公平享受公共服务、减少发展制约因素,以及保护自然资源、维持生态系统服务功能等方面的需求,开展重要生态功能区生态补偿标准核算研究,建立重要生态功能区生态补偿标准核算方法体系。

(九)推动建立矿产资源开发的生态补偿机制

推动建立矿产资源开发生态补偿长效机制。联合有关部门推动建立矿山生态补偿基金,解决矿产资源开发造成的历史遗留和区域性环境污染、生态破坏的补偿问题,以及环境健康损害赔偿问题,按照企业和政府共同负担的原则加大矿山环境整治力度,"多还旧账"。现有和新建矿山要落实企业矿山环境治理和生态恢复责任,建立矿产资源开发环境治理与生态恢复保证金制度,做到"不欠新账"。改革现有矿山企业成本核算制度,将环境治理与生态恢复费用列入矿山企业的生产成本。

研究制定科学的矿产资源开发生态补偿标准体系。各地环保部门要结合本地实际研究制定和完善矿山环境治理、生态恢复标准,科学评估矿产资源开发造成的环境污染与生态破坏,提出矿山环境整治和生态修复目标要求。要联合国土资源部门制定矿山环境保护与治理规划,实施环境综合整治和生态修复工程,根据矿山环境治理和生态恢复成本,并考虑矿山企业承受能力与有关受损状况,合理确定提取矿产资源开发环境治理与生态恢复保证金,以及征收矿山生态补偿基金的标准。联合财政、国土资源等部门全面落实矿产资源开发环境治理与生态恢复责任机制,科学评价矿产资源开发环境治理与生态恢复保证金和矿山生态补偿基金的使用状况。

(十)推动建立流域水环境保护的生态补偿机制

建立流域生态补偿标准体系。各地应当确保出境水质达到考核目标,根据出入境水质状况确定横向赔偿和补偿标准。重点流域跨省界断面水质标准,依据国家《"十一五"水污染物总量削减目标责任书》确定;其他流域跨界断面水质标准,参照有关区域发展规划和重点流域跨界断面水质标准,并结合区域生态用水需求评估确定。补偿标准应当依照实际水质与目标水质标准的差距,根据环境治理成本并结合当地经济社会发展状况确定。积极维护饮水安全,研究各类饮用水源区建设项目和水电开发项目对区域生态环境和当地群众生产生活用水质量的影响,开展饮用水源区生态补偿标准研究。

促进合作,推动建立流域生态保护共建共享机制。搭建有助于建立流域生态补偿机制的政府管理平台,促进流域上下游地区协作,采取资金、技术援助和经贸合作等措施,支持上游地区开展生态保护和污染防治工作,引导上游地区积极发展循环经济和生态经济,限制发展高耗能、重污染的产业。引导下游地区企业吸收上游地区富余劳动力。支持流域上下游地区政府达成基于水量分配和水质控制的环境合作协议。试点地区要积极探索当地居民土地入股等补偿方式,支持生态保护成本的直接负担者分享水电开发收益等流域生态保护带来的经济效益。

推动建立专项资金。加强与有关各方协调,多渠道筹集资金,建立促进跨行政区的流域水环境保护的专项资金,重点用于流域上游地区的环境污染治理与生态保护恢复补偿,并兼顾上游突发环境事件对下游造成污染的赔偿。建立专项资金的申请、使用、效益评估与考核制度,促进全流域共同参与流域水环境保护。

四、加强生态补偿试点工作的组织实施

(十一)合理选择试点地区

各级环保部门要选择具有一定条件和基础的地区开展生态补偿试点工作。我局将按照国家"十一五"规划要求,结合《全国自然保护区发展规划》和《国家重点生态功能保护区规划》的编制和实施,选择开展规范化建设的国家级自然保护区和优先启动建设的国家重点生态功能保护区开展生态补偿试点工作;在开展煤炭工业可持续发展政策措施试点和深化煤炭资源有偿使用改革试点工作的地区开展煤矿等矿产资源开发的生态补偿试点工作;积极配合财政、发展改革部门推动开展跨省流域生态补偿试点工作。各地环保部门要结合本地实际情况和生态保护重点工作,分别选择条件成熟的地区开展生态补偿试点工作。

(十二)积极强化基础支撑

建立生态补偿机制的基础和核心问题是区分各利益相关者的环境保护责任,并评估资源开发、工程建设等活动的生态环境代价,建立生态补偿标准的测算方法体系。各级环保部门要结合试点工作,积极开展相关研究,区分试点地区的纵向、横向环保责任,提出试点地区生态保护和恢复的目标要求,明确生态补偿的主体、客体和标准测算方法,加强环境监测、检查监督能力建设,科学评估现有生态保护和建设投入的实际效果,为在不同范围内建立和落实生态补偿政策和制度提供基础支撑。

(十三)做好部门协调

各级环保部门要加强与综合经济管理部门和相关行业主管部门的协调,主动为推动建立和完善生态补偿机制提供支持。配合相关部门积极探索各类生态补偿方式,推动开展环境资源费用制度改革,构建区域生态共建共享合作平台,增强财政转移支付的生态补偿功能。我局将结合试点工作中面临的实际问题,积极联合有关部门研究制订相关指导意见、技术标准和管理办法,推动制定确立生态补偿机制法律地位的相关立法,完善相关环境监管制度。各地环保部门也要结合本地实际联合相关部门研究制定相关政策措施,促进省域范围内生态补偿工作。

(十四)扩大交流与宣传

积极加强国内外交流与合作,充分借鉴国内外生态补偿实践经验,丰富生态补偿的内涵和措施体系。加强相关人员的培训,普及生态补偿知识,积极宣传推广生态补偿的重要意义和成功经验,吸引国际组织、企业和社区居民参与试点工作,拓宽生态补偿的资金渠道。

(十五)加强组织领导

各级环保部门和各试点地区要加强生态补偿政策试点工作的组织和领导,根据实际情况选取重点领域,争取安排一定的启动资金,开展生态补偿试点工作。各试点地区要结合本地实际,在立法、行政权限许可范围内制订或完善相关规章制度,将强化环境监管与建立生态补偿机制相结合,建立和完善区域环境监督管理体系,落实生态环境保护责任。自然保护区、重要生态功能区、重要矿产资源开发区和流域上游地区等重点区域要明确生态环境保护和恢复责任,并积极创新相关体制、政策和管理模式,我局将及时总结和推广成功经验,并配合有关部门研究完善地方政府考核机制,科学评价生态环境保护工作成效,为联合有关部门制定相关政策、完善相关法律制度奠定基础。

第二十三部分　生态损害鉴定评估相关标准

自然保护区管理评估规范

HJ 913—2017

（2017 年 12 月 25 日发布　2018 年 3 月 1 日实施）

目　次
前　言
1　适用范围
2　术语和定义
3　基本原则
4　评估目的
5　评估工作程序
6　评估内容
7　评估方法
8　评估指标与评分
9　评估周期
10　不可抗力因素评估
11　评估结果的等级
12　组织实施

前　言

为贯彻《环境保护法》、《自然保护区条例》等法律法规，规范我国自然保护区建设管理工作，提升我国自然保护区管理水平，制定本标准。
本标准规定了自然保护区管理评估的基本原则、目的、工作程序、内容、方法等。
本标准为首次发布。
本标准由环境保护部科技标准司、自然生态保护司组织制定。
本标准由中国环境科学研究院起草。
本标准环境保护部 2017 年 12 月 25 日批准。
本标准自 2018 年 3 月 1 日起实施。
本标准由环境保护部解释。

1　适用范围

本标准规定了自然保护区管理评估的基本原则、目的、工作程序、内容和方法等。

本标准适用于中华人民共和国境内各级各类自然保护区的管理评估。

2　术语和定义

下列术语和定义适用于本标准。

2.1　自然保护区 nature reserve

对有代表性的自然生态系统、珍稀濒危野生动植物物种的天然集中分布区、有特殊意义的自然遗迹等保护对象所在的陆地、陆地水体或者海域,依法划出一定面积予以特殊保护和管理的区域。

2.2　自然保护区管理 nature reserve management

自然保护区管理机构履行管理职责所开展的工作及取得的成效,包括管理基础、管理措施、管理保障、管理成效以及负面影响等。

2.3　核心区 core zone

自然保护区内重要自然生态系统、濒危物种、自然遗迹等主要保护对象集中分布且保存较为完整,需要采取严格管理措施的区域。

2.4　缓冲区 buffer zone

为了缓冲外来干扰对核心区的影响,在核心区外划定一定面积,只能进入从事科学研究观测活动的区域(地带)。

2.5　实验区 experimental zone

为了探索自然资源保护与可持续利用有效结合的途径,在自然保护区缓冲区外围划出来适度集中从事各种教学实习、参观考察、传统生产生活的区域(地带)。

2.6　保护对象 protected objects

依据国家、地方有关法律法规以及自然保护区特点,在自然保护区范围内需要采取措施加以保护、严禁破坏的自然生态系统、珍惜濒危野生动植物物种和自然遗迹的总称。

2.7　主要保护对象 major protected objects

依据国家、地方有关法律法规以及自然保护区特点,在自然保护区范围内需要采取措施加以重点保护、严禁破坏的某一类或某些自然生态系统、珍惜濒危野生动植物物种和自然遗迹。

2.8　管理规章制度 management rules and regulations

各自然保护区制定的有关岗位责任、人事聘用、财务、宣教、培训、日常管护、巡护执法、社区共管、信息管理、突发事件(重大灾害、重大环境污染等)应急管理等管理规章制度。

2.9　管护设施 managment and protection facilities

用于自然保护区保护管理的设施,包括管护站点、警示标识、界碑、界桩、标牌、哨卡、瞭望台等管护设施。

3　基本原则

3.1　科学性原则

自然保护区管理评估应坚持严谨的科学态度,采用科学的技术方法,突出自然保护区管理的共性、不同类型自然保护区管理目标的特性,针对管理核心目标及主要问题开展评估,指导自然保护区提升管理水平。

3.2 公平公开原则
以真实的自然保护区管理相关资料为准,结合现场考察,客观、公平、公开的评估自然保护区管理实际情况。

3.3 适度性原则
系统评估自然保护区管理基础工作,重点深入评估自然保护区管理成效,使评估结果有利于提升自然保护区管理成效。

3.4 可操作性原则
本标准设计的自然保护区管理评估指标体系证明数据信息易获取,评估打分操作性强。

4 评估目的
发现自然保护区管理存在的问题,提出解决问题的建议,提升自然保护区管理水平,全面加强自然保护区综合监管。

5 评估工作程序
自然保护区管理评估一般分为三个阶段,分别为评估准备阶段、现场评估阶段、评估结果分析与反馈阶段,评估流程如图1所示。

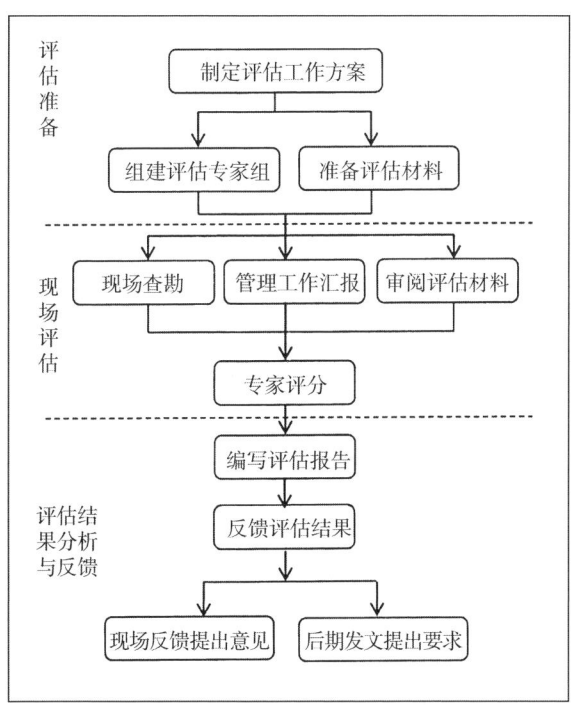

图1 自然保护区管理评估流程

评估准备阶段,自然保护区管理评估相关部门组织成立自然保护区管理评估专家组,专家组不少于 5 人(其中管理专家不少于 2 人),培训评估专家,拟定评估工作计划,落实评估经费。自然保护区管理机构全面收集管理资料,参照附录 A《自然保护区管理评估指标及评分》中的指标逐项分析,编写自评估报告。自评估报告中管理成效部分需结合至少三期土地利用、NDVI 数据(不以植被为主要保护对象的海洋、地质遗迹类保护区除外)分析评估。

现场评估阶段,评估专家组听取自然保护区管理机构的汇报、审阅评估材料、开展重点区域现场查勘、质询,确定自然保护区管理评估得分,并将评估结果反馈给保护区管理机构。

评估结果分析与反馈阶段,评估专家组根据现场评估情况,编写自然保护区管理评估报告(附《自然保护区管理评估评分表》,见附录 B),提交自然保护区管理评估相关部门。自然保护区管理评估相关部门正式将各自然保护区管理评估结果(评估得分、评估报告或报告主要内容)及自然保护区管理水平提升的要求反馈给自然保护区管理机构及其主管部门。自然保护区管理评估报告编制大纲及格式见附录 C。

6 评估内容

评估内容具体包括:自然保护区的管理基础、管理措施、管理保障、管理成效及负面影响。其中,管理基础包括自然保护区的土地权属、范围界线、功能区划和保护对象信息;管理措施包括自然保护区的规划编制与实施、资源调查、动态监测、日常管护、巡护执法、科研能力和宣传教育;管理保障包括自然保护区的管理工作制度、机构设置与人员配置、专业技术能力、专门执法机构、资金和管护设施;管理成效包括自然保护区的保护对象变化和社区参与;负面影响包括自然保护区的开发建设活动影响。

7 评估方法

自然保护区管理评估根据评估专家现场查勘、被评估自然保护区管理机构的会议答辩、资料审阅情况,采用专家打分法。每位评估专家对本标准列出的 20 条指标分别打分,获得每位专家的自然保护区管理评估分值,所有专家的评估分数,去掉最高分与最低分,其余专家的评估分数的算数平均值为该自然保护区管理评估的最终得分,如专家评分意见差异较大,增加评估组内部讨论程序。

8 评估指标与评分

自然保护区管理评估指标共 5 项 20 条,评估满分为 100 分,管理成效中的保护对象变化指标满分为 16 分,管理措施中的日常管护、巡护执法和管理保障中的管护设施指标满分均为 7 分,管理保障中的机构设置与人员配置、专门执法机构、资金指标满分均为 5 分,负面影响中的开发建设活动影响指标为负分,满分为 0 分,其他各项指标满分均为 4 分。《自然保护区管理评估指标及评分》见附录 A。

9 评估周期

自然保护区管理评估每五到十年开展一次。

10 不可抗力因素评估

本标准中"保护对象变化"指标,因不可抗力造成的生态系统面积减小,或生态系统结构和功能恶化,或主要保护物种种群数量减少,或关键生境面积减少,或其他形式的主要保护对象状态恶化等状况,在评估周期内该指标对应的内容不减分,其他内容正常评分。本标准所指不可抗力是指自然灾害(台风、地震、洪水、冰雹等)。

11 评估结果的等级

本标准评分满分为100分,得分85分以上(含85分)评估等级为"优",70～84分之间评估等级为"良",60～69分之间评估等级为"中",59分以下(含59分)评估等级为"差",《自然保护区管理评估评分表》见附录B。

12 组织实施

本标准由县级以上人民政府环境保护主管部门组织实施。

附录A(规范性附录)　自然保护区管理评估指标及评分(略)
附录B(规范性附录)　自然保护区管理评估评分表(略)
附录C(规范性附录)　自然保护区管理评估报告编写大纲及格式(略)

生物多样性观测技术导则　水生维管植物

HJ 710.12—2016

(2016年5月4日发布　2016年8月1日实施)

目　次
前　言
1　适用范围
2　规范性引用文件
3　术语和定义
4　观测原则
5　观测方法
6　观测内容和指标
7　观测时间和频次
8　数据处理和分析
9　质量控制和安全管理
10　观测报告编制

前　言

为贯彻落实《中华人民共和国环境保护法》《中华人民共和国野生植物保护条例》和《中国生物多样性保护战略与行动计划》(2011～2030年),规范我国生物多样性观测工作,制定本标准。

本标准规定了水生维管植物多样性观测的主要内容、技术要求和方法。
本标准附录 A、附录 B、附录 C、附录 D、附录 E、附录 F、附录 G、附录 H、附录 I 为资料性附录。
本标准为首次发布。
本标准与以下标准同属生物多样性观测系列技术导则：
生物多样性观测技术导则陆生维管植物(HJ 710.1)；
生物多样性观测技术导则地衣和苔藓(HJ 710.2)；
生物多样性观测技术导则陆生哺乳动物(HJ 710.3)；
生物多样性观测技术导则鸟类(HJ 710.4)；
生物多样性观测技术导则爬行动物(HJ 710.5)；
生物多样性观测技术导则两栖动物(HJ 710.6)；
生物多样性观测技术导则内陆水域鱼类(HJ 710.7)；
生物多样性观测技术导则淡水底栖大型无脊椎动物(HJ 710.8)；
生物多样性观测技术导则蝴蝶(HJ 710.9)；
生物多样性观测技术导则大中型土壤动物(HJ 710.10)；
生物多样性观测技术导则大型真菌(HJ 710.11)；
生物多样性观测技术导则蜜蜂类(HJ 710.13)。
本标准由环境保护部科技标准司组织制定。
本标准主要起草单位：南京师范大学、环境保护部南京环境科学研究所。
本标准环境保护部 2016 年 5 月 4 日批准。
本标准自 2016 年 8 月 1 日起实施。
本标准由环境保护部解释。

1 适用范围

本标准规定了水生维管植物多样性观测的主要内容、技术要求和方法。
本标准适用于中华人民共和国范围内水生维管植物多样性的观测。

2 规范性引用文件

本标准内容引用了下列文件或其中的条款。凡是不注日期的引用文件，其最新版本适用于本标准。

GB/T 7714	文后参考文献著录规则
GB/T 8170	数值修约规则与极限数值的表示和判定
HJ 623	区域生物多样性评价标准

3 术语和定义

下列术语和定义适用于本标准。

3.1 维管植物 vascular plant

指具有维管组织的植物，包括蕨类植物、裸子植物和被子植物。

3.2 水生维管植物 aquatic vascular plant

指一年中至少数月生活于水中或漂浮于水面的维管植物。根据生活型的不同，通常分为挺水植物、浮水植物和沉水植物。

3.3 挺水植物 emergent plant

指根生于底质中,茎直立,光合作用组织气生的植物。

3.4 浮水植物 floating plant

指茎叶浮水,根固着或自由漂浮的植物。

3.5 沉水植物 submersed plant

指在大部分生活周期中植株沉水生活、根生于底质中的植物。

3.6 优势种 dominant species

指对群落结构和群落环境的形成具有明显控制作用的物种,通常是个体数量多、投影盖度大、生物量高、生活力强的植物种类。

3.7 外来水生入侵植物 invasive alien aquatic plant

指在当地的自然或半自然水域生态系统中形成了自我维持能力、可能或已经对生态环境、生产或生活造成明显不良影响的外来植物。

3.8 生活型 life form

指植物对于特定环境条件下长期适应而在外貌上反映出来的类型。

3.9 样点截取法 point-intercept method

一种在野外用于测定草本植物群落中物种盖度的方法。通常采用点频度框架进行测定(图1)。

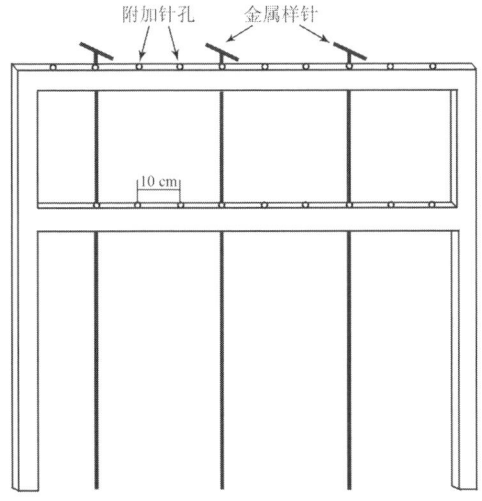

图1 样点截取法中所运用的点频度框架

3.10 多盖度等级法 cover-abundance scale method

在法瑞学派的植物群落学研究中,Braun-Blanquet 采用目测法估计一个植物种的个体在群落中的多少及单位面积内植物枝叶对土地面积的覆盖程度。该方法通常将植物的多度和盖度划分为 5 个等级、2 个辅助等级,主要用数字表示如下:

5 = 不论个体多少,盖度≥75%;
4 = 不论个体多少,75% > 盖度≥50%;
3 = 不论个体多少,50% > 盖度≥25%;
2 = 不论个体多少,25% > 盖度≥5%,或者盖度虽然<5%,但个体数很多;
1 = 个体数量较多,盖度<5%,或者虽然盖度≥5%,但个体数稀少;
+ = 个体数稀少,盖度≤1%;
r = 盖度很小,个体数很少(通常只有1~3株)。

3.11 频度 frequency

指某种水生植物在全部调查样方中出现的百分率。在部分文献中也称为绝对频度(absolute frequency)。

3.12 绝对活力 absolute vigor

指样线内某个物种出现在样点上的个体数之和占所调查样点总数的百分比。

3.13 盖度指数 cover index

指某个物种的频度与绝对活力之和。

3.14 生物量 biomass

指单位面积上所有植物体的总质量。

4 观测原则

4.1 科学性原则

观测样地和观测对象应具有代表性,能全面反映观测区域水生维管植物的整体状况;应采用统一、标准化的观测方法,能观测到水生维管植物多样性的动态变化。

4.2 可操作性原则

观测计划应考虑所拥有的人力、资金和后勤保障等条件,充分利用现有资料和成果,立足现有观测设备和人员条件,应采用效率高、成本低和可操作性强的观测方法。

4.3 持续性原则

观测工作应满足生物多样性保护和管理的需要,并能对生物多样性保护和管理起到指导及预警作用。观测样地、样方和样点一经确定,不得随意改动。

4.4 保护性原则

坚持保护第一,除非为了种类鉴定和生物量测定需要采集少量个体外,尽可能减少样品采集,不应对水生植物个体、群落结构和生境造成影响或改变。

4.5 安全性原则

水生维管植物观测可能会面临潮汐、风浪等潜在风险。观测者应接受相关专业培训,做好安全防护措施。

5 观测方法

5.1 观测准备

5.1.1 观测目标和观测区域

观测目标为:掌握拟观测区域内水生植物的种类、种群数量、分布格局、分布区类型和变化动态;或者分析外来水生入侵植物的种类组成、地理分布及种群动态变化(如无此类植物,则无需观测);或者分析各种威胁因素对水生植物多样性产生的影响;或者评估水生植物保护措施和政策的有效性,并提出有针对性的管理措施。根据观测目标确定观测区域。

5.1.2 资料收集和观测计划

根据观测目标和要求,尽可能收集观测区域地形图、植被分布图、气候、水文、土壤等基础资料,并制订观测计划。必要时可预先开展一次野外踏查。观测计划应包括:样线设置,样方(或样点)设置,野外观测方法,观测内容和指标,观测时间和频次,数据分析和报告,质量控制和安全管理等。

5.1.3 观测仪器和工具

5.1.3.1 植物样本采集与记录工具

包括小号牌、镊子、铁夹(或铁耙)、彼得逊采泥器、采集袋、样品袋(或塑料自封袋)、塑料瓶、放大镜、枝剪、采样方框(边长为1m或0.5m)、纱布、具有吸水作用的草纸、瓦楞纸板、标本夹、长卷尺、钢卷尺、手锤、钉子、标桩(长1.5m,粗50mm的PVC或其他材质的管材)、木桩、塑料绳、长100cm×高100cm的点频度框架(上置10个等距的针孔,即两孔间相隔10cm;实际应用时,框架大小及针孔数目以及金属针的间隔可以根据植物的大小和间距进行调节)、金属样针、配有微距镜头的数码相机、记录表、标签纸、记号笔、专业工具书等。

5.1.3.2 水生植物生境观测仪器和工具

包括双目望远镜、全球定位系统(GPS)定位仪、罗盘、pH计、温度计、透明度盘、水草夹、干燥箱、电子天平、回声测声仪、SCUBA(水下呼吸器)或snorkel(通气管)、测深杆、水砣、溶氧仪、防水工作服、高筒胶靴、橡胶手套等。河流和大型湖泊调查需租用船舶。

5.1.4 观测培训

为观测者举办观测方法和操作规范等方面的培训,组织好观测队伍。

5.2 抽样方法

5.2.1 根据生活型的不同,将水生植物分为挺水植物、浮水植物和沉水植物。根据观测目的、水体环境特点和不同类型水生植物的分布特点,采用系统抽样与典型抽样相结合的方法,布设样线、样方或样点。

5.2.2 对样线、样方和样点采用GPS或其他方式进行标记,在地形图上注明位置,并记录样地的生境要素(记录表见附录A)。

5.2.3 根据挺水植被的不同类型、水体状况、干扰程度等设置样线。优势种相同或相近的挺水植被类型,可以沿着水体边缘设置3~5条样线;样线长度视水体面积、生境异质化程度而定,一般为800~1000m。样线的布置、条数和长度应根据水体实际大小进行适当调整。对于群落(或生境)类型较为复杂的水体,可适当增加样线的数量,一般为5~7条,同时缩短样线的长度。样线之间的间隔一般不小于250m,可根据实际情况作一定调整。在每条样线上,每隔50m设置1个样方。样方的面积为2m×2m。从样方的中心将样方划分为4个1m×1m的小样方(图2),对每个小样方采用样点截取法中的点频度框架开展调查。频度框架的宽度为100cm,采用1个金属针。

5.2.4 根据浮水植被的不同类型、水体环境特点以及干扰程度等,将湖泊、河流、水库等大型水体划分为入口区、深水区(或湖心区)、出口区、亚沿岸带、沿岸带,或污染区和相对清洁区等不同区域,在这些区域内分别设置若干具有代表性的横断面。横断面的设置根据调查的详细程

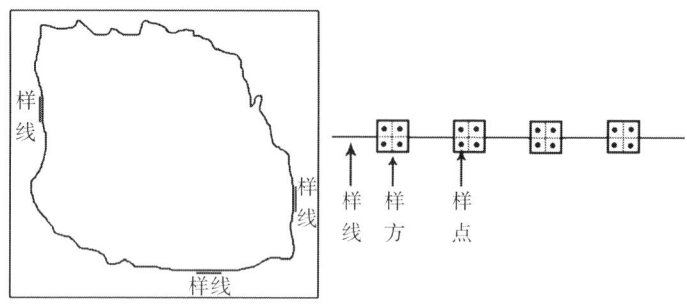

图 2　挺水植物样线与样点布设示意图

度、优势种的多少、水流的速度和水体的水质情况而定。横断面之间的间隔一般不小于 250m，可根据实际情况作一定调整。在每个横断面上设置样线，在每条样线上每隔一定距离（根据野外实际情况而定）设置样方，或从水体的岸边向水体中央等距离布设样方，直至一定深度的水体为止（图 3a）。对于水流缓慢甚至静止、或水深较浅的池塘或河汊等，可在每条样线上均布设样方（图 3b）。样方的面积为 1m×1m。在每个样方采用样点截取法中的点频度框架调查。频度框架的宽度为 100cm，采用 10 个金属针（图 1）。

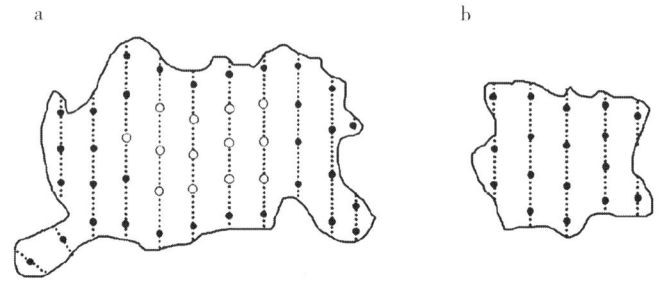

图 3　浮水植物调查样线与样点布设示意图

注：虚线为调查样线，圆点为调查样点；实心圆点表示浮水植物分布较为集中的浅水区域，空心圆点表示浮水植物分布较少的深水区域。（a）表示湖泊或河流等大型水体；（b）表示池塘或沟渠等小型水体。

5.2.5　根据沉水植被的不同类型、水体环境特点以及人为干扰程度等，将湖泊、河流、水库等大型水体划分为入口区、深水区（或湖心区）、出口区、亚沿岸带、沿岸带，或污染区和相对清洁区等不同的区域，在这些区域内分别设置若干具有代表性的横断面。横断面的设置根据调查的详细程度、水生植物优势种的多少、水流的速度和水体的透明度而定。横断面之间的间隔一般不小于 250m，可根据实际情况作一定调整。在每个断横面上设置样线，在每条样线上每隔一定的距离设置样方，或从水体的岸边向水体中央等距离布设样方，直至一定深度的水体为止（图 4）。对于水流缓慢甚至静止、或水深较浅的池塘或河汊等，可在每条样线上均布设样方。将每个样方（通常面积为 2m×2m，也可根据沉水植被的实际情况适当调整）平均划分为 4 个小样方，每个小样方的面积为 1m×1m。在每个小样方中采用 Braun-Blanquet 多盖度等级法进行调查。

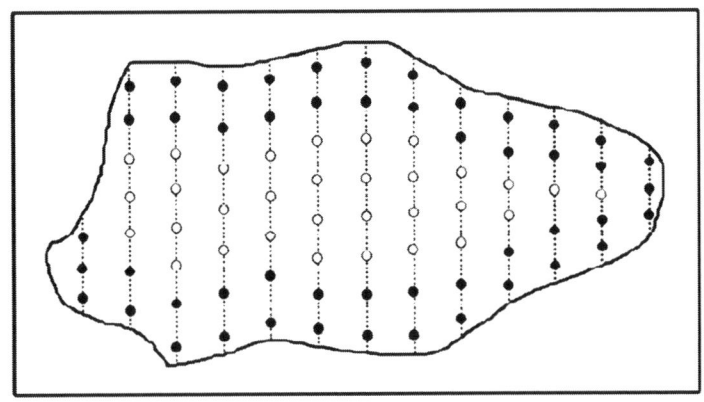

图 4 沉水植物调查样线与样方布设示意图

注:虚线为调查样线,圆点为样方;实心圆点表示沉水植物分布较为集中的浅水区域,空心圆点表示沉水植物分布较少的深水区域。

5.3 野外观测

5.3.1 数据采集

5.3.1.1 对于挺水植物群落,将频度框架的侧边垂直固定于小样方相对两边的中点位置,再将1根金属针从框架横边中间的加针孔垂直地向下插入,记录金属针从上向下所触及的所有水生植物的种类、次数、高度和物候期(记录表见附录B)。为尽可能减少误差,金属针的针尖直径不大于3mm。采用样点截取法时,应尽量避免在有风的天气测定,样点数目一般不低于200个,但可根据水体面积进行适当调整,以确保取样具有代表性。如果挺水植被盖度大或植株高大,可以采用倾斜的样点截取法(inclined point-intercept method),即将频度框架与垂直面成32.5°倾斜。

5.3.1.2 对于浮水植物群落,由于采用10根金属样针,需要依次记录每根样针从上向下所触及的所有水生植物的种类、次数、高度和物候期(记录表见附录C)。为减少水体晃动,可2人进行配合。即1人手持框架垂直于水面,另1人分别将10根样针依次从左到右垂直地向下插入,记录相关数据。样点数目一般不低于200个,但可根据水体面积进行适当调整。

5.3.1.3 对于沉水植物群落,记录各小样方中沉水植物的种类、盖度和多盖度等级等(记录表见附录D)。样方内记录的植物应是自然生长的沉水植物,而不是随水流漂流的沉水植物。但极少数无根或依靠带叶的断枝进行繁殖或扩散的沉水植物除外。在运用目测法估计样方中每种植物的多盖度等级时,应尽可能前后保持一致。如果条件允许,可以考虑采用水声探测技术(hydroacoustic survey),并运用SCUBA(水下呼吸器)或snorkel(通气管)等设备潜水,记录沉水植物的分布和种群密度等方面的内容。

5.3.1.4 水生植物的生物量测定。可采用遥感技术测算水生植物的生物量,也可采用直接取样的方法(收获法)测量水生植物的生物量。对于挺水植物,在5.2.3所取样线附近5～10m设置样线,样线的数量视水体的形状、底泥性质、水体深度和水流速度而定,样线上每隔100～200m设置1个采样点(具体视植物分布和水体情况而定),在采样点上设置样方,将边长

1m 的样方内所有挺水植物按地上和地下部分割取,分别称重后即得到鲜重,再分别从中取出部分样品(不少于新鲜样品量的10%),置于105℃干燥箱中烘干至恒重,据此计算出样品的干重;对于浮水植物和沉水植物,生物量测定方法参照挺水植物,但样方边长为0.5m。

5.3.2 数码相机拍摄

对于水生植物应拍摄清晰的数码照片。照片内容应可能包括:群落外貌、群落生境、植物全株、关键识别特征(可以局部放大)、花果期形态特征。可使用带有微距镜头的数码相机对植株进行拍摄,或采用水下摄影技术对沉水植物进行拍照,并将植物照片与凭证标本一一对应。

5.3.3 凭证标本采集

5.3.3.1 对每个样方内分布的挺水植物、浮水植物或沉水植物,根据种类鉴定需要,可适度采集标本,每种水生植物采集的数量最多不超过样方中原有种群的10%。

5.3.3.2 利用枝剪、铁夹(或铁耙)等采集工具,将调查样方或样点内存疑的植物标本装入塑料自封袋中。清除杂物,用吸水纸吸干水分后平放在标本纸上,再用瓦楞纸板将其压制成蜡叶标本(记录表参见附录 E)。标本采集中应特别注意填写标本记录标签,并和标本一起存放。

5.3.3.3 对于挺水植物,只要把各部分别采全即可。如果植株高大,可将其花果、茎叶、根等不同部位各取一部分,再将这3个部分合在一起制作成一份标本。

5.3.3.4 对于浮水植物,应该采集植物全株及花果。较小的植物可采集其全株。较大的植物可采用分步的方法采集,先采集幼小植株的叶、茎和根,再取其花和果实,最后把它们合为一份完整的标本。

5.3.3.5 对于沉水植物,标本采集后应立即置于盛有水的塑料桶中或用纱布包好放入塑料袋中。带回实验室后,将植物小心取出置于盛水的水桶中,待其枝叶舒展开来后,用台纸等硬板放在沉水植物的斜下方,并轻轻将其托出,盖上一层纱布后再覆盖干燥的吸水纸进行蜡叶标本的压制。此外,对于沉水植物,也可以制作浸泡标本。

5.4 标本保存与鉴定

5.4.1 标本的保存

在实验室内,将野外采集的水生植物制成蜡叶标本(或浸泡标本),鉴定后再将其放入标本橱柜中保存。如果标本为不同生长时期采集,则需要对其分别编号,置于一张台纸上。有些水生植物的花果较小,干燥后易碎,可将其置于小的纸袋中,并与植株的标本一起制成一份完整的标本。

5.4.2 种类鉴定

在野外可以利用手持放大镜观察水生植物的形态特征,进行鉴定。由于有的水生植物在其生长地极少甚至不开花结果,可以采集后将其带回实验室。在实验室利用光学显微镜、解剖镜、解剖器材以及植物志、植物图鉴等工具书,利用形态学分类方法,对采集的水生植物标本进行鉴定。

6 观测内容和指标

水生维管植物的观测内容与指标参见表1。在实际观测中,可根据具体情况和观测目标进行适当增减。

表1 水生维管植物观测内容与指标

观测内容	观测指标		观测方法
生境特征	地理位置(经纬度)		直接测量法
	生境类型		资料查阅和野外调查
	土壤、气候、水文等基础资料		资料查阅和野外调查
	海拔、水深、水体透明度、pH、水体温度[a]、水流速度[a]、水文状况(枯水期、丰水期)、水体盐度、污染情况(有无污染源)		生境特征
	人为干扰活动的类型和强度[b]		资料查阅和野外调查
种类及其数量特征	种类组成		样方法
	多盖度等级		样方法或目测法
	频度		样方法和样点截取法
	绝对活力		样方法和样点截取法
	盖度指数		样方法和样点截取法
	重要值		样方法
	生物量		遥感或收获法
	优势种		样方法
	伴生种		样方法
	珍稀、濒危物种		样方法
	外来入侵物种		样方法
群落特征	α 多样性指数	丰富度指数	样方法
		香农—维纳(Shannon-Wiener)指数(H')	
		辛普森(Simpson)多样性指数(D)	
		皮洛(Pielou)均匀度指数(J)	
	β 多样性指数	Sørensen 指数(C_s)	样方法
		科迪(Cody)指数(β_c)	

注:a 可根据具体观测目标和实际情况进行适当调整。
　　b 见附录F。

7 观测时间和频次

7.1 观测时间

应根据植物的生长状况和季节变化,选择合适的时间进行观测。可选择水生维管植物生长的旺盛期(如花果期)观测。

7.2 观测频次

一年中,一般在春、夏、秋季对水生植物各观测一次,也可每季节观测一次,条件允许时也可逐月观测一次。由于多数水生植物的年际变化幅度不大,也可 2～3 年观测一次。观测时间一经确定,应保持长期不变,以利于年际间数据的比较。若因观测目标及科学研究的需要,可在原有观测频率的基础上适当增加观测的次数。

8 数据处理和分析

数据处理和分析方法参见附录 G。对于沉水植物,在计算重要值时需要先进行 Braun-Blanquet 多盖度等级的中位值转换(参见附录 H)。

9 质量控制和安全管理

9.1 样地设置质量控制。首次开展水生维管植物观测前,应对观测区域进行初步调查,科学设计观测计划,并对观测样地进行定位和标记,同时对样地进行必要的维护。

9.2 数据采集质量控制。观测者应参加相关培训,掌握野外操作规范,按时、按质、按量完成各项观测和采样任务。

9.3 数据填报规范和保存。严格按照记录表格填写各项观测数据。观测数据只保留一位可疑数字,有效数字的位数应根据计量器具的精度示值确定,不得随意增添或删除。数值测试和计算按 GB/T 8170 的规定执行。需要更正时,应在错误数据(文字)上划一横线,在其上方写上正确内容,并在所划横线上签字以示负责。建立数据备份制度,将所有观测数据和文档进行备份。

9.4 对观测者进行野外工作常识、安全常识和野外安全技能培训,同时做好安全防护工作,购买必要的防护装备、用品和应急药品。在确保人身安全的情况下方可进行观测。避免单人作业。

10 观测报告编制

水生维管植物观测报告应包括前言,观测区域概况,观测方法,水生维管植物的种类组成、地理成分、分布格局、种群动态、面临的威胁,管理对策与保护建议等。观测报告编写格式参见附录 I。

附录 A(资料性附录)　观测样地生境要素记录表(略)
附录 B(资料性附录)　挺水植物群野外观测记录表(略)
附录 C(资料性附录)　浮水植物群野外观测记录表(略)
附录 D(资料性附录)　沉水植物群野外观测记录表(略)
附录 E(资料性附录)　水生维管植物凭证标本记录标签(略)
附录 F(资料性附录)　人为干扰活动分类表(略)
附录 G(资料性附录)　数据处理和分析方法(略)
附录 H(资料性附录)　Braun-Blanquet 多盖度等级的中位值转换(略)
附录 I(资料性附录)　水生维管植物观测报告编写格式(略)

生物多样性观测技术导则 蜜蜂类

HJ 710.13—2016

(2016年5月4日发布 2016年8月1日实施)

目 次
前 言
1 适用范围
2 规范性引用文件
3 术语和定义
4 观测原则
5 观测方法
6 观测内容和指标
7 观测时间和频次
8 数据处理和分析
9 质量控制和安全管理
10 观测报告编制

前 言

为贯彻落实《中华人民共和国环境保护法》、《中华人民共和国野生动物保护法》和《中国生物多样性保护战略与行动计划》(2011～2030年),规范我国生物多样性观测工作,制定本标准。

本标准规定了蜜蜂多样性观测的主要内容、技术要求和方法。

本标准附录A、附录B、附录C、附录D、附录E、附录F、附录G为资料性附录。

本标准为首次发布。

本标准与以下标准同属生物多样性观测系列技术导则:

生物多样性观测技术导则陆生维管植物(HJ 710.1);

生物多样性观测技术导则地衣和苔藓(HJ 710.2);

生物多样性观测技术导则陆生哺乳动物(HJ 710.3);

生物多样性观测技术导则鸟类(HJ 710.4);

生物多样性观测技术导则爬行动物(HJ 710.5);

生物多样性观测技术导则两栖动物(HJ 710.6);

生物多样性观测技术导则内陆水域鱼类(HJ 710.7);

生物多样性观测技术导则淡水底栖大型无脊椎动物(HJ 710.8);

生物多样性观测技术导则蝴蝶（HJ 710.9）；
生物多样性观测技术导则大中型土壤动物（HJ 710.10）；
生物多样性观测技术导则大型真菌（HJ 710.11）；
生物多样性观测技术导则水生维管植物（HJ 710.12）。
本标准由环境保护部科技标准司组织制定。
本标准起草单位：环境保护部南京环境科学研究所。
本标准环境保护部 2016 年 5 月 4 日批准。
本标准自 2016 年 8 月 1 日起实施。
本标准由环境保护部解释。

1　适用范围

本标准规定了中华人民共和国范围内蜜蜂多样性观测的主要内容、技术要求和方法。
本标准适用于中华人民共和国范围内蜜蜂多样性的观测。
本标准所指蜜蜂涵盖蜜蜂总科（Apoidea）蜜蜂类中的所有物种。

2　规范性引用文件

本标准内容引用了下列文件或其中的条款。凡是不注日期的引用文件，其最新版本适用于本标准。

GB/T 7714　　　　文后参考文献著录规则
HJ 623　　　　　　区域生物多样性评价标准
HJ 628　　　　　　生物遗传资源采集技术规范（试行）

3　术语和定义

下列术语和定义适用于本标准。

3.1　样线 line transect

指观测者在观测样地内选定的一条路线。观测者记录沿该路线一定空间范围内出现的物种相关信息。

3.2　样段 section

指样线中划分的小段，在理想情况下，各样段长度相等，每个样段内生境类型相同。

3.3　样方法 quadrat sampling method

指观测者在设定的样方中计数见到的动物实体或活动痕迹的观测方法。

3.4　蜜蜂区系 bee fauna

指在历史发展过程中形成而在现代生态条件下，某一特定地理区域或某一特定时间内存在的蜜蜂种类的总体。

3.5　优势种 dominant species

指对群落结构和群落环境的形成有明显控制作用的物种。它们通常是那些个体数量多、生物量高、生活能力较强的种类，通常优势物种的个体数占群落总个体数的 10% 以上。

4 观测原则

4.1 科学性原则
观测样地和观测对象应具有代表性,能全面反映观测区域蜜蜂群落的整体状况;应采用统一、标准化的观测方法,能观测到蜜蜂物种及其种群动态的变化趋势。

4.2 可操作性原则
观测计划应考虑所拥有的人力、资金和后勤保障等条件,观测样地应具备一定的交通和工作条件。

4.3 持续性原则
观测工作应满足生物多样性保护和管理的需要,能对生物多样性保护和管理起到指导及预警的作用。观测样地、样线、观测时间和频次一经确定,不得随意改动。

4.4 保护性原则
观测过程应尽量减少对生物及其生境的干扰,按照 HJ 628 的规定开展非损伤性取样,避免超出客观需要的频繁观测。

4.5 安全性原则
观测具有一定的野外工作特点,观测者应接受相关专业培训,做好安全防护措施。

5 观测方法

5.1 观测准备

5.1.1 确定观测目标
蜜蜂观测目标主要包括:掌握观测区域蜜蜂的种类组成、种群动态;分析生境变化、环境污染、气候变化等环境因素对蜜蜂多样性产生的影响;或者评估蜜蜂保护措施和政策的有效性,并提出适应性管理措施等。

5.1.2 选择观测对象
根据观测目标确定观测对象。观测对象可以是某区域内所有蜜蜂种类的成虫及卵、幼虫和蛹等,也可以对某一类群或某些特定物种(珍稀和濒危物种、保护物种、外来入侵物种、广布种、指示物种等)进行观测。

5.1.3 确定观测区域
根据观测目标选择观测区域,如评估蜜蜂保护措施和政策的有效性,可选择自然保护区进行观测等。

5.1.4 本底资源调查
如果不清楚观测区域蜜蜂多样性的状况,可以开展一次本底资源调查,为制定观测计划做好准备。

5.1.5 制定观测计划
观测计划内容包括:观测目的、观测对象、样地及样线设置、观测方法、观测内容及指标、观测时间及频次、数据处理、质量控制和安全管理等。

5.1.6 培训观测者
计划实施前应对观测者进行蜜蜂分类鉴定知识、观测方法及操作规范、野外安全防护等培训,熟练掌握蜜蜂观测技术和安全防护措施。

5.1.7 准备观测仪器和工具

包括捕虫网(扫网、马来氏网)、人工巢管、采集盒、观察盒、铅笔、照相机、全球定位系统(GPS)仪、风力计、彩色诱集盘、放大镜或解剖镜、蜜蜂鉴定手册、记录表等。

5.2 设置观测样地

5.2.1
采用系统抽样法或分层随机抽样法,根据观测目标以及观测要求,计算样本量,设置观测样地。

5.2.2
采用分层随机抽样时,可根据生境类型、气候、海拔、土地利用类型等因素进行分层。

5.3 样线法

5.3.1
在所选样地内,沿公路、小径、步道设置若干条样线。样线应覆盖样地内所有生境类型,每种生境类型的样线应在2条以上。每条样线长度250m～2000m为宜,可根据生态系统特点适当调整,并把样线划分成样段,各样段编号标记,长度应尽量相等,每个样段内生境类型或土地利用方式相同。

5.3.2
选定样线后,用GPS定位仪测定坐标,在1:10000地图上标注样线的路线。

5.3.3
观测时沿样线缓慢前行,观测速度3m/min,记录样线左右1.0m、地表及其上方2.0m范围内所有蜜蜂的种类、数量(图1),遇到蜜蜂访花,记录开花植物的种类、访花时间等,观测数据等记录参见附录A、B和D。不重复计数同一只个体和身后的蜜蜂。在悬崖或水边,可沿样线记录一侧宽度为2.0m范围内的数据。

5.3.4
若遇到蜂巢或蜂群(社会性),蜜蜂数量过大,可登记估计值或使用相机拍摄后计数。

5.3.5
对于不能确定的种类,少量带回实验室鉴定、统计记录。

5.3.6
观测时以2人1组为宜,1人调查观测,另1人记录、网捕和拍照(对于不能确定的种类)。

5.3.7
所选样线在第一年观测后如果确定不合适,可变更,但其后应保持不变。

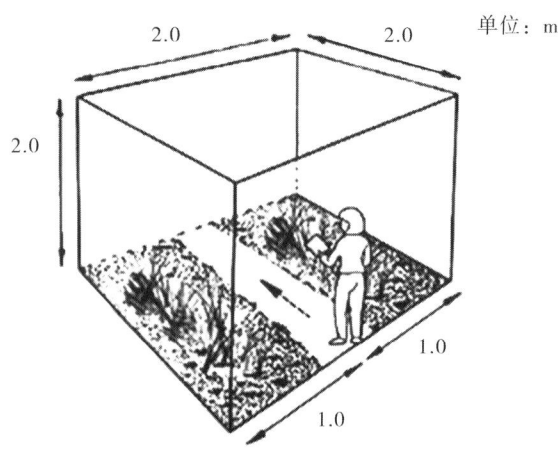

图1 样线法观测范围示意图

5.4 样方法

5.4.1 在所选样地内,按不同生境类型分别建立样方。每个样方面积以 1ha 为宜,可根据生态系统特点适当调整。样方尽可能为长 100m、宽 100m 的正方形,可根据实际地形条件调整形状。样方要避免设在不同生境类型交界地段。

5.4.2 样方内每日进行网捕。使用捕虫网沿样方对角线或根据实际地形选择路线以 5m/min 速度行进,对植物冠层蜜蜂进行扫网采集(图2),调查捕虫网内所有蜜蜂的种类、数量和样方内生境类型等基本信息,观测数据等记录参见附录 C。种类确定后原地释放;当场不能确定的种类,取少量带回实验室鉴定、统计记录。

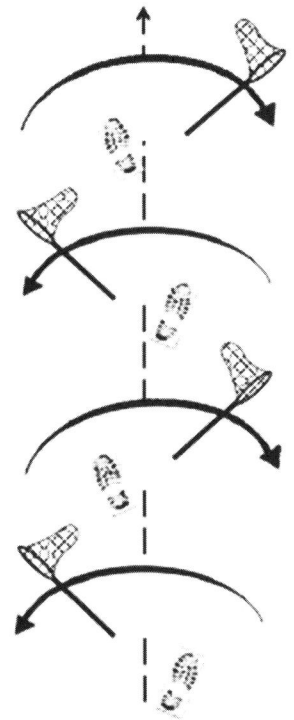

图2 扫网采集操作示意图

5.5 彩盘法

样方两对角线上等距放置 10~15 个直径 7cm 的塑料彩盘(图3),其中每个彩盘分别喷涂 1/3 亮蓝色、1/3 亮黄色和 1/3 白色,彩盘内放置 4g/L 浓度的肥皂水或洗涤灵稀溶解液约 200ml。放置 4~6 小时后取样,取样时用小网滤掉盘内肥皂水,将盘内的蜜蜂收集到小塑料瓶中,加入无水乙醇,记录采集时间、采集人、采集编号、经纬度和海拔等地理信息,带回实验室待专家鉴定后统计相关信息。

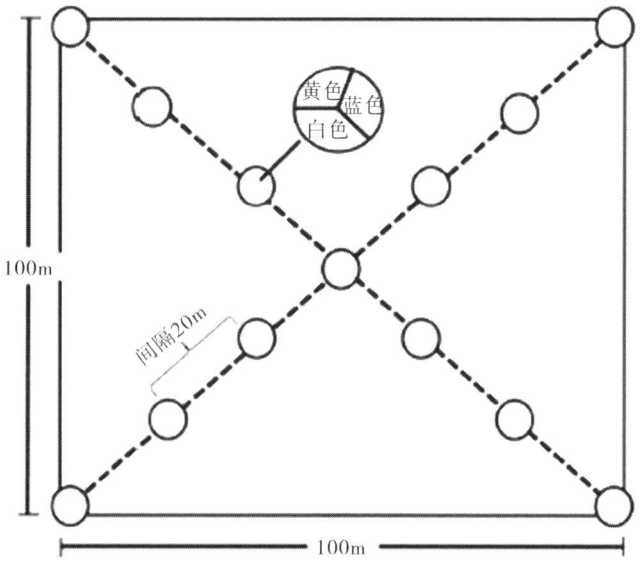

图 3　样方内彩盘布设示意图

5.6　马来氏网法

5.6.1　在观测样地内,选择不同生境类型分别布设马来氏网。马来氏网的布点应覆盖样地内所有生境类型。每个类型生境至少布设 1～3 套马来氏网,多个马来氏网间隔应大于 500m。以马来氏网为中心,设为 20m×20m 的固定观测区域,调查区域内植被类型、密度和盖度等基本信息。

5.6.2　马来氏网选用国际通用的马来氏网Ⅰ型和Ⅱ型。马来氏网Ⅰ型前部高 180cm,后部高 110cm,长 165cm,宽 116cm;马来氏网Ⅱ型前部高 180m,后部高 110cm,长 165cm,宽 180cm;材质选用聚乙烯 100 目以上纱网布,网布高度 110cm 以下部分网为黑色,110cm 以上部分为白色,网纱在前部与昆虫收集器之间紧密连接,并留有直径 3～4cm 的收集孔;收集器分为上下两部分,上部与网体联通,下部用于盛放无水乙醇收集液且可替换(图4)。在布设马来氏网时,确保中部开口部分朝向生物廊道、溪流、灌木低矮或空旷的空间。

5.6.3　收集瓶内应灌满无水乙醇,每 10～15 天取样一次,取样时将收集瓶拧下并迅速拧紧瓶盖,记录马来氏网编号、采集时间、采集人、采集编号等,用 GPS 定位仪测量并记录马来氏网所在位置的经纬度和海拔等地理信息。

5.6.4　按马来氏网编号、采集时间、采集人、采集编号等信息分别分拣并制作针插标本,待专家鉴定后统计相关信息。

5.7　巢管法

5.7.1　在观测样地内,选择不同类型生境放置巢箱(每个巢箱放置 100 个左右不同规格的巢管)。巢箱的布点应覆盖样地内所有生境类型。每个类型生境至少放置 4～5 巢箱,多个巢箱间隔应大于 20m。以巢箱为中心,设为 300m×300m 的固定观测区域,调查区域内主要开花植物

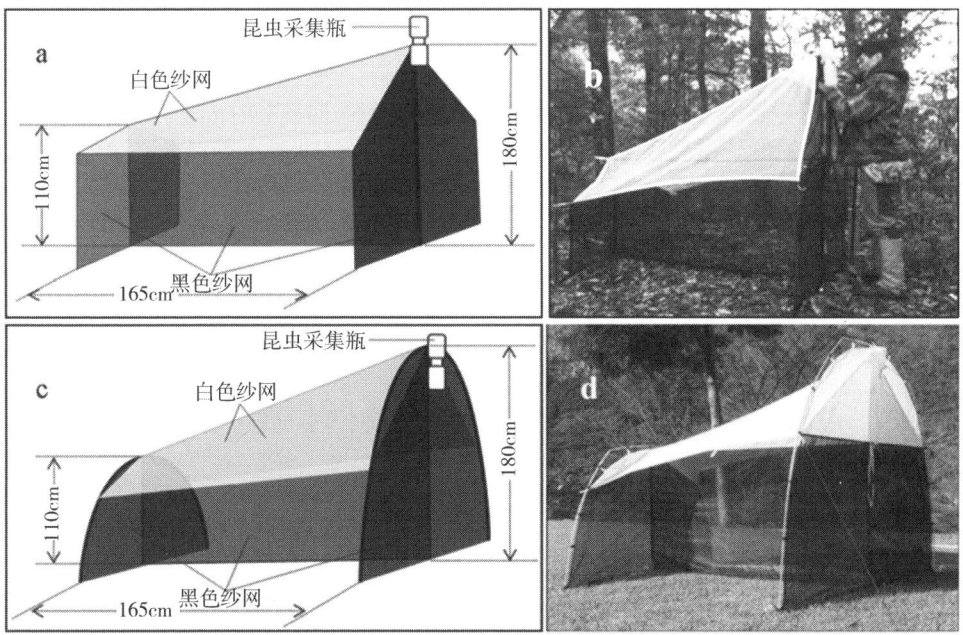

图 4 马来氏网规格、结构示意图及实物图（a、b：马来氏网Ⅰ型；c、d：马来氏网Ⅱ型）

类型、密度和盖度等基本信息。

5.7.2 巢管法利用芦苇、纸筒、竹子、木块等材料制成一端开口一段封闭的巢管，整理成捆并装入塑料容器、木箱等制成巢箱，或直接在木头上钻注不同直径、不同深度的巢孔来诱集蜂类资源。常用的巢管长度为 12～20cm，内径为 7～12mm，巢管需要放置在开阔向阳的地方且巢口的方向一般是东南或西南方向，巢管放置的高度一般在距离地面 2m 以下（图 5）。

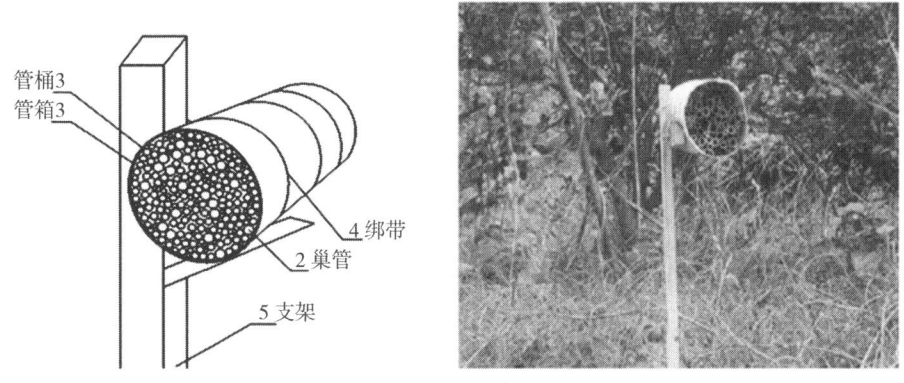

图 5 巢管法的结构示意图及实物图

5.7.3 每 10～15 天收集一次并带回实验室观察，记录筑巢巢管的编号、采集时间、采集人、标本采集编号等，用 GPS 定位仪测量并记录巢管所在位置的经纬度和海拔等地理信息。

6 观测内容和指标

6.1 观测内容主要包括：蜜蜂种类组成、种群动态、空间分布、受威胁程度、生境状况等。

6.2 观测指标应定义清晰、可测量、简便实用，采集成本应相对低廉。

6.3 观测指标包括蜜蜂的种类、种群数量、性比、生活史、天敌、受威胁因素、生境类型、植物物候期、植被类型、气候、水文等。

7 观测时间和频次

7.1 一般在全年内每周观测1次；或每月观测1~2次，每次间隔15天以上；也可在每年6~8月观测2次，每次间隔20天以上。

7.2 观测应在晴朗（阳光足以投射出人影）、风速小于9km/h时进行，观测时间可按季节和天气变化调整，但应避开夏季极热天气。

7.3 观测时间和频次一经确定，应保持长期不变，以利于年际间数据分析。

8 数据处理和分析

重要参数计算方法参见附录F。

9 质量控制和安全管理

9.1 观测者应掌握野外观测标准及相关知识，参加相关专业培训，严格按照标准要求进行观测样地的选址、样线设置及观测，认真填写记录表。

9.2 采取相应措施保护样地和样线。

9.3 建立数据审核程序，全面、细致地审核观测数据的准确性和完整性，发现可疑、缺漏数据及时补救，将各类数据转换成电子文档。

9.4 建立数据备份制度，将所有观测数据和文档进行备份（光盘、硬盘）。每半年检查并更新备份数据一次，防止由于储存介质问题引起数据丢失。

9.5 配备必要的防护装备、用品和应急药品，做好安全防护工作，防止毒蛇和昆虫叮咬等。在确保人身安全的情况下方可进行观测，避免单人作业。

9.6 在开展蜜蜂观测过程中有被蜜蜂蜇刺的风险，一旦被蜇刺后出现呕吐、耳鸣、呼吸困难等严重不良反应，应及时就医。

10 观测报告编制

蜜蜂观测报告应包括前言，观测区域概况，观测方法，蜜蜂的种类组成、区系分布、种群动态、面临的威胁，对策建议等。观测报告编写格式参见附录G。

附录A（资料性附录）　样线法观测数据记录表（略）

附录B（资料性附录）　样段的生境和人为干扰活动记录表（略）

附录C（资料性附录）　样方法/马来氏网法观测数据记录表（略）

附录D（资料性附录）　生境类型表（略）

附录E（资料性附录）　人为干扰活动分类表（略）

附录F（资料性附录）　重要参数计算方法（略）

附录G（资料性附录）　蜜蜂观测报告编写格式（略）

生物多样性观测技术导则　蝴蝶

HJ 710.9—2014

(2014 年 10 月 31 日发布　2015 年 1 月 1 日实施)

目　次
前　言
1　适用范围
2　规范性引用文件
3　术语和定义
4　观测原则
5　观测方法
6　观测内容和指标
7　观测时间和频次
8　数据处理和分析
9　质量控制和安全管理
10　观测报告编制

前　言

为贯彻落实《中华人民共和国环境保护法》、《中华人民共和国野生动物保护法》,规范我国生物多样性观测工作,制定本标准。

本标准规定了蝴蝶多样性观测的主要内容、技术要求和方法。

本标准附录 A、B、C、D、E、F 为资料性附录。

本标准为首次发布。

本标准由环境保护部科技标准司组织制定。

本标准主要起草单位:环境保护部南京环境科学研究所、陕西省西安植物园。

本标准环境保护部 2014 年 10 月 31 日批准。

本标准自 2015 年 1 月 1 日起实施。

本标准由环境保护部解释。

1　适用范围

本标准规定了蝴蝶多样性观测的主要内容、技术要求和方法。

本标准适用于中华人民共和国范围内蝴蝶多样性的观测。

2 规范性引用文件

本标准内容引用了下列文件或其中的条款。凡是不注日期的引用文件,其最新版本适用于本标准。

GB/T 7714　　　　　文后参考文献著录规则
HJ 623　　　　　　　区域生物多样性评价标准
HJ 628　　　　　　　生物遗传资源采集技术规范(试行)

3 术语和定义

下列术语和定义适用于本标准。

3.1 样线 line transect

指观测者在观测样地内选定的一条路线。观测者记录沿该路线一定空间范围内出现的物种相关信息。

3.2 样段 section

指样线中划分的小段,在理想情况下,各样段长度相等,每个样段内生境类型相同。

3.3 蝴蝶区系 butterfly fauna

指在历史发展过程中形成而在现代生态条件下存在的蝴蝶种类的总体。

3.4 优势种 dominant species

指对群落结构和群落环境的形成有明显控制作用的物种。它们通常是那些个体数量多、生物量高、生活能力较强的种类。

4 观测原则

4.1 科学性原则

观测样地和观测对象应具有代表性,能全面反映观测区域蝴蝶群落的整体状况;应采用统一、标准化的观测方法,能观测到蝴蝶物种及其种群动态的变化趋势。

4.2 可操作性原则

观测计划应考虑所拥有的人力、资金和后勤保障等条件,观测样地应具备一定的交通和工作条件。在系统调查的基础上,充分考虑蝴蝶的资源现状、保护状况和观测目的,选择合适的观测区域和观测对象。

4.3 持续性原则

观测工作应满足生物多样性保护和管理的需要,能对生物多样性保护和管理起到指导及预警的作用。观测样地、样线、观测时间和频次一经确定,不得随意改动。

4.4 保护性原则

观测过程应尽量减少对生物及其生境的干扰,开展非损伤性取样,避免超出客观需要的频繁观测。

4.5 安全性原则

观测具有一定的野外工作特点,观测者应接受相关专业培训,做好安全防护措施。

5 观测方法

5.1 观测准备

5.1.1 确定观测目标

蝴蝶观测目标主要包括：掌握观测区域蝴蝶的种类组成、种群动态和地理分布；分析生境变化、环境污染、气候变化等环境因素对蝴蝶多样性产生的影响；或者评估蝴蝶保护措施和政策的有效性，并提出适应性管理措施等。

5.1.2 选择观测对象

根据观测目标确定观测对象。观测对象可以是某区域内所有的蝴蝶种类，也可以对某一类群或某些特定物种（珍稀濒危物种、保护物种、外来入侵物种、广布种、指示物种等）进行观测。

5.1.3 确定观测区域

根据观测目标选择观测区域，如评估蝴蝶保护措施和政策的有效性，可选择自然保护区进行观测等。

5.1.4 本底资源调查

如果不清楚观测区域蝴蝶多样性的状况，可以开展一次本底资源调查，为制定观测计划做好准备。

5.1.5 制定观测计划

观测计划内容包括：观测目的、观测对象、样地及样线设置、观测方法、观测内容及指标、观测时间及频次、数据处理、质量控制和安全管理等。

5.1.6 观测者培训

计划实施前应对观测者进行蝴蝶分类鉴定知识、观测方法及操作规范、野外安全防护等培训，使观测者在野外准确识别蝴蝶种类，熟练掌握蝴蝶观测技术和安全防护措施。

5.1.7 准备观测仪器和工具

包括捕虫网、采集盒、观察盒、笔、照相机、全球定位系统（GPS）仪、三角纸袋、蝴蝶鉴定手册等工具书、记录表等。

5.2 设置观测样地

5.2.1 采用系统抽样法或分层随机抽样法，根据观测目标以及观测要求，计算样本量，设置观测样地。

5.2.2 采用分层随机抽样时，可根据生境类型、气候、海拔、土地利用类型等因素进行分层。

5.3 样线法

5.3.1 在所选样地内，沿公路、小径、步道设置若干条样线。样线应覆盖样地内所有生境类型，每种生境类型的样线应在2条以上。每条样线长度1～2km为宜，可根据生态系统特点适当调整。把样线划分成样段，各样段编号标记，长度应尽量相等，每个样段内生境类型或土地利用方式相同。

5.3.2 选定样线后，用GPS定位仪定位坐标，在1:10000地图上标注样线的路线。

5.3.3 观测时沿样线缓慢匀速前行，速度1～1.5km/h。记录样线左右2.5m、上方5m、前方5m范围内见到的所有蝴蝶的种类和数量（图1），观测数据等记录参见附录A、B、C和D。不重复计数同一只个体和身后的蝴蝶。在悬崖或水边，可沿样线记录一侧宽度为5m范围内的数据，

观测范围之外见到的种类,可写入备注栏中。

5.3.4 若蝴蝶数量过大,可登记估计值或使用相机拍摄后计数。

5.3.5 对于不能确定的种类,网捕后进行鉴定,种类确定后原地释放;当场不能确定的种类,按照 HJ 628 进行少量网捕并编号,带回实验室鉴定、统计记录。

5.3.6 观测时以 2 人 1 组为宜,1 人调查观测,另 1 人记录和网捕(对于不能确定的种类)。

5.3.7 所选样线在第一年观测后如果确定不合适,可变更,但其后应保持不变。

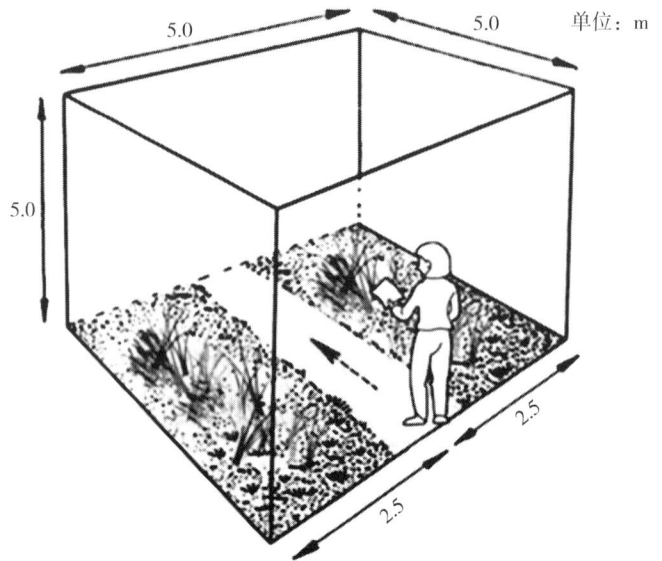

图1 样线法观测范围示意图

6 观测内容和指标

6.1 观测内容主要包括:蝴蝶种类组成、区系分布、种群动态、空间分布、受威胁程度、生境状况等。

6.2 观测指标应定义清晰、可测量、简便实用,采集成本应相对低廉。

6.3 观测指标包括蝴蝶的种类、种群数量、区系分布、性比、受威胁因素、生境类型、植物物候期、植被类型、气候、水文等。

7 观测时间和频次

7.1 一般在每年 4~9 月(热带地区可视蝴蝶成虫的发生期调整观测时间),每周观测 1 次;或每月观测 1~2 次,每次间隔 15 天以上;也可在每年 6~8 月观测 2 次,每次间隔 20 天以上。

7.2 观测应在晴朗(13℃以上)或多云(17℃以上)、温暖、风速小于 40km/h 时进行,每天的观测时间一般为 9:00~17:00,但应避开夏季极热天气。

7.3 观测时间和频次一经确定,应保持长期不变,以利于年际间数据分析。

8 数据处理和分析

重要参数计算方法参见附录 E。

9 质量控制和安全管理

9.1 观测者应掌握野外观测标准及相关知识,参加相关专业培训,严格按照标准要求进行观测样地的选址、样线设置及观测,认真填写记录表。

9.2 采取相应措施保护样地和样线。

9.3 建立数据审核程序,全面、细致地审核观测数据的准确性和完整性,发现可疑、缺漏数据及时补救,将各类数据转换成电子文档。

9.4 建立数据备份制度,将所有观测数据和文档进行备份(光盘、硬盘)。每半年检查并更新备份数据一次,防止由于储存介质问题引起数据丢失。

9.5 配备必要的防护装备、用品和应急药品,做好安全防护工作,防止毒蛇和昆虫叮咬等。在确保人身安全的情况下方可进行观测,避免单人作业。

10 观测报告编制

蝴蝶观测报告应包括前言,观测区域概况,观测方法,蝴蝶的种类组成、区系分布、种群动态、面临的威胁,对策建议等。观测报告编写格式参见附录 F。

附录 A(资料性附录)　样线法观测数据记录表(略)
附录 B(资料性附录)　样段的生境和人为干扰活动记录(略)
附录 C(资料性附录)　生境类型表(略)
附录 D(资料性附录)　人为干扰活动分类表(略)
附录 E(资料性附录)　重要参数计算方法(略)
附录 F(资料性附录)　蝴蝶观测报告编写格式(略)

生物多样性观测技术导则　大型真菌

HJ 710.11—2014

(2014 年 10 月 31 日发布　2015 年 1 月 1 日实施)

目　次
前　言
1　适用范围
2　规范性引用文件
3　术语和定义
4　观测原则

5 观测方法
6 观测内容和指标
7 观测时间和频次
8 数据处理和分析
9 质量控制和安全管理
10 观测报告编制

前 言

为贯彻落实《中华人民共和国环境保护法》,规范我国生物多样性观测工作,制定本标准。
本标准规定了大型真菌多样性观测的主要内容、技术要求和方法。
本标准附录 A、B、C、D、E、F、G 为资料性附录。
本标准为首次发布。
本标准由环境保护部科技标准司组织制定。
本标准主要起草单位:中国科学院微生物研究所、环境保护部南京环境科学研究所。
本标准环境保护部 2014 年 10 月 31 日批准。
本标准自 2015 年 1 月 1 日起实施。
本标准由环境保护部解释。

1 适用范围

本标准规定了大型真菌多样性观测的主要内容、技术要求和方法。
本标准适用于中华人民共和国范围内大型真菌多样性的观测。

2 规范性引用文件

本标准内容引用了下列文件或其中的条款。凡是不注日期的引用文件,其最新版本适用于本标准。

GB/T 7714　　　　文后参考文献著录规则
GB/T 8170　　　　数值修约规则与极限数值的表示和判定
HJ 623　　　　　　区域生物多样性评价标准
HJ 628　　　　　　生物遗传资源采集技术规范(试行)

3 术语和定义

下列术语和定义适用于本标准。

3.1　真菌 fungi
指行吸收营养、具细胞壁、能产孢、无叶绿素、以有性或无性两种方式繁殖的真核有机体。

3.2　大型真菌 macrofungi
泛指所有能够形成肉眼可见的子实体的真菌。

3.3　盘菌 cup fungi
指有性阶段形成子囊盘的子囊菌,包括绝大多数肉眼可见的子囊菌,其子囊果为杯状、盘状、钟状、马鞍状、舌状、羊肚状等。

3.4　地下真菌 hypogeous fungi

指子实体整个生长过程都在地表以下的大型真菌,包括子囊菌和担子菌的部分种类。

3.5　外生菌根真菌 ectomycorrhizal fungi

指与木本植物根系形成外生菌根共生关系的一些大型真菌,绝大多数为担子菌,少数为子囊菌。

4　观测原则

4.1　科学性原则

观测样地和观测对象应具有代表性,能全面反映观测区域大型真菌的整体状况;应采用统一、标准化的观测方法,能观测到大型真菌群落和物种多样性的动态变化。

4.2　可操作性原则

观测方案应考虑所拥有的人力、资金和后勤保障等条件,确保观测工作切实可行。应采用效率高、成本低的观测方法。

4.3　持续性原则

观测工作应满足生物多样性保护和管理的需要,并能对生物多样性保护和管理起到指导及预警作用。观测样地、样线和样方一经确定,不得随意改动。

4.4　保护性原则

大型真菌对其所处生态系统的形成、演化和稳定发挥着重要作用,任何对大型真菌的破坏行为都不可避免地给整个生态系统造成不良影响。应做到不破坏样地内部及周边的大型真菌和其他物种及其生境,避免超出客观需要的频繁观测。

4.5　安全性原则

观测具有一定的野外工作特点。观测者应接受相关专业培训,做好防护措施。

5　观测方法

5.1　观测准备

5.1.1　组建和培训观测队伍

成立观测小组,明确观测者的责任,对观测者进行培训,使观测者掌握野外观测方法、物种识别知识和野外生存技巧。

5.1.2　收集资料

收集观测区域气候、地理和植被等自然环境的资料,掌握常见大型真菌和植物的分布及识别知识,准备观测区域高分辨率地形图。

5.1.3　观测仪器和工具

包括长卷尺、标桩、采集袋、采集刀、数码相机、全球定位系统(GPS)定位仪、海拔仪、观测记录表、记录笔、防蚊罩、防蚊药、大型真菌鉴定手册等。

5.2　观测对象

观测对象主要为具有重要经济、生态价值和受威胁的大型真菌。包括可食用、药用及有毒的种类,与树木共生的外生菌根真菌,降解植物残体的腐生大型真菌,以及一些寄生于动植物、依靠寄主营养的种类等。

5.3 样地设置

5.3.1 代表性样地法

在观测区域内,选取物种类和数量均较为丰富的地点,但其观测结果不能准确反映整个观测区域的情况,也不能用于统计分析。

5.3.2 随机抽样法

将观测区域划分为若干样地。每个样地内划分为许多固定面积的样方并编号,然后用 Fisher 的随机数字表进行随机取样,通常采用不放回的方法。当样地地形复杂、到达取样地点耗时较长、大型真菌分布不均匀等因素会对结果造成影响时,采用分层随机抽样法。

5.3.3 分层随机抽样法

根据生境类型、气候、海拔、土地利用类型或物种丰富度等因素进行分层。

5.4 野外采样

5.4.1 子实体显见的地生大型真菌采样

5.4.1.1 这种方法主要适用于地表子实体显见的大型真菌的抽样观测。

5.4.1.2 在所选的样地内设置若干条样线,样线不一定是直线。样线应覆盖样地内主要生境类型,每种生境类型至少有 2 条样线,每条样线至少保持 50m 距离,每条样线长度在 0.5～1km。用 GPS 定位仪定位样线起点和终点坐标,在 1:100000 地图上标注样线。

5.4.1.3 沿着样线,每隔 20m 设置一个半径 1.26m、面积 $5m^2$ 的圆形样方,使每种生境类型的样方数量达 50 个左右。样方内生境必须尽可能同质。用一定标志标明样方的位置。

5.4.1.4 统计所选样方中地表大型真菌的种类、个体数量(样方记录表参见附录 A)。对于无法鉴别种类的大型真菌,记录其新鲜时的特征,拍摄原生境中子实体的照片,采集少量子实体,将其进行编号后,放入相应的标本袋内,带回室内鉴定并完善观测记录。样本采集按 HJ 628 的规定执行。

5.4.1.5 在进行样方采样时,应同时拍摄样方原生境照片,并详细记录采集日期、地点、海拔、生态特征(如着生基质、周围植被、共生生物等)、采集人等。

5.4.2 子实体较小种类的样方取样

5.4.2.1 这种方法主要适合于子实体较小种类的观测(如子囊菌中的一些盘菌等)。

5.4.2.2 样地每年至少抽样两次,一般在子实体发生季节的中间和末尾进行。样本采集按 HJ 628 的规定执行。

5.4.2.3 在靠近 5.4.1 中大型真菌样方的附近建立样方。

5.4.2.4 以 0.56m 为半径,建立 $1m^2$ 的圆形样方,以 1 周内可完成抽样调查为标准,确定样方数目。

5.4.2.5 统计所选样方中子实体较小真菌的种类、个体数量,少量采集样方内各种该类真菌物种子实体用于鉴定,操作方法同 5.4.1.4,同时按 5.4.1.5 记录相关信息。

5.4.3 木生大型真菌采样

5.4.3.1 按照 5.4.1.2 设置样线,沿着样线,每隔 20m 设置一个半径 2.52m、面积 $20m^2$ 的圆形样方,使每种生境类型的样方数量达 50 个左右。

5.4.3.2 每个样方中用一彩色的塑料标牌标记并编号,在地图上标记其位置。样方内被调查的圆木(立木和倒木)直径需超过1cm。

5.4.3.3 统计每个样方内生长的木生大型真菌种类和个体数(记录表参见附录B),并记录其基物树木的种类、直径和长度。对于无法鉴别种类的大型真菌,操作方法同5.4.1.4,同时按5.4.1.5记录相关信息。

5.4.4 濒危大型真菌采样

5.4.4.1 在所选样地内有濒危大型真菌分布的地块上,设置若干10m×10m的样方。

5.4.4.2 统计样方内濒危大型真菌的种类和个体数(记录表参见附录C)。采集大小适中的个别子实体,对其称重,用于推测样方内该物种子实体的生物量,或通过以往年份采集子实体样品重量推测其生物量。样本采集按HJ 628的规定执行。同时按5.4.1.5记录相关信息。

5.5 标品制备、保存和鉴定

5.5.1 大型真菌标本制备和保存

采集的标本应及时分离菌种或制作用于提取DNA的组织块。标本用烘干箱在40～45℃温度下及时烘干。含水量较多且个体较大标本烘干时需要剖开、切成薄片后烘干。烘干的标本在自然条件下冷却至室温,置于-40℃以下的冰柜中冷冻,大多数标本通常冷冻10～15天,个别体积较大标本(如子实体直径或最大径超过30cm,或厚度超过5cm)的冷冻时间应延长至20～30天。冷冻后的标本保存在标本馆等适宜场所。

5.5.2 用于提取DNA的组织块的制备和保存

用解剖刀或镊子从子实体上选择色泽较浅且较为干净的组织,用干净的吸水纸包裹后,放入装有变色硅胶的封口袋中干燥处理。及时更换变色硅胶,获得完全干燥的样品,将其保存在放有少量变色硅胶的自封袋内,并避开高温高湿的环境。

5.5.3 大型真菌子实体的形态鉴定

对标本的宏观和微观形态特征以及化学显色反应进行观察和描述,条件允许的情况下进行显微镜拍摄或绘图,参照可靠的大型真菌鉴定手册和权威文献的描述,依据形态特征对大型真菌子实体进行鉴定。

5.5.4 大型真菌子实体和培养物的分子鉴定

通过测序获得标本的核糖体DNA内转录间隔区(ITS-rDNA)和大亚基片段(LSU-rDNA)等特征性基因片段的序列信息,与Genbank数据库或观测者自测的来源明确、鉴定可靠的大型真菌基因序列相比对,结合形态学特征给出标本正确的名称。

6 观测内容和指标

6.1 大型真菌多样性观测指标,包括种类组成、分布、频度等。

6.2 特定大型真菌观测指标,包括遗传多样性、分布格局等。

6.3 环境变化对大型真菌的影响观测指标,包括样方的地理和地貌特征、植被类型和主要植物种类、郁闭度、温度、降水量、空气污染程度、土壤类型、子实体着生基质种类及其腐烂程度等。

7 观测时间和频次

7.1 大型真菌观测时间应贯穿观测区域大型真菌子实体的生长季节,北方地区在6月末至9月初,中南部亚热带地区在5月至10月,南方热带地区在4月至11月。

7.2 一般从生长季的初期至末期,每两周观测1次;在子实体发生盛季,每周观测1次。

7.3 对于一些形成革质或木栓质子实体的一年生种类,在生长季的初期、中期和末期各观测1次。

7.4 子实体多年生的种类在每个生长季的末期观测1次。

7.5 由于子实体的发生年际存在差异,在保证观测结果具有可比性的基础上,观测时间和频次可根据生长季作一定的微调。但观测时间和频次一经确定,一般应保持固定。

8 数据处理和分析

数据处理和分析方法参见附录F。

9 质量控制和安全管理

9.1 严格按照标准要求进行观测样地、样线和样方的设置。采取相应措施保护好样地、样线和样方。

9.2 编制观测区域大型真菌鉴定手册,对观测者开展观测知识及技能培训,提升观测者的观测能力和水平。

9.3 认真填写观测记录表,如需更正时,应在错误数据(文字)上划一横线,在其上方写上正确内容,并在所划横线上加盖修改者签章以示负责。

9.4 保持记录本完整,作废的表格需写明原因并加盖经手人签章,不得撕毁其中任一表格。原始记录及数据整理过程记录都需要建档并存档。

9.5 建立数据审核程序,全面、细致地审核观测数据的准确性和完整性,发现可疑、缺漏数据及时补救。有效数字的计算修约规则按GB/T 8170的规定执行。

9.6 建立数据备份制度,将所有观测数据和文档转换成电子文档并进行备份(光盘、硬盘)。每半年检查并更新备份数据一次,防止由于储存介质问题引起数据丢失。

9.7 购买必要的防护装备、用品和应急药品,做好安全防护工作,防止毒蛇和昆虫叮咬,必要时观测者必须提前接种疫苗。在确保人身安全的情况下方可进行观测,避免单人作业。

10 观测报告编制

大型真菌观测报告应包括前言,观测区域概况,观测方法,观测区域大型真菌的种类组成、区域分布、种群动态、面临的威胁,对策建议等。观测报告编写格式参见附录G。

附录A(资料性附录)　地表大型真菌样方记录表(略)

附录B(资料性附录)　木生大型真菌样方记录表(略)

附录C(资料性附录)　濒危大型真菌样方记录表(略)

附录D(资料性附录)　大型真菌标本采集鉴定记录表(略)

附录E(资料性附录)　人为干扰活动分类表(略)

附录F(资料性附录)　数据处理和分析方法(略)

附录G(资料性附录)　大型真菌观测报告编写格式(略)

生物多样性观测技术导则　大中型土壤动物

HJ 710.10—2014

（2014 年 10 月 31 日发布　2015 年 1 月 1 日实施）

目　次
前　言
1　适用范围
2　规范性引用文件
3　术语和定义
4　观测原则
5　观测方法
6　观测内容和指标
7　观测时间和频次
8　数据处理和分析
9　质量控制和安全管理
10　观测报告编制

前　言

为贯彻落实《中华人民共和国环境保护法》、《中华人民共和国野生动物保护法》，规范我国生物多样性观测工作，制定本标准。

本标准规定了中型和大型土壤无脊椎动物多样性观测的主要内容、技术要求和方法。

本标准附录 A、B、C、D、E、F 为资料性附录。

本标准为首次发布。

本标准由环境保护部科技标准司组织制定。

本标准主要起草单位：中国科学院上海生命科学研究院植物生理生态研究所、环境保护部南京环境科学研究所。

本标准环境保护部 2014 年 10 月 31 日批准。

本标准自 2015 年 1 月 1 日起实施。

本标准由环境保护部解释。

1　适用范围

本标准规定了中型和大型土壤无脊椎动物多样性观测的主要内容、技术要求和方法。

本标准适用于中华人民共和国范围内中型和大型土壤无脊椎动物多样性的观测。

2 规范性引用文件

本标准内容引用了下列文件或其中的条款。凡是不注日期的引用文件,其最新版本适用于本标准。

GB 10111	利用随机数骰子进行随机抽样的方法
GB/T 4883	数据的统计处理和解释　正态样本离群值的判断和处理
GB/T 7714	文后参考文献著录规则
GB/T 8170	数值修约规则与极限数值的表示和判定
HJ 623	区域生物多样性评价标准

3 术语和定义

下列术语和定义适用于本标准。

3.1　中型土壤动物 medium-sized soil animal/mesofauna

指土壤或地表凋落物中生活的体宽 0.1～2mm 的无脊椎土壤动物。

3.2　大型土壤动物 large-sized soil animal/macrofauna

指土壤或地表凋落物中生活的体宽 2～20mm 的无脊椎土壤动物。

3.3　土壤动物群落 soil animal community

指一定生活环境中所有土壤动物种群的总和,通常指具有直接或间接关系的多种生物种群的有规律的组合。

4 观测原则

4.1 科学性原则

观测样地和观测对象应具有代表性,涵盖观测区域主要生境类型,应在有限的观测面积中较好地反映观测区域内土壤动物群落的基本特征,不可在两个群落的过渡带上设置样方。

4.2 可操作性原则

观测方案应考虑所拥有的人力、资金和后勤保障等条件,使观测工作切实可行。应采用效率高、成本低的观测方法。采用全球定位系统(GPS)定位仪等对样地做好定位标识。

4.3 持续性原则

观测工作应满足生物多样性保护和管理的需要,并能对保护管理起到指导和预警作用。观测样地、样方和样点一经确定,不得随意改动。

4.4 保护性原则

坚持保护第一,尽量采用非损伤性取样方法,避免不科学的频繁观测,造成对大中型土壤动物的伤害。

4.5 安全性原则

观测具有一定的野外工作特点,观测者应接受相关专业培训,做好防护措施。

5 观测方法

5.1 观测程序

5.1.1 明确观测目标和观测区域

观测目标为掌握区域内土壤动物的种类组成、分布和种群动态;或评估各种威胁因素对土壤动物及土壤产生的影响;或分析土壤动物和土壤保护措施和政策的有效性,并提出适应性管理措施。在确定观测目标后应明确观测区域。

5.1.2 确定观测对象

土壤动物观测对象为大型和中型土表和土内生土壤动物,包括:

a) 大型土壤动物:蚯蚓(环节动物门寡毛纲),蜈蚣(节肢动物门唇足纲),马陆(节肢动物门倍足纲),蜘蛛(节肢动物门蛛形纲),甲虫和蚂蚁(节肢动物门昆虫纲)等;

b) 中型土壤动物:土壤螨(节肢动物门蛛形纲),跳虫(节肢动物门弹尾纲)等。

5.1.3 收集观测区域资料,提出观测计划

收集观测对象的生态学及种群特征资料以及观测区域地形图、植被图、气候、水文、土壤等基础资料,并制订观测计划。观测计划应包括:观测对象,样地、样方、样点的设置,观测方法,观测内容和指标,观测时间和频次,数据分析和报告,质量控制和安全管理等。

5.1.4 准备观测仪器和工具

包括铁铲、镊子、样品袋、塑料瓶、乙醇、毒瓶、保存液、草纸、直尺、塑料杯、定量采样器、GPS定位仪、配有微距镜头的数码相机、观测记录表等。

5.1.5 实施野外观测

在实施野外观测前,应对观测者进行观测方法和操作规范的培训,组织好观测队伍。严格按照野外操作规范采集数据,详细记录各类观测调查表,拍摄采样过程照片,包括样地、样方、样点、生境和具体采集情况等。

5.1.6 分析数据和编制观测报告

将采集的数据进行整理、分析,并编制观测报告

5.2 观测样地和样点的设置

5.2.1 观测样地设置

5.2.1.1 采用简单随机抽样法或系统抽样法选择样地。

5.2.1.2 简单随机抽样法。将观测区域划分成网格,每个网格编上号码,在确定样地数量后,随机抽取规定数量的样地,其对应的网格号即为样地设置位点。随机数的获得可以利用掷骰子、抽签、查随机数表的方法。随机数骰子的使用方法参见 GB 10111。

5.2.1.3 系统抽样法。按环境梯度如海拔、水分等距离取样。

5.2.1.4 样地的选择应覆盖主要生态系统类型。样地的数量应符合统计学的要求,并考虑人力、资金等因素。单个样地面积通常不小于 1 公顷(100m×100m)。

5.2.1.5 采用 GPS 定位仪对观测样地准确定位,并在地形图上标注样地的位置(样地生境要素记录表参见附录 A)。

5.2.2 样方和样点设置

5.2.2.1 每个样地内随机或均匀设置 5 个具有代表性的样方,每样方面积为 $25m^2$

(5m×5m),样方间的距离通常超过100m(图1、2)。

5.2.2.2 对于中型土壤动物,在每样方中设 4 个 20cm×20cm 均匀分布的样点(图1)。

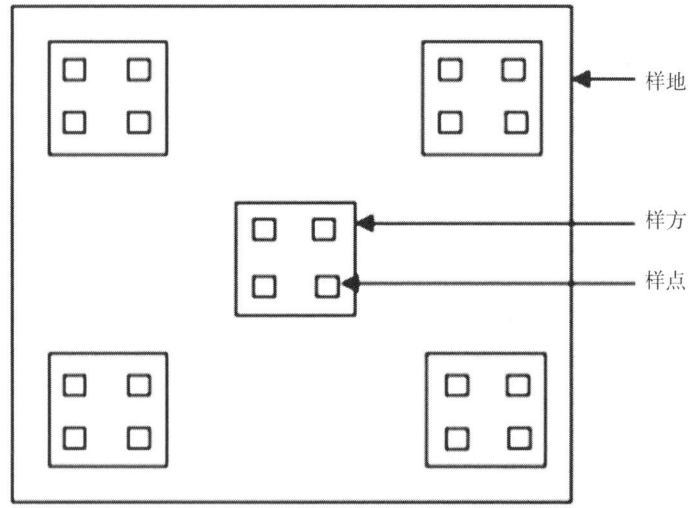

图1 中型土壤动物样方和样点布设示意图

5.2.2.3 对于大型土壤动物,在样方中设 2 个 30cm×30cm 均匀分布的样点(图2)。

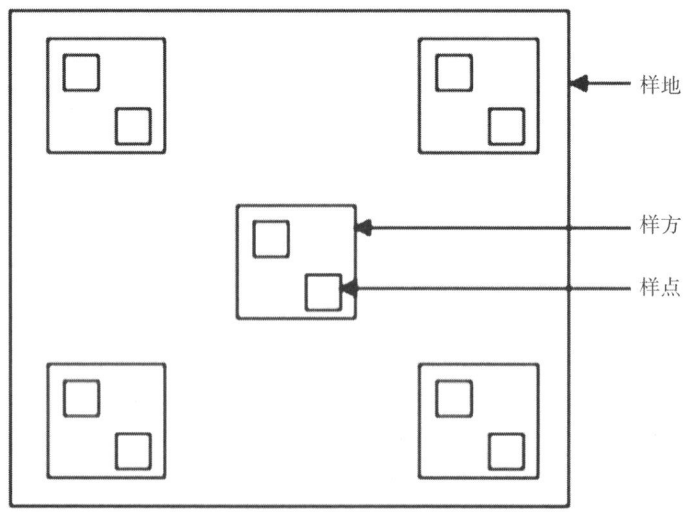

图2 大型土壤动物样方和样点布设示意图

5.3 野外采样方法

5.3.1 中型土壤动物

5.3.1.1 将每个样点内面积 400 cm^2(20cm×20cm)的植物凋落物装入采集袋中。

5.3.1.2 在每个样点的 5.3.1.1 植物凋落物下面采 2 个土柱,每个土柱截面 20 cm^2(圆半径 2.5cm),高度(土层深度)0～10cm,分别装入塑料袋并置于阴凉处(如条件可在采样时随时冷藏)(记录表参见附录 B),一个用于干法,一个用于湿法收集土壤动物,按照 HJ 628 的规定进行样品采集。

5.3.2 大型土壤动物

5.3.2.1 将每样点内面积 900 cm^2(30cm×30cm)的植物凋落物装入采集袋中。

5.3.2.2 调查 5.3.2.1 样点植物凋落物下面土方 900 cm^2(截面)×20cm(土层深度)的土壤样品。将整个土方的土壤用铁铲等小心快速取出,放在旁边铺在地上的大塑料布上(或大的容器中),用手拣法(用镊子或戴手套)按照 HJ 628 的规定,将其中的大型土壤动物拣出并保存在相应的保存液(参见5.4.5)中。

5.3.2.3 设置采样陷阱。采用 7cm 口径、10cm 高的塑料杯(如一次性喝水杯)作为陷阱,以乙二醇或 Torne 氏收集液(1000ml 异丙醇,30ml 冰醋酸,3ml 福尔马林)作为收集保存液,用量 1/3～1/2杯,在每样点旁土未被破坏的地方(5.3.2.2 中取土样方的周边,可以在取土之前也可以在取土之后),轻轻拨开凋落物,将下面的土壤挖一个与塑料杯体积相似大小的洞,将塑料杯镶埋在洞里,杯口略低于土表约 0.5cm,平整好塑料杯周围的土壤,使土壤动物容易进入杯中,48h 后取出塑料杯(记录表参见附录 B)。陷阱设置宜选择 48h 无雨天气。按照 HJ 628 的规定进行样品采集。

5.4 样品保存和处理方法

5.4.1 样品处理

在规定的时间内将土壤样品中的土壤动物在定量驱虫设备(高温高梯度土壤动物烘虫装置)上收集,收集效率需达 90%以上。

5.4.2 中型土壤动物干法类群

主要为小节肢类土壤动物。用高温高梯度 Tullgren 干法设备(筛网网眼为 1.5mm),将土壤动物从植物凋落物或土壤样品中分离出来。收集温度:植物凋落物样品从 20℃开始,每 12h 升高 10℃,升到 40℃为止,共持续 24h;土壤样品从 20℃开始,每 12h 升高 5℃,升到 40℃为止,共持续 48h。用乙二醇或 Torne 氏收集液(1000ml 异丙醇,30ml 冰醋酸,3ml 福尔马林)收集,然后转移到 75%的乙醇中。

5.4.3 中型土壤动物湿法类群

主要为环节动物,大多生活在土壤中,凋落物中较少。用高温湿法设备,将土壤动物从土壤样品中分离出来。从用于湿法收集土壤动物的土壤样品中取土,每样 20～50g(视土壤动物的密度而定,以此换算),加水后,液面超过土样约 1cm,收集温度为 50℃,持续 48h。用清水收集,然后转入 5℃冰箱,并在 2d 内进行鉴定和计数。

5.4.4 大型土壤动物干法类群

用高温高梯度 Tullgren 干法设备将植物凋落物样品中的土壤动物分离出来(方法同 5.4.2,但筛网网眼为 4mm)。土壤样品采用现场边调查边收集的方法(参见 5.3.2)。将陷阱杯取出后,收集杯内的土壤动物标本并将其保存在相应保存液中(参见5.4.5)。

5.4.5 标本的制备和保存

收集的土壤动物可保存在75%的乙醇或永久性保存液(80%～95%乙醇,少量甘油)中(小节肢类土壤动物、大型土壤昆虫和大部分其他土壤动物类群)、福尔马林(蚯蚓)、清水或保存液(线蚓)和防压标本盒内(大型土壤昆虫)。

5.4.6 种类鉴定

利用光学显微镜、解剖镜、解剖器材以及工具书,对采集的土壤动物标本鉴定到科或属。应在各类群要求的最佳鉴定保存期内完成,以免某些分类特征消失。

6 观测内容和指标

土壤动物的观测内容和指标参见表1。

表1 土壤动物观测内容和指标

观测内容	观测指标	观测方法
生境特征	生境类型、土壤、地貌、水文、海拔等基础资料,生境质量现状、破碎化程度、人为干扰的形式和强度等生境退化状况	资料查阅、野外调查或直接测量法
土壤动物特征	种类组成	样方法
	频度	样方法
	密度	样方法
	生物量	干重法

7 观测时间和频次

7.1 观测时间为土壤动物生长旺盛期,南方(中亚热带及其以南地区)为春季4～5月份和秋季10～11月份,北方(暖温带及其以北地区)在夏季6～8月份。

7.2 观测频次为每年1～2次,南方春季1次或春、秋两季各1次,北方夏季1次。

8 数据处理和分析

数据处理和分析方法参见附录E。

9 质量控制和安全管理

9.1 数据填报

采用法定计量单位,测量数据只保留一位可疑数字,有效数字的计算修约规则按GB/T 8170的规定执行。离群数据和异常值的判断和处理按GB/T 4883的规定执行。

9.2 数据质量控制

应对观测方法和操作规范进行培训。观测者应掌握野外观测标准及相关知识,熟练掌握操作规程,严格按照操作规范如实记录。严格按照不同样品对分析条件、精度、分析步骤、仪器设备等的要求,完成各项样品指标的测定和分析。记录字迹要清楚,需要更正时,应在错误数据(文字)上划一横线,在其上方写上正确内容,并在所划横线上签字以示负责。原始记录及数据整过程记录都需要建档并存档。将各种数据转换成电子文档，并进行必要的备份。每半年检查并更新备份数据一次，防止由于储存介质问题引起数据丢失。

9.3 安全保障

购买必要的防护装备、用品和应急药品，做好安全防护工作，防止毒蛇和昆虫叮咬，必要时观测者必须提前接种疫苗。在确保人身安全的情况下方可进行观测，避免单人作业。

10 观测报告编制

土壤动物观测报告应包括前言，观测区域概况，观测方法，观测区域土壤动物的种类组成、区域分布、种群动态、面临的威胁，对策建议等。观测报告编写格式参见附录F。

附录A（资料性附录） 观测样地生境要素记录表（略）
附录B（资料性附录） 土壤动物样方、样点记录表（略）
附录C（资料性附录） 植物凭证标本记录标签（略）
附录D（资料性附录） 人为干扰活动分类表（略）
附录E（资料性附录） 数据处理和分析方法（略）
附录F（资料性附录） 土壤动物观测报告编写格式（略）

生物多样性观测技术导则　陆生维管植物

HJ 710.1—2014

（2014年10月31日发布　2015年1月1日实施）

目　次
前　言
1　适用范围
2　规范性引用文件
3　术语和定义
4　观测原则
5　观测方法
6　观测内容和指标
7　观测时间和频次
8　数据处理和分析
9　质量控制和安全管理
10　观测报告编制

前 言

为贯彻落实《中华人民共和国环境保护法》、《中华人民共和国野生植物保护条例》，规范我国生物多样性观测工作，制定本标准。

本标准规定了陆生维管植物多样性观测的主要内容、技术要求和方法。

本标准附录 A、B、C、D、E、F、G、H、I、J、K、L、M、N、O、P、Q 为资料性附录。

本标准为首次发布。

本标准由环境保护部科技标准司组织制定。

本标准主要起草单位：中国科学院植物研究所、环境保护部南京环境科学研究所。

本标准环境保护部 2014 年 10 月 31 日批准。

本标准自 2015 年 1 月 1 日起实施。

本标准由环境保护部解释。

1 适用范围

本标准规定了陆生维管植物多样性观测的主要内容、技术要求和方法。

本标准适用于中华人民共和国范围内陆生维管植物多样性的观测。

2 规范性引用文件

本标准内容引用了下列文件或其中的条款。凡是不注日期的引用文件，其最新版本适用于本标准。

GB/T 7714	文后参考文献著录规则
GB/T 17296	中国土壤分类与代码
HJ 623	区域生物多样性评价标准
HJ 628	生物遗传资源采集技术规范（试行）
NY/T 87	土壤全钾测定
NY/T 88	土壤全磷测定
NY/T 1121.4	土壤检测第 4 部分：土壤容重的测定
NY/T 1121.6	土壤检测第 6 部分：土壤有机质的测定
NY/T 1121.24	土壤检测第 24 部分：土壤全氮的测定自动定氮仪法
NY/T 1377	土壤 pH 值的测定
LY/T 1223	森林土壤坚实度的测定

3 术语和定义

3.1 维管植物 vascular plant

指具有维管组织的植物，包括蕨类植物、裸子植物和被子植物。

3.2 乔木 tree

指具有独立的主干，主干和树冠有明显区分的高大的木本植物，一般成熟个体高度达 5m 以上。

3.3 灌木 shrub
指不具明显独立的主干,并在出土后即行分枝,或丛生地上的比较矮小的木本植物,一般成熟个体高度小于5m。

3.4 灌丛 shrubland
指以灌木为主形成的植物群落类型。

3.5 草本 herb
指木质部不甚发达,茎为草质或肉质的植物。

3.6 种群 population
指在同一时期内占有一定空间的同种生物个体的集合。

3.7 优势种 dominant species
指在群落中地位最重要,对群落结构和环境的形成有明显控制作用的物种,通常个体数量多或生物量高。

3.8 物候期 phenological period
指维管植物随着季节性气候变化作出相适应的植物器官的形态变化时期。

3.9 多度 abundance
指某一植物物种在群落中的个体数量,通常采用直接计数法或目测估计法进行测定。

3.10 盖度 coverage
指植物枝叶所覆盖土地的垂直投影面积,一般用百分率表示。

3.11 频度 frequency
指某种植物在群落全部调查样方中出现的百分率。

3.12 密度 density
指单位面积上某种植物的全部个体数目。

3.13 物种多样性 species diversity
指群落内或生态系统中生物种类的丰富程度,本标准指维管植物种类的丰富程度,包括物种的数量和物种的均匀程度两个方面,有多种测度指数。

3.14 坡度 slope
指观测样地坡面的斜度,即坡面法线与水平面的夹角。

3.15 坡向 aspect
指坡面法线在水平面上投影的方向,用该投影与正北方向的夹角表示。

4 观测原则

4.1 科学性原则
观测样地和观测对象应具有代表性,能反映观测区域维管植物(简称"植物")多样性的整体状况;观测方法应统一、标准化。

4.2 可操作性原则
观测方案应考虑观测区域的自然条件,所拥有的人力、财力和后勤保障等条件,充分利用现有设备、技术力量、资料和成果,使观测方案高效、可行。

4.3 持续性原则

观测工作应满足生物多样性保护和管理的需要,对生物多样性保护和管理起到指导及预警作用。观测对象、方法、时间和频次一经确定,应长期保持不变。

4.4 保护性原则

观测方案、技术和活动坚持保护性原则,不应对生物个体、群落组成和结构及生境造成影响或改变。

4.5 安全性原则

观测活动具有一定的野外工作特点。观测者应接受相关专业培训,采取安全防护措施。

5 观测方法

5.1 观测准备

5.1.1 方案制定

准备观测区域植被类型图、1:10000 地形图、气候资料、动植物区系等资料,对观测区域进行野外踏查,根据观测目的制定科学合理的观测方案。

5.1.2 人力准备

根据观测目的、任务和进度要求,组织足够的观测力量,明确人员的责任,组织观测方法、技术、质量控制和管理、安全、急救、野外生存技巧等方面的培训,保证观测任务的顺利完成。

5.1.3 工具准备

根据观测方案,准备相应的仪器、设备、工具,包括:森林罗盘仪、经纬仪(全站仪)、全球定位系统(GPS)定位仪、50m 卷尺、5m 卷尺、胸径尺、锤子、记录夹、记录纸、记录笔、油漆刷、铅笔、橡皮、标本夹、测高杆、便携式激光测距仪等。

5.1.4 材料准备

根据观测任务,准备相应的材料和防护用品,包括:样方顶点的固定标记物如水泥桩,标记植物个体的标牌,分割样方的绳子如简易塑料绳,标记植物个体用不锈钢钉及韧性好、易操作、抗风化的材料如细铝丝、钢丝等,红油漆、松香油、PVC 管、手套等。

5.1.5 后勤补给

就近选择交通方便、生活便利、联络畅通的场所建立后勤补给点,为观测任务提供充分的后勤保障。

5.2 观测对象的选择

根据观测目的和任务,在观测区内选择具有代表性的群落,对群落中的植物物种多样性进行观测。森林群落观测对象为乔木、灌木和草本植物。灌丛群落观测对象为灌木和草本植物。草地群落观测对象为草本植物。

5.3 观测样地设置

5.3.1 观测样地选择原则

5.3.1.1 样地代表性

样地应具有代表性,为观测区域内充分满足观测目的和任务的典型群落。

5.3.1.2 样地位置

样地位置应易于观测工作展开,离后勤补给点不宜太远,避开悬崖、陡坡等危险区域。

5.3.1.3 样地选择
样地应利于长期观测和样地维护,避开、排除与观测目的无关因素的干扰。

5.3.1.4 样地形状
样地形状应以正方形为宜。

5.3.1.5 样地大小
样地大小应能够反映集合群落的组成和结构。

5.3.2 观测样地面积与样方数量

5.3.2.1 森林
观测样地的面积以≥1公顷(100m×100m)为宜,本标准"面积"均指"垂直投影面积"。

5.3.2.2 灌丛
观测样地一般不少于5个10m×10m的样方,对大型或稀疏灌丛,样方面积扩大到20m×20m或更大。

5.3.2.3 草地
观测样地一般不少于5个1m×1m样方,样方之间的间隔不小于250m,若观测区域草地群落分布呈斑块状、较为稀疏或草本植物高大,应将样方扩大至2m×2m。

5.3.3 观测样地的建立

5.3.3.1 森林

5.3.3.1.1 胸径(DBH)≥1cm乔木和灌木植物观测
在选定建立观测样地的位置,用森林罗盘仪确定样地的方向(一般是正南北方向)和基线,然后用经纬仪(全站仪)将样地划分为20m×20m样方(图1、2);记录测量点之间的水平距、斜距和高差(图2,记录表参见附录A);对每个样方的顶点编号并永久标记;最后,用卷尺、测绳或便携式激光测距仪将每个20m×20m样方划分为5m×5m小样方(图1),样方顶点用临时PVC管标记,边界用塑料绳或其他材料临时标记,这些5m×5m样方作为胸径(DBH)≥1cm乔木和灌木的基本观测单元;观测任务完成后将这些临时标记全部移除,并作无害化处理。

5.3.3.1.2 草本植物及DBH<1cm乔木和灌木植物观测
在每个20m×20m样方内随机或系统设置一个1m×1m样方,用于草本植物及DBH<1cm乔木和灌木植物观测;对1m×1m样方顶点编号并永久标记,边界用塑料绳临时标记。

5.3.3.2 灌丛

5.3.3.2.1 样地、样方设置
在选定的位置,用森林罗盘仪、测绳、卷尺或便携式激光测距仪确定10m×10m样地的方向(一般是正南北方向)和基线,并将样地划分为5m×5m小样方,作为灌木植物观测的基本单元;对10m×10m样方的顶点编号并永久标记,对5m×5m小样方顶点和边界用塑料绳或其他材料临时标记。

5.3.3.2.2 一般灌丛草本植物观测样地、样方设置
在5m×5m样方及10m×10m样方中心分别设置一个1m×1m样方,用于灌丛草本植物观测,并对1m×1m样方顶点编号并永久标记,边界用塑料绳或其他材料临时标记。

5.3.3.2.3 大型灌丛草本植物观测样地、样方设置
大于10m×10m的灌丛观测样地、样方设置以5.3.3.2.2的方法标定样地和设置草本观测样方。

5.3.3.3 草地

在选定的位置用卷尺或定制的模具设置 1m×1m 样方,对样方的顶点编号并永久标记,边界用塑料绳或其他材料临时标记。

5.3.3.4 样方永久标记

用于永久标记的材料应坚固耐用、不易移动或丢失,通常采用嵌有编号铝牌的钢筋水泥桩为材料,铝牌的编号应清晰、醒目,耐腐蚀和抗风化(图1)。大于等于 10m×10m 样方顶点的标记物横截面直径(或边长)应等于或小于 8cm,较小样方顶点的标记物横截面直径(或边长)应等于或小于 4cm。标记较小样方时,不可开挖土坑固定标记物,以免对样地造成干扰,应以土钻或其他不开挖的方式固定标记物。

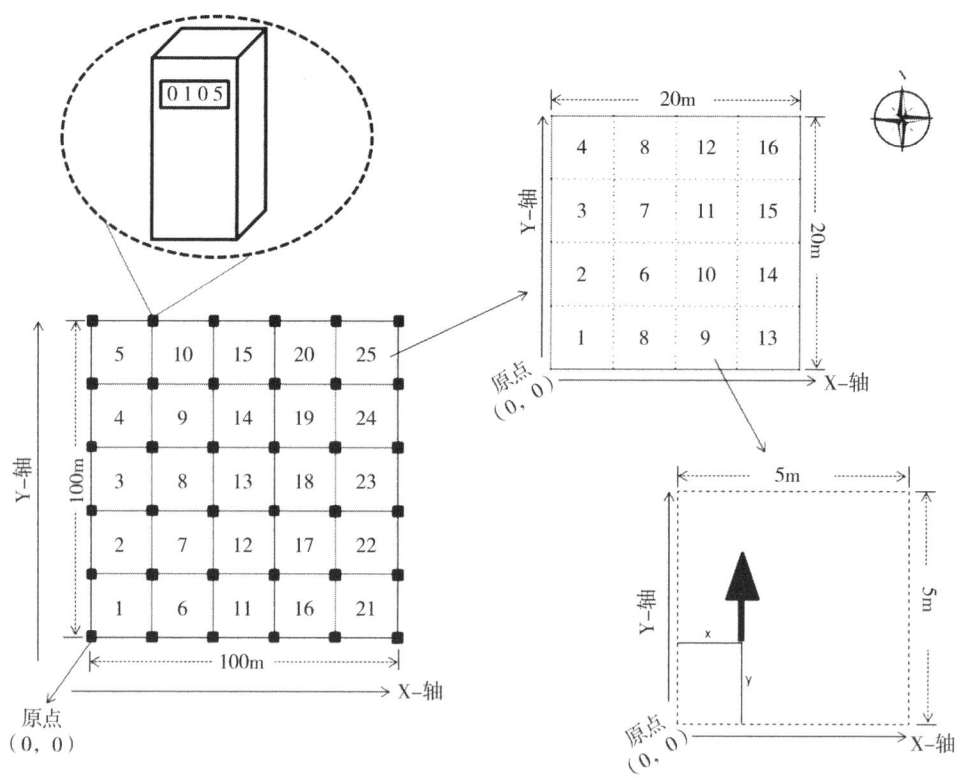

图 1 森林观测样地设置及个体定位示意图

5.4 野外数据采集

5.4.1 观测样地生境概况

5.4.1.1 概况描述

对样地所处地理位置、地形地貌、气候条件、土壤状况、植被状况、人类活动状况等进行定性或定量描述(记录表参见附录B)。

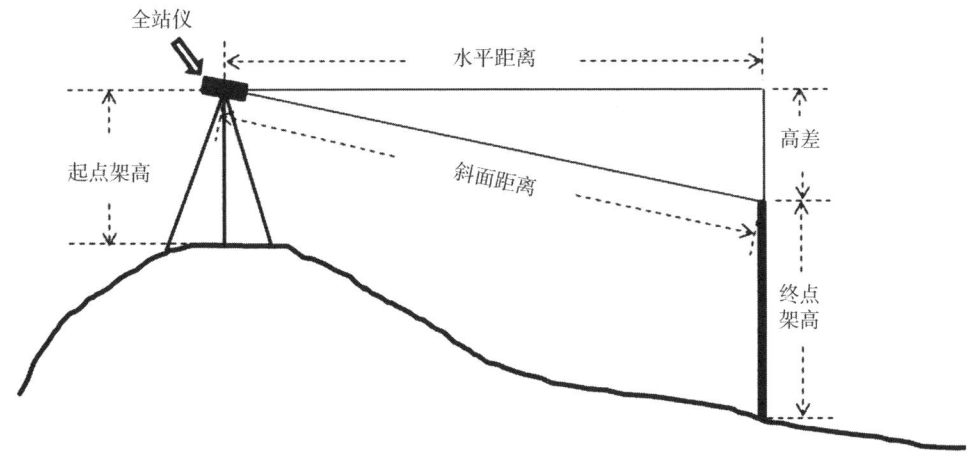

图 2　样地设置经纬仪(全站仪)应用示意图

5.4.1.2　地理位置

用 GPS 定位仪确定观测样地的经纬度。对于森林,测定观测样地中心点的经纬度;对于灌丛和草地,测定每个观测样方中心点的经纬度。

5.4.1.3　地形地貌

5.4.1.3.1　海拔

对于森林,用海拔仪测量样地中心点的海拔作为观测样地的海拔;对于灌丛和草地,测定每个观测样方中心的海拔作为观测样地的海拔。

5.4.1.3.2　地貌特征

描述观测样地所在区域的地貌特征(记录表参见附录 K)。

5.4.1.3.3　坡度、坡向

用森林罗盘仪测定样地或样方所在坡面的平均坡度和坡向。对于森林样地,测量对象为整个样地;对于灌丛和草地群落,测量对象为每个样方。也可以从样地(样方)四个边界顶点的相对高差计算出观测样地平均坡度和坡向,计算方法参见附录 L。

5.4.1.3.4　坡位

观测样地在坡面的位置,分为六个等级:山脊、上坡、中坡、下坡、沟谷、平地。

5.4.1.4　气候条件

观测区域的年平均气温、年平均降水量、年最热月均温、年最冷月均温、无霜期、年积温等。

5.4.1.5　土壤状况

5.4.1.5.1　土壤剖面选择

在观测样地附近选择群落结构、生境及干扰相似、有代表性的地点采集和描述土壤剖面(记录表参见附录 C),并对剖面拍照、编号,作为数字化资料保存。

5.4.1.5.2　土壤剖面规格

剖面一般长 1.5m、宽 0.8m,深度根据是否达到母质层或地下水层确定;剖面观察面面向阳光。

5.4.1.5.3 土壤剖面采集

挖掘过程中将不同土层分开放置,剖面描述与样品采集结束后分土层回填;土壤剖面建立后,根据植物根系、土壤坚实度、土壤颜色、水分和盐酸(HCl)反应等因素划分土层;自下而上分层采集土壤样品,避免上层土壤采集对下层土壤样品的污染;用于描述土壤剖面形态特征的样品应保存于剖面盒中,保持原状,避免破碎和压实;用于分析土壤性质的样品,应在各层中部取样,避免影响样品的代表性。

5.4.1.5.4 土壤类型确定

依据土壤剖面特征,按照 GB/T 17296 的规定确定土壤类型。

5.4.1.5.5 母质类型

依据土壤剖面,确定观测样地的土壤母质类型。

5.4.1.5.6 土壤样品测试指标

测定土壤剖面各层土壤样品的 pH 值、有机碳、全氮、全磷、全钾等指标。

5.4.1.6 植被状况

描述观测样地所在区域的植被类型,观测样地的群落类型、群落优势物种、群落的层次结构、各层次优势物种等,并对植被状况拍照,作为电子资料保存。

5.4.1.7 动物活动状况

记录对观测样地群落结构有重要影响的鸟类、兽类及昆虫等类群的主要物种。

5.4.1.8 人类活动状况

记录描述观测样地人类活动的历史和现状,包括活动的方式、强度及持续时间。

5.4.2 森林植物观测方法

5.4.2.1 对胸径(DBH)≥1cm 乔木、灌木植物的观测

5.4.2.1.1 观测内容

包括植物个体标记、定位,胸径、冠幅、枝下高测量,物候期、个体生长状态观测,以及物种鉴定等。

5.4.2.1.2 个体标记

5.4.2.1.2.1 对个体(乔木、灌木)进行挂牌标记,每一个体有惟一的编号,相应的标牌称为"主牌";其分枝的编号从阿拉伯数字 1 开始依次编号,相应标牌称为"副牌"。主牌编号一般以"样地号+20m×20m 样方号+样方内目标个体的顺序号"的方法进行。20m×20m 样方一般沿纵轴方向顺序编号(图1)。标牌编号的位数根据样方内植物个体数量、群落演替阶段等情况确定,为长期观测新增个体保留足够的编号空间。标牌应坚固、耐用,编号应清楚、醒目、耐腐蚀和抗风化,标牌大小以 1.5cm×4cm 为宜,标牌窄边一侧有一个直径 3mm 的孔,用于标牌固定。

5.4.2.1.2.2 对于胸径≥10cm 的个体主干或分枝,一般用直径 2.5mm、长度≥5cm 的不锈钢钉穿入标牌孔径,固定在胸径测量位置以上 30cm 处;钢钉斜向下与树干呈约 70-80°夹角,钉入树干约 1cm,标牌位于钉帽端(图3);或用其他耐腐蚀、抗风化、易操作的材料固定标牌。固定标牌的材料和方法原则上应耐用、不易丢失、易操作、对标定的植物个体、群落中其他生物及环境无伤害或污染。

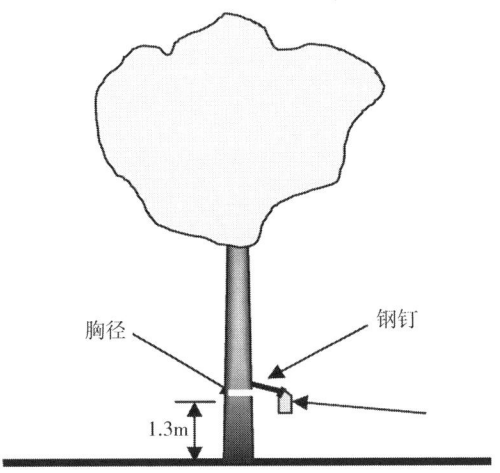

图3 胸径位置、钢钉固定标牌示意图

5.4.2.1.2.3 对于胸径<10cm的个体主干或分枝,采用钢丝、铝丝或其他韧性强、易操作、耐腐蚀、不易风化的材料固定标牌。用钢丝或其他材料穿套标牌,并环绕个体主干或分枝将钢丝或其他材料环绕固定在枝杈处或以其他方式避免让圆环滑落地面;但不能将其缠绕在主干或分枝上,防止树干没有足够的生长空间而受伤;圆环大小应适中,确保下次观测前植株有足够的生长空间。

5.4.2.1.3 胸径测量

5.4.2.1.3.1 枝干离地面1.3m处为胸径测量的标准位置。

5.4.2.1.3.2 对直立生长于坡面的个体,胸径位置确定以个体根茎处的上坡面为基准(图4)。

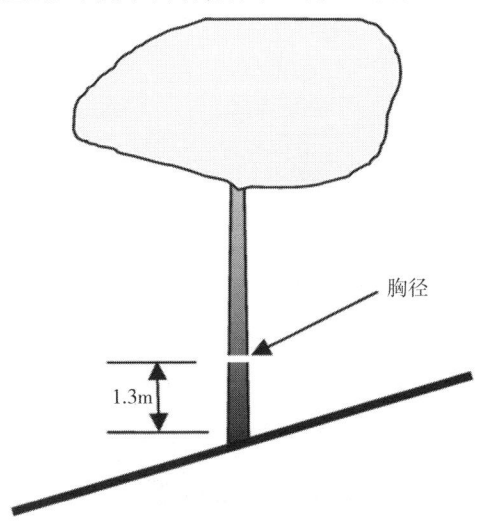

图4 坡面个体胸径位置示意图

5.4.2.1.3.3 对于在1.3m以下发生分枝的个体,测量胸径时应区分主干和分枝;一般以直立、健康、较大胸径的枝为主干,其余按胸径大小顺序作为分枝。对于直立的主干或分枝,距地面垂直距离1.3m处为胸径测量位置(图5中);对于倾斜分枝,应沿枝干测量离地面的实际距离,而非垂直高度(图5右)。

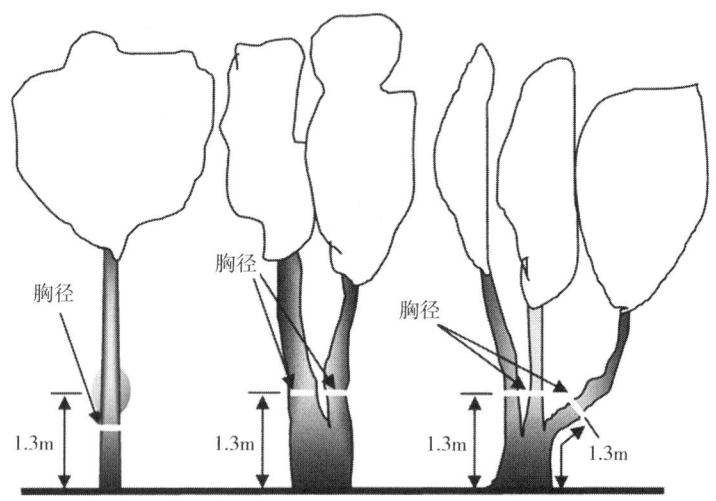

图5 分枝和瘤状突起个体胸径测量位置示意图

5.4.2.1.3.4 树干在胸径以下折断时,胸径测量以新萌生的枝干为测量对象(图6左);树干在胸径以上折断时,胸径测量仍以原树干为对象(图6中)。

5.4.2.1.3.5 对于倾斜或倒伏的树,从树干与地面较小夹角根茎处沿树干测量胸径位置(图6右)。

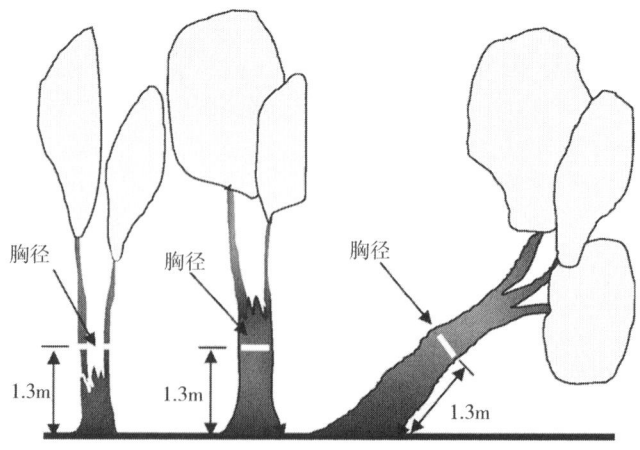

图6 断头树和倾倒树胸径测量点示意图

5.4.2.1.3.6 对于胸径测量标准位置处有瘤状突起或非正常膨大(如恰好在分枝发生位置)的个体,测量位置应下移或上移(视具体情况而定)至正常树干位置(图5左),并记录胸径测量的位置(附录D)。

5.4.2.1.3.7 为长期、准确观测个体生长,用红漆标记胸径测量位置。标记一般位于枝干上坡面;标记须垂直于树干,宽3cm、长1/3胸围,最长为30cm;标记须均匀、鲜明、边界清楚,一般以标记的下边界为胸径测量位置。

5.4.2.1.3.8 用胸径尺测量胸径。测量时,胸径尺必须紧贴并垂直于被测量枝干;胸径测量误差控制在1mm以内。

5.4.2.1.4 个体定位

5.4.2.1.4.1 确定个体定位的坐标系,一般以样地西南角为坐标原点,由南向北方向为纵轴(Y-轴),由西向东方向为横轴(X-轴)(图1)。以5m×5m样方为个体定位的基本作业单元,每个单元有与整个样地相同的独立坐标系;5m×5m样方沿纵轴方向顺序编号(图1)。20m×20m样方为观测的次级作业单元,样方沿纵轴方向顺序编号(图1)。

5.4.2.1.4.2 在每个基本作业单元,测量个体基部的中心垂直于两个坐标轴的水平距离,确定个体的位置。个体在整个样地的位置,通过坐标转换实现。

5.4.2.1.4.3 多个根萌分枝的个体,其空间位置确定以个体主干为对象。个体定位的测量误差应<10cm。

5.4.2.1.5 冠幅测量

分别测量乔木、灌木个体树冠东西、南北两个方向的宽度。

5.4.2.1.6 重复(动态)观测

5.4.2.1.6.1 重复观测准备:1)检查20m×20m样方顶点永久标记物,并对受损标记物进行修复;2)野外踏查估计前一次观测后样地植物个体的变化情况,从而估计新增胸径大于或等于1cm植物个体的数量,估计重复观测所需新增标牌、铝丝、钢钉等材料的数量;3)准备包括前一次观测数据的重复观测表格(附录E);4)准备重复观测的工具和材料,包括卷尺、手持罗盘、标牌、不锈钢钉、铝丝、塑料绳、记录夹、铅笔等。

5.4.2.1.6.2 基本作业单元重建:用卷尺或便携式激光测距仪、手持罗盘、PVC管、塑料绳等,将20m×20m样方重新划分和临时标记为5m×5m基本作业单元;重复观测完成后将所有临时标记物移除,并作无害化处理。

5.4.2.1.6.3 新增胸径大于或等于1cm个体的观测:参照5.4.2.1.2～5.4.2.1.5的观测内容,个体定位参照最邻近个体原有坐标。

5.4.2.1.6.4 死亡个体或分枝的重复观测:

a)观测生长状态和死亡原因,生长状态和死亡原因类别参见附录E;

b)测量立枯和倒枯死亡个体或分枝的胸径,胸径测量参见5.4.2.1.3.8;

c)核对物种名称;

d)核对异常坐标;

e)回收死亡个体或分枝的标牌、钢钉、铝丝或其他固定标牌的材料,主牌回收后封存,不再重复利用,副牌整理后可重复利用。

5.4.2.1.6.5 其他个体或分枝的重复观测：
a)在原有胸径测量位置用红漆重新标记,严格按照原来标记进行,不得放大或缩小；
b)严格在原有胸径测量的位置测量胸径(参见5.4.2.1.3.8)；
c)观测个体或分枝的生长状态；
d)检视标牌标记情况,因树木生长,胸径大于10cm,用不锈钢钉替换铝丝环重新固定标牌；因个体或分枝生长迅速,钢钉大部分被枝干包入,需拔出钢钉,用钢钉重新固定标牌；
e)枝干找到,但标牌丢失,需替补新的标牌,如果是主干,需在备注栏记录新的标牌号；
f)主干死亡,分枝存活,将主牌移到最有活力的分枝上,并明确在备注栏记录；
g)核对物种名称,若发现错误,及时纠正并记录；
h)核对坐标,发现异常,将正确坐标记录在备注中。

5.4.2.2 对胸径(DBH)<1cm乔木、灌木植物的观测

5.4.2.2.1 观测内容

在1m×1m样方中观测,内容包括植物个体标记、定位、基径、高度、冠幅测量,主干叶片数、根萌数、根萌叶片数的观测,生长状态观测,单个种盖度、样方总盖度的估计。

5.4.2.2.2 个体标记

对1m×1m样方内所有高度大于10cm且胸径小于1cm的木本植物(乔木、灌木)进行编号,编号以阿拉伯数字1开始顺序排列,以保证每棵幼苗均有惟一的编号;将标有编号的标牌固定在个体的基部,标牌应耐用、易操作、不对植物幼小个体造成伤害,如印有激光打印数字的塑料胶圈;如果植物个体太小,用铝丝将标有编号的标牌固定在个体附近进行标记。

5.4.2.2.3 个体定位

a)确定坐标系,一般以样方西南角为原点,以南-北边为纵轴(Y-轴),以西-东边为横轴(X-轴)；
b)用卷尺测量每个个体的坐标,精确到mm。

5.4.2.2.4 高度

高度的测量,从着根处开始量至个体的顶点,精确到mm。

5.4.2.2.5 冠幅

测量南-北、东-西两个方向个体树冠的宽度。

5.4.2.2.6 基径

用游标卡尺测量植物个体地面根茎部的直径。

5.4.2.2.7 叶片数量

直接计数植物个体叶片的数量,如果叶片数量大于50,则记录>50;如果个体另外有子叶,则分开记录为"子叶数量+真叶数量"。

5.4.2.2.8 首次观测目标

首次观测,仅针对活的植物个体。

5.4.2.2.9 重复(动态)观测

a)准备包括前一次观测资料的表格(参见附录F)；
b)对新增个体,按照5.4.2.2.1~5.4.2.2.7进行观测；
c)对死亡个体,如个体仍存在,测量其基径、高度,记录其生长状态,如个体已消失,仅记录其

生长状态(参见附录G);

d)对高度超过1.3m,且胸径增长等于或大于1cm的个体,最后一次在1m×1m样方中观测,测量其胸径、高度和叶片数。

5.4.2.3 草本植物观测

5.4.2.3.1 观测内容

在1m×1m样方中观测,观测内容包括物种名称、多度、平均高度和冠幅、物候、生活力、种盖度、样方总盖度等(附录J)。

5.4.2.3.2 多度观测

采用目测估计法,采用德式(Drude)多度等级进行估计(附录N)。

5.4.2.3.3 盖度

分别观测单个物种盖度,同时估计整个样方的总盖度。

5.4.2.4 林冠结构和盖度测量

5.4.2.4.1 林冠高度

在5m×5m样方的四个角测量林冠高度。

5.4.2.4.2 测量点林冠低于15m

若测量点上林冠低于15m,可用测高杆直接测量。测量时,两人一组,一人负责保持测高杆直立、伸缩测高杆和读取数据,一人负责观察测高杆顶端是否到达林冠并记录数据。

5.4.2.4.3 测量点林冠高于15m

若测量点上林冠高于15m,用激光测距仪配合测量林冠高度。

5.4.2.4.4 测量点上无林冠覆盖

如果测量点上无林冠覆盖,在此点的林冠高度记录为0。如果测量点被倒木覆盖但倒木依然存活,倒木叶子的覆盖高度依然可认为是此点的林冠高度。

5.4.2.4.5 林冠数据处理

根据所有5m×5m观测点的林冠高度数据,利用地统计学中的Kriging插值法获得整个观测样地的林冠结构分布图。

5.4.2.4.6 群落(样地)的总盖度

群落(样地)的总盖度为样地内所有植物覆盖地面投影面积的百分率,包括乔木、灌木、草本;通常沿样地对角线系统地选取10~20个点以目测法观测各点的总盖度,其平均值作为群落的总盖度。

5.4.3 灌丛植物观测方法

5.4.3.1 对高大灌丛植物的观测

当灌丛群落灌木植物高大、高度超过1.3m、胸径大于或等于1cm时,灌木、草本植物的观测参照森林群落的观测方法。

5.4.3.2 对低矮灌丛植物的观测

5.4.3.2.1 灌木植物观测

5.4.3.2.1.1 当灌木植物大部分高度小于1.3m或胸径小于1cm时,观测内容包括个体(丛)标记、定位,个体(丛)高度和冠幅,物候期、每个灌木种的盖度,样方灌木总盖度,及个体(丛)生长状态。

5.4.3.2.1.2 个体(丛)标记:每个个体(丛)有惟一的标牌编号,一般以"样方号+个体顺序号"

进行编号,编号位数应为长期观测新增个体保留足够的编号空间;标牌的规格参见5.4.2.1.2.1;用耐腐蚀、抗分化、有韧性、易操作的材料,如细铝丝固定标牌,固定方法参见5.4.2.1.2.3。

5.4.3.2.1.3 个体(丛)定位:在5m×5m基本作业单元内进行,定位方法见5.4.2.1.4,个体(丛)的坐标指其基部的中心垂直于两个坐标轴的水平距离。

5.4.3.2.1.4 个体(丛)高度:测量从根茎地面到个体(丛)顶端的垂直距离。

5.4.3.2.1.5 个体(丛)冠幅:测量南-北、东-西两个方向个体(丛)树冠的宽度。

5.4.3.2.1.6 重复(动态)观测:

a)准备包括前一次观测资料的表格(附录H);

b)对新增个体(丛)按照5.4.3.2.1.1～5.4.3.2.1.5进行观测;

c)对死亡个体(丛),只记录生长状态,标牌和固定材料取回;

d)对其他个体(丛),测量高度、冠幅、种盖度,记录生长状态,并观测样方总盖度(记录表参见附录I)。

5.4.3.2.2 草本植物观测

在1m×1m小样方进行,参见5.4.2.3。

5.4.4 草地植物观测方法

在1m×1m小样方进行,参见5.4.2.3。

5.4.5 植物物种鉴定

a)所有个体应鉴定到种水平;

b)对观测现场不能鉴定或有疑问的种,须采集标本、拍照、记录植物个体编号,请分类专家鉴定,标本采集按照HJ 628的规定执行;

c)对疑难种,需多次野外采集不同生长发育时期,包括花、果的标本,以准确鉴定物种,标本采集按照HJ 628的规定执行;

d)对采集的标本,特别是疑难物种的标本进行制作,做永久保存。

6 观测内容和指标

6.1 乔木:植物种类、种群大小、种群动态、胸径、枝下高、冠幅、分枝、物候期、生长状态、群落的物种多样性、人为干扰活动的类型和强度等。

6.2 灌木(丛):植物种类、种群大小、种群动态、胸径\冠幅、盖度、物候期、生长状态、群落物种多样性、人为干扰活动的类型和强度等。

6.3 草本植物:植物种类、多度(丛)、平均高度、盖度、物候期、生活力、群落物种多样性、人为干扰活动的类型和强度等。

7 观测时间和频次

7.1 可在植物生长旺盛期进行植物观测,一般为夏季。

7.2 对于森林群落,胸径大于或等于1cm的乔木、灌木每5年观测一次;胸径小于1cm的乔木、灌木每年一次或两次;灌丛群落灌木植物每3年观测一次;草本植物每年观测一次。

7.3 观测时间一经确定,应保持长期不变,以利于对比年际间数据。

7.4 可因观测目的及科学研究的需要,在原有观测频率的基础上增加观测频次。

8 数据处理和分析

数据处理和分析方法参见附录 P。

9 质量控制和安全管理

9.1 样地设置环节的质量控制。严格按照本标准要求进行样地的选址、设置和采样设计，对样地选取依据与过程、样地本底调查等操作进行详细、如实地记录。

9.2 野外观测与采样环节的质量控制。观测者应掌握野外观测标准及相关知识，熟练掌握所承担观测项目的操作规程，严格按照观测标准要求在适当的采样时间，完成规定的采样点数、样方重复数。

9.3 数据记录、整理与存档环节的质量控制。规范填写观测数据，完好保存原始数据记录。原始数据不得涂改，若有错误需要改正时，可在原始数据上划一横线，再在其上方填写改正的数据，并签上数据记录者的姓名以示负责。原始记录、数据整理过程记录及过程数据都需要建档并存档。

9.4 数据备份。所有长期观测数据和文档需进行备份(光盘、硬盘)，保证数据的安全性。每半年检查并更新、备份数据一次，防止由于储存介质问题引起数据丢失。

10 观测报告编制

维管植物观测报告包括前言，观测区域概况，观测方法，观测区域维管植物的种类组成、区域分布、种群动态、面临的威胁，对策建议等。观测报告编写格式参见附录 Q。

附录 A(资料性附录)　观测样地(样方)测量记录表(略)
附录 B(资料性附录)　观测样地概况信息调查表(略)
附录 C(资料性附录)　土壤剖面特征调查表(略)
附录 D(资料性附录)　森林样地胸径等于或大于1cm 乔木和灌木植物记录表(略)
附录 E(资料性附录)　森林样地胸径等于或大于1cm 乔木和灌木重复(动态)观测记录表(略)
附录 F(资料性附录)　森林样地胸径小于1cm 乔木和灌木观测记录表(略)
附录 G(资料性附录)　森林样地胸径小于1cm 乔木和灌木重复(动态)观测记录表(略)
附录 H(资料性附录)　矮小灌丛群落灌木植物观测记录表(略)
附录 I(资料性附录)　矮小灌丛群落灌木植物重复(动态)观测记录表(略)
附录 J(资料性附录)　草本植物种类组成调查记录表(略)
附录 K(资料性附录)　地貌类型(略)
附录 L(资料性附录)　样地坡度计算方法(略)
附录 M(资料性附录)　物候期表示方法(略)
附录 N(资料性附录)　德氏(Drude)多度级(略)
附录 O(资料性附录)　人为干扰活动分类表(略)
附录 P(资料性附录)　数据处理和分析方法(略)
附录 Q(资料性附录)　维管植物观测报告编写格式(略)

生物多样性观测技术导则 淡水底栖大型无脊椎动物

HJ 710.8—2014

(2014年10月31日发布 2015年1月1日实施)

目 次

前 言
1 适用范围
2 规范性引用文件
3 术语和定义
4 观测原则
5 观测方法
6 观测内容和指标
7 观测时间和频次
8 数据处理和分析
9 质量控制和安全管理
10 观测报告编制

前 言

为贯彻落实《中华人民共和国环境保护法》、《中华人民共和国野生动物保护法》,规范我国生物多样性观测工作,制定本标准。

本标准规定了在淡水水体包括静水和流水水体生物群落中底栖大型无脊椎动物多样性的观测技术和方法,对样点布设、样本采集方法、定性与定量分析方法以及观测的质量保证等作了相应的规定和说明。

本标准附录A、B、C、D、E、F、G、H为资料性附录。

本标准为首次发布。

本标准由环境保护部科技标准司组织制定。

本标准主要起草单位:南京师范大学、环境保护部南京环境科学研究所。

本标准环境保护部2014年10月31日批准。

本标准自2015年1月1日起实施。

本标准由环境保护部解释。

1 适用范围

本标准规定了淡水底栖大型无脊椎动物多样性观测的主要内容、技术要求和方法。

本标准适用于中华人民共和国范围内淡水底栖大型无脊椎动物多样性的观测。

2 规范性引用文件

本标准内容引用了下列文件或其中的条款。凡是不注日期的引用文件,其最新版本适用于本标准。

GB/T 7714　　　　文后参考文献著录规则
GB/T 8170　　　　数值修约规则与极限数值的表示和判定
HJ 623　　　　　　区域生物多样性评价标准
HJ 628　　　　　　生物遗传资源采集技术规范(试行)

3 术语和定义

下列术语和定义适用于本标准。

3.1 大型无脊椎动物 macroinvertebrate

指个体不能通过 500 μm 孔径网筛的无脊椎动物(包括一些在生活史早期阶段个体较小的动物)。

3.2 淡水底栖大型无脊椎动物 freshwater benthic macroinvertebrate

指生活史的全部或至少一个时期栖息于内陆淡水(包括流水和静水)水体的水底表面或底部基质中的大型无脊椎动物。主要包括刺胞动物门(Cnidaria,或称腔肠动物门 Coelenterata)、扁形动物门(Platyhelminthes)、线形动物门(Nematomorpha)、线虫动物门(Nemata)、环节动物门(Annelida)、软体动物门(Mollusca)和节肢动物门(Arthropoda)的动物。

3.3 密度 density

指单位面积上某种(类)动物的全部个体数目。

3.4 频度 frequency

指某种动物在全部调查样方中出现的百分率。

3.5 生物量 biomass

指单位面积上某种(类)动物的总重量。

3.6 优势种 dominant species

指对群落结构和群落环境的形成有明显控制作用的物种。它们通常是那些个体数量多、生物量高、体积较大、生活能力较强的种类。

4 观测原则

4.1 科学性原则

观测样地和观测对象应具有代表性,能全面反映观测区域淡水底栖大型无脊椎动物的整体状况;应采用统一、标准化的方法,观测淡水底栖大型无脊椎动物多样性的动态变化。

4.2 可操作性原则

观测计划应考虑所拥有的人力、资金和后勤保障等条件,充分利用现有资料和成果,立足现有观测设备和人员条件,采用效率高、成本低的观测方法。

4.3 持续性原则

观测工作应满足淡水底栖大型无脊椎动物保护和管理的需要,并对生物多样性保护和管理工作起到指导及预警作用。观测对象、方法、时间和频次一经确定,应长期保持不变。

4.4 保护性原则

避免观测工作对野生生物造成伤害,避免超出客观需要的频繁观测。若需要采集重点保护物种,应获得相关主管部门的行政许可。

4.5 安全性原则

野外观测工作具有一定的危险性,观测者应接受相关专业培训。观测过程中需做好安全防护措施。

4.6 方法适用性原则

根据观测淡水水体的形态、大小、流量等环境条件,以及各类底栖大型无脊椎动物的生物学和生态学特性,选择相应的观测方法。

5 观测方法

5.1 观测准备

5.1.1 确定观测目标

掌握观测区域底栖大型无脊椎动物的多样性及其分布,以及人类活动和环境变化对其生存状况的影响;为制定流域生态环境保护措施,评价流域生态环境保护措施和政策实施的有效性等提供基础数据。

5.1.2 明确观测对象

包括水螅类和水螅水母类(刺胞动物门),涡虫类(扁形动物门),线形类(线形动物门),线虫类(线虫动物门),寡毛类和蛭类(环节动物门),腹足类和瓣鳃类(软体动物门),甲壳类、水蜘蛛类和水生昆虫(节肢动物门)。在开展物种多样性观测时,应重点考虑以下类群:

a) 我国或国内区域性特有种、优势种或常见种;
b) 对维持淡水生态系统结构和过程有重要作用的物种;
c) 具有重要社会、经济价值的物种;
d) 对水域环境变化反应敏感的物种。

5.1.3 制定观测方案

准备观测区域的水体形态图、基底类型图、1:10000 地形图等资料,根据观测目标和观测对象,制定科学合理的观测方案。

5.1.4 成立观测队伍,开展人员培训

组织观测力量,明确观测者的责任,为观测者提供技术培训,使观测者掌握野外观测方法、操作规范和物种识别知识等。同时,做好全员安全培训,杜绝危险事件发生。

5.1.5 准备观测仪器和工具

准备观测仪器、运输设备和工具(参见附录 A)。检查并调试相关工具和仪器,对长期放置的仪器进行精度校正,确保各项设施完备且运行良好。

5.2 观测样点设置

5.2.1 定量观测

根据湖泊、水库、河流等水体形态特点、底质类型、水文状况、水生植物和淡水底栖大型无脊椎动物的分布特征,以及水体受污染状况等因素,在水域内设置若干具有代表性的断面或样线,

使同一断面或样线上的差异程度尽可能小。在同一断面或样线上每隔一定距离设置一个样点。

5.2.1.1 湖泊和水库

将湖泊、水库划分成入口区、深水区(或湖心区)、出口区、沿岸带,或污染区和相对清洁区等不同区域,在这些区域分别设置1至若干有代表性的横断面。根据断面的方向,每隔一定距离设置样点,或在断面的中部和靠岸的左、右两侧分别设置若干样点(图1)。断面和样点的设置也可根据观测区人类经济活动对水域的干扰程度做适当调整。

5.2.1.2 河流

将河流划分成河口区、下游河段、中游河段、上游河段,以及支流和干流的汇口区等区域,在各区域设置若干有代表性的断面,断面间隔以数公里至数十公里不等(图2)。在同一断面上,每隔一定距离设置一个采样点(图2)。采样点的数目和间距可根据河流的宽度、流速、底质类型和环境异质性程度等进行设定。一般情况下,若河面宽度不超过200m,可在每个断面的中部或靠岸一侧设置1个采样点;若河面宽度在200m以上,可在每个断面的中部和左、右两侧分别布设1至多个采样点,样点间距一般在100～200m(图2)。断面和样点的设置也可根据观测区主要人类活动对河流的干扰程度做适当调整。

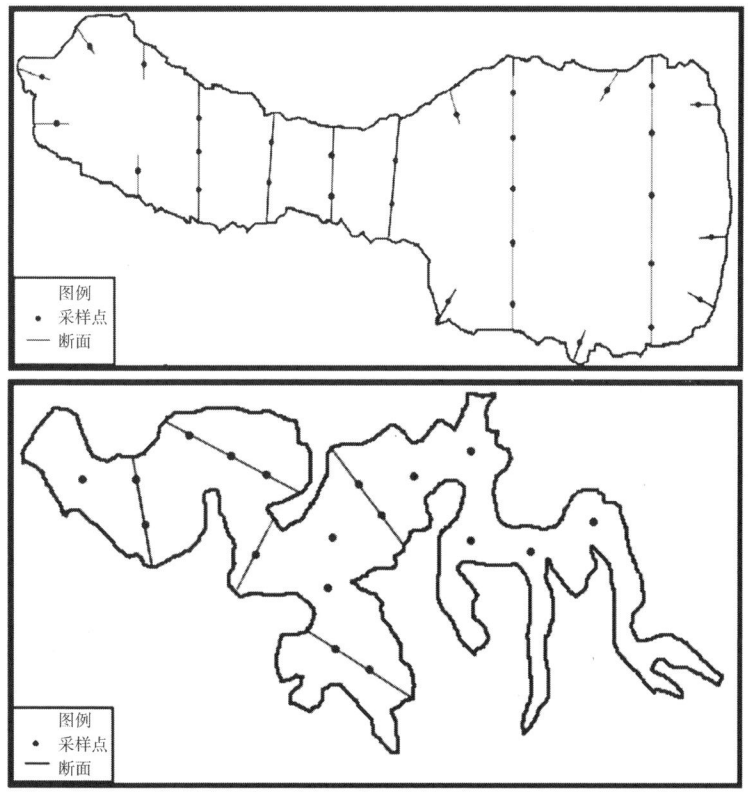

图1 湖泊和水库底栖大型无脊椎动物观测断面和样点布设示意图

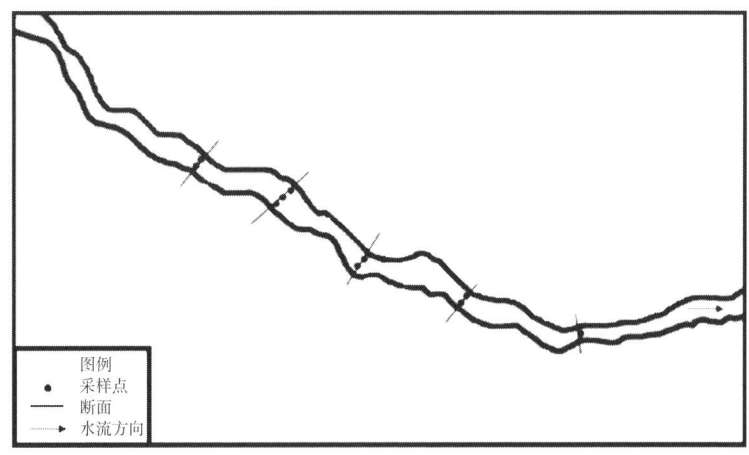

图 2　河流干流底栖大型无脊椎动物观测断面和样点设置示意图

5.2.1.3　溪流和可涉水河流

在山区溪流或可涉水河流布设样点或样线时,可选择水流平缓、河岸植被丰富的断面。视溪流或可涉水河流的底质类型、水深和流速、水面宽度、人类活动的干扰程度等设置若干样点。一般情况下,环境异质性程度越高,设置的样点越多。

5.2.2　定性观测

根据各类底栖大型无脊椎动物的生物学和生态学特性,在各类群的典型生境或特殊生境设置样点或样线,如水中大型植物根部、倒木、水生植物的茎叶、溪流中或小河岸边的石块底部、石缝等处,弥补定量观测中遗漏的栖息在特殊生境的底栖大型无脊椎动物类群。

5.3　样品采集

5.3.1　湖泊、水库定量样品采集

5.3.1.1　泥样采集

5.3.1.1.1　使用底泥采泥器采集泥样。采样时每个采样点累计采样面积 $1/8 \sim 1/3 m^2$。即使用 $1/16 m^2$ 的彼得生采泥器或改良的彼得生采泥器($1/12 m^2$),采泥 2～4 次,采样厚度一般为 10～15cm。若为疏松的湖底底质,则需要穿透 20cm 底质。

5.3.1.1.2　在湖泊、水库深水区域使用采泥器采样时需借助机械绞盘,严格按照安全操作规程进行操作。

5.3.1.1.3　在靠近湖泊、水库沿岸的可涉水区,若有螺、蚌等较大型无脊椎动物时,可使用带网夹泥器(开口面积 $1/6 m^2$)采样 1～2 次。

5.3.1.2　泥样筛洗

5.3.1.2.1　将采获的泥样倒入一个塑料采样箱中,使用长柄 D 型抄网将捞取的泥样在湖泊、水库水中摇荡筛洗,初步洗去泥样中的污泥。洗涤过程中保持网口朝上,防止网内物体溅出。然后,将塑料箱里剩余泥水全部倒入抄网筛洗。

5.3.1.2.2　使用带网夹泥器采得样品后,连网一同在水中摇荡筛洗,洗去污泥(操作过程中保持网口紧闭),将夹泥器提出水面后打开,拣出全部样品。

5.3.1.2.3 样品封装。将每个样点采集、筛洗后的样品连同杂物全部装入同一个塑料自封袋或塑料广口瓶中,贴上标签(写明采集地点、样点编号、日期和采集人),必要时可在样品袋内或样品瓶中放入写有相同内容的标签。缚紧袋口或盖紧瓶口后带回实验室处理。若气温较高(高于33~35℃)或路途中放置的时间较长(超过5h),则需在样品袋或样品瓶中加入适量的乙醇溶液(至终浓度70%左右)或乙醇-甲醛溶液(由90%乙醇和40%甲醛按9:1混合配制),以防止样品腐烂。

5.3.1.3 样品筛选和分拣

5.3.1.3.1 将待筛选样品置于40目网筛中,然后将筛底置于水盆的清水中轻轻摇荡,洗去样品中剩余的污泥,筛洗后挑出其中的杂物和植物枝条、叶片等(仔细检查并拣出掺杂在其中的动物),将筛上肉眼能看得见的全部样品倒入白瓷盘中进行分拣。若观测水域已有颤蚓科(Tubificidae)和仙女虫科(Naididae)等类群分布的记录,则需使用40目和60目网筛进行套筛。

5.3.1.3.2 如采样时来不及分拣,可将初步筛洗后的样品连同所余杂物全部装入一个新的样品袋中,贴上与采样相同内容的标签,缚紧袋口后带回室内再做进一步筛选和分拣。

5.3.2 河流定量样品采集

根据底质类型、水深等因素选择不同的采样方法。

5.3.2.1 深水河流定量样品采集

在水深超过3m的河流,可使用抓斗式采泥器($1/4m^2$)或彼得生采泥器(若河流底质较硬,必要时可使用Kajak柱状采泥器),借助卷扬机、机械绞盘进行采集。采样时每个采样点累计采样面积约$0.5\sim1m^2$($1/16m^2$的彼得生采泥器采泥8~16次;抓斗式采泥器采集2~4次;$1/6m^2$带网夹泥器采集3~6次)。若底栖大型无脊椎动物分布的密度较小时(如在河流中央的深水区域),则需要适当增加采样面积($1.0\sim2m^2$)。若密度较大(如靠近两岸的浅水区),可适当减少采样面积(如$0.5m^2$)。

5.3.2.2 可涉水河流定量样品采集

可使用D形抄网或带网夹泥器。使用D形抄网采样时,将D形抄网放置于准备采样的河底,使D形抄网的直边(长度约为0.3m)紧贴河流底部,逆水流方向从河流下游向上游移动D形抄网约1m,使样品随着搅动和流水的冲刷进入网内,采集3个小样方,总面积约为$1m^2$。

5.3.2.3 河岸浅水区及可涉水湿地的定量样品采集

可结合定量框法进行采集(在湖泊边缘可涉水的湖泊湿地也可采用此法进行定量样品采集)。将定量框(50cm×50cm或25cm×25cm)置于水底底质上,并在四角进行固定。取出定量框内的底质和大型无脊椎动物,一般采集深度为20~30cm,同时顺水流方向在定量框后方置一抄网,以防挖取框中底质时样品漂走,将抄网采获的样品与用定量框采集的样品合并。每个样点采集2~4次,或4~8次(使用25cm×25cm定量框),总采样面积累计约0.25~$1m^2$(可视底栖大型无脊椎动物的密度做适当调整)。

5.3.2.4 样品封装

同湖泊、水库样品封装(5.3.1.2.3)方法。

5.3.2.5 样品筛选和分拣

可参考湖泊、水库样品筛选与分拣(5.3.1.3)方法。

5.3.3 溪流和浅滩定量样品采集

5.3.3.1 一般地质的可涉水溪流、浅滩在可涉水的溪流、浅滩采集底栖大型无脊椎动物时,可使用索伯网进行采集,每个样点采 2～5 个样。采样次数可视底栖大型无脊椎动物的密度做适当调整。采样时,将网口正对上游,用脚或小铁扒有力地搅动索伯网前定量框(50cm×50cm 或 25cm×25cm)内的底质,使样品连同部分底质随水流一起被冲进网内。并用手刷将粘附在石块上的螺类等洗刷入网。

5.3.3.2 底质为卵石或砾石的可涉水溪流、浅滩

可使用踢网或 D 形抄网进行采集。踢网可两人或单人操作,两人操作时,一人在水流下游撑住网,另一人在上游用脚踢起或搅动水底底质,将浑浊的水用脚或手往网内泼,使大型无脊椎动物连同部分底质随水流一起被冲进网内。单人操作踢网时可背对上游,或一只脚踩住网的下沿防止网被水流冲起,单手扶网,用脚在网前踢起 0.5～1m^2 范围内的水底底质,使底质和大型无脊椎动物一起被水流冲入网中。通常使用 1m 的踢网,每个样点采集 2～3 踢。采样踢数可视底栖大型无脊椎动物的密度做适当调整。使用 D 形抄网采样时参考可涉水河流的定量采样法。

5.3.3.3 样品封装

同 5.3.1.2.3 湖库样品封装方法。

5.3.3.4 样品筛选和分拣

可参考 5.3.1.3 湖泊、水库样品筛选与分拣方法。

5.3.4 定性样品采集

5.3.4.1 拖网采样

在水深小于 2m 的湖泊或河流沿岸的浅水区,可使用拖网进行定性样品采集。采样时,将拖网(带有重锤)抛入水中,在船上缓慢拖行(船速 5～10km/h),至一定距离后提起拖网。将同一样线上多次采获的样品连同底质合并装入同一个塑料自封袋或塑料广口瓶中,贴上标签(写明采集地点、样点编号、日期和采集人),缚紧袋口或盖紧瓶口后带回实验室处理。样品采集按照 HJ 628 的规定执行。

5.3.4.2 抄网采样

在河岸边的一些特殊生境,如水中大型植物根部、倒木、大石块基部等采样点进行定性样品采集,可使用不同类型的抄网(如 D 形抄网)。在根株生境采样时,将 D 形抄网放在根株下游,用踢击的方法促使生物分离;在底质粗糙(混合砾石、卵石或大石块)生境采样时,可将抄网底部紧贴在底质上,踢击抄网上游 0.5～1m^2 范围内的底质,使生物从底质上分离,多次踢击后将样品合并;或者将 D 形抄网的直边紧贴河流底部,向前拖动 D 形抄网,使样品随着搅动和流水的冲刷进入网内;使用抄网采集时,应注意使网的下半部分尽量撑开,将网的下沿尽量紧贴底质,网口稍向后倾斜。并注意不要使网的上沿进入水中。待流经网中的水变清后,再捞起抄网。样品采集按照 HJ 628 的规定执行。

5.3.4.3 地笼采样

在浅水湖泊、浅河等水流较缓的水域,可使用地笼进行样品采集。所用地笼的规格可视水面宽度和水深等做适当调整。布设地笼时,先将地笼两端网口扎紧,将一端绑在水中木桩或浮漂上,另一端(连接重物)抛入水中(必要时可先在笼网内放入适量食料作为诱饵)。通常在傍晚前下网,次日清晨起网(若底栖动物密度较低,可放置数日)。起网后,将笼内捕获的大型无脊椎动物全部倒出,装入同一个塑料自封袋或塑料广口瓶中。样品采集按照 HJ 628 的规定执行。

5.3.4.4 徒手采样

在浅滩或可涉水的溪流、浅河等生境,针对一些特殊的底栖大型无脊椎动物类群如溪蟹类,

可采用徒手采样法进行定性采样。采样点一般选择在溪流上游或溪流源头人迹稀少、罕至的生境。采集时,选择水流较缓慢且有较多石块的区域进入小溪或浅河,轻轻掀起水中石块,查看石块下方是否藏匿有底栖大型无脊椎动物。一旦发现,迅速抓住、放入采集瓶中。采集过程中,要注意防止手被蟹类螯足的钳状指节夹伤。样品采集按照 HJ 628 的规定执行。

5.3.4.5 诱捕法采样

使用底栖大型无脊椎动物喜食的饵料或在夜间使用白炽灯进行诱捕。可以与徒手采样法配合使用,提高采样效率。采样点与徒手法相类似。夜间出行采样时需事先掌握采样点周围的环境条件,同时采取必要的人身安全防护措施。样品采集按照 HJ 628 的规定执行。

5.3.4.6 人工基质采样

在水深超过 1.5m 大型河流进行定性或定量样品采集时,可使用人工基质采样器(用 8 号和 14 号铁丝编织而成的高 20cm、直径 18cm 的圆柱形铁笼,网孔面积 4～6cm^2)进行采样。先在采样器的笼底铺一层 40 目尼龙筛绢,再放上若干长约 8cm 的卵石。选择水流比较平缓的水域,将采样器安置在采样点上,一个月后取回采样器,清洗并择取附在人工基质上的样品。使用人工基质采样时,需定期检查采样器,以防采样器被水流冲走或破坏。样品采集按照 HJ 628 的规定执行。

5.3.4.7 样品封装

可参考湖泊、水库样品封装(5.3.1.2.3)方法。

5.3.4.8 样品筛选和分拣

可参考湖泊、水库样品筛选和分拣(5.3.1.3)方法。

5.4 样品处理与保存

5.4.1 样品清洗

在室内,将带回的样品从样品袋或样品瓶倒入白瓷盘内。若样品沾有污泥,则需将样品倒入 40 目网筛(或 40 目与 60 目套筛)内,用自来水清洗,直至污泥完全洗净。再将洗净的样品倒入白瓷盘中。

5.4.2 样品分拣及固定

向白瓷盘中加入少许清水,用圆头镊或眼科镊、解剖针、吸管拣选,拣出各类底栖大型无脊椎动物。必要时需借助体视显微镜进行拣选。个体柔软、体型较小的动物也可用毛笔分拣,避免损伤虫体。分检出的样品可放入广口标本瓶中或标本缸,用 75% 乙醇溶液固定。

5.4.3 样品保存

样品保存时需按各样点编号,分别保存在标本瓶内。在标签上填写样点编号、采集日期、采集地点、采集人,将标签贴在样品瓶外,并在样品瓶内放入同样内容的标签。放入标本瓶中的标签通常使用制版转印纸(用铅笔书写)或白布条(用油性记号笔或签字笔书写)。有条件时可激光打印或喷墨打印标签。

5.4.4 动物样品的固定和保存

将采获的动物样品放入 75% 乙醇溶液中固定。固定 24h 后,更换一次 75% 乙醇溶液,以便长期保存(部分需要进行 DNA 条形码分析的标本可保存在 90%～95% 乙醇溶液中,以下同)。加入的固定液和保存液的体积应以溶液完全没过动物样品为宜。在时间和条件允许的情况下,可参见附录 F 对各类底栖大型无脊椎动物样品分别进行固定和保存。

5.5 物种鉴定

5.5.1 形态分类学鉴定

参考相关工具书或在相关分类学家的指导下,对采得的样品进行形态分类和物种鉴别。样品原则上应鉴定到种,若确实无法鉴定到种,可提升至上一级分类单元(比如属)。鉴定过程中,注意保留用于分类鉴别的凭证标本。为确保物种鉴定的准确性,必要时可抽取同一批次样品中的部分样品送交从事各类淡水底栖大型无脊椎动物分类学研究的专家进行核实。

5.5.2 DNA 条形码辅助分类鉴别

对底栖大型无脊椎动物幼体或近缘种样品的物种鉴别,可借助 DNA 条形码技术进行辅助分类鉴别。

6 观测内容和指标

淡水底栖大型无脊椎动物观测内容和指标见表1。实际观测中,可根据具体观测目标和观测对象进行适当增减。

表1 淡水底栖大型无脊椎动物观测内容和指标

观测内容	观测指标		观测方法
生境特征	地理位置(经纬度)与海拔		直接测量法
	河流生境指标:干流、支流、水深、流速ª、水温ª、透明度、pH 值、溶解氧、河床底质类型、河道类型(是否渠化,或修建堤坝)、污染情况(有无污染源)		资料查阅和野外调查
	湖泊生境指标:水源、出口、水深、丰水期面积、水温ª、透明度、pH 值、溶解氧、底质类型、水文状况(枯水期、丰水期)、湖岸类型(是否修建堤坝)、污染情况(有无污染源)		资料查阅和野外调查
	底床附生植被主要类型		资料查阅、野外定性和定量调查
	岸生植被主要类型		
	水生经济动物的放养情况(种类、网箱或围网养殖等)		
物种及其数量特征	物种或分类单元的组成		定量和定性调查
	物种丰富度或分类单元丰富度		样方法
	密度		样方法
	频度ª		样方法
	生物量		样方法
群落特征	α 多样性指数	丰富度指数(d_M)	样方法
		香农-维纳(Shannon-Wiener)指数(H')	
		辛普森(Simpson)多样性指数(D)ª	
		均匀度指数(J)	
	β 多样性指数ª	Sørensen 指数	样方法

注:a 可视观测目标等作适当调整。

7 观测时间和频次

7.1 观测时间可视观测目标和地域而定,一般以春末(3～4月)至秋末(9～10月)为宜,在秦岭-淮河一线以南地区,观测时间可延期至11月。每年观测不少于2次,经费允许条件下可在平水期、丰水期和枯水期各观测1次。

7.2 观测时间和频次一经确定,应保持长期不变,以利于年际间观测数据的对比。

7.3 可因观测目的及科学研究的需要,在原有观测频次的基础上适当增加观测次数。

8 数据处理和分析

数据处理和分析方法参见附录G。

9 质量控制和安全管理

9.1 对观测者进行技术培训,使其了解淡水底栖大型无脊椎动物观测的要求、方法,标本处理、保存、物种鉴别,以及数据统计和分析等技术。必要时,需有相关分类学专家对物种鉴定予以指导和协助。

9.2 采样前,用数码相机拍摄采样区域,在图中标出采样点,使用GPS仪确定采样区域或采样点的经纬度。

9.3 严格按标准要求进行信息采集,填写各项观测数据。记录表格一般要编页装订成册,内容齐全,填写翔实,字迹工整、清晰。所有原始数据记录表、图片、样品和分类凭证标本应及时保存归档,并及时填写和归档电子数据(包括数据记录表、数码图片和航迹等)。

9.4 采样完成后,将所有样品运回实验室,与实验室人员交接,填写实验室样品记录表。将样品瓶上的所有信息抄写在实验室样品登记表上,按照采样区域或样点对样品登记表进行统一编号。

9.5 对每个采样点采集获得的底栖大型无脊椎动物样品,准确鉴别种类,按不同种类准确地统计个体数,测量生物量。数值测试和计算按GB/T 8170的规定执行。

9.6 对观测者进行野外工作常识、安全常识和野外安全技能培训,同时做好安全防护工作,购买必要的防护装备、用品和应急药品。必要时观测者必须提前接种疫苗。在确保人身安全的情况下方可进行观测。避免单人作业。

10 观测报告编制

淡水底栖大型无脊椎动物观测报告应包括前言,观测区域概况,观测方法,观测区域淡水底栖大型无脊椎动物的种类组成、区域分布、种群动态、面临的威胁,对策建议等。观测报告编写格式参见附录H。

附录 A(资料性附录)　淡水底栖大型无脊椎动物观测工具、试剂和装备(略)
附录 B(资料性附录)　淡水底栖大型无脊椎动物观测野外采样记录表(略)
附录 C(资料性附录)　淡水底栖大型无脊椎动物定量采集记录表(略)
附录 D(资料性附录)　淡水底栖大型无脊椎动物定性采集记录表(略)
附录 E(资料性附录)　淡水底栖大型无脊椎动物凭证标本记录表(略)
附录 F(资料性附录)　淡水底栖大型无脊椎动物样品固定和保存的方法(略)

附录 G(资料性附录)　数据处理和分析方法(略)
附录 H(资料性附录)　淡水底栖大型无脊椎动物观测报告编写格式(略)

生物多样性观测技术导则　内陆水域鱼类

HJ 710.7—2014

(2014 年 10 月 31 日发布　2015 年 1 月 1 日实施)

目　次

前　言

1　适用范围

2　规范性引用文件

3　术语和定义

4　观测原则

5　观测方法

6　观测内容和指标

7　观测时间和频次

8　数据处理和分析

9　质量控制和安全管理

10　观测报告编制

前　言

为贯彻落实《中华人民共和国环境保护法》、《中华人民共和国野生动物保护法》,规范我国生物多样性观测工作,制定本标准。

本标准规定了内陆水域鱼类多样性观测的主要内容、技术要求和方法。

本标准附录 A、B、C、D、E、F、G、H、I、J、K 为资料性附录。

本标准为首次发布。

本标准由环境保护部科技标准司组织制定。

本标准主要起草单位:中国科学院水生生物研究所、中国科学院昆明动物研究所和环境保护部南京环境科学研究所。

本标准环境保护部 2014 年 10 月 31 日批准。

本标准自 2015 年 1 月 1 日起实施。

本标准由环境保护部解释。

1 适用范围

本标准规定了内陆水域鱼类多样性观测的主要内容、技术要求和方法。

本标准适用于中华人民共和国范围内所有内陆水域鱼类多样性的观测。

2 规范性引用文件

本标准内容引用了下列文件或其中的条款。凡是不注日期的引用文件，其最新版本适用于本标准。

GB/T 7714　　　　文后参考文献著录规则
HJ 623　　　　　区域生物多样性评价标准
HJ 628　　　　　生物遗传资源采集技术规范（试行）
SL 58　　　　　水文普通测量规范
SL 219　　　　　水环境监测规范

3 术语和定义

下列术语和定义适用于本标准。

3.1　内陆水域 inland water

指陆地上的各种水体，包括河流、湖泊、水库、池塘等。

3.2　受精卵 fertilized egg

指从精卵结合至孵化出膜时期的鱼卵。

3.3　仔鱼 larval fish

指从孵化出膜至变态完成时期的个体，一般指持续至临时器官消失，成鱼器官开始出现的发育阶段。

3.4　稚鱼 juvenile fish

指完成了变态，仔鱼特征消失，成鱼表型特征已经基本形成，直到性成熟前的个体。

3.5　成鱼 adult fish

指达到初次性成熟以后的个体。

3.6　全长 total length

指吻端至尾鳍末端的距离。

3.7　体长 standard length

指吻端至尾椎骨末端的距离。

3.8　叉长 fork length

指吻端至尾叉最深点的距离。

3.9　体重 body weight

指鱼类个体的质量。

3.10　空壳重 carcass weight

指鱼类个体去内脏的质量。

3.11　性腺发育期 gonad stages

依据性腺的形态学、组织学和细胞学特征，对性腺发育进行分期：

a) 卵巢的分期

Ⅰ期:卵巢为透明细线状;肉眼不能分辨雌雄,看不到卵粒,表面无血管或甚细弱。为未达性成熟的低龄个体所具有。

Ⅱ期:卵巢多呈扁带状,有不少血管分布于卵巢上,已能与精巢相区分,但肉眼尚看不清卵粒,即卵粒中尚未沉积卵黄。

Ⅲ期:卵巢体积因卵粒生长而增大,卵巢血管发达,肉眼已可看清积累卵黄的卵粒,但卵粒不够大也不够圆,且不能从卵巢褶皱上分离剥落。

Ⅳ期:卵巢中卵粒充满卵黄,卵巢膜甚薄,表面的血管十分发达,卵粒极易从卵巢褶皱上脱落下来,有时挤压腹部可流出少量卵粒。

Ⅴ期:为产卵期,卵巢已完全成熟,呈松软状,卵粒已从卵巢褶皱上脱落,排至卵巢腔(或腹腔)中,提起亲鱼或轻压腹部即有成熟卵从泄殖孔中流出。

Ⅵ期:产完卵以后的卵巢,一批产卵的鱼,卵巢呈萎瘪的囊状,表面血管充血,以后转变为Ⅱ期;分批产卵的鱼,卵巢内仍有还在发育的第3、第4时相的卵母细胞,经一段时期发育后又产下一批卵。所以此类卵巢经短期恢复后,由Ⅵ期转变为Ⅳ期。

b) 精巢的分期

Ⅰ期:特征和Ⅰ期卵巢相同,也是未达性成熟的低龄个体所具有。

Ⅱ期:呈线状或细带状腺体,半透明或不透明,表面血管不显著。

Ⅲ期:呈圆杆状,挤压鱼的腹部或剪开精巢都没有精液流出,作精巢切面时塌陷;不少鱼的Ⅲ期精巢呈肉红色。

Ⅳ期:呈乳白色,表面血管显著,作精巢切面时,切面塌陷;挤压鱼腹有白色精液流出,精液入水后随即溶散,此时已进入成熟期。

Ⅴ期:为生殖期,精巢柔软,内充满乳白色精液,提起鱼头或轻压腹部即有大量精液从生殖孔流出。

Ⅵ期:为生殖后的精巢,体积缩小,外观萎瘪,经恢复后转为Ⅲ期。

3.12 性腺重 gonad weight

性腺的总质量,单位为克(g)。

3.13 成熟系数 coefficient of maturity 或 gonadosomatic index(GSI)

指性腺重占体重(一般指去内脏体重)的百分比,表示性腺相对大小的指标,用于衡量性腺发育程度和鱼体能量资源在性腺和躯体之间的分配比例。

3.14 性比 sex ratio

指同一调查水域内同一物种不同性别个体数的比例。

3.15 存活率 survival rate

指某一时段终止时和起始时鱼类种群个体数量的比值。

3.16 鱼体肠管充塞度 intestine fullness

表示鱼体肠管内食物多少,共分6级:

0级:肠管空;

1级:食物约占肠管的1/4;

2级:食物约占肠管的1/2;
3级:食物约占肠管的3/4;
4级:整个肠管都有食物;
5级:食物极饱满,肠管膨胀。

3.17 食物组成 diet composition

鱼类消化道中食物的成分、数量和质量比例。

4 观测原则

4.1 科学性原则

观测样地和观测对象应具有代表性,能全面反映观测区域鱼类物种资源的整体状况;应采用统一、标准化的观测方法,能观测到鱼类物种资源的动态变化。

4.2 可操作性原则

观测计划应考虑所拥有的人力、资金和后勤保障等条件,充分利用现有资料和成果,立足现有观测设备和人员条件,应采用效率高、成本低的观测方法。

4.3 持续性原则

观测工作应满足鱼类物种资源保护和管理的需要,并能对生物多样性保护和管理起到指导及预警作用。观测对象、方法、时间和频次一经确定,应长期保持不变。

4.4 保护性原则

尽量采用非损伤性取样方法,避免不科学的频繁观测。若要捕捉重点保护水生野生动物进行取样或标志,必须获得相关主管部门的行政许可。

4.5 安全性原则

鱼类多样性观测具有一定的野外工作特点,观测者应接受相关专业培训,观测过程中应做好安全防护措施。

4.6 方法适用性原则

根据观测水体的形态、大小、流量等环境条件,选择相应的观测方法。产漂流性卵鱼类早期资源调查方法、渔获物调查方法、声呐水声学调查方法和标记重捕方法可用于大型湖泊、河流鱼类观测。鱼类自主采样方法、产沉黏性卵鱼类早期资源调查方法可用于小型浅水湖泊、小型河流、溶洞和高山溪流鱼类观测。

5 观测方法

5.1 观测准备

5.1.1 确定观测目标

观测目标可为掌握观测区域鱼类物种多样性、群落和种群结构、早期资源补充、地理分布,或为分析人类活动和环境变化对鱼类物种资源的影响,或为鱼类物种资源保护措施的制定,以及评价鱼类保护措施和政策的有效性提供基础数据。

5.1.2 明确观测对象

根据观测目标,一般应从具有不同生态需求和生活史的类群中选择观测对象。在考虑物种多样性观测的同时,还应重点考虑以下类群的观测:

a)受威胁物种、保护物种和特有种；
b)具有重要社会、经济价值的物种；
c)对维持生态系统结构和过程具有重要作用的物种；
d)对环境或气候变化反应敏感的指标性物种。

5.1.3 制定观测计划

收集观测区域自然和社会经济状况的资料，了解观测对象的生态学及种群特征，必要时可开展一次预调查，为制定观测计划做好准备。观测计划应包括：观测内容、要素和指标，观测时间和频次，样本量和取样方法，观测方法，数据分析和报告，质量控制和安全管理等。

5.1.4 人员培训

做好观测方法、野外操作规范等方面的培训工作，确保观测者能够熟练掌握各种仪器的使用以及鱼类标本的采集和鉴别方法。同时，做好安全培训，加强安全意识，强调野外采样中应注意的事项，杜绝危险事件发生。

5.1.5 仪器设备和计量控制

准备好鱼类资源观测所需的仪器和设备(参见附录A)。检查并调试相关仪器设备，确保设备完好，对长期放置的仪器进行精度校正。

5.2 观测断面或样点设置

5.2.1 湖泊、水库等开阔水域

根据水体底质、水生植物组成、水深、水流、湖库形状、水质等因素划分成若干小区，使同一小区内变异程度尽可能小。在每个小区内，设置若干有代表性的样点。样点的数量可根据小区湖体面积、形态和生境特征、工作条件、观测目的、经费情况等因素确定。一般情况下，湖体水面大于$2km^2$时样点不少于3个。对于通江湖泊，应确保主要入湖支流、主湖区以及通江水道必须设置采样点。主要入湖支流的样点数不得少于2个。对于通江水道，样点不少于2个，在离通江口和入湖口的一定距离处分别设置样点。

5.2.2 河流或河流型水库

根据河流形态、河床底质、水位、水流、水质等因素，将河流划分成若干断面，使同一断面上的变异程度尽可能小。在同一断面上每隔一定的距离设置一个样点。

5.3 鱼类早期资源调查

5.3.1 产漂流性卵鱼类早期资源调查

该方法适用于河流或湖泊的入湖、出湖通道的流动水体。

5.3.1.1 定点定量采集。按照HJ 628的规定执行。采样点选择在河岸相对平直，水流平顺、流速为0.3～1.0m/s、流态稳定的位置，距离河岸20～100m。采样点设置在靠近主流的一侧。将弶网(网目0.50～0.80mm)或者圆锥网(网目0.50～0.80mm)固定在船舶或者近岸的支点，每日采集2次，采集时间为6:00～7:00和18:00～19:00，每次采集约1h。采集时间可根据实际情况进行适当调整。采样过程如下：
a)将采集网具悬挂于卷扬机的钢索上；
b)启动卷扬机，释放钢索，将采集网放入水中；
c)网口到达预定水层时开始计时并记录；
d)观察钢索计数器和倾角仪的度数；

e) 将流速仪安装于网口中央,测定网口流速;

f) 一次采集持续到预定时间时,开启卷扬机,拉起采集网具,同时记录采集网的起吊时间;

g) 分拣鱼卵、仔鱼、稚鱼等;

h) 采样期间,测定流速、透明度、水温、pH值、溶解氧等环境因子。

5.3.1.2 定性采集。按照 HJ 628 的规定执行。在鱼卵、仔鱼"发江"时用弶网进行定性采集。获得的鱼卵、仔鱼主要用于培养观察。定性采集通常昼夜连续进行,持续 24h,下网时间间隔 2~4h,每次采集 15~30min,如遇上雨后杂质较多时,可根据实际情况,适当缩短采样时间。采集完毕后,将鱼卵、仔鱼与杂质等一并带回,在实验室内进行分拣,拣出形态完好、行为正常的鱼卵、仔鱼进行培养和观察,直至能够准确地鉴定出种类。

5.3.1.3 断面采集。使用圆锥网,在定量采集点所处的断面上进行,采集点为左岸近岸、左岸至江中距离的 1/2 处、江中、江中至右岸 1/2 处、右岸近岸,共 5 个点,从左岸侧的江岸至对岸 5 个点分别编号为 A、B、C、D、E。在水深大于 3m 的样点,每个采集点采集表、中、底 3 个样,分别编号为 1、2、3,相应的采集深度分别为该点水深的 0.2、0.5、0.8 倍(图1);在水深大于 1m,小于 3m 的样点,进行表层和底层采样;在水深小于 1m 的样点,只进行表层采集。每次采集的时间定为 10min,采集记录表参见附录 B。

5.3.1.4 样本处理。将采到的鱼卵、仔鱼、稚鱼以及所有悬浮物和碎屑等一起过滤。如果发现鱼卵,计数后逐个培养,培养过程中进行种类鉴定,并做好相关记录(记录表参见附录 C)。如果发现仔鱼,则放入 7% 的福尔马林溶液中固定,15min 后拣出,逐尾计数,放入 5% 的福尔马林中保存。如果发现稚鱼,放入 10% 的福尔马林溶液中固定保存。各次采集的仔鱼、稚鱼样本放入标签后分别存放,供实验室内进行种类鉴定。分别记录每个样本内各种类鱼卵、仔鱼、稚鱼的数量及其每一尾的发育期(鉴定结果记录参见附录 D)。对于种类鉴定有疑问的样本,用乙醇保存,进行分子鉴定。

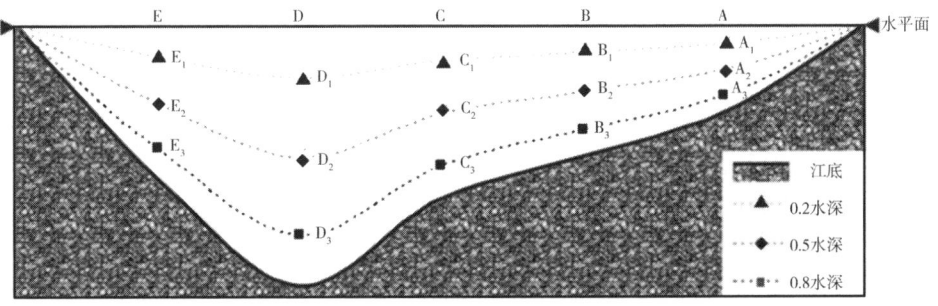

图1 鱼类早期资源采样点分布

5.3.2 产沉黏性卵鱼类早期资源调查

5.3.2.1 主动采集

在水流较缓的水域,利用抄网等网具,在鱼类产卵场及仔鱼、稚鱼的栖息地进行采集。对以水草为产卵基质的种类,可将水草取出,挑取黏附在水草上的黏性卵;对以浅水砾石为产卵基质的种类,可直接在砾石上进行采样。近岸浅水生境仔鱼、稚鱼的采集可用抄网(网目 0.50~1.00mm)采集。按照 HJ 628 的规定执行。

5.3.2.2 被动采集

可以通过设置底层网、人工鱼巢采集鱼卵,并按照 HJ 628 的规定执行。人工鱼巢指在合适的地点放置适合鱼类产卵习性的基质,吸引鱼类在其上产卵。对于鲤、鲫等产卵于水生植物的鱼类,用水草或棕榈丝扎成束放置在静水或水流较缓的区域,以吸引鱼类产卵;对于在底质筑巢的鱼类,放置有裂缝的瓦罐,可吸引鱼类产卵。对随水流向下游漂流的沉黏性鱼卵,可采用底层网进行采集。底层网具如同倒置的弶网,网口为"D"形,配置锥形网,以铁锚将网具固定于水底,网口上缘系一个浮筒。在网口悬挂电子流速计,记录起止读数计算流速和网口过水量。放置底层网前,应确定流速计是否正常工作。放网时要确定网具是否已抵达江底,同时记录放网时间和经纬度。收网时,要记录收网时间。根据观测要求确定采样时间,一般维持数小时。

5.3.2.3 其他

静水或缓流的清澈水域可采用调查人员直接入水进行收集、观察及计数。

5.4 鱼类物种多样性调查

5.4.1 渔获物统计

统计所观测水体的小区内各类渔具、渔法所捕捞的渔获物中的所有种类。样品采集按照 HJ 628 的规定执行。

5.4.2 走访并调查

渔民、码头、水产市场、餐馆等有当地鱼类交易或消费的地方,或者开展休闲垂钓的地方,购买鱼类标本,进行补充采样。样品采集按照 HJ 628 的规定执行。

5.4.3 自行采集

在湖泊浅水区、河流沿岸带、高山溪流、洞穴水体等区域进行自行采集,以抄网、撒网、地笼、饵钓等采样方法,收集鱼类样本。样品采集按照 HJ 628 的规定执行。

5.5 渔获物调查

5.5.1 调查方法

5.5.1.1 渔获物的取样数量

渔获物的取样数量需能反映渔获物的现实状况。当渔船数量较多时,可根据各种渔具的渔船数量按比例进行取样;当渔船数量较少时,应对所有渔船的渔获物进行统计分析。常年有渔船作业的水体,可按月进行渔获物统计,当渔船数量多,所采用渔具不一致时,需对渔获物进行抽样统计。如果一次起水的渔获物较多,对于过秤前后分装在筲筐内的渔获物,可采用拈阄法或者借助于随机数表进行取样;当渔获物被分为若干单元(如不同的渔具或分批起网的渔获物),而这些单元的鱼类组成或个体大小有明显区别时,应当以单元为层次进行分层随机抽样。

5.5.1.2 环境数据记录

每次进行鱼类采集时都应填写环境数据记录表(附录 E),将采集到的每一尾鱼样本当场进行种类鉴定,并逐尾进行各项生物学指标的测量和记录(记录表参见附录 F 和 G)。每个种类都拍照并留存图像资料,并注明采样信息。对于不能当场识别、识别尚存疑问或者以前没有采集到的种类,应在采集记录上做好备注,并取鳍条、肌肉等组织材料用乙醇固定以备进行分子鉴定,整体标本用福尔马林溶液固定并作标记。

5.5.1.3 鱼类食性材料收集

样品采集按照 HJ 628 的规定执行。同一种鱼的食性需取自种群内不同大小的个体；采集的样品鱼，经长度测量，称重等程序之后，即可剖开腹部，取出完整的胃和/或肠；将取出的胃和肠管轻轻拉直，测量长度，并目测其食物饱和度。肉食性鱼类的肠管较短，可按整个肠管或前后肠来检定食物饱和度；草食性或杂食性鱼类的肠管较长，通常要按照前、中、后肠来进行鉴定。将胃和肠管的两端用线扎紧，系上编号标签，再用纱布包好放入标本瓶，然后加入5%甲醛溶液。体长20cm以下的小鱼，可采用整体固定，固定之前，在鱼体腹下剪一小口，系上标签，并用纱布裹紧。

5.5.2 样品处理方法

根据不同的目的和样品的大小，采用不同的处理方法。

5.5.2.1 整体浸泡法

5.5.2.1.1 福尔马林整体浸泡

将鱼类体表冲洗干净，进行编号、登记和记录，并系好布标签，个体较大者在腹腔中注入适量10%福尔马林以固定内脏器官。然后将背鳍、胸鳍、臀鳍和尾鳍适当展开，在10%福尔马林溶液中浸泡片刻，待各鳍形态固定后，放入盛有8～10%福尔马林的标本瓶中进行固定，将固定后的标本放入5%福尔马林液中浸泡保存。

5.5.2.1.2 乙醇整体浸泡

将鱼类体表冲洗干净，进行编号、登记和记录，并系好布标签，直接放入装有95%乙醇溶液中浸泡，一天后更换75%乙醇即可长期保存。对个体大的鱼需向腹部注射乙醇，隔天更换乙醇一次，若隔天乙醇颜色变黄仍需更换，直到不变黄为止。

5.5.2.2 取分子材料后保存

通常剪取适量右侧背部肌肉或右侧偶鳍保存组织材料。取材过程中应注意个体之间避免互相污染，每取一个样品后应对器材进行消毒。对剪取的组织和鱼体应进行编号，确保一一对应，取过组织材料的鱼体可以放入10%福尔马林溶液中保存。剪取的组织材料一般放入装有95%以上纯度乙醇的密封容器内保存。

5.6 声呐水声学调查

5.6.1 实施要求

由于本方法对设备要求较高，可根据观测能力条件选择实施。

5.6.2 观测方法

分为走航式和固定式两种

5.6.2.1 走航式

走航式运用回声探测仪观测鱼类数量与分布。将声呐探测设备的数字换能器（探头）固定在船体的一侧，确保探头发射声波面垂直向下，探头放于水面以下一定深度，避免船体波动致使探头露出水面，同时也减少水面反射的影响。利用导航定位仪确定探测船的坐标位置，并记录航行路线。在河流中，根据探测江段长度、深度、宽度和观测要求选择探测方式。探测方式可采用平行式走航探测，比如"Z"和"弓"字形路线，也可采用直线式走航探测（记录表参见附录H）。在湖泊、水库等开阔水域，先划分成若干小区，在每个小区的角和中心点上设置站位。航线走向的设置以尽量垂直于鱼类密度梯度线为设计原则，力求每条走航路线均可覆盖各种密度类型的鱼类分布区,以保证所采集数据的代表性和资源评估结果的准确性。

5.6.2.2 固定式

用于观测鱼类通过某一断面的数量和活动规律。根据观测要求和水域形状,选择断面,探头完全放于水下一定的深度,确保探头发射声波面与水面平行。利用换能器进行连续(一般1秒一次)脉冲探测和声学数据采集。

5.6.3 声学数据的预处理

在某些特殊情况下,如风浪天气、船舶颠簸以及遇到特殊水底时,船底气泡和水底信号等"噪声"均可能影响探测结果,因此需要对观测数据进行预处理予以校正。

5.7 标记重捕法

5.7.1 标记重捕法步骤

包括以下主要步骤:确定放流种类、选择标记方法、选择放流对象、存活和脱标实验、标记和放流、回捕和检测。每一步骤都应做好记录(记录表参见附录I)。标记重捕法一般适用于封闭的小型湖泊。

5.7.2 标记方法

选择合适的标记方法,一般采用挂牌标记、线码标记、荧光标记、切鳍标记等方法。

5.7.3 选择放流对象

最好选用个体较大、健壮的野生鱼类,并在池塘或者人工圈养的水体内暂养。

5.7.4 存活和脱标实验

选择一定数量成功标记的个体进行暂养。3日后,逐尾检测标记的存留状况,及鱼类的存活和生活状况。根据不同标记部位的留存率和不同标记方法对鱼类生活行为的影响程度,选择标记留存率较大且对鱼类生活影响较小的标记部位。

5.7.5 标记和放流

根据5.7.4确定的标记方法,对鱼类进行标记。标记当日停止投喂饵料,次日恢复饵料的投喂。运输前2至3天,将生长良好的鱼类筛选好分塘暂养,如果缺少池塘条件应将鱼类集中于网箱中暂养,同时反复清洗网箱,增加鱼类在网箱中的活动量,刺激鱼体分泌粘液并将粪便排出;运输前应停止投喂1至2天。

5.7.6 标记鱼的回捕

标记鱼的回捕分四类:(1)发布消息,有偿回收;(2)渔获物调查;(3)在放流水域周边乡镇的集市上进行访问调查;(4)自主采样。

5.7.7 样品的处理方法

已死亡的样本用10%甲醛溶液保存以备检测,而活体则暂养于池塘,经检测后标记放流。

5.8 遗传多样性分析

5.8.1 样本处理

选择较新鲜的鱼类标本,剪取鳍条、肌肉等组织样本,每份样本分别浸泡于95%以上纯度乙醇中单独保存。其中微卫星多态性分析要求每个地理群体至少需要30尾样本,线粒体或者核基因序列分析至少需要5尾样本。

5.8.2 DNA提取

用高盐法或专业DNA提取试剂盒提取样本基因组DNA。

5.8.3 遗传结构的获得

选用线粒体基因序列分析、核基因序列分析、微卫星多态性分析等方法,选用相关的引物,进行 PCR(聚合酶链式反应)扩增。PCR 产物经琼脂糖凝胶电泳(适用于线粒体或核基因)或者聚丙烯酰胺凝胶电泳(适用于微卫星)检测后进行测序或基因分型。然后,对测序的结果利用相关软件进行分析,得到种群的遗传结构。

6 观测内容和指标

6.1 鱼类早期资源调查内容包括鱼类种类组成、鱼类繁殖时间以及环境条件等,以便估算鱼类早期资源量,推算产卵场及产卵规模,确定鱼类繁殖条件需求(表1)。

6.2 鱼类物种资源调查内容包括鱼类物种多样性、群落结构、种群结构、遗传结构和环境条件等(表1)。

6.3 可根据观测目标和观测区域实际情况对观测指标进行适当调整。

表1 内陆水域鱼类观测内容和指标

观测内容		观测指标	主要观测方法
鱼类早期资源调查		繁殖群体组成	鱼类早期资源调查
		产卵规模	鱼类早期资源调查
		产卵习性	鱼类早期资源调查
		产卵场的分布和规模	鱼类早期资源调查
鱼类物种资源调查	鱼类物种多样性	种类组成和分布 鱼类生物量	渔获物调查 声呐水声学调查、标记重捕法
	鱼类群落结构	优势物种,不同种类的重量和尾数频数分布。	渔获物调查、声呐水声学调查
	鱼类个体生物学及种群结构	食物饱满度、性腺发育等个体生物学特征,年龄组成、性比、体长和体重的频数分布、种群数量、生物量等。	渔获物调查、标记重捕法
	鱼类种群遗传结构	变异位点、单倍型数、单倍型多样性、核苷酸多样性、等位基因数、观测杂合度、期望杂合度、近交系数、遗传分化指数等。	遗传结构分析
栖息地调查		水体(包括产卵场)的长、宽、深、底质类型、流(容)量、水位、流速、水温、透明度、pH 值等理化因子,污染状况(污染源/污染程度)及水利工程建设、渔业等人类活动状况。	资料调查和现场测量,按 SL 58 和 SL 219 的规定执行

7 观测时间和频次

7.1 根据观测对象的繁殖季节确定鱼类早期资源调查的时间。通常每年进行一次,从繁殖季节开始持续到繁殖季节结束。如果所调查的鱼类产卵场上游有大型水利水电工程建设,应考虑工程运行引起的水文、水温情势改变对鱼类造成的延迟影响,合理安排观测时间。

7.2 鱼类物种资源调查的时间没有强制性规定,主要根据观测目标和观测对象确定观测时间和频次,尽量保持不同观测样点时间和条件的同步性。一般每年春、秋两季或枯水期、丰水期各进行1次观测;或者根据鱼类生物学特点及水文条件的变化规律每年进行4次观测,分别在四个季节开展;或者逐月开展调查。观测时间长短视具体需要而定。

7.3 观测时间和频次一经确定,应保持稳定,以保证数据的连续性和可比性。

8 数据处理和分析

数据处理和分析方法参见附录J。

9 质量控制和安全管理

9.1 样本来源

无论是渔获物统计,还是生物学调查,均需明确记录样本的采集地、采集时间和捕捞网具。对于来源有疑问的样本必须进一步调查与核实;如果不能核实,这些数据只能作为参考数据,不能用于进一步的结果分析。

9.2 样本的代表性

避免因样本的人为选择导致结果偏离真实情况,对同一时间、同一渔船、同一渔具、同一物种的材料必须随机抽取或全部收取。野外调查的时间尽量包含各个季节。样本量应达到一定的数量。

9.3 数据记录

应对观测者进行观测方法和操作规范等方面的培训。观测者应掌握野外观测标准及相关知识,熟练掌握操作规程,严格按照记录表格规范地填写各项观测数据。记录表格一般要设计成记录本格式,页码、内容齐全,字迹要清楚,需要更正时,应在错误数据(文字)上划一横线,在其上方写上正确内容,并在所划横线上加盖修改者名章或者签字以示负责。同时,鱼类标本、栖息地等可视化内容应注重数码影像的采集记录。纸质原始记录及数据整理过程记录都需要建立档案并存档,并进行必要的备份(光盘、硬盘),每半年检查并更新、备份数据一次,防止由于储存介质问题引起数据丢失。

9.4 数据审核

观测负责人不定期地对数据进行检查。数据录入计算机后由输入者自行复查一次,年度总结前对全年数据再次复查,保证数据源的准确性。

9.5 数据管理

数据管理人员负责数据存档、整理等工作,做好建档工作,归档材料缺失等问题要及时解决或反馈给观测负责人。

9.6 安全管理

乘船作业期间,操作人员必须穿戴工作救生衣,禁止穿拖鞋作业;夜间作业,禁止单人作业,至少二人以上,其中至少有一人会游泳。

10 观测报告编制

鱼类观测报告包括前言、观测区域概况、观测方法、观测区域鱼类的种类组成、区域分布、种群动态、面临的威胁,对策建议等。观测报告编写格式参见附录 K。

  附录 A(资料性附录)　鱼类观测所需的主要仪器和设备(略)
  附录 B(资料性附录)　鱼类早期资源调查-断面采集记录表(略)
  附录 C(资料性附录)　鱼类早期资源调查-鱼卵培养记录表(略)
  附录 D(资料性附录)　鱼类早期资源调查-鱼卵、仔鱼采集记录表(略)
  附录 E(资料性附录)　环境数据记录表(略)
  附录 F(资料性附录)　渔获物统计记录表(略)
  附录 G(资料性附录)　鱼类生物学数据记录表(略)
  附录 H(资料性附录)　回声探测仪记录表(略)
  附录 I(资料性附录)　标记重捕数据记录表(略)
  附录 J(资料性附录)　数据处理和分析方法(略)
  附录 K(资料性附录)　鱼类观测报告编写格式(略)

生物多样性观测技术导则　两栖动物

HJ 710.6—2014

(2014 年 10 月 31 日发布　2015 年 1 月 1 日实施)

目　次
前　言
1　适用范围
2　规范性引用文件
3　术语和定义
4　观测原则
5　观测方法
6　观测内容和指标
7　观测时间和频次
8　质量控制和安全管理
9　观测报告编制

前　言

  为贯彻落实《中华人民共和国环境保护法》、《中华人民共和国野生动物保护法》,规范我国生物多样性观测工作,制定本标准。

本标准规定了两栖动物多样性观测的主要内容、技术要求和方法。
本标准附录 A、B、C、D、E、F、G、H、I 为资料性附录。
本标准为首次发布。
本标准由环境保护部科技标准司组织制定。
本标准主要起草单位：环境保护部南京环境科学研究所、中国科学院成都生物研究所。
本标准环境保护部 2014 年 10 月 31 日批准。
本标准自 2015 年 1 月 1 日起实施。
本标准由环境保护部解释。

1 适用范围

本标准规定了两栖动物多样性观测的主要内容、技术要求和方法。
本标准适用于中华人民共和国范围内两栖动物多样性的观测。

2 规范性引用文件

本标准内容引用了下列文件或其中的条款。凡是不注日期的引用文件，其最新版本适用于本标准。

GB/T 7714　　　　　　文后参考文献著录规则
GB/T 8170　　　　　　数值修约规则与极限数值的表示和判定
HJ 623　　　　　　　　区域生物多样性评价标准
HJ 628　　　　　　　　生物遗传资源采集技术规范（试行）

3 术语和定义

下列术语和定义适用于本标准。

3.1 样线法 line transect method

指观测者在观测样地内沿选定的一条路线记录一定空间范围内出现的物种相关信息的方法。该法适用于各种生境。

3.2 样方法 quadrat sampling method

指在设定的样方中计数见到的动物实体的观测方法。该法适用于各种生境。

3.3 栅栏陷阱法 drift fences and pitfall trapping method

栅栏陷阱法由栅栏和陷阱两部分组成。栅栏可使用动物不能攀越或跳过的、具有一定高度的塑料篷布、塑料板、铁皮等材料搭建，设置成直线或折角状。在栅栏底缘的内侧或(和)外侧，沿栅栏挖一个或多个陷阱捕获器，陷阱捕获器可以是塑料桶或金属罐。该法适用于泥土基质的生境且攀爬能力较弱的物种的观测。

3.4 人工覆盖物法 artificial cover method

在两栖动物栖息地按照一定大小、一定密度布设人工覆盖物，吸引两栖动物在白天匿居于其中，以检查匿居动物的种类和数量。该法适用于草地、湿地、灌丛、滩涂等自然隐蔽物较少的生境。

3.5 人工庇护所法 artificial refuge method

把竹筒（或 PVC 桶）捆绑固定在树上或地上，查看竹筒中两栖动物成体、幼体、蝌蚪和卵。该法适用于树栖型蛙类较多且静水生境较少的南方森林。

3.6 标记重捕法 mark-recapture method

在一个边界明确的区域内,捕捉一定数量的动物个体进行标记,标记完后及时放回,经过一个适当时期(标记个体与未标记个体充分混合分布)后,再进行重捕并计算其种群数量的方法。

4 观测原则

4.1 科学性原则

观测样地和观测对象应具有代表性,能全面反映观测区域两栖动物的整体状况;应采用科学、统一的观测方法,能观测到两栖动物及其种群的变化趋势。

4.2 可操作性原则

观测计划应考虑所拥有的人力、资金和后勤保障等条件,观测样地应具备一定的交通条件和工作条件。应采用效率高、成本低的观测方法。

4.3 持续性原则

观测工作应满足生物多样性保护和管理的需要,并能对保护和管理起到指导及预警作用。观测样地、样线、样方、方法、时间和频次一经确定,应保持长期固定,不能随意变动。

4.4 保护性原则

选择对野生物种、种群破坏较小的观测方法,避免超出客观需要的频繁观测。若要捕捉国家重点保护野生动物进行取样或标记,必须获得相关管理部门的行政许可。

4.5 安全性原则

观测具有一定的野外工作特点,观测者应接受相关专业培训,做好安全防护措施。

5 观测方法

5.1 观测准备

5.1.1 明确观测目的。开展两栖动物观测的目的是了解两栖动物多样性的现状和变化趋势,掌握人类活动等干扰因素对两栖动物的影响,为全国两栖动物多样性保护和管理工作提供技术支撑。

5.1.2 选择观测对象。观测对象应是观测区域内所有的两栖动物,也可针对某一类群或特定物种(濒危物种或保护物种)开展观测。

5.1.3 确定观测区域。在开展观测之前,要了解和熟悉观测对象的生物学和分布特征,确定观测区域。可以根据不同物种生活史特点以及活动节律(如繁殖、迁移、越冬等),选择两栖动物分布的重要地区、典型地区、过渡地区等开展观测。

5.1.4 制定观测方案。观测方案应包括观测范围、观测方法、观测内容和指标、观测时间、数据处理、观测者等。

5.1.5 培训观测者。为观测者提供分类鉴定、观测方法和野外安全培训,使其能在野外准确地识别两栖动物成体、亚成体、幼体、蝌蚪和卵,掌握野外操作规程和安全防护措施。

5.1.6 准备观测仪器和工具。包括塑料桶、塑料布、铁锹、瓦片、竹筒(或 PVC 桶)、广口瓶、卷尺、游标卡尺、手术剪、镊子、脱脂棉、组织管、组织盒、注射器、照相机、全球定位系统(GPS)定位仪、pH 计、指南针、电子秤、电子标签、福尔马林、乙醇、蛇药、外伤药等。

5.2 观测样地设置

5.2.1 观测样地应具有代表性，能代表观测区域的不同生境类型。

5.2.2 所选择的观测样地应操作方便、可行，便于观测工作的开展。

5.2.3 所选择的观测样地一旦确定应保持固定，以利于观测工作的长期开展。

5.2.4 采用 GPS 定位仪和其他方法对观测样地定位，并在电子地图上标明观测样地的位置。

5.3 样线法

5.3.1 根据两栖动物分布与生境因素的关系如海拔梯度、植被类型、水域状态等设置样线。样线尽可能涵盖不同生态系统类型。

5.3.2 在湿地或草地生态系统，可采用长样线，长度 500～1000m 之间；在生境较为复杂的山地生态系统，可设置多条短样线，长度 20～100m 之间。每个观测样地的样线应在 7 条以上，短样线可适当增加数量。样线的宽度根据视野情况而定，一般为 2～6m。

5.3.3 在水边观测两栖动物可以在水陆交汇处行走。观测时行进速度应保持在 2km/h 左右，行进期间记录物种和个体数量，不宜拍照和采集。通常 2 人合作，1 人观测、报告种类和数量，另 1 人填表记录（记录表参见附录 A）。

5.3.4 利用 GPS 定位仪对样线的起点和终点进行定位，可以开启手持 GPS 定位仪的线路功能，将样线线路附加到电子地图上。

5.3.5 根据两栖动物的活动节律，一般在晚上开展观测。每条样线在不同天开展 3 次重复观测，应保持观测时气候条件相似。

5.3.6 样线法能估算种群相对密度，计算方法如下：

$$D_i = \frac{N_i}{L_i \times B_i}$$

式中：D_i——样线 i 的种群密度；

N_i——样线 i 内物种的个体数；

L_i——样线 i 的长度；

B_i——样线 i 的宽度。

5.4 样方法

5.4.1 在观测样地内随机或均匀设置一定数量的样方，样方应尽可能涵盖不同的生境类型和环境梯度。样方一般设置为方形，大小可设置成 5m×5m 或 10m×10m。样方之间应间隔 100m 以上。每个观测样地的样方数应在 7 个以上。

5.4.2 记录样方内见到的所有两栖动物种类和个体数量（记录表参见附录 B）。依次翻开样方内的石块，检视石块下的个体（包括卵）。

5.4.3 样方法能估算种群相对密度，计算方法同样线法。

5.5 栅栏陷阱法

5.5.1 栅栏应有支撑物支持，保持直立，高出地面 35～50cm，埋入地下至少 10cm。

5.5.2 陷阱口沿要与地面平齐，陷阱边缘紧贴栅栏。陷阱内可放置一些覆盖物如碎瓦片等，以备落入其中的两栖动物藏身；同时加入少量水（1～5cm），或将海绵浸水后放入陷阱中，增加两栖动物的存活率。根据观测区内的物种情况设置陷阱深度。

5.5.3 对于水位变动较大的河湖周边的陷阱,应根据水线距离增补陷阱,保持不同季节的陷阱距离水线位置一致。在雨季应防止雨水注满陷阱,避免发挥不了观测作用,伤害野生动物。

5.5.4 每个样地至少设置 5 个陷阱,每天或隔天巡视检查 1 次,连续 10 天观测(记录表参见附录 C)。

5.5.5 在非观测期间,应将陷阱掩埋或盖上,以免对动物造成伤害。

5.6 人工覆盖物法

5.6.1 人工覆盖物的数目和尺寸主要取决于统计分析的要求和物种个体大小、种群数量等因素。

5.6.2 人工覆盖物的材质和厚度。木板或波浪状的瓦片是较好的覆盖物材料;在寒冷的冬季或高寒地区,胶合板的效果较好。人工覆盖物的尺寸一般为 30cm×20cm 或以上。样地内应采用统一的覆盖物。

5.6.3 人工覆盖物的排列方式一般设置成平行线、网格等形状。网格形状的排列方式可采用 5 个 ×5 个覆盖物的样方,覆盖物之间的间距为 5m。

5.6.4 可在放置覆盖物的地方下挖 5cm,形成足够的隐蔽空间,坑底铺放一些草叶,形成一个适宜的隐蔽环境。

5.6.5 每天早晨 8~10 时查看一次。查看时迅速拿起覆盖物,捕获匿居其下的两栖动物,并临时放在塑料袋或广口瓶中以备测量、标记和采样(记录表参见附录 D)。连续 10 天观测。

5.7 人工庇护所法

5.7.1 在样地内随机设置 3 个 10m×10m 的样方,样方之间应间隔 100m 以上。在每个样方内,挑选树蛙常선择的产卵树 10 棵,每棵树捆绑固定 6 个竹筒(或 PVC 桶),2 个在地面,2 个离地面 70cm,2 个离地面 150cm,共布设 60 个竹筒(或 PVC 桶)。

5.7.2 竹筒长 15~18cm,内径 3~6cm,竹筒内加入 5~10cm 深的水。

5.7.3 每 3 天巡视检查一次,记录两栖动物的种类以及成体、亚成体、幼体、蝌蚪和卵的数量(记录表参见附录 E)。连续进行 3 次。

5.8 标记重捕法

5.8.1 剪趾法。用剪刀在动物个体上剪去一个或两个指或趾,并采用简单的号码表示不同个体。前肢或后肢只能剪除一个指或趾。对于雄性个体不能剪去其大拇指。被剪指或趾的个体经乙醇消毒后放回原地(记录表参见附录 F)。由于剪趾法会伤害动物,应尽量少使用这一方法。

5.8.2 射频识别法。用电子标签对两栖动物进行标识。每个电子标签粒径小,有惟一编号。用注射器把电子标签注入动物胯部上方的皮下。观测时用读取器读取标识数字。

5.8.3 针对开放种群的多次标记重捕,在时间节点 i 的种群数量计算方法如下:

$$N_i = (n_i + 1) \times \frac{M_i{'}}{(m_i + 1)}$$

$$M_i{'} = m_i + (R_i + 1) \times \frac{z_i}{(r_i + 1)}$$

式中:n_i——时间节点 i 的样本中的捕获数;

m_i——时间节点 i 的样本中的标记个体数;

R_i——时间节点 i 中的标记个体的释放数;

r_i——时间节点 i 中标记释放,其后又被捕获的个体数;

z_i——时间节点 i 以前被标记,在 i 中不被捕获,i 以后再捕获的个体数。

5.9 捕捉与样本处理方法

5.9.1 在观测两栖动物时,尽量不捕捉个体,但若为开展物种鉴定、遗传多样性分析、疾病分析等研究需采集个体或组织样本时,应按照 HJ 628 的规定执行,避免对动物种群大小和个体生存及生理功能造成大的影响。

5.9.2 在夜间可用强光灯照射使两栖动物暂时失去视觉后用手捕捉。对于水中的两栖动物可以用抄网捕捉。

5.9.3 将采集到的动物组织样本放入 2.0ml 灭菌组织管中,加入 90～100% 乙醇浸泡。样本应贴上标签,标明采集日期、地点和采集人,避光保存。回到实验室后立即置于-20℃冰箱保存。

6 观测内容和指标

包括两栖动物的种类、个体数、生活史阶段、性别、体长、体重、疾病状况(壶菌、寄生虫等),物种的分布地点和范围,生境类型(记录表参见附录 G)、人为干扰类型和强度(记录表参见附录 H)等。

7 观测时间和频次

7.1 于两栖动物活动季节开展观测,每年观测 2～4 次,每次以 6～10 天为宜。两次观测至少间隔一个月。

7.2 观测时间一旦确定,应保持固定。但当遇到恶劣天气时,观测时间可适当顺延。

8 质量控制和安全管理

8.1 严格按照本标准要求设置观测样地。

8.2 观测者应掌握观测的规范要求,参加相关培训,按时、按量、按要求完成各项观测和采样任务。数值测试和计算按 GB/T 8170 的规定执行。

8.3 建立数据审核程序,保证观测数据的正确性和完整性。将所有观测数据和文档进行备份,防止数据丢失。

8.4 购买必要的防护用品,做好安全防护工作,在确保人身安全的情况下方可进行观测,防止毒蛇和昆虫叮咬,避免单人作业。

9 观测报告编制

两栖动物观测报告应包括前言,观测区域概况,观测方法,两栖行动物的种类组成、区域分布、种群动态、面临的威胁,对策建议等。观测报告编写格式参见附录 I。

附录 A(资料性附录) 样线法观测记录表(略)

附录 B(资料性附录) 样方法观测记录表(略)

附录 C(资料性附录) 栅栏陷阱法观测记录表(略)

附录 D(资料性附录) 人工覆盖物法观测记录表(略)

附录 E(资料性附录) 人工庇护所法观测记录表(略)

附录 F(资料性附录)　标记重捕法记录表(略)
附录 G(资料性附录)　生境类型表(略)
附录 H(资料性附录)　人为干扰活动分类表(略)
附录 I(资料性附录)　两栖动物观测报告编写格式(略)

生物多样性观测技术导则　爬行动物

HJ 710.5—2014

(2014 年 10 月 31 日发布　2015 年 1 月 1 日实施)

目　次
前　言
1　适用范围
2　规范性引用文件
3　术语和定义
4　观测原则
5　观测方法
6　观测内容和指标
7　观测时间和频次
8　数据处理和分析
9　质量控制和安全管理
10　观测报告编制

前　言

为贯彻落实《中华人民共和国环境保护法》、《中华人民共和国野生动物保护法》,规范我国生物多样性观测工作,制定本标准。

本标准规定了爬行动物多样性观测的主要内容、技术要求和方法。

本标准附录 A、B、C、D、E、F、G、H 为资料性附录。

本标准为首次发布。

本标准由环境保护部科技标准司组织制定。

本标准主要起草单位:环境保护部南京环境科学研究所、兰州大学和中国科学院昆明动物研究所。

本标准环境保护部 2014 年 10 月 31 日批准。

本标准自 2015 年 1 月 1 日起实施。

本标准由环境保护部解释。

1 适用范围

本标准规定了爬行动物多样性观测的主要内容、技术要求和方法。

本标准适用于中华人民共和国范围内爬行动物多样性的观测。

2 规范性引用文件

本标准内容引用了下列文件或其中的条款。凡是不注日期的引用文件,其最新版本适用于本标准。

GB/T 7714　　　　　文后参考文献著录规则
GB/T 8170　　　　　数值修约规则与极限数值的表示和判定
HJ 623　　　　　　　区域生物多样性评价标准
HJ 628　　　　　　　生物遗传资源采集技术规范(试行)

3 术语和定义

下列术语和定义适用于本标准。

3.1 样方法 quadrat sampling method

指观测者在设定的样方中计数见到的动物实体的观测方法。

3.2 样线法 line transect method

指观测者在观测样地内沿选定的一条路线记录一定空间范围内出现的物种相关信息的方法。

3.3 栅栏陷阱法 drift fences and pitfall trapping method

栅栏陷阱法由栅栏和陷阱两部分组成。栅栏可使用动物不能攀越或跳过的、具有一定高度的塑料篷布、塑料板、铁皮等材料搭建,设置成直线或折角状。在栅栏底缘的内侧或(和)外侧,沿栅栏挖埋一个或多个陷阱捕获器,陷阱捕获器可以是塑料桶或金属罐。

3.4 标记重捕法 mark-recapture method

指在一个界限明确的区域内,捕捉一定数量的动物个体进行标记,标记完后及时放回,经过一个适当时期(标记个体与未标记个体充分混合)后,再进行重捕并计算其种群参数的方法。

4 观测原则

4.1 科学性原则

观测样地应具有代表性,在有限的观测面积内能较好地反映出观测区域内爬行动物组成的基本特征;应采用统一、标准化的观测方法,能观测到爬行动物种群动态。

4.2 可操作性原则

观测计划应考虑所拥有的人力、资金和后勤保障等条件,观测样地应具备一定的交通条件和工作条件。应采用效率高、成本低的观测方法。

4.3 持续性原则

观测工作应满足生物多样性保护和管理的需要,并能对保护和管理起到指导和预警作用。观测对象、样地、方法、时间和频次一经确定,应长期保持固定,不能随意变动。若要扩大观测范围和强度,应在原有基础上扩大观测范围和样地数量。

4.4 保护性原则

选择对生态系统破坏较小的观测方法,尽量采用非损伤性取样方法,以免对环境和动物造成破坏。避免超出客观需要的频繁观测。若要捕捉国家重点保护野生动物,必须获得主管部门的行政许可。

4.5 安全性原则

在捕捉、处理潜在疫源动物时,应按有关规定进行防疫处理。爬行类中有毒种类较多,观测者应接受相关专业培训,做好安全防护措施。

5 观测方法

5.1 观测准备

5.1.1 确定观测目标

爬行动物观测可涵盖以下目标:掌握区域内爬行动物的种类组成、分布和种群动态;评估各种威胁因素对爬行动物产生的影响;或者分析爬行动物保护措施和政策的有效性,并提出有针对性的管理措施。

5.1.2 收集观测区域相关资料

包括地质、地貌、水文、气候、社会、经济、人文、生物区系等。如果不清楚观测区域爬行动物多样性的状况,可以开展一次本底资源调查,为制订观测计划做好准备。

5.1.3 确定并了解观测对象

一般应从具有不同生态需求的类群中选择观测对象。应重点考虑:

a) 受威胁物种、国家保护物种和特有物种;

b) 具有重要社会、经济价值的物种;

c) 对维持生态系统结构和过程有重要作用的物种;

d) 对环境或气候变化反应敏感的物种;

e) 受管理措施影响强烈的物种。

5.1.4 提出观测计划

观测计划应包括:观测目标,观测对象,样地、样线、样方的设置,观测方法,观测内容和指标,观测时间和频次,数据分析和报告,质量管理和安全控制等。

5.1.5 成立观测小组

成立观测小组,明确观测者的责任,对观测者进行专业培训,使观测者掌握野外观测方法、物种识别知识和野外生存技巧。

5.1.6 准备观测仪器和工具

主要包括抄网、布袋、蛇夹、塑料袋、密封袋、塑料瓶、电筒、头灯、水鞋、塑料桶、照相机、全球定位系统(GPS)定位仪、温度计、溶氧测定仪、pH计、传导率测定仪、记录表、记录笔、解剖盘、解剖刀、手术剪、镊子、针线、注射器、麻醉瓶、纱布、脱脂棉、卷尺、量杯、蜡盘、大头针、脱氧核糖核酸(DNA)样本采集工具、乙醚或氯仿、甲醛、乙醇、常备药品等。

5.2 观测样地设置

5.2.1 采用分层随机抽样方法,选择观测样地。可按生境类型、气候、海拔、土地利用类型

或物种丰富度等因素进行分层。所选样地应涵盖主要生态系统类型。

5.2.2 采用 GPS 定位仪对观测样地准确定位,并在地形图上标注样地的位置。

5.3 样线法

5.3.1 在每个观测样地设置至少 7 条样线,每条样线 500～1000m。在生境较复杂的山区,以短样线(50～100m)为主。在生境较均一的荒漠、湿地和草原,可采用长样线(1000m)。

5.3.2 选定样线后,用 GPS 定位仪定位坐标,在地图上标明样线的线路。

5.3.3 观测时以 2km/h 左右的速度缓慢前行,记录沿样线左右各 3～5m、前方 3～5m 范围内见到的爬行动物的种类和数量。行进期间,不宜采集标本或拍照。不重复计数同一只个体,不计数身后的爬行动物(记录表参见附录 A)。通常 2 人合作,1 人观测、报告种类和数量,另 1 人填表、登记。

5.4 样方法

5.4.1 在观测样地内随机或均匀设置一定数量的样方,样方应尽可能涵盖不同的生境类型和环境梯度。样方一般设置为方形,大小可设置成 5m×5m 或 20m×20m。每个样方应间隔 100m 以上。每个观测样地的样方数应在 7 个以上。

5.4.2 记录样方内见到的所有爬行动物种类和个体数量(记录表参见附录 A)。依次翻开样方内的石块,检视石块下的个体。

5.5 栅栏陷阱法

5.5.1 栅栏陷阱法通常采用"一"字栅栏陷阱和"十"字栅栏陷阱(附录 F 中图 F.1)。

5.5.2 栅栏由聚乙烯或其他较软的材料制成并由木桩支撑呈竖直状,其高度根据观测对象的习性而定,一般在 30～100cm 之间。栅栏的底部埋入地下至少 20cm,预防动物在其下打洞爬过。

5.5.3 陷阱为埋入地下的小桶,桶边与地面持平(附录 F 中图 F.2),陷阱边缘紧贴栅栏。桶底铺撒一薄层枯叶或其他轻软的碎屑覆盖物。观测前应对陷阱的规格进行试验性设计。在多雨地区或降雨季节,陷阱底部应有小孔排水,但要注意排水孔直径不能太大,以免动物逃走。

5.5.4 在地面坚硬、不能挖土埋桶的地方,陷阱可以使用线网类材料制成漏斗管状的捕获器,其主体是一圆筒,一端或两端各有一漏斗(附录 F 中图 F.3),使动物易进不易出。捕捉水生龟鳖类可以使用放置饵料的漏斗捕获器或捕获网。水中捕获器必须有一部分露出水面,以免捕获的龟鳖窒息死亡。

5.5.5 每个观测样地至少设置 5 个陷阱,实施 3 次重复观测(记录表参见附录 A)。

5.5.6 每天检查陷阱中的动物,对于分布较远的陷阱可隔天检查。在气候干燥、高温等恶劣环境条件下,应每 2～4h 检查一次陷阱,防止被捕获的动物死亡。检查陷阱时应注意防护,既不能伤害动物又不能被动物伤害到自身。

5.5.7 观测结束后必须将栅栏和陷阱全部收回。

5.6 人工覆盖物法

5.6.1 每个观测样地设置 3～5 个样方(每个样方应间隔 100m 以上),每个样方内设置 25 个覆盖物(按矩阵排列,每行、每列各 5 个)。每个覆盖物采用瓦片或木片,尺寸 30cm×20cm 或以上,间距 5m。该法适用于草原、湿地、灌木林、滩涂、农田等自然隐蔽物较少的生境。

5.6.2 每天检查 1 次,记录覆盖物下的爬行动物(记录表参见附录 A)。对于分布较远的覆盖物样方,可以隔天检查。每次连续 6～10 天。该法如配合标记重捕法使用效果更佳。

5.6.3 翻动覆盖物时应戴防护手套或用相应工具探查动物,防止划伤手指或被动物咬伤,特别是防止被毒蛇咬伤。

5.7 标记重捕法

5.7.1 标记重捕法应满足以下前提条件:抽样是随机的,标记个体与未标记个体在重捕时被捕的概率相等;标记不会丢失;标记过程应尽可能短。

5.7.2 在每个观测样地内,设置 3～5 个 50m×50m 至 100m×100m 的样方,捕获样方内所有观测对象后进行标记(记录表参见附录 B)。

5.7.3 对于壁虎和小型蜥蜴类可采用剪指(趾)法标记,对于蛇、龟鳖类和大型蜥蜴可采用注射生物标签的方法进行标记,对于龟类还可以在龟壳边缘刻痕或钻孔进行标记(参见附录 E),对于鳄鱼可在尾部突出的鳞片上固定彩色塑料片进行标记。

5.7.4 标记物和标记方法不应对爬行动物的身体产生伤害;标记不可过分醒目;标记应持久,足以维持整个观测时段。

5.8 物种鉴定与 DNA 检测

5.8.1 依据动物志等工具书鉴定爬行动物的种类。

5.8.2 对于野外不能准确鉴定的物种,须采集凭证标本或拍摄照片,请有关专家协助鉴定。样品采集按照 HJ 628 的规定执行。

5.8.3 采到的成体样本应及时放入透气性较好的布袋内。每一袋内放入的样本不宜太多。有毒与无毒蛇类应分开装袋。临时存放爬行动物的布袋内可放入少许湿润的餐巾纸团,在短期内为爬行动物提供饮水,不能将存放爬行动物的布袋放置在阳光下,也不能在天气热时将其放置于汽车里,以免其死亡。

5.8.4 实验材料的提取与保存。取血液等分装在贴有标签的试管中。对采集的样品逐一编号,记录物种名称、采集日期、地点、采集人员等信息。将采集的样品用浓度 95% 的乙醇浸泡并保存于 −20℃ 冰箱。

5.8.5 微量 DNA 提取。首先对样品进行预处理,然后采用酚-氯仿抽提法、硫氰酸胍(GuSCN)裂解法、Chelex-100 煮沸法、十六烷基三甲基溴化铵(CTAB)两步法等提取 DNA。

5.8.6 PCR 扩增反应和 DNA 多态性分析。选择合适的遗传标记(如线粒体 DNA、微卫星等),通过 PCR 扩增特异性目的片断,再进行序列测定或基因分型,从而进行遗传结构分析。

6 观测内容和指标

6.1 爬行动物观测的内容主要包括观测区域中爬行动物的种类组成、空间分布、种群动态、受威胁程度、生境状况等。

6.2 爬行动物观测指标应定义清晰、可测量、简便实用、数据采集成本相对低廉。

6.3 爬行动物观测指标包括爬行动物的种类组成、区域分布、种群数量、性比、繁殖习性、食性、种群遗传结构、生境类型、人为干扰活动的类型和强度、环境因子、食物丰富度等(表1)。

表1 爬行动物观测内容与指标

观测内容	观测指标	观测方法
生境状况和受威胁程度	生境类型	资料查阅和野外调查
	水文、气候、天气等环境因子	资料查阅和野外调查
	食性及食物丰富度	野外调查
	土地利用改变、环境污染、过度利用、外来物种入侵等威胁因素	资料查阅和野外调查
爬行动物群落特征	种类组成与区域分布	样线法/栅栏陷阱法/样方法/人工覆盖物法/标记重捕法
	种群数量	样线法/栅栏陷阱法/样方法/人工覆盖物法/标记重捕法
	性比	栅栏陷阱法/样方法/人工覆盖物法/标记重捕法
	繁殖习性	野外调查
	种群遗传结构	栅栏陷阱法/样方法/人工覆盖物法/标记重捕法

7 观测时间和频次

7.1 根据爬行动物生活习性及气候条件,一般每年观测三次,高纬度及高海拔地区可适当减为两次。其中一次观测在爬行动物繁殖季节开展并完成,其他二次观测分别在其前后完成。每次观测以10d为宜。相邻两次观测应至少间隔1个月。

7.2 爬行动物受环境温度变化的影响较大,应根据其活动盛期选择观测时间。每天观测时间节点根据物种的活动节律、习性确定。

7.3 观测频率和时间一经确定,应保持长期不变,不得随意更改。同时要注意观测时选择的气候条件相似,当遇到恶劣天气时,可适当顺延。

7.4 若因观测目标及科学研究的需要,需增加观测的频率,应在原有观测频率的基础上增加观测次数。

8 数据处理和分析

数据处理和分析方法参见附录G。

9 质量控制和安全管理

9.1 样地设置质量控制

严格按照标准要求确定观测样地的面积和位置。样线和样方的设置要保证随机性和代表性。

9.2 野外观测质量控制

观测者应掌握观测的规范要求,参加相关专业培训,按时、按量、按要求完成各项观测和采样任务。数值测试和计算按 GB/T 8170 的规定执行。记录表格应装订成册,页码、内容齐全,字迹要清楚,需要更正时,应在错误数据(文字)上划一横线,在其上方写上正确内容,并在所划横线上加盖修改者姓名或者签字以示负责。

9.3 数据质量控制

建立数据审核程序,全面细致地审核观测数据的准确性和完整性,发现可疑、缺漏数据应及时补救,将各种数据转换成电子文档。将所有观测数据和文档进行备份。每半年检查并更新备份数据一次,防止由于储存介质问题引起数据丢失。

9.4 野外安全防护

购买必要的防护用品,做好安全防护工作,防止毒蛇和昆虫叮咬,必要时观测者必须提前接种疫苗。在确保人身安全的情况下方可进行观测,避免单人作业。

10 观测报告编制

爬行动物观测报告应包括前言,观测区域概况,观测方法,爬行动物的种类组成、区域分布、种群动态、面临的威胁,对策建议等。观测报告编写格式参见附录 H。

附录 A(资料性附录) 样线法观测记录表(略)
附录 B(资料性附录) 样方法观测记录表(略)
附录 C(资料性附录) 栅栏陷阱法观测记录表(略)
附录 D(资料性附录) 人工覆盖物法观测记录表(略)
附录 E(资料性附录) 人工庇护所法观测记录表(略)
附录 F(资料性附录) 标记重捕法记录表(略)
附录 G(资料性附录) 生境类型表(略)
附录 H(资料性附录) 人为干扰活动分类表(略)
附录 I(资料性附录) 两栖动物观测报告编写格式(略)

生物多样性观测技术导则 鸟类

HJ 710.4—2014

(2014 年 10 月 31 日 2015 年 1 月 1 日实施)

目 次

前 言

1 适用范围
2 规范性引用文件.
3 术语和定义
4 观测原则

5 观测方法
6 观测内容和指标
7 观测时间和频次
8 数据处理和分析
9 质量控制和安全管理
10 观测报告编制

前 言

为贯彻落实《中华人民共和国环境保护法》、《中华人民共和国野生动物保护法》,规范我国生物多样性观测工作,制定本标准。

本标准规定了鸟类多样性观测的主要内容、技术要求和方法。

本标准附录 A、B、C、D、E、F、G、H、I 为资料性附录。

本标准为首次发布。

本标准由环境保护部科技标准司组织制定。

本标准主要起草单位:环境保护部南京环境科学研究所、中国科学院昆明动物研究所。

本标准环境保护部 2014 年 10 月 31 日批准。

本标准自 2015 年 1 月 1 日起实施。

本标准由环境保护部解释。

1 适用范围

本标准规定了鸟类多样性观测的主要内容、技术要求和方法。

本标准适用于中华人民共和国范围内鸟类多样性的观测。

2 规范性引用文件

本标准内容引用了下列文件或其中的条款。凡是不注日期的引用文件,其最新版本适用于本标准。

GB/T 7714　　　　文后参考文献著录规则
GB/T 8170　　　　数值修约规则与极限数值的表示和判定
HJ 623　　　　　　区域生物多样性评价标准
HJ 628　　　　　　生物遗传资源采集技术规范(试行)

3 术语和定义

下列术语和定义适用于本标准。

3.1 鸟类群落 bird community

指一定时间某一特定区域或生境内,由资源因素(如食物或巢址)所决定的,通过各种相互作用而共存的鸟类集合体。

3.2 样线 line transect

指观测者在观测样地内选定的一条路线。观测者记录沿该路线一定空间范围内出现的鸟类物种。

3.3 样点 sampling point

指以某一地点为中心,观察一定半径或区域内的鸟类物种。

3.4 候鸟 migratory bird

指一年中随着季节的变化,定期地沿相对稳定的迁徙路线,在繁殖地和越冬地之间作远距离迁徙的鸟类。

3.5 迁徙 migration

指在每年的春季和秋季,鸟类在越冬地和繁殖地之间进行定期、集群飞迁的习性。在我国,春季迁徙是指鸟类自南方往北方,自越冬地往繁殖地之间的迁徙;秋季迁徙是指鸟类自北方往南方,自繁殖地往越冬地之间的迁徙。

3.6 全长 total length

指自喙尖至尾端的直线距离。

3.7 尾长 tail length

指自尾羽基部至末端的直线距离。

3.8 翅长 wing length

指自翼角(翼的弯折处,相当于腕关节)至翼尖的直线距离。

3.9 跗跖长 tarsus length

指胫跗骨与跗跖骨之间的关节处(关节后面的中点)至跗跖骨与中趾间的关节处(跗跖与中趾关节前面最下方的整个鳞片的下缘)的距离。

3.10 喙长 bill length

通常所测的喙长多系指嘴峰长,是从喙基与羽毛的交界处沿喙正中背方的隆起线,一直量至上喙喙尖的直线距离。

4 观测原则

4.1 科学性原则

有明确的观测目标,观测样地和观测对象应具有代表性,能全面反映观测区域内鸟类多样性的整体状况,具有多种生境的区域可根据需要在不同的生境类型中分别设置足够数量的观测样线和样点;应采用统一、标准化的观测方法,对鸟类种群动态变化进行长期观测。

4.2 可操作性原则

观测计划应考虑所拥有的人力、资金和后勤保障等条件,观测样地应具备一定的交通条件和工作条件。应在系统调查的基础上,充分考虑鸟类资源现状、保护状况和观测目标,选择合适的观测区域和观测对象,采用高效率、低成本的观测方法。

4.3 可持续性原则

观测工作应满足生物多样性保护和管理的需要,并能有效地指导生物多样性保护和管理。观测对象、观测样地、观测方法、观测时间和频次一经确定,应长期保持固定,不能随意变动。

4.4 保护性原则

尽量采用非损伤性取样方法,避免不科学的频繁观测。若要捕捉国家重点保护野生动物进行取样或标记,必须获得相关主管部门的行政许可。

4.5 安全性原则

保障观测者人身安全。在捕捉、处理潜在疫源动物时,应按有关规定进行防疫处理。观测具有一定的野外工作特点,观测者应接受相关专业培训,做好安全防护措施。

5 观测方法

5.1 观测准备

5.1.1 观测目标

观测目标为掌握区域内鸟类的种类组成、分布和种群动态,并评价其生境质量;或评估各种威胁因素对鸟类产生的影响;或分析鸟类保护措施和政策的有效性,并提出适应性管理措施。在确定观测目标后应明确观测区域。

5.1.2 观测对象

5.1.2.1 鸟类群落观测。对观测区域内所有鸟类物种进行观测。

5.1.2.2 常见鸟类物种观测。选择观测区域内一个或多个常见物种实施重点观测。选择的物种要有明显的识别特征,对环境变化有足够的敏感性,可以指示环境的变化。

5.1.2.3 珍稀、濒危或特有鸟类物种观测。选择观测区域内珍稀、濒危或特有物种实施重点观测。

5.1.3 观测计划

观测计划内容应包括:样地设置,样方(样线、样点)设置,观测方法,观测内容和指标,观测时间和频次,数据处理和分析,质量控制和安全管理等。

5.1.4 观测仪器和工具

包括 8～12 倍的双筒望远镜(用于行走时或在树林中观测近距离的鸟类)、25～60 倍单筒望远镜(用于观测远距离且较长时间停留在某地的鸟类)、鸟类野外手册或鸟类图鉴等工具书、野外记录表、照相机、全球定位系统(GPS)定位仪、罗盘、温度计、直尺、游标卡尺、地图以及必要的防护用品和应急药品等。

5.1.5 培训

观测者应接受野外观测方法、野外操作规范和安全等方面的培训,使其熟悉观测区域的地形、植被和鸟类物种,提高其识别鸟类物种的能力。

5.2 观测样地、样线和样点设置

5.2.1 根据观测对象的生物学、生态学特征和观测目标,在观测区域内设立样地。

5.2.2 样地的数量应符合统计学的要求,并考虑人力、资金等因素。

5.2.3 采用简单随机抽样、系统抽样或分层随机抽样等方法,在样地内设置观测样线或样点。

5.2.3.1 简单随机抽样法:在样地内采用随机数或抽签等随机抽样方法,设置观测样线或样点。

5.2.3.2 系统抽样法:在样地内按一定的距离间隔,设置观测样线或样点。

5.2.3.3 分层随机抽样法:按照生境类型、海拔、人为干扰程度等因素对样地进行分层,在每层中按简单随机抽样方法设置观测样线或样点。分层随机抽样是较为常用的方法。

5.3 观测方法

5.3.1 分区直数法

5.3.1.1 根据地貌、地形或生境类型对整个观测区域进行分区,逐一统计各个分区中的鸟类种类和数量,得出观测区域内鸟类总种数和个体数量(记录表参见附录 A)。

5.3.1.2 该方法适用于较小面积的草原或湿地,主要应用于水鸟或其他集群鸟类的观测。

5.3.2 样线法

5.3.2.1 观测者沿着固定的线路行走,并记录样线两侧所见到的鸟类。

5.3.2.2 根据生境类型和地形设置样线,各样线互不重叠。一般而言,每种生境类型的样线在 2 条以上,每条样线长度以 1～3km 为宜,若因地形限制,样线长度不应小于 1km。

5.3.2.3 观测时行进速度通常为 1.5～3km/h。

5.3.2.4 根据对样线两侧观测记录范围的限定,样线法又分为不限宽度、固定宽度和可变宽度 3 种方法。不限宽度样线法即不考虑鸟类与样线的距离,固定宽度样线法即记录样线两侧固定距离内的鸟类,可变宽度样线法需记录鸟类与样线的垂直距离。可变宽度样线法的记录表参见附录 B。

5.3.3 样点法

5.3.3.1 样点法是样线法的一种变形,即观测者行走速度为零的样线法。

5.3.3.2 以固定距离设置观测样点,样点之间的距离应根据生境类型确定,一般在 0.2km 以上,在每个样点观测 3～10min。

5.3.3.3 样点法更适合在崎岖的山地或片段化的生境中使用。样点数一般在 30 个以上。

5.3.3.4 根据对样点周围观测记录范围的界定,样点法又分为不限半径、固定半径和可变半径 3 种方法。不限半径样点法即观测时不考虑鸟类与样点的距离,固定半径样点法即记录样点周围固定距离内的鸟类,可变半径样点法需记录鸟类与样点的距离。可变半径样点法的记录表参见附录 C。

5.3.4 网捕法

5.3.4.1 网捕法是使用雾网捕捉鸟类,记录观测区域内活动鸟类的种类和数量的方法。

5.3.4.2 雾网规格为长 12m、高 2.6m;网眼大小可根据所观测鸟种而定,一般森林鸟类使用的雾网网眼大小为 $36mm^2$。

5.3.4.3 设网时间标准为 36 网时/km^2。每天开网时间为 12h,开、闭网时间为当地每天日出、日落时间。大雾、大风及下雨时段不开网。天亮前开网,天黑后收网。每 1h 查网一次,数量较多时可适当增加查网次数,以保证鸟类个体的安全。每次查网时记录上网鸟类的种类和数量,并进行测量(测量记录表参见附录 D)后就地释放。

5.3.5 领域标图法

5.3.5.1 领域标图法通常适用于观测繁殖季节具有领域性的鸟类。

5.3.5.2 将一定区域内所观测到的每一鸟类个体位点标绘在已知比例的坐标方格地图上,然后将该图进行转换,使得每种鸟都具有单独的标位图,最后确定位点群。每一位点群代表一个领域拥有者的活动中心。总位点群数 = 完整位点群数 + 边界重叠的不完整位点群的总数,鸟类数量通过位点群乘以每一位点群代表的平均鸟类个体数获得。

5.3.5.3 领域标图法一般有如下的基本要求:

a) 观测区域面积:森林生境 0.1～0.2km^2,开阔地带 0.4～1km^2;

b) 地图比例:森林生境 1:1250～2500,开阔地带 1:2000～5000;

c) 观测重复次数:5～10 次;

d) 某个物种的领域必须不能少于 3 个,才能进行密度估计。

5.3.6 红外相机自动拍摄法

5.3.6.1 红外感应自动照相机能拍摄到稀有或活动隐蔽的地面活动鸟类。

5.3.6.2 安置红外相机前,应调查鸟类的活动区域和日常活动路线。尽量将相机安置在目标动物经常出没的通道上或其活动痕迹密集处。水源附近往往是动物活动频繁的区域,其他如取食点、求偶场、倒木、林间道路等也是鸟类经常活动的地点,应优先考虑。

5.3.6.3 可采用分层抽样法或系统抽样法设置观测样点。分层抽样法中,观测样点应涵盖观测样地内不同的生境类型,每种生境类型设置 7 个以上样点(样点之间间距 0.5km 以上)。系统抽样法中,在观测样地内按照固定间距设置观测样点,每 $1km^2$ 至少设置 1 个观测样点。

5.3.6.4 记录各样点名称,进行编号,并用 GPS 定位仪定位。每个样点于树干、树桩或岩石上装设 1 或 2 台红外感应自动相机。相机架设位置一般距离地面 0.3~1.0m,架设方向尽量不朝东方太阳直射处。相机镜头与地面大致平行,略向下倾,一般与鸟类活动路径呈锐角夹角,并清理相机前的空间,减少对照片成像质量的干扰。

5.3.6.5 每一个样点应该至少收集 1000 个相机工作小时的数据。在夏季每个样点需至少连续工作 30d,以完成一个观测周期。

5.3.6.6 根据设备供电情况,定期巡视样点并更换电池,调试设备,下载数据。记录各样点拍摄起止日期、照片拍摄时间、动物物种与数量、年龄等级、性别、外形特征等信息,建立信息库,归档保存(记录表参见附录 E)。

5.3.7 非损伤性脱氧核糖核酸(DNA)检测法

5.3.7.1 采集与保存样品。按照 HJ628 的规定进行样品采集。对采集的样品逐一编号,记录物种名称、样品类型(羽毛、卵壳等)、采集日期、地点、采集人员等信息。采用干燥保存法(硅胶保存法)、冷冻保存法、乙醇保存法等处理并初步保存采集的样品。

5.3.7.2 微量 DNA 提取。首先对样品进行预处理,然后采用酚-氯仿抽提法、硫氰酸胍(GuSCN)裂解法、Chelex-100 煮沸法、十六烷基三甲基溴化铵(CTAB)两步法等提取 DNA。

5.3.7.3 聚合酶链反应(PCR)扩增反应和 DNA 多态性分析。选择合适的遗传标记(如线粒体 DNA、微卫星等),通过 PCR 扩增特异性目的片断,再进行序列测定或基因分型。

6 观测内容和指标

鸟类观测内容和指标见表 1。

7 观测时间和频次

鸟类具有迁徙的特点,应根据观测目标和观测区域鸟类的繁殖、迁徙及越冬习性确定观测的时间。

表1 鸟类观测内容和指标

观测内容	观测指标	调查方法
种群结构	种类	野外调查
	性比(雄:雌)	野外调查
	成幼比例(成:幼)	野外调查
	物种居留型	资料查阅和野外调查

(续表)

观测内容	观测指标	调查方法
鸟类多样性	种类数量	野外调查
	各物种种群数量	野外调查
珍稀、濒危和特有鸟类资源状况	珍稀、濒危和特有物种种类	野外调查和访问调查
	珍稀、濒危和特有物种数量	野外调查和访问调查
	珍稀、濒危和特有物种生存状况	野外调查和访问调查
	主要威胁因素	野外调查和访问调查
生境状况	人为干扰活动类型	野外调查和访问调查
	人为干扰活动强度	野外调查和访问调查
	适宜生境面积	野外调查
	适宜生境斑块化情况	野外调查
迁徙活动规律	春季迁徙起始时间	野外调查和访问调查
	秋季迁徙起始时间	野外调查和访问调查
	迁徙时期种类数量变化	野外调查
	迁徙时期各物种种群数量变化	野外调查

7.1 繁殖期鸟类观测

观测时间通常从繁殖季节开始持续到繁殖季节结束,包括整个繁殖季节,或选择其中的一个时间段进行观测。在我国通常为3～7月,但不同地区的繁殖时间有很大的差异,繁殖鸟类占区鸣唱的高峰期是最佳的观测时间。繁殖期鸟类观测,应至少开展2次,繁殖前期和繁殖后期各开展1次。

7.2 越冬期鸟类观测

通常在越冬种群数量比较稳定的阶段进行。在资金和人力充足的情况下,可在每年10月至次年3月开展每月1次的观测;在资金和人力不足时,可选择12月或次年1月开展1次观测。

7.3 迁徙期鸟类观测

通常包括整个迁徙期,在我国主要是春季和秋季。根据资金和人力情况,开展每月1次或每周1次的观测。

7.4 观测时间

根据鸟类活动高峰期确定一天中的观测时间。观测时的天气应为晴天或多云天气,雨天或大风天气不能开展观测。一般在早晨日出后3小时内和傍晚日落前3小时内进行观测,高海拔地区观测时间应根据鸟类活动时间做适当提前或延后。

8 数据处理和分析

测度 α 多样性和 β 多样性的方法参见附录 H。

9 质量控制和安全管理

9.1 严格按科学性、可操作性和可持续性原则选择样地。在首次确定样线或样点后,应采取必要的保护措施,保证样线或样点的长期有效性。

9.2 观测者应接受专业培训,并具备一定的野外实践经验,掌握鸟类识别、野外距离估算技术,掌握观测程序和方法。严格按照规范填写记录表,原始记录要归档并长期保存。数值测试和计算按 GB/T 8170 的规定执行。

9.3 应及时整理、审核和检查观测数据,并及时进行必要的补充,保证数据的准确性。

9.4 作业期间,在确保人员和操作安全的情况下方可进行观测;禁止在雷雨、大风、大雾等影响观测结果和人身安全的天气条件下进行观测,尽量避免单人作业。

10 观测报告编制

鸟类观测报告内容应包括前言,观测区域概况,观测方法,鸟类的种类组成、区域分布、种群动态、面临的威胁,对策建议等。观测报告编写格式参见附录 I。

附录 A(资料性附录)　分区直数法记录表(略)
附录 B(资料性附录)　可变宽度样线法记录表(略)
附录 C(资料性附录)　可变半径样点法记录表(略)
附录 D(资料性附录)　鸟体测量基本数据记录表(略)
附录 E(资料性附录)　红外相机观测记录表(略)
附录 F(资料性附录)　生境类型表(略)
附录 G(资料性附录)　人为干扰活动分类表(略)
附录 H(资料性附录)　测度 α 多样性和 β 多样性的方法(略)
附录 I(资料性附录)　鸟类观测报告编写格式(略)

生物多样性观测技术导则　陆生哺乳动物

HJ 710.3—2014

(2014年10月31日发布　2015年1月1日实施)

目　次
前　言
1　适用范围
2　规范性引用文件
3　术语和定义
4　观测原则
5　观测方法

6　观测内容和指标
7　观测时间和频次
8　质量控制和安全管理
9　观测报告编制

前　言

为贯彻落实《中华人民共和国环境保护法》、《中华人民共和国野生动物保护法》,规范我国生物多样性观测工作,制定本标准。

本标准规定了陆生哺乳动物多样性观测的主要内容、技术要求和方法。

本标准附录 A、B、C、D、E、F、G 为资料性附录。

本标准为首次发布。

本标准由环境保护部科技标准司组织制定。

本标准主要起草单位:环境保护部南京环境科学研究所、中国科学院动物研究所和中国科学院昆明动物研究所。

本标准环境保护部 2014 年 10 月 31 日批准。

本标准自 2015 年 1 月 1 日起实施。

本标准由环境保护部解释。

1　适用范围

本标准规定了陆生哺乳动物多样性观测的主要内容、技术要求和方法。

本标准适用于中华人民共和国范围内陆生哺乳动物多样性的观测。

2　规范性引用文件

本标准内容引用了下列文件或其中的条款。凡是不注日期的引用文件,其最新版本适用于本标准。

GB/T 7714　　　　　　文后参考文献著录规则
GB/T 8170　　　　　　数值修约规则与极限数值的表示和判定
HJ 623　　　　　　　 区域生物多样性评价标准
HJ 628　　　　　　　 生物遗传资源采集技术规范(试行)

3　术语和定义

下列术语和定义适用于本标准。

3.1　小型哺乳动物、中型哺乳动物和大型哺乳动物 small-sized mammal, medium-sized mammal, large-sized mammal

以兔形目动物(如蒙古兔)为准,体型小于或等于兔形目动物的哺乳动物为小型哺乳动物,包括啮齿目、猬形目、鼩形目、攀鼩目、翼手目、兔形目、部分食肉目、灵长目懒猴科动物等;以犬科动物(如狼)、灵长类动物(如猕猴)、偶蹄类动物(如麝)为准,体型大于兔形目动物、小于或等于狼、猕猴、麝的为中型哺乳动物;体型大于狼、猕猴、麝的为大型哺乳动物。

3.2 样线法 line transect method
指观测者在观测样地内沿选定的一条路线记录一定空间范围内出现的物种相关信息的方法。

3.3 样点 sampling point
指以某一地点为中心,观测一定半径或区域内的哺乳动物。

3.4 总体计数法 total count method
指观测者通过肉眼或望远镜等观测设备对整个地区出现的大、中型哺乳动物个体进行完全计数的方法。

3.5 样方法 quadrat sampling method
指观测者在设定的样方中计数见到的动物实体或活动痕迹的观测方法。

3.6 标记重捕法 mark-recapture method
指观测者在一个边界明确的区域内,捕捉一定数量的动物个体进行标记,标记完后及时放回,经过一个适当时期(标记个体与未标记个体充分混合分布)后,再进行重捕并计算其种群数量的方法。

3.7 指数估计法 indice estimation method
指观测者通过对一些间接指标进行统计,并根据这些指标与目标动物种群数量之间的关系估算物种丰富度及其种群动态的方法。

3.8 痕迹计数法 trace counting method
指观测者针对一些不容易捕捉或者观测的哺乳动物,借助其遗留下的且易于鉴定的活动痕迹推测哺乳动物种类,估算其种群数量的一种方法。

3.9 粪堆计数法 dunghill counting method
指观测者通过计数一定范围内大、中型哺乳动物遗留的粪堆数对其种群数量进行估测的一种方法。

3.10 红外相机自动拍摄法 camera trapping method
指观测者利用红外感应自动照相机,自动记录在其感应范围内活动的动物影像的观测方法。

3.11 非损伤性取样法 noninvasive sampling method
指观测者在不触及或不伤害哺乳动物本身的情况下,通过收集其脱落的毛发、遗留的粪便、尿液、食物残渣或其他附属物等,来观测、检测个体或个体生理状态的取样方法。

4 观测原则

4.1 科学性原则
有明确的观测目标,观测样地和观测对象应具有代表性,能全面反映观测区域内哺乳动物多样性和群落的整体状况;应采用统一、标准化的观测方法,对哺乳动物种群动态变化进行长期观测。观测方法和观测结果应具有可重复性。

4.2 可操作性原则
观测计划应考虑所拥有的人力、资金和后勤保障等条件,观测样地应具备一定的交通条件和工作条件。应在系统调查的基础上,充分考虑哺乳动物资源现状、保护状况和观测目标等因素选择合适的观测区域和观测对象,采用高效率、低成本的观测方法。

4.3 可持续性原则

观测工作应满足生物多样性保护和管理的需要,并能有效地指导生物多样性保护和管理。观测对象、观测样地、观测方法、观测时间和频次一经确定,应长期保持固定,不能随意变动。

4.4 保护性原则

尽量采用非损伤性取样方法,避免不科学的频繁观测。若要捕捉国家重点保护野生动物进行取样或标记,必须获得相关主管部门的行政许可。

4.5 安全性原则

在捕捉、处理潜在疫源动物时,应按有关规定进行防疫处理。观测具有一定的野外工作特点,观测者应接受相关专业培训,做好防护措施。

5 观测方法

5.1 观测准备

5.1.1 确定观测目标

观测目标为掌握区域内哺乳动物的种类组成、分布和种群动态,并评价其栖息地质量;或评估各种威胁因素对哺乳动物产生的影响;或分析哺乳动物保护措施和政策的有效性,并提出适应性管理措施。在确定观测目标后应明确观测区域。

5.1.2 确定并了解观测对象

一般应从具有不同生态需求和生活史的类群中选择观测对象。在考虑物种多样性观测的同时,应重点考虑:

a) 受威胁物种、国家重点保护物种和特有物种;
b) 国家保护的有益的或有重要经济、研究价值的物种;
c) 对维持生态系统结构和过程有重要作用的物种;
d) 对环境或气候变化反应敏感的物种。观测前应充分了解观测对象的生态学及行为特征,必要的情况下可对观测对象进行小范围调查,同时了解观测区域的自然和社会经济状况。

5.1.3 提出观测计划

观测计划应包括:样地设置,样方/样线设置,野外观测方法,观测内容和指标,观测时间和频次,数据分析和报告,质量控制和安全管理等。

5.1.4 观测仪器和工具

根据观测对象和观测方法的要求,选择合适的观测仪器和工具。一般包括地图、全球定位系统(GPS)定位仪、对讲机、卫星电话、望远镜、照相机、红外触发式相机、夜视仪、摄像机、录音机、测距仪、测角器、长卷尺、钢卷尺、直尺、脱氧核糖核酸(DNA)样品采集工具、记录表以及必要的野外防护设备和药品等。

5.2 观测样地的确定

5.2.1 根据观测对象的生物学及生态学特征和观测目标,在观测区域内设立样地。

5.2.2 样地的数量应符合统计学的要求,并考虑人力、资金等因素。

5.2.3 样地的抽取采用简单随机抽样法、系统抽样法或分层随机抽样法进行。

5.2.4 采用分层随机抽样时,应根据生境类型、气候、海拔、土地利用类型或物种丰富度等因素进行分层。

5.3 总体计数法

5.3.1 总体计数法包括直接计数法和航空调查法等。

5.3.2 直接计数法。将观测区域划分为多个子区域,通过肉眼或望远镜直接观测,分别统计各子区域内哺乳动物个体数量,将各子区域哺乳动物个体数量相加得到整个区域哺乳动物的个体数量。该方法适用于草原、荒漠、雪原以及疏林地带的大中型有蹄类,或有相对固定活动时间和活动生境的林栖有蹄类,如岩羊、梅花鹿、驯鹿等。

5.3.3 航空调查法。利用飞机等航空设备进行总体计数的方法,适合于草原、疏林或灌木林中大型哺乳动物观测。

5.4 样方法

5.4.1 样方法是生物多样性观测的基本方法,适用于森林、草地和荒漠哺乳动物种群密度的调查。

5.4.2 将观测样地划分为若干个相同面积的样方。样方一般设置为方形。统计动物实体时,样方面积一般在 $500 \times 500 m^2$ 左右;当利用动物活动痕迹(如粪便、卧迹、足迹链、尿迹等)进行统计时,样方面积应不小于 $50 \times 50 m^2$。小型陆生哺乳动物观测可以设置 $100 \times 100 m^2$ 样方。用 GPS 定位仪定位样方坐标。

5.4.3 随机抽取一定数量样方并统计其中观测对象的数量,所抽取的样方应涵盖样地内不同生境类型,且每种生境类型至少有 7 个样方,样方之间应间隔 0.5km 以上。小型陆生哺乳动物可采用铗日法或者陷阱法调查样方内物种和个体数量,每种生境类型至少有 500 个铗日。对于洞穴型翼手类,采用网捕法调查样方内物种和个体数量,或傍晚在洞口采用直接计数法调查从洞穴中飞出的物种和个体数量;对于树栖型翼手类,将雾网或蝙蝠竖琴网安放在林道等飞行活动通道捕获并计数物种和个体数量。对观测到的哺乳动物拍照记录,便于物种鉴定。

5.4.4 种群的样方密度和平均密度分别按式(1)和(2)计算。

$$d_i = \frac{n_{li}}{S} \tag{1}$$

$$D_l = \frac{\sum d_i}{N_p} \tag{2}$$

式中:n_{li}——物种 l 在样方 i 内记录的个体数;

s——样方面积;

d_i——第 i 样方的密度,只/m^2($i = 1,2,3\cdots\cdots N_p$);

N_p——样方总数;

D_l——物种 l 的种群密度,只/m^2。

5.4.5 样方法适用于山体切割剧烈、地形复杂、难于连续行走的特殊地区。样方法可运用于偶蹄类如麝类、马鹿、狍、梅花鹿、驼鹿、黑尾鹿、野猪和小型陆生哺乳动物等的观测。

5.5 可变距离样线法(截线法)

5.5.1 可变距离样线法(截线法)适用于荒漠、草原等开阔生境中调查哺乳动物种群密度。

5.5.2 在所选样地内沿小径、步道等设置若干条样线。样线应覆盖样地内所有生境类型,每种生境类型至少有 2 条样线。每条样线长度可在 1～5km,在草原、荒漠等开阔地观测大中型哺乳动物时,样线长度可在 5km 以上。

5.5.3　选定样线后,用 GPS 定位仪定位坐标,在 1:50000 地图上标明样线的路线。

5.5.4　在晴朗、风力不大的天气条件下,沿样线步行、驱车或骑马匀速前进。步行速度一般为 2～3km/h;在草原、荒漠等开阔地,观测者可乘坐越野吉普车,速度 10～30km/h,也可以骑马前进,速度为 6km/h。记录观测者的前方及两侧所见动物数量(应包括样线预定宽度以外的实体或活动痕迹),用测距仪测量动物与观测者的距离,用测角器测量动物与观测者前进方向的夹角,以计算动物与样线的垂直距离(式 3),或测量动物活动痕迹与样线的垂直距离(记录表参见附录 A,生境类型表参见附录 B)。避免重复记录或漏记。对观测过程中遇到的哺乳动物拍照记录,以便于物种鉴定。

$$x_i = y_i \sin\theta \tag{3}$$

式中:y_i——动物距观测者的距离;
　　　θ——动物与观测者前进方向的夹角。

5.5.5　观测时以 2～3 人一组为宜。每次参加观测的人员最好不要变动,如不得不变时至少有 1 人是之前参加过观测的主要成员,且至少应有 1 名专业人员。

5.5.6　当哺乳动物的发现概率与个体至样线距离无关时,种群密度(D_i)按式(4)计算。

$$D_i = \frac{(N_I - 1)}{2L\overline{W}} \tag{4}$$

式中:N_I——样线两侧观测到的个体数量;
　　　L——样线长度;
　　　x_i——第 i 个个体到样线中心的距离;
　　　$\overline{W}$——个体到样线中心的平均距离。

$$\overline{W} = \frac{\sum_{i=1}^{N_I} x_i}{N_I}$$

5.5.7　可变距离样线法应满足以下基本条件:
a) 样线上观测目标的发现率为 1;
b) 观测目标在观测者测量过程中不远离或靠近中线;
c) 能准确测量观测目标至样线中心线的垂直距离;
d) 观测目标被发现的概率不受其体型大小的影响;
e) 观测某一特定目标不影响观测其他目标的概率;
f) 被观测的目标数一般不少于 40。

5.6　固定宽度样线法

5.6.1　固定宽度样线法适用于荒漠、草原等开阔生境中哺乳动物种群密度的调查。

5.6.2　固定宽度样线法与可变距离样线法的区别在于前者宽度固定,观测时只记录样线一定宽度内的个体数,不需测量哺乳动物与样线的距离,但必须通过预调查确定合适的样线宽度,保证样线内的所有个体都被发现。固定宽度样线法可用于原麝、鹿等偶蹄类动物以及猫科动物的观测。

5.6.3 样线宽度的确定应考虑哺乳动物活动范围、景观类型、透视度和交通工具等因素。在森林中一般为 5～50m，在草原和荒漠中为 500～1000m。

5.6.4 固定宽度内观测目标的种群密度（D_i）按式（5）计算。

$$D_i = \frac{N_i}{2LW} \tag{5}$$

式中：L——样线长度；
　　　W——样线单侧宽度；
　　　N_i——样线内观察到的动物个体数。

5.7 标记重捕法

5.7.1 标记重捕法适用于研究小型陆生哺乳动物种群动态。

5.7.2 标记重捕法的标记物和标记方法应不对动物身体产生伤害；标记不可过分醒目；标记应持久，足以维持整个观测时段（记录表参见附录C）。

5.7.3 单次标记重捕法。指根据第二次捕获量中被标记个体所占比例推算目标动物种群数量的标记重捕法。目标动物的种群大小 N 和方差 V_n 分别按式（6）和（7）计算。

$$N = \frac{(M+1)(n+1)}{m+1} - 1 \tag{6}$$

$$V_n = \frac{(M+1)(n+1)(M-m)(n-m)}{(m+1)^2(m+2)} \tag{7}$$

式中：N——种群个体数；
　　　n——第二次捕捉个体数；
　　　M——第一次释放的标记个体数；
　　　m——n 中被标记个体数。

5.7.4 单次标记重捕法的前提假设是：目标动物种群是封闭的，即没有个体迁入或迁出；所有动物有同等的被捕获率；捕获率不受动物是否做标记的影响；标记不会丢失；抽样是随机的。实际应用时，如个体受捕率有明显差异，可以将数据按性别、年龄等分组计算，以减少误差。

5.7.5 开放种群的多次标记重捕法。该方法的假设前提是种群中任意个体在抽样期 i 有相同的受捕率；所有标记个体在此后有相同的存活率；抽样必须瞬间完成，个体立即释放。在时间节点 i 的种群数量按式（8）计算。

$$N_i = (n_i + 1) \times \frac{M_i'}{(m_i + 1)}$$

$$M_i' = m_i + (R_i + 1) \times \frac{z_i}{(r_i + 1)} \tag{8}$$

式中：n_i——时间节点 i 样本中的捕获数；
　　　m_i——时间节点 i 样本中的标记个体数；
　　　R_i——时间节点 i 中标记个体的释放数；
　　　r_i——时间节点 i 中标记释放，其后又被捕获的个体数；
　　　z_i——时间节点 i 以前被标记，在 i 中不被捕获，i 以后再捕获的个体数。

5.8 指数估计法/间接调查法

5.8.1 痕迹计数法适用于研究林间活动、隐蔽或夜间活动的哺乳动物。

5.8.2 痕迹计数法。该方法的前提假设是动物的痕迹数量与种群大小呈线性关系,或者至少是单调的函数关系。

5.8.3 痕迹计数法的不足是多种相近种类同域分布时,较难区分不同种类的痕迹(北方雪地除外);痕迹产生时间完全依靠个人经验判断;换算系数因生境、食物、季节的不同而变化。

5.8.4 粪堆计数法。该方法通过粪堆数量与动物种群数量之间的关系推算动物的种群数量,是一种简单易行的观测方法。

5.9 红外相机自动拍摄法

5.9.1 红外感应自动照相机能拍摄到稀有或活动隐蔽的哺乳动物,可观测其分布和活动节律,也可结合相关模型估测种群密度。

5.9.2 安置红外相机前,应充分掌握拟观测哺乳动物的基本习性、活动区域和日常活动路线。尽量将相机安置在目标动物经常出没的通道上或其活动痕迹密集处。水源附近往往是动物活动频繁的区域,其他如盐井(天然或人工)、取食点(特殊食物资源,如坚果或浆果)、动物(尿液)标记处、求偶场、倒木、林间道路等也是动物经常活动的地点,应优先考虑。

5.9.3 可采用分层抽样法或系统抽样法设置观测样点。分层抽样法中,观测样点应涵盖观测样地内不同的生境类型,每种生境类型设置 7 个以上样点(样点之间间距 0.5km 以上)。系统抽样法中,在观测样地内划定网格设置观测样点,网格大小为 1km×1km。每 $1km^2$ 至少设置 1 个观测样点。在每个样点于树干、树桩或岩石上装设 1 或 2 台红外感应自动相机。相机架设位置一般距离地面 $0.3\sim1.0m$,架设方向尽量不朝东方太阳直射处。相机镜头与地面大致平行,略向下倾,一般与动物活动路径呈锐角夹角,并清理相机前的空间,减少对照片成像质量的干扰。对相机编号,并用 GPS 定位仪记录位置。

5.9.4 每一个样点应该至少收集 1000 个相机工作小时的数据。在夏季每个样点需至少连续工作 30 天,以完成一个观测周期。

5.9.5 根据设备供电情况,定期巡视样点并更换电池,调试设备,下载数据。记录各样点拍摄起止日期、照片和视频拍摄时间、动物物种与数量、年龄等级、可能的性别、外形特征等信息,建立信息库,归档保存(记录表参见附录 D)。

5.10 卫星定位追踪技术

5.10.1 卫星定位追踪由安装在哺乳动物身上的卫星发射器、安装在卫星上的传感器、地面接收站三部分组成。卫星上的传感器在接收到由卫星发射器按照一定间隔时间发射的卫星信号后,将此信号传送给地面接收站,经计算得出跟踪对象所在地点的经纬度、海拔高度等数据。

5.10.2 发射器的重量应控制在观测对象体重的 4% 以下。卫星定位追踪技术适用于较大尺度范围的观测,但运行费用较高。

5.11 非损伤性 DNA 检测法

5.11.1 非损伤性 DNA 检测法适用于观测所有哺乳动物。

5.11.2 非损伤性 DNA 检测方法主要包括以下步骤:

a) 采集与保存样品;
b) 微量 DNA 提取;
c) PCR 扩增反应;
d) DNA 多态性分析。

5.11.2.1　采集与保存样品。按照 HJ 628 的规定进行样品采集。对采集的样品逐一编号,记录物种名称、样品类型(毛发、粪便、尿液等)、采集日期、地点、采集人员等信息。采用干燥保存法(硅胶保存法)、冷冻保存法、乙醇保存法等处理并初步保存采集的样品,室内保存于 −20℃ 冰箱。

5.11.2.2　微量 DNA 提取。首先对样品进行预处理,然后采用酚−氯仿抽提法、硫氰酸胍(GuSCN)裂解法、Chelex-100 煮沸法、十六烷基三甲基溴化铵(CTAB)两步法等提取 DNA。

5.11.2.3　PCR 扩增反应和 DNA 多态性分析。选择合适的遗传标记(如线粒体 DNA、微卫星等),通过 PCR 扩增特异性目的片断,再进行序列测定或基因分型。

6　观测内容和指标

6.1　哺乳动物观测的内容主要包括观测区域中哺乳动物的种类组成、空间分布、种群动态、受威胁程度、生境状况等。

6.2　哺乳动物观测指标应定义清楚、可测量、可重复、简便实用、数据采集成本相对低廉。

6.3　哺乳动物观测指标包括哺乳动物的种类组成、区域分布、种群数量、性比、繁殖习性、植被类型、海拔、食物丰富度、栖息地状况、受威胁因素等。

7　观测时间和频次

7.1　观测时间根据哺乳动物的习性而定。对于大型哺乳动物主要在地表植被相对稀疏的冬季进行。

7.2　每天的观测时间应根据观测对象的习性确定,一般在观测对象一天的活动高峰期进行,如猫科动物的观测应在早晨或黄昏进行。取样的时间长度视哺乳动物分布密度和范围而定,对于小范围分布、密度较高的种类,观测时间相对较短;而对于分布密度低的珍稀动物类群取样时间可以增至 2～3 倍。

7.3　观测频次应视哺乳动物的习性和环境变化的情况而定,一般应在春、秋或冬季各进行 1 次观测,每次应有 2～3 个重复,每个重复应间隔 7 天以上。

8　质量控制和安全管理

8.1　在实施野外观测前,应对观测者进行观测方法和操作规范培训。观测者应掌握野外观测标准及相关知识,熟练掌握操作规程,严格按照观测标准要求采集数据,详细记录各项观测数据。数值测试和计算按 GB/T 8170 的规定执行。

8.2　购买必要的防护装备、用品和应急药品,做好安全防护工作,防止毒蛇和昆虫叮咬,必要时观测者必须接种疫苗。在确保人身安全的情况下方可进行观测,避免单人作业。

8.3　建立数据审核程序,全面细致地审核观测数据的准确性和完整性,发现可疑、缺漏数据及时补救。及时将观测数据和文档转换成电子文档,并进行备份。每半年检查并更新备份数据一次,防止由于储存介质问题引起数据丢失。

9　观测报告编制

哺乳动物观测报告应包括前言,观测区域概况,观测方法,哺乳动物的种类组成、区域分布、种群动态、面临的威胁,对策建议等。观测报告编写格式参见附录 G。

附录 A(资料性附录)　可变距离样线法(截线法)记录表(略)
附录 B(资料性附录)　生境类型表(略)
附录 C(资料性附录)　标记重捕法记录表(略)
附录 D(资料性附录)　红外相机观测记录表(略)
附录 E(资料性附录)　哺乳动物形态数据记录表(略)
附录 F(资料性附录)　人为干扰活动分类表(略)
附录 G(资料性附录)　哺乳动物观测报告编写格式(略)

生物多样性观测技术导则　地衣和苔藓

HJ 710.2—2014

(2014 年 10 月 31 日发布　2015 年 1 月 1 日实施)

目　次
前　言
1　适用范围
2　规范性引用文件
3　术语和定义
4　观测原则
5　观测方法
6　观测内容和指标
7　观测时间和频次
8　数据处理和分析
9　质量控制和安全管理
10　观测报告编制

前　言

为贯彻落实《中华人民共和国环境保护法》、《中华人民共和国野生植物保护条例》,规范我国生物多样性观测工作,制定本标准。
本标准规定了地衣与苔藓多样性观测的主要内容、技术要求和方法。
本标准附录 A、B、C、D、E、F、G 为资料性附录。
本标准为首次发布。
本标准由环境保护部科技标准司组织制定。
本标准主要起草单位:环境保护部南京环境科学研究所。

本标准环境保护部 2014 年 10 月 31 日批准。

本标准自 2015 年 1 月 1 日起实施。

本标准由环境保护部解释。

1 适用范围

本标准规定了地衣和苔藓多样性观测的主要内容、技术要求和方法。

本标准适用于中华人民共和国范围内除海洋以外的陆生、水生地衣与苔藓多样性的观测。

2 规范性引用文件

本标准内容引用了下列文件或其中的条款。凡是不注日期的引用文件,其最新版本适用于本标准。

GB 10111　　　　　利用随机数骰子进行随机抽样的方法

GB/T 7714　　　　文后参考文献著录规则

GB/T 8170　　　　数值修约规则与极限数值的表示和判定

HJ 623　　　　　　区域生物多样性评价标准

3 术语和定义

下列术语和定义适用于本标准。

3.1 地衣 lichen

地衣是真菌与藻类(和/或)蓝细菌组成的共生联合体,其本质为真菌,又被称为地衣型真菌。

3.2 苔藓 bryophyte

苔藓是一群小型的多细胞绿色植物,分布于除海洋以外的多数陆生和水生环境,具有明显的世代交替,常见植物体为配子体,孢子体寄生于配子体上。

3.3 石生地衣和苔藓 epilithic lichen and bryophyte

指附着生长在岩石表面上的地衣和苔藓。

3.4 土生(地面生)地衣和苔藓 floor lichen and bryophyte

指附着生长在地面和土壤表面上的地衣和苔藓。

3.5 树附生地衣和苔藓 epiphytic lichen and bryophyte

指生长在树木及其残体上的地衣和苔藓。

3.6 叶生地衣和苔藓 foliicolous lichen and bryophyte

指附着生长在其他树木叶片上的地衣和苔藓。

3.7 水生地衣和苔藓 aquatic lichen and bryophyte

指生长于水中的地衣和苔藓。

3.8 孢子体 sporophyte

植物世代交替的生活史中,产生孢子和具两倍数染色体的由受精卵(合子)发育而来的植物体。

3.9 配子体 gametophyte

植物世代交替的生活史中,产生配子和具单倍数染色体的植物体。

3.10 生物量 biomass

指单位面积上地衣或苔藓的总质量。

4 观测原则

4.1 科学性原则
观测样地和观测对象应具有代表性,能全面反映观测区域地衣与苔藓的整体状况;应采用统一、标准化的观测方法,能观测到地衣与苔藓多样性的动态变化。

4.2 可操作性原则
观测计划应考虑所拥有的人力、资金和后勤保障等条件,充分利用现有资料和成果,立足现有观测设备和人员条件,应采用效率高、成本低的观测方法。

4.3 持续性原则
观测工作应满足生物多样性保护和管理的需要,并能对生物多样性保护和管理起到指导及预警作用。观测样地、样方和样点一经确定,不得随意改动。

4.4 保护性原则
坚持保护第一,除非为了种类鉴定和生物量测定需要采集少量个体外,尽可能减少样品采集,避免长期观测工作对地衣与苔藓的伤害。

4.5 安全性原则
观测具有一定的野外工作特点。观测者应接受相关专业培训,做好防护措施。

5 观测方法

5.1 观测准备

5.1.1 观测目标和观测区域
观测目标为:掌握拟观测区域内地衣与苔藓的种类、种群数量、分布格局和变化动态;或者分析各种威胁因素对地衣与苔藓多样性产生的影响;或者评估地衣与苔藓保护措施和政策的有效性,并提出适应性管理措施。根据观测目标确定观测区域。

5.1.2 资料收集和观测计划
根据观测目标和要求,尽可能收集观测区域地形图、植被分布图、气候、水文、土壤等基础资料,并制订观测计划。观测计划应包括:样地设置,样方设置,野外观测方法,观测内容和指标,观测时间和频次,数据分析和报告,质量控制和安全管理等。

5.1.3 观测仪器和工具
包括采集刀、小铁铲或竹铲、镊子、采集袋、样品袋、塑料瓶、曲别针、修枝剪、具有吸水作用的草纸、瓦楞纸板、全球定位系统(GPS)定位仪、罗盘、长卷尺、钢卷尺、手锤、钉子、标桩(长1.5m,粗50mm的PVC或其他材质的管材)、塑料绳、20cm×20cm或50cm×50cm的方形铁筛(用细丝均分为121小格,框内共有100个细丝交叉点)、细线、配有微距镜头的数码相机、记录表、标签纸、专业工具书等。

5.1.4 观测培训
为观测者举办观测方法和操作规范等方面的培训,组织好观测队伍。

5.2 样地设置

5.2.1 根据地衣与苔藓观测目标和观测区域生境的不同,采用简单随机抽样方法或系统抽样方法设置样地。

5.2.2 简单随机抽样方法。在大比例地形图上将观测区域分成若干网格,每个网格编上号码,确定样地数目后,随机抽取规定的样地数。随机数的获得可以利用掷骰子、抽签、查随机数表的方法。随机数骰子的使用方法参见 GB 10111。

5.2.3 系统抽样方法。按已知的或设定的梯度(如海拔、水分)设置不少于 3 条样带(样带具体数量依据观测目标而定,样带之间应间隔 100m 以上),再沿样带按等距离或事先选择的距离设置样地。

5.2.4 观测样地的数目可以根据观测区域面积的大小以及观测目标而定,一般单个观测样地面积不小于 $200m^2$,观测样地数目不小于 10 个。依据不同生境类型可适当调整样地面积。

5.2.5 对观测样地边界用 GPS 定位仪或其他方式进行标记,在地形图上标注样地位置,并记录样地的生境要素(记录表参见附录 A)。

5.3 样方设置

5.3.1 根据附生基质将地衣与苔藓分为土生、石生、木生(树附生、叶附生)和水生(该类群种类少,本标准暂不列为观测对象)等不同类型,所有地衣与苔藓观测样方的设置要设立重复对照组,便于统计分析。

5.3.2 土生地衣与苔藓样方设置。根据具体观测目标,在不小于 $200m^2$ 的样地内按间隔 2m 或 4m 拉平行样线,每条样线上每隔 2m 或 4m 设置一个样方,样方面积为 50cm×50cm(苔藓)或 20cm×20cm(地衣),并对样方进行编号(图 1)。每个样地至少选择 5 个样方进行记录,以保证观测的代表性。

5.3.3 石生地衣与苔藓样方设置。根据具体观测目标,在不小于 $200m^2$ 的样地内随机选择 10 个以上着生地衣或苔藓的岩石,每个岩石作为一个样方,对岩石上附着的石生地衣或苔藓斑块进行测量。

5.3.4 树附生地衣与苔藓样方设置。在样地中选择胸径大于 15cm 的每一棵树为观测对象,分别以距离地面 30cm、110cm、150cm、180cm 处为中心线(图 2),按东南西北四个方向设立 10cm×10cm 的样方,每棵树共设 16 个样方,计测树的数量视观测目的而定。

5.3.5 叶生地衣与苔藓样方的设置。在样地内按间隔 4m 拉平行样线,每条样线上每隔 4m 设置一个样方,样方的范围为距离地面 150cm 以下 100cm×100cm×100cm 的树叶范围。

5.4 野外观测

5.4.1 样方数据采集

将与样方大小一致的铁筛置于样方上。首先记录样方中地衣或苔藓的种数;其次采用样点截取法原理计测目标生物盖度,方法是计测整个地衣或苔藓层在网格线交叉处出现的次数,计算出样方内地衣或苔藓的总盖度;然后记录相同种类的地衣或苔藓物种在网格线交叉处出现的次数,用于计算每个地衣或苔藓物种的盖度(记录表参见附录 B、C)。

对于叶附生苔藓(或地衣),目测样方内有苔藓(或地衣)分布的叶片数目;同时选择苔藓(或地衣)盖度最大的 10 片树叶,估测每片叶片上苔藓(或地衣)的盖度。

5.4.2 采样要求

对每个样方内分布的地衣或苔藓,根据种类鉴定需要,进行适度采样,每种地衣或苔藓采集的数量最多不超过样方中原有种群的 10%。生物量采用实测法,用天平测定采集的地衣或苔藓的干重。

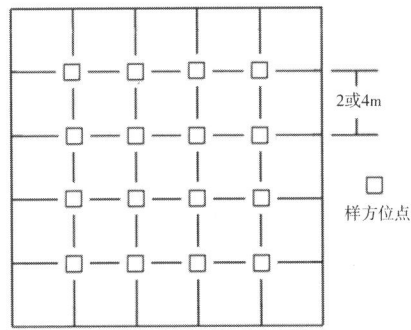

图 1 土生地衣与苔藓观测样方布设方式示意图

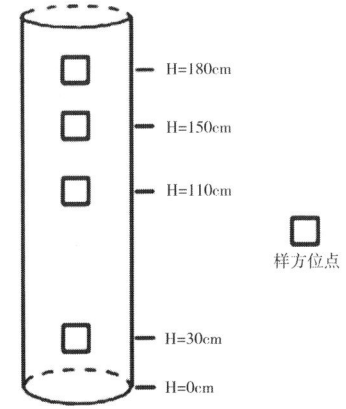

图 2 树附生地衣与苔藓观测样方布设方式示意图

注:图 2 示仅标明树干上一个方向的样方布设方式,树干上其余各方向的样方布设与图 2 一致。垂直岩壁上和倒木上附生的地衣与苔藓观测可参考图 2 并适当调整。

5.4.3 数码相机拍摄

对于地衣和苔藓的观测应拍摄清晰的数码照片,可使用带有微距镜头的数码相机对植株进行拍摄,照片与凭证标本一一对应。

5.4.4 凭证标本采集

利用小铲子、手锤等采集工具,采集样方内发现的地衣和苔藓,清除杂物,将采集的地衣或苔藓样品迅速装入纸袋或塑料袋等采集袋中。为防止枝状地衣干燥变脆而在运输过程中损坏,可先用瓦楞纸板将其压制成蜡叶标本(记录表参见附录 D)。标本采集中应特别注意填写标本记录标签,并和标本一起存放。对于叶附生苔藓(或地衣),应连同附主树叶一并采集。

5.5 标本保存

5.5.1 标本的保存

在实验室内,将野外采集的地衣和苔藓标本置于标本袋中放入标本柜保存。如果标本表面有水分,则需要用吸水纸除去标本表面水分,自然晾干后再放入标本袋中保存。条件允许的情况下,可制作原色浸制标本。

5.5.2 种类鉴定

在实验室利用光学显微镜、解剖镜、解剖器材以及植物志、植物图鉴等工具书,利用形态学分类方法,对采集的地衣和苔藓标本进行鉴定。

6 观测内容和指标

地衣和苔藓的观测内容与指标参见表1。在实际观测中,可根据具体情况和观测目标进行适当增减。

表1 地衣和苔藓观测内容与指标

观测内容	观测指标	观测方法
生境特征	生境类型	资料查阅和野外调查
	土壤、地貌、水文等基础资料	资料查阅和野外调查
	海拔、坡度、坡向、附生树种、胸径、树皮粗糙度、叶附生树种	直接测量法
	人为干扰活动的类型和强度	资料查阅和野外调查
群落特征	种类组成	样方法
	盖度(郁闭度)	样方法或目测法
	频度	样方法
	厚度	直接测量法
	生物量	收获法
	优势种	样方法
	伴生植物	样方法

7 观测时间和频次

7.1 观测时间

观测时间可选择地衣和苔藓生长旺盛期进行,苔藓的观测适合选择春季或秋季雨后或潮湿天气;地衣的观测时间不限。

7.2 观测频次

地衣和苔藓观测可每年进行一次,观测时间一经确定,应保持长期不变,以利于年际间数据进行对比。若因观测目标及科学研究的需要,应在原有观测频率的基础上适当增加观测的次数。

8 数据处理和分析

数据处理和分析方法参见附录F。

9 质量控制和安全管理

9.1 样地设置质量控制。首次开展地衣、苔藓观测前应对观测区域进行初步调查,科学设计观测计划,并对观测样地进行定位和标记,同时对样地进行必要的维护。

9.2 数据采集质量控制。观测者应参加相关培训,掌握野外操作规范,按时、按质、按量完成各项观测和采样任务。

9.3 数据填报规范。严格按照记录表格填写各项观测数据。观测数据只保留一位可疑数字,有效数字的位数应根据计量器具的精度示值确定,不得随意增添或删除。数值测试和计算按GB/T 8170 的规定执行。需要更正时,应在错误数据(文字)上划一横线,在其上方写上正确内容,并在所划横线上签字以示负责。

10 观测报告编制

地衣与苔藓观测报告应包括前言,观测区域概况,观测方法,地衣与苔藓的种类组成、分布格局、种群动态、面临的威胁,对策建议等。观测报告编写格式参见附录G。

附录 A(资料性附录) 观测样地生境要素记录表(略)
附录 B(资料性附录) 地面地衣或苔藓样方记录表(略)
附录 C(资料性附录) 树附生地衣或苔藓样方记录表(略)
附录 D(资料性附录) 地衣与苔藓凭证标本记录标签(略)
附录 E(资料性附录) 人为干扰活动分类表(略)
附录 F(资料性附录) 数据处理和分析方法(略)
附录 G(资料性附录) 地衣与苔藓观测报告编写格式(略)

生态环境状况评价技术规范

HJ 192—2015

(2015 年 3 月 13 日发布 2015 年 3 月 13 日实施)

目 次
前 言
1 适用范围
2 规范性引用文件
3 术语和定义
4 生态环境状况评价工作流程图
5 生态环境状况评价指标体系及计算方法
6 专题生态区生态环境状况评价指标及计算方法

前 言

为贯彻《中华人民共和国环境保护法》,加强生态环境保护,评价我国生态环境状况及变化趋势,制定本标准。

本标准规定了生态环境状况评价指标体系和各指标计算方法。

本标准适用于县域、省域和生态区的生态环境状况及变化趋势评价,生态区包括生态功能区、城市/城市群和自然保护区。

本标准于 2006 年首次发布,本次为第一次修订。

本次修订主要内容:

——优化生态环境状况和各分指数的评价指标和计算方法;

——新增生态功能区、城市/城市群和自然保护区等专题生态区生态环境评价指标和计算方法。

自本标准实施之日起,《生态环境状况评价技术规范(试行)》(HJ/T 192—2006)废止。

本标准附录 A 和附录 B 为资料性附录。

本标准由环境保护部科技标准司组织修订。

本标准主要起草单位:中国环境监测总站、环境保护部南京环境科学研究所、上海市环境监测中心、江苏省环境监测中心、青海省生态环境遥感监测中心、新疆维吾尔自治区环境监测总站、深圳市环境监测中心站、浙江省环境监测中心、辽宁省环境监测实验中心、环境保护部卫星环境应用中心。

本标准环境保护部 2015 年 3 月 13 日批准。

本标准自 2015 年 3 月 13 日起实施。

本标准由环境保护部解释。

1 适用范围

本标准规定了生态环境状况评价指标体系和各指标计算方法。

本标准适用于评价我国县域、省域和生态区的生态环境状况及变化趋势。其中,生态环境状况评价方法适用于县级(含)以上行政区域生态环境状况及变化趋势评价,生态功能区生态功能评价方法适用于各类型生态功能区的生态功能状况及变化趋势评价,城市生态环境质量评价方法适用于地级(含)以上城市辖区及城市群生态环境质量状况及变化趋势评价,自然保护区生态保护状况评价方法适用于自然保护区生态环境保护状况及变化趋势评价。

2 规范性引用文件

本标准内容引用了下列文件或其中的条款。凡是不注日期的引用文件,其最新版本适用于本标准。

GB 3095	环境空气质量标准
GB 3096	声环境质量标准
GB 3838	地表水环境质量标准
GB 15618	土壤环境质量标准
GB/T 14848	地下水质量标准
GB/T 24255	沙化土地监测技术规程
HJ 623	区域生物多样性评价标准
SL 190	土壤侵蚀分类分级标准

3 术语和定义

3.1 生态环境状况指数 ecological index

评价区域生态环境质量状况,即 EI,数值范围 0～100。

3.2 生物丰度指数 biological richness index

评价区域内生物的丰贫程度,利用生物栖息地质量和生物多样性综合表示。

3.3 植被覆盖指数 vegetation coverage index

评价区域植被覆盖的程度,利用评价区域单位面积归一化植被指数(NDVI)表示。

3.4 水网密度指数 water network denseness index

评价区域内水的丰富程度,利用评价区域内单位面积河流总长度、水域面积和水资源量表示。当水网密度指数大于 100 时,则取 100。

3.5 土地胁迫指数 land stress index

评价区域内土地质量遭受胁迫的程度,利用评价区域内单位面积上水土流失、土地沙化、土地开发等胁迫类型面积表示。当土地胁迫指数大于 100 时,则取 100。

3.6 污染负荷指数 pollution load index

评价区域内所受纳的环境污染压力,利用评价区域单位面积所受纳的污染负荷表示。当污染负荷指数小于 0 时,则取 0。

3.7 环境限制指数 environmental restriction index

是约束性指标,指根据区域内出现的严重影响人居生产生活安全的生态破坏和环境污染事项对生态环境状况进行限制。

3.8 生态功能区生态功能状况指数 ecological index in ecological function area

评价防风固沙、水土保持、水源涵养、生物多样性维护等以提供生态产品为主体功能的地区的生态环境和生态功能状况,即 FEI,数值范围 0～100。

3.9 环境质量指数 environmental quality index

评价区域内环境质量状况,根据评价主体对象特征选择评价指标。生态功能区的环境质量指数主要从地表水质量、空气质量和集中式饮用水源地质量等方面表示;城市环境质量主要从大气环境质量、水环境质量、声环境质量等方面表示。

3.10 城市生态环境状况指数 city ecological index

评价城市或城市群的生态环境质量状况,即 CEI,数值范围 0～100。

3.11 生态建设指数 rehabilitation index

评价城市的生态建设和环境管理水平,主要从生态用地比例、绿地覆盖率、环保投资占 GDP 比例等方面表示。

3.12 自然保护区生态环境保护状况指数 ecological protect index in nature reserve

评价自然保护区生态环境保护状况,即 NEI,数值范围 0～100。

3.13 面积适宜指数 area suitability index

评价自然保护区核心区、缓冲区和实验区面积等功能区划的合理程度,利用核心区面积百分比表示。

3.14 外来物种入侵指数 alien species invasion index
评价自然保护区受到外来入侵物种干扰的程度,利用外来入侵物种数表示。

3.15 生境质量指数 habitat quality index
评价自然保护区主要保护对象生境质量的适宜性,利用主要保护对象的栖息地质量表示。

3.16 开发干扰指数 development disturbance index
评价人类生产生活对自然保护区的干扰程度,利用与开发活动有关的用地类型表示。

3.17 归一化系数 normalization coefficients
对数据进行无量纲化处理的系数,取一系列数据中最大值的倒数的 100 倍,即:

$$归一化系数 = 100/A 最大值。$$

式中:$A_{最大值}$——某指数归一化处理前的最大值。

4 生态环境状况评价工作流程图

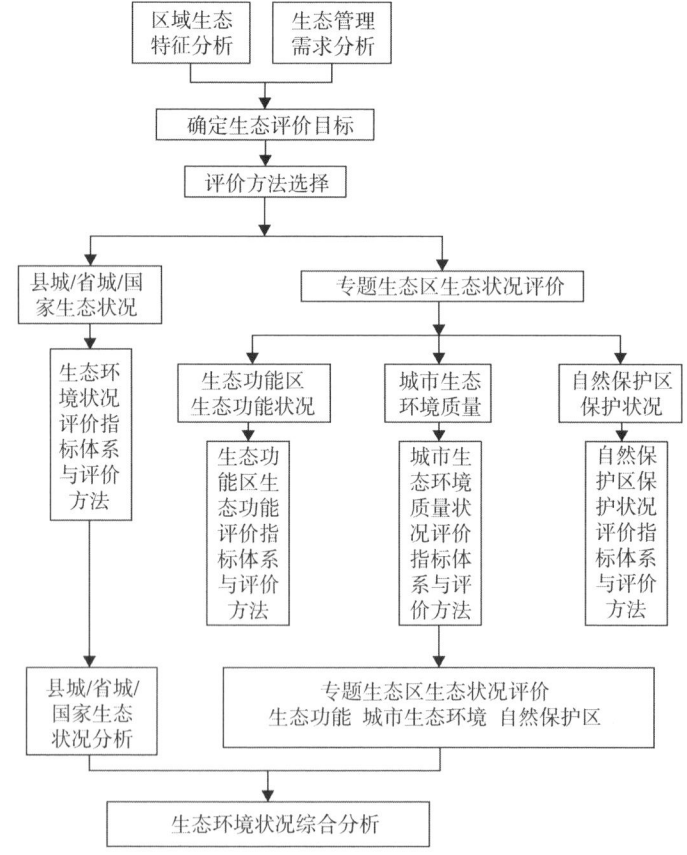

图 1 生态环境状况评价工作流程图

5 生态环境状况评价指标体系及计算方法

5.1 生态环境状况评价指标体系

生态环境状况评价利用一个综合指数(生态环境状况指数,EI)反映区域生态环境的整体状态,指标体系包括生物丰度指数、植被覆盖指数、水网密度指数、土地胁迫指数、污染负荷指数五个分指数和一个环境限制指数,五个分指数分别反映被评价区域内生物的丰贫,植被覆盖的高低,水的丰富程度,遭受的胁迫强度,承载的污染物压力,环境限制指数是约束性指标,指根据区域内出现的严重影响人居生产生活安全的生态破坏和环境污染事项对生态环境状况进行限制和调节。

5.2 生态环境状况评价方法

5.2.1 权重

各项评价指标的权重见表1。

表1 各项评价指标权重

指标	生物丰度指数	植被覆盖指数	水网密度指数	土地胁迫指数	污染负荷指数	环境限制指数
权重	0.35	0.25	0.15	0.15	0.10	约束性指标

5.2.2 生态环境状况计算方法

生态环境状况指数(EI) = 0.35 × 生物丰度指数 + 0.25 × 植被覆盖指数 + 0.15 × 水网密度指数 + 0.15 × (100−土地胁迫指数) + 0.10 × (100−污染负荷指数) + 环境限制指数

5.3 生物丰度指数计算方法

5.3.1 计算方法

$$生物丰度指数 = (BI + HQ)/2$$

式中:BI 为生物多样性指数,评价方法执行 HJ 623;HQ 为生境质量指数;当生物多样性指数没有动态更新数据时,生物丰度指数变化等于生境质量指数的变化。

5.3.2 生境质量指数计算方法

生境质量指数中各生境类型的分权重见表2。

表2 生境质量指数各生境类型分权重

权重	林地			草地			水域湿地				耕地		建设用地			未利用地			
	0.35			0.21			0.28				0.11		0.04			0.01			
结构类型	有林地	灌木林地	疏林地和其他林地	高覆盖度草地	中覆盖度草地	低覆盖度草地	河流(渠)	湖泊(库)	滩涂湿地	永久性冰川雪地	水田	旱地	城镇建设用地	农村居民点	其他建设用地	沙地	盐碱地	裸土地	裸岩石砾	其他未利用地
分权重	0.60	0.25	0.15	0.60	0.30	0.10	0.10	0.30	0.50	0.10	0.60	0.40	0.30	0.40	0.30	0.20	0.30	0.20	0.20	0.10

生境质量指数 = A_{bio}(0.35×林地+0.21×草地+0.28×水域湿地+0.11×耕地+0.04×建设用地+0.01×未利用地)/区域面积

式中：A_{bio}——生境质量指数的归一化系数，参考值为511.2642131067。

5.4 植被覆盖指数计算方法

植被覆盖指数 = $NDVI_{区域均值}$ = A_{veg} × $(\frac{\sum_{i=1}^{n} P_i}{n})$

式中：P_i——5～9月象元 *NDVI* 月最大值的均值，建议采用 *MOD*13 的 *NDVI* 数据，空间分辨率250*m*，或者分辨率和光谱特征类似的遥感影像产品；

n——区域象元数；

A_{veg}——植被覆盖指数的归一化系数，参考值为0.0121165124。

5.5 水网密度指数计算方法

5.5.1 计算方法

水网密度指数 = (A_{riv}×河流长度/区域面积 + A_{lak}×水域面积(湖泊、水库、河渠和近海)/区域面积 + A_{res}×水资源量*/区域面积)/3

式中：A_{riv}——河流长度的归一化系数，参考值为84.3704083981；

A_{lak}——水域面积的归一化系数，参考值为591.7908642005；

A_{res}——水资源量的归一化系数，参考值为86.3869548281。

5.5.2 水资源量计算方法

$$水资源量^* = \begin{cases} 水资源量 & \frac{水资源量}{水资源量_{年平均值}} \leq 1.4 \\ 水资源量_{年平均值} \times (2.4 - \frac{水资源量}{水资源量_{年平均值}}) & 1.4 < \frac{水资源量}{水资源量_{年平均值}} \leq 2.4 \\ 0 & \frac{水资源量}{水资源量_{年平均值}} > 2.4 \end{cases}$$

5.6 土地胁迫指数计算方法

5.6.1 权重

土地胁迫指数分权重见表3。

表3 土地胁迫指数分权重

类型	重度侵蚀	中度侵蚀	建设用地	其他土地胁迫
权重	0.4	0.2	0.2	0.2

5.6.2 计算方法

土地胁迫指数 = A_{ero}×(0.4×重度侵蚀面积 + 0.2×中度侵蚀面积 + 0.2×建设用地面积 + 0.2×其他土地胁迫)/区域面积

式中：A_{ero}——土地胁迫指数的归一化系数，参考值为236.0435677948。

5.7 污染负荷指数计算方法

5.7.1 权重

污染负荷指数的分权重见表4。

表4 污染负荷指数分权重

类型	化学需氧量	氨氮	二氧化硫	烟(粉)尘	氮氧化物	固体废物	总氮等其他污染物[a]
权重	0.20	0.20	0.20	0.10	0.20	0.10	待定

注:(a)总氮等其他污染物的权重和归一化系数将根据污染物类型、特征和数据可获得性与其他污染负荷类型进行统一调整。

5.7.2 计算方法

污染负荷指数 = $0.20 \times A_{COD} \times$ COD 排放量/区域年降水总量
$0.20 \times A_{NH3} \times$ 氨氮排放量/区域年降水总量
$0.20 \times A_{SO2} \times SO_2$ 排放量/区域面积 +
$0.10 \times A_{YFC} \times$ 烟(粉)尘排放量/区域面积 +
$0.20 \times A_{NOX} \times$ 氮氧化物排放量/区域面积
$0.10 \times A_{SOL} \times$ 固体废物丢弃量/区域面积 +

式中:A_{COD}——COD 的归一化系数,参考值为 4.3937397289;
A_{NH3}——氨氮的归一化系数,参考值为 40.1764754986;
A_{SO2}——SO_2 的归一化系数,参考值为 0.0648660287;
A_{YFC}——烟(粉)尘的归一化系数,参考值为 4.0904459321;
A_{NOX}——氮氧化物的归一化系数,参考值为 0.5103049278;
A_{SOL}——固体废物的归一化系数,参考值为 0.0749894283。

5.8 环境限制指数

环境限制指数是生态环境状况的约束性指标,指根据区域内出现的严重影响人居生产生活安全的生态破坏和环境污染事项,如重大生态破坏、环境污染和突发环境事件等,对生态环境状况类型进行限制和调节,见表5。

表5 环境限制指数约束内容

分类		判断依据	约束内容
突发环境事件	特大环境事件	按照《突发环境事件应急预案》,区域发生人为因素引发的特大、重大、较大或一般等级的突发环境事件,若评价区域发生一次以上突发环境事件,则以最严重等级为准。	生态环境不能为"优"和"良",且生态环境质量级别降1级。
	重大环境事件		
	较大环境事件		生态环境级别降1级。
	一般环境事件		
生态破坏环境污染	环境污染	存在环境保护主管部门通报的或国家媒体报道的环境污染或生态破坏事件(包括公开的环境质量报告中的超标区域)。	存在国家环境保护部通报的环境污染或生态破坏事件,生态环境不能为"优"和"良",且生态环境级别降1级;其他类型的环境污染或生态破坏事件,生态环境级别降1级。
	生态破坏		

(续表)

	分类	判断依据	约束内容
生态破坏环境污染	生态环境违法案件	存在环境保护主管部门通报或挂牌督办的生态环境违法案件。	生态环境级别降1级。
	被纳入区域限批范围	被环境保护主管部门纳入区域限批的区域	生态环境级别降1级。

5.9 生态环境状况分级

根据生态环境状况指数,将生态环境分为5级,即优、良、一般、较差和差,见表6。

表6 生态环境状况分级

级别	优	良	一般	较差	差
指数	$EI \geq 75$	$55 \leq EI < 75$	$35 \leq EI < 55$	$20 \leq EI < 35$	$EI < 20$
描述	植被覆盖度高,生物多样性丰富,生态系统稳定。	植被覆盖度较高,生物多样性较丰富,适合人类生活。	植被覆盖度中等,生物多样性一般水平,较适合人类生活,但有不适合人类生活的制约性因子出现。	植被覆盖较差,严重干旱少雨,物种较少,存在着明显限制人类生活的因素。	条件较恶劣,人类生活受到限制。

5.10 生态环境状况变化分析

根据生态环境状况指数与基准值的变化情况,将生态环境质量变化幅度分为4级,即无明显变化、略有变化(好或差)、明显变化(好或差)、显著变化(好或差)。各分指数变化分级评价方法可参考生态环境状况变化度分级,见表7。

表7 生态环境状况变化度分级

级别	无明显变化	略微变化	明显变化	显著变化
变化值	$|\Delta EI| < 1$	$1 \leq |\Delta EI| < 3$	$3 \leq |\Delta EI| < 8$	$|\Delta EI| \geq 8$
描述	生态环境质量无明显变化。	如果 $1 \leq \Delta EI < 3$,则生态环境质量略微变好;如果 $-1 \geq \Delta EI > -3$,则生态环境质量略微变差。	如果 $3 \leq \Delta EI < 8$,则生态环境质量明显变好;如果 $-3 \geq \Delta EI > -8$,则生态环境质量明显变差;如果生态环境状况类型发生改变,则生态环境质量明显变化。	如果 $\Delta EI \geq 8$,则生态环境质量显著变好;如果 $\Delta EI \leq -8$,则生态环境质量显著变差。

如果生态环境状况指数呈现波动变化的特征,则该区域生态环境敏感,根据生态环境质量波动变化幅度,将生态环境变化状况分为稳定、波动、较大波动和剧烈波动,见表8。

表8 生态环境状况波动变化分级

级别	稳定	波动	较大波动	剧烈波动
变化值	$|\Delta EI| < 1$	$1 \leq |\Delta EI| < 3$	$3 \leq |\Delta EI| < 8$	$|\Delta EI| \geq 8$
描述	生态环境质量状况稳定。	如果$|\Delta EI| \geq 1$,并且ΔEI在3和-3之间波动变化,则生态环境状况呈现波动特征。	如果$|\Delta EI| \geq 3$,并且ΔEI在8和-8之间波动变化,则生态环境状况呈现较大波动特征。	如果$|\Delta EI| \geq 8$,并且ΔEI变化呈现正负波动特征,则生态环境状况剧烈波动。

6 专题生态区生态环境状况评价指标及计算方法

6.1 生态功能区生态功能评价

6.1.1 生态功能区生态功能评价指标体系

生态功能区生态功能状况是利用综合指数(生态功能区功能状况指数,FEI)评价生态功能区生态功能的状况,采用三级指标体系,包括3个指标、5个分指数和12个分指标。3个指标包括生态状况指标、环境状况指标和生态功能调节指标。自然生态指标包括生态功能指数、生态结构指数和生态胁迫指数,反映了生态功能区的功能、结构和压力,环境状况指标包括污染负荷指数和环境质量指数,反映了生态功能区的污染负荷压力和环境质量状况。生态功能指数、生态结构指数和生态胁迫指数根据各类功能区功能特点而选择能够反映功能区特征的指标。生态功能调节指标指通过遥感监测生态功能区内重要生态类型变化和人为因素引起的突发环境事件对区域生态功能状况进行调节。具有多种功能特征的生态功能区评价以主导功能为主,选择相应的评价方法。

6.1.2 防风固沙生态功能区生态功能评价指标计算方法

6.1.2.1 权重

防风固沙生态功能区生态功能各指标权重见表9。

表9 防风固沙生态功能区生态功能各指标权重及类型

指标类型	分指数	分指标	权重	类型
生态状况指标 (0.60)	生态功能指数	植被覆盖指数	0.24	正
		受保护区域面积比	0.10	正
	生态结构指数	林草地覆盖率	0.22	正
		水域湿地面积比	0.20	正
	生态胁迫指数	耕地和建设用地面积比	0.14	负
		沙化土地面积比	0.10	负
环境状况指标 (0.40)	污染负荷指数	主要污染物排放强度	0.45	负
		污染源排放达标率	0.10	正
		城镇污水集中处理率	0.10	正
	环境质量指数	水质达标率	0.15	正
		空气质量达标率	0.15	正
		集中式饮用水源地水质达标率	0.05	正

6.1.2.2 计算方法

$FEI_{FFGS} = 0.60 \times [0.24 \times 植被覆盖指数 + 0.10 \times 受保护区域面积比 \times 100 + 0.22 \times 林草地覆盖率 + 0.20 \times 水域湿地面积比 + 0.14 \times (100 - 耕地和建设用地面积比) + 0.10 \times (100 - 沙化土地面积比 \times 100)] + 0.40 \times [0.45 \times (100 - 主要污染物排放强度) + 0.10 \times 污染源排放达标率 \times 100 + 0.10 \times 城镇污水集中处理率 \times 100 + 0.15 \times 水质达标率 \times 100 + 0.15 \times 空气质量达标率 \times 100 + 0.05 \times 集中式饮用水源地水质达标率 \times 100] + 生态功能调节指标$

式中:FEI_{FFGS}——防风固沙生态功能区的生态功能状况指数。

6.1.3 水土保持生态功能区生态功能评价指标计算方法

6.1.3.1 权重

水土保持生态功能区生态功能各指标权重见表10。

表10 水土保持生态功能区生态功能各指标权重及类型

指标类型	分指数	分指标	权重	类型
生态状况指标 (0.60)	生态功能指数	植被覆盖指数	0.23	正
		受保护区域面积比	0.13	正
	生态结构指数	林草地覆盖率	0.23	正
		水域湿地面积比	0.18	正
	生态胁迫指数	耕地和建设用地面积比	0.13	负
		中度及以上土壤侵蚀面积所占比例	0.10	负
环境状况指标 (0.40)	污染负荷指数	主要污染物排放强度	0.45	负
		污染源排放达标率	0.10	正
		城镇污水集中处理率	0.10	正
	环境质量指数	水质达标率	0.15	正
		空气质量达标率	0.15	正
		集中式饮用水源地水质达标率	0.05	正

6.1.3.2 计算方法

$FEI_{STBC} = 0.60 \times [0.23 \times 植被覆盖指数 + 0.13 \times 受保护区域面积比 \times 100 +$
$0.23 \times 林草地覆盖率 + 0.18 \times 水域湿地面积比 +$
$0.13 \times (100 - 耕地和建设用地面积比) +$
$0.10 \times (100 - 中度及以上土壤侵蚀面积比 \times 100)] +$
$0.40 \times [0.45 \times (100 - 主要污染物排放强度) + 0.10 \times 污染源排放达标率 \times 100 +$
$0.10 \times 城镇污水集中处理率 \times 100 + 0.15 \times 水质达标率 \times 100 +$
$0.15 \times 空气质量达标率 \times 100 + 0.05 \times 集中式饮用水源地水质达标率 \times 100] + 生态功能调节指标$

式中:FEI_{STBC}——水土保持生态功能区的生态功能状况指数。

6.1.4 水源涵养生态功能区生态功能评价指标计算方法

6.1.4.1 权重

水源涵养生态功能区生态功能各指标权重见表11。

表 11　水源涵养生态功能区生态功能各指标权重及类型

指标类型	分指数	分指标	权重	类型
生态状况指标 （0.60）	生态功能指数	水源涵养指数	0.25	正
		受保护区域面积比	0.20	正
	生态结构指数	林地覆盖率	0.15	正
		草地覆盖率	0.10	正
		水域湿地面积比	0.15	正
	生态胁迫指数	耕地和建设用地面积比	0.15	负
环境状况指标 （0.40）	污染负荷指数	主要污染物排放强度	0.45	负
		污染源排放达标率	0.10	正
		城镇污水集中处理率	0.10	正
		水质达标率	0.20	正
	环境质量指数	空气质量达标率	0.10	正
		集中式饮用水源地水质达标率	0.05	正

6.1.4.2　计算方法

$FEI_{SYHY} = 0.60 \times [0.25 \times 水源涵养指数 + 0.20 \times 受保护区域面积比 \times 100 +$
$0.15 \times 林地覆盖率 + 0.10 \times 草地覆盖率 +$
$0.15 \times 水域湿地面积比 + 0.15 \times (100 - 耕地和建设用地面积比)] +$
$0.40 \times [0.45 \times (100 - 主要污染物排放强度) + 0.10 \times 污染源排放达标率 \times 100 +$
$0.10 \times 城镇污水集中处理率 \times 100 + 0.20 \times 水质达标率 \times 100 +$
$0.10 \times 空气质量达标率 \times 100 + 0.05 \times 集中式饮用水源地水质达标率 \times 100] + 生态功能调节指标$

式中：FEI_{SYHY}——水源涵养生态功能区的生态功能状况指数

6.1.5　生物多样性维护生态功能区生态功能评价指标计算方法

6.1.5.1　权重

生物多样性维护生态功能区生态功能各指标权重见表 12。

表 12　生物多样性维护生态功能区生态功能各指标权重及类型

指标类型	分指数	分指标	权重	类型
生态状况指标 （0.60）	生态功能指数	生物丰度指数	0.23	正
		受保护区域面积比	0.22	正
	生态结构指数	林地覆盖率	0.15	正
		草地覆盖率	0.10	正
		水域湿地面积比	0.15	正
	生态胁迫指数	耕地和建设用地面积比	0.15	负

(续表)

指标类型	分指数	分指标	权重	类型
环境状况指标 (0.40)	污染负荷指数	主要污染物排放强度	0.45	负
		污染源排放达标率	0.10	正
		城镇污水集中处理率	0.10	正
	环境质量指数	水质达标率	0.20	正
		空气质量达标率	0.10	正
		集中式饮用水源地水质达标率	0.05	正

6.1.5.2 计算方法

$$FEI_{SWDYX} = 0.60 \times [0.23 \times 生物丰度指数 + 0.22 \times 受保护区域面积比 \times 100 +$$
$$0.15 \times 林地覆盖率 + 0.10 \times 草地覆盖率 +$$
$$0.15 \times 水域湿地面积比 + 0.15 \times (100 - 耕地和建设用地比例)] +$$
$$0.40 \times [0.45 \times (100 - 主要污染物排放强度) + 0.10 \times 污染源排放达标率 \times 100 +$$
$$0.10 \times 城镇污水集中处理率 \times 100 + 0.20 \times 水质达标率 \times 100 +$$
$$0.10 \times 空气质量达标率 \times 100 + 0.05 \times 集中式饮用水源地水质达标率 \times 100] + 生$$
$$态功能调节指标$$

式中:FEI_{SWDYX}——生物多样性维护功能区的生态功能状况指数。

6.1.6 生态功能调节指标

生态功能调节指标根据遥感监测功能区内重要生态类型变化和人为因素引起的突发环境事件对区域生态功能状况进行调节。

生态功能调节指标 = 重要生态类型变化调节指标 + 人为因素引发突发环境事件调节指标

6.1.6.1 重要生态类型变化调节指标

重要生态类型变化是指无人机航空遥感或高分辨率卫星遥感监测到的功能区内重要生态类型的变化,重要生态类型变化调节指标是根据重要生态类型变化对生态功能动态变化度进行调节,调节幅度为-0.5~+0.5,通过评价年与基准年遥感影像对比分析及无人机遥感抽查或高分辨率卫星遥感影像监测,查找并验证重要生态类型发生变化的区域,根据变化面积确定生态功能调节幅度,见表13。

表13 重要生态类型变化调节

分级		调节分值	判断依据	说明
显著变化	显著变差	-0.3	变化面积 >5km²	通过年际间遥感影像对比分析及无人机遥感抽查和高分辨率卫星遥感影像监测到功能区局地生态类型变化及面积。
	显著变好	+0.3		
明显变化	明显变差	-0.2	2km² < 变化面积 ≤5km²	
	明显变好	+0.2		
略微变化	略微变差	-0.1	0 < 变化面积 ≤2km²	
	略微变好	+0.1		
基本稳定	无明显变化	0.0	—	
注:如经无人机遥感抽查或者高分辨率卫星遥感监测到变化面积特别大(20km²以上),可在现有基础上酌情加大调节分值,最大调节幅度为 ±0.5。				

6.1.6.2 人为因素引发突发环境事件调节指标

人为因素引发的突发环境事件调节指标根据人为因素引发的突发环境事件对生态功能区生态功能动态变化度进行调节,起负向调节作用,调节幅度为 -0.6~0.0,见表14。

表14 人为因素引发的突发环境事件调节指标

分级		调节分值	判断依据	说明
突发环境事件	特大环境事件	-0.6	按照《突发环境事件应急预案》,功能区内发生人为因素引发的特大、重大、较大或一般等级的突发环境事件,若发生一次以上突发环境事件,则以最严重等级进行调节。	若为同一事件引起的多个调节值,则取最大调节,不重复计算。
	重大环境事件	-0.4		
	较大环境事件	-0.2		
	一般环境事件	-0.1		
环境生态破坏事件等	功能区内发生环境污染或生态破坏事件、生态环境违法案件或涉及区域限批等	-0.5	功能区出现环境保护部通报的环境污染或生态破坏事件,自然保护区等受保护区域生态环境违法事件,或出现由环境保护部挂牌督办的环境违法案件以及被纳入区域限批范围等。	

6.1.7 生态功能区生态功能分级

根据生态功能区生态功能指数,将功能区的生态功能状况分为5级,即优、良、一般、较差和差,见表15。

表15 生态功能区生态功能状况分级

级别	优	良	一般	较差	差
指数	FEI≥70	60≤FEI<70	50≤FEI<60	40≤FEI<50	FEI<40
描述	自然生态优越,生态系统承载力高,生态功能稳定,自我调节能力强。	自然生态相对较好,生态功能相对稳定,存在一定的生态环境问题。	自然生态一般,存在一定的生态环境问题,生态功能相对脆弱。	自然生态差,存在明显的生态环境问题,生态功能脆弱;或生态类型结构单一,生态功能不稳定。	自然生态严酷,存在突出的生态环境问题,生态功能极脆弱;或生态类型结构单一,生态功能极不稳定。

6.1.8 生态功能区生态功能变化分析

根据生态功能区生态功能指数与基准值的变化情况,将生态功能区生态功能变化幅度分为4级,即无明显变化、略微变化(好或差)、明显变化(好或差)、显著变化(好或差)。各分指数变化分级评价方法可参考生态功能变化度分级,见表16。

表16 生态功能区生态功能状况变化度分级

级别	无明显变化	略微变化	明显变化	显著变化
变化值	|ΔFEI|<1	1≤|ΔFEI|<2	2≤|ΔFEI|<4	|ΔFEI|≥4
描述	生态环境功能状况无明显变化。	如果1≤ΔFEI<2,则生态环境功能状况略微变好;如果-1≥ΔFEI>-2,则生态环境功能状况略微变差。	如果2≤ΔFEI<4,则生态环境功能状况明显变好;如果-2≥ΔFEI>-4,则生态环境功能状况明显变差。	如果ΔFEI≥4,则生态环境功能状况显著变好;如果ΔFEI<-4,则生态环境功能状况显著变差。

6.2 城市生态环境评价指标及计算方法

6.2.1 城市生态环境评价指标体系

城市生态环境状况评价是利用综合指数(城市生态环境状况指数,CEI)评价城市生态环境的质量状况,评价指标以生态环境质量为核心,采用二级指标体系,包括3个分指数、18个指标,从环境质量、污染负荷和生态建设三个方面反映城市发展过程中环境质量状况、受纳的污染压力和生态环境状况。

6.2.2 城市生态环境状况指数计算方法

城市生态环境状况指数(CEI)
= 0.4×环境质量指数 + 0.2×(100-污染负荷指数) + 0.4×生态建设指数

6.2.3 分指数计算方法

环境质量指数 = $0.35 \times A_1 \times H_1 + 0.20 \times A_2 \times H_2 + 0.20 \times A_3 \times H_3 + 0.10 \times (100 - A_4 \times H_4) + 0.05 \times (100 - A_5 \times H_5) + 0.10 \times (100 - A_6 \times H_6)$

污染负荷指数 = $0.20 \times A_7 \times H_7 + 0.20 \times A_8 \times H_8 + 0.20 \times A_9 \times H_9 + 0.10 \times A_{10} \times H_{10} + 0.20 \times A_{11} \times H_{11} + 0.10 \times A_{12} \times H_{12}$

生态建设指数 = $0.20 \times A_{14} \times H_{14} + 0.20 \times A_{15} \times H_{15} + 0.20 \times A_{16} \times H_{16} + 0.20 \times A_{17} \times H_{17} + 0.20 \times A_{18} \times H_{18}$

式中:H_i——为各分指数指标;

A_i——为各分指标归一化系数,具体见表17。

表17 城市生态环境质量评价指标

评价分指数	各指数分指标	指标	权重	类型	归一化系数参考值(A_i)
环境质量指数(U1)	H_1	空气质量达标率	0.35	正	100
	H_2	水质达标率	0.20	正	100
	H_3	集中式饮用水源地水质达标率	0.20	正	100
	H_4	区域环境噪声平均值	0.10	负	1.6638935108
	H_5	交通干线噪声平均值	0.05	负	1.3477088949
	H_6	城市热岛比例指数	0.10	负	222.6769780953
污染负荷指数(U2)	H_7	化学需氧量排放强度	0.20	负	0.1619870410
	H_8	氨氮排放强度	0.20	负	2.3910560065
	H_9	二氧化硫排放强度	0.20	负	0.0673890063
	H_{10}	烟(粉)尘排放强度	0.10	负	0.2535933332
	H_{11}	氮氧化物排放强度	0.20	负	0.1398466842
	H_{12}	固体废物排放强度	0.10	负	0.0749894283
	H_{13}	总氮等其他污染物排放强度	待定	负	待定

(续表)

评价分指数	各指数分指标	指标	权重	类型	归一化系数参考值(A_i)
生态建设指数（U3）	H_{14}	生态用地比例	0.20	正	100
	H_{15}	绿地覆盖率	0.20	正	171.02787754
	H_{16}	环保投资占GDP比例	0.20	正	18.5528756957
	H_{17}	城镇污水集中处理率	0.20	正	100
	H_{18}	城市垃圾无害化处理率	0.20	正	100

6.2.4 城市生态环境质量分级

根据城市生态环境状况指数，将城市生态环境质量分为5级，即优、良、一般、较差和差，见表18。

表18 城市生态环境质量指数分级

级别	优	良	一般	较差	差
指数	CEI≥80	70≤CEI<80	60≤CEI<70	50≤CEI<60	CEI<50
描述	城市生态环境优良，各系统协调发展，污染控制和生态建设工作有效。	城市生态环境良好，各系统协调性较好，城市生态建设程度较好。	城市生态环境一般，各系统基本能协调发展，城市生态建设程度一般。	存在明显的生态环境问题，需要大力加强环境保护和生态建设。	生态环境问题突出，城市生态环境恶劣。

6.2.5 城市生态环境质量变化分析

根据城市生态环境状况指数与基准值的变化情况，将城市生态环境质量变化幅度分为4级，即无明显变化、略微变化（好或差）、明显变化（好或差），显著变化（好或差），各分指数变化分级评价方法可参考城市生态环境质量变化幅度，见表19。

表19 城市生态环境质量变化度分级

级别	无明显变化	略微变化	明显变化	显著变化
变化值	|ΔCEI|<1	1≤|ΔCEI|<3	3≤|ΔCEI|<8	|ΔCEI|≥8
描述	城市生态环境状况无明显变化。	如果1≤ΔCEI<3，则城市生态环境质量略微变好；如果-1≥ΔCEI>-3，则城市生态环境质量略微变差。	如果3≤ΔCEI<8，则城市生态环境质量明显变好；如果-3≥ΔCEI>-8，则城市生态环境质量明显变差。	如果ΔCEI≥8，则城市生态环境质量显著变好；如果ΔCEI≤-8，则城市生态环境质量显著变差。

6.3 自然保护区生态保护状况评价指标及计算方法

6.3.1 自然保护区生态保护状况评价指标体系

自然保护区生态保护状况评价是利用综合指数（自然保护区生态保护状况指数，NEI）评价自然保护区生态保护状况。根据我国自然保护区特征，从面积适宜性、外来物种入侵度、生境质量和开发干扰程度四个方面建立自然保护区生态保护状况评价指标体系。面积适宜指数反映自然保护区功能区划的合理程度。外来物种入侵指数反映自然保护区受到外来入侵物种干扰的程度。生境质量指数反映自然保护区生境类型对主要保护对象的适宜程度。开发干扰指数反映人类生产生活对自然保护区造成的干扰程度。该方法也适用于与自然保护区重叠的国家公园、风景名胜区等生态区的评价。

6.3.2 生态保护状况指数计算方法

6.3.2.1 权重

各项评价指标权重,见表20。

表20 各项评价指标权重

指标	面积适宜指数	外来物种入侵指数	生境质量指数	开发干扰指数
权重	0.10	0.10	0.40	0.40

6.3.2.2 计算方法

自然保护区生态保护状况指数(NEI) = 0.10 × 面积适宜指数 + 0.10 × (100 - 外来物种入侵指数) + 0.40 × 生境质量指数 + 0.40 × (100 - 开发干扰指数)

6.3.3 面积适宜指数计算方法

$$\text{面积适宜指数} = A_{are} \times (\text{核心区面积} / \text{自然保护区面积})$$

式中:A_{are}——面积适宜指数的归一化系数,参考值为100。

6.3.4 外来物种入侵指数计算方法

$$\text{外来物种入侵指数} = A_{inv} \times \text{自然保护区外来入侵物种数}$$

式中:A_{inv}——自然保护区外来物种入侵指数的归一化系数,参考值为2.0833333333。

6.3.5 生境质量指数计算方法

6.3.5.1 森林生态系统类型自然保护区

①权重

森林生态系统类型自然保护区生境质量指数权重,见表21。

表21 森林生态系统类型自然保护区生境质量指数权重

权重	林地			草地			水域湿地				耕地		建设用地			未利用地			
	0.40			0.18			0.23				0.08		0.01			0.10			
结构类型	有林地	灌木林地	疏林地和其他林地	高覆盖度草地	中覆盖度草地	低覆盖度草地	河流(渠)	湖泊(渠)	滩涂湿地	永久性冰川雪地	水田	旱地	城镇建设用地	农村居民点	其他建设用地	沙地	盐碱地	裸土地	裸岩石砾	其他未利用地
分权重	0.60	0.25	0.15	0.60	0.30	0.10	0.30	0.30	0.30	0.10	0.60	0.40	0.30	0.40	0.30	0.20	0.30	0.20	0.20	0.10

②生境质量指数计算方法

生境质量指数 = A_{forn} × (0.40 × 林地 + 0.18 × 草地 + 0.23 × 水域湿地 + 0.08 × 耕地 + 0.01 × 建设用地 + 0.10 × 未利用地)/保护区总面积

式中：A_{forn}——森林生态系统类型自然保护区生境质量指数归一化系数，参考值为 417.4399622443。

6.3.5.2 草原与草甸生态系统类型自然保护区

①权重

草原与草甸生态系统类型自然保护区生境质量指数权重，见表22。

表22 草原与草甸生态系统类型自然保护区生境质量指数权重

权重	林地 0.18			草地 0.40			水域湿地 0.23				耕地 0.08		建设用地 0.01			未利用地 0.10			
结构类型	有林地	灌木林地	疏林地和其他林地	高覆盖度草地	中覆盖度草地	低覆盖度草地	河流(渠)	湖泊(渠)	滩涂湿地	永久性冰川雪地	水田	旱地	城镇建设用地	农村居民点	其他建设用地	沙地	盐碱地	裸土地	裸岩石砾	其他未利用地
分权重	0.15	0.25	0.60	0.60	0.30	0.10	0.30	0.30	0.30	0.10	0.40	0.60	0.30	0.40	0.30	0.20	0.30	0.20	0.20	0.10

②生境质量指数计算方法

生境质量指数 = A_{gran} × (0.18 × 林地 + 0.40 × 草地 + 0.23 × 水域湿地 + 0.08 × 耕地 + 0.01 × 建设用地 + 0.10 × 未利用地)/保护区总面积

式中：A_{gran}——草原与草甸生态系统类型自然保护区生境质量指数归一化系数，参考值为 569.0200678452。

6.3.5.3 荒漠生态系统类型自然保护区

①权重

荒漠生态系统类型自然保护区生境质量指数权重，见表23。

②生境质量指数计算方法

生境质量指数 = A_{desn}(0.15 × 林地 + 0.34 × 草地 + 0.30 × 水域湿地 + 0.08 × 耕地 + 0.01 × 建设用地 + 0.12 × 未利用地)/保护区总面积

式中：A_{desn}——荒漠生态系统类型自然保护区生境质量指数归一化系数，参考值为 1146.3997531042。

表 23　荒漠生态系统类型自然保护区生境质量指数权重

权重	林地 0.15			草地 0.34			水域湿地 0.30				耕地 0.08		建设用地 0.01		未利用地 0.12			
结构类型	有林地	灌木林地	疏林地和其他林地	高覆盖度草地	中覆盖度草地	低覆盖度草地	河流(渠)	湖泊(渠)	滩涂湿地	永久性冰川雪地	水田	旱地	城镇建设用地	农村居民点	其他建设用地	沙地	盐碱地	裸土地	裸岩石砾	其他未利用地
分权重	0.10	0.50	0.40	0.50	0.30	0.20	0.30	0.30	0.30	0.10	0.30	0.70	0.30	0.40	0.30	0.20	0.30	0.20	0.20	0.10

6.3.5.4　水域湿地生态系统类型自然保护区

①权重

水域湿地生态系统类型自然保护区生境质量指数权重,见表24。

表 24　水域湿地生态系统类型自然保护区生境质量指数权重

权重	林地 0.18			草地 0.23			水域湿地 0.40				耕地 0.08		建设用地 0.01		未利用地 0.10			
结构类型	有林地	灌木林地	疏林地和其他林地	高覆盖度草地	中覆盖度草地	低覆盖度草地	河流(渠)	湖泊(渠)	滩涂湿地	永久性冰川雪地	水田	旱地	城镇建设用地	农村居民点	其他建设用地	沙地	盐碱地	裸土地	裸岩石砾	其他未利用地
分权重	0.25	0.40	0.35	0.60	0.30	0.10	0.30	0.30	0.30	0.10	0.60	0.40	0.30	0.40	0.30	0.20	0.30	0.20	0.20	0.10

注：水域湿地生态系统类型包括海岸带、内陆湿地和水域生态系统类型。

②生境质量指数计算方法

生境质量指数 = A_{watn}(0.18×林地+0.23×草地+0.40×水域湿地+0.08×耕地+0.01×建设用地+0.10×未利用地)/保护区总面积

式中：A_{watn}——水域湿地生态系统类型自然保护区生境质量指数的归一化系数,参考值为785.6026937848。

6.3.5.5　其他类型自然保护区

其他类型自然保护区评价方法根据保护对象特征而定,具体见表25。

表 25　其他类型自然保护区生境质量指数计算方法

类型	特征	生境适宜性指数计算方法
野生动物	保护对象以森林为主要生境	参照森林生态系统类型
	保护对象以草原草甸为主要生境	参照草原与草甸生态系统类型
	保护对象以荒漠为主要生境	参照荒漠生态系统类型
	保护对象以水域湿地为主要生境	参照水域湿地生态系统类型
野生植物	保护对象以森林为主要生境	参照森林生态系统类型
	保护对象以草原草甸为主要生境	参照草原与草甸生态系统类型
	保护对象以荒漠为主要生境	参照荒漠生态系统类型
	保护对象以水域湿地为主要生境	参照水域湿地生态系统类型
地质遗迹	所处区域原生生境为森林	参照森林生态系统类型
	所处区域原生生境为草原草甸	参照草原与草甸生态系统类型
	所处区域原生生境为荒漠	参照荒漠生态系统类型
	所处区域原生生境为水域湿地	参照水域湿地生态系统类型
古生物遗迹	所处区域原生生境为森林	参照森林生态系统类型
	所处区域原生生境为草原草甸	参照草原与草甸生态系统类型
	所处区域原生生境为荒漠	参照荒漠生态系统类型
	所处区域原生生境为水域湿地	参照水域湿地生态系统类型

6.3.6　开发干扰指数计算方法

6.3.6.1　开发干扰类型权重

权重,见表 26。

表 26　开发干扰类型权重

类型	城市建设用地	农村居民点	其他建设用地	耕地
权重	0.40	0.10	0.40	0.10

6.3.6.2　功能区权重

权重,见表 27。

表 27　功能区权重

类型	核心区	缓冲区	实验区
权重	0.60	0.30	0.10
注:未进行功能分区的自然保护区功能区权重按 0.6 计算。			

6.3.6.3　开发干扰指数计算方法

开发干扰指数 = A_{dev} ×(功能区权重×0.40×城镇建设用地 + 功能区权重×0.40×其他建设用地 + 功能区权重×0.10×农村居民点 + 功能区权重×0.10×耕地)/保护区总面积

式中:A_{dev}——开发干扰指数的归一化系数,参考值为1520.3363830174。

6.3.7 自然保护区生态保护状况分级

根据自然保护区生态保护状况指数,将自然保护区生态保护状况分为5级,即优、良、一般、较差和差,见表28。

表28 自然保护区生态保护状况指数分级

分级	优	良	一般	较差	差
指数	NEI≥75	55≤NEI<75	35≤NEI<55	20≤NEI<35	NEI<20
描述	主要保护对象的原生生境得到有效保护,无明显开发干扰迹象。	主要保护对象的原生生境保护状况较好,有开发干扰现象,但程度较轻。	主要保护对象的原生生境遭到破坏,开发干扰较为明显。	主要保护对象的原生生境部分丧失,开发干扰严重。	主要保护对象的原生生境严重丧失,开发干扰剧烈。

6.3.8 自然保护区生态保护状况变化分析

根据自然保护区生态保护状况指数与基准值的变化情况,将生态保护状况变化幅度分为4级,即无明显变化、略微变化(好或差)、明显变化(好或差)、显著变化(好或差),各分指数变化分级评价方法可参考自然保护区生态保护状况变化,见表29。

表29 自然保护区生态保护状况变化度分级

分级	无明显变化	略微变化	明显变化	显著变化
变化值	|ΔNEI|<2	2≤|ΔNEI|<5	5≤|ΔNEI|<10	|ΔNEI|>10
描述	生态保护状况无明显变化	如果2≤ΔNEI<5,则生态保护状况略微变好;如果-2≥ΔNEI>-5,则生态保护状况略微变差。	如果5≤ΔNEI<10,则生态保护状况明显变好;如果-5≥ΔNEI>-10,则生态保护状况明显变差。	如果ΔNEI≥10,则生态保护状况显著变好;如果ΔNEI≤-10,则生态保护状况显著变差。

附录 A(资料性附录) 指标含义及数据来源(略)
附录 B(规范性附录) 二级指标计算方法(略)

下篇　噪声、辐射、地震等环境损害鉴定评估相关法律法规与标准

第二十四部分　噪声、辐射、地震等环境损害鉴定评估相关法律法规

中华人民共和国环境噪声污染防治法（2018年修正）

（1996年10月29日第八届全国人民代表大会常务委员会第二十二次会议通过　根据2018年12月29日第十三届全国人民代表大会常务委员会第七次会议《关于修改〈中华人民共和国劳动法〉等七部法律的决定》第一次修正）

目　录

第一章　总　则
第二章　环境噪声污染防治的监督管理
第三章　工业噪声污染防治
第四章　建筑施工噪声污染防治
第五章　交通运输噪声污染防治
第六章　社会生活噪声污染防治
第七章　法律责任
第八章　附　则

第一章　总　则

第一条　为防治环境噪声污染，保护和改善生活环境，保障人体健康，促进经济和社会发展，制定本法。

第二条　本法所称环境噪声，是指在工业生产、建筑施工、交通运输和社会生活中所产生的干扰周围生活环境的声音。

本法所称环境噪声污染，是指所产生的环境噪声超过国家规定的环境噪声排放标准，并干扰他人正常生活、工作和学习的现象。

第三条　本法适用于中华人民共和国领域内环境噪声污染的防治。

因从事本职生产、经营工作受到噪声危害的防治，不适用本法。

第四条　国务院和地方各级人民政府应当将环境噪声污染防治工作纳入环境保护规划，并采取有利于声环境保护的经济、技术政策和措施。

第五条　地方各级人民政府在制定城乡建设规划时，应当充分考虑建设项目和区域开发、改造所产生的噪声对周围生活环境的影响，统筹规划，合理安排功能区和建设布局，防止或者减轻环境噪声污染。

第六条　国务院生态环境主管部门对全国环境噪声污染防治实施统一监督管理。

县级以上地方人民政府生态环境主管部门对本行政区域内的环境噪声污染防治实施统一监督管理。

各级公安、交通、铁路、民航等主管部门和港务监督机构，根据各自的职责，对交通运输和社会生活噪声污染防治实施监督管理。

第七条 任何单位和个人都有保护声环境的义务，并有权对造成环境噪声污染的单位和个人进行检举和控告。

第八条 国家鼓励、支持环境噪声污染防治的科学研究、技术开发，推广先进的防治技术和普及防治环境噪声污染的科学知识。

第九条 对在环境噪声污染防治方面成绩显著的单位和个人，由人民政府给予奖励。

第二章 环境噪声污染防治的监督管理

第十条 国务院生态环境主管部门分别不同的功能区制定国家声环境质量标准。

县级以上地方人民政府根据国家声环境质量标准，划定本行政区域内各类声环境质量标准的适用区域，并进行管理。

第十一条 国务院生态环境主管部门根据国家声环境质量标准和国家经济、技术条件，制定国家环境噪声排放标准。

第十二条 城市规划部门在确定建设布局时，应当依据国家声环境质量标准和民用建筑隔声设计规范，合理划定建筑物与交通干线的防噪声距离，并提出相应的规划设计要求。

第十三条 新建、改建、扩建的建设项目，必须遵守国家有关建设项目环境保护管理的规定。

建设项目可能产生环境噪声污染的，建设单位必须提出环境影响报告书，规定环境噪声污染的防治措施，并按照国家规定的程序报生态环境主管部门批准。

环境影响报告书中，应当有该建设项目所在地单位和居民的意见。

第十四条 建设项目的环境噪声污染防治设施必须与主体工程同时设计、同时施工、同时投产使用。

建设项目在投入生产或者使用之前，其环境噪声污染防治设施必须按照国家规定的标准和程序进行验收；达不到国家规定要求的，该建设项目不得投入生产或者使用。

第十五条 产生环境噪声污染的企业事业单位，必须保持防治环境噪声污染的设施的正常使用；拆除或者闲置环境噪声污染防治设施的，必须事先报经所在地的县级以上地方人民政府生态环境主管部门批准。

第十六条 产生环境噪声污染的单位，应当采取措施进行治理，并按照国家规定缴纳超标准排污费。

征收的超标准排污费必须用于污染的防治，不得挪作他用。

第十七条 对于在噪声敏感建筑物集中区域内造成严重环境噪声污染的企业事业单位，限期治理。

被限期治理的单位必须按期完成治理任务。限期治理由县级以上人民政府按照国务院规定的权限决定。

对小型企业事业单位的限期治理，可以由县级以上人民政府在国务院规定的权限内授权其生态环境主管部门决定。

第十八条 国家对环境噪声污染严重的落后设备实行淘汰制度。

国务院经济综合主管部门应当会同国务院有关部门公布限期禁止生产、禁止销售、禁止进口的环境噪声污染严重的设备名录。

生产者、销售者或者进口者必须在国务院经济综合主管部门会同国务院有关部门规定的期限内分别停止生产、销售或者进口列入前款规定的名录中的设备。

第十九条 在城市范围内从事生产活动确需排放偶发性强烈噪声的,必须事先向当地公安机关提出申请,经批准后方可进行。当地公安机关应当向社会公告。

第二十条 国务院生态环境主管部门应当建立环境噪声监测制度,制定监测规范,并会同有关部门组织监测网络。

环境噪声监测机构应当按照国务院环境保护行政主管部门的规定报送环境噪声监测结果。

第二十一条 县级以上人民政府生态环境主管部门和其他环境噪声污染防治工作的监督管理部门、机构,有权依据各自的职责对管辖范围内排放环境噪声的单位进行现场检查。被检查的单位必须如实反映情况,并提供必要的资料。检查部门、机构应当为被检查的单位保守技术秘密和业务秘密。

检查人员进行现场检查,应当出示证件。

第三章 工业噪声污染防治

第二十二条 本法所称工业噪声,是指在工业生产活动中使用固定的设备时产生的干扰周围生活环境的声音。

第二十三条 在城市范围内向周围生活环境排放工业噪声的,应当符合国家规定的工业企业厂界环境噪声排放标准。

第二十四条 在工业生产中因使用固定的设备造成环境噪声污染的工业企业,必须按照国务院生态环境主管部门的规定,向所在地的县级以上地方人民政府生态环境主管部门申报拥有的造成环境噪声污染的设备的种类、数量以及在正常作业条件下所发出的噪声值和防治环境噪声污染的设施情况,并提供防治噪声污染的技术资料。

造成环境噪声污染的设备的种类、数量、噪声值和防治设施有重大改变的,必须及时申报,并采取应有的防治措施。

第二十五条 产生环境噪声污染的工业企业,应当采取有效措施,减轻噪声对周围生活环境的影响。

第二十六条 国务院有关主管部门对可能产生环境噪声污染的工业设备,应当根据声环境保护的要求和国家的经济、技术条件,逐步在依法制定的产品的国家标准、行业标准中规定噪声限值。

前款规定的工业设备运行时发出的噪声值,应当在有关技术文件中予以注明。

第四章 建筑施工噪声污染防治

第二十七条 本法所称建筑施工噪声,是指在建筑施工过程中产生的干扰周围生活环境的声音。

第二十八条 在城市市区范围内向周围生活环境排放建筑施工噪声的,应当符合国家规定的建筑施工场界环境噪声排放标准。

第二十九条 在城市市区范围内,建筑施工过程中使用机械设备,可能产生环境噪声污染的,施工单位必须在工程开工十五日以前向工程所在地县级以上地方人民政府生态环境主管部门申报该工程的项目名称、施工场所和期限、可能产生的环境噪声值以及所采取的环境噪声污染防治措施的情况。

第三十条　在城市市区噪声敏感建筑物集中区域内,禁止夜间进行产生环境噪声污染的建筑施工作业,但抢修、抢险作业和因生产工艺上要求或者特殊需要必须连续作业的除外。

因特殊需要必须连续作业的,必须有县级以上人民政府或者其有关主管部门的证明。

前款规定的夜间作业,必须公告附近居民。

第五章　交通运输噪声污染防治

第三十一条　本法所称交通运输噪声,是指机动车辆、铁路机车、机动船舶、航空器等交通运输工具在运行时所产生的干扰周围生活环境的声音。

第三十二条　禁止制造、销售或者进口超过规定的噪声限值的汽车。

第三十三条　在城市市区范围内行驶的机动车辆的消声器和喇叭必须符合国家规定的要求。机动车辆必须加强维修和保养,保持技术性能良好,防治环境噪声污染。

第三十四条　机动车辆在城市市区范围内行驶,机动船舶在城市市区的内河航道航行,铁路机车驶经或者进入城市市区、疗养区时,必须按照规定使用声响装置。

警车、消防车、工程抢险车、救护车等机动车辆安装、使用警报器,必须符合国务院公安部门的规定;在执行非紧急任务时,禁止使用警报器。

第三十五条　城市人民政府公安机关可以根据本地城市市区区域声环境保护的需要,划定禁止机动车辆行驶和禁止其使用声响装置的路段和时间,并向社会公告。

第三十六条　建设经过已有的噪声敏感建筑物集中区域的高速公路和城市高架、轻轨道路,有可能造成环境噪声污染的,应当设置声屏障或者采取其他有效的控制环境噪声污染的措施。

第三十七条　在已有的城市交通干线的两侧建设噪声敏感建筑物的,建设单位应当按照国家规定间隔一定距离,并采取减轻、避免交通噪声影响的措施。

第三十八条　在车站、铁路编组站、港口、码头、航空港等地指挥作业时使用广播喇叭的,应当控制音量,减轻噪声对周围生活环境的影响。

第三十九条　穿越城市居民区、文教区的铁路,因铁路机车运行造成环境噪声污染的,当地城市人民政府应当组织铁路部门和其他有关部门,制定减轻环境噪声污染的规划。铁路部门和其他有关部门应当按照规划的要求,采取有效措施,减轻环境噪声污染。

第四十条　除起飞、降落或者依法规定的情形以外,民用航空器不得飞越城市市区上空。城市人民政府应当在航空器起飞、降落的净空周围划定限制建设噪声敏感建筑物的区域;在该区域内建设噪声敏感建筑物的,建设单位应当采取减轻、避免航空器运行时产生的噪声影响的措施。民航部门应当采取有效措施,减轻环境噪声污染。

第六章　社会生活噪声污染防治

第四十一条　本法所称社会生活噪声,是指人为活动所产生的除工业噪声、建筑施工噪声和交通运输噪声之外的干扰周围生活环境的声音。

第四十二条　在城市市区噪声敏感建筑物集中区域内,因商业经营活动中使用固定设备造成环境噪声污染的商业企业,必须按照国务院环境保护行政主管部门的规定,向所在地的县级以上地方人民政府生态环境主管部门申报拥有的造成环境噪声污染的设备的状况和防治环境噪声污染的设施的情况。

第四十三条 新建营业性文化娱乐场所的边界噪声必须符合国家规定的环境噪声排放标准;不符合国家规定的环境噪声排放标准的,文化行政主管部门不得核发文化经营许可证,市场监督管理部门不得核发营业执照。

经营中的文化娱乐场所,其经营管理者必须采取有效措施,使其边界噪声不超过国家规定的环境噪声排放标准。

第四十四条 禁止在商业经营活动中使用高音广播喇叭或者采用其他发出高噪声的方法招揽顾客。

在商业经营活动中使用空调器、冷却塔等可能产生环境噪声污染的设备、设施的,其经营管理者应当采取措施,使其边界噪声不超过国家规定的环境噪声排放标准。

第四十五条 禁止任何单位、个人在城市市区噪声敏感建筑物集中区域内使用高音广播喇叭。

在城市市区街道、广场、公园等公共场所组织娱乐、集会等活动,使用音响器材可能产生干扰周围生活环境的过大音量的,必须遵守当地公安机关的规定。

第四十六条 使用家用电器、乐器或者进行其他家庭室内娱乐活动时,应当控制音量或者采取其他有效措施,避免对周围居民造成环境噪声污染。

第四十七条 在已竣工交付使用的住宅楼进行室内装修活动,应当限制作业时间,并采取其他有效措施,以减轻、避免对周围居民造成环境噪声污染。

第七章 法律责任

第四十八条 违反本法第十四条的规定,建设项目中需要配套建设的环境噪声污染防治设施没有建成或者没有达到国家规定的要求,擅自投入生产或者使用的,由县级以上生态环境主管部门责令限期改正,并对单位和个人处以罚款;造成重大环境污染或者生态破坏的,责令停止生产或者使用,或者报经有批准权的人民政府批准,责令关闭。

第四十九条 违反本法规定,拒报或者谎报规定的环境噪声排放申报事项的,县级以上地方人民政府生态环境主管部门可以根据不同情节,给予警告或者处以罚款。

第五十条 违反本法第十五条的规定,未经生态环境主管部门批准,擅自拆除或者闲置环境噪声污染防治设施,致使环境噪声排放超过规定标准的,由县级以上地方人民政府生态环境主管部门责令改正,并处罚款。

第五十一条 违反本法第十六条的规定,不按照国家规定缴纳超标准排污费的,县级以上地方人民政府环境保护行政主管部门可以根据不同情节,给予警告或者处以罚款。

第五十二条 违反本法第十七条的规定,对经限期治理逾期未完成治理任务的企业事业单位,除依照国家规定加收超标准排污费外,可以根据所造成的危害后果处以罚款,或者责令停业、搬迁、关闭。

前款规定的罚款由生态环境主管部门决定。责令停业、搬迁、关闭由县级以上人民政府按照国务院规定的权限决定。

第五十三条 违反本法第十八条的规定,生产、销售、进口禁止生产、销售、进口的设备的,由县级以上人民政府经济综合主管部门责令改正；情节严重的，由县级以上人民政府经济综合主管部门提出意见，报请同级人民政府按照国务院规定的权限责令停业、关闭。

第五十四条 违反本法第十九条的规定，未经当地公安机关批准，进行产生偶发性强烈噪声活动的，由公安机关根据不同情节给予警告或者处以罚款。

第五十五条 排放环境噪声的单位违反本法第二十一条的规定，拒绝生态环境主管部门或者其他依照本法规定行使环境噪声监督管理权的部门、机构现场检查或者在被检查时弄虚作假的，生态环境主管部门或者其他依照本法规定行使环境噪声监督管理权的监督管理部门、机构可以根据不同情节，给予警告或者处以罚款。

第五十六条 建筑施工单位违反本法第三十条第一款的规定，在城市市区噪声敏感建筑物集中区域内，夜间进行禁止进行的产生环境噪声污染的建筑施工作业的，由工程所在地县级以上地方人民政府生态环境主管部门责令改正，可以并处罚款。

第五十七条 违反本法第三十四条的规定，机动车辆不按照规定使用声响装置的，由当地公安机关根据不同情节给予警告或者处以罚款。

机动船舶有前款违法行为的，由港务监督机构根据不同情节给予警告或者处以罚款。

铁路机车有第一款违法行为的，由铁路主管部门对有关责任人员给予行政处分。

第五十八条 违反本法规定，有下列行为之一的，由公安机关给予警告，可以并处罚款：

（一）在城市市区噪声敏感建筑物集中区域内使用高音广播喇叭；

（二）违反当地公安机关的规定，在城市市区街道、广场、公园等公共场所组织娱乐、集会等活动，使用音响器材，产生干扰周围生活环境的过大音量的；

（三）未按本法第四十六条和第四十七条规定采取措施，从家庭室内发出严重干扰周围居民生活的环境噪声的。

第五十九条 违反本法第四十三条第二款、第四十四条第二款的规定，造成环境噪声污染的，由县级以上地方人民政府生态环境主管部门责令改正，可以并处罚款。

第六十条 违反本法第四十四条第一款的规定，造成环境噪声污染的，由公安机关责令改正，可以并处罚款。

省级以上人民政府依法决定由县级以上地方人民政府生态环境主管部门行使前款规定的行政处罚权的，从其决定。

第六十一条 受到环境噪声污染危害的单位和个人，有权要求加害人排除危害；造成损失的，依法赔偿损失。

赔偿责任和赔偿金额的纠纷，可以根据当事人的请求，由生态环境主管部门或者其他环境噪声污染防治工作的监督管理部门、机构调解处理；调解不成的，当事人可以向人民法院起诉。当事人也可以直接向人民法院起诉。

第六十二条 环境噪声污染防治监督管理人员滥用职权、玩忽职守、徇私舞弊的，由其所在单位或者上级主管机关给予行政处分；构成犯罪的，依法追究刑事责任。

第八章 附 则

第六十三条 本法中下列用语的含义是：

（一）"噪声排放"是指噪声源向周围生活环境辐射噪声。

(二)"噪声敏感建筑物"是指医院、学校、机关、科研单位、住宅等需要保持安静的建筑物。

(三)"噪声敏感建筑物集中区域"是指医疗区、文教科研区和以机关或者居民住宅为主的区域。

(四)"夜间"是指晚二十二点至晨六点之间的期间。

(五)"机动车辆"是指汽车和摩托车。

第六十四条 本法自1997年3月1日起施行。1989年9月26日国务院发布的《中华人民共和国环境噪声污染防治条例》同时废止。

中华人民共和国放射性污染防治法

(2003年6月28日第十届全国人民代表大会常务委员会第三次会议通过)

目 录

第一章 总 则

第二章 放射性污染防治的监督管理

第三章 核设施的放射性污染防治

第四章 核技术利用的放射性污染防治

第五章 铀(钍)矿和伴生放射性矿开发利用的放射性污染防治

第六章 放射性废物管理

第七章 法律责任

第八章 附 则

第一章 总 则

第一条 为了防治放射性污染,保护环境,保障人体健康,促进核能、核技术的开发与和平利用,制定本法。

第二条 本法适用于中华人民共和国领域和管辖的其他海域在核设施选址、建造、运行、退役和核技术、铀(钍)矿、伴生放射性矿开发利用过程中发生的放射性污染的防治活动。

第三条 国家对放射性污染的防治,实行预防为主、防治结合、严格管理、安全第一的方针。

第四条 国家鼓励、支持放射性污染防治的科学研究和技术开发利用,推广先进的放射性污染防治技术。

国家支持开展放射性污染防治的国际交流与合作。

第五条 县级以上人民政府应当将放射性污染防治工作纳入环境保护规划。

县级以上人民政府应当组织开展有针对性的放射性污染防治宣传教育,使公众了解放射性污染防治的有关情况和科学知识。

第六条 任何单位和个人有权对造成放射性污染的行为提出检举和控告。

第七条 在放射性污染防治工作中作出显著成绩的单位和个人,由县级以上人民政府给予奖励。

第八条 国务院环境保护行政主管部门对全国放射性污染防治工作依法实施统一监督管理。

国务院卫生行政部门和其他有关部门依据国务院规定的职责,对有关的放射性污染防治工作依法实施监督管理。

第二章 放射性污染防治的监督管理

第九条 国家放射性污染防治标准由国务院环境保护行政主管部门根据环境安全要求、国家经济技术条件制定。国家放射性污染防治标准由国务院环境保护行政主管部门和国务院标准化行政主管部门联合发布。

第十条 国家建立放射性污染监测制度。国务院环境保护行政主管部门会同国务院其他有关部门组织环境监测网络,对放射性污染实施监测管理。

第十一条 国务院环境保护行政主管部门和国务院其他有关部门,按照职责分工,各负其责,互通信息,密切配合,对核设施、铀(钍)矿开发利用中的放射性污染防治进行监督检查。

县级以上地方人民政府环境保护行政主管部门和同级其他有关部门,按照职责分工,各负其责,互通信息,密切配合,对本行政区域内核技术利用、伴生放射性矿开发利用中的放射性污染防治进行监督检查。

监督检查人员进行现场检查时,应当出示证件。被检查的单位必须如实反映情况,提供必要的资料。监督检查人员应当为被检查单位保守技术秘密和业务秘密。对涉及国家秘密的单位和部位进行检查时,应当遵守国家有关保守国家秘密的规定,依法办理有关审批手续。

第十二条 核设施营运单位、核技术利用单位、铀(钍)矿和伴生放射性矿开发利用单位,负责本单位放射性污染的防治,接受环境保护行政主管部门和其他有关部门的监督管理,并依法对其造成的放射性污染承担责任。

第十三条 核设施营运单位、核技术利用单位、铀(钍)矿和伴生放射性矿开发利用单位,必须采取安全与防护措施,预防发生可能导致放射性污染的各类事故,避免放射性污染危害。

核设施营运单位、核技术利用单位、铀(钍)矿和伴生放射性矿开发利用单位,应当对其工作人员进行放射性安全教育、培训,采取有效的防护安全措施。

第十四条 国家对从事放射性污染防治的专业人员实行资格管理制度;对从事放射性污染监测工作的机构实行资质管理制度。

第十五条 运输放射性物质和含放射源的射线装置,应当采取有效措施,防止放射性污染。具体办法由国务院规定。

第十六条 放射性物质和射线装置应当设置明显的放射性标识和中文警示说明。生产、销售、使用、贮存、处置放射性物质和射线装置的场所,以及运输放射性物质和含放射源的射线装置的工具,应当设置明显的放射性标志。

第十七条 含有放射性物质的产品,应当符合国家放射性污染防治标准;不符合国家放射性污染防治标准的,不得出厂和销售。

使用伴生放射性矿渣和含有天然放射性物质的石材做建筑和装修材料,应当符合国家建筑材料放射性核素控制标准。

第三章 核设施的放射性污染防治

第十八条 核设施选址,应当进行科学论证,并按照国家有关规定办理审批手续。在办理核设施选址审批手续前,应当编制环境影响报告书,报国务院环境保护行政主管部门审查批准;未经批准,有关部门不得办理核设施选址批准文件。

第十九条 核设施营运单位在进行核设施建造、装料、运行、退役等活动前,必须按照国务院有关核设施安全监督管理的规定,申请领取核设施建造、运行许可证和办理装料、退役等审批手续。

核设施营运单位领取有关许可证或者批准文件后,方可进行相应的建造、装料、运行、退役等活动。

第二十条 核设施营运单位应当在申请领取核设施建造、运行许可证和办理退役审批手续前编制环境影响报告书,报国务院环境保护行政主管部门审查批准;未经批准,有关部门不得颁发许可证和办理批准文件。

第二十一条 与核设施相配套的放射性污染防治设施,应当与主体工程同时设计、同时施工、同时投入使用。

放射性污染防治设施应当与主体工程同时验收;验收合格的,主体工程方可投入生产或者使用。

第二十二条 进口核设施,应当符合国家放射性污染防治标准;没有相应的国家放射性污染防治标准的,采用国务院环境保护行政主管部门指定的国外有关标准。

第二十三条 核动力厂等重要核设施外围地区应当划定规划限制区。规划限制区的划定和管理办法,由国务院规定。

第二十四条 核设施营运单位应当对核设施周围环境中所含的放射性核素的种类、浓度以及核设施流出物中的放射性核素总量实施监测,并定期向国务院环境保护行政主管部门和所在地省、自治区、直辖市人民政府环境保护行政主管部门报告监测结果。

国务院环境保护行政主管部门负责对核动力厂等重要核设施实施监督性监测,并根据需要对其他核设施的流出物实施监测。监督性监测系统的建设、运行和维护费用由财政预算安排。

第二十五条 核设施营运单位应当建立健全安全保卫制度,加强安全保卫工作,并接受公安部门的监督指导。

核设施营运单位应当按照核设施的规模和性质制定核事故场内应急计划,做好应急准备。

出现核事故应急状态时,核设施营运单位必须立即采取有效的应急措施控制事故,并向核设施主管部门和环境保护行政主管部门、卫生行政部门、公安部门以及其他有关部门报告。

第二十六条 国家建立健全核事故应急制度。

核设施主管部门、环境保护行政主管部门、卫生行政部门、公安部门以及其他有关部门,在本级人民政府的组织领导下,按照各自的职责依法做好核事故应急工作。

中国人民解放军和中国人民武装警察部队按照国务院、中央军事委员会的有关规定在核事故应急中实施有效的支援。

第二十七条 核设施营运单位应当制定核设施退役计划。

核设施的退役费用和放射性废物处置费用应当预提,列入投资概算或者生产成本。核设施的退役费用和放射性废物处置费用的提取和管理办法,由国务院财政部门、价格主管部门会同国务院环境保护行政主管部门、核设施主管部门规定。

第四章 核技术利用的放射性污染防治

第二十八条 生产、销售、使用放射性同位素和射线装置的单位,应当按照国务院有关放射性同位素与射线装置放射防护的规定申请领取许可证,办理登记手续。

转让、进口放射性同位素和射线装置的单位以及装备有放射性同位素的仪表的单位,应当按照国务院有关放射性同位素与射线装置放射防护的规定办理有关手续。

第二十九条 生产、销售、使用放射性同位素和加速器、中子发生器以及含放射源的射线装置的单位,应当在申请领取许可证前编制环境影响评价文件,报省、自治区、直辖市人民政府环境保护行政主管部门审查批准;未经批准,有关部门不得颁发许可证。

国家建立放射性同位素备案制度。具体办法由国务院规定。

第三十条 新建、改建、扩建放射工作场所的放射防护设施,应当与主体工程同时设计、同时施工、同时投入使用。

放射防护设施应当与主体工程同时验收;验收合格的,主体工程方可投入生产或者使用。

第三十一条 放射性同位素应当单独存放,不得与易燃、易爆、腐蚀性物品等一起存放,其贮存场所应当采取有效的防火、防盗、防射线泄漏的安全防护措施,并指定专人负责保管。贮存、领取、使用、归还放射性同位素时,应当进行登记、检查,做到账物相符。

第三十二条 生产、使用放射性同位素和射线装置的单位,应当按照国务院环境保护行政主管部门的规定对其产生的放射性废物进行收集、包装、贮存。

生产放射源的单位,应当按照国务院环境保护行政主管部门的规定回收和利用废旧放射源;使用放射源的单位,应当按照国务院环境保护行政主管部门的规定将废旧放射源交回生产放射源的单位或者送交专门从事放射性固体废物贮存、处置的单位。

第三十三条 生产、销售、使用、贮存放射源的单位,应当建立健全安全保卫制度,指定专人负责,落实安全责任制,制定必要的事故应急措施。发生放射源丢失、被盗和放射性污染事故时,有关单位和个人必须立即采取应急措施,并向公安部门、卫生行政部门和环境保护行政主管部门报告。

公安部门、卫生行政部门和环境保护行政主管部门接到放射源丢失、被盗和放射性污染事故报告后,应当报告本级人民政府,并按照各自的职责立即组织采取有效措施,防止放射性污染蔓延,减少事故损失。当地人民政府应当及时将有关情况告知公众,并做好事故的调查、处理工作。

第五章 铀(钍)矿和伴生放射性矿开发利用的放射性污染防治

第三十四条 开发利用或者关闭铀(钍)矿的单位,应当在申请领取采矿许可证或者办理退役审批手续前编制环境影响报告书,报国务院环境保护行政主管部门审查批准。

开发利用伴生放射性矿的单位,应当在申请领取采矿许可证前编制环境影响报告书,报省级以上人民政府环境保护行政主管部门审查批准。

第三十五条 与铀(钍)矿和伴生放射性矿开发利用建设项目相配套的放射性污染防治设

施,应当与主体工程同时设计、同时施工、同时投入使用。

放射性污染防治设施应当与主体工程同时验收;验收合格的,主体工程方可投入生产或者使用。

第三十六条 铀(钍)矿开发利用单位应当对铀(钍)矿的流出物和周围的环境实施监测,并定期向国务院环境保护行政主管部门和所在地省、自治区、直辖市人民政府环境保护行政主管部门报告监测结果。

第三十七条 对铀(钍)矿和伴生放射性矿开发利用过程中产生的尾矿,应当建造尾矿库进行贮存、处置;建造的尾矿库应当符合放射性污染防治的要求。

第三十八条 铀(钍)矿开发利用单位应当制定铀(钍)矿退役计划。铀矿退役费用由国家财政预算安排。

第六章 放射性废物管理

第三十九条 核设施营运单位、核技术利用单位、铀(钍)矿和伴生放射性矿开发利用单位,应当合理选择和利用原材料,采用先进的生产工艺和设备,尽量减少放射性废物的产生量。

第四十条 向环境排放放射性废气、废液,必须符合国家放射性污染防治标准。

第四十一条 产生放射性废气、废液的单位向环境排放符合国家放射性污染防治标准的放射性废气、废液,应当向审批环境影响评价文件的环境保护行政主管部门申请放射性核素排放量,并定期报告排放计量结果。

第四十二条 产生放射性废液的单位,必须按照国家放射性污染防治标准的要求,对不得向环境排放的放射性废液进行处理或者贮存。

产生放射性废液的单位,向环境排放符合国家放射性污染防治标准的放射性废液,必须采用符合国务院环境保护行政主管部门规定的排放方式。

禁止利用渗井、渗坑、天然裂隙、溶洞或者国家禁止的其他方式排放放射性废液。

第四十三条 低、中水平放射性固体废物在符合国家规定的区域实行近地表处置。

高水平放射性固体废物实行集中的深地质处置。

α放射性固体废物依照前款规定处置。

禁止在内河水域和海洋上处置放射性固体废物。

第四十四条 国务院核设施主管部门会同国务院环境保护行政主管部门根据地质条件和放射性固体废物处置的需要,在环境影响评价的基础上编制放射性固体废物处置场所选址规划,报国务院批准后实施。

有关地方人民政府应当根据放射性固体废物处置场所选址规划,提供放射性固体废物处置场所的建设用地,并采取有效措施支持放射性固体废物的处置。

第四十五条 产生放射性固体废物的单位,应当按照国务院环境保护行政主管部门的规定,对其产生的放射性固体废物进行处理后,送交放射性固体废物处置单位处置,并承担处置费用。

放射性固体废物处置费用收取和使用管理办法,由国务院财政部门、价格主管部门会同国务院环境保护行政主管部门规定。

第四十六条 设立专门从事放射性固体废物贮存、处置的单位,必须经国务院环境保护行政主管部门审查批准,取得许可证。具体办法由国务院规定。

禁止未经许可或者不按照许可的有关规定从事贮存和处置放射性固体废物的活动。

禁止将放射性固体废物提供或者委托给无许可证的单位贮存和处置。

第四十七条 禁止将放射性废物和被放射性污染的物品输入中华人民共和国境内或者经中华人民共和国境内转移。

第七章　法律责任

第四十八条 放射性污染防治监督管理人员违反法律规定，利用职务上的便利收受他人财物、谋取其他利益，或者玩忽职守，有下列行为之一的，依法给予行政处分；构成犯罪的，依法追究刑事责任：

（一）对不符合法定条件的单位颁发许可证和办理批准文件的；

（二）不依法履行监督管理职责的；

（三）发现违法行为不予查处的。

第四十九条 违反本法规定，有下列行为之一的，由县级以上人民政府环境保护行政主管部门或者其他有关部门依据职权责令限期改正，可以处二万元以下罚款：

（一）不按照规定报告有关环境监测结果的；

（二）拒绝环境保护行政主管部门和其他有关部门进行现场检查，或者被检查时不如实反映情况和提供必要资料的。

第五十条 违反本法规定，未编制环境影响评价文件，或者环境影响评价文件未经环境保护行政主管部门批准，擅自进行建造、运行、生产和使用等活动的，由审批环境影响评价文件的环境保护行政主管部门责令停止违法行为，限期补办手续或者恢复原状，并处一万元以上二十万元以下罚款。

第五十一条 违反本法规定，未建造放射性污染防治设施、放射防护设施，或者防治防护设施未经验收合格，主体工程即投入生产或者使用的，由审批环境影响评价文件的环境保护行政主管部门责令停止违法行为，限期改正，并处五万元以上二十万元以下罚款。

第五十二条 违反本法规定，未经许可或者批准，核设施营运单位擅自进行核设施的建造、装料、运行、退役等活动的，由国务院环境保护行政主管部门责令停止违法行为，限期改正，并处二十万元以上五十万元以下罚款；构成犯罪的，依法追究刑事责任。

第五十三条 违反本法规定，生产、销售、使用、转让、进口、贮存放射性同位素和射线装置以及装备有放射性同位素的仪表的，由县级以上人民政府环境保护行政主管部门或者其他有关部门依据职权责令停止违法行为，限期改正；逾期不改正的，责令停产停业或者吊销许可证；有违法所得的，没收违法所得；违法所得十万元以上的，并处违法所得一倍以上五倍以下罚款；没有违法所得或者违法所得不足十万元的，并处一万元以上十万元以下罚款；构成犯罪的，依法追究刑事责任。

第五十四条 违反本法规定，有下列行为之一的，由县级以上人民政府环境保护行政主管部门责令停止违法行为，限期改正，处以罚款；构成犯罪的，依法追究刑事责任：

（一）未建造尾矿库或者不按照放射性污染防治的要求建造尾矿库，贮存、处置铀（钍）矿和伴生放射性矿的尾矿的；

（二）向环境排放不得排放的放射性废气、废液的；

(三) 不按照规定的方式排放放射性废液,利用渗井、渗坑、天然裂隙、溶洞或者国家禁止的其他方式排放放射性废液的;

(四) 不按照规定处理或者贮存不得向环境排放的放射性废液的;

(五) 将放射性固体废物提供或者委托给无许可证的单位贮存和处置的。

有前款第(一)项、第(二)项、第(三)项、第(五)项行为之一的,处十万元以上二十万元以下罚款;有前款第(四)项行为的,处一万元以上十万元以下罚款。

第五十五条 违反本法规定,有下列行为之一的,由县级以上人民政府环境保护行政主管部门或者其他有关部门依据职权责令限期改正;逾期不改正的,责令停产停业,并处二万元以上十万元以下罚款;构成犯罪的,依法追究刑事责任:

(一) 不按照规定设置放射性标识、标志、中文警示说明的;

(二) 不按照规定建立健全安全保卫制度和制定事故应急计划或者应急措施的;

(三) 不按照规定报告放射源丢失、被盗情况或者放射性污染事故的。

第五十六条 产生放射性固体废物的单位,不按照本法第四十五条的规定对其产生的放射性固体废物进行处置的,由审批该单位该项环境影响评价文件的环境保护行政主管部门责令停止违法行为,限期改正;逾期不改正的,指定有处置能力的单位代为处置,所需费用由产生放射性固体废物的单位承担,可以并处二十万元以下罚款;构成犯罪的,依法追究刑事责任。

第五十七条 违反本法规定,有下列行为之一的,由省级以上人民政府环境保护行政主管部门责令停产停业或者吊销许可证;有违法所得的,没收违法所得;违法所得十万元以上的,并处违法所得一倍以上五倍以下罚款;没有违法所得或者违法所得不足十万元的,并处五万元以上十万元以下罚款;构成犯罪的,依法追究刑事责任:

(一) 未经许可,擅自从事贮存和处置放射性固体废物活动的;

(二) 不按照许可的有关规定从事贮存和处置放射性固体废物活动的。

第五十八条 向中华人民共和国境内输入放射性废物和被放射性污染的物品,或者经中华人民共和国境内转移放射性废物和被放射性污染的物品的,由海关责令退运该放射性废物和被放射性污染的物品,并处五十万元以上一百万元以下罚款;构成犯罪的,依法追究刑事责任。

第五十九条 因放射性污染造成他人损害的,应当依法承担民事责任。

第八章 附 则

第六十条 军用设施、装备的放射性污染防治,由国务院和军队的有关主管部门依照本法规定的原则和国务院、中央军事委员会规定的职责实施监督管理。

第六十一条 劳动者在职业活动中接触放射性物质造成的职业病的防治,依照《中华人民共和国职业病防治法》的规定执行。

第六十二条 本法中下列用语的含义:

(一) 放射性污染,是指由于人类活动造成物料、人体、场所、环境介质表面或者内部出现超过国家标准的放射性物质或者射线。

(二) 核设施,是指核动力厂(核电厂、核热电厂、核供汽供热厂等)和其他反应堆(研究堆、实验堆、临界装置等);核燃料生产、加工、贮存和后处理设施;放射性废物的处理和处置设施等。

(三) 核技术利用,是指密封放射源、非密封放射源和射线装置在医疗、工业、农业、地质调查、科学研究和教学等领域中的使用。

（四）放射性同位素,是指某种发生放射性衰变的元素中具有相同原子序数但质量不同的核素。

（五）放射源,是指除研究堆和动力堆核燃料循环范畴的材料以外,永久密封在容器中或者有严密包层并呈固态的放射性材料。

（六）射线装置,是指 X 线机、加速器、中子发生器以及含放射源的装置。

（七）伴生放射性矿,是指含有较高水平天然放射性核素浓度的非铀矿（如稀土矿和磷酸盐矿等）。

（八）放射性废物,是指含有放射性核素或者被放射性核素污染,其浓度或者比活度大于国家确定的清洁解控水平,预期不再使用的废弃物。

第六十三条 本法自 2003 年 10 月 1 日起施行。

中华人民共和国核安全法

（2017 年 9 月 1 日第十二届全国人民代表大会常务委员会第二十九次会议通过）

目　录

第一章　总　则
第二章　核设施安全
第三章　核材料和放射性废物安全
第四章　核事故应急
第五章　信息公开和公众参与
第六章　监督检查
第七章　法律责任
第八章　附　则

第一章　总　则

第一条　为了保障核安全,预防与应对核事故,安全利用核能,保护公众和从业人员的安全与健康,保护生态环境,促进经济社会可持续发展,制定本法。

第二条　在中华人民共和国领域及管辖的其他海域内,对核设施、核材料及相关放射性废物采取充分的预防、保护、缓解和监管等安全措施,防止由于技术原因、人为原因或者自然灾害造成核事故,最大限度减轻核事故情况下的放射性后果的活动,适用本法。

核设施,是指：

（一）核电厂、核热电厂、核供汽供热厂等核动力厂及装置；

（二）核动力厂以外的研究堆、实验堆、临界装置等其他反应堆；

(三)核燃料生产、加工、贮存和后处理设施等核燃料循环设施;

(四)放射性废物的处理、贮存、处置设施。

核材料,是指:

(一)铀-235 材料及其制品;

(二)铀-233 材料及其制品;

(三)钚-239 材料及其制品;

(四)法律、行政法规规定的其他需要管制的核材料。

放射性废物,是指核设施运行、退役产生的,含有放射性核素或者被放射性核素污染,其浓度或者比活度大于国家确定的清洁解控水平,预期不再使用的废弃物。

第三条 国家坚持理性、协调、并进的核安全观,加强核安全能力建设,保障核事业健康发展。

第四条 从事核事业必须遵循确保安全的方针。

核安全工作必须坚持安全第一、预防为主、责任明确、严格管理、纵深防御、独立监管、全面保障的原则。

第五条 核设施营运单位对核安全负全面责任。

为核设施营运单位提供设备、工程以及服务等的单位,应当负相应责任。

第六条 国务院核安全监督管理部门负责核安全的监督管理。

国务院核工业主管部门、能源主管部门和其他有关部门在各自职责范围内负责有关的核安全管理工作。

国家建立核安全工作协调机制,统筹协调有关部门推进相关工作。

第七条 国务院核安全监督管理部门会同国务院有关部门编制国家核安全规划,报国务院批准后组织实施。

第八条 国家坚持从高从严建立核安全标准体系。

国务院有关部门按照职责分工制定核安全标准。核安全标准是强制执行的标准。

核安全标准应当根据经济社会发展和科技进步适时修改。

第九条 国家制定核安全政策,加强核安全文化建设。

国务院核安全监督管理部门、核工业主管部门和能源主管部门应当建立培育核安全文化的机制。

核设施营运单位和为其提供设备、工程以及服务等的单位应当积极培育和建设核安全文化,将核安全文化融入生产、经营、科研和管理的各个环节。

第十条 国家鼓励和支持核安全相关科学技术的研究、开发和利用,加强知识产权保护,注重核安全人才的培养。

国务院有关部门应当在相关科研规划中安排与核设施、核材料安全和辐射环境监测、评估相关的关键技术研究专项,推广先进、可靠的核安全技术。

核设施营运单位和为其提供设备、工程以及服务等的单位、与核安全有关的科研机构等单位,应当持续开发先进、可靠的核安全技术,充分利用先进的科学技术成果,提高核安全水平。

国务院和省、自治区、直辖市人民政府及其有关部门对在科技创新中做出重要贡献的单位和个人,按照有关规定予以表彰和奖励。

第十一条 任何单位和个人不得危害核设施、核材料安全。

公民、法人和其他组织依法享有获取核安全信息的权利,受到核损害的,有依法获得赔偿的权利。

第十二条 国家加强对核设施、核材料的安全保卫工作。

核设施营运单位应当建立和完善安全保卫制度,采取安全保卫措施,防范对核设施、核材料的破坏、损害和盗窃。

第十三条 国家组织开展与核安全有关的国际交流与合作,完善核安全国际合作机制,防范和应对核恐怖主义威胁,履行中华人民共和国缔结或者参加的国际公约所规定的义务。

第二章 核设施安全

第十四条 国家对核设施的选址、建设进行统筹规划,科学论证,合理布局。

国家根据核设施的性质和风险程度等因素,对核设施实行分类管理。

第十五条 核设施营运单位应当具备保障核设施安全运行的能力,并符合下列条件:

(一)有满足核安全要求的组织管理体系和质量保证、安全管理、岗位责任等制度;

(二)有规定数量、合格的专业技术人员和管理人员;

(三)具备与核设施安全相适应的安全评价、资源配置和财务能力;

(四)具备必要的核安全技术支撑和持续改进能力;

(五)具备应急响应能力和核损害赔偿财务保障能力;

(六)法律、行政法规规定的其他条件。

第十六条 核设施营运单位应当依照法律、行政法规和标准的要求,设置核设施纵深防御体系,有效防范技术原因、人为原因和自然灾害造成的威胁,确保核设施安全。

核设施营运单位应当对核设施进行定期安全评价,并接受国务院核安全监督管理部门的审查。

第十七条 核设施营运单位和为其提供设备、工程以及服务等的单位应当建立并实施质量保证体系,有效保证设备、工程和服务等的质量,确保设备的性能满足核安全标准的要求,工程和服务等满足核安全相关要求。

第十八条 核设施营运单位应当严格控制辐射照射,确保有关人员免受超过国家规定剂量限值的辐射照射,确保辐射照射保持在合理、可行和尽可能低的水平。

第十九条 核设施营运单位应当对核设施周围环境中所含的放射性核素的种类、浓度以及核设施流出物中的放射性核素总量实施监测,并定期向国务院环境保护主管部门和所在地省、自治区、直辖市人民政府环境保护主管部门报告监测结果。

第二十条 核设施营运单位应当按照国家有关规定,制订培训计划,对从业人员进行核安全教育和技能培训并进行考核。

核设施营运单位应当为从业人员提供相应的劳动防护和职业健康检查,保障从业人员的安全和健康。

第二十一条 省、自治区、直辖市人民政府应当对国家规划确定的核动力厂等重要核设施的厂址予以保护,在规划期内不得变更厂址用途。

省、自治区、直辖市人民政府应当在核动力厂等重要核设施周围划定规划限制区,经国务院核安全监督管理部门同意后实施。

禁止在规划限制区内建设可能威胁核设施安全的易燃、易爆、腐蚀性物品的生产、贮存设施以及人口密集场所。

第二十二条 国家建立核设施安全许可制度。

核设施营运单位进行核设施选址、建造、运行、退役等活动，应当向国务院核安全监督管理部门申请许可。

核设施营运单位要求变更许可文件规定条件的，应当报国务院核安全监督管理部门批准。

第二十三条 核设施营运单位应当对地质、地震、气象、水文、环境和人口分布等因素进行科学评估，在满足核安全技术评价要求的前提下，向国务院核安全监督管理部门提交核设施选址安全分析报告，经审查符合核安全要求后，取得核设施场址选择审查意见书。

第二十四条 核设施设计应当符合核安全标准，采用科学合理的构筑物、系统和设备参数与技术要求，提供多样保护和多重屏障，确保核设施运行可靠、稳定和便于操作，满足核安全要求。

第二十五条 核设施建造前，核设施营运单位应当向国务院核安全监督管理部门提出建造申请，并提交下列材料：

（一）核设施建造申请书；

（二）初步安全分析报告；

（三）环境影响评价文件；

（四）质量保证文件；

（五）法律、行政法规规定的其他材料。

第二十六条 核设施营运单位取得核设施建造许可证后，应当确保核设施整体性能满足核安全标准的要求。

核设施建造许可证的有效期不得超过十年。有效期届满，需要延期建造的，应当报国务院核安全监督管理部门审查批准。但是，有下列情形之一且经评估不存在安全风险的除外：

（一）国家政策或者行为导致核设施延期建造；

（二）用于科学研究的核设施；

（三）用于工程示范的核设施；

（四）用于乏燃料后处理的核设施。

核设施建造完成后应当进行调试，验证其是否满足设计的核安全要求。

第二十七条 核设施首次装投料前，核设施营运单位应当向国务院核安全监督管理部门提出运行申请，并提交下列材料：

（一）核设施运行申请书；

（二）最终安全分析报告；

（三）质量保证文件；

（四）应急预案；

（五）法律、行政法规规定的其他材料。

核设施营运单位取得核设施运行许可证后，应当按照许可证的规定运行。

核设施运行许可证的有效期为设计寿期。在有效期内，国务院核安全监督管理部门可以根据法律、行政法规和新的核安全标准的要求，对许可证规定的事项作出合理调整。

核设施营运单位调整下列事项的,应当报国务院核安全监督管理部门批准:

(一)作为颁发运行许可证依据的重要构筑物、系统和设备;

(二)运行限值和条件;

(三)国务院核安全监督管理部门批准的与核安全有关的程序和其他文件。

第二十八条 核设施运行许可证有效期届满需要继续运行的,核设施营运单位应当于有效期届满前五年,向国务院核安全监督管理部门提出延期申请,并对其是否符合核安全标准进行论证、验证,经审查批准后,方可继续运行。

第二十九条 核设施终止运行后,核设施营运单位应当采取安全的方式进行停闭管理,保证停闭期间的安全,确保退役所需的基本功能、技术人员和文件。

第三十条 核设施退役前,核设施营运单位应当向国务院核安全监督管理部门提出退役申请,并提交下列材料:

(一)核设施退役申请书;

(二)安全分析报告;

(三)环境影响评价文件;

(四)质量保证文件;

(五)法律、行政法规规定的其他材料。

核设施退役时,核设施营运单位应当按照合理、可行和尽可能低的原则处理、处置核设施场址的放射性物质,将构筑物、系统和设备的放射性水平降低至满足标准的要求。

核设施退役后,核设施所在地省、自治区、直辖市人民政府环境保护主管部门应当对核设施场址及其周围环境中所含的放射性核素的种类和浓度组织监测。

第三十一条 进口核设施,应当满足中华人民共和国有关核安全法律、行政法规和标准的要求,并报国务院核安全监督管理部门审查批准。

出口核设施,应当遵守中华人民共和国有关核设施出口管制的规定。

第三十二条 国务院核安全监督管理部门应当依照法定条件和程序,对核设施安全许可申请组织安全技术审查,满足核安全要求的,在技术审查完成之日起二十日内,依法作出准予许可的决定。

国务院核安全监督管理部门审批核设施建造、运行许可申请时,应当向国务院有关部门和核设施所在地省、自治区、直辖市人民政府征询意见,被征询意见的单位应当在三个月内给予答复。

第三十三条 国务院核安全监督管理部门组织安全技术审查时,应当委托与许可申请单位没有利益关系的技术支持单位进行技术审评。受委托的技术支持单位应当对其技术评价结论的真实性、准确性负责。

第三十四条 国务院核安全监督管理部门成立核安全专家委员会,为核安全决策提供咨询意见。

制定核安全规划和标准,进行核设施重大安全问题技术决策,应当咨询核安全专家委员会的意见。

第三十五条 国家建立核设施营运单位核安全报告制度,具体办法由国务院有关部门制定。

国务院有关部门应当建立核安全经验反馈制度,并及时处理核安全报告信息,实现信息共享。

核设施营运单位应当建立核安全经验反馈体系。

第三十六条 为核设施提供核安全设备设计、制造、安装和无损检验服务的单位,应当向国务院核安全监督管理部门申请许可。境外机构为境内核设施提供核安全设备设计、制造、安装和无损检验服务的,应当向国务院核安全监督管理部门申请注册。

国务院核安全监督管理部门依法对进口的核安全设备进行安全检验。

第三十七条 核设施操纵人员以及核安全设备焊接人员、无损检验人员等特种工艺人员应当按照国家规定取得相应资格证书。

核设施营运单位以及核安全设备制造、安装和无损检验单位应当聘用取得相应资格证书的人员从事与核设施安全专业技术有关的工作。

第三章 核材料和放射性废物安全

第三十八条 核设施营运单位和其他有关单位持有核材料,应当按照规定的条件依法取得许可,并采取下列措施,防止核材料被盗、破坏、丢失、非法转让和使用,保障核材料的安全与合法利用:

(一)建立专职机构或者指定专人保管核材料;

(二)建立核材料衡算制度,保持核材料收支平衡;

(三)建立与核材料保护等级相适应的实物保护系统;

(四)建立信息保密制度,采取保密措施;

(五)法律、行政法规规定的其他措施。

第三十九条 产生、贮存、运输、后处理乏燃料的单位应当采取措施确保乏燃料的安全,并对持有的乏燃料承担核安全责任。

第四十条 放射性废物应当实行分类处置。

低、中水平放射性废物在国家规定的符合核安全要求的场所实行近地表或者中等深度处置。高水平放射性废物实行集中深地质处置,由国务院指定的单位专营。

第四十一条 核设施营运单位、放射性废物处理处置单位应当对放射性废物进行减量化、无害化处理、处置,确保永久安全。

第四十二条 国务院核工业主管部门会同国务院有关部门和省、自治区、直辖市人民政府编制低、中水平放射性废物处置场所的选址规划,报国务院批准后组织实施。

国务院核工业主管部门会同国务院有关部门编制高水平放射性废物处置场所的选址规划,报国务院批准后组织实施。

放射性废物处置场所的建设应当与核能发展的要求相适应。

第四十三条 国家建立放射性废物管理许可制度。

专门从事放射性废物处理、贮存、处置的单位,应当向国务院核安全监督管理部门申请许可。核设施营运单位利用与核设施配套建设的处理、贮存设施,处理、贮存本单位产生的放射性废物的,无需申请许可。

第四十四条 核设施营运单位应当对其产生的放射性固体废物和不能经净化排放的放射性废液进行处理,使其转变为稳定的、标准化的固体废物后,及时送交放射性废物处置单位处置。

核设施营运单位应当对其产生的放射性废气进行处理,达到国家放射性污染防治标准后,方可排放。

第四十五条 放射性废物处置单位应当按照国家放射性污染防治标准的要求,对其接收的放射性废物进行处置。

放射性废物处置单位应当建立放射性废物处置情况记录档案,如实记录处置的放射性废物的来源、数量、特征、存放位置等与处置活动有关的事项。记录档案应当永久保存。

第四十六条 国家建立放射性废物处置设施关闭制度。

放射性废物处置设施有下列情形之一的,应当依法办理关闭手续,并在划定的区域设置永久性标记:

(一)设计服役期届满;

(二)处置的放射性废物已经达到设计容量;

(三)所在地区的地质构造或者水文地质等条件发生重大变化,不适宜继续处置放射性废物;

(四)法律、行政法规规定的其他需要关闭的情形。

第四十七条 放射性废物处置设施关闭前,放射性废物处置单位应当编制放射性废物处置设施关闭安全监护计划,报国务院核安全监督管理部门批准。

安全监护计划应当包括下列主要内容:

(一)安全监护责任人及其责任;

(二)安全监护费用;

(三)安全监护措施;

(四)安全监护期限。

放射性废物处置设施关闭后,放射性废物处置单位应当按照经批准的安全监护计划进行安全监护;经国务院核安全监督管理部门会同国务院有关部门批准后,将其交由省、自治区、直辖市人民政府进行监护管理。

第四十八条 核设施营运单位应当按照国家规定缴纳乏燃料处理处置费用,列入生产成本。

核设施营运单位应当预提核设施退役费用、放射性废物处置费用,列入投资概算、生产成本,专门用于核设施退役、放射性废物处置。具体办法由国务院财政部门、价格主管部门会同国务院核安全监督管理部门、核工业主管部门和能源主管部门制定。

第四十九条 国家对核材料、放射性废物的运输实行分类管理,采取有效措施,保障运输安全。

第五十条 国家保障核材料、放射性废物的公路、铁路、水路等运输,国务院有关部门应当加强对公路、铁路、水路等运输的管理,制定具体的保障措施。

第五十一条 国务院核工业主管部门负责协调乏燃料运输管理活动,监督有关保密措施。

公安机关对核材料、放射性废物道路运输的实物保护实施监督,依法处理可能危及核材料、放射性废物安全运输的事故。通过道路运输核材料、放射性废物的,应当报启运地县级以上人民政府公安机关按照规定权限批准;其中,运输乏燃料或者高水平放射性废物的,应当报国务院公安部门批准。

国务院核安全监督管理部门负责批准核材料、放射性废物运输包装容器的许可申请。

第五十二条 核材料、放射性废物的托运人应当在运输中采取有效的辐射防护和安全保卫措施,对运输中的核安全负责。

乏燃料、高水平放射性废物的托运人应当向国务院核安全监督管理部门提交有关核安全分析报告,经审查批准后方可开展运输活动。

核材料、放射性废物的承运人应当依法取得国家规定的运输资质。

第五十三条 通过公路、铁路、水路等运输核材料、放射性废物,本法没有规定的,适用相关法律、行政法规和规章关于放射性物品运输、危险货物运输的规定。

第四章 核事故应急

第五十四条 国家设立核事故应急协调委员会,组织、协调全国的核事故应急管理工作。

省、自治区、直辖市人民政府根据实际需要设立核事故应急协调委员会,组织、协调本行政区域内的核事故应急管理工作。

第五十五条 国务院核工业主管部门承担国家核事故应急协调委员会日常工作,牵头制定国家核事故应急预案,经国务院批准后组织实施。国家核事故应急协调委员会成员单位根据国家核事故应急预案部署,制定本单位核事故应急预案,报国务院核工业主管部门备案。

省、自治区、直辖市人民政府指定的部门承担核事故应急协调委员会的日常工作,负责制定本行政区域内场外核事故应急预案,报国家核事故应急协调委员会审批后组织实施。

核设施营运单位负责制定本单位场内核事故应急预案,报国务院核工业主管部门、能源主管部门和省、自治区、直辖市人民政府指定的部门备案。

中国人民解放军和中国人民武装警察部队按照国务院、中央军事委员会的规定,制定本系统支援地方的核事故应急工作预案,报国务院核工业主管部门备案。

应急预案制定单位应当根据实际需要和情势变化,适时修订应急预案。

第五十六条 核设施营运单位应当按照应急预案,配备应急设备,开展应急工作人员培训和演练,做好应急准备。

核设施所在地省、自治区、直辖市人民政府指定的部门,应当开展核事故应急知识普及活动,按照应急预案组织有关企业、事业单位和社区开展核事故应急演练。

第五十七条 国家建立核事故应急准备金制度,保障核事故应急准备与响应工作所需经费。核事故应急准备金管理办法,由国务院制定。

第五十八条 国家对核事故应急实行分级管理。

发生核事故时,核设施营运单位应当按照应急预案的要求开展应急响应,减轻事故后果,并立即向国务院核工业主管部门、核安全监督管理部门和省、自治区、直辖市人民政府指定的部门报告核设施状况,根据需要提出场外应急响应行动建议。

第五十九条 国家核事故应急协调委员会按照国家核事故应急预案部署,组织协调国务院有关部门、地方人民政府、核设施营运单位实施核事故应急救援工作。

中国人民解放军和中国人民武装警察部队按照国务院、中央军事委员会的规定,实施核事故应急救援工作。

核设施营运单位应当按照核事故应急救援工作的要求,实施应急响应支援。

第六十条 国务院核工业主管部门或者省、自治区、直辖市人民政府指定的部门负责发布核事故应急信息。

国家核事故应急协调委员会统筹协调核事故应急国际通报和国际救援工作。

第六十一条 各级人民政府及其有关部门、核设施营运单位等应当按照国务院有关规定和授权,组织开展核事故后的恢复行动、损失评估等工作。

核事故的调查处理,由国务院或者其授权的部门负责实施。

核事故场外应急行动的调查处理,由国务院或者其指定的机构负责实施。

第六十二条 核材料、放射性废物运输的应急应当纳入所经省、自治区、直辖市场外核事故应急预案或者辐射应急预案。发生核事故时,由事故发生地省、自治区、直辖市人民政府负责应急响应。

第五章 信息公开和公众参与

第六十三条 国务院有关部门及核设施所在地省、自治区、直辖市人民政府指定的部门应当在各自职责范围内依法公开核安全相关信息。

国务院核安全监督管理部门应当依法公开与核安全有关的行政许可,以及核安全有关活动的安全监督检查报告、总体安全状况、辐射环境质量和核事故等信息。

国务院应当定期向全国人民代表大会常务委员会报告核安全情况。

第六十四条 核设施营运单位应当公开本单位核安全管理制度和相关文件、核设施安全状况、流出物和周围环境辐射监测数据、年度核安全报告等信息。具体办法由国务院核安全监督管理部门制定。

第六十五条 对依法公开的核安全信息,应当通过政府公告、网站以及其他便于公众知晓的方式,及时向社会公开。

公民、法人和其他组织,可以依法向国务院核安全监督管理部门和核设施所在地省、自治区、直辖市人民政府指定的部门申请获取核安全相关信息。

第六十六条 核设施营运单位应当就涉及公众利益的重大核安全事项通过问卷调查、听证会、论证会、座谈会,或者采取其他形式征求利益相关方的意见,并以适当形式反馈。

核设施所在地省、自治区、直辖市人民政府应当就影响公众利益的重大核安全事项举行听证会、论证会、座谈会,或者采取其他形式征求利益相关方的意见,并以适当形式反馈。

第六十七条 核设施营运单位应当采取下列措施,开展核安全宣传活动:

(一)在保证核设施安全的前提下,对公众有序开放核设施;

(二)与学校合作,开展对学生的核安全知识教育活动;

(三)建设核安全宣传场所,印制和发放核安全宣传材料;

(四)法律、行政法规规定的其他措施。

第六十八条 公民、法人和其他组织有权对存在核安全隐患或者违反核安全法律、行政法规的行为,向国务院核安全监督管理部门或者其他有关部门举报。

公民、法人和其他组织不得编造、散布核安全虚假信息。

第六十九条 涉及国家秘密、商业秘密和个人信息的政府信息公开,按照国家有关规定执行。

第六章 监督检查

第七十条 国家建立核安全监督检查制度。

国务院核安全监督管理部门和其他有关部门应当对从事核安全活动的单位遵守核安全法律、行政法规、规章和标准的情况进行监督检查。

国务院核安全监督管理部门可以在核设施集中的地区设立派出机构。国务院核安全监督管理部门或者其派出机构应当向核设施建造、运行、退役等现场派遣监督检查人员,进行核安全监督检查。

第七十一条 国务院核安全监督管理部门和其他有关部门应当加强核安全监管能力建设,提高核安全监管水平。

国务院核安全监督管理部门应当组织开展核安全监管技术研究开发,保持与核安全监督管理相适应的技术评价能力。

第七十二条 国务院核安全监督管理部门和其他有关部门进行核安全监督检查时,有权采取下列措施:

(一)进入现场进行监测、检查或者核查;

(二)调阅相关文件、资料和记录;

(三)向有关人员调查、了解情况;

(四)发现问题的,现场要求整改。

国务院核安全监督管理部门和其他有关部门应当将监督检查情况形成报告,建立档案。

第七十三条 对国务院核安全监督管理部门和其他有关部门依法进行的监督检查,从事核安全活动的单位应当予以配合,如实说明情况,提供必要资料,不得拒绝、阻挠。

第七十四条 核安全监督检查人员应当忠于职守,勤勉尽责,秉公执法。

核安全监督检查人员应当具备与监督检查活动相应的专业知识和业务能力,并定期接受培训。

核安全监督检查人员执行监督检查任务,应当出示有效证件,对获知的国家秘密、商业秘密和个人信息,应当依法予以保密。

第七章 法律责任

第七十五条 违反本法规定,有下列情形之一的,对直接负责的主管人员和其他直接责任人员依法给予处分:

(一)国务院核安全监督管理部门或者其他有关部门未依法对许可申请进行审批的;

(二)国务院有关部门或者核设施所在地省、自治区、直辖市人民政府指定的部门未依法公开核安全相关信息的;

(三)核设施所在地省、自治区、直辖市人民政府未就影响公众利益的重大核安全事项征求利益相关方意见的;

(四)国务院核安全监督管理部门或者其他有关部门未将监督检查情况形成报告,或者未建立档案的;

(五)核安全监督检查人员执行监督检查任务,未出示有效证件,或者对获知的国家秘密、商业秘密、个人信息未依法予以保密的;

(六)国务院核安全监督管理部门或者其他有关部门,省、自治区、直辖市人民政府有关部门有其他滥用职权、玩忽职守、徇私舞弊行为的。

第七十六条 违反本法规定,危害核设施、核材料安全,或者编造、散布核安全虚假信息,构成违反治安管理行为的,由公安机关依法给予治安管理处罚。

第七十七条 违反本法规定,有下列情形之一的,由国务院核安全监督管理部门或者其他有关部门责令改正,给予警告;情节严重的,处二十万元以上一百万元以下的罚款;拒不改正的,责令停止建设或者停产整顿：

（一）核设施营运单位未设置核设施纵深防御体系的；

（二）核设施营运单位或者为其提供设备、工程以及服务等的单位未建立或者未实施质量保证体系的；

（三）核设施营运单位未按照要求控制辐射照射剂量的；

（四）核设施营运单位未建立核安全经验反馈体系的；

（五）核设施营运单位未就涉及公众利益的重大核安全事项征求利益相关方意见的。

第七十八条 违反本法规定，在规划限制区内建设可能威胁核设施安全的易燃、易爆、腐蚀性物品的生产、贮存设施或者人口密集场所的，由国务院核安全监督管理部门责令限期拆除，恢复原状，处十万元以上五十万元以下的罚款。

第七十九条 违反本法规定，核设施营运单位有下列情形之一的，由国务院核安全监督管理部门责令改正，处一百万元以上五百万元以下的罚款；拒不改正的，责令停止建设或者停产整顿；有违法所得的，没收违法所得；造成环境污染的，责令限期采取治理措施消除污染，逾期不采取措施的，指定有能力的单位代为履行，所需费用由污染者承担；对直接负责的主管人员和其他直接责任人员，处五万元以上二十万元以下的罚款：

（一）未经许可，从事核设施建造、运行或者退役等活动的；

（二）未经许可，变更许可文件规定条件的；

（三）核设施运行许可证有效期届满，未经审查批准，继续运行核设施的；

（四）未经审查批准，进口核设施的。

第八十条 违反本法规定，核设施营运单位有下列情形之一的，由国务院核安全监督管理部门责令改正，给予警告；情节严重的，处五十万元以上二百万元以下的罚款；造成环境污染的，责令限期采取治理措施消除污染，逾期不采取措施的，指定有能力的单位代为履行，所需费用由污染者承担：

（一）未对核设施进行定期安全评价，或者不接受国务院核安全监督管理部门审查的；

（二）核设施终止运行后，未采取安全方式进行停闭管理，或者未确保退役所需的基本功能、技术人员和文件的；

（三）核设施退役时，未将构筑物、系统或者设备的放射性水平降低至满足标准的要求的；

（四）未将产生的放射性固体废物或者不能经净化排放的放射性废液转变为稳定的、标准化的固体废物，及时送交放射性废物处置单位处置的；

（五）未对产生的放射性废气进行处理，或者未达到国家放射性污染防治标准排放的。

第八十一条 违反本法规定，核设施营运单位未对核设施周围环境中所含的放射性核素的种类、浓度或者核设施流出物中的放射性核素总量实施监测，或者未按照规定报告监测结果的，由国务院环境保护主管部门或者所在地省、自治区、直辖市人民政府环境保护主管部门责令改正，处十万元以上五十万元以下的罚款。

第八十二条 违反本法规定，受委托的技术支持单位出具虚假技术评价结论的，由国务院核安全监督管理部门处二十万元以上一百万元以下的罚款；有违法所得的，没收违法所得；对直接负责的主管人员和其他直接责任人员处十万元以上二十万元以下的罚款。

第八十三条 违反本法规定，有下列情形之一的，由国务院核安全监督管理部门责令改正，处五十万元以上一百万元以下的罚款;有违法所得的,没收违法所得;对直接负责的主管人员和其他直接责任人员处二万元以上十万元以下的罚款:

(一)未经许可,为核设施提供核安全设备设计、制造、安装或者无损检验服务的;

(二)未经注册,境外机构为境内核设施提供核安全设备设计、制造、安装或者无损检验服务的。

第八十四条　违反本法规定,核设施营运单位或者核安全设备制造、安装、无损检验单位聘用未取得相应资格证书的人员从事与核设施安全专业技术有关的工作的,由国务院核安全监督管理部门责令改正,处十万元以上五十万元以下的罚款;拒不改正的,暂扣或者吊销许可证,对直接负责的主管人员和其他直接责任人员处二万元以上十万元以下的罚款。

第八十五条　违反本法规定,未经许可持有核材料的,由国务院核工业主管部门没收非法持有的核材料,并处十万元以上五十万元以下的罚款;有违法所得的,没收违法所得。

第八十六条　违反本法规定,有下列情形之一的,由国务院核安全监督管理部门责令改正,处十万元以上五十万元以下的罚款;情节严重的,处五十万元以上二百万元以下的罚款;造成环境污染的,责令限期采取治理措施消除污染,逾期不采取措施的,指定有能力的单位代为履行,所需费用由污染者承担:

(一)未经许可,从事放射性废物处理、贮存、处置活动的;

(二)未建立放射性废物处置情况记录档案,未如实记录与处置活动有关的事项,或者未永久保存记录档案的;

(三)对应当关闭的放射性废物处置设施,未依法办理关闭手续的;

(四)关闭放射性废物处置设施,未在划定的区域设置永久性标记的;

(五)未编制放射性废物处置设施关闭安全监护计划的;

(六)放射性废物处置设施关闭后,未按照经批准的安全监护计划进行安全监护的。

第八十七条　违反本法规定,核设施营运单位有下列情形之一的,由国务院核安全监督管理部门责令改正,处十万元以上五十万元以下的罚款;对直接负责的主管人员和其他直接责任人员,处二万元以上五万元以下的罚款:

(一)未按照规定制定场内核事故应急预案的;

(二)未按照应急预案配备应急设备,未开展应急工作人员培训或者演练的;

(三)未按照核事故应急救援工作的要求,实施应急响应支援的。

第八十八条　违反本法规定,核设施营运单位未按照规定公开相关信息的,由国务院核安全监督管理部门责令改正;拒不改正的,处十万元以上五十万元以下的罚款。

第八十九条　违反本法规定,对国务院核安全监督管理部门或者其他有关部门依法进行的监督检查,从事核安全活动的单位拒绝、阻挠的,由国务院核安全监督管理部门或者其他有关部门责令改正,可以处十万元以上五十万元以下的罚款;拒不改正的,暂扣或者吊销其许可证;构成违反治安管理行为的,由公安机关依法给予治安管理处罚。

第九十条　因核事故造成他人人身伤亡、财产损失或者环境损害的,核设施营运单位应当按照国家核损害责任制度承担赔偿责任,但能够证明损害是因战争、武装冲突、暴乱等情形造成的除外。

为核设施营运单位提供设备、工程以及服务等的单位不承担核损害赔偿责任。核设施营运单位与其有约定的,在承担赔偿责任后,可以按照约定追偿。

核设施营运单位应当通过投保责任保险、参加互助机制等方式,作出适当的财务保证安排,确保能够及时、有效履行核损害赔偿责任。

第九十一条 违反本法规定，构成犯罪的，依法追究刑事责任。

第八章 附 则

第九十二条 军工、军事核安全，由国务院、中央军事委员会依照本法规定的原则另行规定。

第九十三条 本法中下列用语的含义：

核事故，是指核设施内的核燃料、放射性产物、放射性废物或者运入运出核设施的核材料所发生的放射性、毒害性、爆炸性或者其他危害性事故，或者一系列事故。

纵深防御，是指通过设定一系列递进并且独立的防护、缓解措施或者实物屏障，防止核事故发生，减轻核事故后果。

核设施营运单位，是指在中华人民共和国境内，申请或者持有核设施安全许可证，可以经营和运行核设施的单位。

核安全设备，是指在核设施中使用的执行核安全功能的设备，包括核安全机械设备和核安全电气设备。

乏燃料，是指在反应堆堆芯内受过辐照并从堆芯永久卸出的核燃料。

停闭，是指核设施已经停止运行，并且不再启动。

退役，是指采取去污、拆除和清除等措施，使核设施不再使用的场所或者设备的辐射剂量满足国家相关标准的要求。

经验反馈，是指对核设施的事件、质量问题和良好实践等信息进行收集、筛选、评价、分析、处理和分发，总结推广良好实践经验，防止类似事件和问题重复发生。

托运人，是指在中华人民共和国境内，申请将托运货物提交运输并获得批准的单位。

第九十四条 本法自2018年1月1日起施行。

中华人民共和国防震减灾法（2008年修订）

（1997年12月29日第八届全国人民代表大会常务委员会第二十九次会议通过 根据2008年12月27日第十一届全国人民代表大会常务委员会第六次会议修订）

目 录

第一章 总 则

第二章 防震减灾规划

第三章 地震监测预报

第四章 地震灾害预防

第五章 地震应急救援

第六章 地震灾后过渡性安置和恢复重建

第七章　监督管理
第八章　法律责任
第九章　附　则

第一章　总　则

第一条　为了防御和减轻地震灾害,保护人民生命和财产安全,促进经济社会的可持续发展,制定本法。

第二条　在中华人民共和国领域和中华人民共和国管辖的其他海域从事地震监测预报、地震灾害预防、地震应急救援、地震灾后过渡性安置和恢复重建等防震减灾活动,适用本法。

第三条　防震减灾工作,实行预防为主、防御与救助相结合的方针。

第四条　县级以上人民政府应当加强对防震减灾工作的领导,将防震减灾工作纳入本级国民经济和社会发展规划,所需经费列入财政预算。

第五条　在国务院的领导下,国务院地震工作主管部门和国务院经济综合宏观调控、建设、民政、卫生、公安以及其他有关部门,按照职责分工,各负其责,密切配合,共同做好防震减灾工作。

县级以上地方人民政府负责管理地震工作的部门或者机构和其他有关部门在本级人民政府领导下,按照职责分工,各负其责,密切配合,共同做好本行政区域的防震减灾工作。

第六条　国务院抗震救灾指挥机构负责统一领导、指挥和协调全国抗震救灾工作。县级以上地方人民政府抗震救灾指挥机构负责统一领导、指挥和协调本行政区域的抗震救灾工作。

国务院地震工作主管部门和县级以上地方人民政府负责管理地震工作的部门或者机构,承担本级人民政府抗震救灾指挥机构的日常工作。

第七条　各级人民政府应当组织开展防震减灾知识的宣传教育,增强公民的防震减灾意识,提高全社会的防震减灾能力。

第八条　任何单位和个人都有依法参加防震减灾活动的义务。

国家鼓励、引导社会组织和个人开展地震群测群防活动,对地震进行监测和预防。

国家鼓励、引导志愿者参加防震减灾活动。

第九条　中国人民解放军、中国人民武装警察部队和民兵组织,依照本法以及其他有关法律、行政法规、军事法规的规定和国务院、中央军事委员会的命令,执行抗震救灾任务,保护人民生命和财产安全。

第十条　从事防震减灾活动,应当遵守国家有关防震减灾标准。

第十一条　国家鼓励、支持防震减灾的科学技术研究,逐步提高防震减灾科学技术研究经费投入,推广先进的科学研究成果,加强国际合作与交流,提高防震减灾工作水平。

对在防震减灾工作中做出突出贡献的单位和个人,按照国家有关规定给予表彰和奖励。

第二章　防震减灾规划

第十二条　国务院地震工作主管部门会同国务院有关部门组织编制国家防震减灾规划,报国务院批准后组织实施。

县级以上地方人民政府负责管理地震工作的部门或者机构会同同级有关部门,根据上一级防震减灾规划和本行政区域的实际情况,组织编制本行政区域的防震减灾规划,报本级人民政府批准后组织实施,并报上一级人民政府负责管理地震工作的部门或者机构备案。

第十三条 编制防震减灾规划,应当遵循统筹安排、突出重点、合理布局、全面预防的原则,以震情和震害预测结果为依据,并充分考虑人民生命和财产安全及经济社会发展、资源环境保护等需要。

县级以上地方人民政府有关部门应当根据编制防震减灾规划的需要,及时提供有关资料。

第十四条 防震减灾规划的内容应当包括:震情形势和防震减灾总体目标,地震监测台网建设布局,地震灾害预防措施,地震应急救援措施,以及防震减灾技术、信息、资金、物资等保障措施。

编制防震减灾规划,应当对地震重点监视防御区的地震监测台网建设、震情跟踪、地震灾害预防措施、地震应急准备、防震减灾知识宣传教育等作出具体安排。

第十五条 防震减灾规划报送审批前,组织编制机关应当征求有关部门、单位、专家和公众的意见。

防震减灾规划报送审批文件中应当附具意见采纳情况及理由。

第十六条 防震减灾规划一经批准公布,应当严格执行;因震情形势变化和经济社会发展的需要确需修改的,应当按照原审批程序报送审批。

第三章 地震监测预报

第十七条 国家加强地震监测预报工作,建立多学科地震监测系统,逐步提高地震监测预报水平。

第十八条 国家对地震监测台网实行统一规划,分级、分类管理。

国务院地震工作主管部门和县级以上地方人民政府负责管理地震工作的部门或者机构,按照国务院有关规定,制定地震监测台网规划。

全国地震监测台网由国家级地震监测台网、省级地震监测台网和市、县地震监测台网组成,其建设资金和运行经费列入财政预算。

第十九条 水库、油田、核电站等重大建设工程的建设单位,应当按照国务院有关规定,建设专用地震监测台网或者强震动监测设施,其建设资金和运行经费由建设单位承担。

第二十条 地震监测台网的建设,应当遵守法律、法规和国家有关标准,保证建设质量。

第二十一条 地震监测台网不得擅自中止或者终止运行。

检测、传递、分析、处理、存贮、报送地震监测信息的单位,应当保证地震监测信息的质量和安全。

县级以上地方人民政府应当组织相关单位为地震监测台网的运行提供通信、交通、电力等保障条件。

第二十二条 沿海县级以上地方人民政府负责管理地震工作的部门或者机构,应当加强海域地震活动监测预测工作。海域地震发生后,县级以上地方人民政府负责管理地震工作的部门或者机构,应当及时向海洋主管部门和当地海事管理机构等通报情况。

火山所在地的县级以上地方人民政府负责管理地震工作的部门或者机构,应当利用地震监测设施和技术手段,加强火山活动监测预测工作。

第二十三条 国家依法保护地震监测设施和地震观测环境。

任何单位和个人不得侵占、毁损、拆除或者擅自移动地震监测设施。地震监测设施遭到破坏的,县级以上地方人民政府负责管理地震工作的部门或者机构应当采取紧急措施组织修复,确保地震监测设施正常运行。

任何单位和个人不得危害地震观测环境。国务院地震工作主管部门和县级以上地方人民政府负责管理地震工作的部门或者机构会同同级有关部门,按照国务院有关规定划定地震观测环境保护范围,并纳入土地利用总体规划和城乡规划。

第二十四条 新建、扩建、改建建设工程,应当避免对地震监测设施和地震观测环境造成危害。建设国家重点工程,确实无法避免对地震监测设施和地震观测环境造成危害的,建设单位应当按照县级以上地方人民政府负责管理地震工作的部门或者机构的要求,增建抗干扰设施;不能增建抗干扰设施的,应当新建地震监测设施。

对地震观测环境保护范围内的建设工程项目,城乡规划主管部门在依法核发选址意见书时,应当征求负责管理地震工作的部门或者机构的意见;不需要核发选址意见书的,城乡规划主管部门在依法核发建设用地规划许可证或者乡村建设规划许可证时,应当征求负责管理地震工作的部门或者机构的意见。

第二十五条 国务院地震工作主管部门建立健全地震监测信息共享平台,为社会提供服务。

县级以上地方人民政府负责管理地震工作的部门或者机构,应当将地震监测信息及时报送上一级人民政府负责管理地震工作的部门或者机构。

专用地震监测台网和强震动监测设施的管理单位,应当将地震监测信息及时报送所在地省、自治区、直辖市人民政府负责管理地震工作的部门或者机构。

第二十六条 国务院地震工作主管部门和县级以上地方人民政府负责管理地震工作的部门或者机构,根据地震监测信息研究结果,对可能发生地震的地点、时间和震级作出预测。

其他单位和个人通过研究提出的地震预测意见,应当向所在地或者所预测地的县级以上地方人民政府负责管理地震工作的部门或者机构书面报告,或者直接向国务院地震工作主管部门书面报告。收到书面报告的部门或者机构应当进行登记并出具接收凭证。

第二十七条 观测到可能与地震有关的异常现象的单位和个人,可以向所在地县级以上地方人民政府负责管理地震工作的部门或者机构报告,也可以直接向国务院地震工作主管部门报告。

国务院地震工作主管部门和县级以上地方人民政府负责管理地震工作的部门或者机构接到报告后,应当进行登记并及时组织调查核实。

第二十八条 国务院地震工作主管部门和省、自治区、直辖市人民政府负责管理地震工作的部门或者机构,应当组织召开震情会商会,必要时邀请有关部门、专家和其他有关人员参加,对地震预测意见和可能与地震有关的异常现象进行综合分析研究,形成震情会商意见,报本级人民政府;经震情会商形成地震预报意见的,在报本级人民政府前,应当进行评审,作出评审结果,并提出对策建议。

第二十九条 国家对地震预报意见实行统一发布制度。

全国范围内的地震长期和中期预报意见,由国务院发布。省、自治区、直辖市行政区域内的地震预报意见,由省、自治区、直辖市人民政府按照国务院规定的程序发布。

除发表本人或者本单位对长期、中期地震活动趋势的研究成果及进行相关学术交流外,任何单位和个人不得向社会散布地震预测意见。任何单位和个人不得向社会散布地震预报意见及其评审结果。

第三十条 国务院地震工作主管部门根据地震活动趋势和震害预测结果,提出确定地震重点监视防御区的意见,报国务院批准。

国务院地震工作主管部门应当加强地震重点监视防御区的震情跟踪,对地震活动趋势进行分析评估,提出年度防震减灾工作意见,报国务院批准后实施。

地震重点监视防御区的县级以上地方人民政府应当根据年度防震减灾工作意见和当地的地震活动趋势,组织有关部门加强防震减灾工作。

地震重点监视防御区的县级以上地方人民政府负责管理地震工作的部门或者机构,应当增加地震监测台网密度,组织做好震情跟踪、流动观测和可能与地震有关的异常现象观测以及群测群防工作,并及时将有关情况报上一级人民政府负责管理地震工作的部门或者机构。

第三十一条 国家支持全国地震烈度速报系统的建设。

地震灾害发生后,国务院地震工作主管部门应当通过全国地震烈度速报系统快速判断致灾程度,为指挥抗震救灾工作提供依据。

第三十二条 国务院地震工作主管部门和县级以上地方人民政府负责管理地震工作的部门或者机构,应当对发生地震灾害的区域加强地震监测,在地震现场设立流动观测点,根据震情的发展变化,及时对地震活动趋势作出分析、判定,为余震防范工作提供依据。

国务院地震工作主管部门和县级以上地方人民政府负责管理地震工作的部门或者机构、地震监测台网的管理单位,应当及时收集、保存有关地震的资料和信息,并建立完整的档案。

第三十三条 外国的组织或者个人在中华人民共和国领域和中华人民共和国管辖的其他海域从事地震监测活动,必须经国务院地震工作主管部门会同有关部门批准,并采取与中华人民共和国有关部门或者单位合作的形式进行。

第四章 地震灾害预防

第三十四条 国务院地震工作主管部门负责制定全国地震烈度区划图或者地震动参数区划图。

国务院地震工作主管部门和省、自治区、直辖市人民政府负责管理地震工作的部门或者机构,负责审定建设工程的地震安全性评价报告,确定抗震设防要求。

第三十五条 新建、扩建、改建建设工程,应当达到抗震设防要求。

重大建设工程和可能发生严重次生灾害的建设工程,应当按照国务院有关规定进行地震安全性评价,并按照经审定的地震安全性评价报告所确定的抗震设防要求进行抗震设防。建设工程的地震安全性评价单位应当按照国家有关标准进行地震安全性评价,并对地震安全性评价报告的质量负责。

前款规定以外的建设工程,应当按照地震烈度区划图或者地震动参数区划图所确定的抗震设防要求进行抗震设防;对学校、医院等人员密集场所的建设工程,应当按照高于当地房屋建筑的抗震设防要求进行设计和施工,采取有效措施,增强抗震设防能力。

第三十六条　有关建设工程的强制性标准,应当与抗震设防要求相衔接。

第三十七条　国家鼓励城市人民政府组织制定地震小区划图。地震小区划图由国务院地震工作主管部门负责审定。

第三十八条　建设单位对建设工程的抗震设计、施工的全过程负责。

设计单位应当按照抗震设防要求和工程建设强制性标准进行抗震设计,并对抗震设计的质量以及出具的施工图设计文件的准确性负责。

施工单位应当按照施工图设计文件和工程建设强制性标准进行施工,并对施工质量负责。

建设单位、施工单位应当选用符合施工图设计文件和国家有关标准规定的材料、构配件和设备。

工程监理单位应当按照施工图设计文件和工程建设强制性标准实施监理,并对施工质量承担监理责任。

第三十九条　已经建成的下列建设工程,未采取抗震设防措施或者抗震设防措施未达到抗震设防要求的,应当按照国家有关规定进行抗震性能鉴定,并采取必要的抗震加固措施:

(一)重大建设工程;

(二)可能发生严重次生灾害的建设工程;

(三)具有重大历史、科学、艺术价值或者重要纪念意义的建设工程;

(四)学校、医院等人员密集场所的建设工程;

(五)地震重点监视防御区内的建设工程。

第四十条　县级以上地方人民政府应当加强对农村村民住宅和乡村公共设施抗震设防的管理,组织开展农村实用抗震技术的研究和开发,推广达到抗震设防要求、经济适用、具有当地特色的建筑设计和施工技术,培训相关技术人员,建设示范工程,逐步提高农村村民住宅和乡村公共设施的抗震设防水平。

国家对需要抗震设防的农村村民住宅和乡村公共设施给予必要支持。

第四十一条　城乡规划应当根据地震应急避难的需要,合理确定应急疏散通道和应急避难场所,统筹安排地震应急避难所需的交通、供水、供电、排污等基础设施建设。

第四十二条　地震重点监视防御区的县级以上地方人民政府应当根据实际需要,在本级财政预算和物资储备中安排抗震救灾资金、物资。

第四十三条　国家鼓励、支持研究开发和推广使用符合抗震设防要求、经济实用的新技术、新工艺、新材料。

第四十四条　县级人民政府及其有关部门和乡、镇人民政府、城市街道办事处等基层组织,应当组织开展地震应急知识的宣传普及活动和必要的地震应急救援演练,提高公民在地震灾害中自救互救的能力。

机关、团体、企业、事业等单位,应当按照所在地人民政府的要求,结合各自实际情况,加强对本单位人员的地震应急知识宣传教育,开展地震应急救援演练。

学校应当进行地震应急知识教育,组织开展必要的地震应急救援演练,培养学生的安全意识和自救互救能力。

新闻媒体应当开展地震灾害预防和应急、自救互救知识的公益宣传。

国务院地震工作主管部门和县级以上地方人民政府负责管理地震工作的部门或者机构,应当指导、协助、督促有关单位做好防震减灾知识的宣传教育和地震应急救援演练等工作。

第四十五条 国家发展有财政支持的地震灾害保险事业，鼓励单位和个人参加地震灾害保险。

第五章 地震应急救援

第四十六条 国务院地震工作主管部门会同国务院有关部门制定国家地震应急预案，报国务院批准。国务院有关部门根据国家地震应急预案，制定本部门的地震应急预案，报国务院地震工作主管部门备案。

县级以上地方人民政府及其有关部门和乡、镇人民政府，应当根据有关法律、法规、规章、上级人民政府及其有关部门的地震应急预案和本行政区域的实际情况，制定本行政区域的地震应急预案和本部门的地震应急预案。省、自治区、直辖市和较大的市的地震应急预案，应当报国务院地震工作主管部门备案。

交通、铁路、水利、电力、通信等基础设施和学校、医院等人员密集场所的经营管理单位，以及可能发生次生灾害的核电、矿山、危险物品等生产经营单位，应当制定地震应急预案，并报所在地的县级人民政府负责管理地震工作的部门或者机构备案。

第四十七条 地震应急预案的内容应当包括：组织指挥体系及其职责，预防和预警机制，处置程序，应急响应和应急保障措施等。

地震应急预案应当根据实际情况适时修订。

第四十八条 地震预报意见发布后，有关省、自治区、直辖市人民政府根据预报的震情可以宣布有关区域进入临震应急期；有关地方人民政府应当按照地震应急预案，组织有关部门做好应急防范和抗震救灾准备工作。

第四十九条 按照社会危害程度、影响范围等因素，地震灾害分为一般、较大、重大和特别重大四级。具体分级标准按照国务院规定执行。

一般或者较大地震灾害发生后，地震发生地的市、县人民政府负责组织有关部门启动地震应急预案；重大地震灾害发生后，地震发生地的省、自治区、直辖市人民政府负责组织有关部门启动地震应急预案；特别重大地震灾害发生后，国务院负责组织有关部门启动地震应急预案。

第五十条 地震灾害发生后，抗震救灾指挥机构应当立即组织有关部门和单位迅速查清受灾情况，提出地震应急救援力量的配置方案，并采取以下紧急措施：

（一）迅速组织抢救被压埋人员，并组织有关单位和人员开展自救互救；

（二）迅速组织实施紧急医疗救护，协调伤员转移和接收与救治；

（三）迅速组织抢修毁损的交通、铁路、水利、电力、通信等基础设施；

（四）启用应急避难场所或者设置临时避难场所，设置救济物资供应点，提供救济物品、简易住所和临时住所，及时转移和安置受灾群众，确保饮用水消毒和水质安全，积极开展卫生防疫，妥善安排受灾群众生活；

（五）迅速控制危险源，封锁危险场所，做好次生灾害的排查与监测预警工作，防范地震可能引发的火灾、水灾、爆炸、山体滑坡和崩塌、泥石流、地面塌陷，或者剧毒、强腐蚀性、放射性物质大量泄漏等次生灾害以及传染病疫情的发生；

（六）依法采取维持社会秩序、维护社会治安的必要措施。

第五十一条 特别重大地震灾害发生后,国务院抗震救灾指挥机构在地震灾区成立现场指挥机构,并根据需要设立相应的工作组,统一组织领导、指挥和协调抗震救灾工作。

各级人民政府及有关部门和单位、中国人民解放军、中国人民武装警察部队和民兵组织,应当按照统一部署,分工负责,密切配合,共同做好地震应急救援工作。

第五十二条 地震灾区的县级以上地方人民政府应当及时将地震震情和灾情等信息向上一级人民政府报告,必要时可以越级上报,不得迟报、谎报、瞒报。

地震震情、灾情和抗震救灾等信息按照国务院有关规定实行归口管理,统一、准确、及时发布。

第五十三条 国家鼓励、扶持地震应急救援新技术和装备的研究开发,调运和储备必要的应急救援设施、装备,提高应急救援水平。

第五十四条 国务院建立国家地震灾害紧急救援队伍。

省、自治区、直辖市人民政府和地震重点监视防御区的市、县人民政府可以根据实际需要,充分利用消防等现有队伍,按照一队多用、专职与兼职相结合的原则,建立地震灾害紧急救援队伍。

地震灾害紧急救援队伍应当配备相应的装备、器材,开展培训和演练,提高地震灾害紧急救援能力。

地震灾害紧急救援队伍在实施救援时,应当首先对倒塌建筑物、构筑物压埋人员进行紧急救援。

第五十五条 县级以上人民政府有关部门应当按照职责分工,协调配合,采取有效措施,保障地震灾害紧急救援队伍和医疗救治队伍快速、高效地开展地震灾害紧急救援活动。

第五十六条 县级以上地方人民政府及其有关部门可以建立地震灾害救援志愿者队伍,并组织开展地震应急救援知识培训和演练,使志愿者掌握必要的地震应急救援技能,增强地震灾害应急救援能力。

第五十七条 国务院地震工作主管部门会同有关部门和单位,组织协调外国救援队和医疗队在中华人民共和国开展地震灾害紧急救援活动。

国务院抗震救灾指挥机构负责外国救援队和医疗队的统筹调度,并根据其专业特长,科学、合理地安排紧急救援任务。

地震灾区的地方各级人民政府,应当对外国救援队和医疗队开展紧急救援活动予以支持和配合。

第六章　地震灾后过渡性安置和恢复重建

第五十八条 国务院或者地震灾区的省、自治区、直辖市人民政府应当及时组织对地震灾害损失进行调查评估,为地震应急救援、灾后过渡性安置和恢复重建提供依据。

地震灾害损失调查评估的具体工作,由国务院地震工作主管部门或者地震灾区的省、自治区、直辖市人民政府负责管理地震工作的部门或者机构和财政、建设、民政等有关部门按照国务院的规定承担。

第五十九条 地震灾区受灾群众需要过渡性安置的,应当根据地震灾区的实际情况,在确保安全的前提下,采取灵活多样的方式进行安置。

第六十条 过渡性安置点应当设置在交通条件便利、方便受灾群众恢复生产和生活的区域,并避开地震活动断层和可能发生严重次生灾害的区域。

过渡性安置点的规模应当适度,并采取相应的防灾、防疫措施,配套建设必要的基础设施和公共服务设施,确保受灾群众的安全和基本生活需要。

第六十一条 实施过渡性安置应当尽量保护农用地,并避免对自然保护区、饮用水水源保护区以及生态脆弱区域造成破坏。

过渡性安置用地按照临时用地安排,可以先行使用,事后依法办理有关用地手续;到期未转为永久性用地的,应当复垦后交还原土地使用者。

第六十二条 过渡性安置点所在地的县级人民政府,应当组织有关部门加强对次生灾害、饮用水水质、食品卫生、疫情等的监测,开展流行病学调查,整治环境卫生,避免对土壤、水环境等造成污染。

过渡性安置点所在地的公安机关,应当加强治安管理,依法打击各种违法犯罪行为,维护正常的社会秩序。

第六十三条 地震灾区的县级以上地方人民政府及其有关部门和乡、镇人民政府,应当及时组织修复毁损的农业生产设施,提供农业生产技术指导,尽快恢复农业生产;优先恢复供电、供水、供气等企业的生产,并对大型骨干企业恢复生产提供支持,为全面恢复农业、工业、服务业生产经营提供条件。

第六十四条 各级人民政府应当加强对地震灾后恢复重建工作的领导、组织和协调。

县级以上人民政府有关部门应当在本级人民政府领导下,按照职责分工,密切配合,采取有效措施,共同做好地震灾后恢复重建工作。

第六十五条 国务院有关部门应当组织有关专家开展地震活动对相关建设工程破坏机理的调查评估,为修订完善有关建设工程的强制性标准、采取抗震设防措施提供科学依据。

第六十六条 特别重大地震灾害发生后,国务院经济综合宏观调控部门会同国务院有关部门与地震灾区的省、自治区、直辖市人民政府共同组织编制地震灾后恢复重建规划,报国务院批准后组织实施;重大、较大、一般地震灾害发生后,由地震灾区的省、自治区、直辖市人民政府根据实际需要组织编制地震灾后恢复重建规划。

地震灾害损失调查评估获得的地质、勘察、测绘、土地、气象、水文、环境等基础资料和经国务院地震工作主管部门复核的地震动参数区划图,应当作为编制地震灾后恢复重建规划的依据。

编制地震灾后恢复重建规划,应当征求有关部门、单位、专家和公众特别是地震灾区受灾群众的意见;重大事项应当组织有关专家进行专题论证。

第六十七条 地震灾后恢复重建规划应当根据地质条件和地震活动断层分布以及资源环境承载能力,重点对城镇和乡村的布局、基础设施和公共服务设施的建设、防灾减灾和生态环境以及自然资源和历史文化遗产保护等作出安排。

地震灾区内需要异地新建的城镇和乡村的选址以及地震灾后重建工程的选址,应当符合地震灾后恢复重建规划和抗震设防、防灾减灾要求,避开地震活动断层或者生态脆弱和可能发生洪水、山体滑坡和崩塌、泥石流、地面塌陷等灾害的区域以及传染病自然疫源地。

第六十八条 地震灾区的地方各级人民政府应当根据地震灾后恢复重建规划和当地经济社会发展水平,有计划、分步骤地组织实施地震灾后恢复重建。

第六十九条 地震灾区的县级以上地方人民政府应当组织有关部门和专家,根据地震灾害损失调查评估结果,制定清理保护方案,明确典型地震遗址、遗迹和文物保护单位以及具有历史价值与民族特色的建筑物、构筑物的保护范围和措施。

对地震灾害现场的清理,按照清理保护方案分区、分类进行,并依照法律、行政法规和国家有关规定,妥善清理、转运和处置有关放射性物质、危险废物和有毒化学品,开展防疫工作,防止传染病和重大动物疫情的发生。

第七十条 地震灾后恢复重建,应当统筹安排交通、铁路、水利、电力、通信、供水、供电等基础设施和市政公用设施,学校、医院、文化、商贸服务、防灾减灾、环境保护等公共服务设施,以及住房和无障碍设施的建设,合理确定建设规模和时序。

乡村的地震灾后恢复重建,应当尊重村民意愿,发挥村民自治组织的作用,以群众自建为主,政府补助、社会帮扶、对口支援,因地制宜,节约和集约利用土地,保护耕地。

少数民族聚居的地方的地震灾后恢复重建,应当尊重当地群众的意愿。

第七十一条 地震灾区的县级以上地方人民政府应当组织有关部门和单位,抢救、保护与收集整理有关档案、资料,对因地震灾害遗失、毁损的档案、资料,及时补充和恢复。

第七十二条 地震灾后恢复重建应当坚持政府主导、社会参与和市场运作相结合的原则。

地震灾区的地方各级人民政府应当组织受灾群众和企业开展生产自救,自力更生、艰苦奋斗、勤俭节约,尽快恢复生产。

国家对地震灾后恢复重建给予财政支持、税收优惠和金融扶持,并提供物资、技术和人力等支持。

第七十三条 地震灾区的地方各级人民政府应当组织做好救助、救治、康复、补偿、抚慰、抚恤、安置、心理援助、法律服务、公共文化服务等工作。

各级人民政府及有关部门应当做好受灾群众的就业工作,鼓励企业、事业单位优先吸纳符合条件的受灾群众就业。

第七十四条 对地震灾后恢复重建中需要办理行政审批手续的事项,有审批权的人民政府及有关部门应当按照方便群众、简化手续、提高效率的原则,依法及时予以办理。

第七章 监督管理

第七十五条 县级以上人民政府依法加强对防震减灾规划和地震应急预案的编制与实施、地震应急避难场所的设置与管理、地震灾害紧急救援队伍的培训、防震减灾知识宣传教育和地震应急救援演练等工作的监督检查。

县级以上人民政府有关部门应当加强对地震应急救援、地震灾后过渡性安置和恢复重建的物资的质量安全的监督检查。

第七十六条 县级以上人民政府建设、交通、铁路、水利、电力、地震等有关部门应当按照职责分工,加强对工程建设强制性标准、抗震设防要求执行情况和地震安全性评价工作的监督检查。

第七十七条 禁止侵占、截留、挪用地震应急救援、地震灾后过渡性安置和恢复重建的资金、物资。

县级以上人民政府有关部门对地震应急救援、地震灾后过渡性安置和恢复重建的资金、物资以及社会捐赠款物的使用情况,依法加强管理和监督,予以公布,并对资金、物资的筹集、分配、拨付、使用情况登记造册,建立健全档案。

第七十八条 地震灾区的地方人民政府应当定期公布地震应急救援、地震灾后过渡性安置和恢复重建的资金、物资以及社会捐赠款物的来源、数量、发放和使用情况,接受社会监督。

第七十九条 审计机关应当加强对地震应急救援、地震灾后过渡性安置和恢复重建的资金、物资的筹集、分配、拨付、使用的审计,并及时公布审计结果。

第八十条 监察机关应当加强对参与防震减灾工作的国家行政机关和法律、法规授权的具有管理公共事务职能的组织及其工作人员的监察。

第八十一条 任何单位和个人对防震减灾活动中的违法行为,有权进行举报。

接到举报的人民政府或者有关部门应当进行调查,依法处理,并为举报人保密。

第八章　法律责任

第八十二条 国务院地震工作主管部门、县级以上地方人民政府负责管理地震工作的部门或者机构,以及其他依照本法规定行使监督管理权的部门,不依法作出行政许可或者办理批准文件的,发现违法行为或者接到对违法行为的举报后不予查处的,或者有其他未依照本法规定履行职责的行为的,对直接负责的主管人员和其他直接责任人员,依法给予处分。

第八十三条 未按照法律、法规和国家有关标准进行地震监测台网建设的,由国务院地震工作主管部门或者县级以上地方人民政府负责管理地震工作的部门或者机构责令改正,采取相应的补救措施;对直接负责的主管人员和其他直接责任人员,依法给予处分。

第八十四条 违反本法规定,有下列行为之一的,由国务院地震工作主管部门或者县级以上地方人民政府负责管理地震工作的部门或者机构责令停止违法行为,恢复原状或者采取其他补救措施;造成损失的,依法承担赔偿责任:

(一)侵占、毁损、拆除或者擅自移动地震监测设施的;

(二)危害地震观测环境的;

(三)破坏典型地震遗址、遗迹的。

单位有前款所列违法行为,情节严重的,处二万元以上二十万元以下的罚款;个人有前款所列违法行为,情节严重的,处二千元以下的罚款。构成违反治安管理行为的,由公安机关依法给予处罚。

第八十五条 违反本法规定,未按照要求增建抗干扰设施或者新建地震监测设施的,由国务院地震工作主管部门或者县级以上地方人民政府负责管理地震工作的部门或者机构责令限期改正;逾期不改正的,处二万元以上二十万元以下的罚款;造成损失的,依法承担赔偿责任。

第八十六条 违反本法规定,外国的组织或者个人未经批准,在中华人民共和国领域和中华人民共和国管辖的其他海域从事地震监测活动的,由国务院地震工作主管部门责令停止违法行为,没收监测成果和监测设施,并处一万元以上十万元以下的罚款;情节严重的,并处十万元以上五十万元以下的罚款。

外国人有前款规定行为的,除依照前款规定处罚外,还应当依照外国人入境出境管理法律的规定缩短其在中华人民共和国停留的期限或者取消其在中华人民共和国居留的资格;情节严重的,限期出境或者驱逐出境。

第八十七条 未依法进行地震安全性评价,或者未按照地震安全性评价报告所确定的抗震设防要求进行抗震设防的,由国务院地震工作主管部门或者县级以上地方人民政府负责管理地震工作的部门或者机构责令限期改正;逾期不改正的,处三万元以上三十万元以下的罚款。

第八十八条 违反本法规定,向社会散布地震预测意见、地震预报意见及其评审结果,或者在地震灾后过渡性安置、地震灾后恢复重建中扰乱社会秩序,构成违反治安管理行为的,由公安机关依法给予处罚。

第八十九条 地震灾区的县级以上地方人民政府迟报、谎报、瞒报地震震情、灾情等信息的,由上级人民政府责令改正;对直接负责的主管人员和其他直接责任人员,依法给予处分。

第九十条 侵占、截留、挪用地震应急救援、地震灾后过渡性安置或者地震灾后恢复重建的资金、物资的,由财政部门、审计机关在各自职责范围内,责令改正,追回被侵占、截留、挪用的资金、物资;有违法所得的,没收违法所得;对单位给予警告或者通报批评;对直接负责的主管人员和其他直接责任人员,依法给予处分。

第九十一条 违反本法规定,构成犯罪的,依法追究刑事责任。

第九章 附 则

第九十二条 本法下列用语的含义:

(一)地震监测设施,是指用于地震信息检测、传输和处理的设备、仪器和装置以及配套的监测场地。

(二)地震观测环境,是指按照国家有关标准划定的保障地震监测设施不受干扰、能够正常发挥工作效能的空间范围。

(三)重大建设工程,是指对社会有重大价值或者有重大影响的工程。

(四)可能发生严重次生灾害的建设工程,是指受地震破坏后可能引发水灾、火灾、爆炸,或者剧毒、强腐蚀性、放射性物质大量泄漏,以及其他严重次生灾害的建设工程,包括水库大坝和贮油、贮气设施,贮存易燃易爆或者剧毒、强腐蚀性、放射性物质的设施,以及其他可能发生严重次生灾害的建设工程。

(五)地震烈度区划图,是指以地震烈度(以等级表示的地震影响强弱程度)为指标,将全国划分为不同抗震设防要求区域的图件。

(六)地震动参数区划图,是指以地震动参数(以加速度表示地震作用强弱程度)为指标,将全国划分为不同抗震设防要求区域的图件。

(七)地震小区划图,是指根据某一区域的具体场地条件,对该区域的抗震设防要求进行详细划分的图件。

第九十三条 本法自 2009 年 5 月 1 日起施行。

国家环境保护总局
关于加强社会生活噪声污染管理的通知

(1999年12月15日 环发〔1999〕210号)

各省、自治区、直辖市环境保护局公安厅、工商局：

《中华人民共和国环境噪声污染防治法》执行两年多来，各地在防治环境噪声污染方面取得了一定成效。但社会生活噪声污染仍是群众反映最强烈的环境问题。为保证群众有一个良好的生活环境，加强对社会生活噪声污染的管理，现通知如下：

一、在城镇人口集中区建设有可能产生环境噪声污染的营业性饮食、服务单位和娱乐场所，必须采取有效的防治环境噪声污染的措施，使其边界噪声达到国家规定的环境噪声排放标准；娱乐场所不得在可能干扰学校、医院、机关正常学习、工作秩序的地点设立。对于不符合要求的，当地环保部门不得同意其建设，工商行政管理部门不得核发其营业执照。

二、已建成的位于城镇人口集中区的营业性饮食、服务单位和娱乐场所的边界噪声必须符合国家环境噪声排放标准；居民区内有噪声排放的单位，必须采取相应的隔声措施，不得超过国家规定的噪声排放标准，并严格限制夜间工作时间；在经营活动中使用空调器、冷却塔等可能产生环境噪声的设备、设施的单位应采取措施，使其场所边界噪声不超过国家环境噪声排放标准。

对违反上述规定造成严重环境噪声污染的单位，当地环保部门应依法责令其限期治理；对经限期治理逾期仍未达到环保要求的单位，除按国家规定收取超标准排污费和处以罚款外，当地环保部门应向县级以上人民政府报告，按照规定的权限，责令其停业、搬迁或关闭。同时，由当地工商行政管理部门对其依法办理变更登记或注销登记。

三、禁止任何单位和个人在城市市区噪声敏感建筑物集中区域内使用高音喇叭；禁止在商业经营活动中使用高音喇叭或其他发出高噪声的方法招揽顾客；禁止在城市市区街道、广场、公园等公共场所组织的娱乐、集会等活动中，使用音量过大、严重干扰周围生活环境的音响器材；在已交付使用的住宅楼进行室内装修活动时，严禁施工人员在夜间和午间休息时间进行噪声扰民作业。

对违反上述规定的，由当地公安机关依据《中华人民共和国环境噪声污染防治法》予以处罚，构成违反治安管理行为的，依照《中华人民共和国治安管理处罚条例》予以处罚。

四、工商行政管理部门在审核营业性饮食、服务单位和娱乐场所申请执照的监督管理工作中，可要求其对环境噪声污染及其防治情况作出说明。发现有可能产生污染或已经存在污染的，要及时向环保部门通报情况及采取措施。

五、任何单位和个人有权向当地环保、公安、工商行政管理部门投诉营业性饮食、服务单位和娱乐场所造成环境噪声污染的行为，有关部门接到投诉后应及时予以答复和处理。

各地环保、公安和工商行政管理部门要按照上述要求，于1999年11月15日之前对在城镇居民集中区的营业性饮食、服务单位和娱乐场所进行一次联合检查，集中查处一批严重违法、噪声扰民的营业性饮食、服务单位和娱乐场所。各地应公布热线电话,广泛收集群众举报,有针对性地确定重点检查单位。应充分发挥新闻舆论单位的监督宣传作用,配合检查工作,对严重违法扰民的营业性饮食、服务单位和娱乐场所予以曝光。

请各地环保部门将检查情况于 1999 年 12 月 15 日之前上报国家环境保护总局。

娱乐场所管理条例(2016 年修订)

(1999 年 3 月 26 日国务院令第 261 号发布 根据 2006 年 1 月 29 日国务院令第 458 号修订 根据 2016 年 2 月 6 日中华人民共和国国务院令第 666 号《国务院关于修改部分行政法规的决定》修订)

第一章 总 则

第一条 为了加强对娱乐场所的管理,保障娱乐场所的健康发展,制定本条例。

第二条 本条例所称娱乐场所,是指以营利为目的,并向公众开放、消费者自娱自乐的歌舞、游艺等场所。

第三条 县级以上人民政府文化主管部门负责对娱乐场所日常经营活动的监督管理;县级以上公安部门负责对娱乐场所消防、治安状况的监督管理。

第四条 国家机关及其工作人员不得开办娱乐场所,不得参与或者变相参与娱乐场所的经营活动。

与文化主管部门、公安部门的工作人员有夫妻关系、直系血亲关系、三代以内旁系血亲关系以及近姻亲关系的亲属,不得开办娱乐场所,不得参与或者变相参与娱乐场所的经营活动。

第二章 设 立

第五条 有下列情形之一的人员,不得开办娱乐场所或者在娱乐场所内从业:

(一)曾犯有组织、强迫、引诱、容留、介绍卖淫罪,制作、贩卖、传播淫秽物品罪,走私、贩卖、运输、制造毒品罪,强奸罪,强制猥亵、侮辱妇女罪,赌博罪,洗钱罪,组织、领导、参加黑社会性质组织罪的;

(二)因犯罪曾被剥夺政治权利的;

(三)因吸食、注射毒品曾被强制戒毒的;

(四)因卖淫、嫖娼曾被处以行政拘留的。

第六条 外国投资者可以与中国投资者依法设立中外合资经营、中外合作经营的娱乐场所,不得设立外商独资经营的娱乐场所。

第七条 娱乐场所不得设在下列地点:

(一)居民楼、博物馆、图书馆和被核定为文物保护单位的建筑物内;

(二)居民住宅区和学校、医院、机关周围;

（三）车站、机场等人群密集的场所；
（四）建筑物地下一层以下；
（五）与危险化学品仓库毗连的区域。

娱乐场所的边界噪声，应当符合国家规定的环境噪声标准。

第八条 娱乐场所的使用面积，不得低于国务院文化主管部门规定的最低标准；设立含有电子游戏机的游艺娱乐场所，应当符合国务院文化主管部门关于总量和布局的要求。

第九条 娱乐场所申请从事娱乐场所经营活动，应当向所在地县级人民政府文化主管部门提出申请；中外合资经营、中外合作经营的娱乐场所申请从事娱乐场所经营活动，应当向所在地省、自治区、直辖市人民政府文化主管部门提出申请。

娱乐场所申请从事娱乐场所经常活动，应当提交投资人员、拟任的法定代表人和其他负责人没有本条例第五条规定情形的书面声明。申请人应当对书面声明内容的真实性负责。

受理申请的文化主管部门应当就书面声明向公安部门或者其他有关单位核查，公安部门或者其他有关单位应当予以配合；经核查属实的，文化主管部门应当依据本条例第七条、第八条的规定进行实地检查，作出决定。予以批准的，颁发娱乐经营许可证，并根据国务院文化主管部门的规定核定娱乐场所容纳的消费者数量；不予批准的，应当书面通知申请人并说明理由。

有关法律、行政法规规定需要办理消防、卫生、环境保护等审批手续的，从其规定。

第十条 文化主管部门审批娱乐场所应当举行听证。有关听证的程序，依照《中华人民共和国行政许可法》的规定执行。

第十一条 娱乐场所依法取得营业执照和相关批准文件、许可证后，应当在15日内向所在地县级公安部门备案。

第十二条 娱乐场所改建、扩建营业场所或者变更场地、主要设施设备、投资人员，或者变更娱乐经营许可证载明的事项的，应当向原发证机关申请重新核发娱乐经营许可证，并向公安部门备案；需要办理变更登记的，应当依法向工商行政管理部门办理变更登记。

第三章 经 营

第十三条 国家倡导弘扬民族优秀文化，禁止娱乐场所内的娱乐活动含有下列内容：
（一）违反宪法确定的基本原则的；
（二）危害国家统一、主权或者领土完整的；
（三）危害国家安全，或者损害国家荣誉、利益的；
（四）煽动民族仇恨、民族歧视，伤害民族感情或者侵害民族风俗、习惯，破坏民族团结的；
（五）违反国家宗教政策，宣扬邪教、迷信的；
（六）宣扬淫秽、赌博、暴力以及与毒品有关的违法犯罪活动，或者教唆犯罪的；
（七）违背社会公德或者民族优秀文化传统的；
（八）侮辱、诽谤他人，侵害他人合法权益的；
（九）法律、行政法规禁止的其他内容。

第十四条 娱乐场所及其从业人员不得实施下列行为，不得为进入娱乐场所的人员实施下列行为提供条件：
（一）贩卖、提供毒品，或者组织、强迫、教唆、引诱、欺骗、容留他人吸食、注射毒品；

(二)组织、强迫、引诱、容留、介绍他人卖淫、嫖娼;
(三)制作、贩卖、传播淫秽物品;
(四)提供或者从事以营利为目的的陪侍;
(五)赌博;
(六)从事邪教、迷信活动;
(七)其他违法犯罪行为。
娱乐场所的从业人员不得吸食、注射毒品,不得卖淫、嫖娼;娱乐场所及其从业人员不得为进入娱乐场所的人员实施上述行为提供条件。

第十五条 歌舞娱乐场所应当按照国务院公安部门的规定在营业场所的出入口、主要通道安装闭路电视监控设备,并应当保证闭路电视监控设备在营业期间正常运行,不得中断。
歌舞娱乐场所应当将闭路电视监控录像资料留存30日备查,不得删改或者挪作他用。

第十六条 歌舞娱乐场所的包厢、包间内不得设置隔断,并应当安装展现室内整体环境的透明门窗。包厢、包间的门不得有内锁装置。

第十七条 营业期间,歌舞娱乐场所内亮度不得低于国家规定的标准。

第十八条 娱乐场所使用的音像制品或者电子游戏应当是依法出版、生产或者进口的产品。
歌舞娱乐场所播放的曲目和屏幕画面以及游艺娱乐场所的电子游戏机内的游戏项目,不得含有本条例第十三条禁止的内容;歌舞娱乐场所使用的歌曲点播系统不得与境外的曲库联接。

第十九条 游艺娱乐场所不得设置具有赌博功能的电子游戏机机型、机种、电路板等游戏设施设备,不得以现金或者有价证券作为奖品,不得回购奖品。

第二十条 娱乐场所的法定代表人或者主要负责人应当对娱乐场所的消防安全和其他安全负责。
娱乐场所应当确保其建筑、设施符合国家安全标准和消防技术规范,定期检查消防设施状况,并及时维护、更新。
娱乐场所应当制定安全工作方案和应急疏散预案。

第二十一条 营业期间,娱乐场所应当保证疏散通道和安全出口畅通,不得封堵、锁闭疏散通道和安全出口,不得在疏散通道和安全出口设置栅栏等影响疏散的障碍物。
娱乐场所应当在疏散通道和安全出口设置明显指示标志,不得遮挡、覆盖指示标志。

第二十二条 任何人不得非法携带枪支、弹药、管制器具或者携带爆炸性、易燃性、毒害性、放射性、腐蚀性等危险物品和传染病病原体进入娱乐场所。
迪斯科舞厅应当配备安全检查设备,对进入营业场所的人员进行安全检查。

第二十三条 歌舞娱乐场所不得接纳未成年人。除国家法定节假日外,游艺娱乐场所设置的电子游戏机不得向未成年人提供。

第二十四条 娱乐场所不得招用未成年人;招用外国人的,应当按照国家有关规定为其办理外国人就业许可证。

第二十五条 娱乐场所应当与从业人员签订文明服务责任书,并建立从业人员名簿;从业人员名簿应当包括从业人员的真实姓名、居民身份证复印件、外国人就业许可证复印件等内容。
娱乐场所应当建立营业日志,记载营业期间从业人员的工作职责、工作时间、工作地点;营业日志不得删改,并应当留存60日备查。

第二十六条　娱乐场所应当与保安服务企业签订保安服务合同,配备专业保安人员;不得聘用其他人员从事保安工作。

第二十七条　营业期间,娱乐场所的从业人员应当统一着工作服,佩带工作标志并携带居民身份证或者外国人就业许可证。

从业人员应当遵守职业道德和卫生规范,诚实守信,礼貌待人,不得侵害消费者的人身和财产权利。

第二十八条　每日凌晨2时至上午8时,娱乐场所不得营业。

第二十九条　娱乐场所提供娱乐服务项目和出售商品,应当明码标价,并向消费者出示价目表;不得强迫、欺骗消费者接受服务、购买商品。

第三十条　娱乐场所应当在营业场所的大厅、包厢、包间内的显著位置悬挂含有禁毒、禁赌、禁止卖淫嫖娼等内容的警示标志、未成年人禁入或者限入标志。标志应当注明公安部门、文化主管部门的举报电话。

第三十一条　娱乐场所应当建立巡查制度,发现娱乐场所内有违法犯罪活动的,应当立即向所在地县级公安部门、县级人民政府文化主管部门报告。

第四章　监督管理

第三十二条　文化主管部门、公安部门和其他有关部门的工作人员依法履行监督检查职责时,有权进入娱乐场所。娱乐场所应当予以配合,不得拒绝、阻挠。

文化主管部门、公安部门和其他有关部门的工作人员依法履行监督检查职责时,需要查阅闭路电视监控录像资料、从业人员名簿、营业日志等资料的,娱乐场所应当及时提供。

第三十三条　文化主管部门、公安部门和其他有关部门应当记录监督检查的情况和处理结果。监督检查记录由监督检查人员签字归档。公众有权查阅监督检查记录。

第三十四条　文化主管部门、公安部门和其他有关部门应当建立娱乐场所违法行为警示记录系统;对列入警示记录的娱乐场所,应当及时向社会公布,并加大监督检查力度。

第三十五条　文化主管部门应当建立娱乐场所的经营活动信用监管制度,建立健全信用约束机制,并及时公布行政处罚信息。

第三十六条　文化主管部门、公安部门和其他有关部门应当建立相互间的信息通报制度,及时通报监督检查情况和处理结果。

第三十七条　任何单位或者个人发现娱乐场所内有违反本条例行为的,有权向文化主管部门、公安部门等有关部门举报。

文化主管部门、公安部门等有关部门接到举报,应当记录,并及时依法调查、处理;对不属于本部门职责范围的,应当及时移送有关部门。

第三十八条　上级人民政府文化主管部门、公安部门在必要时,可以依照本条例的规定调查、处理由下级人民政府文化主管部门、公安部门调查、处理的案件。

下级人民政府文化主管部门、公安部门认为案件重大、复杂的,可以请求移送上级人民政府文化主管部门、公安部门调查、处理。

第三十九条　文化主管部门、公安部门和其他有关部门及其工作人员违反本条例规定的,任何单位或者个人可以向依法有权处理的本级或者上一级机关举报。接到举报的机关应当依法及时调查、处理。

第四十条 娱乐场所行业协会应当依照章程的规定,制定行业自律规范,加强对会员经营活动的指导、监督。

第五章 法律责任

第四十一条 违反本条例规定,擅自从事娱乐场所经营活动的,由文化主管部门依法予以取缔;公安部门在查处治安、刑事案件时,发现擅自从事娱乐场所经营活动的,应当依法予以取缔。

第四十二条 违反本条例规定,以欺骗等不正当手段取得娱乐经营许可证的,由原发证机关撤销娱乐经营许可证。

第四十三条 娱乐场所实施本条例第十四条禁止行为的,由县级公安部门没收违法所得和非法财物,责令停业整顿3个月至6个月;情节严重的,由原发证机关吊销娱乐经营许可证,对直接负责的主管人员和其他直接责任人员处1万元以上2万元以下的罚款。

第四十四条 娱乐场所违反本条例规定,有下列情形之一的,由县级公安部门责令改正,给予警告;情节严重的,责令停业整顿1个月至3个月:

(一)照明设施、包厢、包间的设置以及门窗的使用不符合本条例规定的;

(二)未按照本条例规定安装闭路电视监控设备或者中断使用的;

(三)未按照本条例规定留存监控录像资料或者删改监控录像资料的;

(四)未按照本条例规定配备安全检查设备或者未对进入营业场所的人员进行安全检查的;

(五)未按照本条例规定配备保安人员的。

第四十五条 娱乐场所违反本条例规定,有下列情形之一的,由县级公安部门没收违法所得和非法财物,并处违法所得2倍以上5倍以下的罚款;没有违法所得或者违法所得不足1万元的,并处2万元以上5万元以下的罚款;情节严重的,责令停业整顿1个月至3个月:

(一)设置具有赌博功能的电子游戏机机型、机种、电路板等游戏设施设备的;

(二)以现金、有价证券作为奖品,或者回购奖品的。

第四十六条 娱乐场所指使、纵容从业人员侵害消费者人身权利的,应当依法承担民事责任,并由县级公安部门责令停业整顿1个月至3个月;造成严重后果的,由原发证机关吊销娱乐经营许可证。

第四十七条 娱乐场所取得营业执照后,未按照本条例规定向公安部门备案的,由县级公安部门责令改正,给予警告。

第四十八条 违反本条例规定,有下列情形之一的,由县级人民政府文化主管部门没收违法所得和非法财物,并处违法所得1倍以上3倍以下的罚款;没有违法所得或者违法所得不足1万元的,并处1万元以上3万元以下的罚款;情节严重的,责令停业整顿1个月至6个月:

(一)歌舞娱乐场所的歌曲点播系统与境外的曲库联接的;

(二)歌舞娱乐场所播放的曲目、屏幕画面或者游艺娱乐场所电子游戏机内的游戏项目含有本条例第十三条禁止内容的;

(三)歌舞娱乐场所接纳未成年人的;

(四)游艺娱乐场所设置的电子游戏机在国家法定节假日外向未成年人提供的;

(五)娱乐场所容纳的消费者超过核定人数的。

第四十九条 娱乐场所违反本条例规定,有下列情形之一的,由县级人民政府文化主管部门责令改正,给予警告;情节严重的,责令停业整顿1个月至3个月:

（一）变更有关事项,未按照本条例规定申请重新核发娱乐经营许可证的;

（二）在本条例规定的禁止营业时间内营业的;

（三）从业人员在营业期间未统一着装并佩带工作标志的。

第五十条 娱乐场所未按照本条例规定建立从业人员名簿、营业日志,或者发现违法犯罪行为未按照本条例规定报告的,由县级人民政府文化主管部门、县级公安部门依据法定职权责令改正,给予警告;情节严重的,责令停业整顿1个月至3个月。

第五十一条 娱乐场所未按照本条例规定悬挂警示标志、未成年人禁入或者限入标志的,由县级人民政府文化主管部门、县级公安部门依据法定职权责令改正,给予警告。

第五十二条 娱乐场所招用未成年人的,由劳动保障行政部门责令改正,并按照每招用一名未成年人每月处5000元罚款的标准给予处罚。

第五十三条 因擅自从事娱乐场所经营活动被依法取缔的,其投资人员和负责人终身不得投资开办娱乐场所或者担任娱乐场所的法定代表人、负责人。

娱乐场所因违反本条例规定,被吊销或者撤销娱乐经营许可证的,自被吊销或者撤销之日起,其法定代表人、负责人5年内不得担任娱乐场所的法定代表人、负责人。

娱乐场所因违反本条例规定,2年内被处以3次警告或者罚款又有违反本条例的行为应受行政处罚的,由县级人民政府文化主管部门、县级公安部门依据法定职权责令停业整顿3个月至6个月;2年内被2次责令停业整顿又有违反本条例的行为应受行政处罚的,由原发证机关吊销娱乐经营许可证。

第五十四条 娱乐场所违反有关治安管理或者消防管理法律、行政法规规定的,由公安部门依法予以处罚;构成犯罪的,依法追究刑事责任。

娱乐场所违反有关卫生、环境保护、价格、劳动等法律、行政法规规定的,由有关部门依法予以处罚;构成犯罪的,依法追究刑事责任。

娱乐场所及其从业人员与消费者发生争议的,应当依照消费者权益保护的法律规定解决;造成消费者人身、财产损害的,由娱乐场所依法予以赔偿。

第五十五条 国家机关及其工作人员开办娱乐场所,参与或者变相参与娱乐场所经营活动的,对直接负责的主管人员和其他直接责任人员依法给予撤职或者开除的行政处分。

文化主管部门、公安部门的工作人员明知其亲属开办娱乐场所或者发现其亲属参与、变相参与娱乐场所的经营活动,不予制止或者制止不力,依法给予行政处分;情节严重的,依法给予撤职或者开除的行政处分。

第五十六条 文化主管部门、公安部门、工商行政管理部门和其他有关部门的工作人员有下列行为之一的,对直接负责的主管人员和其他直接责任人员依法给予行政处分;构成犯罪的,依法追究刑事责任:

（一）向不符合法定设立条件的单位颁发许可证、批准文件、营业执照的;

（二）不履行监督管理职责,或者发现擅自从事娱乐场所经营活动不依法取缔,或者发现违法行为不依法查处的;

（三）接到对违法行为的举报、通报后不依法查处的;

(四)利用职务之便,索取、收受他人财物或者谋取其他利益的;
(五)利用职务之便,参与、包庇违法行为,或者向有关单位、个人通风报信的;
(六)有其他滥用职权、玩忽职守、徇私舞弊行为的。

第六章 附 则

第五十七条 本条例所称从业人员,包括娱乐场所的管理人员、服务人员、保安人员和在娱乐场所工作的其他人员。

第五十八条 本条例自 2006 年 3 月 1 日起施行。1999 年 3 月 26 日国务院发布的《娱乐场所管理条例》同时废止。

电磁辐射环境保护管理办法

(1997 年 3 月 25 日　国家环境保护局令第 18 号)

第一章 总 则

第一条 为加强电磁辐射环境保护工作的管理,有效地保护环境,保障公众健康,根据《中华人民共和国环境保护法》及有关规定,制定本办法。

第二条 本办法所称电磁辐射是指以电磁波形式通过空间传播的能量流,且限于非电离辐射,包括信息传递中的电磁波发射,工业、科学、医疗应用中的电磁辐射,高压送变电中产生的电磁辐射。

任何从事前款所列电磁辐射的活动,或进行伴有该电磁辐射的活动的单位和个人,都必须遵守本办法的规定。

第三条 县级以上人民政府环境保护行政主管部门对本辖区电磁辐射环境保护工作实施统一监督管理。

第四条 从事电磁辐射活动的单位主管部门负责本系统、本行业电磁辐射环境保护工作的监督管理工作。

第五条 任何单位和个人对违反本管理办法的行为有权检举和控告。

第二章 监督管理

第六条 国务院环境保护行政主管部门负责下列建设项目环境保护申报登记和环境影响报告书的审批,负责对该类项目执行环境保护设施与主体工程同时设计、同时施工、同时投产使用(以下简称"三同时"制度)的情况进行检查并负责该类项目的竣工验收:

(一)总功率在 200 千瓦以上的电视发射塔;
(二)总功率在 1000 千瓦以上的广播台、站;
(三)跨省级行政区电磁辐射建设项目;

(四)国家规定的限额以上电磁辐射建设项目。

第七条 省、自治区、直辖市(以下简称"省级")环境保护行政主管部门负责除第六条规定所列项目以外、豁免水平以上的电磁辐射建设项目和设备的环境保护申报登记和环境影响报告书的审批;负责对该类项目和设备执行环境保护设施"三同时"制度的情况进行检查并负责竣工验收;参与辖区内由国务院环境保护行政主管部门负责的环境影响报告书的审批、环境保护设施"三同时"制度执行情况的检查和项目竣工验收以及项目建成后对环境影响的监督检查;负责辖区内电磁辐射环境保护管理队伍的建设;负责对辖区内因电磁辐射活动造成的环境影响实施监督管理和监督性监测。

第八条 市级环境保护行政主管部门根据省级环境保护行政主管部门的委托,可承担第七条所列全部或部分任务及本辖区内电磁辐射项目和设备的监督性监测和日常监督管理。

第九条 从事电磁辐射活动的单位主管部门应督促其下属单位遵守国家环境保护规定和标准,加强对所属各单位的电磁辐射环境保护工作的领导,负责电磁辐射建设项目和设备环境影响报告书(表)的预审。

第十条 任何单位和个人在从事电磁辐射的活动时,都应当遵守并执行国家环境保护的方针政策、法规、制度和标准,接受环境保护部门对其电磁辐射环境保护工作的监督管理和检查;做好电磁辐射活动污染环境的防治工作。

第十一条 从事电磁辐射活动的单位和个人建设或者使用《电磁辐射建设项目和设备名录》(见附件)中所列的电磁辐射建设项目或者设备,必须在建设项目申请立项前或者在购置设备前,按本办法的规定,向有环境影响报告书(表)审批权的环境保护行政主管部门办理环境保护申报登记手续。

有审批权的环境保护行政主管部门受理环境保护申报登记后,应当将受理的书面意见在30日内通知从事电磁辐射活动的单位或个人,并将受理意见抄送有关主管部门和项目所在地环境保护行政主管部门。

第十二条 有审批权的环境保护行政主管部门应根据申报的电磁辐射建设项目所在地城市发展规划、电磁辐射建设项目和设备的规模及所在区域环境保护要求,对环境保护申报登记作出以下处理意见:

(一)对污染严重、工艺设备落后、资源浪费和生态破坏严重的电磁辐射建设项目与设备,禁止建设或者购置;

(二)对符合城市发展规划要求、豁免水平以上的电磁辐射建设项目,要求从事电磁辐射活动的单位或个人履行环境影响报告书审批手续;

(三)对有关工业、科学、医疗应用中的电磁辐射设备,要求从事电磁辐射活动的单位或个人履行环境影响报告表审批手续。

第十三条 省级环境保护行政主管部门根据国家有关电磁辐射防护标准的规定,负责确认电磁辐射建设项目和设备豁免水平。

第十四条 本办法施行前,已建成或在建的尚未履行环境保护申报登记手续的电磁辐射建设项目,或者购置但尚未履行环境保护申报登记手续的电磁辐射设备,凡列入《电磁辐射建设项目和设备名录》中的,都必须补办环境保护申报登记手续。对不符合环境保护标准,污染严重的,要采取补救措施,难以补救的要依法关闭或搬迁。

第十五条 按规定必须编制环境影响报告书(表)的,从事电磁辐射活动的单位或个人,必须对电磁辐射活动可能造成的环境影响进行评价,编制环境影响报告书(表),并按规定的程序报相应环境保护行政主管部门审批。

电磁辐射环境影响报告书分两个阶段编制。第一阶段编制《可行性阶段环境影响报告书》,必须在建设项目立项前完成。第二阶段编制《实际运行阶段环境影响报告书》,必须在环境保护设施竣工验收前完成。

工业、科学、医疗应用中的电磁辐射设备,必须在使用前完成环境影响报告表的编写。

第十六条 从事电磁辐射活动的单位主管部门应当对环境影响报告书(表)提出预审意见;有审批权的环境保护行政主管部门在收到环境影响报告书(表)和主管部门的预审意见之日起180日内,对环境影响报告书(表)提出审批意见或要求,逾期不提出审批意见或要求的,视该环境影响报告书(表)已被批准。

凡是已通过环境影响报告书(表)审批的电磁辐射设备,不得擅自改变经批准的功率。确需改变经批准的功率的,应重新编制电磁辐射环境影响报告书(表),并按规定程序报原审批部门重新审批。

第十七条 从事电磁辐射环境影响评价的单位,必须持有相应的专业评价资格证书。

第十八条 电磁辐射建设项目和设备环境影响报告书(表)确定需要配套建设的防治电磁辐射污染环境的保护设施,必须严格执行环境保护设施"三同时"制度。

第十九条 从事电磁辐射活动的单位和个人必须遵守国家有关环境保护设施竣工验收管理的规定,在电磁辐射建设项目和设备正式投入生产和使用前,向原审批环境影响报告书(表)的环境保护行政主管部门提出环境保护设施竣工验收申请,并按规定提交验收申请报告及第十五条要求的两个阶段的环境影响报告书等有关资料。验收合格的,由环境保护行政主管部门批准验收申请报告,并颁发《电磁辐射环境验收合格证》。

第二十条 从事电磁辐射活动的单位和个人必须定期检查电磁辐射设备及其环境保护设施的性能,及时发现隐患并及时采取补救措施。

在集中使用大型电磁辐射发射设施或高频设备的周围,按环境保护和城市规划要求划定的规划限制区内,不得修建居民住房和幼儿园等敏感建筑。

第二十一条 电磁辐射环境监测的主要任务是:

(一)对环境中电磁辐射水平进行监测;

(二)对污染源进行监督性监测;

(三)对环境保护设施竣工验收的各环境保护设施进行监测;

(四)为编制电磁辐射环境影响报告书(表)和编写环境质量报告书提供有关监测资料;

(五)为征收排污费或处理电磁辐射污染环境案件提供监测数据,进行其他有关电磁辐射环境保护的监测。

第二十二条 电磁辐射建设项目的发射设备必须严格按照国家无线电管理委员会批准的频率范围和额定功率运行。

工业、科学和医疗中应用的电磁辐射设备,必须满足国家及有关部门颁布的"无线电干扰限值"的要求。

第三章 污染事件处理

第二十三条 因发生事故或其他突然性事件,造成或者可能造成电磁辐射污染事故的单位,必须立即采取措施,及时通报可能受到电磁辐射污染危害的单位和居民,并向当地环境保护行政主管部门和有关部门报告,接受调查处理。

环保部门收到电磁辐射污染环境的报告后,应当进行调查,依法责令产生电磁辐射的单位采取措施,消除影响。

第二十四条 发生电磁辐射污染事件,影响公众的生产或生活质量或对公众健康造成不利影响时,环境保护部门应会同有关部门调查处理。

第四章 奖励与惩罚

第二十五条 对有下列情况之一的单位和个人,由环境保护行政主管部门给予表扬和奖励:

(一)在电磁辐射环境保护管理工作中有突出贡献的;

(二)对严格遵守本管理办法,减少电磁辐射对环境污染有突出贡献的;

(三)对研究、开发和推广电磁辐射污染防治技术有突出贡献的。

对举报严重违反本管理办法的,经查属实,给予举报者奖励。

第二十六条 对违反本办法,有下列行为之一的,由环境保护行政主管部门依照国家有关建设项目环境保护管理的规定,责令其限期改正,并处罚款:

(一)不按规定办理环境保护申报登记手续,或在申报登记时弄虚作假的;

(二)不按规定进行环境影响评价、编制环境影响报告书(表)的;

(三)拒绝环保部门现场检查或在被检查时弄虚作假的。

第二十七条 违反本办法规定擅自改变环境影响报告书(表)中所批准的电磁辐射设备的功率的,由审批环境影响报告书(表)的环境保护行政主管部门依法处以1万元以下的罚款,有违法所得的,处违法所得3倍以下的罚款,但最高不超过3万元。

第二十八条 违反本办法的规定,电磁辐射建设项目和设备的环境保护设施未建成,或者未经验收合格即投入生产使用的,由批准该建设项目环境影响报告书(表)的环境保护行政主管部门依法责令停止生产或者使用,并处罚款。

第二十九条 承担环境影响评价工作的单位,违反国家有关环境影响评价的规定或在评价工作中弄虚作假的,由核发环境影响评价证书的环境保护行政主管部门依照国家有关建设项目环境保护管理的规定,对评价单位没收评价费用或取消其评价资格,并处罚款。

第三十条 违反本办法规定,造成电磁辐射污染环境事故的,由省级环境保护行政主管部门处以罚款。有违法所得的,处违法所得3倍以下的罚款,但最高不超过3万元;没有违法所得的,处1万元以下的罚款。

造成环境污染危害的,必须依法对直接受到损害的单位或个人赔偿损失。

第三十一条 环境保护监督管理人员滥用职权、玩忽职守、徇私舞弊或泄漏从事电磁辐射活动的单位和个人的技术和业务秘密的,由其所在单位或上级机关给予行政处分;构成犯罪的,依法追究刑事责任。

第五章 附 则

第三十二条 电磁辐射环境影响报告书(表)的编制、审评,污染源监测和项目的环保设施竣工验收的费用,按国家有关规定执行。

第三十三条 本管理办法中豁免水平是指,国务院环境保护行政主管部门对伴有电磁辐射活动规定的免于管理的限值。

第三十四条 本管理办法自颁布之日起施行。

附件:

电磁辐射建设项目和设备名录

一、发射系统

1. 电视(调频)发射台及豁免水平以上的差转台
2. 广播(调频)发射台及豁免水平以上的干扰台
3. 豁免水平以上的无线电台
4. 雷达系统
5. 豁免水平以上的移动通信系统

二、工频强辐射系统

1. 电压在 100 千伏以上送、变电系统
2. 电流在 100 安培以上的工频设备
3. 轻轨和干线电气化铁道

三、工业、科学、医疗设备的电磁能应用

1. 介质加热设备
2. 感应加热设备
3. 豁免水平以上的电疗设备
4. 工业微波加热设备
5. 射频溅射设备

建设上列电磁辐射建设项目应在建设项目立项前办理环境保护申报登记手续,使用上列电磁辐射设备应在购置设备前办理环境保护申报登记手续。

豁免水平的确认由省级环境保护行政主管部门依据《电磁辐射防护规定》GB8702—88 有关标准执行。

放射性同位素与射线装置安全和防护条例（2014 年修订）

(2005 年 9 月 14 日中华人民共和国国务院令第 449 号发布　根据 2014 年 7 月 29 日中华人民共和国国务院令第 653 号《国务院关于修改部分行政法规的决定》修订)

第一章　总　则

第一条　为了加强对放射性同位素、射线装置安全和防护的监督管理，促进放射性同位素、射线装置的安全应用，保障人体健康，保护环境，制定本条例。

第二条　在中华人民共和国境内生产、销售、使用放射性同位素和射线装置，以及转让、进出口放射性同位素的，应当遵守本条例。

本条例所称放射性同位素包括放射源和非密封放射性物质。

第三条　国务院环境保护主管部门对全国放射性同位素、射线装置的安全和防护工作实施统一监督管理。

国务院公安、卫生等部门按照职责分工和本条例的规定，对有关放射性同位素、射线装置的安全和防护工作实施监督管理。

县级以上地方人民政府环境保护主管部门和其他有关部门，按照职责分工和本条例的规定，对本行政区域内放射性同位素、射线装置的安全和防护工作实施监督管理。

第四条　国家对放射源和射线装置实行分类管理。根据放射源、射线装置对人体健康和环境的潜在危害程度，从高到低将放射源分为Ⅰ类、Ⅱ类、Ⅲ类、Ⅳ类、Ⅴ类，具体分类办法由国务院环境保护主管部门制定；将射线装置分为Ⅰ类、Ⅱ类、Ⅲ类，具体分类办法由国务院环境保护主管部门商国务院卫生主管部门制定。

第二章　许可和备案

第五条　生产、销售、使用放射性同位素和射线装置的单位，应当依照本章规定取得许可证。

第六条　除医疗使用Ⅰ类放射源、制备正电子发射计算机断层扫描用放射性药物自用的单位外，生产放射性同位素、销售和使用Ⅰ类放射源、销售和使用Ⅰ类射线装置的单位的许可证，由国务院环境保护主管部门审批颁发。

除国务院环境保护主管部门审批颁发的许可证外，其他单位的许可证，由省、自治区、直辖市人民政府环境保护主管部门审批颁发。

国务院环境保护主管部门向生产放射性同位素的单位颁发许可证前，应当将申请材料印送其行业主管部门征求意见。

环境保护主管部门应当将审批颁发许可证的情况通报同级公安部门、卫生主管部门。

第七条　生产、销售、使用放射性同位素和射线装置的单位申请领取许可证，应当具备下列条件：

（一）有与所从事的生产、销售、使用活动规模相适应的，具备相应专业知识和防护知识及健康条件的专业技术人员；

（二）有符合国家环境保护标准、职业卫生标准和安全防护要求的场所、设施和设备；

（三）有专门的安全和防护管理机构或者专职、兼职安全和防护管理人员，并配备必要的防护用品和监测仪器；

（四）有健全的安全和防护管理规章制度、辐射事故应急措施；

（五）产生放射性废气、废液、固体废物的，具有确保放射性废气、废液、固体废物达标排放的处理能力或者可行的处理方案。

第八条 生产、销售、使用放射性同位素和射线装置的单位，应当事先向有审批权的环境保护主管部门提出许可申请，并提交符合本条例第七条规定条件的证明材料。

使用放射性同位素和射线装置进行放射诊疗的医疗卫生机构，还应当获得放射源诊疗技术和医用辐射机构许可。

第九条 环境保护主管部门应当自受理申请之日起20个工作日内完成审查，符合条件的，颁发许可证，并予以公告；不符合条件的，书面通知申请单位并说明理由。

第十条 许可证包括下列主要内容：

（一）单位的名称、地址、法定代表人；

（二）所从事活动的种类和范围；

（三）有效期限；

（四）发证日期和证书编号。

第十一条 持证单位变更单位名称、地址、法定代表人的，应当自变更登记之日起20日内，向原发证机关申请办理许可证变更手续。

第十二条 有下列情形之一的，持证单位应当按照原申请程序，重新申请领取许可证：

（一）改变所从事活动的种类或者范围的；

（二）新建或者改建、扩建生产、销售、使用设施或者场所的。

第十三条 许可证有效期为5年。有效期届满，需要延续的，持证单位应当于许可证有效期届满30日前，向原发证机关提出延续申请。原发证机关应当自受理延续申请之日起，在许可证有效期届满前完成审查，符合条件的，予以延续；不符合条件的，书面通知申请单位并说明理由。

第十四条 持证单位部分终止或者全部终止生产、销售、使用放射性同位素和射线装置活动的，应当向原发证机关提出部分变更或者注销许可证申请，由原发证机关核查合格后，予以变更或者注销许可证。

第十五条 禁止无许可证或者不按照许可证规定的种类和范围从事放射性同位素和射线装置的生产、销售、使用活动。

禁止伪造、变造、转让许可证。

第十六条 国务院对外贸易主管部门会同国务院环境保护主管部门、海关总署、国务院质量监督检验检疫部门和生产放射性同位素的单位的行业主管部门制定并公布限制进出口放射性同位素目录和禁止进出口放射性同位素目录。

进口列入限制进出口目录的放射性同位素，应当在国务院环境保护主管部门审查批准后，由国务院对外贸易主管部门依据国家对外贸易的有关规定签发进口许可证。进口限制进出口目录和禁止进出口目录之外的放射性同位素,依据国家对外贸易的有关规定办理进口手续。

第十七条 申请进口列入限制进出口目录的放射性同位素,应当符合下列要求:

(一)进口单位已经取得与所从事活动相符的许可证;

(二)进口单位具有进口放射性同位素使用期满后的处理方案,其中,进口Ⅰ类、Ⅱ类、Ⅲ类放射源的,应当具有原出口方负责回收的承诺文件;

(三)进口的放射源应当有明确标号和必要说明文件,其中,Ⅰ类、Ⅱ类、Ⅲ类放射源的标号应当刻制在放射源本体或者密封包壳体上,Ⅳ类、Ⅴ类放射源的标号应当记录在相应说明文件中;

(四)将进口的放射性同位素销售给其他单位使用的,还应当具有与使用单位签订的书面协议以及使用单位取得的许可证复印件。

第十八条 进口列入限制进出口目录的放射性同位素的单位,应当向国务院环境保护主管部门提出进口申请,并提交符合本条例第十七条规定要求的证明材料。

国务院环境保护主管部门应当自受理申请之日起10个工作日内完成审查,符合条件的,予以批准;不符合条件的,书面通知申请单位并说明理由。

海关验凭放射性同位素进口许可证办理有关进口手续。进口放射性同位素的包装材料依法需要实施检疫的,依照国家有关检疫法律、法规的规定执行。

对进口的放射源,国务院环境保护主管部门还应当同时确定与其标号相对应的放射源编码。

第十九条 申请转让放射性同位素,应当符合下列要求:

(一)转出、转入单位持有与所从事活动相符的许可证;

(二)转入单位具有放射性同位素使用期满后的处理方案;

(三)转让双方已经签订书面转让协议。

第二十条 转让放射性同位素,由转入单位向其所在地省、自治区、直辖市人民政府环境保护主管部门提出申请,并提交符合本条例第十九条规定要求的证明材料。

省、自治区、直辖市人民政府环境保护主管部门应当自受理申请之日起15个工作日内完成审查,符合条件的,予以批准;不符合条件的,书面通知申请单位并说明理由。

第二十一条 放射性同位素的转出、转入单位应当在转让活动完成之日起20日内,分别向其所在地省、自治区、直辖市人民政府环境保护主管部门备案。

第二十二条 生产放射性同位素的单位,应当建立放射性同位素产品台账,并按照国务院环境保护主管部门制定的编码规则,对生产的放射源统一编码。放射性同位素产品台账和放射源编码清单应当报国务院环境保护主管部门备案。

生产的放射源应当有明确标号和必要说明文件。其中,Ⅰ类、Ⅱ类、Ⅲ类放射源的标号应当刻制在放射源本体或者密封包壳体上,Ⅳ类、Ⅴ类放射源的标号应当记录在相应说明文件中。

国务院环境保护主管部门负责建立放射性同位素备案信息管理系统,与有关部门实行信息共享。

未列入产品台账的放射性同位素和未编码的放射源,不得出厂和销售。

第二十三条 持有放射源的单位将废旧放射源交回生产单位、返回原出口方或者送交放射性废物集中贮存单位贮存的,应当在该活动完成之日起20日内向其所在地省、自治区、直辖市人民政府环境保护主管部门备案。

第二十四条 本条例施行前生产和进口的放射性同位素,由放射性同位素持有单位在本条例施行之日起6个月内,到其所在地省、自治区、直辖市人民政府环境保护主管部门办理备案手续,省、自治区、直辖市人民政府环境保护主管部门应当对放射源进行统一编码。

第二十五条 使用放射性同位素的单位需要将放射性同位素转移到外省、自治区、直辖市使用的,应当持许可证复印件向使用地省、自治区、直辖市人民政府环境保护主管部门备案,并接受当地环境保护主管部门的监督管理。

第二十六条 出口列入限制进出口目录的放射性同位素,应当提供进口方可以合法持有放射性同位素的证明材料,并由国务院环境保护主管部门依照有关法律和我国缔结或者参加的国际条约、协定的规定,办理有关手续。

出口放射性同位素应当遵守国家对外贸易的有关规定。

第三章 安全和防护

第二十七条 生产、销售、使用放射性同位素和射线装置的单位,应当对本单位的放射性同位素、射线装置的安全和防护工作负责,并依法对其造成的放射性危害承担责任。

生产放射性同位素的单位的行业主管部门,应当加强对生产单位安全和防护工作的管理,并定期对其执行法律、法规和国家标准的情况进行监督检查。

第二十八条 生产、销售、使用放射性同位素和射线装置的单位,应当对直接从事生产、销售、使用活动的工作人员进行安全和防护知识教育培训,并进行考核;考核不合格的,不得上岗。

辐射安全关键岗位应当由注册核安全工程师担任。辐射安全关键岗位名录由国务院环境保护主管部门商国务院有关部门制定并公布。

第二十九条 生产、销售、使用放射性同位素和射线装置的单位,应当严格按照国家关于个人剂量监测和健康管理的规定,对直接从事生产、销售、使用活动的工作人员进行个人剂量监测和职业健康检查,建立个人剂量档案和职业健康监护档案。

第三十条 生产、销售、使用放射性同位素和射线装置的单位,应当对本单位的放射性同位素、射线装置的安全和防护状况进行年度评估。发现安全隐患的,应当立即进行整改。

第三十一条 生产、销售、使用放射性同位素和射线装置的单位需要终止的,应当事先对本单位的放射性同位素和放射性废物进行清理登记,作出妥善处理,不得留有安全隐患。生产、销售、使用放射性同位素和射线装置的单位发生变更的,由变更后的单位承担处理责任。变更前当事人对此另有约定的,从其约定;但是,约定中不得免除当事人的处理义务。

在本条例施行前已经终止的生产、销售、使用放射性同位素和射线装置的单位,其未安全处理的废旧放射源和放射性废物,由所在地省、自治区、直辖市人民政府环境保护主管部门提出处理方案,及时进行处理。所需经费由省级以上人民政府承担。

第三十二条 生产、进口放射源的单位销售Ⅰ类、Ⅱ类、Ⅲ类放射源给其他单位使用的,应当与使用放射源的单位签订废旧放射源返回协议;使用放射源的单位应当按照废旧放射源返回协议规定将废旧放射源交回生产单位或者返回原出口方。确实无法交回生产单位或者返回原出口方的,送交有相应资质的放射性废物集中贮存单位贮存。

使用放射源的单位应当按国务院环境保护主管部门的规定,将Ⅳ类、Ⅴ类废旧放射源进行包装整备后送交有相应资质的放射性废物集中贮存单位贮存。

第三十三条 使用Ⅰ类、Ⅱ类、Ⅲ类放射源的场所和生产放射性同位素的场所,以及终结运行后产生放射性污染的射线装置,应当依法实施退役。

第三十四条 生产、销售、使用、贮存放射性同位素和射线装置的场所,应当按照国家有关规定设置明显的放射性标志,其入口处应当按照国家有关安全和防护标准的要求,设置安全和防护设施以及必要的防护安全联锁、报警装置或者工作信号。射线装置的生产调试和使用场所,应当具有防止误操作、防止工作人员和公众受到意外照射的安全措施。

放射性同位素的包装容器、含放射性同位素的设备和射线装置,应当设置明显的放射性标识和中文警示说明;放射源上能够设置放射性标识的,应当一并设置。运输放射性同位素和含放射源的射线装置的工具,应当按照国家有关规定设置明显的放射性标志或者显示危险信号。

第三十五条 放射性同位素应当单独存放,不得与易燃、易爆、腐蚀性物品等一起存放,并指定专人负责保管。贮存、领取、使用、归还放射性同位素时,应当进行登记、检查,做到账物相符。对放射性同位素贮存场所应当采取防火、防水、防盗、防丢失、防破坏、防射线泄漏的安全措施。

对放射源还应当根据其潜在危害的大小,建立相应的多层防护和安全措施,并对可移动的放射源定期进行盘存,确保其处于指定位置,具有可靠的安全保障。

第三十六条 在室外、野外使用放射性同位素和射线装置的,应当按照国家安全和防护标准的要求划出安全防护区域,设置明显的放射性标志,必要时设专人警戒。

在野外进行放射性同位素示踪试验的,应当经省级以上人民政府环境保护主管部门商同级有关部门批准方可进行。

第三十七条 辐射防护器材、含放射性同位素的设备和射线装置,以及含有放射性物质的产品和伴有产生 X 射线的电器产品,应当符合辐射防护要求。不合格的产品不得出厂和销售。

第三十八条 使用放射性同位素和射线装置进行放射诊疗的医疗卫生机构,应当依据国务院卫生主管部门有关规定和国家标准,制定与本单位从事的诊疗项目相适应的质量保证方案,遵守质量保证监测规范,按照医疗照射正当化和辐射防护最优化的原则,避免一切不必要的照射,并事先告知患者和受检者辐射对健康的潜在影响。

第三十九条 金属冶炼厂回收冶炼废旧金属时,应当采取必要的监测措施,防止放射性物质熔入产品中。监测中发现问题的,应当及时通知所在地设区的市级以上人民政府环境保护主管部门。

第四章 辐射事故应急处理

第四十条 根据辐射事故的性质、严重程度、可控性和影响范围等因素,从重到轻将辐射事故分为特别重大辐射事故、重大辐射事故、较大辐射事故和一般辐射事故四个等级。

特别重大辐射事故,是指Ⅰ类、Ⅱ类放射源丢失、被盗、失控造成大范围严重辐射污染后果,或者放射性同位素和射线装置失控导致 3 人以上(含 3 人)急性死亡。

重大辐射事故,是指Ⅰ类、Ⅱ类放射源丢失、被盗、失控,或者放射性同位素和射线装置失控导致 2 人以下(含 2 人)急性死亡或者 10 人以上(含 10 人)急性重度放射病、局部器官残疾。

较大辐射事故,是指Ⅲ类放射源丢失、被盗、失控,或者放射性同位素和射线装置失控导致 9 人以下(含 9 人)急性重度放射病、局部器官残疾。

一般辐射事故,是指Ⅳ类、Ⅴ类放射源丢失、被盗、失控,或者放射性同位素和射线装置失控导致人员受到超过年剂量限值的照射。

第四十一条 县级以上人民政府环境保护主管部门应当会同同级公安、卫生、财政等部门编制辐射事故应急预案,报本级人民政府批准。辐射事故应急预案应当包括下列内容:

(一)应急机构和职责分工;

(二)应急人员的组织、培训以及应急和救助的装备、资金、物资准备;

(三)辐射事故分级与应急响应措施;

(四)辐射事故调查、报告和处理程序。

生产、销售、使用放射性同位素和射线装置的单位,应当根据可能发生的辐射事故的风险,制定本单位的应急方案,做好应急准备。

第四十二条 发生辐射事故时,生产、销售、使用放射性同位素和射线装置的单位应当立即启动本单位的应急方案,采取应急措施,并立即向当地环境保护主管部门、公安部门、卫生主管部门报告。

环境保护主管部门、公安部门、卫生主管部门接到辐射事故报告后,应当立即派人赶赴现场,进行现场调查,采取有效措施,控制和消除事故影响,同时将辐射事故信息报告本级人民政府和上级人民政府环境保护主管部门、公安部门、卫生主管部门。

县级以上地方人民政府及其有关部门接到辐射事故报告后,应当按照事故分级报告的规定及时将辐射事故信息报告上级人民政府及其有关部门。发生特别重大辐射事故和重大辐射事故后,事故发生地省、自治区、直辖市人民政府和国务院有关部门应当在4小时内报告国务院;特殊情况下,事故发生地人民政府及其有关部门可以直接向国务院报告,并同时报告上级人民政府及其有关部门。

禁止缓报、瞒报、谎报或者漏报辐射事故。

第四十三条 在发生辐射事故或者有证据证明辐射事故可能发生时,县级以上人民政府环境保护主管部门有权采取下列临时控制措施:

(一)责令停止导致或者可能导致辐射事故的作业;

(二)组织控制事故现场。

第四十四条 辐射事故发生后,有关县级以上人民政府应当按照辐射事故的等级,启动并组织实施相应的应急预案。

县级以上人民政府环境保护主管部门、公安部门、卫生主管部门,按照职责分工做好相应的辐射事故应急工作:

(一)环境保护主管部门负责辐射事故的应急响应、调查处理和定性定级工作,协助公安部门监控追缴丢失、被盗的放射源;

(二)公安部门负责丢失、被盗放射源的立案侦查和追缴;

(三)卫生主管部门负责辐射事故的医疗应急。

环境保护主管部门、公安部门、卫生主管部门应当及时相互通报辐射事故应急响应、调查处理、定性定级、立案侦查和医疗应急情况。国务院指定的部门根据环境保护主管部门确定的辐射事故的性质和级别,负责有关国际信息通报工作。

第四十五条 发生辐射事故的单位应当立即将可能受到辐射伤害的人员送至当地卫生主管部门指定的医院或者有条件救治辐射损伤病人的医院,进行检查和治疗,或者请求医院立即派人赶赴事故现场,采取救治措施。

第五章　监督检查

第四十六条　县级以上人民政府环境保护主管部门和其他有关部门应当按照各自职责对生产、销售、使用放射性同位素和射线装置的单位进行监督检查。

被检查单位应当予以配合,如实反映情况,提供必要的资料,不得拒绝和阻碍。

第四十七条　县级以上人民政府环境保护主管部门应当配备辐射防护安全监督员。辐射防护安全监督员由从事辐射防护工作,具有辐射防护安全知识并经省级以上人民政府环境保护主管部门认可的专业人员担任。辐射防护安全监督员应当定期接受专业知识培训和考核。

第四十八条　县级以上人民政府环境保护主管部门在监督检查中发现生产、销售、使用放射性同位素和射线装置的单位有不符合原发证条件的情形的,应当责令其限期改正。

监督检查人员依法进行监督检查时,应当出示证件,并为被检查单位保守技术秘密和业务秘密。

第四十九条　任何单位和个人对违反本条例的行为,有权向环境保护主管部门和其他有关部门检举;对环境保护主管部门和其他有关部门未依法履行监督管理职责的行为,有权向本级人民政府、上级人民政府有关部门检举。接到举报的有关人民政府、环境保护主管部门和其他有关部门对有关举报应当及时核实、处理。

第六章　法律责任

第五十条　违反本条例规定,县级以上人民政府环境保护主管部门有下列行为之一的,对直接负责的主管人员和其他直接责任人员,依法给予行政处分;构成犯罪的,依法追究刑事责任:

（一）向不符合本条例规定条件的单位颁发许可证或者批准不符合本条例规定条件的单位进口、转让放射性同位素的;

（二）发现未依法取得许可证的单位擅自生产、销售、使用放射性同位素和射线装置,不予查处或者接到举报后不依法处理的;

（三）发现未经依法批准擅自进口、转让放射性同位素,不予查处或者接到举报后不依法处理的;

（四）对依法取得许可证的单位不履行监督管理职责或者发现违反本条例规定的行为不予查处的;

（五）在放射性同位素、射线装置安全和防护监督管理工作中有其他渎职行为的。

第五十一条　违反本条例规定,县级以上人民政府环境保护主管部门和其他有关部门有下列行为之一的,对直接负责的主管人员和其他直接责任人员,依法给予行政处分;构成犯罪的,依法追究刑事责任:

（一）缓报、瞒报、谎报或者漏报辐射事故的;

（二）未按照规定编制辐射事故应急预案或者不依法履行辐射事故应急职责的。

第五十二条　违反本条例规定,生产、销售、使用放射性同位素和射线装置的单位有下列行为之一的,由县级以上人民政府环境保护主管部门责令停止违法行为,限期改正;逾期不改正的,责令停产停业或者由原发证机关吊销许可证;有违法所得的,没收违法所得;违法所得10万元以上的,并处违法所得1倍以上5倍以下的罚款;没有违法所得或者违法所得不足10万元的,并处

1万元以上10万元以下的罚款：

（一）无许可证从事放射性同位素和射线装置生产、销售、使用活动的；

（二）未按照许可证的规定从事放射性同位素和射线装置生产、销售、使用活动的；

（三）改变所从事活动的种类或者范围以及新建、改建或者扩建生产、销售、使用设施或者场所，未按照规定重新申请领取许可证的；

（四）许可证有效期届满，需要延续而未按照规定办理延续手续的；

（五）未经批准，擅自进口或者转让放射性同位素的。

第五十三条 违反本条例规定，生产、销售、使用放射性同位素和射线装置的单位变更单位名称、地址、法定代表人，未依法办理许可证变更手续的，由县级以上人民政府环境保护主管部门责令限期改正，给予警告；逾期不改正的，由原发证机关暂扣或者吊销许可证。

第五十四条 违反本条例规定，生产、销售、使用放射性同位素和射线装置的单位部分终止或者全部终止生产、销售、使用活动，未按照规定办理许可证变更或者注销手续的，由县级以上人民政府环境保护主管部门责令停止违法行为，限期改正；逾期不改正的，处1万元以上10万元以下的罚款；造成辐射事故，构成犯罪的，依法追究刑事责任。

第五十五条 违反本条例规定，伪造、变造、转让许可证的，由县级以上人民政府环境保护主管部门收缴伪造、变造的许可证或者由原发证机关吊销许可证，并处5万元以上10万元以下的罚款；构成犯罪的，依法追究刑事责任。

违反本条例规定，伪造、变造、转让放射性同位素进口和转让批准文件的，由县级以上人民政府环境保护主管部门收缴伪造、变造的批准文件或者由原批准机关撤销批准文件，并处5万元以上10万元以下的罚款；情节严重的，可以由原发证机关吊销许可证；构成犯罪的，依法追究刑事责任。

第五十六条 违反本条例规定，生产、销售、使用放射性同位素的单位有下列行为之一的，由县级以上人民政府环境保护主管部门责令限期改正，给予警告；逾期不改正的，由原发证机关暂扣或者吊销许可证：

（一）转入、转出放射性同位素未按照规定备案的；

（二）将放射性同位素转移到外省、自治区、直辖市使用，未按照规定备案的；

（三）将废旧放射源交回生产单位、返回原出口方或者送交放射性废物集中贮存单位贮存，未按照规定备案的。

第五十七条 违反本条例规定，生产、销售、使用放射性同位素和射线装置的单位有下列行为之一的，由县级以上人民政府环境保护主管部门责令停止违法行为，限期改正；逾期不改正的，处1万元以上10万元以下的罚款：

（一）在室外、野外使用放射性同位素和射线装置，未按照国家有关安全和防护标准的要求划出安全防护区域和设置明显的放射性标志的；

（二）未经批准擅自在野外进行放射性同位素示踪试验的。

第五十八条 违反本条例规定，生产放射性同位素的单位有下列行为之一的，由县级以上人民政府环境保护主管部门责令限期改正，给予警告；逾期不改正的，依法收缴其未备案的放射性同位素和未编码的放射源，处5万元以上10万元以下的罚款，并可以由原发证机关暂扣或者吊销许可证：

(一)未建立放射性同位素产品台账的;
(二)未按照国务院环境保护主管部门制定的编码规则,对生产的放射源进行统一编码的;
(三)未将放射性同位素产品台账和放射源编码清单报国务院环境保护主管部门备案的;
(四)出厂或者销售未列入产品台账的放射性同位素和未编码的放射源的。

第五十九条 违反本条例规定,生产、销售、使用放射性同位素和射线装置的单位有下列行为之一的,由县级以上人民政府环境保护主管部门责令停止违法行为,限期改正;逾期不改正的,由原发证机关指定有处理能力的单位代为处理或者实施退役,费用由生产、销售、使用放射性同位素和射线装置的单位承担,并处1万元以上10万元以下的罚款:

(一)未按照规定对废旧放射源进行处理的;
(二)未按照规定对使用Ⅰ类、Ⅱ类、Ⅲ类放射源的场所和生产放射性同位素的场所,以及终结运行后产生放射性污染的射线装置实施退役的。

第六十条 违反本条例规定,生产、销售、使用放射性同位素和射线装置的单位有下列行为之一的,由县级以上人民政府环境保护主管部门责令停止违法行为,限期改正;逾期不改正的,责令停产停业,并处2万元以上20万元以下的罚款;构成犯罪的,依法追究刑事责任:

(一)未按照规定对本单位的放射性同位素、射线装置安全和防护状况进行评估或者发现安全隐患不及时整改的;
(二)生产、销售、使用、贮存放射性同位素和射线装置的场所未按照规定设置安全和防护设施以及放射性标志的。

第六十一条 违反本条例规定,造成辐射事故的,由原发证机关责令限期改正,并处5万元以上20万元以下的罚款;情节严重的,由原发证机关吊销许可证;构成违反治安管理行为的,由公安机关依法予以治安处罚;构成犯罪的,依法追究刑事责任。

因辐射事故造成他人损害的,依法承担民事责任。

第六十二条 生产、销售、使用放射性同位素和射线装置的单位被责令限期整改,逾期不整改或者经整改仍不符合原发证条件的,由原发证机关暂扣或者吊销许可证。

第六十三条 违反本条例规定,被依法吊销许可证的单位或者伪造、变造许可证的单位,5年内不得申请领取许可证。

第六十四条 县级以上地方人民政府环境保护主管部门的行政处罚权限的划分,由省、自治区、直辖市人民政府确定。

第七章 附 则

第六十五条 军用放射性同位素、射线装置安全和防护的监督管理,依照《中华人民共和国放射性污染防治法》第六十条的规定执行。

第六十六条 劳动者在职业活动中接触放射性同位素和射线装置造成的职业病的防治,依照《中华人民共和国职业病防治法》和国务院有关规定执行。

第六十七条 放射性同位素的运输,放射性同位素和射线装置生产、销售、使用过程中产生的放射性废物的处置,依照国务院有关规定执行。

第六十八条 本条例中下列用语的含义:

放射性同位素,是指某种发生放射性衰变的元素中具有相同原子序数但质量不同的核素。

放射源,是指除研究堆和动力堆核燃料循环范畴的材料以外,永久密封在容器中或者有严密包层并呈固态的放射性材料。

射线装置,是指 X 线机、加速器、中子发生器以及含放射源的装置。

非密封放射性物质,是指非永久密封在包壳里或者紧密地固结在覆盖层里的放射性物质。

转让,是指除进出口、回收活动之外,放射性同位素所有权或者使用权在不同持有者之间的转移。

伴有产生 X 射线的电器产品,是指不以产生 X 射线为目的,但在生产或者使用过程中产生 X 射线的电器产品。

辐射事故,是指放射源丢失、被盗、失控,或者放射性同位素和射线装置失控导致人员受到意外的异常照射。

第六十九条 本条例自 2005 年 12 月 1 日起施行。1989 年 10 月 24 日国务院发布的《放射性同位素与射线装置放射防护条例》同时废止。

放射性同位素与射线装置安全和防护管理办法

(2011 年 4 月 18 日 环境保护部令第 18 号)

目 录

第一章 总 则
第二章 场所安全和防护
第三章 人员安全和防护
第四章 废旧放射源与被放射性污染的物品管理
第五章 监督检查
第六章 应急报告与处理
第七章 豁免管理
第八章 法律责任
第九章 附 则

第一章 总 则

第一条 为了加强放射性同位素与射线装置的安全和防护管理,根据《中华人民共和国放射性污染防治法》和《放射性同位素与射线装置安全和防护条例》,制定本办法。

第二条 本办法适用于生产、销售、使用放射性同位素与射线装置的场所、人员的安全和防护,废旧放射源与被放射性污染的物品的管理以及豁免管理等相关活动。

第三条 生产、销售、使用放射性同位素与射线装置的单位,应当对本单位的放射性同位素与射线装置的辐射安全和防护工作负责,并依法对其造成的放射性危害承担责任。

第四条 县级以上人民政府环境保护主管部门,应当依照《中华人民共和国放射性污染防治法》《放射性同位素与射线装置安全和防护条例》和本办法的规定,对放射性同位素与射线装置的安全和防护工作实施监督管理。

第二章 场所安全和防护

第五条 生产、销售、使用、贮存放射性同位素与射线装置的场所,应当按照国家有关规定设置明显的放射性标志,其入口处应当按照国家有关安全和防护标准的要求,设置安全和防护设施以及必要的防护安全联锁、报警装置或者工作信号。

射线装置的生产调试和使用场所,应当具有防止误操作、防止工作人员和公众受到意外照射的安全措施。

放射性同位素的包装容器、含放射性同位素的设备和射线装置,应当设置明显的放射性标识和中文警示说明;放射源上能够设置放射性标识的,应当一并设置。运输放射性同位素和含放射源的射线装置的工具,应当按国家有关规定设置明显的放射性标志或者显示危险信号。

第六条 生产、使用放射性同位素与射线装置的场所,应当按照国家有关规定采取有效措施,防止运行故障,并避免故障导致次生危害。

第七条 放射性同位素和被放射性污染的物品应当单独存放,不得与易燃、易爆、腐蚀性物品等一起存放,并指定专人负责保管。

贮存、领取、使用、归还放射性同位素时,应当进行登记、检查,做到账物相符。对放射性同位素贮存场所应当采取防火、防水、防盗、防丢失、防破坏、防射线泄漏的安全措施。

对放射源还应当根据其潜在危害的大小,建立相应的多重防护和安全措施,并对可移动的放射源定期进行盘存,确保其处于指定位置,具有可靠的安全保障。

第八条 在室外、野外使用放射性同位素与射线装置的,应当按照国家安全和防护标准的要求划出安全防护区域,设置明显的放射性标志,必要时设专人警戒。

第九条 生产、销售、使用放射性同位素与射线装置的单位,应当按照国家环境监测规范,对相关场所进行辐射监测,并对监测数据的真实性、可靠性负责;不具备自行监测能力的,可以委托经省级人民政府环境保护主管部门认定的环境监测机构进行监测。

第十条 建设项目竣工环境保护验收涉及的辐射监测和退役核技术利用项目的终态辐射监测,由生产、销售、使用放射性同位素与射线装置的单位委托经省级以上人民政府环境保护主管部门批准的有相应资质的辐射环境监测机构进行。

第十一条 生产、销售、使用放射性同位素与射线装置的单位,应当加强对本单位放射性同位素与射线装置安全和防护状况的日常检查。发现安全隐患的,应当立即整改;安全隐患有可能威胁到人员安全或者有可能造成环境污染的,应当立即停止辐射作业并报告发放辐射安全许可证的环境保护主管部门(以下简称"发证机关"),经发证机关检查核实安全隐患消除后,方可恢复正常作业。

第十二条 生产、销售、使用放射性同位素与射线装置的单位,应当对本单位的放射性同位素与射线装置的安全和防护状况进行年度评估,并于每年1月31日前向发证机关提交上一年度的评估报告。

安全和防护状况年度评估报告应当包括下列内容:

（一）辐射安全和防护设施的运行与维护情况；
（二）辐射安全和防护制度及措施的制定与落实情况；
（三）辐射工作人员变动及接受辐射安全和防护知识教育培训（以下简称"辐射安全培训"）情况；
（四）放射性同位素进出口、转让或者送贮情况以及放射性同位素、射线装置台账；
（五）场所辐射环境监测和个人剂量监测情况及监测数据；
（六）辐射事故及应急响应情况；
（七）核技术利用项目新建、改建、扩建和退役情况；
（八）存在的安全隐患及其整改情况；
（九）其他有关法律、法规规定的落实情况。
年度评估发现安全隐患的，应当立即整改。

第十三条 使用Ⅰ类、Ⅱ类、Ⅲ类放射源的场所，生产放射性同位素的场所，按照《电离辐射防护与辐射源安全基本标准》（以下简称《基本标准》）确定的甲级、乙级非密封放射性物质使用场所，以及终结运行后产生放射性污染的射线装置，应当依法实施退役。

依照前款规定实施退役的生产、使用放射性同位素与射线装置的单位，应当在实施退役前完成下列工作：
（一）将有使用价值的放射源按照《放射性同位素与射线装置安全和防护条例》的规定转让；
（二）将废旧放射源交回生产单位、返回原出口方或者送交有相应资质的放射性废物集中贮存单位贮存。

第十四条 依法实施退役的生产、使用放射性同位素与射线装置的单位，应当在实施退役前编制环境影响评价文件，报原辐射安全许可证发证机关审查批准；未经批准的，不得实施退役。

第十五条 退役工作完成后六十日内，依法实施退役的生产、使用放射性同位素与射线装置的单位，应当向原辐射安全许可证发证机关申请退役核技术利用项目终态验收，并提交退役项目辐射环境终态监测报告或者监测表。

依法实施退役的生产、使用放射性同位素与射线装置的单位，应当自终态验收合格之日起二十日内，到原发证机关办理辐射安全许可证变更或者注销手续。

第十六条 生产、销售、使用放射性同位素与射线装置的单位，在依法被撤销、依法解散、依法破产或者因其他原因终止前，应当确保环境辐射安全，妥善实施辐射工作场所或者设备的退役，并承担退役完成前所有的安全责任。

第三章 人员安全和防护

第十七条 生产、销售、使用放射性同位素与射线装置的单位，应当按照环境保护部审定的辐射安全培训和考试大纲，对直接从事生产、销售、使用活动的操作人员以及辐射防护负责人进行辐射安全培训，并进行考核；考核不合格的，不得上岗。

第十八条 辐射安全培训分为高级、中级和初级三个级别。
从事下列活动的辐射工作人员，应当接受中级或者高级辐射安全培训：
（一）生产、销售、使用Ⅰ类放射源的；
（二）在甲级非密封放射性物质工作场所操作放射性同位素的；

(三)使用Ⅰ类射线装置的;

(四)使用伽玛射线移动探伤设备的。

从事前款所列活动单位的辐射防护负责人,以及从事前款所列装置、设备和场所设计、安装、调试、倒源、维修以及其他与辐射安全相关技术服务活动的人员,应当接受中级或者高级辐射安全培训。

本条第二款、第三款规定以外的其他辐射工作人员,应当接受初级辐射安全培训。

第十九条 从事辐射安全培训的单位,应当具备下列条件:

(一)有健全的培训管理制度并有专职培训管理人员;

(二)有常用的辐射监测设备;

(三)有与培训规模相适应的教学、实践场地与设施;

(四)有核物理、辐射防护、核技术应用及相关专业本科以上学历的专业教师。

拟开展初级辐射安全培训的单位,应当有五名以上专业教师,其中至少两名具有注册核安全工程师执业资格。

拟开展中级或者高级辐射安全培训的单位,应当有十名以上专业教师,其中至少五名具有注册核安全工程师执业资格,外聘教师不得超过教师总数的30%。

从事辐射安全培训的专业教师应当接受环境保护部组织的培训,具体办法由环境保护部另行制定。

第二十条 省级以上人民政府环境保护主管部门对从事辐射安全培训的单位进行评估,择优向社会推荐。

环境保护部评估并推荐的单位可以开展高级、中级和初级辐射安全培训;省级人民政府环境保护主管部门评估并推荐的单位可以开展初级辐射安全培训。

省级以上人民政府环境保护主管部门应当向社会公布其推荐的从事辐射安全培训的单位名单,并定期对名单所列从事辐射安全培训的单位进行考核;对考核不合格的,予以除名,并向社会公告。

第二十一条 从事辐射安全培训的单位负责对参加辐射安全培训的人员进行考核,并对考核合格的人员颁发辐射安全培训合格证书。辐射安全培训合格证书的格式由环境保护部规定。

取得高级别辐射安全培训合格证书的人员,不需再接受低级别的辐射安全培训。

第二十二条 取得辐射安全培训合格证书的人员,应当每四年接受一次再培训。

辐射安全再培训包括新颁布的相关法律、法规和辐射安全与防护专业标准、技术规范,以及辐射事故案例分析与经验反馈等内容。

不参加再培训的人员或者再培训考核不合格的人员,其辐射安全培训合格证书自动失效。

第二十三条 生产、销售、使用放射性同位素与射线装置的单位,应当按照法律、行政法规以及国家环境保护和职业卫生标准,对本单位的辐射工作人员进行个人剂量监测;发现个人剂量监测结果异常的,应当立即核实和调查,并将有关情况及时报告辐射安全许可证发证机关。

生产、销售、使用放射性同位素与射线装置的单位,应当安排专人负责个人剂量监测管理,建立辐射工作人员个人剂量档案。个人剂量档案应当包括个人基本信息、工作岗位、剂量监测结果等材料。个人剂量档案应当保存至辐射工作人员年满七十五周岁,或者停止辐射工作三十年。

辐射工作人员有权查阅和复制本人的个人剂量档案。辐射工作人员调换单位的,原用人单位应当向新用人单位或者辐射工作人员本人提供个人剂量档案的复制件。

第二十四条 生产、销售、使用放射性同位素与射线装置的单位,不具备个人剂量监测能力的,应当委托具备下列条件的机构进行个人剂量监测:

(一)具有保证个人剂量监测质量的设备、技术;

(二)经省级以上人民政府计量行政主管部门计量认证;

(三)法律法规规定的从事个人剂量监测的其他条件。

第二十五条 环境保护部对从事个人剂量监测的机构进行评估,择优向社会推荐。

环境保护部定期对其推荐的从事个人剂量监测的机构进行监测质量考核;对考核不合格的,予以除名,并向社会公告。

第二十六条 接受委托进行个人剂量监测的机构,应当按照国家有关技术规范的要求进行个人剂量监测,并对监测结果负责。

接受委托进行个人剂量监测的机构,应当及时向委托单位出具监测报告,并将监测结果以书面和网上报送方式,直接报告委托单位所在地的省级人民政府环境保护主管部门。

第二十七条 环境保护部应当建立全国统一的辐射工作人员个人剂量数据库,并与卫生等相关部门实现数据共享。

第四章 废旧放射源与被放射性污染的物品管理

第二十八条 生产、进口放射源的单位销售Ⅰ类、Ⅱ类、Ⅲ类放射源给其他单位使用的,应当与使用放射源的单位签订废旧放射源返回协议。

转让Ⅰ类、Ⅱ类、Ⅲ类放射源的,转让双方应当签订废旧放射源返回协议。进口放射源转让时,转入单位应当取得原出口方负责回收的承诺文件副本。

第二十九条 使用Ⅰ类、Ⅱ类、Ⅲ类放射源的单位应当在放射源闲置或者废弃后三个月内,按照废旧放射源返回协议规定,将废旧放射源交回生产单位或者返回原出口方。确实无法交回生产单位或者返回原出口方的,送交具备相应资质的放射性废物集中贮存单位(以下简称"废旧放射源收贮单位")贮存,并承担相关费用。

废旧放射源收贮单位,应当依法取得环境保护部颁发的使用(含收贮)辐射安全许可证,并在资质许可范围内收贮废旧放射源和被放射性污染的物品。

第三十条 使用放射源的单位依法被撤销、依法解散、依法破产或者因其他原因终止的,应当事先将本单位的放射源依法转让、交回生产单位、返回原出口方或者送交废旧放射源收贮单位贮存,并承担上述活动完成前所有的安全责任。

第三十一条 使用放射源的单位应当在废旧放射源交回生产单位或者送交废旧放射源收贮单位贮存活动完成之日起二十日内,报其所在地的省级人民政府环境保护主管部门备案。

废旧放射源返回原出口方的,应当在返回活动完成之日起二十日内,将放射性同位素出口表报其所在地的省级人民政府环境保护主管部门备案。

第三十二条 废旧放射源收贮单位,应当建立废旧放射源的收贮台账和相应的计算机管理系统。

废旧放射源收贮单位,应当于每季度末对已收贮的废旧放射源进行汇总统计,每年年底对已贮存的废旧放射源进行核实,并将统计和核实结果分别上报环境保护部和所在地省级人民政府环境保护主管部门。

第三十三条 对已经收贮入库或者交回生产单位的仍有使用价值的放射源,可以按照《放射性同位素与射线装置安全和防护条例》的规定办理转让手续后进行再利用。具体办法由环境保护部另行制定。

对拟被再利用的放射源,应当由放射源生产单位按照生产放射源的要求进行安全性验证或者加工,满足安全和技术参数要求后,出具合格证书,明确使用条件,并进行放射源编码。

第三十四条 单位和个人发现废弃放射源或者被放射性污染的物品的,应当及时报告所在地县级以上地方人民政府环境保护主管部门;经所在地省级人民政府环境保护主管部门同意后,送废旧放射源收贮单位贮存。

废旧放射源收贮单位应当对废弃放射源或者被放射性污染的物品妥善收贮。

禁止擅自转移、贮存、退运废弃放射源或者被放射性污染的物品。

第三十五条 废旧金属回收熔炼企业,应当建立辐射监测系统,配备足够的辐射监测人员,在废旧金属原料入炉前、产品出厂前进行辐射监测,并将放射性指标纳入产品合格指标体系中。

新建、改建、扩建建设项目含有废旧金属回收熔炼工艺的,应当配套建设辐射监测设施;未配套建设辐射监测设施的,环境保护主管部门不予通过其建设项目竣工环境保护验收。

辐射监测人员在进行废旧金属辐射监测和应急处理时,应当佩戴个人剂量计等防护器材,做好个人防护。

第三十六条 废旧金属回收熔炼企业发现并确认辐射监测结果明显异常时,应当立即采取相应控制措施并在四小时内向所在地县级以上人民政府环境保护主管部门报告。

环境保护主管部门接到报告后,应当对辐射监测结果进行核实,查明导致辐射水平异常的原因,并责令废旧金属回收熔炼企业采取措施,防止放射性污染。

禁止缓报、瞒报、谎报或者漏报辐射监测结果异常信息。

第三十七条 废旧金属回收熔炼企业送贮废弃放射源或者被放射性污染物品所产生的费用,由废弃放射源或者被放射性污染物品的原持有者或者供货方承担。

无法查明废弃放射源或者被放射性污染物品来源的,送贮费用由废旧金属回收熔炼企业承担;其中,对已经开展辐射监测的废旧金属回收熔炼企业,经所在地省级人民政府环境保护主管部门核实、同级财政部门同意后,省级人民政府环境保护主管部门所属废旧放射源收贮单位可以酌情减免其相关处理费用。

第五章 监督检查

第三十八条 省级以上人民政府环境保护主管部门应当对其依法颁发辐射安全许可证的单位进行监督检查。

省级以上人民政府环境保护主管部门委托下一级环境保护主管部门颁发辐射安全许可证的,接受委托的环境保护主管部门应当对其颁发辐射安全许可证的单位进行监督检查。

第三十九条 县级以上人民政府环境保护主管部门应当结合本行政区域的工作实际,配备辐射防护安全监督员。

各级辐射防护安全监督员应当具备三年以上辐射工作相关经历。

省级以上人民政府环境保护主管部门辐射防护安全监督员应当具备大学本科以上学历,并通过中级以上辐射安全培训。

设区的市级、县级人民政府环境保护主管部门辐射防护安全监督员应当具备大专以上学历，并通过初级以上辐射安全培训。

第四十条 省级以上人民政府环境保护主管部门辐射防护安全监督员由环境保护部认可，设区的市级、县级人民政府环境保护主管部门辐射防护安全监督员由省级人民政府环境保护主管部门认可。

辐射防护安全监督员应当定期接受专业知识培训和考核。

取得高级职称并从事辐射安全与防护监督检查工作十年以上，或者取得注册核安全工程师资格的辐射防护安全监督员，可以免予辐射安全培训。

第四十一条 省级以上人民政府环境保护主管部门应当制定监督检查大纲，明确辐射安全与防护监督检查的组织体系、职责分工、实施程序、报告制度、重要问题管理等内容，并根据国家相关法律法规、标准制定相应的监督检查技术程序。

第四十二条 县级以上人民政府环境保护主管部门应当根据放射性同位素与射线装置生产、销售、使用活动的类别，制定本行政区域的监督检查计划。

监督检查计划应当按照辐射安全风险大小，规定不同的监督检查频次。

第六章 应急报告与处理

第四十三条 县级以上人民政府环境保护主管部门应当会同同级公安、卫生、财政、新闻、宣传等部门编制辐射事故应急预案，报本级人民政府批准。

辐射事故应急预案应当包括下列内容：

（一）应急机构和职责分工；

（二）应急人员的组织、培训以及应急和救助的装备、资金、物资准备；

（三）辐射事故分级与应急响应措施；

（四）辐射事故的调查、报告和处理程序；

（五）辐射事故信息公开、公众宣传方案。

辐射事故应急预案还应当包括可能引发辐射事故的运行故障的应急响应措施及其调查、报告和处理程序。

生产、销售、使用放射性同位素与射线装置的单位，应当根据可能发生的辐射事故的风险，制定本单位的应急方案，做好应急准备。

第四十四条 发生辐射事故或者发生可能引发辐射事故的运行故障时，生产、销售、使用放射性同位素与射线装置的单位应当立即启动本单位的应急方案，采取应急措施，并在两小时内填写初始报告，向当地人民政府环境保护主管部门报告。

发生辐射事故的，生产、销售、使用放射性同位素与射线装置的单位还应当同时向当地人民政府、公安部门和卫生主管部门报告。

第四十五条 接到辐射事故或者可能引发辐射事故的运行故障报告的环境保护主管部门，应当立即派人赶赴现场，进行现场调查，采取有效措施，控制并消除事故或者故障影响，并配合有关部门做好信息公开、公众宣传等外部应急响应工作。

第四十六条 接到辐射事故报告或者可能发生辐射事故的运行故障报告的环境保护部门，

应当在两小时内,将辐射事故或者故障信息报告本级人民政府并逐级上报至省级人民政府环境保护主管部门;发生重大或者特别重大辐射事故的,应当同时向环境保护部报告。

接到含Ⅰ类放射源装置重大运行故障报告的环境保护部门,应当在两小时内将故障信息逐级上报至原辐射安全许可证发证机关。

第四十七条 省级人民政府环境保护主管部门接到辐射事故报告,确认属于特别重大辐射事故或者重大辐射事故的,应当及时通报省级人民政府公安部门和卫生主管部门,并在两小时内上报环境保护部。

环境保护部在接到事故报告后,应当立即组织核实,确认事故类型,在两小时内报告国务院,并通报公安部和卫生部。

第四十八条 发生辐射事故或者运行故障的单位,应当按照应急预案的要求,制定事故或者故障处置实施方案,并在当地人民政府和辐射安全许可证发证机关的监督、指导下实施具体处置工作。

辐射事故和运行故障处置过程中的安全责任,以及由事故、故障导致的应急处置费,由发生辐射事故或者运行故障的单位承担。

第四十九条 省级人民政府环境保护主管部门应当每半年对本行政区域内发生的辐射事故和运行故障情况进行汇总,并将汇总报告报送环境保护部,同时抄送同级公安部门和卫生主管部门。

第七章 豁免管理

第五十条 省级以上人民政府环境保护主管部门依据《基本标准》及国家有关规定,负责对射线装置、放射源或者非密封放射性物质管理的豁免出具备案证明文件。

第五十一条 已经取得辐射安全许可证的单位,使用低于《基本标准》规定豁免水平的射线装置、放射源或者少量非密封放射性物质的,经所在地省级人民政府环境保护主管部门备案后,可以被豁免管理。

前款所指单位提请所在地省级人民政府环境保护主管部门备案时,应当提交其使用的射线装置、放射源或者非密封放射性物质辐射水平低于《基本标准》豁免水平的证明材料。

第五十二条 符合下列条件之一的使用单位,报请所在地省级人民政府环境保护主管部门备案时,除提交本办法第五十一条第二款规定的证明材料外,还应当提交射线装置、放射源或者非密封放射性物质的使用量、使用条件、操作方式以及防护管理措施等情况的证明:

(一)已取得辐射安全许可证,使用较大批量低于《基本标准》规定豁免水平的非密封放射性物质的;

(二)未取得辐射安全许可证,使用低于《基本标准》规定豁免水平的射线装置、放射源以及非密封放射性物质的。

第五十三条 对装有超过《基本标准》规定豁免水平放射源的设备,经检测符合国家有关规定确定的辐射水平的,设备的生产或者进口单位向环境保护部报请备案后,该设备和相关转让、使用活动可以被豁免管理。

前款所指单位,报请环境保护部备案时,应当提交下列材料:

(一)辐射安全分析报告,包括活动正当性分析,放射源在设备中的结构,放射源的核素名称、活度、加工工艺和处置方式,对公众和环境的潜在辐射影响,以及可能的用户等内容。

(二)有相应资质的单位出具的证明设备符合《基本标准》有条件豁免要求的辐射水平检测报告。

第五十四条 省级人民政府环境保护主管部门应当将其出具的豁免备案证明文件,报环境保护部。

环境保护部对已获得豁免备案证明文件的活动或者活动中的射线装置、放射源或者非密封放射性物质定期公告。

经环境保护部公告的活动或者活动中的射线装置、放射源或者非密封放射性物质,在全国有效,可以不再逐一办理豁免备案证明文件。

第八章 法律责任

第五十五条 违反本办法规定,生产、销售、使用放射性同位素与射线装置的单位有下列行为之一的,由原辐射安全许可证发证机关给予警告,责令限期改正;逾期不改正的,处一万元以上三万元以下的罚款:

(一)未按规定对相关场所进行辐射监测的;

(二)未按规定时间报送安全和防护状况年度评估报告的;

(三)未按规定对辐射工作人员进行辐射安全培训的;

(四)未按规定开展个人剂量监测的;

(五)发现个人剂量监测结果异常,未进行核实与调查,并未将有关情况及时报告原辐射安全许可证发证机关的。

第五十六条 违反本办法规定,废旧放射源收贮单位有下列行为之一的,由省级以上人民政府环境保护主管部门责令停止违法行为,限期改正;逾期不改正的,由原发证机关收回辐射安全许可证:

(一)未按规定建立废旧放射源收贮台账和计算机管理系统的;

(二)未按规定对已收贮的废旧放射源进行统计,并将统计结果上报的。

第五十七条 违反本办法规定,废旧放射源收贮单位有下列行为之一的,依照《放射性同位素与射线装置安全和防护条例》第五十二条的有关规定,由县级以上人民政府环境保护主管部门责令停止违法行为,限期改正;逾期不改正的,责令停业或者由原发证机关吊销辐射安全许可证;有违法所得的,没收违法所得;违法所得十万元以上的,并处违法所得一倍以上五倍以下的罚款;没有违法所得或者违法所得不足十万元的,并处一万元以上十万元以下的罚款。

(一)未取得环境保护部颁发的使用(含收贮)辐射安全许可证,从事废旧放射源收贮的;

(二)未经批准,擅自转让已收贮入库废旧放射源的。

第五十八条 违反本办法规定,废旧金属回收熔炼企业未开展辐射监测或者发现辐射监测结果明显异常未如实报告的,由县级以上人民政府环境保护主管部门责令改正,处一万元以上三万元以下的罚款。

第五十九条 生产、销售、使用放射性同位素与射线装置的单位违反本办法的其他规定,按照《中华人民共和国放射性污染防治法》、《放射性同位素与射线装置安全和防护条例》以及其他相关法律法规的规定进行处罚。

第九章 附 则

第六十条 本办法下列用语的含义：

（一）废旧放射源，是指已超过生产单位或者有关标准规定的使用寿命，或者由于生产工艺的改变、生产产品的更改等因素致使不再用于初始目的的放射源。

（二）退役，是指采取去污、拆除和清除等措施，使核技术利用项目不再使用的场所或者设备的辐射剂量满足国家相关标准的要求，主管部门不再对这些核技术利用项目进行辐射安全与防护监管。

第六十一条 本办法自2011年5月1日起施行。

放射性同位素与射线装置安全许可管理办法（2017年修正）

（2006年1月18日国家环境保护总局令第31号发布 根据2008年12月6日环境保护部令第3号《关于修改〈放射性同位素与射线装置安全许可管理办法〉的决定》修正 根据2017年12月20日环境保护部令第47号《环境保护部关于修改部分规章的决定》第二次修正）

第一章 总 则

第一条 为实施《放射性同位素与射线装置安全和防护条例》规定的辐射安全许可制度，制定本办法。

第二条 在中华人民共和国境内生产、销售、使用放射性同位素与射线装置的单位（以下简称"辐射工作单位"），应当依照本办法的规定，取得辐射安全许可证（以下简称"许可证"）。

进口、转让放射性同位素，进行放射性同位素野外示踪试验，应当依照本办法的规定报批。

出口放射性同位素，应当依照本办法的规定办理有关手续。

使用放射性同位素的单位将放射性同位素转移到外省、自治区、直辖市使用的，应当依照本办法的规定备案。

本办法所称放射性同位素包括放射源和非密封放射性物质。

第三条 根据放射源与射线装置对人体健康和环境的潜在危害程度，从高到低，将放射源分为Ⅰ类、Ⅱ类、Ⅲ类、Ⅳ类、Ⅴ类，将射线装置分为Ⅰ类、Ⅱ类、Ⅲ类。

第四条 除医疗使用Ⅰ类放射源、制备正电子发射计算机断层扫描用放射性药物自用的单位外，生产放射性同位素、销售和使用Ⅰ类放射源、销售和使用Ⅰ类射线装置的辐射工作单位的许可证，由国务院环境保护主管部门审批颁发。

除国务院环境保护主管部门审批颁发的许可证外，其他辐射工作单位的许可证，由省、自治区、直辖市人民政府环境保护主管部门审批颁发。

一个辐射工作单位生产、销售、使用多类放射源、射线装置或者非密封放射性物质的，只需要申请一个许可证。

辐射工作单位需要同时分别向国务院环境保护主管部门和省级环境保护主管部门申请许可证的,其许可证由国务院环境保护主管部门审批颁发。

环境保护主管部门应当将审批颁发许可证的情况通报同级公安部门、卫生主管部门。

第五条 省级以上人民政府环境保护主管部门可以委托下一级人民政府环境保护主管部门审批颁发许可证。

第六条 国务院环境保护主管部门负责对列入限制进出口目录的放射性同位素的进口进行审批。

国务院环境保护主管部门依照我国有关法律和缔结或者参加的国际条约、协定的规定,办理列入限制进出口目录的放射性同位素出口的有关手续。

省级环境保护主管部门负责以下活动的审批或备案：

（一）转让放射性同位素；

（二）转移放射性同位素到外省、自治区、直辖市使用；

（三）放射性同位素野外示踪试验；但有可能造成跨省界环境影响的放射性同位素野外示踪试验,由国务院环境保护主管部门审批。

第二章 许可证的申请与颁发

第七条 辐射工作单位在申请领取许可证前,应当组织编制或者填报环境影响评价文件,并依照国家规定程序报环境保护主管部门审批。

环境影响评价文件中的环境影响报告书或者环境影响报告表,应当由具有相应环境影响评价资质的机构编制。

第八条 根据放射性同位素与射线装置的安全和防护要求及其对环境的影响程度,对环境影响评价文件实行分类管理。

转让放射性同位素和射线装置的活动不需要编制环境影响评价文件。

第九条 申请领取许可证的辐射工作单位从事下列活动的,应当组织编制环境影响报告书：

（一）生产放射性同位素的（制备 PET 用放射性药物的除外）；

（二）使用 I 类放射源的（医疗使用的除外）；

（三）销售（含建造）、使用 I 类射线装置的。

第十条 申请领取许可证的辐射工作单位从事下列活动的,应当组织编制环境影响报告表：

（一）制备 PET 用放射性药物的；

（二）销售 I 类、II 类、III 类放射源的；

（三）医疗使用 I 类放射源的；

（四）使用 II 类、III 类放射源的；

（五）生产、销售、使用 II 类射线装置的。

第十一条 申请领取许可证的辐射工作单位从事下列活动的,应当填报环境影响登记表：

（一）销售、使用 IV 类、V 类放射源的；

（二）生产、销售、使用 III 类射线装置的。

第十二条 辐射工作单位组织编制或者填报环境影响评价文件时,应当按照其规划设计的放射性同位素与射线装置的生产、销售、使用规模进行评价。

前款所称的环境影响评价文件,除按照国家有关环境影响评价的要求编制或者填报外,还应当包括对辐射工作单位从事相应辐射活动的技术能力、辐射安全和防护措施进行评价的内容。

第十三条 生产放射性同位素的单位申请领取许可证,应当具备下列条件:

(一)设有专门的辐射安全与环境保护管理机构。

(二)有不少于5名核物理、放射化学、核医学和辐射防护等相关专业的技术人员,其中具有高级职称的不少于1名。

生产半衰期大于60天的放射性同位素的单位,前项所指的专业技术人员应当不少于30名,其中具有高级职称的不少于6名。

(三)从事辐射工作的人员必须通过辐射安全和防护专业知识及相关法律法规的培训和考核,其中辐射安全关键岗位应当由注册核安全工程师担任。

(四)有与设计生产规模相适应,满足辐射安全和防护、实体保卫要求的放射性同位素生产场所、生产设施、暂存库或暂存设备,并拥有生产场所和生产设施的所有权。

(五)具有符合国家相关规定要求的运输、贮存放射性同位素的包装容器。

(六)具有符合国家放射性同位素运输要求的运输工具,并配备有5年以上驾龄的专职司机。

(七)配备与辐射类型和辐射水平相适应的防护用品和监测仪器,包括个人剂量测量报警、固定式和便携式辐射监测、表面污染监测、流出物监测等设备。

(八)建立健全的操作规程、岗位职责、辐射防护制度、安全保卫制度、设备检修维护制度、人员培训制度、台账管理制度和监测方案。

(九)建立事故应急响应机构,制定应急响应预案和应急人员的培训演习制度,有必要的应急装备和物资准备,有与设计生产规模相适应的事故应急处理能力。

(十)具有确保放射性废气、废液、固体废物达标排放的处理能力或者可行的处理方案。

第十四条 销售放射性同位素的单位申请领取许可证,应当具备下列条件:

(一)设有专门的辐射安全与环境保护管理机构,或者至少有1名具有本科以上学历的技术人员专职负责辐射安全与环境保护管理工作。

(二)从事辐射工作的人员必须通过辐射安全和防护专业知识及相关法律法规的培训和考核。

(三)需要暂存放射性同位素的,有满足辐射安全和防护、实体保卫要求的暂存库或设备。

(四)需要安装调试放射性同位素的,有满足防止误操作、防止工作人员和公众受到意外照射要求的安装调试场所。

(五)具有符合国家相关规定要求的贮存、运输放射性同位素的包装容器。

(六)运输放射性同位素能使用符合国家放射性同位素运输要求的运输工具。

(七)配备与辐射类型和辐射水平相适应的防护用品和监测仪器,包括个人剂量测量报警、便携式辐射监测、表面污染监测等仪器。

(八)有健全的操作规程、岗位职责、安全保卫制度、辐射防护措施、台账管理制度、人员培训计划和监测方案。

(九)有完善的辐射事故应急措施。

第十五条 生产、销售射线装置的单位申请领取许可证,应当具备下列条件:

(一)设有专门的辐射安全与环境保护管理机构,或至少有1名具有本科以上学历的技术人员专职负责辐射安全与环境保护管理工作。

（二）从事辐射工作的人员必须通过辐射安全和防护专业知识及相关法律法规的培训和考核。

（三）射线装置生产、调试场所满足防止误操作、防止工作人员和公众受到意外照射的安全要求。

（四）配备必要的防护用品和监测仪器。

（五）有健全的操作规程、岗位职责、辐射防护措施、台账管理制度、培训计划和监测方案。

（六）有辐射事故应急措施。

第十六条 使用放射性同位素、射线装置的单位申请领取许可证，应当具备下列条件：

（一）使用Ⅰ类、Ⅱ类、Ⅲ类放射源，使用Ⅰ类、Ⅱ类射线装置的，应当设有专门的辐射安全与环境保护管理机构，或者至少有1名具有本科以上学历的技术人员专职负责辐射安全与环境保护管理工作；其他辐射工作单位应当有1名具有大专以上学历的技术人员专职或者兼职负责辐射安全与环境保护管理工作；依据辐射安全关键岗位名录，应当设立辐射安全关键岗位的，该岗位应当由注册核安全工程师担任。

（二）从事辐射工作的人员必须通过辐射安全和防护专业知识及相关法律法规的培训和考核。

（三）使用放射性同位素的单位应当有满足辐射防护和实体保卫要求的放射源暂存库或设备。

（四）放射性同位素与射线装置使用场所有防止误操作、防止工作人员和公众受到意外照射的安全措施。

（五）配备与辐射类型和辐射水平相适应的防护用品和监测仪器，包括个人剂量测量报警、辐射监测等仪器。使用非密封放射性物质的单位还应当有表面污染监测仪。

（六）有健全的操作规程、岗位职责、辐射防护和安全保卫制度、设备检修维护制度、放射性同位素使用登记制度、人员培训计划、监测方案等。

（七）有完善的辐射事故应急措施。

（八）产生放射性废气、废液、固体废物的，还应具有确保放射性废气、废液、固体废物达标排放的处理能力或者可行的处理方案。

使用放射性同位素和射线装置开展诊断和治疗的单位，还应当配备质量控制检测设备，制定相应的质量保证大纲和质量控制检测计划，至少有一名医用物理人员负责质量保证与质量控制检测工作。

第十七条 将购买的放射源装配在设备中销售的辐射工作单位，按照销售和使用放射性同位素申请领取许可证。

第十八条 申请领取许可证的辐射工作单位应当向有审批权的环境保护主管部门提交下列材料：

（一）辐射安全许可证申请表（见附件一）；

（二）企业法人营业执照正、副本或者事业单位法人证书正、副本及法定代表人身份证原件及其复印件，审验后留存复印件；

（三）经审批的环境影响评价文件；

（四）满足本办法第十三条至第十六条相应规定的证明材料；

（五）单位现存的和拟新增加的放射源和射线装置明细表。

第十九条 环境保护主管部门在受理申请时，应当告知申请单位按照环境影响评价文件中描述的放射性同位素与射线装置的生产、销售、使用的规划设计规模申请许可证。

环境保护主管部门应当自受理申请之日起20个工作日内完成审查，符合条件的，颁发许可证，并予以公告；不符合条件的，书面通知申请单位并说明理由。

第二十条 许可证包括下列主要内容：

（一）单位的名称、地址、法定代表人；

（二）所从事活动的种类和范围；

（三）有效期限；

（四）发证日期和证书编号。

许可证中活动的种类分为生产、销售和使用三类；活动的范围是指辐射工作单位生产、销售、使用的所有放射性同位素的类别、总活度和射线装置的类别、数量。

许可证分为正本和副本（具体格式和内容见附件二），具有同等效力。

第二十一条 取得生产、销售、使用高类别放射性同位素与射线装置的许可证的辐射工作单位，从事低类别的放射性同位素与射线装置的生产、销售、使用活动，不需要另行申请低类别的放射性同位素与射线装置的许可证。

第二十二条 辐射工作单位变更单位名称、地址和法定代表人的，应当自变更登记之日起20日内，向原发证机关申请办理许可证变更手续，并提供以下有关材料：

（一）许可证变更申请报告；

（二）变更后的企业法人营业执照或事业单位法人证书正、副本复印件；

（三）许可证正、副本。

原发证机关审查同意后，换发许可证。

第二十三条 有下列情形之一的，持证单位应当按照本办法规定的许可证申请程序，重新申请领取许可证：

（一）改变许可证规定的活动的种类或者范围的；

（二）新建或者改建、扩建生产、销售、使用设施或者场所的。

第二十四条 许可证有效期为5年。有效期届满，需要延续的，应当于许可证有效期届满30日前向原发证机关提出延续申请，并提供下列材料：

（一）许可证延续申请报告；

（二）监测报告；

（三）许可证有效期内的辐射安全防护工作总结；

（四）许可证正、副本。

原发证机关应当自受理延续申请之日起，在许可证有效期届满前完成审查，符合条件的，予以延续，换发许可证，并使用原许可证的编号；不符合条件的，书面通知申请单位并说明理由。

第二十五条 辐射工作单位部分终止或者全部终止生产、销售、使用放射性同位素与射线装置活动的，应当向原发证机关提出部分变更或者注销许可证申请，由原发证机关核查合格后，予以变更或者注销许可证。

第二十六条 辐射工作单位因故遗失许可证的,应当及时到所在地省级报刊上刊登遗失公告,并于公告30日后的一个月内持公告到原发证机关申请补发。

第三章　进出口、转让、转移活动的审批与备案

第二十七条 进口列入限制进出口目录的放射性同位素的单位,应当在进口前报国务院环境保护主管部门审批;获得批准后,由国务院对外贸易主管部门依据对外贸易的有关规定签发进口许可证。国务院环境保护主管部门在批准放射源进口申请时,给定放射源编码。

分批次进口非密封放射性物质的单位,应当每6个月报国务院环境保护主管部门审批一次。

第二十八条 申请进口列入限制进出口目录的放射性同位素的单位,应当向国务院环境保护主管部门提交放射性同位素进口审批表,并提交下列材料:

(一)进口单位许可证复印件;

(二)放射性同位素使用期满后的处理方案,其中,进口Ⅰ类、Ⅱ类、Ⅲ类放射源的,应当提供原出口方负责从最终用户回收放射源的承诺文件复印件;

(三)进口放射源的明确标号和必要的说明文件的影印件或者复印件,其中,Ⅰ类、Ⅱ类、Ⅲ类放射源的标号应当刻制在放射源本体或者密封包壳体上,Ⅳ类、Ⅴ类放射源的标号应当记录在相应说明文件中;

(四)进口单位与原出口方之间签订的有效协议复印件;

(五)将进口的放射性同位素销售给其他单位使用的,还应当提供与使用单位签订的有效协议复印件,以及使用单位许可证复印件。

放射性同位素进口审批表的具体格式和内容见附件三。

第二十九条 国务院环境保护主管部门应当自受理放射性同位素进口申请之日起10个工作日内完成审查,符合条件的,予以批准;不符合条件的,书面通知申请单位并说明理由。

进口单位和使用单位应当在进口活动完成之日起20日内,分别将批准的放射性同位素进口审批表报送各自所在地的省级环境保护主管部门。

第三十条 出口列入限制进出口目录的放射性同位素的单位,应当向国务院环境保护主管部门提交放射性同位素出口表,并提交下列材料:

(一)出口单位许可证复印件;

(二)国外进口方可以合法持有放射性同位素的中文或英文证明材料;

(三)出口单位与国外进口方签订的有效协议复印件。

放射性同位素出口表的具体格式和内容见附件四。

出口单位应当在出口活动完成之日起20日内,将放射性同位素出口表报送所在地的省级环境保护主管部门。

出口放射性同位素的单位应当遵守国家对外贸易的有关规定。

第三十一条 转让放射性同位素的,转入单位应当在每次转让前报所在地省级环境保护主管部门审查批准。

分批次转让非密封放射性物质的,转入单位可以每6个月报所在地省级环境保护主管部门审查批准。

放射性同位素只能在持有许可证的单位之间转让。禁止向无许可证或者超出许可证规定的

种类和范围的单位转让放射性同位素。

未经批准不得转让放射性同位素。

第三十二条 转入放射性同位素的单位应当于转让前向所在地省级环境保护主管部门提交放射性同位素转让审批表，并提交下列材料：

（一）转出、转入单位的许可证；

（二）放射性同位素使用期满后的处理方案；

（三）转让双方签订的转让协议。

放射性同位素转让审批表的具体格式和内容见附件五。

环境保护主管部门应当自受理申请之日起15个工作日内完成审查，符合条件的，予以批准；不符合条件的，书面通知申请单位并说明理由。

第三十三条 转入、转出放射性同位素的单位应当在转让活动完成之日起20日内，分别将一份放射性同位素转让审批表报送各自所在地省级环境保护主管部门。

第三十四条 在野外进行放射性同位素示踪试验的单位，应当在每次试验前编制环境影响报告表，并经试验所在地省级环境保护主管部门商同级有关部门审查批准后方可进行。

放射性同位素野外示踪试验有可能造成跨省界环境影响的，其环境影响报告表应当报国务院环境保护主管部门商同级有关部门审查批准。

第三十五条 使用放射性同位素的单位需要将放射性同位素转移到外省、自治区、直辖市使用的，应当于活动实施前10日内持许可证复印件向使用地省级环境保护主管部门备案，书面报告移出地省级环境保护主管部门，并接受使用地环境保护主管部门的监督管理。

书面报告的内容应当包括该放射性同位素的核素、活度、转移时间和地点、辐射安全负责人和联系电话等内容；转移放射源的还应提供放射源标号和编码。

使用单位应当在活动结束后20日内到使用地省级环境保护主管部门办理备案注销手续，并书面告知移出地省级环境保护主管部门。

第四章 监督管理

第三十六条 辐射工作单位应当按照许可证的规定从事放射性同位素和射线装置的生产、销售、使用活动。

禁止无许可证或者不按照许可证规定的种类和范围从事放射性同位素和射线装置的生产、销售、使用活动。

第三十七条 生产放射性同位素与射线装置的单位，应当在放射性同位素的包装容器、含放射性同位素的设备和射线装置上设置明显的放射性标识和中文警示说明；放射源上能够设置放射性标识的，应当一并设置。

含放射源设备的说明书应当告知用户该设备含有放射源及其相关技术参数和结构特性，并告知放射源的潜在辐射危害及相应的安全防护措施。

第三十八条 生产、进口放射源的单位在销售Ⅰ类、Ⅱ类、Ⅲ类放射源时，应当与使用放射源的单位签订废旧放射源返回合同。

使用Ⅰ类、Ⅱ类、Ⅲ类放射源的单位应当按照废旧放射源返回合同规定，在放射源闲置或者废弃后3个月内将废旧放射源交回生产单位或者返回原出口方。确实无法交回生产单位或者返回原出口方的,送交有相应资质的放射性废物集中贮存单位贮存。

使用Ⅳ类、Ⅴ类放射源的单位应当按照国务院环境保护主管部门的规定,在放射源闲置或者废弃后3个月内将废旧放射源进行包装整备后送交有相应资质的放射性废物集中贮存单位贮存。

使用放射源的单位应当在废旧放射源交回、返回或者送交活动完成之日起20日内,向其所在地省级环境保护主管部门备案。

第三十九条 销售、使用放射源的单位在本办法实施前已经贮存的废旧放射源,应当自本办法实施之日起1年内交回放射源生产单位或者返回原出口方,或送交有相应资质的放射性废物集中贮存单位。

第四十条 生产放射性同位素的场所、产生放射性污染的放射性同位素销售和使用场所、产生放射性污染的射线装置及其场所,终结运行后应当依法实施退役。退役完成后,有关辐射工作单位方可申请办理许可证变更或注销手续。

第四十一条 辐射工作单位应当建立放射性同位素与射线装置台账,记载放射性同位素的核素名称、出厂时间和活度、标号、编码、来源和去向,及射线装置的名称、型号、射线种类、类别、用途、来源和去向等事项。

放射性同位素与射线装置台账、个人剂量档案和职业健康监护档案应当长期保存。

第四十二条 辐射工作单位应当编写放射性同位素与射线装置安全和防护状况年度评估报告,于每年1月31日前报原发证机关。

年度评估报告应当包括放射性同位素与射线装置台账、辐射安全和防护设施的运行与维护、辐射安全和防护制度及措施的建立和落实、事故和应急以及档案管理等方面的内容。

第四十三条 县级以上人民政府环境保护主管部门应当对辐射工作单位进行监督检查,对存在的问题,应当提出书面的现场检查意见和整改要求,由检查人员签字或检查单位盖章后交被检查单位,并由被检查单位存档备案。

第四十四条 省级环境保护主管部门应当编写辐射工作单位监督管理年度总结报告,于每年3月1日前报国务院环境保护主管部门。

报告内容应当包括辐射工作单位数量、放射源数量和类别、射线装置数量和类别、许可证颁发与注销情况、事故及其处理情况、监督检查与处罚情况等内容。

第五章 罚 则

第四十五条 辐射工作单位违反本办法的有关规定,有下列行为之一的,由县级以上人民政府环境保护主管部门责令停止违法行为,限期改正;逾期不改正的,处1万元以上3万元以下的罚款:

(一)未在含放射源设备的说明书中告知用户该设备含有放射源的;

(二)销售、使用放射源的单位未在本办法实施之日起1年内将其贮存的废旧放射源交回、返回或送交有关单位的。

辐射工作单位违反本办法的其他规定,按照《中华人民共和国放射性污染防治法》、《放射性同位素与射线装置安全和防护条例》及其他相关法律法规的规定进行处罚。

第六章 附 则

第四十六条 省级以上人民政府环境保护主管部门依据《电离辐射防护与辐射源安全基本

标准》(GB18871—2002)及国家有关规定负责对放射性同位素与射线装置管理的豁免出具证明文件。

第四十七条 本办法自2006年3月1日起施行。

中华人民共和国民用核设施安全监督管理条例

(1986年10月29日中华人民共和国国务院发布)

第一章 总 则

第一条 为了在民用核设施的建造和营运中保证安全,保障工作人员和群众的健康,保护环境,促进核能事业的顺利发展,制定本条例。

第二条 本条例适用于下列民用核设施的安全监督管理:

(一)核动力厂(核电厂、核热电厂、核供汽供热厂等);

(二)核动力厂以外的其他反应堆(研究堆、实验堆、临界装置等);

(三)核燃料生产、加工、贮存及后处理设施;

(四)放射性废物的处理和处置设施;

(五)其他需要严格监督管理的核设施。

第三条 民用核设施的选址、设计、建造、运行和退役必须贯彻安全第一的方针;必须有足够的措施保证质量,保证安全运行,预防核事故,限制可能产生的有害影响;必须保障工作人员、群众和环境不致遭到超过国家规定限值的辐射照射和污染,并将辐射照射和污染减至可以合理达到的尽量低的水平。

第二章 监督管理职责

第四条 国家核安全局对全国核设施安全实施统一监督,独立行使核安全监督权,其主要职责是:

(一)组织起草、制定有关核设施安全的规章和审查有关核安全的技术标准;

(二)组织审查、评定核设施的安全性能及核设施营运单位保障安全的能力,负责颁发或者吊销核设施安全许可证件;

(三)负责实施核安全监督;

(四)负责核安全事故的调查、处理;

(五)协同有关部门指导和监督核设施应急计划的制订和实施;

(六)组织有关部门开展对核设施的安全与管理的科学研究、宣传教育及国际业务联系;

(七)会同有关部门调解和裁决核安全的纠纷。

第五条 国家核安全局在核设施集中的地区可以设立派出机构,实施安全监督。

国家核安全局可以组织核安全专家委员会。该委员会协助制订核安全法规和核安全技术发展规划,参与核安全的审评、监督等工作。

第六条 核设施主管部门负责所属核设施的安全管理,接受国家核安全局的核安全监督,其主要职责是:

(一)负责所属核设施的安全管理,保证给予所属核设施的营运单位必要的支持,并对其进行督促检查;

(二)参与有关核安全法规的起草和制订,组织制订有关核安全的技术标准,并向国家核安全局备案;

(三)组织所属核设施的场内应急计划的制订和实施,参与场外应急计划的制订和实施;

(四)负责对所属核设施中各类人员的技术培训和考核;

(五)组织核能发展方面的核安全科学研究工作。

第七条 核设施营运单位直接负责所营运的核设施的安全,其主要职责是:

(一)遵守国家有关法律、行政法规和技术标准,保证核设施的安全;

(二)接受国家核安全局的核安全监督,及时、如实地报告安全情况,并提供有关资料;

(三)对所营运的核设施的安全、核材料的安全、工作人员和群众以及环境的安全承担全面责任。

第三章 安全许可制度

第八条 国家实行核设施安全许可制度,由国家核安全局负责制定和批准颁发核设施安全许可证件,许可证件包括:

(一)核设施建造许可证;

(二)核设施运行许可证;

(三)核设施操纵员执照;

(四)其他需要批准的文件。

第九条 核设施营运单位,在核设施建造前,必须向国家核安全局提交《核设施建造申请书》、《初步安全分析报告》以及其他有关资料,经审核批准获得《核设施建造许可证》后,方可动工建造。

核设施的建造必须遵守《核设施建造许可证》所规定的条件。

第十条 核设施营运单位在核设施运行前,必须向国家核安全局提交《核设施运行申请书》、《最终安全分析报告》以及其他有关资料,经审核批准获得允许装料(或投料)、调试的批准文件后,方可开始装载核燃料(或投料)进行启动调试工作;在获得《核设施运行许可证》后,方可正式运行。

核设施的运行必须遵守《核设施运行许可证》所规定的条件。

第十一条 国家核安全局在审批核设施建造申请书及运行申请书的过程中,应当向国务院有关部门以及核设施所在省、自治区、直辖市人民政府征询意见,国务院有关部门、地方人民政府应当在三个月内给予答复。

第十二条 具备下列条件的,方可批准发给《核设施建造许可证》和《核设施运行许可证》:

(一)所申请的项目已按照有关规定经主管部门及国家计划部门或省、自治区、直辖市人民政府的计划部门批准;

(二)所选定的厂址已经国务院或省、自治区、直辖市人民政府的城乡建设环境保护部门、计

划部门和国家核安全局批准;

(三)所申请的核设施符合国家有关的法律及核安全法规的规定;

(四)申请者具有安全营运所申请的核设施的能力,并保证承担全面的安全责任。

第十三条 核设施操纵员执照分《操纵员执照》和《高级操纵员执照》两种。

持《操纵员执照》的人员方可担任操纵核设施控制系统的工作。

持《高级操纵员执照》的人员方可担任操纵或者指导他人操纵核设施控制系统的工作。

第十四条 具备下列条件的,方可批准发给《操纵员执照》:

(一)身体健康,无职业禁忌症;

(二)具有中专以上文化程度或同等学力,核动力厂操纵人员应具有大专以上文化程度或同等学力;

(三)经过运行操作培训,并经考核合格。

具备下列条件的,方可批准发给《高级操纵员执照》:

(一)身体健康、无职业禁忌症;

(二)具有大专以上文化程度或同等学力;

(三)经运行操作培训,并经考核合格;

(四)担任操纵员二年以上,成绩优秀者。

第十五条 核设施的迁移、转让或退役必须向国家核安全局提出申请,经审查批准后方可进行。

第四章 核安全监督

第十六条 国家核安全局及其派出机构可向核设施制造、建造和运行现场派驻监督组(员)执行下列核安全监督任务:

(一)审查所提交的安全资料是否符合实际;

(二)监督是否按照已批准的设计进行建造;

(三)监督是否按照已批准的质量保证大纲进行管理;

(四)监督核设施的建造和运行是否符合有关核安全法规和《核设施建造许可证》、《核设施运行许可证》所规定的条件;

(五)考察营运人员是否具备安全运行及执行应急计划的能力;

(六)其他需要监督的任务。

核安全监督员由国家核安全局任命并发给《核安全监督员证》。

第十七条 核安全监督员在执行任务时,凭其证件有权进入核设施制造、建造和运行现场,调查情况,收集有关核安全资料。

第十八条 国家核安全局在必要时有权采取强制性措施,命令核设施营运单位采取安全措施或停止危及安全的活动。

第十九条 核设施营运单位有权拒绝有害于安全的任何要求,但对国家核安全局的强制性措施必须执行。

第五章 奖励和处罚

第二十条 对保证核设施安全有显著成绩和贡献的单位和个人,国家核安全局或核设施主管部门应给予适当的奖励。

第二十一条 凡违反本条例的规定,有下列行为之一的,国家核安全局可依其情节轻重,给予警告、限期改进、停工或者停业整顿、吊销核安全许可证件的处罚:

(一)未经批准或违章从事核设施建造、运行、迁移、转让和退役的;

(二)谎报有关资料或事实,或无故拒绝监督的;

(三)无执照操纵或违章操纵的;

(四)拒绝执行强制性命令的。

第二十二条 当事人对行政处罚不服的,可在接到处罚通知之日起十五日内向人民法院起诉。但是,对吊销核安全许可证件的决定应当立即执行。对处罚决定不履行逾期又不起诉的,由国家核安全局申请人民法院强制执行。

第二十三条 对于不服管理、违反规章制度,或者强令他人违章冒险作业,因而发生核事故,造成严重后果,构成犯罪的,由司法机关依法追究刑事责任。

第六章 附 则

第二十四条 本条例中下列用语的含义是:

(一)"核设施"是指本条例第二条中所列出的各项民用核设施。

(二)"核设施安全许可证件"是指为了进行与核设施有关的选址定点、建造、调试、运行和退役等特定活动,由国家核安全局颁发的书面批准文件。

(三)"营运单位"是指申请或持有核设施安全许可证,可以经营和运行核设施的组织。

(四)"核设施主管部门"是指对核设施营运单位负有领导责任的国务院和省、自治区、直辖市人民政府的有关行政机关。

(五)"核事故"是指核设施内的核燃料、放射性产物、废料或运入运出核设施的核材料所发生的放射性、毒害性、爆炸性或其他危害性事故,或一系列事故。

第二十五条 国家核安全局应根据本条例制定实施细则。

第二十六条 本条例自发布之日起施行。

民用核安全设备监督管理条例(2016年修订)

(2007年7月11日中华人民共和国国务院令第500号发布 根据2016年2月6日中华人民共和国国务院令第666号《国务院关于修改部分行政法规的决定》修订)

第一章 总 则

第一条 为了加强对民用核安全设备的监督管理,保证民用核设施的安全运行,预防核事故,保障工作人员和公众的健康,保护环境,促进核能事业的顺利发展,制定本条例。

第二条 本条例所称民用核安全设备,是指在民用核设施中使用的执行核安全功能的设备,包括核安全机械设备和核安全电气设备。

民用核安全设备目录由国务院核安全监管部门商国务院有关部门制定并发布。

第三条 民用核安全设备设计、制造、安装和无损检验活动适用本条例。

民用核安全设备运离民用核设施现场进行的维修活动,适用民用核安全设备制造活动的有关规定。

第四条 国务院核安全监管部门对民用核安全设备设计、制造、安装和无损检验活动实施监督管理。

国务院核行业主管部门和其他有关部门依照本条例和国务院规定的职责分工负责有关工作。

第五条 民用核安全设备设计、制造、安装和无损检验单位,应当建立健全责任制度,加强质量管理,并对其所从事的民用核安全设备设计、制造、安装和无损检验活动承担全面责任。

民用核设施营运单位,应当对在役的民用核安全设备进行检查、试验、检验和维修,并对民用核安全设备的使用和运行安全承担全面责任。

第六条 民用核安全设备设计、制造、安装和无损检验活动应当符合国家有关产业政策。

国家鼓励民用核安全设备设计、制造、安装和无损检验的科学技术研究,提高安全水平。

第七条 任何单位和个人对违反本条例规定的行为,有权向国务院核安全监管部门举报。国务院核安全监管部门接到举报,应当及时调查处理,并为举报人保密。

第二章 标 准

第八条 民用核安全设备标准是从事民用核安全设备设计、制造、安装和无损检验活动的技术依据。

第九条 国家建立健全民用核安全设备标准体系。制定民用核安全设备标准,应当充分考虑民用核安全设备的技术发展和使用要求,结合我国的工业基础和技术水平,做到安全可靠、技术成熟、经济合理。

民用核安全设备标准包括国家标准、行业标准和企业标准。

第十条 涉及核安全基本原则和技术要求的民用核安全设备国家标准,由国务院核安全监管部门组织拟定,由国务院标准化主管部门和国务院核安全监管部门联合发布;其他的民用核安全设备国家标准,由国务院核行业主管部门组织拟定,经国务院核安全监管部门认可,由国务院标准化主管部门发布。

民用核安全设备行业标准,由国务院核行业主管部门组织拟定,经国务院核安全监管部门认可,由国务院核行业主管部门发布,并报国务院标准化主管部门备案。

制定民用核安全设备国家标准和行业标准,应当充分听取有关部门和专家的意见。

第十一条 尚未制定相应国家标准和行业标准的,民用核安全设备设计、制造、安装和无损检验单位应当采用经国务院核安全监管部门认可的标准。

第三章 许 可

第十二条 民用核安全设备设计、制造、安装和无损检验单位应当依照本条例规定申请领取许可证。

第十三条 申请领取民用核安全设备设计、制造、安装或者无损检验许可证的单位,应当具备下列条件:

(一)具有法人资格;

(二)有与拟从事活动相关或者相近的工作业绩,并且满 5 年以上;

(三)有与拟从事活动相适应的、经考核合格的专业技术人员,其中从事民用核安全设备焊接和无损检验活动的专业技术人员应当取得相应的资格证书;

(四)有与拟从事活动相适应的工作场所、设施和装备;

(五)有健全的管理制度和完善的质量保证体系,以及符合核安全监督管理规定的质量保证大纲。

申请领取民用核安全设备制造许可证或者安装许可证的单位,还应当制作有代表性的模拟件。

第十四条 申请领取民用核安全设备设计、制造、安装或者无损检验许可证的单位,应当向国务院核安全监管部门提出书面申请,并提交符合本条例第十三条规定条件的证明材料。

第十五条 国务院核安全监管部门应当自受理申请之日起 45 个工作日内完成审查,并对符合条件的颁发许可证,予以公告;对不符合条件的,书面通知申请单位并说明理由。

国务院核安全监管部门在审查过程中,应当组织专家进行技术评审,并征求国务院核行业主管部门和其他有关部门的意见。技术评审所需时间不计算在前款规定的期限内。

第十六条 民用核安全设备设计、制造、安装和无损检验许可证应当载明下列内容:

(一)单位名称、地址和法定代表人;

(二)准予从事的活动种类和范围;

(三)有效期限;

(四)发证机关、发证日期和证书编号。

第十七条 民用核安全设备设计、制造、安装和无损检验单位变更单位名称、地址或者法定代表人的,应当自变更工商登记之日起 20 日内,向国务院核安全监管部门申请办理许可证变更手续。

民用核安全设备设计、制造、安装和无损检验单位变更许可证规定的活动种类或者范围的,应当按照原申请程序向国务院核安全监管部门重新申请领取许可证。

第十八条 民用核安全设备设计、制造、安装和无损检验许可证有效期为 5 年。

许可证有效期届满,民用核安全设备设计、制造、安装和无损检验单位需要继续从事相关活动的,应当于许可证有效期届满 6 个月前,向国务院核安全监管部门提出延续申请。

国务院核安全监管部门应当在许可证有效期届满前作出是否准予延续的决定;逾期未作决定的,视为准予延续。

第十九条 禁止无许可证擅自从事或者不按照许可证规定的活动种类和范围从事民用核安全设备设计、制造、安装和无损检验活动。

禁止委托未取得相应许可证的单位进行民用核安全设备设计、制造、安装和无损检验活动。

禁止伪造、变造、转让许可证。

第四章 设计、制造、安装和无损检验

第二十条 民用核安全设备设计、制造、安装和无损检验单位,应当提高核安全意识,建立完善的质量保证体系,确保民用核安全设备的质量和可靠性。

民用核设施营运单位,应当对民用核安全设备设计、制造、安装和无损检验活动进行质量管理和过程控制,做好监造和验收工作。

第二十一条 民用核安全设备设计、制造、安装和无损检验单位,应当根据其质量保证大纲和民用核设施营运单位的要求,在民用核安全设备设计、制造、安装和无损检验活动开始前编制项目质量保证分大纲,并经民用核设施营运单位审查同意。

第二十二条 民用核安全设备设计单位,应当在设计活动开始 30 日前,将下列文件报国务院核安全监管部门备案:

(一)项目设计质量保证分大纲和程序清单;

(二)设计内容和设计进度计划;

(三)设计遵循的标准和规范目录清单,设计中使用的计算机软件清单;

(四)设计验证活动清单。

第二十三条 民用核安全设备制造、安装单位,应当在制造、安装活动开始 30 日前,将下列文件报国务院核安全监管部门备案:

(一)项目制造、安装质量保证分大纲和程序清单;

(二)制造、安装技术规格书;

(三)分包项目清单;

(四)制造、安装质量计划。

第二十四条 民用核安全设备设计、制造、安装和无损检验单位,不得将国务院核安全监管部门确定的关键工艺环节分包给其他单位。

第二十五条 民用核安全设备制造、安装、无损检验单位和民用核设施营运单位,应当聘用取得民用核安全设备焊工、焊接操作工和无损检验人员资格证书的人员进行民用核安全设备焊接和无损检验活动。

民用核安全设备焊工、焊接操作工和无损检验人员由国务院核安全监管部门核准颁发资格证书。

民用核安全设备焊工、焊接操作工和无损检验人员在民用核安全设备焊接和无损检验活动中,应当严格遵守操作规程。

第二十六条 民用核安全设备无损检验单位应当客观、准确地出具无损检验结果报告。无损检验结果报告经取得相应资格证书的无损检验人员签字方为有效。

民用核安全设备无损检验单位和无损检验人员对无损检验结果报告负责。

第二十七条 民用核安全设备设计单位应当对其设计进行设计验证。设计验证由未参与原设计的专业人员进行。

设计验证可以采用设计评审、鉴定试验或者不同于设计中使用的计算方法的其他计算方法等形式。

第二十八条 民用核安全设备制造、安装单位应当对民用核安全设备的制造、安装质量进行

检验。未经检验或者经检验不合格的,不得交付验收。

第二十九条 民用核设施营运单位应当对民用核安全设备质量进行验收。有下列情形之一的,不得验收通过:

(一)不能按照质量保证要求证明质量受控的;

(二)出现重大质量问题未处理完毕的。

第三十条 民用核安全设备设计、制造、安装和无损检验单位,应当对本单位所从事的民用核安全设备设计、制造、安装和无损检验活动进行年度评估,并于每年4月1日前向国务院核安全监管部门提交上一年度的评估报告。

评估报告应当包括本单位工作场所、设施、装备和人员等变动情况,质量保证体系实施情况,重大质量问题处理情况以及国务院核安全监管部门和民用核设施营运单位提出的整改要求落实情况等内容。

民用核安全设备设计、制造、安装和无损检验单位对本单位在民用核安全设备设计、制造、安装和无损检验活动中出现的重大质量问题,应当立即采取处理措施,并向国务院核安全监管部门报告。

第五章 进出口

第三十一条 为中华人民共和国境内民用核设施进行民用核安全设备设计、制造、安装和无损检验活动的境外单位,应当具备下列条件:

(一)遵守中华人民共和国的法律、行政法规和核安全监督管理规定;

(二)已取得所在国核安全监管部门规定的相应资质;

(三)使用的民用核安全设备设计、制造、安装和无损检验技术是成熟的或者经过验证的;

(四)采用中华人民共和国的民用核安全设备国家标准、行业标准或者国务院核安全监管部门认可的标准。

第三十二条 为中华人民共和国境内民用核设施进行民用核安全设备设计、制造、安装和无损检验活动的境外单位,应当事先到国务院核安全监管部门办理注册登记手续。国务院核安全监管部门应当将境外单位注册登记情况抄送国务院核行业主管部门和其他有关部门。

注册登记的具体办法由国务院核安全监管部门制定。

第三十三条 国务院核安全监管部门及其所属的检验机构应当依法对进口的民用核安全设备进行安全检验。

进口的民用核安全设备在安全检验合格后,由出入境检验机构进行商品检验。

第三十四条 国务院核安全监管部门根据需要,可以对境外单位为中华人民共和国境内民用核设施进行的民用核安全设备设计、制造、安装和无损检验活动实施核安全监督检查。

第三十五条 民用核设施营运单位应当在对外贸易合同中约定有关民用核安全设备监造、装运前检验和监装等方面的要求。

第三十六条 民用核安全设备的出口管理依照有关法律、行政法规的规定执行。

第六章 监督检查

第三十七条 国务院核安全监管部门及其派出机构,依照本条例规定对民用核安全设备设计、制造、安装和无损检验活动进行监督检查。监督检查分为例行检查和非例行检查。

第三十八条　国务院核安全监管部门及其派出机构在进行监督检查时,有权采取下列措施:
（一）向被检查单位的法定代表人和其他有关人员调查、了解情况;
（二）进入被检查单位进行现场调查或者核查;
（三）查阅、复制相关文件、记录以及其他有关资料;
（四）要求被检查单位提交有关情况说明或者后续处理报告;
（五）对有证据表明可能存在重大质量问题的民用核安全设备或者其主要部件,予以暂时封存。
被检查单位应当予以配合,如实反映情况,提供必要资料,不得拒绝和阻碍。

第三十九条　国务院核安全监管部门及其派出机构在进行监督检查时,应当对检查的内容、发现的问题以及处理情况作出记录,并由监督检查人员和被检查单位的有关负责人签字确认。被检查单位的有关负责人拒绝签字的,监督检查人员应当将有关情况记录在案。

第四十条　民用核安全设备监督检查人员在进行监督检查时,应当出示证件,并为被检查单位保守技术秘密和业务秘密。

民用核安全设备监督检查人员不得滥用职权侵犯企业的合法权益,或者利用职务上的便利索取、收受财物。

民用核安全设备监督检查人员不得从事或者参与民用核安全设备经营活动。

第四十一条　国务院核安全监管部门发现民用核安全设备设计、制造、安装和无损检验单位有不符合发证条件的情形的,应当责令其限期整改。

第四十二条　国务院核行业主管部门应当加强对本行业民用核设施营运单位的管理,督促本行业民用核设施营运单位遵守法律、行政法规和核安全监督管理规定。

第七章　法律责任

第四十三条　国务院核安全监管部门及其民用核安全设备监督检查人员有下列行为之一的,对直接负责的主管人员和其他直接责任人员,依法给予处分;直接负责的主管人员和其他直接责任人员构成犯罪的,依法追究刑事责任:
（一）不依照本条例规定颁发许可证的;
（二）发现违反本条例规定的行为不予查处,或者接到举报后不依法处理的;
（三）滥用职权侵犯企业的合法权益,或者利用职务上的便利索取、收受财物的;
（四）从事或者参与民用核安全设备经营活动的;
（五）在民用核安全设备监督管理工作中有其他违法行为的。

第四十四条　无许可证擅自从事民用核安全设备设计、制造、安装和无损检验活动的,由国务院核安全监管部门责令停止违法行为,处50万元以上100万元以下的罚款;有违法所得的,没收违法所得;对直接负责的主管人员和其他直接责任人员,处2万元以上10万元以下的罚款。

第四十五条　民用核安全设备设计、制造、安装和无损检验单位不按照许可证规定的活动种类和范围从事民用核安全设备设计、制造、安装和无损检验活动的,由国务院核安全监管部门责令停止违法行为,限期改正,处10万元以上50万元以下的罚款;有违法所得的,没收违法所得;逾期不改正的,暂扣或者吊销许可证,对直接负责的主管人员和其他直接责任人员,处2万元以上10万元以下的罚款。

第四十六条　民用核安全设备设计、制造、安装和无损检验单位变更单位名称、地址或者法定代表人,未依法办理许可证变更手续的,由国务院核安全监管部门责令限期改正;逾期不改正的,暂扣或者吊销许可证。

第四十七条 单位伪造、变造、转让许可证的,由国务院核安全监管部门收缴伪造、变造的许可证或者吊销许可证,处 10 万元以上 50 万元以下的罚款;有违法所得的,没收违法所得;对直接负责的主管人员和其他直接责任人员,处 2 万元以上 10 万元以下的罚款;构成违反治安管理行为的,由公安机关依法予以治安处罚;构成犯罪的,依法追究刑事责任。

第四十八条 民用核安全设备设计、制造、安装和无损检验单位未按照民用核安全设备标准进行民用核安全设备设计、制造、安装和无损检验活动的,由国务院核安全监管部门责令停止违法行为,限期改正,禁止使用相关设计、设备,处 10 万元以上 50 万元以下的罚款;有违法所得的,没收违法所得;逾期不改正的,暂扣或者吊销许可证,对直接负责的主管人员和其他直接责任人员,处 2 万元以上 10 万元以下的罚款。

第四十九条 民用核安全设备设计、制造、安装和无损检验单位有下列行为之一的,由国务院核安全监管部门责令停止违法行为,限期改正,处 10 万元以上 50 万元以下的罚款;逾期不改正的,暂扣或者吊销许可证,对直接负责的主管人员和其他直接责任人员,处 2 万元以上 10 万元以下的罚款:

(一)委托未取得相应许可证的单位进行民用核安全设备设计、制造、安装和无损检验活动的;

(二)聘用未取得相应资格证书的人员进行民用核安全设备焊接和无损检验活动的;

(三)将国务院核安全监管部门确定的关键工艺环节分包给其他单位的。

第五十条 民用核安全设备设计、制造、安装和无损检验单位对本单位在民用核安全设备设计、制造、安装和无损检验活动中出现的重大质量问题,未按照规定采取处理措施并向国务院核安全监管部门报告的,由国务院核安全监管部门责令停止民用核安全设备设计、制造、安装和无损检验活动,限期改正,处 5 万元以上 20 万元以下的罚款;逾期不改正的,暂扣或者吊销许可证,对直接负责的主管人员和其他直接责任人员,处 2 万元以上 10 万元以下的罚款。

第五十一条 民用核安全设备设计、制造、安装和无损检验单位有下列行为之一的,由国务院核安全监管部门责令停止民用核安全设备设计、制造、安装和无损检验活动,限期改正;逾期不改正的,处 5 万元以上 20 万元以下的罚款,暂扣或者吊销许可证:

(一)未按照规定编制项目质量保证分大纲并经民用核设施营运单位审查同意的;

(二)在民用核安全设备设计、制造和安装活动开始前,未按照规定将有关文件报国务院核安全监管部门备案的;

(三)未按照规定进行年度评估并向国务院核安全监管部门提交评估报告的。

第五十二条 民用核安全设备无损检验单位出具虚假无损检验结果报告的,由国务院核安全监管部门处 10 万元以上 50 万元以下的罚款,吊销许可证;有违法所得的,没收违法所得;对直接负责的主管人员和其他直接责任人员,处 2 万元以上 10 万元以下的罚款;构成犯罪的,依法追究刑事责任。

第五十三条 民用核安全设备焊工、焊接操作工违反操作规程导致严重焊接质量问题的,由国务院核安全监管部门吊销其资格证书。

第五十四条 民用核安全设备无损检验人员违反操作规程导致无损检验结果报告严重错误

的,由国务院核安全监管部门吊销其资格证书。

第五十五条 民用核安全设备设计单位未按照规定进行设计验证,或者民用核安全设备制造、安装单位未按照规定进行质量检验以及经检验不合格即交付验收的,由国务院核安全监管部门责令限期改正,处10万元以上50万元以下的罚款;有违法所得的,没收违法所得;逾期不改正的,吊销许可证,对直接负责的主管人员和其他直接责任人员,处2万元以上10万元以下的罚款。

第五十六条 民用核设施营运单位有下列行为之一的,由国务院核安全监管部门责令限期改正,处100万元以上500万元以下的罚款;逾期不改正的,吊销其核设施建造许可证或者核设施运行许可证,对直接负责的主管人员和其他直接责任人员,处2万元以上10万元以下的罚款:

(一)委托未取得相应许可证的单位进行民用核安全设备设计、制造、安装和无损检验活动的;

(二)对不能按照质量保证要求证明质量受控,或者出现重大质量问题未处理完毕的民用核安全设备予以验收通过的。

第五十七条 民用核安全设备设计、制造、安装和无损检验单位被责令限期整改,逾期不整改或者经整改仍不符合发证条件的,由国务院核安全监管部门暂扣或者吊销许可证。

第五十八条 拒绝或者阻碍国务院核安全监管部门及其派出机构监督检查的,由国务院核安全监管部门责令限期改正;逾期不改正或者在接受监督检查时弄虚作假的,暂扣或者吊销许可证。

第五十九条 违反本条例规定,被依法吊销许可证的单位,自吊销许可证之日起1年内不得重新申请领取许可证。

第八章 附 则

第六十条 申请领取民用核安全设备设计、制造、安装或者无损检验许可证的单位,应当按照国家有关规定缴纳技术评审的费用。

第六十一条 本条例下列用语的含义:

(一)核安全机械设备,包括执行核安全功能的压力容器、钢制安全壳(钢衬里)、储罐、热交换器、泵、风机和压缩机、阀门、闸门、管道(含热交换器传热管)和管配件、膨胀节、波纹管、法兰、堆内构件、控制棒驱动机构、支承件、机械贯穿件以及上述设备的铸锻件等。

(二)核安全电气设备,包括执行核安全功能的传感器(包括探测器和变送器)、电缆、机柜(包括机箱和机架)、控制台屏、显示仪表、应急柴油发电机组、蓄电池(组)、电动机、阀门驱动装置、电气贯穿件等。

第六十二条 本条例自2008年1月1日起施行。

核电厂核事故应急管理条例（2011年修订）

（1993年8月4日中华人民共和国国务院令第124号发布　根据2011年1月8日中华人民共和国国务院令第588号《国务院关于废止和修改部分行政法规的决定》修订）

第一章　总　则

第一条　为了加强核电厂核事故应急管理工作，控制和减少核事故危害，制定本条例。

第二条　本条例适用于可能或者已经引起放射性物质释放、造成重大辐射后果的核电厂核事故（以下简称核事故）应急管理工作。

第三条　核事故应急管理工作实行常备不懈，积极兼容，统一指挥，大力协同，保护公众，保护环境的方针。

第二章　应急机构及其职责

第四条　全国的核事故应急管理工作由国务院指定的部门负责，其主要职责是：

（一）拟定国家核事故应急工作政策；

（二）统一协调国务院有关部门、军队和地方人民政府的核事故应急工作；

（三）组织制定和实施国家核事故应急计划，审查批准场外核事故应急计划；

（四）适时批准进入和终止场外应急状态；

（五）提出实施核事故应急响应行动的建议；

（六）审查批准核事故公报、国际通报，提出请求国际援助的方案。

必要时，由国务院领导、组织、协调全国的核事故应急管理工作。

第五条　核电厂所在地的省、自治区、直辖市人民政府指定的部门负责本行政区域内的核事故应急管理工作，其主要职责是：

（一）执行国家核事故应急工作的法规和政策；

（二）组织制定场外核事故应急计划，做好核事故应急准备工作；

（三）统一指挥场外核事故应急响应行动；

（四）组织支援核事故应急响应行动；

（五）及时向相邻的省、自治区、直辖市通报核事故情况。

必要时，由省、自治区、直辖市人民政府领导、组织、协调本行政区域内的核事故应急管理工作。

第六条　核电厂的核事故应急机构的主要职责是：

（一）执行国家核事故应急工作的法规和政策；

（二）制定场内核事故应急计划，做好核事故应急准备工作；

（三）确定核事故应急状态等级，统一指挥本单位的核事故应急响应行动；

（四）及时向上级主管部门、国务院核安全部门和省级人民政府指定的部门报告事故情况，提出进入场外应急状态和采取应急防护措施的建议；

（五）协助和配合省级人民政府指定的部门做好核事故应急管理工作。

第七条 核电厂的上级主管部门领导核电厂的核事故应急工作。

国务院核安全部门、环境保护部门和卫生部门等有关部门在各自的职责范围内做好相应的核事故应急工作。

第八条 中国人民解放军作为核事故应急工作的重要力量，应当在核事故应急响应中实施有效的支援。

第三章 应急准备

第九条 针对核电厂可能发生的核事故，核电厂的核事故应急机构、省级人民政府指定的部门和国务院指定的部门应当预先制定核事故应急计划。

核事故应急计划包括场内核事故应急计划、场外核事故应急计划和国家核事故应急计划。各级核事故应急计划应当相互衔接、协调一致。

第十条 场内核事故应急计划由核电厂核事故应急机构制定，经其主管部门审查后，送国务院核安全部门审评并报国务院指定的部门备案。

第十一条 场外核事故应急计划由核电厂所在地的省级人民政府指定的部门组织制定，报国务院指定的部门审查批准。

第十二条 国家核事故应急计划由国务院指定的部门组织制定。

国务院有关部门和中国人民解放军总部应当根据国家核事故应急计划，制定相应的核事故应急方案，报国务院指定的部门备案。

第十三条 场内核事故应急计划、场外核事故应急计划应当包括下列内容：

（一）核事故应急工作的基本任务；

（二）核事故应急响应组织及其职责；

（三）烟羽应急计划区和食入应急计划区的范围；

（四）干预水平和导出干预水平；

（五）核事故应急准备和应急响应的详细方案；

（六）应急设施、设备、器材和其他物资；

（七）核电厂核事故应急机构同省级人民政府指定的部门之间以及同其他有关方面相互配合、支援的事项及措施。

第十四条 有关部门在进行核电厂选址和设计工作时，应当考虑核事故应急工作的要求。

新建的核电厂必须在其场内和场外核事故应急计划审查批准后，方可装料。

第十五条 国务院指定的部门、省级人民政府指定的部门和核电厂的核事故应急机构应当具有必要的应急设施、设备和相互之间快速可靠的通讯联络系统。

核电厂的核事故应急机构和省级人民政府指定的部门应当具有辐射监测系统、防护器材、药械和其他物资。

用于核事故应急工作的设施、设备和通讯联络系统、辐射监测系统以及防护器材、药械等，应当处于良好状态。

第十六条 核电厂应当对职工进行核安全、辐射防护和核事故应急知识的专门教育。

省级人民政府指定的部门应当在核电厂的协助下对附近的公众进行核安全、辐射防护和核事故应急知识的普及教育。

第十七条 核电厂的核事故应急机构和省级人民政府指定的部门应当对核事故应急工作人员进行培训。

第十八条 核电厂的核事故应急机构和省级人民政府指定的部门应当适时组织不同专业和不同规模的核事故应急演习。

在核电厂首次装料前,核电厂的核事故应急机构和省级人民政府指定的部门应当组织场内、场外核事故应急演习。

第四章 应急对策和应急防护措施

第十九条 核事故应急状态分为下列四级:

(一)应急待命。出现可能导致危及核电厂核安全的某些特定情况或者外部事件,核电厂有关人员进入戒备状态。

(二)厂房应急。事故后果仅限于核电厂的局部区域,核电厂人员按照场内核事故应急计划的要求采取核事故应急响应行动,通知厂外有关核事故应急响应组织。

(三)场区应急。事故后果蔓延至整个场区,场区内的人员采取核事故应急响应行动,通知省级人民政府指定的部门,某些厂外核事故应急响应组织可能采取核事故应急响应行动。

(四)场外应急。事故后果超越场区边界,实施场内和场外核事故应急计划。

第二十条 当核电厂进入应急待命状态时,核电厂核事故应急机构应当及时向核电厂的上级主管部门和国务院核安全部门报告情况,并视情况决定是否向省级人民政府指定的部门报告。当出现可能或者已经有放射性物质释放的情况时,应当根据情况,及时决定进入厂房应急或者场区应急状态,并迅速向核电厂的上级主管部门、国务院核安全部门和省级人民政府指定的部门报告情况;在放射性物质可能或者已经扩散到核电厂场区以外时,应当迅速向省级人民政府指定的部门提出进入场外应急状态并采取应急防护措施的建议。

省级人民政府指定的部门接到核电厂核事故应急机构的事故情况报告后,应当迅速采取相应的核事故应急对策和应急防护措施,并及时向国务院指定的部门报告情况。需要决定进入场外应急状态时,应当经国务院指定的部门批准;在特殊情况下,省级人民政府指定的部门可以先行决定进入场外应急状态,但是应当立即向国务院指定的部门报告。

第二十一条 核电厂的核事故应急机构和省级人民政府指定的部门应当做好核事故后果预测与评价以及环境放射性监测等工作,为采取核事故应急对策和应急防护措施提供依据。

第二十二条 省级人民政府指定的部门应当适时选用隐蔽、服用稳定性碘制剂、控制通道、控制食物和水源、撤离、迁移、对受影响的区域去污等应急防护措施。

第二十三条 省级人民政府指定的部门在核事故应急响应过程中应当将必要的信息及时地告知当地公众。

第二十四条 在核事故现场,各核事故应急响应组织应当实行有效的剂量监督。现场核事故应急响应人员和其他人员都应当在辐射防护人员的监督和指导下活动,尽量防止接受过大剂量的照射。

第二十五条 核电厂的核事故应急机构和省级人民政府指定的部门应当做好核事故现场接受照射人员的救护、洗消、转运和医学处置工作。

第二十六条 在核事故应急进入场外应急状态时,国务院指定的部门应当及时派出人员赶赴现场,指导核事故应急响应行动,必要时提出派出救援力量的建议。

第二十七条 因核事故应急响应需要,可以实行地区封锁。省、自治区、直辖市行政区域内的地区封锁,由省、自治区、直辖市人民政府决定;跨省、自治区、直辖市的地区封锁,以及导致中断干线交通或者封锁国境的地区封锁,由国务院决定。

地区封锁的解除,由原决定机关宣布。

第二十八条 有关核事故的新闻由国务院授权的单位统一发布。

第五章 应急状态的终止和恢复措施

第二十九条 场外应急状态的终止由省级人民政府指定的部门会同核电厂核事故应急机构提出建议,报国务院指定的部门批准,由省级人民政府指定的部门发布。

第三十条 省级人民政府指定的部门应当根据受影响地区的放射性水平,采取有效的恢复措施。

第三十一条 核事故应急状态终止后,核电厂核事故应急机构应当向国务院指定的部门、核电厂的上级主管部门、国务院核安全部门和省级人民政府指定的部门提交详细的事故报告;省级人民政府指定的部门应当向国务院指定的部门提交场外核事故应急工作的总结报告。

第三十二条 核事故使核安全重要物项的安全性能达不到国家标准时,核电厂的重新起动计划应当按照国家有关规定审查批准。

第六章 资金和物资保障

第三十三条 国务院有关部门、军队、地方各级人民政府和核电厂在核事故应急准备工作中应当充分利用现有组织机构、人员、设施和设备等,努力提高核事故应急准备资金和物资的使用效益,并使核事故应急准备工作与地方和核电厂的发展规划相结合。各有关单位应当提供支援。

第三十四条 场内核事故应急准备资金由核电厂承担,列入核电厂工程项目投资概算和运行成本。

场外核事故应急准备资金由核电厂和地方人民政府共同承担,资金数额由国务院指定的部门会同有关部门审定。核电厂承担的资金,在投产前根据核电厂容量、在投产后根据实际发电量确定一定的比例交纳,由国务院计划部门综合平衡后用于地方场外核事故应急准备工作;其余部分由地方人民政府解决。具体办法由国务院指定的部门会同国务院计划部门和国务院财政部门规定。

国务院有关部门和军队所需的核事故应急准备资金,根据各自在核事故应急工作中的职责和任务,充分利用现有条件进行安排,不足部分按照各自的计划和资金渠道上报。

第三十五条 国家的和地方的物资供应部门及其他有关部门应当保证供给核事故应急所需的设备、器材和其他物资。

第三十六条 因核电厂核事故应急响应需要,执行核事故应急响应行动的行政机关有权征用非用于核事故应急响应的设备、器材和其他物资。

对征用的设备、器材和其他物资,应当予以登记并在使用后及时归还;造成损坏的,由征用单位补偿。

第七章 奖励与处罚

第三十七条 在核事故应急工作中有下列事迹之一的单位和个人,由主管部门或者所在单位给予表彰或者奖励:

(一)完成核事故应急响应任务的;
(二)保护公众安全和国家的、集体的和公民的财产,成绩显著的;
(三)对核事故应急准备与响应提出重大建议,实施效果显著的;
(四)辐射、气象预报和测报准确及时,从而减轻损失的;
(五)有其他特殊贡献的。

第三十八条 有下列行为之一的,对有关责任人员视情节和危害后果,由其所在单位或者上级机关给予行政处分;属于违反治安管理行为的,由公安机关依照治安管理处罚法的规定予以处罚;构成犯罪的,由司法机关依法追究刑事责任:

(一)不按照规定制定核事故应急计划,拒绝承担核事故应急准备义务的;
(二)玩忽职守,引起核事故发生的;
(三)不按照规定报告、通报核事故真实情况的;
(四)拒不执行核事故应急计划,不服从命令和指挥,或者在核事故应急响应时临阵脱逃的;
(五)盗窃、挪用、贪污核事故应急工作所用资金或者物资的;
(六)阻碍核事故应急工作人员依法执行职务或者进行破坏活动的;
(七)散布谣言,扰乱社会秩序的;
(八)有其他对核事故应急工作造成危害的行为的。

第八章 附 则

第三十九条 本条例中下列用语的含义:

(一)核事故应急,是指为了控制或者缓解核事故、减轻核事故后果而采取的不同于正常秩序和正常工作程序的紧急行动。
(二)场区,是指由核电厂管理的区域。
(三)应急计划区,是指在核电厂周围建立的,制定有核事故应急计划、并预计采取核事故应急对策和应急防护措施的区域。
(四)烟羽应急计划区,是指针对放射性烟云引起的照射而建立的应急计划区。
(五)食入应急计划区,是指针对食入放射性污染的水或者食物引起照射而建立的应急计划区。
(六)干预水平,是指预先规定的用于在异常状态下确定需要对公众采取应急防护措施的剂量水平。
(七)导出干预水平,是指由干预水平推导得出的放射性物质在环境介质中的浓度或者水平。
(八)应急防护措施,是指在核事故情况下用于控制工作人员和公众所接受的剂量而采取的保护措施。

(九)核安全重要物项,是指对核电厂安全有重要意义的建筑物、构筑物、系统、部件和设施等。

第四十条 除核电厂外,其他核设施的核事故应急管理,可以根据具体情况,参照本条例的有关规定执行。

第四十一条 对可能或者已经造成放射性物质释放超越国界的核事故应急,除执行本条例的规定外,并应当执行中华人民共和国缔结或者参加的国际条约的规定,但是中华人民共和国声明保留的条款除外。

第四十二条 本条例自发布之日起施行。

放射性废物安全管理条例

(2011年12月20日 中华人民共和国国务院令第612号)

第一章 总 则

第一条 为了加强对放射性废物的安全管理,保护环境,保障人体健康,根据《中华人民共和国放射性污染防治法》,制定本条例。

第二条 本条例所称放射性废物,是指含有放射性核素或者被放射性核素污染,其放射性核素浓度或者比活度大于国家确定的清洁解控水平,预期不再使用的废弃物。

第三条 放射性废物的处理、贮存和处置及其监督管理等活动,适用本条例。

本条例所称处理,是指为了能够安全和经济地运输、贮存、处置放射性废物,通过净化、浓缩、固化、压缩和包装等手段,改变放射性废物的属性、形态和体积的活动。

本条例所称贮存,是指将废旧放射源和其他放射性固体废物临时放置于专门建造的设施内进行保管的活动。

本条例所称处置,是指将废旧放射源和其他放射性固体废物最终放置于专门建造的设施内并不再回取的活动。

第四条 放射性废物的安全管理,应当坚持减量化、无害化和妥善处置、永久安全的原则。

第五条 国务院环境保护主管部门统一负责全国放射性废物的安全监督管理工作。

国务院核工业行业主管部门和其他有关部门,依照本条例的规定和各自的职责负责放射性废物的有关管理工作。

县级以上地方人民政府环境保护主管部门和其他有关部门依照本条例的规定和各自的职责负责本行政区域放射性废物的有关管理工作。

第六条 国家对放射性废物实行分类管理。

根据放射性废物的特性及其对人体健康和环境的潜在危害程度,将放射性废物分为高水平放射性废物、中水平放射性废物和低水平放射性废物。

第七条　放射性废物的处理、贮存和处置活动,应当遵守国家有关放射性污染防治标准和国务院环境保护主管部门的规定。

第八条　国务院环境保护主管部门会同国务院核工业行业主管部门和其他有关部门建立全国放射性废物管理信息系统,实现信息共享。

国家鼓励、支持放射性废物安全管理的科学研究和技术开发利用,推广先进的放射性废物安全管理技术。

第九条　任何单位和个人对违反本条例规定的行为,有权向县级以上人民政府环境保护主管部门或者其他有关部门举报。接到举报的部门应当及时调查处理,并为举报人保密;经调查情况属实的,对举报人给予奖励。

第二章　放射性废物的处理和贮存

第十条　核设施营运单位应当将其产生的不能回收利用并不能返回原生产单位或者出口方的废旧放射源(以下简称废旧放射源),送交取得相应许可证的放射性固体废物贮存单位集中贮存,或者直接送交取得相应许可证的放射性固体废物处置单位处置。

核设施营运单位应当对其产生的除废旧放射源以外的放射性固体废物和不能经净化排放的放射性废液进行处理,使其转变为稳定的、标准化的固体废物后自行贮存,并及时送交取得相应许可证的放射性固体废物处置单位处置。

第十一条　核技术利用单位应当对其产生的不能经净化排放的放射性废液进行处理,转变为放射性固体废物。

核技术利用单位应当及时将其产生的废旧放射源和其他放射性固体废物,送交取得相应许可证的放射性固体废物贮存单位集中贮存,或者直接送交取得相应许可证的放射性固体废物处置单位处置。

第十二条　专门从事放射性固体废物贮存活动的单位,应当符合下列条件,并依照本条例的规定申请领取放射性固体废物贮存许可证:

(一)有法人资格;

(二)有能保证贮存设施安全运行的组织机构和3名以上放射性废物管理、辐射防护、环境监测方面的专业技术人员,其中至少有1名注册核安全工程师;

(三)有符合国家有关放射性污染防治标准和国务院环境保护主管部门规定的放射性固体废物接收、贮存设施和场所,以及放射性检测、辐射防护与环境监测设备;

(四)有健全的管理制度以及符合核安全监督管理要求的质量保证体系,包括质量保证大纲、贮存设施运行监测计划、辐射环境监测计划和应急方案等。

核设施营运单位利用与核设施配套建设的贮存设施,贮存本单位产生的放射性固体废物的,不需要申请领取贮存许可证;贮存其他单位产生的放射性固体废物的,应当依照本条例的规定申请领取贮存许可证。

第十三条　申请领取放射性固体废物贮存许可证的单位,应当向国务院环境保护主管部门提出书面申请,并提交其符合本条例第十二条规定条件的证明材料。

国务院环境保护主管部门应当自受理申请之日起20个工作日内完成审查,对符合条件的颁发许可证,予以公告;对不符合条件的,书面通知申请单位并说明理由。

国务院环境保护主管部门在审查过程中，应当组织专家进行技术评审，并征求国务院其他有关部门的意见。技术评审所需时间应当书面告知申请单位。

第十四条 放射性固体废物贮存许可证应当载明下列内容：

（一）单位的名称、地址和法定代表人；

（二）准予从事的活动种类、范围和规模；

（三）有效期限；

（四）发证机关、发证日期和证书编号。

第十五条 放射性固体废物贮存单位变更单位名称、地址、法定代表人的，应当自变更登记之日起20日内，向国务院环境保护主管部门申请办理许可证变更手续。

放射性固体废物贮存单位需要变更许可证规定的活动种类、范围和规模的，应当按照原申请程序向国务院环境保护主管部门重新申请领取许可证。

第十六条 放射性固体废物贮存许可证的有效期为10年。

许可证有效期届满，放射性固体废物贮存单位需要继续从事贮存活动的，应当于许可证有效期届满90日前，向国务院环境保护主管部门提出延续申请。

国务院环境保护主管部门应当在许可证有效期届满前完成审查，对符合条件的准予延续；对不符合条件的，书面通知申请单位并说明理由。

第十七条 放射性固体废物贮存单位应当按照国家有关放射性污染防治标准和国务院环境保护主管部门的规定，对其接收的废旧放射源和其他放射性固体废物进行分类存放和清理，及时予以清洁解控或者送交取得相应许可证的放射性固体废物处置单位处置。

放射性固体废物贮存单位应当建立放射性固体废物贮存情况记录档案，如实完整地记录贮存的放射性固体废物的来源、数量、特征、贮存位置、清洁解控、送交处置等与贮存活动有关的事项。

放射性固体废物贮存单位应当根据贮存设施的自然环境和放射性固体废物特性采取必要的防护措施，保证在规定的贮存期限内贮存设施、容器的完好和放射性固体废物的安全，并确保放射性固体废物能够安全回取。

第十八条 放射性固体废物贮存单位应当根据贮存设施运行监测计划和辐射环境监测计划，对贮存设施进行安全性检查，并对贮存设施周围的地下水、地表水、土壤和空气进行放射性监测。

放射性固体废物贮存单位应当如实记录监测数据，发现安全隐患或者周围环境中放射性核素超过国家规定的标准的，应当立即查找原因，采取相应的防范措施，并向所在地省、自治区、直辖市人民政府环境保护主管部门报告。构成辐射事故的，应当立即启动本单位的应急方案，并依照《中华人民共和国放射性污染防治法》《放射性同位素与射线装置安全和防护条例》的规定进行报告，开展有关事故应急工作。

第十九条 将废旧放射源和其他放射性固体废物送交放射性固体废物贮存、处置单位贮存、处置时，送交方应当一并提供放射性固体废物的种类、数量、活度等资料和废旧放射源的原始档案，并按照规定承担贮存、处置的费用。

第三章 放射性废物的处置

第二十条 国务院核工业行业主管部门会同国务院环境保护主管部门根据地质、环境、社会经济条件和放射性固体废物处置的需要,在征求国务院有关部门意见并进行环境影响评价的基础上编制放射性固体废物处置场所选址规划,报国务院批准后实施。

有关地方人民政府应当根据放射性固体废物处置场所选址规划,提供放射性固体废物处置场所的建设用地,并采取有效措施支持放射性固体废物的处置。

第二十一条 建造放射性固体废物处置设施,应当按照放射性固体废物处置场所选址技术导则和标准的要求,与居住区、水源保护区、交通干道、工厂和企业等场所保持严格的安全防护距离,并对场址的地质构造、水文地质等自然条件以及社会经济条件进行充分研究论证。

第二十二条 建造放射性固体废物处置设施,应当符合放射性固体废物处置场所选址规划,并依法办理选址批准手续和建造许可证。不符合选址规划或者选址技术导则、标准的,不得批准选址或者建造。

高水平放射性固体废物和α放射性固体废物深地质处置设施的工程和安全技术研究、地下实验、选址和建造,由国务院核工业行业主管部门组织实施。

第二十三条 专门从事放射性固体废物处置活动的单位,应当符合下列条件,并依照本条例的规定申请领取放射性固体废物处置许可证:

(一)有国有或者国有控股的企业法人资格。

(二)有能保证处置设施安全运行的组织机构和专业技术人员。低、中水平放射性固体废物处置单位应当具有10名以上放射性废物管理、辐射防护、环境监测方面的专业技术人员,其中至少有3名注册核安全工程师;高水平放射性固体废物和α放射性固体废物处置单位应当具有20名以上放射性废物管理、辐射防护、环境监测方面的专业技术人员,其中至少有5名注册核安全工程师。

(三)有符合国家有关放射性污染防治标准和国务院环境保护主管部门规定的放射性固体废物接收、处置设施和场所,以及放射性检测、辐射防护与环境监测设备。低、中水平放射性固体废物处置设施关闭后应满足300年以上的安全隔离要求;高水平放射性固体废物和α放射性固体废物深地质处置设施关闭后应满足1万年以上的安全隔离要求。

(四)有相应数额的注册资金。低、中水平放射性固体废物处置单位的注册资金应不少于3000万元;高水平放射性固体废物和α放射性固体废物处置单位的注册资金应不少于1亿元。

(五)有能保证其处置活动持续进行直至安全监护期满的财务担保。

(六)有健全的管理制度以及符合核安全监督管理要求的质量保证体系,包括质量保证大纲、处置设施运行监测计划、辐射环境监测计划和应急方案等。

第二十四条 放射性固体废物处置许可证的申请、变更、延续的审批权限和程序,以及许可证的内容、有效期限,依本条例第十三条至第十六条的规定执行。

第二十五条 放射性固体废物处置单位应当按照国家有关放射性污染防治标准和国务院环境保护主管部门的规定,对其接收的放射性固体废物进行处置。

放射性固体废物处置单位应当建立放射性固体废物处置情况记录档案,如实记录处置的放射性固体废物的来源、数量、特征、存放位置等与处置活动有关的事项。放射性固体废物处置情况记录档案应当永久保存。

第二十六条 放射性固体废物处置单位应当根据处置设施运行监测计划和辐射环境监测计

划,对处置设施进行安全性检查,并对处置设施周围的地下水、地表水、土壤和空气进行放射性监测。

放射性固体废物处置单位应当如实记录监测数据,发现安全隐患或者周围环境中放射性核素超过国家规定的标准的,应当立即查找原因,采取相应的防范措施,并向国务院环境保护主管部门和核工业行业主管部门报告。构成辐射事故的,应当立即启动本单位的应急方案,并依照《中华人民共和国放射性污染防治法》《放射性同位素与射线装置安全和防护条例》的规定进行报告,开展有关事故应急工作。

第二十七条　放射性固体废物处置设施设计服役期届满,或者处置的放射性固体废物已达到该设施的设计容量,或者所在地区的地质构造或者水文地质等条件发生重大变化导致处置设施不适宜继续处置放射性固体废物的,应当依法办理关闭手续,并在划定的区域设置永久性标记。

关闭放射性固体废物处置设施的,处置单位应当编制处置设施安全监护计划,报国务院环境保护主管部门批准。

放射性固体废物处置设施依法关闭后,处置单位应当按照经批准的安全监护计划,对关闭后的处置设施进行安全监护。放射性固体废物处置单位因破产、吊销许可证等原因终止的,处置设施关闭和安全监护所需费用由提供财务担保的单位承担。

第四章　监督管理

第二十八条　县级以上人民政府环境保护主管部门和其他有关部门,依照《中华人民共和国放射性污染防治法》和本条例的规定,对放射性废物处理、贮存和处置等活动的安全性进行监督检查。

第二十九条　县级以上人民政府环境保护主管部门和其他有关部门进行监督检查时,有权采取下列措施:

(一)向被检查单位的法定代表人和其他有关人员调查、了解情况;

(二)进入被检查单位进行现场监测、检查或者核查;

(三)查阅、复制相关文件、记录以及其他有关资料;

(四)要求被检查单位提交有关情况说明或者后续处理报告。

被检查单位应当予以配合,如实反映情况,提供必要的资料,不得拒绝和阻碍。

县级以上人民政府环境保护主管部门和其他有关部门的监督检查人员依法进行监督检查时,应当出示证件,并为被检查单位保守技术秘密和业务秘密。

第三十条　核设施营运单位、核技术利用单位和放射性固体废物贮存、处置单位,应当按照放射性废物危害的大小,建立健全相应级别的安全保卫制度,采取相应的技术防范措施和人员防范措施,并适时开展放射性废物污染事故应急演练。

第三十一条　核设施营运单位、核技术利用单位和放射性固体废物贮存、处置单位,应当对其直接从事放射性废物处理、贮存和处置活动的工作人员进行核与辐射安全知识以及专业操作技术的培训,并进行考核;考核合格的,方可从事该项工作。

第三十二条　核设施营运单位、核技术利用单位和放射性固体废物贮存单位应当按照国务院环境保护主管部门的规定定期如实报告放射性废物产生、排放、处理、贮存、清洁解控和送交处置等情况。

放射性固体废物处置单位应当于每年3月31日前,向国务院环境保护主管部门和核工业行业主管部门如实报告上一年度放射性固体废物接收、处置和设施运行等情况。

第三十三条 禁止将废旧放射源和其他放射性固体废物送交无相应许可证的单位贮存、处置或者擅自处置。

禁止无许可证或者不按照许可证规定的活动种类、范围、规模和期限从事放射性固体废物贮存、处置活动。

第三十四条 禁止将放射性废物和被放射性污染的物品输入中华人民共和国境内或者经中华人民共和国境内转移。具体办法由国务院环境保护主管部门会同国务院商务主管部门、海关总署、国家出入境检验检疫主管部门制定。

第五章 法律责任

第三十五条 负有放射性废物安全监督管理职责的部门及其工作人员违反本条例规定,有下列行为之一的,对直接负责的主管人员和其他直接责任人员,依法给予处分;直接负责的主管人员和其他直接责任人员构成犯罪的,依法追究刑事责任:

(一)违反本条例规定核发放射性固体废物贮存、处置许可证的;

(二)违反本条例规定批准不符合选址规划或者选址技术导则、标准的处置设施选址或者建造的;

(三)对发现的违反本条例的行为不依法查处的;

(四)在办理放射性固体废物贮存、处置许可证以及实施监督检查过程中,索取、收受他人财物或者谋取其他利益的;

(五)其他徇私舞弊、滥用职权、玩忽职守行为。

第三十六条 违反本条例规定,核设施营运单位、核技术利用单位有下列行为之一的,由审批该单位立项环境影响评价文件的环境保护主管部门责令停止违法行为,限期改正;逾期不改正的,指定有相应许可证的单位代为贮存或者处置,所需费用由核设施营运单位、核技术利用单位承担,可以处20万元以下的罚款;构成犯罪的,依法追究刑事责任:

(一)核设施营运单位未按照规定,将其产生的废旧放射源送交贮存、处置,或者将其产生的其他放射性固体废物送交处置的;

(二)核技术利用单位未按照规定,将其产生的废旧放射源或者其他放射性固体废物送交贮存、处置的。

第三十七条 违反本条例规定,有下列行为之一的,由县级以上人民政府环境保护主管部门责令停止违法行为,限期改正,处10万元以上20万元以下的罚款;造成环境污染的,责令限期采取治理措施消除污染,逾期不采取治理措施,经催告仍不治理的,可以指定有治理能力的单位代为治理,所需费用由违法者承担;构成犯罪的,依法追究刑事责任:

(一)核设施营运单位将废旧放射源送交无相应许可证的单位贮存、处置,或者将其他放射性固体废物送交无相应许可证的单位处置,或者擅自处置的;

(二)核技术利用单位将废旧放射源或者其他放射性固体废物送交无相应许可证的单位贮存、处置,或者擅自处置的;

（三）放射性固体废物贮存单位将废旧放射源或者其他放射性固体废物送交无相应许可证的单位处置，或者擅自处置的。

第三十八条 违反本条例规定，有下列行为之一的，由省级以上人民政府环境保护主管部门责令停产停业或者吊销许可证；有违法所得的，没收违法所得；违法所得10万元以上的，并处违法所得1倍以上5倍以下的罚款；没有违法所得或者违法所得不足10万元的，并处5万元以上10万元以下的罚款；造成环境污染的，责令限期采取治理措施消除污染，逾期不采取治理措施，经催告仍不治理的，可以指定有治理能力的单位代为治理，所需费用由违法者承担；构成犯罪的，依法追究刑事责任：

（一）未经许可，擅自从事废旧放射源或者其他放射性固体废物的贮存、处置活动的；

（二）放射性固体废物贮存、处置单位未按照许可证规定的活动种类、范围、规模、期限从事废旧放射源或者其他放射性固体废物的贮存、处置活动的；

（三）放射性固体废物贮存、处置单位未按照国家有关放射性污染防治标准和国务院环境保护主管部门的规定贮存、处置废旧放射源或者其他放射性固体废物的。

第三十九条 放射性固体废物贮存、处置单位未按照规定建立情况记录档案，或者未按照规定进行如实记录的，由省级以上人民政府环境保护主管部门责令限期改正，处1万元以上5万元以下的罚款；逾期不改正的，处5万元以上10万元以下的罚款。

第四十条 核设施营运单位、核技术利用单位或者放射性固体废物贮存、处置单位未按照本条例第三十二条的规定如实报告有关情况的，由县级以上人民政府环境保护主管部门责令限期改正，处1万元以上5万元以下的罚款；逾期不改正的，处5万元以上10万元以下的罚款。

第四十一条 违反本条例规定，拒绝、阻碍环境保护主管部门或者其他有关部门的监督检查，或者在接受监督检查时弄虚作假的，由监督检查部门责令改正，处2万元以下的罚款；构成违反治安管理行为的，由公安机关依法给予治安管理处罚；构成犯罪的，依法追究刑事责任。

第四十二条 核设施营运单位、核技术利用单位或者放射性固体废物贮存、处置单位未按照规定对有关工作人员进行技术培训和考核的，由县级以上人民政府环境保护主管部门责令限期改正，处1万元以上5万元以下的罚款；逾期不改正的，处5万元以上10万元以下的罚款。

第四十三条 违反本条例规定，向中华人民共和国境内输入放射性废物或者被放射性污染的物品，或者经中华人民共和国境内转移放射性废物或者被放射性污染的物品的，由海关责令退运该放射性废物或者被放射性污染的物品，并处50万元以上100万元以下的罚款；构成犯罪的，依法追究刑事责任。

第六章 附 则

第四十四条 军用设施、装备所产生的放射性废物的安全管理，依照《中华人民共和国放射性污染防治法》第六十条的规定执行。

第四十五条 放射性废物运输的安全管理、放射性废物造成污染事故的应急处理，以及劳动者在职业活动中接触放射性废物造成的职业病防治，依照有关法律、行政法规的规定执行。

第四十六条 本条例自2012年3月1日起施行。

中华人民共和国核材料管制条例

(1987年6月15日中华人民共和国国务院发布)

第一章 总 则

第一条 为保证核材料的安全与合法利用,防止被盗、破坏、丢失、非法转让和非法使用,保护国家和人民群众的安全,促进核能事业的发展,制定本条例。

第二条 本条例管制的核材料是:

(一)铀-235,含铀-235的材料和制品;

(二)铀-233,含铀-233的材料和制品;

(三)钚-239,含钚-239的材料和制品;

(四)氚,含氚的材料和制品;

(五)锂-6,含锂-6的材料和制品;

(六)其他需要管制的核材料。

铀矿石及其初级产品,不属于本条例管制范围。已移交给军队的核制品的管制办法由国防部门制定。

第三条 国家对核材料实行许可证制度。

第四条 核材料管制的基本要求是:

(一)保证符合国家利益及法律的规定;

(二)保证国家和人民群众的安全;

(三)保证国家对核材料的控制,在必要时国家可以征收所有核材料。

第五条 一切持有、使用、生产、储存、运输和处置第二条所列核材料的部门和单位必须遵守本条例。

第二章 监督管理职责

第六条 国家核安全局负责民用核材料的安全监督,在核材料管制方面的主要职责是:

(一)拟订核材料管制法规;

(二)监督民用核材料管制法规的实施;

(三)核准核材料许可证。

第七条 核工业部负责管理全国的核材料,在核材料管制方面的主要职责是:

(一)负责实施全国核材料管制;

(二)负责审查、颁发核材料许可证;

(三)拟订核材料管制规章制度;

(四)负责全国核材料账务系统的建立和检查。

第八条 国防科学技术工业委员会负责涉及国防的核材料的安全监督和核准核材料许可证。

第三章 核材料管制办法

第九条 持有核材料数量达到下列限额的单位,必须申请核材料许可证:

(一)累计的调入量或生产量大于或等于 0.01 有效公斤的铀、含铀材料和制品(以铀的有效公斤量计);

(二)任何量的钚-239、含钚-239 的材料和制品;

(三)累计的调入量或生产量大于或等于 3.7×10^{13} 贝可(1000 居里)的氚、含氚材料和制品(以氚量计);

(四)累计的调入量或生产量大于或等于 1 公斤的浓缩锂、含浓缩锂材料和制品(以锂-6 量计)。

累计调入或生产核材料数量小于上列限额者,可免予办理许可证,但必须向核工业部办理核材料登记手续。

对不致危害国家和人民群众安全的少量的核材料制品可免予登记,其品种和数量限额由核工业部规定。

第十条 核材料许可证的申请程序是:

(一)核材料许可证申请单位向核工业部提交许可证申请书以及申请单位的上级领导部门的审核批准文件;

(二)核工业部审查并报国家核安全局或国防科学技术工业委员会核准;

(三)核工业部颁发核材料许可证。

第十一条 核材料许可证持有单位必须建立专职机构或指定专人负责保管核材料,严格交接手续,建立账目与报告制度,保证账物相符。

许可证持有单位必须建立核材料衡算制度和分析测量系统,应用批准的分析测量方法和标准,达到规定的衡算误差要求,保持核材料收支平衡。

第十二条 许可证持有单位应当在当地公安部门的指导下,对生产、使用、贮存和处置核材料的场所,建立严格的安全保卫制度,采用可靠的安全防范措施,严防盗窃、破坏、火灾等事故的发生。

第十三条 运输核材料必须遵守国家的有关规定,核材料托运单位负责与有关部门制定运输保卫方案,落实保卫措施。运输部门、公安部门和其他有关部门要密切配合,确保核材料运输途中安全。

第十四条 核材料持有单位必须切实做好核材料及其有关文件、资料的安全保密工作。凡涉及国家秘密的文件、资料,要按照国家保密规定,准确划定密级,制定严格的保密制度,防止失密、泄密和窃密。

对接触核材料及其秘密的人员,应当按照国家有关规定进行审查。

第十五条 发现核材料被盗、破坏、丢失、非法转让和非法使用的事件,当事单位必须立即追查原因、追回核材料,并迅速报告其上级领导部门、核工业部、国防科学技术工业委员会和国家核安全局。对核材料被盗、破坏、丢失等事物,必须迅速报告当地公安机关。

第四章　许可证持有单位及其上级领导部门的责任

第十六条　核材料许可证持有单位的责任是:

(一)遵守国家的法律和法规;

(二)对所持有的核材料负全面安全责任,直至核材料安全责任合法转移为止;

(三)接受管理和监督。

第十七条　核材料许可证持有单位的上级领导部门应当给所属持有单位以必要的支持和督促检查,并承担领导责任。

第五章　奖励和处罚

第十八条　对核材料管制工作做出显著成绩的单位、个人,由国家核安全局、国防科学技术工业委员会或核工业部给予表扬和奖励。

第十九条　凡违反本条例的规定,有下列行为之一的,国家核安全局可依其情节轻重,给予警告、限期改进、罚款和吊销许可证的处罚,但吊销许可证的处罚需经核工业部同意。

(一)未经批准或违章从事核材料生产、使用、贮存和处置的;

(二)不按照规定报告或谎报有关事实和资料的;

(三)拒绝监督检查的;

(四)不按照规定管理,造成事故的。

第二十条　当事人对行政处罚不服的,可在接到处罚通知之日起十五日内向人民法院起诉。但是,对吊销许可证的决定应当立即执行。对处罚决定不履行逾期又不起诉的,由国家核安全局申请人民法院强制执行。

第二十一条　对于不服从核材料管制、违反规章制度,因而发生重大事故,造成严重后果的,或者盗窃、抢劫、破坏本条例管制的核材料,构成犯罪的,由司法机关依法追究刑事责任。

第六章　附　则

第二十二条　本条例下列用语的含义:

(一)"浓缩锂"——指锂-6同位素原子百分含量大于天然锂的;

(二)"铀的有效公斤"——指铀(包括加浓铀、天然铀、贫化铀)按如下方法计算的有效公斤:

1. 对于铀-235同位素原子百分含量不小于1%的铀,以公斤为单位的铀的实际量乘以铀-235同位素原子百分含量的平方。

2. 对于铀-235同位素原子百分含量小于1%,大于0.5%的铀,以公斤为单位的铀的实际重量乘以0.0001。

3. 对于铀-235同位素原子百分含量不大于0.5%的铀,以公斤为单位的铀的实际重量乘以0.00005。

4. 对于铀-233,其有效公斤计算方法与铀-235相同。

第二十三条　本条例由国家核安全局负责解释;本条例的实施细则由国家核安全局会同国防科学技术工业委员会、核工业部制定。

第二十四条　本条例自发布之日起施行。

放射性物品运输安全管理条例

(2009 年 9 月 14 日 中华人民共和国国务院令第 562 号)

第一章 总 则

第一条 为了加强对放射性物品运输的安全管理,保障人体健康,保护环境,促进核能、核技术的开发与和平利用,根据《中华人民共和国放射性污染防治法》,制定本条例。

第二条 放射性物品的运输和放射性物品运输容器的设计、制造等活动,适用本条例。

本条例所称放射性物品,是指含有放射性核素,并且其活度和比活度均高于国家规定的豁免值的物品。

第三条 根据放射性物品的特性及其对人体健康和环境的潜在危害程度,将放射性物品分为一类、二类和三类。

一类放射性物品,是指Ⅰ类放射源、高水平放射性废物、乏燃料等释放到环境后对人体健康和环境产生重大辐射影响的放射性物品。

二类放射性物品,是指Ⅱ类和Ⅲ类放射源、中等水平放射性废物等释放到环境后对人体健康和环境产生一般辐射影响的放射性物品。

三类放射性物品,是指Ⅳ类和Ⅴ类放射源、低水平放射性废物、放射性药品等释放到环境后对人体健康和环境产生较小辐射影响的放射性物品。

放射性物品的具体分类和名录,由国务院核安全监管部门会同国务院公安、卫生、海关、交通运输、铁路、民航、核工业行业主管部门制定。

第四条 国务院核安全监管部门对放射性物品运输的核与辐射安全实施监督管理。

国务院公安、交通运输、铁路、民航等有关主管部门依照本条例规定和各自的职责,负责放射性物品运输安全的有关监督管理工作。

县级以上地方人民政府环境保护主管部门和公安、交通运输等有关主管部门,依照本条例规定和各自的职责,负责本行政区域放射性物品运输安全的有关监督管理工作。

第五条 运输放射性物品,应当使用专用的放射性物品运输包装容器(以下简称运输容器)。

放射性物品的运输和放射性物品运输容器的设计、制造,应当符合国家放射性物品运输安全标准。

国家放射性物品运输安全标准,由国务院核安全监管部门制定,由国务院核安全监管部门和国务院标准化主管部门联合发布。国务院核安全监管部门制定国家放射性物品运输安全标准,应当征求国务院公安、卫生、交通运输、铁路、民航、核工业行业主管部门的意见。

第六条 放射性物品运输容器的设计、制造单位应当建立健全责任制度,加强质量管理,并对所从事的放射性物品运输容器的设计、制造活动负责。

放射性物品的托运人(以下简称托运人)应当制定核与辐射事故应急方案,在放射性物品运输中采取有效的辐射防护和安全保卫措施,并对放射性物品运输中的核与辐射安全负责。

第七条 任何单位和个人对违反本条例规定的行为,有权向国务院核安全监管部门或者其他依法履行放射性物品运输安全监督管理职责的部门举报。

接到举报的部门应当依法调查处理,并为举报人保密。

第二章 放射性物品运输容器的设计

第八条 放射性物品运输容器设计单位应当建立健全和有效实施质量保证体系,按照国家放射性物品运输安全标准进行设计,并通过试验验证或者分析论证等方式,对设计的放射性物品运输容器的安全性能进行评价。

第九条 放射性物品运输容器设计单位应当建立健全档案制度,按照质量保证体系的要求,如实记录放射性物品运输容器的设计和安全性能评价过程。

进行一类放射性物品运输容器设计,应当编制设计安全评价报告书;进行二类放射性物品运输容器设计,应当编制设计安全评价报告表。

第十条 一类放射性物品运输容器的设计,应当在首次用于制造前报国务院核安全监管部门审查批准。

申请批准一类放射性物品运输容器的设计,设计单位应当向国务院核安全监管部门提出书面申请,并提交下列材料:

(一)设计总图及其设计说明书;

(二)设计安全评价报告书;

(三)质量保证大纲。

第十一条 国务院核安全监管部门应当自受理申请之日起45个工作日内完成审查,对符合国家放射性物品运输安全标准的,颁发一类放射性物品运输容器设计批准书,并公告批准文号;对不符合国家放射性物品运输安全标准的,书面通知申请单位并说明理由。

第十二条 设计单位修改已批准的一类放射性物品运输容器设计中有关安全内容的,应当按照原申请程序向国务院核安全监管部门重新申请领取一类放射性物品运输容器设计批准书。

第十三条 二类放射性物品运输容器的设计,设计单位应当在首次用于制造前,将设计总图及其设计说明书、设计安全评价报告表报国务院核安全监管部门备案。

第十四条 三类放射性物品运输容器的设计,设计单位应当编制设计符合国家放射性物品运输安全标准的证明文件并存档备查。

第三章 放射性物品运输容器的制造与使用

第十五条 放射性物品运输容器制造单位,应当按照设计要求和国家放射性物品运输安全标准,对制造的放射性物品运输容器进行质量检验,编制质量检验报告。

未经质量检验或者经检验不合格的放射性物品运输容器,不得交付使用。

第十六条 从事一类放射性物品运输容器制造活动的单位,应当具备下列条件:

(一)有与所从事的制造活动相适应的专业技术人员;

(二)有与所从事的制造活动相适应的生产条件和检测手段;

(三)有健全的管理制度和完善的质量保证体系。

第十七条 从事一类放射性物品运输容器制造活动的单位,应当申请领取一类放射性物品运输容器制造许可证(以下简称制造许可证)。

申请领取制造许可证的单位,应当向国务院核安全监管部门提出书面申请,并提交其符合本条例第十六条规定条件的证明材料和申请制造的运输容器型号。

禁止无制造许可证或者超出制造许可证规定的范围从事一类放射性物品运输容器的制造活动。

第十八条 国务院核安全监管部门应当自受理申请之日起45个工作日内完成审查,对符合条件的,颁发制造许可证,并予以公告;对不符合条件的,书面通知申请单位并说明理由。

第十九条 制造许可证应当载明下列内容:

(一)制造单位名称、住所和法定代表人;

(二)许可制造的运输容器的型号;

(三)有效期限;

(四)发证机关、发证日期和证书编号。

第二十条 一类放射性物品运输容器制造单位变更单位名称、住所或者法定代表人的,应当自工商变更登记之日起20日内,向国务院核安全监管部门办理制造许可证变更手续。

一类放射性物品运输容器制造单位变更制造的运输容器型号的,应当按照原申请程序向国务院核安全监管部门重新申请领取制造许可证。

第二十一条 制造许可证有效期为5年。

制造许可证有效期届满,需要延续的,一类放射性物品运输容器制造单位应当于制造许可证有效期届满6个月前,向国务院核安全监管部门提出延续申请。

国务院核安全监管部门应当在制造许可证有效期届满前作出是否准予延续的决定。

第二十二条 从事二类放射性物品运输容器制造活动的单位,应当在首次制造活动开始30日前,将其具备与所从事的制造活动相适应的专业技术人员、生产条件、检测手段,以及具有健全的管理制度和完善的质量保证体系的证明材料,报国务院核安全监管部门备案。

第二十三条 一类、二类放射性物品运输容器制造单位,应当按照国务院核安全监管部门制定的编码规则,对其制造的一类、二类放射性物品运输容器统一编码,并于每年1月31日前将上一年度的运输容器编码清单报国务院核安全监管部门备案。

第二十四条 从事三类放射性物品运输容器制造活动的单位,应当于每年1月31日前将上一年度制造的运输容器的型号和数量报国务院核安全监管部门备案。

第二十五条 放射性物品运输容器使用单位应当对其使用的放射性物品运输容器定期进行保养和维护,并建立保养和维护档案;放射性物品运输容器达到设计使用年限,或者发现放射性物品运输容器存在安全隐患的,应当停止使用,进行处理。

一类放射性物品运输容器使用单位还应当对其使用的一类放射性物品运输容器每两年进行一次安全性能评价,并将评价结果报国务院核安全监管部门备案。

第二十六条 使用境外单位制造的一类放射性物品运输容器的,应当在首次使用前报国务院核安全监管部门审查批准。

申请使用境外单位制造的一类放射性物品运输容器的单位,应当向国务院核安全监管部门提出书面申请,并提交下列材料:

（一）设计单位所在国核安全监管部门颁发的设计批准文件的复印件；
（二）设计安全评价报告书；
（三）制造单位相关业绩的证明材料；
（四）质量合格证明；
（五）符合中华人民共和国法律、行政法规规定，以及国家放射性物品运输安全标准或者经国务院核安全监管部门认可的标准的说明材料。

国务院核安全监管部门应当自受理申请之日起 45 个工作日内完成审查，对符合国家放射性物品运输安全标准的，颁发使用批准书；对不符合国家放射性物品运输安全标准的，书面通知申请单位并说明理由。

第二十七条 使用境外单位制造的二类放射性物品运输容器的，应当在首次使用前将运输容器质量合格证明和符合中华人民共和国法律、行政法规规定，以及国家放射性物品运输安全标准或者经国务院核安全监管部门认可的标准的说明材料，报国务院核安全监管部门备案。

第二十八条 国务院核安全监管部门办理使用境外单位制造的一类、二类放射性物品运输容器审查批准和备案手续，应当同时为运输容器确定编码。

第四章 放射性物品的运输

第二十九条 托运放射性物品的，托运人应当持有生产、销售、使用或者处置放射性物品的有效证明，使用与所托运的放射性物品类别相适应的运输容器进行包装，配备必要的辐射监测设备、防护用品和防盗、防破坏设备，并编制运输说明书、核与辐射事故应急响应指南、装卸作业方法、安全防护指南。

运输说明书应当包括放射性物品的品名、数量、物理化学形态、危害风险等内容。

第三十条 托运一类放射性物品的，托运人应当委托有资质的辐射监测机构对其表面污染和辐射水平实施监测，辐射监测机构应当出具辐射监测报告。

托运二类、三类放射性物品的，托运人应当对其表面污染和辐射水平实施监测，并编制辐射监测报告。

监测结果不符合国家放射性物品运输安全标准的，不得托运。

第三十一条 承运放射性物品应当取得国家规定的运输资质。承运人的资质管理，依照有关法律、行政法规和国务院交通运输、铁路、民航、邮政主管部门的规定执行。

第三十二条 托运人和承运人应当对直接从事放射性物品运输的工作人员进行运输安全和应急响应知识的培训，并进行考核；考核不合格的，不得从事相关工作。

托运人和承运人应当按照国家放射性物品运输安全标准和国家有关规定，在放射性物品运输容器和运输工具上设置警示标志。

国家利用卫星定位系统对一类、二类放射性物品运输工具的运输过程实行在线监控。具体办法由国务院核安全监管部门会同国务院有关部门制定。

第三十三条 托运人和承运人应当按照国家职业病防治的有关规定，对直接从事放射性物品运输的工作人员进行个人剂量监测，建立个人剂量档案和职业健康监护档案。

第三十四条 托运人应当向承运人提交运输说明书、辐射监测报告、核与辐射事故应急响应指南、装卸作业方法、安全防护指南，承运人应当查验、收存。托运人提交文件不齐的，承运人不得承运。

第三十五条 托运一类放射性物品的,托运人应当编制放射性物品运输的核与辐射安全分析报告书,报国务院核安全监管部门审查批准。

放射性物品运输的核与辐射安全分析报告书应当包括放射性物品的品名、数量、运输容器型号、运输方式、辐射防护措施、应急措施等内容。

国务院核安全监管部门应当自受理申请之日起45个工作日内完成审查,对符合国家放射性物品运输安全标准的,颁发核与辐射安全分析报告批准书;对不符合国家放射性物品运输安全标准的,书面通知申请单位并说明理由。

第三十六条 放射性物品运输的核与辐射安全分析报告批准书应当载明下列主要内容:

(一)托运人的名称、地址、法定代表人;

(二)运输放射性物品的品名、数量;

(三)运输放射性物品的运输容器型号和运输方式;

(四)批准日期和有效期限。

第三十七条 一类放射性物品启运前,托运人应当将放射性物品运输的核与辐射安全分析报告批准书、辐射监测报告,报启运地的省、自治区、直辖市人民政府环境保护主管部门备案。

收到备案材料的环境保护主管部门应当及时将有关情况通报放射性物品运输的途经地和抵达地的省、自治区、直辖市人民政府环境保护主管部门。

第三十八条 通过道路运输放射性物品的,应当经公安机关批准,按照指定的时间、路线、速度行驶,并悬挂警示标志,配备押运人员,使放射性物品处于押运人员的监管之下。

通过道路运输核反应堆乏燃料的,托运人应当报国务院公安部门批准。通过道路运输其他放射性物品的,托运人应当报启运地县级以上人民政府公安机关批准。具体办法由国务院公安部门商国务院核安全监管部门制定。

第三十九条 通过水路运输放射性物品的,按照水路危险货物运输的法律、行政法规和规章的有关规定执行。

通过铁路、航空运输放射性物品的,按照国务院铁路、民航主管部门的有关规定执行。

禁止邮寄一类、二类放射性物品。邮寄三类放射性物品的,按照国务院邮政管理部门的有关规定执行。

第四十条 生产、销售、使用或者处置放射性物品的单位,可以依照《中华人民共和国道路运输条例》的规定,向设区的市级人民政府道路运输管理机构申请非营业性道路危险货物运输资质,运输本单位的放射性物品,并承担本条例规定的托运人和承运人的义务。

申请放射性物品非营业性道路危险货物运输资质的单位,应当具备下列条件:

(一)持有生产、销售、使用或者处置放射性物品的有效证明;

(二)有符合本条例规定要求的放射性物品运输容器;

(三)有具备辐射防护与安全防护知识的专业技术人员和经考试合格的驾驶人员;

(四)有符合放射性物品运输安全防护要求,并经检测合格的运输工具、设施和设备;

(五)配备必要的防护用品和依法经定期检定合格的监测仪器;

(六)有运输安全和辐射防护管理规章制度以及核与辐射事故应急措施。

放射性物品非营业性道路危险货物运输资质的具体条件,由国务院交通运输主管部门会同国务院核安全监管部门制定。

第四十一条 一类放射性物品从境外运抵中华人民共和国境内,或者途经中华人民共和国境内运输的,托运人应当编制放射性物品运输的核与辐射安全分析报告书,报国务院核安全监管部门审查批准。审查批准程序依照本条例第三十五条第三款的规定执行。

二类、三类放射性物品从境外运抵中华人民共和国境内,或者途经中华人民共和国境内运输的,托运人应当编制放射性物品运输的辐射监测报告,报国务院核安全监管部门备案。

托运人、承运人或者其代理人向海关办理有关手续,应当提交国务院核安全监管部门颁发的放射性物品运输的核与辐射安全分析报告批准书或者放射性物品运输的辐射监测报告备案证明。

第四十二条 县级以上人民政府组织编制的突发环境事件应急预案,应当包括放射性物品运输中可能发生的核与辐射事故应急响应的内容。

第四十三条 放射性物品运输中发生核与辐射事故的,承运人、托运人应当按照核与辐射事故应急响应指南的要求,做好事故应急工作,并立即报告事故发生地的县级以上人民政府环境保护主管部门。接到报告的环境保护主管部门应当立即派人赶赴现场,进行现场调查,采取有效措施控制事故影响,并及时向本级人民政府报告,通报同级公安、卫生、交通运输等有关主管部门。

接到报告的县级以上人民政府及其有关主管部门应当按照应急预案做好应急工作,并按照国家突发事件分级报告的规定及时上报核与辐射事故信息。

核反应堆乏燃料运输的核事故应急准备与响应,还应当遵守国家核应急的有关规定。

第五章 监督检查

第四十四条 国务院核安全监管部门和其他依法履行放射性物品运输安全监督管理职责的部门,应当依据各自职责对放射性物品运输安全实施监督检查。

国务院核安全监管部门应当将其已批准或者备案的一类、二类、三类放射性物品运输容器的设计、制造情况和放射性物品运输情况通报设计、制造单位所在地和运输途经地的省、自治区、直辖市人民政府环境保护主管部门。省、自治区、直辖市人民政府环境保护主管部门应当加强对本行政区域放射性物品运输安全的监督检查和监督性监测。

被检查单位应当予以配合,如实反映情况,提供必要的资料,不得拒绝和阻碍。

第四十五条 国务院核安全监管部门和省、自治区、直辖市人民政府环境保护主管部门以及其他依法履行放射性物品运输安全监督管理职责的部门进行监督检查,监督检查人员不得少于2人,并应当出示有效的行政执法证件。

国务院核安全监管部门和省、自治区、直辖市人民政府环境保护主管部门以及其他依法履行放射性物品运输安全监督管理职责的部门的工作人员,对监督检查中知悉的商业秘密负有保密义务。

第四十六条 监督检查中发现经批准的一类放射性物品运输容器设计确有重大设计安全缺陷的,由国务院核安全监管部门责令停止该型号运输容器的制造或者使用,撤销一类放射性物品运输容器设计批准书。

第四十七条 监督检查中发现放射性物品运输活动有不符合国家放射性物品运输安全标准

情形的,或者一类放射性物品运输容器制造单位有不符合制造许可证规定条件情形的,应当责令限期整改;发现放射性物品运输活动可能对人体健康和环境造成核与辐射危害的,应当责令停止运输。

第四十八条 国务院核安全监管部门和省、自治区、直辖市人民政府环境保护主管部门以及其他依法履行放射性物品运输安全监督管理职责的部门,对放射性物品运输活动实施监测,不得收取监测费用。

国务院核安全监管部门和省、自治区、直辖市人民政府环境保护主管部门以及其他依法履行放射性物品运输安全监督管理职责的部门,应当加强对监督管理人员辐射防护与安全防护知识的培训。

第六章 法律责任

第四十九条 国务院核安全监管部门和省、自治区、直辖市人民政府环境保护主管部门或者其他依法履行放射性物品运输安全监督管理职责的部门有下列行为之一的,对直接负责的主管人员和其他直接责任人员依法给予处分;直接负责的主管人员和其他直接责任人员构成犯罪的,依法追究刑事责任:

(一)未依照本条例规定作出行政许可或者办理批准文件的;
(二)发现违反本条例规定的行为不予查处,或者接到举报不依法处理的;
(三)未依法履行放射性物品运输核与辐射事故应急职责的;
(四)对放射性物品运输活动实施监测收取监测费用的;
(五)其他不依法履行监督管理职责的行为。

第五十条 放射性物品运输容器设计、制造单位有下列行为之一的,由国务院核安全监管部门责令停止违法行为,处50万元以上100万元以下的罚款;有违法所得的,没收违法所得:

(一)将未取得设计批准书的一类放射性物品运输容器设计用于制造的;
(二)修改已批准的一类放射性物品运输容器设计中有关安全内容,未重新取得设计批准书即用于制造的。

第五十一条 放射性物品运输容器设计、制造单位有下列行为之一的,由国务院核安全监管部门责令停止违法行为,处5万元以上10万元以下的罚款;有违法所得的,没收违法所得:

(一)将不符合国家放射性物品运输安全标准的二类、三类放射性物品运输容器设计用于制造的;
(二)将未备案的二类放射性物品运输容器设计用于制造的。

第五十二条 放射性物品运输容器设计单位有下列行为之一的,由国务院核安全监管部门责令限期改正;逾期不改正的,处1万元以上5万元以下的罚款:

(一)未对二类、三类放射性物品运输容器的设计进行安全性能评价的;
(二)未如实记录二类、三类放射性物品运输容器设计和安全性能评价过程的;
(三)未编制三类放射性物品运输容器设计符合国家放射性物品运输安全标准的证明文件并存档备查的。

第五十三条 放射性物品运输容器制造单位有下列行为之一的,由国务院核安全监管部门责令停止违法行为,处50万元以上100万元以下的罚款;有违法所得的,没收违法所得:

(一)未取得制造许可证从事一类放射性物品运输容器制造活动的;

(二)制造许可证有效期届满,未按照规定办理延续手续,继续从事一类放射性物品运输容器制造活动的;

(三)超出制造许可证规定的范围从事一类放射性物品运输容器制造活动的;

(四)变更制造的一类放射性物品运输容器型号,未按照规定重新领取制造许可证的;

(五)将未经质量检验或者经检验不合格的一类放射性物品运输容器交付使用的。

有前款第(三)项、第(四)项和第(五)项行为之一,情节严重的,吊销制造许可证。

第五十四条 一类放射性物品运输容器制造单位变更单位名称、住所或者法定代表人,未依法办理制造许可证变更手续的,由国务院核安全监管部门责令限期改正;逾期不改正的,处2万元的罚款。

第五十五条 放射性物品运输容器制造单位有下列行为之一的,由国务院核安全监管部门责令停止违法行为,处5万元以上10万元以下的罚款;有违法所得的,没收违法所得:

(一)在二类放射性物品运输容器首次制造活动开始前,未按照规定将有关证明材料报国务院核安全监管部门备案的;

(二)将未经质量检验或者经检验不合格的二类、三类放射性物品运输容器交付使用的。

第五十六条 放射性物品运输容器制造单位有下列行为之一的,由国务院核安全监管部门责令限期改正;逾期不改正的,处1万元以上5万元以下的罚款:

(一)未按照规定对制造的一类、二类放射性物品运输容器统一编码的;

(二)未按照规定将制造的一类、二类放射性物品运输容器编码清单报国务院核安全监管部门备案的;

(三)未按照规定将制造的三类放射性物品运输容器的型号和数量报国务院核安全监管部门备案的。

第五十七条 放射性物品运输容器使用单位未按照规定对使用的一类放射性物品运输容器进行安全性能评价,或者未将评价结果报国务院核安全监管部门备案的,由国务院核安全监管部门责令限期改正;逾期不改正的,处1万元以上5万元以下的罚款。

第五十八条 未按照规定取得使用批准书使用境外单位制造的一类放射性物品运输容器的,由国务院核安全监管部门责令停止违法行为,处50万元以上100万元以下的罚款。

未按照规定办理备案手续使用境外单位制造的二类放射性物品运输容器的,由国务院核安全监管部门责令停止违法行为,处5万元以上10万元以下的罚款。

第五十九条 托运人未按照规定编制放射性物品运输说明书、核与辐射事故应急响应指南、装卸作业方法、安全防护指南的,由国务院核安全监管部门责令限期改正;逾期不改正的,处1万元以上5万元以下的罚款。

托运人未按照规定将放射性物品运输的核与辐射安全分析报告批准书、辐射监测报告备案的,由启运地的省、自治区、直辖市人民政府环境保护主管部门责令限期改正;逾期不改正的,处1万元以上5万元以下的罚款。

第六十条 托运人或者承运人在放射性物品运输活动中,有违反有关法律、行政法规关于危险货物运输管理规定行为的,由交通运输、铁路、民航等有关主管部门依法予以处罚。

违反有关法律、行政法规规定邮寄放射性物品的,由公安机关和邮政管理部门依法予以处罚。在邮寄进境物品中发现放射性物品的,由海关依照有关法律、行政法规的规定处理。

第六十一条 托运人未取得放射性物品运输的核与辐射安全分析报告批准书托运一类放射性物品的,由国务院核安全监管部门责令停止违法行为,处50万元以上100万元以下的罚款。

第六十二条 通过道路运输放射性物品,有下列行为之一的,由公安机关责令限期改正,处2万元以上10万元以下的罚款;构成犯罪的,依法追究刑事责任:

(一)未经公安机关批准通过道路运输放射性物品的;

(二)运输车辆未按照指定的时间、路线、速度行驶或者未悬挂警示标志的;

(三)未配备押运人员或者放射性物品脱离押运人员监管的。

第六十三条 托运人有下列行为之一的,由启运地的省、自治区、直辖市人民政府环境保护主管部门责令停止违法行为,处5万元以上20万元以下的罚款:

(一)未按照规定对托运的放射性物品表面污染和辐射水平实施监测的;

(二)将经监测不符合国家放射性物品运输安全标准的放射性物品交付托运的;

(三)出具虚假辐射监测报告的。

第六十四条 未取得放射性物品运输的核与辐射安全分析报告批准书或者放射性物品运输的辐射监测报告备案证明,将境外的放射性物品运抵中华人民共和国境内,或者途经中华人民共和国境内运输的,由海关责令托运人退运该放射性物品,并依照海关法律、行政法规给予处罚;构成犯罪的,依法追究刑事责任。托运人不明的,由承运人承担退运该放射性物品的责任,或者承担该放射性物品的处置费用。

第六十五条 违反本条例规定,在放射性物品运输中造成核与辐射事故的,由县级以上地方人民政府环境保护主管部门处以罚款,罚款数额按照核与辐射事故造成的直接损失的20%计算;构成犯罪的,依法追究刑事责任。

托运人、承运人未按照核与辐射事故应急响应指南的要求,做好事故应急工作并报告事故的,由县级以上地方人民政府环境保护主管部门处5万元以上20万元以下的罚款。

因核与辐射事故造成他人损害的,依法承担民事责任。

第六十六条 拒绝、阻碍国务院核安全监管部门或者其他依法履行放射性物品运输安全监督管理职责的部门进行监督检查,或者在接受监督检查时弄虚作假的,由监督检查部门责令改正,处1万元以上2万元以下的罚款;构成违反治安管理行为的,由公安机关依法给予治安管理处罚;构成犯罪的,依法追究刑事责任。

第七章 附 则

第六十七条 军用放射性物品运输安全的监督管理,依照《中华人民共和国放射性污染防治法》第六十条的规定执行。

第六十八条 本条例自2010年1月1日起施行。

放射性物品运输安全监督管理办法

(2016 年 3 月 14 日 环境保护部令第 38 号)

第一章 总 则

第一条 为加强对放射性物品运输安全的监督管理,依据《放射性物品运输安全管理条例》,制定本办法。

第二条 本办法适用于对放射性物品运输和放射性物品运输容器的设计、制造和使用过程的监督管理。

第三条 国务院核安全监管部门负责对全国放射性物品运输的核与辐射安全实施监督管理,具体职责为:

(一)负责对放射性物品运输容器的设计、制造和使用等进行监督检查;

(二)负责对放射性物品运输过程中的核与辐射事故应急给予支持和指导;

(三)负责对放射性物品运输安全监督管理人员进行辐射防护与安全防护知识培训。

第四条 省、自治区、直辖市环境保护主管部门负责对本行政区域内放射性物品运输的核与辐射安全实施监督管理,具体职责为:

(一)负责对本行政区域内放射性物品运输活动的监督检查;

(二)负责在本行政区域内放射性物品运输过程中的核与辐射事故的应急准备和应急响应工作;

(三)负责对本行政区域内放射性物品运输安全监督管理人员进行辐射防护与安全防护知识培训。

第五条 放射性物品运输单位和放射性物品运输容器的设计、制造和使用单位,应当对其活动负责,并配合国务院核安全监管部门和省、自治区、直辖市环境保护主管部门进行监督检查,如实反映情况,提供必要的资料。

第六条 监督检查人员应当依法实施监督检查,并为被检查者保守商业秘密。

第二章 放射性物品运输容器设计活动的监督管理

第七条 放射性物品运输容器设计单位应当具备与设计工作相适应的设计人员、工作场所和设计手段,按照放射性物品运输容器设计的相关规范和标准从事设计活动,并为其设计的放射性物品运输容器的制造和使用单位提供必要的技术支持。从事一类放射性物品运输容器设计的单位应当依法取得设计批准书。

放射性物品运输容器设计单位应当在设计阶段明确首次使用前对运输容器的结构、包容、屏蔽、传热和核临界安全功能进行检查的方法和要求。

第八条 放射性物品运输容器设计单位应当加强质量管理,建立健全质量保证体系,编制质量保证大纲并有效实施。

放射性物品运输容器设计单位对其所从事的放射性物品运输容器设计活动负责。

第九条 放射性物品运输容器设计单位应当通过试验验证或者分析论证等方式,对其设计的放射性物品运输容器的安全性能进行评价。

安全性能评价应当贯穿整个设计过程,保证放射性物品运输容器的设计满足所有的安全要求。

第十条 放射性物品运输容器设计单位应当按照国务院核安全监管部门规定的格式和内容编制设计安全评价文件。

设计安全评价文件应当包括结构评价、热评价、包容评价、屏蔽评价、临界评价、货包(放射性物品运输容器与其放射性内容物)操作规程、验收试验和维修大纲,以及运输容器的工程图纸等内容。

第十一条 放射性物品运输容器设计单位对其设计的放射性物品运输容器进行试验验证的,应当在验证开始前至少二十个工作日提请国务院核安全监管部门进行试验见证,并提交下列文件:

(一)初步设计说明书和计算报告;

(二)试验验证方式和试验大纲;

(三)试验验证计划。

国务院核安全监管部门应当及时组织对设计单位的试验验证过程进行见证,并做好相应的记录。

开展特殊形式和低弥散放射性物品设计试验验证的单位,应当依照本条第一款的规定提请试验见证。

第十二条 国务院核安全监管部门应当对放射性物品运输容器设计活动进行监督检查。

申请批准一类放射性物品运输容器的设计,国务院核安全监管部门原则上应当对该设计活动进行一次现场检查;对于二类、三类放射性物品运输容器的设计,国务院核安全监管部门应当结合试验见证情况进行现场抽查。

国务院核安全监管部门可以结合放射性物品运输容器的制造和使用情况,对放射性物品运输容器设计单位进行监督检查。

第十三条 国务院核安全监管部门对放射性物品运输容器设计单位进行监督检查时,应当检查质量保证大纲和试验验证的实施情况、人员配备、设计装备、设计文件、安全性能评价过程记录、以往监督检查发现问题的整改落实情况等。

第十四条 一类放射性物品运输容器设计批准书颁发前的监督检查中,发现放射性物品运输容器设计单位的设计活动不符合法律法规要求的,国务院核安全监管部门应当暂缓或者不予颁发设计批准书。

监督检查中发现经批准的一类放射性物品运输容器设计确有重大设计安全缺陷的,国务院核安全监管部门应当责令停止该型号运输容器的制造或者使用,撤销一类放射性物品运输容器设计批准书。

第三章 放射性物品运输容器制造活动的监督管理

第十五条 放射性物品运输容器制造单位应当具备与制造活动相适应的专业技术人员、生产条件和检测手段,采用经设计单位确认的设计图纸和文件。一类放射性物品运输容器制造单位应当依法取得一类放射性物品运输容器制造许可证后,方可开展制造活动。

放射性物品运输容器制造单位应当在制造活动开始前,依据设计提出的技术要求编制制造过程工艺文件,并严格执行;采用特种工艺的,应当进行必要的工艺试验或者工艺评定。

第十六条　放射性物品运输容器制造单位应当加强质量管理,建立健全质量保证体系,编制质量保证大纲并有效实施。

放射性物品运输容器制造单位对其所从事的放射性物品运输容器制造质量负责。

第十七条　放射性物品运输容器制造单位应当按照设计要求和有关标准,对放射性物品运输容器的零部件和整体容器进行质量检验,编制质量检验报告。未经质量检验或者经检验不合格的放射性物品运输容器,不得交付使用。

第十八条　一类、二类放射性物品运输容器制造单位,应当按照本办法规定的编码规则,对其制造的一类、二类放射性物品运输容器进行统一编码。

一类、二类放射性物品运输容器制造单位,应当于每年1月31日前将上一年度制造的运输容器的编码清单报国务院核安全监管部门备案。

三类放射性物品运输容器制造单位,应当于每年1月31日前将上一年度制造的运输容器的型号及其数量、设计总图报国务院核安全监管部门备案。

第十九条　一类放射性物品运输容器制造单位应当在每次制造活动开始前至少三十日,向国务院核安全监管部门提交制造质量计划。国务院核安全监管部门应当根据制造活动的特点选取检查点并通知制造单位。

一类放射性物品运输容器制造单位应当根据制造活动的实际进度,在国务院核安全监管部门选取的检查点制造活动开始前,至少提前十个工作日书面报告国务院核安全监管部门。

第二十条　国务院核安全监管部门应当对放射性物品运输容器的制造过程进行监督检查。

对一类放射性物品运输容器的制造活动应当至少组织一次现场检查;对二类放射性物品运输容器的制造,应当对制造过程进行不定期抽查;对三类放射性物品运输容器的制造,应当根据每年的备案情况进行不定期抽查。

第二十一条　国务院核安全监管部门对放射性物品运输容器制造单位进行现场监督检查时,应当检查以下内容:

(一)一类放射性物品运输容器制造单位遵守制造许可证的情况;

(二)质量保证体系的运行情况;

(三)人员资格情况;

(四)生产条件和检测手段与所从事制造活动的适应情况;

(五)编制的工艺文件与采用的技术标准以及有关技术文件的符合情况;

(六)工艺过程的实施情况以及零部件采购过程中的质量保证情况;

(七)制造过程记录;

(八)重大质量问题的调查和处理,以及整改要求的落实情况等。

第二十二条　国务院核安全监管部门在监督检查中,发现一类放射性物品运输容器制造单位有不符合制造许可证规定情形的,由国务院核安全监管部门责令限期整改。

监督检查中发现放射性物品运输容器制造确有重大质量问题或者违背设计要求的,由国务院核安全监管部门责令停止该型号运输容器的制造或者使用。

第二十三条 一类放射性物品运输容器的使用单位在采购境外单位制造的运输容器时,应当在对外贸易合同中明确运输容器的设计、制造符合我国放射性物品运输安全法律法规要求,以及境外单位配合国务院核安全监管部门监督检查的义务。

采购境外单位制造的一类放射性物品运输容器的使用单位,应当在相应制造活动开始前至少三个月通知国务院核安全监管部门,并配合国务院核安全监管部门对境外单位一类放射性物品运输容器制造活动实施监督检查。

采购境外单位制造的一类放射性物品运输容器成品的使用单位,应当在使用批准书申请时提交相应的文件,证明该容器质量满足设计要求。

第四章 放射性物品运输活动的监督管理

第二十四条 托运人对放射性物品运输的核与辐射安全和应急工作负责,对拟托运物品的合法性负责,并依法履行各项行政审批手续。托运一类放射性物品的托运人应当依法取得核与辐射安全分析报告批复后方可从事运输活动。托运人应当对直接从事放射性物品运输的工作人员进行运输安全和应急响应知识的培训和考核,并建立职业健康档案。

承运人应当对直接从事放射性物品运输的工作人员进行运输安全和应急响应知识的培训和考核,并建立职业健康档案。对托运人提交的有关资料,承运人应当进行查验、收存,并配合托运人做好运输过程中的安全保卫和核与辐射事故应急工作。

放射性物品运输应当有明确并且具备核与辐射安全法律法规规定条件的接收人。接收人应当对所接收的放射性物品进行核对验收,发现异常应当及时通报托运人和承运人。

第二十五条 托运人应当根据拟托运放射性物品的潜在危害建立健全应急响应体系,针对具体运输活动编制应急响应指南,并在托运前提交承运人。

托运人应当会同承运人定期开展相应的应急演习。

第二十六条 托运人应当对每个放射性物品运输容器在制造完成后、首次使用前进行详细检查,确保放射性物品运输容器的包容、屏蔽、传热、核临界安全功能符合设计要求。

第二十七条 托运人应当按照运输容器的特点,制定每次启运前检查或者试验程序,并按照程序进行检查。检查时应当核实内容物符合性,并对运输容器的吊装设备、密封性能、温度、压力等进行检测和检查,确保货包的热和压力已达到平衡、稳定状态,密闭性能完好。

对装有易裂变材料的放射性物品运输容器,还应当检查中子毒物和其他临界控制措施是否符合要求。

每次检查或者试验应当由获得托运人授权的操作人员进行,并制作书面记录。

检查不符合要求的,不得启运。

第二十八条 托运一类放射性物品的,托运人应当委托有资质的辐射监测机构在启运前对其表面污染和辐射水平实施监测,辐射监测机构应当出具辐射监测报告。

托运二类、三类放射性物品的,托运人应当对其表面污染和辐射水平实施监测,并编制辐射监测报告,存档备查。

监测结果不符合国家放射性物品运输安全标准的,不得托运。

第二十九条 托运人应当根据放射性物品运输安全标准,限制单个运输工具上放射性物品货包的数量。

承运人应当按照托运人的要求运输货包。放射性物品运输和中途贮存期间，承运人应当妥善堆放，采取必要的隔离措施，并严格执行辐射防护和监测要求。

第三十条 托运人和承运人应当采取措施，确保货包和运输工具外表面的非固定污染不超过放射性物品运输安全标准的要求。

在运输途中货包受损、发生泄漏或者有泄漏可能的，托运人和承运人应当立即采取措施保护现场，限制非专业人员接近，并由具备辐射防护与安全防护知识的专业技术人员按放射性物品运输安全标准要求评定货包的污染程度和辐射水平，消除或者减轻货包泄漏、损坏造成的后果。

经评定，货包泄漏量超过放射性物品运输安全标准要求的，托运人和承运人应当立即报告事故发生地的县级以上环境保护主管部门，并在环境保护主管部门监督下将货包移至临时场所。货包完成修理和去污之后，方可向外发送。

第三十一条 放射性物品运输中发生核与辐射安全事故时，托运人和承运人应当根据核与辐射事故应急响应指南的要求，做好事故应急工作，并立即报告事故发生地的县级以上环境保护主管部门。相关部门应当按照应急预案做好事故应急响应工作。

第三十二条 一类放射性物品启运前，托运人应当将放射性物品运输的核与辐射安全分析报告批准书、辐射监测报告，报启运地的省、自治区、直辖市环境保护主管部门备案。

启运地的省、自治区、直辖市环境保护主管部门收到托运人的备案材料后，应当将一类放射性物品运输辐射监测备案表及时通报途经地和抵达地的省、自治区、直辖市环境保护主管部门。

第三十三条 对一类放射性物品的运输，启运地的省、自治区、直辖市环境保护主管部门应当在启运前对放射性物品运输托运人的运输准备情况进行监督检查。

对运输频次比较高、运输活动比较集中的地区，可以根据实际情况制定监督检查计划，原则上检查频次每月不少于一次；对二类放射性物品的运输，可以根据实际情况开展抽查，原则上检查频次每季度不少于一次；对三类放射性物品的运输，可以根据实际情况实施抽查，原则上检查频次每年不少于一次。

途经地和抵达地的省、自治区、直辖市环境保护主管部门不得中途拦截检查；发生特殊情况的除外。

第三十四条 省、自治区、直辖市环境保护主管部门应当根据运输货包的类别和数量，按照放射性物品运输安全标准对本行政区域内放射性物品运输货包的表面污染和辐射水平开展启运前的监督性监测。监督性监测不得收取费用。

辐射监测机构和托运人应当妥善保存原始记录和监测报告，并配合省、自治区、直辖市环境保护主管部门进行监督性监测。

第三十五条 放射性物品从境外运抵中华人民共和国境内，或者途经中华人民共和国境内运输的，应当根据放射性物品的分类，分别按照法律法规规定的一类、二类、三类放射性物品运输的核与辐射安全监督管理要求进行运输。

第三十六条 放射性物品运输容器使用单位应当按照放射性物品运输安全标准和设计要求制定容器的维修和维护程序，严格按照程序进行维修和维护，并建立维修、维护和保养档案。放射性物品运输容器达到设计使用年限,或者发现放射性物品运输容器存在安全隐患的,应当停止使用,进行处理。

第三十七条 一类放射性物品运输容器使用单位应当对其使用的一类放射性物品运输容器每两年进行一次安全性能评价。安全性能评价应当在两年使用期届满前至少三个月进行,并在使用期届满前至少两个月编制定期安全性能评价报告。

定期安全性能评价报告,应当包括运输容器的运行历史和现状、检查和检修及发现问题的处理情况、定期检查和试验等内容。使用单位应当做好接受监督检查的准备。必要时,国务院核安全监管部门可以根据运输容器使用特点和使用情况,选取检查点并组织现场检查。

一类放射性物品运输容器使用单位应当于两年使用期届满前至少三十日,将安全性能评价结果报国务院核安全监管部门备案。

第三十八条 放射性物品启运前的监督检查包括以下内容:

(一)运输容器及放射性内容物:检查运输容器的日常维修和维护记录、定期安全性能评价记录(限一类放射性物品运输容器)、编码(限一类、二类放射性物品运输容器)等,确保运输容器及内容物均符合设计的要求;

(二)托运人启运前辐射监测情况,以及随车辐射监测设备的配备;

(三)表面污染和辐射水平;

(四)标记、标志和标牌是否符合要求;

(五)运输说明书,包括特殊的装卸作业要求、安全防护指南、放射性物品的品名、数量、物理化学形态、危害风险以及必要的运输路线的指示等;

(六)核与辐射事故应急响应指南;

(七)核与辐射安全分析报告批准书、运输容器设计批准书等相关证书的持有情况;

(八)直接从事放射性物品运输的工作人员的运输安全、辐射防护和应急响应知识的培训和考核情况;

(九)直接从事放射性物品运输的工作人员的辐射防护管理情况。

对一类、二类放射性物品运输的监督检查,还应当包括卫星定位系统的配备情况。

对重要敏感的放射性物品运输活动,国务院核安全监管部门应当根据核与辐射安全分析报告及其批复的要求加强监督检查。

第三十九条 国务院核安全监管部门和省、自治区、直辖市环境保护主管部门在监督检查中发现放射性物品运输活动有不符合国家放射性物品运输安全标准情形的,应当责令限期整改;发现放射性物品运输活动可能对人体健康和环境造成核与辐射危害的,应当责令停止运输。

第五章 附 则

第四十条 本办法自 2016 年 5 月 1 日起施行。

放射性物品道路运输管理规定（2016年修正）

（2010年10月27日交通运输部令2010年第6号发布 根据2016年9月2日交通运输部令2016年第71号《交通运输部关于修改〈放射性物品道路运输管理规定〉的决定》修正）

第一章 总 则

第一条 为了规范放射性物品道路运输活动，保障人民生命财产安全，保护环境，根据《道路运输条例》和《放射性物品运输安全管理条例》，制定本规定。

第二条 从事放射性物品道路运输活动的，应当遵守本规定。

第三条 本规定所称放射性物品，是指含有放射性核素，并且其活度和比活度均高于国家规定的豁免值的物品。

本规定所称放射性物品道路运输专用车辆（以下简称专用车辆），是指满足特定技术条件和要求，用于放射性物品道路运输的载货汽车。

本规定所称放射性物品道路运输，是指使用专用车辆通过道路运输放射性物品的作业过程。

第四条 根据放射性物品的特性及其对人体健康和环境的潜在危害程度，将放射性物品分为一类、二类和三类。

一类放射性物品，是指Ⅰ类放射源、高水平放射性废物、乏燃料等释放到环境后对人体健康和环境产生重大辐射影响的放射性物品。

二类放射性物品，是指Ⅱ类和Ⅲ类放射源、中等水平放射性废物等释放到环境后对人体健康和环境产生一般辐射影响的放射性物品。

三类放射性物品，是指Ⅳ类和Ⅴ类放射源、低水平放射性废物、放射性药品等释放到环境后对人体健康和环境产生较小辐射影响的放射性物品。

放射性物品的具体分类和名录，按照国务院核安全监管部门会同国务院公安、卫生、海关、交通运输、铁路、民航、核工业行业主管部门制定的放射性物品具体分类和名录执行。

第五条 从事放射性物品道路运输应当保障安全，依法运输，诚实信用。

第六条 国务院交通运输主管部门主管全国放射性物品道路运输管理工作。

县级以上地方人民政府交通运输主管部门负责组织领导本行政区域放射性物品道路运输管理工作。

县级以上道路运输管理机构负责具体实施本行政区域放射性物品道路运输管理工作。

第二章 运输资质许可

第七条 申请从事放射性物品道路运输经营的，应当具备下列条件：

（一）有符合要求的专用车辆和设备。

1. 专用车辆要求。
(1) 专用车辆的技术要求应当符合《道路运输车辆技术管理规定》有关规定;
(2) 车辆为企业自有,且数量为5辆以上;
(3) 核定载质量在1吨及以下的车辆为厢式或者封闭货车;
(4) 车辆配备满足在线监控要求,且具有行驶记录仪功能的卫星定位系统。
2. 设备要求。
(1) 配备有效的通讯工具;
(2) 配备必要的辐射防护用品和依法经定期检定合格的监测仪器。
(二) 有符合要求的从业人员。
1. 专用车辆的驾驶人员取得相应机动车驾驶证,年龄不超过60周岁;
2. 从事放射性物品道路运输的驾驶人员、装卸管理人员、押运人员经所在地设区的市级人民政府交通运输主管部门考试合格,取得注明从业资格类别为"放射性物品道路运输"的道路运输从业资格证(以下简称道路运输从业资格证);
3. 有具备辐射防护与相关安全知识的安全管理人员。
(三) 有健全的安全生产管理制度。
1. 有关安全生产应急预案;
2. 从业人员、车辆、设备及停车场地安全管理制度;
3. 安全生产作业规程和辐射防护管理措施;
4. 安全生产监督检查和责任制度。

第八条 生产、销售、使用或者处置放射性物品的单位(含在放射性废物收贮过程中的从事放射性物品运输的省、自治区、直辖市城市放射性废物库营运单位),符合下列条件的,可以使用自备专用车辆从事为本单位服务的非经营性放射性物品道路运输活动:
(一) 持有有关部门依法批准的生产、销售、使用、处置放射性物品的有效证明;
(二) 有符合国家规定要求的放射性物品运输容器;
(三) 有具备辐射防护与安全防护知识的专业技术人员;
(四) 具备满足第七条规定条件的驾驶人员、专用车辆、设备和安全生产管理制度,但专用车辆的数量可以少于5辆。

第九条 国家鼓励技术力量雄厚、设备和运输条件好的生产、销售、使用或者处置放射性物品的单位按照第八条规定的条件申请从事非经营性放射性物品道路运输。

第十条 申请从事放射性物品道路运输经营的企业,应当向所在地设区的市级道路运输管理机构提出申请,并提交下列材料:
(一) 《放射性物品道路运输经营申请表》,包括申请人基本信息、拟申请运输的放射性物品范围(类别或者品名)等内容;
(二) 企业负责人身份证明及复印件,经办人身份证明及复印件和委托书;
(三) 证明专用车辆、设备情况的材料,包括:
1. 未购置车辆的,应当提交拟投入车辆承诺书。内容包括拟购车辆数量、类型、技术等级、总质量、核定载质量、车轴数以及车辆外廓尺寸等有关情况;
2. 已购置车辆的,应当提供车辆行驶证、车辆技术等级评定结论及复印件等有关材料;

3. 对辐射防护用品、监测仪器等设备配置情况的说明材料。

（四）有关驾驶人员、装卸管理人员、押运人员的道路运输从业资格证及复印件，驾驶人员的驾驶证及复印件，安全管理人员的工作证明；

（五）企业经营方案及相关安全生产管理制度文本。

第十一条 申请从事非经营性放射性物品道路运输的单位，向所在地设区的市级道路运输管理机构提出申请时，除提交第十条第（三）项、第（五）项规定的材料外，还应当提交下列材料：

（一）《放射性物品道路运输申请表》，包括申请人基本信息、拟申请运输的放射性物品范围（类别或者品名）等内容；

（二）单位负责人身份证明及复印件，经办人身份证明及复印件和委托书；

（三）有关部门依法批准生产、销售、使用或者处置放射性物品的有效证明；

（四）放射性物品运输容器、监测仪器检测合格证明；

（五）对放射性物品运输需求的说明材料；

（六）有关驾驶人员的驾驶证、道路运输从业资格证及复印件；

（七）有关专业技术人员的工作证明，依法应当取得相关从业资格证件的，还应当提交有效的从业资格证件及复印件。

第十二条 设区的市级道路运输管理机构应当按照《道路运输条例》和《交通运输行政许可实施程序规定》以及本规定规范的程序实施行政许可。

决定准予许可的，应当向被许可人作出准予行政许可的书面决定，并在10日内向放射性物品道路运输经营申请人发放《道路运输经营许可证》，向非经营性放射性物品道路运输申请人颁发《放射性物品道路运输许可证》。决定不予许可的，应当书面通知申请人并说明理由。

第十三条 对申请时未购置专用车辆，但提交拟投入车辆承诺书的，被许可人应当自收到《道路运输经营许可证》或者《放射性物品道路运输许可证》之日起半年内落实拟投入车辆承诺书。做出许可决定的道路运输管理机构对被许可人落实拟投入车辆承诺书的落实情况进行核实，符合许可要求的，应当为专用车辆配发《道路运输证》。

对申请时已购置专用车辆，且按照第十条、第十一条规定提交了专用车辆有关材料的，做出许可决定的道路运输管理机构应当对专用车辆情况进行核实，符合许可要求的，应当在向被许可人颁发《道路运输经营许可证》或者《放射性物品道路运输许可证》的同时，为专用车辆配发《道路运输证》。

做出许可决定的道路运输管理机构应当在《道路运输证》有关栏目内注明允许运输放射性物品的范围（类别或者品名）。对从事非经营性放射性物品道路运输的，还应当在《道路运输证》上加盖"非经营性放射性物品道路运输专用章"。

第十四条 放射性物品道路运输企业或者单位终止放射性物品运输业务的，应当在终止之日30日前书面告知作出原许可决定的道路运输管理机构。属于经营性放射性物品道路运输业务的，作出原许可决定的道路运输管理机构应当在接到书面告知之日起10日内向将放射性道路运输企业终止放射性物品运输业务的有关情况向社会公布。

放射性物品道路运输企业或者单位应当在终止放射性物品运输业务之日起10日内将相关许可证件缴回原发证机关。

第三章 专用车辆、设备管理

第十五条 放射性物品道路运输企业或者单位应当按照有关车辆及设备管理的标准和规定,维护、检测、使用和管理专用车辆和设备,确保专用车辆和设备技术状况良好。

第十六条 设区的市级道路运输管理机构应当按照《道路运输车辆技术管理规定》的规定定期对专用车辆是否符合第七条、第八条规定的许可条件进行审验,每年审验一次。

第十七条 设区的市级道路运输管理机构应当对监测仪器定期检定合格证明和专用车辆投保危险货物承运人责任险情况进行检查。检查可以结合专用车辆定期审验的频率一并进行。

第十八条 禁止使用报废的、擅自改装的、检测不合格的或者其他不符合国家规定要求的车辆、设备从事放射性物品道路运输活动。

第十九条 禁止专用车辆用于非放射性物品运输,但集装箱运输车(包括牵引车、挂车)、甩挂运输的牵引车以及运输放射性药品的专用车辆除外。

按照本条第一款规定使用专用车辆运输非放射性物品的,不得将放射性物品与非放射性物品混装。

第四章 放射性物品运输

第二十条 道路运输放射性物品的托运人(以下简称托运人)应当制定核与辐射事故应急方案,在放射性物品运输中采取有效的辐射防护和安全保卫措施,并对放射性物品运输中的核与辐射安全负责。

第二十一条 道路运输放射性物品的承运人(以下简称承运人)应当取得相应的放射性物品道路运输资质,并对承运事项是否符合本企业或者单位放射性物品运输资质许可的运输范围负责。

第二十二条 非经营性放射性物品道路运输单位应当按照《放射性物品运输安全管理条例》《道路运输条例》和本规定的要求履行托运人和承运人的义务,并负相应责任。

非经营性放射性物品道路运输单位不得从事放射性物品道路运输经营活动。

第二十三条 承运人与托运人订立放射性物品道路运输合同前,应当查验、收存托运人提交的下列材料:

(一)运输说明书,包括放射性物品的品名、数量、物理化学形态、危害风险等内容;

(二)辐射监测报告,其中一类放射性物品的辐射监测报告由托运人委托有资质的辐射监测机构出具;二、三类放射性物品的辐射监测报告由托运人出具;

(三)核与辐射事故应急响应指南;

(四)装卸作业方法指南;

(五)安全防护指南。

托运人将本条第一款第(四)项、第(五)项要求的内容在运输说明书中一并作出说明的,可以不提交第(四)项、第(五)项要求的材料。

托运人提交材料不齐全的,或者托运的物品经监测不符合国家放射性物品运输安全标准的,承运人不得与托运人订立放射性物品道路运输合同。

第二十四条 一类放射性物品启运前,承运人应当向托运人查验国务院核安全主管部门关于核与辐射安全分析报告书的审批文件以及公安部门关于准予道路运输放射性物品的审批文件。

二、三类放射性物品启运前，承运人应当向托运人查验公安部门关于准予道路运输放射性物品的审批文件。

第二十五条 托运人应当按照《放射性物质安全运输规程》(GB 11806)等有关国家标准和规定，在放射性物品运输容器上设置警示标志。

第二十六条 专用车辆运输放射性物品过程中，应当悬挂符合国家标准《道路危险货物运输车辆标志》(GB 13392)要求的警示标志。

第二十七条 专用车辆不得违反国家有关规定超载、超限运输放射性物品。

第二十八条 在放射性物品道路运输过程中，除驾驶人员外，还应当在专用车辆上配备押运人员，确保放射性物品处于押运人员监管之下。运输一类放射性物品的，承运人必要时可以要求托运人随车提供技术指导。

第二十九条 驾驶人员、装卸管理人员和押运人员上岗时应当随身携带道路运输从业资格证，专用车辆驾驶人员还应当随车携带《道路运输证》。

第三十条 驾驶人员、装卸管理人员和押运人员应当按照托运人所提供的资料了解所运输的放射性物品的性质、危害特性、包装物或者容器的使用要求、装卸要求以及发生突发事件时的处置措施。

第三十一条 放射性物品运输中发生核与辐射事故的，承运人、托运人应当按照核与辐射事故应急响应指南的要求，结合本企业安全生产应急预案的有关内容，做好事故应急工作，并立即报告事故发生地的县级以上人民政府环境保护主管部门。

第三十二条 放射性物品道路运输企业或者单位应当聘用具有相应道路运输从业资格证的驾驶人员、装卸管理人员和押运人员，并定期对驾驶人员、装卸管理人员和押运人员进行运输安全生产和基本应急知识等方面的培训，确保驾驶人员、装卸管理人员和押运人员熟悉有关安全生产法规、标准以及相关操作规程等业务知识和技能。

放射性物品道路运输企业或者单位应当对驾驶人员、装卸管理人员和押运人员进行运输安全生产和基本应急知识等方面的考核；考核不合格的，不得从事相关工作。

第三十三条 放射性物品道路运输企业或者单位应当按照国家职业病防治的有关规定，对驾驶人员、装卸管理人员和押运人员进行个人剂量监测，建立个人剂量档案和职业健康监护档案。

第三十四条 放射性物品道路运输企业或者单位应当投保危险货物承运人责任险。

第三十五条 放射性物品道路运输企业或者单位不得转让、出租、出借放射性物品道路运输许可证件。

第三十六条 县级以上道路运输管理机构应当督促放射性物品道路运输企业或者单位对专用车辆、设备及安全生产制度等安全条件建立相应的自检制度，并加强监督检查。

县级以上道路运输管理机构工作人员依法对放射性物品道路运输活动进行监督检查的，应当按照劳动保护规定配备必要的安全防护设备。

第五章 法律责任

第三十七条 拒绝、阻碍道路运输管理机构依法履行放射性物品运输安全监督检查，或者在接受监督检查时弄虚作假的，由县级以上道路运输管理机构责令改正，处1万元以上2万元以下的罚款;构成违反治安管理行为的,交由公安机关依法给予治安管理处罚;构成犯罪的,依法追究刑事责任。

第三十八条 违反本规定,未取得有关放射性物品道路运输资质许可,有下列情形之一的,由县级以上道路运输管理机构责令停止运输,有违法所得的,没收违法所得,处违法所得2倍以上10倍以下的罚款;没有违法所得或者违法所得不足2万元的,处3万元以上10万元以下的罚款。构成犯罪的,依法追究刑事责任:

(一)无资质许可擅自从事放射性物品道路运输的;

(二)使用失效、伪造、变造、被注销等无效放射性物品道路运输许可证件从事放射性物品道路运输的;

(三)超越资质许可事项,从事放射性物品道路运输的;

(四)非经营性放射性物品道路运输单位从事放射性物品道路运输经营的。

第三十九条 违反本规定,放射性物品道路运输企业或者单位擅自改装已取得《道路运输证》的专用车辆的,由县级以上道路运输管理机构责令改正,处5000元以上2万元以下的罚款。

第四十条 违反本规定,未随车携带《道路运输证》的,由县级以上道路运输管理机构责令改正,对放射性物品道路运输企业或者单位处警告或者20元以上200元以下的罚款。

第四十一条 放射性物品道路运输活动中,由不符合本规定第七条、第八条规定条件的人员驾驶专用车辆的,由县级以上道路运输管理机构责令改正,处200元以上2000元以下的罚款;构成犯罪的,依法追究刑事责任。

第四十二条 违反本规定,放射性物品道路运输企业或者单位有下列行为之一,由县级以上道路运输管理机构责令限期投保;拒不投保的,由原许可的设区的市级道路运输管理机构吊销《道路运输经营许可证》或者《放射性物品道路运输许可证》,或者在许可证件上注销相应的许可范围:

(一)未投保危险货物承运人责任险的;

(二)投保的危险货物承运人责任险已过期,未继续投保的。

第四十三条 违反本规定,放射性物品道路运输企业或者单位非法转让、出租放射性物品道路运输许可证件的,由县级以上道路运输管理机构责令停止违法行为,收缴有关证件,处2000元以上1万元以下的罚款;有违法所得的,没收违法所得。

第四十四条 违反本规定,放射性物品道路运输企业或者单位已不具备许可要求的有关安全条件,存在重大运输安全隐患的,由县级以上道路运输管理机构责令限期改正;在规定时间内不能按要求改正且情节严重的,由原许可机关吊销《道路运输经营许可证》或者《放射性物品道路运输许可证》,或者在许可证件上注销相应的许可范围。

第四十五条 县级以上道路运输管理机构工作人员在实施道路运输监督检查过程中,发现放射性物品道路运输企业或者单位有违规情形,且按照《放射性物品运输安全管理条例》等有关法律法规的规定,应当由公安部门、核安全监管部门或者环境保护等部门处罚情形的,应当通报有关部门依法处理。

第六章 附 则

第四十六条 军用放射性物品道路运输不适用于本规定。

第四十七条 本规定自2011年1月1日起施行。

国防科技工业军用核设施安全监督管理规定

(1999年11月8日 国防科学技术工业委员会令第1号)

第一章 总 则

第一条 为实施国防科技工业军用核设施(以下简称军用核设施)的安全监督管理,保证军用核设施的安全,保障设施工作人员和公众的健康,保护环境,促进国防核科学技术工业的顺利发展,制定本规定。

第二条 本规定适用于下列军用核设施的安全监督管理:
(一)核材料的生产、加工、贮存及乏燃料后处理设施;
(二)核动力装置;
(三)各种陆基反应堆,包括生产堆、研究堆、试验堆、临界装置等;
(四)放射性废物管理设施;
(五)其他需要监督管理的军用核设施。
交付军队使用的核设施除外。

第三条 军用核设施的选址,设计、建造,运行和退役必须贯彻"安全第一"的方针,并应当实现下列安全目标:
(一)建立和保持有效的防御措施,保护工作人员、公众及环境免遭辐射危害;
(二)确保在设施运行状态下工作人员和公众所受到的辐射照射低于国家规定限值,并保持在可合理达到的尽量低水平,保证减轻事故引起的辐射照射;
(三)采取一切合理可行的措施预防事故的发生,缓解事故的后果,确保设施设计中考虑的所有事故的辐射后果是可以接受的,并保证那些可能导致严重辐射后果的事故发生的可能胜足够低。

第二章 监督管理职责

第四条 国防科学技术工业委员会(以下简称国防科工委)对军用核设施实行统一的安全监督管理。其主要职责是:
(一)组织起草、制定有关的安全法规、规章及安全标准;
(二)负责组织安全审评,批准颁发或吊销有关安全许可证件;
(三)负责实施安全监督检查;
(四)监督、协调核事故应急计划的制订和实施;
(五)负责安全执法和事故、事件的调查与处理;
(六)会同有关部门调解安全纠纷;
(七)组织有关的安全研究及运行经验反馈。

第五条 国防科工委根据军用核设施安全监督管理的需要设立相应的独立行使安全监督管理职权的机构,配备必要的合适人员,并组成军用核设施安全专家委员会。

安全专家委员会为军用核设施安全政策与法规、规章的制定、许可证的颁发、安全研究规划的确定等重大事项的决策提供咨询。

第六条 营运单位负责对所申请的军用核设施的安全承担全面的责任,其主要职责是:

(一)遵守国家有关法律、法规及规章,并制定相应的措施;

(二)确保设施的选址、设计、建造、调试、运行和退役符合国家有关法律、法规、规章及标准的要求,足以保证安全;

(三)提供保证设施安全所需要的资源,配备足够的合格工作人员,并对他们进行充分的培训和定期再培训;

(四)接受国防科工委的安全监督管理;

(五)及时、如实地报告设施的安全状况,并提供有关资料。

第七条 对军用核设施所实施的安全监督管理不减轻也不转移营运单位对所申请的设施应承担的全面安全责任。

营运单位应负的安全责任也不因设计者、供货商、建造者等各自的活动和责任而发生任何改变。

第三章 安全许可制度

第八条 对军用核设施实行安全许可制度。安全许可证件包括:

(一)军用核设施厂址选择审查意见书;

(二)军用核设施建造许可证;

(三)军用核设施装(投)料调试批准书;

(四)军用核设施运行许可证;

(五)军用核设施退役批准书;

(六)军用核设施安全关键岗位操纵(作)员执照;

(七)其他需要的批准文件。

有关军用核设施的各种活动必须遵循相应安全许可证件所规定的条件。

第九条 军用核设施的厂址,需经国防科工委根据《可行性研究报告》中的厂址选择部分组织安全审评并出具《厂址选择审查意见书》,从安全方面确认所选厂址的适宜性后,方可予以批准。

第十条 军用核设施开始建造(包括改建、扩建)前,其营运单位必须向国防科工委提交军用核设施建造申请书、初步安全分析报告及其他有关资料,经审核批准,获得《军用核设施建造许可证》后,方可动工建造。

第十一条 军用核设施开始启动、运行前,其营运单位必须向国防科工委提交军用核设施启动、运行申请书、最终安全分析报告以及其他有关资料,经审核批准,获得《军用核设施装(投)料调试批准书》后,方可开始装载或投放核燃料进行启动调试,在获得《军用核设施运行许可证》后,方可正式运行。

第十二条 军用核设施开始退役前,其营运单位必须向国防科工委提交军用核设施退役申请书、退役安全分析报告以及其他有关资料,经审核批准,获《军用核设施退役批准书》后,方可开始退役活动。

军用核设施退役的最终状态必须经国防科工委会同有关部门验收,确认符合有关安全要求后,营运单位的责任方可终止。

第十三条 本规定发布前已在建、在役或退役中的军用核设施,其营运单位应当在规定的期限内向国防科工委补交相应的申请书,提交有关安全分析报告及资料,以获得必需的安全许可证件。

第十四条 获得并持有军用核设施安全关键岗位操纵(作)员执照的人员方可在相应安全关键岗位进行操作;具有大专以上文化水平,担任安全关键岗位操纵(作)员两年以上、成绩优秀者,方可指导他人在相应安全关键岗位进行操作。

第十五条 军用核设施安全许可证件的颁发以安全审评为基础。国防科工委确认营运单位的申请符合国家有关法律、法规及规章的规定,并满足有关安全要求时,方可颁发相应的安全许可证件。

第十六条 安全许可证件期满后终止;安全许可证件的变更、延期或更换,必须向国防科工委提出申请,经审查批准后方为有效。

未经国防科工委批准,任何法人或个人均不得转让按照本规定所获得的任何安全许可证件。

第四章 安全监督检查

第十七条 军用核设施安全监督检查的依据是:
(一)国家的有关法律、法规及规章;
(二)有关的国家标准、国家军用标准及核行业标准;
(三)安全许可证件所规定的条件;
(四)其他具有约束力的文件。

第十八条 军用核设施安全监督检查的任务包括:
(一)审核申请者所提交的安全文件与资料是否符合实际;
(二)监督检查设施的选址、设计、建造、调试、运行和退役是否符合有关法律、法规、规章及标准和相应安全许可证件所规定的条件,是否满足预定的技术要求;
(三)监督检查安全有关活动是否按审评认可的设计、程序和质量保证大纲进行;
(四)考察营运单位是否具备确保设施安全运行及执行应急计划的能力与措施;
(五)评估营运单位的安全文化素养;
(六)其他必需的监督检查任务。

第十九条 对军用核设施安全监督检查可以采取查阅有关文件与记录、现场见证、座谈访问、验证性检验和测量等方式。

第二十条 国防科工委根据需要组织合适的人员(必要时邀请专家)执行指定的监督检查任务。

监督检查人员执行任务时,凭其有效证件有权进入设施内及与监督检查任务有关的建造、运行或退役现场,调查、收集有关安全的资料。

第二十一条 从事军用核设施安全监督检查的人员必须客观、公正地履行监督检查职能,遵守监督检查纪律,保守国家秘密,不得介入与被监督检查设施有关的商业性质的活动和其他不利于监督检查任务有效完成的活动。

第二十二条　营运单位应按规定向国防科工委提交其安全有关活动的进度及有关文件与资料,并为监督检查提供必要的条件,保证监督检查任务有计划地实施。

第二十三条　国防科工委确认必要时,有权采取强制性行动,命令营运单位采取安全措施或停止危及安全的活动。

第二十四条　营运单位有权拒绝有害于安全的监督检查要求,但必须执行国防科工委的强制性命令。

第五章　奖励与处罚

第二十五条　对保证军用核设施安全作出显著成绩的单位和个人,国防科工委应给予表彰。

第二十六条　凡违反本规定,有下列行为之一的,国防科工委可视情节轻重,给予警告、罚款、停工或停运整顿或吊销安全许可证件的处罚:

(一)未经许可或违章从事军用核设施建造、运行、退役或擅自变更、转让安全许可证件的;

(二)隐瞒、谎报有关资料或事实的;

(三)无故拒绝或阻挠安全监督检查的;

(四)无执照或违章在安全关键岗位操作的;

(五)拒不执行强制性命令的。

不服从管理、违章或强迫他人违章作业,造成严重后果构成犯罪的,由司法机关依法追究刑事责任。

第二十七条　军用核设施的安全监督检查人员,玩忽职守、徇私舞弊、滥用职权的,视情节轻重给予行政处分;构成犯罪的,依法追究刑事责任。

第二十八条　当事人对行政处罚不服的,可在接到处罚通知之日起六十日内向国防科工委申请行政复议,但对于吊销安全许可证件的处罚必须立即执行。

第六章　附　则

第二十九条　军用核设施安全监督管理中涉及的保密事项按国家保密法规及有关规定处理。

第三十条　申请军用核设施安全许可证件的营运单位应缴纳所需的安全审评费用,具体收费办法另行制定。

第三十一条　本规定由国防科工委负责解释,并制定实施细则。

第三十二条　本规定自发布之日起施行。

地震安全性评价管理条例(2017年修订)

(2001年11月15日中华人民共和国国务院令第323号发布 根据2017年3月1日中华人民共和国国务院令第676号《国务院关于修改和废止部分行政法规的决定》修订)

第一章 总 则

第一条 为了加强对地震安全性评价的管理,防御与减轻地震灾害,保护人民生命和财产安全,根据《中华人民共和国防震减灾法》的有关规定,制定本条例。

第二条 在中华人民共和国境内从事地震安全性评价活动,必须遵守本条例。

第三条 新建、扩建、改建建设工程,依照《中华人民共和国防震减灾法》和本条例的规定,需要进行地震安全性评价的,必须严格执行国家地震安全性评价的技术规范,确保地震安全性评价的质量。

第四条 国务院地震工作主管部门负责全国的地震安全性评价的监督管理工作。

县级以上地方人民政府负责管理地震工作的部门或者机构负责本行政区域内的地震安全性评价的监督管理工作。

第五条 国家鼓励、扶持有关地震安全性评价的科技研究,推广应用先进的科技成果,提高地震安全性评价的科技水平。

第二章 地震安全性评价单位的资质

第六条 国家对从事地震安全性评价的单位实行资质管理制度。

从事地震安全性评价的单位必须取得地震安全性评价资质证书,方可进行地震安全性评价。

第七条 从事地震安全性评价的单位具备下列条件,方可向国务院地震工作主管部门或者省、自治区、直辖市人民政府负责管理地震工作的部门或者机构申请领取地震安全性评价资质证书:

(一)有与从事地震安全性评价相适应的地震学、地震地质学、工程地震学方面的专业技术人员;

(二)有从事地震安全性评价的技术条件。

第八条 国务院地震工作主管部门或者省、自治区、直辖市人民政府负责管理地震工作的部门或者机构,应当自收到地震安全性评价资质申请书之日起30日内作出审查决定。对符合条件的,颁发地震安全性评价资质证书;对不符合条件的,应当及时书面通知申请单位并说明理由。

第九条 地震安全性评价单位应当在其资质许可的范围内承揽地震安全性评价业务。

禁止地震安全性评价单位超越其资质许可的范围或者以其他地震安全性评价单位的名义承揽地震安全性评价业务。禁止地震安全性评价单位允许其他单位以本单位的名义承揽地震安全性评价业务。

第十条 地震安全性评价资质证书的式样,由国务院地震工作主管部门统一规定。

第三章 地震安全性评价的范围和要求

第十一条 下列建设工程必须进行地震安全性评价:

(一)国家重大建设工程;

(二)受地震破坏后可能引发水灾、火灾、爆炸、剧毒或者强腐蚀性物质大量泄漏或者其他严重次生灾害的建设工程,包括水库大坝、堤防和贮油、贮气、贮存易燃易爆、剧毒或者强腐蚀性物质的设施以及其他可能发生严重次生灾害的建设工程;

(三)受地震破坏后可能引发放射性污染的核电站和核设施建设工程;

(四)省、自治区、直辖市认为对本行政区域有重大价值或者有重大影响的其他建设工程。

第十二条 地震安全性评价单位对建设工程进行地震安全性评价后,应当编制该建设工程的地震安全性评价报告。

地震安全性评价报告应当包括下列内容:

(一)工程概况和地震安全性评价的技术要求;

(二)地震活动环境评价;

(三)地震地质构造评价;

(四)设防烈度或者设计地震动参数;

(五)地震地质灾害评价;

(六)其他有关技术资料。

第四章 地震安全性评价报告的审定

第十三条 国务院地震工作主管部门负责下列地震安全性评价报告的审定:

(一)国家重大建设工程;

(二)跨省、自治区、直辖市行政区域的建设工程;

(三)核电站和核设施建设工程。

省、自治区、直辖市人民政府负责管理地震工作的部门或者机构负责除前款规定以外的建设工程地震安全性评价报告的审定。

第十四条 国务院地震工作主管部门和省、自治区、直辖市人民政府负责管理地震工作的部门或者机构,应当自收到地震安全性评价报告之日起 15 日内进行审定,确定建设工程的抗震设防要求。

第十五条 国务院地震工作主管部门或者省、自治区、直辖市人民政府负责管理地震工作的部门或者机构,在确定建设工程抗震设防要求后,应当以书面形式通知建设单位,并告知建设工程所在地的市、县人民政府负责管理地震工作的部门或者机构。

省、自治区、直辖市人民政府负责管理地震工作的部门或者机构应当将其确定的建设工程抗震设防要求报国务院地震工作主管部门备案。

第五章 监督管理

第十六条 县级以上人民政府负责项目审批的部门,应当将抗震设防要求纳入建设工程可行性研究报告的审查内容。对可行性研究报告中未包含抗震设防要求的项目,不予批准。

第十七条 国务院建设行政主管部门和国务院铁路、交通、民用航空、水利和其他有关专业主管部门制定的抗震设计规范,应当明确规定按照抗震设防要求进行抗震设计的方法和措施。

第十八条 建设工程设计单位应当按照抗震设防要求和抗震设计规范,进行抗震设计。

第十九条 国务院地震工作主管部门和县级以上地方人民政府负责管理地震工作的部门或者机构,应当会同有关专业主管部门,加强对地震安全性评价工作的监督检查。

第六章 罚 则

第二十条 违反本条例规定,未取得地震安全性评价资质证书的单位承揽地震安全性评价业务的,由国务院地震工作主管部门或者县级以上地方人民政府负责管理地震工作的部门或者机构依据职权,责令改正,没收违法所得,并处1万元以上5万元以下的罚款。

第二十一条 违反本条例的规定,地震安全性评价单位有下列行为之一的,由国务院地震工作主管部门或者县级以上地方人民政府负责管理地震工作的部门或者机构依据职权,责令改正,没收违法所得,并处1万元以上5万元以下的罚款;情节严重的,由颁发资质证书的部门或者机构吊销资质证书:

(一)超越其资质许可的范围承揽地震安全性评价业务的;

(二)以其他地震安全性评价单位的名义承揽地震安全性评价业务的;

(三)允许其他单位以本单位名义承揽地震安全性评价业务的。

第二十二条 违反本条例的规定,国务院地震工作主管部门或者省、自治区、直辖市人民政府负责管理地震工作的部门或者机构向不符合条件的单位颁发地震安全性评价资质证书和审定地震安全性评价报告,国务院地震工作主管部门或者县级以上地方人民政府负责管理地震工作的部门或者机构不履行监督管理职责,或者发现违法行为不予查处,致使公共财产、国家和人民利益遭受重大损失的,依法追究有关责任人的刑事责任;没有造成严重后果,尚不构成犯罪的,对部门或者机构负有责任的主管人员和其他直接责任人员给予降级或者撤职的行政处分。

第七章 附 则

第二十三条 本条例自2002年1月1日起施行。

地震行政复议规定

(1999年8月10日 中国地震局令第4号)

第一章 总 则

第一条 为了加强地震行政行为的监督,防止和纠正违法的或者不当的具体地震行政行为,保护公民、法人和其他组织的合法权益,根据《中华人民共和国行政复议法》(以下简称《行政复议法》),制定本规定。

第二条 公民、法人或者其他组织向地震工作部门或者机构(以下统称地震行政机关)提出地震行政复议申请,地震行政机关受理地震行政复议申请、作出地震行政复议决定,适用本规定。

第三条 履行地震行政复议职责的地震行政机关是地震行政复议机关。地震行政复议机关负责法制工作的机构具体办理地震行政复议事项,履行下列职责:

(一)受理地震行政复议申请;

(二)向有关组织和人员调查取证,查阅有关文件和资料;

(三)审查申请地震行政复议的具体行政行为是否合法与适当,拟订地震行政复议决定;

(四)对地震行政机关违反本规定的行为依照规定的权限和程序提出处理建议;

(五)办理因不服地震行政复议决定提起行政诉讼的应诉事项;

(六)法律、法规规定的其他职责。

第四条 地震行政复议应当遵循合法、公正、公开、及时、便民的原则,坚持有错必纠,保障法律、法规的正确实施。

第二章 地震行政复议申请

第五条 公民、法人或者其他组织有下列情形之一的,可以依照本规定申请地震行政复议:

(一)对地震行政机关作出的赔偿损失、责令改正、恢复原状等行政决定不服的;

(二)对地震行政机关作出的警告、罚款等行政处罚决定不服的;

(三)对地震行政机关作出的有关许可证、资格证、资质证等证书变更、中止、撤销等决定不服的;

(四)认为符合法定条件,申请地震行政机关颁发许可证、资格证、资质证等证书,或者申请地震行政机关审批、登记等事项,地震行政机关没有依法办理的;

(五)认为地震行政机关的其他具体行政行为侵犯其合法权益的。

第六条 公民、法人或者其他组织认为地震行政机关的具体行政行为侵犯其合法权益的,可以自知道该具体行政行为之日起60日内提出地震行政复议申请;法律规定的申请期限超过60日的除外。

因不可抗力或者其他正当理由耽误法定申请期限的,申请期限自障碍消除之日起继续计算。

第七条 申请人申请地震行政复议,可以书面申请,也可以口头申请。口头申请的,应当当场记录。

第八条 地震行政复议申请应当载明下列内容:

(一)申请人的姓名、年龄、职业、住址等(法人或者其他组织的名称、地址、法定代表人的姓名);

(二)被申请人的名称、地址;

(三)地震行政复议机关名称;

(四)地震行政复议请求;

(五)申请地震行政复议的主要事实、理由;

(六)提出申请的时间。

第九条 对县级以上地方各级地震行政机关的具体行政行为不服的,由申请人选择,可以向该部门的本级人民政府申请地震行政复议,也可以向上一级地震行政机关申请地震行政复议。

第十条 对国务院地震工作主管部门的具体行政行为不服的,向国务院地震工作主管部门申请地震行政复议。

第十一条 对县级以上地方各级地震行政机关与其他行政机关以共同的名义作出的具体行政行为不服的,向其共同上一级行政机关申请行政复议。

第三章 地震行政复议受理

第十二条 地震行政复议机关收到地震行政复议申请后,应当在5日内进行审查,对不符合本规定的地震行政复议申请,决定不予受理,并书面告知申请人;对不属于地震行政复议机关受理的行政复议申请,应当告知申请人向有关行政复议机关提出。

除前款规定外,地震行政复议申请自地震行政复议机关负责法制工作的机构收到之日起即为受理。

第十三条 公民、法人或者其他组织依法提出地震行政复议申请,地震行政复议机关无正当理由不予受理的,上级地震行政机关应当责令其受理;必要时,上级地震行政机关可以直接受理。

第十四条 《行政复议法》第二十一条规定可以停止执行的情况外,地震行政复议期间具体地震行政行为不停止执行。

第四章 地震行政复议决定

第十五条 地震行政复议原则上采取书面审查的办法,但是申请人提出要求或者地震行政复议机关负责法制工作的机构认为有必要时,可以向有关组织和人员调查情况,听取申请人、被申请人和第三人的意见。

第十六条 地震行政复议机关负责法制工作的机构应当自地震行政复议申请受理之日起7日内,将地震行政复议申请书副本或者地震行政复议申请笔录复印件发送被申请人。被申请人应当自收到申请书副本或者申请笔录复印件之日起10日内,提出书面答复,并提交当初作出具体行政行为的证据、依据和其他有关材料。

申请人、第三人可以查阅被申请人提出的书面答复、作出具体行政行为的证据、依据和其他有关材料,除涉及国家秘密、商业秘密或者个人隐私外,地震行政复议机关不得拒绝。

第十七条 在地震行政复议过程中,被申请人不得自行向申请人和其他有关组织或者个人收集证据。

第十八条 地震行政复议决定作出前,申请人要求撤回地震行政复议申请的,经说明理由,可以撤回;撤回地震行政复议申请的,地震行政复议终止。

第十九条 地震行政复议机关负责法制工作的机构应当对被申请人作出的具体行政行为进行审查,提出意见,经地震行政复议机关负责人同意或者集体讨论通过后,按照《行政复议法》第二十八条规定作出地震行政复议决定。

第二十条 地震行政复议机关作出复议决定,应当制作地震行政复议决定书。
地震行政复议决定书应当载明如下事项:
(一)申请人的姓名、年龄、职业、住址(法人或者其他组织的名称、地址、法定代表人姓名);
(二)被申请人的名称、地址、法定代表人的姓名、职务;

（三）申请地震行政复议的主要请求和理由；

（四）地震行政复议机关认定的事实、理由，适用的法律、法规、规章和具有普遍约束力的决定、命令；

（五）地震行政复议结论；

（六）不服地震行政复议决定向人民法院起诉的期限；

（七）作出地震行政复议决定的时间。

地震行政复议决定书由地震行政复议机关法定代表人署名，加盖地震行政复议机关印章。

地震行政复议决定书一经送达，即发生法律效力。

第二十一条　地震行政复议机关应当自受理申请之日起60日内作出地震行政复议决定。《行政复议法》第三十一条规定的特殊情况除外。

第二十二条　被申请人应当履行地震行政复议决定。被申请人不履行或者无正当理由拖延履行地震行政复议决定的，地震行政复议机关应当责令其限期履行。

第二十三条　申请人逾期不起诉又不履行地震行政复议的，按照下列规定分别处理：

（一）维持具体地震行政行为的地震复议决定，由作出具体地震行政行为的机关依法强制执行，或者申请人民法院强制执行；

（二）变更具体地震行政行为的地震复议决定，由地震行政复议机关依法强制执行，或者申请人民法院强制执行。

第二十四条　地震行政复议机关应当于地震行政复议案件结案后30日内向上一级地震行政机关备案。

第五章　法律责任

第二十五条　地震行政复议机关违反本规定，无正当理由不予受理依法提出的地震行政复议申请或者不按照规定转送地震行政复议申请的，或者在法定期限内不作出地震复议决定的，对直接负责的主管人员和其他直接责任人员依法给予警告、记过、记大过的行政处分；经责令受理仍不受理或者不按照规定转送地震行政复议申请，造成严重后果的，依法给予降级、撤职、开除的行政处分。

第二十六条　地震行政复议机关工作人员在地震行政复议活动中，徇私舞弊或者有其他渎职、失职行为的，依法给予警告、记过、记大过的行政处分；情节严重的，依法给予降级、撤职、开除的行政处分；构成犯罪的，依法追究刑事责任。

第二十七条　地震行政复议被申请人违反本规定，不提出书面答复或者不提交作出具体行政行为的证据、依据和其他有关材料，或者阻挠、变相阻挠公民、法人或者其他组织依法申请地震行政复议的，对直接负责的主管人员和其他直接责任人员依法给予警告、记过、记大过的行政处分；进行报复陷害的，依法给予降级、撤职、开除的行政处分；构成犯罪的，依法追究刑事责任。

第二十八条　地震行政复议被申请人不履行或者无正当理由拖延履行地震行政复议决定的，对直接负责的主管人员和其他直接责任人员依法给予警告、记过、记大过的行政处分；经责令履行仍拒不履行的，依法给予降级、撤职、开除的行政处分。

第二十九条　地震行政复议机关负责法制工作的机构发现有无正当理由不予受理地震行政复议申请、不按照规定期限作出地震行政复议决定、徇私舞弊、对申请人打击报复或者不履行地震行政复议决定等情形的,应当向有关行政机关提出建议,有关行政机关应当依照本规定和有关法律、法规作出处理。

第六章 附 则

第三十条 地震行政复议机关受理地震行政复议申请,不得向申请人收取任何费用。地震行政复议活动所需经费,列入本机关的行政经费,由本级财政予以保障。

第三十一条 地震行政复议期间的计算和地震行政复议文书的送达,依照《中华人民共和国民事诉讼法》关于期间、送达的规定执行。

第三十二条 本规定由国务院地震工作主管部门负责解释。

第三十三条 本规定自1999年10月1日起施行。

附:

《中华人民共和国行政复议法》有关条文

第二十一条 行政复议期间具体行政行为不停止执行;但是,有下列情形之一的,可以停止执行:

(一)被申请人认为需要停止执行的;

(二)行政复议机关认为需要停止执行的;

(三)申请人申请停止执行,行政复议机关认为其要求合理,决定停止执行的;

(四)法律规定停止执行的。

第二十三条 行政复议机关负责法制工作的机构应当自行政复议申请受理之日起7日内,将行政复议申请书副本或者行政复议申请笔录复印件发送被申请人。被申请人应当自收到申请书副本或者申请笔录复印件之日起10日内,提出书面答复,并提交当初作出具体行政行为的证据、依据和其他有关材料。

申请人、第三人可以查阅被申请人提出的书面答复、作出具体行政行为的证据、依据和其他有关材料,除涉及国家秘密、商业秘密或者个人隐私外,行政复议机关不得拒绝。

第二十八条 行政复议机关负责法制工作的机构应当对被申请人作出的具体行政行为进行审查,提出意见,经行政复议机关的负责人同意或者集体讨论通过后,按照下列规定作出行政复议决定:

(一)具体行政行为认定事实清楚,证据确凿,适用依据正确,程序合法,内容适当的,决定维持;

(二)被申请人不履行法定职责的,决定其在一定期限内履行;

(三)具体行政行为有下列情形之一的,决定撤销、变更或者确认该具体行政行为违法;决定撤销或者确认该具体行政行为违法的,可以责令被申请人在一定期限内重新作出具体行政行为:

1. 主要事实不清、证据不足的;

2. 适用依据错误的;

3. 违反法定程序的;

4. 超越或者滥用职权的;

5.具体行政行为明显不当的。

(四)被申请人不按照本法第二十三条规定提出书面答复、提交当初作出具体行政行为的证据、依据和其他有关材料的,视为该具体行政行为没有证据、依据,决定撤销该具体行政行为。

行政复议机关责令被申请人重新作出具体行政行为的,被申请人不得以同一的事实和理由作出与原具体行政行为相同或者基本相同的具体行政行为。

第三十一条 行政复议机关应当自受理申请之日起60日内作出行政复议决定;但法律规定的行政复议期限少于60日的除外。情况复杂,不能在规定期限内作出行政复议决定的,经行政复议机关的负责人批准,可以适当延长,并告知申请人和被申请人;但是延长期限最多不超过30日。

行政复议机关作出行政复议决定,应当制作行政复议决定书,并加盖印章。

行政复议决定书一经送达,即发生法律效力。

地震行政法制监督规定

(2000年1月18日 中国地震局令第5号)

第一条 为了推进依法行政,加强地震行政法制监督,根据国家有关法律、法规,制定本规定。

第二条 本规定所称地震行政法制监督,是指上级地震工作部门或者机构(以下统称地震行政机关)对下级地震行政机关、各级地震行政机关对所属工作机构及其委托的执法机构行政行为进行的督促、检查与纠正活动。

第三条 地震行政法制监督,应当遵循合法、公正、公开、及时、有效的原则,保障法律、法规的正确实施。

第四条 各级地震行政机关的法制工作机构是地震行政法制监督的执行机构。

国务院地震行政机关的法制工作机构负责本部门和全国地震行政法制监督工作的组织与实施。

省、市(地)、县(市)地震行政机关的法制工作机构负责本部门和辖区内地震行政法制监督工作的组织与实施。

第五条 地震行政机关的法制工作机构履行下列职责:

(一)制定行政法制监督工作计划和实施办法;

(二)负责地震行政执法检查的组织工作,并配合有关监督部门进行执法检查工作;

(三)受理规范性文件的备案;

(四)受理行政复议和承担本部门行政诉讼案件的应诉工作;

(五)协调行政执法争议;

(六)审查具体行政行为;

(七)调查违法行政行为案件;

(八)管理、培训行政执法人员和行政监督人员;
(九)建立健全行政法制监督档案;
(十)法律法规规定的其他行政法制监督任务。

第六条 地震行政法制监督的主要内容:
(一)实施法律、法规和规章的情况;
(二)法定职责的履行情况;
(三)规范性文件的合法性;
(四)行政执法主体和执法程序的合法性;
(五)具体行政行为的合法性、适当性;
(六)行政执法中违法行政行为或者失职行为的查处情况;
(七)其他法律法规规定的法制监督事项。

第七条 地震行政法制监督通过下列制度或者方式实施:
(一)地方性法规、规章及政府规范性文件报告制度。省级地震行政机关应当在防震减灾地方性法规、规章和政府规范性文件发布后30日内,将法规、规章和政府规范性文件文本一式三份报送国务院地震行政机关。

有立法权的市的地震行政机关应当在本市地方性法规、政府规章和规范性文件发布后30日内,将法规、规章和政府规范性文件文本一式三份报上级地震行政机关,同时报送国务院地震行政机关。

(二)地震行政机关规范性文件备案制度。地方各级地震行政机关制定的规范性文件,应当于发布后30日内,将文本一式三份报送上级地震行政机关备案。

(三)地震行政机关规范性文件起草审核制度。各级地震行政机关所属工作部门起草的规范性文件,应当经本级法制工作机构审查、会签后,提请本级行政负责人签发。

(四)实施法律、法规、规章情况的报告制度。地方各级地震行政机关,应当在防震减灾法律、法规、规章正式实施一年后的30日内,将本地区的实施情况、存在问题以及建议以书面形式向上级地震行政机关报告。

地方各级地震行政机关应当在每年1月底前将前一年度本辖区内防震减灾法律、法规和规章的实施情况、实施效果、存在问题及建议,以书面形式报送上一级地震行政机关。

(五)行政执法检查制度。各级地震行政机关应当定期或者不定期组织对本部门地震行政执法的检查。地方地震行政机关可以组织本辖区内的地震行政执法检查;国务院地震行政机关可以根据需要组织全国性的地震行政执法检查。

(六)行政执法责任制度。地方各级地震行政机关应当按照法律规定和行政管理权限,把法律、法规和规章规定的管理职责逐级分解到负责组织实施的工作机构及基层执法单位和执法人员,并进行监督和考评。

(七)重大行政处罚案件备案制度。省级地震行政机关对本辖区内3万元以上罚款、吊销许可证的行政处罚案件,应当在各级地震行政机关作出行政处罚决定后30日内向国务院地震行政机关备案。

省级地震行政机关根据需要可以对本辖区行政处罚案件的备案作出具体规定。

(八)行政执法统计制度。地方地震行政机关应当按照上级地震行政机关的要求,定期对行政执法情况进行统计,并由省级地震行政机关负责汇总,及时报国务院地震行政机关备案。

第八条 地震行政法制监督中发现的问题,按下列规定处理:

(一)规范性文件设定的内容违法或者不当的,上级地震行政机关应当责令限期改正;逾期不改的,上级地震行政机关予以撤销。

(二)作出的具体行政行为不合法、不适当的,上级地震行政机关应当责令限期改正;逾期不改的,上级地震行政机关予以变更或者撤销。

(三)不履行法定职责的,上级地震行政机关或者本级法制工作机构应当督促其履行,仍不履行的,上级或者本级地震行政机关应当依法追究有关行政负责人和其他直接责任人的行政责任。

(四)对国家权力机关、人民政府交办的地震行政违法案件和群众举报或者通过其他途径获知的行政违法行为,地震行政机关应当认真审查,属于自己管辖的,应当及时立案;属于上级地震行政机关管辖的,应当及时移送;属于下级地震行政机关管辖的,应当及时督促其依法查处。负责办案的地震行政机关应当在案件处理后30日内将处理情况报告督办机关。

(五)公民、法人或者其他组织对地震行政机关和地震行政执法人员作出的具体行政行为不服,提出申诉和检举的,上级地震行政机关应当认真审查,对符合复议条件的,应当告知申诉人或者检举人向有管辖权的机关申请行政复议;对不符合复议条件,或者在法定期限内,当事人既未申请复议,又未提起行政诉讼,发现具体行政行为确有错误的,由上级地震行政机关责令下级地震行政机关改正、变更或者予以撤销。

第九条 地震行政机关的法制工作机构在履行行政法制监督职责时,有权查询、调阅有关执法案卷和其他相关材料,有关地震行政机关及其工作人员,必须予以配合和协助。

第十条 国务院地震行政机关负责统一制发地震行政法制监督证。地方各级地震行政机关负责将本辖区地震行政法制监督证持证人员情况向本级人民政府的法制工作部门备案。

第十一条 地震行政法制监督人员的主要职责是:

(一)检查行政执法人员持证执法情况;

(二)维护合法的行政执法活动;

(三)制止、纠正行政执法人员正在实施的违法执法行为,保护公民、法人和其他组织的合法权益;

(四)对行政执法中的违法行为进行调查;

(五)督促行政执法人员履行法定职责;

(六)对解决行政执法中带有普遍性的问题提出建议。

第十二条 在地震行政法制监督工作中成绩显著的,由本级地震行政机关或者上级地震行政机关给予表彰或者奖励。

第十三条 在地震行政法制监督中违反本规定,造成不良后果或者影响,情节较轻的,由上级地震行政机关责令限期改正;情节严重的,依法追究单位主管人员和直接责任人员的行政责任。

第十四条 本规定所称规范性文件,是指各级地震行政机关为贯彻实施法律、法规和规章,依职责权限制定的,在一定范围内适用,并具有普遍约束力的文件的总称。

第十五条 本规定由中国地震局负责解释。

第十六条 本规定自2000年3月1日起施行。

建设工程抗震设防要求管理规定

（2002年1月28日　中国地震局令第7号）

第一条　为了加强对新建、扩建、改建建设工程（以下简称建设工程）抗震设防要求的管理，防御与减轻地震灾害，保护人民生命和财产安全，根据《中华人民共和国防震减灾法》和《地震安全性评价管理条例》，制定本规定。

第二条　在中华人民共和国境内进行建设工程抗震设防要求的确定、使用和监督管理，必须遵守本规定。

本规定所称抗震设防要求，是指建设工程抗御地震破坏的准则和在一定风险水准下抗震设计采用的地震烈度或地震动参数。

第三条　国务院地震工作主管部门负责全国建设工程抗震设防要求的监督管理工作。

县级以上地方人民政府负责管理地震工作的部门或者机构，负责本行政区域内建设工程抗震设防要求的监督管理工作。

第四条　建设工程必须按照抗震设防要求进行抗震设防。

应当进行地震安全性评价的建设工程，其抗震设防要求必须按照地震安全性评价结果确定；其他建设工程的抗震设防要求按照国家颁布的地震动参数区划图或者地震动参数复核、地震小区划结果确定。

第五条　应当进行地震安全性评价的建设工程的建设单位，必须在项目可行性研究阶段，委托具有资质的单位进行地震安全性评价工作，并将地震安全性评价报告报送有关地震工作主管部门或者机构审定。

第六条　国务院地震工作主管部门和省、自治区、直辖市人民政府负责管理地震工作的部门或者机构，应当设立地震安全性评审组织。

地震安全性评审组织应当由15名以上地震行业及有关行业的技术、管理专家组成，其中技术专家不得少于二分之一。

第七条　国务院地震工作主管部门和省、自治区、直辖市人民政府负责管理地震工作的部门或者机构，应当委托本级地震安全性评审组织，对地震安全性评价报告进行评审。

地震安全性评审组织应当按照国家地震安全性评价的技术规范和其他有关技术规范，对地震安全性评价报告的基础资料、技术途径和评价结果等进行审查，形成评审意见。

第八条　国务院地震工作主管部门和省、自治区、直辖市人民政府负责管理地震工作的部门或者机构，应当根据地震安全性评审组织的评审意见，结合建设工程特性和其他综合因素，确定建设工程的抗震设防要求。

第九条　下列区域内建设工程的抗震设防要求不应直接采用地震动参数区划图结果，必须进行地震动参数复核：

（一）位于地震动峰值加速度区划图峰值加速度分区界线两侧各4公里区域的建设工程；

(二)位于某些地震研究程度和资料详细程度较差的边远地区的建设工程。

第十条 下列地区应当根据需要和可能开展地震小区划工作:

(一)地震重点监视防御区内的大中城市和地震重点监视防御城市;

(二)位于地震动参数 0.15g 以上(含 0.15g)的大中城市;

(三)位于复杂工程地质条件区域内的大中城市、大型厂矿企业、长距离生命线工程和新建开发区;

(四)其他需要开展地震小区划工作的地区。

第十一条 地震动参数复核和地震小区划工作必须由具有相应地震安全性评价资质的单位进行。

第十二条 地震动参数复核结果一般由省、自治区、直辖市人民政府负责管理地震工作的部门或者机构负责审定,结果变动显著的,报国务院地震工作主管部门审定;地震小区划结果,由国务院地震工作主管部门负责审定。

地震动参数复核和地震小区划结果的审定程序按照本规定第七条、第八条的规定执行。

省、自治区、直辖市人民政府负责管理地震工作的部门或者机构,应当将审定后的地震动参数复核结果报国务院地震工作主管部门备案。

第十三条 经过地震动参数复核或者地震小区划工作的区域内不需要进行地震安全性评价的建设工程,必须按照地震动参数复核或者地震小区划结果确定的抗震设防要求进行抗震设防。

第十四条 国务院地震工作主管部门和县级以上地方人民政府负责管理地震工作的部门或者机构,应当会同同级政府有关行业主管部门,加强对建设工程抗震设防要求使用的监督检查,确保建设工程按照抗震设防要求进行抗震设防。

第十五条 国务院地震工作主管部门和县级以上地方人民政府负责管理地震工作的部门或者机构,应当按照地震动参数区划图规定的抗震设防要求,加强对村镇房屋建设抗震设防的指导,逐步增强村镇房屋抗御地震破坏的能力。

第十六条 国务院地震工作主管部门和县级以上地方人民政府负责管理地震工作的部门或者机构,应当加强对建设工程抗震设防的宣传教育,提高社会的防震减灾意识,增强社会防御地震灾害的能力。

第十七条 建设单位违反本规定第十三条的规定,由国务院地震工作主管部门或者县级以上地方人民政府负责管理地震工作的部门或者机构,责令改正,并处 5000 元以上 30000 元以下的罚款。

第十八条 本规定自公布之日起施行。

破坏性地震应急条例（2011年修订）

（1995年2月11日中华人民共和国国务院令第172号发布　根据2011年1月8日中华人民共和国国务院令第588号《国务院关于废止和修改部分行政法规的决定》修订）

第一章　总　则

第一条　为了加强对破坏性地震应急活动的管理,减轻地震灾害损失,保障国家财产和公民人身、财产安全,维护社会秩序,制定本条例。

第二条　在中华人民共和国境内从事破坏性地震应急活动,必须遵守本条例。

第三条　地震应急工作实行政府领导、统一管理和分级、分部门负责的原则。

第四条　各级人民政府应当加强地震应急的宣传、教育工作,提高社会防震减灾意识。

第五条　任何组织和个人都有参加地震应急活动的义务。

中国人民解放军和中国人民武装警察部队是地震应急工作的重要力量。

第二章　应急机构

第六条　国务院防震减灾工作主管部门指导和监督全国地震应急工作。国务院有关部门按照各自的职责,具体负责本部门的地震应急工作。

第七条　造成特大损失的严重破坏性地震发生后,国务院设立抗震救灾指挥部,国务院防震减灾工作主管部门为其办事机构;国务院有关部门设立本部门的地震应急机构。

第八条　县级以上地方人民政府防震减灾工作主管部门指导和监督本行政区域内地震应急工作。

破坏性地震发生后,有关县级以上地方人民政府应当设立抗震救灾指挥部,对本行政区域内的地震应急工作实行集中领导,其办事机构设在本级人民政府防震减灾工作主管部门或者本级人民政府指定的其他部门;国务院另有规定的,从其规定。

第三章　应急预案

第九条　国家的破坏性地震应急预案,由国务院防震减灾工作主管部门会同国务院有关部门制定,报国务院批准。

第十条　国务院有关部门应当根据国家的破坏性地震应急预案,制定本部门的破坏性地震应急预案,并报国务院防震减灾工作主管部门备案。

第十一条　根据地震灾害预测,可能发生破坏性地震地区的县级以上地方人民政府防震减灾工作主管部门应当会同同级有关部门以及有关单位,参照国家破坏性地震应急预案,制定本行政区域内的破坏性地震应急预案,报本级人民政府批准;省、自治区和人口在100万以上的城市的破坏性地震应急预案,还应当报国务院防震减灾工作主管部门备案。

第十二条 部门和地方制定破坏性地震应急预案,应当从本部门或者本地区的实际情况出发,做到切实可行。

第十三条 破坏性地震应急预案应当包括下列主要内容:

(一)应急机构的组成和职责;

(二)应急通信保障;

(三)抢险救援的人员、资金、物资准备;

(四)灾害评估准备;

(五)应急行动方案。

第十四条 制定破坏性地震应急预案的部门和地方,应当根据震情的变化以及实施中发现的问题,及时对其制定的破坏性地震应急预案进行修订、补充;涉及重大事项调整的,应当报经原批准机关同意。

第四章 临震应急

第十五条 地震临震预报,由省、自治区、直辖市人民政府依照国务院有关发布地震预报的规定统一发布,其他任何组织或者个人不得发布地震预报。

任何组织或者个人都不得传播有关地震的谣言。发生地震谣传时,防震减灾工作主管部门应当协助人民政府迅速予以平息和澄清。

第十六条 破坏性地震临震预报发布后,有关省、自治区、直辖市人民政府可以宣布预报区进入临震应急期,并指明临震应急期的起止时间。

临震应急期一般为 10 日;必要时,可以延长 10 日。

第十七条 在临震应急期,有关地方人民政府应当根据震情,统一部署破坏性地震应急预案的实施工作,并对临震应急活动中发生的争议采取紧急处置措施。

第十八条 在临震应急期,各级防震减灾工作主管部门应当协助本级人民政府对实施破坏性地震应急预案工作进行检查。

第十九条 在临震应急期,有关地方人民政府应当根据实际情况,向预报区的居民以及其他人员提出避震撤离的劝告;情况紧急时,应当有组织地进行避震疏散。

第二十条 在临震应急期,有关地方人民政府有权在本行政区域内紧急调用物资、设备、人员和占用场地,任何组织或者个人都不得阻拦;调用物资、设备或者占用场地的,事后应及时归还或者给予补偿。

第二十一条 在临震应急期,有关部门应当对生命线工程和次生灾害源采取紧急防护措施。

第五章 震后应急

第二十二条 破坏性地震发生后,有关的省、自治区、直辖市人民政府应当宣布灾区进入震后应急期,并指明震后应急期的起止时间。

震后应急期一般为 10 日;必要时,可以延长 20 日。

第二十三条 破坏性地震发生后,抗震救灾指挥部应当及时组织实施破坏性地震应急预案,及时将震情、灾情及其发展趋势等信息报告上一级人民政府。

第二十四条 防震减灾工作主管部门应当加强现场地震监测预报工作,并及时会同有关部门评估地震灾害损失;灾情调查结果,应当及时报告本级人民政府抗震救灾指挥部和上一级防震减灾工作主管部门。

第二十五条 交通、铁路、民航等部门应当尽快恢复被损毁的道路、铁路、水港、空港及有关设施,并优先保证抢险救援人员、物资的运输和灾民的疏散。其他部门有交通运输工具的应当无条件服从抗震救灾指挥部的征用或者调用。

第二十六条 通信部门应当尽快恢复被破坏的通信设施,保证抗震救灾通信畅通。其他部门有通信设施的,应当优先为破坏性地震应急工作服务。

第二十七条 供水、供电部门应当尽快恢复被破坏的供水、供电设施,保证灾区用水、用电。

第二十八条 卫生部门应当立即组织急救队伍,利用各种医疗设施或者建立临时治疗点,抢救伤员,及时检查、监测灾区的饮用水源、食品等,采取有效措施防止和控制传染病的暴发流行,并向受灾人员提供精神、心理卫生方面的帮助。医药部门应当及时提供救灾所需药品。其他部门应当配合卫生、医药部门,做好卫生防疫以及伤亡人员的抢救、处理工作。

第二十九条 民政部门应当迅速设置避难场所和救济物资供应点,提供救济物品等,保障灾民的基本生活,做好灾民的转移和安置工作。其他部门应当支持、配合民政部门妥善安置灾民。

第三十条 公安部门应当加强灾区的治安管理和安全保卫工作,预防和制止各种破坏活动,维护社会治安,保证抢险救灾工作顺利进行,尽快恢复社会秩序。

第三十一条 石油、化工、水利、电力、建设等部门和单位以及危险品生产、储运等单位,应当按照各自的职责,对可能发生或者已经发生次生灾害的地点和设施采取紧急处置措施,并加强监视、控制,防止灾害扩展。

公安消防机构应当严密监视灾区火灾的发生;出现火灾时,应当组织力量抢救人员和物资,并采取有效防范措施,防止火势扩大、蔓延。

第三十二条 广播电台、电视台等新闻单位应当根据抗震救灾指挥部提供的情况,按照规定及时向公众发布震情、灾情等有关信息,并做好宣传、报导工作。

第三十三条 抗震救灾指挥部可以请求非灾区的人民政府接受并妥善安置灾民和提供其他救援。

第三十四条 破坏性地震发生后,国内非灾区提供的紧急救援,由抗震救灾指挥部负责接受和安排;国际社会提供的紧急救援,由国务院民政部门负责接受和安排;国外红十字会和国际社会通过中国红十字会提供的紧急救援,由中国红十字会负责接受和安排。

第三十五条 因严重破坏性地震应急的需要,可以在灾区实行特别管制措施。省、自治区、直辖市行政区域内的特别管制措施,由省、自治区、直辖市人民政府决定;跨省、自治区、直辖市的特别管制措施,由有关省、自治区、直辖市人民政府共同决定或者由国务院决定;中断干线交通或者封锁国境的特别管制措施,由国务院决定。

特别管制措施的解除,由原决定机关宣布。

第六章 奖励和处罚

第三十六条 在破坏性地震应急活动中有下列事迹之一的,由其所在单位、上级机关或者防震减灾工作主管部门给予表彰或者奖励:

（一）出色完成破坏性地震应急任务的；
（二）保护国家、集体和公民的财产或者抢救人员有功的；
（三）及时排除险情，防止灾害扩大，成绩显著的；
（四）对地震应急工作提出重大建议，实施效果显著的；
（五）因震情、灾情测报准确和信息传递及时而减轻灾害损失的；
（六）及时供应用于应急救灾的物资和工具或者节约经费开支，成绩显著的；
（七）有其他特殊贡献的。

第三十七条 有下列行为之一的，对负有直接责任者的主管人员和其他直接责任人员依法给予行政处分；属于违反治安管理行为的，依照治安管理处罚法的规定给予处罚；构成犯罪的，依法追究刑事责任：
（一）不按照本条例规定制定破坏性地震应急预案的；
（二）不按照破坏性地震应急预案的规定和抗震救灾指挥部的要求实施破坏性地震应急预案的；
（三）违抗抗震救灾指挥部命令，拒不承担地震应急任务的；
（四）阻挠抗震救灾指挥部紧急调用物资、人员或者占用场地的；
（五）贪污、挪用、盗窃地震应急工作经费或者物资的；
（六）有特定责任的国家工作人员在临震应急期或震后应急期不坚守岗位，不及时掌握震情、灾情，临阵脱逃或者玩忽职守的；
（七）在临震应急期或者震后应急期哄抢国家、集体或者公民的财产的；
（八）阻碍抗震救灾人员执行职务或者进行破坏活动的；
（九）不按照规定和实际情况报告灾情的；
（十）散布谣言，扰乱社会秩序，影响破坏性地震应急工作的；
（十一）有对破坏性地震应急工作造成危害的其他行为的。

第七章　附　则

第三十八条 本条例下列用语的含义：
（一）"地震应急"，是指为了减轻地震灾害而采取的不同于正常工作程序的紧急防灾和抢险行动。
（二）"破坏性地震"，是指造成一定数量的人员伤亡和经济损失的地震事件。
（三）"严重破坏性地震"，是指造成严重的人员伤亡和经济损失，使灾区丧失或部分丧失自我恢复能力，需要国家采取对抗行动的地震事件。
（四）生命线工程，是指对社会生活、生产有重大影响的交通、通信、供水、排水、供电、供气、输油等工程系统。
（五）"次生灾害源"，是指因地震可能引发水灾、火灾、爆炸等灾害的易燃易爆物品、有毒物质贮存设施、水坝、堤岸等。

第三十九条 本条例自1995年4月1日起施行。

水库地震监测管理办法

(2011年1月26日　中国地震局令第9号)

第一章　总　则

第一条　为了加强和规范水库地震监测管理,提高水库地震监测能力,保障人民生命、财产安全和社会公共利益,根据《中华人民共和国防震减灾法》、《地震监测管理条例》的有关规定,制定本办法。

第二条　水库地震监测台网的建设、运行和管理适用本办法。

第三条　国务院地震工作主管部门负责全国水库地震监测的业务指导和监督管理工作。

县级以上地方人民政府负责管理地震工作的部门或者机构,负责本行政区域的水库地震监测的业务指导和监督管理工作。

水库建设单位负责水库地震监测台网的建设和运行管理。具体工作可以委托具备相关能力的单位承担。

第四条　水库地震监测台网的建设资金和运行经费由水库建设单位承担。

第五条　水库地震监测是我国地震监测的重要组成部分。

水库地震监测数据和资料属于国家基础科学数据,其保存和使用应当符合国家有关规定。

水库地震监测设施和地震观测环境依法受到保护。

第六条　水库地震监测台网的建设,应当遵守法律、法规和国家有关标准,符合国家规定的固定资产投资项目建设程序,保证台网建设质量。

第七条　外国的组织或者个人在中华人民共和国领域从事水库地震监测活动,必须经国务院地震工作主管部门会同有关部门批准,并采取与中华人民共和国有关部门或者单位合作的形式进行。

从事前款规定的活动,必须遵守中华人民共和国有关法律、法规的规定,并不得涉及国家秘密和危害国家安全。

第八条　对在水库地震监测工作中做出突出贡献的单位和个人,按照国家有关规定给予表彰和奖励。

第二章　水库地震监测台网建设

第九条　坝高100米以上、库容5亿立方米以上的新建水库,应当建设水库地震监测台网,开展水库地震监测。

最高水位蓄水区及其外延10千米范围内有活动断层通过、遭受地震破坏后可能产生严重次生灾害的新建大型水库,应当设置必要的地震监测设施,密切监视水库地震活动。

第十条 符合第九条规定的水库建设工程可行性研究报告,应当包括水库地震监测台网或者地震监测设施的内容。

第十一条 符合第九条规定,未建设地震监测台网或者地震监测设施的已建水库,库区及周边地区地震活动有增强趋势的,经省、自治区、直辖市人民政府负责管理地震工作的部门或者机构评估,认为应当补充建设水库地震监测台网或者地震监测设施的,水库建设单位应当根据评估意见,补充建设水库地震监测台网或者地震监测设施,开展水库地震监测。

第十二条 国务院地震工作主管部门和省、自治区、直辖市人民政府负责管理地震工作的部门或者机构,应当加强对水库地震监测台网和地震监测设施建设的指导,并为水库地震监测台网和地震监测设施的建设提供必要的基础资料和技术支持。

第十三条 水库地震监测台网应当包括测震台网、强震动监测设施和数据汇集处理中心;根据需要增加地壳形变、地下流体、活动断层等监测内容。

第十四条 测震台网应当至少有4个监测台站同时观测,其监测能力和定位精度应当达到:库首区和重点区域监测能力优于0.5级,定位精度优于1千米;库区及其外延10千米范围内监测能力达到1.5级,定位精度优于3千米,2.5级以上地震速报时间不超过15分钟。

第十五条 在水库地震监测台网和地震监测设施建设工程实施前,水库建设单位应当将水库地震监测台网和地震监测设施建设方案报所在地省、自治区、直辖市人民政府负责管理地震工作的部门或者机构备案,并同时抄报国务院地震工作主管部门。

第十六条 水库地震监测台网和地震监测设施的建设,应当按照国务院地震工作主管部门的规定,采用符合国家标准、行业标准或者有关地震监测技术要求的设备。

第十七条 水库地震监测台网和地震监测设施验收合格后,水库建设单位应当将竣工报告、验收意见,报所在地省、自治区、直辖市人民政府负责管理地震工作的部门或者机构备案,并同时抄报国务院地震工作主管部门。

第三章 水库地震监测台网运行

第十八条 水库地震监测台网和地震监测设施应当在水库蓄水一年前建成并投入运行。

水库地震监测台网和地震监测设施正式运行后,不得擅自中止或者终止。确需中止或者终止的,应当提前6个月报所在地省、自治区、直辖市人民政府负责管理地震工作的部门或者机构备案。

第十九条 水库地震监测台网和地震监测设施的运行,应当符合国家有关标准和技术规范。地震监测信息的检测、传递、分析、处理、存贮、报送应当保证质量和安全。

第二十条 水库地震监测台网和地震监测设施的运行管理,应当纳入所在地省级或者全国地震监测技术管理和质量检查。

第二十一条 国务院地震工作主管部门和县级以上地方人民政府负责管理地震工作的部门或者机构,应当指导水库建设单位建立健全台网运行管理和技术管理制度,加强对从事水库地震监测工作人员的技术培训和业务指导。

第二十二条 水库地震监测数据应当及时、完整报送所在地省、自治区、直辖市人民政府负责管理地震工作的部门或者机构。

省、自治区、直辖市人民政府负责管理地震工作的部门或者机构,负责确定水库地震监测数据的传送方式、内容和时限等,并将水库地震监测数据纳入地震科学数据共享范围。

第二十三条 水库地震监测台网或者地震监测设施监测到库区有重要异常情况,水库建设单位应当立即报告所在地省、自治区、直辖市人民政府负责管理地震工作的部门或者机构。

省、自治区、直辖市人民政府负责管理地震工作的部门或者机构在接到报告后,应当会同水库建设单位及时组织调查核实和分析研究,必要时组织召开震情会商会,并将震情会商意见报本级人民政府。

第四章 罚 则

第二十四条 违反本办法的规定,有下列行为之一的,由国务院地震工作主管部门或者省、自治区、直辖市人民政府负责管理地震工作的部门或者机构责令改正,并要求采取相应的补救措施:

(一)未按照有关法律、法规和国家有关标准进行水库地震监测台网和地震监测设施建设的;
(二)未采用符合国家标准、行业标准或者有关地震监测技术要求的设备的;
(三)擅自中止或者终止水库地震监测台网或者地震监测设施运行的;
(四)水库地震监测台网和地震监测设施的运行不符合国家有关标准和技术规范的;
(五)未按规定进行备案的;
(六)未按规定报送水库地震监测数据和资料的。

第二十五条 有下列违法行为之一的,按照《中华人民共和国防震减灾法》、《地震监测管理条例》的规定,追究法律责任:

(一)破坏水库地震监测设施的;
(二)危害水库地震观测环境的;
(三)外国的组织或个人违法从事水库地震监测活动的。

第五章 附 则

第二十六条 本办法自 2011 年 5 月 1 日起施行。

地震灾区地表水环境质量与集中式饮用水水源监测技术指南(暂行)

(2008 年 5 月 20 日 环境保护部公告 2008 年第 14 号)

第一章 总 则

第一条 在地震灾区重点地表水集中式饮用水水源地、重要城市上下游设立监测断面。有关省市可视当地情况增设监测断面。

第二条 监测频次为每日 1 次,可根据灾后重建进展进行适当调整。

第三条 为保证水质监测工作的时效性,优先采用快速监测方法和设备,把现场的快速排查和实验室的确认分析有机结合起来。分析方法可参考附表。

第四条 密切监视各种潜在污染源,重点监测对人体有毒害作用的污染物质,可根据当地企业生产情况、污染源现场排查最新的信息,确定特征污染物质。

第五条 应当在显著地点和位置建立水源地保护标识,并把有关水源地保护的规定通告有关部门、单位。

第二章 水质常规监测要求

第六条 建立重要监测断面和饮用水源地的定时巡查制度,无特殊情况每天不少于 1 次。对水质变化的指示性指标 pH、电导率以及高锰酸盐指数(有条件的可以包括 TOC)等进行重点监测,具备条件的监测站,视情况可增加氨氮、酚类等其他常规监测项目。

第七条 现场巡查时要注意观察与记录水体的颜色、气味及漂浮物等感官指标,判断水体是否受到明显污染。

第八条 每日监测粪大肠菌群、细菌总数(可采用试剂盒等快速测试方法),出现异常时应增加常规病原菌监测(可采用试剂盒等快速测试方法)。

第九条 具备条件的监测站每日进行 1 次生物急性毒性监测(可采用发光菌法),用于进行水质安全的综合判断。

第十条 具备条件的监测站每日监测对人体有毒有害的污染物质(重金属和有毒有机污染物),关注救灾中化学品的使用情况,具体污染物质可根据当地污染源排查结果确定。

第十一条 当确认水质出现异常时,在保留分析样品备用的同时,应立即进行复查,如果持续出现异常情况,立即启动应急水质监测,同时对周边环境进行巡视,尽快排查污染源和原因污染物,将结果及时报告上级部门,并通知相关部门。

第三章 自动监测

第十二条 尽快恢复原有的自动监测站点和测试项目,对于出现水质异常的地区,可在原有测试项目的基础上根据当地情况适当增加其他自动监测项目。

第十三条 在重要水源地根据当地的条件可考虑增加在线生物毒性监测。

第四章 突发环境事件的应急监测

第十四条 密切关注对灾后环境安全构成危险隐患的设施,如化工厂、加油站、农药集中存放场所、灾民集中安置区等。

第十五条 如发生突发环境事件,应迅速在第一时间到达现场进行样品采集、保存和监测,排查污染源和特征污染物质,及时通报相关部门,并立即启动应急监测工作。

附表:集中式饮用水源水质监测分析方法(略)

第二十五部分　噪声辐射与地震减灾等国家标准

内河船舶噪声级规定（节录）

GB 5980—2009

（2009年3月9日发布　2009年11月1日实施）

本标准由中华人民共和国交通运输部提出。
本标准起草单位：长江船舶设计院。

（按原标准编号节录）

3　船舶分类和噪声级最大限制值

3.1　按船长和连续航行时间，内河船舶划分为三类，见表1。

表1　内河船舶分类

类别	船长（两柱间长）L/m	连续航行时间 T/h
Ⅰ	L≥70	T≥24
Ⅱ	L≥70	12≤T<24
Ⅱ	30≤L<70	T≥12
Ⅲ	L<30	—
Ⅲ	—	2≤T<12

注：1　表中不包括内河高速船。
　　2　连续航行小于2h的船舶，参照第Ⅲ类船舶执行。

3.2　内河船舶噪声以A声级为评价依据。各类船舶不同舱室噪声级的最大限制值见表2。

表2　内河船舶噪声级的最大限制值

单位为分贝

部位		噪声最大限制值			
		Ⅰ	Ⅱ	Ⅲ	内河高速船
机舱区	有人值班机舱主机操纵处	90			—
	有控制室的或无人的机舱	110			
	机舱控制室	75		—	
	工作间	85			

(续表)

部位		噪声最大限制值			
		I	II	III	内河高速船
驾驶区	驾驶室	65	69	70	
	报务室	65	—	—	
起居区	卧室	60	65	70	—
	医务室	60	65	—	—
	办公室、休息室、座席客舱	65	70	75	78/75[a]
	厨房	80		85	

注:a 内河船长大于等于25m的高速船客舱,连续航行时间不超过4h噪声限制值为78dB(A);连续航行时间超过4h时,噪声限制值为75dB(A)。船长小于25m的高速船可参照执行。

4 测量方法

船上噪声测量应符合GB/T 4595的规定。

5 防护措施

船员进入噪声级大于90dB(A)的场所时,应采取耳保护措施。凡噪声级大于90dB(A)的舱室,应在入口处设置明显告示牌"进入高噪声区,必须戴耳保护器"。

机场周围飞机噪声环境标准（节录）

GB 9660—88

(1988年8月11日发布 1988年11月1日实施)

本标准由国家环境保护局大气处提出。
本标准由中国科学院声学研究所负责起草。

（按原标准编号节录）

3 评价量

本标准采用一昼夜的计权等效连续感觉噪声级作为评价量,用L_{WECPN}表示,单位为dB。

4 标准值和适用区域

dB

适用区域	标准值
一类区域	≤70
二类区域	≤75

一类区域:特殊住宅区;居住、文教区。
二类区域:除一类区域以外的生活区。
本标准适用的区域地带范围由当地人民政府划定。

城市区域环境振动标准(节录)

GB 10070—88

(1988年12月10日发布 1989年7月1日实施)

本标准由国家环保局大气处提出。
本标准由《城市区域环境振动标准》编制组起草。

(按原标准编号节录)

3 标准值及适用用地带范围

3.1 标准值

3.1.1 城市各类区域铅垂向Z振级标准值列于下表。

dB

适用地带范围	昼间	夜间
特殊住宅区	65	65
居民、文教区	70	67
混合区、商业中心区	75	72
工业集中区	75	72
交通干线道路两侧	75	72
铁路干线两侧	80	80

3.1.2 本标准值适用于连续发生的稳态振动、冲击振动和无规振动。
3.1.3 每日发生几次的冲击振动,其最大值昼间不允许超过标准值10dB,夜间不超过3dB。

3.2 适用地带范围的划定

3.2.1 "特殊住宅区"是指特别需要安宁的住宅区。

3.2.2 "居民、文教区"是指纯居民区和文教、机关区。

3.2.3 "混合区"是指一般商业与居民混合区;工业、商业、少量交通与居民混合区。

3.2.4 "商业中心区"是指商业集中的繁华地区。

3.2.5 "工业集中区"是指在一个城市或区域内规划明确确定的工业区。

3.2.6 "交通干线道路两侧"是指车流量每小时100辆以上的道路两侧

3.2.7 "铁路干线两侧"是指距每日车流量不少于20列的铁道外轨30m外两侧的住宅区。

3.2.8 本标准适用的地带范围,由地方人民政府划定。

3.3 本标准昼间、夜间的时间由当地人民政府按当地习惯和季节变化划定。

4 监测方法

4.1 测量点在建筑物室外0.5m以内振动敏感处,必要时测量点置于建筑物室内地面中央,标准值均取表中的值。

4.2 铅垂向Z振级的测量及评价量的计算方法,按国家标准 GB 10071 有关条款的规定执行。

工业企业厂界环境噪声排放标准(节录)

GB 12348—2008

(2008年8月19日发布 2008年10月1日实施)

本标准由环境保护部科技标准司组织制定。

本标准起草单位:中国环境监测总站、天津市环境监测中心、福建省环境监测中心站。

(按原标准编号节录)

3 术语和定义

下列术语和定义适用于本标准。

3.1 工业企业厂界环境噪声 industrial enterprises noise

指在工业生产活动中使用固定设备等产生的、在厂界处进行测量和控制的干扰周围生活环境的声音。

3.2 A声级 A-weighted sound pressure level

用A计权网络测得的声压级,用 L_A 表示,单位 dB(A)。

3.3 等效连续A声级 equivalent continuous A-weighted sound pressure level

简称为等效声级,指在规定测量时间T内A声级的能量平均值,用 $L_{Aep,T}$ 表示(简写为 L_{eq}),

单位 dB(A)。除特别指明外,本标准中噪声值皆为等效声级。

根据定义,等效声级表示为:

$$L_{eq} = 10\,lg\left(\frac{1}{T}\int_0^T 10^{0.1 \cdot L_A}\mathrm{d}t\right)$$

式中:L_A——t 时刻的瞬时 A 声级;

T——规定的测量时间段。

3.4 厂界 boundary

由法律文书(如土地使用证、房产证、租赁合同等)中确定的业主所拥有使用权(或所有权)的场所或建筑物边界。各种产生噪声的固定设备的厂界为其实际占地的边界。

3.5 噪声敏感建筑物 noise-sensitive buildings

指医院、学校、机关、科研单位、住宅等需要保持安静的建筑物。

3.6 昼间 day-time、夜间 night-time

根据《中华人民共和国环境噪声污染防治法》,"昼间"是指 6:00 至 22:00 之间的时段;"夜间"是指 22:00 至次日 6:00 之间的时段。

县级以上人民政府为环境噪声污染防治的需要(如考虑时差、作息习惯差异等)而对昼间、夜间的划分另有规定的,应按其规定执行。

3.7 频发噪声 frequent noise

指频繁发生、发生的时间和间隔有一定规律、单次持续时间较短、强度较高的噪声,如排气噪声、货物装卸噪声等。

3.8 偶发噪声 sporadic noise

指偶然发生、发生的时间和间隔无规律、单次持续时间较短、强度较高的噪声。如短促鸣笛声、工程爆破噪声等。

3.9 最大声级 maximum sound level

在规定测量时间内对频发或偶发噪声事件测得的 A 声级最大值,用 L_{max} 表示,单位 dB(A)。

3.10 倍频带声压级 sound pressure level in octave bands

采用符合 GB/T 3241 规定的倍频程滤波器所测量的频带声压级,其测量带宽和中心频率成正比。本标准采用的室内噪声频谱分析倍频带中心频率为 31.5 Hz、63 Hz、125 Hz、250 Hz、500 Hz,其覆盖频率范围为 22~707 Hz。

3.11 稳态噪声 steady noise

在测量时间内,被测声源的声级起伏不大于 3dB(A) 的噪声。

3.12 非稳态噪声 non-steady noise

在测量时间内,被测声源的声级起伏大于 3dB(A) 的噪声。

3.13 背景噪声 background noise

被测量噪声源以外的声源发出的环境噪声的总和。

4 环境噪声排放限值

4.1 厂界环境噪声排放限值

4.1.1 工业企业厂界环境噪声不得超过表1规定的排放限值。

表1 工业企业厂界环境噪声排放限值

单位:dB(A)

厂界外声环境功能区类别	时段	
	昼间	夜间
0	50	40
1	55	45
2	60	50
3	65	55
4	70	55

4.1.2 夜间频发噪声的最大声级超过限值的幅度不得高于10dB(A)。

4.1.3 夜间偶发噪声的最大声级超过限值的幅度不得高于15dB(A)。

4.1.4 工业企业若位于未划分声环境功能区的区域,当厂界外有噪声敏感建筑物时,由当地县级以上人民政府参照GB 3096和GB/T 15190的规定确定厂界外区域的声环境质量要求,并执行相应的厂界环境噪声排放限值。

4.1.5 当厂界与噪声敏感建筑物距离小于1m时,厂界环境噪声应在噪声敏感建筑物的室内测量,并将表1中相应的限值减10dB(A)作为评价依据。

4.2 结构传播固定设备室内噪声排放限值

当固定设备排放的噪声通过建筑物结构传播至噪声敏感建筑物室内时,噪声敏感建筑物室内等效声级不得超过表2和表3规定的限值。

表2 结构传播固定设备室内噪声排放限值(等效声级)

单位:dB(A)

噪声敏感建筑物所处声环境功能区类别 / 时段 / 房间类型	A类房间		B类房间	
	昼间	夜间	昼间	夜间
0	40	30	40	30
1	40	30	45	35
2、3、4	45	35	50	40

说明:A类房间——指以睡眠为主要目的,需要保证夜间安静的房间,包括住宅卧室、医院病房、宾馆客房等。

B类房间——指主要在昼间使用,需要保证思考与精神集中、正常讲话不被干扰的房间,包括学校教室、会议室、办公室、住宅中卧室以外的其他房间等。

表3 结构传播固定设备室内噪声排放限值(倍频带声压级)

单位:dB

噪声敏感建筑所处声环境功能区类别	时段	倍频带中心频率/Hz 房间类型	室内噪声倍频带声压级限值				
			31.5	63	125	250	500
0	昼间	A、B类房间	76	59	48	39	34
	夜间	A、B类房间	69	51	39	30	24
1	昼间	A类房间	76	59	48	39	34
		B类房间	79	63	52	44	38
	夜间	A类房间	69	51	39	30	24
		B类房间	72	55	43	35	29
2、3、4	昼间	A类房间	79	63	52	44	38
		B类房间	82	67	56	49	43
	夜间	A类房间	72	55	43	35	29
		B类房间	76	59	48	39	34

5 测量方法

5.1 测量仪器

5.1.1 测量仪器为积分平均声级计或环境噪声自动监测仪,其性能应不低于GB 3785和GB/T 17181对2型仪器的要求。测量35dB以下的噪声应使用1型声级计,且测量范围应满足所测量噪声的需要。校准所用仪器应符合GB/T 15173对1级或2级声校准器的要求。当需要进行噪声的频谱分析时,仪器性能应符合GB/T 3241中对滤波器的要求。

5.1.2 测量仪器和校准仪器应定期检定合格,并在有效使用期限内使用;每次测量前、后必须在测量现场进行声学校准,其前、后校准示值偏差不得大于0.5dB,否则测量结果无效。

5.1.3 测量时传声器加防风罩。

5.1.4 测量仪器时间计权特性设为"F"挡,采样时间间隔不大于1s。

5.2 测量条件

5.2.1 气象条件:测量应在无雨雪、无雷电天气,风速为5m/s以下时进行。不得不在特殊气象条件下测量时,应采取必要措施保证测量准确性,同时注明当时所采取的措施及气象情况。

5.2.2 测量工况:测量应在被测声源正常工作时间进行,同时注明当时的工况。

5.3 测点位置

5.3.1 测点布设

根据工业企业声源、周围噪声敏感建筑物的布局以及毗邻的区域类别,在工业企业厂界布设多个测点,其中包括距噪声敏感建筑物较近以及受被测声源影响大的位置。

5.3.2 测点位置一般规定

一般情况下,测点选在工业企业厂界外1m、高度1.2m以上、距任一反射面距离不小于1m的位置。

5.3.3 测点位置其他规定

5.3.3.1 当厂界有围墙且周围有受影响的噪声敏感建筑物时,测点应选在厂界外1m、高于围墙0.5m以上的位置。

5.3.3.2 当厂界无法测量到声源的实际排放状况时(如声源位于高空、厂界设有声屏障等),应按5.3.2设置测点,同时在受影响的噪声敏感建筑物户外1m处另设测点。

5.3.3.3 室内噪声测量时,室内测量点位设在距任一反射面至少0.5m以上、距地面1.2m高度处,在受噪声影响方向的窗户开启状态下测量。

5.3.3.4 固定设备结构传声至噪声敏感建筑物室内,在噪声敏感建筑物室内测量时,测点应距任一反射面至少0.5m以上、距地面1.2m、距外窗1m以上,窗户关闭状态下测量。被测房间内的其他可能干扰测量的声源(如电视机、空调机、排气扇以及镇流器较响的日光灯、运转时出声的时钟等)应关闭。

5.4 测量时段

5.4.1 分别在昼间、夜间两个时段测量。夜间有频发、偶发噪声影响时同时测量最大声级。

5.4.2 被测声源是稳态噪声,采用1mm的等效声级。

5.4.3 被测声源是非稳态噪声,测量被测声源有代表性时段的等效声级,必要时测量被测声源整个正常工作时段的等效声级。

5.5 背景噪声测量

5.5.1 测量环境:不受被测声源影响且其他声环境与测量被测声源时保持一致。

5.5.2 测量时段:与被测声源测量的时间长度相同。

5.6 测量记录

噪声测量时需做测量记录。记录内容应主要包括:被测量单位名称、地址、厂界所处声环境功能区类别、测量时气象条件、测量仪器、校准仪器、测点位置、测量时间、测量时段、仪器校准值(测前、测后)、主要声源、测量工况、示意图(厂界、声源、噪声敏感建筑物、测点等位置)、噪声测量值、背景值、测量人员、校对人、审核人等相关信息。

5.7 测量结果修正

5.7.1 噪声测量值与背景噪声值相差大于10dB(A)时,噪声测量值不做修正。

5.7.2 噪声测量值与背景噪声值相差在3~10dB(A)之间时,噪声测量值与背景噪声值的差值取整后,按表4进行修正。

表4 测量结果修正表

单位:dB(A)

差值	3	4~5	6~10
修正值	-3	-2	-1

5.7.3 噪声测量值与背景噪声值相差小于3dB(A)时,应采取措施降低背景噪声后,视情况按5.7.1或5.7.2执行;仍无法满足前两款要求的,应按环境噪声监测技术规范的有关规定执行。

6 测量结果评价

6.1 各个测点的测量结果应单独评价。同一测点每天的测量结果按昼间、夜间进行评价。

6.2 最大声级 Lmax 直接评价。

建筑施工场界环境噪声排放标准(节录)

GB 12523—2011

(2011年12月5日发布 2012年7月1日实施)

本标准由环境保护部科技标准司组织制定。

本标准起草单位:中国环境监测总站、天津市环境监测中心、北京市劳动保护科学研究所、环境保护部环境标准研究所。

(按原标准编号节录)

3 术语和定义

下列术语和定义适用于本标准。

3.1 建筑施工 construction

建筑施工是指工程建设实施阶段的生产活动,是各类建筑物的建造过程,包括基础工程施工、主体结构施工、屋面工程施工、装饰工程施工(已竣工交付使用的住宅楼进行室内装修活动除外)等。

3.2 建筑施工噪声 construction noise

建筑施工过程中产生的干扰周围生活环境的声音。

3.3 A声级 A-weighted sound pressure level

用A计权网络测得的声压级,用 L_A 表示,单位 dB(A)。

3.4 等效连续A声级 equivalent continuous A-weighted sound pressure level

简称为等效声级,指在规定测量时间T内A声级的能量平均值,用 $L_{Aeq,T}$ 表示(简写为 L_{eq}),单位 dB(A)。除特别指明外,本标准中噪声值皆为等效声级。

根据定义,等效声级表示为:

$$L_{eq} = 10\lg\left(\frac{1}{T}\int_0^T 10^{0.1 \cdot L_A} dt\right) \tag{1}$$

式中:L_A——t 时刻的瞬时A声级;

T—规定的测量时间段。

3.5 建筑施工场界 boundary of construction site

由有关主管部门批准的建筑施工场地边界或建筑施工过程中实际使用的施工场地边界。

3.6 噪声敏感建筑物 noise-sensitive buildings

指医院、学校、机关、科研单位、住宅等需要保持安静的建筑物。

3.7 最大声级 maximum sound level

在规定测量时间内对测得的 A 声级最大值,用 L_{Amax} 表示,单位 dB(A)。

3.8 昼间 day-time、夜间 night-time

根据《中华人民共和国环境噪声污染防治法》,"昼间"是指 6:00 至 22:00 之间的时段;"夜间是指 22:00 至次日 6:00 之间的时段。

县级以上人民政府为环境噪声污染防治的需要(如考虑时差、作息习惯差异等)而对昼间、夜间的划分另有规定的,应按其规定执行。

3.9 背景噪声 background noise

被测量噪声源以外的声源发出的环境噪声的总和。

3.10 稳态噪声 steady noise

在测量时间内,被测声源的声级起伏不大于 3dB(A)的噪声。

3.11 非稳态噪声 non-steady noise

在测量时间内,被测声源的声级起伏大于 3dB(A)的噪声。

4 环境噪声排放限值

4.1 建筑施工过程中场界环境噪声不得超过表 1 规定的排放限值。

表 1 建筑施工场界环境噪声排放限值

单位:dB(A)

昼间	夜间
70	55

4.2 夜间噪声最大声级超过限值的幅度不得高于 15dB(A)。

4.3 当场界距噪声敏感建筑物较近,其室外不满足测量条件时,可在噪声敏感建筑物室内测量,并将表 1 中相应的限值减 10dB(A)作为评价依据。

5 测量方法

5.1 测量仪器

5.1.1 测量仪器为积分平均声级计或噪声自动监测仪,其性能应不低于 GB/T 17181 对 2 型仪器的要求。校准所用仪器应符合 GB/T 15173 对 1 级或 2 级声校准器的要求。

5.1.2 测量仪器和校准仪器应定期检定合格,并在有效使用期限内使用;每次测量前、后必须在测量现场进行声学校准,其前、后校准的测量仪器示值偏差不得大于 0.5dB(A),否则测量结果无效。

5.1.3 测量时传声器加防风罩。

5.1.4 测量仪器时间计权特性设为快(F)档。

5.2 测量气象条件

测量应在无雨雪、无雷电天气,风速为 5m/s 以下时进行。

5.3 测点位置

5.3.1 测点布设

根据施工场地周围噪声敏感建筑物位置和声源位置的布局,测点应设在对噪声敏感建筑物影响较大、距离较近的位置。

5.3.2 测点位置一般规定

一般情况测点设在建筑施工场界外1m,高度1.2m以上的位置。

5.3.3 测点位置其他规定

5.3.3.1 当场界有围墙且周围有噪声敏感建筑物时,测点应设在场界外1m,高于围墙0.5m以上的位置,且位于施工噪声影响的声照射区域。

5.3.3.2 当场界无法测量到声源的实际排放时,如:声源位于高空、场界有声屏障、噪声敏感建筑物高于场界围墙等情况,测点可设在噪声敏感建筑物户外1m处的设置。

5.3.3.3 在噪声敏感建筑物室内测量时,测点设在室内中央,距室内任一反射面0.5m以上、距地面1.2m高度以上,在受噪声影响方向的窗户开启状态下测量。

5.4 测量时段

施工期间,测量连续20min的等效声级,夜间同时测量最大声级。

5.5 背景噪声测量

5.5.1 测量环境:不受被测声源影响且其他声环境与测量被测声源时保持一致。

5.5.2 测量时段:稳态噪声测量1min的等效声级,非稳态噪声测量20min的等效声级。

5.6 测量记录

噪声测量时需做测量记录。记录内容应主要包括:被测量单位名称、地址、测量时气象条件、测量仪器、校准仪器、测点位置、测量时间、仪器校准值(测前、测后)、主要声源、示意图(场界、声源、噪声敏感建筑物、场界与噪声敏感建筑物间的距离、测点位置等)、噪声测量值、最大声级值(夜间时段)、背景噪声值、测量人员、校对人员、审核人员等相关信息。

5.7 测量结果修正

5.7.1 背景噪声值比噪声测量值低10dB(A)以上时,噪声测量值不做修正。

5.7.2 噪声测量值与背景噪声值相差在3dB(A)~10dB(A)之间时,噪声测量值与背景噪声值的差值修约后,按表2进行修正。

5.7.3 噪声测量值与背景噪声值相差小于3dB(A)时,应采取措施降低背景噪声后,视情况按5.7.1或5.7.2款执行;仍无法满足前两款要求的,应按环境噪声监测技术规范的有关规定执行。

表2 测量结果修正表

单位:dB(A)

差值	3	4~5	6~10
修正值	-3	-2	-1

6 测量结果评价

6.1 各个测点的测量结果应单独评价。

6.2 最大声级 L_{Amax} 直接评价。

7 标准的监督实施

本标准由县级以上人民政府环境保护行政主管部门负责监督实施。

铁路边界噪声限值及其测量方法（2008年修订）（节录）

GB 12525—90

[1990年11月9日发布 根据2008年7月30日环境保护部公告2008年第38号《关于发布〈铁路边界噪声限值及其测量方法〉（GB 12525—90）修改方案的公告》修订]

本标准由国家环境保护局提出。

本标准主要起草人郑天恩、王四德、何庆慈、李秀萍。

（按原标准编号节录）

3 名词术语

3.1 铁路噪声 railway noise

系指机车车辆运行中所产生的噪声

3.2 铁路边界 boundary alongside railway line

系指距铁路外侧轨道中心线30m处

3.3 背景噪声 background noise

系指无机车车辆通过时测点的环境噪声。

4 铁路边界噪声限值

4.1 既有铁路边界铁路噪声按表1的规定执行。既有铁路是指2010年12月31日前已建成运营的铁路或环境影响评价文件已通过审批的铁路建设项目。

表1 既有铁路边界铁路噪声限值（等效声级 Leq）

单位：dB(A)

时段	噪声限值
昼间	70
夜间	70

4.2 改、扩建既有铁路,铁路边界铁路噪声按表1的规定执行。

4.3 新建铁路（含新开廊道的增建铁路）边界铁路噪声按表2的规定执行。新建铁路是指自2011年1月1日起环境影响评价文件通过审批的铁路建设项目（不包括改、扩建既有铁路建设项目）。

表 2　新建铁路边界铁路噪声限值(等效声级 Leq)

单位:dB(A)

时段	噪声限值
昼间	70
夜间	60

4.4　昼间和夜间时段的划分按《中华人民共和国环境噪声污染防治法》的规定执行,或按铁路所在地人民政府根据环境噪声污染防治需要所作的规定执行。

5　测量方法

5.1　测点原则上选在铁路边界高于地面 1.2m,距反射物不小于 1m 处。

5.2　测量条件

5.2.1　没备仪器:应符合 GB 3785 中规定的Ⅱ型或Ⅱ型以上的积分声级计或其他相同精度的测量仪器。测量时用"快档",采样间隔不大于 1s。

5.2.2　气象条件:应符合 GB 3222 中规定的气象条件,选在无雨雪的天气中进行测量。仪器应加风罩,四级风以上停止测量。

5.3　测量内容及测量值

5.3.1　测量时间:昼夜、夜间各选在接近其机车车辆运行平均密度的某一个小时,用其分别代表昼间、夜间。必要时,昼间或夜间分别进行全时段测量。

5.3.2　用积分声级计(或具有同功能的其他测量仪器)读取 1h 的等效声级(A);dB。

5.4　背景噪声应比铁路噪声低 10dB(A)以上,若两者声级差值小于 10dB(A),按表 2 修正。

表 3

单位:dB

差值	3	4～5	6～9
修正值	-3	-2	-1

铁道客车内部噪声限值及测量方法(节录)

GB 12816—2006

(2006 年 12 月 24 日发布　2007 年 5 月 1 日实施)

本标准由铁道部提出。

本标准起草单位:中国北车集团四方车辆研究所、铁道科学研究院环控劳卫研究所。

(按原标准编号节录)

3 术语和定义

GB/T 3947 确立的术语和定义适用于本标准。

4 车辆内部噪声级的评定

4.1 各种车在运行及静止时,车内各测点噪声级均应符合表1规定。

4.2 车辆运行时车内噪声限值系指车辆以构造速度运行、所有辅助设备正常使用时车内所允许的噪声。

4.3 车辆静止时车内噪声限值系指车辆静止、空调机组及发电机组等辅助设备额定负荷运转时车内所允许的噪声。

4.4 发电车车内噪声限值系指空调机组与靠近配电室的发电机组同时按额定负荷开启时车内所允许的噪声。

表1 车辆内部噪声限值

单位为分贝(A)

车种		噪声限值	
		运行时	静止时
软卧车、软座车、一等车		≤65	≤60
硬卧车、硬座车、二等车		≤68	≤62
餐车	餐厅	≤68	≤62
	厨房	≤75	≤70
行李车、邮政车	办公室	≤70	≤62
	乘务员室	≤68	≤62
发电车	配电室	≤75	≤70
	乘务员室	≤70	≤65

6 测量方法

6.3 声学环境、气象条件及背景噪声

6.3.1 试验场地应不受周围反射物(如建筑、山岗、路堑等)的影响。邻近轨道处,不应有深雪、高草丛等吸声物,否则应在试验条件中注明。

6.3.2 气象条件(如温度、风、雨等)应以不影响测量为准。

6.3.3 车辆所有辅助设备停机时测量的车内背景噪声应比试验条件下车内噪声级低10dB。若在测量中,背景噪声不能满足上述要求,而仅低5dB～10dB,测量结果应按表2进行修正。若背景噪声低于5dB以下,测量结果仅作估算值。

表 2　背景噪声修正值

单位为分贝

被测噪声级与背景噪声级差值	试验读数的修正值
≥10	0
6～9	-1
5	-2

6.4　线路条件

6.4.1　试验线路曲线半径大于1000m、坡度小于6‰。

6.4.2　试验线路应为干燥无冻结的碎石道床、木枕或混凝土轨枕的无缝线路。钢轨表面平整、无伤痕。在短钢轨及平板道床上试验时,应予以注明。

6.4.3　测量时应避免在车辆通过隧道、桥梁、道叉、车站及会车时读数。

6.5　车辆条件

6.5.1　被试车辆与机车、发电车或动力车之间至少编挂一辆以上隔离车(动车组车辆除外),使机车、发电车或动力车的噪声及振动不影响被试车辆内部噪声级的测量。

6.5.2　被试车辆应为整备状态的车辆。

6.5.3　车轮踏面光滑平整,不应有擦伤、剥离等缺陷。

6.5.4　试验时,所有对测量位置处的噪声级有影响的辅助设备应予以启动;若只是不经常出现的短时(小于1min)噪声,并且该噪声对其他声源的噪声级的影响小于5dB时,测量中可不予考虑。

6.5.5　试验时,被试车辆的门和窗处于关闭状态;通风器处于工作状态。

6.5.6　试验时,车内除测量人员2人～3人外,应无其他人员。如条件不允许时,应注明车内人数。

7　测量位置

7.1　卧车测量位置

在车辆中央、两端的三个包间中央距地板面1.2m高度处各设1个测点。同时,在车辆中央、两端的下层卧铺上方各设1个测点,测点距侧墙0.25m、距铺面0.2m。

7.2　座车测量位置

在客室中央、两端两排座椅中央与车体纵向中心线相交处各设2个测点,两测点分别距地板面高1.2m和1.6m。

对于有分隔间的座车,在车辆中央及两端的客室中央距地板面1.2m高度处各设1个测点。

7.3　餐车测量位置

在餐厅两端的餐桌中央与车体纵向中心线相交点,距地板面1.2m高度处各设1个测点。同时,在厨房中央距地板面1.6m高度处设1个测点。

7.4　行李车、邮政车测量位置

在办公室及乘务员室中央距地板面1.2m高度处各设1个测点。同时,在乘务员室下层铺位上方各设 1 个测点,测点距侧墙 0.25m、距铺面 0.2m。

7.5 发电车测量位置

在配电室和乘务员室中央距地板面 1.2m 高度处各设 1 个测点。同时,在乘务员室下层铺位上方各设 1 个测点,测点距侧墙 0.25m、距铺面 0.2m。

7.6 双层客车测量位置

双层客车上层和下层的测点一致。测点位置与上述相应车种相同。

7.7 传声器位置

测量时,传声器面朝上,其轴线与地板面垂直。

7.8 各车种噪声测量位置示意图参见附录 A。

8 试验报告及记录内容

试验报告及测量记录主要包括以下内容:

a)被试车辆状况、牵引方式及试验速度;
b)试验地点、日期、线路条件、气象情况、周围环境及背景噪声;
c)测量仪器,传声器型号;
d)传声器位置标示简图;
e)试验种类,辅助设备及运转情况;
f)测量值;
g)测试结果评定;
h)其他需说明的内容。

附录 A(资料性附录) 车辆内部噪声测量位置示意图(略)

城市轨道交通车站 站台声学要求和测量方法(节录)

GB 5980—2009

(2006 年 2 月 7 日发布 2006 年 8 月 1 日实施)

本标准由中华人民共和国建设部提出。

本标准由铁道科学研究院负责起草,北京市地铁运营公司、广州市地下铁道总公司、南车四方机车车辆股份有限公司等单位参加起草。

(按原标准编号节录)

3 术语和定义

下列术语和定义适用于本标准。

3.1 等效声级 equivalent sound pressure level

L_{eq}, $L_{Aeq,T}$

在规定的时间内,某一连续稳态声的 A 计权声压,具有与时变的噪声相同的均方 A 计权声压,则这一连续稳态声的声级就是此时变噪声的等效声级。

注1 等效声级的单位用分贝(dB)表示。

注2:等效声级的计算见式(1):

$$L_{Aeq,T} = 10\lg\left[\frac{1}{t_2-t_1}\int_{t_1}^{t_2}\frac{P_A^2(t)}{p_0^2}dt\right] \quad (1)$$

式中:$L_{Aeq,T}$——等效声级,单位为分贝(dB);

$t_2 - t_1$——规定的时间间隔,单位为秒(s);

$P_A(t)$——噪声瞬时 A 计权声压,单位为帕(Pa);

p_o——基准声压(20μPa)。

注3:当 A 计权声压用 A 声级 L_{pA}(dB)表示时,则计算公式见式(2):

$$L_{Aeq,T} = 10\lg\left(\frac{1}{t_2-t_1}\int_{t_1}^{t_2}10^{0.1L_{pA}}dt\right) \quad (2)$$

[GB/T 3947—1996,定义 13.7]

3.2 混响时间 reverberation time

声音已达到稳定后停止声源,平均声能密度自原始值衰变到其百万分之一(60 dB)所需要的时间。

[GB/T 3947—1996,定义 12.47]

3.3 背景噪声 background noise

没有列车通过时站台上的噪声。

3.4 车组 set of cars

编成固定基本行车单元、可在轨道上独立运行的车辆组合体。

3.5 列车 train

以在运营线路上运行为目的而编组的由一个或多个车组组成的集合体。

4 声学要求

4.1 地铁和轻轨车站列车进、出站时站台上噪声等效声级 L_{eq} 的最大容许限值应符合表1的要求。

表1 车站站台最大容许噪声限值

单位为分贝(dB)

列车运行状态	噪声限值
列车进站	80
列车出站	80

4.2 地铁和轻轨车站站台上 500Hz 倍频程中心频率混响时间的最大容许限值为 1.5s。

5 噪声测量方法

5.1 测量的量

噪声测量的量为列车进站、出站时规定测量条件下的快(Fast)档等效声级 Leq。

5.2 测量仪器

5.2.1 测量应采用 1 型积分式声级计,其性能应符合 GB/T 3785、GB/T 17181 的规定,也可采用性能等效的其他仪器。声级校准器性能应符合 GB/T 15173 的规定。

5.2.2 测量前应使用 1 型声级校准器校准声级计。测量结束后再用声级校准器检查声级计示值,偏差应不大于 0.5dB,否则测量无效。

5.2.3 声级计和声级校准器应经国家认可的计量单位检定合格,并在有效期限内使用。

5.3 环境条件

5.3.1 露天站台测量时,应选择在无雨、无雪、风速小于 5m/s 的气象条件下测量。

5.3.2 测点周围 2m 以内不应有声反射物。

5.3.3 测量时应避开会车。

5.3.4 测量时站台的背景噪声应低于被测噪声 10dB 以上,否则应按表 2 进行修正。差值小于 5dB 时应重新测量。

表 2 背景噪声修正值

单位为分贝(dB)

站台噪声与背景噪声的声级差值	站台噪声级的修正值
>10	0
6～10	-1
5	-2

5.3.5 测量时应避免受到广播等各种非列车运行噪声的干扰。如受到影响,应在测量报告中说明。

5.4 传声器位置

测量时传声器应置于车站站台中部、距地面高度为 1.6m 的位置。传声器前端应朝向被测列车轨道一侧,其轴向与线路方向垂直。测量时传声器应使用风罩。

5.5 测量时间间隔

5.5.1 列车进站的测量时间间隔为列车头部进站到停止的时间。

5.5.2 列车出站的测量时间间隔为列车起动到列车尾部离站的时间。

5.6 测量次数

每种列车运行状态的测量次数不应少于 10 次。

5.7 数据处理

每种列车运行状态的测量数据经算术平均后,按照 GB/T 8170 的规则修约到整数位的数值作为评定值。

城市轨道交通列车 噪声限值和测量方法（节录）

GB 14892—2006

（2006 年 2 月 7 日发布　2006 年 8 月 1 日实施）

本标准由中华人民共和国建设部提出。

本标准由铁道科学研究院负责起草,北京市雌性运营公司、广州市地下铁道总公司、南车四方机车车辆股份有限公司等单位参加起草。

（按原标准编号节录）

3　术语和定义

下列术语和定义适用于本标准。

3.1　等效声级 equivalent sound pressure level

L_{eq}, $L_{Aeq,T}$

在规定的时间内,某一连续稳态声的 A 计权声压,具有与时变的噪声相同的均方 A 计权声压,则这一连续稳态声的声级就是此时变噪声的等效声级。

注1:等效声级的单位用分贝(dB)表示。

注2:等效声级的计算见式(1):

$$L_{Aeq,T} = 10\lg\left[\frac{1}{t_2-t_1}\int_{t_1}^{t_2}\frac{P_A^2(t)}{p_0^2}dt\right] \tag{1}$$

式中:$L_{Aeq,T}$——等效声级,单位为分贝(dB);

$t_2 - t_1$——规定的时间间隔,单位为秒(s);

$P_A(t)$——噪声瞬时 A 计权声压,单位为帕(Pa);

p_0——基准声压(20μPa)。

注3:当 A 计权声压用 A 声级 L_{pA}(dB)表示时,则计算公式见式(2):

$$L_{Aeq,T} = 10\lg\left(\frac{1}{t_2-t_1}\int_{t_1}^{t_2}10^{0.1L_{pA}}dt\right) \tag{2}$$

[GB/T 3947—1996,定义 13.7]

3.2　背景噪声 background noise

当列车运行位置距离测点较远,且列车运行噪声的作用可忽略不计时的环境噪声。

3.3　车辆 vehicle

采用轮轨支撑负荷,具有牵引动力或无牵引动力、可编成列车运行的单节载客工具。

3.4 车组 set of cars

编成固定基本行车单元、可在轨道上独立运行的车辆组合体。

3.5 列车 train

以在运营线路上运行为目的而编组的由一个或多个车组组成的集合体。

3.6 最高运行速度 maximum running speed

列车运行时所允许的最高速度。

3.7 监测试验 monitoring test

用于产品质量的监督检验、验收和制造方自检所进行的试验。

4 噪声限值要求

城市轨道交通系统中地铁和轻轨列车噪声等效声级 Leq 的最大容许限值应符合表 1 的要求。

表 1 列车噪声等效声级 L_{eq} 最大容许限值

单位为分贝(dB)

车辆类型	运行线路	位置	噪声限值
地铁	地下	司机室内	80
	地下	客室内	83
	地上	司机室内	75
	地上	客室内	75
轻轨	地上	司机室内	75
	地上	客室内	75

5 测量方法

5.1 测量的量

测量的量为车辆内部和列车外部规定测量条件下的快(Fast)档等效声级 Leq。

5.2 测量仪器

5.2.1 测量应采用 1 型积分式声级计,其性能应符合 GB/T 3785 或 GB/T 17181 的规定,也可采用性能等效的其他仪器。声级校准器性能应符合 GB/T 15173 的规定。

5.2.2 测量前应使用 1 型声级校准器校准声级计。测量结束后再用声级校准器检查声级计示值,偏差应不大于 0.5dB,否则测量无效。

5.2.3 声级计和声级校准器应经国家认可的计量单位检定合格,并在有效期限内使用。

5.3 地上试验环境

5.3.1 应选择在干燥、无冻结的碎石道床、混凝土轨枕、平直无缝线路(坡度<3‰,曲线半径>1 500m)上进行测量。

5.3.2 试验应在实际运营线路或条件相近的其他线路上进行,轨道状况应维护良好,符合正常运营要求。

5.3.3 测量区间应避开桥梁、隧道、车站、道岔和会车。
5.3.4 特殊情况应在试验报告中说明。

5.4 地下试验环境

5.4.1 试验线路应符合以下要求：
a) 试验应在实际运营线路或条件相近的其他线路上进行；
b) 试验区段的隧道和轨道应能代表实际运营线路的主要类型；
c) 轨道状况应维护良好，符合正常运营要求。

5.4.2 测量时应避开车站和会车。

5.5 车辆条件

5.5.1 一般要求

5.5.1.1 列车的编组应符合正常运营要求。对于特殊编组，应在报告中说明。

5.5.1.2 车轮踏面应平整，不应有擦伤。

5.5.1.3 监测试验的运行速度应为最高运行速度的75%，或按实际运营线路的最高运行速度。测量时运行速度的波动范围应小于±5%。

5.5.1.4 动力车辆的牵引功率应保持在维持试验速度的最小功率。

5.5.1.5 辅助机组应保持正常运转。

5.5.2 司机室内测量

5.5.2.1 被测司机室应在列车前端。

5.5.2.2 司机室所有门、窗应关闭。

5.5.2.3 司机室内人员应不超过4人。

5.5.2.4 辅助机组均应正常运转，凡运转时间很短的辅助机组（如空压机），可不予考虑。

5.5.3 客室内测量

5.5.3.1 客室内所有门、窗应关闭。

5.5.3.2 客室内人员应不超过4人。

5.6 传声器位置

5.6.1 司机室内测量时，传声器应置于司机室中部，距地板高度1.2m的位置，方向朝上。

5.6.2 客室内测量时，传声器应置于客室纵轴中部，距地板高度1.2m的位置，方向朝上。

5.7 测量和数据处理

5.7.1 司机室、客室内测量

5.7.1.1 每次等效声级 L_{eq} 的测量时间间隔应不少于30s。每个司机室和客室至少应测量3次。当数据之间的差值大于3dB时，则此组数据无效。

5.7.1.2 每个司机室或客室的测量数据经算术平均后，按照GB/T 8170的规则修约到整分贝数。

5.7.1.3 测量时应避开制动机排气、鸣笛、通讯、说话等的干扰。受到影响时，应在测量报告中说明。

6 试验报告

试验报告至少应包括以下内容：

a) 试验车辆:型号、编号、制造厂、出厂日期;
b) 测量地点;
c) 测量仪器:名称、型号、编号、检定日期;
d) 仪器校准记录;
e) 环境条件:气象条件、线路状况等;
f) 车辆条件:编组情况;
g) 测点位置;
h) 背景噪声;
i) 测量数据和结果:运用速度、L_{eq}、测量时间间隔、数据处理结果;
j) 测量过程中可能影响结果的情况说明;
k) 测量日期、测量者。

社会生活环境噪声排放标准(节录)

GB 22337—2008

(2008 年 8 月 19 日发布 2008 年 10 月 1 日实施)

本标准由环境保护部科技标准司组织制定。
本标准起草单位:北京市劳动保护科学研究所、北京市环境保护局、广州市环境监测中心站。

(按原标准编号节录)

3 术语和定义

下列术语和定义适用于本标准。

3.1 社会生活噪声 community noise
指营业性文化娱乐场所和商业经营活动中使用的设备、设施产生的噪声。

3.2 噪声敏感建筑物 noise-sensitive buildings
指医院、学校、机关、科研单位、住宅等需要保持安静的建筑物。

3.3 A 声级 A-weighted sound pressure level
用 A 计权网络测量的声压级,用 L_A 表示,单位 dB(A)。

3.4 等效连续 A 声级 equivalent continuous A-weighted sound pressure level
简称为等效声级,指在规定测量时间 T 内 A 声级的能量平均值,用 $L_{Aeq,T}$ 表示(简写为 Leq),单位 dB(A)。除特别指明外,本标准中噪声值皆为等效声级。

根据定义,等效声级表示为:

$$L_{eq} = 10\lg\left(\frac{1}{T}\int_0^T 10^{0.1 L_A} dt\right)$$

式中:L_A——t 时刻的瞬时 A 声级;
T——规定的测量时间段。

3.5 边界 boundary

由法律文书(如土地使用证、房产证、租赁合同等)中确定的业主所拥有使用权(或所有权)的场所或建筑物边界。各种产生噪声的固定设备、设施的边界为其实际占地的边界。

3.6 背景噪声 background noise

被测量噪声源以外的声源发出的环境噪声的总和。

3.7 倍频带声压级 sound pressure level in octave bands

采用符合 GB/T 3241 规定的倍频程滤波器所测量的频带声压级,其测量带宽和中心频率成正比。本标准采用的室内噪声频谱分析倍频带中心频率为 31.5Hz、63Hz、125Hz、250Hz、500Hz,其覆盖频率范围为 22 ～ 707Hz。

3.8 昼间 day-time、夜间 night-time

根据《中华人民共和国环境噪声污染防治法》,"昼间"是指 6:00 至 22:00 之间的时段;"夜间"是指 22:00 至次日 6:00 之间的时段。

县级以上人民政府为环境噪声污染防治的需要(如考虑时差、作息习惯差异等)而对昼间、夜间的划分另有规定的,应按其规定执行。

4 环境噪声排放限值

4.1 边界噪声排放限值

4.1.1 社会生活噪声排放源边界噪声不得超过表1规定的排放限值。

表1 社会生活噪声排放源边界噪声排放限值

单位:dB(A)

边界外声环境功能区类别	时段	
	昼间	夜间
0	50	40
1	55	45
2	60	50
3	65	55
4	70	55

4.1.2 在社会生活噪声排放源边界处无法进行噪声测量或测量的结果不能如实反映其对噪声敏感建筑物的影响程度的情况下,噪声测量应在可能受影响的敏感建筑物窗外1m处进行。

4.1.3 当社会生活噪声排放源边界与噪声敏感建筑物距离小于1m时,应在噪声敏感建筑物的室内测量,并将表1中相应的限值减10dB(A)作为评价依据。

4.2 结构传播固定设备室内噪声排放限值

4.2.1 在社会生活噪声排放源位于噪声敏感建筑物内情况下,噪声通过建筑物结构传播至噪声敏感建筑物室内时,噪声敏感建筑物室内等效声级不得超过表2和表3规定的限值。

表 2 结构传播固定设备室内噪声排放限值(等效声级)

单位:dB(A)

噪声敏感建筑物声环境所处功能区类别 \ 房间类型 \ 时段	A类房间 昼间	A类房间 夜间	B类房间 昼间	B类房间 夜间
0	40	30	40	30
1	40	30	45	35
2、3、4	45	35	50	40

说明:A类房间——指以睡眠为主要目的,需要保证夜间安静的房间,包括住宅卧室、医院病房、宾馆客房等。
　　　B类房间——指主要在昼间使用,需要保证思考与精神集中、正常讲话不被干扰的房间,包括学校教室、会议室、办公室、住宅中卧室以外的其他房间等。

表 3 结构传播固定设备室内噪声排放限值(倍频带声压级)

单位:dB

噪声敏感建筑所处声环境功能区类别	时段	倍频带中心频率/Hz \ 房间类型	室内噪声倍频带声压级限值 31.5	63	125	250	500
0	昼间	A、B类房间	76	59	48	39	34
0	夜间	A、B类房间	69	51	39	30	24
1	昼间	A类房间	76	59	48	39	34
1	昼间	B类房间	79	63	52	44	38
1	夜间	A类房间	69	51	39	30	24
1	夜间	B类房间	72	55	43	35	29
2、3、4	昼间	A类房间	79	63	52	44	38
2、3、4	昼间	B类房间	82	67	56	49	43
2、3、4	夜间	A类房间	72	55	43	35	29
2、3、4	夜间	B类房间	76	59	48	39	34

4.2.2 对于在噪声测量期间发生非稳态噪声(如电梯噪声等)的情况,最大声级超过限值的幅度不得高于10dB(A)。

5 测量方法

5.1 测量仪器

5.1.1 测量仪器为积分平均声级计或环境噪声自动监测仪,其性能应不低于 GB 3785 和 GB/T 17181 对 2 型仪器的要求。测量 35dB 以下的噪声应使用 1 型声级计,且测量范围应满足所测量噪声的需要。校准所用仪器应符合 GB/T 15173 对 1 级或 2 级声校准器的要求。当需要进行噪声的频谱分析时,仪器性能应符合 GB/T 3241 中对滤波器的要求。

5.1.2 测量仪器和校准仪器应定期检定合格,并在有效使用期限内使用;每次测量前、后必须在测量现场进行声学校准,其前、后校准示值偏差不得大于 0.5dB,否则测量结果无效。

5.1.3 测量时传声器加防风罩。

5.1.4 测量仪器时间计权特性设为"F"档,采样时间间隔不大于 1s。

5.2 测量条件

5.2.1 气象条件:测量应在无雨雪、无雷电天气,风速为 5m/s 以下时进行。不得不在特殊气象条件下测量时,应采取必要措施保证测量准确性,同时注明当时所采取的措施及气象情况。

5.2.2 测量工况:测量应在被测声源正常工作时间进行,同时注明当时的工况。

5.3 测点位置

5.3.1 测点布设

根据社会生活噪声排放源、周围噪声敏感建筑物的布局以及毗邻的区域类别,在社会生活噪声排放源边界布设多个测点,其中包括距噪声敏感建筑物较近以及受被测声源影响大的位置。

5.3.2 测点位置一般规定

一般情况下,测点选在社会生活噪声排放源边界外 1m、高度 1.2m 以上、距任一反射面距离不小于 1m 的位置。

5.3.3 测点位置其他规定

5.3.3.1 当边界有围墙且周围有受影响的噪声敏感建筑物时,测点应选在边界外 1m、高于围墙 0.5m 以上的位置。

5.3.3.2 当边界无法测量到声源的实际排放状况时(如声源位于高空、边界设有声屏障等),应按 5.3.2 设置测点,同时在受影响的噪声敏感建筑物户外 1m 处另设测点。

5.3.3.3 室内噪声测量时,室内测量点位设在距任一反射面至少 0.5m 以上、距地面 1.2m 高度处,在受噪声影响方向的窗户开户状态下测量。

5.3.3.4 社会生活噪声排放源的固定设备结构传声至噪声敏感建筑物室内,在噪声敏感建筑物室内测量时,测点应距任一反射面至少 0.5m 以上、距地面 1.2m、距外窗 1m 以上,窗户关闭状态下测量。被测房间内的其他可能干扰测量的声源(如电视机、空调机、排气扇以及镇流器较响的日光灯、运转时出声的时钟等)应关闭。

5.4 测量时段

5.4.1 分别在昼间、夜间两个时段测量。夜间有频发、偶发噪声影响时同时测量最大声级。

5.4.2 被测声源是稳态噪声,采用 1min 的等效声级。

5.4.3 被测声源是非稳态噪声,测量被测声源有代表性时段的等效声级,必要时测量被测声源整个正常工作时段的等效声级。

5.5 背景噪声测量

5.5.1 测量环境:不受被测声源影响且其他声环境与测量被测声源时保持一致。

5.5.2 测量时段:与被测声源测量的时间长度相同。

5.6 测量记录

噪声测量时需做测量记录。记录内容应主要包括:被测量单位名称、地址、边界所处声环境功能区类别、测量时气象条件、测量仪器、校准仪器、测点位置、测量时间、测量时段、仪器校准值(测前、测后)、主要声源、测量工况、示意图(边界、声源、噪声敏感建筑物、测点等位置)、噪声测量值、背景值、测量人员、校对人、审核人等相关信息。

5.7 测量结果修正

5.7.1 噪声测量值与背景噪声值相差大于10dB(A)时,噪声测量值不做修正。

5.7.2 噪声测量值与背景噪声值相差在3～10dB(A)之间时,噪声测量值与背景噪声值的差值取整后,按表4进行修正。

表4 测量结果修正表

单位:dB(A)

差值	3	4～5	6～10
修正值	-3	-2	-1

5.7.3 噪声测量值与背景噪声值相差小于3dB(A)时,应采取措施降低背景噪声后,视情况按5.7.1或5.7.2执行;仍无法满足前两款要求的,应按环境噪声监测技术规范的有关规定执行。

6 测量结果评价

6.1 各个测点的测量结果应单独评价。同一测点每天的测量结果按昼间、夜间进行评价。

6.2 最大声级 L_{max} 直接评价。

7 标准的监督实施

本标准由县级以上人民政府环境保护行政主管部门负责监督实施。

客车车内噪声限值及测量方法(节录)

GB/T 25982—2010

(2011年1月10日发布 2011年5月1日实施)

本标准由中华人民共和国国家发展和改革委员会提出。

本标准主要起草单位:国家客车质量监督检验中心、郑州宇通客车股份有限公司、厦门金龙联合汽车工业有限公司、中通客车控股股份有限公司、沈阳华晨金杯汽车有限公司、南京依维柯汽车有限公司。

(按原标准编号节录)

3 术语

GB/T 3730.1—2001中确立的以及下列术语和定义适用于本标准。

3.1 稳态噪声 steady noise

客车以稳定的工作状态运行时,由轮胎噪声、气流噪声、车体振动噪声,以及发动机等总成或零部件工作噪声混合而成的连续性噪声。

3.2 间歇噪声 intermittent noise

稳态噪声以外的间断性噪声。

3.3 车内背景噪声 background noise

被测客车静止,发动机及车上所有附属装置不工作,车门、车窗关闭时车厢内的环境噪声。

4 噪声限值

客车车内噪声声压级不应超过表1规定的数值。

表1 各类客车车内噪声声压级限值

车辆种类		车内噪声声压级限值/dB(A)	
城市客车	前置发动机	驾驶区	86
		乘客区	86
	后(中)置发动机	驾驶区	78
		乘客区	84
其他客车	前置发动机	驾驶区	82
		乘客区	82
	后(中)置发动机	驾驶区	72
		乘客区	76

汽车加速行驶车外噪声限值及测量方法(节录)

GB 1495—2002

(2002年1月4日发布 2002年10月1日实施)

本标准由国家环境保护总局科技标准司提出。

本标准由北京市劳动保护科学研究所、中国汽车技术研究中心起草。

(按原标准编号节录)

3 定义

本标准采用下列定义:

3.1 车型

就车外噪声来说,一种车型是指下列主要方面没有差别的一类汽车:

3.1.1 车身外形或结构材料(特别是发动机机舱及其隔声材料);

3.1.2 车长和车宽;

3.1.3 发动机型式(点燃式或压燃式,二冲程或四冲程,往复或旋转式活塞),气缸数及排量,化油器的数量和型式或燃油喷射系统的型式,气门布置,额定功率及相应转速;或驱动电机的型式(针对电动汽车);

3.1.4 传动系,档位数及其速比;

3.1.5 下列第 3.2 和 3.3 定义的降噪系统或部件。

3.1.6 除了 M_1 和 N_1 类以外的汽车,如果在第 3.1.2 和 3.1.4 条方面的差别不会导致噪声测量方法(如档位选择)的变化,具有同样型式的发动机和(或)不同总传动比时,可视为同一车型。

3.2 降噪系统

降噪系统是指为限制汽车及其排气噪声所必需的整套部件。当系统中的降噪部件牌号或商标不同,或部件的尺寸和形状、材料特性、装配、工作原理不同,或进气/排气消声器数量不同时,该系统应视为不同型式的降噪系统。

3.3 降噪系统部件

降噪系统部件是指构成降噪系统的单个部件之一,如排气管、膨胀室、消声器等。当空气滤清器的存在是保证满足规定的噪声限值而必不可少时,才认为它是降噪系统的一个部件。排气歧管不应视为降噪系统的部件。

3.4 背景噪声

背景噪声是指被测汽车噪声不存在时周围环境的噪声(包括风噪声)。

3.5 额定功率

发动机额定功率是指按 GB/T 17692 规定的测量方法测得的、以 kW 表示的净功率。

4 噪声限值

汽车加速行驶时,其车外最大噪声级不应超过表 1 规定的限值。

表中符号的意义如下:

GVM——最大总质量(t);

P——发动机额定功率(kW)。

表1 汽车加速行驶车外噪声限值

汽车分类	噪声限值 dB(A)	
	第一阶段 2002.10.1～2004.12.30 期间 生产的汽车	第二阶段 2005.1.1 以后 生产的汽车
M_1	77	74
M_2(GVM≤3.5t),或 N_1(GVM≤3.5t):		
GVM≤2t	78	76
2t＜GVM≤3.5t	79	77

(续表)

汽车分类	噪声限值 dB(A)	
	第一阶段 2002.10.1～2004.12.30 期间 生产的汽车	第二阶段 2005.1.1 以后 生产的汽车
M_2(3.5t<GVM≤5t),或 M_3(GVM>5t): 　P<150kW 　P≥150kW	82 85	80 83
N_2(3.5t<GVM≤12t),或 N_3(GVM>12t): 　P<75kW 　75kW≤P<150kW 　P≥150kW	83 86 88	81 83 84

注：a) M_1,M_2(GVM≤3.5t)和 N_1类汽车装用直喷式柴油机时,其限值增加 1dB(A)。
　　b) 对于越野汽车,其 GVM>2t 时:
　　　如果 P<150kW,其限值增加 1dB(A);
　　　如果 P≥150kW,其限值增加 2dB(A)。
　　c) M_1类汽车,若其变速器前进档多于四个,P>140kW,P/GVM 之比大于 75kW/t,并且用第三档测试时其尾端出线的速度大于 61km/h,则其阻值增加 1dB(A)。

摩托车和轻便摩托车　定置噪声限值及测量方法（节录）

GB 4569—2005

(2005 年 4 月 15 日发布　2005 年 7 月 1 日实施)

本标准由国家环境保护总局科技标准司提出。

本标准起草单位：国家摩托车质量监督检验中心、上海摩托车质量监督检验所、中国兵器装备集团、中国嘉陵工业股份有限公司(集团)。

(按原标准编号节录)

3　术语、定义和符号

3.1　下列术语和定义适用于本标准

背景噪声：背景噪声指受试车辆噪声不存在时周围环境的噪声(包括风噪声)。

3.2　符号

本标准使用下列符号：

S：发动机最大功率转速。

4 定置噪声限值

在用的摩托车和轻便摩托车定置噪声限值见表1。

表1 摩托车和轻便摩托车定置噪声限值

发动机排量(Vh)/ml	噪声限值/dB(A)	
	第一阶段 2005年7月1日前生产 的摩托车和轻便摩托车	第二阶段 2005年7月1日起生产 的摩托车和轻便摩托车
≤50	85	83
>50且≤125	90	88
>125	94	92

7 标准的实施

本标准由县级以上人民政府环境保护行政主管部门负责实施。

拖拉机 噪声限值（节录）

GB 6376—2008

(2008年11月17日发布 2009年7月1日实施)

本标准由中国机械工业联合会提出。
本标准负责起草单位:国家拖拉机质量监督检验中心。

（按原标准编号节录）

3 拖拉机噪声限值

3.1 农林拖拉机的环境噪声和驾驶员操作位置处噪声限值见表1。

3.2 农林拖拉机的环境噪声和驾驶员操作位置处噪声的测定方法,农业拖拉机按 GB/T 3871.8 的规定,林业拖拉机按 GB/T 15833 的规定,手扶拖拉机按 GB/T 6229 的规定执行。

表 1　拖拉机噪声限值

型式		标定功率 kW	环境噪声 dB(A)		驾驶员操作位置处噪声 dB(A)	
			静态	动态	其他	封闭驾驶室[a]
手扶拖拉机		≤7.5	—	82	92	
		>7.5	—	84	92	
轮式拖拉机	直联传动	<14.7	—	85	94	89
		≥14.7～<48	—	86	94	89
		≥48～<73.5	—	87	95	89
		≥73.5	—	88	95	89
	皮带传动		—	86	95	—
履带拖拉机		<73.5	83	—	95	—
		≥73.5	85	—	95	—

注：a 封闭驾驶室按 GB/T 6960.7—2007 中 3.1.3 的规定。

旋转电机噪声测定方法及限值
第 3 部分：噪声限值（节录）

GB 10069.3—2008/IEC 60034—9:2007

（2008 年 6 月 19 日发布　2009 年 6 月 1 日实施）

本部分由中国电器工业协会提出。

本部分负责起草单位：上海电器科学研究所（集团）有限公司、无锡华达电机有限公司、西安西玛电机有限公司、六安江淮电机有限公司、中船重工电机科技股份有限公司、泰豪科技股份有限公司、河北电机股份有限公司、山东华力电机集团股份有限公司、浙江金龙电机股份有限公司、北京毕捷电机股份有限公司、中国北方机车车辆工业集团永济电机厂、卧龙电机股份有限公司、山西防爆电机（集团）有限公司、湘潭电机股份有限公司、威灵清江电机股份有限公司、山东齐鲁电机制造有限公司、上海电科电机科技有限公司。

（按原标准编号节录）

3　术语和定义

本部分使用规范性引用文件中所列及下列的术语和定义

3.1 声功率级 sound power level

L_W

声源辐射的声功率与基准声功率之比取以 10 为底的对数乘以 10,单位为分贝 [$W_0 = 1pW(10^{-12}W)$]。

3.2 声压级 sound pressure level

L_P

声压平方与基准声压平方之比取以 10 为底的对数乘以 10,单位为分贝 [$P_0 = 20\mu Pa(2 \times 10^{-5} Pa)$]。

6 声功率级限值

旋转电机在第 5 章规定的条件下所测得的声功率级,不得超过下列有关规定的数值:

a)除 b)规定以外的电机,空载运行时必须按表 1 的规定。(表 1 具体内容见原标准)

b)具有 IC01,IC11,IC21,IC411,IC511,或 IC611 冷却方式的,50Hz 或 60Hz,额定输出不小于 1.0kW,且不超过 1 000kW 的单速三相笼型感应电动机。

- 空载运行时应按表 2 的规定;
- 额定负载时必须按表 2 和表 3 规定值的总和值。(表 2、表 3 具体内容见原标准)
- 变频器供电的交流电机不按此限值。

注 1:表 1 和表 2 的限值是由测定不确定度等级为 2 级精度和生产的离散性而确定的。

注 2:通常满载时的声功率级比空载时的高,如果以空气动力噪声为主则变化较小,而以电磁噪声为主则变化就较显著。

注 3:本限值不考虑旋转方向,风扇为单向旋转的电机通常比双向的噪声低。这种影响对高速电机更为突出,对此可设计为仅单向运行。

注 4:对一些电机当其转速低于名义转速时,表 1 的限值可能不适用。此时噪声级与负载间的关系是重要的,其限值应由生产商和买方协商确定。

注 5:对于多速电机则适用于表 1 的数值。

铁道机车辐射噪声限值(节录)

GB 13669—92

(1992 年 9 月 22 日发布 1993 年 7 月 1 日实施)

本标准由中华人民共和国铁道部提出。

本标准由铁道部劳动卫生研究所负责起草。

(按原标准编号节录)

3 术语

3.1 辐射噪声 radiated noise

以空气为介质,由噪声源向外传导的噪声。

4 限值

铁道新设计、新制造或经大修后出厂的电力、内燃、蒸汽机车,在时速小于120km运行时的辐射噪声不得超过表1规定。内燃机车大修后检验结果允差应不大于3dBA。

表1

dBA

机车类别	辐射噪声限值
电力机车	90
内燃机车	95
蒸汽机车	100

往复式内燃机噪声限值(节录)

GB/T 14097—2018

(2018年2月6日发布　2018年9月1日实施)

本标准由中国机械工业联合会提出。

本标准起草单位:上海内燃机研究所、上海汽车集团股份有限公司商用车技术中心、天津内燃机研究所、上海汽车集团股份有限公司、上海机动车检测认证技术研究中心有限公司、昆明云内动力股份有限公司、同济大学、浙江大学、雪龙集团股份有限公司、上海柴油机股份有限公司、常柴股份有限公司、江苏大学。

(按原标准编号节录)

3 术语和定义

GB/T 1859.1、GB/T 1859.3、GB/T 21404 界定的以及下列术语和定义适用于本文件。

3.1 发动机噪声等级 engine noise grade

按发动机噪声大小进行的划分。

3.2 1级噪声发动机 engine noise grade 1;ENG1

所有运转工况的声功率级测定值均小于或等于其对应的1级声功率级限值的发动机。

3.3 2级噪声发动机 engine noise grade2;ENG2

所有运转工况的声功率级测定值均小于或等于其对应的2级功率级测定值,且至少1个工况的声功率级测定值大于其对应的1级声功率级限值的发动机。

3.4 3级噪声发动机 engine noise grade3;ENG3

所有运转工况的声功率级测定值均小于或等于其对应的3级声功率级限值,且至少1个工况的声功率级测定值大于其对应的2级声功率级限值的发动机。

3.5 4级噪声发动机 engine noise grade4;ENG4

至少1个工况的声功率级测定值大于其对应的3级声功率级限值的发动机。

4 测量方法

4.1 总则

发动机噪声测量优先按 GB/T 1859.3 的规定进行,也可按 GB/T 1859.1 的规定进行。

注:GB/T 1859.3 规定的测量不确定度比 GB/T1859.1 的小,但发动机的工作状况和运转工况完全一致。

4.2 特定声源的声学处理

发动机的进气噪声、排气噪声和冷却风扇或鼓风机噪声等特定声源的声学处理应符合表1的规定。

冷凝冷却式发动机为水冷发动机,但噪声测量时应包含冷却风扇噪声。

表1 发动机特定声源的声学处理规定和指数及常数的值

序号	类型	气缸数	冷却方式	特定声源的声学处理规定			指数			常数
				燃烧空气进口噪声	排气出口噪声	冷却风扇或鼓风机噪声	α	β	γ	C dB
1	火花点燃式	单缸	水冷	包含	包含	不包含	0.75	−1.75	3.5	30.5
2			风冷	包含	包含	包含				33.0
3		多缸	水冷	不包含	不包含	不包含				28.5
4			风冷	不包含	不包含	包含				31.0
5	压燃式	单缸	水冷	包含	包含	不包含			2.5	69.5
6			风冷	包含	包含	包含				72.0
7		多缸	水冷	不包含	不包含	不包含				67.5
8			风冷	不包含	不包含	包含				70.0

4.3 运转工况

噪声测量时,发动机运转工况应符合 GB/T 1859.3(或 GB/T 1859.1)的规定。固定转速用发动机和船用发动机按额定工况运转;其他用途发动机按满负荷速度特性(即外特性)工况运转。

外特性工况运转时优先稳态测量,也可以升/降速瞬态测量,但均应包括额定转速工况和尽可能接近的最低工作转速工况。稳态测量时,转速间隔按 400r/min、200r/min、100r/min、50r/min、25r/min 数系选择,运转工况的数目至少6个、最好10个以上;升/降速瞬态测量时,转速间隔优先选择25r/min、也可选择50r/min,升/降速的周期可根据实际使用情况确定。

5 噪声限值

5.2 噪声等级评定

根据发动机实际运转工况声功率级测定值(见第4章)和计算得到的相应工况声功率限值(见原标准5.1)来评定发动机噪声等级。

发动机分为1级噪声发动机、2级噪声发动机、3级噪声发动机和4级噪声发动机,1级噪声最低,4级噪声最高,参见附录A图A.1。

6 判定方法

发动机噪声声功率级测定值是否满足相应等级的限值要求,应按GB/T 8170规定的修约值比较法判定。

附录A图A.1(资料性附录)发动机噪声等级评定典型示例(略)

小型汽油机噪声限值(节录)

GB 15739—1995

(1995年11月16日发布 1996年5月1日实施)

本标准由中华人民共和国机械工业部提出。
本标准由机械工业部天津内燃机研究所归口并负责起草。

(按原标准编号节录)

5 小型汽油机噪声限值

5.1 风冷汽油机

风冷汽油机噪声声功率级限值按表2规定。

表2

汽油机类型		≤1.5kW	>1.5~3kw	>3~6kW	>6~10kW	>10~15kW	>15~30kW
低噪声型 dB(A)	二冲程	102	104	108	110		
	四冲程	99	102	106	108	111	114
一般型 dB(A)	二冲程	104	106	110	112		
	四冲程	101	104	108	111	113	116
高噪声型 dB(A)	二冲程	108	110	112	114		
	四冲程	103	106	110	112	115	118

5.2 水冷汽油机噪声声功率级限值应不大于110dB(A)。

摩托车和轻便摩托车加速行驶噪声限值及测量方法（节录）

GB 16169—2005

(2005年4月15日发布　2005年7月1日实施)

本标准由国家环境保护总局科技标准司提出。

本标准起草单位：国家摩托车质量监督检验中心、上海摩托车质量监督检验所、中国兵器装备集团、中国嘉陵工业股份有限公司(集团)。

（按原标准编号节录）

3　术语、定义和符号

3.1　下列术语和定义适用于本标准

3.1.1　型式核准试验

型式核准试验指对生产企业制造的摩托车或轻便摩托车新车型按型式核准规定进行的试验。

3.1.2　生产一致性检查试验

生产一致性检查试验指对型式核准试验合格的摩托车或轻便摩托车车型的成批生产车辆按生产一致性检查规定进行的试验。

3.1.3　背景噪声

背景噪声指受试车辆噪声不存在时周围环境的噪声（包括风噪声）。

3.1.4　排气消声系统

排气消声系统指控制由摩托车或轻便摩托车发动机排气产生的噪声所必需的整套组合件。

3.2　符号

本标准使用下列符号。

V_h：发动机排量；

S：发动机最大功率转速；

N_A：受试车辆接近加速始端线（AA'线）时发动机的稳定转速；

V_m：受试车辆的设计最高车速；

V_A：受试车辆接近加速始端线（AA'线）时的稳定车速。

5　加速行驶噪声限值

5.1　型式核准试验噪声限值

摩托车型式核准试验加速行驶噪声限值见表1，轻便摩托车型式核准试验加速行驶噪声限值见表2。

表1 摩托车型式核准试验加速行驶噪声限值

发动机排量(V_h) ml	噪声限值/dB(A)			
	第一阶段		第二阶段	
	2005年7月1日前		2005年7月1日起	
	两轮摩托车	三轮摩托车	两轮摩托车	三轮摩托车
>50且≤80	77	82	75	80
>80且≤175	80		77	
>175	82		80	

表2 轻便摩托车型式核准试验加速行驶噪声限值

设计最高车速(V_m) km/h	噪声限值/dB(A)			
	第一阶段		第二阶段	
	2005年7月1日前		2005年7月1日起	
	两轮轻便摩托车	三轮轻便摩托车	两轮轻便摩托车	三轮轻便摩托车
>25且≤50	73	76	71	76
≤25	70		66	

5.2 生产一致性检查试验噪声限值

各阶段摩托车(含轻便摩托车)生产一致性检查试验的实施日期与型式核准试验相同,生产一致性检查试验加速行驶噪声限值比型式核准试验加速行驶噪声限值高1 dB(A),并且生产一致性检查试验的实测噪声值不得高于型式核准试验的实测噪声值加3 dB(A)。

5.3 其他要求

装有纤维吸声材料排气消声系统的摩托车或轻便摩托车应符合附录A(规范性附录)的要求。

附录A(规范性附录) 装有纤维吸声材料的排气消声系统的要求(略)

汽车定置噪声限值(节录)

GB 16170—1996

(1996年3月7日发布 1997年1月1日实施)

本标准由国家环境保护局科技标准司提出。

(按原标准编号节录)

3 汽车定置噪声限值

3.1 车辆分类按 GB 3730.1 执行。

3.2 噪声限值按表 1 执行。

表 1

dB(A)

车辆类型	车辆出厂日期 / 燃料种类	1998年1月1日前	1998年1月1日起
轿车	汽油	87	85
微型客车、货车	汽油	90	88
轻型客车、货车、越野车	汽油 $n_r \leq 4300$r/min	94	92
轻型客车、货车、越野车	汽油 $n_r > 4300$r/min	97	95
轻型客车、货车、越野车	柴油	100	98
中型客车、货车 大型客车	汽油	97	95
中型客车、货车 大型客车	柴油	103	101
重型货车	$N \leq 147$kW	101	99
重型货车	$N > 147$kW	105	103

注：N——按生产厂家规定的额定功率

土方机械 噪声限值（节录）

GB 16710—2010

(2010 年 12 月 23 日发布　2012 年 1 月 1 日实施)

本标准由中国机械工业联合会提出。

本标准负责起草单位：天津工程机械研究院、厦门厦工机械股份公司、天津移山工程机械有限公司、合肥振宇工程机械有限公司。

(按原标准编号节录)

3 术语和定义

GB/T 8498 和 GB/T 25614 确立的术语和定义适用于本标准。

4 噪声限值

4.1 机外发射噪声限值

土方机械机外发射噪声按 GB/T 25614 规定的方法测试时,发射声功率级值应不大于表 1 的规定。

4.2 司机位置噪声限值

装有司机室的土方机械在司机位置处的发射噪声按 GB/T 25615 规定的方法测试时,司机位置发射声压级值应不大于表 2 的规定。

表 1　土方机械机外发射噪声限值及实施阶段

机器类型	发动机净功率 P^{ab}/kW	发射声功率级限值/dB(A) I 阶段 (2012-01-01 起实施)	发射声功率级限值/dB(A) II 阶段 (2015-01-01 起实施)
压路机(振动、振荡)	P≤8	110	107
	8<P≤70	111	108
	70<P≤500	91+11 lgP	88+11 lgP
履带式推土机、履带式装载机、履带式挖掘装载机、履带式吊管机、挖沟机	P≤40	108	106
	40<P≤500	87+13 lgP	87+11.8 lgP
轮胎式装载机、轮胎式推土机、轮胎式挖掘装载机、自卸车、平地机、轮式回填压实机、压路机(非振动、非振荡)、轮胎式吊管机、铲运机	P≤40	107	104
	40<P≤500	88+12.5 lgP	86+12 lgP
挖掘机	P≤15	96	93
	15<P≤500	845+11 lgP	81.5+11 lgP

注:公式计算的噪声限值圆整至最接近的整数(尾数<0.5 时,圆整到较小的整数,尾数≥0.5 时,圆整到较大的整数)。

a 发动机净功率 P 按 GB/T16936 确定。
b 发动机净功率是机器安装发动机净功率的总和。

表 2　土方机械司机位置处噪声限值及实施阶段

机器类型	司机位置发射声压级限值/dB(A) I 阶段 (2012-01-01 起实施)	司机位置发射声压级限值/dB(A) II 阶段 (2015-01-01 起实施)
履带式挖掘机	83	80
轮胎式装载机、轮胎式推土机、铲运机、轮胎式吊管机、轮胎式挖掘机、压路机(非振动、非振荡)、轮胎式挖掘装载机	89	86

(续表)

机器类型	司机位置发射声压级限值/dB(A)	
	I 阶段 (2012-01-01 起实施)	II 阶段 (2015-01-01 起实施)
平地机	88	85
轮式回填压实机	91	88
履带式推土机、履带式装载机、履带式挖掘装载机、挖沟机、履带式吊管机	95	92
压路机(振动、振荡)	90	87
自卸车	85	82

农用运输车 噪声限值（节录）

GB 18321—2001

(2001年3月21日发布　2001年6月1日实施)

本标准由国家机械工业局提出。

本标准负责起草单位：机械工业农用运输车发展研究中心、安徽飞彩(集团)有限公司、北汽福田车辆股份有限公司、福建龙马股份有限公司。

（按原标准编号节录）

3 噪声限值

农用运输车加速行驶车外噪声和驾驶员工作位置处噪声的限值应符合表1规定。

表1

dB(A)

机型	加速行驶车外噪声	驾驶员操作位置处噪声
装多缸柴油机四轮农用运输车	≤84	≤90
三轮农用运输车、 装单缸柴油机四轮农用运输车	≤85	≤92

三轮汽车和低速货车加速行驶车外噪声限值及测量方法
（中国Ⅰ、Ⅱ阶段）（节录）

GB 19757—2005

（2005年5月30日发布　2005年7月1日实施）

本标准由国家环境保护总局科技标准司提出。
本标准由中国环境科学研究院大气所、机械工业农用运输车发展研究中心起草。

（按原标准编号节录）

3　噪声限值

三轮汽车或低速货车加速行驶车外噪声限值应符合表1中的规定。

表1　三轮汽车或低速货车加速行驶车外噪声限值

试验性质	实施阶段	噪声限值　dB(A)	
		装多缸柴油机的低速货车	三轮汽车及装单缸柴油机的低速货车
型式核准	第Ⅰ阶段	≤83	≤84
	第Ⅱ阶段	≤81	≤82
生产一致性检查	第Ⅰ阶段	≤84	≤85
	第Ⅱ阶段	≤82	≤83

7　标准的实施

自表2规定的型式核准执行日期起，凡进行加速行驶噪声排放型式核准的三轮汽车和低速货车都必须符合本标准要求。在表2规定执行日期之前，可以按照本标准的相应要求进行型式核准的申请和批准。

对于按本标准批准型式核准的三轮汽车和低速货车，其生产一致性检查，自批准之日起执行。

自表2规定的型式核准执行日期之后一年起，所有制造和销售的三轮汽车和低速货车，其加速行驶噪声排放必须符合本标准生产一致性检查限值要求。

表2　型式核准执行日期

第Ⅰ阶段	第Ⅱ阶段
2005年7月1日	2007年7月1日

凿岩机械与气动工具 噪声限值(节录)

GB 19872—2005

(2005年8月31日发布 2006年8月1日实施)

本标准由中国机械工业联合会提出。
本标准由天水凿岩机械气功工具研究所负责起草。

(按原标准编号节录)

3 凿岩机械噪声限值

3.1 凿岩机

3.1.1 手持式凿岩机

手持式凿岩机的噪声应不大于表1规定的限值。

表1

验收气压/MPa	0.4		
机器质量/kg	≤10	>10～22	>22
声功率级/dB(A)	114	120	124

3.1.2 气腿式凿岩机

气腿式凿岩机的噪声应不大于表2规定的限值。

表2

验收气压/MPa	0.63		
机器质量/kg	≤22	>22～25	>25
声功率级/dB(A)	125	126	127

3.1.3 向上式凿岩机

向上式凿岩机的噪声应不大于表3规定的限值。

表3

验收气压/MPa	0.63	
机器质量/kg	≤35.5	≤45
声功率级/dB(A)	128	132

3.1.4 导轨式凿岩机
导轨式凿岩机的噪声应不大于表 4 规定的限值。

表 4

验收气压/MPa	0.63
产品系列	各种规格
声功率级/dB(A)	132

3.1.5 手持式内燃凿岩机
手持式内燃凿岩机的噪声应不大于表 5 规定的限值。

表 5

发动机负荷转速/(r/mim)	2900	3 000
机器质量/kg	≤25	≤30
声功率级/dB(A)	120	

3.1.6 支腿式电动凿岩机
支腿式电动凿岩机的噪声应不大于表 6 规定的限值。

表 6

额定电压/V	380
机器质量/kg	28～30
声功率级/dB(A)	117

3.2 矿用隔爆电动岩石钻
矿用隔爆电动岩石钻的噪声应不大于表 7 规定的限值。

表 7

额定电压/V	127、380、660	
机器质量/kg	≤75	≤157
声功率级/dB(A)	105	107

4 气动工具噪声限值

4.1 气镐
气镐的噪声应不大于表 8 规定的限值。

表 8

验收气压/MPa	0.63	
机器质量/kg	≤8	≤10
声功率级/dB(A)	116	118

4.2 气钻

气钻的噪声应不大于表9规定的限值。

表9

验收气压/MPa	0.63								
钻孔直径/mm	6	8	10	13	16	22	32	50	80
声功率级/dB(A)	100		105			120			

4.3 气动捣固机

气动捣固机的噪声应不大于表10规定的限值。

表10

验收气压/MPa	0.63				
机器质量/kg	≤3	≤5	≤7	≤10	≤19
声功率级/dB(A)	105	109		110	

4.4 气铲

气铲的噪声应不大于表11规定的限值。

表11

验收气压/MPa	0.63					
机器质量[a]/kg	2.0		5.4	6.4		7.4
缸径/mm	18	25	28	28	30	28
声功率级/dB(A)	103		116	120		116

注:a 机器质量应在指标值的±10%之内。

4.5 气动铆钉机

气动铆钉机的噪声应不大于表12规定的限值。

表12

验收气压/MPa	0.63								
铆钉直径/mm	4	5	6	8	12	16	19	22	28	36
声功率级/dB(A)	114			116			118			

注:1 4~8为冷铆硬铝;12~36为热铆钢。

4.6 气动砂轮机

4.6.1 直柄式气动砂机

气动砂轮机的噪声应不大于表13规定的限值。

表 13

验收气压/MPa	0.63					
砂轮直径/mm	40	50	60	80	100	150
声功率级/dB(A)	108		110		112	114

4.6.2 端面气动砂轮机

端面气动砂轮机的噪声应不大于表 14 规定的限值。

表 14

验收气压/MPa	0.63				
砂轮直径/mm	100	125	150	180	200
声功率级/dB(A)	102		106		113

4.6.3 角式气动砂轮机

角式气动砂轮机的噪声应不大于表 15 规定的限值。

表 15

验收气压/MPa	0.63			
砂轮直径/mm	100	125	150	180
声功率级/dB(A)	108	109	110	

4.7 冲击式气扳机

冲击式气扳机的噪声应不大于表 16 规定的限值。

表 16

验收气压/MPa	0.63										
产品规格	6	10	14	16	20	24	30	36	42	56	76	100
声功率级/dB(A)	113				118				123			

4.8 气动螺丝刀

气动螺丝刀的噪声应不大于表 17 规定的限值。

表 17

验收气压/MPa	0.63				
拧紧螺丝直径/mm	1.6～2	2～3	3～4	4～5	5～6
声功率级/dB(A)	93		98	103	105

4.9 气动磨光机

移动式气动磨光机的噪声应不大于表 18 规定的限值。

表 18

验收气压/MPa	0.63				
机器质量/kg	1.5	2	2.5	3	3.5
声功率级/dB(A)	104			106	

4.10 气动捆扎拉紧机

气动捆扎拉紧机的噪声应不大于表 19 规定的限值。

表 19

验收气压/MPa	0.63
捆扎带宽/mm	32
声功率级/dB(A)	116

4.11 气动马达

4.11.1 活塞式气动马达

活塞式气动马达的噪声应不大于表 20 规定的限值。

表 20

验收气压/MPa	0.63
产品系列	各种规格
声功率级/dB(A)	124

4.11.2 叶片式气动马达

叶片式气动马达(起动用叶片式气动马达除外)的噪声应不大于表 21 规定的限值。

表 21

验收气压[a]/MPa	0.63	0.4
产品系列[b]	1～7	8～15
声功率级/dB(A)	129	

注:a 验收气压的使用应符合 JB/T 7737 的规定。
　　b 该产品系列按 JB/T 7737 划分。

4.11.3 起动用叶片式气动马达

起动用叶片式气动马达的噪声应不大于表 22 规定的限值。

表 22

验收气压[a]/MPa	0.63	
产品系列[b]	3～6	9～11
声功率级/dB(A)	134	

注:a 验收气压的使用应符合 JB/T 5126 的规定。
　　b 该产品系列按 JB/T 5126 划分。

谷物联合收割机 噪声限值(节录)

GB 19997—2005

(2005 年 11 月 29 日发布 2006 年 7 月 1 日实施)

本标准由中国机械工业联合会提出。

本标准起草单位:中国农业机械化科学研究院、中国收获机械总公司、山东福田重工股份有限公司、现代农装湖州联合收割机有限公司。

(按原标准编号节录)

3 术语和定义

下列术语和定义适用于本标准。

3.1 封闭驾驶室 operator enclosure

将驾驶员完全包围起来,包含空调系统和加压系统等,用以防止外部空气、灰尘等进入驾驶员周围空间的装置。

3.2 普通驾驶室 general operation cab

将驾驶员完全包围起来,无空调系统和加压系统,为驾驶员改善工作环境的薄壳型装置。

3.3 简易驾驶室 simple cab

没有将驾驶员完全包围起来,只是为驾驶员提供遮阳、避雨的装置。

4 噪声限值

机型	动态环境噪声/dB(A)	操作者位置处噪声/dB(A)
封闭驾驶室		85
普通驾驶室	87	93
无驾驶室或简易驾驶室		95

流动式起重机 作业噪声限值及测量方法(节录)

GB/T 20062—2017

(2017年12月29日发布 2018年7月1日实施)

本标准由中国机械工业联合会提出。
本标准起草单位:国家工程机械质量监督检验中心、中联重科股份有限公司。

(按原标准编号节录)

3 术语和定义

下列术语和定义适用于本文件。

3.1 时间平均A计权声压级 time-averaged A-weighted sound pressure level

$L_{PA,T}$

在整个测量时间T内,按能量平均得出的A计权声压级。

3.2 A计权声功率级 A-weighted sound power level

L_{WA}

测量表面上,按能量平均的时间平均A计权声压级得到的量。

3.3 操纵室 operator's cabin

用于操纵起重作业的司机室。

注:有些型号的起重机操纵室也可操纵起重机行驶。

3.4 背景噪声 environment noise

被测起重机噪声不存在时,周围环境的噪声(包括风噪声)。

4 噪声限值

起重机作业时,机外发射A计权声功率级L_{WA}和操纵室内发射A计权声压级$L_{PA,T}$不应大于表1规定的数值。

注:声功率级取决于发射声压级的测量值。

表 1 起重机噪声限值

发动机净功率 P kW	机外发射声功率级 l_{WA} dB(A)	操纵室内发射声压级 $L_{pA,T}$ dB(A)
≤55	101	≤85
>55	82+11 lgP	

注:1 P 为发动机净功率。
2 公式计算的噪声限值采用"四舍五入法"圆整至整数。

折弯机械 噪声限值(节录)

GB 24388—2009

(2009 年 9 月 30 日发布 2010 年 7 月 1 日实施)

本标准由中国机械工业联合会提出。
本标准负责起草单位:佛山市南海力丰机床有限公司、无锡金球机械有限公司、上海冲剪机床厂。

(按原标准编号节录)

3 噪声限值

折弯机械的噪声分为声功率级、声压级要求,并根据折弯机械的类型分别给出了噪声限值要求。

3.1 板料折弯机的噪声限值

3.1.1 板料折弯机的声功率级限值

板料折弯机在连续空运转时的噪声 A 计权声功率级 L_{WA} 不应超过表 1 的规定。

表 1

板料折弯机传动方式	公称力/kN	声功率级限值 L_{WA}/dB(A)
机械传动	≤630	100
	>630~2 500	110
液压传动	≤630	95
	>630~2 500	100
	>2 500	105

3.1.2 板料折弯机的声压级限值

板料折弯机连续空运转时在规定位置的噪声 A 计权声压级 L_{pA} 不应超过表 2 的规定。

表 2

板料折弯机传动方式	公称力/kN	声压级限值 L_{pA}/dB(A)
机械传动	≤630	85
	>630～2 500	90
液压传动	≤630	82
	>630～2 500	85
	>2 500	88

3.1.3 板料折弯机的脉冲噪声声压级

机械传动的板料折弯机在空运转单次行程时在规定位置的脉冲噪声 A 计权声压级 L_{pAI} 不应超过表 3 的规定。

表 3

公称力/kN	脉冲声压级限值 L_{pAI}/dB(A)
≤630	95
>630～2 500	100

3.2 折边机的噪声限值

3.2.1 折边机的声功率级限值

折边机在连续空运转时的噪声 A 计权声功率级 L_{WA} 不应超过表 4 的规定。

表 4

折边梁的摆动次数	可折板厚/mm	声功率级限值 L_{WA}/dB(A)
≤4	≤2.5	95
	>2.5	102
>4	≤2.5	98
	>2.5	105

3.2.2 折边机的声压级限值

折边机在连续空运转时在规定位置的噪声 A 计权声压级 L_{pA} 不应超过表 5 的规定。

表 5

折边梁的摆动次数	可折板厚/mm	声压级限值 L_{WA}/dB(A)
≤4	≤2.5	82
	>2.5	86
>4	≤2.5	84
	>2.5	88

3.2.3 折边机的脉冲噪声声压级

折边机在空运转单次行程时在规定位置的脉冲噪声 A 计权声压级 L_{pAI} 不应超过表 6 的规定。

表 6

折边梁的摆动次数	可折板厚/mm	脉冲声压级限值 L_{pAI}/dB(A)
≤4	≤2.5	92
	>2.5	96
>4	≤2.5	94
	>2.5	98

剪切机械 噪声限值（节录）

GB 24389—2009

(2009 年 9 月 30 日发布　2010 年 7 月 1 日实施)

本标准由中国机械工业联合会提出。

本标准负责起草单位：佛山市南海力丰机床有限公司、沈阳锻压机械有限公司、天水锻压机床有限公司。

(按原标准编号节录)

3 噪声限值

剪切机械的噪声分为声功率级、声压级要求，并根据剪切机械的类型分别给出了噪声限值要求。

3.1 棒料剪断机噪声限值

3.1.1 棒料剪断机声功率级限值

棒料剪断机在连续空运转时的噪声 A 计权声功率级 L_{WA} 不应超过表 1 的规定。

表 1

棒料剪断机的公称力/kN	声功率级限值 L_{WA}/dB(A)
<5 000	110
≥5 000	114

3.1.2 棒料剪断机声压级限值

3.1.2.1 棒料剪断机在连续空运转时在规定位置的噪声 A 计权声压级 L_{pA} 应超过 95dB(A)。

3.1.2.2 棒料剪断机在空运转单次行程时在规定位置的脉冲噪声 A 计权声压级 L_{pAI} 不应超过 106dB(A)。

3.2 鳄鱼式剪断机噪声限值

3.2.1 鳄鱼式剪断机声功率级限值

鳄鱼式剪断机在连续空运转时的噪声 A 计权声功率级 L_{WA} 不应超过 105dB(A)。

3.2.2 鳄鱼式剪断机声压级限值

鳄鱼式剪断机在连续空运转时在规定位置的噪声 A 计权声压级 L_{pA} 不应超过 90dB(A)。

3.3 剪板机噪声限值

3.3.1 剪板机声功率级限值

机械传动剪板机在连续空运转时的噪声 A 计权声功率级 L_{WA} 不应超过表2的规定,液压传动剪板机在连续空运转时的噪声 A 计权声功率级 L_{WA} 不应超过表3的规定。

表2

剪板机可剪板厚/mm	声功率级限值 L_{WA}/dB(A)
≤10	100
>10~20	103
>20	114

表3

剪板机液压油泵流量/(L/min)	声功率级限值 L_{WA}/dB(A)
≤25	94
>25~63	100
>63	103

3.3.2 剪板机声压级限值

3.3.2.1 机械传动剪板机在连续空运转时在规定位置的噪声 A 计权声压级 L_{pA} 不应超过表4的规定,液压传动剪板机在连续空运转时在规定位置的噪声 A 计权声压级 L_{pA} 不应超过表5的规定。

表4

剪板机可剪板厚/mm	声压级限值 L_{pA}/dB(A)
≤10	85
>10~20	90
>20	93

表 5

剪板机液压油泵流量/(L/min)	声压级限值 L_{pA}/dB(A)
≤25	81
>25～63	85
>63	90

3.3.2.2 机械传动剪板机在空运转单次行程时在规定位置的脉冲噪声 A 计权声压级 L_M 不应超过表 6 的规定。

表 6

剪板机可剪板厚/mm	脉冲声压级限值 L_{pAI}/dB(A)
≤10	101
>10～20	102
>20	103

3.4 冲型剪切机噪声限值

3.4.1 冲型剪切机声功率级限值

冲型剪切机连续空运转时的噪声 A 计权声功率级 L_{WA} 不应超过 94dB(A)。

3.4.2 冲型剪切机声压级限值

冲型剪切机连续空运转时在规定位置的噪声 A 计权声压级 L_{pA} 应超过 80dB(A)。

3.5 联合冲剪机噪声限值

3.5.1 联合冲剪机声功率级限值

在连续空运转时的噪声 A 计权声功率级 L_{WA} 不应超过表 7 的规定。

表 7

联合冲剪机可剪板厚/mm	声功率级限值 L_{WA}/dB(A)
≤10	97
>10～16	100
>16	106

3.5.2 联合冲剪机声压级限值

联合冲剪机连续空运转时在规定位置的噪声 A 计权声压级 L_{pA} 不应超过表 8 的规定。

表 8

联合冲剪机可剪板厚/mm	声压级限值 L_{pA}/dB(A)
≤10	83
>10～16	86
>16	88

全地形车加速行驶噪声限值及测量方法（节录）

GB 24929—2010

(2010年8月9日发布　2011年1月1日实施)

本标准由全国四轮全地形车标准化技术委员会（SAC/TC 344）提出并归口。
本标准负责起草单位：上海机动车检测中心。

（按原标准编号节录）

3　术语和定义

GB/T 24936中所确立的及下列术语和定义适用于本标准。

3.1　型式核准试验 test for type-approval

对生产企业制造的全地形车新车型按型式核准规定进行的试验。

3.2　生产一致性检查试验 test for consistency of the product inspection

对型式核准试验合格的全地形车车型的成批生产车辆按生产一致性检查规定进行的试验。

3.3　背景噪声 ambient noise

背景噪声指受试车辆噪声不存在时周围环境的噪声（包括风噪声）。

4　加速行驶噪声限值

4.1　型式核准试验噪声限值

使用内燃机作为动力源的全地形车型式核准试验加速行驶噪声限值见表1，纯电驱动作为动力源的全地形车型式核准试验加速噪声限值见表2，使用混合动力的全地形车按其动力源分别考核。

4.2　生产一致性检查试验噪声限值

各阶段全地形车生产一致性检查试验的实施日期与型式核准试验相同，生产一致性检查试验加速行驶噪声限值比型式核准试验加速行驶噪声限值高1dB(A)，并且生产一致性检查试验的实测噪声值不应高于型式核准试验的实测噪声值加3dB(A)。

4.3　其他要求

装有纤维吸声材料排气消声系统的全地形车应符合GB 16169—2005中附录A的要求。

表1 内燃机作动力的全地形车型式核准试验加速行驶噪声限值

发动机排量/mL	噪声限值/dB(A)	
	第一阶段	第二阶段
≤50	78	76
>50 且 <175	80	80
≥175	82	80

表2 纯电动全地形车型式核准试验加速行驶噪声限值

全地形车类型	噪声限值/dB(A)
电动机最大连续功率≤4kW	76
电动机最大连续功率>4kW	80

附录 A(资料性附录) 加速行驶噪声测量记录(略)

机械压力机 噪声限值（节录）

GB 26483—2011

(2011 年 5 月 12 日发布 2012 年 1 月 1 日实施)

本标准由中国机械工业联合会提出。

本标准起草单位:济南二机床集团有限公司、济南铸造锻压机械研究所有限公司、青岛青锻锻压机械有限公司、江苏扬力集团有限公司。

(按原标准编号节录)

3 噪声限值

3.1 开式压力机的噪声限值

3.1.1 开式压力机的噪声声功率级限值

开式压力机连续空运转时的噪声 A 计权声功率级限值 L_{WA} 不应超过表 1 的规定。

表1

公称力/kN	声功率级限值 L_{WA}/dB(A)
≤160	80
>160～250	90
>250～630	95
>630	100

3.1.2 开式压力机的噪声声压级限值

开式压力机连续空运转时在规定位置的噪声 A 计权声压级限值 L_{pA} 不应超过表 2 的规定。

表 2

公称力/kN	声压级限值 L_{pA}/dB(A)
≤160	70
>160～250	80
>250～630	85
>630	88

3.1.3 开式压力机的脉冲噪声声压级限值

开式压力机空载单次行程时在规定位置的脉冲噪声 A 计权声压级限值 L_{pAI} 不应超过表 3 的规定。

表 3

公称力/kN	脉冲声压级限值 L_{pAI}/dBC(A)
≤250	93
>250～630	95
>630	99

3.2 闭式压力机的噪声限值

3.2.1 闭式压力机的噪声声功率级限值

闭式压力机连续空运转时的噪声 A 计权声功率级限值 L_{WA} 不应超过表 4 的规定。

表 4

公称力/kN	声功率级限值 L_{WA}/dB(A)
≤2 500	110
>2 500～6 300	115
>6 300	120

3.2.2 闭式压力机的噪声声压级限值

闭式压力机连续空运转时在规定位置的噪声 A 计权声压级限值 L_{pA} 不应超过表 5 的规定。

表 5

公称力/kN	声压级限值 L_{pA}/dB(A)
≤2 500	85
>2 500～6 300	86
>6 300	87

3.3 螺旋压力机的噪声限值
3.3.1 螺旋压力机的噪声声功率级限值
螺旋压力机在按规定条件运转时的噪声 A 计权声功率级限值 L_{WA} 不应超过表 6 的规定。

表 6

公称力/kN	声功率级限值 L_{WA}/dB(A)
≤1 000	92
>1 000～1 600	94
>1 600～3 150	98
>3 150～6 300	101
>6 300	110

3.3.2 螺旋压力机的噪声声压级限值
螺旋压力机按规定条件运转时在规定位置的噪声 A 计权声压级限值 L_{WA} 不应超过表 7 的规定。

表 7

公称力/kN	声压级限值 L_{WA}/dB(A)
≤1 000	76
>1 000～1 600	80
>1 600～3 150	82
>3 150～6 300	85
>6 300	90

液压机　噪声限值（节录）

GB 26484—2011

（2011 年 5 月 12 日发布　2012 年 1 月 1 日实施）

本标准由中国机械工业联合会提出。

本标准起草单位：合肥锻压机床有限公司、济南铸造锻压机械研究所有限公司、深圳市华测检测技术股份有限公司。

(按原标准编号节录)

3 噪声限值

3.1 液压机的噪声声功率级限值

液压机在连续空运转时的噪声 A 计权声功率级 L_{WA} 不应超过表 1 的规定。

表 1

公称力/kN	声功率级限值 L_{WA}/dB(A)
≤1 600	90
>1 600～4 000	94
>4 000～10 000	102
>10 000～20 000	110
>20 000	120

3.2 液压机的声压级噪声限值

液压机连续空运转时在规定位置的噪声 A 计权声压级 L_{pA} 不应超过表 2 的规定。

表 2

公称力/kN	声压级限值 L_{pA}/dB(A)
≤1 600	80
>1 600～4 000	83
>4 000～10 000	87
>10 000～20 000	90
>20 000	90

4 测量方法

4.1 噪声声压级测量方法

液压机的噪声声压级测量方法应符合 GB/T 23281 的规定。

4.2 噪声声功率级测量方法

液压机的噪声声功率级测量方法应符合 GB/T 23282 的规定。

4.3 噪声测量说明

4.3.1 出厂检验只测量噪声声压级。

4.3.2 新设计或改进设计、工艺、材料后的新产品等进行性能试验时均应测量噪声声压级；可再测量噪声声功率级，以噪声声压级为合格评定依据。

自动锻压机 噪声限值（节录）

GB 28245—2012

（2012年3月9日发布 2013年1月1日实施）

本标准由中国机械工业联合会提出。
本标准起草单位：浙江锻压机械集团有限公司、浙江嵊州市金狮弹簧机械有限公司、深圳市华测检测技术股份有限公司、青岛生建机械厂。

（按原标准编号节录）

3 噪声限值

3.1 滚丝机的噪声限值

3.1.1 滚丝机的声功率级限值

连续空运转时的噪声 A 计权声功率级 L_{WA} 不应超过表1的规定。

表1

滚压力/kN	声功率级限值 L_{WA}/dB(A)
≤63	97
>63～200	98
>200～5 000	100

3.1.2 滚丝机的声压级限值

连续空运转时在规定位置的噪声 A 计权声压级 L_{pA} 不应超过表2的规定。

表2

滚压力/kN	声压级限值 L_{pA}/dB(A)
≤63	83
>63～200	84
>200	85

3.2 卷簧机的噪声限值

3.2.1 卷簧机的声功率级限值

卷簧机连续空运转时的噪声 A 计权声功率级 L_{WA} 不应超过表3的规定。

表 3

钢丝直径/mm	声功率级限值 $L_{WA}/dB(A)$
≤4	91
>4～8	95
>8	99

3.2.2 卷簧机的声压级限值

卷簧机连续空运转时在规定位置的噪声 A 计权声压级 L_{pA} 不应超过表 4 的规定。

表 4

钢丝直径/mm	声压级限值 $Lp_A/dB(A)$
≤4	76
>4～8	80
>8	85

3.3 制钉机的噪声限值

3.3.1 制钉机的声功率级限值

制钉机连续空运转时的噪声 A 计权声功率级 L_{WA} 不应超过 105dB(A)。

3.3.2 制钉机的声压级限值

制钉机在连续空运转时在规定位置的噪声 A 计权声压级 L_{pA} 不应超过 90dB(A)。

3.4 自动镦锻机的噪声限值

3.4.1 自动镦锻机的分类

自动镦锻机包括双击整模冷镦机、螺母自动镦锻机、螺栓自动镦锻机(包括带倒角和搓丝等机构的自动制螺栓机)、钢球自动镦锻机、多工位冷成形机。

3.4.2 自动镦锻机的声功率级限值

各种自动镦锻机连续空运转时的噪声 A 计权声功率级 L_{WA} 不应超过表 5 的规定。

表 5

机器名称	机器的主参数	机器的主参数值	声功率级限值 $L_{WA}/dB(A)$
自动冷镦机	最大直径/mm	≤8	100
		>8～16	103
		>16	105
多工位自动镦锻机	最大直径/mm	≤8	100
		>8～16	103
		>16	105

(续表)

机器名称	机器的主参数	机器的主参数值	声功率级限值 L_{WA}/dB(A)
滚珠、钢球自动冷镦机	最大直径/mm	≤16	103
		>16	105
多工位冷成形机	公称镦锻力/kN	≤2 000	105
		>2 000	108

3.4.3 自动镦锻机的噪声 A 计权声压级

各种自动镦锻机连续空运转时在规定位置的噪声 A 计权声压级 L_{pA} 不应超过表 6 的规定。

表 6

机器名称	机器的主参数	机器的主参数值	声压级限值 L_{WA}/dB(A)
自动冷镦机	最大直径/mm	≤8	85
		>8～16	87
		>16	89
多工位自动镦锻机	最大直径/mm	≤8	85
		>8～16	87
		>16	89
滚珠、钢球自动冷镦机	最大直径/mm	≤16	87
		>16	89
多工位冷成形机	公称镦锻力/kN	≤2 000	87
		>2 000	89

3.5 自动切边机的噪声限值

3.5.1 自动切边机的声功率级限值

自动切边机连续空运转时的噪声 A 计权声功率级 L_{WA} 不应超过表 7 的规定。

表 7

制件杆部最大直径/mm	声功率级限值 L_{WA}/dB(A)
≤8	100
>8～16	103
>16	105

3.5.2 自动切边机的声压级限值

自动切边机连续空运转时在规定位置的噪声 A 计权声压级 L_{pA} 不应超过表 8 的规定。

表 8

制件杆部最大直径/mm	声压级限值 L_{pA}/dB(A)
≤8	85
>8～16	87
>16	89

3.6 自动搓丝机的噪声限值

3.6.1 自动搓丝机的声功率级限值

自动搓丝机连续空运转时的噪声 A 计权声功率级 L_{WA} 不应超过表 9 的规定。

表 9

加工螺纹最大直径/mm	声功率级限值 L_{WA}/dB(A)
≤6	98
>6～12	100
>12	104

3.6.2 自动搓丝机的声压级限值

自动搓丝机连续空运转时在规定位置的噪声 A 计权声压级 L_{pA} 不应超过表 10 的规定。

表 10

加工螺纹最大直径/mm	声压级限值 L_{pA}/dB(A)
≤6	83
>6～12	85
>12	88

3.7 自动弯曲机的噪声限值

3.7.1 自动弯曲机的声功率级限值

自动弯曲机连续空运转时的噪声 A 计权声功率级 L_{WA} 不应超过表 11 的规定。

表 11

最大直径/mm	声功率级限值 L_{WA}/dB(A)
≤4	94
>4	97

3.7.2 自动弯曲机的声压级限值

自动弯曲机连续空运转时在规定位置的噪声 A 计权声压级 L_{pA} 不应超过表 12 的规定。

表 12

最大直径/mm	声功率级限值 L_{pA}/dB(A)
≤4	79
>4	84

民用建筑隔声设计规范（节录）

GB 50118—2010

（2010年8月18日发布　2011年6月1日实施）

本标准主编单位：中国建筑科学研究院。

（按原标准编号节录）

2 术语和符号

2.1 术语

2.1.1 A声级 A-weighted sound pressure level

用A计权网络测得的声压级。

2.1.2 等效[连续A计权]声级 equivalent[continuous A-weighted]sound pressure level

在规定的时间内，某一连续稳态声的A[计权]声压，具有与时变的噪声相同的均方A[计权]声压，则这一连续稳态声的声级就是此时变噪声的等效声级。单位为分贝,dB。

2.1.3 空气声 air-borne sound

声源经过空气向四周传播的声音。

2.1.4 撞击声 impact sound

在建筑结构上撞击而引起的噪声。

2.1.5 单值评价量 single-number quantity

按照国家标准《建筑隔声评价标准》GB/T 50121—2005 规定的方法，综合考虑了关注对象在100Hz～3150Hz中心频率范围内各1/3倍频程（或125Hz～2000Hz中心频率范围内各1/1倍频程）的隔声性能后，所确定的单一隔声参数。

2.1.6 计权隔声量 weighted sound reduction index

表征建筑构件空气声隔声性能的单值评价量。计权隔声量宜在实验室测得。

2.1.7 计权标准化声压级差 weighted standardized level difference

以接收室的混响时间作为修正参数而得到的两个房间之间空气声隔声性能的单值评价量。

2.1.8 计权规范化撞击声压级 weighted normalized impact sound pressure level

以接收室的吸声量作为修正参数而得到的楼板或楼板构造撞击声隔声性能的单值评价量。

2.1.9 计权标准化撞击声压级 weighted standardized impact sound pressure level

以接收室的混响时间作为修正参数而得到的楼板或楼板构造撞击声隔声性能的单值评价量。

2.1.10 频谱修正量 spectrum adaptation term

频谱修正量是因隔声频谱不同以及声源空间的噪声频谱不同，所需加到空气声隔声单值评价量上的修正值。当声源空间的噪声呈粉红噪声频率特性或交通噪声频率特性时，计算得到的频谱修正量分别是粉红噪声频谱修正量或交通噪声频谱修正量。

2.1.11 降噪系数 noise reduction coefficient

通过对中心频率在200Hz～2500Hz范围内的各1/3倍频程的无规入射吸声系数测量值进行计算，所得到的材料吸声特性的单一值。

2.2 符号

C——粉红噪声频谱修正量；

C_{tr}——交通噪声频谱修正量；

$D_{nT,w}$——计权标准化声压级差；

$L_{Aeq,T}$——等效[连续A计权]声级；

$L_{n,w}$——计权规范化撞击声压级；

$L'_{nT,w}$——计权标准化撞击声压级；

NRC——降噪系数；

R_w——计权隔声量。

4 住宅建筑

4.1 允许噪声级

4.1.1 卧室、起居室(厅)内的噪声级，应符合表4.1.1的规定。

表4.1.1 卧室、起居室(厅)内的允许噪声级

房间名称	允许噪声级(A声级,dB)	
	昼间	夜间
卧室	≤45	≤37
起居室(厅)	≤45	

4.1.2 高要求住宅的卧室、起居室(厅)内的噪声级，应符合表4.1.2的规定。

表4.1.2 高要求住宅的卧室、起居室(厅)内的允许噪声级

房间名称	允许噪声级(A声级,dB)	
	昼间	夜间
卧室	≤40	≤30
起居室(厅)	≤40	

4.2 隔声标准

4.2.1 分户墙、分户楼板及分隔住宅和非居住用途空间楼板的空气声隔声性能,应符合表4.2.1的规定。

表4.2.1 分户构件空气声隔声标准

构件名称	空气声隔声单值评价量 + 频谱修正量(dB)	
分户墙、分户楼板	计权隔声量 + 粉红噪声频谱修正量 $R_w + C$	>45
分隔住宅和非居住用途空间的楼板	计权隔声量 + 交通噪声频谱修正量 $R_w + C_{tr}$	>51

4.2.2 相邻两户房间之间及住宅和非居住用途空间分隔楼板上下的房间之间的空气声隔声性能,应符合表4.2.2的规定。

表4.2.2 房间之间空气声隔声标准

房间名称	空气声隔声单值评价量 + 频谱修正量(dB)	
卧室、起居室(厅)与邻户房间之间	计权标准化声压级差 + 粉红噪声频谱修正量 $D_{nT,w} + C$	≥45
住宅和非居住用途空间分隔楼板上下的房间之间	计权标准化声压级差 + 交通噪声频谱修正量 $D_{nT,w} + C_{tr}$	≥51

4.2.3 高要求住宅的分户墙、分户楼板的空气声隔声性能,应符合表4.2.3的规定。

表4.2.3 高要求住宅分户构件空气声隔声标准

构件名称	空气声隔声单值评价量 + 频谱修正量(dB)	
分户墙、分户楼板	计权隔声量 + 粉红噪声频谱修正量 $R_w + C$	>50

4.2.4 高要求住宅相邻两户房间之间的空气声隔声性能,应符合表4.2.4的规定。

表4.2.4 高要求住宅房间之间空气声隔声标准

房间名称	空气声隔声单值评价量 + 频谱修正量(dB)	
卧室、起居室(厅)与邻户房间之间	计权标准化声压级差 + 粉红噪声频谱修正量 $D_{nT,w} + C$	≥50
相邻两户的卫生间之间	计权标准化声压级差 + 粉红噪声频谱修正量 $D_{nT,w} + C$	≥45

4.2.5 外窗(包括未封闭阳台的门)的空气声隔声性能,应符合表4.2.5的规定。

表4.2.5 外窗(包括未封闭阳台的门)的空气声隔声标准

构件名称	空气声隔声单值评价量 + 频谱修正量(dB)	
交通干线两侧卧室、起居室(厅)的窗	计权隔声量 + 交通噪声频谱修正量 $R_w + C_{tr}$	≥30
其他窗	计权隔声量 + 交通噪声频谱修正量 $R_w + C_{tr}$	≥25

4.2.6 外墙、户(套)门和户内分室墙的空气声隔声性能,应符合表4.2.6的规定。

表 4.2.6　外墙、户(套)门和户内分室墙的空气声隔声标准

构件名称	空气声隔声单值评价量 + 频谱修正量(dB)	
外墙	计权隔声量 + 交通噪声频谱修正量 $R_w + C_{tr}$	≥45
户(套)门	计权隔声量 + 粉红噪声频谱修正量 $R_w + C$	≥25
户内卧室墙	计权隔声量 + 粉红噪声频谱修正量 $R_w + C$	≥35
户内其他分室墙	计权隔声量 + 粉红噪声频谱修正量 $R_w + C$	≥30

4.2.7　卧室、起居室(厅)的分户楼板的撞击声隔声性能,应符合表4.2.7的规定。

表 4.2.7　分户楼板撞击声隔声标准

构件名称	撞击声隔声单值评价量(dB)	
卧室、起居室(厅)的分户楼板	计权规范化撞击声压级 $L_{n,w}$(实验室测量)	<75
	计权标准化撞击声压级 $L'_{nT,w}$(现场测量)	≤75

注:当确有困难时,可允许住宅分户楼板的撞击声隔声单值评价量小于或等于85dB,但在楼板结构上应预留改善的可能条件。

4.2.8　高要求住宅卧室、起居室(厅)的分户楼板的撞击声隔声性能,应符合表4.2.8的规定。

表 4.2.8　高要求住宅分户楼板撞击声隔声标准

构件名称	撞击声隔声单值评价量(dB)	
卧室、起居室(厅)的分户楼板	计权规范化撞击声压级 $L_{n,w}$(实验室测量)	<65
	计权标准化撞击声压级 $L'_{nT,w}$(现场测量)	≤65

5　学校建筑

5.1　允许噪声级

5.1.1　学校建筑中各种教学用房内的噪声级,应符合表5.1.1的规定。

表 5.1.1　室内允许噪声级

房间名称	允许噪声级(A声级,dB)
语言教室、阅览室	≤40
普通教室、实验室、计算机房	≤45
音乐教室、琴房	≤45
舞蹈教室	≤50

5.1.2　学校建筑中教学辅助用房内的噪声级,应符合表5.1.2的规定。

表 5.1.2　室内允许噪声级

房间名称	允许噪声级（A 声级，dB）
教师办公室、休息室、会议室	≤45
健身房	≤50
教学楼中封闭的走廊、楼梯间	≤50

5.2　隔声标准

5.2.1　教学用房隔墙、楼板的空气声隔声性能，应符合表5.2.1的规定。

表 5.2.1　教学用房隔墙、楼板的空气声隔声标准

构件名称	空气声隔声单值评价量 + 频谱修正量（dB）	
语言教室、阅览室的隔墙与楼板	计权隔声量 + 粉红噪声频谱修正量 $R_w + C$	>50
普通教室与各种产生噪声的房间之间的隔墙、楼板	计权隔声量 + 粉红噪声频谱修正量 $R_w + C$	>50
普通教室之间的隔墙与楼板	计权隔声量 + 粉红噪声频谱修正量 $R_w + C$	>45
音乐教室、琴房之间的隔墙与楼板	计权隔声量 + 粉红噪声频谱修正量 $R_w + C$	>45

注：产生噪声的房间系指音乐教室、舞蹈教室、琴房、健身房，以下相同。

5.2.2　教学用房与相邻房间之间的空气声隔声性能，应符合表5.2.2的规定。

表 5.2.2　教学用房与相邻房间之间的空气隔声标准

房间名称	空气声隔声单值评价量 + 频谱修正量（dB）	
语言教室、阅览室与相邻房间之间	计权标准化声压级差 + 粉红噪声频谱修正量 $D_{nT,w} + C$	≥50
普通教室与各种产生噪声的房间之间	计权标准化声压级差 + 粉红噪声频谱修正量 $D_{nT,w} + C$	≥50
普通教室之间	计权标准化声压级差 + 粉红噪声频谱修正量 $D_{nT,w} + C$	≥45
音乐教室、琴房之间	计权标准化声压级差 + 粉红噪声频谱修正量 $D_{nT,w} + C$	≥45

5.2.3　教学用房的外墙、外窗和门的空气声隔声性能，应符合表5.2.3的规定。

表 5.2.3　外墙、外窗和门的空气声隔声标准

构件名称	空气声隔声单值评价量 + 频谱修正量（dB）	
外墙	计权隔声量 + 交通噪声频谱修正量 $R_w + C_{tr}$	≥45
临交通干线的外窗	计权隔声量 + 交通噪声频谱修正量 $R_w + C_{tr}$	≥30
其他外窗	计权隔声量 + 交通噪声频谱修正量 $R_w + C_{tr}$	≥25
产生噪声房间的门	计权隔声量 + 粉红噪声频谱修正量 $R_w + C$	≥25
其他门	计权隔声量 + 粉红噪声频谱修正量 $R_w + C$	≥20

5.2.4 教学用房楼板的撞击声隔声性能,应符合表5.2.4的规定。

表5.2.4 教学用房楼板的撞击声隔声标准

构件名称	撞击声隔声单值评价量(dB)	
	计权规范化撞击声压级 $L_{n,w}$(实验室测量)	计权标准化撞击声压级 $L'_{nT,w}$(现场测量)
语言教室、阅览室与上层房间之间的楼板	<65	≤65
普通教室、实验室、计算机房与上层产生噪声的房间之间的楼板	<65	≤65
琴房、音乐教室之间的楼板	<65	≤65
普通教室之间的楼板	<75	≤75

注:当确有困难时,可允许普通教室之间楼板的撞击声隔声单值评价量小于或等于85dB,但在楼板结构上应预留改善的可能条件。

6 医院建筑

6.1 允许噪声级

6.1.1 医院主要房间内的噪声级,应符合表6.1.1的规定。

表6.1.1 室内允许噪声级

房间名称	允许噪声级(A声级,dB)			
	高要求标准		低限标准	
	昼间	夜间	昼间	夜间
病房、医护人员休息室	≤40	≤35[注1]	≤45	≤40
各类重症监护室	≤40	≤35	≤45	≤40
诊室	≤40		≤45	
手术室、分娩室	≤40		≤45	
洁净手术室	—		≤50	
人工生殖中心净化区	—		≤40	
听力测听室	—		≤25[注2]	
化验室、分析实验室	—		≤40	
入口大厅、候诊厅	≤50		≤55	

注:1 对特殊要求的病房,室内允许噪声级应小于或等于30dB;
2 表中听力测听室允许噪声级的数值,适用于采用纯音气导和骨导听阈测听法的听力测听室。采用听力场测听法的听力测听室的允许噪声级另有规定。

6.2 隔声标准

6.2.1 医院各类房间隔墙、楼板的空气声隔声性能,应符合表6.2.1的规定。

表 6.2.1 各类房间隔墙、楼板的空气声隔声标准

构件名称	空气声隔声单值评价量+频谱修正量	高要求标准（dB）	低限标准（dB）
病房与产生噪声的房间之间的隔墙、楼板	计权隔声量+交通噪声频谱修正量 $R_w + C_{tr}$	>55	>50
手术室与产生噪声的房间之间的隔墙、楼板	计权隔声量+交通噪声频谱修正量 $R_w + C_{tr}$	>50	>45
病房之间及病房、手术室与普通房间之间的隔墙、楼板	计权隔声量+粉红噪声频谱修正量 $R_w + C$	>50	>45
诊室之间的隔墙、楼板	计权隔声量+粉红噪声频谱修正量 $R_w + C$	>45	>40
听力测听室的隔墙、楼板	计权隔声量+粉红噪声频谱修正量 $R_w + C$	—	>50
体外震波碎石室、核磁共振室的隔墙、楼板	计权隔声量+交通噪声频谱修正量 $R_w + C_{tr}$	—	>50

6.2.2 相邻房间之间的空气声隔声性能，应符合表 6.2.2 的规定。

表 6.2.2 相邻房间之间的空气声隔声标准

房间名称	空气声隔声单值评价量+频谱修正量	高要求标准（dB）	低限标准（dB）
病房与产生噪声的房间之间	计权标准化声压级差+交通噪声频谱修正量 $D_{nT,w} + C_{tr}$	≥55	≥50
手术室与产生噪声的房间之间	计权标准化声压级差+交通噪声频谱修正量 $D_{nT,w} + C_{tr}$	≥50	≥45
病房之间及手术室、病房与普通房间之间	计权标准化声压级差+粉红噪声频谱修正量 $D_{nT,w} + C$	≥50	≥45
诊室之间	计权标准化声压级差+粉红噪声频谱修正量 $D_{nT,w} + C$	≥45	≥40
听力测听室与毗邻房间之间	计权标准化声压级差+粉红噪声频谱修正量 $D_{nT,w} + C$	—	≥50
体外震波碎石室、核磁共振室与毗邻房间之间	计权标准化声压级差+交通噪声频谱修正量 $D_{nT,w} + C_{tr}$	—	≥50

6.2.3 外墙、外窗和门的空气声隔声性能,应符合表6.2.3的规定。

表6.2.3 外墙、外窗和门的空气声隔声标准

构件名称	空气声隔声单值评价量+频谱修正量(dB)	
外墙	计权隔声量+交通噪声频谱修正量 R_w+C_{tr}	≥45
外窗	计权隔声量+交通噪声频谱修正量 R_w+C_{tr}	≥30(临街一侧病房)
外窗	计权隔声量+交通噪声频谱修正量 R_w+C_{tr}	≥25(其他)
门	计权隔声量+粉红噪声频谱修正量 R_w+C	≥30(听力测听室)
门	计权隔声量+粉红噪声频谱修正量 R_w+C	≥20(其他)

6.2.4 各类房间与上层房间之间楼板的撞击声隔声性能,应符合表6.2.4的规定。

表6.2.4 各类房间与上层房间之间楼板的撞击声隔声标准

构件名称	撞击声隔声单值评价量	高要求标准(dB)	低限标准(dB)
病房、手术室与上层房间之间的楼板	计权规范化撞击声压级 $L_{n,w}$(实验室测量)	<65	<75
病房、手术室与上层房间之间的楼板	计权标准化撞击声压级 $L'_{nT,w}$(现场测量)	≤65	≤75
听力测听室与上层房间之间的楼板	计权标准化撞击声压级 $L'_{nT,w}$(现场测量)	—	≤60

注:当确有困难时,可允许上层为普通房间的病房、手术室顶部楼板的撞击声隔声单值评价量小于或等于85dB,但在楼板结构上应预留改善的可能条件。

7 旅馆建筑

7.1 允许噪声级

7.1.1 旅馆建筑各房间内的噪声级,应符合表7.1.1的规定。

表7.1.1 室内允许噪声级

房间名称	允许噪声级(A声级,dB)					
	特级		一级		二级	
	昼间	夜间	昼间	夜间	昼间	夜间
客房	≤35	≤30	≤40	≤35	≤45	≤40
办公室、会议室	≤40		≤45		≤45	
多用途厅	≤40		≤45		≤50	
餐厅、宴会厅	≤45		≤50		≤55	

7.2 隔声标准

7.2.1 客户之间的隔墙或楼板、客房与走廊之间的隔墙、客房外墙(含窗)的空气声隔声性能,应符合表7.2.1的规定。

表7.2.1 客房墙、楼板的空气声隔声标准

构件名称	空气声隔声单值评价量+频谱修正量	特级(dB)	一级(dB)	二级(dB)
客房之间的隔墙、楼板	计权隔声量+粉红噪声频谱修正量 R_w+C	>50	>45	>40
客房与走廊之间的隔墙	计权隔声量+粉红噪声频谱修正量 R_w+C	>45	>45	>40
客房外墙(含窗)	计权隔声量+交通噪声频谱修正量 R_w+C_{tr}	>40	>35	>30

7.2.2 客户之间、走廊与客房之间,以及室外与客房之间的空气声隔声性能,应符合表7.2.2的规定。

表7.2.2 客房之间、走廊与客房之间以及室外与客房之间的空气声隔声标准

房间名称	空气声隔声单值评价量+频谱修正量	特级(dB)	一级(dB)	二级(dB)
客房之间	计权标准化声压级差+粉红噪声频谱修正量 $D_{nT,w}+C$	≥50	≥45	≥40
走廊与客房之间	计权标准化声压级差+粉红噪声频谱修正量 $D_{nT,w}+C$	≥40	≥40	≥35
室外与客房	计权标准化声压级差+交通噪声频谱修正量 $D_{nT,w}+C_{tr}$	≥40	≥35	≥30

7.2.3 客户外窗与客房门的空气声隔声性能,应符合表7.2.3的规定。

表7.2.3 客房外窗与客房门的空气声隔声标准

构件名称	空气声隔声单值评价量+频谱修正量	特级(dB)	一级(dB)	二级(dB)
客房外窗	计权隔声量+交通噪声频谱修正量 R_w+C_{tr}	≥35	≥30	≥25
客房门	计权隔声量+粉红噪声频谱修正量 R_w+C	≥30	≥25	≥20

7.2.4 客房与上层房间之间楼板的撞击声隔声性能,应符合表7.2.4的规定。

表7.2.4 客房楼板撞击声隔声标准

楼板部位	撞击声隔声单值评价量	特级(dB)	一级(dB)	二级(dB)
客房与上层房间之间的楼板	计权规范化撞击声压级 $L_{n,w}$(实验室测量)	<55	<65	<75
	计权标准化撞击声压级 $L'_{nT,w}$(现场测量)	≤55	≤65	≤75

7.2.5 客房及其他对噪声敏感的房间与有噪声或振动源的房间之间的隔墙和楼板,其空气声隔声性能标准、撞击声隔声性能标准应根据噪声和振动源的具体情况确定,并应对噪声和振动源进行减噪和隔振处理,使客房及其他对噪声敏感的房间内的噪声级满足本规范表 7.1.1 的规定。

7.2.6 不同级别旅馆建筑的声学指标(包括室内允许噪声级、空气声隔声标准及撞击声隔声标准)所应达到的等级,应符合本规范表 7.2.6 的规定。

表 7.2.6 声学指标等级与旅馆建筑等级的对应关系

声学指标的等级	旅馆建筑的等级
特级	五星级以上旅游饭店及同档次旅馆建筑
一级	三、四星级旅游饭店及同档次旅馆建筑
二级	其他档次的旅馆建筑

8 办公建筑

8.1 允许噪声级

8.1.1 办公室、会议室内的噪声级,应符合表 8.1.1 的规定。

表 8.1.1 办公室、会议室内允许噪声级

房间名称	允许噪声级(A 声级,dB)	
	高要求标准	低限标准
单人办公室	≤35	≤40
多人办公室	≤40	≤45
电视电话会议室	≤35	≤40
普通会议室	≤40	≤45

8.2 隔声标准

8.2.1 办公室、会议室隔墙、楼板的空气声隔声性能,应符合表 8.2.1 的规定。

表 8.2.1 办公室、会议室隔墙、楼板的空气声隔声标准

构件名称	空气声隔声单值评价量 + 频谱修正量(dB)	高要求标准	低限标准
办公室、会议室与产生噪声的房间之间的隔墙、楼板	计权隔声量 + 交通噪声频谱修正量 $R_w + C_{tr}$	>50	>45
办公室、会议室与普通房间之间的隔墙、楼板	计权隔声量 + 粉红噪声频谱修正量 $R_w + C$	>50	>45

8.2.2 办公室、会议室与相邻房间之间的空气声隔声性能,应符合表8.2.2的规定。

表8.2.2 办公室、会议室与相邻房间之间的空气声隔声标准

房间名称	空气声隔声单值评价量+频谱修正量(dB)	高要求标准	低限标准
办公室、会议室与产生噪声的房间之间	计权标准化声压级差+交通噪声频谱修正量 $D_{nT,w} + C_{tr}$	≥50	≥45
办公室、会议室与普通房间之间	计权标准化声压级差+粉红噪声频谱修正量 $D_{nT,w} + C$	≥50	≥45

8.2.3 办公室、会议室的外墙、外窗(包括未封闭阳台的门)和门的空气声隔声性能,应符合表8.2.3的规定。

表8.2.3 办公室、会议室的外墙、外窗和门的空气声隔声标准

构件名称	空气声隔声单值评价量+频谱修正量(dB)	
外墙	计权隔声量+交通噪声频谱修正量 $R_w + C_{tr}$	≥45
临交通干线的办公室、会议室外窗	计权隔声量+交通噪声频谱修正量 $R_w + C_{tr}$	≥30
其他外窗	计权隔声量+交通噪声频谱修正量 $R_w + C_{tr}$	≥25
门	计权隔声量+粉红噪声频谱修正量 $R_w + C$	≥20

8.2.4 办公室、会议室顶部楼板的撞击声隔声性能,应符合表8.2.4的规定。

表8.2.4 办公室、会议室顶部楼板的撞击声隔声标准

构件名称	撞击声隔声单值评价量(dB)			
	高要求标准		低限标准	
	计权规范化撞击声压级 $L_{n,w}$(实验室测量)	计权标准化撞击声压级 $L'_{nT,w}$(现场测量)	计权规范化撞击声压级 $L_{n,w}$(实验室测量)	计权标准化撞击声压级 $L'_{nT,w}$(现场测量)
办公室、会议室顶部的楼板	<65	≤65	<75	≤75
注:当确有困难时,可允许办公室、会议室顶部楼板的计权规范化撞击声压级或计权标准化撞击声压级小于或等于85dB,但在楼板结构上应预留改善的可能条件。				

9 商业建筑

9.1 允许噪声级

9.1.1 商业建筑各房间内空场时的噪声级,应符合表9.1.1的规定。

表9.1.1 室内允许噪声级

房间名称	允许噪声级(A声级,dB)	
	高要求标准	低限标准
商场、商店、购物中心、会展中心	≤50	≤55
餐厅	≤45	≤55

(续表)

房间名称	允许噪声级（A 声级,dB）	
	高要求标准	低限标准
员工休息室	≤40	≤45
走廊	≤50	≤60

9.2 室内吸声

9.2.1 容积大于 400m³ 且流动人员人均占地面积小于 20m² 的室内空间,应安装吸声顶棚;吸声顶棚面积不应小于顶棚总面积的 75%;顶棚吸声材料或构造的降噪系数(NRC)应符合表 9.2.1 的规定。

表 9.2.1 顶棚吸声材料或构造的降噪系数(NRC)

房间名称	降噪系数（NRC）	
	高要求标准	低限标准
商场、商店、购物中心、会展中心、走廊	≥0.60	≥0.40
餐厅、健身中心、娱乐场所	≥0.80	≥0.40

9.3 隔声标准

9.3.1 噪声敏感房间与产生噪声房间之间的隔墙、楼板的空气声隔声性能应符合表 9.3.1 的规定。

表 9.3.1 噪声敏感房间与产生噪声房间之间的隔墙、楼板的空气声隔声标准

围护结构部位	计权隔声量 + 交通噪声频谱修正量 $R_w + C_{tr}$(dB)	
	高要求标准	低限标准
健身中心、娱乐场所等与噪声敏感房间之间的隔墙、楼板	>60	>55
购物中心、餐厅、会展中心等与噪声敏感房间之间的隔墙、楼板	>50	>45

9.3.2 噪声敏感房间与产生噪声房间之间的空气声隔声性能应符合表 9.3.2 的规定。

表 9.3.2 噪声敏感房间与产生噪声房间之间的空气声隔声标准

房间名称	计权标准化声压级差 + 交通噪声频谱修正量 $D_{nT,w} + C_{tr}$(dB)	
	高要求标准	低限标准
健身中心、娱乐场所等与噪声敏感房间之间	≥60	≥55
购物中心、餐厅、会展中心等与噪声敏感房间之间	≥50	≥45

9.3.3 噪声敏感房间的上一层为产生噪声房间时,噪声敏感房间顶部楼板的撞击声隔声性能应符合表 9.3.3 的规定。

表 9.3.3 噪声敏感房间顶部楼板的撞击声隔声标准

楼板部位	撞击声隔声单值评价量(dB)			
	高要求标准		低限标准	
	计权规范化撞击声压级 $L_{n,w}$（实验室测量）	计权标准化撞击声压级 $L'_{nT,w}$（现场测量）	计权规范化撞击声压级 $L_{n,w}$（实验室测量）	计权标准化撞击声压级 $L'_{nT,w}$（现场测量）
健身中心、娱乐场所等与噪声敏感房间之间的楼板	<45	≤45	<50	≤50

地铁设计规范（节录）

GB 50157—2013

（2013 年 8 月 8 日发布　2014 年 3 月 1 日实施）

本标准主编单位：北京城建设计研究总院有限责任公司、中国地铁工程咨询有限责任公司。

（按原标准编号节录）

2　术语

2.0.1　地铁 metro(underground railway、subway)

在城市中修建的快速、大运量、用电力牵引的轨道交通。列车在全封闭的线路上运行，位于中心城区的线路基本设在地下隧道内，中心城区以外的线路一般设在高架桥或地面上。

2.0.2　设计使用年限 designed lifetime

在一般维护条件下，保证工程正常使用的最低时限。

2.0.3　主体结构 main structure

车站与区间保障列车安全运营和结构体系稳定的主要受力结构。

2.0.4　旅行速度 operation speed

正常运营情况下，列车从起点站发车至终点站停车的平均运行速度。

2.0.5　最高运行速度 maximum running speed

列车在正常运营状态下所达到的最高速度。

2.0.6　限界 gauge

限定车辆运行及轨道区周围构筑物超越的轮廓线，分车辆限界、设备限界和建筑限界。

2.0.7　车辆轮廓线 vehicle profile

设定车辆所有横断面的包络线。

2.0.8 车辆限界 vehicle gauge
车辆在平直线上正常运行状态下所形成的最大动态包络线,用以控制车辆制造,以及制定站台和站台门的定位尺寸。

2.0.9 设备限界 equipment gauge
车辆在故障运行状态下所形成的最大动态包络线,用以限制行车区的设备安装。

2.0.10 建筑限界 structure gauge
在设备限界基础上,满足设备和管线安装尺寸后的最小有效断面。

2.0.11 正线 main line
载客列车运营的贯穿全程的线路。

2.0.12 配线 sidings
地铁线路中除正线外,在运行过程中为列车提供收发车、折返、联络、安全保障、临时停车等功能服务,通过道岔与正线或相互联络的轨道线路。包括折返线、渡线、联络线、临时停车线、出入线、安全线等。

2.0.13 试车线 testing line
专门用于车辆动态性能试验的线路。

2.0.14 轨道结构 track structure
路基面或结构面以上的线路部分,由钢轨、扣件、轨枕、道床等组成。

2.0.15 无缝线路 seamless track
钢轨连续焊接或胶结超过两个伸缩区长度的轨道。

2.0.16 伸缩调节器 expansion joint
调节钢轨伸缩量大于构造轨缝的装置。

2.0.17 基床 subgrade bed
路基上部承受轨道、列车动力作用,并受水文、气候变化影响而具有一定厚度的土工结构,并有表层与底层之分。

2.0.18 车站公共区 public zone of station
车站公共区为车站内供乘客进行售检票、通行和乘降的区域。

2.0.19 无缝线路纵向水平力 longitudinal force due to continuous welded roil
指无缝线路伸缩力和挠曲力产生的纵向水平力。

2.0.20 无缝线路断轨力 breaking force of continuous welded rail
因长钢轨折断引起桥梁与长钢轨相对位移而产生的纵向力。

2.0.21 明挖法 cut and cover method
由地面挖开的基坑中修筑地下结构的方法。包括明挖、盖挖顺作和盖挖逆作等工法。

2.0.22 盖挖顺作法 cover and cut-bottom up method
作业顺序为在地面修筑维持地面交通的临时路面及其支撑后,自上而下开挖土方至坑底设计标高,再自下而上修筑结构。

2.0.23 盖挖逆作法 cover and cut-top down method
作业顺序与传统的明挖法相反,开挖地面修筑结构顶板及其竖向支撑结构后,在顶板的下面自上而下分层开挖土方分层修筑结构。

2.0.24 矿山法 mining method

修筑隧道的暗挖施工方法。传统的矿山法指用钻眼爆破的施工方法,又称钻爆法,现代矿山法包括软土地层浅埋暗挖法及由其衍生的其他暗挖方法。

2.0.25 盾构法 shield method

用盾构机修筑隧道的暗挖施工方法,为在盾构钢壳体的保护下进行开挖、推进、衬砌和注浆等作业的方法。

2.0.26 防水等级 grade of waterproof

根据工程对防水的要求确定的结构允许渗漏水量的等级标准。

2.0.27 开式运行 open mode operation

地铁隧道通风与空调系统运行模式之一。开式运行时,隧道内部空气通过风机、风道、风亭等设施与外界大气进行空气交换。

2.0.28 闭式运行 close mode operation

地铁隧道通风与空调系统运行模式之一。闭式运行时,隧道内部基本上与外界大气隔断,仅供给满足乘客所需的新鲜空气量。

2.0.29 合流制排放 combined sewer system

除厕所污水以外的消防及冲洗废水、雨水等废水合流排放的方式。

2.0.30 集中式供电 centralized power supply mode

由本线或其他线路的主变电所为本线牵引变电所及降压变电所供电的外部供电方式。

2.0.31 分散式供电 distributed power supply mode

由沿线引入城市中压电源为牵引变电所及降压变电所供电的外部供电方式。

2.0.32 混合式供电 combined power supply mode

由主变电所和城市中压电源共同为牵引变电所及降压变电所供电的外部供电方式。

2.0.33 大双边供电 over bi-traction power supply

当某一中间牵引变电所退出运行,由两侧相邻牵引变电所对接触网构成双边供电的方式。

2.0.34 电力监控系统 power supervisory control and data acquisition system(SCADA)

电力数据采集与监视控制系统,包括遥控、遥测、遥信和遥调功能。

2.0.35 传输系统 transmission system

为专用通信系统中的各系统、信号、电力监控、防灾、环境与设备监控和自动售检票等系统提供控制中心、车站、车辆基地等地之间信息传输系统。

2.0.36 视频监视系统 image monitoring system

为控制中心调度员、各车站值班员、列车司机等提供有关列车运行、防灾、救灾及乘客疏导等方面视觉信息的设备总称,又称闭路电视系统。

2.0.37 列车自动控制 automatic train control(ATC)

信号系统自动实现列车监控、安全防护和运行控制技术的总称。

2.0.38 列车自动监控 automatic train supervision(ATS)

根据列车时刻表为列车运行自动设定进路,指挥行车,实施列车运行管理等技术的总称。

2.0.39 列车自动防护 automatic train protection(ATP)

自动实现列车运行安全间隔、超速防护、进路安全和车门等监控技术的总称。

2.0.40 列车自动运行 automatic train operation(ATO)
自动实行列车加速、调速、停车和车门开闭、提示等控制技术的总称。

2.0.41 列车无人驾驶 driverless train operation
以信号技术为基础,实现列车运行管理无司机操控列车技术的总称。

2.0.42 自动售检票系统 automatic fare collection system(AFC)
基于计算机、通信网络、自动控制、自动识别、精密机械和传动等技术,实现地铁售票、检票、计费、收费、统计、清分、管理等全过程的机电一体化、自动化和信息化系统。

2.0.43 清分系统 central clearing system
用于发行和管理地铁车票,对不同线路的票、款进行结算,并具有与城市其他公共交通卡进行清算功能的系统。

2.0.44 火灾自动报警系统 automatic fire alarm system(FAS)
用于及早发现和通报火灾,以便及时采取措施控制和扑灭火灾而设置在建筑物中或其他场所的一种自动消防报警设施。

2.0.45 综合监控系统 integrated supervisory and control system(ISCS)
基于大型的监控软件平台,通过专用的接口设备与若干子系统接口,采集各子系统的数据,实现在同一监控工作站上监控多个专业,调度、协调和联动多系统的集成系统。

2.0.46 运营控制中心(operation control center)(OCC)
调度人员通过使用通信、信号、综合监控(电力监控、环境与设备监控、火灾自动报警)、自动售检票等中央级系统操作终端设备,对地铁全线(多线或全线网)列车、车站、区间、车辆基地及其他设备的运行情况进行集中监视、控制、协调、指挥、调度和管理的工作场所,简称控制中心。

2.0.47 门禁系统 access control system(ACS)
集计算机、网络、自动识别、控制等技术和现代安全管理措施为一体的自动化安全管理控制系统。又称人员出入口安全管理控制系统。

2.0.48 环境与设备监控系统 building automatic system(BAS)
对地铁建筑物内的环境与空气调节、通风、给排水、照明、乘客导向、自动扶梯及电梯、站台门、防淹门等建筑设备和系统进行集中监视、控制和管理的系统。

2.0.49 乘客信息系统 passenger information system(PIS)
为站内和列车内的乘客提供有关安全、运营及服务等综合信息显示的系统设备总称。

2.0.50 轮椅升降机 platform lift for straight stairway
一种设置在楼梯旁用于运送坐轮椅车的乘客上、下楼梯的设备。

2.0.51 站台门 platform edge door
安装在车站站台边缘,将行车的轨道区与站台候车区隔开,设有与列车门相对应、可多极控制开启与关闭滑动门的连续屏障。

2.0.52 应急门 emergency escape door
站台门设施上的应急装置,紧急情况下,当乘客无法正常从滑动门进出时,供乘客由车内向站台疏散的门。

2.0.53 车辆基地 base for the vehicle
地铁系统的车辆停修和后勤保障基地,通常包括车辆段、综合维修中心、物资总库、培训中心等部分,以及相关的生活设施。

2.0.54 车辆段 depot

停放车辆,以及承担车辆的运用管理、整备保养、检查工作和承担定修或架修车辆检修任务的基本生产单位。

2.0.55 停车场 parking lot,stabling yard

停放配属车辆,以及承担车辆的运营管理、整备保养、检查工作的基本生产单位。

2.0.56 联络通道 connecting bypass

连接同一线路区间上下行的两个行车隧道的通道或门洞,在列车于区间遇火灾等灾害、事故停运时,供乘客由事故隧道向无事故隧道安全疏散使用。

2.0.57 防淹门 floodgate

防止外部洪水涌入地下车站与区间隧道的密闭设施。

2.0.58 噪声敏感目标 noise sensitive target

指学校、医院、卫生院、居民住宅、敬老院、幼儿园等对噪声敏感的建筑物或区域。

29 环境保护

29.1 一般规定

29.1.1～29.1.3 地铁建设期与运营期应贯彻《中华人民共和国环境保护法》《建设项目环境保护管理条例》国务院(1998年)第253号令等相关国家法律法规,依据《中华人民共和国环境影响评价法》开展环境影响评价。根据环境影响报告书及其批复意见,按照相关环境标准的要求,明确环境保护目标,进行环境保护设计。根据地铁建设期和运营期的主要环境影响因素,按照地铁工程环境影响报告书的专题设置,遵照环境保护要求,本规范从线路规划、工程设计、环保措施等方面提出了环境保护的设计要求。

根据《环境影响评价技术导则 城市轨道交通》HJ 453—2008(2009年4月1日实施)的规定,电磁环境评价内容包括110kV及以上电压等级的变电所的选址及其电磁环境影响。由于国内地铁尚无110kV及以上电压等级环境评价的相关标准,评价中一直参照现行《500kV超高压送变电工程电磁辐射环境影响评价技术规范》HJ/T 24执行。该规范已经完成修订,修订后改为《环境影响评价技术导则 输变电工程》HJ/T 24,适用范围覆盖了110kV及以上电压等级的交、直流输变电工程,但该规范修订版尚未批准发布。因此,对于110kV及以上电压等级的变电所目前仍按现行《500kV超高压送变电工程电磁辐射环境影响评价技术规范》HJ/T 24的相关规定执行。

29.1.5 第1款 地铁车辆基地、停车场产生的生产废水、生活污水以及沿线车站的生活污水排放,若有地方污染物排放标准的应当执行地方污染物排放标准。否则,执行现行国家标准《污水综合排放标准》GB 8978。

第3款 由于地铁采用电力牵引车辆,沿线无大气污染物产生。对于冬季供暖地区,车辆基地或车辆段供暖锅炉会有大气污染物产生。目前,燃油锅炉替代了燃气锅炉,使大气污染物大大降低,其废气排放应达到现行国家标准《锅炉大气污染物排放标准》GB 13271 的规定。

29.2 规划环境保护

29.2.1、29.2.2《中华人民共和国环境影响评价法》(2003年9月1日实施)规定,国务院有关部门、设区的市级以上地方人民政府及其有关部门组织编制的土地利用规划、综合规划以及专项规划应当进行环境影响评价。地铁线路规划应当符合城市轨道交通建设规划,并根据轨道交通建设规划环境影响报告书的结论及其审查意见,工程选线选址应当避开自然保护区、饮用水源保护区、生态功能保护区、风景名胜区、基本农田保护区,以及文物保护建筑等需要特殊保护的地区,并应避绕文教区、医院、敬老院等特别敏感的社会关注区,地下线路应尽量避免下穿环境敏感建筑。

29.2.3 目前国内在进行城市轨道交通建设规划过程中已形成基本共识,地铁线路规划应符合城市轨道交通建设规划,注重避绕自然保护区、饮用水源保护区、生态功能保护区、风景名胜区、基本农田保护区以及文物保护建筑等敏感目标。工程选线一般利用城市既有交通走廊,中心城区原则上采用地下敷设方式,中心城区以外,在道路条件及沿线条件允许的地段一般采用高架或地面方式。

29.2.4 根据工程项目确定的系统制式、轨道线路形式、车辆与设备选型及其噪声、振动源强,以及行车组织计划,按照当地环保部门确认的环境噪声、振动执行标准,地铁工程环境影响报告书根据计算对噪声、振动防护距离提出的要求,经国家环境保护部门批复确认后,工程中关于线站位、风亭、冷却塔以及110kV及以上电压等级的地面变电所的设计应按照该防护距离执行。

29.2.5 地铁工程环境影响报告书提出的噪声、振动防护要求,既为工程沿线用地控制提供依据,同时也是沿线城市规划的依据。已建成的地铁线路两侧进行城市规划时,在防护距离范围内第一排不宜规划建设居住、文教、医疗、科研等环境敏感建筑。

29.3 工程环境保护

29.3.1 ~ 29.3.4 关于噪声、振动防护有多种方式,包括降噪、减振各类工程措施,以及控制距离要求等。

关于噪声、振动防护距离的确定说明如下:

(一)根据地铁A型车和B型车噪声、振动源强及噪声、振动传播衰减规律,按不同环境功能区噪声、振动限值,核算地上线(高架线、地面线)噪声、地下线振动的防护距离。

(二)防护距离的计算及条件:地铁噪声、振动防护距离取决于地铁噪声、振动的影响范围,其噪声、振动影响及传播范围与车辆噪声、振动源强及工程参数,包括轨道结构、桥梁类型、行车速度,以及敏感点与线路的相对位置关系等密切相关,按照夜间的噪声、振动标准要求计算提出。

(1)计算公式(具体内容见原标准)

(2)计算条件

① A型车和B型车噪声源强,A型车比B型车噪声源强大2~3dBA;

② 轨道结构为混凝土无砟道床,混凝土枕,60kg/m连续钢轨;

③ 高架桥为普通连续箱梁,轨道两侧采用防护栏,桥面无遮挡;

④ 最高设计速度80km/h~100km/h,列车运行速度70km/h;

⑤ 运营远期行车组织(列车编组、行车密度);

⑥ 地面有建筑物遮挡;

⑦ 列车噪声按有限长线源进行衰减;

⑧ 地面风亭、冷却塔噪声防护距离是以风机常规消声设计为前提,冷却塔为低噪声冷却塔。当防护距离不能满足时,需强化风机消声措施,优先选用低噪声或超低噪声冷却塔。

(三)防护距离的应用条件:噪声、振动防护距离,应根据系统制式、车辆选型、最高设计运行速度、桥梁类型等工程实际条件进行计算。地铁防护距离的提出既为地铁工程沿线用地控制,同时又为地铁沿线城市拆迁改造和城市规划提供依据。

（四）地上线的噪声及地下线的振动防护距离要求，当采用 A 型车或 B 型车时，可考虑以下建议：

（1）噪声：0 类区，康复疗养区等特别需要安静区域的敏感点，外轨中心线与敏感建筑物的水平间距≥60m；1 类区，居住、医疗、文教、科研区的敏感点 ≮50m；2 类区，居住、商业、工业混合区的敏感点 ≮40m；3 类区，工业区的敏感点 ≮30m；4a 类区，城市轨道交通两侧区域（地上线）的敏感点 ≮30m。

（2）振动：居民、文教区、机关的敏感点，Ⅰ、Ⅱ、Ⅲ类建筑，外轨中心线与敏感建筑物的水平间距 ≮30m；商业与居民混合区、商业集中区的敏感点，Ⅰ、Ⅱ、Ⅲ类建筑 ≮25m。

（3）当线路外轨中心线与敏感建筑物之间的距离不能满足噪声、振动防护距离且环境超标时，应采取降噪或减振措施；当线路下穿敏感建筑物时，应采取特殊轨道减振措施。

（4）噪声、振动防护距离指地铁列车噪声、振动单独作用，不含其他交通噪声和振动。

（5）噪声防护距离有降噪措施条件的，振动防护距离是无减振措施条件的。

（五）防护距离应用的具体建议：

1. 对于规划区，地铁先建敏感建筑后建，应按照本规范的要求，在噪声、振动防护距离范围内不宜规划建设居住、文教、医疗等敏感建筑。

2. 对于建成区，敏感建筑先建地铁后建，当不能满足噪声、振动防护距离要求时，如地下线临近甚至下穿敏感建筑，或风亭、冷却塔选址困难的情况，应对线路采取轨道减振措施，或对风亭、冷却塔采取消声降噪等综合措施，以使环境影响符合振动、噪声限值标准的规定。

3. 对于风亭和冷却塔合建时，以及进风亭、排风亭和隧道风亭合建时，应符合表 29.3.4 规定的防护距离。

29.3.5 《500kV 超高压送变电工程电磁辐射环境影响评价技术规范》HJ/T 24 中未涉及高压送变电设备防护距离的要求，修订后的《环境影响评价技术导则　输变电工程》HJ/T 24（尚未批准发布）规定了架空输电线路与电磁环境敏感目标的距离，但对于变电所的防护距离未作规定。因此，对于城市轨道交通工程地面设置的 110kV 及以上的变电所提出与敏感建筑物的间距要求，将为工程设计和环境影响评价提供依据。

29.4　环境保护措施

29.4.1　地铁环境保护措施指运营期的环保措施，针对地下线路、地面和高架线路的区间、车站、变电所、车辆基地、停车场，其中包括列车及设备以及附属设施所产生的噪声、振动、水污染、生态保护等工程治理措施，以减振、降噪、污水处理措施为主。在国内外地铁工程中应用比较普遍，对控制和减缓地铁列车噪声、振动具有明显效果的减振降噪措施主要有：金属弹簧浮置板减振道床、橡胶浮置板减振道床、轨道减振器、各种弹性扣件以及各种形式的声屏障等。

29.4.3　根据《建设项目环境保护管理条例》的规定，建设项目的初步设计，应当按照环境保护设计规范的要求，编制环境保护篇章。根据建设项目环境影响报告书结论及其环境保护主管部门的批复意见，明确环境保护目标，落实环境保护措施设计。《环境影响评价法》第二十四条规定：建设项目的环境影响评价文件经批准后，建设项目的性质、规模、地点、采用的生产工艺或者防治污染、防止生态破坏的措施发生重大变动的，建设单位应当重新报批建设项目的环境影响评价文件。因此，当地铁线路走向、敷设方式或沿线敏感目标等发生重大变动时，应按重新报批的建设项目环境影响评价文件开展设计。

29.4.4 地铁环境保护措施的设计目标值应根据环境影响报告书,以及当地环境保护主管部门确认的环境功能区标准或污染物排放标准来确定。按原国家计划委员会和原国务院环境保护委员会于1987年3月20日发布执行的《建设项目环境保护设计规定》及相关技术规范的要求进行设计。

29.4.5 地铁土建工程的设计年度一般按远期设计,机电工程按近期设计。地铁环境保护工程设计年度应与其主体工程设计年度相同,即按远期设计,可分期实施;或按近期实施为远期预留实施条件。

29.4.6 根据国务院(1998年)第253号令《建设项目环境保护管理条例》的规定,建设项目需要配套建设的环境保护设施,必须与主体工程同时设计、同时施工、同时投产使用。环境保护设施必须经原审批环境影响报告书的环境保护行政主管部门进行竣工验收,并且合格后,该建设项目方可投入使用。分期建设、分期投入使用的建设项目,其相应的环境保护设施应当分期验收。

Ⅰ 声环境保护措施

29.4.7 对于高架线沿线预测超标的既有声环境保护目标,应根据运营近期的噪声预测结果设计声屏障。

29.4.8 声屏障设计应符合下列要求:

第2款 现行《声屏障声学设计和测量规范》HJ/T 90对声屏障的声学设计等作出了规定。

第3款 声屏障的降噪效果应使其声环境敏感点达到现行国家标准《声环境质量标准》GB 3096规定的环境噪声限值。根据重新修订的《声环境质量标准》GB 3096—2008(2008年10月1日实施)的规定:以昼间、夜间环境噪声源正常工作时段的等效声级作为评价噪声敏感建筑物户外(或室内)环境噪声水平,是否符合所处声环境功能区的环境质量要求的依据。因此,对于学校教室、科研办公室等夜间无住宿的声环境敏感点,采用昼间等效声级预测值对应昼间标准即昼间超标量来评价;对于居民区等夜间有住宿的声环境敏感点,应采用夜间运营时段等效声级预测值对应夜间标准即夜间噪声超标量来评价,以确定声屏障的设计目标值。

第5款 声屏障形式的确定及方案的比选是根据线路特点、声环境保护目标特征,以及声屏障的设计目标值确定的。根据保护目标的延伸长度及高度,并根据其声屏障的设计目标值,选择不同长、高组合的声屏障,然后计算其实际插入损失是否满足其降噪目标值,从而实现声屏障设计方案的优化。

第6款 在声屏障设计中其长度的确定与声屏障的降噪效果有直接关系。参考《联邦德国环境保护手册》,声屏障的两端附加长度可按以下公式进行估算,但工程设计时还应根据工程及受声点的实际情况进一步核算附加长度(经过对北京、广州、上海、武汉等轨道交通声屏障实际应用及降噪效果进行综合考察与分析,声屏障设置位置与声环境保护目标的距离一般在20m～40m范围,最近距离8m,最远距离60m)。

$$声屏障的附加长度:b = 0.15d\Delta L$$

式中:b——声屏障的附加长度,单位为m;

d——轨道至接收点的距离,单位为m;

ΔL——声屏障插入损失。

第7款 现行国家标准《声学 建筑和建筑构件隔声测量》GB/T 19889 对声屏障声学构件的隔声性能作出了规定。

第8款 现行国家标准《声学 混响室吸声测量》GB/T 20247 对声屏障声学构件的吸声性能作出了规定。

第9款 声屏障构件之间、声屏障与桥梁底梁或挡土墙之间若存在明显的缝隙或孔洞,则会产生声能量的泄露即"漏声",将导致声屏障降噪效果的降低。因此,声屏障应用中的防"漏声"设计也是声屏障降噪设计的关键。

Ⅱ 振动环境保护措施

29.4.10 轨道减振措施的效果应使其振动敏感点达到现行国家标准《城市区域环境振动标准》GB 10070 规定的环境振动限值。

29.4.11 按照现行国家标准《城市区域环境振动测量方法》GB 10071 的规定,环境振动影响评价未考虑交通流量的相关性。因此,地铁列车运行振动影响没有昼、夜间及运营初、近、远期的区别,其预测值均相同。根据现行《环境影响评价技术导则 城市轨道交通》HJ 453 的规定,轨道交通列车运行振动按列车通过时段的振动级 VL_{Z10} 值进行预测和评价。因此,轨道减振措施也应根据列车通过时段的振动预测结果进行设计。

29.4.12 根据现行国家标准《城市区域环境振动标准》GB 10070 的规定,对于学校教室、科研办公室等夜间无住宿的振动环境敏感点,采用列车通过时段的振动预测值对应昼间标准即昼间振动超标量来评价;对于居民区等夜间有住宿的振动环境敏感点,应采用列车通过时段的振动预测值对应夜间标准即夜间振动超标量来评价,以确定轨道减振措施的设计目标值。由于最大振动级 VL_{zmax} 比 VL_{Z10} 大3dB,考虑到列车通过时最大振动级的对敏感点的实际影响,其轨道减振措施的设计目标值应参考列车通过时最大振动级来确定。

29.4.13 当地下线路正下方穿越敏感建筑物时,应优先设计轨道减振措施。经测试研究,对于敏感建筑物下方或隧道外轨中心线距两侧敏感建筑 5m 的地段,宜采取特殊轨道减振措施。

29.4.14 通过对北京地铁13号线、上海地铁明珠线高架轨道的噪声测试分析与研究,对于高架线路,列车通过时的等效声级高于路堤线路约3dBA～4dBA,桥梁结构振动引起的二次辐射噪声不容忽视。因此,业内专家建议在轨道交通高架桥梁及轨道设计中,对于噪声超标较大或环境要求较高的高架路段,在设计声屏障的基础上,应对桥梁或轨道结构也要采取相应的减振与阻尼措施,既降低桥梁及轨道结构的振动影响,又保证了声屏障的隔声降噪效果。

Ⅲ 水环境保护措施

29.4.17 车辆基地及停车场含油废水,必须达到地方和国家标准规定的污水排放标准方可排放,是为防止对环境造成污染。

电离辐射防护与辐射源安全基本标准(节录)

GB 18871—2002

(2002年10月8日发布 2003年4月1日实施)

本标准由(以部门名称笔画为序)中华人民共和国卫生部、国家环境保护总局和原中国核工业总公司联合提出。

本标准起草单位:联合编制组,编制组秘书单位为核工业标准化研究所。

(按原标准编号节录)

1 范围

本标准规定了对电离辐射防护和辐射源安全(以下简称"防护与安全")的基本要求。

本标准适用于实践和干预中人员所受电离辐射照射的防护和实践中源的安全。

本标准不适用于非电离辐射(如微波、紫外线、可见光及红外辐射等)对人员可能造成的危害的防护。

2 定义

本标准所采用的术语和定义见附录J(标准的附录)。

3 一般要求

3.1 适用

3.1.1 实践

适用本标准的实践包括:

a) 源的生产和辐射或放射性物质在医学、工业、农业或教学与科研中的应用,包括与涉及或可能涉及辐射或放射性物质照射的应用有关的各种活动;

b) 核能的产生,包括核燃料循环中涉及或可能涉及辐射或放射性物质照射的各种活动;

c) 审管部门规定需加以控制的涉及天然源照射的实践;

d) 审管部门规定的其他实践。

3.1.2 源

3.1.2.1 适用本标准对实践的要求的源包括:

a) 放射性物质和载有放射性物质或产生辐射的器件,包括含放射性物质消费品、密封源、非密封源和辐射发生器;

b) 拥有放射性物质的装置、设施及产生辐射的设备,包括辐照装置、放射性矿石的开采或选冶设施、放射性物质加工设施、核设施和放射性废物管理设施;

c) 审管部门规定的其他源。

3.1.2.2 应将本标准的要求应用于装置或设施中的每一个辐射源;必要时,应按审管部门的规定,将本标准的要求应用于被视为单一源的整个装置或设施。

3.1.3 照射

3.1.3.1 适用本标准对实践的要求的照射,是由有关实践或实践中源引起的职业照射、医疗照射或公众照射,包括正常照射和潜在照射。

3.1.3.2 通常情况下应将天然源照射视为一种持续照射,若需要应遵循本标准对干预的要求。但下列各种情况,如果未被排除或有关实践或源未被豁免,则应遵循本标准对实践的要求:

a) 涉及天然源的实践所产生的流出物的排放或放射性废物的处置所引起的公众照射;

b) 下列情况下天然源照射所引起的工作人员职业照射:

1) 工作人员因工作需要或因与其工作直接有关而受到的氡的照射,不管这种照射是高于或低于工作场所中氡持续照射情况补救行动的行动水平[见附录H(提示的附录)];

2) 工作人员在工作中受到氡的照射虽不是经常的,但所受照射的大小高于工作场所中氡持续照射情况补救行动的行动水平[见附录H(提示的附录)];

3) 喷气飞机飞行过程中机组人员所受的天然源照射;

c) 审管部门规定的需遵循本标准对实践的要求的其他天然源照射。

3.1.4 干预

3.1.4.1 适用本标准的干预情况是:

a) 要求采取防护行动的应急照射情况,包括:

1) 已执行应急计划或应急程序的事故情况与紧急情况;

2) 审管部门或干预组织确认有正当理由进行干预的其他任何应急照射情况;

b) 要求采取补救行动的持续照射情况,包括:

1) 天然源照射,如建筑物和工作场所内氡的照射;

2) 以往事件所造成的放射性残存物的照射,以及未受通知与批准制度(见4.2.1及4.2.2)控制的以往的实践和源的利用所造成的放射性残存物的照射;

3) 审管部门或干预组织确认有正当理由进行干预的其他任何持续照射情况。

3.2 排除

任何本质上不能通过实施本标准的要求对照射的大小或可能性进行控制的照射情况,如人体内的 ^{40}K、到达地球表面的宇宙射线所引起的照射,均不适用本标准,即应被排除在本标准的适用范围之外。

3.3 实施的责任方与责任

3.3.1 责任方

3.3.1.1 对本标准的实施承担主要责任的责任方(以下简称"主要责任方")应是:

a) 注册者或许可证持有者;

b) 用人单位。

3.3.1.2 其他有关各方应对本标准的实施承担各自相应的责任,其他有关各方可以包括:

a) 供方;

b) 工作人员;

c) 辐射防护负责人;

d) 执业医师;

e) 医技人员；

f) 合格专家；

g) 由主要责任方委以特定责任的任何其他方。

3.3.2 责任

3.3.2.1 各责任方应承担本标准有关章、条所规定的一般责任和特定责任。

3.3.2.2 主要责任方应承担的一般责任是：

a) 确立符合本标准有关要求的防护与安全目标；

b) 制定并实施成文的防护与安全大纲，该大纲应与其所负责实践和干预的危险的性质和程度相适应，并足以保证符合本标准的有关要求。在该大纲中，应：

1) 确定实现防护与安全目标所需要的措施和资源，并保证正确地实施这些措施和提供这些资源；

2) 保持对这些措施和资源的经常性审查，并定期核实防护与安全目标是否得以实现；

3) 鉴别防护与安全措施和资源的任何失效或缺陷，并采取步骤加以纠正和防止其再次发生；

4) 根据防护与安全需要，做出便于在有关各方间进行咨询和合作的各种安排；

5) 保存履行责任的有关记录。

3.4 实施的监督管理

3.4.1 本标准的贯彻和本标准实施的监督管理由审管部门负责；对于干预情况，干预组织应对本标准有关要求的贯彻负主要责任。

3.4.2 主要责任方应接受审管部门正式授权的人员对其获准实践的防护与安全的监督，包括对其防护与安全记录的检查。

3.4.3 发生违反本标准有关要求的情况时，主要责任方应：

a) 调查此违反行为及其原因与后果；

b) 采取相应的行动加以纠正并防止类似的违反事件再次发生；

c) 向审管部门报告违反标准的原因和已经采取或准备采取的纠正行动或防护行动；

d) 按照本标准的要求采取其他必要的行动。

3.4.4 主要责任方应及时报告违反本标准的事件。如果因违反标准已经演变成或即将演变成应急照射情况，应立即报告。

3.4.5 发生违反标准的事件后，如果主要责任方不能在规定的时间内按照国家有关法规采取纠正或改进行动，则审管部门应修改、中止或撤销原先已颁发的注册证、许可证或其他批准文件。

4 对实践的主要要求

4.1 基本原则

4.1.1 任何实践的引入、实施、中断或停止，以及实践中任何源的开采、选冶、处理、设计、制造、建造、装配、采购、进口、出口、销售、出卖、出借、租赁、接受、设置、定位、调试、持有、使用、操作、维护、修理、转移、退役、解体、运输、贮存或处置，均应按照本标准的有关要求进行，除非有关实践或源产生的照射是被排除的或有关实践或源是被本标准的要求所豁免的。

4.1.2 对于适用本标准的任何实践、实践中的任何源或 4.1.1 所规定的任何活动，本标准各项有关要求的实施应与该实践或源的特性及其所致照射的大小和可能性相适应,并应符合审管部门规定的有关要求。

4.1.3 放射性物质的运输应遵循国家有关放射性物质安全运输法规与标准的要求。

4.2 管理要求

4.2.1 通知

4.2.1.1 拟进行某项实践或本标准4.1.1中所规定的任何活动的任何法人,均应向审管部门提交通知书,说明其目的与计划;对于含放射性物质消费品,只要求说明有关制造、装配、进口和销售等方面的计划。

4.2.1.2 如果实践或活动满足下列各项条件,并经审管部门确认,则可只履行通知程序,否则,还应按4.2.2的要求履行相应的批准程序:

a) 所引起的正常照射不大可能超过审管部门规定的有关限值的某一很小份额;

b) 所伴随的潜在照射的可能性与大小可以忽略;

c) 所伴随的任何其他可能的危害后果也可以忽略。

4.2.2 批准:注册或许可

4.2.2.1 对任何密封源、非密封源或辐射发生器负责的任何法人均应向审管部门提出申请,以获得批准,除非其所负责的源是被豁免的。这类批准是采用注册的方式还是许可的方式,应由审管部门根据源或利用该源的实践的性质及所致照射的大小与可能性决定。适于以注册方式批准的实践应具有如下特征:

a) 通过设施与设备的设计可在很大程度上保证安全;

b) 运行程序简单易行;

c) 对安全培训的要求极低;

d) 运行历史上几乎没有安全问题。

4.2.2.2 对下列任何源负责的法人均应向审管部门提交申请以获得批准,对这类源的批准应采用许可的方式:

a) 辐照装置;

b) 放射性矿石的开采或选冶设施;

c) 放射性物质加工设施;

d) 核设施;

e) 放射性废物管理设施;

f) 非豁免的、审管部门尚未指明适于以注册方式批准的其他任何源。

4.2.2.3 任何申请者均应:

a) 向审管部门提交支持其申请所需要的有关资料;

b) 在所提交的申请资料中,说明对其所负责的源所致照射的性质、大小和可能性所作的分析,并说明为保护工作人员、公众及环境所采取的或计划采取的各种措施;

c) 如果照射可能大于审管部门规定的某种水平,则进行相应的安全评价和环境影响评价,并作为其申请书的一部分提交给审管部门;

d) 在审管部门颁发注册证或许可证之前,不进行本标准4.1.1中所规定的任何活动。

4.2.2.4 医疗照射实践及其用源的申请者在申请书中还应:

a) 说明执业医师在辐射防护方面的资格;或

b) 承诺只有具备有关法规规定的或许可证中写明的辐射防护专业资格的执业医师,才允许开具使用其源的检查申请单或治疗处方。

4.2.3 获准的法人:注册者和许可证持有者

4.2.3.1 注册者和许可证持有者应对制定和实施各项必需的技术与组织措施负责,确保其获准的源的防护与安全;它们可以委托其他方完成某些有关的活动或任务,但它们自己仍应对这些活动和任务承担主要责任。注册者和许可证持有者应按需要选聘合格人员,负责确保符合本标准。

4.2.3.2 注册者和许可证持有者如果拟对其获准的实践或源进行修改,并且拟议中的修改对防护或安全可能具有重要影响,则应将其修改计划通知审管部门;在获得审管部门认可前,不应进行这类修改。

4.2.4 豁免

4.2.4.1 如果源符合下列条件之一,并经审管部门确认和同意,则该源或利用该源的实践可以被本标准的要求所豁免:

a) 符合本标准附录 A(标准的附录)中所规定的豁免要求;

b) 符合审管部门根据本标准附录 A(标准的附录)规定的豁免准则所确定的豁免水平。

4.2.4.2 对于尚未被证明为正当的实践不应予以豁免。

4.2.5 解控

4.2.5.1 已通知或已获准实践中的源(包括物质、材料和物品),如果符合审管部门规定的清洁解控水平,则经审管部门认可,可以不再遵循本标准的要求,即可以将其解控。

4.2.5.2 除非审管部门另有规定,否则清洁解控水平的确定应考虑本标准附录 A(标准的附录)所规定的豁免准则,并且所定出的清洁解控水平不应高于本标准附录 A(标准的附录)中规定的或审管部门根据该附录规定的准则所建立的豁免水平。

4.3 辐射防护要求

4.3.1 实践的正当性

4.3.1.1 对于一项实践,只有在考虑了社会、经济和其他有关因素之后,其对受照个人或社会所带来的利益足以弥补其可能引起的辐射危害时,该实践才是正当的。对于不具有正当性的实践及该实践中的源,不应予以批准。

4.3.1.2 涉及医疗照射的实践的正当性判断应遵循第 7 章所规定的详细要求。

4.3.1.3 除了被判定为正当的涉及医疗照射的实践外,在下列实践中,通过添加放射性物质或通过活化从而使有关日用商品或产品中的放射性活度增加都是不正当的:

a) 涉及食品、饮料、化妆品或其他任何供人食入、吸入、经皮肤摄入或皮肤敷贴的商品或产品的实践;

b) 涉及辐射或放射性物质在日用商品或产品(例如玩具等)中无意义的应用的实践。

4.3.2 剂量限制和潜在照射危险限制

4.3.2.1 应对个人受到的正常照射加以限制,以保证除本标准 6.2.2 规定的特殊情况外,由来自各项获准实践的综合照射所致的个人总有效剂量和有关器官或组织的总当量剂量不超过附录 B(标准的附录)中规定的相应剂量限值。不应将计量限值应用于获准实践中的医疗照射。

4.3.2.2 应对个人所受到的潜在照射危险加以限制,使来自各项获准实践的所有潜在照射所致的个人危险与正常照射剂量限值所相应的健康危险处于同一数量级水平。

4.3.3 防护与安全的最优化

4.3.3.1 对于来自一项实践中的任一特定源的照射,应使防护与安全最优化,使得在考虑了经济和社会因素之后,个人受照剂量的大小、受照射的人数以及受照射的可能性均保持在可合理达到的尽量低水平;这种最优化应以该源所致个人剂量和潜在照射危险分别低于剂量约束和潜在照射危险约束为前提条件(治疗性医疗照射除外)。

4.3.3.2 防护与安全最优化的过程,可以从直观的定性分析一直到使用辅助决策技术的定量分析,但均应以某种适当的方法将一切有关因素加以考虑,以实现下列目标:

a)相对于主导情况确定出最优化的防护与安全措施,确定这些措施时应考虑可供利用的防护与安全选择以及照射的性质、大小和可能性;

b)根据最优化的结果制定相应的准则,据以采取预防事故和减轻事故后果的措施,从而限制照射的大小及受照的可能性。

4.3.4 剂量约束和潜在照射危险约束

4.3.4.1 除了医疗照射之外,对于一项实践中的任一特定的源,其剂量约束和潜在照射危险约束应不大于审管部门对这类源规定或认可的值,并不大于可能导致超过剂量限值和潜在照射危险限值的值;

4.3.4.2 对任何可能向环境释放放射性物质的源,剂量约束还应确保对该源历年释放的累积效应加以限制,使得在考虑了所有其他有关实践和源可能造成的释放累积和照射之后,任何公众成员(包括其后代)在任何一年里所受到的有效剂量均不超过相应的剂量限值。

4.3.5 医疗照射指导水平

应制定供执业医师使用的医疗照射指导水平。这类指导水平应:

a)根据第7章的详细要求并参照附录G(提示的附录)制定;

b)对于中等身材的受检者,是一种合理的剂量指征;

c)为当前良好医术(而不是最佳医术)可以实现的医疗实践提供指导;

d)在可靠的临床判断表明需要时,可以灵活应用,即允许实施更高的照射;

e)随着工艺与技术的改进而加以修订。

4.4 营运管理要求

4.4.1 安全文化素养

应培植和保持良好的安全文化素养,鼓励对防护与安全事宜采取深思、探究和虚心学习的态度并反对故步自封,保证:

a)制定把防护与安全视为高于一切的方针和程序;

b)及时查清和纠正影响防护与安全的问题,所采用的方法应与问题的重要性相适应;

c)明确规定每个有关人员(包括高级管理人员)对防护与安全的责任,并且每个有关人员都经过适当培训并具有相应的资格;

d)明确规定进行防护与安全决策的权责关系;

e)做出组织安排并建立有效的通信渠道,保持防护与安全信息在注册者或许可证持有者各级部门内和部门间的畅通。

4.4.2 质量保证

应制定和执行质量保证大纲,该大纲应:

a)为满足涉及防护与安全的各项具体要求提供充分保证;

b)为审查和评价防护与安全措施的综合有效性提供质量控制机制和程序。

4.4.3 人为因素

应采取措施确保符合下列要求,以尽可能减小人为错误导致事故和事件的可能性:

a)所有防护与安全有关人员均经适当培训并具有相应的资格,使之能理解自己的责任,并能以正确的判断和按照所规定的程序履行职责;

b)按照行之有效的人机工程学原则设计设备和制定操作程序,使设备的操作或使用尽可能简单,从而使操作错误导致事故的可能性降至最小,并减少误解正常和异常工况指示信号的可能性;

c)设置适当的设备、安全系统和控制程序,并做出其他必要的规定,以:

1)尽可能减小人为错误导致人员受到意外照射的可能性;

2)提供发现和纠正或弥补人为错误的手段;

3)便于安全系统或其他防护措施失效时进行干预。

4.4.4 合格专家

4.4.4.1 注册者和许可证持有者应根据需要选聘合格专家,为执行本标准提供咨询。

4.4.4.2 注册者和许可证持有者应将选聘合格专家的安排通知审管部门。通知时所提供的信息应包括所聘用专家的从业或专业范围。

4.5 技术要求

本条所规定的技术要求适用于所有实践和源。注册者或许可证持有者应保证其实践和源的防护与安全符合本条中的有关要求。应用这些要求的严格程度应与注册者或许可证持有者的实践和源所引起的照射的大小和可能性向适应。对于核设施和放射性废物管理设施,除本条中规定的这些基本技术要求外,还应符合国家有关法规和标准所规定的更为专门的技术要求和其他要求。

4.5.1 源的实物保护

应按照下列要求,使源始终处于受保护状态,防止被盗和损坏,并防止任何法人未经批准进行本标准4.1.1所规定的任何活动:

a)确保源的实物保护符合注册证或许可证中规定的所有有关要求,并保证将源的失控、丢失、被盗或失踪的信息立即通知审管部门;

b)不将源转让给不持有有效批准证件的接收者;

c)对可移动的源定期进行盘存,确认它们处于指定位置并有可靠的保安措施。

4.5.2 纵深防御

应对源运用与其潜在照射的大小和可能性相适应的多层防护与安全措施(即纵深防御),以确保当某一层次的防御措施失效时,可由下一层次的防御措施予以弥补或纠正,达到:

a)防止可能引起照射的事故;

b)减轻可能发生的任何这类事故的后果;

c)在任何这类事故之后,将源恢复到安全状态。

4.5.3 良好的工程实践

实践中源的选址、定位、设计、建造、安装、调试、运行、维修和退役，均应以行之有效的工程实践为基础，这种工程实践应：

a) 符合现行法规、标准和有关文件的规定；
b) 以确保源全寿期过程中的防护与安全为目的，有可靠的管理措施和组织措施予以支持；
c) 在源的设计、建造及运行中留有足够的安全裕量，以确保可靠的正常运行性能；预留安全裕量时着眼于预防事故、减轻事故后果和限制照射，并考虑质量、多重性和可检查性；
d) 考虑技术标准的发展，以及防护与安全方面的有关研究成果与经验教训。

4.6 安全的确认

4.6.1 安全评价

应在不同阶段（包括选址、设计、制造、建造、安装、调试、运行、维修和退役）对实践中源的防护与安全措施进行安全评价，以：

a) 在分析外部事件对源的影响和源与其附属设备自身事件的基础上，鉴别出可能引起正常照射和潜在照射的各种情形；
b) 预计正常照射的大小，并在可行的范围内估计潜在照射发生的可能性与大小；
c) 评价防护与安全措施的质量和完善程度。

4.6.2 监测与验证

4.6.2.1 应确定用以验证是否符合本标准的要求所需要的参数，并对这些参数进行监测或测量。

4.6.2.2 应为进行所需要的监测与验证提供适当的设备和程序。应对这类设备定期进行维修和检验，并定期用可溯源到国家基准的计量标准进行校准。

4.6.3 记录

应保存监测与验证的记录，包括设备检验与校准记录。

5 对干预的主要要求

5.1 基本原则

5.1.1 在干预的情况下，为减少或避免照射，只要采取防护行动或补救行动是正当的，则应采取这类行动。

5.1.2 任何这类防护行动或补救行动的形式、规模和持续时间均应是最优化的，使在通常的社会和经济情况下，从总体上考虑，能获得最大的净利益。

5.1.3 在应急照射情况下，除非超过或可能超过旨在保护公众成员的干预水平或行动水平[见附录E（标准的附录）的E2]，否则一般不需要采取防护行动。

5.1.4 在持续照射情况下，除非超过有关行动水平[见附录H（提示的附录）]，否则一般不需要采取补救行动。

5.1.5 对于适用本标准的任何特定干预情况，本标准各项有关要求的应用应与该干预情况的性质、严重程度和所涉及的范围相适应。

5.2 管理要求

5.2.1 应急照射情况

5.2.1.1 每一注册者或许可证持有者，如果其所负责的源可能发生需要紧急干预的情况，则应制定相应的应急计划或程序,并经审管部门认可;应急计划应规定注册者或许可证持有者的场内应急职责,并考虑与其所负责的源相适应的场外应急责任;同时注册者或许可证持有者应为实施所规定的各种防护行动做好准备(详细要求见本标准第10章)。

5.2.1.2 有关干预组织应根据可能出现的紧急干预情况的严重程度和可能涉及的场外范围制定相应的总体应急计划(以下称为场外应急计划)据以协调场区内、外的应急行动和实施所需要的场外防护行动,以支持和补充根据注册者或许可证持有者应急计划实施的各种防护行动。场外应急计划应由相应的干预组织负责实施。

有关干预组织还应为应付其他各种可能要求紧急干预的意外情况(如源非法入境、带源的卫星坠入境内或境外事故释放的放射性物质进入境内等)做出安排。

5.2.2 持续照射情况

对于超过或可能超过有关行动水平的持续照射情况,有关干预组织应按需要制定通用或场址专用补救行动计划,并经有关部门认可。采取补救行动时,负责实施的法人应确保按照经认可的补救行动计划进行。

5.2.3 工作人员与公众的保护

5.2.3.1 对于工作人员因实施干预而受到的职业照射,应按审管部门的要求,由注册者、许可证持有者、用人单位或有关干预组织承担本标准10.5所规定的各项防护责任。

5.2.3.2 对于干预情况下的公众照射,应按政府根据实施有效干预所确定的各种组织安排和职能分工,由国家、地方有关干预组织以及导致干预的实践或源的注册者或许可证持有者承担各项公众保护责任。

5.2.4 报告要求

发生或预计可能发生需要采取防护行动的应急照射情况时,注册者和许可证持有者应立即报告有关干预组织和审管部门,并应随时向它们报告:

a) 事态的发展和预计的发展趋势;
b) 为保护工作人员和公众成员所采取的措施;
c) 已经造成的和预计可能造成的照射。

5.3 辐射防护要求

5.3.1 只有根据对健康保护和社会、经济等因素的综合考虑,预计干预的利大于弊时,干预才是正当的。如果剂量水平接近或预计会接近附录E(标准的附录)的E1所给出的水平,则无论在什么情况下采取防护行动或补救行动几乎总是正当的。

5.3.2 在干预计划中,应规定最优化的干预水平和行动水平;这种最优化干预水平和行动水平的确定应以附录E(标准的附录)的E2和附录H(提示的附录)所给出的准则为基础,并应考虑国情和当地的具体条件,如:

a) 通过干预可以避免的个人和集体剂量;
b) 干预本身所伴有的放射和非放射健康危险,以及干预的经济、社会代价与利益。

5.3.3 在对事故进行响应的过程中,应根据下列因素对干预的正当性和预定的干预水平的优化程度重新加以考虑:

a) 实际情况特有的因素,如释放的性质、气候条件和其他有关非放射性因素;
b) 未来条件不确定时,防护行动带来净利益的可能性。

6 职业照射的控制

6.1 责任

6.1.1 注册者、许可证持有者和用人单位应对工作人员所受职业照射的防护负责,并遵守本标准的有关要求。

6.1.2 注册者、许可证持有者和用人单位应向所有从事涉及或可能涉及职业照射活动的工作人员承诺:

a)按照本标准附录B(标准的附录)的规定限制职业照射;

b)按照本标准的有关要求使职业防护与安全最优化;

c)记录职业防护与安全措施的决定,并将此类决定通知有关各方;

d)建立实施本标准有关要求的防护与安全方针、程序和组织机构;并优先考虑控制职业照射的工程设计和技术措施;

e)提供适当而足够的防护与安全设施、设备和服务,它们的种类与完善程度应与预计的职业照射水平和可能性相适应;

f)提供相应的防护装置和监测设备,并为正确使用这些装置和设备做出安排;

g)提供必要的健康监护和服务;

h)提供适当而足够的人力资源,为防护与安全培训做出安排,并根据需要安排定期再培训,以更新知识和保证工作人员达到所需要的适任水平;

i)按照本标准的要求保存有关的记录;

j)就如何有效地实施本标准和所采取的防护与安全措施等问题与工作人员或他们的代表进行协商和合作;

k)为促进安全文化素养的提高提供所需条件。

6.1.3 注册者、许可证持有者和用人单位聘用新工作人员时,应从受聘人员的原聘用单位获取他们的原有职业受照记录及其他有关资料。

6.1.4 注册者、许可证持有者和用人单位应要求工作人员遵守本标准,必要时应采取行动管理措施,确保工作人员了解他们负有保护自己及他人免受或少受辐射照射以及保持源的安全的义务和责任。

6.1.5 工作人员的义务和责任应是:

a)遵守有关防护与安全规定、规则和程序;

b)正确使用监测仪表和防护设备与衣具;

c)在防护与安全(包括健康监护和剂量评价等)方面与注册者、许可证持有者和用人单位合作,提供有关保护自己和他人的经验与信息;

d)不故意进行任何可能导致自己和他人违反本标准要求的活动;

e)学习有关防护与安全知识,接受必要的防护与安全培训和指导,使自己能按本标准的要求进行工作。

6.1.6 工作人员发现违反或不利于遵守本标准的情况,应尽快向注册者、许可证持有者或用人单位报告。

6.2 职业照射的剂量控制

6.2.1 正常照射的剂量控制

正常照射的剂量控制应符合4.3.2的规定,并应遵循4.3.3中对辐射防护最优化的有关要求。

6.2.2 特殊情况的剂量控制

6.2.2.1 如果某一实践是正当的,是根据良好的工程实践设计和实施的,其辐射防护已按本标准的要求进行了优化,而其职业照射仍然超过正常照射的剂量限值,但预计经过合理的努力可以使有关职业照射剂量处于正常照射剂量限值之下,则在这种情况下,审管部门可以按照附录B(标准的附录)B1.1.2的规定,例外地认可对剂量限制要求作某种临时改变。

6.2.2.2 剂量限制要求的临时改变应由注册者或许可证持有者向审管部门提出正式申请,经审查认可后,方可进行;未经审管部门认可,不得进行这种临时改变。

6.2.2.3 在申请临时改变剂量限制要求时,注册者或许可证持有者应在申请文件中对需要进行这种临时改变的特殊情况进行说明,并提供证据证明:

a) 已尽了一切努力减少照射,并已按本标准的要求使防护与安全措施最优化;

b) 已与有关用人单位和工作人员进行了协商,并就临时改变剂量限制要求的需要和条件取得了共识;

c) 正在尽一切合理的努力改善工作条件,直到满足附录B(标准的附录)B1.1.1所规定的剂量限值要求;

d) 工作人员个人受照的监测与记录足以证明已遵守了附录B(标准的附录)中的有关要求,并为受照记录在有关用人单位之间进行转交提供了方便;

6.2.2.4 对剂量限制要求的任何临时改变均应:

a) 按照附录B(标准的附录)中给出的适用于特殊情况的剂量限制要求进行;

b) 限定改变的期限;

c) 逐年接受审查;

d) 不再延期;

e) 仅限于规定的工作场所。

6.2.3 表面放射性污染的控制

工作人员体表、内衣、工作服以及工作场所的设备和地面等表面放射性污染的控制应遵循附录B(标准的附录)B2所规定的限制要求。

6.3 从事工作的条件

6.3.1 工作待遇

不得以特殊补偿、缩短工作时间或以休假、退休金或特种保险等方面的优待安排代替为符合本标准的要求所需要采取的防护与安全措施。

6.3.2 孕妇的工作条件

女性工作人员发觉自己怀孕后要及时通知用人单位,以便必要时改善其工作条件。孕妇和授乳妇女应避免受到内照射。

用人单位不得把怀孕作为拒绝女性工作人员继续工作的理由。用人单位有责任改善怀孕女性工作人员的工作条件,以保证为胚胎和胎儿提供与公众成员相同的防护水平。

6.3.3 未成年人的工作条件

年龄小于16周岁的人员不得接受职业照射。年龄小于18周岁的人员,除非为了进行培训并受到监督,否则不得在控制区工作;他们所受的剂量应按附录 B(标准的附录)中 B1.1.1.2 的规定进行控制。

6.3.4 工作岗位的调换

审管部门或健康监护机构认定某一工作人员由于健康原因不再适于从事涉及职业照射的工作时,用人单位应为该工作人员调换合适的工作岗位。

6.4 辐射工作场所的分区

应把辐射工作场所分为控制区和监督区,以便于辐射防护管理和职业照射控制。

6.4.1 控制区

6.4.1.1 注册者和许可证持有者应把需要和可能需要专门防护手段或安全措施的区域定为控制区,以便控制正常工作条件下的正常照射或防止污染扩散,并预防潜在照射或限制潜在照射的范围。

6.4.1.2 确定控制区的边界时,应考虑预计的正常照射的水平、潜在照射的可能性和大小,以及所需要的防护手段与安全措施的性质和范围。

6.4.1.3 对于范围比较大的控制区,如果其中的照射或污染水平在不同的局部变化较大,需要实施不同的专门防护手段或安全措施,则可根据需要再划分出不同的子区,以方便管理。

6.4.1.4 注册者、许可证持有者应:

a)采用实体边界划定控制区;采用实体边界不现实时也可以采用其他适当的手段;

b)在源的运行或开启只是间歇性的或仅是把源从一处移至另一处的情况下,采用与主导情况相适应的方法划定控制区,并对照射时间加以规定;

c)在控制区的进出口及其他适当位置处设立醒目的、符合附录 F(标准的附录)规定的警告标志,并给出相应的辐射水平和污染水平的指示;

d)制定职业防护与安全措施,包括适用于控制区的规则与程序;

e)运用行政管理程序(如进入控制区的工作许可证制度)和实体屏障(包括门锁和联锁装置)限制进出控制区;限制的严格程度应与预计的照射水平和可能性相适应;

f)按需要在控制区的入口处提供防护衣具、监测设备和个人衣物贮存柜;

g)按需要在控制区的出口处提供皮肤和工作服的污染监测仪、被携出物品的污染监测设备、冲洗或淋浴设施以及被污染防护衣具的贮存柜;

h)定期审查控制区的实际状况,以确定是否有必要改变该区的防护手段或安全措施或该区的边界。

6.4.2 监督区

6.4.2.1 注册者和许可证持有者应将下述区域定为监督区,这种区域未被定为控制区,在其中通常不需要专门的防护手段或安全措施,但需要经常对职业照射条件进行监督和评价。

6.4.2.2 注册者和许可证持有者应:

a)采用适当的手段划出监督区的边界;

b)在监督区入口处的适当地点设立表明监督区的标牌;

c)定期审查该区的条件,以确定是否需要采取防护措施和做出安全规定,或是否需要更改监督区的边界。

6.4.3 非密封源工作场所的分级

非密封源工作场所的分级应按附录 C(标准的附录)的规定进行。

6.5 个人防护用具的配备与应用

6.5.1 注册者、许可证持有者和用人单位应根据实际需要为工作人员提供适用、足够和符合有关标准的个人防护用具,如各类防护服、防护围裙、防护手套、防护面罩及呼吸防护器具等,并应使他们了解其所使用的防护用具的性能和使用方法。

6.5.2 应对工作人员进行正确使用呼吸防护器具的指导,并检查其配戴是否合适。

6.5.3 对于需要使用特殊防护用具的工作任务,只有经担任健康监护的医师确认健康合格并经培训和授权的人员才能承担。

6.5.4 个人防护用具应有适当的备份,以备在干预事件中使用。所有个人防护用具均应妥善保管,并应对其性能进行定期检验。

6.5.5 对于任何给定的工作任务,如果需要使用防护用具,则应考虑由于防护用具的使用使工作不便或工作时间延长所导致的照射的增加,并应考虑使用防护用具可能伴有的非辐射危害。

6.5.6 注册者、许可证持有者和用人单位应通过利用适当的防护手段与安全措施(包括良好的工程控制装置和满意的工作条件),尽量减少正常运行期间对行政管理和个人防护用具的依赖。

6.6 职业照射监测和评价

6.6.1 注册者、许可证持有者和用人单位应根据其负责的实践和源的具体情况,按照辐射防护最优化的原则制定适当的职业照射监测大纲,进行相应的监测与评价。应将监测与评价的结果定期向审管部门报告;发生异常情况时应随时报告。

6.6.2 个人监测和评价

6.6.2.1 注册者、许可证持有者和用人单位应负责安排工作人员的职业照射监测和评价。对职业照射的评价主要应以个人监测为基础。

6.6.2.2 对于任何在控制区工作的工作人员,或有时进入控制区工作并可能受到显著职业照射的工作人员,或其职业照射剂量可能大于 $5mSv/a$ 的工作人员,均应进行个人监测。在进行个人监测不现实或不可行的情况下,经审管部门认可后可根据工作场所监测的结果和受照地点和时间的资料对工作人员的职业受照做出评价。

6.6.2.3 对在监督区或只偶尔进入控制区工作的工作人员,如果预计其职业照射剂量在 $1mSv/a \sim 5mSv/a$ 范围内,则应尽可能进行个人监测。应对这类人员的职业受照进行评价,这种评价应以个人监测或工作场所监测的结果为基础。

6.6.2.4 如果可能,对所有受到职业照射的人员均应进行个人监测。但对于受照剂量始终不可能大于 $1mSv/a$ 的工作人员,一般可不进行个人监测。

6.6.2.5 应根据工作场所辐射水平的高低与变化和潜在照射的可能性与大小,确定个人监测的类型、周期和不确定度要求。

6.6.2.6 注册者、许可证持有者和用人单位应对可能受到放射性物质体内污染的工作人员(包括使用呼吸防护用具的人员)安排相应的内照射监测,以证明所实施的防护措施的有效性,并在必要时为内照射评价提供所需要的摄入量或待积当量剂量数据。

6.6.3 工作场所的监测和评价

6.6.3.1 注册者和许可证持有者应在合格专家和辐射防护负责人的配合下(必要时还应在

用人单位的配合下),制定、实施和定期复审工作场所监测大纲。

6.6.3.2 工作场所监测的内容和频度应根据工作场所内辐射水平及其变化和潜在照射的可能性与大小来确定,并应保证:

a)能够评估所有工作场所的辐射状况;
b)可以对工作人员受到的照射进行评价;
c)能用于审查控制区和监督区的划分是否适当。

6.6.3.3 工作场所监测大纲应规定:

a)拟测量的量;
b)测量的时间、地点和频度;
c)最合适的测量方法与程序;
d)参考水平和超过参考水平时应采取的行动。

6.6.3.4 应将实施工作场所监测大纲所获得的结果予以记录和保存。

6.6.4 监测的质量保证

应将质量保证贯穿于从监测大纲制定到监测结果评价的全过程。监测大纲必须包含有质量保证要求,以确保:测量设备具备所要求的计量特性(如准确度、稳定性、量程和分辨能力等)并得以适当的维护,测量与分析程序得以正确地建立和执行,监测的结果得以正确地记录、评价和妥善保管。

6.7 注册者、许可证持有者和用人单位的职业照射管理

6.7.1 注册者、许可证持有者和用人单位应制定和实施用以控制和管理本单位职业照射的书面规则和程序,以确保工作人员和其他人员的防护与安全水平符合本标准的要求。

6.7.2 应在所制定的规则和程序中包括有关调查水平与管理水平的具体数值,以及超过这些数值时应执行的程序。

6.7.3 应加强防护与安全培训和安全文化素养的培植,提高工作人员和有关人员对所制定的规则、程序和防护与安全规定的理解和执行的自觉性。应将所有培训记录妥善存档保管。

6.7.4 应建立监督制度和按照审管部门的要求聘任辐射防护负责人,对所有涉及职业照射的工作进行充分监督,并采取合理步骤,保证各种规则、程序、防护与安全规定等得到遵守。

6.7.5 应向所有工作人员提供:

a)他们所受职业照射(包括正常照射和潜在照射)的情况及可能产生的健康影响;
b)适当的防护与安全培训与指导;
c)他们的行动对防护与安全的意义的信息。

6.7.6 应向可能进入控制区或监督区工作的女性工作人员提供下列信息:

a)孕妇受到照射对胚胎和胎儿的危险;
b)女性工作人员怀孕后尽快通知注册者、许可证持有者和用人单位的重要性;
c)婴儿经哺乳食入放射性物质的危险。

6.7.7 应向可能受到应急计划影响的工作人员提供相应的信息、指导和培训。

6.8 职业健康监护

6.8.1 注册者、许可证持有者和用人单位应按照有关法规的规定,安排相应的健康监护。

6.8.2 健康监护应以职业医学的一般原则为基础,其目的是评价工作人员对于其预期工作的适任和持续适任的程度。

6.9 职业照射的记录

6.9.1 注册者、许可证持有者和用人单位必须为每一位工作人员都保存职业照射记录。

6.9.2 职业照射记录应包括:

a) 涉及职业照射的工作的一般资料;

b) 达到或超过有关记录水平的剂量和摄入量等资料,以及剂量评价所依据的数据资料;

c) 对于调换过工作单位的工作人员,其在各单位工作的时间和所接受的剂量和摄入量等资料;

d) 因应急干预或事故所受到的剂量和摄入量等记录;这种记录应附有有关的调查报告,并应与正常工作期间所受到的剂量和摄入量区分开。

6.9.3 注册者、许可证持有者和用人单位应:

a) 按国家审管部门的有关规定报送职业照射的监测记录和评价报告;

b) 准许工作人员和健康监护主管人员查阅照射记录及有关资料;

c) 当工作人员调换工作单位时,向新用人单位提供工作人员的照射记录的复制件;

d) 当工作人员停止工作时,注册者、许可证持有者和用人单位应按审管部门或审管部门指定部门的要求,为保存工作人员的职业照射记录做出安排;

e) 注册者、许可证持有者和用人单位停止涉及职业照射的活动时,应按审管部门的规定,为保存工作人员的记录做出安排。

6.9.4 在工作人员年满75岁之前,应为他们保存职业照射记录。在工作人员停止辐射工作后,其照射记录至少要保存30年。

7 医疗照射的控制

7.1 责任

7.1.1 许可证持有者应对保证受检者与患者的防护与安全负责。有关执业医师与医技人员、辐射防护负责人、合格专家、医疗照射设备供方等也应对保证受检者与患者的防护与安全分别承担相应的责任。

7.1.2 许可证持有者应保证:

a) 只有具有相应资格的执业医师才能开具医疗照射的检查申请单或治疗处方;

b) 只能按照医疗照射的检查申请单或治疗处方对受检者与患者实施诊断性或治疗性医疗照射;

c) 在开具医疗照射检查单或治疗处方时,以及在实施医疗照射期间,执业医师对保证受检者与患者的防护与安全承担主要职责与义务;

d) 所配备的医技人员满足需要,并接受过相应的培训,在实施医疗照射检查单或治疗处方所规定的诊断或治疗程序的过程中能够承担指定的任务;

e) 制定并实施经审管部门认可的培训准则。

7.1.3 许可证持有者将电离辐射应用于治疗或诊断时,应注意听取放射治疗物理、核医学物理或放射诊断物理等方面合格专家的意见,并应实施相应的质量保证要求。

7.1.4 执业医师和有关医技人员应将受检者与患者的防护与安全方面所存在的问题和需求及时向许可证持有者报告,并尽可能采取相应的措施,以确保受检者与患者的防护与安全。

7.2 医疗照射的正当性判断

7.2.1 正当性判断的一般原则

在考虑了可供采用的不涉及医疗照射的替代方法的利益和危险之后,仅当通过权衡利弊,证明医疗照射给受照个人或社会所带来的利益大于可能引起的辐射危害时,该医疗照射才是正当的。

对于复杂的诊断与治疗,应注意逐例进行正当性判断。还应注意根据医疗技术与水平的发展,对过去认为是正当的医疗照射重新进行正当性判断。

7.2.2 诊断检查的正当性判断

在判断放射学或核医学检查的正当性时,应掌握好适应证,正确合理地使用诊断性医疗照射,并应注意避免不必要的重复检查;对妇女及儿童施行放射学或核医学检查的正当性更应慎重进行判断。

7.2.3 群体检查的正当性判断

涉及医疗照射的群体检查的正当性判断,应考虑通过普查可能查出的疾病、对被查出的疾病进行有效治疗的可能性和由于某种疾病得到控制而使公众所获得的利益,只有这些受益足以补偿在经济和社会方面所付出的代价(包括辐射危害)时这种检查才是正当的。X射线诊断的筛选性普查还应避免使用透视方法。

7.2.4 与临床指征无关的放射学检查的控制

判断因职业、法律需要或健康保险目的而进行放射学检查是否正当,应考虑能否获得有关受检者健康状况的有用信息及获得这些信息的必要性,并应与有关专业机构进行磋商。

7.2.5 关于医学研究中志愿者的照射

对医学研究中志愿者的照射应按照国家有关规定仔细进行审查(包括涉及人体生物医学研究的伦理审查等);应将接受此类照射的可能危险控制在可以接受的水平并告知志愿受照者;只能由具有相应资格又训练有素的人员施行这种照射。

7.3 医疗照射的防护最优化

医疗照射的防护最优化除了应符合本标准其他各章对防护最优化所规定的有关要求外,还应满足下列要求。

7.3.1 设备要求

7.3.1.1 医疗照射所使用的辐射源应符合本标准其他各章对辐射源的安全所规定的有关要求;尤其应将医疗照射所使用的系统设计成可及时发现系统内单个部件的故障,以使对患者的任何非计划医疗照射减至最小,并有利于尽可能避免或减少人为失误。

7.3.1.2 在设备供方的合作下,许可证持有者应保证:

a) 所使用的设备不论是进口的还是国产的,均符合国家有关标准及规定;

b) 备有设备性能规格和操作及维修说明书,特别应备有防护与安全说明书;

c) 现实可行时,将操作术语(或其缩写)和操作值显示于操作盘上;

d) 设置辐射束控制装置,这类装置应包括能清晰地并以某种故障安全方式指示辐射束是处于"开"或"关"状态的部件;

e) 设备带有射束对中准直装置,以便于将照射尽可能限制于被检查或治疗的部位;

f) 在没有任何辐射束调整装置的情况下,使诊治部位的辐射场尽可能均匀,并由设备供方说明其不均匀性;

g) 使辐射泄漏或散射在非诊治部位所产生的照射量率保持在可合理达到的尽量低水平。

7.3.1.3 对于放射诊断设备,许可证持有者在设备供方的合作下应保证:

a) 辐射发生器及其附属部件的设计和制造便于将医疗照射保持在能获得足够诊断信息的可合理达到的尽量低水平;

b) 对于辐射发生器,能清晰、准确地指示各种操作参数,如管电压、过滤特性、焦点位置、源与像接收器的距离、照射野的大小,以及管电流与时间或二者的乘积等;

c) 射线摄影设备配备照射停止装置,在达到预置的时间、管电流与时间的乘积或剂量后该装置能自动使照射停止;

d) 荧光透视设备配备某种 X 射线管工作控制开关,只有将此开关持续按下时才能使 X 射线管工作,并配备有曝光时间指示器和(或)入射体表剂量监测器。

7.3.1.4 对于放射治疗设备,许可证持有者在设备供方的合作下应保证:

a) 辐射发生器和照射装置配备有用于可靠地选择、指示和(必要并可行时)证实诸如辐射类型、能量指标、射束调整因子、治疗距离、照射野大小、射束方向、治疗时间或预置剂量等运行参数的装置;

b) 使用放射源的辐照装置是故障安全的,即一旦电源中断放射源将自动被屏蔽,并一直保持到由控制台重新启动射束控制机构时为止;

c) 对于高能放射治疗设备,至少具有两个独立的用于终止照射的故障安全保护系统,并配备安全联锁装置或其他手段,用以防止在工作条件不同于控制台上所选定的情况下将设备用于临床;

d) 执行维修程序时,如果联锁被旁路,安全联锁装置的设计能确保只有在维修人员使用适当的器件、编码或钥匙进行直接控制的条件下照射装置才能运行;

e) 不论是远距离治疗用的放射源或是近距离治疗用的放射源均符合附录 J(标准的附录)中 J2.8 所给出的对密封源的要求;

f) 必要时,安装或提供能对放射治疗设备使用过程中出现的异常情况给出报警信号的监测设备。

7.3.2 操作要求

7.3.2.1 许可证持有者应:

a) 在分析供方所提供资料的基础上,辨明各种可能引起非计划医疗照射的设备故障和人为失误;

b) 采取一切合理措施防止故障和失误,包括选择合格人员、制定适当的质量保证与操作程序,并就程序的执行和防护与安全问题对有关人员进行充分的培训与定期再培训;

c) 采取一切合理措施,将可能出现的故障和失误的后果减至最小;

d) 制定应付各种可能事件的应急计划或程序,必要时进行应急训练。

7.3.2.2 对于放射诊断,许可证持有者应保证:

a) 开具或实施放射诊断申请单的执业医师和有关医技人员所使用的设备是合适的,在考虑了相应专业机构所制定的可接受图像质量标准和有关医疗照射指导水平后,确保患者所受到的照射是达到预期诊断目标所需的最小照射,并注意查阅以往的检查资料以避免不必要的额外检查;

b)执业医师和有关医技人员应认真选择并综合使用下列各种参数,以使受检者所受到的照射是与可接受的图像质量和临床检查目的相一致的最低照射,对于儿童受检者和施行介入放射学更应特别重视对下列参数的选择处理:

1)检查部位,每次检查的摄片次数(或断层扫描切片数)和范围或每次透视的时间;

2)图像接收器的类型;

3)防散射滤线栅的使用;

4)初级 X 射线束的严格准直;

5)管电压,管电流与时间或它们的乘积;

6)图像存贮方法;

7)适当的图像处理因素等。

c)只有在把受检者转移到固定放射学检查设备是不现实的或医学上不可接受的情况下,并采取了严格的辐射防护措施后,才可使用可携式、移动式放射学检查设备;

d)除临床上有充分理由证明需要进行的检查外,避免对怀孕或可能怀孕的妇女施行会引起其腹部或骨盆受到照射的放射学检查;

e)周密安排对有生育能力的妇女的腹部或骨盆的任何诊断检查,以使可能存在的胚胎或胎儿所受到的剂量最小;

d)尽可能对辐射敏感器官(例如性腺、眼晶体、乳腺和甲状腺)提供恰当的屏蔽。

7.3.2.3 对于核医学,许可证持有者应保证:

a)开具或实施放射性核素显像检查申请单的执业医师和有关医技人员使受检者所受到的照射,是在考虑了有关医疗照射指导水平后为达到预期诊断目的所需要的最低照射,并注意查阅以往的检查资料以避免不必要的额外检查;

b)执业医师和有关医技人员针对不同受检者的特点,恰当地选用可供利用的适当的放射性药物及其用量,使用阻断非检查器官吸收的方法(必要时实施促排),并注意采用适当的图像获取和处理技术,以使受检者受到的照射是为获得合乎要求的图像质量所需要的最低照射;

c)除有明显临床指征外,避免因进行诊断或治疗让怀孕或可能怀孕的妇女服用放射性核素;

d)哺乳妇女服用了放射性药物后,建议其酌情停止喂乳,直到其体内放射性药物的分泌量不再给婴儿带来不可接受的剂量为止;

e)仅当有明显的临床指征时才可以对儿童施行放射性核素显像,并应根据受检儿童的体重、身体表面积或其他适用的准则减少放射性药物服用量,还应尽可能避免使用长半衰期的放射性核素。

7.3.2.4 对于放射治疗,许可证持有者应保证:

a)在对计划照射的靶体积施以所需要的剂量的同时使正常组织在放射治疗期间所受到的照射控制在可合理达到的尽量低水平,并在可行和适当时采用器官屏蔽措施;

b)除有明显临床指征外,避免对怀孕或可能怀孕的妇女施行腹部或骨盆受照射的放射治疗;

c)周密计划对孕妇施行的放射治疗,以使胚胎或胎儿的照射剂量减至最小;

d)将放射治疗可能产生的危险通知患者。

7.3.3 医疗照射的质量保证

7.3.3.1 许可证持有者应根据本标准所规定的质量保证要求和其他有关医疗照射质量保证的标准制定一个全面的医疗照射质量保证大纲；制定这种大纲时应邀请诸如放射物理、放射药物学等有关领域的合格专家参加。

7.3.3.2 医疗照射质量保证大纲应包括：

a) 对辐射发生器、显像设备和辐照装置等的物理参数的测量（包括调试时的测量和调试后的定期测量）；

b) 对患者诊断和治疗中所使用的有关物理及临床因素的验证；

c) 有关程序和结果的书面记录；

d) 剂量测定和监测仪器的校准及工作条件的验证；

e) 放射治疗质量保证大纲的定期和独立的质量审核与评审。

7.3.3.3 许可证持有者应重视对照射剂量和放射性药物活度测定的校准，保证：

a) 对医疗照射用辐射源的校准可追溯到剂量标准实验室；

b) 按辐射的线质或能量，以及规定条件下预定距离处的吸收剂量或吸收剂量率，对放射治疗设备进行校准；

c) 按某一特定参考日期的活度、参考空气比释动能率或在规定介质中规定距离处的吸收剂量率，对近距离治疗用密封源进行校准；

d) 按应服用的放射性药物的活度以及服药时所测定和记录的活度对核医学中使用的非密封源进行校准；

e) 在设备调试时，在进行了可能影响剂量测定的任何维修之后，以及在审管部门认可的时间间隔结束时，均进行有关校准。

7.3.3.4 许可证持有者应保证进行下列临床剂量测定并形成文件：

a) 在放射学检查中，典型身材成年受检者的入射体表剂量、剂量与面积之积、剂量率及照射时间或器官剂量等的代表值；

b) 对于利用外照射束放射治疗设备进行治疗的患者，计划靶体积的最大与最小吸收剂量，以及有关部位（例如靶体积中心或开具处方的执业医师选定的其他部位）的吸收剂量；

c) 在使用密封源的近距离治疗中，每位患者的选定部位处的吸收剂量；

d) 在使用非密封源的诊断或治疗中，受检者或患者的典型吸收剂量；

e) 在各种放射治疗中，有关器官的吸收剂量。

7.4 医疗照射的指导水平与剂量约束

7.4.1 医疗照射的指导水平

7.4.1.1 对于常用的诊断性医疗照射，应通过广泛的质量调查数据推导，并根据本标准的规定（见4.3.5），由相应的专业机构与审管部门制定医疗照射的指导水平，并根据技术的进步不断对其进行修订，供有关执业医师作为指南使用，以便：

a) 当某种检查的剂量或活度超过相应指导水平时，采取行动改善优化程度，使在确保获得必需的诊断信息的同时尽量降低受检者的受照剂量；

b) 当剂量或活度显著低于相应的指导水平而照射又不能提供有用的诊断信息和给患者带来预期的医疗利益时，按需要采取纠正行动。

7.4.1.2 考虑到本标准4.3.5中b)和c)的规定,不应将所确定的医疗照射指导水平视为在任何情况下都能保证达到最佳性能的指南;实践中应用这些指导水平时应注意具体条件,如医疗技术水平、受检者的身材和年龄等。

7.4.2 放射诊断的医疗照射指导水平

对于典型成年受检者,各种常用的X射线摄影、X射线CT检查、乳腺X射线摄影和X射线透视的剂量或剂量率指导水平见附录G(提示的附录)的G1。

7.4.3 核医学诊断的医疗照射指导水平

对于典型成年受检者,各种常用的核医学诊断的活度指导水平见附录G(提示的附录)的G2。

7.4.4 其他有关的剂量约束

7.4.4.1 医学研究中志愿者所受的医疗照射不能给受照个人带来直接利益,审管部门或其授权的机构应对这类人员的防护最优化规定相应的剂量约束。

7.4.4.2 许可证持有者应对明知受照而自愿帮助护理、扶持与慰问或探视正在接受医疗照射的患者的人员的受照剂量进行控制。这类人员个人所受到的剂量应限制在附录B(标准的附录)B1.2.2所规定的数值以下。

7.4.4.3 接受放射性核素治疗的患者应在其体内的放射性物质的活度降至一定水平后才能出院,以控制其家庭与公众成员可能受到的照射。接受了碘131治疗的患者,其体内的放射性活度降至低于400mBq之前不得出院。必要时应向患者提供有关他与其他人员接触时的辐射防护措施的书面指导。

7.5 事故性医疗照射的预防和调查

7.5.1 许可证持有者应采取一切合理的措施,包括不断提高所有有关人员的安全文化素养,防止发生潜在的事故性医疗照射。

7.5.2 许可证持有者应对下列各种事件及时进行调查:

a)各种治疗事件,如弄错患者或其组织的、用错药物的、或剂量或分次剂量与处方数值严重不符以及可能导致过度急性次级效应的治疗事件;

b)各种诊断性照射事件,如剂量明显大于预计值的诊断性照射,或剂量反复明显超过所规定的相应指导水平的诊断性照射;

c)各种可能造成患者的受照剂量与所预计值显著不同的设备故障、事故或其他异常偶然事件。

7.5.3 对于7.5.2所要求的每一项调查,许可证持有者均应:计算或估算受检者与患者所受到的剂量及其在体内的分布;提出防止此类事件再次发生需要采取的纠正措施;实施其责任范围内的所有纠正措施;按规定尽快向审管部门提交书面报告,说明事件的原因和采取纠正措施的情况;将事件及其调查与纠正情况通知受检者与患者及有关人员。

7.5.4 许可证持有者应在审管部门规定的期限内保存并在必要时提供下列记录:

a)在放射诊断方面,进行追溯性剂量评价所必需的资料,包括特殊检查中荧光透视检查的照射次数和持续时间等;

b)在核医学方面,所服用的放射性药物的类型及活度;

c)在放射治疗方面,计划靶体积的说明、靶体积中心的剂量和靶体积所受的最大与最小剂量、其他有关器官的剂量、分次剂量和总治疗时间；

d) 放射治疗所选定的有关物理与临床参数的校准和定期核对的结果；

e) 在医学研究中志愿者所受照射的剂量。

8 公众照射的控制

8.1 责任

8.1.1 注册者和许可证持有者应按本标准的要求对他们所负责的源或实践所引起的公众照射实施控制，除非这种照射是被排除的或引起这种照射的实践或源是被豁免的。对于未被排除的天然源照射或未豁免的天然源，除了氡所致的照射低于审管部门所制定的持续照射行动水平的情况以外，注册者和许可证持有者应按照审管部门的规定实施本标准的有关要求（见 3.1.3.2）。

8.1.2 对于其所负责的源，注册者和许可证持有者应负责：

a) 制定和实施与公众照射控制有关的防护与安全原则和程序，并建立相应的组织机构；

b) 制定、采取和坚持相应的措施，保证：

1) 受其所负责的源照射的公众成员的防护是最优化的；

2) 受其所负责的源照射的关键人群组的正常照射受到限制，使组内成员个人的总受照剂量（见 4.3.2）不超过附录 B（标准的附录）所规定的公众成员的剂量限值；

c) 制定、采取和保持各种所需要的措施，确保源的安全，使对与公众有关的潜在照射的控制符合本标准的要求；

d) 提供适当且足够的用于公众防护的设施、设备和服务，它们的性能和范围应与照射的可能性与大小相适应；

e) 对有关工作人员进行防护与安全和环境保护的培训及定期再培训，确保他们始终保持所需要的适任水平；

f) 按照审管部门的要求，制定和实施公众照射监测大纲，并提供相应的监测设备，以便对公众照射进行评价；

g) 按照本标准的要求，保存有关监督与监测的详细记录；

h) 按照本标准第 5 章和第 10 章的有关要求，制定与所涉及危险的性质和大小相适应的应急计划或程序，并做好相应的应急准备。

8.1.3 注册者和许可证持有者应负责确保所采取的放射性物质排放控制措施的最优化过程遵循审管部门制定或认可的剂量约束，应考虑下列有关因素：

a) 其他源或实践（包括实际上已评价过的未来可能出现的源和实践）的剂量贡献；

b) 可能影响公众照射的任何条件的可能变化，如源的特性和运行操作条件的变化、照射途径的变化、居民习惯或分布的变化、关键人群组的改变，或环境弥散条件的变化等；

c) 同类源或实践的运行操作经验和教训；

d) 照射评价中的各种不确定性，特别是当关键人群组与源在空间或时间上相距较远的情况下照射评价的不确定性。

8.2 外照射源的控制

如果审管部门确认某种外照射源可能引起公众照射，则这种源的注册者或许可证持有者应保证：

a) 在调试之前,所有利用这种外照射源的新设施的平面布置与设备布置资料和现有设施的全部重要修改均已经审管部门审评和认可,未经审评和获得书面认可之前,不得进行调试或修改;

b) 为这种源的运行制定专门的剂量约束,并报审管部门认可;

c) 按照本标准的有关要求,提供最优化的屏蔽和其他防护措施。

8.3 非开放场所中放射性污染的控制

注册者和许可证持有者应保证:

a) 按照本标准的要求,根据情况对其所负责的源采取最优化的措施,限制污染在公众可到达区域内引起公众照射;

b) 针对源的建造和运行,建立专门的包容措施,以防止污染向公众可到达的区域内扩散。

8.4 参观访问人员的控制

注册者和许可证持有者应:

a) 确保进入控制区的参观访问人员有了解该区域防护与安全措施的工作人员陪同;

b) 在参观访问人员进入控制区前,向他们提供足够的信息和指导,以确保他们和可能受他们的行动影响的其他人员的防护;

c) 在监督区设置醒目的标志,并采取其他必要的措施,确保对来访者进入监督区实施适当的控制。

8.5 放射性废物管理

8.5.1 注册者和许可证持有者应确保在现实可行的条件下,使其所负责实践和源所产生的放射性废物的活度与体积达到并保持最小。

8.5.2 注册者和许可证持有者应按照本标准和国家其他有关法规与标准的要求,对其所负责实践和源所产生的放射性废物实施良好的管理,进行分类收集、处理、整备、运输、贮存和处置,确保:

a) 使放射性废物对工作人员与公众的健康及环境可能造成的危害降低到可以接受的水平;

b) 使放射性废物对后代健康的预计影响不大于当前可以接受的水平;

c) 不给后代增加不适当的负担。

8.5.3 注册者和许可证持有者进行放射性废物管理时,应充分考虑废物的产生与管理各步骤之间的相互关系,并应根据所产生废物中放射性核素的种类、含量、半衰期、浓度以及废物的体积和其他物理与化学性质的差别,对不同类型的放射性废物进行分类收集和分别处理,以利于废物管理的优化。

8.6 放射性物质向环境排放的控制

8.6.1 注册者和许可证持有者应保证,由其获准的实践和源向环境排放放射性物质时符合下列所有条件,并已获得审管部门的批准:

a) 排放不超过审管部门认可的排放限值,包括排放总量限值和浓度限值;

b) 有适当的流量和浓度监控设备,排放是受控的;

c) 含放射性物质的废液是采用槽式排放的;

d) 排放所致的公众照射符合本标准附录 B(标准的附录)所规定的剂量限制要求;

e) 已按本标准的有关要求使排放的控制最优化。

8.6.2 不得将放射性废液排入普通下水道,除非经审管部门确认是满足下列条件的低放废液,方可直接排入流量大于 10 倍排放流量的普通下水道,并应对每次排放做好记录:

a) 每月排放的总活度不超过 $10ALI_{min}$(ALI_{min} 是相应于职业照射的食入和吸入 ALI 值中的较小者,其具体数值可按 B1.3.4 和 B1.3.5 条的规定获得);

b) 每一次排放的活度不超过 $1ALI_{min}$,并且每次排放后用不少于 3 倍排放量的水进行冲洗。

8.6.3 注册者和许可证持有者在开始由其负责的源向环境排放任何液态或气载放射性物质之前应根据需要完成以下工作,并将结果书面报告审管部门:

a) 确定拟排放物质的特性与活度及可能的排放位置和方法;

b) 通过环境调查和适当的运行前试验或数学模拟,确定所排放的放射性核素可能引起公众照射的所有重要照射途径;

c) 估计计划的排放可能引起的关键人群组的受照剂量。

8.6.4 注册者和许可证持有者在其所负责源的运行期间应:

a) 使所有放射性物质的排放量保持在排放管理限值以下可合理达到的尽量低水平;

b) 对放射性核素的排放进行足够详细和准确的监测,以证明遵循了排放管理限值,并可依据监测结果估计关键人群组的受照剂量;

c) 记录监测结果和所估算的受照剂量;

d) 按规定向审管部门报告监测结果;

e) 按审管部门规定的报告制度,及时向审管部门报告超过规定限值的任何排放。

8.6.5 注册者和许可证持有者应根据运行经验的积累和照射途径与关键人群组构成的变化,对其所负责源的排放控制措施进行审查和调整,但任何调整均需在书面征得审管部门的同意后才能实施。

8.7 公众照射的监测

8.7.1 注册者和许可证持有者应按照审管部门的要求,并结合其所负责实践和源的实际情况:

a) 制定并实施详细的监测大纲,以保证本标准中有关外照射源所致公众照射的各项要求得意满足,并对这类照射进行评价;

b) 制定并实施详细的监测大纲,以保证本标准中有关放射性物质向环境排放的各项要求和审管部门所指定的各项要求得意满足,使审管部门能够确认在推导排放管理限值时的假设条件继续有效,并能依据监测结果估算关键人群组的受照剂量;

c) 按规定保存监测记录;

d) 按规定期限向审管部门提交监测结果的摘要报告;

e) 及时向审管部门报告环境辐射水平或污染显著增加的情况;若这种增加可能是由其所负责源的辐射或放射性流出物所造成的,则应迅速报告;

f) 建立和保持实施应急监测的能力,以备事故或其他异常事件引起环境辐射水平或放射性污染水平意外增加时启用;

g) 验证对排放的放射性后果进行预评价时所作假设的正确性。

8.8 含放射性物质消费品的管理

8.8.1 任何人均不得向公众出售能够引起辐射照射的消费品,除非:

a) 所引起的照射是被排除的;

b) 消费品本身满足附录 A(标准的附录)所规定的豁免要求,已被审管部门所豁免;或

c) 消费品本身是已由审管部门批准销售的。

8.8.2 非豁免消费品的制造商和供应商应保证其产品符合本标准的要求,特别应保证其产品设计与制造中那些在正常操作和使用过程中或在误操作、误使用、事故或处置情况下可能影响人员受照的特性均已实现最优化;在对这些特性进行最优化时,应执行审管部门制定或认可的剂量约束,并应考虑下列因素:

a) 所使用的各种放射性核素及其辐射类型、辐射能量、活度和半衰期;

b) 所使用的放射性核素的化学和物理形态及其正常和异常情况下对防护与安全的影响;

c) 消费品中放射性物质的包容和屏蔽,以及在正常和异常情况下接触这些放射性物质的可能性;

d) 对售后服务的需求及提供服务的方式;

e) 同类消费品的有关经验。

8.8.3 消费品的制造商和供应商应保证:

a) 在每件消费品的可见表面上以印刷、粘贴或其他方式牢固地固定一个醒目的标签,说明该消费品含有放射性物质,并说明该消费品的销售已获得有关审管部门的批准;

b) 在每个供应消费品的包装体上也清楚地标明 a)中所规定的信息。

8.8.4 消费品的制造商和供应商应随每件消费品提供一份说明书,就下列各个方面给出明确而贴切的说明和指导:

a) 该消费品的安装、使用和维修;

b) 售后服务;

c) 所包含的放射性核素及其在规定年月日的活度;

d) 正常使用过程和服务、修理期间的辐射剂量率;

e) 推荐的处置方法。

9 潜在照射的控制——源的安全

9.1 责任

9.1.1 注册者和许可证持有者应对其所负责源的潜在照射的控制(即源的安全)负责,应实施本标准第 3 章所规定的一般要求和第 4 章与第 5 章所规定的主要要求,并应根据其所负责源的实际情况实施本章所规定的详细要求。

对于获准营运核设施或放射性废物管理设施的许可证持有者,除了本标准的要求之外,还应遵循国家有关核设施、放射性废物管理设施的防护与安全的专门法规与标准所规定的要求。

9.1.2 注册者和许可证持有者应通过与源的供方或设计者、建(制)造者以合同等法律上有效的方式的合作,保证其实践中的源:

a) 是经良好设计和建(制)造的;

b) 符合有关防护与安全要求及相应质量标准;

c) 经过检查,确认符合相应技术规格书的要求。

9.1.3 注册者和许可证持有者应对其所负责源的运行操作的安全负全部责任;注册者和许可证持有者可以把所负责的源的运行操作任务委托给其他方进行,但仍然要负责保证源的所有

运行操作符合本标准要求。

9.2 安全评价

9.2.1 注册者和许可证持有者应根据第4章所规定的有关要求(见4.2.2.3和4.6.1),对其所负责的源进行安全评价。对于结构、系统及部件设计一致的同类型源,如果已存在对源的技术性能的安全评价,则经审管部门认可,可只对源在当地的设置、使用及运行操作条件进行一般的安全评价。其他情况下,通常应进行全面详细的专门安全评价。

9.2.2 安全评价应视源的实际情况包括对下列问题的全面严格审查:

a) 源的运行操作限值和运行操作条件;

b) 潜在照射产生的可能性及其性质和大小;

c) 可能导致潜在照射或可能导致与防护和安全有关的构筑物、系统、部件和程序失效(单一失效或组合失效)的各种途径,以及这类失效可能造成的后果;

d) 环境变化可能影响防护与安全的途径,以及这类影响的可能后果;

e) 与防护和安全有关的运行操作程序可能出现错误的途径,以及这类错误可能造成的后果;

f) 所提出的任何设计修改或运行操作修改及其对防护与安全的意义。

9.2.3 在安全评价中,还应视源的实际情况考虑下述问题:

a) 可能导致放射性物质突然大量释放的因素和可能释放的最大活度,以及为预防或控制这类释放可以采取的措施;

b) 可能导致放射性物质连续小量释放的因素,以及为防止或控制这类释放可以采取的措施;

c) 可能引起任何辐射束意外照射的因素,以及为防止、识别和控制此类事件的发生可以采取的措施;

d) 为限制潜在照射的可能性和大小所用的安全装置的独立性以及安全装置的冗余性和多样性的适宜程度。

9.2.4 应将安全评价形成文件,如有必要,应由注册者或许可证持有者依据有关质量保证大纲组织对安全评价文件进行独立的审核。

注册者和许可证持有者应按审管部门规定的审管要求,将安全评价文件提交审管部门进行审评。

9.2.5 在下列情况下,必要时应重新或补充进行安全评价:

a) 拟对源或与源有关的设施、运行操作程序或维修程序作重大修改;

b) 运行操作经验或者引起或可能引起潜在照射的事故、故障、失误或事件的资料表明现有的安全评价不当或无效;或

c) 源的活度发生或可能发生显著改变,或有关安全导则或技术标准已经变更。

9.3 对设计的要求

9.3.1 一般要求

9.3.1.1 源的设计和建(制)造应保证源:

a) 符合本标准规定的防护与安全要求;

b) 满足工程、性能和功能方面的技术规格书;

c) 满足与部件和系统的防护与安全功能和性能相适应的质量标准;

d) 便于将来在满足本标准规定的防护与安全要求的前提下退役。

9.3.1.2 对于简单的源,应备有关于正确安装、使用和安全注意事项的资料;对于复杂和较复杂的源,还应备有详细的设计资料。所有资料的表述方式与表述语言文字均应易于其使用者正确理解和执行。

9.3.2 源的选址或定位

9.3.2.1 为具有大量放射性物质和可能造成这些放射性物质大量释放的源选择场址时,应考虑可能影响该源的辐射安全的各种场址特征和可能受到该源影响的场址特征,并应考虑实施场外干预(包括实施应急计划和防护行动)的可行性。

9.3.2.2 在确定装置和设施(例如医院和制造厂)内的小型源的位置时,应考虑:
a)可能影响该源的安全和保安的因素;
b)可能影响该源引起职业照射和公众照射的因素,包括诸如通风、屏蔽、距人员活动区的距离等;
c)考虑了上述因素后工程设计上的可行性。

9.3.3 事故的预防和事故后果的缓解

9.3.3.1 源的各种与防护或安全有关的系统、部件和设备的设计与建(制)造应尽可能有效地预防与该源相关的各种可能的事故、偶发事件或异常事件,将工作人员和公众成员遭受照射的大小与可能性限制到可合理达到的尽量低水平。

9.3.3.2 设计应依据纵深防御原则(见 4.5.2),设置与源的潜在照射的大小和可能性相适应的多重防护与安全措施,并使源的防护与安全重要系统、部件和设备具有适当的冗余性、多样性和独立性,将可以预见的各种事故或事件发生的可能性降至足够低,并有效地控制或缓解它们的后果。

9.3.3.3 设计应为识别可能显著影响防护或安全的非正常运行条件提供必要的系统和设备,所提供的系统和设备应具有足够快的响应,以便能及时采取纠正行动。

9.3.3.4 不管哪种源,只要需要均应设置适当的自动安全系统,一旦源的运行状态超出规定的运行操作限制条件时,能自动将源安全地关闭或减少源的辐射输出量。

9.3.3.5 设计还应做出适当安排,以:
a)保证能对安全重要系统、部件和设备进行定期检查和检验,并为进行这类检查和检验提供相应的方法和手段;
b)提供适当的方法和手段,确保遵循防护与安全规定进行维修、检查和检验时工作人员不受到过量照射;
c)为对工作人员进行运行操作和维修方面的培训提供所需要的专门设备和手段;
d)为工作人员实施必要的应急响应计划或程序提供适度的手段。

9.3.4 设计的改进

9.3.4.1 对于已用于实践的源,如果由于安全评价的结果或任何其他原因,认为有必要对这种源的防护与安全措施进行改进,则只有在对拟议中的改进的防护与安全含义进一步作了适当的安全评价之后,特别是应在评价或排除了这种改进对防护与安全的可能的负面影响之后,方可实施这种改进;如果拟议中的改进对防护与安全可能具有重要影响,则还必须上报审管部门,获得批准后方可实施(见 4.2.3.2)。

9.4 对运行操作的要求

9.4.1 一般要求

9.4.1.1 注册者和许可证持有者应：

a）建立明确的职责关系，对源整个运行操作寿期内的防护与安全实施管理，必要时还应建立和健全防护与安全管理组织；

b）制定书面运行操作程序，保证按所制定的程序进行源的运行操作，并应按相应的质保大纲定期对运行操作程序进行复查和必要的更新；

c）定期审查防护与安全措施的总体有效性，并定期或按需要对源的与防护和安全有关的系统、部件和设备进行适当的检查、维修、试验和保养，以使源在其整个运行操作寿期内均能满足其防护与安全设计要求。

9.4.2 注册者和许可证持有者应根据其所负责实践和源的实际情况，配备足够的合格运行操作人员和必要的管理人员，并定期或不定期地对他们进行培训和考核，使他们具备和保持所要求的适任能力。

9.4.2 源的盘查

9.4.2.1 注册者和许可证持有者必须建立和保持严格的源的盘查制度，随时掌握源的数量、存放、分布和转移情况，严防源被遗忘、失控、丢失、失踪或被盗。对于长期闲置的源和已经不能应用或不再应用的源，更应坚持进行严格的盘查。

9.4.2.2 注册者和许可证持有者对其所负责的源的盘查至少应记录和保存下列资料：

a）每个源的位置、形态、活度及其他说明；

b）每种放射性物质的数量、活度、形态、分布、包装和存放位置。

9.4.3 异常事件和事故的调查与跟踪

9.4.3.1 注册者和许可证持有者应按本标准的要求和审管部门的有关规定，制定对异常事件和事故进行调查、跟踪和报告的程度。

9.4.3.2 在下列任何一种情况下，注册者和许可证持有者均应按审管部门规定的要求和所制定的程序进行调查和跟踪：

a）防护与安全相关的量超过了规定的调查水平，或防护与安全相关的运行操作参数超出了规定的运行操作条件范围；

b）发生了可能导致某个量超过有关限值或运行操作限制条件的设备故障、失误、差错或其他异常事件；

c）发生了事故；

d）源的破损或泄漏超过了技术规格书的规定；

e）源丢失或被盗。

9.4.3.3 发生事件或事故后应尽快进行调查，并应提出包括下述内容的书面报告：

a）事件或事故的过程与原因；

b）所造成的辐射剂量和污染及其他后果；

c）防止类似事件或事故再次发生的措施和建议。

9.4.3.4 注册者和许可证持有者应按审管部门的规定，将事故或应报告事件的正式调查报告尽快报送审管部门，并送交其他有关各方。

9.4.4 事故处理准则

9.4.4.1 对于涉及其所负责源的可合理预见的运行操作错误或事故，注册者和许可证持有者应事先做好准备,使一旦需要时能采取必要的行动进行响应和纠正。

9.4.4.2 对于可能造成异常照射的源,在有可能采取行动控制或影响事故进程和缓解事故后果的场合,注册者和许可证持有者应:

a)在考虑源的防护与安全装置对事故的预期响应的前提下,事先制定事故处理程序或指南;

b)对运行操作人员和有关应急人员进行培训和定期再培训,使他们掌握事故发生时需要执行的程序;

c)使控制事故进程及后果可能需要的设备、仪表和诊断辅助手段处于随时可用的状态。

9.4.5 运行操作经验的反馈

9.4.5.1 注册者和许可证持有者应在其所负责源的正常、非正常运行操作和退役过程中,特别应从所发生的事件和事故中,积累和总结对防护与安全具有重要意义的经验和资料,用以改进自己所负责源的防护与安全,并按审管部门的规定向审管部门提交和向其他有关各方(如源的供方、设计者和同类源的注册者与许可证持有者等)提供这些资料;这些资料应包括与所给定活动相关的剂量数据、维修数据、事件描述和纠正措施等。

9.4.5.2 注册者和许可证持有者应与源的供方或设计者协商,共同建立和保持一种机制,使后者能将其所获得的有关源的防护与安全的资料及时反馈给注册者和许可证持有者。

9.5 质量保证

9.5.1 注册者和许可证持有者应负责制定和实施符合本标准4.4.2所规定的主要要求的质量保证大纲或程序。所制定和实施的质量保证大纲或程序的性质和范围应与注册者或许可证持有者所负责源的潜在照射的大小和可能性相适应。

9.5.2 质量保证大纲应规定:

a)各项有计划的和系统的活动,以确保所规定的各项与防护和安全有关的设计及运行操作要求(包括经验反馈要求)得到满足;

b)管理机制,使与源的设计和运行操作有关的各种任务分析、方法开发、标准制定和技能鉴别等能正确、有效地进行和完成;

c)确认程序,用以对设计、材料的供应和使用、制造工艺、检查与检验方法以及运行操作程序和其他程序等进行确认。

10 应急照射情况的干预

10.1 责任

注册者或许可证持有者以及有关干预组织和审管部门,应按国家有关法规和本标准的要求承担对应急照射情况下干预的准备、实施和管理方面的责任。

10.2 应急计划

10.2.1 应根据源的类型、规模和场址特征制订应急计划,将场内、场外应承担的应急干预的准备、实施和管理责任规定清楚并做出相应的安排。场内应急计划和场外应急计划应相互衔接和协调。

10.2.2 注册者或许可证持有者和相应的干预组织及审管部门应保证:

a)对可能需要进行应急干预的任何实践或源均已制订应急计划,并履行了相应的批准程序;

b)干预组织参与相关应急计划的制订;

c) 确定应急计划的性质、内容和范围时，不但考虑了对该源进行事故分析的结果，而且考虑了由同类源的运行操作和发生过的事故所吸取的经验与教训；

d) 对应急计划定期进行复审和修订；

e) 对参与实施应急计划人员的培训做出规定，并对以适当的间隔进行应急响应演习做出安排；

f) 向预计可能会受到事故影响的公众成员提供早期信息。

10.2.3 应急计划应根据情况包括下列内容：

a) 在报告有关负责部门和启动干预行动方面的责任的划分与安排；

b) 对可能导致应急干预情况的源的各种运行操作条件和其他条件的鉴别；

c) 根据附录 E(标准的附录)E2 中给出的准则并考虑可能发生的事故或紧急事件的严重程度所确定的有关防护行动的干预水平及它们的适用范围；

d) 与有关干预组织进行联系的程序(包括通信安排)和由消防、医疗、公安和其他有关组织获得支援的程序；

e) 用于评价事故及其场内、外后果的方法与仪器的描述；

f) 事故情况下发布公众信息的安排；

g) 终止每种防护行动的准则。

10.2.4 注册者和许可证持有者应保证为迅速获得并向有关应急组织传递足够的资料做出适当安排，以便：

a) 对放射性物质向环境的任何事故性排放的范围和严重程序进行早期预测或评价；

b) 随着事故的发展对事故进行快速和连续的跟踪评价；

c) 确定对防护行动的需求。

10.3 干预的决策与干预水平

10.3.1 一般要求

10.3.1.1 应根据干预水平和行动水平来实施应急照射情况下的干预。干预水平用干预中采取某一特定防护行动时预计可以防止的剂量来表示；行动水平则用放射性核素在食品、水和农作物等中的放射性活度浓度来表示，有时也可用预期剂量率或预期剂量来表示。

10.3.1.2 相应于有关防护行动的干预水平和行动水平应是最优化的，但不允许超过附录 E(标准的附录)E1 所给出的任何情况下均要求进行干预的急性照射剂量行动水平。应急计划中所确定的干预水平值只应作为实施防护行动的初始准则；应在对事故进行响应的过程中，在考虑当时的主导情况及其可能的演变的基础上对有关干预水平值进行相应的修改。

10.3.2 干预的正当性

如果任何个人所受的预期剂量(而不是可防止的剂量)或剂量率接近或预计会接近可能导致严重损伤的阈值[如附录 E(标准的附录)E1 所列]，则采取防护行动几乎总是正当的(见5.3.1)。在这种情况下，对任何不采取紧急防护行动的决策，必须对其正当性进行判断。

10.3.3 防护行动的最优化：紧急防护行动的干预水平和行动水平

10.3.3.1 采取紧急防护行动的决策应以事故时的主导情况为基础。实际可行时，则应根据放射性物质向环境释放的预计情景来做出，但不能为了要验证释放而推迟到根据释放开始后的测量结果来做出。除了这些紧急防护行动之外，还有其他一些在特定情况下可能实行的防护行动,如人员去污或简易的呼吸道防护等,但本标准未对这类防护行动规定专门的干预水平。

10.3.3.2 应在应急计划中根据附录E(标准的附录)E2.1 所给出的准则明确规定相应于紧急防护行动(包括隐蔽、撤离和碘预防)的干预水平;不管什么群体,当其可防止的剂量预计会超过所规定的干预水平时,则应考虑实施相应的防护行动。

10.3.3.3 需要时,应在应急计划中规定用于停止和替代特定食品和饮水供应的行动水平。

10.3.3.4 如果不存在食品短缺和其他强制性的社会或经济因素,则停止和替代特定食品与饮水供应的行动水平应根据附录 E(标准的附录)E2.2 所给出的准则确定。应将所确定的行动水平应用于可直接食用的食品和经稀释或恢复水分后再食用的干燥的或浓缩的食品。

10.3.3.5 某些情况下,如果食品短缺或有其他重要的社会或经济因素考虑,可以采用数值稍高一些的优化的食品与饮水行动水平。但是,当所使用的行动水平高于附录 E(标准的附录)所给出的行动水平时,则采取行动的决策必须经过干预的正当性判断和行动水平的最优化分析。

10.3.3.6 对于消费数量很少(如少于每人每年10kg)的食品,如香料,由于它们在人们的全部膳食中所占的份额很小,使个人照射的增加也很小,因此,可以采用比主要食品高 10 倍的行动水平。

10.3.4 防护行动的最优化:较长期防护行动的干预水平和行动水平

10.3.4.1 应根据事故后土壤或水体的污染情况考虑农业、水文和其他技术或工业方面的防护行动。

10.3.4.2 受放射性核素污染食品的国际贸易应遵循附录 E(标准的附录)E2.2 中所规定的准则。

10.3.4.3 应在应急计划中根据附录 E(标准的附录)E2.3 所给出的准则规定适用于受照人员临时避迁和返回的干预水平。

10.3.4.4 干预组织应使临时避迁人员了解他们返回家园的大体时间和他们的财产的保护状况。

10.3.4.5 下列情况下,应根据附录 E(标准的附录)E2.3 所规定的准则考虑受照人员的永久再定居:

a) 预计临时避迁的时间会超过所约定的期限;或

b) 根据可防止的剂量,判定永久再定居是正当的。

10.3.4.6 在开始实施永久再定居计划之前,应与可能受影响的人们进行充分的协商。

10.4 事故后的评价和监测

10.4.1 应采取一切合理的步骤,对事故使公众成员所受到的照射进行评价,并应通过适当的方式将评价结果向公众公布。

10.4.2 评价应以已获得的最有价值的资料为基础,并应根据实质上能产生更准确结果的任何新资料及时加以修改。

10.4.3 应将各项评价和它们的修改以及对工作人员、公众和环境监测的结果进行全面记录,并予以妥善保存。

10.4.4 如果评价表明,继续实施防护行动已不再是正当的,则应停止所实施的防护行动。

10.5 从事干预的工作人员的防护

10.5.1 除下列情况而采取行动以外,从事干预的工作人员所受到的照射不得超过附录 B

(标准的附录)中所规定的职业照射的最大单一年份剂量限值:

a) 为抢救生命或避免严重损伤;

b) 为避免大的集体剂量;

c) 为防止演变成灾难性情况。

在这些情况下从事干预时,除了抢救生命的行动外,必须尽一切合理的努力,将工作人员所受到的剂量保持在最大单一年份剂量限值的两倍以下;对于抢救生命的行动,应做出各种努力,将工作人员的受照剂量保持在最大单一年份剂量限值的10倍以下,以防止确定性健康效应的发生。此外,当采取行动的工作人员的受照剂量可能达到或超过最大单一年份剂量限值的10倍时,只有在行动给他人带来的利益明显大于工作人员本人所承受的危险时,才应采取该行动。

10.5.2 采取行动使工作人员所受的剂量可能超过最大单一年份剂量限值时,采取这些行动的工作人员应是自愿的;应事先将采取行动所要面临的健康危险清楚而全面地通知工作人员,并应在实际可行的范围内,就需要采取的行动对他们进行培训。

10.5.3 应在应急计划中明确规定负责确保10.5.1和10.5.2所规定的要求得以满足的法人。

10.5.4 一旦应急干预阶段结束,从事恢复工作(如工厂与建筑物修理,废物处置,或厂区及周围地区去污等)的工作人员所受的照射则应满足本标准第6章所规定的有关职业照射的全部具体要求。

10.5.5 应采取一切合理的步骤为应急干预提供适当的防护,并对参与应急干预的工作人员的受照剂量进行评价和记录。干预结束时,应向有关工作人员通告他们所接受的剂量和可能带来的健康危险。

10.5.6 不得因工作人员在应急照射情况下接受了剂量而拒绝他们今后再从事伴有职业照射的工作。但是,如果经历过应急照射的工作人员所受到的剂量超过了最大单一年份剂量限值的10倍,或者工作人员自己提出要求,则在他们进一步接受任何照射之前,应认真听取合格医生的医学劝告。

11 持续照射情况的干预

11.1 责任

注册者或许可证持有者以及有关干预组织和审管部门,应按国家有关法规和本标准的要求承担其对持续照射情况下干预的准备、实施和管理方面的责任。

11.2 补救行动计划

11.2.1 干预组织应根据情况制定通用的或场址专用的持续照射情况补救行动计划。该计划应在考虑下列因素后规定正当的和最优化的补救行动及相应的行动水平:

a) 个人照射和集体照射;

b) 辐射危险和非辐射危险;

c) 补救行动的经济和社会代价、利益及所需经费的支付责任。

11.3 补救行动的正当性判断

11.3.1 在持续照射情况下,如果剂量水平接近或预计会接近附录E(标准的附录)表E1.2所列出的值,则不管在何种情况下采取补救行动几乎总是正当的(见5.3.1)。在这种情况下,对任何不采取补救行动的决策,则应进行正当性判断。

11.3.2　对下列两类情况采取补救行动不具有正当性:

a)污染和剂量水平很低,不值得花费代价去采取补救行动;

b)污染非常严重和广泛,采取补救行动花费的代价太大。

11.3.3　与特定实践有关的补救行动的正当性判断应考虑该实践的注册或许可情况:

a)对于已注册或许可并处于辐射防护体系控制下的实践,在考虑与该实践有关的持续照射的补救行动时,其正当性判断应是该实践正当性判断的组成部分,不应单独考虑补救行动本身的净利益;

b)对于未履行注册或许可程序的以往的实践,可以只根据与补救行动直接有关的各种因素(如厂址开放的价值、去污可避免的健康危害、投资以及公众的接受程度等)来判断补救行动的正当性。

11.3.4　对于一种已确定为正当的补救行动,即通过检验确认其能带来净利益而认为有理由实施的补救行动,应在实施过程中对其详细特征不断加以调整,以使所获得的净利益达到最大。

11.4　持续照射情况的行动水平或剂量约束

11.4.1　应以适当的量规定通过补救行动实施干预的行动水平,如考虑采取补救行动时的年剂量率或所存在的放射性核素的适当平均的活度浓度。

11.4.2　氡持续照射情况的行动水平

11.4.2.1　对于住宅和工作场所内的氡持续照射情况,最优化的行动水平应处于附录 H(提示的附录)中所规定的水平范围之内。

11.4.2.2　审管部门或干预组织应在考虑有关社会或法律情况后,对住宅内氡持续照射情况的补救行动是强制实施还是推荐实施做出决策。

11.4.3　放射性残存物持续照射的剂量约束

11.4.3.1　对于获准的实践或源退役所造成的持续照射,其剂量约束应不高于该实践或源运行期间的剂量约束。使用这类剂量约束的典型情况有:

a)核设施退役后厂址的开放;

b)以往实践所污染的场区或土地的重新开发或利用,并且这种重新开发或利用可能导致公众照射的增加。

11.4.3.2　剂量约束值通常应在公众照射剂量限值10%～30%(即0.1mSv/a～0.3mSv/a)的范围之内。但剂量约束的使用不应取代最优化要求,剂量约束值只能作为最优化值的上限(见4.3.4)。

11.4.3.3　如果不存在其他照射的可能性,并且降低照射的经济代价太大,则在这种情况下经审管部门认可,可将剂量约束值放宽到1mSv/a。

11.4.3.4　如果剂量约束已超过1mSv/a,并且为进一步减小持续照射而采取技术性措施的经济代价太大,则在这类情况下应采用行政手段对持续照射进行有组织的控制。应对有组织控制的严格程度进行抉择,使之适应当时的情况。

附录 J
（标准的附录）
术语和定义

J1 基本定义

J1.1 （电离）辐射 (ionizing) radiation

在辐射防护领域，指能在生物物质中产生离子对的辐射。

J1.2 （辐射）源 (radiation) source

可以通过发射电离辐射或释放放射性物质而引起辐射照射的一切物质或实体。例如，发射氡的物质是存在于环境中的源，γ辐照消毒装置是食品辐照保鲜实践中的源，X射线机可以是放射诊断实践中的源，核电厂是核动力发电实践中的源。对于本标准的应用而言，位于同一场所或厂址的复杂设施或多个装置均可视为一个单一的源。

J1.3 照射 exposure

受照的行为或状态。照射可以是外照射(体外源的照射)，也可以是内照射(体内源的照射)。照射可以分为正常照射或潜在照射；也可以分为职业照射、医疗照射或公众照射；在干预情况下，还可以分为应急照射或持续照射。

J1.4 实践 practice

任何引入新的照射源或照射途径、或扩大受照人员范围、或改变现有源的照射途径网络，从而使人们受到的照射或受到照射的可能性或受到照射的人数增加的人类活动。

J1.5 干预 intervention

任何旨在减小或避免不属于受控实践的或因事故而失控的源所致的照射或照射可能性的行动。

J1.6 防护与安全 protection and safety

保护人员免受电离辐射或放射性物质的照射和保持实践中源的安全，包括为实现这种防护与安全的措施，如使人员的剂量和危险保持在可合理达到的尽量低水平并低于规定约束值的各种方法或设备，以及防止事故和缓解事故后果的各种措施等。

J2 辐射与源

J2.1 氡 radon

原子序数为86的元素的同位素^{222}Rn，是铀系衰变的中间产物。

J2.2 氡子体 radon progeny

氡的短寿命放射性衰变产物。

J2.3 钍 thoron

原子序数为86的元素的同位素^{222}Rn，是钍系衰变的中间产物。

J2.4 钍子体 thoron progeny

钍的短寿命放射性衰变产物。

J2.5　（氡子体和钍子体）α潜能 potential alpha energy(of radon progeny and thoron progeny)

氡:(^{222}Rn)的子体完全衰变为^{210}Pb（但不包括^{210}Pb的衰变）和钍(^{220}Rn)的子体完全衰变到稳定的^{208}Pb时,所发射的α粒子能量的总和。

J2.6　平衡因子 equilibrium factor

氡的平衡当量浓度与氡的实际浓度之比F。这里,平衡当量浓度是氡与其短寿命子体处于平衡状态、并具有与实际非平衡混合物相同的α潜能浓度时氡的活度浓度。

J2.7　天然源 natural sources

天然存在的辐射源,包括宇宙辐射和地球上的辐射源。

J2.8　密封源 sealed source

密封在包壳里的或紧密地固结在覆盖层里并呈固体形态的放射性物质。密封源的包壳或覆盖层应具有足够的强度,使源在设计使用条件和磨损条件下,以及在预计的事件条件下,均能保持密封性能,不会有放射性物质泄漏出来。

J2.9　非密封源 unsealed source

不满足密封源定义中所列条件的源。

J2.10　含放射性物质消费品 consumer product

因功能或制造工艺需要将少量放射性物质加入其中或以密封源形式装配在内或因所采用的原材料与生产工艺而具有一定放射性活度的消费品,如烟雾探测器、荧光度盘或离子发生管等;在本标准中有时简称"消费品"。

J2.11　显像设备 imaging devices

放射诊断和核医学显像用电子设备(例如图像转换器、γ照相机等)。

J2.12　辐射发生器 radiation generator

能产生诸如X射线、中子、电子或其他带电粒子辐射的装置,它们可用于科学、工业或医学等领域。

J2.13　高能放射治疗设备 high energy radiotherapy equipment

放射性核素远距离治疗机,以及能在高于300kV的工作电压下工作的X射线机和其他类型的辐射发生器。

J2.14　辐照装置 irradiation installations

安装有粒子加速器、X射线机或大型放射源并能产生高强度辐射场的一种构筑物或设施。正确设计的构筑物提供屏蔽和其他防护,并设有用以防止误入高强度辐射区的安全装置(如联锁装置)。辐照装置包括外射束辐射治疗用装置,商品消毒或保鲜用装置,以及某些工业射线照相装置等。

J2.15　核燃料循环 nuclear fuel cycle

与核能生产有关的所有活动,包括铀或钍的采矿、选冶、加工或富集,核燃料制造,核反应堆运行,核燃料后处理,退役和放射性废物管理等各种活动,以及与上述各种活动有关的任何研究与开发活动。

J2.16　放射性矿石的开采或选冶设施 mine or mill processing radioactive ores

开采、选冶或处理含铀系或钍系放射性核素矿石的设施。

开采放射性矿石的矿山,是指任何开采含铀系或钍系放射性核素且数量充足、品位值得开采的矿石的矿山,或者当铀系或钍系放射性核素与被开采的其他矿物共生时其数量或品位要求按审管部门的规定采取辐射防护措施的矿山。

放射性矿石选冶厂是指任何处理这里所定义的矿山所开采的放射性矿石以生产某种物理或化学浓缩物的设施。

J2.17　核设施 nuclear installation

以需要考虑安全问题的规模生产、加工或操作放射性物质或易裂变材料的设施[包括其场地、建(构)筑物和设备],如铀富集设施,铀、钍加工与燃料制造设施,核反应堆(包括临界和次临界装置),核动力厂,核燃料后处理厂等核燃料循环设施。

J2.18　放射性废物管理设施 radioactive waste management facility

专门设计的用于放射性废物操作、处理、整备、临时贮存或永久处置的设施。

J2.19　放射性物质加工设施 installation processing radioactive substances

加工放射性物质并且其放射性物质年通过量超过表 A1 所给出的豁免活度水平 10 000 倍的任何设施。

J2.20　放射性流出物 radioactive effluents

放射性排出物 radioactive discharges

实践中源所造成的以气体、气溶胶、粉尘或液体等形态排入环境的通常情况下可在环境中得到稀释和弥散的放射性物质。

J2.21　放射性废物 radioactive waste

来自实践或干预的、预期不再利用的废弃物(不管其物理形态如何),它含有放射性物质或被放射性物质所污染,其活度或活度浓度大于规定的清洁解控水平,并且它所引起的照射未被排除。

J2.22　(放射性)污染 (Radioactive) contamination

材料或人体内部或表面或其他场所出现的不希望有的或可能有害的放射性物质。

J3　辐射的生物效应

J3.1　随机性效应 stochastic effects

发生几率与剂量成正比而严重程度与剂量无关的辐射效应。一般认为,在辐射防护感兴趣的低剂量范围内,这种效应的发生不存在剂量阈值。

J3.2　确定性效应 deterministic effect

通常情况下存在剂量阈值的一种辐射效应,超过阈值时,剂量愈高则效应的严重程度愈大。

J3.3　危害 detriment

因受某一辐射源的辐射照射,受照组及其后代最终所经受的总的伤害。

J3.4　危险 risk

一个用于表示与实在照射或潜在照射有关的危害、损害的可能性或伤害后果等的多属性量。它与诸如特定有害后果可能发生的概率及此类后果的大小和特性等量有关。

J4 辐射量和单位

J4.1 活度 activity

在给定时刻处于一给定能态的一定量的某种放射性核素的活度 A 定义为：

$$A = \frac{dN}{dt}$$

式中：dN——在时间间隔 dt 内该核素从该能态发生自发核跃迁数目的期望值。活度的 SI 单位是秒的倒数(s^{-1})，称为贝可[勒尔](Bq)。

J4.2 比释动能 karma

比释动能 K 定义为：

$$K = \frac{dE_{tr}}{dm}$$

式中：dE_{tr}——不带电电离粒子在质量为 dm 的某一物质内释出的全部带电电离粒子的初始动能的总和。比释动能的 SI 单位是焦耳每千克($J \cdot kg^{-1}$)，称为戈[瑞](Gy)。

J4.3 参考空气比释动能率 reference air kerma rate

源的参考空气比释动能率是在空气中距源 1m 参考距离处对空气衰减和散射修正后的比释动能率，用 1m 处的 $\mu Gy \cdot h^{-1}$ 表示。

J4.4 剂量 dose

某一对象所接受或"吸收"的辐射的一种量度。根据上下文，它可以指吸收剂量、器官剂量、当量剂量、有效剂量、待积当量剂量或待积有效剂量等。

J4.5 吸收剂量 absorbed dose

是一个基本的剂量学量 D，定义为：

$$D = \frac{d\varepsilon}{dm}$$

式中：dε——电离辐射授与某一体积元中的物质的平均能量；

dm——在这个体积元中的物质的质量。

能量可以对任何确定的体积加以平均，平均能量等于授与该体积的总能量除以该体积的质量而得的商。吸收剂量的 SI 单位是焦耳每千克($J \cdot kg^{-1}$)，称为戈[瑞](Gy)。

J4.6 当量剂量 equivalent dose

当量剂量 $H_{T,R}$ 定义为：

$$H_{T \cdot R} = D_{T,R} \cdot \omega_R$$

式中：$D_{T,R}$——辐射 R 在器官或组织 T 内产生的平均吸收剂量；

ω_R——辐射 R 的辐射权重因数。

当辐射场是由具有不同 ω_R 值的不同类型的辐射所组成时，当量剂量为：

$$H_T = \sum_R w_R \cdot D_{T,R}$$

当量剂量的单位是 $J \cdot kg^{-1}$，称为希[沃特](Sv)。

J4.7 辐射权重因数 radiation weighting factor

为辐射防护目的，对吸收剂量乘以的因数(如下表所示)，用以考虑不同类型辐射的相对危害效应(包括对健康的危害效应)。

辐射的类型及能量范围	辐射权重因数 ω_R
光子,所有能量	1
电子及介子,所有能量[a]	1
中子,能量<10keV	5
10keV～100keV	10
>100keV～2meV	20
>2MeV～20meV	10
>20MeV	5
质子(不包括反冲质子),能量>2meV	5
α粒子、裂变碎片、重核	20

注:a 不包括由原子核向 DNA 发射的俄歇电子,此种情况下需进行专门的微剂量测定考虑。

如果需要使用连续函数计算中子的辐射权重因数,则可使用下列近似公式:

$$w_R = 5 + 17e^{-(\ln(2E))^2/6}$$

式中:E——中子的能量(以 MeV 为单位)。

对于未包括在上表中的辐射类型和能量,可以取 W_R 等于 ICRU 球中 10mm 深处的 $\overline{Q}$ 值,并可由下式求得:

$$\overline{Q} = \frac{1}{D}\int_0^\infty Q(L)D_L dL$$

式中:D——吸收剂量;

D_L——D 随 L 的分布;

$Q(L)$——ICRP-60 号出版物中规定的水中非定限传能线密度为 L 时的辐射品质因数。

按照 ICRP 的建议,Q-L 关系式如下表所示。

水中的非定限传能线密度 L/(keV·μm^{-1})	$Q(L)^a$
≤10	1
10～100	0.32L-2.2
≥100	300/$\sqrt{L}$

注:a L 的单位是 keV·μm^{-1}。

J4.8 有效剂量 effective dose

有效剂量 E 被定义为人体各组织或器官的当量剂量乘以相应的组织权重因数后的和:

$$E = \sum_T w_T \cdot H_T$$

式中:H_T——组织或器官 T 所受的当量剂量;

ω_T——组织或器官 T 的组织权重因数。

由当量剂量的定义,可以得到:
$$E = \sum_T w_T \cdot \sum_R w_R \cdot D_{T,R}$$

式中:ω_R——辐射 R 的辐射权重因数;

$D_{T,R}$——组织或器官 T 内的平均吸收剂量。有效剂量的单位是 $J \cdot kg^{-1}$,称为希[沃特](Sv)。

J4.9 组织权重因数 tissue weighting factor

为辐射防护的目的,器官或组织的当量剂量所乘以的因数(如下表所示),乘以该因数是为了考虑不同器官或组织对发生辐射随机性效应的不同敏感性。

组织或器官	组织权重因数 ω_T	组织或器官	组织权重因数 ω_T
性腺	0.20	肝	0.05
(红)骨髓	0.12	食道	0.05
结肠[a]	0.12	甲状腺	0.05
肺	0.12	皮肤	0.01
胃	0.12	骨表面	0.01
膀胱	0.05	其余组织或器官[b]	0.05
乳腺	0.05		

注:a 结肠的权重因数适用于在大肠上部和下部肠壁中当量剂量的质量平均。
   b 为进行计算用,表中其余组织或器官包括肾上腺、脑、外胸区域、小肠、肾、肌肉、胰、脾、胸腺和子宫。在上述其余组织或器官中有一单个组织或器官受到超过 12 个规定了权重因数的器官的最高当量剂量的例外情况下,该组织或器官应取权重因数 0.025,而余下的上列其余组织或器官所受的平均当量剂量亦应取权重因数 0.025。

J4.10 集体剂量 collective dose

群体所受的总辐射剂量的一种表示,定义为受某一辐射源照射的群体的成员数与他们所受的平均辐射剂量的乘积。集体剂量用人-希[沃特](人·Sv)表示(见集体有效剂量)。

J4.11 集体有效剂量 collective effective dose

对于一给定的辐射源受照群体所受的总有效剂量 S,定义为:
$$S = \sum_i E_i \cdot N_i$$

式中:E_i——群体分组 i 中成员的平均有效剂量;

N_i——该分组的成员数。

集体有效剂量还可以用积分定义:
$$S = \int_0^\infty E \frac{dN}{dE} dE$$

式中:$\frac{dN}{dE}dE$——所受的有效剂量在 E 和 E+dE 之间的成员数。

J4.12 待积剂量 committed does

待积有效剂量和(或)待积当量剂量。

J4.13 待积吸收剂量 committed absorbed does

待积吸收剂量 $D(\tau)$ 定义为:

$$D(\tau) = \int_{0}^{0+\tau} \dot{D}(t)\,dt$$

式中: t_0——摄入放射性物质的时刻;

$\dot{D}(t)$——t 时刻的吸收剂量率;

τ——摄入放射性物质之后经过的时间。

未对 τ 加以规定时,对成年人 τ 取 50 年;对儿童年的摄入要算至 70 岁。

J4.14 待积当量剂量 committed equivalent dose

待积当量剂量 $H_T(\tau)$ 定义为:

$$H_T(\tau) = \int_{t_0}^{t_0+\tau} \dot{H}_T(t)\,dt$$

式中: t_0——摄入放射性物质的时刻;

$\dot{H}_T(t)$——t 时刻器官或组织 T 的当量剂量率;

τ——摄入放射性物质之后经过的时间。

未对 τ 加以规定时,对成年人 τ 取 50 年;对儿童的摄入要算至 70 岁。

J4.15 待积有效剂量 committed effective dose

待积有效剂量 $E(\tau)$ 定义为:

$$E(\tau) = \sum_{T} W_T \cdot H_T(\tau)$$

式中: $H_T(\tau)$——积分至 τ 时间时组织 T 的待积当量剂量;

W_T——组织 T 的组织权重因数。

未对 τ 加以规定时,对成年人 τ 取 50 年;对儿童的摄入则要算至 70 岁。

J4.16 器官剂量 organ does

人体某一特定组织或器官 T 内的平均剂量 D_T,由下一式给出:

$$D_T = (1/m_T)\int_{m_r} D\,dm$$

式中: m_T——组织或器官 T 的质量;

D——质量元 dm 内的吸收剂量。

J4.17 剂量当量 dose equivalent

国际辐射单位与测量委员会(ICRU)所使用的一个量,用以定义实用量—周围剂量当量、定向剂量当量和个人剂量当量。组织中某点处的剂量当量 H 是 D、Q 和 N 的乘积,即:

$$H = DQN$$

式中: D——该点处的吸收剂量;

Q——辐射的品质因数(见 J4.7);

N——其他修正因数的乘积。

J4.18 个人剂量当量 personal dose equivalent

人体某一指定点下面适当深度 d 处的软组织内的剂量当量 $H_p(d)$。这一剂量学量既适用于强贯穿辐射,也适用于弱贯穿辐射。对强贯穿辐射,推荐深度 d = 10mm;对弱贯穿辐射,推荐深度 d = 0.07mm。

J4.19　周围剂量当量 ambient dose equivalent

辐射场中某点处的周围剂量当量 $H^*(d)$ 定义为相应的扩展齐向场在 ICRU 球内逆齐向场的半径上深度 d 处所产生的剂量当量。对于强贯穿辐射,推荐 d = 10mm。

J4.20　定向剂量当量 directional dose equivalent

辐射场中某点处的定向剂量当量 $H'(d,\Omega)$ 是相应的扩展场在 ICRU 球体内、沿指定方向 Ω 的半径上深度 d 处产生的剂量当量。对弱贯穿辐射,推荐 d = 0.07mm。

J4.21　工作水平(WL)working level

氡子体或钍子体所引起的 α 潜能浓度(即空气中氡或钍的各种短寿命子体(不论其组成如何)完全衰变时,所发出的 α 粒子在单位体积空气中的能量的总和)的非 SI 单位(WL),相当于每升空气中发射出的 α 粒子能量为 1.3×10^5 MeV。在 SI 单位中,1WL 对应于 2.1×10^{-5} J·m^{-3}。

J4.22　工作水平月(WLM)working level month(WLM)

一种表示氡子体或钍子体照射量的单位,

$$1WLM = 170WL \cdot h$$

一个工作水平月相当于 3.54mJ·h·m^{-3}。

J5　实践中的防护与安全

J5.1　剂量约束 dose constraint

对源可能造成的个人剂量预先确定的一种限制,它是源相关的,被用作对所考虑的源进行防护和安全最优化时的约束条件。对于职业照射,剂量约束是一种与源相关的个人剂量值,用于限制最优化过程所考虑的选择范围。对于公众照射,剂量约束是公众成员从一个受控源的计划运行中接受的年剂量的上界。剂量约束所指的照射是任何关键人群组在受控源的预期运行过程中、经所有照射途径所接受的年剂量之和。对每个源的剂量约束应保证关键人群组所受的来自所有受控源的剂量之和保持在剂量限值以内。对于医疗照射,除医学研究受照人员或照顾受照患者的人员(工作人员除外)的防护最优化以外,剂量约束值应被视为指导水平。

J5.2　纵深防御 defense in depth

针对给定的安全目标运用多种防护措施,使得即使其中一种防护措施失效,仍能达到该安全目标。

J5.3　包容 containment

防止放射性物质穿过确定的边界向外界转移或扩散的方法或实体结构,即使在一般事故情况下这类方法或实体结构也能阻止放射性物质的外泄达到不可接受的程度。

J5.4　故障安全 fail-safe

安全设计原则之一,按照这一原则完成的设计可以保证当某一部件或系统发生任何故障时源均能建立起一种安全状态。

J5.5　控制区 controlled area

在辐射工作场所划分的一种区域,在这种区域内要求或可能要求采取专门的防护手段和安

全措施,以便:

a) 在正常工作条件下控制正常照射或防止污染扩展;
b) 防止潜在照射或限制其程度。

J5.6 监督区 supervised area

未被确定为控制区、通常不需要采取专门防护手段和安全措施但要不断检查其职业照射条件的任何区域。

J5.7 安全文化素养 safety culture

存在于单位和人员中的种种特性和态度的总和,它确立安全第一的观念,使防护与安全问题由于其重要性而保证得到应有的重视。

J5.8 安全评价 safety assessment

对源的设计和运行中涉及人员防护与源安全的各个方面所进行的一种分析评价,包括对源的设计和运行中所建立的各种防护与安全措施或条件的分析,以及对正常条件下和事故情况下所伴有的各种危险的分析。

J5.9 环境影响评价 environmental impact assessment

对源的利用或某项实践可能对环境造成的影响所进行的预测和估计,包括对源或实践的规模与特性的概述,对厂址或场所环境现状的分析,以及对正常条件下和事故情况下可能造成的环境影响或后果的分析。

J5.10 职业照射 occupational exposure

除了国家有关法规和标准所排除的照射以及根据国家有关法规和标准予以豁免的实践或源所产生的照射以外,工作人员在其工作过程中所受的所有照射。

J5.11 公众照射 public exposure

公众成员所受的辐射源的照射,包括获准的源和实践所产生的照射和在干预情况下受到的照射,但不包括职业照射、医疗照射和当地正常天然本底辐射的照射。

J5.12 医疗照射 medical exposure

患者(包括不一定患病的受检者)因自身医学诊断或治疗所受的照射、知情但自愿帮助和安慰患者的人员(不包括施行诊断或治疗的执业医师和医技人员)所受的照射,以及生物医学研究计划中的志愿者所受的照射。

J5.13 潜在照射 potential exposure

有一定把握预期不会受到但可能会因源的事故或某种具有偶然性质的事件或事件序列(包括设备故障和操作错误)所引起的照射。

J5.14 正常照射 normal exposure

在设施或源的正常运行条件下,包括在可能发生的能够保持在控制条件之下的小的意外事件情况下受到或预计会受到的照射。

J5.15 照射途径 exposure pathways

放射性物质能够到达或照射人体的途径。

J5.16 关键人群组 critical group

对于某一给定的辐射源和给定的照射途径,受照相当均匀、并能代表因该给定辐射源和该给定照射途径所受有效剂量或当量剂量最高的个人的一组公众成员。

J5.17 公众成员 member of the public

广义而言,在本标准中是指除职业受照人员和医疗受照人员以外的任何社会成员。但对于验证是否符合公众照射的年剂量限值而言,则指有关关键人群组中有代表性的个人。

J5.18 限值 limit

在规定的活动中或情况下所使用的某个量的不得超过的值。

J5.19 剂量限值 dose limit

受控实践使个人所受到的有效剂量或当量剂量不得超过的值。

J5.20 摄入 intake

摄入量

指放射性核素通过吸入、食入或经由皮肤进入人体内的过程;也指经由这些途径进入人体内的放射性核素的量。

J5.21 年摄入量限值(ALJ) annual limit on intake(ALJ)

参考人在一年时间内经吸入、食入或通过皮肤所摄入的某种给定放射性核素的量,其所产生的待积剂量等于相应的剂量限值。ALI用活度的单位表示。

J5.22 参考水平 reference level

在本标准中,指行动水平、干预水平、调查水平或记录水平。对于辐射防护实践中可测的任何一种量都可以建立参考水平。

J5.23 记录水平 recording level

审管部门所规定的剂量或摄入量的一个水平,工作人员所接受的剂量或摄入量达到或超过这一水平时,则应记入他们的个人受照记录。

J5.24 调查水平 investigation level

诸如有效剂量、摄入量或单位面积或体积的污染水平等量的规定值,达到或超过此种值时应进行调查。

J5.25 清洁解控水平 clearance levels

审管部门规定的、以活度浓度和(或)总活度表示的值,辐射源的活度浓度和(或)总活度等于或低于该值时,可以不再受审管部门的审管。

J5.26 指导水平 guidance level

指定量的一个水平,高于该水平时应考虑采取适当的行动。某些情况下,在指定量实际上低于其指导水平时,亦可能需要考虑采取某些行动。

J5.27 医疗照射指导水平 guidance level for medical exposure

医疗业务部门选定并取得审管部门认可的剂量、剂量率或活度值,用以表明一种参考水平,高于该水平时则应由执业医师进行评价,以决定在考虑了特定情况并运用了可靠的临床判断后是否有必要超过此水平。

J5.28 计划靶体积 planning target volume

放射治疗中制订治疗方案时所用的一种几何概念。它考虑了患者与受照组织的移动、组织大小和形状的变化以及射束大小和射束方向等射束几何条件的变化所产生的净效应。

J5.29 剂量与面积之积 dose-area product

辐射束的横截面积与所致平均剂量的乘积。在放射诊断中用作所授与能量的一种量度。

J5.30 入射体表剂量 entrance surface dose

在辐射射入受检者的体表处照射野中心的吸收剂量,用考虑反散射后空气中的吸收剂量表示。

J5.31 多层扫描平均剂量(MSAD) multiple scan average dose(MSAD)

表征 X 射线 CT 多层扫描所致受检者剂量的量。其表达式为:

$$MSAD = \frac{1}{I}\int_{-nI/2}^{+nI/2}D(z)\mathrm{d}z$$

式中:I——逐层扫描之间的距离增量(即扫描断层间隔);

n——X 射线 CT 扫描总层数;

$D(z)$——垂直于断层面方向(z 轴)上 z 点的吸收剂量。

J5.32 乳腺平均剂量 average mammary glandular dose

乳房 X 射线摄影中所致受检者的乳腺平均吸收剂量 D_g,可由下式计算:

$$D_g = D_{gN}X_a$$

式中:X_a——空气中的入射照射量;

D_{gN}——空气中的入射照射量为 $2.58 \times 10^{-4} C \cdot kg^{-1}$ 时乳腺所受的平均吸收剂量。

对于钼靶和装有钼过滤片的乳腺 X 射线摄影装置,工作于半值层为 0.3mm 铝的条件下,若乳房组织由 50% 的脂肪和 50% 的腺体构成,则 D_{gN} 可由下表查得:

乳房厚度/cm	3.0	3.5	4.0	4.5	5.0	5.5	6.0	6.5	7.0
D_{gN}	2.2	1.95	1.75	1.55	1.4	1.25	1.15	1.05	0.95

D_{gN} 以 mGy 每 $2.58 \times 10^{-4} C \cdot kg^{-1}$ 表示。

J5.33 监测 monitoring

为评价或控制辐射或放射性物质的照射,对剂量或污染所进行的测量及对测量结果的解释。

J5.34 剂量标准实验室 standards dosimetry laboratory

由国家有关机构指定的研制、保持或改进辐射剂量测定用基准或副基准的实验室。

J5.35 参考人 reference man

由国际放射防护委员会提出的、用于辐射防护评价目的的一种假设的成年人模型,其解剖学和生理学特征并不是实际的某一人群组的平均值,而是经过选择,作为评价内照射剂量的统一的解剖学和生理学基础。

J5.36 健康监护 health surveillance

为保证工作人员参加工作时及参加工作后都能适应他们拟承担或所承担的工作任务而进行的医学监督。

J5.37 去污 decontamination

通过某种物理或化学过程去除或降低污染。

J6 干预中的辐射防护

J6.1 事故 accident

从防护或安全的观点看,其后果或潜在后果不容忽视的任何意外事件,包括操作错误、设备失效或损坏。

J6.2 应急 emergency

需要立即采取某些超出正常工作程序的行动以避免事故发生或减轻事故后果的状态,有时也称为紧急状态;同时,也泛指立即采取超出正常工作程序的行动。

J6.3 持续照射 prolonged exposure

没有任何不间断人类活动予以维持而长期持续存在的非正常公众照射,这种照射的剂量率基本上是恒定的或者下降缓慢。

J6.4 防护对策 countermeasure

旨在缓解事故后果的一种行动。

J6.5 农业防护对策 agricultural countermeasure

在消费者获得之前,为降低食品、农业或林业产品的污染水平而采取的措施。

J6.6 防护行动 protective action

为避免或减少公众成员在持续照射或应急照射情况下的受照剂量而进行的一种干预。

J6.7 补救行动 remedial action

在涉及持续照射的干预情况下,当超过规定的行动水平时所采取的行动,以减少可能受到的照射剂量。

J6.8 预期剂量 projected dose

若不采取防护行动或补救行动,预期会受到的剂量。

J6.9 可防止的剂量 avertable dose

采取防护行动所减小的剂量,即在采取防护行动的情况下预期会受到的剂量与不采取防护行动的情况下预期会受到的剂量之差。

J6.10 干预水平 intervention level

针对应急照射情况或持续照射情况所制定的可防止的剂量水平,当达到这种水平时应考虑采取相应的防护行动或补救行动。

J6.11 行动水平 action level

在持续照射或应急照射情况下,应考虑采取补救行动或防护行动的剂量率水平或活度浓度水平。

J6.12 应急计划 emergency plan

为应付应急照射情况所制定并实施的一种经审批的文件或一组程序。

J7 防护与安全管理

J7.1 审管部门 regulatory authority

为实施对防护与安全的监督管理,由政府指定或认可的一个或几个机构。

J7.2 干预组织 intervening organization

政府指定或认可的、负责管理或实施某一方面干预事宜的组织。

J7.3 法人 legal person

符合国家法律规定的、对其按照本标准的要求所采取的任何行动承担义务和享有权利的任何企业单位、机关事业单位或社会团体。

J7.4 通知 notification

法人以一种书面文件的形式向审管部门说明其拟进行某项实践或活动的目的与计划。

J7.5 申请者 applicant

向审管部门提出申请,要求获准从事某项实践的任何法人。

J7.6 批准 authorization

审管部门以书面文件形式,准许已提出申请的法人进行某项实践。批准分注册和许可两种方式。

J7.7 注册 registration

对低、中等风险实践的一种批准方式。进行这种批准的前提是,对该实践负责的法人已按要求编制并向审管部门提交了关于设施和设备的适当的安全评价报告和必要的环境影响评价报告。批准时将视情况附以相应的条件或限制。适用于该类批准方式的实践的安全和环境影响评价要求以及批准时可能附加的条件或限制,应低于以许可方式批准的实践。

J7.8 注册者 registrant

已获准注册某一实践或源的申请者,它已承诺了对该实践或源的权利和义务,特别是有关防护与安全的权利和义务。

J7.9 许可 licensing

对具有较高风险实践的一种批准方式。进行这种批准的前提是,对该实践负责的法人已按要求编制并向审管部门提交了关于设施和设备的详细的安全评价报告和适当的环境影响评价报告。批准时还会附以特定的条件或限制。适用于该类批准方式的实践的安全和环境影响评价要求以及批准时可能附加的条件或限制,应严于用注册方式批准的实践。

J7.10 许可证 license

审管部门在安全审评基础上颁发的、并附有其持有者要遵守的特定要求和条件的许可证书。

J7.11 许可证持有者 licensee

持有为某一实践或源所颁发的当前有效许可证的法人,它已承诺了对该实践或源的权利和义务,特别是有关防护与安全的权利和义务。

J7.12 用人单位 employer

依据相互同意的关系,对受聘用的工作人员在他们受聘用期间负有确定的责任、承诺和义务的任何法人(自聘人员被认为既是法人又是工作人员)。

J7.13 工作人员 worker

受聘用全日、兼职或临时从事辐射工作并已了解与职业辐射防护有关的权利和义务的任何人员(自聘用人员被认为同时具有法人和工作人员的责任)。

J7.14　供方 supplier

受注册者或许可证持有者委托,承接了与源的设计、制造、生产或建造有关的全部或部分任务的任何法人(源的进口商应被视为源的供方)。

J7.15　辐射防护负责人 radiation protection officer

技术上胜任某一给定类型实践的辐射防护业务,受注册者或许可证持有者聘任对防护与安全法规和标准的实施进行监督管理的人员。

J7.16　合格专家 qualified expert

根据相应机构或学会所颁发的证书或所持有的职业许可证或根据学历和工作资历被确认为在相关专业领域(例如医学物理、辐射防护、职业保健、防火安全、质量保证或任何有关的工程和安全专业)具有专门知识的专家。

J7.17　执业医师 medical practitioner

具备下列条件的人员:a)按照国家的有关规定,被确认为具有相应的资格;b)在开具涉及医疗照射的检查申请单或治疗处方方面,满足国家规定的培训和经验要求;c)是一个注册者或许可证持有者,或者是一个已注册或许可的用人单位指定的可以开具涉及医疗照射的检查申请单或治疗处方的人员。

J7.18　医技人员 health professional

按照国家的有关规定,准许其从事某种与医疗保健(例如内科、牙科、医学物理、放射学和核医学技术、放射药剂学、职业保健等)有关的职业的技术人员。

J7.19　豁免 exemptions

指实践和实践中的源经确认符合规定的豁免要求或水平并经审管部门同意后被本标准的要求所豁免。

J7.20　解控 clearance

审管部门按规定解除对已批准进行的实践中的放射性材料或物品的管理控制。

J7.21　获准的 authorized

获得审管部门批准的。

J7.22　认可的 approved

由审管部门认可的。

J7.23　被排除 excluded

在本标准的适用范围之外的,特指那些本质上不能通过实施本标准的要求对照射的大小或可能性进行控制的照射情况,如人体内的^{40}K、到达地球表面的宇宙射线等所引起的照射。

核动力厂环境辐射防护规定(节录)

GB 6249—2011

(2011年2月18日发布 2011年9月1日实施)

本标准由环境保护部科技标准司、核安全管理司组织制定。
本标准主要起草单位:苏州热工研究院有限公司、环境保护部核与辐射安全中心。

（按原标准编号节录）

3 术语和定义

下列术语和定义适用于本标准。

3.1 非居住区 exclusion area

指反应堆周围一定范围内的区域,该区域内严禁有常住居民,由核动力厂的营运单位对这一区域行使有效的控制,包括任何个人和财产从该区域撤离;公路、铁路、水路可以穿过该区域,但不得干扰核动力厂的正常运行;在事故情况下,可以做出适当和有效的安排,管制交通,以保证工作人员和居民的安全。在非居住区内,与核动力厂运行无关的活动,只要不对核动力厂正常运行产生影响和危及居民健康与安全是允许的。

3.2 规划限制区 planning restricted area

指由省级人民政府确认的与非居住区直接相邻的区域。规划限制区内必须限制人口的机械增长,对该区域内的新建和扩建的项目应加以引导或限制,以考虑事故应急状态下采取适当防护措施的可能性。

3.3 多堆厂址 multi-reactor site

指一个厂址有两个以上反应堆且各反应堆之间的距离小于5 km的核动力厂厂址。

3.4 剂量约束 dose constraint

对源可能造成的个人剂量预先确定的一种限制,它是源相关的,被用作对所考虑的源进行防护和安全最优化时的约束条件。对于公众照射,剂量约束是公众成员从一个受控源的计划运行中接受的年剂量的上限。剂量约束所指的照射是任何关键人群组在受控源的预期运行过程中、经所有照射途径所接受的年剂量之和。对每个源的剂量约束应保证关键人群组所受的来自所有受控源的剂量之和保持在剂量限值以内。

3.5 环境敏感区 environmental sensitive area

指具有需特殊保护地区、生态敏感及脆弱区以及社会关注区特征的区域。

3.6 放射性流出物 radioactive effluents

通常情况下,核动力厂以气体、气溶胶、粉尘和液体等形态排入环境并在环境中得到稀释和弥散的放射性物质。

3.7 运行状态 operational states

正常运行和预计运行事件两类状态的统称。正常运行是指核动力厂在规定的运行限值和条件范围内的运行。预计运行事件是指在核动力厂运行寿期内预计至少发生一次的偏离正常运行的各种运行过程;由于设计中已采取相应措施,此类事件不至于引起安全重要物项的严重损坏,也不至于导致事故工况。

3.8 事故工况 accident conditions

比预计运行事件更严重的工况,包括设计基准事故和严重事故。

3.9 设计基准事故 design basis accidents

核动力厂按确定的设计准则进行设计,并在设计中采取了针对性措施的那些事故工况,且确保燃料的损坏和放射性物质的释放不超过事故控制值。

设计基准事故包括稀有事故和极限事故两类。

3.10 稀有事故 infrequent accidents

在核动力厂运行寿期内发生频率很低的事故(预计为 $10^{-4} \sim 10^{-2}$/堆年),这类事故可能导致少量燃料元件损坏,但单一的稀有事故不会导致反应堆冷却剂系统或安全壳屏障丧失功能。

3.11 极限事故 limiting accidents

在核动力厂运行寿期内发生频率极低的事故(预计为 $10^{-6} \sim 10^{-4}$/堆年),这类事故的后果包含了大量放射性物质释放的可能性,但单一的极限事故不会造成应对事故所需的系统(包括应急堆芯冷却系统和安全壳)丧失功能。

3.12 选址假想事故 postulated siting accident

该事故仅适用于审批厂址阶段,作为确定厂址非居住区、规划限制区边界的依据。对于水冷反应堆,该事故一般应考虑全堆芯熔化,否则应进行充分有效的论证。

3.13 严重事故 severe accidents

严重性超过设计基准事故并造成堆芯明显恶化的事故工况。

4 环境辐射防护总则

4.1 核动力厂所有导致公众辐射照射的实践活动均应符合辐射防护实践的正当性原则。

4.2 在考虑了经济和社会因素之后,个人受照剂量的大小、受照射的人数以及受照射的可能性均保持在可合理达到的尽量低水平。

4.3 剂量限制和潜在照射危险限制,按照 GB 18871—2002 的相关规定:

a)在运行状态条件下,应对可能受到核动力厂辐射照射的公众个人实行剂量限制;

b)应对个人所受到的潜在照射危险加以限制,使所有潜在照射所致的个人危险与正常照射剂量限值所相应的健康危险处于同一数量级水平。

4.4 对于多堆厂址的各核动力厂,在环境辐射防护方面应实施统一的放射性流出物排放量申请、流出物和环境监测管理以及应急管理。

4.5 核动力厂应采取一切可合理达到的措施对放射性废物实施管理,实现废物最小化,包括在核动力厂的设计、运行和退役的全过程。废物管理应采用最佳可行技术实施对所有废气、废液和固体废物流的整体控制方案的优化和对废物从产生到处置的全过程的优化,力求获得最佳的环境、经济和社会效益,并有利于可持续发展。

5 厂址选择要求

5.1 在核动力厂厂址选择的过程中必须考虑与厂址所在区域的城市或工业发展规划、土地利用规划、水域环境功能区划之间的相容性,尤其应避开饮用水水源保护区、自然保护区、风景名胜区等环境敏感区。

5.2 在评价核动力厂厂址的适宜性时,必须综合考虑厂址所在区域的地质、地震、水文、气象、交通运输、土地和水的利用、厂址周围人口密度及分布等厂址周围的环境特征,必须考虑厂址所在区域内可能发生的自然的或人为的外部事件对核动力厂安全的影响,必须充分论证核动力厂放射性流出物排放(特别是事故工况下的流出物排放)、热排放及化学流出物排放对环境、当地生态系统和公众的影响,必须考虑新燃料、乏燃料及放射性固体废物的贮存和转运。

5.3 在核动力厂厂址选择中,应结合厂址周围的环境特征现状和预期发展,论证实施场外应急计划的可行性。

5.4 在核动力厂厂址选择时,应考虑核动力厂放射性废物的安全处置。

5.5 在核动力厂的厂址选择过程中,应考虑环境保护和辐射安全因素,经比选,对候选厂址进行优化分析。

5.6 必须在核动力厂周围设置非居住区和规划限制区。非居住区和规划限制区边界的确定应考虑选址假想事故的放射性后果。不要求非居住区是圆形,可以根据厂址的地形、地貌、气象、交通等具体条件确定,但非居住区边界离反应堆的距离不得小于500m;规划限制区半径不得小于5km。

5.7 核动力厂应尽量建在人口密度相对较低、离大城市相对较远的地点。规划限制区范围内不应有1万人以上的乡镇,厂址半径10km范围内不应有10万人以上的城镇。

5.8 对于多堆厂址,应综合考虑各反应堆的特点,确定非居住区和规划限制区边界。

5.9 在发生选址假想事故时,考虑保守大气弥散条件,非居住区边界上的任何个人在事故发生后的任意2h内通过烟云浸没外照射和吸入内照射途径所接受的有效剂量不得大于0.25Sv;规划限制区边界上的任何个人在事故的整个持续期间内(可取30d)通过上述两条照射途径所接受的有效剂量不得大于0.25Sv。在事故的整个持续期间内,厂址半径80km范围内公众群体通过上述两条照射途径接受的集体有效剂量应小于2×10^4 人·Sv。

6 运行状态下的剂量约束值和排放控制值

6.1 任何厂址的所有核动力堆向环境释放的放射性物质对公众中任何个人造成的有效剂量,每年必须小于0.25mSv的剂量约束值。

核动力厂营运单位应根据经审管部门批准的剂量约束值,分别制定气载放射性流出物和液态放射性流出物的剂量管理目标值。

6.2 核动力厂必须按每堆实施放射性流出物年排放总量的控制,对于3000MW热功率的反应堆,其控制值见表1和表2。

表1 气载放射性流出物控制值

单位:Bq/a

	轻水堆	重水堆
惰性气体	6×10^{14}	
碘	2×10^{10}	
粒子(半衰期≥8d)	5×10^{10}	
^{14}C	7×10^{11}	1.6×10^{12}
氚	1.5×10^{13}	4.5×10^{14}

表2 液态放射性流出物控制值

单位:Bq/a

	轻水堆	重水堆
氚	7.5×10^{13}	3.5×10^{14}
^{14}C	1.5×10^{11}	2×10^{11}(除氚外)
其余核素	5.0×10^{10}	

6.3 对于热功率大于或小于3000MW的反应堆,应根据其功率按照6.2规定适当调整。

6.4 对于同一堆型的多堆厂址,所有机组的年总排放量应控制在6.2规定值的4倍以内。对于不同堆型的多堆厂址,所有机组的年总排放量控制值则由审管部门批准。

6.5 核动力厂放射性排放量设计目标值不超过上述6.2、6.3和6.4确定年排放量控制值。营运单位应针对核动力厂厂址的环境特征及放射性废物处理工艺技术水平,遵循可合理达到的尽量低的原则,向审管部门定期申请或复核(首次装料前提出申请,以后每隔5年复核一次)放射性流出物排放量。申请的放射性流出物排放量不得高于放射性排放量设计目标值,并经审管部门批准后实施。

6.6 核动力厂的年排放总量应按季度和月控制,每个季度的排放总量不应超过所批准的年排放总量的1/2,每个月的排放总量不应超过所批准的年排放总量的1/5。若超过,则必须迅速查明原因,采取有效措施。

6.7 核动力厂液态放射性流出物必须采用槽式排放方式,液态放射性流出物排放应实施放射性浓度控制,且浓度控制值应根据最佳可行技术,结合厂址条件和运行经验反馈进行优化,并报审管部门批准。

6.8 对于滨海厂址,槽式排放出口处的放射性流出物中除氚和^{14}C外其他放射性核素浓度不应超过1000Bq/L;对于内陆厂址,槽式排放出口处的放射性流出物中除氚和^{14}C外其他放射性核素浓度不应超过100Bq/L,并保证排放口下游1km处受纳水体中总β放射性不超过1Bq/L,氚浓度不超过100Bq/L。如果浓度超过上述规定,营运单位在排放前必须得到审管部门的批准。

7 事故工况下的辐射防护要求

7.1 按可能导致环境危害程度和发生概率的大小,可将核动力厂事故工况分为设计基准事故(包括稀有事故和极限事故)和严重事故。

7.2 核动力厂事故工况的环境影响评价可采用设计基准事故,在设计中应采取针对性措施,使设计基准事故的潜在照射后果符合下列要求:

在发生一次稀有事故时,非居住区边界上公众在事故后 2h 内以及规划限制区外边界上公众在整个事故持续时间内可能受到的有效剂量应控制在 5mSv 以下,甲状腺当量剂量应控制在 50mSv 以下。

在发生一次极限事故时,非居住区边界上公众在事故后 2h 内以及规划限制区外边界上公众在整个事故持续时间内可能受到的有效剂量应控制在 0.1Sv 以下,甲状腺当量剂量应控制在 1Sv 以下。

7.3 根据国家相关法规要求,核动力厂及有关部门应制订相应的场内外应急计划,做好应急准备。确定应急计划区范围时应考虑严重事故产生的后果,并防止确定性效应的发生。

8 流出物排放管理和流出物监测

8.1 流出物排放管理

8.1.1 气载放射性流出物必须经净化处理后,经由烟囱释入大气环境。

8.1.2 液态放射性流出物排放前应对槽内液态放射性流出物取样监测,槽式排放口应明显标志。排放管线上应安装自动报警和排放控制装置。

8.1.3 核动力厂液态流出物总排放口的位置应根据下游取水、热排放和放射性核素排放等因素的影响进行充分的论证,并应避开集中式取水口及水生生物的产卵场、洄游路线、养殖场等环境敏感区。

8.2 流出物监测

8.2.1 核动力厂营运单位必须制定流出物监测大纲,并依据该大纲对所排放的气载和液态放射性流出物进行监测。测量内容应包括排放总量、排放浓度及主要核素的含量。测量结果应及时分析和评价,并定期上报相关环境保护行政主管部门。

8.2.2 气载放射性流出物的监测项目应包括惰性气体、碘、粒子(半衰期≥8d)、^{14}C 和总氚;液态放射性流出物的监测项目应包括氚、^{14}C 和其他核素。对于惰性气体等项目应采用连续监测的方法进行测量。

8.2.3 核动力厂营运单位应建立可靠的流出物监测质量保证体系,对正常运行期间流出物监测应采用具有合适的量程范围的测量设备与测量方法。对于低于探测限的相关测量结果应通过实验分析进行合理估算,确实无法估算的,在排放量统计时按探测限的 1/2 取值进行。

8.2.4 流出物监测的取样应有足够的代表性,在流出物取样系统设计中应采取有效的工程设计方案,以减少流出物在取样过程中的管道损失。

8.2.5 流出物监测系统应保证正常运行和事故工况下均能获得可靠的监测结果。

9 辐射环境监测

9.1 运行前的环境调查

9.1.1 在核动力厂厂址首台机组首次装料前,营运单位必须完成环境本底辐射水平的调查,至少应获得最近两年的调查数据。同一厂址后续建造的机组应至少获得最近一年的辐射环境水平现状调查数据。

9.1.2 调查的环境介质应结合厂址的环境特征和核动力厂机组特征进行确定,一般应包括:空气、地表水和地下水、陆生和水生生物、食物、土壤、水体底泥和沉降灰等。

9.1.3 监测内容一般包括:环境 γ 辐射水平、环境介质中与核动力厂放射性排放有关的主要放射性核素浓度。

9.1.4 环境 γ 辐射水平的调查范围的半径一般取 50km,其余项目的调查范围的半径一般取 20～30km。

9.2 运行期间的常规环境辐射监测

9.2.1 在核动力厂首次装料前,营运单位必须制定环境监测大纲。在首次装料后,依据该大纲进行常规环境辐射监测,并对监测数据及时分析和评价,定期上报相关环境保护行政主管部门。

9.2.2 在进行常规环境辐射监测时,应与运行前的辐射环境本底(或现状)调查工作相衔接,充分利用运行前环境调查所获得的资料。项目采样点要与运行前环境调查保持适当比例的同位点。环境监测关注的重点是对关键人群组影响较大的主要放射性核素和环境介质。

9.2.3 常规环境辐射监测的环境介质、监测内容原则上与运行前环境监测相同。

9.2.4 环境 γ 辐射水平的调查范围的半径一般取 20km,其余项目的调查范围的半径一般取 10km。

9.2.5 常规环境辐射监测大纲要根据环境监测的经验反馈、监测技术进步以及厂址周围可能的环境变化,定期(通常为 5 年)进行优化,并报环境保护行政主管部门认可。

9.3 事故环境应急监测

环境应急监测是核动力厂事故应急计划的重要组成部分。监测原则、监测方法和步骤、监测项目、监测路线、监测网点、监测工作的组织机构、监测数据报告、发布办法等按核动力厂营运单位制订的应急计划中的相关规定执行。

9.4 环境监测的质量保证

9.4.1 核动力厂应建立环境监测质量保证体系。

9.4.2 核动力厂应编制质量保证大纲,并制定详细的质量控制措施。

9.4.3 核动力厂开展的环境监测应与国务院环境保护行政主管部门依法开展的监督性监测定期进行比对。

10 放射性固体废物管理

10.1 反应堆系统、安全系统和辅助系统的设计,应采用安全、先进的生产工艺和设备,合理选择和利用原材料,尽可能实施废物的循环利用,尽量减少放射性固体废物的产生量。

10.2 应选择先进的固化工艺和减容工艺,减少固体废物的产生量,固体废物装桶前应进行放射性监测。

10.3 应在核动力厂厂内设置放射性固体废物暂存库,放射性固体废物暂存库的库容应与固体废物的产生量及暂存时间相适应。暂存库内贮存的废物应满足低、中放固体废物处置场的接受要求,并及时转运到处置场。放射性废物在暂存库内暂存期限不应超过 5 年。

10.4 放射性废物的处理和贮存,应确保地表水和地下水不被污染,必要时应开展专项评价论证。

10.5 应在首次装料前制定放射性废物管理大纲,并在运行期间定期修订。设计、运行和退役中应贯彻放射性废物分类管理的原则,严禁将放射性废物与易燃、易爆、易腐蚀、非放射性物质混合运输和贮存。

建筑材料放射性核素限量(节录)

GB 6566—2010

(2010 年 9 月 2 日发布 2011 年 7 月 1 日实施)

本标准由中国建筑材料联合会提出。

本标准负责起草单位:中国建筑材料科学研究总院、中国疾病预防控制中心辐射防护与核安全医学所、中国建筑材料工业地质勘查中心、中国地质大学(北京)、中国建筑材料检验认证中心。

(按原标准编号节录)

2 术语和定义

下列术语和定义适用于本标准。

2.1 建筑主体材料 main materials for building

用于建造建筑物主体工程所使用的建筑材料。

2.2 装饰装修材料 decorative materials

用于建筑物室内、外饰面用的建筑材料。

2.3 建筑物 building

供人类进行生产、工作、生活或其他活动的房屋或室内空间场所。根据建筑物用途不同,本标准将建筑物分为民用建筑与工业建筑两类。

2.3.1 民用建筑 civil building

供人类居住、工作、学习、娱乐及购物等建筑物。本标准将民用建筑分为Ⅰ类民用建筑①和Ⅱ类民用建筑②。

2.3.2 工业建筑 industrial building

供人类进行生产活动的建筑物。如生产车间、包装车间、维修车间和仓库等。

2.4 内照射指数 internal exposure index

建筑材料中天然放射性核素镭-226 的放射性比活度与本标准中规定的限量值之比值。

2.5 外照射指数 external exposure index

建筑材料中天然放射性核素镭-226、钍-232 和钾-40 的放射性比活度分别与其各单独存在

---

① Ⅰ类民用建筑包括如住宅、老年公寓、托儿所、医院和学校、办公楼、宾馆等。
② Ⅱ类民用建筑包括:如商场、文化娱乐场所、书店、图书馆、展览馆、体育馆和公共交通等候室、餐厅、理发店等。

时本标准规定的限量值之比值的和。

2.6 放射性比活度 specific activity

物质中的某种核素放射性活度与该物质的质量之比值。

$$表达式：C = \frac{A}{m}$$

式中：C——放射性比活度，单位为贝克每千克($Bq \cdot kg^{-1}$)

A——核素放射性活度，单位为贝克(Bq)；

m——物质的质量，单位为千克(kg)。

2.7 测量不确定度 uncertainty of measurement

表征合理地赋予测量之值的分散性，与测量结果相联系的参数。

2.8 空心率 hole rate

空心建材制品的空心体积与整个空心建材制品体积之比的百分率。

3 要求

3.1 建筑主体材料

建筑主体材料中天然放射性核素镭-226、钍-232、钾-40的放射性比活度应同时满足 $I_{Ra} \leq 1.0$ 和 $I_r \leq 1.0$。

对空心率大于25%的建筑主体材料，其天然放射性核素镭-226、钍-232、钾-40的放射性比活度应同时满足 $I_{Ra} \leq 1.0$ 和 $I_r \leq 1.3$。

3.2 装饰装修材料

本标准根据装饰装修材料放射性水平大小划分为以下三类：

3.2.1 A类装饰装修材料

装饰装修材料中天然放射性核素镭-226、钍-232、钾-40的放射性比活度同时满足 $I_{Ra} \leq 1.0$ 和 $I_r \leq 1.3$ 要求的为A类装饰装修材料。A类装饰装修材料产销与使用范围不受限制。

3.2.2 B类装饰装修材料

不满足A类装饰装修材料要求但同时满足 $I_{Ra} \leq 1.3$ 和 $I_r \leq 1.9$ 要求的为B类装饰装修材料。B类装饰装修材料不可用于I类民用建筑的内饰面，但可用于II类民用建筑物、工业建筑内饰面及其他一切建筑的外饰面。

3.2.3 C类装饰装修材料

不满足A、B类装修材料要求但满足 $Ir \leq 2.8$ 要求的为C类装饰装修材料。C类装饰装修材料只可用于建筑物的外饰面及室外其他用途。

5 其他

5.1 材料生产企业按照本标准第3章要求，在其产品包装或说明书中注明其放射性水平类别。

5.2 在天然放射性本底较高地区，单纯利用当地原材料生产的建筑材料产品时，只要其放射性比活度不大于当地地表土壤中相应天然放射性核素平均本底水平的，可限在本地区使用。

γ辐照装置的辐射防护与安全规范（节录）

GB 10252—2009

（2009年6月19日发布　2010年6月1日实施）

本标准由中国核工业集团公司提出。

本标准起草单位：北京三强核力辐射工程技术有限公司、环境保护部核与辐射安全中心、北京市射线应用研究中心。

（按原标准编号节录）

3　术语和定义

GB 17568中确立的以及下列术语和定义适用于本标准。

3.1　辐照室 irradiation room

辐照装置内由辐射屏蔽体围封着、进行辐射加工且在工作状态时由于安全联锁措施人员不能进入的空间。

3.2　贯穿辐射 penetrating radiation

在物质中穿透本领强的辐射，一般指γ辐射、X辐射和中子辐射等。本标准特指辐照室屏蔽墙外表面、屋顶和贮源水井的水表面处透射出的γ辐射。

3.3　安全联锁 safety interlock

辐照装置的重要安全控制系统，其中有关部件的动作是相互关联的，每个部件的动作都受到预先规定的状态和（或）条件控制，只要其中任一组件的任何状态和（或）条件不满足预先的规定，就可阻止辐照装置的放射源从贮存状态投入使用，或使已投入或正在投入使用的放射源立即恢复到贮存状态，或可阻止人员进入辐照装置的辐照室使其免受照射。

3.4　环境影响评价 environmental impact assessment

对源的利用或某项实践可能对环境造成的影响所进行的预测和估计，包括对源或实践的规模与特性的概述，对场址或场所环境现状的分析，以及对正常、异常和事故情况下可能造成的环境影响或后果的分析。

3.5　许可证 license

国务院环境保护主管部门在安全审评基础上颁发的、并附有其持有者要遵守的特定要求和条件的辐射安全许可证书。

3.6　退役源 decommissioning source

达到制造厂家规定的使用寿期或发现放射性核素泄漏或许可证持有者预期不再使用的放射源。

4 辐射与污染控制

4.1 个人剂量控制

4.1.1 辐射工作人员职业照射和公众照射的剂量限值应按照 GB 18871—2002 的要求。

4.1.2 在辐照装置工程设计、运行和退役时,辐射防护的剂量约束值规定为:

a) 辐射工作人员个人年有效剂量值为 5mSv;

b) 公众成员个人年有效剂量值为 0.1mSv。

4.2 放射性污染的控制

4.2.1 贮源井水中 ^{60}Co 的放射性活度浓度应控制在 10Bq/L 以下。

4.2.2 贮源井水排放应满足下列要求:

a) 每月排放到下水道的 ^{60}Co 总活度不应超过 1×10^6Bq;

b) 每一次排放的 ^{60}Co 总活度不应超过 1×10^5Bq,并且每次排放后用不少于 3 倍排放量的水进行冲洗;

c) 经监管部门批准后方可排放。

4.2.3 按照 GB 18871—2002 表 B.11,工作人员的衣服、体表及工作场所的设备、工具、地面等表面 β 放射性物质污染控制水平见表 1。

表 1 表面 β 放射性物质污染控制水平

单位为贝可每平方厘米

表面类型		β 放射性活度
工作台、设备、墙壁、地面	控制区	4×10
	监督区	4
工作服、手套、工作鞋	控制区	4
	监督区	
手、皮肤、内衣、工作袜		4×10^{-1}

4.2.4 工作场所内的设备与用品,经去污后,其污染水平低于 0.8Bq/cm^2 时,经有资质的机构测量并经监管部门许可后,可作普通物件使用,但不应用于炊具。

6 辐射防护与安全设计

6.3 有害气体

6.3.1 辐照分解产生的臭氧和其他有害气体的浓度值不超过允许值,其控制浓度和监测要求见附录 B。

6.3.2 臭氧的产生和排放,其计算模式和参数参见附录 C。

8 辐射安全管理

8.1 辐照装置监管

8.1.1 辐照装置的选址、设计、建造、运行和退役均应按照相关法规要求,向监管部门提出申请,经认可或批准后方可实施。

8.1.2 辐照装置设计最大装源量增加或涉及装置辐射安全的设施有变化时,业主应向监管部门提出申请,经对其辐射防护和安全认证后方可实施。

8.2 业主的辐射安全职责

业主对辐照装置的辐射安全负有全部责任,应制定辐射防护与安全大纲,指定辐射防护负责人,配备或聘用合格专家。

8.3 辐射防护负责人

业主应设置辐射防护与安全机构,并指定辐射防护负责人,且赋予其相应权利,如果运行需要和辐射安全之间存在潜在冲突时,优先考虑辐射安全的需要。

辐射防护负责人职责包括:

——向所有操作人员、维修人员和其他相关的人员提供操作说明书,进行培训考核并确认他们已经掌握、遵守这些操作说明;

——控制区入口通道的管理;

——保证辐射工作人员受照剂量满足 4.1.2 要求;

——安排辐射监测仪器的检定;

——检查放射源的记录及其设备的维修记录;

——制定辐射安全检测方案并组织实施;

——监督个人剂量计的分发和回收,评价剂量监测结果;

——组织并实施定期安全检查程序;

——出现辐射安全问题及时上报;

——制订应急预案,安排周期性演练,确保其适宜性和有效性;

——编写辐照装置安全和防护状况的年度评估报告。

12 事故应急

12.1 辐照装置业主应制定事故应急预案,其中包括最大可信事故分析、应急程序等。

12.2 辐照装置一旦发生事故,应根据不同情况立即按照应急预案的要求采取相应响应行动。发生事故后要按相关规定要求及时报告。

12.3 参与事故应急处理的人员,应携带个人剂量报警仪,并佩带相适应的个人剂量计。操作全过程要有辐射防护人员进行监测和记录。

12.4 在事故应急处理时要控制放射性污染。对超过排放标准的污染水,要净化处理达到 4.2.2 的要求后方可排放。

12.5 业主应保证所有必需的应急物资在应急情况下可以正常使用,包括:

——适当的和功能正常的巡测仪,测量剂量率和放射性污染;

——直读式个人剂量报警仪;

——个人剂量计;

——屏蔽材料和警告标志;

——通信设备;

——巡测仪备用电池、照明用具;

——文具纸张,包括事故日志;

——设备手册；
——应急程序副本。

应急物资应该放在标签清晰、容易取出的橱柜里。橱柜上应附有应急物资清单。应定期核查或使用后立即核查,保证所有仪器存在而且功能正常或者作必要的替代。

12.6 受照人员处理及医疗处置等,应按照相关规定处理。

12.7 事故处理过程中产生的污染物应按有关规定处理。

12.8 事故及处理过程要详细记录并长期保存。

12.9 应急预案应定期复查,间隔不超过12个月。如运行状态发生改变或类似的辐照装置发生事故后,应根据情况复查应急预案。复查应确保:
——人员名单,联系方式等是最新的;
——应急设备性能完好、物资齐全;
——处理可预测事件的程序是适时的。

12.10 所有参加应急预案的人员应接受培训,以确保其有效执行任务。培训应包括熟悉、理解应急预案,学习使用应急物质,还包括回顾以前事故的教训。复训应选择适当的间期开展并作记录。

12.11 在适当间隔时间内安排工作人员进行应急培训演练。通过演练评估应急预案的适用性及有效性。如有必要,要修改演练程序和应急预案。

附录A(资料性附录)　辐照室屏蔽与防护设计计算(略)
附录B(资料性附录)　有害气体浓度限值及监测(略)
附录C(资料性附录)　有害气体的产生和扩散的计算(略)

操作非密封源的辐射防护规定(节录)

GB 11930—2010

(2010年11月10日发布　2011年9月1日实施)

本标准由中国核工业集团公司提出。
本标准起草单位:中国原子能科学研究院、核工业标准化研究所。

(按原标准编号节录)

3 术语和定义

下列术语和定义适用于本标准。

3.1 非密封源 unsealed source

不满足密封源定义中所列条件的源。密封源的定义是:密封在包壳里的或紧密地固结在覆盖层里并呈固体形态的放射性物质。密封源的包壳或覆盖层应具有足够的强度,使源在设计的使用条件和磨损条件下,以及在预计的事件条件下,均能保持密封性能,不会有放射性物质泄露出来。

3.2 包容 containment

防止放射性物质穿过确定的边界向外界转移或扩散的方法或实体结构,即使在一般事故情况下,这类方法或实体结构也能阻止放射性物质的外泄达到不可接受的程度。

3.3 密闭屏障 confinement barrier

由一道或多道实体屏障连同相应的辅助设备(包括通风设备)所构成的系统,该系统能有效地限制或防止正常和异常条件下放射性物质向外界的释放。

3.4 控制区 controlled area

在辐射工作场所划分的一种区域,在这种区域内要求或可能要求采取专门的防护手段和安全措施,以便:

a) 在正常工作条件下控制正常照射或防止污染扩散;
b) 防止潜在照射或限制其程度。

3.5 监督区 supervised area

未被确定为控制区、通常不需要采取专门防护手段和安全措施,但要不断检查其职业照射条件的任何区域。

3.6 模拟试验 mock-up experiment

在某实验进行之前为验证某些参数、训练操作技术等目的而进行的实验。也可指辐射事故发生后为确定受照人员的剂量而进行的与事故条件相似的实验。

3.7 冷试验 cold testing

用非放射性物质(有时亦可用示踪量的放射性物质)代替强放射性物质对某种方法、过程、仪器或设备所进行的试验。

3.8 热试验 hot testing

在正常工作条件下,按预期的放射性水平对某种方法、过程、仪器和设备所进行的试验。

3.9 任务(操作)监测 task(operational)monitoring

旨在为特定的任务(操作)提供有关操作管理的即时决策或辐射防护最优化所需的相关资料而进行的一种非常规性监测。

3.10 特殊监测 special monitoring

在怀疑或缺乏足够的信息来说明工作场所的安全状况是否得到控制的情况下所进行的一种调查性测量,旨在为弄清某些问题和确定下一步要采取的办法提供详细的信息。

4 一般原则

4.1 剂量限制

4.1.1 对从事非密封源操作的辐射工作人员受到的正常照射应加以限制,应对操作非密封源的实践活动所产生的公众照射加以限制,剂量限值、表面污染控制水平以及剂量约束值的确定均应遵循 GB 18871—2002 的要求。

4.1.2 宜根据国家标准、防护与安全最优化的原则制定管理限值、参考水平等。这些值可包括：

a) 某项实践活动中的个人剂量控制目标值；
b) 放射性核素最大操作量和存放量；
c) 工作场所各操作区的辐射水平或表面污染程度；
d) 正常情况下邻近地区的辐射水平，工作场所空气中放射性核素浓度；
e) 正常情况下工作箱内气溶胶浓度和辐射水平；
f) 流出物的放射性活度浓度和总活度；
g) 判定安全与防护设施应更换或维修的有关参数等。

5 安全操作

5.1 一般要求

5.1.1 为开展辐射防护管理工作并对职业照射进行控制，非密封源工作场所应实行严格的分区、分级管理，分区、分级管理的措施，应遵循 GB 18871—2002 的要求。

5.1.2 宜在辐射工作场所的醒目位置悬挂（张贴）辐射警告标志，人员通行和放射性物质传递的路线应严格执行相关规定，防止发生交叉污染。应制定严格的辐射防护规程和操作程序。

5.1.3 操作非密封源的单位应制定辐射防护大纲并对其实施和评价负全面责任。单位应设立相应的安全与防护机构(或专、兼职安全与防护人员)并用文件的形式明确规定其职责。

5.1.4 应建立安全与防护培训制度，培植和保持工作人员良好的安全文化素养，自觉遵守规章制度，掌握辐射防护基本原则、防护基本知识及辐射防护技能。

5.1.5 辐射工作人员对某些操作程序必要时应事先进行模拟试验、冷试验、热试验，当熟练掌握操作技能后方可正式开展工作。

5.1.6 如果操作过程中发现异常情况，应及时报告，并分析原因，采取措施，防止重复发生类似事件。

5.1.7 应定期检查工作场所各项防护与安全措施的有效性，针对不安全因素制定相应的补救措施，并认真落实，确保工作场所处在良好的运行状态。

5.1.8 在原有设施条件下开展新工作(包括工艺流程的重大改变和提高放射性核素日等效最大操作量)如果计划操作的放射性核素种类、操作量、操作方式以及防护设施和设备的要求超出原设计规范，应事先向主管部门提交防护与安全分析报告，经主管部门审查批准后方可进行。

5.1.9 如进行存在临界安全问题的操作，应同时遵守国家有关临界安全的规定。

6 辐射防护监测

6.1 一般要求

6.1.1 操作非密封源的单位应具备相应的辐射防护监测能力，配备合格的辐射防护人员及相关的设备，制定相应的辐射监测计划。编写辐射监测计划应执行 GB 8999、GB 11217、GB 5294、HJ/T 61—2001 的相关规定。

6.1.2 应记录和保存辐射监测数据，建立档案。记录监测结果时应同时记录测量条件、测量方法和测量仪器、测量时间和测量人姓名等。

6.1.3 应定期对辐射监测结果进行评价，提出改进辐射防护工作的建议，并应将监测与评价的结果向审管部门报告;如发现有异常情况应及时报告。

6.1.4 对于非常规性的特殊操作,为了加强操作管理、实现安全与防护最优化,应开展与任务(操作)相关的监测。

6.1.5 在新设施运行阶段、当设施或程序有了重大变更,或有可能出现异常情况时应进行特殊监测。

6.2 个人监测

6.2.1 操作非密封源的辐射工作人员的个人监测应遵循 GB 18871—2002 的要求,除了必要的个人外照射监测外,应特别注意采用合适的方法做好个人内照射监测。

6.2.2 在个人监测中要按照监测计划开展皮肤污染监测、手部剂量监测。

6.2.3 对于参加大检修或特殊操作而有可能造成体内污染的工作人员,操作前后均应接受内照射监测。必要时应依据分析结果进行待积有效剂量的估算。

6.2.4 个人剂量档案应妥善保存,保存时间应不少于个人停止放射工作后 30 年。

6.3 工作场所监测

6.3.1 应依据非密封源的特点和操作方式,做好工作场所监测,包括剂量率水平、空气中放射性核素浓度和表面污染水平等内容。

6.3.2 工作场所监测的内容和频度根据工作场所内辐射水平及其变化和潜在照射的可能性与大小进行确定。附录 A 给出了一种可供参考的工作场所常规监测的内容与周期。

7 放射性废物管理

7.1 一般要求

7.1.1 放射性废物的管理应遵循 GB 18871—2002、GB 14500 的相关规定,进行优化管理。

7.1.2 应从源头控制、减少放射性废物的产生,防止污染扩散。

7.1.3 应分类收储废物,采取有效方法尽可能进行减容或再利用,努力实现废物最小化。

7.1.4 应做好废物产生、处理、处置(包括排放)的记录,建档保存。

7.2 放射性废液

7.2.1 操作非密封源的单位,一般应建立放射性废液处理系统,确保产生的废液得到妥善处理。不得将放射性废液排入普通下水道,相关控制应遵循 GB 18871—2002 的要求;不允许利用生活污水下水系统洗涤被放射性污染的物品;不允许用渗井排放废液。

7.2.2 废液应妥善地收集在密闭的容器内。盛装废液的容器,除了其材质应不易吸附放射性物质外,还应采取适当措施保证在容器万一破损时其中的废液仍能收集处理。遇有强外照射时,废液收集地点应有外照射防护措施。

7.2.3 经过处理的废液在向环境排放前,应先送往监测槽逐槽分析,符合排放标准后方可排放。

7.2.4 使用少量或短寿命放射性核素的单位,可设立采取衰变方法进行放射性废液处理处置系统,该系统应有足够的防渗漏能力。

7.3 放射性固体废物

7.3.1 产生放射性固体废物较多的单位应当建立固体废物暂存库,确保储存的废物可回取。

7.3.2 操作非密封源的单位产生的废物(包括废弃的放射源),应按要求送指定的废物库暂存。送贮的废物应符合送贮条件。

7.3.3 对于半衰期短的废物可用放置衰变的办法,待放射性物质衰变到清洁解控水平后作普通废物处理,以尽可能减少放射性废物的数量。

7.4 放射性废气排放

7.4.1 对工作场所放射性废气或气溶胶的排放系统,应经常检查其净化过滤装置的有效性。

7.4.2 凡预计会产生大量放射性废气或气溶胶而可能污染环境的一次性操作,亦应采取有效的防护与安全措施和监测手段。

8 事故预防和应急

8.1 应采取适当的防护与安全措施,尽可能减少或防止由于人为错误或其他原因导致的事故和事件,并有效减轻事故和事件的后果。

8.2 操作非密封源的单位,应当分析可能发生的事故和风险,制定相应的应急预案,做好应急准备,并报审管部门备案。

8.3 发生事故(事件)后,应按照报告程序及时向审管部门报告。不缓报、瞒报、谎报或漏报。

8.4 对于因事故受到伤害的人员,应配合医疗单位进行应急救援和治疗。

9 非密封放射源的管理

9.1 操作非密封源的单位应配备专(兼)职人员负责放射性物质的管理,应建立非密封放射源的账目(如交收账、库存账、消耗账),并建立登记保管、领用、注销和定期检查制度。

9.2 非密封放射源应存放在具备防火、防盗等安全防范措施的专用贮存场所妥善保管,不得将其与易燃、易爆及其他危险物品放在一起。

9.3 辐射工作场所贮存的非密封放射源数量应符合防护与安全的要求,对于不使用的非密封放射源应及时贮存在专用贮存场所。

9.4 贮存非密封放射源的保险橱和容器在使用前应经过检漏。容器外应贴有明显的标签(注明元素名称、理化状态、射线类型、活度水平、存放起始时间和存放负责人等)。

附录 A(资料性附录) 操作非密封源工作场所常规监测的内容与周期(略)

环境核辐射监测规定(节录)

GB 12379—90

(1990 年 6 月 9 日发布　1990 年 12 月 1 日实施)

本标准由国家环保局和中国核工业总公司联合提出。
本标准由核工业总公司华清公司负责起草。

(按原标准编号节录)

3 术语

3.1 源项单位
从事伴有核辐射或放射性物质向环境中释放并且其辐射源的活度或放射性物质的操作量大于 GB 8703 规定的豁免限值的一切单位。

3.2 环境保护监督管理部门
国家和各省、自治区、直辖市及国家有关部门负责环境保护的行政监督管理部门。

3.3 核设施
从铀钍矿开采冶炼、核燃料元件制造、核能利用到核燃料后处理和放射性废物处置等所有必须考虑核安全和(或)辐射安全的核工程设施及高能加速器。

3.4 同位素应用
利用放射性同位素和辐射源进行科研、生产、医学检查、治疗以及辐照、示踪等实践。

3.5 环境本底调查
源项单位在运行前对其周围环境中已存在的辐射水平、环境介质中放射性核素的含量,以及为评价公众剂量所需的环境参数、社会状况等所进行的调查。

3.6 常规环境监测
源项单位在正常运行期间对其周围环境中的辐射水平以及环境介质中放射性核素的含量所进行定期测量。

3.7 监督性环境监测
环境保护监督管理部门为管理目的对各核设施及放射性同位素应用单位对环境造成的影响所进行的定期或不定期测量。

3.8 质量保证
为使监测结果足够可信,在整个监测过程中所进行的全部有计划有系统的活动。

3.9 质量控制
为实现质量保证所采取的各种措施。

3.10 代表性样品
采集到的样品与在取样期间的样品源具有相同的性质。

3.11 准确度
表示一组监测结果的平均值或一次监测结果与对应的正确值之间差别程度的量。

3.12 精密度
在数据处理中,用来表达一组数据相对于它们平均值偏离程度的量。

4 环境核辐射监测机构和职责

4.1 一切源项单位都必须设立或聘用环境核辐射监测机构来执行环境核辐射监测。核设施必须设立独立的环境核辐射监测机构。其他伴有核辐射的单位可以聘用有资格的单位代行环境核辐射监测。

4.1.1 源项单位的核辐射监测机构的规模依据其向环境排放放射性核素的性质、活度、总量、排放方式以及潜在危险而定。

4.1.2 源项单位的环境核辐射监测机构负责本单位的环境核辐射监测,包括运行前环境本底调查,运行期间的常规监测以及事故时的应急监测;评价正常运行及事故排放时的环境污染水平;调查污染变化趋势,追踪测量异常排放时放射性核素的转移途径;并按规定定期向有关环境保护监督管理部门和主管部门报告环境核辐射监测结果。(发生环境污染事故时要随时报告)。

4.2 各省、自治区、直辖市的环境保护管理部门要设立环境核辐射监测机构。

4.2.1 环境保护监督管理部门的环境核辐射监测机构的规模依据所辖地区当前及预计发展的伴有核辐射实践的规模而定。

4.2.2 环境保护监督管理部门的环境核辐射监测机构负责对本地区的各源项单位实施监督性环境监测;对所辖地区的环境核辐射水平和环境介质中放射性核素含量实施调查、评价和定期发布监测结果;在核污染事故时快速提供所辖地区的环境核辐射污染现状;并负责审查和核实本地区各源项单位上报的环境核辐射监测结果。

核燃料循环放射性流出物归一化排放量管理限值(节录)

GB 13695—92

(1992年9月29日发布 1993年8月1日实施)

本标准由中国核工业总公司提出。

本标准由中国辐射防护研究院负责起草。

(按原标准编号节录)

3 术语

3.1 核燃料循环

铀矿的开采和水冶、核燃料元件制造、反应堆运行及乏燃料后处理及放射性废物处置的全过程。

3.2 放射性流出物

由核设施以气载或液态形式向环境释放的含放射性物质的废气或废液。

3.3 归一化排放量

折合成生产单位电能(或单位金属铀产量),由核设施向环境释放的放射性物质的数量。

4 核燃料循环放射性流出物归一化排放量管理限值

4.1 铀矿山、水冶厂和铀采冶联合企业的放射性流出物归一化排放量管理限值分别列入表1~表3。

表1 铀矿山放射性流出物归一化排放量管理限值

Bq/100 t(U)[a]

放射性核素	气载	液态
总 U	4.0×10^7	7.0×10^{10}
^{230}Th	2.0×10^7	5.0×10^8
^{226}Ra	6.0×10^7	5.5×10^9
^{222}Rn	6.0×10^{13}	—
^{210}Po	2.5×10^7	4.0×10^7
^{210}Pb	2.5×10^7	1.0×10^6
注：a 100t(U)指100t金属铀。		

表2 水冶厂放射性流出物归一化排放量管理限值

Bq/100 t(U)[a]

放射性核素	气载	液态
总 U	3.5×10^8	8.0×10^8
^{230}Th	5.0×10^6	7.0×10^7
^{226}Ra	5.0×10^6	5.0×10^9
^{222}Rn	7.0×10^{12}	—
^{210}Po	5.0×10^6	3.0×10^8
^{210}Pb	5.0×10^6	5.0×10^8
注：a 100t(U)指100t金属铀。		

表3 铀采冶联合企业放射性流出物归一化排放量管理限值

Bq/100 t(U)[a]

放射性核素	气载	液态
总 U	1.5×10^8	3.5×10^{10}
^{230}Th	6.5×10^7	3.5×10^9
^{226}Ra	6.5×10^7	7.5×10^9
^{222}Rn	1.0×10^{14}	—
^{210}Po	6.5×10^7	2.5×10^8
^{210}Pb	6.5×10^7	3.5×10^9
注：a 100t(U)指100t金属铀。		

4.2 铀同位素分离厂(即浓缩厂)放射性流出物的归一化排放量管理限值列入表4。

表4 铀同位素分离厂放射性流出物归一化排放量管理限值

Bq/GW(e)a[a]

放射性核素	气载	液态
总铀	1.5×10^9	5.0×10^9

注:a 1GW(e)a 相当于130t分离功。

4.3 铀元件厂放射性流出物归一化排放量管理限值列入表5。

表5 铀元件厂放射性流出物归一化排放量管理限值

Bq/100t(U)[a]

放射性核素	气载	液态
总铀	1.5×10^9	4.5×10^9

注:a 100t(U)指100t金属铀。

4.4 核动力堆(含供热堆)放射性流出物的归一化排放量管理限值列入表6。

表6 核动力堆(含供热堆)放射性流出物归一化排放量管理限值

Bq/GW(e)a[a,b]

流出物类别	放射性核素	归一化排放量限值
气载	惰性气体	1.0×10^{15}
	^3H	1.5×10^{13}
	放射性碘	1.5×10^{10}
	除碘化其他气溶胶	4.5×10^9
液态	^3H	3.5×10^{13}
	除^3H外其他核素	4.5×10^{11}

注:a 表中管理限值只适用于压水堆。
b 当用于供热堆时,归一化排放量管理限值的单位为 Bq/GW(t)a,表中各数据应分别除以3。

4.5 后处理厂放射性流出物归一化排放量管理限值列入表7。

表7 后处理厂放射性流出物归一化排放量管理限值

Bq/GW(e)a

放射性核素	气载	液态
^3H	1.5×10^{14}	6.0×10^{14}
^{85}Kr	1.5×10^{16}	—
^{98}Sr	8.0×10^{10}	3.0×10^{11}
^{129}I	5.0×10^9	—
^{137}Cs	4.0×10^{10}	2.0×10^{11}
^{239}Pu	6.0×10^9	3.0×10^{10}

5 核燃料循环各设施放射性流出物释放的控制

5.1 核燃料循环各设施的放射性流出物释放除必须满足第4章的要求外,还必须保证对公众中的个人造成的年有效剂量当量不得超过 GB 8703 的要求所批准的管理限值。对于核电厂,还必须同时满足 GB 6249 对每座核电厂规定的排放量限值。

5.2 核燃料循环各设施应根据本厂厂址的自然环境特点、周围人口分布及社会、经济状况,制定各自的归一化排放量的管理限值,该限值一般不得宽于第4章的规定。

5.3 核燃料循环各单元流出物的释放,在满足第5章规定的前提下,还应当遵照最优化的原则,把流出物排放量降低到可合理达到的尽可能低的水平。

铀矿冶设施退役环境管理技术（节录）

GB 14586—93

(1993年8月30日发布　1994年4月1日实施)

本标准由国家环境保护局提出。
本标准由中国核工业总公司矿冶部、国营二七二厂负责起草。

（按原标准编号节录）

3 术语

3.1 铀矿冶设施

具有一定规模的从事铀矿开采、选冶的场地、设备、构筑物、建筑物等设施,其中包括：
a. 从天然矿石中每年获得多于 10kg 铀的实验设施和场所；
b. 为评价铀矿床开掘的坑、井；
c. 铀矿山；
d. 铀选冶厂；
e. 放射性废物处理系统。

3.2 退役

对永久终止运行的铀矿冶设施所做的善后处理,以保证工作人员和公众免受残留放射性的照射和其他可能的危害。

3.3 废物处置

将固体废物放在尾矿库、废石场、采空区或其他给定的场所,加以处理不再回取。处置也包括废气、废水向环境的控制排放。

3.4 稳定化

就是对废石场、尾矿库进行必要的处理和处置的有计划的行动,保持长期稳定,防止由于自然力或其他原因引起塌垮流失,造成环境污染事故。

3.5 安全分析

对一项准备实施的活动进行的有关风险的分析和计算。

3.6 废石

自矿坑(井)中运出的物料。包括:

a. 基本不含铀、钍的脉石;

b. 无回收价值的低品位铀、钍物料。

3.7 尾矿(渣)

这里指的是:

a. 选矿过程中产生的废弃部分;

b. 矿石堆浸后废弃物;

c. 铀水冶厂浸出铀后废弃的矿砂和矿泥。

3.8 尾矿库(尾矿池)

沉淀、贮存水冶厂尾矿浆中的矿砂和矿泥的专用设施。

3.9 氡析出率

在单位时间间隔内穿过单位面积界面析出到空气中的氡的量。

4 退役环境管理程序

铀矿冶设施退役的环境管理程序包括:

a. 提出退役申请;

b. 编制治理方案,同时编制环境预评报告书,并进行审批;

c. 组织设计和实施;

d. 工程竣工验收;

e. 退役设施的移交和长期监护。

5 申请和审批

5.1 铀矿冶设施终产前应向主管部门提出退役申请报告,其退役全过程一般要在三年内完成。

5.2 设施退役的申请报告内容:

5.2.1 提供退役设施的名称、性质、类别、规模、服务年限和退役原因以及终止运行时间。

5.2.2 提供设施退役并经过去污处理后剩余的污染源项种类、数量、总放射性活度、比放射性活度及非放有害物质成分和含量。

5.2.3 描述被污染的构筑物及生产场所的污染水平。

5.2.4 根据退役设施经去污处理、整治后的达标情况,论述是无限制或有限制使用的退役,并阐述其对环境的影响,进行安全分析。

5.3 设施退役单位向主管部门提出设施退役申请的同时,应提交退役方案,并对所提方案进行最优化分析。

5.4 主管部门收到设施退役申请报告后,应及时组织专家对设施退役报告、环境整治方案进行论证审批。

5.5 委托有评价资格的单位编制环境影响报告书,经主管部门预审后,报国家环境保护行政主管部门审批。

6 实施

6.1 污染设备的处置

污染的设备、器材、废旧钢铁等必须进行去污处理,直至其非固定 α、β 表面放射性污染度符合有关规定的标准要求。

6.2 矿井

6.2.1 退役矿井的坑口、井口及通往地表的天井口、风井口,必须采取永久性密封措施,要求达到封闭坚固、牢靠、无渗漏;坑口、井口封闭后应用土石加厚夯实恢复地貌,以防自然塌陷和人为破坏。

6.2.2 对可能发生塌陷和崩落的地区必须进行治理,应拆除永久性建筑物,对不允许冒落的地区应用废石砌筑岩柱进行支护,控制地表崩落和塌陷。

6.2.3 对可能有污水涌出的矿井,要采取有效措施,防止污染环境。

6.3 露天采矿场

6.3.1 露天采场的边坡应进行稳定化处理,以防片帮、滑坡。

6.3.2 对边坡崖高差大的地段周围,要砌围墙,并设永久性禁止入内标志,以防人畜误入,发生危险。

6.3.3 露天矿废墟表面的氡析出率平均值超过附录A中A2条规定限值时,应进行覆土植被,以减少氡的析出。

6.3.4 地表构筑物采取去污处理措施后,仍达不到10.1.2条要求的,应按放射性废物要求妥善处理。

6.4 地浸场地

地浸采矿的退役处理,必须使矿井水恢复到可接受的水质标准,防止地下水和地表水受到污染。

6.5 选冶厂

6.5.1 选冶厂的退役,按照10.1.2条和附录A中A3条要求清除污染的地面、地板和建筑物的基底,可将这些废物埋藏在尾矿库。

6.5.2 退役的堆浸场地必须将其废渣堆放在尾矿库或用适宜的物料覆盖,妥善处理。

6.5.3 必须清除被矿石堆污染的场地,必要时可用探测器探测埋藏较深的污染物,并加以清除,直至将地表残余污染减少到可接受的水平。

6.6 废石场

6.6.1 废石场应建造拦石坝,防止废石滑坡流失。

6.6.2 沿废石场周围设置防洪沟,防止洪水冲浸废石场。

6.6.3 废石场表面氡析出率平均值超过附录A中A2条规定限值时,应进行覆土植被。

6.7 尾矿库

6.7.1 尾矿库的退役处置,必须使氡的析出率和 γ 辐射水平低于规定限值,并防止坝体塌垮,尾矿流失,渗水污染环境。

6.7.2 尾矿库退役时不应保留库内凹地,可用土壤或废石填平。库顶部在覆土植被前要先平整成2%～4%的坡度。在没有坝堤的边坡,应修成坡度1:3～1:5的斜坡,再用石块砌成厚度为 50～100cm 的护坡,必须满足稳定化要求并保留排洪和渗水回收设施。

6.7.3 覆盖尾矿应因地制宜合理选用覆盖材料,覆盖层厚度应满足附录 A 中 A2 条要求,并防止风蚀、雨水冲刷和尾矿流失。

7 工程竣工验收

7.1 设施退役工程竣工以后,应按照 EJ 432 的要求进行监测。监测的目的是:

a. 评价设施退役工程是否符合国家和有关部门颁布的对放射性废物处置的要求,检验环境影响报告书是否符合实际情况。

b. 及时发现可能的污染环境的事件及途径。

c. 为设施的验收交付工作提供数据。

7.2 提交设施退役整治工程竣工报告时,应同时提交设施退役环境现状评价报告,上报有关主管部门。

7.3 主管部门在接到工程竣工报告和环境现状评价报告书后,负责会同地方政府组织专家对设施退役的环境保护措施和工程质量进行审查验收。

8 退役设施的移交和长期监护

8.1 设施退役交付地方时,退役单位必须将竣工报告、环境现状评价报告书交给接收单位,接收单位应在接收后一年内进行监督性监测,当确认达到退役环境管理标准时办理正式移交手续,此后由接受单位负责长期监护。

8.2 退役的设施必须进行长期监护和管理,其主要内容包括:

a. 废石场和尾矿库避免裸露;

b. 采用的封闭隔离系统,能有效地防止地下水和地表水受到放射性核素迁移而引起的污染;

c. 废石和尾矿中氡的析出;

d. 放射性粉尘和 γ 辐射所造成的影响。

8.3 退役设施移交后的环境监测和评价报告应由地方有关部门负责编制。

9 质量保证

9.1 为保证退役工程的质量达到长期稳定的目的,在编制退役工程方案的同时,应编制退役工程质量保证大纲,要求设计、施工单位制定质量保证的具体措施。

9.2 重大的退役工程的设计应委托有设计资格的单位承担,设计必须满足经过批准的环境影响报告书的要求,施工设计必须经过上级主管部门审查批准方可施工。

9.3 对设施退役的申请报告、退役方案、设计、施工、验收资料、环境监测数据、环境影响评价报告以及有关的质量保证文件等都应建立档案,永久保存。

9.4 设计部门和设施退役单位对施工质量应进行检查监督,发现质量问题应限期解决。

附录 A(参考件) 环境管理限值(略)

反应堆退役环境管理技术规定(节录)

GB/T 14588—2009

(2009年3月13日发布　2009年11月1日实施)

本标准由中国核工业集团公司提出。
本标准起草单位:中国核电工程有限公司。

(按原标准编号节录)

3　术语和定义

下列术语和定义适用于本标准。

3.1　退役 decommissioning

为解除核设施(处置场除外,处置场是"关闭"而不是"退役")的部分或全部监管控制而采取的行政和技术行动。

3.2　退役策略 decommissioning strategies

a) 立即拆除 immediate dismantling

核设施设备、构筑物和局部含有的放射性污染物被转移或去污到设施允许无限制使用或由监管部门规定的有限制使用的水平,并且在设施最终关闭后立即实施。这就意味着要从设施及时地转移处理放射性物质到其他新建或已有设施中长期贮存或处置。

b) 延迟拆除(安全贮存或安全封存) deferred dismantling(safe storage or safe enclosure)

核设施局部含有的放射性污染物被处理或达到安全贮存的状态,直到能被随后去污和拆除到设施允许被解控他用的水平。

c) 就地埋葬 entombment

放射性污染物在结构上被长期包容直到放射性衰变到允许设施无限制使用或由监管部门规定的有限制使用的水平。由于放射性物项将保留在场址,从本质上来讲设施将最终指定为近地表废物处置设施。

3.3　解控 clearance

审管部门按规定解除对已批准进行的实践中的放射性材料或物品的管理控制。

3.4　退役阶段 decommissioning stage

退役过程中,根据退役实施的不同时间段和目标而划分的作业阶段。一般分为准备阶段、去污拆除阶段、场址整治验收等阶段。

3.5　遗留核设施 remaining nuclear facility

核设施退役完成后,原场址内仍在监管控制下的剩余或新建核设施。

3.6 退役终态 decommissioning end-point

通过已批准退役方案的实施,场址完成最终放射性特性调查后达到的状态,通常包括场址的有限制开放和无限制开放两种终态。

4 环境管理目标

通过退役活动,使得退役实施过程和终态的放射性残存物以及其他有害物质对公众和环境的危险减少到可以接受的水平,并对退役产生的废物进行有效的管理,实现物料的再循环再利用以及场址的无限制或有限制的开放和使用。

5 环境管理一般要求

5.1 反应堆退役环境管理的程序和技术要求除满足本标准外,还应符合国家相关法规、标准和审管部门的要求。

5.2 反应堆退役实施前,为退役服务的环境保护设施和各项措施应落实并可投入使用。

5.3 反应堆退役过程中应满足辐射防护最优化原则,使职业照射和公众受照剂量满足可合理达到的尽量低原则。

5.4 反应堆退役过程中应贯彻废物最小化的原则,各阶段产生的放射性废物及其他有害废物,均应予以安全妥善的处理处置。

5.5 在退役阶段的质量保证大纲中,应包括环境管理的内容。

5.6 应制定应急对策,以应对可能发生的、会对环境产生影响的事件和事故,具体要求参见第9章。

6 执行标准

6.1 反应堆退役对公众照射的控制应符合 GB/T 18871—2002 第8章的规定;反应堆退役终态对公众所造成的持续照射,其剂量约束值应不高于该设施运行期间的剂量约束,剂量约束值的选取应符合 GB/T 18871—2002 中 11.4 的规定。

6.2 反应堆退役过程中向环境排放的放射性物质,应符合 GB/T 18871—2002 中 8.6 的规定。

反应堆退役过程中大气污染物的排放应符合 GB 16297 的相关规定。

反应堆退役过程中非放射性污水向水体的排放应符合 GB 8978 的相关规定。

6.3 反应堆退役过程中放射性废物的管理应符合 GB 14500 相关规定。

其中放射性废物的分类、暂存、中低放废物的浅地层处置应符合 GB 9133、GB 11928、GB 9132 的相关规定。

反应堆退役过程中运出厂区的放射性物质或放射性废物,应按照 GB 12711、GB 11806 的相关规定进行包装和运输,非放射性废物也应进行合理包装。

6.4 反应堆退役过程中产生的物料,经审管部门认可,可以不再遵循本标准的要求,即可以将其解控。

反应堆退役过程中产生的钢铁和铝等材料需要再循环、再利用时,应符合 GB/T 17567 的相关规定。其他材料可参照 GB/T 17567—2009 附录 B 的方法,提出建议值,申报批准。

反应堆退役过程中拟再循环、再利用或作非放射性废物处置的固体物质的放射性活度测量应符合 GB/T 17947 相关规定。

6.5 反应堆退役过程中有毒有害危险废物的处理应符合 GB 5085、GB 18597 和 GB 18598

的相关规定。

6.6 反应堆退役过程的环境影响评价和辐射监测应符合 GB 11215、GB 12379 和 HJ/T 61 相关规定。

6.7 反应堆退役过程中产生的环境噪声应符合 GB 12348 相关规定。

6.8 反应堆退役后拟无限制开放场址土壤剩余放射性可接受水平可参照 HJ 53 相关规定,提出建议值,申报批准。

7 对退役环境管理的技术文件的要求

7.1 本标准的技术文件要求是针对大型反应堆制定的,中小型研究实验堆文件的内容和深度可酌情进行简化或省略。

7.2 退役设计中,应包括下列与环境安全有关的内容:

a)描述不同退役阶段主要放射性特性调查情况,不同退役作业中放射源的分布与变化情况;

b)提出不同退役阶段对退役废物的处理、运输、贮存与处置技术路线及确保环境安全的措施;

c)针对退役作业的特点,提出不同退役阶段放射性流出物排放的管理目标值,制定减少放射性流出物向环境排放的措施;

d)针对退役作业的特点和环境变化的情况,提出放射性流出物监测方案及环境监测方案,以及相应的质量保证措施;

e)预测不同退役作业中可能发生的事故,分析这些事故对环境的影响,并制定相应的安全措施与补救应急措施;

f)针对退役作业的特点,制定减少非放射性污染物(如化学毒物、粉尘、噪声等)对环境影响的措施,提出预防人为事故的安全措施;

g)针对退役不同阶段的特点,对运行期间的环境保护与监测设施进行设计调整;

h)遗留核设施应设计可靠的安全屏障,将该设施内的放射性物质对环境的影响减少到尽可能低的程度。

7.3 "反应堆退役环境影响报告书"应包括下列主要内容:

a)描述厂址周围的自然环境与社会环境现状;

b)简述退役反应堆及其辅助工程的概况、运行历史和运行期间的环境质量;

c)描述反应堆退役放射性特性调查结果,包括安全关闭后放射性残存物的种类、数量、主要核素、总活度和活度浓度、放射性活度分布及活度随时间的变化;

d)描述退役策略、退役目标及终态描述;

e)简述退役方案及其主要作业内容;

f)描述退役期间的废物管理,包括退役废物的处理、运输、贮存与处置方案,以及为控制放射性流出物向环境排放而采取的环境保护措施和设施;

g)提出退役过程和终态辐射环境监测方案和质量保证措施;

h)分析反应堆退役过程中正常工况及可能的事故工况对环境的影响,对可能的事故进行分析并给出缓解及减少事故后果的应急措施;

i)分析非放射性有毒有害物质对环境产生的影响,包括其形态、数量和浓度等;

j)分析退役终态放射性残存物对环境的影响。除无限制开放使用的场址外,如存在部分遗留核设施,应预估其放射性及拟采取的安全屏障和安全措施,并分析事故工况对环境的影响。

7.4 "反应堆退役过程环境监测大纲"应包括下列主要内容:
a) 每月放射性流出物的实测结果(要求见8.2.1);
b) 当年的环境辐射水平的调查结果(要求见8.2.1);
c) 说明运出厂区的放射性废物的种类、数量、活度浓度和总活度,简述运输方案和实施的情况;
d) 简述当年退役作业中出现的事故及对环境造成的影响评估;
e) 当年退役作业中产生的非放射性污染物的种类、浓度和数量。

7.5 "反应堆退役环境监测总结报告"应包括下列主要内容:
a) 简介退役工程背景和设施概况;
b) 简述退役方案及废物管理实施的概况;
c) 说明退役过程中排入环境的放射性流出物的实测结果及环境辐射水平的调查结果;
d) 说明退役过程中排入环境的非放射性有害物的种类、浓度和数量的测量结果;
e) 根据测量结果评价退役作业以及退役终态场址放射性残存物对环境的影响;
f) 说明场址地形地貌的恢复情况及预期再利用概况;
g) 如存在遗留核设施,说明其源项情况以及可能对环境造成的影响,应说明采取的安全屏障或安全措施,并评价事故工况下的环境影响。

8 环境管理技术要求

8.1 退役废物管理要求

8.1.1 一般要求

确保退役各项废物管理活动符合国家有关环境保护政策和要求,制订适宜的废物管理方案,预估所产生的废物量,采取有效的控制措施和先进的技术手段,减少对工作人员及公众的危害及对环境的影响。

8.1.2 废物接收、贮存、处理、处置设施的要求

在退役工程开始实施之前,应确定为退役工程服务的废物接收、贮存、处理、处置设施在退役期间能够安全、有效运行。

8.1.3
采取有效措施控制在退役作业过程中产生的气载放射性废物和放射性液体废物的排放,使得流出物的排放符合国家标准或审管部门的批准限值。

8.1.4 放射性废物管理要求

a) 退役过程中产生的放射性废物应进行合理分类,分别处理与处置,遵循废物最小化原则;
b) 暂存在临时场地的放射性废物,应保证能在规定的暂存年限内顺利回取,妥善处理处置;
c) 极低放固体废物可在经过论证批准的合适地点采用填埋法处置,或送极低放固体废物填埋场处置;地表应设置安全标志,并按填埋物的性质给出管理期限。管理期限以废物的放射性水平衰减到解控水平以下为界;
d) 中、低放固体废物经批准送中低放固体废物处置场;极少量高放固体废物先在批准的暂存库进行暂存,最终送高放地质处置库处置。
e) 再循环再利用物项和利用情况应进行严格、科学合理的检测,确保其放射性水平符合解控或回用要求。获得审管部门批准的再循环再利用物项应有详细记录,并长期保存相关资料;
f) 放射性废物的包装、运输应根据废物的不同种类制定安全、合理的方案,以确保环境安全。

8.1.5 非放射性废物管理要求

非放射性废物应进行合理分类、处理和处置,重视非放射性有毒、有害废物的管理,尽可能地减少对环境的影响,最终的处理和处置应符合国家相关法规和标准的要求。

8.2 环境监测要求

8.2.1
反应堆退役过程中应对周围环境进行监测,建立环境监测大纲,内容应包括项目、频度、介质与方法等。若监测结果异常,应追踪污染趋势并采取应急补救措施。

8.2.2
若非立即拆除的退役策略,应在遗留核设施周围设置监测装置,定期取样分析,检测附近地下水、地表水、土壤等样品的放射性水平。如发现异常,应及时查找原因、清除污染,采取相应的应急补救措施。

8.3 场址整治和开放要求

根据退役终态目标,制定场址整治方案,内容应包括整治方法手段、终态特性调查、剩余放射性水平的环境影响评估等。无限制或有限制开放使用的场址应符合相关标准、规定的要求,并经审管部门批准后,方可开放使用。

9 应急对策

根据反应堆的特点、退役情况和周围环境状况,编制应急对策,做好应急准备。

10 安全保卫

10.1
反应堆退役过程中,应根据现场实际情况,制定安全保卫制度并严格执行。

10.2
反应堆退役期间,现场应设置安全屏障。退役后若有遗留核设施,应对其提供相应安全保卫措施。

10.3
可能对公众、环境造成危害的放射性物料和非放射性物料,应严格管理,采取有效措施防止放射性废物丢失或非法转移。

11 质量保证措施

11.1
在反应堆退役的质量保证大纲中,应含有确保退役全过程中的环境安全的内容,使退役作业的实施和退役废物的处理与处置都不会对环境产生不可接受的影响。

11.2
从事退役质量保证工作的人员应经过培训、考核和批准,具有保证退役活动按预定的程序和质量要求进行的能力。

11.3 退役中的各项辐射监测,应满足下列要求:

a) 所用的测量仪器、仪表均应经过有资质的计量检定部门的校准与检定,确保仪器、设备处于正常工作状态,并在有效期内使用;

b) 监测人员应能正确地执行监测程序;使布点、取样、制样、测量等有关步骤得到正确的执行;

c) 测量误差应能受到控制,使测量的准确性得到保证,并有验证的措施;

d) 所使用的分析方法应符合国家有关规定的要求,确保测量结果得到正确的分析;

e) 应认真记录、校核并妥善保管监测数据与资料。

11.4
与退役有关的全部资料,包括该设施的设计、建造与运行资料、退役设计与退役作业实施资料、退役中的过程文件等都应予以认真收集与存档。

铀矿地质勘查辐射防护和环境保护规定（节录）

GB 15848—2009

（2009年5月6日发布　2010年2月1日实施）

本标准由中国核工业集团公司提出。
本标准起草单位：中国核工业地质局、核工业二〇八大队。

（按原标准编号节录）

3　术语

下列术语和定义适用于本标准。

3.1　铀矿地质勘查 uranium geological prospecting

为了寻找和查明铀矿资源，而利用各种勘查手段了解地下的地质状况，认识铀成矿条件和环境，综合评价铀成矿远景，确定有利地区，找到铀矿带，探明铀矿规模，搞清含铀层情况和产出能力的过程。

3.2　铀矿坑探 uranium tunneling exploration

为探查铀矿地质资源而进行的井下探矿作业。

3.3　副产矿石 by product ore

铀矿地质勘查过程中产生的铀含量在万分之一以上的铀矿石。

3.4　铀矿地质废石（渣）uranium geological waste ore

铀矿地质勘查过程中所产生的废石（铀品位小于万分之一）和其他固体废物的总称。

3.5　氡子体的暴露量 radon exposure content of radon daughter

氡子体在空气中浓度的时间积分。依氡子体浓度所用单位的不同，暴露量单位的表示也不一样。当氡子体浓度以 J/m^3 为单位时，暴露量用 $J·h/m^3$ 表示。

3.6　（氡子体和钍子体）α 潜能 α potential(radon daughter)

氡（^{222}Rn）的氡子体完全衰变为 ^{210}Pb（但不包括 ^{210}Pb 的衰变）和钍（^{220}Rn）的子体完全衰变到稳定的 ^{208}Pb 时，所发射的 α 粒子能量的总和，单位为焦耳（J）。

3.7　氡（钍）子体 α 潜能浓度 α potential content of radon daughter

单位体积空气中存在的所有氡或钍的短寿命衰变产物的任何混合物的全部子体原子按衰变链分别衰变到 ^{210}Pb（RaD）或 ^{208}Pb 的过程中所发射的总 α 粒子能量，单位为焦耳每立方米（J/m^3）。

3.8　空气中长寿命 α 气溶胶浓度 long term α aerosol content in the air

单位体积空气中所含长寿命核素 α 放射性气溶胶的总 α 活度，单位为贝可[勒尔]每立方米（Bq/m^3）。通常在氡短寿命子体衰变完以后由分析单位体积中的总 α 活度而得到。

4 一般规定

4.1 辐射防护应遵守实践的正当性、剂量限制和潜在照射危险限制、防护与安全的最优化、剂量约束和潜在照射危险约束的原则;环境保护应执行国家颁布的环境法规、标准,坚持"谁污染谁治理"的原则。

4.2 铀矿地质勘查工程施工前应依法进行环境影响评价。

4.3 铀矿地质勘探工程中的辐射防护和环境保护设施应与主体工程同时设计、同时施工、同时投入使用。

4.4 铀矿地质勘查单位应设立辐射防护和环境保护的管理机构,制定本单位辐射防护和环境保护的管理规定及应急预案,进行辐射防护监测。对从事铀矿地质勘查人员进行辐射安全、防护和环境保护知识的培训,并定期进行复审考核。

4.5 铀矿地质勘查工作单位应制定防护与安全大纲,其内容应包括:

a)确定实现防护与安全目标所需要的措施和资源,并保证正确地实施这些措施和提供这些资源;

b)保持对这些措施和资源的经常性审查,并定期核实防护与安全目标是否得以实现;

c)鉴别防护与安全措施和资源的任何失效或缺陷,并采取步骤加以纠正和防止其再次发生;

d)根据防护与安全需要,做出便于在有关各方间进行咨询和合作的各种安排;

e)保存履行责任的有关记录。

5 剂量限制

5.1 遵守 GB 18871—2002 附录 B 的 B.1 中有关工作人员和公众剂量约束值的规定。

5.2 从事铀矿地质勘查职业工作人员年有效剂量约束值不高于 15mSv。

5.3 孕妇、授乳妇不得从事铀矿地质坑井探作业,从事铀矿地质其他工作时年有效剂量约束值不高于 1mSv。

5.4 对于年龄小于 18 岁接受涉及辐射照射就业培训的徒工和年龄小于 18 岁的学习过程中需要使用放射源的学生,应控制其职业照射年有效剂量不超过 6mSv。

5.5 伴有辐射照射的实践使公众中有关关键人群组的成员所受到的剂量估计值不应超过下述限值:

a)年有效剂量,1mSv;

b)特殊情况下,如果 5 个连续年的年平均剂量不超过 1mSv,则某一单一年份的有效剂量可提高到 5mSv。

5.6 铀矿地质坑、井探使公众中有关关键人群组的成员所受到的年有效剂量约束值不应超过 0.5mSv。

5.7 从事放射性工作人员既受到外照射又受到多种放射性核素内照射时,应同时满足 5.1 和式(1)的规定:

$$\frac{H_P}{DL} + \sum_j \frac{I_{j,ing}}{I_{j,ing,L}} + \sum_j \frac{I_{j,inh}}{I_{j,inh,L}} \leq 1$$

式中:H_P——该年度贯穿辐射照射所致的个人剂量当量,单位为毫希[沃特](mSv);

DL——相应的有效剂量的年剂量约束值,单位为毫希[沃特](mSv);

$I_{j,ing}$ 和 $I_{j,inh}$ ——同一年内食入或吸入放射性核素 j 的摄入量,单位为贝可[勒尔](Bq);

$I_{j,ing,L}$ 和 $I_{j,inh,L}$ ——食入或吸入放射性核素 j 的年摄入量约束值(ALI),单位为贝可[勒尔](Bq)。

5.8 铀矿地质勘查工作人员常见核素的年摄入量约束值见附录 A 中的表 A.1,其他核素的年摄入量约束值(ALI)按附录 A.A.2 中式(A.1)计算得出。

5.9 对以 ^{222}Rn 或 ^{220}Rn 的短寿命子体为主要危害的工作场所,它们的短寿命子体 α 潜能年摄入量及照射量限值见附录 A 表 A.2。

6 工作场所的辐射防护

6.1 工作场所的主要防护要求

6.1.1 辐射工作场所的分区应按 GB 18871—2002 中 6.4 的要求划分,在实地划分时应尽量按建构筑物边界划定;铀矿地质勘查坑道、探井、碎样等放射性粉尘作业场所划为控制区,其他非粉尘作业场所划为监督区。

6.1.2 新建的辐射工作场所应选择多个候选场址,进行综合评价,择优选定。

6.1.3 新建的辐射工作场所,应选择人口密度较低、放射性废气稀释扩散条件较好的地点,并应尽量集中在一个区内,按当地最小频率的风向,布置在居民区或其他工作场所的上风侧。

6.1.4 辐射工作场所与居民区和饮用水源应有一定的防护距离,其限制距离见表1。这个距离以内的区域划定为限制区,应对该区内的放射性物质定期进行监测。

6.1.5 凡产生放射性粉尘、气溶胶的工作场所,其地面、墙壁和天花板等均应采用不易被沾污的建筑材料装修,力求光滑;室内结构应简单,减少积尘面并便于清洗。矿物分析室、碎样间等应设置地漏通往污水处理池。

6.1.6 铀矿样品应存放于专门的样品库内,并设专人管理。

6.1.7 铀矿石加工室、熔矿室等应配备废气处理设施,使废气达到 GB 16297 的要求后排放。

表1 铀矿地质放射性工作场所的限制距离

单位:米

其他场所	矿石标本和模型陈列室	碎样室、熔矿室、矿石加工室	坑道排风口、废渣堆放场、水冶车间
居民区	30	50	500
饮用水源	30	100	500

6.2 防尘降氡

6.2.1 井下作业场所,应采取"加强机械通风和湿式作业、密闭氡尘源、做好个人防护、加强防护设施管理和经常检查"等综合措施,使井下工作场所空气中 Rn-222 浓度不大于 $2.7kBq/m^3$,Rn-222 子体 α 潜能浓度不宜大于 $5.4\mu J/m^3$,粉尘浓度不大于 $2mg/m^3$。

6.2.2 凡产生放射性粉尘和有害气体的地面作业场所,应有通风装置,通风系统应防止污染物的回流。

6.2.3 井下通风要求

6.2.3.1 平巷和斜井深度超过 20m、竖井或浅井超过 10m、天井超过 5m,均应采用机械通风。工作面应采用压入式通风,压入风筒末端距工作面不得超过10m,开支巷或巷道转弯掘进,深度超过5m时,应有专门的通风。

6.2.3.2 进入坑道工作时,应先通风,使坑道内氡及其子体浓度满足6.2.1的要求,且通风时间不得少于15min。坑内有人时均不得停止通风。

6.2.3.3 通风量的确定,应首先满足使巷道内的氡及其子体降到限制浓度以下所需的风量。

6.2.3.4 坑道的排气风口应位于进风口最小风频的上风侧,出风口与进风口之间应保持一定的距离。

6.2.4 井下密封降氡措施

6.2.4.1 已完工的巷道应及时封闭。封闭要严密牢固。如因工作需要进入封闭坑道,应经防护管理部门同意,戴好防毒呼吸器和个人剂量计,事后应立即重新封好。

6.2.4.2 主巷道的见矿和裂隙发育地段,应砌碹或喷涂防氡覆盖层,以减少氡的析出。并尽可能减少矿石在未封闭巷道内的存留时间。

6.2.4.3 坑道排水沟应经常清理,保持水流畅通,对氡浓度高的井下水,应设专用管将水直接排入坑外废水处理设施中。

6.2.4.4 沿脉坑道应尽量设计在矿脉外。施工中副产矿石和废石应分开堆放。

6.2.5 坑道掘进中的废石及副产矿石处理

6.2.5.1 坑道掘进中产生的废石应集中堆放并在下方设置挡墙,防止废石经雨水冲刷流失。

6.2.5.2 副产矿石和废石应分开堆放,坑道掘进结束后将副产矿石及时回填到坑道内。

6.5 安全运输

6.5.1 运送矿石、矿样和岩矿心等,必须有防撒漏、防扬尘的措施。装运矿石、矿样和岩矿心的车辆,用后应仔细清洗除污。

6.5.2 铁路运输按GB 11806相关规定执行。

6.5.3 工作人员在运输中的剂量要求

a)一年中有效剂量不可能超过1mSv时,不必采用特殊的工作方式,也不必细致监测、制定剂量评定计划和保存个人记录;

b)一年中有效剂量预计可能处于1mSv~5mSv之间时,应通过工作场所监测或个人监测制定剂量评定计划并保存相关记录;

c)一年中有效剂量预计可能超过5mSv时,应进行个人监测。在进行个人监测或工作场所监测时,应保存相关记录。

8 环境保护

8.1 废物的排放与治理

8.1.1 副产矿石、实验渣应回填处置。其他的废石应集中堆放并建挡渣墙稳定存放或就地浅埋,然后覆盖黄土,植被绿化;埋存地应选择在距居民生活区和水源较远,满足表1的辐射防护距离要求,不易被雨水冲刷和地下水系不发育的地方。

8.1.2 禁止利用渗井、渗坑、天然裂隙、溶洞或国家禁止的其他地点排放放射性废液。

8.1.3 使用堆浸法处理副产矿石时,要采取措施防止对环境造成二次污染,堆浸所产生的废渣应按8.1.1处置。堆浸场应采取防渗措施,防止对地下水的污染。

8.1.4 不能回收利用的劳保用品、纸张等应同其他固体废物一起处置。

8.1.5 铀矿分析室的废液应倒入专用的废液池内,定期处理、禁止任意排放。碎样间应设置专用尾渣池并定期处理。

8.1.6 堆浸、小规模水冶试验或钻探过程中排出的废水,应设置沉淀池进行处理,不得直接排入农田或经济水域。坑井探、钻探工程结束后,应采取妥善可靠的封口、封孔措施。

8.1.7 废水向江河排放时,应根据江河稀释能力控制废水排放量和排放浓度,保证在最不利的条件下,距排放口下游最近饮用水取水点水中天然铀浓度小于 0.05mg/L,水中 Ra-226 浓度小于 1.1Bq/L。

8.2 辐射环境监测

8.2.1 辐射工作场所开工前的本底调查

a) 铀矿地质勘查的坑道、水冶车间、铀矿床、丙级以上的矿物碎样间、加工室和分析室,施工前均应进行本底调查。

b) 本底调查的范围:坑道、水冶厂和铀矿床,其监测半径为 1 000m,其他放射性工作场所为500m;以污染源为中心,在监测区内分别按 50m、100m、500m、1 000m 为半径划同心圆,按 16 个方位分成 64 个子区,对其中居民居住的和与居民关系比较密切的子区及主导风向下风侧子区进行重点调查。对河流应沿其流向调查,监测到本底为止,影响较大的,应扩大调查范围。

c) 调查对象:地表水、大气、底质、土壤及食用生物。

d) 调查核素:大气中氡及其子体,贯穿辐射剂量率;土壤底质中天然铀,^{226}Ra,天然钍,氡析出率、水及食用生物中的天然铀,^{226}Ra,天然钍、总 α,样品中总 α 高时要进一步分析 ^{210}Pb、^{210}Po。

e) 调查时间:丰水期和干涸期各进行一次。

8.2.2 正常生产中的环境常规监测

监测项目、频率、核素和位置见表3。监测范围与 8.2.1 中的 b) 相同。

8.2.3 监测分析方法和质量保证

8.2.3.1 监测分析方法应采用国家规定或推荐的标准分析测量方法。

8.2.3.2 监测质量保证应贯穿于监测方案制定、样品采集、贮存、运输、分析和监测结果评价等各个阶段,具体质量保证措施参见有关规定。

表3 辐射环境常规监测项目、频度、核素和位置

项目		采样频率（次/年）	监测核素	采样位置
流出物监测	废气	12	氡、氡子体、总 α	排放口
	废渣石	2	比活度、氡析出率、γ 照射剂量率	废渣石堆放场
	废水	12	天然 U、Th、^{226}Ra、^{210}Po、^{210}Pb	排放口
环境监测	大气	4	氡、氡子体、总 α、贯穿辐射剂量率	主导风向下风侧居民区
	其他水体	4	天然 U、Th、^{226}Ra、^{210}Po、^{210}Pb	排放口下游
	生物	1	天然 U、Th、^{226}Ra、总 α、总 β	废水流经区
	土壤	1	天然 U、Th、^{226}Ra、总 α、总 β	废水流经区
	底质	1	天然 U、Th、^{226}Ra、总 α、总 β	排放口下游

8.2.3.3 辐射环境质量评价按 GB 18871 和 GB 11215 等有关标准执行。

8.3 辐射工作场所的退役处理

8.3.1 坑道排出水中放射性核素含量超过规定标准的应进行妥善处理。

8.3.2 辐射工作场所废弃前应进行处理,废渣石堆放场经处理后要设置坚固、明显的标记,防止破坏。退役工程公众剂量约束值不超过 0.25mSv/a。

8.3.3 在退役治理过程中,应采取措施防止放射性废物对环境造成的二次污染。

8.3.4 辐射工作场所退役时,要进行全面监测,并做出辐射环境质量评价。

8.3.5 放射性废石不得用作建筑材料,不得在废石堆放场上种植可食用植物,不得放牧,严禁在废石堆上建房居住。

9 事故应急

9.1 铀矿地质辐射工作单位应按国家有关规定,制定切实可行的事故应急预案,规定应急组织和应急程序,并进行相应的应急演练与评审,针对实际情况以及预案中暴露的缺陷,不断进行更新、完善和改进。

9.2 应急程序应考虑在发生事故或事件时,能够尽快处理,最大限度降低损失和公众影响。

9.3 放射性物质在使用期间发生事故或事件,应按照事故应急预案所规定的程序和内容,采取必要的应急措施,以保护人员、财产和公众环境。

附录 A(规范性附录) 铀矿地质勘查常见核素的年摄入量约束值(略)

移动电话电磁辐射局部暴露限值(节录)

GB 21288—2007

(2007 年 11 月 14 日发布 2008 年 8 月 1 日实施)

本标准由全国照射人体有关电、磁和电磁领域评定方法标准化技术工作组提出并归口。

本标准起草单位:中国疾病预防控制中心环境与健康相关产品安全所、中国计量科学研究院、信息产业部电信研究院等。

(按原标准编号节录)

2 术语和定义

下列术语和定义适用于本标准。

2.1 公众暴露 public exposure

对处于非控制条件下的各种年龄阶段及不同健康状况,并且不会意识到暴露的发生和对其身体造成的危害,不能有效地采取防护措施的个人的暴露。

2.2 局部暴露 local exposure
人体表面的局部暴露于电磁场的暴露。

2.3 电磁辐射 electromagnetic radiation
a) 能量以电磁波的形式由源发射到空间的现象。
b) 能量以电磁波形式在空间传播。

注："电磁辐射"一词的含义有时也可引申,将电磁感应现象也包括在内。

2.4 比吸收率 specific absorption rate
SAR

生物组织单位时间(dt)单位质量(dm 或 ρdV)所吸收的电磁波能量(dW)。

$$SAR = \frac{d}{dt}\left(\frac{dW}{dm}\right) = \frac{d}{dt}\left(\frac{dW}{\rho dV}\right)$$

SAR 单位为 W/kg。

注:SAR 可按下式计算:

$$SAR = \frac{\sigma E^2}{\rho}$$

$$SRA = c_h \frac{dT}{dt}\bigg|_{t=0}$$

式中:E——组织中电场强度的有效值,V/m;

σ——机体组织的导电率,S/m;

ρ——机体组织的密度,kg/m³;

C_h——机体组织的热容量,J/(kg K);

$\frac{dT}{dt}\bigg|_{t=0}$——起始时刻机体组织内的温度变化率,K/s。

3 暴露限值
任意 10g 生物组织、任意连续 6min 平均比吸收率(SAR)值不得超过 2.0W/kg。

低中水平放射性固体废物的浅地层处置规定(节录)

GB 9132—88

(1988 年 5 月 25 日发布　1988 年 9 月 1 日实施)

本标准由国家环境保护局和核工业部提出。
本标准由核工业部第二研究设计院负责起草。

(按原标准编号节录)

2 术语

本标准中采用的术语及其含义如下:

2.1 浅地层处置:指地表或地下的、具有防护覆盖层的、有工程屏障或没有工程屏障的浅埋处置,深度一般在地面下 50m 以内。

2.2 处置场:指处置废物的一个陆地处置设施区,它由若干处置单元、构筑物和场区所组成。处置场有界限限定,并由许可证持有者控制。

2.3 放射性废物:指任何包含放射性核素或被其沾污、其比活度超过国家规定限值的废物。本规定系指放射性固体废物,或简称"废物"。

2.4 暂存设施:指接受废物后,由于各种原因需要在其中进行临时贮存的设施。

2.5 场区控制期:指处置场从投入运行直到场区可以完全开放的这段时期。此后,场区可不受限制地使用。

2.6 工程屏障:指能延滞或阻止放射性核素从处置单元迁移到周围环境的工程设施。

2.7 本标准按要求的严格程度,各类用词说明如下,以便在执行中区别对待:

a.表示很严格,非这样做不可的用词:正面词用"必须",反面词用"严禁"。

b.表示严格,在正常情况下均应这样做的用词:正面词用"应",反面词用"不应"或"不得"。

c.表示允许稍有选择,在有条件时首先应这样做的用词,用"宜",反面词用"不宜"。

2.8 条文中必须按有关的标准、规定或其他文件执行的写法为"按……执行"或"符合……要求"。

3 总则

3.1 废物处置的基本要求

a.废物浅地层处置的任务是在废物可能对人类造成不可接受的危险的时间范围内(一般应考虑 300a 至 500a),将废物中的放射性核素限制在处置场范围内,以防止放射性核素以不可接受的浓度或数量向环境扩散而危及人类安全。

b.处置场在正常运行和事故情况下,对操作人员和公众的辐射防护应符合我国辐射防护规定的要求,并应遵循"可合理做到的尽可能低"的原则。在处置过程中通过各种途径向环境释放的放射性物质对公众中个人造成的有效剂量当量每年不超过 0.25mSv(25mrem)。

4 场址选择

4.2 场址要求

4.2.1 场址地震及区域稳定性要求

处置场应选择在地震烈度低及长期地质稳定的地区。应避开以下地区:

a.破坏性地震及活动构造区;

b.危及处置场安全的海啸及涌浪区;

c.地应力高度集中、地面抬升或沉降速率快的地区;

d.地面侵蚀速率高的地区。

4.2.2 场址地质构造及岩性要求

a. 场址应具有相对简单的地质构造,断裂及裂隙不太发育;

b. 处置层岩性均匀,面积广、厚度大、渗透率低;

c. 处置层的岩土应具有较高的吸附和离子交换能力。

4.2.3 场址的工程地质要求

处置场应选择在工程地质状况稳定,建造费用低和能保证正常运行的地区。应避免在以下地区建造处置场:

a. 崩塌、岩堆、滑坡区;

b. 山洪、泥石流区;

c. 岩溶发育或矿区采空区;

d. 活动沙丘区;

e. 尚未稳定的冲积扇及冲沟地区;

f. 高压缩性淤泥、泥炭及软土区。

4.2.4 场址的水文地质要求

处置场一般应具备以下水文地质条件:

a. 水文地质条件较简单;

b. 最高地下水位距处置单元底板应有一定的距离;

c. 无影响地下水长期稳定的因素(如开挖河流,建造水库等);

d. 处置场不应对露天水源有污染影响,场址边界与露天水源间的距离不宜少于500m;

e. 不会被洪水淹没的地区。

4.2.5 处置场宜选择在无矿藏资源或有资源但无开采价值的地区。若附近有开采价值的资源,则应对处置场和开采资源之间的相互影响进行评价。

4.2.6 场址应选择在土地贫瘠,对工业、农业以及旅游、文物、考古等使用价值不大的地区。

4.2.7 场址应选择在离城市有适当距离、人口密度低的地区。根据场址条件、事故释放情况等因素在场址周围要考虑一定范围的防护监测区。

4.2.8 场址应远离飞机场、军事试验场地和易燃易爆等危险品仓库。

低、中水平放射性固体废物暂时贮存规定(节录)

GB 11928—89

(1989年12月21日发布 1990年7月1日实施)

本标准由中国核工业总公司提出。

本标准由中国核工业原子能科学研究院负责起草。

(按原标准编号节录)

3 术语

3.1 废物暂时贮存设施

指用于放射性固体废物在最终处置前的中间贮存设施包括废物暂存室、暂存库和暂存场。

3.2 低、中水平放射性固体废物

指 GB 9133 中放射性废物分类系统表中第Ⅰ、Ⅱ等级的固体废物。

5 废物暂时贮存设施的营运单位、主管部门和安全监督部门

5.1 废物暂时贮存设施的营运单位、主管部门和安全监督部门应共同合作控制放射性废物产生量,搞好放射性废物的管理工作。

5.2 废物暂时贮存设施的营运单位对废物贮存的安全负有全面的责任。

5.2.1 废物暂时贮存设施营运单位,必须在取得国家有关部门(含其授权的代表机构,下同)颁发的营运许可证后,方可投入运行。

5.2.2 废物暂时贮存设施营运单位必须定期向主管部门及安全监督部门提交下列资料:

a. 废物收贮入库年报表;

b. 废物转运出库年报表;

c. 人员受照剂量年度汇总表;

d. 事故报告;

e. 年度运行总结。

5.2.3 废物暂时贮存设施营运单位有权拒绝主管部门有害于安全的指令性要求。

5.2.4 废物暂时贮存设施营运单位有权了解废物产生单位的废物来源及其性状。

5.3 废物暂时贮存设施主管部门对设施的安全负有领导责任。

5.3.1 废物暂时贮存设施主管部门负责废物收贮管理条例、运行及操作规程等技术文件的审批。

5.3.2 废物暂时贮存设施主管部门有权制止营运单位有害于安全的各种实践活动。

5.3.3 废物暂时贮存设施主管部门负责协调处理营运单位与废物产生单位之间的业务矛盾。

5.4 废物暂时贮存设施的运行安全,必须接受国家有关部门的监督,负责对废物暂时贮存设施安全监督的国家有关部门应根据有关法规对废物暂时贮存设施的安全运行进行技术指导。对涉及安全的重大问题及时予以裁决。

6 废物暂时贮存设施

6.1 废物暂时贮存库场的选址、评价、设计、建造(含扩建、改建)及其相应的审查必须由国家有关部门认可的单位承担。

6.2 废物暂时贮存设施的管理应符合 GB 8703 中的规定。

6.3 废物暂时贮存设施除满足放射性设施的有关要求外,还要求废物暂时贮存设施空间利用率高,内存废物可回取、管理方便,并具备必要的抗御意外灾害的能力,(例如:防火、防水、防腐蚀、抗震、防盗)。

6.4 废物暂时贮存设施应采取措施,防止以任何方式向环境带出或泄漏超过相应限值的放射性物质,必要时废物暂时贮存设施须设置相应的排风过滤系统,剂量监测仪表,去污器具及放射性废物净化或固化装置。

6.5 为尽可能减少管理和操作人员的受照剂量,废物暂时贮存设施应有合理的区域划分,配置可靠的废物装卸、运输工具。

6.6 必要时应采取有效措施,设置相应的废物减容,包装调整等处理手段,提高暂存设施的经济效益。

7 废物暂时贮存设施的运行管理

7.1 废物暂时贮存设施的管理人员和操作人员按从事放射性工作人员对待,执行 GB 4792,设立专(兼)职人员负责放射防护和环境保护工作。

7.2 废物暂时贮存设施运行过程中,严格控制收贮废物的放射性比活度不超过设施的防护能力,废物重量及外形尺寸不超过装卸运输能力,所贮存放射性物质总量不超过设计限值的要求。

7.3 废物暂时贮存设施管理人员应认真做好废物暂时贮存全过程中每一环节的管理工作。

7.3.1 废物产生单位提前向废物暂时贮存设施营运单位递交"放射性固体废物送贮申报表"[见附录 A(补充件)]并遵守废物入库贮存的各项要求:

a. 入库贮存废物的包装须符合有关规定中的相应章条(低、中水平放射性固体废物包装安全标准);

b. 废物分类包装,并以尽可能大的密度装满容器;

c. 废物中不含易燃、易爆、易腐烂、易挥发和其他化学性质不稳定物质以及病原体、非放剧毒物;

d. 废物包装容器内不得混入液体或湿固体(游离液体重量应小于1%);

e. 废物包装容器封盖后,其表面剂量率应低于 2mSv/h(200mrem/h),距表面 1m 处小于 0.1mSv/h(10mrem/h);

f. 包装容器的外表面应保证清洁,其松散放射性污染:

$\alpha < 0.4 Bq/cm^2 (1 \times 10^{-5} \mu Ci/cm^2)$;

$\beta < 4 Bq/cm^2 (1 \times 10^{-4} \mu Ci/cm^2)$。

7.3.2 废物暂时贮存设施管理人员根据废物入库贮存的各项要求和"废物送贮申报表"内容,对废物及其包装容器进行检测核实(外观、重量、表面剂量、表面污染、包装及内容物的安全性)。符合入库贮存条件者,在包装容器外侧记写编号,登记入库。

7.3.3 放射性固体废物运输必须使用具有一定安全措施和符合放射防护要求的专用车辆,执行国家关于放射性物质安全运输规定中的有关要求。

7.3.4 入库废物应尽可能根据废物的放射性比活度、半衰期、毒性及废物处理的要求进行分类,分别入库贮存,并填写"废物收贮入库登记卡"[见附录 B(补充件)],一式两份,建档保存。

7.3.5 对废物暂时贮存设施及所存废物,建立定期检查制度,正常运行应做到:

a. 贮存设施内排风系统应定期开启,以保证废物暂时贮存设施内放射性气溶胶浓度低于相应管理限值;

b. 定期对贮存设施进行常规剂量监测;

c. 废物入、出库操作,应在剂量监测员的监护下进行,并提前半小时开启排风系统,直至操作结束人员撤离后关闭排风系统;

d. 妥善处理暂时贮存设施运行过程中产生的放射性废物;

e. 做好日常管理及安全保卫工作,发现问题及时处理。

7.3.6 废物暂时贮存设施营运单位,根据本规定及有关标准制定实施细则,包括"废物收贮管理条例","安全运行岗位责任制","操作规程"等。并建立记录、报告及废物档案管理制度。

8 废物转运和处置

8.1 放射性固体废物在暂存贮存设施内存放至豁免值以下的废物,经检测核实后经主管部门及环境保护部门批准,可作工业废物妥善处理或有限制回收利用。

8.2 放射性固体废物在暂时贮存设施内预定存放期满,其放射性比活度仍在豁免值以上应在国家规定的期限内,将废物转运、处置。

8.3 废物暂时贮存设施营运单位应对破损的废物包装容器进行再包装,使其符合国家关于放射性物质安全运输规定中的要求。

9 应急措施

9.1 废物暂时贮存设施营运单位必须制订应急计划,以便一旦发生事故时,保证可及时采取相应处理措施,并针对下述情况作出应急安排。

9.1.1 在放射性固体废物的收集、包装(含减容处理)、装卸、运输、贮存及管理过程中,可能导致放射性物质污染公众环境或使人员受到超过正常限制照射的情况。

9.1.2 由火灾、盗窃和其他非核性质事故而可能导致放射性物质污染扩散到废物贮存设施以外的情况。

9.2 事故和应急照射,执行 GB 4792 中有关章条。

附录 A(补充件) 放射性固体废物送贮申报表(略)

低、中水平放射性固体废物包装安全标准(节录)

GB 12711—91

(1991年1月28日发布 1991年12月1日实施)

本标准由中国核工业总公司提出。

本标准由中国原子能科学研究院负责起草。

(按原标准编号节录)

3 术语

3.1 低、中水平放射性固体废物

操作放射性物质过程产生的低、中水平放射性按 GB 9133 软固体废物(如废纸、劳保用品等)、硬固体废物(如沾污设备部件等)以及经过固化或固定处理的低、中水平放射性废物。

3.2 废物包装

废物体及其包装容器的总和。外包装也是废物包装的一部分。

3.3 包装容器

装容经固化、固定或其他处理后的放射性废物的容器。

3.4 废物固定

将废物处理成一种固定的形态,使得在贮存、运输和处置期间放射性核素不易弥散和迁移。

3.5 废液固化

把放射性废液转变成或包容于密实的固体(如加入水泥、沥青或塑料等)中。

3.6 暂时贮存

废物在贮存设施中暂时存放,并限期回取。

3.7 处置

将废物放置在符合与生物圈安全隔离要求的场所,并不再回取。

3.8 多重屏障

用两种以上独立的屏障使废物与生物圈安全隔离的系统。该屏障包括废物体、包装容器、其他工程屏障和地质介质等。

3.9 A 型包装

满足通用设计和某些特定条件的专门设计,经主管部门审查合格,其所装废物的放射性活度不超过 A_1 或 A_2 值见 GB 11806 的废物包装。

3.10 B 型包装

满足通用设计和某些特定条件的专门设计,经主管部门审查合格,其所装废物的放射性活度超过 A_1 或 A_2 值的废物包装。

3.11 高整体性容器

一种特殊设计制造的强度高,密封性、化学稳定性和热稳定性高的容器,可以用来装载未经固化或固定处理的放射性废物,如蒸干的含硼废液,沥干水的废树脂,焚烧炉灰等。

3.12 外包装

当废物包装表面剂量当量率超过管理限值时,为降低辐射水平附加在废物包装外面的包装。

3.13 α 废物

废物中含有一种或多种发射 α 射线的核素(原子序数>92),且其比活度高于国家所规定的限值。

3.14 非固定表面污染

系指可以用常规的擦拭方法从表面除去的污染。

7 低、中水平放射性固体废物包装的放射性限值

7.1 必须不使职业人员和公众受到超过限值的辐射照射。包装外表面上任意一点的辐射水平必须≤2.0mSv/h;距离包装外表面 1m 处任意一点的辐射水平必须≤0.1mSv/h。超过上述限值者,必须加外包装进行屏蔽。

7.2 废物包装中易裂变物质含量必须少于 15g。

7.3 废物包装中α废物含量不得超过国家规定的α废物标准。

8 低、中水平放射性固体废物包装表面污染限值

废物包装表面的非固定性污染必须低于下列限值：

天然铀、贫化铀、天然钍 $4Bq/cm^2$

β、γ发射体、低毒性α发射体 $4Bq/cm^2$

其他α发射体 $0.4Bq/cm^2$

10 堆贮搬运操作

10.1 堆贮和运输装卸操作人员必须由培训合格人员或在培训合格人员的监督下进行。

10.2 装卸作业应采用适当的装卸设备和工具,不带故障和不超负荷使用,保证安全,保证装卸质量。

10.3 废物包装堆放整齐,不超高、超宽,防止跌落和摔碰。

10.4 操作人员及公众剂量限值执行 GB 8703。

10.5 操作废物包装的人员都应佩戴个人剂量计,接受辐射监护。

10.6 废物包装贮存必须执行 GB 11928 的规定。

10.7 废物包装运输必须执行 GB 11806 的规定。

低中水平放射性固体废物的岩洞处置规定（节录）

GB 13600—92

（1992 年 8 月 19 日发布 1993 年 4 月 1 日实施）

（按原标准编号节录）

3 术语

3.1 低中水平放射性固体废物（简称废物）

指 GB 9133 规定的 I、II 级放射性固体废物。

3.2 废物岩洞处置

废物在地表以下不同深度、不同地质建造和不同类型的岩洞（废矿井、现有人工洞室、天然洞、专门为处置废物而挖掘的岩洞）中的处置。

3.3 管理机构

由政府授权,执行审批程序,颁发许可证,对低中水平放射性废物处置实施管理和监督的机构或机构体系。

3.4 营运单位

管理机构批准其进行废物处置场营运的单位。

3.5 情景分析

安全分析和环境影响评价的一部分。它确认哪些现象能导致或影响放射性核素由源到人的释放和转移,并对这些现象、它们的发生概率和相互作用作出定量表述。

3.6 后果分析

一种安全分析和环境影响评价的方法。它根据假设的放射性核素从处置场到人类环境的释放和转移情景来估算可能造成的个人和集体辐照剂量。

3.7 关闭

在处置运行停止以后,对废物处置后的剩余空间的回填,岩洞入口的封闭和辅助设施的退役。关闭可立即进行,也可在废物最终安放后经过一段监督时间以后进行。

3.8 监督

为确保处置场在运行和关闭期间及关闭以后的状态维持在规定的限值内所进行的全部有计划的活动。

4 一般要求

4.1 废物岩洞处置在任何时候都必须遵守 GB 8703 规定的辐射防护基本原则,包括辐射防护最优化和个人剂量当量限值。

4.2 放射性核素通过各种途径从处置单元向环境的释放对公众个人造成的有效剂量当量每年不得超过 0.25mSv。

4.3 处置场的选址、设计、运行和关闭各阶段必须进行安全分析和环境影响评价。

4.4 处置场的场址确定、设计、建造、运行和关闭必须履行审批手续,营运单位必须持有国家颁发的许可证。

5 废物

5.1 性能要求

a. 废物必须具有固定的形态;

b. 废物应具有足够的化学、生物、热和辐射稳定性;

c. 废物在地下水中应具有低的溶解性和浸出性;

d. 废物中不得含有自燃、易爆物质。

5.2 包装要求

废物包装应符合 GB 11806 和 GB 12711 的要求。

6 场址选择

6.1 场址选择步骤

场址选择分为计划和一般研究、区域调查、场址初选、场址确定四个阶段。

6.1.1 计划和一般研究

制订总体计划,确定区域调查大纲,收集区域调查资料。

6.1.2 区域调查

通过区测图件和矿山岩洞地质资料分析,确定可能作为合格场址的候选区域。

6.1.3 场址初选

对候选区域进行地球科学(地质学、水文地质学、水文学和地球化学)研究,包括现场踏勘、钻探和采样以及实验室研究;对采掘和工程技术方面的问题进行调查,对有意义的现有洞穴和废矿井进行详细调查;对各个场址的容量以及现有洞穴和矿井的扩展前景作出估计;根据所得的地球科学资料和处置场概念设计,建立放射性核素迁移模型;同时进行一般的生态学和社会学研究。最后,对研究的场址进行一般的安全分析和环境影响评价,推荐一个或几个候选场址。

6.1.4 场址确定

对初选推荐的候选场址及其环境进行详细研究,包括补充钻探,现场水文地质、岩土力学、地球化学研究和核素迁移试验以及实验室研究。在此基础上对处置场的工程提出详细的技术要求,同时进行详细的生态学和社会学研究。根据所取得的资料及处置场设计资料,对场址的安全和环境影响进行初步评价,推荐一个最优场址提交管理机构审批。

6.2 场址要求

6.2.1 地质稳定性要求

a. 必须避开断层、褶皱、地震或火山活动等地质作用对废物处置有显著影响的地区;

b. 必须避开崩塌、冲蚀、塌陷、滑坡等地表作用对废物处置有显著影响的地区;

c. 必须避开地应力高度集中,地面抬升或沉降速率快的地区;

d. 必须避开危及处置场安全的海啸区。

6.2.2 地质构造和岩性要求

a. 处置场及其附近地区的地质构造应尽可能简单,并在一定程度上能预测地质环境的变化;

b. 地质屏障能有效地阻滞放射性核素的迁移;

c. 围岩应具有足够的延伸范围。

6.2.3 水文和水文地质要求

a. 必须避开水源保护区;

b. 必须避开地下水可能侵入的地区;

c. 必须避开可能受洪水危害或局部大雨造成水灾的地区;

d. 处置场的水文地质特征(例如:孔隙度、渗透性、地下水化学组成、酸碱度、氧化还原性、补给和排泄、地下水动力学特征)应有利于废物的隔离;

e. 处置场的水文地质隔离性质不因处置洞穴的挖掘而受到破坏。

6.2.4 工程地质要求

a. 山体完整,未被冲沟、山洼等负地形切割破坏,无滑坡、塌方等破坏性地形;

b. 岩性均一完整,层状岩石应无软弱夹层,产状稳定,岩溶不发育;

c. 无含水构造,无断层或断层不发育,节理不发育;

d. 应避开高压缩性的淤泥软土地层;

e. 避开山压过大,影响岩洞施工及废物处置运行安全的地段。

6.2.5 社会经济要求

a. 必须避开人口稠密的地区;

b. 应远离有开采价值的矿产区、旅游风景区和自然保护区;

c. 应远离飞机场、军事试验场和易燃易爆等危险品生产厂或仓库区;

d. 必须避开难以获得水电供应、交通不便、筑路困难的地区。

6.3 场址调查内容

6.3.1 地质和水文地质

a. 地质背景:上覆未固结沉积物和岩石类型、接触关系、构造条件(褶皱、断层、裂隙)、岩石和断裂充填物的成分;

b. 水文地质和水文学:孔隙率、渗透性、补给和排泄区、地下水流速、水力学梯度、含水层和隔水层的规模和产状、地下水化学特征、地表水体特征;

c. 构造活动:地震、应力状态、挽近构造运动;

d. 放射性核素与岩石相互作用的物理和化学性质;

e. 地表作用:风化、剥蚀、坍坡、沉积。

6.3.2 地貌特征

地形和土壤特性及分布。

6.3.3 辐射环境本底

场址及其周围地区土壤、岩石、地表和地下水,食物中与处置有关的放射性核素的浓度。

6.3.4 生态环境

植被种类及覆盖面积、动物种类及分布。

6.3.5 气候气象

降水量(年均降水量、最大降水量、集中降水量和降水时间)、蒸发量、风向、风速、气温、最大温差、结冻天数和冻结深度、日照、灾害性天气。

6.3.6 社会经济环境

a. 土地利用及规划;

b. 运输;

c. 矿产资源及分布;

d. 人口密度和发展;

e. 水源管理;

f. 旅游资源和自然保护;

g. 征地和迁民费;

h. 公众态度。

6.4 现有废矿井调查

现有废矿井调查应参照附录 A(参考件)从采掘记录或实地调查中获取所需资料。

7 处置场设计、建造、调试

7.1 处置场设计

7.1.1 设计原则

a. 必须使整个处置系统符合4.1和4.2条的要求;

b. 应使废物从接收到定位的各阶段能被检查;

c. 应通过设置工作屏障和其他必要的措施尽可能地减少水与废物的接触,提高处置系统的隔离性能;

d. 应使处置系统的长期安全不依赖于人为的、能动的管理。

7.1.2 处置场的设施

处置场通常应具备以下设施、设备和仪器：

7.1.2.1 接收区

a. 废物接收设施；

b. 放射性检查、监测设备；

c. 起重装卸设备；

d. 废物暂存库。

7.1.2.2 处置区

a. 废物装卸、转移运输设备；

b. 废物重新包装设备；

c. 处置废物的岩洞；

d. 连续挖掘设备；

e. 废物定位设备；

f. 回填设备；

g. 放射性监测仪器或设备。

7.1.2.3 其他辅助设施

a. 办公、试验室、维修车间、机料库房等建筑物；

b. 普通的工业安全和防护设备或设施（例如：防火、灭火、通风、地面排水、更衣淋浴、去污设备或设施）；

c. 供水、供电设施；

d. 场内道路；

e. 保卫通讯设施。

7.2 处置场建造

7.2.1 处置场的建造除满足设计要求外，挖掘工作应尽可能维护地质体的天然屏障特性，并应进一步获取围岩特性、水文地质、挖掘后果等方面的资料。

7.2.2 建造中如要改变设计所规定的程序，必须控制在许可证规定的范围内，并需经行政主管部门和设计单位书面认可。

7.2.3 如果建造和处置同时进行，相互不得影响。

7.3 调试

调试应包括 7.1.2 整个场地设施的功能试验，检查运行和封闭程序能否按设计要求完成以及是否符合安全分析的有关假设。

8 处置场运行

8.1 废物接收

废物接收应按如下基本程序进行。

a. 查验废物产生方按规定应提交的文件；

b. 检查识别标志、标牌、检查破损、表面污染、表面剂量率以及其他必要的抽查。对检查不合格的废物不予接收；

c. 对检查合格废物进行登记，包括废物类别、重量、体积、主要放射性核素总活度、比活度、表面剂量、产生单位、日期；

d. 在暂存库中暂存。

8.2 处置运行

8.2.1 处置运行包括废物搬运、废物定位和剩余空间的回填。对于中放废物的搬运和定位通常要有屏蔽或使用远距离操作设备。

8.2.2 废物的搬运、定位和回填应按预先制订的操作程序进行。

8.2.3 必须对废物的安放位置、工程屏障特性、监测结果登记存档。

8.2.4 处置运行必须考虑便于处置场的关闭。

8.3 运行安全

8.3.1 处置场运行期间应按预先制订的监督计划进行监测，其中包括操作场所的辐射剂量监测、污染监测、放射性核素可能的释放监测以及围岩和地下水变化监测，使操作人员的受照剂量和放射性核素的释放符合4.1及4.2条的要求。

8.3.2 操作现场一旦由于包装破损而受到污染应立即去污，并将污染控制在尽可能小的范围内。

8.3.3 处置和有关设施的操作必须同时执行建筑和采矿工业有关的安全规程。

8.3.4 应采取措施控制无关人员进入处置场，只准核准人员进入处置操作区。

8.3.5 放射性核素的处置总量和处置体积应控制在许可证规定的范围内。

9 处置场关闭

处置场的关闭应包括完成处置岩洞剩余空间的回填、所有入口的封闭、地面沾污建筑物和设备的去污或拆除。

9.1 关闭原因和条件

9.1.1 处置场关闭分如下四种情况：

a. 设计预见的关闭：处置场的处置容量已达到许可证规定的限值；

b. 设计允许的关闭：新资料表明，废物产生量少于原设计处置量，在较长时间内没有废物可处置或已有更经济、更安全方便的处置方法；

c. 推迟关闭：原设计在运行期间经成功地修改，可增加废物处置量并得到管理机构的许可；

d. 设计中没有预料的关闭：由于一系列事故或天灾表明处置活动不能再继续进行。

9.1.2 处置场关闭应满足如下条件：

a. 根据许可证规定处置运行已完成；

b. 处置场计划的屏障已完全建成并符合设计要求；

c. 根据处置场内外的检查结果，预计处置场关闭后的短期和长期状况均符合4.1和4.2条的要求；

d. 处置场的记录和各种文件完备并已妥善保存。

9.2 关闭主要步骤

9.2.1 回填

废物处置后的剩余空间必须加以回填，以减少或延缓地下水侵入，阻滞放射性核素的迁移，并防止坍塌。

9.2.2 入口封闭

处置场关闭期间[1]的监测表明没有不可接受的放射性核素迁入人类环境,即可对处置场的所有巷道、竖井或斜井的入口进行封闭。

注:1)指从停止接收废物起到把处置场移交给指定的监督机构止的那段时间。

9.2.3 退役

处置场封闭活动完成后应对沾污的建筑物和设备进行去污,对长期不用的建筑物和辅助设施进行退役和拆除,遗留的任务和责任应从营运部门移交给政府部门指定的监督机构。

9.2.4 记录保存

处置场关闭后营运单位应提交详细描述封闭设施情况的报告,并整理选址、设计、建造、调试、运行期间的所有文件资料,至少一式两份,由国家管理机构和监督机构分别保存。

10 处置场监督

监督计划应由营运单位制订,管理机构审批。

10.1 监督的基本职能

a. 保证操作人员和周围居民的安全;
b. 探测非常情况和事故;
c. 检测环境污染是否控制在国家规定的限值内;
d. 通过监测数据预言处置场的效能和长期安全性;
e. 必要时采取补救措施。

10.2 运行阶段的监督

运行阶段的监督应包括处置场及周围的放射性测量(例如:操作人员受照剂量、场区污染监测、放射性流出物的检测和周围环境的检测)。

10.3 关闭期间及关闭后的监督

处置场关闭期间和关闭后应继续进行监督,关闭后的监督应由政府部门指定的监督机构进行。监督的持续时间应根据场地情况、核素迁移数学模型和事故情景分析来确定。当废物潜在危险降到可接受的低水平时,管理机构应宣布场址可不受限制地使用。

处置场关闭后监督及其他有关费用应在处置运行前作出预算,并从处置废物收费中按比例提取。

11 管理

11.1 管理机构的职责

a. 制订并颁发有关选址、设计、建造、调试、运行、关闭和监督的法规、标准、规定;
b. 规定和审查营运单位应提交的文件;
c. 审批废物处置场场址;
d. 审批可处置废物的体积、主要放射性核素的总活度和比活度以及废物的物理化学性质;
e. 审批质量保证大纲;
f. 颁发、修改、中止和吊销许可证。

11.2 营运单位的职责

a. 贯彻执行管理机构发布的有关选址、设计、建造、调试、运行、关闭和监督的法规、标准、规

定,并对处置系统的安全负责;

b. 编制并递交许可证申请报告;

c. 编制并递交安全分析报告、环境影响报告和其他规定的文件;

d. 制订运行操作和关闭程序;

e. 制订质量保证大纲,建立质量保证体系;

f. 制订关闭后的监督计划;

g. 建立和保存文件资料档案。

12 安全分析和环境影响评价

12.1 安全分析和环境影响评价应分场址初选、初步设计、申请运行许可证和关闭四个阶段。

12.1.1 场址初选阶段

应根据现场调查和实验室测试数据、待处置废物的特性、场址围岩和场址环境特征、处置场概念设计进行一般性安全分析和环境影响评价。

12.1.2 初步设计阶段

应根据场址的详细特征、核素迁移模型、待处置废物特性和处置场的初步设计进行初步安全分析和环境影响评价。

12.1.3 申请运行许可证阶段

应根据场址选择阶段所获得的全部场址特性资料以及处置场的详细设计进行详细安全分析和环境影响评价。

12.1.4 处置场关闭阶段

应根据选址、设计、建造、调试、运行期间所积累的全部资料,包括未预料到的地质环境变化,已发生和关闭后可能发生的事件,对整个处置系统的效能和环境影响作出最终安全分析和环境影响评价。

12.2 安全分析和环境影响评价应根据各阶段所获取的资料进行情景分析和后果分析,估算处置系统在正常状态、自然和人为事故情况下操作人员及公众个人所受的剂量当量和集体剂量当量,并将所得结果与可接受准则相比较,最终对整个处置系统的可接受性作出判断。

13 质量保证

13.1 负责处置场设计、建造和营运的单位必须按本规定和国家有关法规、标准、要求制订质量保证大纲。

13.2 必须建立质量保证组织和检验、检查制度以保证质量保证大纲的有效执行。

13.3 必须对所有从事质量保证工作的人员进行培训,只有取得合格证书者才能上岗工作。

13.4 凡对质量有影响的工作都必须按适用于该工作的书面程序、图纸、指令和说明书来完成。

13.5 所有计量、监测仪器和仪表必须按规定经国家计量部门检验合格。

13.6 管理机构应定期检查质量保证大纲的执行情况,发现问题必须及时采取纠正措施。

附录 A(参考件) 非矿井调查内容(略)

放射性废物管理规定(节录)

GB 14500—2002

(2002年8月5日发布 2003年4月1日实施)

本标准由全国核能标准化技术委员会辐射防护分技术委员会提出。
本标准起草单位:中核清原环境技术工程公司。

(按原标准编号节录)

3 定义

本标准采用下列定义。

3.1 放射性废物 radioactive waste

来自实践或干预的、预期不会再利用的废弃物(不管其物理形态如何),它含有放射性物质或被放射性物质污染,并且其活度或活度浓度大于审管部门规定的清洁解控水平。

3.2 放射性废物管理 radioactive waste management

包括放射性废物的预处理、处理、整备、运输、贮存和处置在内的所有行政管理和运行活动。通常把有潜在利用价值的放射性污染设备与材料的管理和退役与环境整治也包括在放射性废物管理范围内。

3.3 核燃料循环 nuclear fuel cycle

与核能生产有关的所有活动,包括铀或钍的采矿、选冶、加工和富集,核燃料制造,核反应堆运行,核燃料后处理,退役和放射性废物管理等各种活动,以及与上述各种活动有关的任何研究与开发活动。

3.4 核技术应用放射性废物 radioactive waste from application of nuclear technologies

通常指放射性同位素生产和应用过程中产生的放射性废物(包括废放射源),以及某些射线装置(如中、高能加速器等)应用中产生的放射性废物。

3.5 铀、钍伴生矿放射性废物 radioactive waste from non-uranium-thorium mineral processing

铀、钍伴生矿(如伴有铀、钍的有色金属矿、磷矿、铁矿、煤矿等)资源开发利用中产生的放射性废物。

3.6 免管废物 exempt waste

按照清洁解控水平可以免除核审管控制的废物。

3.7 清洁解控水平 clearance level

由审管部门规定的、以活度浓度和(或)总活度表示的值。当辐射源的活度浓度和(或)总活度等于或低于该值时,可以不再受审管部门的审管。

3.8 废物预处理 waste pretreatment

废物处理前的一种或全部的操作,如收集、分拣、化学调制和去污等。

3.9 废物处理 waste treatment

为了安全或经济目的而改变废物特性的操作,如衰变、净化、浓缩、减容、从废物中去除放射性核素和改变其组成等。但不包括废物的固定。

3.10 废物整备 waste conditioning

为形成一个适于装卸、运输、贮存和(或)处置的货包而进行的操作,包括把废物转化为固态废物体、把废物封装在容器中和必要时提供外包装。

3.11 废物处置 waste disposal

把废物放置在一个经批准的、专门的设施(例如近地表或地质处置库)里,预期不再回取。处置也包括经批准后将气态和液态流出物直接排放到环境中进行弥散。

3.12 排放 discharge

将气态和液态放射性物质有计划、受控制地释放到环境中。这种释放应符合有关审管部门规定的所有限制。

3.13 弥散 dispersion

气态或液态流出物在大气或水体中的输运、扩散和混合的过程。

3.14 多重屏障 multiple barriers

由两道或两道以上独立屏障组成的系统,用以隔离系统内的放射性废物和阻止或延迟系统内的放射性核素或其他有害物质向系统外运动。它们通常包括工程屏障和天然屏障。

3.15 退役 decommissioning

核设施使用期满或停役后,为了保护公众和环境的长期安全而采取的管理的和技术的行动。退役的目的是实现场址和/或设施的无限制的或有限制的开放或使用。

此定义不适用于铀、钍矿冶尾矿库和废石场的停闭和放射性废物处置场(库)的关闭。

3.16 清除 clean up

通常指减少土壤和建(构)筑物表面污染物的活动。

3.17 环境整治 environmental remediation(rehabilitation、restoration)

在涉及被污染场所(如因事故被污染的场外场所,或来自以往实践的污染)持续照射的情况下,评估和实施补救行动的过程。

3.18 补救行动 remedial action

在涉及持续照射的干预情况下,当超过规定的行动水平时所采取的行动,以减少可能受到的照射剂量。

4 废物管理的目标和要求

4.1 总目标

采取一切合理可行的措施管理放射性废物,确保人类健康及环境不论现在或将来都得到足够的保护,并不给后代增加不适当的负担。

4.2 辐射防护要求

采取有效的控制措施,确保放射性废物及其管理活动所引起的对工作人员和公众的辐射照射不超过国家有关法规和标准的规定,并保持在可合理达到的尽量低水平。

4.3 环境保护要求

确保各项放射性废物管理活动符合国家有关环境保护政策和要求,有利于经济、社会的可持续发展。

为保护环境,放射性废物管理设施应与主体工程同时设计,同时施工,同时投入运行。

低、中水平放射性废物固化体性能要求 水泥固化体(节录)

GB 14569.1—2011

(2011年2月18日发布 2011年9月1日实施)

本标准由环境保护部科技标准司、核安全管理司组织制定。

本标准主要起草单位:环境保护部核与辐射安全中心、中国辐射防护研究院。

(按原标准编号节录)

3 术语和定义

下列术语和定义适用于本标准。

3.1 水泥固化体 cemented waste form

指放射性废物与水泥基材按照一定配方混合形成的均匀固化体。

3.2 游离液体 free liquid

指不为固体基质所束缚的未结合的液体。

4 水泥固化体放射性活度浓度限值

水泥固化体的放射性活度浓度应满足 GB 9132 和 GB 9133 的有关要求。

5 性能要求

水泥固化体的性能应满足 GB 9132 和 GB 11806 的有关要求。

5.1 游离液体

在室温、密闭条件下,经过养护后的水泥固化体不应存在泌出的游离液体。

5.2 机械性能

在室温、密闭条件下,经过养护、完全硬化后的水泥固化体,应是密实、均匀、稳定的块体,并应满足下列要求:

a)抗压强度 水泥固化体试样的抗压强度不应小于7MPa;

b)抗冲击性能 从9m高处竖直自由下落到混凝土地面上的水泥固化体试样或带包装容器的固化体不应有明显的破碎。

5.3 抗水性

5.3.1 抗浸出性

水泥固化体试样在25℃的去离子水中浸出,应满足浸出率和累积浸出分数的限值要求。

核素第42d的浸出率应低于下列限值：
—— $^{60}Co:2 \times 10^{-3} cm/d$；
—— $^{137}Cs:4 \times 10^{-3} cm/d$；
—— $^{90}Sr:1 \times 10^{-3} cm/d$；
—— $^{239}Pu:1 \times 10^{-5} cm/d$；
——其他 β、γ 放射性核素(不包括 ^{3}H)：$4 \times 10^{-3} cm/d$；
——其他 α 核素：$1 \times 10^{-5} cm/d$。

核素42d的累积浸出分数应低于下列限值：
—— $^{137}Cs:0.26cm$；
——其他放射性核素(不包括 ^{3}H)：0.17cm。

5.3.2 抗浸泡性

水泥固化体试样抗浸泡试验后,其外观不应有明显的裂缝或龟裂,抗压强度损失不超过25%。

5.4 抗冻融性

水泥固化体试样抗冻融试验后,其外观不应有明显的裂缝或龟裂,抗压强度损失不超过25%。

当水泥固化体在常年最低气温高于0℃的环境下贮存、运输和处置时,可不进行本项试验。

5.5 耐 γ 辐照性

水泥固化体试样进行 γ 辐照试验后,其外观不应有明显的裂缝或龟裂,抗压强度损失不超过25%。

当水泥固化体在300a内累积吸收剂量小于 $1 \times 10^{4} Gy$ 时,可不进行本项试验。

低、中水平放射性废物固化体性能要求 沥青固化体（节录）

GB 14569.3—1995

(1995年12月13日发布 1996年8月1日实施)

本标准由中国核工业总公司提出。

本标准由核工业第二研究设计院负责起草。

(按原标准编号节录)

3 沥青固化体放射性比活度限值

沥青固化体的放射性比活度必须满足 GB 9132 和 GB 9133 的有关规定和要求。

4 性能要求

沥青固化体的性能必须满足 GB 9132、GB 11806 及 GB 13600 中有关规定和要求。

4.1 不均匀度

废物在沥青固化体中分布的不均匀度不得大于 20%。

4.2 含水率

浓缩废液沥青固化体中的含水率不得超过固化体重量的 1%。

废树脂沥青固化体中的含水率不得超过固化体重量的 3%。

4.3 废物包容量

沥青固化体中废物包容量不得超过固化体重量的 50%。

4.4 软化点

沥青固化体的软化点不得低于 55℃。

4.5 抗水性

4.5.1 抗浸出性

沥青固化体试样在 25℃ 的去离子水中浸出,第 42d 核素的浸出率的限值应分别为:

$^{60}C \leq 2 \times 10^{-4} cm/d$

$^{137}Cs \leq 1 \times 10^{-3} cm/d$

$^{90}Sr \leq 2 \times 10^{-4} cm/d$

$^{239}Pu \leq 1 \times 10^{-5} cm/d$

对沥青固化体中其他 β、γ 放射性核素(不包括 ^3H),其浸出率不应大于 $4 \times 10^{-4} cm/d$。

沥青固化体中其他超铀核素的浸出率不应大于 $1 \times 10^{-5} cm/d$。

4.5.2 抗浸泡性

沥青固化体试样作 90d 抗浸泡试验后,固化体的体积膨胀率不得大于 10%。

4.6 起始放热温度和燃点

4.6.1 起始放热温度

沥青固化体的起始放热温度必须高于 240℃。

4.6.2 燃点

沥青固化体的燃点必须高于 300℃。

4.7 耐 γ 辐照性

沥青固化体试样进行 γ 辐照试验后,固化体的体积增加不得大于 10%。

当沥青固化体在 300a 内累积吸收剂量小于 $1 \times 10^4 Gy$ 时,可不进行本项试验。

5 检验方法

5.1 不均匀度

可用非放射性的模拟废物在实际使用的装置上,按照已确定的工艺参数,制备废物—沥青混合物并装入200L桶内,室温下自然冷却一周后,用钻芯取样器从桶的侧面向桶中心钻取距桶壁20cm处样,在桶的不同高度取样(距桶底10cm、沥青固化体上表面以下10cm以及1/2高度处,共三点),分别测定沥青固化体样品中废物包容量(废物包容量的测定方法见5.3条),根据所测得的数据按下式计算其分布的不均匀度。

$$\frac{样品中测得的废物包容量-废物包容量的计算值}{废物包容量的计算值} \times 100\%$$

5.2 含水率

将约5g的沥青固化体样品(对热样品冷却至室温)放在已恒重的25mL干净烧杯中,在室温下放置1h后称重,然后将其放入干燥箱中,缓慢提高干燥箱的温度(30~40℃/h),待上升至160℃后保持2h,从干燥箱中取出烧杯放在干燥器内,冷却至室温后称重,根据干燥前后重量之差计算沥青固化体的含水率。

5.3 废物包容量

称取1g沥青固化物于分液漏斗中,加入40mL苯(或二硫化碳),盖上塞子充分摇动使沥青全部溶解,再加入40mL水,盖上塞子充分摇动,静置分相后弃去有机相,然后重新加入10mL苯摇动,以萃取水相中的残留油分,静置分相后再弃去有机相。水相经充分摇动后,用吸管取3份1mL水相分别置于已恒重的不锈钢小盘内,在红外灯下烘干后移入干燥器中,在冷却至室温后称重,计算沥青固化体的废物包容量。

对废物包容量较低的沥青固化体可适当加大取样量。

5.4 软化点

用非放射性模拟废物的沥青固化体进行软化点的测定。软化点的测定遵照GB/T 4507中有关规定进行。

5.5 抗水性

5.5.1 抗浸出性

浸出试验应采用真实沥青固化体试样进行,在缺乏条件时也可采用模拟放射性废物的沥青固化体试样。试样为直径5cm、高5cm的圆柱体。遵照GB/T 7023中有关规定进行浸出试验。

5.5.2 抗浸泡性

抗浸泡性试验应采用真实沥青固化体试样进行,在缺乏条件时,也可采用模拟放射性废物的沥青固化体试样。试样为直径5cm、高5cm的圆柱体。采用实际或模拟处置场地下水、在25±5℃条件下连续浸泡90d,测量浸泡后试样的体积,计算固化体试样的体积膨胀率。

5.6 起始放热温度和燃点

5.6.1 起始放热温度

用非放射性模拟废物的沥青固化体进行起始放热温度的测定。

称取1kg沥青固化体在室温下置于直径14cm、高45cm的不锈钢筒内,将不锈钢筒放在电加热恒温的金属浴中,加热金属浴使其温度上升到指定的温度并保持恒温(金属浴温度允许波动±

2℃),升温速度为10℃/min,分别记录金属浴和熔化的沥青固化体温度。如果在该恒温温度下,8h内熔化的沥青固化体不发生明显升温,即认为在该温度条件下,熔化的沥青固化体内部没有产生放热反应。然后重新称取1kg沥青固化体,适当提高恒温温度进行新的恒温试验,直至在恒温过程中熔化的沥青固化体温度自动上升超过金属浴温度,该恒温温度即为沥青固化体起始放热温度。试验至少有三个平行样。

起始试验温度与温度间隔适当掌握,以能保证准确测定起始放热温度为准(测定误差为±2.5℃)。

5.6.2 燃点

用非放射性模拟废物的沥青固化体进行燃点的测定,燃点的测定遵照GB/T 267中有关规定进行。

5.7 耐γ辐照性

用非放射性模拟废物的沥青固化体进行耐γ辐照性能试验,试样为直径5cm、高5cm的圆柱体,将试样封装在玻璃管中,并留有不小于15%的自由空间体积,用^{60}Co辐射源辐照(辐照剂量率应低于$2×10^3 Gy/h$),直至试样累积吸收剂量达到相应比活度沥青固化体所可能受到的累积吸收剂量时,取出玻璃管,测定辐照后试样的体积,计算固化体试样的体积膨胀率。

核电厂放射性液态流出物排放技术要求(节录)

GB 14587—2011

(2011年2月18日发布 2011年9月1日实施)

本标准由环境保护部科技标准司、核安全管理司组织制定。
本标准主要起草单位:环境保护部核与辐射安全中心、苏州热工研究院有限公司。

(按原标准编号节录)

3 术语和定义

下列术语和定义适用于本标准。

3.1 放射性液态流出物 radioactive liquid effluents

指实践中源所造成的以液体形态排入环境得到稀释和弥散的放射性物质。

3.2 核电厂放射性液态流出物排放系统 discharge system of radioactive liquid effluents from nuclear power plant

指核电厂用以收集、贮存、监测和排放运行产生的放射性液态流出物的系统。

3.3 系统排放口 discharge point of removal system

指核电厂放射性液态流出物排放系统的出口。

3.4 总排放口 plant discharge point

指核电厂排水渠与环境受纳水体接口处。

3.5 排放限值 discharge limit

指包括年排放总量限值和排放浓度上限值。允许核电厂放射性液态流出物向环境排放的放射性活度最大值,包括年排放总量最大值和排放浓度最大值。

3.6 排放量控制值 authorized discharge limit

指包括年排放总量控制值和排放浓度控制值。由核电厂营运单位在设计排放量的基础上,根据厂址特征和同类电站的运行经验反馈,按照"辐射防护最优化"和"废物最小化"的原则,提出的放射性液态流出物年排放总量和排放浓度申请值,并经审批确定。

3.7 排放管理目标值 release management target

指营运单位设置的用于流出物排放管理的内部控制值。

4 一般要求

4.1 核电厂营运单位应采取有效措施,保证放射性液态流出物排放系统的设计和运行以及核电厂放射性液态流出物排放的管理满足 GB 18871 的相关要求,遵循"辐射防护最优化"和"废物最小化"的原则,实施放射性液态流出物年排放总量控制和排放浓度控制。

4.2 核电厂放射性液态流出物向环境排放应采用槽式排放,排放的放射性总量应符合 GB 6249 中有关放射性液态流出物年排放总量限值的相关规定。同时,对于滨海厂址,系统排放口处除 ^{3}H、^{14}C 外其他放射性核素的总排放浓度上限值为 1 000 Bq/L;对于滨河、滨湖或滨水库厂址,系统排放口处除 ^{3}H、^{14}C 外其他放射性核素的总排放浓度上限值为 100Bq/L,且总排放口下游 1km 处受纳水体中总 β 放射性浓度不得超过 1Bq/L,^{3}H 浓度不得超过 100Bq/L。

4.7 核电厂营运单位应按季度控制放射性液态流出物年排放总量,核电厂连续三个月内的放射性液态流出物排放总量不应超过年排放总量控制值的 1/2,每一个月内的放射性液态流出物排放总量不应超过年排放总量控制值的 1/5。滨河、滨湖或滨水库核电厂,可以结合受纳水域的特性,制订更合理的排放方式,报批后实施。

5 排放管理

5.1 对于单机组或双机组核电厂,放射性液态流出物应集中排放。对于滨海厂址,不得漫滩排放,鼓励实现离岸排放。

5.3 为有效防止和控制核电厂放射性液态流出物的异常排放,系统排放口在线监测仪表联锁报警阈值应不超过排放浓度控制值的 5 倍。

极低水平放射性废物的填埋处理(节录)

GB/T 28178—2011

(2011 年 12 月 30 日发布 2012 年 6 月 1 日实施)

本标准由中国核工业集团公司提出。

本标准起草单位:核工业标准化研究所。

(按原标准编号节录)

3 术语和定义

下列术语和定义适用于本文件。

3.1 极低放废物 very low level radioactive waste;VLLW

放射性水平极低,可以在浅层废物填埋场处置的固体废物,其所含的人工短寿命放射性核素的活度浓度高于免管水平,但不高于本标准所推荐的活度浓度指导值或监管部门认可的活度浓度值。

3.2 (极低放)废物填埋场 VLLW landfill site

填埋处置极低放废物的填埋场。包括为处置大量极低放废物经监管部门认可(或批准)的专设填埋场或监管部门认可的其他填埋场(如利用废矿井)。

3.3 活度浓度指导值 activity concentration guidelines

一种给定的活度浓度指导值,当固体废物中的放射性活度浓度等于或低于该值时,无需进行逐例评价,经监管部门认可后即可在填埋场进行填埋处置。

3.4 关闭 closure

填埋场运行终了时,对填埋场采取的措施,如回填、设置覆盖层等,使填埋场永久封闭。

3.5 有组织控制 institutional control

由监管部门认可的单位对填埋场进行的控制,包括监测、维护、防侵入和限制土地使用等。

4 极低放废物填埋处置原则

4.4 不得通过故意稀释来达到规定的极低放废物活度浓度指导值。

5 极低放废物填埋处置的活度浓度指导值

5.3 活度浓度指导值的应用规则

5.3.1 对于活度浓度值不大于表1所给定的活度浓度指导值的极低放废物,均可按规定在满足要求的填埋场进行处置。(表1具体内容见原标准)

5.3.2 对于活度浓度值大于表1所给定的活度浓度指导值的极低放废物,应进行必要的剂量评价,以验证是否满足剂量约束值要求或监管部门确定的其他要求,经监管部门审核后方可进行处置。

5.3.3 对于处置条件明显优于本标准所假定处置条件的填埋场(如深层废矿井等),通过剂量评价和优化分析,经监管部门批准,可适当提高极低放废物的处置活度浓度。

6 专设极低放废物填埋场选址要求

6.1 专设极低放废物填埋场的场址应满足下列要求:

a) 符合该地区城乡建设规划和(或)单位总体规划的要求。场址应选在交通方便、建造和运行费用低、能保证填埋场正常运行的地方,不应选在工农业发展和居民生活规划区、生态保护区、水源保护区、风景名胜区和需要特殊保护的区域内。

b) 地区地质构造相对简单、稳定,没有活动断层。应避开湿地和低洼汇水处、石灰溶洞发育地带、废矿塌陷区、多滑坡或泥石流地区、高压缩性淤泥或软土区。

c) 在百年一遇洪水标高线以上,并在长远规划中的水库等人工蓄水设施、淹没区和保护区之外。

d) 距地表水体和饮水取水点有适当的距离。不应选在地下水补给区、饮用水源保护区和供水远景规划区内,且下游无集中供水井。

e) 最高地下水位一般应在填埋场基底 2m 以下。

建筑防腐蚀工程施工规范(节录)

GB 50212—2014

(2014 年 4 月 15 日发布 2015 年 1 月 1 日实施)

本标准主编单位:中国石油和化工勘察设计协会、全国化工施工标准化管理中心站。

(按原标准编号节录)

2 术语

2.0.1 钾水玻璃材料 potash water glass material

以硅酸钾的水溶液为胶结料,缩合磷酸铝为固化剂,硅铝氧化物为粉料和骨料,添加少量辅助材料配制而成的硅酸盐型耐酸耐热材料。

2.0.2 涂层配套 assort of matched coating layer

能相容的各类涂层间在材料选用、结构搭配、涂装工艺等方面合理组合形成的复合涂层。

2.0.3 高压射流 jet flow of high pressure

以高压泵打出高压力低流速水,经过增压管路到达旋转喷嘴,转换为具有很高的冲击动能的低压高流速射流,用以冲击被清洁表面。

14 环境保护技术

14.0.1 防腐蚀施工应建立重要环境因素清单,并应编制具体的环境保护技术措施。

14.0.2 施工现场应分开设置生活区、施工区和办公区。

14.0.3 施工中产生的各类废物的处理应符合下列规定:

14.0.3.1 收集、贮存、运输、利用和处置各类废物时,应采取覆盖措施。包装物应采用可回收利用、易处置或易消纳的材料。

14.0.3.2 施工现场应工完料净场清,各类废物应按环保要求分类及时清理,并清运出场。

14.0.3.3 危险废物应集中堆放到专用场所,按国家环保的规定设置统一的识别标志,并建立危险废物污染防治的管理制度,制订事故的防范措施和应急预案。

14.0.3.4 危险废物应盛装在容器内,装载液体或半固体危险废物的容器顶部与液体表面之间应留出 100mm 以上的空间。不得将不相容的危险废物混合或合并存在。并定期对所贮存的危险废物包装容器及贮存设施进行检查,发现破损,应采取措施清理更换。

14.0.3.5 各类危险废物的处理应与地方环保部门办理处理手续或委托合格(地方环保部门认可)的单位组织集中处理。

14.0.3.6 运输危险废物时,应按国家和地方有关危险货物和化学危险品运输管理的规定执行。

14.0.4 施工中粉尘等污染的防治应符合下列规定:

14.0.4.1 运输或装卸易产生粉尘的细料或松散料时,应采取密闭措施或其他防护措施。

14.0.4.2 进行拆除作业时,应采取隔离措施。

14.0.4.3 搅拌场所应搭设搅拌棚,四周应设围护,并应采取防尘措施。切割作业应选定加工点,并应进行封闭围护。当进行基层表面处理、机械切割或喷涂等作业时,采取防扬尘措施。

14.0.4.4 大风天气不得从事筛砂、筛灰等工作。

14.0.4.5 施工现场应设置密闭式垃圾站。施工垃圾、生活垃圾应分类存放,并应及时清运出场。

14.0.5 施工中对施工噪声污染的防治应符合下列规定:

14.0.5.1 施工现场应按现行国家标准《建筑施工场界噪声排放标准》GB 12523 制订降噪措施。定期对噪声进行测量,并注明测量时间、地点、方法。做好噪声测量记录,超标时应采取措施。

14.0.5.2 在施工场界噪声敏感区域宜选择使用低噪声的设备,也可采取其他降低噪声的措施。

14.0.5.3 机械切割作业的时间,应安排在白天的施工作业时间内,地点应选择在较封闭的室内进行。

14.0.5.4 运输材料的车辆进入施工现场不得鸣笛。装卸材料应轻拿轻放。

14.0.6 防腐蚀施工中不得对水土产生污染。

移动实验室有害废物管理规范(节录)

GB/T 29478—2012

(2012 年 12 月 31 日发布　2013 年 7 月 31 日实施)

本标准由全国移动实验室标准化技术委员会(SAC/TC 509)提出并归口。

本标准起草单位:沈阳农业大学分析测试中心、沈阳产品质量监督检验研究院。

(按原标准编号节录)

3 术语和定义

GB/T 29479—2012 界定的以及下列术语和定义适用于本文件。为了便于使用,以下重复列出了 GB/T 29479—2012 中的某些术语和定义。

3.1 移动实验室 mobile laboratory

满足特定目的和要求,由成套装置组成的,在可移动的设施和环境中进行检测、校准或科学实验等活动的实验室。(GB/T 29479—2012,见定义 3.1)

3.2 有害废物 hazardous waste

列入国家危险废物名录或根据国家规定的危险废物鉴别标准和鉴别方法认定的具有危险特性的废物。

5 有害废物管理要求

5.3 有害废物贮存和处置

实验室有害废物应弃置于专门设计的、专用的和有标识的用于处置有害废物的容器内。实验结束后及时送回使用单位按 GB 18484—2001、GB 18597—2001、GB/T 24777 等要求和有关规定处理。

注:使用单位应指移动实验室所属的上级组织机构。

5.3.1 放射性有害废物

放射性有害废物应依材质分类收集在有辐射警示标识的包装袋中;包装或容器上注明有害废物的类别、核种、表面辐射暴露强度、经手人及日期;高剂量放射性有害废物放置处应有适当屏蔽。放射性有害废物的处置按《放射性废物安全管理条例》相关规定进行。

5.3.2 感染性有害废物

感染性有害废物按下列方法贮存:

a)感染性有害废物应以 HJ 421—2008 规定的包装袋(以不穿透为原则)贮存,并设置感染性有害废物标识;

b)感染性有害废物于常温下贮存者,以 1 天为限;于 5℃以下冷藏者,以 7 天为限;超过 7 天以上,于-18℃以下冷冻。

感染性有害废物的处置按《医疗废物集中处置技术规范》(试行)的规定进行。

5.3.3 实验室废液

实验室废液应依照分类混于贮存桶内。废液贮存容器应根据容器材质与废液互溶性,分为无机废液贮存容器和有机废液贮存容器。无机废液贮存容器应为塑料材质,有机废液贮存容器应为不锈钢材质。实验室废液应采取适当方法处理,达到 GB 8978—2002 的规定后排放。

5.3.4 实验室废气

实验中产生少量有毒气体应在通风柜中进行,通过排风设备将少量毒气排到室外。必要时可将废气进行技术处理,达到 GB 16297—1996 的规定后排放。

5.3.5 实验室固体有害废物

实验室固体有害废物应分别置于腐蚀性容器和非腐蚀性容器中贮存;锐器(包括针头、小刀、金属和玻璃等)应直接弃置于耐扎的容器内。

5.4 有害废物贮存的安全防护

5.4.1 有害废物贮存设施内清理出来的泄漏物,一律按有害废物处理。

5.4.2 在常温常压下易爆、易燃及排出有毒气体的有害废物必须进行预处理,使之稳定后贮存，否则，按易爆、易燃危险品贮存。

5.4.3 在常温常压下不水解、不挥发的固体有害废物可在贮存设施内分别堆放。

5.4.4 除5.3.4规定外，应将有害废物装入容器内。

5.4.5 不应将不相容（相互反应）的有害废物在同一容器内混装。

5.4.6 装载液体、半固体有害废物的容器内须留足够空间，容器顶部与液体表面之间保留100mm以上的空间。

5.4.7 感染性有害废物应当日消毒，消毒后装入容器。

5.4.8 应采取措施消除有害废物贮存设施污染。

5.4.9 应设有有害废物报警系统。

5.5 有害废物贮存设施的运行与管理

5.5.1 移动实验室使用单位应建立档案管理制度。

5.5.2 移动实验室应做好有害废物情况的记录，记录上应注明有害废物的名称、来源、数量、特性和包装容器的类别、废物处置日期及接收地点，记录应保持3年。

5.5.3 移动实验室使用单位应建立检查有害废物贮存容器的维护制度，定期检测、维修、更换，以免破损泄露，引起污染。

5.5.4 移动实验室使用单位应编制有害废物污染应急预案。

危险废物鉴别标准 腐蚀性鉴别（节录）

GB 5085.1—2007

(2007年4月25日发布 2007年10月1日实施)

本标准由国家环境保护总局科技标准司提出。

本标准起草单位：中国环境科学研究院固体废物污染控制技术研究所、环境标准研究所。

（按原标准编号节录）

3 鉴别标准

符合下列条件之一的固体废物，属于危险废物。

3.1 按照GB/T 15555.12—1995的规定制备的浸出液，pH≥12.5，或者pH≤2.0。

3.2 在55℃条件下，对GB/T 699中规定的20号钢材的腐蚀速率≥6.35mm/a。

4 实验方法

4.1 采样点和采样方法按照HJ/T 298的规定进行。

4.2 第3.1条所列的pH值测定按照GB/T 15555.12—1995的规定进行。

4.3 第3.2条所列的腐蚀速率测定按照JB/T 7901的规定进行。

5 标准实施

本标准由县级以上人民政府环境保护行政主管部门负责监督实施。

危险废物鉴别标准 急性毒性初筛（节录）

GB 5085.2—2007

（2007年4月25日发布 2007年10月1日实施）

本标准由国家环境保护总局科技标准司提出。
本标准起草单位：中国环境科学研究院固体废物污染控制技术研究所、环境标准研究所。

（按原标准编号节录）

3 术语和定义

下列术语和定义适用于本标准。

3.1 口服毒性半数致死量 LD_{50} LD_{50} (median lethal dose) for acute oral toxicity

是经过统计学方法得出的一种物质的单一计量，可使青年白鼠口服后，在14d内死亡一半的物质剂量。

3.2 皮肤接触毒性半数致死量 LD_{50} LD_{50} for acute dermal toxicity

是使白兔的裸露皮肤持续接触24h，最可能引起这些试验动物在14d内死亡一半的物质剂量。

3.3 吸入毒性半数致死浓度 LC_{50} LC_{50} for acute toxicity on inhalation

是使雌雄青年白鼠连续吸入1h，最可能引起这些试验动物在14d内死亡一半的蒸气、烟雾或粉尘的浓度。

4 鉴别标准

符合下列条件之一的固体废物，属于危险废物。

4.1 经口摄取：固体 $LD_{50} \leq 200mg/kg$，液体 $LD_{50} \leq 500mg/kg$。

4.2 经皮肤接触：$LD_{50} \leq 1\,000mg/kg$。

4.3 蒸气、烟雾或粉尘吸入：$LC_{50} \leq 10mg/L$。

5 实验方法

5.1 采样点和采样方法按照HJ/T 298的规定进行。

5.2 经口 LD_{50}、经皮 LD_{50} 和吸入 LC_{50} 的测定按照HJ/T 153中指定的方法进行。

6 标准实施

本标准由县级以上人民政府环境保护行政主管部门负责监督实施。

危险废物鉴别标准 浸出毒性鉴别（节录）

GB 5085.3—2007

（2007年4月25日发布 2007年10月1日实施）

本标准由国家环境保护总局科技标准司提出。
本标准起草单位：中国环境科学研究院固体废物污染控制技术研究所、环境标准研究所。

（按原标准编号节录）

3 鉴别标准

按照 HJ/T 299 制备的固体废物浸出液中任何一种危害成分含量超过表1中所列的浓度限值，则判定该固体废物是具有浸出毒性特征的危险废物。

表1 浸出毒性鉴别标准值

序号	危害成分项目	浸出液中危害成分浓度限值（mg/L）	分析方法
无机元素及化合物			
1	铜（以总铜计）	100	附录A、B、C、D
2	锌（以总锌计）	100	附录A、B、C、D
3	镉（以总镉计）	1	附录A、B、C、D
4	铅（以总铅计）	5	附录A、B、C、D
5	总铬	15	附录A、B、C、D
6	铬（六价）	5	GB/T 15555.4—1995
7	烷基汞	不得检出[1]	GB/T 14204—93
8	汞（以总汞计）	0.1	附录B
9	铍（以总铍计）	0.02	附录A、B、C、D
10	钡（以总钡计）	100	附录A、B、C、D
11	镍（以总镍计）	5	附录A、B、C、D
12	总银	5	附录A、B、C、D
13	砷（以总砷计）	5	附录C、E
14	硒（以总硒计）	1	附录B、C、E
15	无机氟化物（不包括氟化钙）	100	附录F
16	氰化物（以CN⁻计）	5	附录G

(续表)

序号	危害成分项目	浸出液中危害成分浓度限值(mg/L)	分析方法
有机农药类			
17	滴滴涕	0.1	附录H
18	六六六	0.5	附录H
19	乐果	8	附录I
20	对硫磷	0.3	附录I
21	甲基对硫磷	0.2	附录I
22	马拉硫磷	5	附录I
23	氯丹	2	附录H
24	六氯苯	5	附录H
25	毒杀芬	3	附录H
26	灭蚁灵	0.05	附录H
非挥发性有机化合物			
27	硝基苯	20	附录J
28	二硝基苯	20	附录K
29	对硝基氯苯	5	附录L
30	2,4-二硝基氯苯	5	附录L
31	五氯酚及五氯酚钠(以五氯酚计)	50	附录L
32	苯酚	3	附录K
33	2,4-二氯苯酚	6	附录K
34	2,4,6-三氯苯酚	6	附录K
35	苯并[a]芘	0.0003	附录K、M
36	邻苯二甲酸二丁酯	2	附录K
37	邻苯二甲酸二辛酯	3	附录L
38	多氯联苯	0.002	附录N
挥发性有机化合物			
39	苯	1	附录O、P、Q
40	甲苯	1	附录O、P、Q
41	乙苯	4	附录P
42	二甲苯	4	附录O、P
43	氯苯	2	附录O、P
44	1,2-二氯苯	4	附录K、O、P、R

(续表)

序号	危害成分项目	浸出液中危害成分浓度限值(mg/L)	分析方法
45	1,4-二氯苯	4	附录K、O、P、R
46	丙烯腈	20	附录O
47	三氯甲烷	3	附录Q
48	四氯化碳	0.3	附录Q
49	三氯乙烯	3	附录Q
50	四氯乙烯	1	附录Q

注:1 "不得检出"指甲基汞<10ng/L,乙基汞<20ng/L。

4 实验方法

4.1 采样点和采样方法按照 HJ/T 298 进行。

4.2 无机元素及其化合物的样品(除六价铬、无机氟化物、氰化物外)的前处理方法参照附录S;六价铬及其化合物的样品的前处理方法参照附录T。

4.3 有机样品的前处理方法参照附录U、附录V、附录W。

4.4 各危害成分项目的测定,除执行规定的标准分析方法外,暂按附录中中规定的方法执行;待适用于测定特定危害成分项目的国家环境保护标准发布后,按标准的规定执行。

5 标准实施

本标准由县级以上人民政府环境保护行政主管部门负责监督实施。

附录A 固体废物 元素的测定 电感耦合等离子体原子发射光谱法(略)

附录B 固体废物 元素的测定 电感耦合等离子体质谱法(略)

附录C 固体废物 金属元素的测定 石墨炉原子吸收光谱法(略)

附录D 固体废物 金属元素的测定 火焰原子吸收光谱法(略)

附录E 固体废物 砷、锑、铋、硒的测定 原子荧光法(略)

附录F 固体废物 氟离子、溴酸根、氯离子、亚硝酸根、氰酸根、溴离子、硝酸根、磷酸根、硫酸根的测定 离子色谱法(略)

附录G 固体废物 氰根离子和硫离子的测定 离子色谱法(略)

附录H 固体废物 有机氯农药的测定 气相色谱法(略)

附录I 固体废物 有机磷化合物的测定 气相色谱法(略)

附录J 固体废物 硝基芳烃和硝基胺的测定 高效液相色谱法(略)

附录K 固体废物 半挥发性有机化合物的测定 气相色谱/质谱法(略)

附录L 固体废物 非挥发性化合物的测定 高效液相色谱/热喷雾/质谱或紫外法(略)

附录M 固体废物 半挥发性有机化合物(PAHs和PCBs)的测定 热提取气相色谱质谱法(略)

附录N 固体废物 多氯联苯的测定(PCBs) 气相色谱法(略)

附录 O　固体废物　挥发性有机化合物的测定　气相色谱/质谱法（略）
附录 P　固体废物　芳香族及含卤挥发物的测定　气相色谱法（略）
附录 Q　固体废物　挥发性有机物的测定　平衡顶空法（略）
附录 R　固体废物　含氯烃类化合物的测定　气相色谱法（略）
附录 S　固体废物　金属元素分析的样品前处理　微波辅助酸消解法（略）
附录 T　固体废物　六价铬分析的样品前处理　碱消解法（略）
附录 U　固体废物　有机物分析的样品前处理　分液漏斗液-液萃取法（略）
附录 V　固体废物　有机物分析的样品前处理　索氏提取法（略）
附录 W　固体废物　有机物分析的样品前处理　Florisil（硅酸镁载体）柱净化法（略）

危险废物鉴别标准　易燃性鉴别（节录）

GB 5085.4—2007

（2007 年 4 月 25 日发布　2007 年 10 月 1 日实施）

本标准由国家环境保护总局科技标准司提出。
本标准起草单位：中国环境科学研究院环境标准研究所、固体废物污染控制技术研究所。

（按原标准编号节录）

3　术语和定义

下列术语和定义适用于本标准。

3.1　闪点 flash point

指在标准大气压（101.3kPa）下，液体表面上方释放出的易燃蒸气与空气完全混合后，可以被火焰或火花点燃的最低温度。

3.2　易燃下限 lower flammable limit

可燃气体或蒸气与空气（或氧气）组成的混合物在点火后可以使火焰蔓延的最低浓度，以%表示。

3.3　易燃上限 upper flammable limit

可燃气体或蒸气与空气（或氧气）组成的混合物在点火后可以使火焰蔓延的最高浓度，以%表示。

3.4　易燃范围 flammable range

可燃气体或蒸气与空气（或氧气）组成的混合物能被引燃并传播火焰的浓度范围，通常以可燃气体或蒸气在混合物中所占的体积分数表示。

4　鉴别标准

符合下列任何条件之一的固体废物，属于易燃性危险废物。

4.1 液态易燃性危险废物

闪点温度低于60℃(闭杯试验)的液体、液体混合物或含有固体物质的液体。

4.2 固态易燃性危险废物

在标准温度和压力(25℃,101.3kPa)下因摩擦或自发性燃烧而起火,经点燃后能剧烈而持续地燃烧并产生危害的固态废物。

4.3 气态易燃性危险废物

在20℃,101.3kPa状态下,在与空气的混合物中体积分数≤13%时可点燃的气体,或者在该状态下,不论易燃下限如何,与空气混合,易燃范围的易燃上限与易燃下限之差大于或等于12个百分点的气体。

5 实验方法

5.1 采样点和采样方法按照 HJ/T 298 规定进行。

5.2 第4.1条按照 GB/T 261 的规定进行。

5.3 第4.2条按照 GB 19521.1 的规定进行。

5.4 第4.3条按照 GB 19521.3 的规定进行。

6 标准实施

本标准由县级以上人民政府环境保护行政主管部门负责监督实施。

危险废物鉴别标准 反应性鉴别(节录)

GB 5085.5—2007

(2007年4月25日发布 2007年10月1日实施)

本标准由国家环境保护总局科技标准司提出。

本标准起草单位:中国环境科学研究院环境标准研究所、固体废物污染控制技术研究所。

(按原标准编号节录)

3 术语和定义

3.1 爆炸 explosion

在极短的时间内,释放出大量能量,产生高温,并放出大量气体,在周围形成高压的化学反应或状态变化的现象。

3.2 爆轰 detonation

以冲击波为特征,以超音速传播的爆炸。冲击波传播速度通常能达到上千到数千米每秒,且外界条件对爆速的影响较小。

4 鉴别标准

符合下列任何条件之一的固体废物,属于反应性危险废物。

4.1 具有爆炸性质

4.1.1 常温常压下不稳定,在无引爆条件下,易发生剧烈变化。

4.1.2 标准温度和压力下(25℃,101.3kPa),易发生爆轰或爆炸性分解反应。

4.1.3 受强起爆剂作用或在封闭条件下加热,能发生爆轰或爆炸反应。

4.2 与水或酸接触产生易燃气体或有毒气体

4.2.1 与水混合发生剧烈化学反应,并放出大量易燃气体和热量。

4.2.2 与水混合能产生足以危害人体健康或环境的有毒气体、蒸气或烟雾。

4.2.3 在酸性条件下,每千克含氰化物废物分解产生≥250mg 氰化氢气体,或者每千克含硫化物废物分解产生≥500mg 硫化氢气体。

4.3 废弃氧化剂或有机过氧化物

4.3.1 极易引起燃烧或爆炸的废弃氧化剂。

4.3.2 对热、震动或摩擦极为敏感的含过氧基的废弃有机过氧化物。

5 实验方法

5.1 采样点和采样方法按照 HJ/T 298 规定进行。

5.2 第4.1条爆炸性危险废物的鉴别主要依据专业知识,在必要时可按照 GB 19455 中第6.2 和 6.4 条规定进行试验和判定。

5.3 第4.2.1条按照 GB 19521.4—2004 第5.5.1 和 5.5.2 条规定进行试验和判定。

5.4 第4.2.2条主要依据专业知识和经验来判断。

5.5 第4.2.3条按照本部分的附录进行。

5.6 第4.3.1条按照 GB 19452 的规定进行。

5.7 第4.3.2条按照 GB 19521.12 的规定进行。

6 标准实施

本标准由县级以上人民政府环境保护行政主管部门负责监督实施。

附录 固体废物遇水反应性的测定(略)

危险废物鉴别标准 毒性物质含量鉴别(节录)

GB 5085.6—2007

(2007年4月25日发布 2007年10月1日实施)

本标准由国家环境保护总局科技标准司提出。

本标准起草单位:中国环境科学研究院固体废废物污染控制技术研究所、环境标准研究所。

(按原标准编号节录)

3 术语和定义

下列术语和定义适用于本标准。

3.1 剧毒物质 acutely toxic substance

具有非常强烈毒性危害的化学物质,包括人工合成的化学品及其混合物和天然毒素。

3.2 有毒物质 toxic substance

经吞食、吸入或皮肤接触后可能造成死亡或严重健康损害的物质。

3.3 致癌性物质 carcinogenic substance

可诱发癌症或增加癌症发生率的物质。

3.4 致突变性物质 mutagenic substance

可引起人类的生殖细胞突变并能遗传给后代的物质。

3.5 生殖毒性物质 reproductive toxic substance

对成年男性或女性性功能和生育能力以及后代的发育具有有害影响的物质。

3.6 持久性有机污染物 persistent organic pollutants

具有毒性、难降解和生物蓄积等特性,可以通过空气、水和迁徙物种长距离迁移并沉积,在沉积地的陆地生态系统和水域生态系统中蓄积的有机化学物质。

4 鉴别标准

符合下列条件之一的固体废物是危险废物。

4.1 含有本标准附录 A 中的一种或一种以上剧毒物质的总含量≥0.1%;

4.2 含有本标准附录 B 中的一种或一种以上有毒物质的总含量≥3%;

4.3 含有本标准附录 C 中的一种或一种以上致癌性物质的总含量≥0.1%;

4.4 含有本标准附录 D 中的一种或一种以上致突变性物质的总含量≥0.1%;

4.5 含有本标准附录 E 中的一种或一种以上生殖毒性物质的总含量≥0.5%;

4.6 含有本标准附录 A 至附录 E 中两种及以上不同毒性物质,如果符合下列等式,按照危险废物管理:

$$\sum \left[\left(\frac{P_{T'}}{L_{T'}} + \frac{P_T}{L_T} + \frac{P_{Carc}}{L_{Carc}} + \frac{P_{Muta}}{L_{Muta}} + \frac{P_{Tera}}{L_{Tera}} \right) \right] \geq 1$$

式中:$P_{T'}$——固体废物中剧毒物质的含量;

P_T——固体废物中有毒物质的含量;

P_{Carc}——固体废物中致癌性物质的含量;

P_{Muta}——固体废物中致突变性物质的含量;

P_{Tera}——固体废物中生殖毒性物质的含量;

$L_{T'}$、L_T、L_{Carc}、L_{Muta}、L_{Tera}——分别为各种毒性物质在 4.1~4.5 中规定的标准值。

4.7 含有本标准附录 F 中的任何一种持久性有机污染物(除多氯二苯并对二噁英、多氯二苯并呋喃外)的含量≥50mg/kg;

4.8 含有多氯二苯并对二噁英和多氯二苯并呋喃的含量≥15μgTEQ/kg。

5 实验方法

5.1 采样点和采样方法按照 HJ/298 进行。

5.2 无机元素及其化合物的样品(除六价铬、无机氟化物、氰化物外)的前处理方法见 GB 5085.3 附录 S;六价铬及其化合物的样品的前处理方法参照 GB 5085.3 附录 T。

5.3 有机样品的前处理方法参照 GB 5085.3 附录 U、附录 V、附录 W 和本标准附录 G。

5.4 各毒性物质的测定,除执行规定的标准分析方法外,暂按附录中规定的方法执行;待适用于测定特定毒性物质的国家环境保护标准发布后,按标准的规定执行。

6 标准实施

本标准由县级以上人民政府环境保护行政主管部门负责监督实施。

附录 A　剧毒物质名录(略)
附录 B　有毒物质名录(略)
附录 C　致癌性物质名录(略)
附录 D　致突变性物质名录(略)
附录 E　生殖毒性物质名录(略)
附录 F　持久性有机污染物名录(略)
附录 G　固体废物　半挥发性有机物分析的样品前处理　加速溶剂萃取法(略)
附录 H　固体废物　N-甲基氨基甲酸酯的测定　高效液相色谱法(略)
附录 I　固体废物　杀草强测定　衍生-固相提取-液质联用法(略)
附录 J　固体废物　百草枯和敌草快的测定　高效液相色谱紫外法(略)
附录 K　固体废物　苯胺及其选择性衍生物的测定　气相色谱法(略)
附录 L　固体废物　草甘膦的测定　高效液相色谱-柱后衍生荧光法(略)
附录 M　固体废物　苯基脲类化合物的测定　固相提取-高效液相色谱紫外分析法(略)
附录 N　固体废物　氯代除草剂的测定　甲基化或五氟苄基衍生气相色谱法(略)
附录 O　固体废物　可回收石油烃总量的测定　红外光谱法(略)
附录 P　固体废物　羰基化合物的测定　高效液相色谱法(略)
附录 Q　固体废物　多环芳烃类的测定　高效液相色谱法(略)
附录 R　固体废物　丙烯酰胺的测定　气相色谱法(略)
附录 S　固体废物　多氯代二苯并二恶英和多氯代二苯并呋喃的测定　高分辨气相色谱/高分辨质谱法(略)